# 《黄帝内经》研究文献索引

温长路　张瑞贤　李梦漪　常　敏　主编

中医古籍出版社

图书在版编目（CIP）数据

《黄帝内经》研究文献索引/温长路，张瑞贤，李梦漪等主编. －北京：中医古籍出版社，2010.10

ISBN 978－7－80174－904－8

Ⅰ.①黄… Ⅱ.①温…②张…③李… Ⅲ.①内经－文献－索引－中国 Ⅳ.①Z89：R221

中国版本图书馆 CIP 数据核字（2010）第 193784 号

《黄帝内经》研究文献索引

温长路 张瑞贤 李梦漪 常 敏 主编

责任编辑 刘从明
装帧设计 陈 娟
出版发行 中医古籍出版社
社　　址 北京东直门内南小街 16 号（100700）
经　　销 全国各地新华书店
印　　刷 北京金信诺印刷有限公司
开　　本 787mm×1092mm 1/16
印　　张 44.25
字　　数 1100 千字
版　　次 2010 年 10 月第 1 版 2010 年 10 月第 1 次印刷
ISBN 978－7－80174－904－8
定　　价 116.00 元

# 前 言

《黄帝内经》是成书于公元前二世纪以中华民族为中心的东方民族防治疾病实践经验的总结和理论的升华，代表了这一时期东方医学的最高水平，是东方医学的源头和祖本，不仅为本地区人民的繁衍昌盛做出了无可替代的贡献，影响着这一地区社会的发展和进步，而且至今仍作为一种先进的文化和科学影响着东方乃至世界医学的进程。它的许多理念和方法被当今世界所看重并借鉴，成为世界医学多元化的重要摹本和有机构成。黄帝是以中国为中心的古代科学技术、东方文明的开创者和杰出代表，《内经》托名黄帝，以体现其凝聚力、影响力、权威性和重要性。2010 年 3 月 19 日，国家中医药管理局、国家档案局联合在北京发布：《黄帝内经》和《本草纲目》顺利入选《世界记忆亚太地区名录》。中医药古籍入选《世界记忆亚太地区名录》是中国中医药古籍进入世界文化遗产保护工程的一项重要成果，不仅对于中医药古籍文献的保护利用、中医药文化乃至中华文化的传承具有重大意义，而且对于进一步在世界范围内提高对中医药历史文化、科学价值的认识，扩大中医药国际影响具有深远意义。目前国家相关部门正在加紧准备，努力完成两部古籍申报《世界记忆名录》的工作。

**一、《黄帝内经》的来由**

《黄帝内经》最早见于《汉书·艺文志》，从文献上可见其来龙去脉：西汉成帝接受大臣陈农的建议，“求遗书于天下”，并由官方负责组织相关学者进行整理。光禄大夫刘向负责经传诸子诗赋，步兵校尉任宏负责兵书，太史令尹咸负责数术，侍医李柱国负责方技。经过学者整理之后，刘向负责编写篇目提要，向朝廷汇报。刘向死后，汉哀帝又委派刘向之子侍中奉车都尉刘歆继续完成这项工作。刘歆继承父业，完成了《七略》，即《辑略》、《六艺略》、《诸子略》、《诗赋略》、《兵书略》、《术数略》和《方技略》。

《七略》已佚，但主要内容保存在《汉书·艺文志》中。西汉末年，班固修《汉书》，首创《艺文志》体例，为十志之一，是现存最早的目录学文献。《艺文志》系根据刘歆《七略》增删改撰而成，仍存六艺、诸子、诗赋、兵书、术数、方技等六略三十八种的分类体系。医书属方技略中，“方技者，皆生生之具，王官之一守也。太古有岐伯、俞拊，中世有扁鹊、秦和，盖论病以及国，原诊以知政。汉兴有仓公，今其技术晻昧，故论其书，以序方技为四种。”载有医经、经方、神仙和房中四类医学典籍。医经类中有《黄帝内经》十八卷，《外经》三十七卷；《扁鹊内经》九卷，《外经》十二卷；《白氏内经》三十八卷，《外经》三十六卷，《旁篇》二十五卷。

关于医经，《艺文志·方技略》指出：“医经者，原人血脉、经络、骨髓、阴阳、表里，以起百病之本、死生之分，而用度箴石汤火所施、调百药剂和之所宜。至剂之得，犹磁石取铁，以物相使，拙者失理，以愈为剧，以生为死。”简言之，医经就是阐发人体生理病理等的医学理论、指导诊断治疗和预防方法的著作，“经”有法则的意义。

从时代背景、记述内容和文字气象看，《黄帝内经》是我国古代劳动人民在同自然和疾病长期斗争中经验和智慧的结晶。它的酝酿、准备过程是漫长的，其中起决定性作用的是处于社会大变革、科学大发展、学术争鸣大普及的春秋战国时期。它是当时各国众多医家，特别是黄帝族文化的发源地——黄河流域的众多医家的论文总集。它反映的是以汉族文化为中心、以其他周围少数民族文化为四方的中华民族医药学的全貌。它的最后成书是在国家安定统一、生产力发展、社会科学进步、今文经学（以阴阳五行化为主要特点）占统治地位、以杂用霸王道为理论核心的西汉后期，是由刘向、刘歆父子领衔，李柱国具体负责对献书中所获得的多种原始医学书籍的文本进行增损删补、修整润色，最后由皇帝审定后颁行的官方医典。成书后定名为《黄帝内经》，其中包括以理论为主要内容的概论九卷，以临床治疗（主要是针灸治疗）为主要内容的各论九卷。因为前者是以生活问答形式成文的，故称为《素问》以区别于后者，而后者没有另外命名，后人就称之谓《九卷》，再往后人们又根据其论述的主要内容和强调其重要性的角度出发，称之谓《针经》、《灵枢》了。

## 二、《黄帝内经》的流传

从现存医籍看，第一个提到《黄帝内经》的人是张仲景（约公元150～219年），他在《伤寒杂病论·自序》中说："余宗族素多，向余二百，建安纪年以来，犹未十稔，其死亡者三分有二，伤寒十居其七。感往昔之沦丧，伤横夭之莫救，乃勤求古训、博采众方，撰用《素问》、《九卷》、《八十一难》、《阴阳大论》、《胎胪》、《药录》，并平脉辨证，为《伤寒杂病论》，合十六卷，虽未能尽愈诸病，庶可以见病知源。若能寻余所集，思过半矣。"他所说的《素问》和《九卷》，就是《黄帝内经》两部分内容的分册。

第一个直呼《黄帝内经》名字的是皇甫谧（公元215～282年），他在《针灸甲乙经》自序中说："按《七略·艺文志》，《黄帝内经》十八卷。今有《针经》九卷，《素问》九卷，二九十八卷，即《内经》也。亦有所亡失，其论遐远，然称述多而切事少，有不编次。比按仓公传，其学皆出于《素问》，论病精微。《九卷》是原本经脉，其义深奥，不易觉也。又有《明堂孔穴针灸治要》，皆黄帝岐伯选事也。三部同归，文多重复，错互非一。"

在《黄帝内经》的早期流传中，不能不提到一些重要的注家。现在所知最早为《素问》作注的是梁朝的全元起。遗憾的是，他的注本已经失传。从散存的资料中可以看出，在他作注时《素问》已有残缺，而《灵枢》根本没有提及。隋唐间的杨上善根据《黄帝内经》重新整理注释，编成《黄帝内经太素》。该书在北宋时还有全本，但校正医书局整理医书时，该书不在其列，在国内却悄然消失了。现在看到的《黄帝内经太素》，是从日本传回来的。对后世影响最大的，是唐玄宗至唐肃宗间王冰的《黄帝内经素问》。作者对全书篇目进行了调整，把本来只有的八卷分为24卷，补充了七篇大论。"其中简脱文断，义不相接者，搜求经论所有，迁移以补其处。篇目坠缺，指事不明者，量其意趣，加字以昭其义。篇目吞并，义不相涉，阙漏名目者，区分事类，别目以冠篇首。君臣请问，礼仪乖失者，考校尊卑增益以光其义。错简碎文，前后重叠者，详其旨趣，削去繁杂，以存其要。辞理秘密，难粗论述者，别撰《玄珠》，以陈其道。凡所加字，皆朱书其文，使今古必分，字不杂糅"（《黄帝内经·素问序》）。王冰对此书竭尽全力，历时12年才完成。后经北宋校正医书局重新校勘整理，成为《素问》的标准读本。至此，《素问》才真正得以广为传播。《灵枢》在流传过程中更是一波三折，宋代校正医书局虽有过大规模的校书举动，但因《灵枢》的残缺太多而未校。朝鲜来献的《针经》十卷虽然曾于元祐八年（1093）雕版颁行天下，金兵的入侵又使它难免兵燹战火之乱，与世人再度失之交臂。幸有南宋史崧献家藏的《灵枢》九卷，才使它得以保留，流传至今。随着社会和科技的进步，尤其是印刷术的广泛普及应用，《黄帝内经》的流传得以步入正常轨道，并不断发展，还出现了众多的注释本、节选本、重编本等，成为中医学现存最早的传世坟典。

### 三、《黄帝内经》的内容

《黄帝内经》奠定了中医学的理论体系，是不争的事实，这是因为它的内容涵盖了中医药学的各个方面，而这些方面完整系统，有效地指导着中医的理论发展和实践探索。

《黄帝内经》是一个完整的学术体系，包括有医学基础理论及应用的诸多方面。这些医学基础理论之间又环环相扣，互相关联。从杨上善开始，诸多医家对此进行了概括分类，大致有六个方面，即天人、藏象（包括经络）、病机、诊法、治则和养生六大学说。这六大学说是《黄帝内经》理论体系的主要内容。

天人学说来源于古代哲学，讲究人与自然的整体协调。《素问·宝命全形论》曰："人以天地之气生，四时之法成。"认为人与自然息息相关，自然界的运动变化无时无刻不对人体发生影响。人体是禀受天地之气而生、按照四时的法则而生长的，顺应了这一规律就健康，否则就生病。

藏象学说是《黄帝内经》的核心内容，它以五脏六腑十二经脉为物质基础，是研究人体脏腑组织和经络系统的生理功能、相互之间的联系以及在外的表象及其与外环境的联系等领域的学说。主要包括脏腑、经络和精气神三部分。

病机学说是研究疾病发生、发展、转归及变化等等之内在机理的学说。包括病因、发病和病变三方面。《素问·至真要大论》曰："审察病机，无失气宜"，"谨守病机，各司其属。"

诊法学说是关于诊断的学说。主要是望闻问切四诊。《素问·阴阳应象大论》曰："善诊者，察色按脉，先别阴阳，审清浊，而知部分；视喘息，听音声，而知所苦；观权衡规矩，而知病所主；按尺寸，观浮沉滑涩，而知病所生。以治无过，以诊则不失矣。"

治则学说是研究治疗法则的学说。《黄帝内经》对治疗法则是颇有讲究的，有一系列的内容，如治未病，因时、因地、因人制宜，标本先后、治病求本，因势利导，协调阴阳、以平为期，正治反治，适事为度，病为本、工为标，辨证施治等等。

预防学说的思想贯穿于《黄帝内经》全书始终，是中医治疗体系与预防体系的互相补充和全面体现。从《黄帝内经》开始的这种对疾病预防和健康养生特别强调的思想，是中医学的特色之一。时至今日，这一领域仍然是中医的强项。

《黄帝内经》的内容博大精深，不仅涉及医学，而且包罗天文学、地理学、哲学、人类学、社会学、军事学、数学、生态学等当时的各种科学成就。从某种意义上说，它是一部包罗万象的百科全书。

### 四、《黄帝内经》的影响

《黄帝内经》，是我国现存的中医学最早的著作，它集中医药理论和防治疾病方法之大成，既奠定了中医学的系统理论基础，又规定了在这一理论指导下中医临床的系统应用法则，是中医学传承、发展的至尊之作。在历史上，中医成名成家者众，没有不研习《黄帝内经》而自生者；著述立说者多，没有不取道《黄帝内经》而自成者。数千年来，《黄帝内经》沐浴着中华民族的繁衍生息，支撑着中华民族的健康壮大，传播着中华民族的优秀文化，打造着中华民族的特色医药。《黄帝内经》体现的是中华民族文化的灵魂，凝结的是中华民族智慧的瑰宝。从小处讲，没有《黄帝内经》，就既不可能有中医学曾经的耀眼光环，也不可能有中医学璀璨的未来；从大处论，没有《黄帝内经》，就既没有中华民族荣耀的过去，也不可能有中华民族强壮的今天。

《黄帝内经》，是学科意义上的医学秘笈，它是说医道药、谈防论治的一部人类生命学之书；《黄帝内经》，又是社会学意义上的文化巨典，它是说天道地、谈生论死的一部人类生存学之书。这一基因密码，决定了它文化与科学的双重属性：作为文化的产物，它是在中国哲学、史学、文学为基础的母体催化下的宠儿，是中国古代优秀传统文化的构成；作为科学的产物，它是在中国社会、自然、劳动为前提的父爱抚育下的骄子，是中国古代优秀科学成就的结晶。就本性而言，它是以中国优秀传统文化为主干的、具有特殊健康保障功能的人文－自然学科。打开《黄帝内经》，我们可追寻的不仅有藏象的天地、药物的王国、精气神的境域、经络的图标、养生的要诀、治病的罗盘，而且有阴阳的大道、五行的法界、自然的方圆、历史的轨迹、人文的多彩，市井的百态。众里寻你千百度，万变一宗又年年。这就是中医力挺《黄帝内经》、人们讴歌《黄帝内经》、社会崇尚《黄帝内经》、世界需要《黄帝内经》的理由。

自古迄今，对《黄帝内经》的研究一直呈节节趋高、步步进前之势。在唐代之前，秦越人对《黄帝内经》藏象学说的发挥、张仲景对《黄帝内经》临床学说的发展、华佗对《黄帝内经》病机的疏解、王叔和对《黄帝内经》脉学的发微、杨上善对《黄帝内经》经文的改编、孙思邈对《黄帝内经》养性学的探索等，夯实了它的根基；宋、金、元时期，钱乙对《黄帝内经》儿科特点的发凡、成无已对《黄帝内经》伤寒思想的发掘、刘完素对《黄帝内经》运气学说的探析、张从正对《黄帝内经》治疗理论的创举、李东垣对《黄帝内经》脾胃学说的提炼、朱丹溪对《黄帝内经》升降理念的解析等，创新了它的格局；在明代，汪机对《黄帝内经》营卫学说的阐发、薛己对《黄帝内经》治则思想的探求、马莳对《黄帝内经》篇次的整理、王肯唐对《黄帝内经》证候学说的探察、吴崑对《黄帝内经》原文的发蒙、张介宾对《黄帝内经》命门学说的发明、吴有性对《黄帝内经》疫疠思想的诠释等，拓展了它的体系；在清代，喻昌对《黄帝内经》的补遗、姚绍虞对《黄帝内经》的拆分、张志聪对《黄帝内经》的集注、高世栻对《黄帝内经》的正讹、叶天士对《黄帝内经》温病论治思想的体察、徐大椿对《黄帝内经》元气理论的补充、吴鞠通对《黄帝内经》热病学说的拓展、王清任对《黄帝内经》思辨方法的升华等，演绎了它的思想；到了近现代，唐宗海对《黄帝内经》医易关系的探源、张锡纯对《黄帝内经》哲学思维的考辨、恽铁樵对《黄帝内经》大义的创见、秦伯未对《黄帝内经》临床思路的验证、任应秋对《黄帝内经》思想体系的梳理等，成就了它的辉煌。围绕《黄帝内经》的研究，传承两千余载，著述2000多部，各类研究性论文达4万多篇，内容涉及版本、注释、发挥，源流、学派、传人，研究、应用、教学等多个侧面，甚至不乏有与当代时髦的信息论、控制论、系统论、全息律等多学科关系的研究。这些研究还波及到国外，对日本、韩国、朝鲜及东南亚诸国的影响尤大，成为东医中医化的源泉。毫无疑问，它的地位在中医学中是无可比拟、无可替代的，是中国乃至东方医学中学之不尽用之不竭的圣典。中医的振兴、中国文化的复兴，无法也不可能离开《黄帝内经》的支撑、参与和光大。

## 五、《黄帝内经》的地位

《黄帝内经》是中医四大经典之首，集结了中国传统文化的精华，它所具有的地位是毫无疑问的。

世界五大传统医学体系的形成，背后依托的都是他们文明古国的灿烂文化的深厚背景。历史的无情，让古希腊－罗马医药学、印度医药学、埃及医药学、亚述－巴比伦医药学渐次从人类的视野中循出，只有以《黄帝内经》为代表的中医学依然以其完整而独特的理论体系和可靠的防治效果，服务并影响着中国乃至地球上的大片地区，显示着它巨大的生命力。与西方哲学总是以一种体系否定前一种体系的方式不同，中国文化传承的主要方式是通过对经典的阐释以关涉现实、接续传统和未来的。孔子“信而好古”的实质，在于能“述其人之言，必得其人之心；述其人之心，必得其人之道”（清·焦循《述难》）；孟子“尚友”的实质，强调的也是论世知人，“颂其诗，读其书，不知其人，可乎？是以论其世也，是尚友也”（《孟子·万章下》）。他们所强调的，都是后人与古人在文化之生命精神上的沟通与契合，是历史之生命连续性的文化阐释原则。中医学的成长，同样是一个文化过程。一部经典，千年供奉，流派千家，不离其宗。这种以不变应万变、不变中包含着万变的现象，是中医学得以在传承中固本、在尊古中演化的重要特征，是因袭中华文化基因稳定性和深厚性的结果，是一条东方文化所固有的隐性动态变化规律。

近代有人将《黄帝内经》之于中医的关系与库恩（Thomas Kuhn 1922 ~ 2001）的“范式”、拉卡托斯（Imre Lakatos 1922 ~ 1974）的“研究纲领”和拉瑞·劳丹（Larry Laudan，1941 ~ ）的“研究传统”相比。就可比性而言，或许拉瑞·劳丹（Larry Laudan，1941 ~ ）的“研究传统”相对还比较贴切。

美国科学哲学家拉瑞·劳丹（Larry Laudan，1941 ~ ）是科学历史主义的代表之一，他通过一系列著作和论文（尤其是《进步及其问题》一书）奠定了他的科学哲学新观点——科学进步理论。其主要观点认为，科学的合理性与科学的进步性密切相关，不是说科学的进步性在于不断接受最合理的理论，而是反过来，科学的合理性在于作出最进步的理论选择。关于“进步”，劳丹的将物质、精神条件的改善和道德的要求等全部剔除出去，进步只是“认识上的进步”，即科学在智力追求方面的进步。而科学的进步性就是解决问题的能力越来越增加。劳丹的理论一经提出，就引起了世界各国科学哲学界与科学史界的重视，尽管有不同见解存在，但人们都不能忽视劳丹的理论的重大影响力，他的理论使科学哲学及科学史的研究重新改换了一个角度。（美·拉瑞·劳丹《进步及其问题》）

劳丹认为，理论的两种类型之一是已经通过检验并具有普遍性的一组学说或假说，它所涉及的不只是单一理论，而是理论的整个系谱。这一系列理论则是“研究传统”。劳丹为“研究传统”下的定义是：“一个研究传统是关于一个研究领域中的实体和过程以及关于该领域中用来研究问题和构作理论的合适方法的一组总的假定。”研究传统的共同特征：（1）每一个研究传统都有若干具体理论；（2）每一个研究传统都显示出某些形而上学的方法论信条；（3）每一个研究传统都经历过若干不同的稳定阶段，并且一般有着相当长的历史。

与劳丹的理论对照，中医发展史中显然也存在着这样的“研究传统”。《黄帝内经》就奠定了这一“中医研究传统”。这一传统在形式上规定了它所采用的理论和中医学的方法。《黄帝内经》植根于中国传统文化，规定了中医的思维方法。在中国医学史上，从唐宋以后，《黄帝内经》的地位更加牢固，所有的理论创新都是在其基础上进行的，许多医家的学术观点也是以注释《黄帝内经》的形式公布的，《黄帝内经》的研究史就是一部中国医学史的缩影，离开了《黄帝内经》中国医学史就无从谈起。

**六、关于本书的编写**

面对祖先创出来、历史留下来、世代发展来、前人学过来、如今用得来的镇国、镇学之宝，面对如此浩瀚的知识大海，自豪和骄傲之余，人们应该有的、更多的是对以《黄帝内经》为轴心的祖国医学继承、发展的责任感、使命感和事业感，对《黄帝内经》的整理研究还需要不断的加大力度、加快进度、加强深度。国昌兴文、民富兴医，本书——《<黄帝内经>研究文献索引》，就是这种大形势下的产物。它是近百年来公开发表的研究《黄帝内经》论文的总目录，通过它基本可以达到鸟瞰《黄帝内经》学术研究状况的目的。根据文章的性质，我们把对《黄帝内经》学术的研究分为以下四个方面：

一是对《黄帝内经》的文献学研究，大致有2000篇文章。内容涉及对《黄帝内经》成书年代的考证、对版本及流传情况的考证、对注家注本的考证、对《黄帝内经》的语法文字学研究、对黄帝和岐伯的研究、对《黄帝内经》中一些名词及理论的考证、对《黄帝内经》研究方法的研究等。

二是对《黄帝内经》理论的研究，内容分量最大，大约有14000篇文章。主要包括了对阴阳五行理论的研究（400余篇），对藏象理论的研究（2600余篇），对针灸学的研究（近2300篇），对病因病机的研究（近1700篇），对诊断学的研究（500余篇），对治则治法的研究（近1500篇），对养生理论的研究（近1500篇），对运气及时间医学的研究（400余篇），对教学的研究（近700篇），对方药的研究（400余篇），对学术思想及理论体系的研究（近1500篇）等等。不难发现，研究较多、所占比重较大的部分的是对藏象理论、针灸学、病因病机、治则治法、养生理论等方面的内容。

对以上内容进行分析可以看出，对《黄帝内经》研究的方向是在动态中变化着的。以上世纪末本世纪初为分水岭，新中国成立后的50年，对藏象、针灸、诊断学、治法研究较多；而最近十年，研究的重点转向养生方面，论文数量较前50年增加了一倍多。这也是人民生活水平提高，对生存质量有了更高的要求，对身体健康更加关注的体现。

三是对《黄帝内经》的临床研究，包括两部分：第一部分是病证研究，对《黄帝内经》涉及到的各种病证进行研究，以及以《黄帝内经》理论对现代各种疾病进行分析研究，指导治疗，约有5000余篇文章。第二部分是临床应用研究，涉及广泛，内容全面，几乎涵盖了包括预防、治疗、护理等医疗的所有领域，本部分文章约7000余篇。

四是对《黄帝内经》的多学科及实验研究，内容较少，有700余篇文章。主要内容涉及《黄帝内经》与其他学科关系的研究，诸如《黄帝内经》与各家学说，《黄帝内经》与天文、地理、气象、物候、心理等各学科之间关系等。另外还包括对《黄帝内经》的实验研究，多为针灸、经络、腧穴方面的实验。

纵观全文，内容包罗万象，体裁五花八门，意义各不相同，是一幅全景式的反映《黄帝内经》学术成就和后世研究者聪明智慧的恢宏画卷。本书对各类目之下的文章，以发表时间的先后为序进行编排。每篇文章的末尾均注明原发表期刊（书籍）的名称、卷（期）数和起始页码，以便于读者核查。

由于研究《黄帝内经》的作者人数众多，发表的文章数量众多，发表的刊物也相当广泛，编者虽然尽了最大的努力，但有限的视野还是很难把所有的内容全数网络，遗漏是难以避免的事。另外，对于收入本书的3万多篇文章，编者能见到原文的只是其中的一小部分，大部分文章分类的依据，都是从对题目的理解而来的，也难免有偏颇之处。其他不尽如人意之处，也肯定存在，非常期望得到同道的指正和帮助，以在今后的修改中不断补充、完善，使之更好地服务于中医的教学、临床、科研，服务于中医药事业的振兴和发展。

编　者

2010. 7. 10 于中国中医科学院

# 目　录

# 一、《黄帝内经》文献研究

## （一）语法文字学研究

| | | | |
|---|---|---|---|
| 《黄帝内经太素》诊皮篇补证 | 井研廖平 | 国学荟编 | 1914,(10) |
| 释《素问》九州九窍之文 | 汪　东 | 雅言 | 1914,(11) |
| 《黄帝内经九卷》集注叙 | 黄以周 | 国学荟编 | 1915,(8) |
| 《黄帝内经素问》重校正叙 | 黄以周 | 国学荟编 | 1915,(8) |
| 致恽铁樵论宋本《素问》并及经文同异注家得失书 | 张山雷 | 三三医报 | 1923,(2):1 |
| 致恽铁樵论宋本《素问》并及经文同异注家得失书(续) | 张山雷 | 三三医报 | 1923,(3):1 |
| 俞曲园《内经》辨言序 | | 三三医报 | 1923,(6):3 |
| 师竹斋读书记:七损八益疏注之错解 | 祝天一 | 中医杂志(上海) | 1924,(12):1 |
| 《内经运气辑要》序 | | 三三医报 | 1925,(25):1 |
| 《内经运气辑要》序 | | 三三医报 | 1925,(25):2 |
| 《内经运气辑要》自序 | | 三三医报 | 1925,(25):3 |
| 《内经运气辑要》凡例 | | 三三医报 | 1925,(25):6 |
| 校正《黄帝内经太素》序 | 萧介青 | 三三医报 | 1925,(30):4 |
| 《黄帝内经太素》序 | 萧介青 | 三三医报 | 1925,(30):5 |
| 《黄帝内经太素》例言 | 萧介青 | 三三医报 | 1925,(30):6 |
| 二十种《内经》辩言校勘表 | 周　镇 | 三三医报 | 1925,(11):1 |
| 《素问》"泣"字释义 | 曹奚年 | 中医世界 | 1930,(6):26 |
| 论《素问》经文疑窦及诸注家同异得失 | 张寿颐 | 如皋医学报五周汇选 | 1930,(12):113 |
| 《内经·生气通天论》篇:"因于暑汗烦则喘喝静则多言体若燔炭汗出而散"释义 | 邓佀农 | 杏林医学月报 | 1935,(4):16 |
| 《内经》"东方生风……"之今释 | 秦又安 | 中医世界 | 1935,(6):38 |
| 释《素问》"九州九窍"之文 | 汪　东 | 中医新生命 | 1935,(6):4 |
| 序《黄帝内经太素补注》 | 陈立夫 | 光华医药杂志 | 1936,(10):59 |
| 《黄帝内经太素补注》序 | 刘震鋆 | 光华医药杂志 | 1936,(12):50 |
| "挟缨马刀"的补正 | 范行准 | 上海中医药杂志 | 1956,(2):45 |
| 《素问》译注 | 任应秋 | 中医杂志 | 1958,(1):62 |
| 《内经》考订 | 徐湘亭 | 江苏中医 | 1958,(1):29 |
| 《内经》考订(续) | 徐湘亭 | 江苏中医药 | 1958,(2):33 |
| 《素问》译注(续) | 任应秋 | 中医杂志 | 1958,(2):133 |
| 《内经》考订(续) | 徐湘亭 | 江苏中医药 | 1958,(3):33 |
| 《内经》考订(续) | 徐湘亭 | 江苏中医药 | 1958,(5):43 |
| 《灵枢·官针》篇浅释 | 李　鼎 | 上海中医药杂志 | 1958,(5):4 |
| 《素问》译注(续) | 任应秋 | 中医杂志 | 1958,(5):345 |
| 《素问》译注(续) | 任应秋 | 中医杂志 | 1958,(6):426 |

| | | | |
|---|---|---|---|
| 《内经》考订(续) | 徐湘亭 | 江苏中医药 | 1958,(7):37 |
| 《素问》译注(续) | 任应秋 | 中医杂志 | 1958,(8):568 |
| 学习《内经》对"壮火散气 少火生气"一节经文的一点体会 | 李书芳 | 中医杂志 | 1960,(5):62 |
| 《素问》"痎疟"注解考略 | 王士福 | 江西医药 | 1960,(10):41 |
| "关格"名义商榷 | 高晓山 | 江西中医药 | 1960,(11):44 |
| 对《内经辑要》几些条文注解的管见 | 林彦尹 | 福建中医药 | 1962,(3):25 |
| 对素问"二阳之病发心脾"解释的商榷 | 王士福 | 福建中医药 | 1962,(3):18 |
| 试从《内经》有关记载中探讨"神"的概念 | 陈泽霖等 | 上海中医药杂志 | 1962,(3):24 |
| 关于"丹胗"和"瘅"的引用问题 | 宋向元 | 中医杂志 | 1963,(7):17 |
| 《素问》误文旁证 | 徐湘亭 | 江苏中医药 | 1963,(8):32 |
| "髃骭骨"和"髃骬骨"略考 | 朱兴仁 | 中医杂志 | 1963,(9):33 |
| 对《素问》中若干句文及注解的我见 | 吴考槃 | 上海中医药杂志 | 1964,(7):29 |
| 《内经》析疑三则 | 李今庸 | 新中医 | 1977,(1):58 |
| 《内经》论治条文的八法归类 | 谭学林 | 贵阳中医学院学报 | 1979,(2):80 |
| 医经考异数则 | 邵冠勇 | 山东中医药大学学报 | 1979,(4):68 |
| "煎厥"注解商榷 | 程亦成 | 新中医 | 1979,(4):43 |
| 《内经》析疑二则 | 成肇智 | 湖北中医杂志 | 1980,(1):32 |
| 疏泄、条达源流考 | 何绍奇等 | 成都中医药大学学报 | 1980,(1):8 |
| 医学常用古文虚词解说(故、意、遂) | 张　远 | 云南中医学院学报 | 1980,(1):44 |
| 《内经》析义二题 | 田道正 | 山东中医药大学学报 | 1980,(3):47 |
| "开、阖、枢"与"关、阖、枢"辨 | 李　锄 | 上海中医药杂志 | 1980,(3):32 |
| 对所谓"是动"、"所生病"解释的一点商榷 | 李今庸 | 湖北中医杂志 | 1980,(3):26 |
| "道者圣人行之,愚者佩之"辨 | 肖佐桃 | 湖南中医学院学报 | 1980,(3):75 |
| 从马王堆汉墓医帛谈经络及"是动"、"所生"病候 | 郭兵权 | 山东中医药大学学报 | 1980,(4):19 |
| 《素问》通假字 100 例 | 刘静远 | 成都中医药大学学报 | 1980,(4):55 |
| 病机十九条有关条文之疑议 | 汪朋梅 | 江苏中医药 | 1980,(4):58 |
| 《灵枢经》析疑四则 | 李今庸 | 湖北中医杂志 | 1980,(5):1 |
| 《素问》错简 | 吴考槃 | 成都中医药大学学报 | 1980,(6):21 |
| 不可随意乱改引文 | 陈佐达 | 中医杂志 | 1980,(8):78 |
| 《内经》析疑一则 | 郭兵权 | 陕西中医学院学报 | 1981,(1):3 |
| 《素问》析疑四则 | 李今庸 | 浙江中医药大学学报 | 1981,(1):41 |
| 译字之差 | 刘沛然 | 中医杂志 | 1981,(1):79 |
| 谈谈医籍中的假借 | 赖任南 | 福建中医药 | 1981,(2):52 |
| "气增而久,天之由也"之我见——对《内经辑要》有关语译的商榷 | 周克家 | 江苏中医药 | 1981,(2):60 |
| 《黄帝内经素问》中的迭字 | 李　广 | 山东中医药大学学报 | 1981,(2):55 |
| 《内经》通借字十则 | 王筑民 | 中医杂志 | 1981,(2):50 |
| 《素问》衍误脱倒举例 | 郭霭春等 | 贵阳中医学院学报 | 1981,(3):4 |
| 《灵枢经》析疑三则 | 李今庸 | 湖北中医杂志 | 1981,(3):50 |
| 浅谈"象"和"脏象" | 方药中 | 辽宁中医杂志 | 1981,(3):7 |
| 《黄帝内经素问》校释后记 | 张灿玾等 | 山东中医药大学学报 | 1981,(3):55 |
| 《灵枢·本神》校释 | 阎惠涵 | 陕西中医学院学报 | 1981,(3):15 |
| 医说古文常用虚词解说(连载之十) | 张　远 | 云南中医学院学报 | 1981,(3):41 |
| "神乎神客在门"句读辨 | 惠　群 | 中医药学报 | 1981,(3):41 |
| 对《内经》中"隐曲"一词的探讨 | 孔令诩 | 广西中医药 | 1981,(4):14 |

| | | | |
|---|---|---|---|
| 《素问》衍误脱倒举例(下) | 郭霭春等 | 贵阳中医学院学报 | 1981,(4):45 |
| 一词多义(二) | 苏　礼 | 陕西中医 | 1981,(4):16 |
| 中医成语选释(《内经》部分) | 傅贞亮 | 陕西中医 | 1981,(4):47 |
| 《内经》"隐曲"一词辨析 | 苏　礼 | 陕西中医 | 1981,(4):44 |
| 《素问》析疑二则 | 李今庸 | 浙江中医药大学学报 | 1981,(4):47 |
| 《阴阳应象大论》疑义辨析 | 赵辉贤 | 浙江中医药大学学报 | 1981,(4):49 |
| 《内经》"喘"字含义析 | 顾玉龙 | 中医杂志 | 1981,(4):79 |
| 从《内经选读》某些章节的译文谈对古医经语译的意见 | 刘　兴 | 上海中医药杂志 | 1981,(5):36 |
| 《内经》词类活用浅析 | 蓝醒生 | 福建中医药 | 1981,(6):33 |
| 《素问》校释节选 | 朱广仁 | 江苏中医药 | 1981,(6):53 |
| 《内经》词义一得 | 申鸿砚 | 江苏中医药 | 1981,(6):31 |
| 《素问》疑义两则试析 | 孙玉龙 | 中医杂志 | 1981,(6):79 |
| 古医籍绎注要重视训诂 | 刘奕超 | 中医杂志 | 1981,(6):78 |
| 引用原文应核实 | 刘　君 | 中医杂志 | 1981,(7):80 |
| 浅谈《内经选读》的义训举隅 | 高光震 | 中医杂志 | 1981,(9):45 |
| 素问衍文 | 吴考槃 | 中医杂志 | 1981,(10):4 |
| 识破借字读本字——古音通假说略 | 严振海 | 上海中医药杂志 | 1981,(12):36 |
| "各有所发"析疑 | 符友丰 | 中医杂志 | 1981,(12):72 |
| 《内经》析疑 | 谢浴凡 | 四川中医 | 1982,(00):13 |
| 何谓"不得隐曲" | 李孔定 | 成都中医药大学学报 | 1982,(1):83 |
| 《内经》通借字例说 | 王筑民 | 贵阳中医学院学报 | 1982,(1):42 |
| 《内经》"官"字小议 | 成肇智 | 湖北中医杂志 | 1982,(1):57 |
| 《素问》"女子七七"、"男子八八"解 | 李今庸 | 湖北中医杂志 | 1982,(1):31 |
| "天癸至"析 | 龚仕明 | 江苏中医药 | 1982,(1):54 |
| 医经考异五则 | 邵冠勇 | 山东中医药大学学报 | 1982,(1):44 |
| 一词多义(三) | 苏　礼 | 陕西中医 | 1982,(1):8 |
| 词汇特点宜有知——古汉语构词法简述 | 严振海 | 上海中医药杂志 | 1982,(1):38 |
| 对《内经选读·生气通天论》部分注解的看法 | 汪泽华 | 浙江中医药大学学报 | 1982,(1):49 |
| 《黄帝内经集解》序例 | 龙伯坚 | 中南大学学报(医学版) | 1982,(1):3 |
| 《生气通天》三字训 | 刘文龙 | 吉林中医药 | 1982,(2):50 |
| "本"、"末"辨 | 王三虎 | 山东中医药大学学报 | 1982,(2):55 |
| 《黄帝灵枢经叙》释译 | 傅贞亮等 | 陕西中医 | 1982,(2):30 |
| 《内经》析义二则 | 胡永年 | 陕西中医 | 1982,(2):24 |
| 对《内经》中"泣""佩"注解辨 | 张　吉 | 中医药学报 | 1982,(2):23 |
| 医古文讲座——第二讲《内经·素问》注序的译注 | 陈开运 | 北京中医 | 1982,(2):53 |
| 《素问》中"胕""胕肿"试释 | 孙庆甫 | 贵阳中医学院学报 | 1982,(3):42 |
| 虚字"之"的一种特殊用法——《内经》"为之名"结构"之"作"其"小议 | 陈贻庭 | 福建中医药 | 1982,(3):53 |
| 《素问》"肾为嚏"质疑 | 王清海 | 湖北中医杂志 | 1982,(3):34 |
| 《素问》命名异释 | 韩葆贤 | 吉林中医药 | 1982,(3):64 |
| 《内经》析疑四则 | 凌耀星 | 上海中医药杂志 | 1982,(3):3 |
| 中医古典医籍问题解答(三) | | 江西中医药 | 1982,(3):62 |
| 关于《内经》注疏和错简中的几个问题 | 王明辉 | 安徽中医学院学报 | 1982,(4):35 |
| 《内经》摘文译析 | 吴缉庵 | 福建中医药 | 1982,(4):44 |
| 《素问》析疑三则 | 李今庸 | 湖北中医杂志 | 1982,(4):40 |
| 略谈《内经选读》中几个虚词的用法 | 黄长捷 | 陕西中医学院学报 | 1982,(4):52 |

| | | | |
|---|---|---|---|
| 莫将“未病”作“无病”——简谈古汉语的词义 | 唐　耀 | 上海中医药杂志 | 1982,(4):42 |
| 试论《内经》的训诂与校勘 | 徐湘亭 | 上海中医药杂志 | 1982,(4):34 |
| “是动、所生病”析 | 许英章 | 中医杂志 | 1982,(4):77 |
| 《素问》中名词活用作动词的辨识和翻译 | 华铁峰等 | 山东中医药大学学报 | 1982,(4):64 |
| 《内经》韵语初探 | 李　鼎 | 山东中医药大学学报 | 1982,(4):68 |
| 古典医籍通借字字典 | 王　琦等 | 陕西中医 | 1982,(4):25 |
| 《汤液醪醴论》析疑三则 | 孙玉龙 | 中医杂志 | 1982,(5):79 |
| 古典医籍通借字字典(二) | 王　琦等 | 陕西中医 | 1982,(5):27 |
| 《黄帝内经素问析义》选登　调经论第六十二 | 傅贞亮 | 陕西中医学院学报 | 1982,(5):1 |
| “一”字之解 | 郭敏厚 | 陕西中医学院学报 | 1982,(6):42 |
| 《内经选读》涩词音义及难句语法集解(一) | 黄长捷 | 陕西中医学院学报 | 1982,(6):34 |
| 通假字概说 | 高纪武 | 陕西中医学院学报 | 1982,(6):28 |
| 《内经选读》涩词音义及难句语法集解(一) | 黄长捷 | 现代中医药 | 1982,(6):34 |
| 通假字概说 | 高纪武 | 现代中医药 | 1982,(6):28 |
| 古典医籍通借字字典(三) | 王　琦等 | 陕西中医 | 1982,(6):35 |
| 中医成语选释(续二) | 傅贞亮 | 陕西中医 | 1982,(6):29 |
| “一”字之解 | 郭敏厚 | 现代中医药 | 1982,(6):42 |
| 《素问》厘定 | 吴考槃 | 中医杂志 | 1982,(8):67 |
| 古音通假三百例(二) | 李文彬等 | 辽宁中医杂志 | 1982,(8):48 |
| 略谈“所以”在《内经》中的应用 | 赵振国 | 中医杂志 | 1982,(9):55 |
| 医古文数词表示法述例 | 段逸山 | 上海中医药杂志 | 1982,(11):42 |
| “虫”与“痛”的古音通假——和李文彬等同志商榷 | 肖进顺等 | 辽宁中医杂志 | 1982,(12):25 |
| 《素问》解疑三则 | 李今庸 | 安徽中医学院学报 | 1983,(1):7 |
| 《素问》刊定 | 吴考盘 | 辽宁中医杂志 | 1983,(1):9 |
| 古典医籍通借字字典(四) | 陈　庚等 | 陕西中医 | 1983,(1):29 |
| “七损八益”小考 | 舒有艺 | 陕西中医 | 1983,(1):40 |
| 《素问·气交变大论》中“变星”问题的探讨 | 郝保华 | 陕西中医学院学报 | 1983,(1):47 |
| “毒”义浅释 | 沈世绩 | 天津中医学院学报 | 1983,(1):15 |
| 《内经选读》涩词音义及难句语法集解(二) | 黄长捷 | 现代中医药 | 1983,(1):47 |
| 谈医古文翻译 | 毛节成 | 浙江中医药大学学报 | 1983,(1):44 |
| 有关《内经》疑句辨析举例 | 王桐龄 | 黑龙江中医药 | 1983,(2):62 |
| 如何理解“隐曲”在《内经》中的涵义 | 黄海龙 | 江西中医药 | 1983,(2):65 |
| 古音通假三百例(五) | 李书田等 | 辽宁中医杂志 | 1983,(2):39 |
| 关于《黄帝内经》若干问题义训之浅见 | 温长路 | 山东中医药大学学报 | 1983,(2):40 |
| 穴名释义(二) | 张善忱 | 山东中医药大学学报 | 1983,(2):31 |
| 中医成语选释(续三) | 傅贞亮 | 陕西中医 | 1983,(2):41 |
| 古典医籍通借字字典(五) | 陈　庚等 | 陕西中医 | 1983,(2):43 |
| 略论医古文实词动化的特殊规律 | 黄长捷 | 陕西中医学院学报 | 1983,(2):55 |
| “隐曲”小考 | 童小林 | 皖南医学院学报 | 1983,(2):90 |
| 直译《素问》注文二则 | 王建公 | 现代中医药 | 1983,(2):45 |
| “行气于府府精神明”浅析 | 张喜德 | 现代中医药 | 1983,(2):34 |
| 实词活用浅析(二) | 方文辉 | 新中医 | 1983,(2):51 |
| 《内经选读》若干问题之管见 | 温长路 | 河南中医 | 1983,(3):12 |
| 吴棹仙老师关于“閅”字的考证 | 唐玉枢 | 成都中医药大学学报 | 1983,(3):71 |
| 《黄帝内经》揭疑三则 | 李今庸 | 吉林中医药 | 1983,(3):44 |
| 《素问》析疑一则 | 杨跃进 | 山东中医药大学学报 | 1983,(3):11 |

| | | | |
|---|---|---|---|
| 古典医籍通借字字典(六) | 陈　庚等 | 陕西中医 | 1983,(3):37 |
| 句中词义的确定 | 陈增英 | 新中医 | 1983,(3):55 |
| 古医籍数量词例谈 | 张东达 | 现代中医药 | 1983,(3):35 |
| 《内经》小识受如持虚 | 邓建钢 | 成都中医药大学学报 | 1983,(4):4 |
| 中医古籍的实词活用 | 王绍增 | 黑龙江中医药 | 1983,(4):69 |
| 《内经》"厥"字浅识 | 张启贤 | 湖北中医杂志 | 1983,(4):52 |
| 如何理解"水精四布,五经并行" | 黄海龙 | 江西中医药 | 1983,(4):65 |
| 中医古籍形训例说 | 王筑民 | 南京中医药大学学报(自然科学版) | 1983,(4):54 |
| 从临文避复谈"阳生阴长,阳杀阴藏" | 崔伯瑛 | 山东中医药大学学报 | 1983,(4):47 |
| 古代中医文献中的避讳 | 孙溥泉 | 山东中医药大学学报 | 1983,(4):54 |
| 对"壮火之气衰"等句的语释 | 张祖耀 | 山东中医药大学学报 | 1983,(4):51 |
| 古典医籍通借字字典(七) | 陈　庚等 | 陕西中医 | 1983,(4):47 |
| 《内经》训诂释例举隅 | 黄长捷 | 陕西中医学院学报 | 1983,(4):39 |
| "膏肓"还是"膈肓" | 李　鼎 | 上海中医药杂志 | 1983,(4):40 |
| 《素问》篇题刍议二则 | 申鸿砚 | 中医杂志 | 1983,(4):79 |
| 《灵枢·经别》篇有"病之所以起"和"工之所止也"两句话,其中起止两字应如何理解? | 胡树人 | 中医杂志 | 1983,(4):67 |
| 古音通假三百例(五) | 李书田等 | 辽宁中医杂志 | 1983,(5):49 |
| 古典医籍通借字字典(八) | 陈　庚等 | 陕西中医 | 1983,(5):47 |
| 千变万化　必有其踪——简谈古汉语的词类活用(上) | 刘伯卓 | 上海中医药杂志 | 1983,(5):40 |
| 对《内经选读》中几句经文语译之不同看法 | 覃德英 | 广西中医药 | 1983,(6):48 |
| 《内经》析义三则 | 胡永年 | 湖北中医杂志 | 1983,(6):45 |
| 古音通假三百例(六) | 李书田等 | 辽宁中医杂志 | 1983,(6):46 |
| 《内经》条文辨析三则 | 牛东生等 | 青海医药杂 | 1983,(6):48 |
| 古典医籍通借字字典(九) | 陈　庚等 | 陕西中医 | 1983,(6):43 |
| 中医古籍词义辨析刍议(一) | 黄长捷 | 现代中医药 | 1983,(6):46 |
| 医古文部分——凝固结构 | 陈增英 | 新中医 | 1983,(6):42 |
| 条达考 | 何绍奇 | 中医药学报 | 1983,(6):33 |
| 杨注"更虚更实,更逆更从"失真 | 王长荣 | 中医杂志 | 1983,(6):80 |
| 古音通假三百例(八) | 李书田等 | 辽宁中医杂志 | 1983,(7):46 |
| "四支者,诸阳之本"疏证 | 苏　礼等 | 上海中医药杂志 | 1983,(7):43 |
| 《素问》若干字义解惑 | 赵辉贤 | 上海中医药杂志 | 1983,(7):38 |
| 古音通假三百例(八) | 李书田等 | 辽宁中医杂志 | 1983,(8):45 |
| 《黄帝内经素问》"劳"字考释 | 杨孝麒 | 上海中医药杂志 | 1983,(8):43 |
| 古音通假三百例(九) | 李书田等 | 辽宁中医杂志 | 1983,(9):49 |
| 古代医学文献引用中的常见错误例析 | 茅　晓 | 辽宁中医杂志 | 1983,(9):44 |
| 《内经》若干名词考证 | 徐湘亭 | 上海中医药杂志 | 1983,(9):37 |
| 有关古医籍中几个词解问题之意见 | 黄仲暲 | 上海中医药杂志 | 1983,(9):40 |
| 医古文中某些副词的用法 | 唐　耀 | 上海中医药杂志 | 1983,(10):42 |
| 纷纭不息探气义——浅析《内经》中"气"的含义 | 方肇勤 | 上海中医药杂志 | 1983,(11):40 |
| "胠"在胁下议 | 荣文舟 | 中医杂志 | 1983,(11):80 |
| 古音通假三百例(十) | 李书田等 | 辽宁中医杂志 | 1983,(12):31 |
| 《灵枢·骨度》新校勘三则 | 李　锄 | 上海中医药杂志 | 1983,(12):39 |
| 浅谈医古文词汇(续一) | 张占元 | 河北中医 | 1984,(1):59 |
| 《素》《灵》管窥一则 | 胡天雄 | 湖南中医学院学报 | 1984,(1):49 |

| | | | |
|---|---|---|---|
| 读《素问》几则小议 | 任继学 | 吉林中医药 | 1984,(1):3 |
| 《灵枢》多音义词释五例 | 田道正 | 山东中医药大学学报 | 1984,(1):58 |
| "喧宾夺主"总"是"宾"——古汉语特殊语序述要 | 严振海 | 上海中医药杂志 | 1984,(1):44 |
| 谈医学专业性质之校雠训诂 | 赵恩俭 | 天津中医学院学报 | 1984,(1):33 |
| 中医古籍词义辨析刍议(续) | 黄长捷 | 现代中医药 | 1984,(1):52 |
| 也谈《内经知要》一段引文 | 张挹芳 | 中医杂志 | 1984,(1):79 |
| 浅谈医古文词汇(续二) | 张占元 | 河北中医 | 1984,(2):55 |
| "真气"一词在《内经》中不止六见 | 陈 钢等 | 山东中医药大学学报 | 1984,(2):20 |
| 古韵训诂类书在校勘中的意义与运用 | 钱超尘 | 中医杂志 | 1984,(2):66 |
| 医古文讲座 《内经》重言(上) | 郑孝昌等 | 成都中医药大学学报 | 1984,(3):49 |
| "胕"字释义 | 孙庆甫 | 辞书研究 | 1984,(3):169 |
| 《内经》"刺络"疗法条文选释 | 刘明义 | 贵阳中医学院学报 | 1984,(3):55 |
| 《内经》"颈脉动"释 | 项 平 | 江苏中医药 | 1984,(3):64 |
| 古音通假三百例 | 李书田等 | 辽宁中医杂志 | 1984,(3):50 |
| 中医成语选释(《内经》部分续五) | 傅贞亮等 | 陕西中医 | 1984,(3):40 |
| 谈谈《黄帝内经》中的互文 | 包来发 | 中华中医药学刊 | 1984,(3):141 |
| "夺其食"质疑 | 王子谟 | 中医杂志 | 1984,(3):79 |
| 《内经》重言(下) | 郑孝昌等 | 成都中医药大学学报 | 1984,(4):45 |
| 《内经选读》词义小训 | 李 戎 | 成都中医药大学学报 | 1984,(4):44 |
| 《素问·生气通天论》原文析义四则 | 熊继柏 | 吉林中医药 | 1984,(4):44 |
| 古音通假三百例 | 李书田等 | 辽宁中医杂志 | 1984,(4):49 |
| 释"偏沮" | 祁天寿 | 南京中医药大学学报(自然科学版) | 1984,(4):52 |
| 中医成语选释(《内经》部分续六) | 傅贞亮等 | 陕西中医 | 1984,(4):32 |
| 从《帛书经脉》看"是动、所生病" | 张登部 | 上海针灸杂志 | 1984,(4):30 |
| 关于《灵枢·决气》一段经文的诠释 | 徐安金等 | 四川中医 | 1984,(4):9 |
| 中医汉字辨淆 | 刘联群 | 四川中医 | 1984,(4):42 |
| 谈《内经》中的特殊词序——三种宾语前置句式 | 徐 珊 | 浙江中医学院学报 | 1984,(4):44 |
| 古音通假三百例 | 李书田等 | 辽宁中医杂志 | 1984,(5):50 |
| 中医成语选释(续七) | 张登本 | 陕西中医 | 1984,(5):35 |
| 《内经》词语解释 | 高光震 | 吉林中医药 | 1984,(6):41 |
| "譱"证析 | 郑大正 | 江西中医药 | 1984,(6):6 |
| 中医成语选释(《内经》部分续八) | 张登本 | 陕西中医 | 1984,(6):40 |
| "薄""搏"不通 | 刘联群 | 四川中医 | 1984,(6):48 |
| 试论《内经》语句中的省略成份 | 符友丰 | 浙江中医学院学报 | 1984,(6):47 |
| "炅"与"热" | 李 鼎 | 中医杂志 | 1984,(6):79 |
| 中医成语解释(续八) | 杨世兴 | 陕西中医 | 1984,(7):40 |
| 据韵订正 | 逸 山 | 上海中医药杂志 | 1984,(7):43 |
| "虚"与"虚邪"小议 | 刘 毅 | 中医杂志 | 1984,(7):79 |
| 中医成语选释(续九) | 杨世兴 | 陕西中医 | 1984,(8):43 |
| 中医成语选释(续十) | 杨世兴 | 陕西中医 | 1984,(11):42 |
| 《素问》若干字义解惑 | 赵辉贤 | 上海中医药杂志 | 1984,(11):39 |
| 读医经要辨别古字意义 | 徐湘亭 | 上海中医药杂志 | 1984,(11):37 |
| 《灵枢》"经络"词义浅析 | 严健民 | 中医杂志 | 1984,(11):79 |
| "春三月,此谓发陈"的"发"应如何解释? | 吕秉人 | 中医杂志 | 1984,(11):65 |
| 省略漫议 | 段逸山 | 上海中医药杂志 | 1984,(12):40 |

| | | | |
|---|---|---|---|
| 关于《内经》中几个词语的解释 | 周一谋 | 湖南中医学院学报 | 1984,(Z1):91 |
| 阐释医理之训诂举例 | 王筑民 | 贵阳中医学院学报 | 1985,(1):32 |
| 《内经》"重言词"浅释(上) | 夏学传 | 吉林中医药 | 1985,(1):36 |
| 《素问》校勘举例 | 郭霭春等 | 天津中医学院学报 | 1985,(1):18 |
| 中医古籍的为动用法 | 王绍增 | 中医药学报 | 1985,(1):52 |
| 《灵枢·本神》析疑一则 | 栗锦迁 | 承德医学院学报 | 1985,(2):59 |
| 《内经》"互文""倒置"义训举隅 | 胡永年 | 黑龙江中医药 | 1985,(2):49 |
| 《内经》"重言词"浅释(下) | 夏学传 | 吉林中医药 | 1985,(2):48 |
| 《素问》释疑一则 | 许永贵 | 吉林中医药 | 1985,(2):47 |
| "指"、"趾"辨 | 刘　辉 | 南京中医药大学学报(自然科学版) | 1985,(2):48 |
| "传"应作"傅" | 刘联群 | 四川中医 | 1985,(2):32 |
| 《内经》"噫"字辨析 | 王官惠 | 湖北中医杂志 | 1985,(3):40 |
| 《内经》训诂初探(上) | 罗荣汉 | 吉林中医药 | 1985,(3):43 |
| 《"黄帝内经"类析》序 | 方药中 | 内蒙古中医药 | 1985,(3):29 |
| 《内经》修辞研究——比喻、对偶及排比 | 班兆贤 | 山东中医药大学学报 | 1985,(3):26 |
| 《黄帝内经素问》校注 | 天津中医学院《素问》整理研究课题组 | 天津中医学院学报 | 1985,(3):35 |
| "清""凊"辨 | 高伯正 | 天津中医药 | 1985,(3):46 |
| 医籍声训二百例 | 崔仲平 | 新疆中医药 | 1985,(3):45 |
| 对《内经》"七损八益"王冰注释之我见 | 刘士俊 | 新疆中医药 | 1985,(3):1 |
| 关于《素问》中的通假字 | 高越敏 | 浙江中医药大学学报 | 1985,(3):41 |
| 《素问》平易之词误注辨正四则 | 王石成 | 广西中医药 | 1985,(4):34 |
| 对《对〈内经选读〉中几句经文语译之不同看法》的看法 | 夏黎明等 | 广西中医药 | 1985,(4):48 |
| 《灵枢经》通借字例说 | 刘　辉 | 贵阳中医学院学报 | 1985,(4):49 |
| 《灵枢经》后沃沫释 | 邹淑凡等 | 黑龙江中医药 | 1985,(4):13 |
| 《内经》训诂初探(下) | 罗荣汉 | 吉林中医药 | 1985,(4):40 |
| 《灵枢经脉》"骨为干"十五字异校异释 | 高伯正 | 山西中医 | 1985,(4):35 |
| 就《灵枢·骨度》背骨段校勘问题与李锄先生商讨 | 刘衡如 | 上海中医药杂志 | 1985,(4):4 |
| "者""所"结构一览 | 段逸山 | 上海中医药杂志 | 1985,(4):44 |
| "减"疑为"滅" | 刘联群 | 四川中医 | 1985,(4):32 |
| 《素问》校读札记 | 高文柱等 | 天津中医药 | 1985,(4):41 |
| 谈"疾"和"病" | 郭　池 | 现代中医药 | 1985,(4):36 |
| 医籍声训二百例(续) | 崔仲平 | 新疆中医药 | 1985,(4):57 |
| 《灵枢经》厘定 | 吴考槃 | 新中医 | 1985,(4):1 |
| 名词活用为动词的识别与翻译(一) | 张洪林 | 中医药学刊 | 1985,(4):412 |
| 《内经选读》释疑(一) | 赵明山 | 中医药学刊 | 1985,(4):418 |
| 《内经》"逆""从"释 | 张据芳 | 北京中医 | 1985,(5):16 |
| 《内经》析疑一则 | 陆严心 | 广西中医药 | 1985,(5):46 |
| 《素问》若干字义解惑(三) | 赵辉贤 | 上海中医药杂志 | 1985,(5):43 |
| 古医书引经之误 | 逸　山 | 上海中医药杂志 | 1985,(5):45 |
| 《素问》一段重要经文的重新认识 | 刘方柏等 | 四川中医 | 1985,(5):2 |
| 《帛书》"冶"与《内经》"冶" | 孙启明 | 中医杂志 | 1985,(5):78 |
| "前曲后居"解 | 王石成 | 吉林中医药 | 1985,(6):35 |
| 《灵枢》"烟垢"小议 | 丁诗国 | 吉林中医药 | 1985,(6):35 |
| "能"误"愈"借 | 刘联群 | 四川中医 | 1985,(6):39 |

| | | | |
|---|---|---|---|
| 直译《黄帝内经素问注》序(1) | 梁正宝 | 现代中医药 | 1985,(6):40 |
| 《内经》辨析二则 | 孟庆云 | 浙江中医药大学学报 | 1985,(6):12 |
| 《医古文》疑难词句解析(一) | 李书田 | 中医药学刊 | 1985,(6):494 |
| 《内经选读》纲要(一) | 郑洪新 | 中医药学刊 | 1985,(6):510 |
| 《内经选读》释疑(二) | 赵明山 | 中医药学刊 | 1985,(6):512 |
| 《内经》释误五例 | 徐湘亭 | 江苏中医药 | 1985,(7):39 |
| 五行寓于阴阳中——《素问·宝命全形论》节译 | 谢浴凡 | 上海中医药杂志 | 1985,(7):40 |
| 中医训诂学(一) | 薛凤奎 | 辽宁中医杂志 | 1985,(8):47 |
| 《素问·痿论》训诂札记 | 符友丰 | 陕西中医 | 1985,(8):370 |
| 中医训诂学(二) | 薛凤奎 | 辽宁中医杂志 | 1985,(9):43 |
| 医古文"一"字两解 | 王惠明 | 陕西中医 | 1985,(10):465 |
| "愈"借作"郁" | 刘联群 | 四川中医 | 1985,(11):8 |
| 以经络学说解释《内经》经文二例 | 赖显荣 | 中医杂志 | 1985,(11):75 |
| 《素问》三则译释 | 邹　刚 | 辽宁中医杂志 | 1985,(12):45 |
| 《内经》中的重叠词辑释 | 王云飞等 | 甘肃中医学院学报 | 1986,(00):50 |
| "环"字小考 | 洛　雨 | 吉林中医药 | 1986,(1):41 |
| 《灵枢》三则译释 | 邹　刚 | 辽宁中医杂志 | 1986,(1):45 |
| 古医籍中的词类活用 | 贾治中 | 山西中医 | 1986,(1):50 |
| 利用旧注辨析《内经》疑义之管见 | 黄长捷 | 陕西中医 | 1986,(1):37 |
| 《素问》中"之"字用法浅议 | 张东达 | 陕西中医学院学报 | 1986,(1):45 |
| 《识破借字读本字》商榷一则 | 刘　辉 | 上海中医药杂志 | 1986,(1):34 |
| 古医籍中的"反训"举隅 | 刘玉书 | 中医药学报 | 1986,(1):42 |
| 《内经讲义》译注 | 邹　刚等 | 中医药学刊 | 1986,(1):548 |
| 《内经》中古音通假浅谈 | 王义成等 | 湖北中医杂志 | 1986,(2):46 |
| "阴精所奉其人寿"原义考析 | 胡天雄 | 湖南中医学院学报 | 1986,(2):7 |
| 《内经》本文训诂初探(上) | 崔仲平 | 吉林中医药 | 1986,(2):38 |
| 《内经》"过"字含义及用法举隅 | 郭春德 | 江苏中医药 | 1986,(2):31 |
| "髎"与"窌" | 李　鼎 | 上海针灸杂志 | 1986,(2):43 |
| 依辞格勘误 | 逸　山 | 上海中医药杂志 | 1986,(2):43 |
| 医籍译释应注重虚词——评目前通行的几本译释本中虚词的疏误 | 荣　鸿 | 上海中医药杂志 | 1986,(2):42 |
| "祝由"辨析 | 张新渝 | 成都中医药大学学报 | 1986,(3):9 |
| 《内经》辨析三则 | 谷铁光等 | 福建中医药 | 1986,(3):61 |
| "有所失亡　所求不得"之辨析 | 刘应柯 | 国医论坛 | 1986,(3):51 |
| 医籍训诂举隅(一) | 胡止犀 | 湖北中医杂志 | 1986,(3):40 |
| 《内经》原文辨释二则 | 熊继柏 | 湖南中医杂志 | 1986,(3):33 |
| 《内经》本文训诂初探(下) | 崔仲平 | 吉林中医药 | 1986,(3):39 |
| "一"字琐谈 | 韩　文 | 青海医药杂志 | 1986,(3):67 |
| 《内经》"精"字含义析 | 王武华 | 青海医药杂志 | 1986,(3):66 |
| 古医籍中的词类活用 | 贾治中 | 山西中医 | 1986,(3):54 |
| 瘛、瘈辨析 | 杨金炉 | 四川中医 | 1986,(3):51 |
| 《内经》论妇科原文蠡测 | 哈孝贤 | 天津中医药 | 1986,(3):35 |
| 《内经》字义辨析 | 袁思芳 | 新疆中医药 | 1986,(3):18 |
| 《内经讲义》译注(续) | 蔡如岩等 | 中医药学刊 | 1986,(3):634 |
| 难字认读(二) | 杜锋文 | 中医药学刊 | 1986,(3):669 |
| 《素问》"必齐"议 | 肖国钢 | 中医药研究杂志 | 1986,(3):39 |

| | | | |
|---|---|---|---|
| 医林训诂琐记 | 宋子然 | 成都中医药大学学报 | 1986,(4):41 |
| 《内经》通借字读释 | 王筑民 | 贵阳中医学院学报 | 1986,(4):23 |
| 医籍训诂举隅(二) | 胡止犀 | 湖北中医杂志 | 1986,(4):37 |
| 《内经》"以象之谓"疏义 | 王庆其 | 上海中医药杂志 | 1986,(4):35 |
| 《黄帝内经太素》缺卷校注 | 王玉兴等 | 天津中医学院学报 | 1986,(4):35 |
| 标格资于诂训 | 高越敏等 | 浙江中医学院学报 | 1986,(4):42 |
| 《医古文》疑难词句解析(三) | 李书田 | 中医药学刊 | 1986,(4):690 |
| "不"字用法小议 | 翟亚春等 | 中医药学刊 | 1986,(4):689 |
| 《内经讲义》译注(续) | 赵明山等 | 中医药学刊 | 1986,(4):679 |
| 医籍训诂举隅(三) | 胡止犀 | 湖北中医杂志 | 1986,(5):45 |
| 腹腔穿刺术小考 | 郑少祥 | 湖北中医杂志 | 1986,(5):51 |
| 《内经》难句析疑——对"因于寒,欲如运枢"句之探讨 | 陈　农 | 上海中医药杂志 | 1986,(5):36 |
| 略论避讳字与中医理论的科学性——再论避讳字的校勘 | 何爱华 | 中医药学报 | 1986,(5):13 |
| 《内经讲义》译注(续) | 邹　刚等 | 中医药学刊 | 1986,(5):728 |
| "佩"的书证和词义 | 刘　辉 | 辞书研究 | 1986,(6):146 |
| 全身之"府"辑注 | 张智民 | 现代中医药 | 1986,(6):55 |
| "补泻无形,谓之同精"析义 | 赵京生 | 江苏中医药 | 1986,(7):31 |
| 《内经》有关妇产科条文阐释 | 罗元恺 | 新中医 | 1986,(8):43 |
| 略谈《内经》比拟法的运用 | 张民安 | 陕西中医 | 1986,(10):449 |
| 《素问》"必齐"解 | 宗全和等 | 中医杂志 | 1986,(10):66 |
| 《素问》释音考 | 黄龙祥 | 中医杂志 | 1986,(10):68 |
| 《不失人情论》译释 | 陈增英 | 新中医 | 1986,(11):44 |
| 《内经》"十六部"解 | 牛兵占 | 四川中医 | 1986,(12):5 |
| 《黄帝内经》中的互文见义 | 凌耀星 | 天津中医学院学报 | 1986,(Z1):29 |
| 《黄帝内经素问》释疑数则 | 王士福 | 天津中医学院学报 | 1986,(Z1):27 |
| 《内经》本文训诂初探 | 崔仲平 | 天津中医学院学报 | 1986,(Z1):95 |
| 林亿《素问》校勘与训诂之研究 | 高文柱 | 天津中医学院学报 | 1986,(Z1):50 |
| 《太素》杨上善注反切的勘误 | 宫川浩也等 | 天津中医学院学报 | 1986,(Z1):70 |
| 《内经》中的重叠词辑释(二) | 王云飞等 | 甘肃中医学院学报 | 1987,(1):55 |
| 《素问》中"都"义说略 | 贾洪宝 | 国医论坛 | 1987,(1):27 |
| 病所"远近"解 | 祁天寿 | 江苏中医药 | 1987,(1):47 |
| 《素问》一则管窥 | 余若江 | 实用中医药杂志 | 1987,(1):43 |
| "白汗"当是"自汗"——《内经》"真虚痟心,厥气留薄,发为白汗"新探 | 刘联群 | 四川中医 | 1987,(1):17 |
| 中医典籍中的音韵问题 | 明　德 | 西北民族大学学报(哲学社会科学版) | 1987,(1):51 |
| 医古文常见通假字归类阐释与疑义辨正 | 黄长捷 | 现代中医药 | 1987,(1):1 |
| 任督二脉穴名解诂 | 宋书功 | 新疆中医药 | 1987,(1):57 |
| 《灵枢·热病》篇首错简说之质疑 | 于璟玲 | 中医杂志 | 1987,(1):68 |
| 正"膜"之义 | 刘晓庄等 | 中医杂志 | 1987,(1):67 |
| 《内经》"逆从"与《太素》"逆顺"考 | 吴润秋 | 成都中医药大学学报 | 1987,(2):12 |
| 《内经》中的重叠词辑释(三) | 王云飞等 | 甘肃中医学院学报 | 1987,(2):40 |
| 奇经八脉名义考 | 王克勤 | 黑龙江中医药 | 1987,(2):9 |
| 《内经》中通借字例释 | 张振廷 | 牡丹江医学院学报 | 1987,(2):128 |
| 《内经》析疑三则 | 王　平 | 内蒙古中医药 | 1987,(2):47 |
| "泾溲不利"释 | 刘爱民 | 上海中医药杂志 | 1987,(2):43 |

| | | | |
|---|---|---|---|
| 《黄帝内经》句读质疑 | 凌耀星 | 天津中医学院学报 | 1987,(2):4 |
| 任督二脉穴名解诂(续) | 宋书功 | 新疆中医药 | 1987,(2):50 |
| 《内经》注释辨疑 | 潘远根 | 浙江中医学院学报 | 1987,(2):38 |
| "所"字小议 | 孙慧菊 | 中医药学刊 | 1987,(2):5 |
| 对吴昆改《素问·生气通天论》中一经文的看法 | 蔡　旭 | 安徽中医学院学报 | 1987,(3):57 |
| "三焦"即"三交"辨 | 陈守中 | 甘肃中医学院学报 | 1987,(3):22 |
| 对《素问·风论》泄风一段的厘定 | 阎晓天等 | 国医论坛 | 1987,(3):56 |
| 医古文常见误译例析 | 盛　良 | 南京中医药大学学报(自然科学版) | 1987,(3):58 |
| 《内经》同源字举隅 | 郑邦本 | 实用中医药杂志 | 1987,(3):37 |
| 医古文选译(原文略) | 罗荣汉 | 实用中医药杂志 | 1987,(3):52 |
| "罢极之本"考释 | 刘力红 | 成都中医药大学学报 | 1987,(4):37 |
| "溱溱"词义蠡测 | 赖显荣 | 实用中医药杂志 | 1987,(4):40 |
| "痓"与"痉"辨析 | 张工彧 | 四川中医 | 1987,(4):4 |
| 中医古典医籍虚词释例(一) | 王洪聪等 | 中医药学刊 | 1987,(4):10 |
| "气穴"、"气府"、"骨空"义辨 | 汪卫东 | 黑龙江中医药 | 1987,(5):34 |
| 《黄帝内经明堂》佚文考略 | 黄龙祥 | 中华中医药杂志 | 1987,(5):35 |
| 如何理解"壅遏营气,令无所避,是谓脉"? | 吴南民 | 中医药学刊 | 1987,(5):47 |
| "尾翳"考异 | 李轩锦 | 福建中医药 | 1987,(6):59 |
| 痈、疽、痤、疡、疱——古代一组中医同义词辨析 | 林　楠 | 吉林中医药 | 1987,(6):37 |
| 中医古典医籍虚词释例(二) | 王洪聪等 | 中医药学刊 | 1987,(6):6 |
| 《内经讲义》译注(续) | 蔡如岩等 | 中医药学刊 | 1987,(6):10 |
| 医古文语法(续) | 质　夫 | 四川中医 | 1987,(7):53 |
| "带下"词义转化时间考 | 马大正 | 贵阳中医学院学报 | 1988,(1):60 |
| 《素问》"朴"释 | 赵　博 | 贵阳中医学院学报 | 1988,(1):59 |
| "内经"所述上古人寿命初考 | 阎晓天等 | 国医论坛 | 1988,(1):48 |
| 《灵枢经语释》释商 | 崔伯瑛 | 山东中医药大学学报 | 1988,(1):66 |
| 从校勘的角度认识"凡十一脏取决于胆" | 许振亚 | 山东中医药大学学报 | 1988,(1):41 |
| 《内经》韵校两例 | 凌耀星 | 上海中医药杂志 | 1988,(1):39 |
| 《黄帝内经》部分经文质疑 | 薛彤权 | 天津中医学院学报 | 1988,(1):5 |
| 从语法探讨"取之阴""取之阳"的涵义——兼与《答陈彝安同志》一文商榷 | 韦定能 | 成都中医药大学学报 | 1988,(2):34 |
| 修辞学与中医文献研究 | 陈竹友 | 福建中医药 | 1988,(2):49 |
| 《黄帝内经》名义新考 | 高伯正 | 河北中医 | 1988,(2):6 |
| 《素问·风论》札记——释"或名曰寒热" | 符友丰 | 黑龙江中医药 | 1988,(2):8 |
| "尺寸终始一寸九分"辨析 | 杨鸿鸣 | 山东中医药大学学报 | 1988,(2):44 |
| "真气"释义议 | 韩成仁 | 山东中医药大学学报 | 1988,(2):11 |
| 《灵枢》重言诠释 | 李　广等 | 山东中医药大学学报 | 1988,(2):59 |
| 略论中医学之"窍" | 朱文锋 | 陕西中医 | 1988,(2):21 |
| "四维"新诂 | 鲍晓东 | 浙江中医学院学报 | 1988,(2):46 |
| 古典医籍有关"海"的辑注 | 曹　旭 | 中医药学刊 | 1988,(2):37 |
| 中医古典医籍虚词释例(三) | 王洪聪等 | 中医药学刊 | 1988,(2):2 |
| 读"《内经》'逆从'与《太素》'逆顺'考"之我见 | 祝跃平 | 成都中医药大学学报 | 1988,(3):36 |
| 《素问》析疑三则 | 贾延利 | 甘肃中医学院学报 | 1988,(3):32 |
| 试论《内经》中数词的两种表示法——兼谈《内经》的成书年代 | 张雪华 | 贵阳中医学院学报 | 1988,(3):61 |

| | | | |
|---|---|---|---|
| 古医籍“涘”、“泣”考误 | 李 锄 | 南京中医药大学学报（自然科学版） | 1988,(3):47 |
| 《黄帝内经》疑、难、名句选释 | 张登本 | 现代中医药 | 1988,(3):4 |
| 《黄帝内经集注》述要 | 张喜德 | 现代中医药 | 1988,(3):8 |
| 《黄帝内经素问吴注》述要 | 王德春 | 现代中医药 | 1988,(3):11 |
| 《黄帝素问直解》述要 | 何建升 | 现代中医药 | 1988,(3):8 |
| “痹”源剖析 | 施 明 | 中医研究 | 1988,(3):14 |
| 《素问》三则释译 | 杨孝麒 | 中医药学刊 | 1988,(3):2 |
| 试析“气、味、精、形” | 崔扬红 | 中医药学刊 | 1988,(3):10 |
| 《灵枢·经脉》手少阳“直上出耳上角”辨议 | 张载义 | 贵阳中医学院学报 | 1988,(4):26 |
| 也释“上渍、其风”——兼与阎晓天、李雁同志商榷 | 董尚朴 | 国医论坛 | 1988,(4):44 |
| 人身之“海”辑注 | 曹 旭 | 现代中医药 | 1988,(4):50 |
| “神明”注解置疑 | 廖衍勋 | 中学语文 | 1988,(4):19 |
| “瘘易”之“易”析 | 洛 雨 | 吉林中医药 | 1988,(5):46 |
| 漫谈中医古籍的注释名称 | 炎继明 | 现代中医药 | 1988,(5):27 |
| 素问疑识四则 | 李国卿等 | 中医药学报 | 1988,(5):48 |
| 中医古典医籍虚词释例(四) | 王洪聪等 | 中医药学刊 | 1988,(5):16 |
| 《五脏生成篇》解诂两则 | 符友丰 | 黑龙江中医药 | 1988,(6):9 |
| 《内经》疑难名句选释(续一) | 孙理军 | 现代中医药 | 1988,(6):6 |
| 《新校正》“素问”注浅析 | 朱现平 | 中医药学刊 | 1988,(6):4 |
| “一源三歧”正义 | 杜煦电 | 中医杂志 | 1988,(11):69 |
| 谈谈利用古代医家的注文句读原文的方法 | 马兆熙 | 江西中医学院学报 | 1989,(1):36 |
| 《内经》疑难名句选释 | 邢玉瑞 | 现代中医药 | 1989,(1):26 |
| “是”的几种用法 | 武玉梅 | 中医药学刊 | 1989,(1):4 |
| 《内经》修辞析隐 | 王三虎 | 中医药学刊 | 1989,(1):15 |
| 古典医籍中的“府” | 彭慕斌 | 中医药学刊 | 1989,(1):11 |
| “白血”宜作“迫血”解 | 贾春华 | 北京中医 | 1989,(2):59 |
| 《灵枢经》“后沃沫”小考 | 李仁述 | 甘肃中医 | 1989,(2):10 |
| “去菀陈莝”之管见 | 时吉萍等 | 甘肃中医学院学报 | 1989,(2):35 |
| 《素问·上古天真论》异释二则 | 管济生 | 国医论坛 | 1989,(2):43 |
| 《内经》“行气于府”之“府”字考 | 张德付等 | 湖南中医杂志 | 1989,(2):55 |
| 《素问·生气通天论》校理三则 | 管济生 | 江苏中医药 | 1989,(2):29 |
| 《内经》修辞举隅 | 班兆贤 | 山东中医药大学学报 | 1989,(2):37 |
| 《黄帝内经素问注》序、《伤寒论》序释译 | 宋宝琦 | 山西中医 | 1989,(2):27 |
| 《内经》用韵浅说(二)——医古文基础知识讲座之三 | 罗荣汉 | 实用中医药杂志 | 1989,(2):37 |
| “九九制会”疏义 | 吴仕骥 | 天津中医药 | 1989,(2):34 |
| “摩之”与“薄之”小议 | 宫伟星 | 中医药学刊 | 1989,(2):47 |
| 医古文疑问句说略(二) | 胥 挺 | 中医药学刊 | 1989,(2):8 |
| 再释“将子无怒”之“怒” | 陈 榴 | 辽宁师范大学学报（社会科学版） | 1989,(3):57 |
| 《黄帝内经》“冶”字考 | 钱健雄 | 南京中医药大学学报（自然科学版） | 1989,(3):39 |
| 《内经》解诂三则 | 崔伯瑛 | 山东中医药大学学报 | 1989,(3):68 |
| 《素问·阴阳应象大论》浅识三则 | 李国卿等 | 山东中医药大学学报 | 1989,(3):67 |
| 《内经》用韵浅说(三)——医古文基础知识讲座之三 | 罗荣汉 | 实用中医药杂志 | 1989,(3):43 |
| “胸”字小议 | 高新彦 | 现代中医药 | 1989,(3):9 |

| | | | |
|---|---|---|---|
| 《素问阴阳别论》疑识三则 | 李国卿等 | 中医药学报 | 1989,(3):44 |
| 古典医籍中的“门” | 陈　敏 | 中医药学刊 | 1989,(3):44 |
| 《素问·热论篇》部分条文排列析疑 | 徐　珊 | 安徽中医学院学报 | 1989,(4):52 |
| 《内经》中“并”“并”的用法 | 姜文熙 | 甘肃中医学院学报 | 1989,(4):25 |
| 《素问》用韵研究 | 刘　英 | 古汉语研究 | 1989,(4):67 |
| 《素问》“隐曲不利”读研 | 张德付 | 陕西中医 | 1989,(4):190 |
| “长夏”新释 | 汪　济 | 陕西中医学院学报 | 1989,(4):17 |
| 《内经》训诂一则 | 孙益平 | 实用中医药杂志 | 1989,(4):33 |
| 《素问》析疑三则 | 李益生 | 现代中医药 | 1989,(4):31 |
| 《素问》书名浅识 | 吴　童 | 中医药学报 | 1989,(4):16 |
| “天明则日月不明”再辨识 | 余自汉 | 中医药学报 | 1989,(4):46 |
| “参以虚实”新解 | 任占敏 | 中医杂志 | 1989,(4):58 |
| 《内经》训诂一则 | 孙益平 | 重庆中医药杂志 | 1989,(4):33 |
| 《内经》几种判断句的分析 | 陈贻庭 | 福建中医药 | 1989,(5):55 |
| 《内经》名词动化六法 | 王义成 | 国医论坛 | 1989,(5):37 |
| “中气之湿”新解 | 黄天新 | 国医论坛 | 1989,(5):46 |
| 《素问》校读随笔 | 高文柱等 | 天津中医药 | 1989,(5):32 |
| 《内经》“虚”“实”析义 | 陈　钢 | 现代中医药 | 1989,(5):36 |
| 古典医籍中的“本” | 彭慕斌 | 中医药学刊 | 1989,(5):5 |
| 《经脉别论》疑识三则 | 李国卿等 | 国医论坛 | 1989,(6):35 |
| 天癸”释义之我见——兼与《内经讲义》五版教材商榷 | 韩克起 | 吉林中医药 | 1989,(6):48 |
| 《素问》“如参春”小议 | 翟福兴等 | 中医杂志 | 1989,(7):57 |
| “十一脏取决于胆”的质疑和勘误 | 成肇智 | 上海中医药杂志 | 1989,(9):40 |
| 《内经》中二个方剂的误字考证 | 钱健雄 | 中医杂志 | 1989,(11):57 |
| “色明不粗”与“色粗以明”析 | 文斐玉 | 江西中医药 | 1990,(1):8 |
| “诸气膹郁,皆属于肺”之“气”新解 | 孙松辉 | 辽宁中医杂志 | 1990,(1):12 |
| 古医籍异文类释 | 崔伯瑛 | 山东中医药大学学报 | 1990,(1):42 |
| 历代校勘注释《黄帝内经素问》概述(一) | 高文铸等 | 天津中医学院学报 | 1990,(1):31 |
| 中医古籍训诂方法简论(二) | 徐又芳 | 天津中医学院学报 | 1990,(1):36 |
| “微者逆之,甚者从之”释义议 | 李新生等 | 浙江中医药大学学报 | 1990,(1):13 |
| “阴阳”二字用义例释 | 吴淑华 | 中医药学刊 | 1990,(1):13 |
| 《内经》“精”字浅析 | 胡晓晨 | 中医药学刊 | 1990,(1):2 |
| 古典医籍中的“官” | 彭慕斌 | 中医药学刊 | 1990,(1):27 |
| 《内经》运气学说中“邪”字辨析 | 汪德云 | 吉林中医药 | 1990,(2):47 |
| 《素问》“朴”释 | 赵　博 | 陕西中医学院学报 | 1990,(2):31 |
| “大厥”一证的断句浅析 | 程树清 | 实用中医药杂志 | 1990,(2):39 |
| 历代校勘注释《素问》概述(续) | 高文铸 | 天津中医学院学报 | 1990,(2):19 |
| “异义”不异(二)——也释“两仪” | 王洪聪等 | 中医药学刊 | 1990,(2):4 |
| “先天”“后天”“同天”蠡测 | 邓球柏 | 长沙理工大学学报(社会科学版) | 1990,(3):26 |
| “佩”有“违背”义 | 胥　挺 | 辞书研究 | 1990,(3):125 |
| 《素问·四气调神大论》析疑五则 | 刘养元 | 贵阳中医学院学报 | 1990,(3):54 |
| 《素问》误文例释 | 胡天雄 | 湖南中医学院学报 | 1990,(3):160 |
| 《内经》分承修辞法举要 | 班兆贤 | 山东中医药大学学报 | 1990,(3):61 |
| 新解《素问》“九星悬朗” | 陈久金等 | 现代中医药 | 1990,(3):1 |
| 《内经》“逆治”“从治”有三义 | 欧阳兵等 | 成都中医药大学学报 | 1990,(4):43 |

| | | | |
|---|---|---|---|
| 《内经》疑问词语用法考察 | 陈贻庭 | 福建中医药 | 1990,(4):59 |
| 《内经》凝固句式九法 | 沙　涛 | 国医论坛 | 1990,(4):38 |
| 《内经》注释、语译常见错误原因分析 | 李益生 | 国医论坛 | 1990,(4):36 |
| 《素问·三部九候论》校勘一则 | 管济生 | 国医论坛 | 1990,(4):39 |
| 《素问》"乳子"词义考辨 | 李今庸 | 湖北中医杂志 | 1990,(4):33 |
| 子喑"当十月复"补正 | 叶益丰 | 陕西中医 | 1990,(4):189 |
| 试评《黄帝内经》的写作技巧 | 赵桂馨 | 上海中医药杂志 | 1990,(4):42 |
| "针游于巷"正义 | 赵京生 | 四川中医 | 1990,(4):5 |
| 中医古籍训诂方法简论(三) | 徐又芳 | 天津中医学院学报 | 1990,(4):45 |
| 《黄帝内经太素》释音考 | 鲍晓东等 | 浙江中医药大学学报 | 1990,(4):42 |
| 《内经》后各代医家论"气" | 王明辉 | 中医研究 | 1990,(4):5 |
| 医古文语法(续) | 质　夫 | 四川中医 | 1990,(5):55 |
| "会通六合"注解辨是 | 董尚朴 | 国医论坛 | 1990,(6):19 |
| "先天""后天"正义 | 郑红斌等 | 浙江中医药大学学报 | 1990,(6):9 |
| "食气"新识 | 舒友艺 | 陕西中医 | 1990,(8):379 |
| "从革作辛"之我见 | 王怀平 | 中医杂志 | 1990,(8):58 |
| "中基"教材中"在"字浅析 | 符友丰 | 中医杂志 | 1990,(8):57 |
| 七损八益考补说 | 猪饲祥夫 | 新中医 | 1990,(9):2 |
| 医古文语法(续) | 质　夫 | 四川中医 | 1990,(12):53 |
| 《内经》修辞研究——引用、层递与反复 | 班兆贤 | 贵阳中医学院学报 | 1991,(1):52 |
| 试论中医古籍中"其人"之含义与目前中医接班人培养中存在的若干问题及几点建议 | 吴正中等 | 国医论坛 | 1991,(1):37 |
| "禀"者,"受乎""授"乎 | 王　继 | 湖南中医学院学报 | 1991,(1):45 |
| "运枢"小议 | 李克绍 | 中医杂志 | 1991,(1):58 |
| "道隧以长,基墙高以方"新解 | 刘士敬等 | 国医论坛 | 1991,(2):30 |
| 《素问》词语例释 | 许学东 | 山东中医药大学学报 | 1991,(2):43 |
| 《灵》、《素》校释偶得 | 朱广仁 | 山西中医 | 1991,(2):53 |
| 连词"所以"产生的时代与条件 | 甘子钦 | 西南师范大学学报(人文社会科学版) | 1991,(2):95 |
| 《灵枢·师传篇》句读正误 | 李克绍 | 中医杂志 | 1991,(2):59 |
| 《素问》新诂七则 | 许孔璋 | 安徽中医学院学报 | 1991,(3):50 |
| 对"背为阳,腹为阴"等条文注释的商榷 | 孟令军 | 山东中医药大学学报 | 1991,(3):45 |
| "痹"的涵义与用法 | 蒋连弘 | 天津中医学院学报 | 1991,(3):6 |
| 我对"《素问识》小议"之小议 | 胡天雄 | 湖南中医学院学报 | 1991,(4):52 |
| 《内经》"六六为节、九九制会"新释 | 郝保华等 | 陕西中医学院学报 | 1991,(4):4 |
| 《内经》发微四则 | 姚廷周 | 中医药学刊 | 1991,(4):9 |
| "以救俛仰,巨阳引"考订 | 朱　倩等 | 国医论坛 | 1991,(5):45 |
| 《内》《难》《甲乙》经描述恶寒,发热的迭音词 | 李从明 | 国医论坛 | 1991,(5):29 |
| 从"巅"、"癫"、"颠"等字的使用看《内经》对脑功能的认识 | 王行恕 | 湖北中医杂志 | 1991,(6):50 |
| 辨《灵枢·寒热病》"三结交"之含义 | 任　路 | 辽宁中医杂志 | 1991,(10):35 |
| 《内经》"七损八益"释义八种 | 王光辉等 | 四川中医 | 1991,(11):4 |
| 医古文语法(续) | 质　夫 | 四川中医 | 1991,(11):55 |
| 《素问·病能论》"夺其食"新解 | 刘　晨 | 黑龙江中医药 | 1992,(1):50 |
| 《内经》避复修辞浅析 | 班兆贤 | 山东中医药大学学报 | 1992,(1):66 |
| 《素问》"必齐"考 | 李富汉等 | 中医杂志 | 1992,(1):58 |

| | | | |
|---|---|---|---|
| 对《素问·痿论》“荥”“俞”字解之我见 | 李茂春 | 甘肃中医 | 1992,(2):7 |
| 中医典籍中“搏”,“抟”二字误用辨析 | 李　辉 | 甘肃中医学院学报 | 1992,(2):55 |
| 读《素问》札记二则 | 李富汉等 | 国医论坛 | 1992,(2):42 |
| 《黄帝内经素问》“之谓”“所谓”用法初探 | 夏青山 | 甘肃中医学院学报 | 1992,(3):5 |
| 《内经》讳饰小析 | 班兆贤 | 广西中医药 | 1992,(3):39 |
| 《内经》、《伤寒论》训诂五例 | 陈增英 | 广州中医药大学学报 | 1992,(3):170 |
| 《素问》琐识四则 | 张毅之 | 天津中医学院学报 | 1992,(3):34 |
| 《内经》名词动化例谈 | 沙　涛等 | 中医药学刊 | 1992,(3):36 |
| 从《灵素集注节要》说异文 | 陈竹友 | 福建中医学院学报 | 1992,(4):242 |
| 蓄血证“喜忘”当为“喜妄” | 朱　倩等 | 国医论坛 | 1992,(4):37 |
| “天寒衣薄则为溺与气”中“气”义考析 | 刘　晨 | 吉林中医药 | 1992,(4):49 |
| 小议中医药古籍中“相”字的用法 | 黄力强 | 中医药学刊 | 1992,(4):30 |
| 《黄帝内经·气交变大论》“五星”析 | 郝葆华 | 自然科学史研究 | 1992,(4):59 |
| “气化则能出矣”新释 | 郑华启 | 国医论坛 | 1992,(5):43 |
| 《内经》“胞”字浅析 | 金　栋 | 河北中医 | 1992,(5):40 |
| “痹”义考析 | 娄高峰等 | 中医药学刊 | 1992,(5):35 |
| “奇经八脉”名义探原 | 贾延利 | 国医论坛 | 1992,(6):31 |
| 对“素问”二字的考证研究 | 叶光明等 | 黑龙江中医药 | 1992,(6):8 |
| 《内经》“阴精所奉其人寿,阳精所降其人夭”诠 | 衣正安 | 四川中医 | 1992,(7):4 |
| 《内经》“陷脉”诠 | 衣正安 | 四川中医 | 1992,(8):5 |
| “血肉有情”考略 | 何绍奇 | 中医杂志 | 1992,(10):58 |
| 略论十二经脉循行路线中“其直者”与“其支者”涵义 | 张卫华等 | 陕西中医 | 1992,(12):552 |
| 从《阴阳十一脉灸经》论“是动、所生”的实质 | 赵京生 | 中医杂志 | 1992,(12):8 |
| 针灸量词“痏”、“壮”考释 | 张丽君 | 古汉语研究 | 1993,(1):39 |
| 也释“必齐” | 周益新等 | 山西中医 | 1993,(1):48 |
| 《灵枢》“其直者”“其支者”之我见 | 李易霞 | 陕西中医学院学报 | 1993,(1):16 |
| 《内经讲义》字词误释分析 | 邢玉瑞 | 中医药学刊 | 1993,(1):11 |
| 《素问》词义偶记(选录) | 李维琦 | 古汉语研究 | 1993,(2):38 |
| 《素问》两则经文的再认识 | 杨毓隽 | 山西中医 | 1993,(2):5 |
| 《内经》“是动病”、“所生病”含义探 | 王心好 | 上海中医药杂志 | 1993,(2):39 |
| “髓”字音义辨疑 | 金　栋 | 四川中医 | 1993,(2):7 |
| 浅谈《内经》的修辞方法 | 陈爱兰 | 中医药学刊 | 1993,(2):26 |
| 俞樾《内经辨言》校诂方法初探 | 吴松泉 | 成都中医药大学学报 | 1993,(3):9 |
| 《内经》变文举隅 | 张如青 | 国医论坛 | 1993,(3):35 |
| 简评宋臣校勘《内经》的贡献 | 孙松辉等 | 吉林中医药 | 1993,(3):5 |
| 《黄帝内经》“治学”经文类析 | 徐又芳 | 天津中医学院学报 | 1993,(3):24 |
| 重释“亦为之行气于三阳” | 郭会昌 | 成都中医药大学学报 | 1993,(4):19 |
| 《脉要精微论》中一段文字译注的异想 | 温长路 | 国医论坛 | 1993,(4):39 |
| 《黄帝内经》“从容”释 | 武长蓉等 | 陕西中医 | 1993,(4):47 |
| “王冰注”引证依主旨立名解 | 段逸山 | 上海中医药杂志 | 1993,(4):42 |
| 《黄帝内经》“脏腑城郭”探析 | 任占敏 | 北京中医 | 1993,(6):42 |
| “朝”与“潮”音义相通——“肺朝百脉”浅析 | 王居正 | 现代中医药 | 1993,(6):5 |
| 释毒 | 李长青 | 现代中医药 | 1993,(6):3 |
| “病之逆从”词义辨析 | 成肇智 | 陕西中医 | 1993,(8):48 |
| 对《内经·平人气象论》首段经文商榷 | 马嘉慈 | 北京中医药大学学报(中医临床版) | 1994,(1):44 |

| | | | |
|---|---|---|---|
| “疑殆”、“苛疾”考释 | 许学东 | 甘肃中医学院学报 | 1994,(1):60 |
| 《素问》“术数”小议 | 翟福兴等 | 河南中医 | 1994,(1):7 |
| 释“惰能” | 胡培俊 | 湖北教育学院学报 | 1994,(1):91 |
| 《灵枢·小针解》正文训诂略例 | 金　栋 | 医古文知识 | 1994,(1):44 |
| 议“太冲泻唇喎以速愈” | 马　英等 | 中国针灸 | 1994,(1):55 |
| 《黄帝内经太素》词义训诂体例探 | 金　栋 | 中医文献杂志 | 1994,(1):14 |
| 《黄帝内经》“何”字探析 | 夏　青 | 甘肃中医学院学报 | 1994,(2):51 |
| 《内经》释义争鸣 | 谭一松 | 现代中医药 | 1994,(2):5 |
| 《藏气法时论》考校两则 | 符友丰 | 医古文知识 | 1994,(2):20 |
| “神明”、“杀”、“忧”的训释 | 陈　农 | 医古文知识 | 1994,(2):18 |
| 《内经》词汇特点 | 刘天骥 | 中医药学刊 | 1994,(2):11 |
| 《素问》经文释解析疑 2 则 | 苏兰娟等 | 福建中医药 | 1994,(3):18 |
| 《内经》因果逻辑初探 | 刘奇贵 | 甘肃中医学院学报 | 1994,(3):3 |
| 略论古医籍校勘法则——郭霭春教授校勘《素问》十二例 | 文　铸 | 天津中医学院学报 | 1994,(3):26 |
| “憯凄”补例 | 许学东 | 重庆师院学报 | 1994,(3):14 |
| 古籍中表示“病愈”意义的词 | 陈贻庭 | 福建中医学院学报 | 1994,(4):37 |
| 《内经》“食亦”“淋露”考 | 张　纲 | 光明中医 | 1994,(4):16 |
| 《内经》“脉”义探蕴 | 周发祥 | 河南中医药学刊 | 1994,(4):1 |
| 对“平治于权衡,去菀陈莝”条文的析疑 | 吕　波等 | 山东中医药大学学报 | 1994,(4):233 |
| 通行本《太素》杨注校读例略 | 王玉兴 | 天津中医学院学报 | 1994,(4):19 |
| 《内经》疑问句述略 | 东　明 | 医古文知识 | 1994,(4):44 |
| “九针”之义析 | 王　华 | 医古文知识 | 1994,(4):14 |
| “藏象”诠释 | 陈　农 | 医古文知识 | 1994,(4):13 |
| 《黄帝内经》复合词同义聚合关系初探 | 黄　哲 | 云梦学刊 | 1994,(4):79 |
| 《黄帝内经》中之省略例析 | 沙　涛等 | 中医药学刊 | 1994,(4):7 |
| 试谈《黄帝内经》中的修辞之法 | 沙　涛等 | 国医论坛 | 1994,(5):41 |
| 近年《内经》诸版本注疏失误析例 | 张长城等 | 河南中医 | 1994,(5):273 |
| 读《易》释医二则 | 张志远 | 辽宁中医杂志 | 1994,(5):208 |
| 《内经》“脉”字含义分析 | 李东成等 | 黑龙江中医药 | 1994,(6):44 |
| “要极”考释 | 许学东 | 山东中医药大学学报 | 1994,(6):406 |
| 七损八益何以讳释 | 孙启明 | 辽宁中医杂志 | 1994,(8):353 |
| “截断扭转”与“上工治未病”语解 | 朱邦贤 | 上海中医药杂志 | 1994,(9):3 |
| 《灵枢经》“迎”、“随”含义探讨 | 郑少祥 | 浙江中医杂志 | 1994,(12):555 |
| 《内经》辨析 2 则 | 杨竣联等 | 福建中医学院学报 | 1995,(1):46 |
| “强”作“匠”解,诸疑可释 | 张明德 | 甘肃中医学院学报 | 1995,(1):61 |
| 《素问》“术数”之我见 | 柴中元 | 河南中医 | 1995,(1):4 |
| 中医古借令译例析 | 许敬生 | 河南中医 | 1995,(1):62 |
| 《内经》疑问句述略(续) | 东　明 | 医古文知识 | 1995,(1):44 |
| “癌”、“瘤”二字的由来 | 傅维康 | 医古文知识 | 1995,(1):15 |
| “肌肤”考释 | 许学东 | 山东中医药大学学报 | 1995,(2):88 |
| “内经”与“史记”等书复合词词义比较 | 黄　哲 | 医古文知识 | 1995,(2):43 |
| 试论《说文通训定声》对《内经》词义训释的特点与贡献 | 陈秘水 | 天津中医学院学报 | 1995,(3):36 |
| 八十年代《内经》训诂述略 | 张长城等 | 医古文知识 | 1995,(3):44 |
| 《素问》“视深”浅析 | 杨　湖 | 中国中医基础医学杂志 | 1995,(3):15 |
| 由“专”求义 | 金　栋 | 中医文献杂志 | 1995,(3):18 |

| | | | |
|---|---|---|---|
| “不欲如地苍”考辨 | 关晓光等 | 中医药学刊 | 1995,(3):12 |
| 奔豚音义考辨 | 郝印卿等 | 中医杂志 | 1995,(3):185 |
| 《内经》“五郁之发”新释 | 闫自力等 | 北京中医 | 1995,(4):8 |
| “大谷十二分”本义辨析 | 韩秀珍 | 山东中医药大学学报 | 1995,(4):273 |
| 《内经》“器”“气”互借两例 | 宋子云 | 山东中医药大学学报 | 1995,(4):276 |
| 《素问》“术数”浅释 | 张全兴 | 山西中医 | 1995,(4):36 |
| 《素问·厥论篇》校勘析疑 | 周　祺 | 天津中医学院学报 | 1995,(4):37 |
| 训诂莫忘复用 | 李明州 | 医古文知识 | 1995,(4):47 |
| 《素问》释疑2则 | 李富汉等 | 国医论坛 | 1995,(5):43 |
| 《素问》经文释解析疑2则 | 杨　琳等 | 福建中医药 | 1995,(6):49 |
| 缺卷覆刻本《太素》校读例略 | 王玉兴 | 山东中医药大学学报 | 1995,(6):423 |
| 《内经》“正气”新解 | 舒友艺 | 陕西中医 | 1995,(8):377 |
| 《内经素问新解》自序 | 陈太羲 | 中国中西医结合杂志 | 1995,(8):513 |
| 《内经》“脉”字探析 | 郭传安等 | 菏泽医专学报 | 1996,(1):23 |
| “高骨”、“大骨”浅析 | 胡冬裴 | 上海中医药大学学报 | 1996,(1):57 |
| 试探《内经》分肉与分肉之间 | 翁文水等 | 辽宁中医杂志 | 1996,(2):60 |
| 校勘严谨　训诂精审——《素问》整理研究简介 | 吴仕骥 | 天津中医学院学报 | 1996,(2):48 |
| 證、证、症、候的沿革和证候定义的研究 | 韦　黎 | 中国医药学报 | 1996,(2):4 |
| 通行本《黄帝内经太素》释音校正 | 陈　钢 | 中医文献杂志 | 1996,(2):8 |
| 从“巅”“癫”“颠”字的使用看《内经》对脑功能的认识 | 马春堂等 | 河南中医 | 1996,(3):59 |
| 《黄帝内经》异文例析 | 许学东 | 山东中医药大学学报 | 1996,(3):194 |
| 医经“左”“右”考 | 赖　文 | 医古文知识 | 1996,(3):25 |
| 《黄帝内经》复合词的语义组合 | 黄　哲 | 云梦学刊 | 1996,(3):80 |
| 对《素问·热病篇》一段经文之见解 | 饶文良 | 浙江中医学院学报 | 1996,(3):10 |
| 《素问》释义一则 | 吉文辉 | 南京中医药大学学报 | 1996,(4):38 |
| 《素问》“阳因而上”籀释 | 张鹏天 | 陕西中医学院学报 | 1996,(4):4 |
| 《黄帝内经》词语新诂 | 沈澍农 | 中医文献杂志 | 1996,(4):5 |
| 《内经》四维词意探析 | 乔　健等 | 中医研究 | 1996,(4):1 |
| “相脉之道”考析 | 刘士敬等 | 中医药研究 | 1996,(4):14 |
| 《内经》四则小议 | 陈心智等 | 吉林中医药 | 1996,(5):46 |
| 《内经》释疑二则 | 何德荫 | 实用中医药杂志 | 1996,(5):38 |
| 《医古文·黄帝内经素问注序》中若干注释之商榷 | 佟金漫 | 中医教育 | 1996,(5):50 |
| “肾者胃之关”考注 | 刘荣喜 | 中医杂志 | 1996,(5):314 |
| 《内经》联合式复音词的语素义和词义的关系 | 夏　青 | 山西中医 | 1996,(6):48 |
| 医古文古今同形异义词解 | 毛永森 | 青海医药杂志 | 1996,(11):4 |
| 《内经》互文探析 | 徐谦德 | 安徽中医学院学报 | 1997,(1):56 |
| 通行本《太素》经文校读例略 | 王玉兴等 | 天津中医学院学报 | 1997,(1):35 |
| 王冰对《素问》经文改动之探讨 | 乔海法等 | 中国医药学报 | 1997,(1):24 |
| 《素问》“奇病”辨析 | 何希捷等 | 安徽中医临床杂志 | 1997,(2):109 |
| 《内经》通假字解诂3则 | 吴弥漫 | 北京中医药大学学报 | 1997,(2):17 |
| “方寸匕”考 | 叶　森等 | 国医论坛 | 1997,(2):44 |
| “缪刺”本应作“缭刺” | 李书田 | 辽宁中医杂志 | 1997,(2):42 |
| 《灵枢经》中的训诂资料 | 徐又芳 | 天津中医学院学报 | 1997,(2):5 |
| 对“合夜”注释之析疑 | 杨锦绘 | 天津中医学院学报 | 1997,(2):32 |
| 医古文语词的复习与疑难词语集解 | 李亚军等 | 现代中医药 | 1997,(2):18 |
| 简述“王冰素问次注”语法成就 | 王兴伊 | 医古文知识 | 1997,(2):47 |

| | | | |
|---|---|---|---|
| “鼠仆”小考 | 金　栋等 | 中医文献杂志 | 1997,(2):18 |
| 古医籍同书异名析因 | 张如青 | 中医文献杂志 | 1997,(2):1 |
| 《黄帝内经》比喻的文化内涵 | 赵家新 | 毕节师范高等专科学校学报 | 1997,(3):31 |
| “蚕”与“卧蚕” | 陶汉华 | 河南中医 | 1997,(3):10 |
| 《内经》“气”字探析 | 郭传安等 | 菏泽医专学报 | 1997,(3):12 |
| 《素问·阴阳别论》“人有四经”考释 | 严健民 | 湖南中医学院学报 | 1997,(3):7 |
| 《素问》校勘例议 | 许学东 | 医古文知识 | 1997,(3):40 |
| 《素问》天年、天寿新解 | 逯龙申等 | 浙江中医学院学报 | 1997,(3):9 |
| 痕迹辨 | 陶广正 | 中国中医基础医学杂志 | 1997,(3):15 |
| “动脉”刊误 | 唐忠植 | 中医药研究 | 1997,(3):61 |
| 《黄帝内经》复合词语义表达特点刍议 | 黄　哲 | 医古文知识 | 1997,(4):45 |
| 《内经两篇》注释商讨 | 赖　文 | 医古文知识 | 1997,(4):18 |
| “相脉之道”考析 | 刘士敬等 | 中华医史杂志 | 1997,(4):8 |
| 《素问》“其民陵居而多风”语义考 | 贾成祥 | 河南中医 | 1997,(5):60 |
| 《内经》“能”字探析 | 胡凤媛等 | 国医论坛 | 1997,(6):39 |
| 诊法刺则自分明——“以我知彼”等句正义 | 成肇智 | 上海中医药杂志 | 1997,(6):20 |
| 《素问》音训三则 | 王沁凯 | 江苏中医 | 1997,(8):38 |
| 《黄帝内经》校读札记 | 沈经宇 | 上海中医药杂志 | 1997,(11):40 |
| 帛书《阴阳十一脉灸经》与简本《脉书·十一经脉》的相互订正 | 夏　庆等 | 甘肃中医学院学报 | 1998,(1):49 |
| 读《黄帝内经素问校注语译》札记 | 许学东 | 山东中医药大学学报 | 1998,(1):64 |
| 《黄帝内经》痿证经文类编集注述评(二) | 郑建刚等 | 天津中医学院学报 | 1998,(1):33 |
| 中医训诂之要议(二) | 陈竹友 | 医古文知识 | 1998,(1):41 |
| 读《内经》札记三则 | 许振国 | 河南中医药学刊 | 1998,(2):32 |
| 《黄帝内经》痿证经文类编集注述评(三) | 郑建刚等 | 天津中医学院学报 | 1998,(2):34 |
| 试论“内经”复音词的构词法 | 金　中 | 医古文知识 | 1998,(2):38 |
| 俗字研究在《太素》整理中的应用 | 范登脉等 | 医古文知识 | 1998,(2):26 |
| 《灵枢·经筋》“足阳明经筋”句读之我见 | 宋立富等 | 中医药研究 | 1998,(2):3 |
| 《黄帝内经》“坎”字辨 | 刘　芳等 | 河北中医药学报 | 1998,(3):17 |
| 《内经讲义》注释质疑三则 | 郭传安 | 菏泽医专学报 | 1998,(3):25 |
| 《黄帝内经》痿证经文类编集注述评(四) | 郑建刚等 | 天津中医学院学报 | 1998,(3):50 |
| 《医古文》六版教材注释疏略举隅 | 鲍晓东 | 中医教育 | 1998,(3):51 |
| 《灵枢》第二经文系统考证——《黄帝内经》、《外经》研究(二) | 俞世伟等 | 长春中医学院学报 | 1998,(4):2 |
| 《素问》“上为引如怀”解诂 | 李　佳等 | 成都中医药大学学报 | 1998,(4):39 |
| 《内经》联合式复音词的语素分析 | 夏　青 | 河南中医 | 1998,(4):58 |
| 《内经》有关原文释义 | 齐南 | 江西中医学院学报 | 1998,(4):13 |
| 《黄帝内经》痿证经文类编集注述评(五) | 郑建刚等 | 天津中医学院学报 | 1998,(4):43 |
| “黄帝内经”重言词浅论 | 金　中 | 医古文知识 | 1998,(4):40 |
| 《素问·宝命全形论》注释辨难 | 贾成祥等 | 河南中医 | 1998,(5):68 |
| 《内经》中精、精气的涵义及几个相关问题 | 孙广仁 | 山东中医药大学学报 | 1998,(5):10 |
| 仁和寺本《黄帝内经太素》异体字研读意义 | 陈　钢 | 山东中医药大学学报 | 1998,(5):55 |
| 古医籍中“时”词考释 | 蔡　群 | 现代中医药 | 1998,(5):40 |
| 漫谈中医韵文 | 炎继明等 | 现代中医药 | 1998,(6):40 |
| 《黄帝内经》玄经密文索臻 | 梁兴伦等 | 中国中医基础医学杂志 | 1998,(7):52 |

| | | | |
|---|---|---|---|
| 试论《内经》中名词性偏正结构的中心词省略现象 | 周发祥等 | 河南中医 | 1999,(1):61 |
| 读古医经札记——说“贲”字 | 袁思芳 | 湖北中医学院学报 | 1999,(1):11 |
| 释《内经》“以象之谓”之象 | 吉文辉 | 南京中医药大学学报（社会科学版） | 1999,(1):12 |
| 《灵枢》是“经”,《素问》是“论” | 李　鼎 | 上海中医药大学学报 | 1999,(1):14 |
| 《黄帝内经》痿证经文类编集注述评(六) | 郑建刚等 | 天津中医学院学报 | 1999,(1):43 |
| 《灵枢·论疾诊尺》阐义与发挥 | 党炳琳 | 现代中医药 | 1999,(1):18 |
| 《灵枢·水胀》阐义和发挥 | 党炳琳 | 现代中医药 | 1999,(1):15 |
| 《素问·上古天真论》阐义与发挥 | 邢玉瑞 | 现代中医药 | 1999,(1):10 |
| 兰陵堂本《太素》误录举例 | 范登脉等 | 医古文知识 | 1999,(1):30 |
| 关于《脉书》和《灵枢经脉管》中“脉”的探讨 | 辛　立等 | 中国针灸 | 1999,(1):53 |
| “厥”、“脱”概念辨析 | 朱文锋 | 中国中医基础医学杂志 | 1999,(1):18 |
| 训诂学在阅读《黄帝内经》中的作用 | 傅红钉 | 湖北中医学院学报 | 1999,(2):12 |
| “大医”考释 | 冯　春 | 湖北中医学院学报 | 1999,(2):14 |
| 《黄帝内经》痿证经文类编集注述评(六) | 郑建刚等 | 天津中医学院学报 | 1999,(2):43 |
| 《黄帝内经》阐义选刊(二) | 张喜德 | 现代中医药 | 1999,(2):43 |
| 浅谈《黄帝内经》修辞手法 | 沙　涛 | 医古文知识 | 1999,(2):47 |
| 《素问·宝命全形论》注释辨难 | 贾成祥等 | 北京中医药大学学报 | 1999,(3):10 |
| 帛书《阴阳十一脉灸经》及简本《脉书·十一经脉》对《灵枢》有关文字的考证 | 夏　庆等 | 甘肃中医学院学报 | 1999,(3):54 |
| 古医籍中“莫”字用法的区别(二) | 夏　青 | 湖北中医杂志 | 1999,(3):46 |
| “涕”“泪”说 | 刘成玉等 | 攀枝花大学学报 | 1999,(3):58 |
| 《内经》“喘”字析 | 陈晓云 | 医古文知识 | 1999,(3):33 |
| 异中求同　同中辨异——辨识异同词语举要 | 段逸山 | 医古文知识 | 1999,(3):46 |
| 古代汉语“有”字义浅析 | 袁占国 | 甘肃中医学院学报 | 1999,(4):60 |
| “藏精起亟”论辨 | 刘力红等 | 上海中医药杂志 | 1999,(4):43 |
| “阳气”当作“元气”解 | 郑红斌等 | 上海中医药杂志 | 1999,(4):44 |
| 《内经》中的“淫”字训解 | 陈　农 | 医古文知识 | 1999,(4):33 |
| 《内经》“者”与“所”的用法规律例析 | 范开珍 | 中医药学刊 | 1999,(4):15 |
| 《内经》中的“可导而下”含义之考释 | 李　星 | 中医药学刊 | 1999,(4):17 |
| “罢极”新释 | 李克斌 | 甘肃中医 | 1999,(5):5 |
| “胞脉”刍议 | 李　嘉等 | 上海针灸杂志 | 1999,(5):32 |
| 岐歧辨 | 朱长安 | 咬文嚼字 | 1999,(5):21 |
| 《内经》及其前文献论述厥证探要 | 于　静 | 中医函授通讯 | 1999,(6):13 |
| 《内经》“出三入一”新释 | 王　敏 | 中医药学报 | 1999,(6):10 |
| 古文训释三提 | 李芳元 | 山东中医杂志 | 1999,(8):384 |
| 古病名解诂 | 曾　凤 | 中国中医基础医学杂志 | 1999,(11):52 |
| 关于《内经》中一段经文之我见 | 汪　济 | 贵阳中医学院学报 | 2000,(1):51 |
| 读古医经札记——释“冒”字 | 袁思芳 | 湖北中医学院学报 | 2000,(1):7 |
| 《内经》变文浅析 | 张同远 | 时珍国医国药 | 2000,(1):67 |
| “癃”“淋”音义考 | 郭秀梅等 | 医古文知识 | 2000,(1):35 |
| 《内经》训诂札记(四则) | 吴弥漫 | 浙江中医学院学报 | 2000,(1):85 |
| 古医籍误训例析 | 张杏洁 | 安徽中医学院学报 | 2000,(2):57 |
| 《内经》叠字探析 | 王尽忠 | 国医论坛 | 2000,(2):49 |
| 议《内经》、《伤寒论》中的被动表示法 | 范开珍等 | 湖北民族学院学报（医学版） | 2000,(2):30 |

| | | | |
|---|---|---|---|
| 《内经》中“以”字译法探讨 | 傅海燕等 | 辽宁中医学院学报 | 2000,(2):89 |
| “蚤通早”与“白汗”、“白杀”辨疑——兼论通假字、区别字、假借字、异体字、古今字之实质 | 李 戎 | 社会科学研究 | 2000,(2):144 |
| 《素问》凝、疑考辨 | 臧守虎 | 中医文献杂志 | 2000,(2):23 |
| 训诂学在医古文教学中的运用 | 何 敏等 | 广西中医学院学报 | 2000,(3):97 |
| 清末三儒《素问》校义例言 | 施观芬 | 南京中医药大学学报（社会科学版） | 2000,(3):150 |
| 《内经》“观其志意与其病也”新解 | 宋子云等 | 山东中医药大学学报 | 2000,(3):218 |
| 以“精”、“淫”为例谈《内经》中的一词多义现象 | 卫云英 | 山西中医 | 2000,(3):55 |
| 关于“手足青至节”中“青”之我见 | 齐金成 | 陕西中医 | 2000,(3):143 |
| 古代医书训诂术语的类分与规范 | 邸若虹等 | 医古文知识 | 2000,(3):41 |
| “肺者，相傅之官，治节出焉”考略 | 林 琳等 | 中医药学报 | 2000,(3):78 |
| “臧谋”讹为“藏谋”考辨 | 崔 为 | 长春中医学院学报 | 2000,(4):58 |
| “狐髓”考略 | 秦长林 | 国医论坛 | 2000,(4):48 |
| 连词“所以”产生的时代 | 朱 城 | 辽宁大学学报（哲学社会科学版） | 2000,(4):103 |
| 释《内经》两则 | 李世杰等 | 医古文知识 | 2000,(4):33 |
| 传统音韵学在古医籍整理研究中的应用 | 鲍晓东 | 浙江中医学院学报 | 2000,(4):80 |
| 《素问·脉要精微论》“精明”涵义辨析 | 孙广仁 | 中医文献杂志 | 2000,(4):28 |
| “机”、“证”辨析——与成肇智同志商榷 | 王 强等 | 北京中医药大学学报 | 2000,(5):13 |
| 医籍校读例释正误直论 | 党继学等 | 陕西中医学院学报 | 2000,(5):56 |
| 《内经》“筋脉横解”之我见 | 黄德铨等 | 四川中医 | 2000,(5):7 |
| 按跻之跻字应作“踩跻解 | 周鸿飞 | 中医研究 | 2000,(5):4 |
| 《内经》经文译解释疑 2 则 | 张建敏等 | 福建中医药 | 2000,(6):50 |
| 古音知识与《素问》释诂 | 李具双 | 河南中医 | 2000,(6):68 |
| 浅谈“维筋相交” | 邬成永 | 实用中医药杂志 | 2000,(7):44 |
| 关于《黄帝内经》书名英译的商榷 | 刘 伟 | 中国中西医结合杂志 | 2000,(7):533 |
| 读古医经札说——通假释例 | 袁思芳 | 湖北中医杂志 | 2000,(9):10 |
| 颛顼历“太冲”与《内经》“太冲”之比较 | 李建宇 | 北京中医药大学学报 | 2000,(S1):7 |
| “髓海有余、不足”经文意旨的探讨 | 李 瑞等 | 国际传统医药大会论文摘要汇编 | 2000:53 |
| “素质”含义 | 黄海波 | 广西中医学院学报 | 2001,(1):6 |
| 通假字与上古音的关系——医籍通假字例析 | 夏慧茹 | 国医论坛 | 2001,(1):50 |
| 谈《内经》中的“盟誓” | 闫晓天等 | 河南中医药学刊 | 2001,(1):2 |
| 对《素问·四气调神大论》英译的商榷 | 肖 平 | 湖南中医学院学报 | 2001,(1):54 |
| 谈“七七”、“八八” | 观 明 | 开卷有益、求医问药 | 2001,(1):19 |
| 《黄帝内经素问》中古今同形异义词例释 | 夏慧茹 | 辽宁中医学院学报 | 2001,(1):12 |
| “下”之辨 | 李有成 | 内蒙古中医药 | 2001,(1):36 |
| 《灵枢经·经脉》篇足阳明胃经“起于鼻之交頞中”“之”字考 | 武文筠 | 陕西中医 | 2001,(1):62 |
| 形体不一 意义不二——联绵词举要 | 段逸山 | 医古文知识 | 2001,(1):38 |
| 十一部古医籍重言之研究 | 崔锡章 | 医古文知识 | 2001,(1):41 |
| 《内经讲义》章句别定一则 | 荀运浩 | 浙江中医学院学报 | 2001,(1):15 |
| 鼠扑、鼠仆考辨 | 王振国 | 中华医史杂志 | 2001,(1):31 |
| 医经校诂拾零 | 李 锄 | 中医文献杂志 | 2001,(1):14 |
| 《素问》中一组形音相近词解诂 | 李具双 | 北京中医药大学学报 | 2001,(2):7 |

| | | | |
|---|---|---|---|
| 《黄帝内经太素研究》指瑕 | 姚永铭 | 古籍整理研究学刊 | 2001,(2):22 |
| 杨上善《太素》注通假字正误举隅 | 卫云英 | 山西中医学院学报 | 2001,(2):8 |
| 《内经》的正文训诂 | 夏慧茹 | 四川中医 | 2001,(2):19 |
| 十一部古医籍重言之研究(续) | 崔锡章 | 医古文知识 | 2001,(2):41 |
| 医古文常用同义词源流考辩(四) | 林　楠 | 福建中医学院学报 | 2001,(3):62 |
| 《内经》词义辨正 | 贾延利等 | 甘肃中医学院学报 | 2001,(3):65 |
| 《内经》"是动病""所生病"辨释 | 刘润兰 | 山西中医学院学报 | 2001,(3):13 |
| 医古文英译探讨——读《素问·四气调神大论》译文有感 | 肖　平 | 浙江中医杂志 | 2001,(3):35 |
| "隐曲"词义辨析 | 许慧红 | 中医文献杂志 | 2001,(3):21 |
| "医"字小议 | 长　青 | 山西中医学院学报 | 2001,(4):1 |
| "智者察同　愚者察异"经义发微 | 戚团结 | 医古文知识 | 2001,(4):25 |
| "胸中大气"刍议 | 孙满娟等 | 黑龙江中医药 | 2001,(5):7 |
| 《素问》"起亟"解 | 邵冠勇 | 山东中医药大学学报 | 2001,(5):371 |
| 《内经》"秋伤于湿"应为"秋伤于燥"考略 | 杨汉辉 | 中医药学刊 | 2001,(5):465 |
| 明·陈第语音时空观在《内经》语言研究中的作用和意义 | 黄作阵 | 北京中医药大学学报 | 2001,(6):13 |
| 《内经》"钩脉"辨析 | 廖立行 | 国医论坛 | 2001,(6):11 |
| 《内经》"权衡"解读 | 张登本等 | 陕西中医学院学报 | 2001,(6):1 |
| 浅议郭霭春教授对《素问》的校释 | 罗根海 | 河北中医 | 2001,(8):531 |
| 对《素问·病能论》中"同名异等"含义的浅析 | 毛　旭等 | 中国中医基础医学杂志 | 2001,(9):12 |
| "口僻"与"口目为僻"辨 | 贺利飞等 | 中国针灸 | 2001,(10):63 |
| 中医"气"名考辨 | 黄志杰 | 中国中医基础医学杂志 | 2001,(10):65 |
| 《黄帝内经》英译评析 | 肖　平 | 湖南医科大学学报(社会科学版) | 2002,(1):33 |
| 谈"喘喝"与"魄汗"——《素问·生气通天论》析疑二则 | 谢季祥 | 江苏中医药 | 2002,(1):41 |
| "肺朝百脉"考 | 孙孝忠 | 南京中医药大学学报(社会科学版) | 2002,(1):37 |
| "白汗"正诂 | 范登脉 | 医古文知识 | 2002,(1):26 |
| 《黄帝内经》的行文省略 | 沙　涛 | 医古文知识 | 2002,(1):39 |
| 字斟句酌　诂确义准——古医籍误释举要 | 段逸山 | 医古文知识 | 2002,(1):42 |
| 《内经难字音义》述要 | 高新彦 | 中医文献杂志 | 2002,(1):27 |
| 《素问》"去宛陈莝"解 | 李具双 | 中医文献杂志 | 2002,(1):34 |
| 《素问》误校例释 | 李怀之等 | 国医论坛 | 2002,(2):48 |
| 《黄帝内经太素》杨上善音注校议 | 李清桓 | 南京中医药大学学报(社会科学版) | 2002,(2):79 |
| "高梁之变,足生大丁"析义辨正 | 李怀之 | 山东中医药大学学报 | 2002,(2):138 |
| 关于《素问·六节藏象论篇》"太阴"、"少阴"与阴阳之辨 | 谢季祥 | 陕西中医 | 2002,(2):190 |
| 《黄帝内经》首部英译本述评 | 施蕴中等 | 上海科技翻译 | 2002,(2):46 |
| 《素问》校释两则 | 康惠惠 | 医古文知识 | 2002,(2):25 |
| 《太素》"伏冲脉"小考 | 李怀之 | 医古文知识 | 2002,(2):30 |
| 识契真要　目牛无全——《黄帝内经》读法举例 | 赖　文 | 医古文知识 | 2002,(2):7 |
| "膏药"考 | 李具双 | 中医文献杂志 | 2002,(2):21 |
| 张琦《素问释义》注释内容的研究 | 穆俊霞等 | 山西中医学院学报 | 2002,(3):4 |
| 《灵枢》"澹渗"当作"沍燥"考 | 范登脉 | 中医文献杂志 | 2002,(3):21 |

| | | | |
|---|---|---|---|
| 《素问》"适其脉"解诂 | 范登脉 | 南京中医药大学学报（社会科学版） | 2002,(4):186 |
| "津液充郭其魄独居"解 | 李会敏等 | 陕西中医 | 2002,(4):351 |
| 是"开"还是"关"——《素问·阴阳离合论》篇校勘二则 | 谢季祥 | 上海中医药杂志 | 2002,(4):33 |
| 谈"草兹"与"下"——《素问》析疑二则 | 谢季祥 | 四川中医 | 2002,(4):19 |
| 关于"腕掌、背侧横纹"概念之己见 | 吕炳强 | 天津中医 | 2002,(4):34 |
| "三焦"异文之我见 | 曲丽芳 | 医古文知识 | 2002,(4):32 |
| 医学古文中的"相"字用法例析 | 范开珍 | 中医药学刊 | 2002,(4):540 |
| 《黄帝内经》校勘2则 | 李怀之 | 国医论坛 | 2002,(5):52 |
| 王冰次注《素问》条例简析 | 乔海法等 | 山东中医药大学学报 | 2002,(6):454 |
| 《素问·经脉别论》中"府""权衡"解 | 魏嘉勤 | 中国校医 | 2002,(6):544 |
| 《黄帝内经》名义考 | 许振国 | 北京中医药大学学报 | 2003,(1):18 |
| 腧、输、俞应区别使用 | 黄　涛 | 科技术语研究 | 2003,(1):31 |
| 关于"大气"与"温血"——《素问·离合真邪论篇》析疑二则 | 谢季祥 | 天津中医药 | 2003,(1):87 |
| 《素问识》词语训释特点析 | 王少丽 | 云南中医中药杂志 | 2003,(1):38 |
| 《灵枢经》语法探析 | 陈　婷 | 北京中医 | 2003,(2):42 |
| 论"是动病"、"所生病" | 口锁堂 | 甘肃中医学院学报 | 2003,(2):10 |
| "唠"义衍变考 | 李玉清 | 南京中医药大学学报（社会科学版） | 2003,(2):108 |
| "疏泄"源流释疑 | 李冬华 | 上海中医药杂志 | 2003,(2):8 |
| 《内经》词义解疑 | 孙启明 | 医古文知识 | 2003,(2):44 |
| 《内经》、《伤寒论》重言词辨析 | 范开珍 | 浙江中医杂志 | 2003,(2):35 |
| "夺其食"辨析 | 欧阳耀华等 | 中国民康医学 | 2003,(2):121 |
| 《黄帝内经·素问》英译本在美国陆续出版 | 常　宇 | 中华医史杂志 | 2003,(2):61 |
| 《素问释义》理校法的研究 | 穆俊霞 | 中华医史杂志 | 2003,(2):27 |
| "补火生土"考辨 | 林　殷 | 北京中医药大学学报 | 2003,(3):11 |
| 识破通假读《内经》 | 张　辉等 | 医古文知识 | 2003,(3):33 |
| "医"字补释——兼论砭石与痈疡的砭刺治疗 | 符友丰 | 医古文知识 | 2003,(3):36 |
| 《内经》对类比法的应用浅析 | 陆稚华 | 安徽中医临床杂志 | 2003,(4):353 |
| 刍议"上盛则气高,下盛则气胀"之"上"、"下" | 朱翠玲 | 国医论坛 | 2003,(4):47 |
| 《内经词典》"立"、"当"、"制"义项考辨 | 傅海燕等 | 江西中医学院学报 | 2003,(4):35 |
| 《内经》词义解疑(续) | 孙启明 | 医古文知识 | 2003,(4):39 |
| 议《灵枢》中的叠音词 | 范开珍 | 四川中医 | 2003,(5):16 |
| "禹问于师癸"考析 | 李保国 | 按摩与导引 | 2003,(6):9 |
| "去宛陈莝"当为"去宛陈莝草茎" | 董尚朴等 | 山东中医杂志 | 2003,(7):393 |
| 试论张志聪注释《内经》的训诂成就 | 鲍晓东等 | 中国中医基础医学杂志 | 2003,(8):68 |
| "志心"、"小心"考辨 | 林　殷 | 中国医药学报 | 2003,(11):646 |
| 《素问》"先建其母"正义 | 周东浩等 | 中国医药学报 | 2003,(11):649 |
| 《黄帝内经》词义研究述评——兼论《内经》词义的引申及义项排列规律 | 傅海燕等 | 中医药学刊 | 2003,(11):1884 |
| 《内经》癫痫狂考辨 | 傅海燕等 | 辽宁中医杂志 | 2003,(12):969 |
| 从《标幽赋》的语言看《内经》的经典作用 | 苏春梅 | 针灸临床杂志 | 2003,(12):3 |
| 《内经》俞、输、腧探源 | 傅海燕 | 中国中医基础医学杂志 | 2003,(12):48 |

| | | | |
|---|---|---|---|
| 《黄帝内经》首见医学词汇研究 | 傅海燕 | 中国优秀博硕士学位论文全文数据库(博士)医药卫生科技辑 | 2003,(4):E056-2 |
| 《素问》"生而勿杀、予而勿夺、赏而勿罚"语义辨析 | 荣 鸿 | 岳阳职业技术学院学报 | 2004,(1):56 |
| "禹问于师癸"考析 | 李保国 | 按摩与导引 | 2004,(1):9 |
| 《黄帝内经》"噼"、"癖"、"僻"考源 | 傅海燕等 | 江西中医学院学报 | 2004,(1):33 |
| "巨刺""缪刺"名义浅析 | 张载义等 | 针灸临床杂志 | 2004,(1):8 |
| 腘肉、肉腘、分肉之间解析 | 严健民 | 中医文献杂志 | 2004,(1):16 |
| 热俞水俞析 | 赵京生 | 中医文献杂志 | 2004,(1):27 |
| 古医籍同形俗字校读五则 | 范登脉 | 南京中医药大学学报(社会科学版) | 2004,(2):44 |
| 中医文献中"疫"的含义探讨 | 李烁华等 | 山西中医 | 2004,(2):56 |
| 《内经》"痏"字释 | 张嘉麟 | 医古文知识 | 2004,(2):9 |
| 《黄帝内经素问》书名英译探讨 | 兰凤利 | 中国中西医结合杂志 | 2004,(2):175 |
| "素问"释义 | 白兴华 | 中华医史杂志 | 2004,(2):64 |
| "夫上古圣人之教下也,皆谓之"句校勘新见 | 臧守虎 | 中医文献杂志 | 2004,(2):23 |
| 《内经》误读析疑六则 | 贾延利 | 中医文献杂志 | 2004,(2):25 |
| 《素问·厥论》"泾溲不利"辨析 | 郑 杨 | 中医药学报 | 2004,(2):72 |
| "缪"字音义考 | 丁习益 | 上海针灸杂志 | 2004,(3):39 |
| 关于《素问》"味归形形归气……"的注释 | 董尚朴 | 浙江中医杂志 | 2004,(3):16 |
| 论《黄帝内经素问》篇名的英译——兼评两个英译本的英译篇名 | 兰凤利 | 中国中西医结合杂志 | 2004,(3):265 |
| 《黄帝内经素问》的译介及在西方的传播 | 兰凤利 | 中华医史杂志 | 2004,(3):53 |
| 《太素》杨注反切勘误例析 | 徐 麟 | 中医文献杂志 | 2004,(3):23 |
| 《内经》通借字八则例析 | 杨德林 | 中医药学刊 | 2004,(3):506 |
| 从《淮南子》、《内经》"行、明"二字与阳耕押韵看《内经》成书时代 | 黄作阵 | 北京中医药大学学报 | 2004,(4):12 |
| "二阳之病发心脾"释评 | 张 暖等 | 河北中医 | 2004,(4):316 |
| "尻以代踵,脊以代头"之我见 | 王卫清 | 湖北中医学院学报 | 2004,(4):43 |
| 读古医书当持"三理"原则——《内经》析义举隅 | 胡永年 | 湖北中医学院学报 | 2004,(4):46 |
| "真牙"的真正含义与英译 | 黄 涛 | 科技术语研究 | 2004,(4):28 |
| 《黄帝内经太素》杨注释通借条例析说 | 徐 麟 | 医古文知识 | 2004,(4):22 |
| 《内经》的修辞方法 | 吴永贵等 | 云南中医学院学报 | 2004,(4):17 |
| 《黄帝内经素问》翻译实例分析 | 兰凤利 | 中国翻译 | 2004,(4):75 |
| 论古代文献中的"蛊" | 王建新 | 中医文献杂志 | 2004,(4):13 |
| 《素问》校诂派学术渊源——皖派朴学家《素问》校诂研究(一) | 牛淑平等 | 中医文献杂志 | 2004,(4):8 |
| 《黄帝内经》"喎"、"瘑"、"疸"考辨 | 傅海燕等 | 中医药学刊 | 2004,(4):649 |
| 《黄帝内经》主谓倒装句探讨 | 于 恒 | 辽宁中医学院学报 | 2004,(5):360 |
| "肝者,罢极之本"释义 | 陈震霖 | 山东中医杂志 | 2004,(5):258 |
| 千岩万转路不定,烟涛微茫信难求——谈《黄帝内经》英语翻译的原则与方法 | 牛喘月 | 中西医结合学报 | 2004,(5):396 |
| 《素问·痹论》探疑 | 禄保平 | 中医药通报 | 2004,(5):23 |
| 《内经》中"厥"字源语义辨析 | 王朝晖 | 江西中医学院学报 | 2004,(6):27 |
| 从"善恶"的解释看语言在《内经》学习中的桥梁作用 | 苏春梅 | 中医药信息 | 2004,(6):57 |

| | | | |
|---|---|---|---|
| 从王冰《〈内经·素问注〉序》看《内经》歧义注释产生的一个原因 | 苏春梅 | 中医药学报 | 2004,(6):50 |
| 《内经》选释 | 秦　汉 | 养生大世界 | 2004,(7):45 |
| 《黄帝内经》选释 | 秦　汉 | 养生大世界 | 2004,(8):39 |
| 《医古文》中《内经》类文选注译探讨 | 谢季祥 | 中国中医基础医学杂志 | 2004,(8):3 |
| 《皇帝内经》选释 | 秦　汉 | 养生大世界 | 2004,(9):42 |
| 《黄帝内经素问》英译事业的描写性研究(1) | 兰凤利 | 中国中西医结合杂志 | 2004,(10):947 |
| “血独动”析疑 | 周东浩等 | 中医杂志 | 2004,(10):795 |
| 浅谈“州都之官” | 陈　宇等 | 吉林中医药 | 2004,(11):3 |
| 《内经选读》词义质疑 | 贾延利 | 江苏中医药 | 2004,(11):62 |
| “大丁”小议 | 张正社 | 湖南中医药导报 | 2004,(12):51 |
| “毒”的含义辨析 | 刘　伟 | 中医药学刊 | 2004,(12):2282 |
| 对《素问·上古天真论篇第一》中3个术语的考证与新诠释 | 张　莽等 | 现代中西医结合杂志 | 2004,(18):2383 |
| 浅谈《内经》“热因寒用”的互文修辞 | 彭吉勇 | 中国中医药报 | 2004.3.22 |
| 《黄帝内经灵枢》音韵研究 | 许振国 | 中国优秀博硕士学位论文全文数据库(博士)医药卫生科技辑 | 2004,(1):E056-7 |
| 试论清儒《黄帝内经》音韵训诂研究 | 王育林 | 中国优秀博硕士学位论文全文数据库(博士)医药卫生科技辑 | 2004,(1):E056-4 |
| 《灵枢经》的依韵校勘 | 许振国等 | 江西中医学院学报 | 2005,(1):23 |
| 关于“胞宫”名词选定的讨论 | 张志斌 | 科技术语研究 | 2005,(1):40 |
| 《黄帝内经太素》杨注反切的音韵学价值刍议 | 徐　麟 | 中医文献杂志 | 2005,(1):9 |
| 《素问》校诂派学术研究内容——皖派朴学家《素问》校诂研究(二) | 牛淑平等 | 中医文献杂志 | 2005,(1):6 |
| 《素问》校诂偶记(其一) | 贾成祥 | 中医研究 | 2005,(1):16 |
| 中医古籍中“痉”作“痓”之原因考 | 李怀之 | 中医药通报 | 2005,(1):34 |
| 瞿瞿闵闵辨 | 李载荣等 | 北京中医药大学学报 | 2005,(2):12 |
| 中医病机“机”字考察 | 陈玉升等 | 北京中医药大学学报 | 2005,(2):10 |
| 《黄帝内经太素》杨注直音音义类证 | 徐　麟 | 医古文知识 | 2005,(2):22 |
| 王冰注“足生大丁”不谬 | 张玉萍 | 医古文知识 | 2005,(2):19 |
| 《黄帝内经素问》英译事业的描写性研究(2) | 兰凤利 | 中国中西医结合杂志 | 2005,(2):176 |
| 论译者主体性对《黄帝内经素问》英译的影响 | 兰凤利 | 中华医史杂志 | 2005,(2):74 |
| 说与旁人浑不解,杖藜携酒看芝山——再谈《黄帝内经》英语翻译的方法问题 | 牛喘月 | 中西医结合学报 | 2005,(2):160 |
| 《素问》校诂派治学特色——皖派朴学家《素问》校诂研究(三) | 牛淑平等 | 中医文献杂志 | 2005,(2):12 |
| 浅谈中医古文献中的重文符号 | 李怀之 | 国医论坛 | 2005,(3):46 |
| “白淫”、“白浊”、“败精”之内涵辨析 | 王承平等 | 河南中医 | 2005,(3):24 |
| 略说“九” | 傅维康 | 医古文知识 | 2005,(3):40 |
| 《王冰注“足生大丁”不谬》补证 | 冯美荣 | 医古文知识 | 2005,(3):31 |
| 中医“急症”考 | 卓廉士 | 中国中医急症 | 2005,(3):258 |
| 《黄帝内经》中“百姓”含义考 | 李书田 | 中华医史杂志 | 2005,(3):50 |
| 说“六月”与“四时” | 夏玉芳 | 中学语文教学 | 2005,(3):33 |

| | | | |
|---|---|---|---|
| “校诂法”与“注释法”关系辨析——皖派朴学家《素问》校诂研究(四) | 牛淑平等 | 中医文献杂志 | 2005,(3):19 |
| 《素问》《太素》正文对照考正 | 段逸山 | 中医文献杂志 | 2005,(3):3 |
| 《素问》词义举疑 | 贾延利等 | 中医文献杂志 | 2005,(3):37 |
| 《素问》之“足”字考 | 李海英等 | 中医文献杂志 | 2005,(3):35 |
| 《内经》“膜原”异文考辨 | 高嘉骏等 | 中医药通报 | 2005,(3):21 |
| 《素问·痿论》疑难考辨三则 | 冷艳枫等 | 中医药学报 | 2005,(3):72 |
| 《内经》札记四则赏析 | 朱鹏举等 | 中医药学刊 | 2005,(3):507 |
| 素问校释五则 | 董尚朴 | 北京中医药大学学报 | 2005,(4):22 |
| 《素问》《太素》正文对照考正(续完) | 段逸山 | 中医文献杂志 | 2005,(4):9 |
| 《内经》校勘三则 | 姚黎英 | 中医药学报 | 2005,(4):81 |
| 《内经》“形乎形,目冥冥”之我见 | 王昆文 | 国医论坛 | 2005,(5):51 |
| 《灵枢》词义瑕疵 | 贾延利等 | 中医药学刊 | 2005,(5):899 |
| 郭霭春《黄帝内经素问校注语译》的训诂成就 | 黄作阵 | 北京中医药大学学报 | 2005,(6):22 |
| “肠覃”初探 | 胡瀞月等 | 北京中医药大学学报(中医临床版) | 2005,(6):46 |
| 《内经》生殖之“胞”辨 | 衣华强等 | 北京中医药大学学报(中医临床版) | 2005,(6):44 |
| 《黄帝内经》错简两例解惑 | 张文光等 | 国医论坛 | 2005,(6):47 |
| 《内经》校勘例说 | 范开珍 | 江苏中医药 | 2005,(6):44 |
| “天癸”析疑 | 李水银 | 江西中医药 | 2005,(6):61 |
| 《黄帝内经》中“气至”一词的本来含义 | 胥荣东等 | 中国针灸 | 2005,(6):445 |
| 从《内经》注释中的通假字问题看语言的社会变体 | 苏春梅 | 中医药学报 | 2005,(6):62 |
| “欲如运枢,起居如惊　神气乃浮”释义刍议 | 陆　健等 | 中医药学刊 | 2005,(6):1052 |
| 《素问释义》注释特点的研究 | 穆俊霞等 | 中医药学刊 | 2005,(6):1047 |
| 对“风寒湿三气杂至合而为痹也”之合字的理解 | 姜荣华 | 中医药学刊 | 2005,(6):1109 |
| 医古文训诂的几个原则性问题 | 谢季祥 | 中医药学刊 | 2005,(6):1107 |
| 也说“去宛陈莝” | 彭达池 | 山东中医杂志 | 2005,(8):451 |
| 《黄帝内经》误释二题 | 彭达池 | 浙江中医杂志 | 2005,(8):326 |
| 从古书对内外的使用探讨《内经》之名义 | 李书田 | 中国中医基础医学杂志 | 2005,(9):679 |
| 《素问·上古天真论》中“肾气衰”当为“胃气衰”之我见 | 张文光等 | 浙江中医杂志 | 2005,(10):453 |
| 对《内经》“肝与肾脉并至”经文之我见 | 范洪亮 | 中国中医基础医学杂志 | 2005,(10):734 |
| 俄藏敦煌文献《黄帝内经·素问》“刺疟篇”、“气厥论篇”录校 | 李应存等 | 甘肃中医 | 2005,(11):14 |
| “受如持虚”当为“消谷善饥”解 | 李　慧 | 江苏中医药 | 2005,(11):66 |
| 定静安虑　而后有得——《黄帝内经》英语翻译随想 | 李照国 | 山海翻译 | 2006,(1):63 |
| 读《黄帝内经》诂林初探 | 边海云等 | 四川中医 | 2006,(1):34 |
| “饿其体肤”之“肤”解 | 王闰吉 | 语言研究 | 2006,(1):117 |
| 试论“变”有“呕吐”义及其原因 | 谭代龙 | 语言研究 | 2006,(1):112 |
| 中医古籍“夫”字义辨 | 刘　娟 | 中医药临床杂志 | 2006,(1):84 |
| “以知为数”释义 | 胥荣东等 | 上海针灸杂志 | 2006,(2):49 |
| 《内经》中“抟”、“转”讹为“薄”字厘正 | 周雪亮等 | 中医文献杂志 | 2006,(2):30 |
| 《素问》校诂派学术价值总结——皖派朴学家《素问》校诂研究(五) | 牛淑平等 | 中医文献杂志 | 2006,(2):10 |
| 《素问》词义献疑 | 贾延利 | 中医研究 | 2006,(2):49 |
| “身”字解读 | 王兴伊 | 中医药文化 | 2006,(2):43 |

| | | | |
|---|---|---|---|
| 医古文训诂刍议 | 谢季祥 | 江西中医学院学报 | 2006,(3):20 |
| 《太素》"盼盼"考 | 彭　馨 | 南京中医药大学学报（社会科学版） | 2006,(3):150 |
| "十六部"解 | 王洪图 | 中国中医药现代远程教育 | 2006,(3):22 |
| 《灵枢》"细子"考 | 臧守虎 | 中医文献杂志 | 2006,(3):37 |
| 《内经》"化不可代"刍议 | 陶御风 | 中医文献杂志 | 2006,(3):4 |
| 释"营"与"荣"——中医术语文化探源 | 黄海波 | 中医药临床杂志 | 2006,(3):214 |
| 《内经》"肓"义探蕴 | 高嘉骏等 | 北京中医药大学学报 | 2006,(4):237 |
| 《黄帝内经素问》"阴"、"阳"字义探寻 | 张继伟 | 河南中医 | 2006,(4):12 |
| 当以"去菀陈,莝微动"断句——《素问·汤液醪醴论》中一段经文的断句分析 | 袁运硕 | 江苏中医药 | 2006,(4):55 |
| 《黄帝内经灵枢》校雠二十一例 | 李亚军 | 陕西中医学院学报 | 2006,(4):4 |
| "巨刺"释 | 冯禾昌等 | 上海针灸杂志 | 2006,(4):40 |
| 《黄帝内经》的"字对字"翻译 | 姚振军 | 医学与哲学（人文社会医学版） | 2006,(4):75 |
| 对《内经》中"足生大丁"的注释及研究概况 | 鲍健欣等 | 中医文献杂志 | 2006,(4):49 |
| 辨"丁" | 鲍健欣等 | 中医药文化 | 2006,(4):40 |
| 《内经》俗字校释 | 李怀之 | 山东中医药大学学报 | 2006,(5):377 |
| 《素问》"肝为语"探析 | 王莉娅等 | 陕西中医 | 2006,(5):607 |
| "谷气来也徐而和"析疑 | 胥荣东等 | 上海针灸杂志 | 2006,(5):37 |
| 《内经》"募原"探微 | 江顺奎 | 中医药通报 | 2006,(5):22 |
| 《素问·宝命全形论》校诂四则 | 范登脉等 | 中医药文化 | 2006,(5):40 |
| "脉症舍从"辨 | 宝玉金 | 中医研究 | 2006,(5):12 |
| 《内经》中"从容"之考释 | 黄巧玲 | 湖南中医杂志 | 2006,(6):66 |
| "罢极之本"浅议 | 林绍志 | 山东中医药大学学报 | 2006,(6):444 |
| 《内经》"经脉"本义新释 | 咸培伟等 | 上海针灸杂志 | 2006,(6):48 |
| 《针灸甲乙经》与《太素》互校内容考辨 | 张宝文 | 中医药文化 | 2006,(6):28 |
| "迎随"本义初探 | 李振海 | 辽宁中医杂志 | 2006,(7):877 |
| "以经取之"释义 | 胥荣东等 | 针灸临床杂志 | 2006,(7):1 |
| 《灵枢》释疑四则 | 胥荣东等 | 上海针灸杂志 | 2006,(8):39 |
| 《素问·上古天真论》训诂 4 则 | 孙　非等 | 北京中医 | 2006,(10):594 |
| "上守机"释义 | 胥荣东等 | 针灸临床杂志 | 2006,(10):9 |
| 《黄帝内经》"至阴之类"及华窍"唇四白"探析 | 任占敏等 | 北京中医 | 2006,(11):685 |
| 《黄帝内经》三家注精解钩沉 | 黄海波 | 中国中医基础医学杂志 | 2006,(11):811 |
| 《素问》注释勾沉 | 彭达池 | 中医研究 | 2006,(11):56 |
| 《灵枢·终始》析疑 | 胥荣东等 | 针灸临床杂志 | 2006,(12):4 |
| "肝者　罢极之本"考义及新解 | 陆丽明 | 中医药学刊 | 2006,(12):2308 |
| 柯琴用《内经》条文六释《伤寒论》 | 琚　枫等 | 中国中医药报 | 2006.6.12 |
| 《素问》"奇病"辨析 | 王惟恒 | 中国中医药报 | 2006.7.14 |
| 《内经》避讳字初探 | 孙国中 | 中国中医药报 | 2006.7.14 |
| 《内经》避讳字初探 | 孙国中 | 中国中医药报 | 2006.7.19 |
| 《内经》避讳字初探 | 孙国中 | 中国中医药报 | 2006.7.24 |
| "以移其神"析 | 赵京生 | 中国针灸学会针灸文献专业委员会 2006 年学术年会论文汇编 | 2006:92 |

| | | | |
|---|---|---|---|
| 从《素问》看《汉语大词典》书证迟后问题 | 张雪梅 | 南京中医药大学学报（社会科学版） | 2007,(1):27 |
| 读《黄帝内经》诂林续探 | 刘改莲等 | 时珍国医国药 | 2007,(1):139 |
| 《内经》"軌"字辨析 | 李　浩等 | 中国中西医结合耳鼻咽喉科杂志 | 2007,(1):71 |
| 率性之谓道，修道之谓教——《中医经典文库·内经》译者例言英译 | 牛喘月 | 中西医结合学报 | 2007,(1):106 |
| 底本恰当　校注详实——评涩江全善及其《灵枢讲义》 | 段逸山 | 中医文献杂志 | 2007,(1):3 |
| 从古音韵论《黄帝内经·灵枢·阴阳二十五人》中"敦敦然"之正误 | 陈高逸 | 江西中医学院学报 | 2007,(2):34 |
| 从《素问》、《灵枢》看《汉语大词典》中存在的问题 | 张雪梅 | 淮北煤炭师范学院学报（哲学社会科学版） | 2007,(3):90 |
| 《内经》中"阴阳"语义解析 | 方亚利等 | 山东中医药大学学报 | 2007,(3):225 |
| 试论《内经》中的"德全不危" | 位　燕等 | 四川中医 | 2007,(3):28 |
| 《素问·太阴阳论篇》一段经文错简之我见 | 卢世秀 | 中国中医药现代远程教育 | 2007,(3):21 |
| 从"扶桑"说开去——医古文教学札记之三 | 包红梅 | 内蒙古中医药 | 2007,(4):41 |
| 浅析《内经》中"厥"的含义 | 徐宁 | 四川中医 | 2007,(4):28 |
| 中医古典文献中"阴阳"的源流与翻译 | 兰凤利 | 中国翻译 | 2007,(4):69 |
| 《素问·脉要精微论篇》校释的若干商兑 | 董尚朴 | 北京中医药大学学报 | 2007,(5):298 |
| 再析"去菀陈莝" | 高一萍等 | 国医论坛 | 2007,(5):48 |
| "胆者中正之官"考 | 王名扬 | 河北中医 | 2007,(5):453 |
| 释"营"与"荣" | 黄海波 | 中医药文化 | 2007,(5):42 |
| 译者主体性对《黄帝内经·素问》译文的影响 | 雷　燕等 | 江西中医学院学报 | 2007,(6):84 |
| 《素问》"从容"浅识 | 朱　玲等 | 辽宁中医药大学学报 | 2007,(6):33 |
| 略论《内经》之"气"与"气病" | 于　勇等 | 陕西中医 | 2007,(7):913 |
| 从古代典章制度浅析《内经》中"被服章"的含义 | 林永青等 | 中国中医基础医学杂志 | 2007,(8):563 |
| 论《内经》中"精"字源流及其涵义 | 刘寨华等 | 中国中医基础医学杂志 | 2007,(10):731 |
| 《素问》"阴阳交"原义解析 | 胡静娟 | 新中医 | 2007,(12):88 |
| 《内经》有关心藏象理论发生的文字文化基础 | 鞠宝兆等 | 中华中医药学刊 | 2007,(12):2464 |
| 《脉要精微论》"精明"复辨 | 孟琳升 | 中国中医药报 | 2007.6.27 |
| 《黄帝内经》中的"常变"观 | 任秀玲 | 中国中医药报 | 2007.6.29 |
| 《素问·三部九候论》"弹踝"启悟 | 孟琳升 | 中国中医药报 | 2007.8.9 |
| 《内经》"豆"字的断代意义 | 钱超尘 | 中国中医药报 | 2007.12.3 |
| 《内经》"涕"字词义具有汉代特点 | 钱超尘 | 中国中医药报 | 2007.12.5 |
| 《黄帝内经》误读献疑 | 贾延利 | 中国中医药报 | 2007.12.27 |
| 对习读《内经》易生歧义之文字研究 | 李怀芝 | 中国优秀博硕士学位论文全文数据库(博士)医药卫生科技辑 | 2007,(2):E056－2 |
| 《黄帝内经素问》疑难字词校补 | 范登脉 | 中国优秀博硕士学位论文全文数据库(博士)医药卫生科技辑 | 2007,(6):E056－2 |
| 《〈黄帝内经·素问〉翻译实例分析》之商榷 | 段晋丽 | 菏泽医学专科学校学报 | 2008,(1):93 |
| 谈《内经》的英文译名 | 薛崇成等 | 中国科技术语 | 2008,(1):44 |
| "鬼门"与"魄门"注解小析 | 张振卿等 | 中医文献杂志 | 2008,(1):33 |
| 《内经选读》词义辨正 | 贾延利 | 中医研究 | 2008,(1):58 |

| | | | |
|---|---|---|---|
| “陷脉”“中脉”释疑 | 胥荣东等 | 中医杂志 | 2008,(1):92 |
| 中医药古籍“性”的讳饰 | 于　恒 | 江西中医学院学报 | 2008,(2):28 |
| 《内经》通假例说 | 范开珍 | 辽宁中医药大学学报 | 2008,(2):8 |
| 《素问》《灵枢》《太素》《甲乙经》异文同义举隅 | 李怀芝 | 山东中医药大学学报 | 2008,(2):143 |
| 《素问·上古天真论》考义一则 | 盛钦业等 | 四川中医 | 2008,(2):35 |
| “耳彊”蠡测 | 刘庆宇 | 中医文献杂志 | 2008,(2):28 |
| 知、瘥、蠲、除、慧、间、瘳、已之“愈”义源流考 | 袁仁智等 | 南京中医药大学学报（社会科学版） | 2008,(3):140 |
| 《素问》《灵枢》《太素》《甲乙经》异文例释 | 李怀芝 | 山东中医药大学学报 | 2008,(3):226 |
| 对“以母为基,以父为楯”释义的商榷 | 边海云等 | 山东中医药大学学报 | 2008,(3):225 |
| “各至其理”之义析 | 洪亚群 | 山西中医学院学报 | 2008,(3):5 |
| 《内经》“数”的含义辨析 | 胡凤媛 | 陕西中医 | 2008,(3):361 |
| 《黄帝内经》英译研究 | 雷　燕等 | 辽宁中医药大学学报 | 2008,(4):172 |
| 《素问》“新校正”的注释特点 | 阴小爱 | 内蒙古中医药 | 2008,(4):54 |
| 《素问·经脉别论》句读与注释小考 | 沈成 | 中医药文化 | 2008,(4):53 |
| 《黄帝内经·素问》联合式合成词研究 | 袁开惠 | 长春师范学院学报（人文社会科学版） | 2008,(5):76 |
| 《黄帝内经》英译两原则 | 刘九茹 | 河南职工医学院学报 | 2008,(6):609 |
| “卫气根于肾”释义 | 张宁一等 | 云南中医学院学报 | 2008,(6):20 |
| 《灵枢》《太素》异文例释 | 李怀芝 | 陕西中医 | 2008,(7):902 |
| 《黄帝内经》《针灸甲乙经》异文例释 | 李怀芝 | 四川中医 | 2008,(7):39 |
| 《灵枢·天年》词句正义 | 石相臣等 | 中医杂志 | 2008,(8):764 |
| 《素问·异法方宜论篇》“陵居”考释 | 贾成祥 | 北京中医药大学学报 | 2008,(9):598 |
| 《黄帝内经·灵枢译释》存疑 | 唐爱菊等 | 甘肃中医 | 2008,(9):37 |
| “以母为基,以父为楯”刍议 | 边海云等 | 江苏中医药 | 2008,(10):3 |
| 论《素问》中“隐曲”的含义——兼析罗元恺释为“小便不利”之误 | 汤川安等 | 江苏中医药 | 2008,(10):106 |
| 《素问》“治之以兰”与“或石治之”新释 | 冯文林 | 上海中医药杂志 | 2008,(11):64 |
| 《黄帝内经》虚指数词的英译 | 傅灵婴等 | 中西医结合学报 | 2008,(12):1318 |
| “冬伤于寒”非“冬不藏精”互文 | 江顺奎 | 中医杂志 | 2008,(12):1138 |
| “阴精所奉其人寿,阳精所降其人夭”析 | 王宏利 | 内蒙古中医药 | 2008,(18):63 |
| 《黄帝内经》抟讹为搏举证 | 陈翠翠等 | 中国中医药报 | 2008. 1. 23 |
| 《黄帝内经》名词动化 9 规律 | 沙　涛等 | 中国中医药报 | 2008. 3. 14 |
| 《黄帝内经》的九种凝固句式 | 沙　涛等 | 中国中医药报 | 2008. 7. 31 |
| 《黄帝内经·素问》四字词组英译研究 | 吉　哲 | 中国优秀博硕士学位论文全文数据库（硕士）哲学与人文科学辑 | 2008,(4):F085 – 74 |
| 《内经》修辞举隅 | 尤　勇 | 陕西中医 | 2009,(1):93 |
| 《内经·痹论篇》中含“痹”病名的英译——“翻译适应选择论”观照下的翻译解读 | 李英照等 | 中国科技信息 | 2009,(1):221 |
| 以敦煌遗书《辅行诀脏腑用药法要》校《内经》条文 | 张永文等 | 中国中医药科技 | 2009,(1):77 |
| 《黄帝内经》对偶词英译研究 | 李　苹等 | 中西医结合学报 | 2009,(1):85 |
| “解㑊” | 段逸山 | 中医药文化 | 2009,(1):21 |
| 论《太素》杨注精义 | 马烈光 | 河南中医学院学报 | 2009,(2):1 |
| 《内经》析疑 2 则 | 边海云等 | 江苏中医药 | 2009,(2):63 |
| 《内经》修辞格及英译研究 | 赵　阳等 | 山西中医学院学报 | 2009,(2):71 |

| | | | |
|---|---|---|---|
| 从《黄帝内经》英译看医古文翻译的语篇意识 | 李 振 | 云南中医学院学报 | 2009,(2):7 |
| 因声求义——《黄帝内经太素》重言词例释三则 | 张亭立 | 中医教育 | 2009,(2):50 |
| 《黄帝内经》反义词研究 | 黄巧玲 | 湖南城市学院学报 | 2009,(3):54 |
| 《黄帝内经》及别传本古今字例释 | 李怀之 | 浙江中医药大学学报 | 2009,(3):302 |
| 《黄帝内经》释义两则 | 宋军帅等 | 浙江中医杂志 | 2009,(3):165 |
| 语料库语言学和《黄帝内经》汉英语料库 | 李 苹等 | 中国科技信息 | 2009,(3):259 |
| 《黄帝内经》英译得失谈 | 李照国 | 中国科技翻译 | 2009,(4):3 |
| "湿"义源流考释 | 王东坡 | 中华中医药杂志 | 2009,(4):408 |
| 《素问》音韵英译研究 | 赵 阳等 | 中西医结合学报 | 2009,(4):389 |
| 《黄帝内经素问》语词辨疑3则 | 鲍良红 | 北京中医药大学学报 | 2009,(5):308 |
| 从《黄帝内经》英文版窥探中医翻译的现状 | 陈岷婕等 | 辽宁中医药大学学报 | 2009,(5):237 |
| 《灵枢经》错简两例 | 宋天波等 | 浙江中西医结合杂志 | 2009,(5):295 |
| 《黄帝内经素问》语词辨疑五则 | 鲍良红 | 中国中医基础医学杂志 | 2009,(5):330 |
| 《内经》修辞格及英译实例分析 | 赵 阳等 | 中西医结合学报 | 2009,(5):488 |
| 《内经》误读质疑 | 贾延利 | 中医杂志 | 2009,(5):476 |
| 结合《黄帝内经》医家注释谈谈训诂学的重要性 | 郭桂华等 | 河南中医 | 2009,(6):613 |
| 《灵枢·九针十二原》的错简脱简文字 | 王 瑀等 | 江苏中医药 | 2009,(6):56 |
| 《素问》注释正误辨析四则 | 黄巧玲 | 中国中医基础医学杂志 | 2009,(6):415 |
| 解读《内经》原文　践行《内经》旨意 | 张登本 | 中医学报 | 2009,(6):1 |
| 《素问》中"心"字的统计分析研究 | 闻永毅等 | 中国中医基础医学杂志 | 2009,(9):646 |
| 浅论《黄帝内经》中的重言词 | 王鹤璇 | 重庆科技学院学报（社会科学版） | 2009,(9):145 |
| 顾本《黄帝内经·素问》王冰注语"瘦于玄府中"考误 | 朱鹏举等 | 光明中医 | 2009,(10):1861 |
| 《黄帝内经》对偶辞格研究 | 李 苹等 | 时珍国医国药 | 2009,(10):2578 |
| "横渠四句"的中医诠释 | 毛进军 | 上海中医药报 | 2009.10.30 |
| 《太素》古音研究及依韵校勘 | 臼色雄一 | 中国优秀博硕士学位论文全文数据库（硕士）医药卫生科技辑 | 2009,(1):E056-6 |

## （二）对《黄帝内经》其书之研究

### 1. 成书年代及版本研究

| | | | |
|---|---|---|---|
| 《内经》之源流 | 沈汉卿 | 中华医学白话报 | 1913,(2):1 |
| 隋本《灵枢》目录 | 廖 平 | 国学荟编 | 1915,(4) |
| 《素问》真伪年代考(壹) | 邓煜华 | 杏林 | 1929,(8):8 |
| 《素问》真伪年代考(二) | 邓煜华 | 杏林 | 1929,(9):17 |
| 《素问》真伪年代考(三续) | 邓煜华 | 杏林医报 | 1929,(10):4 |
| 《素问》真伪年代考(四)(未完) | 邓煜华 | 杏林医学月报 | 1930,(12):10 |
| 《素问》真伪年代考(五) | 邓煜华 | 杏林医学月报 | 1930,(13):8 |
| 《素问》真伪年代考(六) | 邓煜华 | 杏林医学月报 | 1930,(14):4 |
| 《素问》真伪年代考:黄溪校议 | 陈无咎 | 杏林医学月报 | 1930,(15):3 |
| 《素问》真伪年代考(七) | 邓煜华 | 杏林医学月报 | 1930,(16):9 |
| 《素问》真伪年代考暂停壹期:研究风寒温笔记(三) | 张确余 | 杏林医学月报 | 1930,(17):6 |

| | | | |
|---|---|---|---|
| 《素问》真伪年代考(八)(续第十六期)(附表) | 邓煜华 | 杏林医学月报 | 1930,(20):3 |
| 《素问》真伪年代考(九续完) | 邓煜华 | 杏林医学月报 | 1930,(21):6 |
| 《内经》非轩岐所著考 | 蔡伯礼 | 医林一谔 | 1931,(9):9 |
| 《内经》年代考 | 暗　然 | 医学周刊机 | 1932,(6):1 |
| 《内经》作于阴阳家之考证 | 高维祺 | 中医季刊 | 1933,(7):4 |
| 《内经》年代考 | 杨子良 | 现代中医 | 1934,(11):11 |
| 《内经》著作年代考略 | 李革痴 | 北平医药月刊 | 1935,(1):1 |
| 文献的研究:"郑煜华先生的《素问》真伪年代考"评:附表格 | 周　济 | 中西医药 | 1935,(4):312 |
| 《内经》考源 | 谢应三 | 光华医药杂志 | 1935,(10):12 |
| 《内经》考源 | 谢应三等 | 光华医药杂志 | 1935,(12):47 |
| 《素问》的年代考辨 | 周　济 | 中西医药 | 1935,(12):4 |
| 邓煜华先生的"《素问》真伪年代考"评 | 周　济 | 中西医药 | 1936,(1):1 |
| 文献的研究:"郑煜华先生的《素问》真伪年代考"评(续一) | 周　济 | 中西医药 | 1936,(1):31 |
| 中国第一部医书——内经素问简介 | 李　涛 | 中华医史杂志 | 1954,(12):4 |
| 中国第一部医书 | 秦伯未 | 新闻日报 | 1955,(1):15 |
| 中国第一部医书 | 宗　汾 | 健康报 | 1957,(2):22 |
| 《黄帝内经》的著作时代 | 龙伯坚 | 医学史与保健组织 | 1957,(6):2 |
| 《黄帝众难经注》,《玉匮针经》作者吕广的年代问题 | 范行准 | 上海中医药杂志 | 1957,(10):32 |
| 对《黄帝内经》成书时、地的探讨 | 杨浩观 | 江西中医药 | 1958,(3):24 |
| 评龙伯坚的《黄帝内经》的著作时代" | 何爱华 | 医学史与保健组织 | 1958,(3):1 |
| 《黄帝内经》源流考 | 袁鸿寿 | 北京中医学院学报 | 1959,(10):1 |
| 《黄帝内经太素》撰注考略 | 李鸿逵 | 江苏中医药 | 1963,(8):30 |
| 关于《素问病机气宜保命集》的作者问题 | 金寿山 | 上海中医药杂志 | 1963,(8):38 |
| 《黄帝内经太素》源流考略 | 李鸿逵 | 江苏中医药 | 1963,(12):28 |
| 关于《内经》与《神农本草经》的成书先后问题——与朱敬修同志商榷 | 李国忠 | 广东医学 | 1964,(6):37 |
| 关于阴阳五行学说的起源和《内经》、《本草》成书问题的探讨 | 杨荣国 | 新中医 | 1972,(5):30 |
| 论《内经》的成书年代和法家思想 | 李　鼎 | 江苏中医药 | 1976,(1):36 |
| 《黄帝内经》成书时代考证 | 高光震 | 吉林中医药 | 1979,(3):113 |
| 关于杨上善《黄帝内经太素》的年代 | 赵辉贤 | 浙江中医药大学学报 | 1979,(4):4 |
| 《素问病机气宜保命集》的作者问题 | 傅再希 | 江西中医药 | 1981,(1):59 |
| 《黄帝内经》的成书与中医理论体系的形成 | 黄汉儒 | 医学与哲学(人文社会医学版) | 1981,(1):75 |
| 《太素》缺卷覆刻本校读记 | 李　鼎 | 中医杂志 | 1982,(2):63 |
| 《黄帝内经》与"黄老学派"——《内经》成书年代别考 | 吴文鼎 | 上海中医药杂志 | 1982,(9):36 |
| 《内经》的沿革及其书名的由来 | 程士德 | 中医杂志 | 1983,(9):56 |
| 我对《内经》成书年代的看法 | 傅幼荣 | 江西中医药 | 1984,(1):2 |
| 《素问病机气宜保命集》著者之考辨 | 程宝书 | 中医药学报 | 1984,(4):48 |
| 《内经》成书年代一字考 | 韩葆贤 | 上海中医药杂志 | 1985,(8):40 |
| 《内经》的沿革 | 项祺 | 山西中医 | 1986,(2):45 |
| 《素问》版本源流考释 | 高光震 | 吉林中医药 | 1986,(3):1 |
| 从马王堆医书看医学源流问题 | 周一谋 | 医学与哲学(人文社会医学版) | 1986,(5):44 |
| 《黄帝内经太素》起源考辨 | 祝跃平 | 中医药学报 | 1986,(6):20 |

| | | | |
|---|---|---|---|
| 从《素问》王注探讨《灵枢经》在唐代的三种古传本 | 马继兴 | 天津中医学院学报 | 1986,(Z1):101 |
| 杨上善与《黄帝内经太素》 | 韩　冰等 | 天津中医学院学报 | 1986,(Z1):32 |
| 围绕《黄帝内经》成书问题争论的症结何在 | 温长路 | 吉林中医药 | 1987,(1):1 |
| 《素问》王冰序“世本”简析 | 吴考槃 | 南京中医药大学学报（自然科学版） | 1987,(1):35 |
| 《黄帝内经太素》撰注年代考 | 张灿玾 | 天津中医学院学报 | 1987,(2):1 |
| 敦煌卷子《内经》考 | 王咪咪 | 上海中医药杂志 | 1987,(3):38 |
| 略述《望诊遵经》对内经理论的继承发挥 | 郑红斌 | 浙江中医药大学学报 | 1987,(3):37 |
| 黄帝内经的成书年代之我见 | 谭　瑛 | 陕西中医学院学报 | 1987,(4):51 |
| 《伤寒杂病论》“撰用《素问》《九卷》”考略 | 胡天雄 | 国医论坛 | 1988,(2):4 |
| 杨上善与《黄帝内经太素》 | 宜同飞 | 辽宁中医杂志 | 1988,(4):13 |
| 从《五十二病方》与《内经》之方剂分析看其书特点与形成时间 | 张敏智等 | 贵阳中医学院学报 | 1990,(1):1 |
| 《黄帝内经》著书形式考 | 马伯英 | 中医研究 | 1990,(2):43 |
| 宋金元时期《黄帝内经》的研究特点 | 许志伟 | 中医药信息 | 1990,(2):7 |
| 关于《黄帝内经太素》的流传概况 | 王玉兴 | 天津中医学院学报 | 1990,(4):36 |
| 《内经》理论体系纲要(一)—浅谈《内经》的成编时代 | 程士德 | 中医药学刊 | 1990,(4):2 |
| 《黄帝内经素问》著作时代考 | 高文涛等 | 天津中医药 | 1990,(5):24 |
| 《内经》理论体系纲要(二)——《内经》的沿革及书名含义 | 程士德 | 中医药学刊 | 1990,(5):2 |
| 《马王堆汉墓帛书》与《伤寒杂病论》和《内经》 | 冯世纶 | 国医论坛 | 1991,(2):3 |
| 仁和寺本《太素》残叶校按(上) | 王玉兴 | 天津中医学院学报 | 1991,(3):29 |
| 《素问病机气宜保命集》的作者辨析 | 鲍晓东 | 浙江中医药大学学报 | 1991,(5):36 |
| 仁和寺本《太素》残叶校按(下) | 王玉兴 | 天津中医学院学报 | 1992,(1):20 |
| 仲景学术与《内经》 | 王昆文 | 国医论坛 | 1992,(4):8 |
| 《黄帝内经》的形成 | 郭霭春 | 天津中医学院学报 | 1993,(2):38 |
| 《灵枢》成书新识——《黄帝内经》等医经合编成《灵枢》的考证 | 俞世伟 | 湖南中医学院学报 | 1994,(3):4 |
| 论古代中医类书的形成和发展源流 | 李　洁 | 成都中医药大学学报 | 1994,(4):7 |
| 古方派对中国近代《伤寒论》研究的影响 | 贾春华 | 北京中医药大学学报 | 1994,(4):5 |
| 《灵枢》成书新识《黄帝内经》等医经合编成《灵枢》的考证 | 俞世伟 | 中医文献杂志 | 1994,(4):21 |
| 《内经》版本探源 | 孙松辉 | 中医药学刊 | 1994,(5):4 |
| 《黄帝内经》成书年代述考 | 达美君等 | 上海中医药杂志 | 1994,(7):34 |
| 《太素》保存古本《内经》的学术价值 | 陈　钢 | 成都中医药大学学报 | 1995,(2):29 |
| 七篇大论是东汉郑玄解《易》之作 | 孟庆云 | 中国中医基础医学杂志 | 1995,(3):3 |
| 《黄帝内经素问》书名卷数版本源流小考 | 高文铸 | 中国中医基础医学杂志 | 1995,(4):58 |
| 据新校正引文推测北宋所存《灵枢经》的残缺概貌 | 工燕 | 山东中医药大学学报 | 1995,(5):340 |
| 《黄帝内经》成书年代述考(续一) | 达美君等 | 上海中医药杂志 | 1995,(11):38 |
| 仁和寺本《黄帝内经太素》的文献价值 | 陈　钢 | 成都中医药大学学报 | 1996,(1):5 |
| 《灵枢》第三经文系统考证——《扁鹊内经》《外经》研究(1) | 俞世伟等 | 甘肃中医学院学报 | 1996,(1):33 |
| 《黄帝内经》成书年代述考(续完) | 达美君等 | 上海中医药杂志 | 1996,(1):42 |
| 《黄帝内经》成书背景考辨 | 方　健等 | 中医文献杂志 | 1996,(1):13 |
| 从《史记》“仓公传”考证《黄帝内经》的成书年代和作者 | 吴弥漫 | 广州中医药大学学报 | 1996,(2):48 |

| | | | |
|---|---|---|---|
| 《素问·热论》与《伤寒论》的源流关系 | 陈志强等 | 河北中医药学报 | 1996,(3):17 |
| 《素问》全元起本具体内容的安置准则 | 段逸山 | 中医文献杂志 | 1996,(3):1 |
| 对《素问》卷七亡佚的考证 | 柳长华 | 中医杂志 | 1996,(5):313 |
| 从《素问训解》篇卷次序等看《古素问》的一个侧面(一) | 赵恩俭 | 天津中医学院学报 | 1997,(1):34 |
| 《灵枢》第二经文系统考证——《黄帝内经》、《外经》研究(一) | 俞世伟等 | 长春中医学院学报 | 1997,(2):61 |
| 从《素问洲解》篇卷次序等看《古素问》的一个侧面(二) | 赵恩俭 | 天津中医学院学报 | 1997,(2):35 |
| 《素问》全元起本篇数考辨 | 段逸山 | 中华医史杂志 | 1997,(2):62 |
| 《黄帝内经太素》佚卷篇目初辑 | 王玉兴 | 天津中医学院学报 | 1997,(3):35 |
| 《素问》全元起本篇序之判定原则——兼抉丹波元简诸氏所列篇序 | 段逸山 | 中国医药学报 | 1997,(3):26 |
| 《太素》撰注者杨上善为唐人 | 陈　钢 | 中医杂志 | 1997,(3):185 |
| 从黄帝到王冰:《黄帝内经》成书历程 | 解光宇 | 安徽大学学报(哲学社会科学版) | 1998,(4):99 |
| 缺卷覆刻《太素·杂诊》校注 | 王玉兴 | 天津中医学院学报 | 1998,(4):37 |
| 再论《太素》撰注者杨上善为唐人 | 陈　钢 | 中华医史杂志 | 1998,(4):32 |
| 《素问》全元起本所含通行本内容类考 | 段逸山 | 上海中医药杂志 | 1998,(10):29 |
| 从研究词义变化判断《内经》成书时代 | 冯松杰 | 中华医史杂志 | 1999,(3):149 |
| 宋金以来《灵枢经》的版本流传 | 成建军 | 山东中医药大学学报 | 1999,(4):51 |
| 杨上善撰注《黄帝内经太素》时代考 | 尚志钧 | 江苏中医 | 1999,(5):42 |
| 《灵枢·骨度第十四》源流考 | 李　沛等 | 针灸临床杂志 | 1999,(7):8 |
| 王冰所见《素问》之"世本"考 | 段逸山 | 上海中医药大学学报 | 2000,(1):6 |
| 论《素问》全元起本的学术价值 | 段逸山 | 中医文献杂志 | 2000,(3):1 |
| 《素问》版本流传考证 | 段逸山 | 上海中医药大学学报 | 2000,(4):20 |
| 对《灵枢》初编年限的几点考证 | 牛占和 | 中华医史杂志 | 2001,(1):55 |
| 明赵府居敬堂本《灵枢经》校刻特点 | 胡春雨等 | 中医文献杂志 | 2001,(2):18 |
| 《太素》撰写时代考 | 高　媛等 | 中医药学报 | 2001,(3):72 |
| 《内经图》创制时间考 | 刘　直 | 中国道教 | 2001,(4):35 |
| 《〈素问〉全元起本研究与辑复》出版 | 白　茅 | 中华医史杂志 | 2002,(1):42 |
| 从岐伯雷公的文化背景看《黄帝内经》医学流派 | 于铁成 | 天津中医学院学报 | 2002,(2):1 |
| 一个鲜为人知的《素问》版本——《二十二子》本《素问》评价 | 崔　为等 | 长春中医学院学报 | 2003,(1):54 |
| 关于《太素》佚卷的初步考证 | 王玉兴 | 天津中医学院学报 | 2003,(1):12 |
| 北宋校正医书局并未校勘刊行《太素》 | 王锦鸿等 | 南京中医药大学学报(社会科学版) | 2003,(4):231 |
| 金刻本《素问》探秘 | 钱超尘 | 医古文知识 | 2004,(1):4 |
| 一部研究与辑复《素问》早期传本的集大成之作——《〈素问〉全元起本研究与辑复》评介 | 许敬生 | 上海中医药大学学报 | 2004,(2):6 |
| 《黄帝内经太素》成书年代考评 | 杨奕望等 | 医古文知识 | 2004,(2):13 |
| 《黄帝内经》早期传本略述 | 张琳叶等 | 福建中医药 | 2004,(5):40 |
| 《黄帝内经》的成书年代 | 王苏莉 | 河南中医 | 2004,(6):81 |
| 从汉语史的角度论证《素问》成书年代的下限 | 艾贵金 | 中国优秀博硕士学位论文全文数据库(硕士)哲学与人文科学辑 | 2004,(4):F084-243 |
| 《二十二子》本《灵枢》评介 | 苏　颖等 | 医古文知识 | 2005,(2):25 |

| | | | |
|---|---|---|---|
| 俄藏敦煌文献Дх00613“《黄帝内经》、《难经》摘录注本”录校 | 李应存等 | 甘肃中医学院学报 | 2005,(3):21 |
| 现存《素问》最早版本金刻本揭秘 | 钱超尘 | 北京中医药大学学报 | 2005,(5):26 |
| 杨上善《黄帝内经明堂类成》(残卷)考略 | 钱超尘 | 江西中医学院学报 | 2006,(1):20 |
| 谈谈《素问》和《灵枢》的成书 | 贺卫国 | 国医论坛 | 2006,(1):37 |
| 杨上善《黄帝内经明堂类成》(残卷)考略(续) | 钱超尘 | 江西中医学院学报 | 2006,(2):14 |
| 《太素》撰著具体时间新证 | 钱超尘 | 中医文献杂志 | 2006,(4):1 |
| 从古代官制看《灵兰秘典论》的著作时间 | 石相臣 | 中医文献杂志 | 2007,(3):5 |
| 从表述形式探讨《经脉篇》的成书和经络理论的完善过程 | 张建斌 | 中国针灸学会针灸文献专业委员会2007学术年会论文集 | 2007:76 |
| 从人体词语的使用看《素问》的成书年代 | 蒋重母等 | 苏州科技学院学报(社会科学版) | 2008,(1):71 |
| 《素问》“新校正”产生的时代背景 | 阴小爱 | 内蒙古中医药 | 2008,(2):79 |
| 《素问·六节藏象论》写作年代考释 | 孙　非等 | 中国中医基础医学杂志 | 2008,(5):323 |
| 以甲骨文本义重现《黄帝内经》 | 傅妤娟 | 中国中医基础医学杂志 | 2008,(6):464 |
| 《黄帝内经》的成书年代新议 | 高也陶 | 江西中医学院学报 | 2009,(2):27 |
| 宋金元时期《灵枢经》流传情况初探 | 成建军等 | 天津中医药大学学报 | 2009,(2):61 |
| 马王堆出土医书与《黄帝内经》成书上限 | 高也陶 | 江西中医学院学报 | 2009,(3):28 |
| 从表述形式探讨《灵枢·经脉》成书和经络理论完善的过程 | 张建斌 | 中国中医基础医学杂志 | 2009,(3):167 |
| 《黄帝内经》作者考 | 夏小军等 | 甘肃中医 | 2009,(4):16 |
| 《黄帝内经》成书年代考 | 夏小军等 | 甘肃中医 | 2009,(5):4 |
| 北宋官方校勘整理《黄帝内经》情况考 | 李玉清等 | 中华中医药杂志 | 2009,(9):1128 |

### 2. 注家注本研究

| | | | |
|---|---|---|---|
| 黄帝内经素问校义书后 | 刘师培 | 国粹学报 | 1908.2.21 |
| 王注内经之质疑 | 王宇高 | 中医新刊 | 1929,(11):17 |
| 章虚谷遗著《灵素节注类编》钩沉 | 杨森茂 | 浙江中医学院学报 | 1980,(3):8 |
| 《黄帝内经》太素遗文考辨 | 赵辉贤 | 贵阳中医学院学报 | 1980,(4):6 |
| 王冰次注《素问》对针灸学的贡献 | 张登部等 | 山东中医药大学学报 | 1981,(4):44 |
| 明清间绍兴的《内经》四大注家 | 徐荣斋等 | 浙江中医药大学学报 | 1981,(4):42 |
| 推荐龙伯坚编著《黄帝内经集解》 | 张孝骞 | 中南大学学报(医学版) | 1982,(1):1 |
| 全氏《素问训解》之初探 | 王道瑞 | 青海医学院学报 | 1982,(2):72 |
| 谈对柯韵伯运用《内经》疏证《伤寒论》的认识 | 薛　盟 | 浙江中医药大学学报 | 1982,(2):45 |
| 王冰编次注释《素问》的原则初探 | 江　丹 | 云南中医学院学报 | 1982,(3):16 |
| 注释《内经》的医家及著作简介 | 林刘洲 | 现代中医药 | 1982,(4):62 |
| 关于全元起生平及其《素问训解》的几点考证 | 王海鸥 | 湖南中医学院学报 | 1983,(2):51 |
| 读诸家注内经气厥论 | 孔令诩 | 浙江中医药大学学报 | 1983,(3):19 |
| 于鬯对《内经》的校注 | 王年生 | 安徽中医学院学报 | 1983,(4):45 |
| 杨上善注《黄帝内经太素》考 | 贾以仁 | 贵阳中医学院学报 | 1983,(4):10 |
| 《黄帝内经》的三大注本体系 | 傅景华等 | 湖北中医杂志 | 1983,(5):43 |
| 排抉隐奥　多所发明——王冰校订《素问》的贡献 | 高光震 | 上海中医药杂志 | 1983,(5):38 |
| 谈林亿对《内经》的校勘与训诂 | 崔锡章 | 贵阳中医学院学报 | 1984,(1):21 |
| 王冰整理次注《素问》概述 | 郭霭春等 | 吉林中医药 | 1984,(1):1 |
| 穴名释义(五) | 张善忱 | 山东中医药大学学报 | 1984,(2):35 |

| | | | |
|---|---|---|---|
| 重申校勘《灵枢》《素问》《甲乙》的一点意见 | 何爱华 | 山东中医药大学学报 | 1984,(2):72 |
| 王冰与《素问次注》 | 魏贻光 | 福建中医药 | 1984,(6):19 |
| 《黄帝素问直解》校勘工作评述 | 严振海 | 上海中医药杂志 | 1984,(7):41 |
| 试论张志聪注译《内经》的特色 | 竹剑平 | 陕西中医 | 1984,(10):29 |
| 高士宗注释《内经素问》学术成就 | 竹剑平 | 云南中医中药杂志 | 1985,(1):60 |
| 《太素》杨注研究 | 李克光 | 成都中医药大学学报 | 1985,(2):1 |
| 《内经》内证校勘举隅 | 汪辉东等 | 青海医药杂志 | 1985,(2):42 |
| 《内经》内证校勘举隅 | 郑邦本 | 上海中医药杂志 | 1985,(4):38 |
| 对“《素问病机气宜保命集》著者之考辨”一文的补充和商榷意见 | 陈克正 | 中医药学报 | 1985,(5):33 |
| 《黄帝内经》注释分歧原因浅析 | 包来发 | 中医杂志 | 1985,(11):54 |
| 校诂《黄帝内经》的诸家著述 | 傅景华等 | 江苏中医药 | 1985,(12):38 |
| 试析林亿校勘《素问》的历史条件及方法 | 崔锡章 | 北京中医 | 1986,(1):17 |
| 皓首穷经 阐幽发微——略论徐荣斋对《内经》的研究 | 徐宝尔 | 浙江中医学院学报 | 1986,(3):38 |
| 龙伯坚及其对《黄帝内经》的研究 | 刘笑春 | 中国科技史杂志 | 1986,(4):33 |
| 注释发挥《灵枢经》的诸家著述 | 傅景华 | 河北中医 | 1986,(5):4 |
| 《素问》考定 | 吴考槃 | 中医药学报 | 1986,(5):56 |
| 《素问·上古天真论》林校方法浅析 | 龚 云 | 吉林中医药 | 1986,(6):34 |
| 关于《素问》篇次之我见 | 吴考槃 | 辽宁中医杂志 | 1986,(12):15 |
| 全元起《内经训解》初探 | 陈大舜 | 辽宁中医杂志 | 1986,(12):13 |
| 试述胡澎校诂《素问》之方法 | 夏学传 | 四川中医 | 1986,(12):7 |
| 《素问》全元起本与新校正王冰注本互勘研究 | 于铁成 | 天津中医学院学报 | 1986,(Z1):41 |
| 《素问》全元起本之卷目 | 左合昌美等 | 天津中医学院学报 | 1986,(Z1):74 |
| 略谈王冰注释《素问》的功绩 | 吴仕骥 | 天津中医学院学报 | 1986,(Z1):57 |
| 素问经注管窥 | 郭霭春 | 天津中医学院学报 | 1986,(Z1):1 |
| 龙伯坚和他的《黄帝内经集解》 | 萧栋梁 | 湖南中医学院学报 | 1987,(1):42 |
| 吴崑和《素问吴注》 | 李济仁等 | 安徽中医学院学报 | 1987,(3):22 |
| 对王冰援引《周易》注释《黄帝内经素问》的研究 | 李 滨 | 安徽中医学院学报 | 1987,(4):5 |
| 《内经》注家的历史作用小析 | 施建勇 | 陕西中医学院学报 | 1988,(1):15 |
| 评于鬯《香草续校书》对《素问》的校释 | 陈贻庭 | 福建中医药 | 1988,(2):51 |
| 王冰补移《素问》小议 | 何爱华 | 天津中医学院学报 | 1988,(2):1 |
| 俞曲园《内经》解辩 | 何 任 | 浙江中医学院学报 | 1988,(2):48 |
| 从王冰注文进一步认识上古医学 | 汪德云 | 中医药学报 | 1989,(5):24 |
| 新安医家研究《内经》概要 | 张其枨 | 安徽中医学院学报 | 1990,(4):18 |
| 杨上善分类研究《内经》方法探讨 | 戴 铭 | 广西中医药 | 1990,(6):32 |
| 《素问识》小议 | 唐构宇 | 湖南中医学院学报 | 1991,(3):50 |
| 耕耘灵素结硕果——喜读《新编黄帝内经纲目》 | 傅贞亮等 | 陕西中医学院学报 | 1991,(3):39 |
| 《素问》王冰注引用书目条数考 | 段逸山 | 上海中医药杂志 | 1991,(11):34 |
| 略论林亿新校正的学术贡献 | 徐春波 | 中医药学报 | 1992,(1):10 |
| 《灵枢·小针解》与《素问·针解》异点辨析 | 郑少祥 | 陕西中医学院学报 | 1992,(4):36 |
| 《灵枢》与《素问》的关系——谈王冰等人的考证观 | 俞世伟 | 上海中医药杂志 | 1993,(1):39 |
| 胡澍《素问校义》发微 | 施观芬 | 山东师大学报（社会科学版） | 1994,(1):89 |
| 正百世阙误,响千古遗韵——读《素问补识》后书感 | 刘雪堂 | 天津中医学院学报 | 1994,(2):1 |
| 评胡天雄教授《素问补识》 | 刘炳凡 | 湖南中医学院学报 | 1994,(3):58 |
| 马莳对《素问》注释的贡献 | 朱世杰等 | 山东中医药大学学报 | 1994,(3):195 |

| | | | |
|---|---|---|---|
| 王冰注《素问》在腧穴整理方面成就窥略 | 杨　骏等 | 中医文献杂志 | 1994,(4):15 |
| 《黄帝内经太素》的校注方法和原则 | 郑孝昌 | 成都中医药大学学报 | 1995,(1):4 |
| 秦伯未对《内经》的研究 | 张士卿 | 甘肃中医学院学报 | 1995,(3):1 |
| 论张锡纯对《黄帝内经》的研究(一) | 张士卿 | 甘肃中医学院学报 | 1995,(4):1 |
| 论张锡纯对《黄帝内经》的研究(二) | 张士卿 | 甘肃中医学院学报 | 1996,(2):1 |
| 胡澍《素问校义》述评 | 汪沪双 | 中医文献杂志 | 1996,(1):11 |
| 论吴昆对《内经》针灸学说的发挥 | 项　祺等 | 山西中医 | 1996,(5):2 |
| 《素问》王冰注误注原因简析 | 乔海法等 | 北京中医药大学学报 | 1997,(2):14 |
| 王冰注《素问》引全元起注文辨析 | 陈士良等 | 山东中医药大学学报 | 1997,(5):68 |
| 俞樾《素问四十八条》及其学术价值 | 沈　敏等 | 浙江中医学院学报 | 1997,(6):31 |
| 缺卷覆刻《太素·九针要道》校注 | 王玉兴 | 天津中医学院学报 | 1998,(1):30 |
| "新校正"非"林校"说 | 王玉川 | 北京中医药大学学报 | 1998,(2):1 |
| 浙江医家对《内经》的研究 | 陈春圃 | 浙江中医学院学报 | 1998,(2):10 |
| 萧延平校注整理《黄帝内经太素》的功绩 | 陈　钢 | 中医文献杂志 | 1998,(3):9 |
| 《素问》王冰次注医理发挥 | 王兴伊等 | 新疆中医药 | 1998,(4):1 |
| 王冰训释"素问"表述方式类考 | 王兴伊 | 医古文知识 | 1998,(4):43 |
| 从金元四家看中医病源理论研究的意义 | 刘更生 | 中国中医基础医学杂志 | 1998,(7):11 |
| 林亿校勘《素问》的特点及学术价值 | 高　洁等 | 福建中医学院学报 | 1999,(3):45 |
| 王冰迁移《素问》内容考释 | 王兴伊等 | 新疆医科大学学报 | 1999,(3):204 |
| 杨上善《太素》门——关阖枢理论初探 | 戴　铭 | 辽宁中医学院学报 | 1999,(4):15 |
| 马莳注释《黄帝内经素问》的成就 | 穆俊霞等 | 中医药研究 | 1999,(5):2 |
| 略论马莳注释《灵枢》的特色 | 杨毓隽 | 浙江中医杂志 | 2000,(1):30 |
| 从《六节藏象论》看校勘基本方法 | 沈津湛 | 医古文知识 | 2000,(2):43 |
| 于鬯《香草续校书·内经素问》评介 | 苏　颖等 | 长春中医学院学报 | 2000,(3):54 |
| 历代医学家思想王冰次注《素问》的成就和特点 | 王桂生等 | 中国中医基础医学杂志 | 2000,(3):51 |
| 杨上善与《太素》类编的关系考 | 徐春波 | 中华医史杂志 | 2001,(1):14 |
| 王冰次注《素问》探讨 | 张灿珅 | 中医文献杂志 | 2001,(3):1 |
| 清代钱熙祚对《灵枢经》校勘整理贡献考略 | 成建军等 | 中医药学刊 | 2001,(3):232 |
| 张琦《素问释义》校勘特色初探 | 穆俊霞 | 山东中医药大学学报 | 2001,(5):364 |
| 浅谈金元四大家学术观点与《内经》的渊源 | 段咏慧等 | 江苏中医 | 2001,(10):10 |
| 现存最早的《黄帝内经》注本 | | 民族医药报 | 2001. 6. 1 |
| 王清任对《黄帝内经》的继承和发挥 | 温长路 | 河南中医 | 2002,(1):3 |
| 黄以周治《内经》 | 胡本祥等 | 中华医史杂志 | 2002,(1):30 |
| 俞樾研究《内经》的特点 | 罗宝珍 | 福建中医学院学报 | 2002,(2):51 |
| 《黄帝内经》注释整理之最 | 王桂生等 | 邯郸医学高等专科学校学报 | 2002,(2):221 |
| 王冰注释腧穴成就及特点探讨 | 乔海法等 | 南京中医药大学学报(社会科学版) | 2002,(4):183 |
| 对胡澍、俞樾校诂《素问》的研究 | 李怀芝 | 中国优秀博硕士学位论文全文数据库(硕士)医药卫生科技辑 | 2002,(2):E056 - 10 |
| 王冰注《素问》之研究 | 张灿玾 | 中医文献杂志 | 2003,(1):1 |
| 汪昂对《黄帝内经》研究的贡献 | 甄　仲等 | 江西中医学院学报 | 2003,(2):30 |
| 从金元四大家对《内经》理论的继承和发展看中医理论创新 | 张铁楠 | 辽宁中医学院学报 | 2003,(2):106 |
| 俞樾校勘《素问》方法研究 | 李怀之 | 医古文知识 | 2003,(2):46 |

| | | | |
|---|---|---|---|
| 《素问》王冰注使用祖本探讨 | 乔海法等 | 中华医史杂志 | 2003,(2):23 |
| 对胡澍校勘《素问》的方法研究 | 李怀之 | 中医文献杂志 | 2003,(2):15 |
| 试论张志聪注释《内经》的特色与风格 | 鲍晓东等 | 中国中医基础医学杂志 | 2003,(12):72 |
| 浅析《内经知要》注经特点 | 季　杰等 | 医古文知识 | 2004,(1):47 |
| 《素问》王冰注部分引书简考 | 成建军等 | 山东中医药大学学报 | 2004,(2):126 |
| 《内经》的注家与注本 | 翟双庆 | 中国中医药现代远程教育 | 2004,(8):19 |
| 浅议新安医家对《内经》的贡献 | 赵　军 | 中医药临床杂志 | 2005,(1):65 |
| 简论清代五位著名医家在《内经》训诂方面的成就 | 陈　瑜等 | 江西中医学院学报 | 2005,(4):30 |
| 试论清代的朴学与《内经》研究 | 陈　瑜 | 南京中医药大学学报(社会科学版) | 2005,(4):207 |
| 由通行本《素问》编次看王冰对古籍整理的贡献 | 李怀之 | 中医药学刊 | 2005,(10):1881 |
| 王冰次注《素问》的特点 | 张登本 | 山西中医学院学报 | 2006,(1):10 |
| 试评高世栻校勘《素问》之短长 | 鲍晓东 | 中医文献杂志 | 2006,(2):5 |
| 略论《素问》林亿新校正对《灵枢》经文的利用 | 成建军等 | 河南中医学院学报 | 2006,(3):74 |
| 《灵枢经》《黄帝内经太素》传本与史崧传本之异文例释 | 郝　娟等 | 江西中医学院学报 | 2006,(3):17 |
| 精思博考　探究厘正(一)——简述郭霭春先生对《素问》王冰注的研究 | 吴仕骥 | 天津中医药大学学报 | 2006,(4):200 |
| 王冰次注《黄帝内经素问》的因素 | 张登本 | 山西中医学院学报 | 2006,(5):5 |
| 王冰次注《素问》的主要贡献 | 张登本 | 山西中医学院学报 | 2006,(6):2 |
| 《素问》王注所用内部求证法浅析 | 彭达池 | 中医杂志 | 2006,(9):708 |
| 金元医家《内经》散论辑与学术价值研究 | 董尚朴 | 中国优秀博硕士学位论文全文数据库(博士)医药卫生科技辑 | 2006,(11):E056-4 |
| 对晋唐时期《内经》三注家及其作品之评析 | 何文彬等 | 南京中医药大学学报(社会科学版) | 2007,(1):24 |
| 精思博考　探究厘正(二)——简述郭霭春先生对《素问》王冰注的研究 | 吴仕骥 | 天津中医药大学学报 | 2007,(1):1 |
| 试论滑寿类编《素问》的成就及其对后世的影响 | 李玉清 | 山东中医药大学学报 | 2007,(2):143 |
| 杨上善撰注《黄帝内经太素》的特点和成就 | 沈　杰 | 中国中医急症 | 2007,(4):462 |
| 宋代医家《内经》散论辑录及学术价值研究 | 刘淑彦 | 中国优秀博硕士学位论文全文数据库(硕士)医药卫生科技辑 | 2007,(6):E056-2 |
| 《素问》王冰注引《易》辑览 | 钱超尘 | 世界中西医结合杂志 | 2008,(1):1 |
| 吴崑校注《素问》的社会因素 | 干　珏等 | 中医药通报 | 2008,(1):37 |
| 刘衡如《灵枢经》校注的成就 | 黄作阵 | 中医药文化 | 2008,(1):50 |
| 金元医家《内经》研究的学术争鸣 | 董尚朴 | 中国中医基础医学杂志 | 2008,(2):83 |
| 金元医家注释《内经》的特点 | 董尚朴 | 辽宁中医杂志 | 2008,(3):352 |
| 凌耀星对《内经》《难经》研究的贡献 | 周国琪等 | 上海中医药大学学报 | 2008,(5):9 |
| 《黄帝内经太素》杨上善注中"阴气"概念的整理及评介 | 李中正等 | 中医研究 | 2008,(7):61 |
| 傅山批注《黄帝内经》的发现及其意义 | 王小芸等 | 山西中医 | 2008,(10):29 |
| 阴秉及其《黄帝内经始生考》 | 刘　霖等 | 辽宁中医药大学学报 | 2009,(3):11 |
| 历代医家解释《黄帝内经》的比较研究 | 戴文娟 | 中国优秀博硕士学位论文全文数据库(硕士)医药卫生科技辑 | 2009,(7):E056-3 |

3. 其他

| | | | |
|---|---|---|---|
| 历代旧医学史评之———灵素 | 陈方之 | 学艺 | 1924,(8):4 |
| 《内经》研究 | 何云鹤 | 上海国医学院院刊 | 1929,(1):21 |
| 灵素商兑之商兑 | 何云鹤 | 自强医刊 | 1930,(6):9 |
| 灵素商兑之商兑 | 何云鹤 | 自强医刊 | 1930,(8):8 |
| 《内经》研究 | 何云鹤 | 中国医学月刊 | 1930,(11):14 |
| 《素问》之学说 | 暗 然 | 大公报医学周刊 | 1931,(10):28 |
| 《素问》之学说 | 暗 然 | 大公报医学周刊 | 1931,(11):4 |
| 《素问》之医学 | 暗 然 | 大公报医学周刊 | 1931,(12):9 |
| 《黄帝内经》之研究(附表) | 梁伯强等 | 同济医学季刊 | 1933,(4):6 |
| 《素问》《灵枢》《伤寒》《金匮》详解合编序 | 周 镇 | 杏林医学月报 | 1934,(60):37 |
| 《内经类编》序 | 黄 谦 | 光华医药杂志 | 1934,(1):77 |
| 《黄帝内经》之研究 | 杨子良 | 现代中医 | 1935,(1):1 |
| 《素问》巢氏病原 | 范行准 | 中西医药 | 1935,(12):1 |
| 《内经类编》序 | 周禹锡 | 光华医药杂志 | 1936,(9):52 |
| 《黄帝内经》的考证及其价值 | 俞慎初 | 浙江中医杂志 | 1957,(4):6 |
| 我国第一部重要医学著作——《黄帝内经》 | 钦 尧 | 广西医学 | 1976,(5):14 |
| 《太素》遗篇考 | 赵辉贤 | 浙江中医药大学学报 | 1978,(3):3 |
| 我国最早的医学著作——《内经》 | 毛光骅 | 中原医刊 | 1978,(6):63 |
| 《黄帝内经》是西汉总结先秦的医学著作 | 严子藩 | 江西中医药 | 1980,(1):19 |
| 略论《黄帝内经》的学术地位和研究价值 | 高 德 | 湖南中医学院学报 | 1980,(3):1 |
| 黄帝内经的光辉成就(上) | 龙伯坚 | 中国医学科学院学报 | 1980,(4):268 |
| 关于整理研究《黄帝内经》的几个问题 | 王 琦 | 成都中医药大学学报 | 1980,(5):6 |
| 黄帝内经的光辉成就(下) | 龙伯坚 | 中国医学科学院学报 | 1981,(1):44 |
| 《黄帝内经》的学术价值 | 王自强 | 江苏中医药 | 1981,(4):47 |
| 《内经》类概念研究(节录) | 郑守曾 | 成都中医药大学学报 | 1982,(1):28 |
| 《素问·汤液醪醴论》辨析 | 吴文鼎 | 浙江中医药大学学报 | 1982;(1):12 |
| 试论《黄帝素问直解》 | 李今庸 | 湖北中医杂志 | 1982,(5):47 |
| 读素问识小录(一) | 邵宝仁 | 浙江中医药大学学报 | 1983,(1):7 |
| 读素问识小录(二) | 邵宝仁 | 浙江中医药大学学报 | 1983,(3):54 |
| 读素问识小录(三) | 邵宝仁 | 浙江中医学院学报 | 1983,(4):46 |
| 《内经》篇名解析 | 胡永年 | 吉林中医药 | 1983,(6):40 |
| 读素问识小录(四) | 邵宝仁 | 浙江中医药大学学报 | 1983,(6):46 |
| 《内经》学术源流管窥 | 唐构宇 | 湖南中医学院学报 | 1984,(1):11 |
| 读素问识小录(五) | 邵宝仁 | 浙江中医药大学学报 | 1984,(1):49 |
| 《素问》正定 | 吴考槃 | 天津中医学院学报 | 1984,(2):23 |
| 浅析组成《黄帝内经》的三体系 | 王庆其 | 新中医 | 1984,(2):11 |
| 《素问》缀諟 | 许孔璋 | 安徽中医学院学报 | 1984,(3):59 |
| 读素问识小录(六) 脉要精微论篇第十七 | 邵宝仁 | 浙江中医学院学报 | 1984,(3):48 |
| 读素问识小录(七) | 邵宝仁 | 浙江中医学院学报 | 1984,(4):47 |
| 读素问识小录(八) | 邵宝仁 | 浙江中医学院学报 | 1984,(6):50 |
| 评热病进退 论正邪消长——《素问·评热病论》 | 迟华基 | 山东中医杂志 | 1985,(1):55 |
| 《内经》为什么要冠以黄帝 | 曹培林 | 山西中医 | 1985,(1):17 |
| 1984年全国主要中医期刊《内经》研究要目索引 | 重庆中医学校图书馆 | 实用中医药杂志 | 1985,(2):53 |
| 《灵枢》《素问》命名及卷篇含义 | 王志谦 | 中医杂志 | 1985,(2):78 |

| | | | |
|---|---|---|---|
| 崇阳黜阴的《素灵微蕴》 | 朱邦贤 | 上海中医药杂志 | 1985,(4):42 |
| 也谈《内经》内证校勘——兼与郑邦本同志商榷 | 包来发 | 上海中医药杂志 | 1986,(9):36 |
| 日本近五十年《内经》研究概况 | 岛田隆司等 | 天津中医学院学报 | 1986,(Z1):66 |
| 日·森立之撰《素问考注》在天津中医学院图书馆入藏 | 刘守璋 | 天津中医学院学报 | 1987,(2):56 |
| 《内经妇科辑文述旨》(摘录) | 哈孝贤等 | 天津中医学院学报 | 1990,(2):43 |
| 《<素问识>小议之小议》的答辩 | 唐构宇 | 湖南中医学院学报 | 1992,(3):57 |
| 略论《黄帝内经》对针灸学的贡献 | 吴仕骥 | 天津中医学院学报 | 1993,(2):1 |
| 《黄帝内经》与《灵枢》、《素问》关系考析 | 俞世伟 | 安徽中医学院学报 | 1993,(3):58 |
| 《黄帝内经研究大成》(节选) | 刘月明等 | 天津中医学院学报 | 1993,(3):34 |
| 《黄帝内经》原貌探寻 | 陈　农 | 医古文知识 | 1995,(2):26 |
| 《内经》研究与整理——《内经类集》 | 徐精诚等 | 江汉大学学报(自然科学版) | 1995,(3):28 |
| 《太素》研究的回顾与前瞻 | 钱超尘 | 中国中医基础医学杂志 | 1995,(4):29 |
| 《黄帝内经太素》的历代研究概况 | 徐春波等 | 中医文献杂志 | 1995,(4):36 |
| 《黄帝内经太素》学术成就初探 | 聂　耀等 | 内蒙古中医药 | 1995,(S1):101 |
| 《黄帝内经素问注序》疑点解析 | 孔祥卿 | 天津中医学院学报 | 1996,(2):26 |
| 《素问经注节解》简评 | 孟繁熙 | 中医文献杂志 | 1996,(3):17 |
| 《黄帝内经》是针灸学之宗本 | 童增华 | 辽宁中医杂志 | 1997,(4):15 |
| 《黄帝内经》古今研究述评 | 区永欣 | 岭南文史 | 1997,(4):34 |
| 《内经素问校义》述要 | 张登本 | 现代中医药 | 1997,(4):5 |
| 《灵枢》篇章次序初探 | 陈国清 | 上海中医药杂志 | 1998,(5):34 |
| 《内经》各学术流派概述 | 翟双庆 | 北京中医药大学学报 | 1999,(1):20 |
| 运气七篇大论之纳入《素问》考析 | 乔海法等 | 中医文献杂志 | 1999,(1):16 |
| 《太素》研究的佳作——评《黄帝内经太素研究》 | 张显成 | 中国医药学报 | 1999,(2):70 |
| 《黄帝内经太素》的分类特点探析 | 徐春波 | 中华医史杂志 | 1999,(2):109 |
| 中医文献学研究的典范——读《〈黄帝内经〉研究大成》 | 蔡景峰 | 中医文献杂志 | 1999,(2):40 |
| 《黄帝内经》研究的述评 | 张登本等 | 陕西中医学院学报 | 1999,(3):11 |
| 《白氏内经》等合编成《素问》的考证 | 俞世伟 | 甘肃中医学院学报 | 1999,(3):56 |
| 王冰次注《素问》对中医文献整理的借鉴意义 | 傅美霞等 | 邯郸医学高等专科学校学报 | 1999,(3):197 |
| 《黄帝内经》研究述评(续) | 张登本等 | 陕西中医学院学报 | 1999,(4):10 |
| 《黄帝内经太素》类目研究 | 徐春波等 | 中医文献杂志 | 1999,(4):7 |
| 中医学研究的典范——读《黄帝内经研究大成》 | 蔡景峰 | 全国新书目 | 1999,(7):25 |
| 龠沣七朗《素问考》与丹波元简《素问记闻》 | 钱超尘 | 北京中医药大学学报 | 2000,(1):14 |
| 中国医学发展的理论源泉——《黄帝内经》 | 谢　昱 | 河南职工医学院学报 | 2000,(2):29 |
| 《素问考》之研究 | 平根弘治等 | 医古文知识 | 2000,(4):21 |
| 论《黄帝内经》的学术价值与现实指导意义 | 何文彬 | 南京中医药大学学报(自然科学版) | 2000,(5):257 |
| 《黄帝内经太素》整理与研究 | 马烈光 | 国际传统医药大会论文摘要汇编 | 2000:89 |
| 从《黄帝内经》看早期中医理论的学术争鸣 | 侯公林等 | 杭州师范学院学报(医学版) | 2001,(2):110 |
| 《内经》与中医文献学的关系 | 穆俊霞等 | 现代中医药 | 2001,(2):11 |
| 中医刺血术发展史述略 | 刘　星等 | 山西中医学院学报 | 2001,(3):14 |
| 论《黄帝内经》中的科学精神 | 吕锡琛 | 船山学刊 | 2001,(4):83 |

| | | | |
|---|---|---|---|
| 饱含哲理　意蕴隽永——《内经》的学术成就及现实意义评析 | 李向荣 | 中医药学刊 | 2002,(3):347 |
| 《素问释义》的文献研究 | 穆俊霞 | 中国优秀博硕士学位论文全文数据库(博士)医药卫生科技辑 | 2002,(1):E056-8 |
| 清代《黄帝内经》研究主要文献的研究 | 玄振玉 | 中国优秀博硕士学位论文全文数据库(硕士)医药卫生科技辑 | 2002,(1):E056-2 |
| 俞樾《读书馀录·素问篇》评析 | 玄振玉等 | 江西中医学院学报 | 2003,(1):33 |
| 《黄帝内经太素补注》研究 | 张　暖 | 河北中医药学报 | 2003,(2):6 |
| 《素问玄机原病式》的文献研究 | 闫　珂 | 中国优秀博硕士学位论文全文数据库(硕士)医药卫生科技辑 | 2003,(3):E056-2 |
| 《黄帝内经》概论(上) | 邱德文等 | 贵阳中医学院学报 | 2004,(1):1 |
| 《黄帝内经》概论(下) | 邱德文等 | 贵阳中医学院学报 | 2004,(2):1 |
| 《黄帝内经》书名来源之探讨 | 刘　翔 | 河南中医 | 2004,(3):30 |
| 从《内经·素问》中的比喻看中医经典研究本义 | 苏春梅 | 哈尔滨工业大学学报(社会科学版) | 2004,(4):107 |
| 中日《黄帝内经太素》研究年表 | 王玉兴 | 天津中医学院学报 | 2004,(4):208 |
| 《素问经注节解》咀华 | 孟　光 | 山东中医药大学学报 | 2004,(5):368 |
| 《太素》千年流传钩沉 | 郭雅薰等 | 中国医药学报 | 2004,(5):268 |
| 《内经》学术体系的研究 | 烟建华 | 山东中医药大学学报 | 2004,(6):402 |
| 森立之与《素问考注》 | 苏　颖等 | 浙江中医杂志 | 2004,(6):30 |
| 《黄帝内经》的科学性简考 | 陈四清等 | 中医药学刊 | 2004,(10):1901 |
| 重评《黄帝内经素问遗篇》 | 顾植山 | 中医杂志 | 2004,(11):868 |
| 《黄帝内经》的认识特征 | 孟庆云 | 中国中医药报 | 2004.8.23 |
| 森立之《素问考注》之浅谈 | 郭女菁等 | 北京中医药大学学报 | 2005,(2):20 |
| 试论《素问·热论》与《伤寒论》之关系 | 田建奇等 | 陕西中医 | 2005,(9):978 |
| 对分类研究《内经》文献的评析 | 李怀之 | 中医药学刊 | 2005,(9):1690 |
| 从《素问》东渡看中医学在日本的发展变迁 | 全世玉 | 首届中医药发展国际论坛、首届中医药防治艾滋病国际研讨会和全国中医药科研院所长联谊会论文集 | 2005:529 |
| 浅论晚清四儒研治《素问》的成就及影响 | 罗宝珍 | 南京中医药大学学报(社会科学版) | 2006,(2):89 |
| 《灵枢》回归中国考 | 钱超尘 | 中医药文化 | 2006,(2):22 |
| 宋代社会背景对《黄帝内经》研究的影响 | 倪世美 | 中华中医药杂志 | 2006,(5):259 |
| 从《内经》看中医的继承发展 | 张　吉 | 中国中医药报 | 2006.5.29 |
| 《黄帝内经》汲取百家思想的沃土 | 任秀玲 | 中国中医药报 | 2006.7.17 |
| 近十年来《黄帝内经》研究论文分析 | 尤舒彻等 | 世界中西医结合杂志 | 2007,(3):130 |
| 中日学者对《黄帝内经素问》研究小结与比较 | 付中学等 | 世界中西医结合杂志 | 2007,(4):196 |
| 近26年来《黄帝内经》临床研究论文分析 | 穆俊霞等 | 山西中医学院学报 | 2007,(5):2 |
| 《素问考注》研究综述 | 付中学等 | 世界中西医结合杂志 | 2007,(5):263 |
| 《黄帝内经》中原始思维的遗韵 | 张　萍 | 文教资料 | 2007,(34):234 |
| 论《黄帝内经》的深厚文化内涵 | 蔡柏顺 | 黄河科技大学学报 | 2008,(2):26 |
| 《黄帝内经》多元文化特质研究 | 吕　丽 | 时代文学(双月上半月) | 2008,(2):127 |

| | | | |
|---|---|---|---|
| 论"七篇大论"与《素问》的关系 | 张登本 | 山西中医学院学报 | 2008,(4):7 |
| 认识宇宙的另一双眼睛——《黄帝内经》认知方式探析 | 王旭东 | 中医药文化 | 2008,(4):12 |
| 阐发经旨幽微　析彻临证精华——评《内经临证发微》 | 李其忠 | 上海中医药杂志 | 2008,(8):86 |
| 浅议中医学术流派与《黄帝内经》的渊源 | 李　萍 | 中外健康文摘（新医学学刊） | 2008,(12):2180 |
| 《内经》——心身医学发展之源 | 徐琼芳 | 内蒙古中医药 | 2008,(18):61 |
| 《黄帝内经》奠基中医传统文化 | 岛　石 | 中国图书商报 | 2008.4.15 |
| 《内经》的核心理念是什么 | 王庆其 | 中国中医药报 | 2008.8.22 |
| 《黄帝内经》的疾病解释模式 | 李海玉 | 中国医药导报 | 2009,(11):83 |

## （三）黄帝、岐伯研究

| | | | |
|---|---|---|---|
| 黄帝与《黄帝内经》 | 陶礼蘧 | 新中华医药月刊 | 1945,(11):9 |
| 岐伯是什么 | 宋向元 | 新华医药 | 1950,(8):6 |
| 岐伯是什么 | 宋向元 | 新华医药 | 1950,(10):8 |
| 岐伯考 | 宋向元 | 河北卫生 | 1951,(1):1 |
| 纪念唐代王冰次注《素问》一千二百周年 | 朱　颜 | 中医杂志 | 1962,(8):8 |
| 医史札记——有关王冰二三事 | 耿鉴庭 | 中医杂志 | 1962,(8):8 |
| 《内经》中黄帝是何许人 | 薛公忱 | 南京中医药大学学报（自然科学版） | 1983,(3):60 |
| 中华民族的象征——黄帝及其传说之试释 | 林祥庚 | 福建师范大学学报（哲学社会科学版） | 1983,(4):170 |
| 王冰小考 | 洛　雨 | 吉林中医药 | 1983,(4):21 |
| 岐伯小考 | 刘　福 | 江西中医药 | 1983,(4):19 |
| 追先圣之绝轨——论《灵枢》中伯高等三派的贡献 | 宋知行 | 上海中医药杂志 | 1984,(2):38 |
| 黄帝与夏商周 | 林祥庚 | 学术月刊 | 1985,(3):40 |
| 我国母系氏族社会与传说时代——黄帝等人为女人辨 | 郑慧生 | 河南大学学报（社会科学版） | 1986,(4):24 |
| 论商族的起源——兼论黄帝 | 姚　政 | 西华师范大学学报（哲学社会科学版） | 1987,(1):21 |
| 析"黄帝之子二十五人" | 王泽生 | 怀化学院学报 | 1988,(2):57 |
| 黄帝族发祥于东方初证 | 王燕均 | 学术界 | 1988,(2):34 |
| 炎帝和黄帝探论 | 李绍连 | 中州学刊 | 1989,(5):97 |
| 神农、炎帝、黄帝关系辨 | 张玉勤 | 山西师大学报（社会科学版） | 1990,(3):69 |
| 炎帝、黄帝部落与炎黄子孙传说 | 于　盈 | 齐鲁学刊 | 1990,(4):79 |
| 黄帝蚩尤之战原因的臆测 | 柴继光 | 盐业史研究 | 1991,(2):54 |
| 黄帝轩辕氏系混沌之神考 | 吴泽顺 | 东岳论丛 | 1991,(6):63 |
| 华与黄帝别解 | 王可宾 | 史学集刊 | 1993,(2):55 |
| 寻找炎黄时代的远古战场——黄帝败炎帝、杀蚩尤的阪泉、涿鹿在何处 | 华　盖 | 沧桑 | 1993,(3):44 |
| 黄帝传说的两种形态及其功能 | 许　钰 | 北京师范大学学报（社会科学版） | 1993,(4):7 |
| 古代黄帝形象演变论析 | 陈子艾 | 北京师范大学学报（社会科学版） | 1993,(4):12 |

| | | | |
|---|---|---|---|
| 黄帝传说的象征意义及历史成因 | 刘铁梁 | 北京师范大学学报（社会科学版） | 1993,(4):20 |
| 黄帝并非传说人物——出土文物证明 | 摘自《陕西日报》 | 南京政治学院学报 | 1993,(6):35 |
| 黄帝与涿鹿大战的气象记载传说 | 曹冀鲁 | 河南气象 | 1994,(1):47 |
| 怎样看待关于黄帝的文字记载？ | 刘宝才 | 华夏文化 | 1994,(1):18 |
| 论黄帝与巴蜀 | 谭洛非等 | 社会科学研究 | 1994,(1):59 |
| 论轩辕黄帝的出生及其历史内涵 | 段宝林 | 中国文化研究 | 1994,(1):97 |
| 始于黄帝时期的方姓 | 方好盛 | 中州统战 | 1994,(1):39 |
| 黄帝和夏朝年代考 | 刘家齐 | 安徽史学 | 1994,(2):19 |
| 黄帝考 | 叶林生 | 江海学刊 | 1994,(2):105 |
| 黄帝的神话与历史真实 | 田兆元 | 河北学刊 | 1994,(3):81 |
| 黄帝与道教 | 张 | 华夏文化 | 1994,(3):19 |
| 黄帝是哪里人？ | 林　河 | 民族艺术 | 1994,(3):1 |
| 黄帝传说论析 | 宋魁旭 | 思想战线 | 1994,(3):46 |
| 试论《山海经》中黄帝之真实性 | 胡远鹏等 | 云南民族学院学报（哲学社会科学版） | 1994,(4):84 |
| 旷古逸史——关于伏羲、女娲、黄帝和西王母的传说 | 李润强 | 中国典籍与文化 | 1994,(4):22 |
| “岐伯”考略——兼谈《内经》的成书年代 | 周发祥等 | 北京中医 | 1994,(5):11 |
| 黄帝与中华民族精神 | 湘　军 | 华夏文化 | 1995,(1):21 |
| 从仰韶文化与大溪文化的交流看黄帝与嫘祖的传说 | 王震中 | 江汉考古 | 1995,(1):37 |
| 轩辕黄帝的原型破译 | 吴广平 | 青海师范大学学报（哲学社会科学版） | 1995,(1):42 |
| 黄帝　伏羲　后稷同族考 | 张　潮 | 人文杂志 | 1995,(1):79 |
| 中华民族的“人文初祖”轩辕黄帝史迹钩沉 | 胡远鹏 | 北方论丛 | 1995,(2):8 |
| 论黄帝作为华夏民族祖先地位的确立 | 沈长云 | 天津社会科学 | 1995,(2):92 |
| 黄帝（河南新郑人） | 删　繁 | 治　淮 | 1995,(2):52 |
| 论周族的起源——兼论黄帝 | 姚　政 | 四川师范学院学报（哲学社会科学版） | 1995,(4):29 |
| 从黄帝、荤粥说到夏与淳维 | 舒顺华 | 内蒙古社会科学（汉文版） | 1995,(5):55 |
| 黄帝（河南新郑人） | 删　繁 | 治　淮 | 1995,(5):50 |
| 黄帝神话来源考略 | 陈成杰等 | 湖北大学学报（哲学社会科学版） | 1995,(6):56 |
| 从周族的起源论及黄帝氏族的发祥地 | 沈长云 | 河北师院学报（社会科学版） | 1996,(1):39 |
| 黄帝的传说与燕文明的渊源 | 李　民 | 中原文物 | 1996,(1):6 |
| 关于黄帝尧舜禹时期帝位继承制度的思辨 | 仓林忠 | 江苏广播电视大学学报 | 1996,(2):16 |
| 黄帝与昆仑同源考 | 齐昀 | 青海师范大学学报（哲学社会科学版） | 1996,(2):41 |
| 黄帝的历史功绩 | 方　何 | 华夏文化 | 1996,(3):15 |
| 论轩辕黄帝的历史功绩 | 杨福华 | 唐都学刊 | 1996,(3):45 |
| 关于黄帝、尧舜禹时期帝位继承制度的思辨 | 仓林忠 | 天中学刊 | 1996,(3):56 |
| 黄帝、嫘祖与中国丝绸的起源时代 | 段　渝 | 中华文化论坛 | 1996,(4):38 |
| 昆仑、黄帝神话传说与《庄子》寓言 | 朱任飞 | 学术交流 | 1996,(6):103 |
| 中华民族的发祥地　涿鹿——轩辕黄帝族徽说明 | | 民主 | 1996,(11):50 |

| | | | |
|---|---|---|---|
| 黄帝——光耀万世的中华始祖　兼论黄帝是神话还是真人 | 叶尚志 | 人才开发 | 1996,(12):4 |
| 黄帝能记多大的数——从棋局都数谈起 | 尚晓清等 | 华夏文化 | 1997,(1):27 |
| 黄帝蚩尤神话探源 | 刘宗迪 | 民族艺术 | 1997,(1):54 |
| 黄帝氏族起于山东考 | 温玉春 | 山东大学学报(社会科学版) | 1997,(1):64 |
| 炎帝、黄帝后裔考略 | 王景义 | 绥化师专学报 | 1997,(2):67 |
| 黄帝时代应定名为"黄朝" | 周兴春等 | 德州学院学报 | 1997,(3):70 |
| 道教医家杨上善、王冰考论 | 盖建民 | 宗教学研究 | 1997,(3):95 |
| 黄帝时期的原始政治 | 徐祖祥 | 华夏文化 | 1997,(4):16 |
| 再论黄帝时代是中国文明的源头 | 许顺湛 | 考古与文物 | 1997,(4):19 |
| 炎帝、黄帝与远古的部落 | 杨　钊 | 学术月刊 | 1997,(8):49 |
| "黄帝为始祖黄河为中心"已与史实不尽相符　中华古史框架应该重新构建史式先生的论点受到海内外重视 | | 文史杂志 | 1998,(1):60 |
| 论彝族起源的主源是以黄帝为始祖的早期蜀人 | 易谋远 | 民族研究 | 1998,(2):94 |
| 王冰生平之谜 | 杨仕哲等 | 中华医史杂志 | 1998,(3):48 |
| 从黄帝到王冰:《黄帝内经》成书历程 | 解光宇 | 安徽大学学报(哲学社会科学版) | 1998,(4):99 |
| 黄帝部落从哪来 | 庄寿雨 | 民间文化 | 1999,(1):24 |
| 关于黄帝尧舜禹时期帝位继承制度的思辨 | 仓林忠 | 伊犁师范学院学报 | 1999,(1):70 |
| 《史记》为何从黄帝开始 | 高　强 | 华夏文化 | 1999,(3):26 |
| 黄帝居轩辕丘考 | 许顺湛 | 寻根 | 1999,(3):5 |
| 从周族的起源论及黄帝氏族的发祥地 | 沈长云 | 张家口职业技术学院学报 | 1999,(3):12 |
| 从黄帝到孔子——前轴心时代的文化传统 | 姜广辉 | 中华文化论坛 | 1999,(3):75 |
| 黄河岸边是黄帝老家 | 李德方 | 洛阳师范学院学报 | 1999,(4):77 |
| 华夏性文化的奠基者——黄帝 | 钟来茵 | 汕头大学学报(人文科学版) | 1999,(4):40 |
| 唐时诸王冰析疑 | 乔海法等 | 中华医史杂志 | 1999,(4):47 |
| 黄帝生于长沙考——兼论华夏文明源于湖南 | 刘俊男 | 株洲师范高等专科学校学报 | 1999,(4):38 |
| 炎帝与黄帝 | 孙　淼 | 统一论坛 | 1999,(6):42 |
| 析轩辕黄帝故里之诸说 | 何玉环 | 中国古都学会第十六届年会暨莒文化研讨会论文集 | 1999:159 |
| 黄帝族姓考 | 李桂民 | 西江大学学报 | 2000,(1):23 |
| 黄帝与中国宗教 | 何炳武等 | 西安航空技术高等专科学校学报 | 2000,(2):1 |
| 黄帝神话的文化精神新探 | 关　山 | 广西梧州师范高等专科学校学报 | 2000,(4):33 |
| 黄帝的妃嫔及子孙 | 何炳武等 | 西安航空技术高等专科学校学报 | 2000,(4):3 |
| 黄帝族源东夷说 | 张为民 | 东方论坛 | 2001,(2):73 |
| 黄帝生葬地考 | 何　英等 | 黄帝族源东夷说 | 2001,(3):95 |
| 王冰史事二则 | 钱超尘 | 北京中医药大学学报 | 2001,(4):1 |
| 根源黄帝 | 孟西安等 | 人民日报 | 2001.4.24 |
| 黄帝部落与古满——通古斯族群 | 庄寿雨 | 满语研究 | 2002,(1):93 |
| 轩辕黄帝评传 | 高其国 | 延安文学 | 2002,(1):218 |
| 轩辕黄帝评传 | 高其国 | 延安文学 | 2002,(3):220 |

| | | | |
|---|---|---|---|
| 岐伯故里话岐黄 | 安永泽等 | 甘肃中医 | 2002,(4):92 |
| “岐黄”考释 | 朱建平 | 中华医史杂志 | 2002,(4):9 |
| 轩辕黄帝出生在新郑 | 刘如江 | 档案管理 | 2002,(5):44 |
| 轩辕黄帝评传 | 高其国 | 延安文学 | 2002,(5):201 |
| 始自黄帝之臣的“高”姓 | 超　尘 | 中州统战 | 2002,(5):38 |
| 为什么说黄帝是中华民族的人文初祖 | | 北京日报 | 2002.12.2 |
| 试论《庄子》所记神农、黄帝传说资料 | 黄华珍 | 炎帝与汉民族国际学术研讨会论文集 | 2002:39 |
| 人文始祖轩辕黄帝 | 闵　锋 | 中州今古 | 2003,(3):4 |
| 略论黄帝其人其事 | 蒋南华等 | 贵阳金筑大学学报 | 2003,(4):52 |
| 黄帝传说辨析 | 林祥庚 | 光明日报 | 2003.1.28 |
| 黄帝史迹考 | 刘俊男 | 山东师范大学学报（人文社会科学版） | 2004,(2):104 |
| 黄帝与中国兵学 | 韦禾毅 | 西安教育学院学报 | 2004,(2):34 |
| 黄帝神话新考 | 田慧霞 | 中州学刊 | 2004,(3):170 |
| 道教与缙云黄帝文化的形成 | 熊　伟 | 缙云国际黄帝文化学术研讨会论文集 | 2004:277 |
| 黄帝与中华民族 | 周伟洲 | 缙云国际黄帝文化学术研讨会论文集 | 2004:20 |
| 人神之间——简论历代对黄帝形象的建构 | 魏　峰 | 缙云国际黄帝文化学术研讨会论文集 | 2004:231 |
| 王冰其人其事 | 张登本等 | 山西中医学院学报 | 2005,(2):1 |
| 黄帝谱系的形成和演变析论 | 李桂民 | 石油大学学报（社会科学版） | 2005,(2):72 |
| 试论黄帝文化的形成 | 李　岩 | 西安文理学院学报（社会科学版） | 2005,(2):24 |
| 黄帝与中国文化 | 张　勇等 | 西部大开发 | 2005,(4):25 |
| 黄帝——“中华始祖”和“人文初祖” | 韩星 | 西部大开发 | 2005,(4):30 |
| 黄帝精神中华民族精神之魂 | 朱清平等 | 西部时报 | 2005.4.1 |
| 研究黄帝文化发扬民族精神 | 刘宝才等 | 陕西日报 | 2005.4.4 |
| 破解黄帝传说之谜的实证 | 丁　铭 | 内蒙古日报(汉) | 2005.10.29 |
| 黄帝是中华民族的始祖吗? | 林　辰 | 中华读书报 | 2005.11.9 |
| 黄帝族的发祥地及其时代 | 叶修成等 | 贵州文史丛刊 | 2006,(2):1 |
| 论蚩尤与黄帝之战的历史文化意义 | 魏宗禹 | 湖南科技学院学报 | 2006,(2):76 |
| 黄帝“土德”与“垂裳”的文化意义 | 李令福 | 协商论坛 | 2006,(3):23 |
| 黄帝的贡献和影响 | 汪清澄 | 协商论坛 | 2006,(3):45 |
| “黄帝子”就是黄帝——读《汉书》札记一则 | 陈得媛 | 华中科技大学学报（社会科学版） | 2006,(4):125 |
| 黄帝时代的政治文明 | 韦禾毅 | 西安文理学院学报（社会科学版） | 2006,(4):34 |
| 解读“黄帝文化” | 范选伟 | 新闻爱好者 | 2006,(7):36 |
| 黄帝文化是黄河文化的精粹 | 雷云峰 | 延安红色旅游与黄河文化经济发展研讨会专辑 | 2006:67 |
| 简论炎帝族与黄帝族的关系及其所代表的考古文化 | 何　峭 | 炎帝·姜炎文化与和谐社会国际学术研讨会论文集 | 2006:39 |

| | | | |
|---|---|---|---|
| 黄帝神话传说与东夷文化 | 叶修成等 | 湖北民族学院学报（哲学社会科学版） | 2007,(1):71 |
| 人文始祖黄帝其名初探 | 刘文学 | 黄河科技大学学报 | 2007,(2):28 |
| 黄帝其人 | 严　旭 | 四川统一战线 | 2007,(4):19 |
| 黄帝文化在中华文明中的主体地位 | 范志亭等 | 协商论坛 | 2007,(4):7 |
| 黄帝与中华文明之源 | 马　彪 | 协商论坛 | 2007,(4):11 |
| 黄帝族源地新考 | 逯　宏 | 张家口职业技术学院学报 | 2007,(4):64 |
| 论黄帝、炎帝及华夏文明的起源 | 张玉勤等 | 山西师大学报（社会科学版） | 2007,(5):69 |
| 炎帝传说与黄帝传说之同 | 干亚娥 | 安康学院学报 | 2007,(6):86 |
| 黄帝与中国原创文化的人文精神 | 韩　星 | 陕西师范大学学报（哲学社会科学版） | 2007,(6):25 |
| 试论《内经》中少俞的医学成就 | 崔勿骄 | 辽宁中医杂志 | 2007,(7):904 |
| 论王冰对中医病因学的贡献 | 陈震霖等 | 中国中医基础医学杂志 | 2007,(8):570 |
| “Huangdi”还是“Huang Di”——关于“黄帝”名字英译的商榷 | 刘　伟 | 中国中西医结合杂志 | 2007,(11):1015 |
| 黄帝对中华文化的重大贡献 | 杨东晨等 | 陕西日报 | 2007.4.2 |
| 黄帝文化与黄老之学 | 刘学智等 | 陕西日报 | 2007.4.2 |
| 黄帝是华夏文明的源头 | 党贺喜等 | 郑州日报 | 2007.4.16 |
| 黄帝传说有着历史的“素地” | 汪　辉 | 郑州日报 | 2007.4.18 |
| 从黄帝谱系看远古华夏的“大统一” | 韩湖初 | 华南师范大学学报（社会科学版） | 2008,(1):73 |
| 黄帝与黄帝文化的南迁 | 赵世超 | 社会科学评论 | 2008,(2):70 |
| 黄帝和黄帝子孙的由来 | | 河北农机 | 2008,(3):14 |
| 黄帝形象的历史塑造及其文化意义 | 钱国旗等 | 社会科学辑刊 | 2008,(3):141 |
| 上古医学的象征人物——黄帝 | 邹西礼 | 中医药文化 | 2008,(3):35 |
| 黄帝传说的发展演变与黄老学的阶段性特点 | 姚圣良 | 青海社会科学 | 2008,(4):114 |
| 黄帝何以被称作“人文初祖” | 蔡　杰 | 协商论坛 | 2008,(4):17 |
| 黄帝出世 | 蔡英生等 | 协商论坛 | 2008,(4):36 |
| 黄帝的传说 | 王　谦 | 协商论坛 | 2008,(4):30 |
| 黄帝何以被称作“人文初祖” | 蔡　杰 | 协商论坛 | 2008,(4):17 |
| “蚩尤”和“黄帝”：族源故事再检讨 | 徐新建 | 广西民族大学学报（哲学社会科学版） | 2008,(5):2 |
| 《三德》所见“皇后”为“黄帝”考 | 曹　峰 | 齐鲁学刊 | 2008,(5):41 |
| 黄帝族的起源迁徙及炎黄之战的研究 | 刘毓庆 | 山西大学学报（哲学社会科学版） | 2008,(5):29 |
| 中华“先蚕”嫘祖考——黄帝正妃嫘祖与本姓后裔的事迹 | 杨东晨 | 西南科技大学学报（哲学社会科学版） | 2008,(5):62 |
| 由商代的“帝”看所谓“黄帝” | 常玉芝 | 文史哲 | 2008,(6):35 |
| 黄帝与中华文明的起源 | 耿　斌 | 新闻爱好者（理论版） | 2008,(11):76 |
| 黄帝文化是中华民族文化的渊源 | 郑欣淼等 | 陕西日报 | 2008.3.26 |
| 对黄帝文化的几点认识 | 刘宝才等 | 陕西日报 | 2008.3.26 |
| 为什么把黄帝称为“人文初祖”？ | 赵馥洁等 | 中华读书报 | 2008.4.9 |
| 历史上是否有黄帝其人？ | 牟钟鉴等 | 中华读书报 | 2008.4.9 |

| | | | |
|---|---|---|---|
| 医学始祖歧伯考 | 付　玮等 | 全国第16届针灸临床学术研讨会、全国第11届耳穴诊治学术研讨会、当代临床治验论坛暨中西部十省区学术研讨会论文集 | 2008:7 |
| 岐伯考 | 夏小军等 | 甘肃中医 | 2009,(6):12 |
| 岐伯乡籍考 | 夏小军等 | 甘肃中医 | 2009,(7):7 |
| 歧伯——"轩辕时期的扁鹊"占脉行医 | 刘澄中 | 中国中医药报 | 2009.4.9 |
| 文化记忆下的黄帝及其现代价值 | 李青峰 | 中国优秀博硕士学位论文全文数据库(硕士)哲学与人文科学辑 | 2009,(1):F090-3 |

## (四)对一些名词及理论的文献学考证

| | | | |
|---|---|---|---|
| 《内经》平脉考(未完) | 廖　平 | 国学荟编 | 1915,(6) |
| 《内经》平脉考(续) | 廖　平 | 国学荟编 | 1915,(7) |
| 《内经》平脉考(续完) | 廖　平 | 国学荟编 | 1915,(8) |
| 中医脏腑经络学的沿革 | 谢恩増 | 科学 | 1920,(6):1 |
| 三焦考 | 张锡纯 | 山西医学杂志 | 1928,(10):25 |
| 阴阳五行考 | 宋文玉 | 中医世界 | 1929,(1):1 |
| 非黄帝发明针灸的考证 | 胡尚仁 | 国医公报 | 1936,(4):6 |
| 《内经》色脉口诀详解序 | 周禹锡 | 光华医药杂志 | 1936,(10):59 |
| 关于九针在《内经》里的一些考据 | 江静波 | 新华医药 | 1953,(8):8 |
| 在古代书籍中我所见到的关于人体解剖的记载 | 祝振纲 | 上海中医药杂志 | 1955,(10):3 |
| 《内经知要》名词简释 | 李蔚普 | 江西中医药 | 1956,(7):61 |
| 《内经知要》名词简释(二续) | 李蔚普 | 江西医药 | 1956,(8):56 |
| 《内经知要》名词简释(三续) | 李蔚普 | 江西医药 | 1956,(9):61 |
| 《内经知要》名词解释(四续) | 李蔚普 | 江西医药 | 1956,(10):65 |
| 《内经知要》名词简释(五续) | 李蔚普 | 江西医药 | 1956,(11):59 |
| 古籍《灵枢》与《难经》对人体内脏尺度的记载是否正确 | 夏井清 | 浙江中医杂志 | 1957,(5) |
| 对《灵枢经·骨度篇》有关表面解剖学记载的考证 | 王亚威等 | 中医杂志 | 1957,(8) |
| 有关肺痨文献的初步整理 | 廖家兴 | 江西医药 | 1960,(11):39 |
| 小儿指纹诊法起源略考 | 高晓山 | 上海中医药杂志 | 1962,(12):29 |
| 内经气穴的考查 | 李　渠 | 中医研究通讯 | 1963,(2):2 |
| 命门学说源流考 | 陆广梓 | 中医研究通讯 | 1963,(6):6 |
| 从灵枢肠胃篇考证殷商时代的解剖成就 | 赵恩俭 | 天津医药 | 1965,(3):237 |
| 从马王堆汉墓医书看早期的经络学说 | 李　鼎 | 浙江中医药大学学报 | 1978,(2):47 |
| 从中医文献探讨"脾"的解剖学基础 | 侯　灿 | 上海中医药杂志 | 1979,(1):42 |
| 中医经典文献有关"肝"的论述 | 翁伟强 | 中南大学学报(医学版) | 1979,(4):225 |
| 相火考略 | 姜春华 | 上海中医药杂志 | 1980,(1):33 |
| 考古问今探命门 | 宋知行 | 新中医 | 1980,(3):19 |
| 清法源流浅谈 | 樊润泉等 | 湖北中医杂志 | 1980,(3):47 |
| "膻中"考 | 刘玺珍 | 山东中医药大学学报 | 1980,(4):31 |
| 关于中枢穴之考正 | 彭静山 | 江西中医药 | 1981,(2):57 |

| | | | |
|---|---|---|---|
| “君臣佐使”起源辨 | 刘德泉 | 山东中医药大学学报 | 1981,(2):46 |
| 经络气血源流考 | 姚一航 | 江苏中医药 | 1981,(3):42 |
| 《内经》与金元四家学说 | 刘公望 | 浙江中医药大学学报 | 1981,(4):13 |
| 有关部分经穴定位简考 | 吴绍德等 | 贵州医药 | 1981,(5):12 |
| 几条经脉穴位排列次序简考 | 吴绍德等 | 上海针灸杂志 | 1982,(1):9 |
| 人中命名小释 | 潘启明 | 中医药学报 | 1982,(2):24 |
| 也谈中枢穴的考证 | 丬　健等 | 江苏中医药 | 1983,(1):54 |
| 乳痈名实源流初探 | 谷振声 | 温州医学院学报 | 1983,(1):67 |
| 食物疗法小考 | 周梦圣 | 中医药学刊 | 1983,(1):27 |
| 论《素问》开阖枢与《太素》关阖枢在意义上的差别 | 徐湘亭 | 江苏中医药 | 1983,(2):4 |
| 关于《黄帝内经》若干解剖记载的研究 | 李永义 | 成都中医药大学学报 | 1983,(3):10 |
| 穴名释义(三) | 张善忱 | 山东中医药大学学报 | 1983,(3):32 |
| 中冲、劳宫穴定位略考 | 高忻洙 | 上海针灸杂志 | 1983,(3):41 |
| 脏腑背腧穴考 | 李家康 | 湖北中医杂志 | 1983,(4):39 |
| 中枢穴考证之我见 | 冯禾昌 | 江苏中医药 | 1983,(4):51 |
| 脉学的起源及研究进展(文献综述) | 费兆馥等 | 云南中医中药杂志 | 1983,(4):12 |
| “证名”小议 | 旷惠桃 | 山东中医杂志 | 1983,(6):36 |
| 穴名释义(四) | 张善忱 | 山东中医药大学学报 | 1984,(1):42 |
| 中医古代病证名词考 | 李今庸 | 湖北中医杂志 | 1984,(2):1 |
| 悬钟穴与绝骨穴初考 | 李　瑞 | 天津中医学院学报 | 1984,(2):41 |
| 代、缓二脉古今涵义不同 | 尚启东 | 安徽中医学院学报 | 1984,(3):57 |
| 历代文献有关厥证记述撷要 | 郑家铿 | 福建中医药 | 1984,(3):12 |
| 以经脉循行特点命名的穴名选释 | 孟宝成等 | 贵阳中医学院学报 | 1984,(3):52 |
| 泄泻异名略析 | 王永庆 | 湖北中医杂志 | 1984,(3):40 |
| 穴名释义(六) | 张善忱等 | 山东中医药大学学报 | 1984,(3):58 |
| 《内经》三阴三阳经脉定名考 | 薛振斌 | 陕西中医 | 1984,(3):4 |
| 穴名释义(七) | 张善忱 | 山东中医药大学学报 | 1984,(4):48 |
| 《灵枢·经脉篇》有关经脉循行路线专有名词术语解释 | 张卫华 | 现代中医药 | 1984,(6):28 |
| 从中医古籍辨“脱营”——谈对癌瘤等病加强文献研究 | 余瀛鳌 | 中医杂志 | 1984,(10):58 |
| 廉泉穴小考 | 王宏亮 | 陕西中医 | 1984,(11):33 |
| 《灵枢·本输》五输穴全向心排列考辨 | 詹永康等 | 湖南中医杂志 | 1985,(1):31 |
| “中枢穴考证”小议——兼与冯禾昌同志商榷 | 胡明灿 | 江西中医药 | 1985,(1):39 |
| 《素问·评热病论》劳风条浅识 | 杨　旭 | 中医药学报 | 1985,(3):50 |
| 中医食疗史文献考 | 叶橘泉 | 中医杂志 | 1985,(3):72 |
| 火针考略 | 吴重行 | 黑龙江中医药 | 1985,(4):34 |
| 中医古代文献中的康复医学 | 杨维益 | 江苏中医药 | 1985,(5):32 |
| 中医病因学说源流初探(二) | 路振平 | 辽宁中医杂志 | 1985,(6):5 |
| 略谈清法的源流(一) | 姜素香等 | 中医药学刊 | 1985,(6):507 |
| 肠澼不是痢疾考 | 王若铨 | 中医杂志 | 1985,(12):72 |
| 耳鼻咽喉科先秦史略 | 李凡成 | 湖南中医学院学报 | 1986,(1):48 |
| 中枢穴考证之文献析——并答胡明灿同志 | 冯禾昌 | 江西中医药 | 1986,(1):55 |
| 天壬小考 | 洛　雨 | 吉林中医药 | 1986,(3):6 |
| 古医籍中“毒药”概念辨析 | 李同琴 | 现代中医药 | 1986,(5):24 |
| 浮沉脉文献综述 | 孙荣金 | 云南中医中药杂志 | 1986,(5):12 |
| 《内经》癫狂名实辨 | 张　纲 | 中医杂志 | 1986,(5):56 |

| | | | |
|---|---|---|---|
| 中医养生文献概述 | 傅景华 | 河北中医 | 1986,(6):10 |
| 八纲辨证源流论 | 胡　欣 | 陕西中医 | 1986,(11):485 |
| 带脉考 | 史宇广 | 中医杂志 | 1986,(11):43 |
| “关格”涵义之沿革及“关格病” | 凌湘力 | 湖南中医杂志 | 1987,(1):28 |
| 三焦无形考 | 符友丰 | 实用中医药杂志 | 1987,(2):29 |
| 广义痰病学的源流 | 朱曾柏 | 中医药学报 | 1987,(2):14 |
| 试论五轮学说的命名和渊源 | 肖国士 | 江西中医药 | 1987,(4):4 |
| 子午流注源流考略 | 王鹏宇 | 内蒙古中医药 | 1987,(4):43 |
| 督、任、冲脉起源商讨 | 廖应汉 | 实用中医药杂志 | 1987,(4):37 |
| 中医文献中关于心理因素的某些论述 | 刘广志 | 中国心理卫生杂志 | 1987,(4):190 |
| “祝由”考辨 | 祁天寿 | 中医药学报 | 1987,(5):44 |
| 祖国医学关于“附骨疽”的文献综述 | 胡兴山 | 中医药学刊 | 1987,(5):34 |
| 《黄帝内经》腧穴考 | 刘平定 | 世界针灸学会联合会成立暨第一届世界针灸学术大会论文摘要选编 | 1987:194 |
| 冲脉考 | 岳守礼 | 世界针灸学会联合会成立暨第一届世界针灸学术大会论文摘要选编 | 1987:31 |
| “分经养胎”考 | 陈立怀 | 吉林中医药 | 1988,(1):44 |
| 人中穴定位考 | 杨　骏 | 南京中医药大学学报(自然科学版) | 1988,(1):39 |
| 井穴位置源流考析 | 杨　光等 | 北京中医 | 1988,(2):42 |
| 黄疸源流考略 | 田凤鸣等 | 河北中医 | 1988,(2):48 |
| 《内经》消瘅病考 | 武长春 | 中医杂志 | 1988,(2):66 |
| 古籍医书有关消渴记述撷要 | 庄奕周 | 福建中医药 | 1988,(3):22 |
| 宗气名义考正 | 符友丰 | 实用中医药杂志 | 1988,(3):37 |
| 命门学说新考——在两千年的争衡中形成 | 孟乃昌 | 山西中医 | 1988,(4):24 |
| 命门学说新考(续一)——在两千年的争衡中形成 | 孟乃昌 | 山西中医 | 1988,(5):14 |
| 《黄帝内经》腧穴考 | 刘平定 | 陕西中医 | 1988,(5):220 |
| 特定穴源流略考 | 王立君 | 陕西中医 | 1988,(5):234 |
| 闻诊小史考略 | 马维骐 | 湖北中医杂志 | 1988,(6):44 |
| 命门学说新考(续二)——在两千年的争衡中形成 | 孟乃昌 | 山西中医 | 1988,(6):34 |
| 漫话“痢疾”的命名 | 聂　广 | 中医药学刊 | 1988,(6):35 |
| 肝主疏泄源流考 | 柴瑞霁 | 四川中医 | 1988,(8):4 |
| 《内经》中尺及阴尺浅考 | 弗朗齐尼·塞尔日 | 中医杂志 | 1988,(11):59 |
| 肠澼不能混称痢疾 | 林代富 | 成都中医药大学学报 | 1989,(1):46 |
| “艾”与“艾灸”的历史沿革 | 漆　浩 | 国医论坛 | 1989,(1):37 |
| 六经学说形成的文献基础 | 符友丰 | 实用中医药杂志 | 1989,(1):29 |
| 古代针下热感手法的文献探讨 | 高希言等 | 针灸临床杂志 | 1989,(2):51 |
| 膻中小考 | 贾钰华 | 中医药学刊 | 1989,(2):3 |
| 火针考 | 黄延龄 | 针灸临床杂志 | 1989,(3):39 |
| “君臣佐使”起源异解 | 南东求 | 中医药学报 | 1989,(3):16 |
| 运气学说起源的考察 | 王树芬 | 中医药学报 | 1989,(3):12 |
| 肝郁气滞证源流考 | 李爱中等 | 黑龙江中医药 | 1989,(5):6 |
| 尺寸口本义来历考 | 高伯正等 | 中医药研究 | 1990,(1):22 |
| 蠡沟穴定位考 | 针灸班等 | 广西中医药 | 1990,(2):22 |

| | | | |
|---|---|---|---|
| 从肝论治前阴疾病之古代文献述评 | 白兴华等 | 辽宁中医杂志 | 1990,(2):13 |
| 冲任督三脉起源质疑 | 徐宜兵 | 上海针灸杂志 | 1990,(3):36 |
| 《黄帝内经》切事3则 | 韩葆贤 | 中国临床医生 | 1990,(3):48 |
| 古今骨学名词对照表 | 李顺保 | 中国中医骨伤科杂志 | 1990,(3):52 |
| 血余炭炮制历史沿革研究 | 覃　元 | 中药材 | 1990,(3):25 |
| 卫出上焦考析 | 张灿玾 | 中医杂志 | 1990,(3):12 |
| 继敦煌残卷中发现《内经》古诊法后的再发现 | 马继兴 | 甘肃中医学院学报 | 1990,(4):10 |
| 马莳对《灵枢经》五输穴之发微 | 魏之玉等 | 山东中医药大学学报 | 1990,(4):13 |
| “廉泉”考释 | 吴中朝 | 中医药学刊 | 1990,(4):17 |
| 食物养生源流之探讨 | 杨运高 | 国医论坛 | 1990,(5):38 |
| 廉泉、玉英、津液之道释疑 | 吴中朝 | 吉林中医药 | 1990,(6):45 |
| 《素问》何以仅立十九条病机考 | 唐　农 | 湖南中医学院学报 | 1991,(1):49 |
| 俞穴溯源 | 刘平定 | 陕西中医 | 1991,(1):31 |
| 大敦位置探异 | 陈国清 | 上海针灸杂志 | 1991,(1):87 |
| 《内经》蔆翘考 | 陈修源 | 成都中医药大学学报 | 1991,(2):8 |
| 失音源流考 | 齐　南 | 江西中医学院学报 | 1991,(2):5 |
| “魄门”辨 | 林绍志等 | 山东中医杂志 | 1991,(3):6 |
| 肠澼不能混称痢疾 | 林代富 | 陕西中医 | 1991,(3):142 |
| 归来、气冲部位略考 | 张载义等 | 上海针灸杂志 | 1991,(3):32 |
| 推拿名考 | 查　炜 | 按摩与导引 | 1991,(5):42 |
| 肾阴肾阳源流考略 | 章增加 | 广西中医药 | 1991,(5):220 |
| 继敦煌残卷中发现《内经》古诊法后的再发现 | 马继兴 | 上海中医药杂志 | 1991,(5):38 |
| “肠覃”小考 | 顾　璜 | 上海中医药杂志 | 1991,(10):27 |
| 推拿(按摩)异名小议 | 王道全 | 江苏中医药 | 1991,(11):28 |
| 人中穴名小考 | 袁秀丽等 | 针灸临床杂志 | 1992,(1):3 |
| 咸味药物‘利小便、通五淋’的文献考证 | 刘绍炼 | 中医药研究 | 1992,(1):47 |
| “胸痹”病名当出自《内经》 | 王孝康 | 中医杂志 | 1992,(1):59 |
| 代脉在《内经》中的含义考辨 | 邢玉瑞 | 新疆中医药 | 1992,(2):18 |
| 关于三焦病理的文献研究 | 李其忠 | 上海中医药杂志 | 1992,(3):41 |
| 大敦位置考 | 辜艾犁 | 上海针灸杂志 | 1992,(4):32 |
| 五行源流考 | 何裕民 | 中医研究 | 1992,(4):7 |
| 中冲穴定位考析 | 汤红 | 福建中医药 | 1992,(6):50 |
| 燔针并非火针 | 刘金洪 | 中医杂志 | 1992,(6):56 |
| 关于三焦生理的文献研究 | 李其忠 | 上海中医药杂志 | 1992,(10):42 |
| 病证、证候名义考 | 符友丰 | 江苏中医药 | 1993,(1):33 |
| 环谷穴古今考 | 梅　彤等 | 山东中医药大学学报 | 1993,(1):6 |
| 试论泻络法之源流 | 赵于琳 | 甘肃中医学院学报 | 1993,(2):40 |
| 考古问今探胰腺 | 叶世龙 | 国医论坛 | 1993,(2):37 |
| 针砭异源论 | 周子洋等 | 中医杂志 | 1993,(2):90 |
| 太冲考 | 刘智艳 | 新疆中医药 | 1993,(3):30 |
| 足三阴经胸腹段外行线溯源 | 胡　玲等 | 安徽中医学院学报 | 1993,(4):36 |
| 从先秦的三端文献看经络学说的形成和发展 | 张　晔 | 辽宁中医杂志 | 1993,(6):16 |
| 《素问》冲疝与《灵枢》奔豚异名同病疏证 | 郝印卿 | 山西中医 | 1993,(6):2 |
| 考古问今探天癸 | 朱永昌 | 上海中医药杂志 | 1993,(8):39 |

| | | | |
|---|---|---|---|
| 关于针灸起源文献简辑 | 王　佩等 | 北京中医药大学学报（中医临床版） | 1994,(1):45 |
| 《易经》与《内经》理论共原初探 | 高国巡 | 中国冶金工业医学杂志 | 1994,(2):90 |
| 从经典文献及主要医籍看中医对冠心病心绞痛的认识 | 邓玉梅 | 长春中医学院学报 | 1994,(3):65 |
| 《内经》"癫疾"病考略 | 金　栋等 | 河北中医药学报 | 1994,(3):8 |
| 涌泉穴考识 | 李晓艳 | 甘肃中医 | 1994,(4):64 |
| 足太阳膀胱经股后循行及腧穴排列考辨 | 金经国 | 针灸临床杂志 | 1994,(4):30 |
| 酒病与解酒考略 | 万　芳等 | 中华医史杂志 | 1994,(4):203 |
| 肾气元气考辨 | 龚一萍 | 中医药学刊 | 1994,(4):14 |
| 背俞穴位置考 | 孙永平等 | 北京中医药大学学报 | 1994,(5):22 |
| 颊车正名 | 高伯正 | 光明中医 | 1994,(5):18 |
| 脉诊源流浅谈 | 杨秀英 | 中国临床医生 | 1994,(8):60 |
| 论血瘀证的历史沿革 | 杨天聪 | 承德医学院学报 | 1995,(1):75 |
| 扁鹊舌诊考 | 褚玄仁 | 甘肃中医 | 1995,(1):4 |
| 胃风三考 | 贾　杨 | 国医论坛 | 1995,(1):38 |
| 内火考究 | 任平均 | 中医药学刊 | 1995,(1):19 |
| 阳陵泉穴的考订和应用 | 葛林宝等 | 针灸临床杂志 | 1995,(2):32 |
| 心包、心包络、膻中概念之辨析 | 王玉兴 | 天津中医学院学报 | 1995,(3):35 |
| 摩腹源流考 | 包来发 | 浙江中医杂志 | 1995,(3):123 |
| 咽门、嗌部位考略 | 王永钦 | 中国中西医结合耳鼻咽喉科杂志 | 1995,(4):175 |
| 舌脉诊法考 | 靳士英 | 中华医史杂志 | 1995,(4):199 |
| 中气下陷考 | 童刘章 | 中医文献杂志 | 1995,(4):12 |
| "阳痿从肝论治"考略 | 张树生 | 北京中医 | 1995,(5):14 |
| 火与热考辨 | 杨嗣明 | 中医药学刊 | 1995,(5):10 |
| 天门穴考略 | 张　侬 | 甘肃中医 | 1995,(6):9 |
| 冲脉的起源部位辨析 | 王彩虹 | 针灸临床杂志 | 1995,(8):9 |
| 《内经》代脉考 | 马晓明等 | 青海医药杂志 | 1995,(9):12 |
| 大椎穴为"手足三阳督脉之会"考 | 黄建军 | 甘肃中医学院学报 | 1996,(1):32 |
| "肾痹善胀"的文献与临床意义 | 崔伯瑛 | 山东中医药大学学报 | 1996,(1):21 |
| 从中医经典文献探讨经络实质 | 王　佩等 | 北京中医药大学学报（中医临床版） | 1996,(2):38 |
| 伏针的文献研究 | 陈　斌 | 上海针灸杂志 | 1996,(2):34 |
| 脏腑名称训释 | 陈　农 | 医古文知识 | 1996,(2):36 |
| 脾脏之别称小考 | 程维克 | 中医药学刊 | 1996,(3):5 |
| 迎随补泻古今异同辨析 | 李　瑞 | 北京中医药大学学报 | 1996,(4):17 |
| 也谈《素问》"术数"——兼与《<素问>"术数"小议》的作者商榷 | 吴宜兴等 | 河南中医 | 1996,(4):11 |
| 五轮名称起源考辨 | 黄攸立 | 中国医药学报 | 1996,(4):14 |
| 淋病中医术语源流刍议 | 刘景曾 | 中医杂志 | 1996,(4):251 |
| 《内经》腧穴总数考 | 王立君 | 现代中医药 | 1996,(5):11 |
| 从《内经》看中医学癫、狂、痫的认识源流 | 李益生 | 南京中医药大学学报 | 1996,(6):9 |
| 命门学说源流考 | 陆广莘 | 中国中医基础医学杂志 | 1997,(3):3 |
| 古籍中表示疾病意义的词语 | 陈贻庭 | 福建中医学院学报 | 1997,(4):45 |
| 嫉妒之研究（七）——我国古文献中的嫉妒 | 张成扬 | 彭城职业大学学报 | 1997,(4):24 |
| 《黄帝内经》痿证经文类编集注述评 | 郑建刚等 | 天津中医学院学报 | 1997,(4):26 |

| | | | |
|---|---|---|---|
| 针灸医籍方位术语考 | 周然宓 | 中医药学刊 | 1997,(4):32 |
| 探讨古医籍对消渴病的认识 | 靳丽珍 | 黑龙江中医药 | 1997,(5):5 |
| 中医脑髓学说源流考 | 金香兰 | 中国医药学报 | 1997,(5):21 |
| 《内经》中主要组织解剖名词的译注 | 葛敬名 | 世界中西医结合大会论文摘要集 | 1997:66 |
| 《灵枢》骨度研究——古今人体体表测量值比较 | 陈　钢等 | 成都中医药大学学报 | 1998,(2):4 |
| 有关肝阳上亢、肝阳化风的文献研究 | 郑爱义等 | 大同医学专科学校学报 | 1998,(2):29 |
| 古今"虚邪"名同义别辨 | 张登本 | 现代中医药 | 1998,(2):1 |
| 气门、玄府腠理、三焦联考 | 李其忠 | 上海中医药杂志 | 1998,(3):1 |
| 脾不统血证源流考 | 范　晔等 | 北京中医 | 1998,(5):43 |
| 考《内经·素问》之藘茹 | 苏佩清等 | 河北医学 | 1998,(6):79 |
| 肾内科疾病中医病名考辨 | 赵进喜 | 中国中医基础医学杂志 | 1998,(6):52 |
| 几种古病名正义 | 刘士敬等 | 中医药学报 | 1998,(6):5 |
| 对《灵枢经》中解剖名词的浅析 | 赵敏生 | 中国中医基础医学杂志 | 1998,(9):64 |
| 革脉的考证与分析 | 许进京 | 河北中医药学报 | 1999,(1):6 |
| 试谈手厥阴心包经的沿革与完善 | 李　岩等 | 天津中医学院学报 | 1999,(1):39 |
| 《内经》阴阳源流索新 | 张宇享 | 河南中医 | 1999,(3):17 |
| 肾的精气阴阳理论源流考 | 朱抗美 | 浙江中医学院学报 | 1999,(5):12 |
| 对督脉循行的文献研究 | 高希言等 | 河南中医药学刊 | 2000,(1):4 |
| 推拿按摩异名考证 | 王道全等 | 甘肃中医 | 2000,(2):2 |
| 中医古文献对慢性肾功能衰竭的认识 | 林启展等 | 甘肃中医 | 2000,(2):6 |
| 针灸治疗腰痛古代文献分析 | 周德祥等 | 中国民间疗法 | 2000,(2):4 |
| 胆病证候源流 | 麻晓慧等 | 中医文献杂志 | 2000,(2):16 |
| 中医气化理论源流考 | 沈红艺 | 中医文献杂志 | 2000,(2):1 |
| 心血瘀阻证的古籍研究 | 童晓云等 | 现代中医药 | 2000,(3):4 |
| 迎随补泻考释 | 杨　晖等 | 中医文献杂志 | 2000,(3):14 |
| 血痹源流与发展 | 闫冬梅等 | 国医论坛 | 2000,(4):18 |
| 中医古代文献对"骨质疏松症"的认识 | 夏东胜 | 中医研究 | 2000,(4):2 |
| "瘀血"与"血瘀"辨 | 何文彬 | 北京中医药大学学报 | 2000,(6):14 |
| 从《灵枢·官针》篇谈治痹证之古针法 | 胡晓红 | 四川中医 | 2000,(7):13 |
| 古代针灸治疗痉证的文献信息分析 | 刘立公等 | 中国中医药信息杂志 | 2000,(10):90 |
| 六经概念源流考 | 万晓刚 | 湖北中医学院学报 | 2001,(1):5 |
| 《素问·痹论》藏府痹小考 | 李海峰等 | 上海中医药杂志 | 2001,(1):39 |
| 唐以前中医骨伤科文献概论 | 叶新苗 | 浙江中医学院学报 | 2001,(1):17 |
| 中医神志学说的文献研究 | 李　滨 | 中医文献杂志 | 2001,(4):13 |
| 命门学说源流考 | 张家玮 | 北京中医药大学学报 | 2002,(1):8 |
| 酒伤病名小考 | 杨　柱 | 中国民族民间医药杂志 | 2002,(1):4 |
| 腧穴别名与校勘 | 沈晓明等 | 中医文献杂志 | 2002,(1):35 |
| "脾主升清"之源流探析 | 张　挺等 | 中医药学刊 | 2002,(1):74 |
| 针灸古文献对急症临床的贡献 | 陈秀华 | 江西中医学院学报 | 2002,(2):33 |
| 针灸治未病的古代文献研究 | 程　洁等 | 江西中医学院学报 | 2002,(3):49 |
| 中医体征研究的文献基础 | 刘更生 | 山东中医药大学学报 | 2002,(3):175 |
| 酒伤病名小考 | 杨　柱 | 山西中医 | 2002,(3):64 |
| 药粥疗法简史 | 包来发 | 中医文献杂志 | 2002,(3):41 |
| 杨上善对中医学术理论的重要贡献 | 戴　铭 | 中医药通报 | 2002,(3):18 |
| 秫米考 | 王　坤 | 河北中医药学报 | 2002,(4):45 |

| | | | |
|---|---|---|---|
| 君臣佐使组方原则源流考 | 林　琳等 | 辽宁中医学院学报 | 2002,(4):253 |
| “人迎脉”在颈补证 | 张志枫等 | 医古文知识 | 2002,(4):26 |
| 《黄帝内经》痿证考 | 王丽慧 | 中医文献杂志 | 2002,(4):26 |
| 《素问·气厥论》中脏腑寒热相移次序解读 | 顾植山 | 中医文献杂志 | 2002,(4):34 |
| 从马王堆医帛书到《灵枢·经脉》看经络学说的起源和发展 | 李海峰 | 中医文献杂志 | 2002,(4):31 |
| 古代文献中肺经及其腧穴主治的统计报告 | 刘立公等 | 上海针灸杂志 | 2002,(6):38 |
| 《内经》开阖枢考辨 | 胡显宜等 | 四川中医 | 2002,(8):15 |
| 《素问》腧穴总数考析 | 张灿玾等 | 中国医药学报 | 2002,(11):654 |
| 阴疽类疾病的文献研究 | 金　星 | 中国优秀博硕士学位论文全文数据库(博士)医药卫生科技辑 | 2002,(1):E056-87 |
| 不孕症中医文献的研究 | 连　方 | 中国优秀博硕士学位论文全文数据库(博士)医药卫生科技辑 | 2002,(1):E056-5 |
| 病证结合论治的文献研究 | 童舜华 | 中国优秀博硕士学位论文全文数据库(博士)医药卫生科技辑 | 2002,(1):E054-2 |
| 胃脘痛中医文献与证治研究 | 何　永 | 中国优秀博硕士学位论文全文数据库(博士)医药卫生科技辑 | 2002,(2):E056-56 |
| 中医脏腑学说的文献研究 | 张效霞 | 中国优秀博硕士学位论文全文数据库(硕士)医药卫生科技辑 | 2002,(2):E056-16 |
| “透刺经筋法”治疗面瘫的文献及临床研究 | 金芝勋 | 中国优秀博硕士学位论文全文数据库(硕士)医药卫生科技辑 | 2002,(2):E056-75 |
| 奇恒之腑考辨 | 张效霞等 | 北京中医药大学学报 | 2003,(1):22 |
| “絜刺”解 | 冯禾昌 | 中医文献杂志 | 2003,(1):3 |
| 魄门的生理及其对疾病预后转归的影响考释 | 马　赟 | 中医药学刊 | 2003,(1):141 |
| 古代痿证名实考 | 王丽慧 | 上海中医药杂志 | 2003,(2):45 |
| 相火理论源流考辨 | 程畅和等 | 甘肃中医学院学报 | 2003,(3):12 |
| 火针的起源与发展 | 张素琴 | 中国自然医学杂志 | 2003,(3):172 |
| 疫病含义与范围考 | 张志斌 | 中华医史杂志 | 2003,(3):32 |
| “肾主虚、无实也”渊源考释 | 沈　雁等 | 中医药学刊 | 2003,(3):420 |
| 心痛、胸痹、心痹病名内涵考 | 马　骏等 | 甘肃中医 | 2003,(5):6 |
| 中医对肾实证研究考释 | 杨毅玲 | 中医药学刊 | 2003,(5):756 |
| 消渴病发病学说史略 | 梁广和 | 陕西中医 | 2003,(6):532 |
| 论经络与血脉的源流异同 | 李晓君 | 中国中医基础医学杂志 | 2003,(6):6 |
| 瘅疟的界定与概念考释 | 张苏颖 | 中医药学刊 | 2003,(7):1202 |
| 古代中医脏腑解剖学简考 | 刘小敏等 | 中医药学刊 | 2003,(9):1545 |
| 从《帛书》考经络之起源 | 卓廉士 | 四川中医 | 2003,(10):24 |
| “合谷刺”刺法考 | 张载义等 | 针灸临床杂志 | 2003,(11):6 |
| 胸痹心痛病证的古代文献研究与学术源流探讨 | 马　骏 | 中国优秀博硕士学位论文全文数据库(硕士)医药卫生科技辑 | 2003,(2):E056-36 |

| | | | |
|---|---|---|---|
| 推拿名实考 | 查　炜 | 中医文献杂志 | 2004,(1):13 |
| 从 SARS 看《素问遗篇》对疫病发生规律的认识 | 顾植山等 | 中医文献杂志 | 2004,(1):30 |
| 中医古代文献对造血系统疾病的认识 | 杨玉兰 | 河南中医 | 2004,(2):8 |
| 中医体质与证源流考辨 | 龚海洋等 | 中医药学刊 | 2004,(2):300 |
| 从《灵枢》原文论证卫出于上焦 | 董尚朴等 | 北京中医药大学学报 | 2004,(3):19 |
| 不寐病名考略 | 孙洪生等 | 中华医史杂志 | 2004,(4):23 |
| 从中医文献看古代的解剖学 | 陈四清等 | 河南中医学院学报 | 2004,(5):76 |
| "巨刺"小考 | 卓廉士 | 实用中医药杂志 | 2004,(5):274 |
| 《黄帝内经》腧穴考析 | 张增敏等 | 中医药通报 | 2004,(5):5 |
| 血证证治源流考 | 吴晓勇 | 辽宁中医学院学报 | 2004,(6):444 |
| 阴阳学说的哲学思想底蕴源流考 | 吴水盛等 | 中医药学刊 | 2004,(9):1673 |
| 络脉文献的整理与研究 | 李　洁 | 中国优秀博硕士学位论文全文数据库(博士)医药卫生科技辑 | 2004,(1):E056-22 |
| 汉代及汉代以前经络腧穴文献研究 | 谭奇纹 | 中国优秀博硕士学位论文全文数据库(博士)医药卫生科技辑 | 2004,(4):E056-1 |
| 浅谈天癸、子宫、胞脉、胞络的名称定位 | 郭　芸 | 湖北中医学院学报 | 2005,(1):35 |
| 古代医籍对糖尿病的认识 | 钟　毅等 | 江西中医学院学报 | 2005,(1):31 |
| 胸痹证治文献研究 | 胡冬裴 | 山东中医药大学学报 | 2005,(1):37 |
| 《黄帝内经》祝由考 | 许振国 | 河南中医学院学报 | 2005,(2):72 |
| 《黄帝内经》酒性考 | 孙松辉 | 辽宁中医学院学报 | 2005,(2):113 |
| 传统养生学有关固精文献概论 | 高剑雄 | 亚太传统医药 | 2005,(2):47 |
| 《灵枢·痈疽》病证名与现代病证名的比较 | 周国琪等 | 中国中医基础医学杂志 | 2005,(3):165 |
| 捻转针法起源考 | 叶明柱等 | 中国针灸 | 2005,(4):297 |
| 下法源流考释 | 李　杨等 | 中医药学刊 | 2005,(5):852 |
| 古代中医文献对食管癌的认识 | 司富春等 | 河南中医 | 2005,(6):77 |
| 癃闭选经取穴的历代文献分析 | 史江峰等 | 江西中医学院学报 | 2005,(6):18 |
| "治未病"源流述略 | 蓝毓营 | 上海中医药杂志 | 2005,(9):48 |
| 《黄帝内经》病证源流及名实考 | 刘光华 | 中国优秀博硕士学位论文全文数据库(博士)医药卫生科技辑 | 2005,(5):E056-2 |
| 《灵枢经》的文献研究 | 成建军 | 中国优秀博硕士学位论文全文数据库(博士)医药卫生科技辑 | 2005,(6):E056-1 |
| 针刺治疗帕金森病的文献研究 | 吴镇喆 | 中国优秀博硕士学位论文全文数据库(硕士)医药卫生科技辑 | 2005,(4):E056-55 |
| 肝癌证治的中医文献研究 | 尹桂平 | 中国优秀博硕士学位论文全文数据库(硕士)医药卫生科技辑 | 2005,(6):E056-367 |
| 肝阳上亢证中医文献研究 | 王海霞 | 中国优秀博硕士学位论文全文数据库(硕士)医药卫生科技辑 | 2005,(6):E056-126 |

| | | | |
|---|---|---|---|
| 《黄帝明堂经》腧穴主治考辨 | 李素云 | 中国优秀博硕士学位论文全文数据库(硕士)医药卫生科技辑 | 2005,(6):E056-122 |
| 先秦两汉古籍中的经络学说解析 | 张灿玾 | 山西中医学院学报 | 2006,(1):6 |
| 头、躯干部古代解剖学名词今释 | 宋　波等 | 云南中医学院学报 | 2006,(3):42 |
| 督脉腧穴考 | 张建斌等 | 中华医史杂志 | 2006,(3):162 |
| 风痱考辨 | 徐振华等 | 中医文献杂志 | 2006,(3):17 |
| 奇经八脉学说文献考 | 张灿玾 | 山西中医学院学报 | 2006,(4):6 |
| 络脉的古代文献研究 | 萧淑芳 | 中国优秀博硕士学位论文全文数据库(硕士)医药卫生科技辑 | 2006,(12):E056-67 |
| 中医古代医籍论述"胸痹心痛"的相关文献整理 | 张崇泉等 | 第五次全国中西医结合养生学与康复医学学术研讨会论文集 | 2006:409 |
| 四肢部古代解剖学名词今译 | 武煜明等 | 云南中医学院学报 | 2007,(1):57 |
| 清代《内经》名物考据成就说略 | 陈　瑜 | 中医文献杂志 | 2007,(1):13 |
| 督脉命名别解 | 段逸山 | 中医药文化 | 2007,(2):12 |
| 从《素问》、《灵枢》看《汉语大词典》的书证溯源问题 | 张雪梅 | 中医药文化 | 2007,(3):35 |
| 和法源流考 | 孔伟 | 山西中医学院学报 | 2007,(5):5 |
| 《内经》有关神经肌肉疾病名义辨析 | 鞠宝兆等 | 长春中医药大学学报 | 2007,(6):4 |
| 古代文献中消渴病的主要病机 | 吴　童 | 中国中医基础医学杂志 | 2007,(8):577 |
| 《黄帝内经》消渴相关病名考辨 | 赵　昱等 | 中国中医基础医学杂志 | 2007,(8):574 |
| 消渴病源流考 | 姜德友 | 辽宁中医杂志 | 2007,(10):1373 |
| 古代文献中消渴病的主要病因 | 吴　童 | 中华中医药杂志 | 2007,(10):717 |
| 从简帛医书看《内经》足六脉病候 | 杨　峰等 | 中国针灸 | 2007,(11):865 |
| "肺主气"的文献研究及肺亦为后天之本论 | 江　涛 | 中国优秀博硕士学位论文全文数据库(博士)医药卫生科技辑 | 2007,(2):E056-3 |
| 中医郁证文献探要 | 杨盛名 | 中国优秀博硕士学位论文全文数据库(硕士)医药卫生科技辑 | 2007,(5):E056-35 |
| 郁证(情志疾病)文献研究评述 | 温祥彬 | 中国优秀博硕士学位论文全文数据库(硕士)医药卫生科技辑 | 2007,(6):E056-90 |
| 中医精神疾病分类与症状的古代医学文献整理研究 | 孙旭海 | 中国优秀博硕士学位论文全文数据库(硕士)医药卫生科技辑 | 2007,(6):E056-314 |
| 《黄帝内经》消渴相关病名考辨 | 赵　昱等 | 第十次全国中医糖尿病大会论文集 | 2007:127 |
| 古籍中恶性肿瘤之各种称谓文义考析 | 邹万成等 | 湖北中医学院学报 | 2008,(2):16 |
| 《黄帝内经》中风名实考辨 | 刘光华等 | 吉林中医药 | 2008,(2):137 |
| 冲、任二脉源流探微 | 孙　淼等 | 中医研究 | 2008,(2):7 |
| 《难经》与《黄帝内经》关系简考 | 成建军 | 山东中医药大学学报 | 2008,(3):223 |
| 痿证古代文献综述 | 倪世秋等 | 医学信息 | 2008,(3):431 |
| 从《太素》记载探索督脉经的起源 | 张建斌等 | 中国针灸 | 2008,(3):234 |

| | | | |
|---|---|---|---|
| 《素问》《灵枢》热病成就分析 | 曹东义等 | 湖北民族学院学报（医学版） | 2008,(4):1 |
| 络病学文献研究现状 | 刘翀羽等 | 吉林中医药 | 2008,(4):306 |
| 中医文献关于胃脘痛病名及病因考释 | 吴　彼等 | 实用中医内科杂志 | 2008,(4):19 |
| 血证源流考 | 姜德友 | 安徽中医学院学报 | 2008,(5):1 |
| 迟、数脉考辨 | 付　滨等 | 天津中医药 | 2008,(6):475 |
| 古代文献对骨质疏松症病因病机的认识 | 徐桂琴等 | 中医杂志 | 2008,(6):568 |
| 中医治未病思想源流考析 | 李兰珍等 | 中医研究 | 2008,(7):57 |
| 眩晕源流犀义 | 曹　敏等 | 辽宁中医药大学学报 | 2008,(8):45 |
| 关于三消的考辨 | 王庆华等 | 辽宁中医药大学学报 | 2008,(9):39 |
| 癫狂病源流考 | 姜德友等 | 中华中医药学刊 | 2008,(12):2544 |
| 伏气学说的源流及其理论的文献研究 | 郝　斌 | 中国优秀博硕士学位论文全文数据库（博士）医药卫生科技辑 | 2008,(2):E056－6 |
| 近代以前中医肝气理论文献研究 | 马燕冬 | 中国优秀博硕士学位论文全文数据库（博士）医药卫生科技辑 | 2008,(2):E056－16 |
| 古代中医医德文献（言论篇）整理研究 | 张天佐 | 中国优秀博硕士学位论文全文数据库（硕士）医药卫生科技辑 | 2008,(2):E054－4 |
| 中医老年保健古代文献资料整理研究 | 茅飞波 | 中国优秀博硕士学位论文全文数据库（硕士）医药卫生科技辑 | 2008,(2):E056－5 |
| 痞证中医古籍纵向研究 | 吴庆和 | 中国优秀博硕士学位论文全文数据库（硕士）医药卫生科技辑 | 2008,(9):E056－164 |
| 足少阳胆经和足厥阴肝经生理功能的《内经》文献研究 | 殷振瑾 | 中国优秀博硕士学位论文全文数据库（博士）医药卫生科技辑 | 2008,(12):E056－4 |
| “肺主皮毛”理论的文献研究 | 杨文思 | 中国优秀博硕士学位论文全文数据库（硕士）医药卫生科技辑 | 2008,(12):E056－1 |
| 从肺论治慢性肾炎的文献研究 | 刘红艳 | 中国优秀博硕士学位论文全文数据库（硕士）医药卫生科技辑 | 2008,(12):E056－108 |
| 灸法治疗痈疽的古代文献研究 | 张　璐 | 中国优秀博硕士学位论文全文数据库（硕士）医药卫生科技辑 | 2008,(12):E056－32 |
| 脾瘅源流考 | 姬航宇等 | 江苏中医药 | 2009,(1):58 |
| 阴阳学说之哲学思想源流考 | 张　彬等 | 世界中西医结合杂志 | 2009,(1):10 |
| “伏梁”名候辨释 | 黄海波 | 中国中医基础医学杂志 | 2009,(1):26 |
| 十二井穴定位演变考略 | 咸培伟等 | 天津中医药 | 2009,(2):119 |
| 《黄帝内经太素》与《难经》命门说异同刍议 | 张宏 | 中医药临床杂志 | 2009,(2):95 |
| 泄泻源流考 | 姜德友等 | 中医药信息 | 2009,(2):1 |
| 针灸治疗尿潴留的古代文献研究 | 兰　蕾等 | 江苏中医药 | 2009,(9):68 |
| 中风病古典医籍文献梳理 | 王媛媛等 | 浙江中西医结合杂志 | 2009,(9):556 |

| | | | |
|---|---|---|---|
| 医籍文献中的形象性描写 | 罗根海 | 中国中医药报 | 2009.12.11 |
| 肺主"宣发肃降"调节水液代谢的文献研究 | 夏　芸 | 中国优秀博硕士学位论文全文数据库(硕士)医药卫生科技辑 | 2009,(1):E056-15 |
| 湿与冠心病相关的古代文献研究 | 张　乐 | 中国优秀博硕士学位论文全文数据库(硕士)医药卫生科技辑 | 2009,(1):E056-169 |
| 古代治疗癫狂证的文献整理研究 | 刘婉婷 | 中国优秀博硕士学位论文全文数据库(硕士)医药卫生科技辑 | 2009,(2):E056-172 |
| 古代文献有关消渴病的理论探讨 | 张　芳等 | 第四届国际中医糖尿病大会论文汇编 | 2009:374 |

## (五)其它文献学研究

| | | | |
|---|---|---|---|
| 医史研究随笔 | 陈邦贤 | 中医杂志 | 1955,(6):48 |
| 谈引用中医古代文献问题 | 吴缉庵 | 中医杂志 | 1962,(9):29 |
| 有文字记载的祖国医学史考略 | 黄瑾明 | 广西中医药 | 1979,(4):17 |
| 当前医籍注释工作中存在的问题 | 赵辉贤等 | 贵阳中医学院学报 | 1981,(4):48 |
| 略谈医学流派的产生时期 | 陈大舜 | 湖南中医学院学报 | 1982,(2):16 |
| 中医经典著作问题解答(一) | 黄海龙等 | 江西中医药 | 1983,(1):62 |
| 浅谈祖国医学流派产生的时代 | 刘月明 | 天津中医学院学报 | 1983,(1):11 |
| 医籍真伪的考辨 | 孟庆云 | 中医药学报 | 1983,(6):59 |
| 《老子》和《内经》道论稽异——与郭兵权同志商榷 | 许孔璋 | 医学与哲学(人文社会医学版) | 1984,(1):26 |
| 中国针灸学史略 | 王雪苔 | 针刺研究 | 1984,(3):161 |
| 古典医籍的校勘 | 孟庆云 | 中医药学报 | 1984,(4):54 |
| 中医古籍整理工作中的训诂问题 | 崔仲平 | 吉林中医药 | 1984,(5):42 |
| 试论《黄帝内经》与仓公承传古医经的关系 | 孟宪益 | 云南中医中药杂志 | 1984,(6):1 |
| 古人明引之法 | 逸　山 | 上海中医药杂志 | 1984,(7):26 |
| 谈谈医书真伪考辩问题 | 赵恩俭 | 天津中医学院学报 | 1985,(3):39 |
| 日本汉医界现状与中医善本藏书 | 马继兴 | 中医药信息 | 1985,(3):36 |
| 《内经》文采　光辉焯焯 | 行清春 | 国医论坛 | 1986,(2):42 |
| 《上古天真论》中的先秦文学特点 | 温长路 | 国医论坛 | 1986,(2):41 |
| 祖国医学文献中几个问题的商榷 | 许子建 | 云南中医学院学报 | 1986,(3):1 |
| 试论考据在中医理论研究中的地位与作用 | 任　何 | 天津中医学院学报 | 1986,(4):1 |
| 对《灵枢》《难经》中有关人身大体解剖记载的考证 | 朱长庚等 | 现代中医药 | 1987,(1):30 |
| 文献整理与临床研究 | 赵京生 | 南京中医药大学学报(自然科学版) | 1987,(2):8 |
| 中国时间医学史略 | 孟琳升 | 国医论坛 | 1988,(1):45 |
| 简谈古医书的辑佚方法及其在校读中的运用 | 许敬生 | 中医研究 | 1989,(2):48 |
| 《黄帝内经》与炎黄文化 | 吕英凡 | 中国社会科学院研究生院学报 | 1991,(6):61 |

| | | | |
|---|---|---|---|
| 从《黄帝内经》的执中思想看祖国医学的立论基础 | 温长路 | 医学与哲学 | 1991,(9):33 |
| 中医学的起源与《医源于易》论 | 顾植山 | 国医论坛 | 1992,(2):8 |
| 中医学术流派的产生、划分和发展 | 吴华强 | 中医药临床杂志 | 1993,(4):49 |
| 让古典医籍中的美学思想闪光——浅谈医古文中的美学思想 | 沙　涛等 | 医古文知识 | 1994,(4):4 |
| 对中医古籍研究的几点建议 | 曾　凤等 | 北京中医药大学学报（中医临床版） | 1997,(2):4 |
| 《内经》独特病的训识与证治 | 熊继柏 | 湖南中医学院学报 | 1997,(2):1 |
| 论古医借辑佚 | 张如青 | 医古文知识 | 1997,(3):44 |
| 中国古医籍的起源、发展、分类及特点 | 王咪咪 | 中医文献杂志 | 2000,(3):6 |
| 察天人之道　究阴阳消息——从《素问》看《内经》的文化来源 | 吴开杰 | 荆门职业技术学院学报 | 2000,(4):72 |
| 《黄帝内经太素》与《黄帝泰素》的关系研究 | 徐春波 | 中医文献杂志 | 2002,(3):8 |
| 从岐黄之术到《黄帝内经》 | 肖　娴 | 开卷有益·求医问药 | 2003,(2):12 |
| 《素问》书名来自《道德经》 | 秦立新 | 医古文知识 | 2004,(1):9 |
| 诠释学与《黄帝内经》的研究 | 邢玉瑞 | 江西中医学院学报 | 2004,(2):7 |
| 谈训诂学在中医教育与研究中的作用 | 杨金萍等 | 中医教育 | 2005,(1):23 |
| 《黄帝内经素问集注》援引《金匮要略》条文辑录 | 范逸品 | 医古文知识 | 2005,(4):42 |
| 解读《素问·缪刺论》中的几个问题 | 丁习益 | 上海针灸杂志 | 2005,(9):35 |
| 道家思想文化背景下《内经》的诠释——以《素问·灵兰秘典论》一段为例 | 臧守虎等 | 山东中医药大学学报 | 2006,(2):108 |
| 《黄帝内经》中的医德学思想 | 温长路 | 河南中医学院学报 | 2009,(4):1 |
| 论《内经》的文献研究方法 | 李翠娟等 | 时珍国医国药 | 2009,(7):1814 |

# 二、《黄帝内经》理论研究

## （一）阴阳五行研究

| | | | |
|---|---|---|---|
| 中国五行学说之起源 | 高维祺 | 三三医报 | 1924,(6):32 |
| 《内经》阴阳概要:附图 | 吴智安 | 中医世界 | 1929,(1):42 |
| 释《内经》水火者阴阳之征兆也 | 叶劲秋 | 如皋医学报五周汇选 | 1930,(12):130 |
| 《灵枢》商兑之商兑:阴阳驳议(续) | 何云鹏 | 国医杂志 | 1931,(2):15 |
| 《内经》作于阴阳家之考证 | 高维祺 | 中医世界季刊 | 1933,(4):65 |
| 《素问》与阴阳说:附图 | | 中国医药月刊(北京) | 1940,(创刊号):5 |
| 《素问》与五行说:附图 | | 中国医药月刊(北京) | 1940,(创刊号):6 |
| 《素问》阴阳学与中国医学 | 陈邦贤 | 医史杂志 | 1947,(6):2 |
| 《内经·素问》阴阳的研究 | 孟昭威 | 中医杂志 | 1955,(4):15 |
| 五行说的起源及其演变 | 杨向奎 | 文史哲 | 1955,(11):11 |
| 从"揆度奇恒"谈到阴阳五行 | 许浚之 | 江苏中医药 | 1956,(1):3 |
| 谈谈阴阳 | 蒋巢居 | 江苏中医药 | 1956,(S1):12 |
| 从《素问》来探讨五行学说 | 邹竹崖 | 江苏中医药 | 1957,(1):7 |
| 学习《内经知要·阴阳篇》的初步体会 | 赵　锜等 | 中医杂志 | 1957,(1):55 |
| 论《素问》中的"阴阳"、"五行"和"气" | 刘崇晏 | 上海中医药杂志 | 1957,(2):4 |
| 对邹竹崖先生"从《素问》来探讨五行学说"一文的商榷 | 王自强 | 江苏中医药 | 1957,(3):3 |
| 我对《内经》中所说阴阳和五行学说的体会 | 盛国荣 | 上海中医药杂志 | 1957,(3):1 |
| 对盛国荣同志"我对《内经》中所说阴阳和五行学说的体会"中的几点商榷 | 蒋劲柏 | 上海中医药杂志 | 1957,(8):5 |
| 谈谈"阴阳"在中医学术上的应用 | 王绍熙 | 中医杂志 | 1957,(8):405 |
| 学习"阴阳五行"后的体会 | 张佩蓉 | 江苏中医药 | 1958,(10):35 |
| 什么叫"阳杀阴藏"——答用直地方人民医院中医组同人问 | 任应秋 | 中医杂志 | 1959,(3):71 |
| 对《素问》画夜阴阳天人相应的初步探讨(附110例死亡病素分析) | 马永泉等 | 江苏中医药 | 1959,(6):6 |
| 学习《内经·阴阳篇》后的体会 | 张冠增 | 山东医药 | 1959,(10):57 |
| 阴阳五行学说在祖国医学中的具体运用(四) | | 上海中医药杂志 | 1962,(5):39 |
| 《内经》阴阳理论的实践应用 | 徐荣斋 | 广东中医 | 1962,(7):7 |
| 试论中医理论的认识基础——阴阳五行学说 | 王光清 | 兰州大学学报(医学版) | 1964,(1):1 |
| 略论《内经》的哲学基础(上)——阴阳五行学说的合理内容及局限 | 车　离 | 中医药学报 | 1978,(2):1 |
| 略谈《黄帝内经》的阴阳学说与对立统一规律 | 刘长林等 | 社会科学战线 | 1978,(3):33 |
| 略论《内经》的哲学基础(下)——阴阳五行学说的合理内容及局限 | 车　离 | 中医药学报 | 1978,(3):6 |
| 阴阳在辨证方面的应用举要 | 王慧英 | 浙江中医药大学学报 | 1978,(4):62 |
| 激素分泌的周日节律和阴阳学说 | 张家庆 | 新医学 | 1978,(Z1):553 |

| | | | |
|---|---|---|---|
| 《黄帝内经》和中医学中的阴阳学说与对立统一规律——与刘长林、胡焕芗同志商榷 | 车　离 | 学习与探索 | 1979,(1):28 |
| 对祖国医学《阴阳学说》的认识 | 李守成 | 吉林中医药 | 1979,(3):1 |
| 略谈历史局限性给"阴阳学说"带来的某些错误观点 | 李守成 | 吉林中医药 | 1979,(4):8 |
| 古今论阴阳盛衰所致寒热的异同——学习《内经》的体会 | 张登本 | 陕西中医学院学报 | 1979,(4):9 |
| 阴阳学说在免疫反应中的应用 | 王健民 | 浙江中医药大学学报 | 1979,(5):3 |
| 对中医学理论核心——"阴阳学说"科学性的探讨 | 谢惠康 | 上海中医药杂志 | 1979,(6):38 |
| 也谈《黄帝内经》的阴阳学说与对立统一规律——与刘长林、车离等同志商榷 | 马伯英 | 社会科学战线 | 1980,(1):52 |
| 从五行的关系谈资其化源 | 任启瑞 | 河北中医 | 1980,(2):5 |
| cAMP、cGMP与中医阴阳学说 | 陈　奇 | 江西中医药 | 1980,(2):12 |
| 中医学中阴阳五行学说的特点 | 吴越人 | 上海中医药杂志 | 1980,(2):45 |
| 试论我国早期阴阳五行说与地理的关系 | 唐锡仁等 | 天津师范大学学报(社会科学版) | 1980,(2):26 |
| 学习《内经》阴阳五行学说的心得 | 王桂林 | 贵阳中医学院学报 | 1980,(4):28 |
| "阳生阴长,阳杀阴藏"释义 | 王　汪 | 陕西中医学院学报 | 1980,(4):54 |
| 《内经》的五行学说与系统论 | 刘长林 | 社会科学辑刊 | 1980,(4):41 |
| 从日食谈阳气 | 吴越人 | 上海中医药杂志 | 1980,(5):41 |
| 《黄帝内经》阴阳学说探讨(上) | 王全志 | 贵阳中医学院学报 | 1981,(1):1 |
| 阴阳五行学说是辩证唯物主义的时空论(续四) | 桑　林 | 河北中医 | 1981,(1):13 |
| 对《内经》阴阳学说的一些体会 | 凌耀星 | 云南中医中药杂志 | 1981,(1):26 |
| 《黄帝内经》阴阳学说探讨(下) | 王全志 | 贵阳中医学院学报 | 1981,(2):4 |
| 阴阳五行学说是辩证唯物主义的时空论(续五) | 桑　林 | 河北中医 | 1981,(2):8 |
| 关于内经阴阳学说的研究进展和几点看法 | 金志甲 | 陕西中医学院学报 | 1981,(2):19 |
| 阴阳在医学上应用如何 | 陈镇州 | 实用医学杂志 | 1981,(2):28 |
| 阴阳五行学说是辩证唯物主义的时空论(续六) | 桑　林 | 河北中医 | 1981,(3):3 |
| 阴阳五行学说是辩证唯物主义的时空论(续七)(五)水曰润下 | 桑　林 | 河北中医 | 1981,(4):10 |
| 简论阴阳属性规定的合理性 | 马伯英 | 上海中医药杂志 | 1981,(4):39 |
| 从昼夜阴阳消长规律谈"发热" | 李妙珠等 | 浙江中医药大学学报 | 1981,(4):25 |
| 阴阳原始 | 姜春华 | 中医药学报 | 1981,(4):61 |
| 试论机体阴阳升降出入 | 林宝瑜 | 福建中医药 | 1981,(6):6 |
| 谈谈按阴阳学说和辨证施治原则施功 | 张文江 | 上海中医药杂志 | 1981,(11):42 |
| 阴阳的标本规律 | 陈　林 | 成都中医药大学学报 | 1982,(1):10 |
| 凡阴阳之要,阳密乃固 | 方药中 | 黑龙江中医药 | 1982,(1):16 |
| 略论阴阳五行学说在五脏理论形成发展中的意义 | 刘建秋 | 黑龙江中医药 | 1982,(1):28 |
| 阴阳原始(续完) | 姜春华 | 中医药学报 | 1982,(1):56 |
| 对"阳生阴长,阳杀阴藏"的认识 | 吴沛昌 | 安徽中医学院学报 | 1982,(2):44 |
| 五行与医学 | 吴考槃 | 辽宁中医杂志 | 1982,(2):7 |
| "阳生阴长,阳杀阴藏"管见 | 刘玺珍等 | 山东中医药大学学报 | 1982,(2):40 |
| "阳生阴长、阳杀阴藏"解析——中医经典名辞释义 | 王　汪 | 现代中医药 | 1982,(2):26 |
| 阴阳五行学说是辩证唯物主义的时空论(续九) | 桑林 | 河北中医 | 1982,(4):17 |
| 略论五行说的起源和演变及其在《内经》中的运用 | 巫君玉 | 新中医 | 1982,(11):1 |
| 阴阳五行学说是辩证唯物主义的时空论(续十) | 桑　林 | 河北中医 | 1983,(1):4 |
| 对"'阳生阴长,阳杀阴藏'管见"之管见 | 黄龙祥 | 山东中医药大学学报 | 1983,(1):41 |

| | | | |
|---|---|---|---|
| 阴阳之要　阳密乃固——读《素问·生气通天论》 | 俞景茂 | 浙江中医药大学学报 | 1983,(1):15 |
| 论阴阳气不相顺接 | 杨书明 | 中医药学报 | 1983,(2):25 |
| 关于阴阳的平衡与非平衡的探讨 | 孔庆洪等 | 医学与哲学（人文社会医学版） | 1983,(8):39 |
| 五行识要 | 吴秀惠 | 安徽中医学院学报 | 1984,(1):17 |
| 阴阳五行学说 | 王洪图等 | 北京中医 | 1984,(1):56 |
| 漫谈"阴阳盛衰和疾病变化" | 熊继柏 | 湖南中医学院学报 | 1984,(1):32 |
| 论阴阳气血水火 | 虞皓明 | 天津中医学院学报 | 1984,(1):46 |
| 中医阴阳初探 | 刘燕明 | 天津中医学院学报 | 1984,(1):22 |
| 《伤寒论》三阳三阴的循名责实 | 张长恩等 | 北京中医 | 1984,(2):15 |
| 漫谈阴阳 | 李荣兴 | 青海医学院学报 | 1984,(2):81 |
| 祖国医学引入阴阳五行学说的时间及其意义的探讨 | 祝长坦等 | 安徽中医学院学报 | 1984,(3):16 |
| 阴阳学说的分子基础 | 汪　建 | 中医药学报 | 1984,(3):6 |
| 阴阳学说演变纵横谈 | 丰明德 | 中医药学报 | 1984,(5):36 |
| 试论五行及其临床意义(一) | 李德新等 | 辽宁中医杂志 | 1984,(6):7 |
| 升降出人——阴阳运动和平衡的统一 | 王长荣 | 中医药学报 | 1984,(6):12 |
| 试论五行及其临床意义(二) | 李德新等 | 辽宁中医杂志 | 1984,(7):14 |
| 五行本义新解 | 刘其福 | 学术月刊 | 1984,(7):24 |
| 阴阳平衡是稳定态 | 杨玉辉 | 医学与哲学（人文社会医学版） | 1984,(7):56 |
| 关于五行休王问题 | 王玉川 | 中医杂志 | 1984,(10):54 |
| 试谈《内经》中的三阴三阳——答厦门大学海外函授学院王长荣讲师问 | 区永欣 | 新中医 | 1984,(12):48 |
| 阴阳学说(一) | 曾昭明 | 广西中医药 | 1985,(1):43 |
| 论阴阳平衡(兼与陈一列同志商榷) | 陈杰华等 | 广西中医药 | 1985,(1):50 |
| 五行的生成 | 许子建 | 云南中医学院学报 | 1985,(1):1 |
| 阴阳学说在气功学中的地位(第一讲) | 黎泽泉 | 按摩与导引 | 1985,(2):31 |
| 阴阳学说(二) | 曾昭明 | 广西中医药 | 1985,(2):46 |
| 从阴阳学说探讨祖国医学心理学 | 苏　复 | 上海精神医学 | 1985,(2):63 |
| "阴阳者,血气之男女也"管窥 | 扬德光等 | 成都中医药大学学报 | 1985,(4):13 |
| 气功学中的阴阳互变与物极必反(第四讲) | 黎泽泉 | 按摩与导引 | 1985,(5):35 |
| 《内经》中的五行生克观 | 张登本 | 现代中医药 | 1985,(6):20 |
| 五行学说的制化和胜复 | 刘燕池 | 中医杂志 | 1985,(10):65 |
| 论《内经》阴阳说的逻辑思维模式 | 周瀚光 | 学术月刊 | 1985,(12):31 |
| 中医"阴阳五行"学说中的科学思想初探 | 陈德坤等 | 自然杂志 | 1985,(12):861 |
| 五行之乘异见 | 高伯正 | 新疆中医药 | 1986,(2):16 |
| 阴阳升降之我见 | 陈听天 | 成都中医药大学学报 | 1986,(3):16 |
| 也议阴阳升降——兼与刘保和老师商榷 | 白建生 | 成都中医药大学学报 | 1986,(3):12 |
| 五行学说与全息律——谈五行学说的科学观 | 黄一九 | 湖南中医杂志 | 1986,(3):30 |
| 阴阳五行核体论 | 刘欢祖 | 新疆中医药 | 1986,(3):1 |
| 中医阴阳五行学说的历史形态探讨 | 王　敬等 | 河北中医 | 1986,(4):1 |
| 阴阳五行学说与针灸医学 | 张安莉 | 江西中医药 | 1986,(4):46 |
| 简论阴阳与气 | 包克新等 | 陕西中医 | 1986,(4):145 |
| 《内经》阴阳哲学思想小议 | 张志远等 | 天津中医药 | 1986,(4):37 |
| 八纲中阴阳二纲质疑 | 杜煦电 | 浙江中医药大学学报 | 1986,(4):36 |
| 学习阴阳学说的点滴体会 | 郭世民 | 云南中医中药杂志 | 1986,(5):38 |

| | | | |
|---|---|---|---|
| 阴阳研究存疑 | 马伟丰 | 浙江中医药大学学报 | 1986,(5):40 |
| 阴阳五行学说(一) | 项　祺 | 山西中医 | 1986,(6):45 |
| 阴阳学说的一种新解释 | 韦苞洋 | 中医药信息 | 1986,(6):7 |
| “阴阳者,天地之道也”新探 | 李国卿等 | 中医药学报 | 1986,(6):7 |
| 从五行互藏到全息定律 | 陈立怀等 | 辽宁中医杂志 | 1986,(10):5 |
| 正确理解五行相生相克之概念 | 祁守鑫 | 湖北中医杂志 | 1987,(1):34 |
| 阳胜与阳盛含义不可混淆 | 杨树德 | 四川中医 | 1987,(1):24 |
| 从《内经》的阴阳五行学说看祖国医学的朴素唯物主义辩证法的指导思想 | 金洪元 | 新疆中医药 | 1987,(1):6 |
| “凡阴阳之要,阳密乃固”吗 | 阎晓天 | 吉林中医药 | 1987,(2):38 |
| 阴阳互根话诊疗 | 赵娣桃 | 辽宁中医杂志 | 1987,(2):34 |
| 阴阳五行学说(二) | 项　祺 | 山西中医 | 1987,(2):51 |
| 阴阳变化图说 | 张　谦 | 实用中医药杂志 | 1987,(2):26 |
| 从“化学平衡”规律看中医“阴阳平衡”的科学性 | 彭洪云 | 山西中医 | 1987,(3):5 |
| 阴阳学说在中医学中的应用 | 赵家祺等 | 天津中医药 | 1987,(4):43 |
| 也谈阴阳五行核体论 | 王　倬 | 新疆中医药 | 1987,(4):6 |
| 《也谈阴阳五行核体论》读后——与王倬同志商榷 | 刘欢祖 | 新疆中医药 | 1987,(4):8 |
| 中医五行学说 | 申　文 | 天津中医药 | 1987,(5):44 |
| 五行“母子补泻”之我见 | 梁学琳 | 浙江中医学院学报 | 1987,(5):51 |
| 阴阳五行与《周易》 | 曾棠棣 | 福建中医药 | 1987,(6):8 |
| “五行寓于阴阳中”的提法是错误的 | 叶寿颐 | 上海中医药杂志 | 1987,(7):43 |
| 论阴阳五行是中医学的物质基础 | 赵修诚 | 四川中医 | 1987,(7):2 |
| 亦谈阳胜与阳盛 | 安象干 | 四川中医 | 1987,(9):6 |
| 试论阴阳的主从关系 | 蒋健民 | 新中医 | 1987,(12):1 |
| 五行学说的方法论价值 | 祝世讷 | 山东中医药大学学报 | 1988,(1):2 |
| 阴阳学说与矛盾法则的异同 | 王亚利 | 中医药学刊 | 1988,(1):5 |
| 论中医学阴阳概念的内涵和特征 | 洪梦浒等 | 吉林中医药 | 1988,(2):1 |
| 试论阴阳学说与电子计算机中数的表示方法之间的关系 | 穆腊梅等 | 湖北中医杂志 | 1988,(3):52 |
| 阴阳五行科学基础初探 | 雷光祥 | 实用中医药杂志 | 1988,(3):34 |
| 五行的制化及胜复调节初探 | 赵体浩等 | 陕西中医 | 1988,(4):164 |
| 阴阳辨析 | 何建升 | 现代中医药 | 1988,(4):6 |
| 中医的阴阳学说与人体的生物钟 | 陶文若等 | 甘肃中医学院学报 | 1989,(1):59 |
| 浅谈协调阴阳 | 青成言 | 贵阳医学院学报 | 1989,(1):60 |
| 浅谈邪正阴阳与证候 | 冀茂昌 | 中医药学刊 | 1989,(1):27 |
| 对阴阳学说的探讨 | 姚启明 | 安徽中医学院学报 | 1989,(3):12 |
| 《易经》对三阴三阳理论形成的影响 | 梁华龙等 | 国医论坛 | 1989,(3):7 |
| 阴阳学说乃我国古代养生理论之核心 | 岁时铭 | 哈尔滨体育学院学报 | 1989,(3):14 |
| 关于“五行学说”之我见 | 陈达理 | 湖南中医学院学报 | 1989,(3):152 |
| 阴阳学说与对立统一规律 | 赵静娴 | 社会科学家 | 1989,(3):22 |
| 略论五行学说与生态学的关系 | 沈　霖 | 新疆中医药 | 1989,(3):12 |
| 浅谈中医阴阳学说与《周易》 | 梁　中 | 山西中医 | 1989,(4):4 |
| 论《内经》对《周易》阴阳思想的继承与发展 | 王振亮 | 国医论坛 | 1989,(5):18 |
| 阴平阳秘不等于阴阳平衡 | 祝世讷 | 山东中医药大学学报 | 1989,(5):2 |
| 关于阴阳学说涵义的研讨 | 何裕民 | 中医杂志 | 1989,(5):9 |
| “阴阳交感运动”刍议——对中医阴阳学说的一点反思 | 范海鹰等 | 中医药学报 | 1989,(6):3 |

| | | | |
|---|---|---|---|
| 略谈祖国医学阴阳与免疫及平衡阴阳的临床应用 | 陈永光 | 新中医 | 1989,(9):50 |
| 浅述阴阳学说在祖国医学中的应用 | 程鹤年 | 菏泽医学专科学校学报 | 1990,(1):37 |
| 中医五行学说的哲学、改造与未来 | 邓铁涛等 | 中医研究 | 1990,(1):7 |
| 话“阴平阳秘” | 胡连玺 | 中医药研究 | 1990,(2):15 |
| 论“五行相制疗法”的理论基础 | 周　健 | 实用中医药杂志 | 1990,(3):34 |
| 阴阳寓于五行之中——读《素问·宝命全形论》之启示 | 王晓梅 | 中医药学刊 | 1990,(3):20 |
| 阴阳升降与五行生克 | 贾怀星 | 中医药研究 | 1990,(3):4 |
| 试论“阴平阳秘” | 刘庆宇等 | 承德医学院学报 | 1990,(4):231 |
| 阴阳气化学说的系统思想 | 沈礼勇等 | 山东医科大学学报（社会科学版） | 1990,(4):49 |
| 浅谈《内经》五行说与易学的内在联系——兼与董尚朴先生商榷 | 明　鸣 | 福建中医药 | 1990,(6):24 |
| 五行生克规律钩玄 | 秦宗昌等 | 陕西中医 | 1990,(8):353 |
| 由《周易》谈《内经》阴阳学说的形成及运用 | 张安富等 | 四川中医 | 1990,(8):4 |
| 中医学阴阳“概念”的形象性 | 刘庚祥 | 医学与哲学（人文社会医学版） | 1990,(10):24 |
| 试论五行关系 | 王海亭 | 山东中医杂志 | 1991,(1):4 |
| 中医阴阳学说 | 王立军等 | 中医药信息 | 1991,(1):5 |
| 中医五行藏象体系的形成及其方法论意义 | 刘可勋 | 中医研究 | 1991,(2):3 |
| “阴阳自和”探析 | 张玉清 | 安徽中医学院学报 | 1991,(3):5 |
| “阴平阳秘”与阴阳的非平衡态 | 王凤翔 | 医学与哲学（人文社会医学版） | 1991,(3):21 |
| 阴阳学说是中医理论体系的核心 | 罗元恺 | 新中医 | 1991,(4):18 |
| 阴阳的定义 | 杨学鹏 | 中医研究 | 1991,(4):12 |
| 试论“阴平阳秘” | 廖礼村等 | 江西中医药 | 1991,(5):2 |
| “阴阳自和”的几个问题 | 邹　勇 | 山东中医药大学学报 | 1991,(6):11 |
| 论医用“五行”说的特质 | 薛公忱 | 中医研究 | 1992,(1):7 |
| 阴阳学说中的“自和”思想 | 薛雨芳 | 中医研究 | 1992,(1):13 |
| 阴阳探微 | 薄忠信 | 渤海大学学报（哲学社会科学版） | 1992,(3):51 |
| 内经、伤寒异源论——从《伤寒论》现代研究对内经五行说的质疑 | 杨麦青 | 医学与哲学（人文社会医学版） | 1992,(3):29 |
| 中医五行学说的耗散结构原理 | 李　军等 | 中医研究 | 1992,(3):5 |
| 浅谈阴阳的主从关系 | 甘树炯 | 吉林中医药 | 1992,(4):7 |
| 简析阴阳调和的思想内涵 | 薛公忱 | 南京中医药大学学报（自然科学版） | 1992,(4):206 |
| 五行选乐原理及应用 | 郝万山 | 中医杂志 | 1992,(5):56 |
| 阴阳探微 | 吴昌国 | 浙江中医学院学报 | 1992,(6):3 |
| 阴阳学说之我见 | 汤承祖 | 辽宁中医杂志 | 1992,(7):15 |
| 《易经》与《黄帝内经》阴阳观比较 | 温长路 | 医学与哲学（人文社会医学版） | 1992,(11):33 |
| 阴阳平衡不等同于阴平阳秘 | 季锡林等 | 南京中医药大学学报（自然科学版） | 1993,(1):61 |
| “阴阳平衡”不等同于“阴平阳秘” | 季锡林 | 贵阳中医学院学报 | 1993,(3):14 |
| 对五行理论中“木行”的再补充 | 刘桂荣等 | 吉林中医药 | 1993,(4):47 |
| 浅谈阴阳消长与昼夜四时的关系 | 施丽君 | 中医药学刊 | 1993,(5):12 |

| | | | |
|---|---|---|---|
| 浅谈五脏阴阳与阴阳学说的关系 | 周学胜 | 中医药学刊 | 1993,(5):14 |
| 《内经》"气和阴阳"理论的临床运用 | 王　晖等 | 四川中医 | 1993,(7):22 |
| 从分子水平探讨"和于阴阳,调于四时""五脏应四时"等理论的客观性 | 陈　红等 | 北京中医药大学学报（中医临床版） | 1994,(1):13 |
| 阴阳与五行 | 党　铎 | 湖南中医学院学报 | 1994,(1):6 |
| 试论医易的阴阳同源性 | 高国巡等 | 中国冶金工业医学杂志 | 1994,(1):24 |
| 从分子水平探讨"和于阴阳,调于四时""五脏应四时"理论的客观性 | 高德伟等 | 中国中医药科技 | 1994,(2):13 |
| 中国古代哲学与医学的融合——阴阳生命观 | 王晓燕 | 南京中医药大学学报 | 1994,(3):6 |
| 《周易》与《内经》阴阳学说的渊源 | 刘炳凡 | 中国医药学报 | 1994,(4):55 |
| 试论耗散结构与中医阴阳平衡 | 罗超应 | 陕西中医 | 1994,(6):262 |
| 从阴阳学说探讨健身运动的最佳选择 | 黄力生 | 长寿 | 1994,(7):56 |
| 《易传》阳主阴从的哲学观对中医学的影响 | 楚更伍等 | 承德医学院学报 | 1995,(1):53 |
| 从象数学看中医五行生克图的排列 | 郭洪涛 | 贵阳中医学院学报 | 1995,(1):17 |
| 《周易》阴阳学说在《内经》中的运用 | 夏惠民等 | 河北中医 | 1995,(1):3 |
| 《易经》《内经》阴阳说之比较 | 陈利国 | 周易研究 | 1995,(1):72 |
| 五行学说与早期中医学 | 陈国清等 | 自然科学史研究 | 1995,(1):76 |
| 人体昼夜阴阳变化规律及其临床意义探讨 | 潘振彬 | 中医研究 | 1995,(2):22 |
| 阴阳化生说之科学价值及其缺陷 | 李烈炎 | 北京社会科学 | 1995,(3):41 |
| 从八卦图探《内经》的左右阴阳 | 郭士全 | 国医论坛 | 1995,(3):8 |
| 阴阳范畴的内涵疏释 | 刘春援 | 江西中医学院学报 | 1995,(3):28 |
| 论宇宙阴阳律在身体保健中的作用 | 陈德述 | 成都大学学报（社会科学版） | 1995,(4):71 |
| 中医学五行学说义用析(续) | 党炳琳 | 现代中医药 | 1995,(4):5 |
| 试论阴阳交感 | 刘承才 | 中国中医基础医学杂志 | 1995,(4):27 |
| 六气阴阳辨 | 王士雄 | 浙江中医杂志 | 1995,(9):410 |
| 试论阳气在阴阳平衡中的重要作用 | 周运权 | 湖北中医杂志 | 1996,(1):32 |
| 阴阳五行说的形成及其向医学的渗透 | 李祥华等 | 湖北省卫生职工医学院学报 | 1996,(2):81 |
| 五行传变中的盛衰变化规律 | 于征森 | 科技情报开发与经济 | 1996,(2):29 |
| 再论阴平阳秘不等于阴阳平衡 | 祝世讷 | 山东中医药大学学报 | 1996,(2):74 |
| 中医阴阳学说与神经内分泌免疫网络关系初探 | 司兆华等 | 山西临床医药 | 1996,(2):129 |
| 从天子卦阴阳变化规律谈阴阳平衡论 | 柳少逸等 | 周易研究 | 1996,(2):75 |
| 从《内经》五谷五畜与五行比类论五行学说的局限性 | 王锡安 | 安徽中医学院学报 | 1996,(3):2 |
| 试论《内经》阴阳升降理论对眼科临床的指导 | 仉　云等 | 黑龙江中医药 | 1996,(3):4 |
| 阴阳理论探析 | 于　越 | 天津中医学院学报 | 1996,(3):1 |
| 阴阳离合论初探 | 周　衡 | 湖南中医学院学报 | 1996,(4):2 |
| 阴阳:中国传统的思维结构 | 陈　炎 | 孔子研究 | 1996,(4):108 |
| 从阴阳节律探讨疾病的发生与防治 | 王爱芬等 | 南京中医药大学学报 | 1996,(4):13 |
| 阴阳学说与《内经》脉诊体系结构的确立 | 关晓光等 | 中医药学刊 | 1996,(4):3 |
| 亦谈阴阳平衡论——与柳少逸、蔡锡英二同志商榷 | 赵辉贤 | 周易研究 | 1996,(4):86 |
| 阴阳论——中国传统哲学的辩证法之一 | 周桂钿 | 中国社会科学院研究生院学报 | 1996,(5):8 |
| 阴阳的科学内涵 | 杨学鹏 | 中国中医基础医学杂志 | 1996,(5):13 |
| 气化阴阳五行学说概要——《内经》中的古典辩证唯物主义哲学基本原理初探 | 刘永臣等 | 河南中医 | 1996,(6):5 |

| | | | |
|---|---|---|---|
| 五行记 | 周桂钿 | 福建论坛(文史哲版) | 1997,(1):26 |
| 五行与中医学的关系 | 巫君玉 | 前进论坛 | 1997,(1):16 |
| 从阴阳自和析阴平阳秘 | 卢志雁等 | 大同医学专科学校学报 | 1997,(2):34 |
| 阴阳五行本体论 | 李志庸 | 中国医药学报 | 1997,(2):28 |
| 论《周易》阴阳学说对中医学的影响 | 崔　波等 | 中医研究 | 1997,(2):5 |
| 阴阳五行思维模式述论——黄河人精神文化论纲之一 | 张　农等 | 甘肃社会科学 | 1997,(3):33 |
| 音乐与五行说 | 肖鉴铮 | 交响－西安音乐学院学报 | 1997,(3):14 |
| 中医阴阳学说的数学模型 | 赵喜新 | 河南中医 | 1997,(5):8 |
| 中国传统医学中的阴阳五行学说 | 刁宗广 | 学术界 | 1997,(6):27 |
| 论中医阴阳五行思维结构之特性 | 周　唯 | 中医研究 | 1997,(6):3 |
| 试论《内经》五行互藏理论 | | 上海中医药杂志 | 1997,(8):6 |
| 金水相生学说浅析 | 衡先培等 | 河南中医 | 1998,(1):17 |
| "五行"学说是朴素的系统论——兼论"五行"学说的基本内容 | 赵润琦 | 西北大学学报(哲学社会科学版) | 1998,(2):45 |
| 阴阳学说的论域界定 | 李如辉 | 浙江中医学院学报 | 1998,(2):45 |
| 五行的本义 | 郝葆华等 | 中国中医基础医学杂志 | 1998,(2):11 |
| 试谈《内经》对阴阳理论的建树 | 张宇享 | 安徽中医学院学报 | 1998,(3):2 |
| 中医理论基础五行考 | 董熙农 | 中国城乡企业卫生 | 1998,(3):5 |
| 阴阳无哲学与医学之分 | 陈利国 | 山东中医药大学学报 | 1998,(4):6 |
| 阴阳学说在中医理论中的作用 | 董熙农 | 中国城乡企业卫生 | 1998,(4):5 |
| 五行休王与精气盛衰节律探讨 | 吉凤霞 | 中国医药学报 | 1998,(4):9 |
| "阴阳自和"理论浅探 | 孙丰雷等 | 山东中医药大学学报 | 1998,(5):7 |
| 中医理论探讨三阴三阳说是虚构的假想 | 董熙农 | 中国城乡企业卫生 | 1998,(5):6 |
| 论阴阳一分为三 | 江幼李 | 中医杂志 | 1998,(5):264 |
| 试论《内经》阴阳总纲 | 杨基建 | 陕西中医 | 1998,(6):290 |
| 论中医阴阳学说的不对称性 | 陈津生 | 中国中医基础医学杂志 | 1998,(10):7 |
| "五行思辨模式"与"二十五法方"评介—五行学说应用研究 | 胡思凡 | 甘肃中医学院学报 | 1998,(S1):12 |
| 《内经》阴阳消长理论探讨 | 金光亮等 | 安徽中医学院学报 | 1999,(1):8 |
| "阴平阳秘"诠释中的哲学思考 | 吴云波 | 山东中医药大学学报 | 1999,(1):9 |
| 对《内经》"阳生阴长,阳杀阴藏"的认识 | 余晓辉 | 河南中医 | 1999,(2):7 |
| 五行相胜法则与《内经》以情治情的心理疗法 | 徐宗良 | 医古文知识 | 1999,(2):14 |
| 中医阴阳辨证方法的系统发展 | 刘庚祥等 | 医学与哲学 | 1999,(2):41 |
| 中医阴阳学说源流研究 | 叶新苗等 | 浙江中医学院学报 | 1999,(2):9 |
| 试论《周易》阴阳学说对中医学的影响 | 崔　波等 | 郑州大学学报(哲学社会科学版) | 1999,(2):57 |
| 谈"阳生阴长,阳杀阴藏" | 吴贵文 | 河南中医药学刊 | 1999,(3):50 |
| 五行胜复是气功自我康复的基础 | 吕　直 | 现代养生 | 1999,(3):27 |
| 论阴阳易理 | 董广杰 | 许昌医专学报 | 1999,(3):35 |
| 论《内经》三阴三阳理论 | 杨泽君 | 贵阳中医学院学报 | 1999,(4):4 |
| 从阴阳学说论健身运动的最佳选择 | 瑞甫 | 健康科学 | 1999,(4):16 |
| 中医阴阳学说的英译和研究 | 陈飞亚 | 陕西中医学院学报 | 1999,(4):59 |
| 阴阳燥湿论 | 刘时觉 | 中国中医基础医学杂志 | 1999,(4):15 |
| 阴阳学说与《黄帝内经》:古代哲学实践的典范 | 解光宇 | 安徽大学学报(哲学社会科学版) | 1999,(6):77 |
| 浅谈中医与阴阳五行的发展思路 | 黄　适等 | 广西中医学院学报 | 2000,(1):3 |

| | | | |
|---|---|---|---|
| 对中医五行构式的横向观察与思考 | 温长路等 | 河南中医 | 2000,(1):5 |
| 从阴阳五行看传统中医与艺术的联系 | 夏媛媛 | 南京中医药大学学报（社会科学版） | 2000,(1):20 |
| 五行—五脏的配属过程 | 张其成 | 南京中医药大学学报（社会科学版） | 2000,(1):16 |
| 对阴阳理论有关问题的讨论 | 陈利国 | 浙江中医学院学报 | 2000,(2):12 |
| 五行与中医结合散论 | 王建平等 | 华夏文化 | 2000,(3):31 |
| 乐药疗与五音配五行五脏 | 赖　文 | 南京中医药大学学报（社会科学版） | 2000,(3):119 |
| 三论阴阳奇偶数律与月经周期演变的关系 | 夏桂成 | 南京中医药大学学报（自然科学版） | 2000,(3):137 |
| 浅谈“阴阳之道”在临床中的应用 | 祁兆培 | 现代中医药 | 2000,(3):8 |
| 阴阳五行思想与《黄帝内经》 | 景　红 | 周易研究 | 2000,(3):86 |
| 干祖望医话(16)——五行 | 干祖望 | 辽宁中医杂志 | 2000,(4):181 |
| 阴阳者天地之大理也——《管子》的阴阳思想对《内经》阴阳理论的影响 | 郭　华等 | 中国中医基础医学杂志 | 2000,(4):11 |
| 试论“凡阴阳之要，阳密乃固” | 王俊华等 | 锦州医学院学报 | 2000,(5):49 |
| 四大、五行与四时主病关系的对比 | 李　鼎 | 上海中医药大学学报 | 2001,(1):5 |
| “中”与阴阳脏象学说的关系初探 | 杨永龙 | 北京中医 | 2001,(2):9 |
| 五色定理与五行学说 | 牛占和等 | 世界科学技术 | 2001,(2):20 |
| 昼夜阴阳与辨证论治 | 蒋继强 | 山东生物医学工程 | 2001,(3):60 |
| 一元复始 | 邓友梅 | 中国食品 | 2001,(3):1 |
| 是“阴阳合和”还是“阳为阴纲”——评董仲舒的阴阳观 | 刘明武 | 中国文化研究 | 2001,(3):1 |
| 阴阳五行学说探源求本 | 魏睦森等 | 中国中医基础医学杂志 | 2001,(4):12 |
| 阴阳学说的现代解读 | 薛公忱 | 江苏社会科学 | 2001,(5):181 |
| 《内经》“阴阳之要”、“阴阳反作”的理论与临证 | 熊继柏 | 陕西中医学院学报 | 2001,(5):1 |
| “非平衡是有序之源”与《内经》中的阴阳平衡 | 庞文斌 | 中国中医基础医学杂志 | 2001,(7):488 |
| 五行合和的机制 | 王小平 | 北京中医药大学学报 | 2002,(1):13 |
| 论阴阳的两极反复 | 丁建国等 | 河南中医 | 2002,(1):10 |
| 试论三阴三阳 | 曲黎敏 | 中国医药学报 | 2002,(1):19 |
| 《黄帝内经》五行配脏探源 | 周　强等 | 中医文献杂志 | 2002,(1):11 |
| 再谈阴阳与寒热 | 牟允方 | 浙江中医学院学报 | 2002,(2):8 |
| “土者，生万物而法天地”之探析 | 武　平 | 中医研究 | 2002,(2):4 |
| 历代医家对阴阳学说的实践与发展 | 雷顺群等 | 北京中医药大学学报 | 2002,(3):10 |
| 五行辨证概说(2) | 戴永生 | 辽宁中医学院学报 | 2002,(3):217 |
| 从四元素说到五行学说试探中西医理论模式的不同 | 马小兰等 | 中国中医基础医学杂志 | 2002,(3):13 |
| 重视和发展中医之阴阳学说 | 陆　原等 | 光明中医 | 2002,(4):4 |
| 阴阳——生命物质系统动态阈值平衡的偏离 | 张声闳等 | 科技导报 | 2002,(4):6 |
| 复数在中医阴阳理论中的应用研究 | 吴昌国 | 中国中医基础医学杂志 | 2002,(4):65 |
| 气阴阳及五行哲学内容的形成及其对医学的影响 | 谭春雨等 | 中医药学刊 | 2002,(4):468 |
| 漫话阴阳辨证和营卫理论 | 高家声 | 内蒙古中医药 | 2002,(5):33 |
| 阴阳五行学说在中医临床中的运用 | 郭　蕾等 | 中医药通报 | 2002,(5):19 |
| 阴阳学说在古方中的应用 | 贾学成 | 大同医学专科学校学报 | 2003,(1):6 |
| 元阴、元阳概念的发生学研究 | 邢玉瑞 | 中国医药学报 | 2003,(1):4 |
| 浅析医之“阴阳” | 韦　韬 | 贵阳中医学院学报 | 2003,(2):46 |

| | | | |
|---|---|---|---|
| 《内经》阴阳气位观初探 | 刘庆帮 | 南京中医药大学学报（社会科学版） | 2003,(2):95 |
| 中医两大阴阳学派及其合理性探讨——兼论阴阳定义、经络实体及《难经》之失 | 刘宝义 | 山东中医药大学学报 | 2003,(2):82 |
| 浅议“五行互藏”理论 | 陈 刚等 | 湖北中医学院学报 | 2003,(3):5 |
| 略论阴阳家与中医理论的形成 | 朱培新等 | 零陵学院学报 | 2003,(3):114 |
| 《内经》“阳杀阴藏”理论与肿瘤细胞凋亡的理论探讨 | 董德河等 | 河南中医 | 2003,(4):5 |
| 五行配时空的演变过程及其原理溯源 | 张效霞等 | 中医文献杂志 | 2003,(4):16 |
| 阴阳五行刍议 | 王 德等 | 海南医学 | 2003,(8):61 |
| 阴阳、天一地二及道的原始意义 | 周 洪 | 江西社会科学 | 2003,(8):11 |
| 从关系理论看《内经》的阴阳学说 | 史新民等 | 南京中医药大学学报（社会科学版） | 2004,(1):8 |
| 《内经》五行学说解析 | 张灿玾 | 山西中医学院学报 | 2004,(3):6 |
| 五行配五脏研究 | 邢玉瑞 | 山西中医学院学报 | 2004,(4):1 |
| 《黄帝四经》对《黄帝内经》阴阳思想的影响 | 战佳阳等 | 辽宁中医杂志 | 2004,(5):367 |
| 从五脏五行配属关系的多样性看医学发展的轨迹 | 李玉清 | 南京中医药大学学报（社会科学版） | 2004,(5):199 |
| 中医学与阴阳五行学说（一） | 张维耀 | 天津中医药 | 2004,(5):387 |
| 《伤寒论》六经学说与《内经》三阴三阳理论关系的探讨 | 赵京伟等 | 浙江中医杂志 | 2004,(5):3 |
| “阳道实，阴道虚”辨析 | 吕 衡等 | 中医药信息 | 2004,(5):4 |
| 中医学与阴阳五行学说（二） | 张维耀 | 天津中医药 | 2004,(6):482 |
| 对“阳化气，阴成形”含义的探讨 | 李正富 | 浙江中医学院学报 | 2004,(6):10 |
| 以阴阳学说试析中医与西医之关系 | 徐圣秋 | 实用中医药杂志 | 2004,(10):590 |
| “阴平阳秘”内涵与外延启微 | 王小平 | 中医药学刊 | 2004,(10):1876 |
| 《内经》阴阳说辨识 | 王若铨 | 中国中医基础医学杂志 | 2004,(12):1 |
| 对蕴涵在《内经》中的中国传统阴阳哲学思想的总结 | 张 莽 | 现代中西医结合杂志 | 2004,(13):1681 |
| 从对《内经》“阴阳总纲”思想总结中管窥中国医学的发展方向 | 张 莽等 | 现代中西医结合杂志 | 2004,(14):1821 |
| 对“五行”学说的新发现 | 张 莽等 | 现代中西医结合杂志 | 2004,(15):1965 |
| 中医阴阳学说的发展与创新 | 唐荣华 | 现代医药卫生 | 2004,(23):2545 |
| 认识阴阳　探求至理（之三） | 刘力红 | 中国中医药报 | 2004.3.15 |
| 阴阳五行原理与藏象经络实质初探 | 刘宝义 | 中国优秀博硕士学位论文全文数据库（博士）医药卫生科技辑 | 2004,(4):E056-4 |
| 西方四元素说与中医五行学说之比较 | 唐铁军等 | 全国中西医结合基础理论学术研讨会论文集 | 2004:144 |
| 《黄帝内经》对阴阳学说发展的贡献 | 傅贞亮 | 陕西中医学院学报 | 2005,(1):1 |
| 论人体阴阳交感 | 李中正等 | 山东中医药大学学报 | 2005,(2):107 |
| 浅谈阴阳在养生健身中的重要性 | 夏春芳 | 现代养生 | 2005,(2):36 |
| 《内经》五行胜复的思维模式新探 | 戴永生 | 中医药学刊 | 2005,(2):246 |
| 四时阴阳配属关系归真 | 梁永林等 | 中国中医基础医学杂志 | 2005,(3):169 |
| 阴阳自和与阴平阳秘理论浅析 | 周 蓉等 | 山西中医学院学报 | 2005,(4):5 |
| 试用系统科学理论解读阴阳五行 | 阎银宗等 | 河南中医学院学报 | 2005,(5):8 |
| 《内经》阴阳辨 | 马予良等 | 中医杂志 | 2005,(5):396 |
| 论中医阴阳概念表述与改进 | 郑宇东 | 中医研究 | 2005,(7):4 |
| 阴阳学说是《黄帝内经》的基础理论核心 | 柴瑞震 | 中医药学刊 | 2005,(8):1384 |

| | | | |
|---|---|---|---|
| 《内经》中"阴阳"辨析 | 陈 虹 | 国际医药卫生导报 | 2005,(11):72 |
| 阴阳概念相异 病证概念有别 | 冯世纶 | 中国中医药报 | 2005.6.9 |
| 《黄帝内经》三阴三阳范畴的研究 | 李 瑞 | 中国优秀博硕士学位论文全文数据库(硕士)医药卫生科技辑 | 2005,(4):E056-4 |
| 五运、五行与心脏疾病 | 杨 威等 | 第二届国际中医心病学术研讨会论文集 | 2005:248 |
| 论中医语境下阴阳范畴的特质与作用 | 申俊龙等 | 哈尔滨学院学报 | 2006,(1):43 |
| 论五行理论与五味配伍 | 王华楠 | 江西中医学院学报 | 2006,(1):56 |
| 用阴阳平衡思想调适妇女亚健康状态 | 苏慧森等 | 天津中医药 | 2006,(1):48 |
| 浅谈阴阳五行学说与中医学发展的关系 | 刘 刚 | 山西中医学院学报 | 2006,(2):6 |
| 中国古代"阴阳"物质观形成初探 | 白 靖 | 燕山大学学报(哲学社会科学版) | 2006,(2):21 |
| 《内经》哲学的阴阳和谐论 | 徐锦中 | 宁夏社会科学 | 2006,(4):140 |
| 五行学说与中国人生命保健的伦理观探析 | 王永智 | 唐都学刊 | 2006,(4):38 |
| 用阴阳学说理解肾脏维持人体正常代谢的重要意义 | 刘伏友等 | 中国中西医结合肾病杂志 | 2006,(5):249 |
| 用二元关系描述中医五行之间的关系 | 白春清 | 中国中医基础医学杂志 | 2006,(5):321 |
| 浅谈"揆度阴阳"、"奇恒五中" | 沈开金 | 北京中医 | 2006,(6):351 |
| 论阴阳理论在《黄帝内经》建构中的作用及其意义 | 张登本等 | 河南中医 | 2006,(7):1 |
| 《黄帝内经》三阴三阳模式建构的研究 | 邢玉瑞等 | 北京中医药大学学报 | 2006,(8):517 |
| 哲学阴阳与医学阴阳的辨析 | 包巨太等 | 中医药管理杂志 | 2006,(10):23 |
| 历代五行学说中土与长夏相配及五行顺序的探讨 | 方力行等 | 河南中医 | 2006,(12):8 |
| 试论"一分为三"和"三阳三阴"在中医基础理论中的重要地位 | 马文辉 | 中国医药导报 | 2006,(17):261 |
| 《内经》中的"阴阳"与"三阴三阳" | 贾春华等 | 中国中医药报 | 2006.8.9 |
| 调阴阳理念的人文特色 | 钱会南 | 中国中医药报 | 2006.8.23 |
| "三阴三阳"是"兼三才而两之" | 马文辉 | 中国中医药报 | 2006.8.30 |
| 阴平阳秘 精神乃治 | 于丽珊 | 中国中医药报 | 2006.9.27 |
| 《内经》阴阳理论的属性分类 | 黎敬波 | 中国中医药报 | 2006.11.15 |
| 《内经》阴阳的自然、规律和气血营卫 | 黎敬波 | 中国中医药报 | 2006.11.16 |
| 《内经》阴阳的诊候、病性及禀赋体质表述 | 黎敬波 | 中国中医药报 | 2006.11.20 |
| 阴阳不是简单的医学符号 | 黎敬波 | 中国中医药报 | 2006.12.6 |
| 阴平阳秘不应止于象 | 皋永利 | 中国中医药报 | 2006.12.8 |
| 《内经》阴阳的功能和作用 | 黎敬波 | 中国中医药报 | 2006.12.13 |
| 从气象地理学角度探讨中医五行生克制化规律的科学内涵 | 李鸿涛 | 中国优秀博硕士学位论文全文数据库(硕士)医药卫生科技辑 | 2006,(9):E056-6 |
| 五行起源过程的再认识 | 叶 磊 | 中华中医药学会第十六届医古文学术会议论文集 | 2006:165 |
| 先秦哲学中阴阳学说对《内经》理论的影响 | 孙 敏 | 甘肃中医 | 2007,(1):1 |
| 论五行理论在《黄帝内经》建构中的作用及其意义 | 张登本等 | 河南中医学院学报 | 2007,(1):13 |
| 科学地认识阴阳五行 | 李致重 | 安徽中医学院学报 | 2007,(2):1 |
| "五行配五"的文化含义及其科学价值 | 梁宁森 | 北方论丛 | 2007,(2):80 |
| 《黄帝内经》阴阳思维之研究 | 吴润秋 | 湖南中医杂志 | 2007,(3):74 |
| 从易学河图洛书探讨中医学阴阳理论方法论体系 | 徐锡年 | 上海中医药大学学报 | 2007,(3):15 |
| 关于五行概念的探讨 | 李如辉等 | 云南中医学院学报 | 2007,(3):7 |

| | | | |
|---|---|---|---|
| 五行名义的四时象理内涵探考 | 谭春雨等 | 中华中医药学刊 | 2007,(3):510 |
| 《内经》阴阳理论钩玄(Ⅰ)——阴阳的概念及含义 | 黎敬波等 | 广州中医药大学学报 | 2007,(4):332 |
| 论《内经》阴阳学说对中医理论发展的影响 | 王秋菊 | 南京中医药大学学报(社会科学版) | 2007,(4):205 |
| 阴阳、五行理论与传统保健体育之关系 | 吕笑蓉等 | 浙江中医药大学学报 | 2007,(4):497 |
| 医学阴阳非哲学阴阳辨 | 马予良等 | 中国中医基础医学杂志 | 2007,(4):263 |
| 初探《内经》《难经》肝病五行辨证 | 康坚强等 | 辽宁中医药大学学报 | 2007,(6):71 |
| 五行学说科学内涵探微 | 张志强等 | 上海中医药杂志 | 2007,(6):8 |
| 浅谈《黄帝内经》阴阳的辨证关系和阴阳的主导问题 | 徐波 | 河北中医 | 2007,(7):636 |
| 虚实理论与八纲及阴阳之虚证研究的解读 | 刘吉科 | 中华中医药学刊 | 2007,(9):1943 |
| 质疑"阴阳平衡" | 张文 | 光明中医 | 2007,(10):8 |
| 谨熟阴阳　无与众谋 | 刘永臣 | 中国中医药报 | 2007.4.20 |
| 《黄帝内经》五行乘侮理论探微 | 刘鹏 | 中国中医药报 | 2007.10.19 |
| 《内经》阴气与阴阳交感理论的系统整理 | 李中正 | 中国优秀博硕士学位论文全文数据库(博士)医药卫生科技辑 | 2007,(2):E056-1 |
| 稷下学宫黄老、阴阳家思想与中医理论体系形成的相关性研究 | 范　磊 | 中国优秀博硕士学位论文全文数据库(硕士)医药卫生科技辑 | 2007,(5):E056-9 |
| "五行互藏"的理论探讨 | 袁文君 | 甘肃科技纵横 | 2008,(2):180 |
| 《黄帝内经》建构中医药理论的基本范畴——阴阳 | 任秀玲 | 中华中医药杂志 | 2008,(2):143 |
| 阴阳五行学说对中医学术形成的关键意义 | 焦振廉 | 中医药通报 | 2008,(2):38 |
| 《黄帝内经》建构中医药理论的基本范畴——五行 | 任秀玲 | 中华中医药杂志 | 2008,(3):241 |
| 稷下学宫阴阳家思想对中医理论形成的影响 | 范　磊 | 浙江中医药大学学报 | 2008,(4):433 |
| 三阴三阳源流 | 贾春华等 | 中国民族民间医药 | 2008,(4):1 |
| 五畜的五行属性考 | 汪　丹等 | 辽宁中医药大学学报 | 2008,(5):28 |
| 张仲景的阴阳自和观 | 贾万国 | 北京中医药 | 2008,(6):434 |
| 阴阳五行理论应用于传统医学和农学的比较 | 张科玲等 | 黑龙江史志 | 2008,(6):11 |
| 谈《周易》对中医阴阳学说和养生学的影响 | 卢穗万等 | 河南中医 | 2008,(7):19 |
| 五行学说内在逻辑矛盾 | 方　芳等 | 辽宁中医杂志 | 2008,(7):1018 |
| 论阴平阳秘和中医精神观的科学性 | 梁启军 | 河南中医 | 2008,(10):10 |
| 对"阴平阳秘"的诠释 | 马砚涛等 | 甘肃中医 | 2008,(11):1 |
| 浅谈《周易》与阴阳五行学说之关系 | 陈耀忠等 | 光明中医 | 2008,(11):1793 |
| 从《周易》到《内经》的阴阳观念流变 | 贺　娟 | 北京中医药大学学报 | 2008,(12):811 |
| 人以阳气为本的阴阳观 | 李宇铭 | 光明中医 | 2008,(12):1898 |
| 《内经》阴阳学说的意与象 | 高　兴 | 中国优秀博硕士学位论文全文数据库(硕士)医药卫生科技辑 | 2008,(3):E056-2 |
| 关于五行的讨论 | 郝万山 | 北京中医药大学学报 | 2009,(1):8 |
| 阴阳五行学说是中华民族理性与智慧的结晶——从《黄帝内经·素问》的角度考察 | 孙天胜等 | 管子学刊 | 2009,(1):46 |
| 论《素问》的五行理论及主要传本 | 庄庭兰 | 商丘师范学院学报 | 2009,(1):13 |
| 论《素问》五行学说天人合一特性 | 庄庭兰 | 东岳论丛 | 2009,(2):140 |
| 从《黄帝内经》运气七篇看五行学说 | 魏　崇等 | 甘肃中医 | 2009,(2):3 |
| 《内经》阴阳理论的研究 | 张登本 | 山西中医学院学报 | 2009,(2):2 |
| 阴阳五行数学与未病的推断 | 孟凯韬 | 中华中医药杂志 | 2009,(2):135 |

| | | | |
|---|---|---|---|
| 《内经》阴阳升降观探析 | 张志峰等 | 江苏中医药 | 2009,(3):13 |
| 五行学说的流变 | 后立新 | 云南中医学院学报 | 2009,(3):53 |
| 《内经》与《周易》阴阳五行观之比较 | 李建国等 | 贵阳中医学院学报 | 2009,(5):1 |
| 论五行学说在《素问》中的模式构建 | 庄庭兰 | 首都师范大学学报(社会科学版) | 2009,(5):141 |
| 从五行学说探讨全心衰竭与脏腑的关系 | 朱明军等 | 辽宁中医杂志 | 2009,(6):924 |
| 从五行学说的生长化收藏看中医的和谐发展 | 文　理等 | 中华中医药杂志 | 2009,(7):899 |
| 论《素问》中的五行学说 | 庄庭兰 | 中国优秀博硕士学位论文全文数据库(硕士)医药卫生科技辑 | 2009,(2):E056-7 |

## (二)藏象研究

### 1. 脏腑研究

| | | | |
|---|---|---|---|
| 《内经》谓心者君主之官神明出焉西医谓脑为知识所从出持调和之论者则谓神经为傅达思想之路径脑之功用有如蓄电池其原动力为电固非蓄电池也云云试评三说之得失 | 邹趾痕 | 三三医报 | 1927,(27):10 |
| 《内经》十二官命名之义 | 秦伯未 | 中医杂志(上海) | 1930,(30):12 |
| 英国的"表面猪毛"与《内经》"毛发乃血之余"之证实 | | 光华医药杂志 | 1935,(4):57 |
| 中医学上之脏腑 | 姜春华 | 中医杂志 | 1956,(2):92 |
| 中医学术中的藏府之一——心 | 姜春华 | 江西中医药 | 1956,(8):29 |
| 中医学术上脏腑之二——肾 | 姜春华 | 江西中医药 | 1956,(10):24 |
| 中医学术上脏腑之三——肝 | 姜春华 | 江西医药 | 1956,(12):21 |
| 写在《内经知要·藏象篇》后 | 曾昭耆 | 中医杂志 | 1957,(1):54 |
| 中医学术上脏腑之四——脾 | 姜春华 | 江西中医药 | 1957,(2):38 |
| 《素问》五脏生理作用的分析 | 王万傑 | 山东医药 | 1957,(2):27 |
| 中医学上之脏腑肺 | 姜春华 | 江西中医药 | 1957,(5):35 |
| "三焦"的涵义 | 祝玉隆 | 上海中医药杂志 | 1957,(5):8 |
| 三焦的实质问题 | 曾义宇 | 江西中医药 | 1957,(6):1 |
| 中医学上之脏腑——胃 | 姜春华 | 江西医药 | 1957,(7):36 |
| 中医学上之脏腑——胆 | 姜春华 | 江西医药 | 1957,(9):40 |
| 中医学上之脏腑——小肠、大肠 | 姜春华 | 江西医药 | 1957,(10):41 |
| "关于三焦之我见"的我见 | 马云翔 | 中医杂志 | 1957,(10):513 |
| 中医学上之脏腑——膀胱 | 姜春华 | 江西医药 | 1957,(11):47 |
| 中医学上之脏腑——三焦 | 姜春华 | 江西医药 | 1957,(12):29 |
| 三焦的原始记载及其演变 | 邹学熹 | 中医杂志 | 1958,(3):3 |
| 我对"三焦"的体会 | 陈四端 | 福建中医药 | 1958,(6):33 |
| 三焦是指消化系的生理作用,因生理上的联带关系涉及循环和排泄等 | 李仰衡 | 中医杂志 | 1958,(7):494 |
| 关于"膀胱藏津液"的初步探讨 | 陈伯英 | 江苏中医药 | 1958,(8):39 |
| 如何对待与研究祖国医学——从三焦的争论谈起 | 冯秀英等 | 中医杂志 | 1959,(1):1 |
| 《内经知要·藏象篇》释义 | 邓绍先 | 成都中医药大学学报 | 1959,(3):1 |

| | | | |
|---|---|---|---|
| “藏象”章学习心得 | 魏之苹 | 江苏中医药 | 1959,(4):36 |
| “肝生于左,肺藏于右”是说明了病理生理的改变 | 王　青 | 江苏中医药 | 1959,(7):34 |
| 我对“三焦”的体会 | 杨苏民 | 上海中医药杂志 | 1959,(9):8 |
| 学习《内经》藏象章的一些心得 | 张兆吉 | 哈尔滨中医 | 1959,(10):10 |
| 中医对脑的认识 | 秦德平 | 哈尔滨中医 | 1959,(11):11 |
| 我对《内经》“膀胱藏津液”说的认识 | 钱元龙 | 江苏中医药 | 1959,(12):9 |
| 命门 | 张可仁 | 西安交通大学学报(医学版) | 1960,(1):14 |
| 对祖国医学中“心”的体会 | 郭亚营 | 福建中医药 | 1960,(2):43 |
| 我对三焦的认识 | 赵守勋 | 辽宁中医杂志 | 1960,(6):32 |
| 对肾藏精的一些体会 | 汤益明 | 江西医药 | 1960,(8):42 |
| 三焦综述 | 王明辉 | 江西医药 | 1960,(8):38 |
| 对“少阳属肾,肾上连肺,故将两藏”的见解 | 孙文发 | 福建中医药 | 1960,(9):31 |
| 我对“肺主气”的认识 | 蔡宗敬 | 福建中医药 | 1960,(12):49 |
| 论《黄帝内经》对血液循环系统解剖生理学的贡献 | 杨占林 | 山西医药杂志 | 1961,(1):68 |
| 试论命门之火 | | 福建中医药 | 1961,(2):39 |
| 论心肾脾胃的辩证统一关系 | 黎时刚 | 云南医药 | 1961,(3):14 |
| 脑为奇恒之府论 | 郑宗洛等 | 福建中医药 | 1961,(4):28 |
| 《黄帝内经》——记载心脏功能最早的文献 | 苏仁君 | 体育报 | 1961,(7):6 |
| 祖国医学中肾脏实质之探讨 | 俞昌正等 | 山东医药 | 1961,(10):19 |
| 试探“三焦” | 刘继安 | 中医杂志 | 1962,(3):6 |
| 我对“三焦”的认识 | 庞近宜 | 中医杂志 | 1962,(3):10 |
| 命门的实质问题 | 廖家兴 | 江西医药 | 1962,(6):46 |
| 试论三焦的气化作用 | 余瀛鳌等 | 上海中医药杂志 | 1962,(10):6 |
| 试谈膀胱气化 | 连翠英 | 福建中医药 | 1963,(4):29 |
| 脏象学说在诊断应用上的初步探讨(肝脏) | 姚荷生等 | 江西医药 | 1963,(4):12 |
| 试论肝肾乙癸同源 | 夏锦堂 | 江苏中医 | 1963,(8):8 |
| 对命门学说的探讨 | 江静波 | 江苏中医药 | 1964,(3):36 |
| 胰理概述 | 刘长荣 | 江西医药 | 1964,(5):227 |
| 试从血液生理学的角度来探讨内经营卫学说的实质 | 吴翰香 | 江苏中医药 | 1965,(4):2 |
| 考古问今探三焦 | 赵棣华 | 江苏中医药 | 1965,(9):1 |
| 谈谈肝脏 | 梁湛聪 | 广州医学院学报 | 1973,(2):39 |
| “命门”探讨 | 赵棣华 | 新中医 | 1974,(1):51 |
| 我们对三焦的初步认识 | | 新中医 | 1974,(5):22 |
| 祖国医学关于“肾”的研究 | 张大宁 | 天津医药 | 1974,(12):664 |
| 及时排空膀胱的重要性 | 殷志坚 | 吉林医学 | 1976,(1):71 |
| 对《我们对三焦的初步认识》一文之商榷 | 赵棣华等 | 新中医 | 1976,(1):19 |
| 试谈“肝开窍于目” | 唐学曾 | 浙江中医药大学学报 | 1978,(3):50 |
| 对祖国医学“肝”的探讨 | 李伟道 | 重庆医学 | 1978,(4):42 |
| 关于“肾”实质的探讨 | 陈永昶 | 山东中医药大学学报 | 1978,(S1):21 |
| 三焦实质之探讨 | 戴　岐 | 山东中医药大学学报 | 1978,(S1):7 |
| 中医的脾和胰 | 毛　良 | 上海中医药杂志 | 1979,(1):44 |
| 认识的深化源于不断的实践——从人们对肝脏的认识谈起 | 冉瑞图 | 重庆医学 | 1979,(1):66 |
| 关于“天癸”实质的探讨 | 郭伟鹏 | 广西中医药 | 1979,(2):1 |
| “三焦”探讨 | 吴考槃 | 山东中医药大学学报 | 1979,(2):1 |

| | | | |
|---|---|---|---|
| 关于脏腑气血阴阳的几个问题 | 金志甲 | 陕西医学杂志 | 1979,(2):38 |
| 对"三焦"及"膜原"实质的探讨 | 张笃庆 | 陕西中医学院学报 | 1979,(2):54 |
| 胃的脏象探讨 | 韩百灵 | 中医药学报 | 1979,(2):20 |
| 脏腑的病理与证治(二)(三)(四) | 阎洪臣 | 吉林中医药 | 1979,(3):71 |
| 谈谈祖国医学"左肝右肺"之说 | 孙岱宗 | 云南中医学院学报 | 1979,(3):10 |
| 三焦实质的探讨 | 戴　岐 | 山东医药 | 1979,(4):1 |
| 论历代以来对脑的认识及其与五脏论的关系 | 赵有臣 | 辽宁中医杂志 | 1979,(5):7 |
| 《内经》血液生成理论的初步探讨 | 衣正安 | 上海中医药杂志 | 1979,(5):49 |
| 对"四肢者诸阳之本"的质疑 | 肖永林 | 吉林中医药 | 1979,(Z1):109 |
| 奇恒之腑理论初探 | 李克洲 | 成都中医药大学学报 | 1980,(1):7 |
| 对《关于"天癸"实质的探讨》一文的商榷 | 陆九符 | 广西中医药 | 1980,(1):46 |
| 我对"三焦"之浅见 | 杨牧祥 | 河北中医 | 1980,(1):13 |
| 有关胰脏论据的初探 | 高甲成 | 河北中医 | 1980,(1):35 |
| 对肝主疏泄的认识与实践 | 周文泉等 | 成都中医药大学学报 | 1980,(2):31 |
| 对"脑为元神之府"的肤浅体会 | 魏善初等 | 贵阳中医学院学报 | 1980,(2):3 |
| 脾为胃行其津液的理论探讨及临床应用 | 张辛毅 | 山东医学高等专科学校学报 | 1980,(2):187 |
| 略论脏腑特性 | 朱文锋等 | 上海中医药杂志 | 1980,(2):40 |
| 论奇恒之府 | 任瑞文 | 河北中医 | 1980,(3):20 |
| 试论肝与目 | 阎庆瑞 | 现代医学 | 1980,(3):159 |
| "鬲肓之上,中有父母,七节之傍,中有小心"释 | 方药中等 | 成都中医药大学学报 | 1980,(4):31 |
| 谈谈祖国医学对脑的认识 | 朱祝生 | 贵阳中医学院学报 | 1980,(4):6 |
| 简述肺的生理病理 | 赵之漳 | 河北中医 | 1980,(4):5 |
| 试论"十一脏取决于胆" | 邱幸凡 | 湖北中医杂志 | 1980,(4):39 |
| "肾主骨"初探 | 黄铎香 | 新中医 | 1980,(4):16 |
| 脾胃与免疫 | 唐国顺 | 云南中医中药杂志 | 1980,(4):25 |
| 从《内经》"肾为胃之关"谈排尿异常 | 林朗晖 | 福建医药杂志 | 1980,(5):24 |
| 如何理解"凡十一脏取决于胆" | 陈选平等 | 陕西中医 | 1980,(5):20 |
| 浅论脾胃学说 | 邓铁涛 | 上海中医药杂志 | 1980,(5):22 |
| 命门学说探讨 | 蔡友敬 | 福建中医药 | 1981,(1):3 |
| "罢极"考——兼论"肝者,罢极之本"的生理概念 | 倪法冲 | 福建中医药 | 1981,(1):57 |
| 论三焦 | 任瑞文 | 河北中医 | 1981,(1):17 |
| 《内经》中之"三焦"本义 | 倪康兴 | 湖北中医杂志 | 1981,(1):47 |
| 论肝开窍于目 | 喻干龙 | 湖南中医学院学报 | 1981,(1):31 |
| 对脏象学说中"心"生理的探讨 | 谭榕伯等 | 医学通讯 | 1981,(1):102 |
| 简论心包 | 宋知行 | 云南中医学院学报 | 1981,(1):26 |
| 论"元神之府"——兼赞"以脑为脏"说 | 周云霄 | 农垦医学 | 1981,(2):77 |
| 肺通调水道与心肺—肾反射 | 王大仁等 | 福建中医药 | 1981,(3):33 |
| "五脏开窍"理论之研讨 | 瞿岳云 | 黑龙江中医药 | 1981,(3):9 |
| 浅谈"胞脉系于肾" | 刘文誉 | 黑龙江中医药 | 1981,(3):43 |
| 《内经》脏象学说的特点 | 张六通等 | 湖北中医杂志 | 1981,(3):7 |
| 试论"命门学派" | 陆文彬 | 吉林中医药 | 1981,(3):6 |
| "肺主治节"浅论 | 王　琳 | 山东中医药大学学报 | 1981,(3):42 |
| 从脏象学说探讨水湿证治 | 陈雅香等 | 浙江中医药大学学报 | 1981,(3):4 |
| 试论温病三焦气机的升降 | 谈发建 | 贵阳中医学院学报 | 1981,(4):12 |
| 中医"肾"的研究及几点看法 | 杜茹竹 | 黑龙江中医药 | 1981,(4):41 |

| | | | |
|---|---|---|---|
| 浅谈脾主升—学习札记 | 秦景才 | 吉林中医药 | 1981,(4):13 |
| 从肾命元气探讨人类衰老的规律 | 廖家兴 | 江西中医药 | 1981,(4):1 |
| “凡十一脏取决于胆”之我见 | 张正昭 | 山东中医药大学学报 | 1981,(4):20 |
| 简谈天癸 | 程　泾 | 浙江中医药大学学报 | 1981,(4):17 |
| 脾胃与痰饮 | 徐心仁 | 新中医 | 1981,(8):39 |
| 脾与免疫 | 陶志达 | 广东医学 | 1981,(9):37 |
| 舌体应脏腑考 | 陈泽霖 | 新中医 | 1981,(9):48 |
| “十一脏取决于胆”之小议 | 于鸿玲 | 河北医科大学学报 | 1982,(1):51 |
| 试探老年“肾” | 祁友松 | 江汉大学学报（自然科学版） | 1982,(1):46 |
| “逆传心包”浅释 | 韩保贤 | 陕西中医学院学报 | 1982,(1):20 |
| 肾与命门的演变 | 姜春华 | 安徽中医学院学报 | 1982,(2):34 |
| 从《内经》、《难经》试探三焦学说 | 江中坚 | 福建中医药 | 1982,(2):6 |
| 谈“先后天之本”（读李中梓《医宗必读》随笔） | 俞宜年 | 福建中医药 | 1982,(2):53 |
| 三焦识 | 李正东 | 河北中医 | 1982,(2):7 |
| 三焦与五行 | 韩葆贤 | 黑龙江中医药 | 1982,(2):49 |
| 略论膀胱“藏津液” | 张启贤 | 湖北中医杂志 | 1982,(2):38 |
| 浅论三焦 | 萧亦相等 | 江苏中医药 | 1982,(2):7 |
| 对“肺主治节”的浅识 | 史中经 | 山东医学高等专科学校学报 | 1982,(2):183 |
| 浅谈脾胃功能的平衡 | 马朋人 | 医学与哲学（人文社会医学版） | 1982,(2):17 |
| 试探《内经》藏象学说中的心理整体观 | 施　毅等 | 江西中医药 | 1982,(3):13 |
| 命门之我见 | 孙　桐 | 南京中医药大学学报（自然科学版） | 1982,(3):4 |
| 论心肾相交 | 孙广仁等 | 山东中医药大学学报 | 1982,(3):14 |
| 肺“通调水道”初探 | 李莱田 | 山东中医药大学学报 | 1982,(3):35 |
| 对祖国医学的“血”生成的认识 | 阎临乐 | 云南中医学院学报 | 1982,(3):64 |
| 对于肝气虚、肝阳虚的几点认识 | 金介立 | 贵阳中医学院学报 | 1982,(4):61 |
| 十一脏取决于胆之小议 | 于鸿玲 | 河北中医 | 1982,(4):8 |
| 藏（府）象析义 | 王永庆 | 湖北中医杂志 | 1982,(4):49 |
| 谈脏腑不“相”表里 | 张六通 | 湖北中医杂志 | 1982,(4):48 |
| “肺朝百脉”刍议 | 鲁昌源 | 湖北中医杂志 | 1982,(4):52 |
| 试论“肺开窍于鼻” | 李凡成 | 湖南中医学院学报 | 1982,(4):3 |
| 试论腠理与三焦相应的机理 | 刘悫文 | 吉林中医药 | 1982,(4):6 |
| 试论中医脏腑辨证论治之沿革 | 姜春华 | 上海中医药杂志 | 1982,(4):6 |
| 浅谈“五脏痹” | 胡志坚 | 新中医 | 1982,(4):1 |
| 简述祖国医学对脑的认识 | 李继贵 | 云南中医学院学报 | 1982,(4):13 |
| 论脏象学说的特点 | 张雅洁 | 中医药学报 | 1982,(4):47 |
| “凡十一藏，皆取决于胆”浅识 | 虔　素 | 福建中医药 | 1982,(5):60 |
| 先后天小议 | 张登本 | 陕西中医 | 1982,(5):43 |
| 浅谈脾所“主时” | 李妙珠 | 浙江中医药大学学报 | 1982,(5):55 |
| “四肢为诸阳之本”析疑 | 李继贵 | 中医杂志 | 1982,(5):59 |
| 论“肝生于左”及其主病 | 杨世兴 | 湖北中医杂志 | 1982,(6):34 |
| 谈肝主疏泄 | 周学胜 | 江苏中医药 | 1982,(6):54 |
| 膀胱气化小议 | 刘　兴 | 上海中医药杂志 | 1982,(6):14 |

| | | | |
|---|---|---|---|
| 道是“无形”实有形——三焦别论 | 朱宝忠 | 上海中医药杂志 | 1982,(11):35 |
| 谈谈祖国医学对脑髓功能的认识 | 刘雅琴等 | 辽宁中医杂志 | 1982,(12):10 |
| 奇恒之腑辨析 | 朱文锋 | 湖南中医学院学报 | 1983,(1):11 |
| 浅议“肺朝百脉” | 吴　旭 | 南京中医药大学学报（自然科学版） | 1983,(1):14 |
| 如何理解“凡十一脏取决于胆” | 孙　桐 | 南京中医药大学学报（自然科学版） | 1983,(1):12 |
| 论“凡十一脏，取决于胆” | 王玉生 | 山东中医药大学学报 | 1983,(1):43 |
| 肾资血、肺行血初探 | 陈乐宏 | 山东中医药大学学报 | 1983,(1):24 |
| 奇恒之腑辨析 | 朱文锋 | 陕西中医 | 1983,(1):43 |
| 试述胆的调节作用 | 宋知行 | 陕西中医 | 1983,(1):3 |
| 肾气·天癸·冲任的探讨及其与妇科的关系 | 罗元恺 | 上海中医药杂志 | 1983,(1):11 |
| 谈“脾”与“血”的关系 | 容惠芳 | 新中医 | 1983,(1):53 |
| 《素问·五脏别论》所谓“五脏者，藏精气而不泻也，故满而不能实；六腑者，传化物而不藏，故实而不能满也。”其中满与实各指何二言？ | 柯新桥 | 中医杂志 | 1983,(1):70 |
| 如何正确理解《素问·六节藏象论》提出的“凡十一脏，取决于胆也”？ | 柯新桥 | 中医杂志 | 1983,(1):70 |
| 灸感对中医基本理论“心主汗”的论证 | 周楣声 | 中医杂志 | 1983,(1):58 |
| 膀胱气化功能的理论初探——学习《内经》、《伤寒论》、《金匮要略》的一点体会 | 林寿宁 | 广西中医药 | 1983,(2):12 |
| “命门”理论的探讨 | 邱志楠 | 广州医学院学报 | 1983,(2):78 |
| 探“命门” | 丁鸣 | 贵阳中医学院学报 | 1983,(2):51 |
| 脾胃在阴阳属性上的探讨 | 马云翔 | 江苏中医药 | 1983,(2):6 |
| 试论肝主疏泄及其临床意义 | 梅晓云 | 南京中医药大学学报（自然科学版） | 1983,(2):7 |
| 肺主宣降粗谈 | 孙广仁 | 山东中医杂志 | 1983,(2):6 |
| 从古代哲学思想的影响浅谈对肾的认识 | 闻集谱等 | 陕西中医学院学报 | 1983,(2):53 |
| 漫谈奇恒之腑“女子胞”应包括“睾”及其临床意义 | 哈孝贤 | 天津中医学院学报 | 1983,(2):15 |
| 学习肺与大肠关系一得 | 张明生 | 现代中医药 | 1983,(2):62 |
| 血室的辨析 | 王增济 | 中医药学报 | 1983,(2):13 |
| 略论胃气降中寓升 | 罗毅民 | 湖北中医杂志 | 1983,(3):23 |
| 评《黄帝内经》关于心理器官的论述 | 马文驹 | 教育理论与实践 | 1983,(3):33 |
| 三焦实质的探讨 | 江永生 | 泸州医学院学报 | 1983,(3):25 |
| 纵横论脾阴 | 华　信 | 上海中医药杂志 | 1983,(3):35 |
| 脾运初探 | 傅允中 | 四川中医 | 1983,(3):19 |
| 脾统四脏之我见 | 颜德馨 | 现代医学 | 1983,(3):170 |
| 试论肺在水谷精微输布过程中的重要作用 | 王　钢 | 遵义医学院学报 | 1983,(3):56 |
| 脏象学说中若干问题之我见 | 张瑞麟 | 湖南中医学院学报 | 1983,(4):13 |
| 试论“凡十一藏取决于胆” | 张树生 | 吉林中医药 | 1983,(4):1 |
| “膜原”诠释 | 孙　桐 | 南京中医药大学学报（自然科学版） | 1983,(4):13 |
| 谈《内经》太、少阴阳与四脏的配属 | 周晓清 | 山东中医药大学学报 | 1983,(4):42 |
| “乙癸同源”论的探讨 | 徐　涛 | 现代中医药 | 1983,(4):45 |
| 论脑髓与志意 | 李维贤 | 新中医 | 1983,(4):5 |

| | | | |
|---|---|---|---|
| “腠理”、“肌肤”、“火齐”、“司命”注释商榷 | 高　勇 | 云南师范大学学报（哲学社会科学版） | 1983,(4):80 |
| 什么叫“胃气” | 杨明辉 | 中医杂志 | 1983,(4):66 |
| 论肺胃、心脾、肝肾之阴不同 | 徐涌浩 | 中医杂志 | 1983,(4):6 |
| 从“十二脏相使”谈脏象学说的整体观 | 阴孟凡 | 福建中医药 | 1983,(5):35 |
| 试述《内经》对脑的认识 | 黄海龙 | 江西中医药 | 1983,(5):55 |
| 试述心主血脉与主神志的关系 | 卓　健 | 江西中医药 | 1983,(5):51 |
| “三焦”实质浅议 | 朱宝忠 | 云南中医中药杂志 | 1983,(5):19 |
| 脏腑“藏泻”功能辨 | 瞿岳云 | 陕西中医 | 1983,(6):31 |
| 如何理解“凡十一藏,取决于胆也”? | 王　雨 | 中医杂志 | 1983,(6):61 |
| 如何理解“阴着藏精而起亟也,阳者卫外而为固也”? | 王洪图 | 中医杂志 | 1983,(7):62 |
| 如何理解“舌为心之苗”? | 袁立人 | 中医杂志 | 1983,(7):62 |
| 膀胱、大肠互治浅识 | 贾美华 | 辽宁中医杂志 | 1983,(9):28 |
| 溯源穷本论敷和——六经制化决乎肝胆 | 朱邦贤 | 上海中医药杂志 | 1983,(9):32 |
| 论祖国医学对咽喉的概念 | 于清涛 | 辽宁中医杂志 | 1983,(11):14 |
| 《内经》既说“目者,肝之官”,又说“目者,心之使”,二者是否矛盾?应如何理解? | 王明洁 | 中医杂志 | 1983,(11):67 |
| 略论命门该属于肾 | 柯新桥 | 新中医 | 1983,(12):37 |
| 魂魄刍议 | 程志清 | 吉林中医药 | 1984,(1):7 |
| 《灵枢·决气》篇曰“六气者…然五谷与胃为大海也”,而张隐庵却说“言此大气,主于心肾”。对此应如何理解? | 黄海龙 | 江西中医药 | 1984,(1):64 |
| 从心主血脉探讨心气虚的本质 | 周跃群 | 辽宁中医杂志 | 1984,(1):28 |
| 论“皮毛生肾” | 李　林 | 辽宁中医杂志 | 1984,(1):9 |
| 浅述命门学说 | 张鸿谟 | 青岛大学医学院学报 | 1984,(1):100 |
| 肝与天癸 | 张志兰 | 陕西中医学院学报 | 1984,(1):39 |
| 对“脾主运化”的探讨 | 危北海 | 中医药信息 | 1984,(1):7 |
| 中医常说的“四海”各指什么?其含义如何? | 李　青 | 中医杂志 | 1984,(1):63 |
| 略谈肝气疏泄太过与不及 | 郑　铎等 | 中原医刊 | 1984,(1):13 |
| 脏象学说(一) | 王洪图等 | 北京中医 | 1984,(2):59 |
| 论胃气宜降 | 马平之 | 河北中医 | 1984,(2):16 |
| “肝生血气”蠡测 | 叶惠燕等 | 黑龙江中医药 | 1984,(2):23 |
| 《内经》五脏开窍说琐议 | 刘建新 | 湖南中医学院学报 | 1984,(2):21 |
| “小心”浅析 | 张耀民 | 吉林中医药 | 1984,(2):42 |
| 肝属中焦辩 | 张岐山 | 江苏中医药 | 1984,(2):39 |
| 《内经》如何论述人体的三余,四海,五液和六府? | 黄海龙 | 江西中医药 | 1984,(2):62 |
| “七节之旁,中有小心”的体会 | 张登本 | 陕西中医学院学报 | 1984,(2):20 |
| 浅论血的阴阳 | 王祖玉 | 四川中医 | 1984,(2):8 |
| “肺朝百脉”辨识 | 余自汉 | 中医药学报 | 1984,(2):32 |
| 脏腑学说与妇科 | 班秀文 | 广西中医药 | 1984,(3):37 |
| 脏象学说的研究进展 | 王　琦等 | 吉林中医药 | 1984,(3):29 |
| 《内经》“肝传脾”理论初探 | 董襄国 | 吉林中医药 | 1984,(3):1 |
| 试论肺阳 | 王宗殿等 | 辽宁中医杂志 | 1984,(3):11 |
| 肺阳初探 | 陈济中 | 辽宁中医杂志 | 1984,(3):8 |
| 试论肝阳虚 | 汪俊林 | 泸州医学院学报 | 1984,(3):20 |

| | | | |
|---|---|---|---|
| 三焦蠡测 | 朱宝忠 | 南京中医药大学学报（自然科学版） | 1984,(3):14 |
| 论肾的作强作用 | 傅晨东 | 山东中医药大学学报 | 1984,(3):37 |
| 略论五脏皆分阴阳 | 柯新桥 | 山东中医药大学学报 | 1984,(3):27 |
| 试论“肝生于左” | 杨世兴 | 陕西中医 | 1984,(3):1 |
| 心“开窍于耳”小议 | 王永钦 | 陕西中医学院学报 | 1984,(3):4 |
| 舌与脏腑关系之探讨 | 郑国芬 | 天津中医学院学报 | 1984,(3):23 |
| 略论脏腑表里相关学说 | 任继学 | 中华中医药学刊 | 1984,(3):100 |
| 谈谈如何理解“心藏神”——写给中医初学者 | 董在权 | 中华中医药学刊 | 1984,(3):101 |
| 怎样理解:四支者,诸阳之本也 | 吴利民 | 中医杂志 | 1984,(3):67 |
| 肝之体阴用阳琐谈 | 程运文等 | 安徽中医学院学报 | 1984,(4):15 |
| 小议“肝属中焦” | 冉　亮 | 黑龙江中医药 | 1984,(4):11 |
| 略论“相火” | 孙　桐 | 南京中医药大学学报（自然科学版） | 1984,(4):5 |
| 略论脏腑表里相关学说(续) | 任继学 | 中华中医药学刊 | 1984,(4):148 |
| “孤脏”与“孤腑” | 郑洪新 | 中华中医药学刊 | 1984,(4):157 |
| 论脾阴与胃阴 | 张世平 | 中医药学报 | 1984,(5):46 |
| “脏腑相关论”探讨 | 喻自成 | 中医药学报 | 1984,(5):28 |
| “肝体阴用阳”浅析 | 王玉生 | 陕西中医 | 1984,(6):38 |
| 论心的病理特点和治疗大法 | 池绳业 | 新中医 | 1984,(6):42 |
| 胆与其他脏腑的病变有什么关系 | 马汴梁 | 中医杂志 | 1984,(6):69 |
| 肺主“通调水道”的现代医学基础 | 马吉庆等 | 辽宁中医杂志 | 1984,(11):40 |
| 略论肾的生理及病理特性 | 黄文政 | 天津中医药 | 1984,(Z1):4 |
| 探讨“膀胱”的几个问题 | 丁光迪 | 成都中医药大学学报 | 1985,(1):1 |
| “脾为涎,肾为唾”刍议 | 李　忠 | 贵阳中医学院学报 | 1985,(1):16 |
| 试论肝统摄血液 | 陈　钢 | 贵阳中医学院学报 | 1985,(1):18 |
| 脾和胰二个脏器的探讨 | 徐湘事 | 山东中医药大学学报 | 1985,(1):60 |
| 肾的精气阴阳初析 | 张伯讷等 | 上海中医药杂志 | 1985,(1):38 |
| 略论“肝者,罢极之本”的生理意义 | 娄永和 | 天津中医学院学报 | 1985,(1):1 |
| “耳中有肺”新释 | 尉迟静 | 针灸临床杂志 | 1985,(1):22 |
| 谈谈“肝开窍于目” | 叶庆莲 | 广西中医药 | 1985,(2):5 |
| 略论脏腑升降 | 蒋应时 | 广州中医药大学学报 | 1985,(2):1 |
| “经气归于肺,肺朝百脉”浅识 | 柯新桥 | 河北中医 | 1985,(2):6 |
| 中医学对心理器官的认识 | 朱文锋 | 湖南中医学院学报 | 1985,(2):9 |
| 肺与肝郁 | 唐学游 | 陕西中医 | 1985,(2):68 |
| “胃气”内涵浅析 | 严惠芳 | 现代中医药 | 1985,(2):46 |
| 试论心与妇科的关系 | 班秀文 | 浙江中医药大学学报 | 1985,(2):1 |
| 脏腑学说的解剖学基础 | 范隆昌 | 中医药学报 | 1985,(2):8 |
| 论肺气宣发与肃降 | 刘树新 | 中医药学刊 | 1985,(2):332 |
| 试析“脾者主为卫”机理 | 刘国晖 | 成都中医药大学学报 | 1985,(3):39 |
| 藏象学说(三) | 曾昭明 | 广西中医药 | 1985,(3):36 |
| 关于三焦实质与三焦辨证 | 史志云 | 广州中医药大学学报 | 1985,(3):34 |
| 试论五脏之精气与阴阳 | 张　炬 | 黑龙江中医药 | 1985,(3):8 |
| 论医之胆与识 | 周选堂 | 湖北中医杂志 | 1985,(3):35 |
| “肺者,相传之官,治节出焉”试析 | 肖汉忠 | 内蒙古中医药 | 1985,(3):47 |
| 论三焦之腑 | 李嵩山 | 山西中医 | 1985,(3):39 |

| | | | |
|---|---|---|---|
| 试谈肺阳虚 | 蒙木荣 | 陕西中医 | 1985,(3):103 |
| 试谈身形五脏论与生物全息律的关系 | 职莉琴 | 陕西中医学院学报 | 1985,(3):16 |
| 论肝主疏泄 | 吴敦序 | 上海中医药杂志 | 1985,(3):39 |
| 略谈肾与妇科 | 沙明荣 | 天津中医学院学报 | 1985,(3):11 |
| “肝主目”析 | 周维梧 | 现代中医药 | 1985,(3):22 |
| 也论“四肢者,诸阳之本” | 周岳生 | 成都中医药大学学报 | 1985,(4):14 |
| 藏象学说(四) | 曾昭明 | 广西中医药 | 1985,(4):36 |
| 试论脾脏阴阳不可偏废 | 杨天聪 | 河北北方学院学报(医学版) | 1985,(4):51 |
| 试论肝主一身之里 | 吴正治 | 湖南中医学院学报 | 1985,(4):46 |
| 试论心在眼病中的意义 | 周鸿图 | 湖南中医学院学报 | 1985,(4):49 |
| 试论肝位中焦及其意义 | 姜建国等 | 山东中医药大学学报 | 1985,(4):7 |
| “出三入一”辨析 | 刘文龙 | 陕西中医学院学报 | 1985,(4):7 |
| 中医学中的脑与脑病 | 赵家祺 | 天津中医药 | 1985,(4):29 |
| 略谈中医心主神志与大脑有关功能的关系 | 王隽田 | 新疆中医药 | 1985,(4):14 |
| 浅谈“脏腑相合”理论 | 刘家骅等 | 浙江中医药大学学报 | 1985,(4):11 |
| 脾胃与九窍探析 | 陈治水 | 中医药学报 | 1985,(4):13 |
| 膀胱气化之我见 | 李博鉴 | 北京中医 | 1985,(5):17 |
| 脾胃是人体气机升降出入的枢纽 | 王兴华 | 河北中医 | 1985,(5):8 |
| 浅谈“脏腑相关学说” | 陆万志 | 吉林中医药 | 1985,(5):7 |
| 略论“金水相生” | 郝文轩 | 吉林中医药 | 1985,(5):47 |
| 贺本绪谈肺气 | 赵玉哲等 | 山东中医杂志 | 1985,(5):36 |
| 略论脾火 | 孙冠兰 | 山东中医杂志 | 1985,(5):9 |
| “转胞”之“胞”当是子宫 | 沈舫钦 | 四川中医 | 1985,(5):32 |
| 论月经病的脏腑学说 | 孙宁铨 | 新中医 | 1985,(5):1 |
| 如何认识肾主水的生理功能及临床意义 | 郭霞珍等 | 中国临床医生 | 1985,(5):53 |
| “肺朝百脉”辨——与余自汉同志商榷 | 龚占悦 | 中医药学报 | 1985,(5):38 |
| “命门”学说在老年病防治中的指导意义 | 邵念方 | 北京中医 | 1985,(6):21 |
| 藏象学说(六) | 曾昭明 | 广西中医药 | 1985,(6):38 |
| 论五脏病生理特点与证治 | 丁　文 | 河北中医 | 1985,(6):32 |
| 肝与皮肤病 | 张安国 | 湖北中医杂志 | 1985,(6):50 |
| 脑与脏腑相关论初探 | 赵家祺等 | 天津中医药 | 1985,(6):39 |
| 浅谈中医对脑的认识 | 王世文 | 天津中医药 | 1985,(6):43 |
| 肝郁、肝胜乘土之辨 | 董襄国 | 现代中医药 | 1985,(6):18 |
| 浅谈“脉以胃气为本” | 严惠芳 | 现代中医药 | 1985,(6):21 |
| 肝脾(胃)之关系与内科疾病 | 董淑范 | 中医药学刊 | 1985,(6):516 |
| 谈谈“肝肾同源” | 崔　金 | 中医药学刊 | 1985,(6):499 |
| “脾为之使”小议 | 张树生 | 中医杂志 | 1985,(6):76 |
| 如何理解“脾主升清”？其临场意义如何？ | 谢辅弼 | 中医杂志 | 1985,(6):80 |
| 略论相火 | 孙　桐 | 江苏中医药 | 1985,(9):36 |
| 既言“五脏六腑心为之主”何云“凡十一脏取决于胆” | 张树生 | 中医杂志 | 1985,(9):74 |
| 论“乙癸同源”与“肾肝同治” | 章真如 | 辽宁中医杂志 | 1985,(10):16 |
| 再论“转胞”之“胞”当是子宫——兼复郑兴泽同志 | 沈舫钦 | 四川中医 | 1985,(10):31 |
| “转胞”之胞是否是子宫探讨 | 郑兴泽 | 四川中医 | 1985,(11):31 |
| 论肝气通于目 | 宋少琪 | 新中医 | 1985,(11):3 |
| “胃家实”含义质疑 | 韩思润 | 四川中医 | 1985,(12):9 |

| | | | |
|---|---|---|---|
| 如何理解中医学中的三焦 | 张树生 | 中医杂志 | 1985,(12):68 |
| “三焦有二”说的启示 | 马继兴 | 北京中医 | 1986,(1):43 |
| 藏象学说(七) | 曾昭明 | 广西中医药 | 1986,(1):39 |
| 谈“心开窍于耳” | 梁华龙 | 国医论坛 | 1986,(1):51 |
| “四肢者诸阳之本也”辨析 | 王石成 | 河北中医 | 1986,(1):7 |
| “五脏开窍”的针刺探索 | 尉迟静 | 河北中医 | 1986,(1):44 |
| 肾气及气血阴阳的虚衰在不同年龄性别上的规律性变化 | 高　桦等 | 山东中医药大学学报 | 1986,(1):13 |
| “四肢者,诸阳之本也”之我见 | 尹雪萍 | 山东中医杂志 | 1986,(1):2 |
| “髓骨者,骨之本也”疏证——与苏礼、洪文旭同志商榷 | 壮　健等 | 上海中医药杂志 | 1986,(1):34 |
| “四支者,诸阳之本”辩 | 牛兵占 | 上海中医药杂志 | 1986,(1):33 |
| 浅谈肺主宣发肃降的意义 | 王世杰 | 现代中医药 | 1986,(1):21 |
| 三焦辨证探源 | 徐连春 | 新疆中医药 | 1986,(1):7 |
| “十一脏取决于胆”浅识 | 郭春德 | 云南中医中药杂志 | 1986,(1):6 |
| 中医学“脏”的概念初探 | 王克勤 | 中医药学报 | 1986,(1):1 |
| 角膜属气轮之我见 | 高景秀 | 中医药研究杂志 | 1986,(1):9 |
| 藏象新探 | 李克光等 | 成都中医药大学学报 | 1986,(2):7 |
| 试论脑主神明说 | 李育章 | 湖南中医杂志 | 1986,(2):24 |
| 论心阳 | 陈利国等 | 山东中医药大学学报 | 1986,(2):33 |
| 耳与肺的关系探讨 | 王陈应 | 山东中医药大学学报 | 1986,(2):9 |
| 脾营蠡言 | 潘文奎 | 陕西中医 | 1986,(2):51 |
| 试论眼与脑 | 刘楚玉 | 陕西中医学院学报 | 1986,(2):10 |
| 如何正确理解“命门” | 陈淑芝 | 中医药学刊 | 1986,(2):622 |
| 浅论脾胃是气机升降之枢纽 | 孙爱萍 | 中医药学刊 | 1986,(2):580 |
| 肝主疏泄纵横谈 | 柴瑞霁 | 中医药研究杂志 | 1986,(2):41 |
| 论脾土的延寿之功 | 宋知行 | 中医药研究杂志 | 1986,(2):20 |
| “四支者,诸阳之本也”新识 | 武长春等 | 中医杂志 | 1986,(2):67 |
| 《内经》三焦孤府辨 | 张友泰 | 成都中医药大学学报 | 1986,(3):11 |
| 六脏六腑与五脏六腑说 | 尉迟静 | 黑龙江中医药 | 1986,(3):25 |
| 浅谈“胞宫” | 傅崇湘 | 四川中医 | 1986,(3):6 |
| 中医对脑认识的进展 | 唐学游 | 中医药信息 | 1986,(3):1 |
| 试论脑主神明 | 郭恩绵 | 中医药学刊 | 1986,(3):662 |
| 脏腑辨证碎语 | 彭静山 | 中医药研究杂志 | 1986,(3):4 |
| 膻中与心包络并非一物 | 杨　力 | 中医杂志 | 1986,(3):79 |
| 论藏象学说的形成与特点 | 孟庆云 | 中医杂志 | 1986,(3):48 |
| 读“膀胱气化之我见”一文的看法 | 李文江 | 北京中医 | 1986,(4):60 |
| 试析肝主疏泄 | 赵杰芬等 | 河北中医 | 1986,(4):11 |
| 脑神与五脏 | 靳士华 | 天津中医药 | 1986,(4):34 |
| 名老中医新探口、喉、目与内脏相关 | 沈祖法 | 新疆中医药 | 1986,(4):44 |
| “肾为欠为嚏”辨 | 鲍晓东 | 浙江中医学院学报 | 1986,(4):45 |
| 评《“肺朝百脉”再辨识》 | 龚占悦 | 中医药学报 | 1986,(4):55 |
| “肺朝百脉”再辨识——兼答龚占悦同志的商榷 | 余自汉 | 中医药学报 | 1986,(4):53 |
| 试论“肝肾同源” | 孙爱萍 | 中医药学刊 | 1986,(4):694 |
| 浅谈“治节” | 马惠迪 | 中医杂志 | 1986,(4):70 |
| 从胞络者系于肾谈肾对经、妊、胎的影响 | 李淑敏 | 中原医刊 | 1986,(4):11 |
| “心开窍于耳”小议 | 林天东 | 北京中医 | 1986,(5):21 |
| 命门十说析评 | 陈克正 | 北京中医 | 1986,(5):19 |

| | | | |
|---|---|---|---|
| 从“脾不主时”谈调养脾胃的重要意义 | 刘新亚 | 福建中医药 | 1986,(5):58 |
| 试论脾脏阴阳不可偏废 | 杨天聪 | 河北中医 | 1986,(5):15 |
| 心主神明论 | 邓铁涛 | 湖南中医杂志 | 1986,(5):35 |
| 乙癸同源再论 | 何裕民 | 吉林中医药 | 1986,(5):3 |
| 十二脏腑和经脉(上) | 吴绍德 | 上海中医药杂志 | 1986,(5):26 |
| 中医学对睾与睾系、子宫与子宫系的认识 | 谭银章 | 天津中医药 | 1986,(5):27 |
| 关于肝阳(气)虚的几个问题 | 胡玉伦 | 新中医 | 1986,(5):51 |
| 中医五藏的两种概念应分别论述 | 李荣兴等 | 中医药研究杂志 | 1986,(5):38 |
| 中西医眼部结构串通之刍义 | 王文长 | 北京中医 | 1986,(6):16 |
| 胃脾与长寿 | 孟昭华 | 河北中医 | 1986,(6):1 |
| 析“心主神明” | 于鸿玲 | 河北中医 | 1986,(6):3 |
| “乙癸同源”略论 | 郝文轩 | 江苏中医药 | 1986,(6):38 |
| 从心主神志谈到中医对脑的认识 | 黄海龙 | 江西中医药 | 1986,(6):8 |
| 对“肝主目”的探索 | 尉迟静 | 辽宁中医杂志 | 1986,(6):44 |
| 论述《内经》对脑的认识 | 杨世兴等 | 陕西中医 | 1986,(6):143 |
| “肝不弦,肾不石”解惑 | 凌耀星 | 上海中医药杂志 | 1986,(6):38 |
| 试论胃与肾相关 | 沈祖法 | 新中医 | 1986,(6):5 |
| 中医脏象和生物全息论 | 张铭韬 | 中医药信息 | 1986,(6):5 |
| 肾精·肾气·肾阴·肾阳 | 尚学瑞 | 中医药学刊 | 1986,(6):772 |
| 肝脏浅探 | 吴正治 | 陕西中医 | 1986,(7):289 |
| 脏象学说与控制论浅探 | 戴恩来等 | 医学与哲学(人文社会医学版) | 1986,(7):20 |
| 试论脏腑的特性 | 王旭东 | 陕西中医 | 1986,(8):337 |
| “凡十一藏取决于胆”辨 | 李 涛 | 中医杂志 | 1986,(8):67 |
| 试论肺与大肠的关系 | 王建平 | 新中医 | 1986,(10):4 |
| 动静无形论臣使——试谈心包的功能与特点 | 宋知行 | 上海中医药杂志 | 1986,(11):36 |
| 心主神明汇论 | 郭文友 | 新中医 | 1986,(11):18 |
| “十一脏取决于胆”辨 | 宗全和 | 中医杂志 | 1986,(11):64 |
| 三焦“主持诸气”与“肺主气”有何不同? | 张树生 | 中医杂志 | 1986,(11):74 |
| 脏腑学说的形成 | 曹培琳 | 山西职工医学院学报 | 1987,(00):15 |
| 脑生理初探 | 许庆友等 | 北京中医 | 1987,(1):15 |
| “罢极之本”实义辨析 | 邓家刚 | 广西中医药 | 1987,(1):42 |
| 读《对目系真正含义的理解》后有感 | 魏汉民 | 河北中医 | 1987,(1):47 |
| 学习《内经》谈脾胃为后天之本 | 王建平 | 河北中医 | 1987,(1):39 |
| 中医“舌为心之苗”的探讨 | 危北海 | 黑龙江中医药 | 1987,(1):7 |
| 浅谈脏象学说与脏腑辨证 | 李国平 | 黑龙江中医药 | 1987,(1):10 |
| 谈谈“肾主外” | 刘家义 | 湖北中医杂志 | 1987,(1):2 |
| “肺朝百脉”之我见 | 荣 鸿 | 湖南中医学院学报 | 1987,(1):38 |
| “脏腑”实质新探 | 黎正华 | 湖南中医学院学报 | 1987,(1):7 |
| 骨·髓·血初探 | 雷燕芳等 | 宁夏医学院学报 | 1987,(1):45 |
| 浅述女性乳房亦属肾 | 胡国华等 | 上海中医药杂志 | 1987,(1):38 |
| 试论脾胃主升降转输 | 靳士华 | 四川中医 | 1987,(1):3 |
| 略论肝与妇科疾病的关系 | 缑建华 | 天津中医学院学报 | 1987,(1):11 |
| 肾气与寿命的关系 | 周洪进等 | 新中医 | 1987,(1):54 |
| 六脏六腑与十二经脉配属小议 | 尉迟静 | 云南中医学院学报 | 1987,(1):16 |
| 试谈肾与妇科 | 宋光济 | 浙江中医学院学报 | 1987,(1):41 |

| | | | |
|---|---|---|---|
| 试论“肝肾同源”(二) | 孙爱萍 | 中医药学刊 | 1987,(1):3 |
| 肾苦燥,急食辛以润之 | 洪钦国 | 广州中医药大学学报 | 1987,(2):56 |
| “肝为刚脏”析 | 卢岳华 | 陕西中医 | 1987,(2):65 |
| “肝主疏泄”的理论非出于《内经》本旨 | 朱邦贤 | 上海中医药杂志 | 1987,(2):2 |
| 略论胞宫 | 马大正 | 新中医 | 1987,(2):1 |
| 《内经》论皮毛的面面观 | 赵云长 | 浙江中医学院学报 | 1987,(2):40 |
| 肾阴、肾阳与肾气 | 陈克正 | 中华中医药杂志 | 1987,(2):7 |
| 奇恒之腑中的女子胞应易名 | 吕贝昌等 | 中医药研究 | 1987,(2):9 |
| “肝与胆相表里”初探 | 严艳冰等 | 中医药研究 | 1987,(2):11 |
| 脾主升津论 | 潘文奎等 | 中医杂志 | 1987,(2):53 |
| 中医对脑与心理关系的认识 | 董建华等 | 安徽中医学院学报 | 1987,(3):5 |
| 对中医肝藏血理论的初步探讨(附92例肝血流图的分析) | 徐鸿达等 | 甘肃中医学院学报 | 1987,(3):48 |
| 试论天癸与女性生理的关系 | 黄云亮 | 广西中医药 | 1987,(3):36 |
| 浅析“魄门亦为五脏使” | 高普照 | 山东中医杂志 | 1987,(3):12 |
| 简述五脏功能补正 | 刘荩文 | 中医药学刊 | 1987,(3):25 |
| 命门浅识 | 赵均福 | 河北中医 | 1987,(4):21 |
| 浅谈脾胃、元气与阴火 | 张志远 | 黑龙江中医药 | 1987,(4):14 |
| 应该重视“目睛命门”说 | 金二澄 | 南京中医药大学学报(自然科学版) | 1987,(4):65 |
| 对《内经》藏象学说的探析 | 项　祺 | 山西中医 | 1987,(4):50 |
| 小议藏气之所 | 孙益平 | 实用中医药杂志 | 1987,(4):38 |
| 也谈中医脏象与生物全息论 | 陈少宗 | 中医药信息 | 1987,(4):45 |
| 古代中国对脑与精神关系的认识 | 傅延龄 | 中医药学报 | 1987,(4):1 |
| 胃气在诊法中的意义 | 李　巍 | 中医药学报 | 1987,(4):9 |
| 胆心相关初探 | 施建勇等 | 江苏中医药 | 1987,(5):29 |
| 试述脑藏神 | 潘文奎 | 四川中医 | 1987,(5):4 |
| 脑、肾、肝三脏腑与衰老 | 张　葳等 | 中医药信息 | 1987,(5):6 |
| 三焦新论 | 印会河 | 中医药研究 | 1987,(5):10 |
| 浅议肝之功能 | 任丽玲 | 黑龙江中医药 | 1987,(6):11 |
| “坎、离”与“心、肾” | 杨庆鹏 | 江苏中医药 | 1987,(6):35 |
| 肝主疏泄拾遗 | 顾沪光 | 山东中医杂志 | 1987,(6):2 |
| 脏象学说 | 远　鹏 | 天津中医药 | 1987,(6):44 |
| 试论肺对膀胱的双相调控 | 王春生 | 新中医 | 1987,(6):6 |
| 小议命门与肾 | 李志雄 | 中医药学刊 | 1987,(6):33 |
| 对“肺朝百脉”的理解 | 潘文奎 | 中医杂志 | 1987,(6):70 |
| 试论大肠生理病理及其治则 | 贾美华 | 江苏中医药 | 1987,(9):35 |
| 论《五脏别论》中的“胆”——奇恒之腑中的“胆”应为“膻中” | 赵有臣 | 辽宁中医杂志 | 1987,(9):9 |
| 对肝与目关系的探讨 | 彭清华 | 陕西中医 | 1987,(9):27 |
| 浅议胃腑以通为用 | 宋鸿元 | 陕西中医 | 1987,(9):49 |
| 天癸新探——兼论在中医学理论上的意义 | 赵有臣 | 上海中医药杂志 | 1987,(9):42 |
| 试论奇恒之府 | 孙迎节 | 陕西中医 | 1987,(10):20 |
| 对中医学之女性生殖系统的探讨 | 张慧贤 | 辽宁中医杂志 | 1987,(12):12 |
| 命门——三焦气化学说与肾炎水肿的治疗——学习姚正平、张子珍老中医经验一得 | 钱　英 | 北京中医 | 1988,(1):4 |

| | | | |
|---|---|---|---|
| 肾藏"精"新识 | 潘显峰 | 成都中医药大学学报 | 1988,(1):48 |
| 系统论与中医脏象现代化 | 浦京遂 | 大自然探索 | 1988,(1):49 |
| 从"心主神明"看荀子对《内经》的影响 | 郭文友 | 贵阳中医学院学报 | 1988,(1):3 |
| 浅谈"肝之疏泄" | 黄贵湘 | 贵阳中医学院学报 | 1988,(1):5 |
| "至阴"小议 | 李秀英 | 吉林中医药 | 1988,(1):47 |
| 何谓"出三入一" | 张雪亮 | 吉林中医药 | 1988,(1):47 |
| 脑与经络 | 张琳瑛等 | 继续医学教育 | 1988,(1):55 |
| 论金生水的实质 | 温如杰 | 山东中医药大学学报 | 1988,(1):17 |
| 女子胞藏与泻的辩证关系 | 傅素洁等 | 山东中医杂志 | 1988,(1):4 |
| 也谈"天癸"与"天真"——兼与赵有臣同志商榷 | 王庆其等 | 上海中医药杂志 | 1988,(1):44 |
| 略论肝主疏泄 | 梁传荣 | 现代中医药 | 1988,(1):34 |
| "后天之本"不在脾当属胃 | 来雅庭 | 中医药学报 | 1988,(1):51 |
| "五音"与五脏 | 严道南等 | 中医药学报 | 1988,(1):1 |
| 简述六腑功能补正 | 刘尽文 | 中医药学刊 | 1988,(1):2 |
| 小议"胆" | 祁战午 | 中医药学刊 | 1988,(1):7 |
| 肺主治节初探 | 于文平 | 北京中医 | 1988,(2):54 |
| 略论五脏相关取代五行学说 | 邓铁涛 | 广州中医药大学学报 | 1988,(2):65 |
| 浅谈胆胃同降 | 施建勇 | 辽宁中医杂志 | 1988,(2):12 |
| "取决于胆"刍议 | 陈树珍 | 陕西中医 | 1988,(2):49 |
| "胃喜为补"发微 | 张晓梅 | 陕西中医 | 1988,(2):23 |
| 谈"心开窍于耳" | 沙　涛等 | 实用中医药杂志 | 1988,(2):40 |
| 五脏定位图说 | 张　谦 | 实用中医药杂志 | 1988,(2):41 |
| 从脾胃升降论舌苔生成与变化原理 | 严石林等 | 云南中医中药杂志 | 1988,(2):10 |
| 肾与耳关系的探讨 | 孙启新等 | 中华中医药杂志 | 1988,(2):9 |
| 正"凡十一藏取决于胆" | 李　涛 | 中医研究 | 1988,(2):12 |
| 从肾论治探讨衰老与长寿规律 | 邓来送 | 中医药学报 | 1988,(2):19 |
| "脾主运化"　实质新假设 | 郭教礼等 | 中医药学报 | 1988,(2):8 |
| 试论五脏主五液 | 郑利岩 | 中医药学刊 | 1988,(2):3 |
| "十一脏取决于胆"识 | 傅心明 | 中医杂志 | 1988,(2):68 |
| 关于脾不独主时问题 | 翟双庆等 | 中医杂志 | 1988,(2):67 |
| 论"肝者,罢极之本" | 迟华基 | 河北中医 | 1988,(3):15 |
| 祖国医学论脑诸说之我见 | 王冬梅 | 黑龙江医药科学 | 1988,(3):266 |
| 三焦小议 | 龙纯玉 | 湖北中医杂志 | 1988,(3):57 |
| 试谈"肾主纳气" | 刘　霞 | 吉林中医药 | 1988,(3):1 |
| 五脏皆体阴而用阳 | 汪曙才 | 江西中医药 | 1988,(3):55 |
| 脾胃与神志的生理病理关系探析 | 孙迎节 | 辽宁中医杂志 | 1988,(3):1 |
| 论脾胃生理病理特点 | 张先河等 | 山东中医药大学学报 | 1988,(3):14 |
| 辨析"胆""卵"话奇恒 | 吴国传 | 上海中医药杂志 | 1988,(3):39 |
| 肺胃相关初探 | 李永方等 | 天津中医学院学报 | 1988,(3):10 |
| 五脏功能析义举隅——试析心主血脉 | 何建升 | 现代中医药 | 1988,(3):13 |
| 肾的研究进展与总结(续) | 沈自尹 | 中华中医药杂志 | 1988,(3):56 |
| "体阴用阳"非独肝也 | 潘文奎 | 中医研究 | 1988,(3):16 |
| 天癸之浅见 | 马桂荣 | 中医药学刊 | 1988,(3):29 |
| "肝主疏泄"之浅见 | 饶宏孝 | 贵阳中医学院学报 | 1988,(4):39 |
| 肾之脏象学说与病理生理新进展探略 | 刘汉祥等 | 湖南中医学院学报 | 1988,(4):6 |
| 三焦新探 | 王定扬 | 江西中医药 | 1988,(4):52 |

| | | | |
|---|---|---|---|
| “心主神明”和“心主血脉”之含义浅析 | 宋一亭 | 内蒙古中医药 | 1988,(4):29 |
| “三焦竭部”析疑 | 贾春华 | 山东中医药大学学报 | 1988,(4):20 |
| 五脏之精气在目 | 李俊华 | 现代中医药 | 1988,(4):4 |
| 也谈“后天之本”不在脾当属胃 | 牛太义 | 中医药学报 | 1988,(4):50 |
| 祖国医学对脑髓认识 | 刘　进等 | 中医药学报 | 1988,(4):4 |
| 也谈“后天之本”——与来雅庭同志商榷 | 杜恩伟 | 中医药学报 | 1988,(4):49 |
| “胃气”是脾胃共同生理功能的概括 | 徐丹生 | 中医药学报 | 1988,(4):51 |
| 浅谈胃的解剖生理和病因病机 | 洪文旭 | 中医药学刊 | 1988,(4):6 |
| 再论肝肾阳同源 | 刘仕瑛 | 黑龙江中医药 | 1988,(5):9 |
| 浅谈命门、肾、肝三者的关系 | 王凤阳 | 黑龙江中医药 | 1988,(5):14 |
| 肾与耳关系的探讨 | 朱德湘 | 湖南中医杂志 | 1988,(5):50 |
| 胃主降质疑 | 来雅庭 | 吉林中医药 | 1988,(5):46 |
| 论脑髓 | 任继学等 | 吉林中医药 | 1988,(5):1 |
| 就“肝主疏泄”与朱邦贤同志商榷 | 明　宇 | 上海中医药杂志 | 1988,(5):39 |
| 胃气主降刍议 | 宋建平 | 中医药学刊 | 1988,(5):18 |
| 浅谈心理实质与“元神之府” | 李玉和 | 中医药研究 | 1988,(5):17 |
| 再论《内经》“出三入一”——兼与张雪亮同志商榷 | 张德富等 | 吉林中医药 | 1988,(6):41 |
| 肝主升发之浅见 | 叶祥全 | 陕西中医 | 1988,(6):259 |
| “肝主疏泄”合乎《内经》本旨 | 魏睦森 | 上海中医药杂志 | 1988,(6):45 |
| 《内经》“藏象学说”的过去与未来 | 赵　博 | 医学与哲学（人文社会医学版） | 1988,(6):27 |
| 论“心主神明”理论的形成基础——兼谈中医学心脑之间的关系 | 柯新桥 | 浙江中医学院学报 | 1988,(6):5 |
| 肾在气机升降中的作用 | 那鹏起 | 中医药学刊 | 1988,(6):16 |
| 《内经》“肺为涕”探析 | 王春生 | 辽宁中医杂志 | 1988,(7):6 |
| “鬼门”谓形体之门 | 焦振廉 | 陕西中医 | 1988,(7):335 |
| 略论“脾为涎” | 高莉莉 | 辽宁中医杂志 | 1988,(9):6 |
| 就“肝主疏泄”与朱邦贤同志商榷 | 蒲晓东等 | 上海中医药杂志 | 1988,(9):40 |
| “十一脏取决于胆”刍议 | 周振毅等 | 新中医 | 1988,(9):10 |
| 试论心在水液代谢中的作用 | 傅延龄 | 辽宁中医杂志 | 1988,(10):7 |
| 肾主纳气辨析 | 王锦荣等 | 中医杂志 | 1988,(10):16 |
| 试论“肝主疏泄”的生理与病理——兼与朱邦贤同志商榷 | 徐余祥等 | 江苏中医药 | 1988,(11):41 |
| 脏象问题新探 | 符友丰 | 中医杂志 | 1988,(12):65 |
| “凡十一脏取决于胆也”新解 | 王海林 | 承德医学院学报 | 1989,(1):35 |
| “神明之心” | 班秀文 | 广西中医药 | 1989,(1):33 |
| 中医藏象学说理论体系中的信息方法浅探 | 阎沛海 | 贵阳中医学院学报 | 1989,(1):12 |
| 祖国医学肾脏学说的现代认识 | 陈建章 | 河北中医 | 1989,(1):1 |
| 浅谈脾胃在人体的重要性 | 程鹤年 | 菏泽医学专科学校学报 | 1989,(1):78 |
| 窍脏相关理论及其实用意义 | 皮明钧 | 湖南中医学院学报 | 1989,(1):4 |
| 三焦求实 | 蒋贤耀 | 山西中医 | 1989,(1):13 |
| 试探肺主肃降 | 何建升 | 陕西中医学院学报 | 1989,(1):6 |
| 《黄帝内经》灵枢五味篇中“胃之二焦”之我见 | 王　敏 | 中医药学报 | 1989,(1):28 |
| 古代哲学与中医命门学说 | 吴　童 | 中医药学报 | 1989,(1):9 |
| 试论脾、胃功能及其研究 | 叶锦先 | 中医药学刊 | 1989,(1):6 |
| 论“肝为五脏之贼” | 赵　莉等 | 中医药学刊 | 1989,(1):9 |
| 脾阴浅析 | 张　骠 | 安徽中医学院学报 | 1989,(2):58 |

| | | | |
|---|---|---|---|
| 析"魄门亦为五藏使,水谷不得久藏"的涵义 | 吴　勇 | 福建中医药 | 1989,(2):52 |
| "脾主运化"的含义之我见 | 翟衍庆 | 甘肃中医 | 1989,(2):4 |
| "心开窍于耳" | 班秀文 | 广西中医药 | 1989,(2):32 |
| 略谈脑髓学说的形成和发展 | 谭银章 | 湖北中医杂志 | 1989,(2):35 |
| 论"命门"学说 | 萧佐桃等 | 湖南中医学院学报 | 1989,(2):62 |
| 从"升降出入"看肺与脏腑的关系 | 刘永凤等 | 泸州医学院学报 | 1989,(2):115 |
| 《血证论》从肺补血初探 | 程运文等 | 四川中医 | 1989,(2):9 |
| 《内经》"毛发应脏学说"初探 | 郭教礼等 | 现代中医药 | 1989,(2):1 |
| "肝生于左,肺藏于右"浅识 | 黄景贤 | 中医药学报 | 1989,(2):20 |
| 浅谈心脏与全身的关系 | 陈守忠 | 中医药学刊 | 1989,(2):6 |
| 试论脾、胃功能及其研究 | 叶锦先 | 中医药学刊 | 1989,(2):4 |
| "脑主神明"析 | 余韵星 | 北京中医 | 1989,(3):14 |
| 肾主生殖汇论 | 郭文友 | 贵阳中医学院学报 | 1989,(3):13 |
| 略论脏象问题 | 符友丰 | 黑龙江中医药 | 1989,(3):7 |
| 设立"奇恒之腑辨证"刍议 | 徐爱良 | 湖南中医学院学报 | 1989,(3):150 |
| "肝者,将军之官"补释 | 迟华基 | 山东中医药大学学报 | 1989,(3):66 |
| 论脏象学说的整体观 | 张　晓 | 山东中医药大学学报 | 1989,(3):5 |
| 论肝胆在气机运动中的地位 | 侯钦丰等 | 山东中医杂志 | 1989,(3):5 |
| "肺朝百脉"我见 | 吴永君 | 陕西中医 | 1989,(3):142 |
| 脾之喜恶浅论 | 余　涛 | 陕西中医 | 1989,(3):142 |
| 试从《内经》谈脑为生命之本 | 张喜奎等 | 天津中医药 | 1989,(3):19 |
| 亦谈"头为诸阳之会" | 任宇丁 | 新疆中医药 | 1989,(3):46 |
| 《内经》三焦新探 | 钱秉强 | 新中医 | 1989,(3):14 |
| 脾主味浅诠 | 黄瑞国 | 中医药学报 | 1989,(3):7 |
| 肝开窍于目刍议 | 张安玲 | 中医药学刊 | 1989,(3):2 |
| 小议皮毛与皮肤 | 袁秀英 | 中医药学刊 | 1989,(3):38 |
| 浅谈祖国医学的肾脑(心)相关说 | 武安虎等 | 河北中医 | 1989,(4):32 |
| 略论藏象问题 | 符友丰 | 黑龙江中医药 | 1989,(4):4 |
| 肝与目关系的研究 | 彭清华等 | 辽宁中医杂志 | 1989,(4):11 |
| 关于"三焦"争论之概述 | 施存法 | 青海医药杂志 | 1989,(4):63 |
| 《素问·灵兰秘典论》膀胱三焦职能质疑 | 姜达歧等 | 上海中医药杂志 | 1989,(4):39 |
| 浅议脾与脾为后天之本——与来、牛二同志讨论 | 李心机 | 中医药学报 | 1989,(4):45 |
| "命门"含义浅析 | 杨君兴 | 中医药学刊 | 1989,(4):32 |
| 略谈五官的生理病理 | 刘荩文 | 中医药学刊 | 1989,(4):2 |
| 再论天癸为天真之传误——答王、陈之《商榷》 | 赵有臣 | 上海中医药杂志 | 1989,(5):43 |
| 肝胆的解剖生理刍议 | 洪文旭 | 中医药学刊 | 1989,(5):4 |
| "脾藏营"之我见 | 陈　明 | 国医论坛 | 1989,(6):33 |
| 乳房归属的初探 | 贺　哲 | 吉林中医药 | 1989,(6):51 |
| 也谈三焦——兼与王定扬先生商榷 | 张喜奎 | 江西中医药 | 1989,(6):55 |
| 谈肝主疏泄与气的运动 | 汤希孟 | 江西中医药 | 1989,(6):47 |
| 试论"脾藏营" | 何晓晖 | 上海中医药杂志 | 1989,(6):45 |
| 耳心息息相关论 | 王公东 | 浙江中医药大学学报 | 1989,(6):40 |
| 略论肝"体阴用阳" | 赵　莉 | 中医药学刊 | 1989,(6):14 |
| 略谈五官的生理病理 | 刘荩文 | 中医药学刊 | 1989,(6):2 |
| 五脏皆以通为用 | 高永平 | 四川中医 | 1989,(7):5 |
| "罢极之本"新解 | 刘　鸿 | 中医杂志 | 1989,(7):57 |

| | | | |
|---|---|---|---|
| 肺与大肠互治摭拾 | 贾美华 | 辽宁中医杂志 | 1989,(8):9 |
| 祖国医学对“脑”的认识 | 孙朝润 | 陕西中医 | 1989,(10):453 |
| 释“天癸” | 马　坚 | 四川中医 | 1989,(10):59 |
| 瞰识“心开窍于耳” | 王　湘等 | 中医杂志 | 1989,(11):59 |
| 试论五脏五官相关理论 | 刘宏伟等 | 甘肃中医学院学报 | 1990,(1):38 |
| 从《内经》看目与生物全息律 | 肖家翔 | 贵阳中医学院学报 | 1990,(1):9 |
| 目脏相关说临床应用 | 张　彬 | 河北中医 | 1990,(1):22 |
| 试论瞳子决死生 | 王光春 | 黑龙江中医药 | 1990,(1):50 |
| “三焦”之我见 | 童增华等 | 青海医学院学报 | 1990,(1):66 |
| “肝者,罢极之本”之我释 | 高　峰 | 山东中医杂志 | 1990,(1):10 |
| 刍议藏象与脏腑 | 潘文奎 | 中医研究 | 1990,(1):16 |
| “腠理”浅析 | 翁工清 | 中医药学刊 | 1990,(1):15 |
| 命门管见 | 贾怀星 | 中医药研究 | 1990,(1):7 |
| 天癸生理探微 | 何耀荣 | 湖南中医杂志 | 1990,(2):19 |
| 脑与神明——兼与刘兴仁同志商榷 | 张博生 | 辽宁中医杂志 | 1990,(2):9 |
| 论心与津液代谢 | 张安玲等 | 山东中医药大学学报 | 1990,(2):13 |
| 论脏腑的气血阴阳 | 吴敦序 | 中华中医药杂志 | 1990,(2):9 |
| 肝升肺降理论的源流 | 柴可夫 | 中医药学报 | 1990,(2):7 |
| “中焦如沤”辩识 | 周宜强等 | 安徽中医学院学报 | 1990,(3):10 |
| 也谈肾主生殖——和郭文友同志商榷 | 张仲谦 | 贵阳中医学院学报 | 1990,(3):38 |
| 再论肾主生殖——兼答张仲谦先生 | 郭文友 | 贵阳中医学院学报 | 1990,(3):39 |
| 命门理论新探 | 黄　澍等 | 湖南中医学院学报 | 1990,(3):180 |
| 略论脑当另立为脏 | 朱文锋 | 湖南中医学院学报 | 1990,(3):113 |
| 谈胃气、脏气与脉气 | 王小平 | 山东中医药大学学报 | 1990,(3):59 |
| 论肝主疏泄精气 | 孟令军等 | 山东中医药大学学报 | 1990,(3):15 |
| 从血液流变学探讨天癸学说之科学性 | 魏守宽等 | 山东中医药大学学报 | 1990,(3):32 |
| 从酸味甘味水果中胡萝卜素的含量探讨“酸生肝,肝主目” | 殷　鑫 | 陕西中医学院学报 | 1990,(3):14 |
| 脾胃合论浅说 | 董潘章 | 天津中医药 | 1990,(3):27 |
| 试论脾胃升降 | 吴宗柏 | 云南中医学院学报 | 1990,(3):20 |
| 刍议“心主神明论”的科学性 | 张铭韬 | 中医药信息 | 1990,(3):8 |
| 也谈“肺朝百脉” | 黄建庄 | 中医药学报 | 1990,(3):52 |
| 从整体观看三焦的实质(一) | 刘尽文 | 中医药学刊 | 1990,(3):6 |
| 肝主疏泄乃“罢极”之本意 | 潘文奎 | 中医药学刊 | 1990,(3):10 |
| 试论“心肾相交” | 胡依平 | 广西中医药 | 1990,(4):23 |
| 胆府为何称“中正”《周易》道破个中趣 | 陈　明等 | 国医论坛 | 1990,(4):10 |
| 从认识论的角度看藏象学说的科学内涵 | 黎正华 | 湖南中医学院学报 | 1990,(4):199 |
| 肾精　肾气　肾阴　肾阳浅析 | 张庆荣等 | 辽宁中医杂志 | 1990,(4):8 |
| 脾阴理论初探 | 赵存娥等 | 山西中医 | 1990,(4):6 |
| “思伤脾”考识 | 蒋力生 | 云南中医学院学报 | 1990,(4):7 |
| 脾胃学说浅论 | 黄德芬 | 重庆医学 | 1990,(4):42 |
| 肺主通调水道辨析 | 王　强 | 北京中医 | 1990,(5):19 |
| 浅论中医对命门的认识 | 张荣榜 | 陕西中医 | 1990,(5):217 |
| 试论脾血和脾血虚 | 彭俊峰 | 广西中医药 | 1990,(6):29 |
| 试谈肺“通调水道” | 陈　明等 | 国医论坛 | 1990,(6):13 |

| | | | |
|---|---|---|---|
| “右肾命门说”析疑 | 费忠海 | 湖北中医杂志 | 1990,(6):26 |
| “肾主蛰”初探 | 任占敏 | 新中医 | 1990,(6):12 |
| “罢极”新解 | 钱超尘 | 中医药学刊 | 1990,(6):24 |
| “凡十一藏取决于胆也”之我见 | 连维真 | 中医杂志 | 1990,(6):58 |
| “肝主小便”初探 | 李行能等 | 上海中医药杂志 | 1990,(7):39 |
| 肾主纳气机析 | 高杏斋 | 陕西中医 | 1990,(8):382 |
| 谈“五脏者,藏精气而不泻” | 戴长林 | 江苏中医药 | 1990,(9):35 |
| 试论肺为“太和”之脏 | 张金玺 | 陕西中医 | 1990,(9):410 |
| 试论三焦与内分泌系统的相似性 | 吴逸民 | 辽宁中医杂志 | 1990,(10):1 |
| “心主神”辨 | 赵健雄 | 上海中医药杂志 | 1990,(10):36 |
| “所言节者,神气之所游行出入也,非皮肉筋骨也”小议 | 刘　喆 | 四川中医 | 1990,(10):12 |
| “肺朝百脉”析验录 | 王玉生 | 辽宁中医杂志 | 1990,(11):4 |
| 也谈“肺朝百脉” | 雷　平 | 四川中医 | 1990,(11):5 |
| 浅谈肝位居左 | 江培春等 | 四川中医 | 1990,(11):13 |
| “肾者胃之关”刍议 | 王心好 | 上海中医药杂志 | 1990,(12):34 |
| 心病涉经连他脏　四时感邪应五行——《内经》心病证候初探 | 徐如恩 | 四川中医 | 1990,(12):22 |
| 胆:中医脏象学说的历史 | 孟乃昌 | 大自然探索 | 1991,(1):121 |
| 试论“脑为神之用,心为神之基” | 潘文奎 | 甘肃中医 | 1991,(1):29 |
| 试论肾主纳气——兼与《肾主纳气辨析》商榷 | 章增加等 | 广西中医药 | 1991,(1):31 |
| 肾与命门的气化观 | 司富春等 | 国医论坛 | 1991,(1):23 |
| 浅述“咽为肝之使” | 周小军 | 湖南中医学院学报 | 1991,(1):54 |
| 论心在眼科中的作用 | 肖家翔 | 吉林中医药 | 1991,(1):4 |
| 肺与膀胱相通初探 | 卞兆祥等 | 辽宁中医杂志 | 1991,(1):7 |
| 肾本质研究思路 | 马淑然等 | 山东中医药大学学报 | 1991,(1):12 |
| 再探命门 | 何爱华 | 针灸临床杂志 | 1991,(1):1 |
| “肺主治节”及临证治疗 | 王旭东 | 中医研究 | 1991,(1):10 |
| 论“脾主口”说 | 尉迟静 | 中医药临床杂志 | 1991,(1):42 |
| 从整体观看三焦的实质(二) | 刘苊文 | 中医药学刊 | 1991,(1):35 |
| “形脏”刍议 | 管济生 | 甘肃中医学院学报 | 1991,(2):36 |
| 关于“肝主疏泄”的几个问题 | 王　峰 | 甘肃中医学院学报 | 1991,(2):37 |
| 少阳枢机与五脏 | 周尔文 | 天津中医学院学报 | 1991,(2):35 |
| “胃气”辨析及其意义 | 王怀平 | 中医药学刊 | 1991,(2):18 |
| 对《内经》“藏象学说”的探讨 | 程士德 | 中医药研究 | 1991,(2):11 |
| 从肾藏精探索衰老的进程 | 张永莲 | 福建中医药 | 1991,(3):8 |
| 试谈肺与皮毛相关——兼论肺司呼吸 | 陈　明等 | 国医论坛 | 1991,(3):16 |
| “五脏元真通畅,人即安和”探颐 | 范曼玲 | 吉林中医药 | 1991,(3):46 |
| “魄门亦为五脏使”刍议 | 李国平 | 陕西中医 | 1991,(3):142 |
| 《内经》髓理论探析 | 张作记 | 上海中医药杂志 | 1991,(3):40 |
| “肾上连肺,故将两藏”析义 | 杨盛友 | 四川中医 | 1991,(3):10 |
| 中医发齿肾之间的关系初探 | 马家骐等 | 现代中医药 | 1991,(3):28 |
| 对《内经》“藏象学说”的探讨(续) | 程士德 | 中医药研究 | 1991,(3):19 |
| 略论“心开窍于耳” | 贾德蓉 | 成都中医药大学学报 | 1991,(4):38 |
| 《黄帝内经》中的脏象 | 孟庆云 | 山东中医药大学学报 | 1991,(4):10 |
| 肾是代谢调节的中心 | 李　震 | 山东中医药大学学报 | 1991,(4):17 |
| 心肾相关实质初探 | 刘勤社 | 陕西中医 | 1991,(4):163 |

| | | | |
|---|---|---|---|
| 从体用观看《内经》藏象学说的实质 | 路玉滨 | 上海中医药杂志 | 1991,(4):35 |
| 中医脑髓理论初探 | 张雪亮等 | 浙江中医药大学学报 | 1991,(4):4 |
| "罢极"新解 | 刘士敬等 | 中医药信息 | 1991,(4):10 |
| 三焦琐谈 | 赵珍玉 | 中医药学报 | 1991,(4):8 |
| "三焦"新解 | 刘士敬等 | 中医药学刊 | 1991,(4):22 |
| 浅述《内经》对脏象学说的奠基作用 | 吴淑华 | 中医药学刊 | 1991,(4):8 |
| 五脏辨证的相互关系 | 刘苡文 | 中医药学刊 | 1991,(4):20 |
| 对《内经》"藏象学说"的探讨(续) | 程士德 | 中医药研究 | 1991,(4):14 |
| 中医"五神藏"现代机理浅析 | 钟　飞 | 中医药研究 | 1991,(4):28 |
| "土旺四季"源流探讨 | 李成恩 | 国医论坛 | 1991,(5):11 |
| 从《内经》析"心藏神"——与高校《中基》教材的两点商榷 | 唐　宋等 | 国医论坛 | 1991,(5):39 |
| 再论三焦的形质——与王定扬先生商榷 | 樊谨如 | 江西中医药 | 1991,(5):56 |
| 五脏功能理论的建立和发展 | 刘承才 | 山东中医药大学学报 | 1991,(5):11 |
| 小议女子胞 | 徐振华 | 山东中医药大学学报 | 1991,(5):60 |
| 肝气通于目探赜 | 肖家翔 | 山西中医 | 1991,(5):4 |
| 关于藏象学说若干问题的探讨 | 郑红斌 | 浙江中医药大学学报 | 1991,(5):6 |
| 藏象理论的形成过程及藏象实质分析 | 陈利国 | 中华中医药杂志 | 1991,(5):3 |
| 脏腑制约论 | 赵崇学 | 中华中医药杂志 | 1991,(5):5 |
| 谈"肾阴"、"肾阳" | 曲长江 | 中医药学刊 | 1991,(5):16 |
| 对《内经》"藏象学说"的探讨(续) | 程士德 | 中医药研究 | 1991,(5):18 |
| 心藏神理论内涵初探 | 余琼琼等 | 福建中医药 | 1991,(6):53 |
| 论"心者,生之本" | 蒋应时 | 广西中医药 | 1991,(6):272 |
| 肝升肺降机理的探讨 | 柴可夫 | 江苏中医药 | 1991,(6):34 |
| 《内经》对脏腑辨证的启示 | 凌耀星 | 上海中医药杂志 | 1991,(6):1 |
| 《内经》论脑述略 | 王世文 | 中医药学刊 | 1991,(6):4 |
| 论肺主一身之气化 | 刘树新 | 中医药学刊 | 1991,(6):22 |
| 对《内经》藏象学说的探讨(续) | 程士德 | 中医药研究 | 1991,(6):19 |
| 《内经》对脏腑辨证的启示(续) | 凌耀星 | 上海中医药杂志 | 1991,(8):34 |
| 浅论胆胃在生理上的相关性 | 许尤琪 | 陕西中医 | 1991,(9):409 |
| 略论脑主神明 | 姜　惟 | 陕西中医 | 1991,(10):452 |
| 脑与五脏关系浅探 | 解建国等 | 陕西中医 | 1991,(10):454 |
| 传统医学脑论 | 刘正民 | 新中医 | 1991,(10):10 |
| 心脑共主神明论 | 许国振 | 新中医 | 1991,(10):8 |
| "凡十一脏取决于胆"之我见 | 董生青 | 甘肃中医 | 1992,(1):37 |
| 心脑共主神明论 | | 甘肃中医学院学报 | 1992,(1):51 |
| 论"脑为元神之府" | 程昭寰 | 黑龙江中医药 | 1992,(1):6 |
| 命门解难 | 贾　耿 | 湖南中医学院学报 | 1992,(1):7 |
| 肾脏是人体功能子系统 | 马淑然等 | 山东中医药大学学报 | 1992,(1):10 |
| 从医易同源谈心肾相交 | 王　勇 | 四川中医 | 1992,(1):16 |
| "胃之五窍"探解 | 穆伯英 | 天津中医学院学报 | 1992,(1):6 |
| 浅谈情志、骨折与脾肾功能的关系 | 曹新泉 | 中国实用护理杂志 | 1992,(1):45 |
| 肺对全身作用刍议 | 徐兴国 | 中医药学刊 | 1992,(1):11 |
| 《内经》论髓刍议 | 刘　进等 | 吉林中医药 | 1992,(2):4 |
| 互藏论 | 黄显辉 | 山东医科大学学报(社会科学版) | 1992,(2):29 |

| | | | |
|---|---|---|---|
| 心者"阳中之太阳"浅析 | 张国霞 | 天津中医学院学报 | 1992,(2):12 |
| 命门相火辨 | 周德生 | 浙江中医学院学报 | 1992,(2):43 |
| "藏而不写"新探 | 樊　海 | 中医药学刊 | 1992,(2):14 |
| 谈"肺主气" | 吴华强 | 安徽中医学院学报 | 1992,(3):14 |
| 天癸、肾与衰老 | 魏　钰等 | 安徽中医学院学报 | 1992,(3):8 |
| 心肾相交理论史略、研究现状及展望 | 李如辉 | 福建中医学院学报 | 1992,(3):182 |
| 奇恒之府之睾丸易胆论 | 任爱民 | 国医论坛 | 1992,(3):37 |
| 论脏腑之气皆有升降出入 | 刘家义 | 山东中医药大学学报 | 1992,(3):6 |
| 从大肠生理探讨大肠病证治特点 | 王汝新等 | 山东中医杂志 | 1992,(3):11 |
| 试论心肺共同主表 | 黄金昶 | 陕西中医 | 1992,(3):113 |
| 试论膀胱气化 | 史同义 | 陕西中医学院学报 | 1992,(3):9 |
| 对"凡十一脏取决于胆"的认识 | 史云萍 | 新疆中医药 | 1992,(3):20 |
| 《内经》膀胱藏津液内含浅析 | 袁呈云 | 浙江中医学院学报 | 1992,(3):4 |
| 中西医结合对"三焦"的理解 | 邓世广 | 中医药研究 | 1992,(3):11 |
| "中气为中焦脾胃之气"辨析 | 刘养元 | 湖南中医学院学报 | 1992,(4):53 |
| 肾的精气阴阳探析 | 张超群等 | 湖南中医学院学报 | 1992,(4):1 |
| 剖析《内经》中的人气在其心脾之论 | 宋远忠 | 贵阳中医学院学报 | 1992,(4):29 |
| "仓廪"的临床意义 | 郑学农 | 吉林中医药 | 1992,(4):5 |
| "凡十,一脏取决于胆" | 朱宝华 | 山东中医药大学学报 | 1992,(4):69 |
| 论心神 | 张庆祥等 | 山东中医药大学学报 | 1992,(4):9 |
| 脏象学说方法论浅探 | 张效霞 | 山东中医药大学学报 | 1992,(4):58 |
| 对"肝主疏泄,"之我见 | 王　芳 | 天津中医学院学报 | 1992,(4):41 |
| 心主神明与脑主神明 | 朱蕴红 | 天津中医学院学报 | 1992,(4):6 |
| 三焦实质初探 | 杨一工 | 天津中医药 | 1992,(4):34 |
| 试论"人以胃气为本" | 白荣禄 | 新中医 | 1992,(4):8 |
| 试论脾胃气机升降与六经病证 | 魏武英等 | 中医药学刊 | 1992,(4):15 |
| 从脏腑的命名到藏象学说的形成探析 | 阳　太 | 中医药研究 | 1992,(4):15 |
| 肺与血的探讨 | 郑朝松 | 福建中医药 | 1992,(5):11 |
| 肾中精气在衰老和延年祛病中的地位和作用 | 李建生等 | 国医论坛 | 1992,(5):23 |
| 干祖望医话(二)——肺主皮毛 | 千　千 | 辽宁中医杂志 | 1992,(5):43 |
| "肝者,罢极之本"析疑 | 马晓春 | 中医药学刊 | 1992,(5):10 |
| "孤阴"与"独阳"辨析 | 马凤友 | 中医药学刊 | 1992,(5):12 |
| 谈"肺合皮毛"的机理 | 罗再琼 | 中医药学刊 | 1992,(5):14 |
| 浅谈肝体阴用阳 | 王彦田等 | 河北中医 | 1992,(6):40 |
| 论脑的生理特性及功能 | 程昭寰 | 黑龙江中医药 | 1992,(6):6 |
| 脏象意蕴 | 李心机 | 山东中医药大学学报 | 1992,(6):2 |
| 浅谈肺之排浊 | 刘景仁 | 陕西中医 | 1992,(6):256 |
| "心——脑"学说及其临床意义 | 郑彝伦 | 浙江中医学院学报 | 1992,(6):1 |
| "心肾不交"试释 | 张　维等 | 江苏中医药 | 1992,(7):45 |
| 心胆相关理论探略 | 陆　曙等 | 陕西中医 | 1992,(7):304 |
| "十一脏取决于胆"探讨 | 钟嘉熙等 | 中医杂志 | 1992,(7):9 |
| 天癸新识 | 金　栋 | 辽宁中医杂志 | 1992,(8):8 |
| "左肝右肺"探微 | 洪　流等 | 中医杂志 | 1992,(9):8 |
| 浅论肝肾同源 | 蔡丽慧等 | 陕西中医 | 1992,(11):527 |
| "肝气"论析 | 刘家义 | 安徽中医学院学报 | 1993,(1):9 |
| 心主神明刍议 | 吴农荣 | 甘肃中医 | 1993,(1):7 |

| | | | |
|---|---|---|---|
| 《内经》脾主时理论研究 | 谢立平等 | 广州中医药大学学报 | 1993,(1):37 |
| 浅谈肝胆在人体气机中的作用 | 张成运等 | 河北中医 | 1993,(1):3 |
| 重温三焦之说 | 徐重明等 | 江苏中医药 | 1993,(1):38 |
| 干祖生趣味医话(十)——舌 | 干祖望 | 辽宁中医杂志 | 1993,(1):34 |
| 胃风初探 | 王春才 | 四川中医 | 1993,(1):10 |
| 浅谈命门与天癸 | 袁素贞 | 现代医学 | 1993,(1):28 |
| 刍议“魄门亦为五脏使” | 于　英 | 新疆中医药 | 1993,(1):13 |
| 五胜琐论 | 史广宇 | 中国民间疗法 | 1993,(1):36 |
| “藏象”的概念 | 王洪图 | 中华中医药杂志 | 1993,(1):11 |
| 五脏与面部关系探析 | 崔应珉等 | 中医研究 | 1993,(1):12 |
| “脑为元神之府”辨析 | 陈　明 | 中医药学刊 | 1993,(1):17 |
| 心与鼻的关系初探 | 黄金昶 | 中医药研究 | 1993,(1):14 |
| “肾者作强官之官,伎巧出焉”之我见 | 胡见华 | 湖北中医杂志 | 1993,(2):43 |
| 肾命任督管见 | 贾　耿 | 湖南中医学院学报 | 1993,(2):1 |
| 也谈“罢极之本” | 贾树林 | 辽宁中医杂志 | 1993,(2):15 |
| 中医肾与耳关系的研究进展 | 曾兆麟 | 中国中西医结合杂志 | 1993,(2):119 |
| 论脏腑辨证“虚实寒热生死逆顺”八纲 | 孙光荣 | 中华中医药杂志 | 1993,(2):4 |
| 试论心与胆相通 | 黄道富等 | 中医药学刊 | 1993,(2):17 |
| 肺主皮毛小议 | 欧阳兵 | 北京中医 | 1993,(3):15 |
| 祖国医学对脾的形态功能认识的演变 | 靳士英 | 广州中医药大学学报 | 1993,(3):155 |
| 中焦论治琐谈 | 宋明会 | 贵阳中医学院学报 | 1993,(3):10 |
| 五脏藏而不泻辨析 | 王惠民 | 湖北中医杂志 | 1993,(3):33 |
| 略论“脑”当为脏 | 段天苟 | 陕西中医 | 1993,(3):112 |
| “脾主运化”与“脾统血”刍议 | 王继文 | 中医杂志 | 1993,(3):183 |
| 试论心脑并主神明 | 张继东等 | 甘肃中医 | 1993,(4):1 |
| 试论“脑开窍于耳” | 高建华 | 黑龙江中医药 | 1993,(4):14 |
| 脏性探微 | 喻自成 | 湖北中医杂志 | 1993,(4):26 |
| 论中医脑髓理论的源流和发展 | 程昭寰 | 江西中医药 | 1993,(4):53 |
| 肾主耳与心开窍于耳之疾病临床辨识 | 潘文奎 | 辽宁中医杂志 | 1993,(4):12 |
| 祖国医学肾眼关系浅述 | 李瑞荃等 | 现代中医药 | 1993,(4):14 |
| 九窍的隶属及其实质的探讨 | 杨　旭等 | 中医药学报 | 1993,(4):5 |
| 《内经》脏腑关系论 | 贾春华 | 中医药研究 | 1993,(4):9 |
| 对“心主神明刍议”一文的几点看法 | 曾昭明 | 甘肃中医 | 1993,(5):6 |
| 干祖生趣味医话(十四)——腹 | 干祖望 | 辽宁中医杂志 | 1993,(5):36 |
| 胆胃相关之探究 | 潘雪飞等 | 山西中医 | 1993,(5):5 |
| “肾者胃之关”辨析 | 崔伯瑛 | 上海中医药杂志 | 1993,(5):37 |
| 肝藏血新说 | 魏良行 | 浙江中医学院学报 | 1993,(5):4 |
| 肝为“罢极之本”纵横谈 | 陈　明 | 中医药学刊 | 1993,(5):4 |
| 《内经》“女子胞”之我见 | 王　真等 | 吉林中医药 | 1993,(6):45 |
| “肺主治节”探讨 | 肖国钢 | 四川中医 | 1993,(6):18 |
| “魄门亦为五脏使”临床意义探讨 | 段延萍 | 现代中医药 | 1993,(6):1 |
| 毛发——窥测脏腑的窗口 | 徐宜厚 | 医学文选 | 1993,(6):38 |
| 肝属下焦之涵义探讨 | 李　巍等 | 中医药学报 | 1993,(6):21 |
| 浅论心脑肾共主瞳神 | 刘建华 | 江苏中医药 | 1993,(7):38 |
| 汗与脏腑相关探要 | 徐兴国 | 陕西中医 | 1993,(8):49 |
| “肝主小便”浅说 | 王　勇 | 安徽中医学院学报 | 1993,(S1):76 |

| | | | |
|---|---|---|---|
| “凡十一脏取决于胆”纵横谈 | 陈　明 | 北京中医药大学学报 | 1994,(1):14 |
| 命门与命门学说研究述评 | 烟建华 | 北京中医药大学学报 | 1994,(1):4 |
| “十一脏取决于胆”新解 | 孟世禄等 | 甘肃中医学院学报 | 1994,(1):11 |
| 心脑关系与心神说 | 迟华基等 | 山东中医药大学学报 | 1994,(1):7 |
| 试论藏象学说的方法观 | 朱广仁 | 天津中医学院学报 | 1994,(1):32 |
| 如何认识“肝属下焦” | 李　巍 | 现代中西医结合杂志 | 1994,(1):112 |
| 论脑之病理及其脑病的证治 | 马汴梁等 | 中医药学刊 | 1994,(1):12 |
| “土得木而达”刍议 | 李国清 | 中医药研究 | 1994,(1):13 |
| 陈潮祖教授“膜腠三焦”说 | 宋　兴 | 成都中医药大学学报 | 1994,(2):6 |
| 奇恒之腑中脑、髓之我见 | 喻嘉兴 | 湖南中医学院学报 | 1994,(2):59 |
| 肝主疏泄刍议 | 高玉章等 | 山西中医 | 1994,(2):6 |
| 五脏藏五神浅析 | 徐兴国 | 中医药学刊 | 1994,(2):13 |
| 论三焦的形态、功能及其临床意义 | 郑婉婝 | 中医药学刊 | 1994,(2):12 |
| “木曰曲直”与中医学对肝胆的认识 | 路玉滨 | 周易研究 | 1994,(2):71 |
| “凡十一藏取决于胆”管窥 | 王　健等 | 长春中医学院学报 | 1994,(3):15 |
| 肝－目关系研究的历史与现状 | 王幼生等 | 广州中医药大学学报 | 1994,(3):178 |
| 试谈“魄门亦为五脏使” | 张丽蓓等 | 河南中医药学刊 | 1994,(3):1 |
| 命门识 | 潘文奎 | 湖南中医学院学报 | 1994,(3):1 |
| “左肝右肺”释义及临床应用举隅 | 刘采倩 | 实用中医药杂志 | 1994,(3):38 |
| 黄帝内经对胃的论述 | 原先德等 | 世界华人消化杂志 | 1994,(3):169 |
| 浅析“肾将两脏” | 蒋　燕 | 中国医药学报 | 1994,(3):57 |
| 脾胃阴阳调理之应用 | 韩先知 | 中国医药学报 | 1994,(3):34 |
| 论脾胃在脏腑学说中的主导地位 | 柯新桥等 | 中国中西医结合消化杂志 | 1994,(3):37 |
| 《内经》藏象体系研究思路之反思 | 刘可勋 | 中医研究 | 1994,(3):8 |
| 肝脏刚柔析疑 | 杨　波 | 中医药学报 | 1994,(3):8 |
| 肝主疏泄临床意义初探 | 徐正海 | 中医杂志 | 1994,(3):136 |
| 试论脾胃与小儿疾病的关系 | 牛敏国等 | 安徽医学 | 1994,(4):54 |
| 五脏应以通为用 | 缑建华 | 贵阳中医学院学报 | 1994,(4):3 |
| 凡十一脏取决于膻——驳“凡十一脏取决于胆” | 张毓汉 | 辽宁中医杂志 | 1994,(4):157 |
| 肺司汗出浅析 | 徐兴国 | 陕西中医 | 1994,(4):192 |
| 五藏附五行是受古代祭祀的启示 | 樊　圃 | 陕西中医学院学报 | 1994,(4):1 |
| 《内经》论眼之生理 | 郭　霞等 | 四川中医 | 1994,(4):3 |
| 脾卫护机体的理论探源 | 李云委 | 浙江中医学院学报 | 1994,(4):7 |
| 以肝为例谈“脏腑辨证”的形成 | 王晓兰 | 中国医药学报 | 1994,(4):18 |
| 命门识 | 潘文奎 | 中医文献杂志 | 1994,(4):10 |
| 五脏功能节律与辨证施治的临床研究 | 夏质彬 | 中医药学报 | 1994,(4):7 |
| 试论中医对脑的认识 | 谢路山 | 北京中医药大学学报 | 1994,(5):12 |
| 生理特性探源 | 黄景贤 | 国医论坛 | 1994,(5):20 |
| “肾主纳气”新释 | 张智学 | 国医论坛 | 1994,(5):36 |
| 命门位置及功能的探讨 | 梁锦铭 | 吉林中医药 | 1994,(5):1 |
| “涨落”与中医脏腑学说 | 吕志平 | 山东中医药大学学报 | 1994,(5):295 |
| 试论藏象学说中的五脏系统特性 | 肖烈钢 | 陕西中医 | 1994,(5):211 |
| 略谈脾升胃降 | 许曹义 | 浙江中医学院学报 | 1994,(5):11 |
| 头与脑 | 马建中等 | 中国保健营养 | 1994,(5):40 |
| “凡十一脏取决于胆”之我见 | 宋玉田等 | 国医论坛 | 1994,(6):36 |
| 《内经》关于肾气功能论述之八卦新解 | 盖天海 | 国医论坛 | 1994,(6):10 |

| | | | |
|---|---|---|---|
| “天癸”实质初探 | 杨　欣 | 河南中医 | 1994,(6):334 |
| “肝受血而能视”质疑 | 黄祖芳等 | 吉林中医药 | 1994,(6):44 |
| “呼吸由肺肾共司”析 | 伊　颖 | 吉林中医药 | 1994,(6):45 |
| 试探命门与内分泌系统 | 潘文奎 | 辽宁中医杂志 | 1994,(6):244 |
| 命门识 | 潘文奎 | 山西中医 | 1994,(6):9 |
| 从心脑主神明之争谈中医脑病学的发展 | 潘　龙等 | 现代中医药 | 1994,(6):11 |
| 试论“脾为生痰之源” | 戴锦成等 | 中医药学刊 | 1994,(6):20 |
| “天癸”的实质初探 | 杨　欣 | 中医药研究 | 1994,(6):3 |
| 干祖望趣味医话(29)——脑海 | 干祖望 | 辽宁中医杂志 | 1994,(8):370 |
| 浅析“肾将两脏” | 蒋　燕 | 辽宁中医杂志 | 1994,(9):398 |
| 肾与命门之我见 | 王秉生等 | 陕西中医 | 1994,(9):432 |
| 小儿脾主运化临床意义初探 | 沈雅娟等 | 辽宁中医杂志 | 1994,(10):441 |
| 小议命门之涵义和实质 | 杨普选等 | 陕西中医 | 1994,(11):528 |
| 耳朵——人体健康的缩影 | 葛书翰 | 健康大视野 | 1994,(12):36 |
| 中医对脑的解剖生理的认识 | 李如奎 | 上海中医药杂志 | 1994,(12):9 |
| 试论脑主神明 | 胡玉伦 | 新中医 | 1994,(S1):18 |
| “心主神明”立论浅析 | 周祖贻 | 湖南中医杂志 | 1994,(S2):56 |
| 试论目为心窍 | 陈小娟 | 江西中医药 | 1994,(S2):18 |
| “肺主一身之气”辨析 | 孟令军 | 安徽中医学院学报 | 1995,(1):11 |
| 浅谈脏与腑的关系 | 蒋　燕 | 北京中医药大学学报 | 1995,(1):12 |
| 脑脏气血津液阴阳之我见 | 申锦林等 | 长春中医学院学报 | 1995,(1):19 |
| 从五脏功能谈血的生成 | 崔姗姗等 | 河南中医药学刊 | 1995,(1):2 |
| “乙癸同源,肝肾同治”源流考略 | 章增加等 | 江西中医药 | 1995,(1):55 |
| 肾主骨理论的研究进展 | 李志安 | 山东中医药大学学报 | 1995,(1):63 |
| 对《内经》五脏藏神理论的探讨 | 项　祺等 | 山西中医 | 1995,(1):32 |
| 从女性生理探讨天癸 | 叶一萍 | 浙江中医学院学报 | 1995,(1):11 |
| 对玄府在色盲上的新认识 | 周信华 | 中国针灸 | 1995,(1):56 |
| 《周易》与《黄帝内经》中的藏象学说 | 孟庆云 | 中国中医基础医学杂志 | 1995,(1):12 |
| 藏府辨析 | 杨学鹏 | 中国中医基础医学杂志 | 1995,(1):20 |
| 论脑为元神之脏 | 程昭寰 | 中国中医基础医学杂志 | 1995,(1):15 |
| 刍议“肝为五脏之贼” | 张跃华等 | 中医药研究 | 1995,(1):12 |
| 关于《内经》“时藏阴阳”理论的研究 | 苏　晶等 | 中医杂志 | 1995,(1):41 |
| 中医对胰的认识 | 张永宝 | 福建中医药 | 1995,(2):45 |
| 从脏腑论脾胃 | 郑燕萍 | 河北中医 | 1995,(2):4 |
| “女子胞非子宫”说浅析 | 张晓峰 | 吉林中医药 | 1995,(2):44 |
| 浅谈“肺合大肠” | 陈国华 | 开卷有益·求医问药 | 1995,(2):8 |
| 脏腑藏泻刍议 | 段连友 | 现代中医药 | 1995,(2):4 |
| 天癸与性激素初探 | 傅伯良 | 浙江中医学院学报 | 1995,(2):5 |
| 心在水液代谢中的作用 | 回振宏 | 中国中医基础医学杂志 | 1995,(2):57 |
| 论肝与生殖的关系 | 黎　云等 | 中国中医基础医学杂志 | 1995,(2):59 |
| 肾的气化与膀胱气化 | 李　茵 | 中国中医基础医学杂志 | 1995,(2):60 |
| 肝窍学说探讨 | 肖国士 | 中国中医眼科杂志 | 1995,(2):115 |
| “肝生于左”解 | 邵冠勇 | 中医药研究 | 1995,(2):6 |
| “心火下移小肠”说质疑 | 马维骐 | 成都中医药大学学报 | 1995,(3):11 |
| 《内经》五脏藏神理论的临床应用 | 项　祺等 | 山西中医 | 1995,(3):52 |
| 肝脏在五脏中的地位演变 | 杨维益等 | 中国医药学报 | 1995,(3):10 |

| | | | |
|---|---|---|---|
| 中医五脏实质是人体生命本质 | 刘文俊等 | 中国中医基础医学杂志 | 1995,(3):16 |
| 木土相关、胆病及胃诌议 | 张　燕 | 中医药信息 | 1995,(3):6 |
| 浅谈脏腑藏泻理论及其临床应用 | 常　暖等 | 中医药研究 | 1995,(3):12 |
| 论藏象的体用关系 | 许志效等 | 承德医学院学报 | 1995,(4):349 |
| 谈三焦的概念及其在临床上的应用 | 唐胜利等 | 江苏中医 | 1995,(4):37 |
| "命门者,目也"释 | 李健宇 | 天津中医学院学报 | 1995,(4):5 |
| 试论脾胃与心主神明的关系 | 张　华 | 天津中医学院学报 | 1995,(4):6 |
| 浅谈"肾主骨"与肾性骨病 | 谭铁军 | 现代中西医结合杂志 | 1995,(4):61 |
| 中医对神志与心、脑关系的认识 | 北戴河三中校医室 | 中国临床医生 | 1995,(4):54 |
| 论《内经》五脏调控系统观 | 苏　晶 | 中国中医基础医学杂志 | 1995,(4):19 |
| "凡十一腔取决于胆"辨疑 | 徐红歧等 | 中医药信息 | 1995,(4):6 |
| 略论"心藏神" | 郭延东等 | 中医药学刊 | 1995,(4):18 |
| 浅谈三焦与循环系统的相似性 | 韩平常等 | 吉林中医药 | 1995,(5):45 |
| 肾为先天之本、脾为后天之本辨析 | 王彩霞 | 中医药学刊 | 1995,(5):4 |
| 释先天之本与后天之本 | 王军瑞等 | 中医药学刊 | 1995,(5):7 |
| "肝生于左,肺藏于右"辨析 | 黄景贤 | 甘肃中医 | 1995,(6):8 |
| 中医肾主耳理论的源流 | 傅文洋 | 甘肃中医 | 1995,(6):3 |
| "肝木主病"说指导春季临床治疗 | 吴燕燕等 | 光明中医 | 1995,(6):5 |
| "肝藏血"小议 | 陈　明 | 国医论坛 | 1995,(6):44 |
| 风气通于肝 | 董薇红 | 上海中医药杂志 | 1995,(8):8 |
| 浅谈脾胃与津液的关系 | 罗新华 | 新中医 | 1995,(8):56 |
| 对脾胃理论的再认识 | 陈新敏 | 中医杂志 | 1995,(11):696 |
| 再论"心主神明"与"脑主神明" | 刘兴仁 | 北京中医药大学学报 | 1996,(1):14 |
| 对三焦形质之管见 | 田丽芳等 | 北京中医药大学学报(中医临床版) | 1996,(1):43 |
| "髓海有余"辨析 | 王玉兴 | 天津中医学院学报 | 1996,(1):32 |
| 胆腑与利胆 | 张　媚 | 现代中西医结合杂志 | 1996,(1):106 |
| 《内经》心藏神机理浅析 | 孙理军 | 现代中医药 | 1996,(1):8 |
| 对《内经》中"心在窍为舌,心开窍于耳"的看法及临床体会 | 胡海浪 | 现代中医药 | 1996,(1):15 |
| 藏象及脏腑藏泻浅说 | 党炳琳 | 现代中医药 | 1996,(1):12 |
| 浅谈五脏与气机升降 | 周少林 | 新疆中医药 | 1996,(1):10 |
| 浅析医经、经方中脏腑概念的差异 | 杨麦青 | 医学与哲学 | 1996,(1):31 |
| "治节"含义再识 | 王玉兴等 | 中国中医基础医学杂志 | 1996,(1):56 |
| 发"肝者,将军之官"之意蕴 | 贾孟辉等 | 中医药学刊 | 1996,(1):13 |
| 再论肾之作强与伎巧 | 傅晨东等 | 中医药研究 | 1996,(1):10 |
| 肝肾同源新证 | 王融冰 | 中医杂志 | 1996,(1):58 |
| 谈脾属至阴,为五脏之使 | 贺　娟等 | 北京中医药大学学报 | 1996,(2):21 |
| 试论三焦与人体气化功能 | 田丽芳等 | 北京中医药大学学报(中医临床版) | 1996,(2):45 |
| 中医的筋骨动静观 | 陈兆军等 | 北京中医药大学学报(中医临床版) | 1996,(2):59 |
| "肾主骨"的物质基础 | 任　颖等 | 长春中医学院学报 | 1996,(2):8 |
| 试论脑为君主之官神明出焉 | 张德祥 | 甘肃中医学院学报 | 1996,(2):3 |
| 脏腑"藏""泻"辨析 | 邓　沂 | 甘肃中医学院学报 | 1996,(2):8 |

| | | | |
|---|---|---|---|
| 天癸实质初探 | 秦晓晨 | 河南医科大学学报 | 1996,(2):176 |
| 肝与生殖关系初探 | 李燕梅 | 河南中医药学刊 | 1996,(2):5 |
| 腠理不是结缔组织 | 曲丽芳 | 江苏中医 | 1996,(2):44 |
| 《内经》肾藏精主水的机理 | 孟令军 | 山东中医药大学学报 | 1996,(2):86 |
| 脏藏亦泻　腑泻亦藏 | 张博生 | 山西中医 | 1996,(2):8 |
| 命门新探 | 吴绪仙 | 中西医结合心脑血管病杂志 | 1996,(2):3 |
| 脏腑功能孰为贵 | 吴敏怡等 | 福建中医学院学报 | 1996,(3):43 |
| 谈“万物之纲纪” | 巫君玉 | 光明中医 | 1996,(3):29 |
| 浅议“肝主血海” | 常　东 | 广西中医药 | 1996,(3):41 |
| 试析《内经》脑髓学说的特点 | 黄俊山 | 湖南中医学院学报 | 1996,(3):11 |
| 略论精室当为奇恒之腑 | 王劲松等 | 南京中医药大学学报 | 1996,(3):8 |
| 中医脑神学说的发展与反思 | 孙迎节 | 山东中医杂志 | 1996,(3):99 |
| “肝生于左,肺藏于右”之我见 | 刘北休 | 四川中医 | 1996,(3):15 |
| “目系”释析 | 沈雪勇 | 中国中医眼科杂志 | 1996,(3):169 |
| 中医藏象理论研究思路和方法的再探讨 | 刘可勋 | 中医研究 | 1996,(3):1 |
| “肾主外”理论探讨及运用体会 | 刘　莉 | 中医药研究 | 1996,(3):7 |
| “肺主皮毛”的科学内涵和临床意义 | 欧阳兵 | 安徽中医学院学报 | 1996,(4):13 |
| 三焦之争的我见 | 杨通会等 | 贵阳中医学院学报 | 1996,(4):5 |
| 命门独为一脏论 | 葛建立 | 河北医学 | 1996,(4):376 |
| 试论脾喜燥恶湿 | 杨宝元 | 河北中医 | 1996,(4):3 |
| 《内经》三焦说与气水代谢障碍疾病证治 | 于　越 | 辽宁中医杂志 | 1996,(4):151 |
| 关于五脏阴阳气血的若干理论问题 | 路玉滨 | 山东中医药大学学报 | 1996,(4):231 |
| 六腑至阴论 | 魏怀英等 | 陕西中医 | 1996,(4):192 |
| 《灵兰秘典论》与心配土说 | 田树仁等 | 陕西中医学院学报 | 1996,(4):6 |
| 试论三焦 | 穆俊霞等 | 陕西中医学院学报 | 1996,(4):1 |
| “藏象”浅析 | 任峥华 | 天津中医学院学报 | 1996,(4):41 |
| 脑与魂魄 | 刘艳骄 | 中医文献杂志 | 1996,(4):24 |
| 鉴古观今论奇恒之腑 | 任爱民 | 中医药研究 | 1996,(4):12 |
| 对命门学说的几点析疑 | 王新月 | 中医杂志 | 1996,(4):250 |
| “脑为元神之府”刍议 | 周文献 | 河南中医 | 1996,(5):15 |
| 试论“肝开窍于目” | 阎振立等 | 河南中医药学刊 | 1996,(5):2 |
| “三焦”之我见 | 童增华 | 黑龙江中医药 | 1996,(5):5 |
| 论精室生理病理与证治 | 秦国政 | 湖南中医药导报 | 1996,(5):6 |
| “大人相应”的藏象学基础 | 刘力红等 | 中国中医基础医学杂志 | 1996,(5):26 |
| 试析《内经》脑髓学说的特点 | 黄俊山 | 中医药学报 | 1996,(5):3 |
| 试论惊属于肝 | 王长荣 | 北京中医药大学学报 | 1996,(6):21 |
| 脾主升清概念及机理初探 | 郑红斌等 | 浙江中医学院学报 | 1996,(6):1 |
| 论心与女科 | 姚石安 | 中医杂志 | 1996,(6):328 |
| 时相性一脏腑辨证中一个不可忽视的因素 | 唐　农 | 辽宁中医杂志 | 1996,(7):8 |
| 肝与性相关理论初探 | 周安方 | 中医杂志 | 1996,(7):440 |
| 肾开窍于耳探要 | 周叔平 | 陕西中医 | 1996,(9):432 |
| 《内经》五脏阴阳名概说 | 徐兴国等 | 四川中医 | 1996,(9):8 |
| 谈心开窍于耳 | 林永发等 | 山东中医杂志 | 1996,(11):7 |
| 奇恒之府小议 | 刘　清 | 江苏中医 | 1996,(12):43 |
| 从现代医学看“肾主骨” | 周叔平 | 湖南中医杂志 | 1996,(S2):63 |

| | | | |
|---|---|---|---|
| 河图洛书与中医脏象 | 蔡　旭 | 安徽中医学院学报 | 1997,(1):1 |
| 肺主治节的内涵 | 孟令军 | 安徽中医学院学报 | 1997,(1):15 |
| 亦谈"四支者,诸阳之本也" | 黄克希等 | 福建中医药 | 1997,(1):44 |
| 命门调控系统论 | 朱荣华 | 河北中医 | 1997,(1):5 |
| 浅论肝为"罢极之本" | 吕艳芝等 | 黑龙江中医药 | 1997,(1):4 |
| 肾主之"水"纵横谈 | 王刚佐等 | 江西中医学院学报 | 1997,(1):18 |
| "魄门亦为五脏使"之管见 | 戴长林 | 南京中医药大学学报(自然科学版) | 1997,(1):14 |
| 论肝藏的生理解剖基础是人体平滑肌系统 | 田进文等 | 山东中医药大学学报 | 1997,(1):8 |
| 试论肾气的心力作强 | 王米渠 | 云南中医学院学报 | 1997,(1):27 |
| 试论"肝生于左" | 陈　明 | 中国医药学报 | 1997,(1):21 |
| 藏象学说研究的回顾与展望 | 程昭寰 | 中国中医基础医学杂志 | 1997,(1):6 |
| 中医肾病学中与风水相关的概念探讨 | 童安荣等 | 中医药研究 | 1997,(1):10 |
| 中医肾的古今论 | 沈自尹 | 中医杂志 | 1997,(1):48 |
| 略论藏象与藏腑说之异同 | 刘　清 | 甘肃中医 | 1997,(2):2 |
| 肝肾与眼的关系浅析 | 张　彬等 | 河北中医 | 1997,(2):3 |
| 试论"魄门亦为五脏使" | 王周全 | 河南中医 | 1997,(2):6 |
| 胆阴、胆阳初探 | 周恩歧 | 河南中医药学刊 | 1997,(2):5 |
| 浅谈天癸在中医妇科中的应用 | 赵玉萍等 | 吉林中医药 | 1997,(2):16 |
| 心之善恶论 | 杨再舜 | 心理世界 | 1997,(2):56 |
| 《内经》心表相关理论初探 | 孔繁岐等 | 北京中医药大学学报 | 1997,(3):13 |
| 《内经》三焦新解 | 李宜生 | 黑龙江中医药 | 1997,(3):50 |
| 命门浅识 | 王联庆等 | 吉林中医药 | 1997,(3):47 |
| 试论肝与心主血脉的关系 | 刘长平 | 天津中医学院学报 | 1997,(3):3 |
| 《内经》心神再识 | 晋　文 | 云南中医学院学报 | 1997,(3):29 |
| 试论"胃气"的范畴和意义 | 金智生 | 中国医药学报 | 1997,(3):6 |
| 论藏象学说形成的基本因素 | 程昭寰 | 中国中医基础医学杂志 | 1997,(3):51 |
| 论中医学说脑与五脏、命门的关系 | 郑雅琴 | 中国中医基础医学杂志 | 1997,(3):53 |
| 目命门对卫气运行的调节 | 余晓琪等 | 山西中医 | 1997,(4):38 |
| 论"肝左肺右" | 秦立新 | 天津中医学院学报 | 1997,(4):7 |
| 论中医藏象学的确立与地位 | 王　琦 | 中国中医基础医学杂志 | 1997,(4):7 |
| "肾为先天之本"行为遗传中关于"恐伤肾"的表征 | 王米渠等 | 中国中医基础医学杂志 | 1997,(4):25 |
| 浅谈《内经》的"心主神明" | 张　炎 | 北京中医 | 1997,(5):51 |
| 关于"心开窍于耳"的讨论 | 黎　云 | 北京中医药大学学报 | 1997,(5):16 |
| 中国古代的主脑说与主心说 | 燕良轼 | 湖南师范大学社会科学学报 | 1997,(5):30 |
| 略论精室当为奇恒之腑 | 王劲松等 | 山东中医药大学学报 | 1997,(5):38 |
| 浅析脏腑精气与阴阳的关系 | 吉凤霞 | 中国中医基础医学杂志 | 1997,(5):17 |
| 论"痉全赖脾土" | 李恒喜等 | 河南中医药学刊 | 1997,(6):3 |
| 对"肾两者,非皆肾也"的推敲 | 马　俊 | 黑龙江中医药 | 1997,(6):3 |
| "肺系"、"胃系"与"咽"、"喉" | 沈雪勇 | 天津中医 | 1997,(6):38 |
| 论脑主脏腑之神 | 金香兰 | 天津中医 | 1997,(6):36 |
| 脾统血说疑议 | 沈施德 | 辽宁中医杂志 | 1997,(7):35 |
| 齿诊的脏腑部位分属 | 陈长龙等 | 山东中医杂志 | 1997,(7):6 |
| 张景岳对《内经》肝肾精血理论的发挥 | 周国琪等 | 上海中医药杂志 | 1997,(7):36 |
| 生命的本原"命门" | 王家明 | 江苏中医 | 1997,(8):43 |

| | | | |
|---|---|---|---|
| 试论五脏的化浊与泻浊 | 林齐鸣等 | 四川中医 | 1997,(8):19 |
| 试论君主之官——心的经络基础 | 尚明华等 | 针灸临床杂志 | 1997,(8):12 |
| 浅议五脏贵肝 | 胡懿读等 | 青岛医药卫生 | 1997,(10):37 |
| 头发琐谈 | 吴国隆 | 科学之友 | 1997,(11):35 |
| 论“肝生于左、肺藏于右”及其临床应用 | 饶宏孝 | 上海中医药杂志 | 1997,(11):42 |
| “心系”释析 | 沈雪勇 | 针灸临床杂志 | 1997,(Z1):3 |
| 三焦解剖生理论(附心包) | 王人澍 | 世界中西医结合大会论文摘要集 | 1997:66 |
| 肾命元气与人类衰老的探讨 | 辜宝祥等 | 赣南医学院学报 | 1998,(1):77 |
| 《灵枢》“故将两藏”辨析 | 陈铁霜等 | 吉林中医药 | 1998,(1):65 |
| 脾包括胰之管见 | 单会府 | 江西中医学院学报 | 1998,(1):22 |
| 藏象学说的演进轨迹 | 李如辉 | 山东中医药大学学报 | 1998,(1):47 |
| “心主神明”新义 | 戴海安等 | 陕西中医 | 1998,(1):48 |
| 我国传统养生理论中的脏腑学说 | 黄力生等 | 体育科学研究 | 1998,(1):12 |
| 论脏腑实质的演变 | 傅延龄等 | 医学与哲学 | 1998,(1):28 |
| 略论五脏调节学说 | 蔡定芳 | 中国中医基础医学杂志 | 1998,(1):40 |
| 简论五脏精气阴阳 | 孙广仁 | 中医研究 | 1998,(1):1 |
| “脾主身之肌肉”的含义及证治探讨 | 魏贻光 | 福建中医学院学报 | 1998,(2):37 |
| 论肾为血之母 | 王刚佐等 | 河南中医 | 1998,(2):12 |
| 《素问》“七节之傍,中有小心”之我见 | 程如海 | 四川中医 | 1998,(2):8 |
| 肺为贮痰之器　脾为生痰之源　与中医水液代谢 | 刘森海 | 天津医科大学学报 | 1998,(2):81 |
| 《内经》脏腑藏泻理论及其临床应用 | 李　光等 | 云南中医学院学报 | 1998,(2):19 |
| “肺藏于右”初探 | 洪素兰 | 中国医药学报 | 1998,(2):71 |
| 三焦和三焦经实质的探讨 | 孟竞璧 | 中国中医基础医学杂志 | 1998,(2):19 |
| 脏腑辨证源流探赜 | 李国平等 | 中医药学报 | 1998,(2):3 |
| 论目命门的哲学基础 | 余晓琪等 | 安徽中医临床杂志 | 1998,(3):185 |
| 试论“脑主神明” | 向德鸿 | 长春中医学院学报 | 1998,(3):2 |
| 从刘向父子五脏配五行观谈《黄帝内经》 | 田树仁等 | 河南中医 | 1998,(3):10 |
| 浅谈肺主宣降 | 邬国龙等 | 河南中医学院学报 | 1998,(3):4 |
| 膜原的实质及其病证浅探 | 邵学鸿 | 南京中医药大学学报(自然科学版) | 1998,(3):12 |
| 关于脏腑位置的争论及其结构分析方法 | 路玉滨等 | 山东中医药大学学报 | 1998,(3):11 |
| “魄门亦为五脏使”理论的临床应用研究述评 | 张登本 | 陕西中医学院学报 | 1998,(3):2 |
| 意念、思维与人体、心、大脑 | 朱本中 | 现代养生 | 1998,(3):21 |
| “五脏开窍”理论说异 | 瞿岳云 | 中国中医基础医学杂志 | 1998,(3):6 |
| 试论女子以肝为先天 | 王　玲等 | 甘肃中医学院学报 | 1998,(4):9 |
| 脑主脏而不奉脏——兼谈脑、心之间相互关系 | 傅立新等 | 邯郸医学高等专科学校学报 | 1998,(4):331 |
| 小肠属下焦质疑 | 孟令军 | 江苏中医 | 1998,(4):48 |
| 谈肝肾在维持正常生殖机能中的协同作用 | 湖　波等 | 内蒙古中医药 | 1998,(4):31 |
| 对三焦的认识 | 汪海英 | 青海医学院学报 | 1998,(4):37 |
| 从三焦、命门形质之争看脏腑研究 | 汪运富等 | 山东中医药大学学报 | 1998,(4):18 |
| “命门”辨析 | 姜厚德 | 陕西中医 | 1998,(4):192 |
| 中医论脑 | 冯兆才 | 天津中医学院学报 | 1998,(4):2 |
| “肝受血而能视”浅识及临床意义 | 郭承伟等 | 眼视光学杂志 | 1998,(4):55 |
| “肺主治节”理论的破译 | 张珍玉 | 浙江中医学院学报 | 1998,(4):48 |

| | | | |
|---|---|---|---|
| 藏象学说刍议 | 任光荣 | 中医药研究 | 1998,(4):9 |
| 新安医家对“三焦”的争鸣 | 余晓琪 | 安徽中医学院学报 | 1998,(5):10 |
| 试论肾主水司二阴并及肾体 | 王米渠等 | 甘肃中医 | 1998,(5):1 |
| 试论脾胃 | 陈道恒 | 河北中医 | 1998,(5):311 |
| 再论“肾主耳” | 张　力等 | 河南中医药学刊 | 1998,(5):60 |
| “天癸”探析 | 赵春妮等 | 江苏中医 | 1998,(5):44 |
| “肺不受邪”质疑 | 董锡玑 | 山东中医药大学学报 | 1998,(5):22 |
| 管窥胡髭应归何脏所主 | 李　珊等 | 现代中医药 | 1998,(5):5 |
| 舌为五脏六腑之外候 | 王怀平 | 现代中医药 | 1998,(5):7 |
| 略论肺主皮毛的实质 | 李　浩等 | 安徽中医学院学报 | 1998,(6):7 |
| 论传统中医的“脏象”与“脏体” | 肖桂林等 | 医学与哲学 | 1998,(6):22 |
| 藏象之“象”是虚象还是实象 | 王　强 | 中国中医基础医学杂志 | 1998,(6):9 |
| 对胰理之说的认识 | 许正一等 | 中医药学报 | 1998,(6):44 |
| “七节之傍,中有小心”析疑 | 张载义 | 中国针灸 | 1998,(7):46 |
| “肝肾同源”理论在针灸临床中的运用 | 诸晓英 | 中国针灸 | 1998,(7):31 |
| 先秦逻辑的“正形名”理论与藏象概念、藏象理论体系及藏象方法的形成 | 任秀玲 | 中国中医基础医学杂志 | 1998,(7):6 |
| 试论胰的经络 | 程建斌 | 中国针灸 | 1998,(8):35 |
| 论“肺为藏之长”的理论价值 | 陈利国 | 中国中医基础医学杂志 | 1998,(9):56 |
| 五脏生克框架的合理内涵及其验证方法 | 张启明等 | 中国中医基础医学杂志 | 1998,(9):4 |
| 浅论肾与月经、胎孕的关系 | 沈月芳 | 陕西中医 | 1998,(10):480 |
| 一部构建藏象理论体系的大书——《中医藏象学》读后 | 孙　浩 | 中国中医基础医学杂志 | 1998,(12):57 |
| “心开窍于耳”浅析 | 王彬源 | 甘肃中医学院学报 | 1998,(S1):10 |
| 试论肺与痰瘀相关 | 赵凤达等 | 江西中医药 | 1999,(1):52 |
| 肺为病之本刍议 | 张顺涌等 | 山西中医 | 1999,(1):7 |
| 浅谈咽胆相应理论及临床应用 | 林穗芳 | 新中医 | 1999,(1):58 |
| 心肾相交的理论渊源 | 郑红斌 | 中医函授通讯 | 1999,(1):19 |
| 论肺的宣、肃与降 | 韩洪刚等 | 中医文献杂志 | 1999,(1):21 |
| 从发生学角度探讨中医脏腑理论的形成 | 陈慧娟等 | 中医研究 | 1999,(1):3 |
| 浅谈《内经》肾与骨的关系 | 王　宏等 | 北京中医药大学学报(中医临床版) | 1999,(2):59 |
| 浅谈命门学说 | 李有田等 | 吉林中医药 | 1999,(2):5 |
| 试论肺为后天之本 | 张英俭等 | 新疆中医药 | 1999,(2):6 |
| 中医理论探讨　三焦的推理与误解 | 董熙农 | 中国城乡企业卫生 | 1999,(2):5 |
| 《黄帝内经》藏象的“四象理论”研究 | 吴润秋 | 中国医药学报 | 1999,(2):10 |
| 《内经》论脑初探 | 黄志杰 | 湖北中医学院学报 | 1999,(3):3 |
| 胆腑源流与胆病证治 | 郑国庆 | 辽宁中医学院学报 | 1999,(3):157 |
| 肝脾共主枢纽论 | 胡光强 | 泸州医学院学报 | 1999,(3):212 |
| 胃阳浅释 | 王　健等 | 山东中医药大学学报 | 1999,(3):24 |
| 试论肾主骨生髓的科学性 | 李巧如等 | 陕西中医 | 1999,(3):143 |
| 中医理论探讨肝与脾的互错 | 董熙农 | 中国城乡企业卫生 | 1999,(3):5 |
| 试论五脏以肝为贵 | 卢良威 | 中国医药学报 | 1999,(3):13 |
| 肾开窍于二阴与肛肠疾病 | 赵大方 | 河南中医 | 1999,(4):48 |
| 从功能性结构认识三焦 | 郭　蕾等 | 山东中医药大学学报 | 1999,(4):15 |
| 论三焦 | 赵恩俭 | 天津中医学院学报 | 1999,(4):1 |

| | | | |
|---|---|---|---|
| 肺魄与益智小议 | 许红峰等 | 新疆中医药 | 1999,(4):4 |
| 危机、危机的化解与新生——肾藏象学说的发生学概论 | 李如辉 | 浙江中医学院学报 | 1999,(4):1 |
| 《内经》脏腑功能与临床应用的系统思维 | 刘炳凡 | 光明中医 | 1999,(5):1 |
| 肝体阴用阳的含义及其意义 | 熊传榘 | 浙江中医学院学报 | 1999,(5):54 |
| 护表御邪——肺主皮毛的实质 | 李　浩等 | 中国中医基础医学杂志 | 1999,(5):6 |
| 脏腑与藏象辨析 | 胡剑北 | 北京中医药大学学报 | 1999,(6):5 |
| 图说中医(十二)——脑的主要生理功能 | 晓　倪等 | 家庭中医药 | 1999,(6):18 |
| 五藏与情志关系的研究 | 毛海燕 | 山东中医药大学学报 | 1999,(6):425 |
| 略论"胆气通于心" | 王宗柱 | 陕西中医学院学报 | 1999,(6):1 |
| "肺为娇脏"探析 | 秦玉龙 | 浙江中医杂志 | 1999,(6):27 |
| 试论肝藏血的机理 | 王　蕾 | 中医药研究 | 1999,(6):2 |
| 心、肝俱为"牡脏"小议 | 沈雪勇 | 江苏中医 | 1999,(7):45 |
| 图说中医(十五)——三焦的主要生理功能 | 晓　倪等 | 家庭中医药 | 1999,(8):18 |
| 试论"左肝右肺" | 陈　粤 | 中等医学教育 | 1999,(8):37 |
| 从松果体与性腺的关系探讨肾"通于冬气"的本质 | 罗卫芳等 | 中国中医基础医学杂志 | 1999,(8):13 |
| 三焦形态浅探 | 王联庆 | 陕西中医 | 1999,(9):431 |
| "肾气平均"小释 | 李本聚等 | 中医杂志 | 1999,(9):572 |
| 多事之秋责求肺 | 张小军 | 陕西中医 | 1999,(10):479 |
| 肾主化血初探 | 郑孔江等 | 陕西中医 | 1999,(10):478 |
| 三焦与微循环相关性探讨 | 张　力 | 中国中医药信息杂志 | 1999,(10):15 |
| "心主神明"考辨 | 张　挺等 | 中国中医基础医学杂志 | 1999,(11):16 |
| 浅谈《内经》论脾胃 | 游开通 | 实用中医药杂志 | 1999,(12):45 |
| 藏象理论研究与"时脏相应"说 | 郭霞珍等 | 中国中医基础医学杂志 | 1999,(12):10 |
| 三焦名实之我见 | 刘法洲 | 广西中医药 | 1999,(S1):97 |
| 五脏层次假说 | 李洪娟 | 北京中医药大学学报(中医临床版) | 2000,(1):47 |
| 试论肝者罢极之本 | 孙　钧 | 甘肃中医学院学报 | 2000,(1):13 |
| 肾精、命门水火、肾之气血阴阳辨 | 郑国庆 | 贵阳中医学院学报 | 2000,(1):12 |
| 从《内经》谈肺主气 | 洪素兰等 | 河南中医药学刊 | 2000,(1):1 |
| 肝胆主疏泄论 | 郑国庆 | 吉林中医药 | 2000,(1):4 |
| "六腑之气街"质疑 | 肖延龄等 | 天津中医 | 2000,(1):40 |
| 脑藏元神及其意义 | 张登本 | 现代中医药 | 2000,(1):1 |
| 论科学饮食、食疗与中医脏腑学说的关系 | 卿柳庭等 | 中国调味品 | 2000,(1):24 |
| "思伤脾"与"脑肠肽" | 张燕梅 | 中国中医基础医学杂志 | 2000,(1):9 |
| 胆与神志考释 | 麻晓慧 | 中医函授通讯 | 2000,(1):14 |
| "肝者,罢极之本"新探 | 杨伟鹏 | 中医药学报 | 2000,(1):7 |
| "脾主统血"的机理探讨 | 纪立金 | 福建中医学院学报 | 2000,(2):36 |
| 从衰老与肾的关系谈老当益肾 | 王自立等 | 甘肃中医 | 2000,(2):15 |
| "心主神明"和"脑主神明"之争 | 杨忠奇等 | 广州中医药大学学报 | 2000,(2):123 |
| 试论三焦的狭义和广义 | 杜国平 | 井冈山医专学报 | 2000,(2):61 |
| 论"思"的实质及其临床意义 | 杜文东 | 南京中医药大学学报(社会科学版) | 2000,(2):100 |
| 《内经》中五音的含义及与五脏的关系 | 穆俊霞等 | 山东中医药大学学报 | 2000,(2):92 |
| 肾脏若干基本概念的发生学思考 | 李如辉 | 浙江中医学院学报 | 2000,(2):8 |
| 论肺主治节及其临床意义 | 陈　明 | 中国医药学报 | 2000,(2):12 |
| 从意象思维谈《内经》之胆腑理论 | 阎晓天 | 中国中医基础医学杂志 | 2000,(2):12 |

| | | | |
|---|---|---|---|
| 三焦平议 | 王宇新等 | 中医文献杂志 | 2000,(2):24 |
| “肝肾同源于脑”与肝肾本质研究 | 李瀚旻等 | 中医杂志 | 2000,(2):69 |
| “本始”、“神明”之我见 | 刘语高 | 甘肃中医学院学报 | 2000,(3):10 |
| 《内经》对“脑与神”的认识及后世的发挥 | 黄信初 | 贵阳中医学院学报 | 2000,(3):5 |
| 中医学“脾脏”概念的探讨 | 纪立金 | 山东中医药大学学报 | 2000,(3):168 |
| 《内经》“求属”内涵初探 | 李 鲲 | 山东中医杂志 | 2000,(3):131 |
| “胃主外上,脾主内下”浅析 | 吴雄志 | 陕西中医 | 2000,(3):126 |
| 论内眼结构的脏腑配属 | 宋艳敏等 | 陕西中医学院学报 | 2000,(3):8 |
| 肺气宣发肃降的发生学诠解 | 李如辉 | 上海中医药大学学报 | 2000,(3):10 |
| 孤藏探析 | 刘家义 | 医古文知识 | 2000,(3):38 |
| 肾精、肾气、肾阴、肾阳析 | 闫志安 | 中国医药学报 | 2000,(3):14 |
| 谈藏象与脏腑术语的英译 | 袁洪仁 | 中国中西医结合杂志 | 2000,(3):164 |
| 三焦新探述评 | 唐克文 | 中医文献杂志 | 2000,(3):25 |
| 魄门为五脏使初探 | 邹长雁 | 中医药学报 | 2000,(3):72 |
| “胞中”定位功效之我见 | 薛有平 | 甘肃中医 | 2000,(4):47 |
| 从理中汤对血证的治疗谈脾统血的机理 | 赵 琳 | 广西中医药 | 2000,(4):51 |
| 初探《内经》中“女子胞” | 宋金朵 | 黑龙江中医药 | 2000,(4):7 |
| 论五脏神 | 徐木林等 | 南京中医药大学学报(自然科学版) | 2000,(4):198 |
| 唾、涎与脾肾关系探析 | 孙理军 | 陕西中医学院学报 | 2000,(4):7 |
| 肾脏生理特性的发生学诠释 | 李如辉 | 浙江中医学院学报 | 2000,(4):3 |
| 心主血络论 | 马淑然等 | 中国医药学报 | 2000,(4):14 |
| 对“神明之府”的再认识 | 辛 瑛 | 中医教育 | 2000,(4):58 |
| 命门动静观——兼论中医关于内分泌学的早期发现 | 朱 明等 | 北京中医药大学学报 | 2000,(5):1 |
| 命门的理论研究 | 魏凤琴等 | 山东中医药大学学报 | 2000,(5):376 |
| 脏腑精气阴阳理论体系的构建 | 孙广仁 | 山东中医药大学学报 | 2000,(5):322 |
| 三焦概念辨析 | 刘雪强 | 现代中医药 | 2000,(5):12 |
| 什么是“心与身”相关的问题 | 曾文星 | 心理与健康 | 2000,(5):26 |
| 肾脏生理功能的发生学诠解 | 李如辉 | 浙江中医学院学报 | 2000,(5):12 |
| 浅谈《内经》肾骨关系 | 王 宏 | 中国骨伤 | 2000,(5):27 |
| 脑是命门先天物质与本能的实质所在 | 贾 耿 | 中国中医基础医学杂志 | 2000,(5):15 |
| 肝藏象的免疫学机制探讨 | 严 灿等 | 中医研究 | 2000,(5):2 |
| 中医脏腑解剖学属性探讨 | 童 瑶等 | 北京中医药大学学报 | 2000,(6):4 |
| “四肢为诸阳之本”识 | 丁建国等 | 河南中医 | 2000,(6):9 |
| 命门见解 | 彭佳明等 | 黑龙江医药科学 | 2000,(6):64 |
| 五脏层次论 | 李洪健 | 山西中医 | 2000,(6):60 |
| “肾合膀胱”的发生学探寻 | 李如辉 | 浙江中医学院学报 | 2000,(6):4 |
| 肺与皮毛的关系旨要 | 王景明等 | 中医函授通讯 | 2000,(6):19 |
| 后天之本的经络观 | 张永树 | 中医函授通讯 | 2000,(6):55 |
| “十一脏取决于胆”辨析 | 张 静等 | 中医药学报 | 2000,(6):63 |
| 关于对“少阳属肾 肾上连肺 故将两藏”的探讨 | 王虎良 | 浙江临床医学 | 2000,(7):503 |
| 五脏并病与经络相关 | 邹积宝等 | 针灸临床杂志 | 2000,(7):4 |
| “肝肾同源”的理论探讨 | 李 瀚 | 中国中医基础医学杂志 | 2000,(7):5 |
| 从三焦气化看水液代谢 | 吴雄志 | 中国中医基础医学杂志 | 2000,(9):2 |
| 天癸学说探讨 | 江海身 | 中医杂志 | 2000,(11):645 |
| 从颅脑损伤论“脑主神明” | 杨忠奇等 | 中国中医基础医学杂志 | 2000,(12):2 |

| | | | |
|---|---|---|---|
| 从肺水肿的X线变化论"三焦属膀胱" | 黄启益等 | 第六次全国中西医结合影像学术研讨会论文专辑 | 2000:39 |
| 试谈肺脾合而为本 | 燕守桂等 | 第五次全国中西医结合呼吸病学术交流大会论文汇编 | 2000:107 |
| "五脏应时"说的研究和展望 | 郭霞珍等 | 全国中医药科研与教学改革研讨会论文集 | 2000:174 |
| 从心包络名实之争看藏象本质 | 张保春等 | 全国中医药科研与教学改革研讨会论文集 | 2000:176 |
| 先后天时间界定及其相关概念 | 郑红斌等 | 安徽中医学院学报 | 2001,(1):11 |
| 论脾藏意主思 | 纪立金 | 福建中医学院学报 | 2001,(1):28 |
| 男性性生理轴的中医藏象理论分析 | 黄学宽 | 广西中医学院学报 | 2001,(1):3 |
| "元神"非"神志"——"脑为元神之府"刍议 | 刘保和 | 河北中医药学报 | 2001,(1):8 |
| 脏象护理举要 | 纪开凤 | 吉林中医药 | 2001,(1):5 |
| "脏腑之主"研究 | 张俊龙 | 山西中医学院学报 | 2001,(1):51 |
| "肾藏志、应惊恐"理论的发生学剖析 | 李如辉等 | 浙江中医学院学报 | 2001,(1):5 |
| "肺与大肠相表里"理论的重新认识 | 蒋洪耀 | 中医文献杂志 | 2001,(1):3 |
| 肾阴肾阳学说的形成与运用 | 江克明 | 中医文献杂志 | 2001,(1):24 |
| 《内经》对脑的认识及现代诠释 | 商洪才等 | 北京中医药大学学报 | 2001,(2):5 |
| 肝主疏泄临床刍议 | 孔凡涵 | 光明中医 | 2001,(2):1 |
| 浅论脑属脏 | 罗文科等 | 国医论坛 | 2001,(2):48 |
| 脏腑均以通为顺辨 | 蔡绍斌 | 湖北中医杂志 | 2001,(2):5 |
| 论中医脏象学说的方法论意义 | 洪英俊 | 华东交通大学学报 | 2001,(2):90 |
| 从《内经》论脾阴的生理与病理 | 唐雪梅等 | 辽宁中医杂志 | 2001,(2):73 |
| "五脏"的文化蕴义探讨 | 郝保华等 | 南京中医药大学学报(社会科学版) | 2001,(2):57 |
| 脏气分阴阳刍议 | 纪立金 | 山东中医药大学学报 | 2001,(2):82 |
| 脑主感知与"所以任物者谓之心" | 张俊龙 | 山西中医学院学报 | 2001,(2):53 |
| 大肠辨证 | 巫宝伟 | 医学理论与实践 | 2001,(2):192 |
| 浅析"凡十一脏取决于胆" | 侯　宾 | 云南中医学院学报 | 2001,(2):37 |
| "肾者,作强之官,伎巧出焉"的发生学原理 | 李如辉 | 浙江中医学院学报 | 2001,(2):6 |
| 肝主疏泄与心理疗法 | 孔凡涵等 | 光明中医 | 2001,(3):6 |
| 溯古合今探命门 | 游尔斌 | 湖北中医学院学报 | 2001,(3):7 |
| 试论肾主五液 | 王茂泓等 | 江西中医学院学报 | 2001,(3):126 |
| 论"脾主为卫" | 汪运富等 | 山东中医药大学学报 | 2001,(3):209 |
| 论小心与命门 | 许敬春等 | 天津中医 | 2001,(3):44 |
| 肾"开窍于耳及二阴"、"在液为唾"理论的发生学探析 | 李如辉 | 浙江中医学院学报 | 2001,(3):9 |
| 三焦发源在"精室" | 李其凤 | 中医文献杂志 | 2001,(3):19 |
| 论"思"的实质及其临床意义 | 杜文东 | 中医杂志 | 2001,(3):187 |
| 脾、小肠运化功能探析 | 刘子志等 | 安徽中医学院学报 | 2001,(4):8 |
| 小议脾为至阴 | 李奕祺 | 福建中医药 | 2001,(4):42 |
| 魄门亦为五脏使辨析 | 张庆祥 | 湖南中医杂志 | 2001,(4):4 |
| 《内经》中脏气的概念及相关的几个问题 | 孙广仁 | 山东中医药大学学报 | 2001,(4):242 |
| 从胞痹论胞与膀胱 | 穆俊霞等 | 山东中医药大学学报 | 2001,(4):249 |
| "舌为心窍"的原理探析 | 张庆祥 | 陕西中医学院学报 | 2001,(4):6 |
| 浅谈"肝者,罢极之本" | 马玉兰等 | 天津中医学院学报 | 2001,(4):10 |
| 浅识肾之虚实 | 阿曼古丽等 | 新疆中医药 | 2001,(4):5 |

| | | | |
|---|---|---|---|
| 论“意象”在藏象说中的作用 | 杨　旭 | 云南中医学院学报 | 2001,(4):18 |
| 肾“主骨、生髓、通于脑,其华在发”理论的发生 | 李如辉 | 浙江中医学院学报 | 2001,(4):7 |
| 从“脑主元神”论建立中医藏象学说新体系的构想 | 张俊龙 | 中国医药学报 | 2001,(4):67 |
| “心主神明”之我见 | 周东浩等 | 中国医药学报 | 2001,(4):10 |
| 藏象是《易》象的反映 | 费国斌 | 中国中医基础医学杂志 | 2001,(4):11 |
| 论命门为先天之本 | 储全根 | 中国中医基础医学杂志 | 2001,(4):6 |
| 《内经》对脑髓学说的认识 | 杜伟国等 | 中医药研究 | 2001,(4):3 |
| 《内经》中肾的相关理论对血液病辨证论治的影响 | 白玉盛等 | 中医药研究 | 2001,(4):6 |
| 《内经》心与诸窍关系研读 | 崔应珉等 | 河南中医 | 2001,(5):71 |
| 由肾脏的异名对“肾无实证”的再认识 | 温伯昌 | 张家口医学院学报 | 2001,(5):82 |
| 中医脏腑中心理论产生的哲学背景及应用探析 | 贺　娟 | 中国中医基础医学杂志 | 2001,(5):69 |
| 脾阴初探 | 樊英林等 | 中医药学报 | 2001,(5):42 |
| 从经脉循行看“三焦”的实质 | 屈玉明 | 中医药研究 | 2001,(5):6 |
| 论三焦有名无形无用 | 于慎中 | 山西中医 | 2001,(6):7 |
| 试论“女子以肝为先天” | 成兴昌等 | 陕西中医 | 2001,(6):351 |
| 肾藏象学说理论与方法研究进展述评 | 李如辉等 | 浙江中医学院学报 | 2001,(6):5 |
| 论“魄门亦为五脏使”及其临床意义 | 陈　明 | 中国医药学报 | 2001,(6):18 |
| 肾气的实质及其在人体长寿中的重要作用 | 徐文海等 | 中国中医基础医学杂志 | 2001,(6):14 |
| 关于《内经》中“肾主外”之我见 | 高炳爱 | 湖北中医杂志 | 2001,(7):3 |
| 独辟蹊径探“命门” | 杜国平 | 中国中医基础医学杂志 | 2001,(7):493 |
| 心脑相牵 | 尹　铭 | 当代矿工 | 2001,(8):37 |
| 胃——情绪的晴雨表 | 秦　宁 | 中华养生保健 | 2001,(9):18 |
| 对肾主纳气与肾不纳气理论是非的再思考 | 陈雪功 | 中国中医基础医学杂志 | 2001,(11):12 |
| 从中医典籍看胰脾关系 | 刘语高等 | 卫生职业教育 | 2001,(12):85 |
| 三焦、心包、胰脏浅谈 | 张树德 | 内蒙古中医药 | 2001,(S1):91 |
| 中西医对肝脏解剖学的比较及认识 | 吕乃达等 | 内蒙古中医药 | 2001,(S1):86 |
| 略论“肾开窍于耳” | 王　进 | 中国中医药信息杂志 | 2001,(S1):14 |
| “凡十一脏取决于胆”有误于中医理论的内涵 | 厉子成 | 全国中医藏象研究创新思路学术研讨会论文汇编 | 2001:74 |
| “取决于胆”新释 | 李献斌 | 全国中医藏象研究创新思路学术研讨会论文汇编 | 2001:75 |
| 将腹腔丛视作中焦对三焦实体的探讨 | 田在善等 | 全国中医藏象研究创新思路学术研讨会论文汇编 | 2001:43 |
| 论藏象的体用关系 | 许志效 | 全国中医藏象研究创新思路学术研讨会论文汇编 | 2001:35 |
| 藏象问题的新探讨 | 张　慧 | 全国中医藏象研究创新思路学术研讨会论文汇编 | 2001:34 |
| 中医论“肺”的解剖生理 | 贺绍文等 | 全国中医藏象研究创新思路学术研讨会论文汇编 | 2001:94 |
| 《内经》中的胞中、胞络、子处 | 葛敬名 | 中医药现代化研究学术大会论文集 | 2001:253 |
| 从《周易》探“天癸” | 谭晓阳 | 江西中医学院学报 | 2002,(1):3 |
| 关于“四时五脏阴阳”问题的讨论 | 陈利国等 | 山东中医药大学学报 | 2002,(1):2 |
| 中国人论脑及其他 | 张登本 | 山西中医学院学报 | 2002,(1):6 |
| 三焦谷道论 | 吴雄志等 | 陕西中医 | 2002,(1):92 |
| 三焦辨证临证意义探析 | 周永学 | 中医药学刊 | 2002,(1):76 |

| | | | |
|---|---|---|---|
| “凡十一脏，取决于胆”别释 | 罗本华等 | 中医药学刊 | 2002,(1):82 |
| 浅论脾之阴阳 | 张佳发等 | 国医论坛 | 2002,(2):22 |
| 命门功用探究(上) | 张家玮 | 江苏中医药 | 2002,(2):15 |
| 心肺相关理论探讨 | 郑　杨等 | 辽宁中医学院学报 | 2002,(2):84 |
| 论“五藏在细胞为何”是中医学的科学问题 | 田进文等 | 山东中医药大学学报 | 2002,(2):82 |
| 中国人论脑及其他(续完) | 张登本 | 山西中医学院学报 | 2002,(2):11 |
| 孙一奎的命门三焦说及其临床意义 | 王晓鹤 | 山西中医学院学报 | 2002,(2):16 |
| “心”的中西医学比较研究 | 张　挺等 | 上海中医药大学学报 | 2002,(2):10 |
| 浅述《内经》对脑的认识及其发展 | 李建民 | 四川中医 | 2002,(2):14 |
| 对“肾为封藏之本”的认识 | 欧阳卫华等 | 中医药研究 | 2002,(2):1 |
| 脾不统血与肝不藏血出血机制之辨析 | 吴华强 | 安徽中医学院学报 | 2002,(3):7 |
| 中医脾脏藏情相关浅析 | 白正勇等 | 福建中医药 | 2002,(3):44 |
| 浅谈肾主生殖与女性生殖内分泌的关系 | 张　玉 | 甘肃中医 | 2002,(3):59 |
| 三焦实质之我见 | 张　勇 | 国医论坛 | 2002,(3):46 |
| 三焦与内脏血液循环有关 | 储开博等 | 国医论坛 | 2002,(3):49 |
| 命门功用探究(下) | 张家玮 | 江苏中医药 | 2002,(3):3 |
| 试论脏腑气化相通 | 李建国等 | 辽宁中医学院学报 | 2002,(3):188 |
| 对《内经》凡十一藏取决于胆的理解及临床应用 | 曹一平等 | 陕西中医 | 2002,(3):284 |
| 试论膀胱“气化则能出” | 贺　娟 | 北京中医药大学学报 | 2002,(4):10 |
| 中医学“藏象”本质特征探讨 | 邱幸凡等 | 湖北中医学院学报 | 2002,(4):5 |
| 试论肝与衰老的关系 | 王玉芳等 | 山东中医药大学学报 | 2002,(4):249 |
| 试论“肺朝百脉” | 王维民 | 山东中医药大学学报 | 2002,(4):256 |
| 肾精的功能及衍化浅析 | 刘云霞 | 陕西中医 | 2002,(4):382 |
| 浅谈天癸与月经产生的关系 | 李丽玲 | 云南中医中药杂志 | 2002,(4):44 |
| 论男性奇恒之腑 | 李益生 | 中国中医基础医学杂志 | 2002,(4):19 |
| 大肠传导与脏腑气机的内在联系辨析 | 张思超等 | 中医药学刊 | 2002,(4):493 |
| 浅论脾肺关系与脾肺同治 | 张光奇 | 中医杂志 | 2002,(4):315 |
| 类比不是还原——“五藏在细胞为何”不是中医学的科学问题 | 王　强等 | 山东中医药大学学报 | 2002,(5):365 |
| 脏腑阴阳属性及其发生学原理索解 | 张效霞等 | 山东中医药大学学报 | 2002,(6):450 |
| 小议脾胃学说 | 张玉萍等 | 新疆中医药 | 2002,(6):7 |
| “左肝右肺”学说刍议 | 郑东升 | 浙江中医学院学报 | 2002,(6):8 |
| 浅谈“魄门亦为五脏使” | 高新彦 | 中国中医基础医学杂志 | 2002,(6):9 |
| 再论“精室当为奇恒之腑” | 王劲松等 | 中华男科学 | 2002,(6):465 |
| 略识《黄帝内经》中的七窍 | 黄　晶 | 中医药信息 | 2002,(6):58 |
| 肝脾所主之筋肌肉实体初探 | 贾　赫 | 陕西中医 | 2002,(7):624 |
| 心神为体，脑神为用 | 朴顺天 | 中国医药学报 | 2002,(7):395 |
| 论“肾生精” | 林水淼 | 上海中医药杂志 | 2002,(8):6 |
| 先秦文化对中医藏象学说的渗透和影响——心的认识源流析 | 胡冬裴 | 医学与哲学 | 2002,(8):58 |
| 试论命门与人体生命调控系统 | 任艳玲等 | 辽宁中医杂志 | 2002,(10):580 |
| 再论精室当为奇恒之腑 | 王劲松 | 辽宁中医杂志 | 2002,(10):590 |
| 关于三焦心包的解剖学研究 | 畑本平男 | 中国医药学报 | 2002,(11):699 |
| 心主神明研究 | 朴顺天 | 中国中医基础医学杂志 | 2002,(11):14 |
| “十一藏取决于胆”的理论与临床 | 金能革 | 上海医学 | 2002,(S1):116 |

| | | | |
|---|---|---|---|
| 《黄帝内经》藏象学说渊源考证 | 白建平 | 中国优秀博硕士学位论文全文数据库(硕士)医药卫生科技辑 | 2002,(1):E054-7 |
| 脾胃在体质形成中的重要作用 | 胡春雨 | 中国优秀博硕士学位论文全文数据库(硕士)医药卫生科技辑 | 2002,(1):E056-3 |
| 从心理应激探讨"肝主疏泄"的中枢神经生物学机制 | 李 艳 | 中国优秀博硕士学位论文全文数据库(博士)医药卫生科技辑 | 2002,(2):E056-16 |
| 心神理论研究 | 朴顺天 | 中国优秀博硕士学位论文全文数据库(博士)医药卫生科技辑 | 2002,(2):E056-8 |
| 五脏相关学说理论研究与临床分析 | 郑 洪 | 中国优秀博硕士学位论文全文数据库(博士)医药卫生科技辑 | 2002,(2):E056-9 |
| 《内经》藏象理论体系的发生学研究 | 鞠宝兆 | 中国优秀博硕士学位论文全文数据库(博士)医药卫生科技辑 | 2002,(2):E056-3 |
| 封藏与疏泄的理论研究 | 白云静 | 中国优秀博硕士学位论文全文数据库(博士)医药卫生科技辑 | 2002,(2):E056-10 |
| 脑肠相通病机研究 | 张思超 | 中国优秀博硕士学位论文全文数据库(博士)医药卫生科技辑 | 2002,(2):E056-11 |
| 肾主外的理论研究 | 李奕祺 | 中国优秀博硕士学位论文全文数据库(博士)医药卫生科技辑 | 2002,(2):E056-12 |
| 肺主行水与心主血脉相关性的研究 | 刘雪强 | 中国优秀博硕士学位论文全文数据库(硕士)医药卫生科技辑 | 2002,(2):E056-15 |
| 变革"心主神明"为"脑主神明"——中医脑科学理性发展的前提条件 | 陈士奎 | 第二次世界中西医结合大会论文摘要集 | 2002:407 |
| 《太素》关于心的论述 | 费国斌 | 第六次全国中西医结合心血管会学术会议论文汇编 | 2002:284 |
| 论"思"的实质及其临床意义 | 杜文东 | 中国中西医结合学会第七届精神疾病学术讨论会论文汇编 | 2002:125 |
| 肝胃相关理论浅识 | 范廷校 | 福建中医药 | 2003,(1):48 |
| "恐伤肾"母子两代的生理研究 | 王米渠等 | 福建中医药 | 2003,(1):3 |
| 中医学脑生理功能探讨 | 王 进 | 湖北中医学院学报 | 2003,(1):14 |
| 对脑主神明生理功能的认识 | 刘 轲等 | 辽宁中医学院学报 | 2003,(1):6 |
| 中医五志 五脏 五体理论与美容的关系 | 单德红等 | 辽宁中医杂志 | 2003,(1):75 |
| 浅论肝为气血调节之枢 | 史晓燕 | 陕西中医 | 2003,(1):44 |
| "心为火藏"及其临床意义的探讨 | 杨基建 | 陕西中医学院学报 | 2003,(1):10 |
| 对中医学"心主神明"和"脑主神明"的再认识 | 陈士奎 | 上海中医药杂志 | 2003,(1):3 |
| 论心主神与五脏藏神的异同 | 翟双庆等 | 北京中医药大学学报 | 2003,(2):9 |
| 论命门为守邪之神 | 李奕祺 | 福建中医学院学报 | 2003,(2):34 |

| | | | |
|---|---|---|---|
| 略论胆心相关 | 丁　杰等 | 江西中医学院学报 | 2003,(2):17 |
| 论脑为奇恒之府 | 缪晓路 | 山西中医学院学报 | 2003,(2):6 |
| 论《内经》之五脏相使及其意义 | 张登本 | 山西中医学院学报 | 2003,(2):1 |
| 论藏象的体用关系 | 许志效 | 中国中医基础医学杂志 | 2003,(2):3 |
| 试论肝为柔脏 | 任利等 | 中国中医基础医学杂志 | 2003,(2):4 |
| 略论胆心相关 | 丁　杰 | 中医药信息 | 2003,(2):1 |
| 膀胱实体的古代研究及其对治法的影响 | 胡剑北 | 北京中医药大学学报 | 2003,(3):9 |
| 治病求本　必先五胜——论王琦教授对藏象学的研究与应用 | 王东坡 | 贵阳中医学院学报 | 2003,(3):4 |
| 试论心神、脑神、五脏神及其关系 | 章　薇 | 湖南中医学院学报 | 2003,(3):28 |
| 洛书——九宫八风数学模型与《内经》全息脏象论 | 孟庆云 | 江西中医学院学报 | 2003,(3):5 |
| 浅论脑主神志 | 丁　兴等 | 辽宁中医学院学报 | 2003,(3):200 |
| 论中医肾与垂体促性腺激素的关系 | 陈晓霞 | 辽宁中医学院学报 | 2003,(3):226 |
| 论《内经》之五脏生克制化关系及其意义 | 张登本 | 现代中医药 | 2003,(3):1 |
| 确立“脑主神明”是藏象学说发展的必然——兼论藏象学说的利与弊 | 周永红等 | 云南中医学院学报 | 2003,(3):35 |
| 试论肝主小便 | 刘清君等 | 浙江中医学院学报 | 2003,(3):23 |
| 胆非奇恒之腑辨析 | 张　军 | 安徽中医学院学报 | 2003,(4):4 |
| 五脏调节模型的意义与不足 | 张其成 | 北京中医药大学学报 | 2003,(4):3 |
| 肾主外理论新析 | 李奕祺 | 福建中医学院学报 | 2003,(4):37 |
| 心主神明之我见 | 王　黎 | 广州中医药大学学报 | 2003,(4):324 |
| 命门及命门学说研究进展 | 陈良彬等 | 贵阳中医学院学报 | 2003,(4):56 |
| 从《内经》看五脏六腑 | 谷　峰等 | 辽宁中医杂志 | 2003,(4):257 |
| 是“重新认识细胞”还是重新认识藏腑——对田进文同志的“五藏元”说再质疑 | 王　强等 | 山东中医药大学学报 | 2003,(4):270 |
| 论《内经》之五脏左右表里——气机升降的特殊表述 | 张登本 | 陕西中医学院学报 | 2003,(4):1 |
| 中医脏腑与维医器官的对照研究 | 巴哈尔·哈德尔等 | 新疆中医药 | 2003,(4):35 |
| 《内经》“至阴”义浅探 | 斋藤宗则 | 中国医药学报 | 2003,(4):195 |
| 藏象学说的研究概况 | 吕冬梅等 | 中国中医基础医学杂志 | 2003,(4):78 |
| 浅析“肝生于左”的意义 | 宣红萍等 | 中医药信息 | 2003,(4):56 |
| 试以一“气”定藏象 | 原　铁等 | 国医论坛 | 2003,(5):44 |
| “凡十一脏取决于胆”之管见 | 云　刚等 | 内蒙古中医药 | 2003,(5):44 |
| 脏腑类证辨析 | 刘家义 | 山东中医药大学学报 | 2003,(5):332 |
| 略论命门皆属于肾 | 李崇瑞等 | 新疆中医药 | 2003,(5):1 |
| 对《灵枢》中脏腑联系的体会 | 杨绍春等 | 云南中医中药杂志 | 2003,(5):52 |
| 试论“肾无实证”与肾命学说的理论渊源 | 李　瑞等 | 中国中医基础医学杂志 | 2003,(5):4 |
| 肝体阴用阳学说的学术源流探讨 | 刘　锐等 | 中国中医基础医学杂志 | 2003,(5):1 |
| “心主神明”和“脑主神明”之争 | 平玉娟 | 中医研究 | 2003,(5):5 |
| “凡十一脏,取决于胆也”析疑 | 沈　雁等 | 中医药学刊 | 2003,(5):755 |
| “人以胃气为本”浅识 | 杨志超 | 中医药学刊 | 2003,(5):754 |
| “天癸”本质及其作用探讨 | 陈丽平等 | 河南中医 | 2003,(6):3 |
| 试论《周易》思维方式与《内经》藏象学说的形成 | 郭　华等 | 中国医药学报 | 2003,(6):338 |
| 论膜原的中介效应——从系统论的一个焦距揆度膜原 | 苏云放 | 中国中医基础医学杂志 | 2003,(6):20 |
| “心主神明”与“脑主神明”的再认识 | 朱向东等 | 中国中医基础医学杂志 | 2003,(6):15 |
| 浅析“肝生于左”之意义 | 宣红萍等 | 中国中医基础医学杂志 | 2003,(6):13 |
| 试论胃是吸收水谷精微的主要部位 | 张效霞等 | 中国中医基础医学杂志 | 2003,(6):11 |

| | | | |
|---|---|---|---|
| 肝肾同源的经络学基础考辨 | 赵 霞等 | 中医药学刊 | 2003,(7):1211 |
| 肺主治节浅析 | 周慧生 | 吉林中医药 | 2003,(8):4 |
| 三焦学说研究进展 | 高林林等 | 辽宁中医杂志 | 2003,(8):688 |
| 探析“膜原——三焦门户”说 | 夏永良 | 浙江中医杂志 | 2003,(8):6 |
| 脂肪组织的内分泌功能与三焦实质 | 王智明 | 中医药学刊 | 2003,(8):1312 |
| 中医识脑 | 史正刚 | 甘肃中医 | 2003,(9):1 |
| 中医对人体脏腑的认识(之四) 漫谈人体的“后天之本”——脾 | 肖 娴 | 开卷有益.求医问药 | 2003,(10):10 |
| 三焦概念辨析 | 王志红 | 中国中医基础医学杂志 | 2003,(10):18 |
| “饮入于胃,游溢精气,上输于脾。……”之我见 | 彭中斗 | 河北中医 | 2003,(11):815 |
| “心主神”与“脑主神”辨析 | 陈 雷等 | 中医药学刊 | 2003,(11):1841 |
| 肺胃相关论探析 | 段延萍等 | 陕西中医 | 2003,(12):1104 |
| 对脑主神明生理功能的认识 | 刘 轲等 | 中国中医药信息杂志 | 2003,(S1):3 |
| 命门学说研究 | 林 殷 | 中国优秀博硕士学位论文全文数据库(博士)医药卫生科技辑 | 2003,(2):E056-1 |
| 从细胞到人体的阴阳五藏之演化及肝藏生理病理的研究 | 田进文 | 中国优秀博硕士学位论文全文数据库(博士)医药卫生科技辑 | 2003,(3):E056-2 |
| 浅析脏热腑寒学说 | 徐江雁 | 光明中医 | 2004,(1):17 |
| 心脑孰主神明再识 | 陈奕梁 | 光明中医 | 2004,(1):35 |
| 中医对人体脏腑的认识(之七)——漫谈六腑、奇恒之腑与命门(一) | 肖 娴 | 开卷有益.求医问药 | 2004,(1):10 |
| 三焦的形态与功能辨析 | 张庆祥 | 山东中医药大学学报 | 2004,(1):7 |
| 水生万物说与命门学说的创立——中医命门学说发生学研究之一 | 邢玉瑞 | 陕西中医学院学报 | 2004,(1):8 |
| 论“奇恒”辨病 | 刘语高 | 甘肃中医学院学报 | 2004,(2):5 |
| 三焦的实质及其临床意义 | 敖海清等 | 江苏中医药 | 2004,(2):14 |
| 中医对人体脏腑的认识(之八)——漫谈六腑、奇恒之腑与命门(二) | 肖 娴 | 开卷有益.求医问药 | 2004,(2):12 |
| 道教医学与命门学说的形成——命门学说发生学研究之二 | 邢玉瑞 | 陕西中医学院学报 | 2004,(2):7 |
| 肾与“水”相关之探析 | 张国霞 | 天津中医学院学报 | 2004,(2):61 |
| “肝主疏泄”探析 | 刘悦坡 | 现代中医药 | 2004,(2):43 |
| 对《内经》论藏象及脏腑病机的探讨 | 党炳林 | 中国中医基础医学杂志 | 2004,(2):76 |
| 五脏应四时四方的气候变化证据 | 张启明 | 中国中医基础医学杂志 | 2004,(2):67 |
| “十一脏取决于胆”论析 | 江 锋 | 中医药临床杂志 | 2004,(2):178 |
| “精水合一”是肾藏象的认识基础浅识 | 李奕祺 | 中医药学刊 | 2004,(2):302 |
| 《内经》五脏阴阳区分的内涵及临床意义浅析 | 吴成长 | 中医药学刊 | 2004,(2):314 |
| “凡十一脏取决于胆”当为“凡土脏取决于胆” | 李树强 | 国医论坛 | 2004,(3):46 |
| 论肾为先天之本说对中医生命观的影响 | 孙松辉 | 辽宁中医杂志 | 2004,(3):210 |
| 罢极与罢极失准证 | 张德英等 | 陕西中医 | 2004,(3):281 |
| 太极范畴与命门学说的形成——命门学说发生学研究之三 | 邢玉瑞 | 陕西中医学院学报 | 2004,(3):4 |
| 《素问玄机原病式》与脏腑辨证 | 杨雪梅等 | 天津中医药 | 2004,(3):218 |
| 心痛五脏六腑相关论 | 吕志杰 | 中国中医基础医学杂志 | 2004,(3):16 |

| | | | |
|---|---|---|---|
| 中医学的脏腑是解剖的脏腑 | 石雪梅等 | 中国中医基础医学杂志 | 2004,(3):27 |
| 关于肺胃生理相关性的探讨 | 张安玲 | 中医药学报 | 2004,(3):3 |
| 《伤寒杂病论》对《黄帝内经》脏象学说的继承与发展 | 王孝先等 | 中医药学刊 | 2004,(3):412 |
| 研究心主神明理论的临证意义 | 顾　卫 | 中医药学刊 | 2004,(3):511 |
| 中医脏腑功能与生殖 | 吴丽丽等 | 甘肃中医 | 2004,(4):4 |
| 五脏所恶的刍议 | 陈金德 | 光明中医 | 2004,(4):13 |
| 《内经》论胆主决断功能及其临床意义 | 朱习文 | 湖北中医学院学报 | 2004,(4):59 |
| 《内经》五脏神论 | 张洪来等 | 湖北中医学院学报 | 2004,(4):60 |
| 中医对人体脏腑的认识(之十)　漫谈五脏之间的关系(二) | 肖　娴 | 开卷有益.求医问药 | 2004,(4):12 |
| 论平滑肌系统与"肝主谋虑"、"胆主决断"的关系 | 田进文等 | 山东中医药大学学报 | 2004,(4):254 |
| 中医理论的逻辑发展与命门学说的形成——命门学说发生学研究之四 | 邢玉瑞 | 陕西中医学院学报 | 2004,(4):7 |
| "脑为藏"的理论廓清与展望 | 张　弘等 | 四川中医 | 2004,(4):15 |
| 浅谈肺主治节 | 李成立 | 天津中医药 | 2004,(4):304 |
| 试论杨上善的脏腑观 | 戴　梅等 | 医古文知识 | 2004,(4):38 |
| 心主二经论 | 周美启等 | 中国针灸 | 2004,(4):52 |
| 脏腑辨证学说与道教 | 杨雪梅 | 中华医史杂志 | 2004,(4):42 |
| "心主行血"质疑 | 康晓红 | 河南中医学院学报 | 2004,(5):11 |
| 从功能性结构看肝在三焦中的归属 | 刘光伟等 | 湖北中医杂志 | 2004,(5):7 |
| "四肢者,诸阳之本也"浅释 | 黄瑞彬等 | 陕西中医学院学报 | 2004,(5):14 |
| 试述肝与男性性生理病理的关系 | 王奎平 | 实用中医内科杂志 | 2004,(5):270 |
| 髓海虚实探析及临床应用 | 李　瑞等 | 中国针灸 | 2004,(5):47 |
| 宋易太极观对肾为先天之本说形成的影响 | 孙松辉 | 中国中医基础医学杂志 | 2004,(5):59 |
| "心主神明"探要 | 周美启 | 安徽中医学院学报 | 2004,(6):4 |
| 中医神魂魄理论及其科学性 | 王鸿谟 | 北京中医 | 2004,(6):363 |
| 《内经》脏腑藏泻理论探讨 | 陈　琳 | 湖北中医杂志 | 2004,(6):13 |
| 中医对人体脏腑的认识(之十二)漫谈五脏与奇恒之腑的关系 | 肖　娴 | 开卷有益.求医问药 | 2004,(6):12 |
| 脏腑辨证中的整体观 | 罗　强等 | 中国中医药现代远程教育 | 2004,(6):10 |
| 试论"魄门亦为五脏使"的临床意义 | 潘天雄 | 浙江中医杂志 | 2004,(7):6 |
| 脏腑"使道"联络规律研究 | 王鸿谟 | 中国针灸 | 2004,(7):37 |
| 论《内经》"命门者,目也"的理论蕴义 | 贾　耿 | 中国中医基础医学杂志 | 2004,(7):19 |
| 论肺应秋的适应性调控机理 | 吴同玉等 | 中国中医基础医学杂志 | 2004,(7):12 |
| 辨三焦形质 | 邱振刚等 | 甘肃中医 | 2004,(8):1 |
| 三焦考辨 | 朱孝轩等 | 湖北中医杂志 | 2004,(8):30 |
| 读《内经》话肛肠 | 马晓勤 | 甘肃中医 | 2004,(9):9 |
| 浅析心胆神合论 | 孙天福 | 河南中医 | 2004,(10):8 |
| "五轮不可忽论"源流考 | 刘桂霞等 | 中医药学刊 | 2004,(10):1903 |
| 心、肾、命门关系与心—肾轴心系统 | 张勉之等 | 中医杂志 | 2004,(10):795 |
| 丹田辨析 | 耿　良等 | 河南中医 | 2004,(11):8 |
| 中西医"肾"的比较 | 杨海发等 | 中国中医基础医学杂志 | 2004,(11):26 |
| 从历史的分期重新检视三焦的实质 | 杨仕哲 | 中国中医基础医学杂志 | 2004,(11):24 |
| 论脾主湿 | 叶庆莲 | 中国中医基础医学杂志 | 2004,(11):11 |
| 中医脾肾相关学说源流探讨 | 刘成丽 | 中国中医基础医学杂志 | 2004,(11):7 |
| 试论脾胃与神志的关系 | 陈丽云 | 上海中医药杂志 | 2004,(12):30 |

| | | | |
|---|---|---|---|
| 谈脑功能及病变异常 | 徐利义 | 中华养生保健 | 2004,(16):44 |
| 象思维对《内经》藏象形成之影响 | 斋藤宗则 | 中国优秀博硕士学位论文全文数据库(博士)医药卫生科技辑 | 2004,(1):E056-6 |
| 《内经》脾藏象理论发生学研究 | 刘黎明 | 中国优秀博硕士学位论文全文数据库(硕士)医药卫生科技辑 | 2004,(1):E056-7 |
| "肺者气之本"的理论探讨及临床应用 | 陈学文 | 中国优秀博硕士学位论文全文数据库(硕士)医药卫生科技辑 | 2004,(3):E056-3 |
| 选录历代五脏病医案进行统计学处理对藏象学说中五脏的形态学基础和功能变化规律的研究 | 张启明 | 中国优秀博硕士学位论文全文数据库(博士)医药卫生科技辑 | 2004,(4):E056-2 |
| 肾精与男性生育功能 | 沈有庸 | 全国性与生殖医学学术研讨会论文汇编 | 2004:71 |
| 肝脾相关理论对现代临床指导意义研究述评 | 刘　超等 | 全国中医药科研与教学改革研讨会论文集 | 2004:164 |
| "奇恒之势"研究 | 刘　勇 | 全国中医药科研与教学改革研讨会论文集 | 2004:336 |
| 《内经》皮肉筋脉骨髓辨治浅析 | 闫晓宇 | 第三届国际传统医药大会文集 | 2004:266 |
| 心主感觉 | 姜永平 | 第三届国际传统医药大会文集 | 2004:121 |
| 中医五脏网络调节思想的渊源和发展 | 易　杰等 | 第三届国际传统医药大会文集 | 2004:110 |
| 中医脾胃学说与现代医学和生命质量 | 王海旗 | 第五次全国中西医结合中青年学术研讨会论文汇编 | 2004:185 |
| 玄府概念诠释(二)——腠理的历史演变与比较 | 常富业等 | 北京中医药大学学报 | 2005,(1):8 |
| 肝主疏泄机理探析 | 马月香 | 国医论坛 | 2005,(1):11 |
| 浅探心气与上窍的联系 | 彭　敏等 | 国医论坛 | 2005,(1):19 |
| 诠释心之窍与心藏神 | 张登本 | 河南中医 | 2005,(1):11 |
| 天癸浅识 | 刘建军等 | 河南中医 | 2005,(1):13 |
| 对中医学"脑为髓之海"说脑动力学特征的再思考 | 王德堃等 | 山西中医学院学报 | 2005,(1):10 |
| 三焦形质及其功能的现代研究 | 王雪华等 | 天津中医学院学报 | 2005,(1):34 |
| 《内经》脏腑藏泻理论辨析 | 白正勇等 | 浙江中医杂志 | 2005,(1):4 |
| 肝主藏血机理新探 | 马月香 | 中医药学刊 | 2005,(1):189 |
| 从中风病的研究谈"脑主神明" | 张雅萍等 | 光明中医 | 2005,(2):5 |
| "心主血脉"是解剖学发现吗 | 张效霞等 | 江西中医学院学报 | 2005,(2):8 |
| 命门学说发生学探究 | 胡素敏 | 江西中医学院学报 | 2005,(2):16 |
| 论《内经》《难经》中脾脏病机的五行传变模式 | 吴筱枫等 | 辽宁中医杂志 | 2005,(2):110 |
| 胃腑与五脏相关论 | 李瑞萍等 | 内蒙古中医药 | 2005,(2):41 |
| 论中医肝脾的解剖位置 | 杨志沐 | 实用中医内科杂志 | 2005,(2):99 |
| 脑脏 | 和　胜 | 亚太传统医药 | 2005,(2):45 |
| 《内经》藏象理论的社会官制文化特征 | 鞠宝兆 | 中国中医基础医学杂志 | 2005,(2):96 |
| "四时五脏阴阳"理论内涵的探析 | 李建军等 | 北京中医药大学学报 | 2005,(3):13 |
| 论瞳神亦为五脏之窗牖 | 刘　玲 | 北京中医药大学学报 | 2005,(3):16 |
| 心主神明论 | 赵　喜 | 河北北方学院学报(医学版) | 2005,(3):64 |
| 论脑为"元神之府" | 王　进 | 湖北中医学院学报 | 2005,(3):42 |

| | | | |
|---|---|---|---|
| 论《内经》五脏神的同一性 | 孙松辉 | 辽宁中医杂志 | 2005,(3):197 |
| “小肠”辨析 | 林绍志等 | 山东中医药大学学报 | 2005,(3):184 |
| 肝肾同源理论的内涵与外延 | 吴小明 | 实用中医内科杂志 | 2005,(3):196 |
| 脾胃与神志关系探要 | 张　洪 | 实用中医内科杂志 | 2005,(3):208 |
| 肝肾同处下焦的发生学认识 | 吴小明 | 现代中西医结合杂志 | 2005,(3):310 |
| 《内经》藏象理论体系的建构方法 | 鞠宝兆 | 医学与哲学 | 2005,(3):51 |
| 中医脏腑概念的形成及学术内涵——兼与石雪梅等同志商榷 | 韩晶杰等 | 中国中医基础医学杂志 | 2005,(3):176 |
| 从肝治心溯源 | 刘小雨等 | 中国中医急症 | 2005,(3):261 |
| 《内经》五脏概念研究 | 烟建华 | 中医药学刊 | 2005,(3):395 |
| 浅谈藏象学说与辨证论治 | 戴俭宇等 | 国医论坛 | 2005,(4):11 |
| 中西医学对“脾”认识的异同 | 李毅平 | 黑龙江中医药 | 2005,(4):60 |
| 再议“心主神明” | 廖若莎等 | 吉林中医药 | 2005,(4):5 |
| “心部于表”的理论认识及其临床意义 | 范　磊等 | 山东中医药大学学报 | 2005,(4):261 |
| 论五脏与自然 | 孙海霞 | 山西中医学院学报 | 2005,(4):3 |
| 《内经》对脑与经络联系的认识 | 张建斌等 | 中国针灸 | 2005,(4):265 |
| 体窍所应及脏热腑寒说 | 王洪图 | 中国中医药现代远程教育 | 2005,(4):6 |
| 膜原部位初探 | 高嘉骏等 | 北京中医药大学学报 | 2005,(5):14 |
| 肺主皮毛的研究进展 | 李如辉等 | 福建中医学院学报 | 2005,(5):61 |
| 肾与“肝开窍于目”的关系探讨 | 郭承伟 | 山东中医药大学学报 | 2005,(5):349 |
| 构建藏象辨证论治理论体系 | 严世芸 | 上海中医药杂志 | 2005,(5):3 |
| 从“三焦出气”浅谈营气、卫气 | 李　霜 | 新疆中医药 | 2005,(5):1 |
| 也谈膜原——三焦门户说 | 邱根祥等 | 浙江中医杂志 | 2005,(5):213 |
| 论中医“命门观”的学术发展 | 许　霞等 | 中医药临床杂志 | 2005,(5):427 |
| 论心“主藏神”与脑为“元神之府”相关性 | 王　进 | 中医药信息 | 2005,(5):3 |
| 关于心主神明的理论研究评述 | 吴慧心 | 江西中医学院学报 | 2005,(6):9 |
| 肝肾同源论 | 张喜芬等 | 辽宁中医学院学报 | 2005,(6):578 |
| 肝谋胆断与心神的关系及其临床意义 | 曾盛和 | 实用中西医结合临床 | 2005,(6):87 |
| 释命门 | 严健民 | 中国中医基础医学杂志 | 2005,(7):484 |
| 中医胃腑临床的形体基础 | 胡剑北 | 中华中医药杂志 | 2005,(7):389 |
| 浅谈“魄门亦为五脏使” | 秦晓静等 | 中医药学刊 | 2005,(7):1282 |
| 肝主升发在五脏中的作用探微 | 王竹风等 | 辽宁中医杂志 | 2005,(8):776 |
| 膜原的真三元结构 | 苏云放 | 中医研究 | 2005,(8):1 |
| 论五脏与津液免疫的关系 | 张凤娥等 | 中医药导报 | 2005,(8):1 |
| 略论中医五脏网络调节思想 | 易　杰等 | 中医药学刊 | 2005,(8):1397 |
| “脾为之卫”浅析 | 刘新华等 | 中医杂志 | 2005,(9):715 |
| 肝与血脉别论 | 刘小雨等 | 中医杂志 | 2005,(9):646 |
| “肾苦燥,急食辛以润之”探微 | 史丽萍 | 四川中医 | 2005,(10):13 |
| “魄门亦为五脏使”的临床意义 | 吴晓莉 | 浙江中西医结合杂志 | 2005,(10):616 |
| 肝与生殖关系初探 | 王伟凡 | 河南中医 | 2005,(11):9 |
| 试论脾胃的升降机能 | 杜宝英 | 河南中医 | 2005,(11):12 |
| 五脏六腑有职称 | 曲黎敏 | 中华养生保健 | 2005,(11):50 |
| 瞰识膀胱“藏津液,主气化” | 阎振立等 | 中华中医药杂志 | 2005,(11):52 |
| 从中医角度对肝与衰老关系的浅析 | 尚　冰 | 中医药学刊 | 2005,(12):2226 |
| 《内经》五脏概念研究 | 烟建华 | 中国中医药报 | 2005.4.14 |
| 探析“凡十一脏取决于胆” | 孟琳升等 | 中国中医药报 | 2005.8.15 |

| | | | |
|---|---|---|---|
| 先秦道家与《黄帝内经》“心”范畴研究 | 罗　浩 | 中国优秀博硕士学位论文全文数据库（硕士）医药卫生科技辑 | 2005,(5):E056-5 |
| 精化生脑髓的生理机制研究 | 李红梅 | 中国优秀博硕士学位论文全文数据库（硕士）医药卫生科技辑 | 2005,(6):E056-10 |
| 以“藏窍理论”探讨目内组织的脏腑归属问题 | 刘　玲 | 中国优秀博硕士学位论文全文数据库（博士）医药卫生科技辑 | 2005,(6):E056-9 |
| 肝疏泄太过中枢机制探索 | 张丽美 | 中国优秀博硕士学位论文全文数据库（硕士）医药卫生科技辑 | 2005,(6):E056-14 |
| 三焦气化与人体水液代谢关系的研究 | 王雪华 | 中国优秀博硕士学位论文全文数据库（硕士）医药卫生科技辑 | 2005,(7):E056-5 |
| 从中西医学探讨内经、难经、中藏经三焦实质 | 王人澍等 | 第三届海峡两岸中西医结合学术研讨会论文集 | 2005:26 |
| 也说命门 | 王良生 | 全国中医药创新与发展研讨会论文集 | 2005:89 |
| 玄府概念与气液理论浅析 | 常富业等 | 首届中医药发展国际论坛、首届中医药防治艾滋病国际研讨会和全国中医药科研院所长联谊会论文集 | 2005:303 |
| 试论脑为水火之脏 | 王　涛等 | 江西中医药 | 2006,(1):11 |
| “肝者，将军之官”新释 | 马月香等 | 天津中医药 | 2006,(1):42 |
| 从五脏藏神的理论内涵探讨五脏俞治疗失眠症 | 胡金凤 | 中国针灸 | 2006,(1):69 |
| 藏象学说概念和名词术语规范化的探讨 | 李晓君等 | 中国中医基础医学杂志 | 2006,(1):15 |
| 论六腑以通调平和虚实交替为用 | 王　强等 | 中华中医药杂志 | 2006,(1):57 |
| 《黄帝内经》五脏相音理论与女性年龄关系的研究 | 汪东丽等 | 中西医结合学报 | 2006,(1):10 |
| 肺与皮肤老化相关的理论探讨 | 张茂林 | 中医药学刊 | 2006,(1):125 |
| “肾生骨髓，髓生肝”的科学内涵 | 李瀚旻等 | 中医杂志 | 2006,(1):6 |
| 论肾藏精起亟 | 李奕祺 | 福建中医学院学报 | 2006,(2):53 |
| 中医“肾”与骨代谢关系的现代研究进展 | 陈秀庆等 | 福建中医药 | 2006,(2):63 |
| 略论心与衰老之关系 | 翟理黄 | 河南中医学院学报 | 2006,(2):15 |
| 浅论《内经》胃气理论及其对后世的影响 | 肖　丹等 | 湖南中医药大学学报 | 2006,(2):19 |
| 《内经》中肝胆藏象的理论构建及发展 | 孟庆云 | 江西中医学院学报 | 2006,(2):5 |
| 从离子通道理论认识三焦的实质 | 张晓文等 | 陕西中医 | 2006,(2):197 |
| 肝与肾同为水火之宅初探 | 权觉武 | 陕西中医 | 2006,(2):256 |
| 天癸浅议 | 卢　燕等 | 中医药信息 | 2006,(2):6 |
| “肾为先天之本”质疑 | 张家玮等 | 北京中医药大学学报 | 2006,(3):152 |
| 再论“肾主水液”之内涵 | 易　青 | 湖北中医学院学报 | 2006,(3):40 |
| 《内经》脑理论探析 | 阎英杰等 | 辽宁中医药大学学报 | 2006,(3):13 |
| 对膀胱所藏经气化而出之津液的再认识 | 姜小华 | 辽宁中医药大学学报 | 2006,(3):17 |
| 试论“肾主蛰封藏之本”的读法 | 张守正 | 内蒙古中医药 | 2006,(3):73 |
| 从格式塔心理学原理分析藏象理论 | 赵　博等 | 南京中医药大学学报（社会科学版） | 2006,(3):158 |

| | | | |
|---|---|---|---|
| 腠理及其实质探析 | 黄建元 | 南京中医药大学学报 | 2006,(3):143 |
| 小议"肾者,胃之关也" | 陈　微 | 浙江中医杂志 | 2006,(3):127 |
| 秦汉时期脏腑辨证学说发展特点研究 | 杨雪梅等 | 中华医史杂志 | 2006,(3):152 |
| "肾无实证"商榷 | 封娟霞 | 中医药学报 | 2006,(3):53 |
| 脾胃功能析疑 | 韩　君 | 北京中医 | 2006,(4):100 |
| 论《内经》时脏一体观 | 巩振东等 | 陕西中医学院学报 | 2006,(4):7 |
| 论《黄帝内经》脏腑的实体解剖观 | 高也陶等 | 中西医结合学报 | 2006,(4):339 |
| 肺五行属金与金曰从革 | 张　弘等 | 中医文献杂志 | 2006,(4):39 |
| 从道家思想文化角度诠释"肾""作强""伎巧" | 臧守虎 | 中医药文化 | 2006,(4):8 |
| "将军之官"发微 | 陈贵海等 | 国医论坛 | 2006,(5):48 |
| 心主神志　脑为元神之府及五神藏的临床思考 | 张觉人等 | 辽宁中医杂志 | 2006,(5):542 |
| 《黄帝内经》中的"数码"肾气 | 布延平 | 现代保健 | 2006,(5):46 |
| 命门乃生殖器官 | 许积成 | 中国性科学 | 2006,(5):16 |
| 论"命门"学说 | 萧佐桃等 | 中医药导报 | 2006,(5):1 |
| 精气学说在《黄帝内经》理论建构中的作用及其意义 | 张登本等 | 中医药学刊 | 2006,(5):784 |
| 命门学说探析 | 刘晓岚等 | 福建中医药 | 2006,(6):56 |
| 《内经》"奇恒之府"中"胆"探析 | 王自有等 | 甘肃中医 | 2006,(6):7 |
| 再议膀胱藏津液 | 袁　玺 | 辽宁中医药大学学报 | 2006,(6):26 |
| 《黄帝内经》肾藏象理论的归纳与整理 | 鞠诣然等 | 中国医学文摘(内科学) | 2006,(6):531 |
| 胃气概念及其理论的发生学研究 | 邢玉瑞 | 中国中医基础医学杂志 | 2006,(6):409 |
| 论肺胃相关 | 章　恪 | 辽宁中医杂志 | 2006,(7):808 |
| 浅析命门之涵义及其临床意义 | 程绍民等 | 时珍国医国药 | 2006,(7):1323 |
| 命门学说的理论源流及实践价值 | 孟庆云 | 中国中医基础医学杂志 | 2006,(7):483 |
| 从"喘证证治"探讨"肾主纳气"之发展脉络 | 陈慧娟 | 江苏中医药 | 2006,(8):15 |
| 对五脏应五畜的探讨 | 张万水等 | 陕西中医 | 2006,(8):1012 |
| 舌与五脏六腑相关论 | 陈　群等 | 中国中医基础医学杂志 | 2006,(8):564 |
| 论肝失疏泄的病理特征 | 马月香 | 中华中医药杂志 | 2006,(8):460 |
| 五脏相音——《黄帝内经》失传2000多年的理论和技术的现代研究 | 高也陶等 | 医学与哲学(人文社会医学版) | 2006,(9):51 |
| 脾阴溯源求真 | 邹万成 | 中国中医基础医学杂志 | 2006,(10):727 |
| 浅议肾与命门的关系 | 俞　洋等 | 中医药学刊 | 2006,(10):1904 |
| 也论"肾者,胃之关也" | 闫永彬等 | 中医杂志 | 2006,(10):795 |
| 谈谈中医"肾"与"坚"的关系 | 李崇超 | 江苏中医药 | 2006,(11):61 |
| "凡十一藏取决于胆也"辨析 | 何庆淮 | 医药世界 | 2006,(11):106 |
| 肾脑相关的研究 | 张　洁 | 中国优秀博硕士学位论文全文数据库(硕士)医药卫生科技辑 | 2006,(3):E056-2 |
| 《内经》心藏象理论发生学研究 | 张　晨 | 中国优秀博硕士学位论文全文数据库(硕士)医药卫生科技辑 | 2006,(12):E056-10 |
| 从时间医学探讨"肾主骨"理论研究的思路 | 王　彤等 | 2006国际传统医药创新与发展态势论坛论文集 | 2006:79 |
| 肾-骨对话和肾性骨病:机制与治疗进展 | 郑法雷 | 第四届国际中西医结合肾脏病学术会议专题讲座汇编 | 2006:38 |

| | | | |
|---|---|---|---|
| 试论肺与耳窍相关学说 | 李淑良 | 世界中医药学会联合会耳鼻喉口腔科专业委员会成立大会暨第一届学术研讨会论文汇编 | 2006:63 |
| 《内经》有关心藏象理论发生的文字文化基础 | 鞠宝兆 | 中华中医药学会第十六届医古文学术会议论文集 | 2006:153 |
| 浅议“天癸” | 赵　鋆 | 中华中医药学会第十六届医古文学术会议论文集 | 2006:185 |
| 从命门学说的发生学原理论《内经》《难经》命门的统一 | 张敬文等 | 北京中医 | 2007,(1):28 |
| 对中医五脏相关学说的理论探讨 | 邱仕君等 | 湖北民族学院学报(医学版) | 2007,(1):1 |
| 从《黄帝内经》看中医对大脑功能的广义认识 | 温长路等 | 江苏中医药 | 2007,(1):20 |
| 肾和命门的概念及其现代诠释 | 胡素敏等 | 江西中医学院学报 | 2007,(1):6 |
| 命门探源 | 张敬文等 | 辽宁中医杂志 | 2007,(1):31 |
| 肝为“罢极之本”与亚健康状态的防治 | 郭文娟等 | 山西中医 | 2007,(1):75 |
| 论“肝者,罢极之本” | 马佐英等 | 上海中医药大学学报 | 2007,(1):19 |
| 古今“左肝右肺”观探析 | 赵心华等 | 中国中医基础医学杂志 | 2007,(1):11 |
| “脾为后天本”理论的发生学探讨 | 李如辉 | 中医研究 | 2007,(1):1 |
| 试论“脾统四脏”的学术渊源——兼与韩天雄等先生商榷 | 章增加 | 中医药通报 | 2007,(1):35 |
| 古人称性器官为“阴”、“肾” | 毛　良 | 中医药文化 | 2007,(1):32 |
| 试论中医五脏相关学说的理论内涵 | 陈坚雄等 | 广州中医药大学学报 | 2007,(2):87 |
| 试论《内经》中六府之三焦 | 张绍江 | 江苏中医药 | 2007,(2):13 |
| 五脏概念与五行模式 | 常立果等 | 山西中医 | 2007,(2):52 |
| 论肝脾的病理影响 | 徐成贺 | 中华中医药杂志 | 2007,(2):84 |
| 脾主时令形成渊源初探 | 胡正芬等 | 国医论坛 | 2007,(3):18 |
| “肾主骨”理论的发生及其意义 | 张登本 | 河南中医学院学报 | 2007,(3):5 |
| 《内经》肾藏象理论发生的解剖基础概述 | 付东升等 | 吉林中医药 | 2007,(3):51 |
| “肝为罢极之本”新解 | 王济训等 | 时珍国医国药 | 2007,(3):733 |
| 五脏阴阳辨证古今运用浅谈 | 张家玮等 | 中医杂志 | 2007,(3):197 |
| 髓海及其临床应用 | 马自力 | 北京中医药大学学报(中医临床版) | 2007,(4):33 |
| 浅论“天癸”的本质及其与生殖的关系 | 张新平 | 川北医学院学报 | 2007,(4):362 |
| 论脾胃学说与升降学说的交叉 | 常爱萍 | 河北中医 | 2007,(4):345 |
| 奇恒之腑质疑 | 林常青等 | 湖北中医杂志 | 2007,(4):22 |
| 论五脏特性 | 皮明钧等 | 湖南中医药大学学报 | 2007,(4):7 |
| 从《内经》探讨藏象之涵义及其意义 | 陈慧娟等 | 湖南中医杂志 | 2007,(4):64 |
| 天癸理论与优生 | 杨　琳等 | 江西中医学院学报 | 2007,(4):8 |
| 《黄帝内经》脾胃理论析要 | 胡永军等 | 中华中医药学刊 | 2007,(4):798 |
| 考古论今说三焦 | 吴义才 | 中医药临床杂志 | 2007,(4):411 |
| “筋”理论探析 | 周　丽等 | 湖南中医药大学学报 | 2007,(5):10 |
| 论中医脏病相传 | 曾盛和 | 湖南中医杂志 | 2007,(5):66 |
| “肾主骨”与“肾主外”刍议 | 姜　勇等 | 吉林中医药 | 2007,(5):58 |
| 再论五脏最佳生理功能状态 | 吕方舟等 | 江西中医学院学报 | 2007,(5):11 |
| 从《内经》时脏的确立看脾主长夏的主导地位 | 胡正芬等 | 辽宁中医药大学学报 | 2007,(5):56 |
| 天癸之浅识 | 薛秀花 | 现代中医药 | 2007,(5):54 |

| | | | |
|---|---|---|---|
| 对“凡十一藏取决于胆”之再认识 | 武　冰等 | 北京中医 | 2007,(6):341 |
| 试论“脑当另立为脏” | 李　颖等 | 贵阳中医学院学报 | 2007,(6):1 |
| 论命门为君主之官 | 夏丽娜等 | 国医论坛 | 2007,(6):41 |
| 小议“十一脏取决于胆” | 安丽敏等 | 黑龙江医药 | 2007,(6):606 |
| 脾胃与神志关系浅论 | 陈友友等 | 辽宁中医药大学学报 | 2007,(6):61 |
| 脑主神明理论的源流及内涵 | 王小如 | 山东中医杂志 | 2007,(6):366 |
| 《内经》三焦概念的实质 | 贺晓慧等 | 山西中医学院学报 | 2007,(6):6 |
| 天癸与女性生殖关系浅谈 | 张　超等 | 时珍国医国药 | 2007,(6):1516 |
| 中医五藏理论起源探讨 | 张宇鹏 | 世界科学技术－中医药现代化 | 2007,(6):111 |
| 试从《内经》的脏腑关系论协调脏腑与养生 | 吴丽红等 | 四川中医 | 2007,(6):36 |
| “魄门亦为五脏使”义理及运用 | 陆　明 | 新疆中医药 | 2007,(6):1 |
| 天癸本质的古今探讨 | 胡　敏等 | 陕西中医 | 2007,(7):851 |
| 《内经》“心主血脉”理论对心脑血管病防治的指导意义 | 徐　放等 | 中国中医基础医学杂志 | 2007,(7):494 |
| 升降理论在五脏阴阳辨证中的应用 | 张家玮等 | 中国中医药信息杂志 | 2007,(7):86 |
| 论“肝者罢极之本” | 马佐英等 | 辽宁中医杂志 | 2007,(8):1051 |
| 对“膜原为三焦之门户”的理解 | 寿清和 | 现代中西医结合杂志 | 2007,(8):1038 |
| 从《黄帝内经》五行藏象系统探讨五藏之“象”的范畴及基础 | 陈慧娟等 | 浙江中医杂志 | 2007,(8):443 |
| “肝者,罢极之本”小议 | 周　琼 | 湖北中医杂志 | 2007,(9):14 |
| 五脏主藏,六腑主泻 | 景小东等 | 吉林中医药 | 2007,(9):61 |
| 试论“五脏以心为主导”理论的建立——兼议五脏与五行的配属关系 | 王子谟等 | 世界中西医结合杂志 | 2007,(9):501 |
| 自然生态气象与四时五脏阴阳理论 | 温伟强等 | 新中医 | 2007,(9):100 |
| 天癸论 | 叶一萍 | 中华中医药学刊 | 2007,(9):1808 |
| 《内经》《难经》中脾病五行辨证 | 谢裕竹等 | 中华中医药学刊 | 2007,(10):2138 |
| 纵论“肝者罢极之本”之本意 | 刘日才 | 中华中医药学刊 | 2007,(10):2023 |
| 《黄帝内经》心脾相关理论浅析 | 潘光明等 | 新中医 | 2007,(11):94 |
| 中医理论体系研究——五脏阴阳研究 | 郭　华等 | 中国中医基础医学杂志 | 2007,(11):801 |
| 《伤寒论》六经辨证体系与《黄帝内经》五脏阴阳理论的关系 | 武　冰等 | 北京中医药大学学报 | 2007,(12):802 |
| 肾主外理论及其临床应用 | 刘　莉 | 江西中医药 | 2007,(12):15 |
| 藏象学说形成研究述要 | 王颖晓等 | 辽宁中医杂志 | 2007,(12):1703 |
| 膜原部位的解剖学探析 | 关建军等 | 陕西中医 | 2007,(12):1651 |
| 玄府古今辨 | 汪　峰 | 中华中医药学刊 | 2007,(12):2516 |
| 肾气与健康的关系 | 张天瑶 | 齐齐哈尔医学院学报 | 2007,(19):2366 |
| 筋在解剖学中的实体探讨 | 蒋建平 | 中国误诊学杂志 | 2007,(27):6548 |
| 天道可悉诸掌　藏象可洞其垣 | 潘远根等 | 中国中医药报 | 2007.5.31 |
| 《内经》藏象学说中的各家观点 | 刘可勋 | 中国中医药报 | 2007.6.4 |
| 周逸平:应整体研究经脉脏腑相关理论 | 周　颖 | 中国中医药报 | 2007.11.16 |
| 论肝主卫气 | 赵家有 | 中国中医药报 | 2007.12.3 |
| 肝与衰老的理论研究 | 王玉芳 | 中国优秀博硕士学位论文全文数据库(博士)医药卫生科技辑 | 2007,(2):E056－4 |

| | | | |
|---|---|---|---|
| 脏腑功能辨析 | 张效霞 | 中国优秀博硕士学位论文全文数据库(博士)医药卫生科技辑 | 2007,(2):E056-6 |
| 以肝主疏泄理论为核心防治情志疾病的理论基础探讨 | 李建平 | 中国优秀博硕士学位论文全文数据库(硕士)医药卫生科技辑 | 2007,(6):E056-331 |
| 肺失肃降的病理生理研究及其临床指导意义探讨 | 陆　健 | 中国优秀博硕士学位论文全文数据库(博士)医药卫生科技辑 | 2007,(6):E056-24 |
| 脏腑辨证的源流和现状 | 吴焕林等 | 第三届世界中西医结合大会论文摘要集 | 2007:631 |
| 人生先天之本后天之用的命门系统调节论 | 张　荣 | 中华中医药学会中医药传承创新与发展研讨会专辑 | 2007:185 |
| 肾非人生先天之本论 | 张　荣 | 中华中医药学会中医药传承创新与发展研讨会专辑 | 2007:194 |
| 《黄帝内经》"肺气肃降"思想及其临床应用探讨 | 张小虎等 | 湖南中医杂志 | 2008,(1):57 |
| 论肝失疏泄是疾病发生之源 | 马月香 | 江西中医学院学报 | 2008,(1):8 |
| 《内经》对眼与整体关系的论述浅识 | 缪　馨等 | 江西中医学院学报 | 2008,(1):28 |
| 天癸功能异常探讨 | 齐丽晶等 | 时珍国医国药 | 2008,(1):222 |
| 《内经》耳的窍属问题探讨 | 郭哲阳 | 亚太传统医药 | 2008,(1):20 |
| 再论系统膜原论的功能层次 | 苏云放 | 浙江中医药大学学报 | 2008,(1):1 |
| "肾藏精,精舍志"的现代观 | 江妙津等 | 浙江中医杂志 | 2008,(1):18 |
| 《黄帝内经》藏象学理论体系的主要内容与结构简析 | 张宇鹏 | 中国中医基础医学杂志 | 2008,(1):7 |
| 脑与脾肾的关系探讨 | 张沁园等 | 中华中医药学刊 | 2008,(1):180 |
| 再论"五脏以心为主导"理论的建立——从《吕氏春秋》五脏与五行的配属谈起 | 王子谟等 | 中医药管理杂志 | 2008,(1):64 |
| 从"坤能载物"谈三焦实质 | 梁永林 | 中医药学报 | 2008,(1):78 |
| "藏象"概念之探析 | 杨　威等 | 北京中医药大学学报 | 2008,(2):86 |
| 论肾气的运动特点 | 马月香 | 国医论坛 | 2008,(2):9 |
| 浅探胃为五脏之本 | 宋雅琴 | 国医论坛 | 2008,(2):11 |
| 论脾喜燥恶湿 | 张风霞等 | 河南中医 | 2008,(2):13 |
| 藏象理论的溯本求源 | 盛岩松等 | 黑龙江中医药 | 2008,(2):4 |
| 胃气学说的现代生理学研究进展 | 杨李军等 | 内蒙古中医药 | 2008,(2):15 |
| 浅谈天癸的物质基础 | 佟丽丽等 | 时珍国医国药 | 2008,(2):483 |
| 中西汇通浅谈天癸与不孕 | 张　锁等 | 时珍国医国药 | 2008,(2):501 |
| 肾主生殖的现代研究进展与研究思路 | 张建伟 | 世界中西医结合杂志 | 2008,(2):113 |
| "肝者,罢极之本"新解 | 潘秋平 | 四川中医 | 2008,(2):37 |
| 中医五脏相关学说研究——从五行到五脏相关 | 邓铁涛等 | 中国工程科学 | 2008,(2):7 |
| 藏象体用关系的研究 | 许志效等 | 中国中医基础医学杂志 | 2008,(2):92 |
| 论"藏窍理论"的构建 | 刘　玲等 | 中华中医药学刊 | 2008,(2):365 |
| 五脏阴阳辨证对中医各家学说形成的影响 | 张家玮等 | 中华中医药学刊 | 2008,(2):276 |
| "肾开窍于耳"与"心寄窍于耳"的对比研究 | 陆丽明等 | 中医药通报 | 2008,(2):32 |
| 还《内经》三焦地位——兼评后世三焦学说 | 姜永平 | 河南中医 | 2008,(3):9 |
| 浅析肾精与男性生育功能 | 戎平安 | 黑龙江中医药 | 2008,(3):4 |
| 五脏配五行原理溯源 | 张效霞等 | 江西中医学院学报 | 2008,(3):4 |
| 关于藏府的分类依据 | 李如辉 | 山西中医学院学报 | 2008,(3):2 |

| | | | |
|---|---|---|---|
| 论天癸的节律异常与月经周期的关系 | 王 烨等 | 陕西中医 | 2008,(3):317 |
| 小议"四肢为诸阳之本" | 王 婧等 | 中国民族民间医药 | 2008,(3):43 |
| 脑髓神机对生命活动的调控途径探讨 | 何兴伟 | 中国中医基础医学杂志 | 2008,(3):170 |
| 心主神的含义及启示 | 刘 霁等 | 北京中医药大学学报 | 2008,(4):225 |
| 《内经》藏象理论研究近况 | 刘小霞 | 河北中医 | 2008,(4):447 |
| 试论脾藏意主思的心理病理基础 | 谢静涛等 | 湖南中医药大学学报 | 2008,(4):10 |
| 关于《内经》中三焦论述的思考 | 周雪梅等 | 内蒙古中医药 | 2008,(4):53 |
| 浅议肾气与健康的关系 | 张天瑶 | 陕西中医 | 2008,(4):497 |
| 试论"心开窍于耳" | 秦 毅等 | 新疆中医药 | 2008,(4):5 |
| 耳与五脏关系浅析 | 赵云彦 | 河南中医 | 2008,(5):17 |
| 浅析"凡十一脏取决于胆" | 丛培玮等 | 辽宁中医药大学学报 | 2008,(5):66 |
| 浅析"天癸"的生理 | 祁 冰等 | 时珍国医国药 | 2008,(5):1234 |
| 浅谈"肺主皮毛"理论的实质 | 古继红等 | 新中医 | 2008,(5):107 |
| 从经络学基础考辨肾主封藏的生理特性 | 谭朝坚等 | 中医药导报 | 2008,(5):15 |
| "三至"说心诠 | 卢 伟 | 中医杂志 | 2008,(5):475 |
| 中医"五脏相关"理论继承与创新的初步研究 | 徐志伟等 | 广州中医药大学学报 | 2008,(6):475 |
| 试析心胃相通 | 吴桂熙 | 黑龙江中医药 | 2008,(6):8 |
| 脏腑相合理论的发生学初探 | 唐健嫩等 | 上海中医药大学学报 | 2008,(6):16 |
| 《内经》"心主血脉"学术解读 | 孙 刚等 | 中华中医药学刊 | 2008,(6):1312 |
| 膜原的系统复杂性研究 | 苏云放 | 中医研究 | 2008,(6):1 |
| 统论唇为脾胃肝之所主 | | 中医药通报 | 2008,(6):56 |
| 统论舌为心脾所主 | | 中医药通报 | 2008,(6):56 |
| 试论中医肾脑的升降互济关系 | 郭汝宝等 | 光明中医 | 2008,(7):524 |
| "凡十一藏,取决于胆"新释 | 高少才 | 陕西中医 | 2008,(7):901 |
| 脑为命门初探 | 张志锋 | 光明中医 | 2008,(8):1063 |
| 中医肾与骨生长发育关系理论探讨 | 桑红灵 | 光明中医 | 2008,(8):1093 |
| "心系"概念疏释 | 邓文华 | 江西中医药 | 2008,(8):22 |
| 天癸学说探讨 | 赵永明等 | 辽宁中医药大学学报 | 2008,(8):9 |
| 命门学说及其临床意义 | 吕海婴 | 中国中医基础医学杂志 | 2008,(8):586 |
| 论肾并非命门的代名词 | 卓春萍等 | 北京中医药大学学报 | 2008,(9):588 |
| 浅析脑的生理功能和病理表现 | 王 超等 | 时珍国医国药 | 2008,(9):2307 |
| "心生血"辨析 | 柴守范等 | 光明中医 | 2008,(10):1466 |
| 论胆与膜 | 李东瀛等 | 光明中医 | 2008,(10):1577 |
| 《黄帝内经》关于"心在液为汗"的临床研究 | 谭茂卿等 | 时珍国医国药 | 2008,(10):2521 |
| "天癸"的理论分析 | 赵永明等 | 世界中西医结合杂志 | 2008,(10):569 |
| 中医脾胃藏象理论发展历史初探 | 陈丽云等 | 四川中医 | 2008,(10):52 |
| 脏腑精气阴阳的概念及其逻辑关系 | 孙广仁 | 中华中医药学刊 | 2008,(10):2099 |
| 《内经》中的胆与神志 | 潘大为 | 江苏中医药 | 2008,(11):23 |
| 从"肝体阴用阳"谈"肝之苦欲" | 沈 涛 | 江苏中医药 | 2008,(11):108 |
| 浅析《内经》从脏腑论汗 | 程绍民等 | 上海中医药杂志 | 2008,(11):62 |
| 中医藏象学说的特点 | 黄海波 | 江苏中医药 | 2008,(12):10 |
| "天癸"原义探讨 | 于 光 | 内蒙古中医药 | 2008,(18):67 |
| 脾胃学说初探 | 祁延龙 | 中国医药指南 | 2008,(22):110 |
| 论心主神明的内涵以及与其他脏腑之间的联系 | 张 捷等 | 中国中医药信息杂志 | 2008,(S1):7 |

| | | | |
|---|---|---|---|
| 膜原理论研究 | 高嘉骏 | 中国优秀博硕士学位论文全文数据库(博士)医药卫生科技辑 | 2008,(2):E056-9 |
| “肾应冬”调控机制与神经内分泌系统相关性的研究 | 邓小峰 | 中国优秀博硕士学位论文全文数据库(硕士)医药卫生科技辑 | 2008,(2):E056-27 |
| 肾肝相关的理论研究 | 杨立娜 | 中国优秀博硕士学位论文全文数据库(硕士)医药卫生科技辑 | 2008,(2):E056-24 |
| 《内经》肾藏象理论发生学研究 | 鞠诣然 | 中国优秀博硕士学位论文全文数据库(硕士)医药卫生科技辑 | 2008,(2):E056-15 |
| “肝肾同源”与情志调控机制的理论探讨 | 陈霖 | 中国优秀博硕士学位论文全文数据库(硕士)医药卫生科技辑 | 2008,(9):E056-7 |
| 从藏象研究的启示论经络研究的辩证思维 | 李　恩 | 第四届国际络病学大会论文集 | 2008:146 |
| 先天与后天大脑概念 | Dr. Jean Marc Eyssalet 等 | 世界卫生组织传统医学大会卫星研讨会论文汇编 | 2008:134 |
| 皮肤与大肠相关性探讨及意义 | 宫振甲 | 中华医学会第 14 次全国皮肤性病学术年会论文汇编 | 2008:683 |
| 从“五脏六腑皆令人咳,非独肺也”看《内经》脏腑观 | 王建纲等 | 河北中医 | 2009,(1):133 |
| 对“罢极之本”释义的商榷 | 边海云等 | 辽宁中医杂志 | 2009,(1):37 |
| 现代医学角度解释中医的“肝开窍于目” | 张　婵等 | 时珍国医国药 | 2009,(1):233 |
| 汉前中国古代解剖学对于肺脏之认识 | 丁　雨等 | 时珍国医国药 | 2009,(1):244 |
| 《内经》脾主四时理论探讨 | 郑红斌 | 浙江中医药大学学报 | 2009,(1):1 |
| 浅析《黄帝内经》论耳 | 杨　鸿 | 浙江中医杂志 | 2009,(1):14 |
| 从先秦道家“心学”看《内经》“心主神明” | 陈　曦 | 中国中医基础医学杂志 | 2009,(1):18 |
| 对《内经》天癸的新认识 | 叶一萍 | 中国中医基础医学杂志 | 2009,(1):21 |
| 命门是构筑中医基础理论的重要范畴 | 李　林等 | 中国中医基础医学杂志 | 2009,(1):16 |
| 脏腑相合理论研究概述 | 唐健嫩等 | 中西医结合学报 | 2009,(1):70 |
| 三焦、命门与气化学说的构建探讨 | 涂　凡等 | 世界中医药 | 2009,(2):64 |
| 天癸简论 | 邓素玲 | 中国中医基础医学杂志 | 2009,(2):102 |
| 论《黄帝内经》中三焦的实体解剖结构 | 徐勇刚等 | 中华中医药学刊 | 2009,(2):423 |
| “心主血脉”之辨析 | 张　恒 | 中西医结合心脑血管病杂志 | 2009,(2):212 |
| 《内经》对皮毛与大肠关系的论述 | 宫振甲等 | 中医杂志 | 2009,(2):189 |
| 论“天癸”——本质、特点与作用探微 | 陈　飞等 | 光明中医 | 2009,(3):403 |
| 天癸本质初探 | 刘承勇 | 南京中医药大学学报 | 2009,(3):167 |
| “河图”对《内经》四时五脏理论体系构建的影响 | 张金波 | 山东中医药大学学报 | 2009,(3):235 |
| 《素问·六节藏象论篇》五藏阴阳属性之我见 | 姜洪玉 | 山西中医 | 2009,(3):33 |
| 中医藏象学的理论体系探讨 | 杨　威等 | 陕西中医学院学报 | 2009,(3):6 |
| 浅论肾气天癸太冲脉在月经产生机制中的作用 | 王玉香 | 天津中医药 | 2009,(3):253 |
| 浅析“脾不主时” | 刘　佳等 | 新疆中医药 | 2009,(3):1 |
| 再论“心主神明”与“脑主神明” | 徐　雅等 | 中医杂志 | 2009,(3):268 |
| “肺亦为后天之本”刍议 | 黄火剑等 | 光明中医 | 2009,(4):615 |

| | | | |
|---|---|---|---|
| 概述《内经》对脾胃的认识 | 李　婕等 | 广西中医药 | 2009,(4):47 |
| “目系属肝”辨析 | 柴金苗等 | 江苏中医药 | 2009,(4):3 |
| 论肝为生命之本 | 赵永华 | 江苏中医药 | 2009,(4):9 |
| 《黄帝内经》“肺主皮毛”理论发生学小议 | 王　稷等 | 辽宁中医药大学学报 | 2009,(4):16 |
| 三焦本质探源 | 谭春雨 | 辽宁中医药大学学报 | 2009,(4):9 |
| 论天癸与生长发育及妊娠的关系 | 刘　阳等 | 辽宁中医杂志 | 2009,(4):544 |
| 脑作为奇恒之腑生理特性的再思考 | 张觉人等 | 辽宁中医杂志 | 2009,(4):543 |
| 膜原及邪伏膜原学说源流 | 张宏瑛 | 浙江中医杂志 | 2009,(4):238 |
| 肝与脊柱相关疾病的相关性探讨 | 熊　英等 | 中医正骨 | 2009,(4):23 |
| “五脏相音”理论及其在耳鸣诊断中的应用 | 张　虹 | 北京中医药 | 2009,(5):350 |
| 对“思伤脾”理论的再思考——浅议思亦伤心 | 王玉贤等 | 北京中医药 | 2009,(5):347 |
| 浅说胆的调节作用 | 沙剑轲等 | 江西中医药 | 2009,(5):17 |
| 人体运动的五脏观 | 周　岚等 | 南京中医药大学学报 | 2009,(5):349 |
| 《内经》脾阴思想探析 | 苏建华 | 世界中医药 | 2009,(5):283 |
| 浅谈肺主治节 | 赵学红等 | 新中医 | 2009,(5):108 |
| 从《内经》看脏腑病与经络病的异同 | 蒋　狄等 | 中医研究 | 2009,(5):1 |
| 论三焦气化说 | 余亚娜等 | 中医杂志 | 2009,(5):389 |
| 中医对脑的再认识 | 石　海 | 光明中医 | 2009,(6):1124 |
| 命门可视说 | 郑　君等 | 山东中医药大学学报 | 2009,(6):478 |
| 中医脾肾相关理论的沿革及其意义探讨 | 孙升云等 | 陕西中医 | 2009,(6):699 |
| “脑－肾轴”为命门说 | 罗玲娟等 | 甘肃中医 | 2009,(7):1 |
| 《内经》脏腑概念形成的发生学研究 | 王国英等 | 辽宁中医药大学学报 | 2009,(7):24 |
| 五脏应时理论的现代认识和研究 | 邓小峰等 | 中华中医药学刊 | 2009,(7):1385 |
| 浅谈奇恒之腑中的“胆”“胞” | 贾润苗 | 陕西中医 | 2009,(9):1270 |
| 独脏之心 | 朱微微等 | 辽宁中医药大学学报 | 2009,(10):21 |
| 小议《内经》肝主敷和 | 陈　正等 | 辽宁中医杂志 | 2009,(10):1698 |
| 《内经》“上焦”生理病理详考 | 杨　昉等 | 上海中医药杂志 | 2009,(11):56 |
| 自——鼻为肺系之外窍 | 任宏丽 | 中国中医药报 | 2009.11.30 |
| 奇恒之腑的历史文献及理论文化研究 | 方　芳 | 中国优秀博硕士学位论文全文数据库(硕士)医药卫生科技辑 | 2009,(1):E056－10 |
| 象思维视野下的三焦学说 | 黄　拓 | 中国优秀博硕士学位论文全文数据库(硕士)医药卫生科技辑 | 2009,(4):E056－1 |
| 论小儿肺 | 王　烈 | 全国第26届中医儿科学术会暨王烈教授学术思想研讨会论文集 | 2009:51 |

**2. 气、血、津、液、神等研究**

| | | | |
|---|---|---|---|
| 《内经》中关于血液之学说 | 谢穆诵 | 上海医报 | 1933,(4):6 |
| 《内经》地在太虚之中大气举之释义 | 许蔚霞 | 中医世界季刊 | 1933,(1):74 |
| 《素问》中所论之气血二字的探原与分类 | 汪少成 | 中国医学院毕业纪念刊 | 1934,(5):52 |
| 读《内经》血气各论略感 | 黄先庸 | 杏林医学月报 | 1935,(2):13 |
| 《内经》辨疑:“两精相抟合而成形,常先身生,是为精” | 潘树仁 | 中国医药月刊(北京) | 1942,(7):16 |
| 试从科学观点上来研讨营卫问题 | 金寿山 | 上海中医药杂志 | 1955,(9):31 |
| 对中医论“营、卫”的体会 | 秦广忱 | 中医杂志 | 1955,(12):54 |

| | | | |
|---|---|---|---|
| 我对《内经》里所谓“神”的蠡测 | 马云翔 | 江苏中医药 | 1956,(2):9 |
| 关于《内经》营卫说的问题 | 胡毓寰 | 中医杂志 | 1957,(12):623 |
| 论气化 | 单　同 | 山东医药 | 1958,(2):5 |
| 营卫气血的实际应用 | 文琢之 | 上海中医药杂志 | 1958,(9):5 |
| 《内经》中“营气”“卫气”说的探讨(上) | 李　鼎 | 上海中医药杂志 | 1959,(1):3 |
| 漫谈“营卫气血” | 杨钟芬 | 江苏中医药 | 1959,(2):39 |
| 《内经》中“营气”“卫气”说的探讨(下) | 李　鼎 | 上海中医药杂志 | 1959,(2):3 |
| 关于营卫的争鸣 | 胡树人 | 中医杂志 | 1959,(6):66 |
| 也谈《内经》中的“营卫”说 | 王济中 | 上海中医药杂志 | 1959,(11):5 |
| 再论中医学的“营卫” | 秦广忱 | 辽宁中医杂志 | 1960,(6):33 |
| 中医理论之一隅——气化论 | 刘星元 | 兰州大学学报(医学版) | 1964,(1):56 |
| 微观望舌与气血津液辨证论治 | 李之和 | 山西医药杂志 | 1977,(2):29 |
| “气化”探讨 | 李庭玉 | 新中医 | 1977,(2):49 |
| 论《黄帝内经》中的“气” | 刘长林 | 哲学研究 | 1978,(7):57 |
| 对卫气营血辨证中“气”的探讨 | 栗德林 | 黑龙江医药 | 1979,(2):34 |
| 略述中医学之“气” | 程子荣 | 辽宁中医杂志 | 1979,(2):4 |
| 试探《内经》形神关系的论述 | 刘光华 | 成都中医药大学学报 | 1979,(3):1 |
| 水液的代谢与气化 | 王彭龄 | 吉林中医药 | 1979,(3):69 |
| 论祖国医学气血学说中“气”与“血”的关系 | 刘继泰 | 辽宁中医杂志 | 1979,(3):3 |
| 营卫初探 | 林沛湘 | 广西中医药 | 1979,(4):1 |
| 试论气化学说 | 任继学 | 吉林中医药 | 1979,(4):5 |
| 漫谈“五液” | 王洪图 | 中国临床医生 | 1979,(11):27 |
| 关于“气”的概念——对《中医学基础》的几点商榷 | 洪梦浒 | 成都中医药大学学报 | 1980,(1):58 |
| 气、血、津液 | 周汉秀 | 贵阳中医学院学报 | 1980,(2):67 |
| 祖国医学的气机升降学说 | 李德新 | 辽宁中医杂志 | 1980,(2):35 |
| 对《内经》“神”的探讨 | | 牡丹江医学院学报 | 1980,(2):12 |
| 谈精气 | 韩成仁 | 山东中医药大学学报 | 1980,(2):59 |
| “气”学理论研究的历史和现状(一) | 王明辉 | 新中医 | 1980,(2):1 |
| 论汗 | 李增华 | 云南中医学院学报 | 1980,(2):4 |
| 略论“气化则能出矣”——学习《内经》的点滴体会 | 刘建新 | 湖南中医学院学报 | 1980,(3):3 |
| 《内经》“气味”论的本义 | 姜建国 | 山东中医药大学学报 | 1980,(3):45 |
| “气”学理论研究的历史和现状(二) | 王明辉 | 新中医 | 1980,(3):6 |
| 试论“气”与“气化”学说——我国古代医学的辩证唯物主义世界观 | 纪民育 | 河北中医 | 1980,(4):31 |
| 对“神转不回,回则不转”的认识 | 史兰华等 | 山东中医药大学学报 | 1980,(4):14 |
| 谈谈人体的津液链 | 刘渡舟 | 陕西中医 | 1980,(4):1 |
| 谈中医生理之“气” | 杜乐年 | 云南中医学院学报 | 1980,(4):7 |
| 从生物能力学看“气”的本质 | 宋知行 | 湖北中医杂志 | 1980,(5):44 |
| 试论升降出入与生理、病理和方药 | 夏航胜 | 江苏中医药 | 1980,(6):6 |
| 卫气小议 | 王子谟 | 湖北中医杂志 | 1981,(1):8 |
| 营卫清浊辨 | 肖建峰 | 湖南中医学院学报 | 1981,(1):23 |
| 相火初探 | 任继学 | 吉林中医药 | 1981,(1):7 |
| “气化”初析 | 徐精诚 | 江汉大学学报(自然科学版) | 1981,(1):33 |
| 《内经》中有关“神”的论述 | 项长生等 | 浙江中医药大学学报 | 1981,(1):8 |
| 浅谈营卫 | 袁立人 | 河北中医 | 1981,(2):1 |

| | | | |
|---|---|---|---|
| 论中医生理学中的“气” | 符 采 | 泸州医学院学报 | 1981,(2):75 |
| 气滞、气郁、气结辨 | 刘文龙 | 陕西中医学院学报 | 1981,(2):1 |
| 汗的生理与疾病的关系——学习《内经》的体会 | 张登本 | 陕西中医学院学报 | 1981,(2):15 |
| 浅谈祖国医学之“气” | 韦绪性 | 陕西中医学院学报 | 1981,(2):3 |
| 试谈“卫出于下焦”当为“卫出于上焦” | 徐声明 | 新中医 | 1981,(2):28 |
| “肝”与精神 | 林 帆 | 福建中医药 | 1981,(3):50 |
| 谈“神” | 方药中等 | 湖北中医杂志 | 1981,(3):19 |
| 试述营卫学说在寒温辨证中的同一性 | 刘兆麟 | 湖北中医杂志 | 1981,(3):4 |
| 试论气机升降学说在《伤寒论》辨证中的运用 | 夏洪生 | 吉林中医药 | 1981,(3):1 |
| 浅论宗气下陷 | 周午平 | 中医杂志 | 1981,(3):6 |
| 《内经》对“神”的论述 | 邹学熹 | 成都中医药大学学报 | 1981,(4):17 |
| 对“大气”、“宗气”和“胸中大气”的认识 | 黄明贵 | 湖北中医杂志 | 1981,(4):38 |
| 从《内经》“神”的理论看中医整体恒动观 | 寇华胜 | 湖北中医杂志 | 1981,(4):39 |
| 关于“元气”的概念及其科学实质的探讨 | 王大鹏等 | 吉林中医药 | 1981,(4):5 |
| 脏腑虚实的补泻规律——《素问·五脏别论》小议 | 凌耀星 | 浙江中医药大学学报 | 1981,(4):10 |
| 《内经》形气关系与预后意义 | 李树康 | 浙江中医药大学学报 | 1981,(4):15 |
| 略论《内经》中的汗 | 张六通 | 湖北中医杂志 | 1981,(6):1 |
| 汗在辨证上的意义 | 亢海荣 | 陕西中医 | 1981,(6):35 |
| “卫出下焦”析疑 | 张登本 | 陕西中医 | 1981,(6):41 |
| 试论《内经》中的“气” | 郑洪新 | 辽宁中医杂志 | 1981,(11):27 |
| 中国两千多年前的身心观点 中医谈神形 | 檀 林 | 中国心理学会第三次会员代表大会及建会60周年学术会议(全国第四届心理学学术会议)论文集 | 1981:27 |
| 《内经》中“神”的概念 | 潘远根 | 湖南中医学院学报 | 1982,(1):13 |
| 谈“气”之为病 | 曹向平 | 江苏中医药 | 1982,(1):1 |
| 浅谈“卫气为百病母” | 刘昭纯 | 山东中医药大学学报 | 1982,(1):34 |
| 论“卫出下焦”与“卫出上焦”的关系 | 施政初 | 温州医学院学报 | 1982,(2):79 |
| 《内经》精气初探 | 刘建新等 | 湖南中医学院学报 | 1982,(3):38 |
| 谈谈气机的升降出入 | 李克淦 | 成都中医药大学学报 | 1982,(4):76 |
| 论“气”的中介性质及对中医学理论形成的影响 | 马伯英 | 中医药学报 | 1982,(4):21 |
| 试谈“真气” | 阮道记 | 湖北中医杂志 | 1982,(5):4 |
| 《内经》营血一体浅谈 | 胡永年 | 湖北中医杂志 | 1982,(6):38 |
| 眼与精气血津液神的关系 | 庞泗泉等 | 新中医 | 1982,(9):50 |
| 神机辨识 | 宋知行 | 辽宁中医杂志 | 1983,(1):10 |
| 对“正气”概念的再诠释 | 周乐年 | 陕西中医 | 1983,(1):40 |
| 多学科研究中医“气”的若干展望 | 王明辉 | 安徽中医学院学报 | 1983,(2):16 |
| 略论气、血、精、神 | 任继学等 | 江苏中医药 | 1983,(2):7 |
| “精”、“气”是中医学理论的核心 | 尉明德 | 山东中医药大学学报 | 1983,(2):28 |
| 营卫病理及其临床应用 | 杨 力 | 中医药学报 | 1983,(2):11 |
| 毛脉合精的我见 | 翁工清 | 中医药学报 | 1983,(2):17 |
| “气常有余血常不足”辨 | 刘时觉 | 山东中医药大学学报 | 1983,(3):50 |
| 试论“清浊”相干 | 陈 荣等 | 云南中医学院学报 | 1983,(3):1 |
| “卫出于下焦”异释 | 高伯正 | 中医药学报 | 1983,(3):18 |
| 光照度与卫气的生理 | 张金良 | 中医药学报 | 1983,(3):7 |
| 评“气”既表物质又表机能的两义说 | 洪梦浒 | 中医杂志 | 1983,(3):4 |

| | | | |
|---|---|---|---|
| 卫气的特性 | 扬齐宽 | 成都中医药大学学报 | 1983,(4):12 |
| 《内经》中的津血相关理论 | 张登本 | 现代中医药 | 1983,(4):48 |
| 浅谈"神不使" | 李妙珠 | 福建中医药 | 1983,(5):37 |
| 论标本中气 | 李德新 | 辽宁中医杂志 | 1983,(5):7 |
| 如何理解《灵枢·卫气行》所说的卫气运行"与天地同纪" | 袁立人 | 中医杂志 | 1983,(6):60 |
| 何谓精明?何谓神光?二者有何区别与联系? | 王明洁 | 中医杂志 | 1983,(10):68 |
| 气机升降与阴火 | 何裕民 | 黑龙江中医药 | 1984,(1):15 |
| 《内经》"精"字十三义 | 申鸿砚 | 江苏中医药 | 1984,(1):59 |
| 元气论钩玄 | 王庆其 | 上海中医药杂志 | 1984,(1):34 |
| "不藏精"析 | 徐连春 | 福建中医药 | 1984,(2):60 |
| 浅谈"神光" | 周又军 | 江苏中医药 | 1984,(2):13 |
| 《内经营气脉度运行考》初探 | 彭静山 | 辽宁中医杂志 | 1984,(2):34 |
| 谈气与津液的相互关系 | 周学胜 | 南京中医药大学学报(自然科学版) | 1984,(2):12 |
| 试论标本中气与《伤寒论》的关系(一) | 童增华等 | 青海医学院学报 | 1984,(2):86 |
| 从《内经》角度浅谈水液代谢 | 孙　桐 | 南京中医药大学学报(自然科学版) | 1984,(3):8 |
| "真气从之"探赜 | 陈　熠 | 上海中医药杂志 | 1984,(3):41 |
| 祖国医学"神"的概念的探讨 | 王克勤 | 黑龙江中医药 | 1984,(4):9 |
| 真气辨识 | 龚占悦 | 中医药学报 | 1984,(4):20 |
| 《内经》中的"气"与生命 | 沈福道 | 湖北中医杂志 | 1984,(6):44 |
| 水火归元管窥 | 李浩然 | 辽宁中医杂志 | 1984,(6):35 |
| 略论《内经》中的神 | 赵健雄 | 医学与哲学(人文社会医学版) | 1984,(7):17 |
| 对《内经》中"气"的概念的认识 | 程士德 | 中医杂志 | 1984,(7):69 |
| 谈谈气化的概念 | 扶兆民 | 中医杂志 | 1984,(11):79 |
| 论卫气营血阴阳 | 陈克正 | 中医杂志 | 1984,(12):15 |
| 试论"神"与针刺"调神" | 李　军 | 天津中医药 | 1984,(Z2):21 |
| 气的辨证法及初探 | 乐俊曼 | 天津中医药 | 1984,(Z2):87 |
| 试论精为身之本 | 刘树新 | 吉林中医药 | 1985,(1):5 |
| 略论卫气出于中焦 | 匡耀祖 | 江西中医药 | 1985,(1):3 |
| 略论《内经》中的"神" | 马玉林 | 甘肃中医学院学报 | 1985,(2):16 |
| 论卫气的循行出入 | 袁立人 | 黑龙江中医药 | 1985,(2):10 |
| 《内经》卫气与气功硬功 | 胡春申 | 泸州医学院学报 | 1985,(2):140 |
| 水论 | 孟文焕 | 中医药学报 | 1985,(2):4 |
| 谈气机升降 | 刘保和 | 河北中医 | 1985,(3):6 |
| 《内经》"神"的范畴探讨 | 王米渠 | 湖北中医杂志 | 1985,(3):56 |
| 辨《内经》之"神" | 李国清 | 中医药学报 | 1985,(3):16 |
| 卫气营血辨证的应用、研究与展望 | 林培政 | 广州中医药大学学报 | 1985,(4):41 |
| 谈谈气化学说 | 陈　铭 | 山西中医 | 1985,(4):55 |
| 《内经》中"神"的含义 | 顾继昌 | 四川中医 | 1985,(4):3 |
| 探气化论之要 | 史方奇 | 四川中医 | 1985,(4):4 |
| "荣气虚,卫气实"析疑 | 王长荣 | 中医杂志 | 1985,(5):78 |
| 发掘中医气学理论,创新人类生命科学(一) | 王明辉 | 辽宁中医杂志 | 1985,(9):1 |
| 发掘中医气学理论,创新人类生命科学(二) | 王明辉 | 辽宁中医杂志 | 1985,(10):14 |

| | | | |
|---|---|---|---|
| 宗气浅识 | 龚占悦 | 辽宁中医杂志 | 1985,(10):22 |
| 太阳统摄营卫初探 | 薛振斌 | 陕西中医 | 1985,(10):434 |
| 发掘中医气学理论,创新人类生命科学(三) | 王明辉 | 辽宁中医杂志 | 1985,(11):9 |
| 卫气运行初探 | 李志道 | 中医杂志 | 1985,(11):52 |
| 略论气不归源 | 李浩然 | 辽宁中医杂志 | 1985,(12):9 |
| 发掘中医气学理论,创新人类生命科学(四) | 王明辉 | 辽宁中医杂志 | 1985,(12):13 |
| “神”与养生 | 王克勤 | 北京中医 | 1986,(1):12 |
| 从气化的观点探讨伤寒六经病证治规律 | 扶兆民 | 成都中医药大学学报 | 1986,(1):9 |
| 略论“气”的物质概念 | 孙爱萍 | 中医药学刊 | 1986,(1):536 |
| “少火”、“壮火”浅识 | 王文勇 | 中医药学刊 | 1986,(1):566 |
| 论营卫运行之常与营卫失调之病 | 向文君 | 成都中医药大学学报 | 1986,(2):15 |
| 论气与痰的关系 | 朱枝荣 | 江西中医药 | 1986,(2):50 |
| 《内经》中的营、卫、气、血与温病中的卫、气、营、血,在概念上有什么不同? | 王晓鹤 | 山西中医 | 1986,(2):54 |
| 对血生成的认识 | 张克勤 | 现代中医药 | 1986,(2):60 |
| “卫气出于上焦”、“卫气出于下焦”辨 | 黄维三 | 中医药学报 | 1986,(2):12 |
| 对神概念的浅识 | 和贵章等 | 河北中医 | 1986,(3):8 |
| 试论《内经》形神统一观及其意义 | 杨嘉进 | 天津中医学院学报 | 1986,(4):3 |
| 小议“精明五色” | 祝跃平 | 浙江中医学院学报 | 1986,(4):39 |
| 论气质 | 饶宏孝 | 陕西中医 | 1986,(5):195 |
| 血汗同源浅识 | 罗聪新 | 中医药学刊 | 1986,(5):740 |
| 试论原气当指肾气 | 柯新桥 | 江西中医药 | 1986,(6):39 |
| 我国古代对血液循环的认识 | 刘学礼等 | 医学与哲学(人文社会医学版) | 1986,(6):35 |
| “形”与“神” | 阙庆辉 | 中医药学刊 | 1986,(6):772 |
| “六气者,各有部主”浅释 | 李汉友 | 中医杂志 | 1986,(6):67 |
| 谈《内经》中的“神” | 张振辉 | 四川中医 | 1986,(9):2 |
| “阳气者,精则养神,柔则养筋”析 | 余自汉 | 中医杂志 | 1986,(9):67 |
| “升降”变迁之思辨 | 蒋应时 | 陕西中医 | 1986,(10):435 |
| “气化”论浅识 | 牟重临等 | 陕西中医 | 1986,(10):437 |
| “诸气膹郁,皆属于肺”之“气”字质疑 | 王自强 | 安徽中医学院学报 | 1987,(1):52 |
| 再论《内经》精气 | 刘建新 | 湖南中医学院学报 | 1987,(1):3 |
| 《内经》中有关气学说的论述 | 王明辉 | 辽宁中医杂志 | 1987,(1):10 |
| 试论中医气学的来源及哲学意义 | 王大鹏 | 内蒙古中医药 | 1987,(1):20 |
| 卫气的含义 | 高伯正 | 天津中医学院学报 | 1987,(1):33 |
| 血的生成刍议 | 任仲传 | 天津中医药 | 1987,(1):32 |
| 从肾与免疫的关系看“卫出下焦” | 张必洁等 | 成都中医药大学学报 | 1987,(2):41 |
| 《内经》中有关气学说的论述(续) | 王明辉 | 辽宁中医杂志 | 1987,(2):15 |
| 试论“精气神”——人体机能学说与中医心理学 | 高树人 | 天津中医学院学报 | 1987,(2):12 |
| 试论高原清气不足 | 张瑞祥 | 中医杂志 | 1987,(2):55 |
| “到气才可清气”刍议 | 陈裔清 | 福建中医药 | 1987,(3):30 |
| 《内经》中有关气学说的论述(续) | 王明辉 | 辽宁中医杂志 | 1987,(3):12 |
| 浅论气的多义性 | 邹宝生 | 现代中医药 | 1987,(3):36 |
| 试论“血汗同源” | 孙秀英 | 新疆中医药 | 1987,(3):21 |
| 卫气营血新论 | 印会河 | 中医药研究 | 1987,(3):11 |
| “阳气者,精则养神,柔则养筋”新释 | 彭一清 | 中医杂志 | 1987,(3):68 |

| | | | |
|---|---|---|---|
| 卫气含义之我见 | 高伯正 | 贵阳中医学院学报 | 1987,(4):20 |
| 谈谈卫气与三焦的关系 | 汤希孟 | 江西中医药 | 1987,(4):53 |
| 《内经》中有关气学说的论述(续) | 王明辉 | 辽宁中医杂志 | 1987,(4):11 |
| 卫气运行与人体节律 | 白凌志 | 黑龙江中医药 | 1987,(5):4 |
| 营卫不和刍议 | 万剑峰 | 江西中医药 | 1987,(5):58 |
| 试论逆乱之气对人体的伤害作用 | 高雪枝 | 现代中医药 | 1987,(5):31 |
| 浅论祖国医学中的"神" | 刘文龙 | 现代中医药 | 1987,(5):26 |
| 中医"气"研究的概况 | 王明辉 | 中华中医药杂志 | 1987,(5):43 |
| "两神相搏"指的是哪"两神"? | 吴南民 | 中医药学刊 | 1987,(5):47 |
| 其大气之搏而不行者,积于胸中,命曰气海"中"大气"一如何解释? | 吴南民 | 中医药学刊 | 1987,(5):47 |
| 《内经》中"神"的概念 | 李　雁等 | 河北中医 | 1987,(6):42 |
| 试论精气流通与康复长寿 | 赵家祺 | 江苏中医药 | 1987,(6):20 |
| 小议"营卫" | 鲍济民 | 中医药学刊 | 1987,(6):14 |
| 涎为脾液小议 | 潘文奎 | 中医杂志 | 1987,(11):66 |
| 《内经》中"神"的研究进展 | 李　雁等 | 陕西中医 | 1987,(12):34 |
| 论《黄帝内经》的营卫理论 | 李今庸 | 世界针灸学会联合会成立暨第一届世界针灸学术大会论文摘要选编 | 1987:24 |
| 论卫气与针刺 | 高章营 | 世界针灸学会联合会成立暨第一届世界针灸学术大会论文摘要选编 | 1987:29 |
| 相火综述 | 谢　光 | 甘肃中医学院学报 | 1988,(1):39 |
| 略论《周易》干元与中医阳气 | 戴春生 | 中医药学报 | 1988,(1):3 |
| 试论"气" | 韩金生 | 中医药学刊 | 1988,(1):6 |
| "血为气之母"与"气能生血"辨 | 李新生 | 山东中医药大学学报 | 1988,(2):8 |
| 《内经》卫气有关问题之我见 | 刘庆忠等 | 天津中医学院学报 | 1988,(2):4 |
| 析《黄帝内经太素》对真气的认识 | 吴华强 | 天津中医学院学报 | 1988,(2):8 |
| 真气辨 | 黄志毅 | 中医药学刊 | 1988,(2):5 |
| 《内经》中神的概念及临床意义 | 韩葆贤等 | 中医杂志 | 1988,(2):12 |
| 卫气的研究进展 | 刘　进 | 吉林中医药 | 1988,(3):36 |
| 《内经》"道"之辨析 | 赛西娅 | 内蒙古中医药 | 1988,(3):33 |
| 小谈"神气" | 黄俊山 | 中医药学刊 | 1988,(3):4 |
| 天人相应机理及阳气实质探讨 | 彭宗禹等 | 河北中医 | 1988,(4):31 |
| 《内经》"真气"辨析 | 王永桥 | 湖北中医杂志 | 1988,(4):54 |
| 从广义热力学角度看中医的形、气、神 | 邓晓明等 | 中医研究 | 1988,(4):4 |
| 精气神关系小议 | 安治勋等 | 中医药学报 | 1988,(4):14 |
| "百脉一宗"辨识 | 姜德友 | 中医药学报 | 1988,(5):8 |
| 小考神、魂、魄、意、志、鬼门 | 袁安仁 | 中医药学刊 | 1988,(5):20 |
| 五液辨证 | 李冬松 | 中医药学刊 | 1988,(6):13 |
| "五方色说"对祖国医学的影响初探 | 饶宏孝 | 辽宁中医杂志 | 1988,(9):13 |
| 论《内经》与《温病》之"卫气营血"的相互关系 | 吴淑华 | 四川中医 | 1988,(12):9 |
| 论元气 | 孟文焕 | 四川中医 | 1988,(12):11 |
| 从"内经"看中医学中广义之神的物质性 | 杨天荣 | 北京中医 | 1989,(1):38 |
| 浅谈补宗气 | 叶允仁 | 福建中医药 | 1989,(1):53 |
| 中医学"形神关系"初探 | 杨天荣 | 上海中医药杂志 | 1989,(1):35 |

| | | | |
|---|---|---|---|
| 小议“精气” | 杨昆蓉 | 中医药学刊 | 1989,(1):13 |
| 试论营卫运行的机理 | 刘苊文 | 中医药学刊 | 1989,(1):24 |
| “神转不回”与圆道说 | 顾玉龙 | 安徽中医学院学报 | 1989,(2):5 |
| 卫气运行再探 | 刘文昭等 | 北京中医 | 1989,(2):11 |
| 中医学中关于“气”的理论 | 朱宗元 | 内蒙古中医药 | 1989,(2):44 |
| “形神统一”观在中医学中的应用 | 杨天荣 | 上海中医药杂志 | 1989,(2):2 |
| “荣气虚,卫气实”刍言 | 刘玉坤 | 新疆中医药 | 1989,(2):9 |
| 试论营卫运行的机理 | 刘苊文 | 中医药学刊 | 1989,(2):2 |
| 琐谈精之要义 | 潘文奎 | 中医药学刊 | 1989,(2):21 |
| 浅谈气功与气数 | 赵俊学等 | 国医论坛 | 1989,(3):43 |
| 试论卫气源于下焦 | 杨殿兴 | 四川中医 | 1989,(3):2 |
| “气”概念中若干问题之我见 | 孙益平 | 云南中医学院学报 | 1989,(3):21 |
| 气血学说的发展概况 | 张问渠等 | 云南中医中药杂志 | 1989,(3):9 |
| 宗气刍议 | 纪大松 | 陕西中医 | 1989,(4):191 |
| 浅谈气血的关系 | 潘树枫 | 中医药学刊 | 1989,(4):5 |
| 《内经》中“神”的基本理论及临床意义的研究 | 杨宝琴等 | 北京中医 | 1989,(5):29 |
| 《内经》“阴精”理论初探 | 邝杰钊 | 新中医 | 1989,(5):19 |
| 试论卫气在人体的调节作用 | 黄俊山 | 中医药学报 | 1989,(5):20 |
| 关于营卫气血理论的研究 | 翁志伟 | 陕西中医 | 1989,(12):558 |
| 试论五神藏的含义及其临床意义 | 晋 利等 | 黑龙江中医药 | 1990,(1):8 |
| 黄元御“中气升降”浅探 | 刘桂荣等 | 山东中医药大学学报 | 1990,(1):20 |
| 谈古论“精” | 路俊 | 上海中医药杂志 | 1990,(1):40 |
| 《内经》“精明”析义 | 李亚平 | 四川中医 | 1990,(1):4 |
| 试论“气为血帅”的临床意义 | 龚锡曾 | 四川中医 | 1990,(1):13 |
| 试论《内经》营卫气血理论与温病卫气营血辨证 | 魏玉琦 | 天津中医学院学报 | 1990,(1):14 |
| 谈大气与通阳解蔽 | 张志远 | 天津中医学院学报 | 1990,(1):17 |
| “气化”与“气机” | 徐宗源 | 中医药学刊 | 1990,(1):18 |
| 关于中医学中“精”的分类概念之我见 | 陶 洪 | 湖南中医学院学报 | 1990,(2):91 |
| 宗气小议 | 陈晓阳 | 湖南中医杂志 | 1990,(2):57 |
| 气在人体自我调节中的作用 | 徐春波等 | 山东中医药大学学报 | 1990,(2):2 |
| 谈《内经》六气 | 徐兴国 | 中医药学刊 | 1990,(2):20 |
| 浅谈“卫出于下焦” | 徐璋豪 | 福建中医药 | 1990,(4):26 |
| “卫出下焦”析疑 | 刘晓庄 | 江西中医药 | 1990,(4):55 |
| 试析《内经》中的“神” | 王守义等 | 吉林中医药 | 1990,(5):1 |
| 试论乳汁的生化与调节 | 苏月明 | 新中医 | 1990,(5):2 |
| 从“神不使”到“神可使” | 鲁景奎 | 吉林中医药 | 1990,(6):48 |
| 形神统一观义析 | 何建升 | 现代中医药 | 1990,(6):6 |
| 对气的几个问题的探讨 | 张超群 | 中医药信息 | 1990,(6):11 |
| 《内经》之“真气”即是正气 | 陈 钢 | 中医药学刊 | 1990,(6):6 |
| 壮火、少火、君火、相火 | 谷笑慧 | 中医药学刊 | 1990,(6):24 |
| 浅论中医学中的“神” | 刘志安 | 中医药研究 | 1990,(6):10 |
| 对中医学气的分析 | 陈利国 | 医学与哲学（人文社会医学版） | 1990,(7):41 |
| “营出中焦、卫出下焦”析义 | 刘晓庄 | 中医杂志 | 1990,(11):59 |
| 论水血相关 | 聂天义 | 安徽中医学院学报 | 1991,(1):10 |
| 中医“正气”概念探析 | 张庆荣 | 中医杂志 | 1991,(1):60 |

| | | | |
|---|---|---|---|
| “太极气化活动圆周图式”与人体气机升降 | 管济生 | 国医论坛 | 1991,(2):12 |
| “营卫失调”之我见 | 童增华等 | 青海医学院学报 | 1991,(2):61 |
| 论《灵枢》“营卫”经义 | 靳士华等 | 天津中医药 | 1991,(2):37 |
| 浅谈“气”概念的多义性 | 龚一萍 | 浙江中医药大学学报 | 1991,(2):10 |
| 中气内涵新探 | 刘贵仁 | 中医药研究 | 1991,(2):37 |
| 气化理论概论 | 陈利国等 | 山东中医药大学学报 | 1991,(3):52 |
| 《内经》论汗 | 谭一松 | 南京中医药大学学报(自然科学版) | 1991,(4):198 |
| 浅议眼与精 | 郭承伟等 | 山东中医杂志 | 1991,(4):8 |
| 目中玄府及其临床意义 | 芮云清 | 浙江中医药大学学报 | 1991,(4):13 |
| “神”的研讨述评 | 陈铁清 | 中医药信息 | 1991,(4):5 |
| 有关相火的各家见解之评析 | 张笑平 | 辽宁中医杂志 | 1991,(5):10 |
| 历代医家对卫气学说的研究和阐发 | 吴弥漫等 | 中医药学报 | 1991,(5):2 |
| 《内经》形神关系学说述略 | 宋传荣 | 中医药学刊 | 1991,(5):6 |
| 论《黄帝内经》的营卫理论 | 李今庸 | 中医药研究 | 1991,(5):14 |
| 关于中医理论中“气”的几个问题 | 黄海龙 | 中华中医药杂志 | 1991,(6):8 |
| 试论“气”的基本特性 | 罗再琼 | 中医药学刊 | 1991,(6):21 |
| 略谈生气与伐气 | 董廷瑶 | 新中医 | 1991,(11):16 |
| “卫出于下焦”刍议 | 李富汉等 | 国医论坛 | 1992,(1):33 |
| 浅析生殖之精属于先天之精——与陶洪同志商榷 | 蒋　筱 | 湖南中医学院学报 | 1992,(1):56 |
| 试论相火学说 | 周德生等 | 陕西中医 | 1992,(1):21 |
| 宗气与心系疾病的探讨 | 奚凤霖 | 中医杂志 | 1992,(1):11 |
| “卫气”论析 | 江　涛 | 安徽中医学院学报 | 1992,(2):10 |
| 论水血相关 | 何耀荣 | 湖南中医杂志 | 1992,(2):52 |
| 试论中医美容的“神、气、色” | 刘　巧 | 江西中医学院学报 | 1992,(2):4 |
| 卫气营血辨证中的两点质疑 | 董锡玑 | 山东中医药大学学报 | 1992,(2):66 |
| “气”实质探讨 | 陇 | 新疆中医药 | 1992,(2):6 |
| 神之诊断学概念假说 | 郑小伟等 | 浙江中医学院学报 | 1992,(2):12 |
| “生殖之精”当属先天之精——兼与陶洪同志商榷 | 蒋　筱 | 广西中医药 | 1992,(3):37 |
| 对《中医基础理论》言“神”的商榷 | 刘亚娴 | 河北中医 | 1992,(3):48 |
| 五液小识 | 黄　三 | 云南中医学院学报 | 1992,(3):29 |
| 精气神概说——浅议精的生理病理及其临证应用 | 吕爱平等 | 中医药学刊 | 1992,(4):19 |
| 相火小识 | 潘文奎 | 黑龙江中医药 | 1992,(5):50 |
| 论人体气化活动 | 陈利国等 | 山东中医药大学学报 | 1992,(5):2 |
| 中医“精气神”与熵理论 | 李　标等 | 山西中医 | 1992,(5):6 |
| 《内经》卫气病机初探 | 傅杰英 | 新中医 | 1992,(5):11 |
| 气的升降出入琐谈 | 袁玉兰 | 中医药学刊 | 1992,(5):13 |
| 谈《内经》论神明 | 金香兰 | 国医论坛 | 1992,(6):16 |
| 四象体质与气血的研究 | 崔成等 | 吉林中医药 | 1992,(6):28 |
| 《内经》水血相关论探讨 | 聂天义 | 四川中医 | 1992,(6):3 |
| 龙雷相火　包络相火　胞宫相火考 | 韩　锋等 | 中医药学报 | 1992,(6):32 |
| 神的诊断学意义 | 陈家旭 | 中医药学刊 | 1992,(6):37 |
| 卫气与四时六气变化相应论 | 马鹏举 | 中医药学刊 | 1992,(6):18 |
| 《内经》中的“精”有物质精神两义 | 李孔定 | 陕西中医 | 1992,(12):563 |
| 略论升降出入 | 王冠良等 | 菏泽医学专科学校学报 | 1993,(1):35 |
| 有关相火几个问题之探讨 | 周德生等 | 湖南中医学院学报 | 1993,(1):1 |

| | | | |
|---|---|---|---|
| 关于营卫之气三个问题之我见 | 张瑞麟 | 湖南中医学院学报 | 1993,(1):59 |
| 《内经》中"精"的含义 | 刘　晨 | 江西中医学院学报 | 1993,(1):22 |
| 卫气的循行流注 | 钟　蓝等 | 四川中医 | 1993,(1):9 |
| 是"津液藏焉"还是"津液出焉" | 张世明 | 新疆中医药 | 1993,(1):45 |
| 宗气证治略说 | 龙家俊等 | 新疆中医药 | 1993,(1):41 |
| 试论气与眼底病 | 李怀善 | 中国中医眼科杂志 | 1993,(1):31 |
| 气的运行径路 | 郑洪新 | 中医药学刊 | 1993,(1):18 |
| 也谈"气化则能出矣" | 李富汉等 | 国医论坛 | 1993,(2):41 |
| 有感于"谷气胜元气" | 单健民 | 中医杂志 | 1993,(2):121 |
| 藏医"朗"与中医"气"的对比简介 | 玉　罗 | 甘肃中医学院学报 | 1993,(3):46 |
| 中医"血脉气化"及机制初探 | 关晓光 | 中医药信息 | 1993,(3):3 |
| "气化则能出矣"新释 | 郑华启 | 中医药学刊 | 1993,(3):8 |
| 营卫原理及其对中医学、易学、协同学方法论核心的形上统一 | 祁洞之 | 周易研究 | 1993,(3):45 |
| 论祖国医学中的"神"及其应用 | 刘荩文 | 辽宁中医杂志 | 1993,(4):10 |
| 略论中医理论中的气与气化学说 | 王裕颐等 | 山西中医 | 1993,(4):4 |
| 元气恒动生命观浅议 | 张克敏等 | 山西中医 | 1993,(4):8 |
| 谈机体的升降出入及其临床意义 | 贾汉章等 | 中医药研究 | 1993,(4):45 |
| 论气机上逆 | 狄玉敏等 | 河北中医 | 1993,(5):5 |
| 气化论辨析 | 程淑娟 | 江西中医药 | 1993,(5):53 |
| 试论中医学中神的概念 | 王裕颐等 | 山西中医 | 1993,(6):5 |
| 《内经》中"神"的特性 | 贺　娟 | 北京中医药大学学报 | 1994,(1):12 |
| 略谈中医的"气" | 雷南山 | 黄石高等专科学校学报 | 1994,(1):49 |
| 中医气化学说新探 | 刘晓庄 | 江西中医药 | 1994,(2):51 |
| 《内经》"血脉气化"之探讨 | 关晓光等 | 中医药学刊 | 1994,(2):9 |
| 论中医气的物质功能双重属性及其意义 | 章增加 | 广西中医药 | 1994,(3):32 |
| 《黄帝内经》"形神相关"的理论探讨 | 冯明清等 | 河南中医 | 1994,(3):141 |
| 试论精气学说对中医基础理论的渗透和影响 | 刘庆华等 | 天津中医 | 1994,(3):39 |
| 君火、命火与相火 | 江克明 | 开卷有益.求医问药 | 1994,(4):6 |
| 气的概念及其分层 | 王九林 | 南京中医药大学学报 | 1994,(4):9 |
| 浅议《黄帝内经》卫气运行 | 于　越 | 天津中医学院学报 | 1994,(4):2 |
| 气机气化相关论 | 周学胜 | 中医研究 | 1994,(4):6 |
| 从《内经》看"气"的概念 | 孙艳芳等 | 中医药学刊 | 1994,(4):10 |
| 营卫之行 在脉在经——《内经》营卫运行探析 | 周发祥等 | 光明中医 | 1994,(5):14 |
| 宗气之命名刍议 | 贾孟辉 | 中医药学刊 | 1994,(5):12 |
| 中医气学的构造 | 王明辉等 | 国医论坛 | 1994,(6):16 |
| "阳气者,若天与日"一节之我见 | 管济生 | 国医论坛 | 1994,(6):35 |
| 关于人体内"气"的本质统一 | 冯吉中 | 山东中医药大学学报 | 1994,(6):374 |
| 卫气失常初探 | 谢立平 | 陕西中医 | 1994,(6):265 |
| 卫气生理病理的研究 | 区永欣 | 中国医药学报 | 1994,(6):59 |
| 卫气生理病理的研究 | 区永欣等 | 中医杂志 | 1994,(8):490 |
| 浅析《内经》对汗的生理作用的认识 | 吴　勇 | 辽宁中医杂志 | 1994,(10):445 |
| 金元以前相火理论探析 | 郭永洁 | 中医杂志 | 1994,(12):712 |
| 《内经》中有关精的作用有哪些 | 杨德明 | 现代中医药 | 1995,(1):3 |
| 营气非气论 | 张超群等 | 湖南中医学院学报 | 1995,(2):68 |
| 气机气化相关论及其实践意义 | 周学胜 | 南京中医药大学学报 | 1995,(2):16 |

| | | | |
|---|---|---|---|
| 《内经》"营"之探析 | 郑雪君 | 中医文献杂志 | 1995,(2):14 |
| 孰主神明之论争及我见 | 申锦林等 | 广西中医药 | 1995,(3):32 |
| 人体气运动的基本模式 | 王蕴珠等 | 河北中医药学报 | 1995,(3):3 |
| 《黄帝内经》有关"五神"的心理学探讨 | 于 越 | 天津中医学院学报 | 1995,(3):1 |
| 气机略论 | 刘欢祖 | 新疆中医药 | 1995,(3):1 |
| "气血"在辨证施治中的地位和作用 | 关幼波 | 中国中西医结合消化杂志 | 1995,(3):129 |
| "心藏神"浅识 | 唐广仁等 | 河南中医药学刊 | 1995,(4):38 |
| 气非气非常气 | 陈天裁 | 现代养生 | 1995,(4):29 |
| 浅论《管子》的精气学说及其对《内经》的影响 | 杨嗣明 | 现代中医药 | 1995,(4):1 |
| 气机略论(续) | 刘欢祖 | 新疆中医药 | 1995,(4):1 |
| 论卫气营血辨证与三焦辨证的关系 | 崔撼难 | 中医药学刊 | 1995,(4):13 |
| 论中焦气机与神志关系 | 翟双庆等 | 北京中医药大学学报 | 1995,(5):10 |
| 气学理论对中医临床的指导意义 | 王明辉等 | 湖南中医杂志 | 1995,(5):2 |
| 卫气出于何处浅析 | 王 敏等 | 中医药学报 | 1995,(6):49 |
| "谷生于精"之我见 | 肖延龄等 | 山东中医杂志 | 1995,(9):399 |
| 《内经》"气立"内涵探析 | 刘 晨 | 陕西中医 | 1995,(11):528 |
| 《内经》"神"概念探析 | 龙日晖 | 四川中医 | 1995,(11):8 |
| 论祖国医学的"神"及其应用 | 陈 斌 | 右江民族医学院学报 | 1995,(S1):116 |
| 物质与功能的统一体——略论气的二元涵义 | 吴弥漫 | 北京中医药大学学报 | 1996,(1):10 |
| 《内经》中神的九种含义 | 董 娅 | 贵阳中医学院学报 | 1996,(1):58 |
| 君火相火析 | 孙启明 | 辽宁中医杂志 | 1996,(1):7 |
| 神机气立学说述要 | 陈津生 | 上海中医药杂志 | 1996,(1):2 |
| 浅谈"大气"理论 | 封一平 | 北京中医药大学学报(中医临床版) | 1996,(2):51 |
| 《内经》气血失调理论探析 | 龙明照等 | 国医论坛 | 1996,(2):28 |
| 《内经》气血失调理论探要 | 龙明照等 | 中医药学刊 | 1996,(2):3 |
| 论《内经》"五气"之含义 | 张爱青等 | 邯郸医学高等专科学校学报 | 1996,(3):207 |
| 气血论是中医理论体系核心之刍议 | 冯学中 | 山西中医 | 1996,(3):4 |
| 论神与诊神 | 陆小左等 | 天津中医学院学报 | 1996,(4):1 |
| 气机升降学说源流钩玄 | 何松林等 | 中国中医基础医学杂志 | 1996,(4):15 |
| 气血与眼病关系探要 | 梁凤鸣 | 中医药学刊 | 1996,(4):28 |
| 汗与五脏相关刍议 | 李燕梅 | 河南中医药学刊 | 1996,(5):3 |
| 论卫气营血辨证的理论依据与临床意义 | 周永学 | 现代中医药 | 1996,(6):3 |
| 对《黄帝内经》气机学说的探讨 | 项 祺等 | 中国医药学报 | 1996,(6):15 |
| 祖国医学对"水"的认识及临证意义 | 周晓军 | 中医药学刊 | 1996,(6):8 |
| 浅论"形神合一"与身心医学 | 张 忠等 | 中医药研究 | 1996,(6):7 |
| "升降出入"浅析 | 刘建新 | 上海中医药杂志 | 1996,(11):42 |
| 元气足 能抗寒——谈真气是治病健身之本 | 周 壮 | 中国气功科学 | 1996,(11):27 |
| 神的有关问题探讨 | 谢金长 | 江西中医药 | 1996,(S2):4 |
| 论气血 | 马 明 | 现代中医药 | 1997,(1):17 |
| "治神"与传统中医"气"的实践 | 郝学兵 | 中国中医基础医学杂志 | 1997,(1):14 |
| 血液循环发现史研究 | 吴元黔等 | 贵州大学学报(社会科学版) | 1997,(2):87 |
| 浅谈营卫之气对血的固摄作用 | 牛 阳等 | 宁夏医学院学报 | 1997,(2):57 |
| 元气不为真气论 | 贾宗方 | 陕西中医学院学报 | 1997,(2):10 |

| | | | |
|---|---|---|---|
| 神明与心肾关系的探讨 | 刘庆华等 | 北京中医药大学学报 | 1997,(3):23 |
| 气化形式刍议 | 林齐鸣 | 山西中医 | 1997,(3):7 |
| 论“肝者将军之官”的生理病理意义 | 张安玲 | 中医药学报 | 1997,(3):6 |
| 论藏象学说的理论基础及实践价值 | 程昭寰 | 中医杂志 | 1997,(3):136 |
| “肺阳”、“肺气”正名 | 姜桂宁等 | 光明中医 | 1997,(4):4 |
| “头者,精明之府”新解 | 刘昭纯 | 国医论坛 | 1997,(4):45 |
| 试论“恐伤肾”的亲代应激行为 | 王米渠 | 河北中医药学报 | 1997,(4):9 |
| 命门系统论 | 朱荣华 | 河南中医 | 1997,(4):5 |
| 《内经》三焦新解 | 李宜生 | 内蒙古中医药 | 1997,(4):37 |
| 试论“神明”的体用观 | 刘庆华等 | 浙江中医学院学报 | 1997,(5):5 |
| 论媒介之气 | 张俊龙 | 中医药研究 | 1997,(5):9 |
| 真气本质、生成 源流图图说(上) | 吉祖国 | 现代养生 | 1997,(7):18 |
| “气”的思想与中医现代化 | 殷平善 | 医学与哲学 | 1997,(7):25 |
| 浅谈《内经》之“汗” | 解 荣等 | 陕西中医 | 1997,(9):430 |
| 对《内经》摄生学说中真气的认识 | 烟建华 | 现代养生 | 1997,(9):31 |
| 说“气”——气者,人之根本也 | 周世明 | 中国气功科学 | 1997,(10):42 |
| 营气周流与子午流注纳支法的形成 | 唐卫华 | 针灸临床杂志 | 1997,(Z1):13 |
| 心神、脑神与心理活动关系探讨 | 李 真 | 河南中医 | 1998,(1):24 |
| 对《内经》有关“汗”的生理病理的认识 | 蔚占禄等 | 内蒙古中医药 | 1998,(1):44 |
| 浅谈《黄帝内经》的形神关系 | 徐树槐等 | 大理医学院学报 | 1998,(2):52 |
| 少阳相火辨 | 范三畏等 | 甘肃中医学院学报 | 1998,(2):6 |
| 从物质与功能之统一性论神及七情的发生 | 韩成仁 | 山东中医药大学学报 | 1998,(2):3 |
| 天人合一及“神”在临证上的特殊性探微 | 涵 光 | 中医函授通讯 | 1998,(2):10 |
| 《内经》气血理论对临床的指导意义 | 桑 曜等 | 甘肃中医 | 1998,(3):4 |
| 六经气机升降学说原委 | 梁华龙 | 河南中医 | 1998,(3):4 |
| 气学说是中医学的科学内核 | 王明辉等 | 湖南中医药导报 | 1998,(3):8 |
| 对气学理论有关问题的讨论 | 陈利国 | 山东中医药大学学报 | 1998,(3):7 |
| 论“气”运行的周期性及其本质 | 沈在连 | 现代养生 | 1998,(3):23 |
| 试论《素问·生气通天论》对阳气的认识 | 蔡明德 | 浙江中医学院学报 | 1998,(3):16 |
| “气”宇宙模式的文化要义与中医学 | 刘可勋 | 中国医药学报 | 1998,(3):7 |
| 关于中医学气概念中的几个问题 | 孙广仁 | 中医研究 | 1998,(3):3 |
| 《内经》营卫运行之“度”探析 | 梁兴伦等 | 安徽中医学院学报 | 1998,(4):8 |
| 初析《灵枢·本神》中的“神” | 周 杰等 | 光明中医 | 1998,(5):5 |
| 论中气包涵肝胆之气 | 刘家义 | 安徽中医学院学报 | 1998,(6):9 |
| “神机与气立”之我见 | 云 刚 | 吉林中医药 | 1998,(6):64 |
| 试论营卫理论及其临床应用 | 徐经印等 | 中医药学刊 | 1998,(6):3 |
| 中医学与古代哲学对“气”认识的相互影响 | 蒋士生等 | 中国中医基础医学杂志 | 1998,(7):9 |
| 从“气”学说探索中医科研的思路与方法 | 王明辉等 | 中国中医基础医学杂志 | 1998,(9):15 |
| 卫气病理生理研究 | 区永欣等 | 医学研究杂志 | 1998,(12):15 |
| 气味与壮火、少火探折 | 赵祖文 | 上海中医药杂志 | 1999,(1):10 |
| 浅谈中气概念——兼与刘家义同志商榷 | 郝明志 | 安徽中医学院学报 | 1999,(2):6 |
| 营卫学说研讨 | 杨诗德 | 光明中医 | 1999,(2):8 |
| 对《内经》气的再认识 | 孙承莉 | 贵阳中医学院学报 | 1999,(2):2 |
| 中医气学说是虽古犹新的人体生命科学 | 王明辉等 | 湖南中医杂志 | 1999,(2):3 |
| 《内经》与血液循环 | 刘 娟等 | 现代中医药 | 1999,(2):5 |

| | | | |
|---|---|---|---|
| 人身"三宝"——精、气、神——浅谈精气神与养生的关系 | 孙永红等 | 河南中医药学刊 | 1999,(3):3 |
| 《黄帝内经》与先秦精气学说 | 王庆其 | 上海中医药大学学报 | 1999,(3):40 |
| 气一元论在中医、藏医中的运用 | 池晓玲 | 医古文知识 | 1999,(3):9 |
| 试论营行脉中,卫行脉外——兼论对营卫之理解 | 余懋宗 | 甘肃中医 | 1999,(4):2 |
| 论卫气出于肾 | 郑宇东 | 河南中医药学刊 | 1999,(4):5 |
| 《内经》对"神"的认识 | 杨春荣等 | 健康心理学杂志 | 1999,(4):461 |
| 气的内涵 | 李志光 | 山东中医药大学学报 | 1999,(4):10 |
| 浅析《黄帝内经》气行五十营于身 | 袁　民 | 上海第二医科大学学报 | 1999,(4):383 |
| 中医气学说是联结传统与现代科学的桥梁 | 王明辉等 | 中国中医基础医学杂志 | 1999,(4):12 |
| 人体生命的本质——精气神 | 陈　洪 | 现代养生 | 1999,(5):26 |
| 论神与脾胃的关系 | 位　燕等 | 山东中医杂志 | 1999,(12):531 |
| 《内经》气机升降理论浅析 | 师建梅 | 山西中医 | 2000,(1):8 |
| 对中医学气的认识 | 张珍玉 | 浙江中医学院学报 | 2000,(1):31 |
| 宗气——生命开始的标志 | 吉凤霞 | 北京中医药大学学报(中医临床版) | 2000,(2):9 |
| 《内经》精气神学说的形成及对气功的指导 | 陈新国 | 贵阳中医学院学报 | 2000,(2):3 |
| "气"与妇科病的关系浅识 | 张华山 | 湖北中医杂志 | 2000,(2):10 |
| 试述《内经》论"气"的哲学基础 | 陈倩亮 | 中医研究 | 2000,(2):2 |
| 从营卫学说看中医理论的继承与创新 | 杨文清等 | 甘肃中医 | 2000,(3):8 |
| 营卫及其气化浅论 | 徐培平等 | 光明中医 | 2000,(3):1 |
| "相火"刍议 | 杨　利等 | 广州中医药大学学报 | 2000,(3):201 |
| 中医气化理论新解 | 赵雁武等 | 辽宁中医学院学报 | 2000,(3):168 |
| 气在传统文化中的地位及其内涵 | 吉文辉 | 南京中医药大学学报(社会科学版) | 2000,(3):115 |
| 浅析《黄帝素问直解》的生阳之气 | 郑家铿等 | 福建中医学院学报 | 2000,(4):41 |
| 浅谈《内经》神之特性 | 王军瑞 | 国医论坛 | 2000,(4):47 |
| 《内经》中气的涵义辨析 | 孙广仁 | 浙江中医学院学报 | 2000,(5):15 |
| 从卫气循行看子午流注的形成 | 唐卫华 | 中国针灸 | 2000,(5):34 |
| 试谈《内经》关于气的分类 | 郝小梅等 | 中医药研究 | 2000,(5):5 |
| 对《内经》气机升降理论的探讨 | 郭存灵等 | 中医药研究 | 2000,(6):4 |
| 气的本质 | 林升绶 | 现代养生 | 2000,(8):36 |
| 望而知之谓之神——记"手诊学"专家刘剑锋 | 全　林 | 中国气功科学 | 2000,(8):45 |
| 关于传统医学文化的"气" | 符友丰 | 医学与哲学 | 2000,(10):33 |
| "相火"刍议 | 杨　利等 | 中国中医基础医学杂志 | 2000,(11):26 |
| 试论中医学的"气" | 金红兵 | 江西中医学院学报 | 2000,(S1):202 |
| 气与癌 | 刘　灵 | 国际传统医药大会论文摘要汇编 | 2000:71 |
| "气机"沿革与义释 | 张西俭 | 成都中医药大学学报 | 2001,(1):3 |
| 对《黄帝内经》中气顺逆变化问题的理性思维 | 温长路 | 河南中医 | 2001,(1):3 |
| 作为中国古代哲学方法论基础的营卫哲学 | 祁洞之 | 南京化工大学学报(哲学社会科学版) | 2001,(1):5 |
| 论《内经》中"神"与针灸临床的关系 | 郑美凤 | 福建中医学院学报 | 2001,(2):52 |
| 浅谈元气学说在中医学中的运用 | 黄志杰 | 湖北中医学院学报 | 2001,(2):5 |
| 从"精气学说"略论肾之精气阴阳 | 史丽萍等 | 天津中医学院学报 | 2001,(2):8 |
| 治络病当明营卫之理 | 曾　红 | 浙江中医杂志 | 2001,(2):30 |

| | | | |
|---|---|---|---|
| 试论中医“心神”与性意识 | 江海身 | 中国性科学 | 2001,(2):9 |
| 论“神”的系统性 | 丁彰炫 | 中国中医基础医学杂志 | 2001,(2):3 |
| 《内经》对“汗”论述的探讨 | 唐前烨等 | 中医药研究 | 2001,(2):5 |
| 试论“生殖之精” | 江海身 | 山东中医药大学学报 | 2001,(3):175 |
| 《内经》论神初探 | 胡秋炎 | 陕西中医学院学报 | 2001,(3):11 |
| 《内经》的气血津液生成理论及其发生学原理 | 李如辉 | 上海中医药大学学报 | 2001,(3):11 |
| 浅释《内经》之“气” | 崔维强 | 天津中医学院学报 | 2001,(3):5 |
| 中医辨证论治基础理论——卫、气、营、血辨证 | 白　桦等 | 中国乡村医药 | 2001,(3):4 |
| 宗气论析 | 张永文 | 安徽中医学院学报 | 2001,(4):6 |
| 浅析气学理论对胃病论治的指导作用 | 严玉莲等 | 福建中医药 | 2001,(4):43 |
| 试谈《内经》中之真气 | 袁思芳 | 湖北中医学院学报 | 2001,(4):42 |
| 《内经》论“汗” | 陈震霖等 | 山西中医学院学报 | 2001,(4):8 |
| 浅谈中医形神学说与现代新医学模式 | 杨勤运 | 国医论坛 | 2001,(5):17 |
| 中医哲学形神观的现代价值 | 徐仪明 | 江苏社会科学 | 2001,(5):183 |
| 现代系统论与中国传统形神观 | 曾　凯等 | 南京理工大学学报（社会科学版） | 2001,(5):26 |
| 论《素问·宝命全形论》“治神”的概念 | 陈津生 | 中国中医基础医学杂志 | 2001,(7):486 |
| 浅谈祖国医学中的“神”与针刺治病的关系及其作用 | 王前辉等 | 陕西中医 | 2001,(9):561 |
| 论人始生先成精 | 贾　耿 | 中国中医基础医学杂志 | 2001,(9):19 |
| 气化与气机辨析 | 朱　光 | 浙江中医杂志 | 2001,(10):35 |
| 卫气开合论 | 于　越 | 辽宁中医杂志 | 2001,(11):651 |
| 卫气学说研究进展 | 李建国等 | 安徽中医学院学报 | 2002,(1):61 |
| 神明与心脑关系之探讨 | 曾祥法 | 湖北民族学院学报（医学版） | 2002,(1):46 |
| 试论六经、卫气营血和三焦辨证之间的关系 | 刘传鼎 | 陕西中医学院学报 | 2002,(1):17 |
| 脏腑精气阴阳生理学体系概要 | 孙广仁等 | 中医药通报 | 2002,(1):29 |
| 《内经》气学理论体系的形成及其在中医学中的应用 | 吴宽裕 | 福建中医学院学报 | 2002,(2):48 |
| 浅论《内经》“神不使” | 李建国等 | 福建中医药 | 2002,(2):35 |
| 论气血与五脏精气阴阳的关系 | 王小平 | 山东中医药大学学报 | 2002,(2):90 |
| 《内经》“气”的论述概览 | 盛国荣 | 中医药通报 | 2002,(2):27 |
| “卫气夜行于阴”之我见 | 刘　强等 | 河南中医 | 2002,(3):5 |
| 祖国医学对“神”的认识 | 孙朝润 | 陕西中医学院学报 | 2002,(3):7 |
| “血见黑则止”辨 | 张　霆等 | 福建中医药 | 2002,(4):43 |
| 精气学说与《内经》中的医学心理思想 | 杜文东 | 南京中医药大学学报（社会科学版） | 2002,(4):193 |
| 《中医基础理论》若干理论问题的商榷（Ⅰ）——脏象（脏腑）、藏象（藏府） | 李如辉 | 浙江中医学院学报 | 2002,(4):65 |
| 祖国医学的卫出三焦之辩 | 王银燕 | 中国民族民间医药杂志 | 2002,(4):198 |
| 论五神、七情的五行五脏归属 | 翟双庆等 | 北京中医药大学学报 | 2002,(5):1 |
| 论脑血辨证 | 王新陆 | 山东中医杂志 | 2002,(5):259 |
| 阳明与太阳阳气多少的探析 | 王可博 | 上海针灸杂志 | 2002,(5):50 |
| 略谈《内经》中营卫的生理及病理 | 季增荣等 | 张家口医学院学报 | 2002,(5):79 |
| “脑神”与“心神”辨析 | 王　勇 | 中医研究 | 2002,(5):2 |
| 中医“神”的含义物质基础及其特性 | 李生财等 | 中医药学刊 | 2002,(5):650 |
| 《内经》气血学说探析 | 刘传鼎等 | 中医药研究 | 2002,(5):8 |
| 卫气运行与阴阳交感 | 廉武星等 | 河南中医 | 2002,(6):7 |

| | | | |
|---|---|---|---|
| 中医气学理论与现代分子生物学 | 蒋晓林等 | 湖南中医杂志 | 2002,(6):1 |
| "元神"乃"元始之神"——"脑为元神之府"刍议 | 刘保和 | 中国中医基础医学杂志 | 2002,(7):9 |
| 关于"治神"客观化的研究 | 森　和 | 中国医药学报 | 2002,(8):495 |
| 对《灵枢》卫气运行与睡眠关系的探讨 | 王民集 | 中国中医基础医学杂志 | 2002,(8):1 |
| 精的存在形式小议 | 王汉裕 | 陕西中医 | 2002,(10):957 |
| 《内经》是否存在气学理论体系 | 李如辉 | 医学与哲学 | 2002,(11):60 |
| 内经对"怒"的认识 | 夏卫东等 | 杭州医学高等专科学校学报 | 2002,(Z2):237 |
| 《黄帝内经》的道与神 | 张超中 | 中国优秀博硕士学位论文全文数据库(博士)医药卫生科技辑 | 2002,(1):E056-1 |
| 浅谈气与眠的关系 | 刘汉波 | 全国危亦林学术思想及现代临床诊疗技术发展研讨会论文集 | 2002:144 |
| 卫气循行之我见 | 唐卫华 | 全国中医药科研与教学改革研讨会论文集 | 2002:222 |
| "汗为心之液"辨识 | 吴华强 | 安徽中医学院学报 | 2003,(1):7 |
| 试论中医心脑与"神明" | 章　薇等 | 湖南中医药导报 | 2003,(1):11 |
| 脏腑与藏象考辨 | 张效霞等 | 山东中医药大学学报 | 2003,(1):13 |
| 《素问》"目明,心开而志先"析微——"望而知之谓之神"浅议 | 王居正等 | 现代中医药 | 2003,(1):10 |
| 刍议《内经》形神统一论 | 张跃华等 | 中医研究 | 2003,(1):9 |
| 《老子》与《内经》精气学说 | 夏鑫华 | 国医论坛 | 2003,(2):41 |
| 《黄帝内经》形气理论及临床应用 | 谢宇峰等 | 湖南中医学院学报 | 2003,(2):24 |
| 试谈"气"与"象"范畴的深刻内涵与中医学发展的广阔前景 | 刘长林 | 太原师范学院学报(社会科学版) | 2003,(2):4 |
| 试析"气(氣)"的词义及其哲学内涵和文化延伸 | 赵　倩 | 西华师范学院学报(社会科学版) | 2003,(2):63 |
| 试论《管子》精气理论及其对《黄帝内经》的影响 | 卫云英 | 中国医药学报 | 2003,(2):73 |
| 《内经》中"神"的涵义 | 麻晓慧 | 承德医学院学报 | 2003,(3):224 |
| 简释"神在天为风" | 费国斌 | 中国中医基础医学杂志 | 2003,(3):5 |
| 论《内经》五气 | 张爱青等 | 光明中医 | 2003,(4):3 |
| 中医神明之争刍议 | 马铁明 | 辽宁中医学院学报 | 2003,(4):327 |
| 关于中医学胆汁来源、功能认识的校正 | 张效霞 | 山东中医药大学学报 | 2003,(4):244 |
| 卫气的循行路线和循行方式 | 唐卫华 | 浙江中医杂志 | 2003,(4):32 |
| "生殖之精"非"肾精"说 | 江海身 | 中国中医药现代远程教育 | 2003,(4):39 |
| 《黄帝内经》中"神"的含义 | 周鸿飞等 | 内蒙古中医药 | 2003,(5):27 |
| 卫气出于上焦和出于下焦是认识内经营卫理论的关键问题 | 高家声 | 内蒙古中医药 | 2003,(5):28 |
| 论《周易》中的"神"概念 | 李顺连 | 中南民族大学学报(人文社会科学版) | 2003,(5):66 |
| 《内经》真气、肾气与后世元气浅析 | 杨凤珍等 | 中国中医基础医学杂志 | 2003,(6):61 |
| 《黄帝内经》中的气化思想 | 林齐鸣等 | 四川中医 | 2003,(7):23 |
| 中国哲学的气论与儒教 | 李　申 | 哲学研究 | 2003,(8):66 |
| 论卫气的循行 | 李国臣等 | 中国中医基础医学杂志 | 2003,(10):17 |
| 命门位置争鸣的思考 | 李　瑞等 | 中国医药学报 | 2003,(11):651 |

| | | | |
|---|---|---|---|
| “形”、“神”视角下的中西医学 | 王中越等 | 医学与哲学 | 2003,(12):56 |
| 《内经》脏腑功能与临床应用的系统思维 | 刘炳凡 | 中国中医药报 | 2003.1.23 |
| 《黄帝内经》“气”理论研究 | 修圆慧 | 中国优秀博硕士学位论文全文数据库(硕士)医药卫生科技辑 | 2003,(1):E056-6 |
| 浅释中医形神合一思想内涵 | 李慧杰等 | 辽宁中医学院学报 | 2004,(1):8 |
| 《内经》卫气理论及其临床意义 | 吴颢昕等 | 南京中医药大学学报(自然科学版) | 2004,(1):20 |
| 中医形神观源流与内涵 | 郑红斌 | 浙江中医学院学报 | 2004,(1):9 |
| 守邪之神 | 李奕祺 | 中医文献杂志 | 2004,(1):21 |
| 再论生命三要素——精、气、神 | 王小平 | 中医药学刊 | 2004,(1):157 |
| 中医学之形神理论及其应用 | 张 丽等 | 辽宁中医学院学报 | 2004,(2):93 |
| 《内经》中水谷精微和水液的输送通道与方式 | 于少泓等 | 南京中医药大学学报(社会科学版) | 2004,(2):23 |
| 论广义之“神”的本质 | 齐向华等 | 山东中医药大学学报 | 2004,(2):98 |
| 谈《内经》卫气运行 | 吴 萍 | 四川中医 | 2004,(2):20 |
| 试析道教身神说的医学内涵 | 刘永明 | 西北民族学院学报(哲学社会科学版) | 2004,(2):27 |
| 论气学对中医学基础理论的形成与发展 | 官纯寿等 | 中国中西医结合消化杂志 | 2004,(3):164 |
| 老子气论及其对《内经》医学的影响 | 史向前 | 锦州医学院学报(社会科学版) | 2004,(4):31 |
| 从神明的心脑之争思考中医理论的现状和前途 | 区永欣等 | 广州中医药大学学报 | 2004,(5):85 |
| 《内经》“怒”理论钩玄 | 任 昱等 | 浙江中医学院学报 | 2004,(5):11 |
| 浅谈肾“藏精起亟” | 刘树权等 | 湖南中医药导报 | 2004,(6):5 |
| 《太素》不提“相火”而提神明 | 费国斌 | 中医药临床杂志 | 2004,(6):596 |
| “卫出于上焦”辨识 | 张丽娜等 | 中医药学报 | 2004,(6):46 |
| 《内经》对血液循环的认识 | 吴 萍 | 江苏中医药 | 2004,(7):8 |
| 中医对精气血津液神的认识(一)——漫谈人体的“精” | 肖 娴 | 开卷有益·求医问药 | 2004,(7):12 |
| 中医气学说是中西医沟通融汇的坦途 | 王明辉等 | 中医药学刊 | 2004,(7):1180 |
| 中医对精气血津液神的认识(之二)——漫谈人体的“气”(一) | 肖 娴 | 开卷有益·求医问药 | 2004,(8):14 |
| 中医学的精气、阴阳与太极、八卦 | 樊黔江 | 中国中医基础医学杂志 | 2004,(8):8 |
| 中医对精气血津液神的认识(之三)——漫谈人体的“气”(二) | 肖 娴 | 开卷有益·求医问药 | 2004,(9):12 |
| 开发右脑养“元神” | 王志成 | 养生大世界 | 2004,(9):14 |
| 性气当明论 | 周好田等 | 中国中药杂志 | 2004,(9):92 |
| 中医对精气血津液神的认识(之四) 漫谈“血” | 肖 娴 | 开卷有益·求医问药 | 2004,(10):14 |
| 中医对精气血津液神的认识(之五) 漫谈“津液” | 肖 娴 | 开卷有益·求医问药 | 2004,(11):12 |
| 《内经》气虚及其相关概念辨析 | 李中正 | 上海中医药杂志 | 2004,(11):38 |
| 试述气血向心论与大循环论的统一 | 王景岳等 | 实用中医药杂志 | 2004,(11):665 |
| 心主神 脑主神 心脑共主神诠释 | 张登本等 | 中医药学刊 | 2004,(11):1985 |
| 中医对精气血津液神的认识(之六) 漫谈人体之“神” | 肖 娴 | 开卷有益·求医问药 | 2004,(12):12 |
| 《内经》的气及其衍生词新释 | 林 乔等 | 现代中西医结合杂志 | 2004,(13):1679 |

| | | | |
|---|---|---|---|
| 从老子的“道生道控论”和《内经》的“精生神主论”看中医发展中忽视对人体总控机制发展的缺憾 | 张　莽等 | 现代中西医结合杂志 | 2004,(14):1823 |
| 解密《内经》“气”理论(Ⅰ) | 张　莽 | 现代中西医结合杂志 | 2004,(15):1963 |
| 解密《内经》“气”的理论(Ⅱ) | 张　莽 | 现代中西医结合杂志 | 2004,(16):2103 |
| 解密《内经》“气”理论(Ⅲ) | 张　莽 | 现代中西医结合杂志 | 2004,(17):2243 |
| 解密《内经》“气”理论(Ⅳ) | 张　莽 | 现代中西医结合杂志 | 2004,(18):2381 |
| 解密《内经》“气”理论(Ⅴ) | 张　莽 | 现代中西医结合杂志 | 2004,(19):2521 |
| 解密《内经》“气”理论(Ⅵ) | 张　莽 | 现代中西医结合杂志 | 2004,(20):2665 |
| 解密《内经》“气”理论(Ⅶ) | 张　莽 | 现代中西医结合杂志 | 2004,(21):2802 |
| 解密《内经》“气”理论(Ⅷ) | 张　莽 | 现代中西医结合杂志 | 2004,(22):2941 |
| 解密《内经》“气”理论(Ⅸ) | 张　莽 | 现代中西医结合杂志 | 2004,(23):3082 |
| 解密《内经》“气”理论(Ⅹ) | 张　莽 | 现代中西医结合杂志 | 2004,(24):3223 |
| 《黄帝内经》卫气循行浅析 | 周东浩等 | 中国中医药报 | 2004.3.1 |
| 《黄帝内经》卫气循行浅析(续) | 周东浩等 | 中国中医药报 | 2004.3.8 |
| 先秦道家和《黄帝内经》中“神”范畴的研究 | 于　红 | 中国优秀博硕士学位论文全文数据库(硕士)医药卫生科技辑 | 2004,(2):E056-1 |
| 血的生化　肾阳为本 | 王保健等 | 第三届国际传统医药大会文集 | 2004:105 |
| “神”在《内经》中的含义浅析 | 王沧霖等 | 河北中医 | 2005,(1):77 |
| 《内经》阴气概念及相关的几个问题 | 孙广仁 | 山东中医药大学学报 | 2005,(1):41 |
| 中国哲学“气”范畴的现代认识 | 刘长林等 | 太原师范学院学报(社会科学版) | 2005,(1):6 |
| 解密《内经》“气”理论(Ⅺ) | 张　莽 | 现代中西医结合杂志 | 2005,(1):6 |
| 相火论 | 赵昆霞 | 云南中医学院学报 | 2005,(1):34 |
| 营气流注分析评价 | 王鸿谟 | 中国针灸 | 2005,(1):53 |
| 《内经》阴气概念及相关的几个问题考辨 | 孙广仁 | 中医药学刊 | 2005,(1):11 |
| 《内经》中阳气的概念及相关的几个问题 | 孙广仁 | 山东中医药大学学报 | 2005,(2):140 |
| 营卫倾移论 | 周东浩等 | 山东中医药大学学报 | 2005,(2):109 |
| 解密《内经》“气”理论(Ⅻ) | 张　莽 | 现代中西医结合杂志 | 2005,(2):144 |
| 论“卫出下焦” | 赵昆霞 | 云南中医学院学报 | 2005,(2):24 |
| 《内经》的阴虚气虚概念及相关的几个问题探析 | 孙广仁 | 中医药学刊 | 2005,(2):215 |
| 中医气学为人类生命科学始源考略 | 王明辉等 | 中医药学刊 | 2005,(2):248 |
| 《内经》中阴虚概念及相关的几个问题 | 孙广仁 | 山东中医药大学学报 | 2005,(3):221 |
| 汗的来源及其机理探析 | 崔娜娟等 | 山西中医学院学报 | 2005,(3):8 |
| 浅谈《内经》“形与神俱”的辨证观 | 巩振东 | 陕西中医学院学报 | 2005,(3):3 |
| 解密《内经》“气”理论(ⅩⅢ) | 张　莽 | 现代中西医结合杂志 | 2005,(3):284 |
| 心理学解绎:《黄帝内经》的“神” | 杨利民 | 医学与哲学 | 2005,(3):53 |
| 阳气、元(原)气的生理关系及临床应用 | 王崇强 | 中国自然医学杂志 | 2005,(3):93 |
| 《内经》中阳虚的概念及相关的几个问题 | 孙广仁 | 山东中医药大学学报 | 2005,(4):300 |
| 解密《内经》“气”理论(ⅩⅣ) | 张　莽 | 现代中西医结合杂志 | 2005,(4):424 |
| 论中医形神 | 熊萦哲等 | 云南中医学院学报 | 2005,(4):9 |
| 形神关系及其在中医学中的体现 | 郑红斌 | 浙江中医药大学学报 | 2005,(4):3 |
| 试论先天精气的时限性及其对养生的意义 | 李中正等 | 广州中医药大学学报 | 2005,(5):75 |
| 《内经》中气虚的概念及相关的几个问题 | 孙广仁 | 山东中医药大学学报 | 2005,(5):380 |
| 解密《内经》“气”理论(ⅩⅤ) | 张　莽 | 现代中西医结合杂志 | 2005,(5):564 |

| | | | |
|---|---|---|---|
| 解密《内经》"气"理论(XVI) | 张　荞 | 现代中西医结合杂志 | 2005,(6):703 |
| 中医气化理论探新 | 胡　臻 | 中国中医药现代远程教育 | 2005,(10):24 |
| 中医学的阴气、阳气概念辨析 | 孙广仁 | 中华中医药杂志 | 2005,(11):6 |
| 论中医"气"分阴阳具"六性"的人体生命观 | 王明辉等 | 中医药学刊 | 2005,(12):2151 |
| 气血 | 和　胜 | 中国科技信息 | 2005,(20):178 |
| 《黄帝内经》关于心神的认识 | 傅妤娟等 | 第二届国际中医心病学术研讨会论文集 | 2005:233 |
| 从"神"论治"石" | 王涣群 | 光明中医 | 2006,(1):7 |
| 《内经》"神"概念研究 | 烟建华 | 河南中医 | 2006,(1):4 |
| 中医气交理论探微 | 杨坤杰等 | 辽宁中医杂志 | 2006,(1):37 |
| 《内经》中营气、卫气概念及相关的几个问题 | 孙广仁等 | 山东中医药大学学报 | 2006,(1):65 |
| 略论气机升降学说 | 王洪蓓等 | 中国老年保健医学 | 2006,(1):45 |
| 《内经》神之辨 | 禄　颖等 | 中国中医基础医学杂志 | 2006,(2):86 |
| 形与神——中国医学的"魂"论 | 川原秀城等 | 广西民族学院学报(自然科学版) | 2006,(3):28 |
| 从哲学、美学走入中医学的"神" | 张卫平 | 江西中医学院学报 | 2006,(3):11 |
| 从《素问·厥论》有关原文探讨脾阴虚 | 韩培海等 | 江西中医学院学报 | 2006,(4):8 |
| 卫气营血病位探析 | 高权国等 | 中医药信息 | 2006,(4):3 |
| "阴火"理论新解——论心配土说的合理性 | 高　兴 | 辽宁中医药大学学报 | 2006,(5):16 |
| "君火以明,相火以位"之管见 | 云　刚等 | 内蒙古中医药 | 2006,(5):38 |
| 试论中医"脑主神明"的嬗变轨迹 | 蔡华珠等 | 福建中医药 | 2006,(6):64 |
| 《内经》中精气的含义及相互关系 | 徐　宁等 | 山东中医药大学学报 | 2006,(6):472 |
| 神与心脑关系刍议 | 马立丽等 | 现代中医药 | 2006,(6):40 |
| 血的生化肾阳为本 | 王保健等 | 中国城乡企业卫生 | 2006,(6):72 |
| 《黄帝内经》关于心神的认识 | 傅景华等 | 亚太传统医药 | 2006,(7):28 |
| 气机浅析 | 冷治文 | 陕西中医 | 2006,(9):1165 |
| "神"在临床治疗中的意义 | 杜美茹 | 时珍国医国药 | 2006,(9):1808 |
| 黄老之学天道环周与《黄帝内经》营卫运行理论的建构 | 刘　鹏 | 医学与哲学(人文社会医学版) | 2006,(9):64 |
| 气机升降理论探析 | 朱向东等 | 中医研究 | 2006,(9):1 |
| 《内经》对"五神"的认识 | 谷　峰等 | 中国中医基础医学杂志 | 2006,(10):725 |
| 对《内经》阳气之浅议 | 冯朝霞 | 中国社区医师(综合版) | 2006,(11):54 |
| 浅谈对"气"的认识 | 赵益民 | 山西中医 | 2006,(S1):1 |
| 中医学"神"的涵义研究 | 周鸿飞 | 中国优秀博硕士学位论文全文数据库(硕士)医药卫生科技辑 | 2006,(9):E056-3 |
| 略论"气" | 陈治忠 | 中国针灸学会第七届全国中青年针灸推拿学术研讨会论文汇编 | 2006:32 |
| 《易传》与《内经》之"神"的对比研究 | 刘　刚 | 河南中医学院学报 | 2007,(1):27 |
| 气一元论与《内经》气化理论形成的探讨 | 赵　博 | 陕西中医 | 2007,(1):70 |
| 《黄帝内经》建构中医药理论的基本范畴——气(精气) | 任秀玲 | 中华中医药杂志 | 2007,(1):53 |
| 试论宗气之"宗"的命名内涵 | 张智伟等 | 山西中医学院学报 | 2007,(2):4 |
| 先秦哲学的精气观念与《内经》肾藏象理论的发生 | 鞠诣然等 | 长春中医药大学学报 | 2007,(3):1 |
| 鬼神、气与中医学——鬼神观衰落、气论观兴起与中医理论形成 | 姚春鹏 | 太原师范学院学报(社会科学版) | 2007,(3):20 |

| | | | |
|---|---|---|---|
| 阴火与相火的关系辨析 | 周亚萍等 | 浙江中医杂志 | 2007,(3):127 |
| 气血伴行于中膜两侧 | 周克基 | 中国现代医生 | 2007,(3):56 |
| 命门、三焦考 | 汪泳涛等 | 中国中医基础医学杂志 | 2007,(3):174 |
| 探源论"气" | 蔡玉明等 | 中华中医药学刊 | 2007,(3):589 |
| 气学说是中医药学的科学内核 | 王明辉等 | 中华中医药学刊 | 2007,(3):451 |
| 对"阳气者,精则养神,柔则养筋"的思考 | 陈　华 | 湖北中医学院学报 | 2007,(4):36 |
| 《内经》卫气散行再探 | 高嘉骏等 | 福建中医学院学报 | 2007,(5):44 |
| 古代形神观念与《内经》肾藏象理论发生的关系刍议 | 陈　韦 | 吉林中医药 | 2007,(5):3 |
| 论气化学说 | 孟庆云 | 中医杂志 | 2007,(5):389 |
| 《内经》论形神关系及其临床意义 | 张景明等 | 辽宁中医杂志 | 2007,(6):748 |
| 解读《内经》之神 | 朱钰叶等 | 陕西中医学院学报 | 2007,(6):17 |
| 宗气理论的研究进程与思考 | 王九龙 | 中国中医基础医学杂志 | 2007,(6):401 |
| 从逻辑学角度探讨《阴阳应象大论》中的气化理论 | 杨冬东等 | 内蒙古中医药 | 2007,(8):1 |
| 汗出异常与卫气关系之浅晰 | 李晓辉 | 陕西中医 | 2007,(8):1085 |
| 浅释中医对"神"的认识 | 李　毅 | 医药世界 | 2007,(8):103 |
| "气化"概念辨析 | 杨　威等 | 中国中医基础医学杂志 | 2007,(9):643 |
| 卫气营血是构建温病学的基本范畴 | 王乐平等 | 中华中医药杂志 | 2007,(12):821 |
| 再谈《脉要精微论》"精明"之含义 | 张效霞 | 中国中医药报 | 2007.6.8 |
| 《黄帝内经》宗气理论及张锡纯对宗气理论贡献的应用研究 | 张智伟 | 中国优秀博硕士学位论文全文数据库(硕士)医药卫生科技辑 | 2007,(4):E056-2 |
| 《内经》之"水"释义 | 傅海燕等 | 江西中医学院学报 | 2008,(1):23 |
| 试论卫气的科学基础 | 张秀玉等 | 中国中医基础医学杂志 | 2008,(1):12 |
| 《黄帝内经》建构中医药理论的基本范畴——气(精气) | 任秀玲 | 中华中医药杂志 | 2008,(1):53 |
| 从卫阳交会的角度探究"胃不和则卧不安"的内在机理 | 李德顺 | 陕西中医学院学报 | 2008,(2):1 |
| 古代哲学精气学说的发展及其在《内经》精气理论构建中的作用 | 刘寨华等 | 中国中医基础医学杂志 | 2008,(2):87 |
| 中医"气化"浅议 | 于　勇 | 陕西中医 | 2008,(3):318 |
| 试论火与气的关系 | 王延蓉 | 新疆中医药 | 2008,(3):2 |
| 中医之汗 | 张　杰 | 菏泽医学专科学校学报 | 2008,(4):48 |
| 神、机与知机之道 | 卓廉士 | 中国针灸 | 2008,(4):303 |
| 论中医血脉理论的临床意义 | 张　蕾等 | 长春中医药大学学报 | 2008,(5):475 |
| 从重形到重神——论《内经》对"悲"及其生理影响的认识 | 潘大为 | 江苏中医药 | 2008,(5):14 |
| 论卫气、营气、宗气 | 李凯平 | 中医药通报 | 2008,(5):32 |
| 《内经》阳气理论探析 | 麦舒桃等 | 四川中医 | 2008,(6):33 |
| "气象"、"形象"的概念及与"藏"的关系 | 许志效 | 中国中医基础医学杂志 | 2008,(6):401 |
| 《黄帝内经》建构中医药理论的基本范畴——形神 | 任秀玲 | 中华中医药杂志 | 2008,(6):521 |
| 解读《内经》之"汗" | 牛　菲 | 吉林中医药 | 2008,(7):477 |
| 《内经》阴气与经气、脏气概念辨析 | 李中正 | 上海中医药杂志 | 2008,(7):68 |
| 中医关于意、志、思、虑、智含义推证 | 郭建新 | 中国中医药信息杂志 | 2008,(7):5 |
| 《黄帝内经》关于形神理论的诠释 | 孟闫燕等 | 辽宁中医药大学学报 | 2008,(8):13 |
| 试论《内经》对尿液生成和排泄的认识 | 邹　川等 | 四川中医 | 2008,(8):50 |
| 论《黄帝内经》"神"的内涵及其意义 | 张登本 | 中华中医药学刊 | 2008,(8):1636 |
| 论《黄帝内经》"神"的内涵及其意义(续) | 张登本 | 中华中医药学刊 | 2008,(9):1866 |

| | | | |
|---|---|---|---|
| 试分类《黄帝内经·素问》一书的气 | 骆传祖等 | 医学与哲学（人文社会医学版） | 2008,(10):69 |
| 形神及形神一体观的源流考辨 | 张亚军等 | 中华中医药学刊 | 2008,(10):876 |
| 从卫气运行看子午流注之纰缪 | 卓廉士 | 中国针灸 | 2008,(12):884 |
| 津血互渗理论辨析 | 谷　峰等 | 中国中医基础医学杂志 | 2008,(12):890 |
| 宗气之生理初探 | 张玉慧 | 中国医药指南 | 2008,(23):298 |
| 《内经》气"顺逆"复杂义多元 | 温长路 | 中国中医药报 | 2008.3.7 |
| 元气的"始合布散终"规律浅识 | 孟琳升 | 中国中医药报 | 2008.3.19 |
| 认识五志 | 王庆其 | 上海中医药报 | 2008.5.23 |
| 《黄帝内经》中"心"的形气神研究 | 云玉芬 | 中国优秀博硕士学位论文全文数据库(硕士)医药卫生科技辑 | 2008,(2):E056-14 |
| 《内经》形神理论的多重结构 | 潘大为 | 中国优秀博硕士学位论文全文数据库(博士)医药卫生科技辑 | 2008,(9):E056-3 |
| 《内经》怒志生成理论的研究 | 邵　雷 | 中国优秀博硕士学位论文全文数据库(博士)医药卫生科技辑 | 2008,(12):E056-5 |
| 《黄帝内经》关于"形神"理论的诠释 | 孟闫燕等 | 全国第七届中医药继承创新与发展研讨会论文集 | 2008:17 |
| 卫气营血辨证源流之探究 | 田景平等 | 甘肃中医学院学报 | 2009,(1):40 |
| 浅谈脏腑气机 | 李　昌 | 河南中医学院学报 | 2009,(1):20 |
| "营卫"功能与病机、证候特点探讨 | 孙凤霞等 | 新疆中医药 | 2009,(1):20 |
| 《黄帝内经》中神的内涵解读 | 乔文彪 | 陕西中医 | 2009,(2):224 |
| 从《黄帝内经》运动观看调畅气血阴阳的重要性 | 张李兴等 | 深圳中西医结合杂志 | 2009,(2):96 |
| 《黄帝内经》中相关"血气""气血"论述辨析 | 杜国亮等 | 辽宁中医药大学学报 | 2009,(3):13 |
| 如何认识升降出入 | 刘旭峰等 | 辽宁中医药大学学报 | 2009,(3):68 |
| 从影响卫气运行的因素谈失眠的病机 | 穆俊霞 | 山西中医学院学报 | 2009,(3):2 |
| 《黄帝内经》"神不使"与营卫关系浅析 | 高延国等 | 河南中医 | 2009,(4):329 |
| 精、气、神的充盈与亏耗 | | 内蒙古林业 | 2009,(4):54 |
| 对《内经》精气神理论的思考 | 郭　海等 | 中国中医基础医学杂志 | 2009,(5):327 |
| 浅析《内经》中的宗气理论 | 徐　宁 | 湖北中医杂志 | 2009,(6):24 |
| 升降出入之本浅析 | 刘玉金等 | 江苏中医药 | 2009,(6):6 |
| 《内经》"精"理论范畴概念探讨 | 刘赛华等 | 中国中医基础医学杂志 | 2009,(6):413 |
| 浅析《内经》中"人气"的含义 | 徐　宁 | 江西中医药 | 2009,(7):8 |
| 浅析卫气 | 索琅瀚焘 | 中国民族民间医药 | 2009,(8):145 |
| 《黄帝内经》"止气"内涵解读 | 赵红霞等 | 中国中医基础医学杂志 | 2009,(8):579 |
| 《内经》中"正气"的含义 | 徐　宁 | 陕西中医 | 2009,(9):1186 |
| 《内经》中"神"概念的应用 | 张登本 | 中国中医药报 | 2009.3.9 |

## （三）经络、腧穴、针灸、刺法研究

| | | | |
|---|---|---|---|
| 《内经》经脉之研究谈 | 俞鉴泉 | 三三医报 | 1924,(30):3 |
| 《内经》经脉研究谈二 | 俞鉴泉 | 三三医报 | 1924,(32):5 |
| 疑问一则:《内经》五十营篇 | 叶劲秋 | 三三医报 | 1925,(4):12 |
| 内经灵枢经脉篇:肺经第一、经络解、肺经诸穴歌、分寸歌、病证解、本草脏腑虚实标本用药式、治法 | 翟冷仙 | 中医杂志(上海) | 1927,(22):17 |
| 内经灵枢经脉篇:大肠经第二、经络解、大肠经诸穴歌、分寸歌、病证解、本草脏腑虚实标本用药式、治法解等 | 翟冷仙 | 中医杂志(上海) | 1927,(24):24 |
| 论《灵枢·筋经论》与西说淋巴腺之对照 | 施伯仁 | 中医杂志(上海) | 1928,(26):22 |
| 经脉 | 若 | 江西中医药 | 1953,(2):65 |
| 九针是什么 | 江静波 | 北京中医 | 1953,(10):10 |
| 《内经》上的针类与刺法 | 易斯狄 | 新中医药 | 1954,(11):11 |
| 《内经》上的刺禁原则 | 易斯狄 | 新中医药 | 1954,(11):11 |
| 介绍臂臑穴在眼科上的应用 | 林六梅 | 中医杂志 | 1955,(5):27 |
| 针灸经穴概要 | 林　茅 | 中医杂志 | 1955,(6):44 |
| 针灸经穴概要(续上期) | 林　茅 | 中医杂志 | 1955,(7):44 |
| 经络研究(续) | 长滨善夫·丸山昌朗等 | 上海中医药杂志 | 1955,(9):10 |
| 针炙经穴概要 | 林　茅 | 中医杂志 | 1955,(9):48 |
| 经络研究(续) | 长滨善夫·丸山昌朗等 | 上海中医药杂志 | 1955,(10):36 |
| 经络研究(续) | 长滨善夫·丸山昌朗等 | 上海中医药杂志 | 1955,(11):34 |
| 针灸经穴概要(续) | 林　茅 | 中医杂志 | 1955,(11):47 |
| 经络研究(续) | 长滨善夫·丸山昌朗等 | 上海中医药杂志 | 1955,(12):33 |
| 经外奇穴的介绍 | 池澄清 | 中医杂志 | 1955,(12):49 |
| 论"九针"的成长及其现实意义 | 张创献 | 上海中医药杂志 | 1956,(3):29 |
| 经络研究(续) | 长滨善夫·丸山昌朗等 | 上海中医药杂志 | 1956,(5):45 |
| 针灸经穴概要(续) | 林　茅 | 中医杂志 | 1956,(6):324 |
| 经络 | 魏　稼 | 江西中医药 | 1956,(7):54 |
| 经络研究(续) | 长滨善夫·丸山昌朗等 | | 1956,(7):45 |
| 针灸常用经穴"三阴交"的新疗效 | 陈大中 | 上海中医药杂志 | 1956,(11):27 |
| "切循而得之"与十二经脉在解剖学上的现实意义 | 张创献 | 广东中医 | 1956,(11):11 |
| 关于"经脉"之我见 | 钟益生 | 中医杂志 | 1956,(12):617 |
| 针灸疗法应用中的几个原则问题 | 何宏邦 | 中医杂志 | 1956,(12):653 |
| 六经浅解 | 何云鹤 | 福建中医药 | 1957,(1):1 |
| 我对针灸的认识和体会 | 吴艺卿 | 中医杂志 | 1957,(3):119 |
| 漫谈"经络"学说 | 邓慕石 | 中医杂志 | 1957,(4):204 |
| 关于"井、荥、腧、原、经、合"的意义和实质 | 钟益生 | 中医杂志 | 1957,(7):342 |
| 学习祖国医学　对经络学说的体会 | 黄教成 | 中医杂志 | 1957,(8):437 |
| 试谈针灸处方的原则与取穴的规律 | 萧少卿 | 中医杂志 | 1957,(11):575 |
| 读《灵枢》随笔——从《灵枢》的补泻法谈到轻重刺激问题 | 吴濂清 | 中医杂志 | 1957,(11):579 |
| 漫谈刺血疗法 | 张谷才 | 江苏中医药 | 1958,(2):15 |
| 我对经络的形成与病候关系的初步认识 | 陈佑邦 | 江苏中医药 | 1958,(2):9 |

| | | | |
|---|---|---|---|
| 古代经络学说的探讨 | 李元吉 | 江苏中医药 | 1958,(4):16 |
| 关于呼吸补泻刺法之我见 | 吴基厚 | 江苏中医药 | 1958,(4):14 |
| 经脉交叉与交会的探讨 | 李春熙 | 江苏中医药 | 1958,(4):11 |
| 针的补泻手法初步简介 | 晏 | 江苏中医药 | 1958,(4):8 |
| 谈谈中国针灸 | 西施柯娃 | 江苏中医药 | 1958,(4):6 |
| 经络学说的实质与今后研究方向的我见 | 朱式夷 | 中医杂志 | 1958,(5):333 |
| 小儿针刺手法简介 | 吴基厚 | 江苏中医药 | 1958,(7):28 |
| 针灸治疗眼病的理论和配穴 | 李志明 | 上海中医药杂志 | 1958,(8):27 |
| 经络的探讨 | 徐立孙 | 中医杂志 | 1958,(8):551 |
| 刺络的历史及其应用 | 丸山昌郎等 | 上海中医药杂志 | 1958,(9):2 |
| 从针灸的辨证论治程序谈到处方配穴原则 | 陆瘦燕 | 上海中医药杂志 | 1958,(12):10 |
| 我对子午流注中的十二经纳支法的一些体会 | 丁良观 | 上海中医药杂志 | 1958,(12):9 |
| 人迎穴针刺手法的研究 | 叶树培 | 福建中医药 | 1959,(3):25 |
| 中指中节同身寸与上下肢折量寸的比较研究 | 曾司鲁等 | 江西医学院学报 | 1959,(3):63 |
| 经络研究(续) | 长滨善夫・丸山昌朗等 | 上海中医药杂志 | 1959,(3):43 |
| 午饭前后胃经经络变化之观察 | 李孝光等 | 西安交通大学学报(医学版) | 1959,(3):21 |
| 针刺内关时针下感传的初步分析 | 宋熙等 | 成都中医药大学学报 | 1959,(4):46 |
| 针灸的补泻问题 | 徐立孙 | 中医杂志 | 1959,(4):65 |
| 缪刺与巨刺 | 吴基厚 | 中医杂志 | 1959,(4):63 |
| 关于《内经》针刺补泻与现代轻重刺激的初步比较 | 钱远铭 | 中医杂志 | 1959,(4):61 |
| 经脉杂谈 | 朱天洪 | 江苏中医药 | 1959,(5):23 |
| 关于"是动、所生病"的探讨 | 李　鼎 | 上海中医药杂志 | 1959,(5):4 |
| 热病与经络学说的关系 | 金寿山 | 上海中医药杂志 | 1959,(5):10 |
| 对经络学说的认识 | 徐长桂 | 江苏中医药 | 1959,(6):45 |
| 经络学说和妇科 | 朱小南 | 上海中医药杂志 | 1959,(6):45 |
| 对于针刺古今手法之研讨 | 王文锦 | 陕西医药卫生杂志 | 1959,(6):2 |
| 经络研究的初步报告 | 张鸣弦等 | 黑龙江医学 | 1959,(7):10 |
| 经络学说的探讨与针灸疗法的关系 | 陆瘦燕 | 中医杂志 | 1959,(7):10 |
| 经络学说的探讨与针灸疗法的关系(续) | 陆瘦燕 | 中医杂志 | 1959,(8):62 |
| 学习"经络篇"后的体会 | 王立仁 | 山东医药 | 1959,(10):63 |
| 经络学说与"辨证论治"的结合 | 刘树农 | 上海中医药杂志 | 1959,(10):12 |
| 经络的含义及其与阴阳五行的关系 | | 福建中医药 | 1959,(11):27 |
| 耳针 | 宋大仁 | 黑龙江医学 | 1959,(11):50 |
| 我对"补泻"的看法 | 钟新渊 | 中医杂志 | 1959,(11):59 |
| 论针下辨气 | 张善忱 | 中医杂志 | 1959,(11):62 |
| 关于针刺"补泻"的商榷権与体会 | 杨逢伦等 | 中医杂志 | 1959,(11):66 |
| 耳针疗法的介绍 | 先国民 | 成都中医药大学学报 | 1960,(1):53 |
| 《内经》中关于针刺治疗机制的理论 | 孙世荃 | 辽宁中医杂志 | 1960,(1):39 |
| 有关经络存在的几点科学证据 | 石志华等 | 河北医科大学学报 | 1960,(2):130 |
| "五腧穴"的意义及其应用 | 朱汝功 | 上海中医药杂志 | 1960,(2):6 |
| 经络学说与外科的关系 | 凌云鹏 | 中医杂志 | 1960,(4):63 |
| "经络"的教学体会 | 魏　稼 | 江西中医药 | 1960,(6):46 |
| 鼻针疗法初步小结 | 马崇仁 | 江苏中医药 | 1960,(8):33 |
| 针灸对手太阴肺经证候的辨治 | 留章杰 | 福建中医药 | 1961,(5):19 |

| | | | |
|---|---|---|---|
| 有关“五输”的几个问题 | 程莘农 | 中医杂志 | 1961,(6):29 |
| 续谈针灸处方的原则与取穴的规律 | 肖少卿 | 中医杂志 | 1962,(1):34 |
| 关于“井穴补泻”的粗见 | 江一平 | 中医杂志 | 1962,(1):40 |
| 针刺补泻手法的探讨 | 陆瘦燕 | 上海中医药杂志 | 1962,(2):1 |
| 经气的探讨 | 陆瘦燕 | 中医杂志 | 1962,(3):1 |
| 对经络本质及其作用机制的研究方法 | 薛时先 | 江苏中医药 | 1962,(5):6 |
| 再论膻中与心包络的区别 | 杨护生 | 福建中医药 | 1962,(6):41 |
| 再探“阿是” | 魏　稼 | 江西医药 | 1962,(6):18 |
| 针刺深浅与疗效的关系 | 盛灿若 | 江苏中医药 | 1962,(7):6 |
| 论五腧穴与五行之关系及其应用 | 王峰熙 | 山东医药 | 1962,(7):21 |
| 介绍几种针刺补泻手法(上) | 王文锦等 | 天津医药 | 1962,(7):388 |
| 谈谈三阴三阳与开、阖、枢问题 | 黄儒珍 | 上海中医药杂志 | 1962,(10):8 |
| 对上肢骨度尺寸的研究探讨 | 焦勉斋 | 山东医药 | 1962,(11):8 |
| 略述“烧山火”与“透天凉”的手法操作 | 阎洪臣 | 上海中医药杂志 | 1963,(1):12 |
| 针刺得气与痠麻胀感觉的初步讨探 | 刘毅东 | 上海中医药杂志 | 1963,(1):24 |
| 从周制尺谈到《灵枢经》有关表面解剖测量的成就 | 张瑞麟 | 中医杂志 | 1963,(1):33 |
| 对《内经·灵枢经·骨度篇》的研究 | 杜自廉 | 河南医学院学报 | 1963,(1):11 |
| 在临床中体会“是动”“所生病” | 朱梅南等 | 福建中医药 | 1963,(2):35 |
| 脑户穴刺禁考证 | 麦林生 | 中医杂志 | 1963,(3):24 |
| 试论“十四经腧穴”主治疾病的规律性 | 肖少卿 | 江苏中医药 | 1963,(4):3 |
| 经络学说探讨 | 董承统 | 科学通报 | 1963,(5):21 |
| 对开阖枢问题的商榷 | 危北海等 | 上海中医药杂志 | 1963,(5):25 |
| 对十二经脉、奇经八脉交会穴的初步探讨 | 杨兆民 | 上海中医药杂志 | 1963,(7):32 |
| 针刺捻转手法初探 | 吴绍德等 | 上海中医药杂志 | 1963,(7):28 |
| 对《伤寒论》与《内经·热论》关于六经问题的我见 | 张云鹏 | 上海中医药杂志 | 1963,(9):15 |
| 略论毫针基本手法与平补平泻及平针法 | 陆瘦燕 | 江苏中医药 | 1963,(10):4 |
| 阳跻阴跻探讨 | 朱小南 | 江西医药 | 1963,(10):26 |
| 燔针辩 | 江一平 | 上海中医药杂志 | 1963,(10):26 |
| 略论针刺补泻手法 | 陆瘦燕 | 天津医药 | 1963,(10):627 |
| 经络探讨 | 吴考槃 | 中医杂志 | 1963,(11):23 |
| 冲脉和冲气的探讨 | 廖家兴 | 江西医药 | 1963,(12):18 |
| 浅谈针刺“疾徐补泻”与“捻转补泻”法 | 黄育万 | 上海中医药杂志 | 1963,(12):26 |
| 试谈皮部 | 张济民 | 广东医学 | 1964,(1):24 |
| 针刺得气及“烧山火”、“透天凉”初步研究 | 靳　瑞等 | 广东医学 | 1964,(1):8 |
| 从《灵枢》探讨“留针”之机理 | 凌煦之 | 中医杂志 | 1964,(1):38 |
| 对针刺迎随补泻法的认识 | 黄育万 | 上海中医药杂志 | 1964,(3):27 |
| 六经初探 | 杨志一 | 江西医药 | 1964,(4):184 |
| 偏刺止痛 | 连仲元 | 江苏中医药 | 1964,(7):23 |
| 从冲脉循行对妇女病诊治上的体认 | 孟景春 | 江苏中医药 | 1965,(2):2 |
| 读“试谈皮部”一文后的管见 | 江一平等 | 广东医学 | 1965,(6):36 |
| 六经病辨证论治 | 何志雄 | 新中医 | 1972,(3):37 |
| 经络学说的形成和发展(二) | 广东中医学院经络研究协作组 | 新中医 | 1973,(2):24 |
| 孔穴命名汇解 | 刘冠军 | 陕西医学杂志 | 1974,(2):48 |
| 经脉“根结说”理论及临床意义的探讨 | 赵　耕 | 新中医 | 1976,(4):14 |

| | | | |
|---|---|---|---|
| 试探《内经》针灸处方用穴的基本规律 | 张善忱等 | 山东中医药大学学报 | 1977,(4):20 |
| 损伤与经络现象 | 肖永俭 | 山东中医药大学学报 | 1977,(4):33 |
| 膻中与心胞络初探 | 陆芷青 | 浙江中医学院学报 | 1977,(4):10 |
| 手少阳三焦经传导途径的探讨 | 姜松林等 | 中医药学报 | 1978,(1):7 |
| 关于经络学说的形成及其发展 | 王德深 | 中医杂志 | 1978,(1):32 |
| 针刺穴位"得气"规律及循行通路的观察 | 刘　磊等 | 山东中医药大学学报 | 1978,(1):53 |
| 沿肾经出现丘疹 | 章逢润 | 陕西医学杂志 | 1978,(1):29 |
| 简述妇女生理特点与内脏经络的关系 | 陆　仁 | 云南中医学院学报 | 1978,(2):72 |
| 手少阳三焦经传导途径的探讨 | 姜松林等 | 黑龙江医药 | 1978,(3):22 |
| 对十二经脉起始与形成的探讨 | 郭诚杰 | 陕西中医学院学报 | 1978,(3):9 |
| 训诂引玉——释"砭" | 刘　金 | 社会科学战线 | 1978,(4):343 |
| 经穴命名浅解 | 刘冠军 | 吉林大学学报(医学版) | 1979,(1):137 |
| 经络学说的发展及其研究 | 陈积祥 | 西安交通大学学报(医学版) | 1979,(1):94 |
| 试论灸焫 | 张善忱 | 山东中医药大学学报 | 1979,(2):8 |
| 内、难经中有关刺法的综述 | 焦新民等 | 陕西中医学院学报 | 1979,(2):44 |
| 冲脉初探 | 江一平等 | 新医药学杂志 | 1979,(2):28 |
| 述评耳穴的命名和定位 | 许瑞征等 | 江苏中医药 | 1979,(3):7 |
| 内关穴的文献综述与临床体会 | 杨元德 | 辽宁中医杂志 | 1979,(3):27 |
| 以循经疼痛为主的经络症候临床观察 | 陈克勤 | 陕西医学杂志 | 1979,(3):7 |
| 关于内脏病在体表循经感觉变化的探讨 | 李定忠 | 中医杂志 | 1979,(8):6 |
| 论命门 | 于鸿玲 | 河北中医 | 1980,(1):26 |
| 冲脉粗谈 | 李克绍 | 山东中医药大学学报 | 1980,(1):1 |
| 论"四关" | 张登部 | 山东中医药大学学报 | 1980,(1):10 |
| 谈命门 | 邵念方 | 山东中医药大学学报 | 1980,(1):14 |
| 试述《内经》诊脉独取寸口的理论 | 朱祝生 | 贵阳中医学院学报 | 1980,(2):6 |
| 针刺的科学进展 | 赵和熙 | 陕西中医学院学报 | 1980,(1):32 |
| 十二经脉的走行、命名及其与脏腑的配属规律 | 刘鸿权 | 新疆医科大学学报 | 1980,(2):81 |
| 《内经》腧穴主治汇译(三) | 高镇五等 | 浙江中医学院学报 | 1980,(2):30 |
| 对膻中的初步探讨 | 刘玺珍 | 河北中医 | 1980,(3):17 |
| 针灸原络配穴的临床点滴体会 | 万寿林 | 江苏中医药 | 1980,(3):45 |
| 《内经》、《难经》中十二经脉与十一经脉学说的并存 | 肖　珙 | 山东中医药大学学报 | 1980,(3):34 |
| 谈治痿独取阳明 | 柯梦笔 | 江苏中医药 | 1980,(3):53 |
| 《内经》腧穴主治汇译(四) | 高镇五等 | 浙江中医学院学报 | 1980,(3):41 |
| 对"魄门亦为五脏使"的认识 | 高甲戍 | 山东中医药大学学报 | 1980,(4):33 |
| 对经络感传产生原理的探讨 | 王本显等 | 中医杂志 | 1980,(4):48 |
| 简介人迎脉新研究 | 李耀光等 | 成都中医药大学学报 | 1980,(5):62 |
| 冲任与女科 | 徐　平 | 湖北中医杂志 | 1980,(5):8 |
| 历代重要针灸著作简介 | 肖少卿 | 江苏中医药 | 1980,(5):36 |
| 《内经》腧穴主治汇译(五) | 高镇五等 | 浙江中医学院学报 | 1980,(5):32 |
| 略谈针灸学术亟待提高——以中医理论作指导，辨证论治为法则 | 陈剑勇 | 中医杂志 | 1980,(5):46 |
| 《内经》腧穴主治汇译(六) | 高镇五等 | 浙江中医药大学学报 | 1980,(6):37 |
| 合谷穴的研究进展 | 张笑平 | 辽宁中医杂志 | 1980,(8):25 |
| "针灸配穴"的体会 | 刘汉银 | 河北中医 | 1981,(1):47 |

| | | | |
|---|---|---|---|
| 谈谈冲任督带与妇科的关系 | 黄云亮 | 湖南中医学院学报 | 1981,(1):27 |
| 初论鸠尾穴 | 张家声等 | 湖北中医杂志 | 1981,(2):42 |
| 《内经》络脉理论初探 | 邱幸凡 | 辽宁中医杂志 | 1981,(2):5 |
| 针刺"对称穴"治疗"邪客于经"之疼痛 | 赵　阳 | 云南中医学院学报 | 1981,(3):26 |
| 针灸发展史 | 傅维康 | 中国科技史杂志 | 1981,(3):80 |
| 任督新探 | 王若铨 | 黑龙江中医药 | 1981,(4):34 |
| 《内经》络脉理论初探(续完) | 邱幸凡 | 辽宁中医杂志 | 1981,(4):4 |
| 经络辨证针灸法述要(续二) | 管正斋等 | 云南中医中药杂志 | 1981,(4):22 |
| 从"经络学说"谈《内经》学术发展过程 | 陈梦赉 | 浙江中医药大学学报 | 1981,(4):52 |
| 刺血精义 | 王　雨 | 中医杂志 | 1981,(4):46 |
| 关于十四经经穴排列次序的讨论 | 吴　刚 | 贵州医药 | 1981,(5):16 |
| 论针刺手法的本质(摘要) | 于书庄 | 贵州医药 | 1981,(5):18 |
| "是动、所生病"新解 | 李　锄 | 上海中医药杂志 | 1981,(5):34 |
| 略论"缪刺"与"巨刺" | 朱广仁等 | 中医杂志 | 1981,(5):49 |
| 论提高耳针疗效的基本因素 | 管遵信 | 云南中医中药杂志 | 1981,(6):28 |
| 试论针刺的"得气"、"候气"与"调气" | 楼百层 | 浙江中医药大学学报 | 1981,(6):44 |
| 膀胱经背部穴位体表至胸、腹腔后壁距离的观察 | 原存信等 | 新中医 | 1981,(7):31 |
| 略论《灵枢经·九针十二原》 | 司徒铃 | 中医杂志 | 1981,(7):46 |
| "巨刺""缪刺"初探 | 陈克勤 | 辽宁中医杂志 | 1981,(9):41 |
| 我对经络及其学说起源的看法 | 毛　良 | 上海中医药杂志 | 1981,(9):31 |
| 浅论针刺补泻 | 张桐卿等 | 上海中医药杂志 | 1981,(10):50 |
| 五输穴浅解 | 殷克敬 | 中医杂志 | 1981,(10):50 |
| 关于《灵枢·经脉》篇"是动"病、"所生病"之浅见 | 石学敏等 | 中医杂志 | 1981,(11):45 |
| 《伤寒论》六经与《灵枢·经脉》并非一脉相承 | 李其忠等 | 中医杂志 | 1981,(11):76 |
| 内关与公孙 | 李　鼎 | 上海中医药杂志 | 1981,(12):38 |
| 关于针刺得气的几个问题 | 梁　丘等 | 中医杂志 | 1981,(12):46 |
| 关于十二经气血多少的浅解 | 郭诚杰 | 陕西中医 | 1981,(S1):1 |
| 试论经络的病机 | 郭子光 | 陕西中医 | 1981,(S1):22 |
| 经气概念浅见 | 张　仁 | 陕西中医 | 1981,(S1):29 |
| 《内经》中的主要刺法 | 秦　翌 | 陕西中医 | 1981,(S1):37 |
| 补泻·得气·灸法·巨刺·缪刺 | 秦　翌 | 陕西中医 | 1981,(S1):46 |
| 刺络泄血疗法简介 | 张德林等 | 陕西中医 | 1981,(S1):40 |
| 针刺疗法机理剖析(综述)(一) | 汤德安 | 天津中医学院学报 | 1982,(00):46 |
| 六经辨证方法浅探 | 叶玉良 | 成都中医药大学学报 | 1982,(1):16 |
| 偶刺、缪刺和巨刺(四) | 春　雪 | 成都中医药大学学报 | 1982,(1):42 |
| 浅谈子午流注 | 高玉瑃 | 河北中医 | 1982,(1):55 |
| 《灵枢·骨度》初探一二 | 李　锄 | 江苏中医药 | 1982,(1):57 |
| 对几个经穴定位之我见 | 张善忱 | 山东中医药大学学报 | 1982,(1):46 |
| 经络实质研究的进展 | 张笑平等 | 上海针灸杂志 | 1982,(1):42 |
| 略论各家"背俞"的异同 | 李　鼎 | 上海针灸杂志 | 1982,(1):14 |
| 试谈针灸补泻 | 张令铮 | 上海针灸杂志 | 1982,(1):23 |
| 针芒迎随法之我见 | 王　雨 | 新中医 | 1982,(1):32 |
| 针刺补泻手法简谈 | 李志明 | 中国临床医生 | 1982,(1):17 |
| 略谈深浅刺法 | 陈剑勇 | 中医杂志 | 1982,(1):52 |
| 浅谈眼与脏腑经络的关系 | 李纪源 | 中原医刊 | 1982,(1):7 |

| | | | |
|---|---|---|---|
| 谈针灸补泻 | 方吉庆 | 山东中医杂志 | 1982,(2):72 |
| 针灸学中一些问题的探讨 | 焦新民 | 陕西中医学院学报 | 1982,(2):18 |
| 应用"巨刺"法的体会 | 程国俊 | 上海针灸杂志 | 1982,(2):31 |
| 头面穴位与神经节段关系的探讨 | 张　钦等 | 上海针灸杂志 | 1982,(2):38 |
| 试论针刺捻转补泻 | 楼百层 | 上海针灸杂志 | 1982,(2):9 |
| "骨繇取之少阳"治验 | 衣正安 | 上海中医药杂志 | 1982,(2):15 |
| 《内经》的针灸学成就 | 魏　稼 | 云南中医学院学报 | 1982,(2):10 |
| "跷脉入脑"识 | 刘亚娴 | 河北中医 | 1982,(3):1 |
| 试谈经络与脑 | 江一平 | 江苏中医药 | 1982,(3):38 |
| 《内经》针灸处方初探 | 李　杨等 | 上海针灸杂志 | 1982,(3):9 |
| 针刺与四时——《素问·四时刺逆从论》学习札记 | 王庆其 | 上海针灸杂志 | 1982,(3):31 |
| 子午流注(纳甲法)——中国古典针法 | 袁九棱 | 上海针灸杂志 | 1982,(3):44 |
| 《内经》的针灸学成就(续完) | 魏　稼 | 云南中医学院学报 | 1982,(3):1 |
| 略谈《内经》的针灸选穴配方原则 | 刘冠军 | 江西中医药 | 1982,(4):54 |
| 试谈中医的"上病下取,下病上取" | 畅建修 | 陕西中医 | 1982,(4):4 |
| 经络串讨 | 吴考槃 | 中医药学报 | 1982,(4):17 |
| 试论伤寒六经与经络学说的关系 | 陈克勤 | 陕西中医 | 1982,(5):11 |
| 天容穴略考 | 刘森亭 | 陕西中医 | 1982,(6):28 |
| 试谈研究子午流注的一些设想 | 冯润身 | 上海中医药杂志 | 1982,(7):48 |
| 六经小议 | 陈瑞春 | 新中医 | 1982,(7):51 |
| 试论六经血气多少之常数 | 刘衡如等 | 上海中医药杂志 | 1982,(8):42 |
| 关于针刺补泻法的探讨 | 李道生 | 新中医 | 1982,(8):29 |
| 从《灵枢经》看足三里的主治作用 | 岳守礼 | 中医杂志 | 1982,(8):44 |
| 略论针刺补泻手法 | 司徒铃 | 新中医 | 1982,(9):33 |
| 《足臂十一脉灸经》学术观点在内经中的体现 | 李志道 | 中医杂志 | 1982,(9):41 |
| "平补平泻"索源 | 韩葆贤 | 中医杂志 | 1982,(10):79 |
| 谈针刺补泻与辨气的体会 | 杨元德 | 辽宁中医杂志 | 1982,(11):47 |
| 《灵枢·小针解》质疑 | 李　裕 | 中医杂志 | 1982,(11):76 |
| 内关穴的研究进展 | 张笑平等 | 辽宁中医杂志 | 1982,(12):39 |
| 耳廓经络路线的初步探索 | 尉迟静 | 辽宁中医杂志 | 1982,(12):7 |
| 微针旨在通经调气——再论针刺补泻 | 张桐卿等 | 上海中医药杂志 | 1982,(12):32 |
| 也论针刺补泻 | 陈俊鸿等 | 上海中医药杂志 | 1982,(12):33 |
| 十二经筋概述及其实质初探 | 王　雨 | 中医杂志 | 1982,(12):43 |
| 何谓"玄府" | 肖国士 | 成都中医药大学学报 | 1983,(1):64 |
| 试论"经气"的科学内涵 | 李　琳 | 贵阳中医学院学报 | 1983,(1):61 |
| 《伤寒论》六经本义 | 杜雨茂等 | 贵阳中医学院学报 | 1983,(1):16 |
| 针刺补泻浅议 | 王志田等 | 河北中医 | 1983,(1):49 |
| 丘脑神经元学说与针灸学中的五行生克律和子午流注(摘译) | 帅学忠 | 湖南中医学院学报 | 1983,(1):68 |
| 论经络感传现象的物质基础 | 高　铎 | 吉林中医药 | 1983,(1):9 |
| 略论针灸治疗诸痛症 | 肖少卿 | 江苏中医药 | 1983,(1):43 |
| 经络存在吗 | Raibulet Tiberiu 等 | 上海针灸杂志 | 1983,(1):44 |
| 从三阴交穴位处淋巴管的交会探讨经络的依据 | 龚启华 | 上海针灸杂志 | 1983,(1):9 |
| "六经"确系"经络" | 朱　明 | 上海中医药杂志 | 1983,(1):37 |
| 再谈"六经即经络"吗 | 徐余祥 | 上海中医药杂志 | 1983,(1):36 |

| | | | |
|---|---|---|---|
| 《素问》六经与《伤寒》六经关系初探 | 张德修等 | 四川中医 | 1983,(1):14 |
| 子午流注"养子时刻注穴"法初探 | 魏祥武等 | 天津中医学院学报 | 1983,(1):25 |
| "齐刺""扬刺""傍针刺"针法初探 | 严玉薇 | 云南中医中药杂志 | 1983,(1):32 |
| 关于《内经》针灸穴位的整理 | 李洪涛等 | 安徽中医学院学报 | 1983,(2):43 |
| 灸法对经络学说早期作用的探讨 | 曲少忠等 | 安徽中医学院学报 | 1983,(2):49 |
| 浅谈肾原太溪 | 张士杰 | 北京中医 | 1983,(2):21 |
| 督脉初探 | 陈继明 | 江苏中医药 | 1983,(2):1 |
| 浅析"无刺" | 田道正 | 山东中医药大学学报 | 1983,(2):49 |
| 浅谈腧穴主治的特异性 | 王祥福 | 陕西中医 | 1983,(2):25 |
| 略论迎随补泻 | 吴绍德 | 上海针灸杂志 | 1983,(2):14 |
| 谈谈穴法相应中的通经接气法 | 王振坤 | 上海针灸杂志 | 1983,(2):26 |
| 也谈针刺透穴 | 王启才 | 上海针灸杂志 | 1983,(2):28 |
| 砭石起源于日本,还是中国 | 李　锄 | 上海中医药杂志 | 1983,(2):37 |
| 试论督脉 | 李振洲 | 温州医学院学报 | 1983,(2):94 |
| 试论"按时刺灸"的由来和发展 | 吴绍德 | 中医杂志 | 1983,(2):47 |
| 《内经》是如何论述眼睛构造与脏腑经络的关系五轮八廓理论对后世眼科临床实践有何指导意义 | 黄海龙 | 江西中医药 | 1983,(3):63 |
| "气至病所"与疗效关系初步探讨(摘要) | 张　仁等 | 陕西中医学院学报 | 1983,(3):1 |
| 子午流注在人体病理定位中的意义 | 汪德云 | 中医药学报 | 1983,(3):11 |
| 略谈《内经》中的针刺注意事项 | 冯禾昌 | 中医杂志 | 1983,(3):46 |
| 针刺补泻浅析 | 范光熙 | 中医杂志 | 1983,(3):49 |
| 以古代的部位名称命名的穴名初探 | 冯禾昌 | 贵阳中医学院学报 | 1983,(4):56 |
| 论阳明多气多血及其临床意义 | 郝文轩 | 吉林中医药 | 1983,(4):3 |
| 论《内经》《伤寒论》中少阳的位置 | 孙　桐 | 山东中医药大学学报 | 1983,(4):18 |
| 六经主气与伤寒的传变 | 吴荣祖 | 云南中医学院学报 | 1983,(4):12 |
| 关于针刺有泻无补的商榷 | 杨元德 | 陕西中医 | 1983,(5):39 |
| 奇经辨治 | 黄兴理 | 四川中医 | 1983,(5):32 |
| 脏腑俞穴的探讨 | 李复峰 | 中医药学报 | 1983,(5):45 |
| 足阳明胃经循行路线质疑 | 陈得心 | 中医杂志 | 1983,(5):78 |
| "腰背委中求"浅析 | 孙丽娟等 | 江苏中医药 | 1983,(6):43 |
| 试探奇经辨治 | 俞翊俊 | 浙江中医药大学学报 | 1983,(6):9 |
| 浅谈带脉 | 陈继明 | 中医杂志 | 1983,(7):54 |
| 试谈留针法 | 杨子雨 | 中医杂志 | 1983,(8):54 |
| 浅谈三阴交穴 | 杨继民 | 新中医 | 1983,(9):33 |
| 略论神与针刺的关系 | 张遂康 | 中医杂志 | 1983,(9):48 |
| 略述留针 | 纪晓平 | 中医杂志 | 1983,(9):51 |
| 有关"平补平泻"手法之我见 | 杨子雨 | 辽宁中医杂志 | 1983,(10):40 |
| 十二经血气多少问题 | 李　鼎 | 中医杂志 | 1983,(10):47 |
| 经外穴的有关问题 | 曹一鸣等 | 天津中医学院学报 | 1983,(Z1):59 |
| 对传统补泻针法的质疑与异见 | 王照浩 | 广州中医药大学学报 | 1984,(00):48 |
| 针灸治疗"中风"初探 | 林建华 | 成都中医药大学学报 | 1984,(1):28 |
| 迎随补泻探源 | 王铨若 | 黑龙江中医药 | 1984,(1):54 |
| 浅谈火针疗法 | 高郁文 | 黑龙江中医药 | 1984,(1):57 |
| 谈谈胆经在头面部的循行 | 刘森亭等 | 陕西中医 | 1984,(1):32 |
| 从针刺诱发心律失常探讨经穴脏腑相关 | 赵和熙 | 陕西中医学院学报 | 1984,(1):8 |
| "经曰"之"经" | 逸　山 | 上海中医药杂志 | 1984,(1):23 |

| | | | |
|---|---|---|---|
| 下病取之于上 | 程广里 | 四川中医 | 1984,(1):50 |
| 什么叫腧穴人体腧穴有多少 | 杨介宾 | 四川中医 | 1984,(1):51 |
| 对六经实质研究的认识 | 朱鹏飞 | 天津中医学院学报 | 1984,(1):29 |
| 试论募原 | 任继学等 | 新中医 | 1984,(1):9 |
| 浅谈经络辨证 | 刘孔藤 | 云南中医中药杂志 | 1984,(1):22 |
| 谈浅刺多针法 | 何树槐 | 云南中医中药杂志 | 1984,(1):25 |
| 论伤寒六经 | 孟文焕 | 中医药学报 | 1984,(1):8 |
| 头针与祖国医学 | 包向阳 | 中医药学报 | 1984,(1):30 |
| 针刺治疗心脏病为何常取心包经经穴而不常取心经经穴? | 纪晓平 | 中医杂志 | 1984,(1):64 |
| 略论五俞穴的理论根据 | 吴重行 | 黑龙江中医药 | 1984,(2):49 |
| 试述针灸的起源 | 陈道谨 | 南京中医药大学学报(自然科学版) | 1984,(2):50 |
| 试论温针疗法 | 陈永治 | 陕西中医 | 1984,(2):33 |
| 论《内经》刺热法 | 彭荣琛 | 上海针灸杂志 | 1984,(2):46 |
| 何谓得气 | 杨介宾 | 四川中医 | 1984,(2):46 |
| 何谓经气 | 杨介宾 | 四川中医 | 1984,(2):46 |
| 对《灵枢·经脉》篇手足少阳在肩颈部前后交行问题的认识 | 曹一鸣等 | 天津中医学院学报 | 1984,(2):31 |
| 试论十二经气血多少之规律 | 管遵信 | 云南中医中药杂志 | 1984,(2):42 |
| 五腧穴之经典论述 | 裘雪亭等 | 云南中医中药杂志 | 1984,(2):45 |
| 经络实质浅论 | 高铎 | 中医药学报 | 1984,(2):10 |
| 任冲督脉"一源而三歧"初探 | 张登部 | 中医杂志 | 1984,(2):53 |
| 古典经脉学说与穴位的相关效应 | 吴濂清 | 北京中医 | 1984,(3):43 |
| 关于六经的开阖枢 | 萧康伯 | 黑龙江中医药 | 1984,(3):3 |
| 谈针刺深浅 | 罗济民 | 湖北中医杂志 | 1984,(3):42 |
| 《内经》五输探 | 祖玉芳 | 吉林中医药 | 1984,(3):44 |
| 《难经》五输刺 | 韩葆贤 | 吉林中医药 | 1984,(3):45 |
| 浅谈留针 | 纪青山 | 吉林中医药 | 1984,(3):47 |
| 试论呼吸补泻 | 吴剑桥 | 江西中医药 | 1984,(3):38 |
| "玄府"论 | 王明杰 | 泸州医学院学报 | 1984,(3):1 |
| 试论"是动则病,是主　所生病" | 陈利国 | 山东中医药大学学报 | 1984,(3):32 |
| 出于常谈论经脉　再言气口决吉凶——《素问·经脉别论》 | 迟华基 | 山东中医杂志 | 1984,(3):55 |
| 浅谈穴性 | 张慰民 | 上海针灸杂志 | 1984,(3):45 |
| 漫谈针灸孔穴的命名 | 池澄清 | 上海针灸杂志 | 1984,(3):47 |
| 从循经感传现象的研究探讨经络实质 | satisfies | 上海针灸杂志 | 1984,(3):32 |
| 何谓交经缪刺 | 杨介宾 | 四川中医 | 1984,(3):48 |
| 何谓同名经 | 杨介宾 | 四川中医 | 1984,(3):48 |
| 对杨继洲"针刺有泻无补"的讨论 | 王樟连 | 浙江中医学院学报 | 1984,(3):19 |
| 谈谈明辨"寒、热"在六经辨证中的重要意义 | 胡炳文 | 中华中医药学刊 | 1984,(3):110 |
| 谈《黄帝内经》之六经 | 王洪图等 | 北京中医 | 1984,(4):49 |
| 浅谈《内经》缪刺法 | 李家康 | 贵阳中医学院学报 | 1984,(4):52 |
| 眼周围穴位的穴名探义 | 孟宝成等 | 贵阳中医学院学报 | 1984,(4):50 |
| "太阴"气血小议 | 张耀民 | 吉林中医药 | 1984,(4):46 |
| 论人体四海与四部气街的关系 | 刘慈文 | 吉林中医药 | 1984,(4):3 |

| | | | |
|---|---|---|---|
| “上病下取”的含义怎样？试从虚实两方面各举一方例说明之 | 郭兰忠等 | 江西中医药 | 1984,(4):61 |
| 试述针灸学理论基础的初步奠定 | 陈道瑾 | 南京中医药大学学报（自然科学版） | 1984,(4):48 |
| 浅谈交会穴 | 罗济民 | 上海针灸杂志 | 1984,(4):27 |
| 循经皮部针刺镇痛初步探讨 | 罗庆道等 | 上海针灸杂志 | 1984,(4):35 |
| 为何胃经属阳,循行与属阴的腹部 | 杨介宾 | 四川中医 | 1984,(4):37 |
| 为何经脉流注从肺经开始何谓手太阴肺经为何循行于上肢内侧前缘 | 杨介宾 | 四川中医 | 1984,(4):37 |
| 呼吸补泻的初步探讨 | 陈少孚 | 天津中医学院学报 | 1984,(4):19 |
| 考古观今论“得气” | 肖少卿 | 天津中医学院学报 | 1984,(4):8 |
| 试论王冰刺法的特点 | 郭世余 | 天津中医学院学报 | 1984,(4):22 |
| 谈《内经》中的徐疾补泻法 | 郭宗仁 | 天津中医学院学报 | 1984,(4):16 |
| 略谈《内经》的定穴、取穴法 | 冯禾昌 | 云南中医学院学报 | 1984,(4):5 |
| 仲景刺灸法与内经学说 | 盛燮荪等 | 浙江中医学院学报 | 1984,(4):7 |
| 试谈针刺的深浅 | 杨子雨 | 中医杂志 | 1984,(4):57 |
| 关于《十四经发挥》一书中“十四经”之我见 | 李白清 | 现代中医药 | 1984,(5):58 |
| 漫谈十五络 | 张卫华 | 现代中医药 | 1984,(5):30 |
| 浅谈灸法的补与泻 | 邓春雷 | 现代中医药 | 1984,(5):19 |
| 试论针刺辨证与针刺补泻 | 张沛霖 | 云南中医中药杂志 | 1984,(5):30 |
| 奇经跻脉初探 | 赵本传 | 浙江中医学院学报 | 1984,(5):10 |
| 经络辑要 | 卢玉起等 | 中华中医药学刊 | 1984,(5):215 |
| “古九针”研制技术征询会在苏州召开 | 郑金生 | 中医杂志 | 1984,(5):37 |
| 浅谈五输穴 | 张安莉 | 江西中医药 | 1984,(6):54 |
| 对“中阴溜府”的几点体会 | 董廷瑶 | 山东中医杂志 | 1984,(6):4 |
| 针灸腧穴浅谈 | 郭诚杰 | 陕西中医 | 1984,(6):32 |
| 论《内经》“太阳根于至阴”在天文气候因素上的反应 | 黄世舞 | 四川中医 | 1984,(6):7 |
| 为何五输穴脉气均为向心性流注 | 杨介宾 | 四川中医 | 1984,(6):40 |
| 为何手三阳经各多设一个下合穴 | 杨介宾 | 四川中医 | 1984,(6):40 |
| 经和络及其区别 | 焦新民等 | 现代中医药 | 1984,(6):27 |
| 脏腑经络辨证在针灸临床的应用(二) | 殷克敬 | 现代中医药 | 1984,(6):25 |
| 略论针刺补泻与辨气 | 杨元德 | 云南中医中药杂志 | 1984,(6):22 |
| 关于针刺“得气”方法的研究 | 陈克勤 | 陕西中医 | 1984,(7):1 |
| 再谈冲任理论 | 侯玲玲 | 新中医 | 1984,(7):1 |
| 补泻手法概述(上) | 郭诚杰 | 陕西中医 | 1984,(8):29 |
| 关于“六经非‘经’论”之我见 | 吴　武 | 上海中医药杂志 | 1984,(8):37 |
| 对阳维起于诸阳会和阴维起于诸阴交的认识 | 李志道 | 中医杂志 | 1984,(8):54 |
| 试析四肢为诸阳之本 | 王洪图 | 中医杂志 | 1984,(8):78 |
| 经脉根结、标本理论的含义是什么？ | 张登部 | 中医杂志 | 1984,(8):73 |
| 补泻手法概述(下) | 郭诚杰等 | 陕西中医 | 1984,(9):33 |
| 为何说冲脉“并少阴之经”,而非“并阳明之经”？ | 李历城 | 中医杂志 | 1984,(9):73 |
| 井、荥、输、经、合五输穴脉气流注与经脉循行是否矛盾？如何理解？ | 张登部 | 中医杂志 | 1984,(9):73 |
| 十二经病候对辨证论治的启示 | 凌耀星 | 新中医 | 1984,(10):3 |
| 谈“亦为之行气于三阳” | 李树沛 | 新中医 | 1984,(10):47 |
| 略谈穴位排列与经络循行的关系 | 李　鼎 | 中医杂志 | 1984,(10):46 |

| | | | |
|---|---|---|---|
| 试谈“下合穴” | 王惠玲 | 辽宁中医杂志 | 1984,(11):28 |
| 谈谈我对提高针刺疗效的一些体会 | 郭效宗 | 中医杂志 | 1984,(11):51 |
| 《内经》为什么称胃与冲脉都为“五脏六腑之海”？二者有何区别与联系？ | 胡永年 | 中医杂志 | 1984,(11):65 |
| “耳为宗脉之所聚”析疑 | 尉迟静 | 陕西中医 | 1984,(12):24 |
| 试论十二经脉主治病候 | 司徒铃等 | 广州中医药大学学报 | 1985,(1):14 |
| 少阳病篇编次初探 | 郭忠印 | 河北中医 | 1985,(1):1 |
| 子午流注针法研究概要 | 张年顺 | 湖南中医学院学报 | 1985,(1):55 |
| 何谓阿是穴？ | 杨介宾 | 四川中医 | 1985,(1):40 |
| 为何廉泉能开音？ | 杨介宾 | 四川中医 | 1985,(1):40 |
| 背部俞穴和十二经的关系—膀胱经是十二经的核心 | 孟昭威等 | 针灸临床杂志 | 1985,(1):16 |
| 对古代禁针禁灸规律的探讨 | 雷新强等 | 针灸临床杂志 | 1985,(1):28 |
| 浅谈《内经》对针害的论述 | 陈守龙 | 针灸临床杂志 | 1985,(1):31 |
| 试论经络系统与耗散结构理论之关系 | 程为平等 | 针灸临床杂志 | 1985,(1):21 |
| 五十营新探 | 梁繁荣 | 针灸临床杂志 | 1985,(1):18 |
| 什么是“特定穴”？包括哪些主要临床意义是什么？ | 张树生 | 中医杂志 | 1985,(1):74 |
| 从《温病条辨·原病篇》看《内经》刺热理论对吴鞠通治疗思想的指导 | 周桂桐等 | 安徽中医学院学报 | 1985,(2):19 |
| 合穴特性小议 | 潘文奎 | 广西中医药 | 1985,(2):33 |
| 论“气”是“经络”的实质 | 肖进顺 | 河北中医 | 1985,(2):1 |
| 小腹骨度正误 | 王宏亮 | 山西中医 | 1985,(2):42 |
| 浅谈经别与络脉之区别 | 殷克敬等 | 陕西中医 | 1985,(2):76 |
| 会穴初探 | 许予民 | 云南中医学院学报 | 1985,(2):21 |
| 从经络、虹膜看人体全息规律 | 唐　杰 | 云南中医中药杂志 | 1985,(2):1 |
| “玄府”论 | 王明杰 | 成都中医药大学学报 | 1985,(3):1 |
| 《内经》脏腑背俞穴初探 | 张和媛等 | 贵阳中医学院学报 | 1985,(3):50 |
| 浅谈《内经》关于冲脉循行及脉气渗注的记载 | 周　欢 | 贵阳中医学院学报 | 1985,(3):54 |
| 《伤寒论》六经刍议 | 郭霭春 | 河北中医 | 1985,(3):1 |
| 浅谈奇经八脉几个问题 | 钱志云 | 湖北中医杂志 | 1985,(3):44 |
| 体表经络的结构基础 | 李方正 | 南京中医药大学学报(自然科学版) | 1985,(3):37 |
| 六经系统论 | 王鸣三 | 山东中医药大学学报 | 1985,(3):42 |
| 论五轮辨证 | 孔庆丰 | 山西中医 | 1985,(3):63 |
| “气至而有效”之我见 | 曹荣禄 | 陕西中医 | 1985,(3):125 |
| “九九制会”与“黄钟”及其它 | 王玉川 | 陕西中医学院学报 | 1985,(3):21 |
| 针刺补泻有否 | 张桐卿 | 陕西中医学院学报 | 1985,(3):8 |
| 试论耳穴与脏腑经络的关系 | 王立君 | 陕西中医学院学报 | 1985,(3):13 |
| 针灸辨证论治的探讨 | 于书庄 | 上海针灸杂志 | 1985,(3):21 |
| “四关”穴初探 | 孙丽娟等 | 上海针灸杂志 | 1985,(3):33 |
| 探索针刺手法之奥秘 | 龚启华 | 上海针灸杂志 | 1985,(3):37 |
| 何谓十二经脉气血多少的常数？ | 杨介宾 | 四川中医 | 1985,(3):24 |
| 试论经气的运行 | 管遵惠 | 云南中医中药杂志 | 1985,(3):12 |
| 如何理解“荥输治外经,合治内腑”？临床上如何理解？ | 张登部 | 中医杂志 | 1985,(3):61 |
| 刺络刍议 | 王　平 | 北京中医 | 1985,(4):56 |
| “四关”小议 | 张安莉 | 福建中医药 | 1985,(4):50 |
| 五俞穴使用浅识 | 高玉瑃 | 河北中医 | 1985,(4):43 |

| | | | |
|---|---|---|---|
| 考《内经》留针的双向作用 | 李万瑶 | 江西中医药 | 1985,(4):44 |
| 上臂部手太阴肺经循行辨 | 李方正 | 南京中医药大学学报（自然科学版） | 1985,(4):61 |
| 略论中医的脏腑经脉学说——兼答刘帅同志的商榷 | 贾得道 | 山西中医 | 1985,(4):31 |
| 子午流注纳甲法对得气的影响 | 张　仁等 | 上海针灸杂志 | 1985,(4):27 |
| 意守感传初探 | 褚成炎等 | 四川中医 | 1985,(4):12 |
| 呼吸补泻的初步探讨 | 陈少孚 | 天津中医学院学报 | 1985,(4):19 |
| 考古观今论“得气” | 肖少卿 | 天津中医学院学报 | 1985,(4):8 |
| 试论王冰刺法的特点 | 郭世余 | 天津中医学院学报 | 1985,(4):22 |
| 谈《内经》中的徐疾补泻法 | 郭宗仁 | 天津中医学院学报 | 1985,(4):16 |
| 对子午流注三焦包络原穴寄属问题的我见 | 周桂桐等 | 天津中医学院学报 | 1985,(4):44 |
| 《内经》论月亮的圆缺与针刺的关系 | 秦德平 | 皖南医学院学报 | 1985,(4):298 |
| 经气初探 | 管遵惠 | 云南中医学院学报 | 1985,(4):32 |
| 《内经》针刺治法的因时制宜思想 | 胡剑北等 | 云南中医中药杂志 | 1985,(4):4 |
| 略论五输穴 | 包黎恩 | 浙江中医药大学学报 | 1985,(4):47 |
| 《伤寒论》少阳枢机问题的探讨 | 周尔文 | 中医药学报 | 1985,(4):21 |
| 关于针刺手法形式和作用的探析 | 吴绍德 | 中医杂志 | 1985,(4):53 |
| 谈谈“针感” | 王登旗 | 广西中医药 | 1985,(5):33 |
| 试论经络学说之起源和发展 | 孟庆云 | 黑龙江中医药 | 1985,(5):35 |
| 经络的命名和含义 | 朱凤山 | 中医药学刊 | 1985,(5):482 |
| 针刺祛淤活血 | 黄宗勖 | 福建中医药 | 1985,(6):23 |
| 略论阳维起于诸阳会阴维起于诸阴交 | 梁繁荣 | 黑龙江中医药 | 1985,(6):44 |
| 试论《灵枢》中的因人刺治 | 李宗俊 | 江西中医药 | 1985,(6):53 |
| 略论伤寒六经的经络意义 | 彭建中 | 陕西中医 | 1985,(6):245 |
| 刺络疗法简介 | 曾浩然 | 四川中医 | 1985,(6):46 |
| 针刺阴阳补泻手法研究综述 | 黄圣源等 | 四川中医 | 1985,(6):42 |
| 试论冲、任、督、带四脉在妇科生理病理中的地位 | 马宝璋 | 中医药学报 | 1985,(6):7 |
| 针灸题解 | 王耀斌 | 中医药学刊 | 1985,(6):519 |
| 略论急证刺血与火针 | 张　仁 | 中医杂志 | 1985,(8):55 |
| “是动则病,是主某所生病”之浅见 | 吴鎏楨等 | 陕西中医 | 1985,(9):413 |
| 络脉刍议 | 廉玉麟 | 中医杂志 | 1985,(10):54 |
| 经络经筋古今谈 | 郭谦亨 | 陕西中医 | 1985,(11):509 |
| 浅谈八脉交会穴中的几个问题 | 赵学斌等 | 中医杂志 | 1985,(11):47 |
| 用针之要　毋忘其神 | 郑益民 | 上海中医药杂志 | 1985,(12):30 |
| 试论经筋 | 高章营 | 中医杂志 | 1985,(12):36 |
| 经络学说研究的重大突破 | 魏　文 | 了望 | 1985,(45):38 |
| 浅谈微循环与络脉的关联 | 刘伍立等 | 江西中医药 | 1986,(1):44 |
| 也谈绝骨与悬钟、阳辅穴的关系 | 李志道 | 上海针灸杂志 | 1986,(1):44 |
| 针灸的起源和发展 | 吴绍德 | 上海中医药杂志 | 1986,(1):7 |
| 浅谈腧穴良性双向调节作用 | 殷克敬等 | 新疆中医药 | 1986,(1):44 |
| 人体各部经络分布与交会(一) | 刘慈文 | 中医药学刊 | 1986,(1):534 |
| 经络的命名和含义(二) | 朱凤山 | 中医药学刊 | 1986,(1):562 |
| 心包经络胰的相对特异性 | 尉迟静 | 贵阳中医学院学报 | 1986,(2):48 |
| 对“目系”真正含义的理解 | 路鸿安 | 河北中医 | 1986,(2):45 |
| 足阳明胃经循行过腹原因试析 | 王凤山等 | 陕西中医 | 1986,(2):88 |
| 关于“……之为(病)”的初探 | 张厚墉 | 陕西中医学院学报 | 1986,(2):48 |

| | | | |
|---|---|---|---|
| 急症针灸学的形成与发展 | 张　仁 | 陕西中医学院学报 | 1986,(2):15 |
| 也谈手足少阳经在肩颈部的交行 | 胡玲 | 上海针灸杂志 | 1986,(2):38 |
| 谈《内经》对针刺的禁忌 | 赵俊岭 | 天津中医药 | 1986,(2):21 |
| 关于经络起源的商榷 | 符友丰 | 医学与哲学（人文社会医学版） | 1986,(2):36 |
| 子午流注原理探讨 | 张燕华等 | 云南中医学院学报 | 1986,(2):7 |
| “合治内腑”的体会 | 王樟连 | 浙江中医学院学报 | 1986,(2):49 |
| 百会穴常用定位法偏差之探讨 | 尚景舜等 | 中医药信息 | 1986,(2):29 |
| 人体各部经络分布与交会(二) | 刘悫文 | 中医药学刊 | 1986,(2):582 |
| 井穴位置探源 | 陈国印 | 北京中医 | 1986,(3):46 |
| 经脉循行简图 | 赵令威 | 国医论坛 | 1986,(3):45 |
| 十四经 365 穴增补归经刍议 | 詹永康等 | 湖南中医杂志 | 1986,(3):45 |
| 留针浅谈 | 纪青山 | 山东中医杂志 | 1986,(3):8 |
| 脏腑经络学说的基本知识 | 吴绍德 | 上海中医药杂志 | 1986,(3):26 |
| 关于“手三阳经病候记载没有腑症”浅析 | 薛自强 | 上海针灸杂志 | 1986,(3):47 |
| 灵芝草非草　经脉非脉——关于经络学说起源的认识 | 刘维洲 | 上海针灸杂志 | 1986,(3):44 |
| 试谈经络的横行路线——十二纬脉假说 | 韩景献 | 天津中医药 | 1986,(3):22 |
| 五腧穴含义之我见 | 杜宗华 | 现代中医药 | 1986,(3):63 |
| 试谈经络学说——祖国医学的人体生物场 | 伊智雄 | 新疆中医药 | 1986,(3):31 |
| 经络实质探讨 | 郭　义等 | 云南中医学院学报 | 1986,(3):14 |
| 《阴阳十一脉灸经》与《灵枢·经脉》“是动则病”、“所产(生)病”探讨 | 吴永贵 | 云南中医学院学报 | 1986,(3):18 |
| “开阖枢”理论及其应用 | 杨　力 | 云南中医中药杂志 | 1986,(3):1 |
| 从道家思想与《内经》的关系谈对经络体系形成的认识 | 林　帆 | 福建中医药 | 1986,(4):46 |
| 《灵枢·经脉》之研究 | 肖少卿 | 江苏中医药 | 1986,(4):24 |
| 《内经》对针灸医学的贡献 | 梅青田 | 内蒙古师范大学学报（自然科学汉文版） | 1986,(4):1986 |
| 浅谈针疗事故的严重性 | 刘玉书 | 内蒙古中医药 | 1986,(4):30 |
| 子午流注简易取穴表 | 梅健寒 | 南京中医药大学学报（自然科学版） | 1986,(4):30 |
| 经络与耳针相关的探讨 | 尉迟静 | 山西中医 | 1986,(4):34 |
| 交会穴初探 | 陈镇江 | 陕西中医 | 1986,(4):169 |
| 试述子午流注纳支法的形成与发展 | 府　强等 | 天津中医学院学报 | 1986,(4):40 |
| 浅淡十二原 | 郑少祥 | 现代中医药 | 1986,(4):37 |
| 经络定义之我见 | 韩葆贤 | 新疆中医药 | 1986,(4):48 |
| 夫妻配穴法 | 杜毓来 | 新疆中医药 | 1986,(4):45 |
| 《内经》补泻手法探述 | 管遵惠 | 云南中医中药杂志 | 1986,(4):7 |
| 巨刺、缪刺与经络的关系 | 冯春祥 | 中医药学报 | 1986,(4):12 |
| “归经”锁谈 | 王万祖 | 中医药学刊 | 1986,(4):706 |
| 经络学说与辨证论治的关系 | 芦顺德 | 湖北中医杂志 | 1986,(5):2 |
| 试论《内经》针灸处方中的用穴特点 | 杨　骏 | 江苏中医药 | 1986,(5):30 |
| 论手厥阴与手少阳经所主 | 朱式夷 | 山西中医 | 1986,(5):17 |
| 试论毫针速迟刺术 | 高镇五 | 浙江中医药大学学报 | 1986,(5):47 |
| 当代我国针灸(中医)医学的十大趋势——21 世纪针灸医学体系结构的予测研究 | 沈霍夫 | 中医药信息 | 1986,(5):1 |
| 关于杜骨部位的一点认识 | 刘炜宏 | 中医药学报 | 1986,(5):24 |

| | | | |
|---|---|---|---|
| 八脉交会穴理论初探 | 钟　雷 | 中医药学报 | 1986,(5):21 |
| 试谈“冲任不能独行经” | 陈曙初 | 中医药学刊 | 1986,(5):756 |
| 试论针刺与气的关系 | 楼星煌 | 中医杂志 | 1986,(5):44 |
| 略谈“东垣针法” | 张　吉 | 北京中医 | 1986,(6):35 |
| 趺阳脉研究概说 | 吴忠文 | 天津中医药 | 1986,(6):33 |
| 耳与经络脏腑的关系初探 | 杜宗华 | 现代中医药 | 1986,(6):54 |
| 论跻脉与跻脉辨证 | 张沛霖 | 云南中医中药杂志 | 1986,(6):24 |
| 经气研究的思路与方法探讨 | 任卓玲 | 辽宁中医杂志 | 1986,(8):33 |
| “泻井当泻荥,补井当补合”小议 | 王宇华 | 中医杂志 | 1986,(9):48 |
| 急症针灸治疗的基本法则 | 殷克敬 | 陕西中医 | 1986,(10):458 |
| 上病下取与下病上取 | 孟文焕 | 四川中医 | 1986,(10):11 |
| 中国经络现象研究的历史 | 刘澄中 | 医学与哲学（人文社会医学版） | 1986,(10):40 |
| 八脉交会穴辨证应用及其理论初探 | 范光熙等 | 中医杂志 | 1986,(10):48 |
| 经络起源与灸刺 | 符友丰 | 中医杂志 | 1986,(11):45 |
| 经络学说及经穴脏腑相关的研究（综述） | 王永铮 | 广州中医药大学学报 | 1986,(Z1):64 |
| 论针刺治疗与心理因素的相关性 | 何振威 | 广州中医药大学学报 | 1986,(Z1):68 |
| 谈越经传中的突变现象 | 林　帆 | 福建中医药 | 1987,(1):58 |
| 同经相应取穴法简介 | 沈若星 | 福建中医药 | 1987,(1):44 |
| 针刺补泻手法研讨 | 杨秀娟 | 贵阳中医学院学报 | 1987,(1):25 |
| 论出针 | 高玉瑃 | 河北中医 | 1987,(1):27 |
| 络刺论纵横 | 魏　稼 | 江西中医药 | 1987,(1):1 |
| 试论疼痛及针刺止痛 | 穆达浩 | 辽宁中医杂志 | 1987,(1):36 |
| 奇经八脉命名浅析 | 梁繁荣 | 上海针灸杂志 | 1987,(1):32 |
| 谈表里同名经配穴针灸法 | 李振凛 | 上海针灸杂志 | 1987,(1):43 |
| 从免疫学方面探讨针灸对延缓衰老的作用 | 毛剑波 | 上海针灸杂志 | 1987,(1):41 |
| 六经辨证立体图解之探索 | 高宏成等 | 实用中医药杂志 | 1987,(1):12 |
| 从帛书“温”字看灸法与经络 | 符友丰 | 实用中医药杂志 | 1987,(1):18 |
| 灵龟八法开穴规律探析 | 管遵惠等 | 云南中医中药杂志 | 1987,(1):26 |
| 经络学说的体系及方法论 | 孟庆云 | 针灸临床杂志 | 1987,(1):19 |
| 我国古代的灸法保健 | 任莉梅 | 针灸临床杂志 | 1987,(1):48 |
| 下合穴的探讨 | 马平之 | 针灸临床杂志 | 1987,(1):28 |
| 浅谈整理针灸腧穴处方的若干问题 | 程为平 | 针灸临床杂志 | 1987,(1):26 |
| “气至病所”初探 | 傅西宁 | 中华中医药杂志 | 1987,(1):7 |
| 六经新论 | 印会河 | 中医药研究 | 1987,(1):13 |
| 灸法与保健益寿 | 徐恒昭 | 贵阳医学院学报 | 1987,(2):184 |
| 仲景针灸学说初探 | 邵经明 | 国医论坛 | 1987,(2):8 |
| 小议“经外奇穴”归经 | 黄　聪 | 湖北中医杂志 | 1987,(2):56 |
| 络刺论纵横（续） | 魏　稼 | 江西中医药 | 1987,(2):4 |
| 十二经脉“是动病”、“所生病”小议 | 汪慰寒等 | 江西中医药 | 1987,(2):24 |
| 浅谈《内经》针前五法 | 郑少祥等 | 陕西中医 | 1987,(2):78 |
| 试论少阴为枢 | 杨　凯 | 陕西中医 | 1987,(2):61 |
| 试谈经络与皮肤疾病 | 黄玳纯 | 北京中医 | 1987,(3):39 |
| 九针从南方来的实物例证——广西武鸣出土青铜针灸针初探 | 钟以林等 | 广西中医药 | 1987,(3):33 |
| 略论络脉不可舍 | 孙　岩 | 河北中医 | 1987,(3):38 |

| | | | |
|---|---|---|---|
| 关于经络现象病理属性的讨论 | 冀振华等 | 湖北中医杂志 | 1987,(3):44 |
| 九针略说 | 顾兆军等 | 南京中医药大学学报(自然科学版) | 1987,(3):60 |
| 洗雪二千年沉冤——《灵枢·骨度》实质初探 | 陈志远 | 南京中医药大学学报(自然科学版) | 1987,(3):42 |
| 略论腧穴和经络起源之先后 | 王启才 | 上海针灸杂志 | 1987,(3):34 |
| 神阙穴的综合探究 | 安培祯 | 上海针灸杂志 | 1987,(3):39 |
| 试论"神"在针刺治疗上的运用 | 张安莉 | 上海针灸杂志 | 1987,(3):43 |
| 关于《内经》中阳明经几个问题的探讨 | 王　凡等 | 天津中医学院学报 | 1987,(3):2 |
| 浅谈"气至而有效" | 习　医 | 天津中医学院学报 | 1987,(3):44 |
| 试论《内经》"守经隧" | 张殿相 | 中医药学刊 | 1987,(3):13 |
| 略谈行针与得气 | 郑魁山 | 中医杂志 | 1987,(3):69 |
| 耳廓穴区压迫疗法简介 | 杨元惠 | 中原医刊 | 1987,(3):30 |
| 关于"五十营"问题的讨论纪要 | 鲍学全等 | 中医杂志 | 1987,(3):57 |
| 气街理论探讨 | 王　华等 | 湖北中医杂志 | 1987,(4):44 |
| "经外奇穴"义解 | 王启才 | 江苏中医药 | 1987,(4):25 |
| 对经络实质问题及研究方法的探讨 | 李方正 | 南京中医药大学学报(自然科学版) | 1987,(4):55 |
| 十二经别的探讨 | 谢继光 | 上海针灸杂志 | 1987,(4):29 |
| 经络学说与辨证论治的关系 | 秦亮甫 | 上海针灸杂志 | 1987,(4):38 |
| 论针刺方向 | 杨兆钢 | 天津中医药 | 1987,(4):31 |
| 针刺且应存气 | 赵学斌 | 中医药研究 | 1987,(4):42 |
| 针灸配穴法浅谈 | 陆惠新 | 中医杂志 | 1987,(4):45 |
| 略论《内经》刺血疗法 | 黄碧玉 | 福建中医药 | 1987,(5):42 |
| 浅谈针灸学中的全息思想 | 张德云 | 湖北中医杂志 | 1987,(5):35 |
| 四关本义刍言 | 王昕耀等 | 中医杂志 | 1987,(5):45 |
| 腧穴功效刍议 | 孙福生等 | 黑龙江中医药 | 1987,(6):30 |
| 试谈对"五十营"的认识 | 马仁海 | 黑龙江中医药 | 1987,(6):14 |
| 《内经》经络学说概述 | 项　祺 | 山西中医 | 1987,(6):49 |
| 论特定要穴的配伍 | 李黎斌 | 山西中医 | 1987,(6):31 |
| 对传统腧穴功效之我见 | 王宏才等 | 陕西中医 | 1987,(6):33 |
| 关于针刺补泻的几个问题 | 王启才 | 中医药研究 | 1987,(6):28 |
| "五十营"探疑 | 周铭心 | 中医杂志 | 1987,(6):68 |
| "十二经脉者,内属于腑脏,外络于肢节"的现代研究(一) | 陈克勤 | 陕西中医 | 1987,(8):36 |
| 试论厥阴主枢 | 刘贵仁 | 陕西中医 | 1987,(8):16 |
| "十二经脉者,内属于腑脏,外络于肢节"的现代研究(二) | 陈克勤 | 陕西中医 | 1987,(9):41 |
| 上病下取奏奇功 | 符秀文 | 江苏中医药 | 1987,(10):17 |
| 试论月生无泻、月满无补治则 | 何裕民等 | 辽宁中医杂志 | 1987,(10):1 |
| 子午流注与人体节律 | 刘悫文 | 辽宁中医杂志 | 1987,(10):7 |
| 浅谈刺法中的"三守" | 申倬彬 | 陕西中医 | 1987,(10):37 |
| 从肾经临床反应看经络"内联脏腑,外络肢节"理论的科学性 | 章逢润 | 四川中医 | 1987,(11):44 |
| 试论巨刺法 | 楼星煌 | 新中医 | 1987,(11):1 |
| 男子冲任督三脉起源辨识 | 刘进虎 | 江苏中医药 | 1987,(12):48 |

| | | | |
|---|---|---|---|
| 谈针刺得气 | 傅德元 | 辽宁中医杂志 | 1987,(12):35 |
| “四海”之输刍议 | 赵建琪 | 世界针灸学会联合会成立暨第一届世界针灸学术大会论文摘要选编 | 1987:192 |
| 《灵枢·五十营》新探 | 梁繁荣 | 世界针灸学会联合会成立暨第一届世界针灸学术大会论文摘要选编 | 1987:24 |
| 《内经》中灸法运用规律初探 | 田从豁等 | 世界针灸学会联合会成立暨第一届世界针灸学术大会论文摘要选编 | 1987:152 |
| 对《内经》中脏腑病症选穴治疗规律之探讨 | 焦顺发 | 世界针灸学会联合会成立暨第一届世界针灸学术大会论文摘要选编 | 1987:26 |
| 浮络论 | 陈茂长 | 世界针灸学会联合会成立暨第一届世界针灸学术大会论文摘要选编 | 1987:32 |
| 气街理论的整理与研究 | 王　华等 | 世界针灸学会联合会成立暨第一届世界针灸学术大会论文摘要选编 | 1987:30 |
| 任脉的“络穴”探讨 | 甘定中 | 世界针灸学会联合会成立暨第一届世界针灸学术大会论文摘要选编 | 1987:180 |
| 谈经脉循行方向不一致的问题 | 曹一鸣等 | 世界针灸学会联合会成立暨第一届世界针灸学术大会论文摘要选编 | 1987:23 |
| 穴经起源关系探 | 李生绍 | 世界针灸学会联合会成立暨第一届世界针灸学术大会论文摘要选编 | 1987:38 |
| 原穴刍议 | 边长宗 | 世界针灸学会联合会成立暨第一届世界针灸学术大会论文摘要选编 | 1987:190 |
| 原穴探源 | 王惠玲 | 世界针灸学会联合会成立暨第一届世界针灸学术大会论文摘要选编 | 1987:191 |
| 复原古九针的初步研究 | 马继兴等 | 世界针灸学会联合会成立暨第一届世界针灸学术大会论文摘要选编 | 1987:21 |
| 经络辨证病机分析 | 杨介宾 | 世界针灸学会联合会成立暨第一届世界针灸学术大会论文摘要选编 | 1987:300 |
| 经络线路的组织生理学 | 张保真 | 世界针灸学会联合会成立暨第一届世界针灸学术大会论文摘要选编 | 1987:276 |
| 经气实质探讨 | 李惠德 | 世界针灸学会联合会成立暨第一届世界针灸学术大会论文摘要选编 | 1987:300 |

| | | | |
|---|---|---|---|
| 足三阴腹胸段经脉循行线初探 | 汪瀛乐 | 世界针灸学会联合会成立暨第一届世界针灸学术大会论文摘要选编 | 1987:303 |
| 浅谈《内经》针刺深浅原则 | 林　红 | 成都中医药大学学报 | 1988,(1):40 |
| 缪刺原理研究 | 尉迟静 | 贵阳中医学院学报 | 1988,(1):29 |
| 对《伤寒论》少阳位置的探讨 | 许振亚 | 黑龙江中医药 | 1988,(1):9 |
| 浅谈中医刺腋法 | 刘　蕴 | 辽宁中医杂志 | 1988,(1):36 |
| 奇经八脉的命名、功能和特性 | 王启才 | 南京中医药大学学报（自然科学版） | 1988,(1):34 |
| 从《内经》看委中穴的主治作用 | 秕明亚等 | 南京中医药大学学报（自然科学版） | 1988,(1):37 |
| 谈脏腑背俞穴 | 王宛彭等 | 山东中医药大学学报 | 1988,(1):12 |
| 列缺穴的探析——兼论“头项寻列缺” | 孙丽娟等 | 上海针灸杂志 | 1988,(1):35 |
| “十一脉”说之前可能存在足“六脉”说 | 袁　玮 | 上海针灸杂志 | 1988,(1):37 |
| 针灸补母泻子不宜按五脏的五行相生进行 | 傅德元 | 四川中医 | 1988,(1):5 |
| 从东垣针法看李东垣对《内经》的继承和发展 | 张智龙 | 天津中医学院学报 | 1988,(1):8 |
| 针刺补泻之我见 | 张登部 | 针灸临床杂志 | 1988,(1):26 |
| 针灸气功的本质与能量医学 | 许　红等 | 针灸临床杂志 | 1988,(1):30 |
| “宛陈则除之”的治则不应囿于“刺血”辨 | 陈细夫等 | 中医研究 | 1988,(1):30 |
| 阳明不治　取于厥阴 | 安新莲 | 中医研究 | 1988,(1):18 |
| 四关部位的探讨 | 王富春等 | 中医药信息 | 1988,(1):3 |
| “太阳与少阴为表里”初探 | 侯钦丰等 | 中医药学刊 | 1988,(1):9 |
| 试论《内经》五十九刺 | 王立君等 | 成都中医药大学学报 | 1988,(2):10 |
| 浅谈“凡刺之法,必先本于神” | 马　骏 | 黑龙江中医药 | 1988,(2):39 |
| 《内经》论针灸治疗急症特点述要 | 王昕耀 | 黑龙江中医药 | 1988,(2):37 |
| 《内经》针刺深浅理论略探 | 王泽涛 | 湖南中医学院学报 | 1988,(2):9 |
| 十二经脉向心远心之走向刍议 | 黄维三 | 湖南中医杂志 | 1988,(2):31 |
| 浅针初探 | 梁清湖 | 江西中医药 | 1988,(2):48 |
| “冬取井荥,春不鼽衄”浅析 | 郑少祥 | 陕西中医 | 1988,(2):38 |
| 经络穴位的准确测量 | 谢浩然 | 上海针灸杂志 | 1988,(2):33 |
| 关于俞穴学中若干问题的已见 | 李志道 | 天津中医学院学报 | 1988,(2):42 |
| 浅论“气至”和“气至病所” | 郑占武等 | 现代中医药 | 1988,(2):36 |
| 试谈《内经》、《难经》五输穴的因季用法 | 郑少祥 | 现代中医药 | 1988,(2):33 |
| 对针刺补泻有关因素的看法 | 黄利民等 | 云南中医学院学报 | 1988,(2):11 |
| 《内经》针刺治疗急重证 | 张　吉 | 针灸临床杂志 | 1988,(2):45 |
| 内经针刺浅深初探 | 田从豁等 | 针灸临床杂志 | 1988,(2):30 |
| 《铜人腧穴针灸图经》中腧穴图谱源流考略 | 杨廉德 | 针灸临床杂志 | 1988,(2):42 |
| 略论经络实质—离子及其传导学说 | 刘万成等 | 针灸临床杂志 | 1988,(2):27 |
| 从《内经》理论看经络的实质 | 陈克勤 | 针灸临床杂志 | 1988,(2):21 |
| 关于经络形态结构的研究 | 沈德凯等 | 中华中医药杂志 | 1988,(2):71 |
| 时辰与脏腑经脉关系之探讨 | 王洪图等 | 中华中医药杂志 | 1988,(2):8 |
| 谈《灵枢·骨度》中的度量问题 | 刘山永等 | 中华中医药杂志 | 1988,(2):51 |
| 试论《内经》经脉气血多少 | 杨　玲等 | 中医研究 | 1988,(2):11 |
| 《内经》中的非药物针灸疗法 | 孙迎节 | 中医药信息 | 1988,(2):11 |
| 试论《内经》中针灸的体质观 | 赵京生 | 中医杂志 | 1988,(2):9 |
| 晕针反应刍议 | 任仕容等 | 贵阳中医学院学报 | 1988,(3):40 |

| | | | |
|---|---|---|---|
| 浅谈《内经》刺络十法 | 翟兴明 | 黑龙江中医药 | 1988,(3):27 |
| “划线定点”是《灵枢·骨度》中的度量要领 | 刘山永 | 吉林中医药 | 1988,(3):45 |
| “针游于巷”之我见——与李方正同志商榷 | 吴　雨 | 南京中医药大学学报(自然科学版) | 1988,(3):36 |
| 对经络神气的认识 | 李全治 | 山东中医药大学学报 | 1988,(3):6 |
| 四海理论与针灸临床 | 黄荣国 | 山东中医药大学学报 | 1988,(3):18 |
| 《灵枢·经脉》手足少阳在肩颈部互交之我见 | 孙福生 | 陕西中医 | 1988,(3):130 |
| 气至病所与疗效 | 石燕华等 | 上海针灸杂志 | 1988,(3):13 |
| 浅谈《内》《难》四时刺法 | 蒋戈利等 | 天津中医学院学报 | 1988,(3):19 |
| 经络理论是中医非药物治疗的基础 | 王克勤 | 中国初级卫生保健 | 1988,(3):43 |
| 经络概念的形成过程 | 袁　钟 | 中医药学报 | 1988,(3):44 |
| 《内经》针治痹证评析 | 林志苇 | 中医杂志 | 1988,(3):28 |
| 话留针 | 李文福 | 中医杂志 | 1988,(3):69 |
| “任督为经脉之海”新论 | 张延德 | 贵阳中医学院学报 | 1988,(4):13 |
| 六经辨证的内涵是诸辨证方法之源 | 梁华龙等 | 贵阳中医学院学报 | 1988,(4):7 |
| 针刺以通为要 | 祖玉芳 | 国医论坛 | 1988,(4):27 |
| “下病上取”话医理 | 郭志广 | 湖南中医杂志 | 1988,(4):41 |
| 《难经》中时间针刺学内容初探 | 吴中朝等 | 南京中医药大学学报(自然科学版) | 1988,(4):3 |
| 《内经》针刺深浅初探 | 刘光亭等 | 山东中医药大学学报 | 1988,(4):12 |
| 用针之类　在于调气 | 张振晖 | 山西中医 | 1988,(4):39 |
| 肾经“属肾”浅析 | 韩永安 | 陕西中医学院学报 | 1988,(4):33 |
| 十二经证候产生之因及其对针灸辨证论治的启迪 | 朱　澜 | 上海针灸杂志 | 1988,(4):34 |
| 足阳明胃经——子午流注音乐电流疗法(附2例报告) | 乔妙根等 | 中国康复 | 1988,(4):207 |
| 十二经血气多少之探讨 | 米伯让 | 中医研究 | 1988,(4):7 |
| 手部穴位的治疗机理初探 | 张琦岩等 | 中医药学报 | 1988,(4):13 |
| “病在胃,及以饮食不节得病者,取之于合”析疑 | 张心平 | 中医杂志 | 1988,(4):70 |
| 经络病候初探——关于是动、所生病候的认识 | 王居易 | 中医杂志 | 1988,(4):10 |
| 针刺补泻手法小议 | 周　红 | 辽宁中医杂志 | 1988,(5):38 |
| 浅谈针刺与治神 | 徐宗兰 | 山东中医杂志 | 1988,(5):9 |
| 浅谈针刺手法 | 马登旭 | 陕西中医 | 1988,(5):227 |
| 时间针灸学小议 | 姜亚洲 | 陕西中医 | 1988,(5):239 |
| 也谈“是动,所生病” | 刘森亭等 | 陕西中医 | 1988,(5):231 |
| 针灸学之最 | 殷克敬 | 陕西中医 | 1988,(5):200 |
| 从肾经感传看经络与脏腑肢节的联系 | 章逢润 | 陕西中医 | 1988,(5):224 |
| 浅谈腧穴的双向调节作用 | 殷克敬 | 陕西中医 | 1988,(5):223 |
| 浅论《内经》对人体体表区域的划分 | 陈文光 | 上海中医药杂志 | 1988,(5):47 |
| 也谈经络和腧穴起源先后的问题 | 王富春 | 浙江中医药大学学报 | 1988,(5):51 |
| 足阳明胃经循行析疑 | 孙永显 | 中医杂志 | 1988,(5):66 |
| 盘针手法初探 | 王　健 | 北京中医 | 1988,(6):37 |
| 脏腑经络的气机升降浅议 | 张书元 | 青海医药杂志 | 1988,(6):30 |
| 试论“胃络通心”的临床意义 | 朱传伟等 | 山东中医杂志 | 1988,(6):14 |
| 论《伤寒论》六经提纲之辨证原理 | 宋远忠 | 中华中医药杂志 | 1988,(6):6 |
| “凡刺之法,必先本于神”刍议 | 马　骏 | 陕西中医 | 1988,(7):325 |
| “上出于柱骨之会上”新解 | 孙永显 | 中医杂志 | 1988,(7):15 |
| 谈针刺复式补泻手法与守气 | 杨长森 | 江苏中医药 | 1988,(9):26 |

| | | | |
|---|---|---|---|
| 浅谈奇经八脉与八脉交会穴 | 周丽莎 | 江苏中医药 | 1988,(10):29 |
| 浅谈十二经别的循行特点 | 张卫华等 | 陕西中医 | 1988,(10):465 |
| 对中国传统灸法抗衰保健原理的认识 | 陈镇江 | 中医杂志 | 1988,(10):19 |
| 手太阴肺经支脉辨 | 孙永显 | 中医杂志 | 1988,(10):68 |
| 略论杨上善对针灸学的贡献 | 祝跃平 | 江苏中医药 | 1988,(11):23 |
| 膻中并非心包络 | 仲伟梁 | 陕西中医 | 1988,(11):526 |
| 足三阴经胸腹部循行刍议 | 孙永显 | 中医杂志 | 1988,(12):12 |
| 对《素问》寸口三部脉配应脏腑的看法 | 纵　横等 | 安徽中医学院学报 | 1989,(1):19 |
| 中脘穴的表面解剖学定位及其局部解剖 | 邱树华 | 北京中医 | 1989,(1):37 |
| 五脏证候针灸治要(上) | 路绍祖 | 贵阳中医学院学报 | 1989,(1):5 |
| 论经络的平衡与失衡 | 王启才 | 江苏中医药 | 1989,(1):21 |
| 试论经气流注的另一形式——向心性流注 | 让银拴等 | 山西中医 | 1989,(1):33 |
| 《内经》灸法初探 | 郑少祥 | 陕西中医 | 1989,(1):32 |
| 眼针疗法理论基础及临床应用 | 韩育斌 | 陕西中医学院学报 | 1989,(1):27 |
| 刺络与微循环初探 | 宋丹露 | 针灸临床杂志 | 1989,(1):36 |
| “热病五十九俞”初探 | 王富春 | 中医药学报 | 1989,(1):14 |
| 《内》《难》时代的整体刺治观 | 曹汉彪等 | 中医药学报 | 1989,(1):3 |
| 浅谈六经病的传变 | 张　艳 | 中医药学刊 | 1989,(1):8 |
| 浅析《内经》针刺禁忌 | 梁立武 | 中医药学刊 | 1989,(1):14 |
| 久病人络与《内经》络的涵义异同 | 王振国 | 中医杂志 | 1989,(1):57 |
| 谈留针时间与得气关系 | 李文福等 | 福建中医药 | 1989,(2):58 |
| 从天人相应的客观途径探讨脏象经络的本源 | 王伯章 | 广东医学院学报 | 1989,(2):137 |
| 五脏证候针灸治要(下) | 路绍祖 | 贵阳中医学院学报 | 1989,(2):13 |
| “疾徐补泻”、“提插补泻”之我见 | 康明非 | 江西中医药 | 1989,(2):37 |
| 针芒迎随补泻之我见 | 孙福生等 | 山西中医 | 1989,(2):36 |
| 略论大针深刺法 | 刘平定 | 陕西中医 | 1989,(2):49 |
| 试析补泻与“方”“圆”的关系 | 孙树建 | 上海针灸杂志 | 1989,(2):38 |
| 《内经》论背俞 | 植兰英 | 上海针灸杂志 | 1989,(2):40 |
| 《奇经八脉考》探析 | 许予民 | 云南中医学院学报 | 1989,(2):16 |
| “是主所生病”含义辨析 | 侯风琴 | 针灸临床杂志 | 1989,(2):55 |
| 试论针灸治病的因时制宜 | 王玉玺 | 针灸临床杂志 | 1989,(2):39 |
| “跻脉为病”刍议 | 邢文堂 | 中医药学刊 | 1989,(2):46 |
| 带脉辨析 | 张效霞 | 中医药学刊 | 1989,(2):34 |
| 关于经络学说起源的讨论 | 刘维洲等 | 安徽中医学院学报 | 1989,(3):55 |
| 《内经》“守经隧”探析 | 周天寒 | 甘肃中医学院学报 | 1989,(3):18 |
| 浅谈快速针刺法 | 王昕耀 | 甘肃中医学院学报 | 1989,(3):46 |
| 针刺留针时间探讨 | 梁建新 | 贵阳中医学院学报 | 1989,(3):46 |
| 百会穴浅谈 | 钟建华 | 湖北中医杂志 | 1989,(3):42 |
| “出三入一”辨析——兼答张德富等同志的商榷 | 张雪亮 | 吉林中医药 | 1989,(3):44 |
| “出三入一”之我见 | 梁云岫 | 吉林中医药 | 1989,(3):45 |
| 再议“出三入一”——与张德富、韩璨二同志商榷 | 李国臣等 | 吉林中医药 | 1989,(3):46 |
| “明于经遂”辨 | 尉迟静 | 辽宁中医杂志 | 1989,(3):15 |
| 五输——经别循行一体论 | 周建伟等 | 泸州医学院学报 | 1989,(3):196 |
| 中国针灸医学发展史探 | 辛智科 | 陕西中医学院学报 | 1989,(3):33 |
| 针灸时辰论治 | 余仲权 | 四川生理科学杂志 | 1989,(3):75 |
| 从生物机能探讨“月生无泻月满无补”的针刺原则 | 张　晔 | 四川生理科学杂志 | 1989,(3):81 |

| | | | |
|---|---|---|---|
| 督脉分支疑析 | 张载义 | 天津中医学院学报 | 1989,(3):9 |
| 肺经经穴主咳之辩 | 张智龙 | 天津中医学院学报 | 1989,(3):36 |
| “合治内腑”浅析 | 张登部 | 针灸临床杂志 | 1989,(3):43 |
| 大陵穴异议 | 陈国清 | 针灸临床杂志 | 1989,(3):34 |
| “督”脉的命名 | 王建新 | 中医药学刊 | 1989,(3):5 |
| 冲脉要上行　肾经要下行 | 孙永显 | 中医杂志 | 1989,(3):57 |
| 子午流注学说与生物钟——试论最佳针灸、投药时间与疗效的关系 | 王立早 | 福建中医药 | 1989,(4):41 |
| 浅探《易经》与针灸 | 麻福昌 | 贵阳医学院学报 | 1989,(4):307 |
| 百会别名“三阳五会”小议 | 张载义 | 国医论坛 | 1989,(4):43 |
| 《内经》中的一种特殊针法 | 赵京生 | 南京中医药大学学报(自然科学版) | 1989,(4):50 |
| 也谈绝骨穴部位 | 张载义 | 南京中医药大学学报(自然科学版) | 1989,(4):46 |
| 固有筋膜以上的穴树图 | 陈太羲 | 南京中医药大学学报(自然科学版) | 1989,(4):51 |
| 脉诊与针刺关系之浅见 | 文绍敦 | 青海医药杂志 | 1989,(4):35 |
| 《帛书经脉》缺手太阴脉论 | 侯书伟等 | 山东中医药大学学报 | 1989,(4):49 |
| 经络与微循环 | 于盈光 | 山东中医药大学学报 | 1989,(4):14 |
| 论针灸疗法的治神与守气 | 王启才 | 陕西中医学院学报 | 1989,(4):10 |
| 试论《内经》中的论时刺灸思想 | 张德云 | 浙江中医药大学学报 | 1989,(4):41 |
| 《内经》留针法初探 | 郝少杰 | 针灸临床杂志 | 1989,(4):2 |
| 略论留针术在《内经》中的记述 | 邱莳忠 | 针灸临床杂志 | 1989,(4):1 |
| 论古典针法的力学观 | 谢国荣 | 针灸临床杂志 | 1989,(4):1 |
| 浅论“上守神” | 李培林 | 针灸临床杂志 | 1989,(4):3 |
| 试论灸法之补泻 | 田元生等 | 针灸临床杂志 | 1989,(4):5 |
| 谈得气与补泻 | 严海光 | 针灸临床杂志 | 1989,(4):6 |
| 谈浅针刺治疗 | 梁清湖 | 针灸临床杂志 | 1989,(4):12 |
| 对针法补泻的几点讨论 | 孙丽娟 | 针灸临床杂志 | 1989,(4):5 |
| 针刺手法与刺激量关系的初探 | 杨兆民 | 针灸临床杂志 | 1989,(4):3 |
| 眼针疗法简介 | 彭静山 | 中国冶金工业医学杂志 | 1989,(4):130 |
| “合治内腑”浅析 | 张登部 | 中医杂志 | 1989,(4):57 |
| 论中医刺血术 | 刘少林等 | 重庆中医药杂志 | 1989,(4):34 |
| “四根三结”之我见 | 赖雷成 | 国医论坛 | 1989,(5):43 |
| 针灸辨证取穴八法浅谈 | 杨兆民 | 江苏中医药 | 1989,(5):17 |
| 五输穴应用解疑 | 殷克敬 | 现代中医药 | 1989,(5):26 |
| 从《灵枢·五十营》看循经感传(PSC)速度 | 朱崇斌等 | 中医药信息 | 1989,(5):7 |
| 十二经筋病候与针灸临床 | 王　雨 | 中医杂志 | 1989,(5):20 |
| 浅析《内经》论针刺“谷气” | 何玉信等 | 黑龙江中医药 | 1989,(6):38 |
| 经脉根结标本理论及应用 | 秦宗昌 | 辽宁中医杂志 | 1989,(6):36 |
| 试论针刺调气 | 韩友栋等 | 山东中医药大学学报 | 1989,(6):37 |
| 丰隆穴不应在足阳明胃经的支脉上 | 张载义 | 山西中医 | 1989,(6):42 |
| 从帛医书与《灵枢》的比较看经脉循行的发展 | 陈国清 | 中华中医药杂志 | 1989,(6):53 |
| 三十年来刺血疗法概况 | 谭德福 | 中医杂志 | 1989,(6):53 |
| 厉兑穴定位之我见 | 焦增文 | 陕西中医 | 1989,(7):319 |
| 肢末别论 | 郭险峰 | 四川中医 | 1989,(7):4 |

| | | | |
|---|---|---|---|
| 艾灸与保健 | 刘文彬 | 中国初级卫生保健 | 1989,(7):35 |
| 施用灸法如何分补泻 | 胡金生 | 中医杂志 | 1989,(7):56 |
| 经脉首起肺经之我见 | 张卫华 | 陕西中医 | 1989,(11):527 |
| 针刺补泻与得气先后关系之我见 | 孙玉霞 | 陕西中医 | 1989,(11):506 |
| “刺头中脑户,入脑立死”与脑户穴 | 张学广 | 安徽中医学院学报 | 1990,(1):16 |
| 原穴三说探 | 赵力茹 | 北京中医 | 1990,(1):12 |
| 试论肝“为阳中之少阳”及其意义 | 黄景贤 | 广西中医药 | 1990,(1):28 |
| 从模糊理论看六经辨证 | 廖云龙 | 广州中医药大学学报 | 1990,(1):1 |
| 手厥阴经所属新解 | 乔雪峰 | 贵阳中医学院学报 | 1990,(1):44 |
| 《内经》择时针灸法初探 | 王玲玲 | 南京中医药大学学报(自然科学版) | 1990,(1):52 |
| 试论少阳亦主骨 | 董炳耀 | 陕西中医 | 1990,(1):23 |
| 《内经》针灸治疗痹症的论述 | 谢继光 | 上海针灸杂志 | 1990,(1):35 |
| 影响针灸效应因素的研究 | 陈汉平等 | 上海针灸杂志 | 1990,(1):1 |
| 浅述五输穴与四时相应取穴法 | 董建勇 | 现代中医药 | 1990,(1):4 |
| 针灸治痿　非独阳明 | 王建德等 | 现代中医药 | 1990,(1):32 |
| 浅谈《伤寒论》针灸治疗学思想 | 文清华 | 新疆中医药 | 1990,(1):38 |
| 关于针刺留针与否的探讨 | 徐耿昭 | 安徽中医学院学报 | 1990,(2):51 |
| 试论腕踝针身体分区的原理与《易经》《黄帝内经》学说的关系 | 高也陶 | 第二军医大学学报 | 1990,(2):172 |
| “得气”与“谷气至” | 文绍敦 | 甘肃中医学院学报 | 1990,(2):44 |
| 小议《伤寒论》六经与《内经》六经的异同 | 李彦恒等 | 甘肃中医学院学报 | 1990,(2):40 |
| 冲脉“上灌诸阳,下渗三阴”浅探 | 许建阳等 | 贵阳中医学院学报 | 1990,(2):45 |
| 浅谈太阴经气血之多少 | 崔　岚 | 国医论坛 | 1990,(2):23 |
| 《内经》腧穴的几种特殊定位法 | 郑少祥 | 陕西中医学院学报 | 1990,(2):30 |
| 阳陵泉、曲池穴取穴方法初探 | 徐　立等 | 天津中医药 | 1990,(2):22 |
| 灸法防治疾病的免疫机制初探 | 向　丽 | 云南中医中药杂志 | 1990,(2):48 |
| 关于督脉的循行 | 黄　伦 | 中华中医药杂志 | 1990,(2):59 |
| 人体经穴的数目演变 | 孙学忠等 | 中医药学刊 | 1990,(2):7 |
| 眼针疗法的经络基础 | 任宝琴 | 中医药学刊 | 1990,(2):25 |
| 试论针刺“得气”“补泻”与“气至”的关系 | 刘　喆 | 甘肃中医学院学报 | 1990,(3):28 |
| 谈早期针灸学中的天人相应观 | 王宏才 | 甘肃中医学院学报 | 1990,(3):26 |
| 《内经》导引原理 | 翟信长 | 贵阳中医学院学报 | 1990,(3):11 |
| “膀胱经是十二经脉的核心”浅析 | 杜元灏 | 陕西中医学院学报 | 1990,(3):18 |
| 《内经》的经脉是淋巴管吗——与龚启华先生商榷 | 毛　良 | 上海针灸杂志 | 1990,(3):44 |
| 蠡沟、中都穴位置刍议 | 陈得心 | 上海针灸杂志 | 1990,(3):7 |
| 胆经头部 20 穴的定位 | 黄利民 | 云南中医学院学报 | 1990,(3):23 |
| 《内经》针论大要 | 付瘦生 | 中医研究 | 1990,(3):43 |
| “太阴主内,太阳主外”辨析 | 任占敏 | 安徽中医学院学报 | 1990,(4):16 |
| 略论针刺补泻手法 | 张　毅 | 甘肃中医学院学报 | 1990,(4):39 |
| 试论“气至” | 吴　耀 | 黑龙江中医药 | 1990,(4):44 |
| 八卦与经脉流注次序 | 郑占武等 | 陕西中医学院学报 | 1990,(4):22 |
| 浅谈针灸与再生 | 焦新民等 | 陕西中医学院学报 | 1990,(4):25 |
| 试论针不同法 | 邬品嘉 | 上海针灸杂志 | 1990,(4):35 |
| 《灵枢·经筋》浅论 | 杨世芳 | 天津中医学院学报 | 1990,(4):12 |
| 脏腑背俞古今应用 | 植兰英 | 江西中医药 | 1990,(5):50 |

| | | | |
|---|---|---|---|
| 《帛书·经脉》探析 | 侯书伟等 | 山东中医药大学学报 | 1990,(5):26 |
| 针灸与脉诊之关系初探 | 赵京生等 | 江苏中医药 | 1990,(6):19 |
| 《内经》灸法浅识 | 王树栋 | 辽宁中医杂志 | 1990,(6):28 |
| 上守机浅析 | 郑少祥 | 云南中医中药杂志 | 1990,(6):19 |
| “脾之大络”之管见 | 王世文 | 中医药学刊 | 1990,(6):19 |
| 留针之我见 | 施勇前 | 中医杂志 | 1990,(7):59 |
| 手太阴肺经析疑 | 王启才 | 陕西中医 | 1990,(9):423 |
| 《灵枢·经脉》针灸治则治法探析 | 赵京生等 | 中医杂志 | 1990,(9):15 |
| 针灸“气至”含义初探 | 肖　沛 | 中医杂志 | 1990,(9):60 |
| 谈谈五输穴与临床的意义 | 谷忠悦等 | 辽宁中医杂志 | 1990,(11):35 |
| 经络管窥 | 王启才 | 江苏中医药 | 1990,(12):27 |
| 特殊针刺手法介绍 | 江永生 | 四川中医 | 1990,(12):50 |
| 六经皮部与经络——《针灸甲乙经》穴位主治规律分析 | 董建勇 | 甘肃中医学院学报 | 1991,(1):45 |
| 经络实质与气功机制 | 杨宝堂 | 广州大学学报（社会科学版） | 1991,(1):62 |
| 对《灵枢·经脉》篇关于手足少阳经在颈、肩部前后交行问题的探讨 | 刘世琼等 | 甘肃中医学院学报 | 1991,(1):43 |
| 论脏腑背俞穴与脏腑的联系途径 | 崔　瑾 | 贵阳中医学院学报 | 1991,(1):11 |
| 浅析补泻与“方”“员” | 赵银龙 | 黑龙江中医药 | 1991,(1):42 |
| 略论“络脉理论”的形成与发展 | 邱幸凡 | 湖北中医杂志 | 1991,(1):20 |
| 关于经络本质研究的反思 | 黄荣国等 | 山东中医药大学学报 | 1991,(1):61 |
| 新九针疗法简介 | 师怀堂等 | 山西中医 | 1991,(1):30 |
| 关于“是动”“所生”病候的探讨 | 杨淑珲 | 中医药信息 | 1991,(1):1 |
| 《内经》针灸治疗急症选首穴规律初探 | 郑少祥 | 中医药研究 | 1991,(1):32 |
| 试析《内经》中有关按摩临床的论述 | 袁　烽等 | 按摩与导引 | 1991,(2):11 |
| 《内经》论针刺放血功用浅述 | 王昕耀 | 甘肃中医学院学报 | 1991,(2):16 |
| 略论脾之大络——大包 | 许建阳等 | 贵阳中医学院学报 | 1991,(2):45 |
| 浅谈推拿中的点线面 | 岑春华等 | 江苏中医药 | 1991,(2):38 |
| 阴阳学说与经脉体系的形成——兼释《内经》“手厥阴脉”缺足 | 侣雪平等 | 现代中医药 | 1991,(2):12 |
| 释“知机之道者，不可挂以发，不知机道，叩之以发” | 卓廉士 | 云南中医学院学报 | 1991,(2):39 |
| “是动”和“所生”病的探讨 | 沈德凯等 | 针灸临床杂志 | 1991,(2):37 |
| 循经感传循经性的研究 | 杨成珍等 | 针灸临床杂志 | 1991,(2):32 |
| 试论六经学说的发展 | 沈敏南 | 中医研究 | 1991,(2):19 |
| 六经探源 | 顾植山 | 安徽中医学院学报 | 1991,(3):2 |
| 试论耳经与耳穴 | 尉迟静 | 黑龙江中医药 | 1991,(3):45 |
| “抽血代刺络”说质疑 | 田元生 | 江西中医药 | 1991,(3):52 |
| 浅析《内经》论针灸失误 | 李　杰等 | 辽宁中医杂志 | 1991,(3):8 |
| 廉泉归经之我见 | 赵银龙 | 青海医药杂志 | 1991,(3):39 |
| 中国传统灸法抗衰保健原理 | 陈镇江 | 医学文选 | 1991,(3):66 |
| 论经络学说之起源 | 李　军等 | 中医研究 | 1991,(3):43 |
| 《内经》论述针刺深浅的基本内容 | 赵银龙等 | 安徽中医学院学报 | 1991,(4):50 |
| 风府穴的解剖结构与安全针刺法的研究 | 李卫东等 | 安徽中医学院学报 | 1991,(4):49 |
| 奇经脉诊刍议 | 蔡渔琴 | 辽宁中医杂志 | 1991,(4):33 |
| 针刺过程中的意念活动 | 赵宗辽 | 陕西中医学院学报 | 1991,(4):26 |
| 略论《内经》刺灸治热法 | 虞成英 | 中医研究 | 1991,(4):39 |

| | | | |
|---|---|---|---|
| 针灸取穴手指同身寸的研究 | 宫下功等 | 北京中医 | 1991,(5):56 |
| 论络脉的病理特征在诊断上的应用 | 王新月等 | 河北中医 | 1991,(5):43 |
| 《内经》奇脉理论应用拾掇 | 谭一松 | 山东中医杂志 | 1991,(6):13 |
| 试论足太阳经为十二经脉之核心 | 王启才 | 陕西中医 | 1991,(6):260 |
| 心主手厥阴之脉非手厥阴心包络经 | 韩永安 | 上海中医药杂志 | 1991,(7):42 |
| 人体胸部诸穴得气深度之探讨 | 林昭庚等 | 中国中西医结合杂志 | 1991,(10):628 |
| 从"夫为针者,不离乎心"谈针刺与治神 | 钟泽鑫 | 福建中医药 | 1992,(1):9 |
| 经络辨证的应用方法探讨 | 刘孔藤 | 福建中医药 | 1992,(1):25 |
| "足少阴之分间"释 | 朱现平 | 吉林中医药 | 1992,(1):47 |
| 针刺"得气"之我见 | 苏建华 | 吉林中医药 | 1992,(1):44 |
| 督脉循行走向问题初探 | 吴继东 | 江西中医药 | 1992,(1):45 |
| 九六补泻法刍议 | 刘农虞 | 南京中医药大学学报(自然科学版) | 1992,(1):40 |
| 试论足阳明经在前额的循行 | 刘森亭等 | 陕西中医 | 1992,(1):33 |
| 五输穴的探讨 | 耿　辉 | 天津中医药 | 1992,(1):43 |
| 六经辨证与十二经病候的关系 | 朱　澜 | 针灸临床杂志 | 1992,(1):1 |
| "巨刺"和"缪刺"之管见 | 龙文君 | 甘肃中医学院学报 | 1992,(2):10 |
| 任督冲三脉起源探讨——兼与徐宜兵同志商榷 | 徐振华 | 上海针灸杂志 | 1992,(2):34 |
| 经脉与络脉辨 | 王启才 | 中医药学刊 | 1992,(2):35 |
| 试论针刺的"得气" | 郭　信等 | 中医药研究 | 1992,(2):43 |
| "是动则病"和"所生病"初探 | 夏　庆等 | 甘肃中医学院学报 | 1992,(3):12 |
| 头针与经络的关系 | 肖继芳 | 广西中医药 | 1992,(3):26 |
| "刺法"析义 | 洛　雨 | 吉林中医药 | 1992,(3):7 |
| 循经感传与眼穴定位关系初探 | 仲跻尚 | 江苏中医药 | 1992,(3):22 |
| 奇经八脉流注方向探源 | 肖永俭 | 针灸临床杂志 | 1992,(3):13 |
| 《内经》中之刺络疗法 | 郑美凤等 | 福建中医学院学报 | 1992,(4):229 |
| 灸法之起源探析 | 许建阳 | 贵阳中医学院学报 | 1992,(4):43 |
| 气街实质新探 | 章晓东 | 南京中医药大学学报(自然科学版) | 1992,(4):232 |
| 试论艾灸疗法 | 刘之栋 | 针刺研究 | 1992,(4):290 |
| 琐谈人迎 | 刘　炎 | 针灸临床杂志 | 1992,(4):45 |
| 迎随针法述要 | 李圣平 | 针灸临床杂志 | 1992,(4):27 |
| 原穴探源 | 王惠玲 | 针灸临床杂志 | 1992,(4):5 |
| 粗之所易,上之所难 | 杨兆民 | 针灸临床杂志 | 1992,(4):1 |
| 灸泻的运用及其机理浅探 | 翟润民等 | 针灸临床杂志 | 1992,(4):42 |
| 浅谈十二皮部的整体作用 | 李志敏 | 吉林中医约 | 1992,(5):1 |
| 特定穴与根结、标本、气街 | 李　杰等 | 山东中医药大学学报 | 1992,(5):13 |
| 合谷穴刍议 | 于慧敏等 | 针灸临床杂志 | 1992,(5):44 |
| 经络之源起 | 关晓光 | 针灸临床杂志 | 1992,(5):1 |
| 论配穴与针刺先后之关系 | 崔增骅等 | 山东中医杂志 | 1992,(6):4 |
| 谈针灸治病之意守病所法 | 党　文 | 现代中医药 | 1992,(6):32 |
| 也话"气至" | 袁永珍 | 中医药研究 | 1992,(6):52 |
| 迎随补泻琐谈 | 傅平华 | 中医杂志 | 1992,(8):57 |
| 对《内经》冲脉之探讨 | 毛　良 | 上海中医药杂志 | 1992,(9):39 |
| 试谈毫针刺法中的守神善微 | 杨子雨 | 中医杂志 | 1992,(10):38 |
| 冲任督脉与男科 | 华允中 | 河北中医 | 1993,(1):14 |

| | | | |
|---|---|---|---|
| 针刺疗效与针具的选择 | 常国良 | 山西中医 | 1993,(1):24 |
| 从经络的起源与灸法的关系谈起 | 刘立公等 | 上海针灸杂志 | 1993,(1):39 |
| “恢刺”、“关刺”治筋病 | 陈玉华 | 针刺研究 | 1993,(1):6 |
| 试谈推拿的形成及发展 | 袁　伟 | 按摩与导引 | 1993,(2):39 |
| 论经络学说与六经证治 | 王启才 | 北京中医 | 1993,(2):11 |
| 金元四大家在刺络放血术上的贡献 | 翟润民等 | 甘肃中医学院学报 | 1993,(2):38 |
| 略论针刺深浅 | 杨　丹 | 贵阳中医学院学报 | 1993,(2):55 |
| 《灵枢·小针解》针法探微 | 袁宜勤 | 湖南中医学院学报 | 1993,(2):54 |
| 论古老的火灸疗法 | 严健民 | 湖南中医学院学报 | 1993,(2):52 |
| 如何理解针刺“得气” | 王富春等 | 吉林中医药 | 1993,(2):35 |
| 针刺补泻手法的实施何时始何时止 | 王柏灿 | 吉林中医药 | 1993,(2):47 |
| 督脉循行走向问题再探——兼与吴继东同志商榷 | 张广修 | 江西中医药 | 1993,(2):59 |
| 弹拨针疗法 | 宋云飞 | 辽宁中医杂志 | 1993,(2):3 |
| 谈针刺留针时间 | 林晓萍等 | 辽宁中医杂志 | 1993,(2):42 |
| 《内经》导气针法研究 | 赵京生 | 南京中医药大学学报（自然科学版） | 1993,(2):49 |
| 骨度分寸取穴法所定标准的探讨 | 杨永清 | 上海针灸杂志 | 1993,(2):79 |
| 夹脊穴的理论基础与临床应用 | 桂金水等 | 上海针灸杂志 | 1993,(2):85 |
| 《内经》论灸法 | 鞠传军 | 南京中医药大学学报（自然科学版） | 1993,(3):30 |
| 督脉理论及其临床运用 | 徐恒泽 | 南京中医药大学学报（自然科学版） | 1993,(3):28 |
| 《内经》中足太阳经穴的应用 | 张公霞 | 山东中医杂志 | 1993,(3):4 |
| 论巨刺缪刺法的立论依据和运用 | 甄德江 | 中国民间疗法 | 1993,(3):8 |
| 传统针灸要求疗法三要 | 姜新仁 | 中国民间疗法 | 1993,(3):1 |
| 试论“诸脉者皆属于目” | 张存明等 | 中国中医眼科杂志 | 1993,(3):189 |
| 针灸之最 | 刘世琼 | 中医药学刊 | 1993,(3):25 |
| 浅论十二经别 | 刘宗一 | 贵阳中医学院学报 | 1993,(4):47 |
| 头针治病原理探讨 | 李常度 | 贵阳中医学院学报 | 1993,(4):53 |
| 浅谈经络系统及针刺基本原理 | 李　颖等 | 吉林中医药 | 1993,(4):48 |
| 脏腑经络表里相合取决于三阴三阳时空轴对称 | 杨玉英 | 山东中医药大学学报 | 1993,(4):6 |
| 《内经》中检验针刺即时效应方法探析 | 郑少祥 | 陕西中医学院学报 | 1993,(4):1 |
| 经筋之研究 | 陈晓莉 | 陕西中医学院学报 | 1993,(4):25 |
| 脏腑之间经络联系探讨 | 李万瑶等 | 上海针灸杂志 | 1993,(4):181 |
| 《内经》“刺禁”理论述评 | 周建伟 | 针灸临床杂志 | 1993,(4):8 |
| 针刺施针次数溯源及原理探讨 | 李万瑶 | 针灸临床杂志 | 1993,(4):1 |
| 针刺事故产生的原因浅析 | 张福玖等 | 针灸临床杂志 | 1993,(4):5 |
| 接经取穴刍议 | 叶明柱等 | 针灸临床杂志 | 1993,(4):6 |
| 谈“迎随补泻”含义 | 牛淑萍等 | 江西中医药 | 1993,(5):48 |
| 下关穴的针刺方法 | 李学武 | 针灸临床杂志 | 1993,(5):36 |
| 《伤寒论》六经管见 | 钱松如 | 黑龙江中医药 | 1993,(6):10 |
| 《内经》中的手术器械——九针 | 周仕明 | 山东中医药大学学报 | 1993,(6):7 |
| 络脉理论探析 | 刘清扬 | 山东中医药大学学报 | 1993,(6):10 |
| 募穴数目之探讨 | 赵自立 | 天津中医药 | 1993,(6):48 |
| 浅谈“适神”与“导气”在针刺治疗中的作用 | 马向明 | 浙江中医药大学学报 | 1993,(6):46 |
| 针感与疗效关系初探 | 郭玉琴 | 辽宁中医杂志 | 1993,(7):9 |

| | | | |
|---|---|---|---|
| 浅谈针刺补泻手法 | 曹利民 | 江苏中医药 | 1993,(8):27 |
| 肾为原气生化之脏　冲系输送原气渠道——也探《内经》之冲脉 | 冯禾昌 | 上海中医药杂志 | 1993,(9):34 |
| 眼针大肠区与大肠经联系的特异性研究 | 孙平生等 | 辽宁中医杂志 | 1993,(10):40 |
| 脾之大络循行径路辨析 | 马仁智 | 安徽中医学院学报 | 1994,(1):50 |
| 针灸方剂学刍议 | 高忻洙等 | 安徽中医学院学报 | 1994,(1):2 |
| 谈谈荥穴的"特定作用" | 周然宓 | 贵阳中医学院学报 | 1994,(1):32 |
| 针灸"治神"浅识 | 孙福生 | 陕西中医学院学报 | 1994,(1):33 |
| 经络辨证病机分析举隅 | 杨介宾 | 陕西中医学院学报 | 1994,(1):31 |
| 试论留针 | 王立新 | 上海针灸杂志 | 1994,(1):29 |
| 经筋病与针刺止痛 | 范兴芳 | 新疆中医药 | 1994,(1):22 |
| 针灸经穴中的"冷僻穴" | 黄利民 | 云南中医学院学报 | 1994,(1):33 |
| 浅谈大椎 | 马　元 | 针灸临床杂志 | 1994,(1):41 |
| 针灸治疗原则的形成及其内涵的演变 | 黄龙祥 | 针灸临床杂志 | 1994,(1):1 |
| 子午流注纳支法补泻时辰新探 | 程　霞 | 针灸临床杂志 | 1994,(1):11 |
| "迎随补泻"浅析 | 王　茎 | 安徽中医学院学报 | 1994,(2):48 |
| 古代刺法廿六种 | 王　岱 | 北京中医药大学学报（中医临床版） | 1994,(2):45 |
| 五输穴配属五行及其临床指导意义 | 杨赞瑜 | 北京中医药大学学报（中医临床版） | 1994,(2):49 |
| 利用五输穴一脏有病多经取穴法 | 杨子江等 | 邯郸医学高等专科学校学报 | 1994,(2):151 |
| 中医辨证与经络学说 | 彭静山 | 辽宁中医杂志 | 1994,(2):65 |
| 常见病证用穴规律的探讨(续一) | 刘立公等 | 上海针灸杂志 | 1994,(2):83 |
| 六经实质研究的再认识 | 朱鹏飞 | 天津中医学院学报 | 1994,(2):4 |
| "胀取三阳,飧泄取三阴"浅析 | 郑少祥 | 浙江中医杂志 | 1994,(2):75 |
| 刺络放血抗衰老作用的探析 | 乔文雷 | 中国针灸 | 1994,(2):47 |
| "为针之要,气至而有效"之我见 | 张红星 | 甘肃中医 | 1994,(3):39 |
| 《灵枢》骨度法古今解剖探讨 | 罗亚飞 | 贵阳中医学院学报 | 1994,(3):56 |
| 试探六经病"欲解时" | 李子南等 | 国医论坛 | 1994,(3):7 |
| 从《内经》看经络理论的形成与完善过程 | 周仕明 | 山东中医药大学学报 | 1994,(3):181 |
| 针刺与行气刍议 | 王葆民 | 山西职工医学院学报 | 1994,(3):47 |
| 针刺手法中的治神与调气 | 王　镜等 | 山西中医 | 1994,(3):39 |
| 运针手法的分析和归类 | 徐向东 | 上海针灸杂志 | 1994,(3):130 |
| 刺误及其对策 | 郭尧杰 | 上海针灸杂志 | 1994,(3):136 |
| 试论针刺"气至而有效" | 杨子雨 | 天津中医学院学报 | 1994,(3):20 |
| 耳针疗法的发展及其应用 | 张启舜 | 皖南医学院学报 | 1994,(3):258 |
| 浅谈针刺深度的选择 | 徐　红等 | 云南中医学院学报 | 1994,(3):34 |
| "守一"及"养和" | 吴家骏 | 云南中医学院学报 | 1994,(3):43 |
| "五输一经别循行系统"论 | 周建伟 | 中国针灸 | 1994,(3):47 |
| 经络学说的演变 | 黄龙祥 | 中国针灸 | 1994,(3):43 |
| 针灸教学释疑一则——十二经脉"是动""所生病"之我见 | 阎庆军 | 中国针灸 | 1994,(3):50 |
| 留针温针伏针伏灸 | 陆瘦燕 | 中医文献杂志 | 1994,(3):36 |
| 经别刍议 | 税素华 | 成都中医药大学学报 | 1994,(4):11 |
| 中华经筋疗法的发掘研究 | 黄敬伟等 | 甘肃中医 | 1994,(4):44 |

| | | | |
|---|---|---|---|
| 针刺“得气”的初步探讨 | 朱如明等 | 贵阳中医学院学报 | 1994,(4):31 |
| 试论“五输穴”与脉气流注 | 张鸿声等 | 河北中医药学报 | 1994,(4):36 |
| 浅谈人体“四海” | 陈兆军 | 河南中医 | 1994,(4):206 |
| 试论针灸母子补泻法的形成与发展 | 何　馨 | 湖南中医学院学报 | 1994,(4):53 |
| 论八穴与八脉 | 刘志谦 | 辽宁中医杂志 | 1994,(4):158 |
| 论标本根结与气街 | 刘悫文 | 辽宁中医杂志 | 1994,(4):159 |
| 针刺镇痛的历史回顾 | 吴鎏桢 | 陕西中医学院学报 | 1994,(4):40 |
| 关于大敦穴定位的几点说明 | 黄幼民 | 上海针灸杂志 | 1994,(4):192 |
| 《黄帝内经》灸法辨析 | 孙洪生 | 天津中医学院学报 | 1994,(4):3 |
| 从《内经》论“筋”看经筋 | 邱继华 | 浙江中医学院学报 | 1994,(4):3 |
| 民间特种针法——小宽针疗法 | 张红英 | 中国民间疗法 | 1994,(4):16 |
| 辨指下针感的作用 | 盛益国等 | 中国针灸 | 1994,(4):55 |
| 浅谈针法补泻 | 吉兰芳 | 中国针灸 | 1994,(4):56 |
| 经脉病候考源 | 黄龙祥 | 中华医史杂志 | 1994,(4):219 |
| “四肢者诸阳之本”探源 | 洪素兰 | 中医药学刊 | 1994,(4):12 |
| 针刺手法说 | 章炳炜 | 上海针灸杂志 | 1994,(5):232 |
| 略论《内经》中的四时刺法 | 王　锐 | 针灸临床杂志 | 1994,(5):26 |
| 腧穴归经源流初探 | 黄龙祥 | 针灸临床杂志 | 1994,(5):1 |
| 足阳明脉交会大椎穴质疑 | 叶明柱 | 中国针灸 | 1994,(5):54 |
| 浅谈心理与针灸疗效 | 张红英 | 中国针灸 | 1994,(5):54 |
| 粗谈“迎随补泻” | 张丽蓓等 | 河南中医药学刊 | 1994,(6):51 |
| 络脉是附属于经脉的立体网状系统 | 穆腊梅 | 湖北中医杂志 | 1994,(6):21 |
| 《灵枢经》中足三里穴的治疗作用 | 孙亦农 | 南京中医药大学学报 | 1994,(6):37 |
| 论《内经》补泻针法的立意及其演变 | 赵京生 | 南京中医药大学学报 | 1994,(6):35 |
| 学本《内》《难》　针泻灸补　力纠时弊汪机《针灸问对》评述 | 李　磊 | 上海中医药杂志 | 1994,(6):35 |
| 三焦经腧穴主治病候探讨 | 周立英 | 针灸临床杂志 | 1994,(6):11 |
| 浅谈针刺手法与内功修炼 | 胥荣东 | 针灸临床杂志 | 1994,(6):1 |
| 奇经理论的建立与发挥 | 烟建华 | 中国医药学报 | 1994,(6):20 |
| 足少阴肾经井穴定位考辨 | 魏晓日 | 中国针灸 | 1994,(6):48 |
| 谈接经配穴气至病所 | 张　鸥 | 辽宁中医杂志 | 1994,(12):563 |
| “荥俞治外经,合治内腑”议 | 吴绍德等 | 中医杂志 | 1994,(12):754 |
| 关于刺络(拔罐)针的改进 | 张万成 | 中国针灸 | 1994,(S1):445 |
| 《内经》论针道之神浅探 | 于璟玲等 | 北京中医药大学学报(中医临床版) | 1995,(1):60 |
| 手足少阳同病刍议 | 梅国强 | 光明中医 | 1995,(1):24 |
| 论“少阳主枢” | 吴凤全等 | 河北中医药学报 | 1995,(1):9 |
| 补泻方圆略论 | 周　衡 | 湖南中医学院学报 | 1995,(1):5 |
| 三阴三阳浅论 | 喻嘉兴 | 湖南中医学院学报 | 1995,(1):7 |
| 也谈“出三入一” | 隋吉东 | 吉林中医药 | 1995,(1):46 |
| 尺肤针疗法初探 | 方宗畴 | 江苏中医 | 1995,(1):32 |
| 《灵枢》伤筋十二痹与运动器疾患 | 张元凯等 | 南京中医药大学学报 | 1995,(1):42 |
| 母子补泻与上病下治、下病上治 | 蔡玉萍等 | 南京中医药大学学报 | 1995,(1):43 |
| 浅探《内经》中“神”与针治效果的关系 | 王津慧 | 青海医学院学报 | 1995,(1):39 |
| 从古方证析手足太阴同气相治 | 储秀珍 | 陕西中医学院学报 | 1995,(1):1 |
| 也谈经络描述的方法——与梁玉昌同志商榷 | 李伊为 | 上海针灸杂志 | 1995,(1):48 |

| | | | |
|---|---|---|---|
| “徐而疾则实，疾而徐则虚”释义 | 张建斌 | 中国针灸 | 1995,(1):47 |
| 内关穴临床应用与机理的文献综述 | 杨元德 | 中国针灸 | 1995,(1):52 |
| 徐疾补泻之我见 | 崇桂琴 | 中国针灸 | 1995,(1):41 |
| 刺血疗法的历史沿革及其临床应用 | 乔登元等 | 大同医学专科学校学报 | 1995,(2):47 |
| 论情志因素在针刺治疗中的作用 | 张日宏等 | 河南中医 | 1995,(2):125 |
| 《内经》中因时针刺初探 | 杨晓林 | 湖南中医学院学报 | 1995,(2):13 |
| “刺之微，在速迟”刍议 | 高树中 | 江西中医药 | 1995,(2):42 |
| 迎随补泻初探 | 王　鹏 | 辽宁中医杂志 | 1995,(2):56 |
| 面针的探源与临床应用（续一） | 张时宜等 | 上海针灸杂志 | 1995,(2):88 |
| 《灵枢》十二经别分布规律探讨 | 侯书伟等 | 上海中医药杂志 | 1995,(2):42 |
| 针刺角度对临床效果的影响 | 徐志凤 | 天津中医学院学报 | 1995,(2):28 |
| 释“手如握虎” | 徐　平 | 医古文知识 | 1995,(2):32 |
| 阿是穴是对腧穴特异性的挑战 | 金百仁 | 针灸临床杂志 | 1995,(2):6 |
| 经络学说及其临床应用 | 王启才 | 针灸临床杂志 | 1995,(2):50 |
| 无痛针刺浅谈 | 甘健行 | 中国民间疗法 | 1995,(2):6 |
| 论体表－内脏相关性与经络的联系 | 张　军等 | 中国针灸 | 1995,(2):27 |
| 《黄帝内经》经筋学理论概述 | 冯广扬等 | 中国中医基础医学杂志 | 1995,(2):15 |
| 浅析针刺过程中的失气与守气 | 黄建军 | 中医药学刊 | 1995,(2):26 |
| 以“传”立论谈经络的“是主所生病” | 李忠山 | 长春中医学院学报 | 1995,(3):18 |
| 经气运行的路径与方式 | 许建阳等 | 成都中医药大学学报 | 1995,(3):46 |
| 针灸配方与对穴理论初探 | 孟陆亮 | 甘肃中医学院学报 | 1995,(3):39 |
| 针灸与脏腑经络的整体观 | 唐　浩 | 光明中医 | 1995,(3):19 |
| 对督脉循行路线的一点看法 | 李遇春 | 光明中医 | 1995,(3):55 |
| 经水——淋巴腺 | 王家明 | 吉林中医药 | 1995,(3):47 |
| 浅论“同经相应取穴法” | 蔡玉萍等 | 南京中医药大学学报 | 1995,(3):39 |
| 人体循经感传的形成机理 | 林先哲等 | 云南中医学院学报 | 1995,(3):32 |
| 经络学说及其临床应用 | 王启才 | 针灸临床杂志 | 1995,(3):53 |
| 浅谈《内经》论留针 | 贾红玲等 | 中医文献杂志 | 1995,(3):16 |
| 关于经络起源和形成的争鸣与反思 | 张效霞等 | 中医研究 | 1995,(3):1 |
| 经别浅议 | 李永芝 | 北京中医药大学学报 | 1995,(4):54 |
| 浅谈得气的体会 | 王秀兰 | 光明中医 | 1995,(4):43 |
| 起始终止针法的研究 | 陆　静 | 国外医学．中医中药分册 | 1995,(4):55 |
| “手三阳经无腑病”探析 | 张会珍等 | 河北中医药学报 | 1995,(4):26 |
| 井原穴皮温差的临床观察 | 王少军 | 辽宁中医杂志 | 1995,(4):178 |
| 《黄帝内经》经络的解剖形态结构实质 | 许志泉等 | 南京中医药大学学报 | 1995,(4):37 |
| 经络是机体内“界间感应”的‘生命自组织’信息传递系统 | 郭大焜 | 现代中西医结合杂志 | 1995,(4):71 |
| 试论慎重进针的穴位 | 刘智艳 | 新疆中医药 | 1995,(4):27 |
| 浅谈“陷下则灸之” | 杨桂根 | 云南中医学院学报 | 1995,(4):38 |
| 谈自身试针 | 郑荣文 | 浙江中医学院学报 | 1995,(4):43 |
| 腧穴定位、命名的外在原因 | 盛维民 | 针灸临床杂志 | 1995,(4):5 |
| 经络学说及其临床应用 | 王启才 | 针灸临床杂志 | 1995,(4):54 |
| 十二经络的秘密（上） | 祝华英 | 中国道教 | 1995,(4):37 |
| 浅谈督脉之源 | 杨秀娟等 | 中医杂志 | 1995,(4):247 |
| 古代骨度及同身寸取穴法 1005 例调查分析 | 赵鸿鸣等 | 南京中医药大学学报 | 1995,(5):26 |
| 针刺效应与心理因素 | 陈　媛等 | 医学与哲学 | 1995,(5):251 |

| | | | |
|---|---|---|---|
| 经络学说及其临床应用 | 王启才 | 针灸临床杂志 | 1995,(5):55 |
| 《内经》针灸施术环境初探 | 祁小华等 | 针灸临床杂志 | 1995,(5):1 |
| 试述气功与经络 | 魏家盛 | 中国气功科学 | 1995,(5):29 |
| 论针刺与补泻手法 | 陈全新 | 中国医药学报 | 1995,(5):52 |
| 膻中、中脘、气海三穴调气作用机理初探 | 张群策等 | 中国针灸 | 1995,(5):43 |
| 针刺补泻之我见 | 严海光 | 中医外治杂志 | 1995,(5):37 |
| 《内经》徐疾补泻释义 | 薛　松 | 中医药学刊 | 1995,(5):3 |
| “内圣外王”对手厥阴经形成的影响 | 符仲华 | 南京中医药大学学报 | 1995,(6):39 |
| 浅谈针灸气至 | 肖　沛等 | 山东中医药大学学报 | 1995,(6):365 |
| 论中医经脉的实质 | 贾得道 | 山西中医 | 1995,(6):1 |
| 针灸日时知避忌——试论针灸日时避忌的原则和方法 | 李　磊 | 上海中医药杂志 | 1995,(6):26 |
| 经络学说及其临床应用 | 王启才 | 针灸临床杂志 | 1995,(6):55 |
| 对《中医基础理论》有关经络的两点商榷 | 黄海龙 | 中国医药学报 | 1995,(6):20 |
| 中华经筋疗法的特色 | 沈虹 | 中国中医药信息杂志 | 1995,(6):18 |
| “阴有阳疾者,取之下陵三里”考辨 | 崔爱庆 | 山东中医杂志 | 1995,(7):294 |
| 《内经》皮部理论浅析 | 田岳风 | 针灸临床杂志 | 1995,(7):13 |
| 经络研究的回顾与思考 | 沈德凯 | 针灸临床杂志 | 1995,(7):1 |
| 经络学说及其临床应用 | 王启才 | 针灸临床杂志 | 1995,(7):54 |
| 灸法补泻论 | 史广宇 | 中医杂志 | 1995,(7):405 |
| 十二经脉交会规律初探 | 黄　红 | 针灸临床杂志 | 1995,(8):7 |
| 与内关穴位置有关的几个问题之探讨 | 张靖敏 | 针灸临床杂志 | 1995,(8):11 |
| 睛明穴主治作用探析 | 吴成长 | 针灸临床杂志 | 1995,(8):40 |
| 经络学说及其临床应用 | 王启才 | 针灸临床杂志 | 1995,(8):56 |
| 论几种针灸手法的区别和发展 | 贾红玲等 | 辽宁中医杂志 | 1995,(9):418 |
| 略论《内经》中针刺获效的五要素 | 文绍敦 | 青海医药杂志 | 1995,(9):46 |
| 内经针刺补泻法举隅 | 李治民等 | 青海医药杂志 | 1995,(9):50 |
| 《内经》经络诊断法探析 | 郑少祥 | 浙江中医杂志 | 1995,(9):415 |
| 腧穴远治作用的规律是“经脉所过,主治所在” | 李志道 | 针灸临床杂志 | 1995,(9):1 |
| 传统针刺手法的操作规律浅谈 | 李　晓 | 针灸临床杂志 | 1995,(9):8 |
| 迎随补泻与子午流注关系探讨 | 李　瑞 | 浙江中医杂志 | 1995,(10):453 |
| 寒热刺法的形成与演变 | 黄龙祥 | 针灸临床杂志 | 1995,(10):1 |
| 浅谈神在针刺中的作用 | 刘　茜 | 陕西中医 | 1995,(11):527 |
| “静观”与针灸“治神” | 赵京生 | 医学与哲学 | 1995,(11):576 |
| 经络导气针法之初探 | 兰丽英等 | 中国针灸 | 1995,(S2):167 |
| 气与经络 | 吕　刚等 | 中国针灸 | 1995,(S2):184 |
| 浅谈《内经》中的配穴法 | 赵银龙等 | 中国针灸 | 1995,(S2):179 |
| 针刺补泻手法深幽 | 王　鹏 | 中国针灸 | 1995,(S2):168 |
| 针刺心法 | 高秋成 | 中国针灸 | 1995,(S2):211 |
| 针刺阴阳补泻手法深讨 | 张昌志等 | 中国针灸 | 1995,(S2):170 |
| “振颤针”镇痛的机理探讨 | 李　慧等 | 中国针灸 | 1995,(S2):164 |
| 气与经络 | 吕　刚等 | 中国针灸 | 1995,(S2):184 |
| 对五输穴的认识及运用 | 陈桂兰 | 中国针灸 | 1995,(S2):196 |
| 针刺“迎随补泻”之我见 | 刘飞荣等 | 江西中医药 | 1995,(S4):46 |
| 补泻刺法的形成与演变 | 黄龙祥 | 针灸临床杂志 | 1995,(Z1):1 |
| 印堂当属十四正经 | 赵　颖等 | 针灸临床杂志 | 1995,(Z1):84 |
| 输刺浅识 | 王　慧 | 安徽中医临床杂志 | 1996,(1):47 |

| | | | |
|---|---|---|---|
| 试谈呼吸在针刺中的作用 | 陈 琴 | 北京中医药大学学报（中医临床版） | 1996,(1):51 |
| 从针刺"得气"浅谈经络实质 | 葛富培 | 黑龙江中医药 | 1996,(1):49 |
| 六经实质与六经病 | 仝选甫 | 吉林中医药 | 1996,(1):44 |
| 虚证刺络论 | 杨 骏等 | 上海针灸杂志 | 1996,(1):26 |
| 谈"气至而有效" | 郑少祥 | 浙江中医杂志 | 1996,(1):37 |
| 《内经》五输穴应用探析 | 解秸萍 | 针灸临床杂志 | 1996,(1):7 |
| 十二经络的秘密(下) | 祝华英 | 中国道教 | 1996,(1):38 |
| 《黄帝内经》按摩治疗范围初探 | 柯长鸿 | 中国民间疗法 | 1996,(1):5 |
| 也论"徐而疾则实,疾而徐刚虚" | 周夫瑞 | 中国针灸 | 1996,(1):56 |
| "欲令气散"之我见 | 曾立志 | 中国针灸 | 1996,(1):55 |
| 略谈《内经》之刺禁 | 于璟玲 | 中医杂志 | 1996,(1):59 |
| 浅谈小儿按摩手法的补泻 | 卢 静等 | 按摩与导引 | 1996,(2):38 |
| 五输穴主治规律初探 | 李明霞 | 北京中医药大学学报 | 1996,(2):51 |
| 浅谈"迎随补泻" | 王 黎 | 贵阳中医学院学报 | 1996,(2):33 |
| 针灸治疗急症与经脉循行的关系 | 韩 慧 | 河南医科大学学报 | 1996,(2):138 |
| 十二经脉起源于手太阴肺经的机理探讨 | 李 婷 | 河南中医药学刊 | 1996,(2):52 |
| 《内经》论辨证留针 | 赵银龙等 | 黑龙江中医药 | 1996,(2):45 |
| 试论迎随补泻法 | 彭楚湘 | 湖南中医学院学报 | 1996,(2):59 |
| 刺络疗法与微循环 | 王海泉 | 山东中医杂志 | 1996,(2):73 |
| 关于人迎穴的研究概况 | 王 英等 | 上海针灸杂志 | 1996,(2):36 |
| 试论标本理论对临床取穴的指导意义 | 刘智艳 | 新疆中医药 | 1996,(2):18 |
| 针刺"得气、守气、运气"之我见 | 廖洪税 | 浙江中医学院学报 | 1996,(2):43 |
| 浅谈腧穴的对应治疗作用 | 李志道 | 针灸临床杂志 | 1996,(2):3 |
| 小议影响针刺疗效的几个因素 | 于敏兰等 | 针灸临床杂志 | 1996,(2):8 |
| 古代骨度及同身寸取穴法研究报告——附1005例调查分析 | 赵鸿鸣等 | 中国针灸 | 1996,(2):31 |
| 任脉络穴考 | 杨 威 | 北京中医 | 1996,(3):12 |
| 谈"凡刺之法,必先本于神" | 曹大明 | 河南中医药学刊 | 1996,(3):63 |
| 皮部理论在临床治疗及预防保健中的运用 | 张雪华 | 南京中医药大学学报 | 1996,(3):34 |
| 浅谈经络辨证的历史沿革 | 陆 汎 | 山西中医 | 1996,(3):36 |
| 经外奇穴历史作用及其局限性 | 王长海 | 陕西中医学院学报 | 1996,(3):8 |
| 从《内经》看经络的实质 | 陈国印 | 上海针灸杂志 | 1996,(3):40 |
| 浅谈《内经》中的配穴法 | 赵银龙等 | 上海针灸杂志 | 1996,(3):34 |
| 试论针刺治疗中的治神 | 郑建宁 | 针灸临床杂志 | 1996,(3):1 |
| 手少阴与手太阳经交接的探讨 | 唐巍东 | 中国针灸 | 1996,(3):58 |
| 经络的三阴三阳称谓及其临床意义am | 王居易 | 中国针灸 | 1996,(3):51 |
| 试论针刺的深浅 | 刘熙雨等 | 菏泽医专学报 | 1996,(4):18 |
| 外科病与经络的关系 | 朱鸿操 | 湖北中医杂志 | 1996,(4):55 |
| 试论针刺有效刺激量 | 韩友栋等 | 山东中医药大学学报 | 1996,(4):238 |
| 论《素问》遗篇"刺法论"的针法学术价值 | 黄龙祥 | 针灸临床杂志 | 1996,(4):1 |
| 奇穴初探 | 叶明柱等 | 中国针灸 | 1996,(4):23 |
| "根结"探微 | 张载义 | 中医文献杂志 | 1996,(4):8 |
| 浅谈生活环境对经络敏感现象的影响 | 张载信 | 安徽中医学院学报 | 1996,(5):43 |
| 十二皮部应用机理刍议 | 雷 跃 | 按摩与导引 | 1996,(5):3 |
| 迎随补泻法古今运用探要 | 董 勤 | 南京中医药大学学报 | 1996,(5):44 |

| | | | |
|---|---|---|---|
| 《内经》刺血疗法探析 | 王 锐 | 山东中医药大学学报 | 1996,(5):23 |
| 论手太阴肺经是“穴出云门”还是“穴出中府” | 李 瑞 | 陕西中医 | 1996,(5):222 |
| 针灸取穴“寸”的体表观测 | 李伊为等 | 上海针灸杂志 | 1996,(5):37 |
| 谈直接灸中的手法运用 | 林其盛 | 福建中医药 | 1996,(6):37 |
| 试论经络的实质是中医对人体生理特性的认识 | 黄景贤 | 国医论坛 | 1996,(6):25 |
| 对八脉交会穴源流及应用的探讨 | 艾炳蔚等 | 河南中医药学刊 | 1996,(6):22 |
| 经络是中医的理论模型的探讨 | 陈立怀 | 吉林中医药 | 1996,(6):2 |
| 针下气浅议 | 崔爱庆 | 山东中医杂志 | 1996,(6):247 |
| 试论灸法补泻 | 周建伟 | 四川中医 | 1996,(6):9 |
| 十二经命名含义及其与脏腑阴阳的关系探析 | 沈雪勇 | 天津中医 | 1996,(6):33 |
| 浅议针刺“补泻手法”与“补泻效应” | 林咸明等 | 浙江中医学院学报 | 1996,(6):43 |
| 八脉交会穴通奇经八脉的路线及其影响因素探讨 | 张红林等 | 中国针灸 | 1996,(6):33 |
| 激发经络感传　提高针刺疗效 | 任达甫 | 中国针灸 | 1996,(6):43 |
| 针刺调神的理论意义 | 封一平 | 中国中医基础医学杂志 | 1996,(6):53 |
| 浅谈《内经》中的浅刺针法 | 陆 汎 | 四川中医 | 1996,(7):4 |
| 古《灸经图》之手阳明穴足阳明穴 | 张 侬 | 中国针灸 | 1996,(7):46 |
| 刍议阿是穴 | 冯禾昌等 | 中国针灸 | 1996,(7):29 |
| 试论调节毫针刺激量在徐疾补泻法中的应用 | 俞明 | 中国针灸 | 1996,(7):37 |
| 试论针刺补泻手法与得气 | 唐致鸿等 | 甘肃中医 | 1996,(8):36 |
| 试论针刺“得气”与“气至病所” | 李世忠 | 甘肃中医学院学报 | 1996,(8):52 |
| 五输穴与四时针法 | 董建勇等 | 甘肃中医学院学报 | 1996,(8):47 |
| 针刺补泻手法与效应关系之探讨 | 黄 晔 | 江苏中医 | 1996,(8):38 |
| 经络学说在中医临床中的理论应用 | 孙传玠 | 上海预防医学杂志 | 1996,(8):358 |
| 论针灸治疗的五项要领——读《内经》札记 | 郑少祥 | 浙江中医杂志 | 1996,(8):340 |
| 针感现象探讨 | 方基良 | 中国针灸 | 1996,(8):37 |
| 行针析 | 陈子富 | 中国针灸 | 1996,(8):34 |
| 针灸学发展的断代分析 | 张 吉等 | 中国针灸 | 1996,(8):46 |
| 如何理解肝脾两经的例外分布 | 沈雪勇 | 中医杂志 | 1996,(8):506 |
| 浅议“烧山火” | 姜娜薇等 | 针灸临床杂志 | 1996,(9):4 |
| 针刺补泻手法初探 | 丁德艳 | 针灸临床杂志 | 1996,(9):15 |
| 论根结标本气街理论是经络学说的重要内容 | 谷世喆 | 中国针灸 | 1996,(9):45 |
| 关于经络本质和机制的探讨 | 张声闳等 | 科技导报 | 1996,(10):12 |
| 《内经》经刺释义 | 翁文水 | 四川中医 | 1996,(10):6 |
| 漫谈经络领域学说 | 彭静山 | 江苏中医 | 1996,(11):3 |
| “少阳为枢”及其临床运用 | 袁成业 | 江苏中医 | 1996,(11):39 |
| 浅谈络病证治 | 姚传龙 | 辽宁中医杂志 | 1996,(12):37 |
| 《内经》放血疗法特点初探 | 郑少祥 | 浙江中医杂志 | 1996,(12):543 |
| 论刺血疗法 | 郭永新 | 内蒙古中医药 | 1996,(S1):63 |
| 针刺须注意针尖方向 | 冯国祥等 | 内蒙古中医药 | 1996,(S1):43 |
| 从“所言节者,神气之所游行出入也,非皮肉筋骨也。”想起 | 王瑞龄 | 上海针灸杂志 | 1996,(S1):34 |
| 从《内经》看经络的实质 | 陈国印 | 上海针灸杂志 | 1996,(S1):39 |
| 论四海、气街、标本、根结 | 孙曙霞 | 上海针灸杂志 | 1996,(S1):410 |
| 浅谈《内经》中的配穴法 | 赵银龙等 | 上海针灸杂志 | 1996,(S1):32 |
| 十二经前后排列次序与脏腑位置的关系 | 沈雪勇 | 上海针灸杂志 | 1996,(S1):407 |
| 浅议刺法中“神” | 胡喜发 | 江西中医药 | 1996,(S2):138 |

| | | | |
|---|---|---|---|
| 浅谈整体观点对针灸的指导作用 | 张亚平 | 针灸临床杂志 | 1996,(Z1):7 |
| 浅谈经络现象在针刺临床中的意义 | 史红斐 | 针灸临床杂志 | 1996,(Z1):9 |
| 现代针灸学研究方向的思考 | 孙文善 | 针灸临床杂志 | 1996,(Z1):3 |
| “交会穴”探析 | 张跃民 | 针灸临床杂志 | 1996,(Z2):73 |
| 五输循行理论溯源 | 周建伟 | 针灸临床杂志 | 1996,(Z2):19 |
| 针刺补泻手法之我见 | 倪光夏等 | 针灸临床杂志 | 1996,(Z2):5 |
| 手太阴肺经为何起于中焦十二经流注何以始于肺经 | 沈雪勇 | 针灸临床杂志 | 1996,(Z2):23 |
| 应重视穴名对主治作用的启发 | 李志道 | 针灸临床杂志 | 1996,(Z2):70 |
| 十二经筋理论探讨 | 张　军 | 北京中医药大学学报 | 1997,(1):22 |
| 阳明经气旺于日晡之时吗 | 李洪娟 | 北京中医药大学学报（中医临床版） | 1997,(1):56 |
| 经外奇穴印堂穴名探义 | 孟宝成等 | 上海针灸杂志 | 1997,(1):40 |
| 奇经八脉理论的源流初探 | 杨增瑞 | 天津中医学院学报 | 1997,(1):3 |
| 试论经络的纵行说、横行说、层次说 | 佟秋芬等 | 天津中医学院学报 | 1997,(1):24 |
| 《内经》中巨刺、缪刺浅析 | 朴元林 | 针灸临床杂志 | 1997,(1):31 |
| 《内经》灸治特点浅析 | 任晓湘 | 安徽中医学院学报 | 1997,(2):44 |
| 浅谈五输穴 | 孙永章等 | 北京中医药大学学报（中医临床版） | 1997,(2):11 |
| 对足少阳胆经风市穴针刺的探讨 | 周道明 | 光明中医 | 1997,(2):41 |
| 《黄帝内经》灸治特点浅析 | 任晓湘等 | 江西中医药 | 1997,(2):36 |
| “泻必用方”,“补必用员”释解 | 吴绍德 | 上海针灸杂志 | 1997,(2):36 |
| 关于“经脉在分肉之间”的质疑 | 高　震 | 上海针灸杂志 | 1997,(2):18 |
| 从皮部作用谈缓慢进针法 | 吴其康 | 针灸临床杂志 | 1997,(2):2 |
| 试述足阳明胃经及临床证治 | 安培祯 | 针灸临床杂志 | 1997,(2):3 |
| 足阳明胃经为何循行于胸腹 | 沈雪勇 | 中国针灸 | 1997,(2):118 |
| 论经脉学说起源的必备条件 | 严健民 | 中华医史杂志 | 1997,(2):24 |
| 五输穴的临床应用 | 周莅莅 | 长春中医学院学报 | 1997,(3):25 |
| 论《灵枢》的针灸理论 | 唐赤蓉 | 大自然探索 | 1997,(3):121 |
| 《内经》论针刺补泻发挥 | 邱连利 | 甘肃中医学院学报 | 1997,(3):13 |
| 论针刺徐疾补泻法 | 边丽娜 | 甘肃中医学院学报 | 1997,(3):11 |
| 论《内经》《难经》五行生克配穴法 | 赵京伟等 | 河南中医药学刊 | 1997,(3):6 |
| 《内经》巨刺与“治未病”思想 | 朴元林 | 吉林中医药 | 1997,(3):46 |
| 略论太阳及其证治 | 刘力红 | 南京中医药大学学报（自然科学版） | 1997,(3):7 |
| 三元能量与人体经脉气血和时辰运气的关系 | 刘克勤等 | 人天科学研究 | 1997,(3):42 |
| 对针刺“得气”的几点认识 | 林晓丹 | 云南中医中药杂志 | 1997,(3):46 |
| 浅议针灸临床中的治医者之神 | 梁　粤 | 针灸临床杂志 | 1997,(3):7 |
| 也谈针刺补泻手法——读《针刺补泻手法之我见》有感 | 陆　瑾 | 针灸临床杂志 | 1997,(3):10 |
| 经筋疗法的源起与发展 | 李世华 | 中国民间疗法 | 1997,(3):49 |
| 股部骨度折量寸的探讨 | 陈佳红 | 中国针灸 | 1997,(3):151 |
| 小议十二经脉的气血旺衰及经脉之实质 | 常锁平 | 甘肃中医 | 1997,(4):9 |
| 《灵枢·经筋》探讨 | 刘金洪 | 南京中医药大学学报（自然科学版） | 1997,(4):37 |
| 《内经》“筋脉”为神经系统之臆断 | 范炳华 | 浙江中医杂志 | 1997,(4):150 |
| 《内经》论针刺深浅标准初探 | 郑少祥 | 浙江中医杂志 | 1997,(4):148 |
| 《内经》论针刺深度 | 查　炜 | 中医文献杂志 | 1997,(4):11 |

| | | | |
|---|---|---|---|
| 十二经脉流注与五腧穴流注 | 杜元灏等 | 中医杂志 | 1997,(4):247 |
| 浅谈对五输穴的点滴体会 | 杨开弘 | 甘肃中医 | 1997,(5):38 |
| 手足太阴阳明同气关系探讨 | 姜莉芸 | 云南中医中药杂志 | 1997,(5):45 |
| 经络研究三维定位是关键 | 孟竞璧 | 中国中医药信息杂志 | 1997,(5):15 |
| 对《灵枢》九刺的初步探讨 | 杨立峰等 | 中医药研究 | 1997,(5):4 |
| 浅谈针刺手法 | 杜晓山 | 江苏中医 | 1997,(6):1 |
| 经络现象是人体对针刺的一种保护性反应 | 黄伯灵等 | 南京中医药大学学报（自然科学版） | 1997,(6):35 |
| 发际内经穴的解剖研究 | 许志泉等 | 山东中医药大学学报 | 1997,(6):62 |
| 浅谈《内经》五体刺法 | 刘金洪 | 四川中医 | 1997,(6):14 |
| 略论十二经纳支法的演变 | 彭增福等 | 针灸临床杂志 | 1997,(6):2 |
| 浅谈"气"与针刺的关系 | 段鲜红 | 针灸临床杂志 | 1997,(6):4 |
| 浅析针刺得气 | 欧阳八四 | 中国针灸 | 1997,(7):403 |
| 中华经筋疗法的临床发掘应用研究 | 黄敬伟等 | 中国针灸 | 1997,(7):413 |
| 解惑刺法浅议 | 张载义 | 针灸临床杂志 | 1997,(8):26 |
| 论经穴的本质 | 高　震 | 针灸临床杂志 | 1997,(8):12 |
| 少阴病证与针灸辨治 | 欧阳八四 | 针灸临床杂志 | 1997,(8):6 |
| 论跷脉与睡眠 | 李　敏 | 针灸临床杂志 | 1997,(9):10 |
| 中冲穴位置考辨 | 杨介宾 | 针灸临床杂志 | 1997,(9):4 |
| 耳穴时间刺灸说之立论依据 | 吴中朝等 | 针灸临床杂志 | 1997,(10):7 |
| 灸治中应注意的几个问题 | 黄丽雅等 | 针灸临床杂志 | 1997,(10):33 |
| 试论针刺之"守神" | 朱　兰 | 中国针灸 | 1997,(10):596 |
| 《素问·刺腰痛》诸脉的实际意义 | 李　鼎 | 上海中医药杂志 | 1997,(11):44 |
| 谈《内经》中的"治神"在针刺治病中的主要作用 | 赵连廷 | 现代养生 | 1997,(11):7 |
| 试论经气的内涵与组成 | 李　瑞 | 针灸临床杂志 | 1997,(11):3 |
| "天容"穴经属浅析 | 欧阳八四 | 针灸临床杂志 | 1997,(11):44 |
| 经筋理论的探讨与发挥 | 薛立功 | 中国针灸 | 1997,(11):698 |
| 经络学说与推拿手法 | 刘浙伟等 | 中医杂志 | 1997,(11):696 |
| 从《内经》刺法探奇病证治 | 熊继柏 | 中国针灸 | 1997,(12):745 |
| 论刺法必"治于神" | 莫晓明 | 上海针灸杂志 | 1997,(S1):80 |
| 漫谈"九针" | 莫晓明 | 上海针灸杂志 | 1997,(S1):78 |
| 试从整体观念的角度探讨耳针疗法的原理 | 宫　焰 | 针灸临床杂志 | 1997,(Z1):14 |
| 试论灸法在古代急症救治学中的应用 | 周建伟等 | 针灸临床杂志 | 1997,(Z1):67 |
| 腧穴概念的探讨 | 李晓桂 | 北京中医药大学学报（中医临床版） | 1998,(1):22 |
| 试论寒邪与胸痹的相关性 | 郭　宏等 | 黑龙江中医药 | 1998,(1):4 |
| 经络与穴位的关系及其意义初探 | 黄景贤 | 国医论坛 | 1998,(1):16 |
| 小议得气与针刺补泻之关系 | 董　勤等 | 南京中医药大学学报（自然科学版） | 1998,(1):35 |
| 同身寸实际测量研究的再统计分析 | 杨永清 | 上海针灸杂志 | 1998,(1):35 |
| 《内经》论灸探讨 | 周建伟等 | 四川中医 | 1998,(1):12 |
| 略述历代医家针刺治疗咽喉病 | 张玉敏等 | 天津中医 | 1998,(1):15 |
| 十二经别与十二正浅议 | 程铁兵 | 中国针灸 | 1998,(1):59 |
| 《内经》针刺浅深探析 | 段延萍 | 北京中医 | 1998,(2):44 |
| 谈穴位的层次性 | 唐　勇 | 北京中医药大学学报（中医临床版） | 1998,(2):61 |

| | | | |
|---|---|---|---|
| 浅谈神门穴的补与泻 | 袁　军等 | 河北中医 | 1998,(2):120 |
| 六经开、阖、枢学说的渊源及应用 | 梁华龙 | 河南中医 | 1998,(2):6 |
| 经穴配伍理论探讨 | 袁　静 | 河南中医药学刊 | 1998,(2):39 |
| 《黄帝内经》是针灸学之宗本 | 童增华 | 江西中医药 | 1998,(2):34 |
| 子午捣臼和苍龟探穴刺法探究 | 常春园 | 内蒙古中医药 | 1998,(2):40 |
| 浅论针刺本于神的机理 | 段延萍等 | 陕西中医学院学报 | 1998,(2):12 |
| 我对"针下气"的体会 | 冯昌汉 | 浙江中医学院学报 | 1998,(2):36 |
| "呼吸补泻"调气观 | 邱玉霞 | 针灸临床杂志 | 1998,(2):3 |
| 试述针刺得气对提高疗效的影响 | 严金保 | 针灸临床杂志 | 1998,(2):2 |
| 温针灸临床应用及理论探讨 | 张冬云 | 针灸临床杂志 | 1998,(2):37 |
| 《内经》守气法及临床应用 | 张全明等 | 针灸临床杂志 | 1998,(2):4 |
| "邪之所凑,其气必虚"浅识 | 刘晓峰 | 中医函授通讯 | 1998,(2):15 |
| "脉针"的疗效观察及初步认识 | 申一工等 | 中医外治杂志 | 1998,(2):3 |
| 人体头面部位名称辨 | 孔祥卿 | 天津中医学院学报 | 1998,(3):37 |
| 浅论《内经》中针刺补泻的量学标准 | 钱聚义 | 天津中医学院学报 | 1998,(3):9 |
| 浅谈《内经》中的针刺禁忌 | 宫　涛 | 天津中医学院学报 | 1998,(3):7 |
| 中国芒针的继承发展与临床应用 | 杨兆钢 | 现代中医药 | 1998,(3):47 |
| 临证选穴应循六法 | 高怀玉 | 张家口医学院学报 | 1998,(3):84 |
| 井穴止痛临床发微 | 张庆萍等 | 针刺研究 | 1998,(3):179 |
| 腧穴概念的演变 | 黄龙祥 | 针刺研究 | 1998,(3):161 |
| 现代经络理论的两点思考 | 乔海法等 | 中国医药学报 | 1998,(3):11 |
| 《内经》"奇输"含义谈 | 赵刚明 | 中国针灸 | 1998,(3):62 |
| 论大脑经脉与其功能的协调 | 曾鹏飞 | 中国中医基础医学杂志 | 1998,(3):11 |
| 浅议脏腑之气与经气的关系 | 张载信 | 中国中医基础医学杂志 | 1998,(3):10 |
| 经络皮部理论对针灸临床的指导意义 | 龚　憬 | 湖南中医药导报 | 1998,(4):10 |
| "是动病"与"所生病"析 | 顾一煌 | 江苏中医 | 1998,(4):7 |
| 试论经络的解剖定位 | 张声闳等 | 解剖科学进展 | 1998,(4):54 |
| 浅谈《内经》刺络放血法 | 吕莉君 | 内蒙古中医药 | 1998,(4):26 |
| 络穴与临床应用 | 刘国真等 | 山东中医药大学学报 | 1998,(4):57 |
| 手足阴阳同气理论初探 | 陈震霖 | 陕西中医学院学报 | 1998,(4):13 |
| 对经络实质的不同认识 | 谢浩然 | 现代养生 | 1998,(4):26 |
| 针灸治疗面瘫的古医籍分析 | 郭尧杰等 | 现代中医药 | 1998,(4):18 |
| 关于标本根结学说几个问题的管见 | 李　岩等 | 针刺研究 | 1998,(4):316 |
| 论针刺止痛的四种机制 | 刘公望等 | 针刺研究 | 1998,(4):313 |
| 浅谈足阳明胃经循行于胸腹部之机理 | 郑明立等 | 针灸临床杂志 | 1998,(4):34 |
| 针灸"病在上取之下"的临床新见解 | 海日罕 | 针灸临床杂志 | 1998,(4):6 |
| 论长针 | 薛立功 | 中国医药学报 | 1998,(4):75 |
| 十二经脉气血流注与五输穴向心性循行方向相悖的探讨 | 李　瑞等 | 中国针灸 | 1998,(4):13 |
| 标本论治新探 | 王锡安 | 中国中医基础医学杂志 | 1998,(4):9 |
| "上病下治"与"下病上治"的渊源与应用 | 曲长江等 | 中医函授通讯 | 1998,(4):46 |
| 络脉与微循环的再认识 | 陈以国 | 中医函授通讯 | 1998,(4):35 |
| 对传统医学砭术疗法的考证 | 张仲源等 | 中医外治杂志 | 1998,(4):3 |
| 刺血疗法的作用及其机理探讨 | 张庆萍等 | 中医文献杂志 | 1998,(4):22 |
| 哑门穴解剖结构与安全针刺法的研究 | 李卫东等 | 安徽中医学院学报 | 1998,(5):41 |
| 谈针刺治疗痹证的深浅问题 | 朱文宏 | 北京中医药大学学报 | 1998,(5):64 |

| | | | |
|---|---|---|---|
| “不盛不虚,以经取之”析 | 陈清清 | 黑龙江中医药 | 1998,(5):53 |
| 奇经八脉探析——论经脉的功能作用 | 红　为等 | 辽宁中医杂志 | 1998,(5):12 |
| 论十五络脉的实际意义 | 赵京生 | 南京中医药大学学报（自然科学版） | 1998,(5):35 |
| 针向迎随补泻法初探 | 倪光夏 | 南京中医药大学学报（自然科学版） | 1998,(5):44 |
| 十二经脉运行之管见 | 祝华英 | 上海针灸杂志 | 1998,(5):35 |
| “尺肤诊”与小儿推拿中的特定穴 | 赵水安 | 现代中医药 | 1998,(5):29 |
| 迎随补泻辨 | 欧阳八四 | 针灸临床杂志 | 1998,(5):6 |
| 从经脉循行特点与穴位分布规律对新穴预测 | 胡剑北 | 中国医药学报 | 1998,(5):60 |
| 《灵枢．官针》篇针法应用举隅 | 郭志力 | 中国针灸 | 1998,(5):33 |
| 十二经筋探讨 | 刘金洪等 | 中国针灸 | 1998,(5):25 |
| 手太阳经别和手少阳经别循行之我见 | 沈晓明 | 中国针灸 | 1998,(5):62 |
| 经络——人体的无形信息通道 | 李志超 | 中国中医基础医学杂志 | 1998,(5):52 |
| 论带脉与妇科临床的关系 | 李　嘉等 | 南京中医药大学学报（自然科学版） | 1998,(6):44 |
| 略论火针刺络 | 洒玉萍 | 青海医药杂志 | 1998,(6):39 |
| 针刺的深浅 | 廖　辉等 | 铁道医学 | 1998,(6):62 |
| 针刺手法的形成与发展 | 王　飞 | 针灸临床杂志 | 1998,(6):3 |
| 砭石疗法与我国历史上的崇石时期 | 张仲源 | 中国民间疗法 | 1998,(6):52 |
| 针刺补泻与“方”“圆”的关系 | 李　鼎 | 上海中医药杂志 | 1998,(7):42 |
| 针灸溯源——论经络学说的形成 | 欧阳八四 | 针灸临床杂志 | 1998,(7):3 |
| 关于腧穴的几个问题 | 高忻洙等 | 中国针灸 | 1998,(7):43 |
| 论热症刺井 | 胡　玲 | 中国针灸 | 1998,(7):46 |
| 略论相应取穴及其针刺先后 | 盛燮荪 | 江苏中医 | 1998,(8):8 |
| 关于刺络、灸络及络脉的一点思考 | 李晓泓 | 针灸临床杂志 | 1998,(8):3 |
| 手三阳经合穴缘何少用于腑病的治疗 | 沈雪勇 | 中国针灸 | 1998,(8):63 |
| 经脉病候的演变 | 赵京生 | 江苏中医 | 1998,(10):9 |
| 浅谈针刺手法的刺激量 | 王报春等 | 陕西中医 | 1998,(10):460 |
| 《灵枢·经脉》手太阳经“斜络于颧”疑析 | 张载义 | 针灸临床杂志 | 1998,(10):4 |
| 针道自然——论针灸方法的总体特征 | 赵京生等 | 针灸临床杂志 | 1998,(10):3 |
| 《内经》中足阳明胃经的主治功能和应用特点初步探讨 | 丁兆琳等 | 中国针灸 | 1998,(10):47 |
| 从经络学说的起源考证经络之实质 | 李　瑞等 | 中国针灸 | 1998,(10):43 |
| 华佗夹脊穴刍议 | 王升旭等 | 针灸临床杂志 | 1998,(11):3 |
| 论《内经》“病在上取之下”与“府腧”——兼与海日罕同志商榷 | 王大生等 | 针灸临床杂志 | 1998,(11):55 |
| 对十二经脉流注模式图的探讨 | 马　坚等 | 中国针灸 | 1998,(11):19 |
| 灸法的起源与发展运用 | 欧阳八四 | 针灸临床杂志 | 1998,(12):3 |
| 浮针——一种全新的针刺镇痛疗法 | 张亚平 | 针灸临床杂志 | 1998,(12):38 |
| 略谈进针方向与腧穴效能 | 贾　荣等 | 内蒙古中医药 | 1998,(S1):77 |
| 针刺镇痛的中医机理探讨 | 鞠大宏等 | 中国中医基础医学杂志 | 1998,(S1):167 |
| 浮针疗法——《灵枢·官针》刺法的发展 | 符仲华 | 纪念承淡安先生诞辰一百周年暨国际针灸发展学术研讨会论文集 | 1998:142 |

| | | | |
|---|---|---|---|
| 关于经络系统和针刺治疗原理的再认识 | 焦顺发 | 纪念承淡安先生诞辰一百周年暨国际针灸发展学术研讨会论文集 | 1998:100 |
| 神阙穴探讨 | 罗亚飞 | 安徽中医学院学报 | 1999,(1):43 |
| 足反射区按摩机理探析 | 赖金锋 | 按摩与导引 | 1999,(1):4 |
| 论刺络补虚 | 李晓泓 | 北京中医药大学学报 | 1999,(1):74 |
| 风池穴的针刺方法 | 孙　璇 | 北京中医药大学学报 | 1999,(1):76 |
| 六经病本质的机能学探讨 | 李学文等 | 长治医学院学报 | 1999,(1):63 |
| 论巨刺与中风后遗症 | 连维真等 | 福建中医学院学报 | 1999,(1):32 |
| 冲任新见 | 郑启友等 | 光明中医 | 1999,(1):10 |
| 浅谈得气、守气与气至 | 杨国秀 | 江苏中医 | 1999,(1):37 |
| 浅析《灵枢·官针》篇刺法 | 张　维 | 上海针灸杂志 | 1999,(1):45 |
| 仲景针灸经络理论与《内经》关系初探 | 张国骏 | 现代中西医结合杂志 | 1999,(1):7 |
| 对于捻转补泻的初步探讨 | 徐　明等 | 针灸临床杂志 | 1999,(1):38 |
| 穴性论 | 徐　斌 | 中国针灸 | 1999,(1):29 |
| “得气”现象与针效关系的初步观察 | 黄晓卿 | 中国针灸 | 1999,(1):19 |
| 论针灸治疗中的心理效应 | 刘兴仁 | 北京中医药大学学报 | 1999,(2):77 |
| 浅议针刺补泻 | 邢丽阳 | 甘肃中医 | 1999,(2):31 |
| 手足少阳经在肩颈部的交互关系 | 赵喜新 | 河南中医 | 1999,(2):25 |
| 十二经筋理论探析 | 郑利岩 | 辽宁中医学院学报 | 1999,(2):7 |
| 谈我国古代针灸预防保健法 | 郑少祥等 | 陕西中医学院学报 | 1999,(2):47 |
| 足厥阴肝经主小便病候的由来与演变 | 赵京生 | 上海针灸杂志 | 1999,(2):42 |
| 奇经八脉学说在临床上的应用 | 黄葆华 | 上海针灸杂志 | 1999,(2):30 |
| 跷脉理论及其临床应用 | 刘清国 | 上海针灸杂志 | 1999,(2):26 |
| “中阳溜经”和“中阴溜腑”探析 | 陈　晓 | 上海中医药大学学报 | 1999,(2):8 |
| 经脉分支的形成过程与意义 | 赵京生 | 上海中医药大学学报 | 1999,(2):11 |
| 《内经》对施针时病人神志的论述 | 李　锋等 | 针灸临床杂志 | 1999,(2):6 |
| 《黄帝内经》五输穴应用规律初探 | 郑少祥 | 浙江中医杂志 | 1999,(2):50 |
| 试论“出三入一” | 袁铁珍等 | 中医研究 | 1999,(2):50 |
| 针刺手法的定量学研究 | 杨华元等 | 中医研究 | 1999,(2):46 |
| 缪刺巨刺之我见 | 李秋光等 | 中医药信息 | 1999,(2):59 |
| 督脉经穴主治作用规律探讨 | 马惠芳等 | 北京中医药大学学报 | 1999,(3):78 |
| 腧穴定位法研究现状 | 诸毅晖 | 成都中医药大学学报 | 1999,(3):59 |
| 中医经络学说与现代经络研究 | 倪　峰 | 福建中医学院学报 | 1999,(3):32 |
| 浅谈针刺治疗中的“治神” | 邱连利 | 甘肃中医学院学报 | 1999,(3):31 |
| 浅说交会穴 | 梁　欣等 | 贵阳中医学院学报 | 1999,(3):46 |
| 冲脉探析 | 郭一民等 | 井冈山医专学报 | 1999,(3):48 |
| 十二经别理论探折 | 郑利岩等 | 辽宁中医学院学报 | 1999,(3):191 |
| 浅谈患者守神在针刺补泻中的作用 | 张连城 | 天津中医学院学报 | 1999,(3):31 |
| 经脉－脏腑相关是经络理论的核心 | 周逸平 | 针刺研究 | 1999,(3):238 |
| 试论《内经》针刺治神的方法和临床意义 | 马钧阳 | 中医文献杂志 | 1999,(3):17 |
| 论缺盆经脉交会及其临床意义 | 于天源 | 北京中医药大学学报 | 1999,(4):78 |
| 浅谈患者心理因素对针刺疗效的影响 | 钱小燕 | 贵阳中医学院学报 | 1999,(4):26 |
| 从卫气运行谈针灸治疗痹证 | 刘东明 | 国医论坛 | 1999,(4):42 |
| 试从鼠疫流行看灸刺与经络起源 | 符友丰 | 河南中医 | 1999,(4):6 |

| | | | |
|---|---|---|---|
| 浅谈六爻与十二经脉气血循环流注 | 李金祥等 | 河南中医药学刊 | 1999,(4):26 |
| 《素问》针刺探微 | 戴永生 | 湖北中医杂志 | 1999,(4):7 |
| 经络学说与中医望诊 | 张民庆等 | 南京中医药大学学报(自然科学版) | 1999,(4):35 |
| 论《内经》影响针刺谷气至的因素 | 吴　萍 | 四川中医 | 1999,(4):15 |
| 经络刮痧的中医原理浅析 | 曾上劼 | 四川中医 | 1999,(4):54 |
| 九针中大针当为火针 | 李　岩等 | 中国针灸 | 1999,(4):62 |
| 飞经走气针法释义 | 盛燮荪等 | 中国针灸 | 1999,(4):62 |
| 经络学说与切诊 | 赵京生等 | 南京中医药大学学报(自然科学版) | 1999,(5):48 |
| 古代针灸治疗腰痛的特点分析 | 刘立公等 | 上海针灸杂志 | 1999,(5):42 |
| 《黄帝内经》针刺深浅学术思想探析 | 王泽涛 | 中医函授通讯 | 1999,(5):7 |
| 针刺补泻方法浅谈 | 杨仲岐 | 安徽中医临床杂志 | 1999,(6):436 |
| 《灵枢》十二经筋分布规律探讨 | 侯书伟等 | 北京中医药大学学报 | 1999,(6):19 |
| 经络学说在针灸临床的应用 | 王启才等 | 南京中医药大学学报(自然科学版) | 1999,(6):360 |
| 内关、公孙配伍相关性的神经解剖学研究 | 林镘武等 | 上海针灸杂志 | 1999,(6):25 |
| 经络实质研究概况 | 叶建红 | 云南中医学院学报 | 1999,(6):38 |
| 内经"留针"理论初探 | 刘嘉聪 | 针灸临床杂志 | 1999,(6):5 |
| 针灸溯源——腧穴的起源与发展 | 欧阳八四等 | 针灸临床杂志 | 1999,(7):3 |
| 再析"肚腹三里留"——兼与周益新、王如同志商榷 | 王大生等 | 中国针灸 | 1999,(7):63 |
| 《内经》中经络学说的诊断作用 | 许金森 | 辽宁中医杂志 | 1999,(8):11 |
| 奇经八脉运气法 | 肖　伶 | 气功 | 1999,(8):17 |
| 经络辨证与针灸临床 | 刘国真 | 山东中医杂志 | 1999,(8):341 |
| 子母补泻针法浅见 | 沈克艰 | 针灸临床杂志 | 1999,(8):7 |
| 针灸疗法施术的安全 | 万耀光 | 科学中国人 | 1999,(10):64 |
| 经络的现代科学概念 | 刘里远 | 中国针灸 | 1999,(10):27 |
| 《内经》辨病选针探析 | 张钦传等 | 中国针灸 | 1999,(10):62 |
| 列缺穴定位之我见 | 王　颖等 | 辽宁中医杂志 | 1999,(11):518 |
| 经络研究的新思路(一) | 张声闳等 | 辽宁中医杂志 | 1999,(11):488 |
| 鱼际穴平喘析 | 何蓉梅 | 青海医药杂志 | 1999,(11):66 |
| 谈经络系统与脑的联系方式 | 胡玲香等 | 针灸临床杂志 | 1999,(12):3 |
| 从期门穴谈腹部横寸定位 | 牛淑平等 | 中国针灸 | 1999,(12):57 |
| 经筋手疗法初探 | 黄国松 | 广西中医药 | 1999,(S1):64 |
| 试论"十四皮部" | 王鸿度 | 中国针灸学会全国中青年针灸推拿学术经验交流会论文汇编 | 1999:38 |
| 经筋奇穴疗法临床理论初探 | 罗智仁 | 中国针灸学会全国中青年针灸推拿学术经验交流会论文汇编 | 1999:45 |
| 试论冲脉 | 刘清国 | 中国针灸学会全国中青年针灸推拿学术经验交流会论文汇编 | 1999:16 |
| 从中医经络理论探讨音乐治疗对人体的作用 | 吕德鹏等 | 中国音乐治疗学会十周年会庆暨第五届学术年会论文集 | 1999:204 |

| | | | |
|---|---|---|---|
| 经筋病"以痛为腧"辨析 | 王茵萍 | 安徽中医学院学报 | 2000,(1):38 |
| 治疗头部急症的根结疗法 | 王　瑛 | 北京中医 | 2000,(1):49 |
| 论留针 | 张永臣 | 北京中医药大学学报（中医临床版） | 2000,(1):50 |
| 论丛刺及其临床应用 | 胡晓红 | 成都中医药大学学报 | 2000,(1):38 |
| 浅谈中国医学史上针灸学的发展 | 杨冬青 | 黑龙江中医药 | 2000,(1):53 |
| 东汉以前针灸处方配穴原则及规律的探讨 | 裴景春等 | 辽宁中医杂志 | 2000,(1):31 |
| 手六经根结部位辨析 | 邓春雷 | 陕西中医学院学报 | 2000,(1):35 |
| 杨上善《太素》"门—关阖枢"理论初探 | 戴　铭 | 上海中医药杂志 | 2000,(1):19 |
| 络病学说的理论与临床运用初探 | 罗小菊等 | 云南中医中药杂志 | 2000,(1):13 |
| 针刺得气与疗效的关系 | 周德祥 | 浙江中医杂志 | 2000,(1):27 |
| 《内经》中针刺获效影响因素的探讨 | 孔庆寿 | 针刺研究 | 2000,(1):69 |
| 癫痫证的古代针灸特点探讨 | 刘立公等 | 针灸临床杂志 | 2000,(1):3 |
| 针刺手法本神论 | 梁　波 | 针灸临床杂志 | 2000,(1):4 |
| 揭开千古经络之谜 | 祝总骧 | 中国气功科学 | 2000,(1):22 |
| 试论"针下气" | 王守田等 | 中国针灸 | 2000,(1):62 |
| 《内经》针刺深浅理论探析 | 周德祥 | 中医函授通讯 | 2000,(1):19 |
| 东汉以前针灸处方配穴原则及规律的探讨 | 裴景春 | 中医文献杂志 | 2000,(1):45 |
| 古代针灸文献关于腰痛的治疗特点 | 周德祥等 | 中医文献杂志 | 2000,(1):17 |
| 任脉督脉与十四经流注 | 张载义等 | 中医文献杂志 | 2000,(1):15 |
| 略论毫针浅刺针法 | 盛燮荪等 | 中医杂志 | 2000,(1):23 |
| 论针刺"守神"与"守气" | 王　茎等 | 安徽中医学院学报 | 2000,(2):36 |
| 《灵枢》十五络脉分布规律探讨 | 胡志强等 | 北京中医药大学学报（中医临床版） | 2000,(2):6 |
| 择时针灸治疗研究概况 | 梁凤霞等 | 湖北中医学院学报 | 2000,(2):56 |
| 针灸用具溯源 | 盛岱仁等 | 解放军健康 | 2000,(2):37 |
| 留针的意义与依据探析 | 张钦传等 | 山东中医杂志 | 2000,(2):67 |
| 浅谈《内经》经脉气血多寡 | 余美献 | 浙江中医学院学报 | 2000,(2):22 |
| 手厥阴心包经起点"胸中"位置析 | 张载义 | 针灸临床杂志 | 2000,(2):4 |
| 浅析《内经》调整阴阳气血之针法 | 许银华 | 中国针灸 | 2000,(2):37 |
| 腧穴定位法研究进展 | 诸毅晖等 | 中国针灸 | 2000,(2):59 |
| 内关、公孙协同作用的神经解剖学研究 | 林镜武等 | 中国针灸 | 2000,(2):31 |
| 《内经》"冬刺井"理论探析 | 姚玉芳 | 安徽中医学院学报 | 2000,(3):1 |
| 砭镰——我国最早的手术刀 | 贝　易 | 家庭中医药 | 2000,(3):9 |
| 经脉与脉诊的早期关系 | 赵京生 | 南京中医药大学学报（自然科学版） | 2000,(3):168 |
| 对少数经穴定位不一之商榷 | 王守田等 | 陕西中医 | 2000,(3):130 |
| 试论针刺治神 | 范　钢等 | 中国疗养医学 | 2000,(3):47 |
| 经络的时间本质——人身虚体系统试说 | 刘长林 | 中国中医基础医学杂志 | 2000,(3):43 |
| 从"伏羲制九针"谈起 | 白　茅 | 中华医史杂志 | 2000,(3):174 |
| 大肠经义四用探析 | 靳　冰 | 中医文献杂志 | 2000,(3):17 |
| 谈谈我对提高针刺疗效的一点体会 | 丁宗礼 | 安徽中医临床杂志 | 2000,(4):322 |
| 浅谈《内经》中的针灸手法 | 杨　杰等 | 长春中医学院学报 | 2000,(4):57 |
| 浅谈时间治疗学在针灸临床中的运用 | 杨孝芳等 | 贵阳中医学院学报 | 2000,(4):29 |
| 试论神在针刺治疗中的应用 | 刘　强等 | 辽宁中医杂志 | 2000,(4):157 |
| 《黄帝虾蟆经》与针灸禁忌的时空观 | 王　滨 | 内蒙古中医药 | 2000,(4):35 |

| | | | |
|---|---|---|---|
| 《内经》关于经气之探讨 | 吴　萍 | 青海医学院学报 | 2000,(4):29 |
| 谈谈丹田的部位 | 孟宝成等 | 上海针灸杂志 | 2000,(4):11 |
| 试论针刺补泻与轻重刺激的关系 | 廖世杰等 | 宜春医专学报 | 2000,(4):288 |
| 《内经》经络体系的再认识 | 沈志生 | 中国针灸 | 2000,(4):23 |
| 经分——一个重要的经络概念 | 张维波 | 中国针灸 | 2000,(4):27 |
| 砭石疗法 | 耿乃光 | 中国自然医学杂志 | 2000,(4):233 |
| 略论针刺“得气” | 许　幸 | 中医函授通讯 | 2000,(4):60 |
| 关于针刺补泻发展的几点认识 | 夏东斌 | 中医文献杂志 | 2000,(4):10 |
| 《内经》“虚里”辨疑 | 马守宽 | 甘肃中医 | 2000,(5):5 |
| 《灵枢经》针灸治则辨析 | 王亚渭等 | 山西中医 | 2000,(5):37 |
| 论少阳的位置及意义 | 柳少青 | 天津中医 | 2000,(5):42 |
| 针灸诊脉宜用《素问》三部九候法 | 赵桂玲 | 针灸临床杂志 | 2000,(5):6 |
| 论行针调气及其临床应用 | 林　宏 | 中国医药学报 | 2000,(5):47 |
| 论经络学说与中国哲学思想的关系 | 蒋　筱 | 中医药学报 | 2000,(5):42 |
| 谈刺络放血法 | 程宏恩 | 河南中医药学刊 | 2000,(6):16 |
| 论五十营针刺循环疗法 | 袁　民 | 辽宁中医杂志 | 2000,(6):275 |
| 五输穴的主治特性及临床运用 | 胡　葵 | 南京中医药大学学报（自然科学版） | 2000,(6):362 |
| 经筋病“以痛为腧”刍议 | 王茵萍 | 中国针灸 | 2000,(6):55 |
| “冬刺井”临床意义浅析 | 姚玉芳 | 中国针灸 | 2000,(6):62 |
| 对针灸临床病种萎缩的思考 | 欧阳钢 | 中国中医基础医学杂志 | 2000,(6):64 |
| 针刺与得气及其临床应用 | 张海杰 | 中医函授通讯 | 2000,(6):59 |
| 论《内经》“五变主五输”思想 | 闫晓天 | 山东中医杂志 | 2000,(7):387 |
| 经络结构的物质功能 | 谢浩然 | 现代养生 | 2000,(7):15 |
| 五输穴全息论溯源浅识 | 劳卫国等 | 针灸临床杂志 | 2000,(7):3 |
| 浅析《灵枢·官针》中针刺处方的几何构形 | 陈以国等 | 辽宁中医杂志 | 2000,(8):368 |
| 浅谈六经病欲解时 | 蔺金松等 | 山东中医杂志 | 2000,(8):453 |
| 经络辨证刍议 | 沈晓明等 | 针灸临床杂志 | 2000,(8):3 |
| 经络多功能干细胞假说 | 张建新 | 中国气功科学 | 2000,(8):22 |
| 论中医脊髓和骨髓经络 | 程建斌 | 中国中医基础医学杂志 | 2000,(8):64 |
| 经络漫议 | 黄家荣 | 发明与革新 | 2000,(9):32 |
| 督上任下是逆还是顺 | 包顺义 | 气功 | 2000,(11):507 |
| 古今针具演变概述及展望 | 陈永胜等 | 针灸临床杂志 | 2000,(11):55 |
| 禁针禁灸规律初探 | 张丽蓓等 | 中国中医药信息杂志 | 2000,(11):10 |
| 血脉有别于经络 | 许龙泉 | 江苏中医 | 2000,(12):5 |
| 论足六经的特殊意义 | 赵京生 | 上海中医药杂志 | 2000,(12):36 |
| 十二经脉的研究 | 李庸准 | 北京中医药大学学报 | 2000,(S1):109 |
| 浅谈辨证选穴在针灸治疗痛证中的意义 | 安世林 | 甘肃中医学院学报 | 2000,(S1):54 |
| 从心肺二经的诊断与治疗学角度探讨经脉与脏腑相关 | 周逸平等 | 国际传统医药大会论文摘要汇编 | 2000:470 |
| 论《内经》补泻针法的立意及其演变 | 赵京生 | 国际传统医药大会论文摘要汇编 | 2000:486 |
| 论刺络补虚 | 李晓泓 | 国际传统医药大会论文摘要汇编 | 2000:485 |
| 中国耳针的起源和发展 | 陈巩荪等 | 国际传统医药大会论文摘要汇编 | 2000:475 |

| | | | |
|---|---|---|---|
| 心能运气　气能行针 | 蒋维明 | 中国特种针法应用与针灸临床学术交流大会论文集 | 2000:253 |
| 火针的新应用与推广 | 杜忠蓓 | 中国特种针法应用与针灸临床学术交流大会论文集 | 2000:197 |
| 浅议针灸的顺势操作 | 刘德昌 | 中国针灸学会临床分会第八次学术大会论文集 | 2000:186 |
| 试论腧穴分类与针灸临床 | 姬正跃等 | 中国针灸学会临床分会第八次学术大会论文集 | 2000:172 |
| 针灸治疗老年痴呆的经络理论基础初探 | 沈卫东 | 辽宁中医学院学报 | 2001,(1):10 |
| 略论针灸的起源 | 周一谋 | 针灸临床杂志 | 2001,(1):2 |
| 对《内经》中经络问题之管见 | 曹曼丽 | 中国城乡企业卫生 | 2001,(1):43 |
| 经脉似附着于一定组织上的功能带 | 郑利岩 | 中国针灸 | 2001,(1):36 |
| 九针与《黄帝内经》 | 赵明山 | 中医药学刊 | 2001,(1):7 |
| 论督脉在抗衰老中的作用 | 刘　琴等 | 北京中医药大学学报 | 2001,(2):14 |
| 冲脉并足阳明经辨 | 马传江 | 山东中医药大学学报 | 2001,(2):93 |
| 少阳半表半里浅识 | 卢乃彭 | 天津中医 | 2001,(2):44 |
| 保健灸法说关元 | 俞中元 | 养生月刊 | 2001,(2):78 |
| 砭石、九针说源 | 李　戎 | 医古文知识 | 2001,(2):30 |
| 略论阿是穴 | 张士杰 | 中国针灸 | 2001,(2):25 |
| 针灸学在《黄帝内经》中的重要地位 | 王　悦等 | 中国针灸 | 2001,(2):49 |
| 中医对生命认识的经络基础理论 | 王品山 | 中医药学刊 | 2001,(2):100 |
| 中医"治未病"与经穴阳性反应物 | 吴文君 | 长春中医学院学报 | 2001,(3):1 |
| 针灸重在治神 | 林宏 | 福建中医学院学报 | 2001,(3):37 |
| 试论脏腑病针灸处方选配穴 | 杜小正等 | 甘肃中医学院学报 | 2001,(3):46 |
| 《灵枢》十二经脉分布规律探讨 | 侯书伟等 | 湖北中医学院学报 | 2001,(3):5 |
| 浅析《内经》刺热之特色 | 周国琪 | 上海针灸杂志 | 2001,(3):42 |
| 谈内经的腧穴定位方法 | 李　辉等 | 针灸临床杂志 | 2001,(3):5 |
| 针刺补泻浅析 | 孟云凤等 | 中国民间疗法 | 2001,(3):4 |
| 六经辨证 | 徐　蒙等 | 中国乡村医药 | 2001,(3):7 |
| "心包经"质疑 | 张建斌等 | 中国针灸 | 2001,(3):37 |
| 十五络脉辨析 | 王燕平 | 中国中医基础医学杂志 | 2001,(3):71 |
| 《灵枢》经脉循行方向不一致性问题探讨 | 杨仁英 | 江西中医学院学报 | 2001,(4):153 |
| 浅谈针刺与神 | 程立红 | 江西中医学院学报 | 2001,(4):152 |
| 浅析络脉理论及针灸临床运用 | 陈旭军 | 江西中医学院学报 | 2001,(4):151 |
| 研究经方从经络入手之可行性探析 | 李小粤等 | 辽宁中医杂志 | 2001,(4):200 |
| 论关、阖、枢理论与六经证治的关系 | 贾成文等 | 陕西中医学院学报 | 2001,(4):1 |
| 浅谈内经针刺气至观 | 吴新忠 | 针灸临床杂志 | 2001,(4):3 |
| 《内经》补泻针法的立意及其演变 | 赵京生 | 中国乡村医生 | 2001,(4):27 |
| 捻转补泻与捻转方向浅谈 | 赵刚明 | 中国针灸 | 2001,(4):62 |
| 经络是干细胞系——兼论物种的起源与干细胞系的进化 | 张建新 | 中国中医基础医学杂志 | 2001,(4):17 |
| 《内经》"缪刺"探新 | 王　敏 | 中医药学报 | 2001,(4):66 |
| 《内经》对针刺补泻效应的评价 | 魏连海 | 上海针灸杂志 | 2001,(5):43 |
| 出针浅议 | 王　斌等 | 针灸临床杂志 | 2001,(5):6 |
| 交感神经敏感线与经络实质 | 刘里远等 | 中国针灸 | 2001,(5):29 |
| 经络论探源 | 唐有为 | 国外医学．中医中药分册 | 2001,(6):362 |

| | | | |
|---|---|---|---|
| 穴法派的形成与发展 | 韩　勇等 | 陕西中医 | 2001,(6):363 |
| 《灵枢·官针》篇刺法之释义 | 许建敏等 | 上海针灸杂志 | 2001,(6):41 |
| 《灵枢》针刺补泻原则及手法 | 凌　楠 | 中医药学刊 | 2001,(6):585 |
| 以痛制痛——针刺镇痛的基本神经机制 | 刘　乡 | 科学通报 | 2001,(7):609 |
| 影响毫针治疗效果的因素及对策 | 何晓莉等 | 浙江中西医结合杂志 | 2001,(8):7 |
| 谈谈阴阳经在四肢末端交接中的几个问题 | 张良锋 | 中国针灸 | 2001,(8):63 |
| 也谈针刺补泻定量化 | 叶德宝 | 中国针灸 | 2001,(8):48 |
| 略论《内经》辨气施针思想 | 石云琼 | 湖北中医杂志 | 2001,(9):11 |
| 经络实质的思考 | 曾　虹 | 江苏中医 | 2001,(9):6 |
| 针刺操作与治神 | 蒋挺康 | 针灸临床杂志 | 2001,(9):54 |
| 试论常用眼部奇穴与十四经脉的关系 | 戚其华等 | 针灸临床杂志 | 2001,(9):3 |
| 经络循行线是如何确定的 | 黄龙祥 | 中国中医基础医学杂志 | 2001,(9):1 |
| 对《内经》中病理性络脉的分析 | 张建斌等 | 江苏中医 | 2001,(10):43 |
| 针刺迎随补泻法浅析 | 张延智 | 陕西中医 | 2001,(11):672 |
| "捻转"如何定"补泻" | 王　茎等 | 针灸临床杂志 | 2001,(11):5 |
| 论针灸施术环境设置 | 朱晓平等 | 针灸临床杂志 | 2001,(12):44 |
| 针刺任脉古代禁忌穴的探析 | 李万瑶等 | 针灸临床杂志 | 2001,(12):3 |
| 《内经》补泻针法的立意及其演变 | 赵京生 | 中国医药报 | 2001.1.6 |
| 背部经脉调理法 | 王苏平 | 健康报 | 2001.6.8 |
| 《黄帝内经》中关于砭石疗法的记载及其分析 | 张维波 | 首届全国砭石疗法学术研讨会论文集 | 2001:33 |
| 砭石疗法的考古发现 | 夏养培 | 首届全国砭石疗法学术研讨会论文集 | 2001:36 |
| 试论督脉与脑的关系 | 田雁华 | 中国针灸学会第五届全国中青年针灸推拿学术研讨会论文汇编 | 2001:42 |
| 浅述经络学说的临床治疗意义 | 马　林等 | 中国针灸学会第五届全国中青年针灸推拿学术研讨会论文汇编 | 2001:39 |
| 针刺"得气"与疗效 | 赵　辉 | 中国针灸学会第五届全国中青年针灸推拿学术研讨会论文汇编 | 2001:56 |
| 经络渊源的科学推断 | 马玉宝等 | 中医药现代化研究学术大会论文集 | 2001:310 |
| 六经实质研究现状的思考 | 张银柱等 | 中医药现代化研究学术大会论文集 | 2001:306 |
| "奇八通天针"揭开千古周天之谜 | 孙不漏 | 按摩与导引 | 2002,(1):63 |
| 补泻新论 | 张文兵等 | 辽宁中医杂志 | 2002,(1):13 |
| 凡刺之法　必先本于神 | 张　智 | 针灸临床杂志 | 2002,(1):3 |
| 从《内经》看诊脉对针灸临证的指导作用 | 诸毅晖等 | 中国针灸 | 2002,(1):63 |
| 论针灸治法 | 吴　耀等 | 安徽中医学院学报 | 2002,(2):1 |
| 《灵枢》经络系统分布"不对称性"探讨 | 侯书伟等 | 北京中医药大学学报 | 2002,(2):69 |
| 《内经》因时针刺理论浅述 | 钟　丹等 | 长春中医学院学报 | 2002,(2):3 |
| 浅谈下合穴 | 赵艳鸿 | 长春中医学院学报 | 2002,(2):8 |
| 针刺"得气"的几个问题 | 邢志升 | 现代中医药 | 2002,(2):30 |
| 林林总总的迎随补泻 | 吴　耀 | 云南中医学院学报 | 2002,(2):51 |

| | | | |
|---|---|---|---|
| 五脏苦欲补泻之探析 | 方光平 | 云南中医中药杂志 | 2002,(2):44 |
| 心包经“天泉”穴区与心脏相关联系途径的研究 | 张建梁等 | 针刺研究 | 2002,(2):124 |
| 对奇经八脉理论的再认识 | 高希言等 | 中国医药学报 | 2002,(2):111 |
| 从手法歧义看补泻手法的实质 | 吴　强 | 中国针灸 | 2002,(2):58 |
| 针刺补泻浅析 | 孟云凤等 | 中国针灸 | 2002,(2):56 |
| 迎随补泻非针向而在经气流注之盛衰 | 吴　耀 | 中国针灸 | 2002,(2):67 |
| 论《内经》经络的诊断及针刺手法 | 许金森 | 甘肃中医 | 2002,(3):1 |
| 试谈前臂不同体位对经穴定位的影响之我见 | 贾　赫 | 甘肃中医 | 2002,(3):63 |
| 留针时间规律及与针刺疗效关系探讨 | 原　理等 | 山西中医 | 2002,(3):36 |
| 我国古代早期针刺器具探源 | 郝保华等 | 陕西中医学院学报 | 2002,(3):5 |
| 脏腑痛取穴规律分析 | 黄琴峰等 | 上海针灸杂志 | 2002,(3):40 |
| 冲脉初探 | 王　健等 | 天津中医学院学报 | 2002,(3):10 |
| 迎随补泻法考辨 | 吴　耀 | 安徽中医学院学报 | 2002,(4):8 |
| 络病衡正 | 杨雪梅 | 天津中医学院学报 | 2002,(4):13 |
| 十二经络阴阳二气和经脉交接规律的认识 | 马廷辉 | 针刺研究 | 2002,(4):308 |
| 人体体表十四经脉循行路线的红外热像显示 | 汪培清等 | 针刺研究 | 2002,(4):260 |
| 浅谈“徐疾补泻与提插补泻” | 缑燕华等 | 针灸临床杂志 | 2002,(4):3 |
| 谈针灸“治神” | 吴其康 | 针灸临床杂志 | 2002,(4):5 |
| 浅谈“上病下取” | 周国荣等 | 中国民族民间医药杂志 | 2002,(4):196 |
| 镵针辨 | 曾上劼等 | 中国针灸 | 2002,(4):282 |
| 经络研究新论 | 张声闳等 | 中医药学刊 | 2002,(4):410 |
| 气至而有效浅识 | 张盛之 | 中医药研究 | 2002,(4):1 |
| 经脉辨证论治之我见 | 张　吉等 | 北京中医药大学学报 | 2002,(5):75 |
| 徐疾提插补泻法的联系与区别 | 范正忠等 | 河南中医学院学报 | 2002,(5):4 |
| 阿是穴的起源及其命名 | 方汉文等 | 山西中医 | 2002,(5):38 |
| 论“气街” | 张登本 | 现代中医药 | 2002,(5):1 |
| 《灵枢·经脉篇》对针灸理论的贡献 | 叶志英 | 针灸临床杂志 | 2002,(5):4 |
| 《灵枢·官针篇》刺法应用规律及其特色 | 袁宜勤 | 中医药学刊 | 2002,(5):658 |
| 刺血疗法与中医急症 | 陈秀华 | 中医杂志 | 2002,(5):396 |
| 经脉是以神经为主的“络”的感应重心的连线 | 林仰光 | 光明中医 | 2002,(6):14 |
| 循经感传现象产生机理的探讨 | 贾　军等 | 中国针灸 | 2002,(6):32 |
| 浅议针灸疗法的施术安全 | 王军英 | 湖南中医药导报 | 2002,(7):424 |
| 浅论手足同名经上下相应交叉取穴法 | 沈永勤 | 陕西中医 | 2002,(8):730 |
| 任脉、冲脉概念的形成与演变 | 黄龙祥 | 中国针灸 | 2002,(8):26 |
| 试论井穴 | 马惠芳等 | 针灸临床杂志 | 2002,(9):3 |
| 循经识病取公孙 | 许永迅 | 针灸临床杂志 | 2002,(9):48 |
| 论针刺补泻的相对特异性 | 高希言 | 中国针灸 | 2002,(9):32 |
| 经络气道的验证研究 | 谢浩然 | 中国针灸 | 2002,(9):24 |
| 正确认识针刺补法作用的实质及其临床意义 | 梁树艺等 | 针灸临床杂志 | 2002,(10):58 |
| 从“五行互藏”探讨五输穴五行属性及主治的理论渊源 | 李　瑞 | 中国针灸 | 2002,(10):62 |
| 略谈缪刺与巨刺 | 冯禾昌等 | 中国针灸 | 2002,(10):67 |
| 万法健身　经络为本——浅析“经络健身”机理 | 王承鳌 | 时代养生 | 2002,(11):12 |
| 脉·经脉·经络——细筋·系·神经　经络概念的内涵演化与神经的联系 | 韩秀珍等 | 中国针灸 | 2002,(11):59 |
| 浅论冲男任女 | 方乐贤 | 湖北中医杂志 | 2002,(12):10 |

| | | | |
|---|---|---|---|
| 试析五输穴与十二经脉脉气流注的关系 | 陈旭军 | 针灸临床杂志 | 2002,(12):6 |
| 络脉研究概况 | 胥林波 | 针灸临床杂志 | 2002,(12):47 |
| 与"谈谈阴阳经在四肢末端交接中的几个问题"一文作者商榷 | 严桂芳 | 中国针灸 | 2002,(12):61 |
| 率谷穴音义之我见 | 张德英 | 中国针灸 | 2002,(12):61 |
| 浅谈五输穴的诊治方法 | 李金凤 | 现代中西医结合杂志 | 2002,(17):1726 |
| 五输穴的辨证运用 | 李金凤等 | 现代中西医结合杂志 | 2002,(18):1800 |
| 《内经》膻中理论探讨 | 吴　德 | 中国优秀博硕士学位论文全文数据库(硕士)医药卫生科技辑 | 2002,(1):E056-10 |
| 《黄帝内经》与针灸临床轨范 | 包艳燕 | 中国优秀博硕士学位论文全文数据库(硕士)医药卫生科技辑 | 2002,(2):E056-57 |
| 《太素》论经脉连环决死生 | 费国斌 | 全国中医药科研与教学改革研讨会论文集 | 2002:300 |
| 读解经脉 | 林其盛 | 中国针灸学会与大韩针灸师协会缔结姊妹学会十周年暨全国针灸新疗法新技术现场演示和疑难病症针灸治疗经验交流会论文汇编 | 2002:29 |
| 候气针灸法——《内经》针灸补泻法 | 黄建业 | 中国针灸学会与大韩针灸师协会缔结姊妹学会十周年暨全国针灸新疗法新技术现场演示和疑难病症针灸治疗经验交流会论文汇编 | 2002:58 |
| 立体针法机理 | 李　民 | 中国针灸学会与大韩针灸师协会缔结姊妹学会十周年暨全国针灸新疗法新技术现场演示和疑难病症针灸治疗经验交流会论文汇编 | 2002:145 |
| 脏腑互通取穴法的整理 | 邓　前 | 大同医学专科学校学报 | 2003,(1):22 |
| 《伤寒论》六经及六经辨证来源 | 梁华龙等 | 河南中医学院学报 | 2003,(1):7 |
| 试论艾灸补泻 | 鞠传军等 | 南京中医药大学学报(自然科学版) | 2003,(1):47 |
| 论经筋病的针灸辨证治疗 | 何　玲等 | 现代中医药 | 2003,(1):46 |
| 从"谷气至"论出针 | 宋丰军 | 针灸临床杂志 | 2003,(1):5 |
| 对经络和经络学说概念的认识 | 马铁明等 | 中国中医药信息杂志 | 2003,(1):36 |
| 平补平泻法的渊源及其衍化 | 刘存志等 | 中医研究 | 2003,(1):36 |
| 经络理论在疾病诊断中的应用 | 王　虹 | 北京中医药大学学报(中医临床版) | 2003,(2):49 |
| 十二经母子补泻法新用 | 邓　前 | 大同医学专科学校学报 | 2003,(2):18 |
| 经络"对称律"探讨 | 蒋松鹤等 | 江苏中医药 | 2003,(2):5 |
| 得气、针感与疗效辨析 | 仇裕丰等 | 上海针灸杂志 | 2003,(2):40 |
| 中医络病理论研究的"三维立体网络系统" | 吴以岭 | 首都医药 | 2003,(2):48 |
| "虚里"含义再识 | 王玉兴等 | 天津中医药 | 2003,(2):47 |
| 再论厥阴 | 米金辉等 | 现代中医药 | 2003,(2):13 |
| 《内经》"多针刺"浅议 | 黄文燕 | 中医文献杂志 | 2003,(2):24 |
| 扬皮部理论　倡浅刺疗法 | 罗庆道 | 安徽中医临床杂志 | 2003,(3):173 |
| 《黄帝内经》刺血络法之我见 | 周章玲等 | 成都中医学院学报 | 2003,(3):40 |
| 论针刺得气及其影响因素 | 易光强 | 广西中医学院学报 | 2003,(3):3 |

| | | | |
|---|---|---|---|
| 古典针灸理论的自然观探讨 | 韩　红 | 辽宁中医杂志 | 2003,(3):186 |
| 试析《灵枢》对气至的认识 | 刘存志 | 辽宁中医杂志 | 2003,(3):173 |
| 古代取穴方法考析 | 谭奇纹 | 山东中医药大学学报 | 2003,(3):209 |
| 用针宜神定论 | 宋锋军 | 针灸临床杂志 | 2003,(3):3 |
| 略述几种特殊针法的应用 | 张宝发等 | 中国城乡企业卫生 | 2003,(3):48 |
| 从补虚泻实探讨手法实质 | 张　勇等 | 中国针灸 | 2003,(3):30 |
| 络脉的分布规律探讨 | 邱幸凡等 | 中医药信息 | 2003,(3):59 |
| 五输小议 | 周莅莅等 | 长春中医学院学报 | 2003,(4):37 |
| 雏议施治泄泻 | 赵天升等 | 黑龙江中医药 | 2003,(4):57 |
| 浅谈火针疗法的发展史 | 温丽君等 | 辽宁中医学院学报 | 2003,(4):335 |
| 浅谈中医针灸治疗急症 | 王玉明 | 陕西中医 | 2003,(4):356 |
| 针刺过程中的医患效应 | 黄　安 | 上海针灸杂志 | 2003,(4):39 |
| 从“厥阴脉”概念的形成过程看经络学说的意义与价值 | 黄龙祥 | 针刺研究 | 2003,(4):280 |
| 传统补泻手法与刺激强弱关系之我见 | 陶　硕 | 针灸临床杂志 | 2003,(4):57 |
| 宏观整体地认识经络实质 | 郑利岩 | 中国针灸 | 2003,(4):35 |
| 玄府与微循环和离子通道 | 郑国庆等 | 中国中医基础医学杂志 | 2003,(4):13 |
| 刺络放血疗法探源——析《内经》刺血络法 | 张　弛等 | 中国中医基础医学杂志 | 2003,(4):5 |
| 经筋理论临床治验理论探讨 | 刘　杰 | 北京中医 | 2003,(5):23 |
| 从《素问·热论》看《内经》中不同模式的经脉理论 | 杨　峰等 | 南京中医药大学学报（自然科学版） | 2003,(5):299 |
| 针刺补泻手法量化之浅析 | 王宁宁 | 陕西中医学院学报 | 2003,(5):8 |
| 经络学说的现代科学研究及认识 | 王　欣 | 温州医学院学报 | 2003,(5):352 |
| 《内经》头部腧穴探析 | 戴　晴 | 浙江中医杂志 | 2003,(5):28 |
| 《内经》针刺禁忌理论的人文观与自然观探讨 | 韩　红 | 针灸临床杂志 | 2003,(5):3 |
| 透刺法浅析 | 孙　斌 | 针灸临床杂志 | 2003,(5):45 |
| 中医外治法的鼻祖——砭石疗法 | 张维波 | 中国针灸 | 2003,(5):50 |
| 经外奇穴溯源 | 王　茎 | 安徽中医学院学报 | 2003,(6):31 |
| 《黄帝内经》对“井穴”论述的探讨 | 周国平等 | 天津中医药 | 2003,(6):27 |
| 新九针溯源 | 李晓泓等 | 中国医药学报 | 2003,(6):353 |
| 奇经八脉探讨 | 马　琴等 | 中国针灸 | 2003,(6):33 |
| 浅析“九针”之义 | 何学斌等 | 中国针灸 | 2003,(6):63 |
| 王泽涛教授论《内经》与《难经》针刺深浅学术思想 | 雷龙鸣等 | 中医药学刊 | 2003,(6):858 |
| 关于针刺疗法中“神”的问题 | 倪莹莹 | 针灸临床杂志 | 2003,(7):3 |
| “守神”的临证意义与作用 | 彭楚湘 | 中医药学刊 | 2003,(7):1203 |
| 试论《内经》对穴性的认识 | 陈　峰 | 浙江中医杂志 | 2003,(8):3 |
| 夹脊穴辨 | 黄建军 | 针灸临床杂志 | 2003,(8):13 |
| 浅析原穴与俞募配穴在五运六气、子午流注中的应用 | 闫爱国 | 针灸临床杂志 | 2003,(8):14 |
| 掌筋刺 | 张新艺 | 中国针灸 | 2003,(8):61 |
| 关于手五里穴禁刺的探讨 | 王鸿谟 | 中国针灸 | 2003,(8):60 |
| 针灸临床取穴要略 | 潘　哲 | 中国中医基础医学杂志 | 2003,(8):61 |
| 谈针灸“治未病”的介入时机 | 李晓泓等 | 中医杂志 | 2003,(8):586 |
| 传统针灸补泻手法及其实质的研究近况 | 李秀琼等 | 广东微量元素科学 | 2003,(9): |
| 历代医家对单式针刺手法分类 | 侯玉铎 | 河南中医学院学报 | 2003,(9):77 |
| 经脉病候研究 | 杨　峰等 | 针灸临床杂志 | 2003,(9):5 |
| 浅谈火针的古今发展及注意事项 | 姜　磊 | 针灸临床杂志 | 2003,(9):50 |
| 关于经脉起止走向规律的探讨 | 王鸿谟 | 中国针灸 | 2003,(9):39 |

| | | | |
|---|---|---|---|
| 巨刺法应用规律研究 | 孙六合等 | 中国针灸 | 2003,(9):42 |
| 试论经络的"阴阳相贯" | 孙永显 | 中国针灸 | 2003,(9):35 |
| "久病入络"理论探讨 | 邱幸凡等 | 中国中医基础医学杂志 | 2003,(9):8 |
| 论"阳明脉衰"与绝经过渡期生殖轴机能衰退之相关性 | 李　燕等 | 四川中医 | 2003,(10):22 |
| 论殷商至两汉创立经脉学说的解剖基础 | 严健民 | 中国中医基础医学杂志 | 2003,(10):5 |
| 略论络病理论的形成与发展 | 陈金亮等 | 中国中医药信息杂志 | 2003,(10):1 |
| 浅谈"凡刺之真,必先治神" | 刘永涛等 | 湖南中医药导报 | 2003,(11):39 |
| 论经病　络病辨证及其意义 | 李　伯等 | 辽宁中医杂志 | 2003,(11):921 |
| 论十四经腧穴数目 | 乔海法等 | 中国医药学报 | 2003,(11):685 |
| 《黄帝内经》对针灸学的重要贡献探要 | 孔庆爱等 | 中医药学刊 | 2003,(11):1886 |
| 浅谈原、郄穴在五运六气、子午流注中的应用 | 闫爱国 | 上海针灸杂志 | 2003,(12):36 |
| 关于"是动病"和"所生病"之我见 | 刘瑞华 | 上海针灸杂志 | 2003,(12):48 |
| 脊椎九宫穴与易经——试谈"法于阴阳,和于术数"的易学思想 | 金　宇 | 针灸临床杂志 | 2003,(12):44 |
| 迎随是针刺补泻的原则 | 陆寿康 | 中国针灸 | 2003,(12):30 |
| 十五络穴之浅见 | 李兴国等 | 中国针灸 | 2003,(12):62 |
| 古代经络概念与现代经络研究 | 张维波 | 中国中医基础医学杂志 | 2003,(12):44 |
| 经络是蕴含于机体组织中的约定通道释义 | 章炳炜 | 中医药学刊 | 2003,(12):2159 |
| 针灸经络研究有重要进展 | 刘燕玲等 | 健康报 | 2003.6.5 |
| 浅论经脉概念的起源及经脉理论的演变 | 林　磊 | 中国优秀博硕士学位论文全文数据库(硕士)医药卫生科技辑 | 2003,(2):E056－9 |
| 刺血疗法杂谈 | 李海云 | 全国首届刺络放血研究及临床学术交流会论文集 | 2003:108 |
| 论"阳明脉衰"与绝经过渡期生殖轴机能衰退之相关性 | 李　燕等 | 中国科协2003年学术年会论文集(下) | 2003:208 |
| 浅谈《内经》灸法 | 马彦红 | 河北中医 | 2004,(1):48 |
| 十二经筋理论探析 | 骆书彦等 | 江苏中医药 | 2004,(1):42 |
| 热俞水俞析 | 赵京生 | 南京中医药大学学报(自然科学版) | 2004,(1):24 |
| 浅谈"枢机"及其临床意义 | 张福华等 | 山东中医药大学学报 | 2004,(1):23 |
| 同经相应取穴法初探 | 郭淑卿等 | 山西职工医学院学报 | 2004,(1):45 |
| 三棱针点刺放血机理探析 | 聂兰新等 | 实用中医内科杂志 | 2004,(1):74 |
| 中国不同民族刺络放血疗法的比较研究 | 马　莎等 | 天津中医药 | 2004,(1):35 |
| 试论"神"在针刺治疗上的运用 | 张　鹏等 | 针灸临床杂志 | 2004,(1):5 |
| 论刺灸操作过程中的指导原则 | 刘　喆等 | 北京中医药大学学报(中医临床版) | 2004,(2):33 |
| 针刺深浅初探 | 袁宜勤 | 湖南中医学院学报 | 2004,(2):51 |
| 《内经》针刺治神理论初探 | 王　妮等 | 陕西中医学院学报 | 2004,(2):39 |
| 经验老到　见解独特——《黄帝内经十二脉揭秘·应用》评述 | 徐丹生 | 郧阳师范高等专科学校学报 | 2004,(2):14 |
| 从经络的认知发生学说起 | 王志红等 | 浙江中医学院学报 | 2004,(2):14 |
| 读解经脉 | 林其盛 | 中国针灸 | 2004,(2):67 |
| 手、足少阳经脉在颈肩部的循行关系 | 睢明河等 | 北京中医药大学学报(中医临床版) | 2004,(3):52 |

| | | | |
|---|---|---|---|
| 针刺以通为要 | 李　凤 | 黑龙江中医药 | 2004,(3):45 |
| 阴阳维脉古今观 | 陈泽林 | 上海针灸杂志 | 2004,(3):35 |
| 试谈针灸医籍关于得气的论述 | 于汪淞 | 天津中医学院学报 | 2004,(3):156 |
| 《内经》针刺补泻手法对“气至”现象的利用与控制 | 王毅刚等 | 针灸临床杂志 | 2004,(3):4 |
| 针源于砭吗 | 白兴华 | 中国针灸 | 2004,(3):69 |
| 再论俞原穴及其配伍方法 | 徐晓红 | 长春中医学院学报 | 2004,(4):16 |
| 内关穴治疗痛症的文献研究 | 林　红等 | 成都中医药大学学报 | 2004,(4):57 |
| 奇穴刍议 | 赵征宇等 | 辽宁中医杂志 | 2004,(4):336 |
| 经脉与络脉差异的认识 | 董桂兰 | 南京中医药大学学报(自然科学版) | 2004,(4):204 |
| 神阙穴拔罐的理论与临床意义初探 | 曾　芳 | 云南中医中药杂志 | 2004,(4):25 |
| 《内经》足六经理论比较研究 | 杨　峰等 | 浙江中医杂志 | 2004,(4):8 |
| 十二经脉流注、标本根结理论与五输穴出入合论 | 唐卫华 | 中国医药学报 | 2004,(4):197 |
| 论经病、络病的异同及临床意义 | 李　伯等 | 中国针灸 | 2004,(4):49 |
| 针灸意外事故的历史与现状 | 张　仁 | 中西医结合学报 | 2004,(4):306 |
| “补泻反,则病益笃”之我见 | 殷光磊等 | 中医药临床杂志 | 2004,(4):363 |
| 浅谈“久病入络” | 李君平等 | 中医药临床杂志 | 2004,(4):361 |
| 经脉学说的早期历史:气、阴阳与数字 | 韩健平 | 自然科学史研究 | 2004,(4):326 |
| 络脉在中医中的运用 | 杨　中等 | 江西中医学院学报 | 2004,(5):15 |
| 关于“气至”与“得气”的管见 | 张瑞峰等 | 上海针灸杂志 | 2004,(5):41 |
| 巨刺的现代研究概况 | 林忆平等 | 云南中医中药杂志 | 2004,(5):41 |
| 重插轻提及轻插重提的思考 | 赵永海 | 中国针灸 | 2004,(5):41 |
| 经气及其运行规律探讨 | 王鸿谟 | 中国针灸 | 2004,(5):29 |
| 多针刺法探讨 | 崔　瑾 | 中国中医基础医学杂志 | 2004,(5):66 |
| 脾胃学说与针灸论治 | 袁　青等 | 中医药通报 | 2004,(5):5 |
| 辩证分析脏腑经络与眼的关系 | 李大庆等 | 长春大学学报 | 2004,(6):95 |
| “阳明厥阴不从标本从乎中也”之我见 | 林春景 | 甘肃中医 | 2004,(6):1 |
| 从《伤寒论》中的“支节烦疼”进而探讨《内经》中的“少阳主骨” | 刘　舟 | 光明中医 | 2004,(6):1 |
| 从输穴的主治特点谈五输穴原理 | 赵百孝 | 中国针灸 | 2004,(6):49 |
| 灵龟八法与奇经八脉的流注 | 邵瑞奇 | 中国针灸 | 2004,(6):52 |
| 论切诊与针灸疗法 | 李　敏等 | 中国针灸 | 2004,(6):75 |
| 追寻《内经》古典科学思想在经络实质研究中的体现 | 刘里远 | 中国中医基础医学杂志 | 2004,(6):75 |
| 针刺配合治神的方法与意义探讨 | 白晓英等 | 陕西中医 | 2004,(7):638 |
| 针药结合学术思想溯源 | 龚东方等 | 针灸临床杂志 | 2004,(8):6 |
| 经络与血管关系纵横谈 | 范郁山等 | 中医药学刊 | 2004,(8):1541 |
| 对于《内经·灵枢》骨度、肠度的验证分析 | 陈匡时 | 江西中医药 | 2004,(9):17 |
| 留针时间探析 | 夏晓红 | 辽宁中医杂志 | 2004,(9):738 |
| 略论“缪刺”与“巨刺” | 刘瑞华 | 上海针灸杂志 | 2004,(9):31 |
| 论针灸的针下感觉与“得气” | 陶琪彬 | 针灸临床杂志 | 2004,(9):7 |
| 小议“不盛不虚,以经取之” | 张　为 | 针灸临床杂志 | 2004,(9):10 |
| 四关穴及临床应用 | 黄建军等 | 针灸临床杂志 | 2004,(9):45 |
| 论经穴的穴组与组合穴 | 戴　晴等 | 中国医药学报 | 2004,(9):523 |
| 经脉感应论 | 卓廉士等 | 中国针灸 | 2004,(9):41 |
| 试论经络与血脉的区别 | 徐云生 | 中国针灸 | 2004,(9):39 |
| 《经络是什么》中的经络是什么 | 方烨花等 | 医学与哲学 | 2004,(10):46 |

| | | | |
|---|---|---|---|
| 《内经》中水肿使用缪刺的意义探讨 | 迟 越等 | 针灸临床杂志 | 2004,(10):3 |
| 十二经别"离入出合"与"离合出入"辨析 | 谷世喆等 | 中国针灸 | 2004,(10):77 |
| "迎随补泻"刍议 | 张笑菲 | 河南中医 | 2004,(11):11 |
| 针刺补泻手法与针刺补泻效应的关系 | 张金喜等 | 辽宁中医杂志 | 2004,(11):952 |
| 治神与得气 | 耿惠萍等 | 陕西中医 | 2004,(11):1056 |
| 正"督脉"之位 | 焦顺发 | 上海针灸杂志 | 2004,(11):4 |
| 试论经脉的气与针刺取气 | 陈 峰等 | 浙江中医杂志 | 2004,(11):29 |
| "是动"与"所生"对中医现代研究的启示 | 李子孺等 | 中国针灸 | 2004,(12):69 |
| 经络冲脉奥秘之端倪 | 牛文民等 | 中国针灸 | 2004,(12):31 |
| 针刺与治神 | 程正合 | 现代医药卫生 | 2004,(19):2037 |
| 刺络放血疗法的血管生物学基础 | 徐斌 | 中国临床康复 | 2004,(24):1527 |
| 太少经脉　入通于心　治分先后 | 梅国强 | 中国中医药报 | 2004.4.29 |
| 候气针灸法的再实践 | 谭健忠 | 广东省针灸学会第九次学术交流会暨"针灸治疗痛症及特种针法"专题讲座论文汇编 | 2004:175 |
| 《内经》刺血络法中顺势治则之我见 | 翟 懿 | 中国针灸学会第六届全国中青年针灸推拿学术交流暨针灸学科发展与建设研讨会论文汇编 | 2004:10 |
| 浅谈刺络法 | 周淑英等 | 中国针灸学会第六届全国中青年针灸推拿学术交流暨针灸学科发展与建设研讨会论文汇编 | 2004:15 |
| 试论针至病所与针灸疗效之关系 | 许荣正 | 中国针灸学会第六届全国中青年针灸推拿学术交流暨针灸学科发展与建设研讨会论文汇编 | 2004:13 |
| 看《内经》的古法针灸 | 汪 莹 | 西南片区针灸学术研讨会论文汇编 | 2004:34 |
| 八脉交会穴在调节失眠症的作用机制——读《灵枢》心得体会 | 蒙昌荣 | 广东省针灸学会第九次学术交流会暨"针灸治疗痛症及特种针法"专题讲座论文汇编 | 2004:235 |
| 砭石疗法与经筋病 | 谷世哲等 | 第二届全国砭石疗法学术研讨会论文集 | 2004:30 |
| 古砭术失传析因 | 张维波 | 第二届全国砭石疗法学术研讨会论文集 | 2004:25 |
| 谈砭石疗法与经络、络病 | 谷世哲等 | 第二届全国砭石疗法学术研讨会论文集 | 2004:21 |
| 灵龟八法中的奇经流注 | 邵瑞奇 | 2004 全国时间生物医学学术会议论文集 | 2004:209 |
| 针刺治疗痛证作用机制的研究进展 | 粟胜勇等 | 河北中医 | 2005,(1):68 |
| 对《内经》针刺深浅理论的探讨 | 任 珊 | 河南中医学院学报 | 2005,(1):22 |
| 《内经》络脉、络病理论初探 | 赵建新等 | 陕西中医 | 2005,(1):79 |
| 论针灸治疗中的心理学因素 | 张建斌等 | 针灸临床杂志 | 2005,(1):3 |
| 中医对人体经络的认识(之一)　经络和经络系统的组成 | 肖 娴 | 开卷有益·求医问药 | 2005,(2):14 |
| 《内经》针灸调经原理初探 | 王小平 | 山东中医药大学学报 | 2005,(2):105 |
| 心经经脉与心脏相关联系的形态学研究 | 荣培晶等 | 针刺研究 | 2005,(2):97 |
| 针刺补泻论——针以调气 | 靳长旭 | 针灸临床杂志 | 2005,(2):9 |
| 四"气街"探幽 | 史 勇等 | 中国中医基础医学杂志 | 2005,(2):142 |
| 浅谈十二经脉的命名 | 朱小俊 | 黑龙江中医药 | 2005,(3):43 |
| 针刺补泻刍议 | 武峻艳 | 辽宁中医学院学报 | 2005,(3):207 |
| 卦气说与《内经》经脉病候 | 邢玉瑞等 | 山西中医学院学报 | 2005,(3):4 |
| 论经脉分布的阴阳平衡及病理失衡 | 何 玲等 | 上海针灸杂志 | 2005,(3):33 |

| | | | |
|---|---|---|---|
| 经脉循行规律研究 | 王鸿谟 | 中国针灸 | 2005,(3):47 |
| 腧穴毫针针刺深度刍议 | 孙永显等 | 中国针灸 | 2005,(3):59 |
| 背腧穴浅析 | 李 俊 | 中医药临床杂志 | 2005,(3):304 |
| 浅谈经别的循行及其应用特点 | 刘 凯 | 天津中医药 | 2005,(4):318 |
| 也说《内经》中"气至" | 李志刚等 | 针刺研究 | 2005,(4):246 |
| 捻转补泻法与经脉循行方向的关系 | 文 洪等 | 针灸临床杂志 | 2005,(5):3 |
| "四关"辨析 | 李艳梅等 | 中国针灸 | 2005,(5):340 |
| 足阳明脉"是动病"病候探讨 | 张建斌 | 安徽中医学院学报 | 2005,(6):1 |
| 络病理论体系的构建 | 吴以岭 | 疑难病杂志 | 2005,(6):349 |
| 论针灸"皮脉肉筋骨"层次论治方法 | 赵百孝 | 中国针灸 | 2005,(6):433 |
| 脏腑背前主治与足太阳膀胱经之关系 | 贾 杰等 | 中国针灸 | 2005,(6):414 |
| 谈"未病"、"治未病"与"逆针灸" | 李晓泓等 | 中国中医基础医学杂志 | 2005,(6):404 |
| "空间时相针灸法"的螺旋守中原理与应用法则 | 高少才等 | 中华中医药杂志 | 2005,(6):359 |
| "缪刺"与"巨刺"辨析 | 潘伟达等 | 按摩与导引 | 2005,(7):38 |
| 针灸溯源——九针的起源、运用与发展 | 欧阳八四 | 针灸临床杂志 | 2005,(7):47 |
| 针灸疗法禁忌症的历史探究 | 王宇恒等 | 针灸临床杂志 | 2005,(7):49 |
| 从经络筋膜学说看脉象形成机理 | 贺振泉等 | 中国中医基础医学杂志 | 2005,(7):489 |
| 论络病 | 谭达全等 | 中医药学刊 | 2005,(7):1237 |
| 中医对人体经络的认识(之七) 经络的生理功能和应用(一) | 肖 娴 | 开卷有益·求医问药 | 2005,(8):14 |
| 试述针刺用针之道 | 李永堂等 | 实用中医药杂志 | 2005,(8):502 |
| "远道取穴"法原理考究 | 李健强等 | 中国针灸 | 2005,(9):663 |
| 浅论"治神"在针刺治疗中的应用 | 陈安亮等 | 中医杂志 | 2005,(9):668 |
| 论脏腑相表里的经络基础 | 凌宗元 | 四川中医 | 2005,(10):3 |
| 《黄帝内经》经脉名称剖析 | 林 磊等 | 针灸临床杂志 | 2005,(10):1 |
| 何谓"刺家不诊" | 胥荣东等 | 中国针灸 | 2005,(10):751 |
| 古今"经络"概念试说 | 严健民 | 中国中医基础医学杂志 | 2005,(10):721 |
| 从古代脉法探讨经络与脉诊的关系 | 黄岑汉 | 中华中医药杂志 | 2005,(10):583 |
| 健康人胃经五输穴体表阻抗的年龄特征 | 徐冬梅等 | 上海针灸杂志 | 2005,(11):42 |
| 谈谈"气至而有效" | 郭 明 | 针灸临床杂志 | 2005,(11):48 |
| 四海与颈椎关系初探 | 刘嘉聪 | 甘肃中医 | 2005,(12):1 |
| 试论《内经》针刺治疗热病的学术特色 | 周建伟等 | 四川中医 | 2005,(12):31 |
| 浅谈《内经》中的络病及刺络疗法 | 李冬梅等 | 中国民间疗法 | 2005,(12):4 |
| 浅析《内经》中的络脉治疗 | 李 洁等 | 中国针灸 | 2005,(12):889 |
| 同位点针刺法 | 陈 重等 | 中医药学刊 | 2005,(12):2283 |
| 针刺穴位与经脉血气运行的功能及其物质基础 | 王 欣 | 中国临床康复 | 2005,(24):142 |
| 经脉起止走向规律(英文) | 王鸿谟 | 中国临床康复 | 2005,(41):184 |
| 经脉辨证论治之我见 | 张 吉等 | 中国中医药报 | 2005.8.18 |
| 经脉辨证论治之我见 | 张 吉等 | 中国中医药报 | 2005.9.1 |
| 五输穴理论及其临床应用体会 | 刘 颖 | 中国优秀博硕士学位论文全文数据库(硕士)医药卫生科技辑 | 2005,(4):E056-68 |
| 针刺得气及其衍变之探讨 | 刘书坤 | 中国优秀博硕士学位论文全文数据库(硕士)医药卫生科技辑 | 2005,(4):E056-42 |

| | | | |
|---|---|---|---|
| 古代针灸"治未病"方法初探 | 赵诚基 | 中国优秀博硕士学位论文全文数据库(硕士)医药卫生科技辑 | 2005,(4):E056-56 |
| 《内经》补泻刺法研究 | 张晨光 | 中国优秀博硕士学位论文全文数据库(博士)医药卫生科技辑 | 2005,(6):E056-4 |
| 日中刺络疗法的比较研究 | 小池俊治 | 中国优秀博硕士学位论文全文数据库(硕士)医药卫生科技辑 | 2005,(7):E056-35 |
| 络病理论的形成 | 毕桂芝等 | 第八次全国中医糖尿病学术大会论文汇编 | 2005:198 |
| 浅谈古今刺今刺络放血工具 | 王凤艳 | 第二届全国刺络疗法暨首届少数民族放血疗法学术研讨会论文集 | 2005:101 |
| 浅论针刺手法与"气" | 马铁明 | 全国针法灸法临床与科研学术研讨会论文汇编 | 2005:110 |
| 经络研究的思路与方法刍议 | 梁繁荣 | 首届中医药发展国际论坛、首届中医药防治艾滋病国际研讨会和全国中医药科研院所长联谊会论文集 | 2005:67 |
| 中国传统砭术在康复医学中的应用 | 耿引循等 | 首届中医药发展国际论坛、首届中医药防治艾滋病国际研讨会和全国中医药科研院所长联谊会论文集 | 2005:265 |
| 论传统毫针刺法的五大环节 | 赖新生 | 针灸技术规范及学术发展研讨会论文集 | 2005:25 |
| 透穴刺法浅议 | 桑　鹏等 | 针灸技术规范及学术发展研讨会论文集 | 2005:202 |
| 《内经》中"刺禁"问题的初步探讨 | 徐　晖等 | 中国针灸学会2005年学术年会论文集 | 2005:192 |
| 关于留针时间的探讨 | 关　卫 | 中国针灸学会临床分会第三届全国代表大会暨全国针灸临床学术论坛论文集 | 2005:28 |
| 《内经》中有关得气、气至的初步探讨 | 王朝阳等 | 北京中医药大学学报 | 2006,(1):14 |
| 运用"场"学说探讨针灸经络 | 张　力 | 上海针灸杂志 | 2006,(1):36 |
| 脏腑经络之气互藏理论初探 | 吴建军等 | 医学与哲学(人文社会医学版) | 2006,(1):48 |
| 经络分野规律研究 | 王鸿谟 | 中国针灸 | 2006,(1):29 |
| 试论针刺得气 | 袁宜勤 | 湖南中医药大学学报 | 2006,(2):46 |
| "徐而疾则实,疾而徐则虚"释疑 | 胥荣东等 | 中国针灸 | 2006,(2):154 |
| 《内经》经筋的实质是神经 | 秦玉革 | 中国针灸 | 2006,(2):147 |
| 论《黄帝内经》的针刺原则 | 尤舒彻 | 中国中医药信息杂志 | 2006,(2):84 |
| 《内经》导引行气辨真 | 李保国 | 中医药临床杂志 | 2006,(2):108 |
| 从《内经》中冲脉的功能和循行特点探讨冲脉实质——论冲脉与内分泌性腺轴的关系 | 杜元灏 | 中医药学刊 | 2006,(2):206 |
| 浅议原穴 | 梁永瑛 | 中医药学刊 | 2006,(2):298 |
| 针至病所的传承与发展 | 许荣正 | 中医杂志 | 2006,(2):155 |
| 同气相求配穴法 | 邓　前 | 大同医学专科学校学报 | 2006,(3):39 |
| 浅论任脉为"阴脉之海" | 杨东梅等 | 河南中医学院学报 | 2006,(3):20 |
| 天柱穴穴性阐微 | 曹大明等 | 河南中医学院学报 | 2006,(3):19 |
| 论"反应点"与腧穴 | 康明非等 | 江西中医学院学报 | 2006,(3):37 |
| 阴有阳疾者　取之下陵三里略释 | 张翠红 | 辽宁中医杂志 | 2006,(3):285 |
| 浅议《灵枢·经脉》对《帛书》十一脉经络理论的发展 | 崔华峰等 | 山东中医药大学学报 | 2006,(3):229 |
| "得气"指征的再描述 | 屈玉明 | 山西职工医学院学报 | 2006,(3):49 |

| | | | |
|---|---|---|---|
| 《黄帝内经》中的经络学说 | 张灿玾 | 山西中医学院学报 | 2006,(3):8 |
| 试述神与针刺 | 王　欣等 | 实用中医药杂志 | 2006,(3):178 |
| 论“少阳枢”、“少阴枢”的理论及其临床应用 | 赵诗哲 | 浙江中医杂志 | 2006,(3):125 |
| 经脉病候研究概况 | 贾　杰等 | 针灸临床杂志 | 2006,(3):5 |
| 浅谈针刺的辅助手法 | 王红军 | 针灸临床杂志 | 2006,(3):42 |
| 试论五输穴与原穴脉气循行流注的一致性 | 李　瑞等 | 北京中医药大学学报 | 2006,(4):225 |
| 同名经五输穴配穴法 | 邓　前 | 大同医学专科学校学报 | 2006,(4):35 |
| 浅论十二经脉气血盛衰与经络病变的关系 | 董宝强等 | 光明中医 | 2006,(4):1 |
| 针刺治疗要把握选穴、得气和施术手法三个重要环节 | 李长锤 | 光明中医 | 2006,(4):20 |
| 任脉与脑相关探析 | 刁利红等 | 辽宁中医杂志 | 2006,(4):398 |
| 解析冲脉的特殊生理及临床意义 | 韩　红 | 辽宁中医杂志 | 2006,(4):477 |
| 对本科阶段《内经》教学的思考 | 唐雪梅 | 南京中医药大学学报（社会科学版） | 2006,(4):248 |
| 对“经络”概念理论的质疑 | 贺晓慧等 | 宁夏医学院学报 | 2006,(4):359 |
| 《灵枢·官针》的刺法分类比较 | 殷优长等 | 上海针灸杂志 | 2006,(4):41 |
| “标本根结”与针灸临床取穴 | 李　辉等 | 针灸临床杂志 | 2006,(4):37 |
| 合谷穴的局部解剖学研究 | 崔怀瑞等 | 针灸临床杂志 | 2006,(4):35 |
| “经脉论”与“血脉论”孰是孰非 | 刘澄中 | 中华医史杂志 | 2006,(4):231 |
| 两个六经不能混淆——《伤寒杂病论》的理论来源 | 冯世纶 | 中医文献杂志 | 2006,(4):41 |
| 浅谈治神与用针宜静 | 徐珊宁等 | 福建中医药 | 2006,(5):60 |
| 中医藏象学说研究中的系统论方法 | 任　路等 | 辽宁中医杂志 | 2006,(5):550 |
| “是动病”“所生病”的理论研究与探讨 | 韩　红 | 辽宁中医杂志 | 2006,(5):544 |
| 经络学说的形成原委及功能 | 张灿玾 | 山西中医学院学报 | 2006,(5):2 |
| 在墨行医偶得——关于针刺的深浅与得气 | 丁秉文 | 上海针灸杂志 | 2006,(5):48 |
| 浅谈灸法在“治未病”中的应用 | 周　鹏等 | 时珍国医国药 | 2006,(5):865 |
| 古“督脉经”探析 | 张建斌等 | 浙江中医杂志 | 2006,(5):249 |
| 中脘穴的古今应用与研究 | 战文翔等 | 针刺研究 | 2006,(5):311 |
| 原络配穴与气血流注 | 董宝强 | 中华中医药杂志 | 2006,(5):315 |
| 气至而有效探微 | 葛　震等 | 国医论坛 | 2006,(6):19 |
| 《内经》《难经》因时针刺及其区别探讨 | 许丽梅等 | 辽宁中医药大学学报 | 2006,(6):39 |
| 谈针刺补泻手法 | 朴南建 | 辽宁中医药大学学报 | 2006,(6):78 |
| 谈中医穴位的性能 | 王联庆 | 辽宁中医药大学学报 | 2006,(6):20 |
| 深浅之宜　针之要道 | 孟立强 | 山西中医学院学报 | 2006,(6):6 |
| 艾灸作用浅谈 | 王联庆 | 陕西中医 | 2006,(6):713 |
| 浅谈环跳取穴 | 杨凤琼等 | 时珍国医国药 | 2006,(6):1068 |
| 关于经络经脉脏腑相关研究的深入探讨 | 周逸平 | 针刺研究 | 2006,(6):327 |
| 从《内经》、《难经》探讨五输穴因时而刺的异同 | 吴至凤等 | 针灸临床杂志 | 2006,(6):3 |
| 六经脉之厥与厥逆 | 仰卫军 | 中医药学刊 | 2006,(6):1106 |
| 古典经络理论本义辨析 | 王鸿谟 | 中国针灸 | 2006,(7):489 |
| 从能量角度透视提插补泻与徐疾补泻 | 张　兴等 | 中国针灸 | 2006,(7):525 |
| 针灸推拿在养生中的应用 | 田华张等 | 吉林中医药 | 2006,(8):8 |
| 《内经》跷脉功能浅述 | 赵　辉 | 山东中医杂志 | 2006,(8):516 |
| 对“经气流注”方式的探讨 | 陈利华等 | 中医药学刊 | 2006,(8):1572 |
| 宁失穴　勿失经 | 王汝聪 | 健身科学 | 2006,(9):26 |
| “凡将用针，必先诊脉”释义 | 胥荣东等 | 针灸临床杂志 | 2006,(9):1 |
| 《内经》经筋理论的再认识 | 沈志生 | 中国针灸 | 2006,(9):639 |

| | | | |
|---|---|---|---|
| 经络经脉及其英译 | 曲丽芳 | 中国针灸 | 2006,(9):676 |
| 简析古代医籍中禁针慎针腧穴的形态学依据 | 鲍良红等 | 上海中医药杂志 | 2006,(10):44 |
| 关于穴位与中药对应性初探 | 唐　倩等 | 针灸临床杂志 | 2006,(10):1 |
| 试论候气针灸法 | 邝杰超 | 针灸临床杂志 | 2006,(10):40 |
| 两个六经不能混淆——《伤寒杂病论》的理论来源 | 冯世纶 | 中华中医药杂志 | 2006,(10):582 |
| 宗筋论 | 王　琦 | 中华中医药杂志 | 2006,(10):579 |
| 《黄帝内经》论经络学说浅析(上) | 李广钧 | 北京中医 | 2006,(11):659 |
| 经脉动脉说 | 卓廉士 | 中国针灸 | 2006,(11):793 |
| 《黄帝内经》论经络学说浅析(下) | 李广钧 | 北京中医 | 2006,(12):727 |
| 谈医者得气 | 高　轶等 | 中国针灸 | 2006,(12):905 |
| 论十二经脉气血运行始自手太阴肺经 | 张光霁 | 中华中医药杂志 | 2006,(12):717 |
| 试论刺禁——兼论中医现代化研究之方向 | 叶长兴等 | 中国医药导报 | 2006,(17):113 |
| 经络研究思路和方法探讨 | 刁利红等 | 中国临床康复 | 2006,(19):164 |
| 耳穴中医理论基础初探 | 谷　林 | 中国社区医师(综合版) | 2006,(20):9 |
| 《黄帝内经》中针刺补泻原则与方法的研究 | 郑雅芳 | 中国优秀博硕士学位论文全文数据库(硕士)医药卫生科技辑 | 2006,(10):E056-34 |
| 《内经》针刺补泻研究 | 邱新红 | 中国优秀博硕士学位论文全文数据库(硕士)医药卫生科技辑 | 2006,(12):E056-69 |
| 砭石治疗经筋病的论述 | 孟竞璧 | 2006 全国砭石与刮痧疗法学术研讨会论文汇编 | 2006:51 |
| 刮痧法探源 | 明　岚 | 2006 全国砭石与刮痧疗法学术研讨会论文汇编 | 2006:188 |
| 关于"按时刺灸" | 李　磊 | 2006 全国时间生物医学学术会议论文集 | 2006:149 |
| 背俞穴主治作用的机理探讨 | 吴新贵等 | 2006 中国针灸学会临床分会第十四届全国针灸学术研讨会针药结合论坛 | 2006:181 |
| 试论络病辨证理论与传统辨证理论的关系 | 王静明等 | 第二届国际络病学大会论文集 | 2006:78 |
| 论经络学说的现代价值 | 何光明 | 中国针灸学会第七届全国中青年针灸推拿学术研讨会论文汇编 | 2006:18 |
| 手足经脉"同气连枝"论 | 彭支莲等 | 中国针灸学会第七届全国中青年针灸推拿学术研讨会论文汇编 | 2006:46 |
| 谈谈针刺手法的三要素——"神"、"气"、"术" | 田丽芳等 | 中国针灸学会第七届全国中青年针灸推拿学术研讨会论文汇编 | 2006:48 |
| 小议经脉与脉诊的关系 | 张春燕等 | 中国针灸学会第七届全国中青年针灸推拿学术研讨会论文汇编 | 2006:17 |
| 沿经气流注顺序针刺法 | 江　涌 | 中国针灸学会第七届全国中青年针灸推拿学术研讨会论文汇编 | 2006:281 |
| "神不使"则刺无效 | 魏连海 | 中国针灸学会针灸文献专业委员会 2006 年学术年会论文汇编 | 2006:93 |
| 浅析《黄帝内经》对针刺法则的论述 | 梁兆晖等 | 湖南中医杂志 | 2007,(1):64 |
| 气街理论探析 | 赵　丽等 | 辽宁中医药大学学报 | 2007,(1):53 |
| 针刺谋略 | 蔡子微 | 牡丹江医学院学报 | 2007,(1):63 |
| 留针时间的探讨 | 关　卫 | 天津中医药 | 2007,(1):33 |

| | | | |
|---|---|---|---|
| 用整体观看单式针刺补泻手法间的关系 | 徐 立 | 天津中医药大学学报 | 2007,(1):4 |
| 心经经脉与心脏相关的差异表达基因的研究 | 周逸平等 | 针刺研究 | 2007,(1):3 |
| 经筋实质管窥 | 刘 涛等 | 针灸临床杂志 | 2007,(1):3 |
| 浅谈经脉——脏腑相关 | 张红星等 | 针灸临床杂志 | 2007,(1):1 |
| 《内经》中经脉病候表述形式探讨 | 贾 杰等 | 中国针灸 | 2007,(1):63 |
| 针刺补泻实质之现代观 | 王琴玉等 | 中华中医药学刊 | 2007,(1):174 |
| 万年干支和针灸五种按时取穴推算盘 | 张国瑞等 | 中华中医药杂志 | 2007,(1):6 |
| 《内经》腧穴的现代解剖学认识(英文) | 沈志生 | World Journal of Acupuncture - Moxibustion | 2007,(2):41 |
| 论针灸治"神" | 刘运珠 | 广西中医学院学报 | 2007,(2):137 |
| 十二经脉"根"、"本"与经气流注关系初探 | 杨真晖等 | 国医论坛 | 2007,(2):15 |
| 论"知神"、"治神"、"守神"在针灸临床中的意义 | 石 跃 | 河南中医学院学报 | 2007,(2):15 |
| 浅论《内经》针刺补泻手法 | 邱有法 | 云南中医中药杂志 | 2007,(2):30 |
| 针刺治神与导引行气 | 胥荣东等 | 针灸临床杂志 | 2007,(2):40 |
| 三棱针疗法的历史沿革考 | 郑则宝等 | 针灸临床杂志 | 2007,(2):1 |
| 足阳明胃经生理功能解析 | 胡 波等 | 中华中医药杂志 | 2007,(2):90 |
| 对《内经》中"深按之不能及"的探讨 | 徐 军 | 按摩与导引 | 2007,(3):35 |
| 从《难经》看《内经》《难经》对针刺"得气""气至"认识的不同 | 王朝阳等 | 北京中医药大学学报(中医临床版) | 2007,(3):28 |
| 浅释经筋与经脉的异同及其临床意义 | 韦英才 | 广州中医药大学学报 | 2007,(3):247 |
| 阴阳理论与《内经》十二经脉命名初探 | 叶庆莲 | 河南中医 | 2007,(3):14 |
| 浅析"刺有浅深" | 宋 杰等 | 湖北中医杂志 | 2007,(3):47 |
| 三阴三阳在十二经脉理论构建中的意义初探 | 黄 芳等 | 辽宁中医药大学学报 | 2007,(3):29 |
| 《灵枢·官针》针法效用——针至病所 | 谷忠悦 | 辽宁中医杂志 | 2007,(3):349 |
| 委中穴的局部解剖学研究及临床意义 | 崔怀瑞等 | 温州医学院学报 | 2007,(3):224 |
| 子午流注纳子法经脉配地支的理论基础浅析 | 赵彩娇等 | 针灸临床杂志 | 2007,(3):3 |
| 络脉学说源流及理论前景 | 萧淑芳 | 中国中医基础医学杂志 | 2007,(3):177 |
| 《灵枢经》中脉诊与针灸的关系 | 饶艳秋等 | 中华中医药学刊 | 2007,(3):586 |
| 《灵枢·官针》十二刺的应用举隅 | 康轶鑫 | 中医外治杂志 | 2007,(3):52 |
| 从天人相应观念出发谈十二经脉的命名 | 梁永林 | 中医文献杂志 | 2007,(3):63 |
| 《内经》营卫理论与失眠 | 秦建平 | 光明中医 | 2007,(4):1 |
| 针刺深浅的探讨 | 杨国晶等 | 激光杂志 | 2007,(4):90 |
| 小议《内经》中巨刺、缪刺法的治疗范围 | 彭 鑫等 | 针灸临床杂志 | 2007,(4):3 |
| 关于建立经络学说思维模型的探讨 | 樊 旭等 | 中华中医药学刊 | 2007,(4):687 |
| 《黄帝内经》"五刺法"的现实意义 | 魏连海等 | 中国针灸 | 2007,(4):315 |
| 经筋实质初探 | 刘 涛等 | 中国针灸 | 2007,(4):297 |
| 中医"经筋"及"膜原"实质的筋膜理论探讨 | 吴金鹏 | 北京中医 | 2007,(5):283 |
| 探析针灸临床中"神"的作用 | 许佳年 | 陕西中医 | 2007,(5):584 |
| 也谈得气与针感 | 王春毅等 | 陕西中医 | 2007,(5):575 |
| 古代呼吸补泻针法对比分析 | 李 铁等 | 亚太传统医药 | 2007,(5):5 |
| 论《内经》针灸治疗的基本原则 | 张新渝等 | 针灸临床杂志 | 2007,(5):6 |
| 再辨"徐而疾则实,疾而徐则虚" | 张晨光等 | 中国针灸 | 2007,(5):387 |
| 感应、治神与针刺守神 | 卓廉士 | 中国针灸 | 2007,(5):383 |
| 得气、得气的应用与操作 | 王培清 | 中国针灸 | 2007,(5):349 |
| 《灵枢·官针》刺痹法研究 | 尤舒彻等 | 国际中医中药杂志 | 2007,(6):338 |
| 《灵枢·经脉》六阳经"是主所生病"探析 | 袁宜勤 | 湖南中医药大学学报 | 2007,(6):64 |

| | | | |
|---|---|---|---|
| 谈谈中医学中“经络”和“气与血”之间的关系 | 张林燕 | 科教文汇(上旬刊) | 2007,(6):196 |
| 治神针法新诠 | 岳宝安 | 陕西中医 | 2007,(6):719 |
| 读《黄帝内经》中经络脏腑表里关系 | 蔺晓源等 | 陕西中医学院学报 | 2007,(6):47 |
| 虚实补泻简析 | 李志强 | 医学与哲学(临床决策论坛版) | 2007,(6):77 |
| 阳经五官病候及治疗用穴分析——兼论经脉病候与腧穴主治关系 | 赵京生 | 针刺研究 | 2007,(6):411 |
| 凡刺之法,必先本于神——《内经》中针刺“治神”探析 | 李　珑等 | 中国中医基础医学杂志 | 2007,(6):418 |
| 五输穴形态学基础的探讨 | 牛文民等 | 中国针灸 | 2007,(8):586 |
| 论“随变而调气”是针灸治疗学最基本的原则 | 王鸿度等 | 中国针灸 | 2007,(8):630 |
| 火针疗法治病机理初探 | 张晓霞等 | 北京中医 | 2007,(9):576 |
| 经脉-脏腑相关性的认识 | 张昌云等 | 甘肃中医 | 2007,(9):5 |
| 从十二经脉气血盛衰理论略谈粉刺的针灸治疗 | 董宝强等 | 光明中医 | 2007,(9):38 |
| 关于“十二经脉皆入脑”的假设 | 徐放明等 | 中国针灸 | 2007,(9):695 |
| 五输穴与十二经脉脉气流注的关系——“五输穴—络脉循行系统”的建立 | 石　焱等 | 中华中医药学刊 | 2007,(9):1971 |
| 火针治疗经筋病的理论及应用 | 徐春阳 | 首都医药 | 2007,(10):49 |
| 《内经》中针灸临床心理学思想探讨 | 姚玉芳等 | 针灸临床杂志 | 2007,(10):3 |
| 肝经、肺经脑内分布区域的 fMRI 研究 | 徐放明等 | 中国针灸 | 2007,(10):749 |
| 浅谈肢体残缺者的十二经脉循行 | 罗清华 | 河南中医 | 2007,(11):16 |
| 浅谈古针法与病位深浅刺法 | 曾侠一 | 辽宁中医杂志 | 2007,(11):1551 |
| 脏腑经络对天癸的生理调控 | 韩玉芬等 | 陕西中医 | 2007,(11):1557 |
| 由天人相应观念谈十二经脉命名 | 梁永林 | 中国中医药报 | 2007.5.21 |
| 经络究竟是什么? | 方舟子等 | 经济观察报 | 2007.5.28 |
| 《内经》针刺治神理论与临床应用研究 | 李永春 | 中国优秀博硕士学位论文全文数据库(博士)医药卫生科技辑 | 2007,(2):E056-11 |
| 六经辨证应用规律理论研究 | 张荣义 | 中国优秀博硕士学位论文全文数据库(硕士)医药卫生科技辑 | 2007,(5):E056-12 |
| 《灵枢》足外踝周围穴位处方对三焦元气补益作用的研究 | 舒天丽 | 中国优秀博硕士学位论文全文数据库(硕士)医药卫生科技辑 | 2007,(6):E056-27 |
| “列缺”穴位置的分歧由来及我见 | 王　凡等 | 世界针灸学会联合会成立20周年暨世界针灸学术大会论文摘要汇编 | 2007:232 |
| 候气针灸法——《内经》针灸法 | 黄建业 | 世界针灸学会联合会成立20周年暨世界针灸学术大会论文摘要汇编 | 2007:402 |
| 揭示“经脉病候的辨证论治”——论述十二经脉、奇经八脉的病候及辨证 | 张　吉等 | 世界针灸学会联合会成立20周年暨世界针灸学术大会论文摘要汇编 | 2007:95 |
| 经络的独特运行规律和调整作用 | 李定忠等 | 世界针灸学会联合会成立20周年暨世界针灸学术大会论文摘要汇编 | 2007:88 |
| 经脉理论是针灸医学的基础理论 | 李树德等 | 世界针灸学会联合会成立20周年暨世界针灸学术大会论文摘要汇编 | 2007:96 |
| 灸之要,气至而有效 | 陈日新等 | 世界针灸学会联合会成立20周年暨世界针灸学术大会论文摘要汇编 | 2007:625 |

| | | | |
|---|---|---|---|
| 缪刺、巨刺理论探讨与临床运用 | 王玲 | 世界针灸学会联合会成立20周年暨世界针灸学术大会论文摘要汇编 | 2007:386 |
| 浅谈艾灸"治未病" | 华金双 | 世界针灸学会联合会成立20周年暨世界针灸学术大会论文摘要汇编 | 2007:426 |
| 浅谈针刺透穴 | 张亚娟等 | 世界针灸学会联合会成立20周年暨世界针灸学术大会论文摘要汇编 | 2007:327 |
| 任脉名辩 | 孙基然等 | 世界针灸学会联合会成立20周年暨世界针灸学术大会论文摘要汇编 | 2007:222 |
| 用《内经》《难经》的观点认识五输穴 | 王维霞 | 世界针灸学会联合会成立20周年暨世界针灸学术大会论文摘要汇编 | 2007:241 |
| 探讨用皮内针刺荥穴(或输穴)治疗经筋的有效性 | 篠原昭二等 | 世界针灸学会联合会成立20周年暨世界针灸学术大会论文摘要汇编 | 2007:397 |
| 宗筋论 | 王琦 | 首届全国生殖医学论坛暨生殖相关疾病诊疗技术学术研讨会论文集 | 2007:11 |
| 缪刺、巨刺理论探讨与临床运用 | 王玲 | 中国针灸学会临床分会第十五届全国针灸学术研讨会论文集 | 2007:303 |
| 《内经》针灸概念术语的文化诠释 | 朱玲等 | 中国针灸学会针灸文献专业委员会2007学术年会论文集 | 2007:73 |
| 从《黄帝内经》谈针刺治疗中个体差异的重要性 | 狄忠等 | 中国针灸学会针灸文献专业委员会2007学术年会论文集 | 2007:97 |
| 从经脉的循行变化探讨其概念内涵的演变——由"十一脉"至"十二经脉"循行变化引发的思考 | 李素云等 | 中国针灸学会针灸文献专业委员会2007学术年会论文集 | 2007:25 |
| 根结理论的解读 | 赵京生 | 中国针灸学会针灸文献专业委员会2007学术年会论文集 | 2007:7 |
| 经典与解释——《内经》针灸理论研究的诠释学向度 | 杨峰等 | 中国针灸学会针灸文献专业委员会2007学术年会论文集 | 2007:88 |
| 《素问·经络论》之阴络阳络理论 | 刘春援 | 江西中医学院学报 | 2008,(1):14 |
| 《灵枢·官针》巨刺针法初探 | 吴煦东 | 四川中医 | 2008,(1):44 |
| 《内经》针刺补泻手法新释 | 刘建民等 | 湖北中医学院学报 | 2008,(2):17 |
| 温经通络的火针 | 孟国臣 | 环球中医药 | 2008,(2):34 |
| 针灸辨证选穴之探讨 | 曾仁宏等 | 吉林中医药 | 2008,(2):86 |
| 论"太阴主内,太阳主外" | 张新渝 | 江西中医学院学报 | 2008,(2):11 |
| 手阳明大肠经经别循行探源 | 杜灵芝等 | 江西中医药 | 2008,(2):9 |
| 《内经》因时制宜针灸方法探讨 | 赵瑞等 | 山西中医学院学报 | 2008,(2):14 |
| 经与脉关系是揭示经络原理的关键 | 马晓彤等 | 陕西中医 | 2008,(2):195 |
| 三焦经络之浅析 | 赵桂芝 | 陕西中医 | 2008,(2):255 |
| 浅析脏腑经络与妇人天癸 | 李琴华等 | 时珍国医国药 | 2008,(2):496 |
| 经别学说对于经脉分布部位的补充及对诊断的指导作用 | 张化成 | 天津中医药大学学报 | 2008,(2):96 |
| 浅谈灵龟八法的理论渊源及临床运用 | 王继红 | 新中医 | 2008,(2):111 |
| 论十二经脉气血多少与经筋的关系 | 董宝强等 | 中华中医药杂志 | 2008,(2):94 |
| 定时而发之疾从阴阳跷脉论治 | 赵立新 | 中西医结合心脑血管杂志 | 2008,(2):225 |
| 从足阳明经脉与脏腑配属不同学说的探究谈对中医经典教学的启示 | 刘霁等 | 中医教育 | 2008,(2):19 |
| 腧穴定位之我见 | 张增峰 | 环球中医药 | 2008,(3):34 |
| 《黄帝内经》"气至而有效"诠释 | 邢玉瑞 | 陕西中医学院学报 | 2008,(3):1 |

| | | | |
|---|---|---|---|
| 论《内经》中的“守神”“守机”“守气” | 林洁涛等 | 亚太传统医药 | 2008,(3):25 |
| 《黄帝内经》论针刺补泻 | 赵银龙 | 浙江中医杂志 | 2008,(3):134 |
| 行针基本手法分类及本质的探讨 | 孙立明等 | 针灸临床杂志 | 2008,(3):43 |
| 经筋理论与中医外治研究 | 黄福开等 | 中医外治杂志 | 2008,(3):3 |
| 浅述《灵枢·官针篇》刺法分类及应用 | 肖仁鹤等 | 湖北中医学院学报 | 2008,(4):50 |
| 古代营卫补泻针法对比分析 | 董　锐等 | 山东中医杂志 | 2008,(4):251 |
| 针刺得气的方法及体会 | 王永红 | 山西医药杂志（下半月刊） | 2008,(4):362 |
| 浅论《内经》和《难经》按时针刺的差异 | 毕钰桢 | 陕西中医 | 2008,(4):499 |
| 中医外治法的鼻祖——砭石疗法 | 张维波 | 双足与保健 | 2008,(4):40 |
| 《内经》络脉络病理论整理研究 | 年　莉等 | 天津中医药大学学报 | 2008,(4):241 |
| 论平补平泻针法技术 | 王富春 | 中国针灸 | 2008,(4):283 |
| 《内经》经络探析 | 何宗宝等 | 中国中医基础医学杂志 | 2008,(4):245 |
| 六经辨证与针灸疗法关系探析 | 刘祝贺等 | 中华中医药学刊 | 2008,(4):880 |
| 足阳明经脉与神志疾病的关系 | 刘　霁等 | 中华中医药学刊 | 2008,(4):812 |
| 《黄帝内经》所涉经络相关概念间基本关系的系统解读 | 马晓彤 | 中华中医药杂志 | 2008,(4):277 |
| 针刺艾灸同用之我见 | 张光磊 | 中外健康文摘（临床医师） | 2008,(4):144 |
| 论“太阴主内,太阳主外” | 张新渝 | 吉林中医药 | 2008,(5):383 |
| 《内经》阴阳补泻针法探析 | 岳公雷等 | 四川中医 | 2008,(5):35 |
| 《黄帝内经》二十五音和经络调理的再思考 | 高也陶 | 医学与哲学（人文社会医学版） | 2008,(5):61 |
| 试论《内经》腧穴配伍理论对针灸处方学的贡献 | 陈　峰等 | 浙江中医药大学学报 | 2008,(5):655 |
| 浅议合谷刺 | 辛　艳等 | 针灸临床杂志 | 2008,(5):39 |
| 足经腧穴远道主治规律的理论形式——根结理论解读 | 赵京生 | 中国针灸 | 2008,(5):387 |
| “少阳为枢”是“少阳学说”理论的核心 | 徐荣谦等 | 中华中医药学刊 | 2008,(5):373 |
| 从“治未病”谈针灸对中风的预防作用 | 刘奕蕾等 | 中医药临床杂志 | 2008,(5):506 |
| 针刺“得气”分类与捕获的研究设想 | 赖新生等 | 中医杂志 | 2008,(5):392 |
| 《内经》刺络放血理论与应用 | 陈　庚 | 吉林中医药 | 2008,(6):461 |
| 古代捻转补泻技术探析 | 林祥军等 | 针灸临床杂志 | 2008,(6):5 |
| “根、溜、注、入”本意及应用探讨 | 刘东明等 | 中国针灸 | 2008,(6):456 |
| “少阳主骨”理论考辨 | 王鸿度等 | 中国针灸 | 2008,(6):469 |
| 谈徐疾补泻的操作术式 | 赵喜新等 | 中国针灸 | 2008,(6):423 |
| 《内经》针刺要在“随应而动” | 李永春 | 中华中医药学刊 | 2008,(6):1346 |
| 《灵枢》经筋理论探析 | 梁　宜等 | 中医杂志 | 2008,(6):488 |
| 针刺补泻法与刺激量关系初探 | 吴煦东 | 时珍国医国药 | 2008,(7):1772 |
| 论“五输穴”排列顺序与十二经脉气血流动方向的“矛盾” | 丁　放等 | 针灸临床杂志 | 2008,(7):40 |
| 浅谈《灵枢·官针》篇刺法分类 | 林少贞 | 针灸临床杂志 | 2008,(7):41 |
| 浅谈日本刺络疗法的特色 | 李桂华等 | 中国针灸 | 2008,(7):531 |
| 经筋病累及病症的现代针灸疗法及机理探讨 | 韩　红等 | 辽宁中医药大学学报 | 2008,(8):12 |
| 巨刺法的研究概况和思考 | 林志诚等 | 针灸临床杂志 | 2008,(8):51 |
| 缪刺、巨刺理论探讨与临床运用 | 王　玲 | 针灸临床杂志 | 2008,(8):42 |
| 从古代数术看经脉长度与营气流注 | 卓廉士 | 中国针灸 | 2008,(8):591 |
| 经络学说中存在的瑕疵与疑惑(上) | 王维兵等 | 中华中医药学刊 | 2008,(8):1794 |
| 基于神经、细胞、微循环的经络探析 | 李　东等 | 中医研究 | 2008,(8):1 |

| | | | |
|---|---|---|---|
| 从心藏象论络脉的生理基础及其应用 | 王 进等 | 湖北中医杂志 | 2008,(9):15 |
| 根结脉气联系路径新探 | 周建伟 | 四川中医 | 2008,(9):38 |
| 刺络放血疗法的源流与发展 | 黄 伟 | 中国民间疗法 | 2008,(9):3 |
| 经别求是 | 赵京生 | 中国针灸 | 2008,(9):691 |
| 五输穴现代研究概况 | 陈思宇等 | 中国中医药信息杂志 | 2008,(9):100 |
| 经络学说中存在的瑕疵与疑惑(下) | 王维兵等 | 中华中医药学刊 | 2008,(9):2023 |
| 从《灵枢》看六腑病的取穴原则 | 陈 时等 | 按摩与导引 | 2008,(10):40 |
| 逆针灸治未病中医机理浅析 | 何小琼 | 江苏中医药 | 2008,(10):74 |
| 《黄帝内经》针刺浅深量学之思考 | 胡追成等 | 辽宁中医杂志 | 2008,(10):1654 |
| 探索经络——气 | 方胜林等 | 亚太传统医药 | 2008,(10):12 |
| 经络探讨(中) | 王 潇 | 医学信息 | 2008,(10):1899 |
| 火针疗法在针灸治疗中的应用 | 程海英 | 北京中医药 | 2008,(11):853 |
| 浅议针刺得气与疗效的关系 | 张宏如等 | 江苏中医药 | 2008,(11):77 |
| 经络探讨(下) | 王 潇 | 医学信息 | 2008,(11):2130 |
| 从马王堆医书到《黄帝内经》看经络辨证的早期发展 | 石全福等 | 针灸临床杂志 | 2008,(11):46 |
| 刺络美容研究 | 王雅丽等 | 中国民间疗法 | 2008,(11):7 |
| 针刺疗法与活血化瘀述略 | 朱静芬 | 中国医药指南 | 2008,(11):187 |
| 缪字与缪刺 | 曾上劼 | 中国针灸 | 2008,(11):797 |
| 对“经脉”内容的解读与思考 | 陶先刚 | 中国中医基础医学杂志 | 2008,(11):828 |
| 浅谈《内经》中有关留针的论述 | 柳 芳 | 上海针灸杂志 | 2008,(12):46 |
| 针刺深度与疗效关系的研究进展 | 常晓娟等 | 上海针灸杂志 | 2008,(12):48 |
| 艾灸抗衰老的理论浅探 | 姚瑞红 | 中国民间疗法 | 2008,(12):47 |
| 三阴三阳与六经辨证之我见 | 孙晓兰等 | 中国社区医师(医学专业半月刊) | 2008,(13):115 |
| 浅谈足三里穴的效能 | 张光磊 | 中外医疗 | 2008,(19):157 |
| 浅析中医足部按摩法的原理与功能 | 吕艳芬等 | 中外医疗 | 2008,(20):94 |
| 试析“刺之要,气至而有效” | 刘永涛 | 内蒙古中医药 | 2008,(22):66 |
| 《内经》“缪刺”相关问题研究 | 张 亮 | 中国优秀博硕士学位论文全文数据库(硕士)医药卫生科技辑 | 2008,(2):E056-13 |
| 《内经》根结标本理论的探讨及后世应用研究 | 黄欣宜 | 中国优秀博硕士学位论文全文数据库(硕士)医药卫生科技辑 | 2008,(2):E056-9 |
| 奇经八脉理论与临床应用初探 | 金旼宣 | 中国优秀博硕士学位论文全文数据库(硕士)医药卫生科技辑 | 2008,(2):E056-94 |
| 针灸人神禁忌学说研究 | 肖昌云 | 中国优秀博硕士学位论文全文数据库(硕士)医药卫生科技辑 | 2008,(2):E056-79 |
| 针灸预防保健思想发展脉络的研究 | 杨 益 | 中国优秀博硕士学位论文全文数据库(硕士)医药卫生科技辑 | 2008,(2):E056-82 |
| 足厥阴肝经根结标本理论运用研究 | 金普敬 | 中国优秀博硕士学位论文全文数据库(硕士)医药卫生科技辑 | 2008,(2):E056-89 |

| | | | |
|---|---|---|---|
| 足太阴脾经根结理论研究 | 沈俊岳 | 中国优秀博硕士学位论文全文数据库(硕士)医药卫生科技辑 | 2008,(2):E056-70 |
| 足阳明胃经根结标本理论及运用 | 角南芳则 | 中国优秀博硕士学位论文全文数据库(硕士)医药卫生科技辑 | 2008,(2):E056-86 |
| 经筋理论及其在临床中的应用探讨 | 李力华 | 中国优秀博硕士学位论文全文数据库(硕士)医药卫生科技辑 | 2008,(12):E056-36 |
| "守神"辨析 | 张树剑等 | "针灸诊疗规范化研究的思路"学术论文集 | 2008:68 |
| 《黄帝内经》"五刺法"的现实意义 | 魏连海等 | "针灸诊疗规范化研究的思路"学术论文集 | 2008:90 |
| 《内经》对针刺补泻效应的评价 | 魏连海 | "针灸诊疗规范化研究的思路"学术论文集 | 2008:96 |
| 《内经》阴阳补泻针法探析 | 岳公雷等 | "针灸诊疗规范化研究的思路"学术论文集 | 2008:124 |
| 古代呼吸补泻针法对比分析 | 李　铁等 | "针灸诊疗规范化研究的思路"学术论文集 | 2008:122 |
| 古代营卫补泻针法技术对比分析 | 董　锐等 | "针灸诊疗规范化研究的思路"学术论文集 | 2008:119 |
| 关于经络经脉脏腑相关研究的深入探讨 | 周逸平 | "针灸诊疗规范化研究的思路"学术论文集 | 2008:18 |
| 经别求是 | 赵京生 | "针灸诊疗规范化研究的思路"学术论文集 | 2008:13 |
| 论平补平泻针法技术 | 王富春 | "针灸诊疗规范化研究的思路"学术论文集 | 2008:96 |
| 十二经痧证的络脉受邪特征和意义 | 曾上劼 | 2008全国砭石与刮痧疗法学术交流大会论文汇编 | 2008:54 |
| 从藏象研究的启示论经络研究的辩证思维 | 李　恩 | 第四届国际络病学大会论文集 | 2008:146 |
| 络病理论与痔疮辨治 | 樊　安等 | 第四届国际络病学大会论文集 | 2008:423 |
| 如何促进络病学说的继承与发展 | 贾　锐等 | 第四届国际络病学大会论文集 | 2008:427 |
| 浮针疗法的研究述评 | 符仲华 | 全国第16届针灸临床学术研讨会、全国第11届耳穴诊治学术研讨会、当代临床治验论坛暨中西部十省区学术研讨会论文集 | 2008:399 |
| 论"凡刺之真,必先治神" | 王文远等 | 中国针灸学会第八届全国中青年针灸推拿学术研讨会论文汇编 | 2008:22 |
| 浅析针刀与古代九针的关系 | 张　义等 | 中国针灸学会第八届全国中青年针灸推拿学术研讨会论文汇编 | 2008:27 |
| 四时针刺与五输穴 | 赵京生 | 中国针灸学会第八届全国中青年针灸推拿学术研讨会论文汇编 | 2008:32 |
| 《黄帝内经》针刺治疗原则探析 | 罗澍韩等 | 广西中医药 | 2009,(1):37 |
| 浅谈针灸治未病 | 史　华等 | 辽宁中医药大学学报 | 2009,(1):152 |
| 浅谈"络脉"和"脉络" | 李忠正等 | 针灸临床杂志 | 2009,(1):11 |
| "守神"辨析 | 张树剑 | 中国针灸 | 2009,(1):59 |

| | | | |
|---|---|---|---|
| 早期经脉认识方法与形态评述 | 张树剑等 | 中国中医基础医学杂志 | 2009,(1):29 |
| 针刺不同阶段辅助手法运用之我见 | 宋美扬等 | 中医研究 | 2009,(1):59 |
| 从《内经》顺时施针探讨外治部位的变化 | 陈仁泽等 | 北京中医药 | 2009,(2):108 |
| 论《素问·宝命全形论》“凡刺之真,必先治神” | 赵吉平 | 北京中医药大学学报 | 2009,(2):77 |
| 小议《灵枢·官针》篇中刺“痹”法 | 卢引明 | 长春中医药大学学报 | 2009,(2):164 |
| 从《内经》浅探经络的实质 | 彭拥军等 | 甘肃中医 | 2009,(2):7 |
| 探讨经水配伍经脉的医学价值 | 朱　鹏等 | 光明中医 | 2009,(2):251 |
| 论临床十二经脉气血盛衰与经络病变的关系 | 张　彦等 | 辽宁中医杂志 | 2009,(2):204 |
| 中国火针发展史研究 | 康婧青等 | 辽宁中医杂志 | 2009,(2):270 |
| “经外奇穴”小议 | 叶明柱等 | 上海针灸杂志 | 2009,(2):71 |
| 针刺“捻转补泻法”的探讨研究 | 郝应林 | 世界中医药 | 2009,(2):102 |
| 五行生克针法 | 李金牛等 | 四川中医 | 2009,(2):120 |
| 从经脉的循行变化探讨其概念内涵的演变——由“十一脉”至“十二经脉”循行变化引发的思考 | 李素云等 | 针刺研究 | 2009,(2):132 |
| “凡刺之真,必先治神”是针刺的核心 | 王文远 | 中国针灸 | 2009,(2):87 |
| 五脏与中医眼针疗法理论基础的研究 | 翁　姣等 | 辽宁中医药大学学报 | 2009,(3):18 |
| 人迎穴特异性探讨 | 殷　颖等 | 山东中医杂志 | 2009,(3):182 |
| 新九针疗法的源流与发展 | 田建刚等 | 上海针灸杂志 | 2009,(3):186 |
| 浅谈针灸“治未病”及应用 | 宋昳星等 | 新疆中医药 | 2009,(3):24 |
| 从量化阴阳的角度看十二经脉的命名 | 赵喜新等 | 中国针灸 | 2009,(3):227 |
| 《黄帝内经》四时气候与针刺关系探讨 | 薛立文等 | 安徽中医学院学报 | 2009,(4):1 |
| 从形神关系看“针刺治神” | 卞　镝等 | 辽宁中医杂志 | 2009,(4):535 |
| 新九针镵针疗法 | 郝重耀等 | 上海针灸杂志 | 2009,(4):248 |
| 道法自然:从治水到针刺治病 | 白兴华 | 中国针灸 | 2009,(4):284 |
| 针灸治病也要调神 | 王　胜等 | 甘肃科技纵横 | 2009,(5):199 |
| 《素问·刺腰痛论》之体悟 | 张爱红 | 光明中医 | 2009,(5):807 |
| 针刺夹脊穴“治未病”初探 | 李占林等 | 河北中医 | 2009,(5):732 |
| 靳三针与治神 | 袁　青等 | 辽宁中医药大学学报 | 2009,(5):13 |
| 浅谈“缪刺”与“巨刺” | 朱之云 | 辽宁中医药大学学报 | 2009,(5):12 |
| 针刺留针时间探究 | 鹿传娇等 | 山东中医药大学学报 | 2009,(5):376 |
| 《灵枢·官针》刺法探析 | 马　元 | 山东中医药大学学报 | 2009,(5):404 |
| 浅议痛感对针灸取穴的启示作用 | 尹　萍等 | 上海针灸杂志 | 2009,(5):303 |
| 《内经》经脉二元论初探 | 咸培伟等 | 天津中医药 | 2009,(5):407 |
| 试述《黄帝内经》对针灸的贡献 | 林健峰 | 医学信息 | 2009,(5):805 |
| 得气的生物反馈作用及意义的探讨 | 谷忠悦等 | 中国针灸 | 2009,(5):379 |
| 针灸调“两神”治疗不寐疗效观察 | 阮经文 | 中国针灸 | 2009,(5):371 |
| 针刺之要　重在调神——对《内经》中“上守神”涵义的理解 | 付艾妮等 | 中医药临床杂志 | 2009,(5):383 |
| 浅谈《灵枢》恢刺法 | 刘耀岽等 | 新中医 | 2009,(6):114 |
| 试论针灸治未病的思想 | 闫　滨 | 云南中医中药杂志 | 2009,(6):43 |
| “逆针灸”溯源 | 王洪彬等 | 中华中医药学刊 | 2009,(6):1205 |
| 从《内经》经络理论解读眼在诊治中的作用 | 陈士玉等 | 中华中医药学刊 | 2009,(6):1187 |
| 阴维脉病治之初探 | 孙松生等 | 中医研究 | 2009,(6):61 |
| 天人相应　补泻有则 | 姚　军 | 辽宁中医药大学学报 | 2009,(7):27 |
| “经脉”与“脉”概念内涵辨析——从唐宗海用气化观点阐释“经脉”说起 | 李素云等 | 辽宁中医杂志 | 2009,(7):1100 |

| | | | |
|---|---|---|---|
| 《内经》导气针法刍议 | 黄长军等 | 中国中医急症 | 2009,(7):1142 |
| 络病学说的历程及现状 | 冯　玮等 | 北京中医药 | 2009,(8):603 |
| 大陵穴与精神神志疾病浅析 | 潘建红 | 光明中医 | 2009,(8):1524 |
| 从《内经》出发诠释石学敏院士刺络法 | 米建平等 | 上海针灸杂志 | 2009,(8):475 |
| "少阳主骨"浅析 | 陆　鹏等 | 甘肃中医 | 2009,(9):7 |
| 浅析《内经》中的"脉气""经气""络气"及几个相关问题 | 徐　宁等 | 光明中医 | 2009,(9):1648 |
| 天癸与冲任二脉主次关系的初步探讨 | 刘艳娟 | 光明中医 | 2009,(9):1643 |
| 试析《灵枢·经脉》"足阳明脉病"之精神症状 | 丁德正 | 辽宁中医杂志 | 2009,(9):1498 |
| 九刺法临床应用文献的计量学研究 | 王洪彬等 | 辽宁中医杂志 | 2009,(9):1485 |
| 《灵枢·官针》中刺法分类重辑并释疑 | 马　元 | 针灸临床杂志 | 2009,(9):9 |
| 奇经理论的历代研究与发挥 | 孙理军 | 辽宁中医杂志 | 2009,(10):1705 |
| 新九针圆利针疗法 | 冀来喜等 | 上海针灸杂志 | 2009,(10):620 |
| 缪刺刺法探讨 | 曾上劼 | 四川中医 | 2009,(10):122 |
| 浅谈针灸时与效的关系 | 寇晓茹 | 针灸临床杂志 | 2009,(10):43 |
| 浅谈《黄帝内经》中的针刺治神思想 | 瞿　涛等 | 湖北中医杂志 | 2009,(11):27 |
| 新九针铍针疗法 | 冀来喜等 | 上海针灸杂志 | 2009,(11):682 |
| 浅述因时针刺 | 田　苗 | 实用中医药杂志 | 2009,(11):768 |
| 《内经》刺络泻血法探析 | 赵慧玲等 | 中国民间疗法 | 2009,(11):3 |
| 浅谈《内经》灸法 | 张宏生等 | 中国医药指南 | 2009,(12):194 |
| 得神则昌,失神则亡——浅谈中医之神 | 朱俊卿等 | 中外医疗 | 2009,(16):114 |
| 《内经》针刺补泻手法探析——《针灸医籍选读》学习点滴体会 | 钱　虹 | 中国民族民间医药 | 2009,(17):86 |
| 试析针灸临床中的治病者之神 | 钱　虹 | 中国民族民间医药 | 2009,(19):35 |
| "脉"、"经脉"与"经络"概念的演变 | 刘澄中 | 中国中医药报 | 2009.3.18 |
| "六经病欲解时"蕴含天人相应思想 | 谷万里 | 中国中医药报 | 2009.7.9 |
| 人体四肢经穴筋膜基础的医学影像学研究 | 王　军 | 中国优秀博硕士学位论文全文数据库(博士)医药卫生科技辑 | 2009,(6):E056-2 |

## (四)病因病机研究

| | | | |
|---|---|---|---|
| 《内经》冬伤于寒春必病温及冬不藏精春必病温解并论及其证治 | 张锡纯 | 杏林医学月报 | 1930,(16):17 |
| 驳张隐庵注《内经》"因于露风乃生寒热"之荒诞 | 碧　泉 | 世界医报 | 1930,(4):31 |
| 《内经》病机十九条之研究 | | 中医指导录 | 1931,(16):21 |
| 伏梁说:根据《内经》阐发病理 | 杨野鹤 | 国医杂志 | 1932,(4):32 |
| 古谈人求孕各法:(一)男女有子本于肾气之虚实 | 素　问 | 长寿(上海 1932) | 1932,(21):84 |
| 《内经》气虚身热得之伤暑 | 何时希 | 国医杂志 | 1933,(6):26 |
| 《内经》阴搏阳别谓之有子之研究 | 徐仲和 | 上海中医学院年刊 | 1934,(1):31 |
| 《素问·热病论》言先夏至日为病温后夏至日为病暑岂夏至前无暑病夏至后无温病耶请详其说 | 陈钟莲等 | 杏林医学月报 | 1935,(82):22 |
| 读《内经》秋伤于湿冬生欬嗽对于喻嘉言秋伤于燥冬生咳嗽有感 | 邓侣农 | 杏林医学月报 | 1936,(94):19 |

| | | | |
|---|---|---|---|
| 读《内经》夏暑汗不出者秋成风疟有感 | 陈芝高 | 文医半月刊 | 1936,2(10):11 |
| 阐发《内经》春温三例并引证仲景原文以比例出治总论温症大意(未完) | 殷昭鉴 | 光华医药杂志 | 1937,4(7):9 |
| 阐发《内经》春温三例并引证仲景原文以比例出治总论温症大意(续完) | 殷昭鉴 | 光华医药杂志 | 1937,4(8):16 |
| 我对《内经》病机十九条的看法 | 林济青 | 江苏中医药 | 1956,(2):12 |
| 我对病机十九条的看法与体会 | 李钟贵 | 江苏中医药 | 1957,(2):32 |
| 对《内经》"壮火"、"少火"的体会与我见 | 陈治平 | 江苏中医药 | 1957,(3):33 |
| 综述温热 | 陈谘岐 | 上海中医药杂志 | 1957,(7):11 |
| 论"新感与伏邪" | 张浩良 | 中医杂志 | 1958,(2):76 |
| 研究《素问》病机十九条之我见 | 孟景春 | 中医杂志 | 1958,(2):79 |
| 学习《内经》对"邪正虚实"的体会 | 曲克服 | 上海中医药杂志 | 1958,(3):10 |
| 我对祖国医学病因、发病学的体会 | 张鹤年 | 上海中医药杂志 | 1959,(4):28 |
| 试论痰饮 | 陈国华 | 成都中医药大学学报 | 1960,(1):22 |
| 从《内经》的六经传变来看伤寒论 | 邱如坤 | 江西中医药 | 1960,(4):37 |
| 试论"痰饮" | 陈国华 | 江西中医药 | 1960,(5):46 |
| 以"二阳之病发心脾"为题谈谈我对"阴阳"代表属性的理解 | 张廷辅 | 辽宁中医杂志 | 1960,(7):42 |
| 我对新感与伏邪的看法 | 黄汉斌 | 江西中医药 | 1960,(11):35 |
| 关于"二阳之病发心脾"问题的讨论 | 廖家兴 | 辽宁中医杂志 | 1960,(11):35 |
| 论"邪之所凑,其气必虚" | 孙文发 | 福建中医药 | 1961,(4):23 |
| "火"与"火证" | 傅瘦生 | 江西医药 | 1961,(10):22 |
| 试论内因七情 | 张奇文 | 山东医药 | 1961,(10):15 |
| "热入血室"初探 | 邱如坤 | 江西医药 | 1961,(11):23 |
| 我对疾病内外因关系的认识 | 俞长荣 | 中医杂志 | 1962,(2):7 |
| 试谈中医学术理论中之火 | 王安田 | 江苏中医药 | 1962,(4):2 |
| 论体质与疾病 | 谭启文 | 江西医药 | 1962,(6):437 |
| 病机十九条关于火热证的学用探讨 | 锺 | 江苏中医药 | 1962,(7):3 |
| 对《内经》"阳气衰于下则寒厥,阴气衰于下则热厥"的体会 | 郑昌雄 | 福建中医药 | 1963,(4):27 |
| 试论伏邪与新感 | 沈鸣喈 | 上海中医药杂志 | 1963,(7):1 |
| 《内经》的病因、病机 | | 中医杂志 | 1963,(9):1 |
| 《内经》的病因、病机(绩)——转载自中医学院试用教材重订本《内经讲义》病理章 | | 中医杂志 | 1963,(10):35 |
| 试论燥湿的病机与"燥湿共存"的病症 | 廖家兴 | 江西医药 | 1964,(3):145 |
| 与陈了富医帅商榷六淫问题 | 李　飞 | 江苏中医约 | 1964,(7):35 |
| 试论病机十九条和证治法则 | 俞济人 | 江苏中医药 | 1964,(9):5 |
| 论火与气 | 欧阳錡 | 江苏中医药 | 1966,(3):2 |
| 小儿泄泻伤阴的探讨 | 查正春 | 江西医药 | 1966,(4):134 |
| 病机十九条概述 | 阎洪臣 | 吉林医学 | 1974,(2):41 |
| 病机十九条 | 董建华 | 中国临床医生 | 1974,(2):35 |
| 病机十九条(续前) | 董建华 | 中国临床医生 | 1974,(3):58 |
| 病机十九条 | 董建华 | 中国临床医生 | 1974,(5):44 |
| 学习病机"诸胀腹大,皆属于热"的点滴体会 | 叶天民 | 福建医科大学学报 | 1975,(1):65 |
| 病机十九条临证分析(续一) | 张　吉 | 中医药学报 | 1975,(1):8 |
| 病机十九条临证分析(续二) | 张　吉 | 中医药学报 | 1975,(1):12 |

| | | | |
|---|---|---|---|
| 病机十九条临床应用 | 张珍玉等 | 山东中医药大学学报 | 1977,(3):18 |
| 燥气试论 | 王　汪 | 陕西中医学院学报 | 1978,(1):13 |
| 二阳之病发心脾不月有不得隐曲的分析 | 于瀛涛 | 中医药学报 | 1978,(2):23 |
| 略论"心气内虚"及"气虚血瘀"的病机 | 卢良威 | 浙江中医药大学学报 | 1978,(4):12 |
| 谈病机十九条的基本精神及其在辨证论治中的具体运用 | 方药中 | 中医杂志 | 1978,(8):22 |
| 痰饮 | 李世俊 | 浙江中医药大学学报 | 1979,(2):47 |
| 新感与伏邪的探讨 | 蒋士英 | 浙江中医药大学学报 | 1979,(2):1 |
| 略谈"五脏受气"及其临床意义 | 王玉川 | 中医杂志 | 1979,(7):11 |
| 谈病机十九条的基本精神及其在辨证论治中的具体运用(续一) | 方药中 | 中医杂志 | 1979,(9):18 |
| 谈病机十九条的基本精神及其在辨证论治中的具体运用(续二) | 方药中 | 中医杂志 | 1979,(10):53 |
| 谈病机十九条的基本精神及其在辨证论治中的具体运用(续三) | 方药中 | 中医杂志 | 1979,(11):54 |
| 谈病机十九条的基本精神及其在辨证论治中的具体运用(续完) | 方药中 | 中医杂志 | 1979,(12):48 |
| 祖国医学的火及其证治 | 廖家兴 | 赣南医学院学报 | 1980,(00):36 |
| 谈《内经》的病机十九条 | 周汉秀 | 贵阳中医学院学报 | 1980,(1):9 |
| 论"胃不和则卧不安" | 傅贞亮 | 陕西中医 | 1980,(2):25 |
| 谈谈"二阳之病发心脾" | 张大君 | 陕西中医 | 1980,(3):34 |
| 浅谈"正"与"邪" | 叶增茂 | 河北中医 | 1980,(4):3 |
| 风寒气候与中风病因的初步探讨 | 郝少杰 | 陕西中医 | 1980,(5):4 |
| "病机十九条"新析 | 方春阳 | 浙江中医药大学学报 | 1980,(6):5 |
| 《内经》"二阳之病发心脾"刍议 | 陆芷青 | 浙江中医药大学学报 | 1980,(6):1 |
| 不通则痛 | 陈章荣 | 福建中医药 | 1981,(1):18 |
| 虚证与免疫的初步探讨 | 郝　朴 | 徐州医学院学报 | 1981,(1):56 |
| "病机十九条"的临床应用(下) | 徐荣斋 | 中国临床医生 | 1981,(1):39 |
| 对《有关肝风的病机分析及其证治》一文的商榷 | 朱曾柏等 | 中医药学报 | 1981,(1):59 |
| "病机十九条"阐要 | 徐荣斋 | 中医杂志 | 1981,(1):52 |
| 从《黄帝内经》看精神因素在疾病防治中的重要意义 | 阴孟凡 | 吉林中医药 | 1981,(2):4 |
| 学习"病机十九条"的体会 | 雷德明 | 成都中医药大学学报 | 1981,(3):21 |
| "日晡潮热"初探 | 胡共和 | 成都中医药大学学报 | 1981,(3):17 |
| 浅谈"百病生于气" | 袁立人 | 河北中医 | 1981,(3):6 |
| 对"五虚""五实"的体会 | 刘幽萍 | 浙江中医药大学学报 | 1981,(4):40 |
| "病之逆从"浅释 | 邱幸凡 | 湖北中医杂志 | 1981,(6):62 |
| "实则阳明,虚则太阴"浅识 | 万兰清等 | 浙江中医药大学学报 | 1981,(6):9 |
| 论火 | 区永欣 | 新中医 | 1981,(8):3 |
| 《内经》发病学初探 | 程宜福等 | 皖南医学院学报 | 1981,(15):79 |
| 维筋相交 | 冬　梅 | 成都中医药大学学报 | 1982,(1):61 |
| "胃不和则卧不安"简释 | 姜春华 | 湖北中医杂志 | 1982,(1):56 |
| 谈脾胃阴虚 | 方药中等 | 湖北中医杂志 | 1982,(1):14 |
| 前人对病因的认识 | 丰明德 | 江汉大学学报(自然科学版) | 1982,(1):41 |
| 也谈"气增而久,夭之由也" | 褚玄仁等 | 江苏中医药 | 1982,(1):55 |
| "病毒"初探 | 李济仁 | 陕西中医 | 1982,(1):22 |
| 学习《内经·素问》"病因十九条"的体会 | 黄永辉 | 右江民族医学院学报 | 1982,(1):46 |

| | | | |
|---|---|---|---|
| 腹痛喜按为虚而兼有血气涩滞 | 俞尚德 | 浙江中医药大学学报 | 1982,(1):53 |
| 湿 | 肖钦朗 | 福建医药杂志 | 1982,(2):47 |
| “二阳之病发心脾”浅议 | 傅景春 | 广西中医药 | 1982,(2):16 |
| “病机十九条”解析 | 杨牧祥 | 河北中医 | 1982,(2):1 |
| “喜伤心”析疑 | 邱友文 | 湖北中医杂志 | 1982,(3):33 |
| 药物与肝脏疾病 | 汪克立等 | 现代医学 | 1982,(3):171 |
| 略论“精神内守,病安从来” | 郭亚荣 | 福建中医药 | 1982,(4):9 |
| 温病“伏邪”辨 | 阮诗玮 | 福建中医药 | 1982,(4):65 |
| 略论《内经》中的“阴肠之气”的实质 | 王若铨 | 黑龙江中医药 | 1982,(4):1 |
| 人体必需微量元素与正气的关系 | 柴　立 | 贵阳中医学院学报 | 1982,(4):40 |
| 学习内经病机“诸热瞀瘈,皆属于火”“诸痛痒疮,皆属于心”质疑初探 | 牛东生等 | 青海医药杂志 | 1982,(4):50 |
| 关于火的探讨 | 史兰华等 | 山东中医药大学学报 | 1982,(4):12 |
| 病机十九条之我见 | 李继永等 | 山东中医杂志 | 1982,(4):196 |
| 谈火 | 赵云清 | 山东中医杂志 | 1982,(4):193 |
| “阴虚则内热”与“气虚发热” | 邱幸凡 | 湖北中医杂志 | 1982,(6):44 |
| “阳加于阴谓之汗”浅识 | 吴华强 | 江苏中医药 | 1982,(6):45 |
| 三因学说辨 | 穆达浩 | 辽宁中医杂志 | 1982,(7):33 |
| 气虚发热理论的研究进展 | 张年顺等 | 辽宁中医杂志 | 1982,(7):16 |
| 寒温统一论 | 万友生 | 辽宁中医杂志 | 1982,(10):1 |
| 略论中医之“火” | 钟春帆 | 新中医 | 1982,(10):1 |
| “老年人阴常有余”存疑 | 唐宗儒 | 中医杂志 | 1982,(12):74 |
| 关于火的若干理论的探讨 | 王　键 | 安徽中医学院学报 | 1983,(1):1 |
| 对“诸痉项强,皆属于湿”的质疑——兼与南京中医学院医经教研组商榷 | 王瑞堂等 | 河北中医 | 1983,(1):63 |
| 论体质与证候 | 田代华等 | 山东中医药大学学报 | 1983,(1):7 |
| 定位定性定标本——试论《内经》的病机分析方法 | 陈克正 | 上海中医药杂志 | 1983,(1):42 |
| 肾阳虚反见热象浅谈 | 曹蔼如 | 云南中医学院学报 | 1983,(1):6 |
| 六淫的概念变化及其与疫疠之气的关系 | 耿银锁 | 河北中医 | 1983,(2):60 |
| 《内经》论治疗过失 | 张邦福 | 湖南中医学院学报 | 1983,(2):24 |
| 论火邪 | 牛东生等 | 青海医药杂志 | 1983,(2):45 |
| 浅谈“诸痛痒疮,皆属于心” | 宋会都 | 山东中医杂志 | 1983,(2):13 |
| 饮食喜恶辨寒热 | 张学忠 | 山东中医杂志 | 1983,(2):33 |
| 试谈“贼风虚邪” | 严连卿 | 福建中医药 | 1983,(3):58 |
| “五十而复大会”浅粹 | 杨世兴 | 湖北中医杂志 | 1983,(3):55 |
| 试论“阴虚阳抟谓之崩” | 吴允耀 | 江西中医药 | 1983,(3):20 |
| 木郁论 | 董襄国 | 江西中医药 | 1983,(3):16 |
| 学习《内经》“诸痛痒疮皆属于心”的体会 | 李治牢 | 陕西中医学院学报 | 1983,(3):13 |
| 论火邪 | 牛东生等 | 陕西中医学院学报 | 1983,(3):10 |
| 试论“秋伤于湿”——兼评“秋伤于燥” | 王志新 | 陕西中医学院学报 | 1983,(3):3 |
| 谈谈肺热叶焦与肺鸣的关系——与任渭丽同志商榷 | 张鑫凌 | 现代中医药 | 1983,(4):51 |
| “肺热叶焦”与“肺鸣”的关系——答张鑫凌同志 | 任渭丽 | 现代中医药 | 1983,(4):52 |
| “病机十九条”琐谈 | 袁思芳 | 湖北中医杂志 | 1983,(5):41 |
| 从火看中医理论体系的特点 | 孟庆云 | 中医药学报 | 1983,(5):15 |
| 如何理解“诸痉项强,皆属于湿” | 黄海龙 | 江西中医药 | 1983,(6):53 |

| | | | |
|---|---|---|---|
| 阴虚自汗、阳虚盗汗辨 | 徐善元 | 浙江中医药大学学报 | 1983,(6):8 |
| “因于气为肿”辨析 | 李国清 | 中医药学报 | 1983,(6):29 |
| 中医体质—人格辨证探新 | 施　毅 | 中医药学报 | 1983,(6):11 |
| 脾阴虚浅论 | 田维君 | 新中医 | 1983,(7):3 |
| 五脏生痰之探讨 | 朱曾柏 | 新中医 | 1983,(7):22 |
| “风火同气”与“痰瘀同源” | 章真如 | 中医杂志 | 1983,(9):19 |
| 《内经》风的含义是什么？其“内风”与后世的“内风”有何不同？ | 路振平 | 中医杂志 | 1983,(9):65 |
| 祖国医学对精神因素致病的认识 | 岳伟德等 | 中国医院管理 | 1983,(10):36 |
| 寒热辨识 | 穆达浩 | 辽宁中医杂志 | 1983,(11):47 |
| 《内经》病机十九条别论 | 瞿岳云 | 辽宁中医杂志 | 1983,(12):7 |
| 谈谈对“此受五藏浊气”的理解 | 李晓君等 | 天津中医学院学报 | 1983,(Z1):16 |
| 《内经》病机十九条别论(续) | 瞿岳云 | 辽宁中医杂志 | 1984,(1):21 |
| 再论肺阳虚 | 柯新桥 | 山东中医药大学学报 | 1984,(1):11 |
| 谈“心肾不交” | 周次清 | 山东中医药大学学报 | 1984,(1):33 |
| 中医发病学初探 | 牟全胜 | 陕西中医学院学报 | 1984,(1):1 |
| 试论七情学说的形成和发展 | 王米渠 | 四川中医 | 1984,(1):2 |
| 亦谈“诸痉项强皆属于湿” | 李今垣等 | 河北中医 | 1984,(2):51 |
| 对“百病生于气也”的认识——兼与张从善同志商榷 | 耿银锁 | 河北中医 | 1984,(2):53 |
| 从病机学说探讨辨证的定位定性 | 谭银章 | 湖北中医杂志 | 1984,(2):10 |
| 谈“诸痉项强皆属于湿” | 孙　桐 | 江苏中医药 | 1984,(2):53 |
| 略论肝脾同病 | 刘师中 | 江西中医药 | 1984,(2):4 |
| 《内经》病机十九条别论(续) | 瞿岳云 | 辽宁中医杂志 | 1984,(2):10 |
| 试从肝主疏泄探讨肝生痰之机理 | 张立新 | 辽宁中医杂志 | 1984,(2):12 |
| 气化论精华初探——略论“气”与“火”的辩证法 | 汤铁城 | 医学与哲学(人文社会医学版) | 1984,(2):15 |
| 《内经》病机十九条别论(续完) | 瞿岳云 | 辽宁中医杂志 | 1984,(3):6 |
| 燥邪我见 | 潘朝曦等 | 山东中医药大学学报 | 1984,(3):46 |
| 略论中医病因学说的思想特点 | 曲竹秋 | 天津中医学院学报 | 1984,(3):7 |
| 试用《内经》的理论，推论皮肤疮疡中“寒邪”致病病理及证治 | 郭大生 | 贵阳中医学院学报 | 1984,(4):5 |
| 论“水肿必血瘀，瘀行水易退” | 蒋　森 | 黑龙江中医药 | 1984,(4):15 |
| “热深厥甚”辨释 | 谢鼎苏 | 江苏中医药 | 1984,(4):53 |
| 王冰学术思想再探——论“龙火”病机说及其治则 | 王云飞 | 陕西中医 | 1984,(4):4 |
| 谈中医学对急性传染病的病机学认识——兼论伤寒与温病学派辨证的理论基础 | 方药中 | 上海中医药杂志 | 1984,(4):6 |
| 浅谈“不荣则痛” | 钟世耀 | 山东中医杂志 | 1984,(5):6 |
| 谈中医学对急性传染病的病机学认识(续)——兼论伤寒与温病学派辨证的理论基础 | 方药中 | 上海中医药杂志 | 1984,(5):15 |
| 燥气试论 | 王　汪 | 现代中医药 | 1984,(5):8 |
| 燥邪阴阳属性小议 | 张年顺 | 吉林中医药 | 1984,(6):35 |
| 祖国医学如何运用邪正斗争说明人体的病理变化 | 卓　健 | 江西中医药 | 1984,(6):48 |
| 浅析“二阳结谓之消” | 梁晓春 | 陕西中医 | 1984,(6):28 |
| 燥气试论(续) | 王　汪 | 现代中医药 | 1984,(6):55 |
| 疼痛的病机都是由于不通吗？ | 瞿岳云 | 中医杂志 | 1984,(8):73 |
| 《内经》“阴虚生内热”刍议 | 张惠云等 | 陕西中医 | 1984,(10):7 |

| | | | |
|---|---|---|---|
| 《内经》所论“阳虚则外寒”、“阴虚则内热”的机理与后世是否相同？为什么？ | 胡永年 | 中医杂志 | 1984,(11):65 |
| 怎样理解《素问·咳论》“五脏六腑令人咳”和咳“皆聚于胃,关于肺”之间的关系？ | 胡永年 | 中医杂志 | 1984,(12):58 |
| 俗话说“老怕伤风”为什么？ | 吕秉人 | 中医杂志 | 1984,(12):58 |
| “大则病进”析 | 郝文轩 | 福建中医药 | 1985,(1):59 |
| “谨守病机”管见 | 倪克中 | 黑龙江中医药 | 1985,(1):10 |
| 《内经》“清”、“浊”十解 | 王长荣 | 湖北中医杂志 | 1985,(1):10 |
| 审察病机浅谈 | 熊继柏 | 湖南中医学院学报 | 1985,(1):7 |
| 谈“二阳为卫” | 徐　珊 | 山东中医杂志 | 1985,(1):12 |
| 略论血瘀与神志异常的关系 | 盛增秀 | 陕西中医 | 1985,(1):4 |
| 从“恶血必归于肝”谈起 | 孙益平 | 陕西中医学院学报 | 1985,(1):23 |
| 试论“热入血室” | 倪明霞 | 陕西中医学院学报 | 1985,(1):28 |
| “病因”辨 | 刘杰 | 天津中医药 | 1985,(1):34 |
| “诸痛痒疮皆属于心”之我见 | 白凌志 | 中医药学报 | 1985,(1):54 |
| “一阴一阳结,谓之喉痹”浅解 | 程康明 | 中医药研究杂志 | 1985,(1):28 |
| 从气机升降谈六经病的病机 | 刘保和 | 湖南中医学院学报 | 1985,(2):13 |
| “邪之所凑,其气必虚”别识 | 刘家义 | 山东中医药大学学报 | 1985,(2):69 |
| 试论情志致病的科学内涵 | 迟华基等 | 山东中医杂志 | 1985,(2):2 |
| 火与气关系的探讨 | 张建伟等 | 中医药学报 | 1985,(2):16 |
| “九月而瘖”之管见——读《内经》论妇科札记 | 哈孝贤 | 成都中医药大学学报 | 1985,(3):29 |
| 情志与疾病 | 雷肇清 | 湖北中医杂志 | 1985,(3):36 |
| 略论《内经》“逆从(顺)”之理 | 吴润秋 | 湖南中医学院学报 | 1985,(3):5 |
| 谈谈痰瘀互结的病机与证治 | 刘从明 | 内蒙古中医药 | 1985,(3):10 |
| 谈肝气虚肝阳虚 | 胡文宝 | 山东中医杂志 | 1985,(3):5 |
| 肝邪干心四证刍议 | 陈耀章 | 山东中医杂志 | 1985,(3):3 |
| 谈谈“燥”邪的阴阳属性 | 陈宝明 | 山西中医 | 1985,(3):41 |
| 试论“阳常有余”与“阳非有余” | 王立茹 | 天津中医学院学报 | 1985,(3):5 |
| 阳虚生“烦躁” | 徐平愚 | 新中医 | 1985,(3):48 |
| “固泄皆属于下”含义辨 | 郭春德 | 云南中医学院学报 | 1985,(3):17 |
| 《灵枢·病本》云:“间者并行”应如何理解？ | 张树生 | 中医杂志 | 1985,(3):61 |
| 试谈惊恐 | 包来发 | 福建中医药 | 1985,(4):10 |
| 浅谈“诸痛痒疮皆属于心” | 陈汉章 | 广州中医药大学学报 | 1985,(4):4 |
| 燥邪属性之我见 | 胡德泉 | 江西中医药 | 1985,(4):3 |
| 论“气脉常通”的意义 | 沈敏智 | 内蒙古中医药 | 1985,(4):45 |
| 论“阴虚则内热” | 林培宣 | 山东中医杂志 | 1985,(4):2 |
| 对少火生气的理解 | 孙益平 | 山西中医 | 1985,(4):44 |
| “诸热瞀瘛,皆属于火;诸痛痒疮,皆属于心”质疑 | 姬淑芃 | 陕西中医 | 1985,(4):186 |
| 关于“病在阴则痹”的探讨 | 金　友 | 黑龙江中医药 | 1985,(5):50 |
| 《素问·调经论》“阴虚则内热”,“阳盛则外热”的病变机理是什么？它们与后世“阴虚”,“阳盛”的概念有何不同？ | 张六通等 | 湖北中医杂志 | 1985,(5):50 |
| 浅议刘完素“亢害承制”论 | 梅梦英 | 湖北中医杂志 | 1985,(5):54 |
| “伏邪”刍议 | 郭治安 | 吉林中医药 | 1985,(5):3 |
| 亢害承制论辨识 | 徐自华 | 吉林中医药 | 1985,(5):48 |
| 中医病因学说源流初探(一) | 路振平 | 辽宁中医杂志 | 1985,(5):30 |

| | | | |
|---|---|---|---|
| 五淫论 | 万友生 | 天津中医药 | 1985,(5):24 |
| “脾病而四肢不用”浅释 | 刘玉坤 | 中医药学报 | 1985,(5):46 |
| 小议《内经》九气之病机 | 白秀珍等 | 中医药学刊 | 1985,(5):466 |
| 情志致病机理初探 | 严季澜等 | 北京中医 | 1985,(6):18 |
| 病机十九条临证分析 | 林鸿翥 | 河北中医 | 1985,(6):28 |
| 试论燥邪当属阳邪 | 柯新桥 | 黑龙江中医药 | 1985,(6):9 |
| 《内经》论情绪“致病”与“治病” | 张新渝 | 吉林中医药 | 1985,(6):1 |
| 气虚发热之我见 | 陈广路 | 吉林中医药 | 1985,(6):34 |
| “病机十九条”的启示 | 李庆生 | 上海中医药杂志 | 1985,(6):41 |
| “烦躁不得眠”辨析 | 马　蓉 | 中医药学刊 | 1985,(6):504 |
| 探“阳有余、阴不足论”的治未病思想 | 郝生温 | 江苏中医药 | 1985,(7):13 |
| 七情内伤探赜 | 何裕民 | 上海中医药杂志 | 1985,(8):41 |
| “大实有羸状”“至虚有盛候” | 张瑞馥 | 中医杂志 | 1985,(8):75 |
| “五藏使人痿”新识 | 烟建华 | 中医杂志 | 1985,(9):78 |
| 浅谈正火与邪火 | 程绍恩等 | 江苏中医药 | 1985,(10):43 |
| “天寒衣薄则为溺与气”之我见 | 何晓晖 | 上海中医药杂志 | 1985,(10):46 |
| 浅谈“病机十九条” | 俞涵英 | 新中医 | 1985,(10):50 |
| 春风夏泄　涵咏不尽 | 潘华敏 | 上海中医药杂志 | 1985,(11):36 |
| 谈六淫概念的相对性和双重性 | 王大鹏 | 江苏中医药 | 1985,(12):13 |
| 临证毋忘肾郁 | 唐学游 | 辽宁中医杂志 | 1985,(12):6 |
| “发作有时”与“聂辟” | 段逸山 | 上海中医药杂志 | 1985,(12):31 |
| 发热实质与机制的探讨 | 王锡安 | 安徽中医学院学报 | 1986,(1):11 |
| 对《内经》病机十九条的理论探讨 | 邱志楠 | 广州医学院学报 | 1986,(1):54 |
| 也谈“诸痛痒疮,皆属于心” | 邝杰钊 | 广州中医药大学学报 | 1986,(1):30 |
| “消者瞿瞿,孰知其要”之我见——兼与赵辉贤老师商榷 | 陈贤平 | 上海中医药杂志 | 1986,(1):33 |
| 酒色劳倦阴阳衰　气血逆乱致厥来——《素问·厥论》 | 田代华 | 山东中医杂志 | 1986,(2):52 |
| 也谈燥邪的阴阳属性兼与陈宝明同志商榷 | 林齐鸣 | 山西中医 | 1986,(2):41 |
| 谈“生病起于过用” | 张喜德 | 陕西中医学院学报 | 1986,(2):13 |
| “阳虚内寒”如何解释 | 刘树新 | 中医药学刊 | 1986,(2):624 |
| “形寒饮冷则伤肺”与小儿咳喘 | 刘韵远 | 中医杂志 | 1986,(2):65 |
| “热入心包”理论的形成和发展 | 谢铺弼 | 成都中医药大学学报 | 1986,(3):7 |
| 浅谈“治痿独取阳明”的认识 | 姚庆云 | 淮海医药 | 1986,(3):68 |
| 辨释“风雨寒热不得虚邪不能独伤人” | 熊继柏 | 吉林中医药 | 1986,(3):35 |
| 到底是阳常有余还是阳常不足 | 李华安 | 山东中医药大学学报 | 1986,(3):63 |
| 病机十九条理论发微 | 杨　力 | 陕西中医学院学报 | 1986,(3):9 |
| “脾阴为营”质疑 | 刘庆有 | 四川中医 | 1986,(3):35 |
| 雏议“一阴一阳结,谓之喉痹” | 陈嘉兴 | 天津中医药 | 1986,(3):38 |
| “诸热瞀瘈,皆属于火”辨 | 王守铎 | 中医药研究杂志 | 1986,(3):45 |
| “大气入于脏腑者,不病而卒死”评解 | 蔡发田 | 黑龙江中医药 | 1986,(4):27 |
| 从血液的生成和运行谈到淤血的成因及其辨证施治 | 李今庸 | 湖北中医杂志 | 1986,(4):2 |
| 谈“二阳之病发心脾” | 钱志云 | 湖北中医杂志 | 1986,(4):50 |
| 浅谈脾肾盛衰对老年健康的影响 | 程协南 | 湖北中医杂志 | 1986,(4):4 |
| 社会因素与相关疾病 | 习海平 | 医学与哲学(人文社会医学版) | 1986,(4):33 |

| | | | |
|---|---|---|---|
| 试探“肝阳虚” | 魏世超 | 中医药学报 | 1986,(4):1 |
| 痰的病因病机及其治疗(二) | 刘志惠 | 中医药学刊 | 1986,(4):715 |
| “冬病在阴,夏病在阳,春病在阴,秋病在阳”新释 | 陈宝明 | 中医杂志 | 1986,(4):69 |
| 七情发病初探 | 王米渠 | 四川中医 | 1986,(5):6 |
| 浅谈月经产生的机理 | 张连英 | 云南中医中药杂志 | 1986,(5):46 |
| “秋伤于湿”之我见 | 蒋再轶 | 中医药研究杂志 | 1986,(5):10 |
| 论火与气 | 曾棠埭 | 福建中医药 | 1986,(6):44 |
| 谈阳盛为狂阳虚亦为狂 | 李培生 | 湖北中医杂志 | 1986,(6):2 |
| “病机十九条”读法管窥 | 成肇智 | 湖北中医杂志 | 1986,(6):40 |
| 略论心理因素致病的特性 | 旷惠桃 | 湖南中医杂志 | 1986,(6):29 |
| 简析“阳常有余,阴常不足” | 赵　辉 | 吉林中医药 | 1986,(6):37 |
| “寒分”辨析 | 刘联群 | 四川中医 | 1986,(6):38 |
| 祖国医学中的“七情” | 刘英年 | 医学与哲学（人文社会医学版） | 1986,(6):30 |
| 五脏六腑皆令人泻,非独脾也 | 周天寒 | 云南中医中药杂志 | 1986,(6):9 |
| “虚邪”小议 | 高伯正 | 四川中医 | 1986,(7):7 |
| 判其归属　各有互藏——风、燥、湿属性探讨 | 招萼华 | 上海中医药杂志 | 1986,(8):39 |
| “因于湿,首如裹”之我见 | 王若铨 | 中医杂志 | 1986,(8):65 |
| “邪气盛则实精气夺则虚”析疑 | 庄泽澄 | 辽宁中医杂志 | 1986,(9):33 |
| 试谈“诸转反戾” | 区永欣 | 中医杂志 | 1986,(9):66 |
| 五脏六腑皆令人呕 | 王焕斌 | 新中医 | 1986,(12):40 |
| 病机十九条临证辨析(三) | 周信有 | 甘肃中医学院学报 | 1987,(1):8 |
| 论情志致病的条件及机能 | 闵范忠 | 广西中医药 | 1987,(1):20 |
| 试论七情学说的科学性 | 王米渠 | 贵阳中医学院学报 | 1987,(1):11 |
| 略论实火虚火之异 | 郝文轩 | 国医论坛 | 1987,(1):18 |
| 祖国医学对人体生理火的认识变迁 | 赵体浩 | 国医论坛 | 1987,(1):19 |
| 《内经》“三阳结谓之隔”质疑 | 戴月笙 | 吉林中医药 | 1987,(1):39 |
| 小议“阴火” | 刘春甫 | 吉林中医药 | 1987,(1):39 |
| “无形之痰”小议 | 董汉良 | 吉林中医药 | 1987,(1):41 |
| 试论“嗜欲不同　各有所通” | 邢玉瑞等 | 陕西中医学院学报 | 1987,(1):1 |
| “五脏六腑皆令人咳”刍议 | 刘玉坤 | 新疆中医药 | 1987,(1):22 |
| 试论“五脏之伤,穷必及肾”治疗要着 | 高盛华 | 中医药学报 | 1987,(1):9 |
| 病机十九条临证辨析(四) | 周信有 | 甘肃中医学院学报 | 1987,(2):6 |
| “壮火食气”浅识 | 胡翘武等 | 广西中医药 | 1987,(2):28 |
| 再谈“阴火”非火——答谭克陶同志 | 余国俊等 | 国医论坛 | 1987,(2):40 |
| 试探脾气虚和微量元素的关系 | 罗陆一等 | 国医论坛 | 1987,(2):37 |
| 与“邪气盛则实,精气夺则虚”析疑一文商榷 | 孙玉美 | 辽宁中医杂志 | 1987,(2):46 |
| 试析“实”与“虚”——兼与庄泽澄同志商榷 | 祁天寿 | 辽宁中医杂志 | 1987,(2):45 |
| “两感”刍议 | 周志枢 | 泸州医学院学报 | 1987,(2):114 |
| 生病,起于过用 | 齐　南 | 内蒙古中医药 | 1987,(2):28 |
| 论《内经》重“湿”轻“燥” | 漆　浩 | 陕西中医 | 1987,(2):94 |
| 诊余初探“阴阳交” | 许士骠 | 上海中医药杂志 | 1987,(2):40 |
| “六淫”辨析 | 吴华强 | 安徽中医学院学报 | 1987,(3):8 |
| 病机十九条临证辨析(续完) | 周信有 | 甘肃中医学院学报 | 1987,(3):2 |
| “壮火散气、少火生气”浅析 | 邱云先 | 湖北中医杂志 | 1987,(3):57 |
| 小议“诸寒收引,皆属于肾” | 杨林凤 | 湖北中医杂志 | 1987,(3):6 |

| | | | |
|---|---|---|---|
| 病机十九条的启示 | 王庆其 | 山东中医杂志 | 1987,(3):6 |
| “胃不和则卧不安”小议 | 孙世发 | 山西中医 | 1987,(3):48 |
| 小议“阳病”“阴病” | 党志川 | 实用中医药杂志 | 1987,(3):38 |
| 关于汗出生理病理的探讨 | 李艳梅 | 天津中医学院学报 | 1987,(3):6 |
| 试论气虚发热与甘温除热的机理 | 刘恒久 | 中医药学刊 | 1987,(3):20 |
| 肝气不升初探 | 胡敏灿 | 北京中医 | 1987,(4):17 |
| 学习《内经》“中气不足,溲便为之变”的体会 | 张士卿等 | 甘肃中医学院学报 | 1987,(4):52 |
| 《内经》病机学研究发展概况及趋势 | 符　磊 | 皖南医学院学报 | 1987,(4):48 |
| 学习《内经》“中气不足,溲便为之变”的体会 | 张士卿等 | 新疆中医药 | 1987,(4):3 |
| “精神内守,病安从来”小议 | 储全根 | 中医药学刊 | 1987,(4):15 |
| “相火妄动”小议 | 邓焕英 | 中医药学刊 | 1987,(4):38 |
| 试论肝阳虚 | 祁战午 | 河北中医 | 1987,(5):45 |
| 从《内经》看“精神——正气——疾病”的链锁关系 | 王德贤 | 现代中医药 | 1987,(5):34 |
| “五音”与“七情” | 沈龙柱 | 音乐爱好者 | 1987,(5):38 |
| “胞移热于膀胱”小议 | 翟双庆 | 中医杂志 | 1987,(5):69 |
| “髓海有余”刍议 | 孙迎节 | 中医杂志 | 1987,(5):68 |
| “夏月伏阴”“冬月伏阳”探析 | 王　丹等 | 上海中医药杂志 | 1987,(6):43 |
| 阳明潮热机理探究 | 林院昌 | 中医药学刊 | 1987,(6):13 |
| 天虚和人虚 | 王凯平 | 上海中医药杂志 | 1987,(7):32 |
| “气郁伤肺”浅识 | 刘正水 | 四川中医 | 1987,(7):17 |
| 浅谈邪正与疾病 | 王德春 | 辽宁中医杂志 | 1987,(8):40 |
| 谈邪气致虚及其他——兼答祁天寿、孙玉美同志的商榷 | 庄泽澄 | 辽宁中医杂志 | 1987,(8):37 |
| 正气分职抗邪小议 | 贾春华 | 陕西中医 | 1987,(10):48 |
| 燥邪属性初探 | 傅向平 | 四川中医 | 1987,(10):2 |
| 生病起于过用 | 沈伟生 | 陕西中医 | 1987,(12):42 |
| 《内经》对于发病的内外因的认识 | 何涛赞 | 广东药学院学报 | 1988,(1):26 |
| 再谈寒温统一 | 万友生 | 江西中医药 | 1988,(1):47 |
| 寒热二邪统一辩 | 万兰清 | 江西中医药 | 1988,(1):51 |
| “胃不和则卧不安”小议 | 高　峰 | 山东中医杂志 | 1988,(1):13 |
| 秋伤“湿”“燥”辨 | 潘华信 | 上海中医药杂志 | 1988,(1):42 |
| 论诸痛皆属于肝及柔肝治痛法 | 张孟林 | 实用医学杂志 | 1988,(1):36 |
| 半夜阴阳交替与发病的关系 | 陆惠铭 | 实用中医内科杂志 | 1988,(1):37 |
| 燥邪的阴阳属性 | 巨守仁 | 现代中医药 | 1988,(1):64 |
| 《内经》病因学的数质辩证关系 | 段永德 | 医学与哲学（人文社会医学版） | 1988,(1):33 |
| 《内经》“湿”之探赜 | 肖国钢 | 中医药学报 | 1988,(1):17 |
| 也谈“诸气膹郁,皆属于肺” | 赵云芳 | 安徽中医学院学报 | 1988,(2):16 |
| 燥邪属性我见 | 贠清亮 | 国医论坛 | 1988,(2):22 |
| “伏气”实质之我见 | 谢　恬 | 辽宁中医杂志 | 1988,(2):5 |
| 试论病因、药性与环境的关系 | 刘天驰 | 内蒙古中医药 | 1988,(2):42 |
| 对“中气不足,溲便为之变”的体会 | 张士卿等 | 内蒙古中医药 | 1988,(2):16 |
| 《内经》病因病机学说概要 | 项　祺 | 山西中医 | 1988,(2):52 |
| 诱因起病浅谈 | 贾春华 | 陕西中医 | 1988,(2):49 |
| 精神因素与健康 | 孙健民 | 陕西中医学院学报 | 1988,(2):43 |
| 试述精神因素对人体健康的影响 | 刘静儒 | 陕西中医学院学报 | 1988,(2):40 |
| 内生“五邪”刍议 | 刘庆华 | 天津中医学院学报 | 1988,(2):16 |

| | | | |
|---|---|---|---|
| 试论情志相胜及其实践意义 | 李巧兰等 | 现代中医药 | 1988,(2):1 |
| 浅论“有形浊邪”对人体的伤害作用 | 高雪枝 | 现代中医药 | 1988,(2):4 |
| 关于病机几个问题的浅述 | 王凤山等 | 中医药学报 | 1988,(2):22 |
| 寒热本质研究的进展 | 梁月华 | 中医杂志 | 1988,(2):63 |
| “气因于中”质疑 | 罗建华 | 国医论坛 | 1988,(3):23 |
| “高粱之变,足生大丁”之我见 | 史法建 | 吉林中医药 | 1988,(3):46 |
| “胃不和则卧不安”刍议 | 庄建华 | 吉林中医药 | 1988,(3):47 |
| “外感六淫”、“内伤七情”提法之商榷 | 张跃荣等 | 江西中医药 | 1988,(3):53 |
| 体质的本质及分类探讨 | 王德春 | 山东中医杂志 | 1988,(3):6 |
| 论“诸痛痒疮皆属于心” | 陈荣荣 | 上海中医药杂志 | 1988,(3):34 |
| 伏邪新议 | 王南征 | 新中医 | 1988,(3):13 |
| 浅谈“诸湿肿满,皆属于脾” | 李世华 | 新中医 | 1988,(3):48 |
| 伤寒方治“胃不和”之“卧不安” | 梁柳文 | 新中医 | 1988,(3):18 |
| 浅谈体质与临床 | 王海龙等 | 贵阳中医学院学报 | 1988,(4):15 |
| 小议肺阳虚 | 孟庆仁等 | 河北北方学院学报(医学版) | 1988,(4):38 |
| 肝气虚肝阳虚浅析 | 陈宝明 | 吉林中医药 | 1988,(4):50 |
| 关于虚实转化问题的探讨 | 庄泽澄 | 辽宁中医杂志 | 1988,(4):11 |
| 浅谈肝阳虚 | 陈士洲 | 山东中医杂志 | 1988,(4):6 |
| 五脏六腑皆令人郁 | 周天寒 | 陕西中医 | 1988,(4):161 |
| 论无证可辨与辨证论治 | 陈黎明 | 云南中医中药杂志 | 1988,(4):10 |
| 浅析肝气虚 | 赵　莉 | 中医药学刊 | 1988,(4):8 |
| 论风水责肺说不能成立之理由 | 颜维凌 | 江西中医药 | 1988,(5):49 |
| 论《内经》中的风邪与风病(一) | 赵明山 | 辽宁中医杂志 | 1988,(5):4 |
| “气脱者目不明”析 | 吴润秋 | 浙江中医药大学学报 | 1988,(5):11 |
| “此受五脏浊气”辨识 | 杨　旭等 | 中医药学报 | 1988,(5):17 |
| 中医认识病因的方法论分析 | 周海平 | 中医药学报 | 1988,(5):5 |
| 浅释七情致病 | 梁　中 | 中医药学刊 | 1988,(5):17 |
| 痰·病·刍·议 | 于爱国 | 中医药学刊 | 1988,(5):35 |
| 试论张仲景对中医治则的贡献 | 李国平 | 黑龙江中医药 | 1988,(6):6 |
| “诸寒之而热者取之阴,热之而寒者取之阳”之我见 | 王龙章 | 江西中医药 | 1988,(6):55 |
| 论《内经》中的风邪与风病(续) | 赵明山 | 辽宁中医杂志 | 1988,(6):10 |
| 浅谈病机十九条中关于肾病病机的论述 | 罗国华 | 青海医药杂志 | 1988,(6):15 |
| 谈情志之变与脾郁 | 唐学游 | 山西中医 | 1988,(6):6 |
| 试论瘀血与阴虚互为因果 | 朱支波 | 陕西中医 | 1988,(6):261 |
| 水火不济辨 | 黄绍峰 | 中医药学刊 | 1988,(6):17 |
| “阳热怫郁”说在温病学中的地位和意义 | 华海清 | 陕西中医 | 1988,(7):309 |
| 痛而拒按不尽为实证 | 张启华 | 陕西中医 | 1988,(7):334 |
| 气候与疾病 | 秦彩华等 | 中国临床医生 | 1988,(9):63 |
| 论阴虚生水湿 | 肖相如 | 辽宁中医杂志 | 1988,(10):5 |
| 《内经》“血海有余,常想身大”小识 | 王心好 | 上海中医药杂志 | 1988,(11):46 |
| 也谈《内经》血海有余与不足——与王心好同志商榷 | 凌耀星 | 上海中医药杂志 | 1988,(11):47 |
| 小儿情志致病与肝的关系 | 赵伟强 | 四川中医 | 1988,(12):8 |
| 略论肺阳虚 | 李浩然 | 中医杂志 | 1988,(12):16 |
| 燥邪刍议 | 陈茂仁 | 山东中医杂志 | 1989,(1):2 |
| “阴搏阳别”小议 | 孙玉信 | 现代中医药 | 1989,(1):31 |

| | | | |
|---|---|---|---|
| 气滞血瘀实质探讨 | 夏炎兴 | 浙江中医药大学学报 | 1989,(1):6 |
| 谈谈燥邪的阴阳属性 | 王洪图等 | 北京中医 | 1989,(2):54 |
| 寒温必须汇通说 | 陈伯庄 | 湖北中医杂志 | 1989,(2):27 |
| 燥气属阴考辨 | 刘建国 | 江苏中医药 | 1989,(2):25 |
| 寒温统一谱新篇 | 朱炳林 | 江西中医学院学报 | 1989,(2):59 |
| “五藏阳以竭”小议 | 马丽春 | 云南中医学院学报 | 1989,(2):28 |
| 《内经》关于体质差异对若干方面影响的认识 | 王　键 | 安徽中医学院学报 | 1989,(3):14 |
| 六淫刍议 | 李洪涛 | 安徽中医学院学报 | 1989,(3):3 |
| 气火相因话损益 | 胡国俊 | 广西中医药 | 1989,(3):7 |
| 七情病变实质探讨 | 唐学游 | 湖南中医学院学报 | 1989,(3):118 |
| 精神因素与疾病的关系 | 余文华 | 江西中医药 | 1989,(3):48 |
| “开鬼门”与“皮肤透析” | 尹安东 | 云南中医学院学报 | 1989,(3):14 |
| 《内经》风的几个概念 | 刘德麟 | 中医药学刊 | 1989,(3):13 |
| 浅谈“气虚发热” | 谢树胜 | 滨州医学院学报 | 1989,(4):90 |
| 试析“二阳之病发心脾” | 邱祖萍 | 黑龙江中医药 | 1989,(4):46 |
| “诸痉项强,皆属于湿”刍议 | 祁守鑫 | 湖北中医杂志 | 1989,(4):28 |
| 内生“五邪”质疑 | 刘　霞 | 吉林中医药 | 1989,(4):44 |
| 浅谈七情致病与情志护理 | 何雅贞 | 青海医药杂志 | 1989,(4):27 |
| 亢害承制发微 | 陈和亮等 | 山西中医 | 1989,(4):1 |
| 《内经》血淤理论探讨 | 张喜德 | 陕西中医学院学报 | 1989,(4):1 |
| 试论七情致病与老年健康的关系 | 谢中志 | 新中医 | 1989,(4):54 |
| 七情病变实质探讨 | 唐学游 | 中医药学报 | 1989,(5):21 |
| 《内经》秉赋与发病关系初探 | 周　骋等 | 中医药研究 | 1989,(5):19 |
| 气机调畅与失常琐谈 | 赵久成 | 中医药学刊 | 1989,(6):16 |
| 气虚与阳虚之探讨 | 杨宗仰 | 中医杂志 | 1989,(8):9 |
| 肝气与肝郁、肝热与肝火刍议 | 徐登国 | 辽宁中医杂志 | 1989,(9):10 |
| 肝气虚则恐实则怒 | 丁德正 | 辽宁中医杂志 | 1989,(10):13 |
| 略谈“大气一转,其气乃散” | 吴逸民 | 辽宁中医杂志 | 1989,(10):6 |
| 略论肝阳虚 | 陶政燮 | 辽宁中医杂志 | 1989,(11):13 |
| 酸入肝未必皆泻——与赵文生同志商榷 | 杜建忠 | 四川中医 | 1989,(12):4 |
| 病机十九条燥气病机新探 | 柏德新 | 中医杂志 | 1989,(12):54 |
| 从《内经》看情志异常的原因 | 李益生 | 南京中医药大学学报(自然科学版) | 1990,(1):5 |
| 《素问·至真要大论》病机方法探索 | 陆干人 | 陕西中医 | 1990,(1):42 |
| 对“不通则痛,通则不痛”说的探讨——兼论痛证治法 | 裘端常 | 上海中医药杂志 | 1990,(1):42 |
| “阴搏阳别,谓之有子”浅识 | 杨雨乐 | 甘肃中医学院学报 | 1990,(2):32 |
| 肺血虚初探 | 卢雨民 | 江西中医药 | 1990,(2):5 |
| 试谈“肝虚实脾” | 徐成贺 | 实用中医药杂志 | 1990,(2):22 |
| “火郁”论 | 谭德福 | 新中医 | 1990,(2):2 |
| 六淫概念、转化与体质 | 黄绍峰 | 中医药学刊 | 1990,(2):19 |
| 也谈阴火—兼与张燮均同志商榷 | 陈明清 | 中医药研究 | 1990,(2):40 |
| “饮食自倍,肠胃乃伤”小议 | 秦志军 | 国医论坛 | 1990,(3):50 |
| 试论情志因素对外感病的影响 | 谢凤瑛 | 湖南中医学院学报 | 1990,(3):124 |
| 试论体质和病机 | 成肇智 | 陕西中医学院学报 | 1990,(3):7 |
| 伏气病因学说刍议 | 沈鼎荪 | 新中医 | 1990,(3):10 |
| 五脏六腑皆令人咳之浅见 | 姜天文 | 浙江中医药大学学报 | 1990,(3):13 |

| | | | |
|---|---|---|---|
| 七情致病与心理治疗 | 赵嘉泉 | 贵阳中医学院学报 | 1990,(4):5 |
| 七情与疾病 | 龚其恕 | 四川中医 | 1990,(4):8 |
| 谈心理与疼痛 | 杨徐杭 | 现代中医药 | 1990,(4):7 |
| 谈“久而增气物化之常,气增而久夭之由也” | 袁今奇 | 中医研究 | 1990,(4):25 |
| “火热”辨析 | 赵　双 | 中医药学报 | 1990,(4):16 |
| 《内经》病因“三部分类”及其思维框架 | 朱现平 | 中医药学报 | 1990,(5):2 |
| 肺阳虚小议 | 李庆升 | 黑龙江中医药 | 1990,(6):10 |
| “上气不足”与“脑气虚”浅识 | 王宗仁 | 湖北中医杂志 | 1990,(6):44 |
| “冬伤于寒,春必温病”之我见 | 李神羲 | 湖南中医杂志 | 1990,(6):53 |
| 我看“病发于阳”、“病发于阴” | 娄卫海 | 吉林中医药 | 1990,(6):46 |
| 与《“阳有余阴不足”辨析》一文商榷 | 林中慈 | 山东中医药大学学报 | 1990,(6):25 |
| “肝胃不和”刍议 | 黄增达 | 中医药学刊 | 1990,(6):26 |
| “心火”病因病机探析 | 周俊琴 | 中医药学刊 | 1990,(6):17 |
| “卧不安”致“胃不和”浅论 | 张丰强等 | 江苏中医药 | 1990,(7):29 |
| “冬伤于寒,春必病温”之我见 | 王宗仁 | 四川中医 | 1990,(10):5 |
| 积邪患病机理初探 | 陈锦荣 | 新中医 | 1990,(10):9 |
| 也谈“风雨寒热不得虚邪不能独伤人” | 吴九伟 | 吉林中医药 | 1991,(1):45 |
| “湿胜则濡泻”浅析 | 王占彬 | 江苏中医药 | 1991,(1):37 |
| 五脏皆可导致阳痿非独肾也 | 王晓鹤 | 山西中医 | 1991,(1):39 |
| 论木郁与眼病的关系 | 肖家翔 | 浙江中医药大学学报 | 1991,(1):40 |
| 中医胃脉浅识 | 张海燕 | 湖南中医学院学报 | 1991,(2):11 |
| 五志失常与人体衰老 | 夏　斌 | 陕西中医 | 1991,(2):95 |
| 试论湿与皮肤病 | 刘荣茂 | 陕西中医学院学报 | 1991,(2):31 |
| 胃病则六腑也病 | 杨志明 | 四川中医 | 1991,(2):16 |
| “咸走血,多食之,令人渴” | 张博生 | 吉林中医药 | 1991,(3):45 |
| 中日两国对血淤证病因病机的认识 | 王　阶等 | 辽宁中医杂志 | 1991,(3):44 |
| 试论情志致病 | 王常琦 | 青海医药杂志 | 1991,(3):3 |
| 试论人体发病的前提 | 王景新 | 新疆中医药 | 1991,(3):15 |
| 试论“秋伤于湿,冬生咳嗽” | 谭大刚 | 广州医药 | 1991,(4):47 |
| 心理社会因素与人类健康 | 蔡松傲 | 武警医学 | 1991,(4):19 |
| 西北多燥说 | 牟全胜等 | 新疆中医药 | 1991,(4):1 |
| 肝不藏血之出血机理初探 | 赵会芳等 | 中华中医药杂志 | 1991,(4):5 |
| “两虚”“两实”与“参以虚实” | 任占敏 | 北京中医 | 1991,(5):49 |
| 勿忘“脾性湿” | 刘亚娴 | 现代中医药 | 1991,(5):26 |
| “邪气盛则实,精气夺则虚”之我见 | 彭万中 | 浙江中医药大学学报 | 1991,(5):40 |
| 肝气虚、肝阳虚初探 | 刘　娅 | 浙江中医药大学学报 | 1991,(6):6 |
| “寒胜则浮”辨析 | 李　冀等 | 中医药学报 | 1991,(6):23 |
| “病机”与“病理”探析 | 吴　军 | 陕西中医 | 1991,(10):478 |
| “筋脉横解,肠澼为痔”浅析 | 王立柱 | 吉林中医药 | 1992,(1):47 |
| 《内经》的外因病因论 | 王振瑞 | 山东医科大学学报(社会科学版) | 1992,(1):6 |
| 邪正概念小议 | 韩承谟 | 中医药学刊 | 1992,(1):4 |
| “高梁之变,足生大丁”新解 | 朱明海 | 国医论坛 | 1992,(2):16 |
| 浅谈中医的“火” | 汪青霞 | 内蒙古中医药 | 1992,(2):36 |
| “今夫热病者,皆伤寒之类也”小解 | 张　新等 | 山东中医药大学学报 | 1992,(2):64 |
| 五脏六腑皆令人瘀 | 周天寒等 | 山西中医 | 1992,(2):3 |

| | | | |
|---|---|---|---|
| 略论《内经》发病观 | 刘淑英 | 上海中医药杂志 | 1992,(2):42 |
| "二阳之病发心脾"新探——兼论"治痿独取阳明" | 刘　鸿 | 新疆中医药 | 1992,(2):54 |
| "醉以入房"探释 | 王国彦 | 中医杂志 | 1992,(2):59 |
| 夏季温度对人体的影响 | 阳茂林 | 陕西气象 | 1992,(3):7 |
| "病热少愈,食肉则复,多食则遗"之一得 | 陈慎龙 | 实用中医内科杂志 | 1992,(3):41 |
| 对"五脏六腑皆令人咳"的认识与实践 | 沈宗国等 | 福建中医学院学报 | 1992,(4):201 |
| 《内经》病机十九条上下病机解析 | 马玉林 | 甘肃中医学院学报 | 1992,(4):52 |
| 外感六淫与服气吐纳 | 林树滋 | 按摩与导引 | 1992,(5):14 |
| 李杲"脾胃内伤发病"观与脾胃学说 | 杨天荣 | 北京中医 | 1992,(5):38 |
| 浅谈肝气、肝火、肝阳及肝风 | 许耀恒 | 中医药学刊 | 1992,(5):11 |
| 七情与男性不育 | 陈五典 | 现代中医药 | 1992,(6):6 |
| 论肾虚、血瘀与衰老 | 韩申颖等 | 新中医 | 1992,(6):10 |
| "胃不和则卧不安"之我见 | 谢建军 | 浙江中医学院学报 | 1992,(6):16 |
| 劝君制怒 | 薛珠庆 | 职业与健康 | 1992,(6):49 |
| 《素问》"夏应中矩,秋应中衡"纠误 | 朱伟常 | 上海中医药杂志 | 1992,(9):42 |
| 妇病多郁浅探 | 白雪峰 | 陕西中医 | 1992,(12):546 |
| 论"肝阳化风"的理论渊源及其在清代的发展应用 | 童　瑶 | 上海中医药杂志 | 1992,(12):32 |
| 胃虚亦令卧不安 | 金美亚 | 四川中医 | 1992,(12):25 |
| 中医火说 | 郭振营 | 现代中医药 | 1993,(1):7 |
| "相火"与"相火妄动"的探讨 | 周国雄 | 新中医 | 1993,(1):6 |
| 小议"伏气" | 魏云生 | 云南中医学院学报 | 1993,(1):16 |
| "诸风掉眩,皆属于肝"辨析 | 王长荣 | 中医药学刊 | 1993,(1):4 |
| 周信有教授谈"病机十九条" | 温丽芬 | 中医药学刊 | 1993,(1):12 |
| 《内经》六气病机的选择论 | 蒋应时 | 广州中医药大学学报 | 1993,(2):101 |
| "风邪"之性宜分寒热 | 王玉明 | 吉林中医药 | 1993,(2):46 |
| 中医病因的分类学探讨 | 王　强 | 山东医科大学学报（社会科学版） | 1993,(2):33 |
| 从中医学谈瘀血的原因 | 田志芳等 | 中国临床医生 | 1993,(2):57 |
| 中医情志护理 | 邢兰杰等 | 牡丹江医学院学报 | 1993,(3):239 |
| 病机分类初探 | 韩成仁 | 山东中医药大学学报 | 1993,(3):42 |
| 浅谈"病久则传化" | 熊成熙 | 山西中医 | 1993,(3):14 |
| "衡络之脉令人腰痛"浅析 | 张松泉 | 武警医学 | 1993,(3):178 |
| 浅谈《黄帝内经》的病因观 | 姜　惟等 | 中医药学刊 | 1993,(3):7 |
| 关于六淫概念的讨论 | 杨　路等 | 湖北中医杂志 | 1993,(4):28 |
| "毒邪"致病浅见 | 马学玉 | 陕西中医学院学报 | 1993,(4):5 |
| 《素问》"下气疾也"之我见 | 宋建敏 | 甘肃中医 | 1993,(5):2 |
| 病因刍言 | 邓永淦 | 吉林中医药 | 1993,(5):4 |
| 心理失衡致病论 | 吕世成等 | 辽宁中医杂志 | 1993,(5):14 |
| 情志对女性生理健康的影响 | 王秀英等 | 天津中医学院学报 | 1993,(4):9 |
| "中气不足,溲便为之变"辨证应用初探 | 郑红斌等 | 浙江中医学院学报 | 1993,(5):5 |
| 略论痰淤的致病特点 | 陈晓媛 | 中医药学刊 | 1993,(5):39 |
| "亢则害,承乃制"浅识 | 陈　颖等 | 吉林中医药 | 1993,(6):42 |
| "心火"释疑 | 周俊琴 | 吉林中医药 | 1993,(6):43 |
| "火郁"及"火郁发之" | 宋益东 | 山东中医杂志 | 1993,(6):7 |
| 衰老与瘀血关系探讨 | 刘志龙 | 陕西中医 | 1993,(6):24 |
| 风邪浅析 | 张明道 | 中医药学刊 | 1993,(6):34 |

| | | | |
|---|---|---|---|
| 中医的七情学说与现代心身病 | 石秀珍等 | 中医药研究 | 1993,(6):13 |
| 论肾虚血淤与衰老 | 陈学忠等 | 辽宁中医杂志 | 1993,(8):14 |
| 论气机上逆 | 狄玉敏 | 光明中医 | 1994,(1):38 |
| 《素问》"阳强不能密"、"满脉去形"辨析 | 黄天新 | 国医论坛 | 1994,(1):40 |
| 试论中医心因致病与治疗 | 单文龙等 | 医学与哲学 | 1994,(1):39 |
| 情绪与健康 | 包佐义 | 医药与保健 | 1994,(1):11 |
| "诸寒收引,皆属于肾"旨要(一) | 王长荣 | 中医药学刊 | 1994,(1):11 |
| 对湿邪属性的分析补充 | 王建新等 | 安徽中医学院学报 | 1994,(2):9 |
| 论六淫 | 丁 春 | 福建中医学院学报 | 1994,(2):38 |
| 中医所说的"七情"指什么对养生有什么意义 | 闻 宪 | 家庭中医药 | 1994,(2):30 |
| 伏邪与发病刍议 | 段其昌等 | 云南中医学院学报 | 1994,(2):13 |
| "诸寒收引,皆属于肾"旨要(二) | 王长荣 | 中医药学刊 | 1994,(2):22 |
| 病机四辨与治疗浅识 | 罗 仁 | 中医药学刊 | 1994,(2):15 |
| "亢害承制"含义的变迁 | 王晓鹤 | 中医药研究 | 1994,(2):3 |
| 论人体脉象年节律变化 | 刘燕平 | 广西中医药 | 1994,(3):35 |
| 五脏六腑皆令人"痒",非独风邪 | 杨承智 | 湖南中医学院学报 | 1994,(3):29 |
| 漫谈情志为病 | 马翠萱 | 吉林中医药 | 1994,(3):8 |
| 浅析《内经》关于疾病的传变规律 | 高 峰 | 吉林中医药 | 1994,(3):47 |
| 《内经》病因伏留、过时发病的学术思想探析 | 周发祥 | 光明中医 | 1994,(4):18 |
| "风为春季之气"辨析 | 王 辉等 | 河北中医药学报 | 1994,(4):8 |
| "易怒"病机辨 | 沈定余等 | 江西中医药 | 1994,(4):51 |
| 论六淫发病于脑的规律 | 程昭寰 | 辽宁中医杂志 | 1994,(4):155 |
| 谈六淫之火——兼与《六淫之火当为热》一文商榷 | 杨嗣明 | 中医研究 | 1994,(4):4 |
| 中医心理脉象初探 | 寿小云等 | 北京中医药大学学报 | 1994,(5):8 |
| "心气不足"辨析 | 刘新生 | 国医论坛 | 1994,(5):35 |
| 浅谈"胃不和则卧不安" | 沈 佳 | 江苏中医 | 1994,(5):46 |
| 络瘀致积理论探源 | 孙松辉 | 辽宁中医杂志 | 1994,(5):199 |
| 论"脾虚阴火" | 常振森 | 现代中医药 | 1994,(5):2 |
| 论寸口脉分六部之意义 | 徐 珊 | 浙江中医学院学报 | 1994,(5):1 |
| 试论中医心因致病与治疗 | 毛喜荣等 | 浙江中医杂志 | 1994,(5):224 |
| 病机学是中医学理论体系的核心 | 成肇智等 | 中国医药学报 | 1994,(5):5 |
| 论阳热悖郁与火郁发之 | 黄俊山 | 中医药学报 | 1994,(5):2 |
| "虚阳气"浅说 | 陈瑞红 | 福建中医药 | 1994,(6):41 |
| 浅谈"高梁之变,足生大丁" | 田 华等 | 吉林中医药 | 1994,(6):45 |
| 生气、赌气、闷气——健康的大敌 | 郭华章 | 健康天地 | 1994,(6):26 |
| 关于"肺阳实" | 唐蜀华等 | 江苏中医 | 1994,(6):37 |
| 略论痰淤之间的相互转化关系 | 于俊生 | 辽宁中医杂志 | 1994,(6):247 |
| 试析肺阳及肺阳虚 | 张美华 | 南京中医药大学学报 | 1994,(6):51 |
| "二阳之病发心脾"解 | 邵冠勇 | 山东中医药大学学报 | 1994,(6):404 |
| 论"正气存内,邪不可干"及其在临床上的意义 | 刘树新 | 中医药学刊 | 1994,(6):24 |
| "虚、瘀、风"与中风之关系 | 申锦林等 | 中医药研究 | 1994,(6):6 |
| 气燥浅论 | 刘晓庄 | 辽宁中医杂志 | 1994,(7):296 |
| 肝郁因于怒非止于怒 | 孔令多等 | 山东中医杂志 | 1994,(8):374 |
| 脏腑病机的五行传变探析 | 戴永生 | 辽宁中医杂志 | 1994,(9):393 |
| "易怒"病机辨 | 沈定余等 | 中医杂志 | 1994,(9):566 |
| 非议"不通则痛" | 鲁安养 | 陕西中医 | 1994,(10):454 |

| | | | |
|---|---|---|---|
| 伏邪探源 | 徐兴国 | 山东中医杂志 | 1994,(11):509 |
| 情志对中风病的影响 | 高淑英 | 中国临床医生 | 1994,(11):51 |
| 试论六淫概念的理论特点 | 陈受强等 | 甘肃中医学院学报 | 1995,(1):8 |
| 情志刺激内伤发病的机理探讨 | 鲁明源 | 山东中医药大学学报 | 1995,(1):10 |
| 试论"内伤七情"与情志护理 | 王燕宁 | 山西中医 | 1995,(1):53 |
| 试论《内经》正邪特性 | 徐兴国 | 四川中医 | 1995,(1):16 |
| 中风病因学说的形成和发展 | 郭会昌 | 云南中医学院学报 | 1995,(1):24 |
| 中医学病因分类探讨 | 刘　杨 | 中医药学报 | 1995,(1):3 |
| "阴火"之我见 | 张　力 | 江汉大学学报(医学版) | 1995,(2):34 |
| 木郁论 | 郑洪新 | 辽宁中医杂志 | 1995,(2):51 |
| 小议分部治湿 | 孟庆云 | 实用中医药杂志 | 1995,(2):36 |
| 《内经》胃病病机浅析 | 王建康等 | 四川中医 | 1995,(2):3 |
| 脾阴虚探析 | 杨匀保 | 安徽中医学院学报 | 1995,(3):14 |
| "汗出偏沮,使人偏枯"偶见 | 王玉来等 | 北京中医 | 1995,(3):12 |
| "一阴一阳结谓之喉痹"浅释 | 葛英华等 | 北京中医药大学学报 | 1995,(3):21 |
| 阳(气)虚火动病机浅说 | 刘长波 | 广州中医药大学学报 | 1995,(3):43 |
| "秋伤于湿"之我见 | 周发祥等 | 河南中医药学刊 | 1995,(3):61 |
| "冬伤于寒　春必温病"非伏气论 | 王玉生 | 辽宁中医杂志 | 1995,(3):109 |
| 论食物对人体的潜在危害性 | 韩子兰 | 山东医科大学学报(社会科学版) | 1995,(3):41 |
| 浅谈"胃不和则卧不安" | 刘兴武 | 北京中医 | 1995,(4):41 |
| 情志致病:让你欢喜让你忧 | 张　雯 | 家庭中医药 | 1995,(4):44 |
| 谈中医情志致病及其心理调节 | 李玉瑛 | 昆明师范高等专科学校学报 | 1995,(4):72 |
| 也谈"诸痛痒疮,皆属于心" | 李志勤 | 南京中医药大学学报 | 1995,(4):5 |
| 《素问·痹论》中的气候发病学思想 | 蔡明德 | 云南中医学院学报 | 1995,(4):34 |
| 论病机分析法(上) | 李庆生等 | 云南中医学院学报 | 1995,(4):24 |
| 脾胃阴虚源流析 | 楼定惠 | 光明中医 | 1995,(5):3 |
| 肺阴虚病因病机探讨 | 宓雅珠等 | 浙江中医学院学报 | 1995,(5):3 |
| "秋伤于湿,冬生咳嗽"探微 | 傅文胜 | 中医药学刊 | 1995,(5):49 |
| 病机十九条痉因质疑 | 张竹虚 | 中医药学刊 | 1995,(5):42 |
| 论寒温一体 | 方友生 | 中医药学刊 | 1995,(5):8 |
| 风为百病之长源流探析 | 王景洪 | 现代中医药 | 1995,(6):1 |
| 七情对容颜的影响 | 甄　霁等 | 辽宁中医杂志 | 1995,(7):332 |
| 谈情志致病及护理 | 郝桂英 | 青海医药杂志 | 1995,(9):54 |
| "正邪""虚邪"辨 | 庄燕鸿 | 上海中医药杂志 | 1995,(9):5 |
| 皮腠神气变生机制初探 | 王鸿度 | 四川中医 | 1995,(9):3 |
| 七情学说与应激理论 | 周　萍 | 医学与哲学 | 1995,(9):484 |
| 风论 | 吴　瑭 | 浙江中医杂志 | 1995,(9):408 |
| 寒体与热体的研究 | 匡调元等 | 中医杂志 | 1995,(9):553 |
| 燥气论 | 沈明宗 | 浙江中医杂志 | 1995,(10):457 |
| 干祖望趣味医话(44)——痰 | 干祖望 | 辽宁中医杂志 | 1995,(11):513 |
| 恶劣情绪是致癌的重要因素 | 李　霞 | 陕西教育 | 1995,(11):43 |
| 湿、瘀、痰与汗证 | 柴可群等 | 中医杂志 | 1995,(11):697 |
| 燥邪辨治 | 张孝礼 | 内蒙古中医药 | 1995,(S1):106 |
| 疼痛的病因与病机 | 李茂文 | 江西中医药 | 1995,(S2):6 |

| | | | |
|---|---|---|---|
| 《内经》正邪概念的整体观 | 恽 宁 | 贵阳医学院学报 | 1996,(1):66 |
| 谨防积怒伤肝 | 林汉功 | 解放军健康 | 1996,(1):22 |
| “淫邪发梦”浅识 | 张沁园 | 山东中医药大学学报 | 1996,(1):15 |
| 胃不和则卧不安与哮喘 | 张庆荣等 | 山东中医杂志 | 1996,(1):5 |
| 浅论七次脉 | 张戴义等 | 上海针灸杂志 | 1996,(1):42 |
| 《内经》痰瘀相关理论初探 | 张丽萍 | 现代中医药 | 1996,(1):4 |
| 论中医病因学的形成与发展 | 叶新苗 | 浙江中医学院学报 | 1996,(1):5 |
| “阴搏阳别谓之有子”质疑 | 陈 明 | 中医药学刊 | 1996,(1):12 |
| 心理因素对健康的影响 | 叶 芬 | 杭州师范学院学报（社会科学版） | 1996,(2):68 |
| 六淫伤肺补议 | 齐 南等 | 江西中医学院学报 | 1996,(2):2 |
| 浅谈“百病生于气” | 封泰来等 | 山西中医 | 1996,(2):53 |
| 说“虚邪” | 鲍晓东 | 中国中医基础医学杂志 | 1996,(2):11 |
| 试论污秽之血为瘀血 | 蒋 森等 | 中医杂志 | 1996,(2):121 |
| 中医发病学再探 | 牟全胜等 | 新疆中医药 | 1996,(3):1 |
| “邪气盛则实，精气夺则虚”新释 | 吴弥漫 | 中医杂志 | 1996,(3):185 |
| 祖国医学对情志与健康的认识及情志调摄刍议 | 张书洲等 | 长春中医学院学报 | 1996,(4):8 |
| 夏季对人类健康的基本影响 | 常敏毅 | 开卷有益·求医问药 | 1996,(4):40 |
| 七情说与现代情绪心理学 | 梁承谋 | 南京师大学报（社会科学版） | 1996,(4):64 |
| 试论痰瘀同源 | 宓雅珠 | 天津中医学院学报 | 1996,(4):4 |
| 痰病原道说解 | 孟庆云 | 中医杂志 | 1996,(4):200 |
| “风从火化，湿与燥兼”考释 | 张鸣钟 | 河南中医 | 1996,(5):16 |
| 注重患者心理因素在临床上的重要性 | 张 玲 | 云南中医中药杂志 | 1996,(5):48 |
| 中医瘀血的宏观与微观之研究 | 安 丽 | 中医研究 | 1996,(5):42 |
| 浅谈郁之缘由 | 周 萍 | 山东中医药大学学报 | 1996,(6):10 |
| “脉寒则缩踡”之我见 | 宋国璋 | 上海中医药杂志 | 1996,(6):5 |
| 浅述《内经》中的七情致病与以情胜情 | 高洪琦等 | 中国民间疗法 | 1996,(6):5 |
| “脾气下脱”是消渴病的主要病源 | 王光玲等 | 中医杂志 | 1996,(8):505 |
| 忧郁催人老 | 明 秀 | 北京成人教育 | 1996,(11):24 |
| 情绪与健康 | 王金贵 | 医药与保健 | 1996,(11):44 |
| 饮食与疾病的关系 | 巴文燕 | 内蒙古中医药 | 1996,(S1):196 |
| “生病起于过用”浅析 | 云 刚等 | 内蒙古中医药 | 1996,(S1):135 |
| 祖国医学对肝郁的认识 | 王 禾 | 长春中医学院学报 | 1997,(1):11 |
| “中气不足，病不起也”新释 | 谷培恒等 | 新疆中医药 | 1997,(1):7 |
| “诸湿肿满，皆属于脾”考辨 | 陈支红 | 中医药学刊 | 1997,(1):16 |
| 疼痛病机及针刺镇痛机理 | 陈以国 | 中医药学刊 | 1997,(1):13 |
| 关于阴火病机的探讨 | 庄天衢 | 中医文献杂志 | 1997,(2):12 |
| 脾虚与免疫的研究概况 | 黄春丽 | 福建中医学院学报 | 1997,(3):44 |
| “邪之所凑，其气必虚”之我见 | 韩 旭 | 国医论坛 | 1997,(3):43 |
| “阳加于阴谓之汗”之我见 | 陈 明 | 河南中医 | 1997,(3):5 |
| 略论《内经》“八十岁……言善误” | 仲润生 | 江苏中医 | 1997,(3):39 |
| 精浊勿忘肝与脾 | 王劲松 | 南京中医药大学学报（自然科学版） | 1997,(3):33 |
| 说“正气”、“邪气”的来源 | 张显成 | 文史杂志 | 1997,(3):45 |
| 论情志与情志病因 | 金光亮 | 中国医药学报 | 1997,(3):9 |

| | | | |
|---|---|---|---|
| 浅析“脾胃既和” | 徐克智 | 中医药学刊 | 1997,(3):6 |
| “病机十九条”初探 | 马靖寰等 | 黑龙江医药 | 1997,(4):241 |
| 情志概念与可能的定义 | 乔明琦等 | 山东中医药大学学报 | 1997,(4):19 |
| 浅析“阳虚则外寒,阴虚则内热,阳盛则外热,阴盛则内寒” | 李志敏等 | 山西中医 | 1997,(4):40 |
| 诸痛痒疮　亦属于肺 | 林齐鸣等 | 四川中医 | 1997,(4):7 |
| 七情与眼病略识 | 刘静霞等 | 中医药信息 | 1997,(4):6 |
| 病机十九条中“皆”字析义 | 王　尧 | 山西中医 | 1997,(5):38 |
| 论“胃不和”与“卧不安” | 高长玉等 | 中医药学刊 | 1997,(5):10 |
| 从中医理论谈老年人的发病特点 | 方　醉等 | 新中医 | 1997,(6):60 |
| 略论精神因素与针灸治疗的关系 | 孙曙霞等 | 针灸临床杂志 | 1997,(6):5 |
| 《内经》两感辨析的辨析 | 陈铁清 | 中医药学刊 | 1997,(6):11 |
| 五劳所伤与五劳所养 | 谢钟琪 | 健康博览 | 1997,(10):36 |
| 醉以入房　两伐其身 | 陈国华 | 家庭医学 | 1997,(19):18 |
| 七情与疾病的关系初探 | 胡涤非 | 湖南中医杂志 | 1997,(S1):6 |
| 气候因素与人体疾病研究现状与展望 | 刘志刚等 | 成都气象学院学报 | 1998,(1):40 |
| 《黄帝内经》中情志致淤的探讨 | 杨万福等 | 甘肃中医 | 1998,(1):2 |
| 《内经》病因学的行为因素分析 | 蒋应时 | 广西中医学院学报 | 1998,(1):32 |
| 《内经》病因病机学说的认识论和方法论特点 | 吴弥漫 | 广州中医药大学学报 | 1998,(1):10 |
| 中医病因古今演变的研究之一——《内经》七情内伤病因概论 | 郑红斌等 | 浙江中医学院学报 | 1998,(1):5 |
| 《内经》情志致病特点概述 | 章红英 | 北京中医 | 1998,(2):47 |
| 《内经》病因学理论与先秦道家“自然无为”思想的讨论 | 蒋应时 | 广西中医学院学报 | 1998,(2):10 |
| 情志与外科疾病 | 洪素兰 | 河南中医 | 1998,(2):16 |
| “痰”为哮喘之枢机 | 李风森等 | 新疆中医药 | 1998,(2):2 |
| 体质因素在七情发病中的意义 | 张莉莎 | 中国中医基础医学杂志 | 1998,(2):17 |
| “胃不和则卧不安”辨 | 廖鸿灵 | 北京中医药大学学报 | 1998,(3):13 |
| 精神内伤与衰老关系浅析 | 文　彬 | 湖南中医学院学报 | 1998,(3):28 |
| 中医论“火” | 修宗昌 | 中国中医基础医学杂志 | 1998,(3):4 |
| 浅谈“诸转反戾” | 李盘瑞 | 中医药研究 | 1998,(3):7 |
| 《内经》“过用致病”观探讨 | 王　键等 | 安徽中医学院学报 | 1998,(4):2 |
| 中医疼痛病机辨析 | 王毅强等 | 长治医学院学报 | 1998,(4):63 |
| 浅论情志致喘 | 黄丙亮 | 河南中医药学刊 | 1998,(4):28 |
| 痛则不通　通则不痛——漫话1991年诺贝尔医学奖 | 余海若 | 知识就是力量 | 1998,(5):11 |
| 情志对疾病的影响 | 杨　萍 | 青海医药杂志 | 1998,(6):68 |
| 暑湿病邪致病特点浅识 | 阮石全等 | 陕西中医 | 1998,(6):261 |
| 略论气血以并百病由生 | 张尚臣等 | 中国中医基础医学杂志 | 1998,(7):14 |
| 小议“怒则气上” | 李基云 | 山东中医杂志 | 1998,(8):37 |
| 燥气小议 | 宋哲娥 | 陕西中医 | 1998,(8):384 |
| 七情何以能致病、致死 | 王明辉等 | 家庭医学 | 1998,(15):32 |
| 多食肥甘易患糖尿病 | 周一谋 | 家庭医学 | 1998,(20):33 |
| “六淫”致病的科学性及定量标准探讨 | 李连方等 | 气候与环境研究 | 1999,(1):87 |
| 论“壮火散气少火生气” | 邹贤德 | 青海医药杂志 | 1999,(1):62 |
| 百病从心生 | 耕　云 | 特区展望 | 1999,(1):62 |
| 浅述瘀水互患 | 范圣涛 | 现代中西医结合杂志 | 1999,(1):76 |
| 心静则万病息 | 饶宏孝 | 长寿 | 1999,(2):31 |

| | | | |
|---|---|---|---|
| 《内经》“故邪”琐谈 | 段光周 | 成都中医药大学学报 | 1999,(2):2 |
| 血瘀致衰机理初探 | 汪定华 | 光明中医 | 1999,(2):4 |
| 逸病为害　焉可忽乎 | 卢　玉等 | 现代中医药 | 1999,(2):3 |
| 精神内守,病安从来 | 晶　明 | 心理与健康 | 1999,(2):30 |
| 秋燥质疑 | 刑士杰等 | 中医药信息 | 1999,(2):2 |
| 环境污染——中医病因学的又一病因 | 徐　建 | 长春中医学院学报 | 1999,(3):7 |
| 《内经》“阴虚”概念的含义初探 | 薛　红等 | 成都中医药大学学报 | 1999,(3):2 |
| “因于湿,首如裹”浅议 | 张月莉等 | 国医论坛 | 1999,(3):45 |
| 对“二阳之病发心脾”的认识和运用 | 张　昱 | 吉林中医药 | 1999,(3):62 |
| 《四部医典》与《内经》的发病学观点 | 王　滨等 | 中国民族医药杂志 | 1999,(3):32 |
| 浅析“湿郁血瘀” | 赵国钢等 | 中医药研究 | 1999,(3):20 |
| 论气滞乃病理产物 | 王彦晖等 | 甘肃中医学院学报 | 1999,(4):9 |
| 浅谈七情致病与情志护理 | 孟庆芳等 | 黑龙江中医药 | 1999,(4):45 |
| 笑要适度 | 杨全怀 | 湖南农业 | 1999,(4):27 |
| 精神内守,病安从来 | 晶　明 | 家庭中医药 | 1999,(4):36 |
| 寒热初探 | 李洪涛 | 安徽中医学院学报 | 1999,(5):7 |
| 因虚致病初探 | 尹必武等 | 安徽中医学院学报 | 1999,(5):19 |
| 《内经》“五精所并”新识 | 王长荣 | 北京中医药大学学报 | 1999,(5):8 |
| 五脏六腑皆令人咳应用举隅 | 王立照 | 甘肃中医 | 1999,(5):20 |
| 试论七情 | 庄文琪 | 光明中医 | 1999,(5):6 |
| 中医论“梦”与疾病和生活的关系 | 余世光 | 国际医药卫生导报 | 1999,(5):39 |
| 六淫伤肾浅析 | 罗会林 | 江西中医药 | 1999,(5):52 |
| 略论鬼、邪、毒 | 冯松杰 | 陕西中医 | 1999,(5):239 |
| “通”论 | 王秀玲 | 中国医药学报 | 1999,(5):77 |
| 浅谈中医水血为病机理及临床意义 | 冷冰霄 | 北京中医 | 1999,(6):11 |
| 中医病因古今演变的研究之四<br>——《内经》六淫病因学说概要 | 郑红斌等 | 浙江中医学院学报 | 1999,(6):4 |
| 负性情绪　百病之源 | 春　云等 | 中国保健营养 | 1999,(6):31 |
| 正虚邪实致衰老浅析 | 魏中海 | 中国医药学报 | 1999,(6):10 |
| 引火归原考 | 张　煜等 | 辽宁中医杂志 | 1999,(7):8 |
| 虚痰论 | 陈　杰 | 湖北中医杂志 | 1999,(8):372 |
| 《内经》“三阳结谓之隔”辨析 | 李永浩 | 新中医 | 1999,(8):58 |
| “五劳”“七伤”简释 | 陶昔安 | 家庭中医药 | 1999,(9):18 |
| 论黄疸病因 | 夏克平 | 安徽中医临床杂志 | 2000,(1):62 |
| “邪之所凑,其气必虚”探析 | 王毅强等 | 长治医学院学报 | 2000,(1):61 |
| 范进“痰迷心窍”的病理报告与时代悲剧 | 刘晓林 | 衡阳师范学院学报 | 2000,(1):64 |
| “胃不和则卧不安”今析 | 许　良 | 上海中医药杂志 | 2000,(1):22 |
| 不通病机探析 | 王宗殿等 | 安徽中医学院学报 | 2000,(2):5 |
| 七情和精神病的关系探讨 | 杨茹斌等 | 甘肃中医 | 2000,(2):1 |
| 略论肺阳 | 沈红艺 | 河北中医药学报 | 2000,(2):3 |
| 对《素问·阴阳应象大论》中阴阳寒热病机的认识 | 周　杰等 | 河南中医药学刊 | 2000,(2):1 |
| 心理社会因素与心身疾病关系的探讨 | 李延斌等 | 科学中国人 | 2000,(2):17 |
| 关于“阳有余,阴不足”之辨 | 萧汉明等 | 南京中医药大学学报<br>(社会科学版) | 2000,(2):57 |
| 《内经》络病中的营卫病机 | 徐培平等 | 中医药研究 | 2000,(2):2 |
| 浅析“邪气盛则实,精气夺则虚” | 王雪飞 | 贵阳中医学院学报 | 2000,(3):11 |

| | | | |
|---|---|---|---|
| 《内经》论恐 | 吴　德等 | 南京中医药大学学报（自然科学版） | 2000,(3):140 |
| 略论脉诊学的形成与发展 | 李　旺等 | 山西中医 | 2000,(3):63 |
| 试论“疟脉自弦” | 宋耀鸿 | 现代中医药 | 2000,(3):3 |
| “邪之所凑,其气必虚”新解 | 谌　东等 | 新疆中医药 | 2000,(3):9 |
| “真气”存身体自健 | 倪守东 | 中国保健营养 | 2000,(3):25 |
| 《素问》“不时御神”解 | 肖　旭 | 古汉语研究 | 2000,(4):83 |
| 说“邪” | 陈　农 | 医古文知识 | 2000,(4):34 |
| 浅淡心理因素与痤疮的关系 | 陈敏芳 | 中华医学美容杂志 | 2000,(4):30 |
| 论肾虚是衰老的根本原因 | 沈惠风 | 安徽中医学院学报 | 2000,(5):1 |
| 人身诸病多兼郁 | 罗再琼 | 泸州医学院学报 | 2000,(5):378 |
| 《内经》情志致病理论及对后世的影响 | 何文彬 | 浙江中医学院学报 | 2000,(5):18 |
| 略论肝阳虚 | 张永文 | 浙江中医学院学报 | 2000,(5):22 |
| 小议“二阳之病发心脾” | 吕伯中 | 中医药学报 | 2000,(5):7 |
| 五脏六腑皆令人呕 | 潘同元 | 河南中医药学刊 | 2000,(6):48 |
| 论意志因素在情志致病中的作用 | 董少萍 | 山东中医药大学学报 | 2000,(6):421 |
| 《内经》对邪气的探索与界定 | 邵学鸿 | 江苏中医 | 2000,(9):4 |
| 情志对泌乳影响的探讨 | 曹艺君等 | 辽宁中医杂志 | 2000,(12):571 |
| 浅谈秋燥与秋湿 | 刘清华 | 江西中医学院学报 | 2000,(S1):206 |
| 脾阴虚探析 | 杨匀保 | 国际传统医药大会论文摘要汇编 | 2000:63 |
| 试论毒邪致病及证候特征 | 谢颖桢等 | 北京中医药大学学报 | 2001,(1):11 |
| 心理因素对健康的影响 | 王以山 | 解放军健康 | 2001,(1):13 |
| 浅谈中医病因学中的辩证法思想 | 萧永新等 | 实用中西医结合临床 | 2001,(1):61 |
| 自然地质环境与人类健康研究 | 边　磊等 | 石家庄经济学院学报 | 2001,(1):82 |
| 浅论恶血归肝及其在骨伤科中的应用 | 杨友发 | 浙江中医学院学报 | 2001,(1):20 |
| 论祖国医学中的邪与正 | 李　虹 | 中国医药学报 | 2001,(1):78 |
| 论虚邪 | 边玉麟 | 中国中医基础医学杂志 | 2001,(1):9 |
| 《内经》“久而增气”探思 | 闫晓宇等 | 中医杂志 | 2001,(1):59 |
| 试论“生病起于过用” | 李晓燕等 | 国医论坛 | 2001,(2):45 |
| 津液代谢失常导致瘀血之刍议 | 梅晓云 | 南京中医药大学学报（自然科学版） | 2001,(2):79 |
| 谈《内经》病机十九条三大特点 | 宋耀鸿等 | 现代中医药 | 2001,(2):9 |
| 《内经》六淫化风病理学说 | 朱祥麟 | 中国中医基础医学杂志 | 2001,(2):10 |
| 对火热致中学说源流与现状的考察及认识 | 丁元庆 | 中国中医急症 | 2001,(2):93 |
| 谈《内经》对“反者道之动”的运用 | 李　柱等 | 河南中医药学刊 | 2001,(3):3 |
| 对《内经》外感病因观的探讨 | 邵学鸿 | 江苏中医 | 2001,(3):7 |
| 浅谈《内经》论五脏六腑皆令人咳 | 武秀杰 | 内蒙古中医药 | 2001,(3):32 |
| “胃不和则卧不安”浅析 | 邓华亮 | 山东中医药大学学报 | 2001,(3):178 |
| 论卫气失常为百病之母 | 周东浩等 | 国医论坛 | 2001,(4):10 |
| 历代文献少论肝阳虚原因之我见 | 李如辉等 | 山东中医药大学学报 | 2001,(4):245 |
| “生病起于过用”探析 | 范　薇等 | 中医文献杂志 | 2001,(4):6 |
| 方药中教授论病机十九条及其运用规律 | 张存悌等 | 中医药学刊 | 2001,(4):303 |
| 《内经》络病中的营卫病机 | 曾　虹 | 光明中医 | 2001,(5):8 |
| 试论湿与食滞的关系 | 吴立初 | 医学理论与实践 | 2001,(5):411 |
| 病因研究的现状与思路 | 张光霁 | 中国医药学报 | 2001,(5):59 |

| | | | |
|---|---|---|---|
| “生病起于过用”探析 | 范　薇等 | 中医研究 | 2001,(5):3 |
| 试论“亢害承制” | 申太明 | 中医研究 | 2001,(5):5 |
| 六淫主治浅析 | 包　丽等 | 中医药学报 | 2001,(5):8 |
| 论卫不和则卧不安 | 周东浩等 | 光明中医 | 2001,(6):8 |
| 伏邪说在感染性疾病治疗中的意义 | 黄彩平等 | 河南中医 | 2001,(6):15 |
| 论人体内生六气 | 郑国庆等 | 吉林中医药 | 2001,(6):1 |
| 昼夜气候变化影响病情 | 霍寿喜 | 老年人 | 2001,(6):41 |
| 论情志致病中的意志因素 | 董少萍 | 中国中医基础医学杂志 | 2001,(7):498 |
| 从卫气运行谈“胃不和”与不寐 | 李　雁等 | 中国中医基础医学杂志 | 2001,(7):494 |
| 论情志病发病机理 | 金　曦等 | 中国中医基础医学杂志 | 2001,(7):500 |
| 浅谈“九气”致病成因 | 刘杭卫 | 浙江中西医结合杂志 | 2001,(9):23 |
| 试论传统医学对妇女受孕机理的认识 | 王若光 | 湖南中医药导报 | 2001,(10):493 |
| 祖国医学的神补与情志致病 | 刘　瑛 | 现代医药卫生 | 2001,(11):917 |
| 脾精不行为糖尿病病机 | 曹希和等 | 江苏中医 | 2001,(12):54 |
| 肝阳上亢、肝阳化风的理论渊源 | 朱玉龙等 | 新疆中医药 | 2001,(S1):15 |
| 心理与疾病 | 庄学伟等 | 山东省心理卫生协会第二届学术研讨会论文选编 | 2001:68 |
| 《内经》病机学说的认识论方法论特点探要 | 黄广平等 | 陕西中医学院学报 | 2002,(1):9 |
| 男性不育与七出——《灵枢·五音五味》的启示 | 陈　农 | 医古文知识 | 2002,(1):27 |
| 《黄帝内经》论体质因素对发病的影响 | 李　捷等 | 云南中医学院学报 | 2002,(1):35 |
| “浊气归心”之我见 | 张良锋 | 浙江中医杂志 | 2002,(1):5 |
| 衰老与情志关系初探 | 卢焯明等 | 中医文献杂志 | 2002,(1):20 |
| 《内经》“诸痉项强,皆属于湿”临床辨析 | 李庆杭 | 中医研究 | 2002,(1):10 |
| 房劳与疾病 | 焦达操 | 湖北民族学院学报(医学版) | 2002,(2):46 |
| 解读“阳加于阴谓之汗” | 陈震霖等 | 陕西中医学院学报 | 2002,(2):9 |
| 影响七情发病的条件和因素 | 夏　丽 | 云南中医学院学报 | 2002,(2):27 |
| 《内经》“生病起于过用”解析 | 钱会南 | 中医研究 | 2002,(2):2 |
| 脾虚机理研究的历史经验 | 符友丰 | 医学与哲学 | 2002,(3):48 |
| 浅谈《黄帝内经》中的情志致病特点 | 王　非等 | 中医药学报 | 2002,(3):65 |
| “此受五脏浊气”辨识 | 李荣华 | 中医药学报 | 2002,(3):63 |
| 浅谈中医病机学中的虚与实 | 姚　波 | 江汉大学学报(医学版) | 2002,(4):43 |
| 中医七情病因学说研究进展 | 邢玉瑞等 | 陕西中医学院学报 | 2002,(4):63 |
| “五脏六腑皆令人咳,非独肺也”新识 | 赵瑞珍等 | 天津中医学院学报 | 2002,(4):40 |
| 论“五劳”行为相关基因表达的分析 | 王米渠等 | 天津中医学院学报 | 2002,(4):46 |
| 论七情之动的个体因素 | 董少萍 | 中国中医基础医学杂志 | 2002,(4):6 |
| 浅述祖国医学“六淫”与医疗气象学 | 汪正宜 | 湖北中医杂志 | 2002,(5):3 |
| 漫谈“胃不和则卧不安” | 沈　佳 | 江苏中医药 | 2002,(5):36 |
| 病“发于阴、发于阳”之因 | 栗兰海等 | 内蒙古中医药 | 2002,(5):23 |
| 生病起于过用的启示 | 钱会南 | 中国中医基础医学杂志 | 2002,(5):22 |
| 病机三条管见 | 张瑞峰 | 北京中医药大学学报 | 2002,(6):10 |
| “亢害承制”浅析 | 谢文英 | 河南中医 | 2002,(6):81 |
| 论七情致病的内在因素 | 董少萍 | 中国医药学报 | 2002,(6):333 |
| 《内经》“惊伤心神”的理论初步研究 | 沈浪泳等 | 中国医药学报 | 2002,(6):361 |
| 通络法历史沿革剖析 | 茅　晓 | 中医杂志 | 2002,(7):485 |
| “邪气盛则实,精气夺则虚”探析 | 庄泽澄 | 山东中医杂志 | 2002,(8):457 |

| | | | |
|---|---|---|---|
| 浅析“生病起于过用” | 吴爱香 | 中国民间疗法 | 2002,(8):8 |
| 观汗知病情 | 吴国隆 | 健康天地 | 2002,(10):59 |
| 脾阴虚的探讨 | 徐树楠等 | 中国中医基础医学杂志 | 2002,(12):1 |
| 诸风掉眩皆属于肝之临床我见 | 要永红 | 山西中医 | 2002,(S1):80 |
| 饮酒与血栓关系研究 | 陈　冰 | 中国优秀博硕士学位论文全文数据库(硕士)医药卫生科技辑 | 2002,(2):E056-30 |
| 脱发与肾虚 | 孙定邦等 | 第七届东南亚地区医学美容学术大会论文汇编 | 2002:99 |
| “命门火衰,火不生土”刍议 | 林永发等 | 全国中医药科研与教学改革研讨会论文集 | 2002:350 |
| 试论“损伤专从血论” | 胡均毅 | 安徽中医临床杂志 | 2003,(1):73 |
| 肝郁源流及其相关问题探讨 | 陈青红等 | 北京中医药大学学报 | 2003,(1):12 |
| 情志致病与肾阳虚之间的关系 | 唐国斌 | 长春中医学院学报 | 2003,(1):9 |
| 浅谈“久病入络”的病机及临床意义 | 杨万里 | 长治医学院学报 | 2003,(1):54 |
| 略论王冰对中医病因学的阐发 | 贯　剑 | 上海中医药大学学报 | 2003,(1):38 |
| 浅析《内经》七情学说 | 张红梅等 | 天津中医药 | 2003,(1):65 |
| 《黄帝内经》“七情学说”浅析 | 危　玲 | 现代中医药 | 2003,(1):7 |
| 宿痰伏肺——哮喘发作的中医病机学说与现代研究的思考 | 史利卿 | 中国处方药 | 2003,(1):65 |
| “伏邪”探微(上)——外感伏邪 | 任继学等 | 中国中医药现代远程教育 | 2003,(1):12 |
| 《内经》论瘀血揽要 | 蔡建伟 | 中医研究 | 2003,(1):2 |
| 疾病“易感性”初探 | 孙　玮 | 山西中医学院学报 | 2003,(2):55 |
| “五劳所伤”与“五劳所养” | 吕　斌 | 养生大世界 | 2003,(2):6 |
| “湿胜则濡泻”及后世从湿治泻诸法 | 贺　娟等 | 北京中医药大学学报 | 2003,(3):14 |
| 也谈咳皆聚于胃　关于肺 | 朱晋龙 | 辽宁中医学院学报 | 2003,(3):218 |
| 饮食劳倦与脾胃损伤理论探析 | 周宝宽等 | 辽宁中医杂志 | 2003,(3):178 |
| 论“生病起于过用” | 陈震霖 | 山西中医学院学报 | 2003,(3):9 |
| 反常——影响健康的大敌 | 梁　栋 | 现代养生 | 2003,(3):19 |
| “变化”小议 | 梁永林 | 中医教育 | 2003,(3):73 |
| “气虚脉数”机理浅析 | 张　波等 | 中医药学报 | 2003,(3):61 |
| 两虚相得,乃客其形——兼论体质与发病的关系 | 钱会南 | 北京中医药大学学报(中医临床版) | 2003,(4):34 |
| 悲亦有度 | 戴裕光 | 现代健康人 | 2003,(4):15 |
| 《黄帝内经》中“变化”刍议 | 赵彬元等 | 浙江中医学院学报 | 2003,(4):84 |
| “气分阴阳”与“气虚脉数”机理探讨 | 张　波等 | 浙江中医杂志 | 2003,(4):3 |
| 对气滞概念的一种新认识 | 王彦晖 | 中医教育 | 2003,(4):68 |
| 浅谈历代医家对温病病因和发病的认识 | 马伟明 | 甘肃中医 | 2003,(5):4 |
| “慢性肾病非肾虚论”申释 | 赵文远 | 江西中医药 | 2003,(5):13 |
| 略论《素问·咳论篇》中咳嗽之病机 | 罗永聚等 | 实用中医药杂志 | 2003,(5):273 |
| 痒的病机探讨 | 王建新等 | 新疆中医药 | 2003,(5):8 |
| 古代的“疫”与“驱疫” | 陈　榴 | 寻根 | 2003,(5):42 |
| 寒热往来病机新解 | 张　静 | 湖南中医杂志 | 2003,(6):61 |
| 《黄帝内经》七情学说研究概况 | 危　玲 | 甘肃中医 | 2003,(7):4 |
| 试论中医病因学说及其发展 | 马梅青 | 山东中医杂志 | 2003,(8):451 |
| 血瘀的致病特点及其证候特征浅析 | 王均宁等 | 中医药学刊 | 2003,(8):1299 |

| | | | |
|---|---|---|---|
| “二阳之病发心脾”的机理及临床探讨 | 郑建功 | 中国医药学报 | 2003,(10):615 |
| 情志致病与脑神相关学说辨识 | 刘　伟等 | 中医药学刊 | 2003,(10):1697 |
| 喜怒 | 庄　子 | 科学养生 | 2003,(11):1 |
| 《内经》“生病起于过用”的临证意义探要 | 林晓忠 | 中医药学刊 | 2003,(11):1888 |
| 试论“痒”的病因 | 张凤仙 | 时珍国医国药 | 2003,(12):767 |
| 气候与疾病 | 杨　力 | 文明 | 2003,(12):10 |
| 论柯琴“痉之属燥”说 | 杨金萍 | 中国中医基础医学杂志 | 2003,(12):27 |
| “避其毒气”是中医学有效预防“非典”的重要学术思想 | 宿　敏 | 中国中医药信息杂志 | 2003,(12):2 |
| 论体质与疾病的相互关系 | 杜艳芳 | 现代中西医结合杂志 | 2003,(16):1808 |
| 皮肤衰老中医机理初探 | 王诗晗 | 中国科协2003年学术年会论文集(下) | 2003:250 |
| 心理因素与癌症 | 欧阳军 | 家庭中医药 | 2004,(1):21 |
| 《内经》血瘀病机理论及对后世的影响 | 徐宗佩 | 天津中医学院学报 | 2004,(1):1 |
| 瘀血刍议 | 杨东鹰等 | 新疆中医药 | 2004,(1):2 |
| “此受五脏浊气”辨识 | 傅淑文 | 浙江中医杂志 | 2004,(1):34 |
| “诸湿肿满,皆属于脾”对眼科疾病证治的指导作用——学习《内经知要》心得 | 庞　龙等 | 中国中医基础医学杂志 | 2004,(1):76 |
| 中医病因辨证的范围与内涵探讨 | 黎敬波等 | 广州中医药大学学报 | 2004,(2):332 |
| 因“思”致病的机理与治疗 | 郑缅华 | 吉林中医药 | 2004,(2):9 |
| 六淫“火邪”之我见 | 岳希璠 | 江苏中医药 | 2004,(2):18 |
| 浅论妇女情志致病与脏腑关系及中医治疗特点 | 杨洪艳等 | 天津中医学院学报 | 2004,(2):68 |
| 燥邪致泻说 | 孙艳淑等 | 浙江中医杂志 | 2004,(2):5 |
| 风邪致病的病因病机 | 韩振蕴等 | 北京中医药大学学报 | 2004,(3):13 |
| 亢害承制论探析 | 张　焱等 | 长春中医学院学报 | 2004,(3):3 |
| 论病机层次和要素 | 黄开泰 | 河南中医 | 2004,(3):12 |
| 浅谈饮食与疾病 | 闫　琪 | 吉林中医药 | 2004,(3):36 |
| 中医情志的发生机制刍议 | 黄跃东等 | 福建中医学院学报 | 2004,(4):43 |
| 也谈《素问·痹论》“故不为痹” | 马新飞等 | 国医论坛 | 2004,(4):49 |
| 浅谈《黄帝内经》“生病起于过用” | 唐晓波 | 湖北中医学院学报 | 2004,(4):57 |
| 论情绪对健康的影响 | 周坚强等 | 江苏经贸职业技术学院学报 | 2004,(4):78 |
| 对《内经》“五脏六腑皆令人咳”的认识 | 史红斐 | 浙江中医学院学报 | 2004,(4):37 |
| 关于中医病因学说中若干病因概念的商榷 | 张光霁 | 浙江中医学院学报 | 2004,(4):5 |
| 论情志因素对体质及发病的影响 | 钱会南 | 北京中医药大学学报 | 2004,(6):11 |
| “诸痛痒疮,皆属于心”是论述痒疮的病机 | 赵淑敏 | 国医论坛 | 2004,(6):48 |
| 虚实与衰老 | 姚建平等 | 辽宁中医杂志 | 2004,(6):458 |
| 对《内经》虚实之我见 | 李古松 | 天津中医药 | 2004,(6):486 |
| 《黄帝内经》所论情志致病原因之我见 | 刘建新等 | 中医研究 | 2004,(6):10 |
| 中医病因学之“不内外因”的学术命运 | 王　磊等 | 中医药学报 | 2004,(6):1 |
| 浅论情志与乳癖发病 | 舒　扬 | 江西中医药 | 2004,(7):20 |
| “百病生于气”之我见 | 于艳红 | 时珍国医国药 | 2004,(7):444 |
| 浅谈小儿“脾常不足” | 丁环英等 | 湖北中医杂志 | 2004,(8):29 |
| 对病机十九条中“心”与“火”的质疑 | 兰品聪 | 浙江中医杂志 | 2004,(9):31 |
| 中医心理致病因素探讨 | 方晋平 | 中国临床康复 | 2004,(9):1757 |
| 论情志的经意与不经意 | 张伯华 | 中国中医基础医学杂志 | 2004,(9):9 |
| 刘完素对《素问》病机十九条的发挥 | 毛德西 | 河南中医 | 2004,(10):5 |

| | | | |
|---|---|---|---|
| 冬季对健康的影响 | 常敏毅 | 家庭医学 | 2004,(11):33 |
| 病致恶梦 | 李晓莉等 | 养生大世界 | 2004,(12):30 |
| 《内经》与《伤寒论》对风邪的不同理解 | 张宇鹏等 | 中医杂志 | 2004,(12):941 |
| 外感内伤　经脉不利　脏腑相关 | 梅国强 | 中国中医药报 | 2004. 3. 4 |
| 肝胆气郁　经脉不利　兼调营卫 | 梅国强 | 中国中医药报 | 2004. 3. 11 |
| 阴虚与动态衰老假说 | 陈贵海 | 中国优秀博硕士学位论文全文数据库(博士)医药卫生科技辑 | 2004,(4):E056-5 |
| "逢寒则虫"解 | 李载荣等 | 全国中医药科研与教学改革研讨会论文集 | 2004:205 |
| 浅议人体的正与邪 | 周丽波等 | 第三届国际传统医药大会文集 | 2004:106 |
| 中医妇科的七情致病及心理治疗 | 谭彩群 | 第四次全国中西医结合养生学与康复医学学术研讨会论文集 | 2004:135 |
| 对七情病因概念的形成分析 | 李成卫 | 北京中医药大学学报 | 2005,(1):17 |
| 伏邪探微 | 任继学 | 长春中医学院学报 | 2005,(1):4 |
| 《内经》"交合阴阳"与健康疾病理论探析 | 陈志农 | 辽宁中医学院学报 | 2005,(1):8 |
| 浅论体质因素在疾病中的作用 | 聂爱迪等 | 陕西中医学院学报 | 2005,(1):60 |
| 不气不气真不气 | 赵清秀 | 现代养生 | 2005,(1):33 |
| 亢害承制论诸家诠释辨析 | 刘智斌 | 现代中医药 | 2005,(1):1 |
| 伏邪学说之探讨 | 杨德福 | 新中医 | 2005,(1):9 |
| 论《内经》情志活动与形体物质的辩证关系 | 胡　兰 | 实用中医药杂志 | 2005,(2):114 |
| 伏邪学说源流考 | 杨德福 | 中医药学刊 | 2005,(2):310 |
| "秋伤于湿"与"秋伤于燥"之我见 | 林春景 | 甘肃中医 | 2005,(3):3 |
| "高梁之变,足生大丁"与"糖尿病足" | 牛兵占 | 江西中医学院学报 | 2005,(3):10 |
| 浅论伏邪理论中邪气伏匿的机理 | 江顺奎 | 中华中医药杂志 | 2005,(3):140 |
| 《内经》病因学说浅析 | 韩永明等 | 光明中医 | 2005,(4):3 |
| 浅述血瘀证理论的形成与发展 | 张　静等 | 湖北中医学院学报 | 2005,(4):39 |
| 论《内经》《难经》中的肾脏病机五行传变 | 胡雪华等 | 辽宁中医学院学报 | 2005,(4):320 |
| 《灵枢·卫气第五十二》上虚则眩浅析 | 史建伟等 | 实用中医内科杂志 | 2005,(4):320 |
| "风痹"与"风疾"——汉晋时期医家对"诸风"的认识及相关的自然气候因素探析 | 景蜀慧 | 中山大学学报(社会科学版) | 2005,(4):37 |
| 浅论六淫与肺病的关系 | 王　斌等 | 中医药临床杂志 | 2005,(4):408 |
| "劳则气耗"与"劳则伤阴" | 汪泳涛 | 中医杂志 | 2005,(5):395 |
| 对"诸痛痒疮,皆属于心"之再认识 | 江雪华等 | 广州中医药大学学报 | 2005,(6):73 |
| 燥邪属性辨析——西北燥证病因学研究 | 周铭心等 | 新疆中医药 | 2005,(6):1 |
| 《内经》中痰、精、髓与衰老关系浅析 | 朱敏英 | 湖北中医杂志 | 2005,(8):21 |
| 外燥与季节及地理之析议 | 丁建中等 | 长江大学学报(自然科学版) | 2005,(9):325 |
| 不应有恨 | 杨红霞 | 家庭医学．新健康 | 2005,(9):53 |
| "夺血者无汗,夺汗者无血"理论浅释 | 凡英博 | 中国社区医师(综合版) | 2005,(10):2 |
| 情志与健康 | 侯　玲 | 中国性科学 | 2005,(10):31 |
| 外燥之理论研究探析 | 丁建中等 | 中国中医基础医学杂志 | 2005,(10):724 |
| 中医的病因学说(之二)六淫说(二) | 肖　娴 | 开卷有益·求医问药 | 2005,(11):15 |
| 《内经》论虚实病机 | 张景明等 | 中国中医基础医学杂志 | 2005,(11):9 |

| | | | |
|---|---|---|---|
| 内风概论 | 贺用和 | 中国中医基础医学杂志 | 2005,(11):6 |
| 情志辨识 | 阎兆君等 | 中医药学刊 | 2005,(11):99 |
| 中医的病因学说(之三)六淫说(三) | 肖　娴 | 开卷有益·求医问药 | 2005,(12):16 |
| 解读七情名称缘由 | 韩晶杰 | 中医药学刊 | 2005,(12):2220 |
| 《内经》对情志的观察与归纳 | 谷　峰 | 医学与哲学 | 2005,(14):62 |
| 《内经》对疼痛机制的认识 | 滕　杨等 | 中国临床康复 | 2005,(24):191 |
| 《伤寒论》与《内经》辨治方法不同 | 冯世纶 | 中国中医药报 | 2005.5.16 |
| 关于"二阳结谓之消"的理论研究 | 陈燕芬 | 中国优秀博硕士学位论文全文数据库(硕士)医药卫生科技辑 | 2005,(4):E056-80 |
| 《内经》病因病机学说源流研究 | 马小兰 | 中国优秀博硕士学位论文全文数据库(博士)医药卫生科技辑 | 2005,(6):E056-5 |
| 中医病因学的科学与文化分析 | 王　磊 | 中国优秀博硕士学位论文全文数据库(硕士)医药卫生科技辑 | 2005,(7):E056-8 |
| 浅谈对"血出而射者"的理解及应用 | 李　岩等 | 第二届全国刺络疗法暨首届少数民族放血疗法学术研讨会论文集 | 2005:20 |
| 正气存内,邪不可干 | 宋若水 | 长寿 | 2006,(1):11 |
| 伏邪潜伏和发病机理探讨 | 张　鑫等 | 中医药通报 | 2006,(2):26 |
| 伏邪概念实质研究 | 张　鑫等 | 北京中医 | 2006,(3):155 |
| 春季六节气与人体健康 | 颖　峰 | 东方食疗与保健 | 2006,(3):13 |
| "百病生于气"的治疗学意义 | 代　强等 | 河南中医学院学报 | 2006,(3):12 |
| 从"病机十九条"谈中医辨证的基本方法 | 夏小军 | 中医研究 | 2006,(3):3 |
| 浅谈中医学中的太过与不及 | 林黄果等 | 光明中医 | 2006,(4):6 |
| 论《内经》的发病观与医学微生物学、免疫学的关系 | 彭　新等 | 河南中医学院学报 | 2006,(4):9 |
| 浅论《黄帝内经》"五脏六腑皆令人咳" | 王　立等 | 湖北中医学院学报 | 2006,(4):36 |
| 疾病与气象学 | 陈和生等 | 社会医学杂志 | 2006,(4):14 |
| 浅谈《黄帝内经》内伤病因及体质差异致病特点 | 茹克亚·吐尔洪 | 中国民族医药杂志 | 2006,(4):68 |
| 浅析《素问·调经论》阴阳虚实寒热病机 | 董德河等 | 河南中医 | 2006,(5):12 |
| 论《内经》《难经》中心脏病机五行传变模式 | 胡则林等 | 辽宁中医药大学学报 | 2006,(5):13 |
| 论"诸病胕肿,疼酸惊骇,皆属于火" | 章　恪 | 陕西中医 | 2006,(5):638 |
| 浅说"百病生于气"与"内伤脾胃百病由生"的关系 | 尚　冰 | 中医药学刊 | 2006,(5):863 |
| "逢寒则虫"解 | 许振国 | 河南中医学院学报 | 2006,(6):80 |
| "冬病在阴,夏病在阳,春病在阴,秋病在阳"刍议 | 罗　霞 | 新疆中医药 | 2006,(6):11 |
| 养阳 | 顾广翠 | 养生大世界 | 2006,(6):8 |
| 伏邪潜伏和发病机理探讨 | 窦志芳等 | 中医药学刊 | 2006,(6):1058 |
| 先天不足与后天失养 | 黄景新 | 当代医学 | 2006,(8):22 |
| 刍议"五脏六腑皆令人咳" | 介世杰 | 中国中医急症 | 2006,(8):879 |
| 血瘀理论的形成与发展 | 宋志萍 | 中国中医药现代远程教育 | 2006,(8):29 |
| 《内经》《难经》肺脏病机的五行传变探析 | 叶金竹等 | 中医药学刊 | 2006,(8):1547 |
| 浅议燥邪的发病季节 | 林旭红 | 时珍国医国药 | 2006,(9):1804 |
| 浊邪及其致病机理探讨 | 唐雪梅 | 辽宁中医杂志 | 2006,(11):1416 |
| "二阳之病发心脾"释义 | 胡静娟 | 新中医 | 2006,(11):55 |
| 《黄帝内经》六淫理论的发生及其意义(1) | 张登本等 | 中医药学刊 | 2006,(11):1981 |

| | | | |
|---|---|---|---|
| “亢害承制”学说之我见 | 邵　雷等 | 中医杂志 | 2006,(11):808 |
| 祖国医学中关于笑的认识和实践 | 王福彦 | 时珍国医国药 | 2006,(12):2614 |
| 五脏皆令心痛 | 褚雪菲等 | 中医药学刊 | 2006,(12):2298 |
| 论七情致病中“思所伤”的中心地位和作用 | 汤朝晖等 | 现代中西医结合杂志 | 2006,(15):2005 |
| 试论“百病生于气” | 柴雅倩等 | 中国社区医师(综合版) | 2006,(15):8 |
| “不通则痛”试解 | 王希康 | 中国医药导报 | 2006,(17):119 |
| 论五脏六腑皆令人咳 | 王广超 | 现代中西医结合杂志 | 2006,(19):2598 |
| 喜怒两极发病与相反情绪治疗 | 王米渠等 | 现代中西医结合杂志 | 2006,(21):2881 |
| 《内经》论喜相关内容分析 | 景　婷等 | 山西中医 | 2006,(S1):2 |
| 生病源于“过用” | 吴沛田 | 健康报 | 2006.1.12 |
| 营卫之行　寤寐之机 | 烟建华 | 中国中医药报 | 2006.3.15 |
| 持脉有道　虚静为保 | 毛德西 | 中国中医药报 | 2006.4.20 |
| 中医学之“毒”的现代诠释 | 于智敏 | 中国优秀博硕士学位论文全文数据库(博士)医药卫生科技辑 | 2006,(9):E056-5 |
| 从“百病生于气”探讨络病病机与治法 | 丁元庆 | 第二届国际络病学大会论文集 | 2006:68 |
| 《内经》中关于情志致病理论探析 | 梁永忠等 | 甘肃省中医药学会第五次会员代表大会、甘肃省针灸学会第三次会员代表大会暨学术研讨会论文汇编 | 2006:125 |
| 浅谈后世医家对“邪之所凑,其气必虚”的发挥 | 陈婷婷等 | 北京中医 | 2007,(1):32 |
| 谈《内经》虚风与瘟疫发病 | 常立果等 | 吉林中医药 | 2007,(1):55 |
| 取象比类　辨证审机——简论《内经》六气病机的实质内涵 | 吴弥漫 | 江西中医学院学报 | 2007,(1):10 |
| 燥邪的阴阳属性探讨 | 王　燕等 | 辽宁中医药大学学报 | 2007,(1):15 |
| 穷源正本论七情 | 陈　革 | 吉林中医药 | 2007,(2):3 |
| 浅议“天明日月不明” | 杨道海 | 江西中医药 | 2007,(2):21 |
| 《内经》虚实概念浅析 | 谢东生 | 实用中医内科杂志 | 2007,(2):23 |
| 《内经》论“喜” | 景　婷等 | 浙江中医杂志 | 2007,(2):69 |
| 五脏皆令人恐 | 马良根 | 甘肃中医学院学报 | 2007,(3):37 |
| 试论“血有余则怒,不足则恐” | 毕慧娟等 | 吉林中医药 | 2007,(3):57 |
| 漫谈中医的病机学说(七) | 哈孝贤 | 开卷有益(求医问药) | 2007,(3):28 |
| 浅述“有诸内者必形诸外” | 申　力 | 浙江中医药大学学报 | 2007,(3):268 |
| 《内经》衰老机理解读 | 刘焕兰 | 中国实用医药 | 2007,(3):120 |
| 情绪与健康 | 牛腊红等 | 中华中医药学刊 | 2007,(3):544 |
| 浅谈《内经》之“胃不和则卧不安” | 师　冉 | 山东中医药大学学报 | 2007,(4):280 |
| 《上古天真论》“逆于生乐”解 | 于铁成 | 天津中医药大学学报 | 2007,(4):169 |
| 从《内经》解读情志活动与胃脘疾病的关系 | 余水园 | 浙江中医杂志 | 2007,(4):192 |
| “痰”道源流论 | 王东坡等 | 中华中医药杂志 | 2007,(4):195 |
| 胃不和则卧不安 | 屈崇原 | 长寿 | 2007,(5):6 |
| 内生五邪研究概况与展望 | 岳晓莉等 | 河南中医学院学报 | 2007,(5):86 |
| 季节变化与情志发病的关系探讨 | 胡　慧 | 湖北中医杂志 | 2007,(5):18 |
| 再论“胃不和则卧不安” | 李志宇等 | 吉林中医药 | 2007,(5):9 |
| 《黄帝内经》之“火”辨析 | 李海玉 | 中华中医药杂志 | 2007,(5):308 |
| 浅谈“燥”的阴阳属性 | 魏　妮等 | 国医论坛 | 2007,(6):9 |
| 对“阳气尽则卧,阴气尽则寤”的再认识 | 张其江 | 河北中医 | 2007,(6):524 |
| 谨防“病从心生” | 张新如 | 家庭中医药 | 2007,(6):38 |

| | | | |
|---|---|---|---|
| 浅析《黄帝内经》人体生理与疾病的季节气象性 | 骆月珍等 | 科技通报 | 2007,(6):800 |
| 从《内经》情志理论认识"怒" | 孟迎春等 | 上海中医药大学学报 | 2007,(6):19 |
| 对《素问·举痛论》寒邪致痛的认识 | 刘国胜 | 天津中医药 | 2007,(6):497 |
| 中医"邪"本质研究 | 张俐敏 | 中华中医药学刊 | 2007,(6):1218 |
| 中医伏邪疾病的干预措施 | 李明奎 | 中华中医药学刊 | 2007,(6):1212 |
| 七情过度和情绪反常有损健康 | 刘保祥 | 家庭医学 | 2007,(7):30 |
| 情在何由气得平 | 温长路 | 中华养生保健 | 2007,(7):35 |
| 中庸思想对《黄帝内经》病因病机学说的渗透和影响 | 杨　柱等 | 中华中医药学刊 | 2007,(7):1486 |
| 五脏精气阴阳的虚性病机及几个相关问题 | 孙广仁 | 中华中医药杂志 | 2007,(7):421 |
| 情志源流与概念探讨 | 金光亮 | 北京中医药大学学报 | 2007,(8):514 |
| 浅论"神不使" | 李永春 | 中华中医药学刊 | 2007,(8):1712 |
| 《黄帝内经》"邪"概念内涵的学术解读 | 烟建华等 | 中华中医药杂志 | 2007,(8):507 |
| 对《内经》虚邪贼风的探讨 | 邵学鸿 | 北京中医药大学学报 | 2007,(10):658 |
| 中医诊病整体观 | 李开武 | 吉林中医药 | 2007,(10):42 |
| 从中医角度浅释衰老的病因 | 田满荣等 | 陕西中医 | 2007,(10):1447 |
| 浅论《内经》与抑郁症的病因 | 张　慧 | 四川中医 | 2007,(10):37 |
| "胃不和则卧不安"新悟 | 李绍旦等 | 中华中医药学刊 | 2007,(10):2055 |
| 浅谈情志因素与疾病发生的关系 | 任　艳 | 甘肃中医 | 2007,(11):3 |
| "清气在下,则生飧泄;浊气在上,则生䐜胀"刍议 | 邓　宏等 | 辽宁中医杂志 | 2007,(11):1537 |
| 《内经》毒论诠析 | 常富业等 | 时珍国医国药 | 2007,(11):2684 |
| 伏邪潜伏和发病机理探讨 | 李玉光 | 中国医药指南 | 2007,(11):290 |
| "胃不和则卧不安"源流探析 | 寻　玉 | 河北中医 | 2007,(12):1112 |
| 浅析《内经》"五脏六腑皆令人咳,非独肺也" | 陈雪梅等 | 时珍国医国药 | 2007,(12):2964 |
| 情志成为中医学病因的理论依据与致病形式 | 刘　洋等 | 中国中医基础医学杂志 | 2007,(12):892 |
| 中医学"饮食不节"概念内涵研究 | 贾海骅 | 中国中医基础医学杂志 | 2007,(12):894 |
| 人之衰老　肾为其本——试论肾虚衰老说 | 邓洋洋等 | 中华中医药学刊 | 2007,(12):2593 |
| "水瘀相关"论 | 陈　刚 | 现代中西医结合杂志 | 2007,(13):1764 |
| 伏邪与伏毒 | 张继烈等 | 中国医药导报 | 2007,(23):153 |
| 试论无肝郁不作眩及其治疗 | 杨俊艳 | 中国实用医药 | 2007,(35):145 |
| 病机十九条解读 | 李学铭 | 中国中医药报 | 2007.5.24 |
| 病机十九条解读 | 李学铭 | 中国中医药报 | 2007.5.28 |
| 病机19条解读 | 李学铭 | 中国中医药报 | 2007.5.31 |
| 也谈"诸痉项强,皆属于湿" | 黄海龙 | 中国中医药报 | 2007.6.28 |
| 析病机十九条中的"关键16字" | 黄海龙 | 中国中医药报 | 2007.8.1 |
| 怒伤肝　忧伤肺 | 俊　芳 | 上海中医药报 | 2007.8.10 |
| 生病源于"过用" | 晚　秋 | 上海中医药报 | 2007.9.7 |
| 《黄帝内经》论情志 | 迟华基 | 中国中医药报 | 2007.12.19 |
| 肺脏病机五行传变的研究 | 叶金竹 | 中国优秀博硕士学位论文全文数据库(硕士)医药卫生科技辑 | 2007,(3):E056-3 |
| 心脏病机五行传变的研究 | 胡则林 | 中国优秀博硕士学位论文全文数据库(硕士)医药卫生科技辑 | 2007,(3):E056-20 |
| 试论"毒邪"的概念 | 娄　静等 | 光明中医 | 2008,(1):18 |
| 《素问·生气通天论》中的外邪致病 | 郭杨志等 | 黑龙江中医药 | 2008,(1):55 |
| "五藏六腑皆令人咳"之我见 | 张志敏等 | 江西中医药 | 2008,(1):9 |

| | | | |
|---|---|---|---|
| 中医病因学文化观 | 赵明山 | 中医药文化 | 2008,(1):11 |
| 论"亢则害,承乃制"——变态反应病之中医"自亢"学说 | 朱富华 | 中医杂志 | 2008,(1):16 |
| 《内经》"生病起于过用"发病观的探讨 | 李大伟 | 光明中医 | 2008,(2):135 |
| 浅谈"五脏六腑皆令人咳"的辨证施治 | 陈武杰 | 辽宁中医药大学学报 | 2008,(2):20 |
| 浅谈《内经》"过用致病"理论 | 叶　雷 | 新中医 | 2008,(2):106 |
| 《内经》虚损探源 | 刘艳华等 | 中国中医急症 | 2008,(2):228 |
| 对"生病起于过用"的探讨 | 李　柏等 | 湖南中医杂志 | 2008,(4):83 |
| 从《内经》心身理论谈疼痛的发生机制 | 张继伟等 | 山东中医药大学学报 | 2008,(4):293 |
| 对"生病起于过用"理论的再思考 | 田丙坤等 | 中国中医基础医学杂志 | 2008,(4):253 |
| 内风性论 | 韩　静等 | 中国中医药信息杂志 | 2008,(4):95 |
| 解读《素问·宣明五气篇》"五精所并"与情志改变 | 秦绍林等 | 北京中医药大学学报 | 2008,(5):293 |
| 情志与健康 | 赵　曦 | 健康大视野 | 2008,(5):88 |
| "三元辨证"在土家族医学中的运用 | 陈　义 | 中国民族民间医药 | 2008,(5):56 |
| 论"百病生于气也" | 李联社等 | 中华中医药学刊 | 2008,(5):1096 |
| "暴注下迫"非皆为热——对病机第十九条新议 | 杜季方等 | 中医药导报 | 2008,(5):83 |
| 论痰瘀同源同病 | 韩永刚 | 中医杂志 | 2008,(5):477 |
| "郁火"浅析 | 赵良斌 | 甘肃中医 | 2008,(6):1 |
| 浅谈祖国医学对燥的认识 | 宋雅琴 | 国医论坛 | 2008,(6):21 |
| 论"阳常不足,阴常有余" | 余天泰 | 中医药通报 | 2008,(6):14 |
| 浅议"五脏六腑皆令人咳,非独肺也" | 陈　帆 | 湖北中医杂志 | 2008,(7):46 |
| 从"玄府闭密"探讨"久病入络"病机 | 朱凤娟等 | 针灸临床杂志 | 2008,(7):38 |
| 《内经》"怒则气上"学术解读 | 张暭珺等 | 吉林中医药 | 2008,(8):550 |
| 浅论"百病生于气" | 姜玉宝等 | 吉林中医药 | 2008,(8):547 |
| 《内经》"奇邪"概念的内涵及其逻辑构架 | 程　坤 | 江苏中医药 | 2008,(10):12 |
| 浅谈《素问·调经论》中"血并"与"气并"之虚实 | 冯文林 | 中医杂志 | 2008,(10):953 |
| 漫谈情志为病 | 徐洪海 | 中国社区医师(医学专业半月刊) | 2008,(11):89 |
| 论"阴常不足"和"阳常不足" | 杨建宇等 | 光明中医 | 2008,(12):1896 |
| 论百病生于气的义理 | 陆　明等 | 四川中医 | 2008,(12):55 |
| 对"胃不和则卧不安"的理解及应用 | 张志明 | 中国中医药信息杂志 | 2008,(12):85 |
| 再议病"发于阴、发于阳" | 李国臣等 | 内蒙古中医药 | 2008,(18):62 |
| 过恐伤肾　以思胜恐 | 薛明新等 | 健康报 | 2008.1.17 |
| "七情"过度损健康 | 何　益 | 医药养生保健报 | 2008.2.25 |
| 五志太过对人体的影响 | 紫　图 | 上海中医药报 | 2008.6.13 |
| "风"乃百病之始 | 紫　图 | 上海中医药报 | 2008.10.31 |
| "燥"乃干涩之病邪 | 紫　图 | 上海中医药报 | 2008.12.5 |
| 《内经》"邪"概念研究 | 张俐敏 | 中国优秀博硕士学位论文全文数据库(博士)医药卫生科技辑 | 2008,(12):E056-7 |
| 从"病机十九条"谈中医辨证的基本方法——读《素问·至真要大论》的几点体会 | 朱桂祯 | 吉林省第五届科学技术学术年会论文集 | 2008:390 |
| 地域、四季气候与疾病相关性研究进展 | 刘芳芳等 | 长春中医药大学学报 | 2009,(1):139 |
| 论"亢则害,承乃制" | 蔡　辉 | 医学研究生学报 | 2009,(1):61 |
| "六气皆从火化"非"六气皆能化火" | 王海亭等 | 中华中医药学刊 | 2009,(1):199 |
| 血虚论 | 夏小军 | 中医研究 | 2009,(1):6 |

| | | | |
|---|---|---|---|
| 谈古论"风" | 李媛媛等 | 中医药文化 | 2009,(2):39 |
| 拓展思考"卧不安"与"胃不和" | 宋　芳等 | 江西中医学院学报 | 2009,(3):13 |
| 论湿浊伤阴及其证治 | 蒲晓东 | 中国中医基础医学杂志 | 2009,(4):253 |
| 《素问》"筋脉横解,肠澼为痔"辨析 | 金　栋 | 四川中医 | 2009,(5):51 |
| "三虚"致疫——中医学对疫病病因的认识 | 顾植山 | 中国中医基础医学杂志 | 2009,(5):350 |
| 五脏六腑皆可令人便秘,非独大肠 | 丁　然等 | 甘肃中医 | 2009,(6):5 |
| 营卫失调　百病乃生 | 高廷国等 | 河南中医 | 2009,(6):538 |
| 解读肝气虚证 | 成词松等 | 四川中医 | 2009,(6):36 |
| 浅析"诸风掉眩　皆属于肝" | 鲁红献 | 辽宁中医药大学学报 | 2009,(7):12 |
| "病机归于五运六气"论 | 卢红蓉 | 中国中医基础医学杂志 | 2009,(8):566 |
| 浅论"味过于酸,肝气以津" | 周　荣 | 光明中医 | 2009,(9):1639 |
| 季节气候变化对机体功能影响的探讨 | 袁卫玲等 | 中国中医基础医学杂志 | 2009,(9):654 |
| 浅析"五脏六腑皆令人咳" | 周　洁等 | 河南中医 | 2009,(10):960 |
| 燥邪致肿浅论 | 王　斌等 | 四川中医 | 2009,(10):29 |
| "胃不和则卧不安"辨析 | 壮　健 | 浙江中医杂志 | 2009,(10):714 |
| 论情志致病因素—"喜" | 聂绍通 | 中外医疗 | 2009,(20):115 |
| 浅谈《内经》对怒的认识 | 王　猛等 | 现代中西医结合杂志 | 2009,(27):3293 |
| 五脏皆可致阳痿 | 林　中 | 民族医药报 | 2009.11.13 |
| "七日自愈"将经验上升为理论 | 孟庆云 | 中国中医药报 | 2009.11.16 |
| 情志对脾胃病的影响 | 苏　敏 | 中国中医药报 | 2009.12.16 |
| 《黄帝内经》情志病因研究 | 刘　洋 | 中国优秀博硕士学位论文全文数据库(博士)医药卫生科技辑 | 2009,(1):E056-3 |
| "膏浊"致病论 | 刘喜明等 | 中医药中青年科技创新与成果展示论坛论文集 | 2009:146 |
| 浅谈中医体质与正气对发病影响的异同 | 汪　丹 | 中华中医药学会第七届中医体质学术研讨会论文集 | 2009:145 |

## (五)诊法研究

| | | | |
|---|---|---|---|
| 谈问诊 | 方药中 | 中医杂志 | 1956,(9):479 |
| 中医诊疗理论体系简介(续二) | 赵　棻 | 福建中医药 | 1957,(2):41 |
| 脉口与人迎 | 郑南梦 | 上海中医药杂志 | 1957,(3):4 |
| 学习《内经·色诊篇》的一点体会 | 柯雪帆 | 上海中医药杂志 | 1957,(4):47 |
| 中医脉学简介——中医经典著作学习讲座(十) | 耿鑑庭 | 中国医刊 | 1958,(1):54 |
| 中医按摩疗法的"腹诊"及其临床意义 | 骆竞洪 | 中医杂志 | 1958,(2):93 |
| 中医的四诊望、闻、问、切(上)——(中医讲座第二讲) | 耿　庭 | 中国医刊 | 1958,(8):57 |
| 中医的四诊望、闻、问、切(下)(中医讲座第二讲) | 耿鉴庭 | 中国医刊 | 1958,(9):57 |
| 从诊断角度上略论"标本"的重要性 | 汪幼人 | 江苏中医药 | 1958,(10):7 |
| 漫谈舌诊 | 温觉文 | 中医杂志 | 1959,(5):54 |
| 对"气口成寸,以决死生"的体会 | 范德荣 | 福建中医药 | 1963,(2):36 |
| 寸口诊法之原始 | 姜春华 | 江苏中医药 | 1963,(3):3 |
| 遍身诊脉法 | 周韶九等 | 广东医学 | 1964,(1):27 |

| | | | |
|---|---|---|---|
| 也谈祖国医学诊断名称的问题 | 谭亦鸣等 | 山东医药 | 1964,(5):35 |
| 对八纲辨证的体会 | 王士相 | 天津医药 | 1964,(5):402 |
| 对脉学上若干意见的探讨(五) | 姜春华 | 上海中医药杂志 | 1964,(9):31 |
| 对脉学上若干意见的探讨(六) | 姜春华 | 上海中医药杂志 | 1964,(10):36 |
| 对脉学上若干意见的探讨(八、续完) | 姜春华 | 上海中医药杂志 | 1964,(12):38 |
| 外感热病统一辨证纲领初步探讨 | 李连吉 | 天津医药 | 1965,(5):409 |
| "精明五色"辨——略论《内经》中两个色诊的标准问题 | 王若铨 | 黑龙江中医药 | 1966,(3):38 |
| "虚实" | 哈孝贤 | 中国临床医生 | 1975,(2):47 |
| 春弦夏钩秋毛冬石 | 叶执中 | 新中医 | 1976,(1):60 |
| 八纲辨证 | 季绍良 | 广西医学 | 1976,(3):49 |
| 表里 | 哈孝贤 | 中国临床医生 | 1976,(11):62 |
| "辨舌"在临床上的意义 | 张海峰 | 新中医 | 1977,(3):10 |
| 小儿指纹诊察法简介 | 李树勋 | 辽宁中医杂志 | 1978,(1):55 |
| 有关脉学的几个问题 | 赵恩俭 | 天津医药 | 1978,(8):364 |
| 中医指诊脉象描述的我见 | 黄　晔 | 现代医学 | 1979,(2):108 |
| 脉学心悟举隅 | 王文雄等 | 成都中医药大学学报 | 1979,(3):30 |
| 中医腹诊简谈 | 唐朝霞 | 现代医学 | 1979,(6):373 |
| 对祖国医学中"腹诊法"的探讨 | 骆竞洪 | 成都中医药大学学报 | 1980,(1):49 |
| 略论中医眼科辨证 | 卓德厚 | 湖南中医学院学报 | 1980,(1):53 |
| 八纲辨证的辩证思想探讨 | 谢正富 | 贵阳中医学院学报 | 1980,(3):65 |
| 试谈"舌诊"在温病辨证施治中的应用 | 郑利华 | 河北中医 | 1980,(4):27 |
| 青紫舌研究的综述 | 陈健民 | 上海中医药杂志 | 1980,(4):39 |
| 头发在中医诊断学上的价值 | 瞿岳云等 | 辽宁中医杂志 | 1980,(8):45 |
| 《内经》脉学研究——关于《内经》弦缓大小滑涩浮沉等 21 种脉象的整理及其现代概念 | 沈霍夫 | 中医药学报 | 1980,(Z1):4 |
| 谈脉象 | 郭子光 | 山东中医药大学学报 | 1981,(1):57 |
| 从现代医学观点看促、结、代脉的形成 | 赵和熙 | 陕西中医学院学报 | 1981,(1):1 |
| 对中医脉诊的几点认识 | 郭朝广 | 实用医学杂志 | 1981,(1):13 |
| 浅谈寸关尺脏腑定位 | 高尔和 | 河北中医 | 1981,(2):16 |
| 浅谈"四诊合参"——学习《内经》、《伤寒论》的点滴体会 | 吕建辉 | 青海医学院学报 | 1981,(2):55 |
| 《内经》中的诊法(上) | 时振声 | 吉林中医药 | 1981,(3):52 |
| 八纲辨证及其图解法初探 | 吕明庄等 | 贵州医药 | 1981,(4):50 |
| 神门脉辨妊娠 | 汤力子 | 湖北中医杂志 | 1981,(4):47 |
| 《内经》中的诊法(下) | 时振声 | 吉林中医药 | 1981,(4):45 |
| 平人昼夜脉象及"胃、神、根"的观察 | 费兆馥等 | 上海中医药杂志 | 1981,(7):44 |
| 结、代、促、迟脉象的初步研究 | 张镜人等 | 上海中医药杂志 | 1981,(9):44 |
| 论数脉 | 叶显纯 | 中医杂志 | 1981,(10):6 |
| 脉诊部位的演变 | 姜光明 | 安徽中医学院学报 | 1982,(1):44 |
| 略论《素问·徵四失论》对"三个指头,一个枕头"说法的商榷 | 冯润身 | 河北中医 | 1982,(1):70 |
| 略论"唇诊" | 刘静庵 | 陕西中医学院学报 | 1982,(1):33 |
| 谈"辨证论治" | 陈苏生 | 山东中医药大学学报 | 1982,(2):35 |
| 切诊一得 | 丁国华 | 山东中医药大学学报 | 1982,(2):68 |
| 寸关尺三部诊脉法的起源 | 耿银锁 | 河北中医 | 1982,(3):2 |
| "但代无胃曰死"应如何解释 | 韩振智等 | 中医杂志 | 1982,(3):76 |

| | | | |
|---|---|---|---|
| 腹诊——日本汉方医学诊断方法介绍 | 李治淮等 | 山东中医药大学学报 | 1982,(4):36 |
| 略论中医诊法之特点 | 张凤兰 | 中医药学报 | 1982,(4):25 |
| 脉诊点滴 | 徐平愚 | 中医药学刊 | 1982,(4):28 |
| 浅谈中医的望诊 | 郑幼年 | 福建中医药 | 1982,(5):10 |
| 小儿面部山根脉纹形色的诊断意义 | 饶宏孝 | 贵州医药 | 1982,(5):15 |
| 阴虚火旺证脉象的初步观察 | 费兆馥等 | 辽宁中医杂志 | 1982,(7):1 |
| 谈弦脉 | 方药中 | 黑龙江中医药 | 1983,(1):41 |
| “标本”浅释 | 王贵淼 | 陕西中医 | 1983,(1):37 |
| 浅论对古人疾病的“诊断” | 孙红昺 | 新医学 | 1983,(1):55 |
| 是否凡病皆虚 | | 新中医 | 1983,(1):41 |
| 祖国医学对不整脉的认识及论治 | 王慧英 | 浙江中医药大学学报 | 1983,(1):11 |
| 论诊法常以平旦 | 安菁兰 | 中医药学报 | 1983,(1):25 |
| 《内经》论孕脉,一曰“阴搏阳别,谓之有子”;再曰“妇人手少阴脉动甚者,妊子也”;三曰“身有病而无邪脉也”,如何观之 | 邓必隆 | 江西中医药 | 1983,(2):65 |
| 浅论寸口诊法 | 杨牧祥 | 河北中医 | 1983,(3):2 |
| “其本在肾,其末在肺”解析 | 陈俊文 | 湖北中医杂志 | 1983,(3):51 |
| 婴儿指纹刍言 | 周明道 | 江西中医药 | 1983,(3):26 |
| 浅谈《内经》中阴阳消长对平脉的影响 | 周贤清 | 泸州医学院学报 | 1983,(3):28 |
| 试论“六气标本中气” | 许世瑞 | 云南中医学院学报 | 1983,(3):4 |
| 弦脉刍议 | 程昭寰 | 云南中医中药杂志 | 1983,(3):44 |
| 试析中医临床的辩证思维方法——综合评判 | 黄开烈等 | 贵州师范大学学报(社会科学版) | 1983,(4):61 |
| 《内经》代脉小议 | 庄泽澄 | 山东中医药大学学报 | 1983,(4):39 |
| “无症可辨”怎么办 | 周次清 | 山东中医药大学学报 | 1983,(4):50 |
| 试论“反脉” | 姜建国 | 山东中医药大学学报 | 1983,(4):14 |
| 平脉刍议 | 徐　珊 | 浙江中医药大学学报 | 1983,(6):43 |
| 何谓脉象的“藏形”? | 王洪图 | 中医杂志 | 1983,(7):62 |
| 《黄帝内经》的认识论原则——“求本” | 高尚德 | 医学与哲学(人文社会医学版) | 1983,(8):54 |
| 诊察指甲与甲象辨证 | 覃自容等 | 辽宁中医杂志 | 1983,(10):21 |
| 略谈“绛舌” | 刘文成 | 辽宁中医杂志 | 1983,(12):46 |
| 谈谈“辨爪甲” | 赵鹤龄 | 广西中医药 | 1984,(1):6 |
| 人中诊法刍议 | 林纬芬 | 江苏中医药 | 1984,(1):56 |
| 诊脉的起源 | 李志铭 | 中医药学刊 | 1984,(1):48 |
| 试述《黄帝内经》的一般辨证原则 | 张灿玾 | 中医药研究杂志 | 1984,(1):9 |
| 关于“太冲脉”的注释 | 周成功 | 中医杂志 | 1984,(1):80 |
| 舌下视诊初探 | 王午桥 | 江苏中医药 | 1984,(2):6 |
| 对标本辨证几种提法的看法 | 于书本 | 山东中医杂志 | 1984,(2):31 |
| 浅谈“辨证”与“辨病” | 王光辉 | 天津中医学院学报 | 1984,(3):20 |
| 辩排出物的寒热在望诊方面有什么规律 | 范永升 | 浙江中医学院学报 | 1984,(3):55 |
| 四诊合参有什么意义 | 范永升 | 浙江中医学院学报 | 1984,(3):55 |
| 试论《内经》中的四时五脏脉 | 刘宏阳等 | 吉林中医药 | 1984,(4):1 |
| 浅析《内经》色诊之要 | 熊继柏 | 陕西中医学院学报 | 1984,(4):8 |
| 脉之“三贵” | 吴承玉 | 江苏中医药 | 1984,(5):48 |
| 中医诊断与脾胃 | 李聪甫 | 中医杂志 | 1984,(7):4 |

| | | | |
|---|---|---|---|
| 浅谈中医综合辨证的形成 | 李松龄 | 中医杂志 | 1984,(9):69 |
| 正常人脉象四季变化规律的初步探讨 | 张伯讷等 | 上海中医药杂志 | 1984,(10):42 |
| 审于分部知病处——略论《内经》分部面诊及其在儿科的应用 | 王霞芳 | 上海中医药杂志 | 1984,(11):33 |
| 人中沟望诊鉴别部分妇科病 | 翟少剑 | 广东医学 | 1985,(1):50 |
| 阴虚内热为何出现颧红 | 冯学中 | 山西中医 | 1985,(1):62 |
| 《内经四则》(四)中的"虚""实" | 姜殿伟 | 中医药学刊 | 1985,(1):299 |
| 经释真脏脉 | 迟华基 | 山东中医药大学学报 | 1985,(2):67 |
| 口热并非全属实火 | 纪延龙等 | 现代中医药 | 1985,(2):56 |
| 如何理解"春不沉,夏不弦,冬不涩,秋不数,是谓四塞。" | 白　杨 | 云南中医中药杂志 | 1985,(2):65 |
| 齿诊的意义及其主病 | 郝文轩 | 福建中医药 | 1985,(3):38 |
| 面部色诊的研究进展 | 蔡光先等 | 湖南中医学院学报 | 1985,(3):55 |
| 《内经》辨证思想概述(下) | 王贵廷 | 内蒙古中医药 | 1985,(3):46 |
| 脉象图示解 | 邓鹤鸣 | 天津中医学院学报 | 1985,(3):21 |
| 浅谈脉诊 | 张文忠等 | 现代中医药 | 1985,(3):31 |
| 气口何以独为五脏主? | 张世成 | 中医杂志 | 1985,(3):61 |
| "辨病"小议 | 王玉玺 | 吉林中医药 | 1985,(4):7 |
| 舌诊概要 | 项　祺 | 山西中医 | 1985,(4):61 |
| 脉学三议 | 柯雪帆 | 上海中医药杂志 | 1985,(4):30 |
| 《内经》虚实辨治理论大要 | 吴润秋 | 浙江中医药大学学报 | 1985,(4):5 |
| 浅析《内经》的"脉合阴阳" | 熊继柏 | 山东中医杂志 | 1985,(6):6 |
| 对"内经营气脉度运行考初探"的意见 | 吕子忱 | 辽宁中医杂志 | 1985,(7):42 |
| 张仲景趺阳脉诊初探 | 刘爱民 | 四川中医 | 1985,(10):2 |
| 三部九候 | 中医杂志 | 1985,(11):69 | |
| 试谈中医诊断的思路和特点 | 易瑞云等 | 安徽中医学院学报 | 1986,(1):16 |
| 《内经》诊法要点浅析 | 黄明贵 | 湖北中医杂志 | 1986,(1):3 |
| 小议面部分候与脏腑颧红 | 吉凤霞 | 山西中医 | 1986,(1):10 |
| 谈"问诊" | 杨徐杭 | 现代中医药 | 1986,(1):19 |
| 局部和整体在疾病诊断中的辩证思维 | 陈锦礼 | 医学与哲学(人文社会医学版) | 1986,(1):47 |
| 《素问·脉要精微论》的诊断学意义 | 郑红斌 | 浙江中医药大学学报 | 1986,(1):41 |
| 六经为纲　辨证论治 | 何绍奇 | 国医论坛 | 1986,(2):4 |
| 中医腹诊管窥 | 金润和 | 黑龙江中医药 | 1986,(2):47 |
| 舌下脉刍议 | 陈健民 | 天津中医药 | 1986,(2):30 |
| 关于中医病名诊断规范研究的体会 | 欧阳锜 | 中华中医药杂志 | 1986,(2):13 |
| 脉独取寸口的原理是什么 | 袁清思 | 中医药学刊 | 1986,(2):622 |
| 怎样掌握"脉诊" | 苑文平 | 中医药学刊 | 1986,(2):598 |
| 《内经》脉法——遍诊法浅析 | 李　兴 | 陕西中医学院学报 | 1986,(3):13 |
| "症状真伪辨"小议 | 柯联才 | 四川中医 | 1986,(3):4 |
| 辨证要灵活　勿囿于成规 | 伍杰夫 | 皖南医学院学报 | 1986,(3):196 |
| 《内经》切诊法初探 | 李德庆 | 国医论坛 | 1986,(4):51 |
| 是肝寒还是寒滞肝脉 | 宋广林 | 黑龙江中医药 | 1986,(4):26 |
| "证候"小释 | 洛　雨 | 吉林中医药 | 1986,(4):45 |
| 《内经》在辨证学上的贡献 | 朱文锋 | 吉林中医药 | 1986,(4):1 |
| 中医鉴别诊断上的时空观 | 王明辉等 | 陕西中医 | 1986,(4):148 |
| 《内经》平肾脉刍议 | 杨　旭 | 中医药学报 | 1986,(4):50 |

| | | | |
|---|---|---|---|
| 寸口诊疾脉之精要——《内经》一则小议 | 陈利国 | 中医药学报 | 1986,(4):16 |
| 实用中医护理学概论(5)卫气营血辨证护理 | 孟锦余 | 护士进修杂志 | 1986,(5):10 |
| 简述"胜复"理论 | 徐义宁等 | 吉林中医药 | 1986,(5):43 |
| 《内经》虚实新探 | 刘家义 | 四川中医 | 1986,(5):3 |
| 中医辨证学类证举隅 | 郭振球 | 辽宁中医杂志 | 1986,(6):9 |
| "求责有无盛虚"对临床辨证的意义 | 徐　珊 | 浙江中医药大学学报 | 1986,(6):7 |
| 八纲辨证源流论 | 胡　欣 | 陕西中医 | 1986,(11):485 |
| 望神 | 苏椿朗等 | 安徽中医学院学报 | 1987,(1):62 |
| 浅谈分部面诊及与面穴的关系 | 宋知行 | 陕西中医 | 1987,(1):32 |
| 望面色 | 黄时泰等 | 安徽中医学院学报 | 1987,(2):64 |
| 从"标本中气"说看伤寒六经 | 吴清和等 | 广州中医药大学学报 | 1987,(2):4 |
| 中医诊断学原理与生物全息律 | 孙晓生 | 广州中医药大学学报 | 1987,(3):6 |
| 促结代脉脉象辨析 | 杨牧祥 | 河北中医 | 1987,(3):34 |
| 数脉的机理及临床意义 | 冷任轩 | 江西中医药 | 1987,(3):45 |
| 浅谈爪甲诊断 | 毕业东 | 天津中医学院学报 | 1987,(3):39 |
| 寸、关、尺脉位浅识 | 李久安 | 中医药学刊 | 1987,(3):46 |
| 数脉刍言 | 杨牧祥 | 河北中医 | 1987,(4):38 |
| 关于中医腹诊的初步研讨 | 刘文巨 | 中华中医药杂志 | 1987,(4):10 |
| 昼夜更替与诊断 | 陈自愚等 | 中医杂志 | 1987,(4):67 |
| 《内经》闻诊初探 | 齐　南 | 北京中医 | 1987,(5):55 |
| 望诊与相术 | 辰　鸣等 | 中医药研究 | 1987,(5):25 |
| 望诊与相术(续一) | 辰　鸣等 | 中医药研究 | 1987,(6):33 |
| 小儿指纹之研究 | 郭振球 | 中医药研究 | 1987,(6):42 |
| 也谈《内经》分部面诊 | 俞雪如 | 上海中医药杂志 | 1987,(7):42 |
| 《内经》虚实概念浅析 | 王庆其 | 中医杂志 | 1987,(7):70 |
| 从"有无"、"有余不足"看虚证实证的涵义 | 陈　钢 | 辽宁中医杂志 | 1987,(8):42 |
| 《内经》滑脉试析 | 阙建新等 | 上海中医药杂志 | 1987,(8):36 |
| 论《内经》诊法学说中的"观察" | 陈　钢 | 陕西中医 | 1987,(10):16 |
| 《内经》目诊辨析 | 彭清华 | 国医论坛 | 1988,(1):22 |
| 浅论中医诊法的运用 | 王甲申 | 国医论坛 | 1988,(1):24 |
| 论标本在辨证论治中的重要性 | 陈洪玉 | 温州医学院学报 | 1988,(1):54 |
| 辨甲在中医诊断中的意义 | 李元文 | 云南中医中药杂志 | 1988,(1):40 |
| 望诊与相术(续二) | 辰　鸣等 | 中医药研究 | 1988,(1):41 |
| 论中医辨病的意义 | 冯松杰 | 南京中医药大学学报(自然科学版) | 1988,(2):8 |
| 祖国医学的辨病思想 | 耿义勤等 | 山东中医药大学学报 | 1988,(2):6 |
| 看脸识病 | 郭振营 | 现代中医药 | 1988,(2):10 |
| 《内经》五色诊浅释 | 王长荣 | 中医药学刊 | 1988,(2):6 |
| 浅谈色彩与疾病诊治的关系 | 张有和 | 内蒙古中医药 | 1988,(3):44 |
| 间歇脉刍议 | 月　辰 | 山东中医药大学学报 | 1988,(3):16 |
| "本而标之""标而本之"新探 | 孟令军 | 山东中医药大学学报 | 1988,(3):9 |
| 生物全息律与中医诊断学 | 温有泉 | 山西中医 | 1988,(3):17 |
| 脉象分类与脉纲原理初探 | 梁璧光等 | 上海中医药杂志 | 1988,(3):29 |
| 望诊与相术(续四) | 辰　鸣 | 中医药研究 | 1988,(3):44 |
| "持脉有道,虚静为保"之我见 | 郑华启 | 国医论坛 | 1988,(4):45 |
| "寸口分候脏腑"新探 | 李学良等 | 湖南中医学院学报 | 1988,(4):40 |

| | | | |
|---|---|---|---|
| 浅析《内经》《难经》论腹诊 | 孙忠年 | 陕西中医学院学报 | 1988,(4):11 |
| 望诊与相术(续完) | 辰　鸣 | 中医药研究 | 1988,(4):39 |
| 《内经》诊病四难浅释 | 金　雁 | 浙江中医药大学学报 | 1988,(5):41 |
| 浅谈小儿指纹诊法 | 张有奎等 | 山东中医杂志 | 1988,(6):8 |
| 《内经》诊法学说概述 | 项　祺 | 山西中医 | 1988,(6):50 |
| 试论唇诊 | 郑　进等 | 辽宁中医杂志 | 1988,(7):14 |
| 中医诊法中全息思想探讨 | 杨徐杭 | 陕西中医 | 1988,(7):307 |
| 色诊初探 | 罗海康 | 四川中医 | 1988,(12):6 |
| 虚里诊法初识 | 王刚佐 | 江西中医学院学报 | 1989,(1):33 |
| 脉象论 | 朱式夷 | 山西中医 | 1989,(1):5 |
| 浅谈中医诊断的时空观 | 陈珠成等 | 华南国防医学杂志 | 1989,(2):54 |
| 《内经》"决死生"方法浅析 | 周学胜 | 山东中医药大学学报 | 1989,(2):8 |
| 《内经》四时平脉探析 | 王长荣 | 中医药学刊 | 1989,(3):12 |
| 辨证浅析 | 孙　丽 | 中医药学刊 | 1989,(3):40 |
| 《内经》诊法重视经络体征 | 郭朝印 | 中医杂志 | 1989,(3):8 |
| 察神在诊法中的地位 | 徐士清 | 南京中医药大学学报(自然科学版) | 1989,(4):11 |
| 论中医腹诊源流与原理 | 王　琦等 | 山东中医药大学学报 | 1989,(4):6 |
| 中医眼科临床诊治方法 | 于永明 | 云南中医中药杂志 | 1989,(4):15 |
| 论《内经》颜面色诊及在儿科的应用 | 张牧寒 | 中医药信息 | 1989,(4):2 |
| "其脉盛大以涩"浅识 | 贺罗生 | 中医杂志 | 1989,(4):57 |
| 浅议《内经》论本 | 徐兴国 | 中医药学刊 | 1989,(5):10 |
| 八纲之我见 | 刘燕平 | 广西中医药 | 1989,(6):24 |
| 滑脉不一定是妊脉 | 班秀文 | 广西中医药 | 1989,(6):31 |
| 对滑脉形象及其主病的理解与体会 | 程云山 | 中医药研究 | 1989,(6):5 |
| 辨证的本质是辨体质 | 李成平等 | 福建中医药 | 1990,(1):23 |
| 论《内经》辨脏腑经脉论治与辨病施治 | 陈　钢 | 山东中医药大学学报 | 1990,(1):14 |
| 《内经》对判断疾病预后的认识 | 史传道等 | 现代中医药 | 1990,(1):7 |
| 《内经》舌诊刍议 | 朱广仁 | 新中医 | 1990,(1):45 |
| 中医诊断与日节律关系 | 张声炳 | 南京中医药大学学报(自然科学版) | 1990,(2):3 |
| 试论脉诊的率与律 | 信庭文等 | 天津中医药 | 1990,(2):25 |
| 浅论问汗与辨证 | 江陆芹 | 云南中医中药杂志 | 1990,(2):6 |
| 谈谈汉方医学的"腹诊" | 赵家驹 | 天津中医学院学报 | 1990,(3):24 |
| 论"无者求之"的辨证观 | 曾斌芳 | 新疆中医药 | 1990,(3):19 |
| 《内经》面部五色诊浅析 | 朱方石 | 中医药学刊 | 1990,(3):17 |
| 《内经》论舌质探析 | 马哲河 | 中医药学刊 | 1990,(3):16 |
| 遍诊法探析 | 曹洪欣 | 中医药信息 | 1990,(4):7 |
| "主要脉证"之我见 | 郑日新 | 安徽中医学院学报 | 1991,(1):46 |
| 问汗浅识 | 王丽薇等 | 吉林中医药 | 1991,(1):47 |
| 《黄帝内经》面部色诊初探 | 殷　鑫等 | 陕西中医学院学报 | 1991,(1):47 |
| 代脉在《内经》中的含义浅析 | 刘玉坤 | 新疆中医药 | 1991,(1):17 |
| 中医手诊原理初探 | 徐　珊等 | 浙江中医药大学学报 | 1991,(1):4 |
| 闻气味的研究与展望 | 刘　莺 | 中医药信息 | 1991,(1):9 |
| 略论腹诊在祖国医学中的运用和发展 | 温长路等 | 实用中医内科杂志 | 1991,(2):13 |
| 《内经》辨汗述要 | 朱方石 | 四川中医 | 1991,(2):4 |

| | | | |
|---|---|---|---|
| 《内经》面色诊发微 | 朱玉栋等 | 现代中医药 | 1991,(2):4 |
| 释独沉 | 李长青 | 现代中医药 | 1991,(2):36 |
| 辨证论治与规范化 | 孟庆云 | 新疆中医药 | 1991,(3):4 |
| 论五胜取脉法 | 刘宪平 | 北京中医 | 1991,(4):12 |
| 略谈头发在中医诊治中的价值 | 刘建文等 | 陕西中医 | 1991,(4):165 |
| 评"病诸内必形诸外" | 蒙木荣等 | 北京中医 | 1991,(5):9 |
| 目络诊法刍议 | 马居里等 | 现代中医药 | 1991,(6):11 |
| 五脏病变眼诊小议 | 韩先知 | 陕西中医 | 1991,(9):431 |
| 舌下络脉诊治意义探析 | 李树棠等 | 辽宁中医杂志 | 1992,(1):37 |
| 浅议色诊 | 周桂容 | 中医药学刊 | 1992,(4):17 |
| 中医腹诊研究的思路与方法 | 谢建军等 | 中医药研究 | 1992,(4):39 |
| 浅谈中医诊断的时空结构 | 何子强等 | 中医药学报 | 1992,(5):11 |
| 《内经》四时平脉探析 | 王长荣 | 中医药学刊 | 1992,(5):5 |
| 中医脉诊的易学观 | 薛景春 | 辽宁中医杂志 | 1992,(6):39 |
| 《内经》"明堂诊法"探析 | 陈　钢 | 上海中医药杂志 | 1992,(10):36 |
| 论中医的五味诊法 | 郭均田等 | 上海中医药杂志 | 1992,(11):37 |
| 辨真假与反治法析疑 | 谢　鸣 | 成都中医药大学学报 | 1993,(1):1 |
| 望眼诊伤的理论依据初探 | 谭　涛 | 天津中医学院学报 | 1993,(1):2 |
| 舌诊的沿革、现代研究及其临床意义 | 周仕明等 | 山东中医药大学学报 | 1993,(2):18 |
| 面部色诊法中的全息思想初探 | 黄岑汉 | 广西中医药 | 1993,(3):29 |
| 浅谈《内经》之望面色 | 韩树芬等 | 中医药学刊 | 1993,(3):6 |
| 寸口脉诊探讨 | 刘长海 | 吉林中医药 | 1993,(4):4 |
| 中医四诊模式的形成、发展与展望 | 彭连章 | 中医研究 | 1993,(4):5 |
| 《内经》色诊在诊断学中的应用 | 杨亚平 | 中医药学刊 | 1993,(4):2 |
| 中医辨证论治原则的形成与发展 | 张鸿来等 | 医学与哲学（人文社会医学版） | 1993,(7):28 |
| 略谈中医辨证施护 | 陈惠玲 | 安徽中医学院学报 | 1993,(S1):62 |
| 试论六经辨证的由来及本质 | 王伯章 | 广东医学院学报 | 1993,(Z1):50 |
| 《内经》"标本"初探 | 龚　云 | 安徽中医学院学报 | 1994,(1):7 |
| 中医诊寸口脉的历史和体会 | 王丽勤 | 北京医科大学学报 | 1994,(1):55 |
| 中医择时诊断探析 | 汪丽华 | 南京中医药大学学报 | 1994,(1):7 |
| 从中医四诊谈医学心理 | 张　蓉 | 中国交通医学杂志 | 1994,(1):195 |
| 从整体出发谈辨证求本的体会 | 唐　瑞 | 河南中医药学刊 | 1994,(2):7 |
| 辨证论治和辨病治疗小议 | 泰树仙等 | 云南中医学院学报 | 1994,(2):15 |
| 寸口诊脉刍议 | 孙田华 | 河南中医药学刊 | 1994,(3):22 |
| 四时平脉探析 | 黄岑汉 | 陕西中医学院学报 | 1994,(3):1 |
| 四诊概述 | 汪青霞 | 内蒙古中医药 | 1994,(4):40 |
| 辨证论治探源 | 迟华基等 | 山东中医药人学学报 | 1994,(4):225 |
| 中医伤科形气辨证简识 | 王选章等 | 中医药信息 | 1994,(4):7 |
| 《内经》之望诊琐谈 | 吴淑华 | 中医药学刊 | 1994,(4):11 |
| 虚里诊法原理初探 | 袁效涵等 | 河南中医药学刊 | 1994,(5):41 |
| 《内经》辨证立法举要 | 卢延年 | 中医药学刊 | 1994,(5):2 |
| 闲话"八纲" | 干祖望 | 辽宁中医杂志 | 1994,(7):324 |
| 浅谈中医辨证施护 | 云改转等 | 内蒙古中医药 | 1994,(S1):142 |
| 从"潜证"谈四诊信息客观化的必要性 | 李　杰 | 青海医药杂志 | 1994,(S2):9 |
| 舌(味)觉与临床诊断 | 张华勋 | 贵阳中医学院学报 | 1995,(1):43 |

| | | | |
|---|---|---|---|
| 病人之气血与辨生死 | 彭静山 | 辽宁中医杂志 | 1995,(1):11 |
| 辨证施治与辨病施治纵横观 | 董 平 | 中国医药学报 | 1995,(1):8 |
| 脉诊阴阳探讨 | 李海聪等 | 北京中医药大学学报 | 1995,(2):22 |
| 耳诊在肿瘤诊断中的应用进展 | 巴元明等 | 湖北中医杂志 | 1995,(2):58 |
| 《内经》诊治程序及其临床应用 | 罗 仁等 | 中医药学刊 | 1995,(2):4 |
| 《内经》全息诊法探讨 | 王 键等 | 安徽中医学院学报 | 1995,(3):2 |
| 谈辨证论治 | 贾得道 | 山西中医 | 1995,(3):43 |
| 梦境诊辨初探 | 张赵华 | 陕西中医 | 1995,(3):143 |
| 舌诊与中风辨治 | 殷建祥 | 陕西中医学院学报 | 1995,(3):2 |
| 舌脉诊法传统理论的探索 | 靳士英 | 中医文献杂志 | 1995,(3):48 |
| 甲诊的源流与理论探索 | 靳士英 | 广州中医药大学学报 | 1995,(4):51 |
| 小儿指纹诊法浅探 | 徐英敏 | 河南中医药学刊 | 1995,(4):5 |
| 《内经》论目诊 | 郭 霞等 | 四川中医 | 1995,(4):13 |
| 追根溯源话切脉 | 赵清洁 | 解放军健康 | 1995,(5):35 |
| 试论《内经》对影响诊疗因素的认识 | 马居里等 | 现代中医药 | 1995,(5):18 |
| 五官望诊综概 | 王启才 | 浙江中医杂志 | 1995,(7):324 |
| 五官望诊综概(续完) | 王启才 | 浙江中医杂志 | 1995,(8):379 |
| 脉诊颐天年 | 林中慈 | 山东中医杂志 | 1995,(11):519 |
| 太素脉浅探 | 刘 兴 | 上海中医药杂志 | 1995,(11):1 |
| 《内经》诊法学说的方法论特点 | 吴弥漫 | 广州中医药大学学报 | 1996,(1):49 |
| 中医外科诊病特点刍议 | 陈文寿 | 陕西中医学院学报 | 1996,(1):7 |
| 体质类型及其与辨证论治的关系 | 赵健伟 | 中国民间疗法 | 1996,(1):4 |
| 虹膜诊断与五轮八廓 | 曾 巍等 | 湖北中医杂志 | 1996,(2):15 |
| 《内经》尺诊初探 | 方宗畴 | 南京中医药大学学报 | 1996,(2):10 |
| 试论辩证与辨病的关系 | 李 智 | 贵阳中医学院学报 | 1996,(3):1 |
| 脉诊文化发生学研究 | 关晓光 | 大自然探索 | 1996,(4):120 |
| 辨"假寒真热"小议 | 吴慧英 | 江西中医学院学报 | 1996,(4):85 |
| 迟脉主病探讨 | 严惠芳等 | 陕西中医学院学报 | 1996,(4):2 |
| 辨病辨证论治古今观 | 徐永昌等 | 中国医药学报 | 1996,(4):6 |
| 舌审例释 | 欧景恙 | 湖南中医药导报 | 1996,(5):51 |
| 鼓之如鼓与当踝而弹之——《黄帝内经》中的叩诊 | 董良杰 | 中国中医基础医学杂志 | 1996,(5):28 |
| 浅论"相脉之道" | 刘士敬等 | 中医药学报 | 1996,(6):4 |
| 手纹的天人相应与调治 | 冯发芹 | 中国气功科学 | 1996,(7):24 |
| 闻 | 干祖望 | 江苏中医 | 1996,(8):35 |
| 《内经》尺肤诊法浅探 | 黄建军等 | 山东中医杂志 | 1996,(8):339 |
| 促结代脉辨析 | 鈕桂祥 | 浙江中医杂志 | 1996,(9):391 |
| 人是一个被节律所贯穿的系统——试论《内经》"诊法常以平旦" | 沈津湛 | 上海中医药杂志 | 1996,(12):26 |
| 浅谈中医四诊在精神科中的应用 | 闫晓霞等 | 内蒙古中医药 | 1996,(S1):128 |
| 治之要极 无失色脉——叶桂对《内经》"色脉诊"的具体运用 | 张为群 | 上海中医药大学学报 | 1996,(Z1):33 |
| "相脉之道"考析 | 刘士敬等 | 吉林中医药 | 1997,(1):48 |
| 中医诊法运用三要素 | 谢梅轩 | 江西中医药 | 1997,(1):50 |
| 徐春甫对《内经》诊法学说的发挥 | 项 祺等 | 山西中医 | 1997,(1):1 |
| 《内经》脏腑病传特点初探 | 陈智明 | 陕西中医学院学报 | 1997,(1):14 |
| 刍议《黄帝内经》中的"脉" | 卓廉士 | 实用中医药杂志 | 1997,(1):39 |

| | | | |
|---|---|---|---|
| 也谈“辨证论治” | 陈　伟等 | 中国医药学报 | 1997,(1):4 |
| 脉诊刍议 | 李祖海等 | 中医药学刊 | 1997,(2):8 |
| 中医妇科腹诊初探 | 张　红等 | 长春中医学院学报 | 1997,(3):4 |
| 中医儿科临床中闻诊的应用 | 王世敏 | 甘肃中医学院学报 | 1997,(3):61 |
| 临症一得——四诊合参小议 | 赵　苹 | 邯郸医学高等专科学校学报 | 1997,(3):59 |
| 中医声诊初探 | 莫新民 | 湖南中医杂志 | 1997,(3):1 |
| “元气论”、“道德观”与“独取寸口”脉法的形成 | 关晓光等 | 医学与哲学 | 1997,(3):20 |
| 舌诊览要 | 甄　君等 | 中医药学刊 | 1997,(3):8 |
| 论代脉 | 庄泽澄 | 山东中医药大学学报 | 1997,(4):24 |
| 脾气虚诊断的历史溯源 | 刘士敬等 | 中医药信息 | 1997,(4):3 |
| 从《内经》《难经》《伤寒论》《金匮要略》《脉经》看独取寸口诊法的渊源与发展 | 王庆国 | 北京中医药大学学报 | 1997,(5):20 |
| 舌纹诊病研究及论述 | 汪　汉 | 甘肃科技 | 1997,(5):27 |
| 结、代、促及其他节律不规整脉象的鉴别分析研究 | 王　强等 | 中国中医基础医学杂志 | 1997,(5):49 |
| 从面色看健康 | 刘湘琳 | 医学美学美容 | 1997,(6):30 |
| 从代脉的沿革探讨其临床意义 | 庄泽澄 | 辽宁中医杂志 | 1997,(7):16 |
| “独取寸口”渊源于《内经》 | 童　瑶 | 浙江中医杂志 | 1997,(8):363 |
| 指甲褐纹与肝病关系的探讨 | 张　宪等 | 浙江中医杂志 | 1997,(12):566 |
| 脉诊与针灸医学 | 孙文善 | 针灸临床杂志 | 1997,(Z1):8 |
| 舌脉诊法的基础研究 | 靳士英等 | 世界中西医结合大会论文摘要集 | 1997:87 |
| 中医学诊疗模式刍议 | 成肇智 | 湖北中医杂志 | 1998,(2):5 |
| 看舌辨味与脾胃病 | 纪晓平 | 家庭中医药 | 1998,(3):22 |
| 代脉并非是一止 | 许进京 | 河北中医药学报 | 1998,(4):16 |
| 《内经》中的疾病诊断 | 朱文锋 | 湖南中医学院学报 | 1998,(4):22 |
| 试论中医诊法中的毛发诊 | 何养宁 | 现代中医药 | 1998,(4):5 |
| 浅议“徐疾”论脉的依据 | 张建斌 | 中国针灸 | 1998,(4):47 |
| 对中医诊断基本原理的思考 | 李国鼎 | 南京中医药大学学报(自然科学版) | 1998,(5):3 |
| 候之所始,道之所生——谈诊法思维的本质和特征 | 李文珠 | 中国中医基础医学杂志 | 1998,(5):15 |
| 中医四诊临证现状刍议 | 李耀东 | 中国中医药信息杂志 | 1998,(5):9 |
| 中医脉诊研究思考 | 李冰星等 | 中国中医基础医学杂志 | 1998,(6):21 |
| 中医临床误诊探原 | 林干树 | 学会 | 1998,(7):35 |
| 舌象与饮食的辨证施护 | 张传芹等 | 黑龙江护理杂志 | 1998,(8):6 |
| 辨治中医疑难病证的思路与方法 | 封银曼等 | 医学与哲学 | 1998,(8):44 |
| 体质差异与个体病质辨析 | 朱晓蕾 | 中国中医基础医学杂志 | 1998,(8):4 |
| 论脉症宜参不宜舍 | 瞿岳云 | 中国中医基础医学杂志 | 1998,(11):4 |
| 脸色与疾病 | 张立荣 | 当代矿工 | 1998,(12):33 |
| 细络诊法理论与方法的探索 | 靳士英等 | 第一军医大学分校学报 | 1999,(1):53 |
| 诊法源流简论 | 蒋力生等 | 江西中医学院学报 | 1999,(1):22 |
| 诊法源流简论(续一) | 蒋力生等 | 江西中医学院学报 | 1999,(2):21 |
| 胎产脉象探析 | 李爱华 | 天津中医学院学报 | 1999,(2):2 |
| 论中医学毛发诊的源流与发展 | 王小锁 | 现代中医药 | 1999,(2):1 |
| 中医腹诊之临床意义 | 贾育新 | 光明中医 | 1999,(3):11 |
| 针灸诊察法(四诊)的种类及其诊断意义 | 唐有为 | 国外医学．中医中药分册 | 1999,(3):52 |

| | | | |
|---|---|---|---|
| 诊法源流简论(续2) | 蒋力生等 | 江西中医学院学报 | 1999,(3):126 |
| 两手同时诊脉法初探 | 周道红等 | 中国中医基础医学杂志 | 1999,(3):4 |
| 腹诊源流及其现代研究 | 韩宇霞等 | 贵阳中医学院学报 | 1999,(4):2 |
| 诊法源流简论(续完) | 蒋力生等 | 江西中医学院学报 | 1999,(4):161 |
| 谈问诊与疗效 | 沈同生 | 新中医 | 1999,(5):52 |
| 《内经》主体诊疗模式及其对中医学的影响 | 成肇智 | 北京中医药大学学报 | 1999,(6):13 |
| 试论中医学的主体诊疗模式 | 成肇智 | 中医杂志 | 1999,(6):379 |
| 识口味辨疾病 | 张玉善等 | 农家科技 | 1999,(9):36 |
| 《素问·方盛衰论》诊法探析 | 徐兴国 | 贵阳中医学院学报 | 2000,(1):14 |
| 论梦境对诊断疾病所起的作用 | 孙田华 | 河南中医药学刊 | 2000,(1):56 |
| 《内经》十纲发微 | 樊新荣 | 现代中医药 | 2000,(1):7 |
| 妊娠脉辨析 | 周益新等 | 浙江中医杂志 | 2000,(1):38 |
| 寸口脉诊分候法与其他部位脉诊法的现代研究 | 贾钰华 | 光明中医 | 2000,(2):48 |
| 中西医对舌象的认识 | 甄　君 | 辽宁中医学院学报 | 2000,(3):173 |
| 论中医与藏医脉诊的异同 | 甄　艳 | 中华医史杂志 | 2000,(4):45 |
| "寸关尺分候脏腑"学说临床意义初探 | 王丹芬等 | 中国中医基础医学杂志 | 2000,(6):1 |
| 中医诊治心病"四勿忘" | 焦树德 | 中国医刊 | 2000,(7):45 |
| 辨沉紧脉与滑数脉 | 陈文兆 | 陕西中医 | 2000,(8):368 |
| 中医古典医籍中关于舌诊的论述 | 陶志黎 | 全国中西医结合教育学术研讨会论文集 | 2000:116 |
| 《内经》脉辨 | 吴敏怡 | 福建中医学院学报 | 2001,(1):31 |
| 辨证论治应为辨病辨证论治 | 吕昌宝 | 中国医药学报 | 2001,(1):8 |
| 论《黄帝内经》之"诊道" | 陈　钢 | 成都中医药大学学报 | 2001,(2):1 |
| "独取寸口"脉法与"天人合一"观 | 廖立行等 | 甘肃中医 | 2001,(3):4 |
| 《素问》中有关"误诊"探析 | 余应生 | 江西中医学院学报 | 2001,(3):130 |
| 略析脉诊体系确立的文化根源 | 关晓光等 | 中医药学报 | 2001,(6):58 |
| 辨证论治与个体化医疗 | 李　峰等 | 医学与哲学 | 2001,(9):53 |
| 辨证论治思维探源 | 门九章等 | 中国中医基础医学杂志 | 2001,(9):8 |
| 论"司外揣内"的辨证方法 | 梅晓云 | 江苏中医 | 2001,(10):5 |
| 对《内经》五脏标志性脉的形态及其诊法的探索 | 徐迪华等 | 中国中医基础医学杂志 | 2001,(10):13 |
| 浅议生物全息律与中医望诊 | 曹宁芳 | 陕西中医 | 2001,(11):676 |
| 弦滑脉之我见 | 张万春 | 浙江中医杂志 | 2001,(12):19 |
| 乍疏乍数脉之我见 | 庄泽澄 | 中国中医基础医学杂志 | 2001,(12):3 |
| 体质辨证刍议 | 魏铁力等 | 辽宁中医学院学报 | 2002,(1):11 |
| "以表知里"面面观 | 李如辉等 | 南京中医药大学学报(自然科学版) | 2002,(1):14 |
| 秦汉时期非医学典籍关于脉诊的记述 | 关晓光等 | 中医文献杂志 | 2002,(1):36 |
| 浅谈《内经》中的诊法思想及对后世中医诊断学发展的作用 | 张小虎等 | 兰州大学学报(医学版) | 2002,(2):92 |
| "太冲脉"初探 | 许慧红 | 中医文献杂志 | 2002,(3):32 |
| 略析中医"独取寸口"脉法形成的原因 | 关晓光 | 中医药学报 | 2002,(3):66 |
| 颜色在疾病诊断中的意义新探 | 杨徐杭 | 中医药学刊 | 2002,(3):352 |
| 诊脉纲领辨 | 廖立行 | 浙江中医杂志 | 2002,(4):3 |
| 人迎脉、寸口脉的脉动差异与经脉辨证的研究 | 赵京生等 | 山东中医药大学学报 | 2002,(5):345 |
| "辨证论治"的反思 | 杜家和 | 光明中医 | 2002,(6):1 |
| 辨病与辨证论治的历史沿革 | 童舜华 | 上海中医药杂志 | 2002,(6):40 |

| | | | |
|---|---|---|---|
| “望目辨证”的中医学理论基础初探 | 王今觉 | 中国实验方剂学杂志 | 2002,(S1):430 |
| 开展“望目辨证”研究,促进中医诊断客观化 | 王今觉 | 中国实验方剂学杂志 | 2002,(S1):434 |
| 人迎寸口脉法经脉辨证意义的研究 | 孙英霞 | 中国优秀博硕士学位论文全文数据库(硕士)医药卫生科技辑 | 2002,(1):E056-19 |
| 中西医结合破译《内经素问》弹踝诊法 | 线　涌等 | 第二次世界中西医结合大会论文摘要集 | 2002:539 |
| 中医舌诊研究进展 | 徐元景等 | 全国中医药科研与教学改革研讨会论文集 | 2002:26 |
| 脉以胃气为本——《内经》脉学探析之一 | 周发祥等 | 河南中医学院学报 | 2003,(1):10 |
| 创立统一的辨证方法与体系 | 朱文锋 | 湖南中医药导报 | 2003,(1):7 |
| “气口独为五脏主”探析——《内经》脉学探析之二 | 周发祥等 | 河南中医学院学报 | 2003,(2):12 |
| 中医切脉为何“独取寸口” | 李水银 | 江西中医药 | 2003,(2):8 |
| “足诊三脉”辨安危决生死 | 姜　平 | 双足与保健 | 2003,(2):35 |
| 《内经》的辩证思维与“辩”证施治 | 徐锦中 | 天津大学学报(社会科学版) | 2003,(2):175 |
| 从紧脉谈知常达变 | 孙大志等 | 中医杂志 | 2003,(2):155 |
| 浅论“寸口诊法” | 曾庆利 | 时珍国医国药 | 2003,(4):232 |
| 《内经》脉诊法简析 | 关晓光等 | 中医药学刊 | 2003,(4):529 |
| 论辨证论治思维方法的形成 | 王　勇等 | 河南中医 | 2003,(5):6 |
| 姚荷生论色诊 | 刘英锋等 | 江西中医药 | 2003,(5):5 |
| 论指甲甲象在疾病诊断中的作用 | 陈平虎等 | 新疆中医药 | 2003,(6):5 |
| “标本”意义辨 | 吴振刚 | 浙江中医杂志 | 2003,(7):6 |
| 中医“如脉”学说的形成与发展初探 | 张志枫 | 上海中医药杂志 | 2003,(8):45 |
| 浅析中医误诊的医生原因 | 李奕祺等 | 辽宁中医杂志 | 2003,(10):798 |
| 察颜观色测疾病(一) | 欧阳军 | 养生大世界 | 2003,(10):32 |
| 观察肤色知健康 | 晨　晓 | 药物与人 | 2003,(10):20 |
| 四诊的临床意义与作用浅析 | 黄雪琪等 | 中医药学刊 | 2003,(10):1663 |
| “独取寸口”刍议 | 胡子元等 | 江西中医药 | 2003,(12):8 |
| 妊娠脉初探 | 鲍庆堂 | 甘肃中医学院学报 | 2004,(2):7 |
| 历代舌诊的应用特点(上) | 严惠芳等 | 中国中医药现代远程教育 | 2004,(3):32 |
| 辨病位要义浅识 | 郭建生等 | 江西中医药 | 2004,(9):12 |
| “卒持寸口,何病能中”浅谈 | 陈金禄 | 吉林中医药 | 2004,(11):57 |
| “独取寸口”脉法的形成原因探析 | 韦永红等 | 四川中医 | 2004,(12):56 |
| 深化中医诊断中“病机”理论的窥管之见 | 朱祝生等 | 第七次全国中西医结合四诊研究学术会议论文汇编 | 2004:114 |
| 脉学突破之精要 | 战百世 | 第三届国际传统医药大会文集 | 2004:119 |
| 略谈“问平旦” | 冀文韬 | 中国中医药信息杂志 | 2005,(1):88 |
| 八纲辨证源流之探究 | 薛飞飞 | 大同医学专科学校学报 | 2005,(2):13 |
| 辨病论治与辨证论治关系探析 | 张庆祥 | 辽宁中医杂志 | 2005,(2):107 |
| 从医案看辨证 | 何　任 | 浙江中医学院学报 | 2005,(2):13 |
| 《内经》危候的诊察要点探析 | 张洪俊 | 江苏中医药 | 2005,(3):44 |
| 从八纲辨证的形成看八纲在中医辨证学中的作用与地位 | 傅晓晴 | 中华中医药杂志 | 2005,(3):136 |
| 浅谈脉诊独取寸口 | 曲　锋等 | 山西中医 | 2005,(5):58 |
| 谈“望目辨证”的中医学理论基础 | 王今觉 | 中国中医基础医学杂志 | 2005,(5):324 |

| | | | |
|---|---|---|---|
| 舌诊应包含味觉诊察 | 马振坤等 | 现代中医药 | 2005,(6):12 |
| 辨象施治与辨证论治之比较 | 鞠宝兆 | 中国中医基础医学杂志 | 2005,(6):451 |
| 从《内经》、《难经》、《伤寒论》和《脉经》看"独取寸口"脉法的形成与发展 | 关晓光等 | 中医药学报 | 2005,(6):67 |
| 医学访谈与中医问诊 | 陈泽涛等 | 中国中医基础医学杂志 | 2005,(9):188 |
| 再谈脉诊为何独取寸口 | 何振伟等 | 河南中医 | 2005,(10):18 |
| 标本中气理论新探 | 崔英子等 | 全国中医药研究生专辑 | 2005:81 |
| 浅议脉诊在针灸治疗中的作用 | 赵占宏等 | 国医论坛 | 2006,(1):43 |
| 妊娠脉考 | 寇美静等 | 中医文献杂志 | 2006,(2):14 |
| 浅论十纲辨证论治源流及影响 | 樊新荣等 | 中医药导报 | 2006,(2):15 |
| 《周易》"七日"周期与中医疾病转归说探析 | 臧守虎等 | 中医药学刊 | 2006,(2):248 |
| 《内经》中医心理诊断思想探析 | 韩丽萍等 | 辽宁中医药大学学报 | 2006,(5):9 |
| 望鼻色知病变 | 任莲崔 | 浙江中医杂志 | 2006,(6):336 |
| 《黄帝内经》脉诊法探析 | 王　敏等 | 中医药学报 | 2006,(6):3 |
| 《内经》、《难经》寸口脉诊法机理探析 | 段延萍等 | 陕西中医 | 2006,(11):1448 |
| 《黄帝内经》脉诊方法 | 何绪良 | 光明中医 | 2006,(12):17 |
| 《内经》舌诊理论探究 | 严惠芳等 | 中医药学刊 | 2006,(12):2204 |
| 《内经》诊法学说的起源与形成研究 | 曾高峰 | 中国优秀博硕士学位论文全文数据库(博士)医药卫生科技辑 | 2006,(12):E056-3 |
| 关于弦脉的体会点滴 | 杨太生 | 辽宁中医药大学学报 | 2007,(1):11 |
| 试论《内经》之"病为本,工为标" | 张铁峰等 | 山西中医学院学报 | 2007,(2):5 |
| 论平脉的胃、神、根 | 刘　文等 | 中国城乡企业卫生 | 2007,(2):79 |
| 脉诊古代文献的研究现状 | 陈广涛等 | 天津中医药大学学报 | 2007,(4):222 |
| 以肝为例探讨色诊对辨证论治的指导价值 | 陈慧娟等 | 辽宁中医药大学学报 | 2007,(6):37 |
| 诊治眼病　谨察阴阳 | 丁　哲等 | 吉林中医药 | 2007,(10):5 |
| 中医诊病整体观 | 李开武 | 吉林中医药 | 2007,(10):42 |
| 《黄帝内经》脉诊法探析 | 王　敏等 | 中国中医基础医学杂志 | 2007,(10):728 |
| 《灵枢》辨证方法之探析 | 周国琪 | 中国中医基础医学杂志 | 2007,(12):885 |
| 结脉脉象探析 | 唐亚平 | 中国医药导报 | 2007,(28):76 |
| 《内经》诊法的多维求协观浅探 | 孟琳升 | 中国中医药报 | 2007.8.3 |
| "常变"观中的辨证思维 | 任秀玲 | 中国中医药报 | 2007.8.6 |
| 《黄帝内经》脉学理论研究及对后世的影响 | 杨春平 | 中国优秀博硕士学位论文全文数据库(硕士)医药卫生科技辑 | 2007,(4):E056-3 |
| 《黄帝内经》中的诊断与治疗心理学思想探析 | 熊　斌 | 中国优秀博硕士学位论文全文数据库(硕士)医药卫生科技辑 | 2007,(4):E056-5 |
| 中医诸辨证方法纵横论 | 李文英 | 中国优秀博硕士学位论文全文数据库(博士)医药卫生科技辑 | 2007,(5):E056-4 |
| 古遍诊脉法整理与研究 | 王忠鑫 | 中国优秀博硕士学位论文全文数据库(硕士)医药卫生科技辑 | 2007,(5):E056-12 |
| 《黄帝内经》《难经》三部九候辨 | 崔严臻等 | 中华中医药学会中医药传承创新与发展研讨会专辑 | 2007:385 |

| | | | |
|---|---|---|---|
| 《脉经》脉诊法浅谈 | 郑志杰等 | 山西中医 | 2008,(1):36 |
| 浅析诊断思维的基本模式 | 王晓洁等 | 时珍国医国药 | 2008,(1):207 |
| 论中医辨证的辨"性质"说 | 李　菲 | 江西中医学院学报 | 2008,(3):33 |
| 从中医学的从目望神方法到目光心理识别技术 | 冯前进等 | 山西中医学院学报 | 2008,(3):43 |
| 中医问诊理论的源流及发展 | 刘国萍等 | 上海中医药大学学报 | 2008,(3):21 |
| 《内经》中脉诊法的探讨 | 李　勇等 | 中医药临床杂志 | 2008,(3):213 |
| 《黄帝内经》中的虚实之辨 | 卢红蓉 | 中国中医基础医学杂志 | 2008,(4):243 |
| 《黄帝内经》中诊法理论体系概要 | 杨　杰等 | 中华中医药杂志 | 2008,(7):580 |
| 小议脉诊在巨刺与缪刺合理选择上的重要意义 | 胡中平等 | 光明中医 | 2008,(10):1496 |
| 中医脉象名称分类法研究 | 杨　杰 | 中国中医基础医学杂志 | 2008,(11):820 |
| 《内经》四时五脏脉研究 | 成振镛等 | 中国中医基础医学杂志 | 2008,(11):817 |
| 《内经》望诊三字——色骈炲 | 傅海燕 | 中国中医药报 | 2008.4.25 |
| 浅议"脉以胃气为本" | 汪　蕾 | 河南中医 | 2009,(1):31 |
| 中医问诊溯洄 | 何建成等 | 江苏中医药 | 2009,(1):60 |
| 论《内经》之"舌诊" | 张新渝 | 河南中医 | 2009,(2):118 |
| 试析"司内揣外"对中医诊法的促进作用 | 王　寅等 | 云南中医学院学报 | 2009,(2):49 |
| 《灵枢》脉诊对针灸临床的指导作用 | 陈田钢等 | 云南中医中药杂志 | 2009,(2):75 |
| 《内经》脾脉之我见 | 汤川安等 | 山东中医药大学学报 | 2009,(3):194 |
| 《黄帝内经》望诊的理论探讨 | 杜　松 | 中国中医基础医学杂志 | 2009,(6):411 |
| 中医妇科腹诊探讨 | 张英英 | 陕西中医 | 2009,(7):852 |
| 辨上下超越时空观的中医诊治思维 | 吴深涛等 | 中华中医药杂志 | 2009,(10):1274 |
| 辨恶寒 | 张　然 | 上海中医药报 | 2009.12.11 |
| 古脉诊法的演变及与针灸的关系 | 郑志杰 | 中国优秀博硕士学位论文全文数据库(博士)医药卫生科技辑 | 2009,(1):E056－4 |
| 《内经》四时常脉的初步研究 | 周　欣 | 中国优秀博硕士学位论文全文数据库(硕士)医药卫生科技辑 | 2009,(1):E056－7 |

## (六)治则治法研究

| | | | |
|---|---|---|---|
| 何谓正治法试本《内经》举例以明之 | 丘人雄 | 中国医学院院刊 | 1929,(2):6 |
| 《内经》通因通用应用于女科之关系 | 何嘉济 | 上海医报 | 1930,(70):312 |
| 《内经》标本治法之研究 | 陈中权 | 中医世界 | 1931,(12):24 |
| 《内经》言调神与今人所谓卫生者其道有相同否 | 孙莲茹 | 国医杂志 | 1933,(7):17 |
| 《内经》正反治疗之发挥 | 秦伯未 | 光华医药杂志 | 1934,(1):36 |
| 《内经》火郁发之释义 | 欧阳福保 | 中医世界 | 1935,(3):19 |
| 读《内经·热论篇》暑当与汗皆出勿止之感想 | 邓绍华 | 杏林医学月报 | 1935,(76):12 |
| 祝由与由祝 | 苦　虫 | 山西医药 | 1936,(4):4 |
| 吐法论述 | 吴之谦 | 中医杂志 | 1955,(7):25 |
| 中医的认证与治疗(续完) | 梁尚博 | 中医杂志 | 1955,(9):51 |
| 推拿疗法简述 | 江静波 | 上海中医药杂志 | 1955,(12):38 |
| 从学习《内经知要》说到"通因通用、塞因塞用" | 樊千卿 | 中医杂志 | 1956,(12):641 |

| | | | |
|---|---|---|---|
| 中医的"辨证论治" | 吴德钊 | 江苏中医药 | 1957,(2):6 |
| 学习《内经知要》治则篇的体会 | 高崇基 | 中医杂志 | 1957,(2):107 |
| 祖国古代的按摩与矿泉浴疗 | 陈园人 | 中医杂志 | 1957,(8):415 |
| 略论"发汗疗法" | 任应秋 | 江西中医药 | 1958,(3):47 |
| 从《伤寒》《金匮》中体会《内经》"通因通用"的治疗法则 | 卢易人 | 中医杂志 | 1958,(5):303 |
| 《内经》治法浅谈 | 王满城 | 福建中医药 | 1958,(7):27 |
| 我对祖国医学"治病必求其本"的体会 | 陈兆桂 | 上海中医药杂志 | 1958,(7):14 |
| 中医的熨法 | 张济民 | 上海中医药杂志 | 1959,(2):41 |
| 八法的初步探讨 | 王于民 | 成都中医药大学学报 | 1959,(4):12 |
| 学习《内经》后对中医治疗原则的认识 | 彭松生等 | 上海中医药杂志 | 1959,(4):24 |
| 对内经"逆者正治""从者反治"的阐述 | 卢海鹏 | 江苏中医药 | 1959,(7):6 |
| 中医辨证治疗的基本规律 | 方药中 | 江西医药 | 1959,(8):39 |
| 中医辨证论治的基本规律(续) | 方药中 | 江西中医药 | 1959,(9):37 |
| 中医辨证论治的基本规律(续完) | 方药中 | 江西医药 | 1959,(10):41 |
| 论"治病必求于本" | 朱　颜 | 中医杂志 | 1962,(2):1 |
| 谈谈中医的"补法" | 杨卓寅 | 江西医药 | 1962,(4):16 |
| 谈谈中医的"消法" | 杨卓寅 | 江西医药 | 1962,(6):15 |
| 谈谈中医的"吐法" | 杨卓寅 | 江西医药 | 1962,(8):7 |
| "鼻药疗法"的初探 | 朱良春 | 江苏中医药 | 1962,(10):19 |
| 谈谈中医的"温法" | 杨卓寅 | 江西医药 | 1963,(1):8 |
| 谈谈辨病、辨症与辨证论治的发展 | 朱子青 | 江苏中医药 | 1963,(3):1 |
| 谈谈中医的"清法" | 杨卓寅 | 江西医药 | 1963,(4):19 |
| 谈谈中医的"下法" | 杨卓寅 | 江西医药 | 1963,(5):22 |
| 试论标本 | 邓明仲 | 中医杂志 | 1963,(12):30 |
| 反治谓何 | 曾彤云 | 广东医学 | 1964,(5):41 |
| 对"辨证论治"的体会 | 冯武功 | 天津医药 | 1964,(5):398 |
| 通过"同病异治"、"异病同治"的体会谈辨证论治的重要性 | 廖子仰 | 山东医药 | 1964,(11):42 |
| 补法方要 | 陈克正 | 中医药学报 | 1975,(1):42 |
| 谈谈辨证施治 | 季绍良 | 广西医学 | 1975,(4):49 |
| 活血化瘀 | 中国医学科学院情报组 | 广东医学 | 1975,(6):48 |
| 活血化瘀的理论与临床应用 | 张廷栋 | 哈尔滨医科大学学报 | 1975,(Z1):128 |
| 祖国医学扶正培本治则探讨 | 张泽镐 | 重庆医学 | 1977,(3):6 |
| 论育阴潜阳法的运用 | 何炎燊 | 新中医 | 1977,(4):15 |
| 略谈治肾与治经的关系 | 班　壮 | 广西中医药 | 1978,(1):15 |
| "汗法"与"表证" | 邱德文等 | 贵州医药 | 1978,(2):39 |
| 谈谈补益法的运用 | 岳美中等 | 中医杂志 | 1978,(3):14 |
| 略谈扶正培本治则 | 任继学 | 吉林大学学报(医学版) | 1978,(4):147 |
| 对瘀血学说及活血化瘀治则的体会 | 杨鼎生等 | 贵阳中医学院学报 | 1979,(1):81 |
| 从凝血及纤溶机制探讨中药"活血化瘀"的原理(文献综述) | 鲁世和 | 成都中医药大学学报 | 1979,(2):95 |
| 治病必须认清标本 | 彭静山 | 新医药学杂志 | 1979,(3):23 |
| 治伤要辨证 | 殷家骅 | 上海中医药杂志 | 1979,(4):27 |
| 略谈辨证论治与治病求本 | 刘应南 | 新医药通讯 | 1979,(6):19 |
| 略论"甚者从之" | 俞长荣 | 中医杂志 | 1979,(7):13 |
| 浅谈辨证论治 | 侯书铭 | 陕西医学杂志 | 1979,(8):50 |

| | | | |
|---|---|---|---|
| 谈谈中医的反治法 | 朱文锋等 | 中国临床医生 | 1979,(9):31 |
| 扶正固本与免疫 | 刘碧凤 | 广西中医药 | 1980,(1):13 |
| 阴虚发热和阳虚生寒——学习《内经》"诸寒之而热者取之阴,热之而寒者取之阳"点滴体会 | 吴先骥 | 贵阳中医学院学报 | 1980,(1):75 |
| 对"甘温除热法"作用机理的探讨 | 李恩复 | 河北中医 | 1980,(1):17 |
| 从"治病求本"谈"见血休止血" | 姚振加 | 陕西中医 | 1980,(1):33 |
| "热因寒用,寒因热用,塞因塞用,通因通用"释疑 | 王雨 | 重庆医学 | 1980,(1):27 |
| 入法(续完) | 马有度 | 成都中医药大学学报 | 1980,(2):58 |
| 《内经》汗法之我见 | 贺又舜 | 湖南中医学院学报 | 1980,(2):15 |
| "治上不犯中、治表不犯里"对儿科外感病的意义 | 张吉人 | 山东中医药大学学报 | 1980,(2):10 |
| "治风先治血,血行风自灭"浅释 | 孟景春 | 山东中医药大学学报 | 1980,(2):61 |
| 试论肾无实不可泻 | 吴宗柏 | 云南中医学院学报 | 1980,(2):8 |
| "痢无补法"小议 | 关幼波等 | 江苏中医药 | 1980,(4):62 |
| 伤科治疗的关键在于气血筋骨 | 孙绍良 | 陕西中医学院学报 | 1980,(4):19 |
| 浅论祖国医学气功疗法中的站桩 | 沈　寿 | 中医药学报 | 1980,(4):15 |
| 扶正固本治法初步探讨 | 胡龙才 | 广东医学 | 1980,(5):30 |
| 松柏医话(三)　治医必求于本 | 方药中等 | 成都中医药大学学报 | 1980,(6):22 |
| 谈"通因通用"法 | 周克振 | 江苏中医药 | 1980,(6):55 |
| 从儿科临床证治论"治病求因" | 董廷瑶 | 上海中医药杂志 | 1980,(6):9 |
| 浅谈中医的外治法 | 吴震西 | 中医杂志 | 1980,(7):55 |
| "甘温除热法"的讨论 | 张光禹 | 成都中医药大学学报 | 1981,(1):10 |
| 气功疗法的源流及进展 | 张　炎 | 江苏中医药 | 1981,(1):45 |
| 浅论辨证用药与辨病用药 | 徐辉光 | 上海中医药杂志 | 1981,(1):8 |
| 中成药的同病异治与异病同治 | 江克明 | 中成药 | 1981,(1):33 |
| 导引新探 | 宋知行 | 中医药学报 | 1981,(1):22 |
| 谈谈八法中的"补"与"消" | 夏治平等 | 中医药学报 | 1981,(1):29 |
| 祖国医学的食养疗法 | 龚丽娟 | 江苏中医药 | 1981,(2):56 |
| 服寒反热　服热反寒 | 王警吾 | 辽宁中医杂志 | 1981,(2):37 |
| 略谈正治与反治——兼与七八年版《中医学基础》编写人员商讨 | 刘虎林 | 新中医 | 1981,(2):26 |
| 是益火壮水　还是寒热反治 | 陈彝安 | 中医杂志 | 1981,(2):78 |
| 护阴是治疗温病的重要法则 | 杨牧祥等 | 河北医科大学学报 | 1981,(3):144 |
| 久病水肿应用"补阳"法的体会 | 张　力等 | 黑龙江中医药 | 1981,(3):27 |
| 关于《伤寒论》中之"驱邪护正"与"扶正驱邪"精神的探讨 | 吴荣祖 | 云南中医学院学报 | 1981,(3):16 |
| 谈"上病下取" | 班秀文等 | 浙江中医药大学学报 | 1981,(3):1 |
| 关于《内经》中"反治"涵义的我见 | 吴缉庵 | 中医杂志 | 1981,(3):76 |
| 为"导热外出"正名 | 傅爱明 | 福建中医药 | 1981,(4):66 |
| "疮家禁汗"机理设想 | 阮诗玮 | 福建中医药 | 1981,(4):63 |
| 浅谈汗法 | 张云霞 | 河北中医 | 1981,(4):7 |
| 对辨证施治的肤浅理解 | 刘汉春 | 河北中医 | 1981,(4):64 |
| 《标本病传论》治则部分试析 | 蔡定芳等 | 吉林中医药 | 1981,(4):1 |
| 从临床治"气反"谈《内经》治病求本的思想 | 陈国信等 | 云南中医学院学报 | 1981,(4):4 |
| 试析《阴阳应象大论》中的治则 | 徐荣斋 | 浙江中医药大学学报 | 1981,(4):1 |
| 《内经》治则探索 | 丁光迪 | 浙江中医药大学学报 | 1981,(4):8 |
| 标本理论及其在临床上的指导意义 | 吴润秋等 | 浙江中医药大学学报 | 1981,(4):18 |

| | | | |
|---|---|---|---|
| “治痿独取阳明”的体会和印证 | 蔡定芳等 | 浙江中医药大学学报 | 1981,(4):22 |
| “衰者彰之”在老年病临证中的体会 | 徐素仙 | 浙江中医药大学学报 | 1981,(4):26 |
| 略谈《内经》的扶正与祛邪 | 周吾圣 | 浙江中医药大学学报 | 1981,(4):38 |
| 谈谈养阴法 | 周光耀 | 广西中医药 | 1981,(5):42 |
| 试论中医的“和” | 贝润浦 | 辽宁中医杂志 | 1981,(6):4 |
| 肚腹三里留 | 李　鼎 | 上海中医药杂志 | 1981,(6):25 |
| 略论补虚法在儿科的运用 | 黎炳南 | 新中医 | 1981,(6):9 |
| 对“下法”研究进展的回顾和体会 | 李鸣真 | 中医杂志 | 1981,(9):62 |
| 活血化瘀勿忘气 | 李大宽 | 中医杂志 | 1981,(9):76 |
| “权衡规矩”与“按而收之” | 申鸿砚 | 中医杂志 | 1981,(9):77 |
| 也谈“间者并行,甚者独行” | 石宝宝 | 中医杂志 | 1981,(10):78 |
| 关于“体若燔炭,汗出而散” | 成肇智等 | 中医杂志 | 1981,(11):77 |
| 论下法 | 章济量 | 上海中医药杂志 | 1981,(12):8 |
| 谈“虚而相并” | 方药中 | 四川中医 | 1982,(00):5 |
| “阳病治阴、阴病治阳”辨析 | 王锡安 | 安徽中医学院学报 | 1982,(1):47 |
| 论“以平为期” | 吴润秋 | 贵阳中医学院学报 | 1982,(1):15 |
| 对“扶正固本”治则的探讨 | 栗德林 | 黑龙江中医药 | 1982,(1):31 |
| 试论“气反”的治法 | 王自强 | 南京中医药大学学报（自然科学版） | 1982,(1):12 |
| 论“调神” | 蒲志孝等 | 山东中医杂志 | 1982,(1):31 |
| 浅谈祖国医学治疗法则——扶正固本 | 寇应超等 | 陕西中医 | 1982,(1):28 |
| 热熨疗法 | 母永祥 | 陕西中医 | 1982,(1):20 |
| “诸寒之而热者取之阴,热之而寒者取之阳”之我见 | 郑忠兴 | 北京中医 | 1982,(2):26 |
| “治痿独取阳明”解 | 赵金铎 | 湖北中医杂志 | 1982,(2):37 |
| 漫谈“欲降先升” | 刘　熹 | 江苏中医药 | 1982,(2):66 |
| 逆流挽舟隅谈 | 徐兴泽 | 江西中医药 | 1982,(2):3 |
| 论“形不足者温之以气精不足者补之以味” | 高思华等 | 山东中医药大学学报 | 1982,(2):11 |
| 谈治病求本 | 蒲志孝等 | 山东中医杂志 | 1982,(2):102 |
| 治病求本析义 | 何建升 | 陕西中医学院学报 | 1982,(2):30 |
| 略谈《内经》对放血疗法的论述 | 黄延龄 | 中医杂志 | 1982,(2):46 |
| 对温阳法的认识与实践 | 俞长荣等 | 湖北中医杂志 | 1982,(3):8 |
| 漫谈“不治之治” | 吕　中 | 湖北中医杂志 | 1982,(3):15 |
| 略谈《素问·热论》治则对后世的影响和启示 | 蔡定芳等 | 山东中医杂志 | 1982,(3):135 |
| 谈治病应该重视“治未病”及“求本” | 张谷才 | 福建中医药 | 1982,(4):9 |
| 急下存阴 | 朱起贵 | 湖北中医杂志 | 1982,(4):16 |
| 浅论吴氏三焦辨证的治法 | 张腊荣 | 湖北中医杂志 | 1982,(4):50 |
| 初探《内经》的同病异治 | 张邦福 | 湖南中医学院学报 | 1982,(4):16 |
| 浅谈“彰之之法” | 段其忠 | 吉林中医药 | 1982,(4):60 |
| 活血化淤法的源流简述 | 陆永昌 | 山东中医药大学学报 | 1982,(4):61 |
| 《内经》论灸 | 王振坤 | 上海针灸杂志 | 1982,(4):25 |
| 略论“年长则求之于府” | 项　平 | 山东中医杂志 | 1982,(5):267 |
| 吐法一得 | 姜　浩 | 山东中医杂志 | 1982,(5):286 |
| 治病必求于本 | 马有度 | 山东中医杂志 | 1982,(5):272 |
| 祖国医学双相调节评述 | 贝润浦 | 湖北中医杂志 | 1982,(6):4 |
| 浅论从治法 | 崔炳南 | 山东中医杂志 | 1982,(6):337 |

| | | | |
|---|---|---|---|
| 我国古代医家关于心理治疗的理论与实践 | 孙溥泉 | 医学与哲学（人文社会医学版） | 1982,(7):36 |
| “反治”与“反佐”之我见 | 郑玉航 | 上海中医药杂志 | 1982,(9):32 |
| 对“诸寒之而热者取之阴,热之而寒者取之阳”的理解 | 巩德海等 | 中医杂志 | 1982,(12):49 |
| 试谈汗法 | 梁映寰 | 安徽中医学院学报 | 1983,(1):56 |
| 中医的食物疗法 | 秦德平 | 安徽中医学院学报 | 1983,(1):53 |
| 谈“苦能坚阴” | 何德昭 | 成都中医药大学学报 | 1983,(1):27 |
| 从“年长则求之于府”探讨治老年病一重要环节 | 张觉人 | 福建中医药 | 1983,(1):8 |
| 试论“肝病三法”及其配伍运用 | 金　实 | 南京中医药大学学报（自然科学版） | 1983,(1):20 |
| 对“截断扭转”的探讨 | 贝润浦等 | 山东中医药大学学报 | 1983,(1):17 |
| 活血化淤研究进展与展望(上) | 翁维良 | 山东中医药大学学报 | 1983,(1):60 |
| “藏气法时”针法的设想 | 李白清 | 陕西中医学院学报 | 1983,(1):43 |
| 治肾八法 | 沈仲圭 | 四川中医 | 1983,(1):3 |
| “同病异治”和“异病同治”的体会 | 张许华 | 云南中医学院学报 | 1983,(1):3 |
| “病痰饮者,当以温药和之”之我见 | 许健鹏 | 北京中医 | 1983,(2):48 |
| 谈谈吐法 | 汪济美 | 北京中医 | 1983,(2):16 |
| 呼吸系统一部分疾病的治疗法则 | 康良石等 | 福建中医药 | 1983,(2):41 |
| 略论补肾药法 | 柴中元 | 广西中医药 | 1983,(2):34 |
| “体若燔炭,汗出而散”刍议 | 胡天雄 | 辽宁中医杂志 | 1983,(2):40 |
| “辨证论治”与“辨证施治”小议 | 蒋洁尘 | 山东中医药大学学报 | 1983,(2):52 |
| 活血化淤研究进展与展望(下) | 翁维良 | 山东中医药大学学报 | 1983,(2):62 |
| “酸涩敛邪”和“涩可固脱”小议 | 张浩良 | 山东中医杂志 | 1983,(2):32 |
| 温病治疗中的“透”与“泄” | 贝润浦等 | 浙江中医药大学学报 | 1983,(2):12 |
| 浅谈祖国医学中的下法 | 周新灵 | 中医药学刊 | 1983,(2):11 |
| 小议“火郁发之” | 吕竹孙 | 福建中医药 | 1983,(3):13 |
| “痛随利减”小议 | 程宝书 | 辽宁中医杂志 | 1983,(3):47 |
| 《内经》中的外治法 | 项　平 | 南京中医药大学学报（自然科学版） | 1983,(3):13 |
| 峻缓得宜　轻重有度 | 马有度 | 山东中医杂志 | 1983,(3):12 |
| 浅谈“风以胜湿” | 封太来 | 陕西中医 | 1983,(3):22 |
| 甘温除热之我见 | 任迪夫等 | 四川中医 | 1983,(3):21 |
| 引火归元法浅识 | 刘　皎 | 中医药学刊 | 1983,(3):36 |
| “乙癸同源肝肾同治”小析 | 徐有全 | 中医药学刊 | 1983,(3):24 |
| 略论《内经》的因宜而治 | 王洪图等 | 北京中医 | 1983,(4):16 |
| 浅谈“通因通用”的治法 | 吴锡琨 | 福建中医药 | 1983,(4):21 |
| 试析《内经》论治原则 | 潘远根等 | 贵阳中医学院学报 | 1983,(4):12 |
| 中医论治的方法论探讨 | 刘可勋等 | 贵阳中医学院学报 | 1983,(4):18 |
| 也谈双向调治 | 史　伟 | 辽宁中医杂志 | 1983,(4):45 |
| 辨证论治的最高原则和辩证法基础—“和” | 刘民杰 | 四川中医 | 1983,(4):8 |
| 对《内经》“诸寒之而热者取之阴,热之而寒者取之阳”的认识及运用 | 陈培健等 | 四川中医 | 1983,(4):4 |
| 寒湿之痿求治太阴 | 王端义等 | 中医杂志 | 1983,(4):61 |
| 中医的辨证施治 | 吕朝重 | 中原医刊 | 1983,(4):10 |
| 浅论辨证施治要注意心理和社会因素 | 周玉珍 | 云南中医中药杂志 | 1983,(5):28 |
| “治痿独取阳明”辨析 | 熊继柏 | 中医杂志 | 1983,(5):78 |

| | | | |
|---|---|---|---|
| 反治与反佐辨析 | 张年顺等 | 湖北中医杂志 | 1983,(6):37 |
| 试论错杂症的双向调节 | 贝润浦 | 江西中医药 | 1983,(6):15 |
| 何谓"通因通用"法试举方说明 | 孙龙川 | 江西中医药 | 1983,(6):56 |
| 也谈中医的试探法 | 杨伊凡 | 山东中医杂志 | 1983,(6):7 |
| 中医内科论治举要 | 强致和 | 现代中医药 | 1983,(6):7 |
| 预防与治则 | 冼苏仁 | 新中医 | 1983,(6):46 |
| 如何理解伤寒下不嫌迟,温病下不嫌早 | 季　书 | 中医药学报 | 1983,(6):84 |
| 简论升补肾阴 | 郭贞卿等 | 辽宁中医杂志 | 1983,(7):5 |
| 善治者因其势而利导之——略论《内经》因势立则说 | 蔡定芳等 | 上海中医药杂志 | 1983,(8):36 |
| 试论引火归原 | 李德新 | 辽宁中医杂志 | 1983,(10):7 |
| 何谓"五法俱立,各有所先"?临床意义如何? | 吴沛田 | 中医杂志 | 1983,(10):67 |
| 对《"诸寒之而热者取之阴,热之而寒者取之阳"之我见》一文的几点商榷 | 王玉生 | 北京中医 | 1984,(1):55 |
| 浅谈治肝实脾 | 秦志贵 | 吉林中医药 | 1984,(1):16 |
| "治之以兰"管见 | 王端文 | 山东中医药大学学报 | 1984,(1):22 |
| 谈谈中医防治老年病的辩证法 | 何福慧 | 右江民族医学院学报 | 1984,(1):58 |
| 《内经》同病异治的含义是什么? | 路振平 | 中医杂志 | 1984,(1):63 |
| "因加相胜,释邪攻正"浅释 | 王贵淼 | 安徽中医学院学报 | 1984,(2):55 |
| 论汗及汗法 | 田广秀等 | 河北中医 | 1984,(2):11 |
| 治喘当"安五脏、养肺气"浅探 | 林杰豪 | 辽宁中医杂志 | 1984,(2):40 |
| 治病求本浅探 | 李　军 | 现代中医药 | 1984,(2):56 |
| 浅谈"治病必求于本" | 王贵淼 | 中华中医药学刊 | 1984,(2):80 |
| 正治反治浅议 | 张大君 | 吉林中医药 | 1984,(3):43 |
| 耳闭不闻　清宣上焦奏效 | 刘新武等 | 山东中医药大学学报 | 1984,(3):31 |
| 甘温除热的机理与适用范围(综述) | 何　伦 | 陕西中医 | 1984,(3):32 |
| 从温补肾阳看治病求本 | 吴源湘 | 北京中医 | 1984,(4):19 |
| 对《内经》"治病必求于本"的探讨 | 吴润秋等 | 吉林中医药 | 1984,(4):43 |
| "耳聋治肺"管见 | 徐美炎 | 南京中医药大学学报(自然科学版) | 1984,(4):24 |
| 试论"治病必求于本" | 刘家义 | 山东中医药大学学报 | 1984,(4):19 |
| 也谈"虚而相并" | 李振彬 | 山东中医药大学学报 | 1984,(4):23 |
| 要"有故无殒"地理解十八反 | 李俊彪 | 新中医 | 1984,(4):49 |
| 治"汗"必求其本 | 刘春堂等 | 中华中医药学刊 | 1984,(4):173 |
| 略论"辛以润之" | 胡永年 | 中医药学报 | 1984,(4):11 |
| 谈耳聋治肺 | 孟景春 | 江苏中医药 | 1984,(5):47 |
| 温补法刍言 | 魏长春 | 山东中医杂志 | 1984,(5):1 |
| 治不调神医之过——试论《内经》调神法 | 陶御风 | 上海中医药杂志 | 1984,(5):42 |
| 用药与时令的寒热远近辨析 | 范永升 | 浙江中医学院学报 | 1984,(5):7 |
| "实则阳明,虚则太阴"小议 | 陆云飞等 | 浙江中医学院学报 | 1984,(5):47 |
| 也谈"诸寒之而热者取之阴,热之而寒者取之阳" | 范传让 | 福建中医药 | 1984,(6):15 |
| 亦谈"宛陈则除之" | 钟彦华 | 江西中医药 | 1984,(6):40 |
| 论"阴阳反他,治在权衡相夺"——对《内经》《伤寒论》《金匮要略》中双相调节的探讨 | 贝润浦 | 浙江中医学院学报 | 1984,(6):1 |
| 试探以情胜情疗法 | 刘　霞 | 中医药学报 | 1984,(6):19 |
| 怎样理解《素问·六元正纪大论》所说"发表不远热,攻里不远寒"? | 顾继昌 | 中医杂志 | 1984,(6):68 |

| | | | |
|---|---|---|---|
| 治痿独取阳明之我见 | 董其圣 | 上海中医药杂志 | 1984,(7):29 |
| 介类潜阳与轻灵透达 | 马　志等 | 中医杂志 | 1984,(7):27 |
| 溯本求源　贵在始因 | 孙子武 | 陕西中医 | 1984,(9):19 |
| 辨体质论老年调补 | 李太炎等 | 成都中医药大学学报 | 1985,(1):13 |
| 对汗法作用的初步探讨 | 胡代录 | 成都中医药大学学报 | 1985,(1):41 |
| 治呕十七法 | 马汴梁 | 福建中医药 | 1985,(1):60 |
| 浅谈《内经》治则 | 马玉林 | 甘肃中医学院学报 | 1985,(1):17 |
| 试论辨证施食 | 杨梓强 | 河北中医 | 1985,(1):11 |
| 论补十法 | 万桂华 | 河北中医 | 1985,(1):29 |
| 浅谈下法 | 丁文等 | 河北中医 | 1985,(1):41 |
| 《伤寒论·阳明病》篇寒下法刍议 | 高国青等 | 河北中医 | 1985,(1):4 |
| 谈汗 | 区显维 | 黑龙江中医药 | 1985,(1):8 |
| “阳病治阴、阴病治阳”管见 | 罗贤初 | 湖南中医学院学报 | 1985,(1):47 |
| 试论升降出入 | 吴正治 | 湖南中医学院学报 | 1985,(1):45 |
| 脏腑辨证论治的体会 | 刘炳凡 | 湖南中医杂志 | 1985,(1):2 |
| 论吐法 | 朱勉生等 | 山东中医药大学学报 | 1985,(1):33 |
| 陆芷青老中医谈“上病下取,下病上取” | 程志清 | 陕西中医 | 1985,(1):20 |
| 子午流注与药物治疗 | 徐又方 | 天津中医药 | 1985,(1):45 |
| 中医的脏器疗法简介 | 傅景华 | 中国临床医生 | 1985,(1):31 |
| 略论因人制宜 | 何裕民 | 中医药学报 | 1985,(1):20 |
| “辨症施治”一语源探 | 李洪涛 | 安徽中医学院学报 | 1985,(2):58 |
| 仲景对《内经》治则学说的继承与发展 | 郑邦本 | 成都中医药大学学报 | 1985,(2):8 |
| 《内经》治则的归类及体会 | 李旭蕃 | 广西中医药 | 1985,(2):39 |
| 简论《内经》木郁达之 | 贾钰华 | 广州中医药大学学报 | 1985,(2):43 |
| “引火归原”初探 | 龙瑞敏 | 贵阳中医学院学报 | 1985,(2):12 |
| 略论肺之升法 | 陆国钧 | 河北中医 | 1985,(2):4 |
| 试论治血需治气 | 杜天植 | 江苏中医药 | 1985,(2):6 |
| 《内经》辨证论治概述(上) | 王贵廷 | 内蒙古中医药 | 1985,(2):44 |
| 病情万变　务求其是——略论《内经》的察情立则说 | 蔡定芳 | 上海中医药杂志 | 1985,(2):3 |
| 谈谈“塞因塞用” | 陈国华 | 实用中医药杂志 | 1985,(2):41 |
| 也谈“假证”与“反治” | 赵　斐 | 新疆中医药 | 1985,(2):12 |
| 论我国“传统体育保健”的起源及形成 | 万昌智 | 云梦学刊 | 1985,(2):92 |
| 刺血疗法偶拾 | 李跃龙等 | 云南中医学院学报 | 1985,(2):46 |
| “治病必求本”与“辨症论治”(摘要) | 陆广莘 | 中医药学报 | 1985,(2):1 |
| “有故无殒,亦无殒也”辨析 | 张志华 | 北京中医 | 1985,(3):55 |
| 略论体质是同病异治、异病同治的生理基础 | 杨永芳 | 湖南中医学院学报 | 1985,(3):7 |
| 试论下法 | 陈良盛 | 山东中医杂志 | 1985,(3):9 |
| 论“火郁发之” | 李士懋等 | 天津中医药 | 1985,(3):25 |
| 浅谈温病“救阴不在血,而在津与汗” | 楼望荣 | 新疆中医药 | 1985,(3):8 |
| 试谈“治病必求其本” | 黄百铣 | 广州医学院学报 | 1985,(4):53 |
| 预防种种话扶正 | 郭谦亨 | 陕西中医学院学报 | 1985,(4):49 |
| 扶正与祛邪 | 何建升 | 现代中医药 | 1985,(4):10 |
| 灵枢古经之腹腔穿刺放液术 | 陈群益 | 新中医 | 1985,(4):3 |
| 如何理解“取之阴”“取之阳”的含义 | 王玉来 | 中医杂志 | 1985,(4):66 |
| 浅论推拿手法的三个联系 | 朱金山等 | 按摩与导引 | 1985,(5):3 |
| 如何看待推拿治疗中治“标”与治“本”的关系 | 陈阳 | 按摩与导引 | 1985,(5):17 |

| | | | |
|---|---|---|---|
| 谈叶天士的养胃阴法则 | 陈建明 | 江苏中医药 | 1985,(5):9 |
| 略谈肾脏疾病从脾论治 | 黄泰生 | 江西中医药 | 1985,(5):27 |
| 试论"泻肾" | 郑大正 | 陕西中医 | 1985,(5):196 |
| 行气法初探 | 陈学勤 | 福建中医药 | 1985,(6):6 |
| 中风病机中的气和血 | 赵书理 | 宁夏医学杂志 | 1985,(6):27 |
| 《素问·至真要大论》云:"甚者从之",应如何理解? | 张树生 | 中医杂志 | 1985,(6):79 |
| 漫谈食物疗法 | 沈仲圭 | 四川中医 | 1985,(7):12 |
| "因势利导"法在《伤寒论》中的运用 | 王　赫 | 四川中医 | 1985,(7):5 |
| "燎灸法"简介 | 崔景胜 | 陕西中医 | 1985,(8):362 |
| 谈谈我国古代水疗法的种类和适应症 | 黄　健 | 中医杂志 | 1985,(8):79 |
| 再论耄年病的"反治"特点 | 张觉人 | 辽宁中医杂志 | 1985,(9):2 |
| 食疗与忌食 | 何时希 | 中医杂志 | 1985,(9):54 |
| 《内经》法时而治思想探讨 | 胡剑北等 | 陕西中医 | 1985,(10):437 |
| 也谈"阴中求阳,阳中求阴" | 余廷杰 | 陕西中医 | 1985,(10):472 |
| 仲景活血祛瘀法研究 | 刘仕文 | 四川中医 | 1985,(10):4 |
| 《炳烛医话》—浅谈通络达卫解表法 | 郭贞卿 | 新中医 | 1985,(10):17 |
| 《内经》论按摩 | 金宏柱等 | 江苏中医药 | 1985,(11):34 |
| 按摩手法之我见 | 王选章 | 按摩与导引 | 1986,(1):1 |
| 慎辨细析　治病求本 | 周世熊 | 福建中医药 | 1986,(1):54 |
| 《内经》心理治疗探讨 | 王洪图等 | 国医论坛 | 1986,(1):19 |
| 情志及饮食调养浅谈 | 徐章英 | 湖北中医杂志 | 1986,(1):49 |
| "有故无殒,亦无殒也"析 | 胡维正 | 江苏中医药 | 1986,(1):8 |
| "治上焦如羽,非轻不举"刍议 | 程淑娟 | 江西中医药 | 1986,(1):57 |
| 谈"去菀陈莝" | 齐　南 | 江西中医药 | 1986,(1):58 |
| "阳病治阴,阴病治阳"解 | 迟华基 | 山东中医药大学学报 | 1986,(1):40 |
| 《金匮·脏腑经络先后病脉证》篇治疗原则浅述 | 增　荣等 | 山西中医 | 1986,(1):44 |
| 腑病祛邪　假道二便 | 仝警安 | 现代中医药 | 1986,(1):1 |
| 略论中医治疗学的阶段性 | 贺　明 | 医学与哲学(人文社会医学版) | 1986,(1):32 |
| 保精、益气、养神——中医防治老年病之思想精髓 | 张觉人 | 云南中医学院学报 | 1986,(1):9 |
| 吞咽唾液的作用 | 孟景春 | 中国健康月刊 | 1986,(1):32 |
| "去菀陈莝"新解 | 李国卿 | 中医药信息 | 1986,(1):1 |
| 浅谈张仲景对"有故无殒,亦无殒"的运用 | 黎汉华 | 中医药学报 | 1986,(1):21 |
| 何谓"开达募原法"? | 徐兴嘉 | 中医药学刊 | 1986,(1):577 |
| "体若燔炭,汗出而散"新释 | 陈达理 | 中医杂志 | 1986,(1):65 |
| 古代中医心理疗法初探 | 裴业明 | 贵阳中医学院学报 | 1986,(2):7 |
| "去菀陈莝"析疑 | 陈命新 | 湖南中医学院学报 | 1986,(2):37 |
| 《内经》论治思想探讨 | 吴润秋 | 湖南中医学院学报 | 1986,(2):1 |
| 活血化瘀概述 | 田凤兰 | 吉林大学学报(医学版) | 1986,(2):189 |
| "其盛,可待衰而已"异解 | 师大庆 | 山西中医 | 1986,(2):42 |
| "诸寒之而热者取之阴,热之而寒者取之阳"刍议 | 刘玉坤 | 新疆中医药 | 1986,(2):64 |
| 反治反佐辨 | 袁博渊 | 云南中医学院学报 | 1986,(2):48 |
| 《内经》"治病必求其本"初探 | 范永升 | 浙江中医学院学报 | 1986,(2):10 |
| 小议"度"与治病 | 陈新宇 | 浙江中医学院学报 | 1986,(2):37 |
| 反佐反治不能等同 | 李德洽 | 中医杂志 | 1986,(2):65 |
| 对反治法的思考 | 李洪湘 | 安徽中医学院学报 | 1986,(3):61 |

| | | | |
|---|---|---|---|
| “阳病治阴，阴病治阳”刍义 | 彭俊峰 | 广西中医药 | 1986,(3):41 |
| 中医饮食调护浅谈 | 王桂清等 | 吉林中医药 | 1986,(3):37 |
| 论“治温以清” | 钟孟良 | 青海医药杂志 | 1986,(3):13 |
| “木郁达之”论 | 刘家义等 | 山东中医药大学学报 | 1986,(3):44 |
| 妇科调理脾胃二十法 | 王坤山 | 新疆中医药 | 1986,(3):15 |
| 食疗琐谈 | 陈伟忠 | 福建中医药 | 1986,(4):36 |
| 试论反治法 | 邱祖萍 | 黑龙江中医药 | 1986,(4):14 |
| 《内经》的治疗思想及其对后世的影响(一) | 邱幸凡 | 湖北中医杂志 | 1986,(4):47 |
| 另辟蹊径补脾阴 | 荣延振 | 湖北中医杂志 | 1986,(4):33 |
| 行气配伍八法 | 周祯祥 | 湖北中医杂志 | 1986,(4):43 |
| 辨证论治浅谈 | 南　征 | 吉林中医药 | 1986,(4):44 |
| 酒于中医治疗中的意义 | 孙龙川 | 江西中医药 | 1986,(4):49 |
| 试论中医临床中的“缓”和“急” | 贝润浦 | 辽宁中医杂志 | 1986,(4):18 |
| 对中医治则研究之我见 | 晁恩祥 | 内蒙古中医药 | 1986,(4):28 |
| “去宛陈莝”辨析 | 朱生全 | 陕西中医 | 1986,(4):150 |
| 温古习今辨析祝由 | 刘文龙 | 陕西中医学院学报 | 1986,(4):49 |
| “苦降辛通法”之我见 | 吴文刚 | 上海中医药杂志 | 1986,(4):24 |
| “治病必求于本”探讨 | 吴崇奇 | 新疆中医药 | 1986,(4):26 |
| 试论下法的沿革 | 屈风林等 | 新疆中医药 | 1986,(4):20 |
| 谈谈“治血先治脾” | 刘喜新 | 新乡医学院学报 | 1986,(4):36 |
| “形不足者，温之以气；精不足者，补之以味”新释 | 吴　成 | 云南中医学院学报 | 1986,(4):13 |
| 吐法新论 | 马大正 | 云南中医学院学报 | 1986,(4):16 |
| 从“四诊”浅谈心理护理 | 张淑英 | 中国实用护理杂志 | 1986,(4):31 |
| 《内经》的治疗思想及其对后世的影响(二) | 邱幸凡 | 湖北中医杂志 | 1986,(5):46 |
| “其盛，可待衰而已”不宜异解——与师大庆同志商榷 | 胡剑北 | 山西中医 | 1986,(5):42 |
| 略论诸郁本于肝，治郁先治肝 | 刘家义 | 陕西中医 | 1986,(5):197 |
| 热因热用　塞因塞用 | 朱曰升 | 中医杂志 | 1986,(5):68 |
| 祝由辨析 | 倪健伟等 | 中医杂志 | 1986,(5):70 |
| 从体质调研结果探讨因时因地制宜治则 | 何裕民等 | 中医杂志 | 1986,(5):47 |
| 浅谈推拿手法的刺激量 | 傅余堃 | 按摩与导引 | 1986,(6):10 |
| 我国医疗体育源远流长 | 梁永汉 | 按摩与导引 | 1986,(6):20 |
| 略谈论治治则治法与治病求本 | 谭银章 | 江西中医药 | 1986,(6):46 |
| 七情与调神疗法浅探 | 郭补林等 | 现代中医药 | 1986,(6):29 |
| 中医防治心痛八法 | 刘金保 | 现代中医药 | 1986,(6):24 |
| 虚证及其补法 | 王光大等 | 中医药学刊 | 1986,(6):788 |
| 气血相关治疗六法 | 柯梦笔 | 江苏中医药 | 1986,(7):41 |
| 音乐治疗 | 普凯元 | 医学与哲学(人义社会医学版) | 1986,(7):31 |
| 论“心身并治” | 朱文锋等 | 辽宁中医杂志 | 1986,(8):10 |
| 浅谈活血祛瘀七法 | 樊　昕 | 陕西中医 | 1986,(8):373 |
| 我的“异病同治”“同病异治”观 | 姜春华 | 中医杂志 | 1986,(10):66 |
| 谈肝病的酸补与酸泻 | 鲜光亚 | 中医杂志 | 1986,(11):64 |
| 中医移情疗法 | 旷秋和 | 湖南中医学院学报 | 1987,(1):45 |
| 对甘温除热机理的探讨 | 赖　畴 | 新中医 | 1987,(1):15 |
| 中医心理疗法——祝由初探 | 陆志强等 | 医学与哲学(人文社会医学版) | 1987,(1):37 |

| | | | |
|---|---|---|---|
| 浅谈“祝由”与“移精变气” | 李应钧 | 中医药信息 | 1987,(1):1 |
| 谈中医治则与治法的概念及相互关系 | 刘树民等 | 中医药学报 | 1987,(1):15 |
| 《内经》中的因病势制宜初探 | 马玉林 | 甘肃中医学院学报 | 1987,(2):45 |
| 甘温除热法探讨 | 龙瑞敏 | 贵阳中医学院学报 | 1987,(2):1 |
| 情志护理浅谈 | 黎丽萍 | 贵阳中医学院学报 | 1987,(2):13 |
| 中医疏导疗法之诚、诡、显、隐 | 邹伟俊 | 湖南中医学院学报 | 1987,(2):14 |
| 浅谈“阳病治阴、阴病治阳” | 陈宝明 | 吉林中医药 | 1987,(2):38 |
| 略论“因势制宜”治则 | 朱文锋等 | 吉林中医药 | 1987,(2):1 |
| 良工施治当重择时——略论《内经》择时施治说及其临床意义 | 胡剑北等 | 山西中医 | 1987,(2):9 |
| “精以时服”解 | 刘长生 | 陕西中医 | 1987,(2):94 |
| 《内经》的按摩成就 | 苏同生等 | 陕西中医学院学报 | 1987,(2):9 |
| 滋脾阴八法 | 潘文奎 | 新疆中医药 | 1987,(2):12 |
| 胃降太过小议 | 刘　熹等 | 中医药研究 | 1987,(2):10 |
| 浅析《黄帝内经》中之推拿应用 | 张可夫 | 按摩与导引 | 1987,(3):19 |
| 中医治则在辨证论治中的作用 | 陈厚忠等 | 湖南中医杂志 | 1987,(3):32 |
| 升举大气五法 | 陈耀章 | 山东中医杂志 | 1987,(3):10 |
| 浅谈泻肾 | 韩顺平 | 天津中医学院学报 | 1987,(3):9 |
| 试论活血益肾 | 唐宗儒 | 新疆中医药 | 1987,(3):16 |
| 国内外近年研究针灸法的概况(续) | 谭东连 | 中医药信息 | 1987,(3):36 |
| 古代心理疗法剖析 | 余文华 | 北京中医 | 1987,(4):12 |
| 略论津液在热病中的抗病机理 | 傅延龄等 | 福建中医药 | 1987,(4):59 |
| 论叶天士肝胃同治八法 | 陈国良 | 福建中医药 | 1987,(4):45 |
| 刘完素“亢害承制”理论探析 | 万碧芳 | 湖北中医杂志 | 1987,(4):51 |
| 浅谈辛温发汗 | 贾义华 | 辽宁中医杂志 | 1987,(4):48 |
| 浅谈辛能“润”之 | 罗中秋 | 山西中医 | 1987,(4):39 |
| 从《内经》祝由看心理疗法 | 王辉武 | 实用中医药杂志 | 1987,(4):22 |
| “开鬼门,洁净腑”刍议 | 洪金水 | 浙江中医学院学报 | 1987,(4):48 |
| 我国古代音疗点滴 | 音　生 | 中国音乐 | 1987,(4):34 |
| 中医药食结合之探讨 | 李振彬等 | 中医药学报 | 1987,(4):11 |
| “补阴泻阳”辨 | 赵京生等 | 中医杂志 | 1987,(4):69 |
| 从《内经》析“去宛陈莝” | 曹贵民等 | 中医杂志 | 1987,(4):68 |
| 治疗“八法”的原理共性以“通”为用之研讨 | 汪济美 | 福建中医药 | 1987,(5):58 |
| 《内经》中医心理治疗思想初探 | 胡永年 | 广西中医药 | 1987,(5):31 |
| 试论我国古代的心理疗法——祝由 | 胡永年 | 湖北中医杂志 | 1987,(5):51 |
| 略论“治病必求于本” | 黎炳南 | 新中医 | 1987,(5):15 |
| 数脉不尽主热 | 董良杰 | 中医药信息 | 1987,(5):9 |
| “体若燔炭,汗出而散”释疑 | 邓宝康 | 陕西中医 | 1987,(6):48 |
| “升降相因”浅论 | 刘岁元 | 现代中医药 | 1987,(6):37 |
| “湿重”是什么怎样“去湿” | 许鑫梅 | 新中医 | 1987,(6):54 |
| 试论“反治”与“反佐” | 李宝昆等 | 中医药学报 | 1987,(6):9 |
| 习以平惊法——中医心理疗法之一 | 朱广仁 | 中医药学报 | 1987,(6):7 |
| “治病求本”之我见 | 金宇安 | 中医药学刊 | 1987,(6):18 |
| “开鬼门洁净府”质疑 | 华海清 | 辽宁中医杂志 | 1987,(9):17 |
| “精以时服”之我见 | 成肇智 | 陕西中医 | 1987,(9):48 |
| “气虚宜掣引之”析 | 刘采倩 | 四川中医 | 1987,(10):4 |

| | | | |
|---|---|---|---|
| 关于中医治则研究的讨论 | 倪健伟等 | 中医杂志 | 1987,(10):53 |
| 中医治则探讨 | 李济仁等 | 安徽中医学院学报 | 1988,(1):11 |
| 浅谈甘温除热法 | 张开根 | 福建中医药 | 1988,(1):15 |
| 简述《金匮要略》中的度势论治 | 张笑平 | 江西中医药 | 1988,(1):39 |
| 谈“汗者不以奇,下者不以偶” | 高普照 | 山东中医药大学学报 | 1988,(1):16 |
| 辛散补肝小识 | 刘家义 | 陕西中医学院学报 | 1988,(1):14 |
| 中医食疗保健 | 周文泉 | 天津中医药 | 1988,(1):32 |
| 治胆安胃新义 | 周宜强 | 新中医 | 1988,(2):47 |
| 中医食疗与疾病康复 | 杨徐杭 | 中国康复医学杂志 | 1988,(2):93 |
| 对反治法的认识与讨论 | 王贵淼等 | 安徽中医学院学报 | 1988,(3):13 |
| 养阴法的确立和吴瑭的运用 | 王志民 | 中医药学报 | 1988,(3):14 |
| 《素问·至真要大论》“摩之”释义 | 宫伟星 | 按摩与导引 | 1988,(4):45 |
| 试论“甘温除热” | 刘孟安 | 滨州医学院学报 | 1988,(4):72 |
| 试谈中病即止 | 尚希贤 | 湖北中医杂志 | 1988,(4):55 |
| 中医心理疗法 | 靳士英 | 华南国防医学杂志 | 1988,(4):54 |
| 试论治伤必治气 | 谢济奎 | 江西中医药 | 1988,(4):50 |
| 榴园医话(二)——毋忘疏其血气 | 王益周 | 辽宁中医杂志 | 1988,(4):37 |
| 张仲景治肺特色探讨 | 刘超峰 | 陕西中医 | 1988,(4):185 |
| 《内经》疗法述略 | 赵明山 | 中医药学刊 | 1988,(4):14 |
| 软坚散结法探讨 | 董振华等 | 北京中医 | 1988,(5):19 |
| 也谈“治病必求于本” | 李国卿等 | 吉林中医药 | 1988,(5):3 |
| 中医心理护理之探讨 | 张建伟 | 上海中医药杂志 | 1988,(5):41 |
| “发表不远热”刍议 | 谭德福 | 中医药研究 | 1988,(5):16 |
| “精以时服”浅识 | 都晓春 | 吉林中医药 | 1988,(6):42 |
| “去宛陈莝”析 | 陈　农 | 上海中医药杂志 | 1988,(6):38 |
| 浅议活血利水法 | 吴仕骥 | 天津中医药 | 1988,(6):26 |
| 热证可灸诌议 | 王　伟 | 浙江中医学院学报 | 1988,(6):48 |
| 中医心理治疗的方法 | 靳士英 | 新中医 | 1988,(7):6 |
| 何谓“提壶揭盖”法?临床上有何意义? | 郭霞珍等 | 中国临床医生 | 1988,(8):54 |
| “因人制宜”与“体质学”辨析 | 孙世发 | 陕西中医 | 1988,(9):413 |
| 试论“因时制宜” | 纪世露 | 安徽中医学院学报 | 1989,(1):2 |
| 《温病条辨》下法特点分析 | 刘达瑞 | 甘肃中医学院学报 | 1989,(1):33 |
| 人体气火排泄法初探 | 王纪国 | 河北中医 | 1989,(1):8 |
| “因时制宜”规律的探讨 | 杨维华 | 湖南中医杂志 | 1989,(1):25 |
| “热证忌灸”小议 | 王大生等 | 山东中医杂志 | 1989,(1):3 |
| 饮食调养也应“三因制宜” | 高元福 | 中国初级卫生保健 | 1989,(1):18 |
| 浅析《伤寒论》中“热因热用”的运用 | 朱红梅 | 福建中医药 | 1989,(2):49 |
| “甘温除热”治法首创者是谁 | 刘晓庄 | 吉林中医药 | 1989,(2):46 |
| 小议用补 | 傅宗翰 | 江苏中医药 | 1989,(2):14 |
| 诊余话祝由 | 康执一等 | 山东中医杂志 | 1989,(2):48 |
| “肾若燥,急食辛以润之”小议 | 李　筠等 | 天津中医学院学报 | 1989,(2):8 |
| 反治法刍议 | 吴崇奇 | 新疆中医药 | 1989,(2):7 |
| 略谈《内经》治病求本 | 刘绍辉 | 新中医 | 1989,(2):2 |
| 固本与克喘 | 张伯正 | 浙江中医药大学学报 | 1989,(2):6 |
| 静志安神法(心理护理) | 摘自《中医护理报》 | 中华护理杂志 | 1989,(2):87 |
| 谈谈中医外科的切开法 | 王　炜 | 安徽中医学院学报 | 1989,(3):94 |

| | | | |
|---|---|---|---|
| 肝肾同治法 | 张子维 | 河北中医 | 1989,(3):3 |
| "土得木而达"训 | 孔国富 | 江苏中医药 | 1989,(3):41 |
| "治病求本"初探 | 古海志 | 陕西中医 | 1989,(3):116 |
| 精神调节疗法探讨 | 李培旭等 | 陕西中医学院学报 | 1989,(3):7 |
| 音乐治疗在护理工作中的作用、地位及应用 | 吴小平等 | 中国实用护理杂志 | 1989,(3):38 |
| 略论中医治则因时三制宜 | 徐　珊 | 中医药学报 | 1989,(3):5 |
| 论脏病治腑 | 孙爱萍 | 中医药学刊 | 1989,(3):4 |
| "逆治"、"从治"法补遗二则 | 孟令军等 | 北京中医 | 1989,(4):55 |
| 再析"其盛,可待衰而已" | 张明道 | 国医论坛 | 1989,(4):16 |
| 论治水必治气 | 杜天植 | 吉林中医药 | 1989,(4):5 |
| 试析"木郁达之" | 黄西园 | 青海医药杂志 | 1989,(4):56 |
| "诸寒之而热者取之阳,诸热之而寒者取之阴"发挥 | 谢焕荣 | 陕西中医 | 1989,(4):168 |
| 试论发汗 | 宋建萍 | 陕西中医学院学报 | 1989,(4):22 |
| 略论中医治则四层次 | 袁今奇 | 新疆中医药 | 1989,(4):1 |
| 从中医的"失神者亡"谈中医心理护理 | 贺志美 | 中医药学报 | 1989,(4):18 |
| 中医心理疗法初探 | 李筱梅 | 河北中医 | 1989,(5):43 |
| 利水消肿勿忘疏肝理气 | 徐登国 | 湖北中医杂志 | 1989,(5):45 |
| 治病宜重胃气 | 金润和 | 吉林中医药 | 1989,(5):44 |
| 治病求本与控制论 | 徐宝尔 | 浙江中医学院学报 | 1989,(5):11 |
| 行气与布气 | 宋天彬 | 北京中医 | 1989,(6):56 |
| 中医心理疗法刍议 | 和贵章等 | 河北中医 | 1989,(6):39 |
| 治水八法 | 徐登国 | 江苏中医药 | 1989,(6):32 |
| 略谈仲景啜粥疗法 | 宋传荣 | 中医药学刊 | 1989,(6):7 |
| 病作有时　当治其期 | 叶益丰 | 上海中医药杂志 | 1989,(8):11 |
| 重出并吞总不宜——僭正治则 | 梁明达 | 上海中医药杂志 | 1989,(8):44 |
| 中医心理护理之我见 | 黄福珍 | 护士进修杂志 | 1989,(9):25 |
| "肾苦燥,急食辛以润之"小议 | 李　筠等 | 辽宁中医杂志 | 1989,(9):13 |
| 试谈中医的治病"方略" | 宋知行 | 上海中医药杂志 | 1989,(9):43 |
| 《内经》顺势治则初探 | 成肇智 | 安徽中医学院学报 | 1990,(1):4 |
| "疏其血气,令其条达"浅识 | 朱敬琇 | 吉林中医药 | 1990,(1):46 |
| 浅谈祖国医学的通法与痛证 | 张继操 | 天津中医学院学报 | 1990,(1):18 |
| 历代中医护理综述 | 胡玉平等 | 天津中医药 | 1990,(1):44 |
| 简论《内经》治则治法学说的规范 | 吴弥漫 | 中华中医药杂志 | 1990,(1):55 |
| 《内经》中瓠壶置血及瓠壶血动原理的探讨 | 杨　旭等 | 中医药信息 | 1990,(1):1 |
| 疏肝与柔肝 | 班秀文 | 广西中医药 | 1990,(2):25 |
| 略论"补必兼温" | 王少华 | 南京中医药大学学报(自然科学版) | 1990,(2):21 |
| 中医的心理治疗 | 周龙标 | 上海精神医学 | 1990,(2):82 |
| 中医饮食护理说约 | 张建伟 | 中医药学报 | 1990,(2):16 |
| 论补肾不若补脾 | 吴昌续 | 湖南中医杂志 | 1990,(3):51 |
| 也谈"治病求本" | 马启昕 | 陕西中医 | 1990,(3):142 |
| 再谈"治病求本" | 古海志 | 陕西中医 | 1990,(3):143 |
| "去菀陈莝"新义验证 | 李经选 | 新疆中医药 | 1990,(3):55 |
| 浅谈《内经》的论治思想 | 蔡　旭 | 中医药学刊 | 1990,(3):18 |
| 疏肝法理伤初探 | 龚　辉 | 湖南中医学院学报 | 1990,(4):209 |
| 简述妇科治则治法 | 马佩莲 | 江西中医药 | 1990,(4):52 |

| | | | |
|---|---|---|---|
| 退黄毋忘治肺 | 王春生 | 上海中医药杂志 | 1990,(4):27 |
| 中医心理治疗六法浅析 | 艾　静 | 新疆中医药 | 1990,(4):51 |
| 《内经》"祝由"辨析 | 王　钊等 | 中医杂志 | 1990,(4):58 |
| "治病必求其本"浅议 | 纪玲本 | 河北中医 | 1990,(5):48 |
| 通法新释 | 邱汝尧等 | 山东中医杂志 | 1990,(5):13 |
| 《内经》"避实击虚"治疗学思想探讨 | 刘爱民等 | 中医药信息 | 1990,(5):1 |
| 《灵枢·经脉》治则、病候探源 | 赵京生 | 中医药学报 | 1990,(5):5 |
| 急则治标之我见 | 王国彦等 | 中医药研究 | 1990,(5):12 |
| 陈修园论治消渴——理脾法初探 | 黄　强 | 福建中医药 | 1990,(6):18 |
| 浅谈《内经》的饮食疗法 | 罗再琼 | 泸州医学院学报 | 1990,(6):453 |
| 论中医养神八法 | 刘昭纯 | 山东中医药大学学报 | 1990,(6):22 |
| 试论易位治则 | 张安国 | 陕西中医 | 1990,(6):260 |
| 论补肾应佐补脾 | 项海青 | 陕西中医 | 1990,(8):382 |
| 略谈中医的疏导疗法 | 黄　骏 | 中医杂志 | 1990,(9):58 |
| 浅谈中医情志护理的方法 | 韩晓绘 | 中华护理杂志 | 1990,(11):595 |
| "精则养神,柔则养筋"之我见 | 管济生 | 中医杂志 | 1990,(12):54 |
| 调理情志康复精神 | 史瑞芬 | 护士进修杂志 | 1991,(1):26 |
| 论《内经》治则学说中朴素的唯物辨证法思想 | 项　琪等 | 山西中医 | 1991,(1):3 |
| 温补源流初探 | 秦玉龙 | 天津中医学院学报 | 1991,(1):12 |
| 略谈治肝郁"用辛补之,酸泻之" | 范镇海 | 山西中医 | 1991,(2):45 |
| 治痿独取阳明的立论机理及临床应用 | 王启才 | 实用中医内科杂志 | 1991,(2):17 |
| "截断扭转"疗法的理论与实践 | 黄为群等 | 实用中医内科杂志 | 1991,(2):35 |
| 谈通窍明目 | 王明杰 | 中医研究 | 1991,(2):30 |
| 补勿太偏　攻勿太过 | 吕秉仁 | 中医杂志 | 1991,(2):5 |
| 过"补"致壅,久"活"耗气 | 魏执真 | 中医杂志 | 1991,(2):6 |
| 补偏救弊　注意阴阳平衡 | 袁今奇 | 中医杂志 | 1991,(2):8 |
| 纠正偏食　防止"气增而久" | 汪俊著 | 中医杂志 | 1991,(2):8 |
| "损有余,补不足"为治疗气增病变的基本法则 | 王华民 | 中医杂志 | 1991,(2):11 |
| 结者散之　坚者削之 | 路志正 | 中医杂志 | 1991,(2):4 |
| 宣肺愈耳聋浅议 | 夏绩恩 | 贵阳中医学院学报 | 1991,(3):53 |
| 《素问》"水郁折之"辨析 | 李富汉等 | 国医论坛 | 1991,(3):37 |
| 治病求本八辨 | 徐孝方等 | 河北中医 | 1991,(3):6 |
| 浅谈中医立法思路 | 蒋玉珍 | 江西中医药 | 1991,(3):58 |
| 《内经》反治法新探 | 娄绍昆 | 南京中医药大学学报（自然科学版） | 1991,(3):135 |
| "治神"精义 | 赵京生 | 南京中医药大学学报（自然科学版） | 1991,(3):164 |
| 中医补法识粹 | 邓世广 | 新疆中医药 | 1991,(3):7 |
| 中医中音乐疗法作用与方法探讨 | 韩仁贵 | 中医药临床杂志 | 1991,(3):37 |
| 试析"治痿独取阳明"之原理 | 徐　珊 | 中医药学刊 | 1991,(3):8 |
| 《内经》中非针非药疗法举隅 | 徐贤书 | 江西中医药 | 1991,(4):52 |
| 祝由疗法辨析 | 姚德纯 | 辽宁中医杂志 | 1991,(4):8 |
| 关于子午流注研究中的几个问题 | 李　磊 | 上海针灸杂志 | 1991,(4):37 |
| 当代医学发展趋势与中医治则研究 | 赵国章等 | 医学与哲学（人文社会医学版） | 1991,(4):32 |
| "辛能润燥"探讨 | 王景洪 | 中医药学刊 | 1991,(4):3 |

| | | | |
|---|---|---|---|
| 补法刍议 | 陈振相 | 中医药学刊 | 1991,(4):30 |
| 治痿取中应悉两土贼虚实论 | 胡国俊等 | 辽宁中医杂志 | 1991,(5):7 |
| 论“发表不远热,攻里不远寒” | 魏风琴 | 山东中医药大学学报 | 1991,(5):22 |
| “火郁发之”浅识 | 邱建荣 | 浙江中医药大学学报 | 1991,(5):10 |
| 试论中医治则与免疫调节 | 韩先达 | 浙江中医药大学学报 | 1991,(5):8 |
| “开鬼门”管见 | 张　云等 | 中医药学刊 | 1991,(5):28 |
| 浅谈五行理论在按摩手法中的应用 | 郑天德等 | 中医药研究 | 1991,(5):37 |
| “通调水道”浅见——与王强同志商榷 | 张立华等 | 北京中医 | 1991,(6):45 |
| 试论活血化淤十法 | 王维澎 | 中医药学刊 | 1991,(6):18 |
| 试论妇女心理调治的几种方法 | 夏桂成 | 中医药研究 | 1991,(6):30 |
| 浅谈调护与治疗的关系 | 王仙巧 | 中原医刊 | 1991,(6):11 |
| “汗之则疮已”与“发汗则痉”辨 | 马望琪 | 陕西中医 | 1991,(7):335 |
| 《内经》康复医疗原则初探 | 孙　桐等 | 辽宁中医杂志 | 1991,(8):1 |
| “阳病治阴,阴病治阳”辨析 | 王殿华等 | 陕西中医 | 1991,(8):358 |
| 以辛“补”肝刍议 | 李纬才 | 陕西中医 | 1991,(10):479 |
| 《血证论》的止血法 | 刘建忠 | 福建中医药 | 1992,(1):7 |
| 搐鼻疗法 | 周杰锋等 | 南京中医药大学学报(自然科学版) | 1992,(1):61 |
| 进补略论 | 许文洲 | 齐鲁医学杂志 | 1992,(1):41 |
| 《内经》按摩疗法初探 | 刘智斌等 | 陕西中医学院学报 | 1992,(1):47 |
| 中医食疗浅述 | 胡晓灵 | 新疆中医药 | 1992,(1):54 |
| “治痿”与“健脾” | 吴淑华 | 中医药学刊 | 1992,(1):13 |
| 疑难病辨治八法 | 张存悌等 | 中医药学刊 | 1992,(1):16 |
| 中国古代祝由疗法初探 | 袁　玮 | 自然科学史研究 | 1992,(1):45 |
| 中医心理治疗八法 | 刘明武 | 河北中医 | 1992,(2):24 |
| 略谈《内经》治则、治法及其发展 | 龚瑗瑗等 | 江西中医学院学报 | 1992,(2):23 |
| 六气淫胜治则及制方规律初探 | 谢文光 | 江西中医药 | 1992,(2):43 |
| 《内经》心身疾病治疗思想刍议 | 何文彬等 | 南京中医药大学学报(自然科学版) | 1992,(2):82 |
| “肝苦急,急食甘以缓之”析疑 | 姜　惟 | 中医药学刊 | 1992,(2):6 |
| “虚则补其母,实则泻其子”新释 | 王怀平 | 吉林中医药 | 1992,(3):48 |
| 中医心理治疗刍议 | 周鸣岐 | 辽宁中医杂志 | 1992,(3):15 |
| 《内经》甘缓辛散治肝法试析 | 王自强 | 南京中医药大学学报(自然科学版) | 1992,(3):135 |
| 培土生金医理摭要 | 邹清兰等 | 陕西中医 | 1992,(3):143 |
| 浅谈中医和胃法 | 陈治水 | 四川中医 | 1992,(3):12 |
| “辛补之”、“酸泻之”治肝探析 | 陶丽华 | 浙江中医学院学报 | 1992,(3):11 |
| 活血化淤治则的源流及发展 | 田志芳等 | 中国综合临床 | 1992,(3):152 |
| 考《黄帝内经》中有关按摩论述 | 袁　靖等 | 中医研究 | 1992,(3):11 |
| “在卫汗之可也”浅析 | 徐　纲 | 中医药学刊 | 1992,(3):8 |
| 略谈“其剽悍者,按而收之” | 饶慧全等 | 甘肃中医学院学报 | 1992,(4):15 |
| 试论祝由与鬼神信仰 | 刘志龙等 | 湖南中医学院学报 | 1992,(4):7 |
| 心身疾病及心理治疗初探 | 张淑芳 | 陕西中医学院学报 | 1992,(4):8 |
| 《内经》治则思想的医疗气象学浅探 | 符　磊 | 苏州大学学报(医学版) | 1992,(4):312 |
| 以情胜情法浅见 | 赵　纳 | 天津中医学院学报 | 1992,(4):8 |
| 升降反作　当治其中 | 赵娣桃 | 中医药学刊 | 1992,(4):14 |

| | | | |
|---|---|---|---|
| 论中医治则的常与变 | 邓嘉成 | 中医药研究 | 1992,(4):12 |
| 甘温除热法溯源 | 周超凡等 | 中医杂志 | 1992,(4):10 |
| 反治法是探讨疑难病证的有效途径 | 王玉玺 | 国医论坛 | 1992,(5):21 |
| 中医护理与食物辨析 | 胡　敏 | 江西中医药 | 1992,(5):48 |
| 试论推拿手法的分类 | 李鸿江 | 按摩与导引 | 1992,(6):37 |
| 《内经》"血实宜决之"新识 | 林永发等 | 山东中医杂志 | 1992,(6):9 |
| 议"病痰饮"治以"温"与"和" | 沈琦芳等 | 江苏中医药 | 1992,(7):37 |
| 刍议苦以坚阴与苦寒伤阴 | 施志明 | 辽宁中医杂志 | 1992,(8):6 |
| 论体质与治则 | 王前飞等 | 新中医 | 1992,(9):8 |
| 顺时调补阴阳治疗疑、难、奇病的探讨 | 刘　熹 | 辽宁中医杂志 | 1992,(11):11 |
| 略论因势制宜 | 许心纯等 | 新中医 | 1992,(11):11 |
| 利胆宜通　莫忘温化 | 李寿山 | 辽宁中医杂志 | 1992,(12):15 |
| 论中医治疗中的顺应性 | 黄　云 | 湖南中医杂志 | 1993,(1):18 |
| 浅议"苦能坚阴" | 邹　勇 | 吉林中医药 | 1993,(1):49 |
| 论"上燥治气,下燥治血" | 王玉生等 | 山西中医 | 1993,(1):6 |
| 反治法是探讨疑难病证的有效途径 | 周锡鹏 | 湖南中医杂志 | 1993,(2):55 |
| 亦谈"开鬼门,洁净府","去宛陈莝" | 郑宣伦 | 吉林中医药 | 1993,(2):48 |
| "标本"理论对按摩临床的指导意义 | 唐学章 | 新疆中医药 | 1993,(2):15 |
| 浅议《内经》化淤十法 | 王建康 | 中医药学刊 | 1993,(2):5 |
| "反治"探析 | 吴华强 | 安徽中医学院学报 | 1993,(3):8 |
| 从肾论治及其有关问题 | 章真如等 | 贵阳中医学院学报 | 1993,(3):1 |
| "祝由"浅探 | 吕胜月等 | 河北中医 | 1993,(3):4 |
| 滋肝养胃法之初探 | 郭英琴等 | 黑龙江中医药 | 1993,(3):7 |
| 对《内经》"有故无殒"原则之再认识 | 杨先本等 | 泸州医学院学报 | 1993,(3):187 |
| 略论中医非药物四季疗法思想 | 陈家旭 | 陕西中医学院学报 | 1993,(3):43 |
| 中医心理疗法初探 | 倪赛男等 | 陕西中医学院学报 | 1993,(3):41 |
| 略论"治病求本" | 陈治恒 | 成都中医药大学学报 | 1993,(4):4 |
| 《内经》"祝由"含义浅述 | 张志杰 | 甘肃中医 | 1993,(4):13 |
| 从肾论治及其有关问题(二) | 章真如等 | 贵阳中医学院学报 | 1993,(4):1 |
| 中医心理护理体会 | 徐福怜等 | 菏泽医学专科学校学报 | 1993,(4):62 |
| 论中医治则三大体系的区别与联系 | 刘艳芳等 | 黑龙江中医药 | 1993,(4):7 |
| 因人制宜学术思想探讨 | 孙世发 | 湖南中医学院学报 | 1993,(4):1 |
| 中医治则学刍议 | 李夫道 | 青海医药杂志 | 1993,(4):3 |
| 浅谈穴位贴药疗法 | 张晓明等 | 山西中医 | 1993,(4):34 |
| 治痿何须独取阳明 | 黄先善 | 浙江中医药大学学报 | 1993,(4):6 |
| 略论中医"治病求本" | 王永柏 | 吉林中医药 | 1993,(5):5 |
| 论治病求本 | 魏风琴等 | 山东中医药大学学报 | 1993,(5):9 |
| 从肝论治探讨 | 孙杏珠 | 浙江中医药大学学报 | 1993,(4):5 |
| "热因寒用、寒因寒用"辩 | 孙之卓 | 国医论坛 | 1993,(6):32 |
| 甘温除热法之浅见 | 李士泰 | 天津中医药 | 1993,(6):20 |
| "中满忌甘"辨析 | 焦柏信等 | 现代中医药 | 1993,(6):6 |
| "以平为期"刍议 | 杜甫能等 | 现代中医药 | 1993,(6):9 |
| 治痢十法 | 邹贤德 | 四川中医 | 1993,(7):16 |
| 浅论热证灸治 | 王振琴等 | 安徽中医学院学报 | 1993,(S1):43 |
| 论标本分合治则 | 王永福等 | 北京中医药大学学报(中医临床版) | 1994,(1):11 |

| | | | |
|---|---|---|---|
| 笑疗 | 孙根彦等 | 长寿 | 1994,(1):37 |
| 惊者平之析 | 楚更五 | 承德医学院学报 | 1994,(1):43 |
| 论传统康复疗法“祝由”之真谛 | 张 青 | 甘肃中医 | 1994,(1):1 |
| 伤寒论“汗”辨 | 吕人奎 | 甘肃中医 | 1994,(1):3 |
| “精以时服”新解 | 尚新志 | 河南中医 | 1994,(1):53 |
| 浅谈情志护理的重要性 | 贺新娥 | 湖南中医杂志 | 1994,(1):39 |
| 调经九法 | 江克明 | 开卷有益·求医问药 | 1994,(1):6 |
| 致极疗法刍议 | 林昭焘 | 山东中医药大学学报 | 1994,(1):39 |
| 试论温肝法 | 牛玉东 | 陕西中医 | 1994,(1):21 |
| 《内经》“诸寒之而热者取之阴,热之而寒者取之阳“辨析 | 王心好 | 上海中医药杂志 | 1994,(1):40 |
| 甘温除热法的作用机理探讨 | 潘丽萍 | 天津中医学院学报 | 1994,(1):8 |
| “胀取三阳,飧泄取三阴”浅析 | 郑少祥 | 现代中医药 | 1994,(1):7 |
| 食理深奥源流长 中华饮食文化略探——体质食疗学原理 | 匡调元 | 医古文知识 | 1994,(1):11 |
| “耐受为度“诌议 | 周新华 | 中国针灸 | 1994,(1):55 |
| 《内经》内病外治法举要 | 朱方石 | 中医药学刊 | 1994,(1):5 |
| 治脾胃以调五脏浅探 | 沈浪泳 | 安徽中医学院学报 | 1994,(2):5 |
| 《内经》情志疗法初探 | 刘香蕊 | 邯郸医学高等专科学校学报 | 1994,(2):154 |
| 论《内经》中传统治法及临床应用 | 刘国祥等 | 河北中医 | 1994,(2):41 |
| 试谈“治病必求于本” | 孙家强等 | 武警医学 | 1994,(2):111 |
| 略论《内经》的心理治疗 | 刘淑英 | 医古文知识 | 1994,(2):28 |
| 我国独特的医疗方法——食疗 | 星 桥 | 医古文知识 | 1994,(2):30 |
| 中医治疗眼病的常法与变法 | 朱寿彭 | 中国中医眼科杂志 | 1994,(2):120 |
| 中国古老健身术——摩腹养生法 | 裘 新 | 中小企业科技 | 1994,(2):24 |
| 关于中医脐疗机理的探讨 | 濮大秀 | 中医药研究 | 1994,(2):8 |
| 熏洗疗法原理探究 | 张 恒 | 中医药研究 | 1994,(2):10 |
| 谈伤科治病必求其本 | 陶有略 | 福建中医学院学报 | 1994,(3):21 |
| 调护脾胃之气的重要意义 | 金宇安 | 吉林中医药 | 1994,(3):48 |
| 治水湿之病当先理脾 | 武卫东等 | 吉林中医药 | 1994,(3):48 |
| 治病求本纵横谈 | 沙建飞 | 江苏中医 | 1994,(3):35 |
| 谈音乐疗法与疾病康复 | 杨徐杭 | 陕西中医学院学报 | 1994,(3):12 |
| “按跷”释义 | 沈 寿 | 体育文史 | 1994,(3):33 |
| 审时造势与治疗八法 | 刘成志 | 浙江中医杂志 | 1994,(3):98 |
| 扶正祛邪也是心理保健的要领 | 吴正平等 | 北京第二外国语学院学报 | 1994,(4):25 |
| 从《内经》理论谈音乐疗法的优势 | 曹 蓓等 | 北京中医药大学学报 | 1994,(4):9 |
| 浅谈饮食之道 | 董月华 | 长春中医学院学报 | 1994,(4):77 |
| 脐疗与太极一命(门)一元(气)一气(化)学说 | 高澍中 | 甘肃中医 | 1994,(4):30 |
| 中医益阴疗法沿革浅谈 | 张宗明 | 甘肃中医学院学报 | 1994,(4):8 |
| “散而泻之”在《伤寒论》中的应用 | 宋俊生 | 国医论坛 | 1994,(4):40 |
| 疾病与音乐疗法 | 杨徐杭 | 开卷有益·求医问药 | 1994,(4):41 |
| 浅谈益气扶阳法 | 纪德才等 | 牡丹江医学院学报 | 1994,(4):28 |
| 试论子午流注法的不合理性及其实质 | 郑占武等 | 陕西中医学院学报 | 1994,(4):5 |
| 有关热病禁灸的不同看法 | 高凤霞 | 天津中医 | 1994,(4):35 |
| 中医治咳十三法 | 张秀兰等 | 现代中西医结合杂志 | 1994,(4):52 |

| | | | |
|---|---|---|---|
| “导气同精”与“同精导气”——李东垣针法探析 | 齐玲玲 | 中国医药学报 | 1994,(4):15 |
| 《内经》论误治 | 周学胜 | 中国医药学报 | 1994,(4):23 |
| 子午流注纳支法补泻时辰新探 | 程　霞 | 中国针灸 | 1994,(4):43 |
| 中医喉科学中的截断疗法 | 林昭焘 | 中国中西医结合耳鼻咽喉科杂志 | 1994,(4):167 |
| 通因通用法在仲景方中的运用 | 张玉占 | 中医研究 | 1994,(4):14 |
| 论甘温除热 | 阎子生等 | 中医药学报 | 1994,(4):25 |
| “劳则补子”论 | 沙建飞 | 光明中医 | 1994,(5):15 |
| 手足按摩作用机理及适应证 | 张　鸥 | 中医药学刊 | 1994,(5):16 |
| 敛法余论 | 郭　腾等 | 中医药研究 | 1994,(5):42 |
| “不治已病治未病”论 | 吴正中 | 党风通讯 | 1994,(6):32 |
| 肝肾同治六法刍议 | 李松贤 | 甘肃中医 | 1994,(6):31 |
| “上工治未病”之我见 | 伍鸿基 | 国医论坛 | 1994,(6):37 |
| “治痿独取阳明”一得 | 史定文等 | 河北中医 | 1994,(6):17 |
| 阴火及甘温除大热与免疫关系初探 | 杨同锡 | 现代中医药 | 1994,(6):8 |
| 谈止血十法 | 杜天植 | 中医药学刊 | 1994,(6):26 |
| 治胃病3法 | 徐家明 | 新中医 | 1994,(7):60 |
| 行为疗法琐谈 | 袁玉兰 | 江苏中医 | 1994,(9):38 |
| 谈医者“和于术数” | 林中慈 | 山东中医杂志 | 1994,(9):430 |
| 祛邪旨意在通　扶正目的在平——略论《内经》审因立则学说及其影响 | 蔡定芳 | 上海中医药杂志 | 1994,(10):5 |
| 祛邪旨意在“通”扶正目的在“平”——略论《内经》审因立则学说及其影响(续) | 蔡定芳 | 上海中医药杂志 | 1994,(11):4 |
| 和解探析 | 刘中武 | 山东中医杂志 | 1994,(12):530 |
| 浅议“不治已病治未病” | 泰爱玲 | 陕西中医 | 1994,(12):568 |
| 浅谈心理护理 | 杨白花 | 内蒙古中医药 | 1994,(S1):136 |
| “治病求本”刍议 | 王　立 | 北京中医药大学学报(中医临床版) | 1995,(1):52 |
| 悄然兴起的音乐疗法 | 马明林 | 健康天地 | 1995,(1):14 |
| 论肺外治咳6法 | 徐　珊 | 新中医 | 1995,(1):7 |
| 浅谈“不盛不虚,以经取之” | 杨桂根 | 云南中医学院学报 | 1995,(1):29 |
| 全息选穴法初探 | 田胜利 | 针灸临床杂志 | 1995,(1):8 |
| “火郁发之”刍议 | 韩建礼 | 中医药学报 | 1995,(1):8 |
| 试论仲景对《内经》扶正与祛邪法则的发挥 | 吴　洁 | 河南中医药学刊 | 1995,(2):9 |
| 实脾小议 | 丁学成 | 吉林中医药 | 1995,(2):45 |
| 心理疗法举隅 | 叶莉萍等 | 丽水师范专科学校学报 | 1995,(2):72 |
| 气功疗法模式探讨 | 金宏柱等 | 南京中医药大学学报(自然科学版) | 1995,(2):59 |
| “随其所得而攻之”小议 | 韩麦鲜等 | 现代中医药 | 1995,(2):26 |
| 中医心理疗法简论 | 张学斌等 | 现代中医药 | 1995,(2):44 |
| 中医脑病治疗初探 | 黄一梅 | 云南中医中药杂志 | 1995,(2):21 |
| 中医补法之我见 | 王少丽 | 职业与健康 | 1995,(2):41 |
| 平衡疗法初探 | 温廷轶等 | 中国社区医师 | 1995,(2):31 |
| 略论内湿治法 | 伍继庆 | 甘肃中医 | 1995,(3):21 |
| 浅谈中医护理中的因时制宜 | 龙几秋 | 湖南中医学院学报 | 1995,(3):68 |
| 反治“五疑”辨析 | 刘汉春 | 中国中医基础医学杂志 | 1995,(3):57 |

| | | | |
|---|---|---|---|
| 祖国医学与音乐疗法 | 高　捷等 | 中医药学报 | 1995,(3):53 |
| 试论《内经》对温病养阴法形成的影响 | 万海同 | 中医药学刊 | 1995,(3):13 |
| 试论《内经》对推拿学术的贡献 | 曾文斌 | 按摩与导引 | 1995,(4):4 |
| “木郁达之”浅议 | 崔　骞等 | 甘肃中医 | 1995,(4):3 |
| 治气、治血、治水——《内经》水肿治则在《金匮》的运用 | 周　衡 | 湖南中医学院学报 | 1995,(4):1 |
| 理汗以治病是《内经》治疗学的重要思想 | 吴　勇等 | 辽宁中医杂志 | 1995,(4):151 |
| 中国传统心理治疗探讨 | 杨鑫辉 | 南京师大学报（社会科学版） | 1995,(4):50 |
| 也谈“治痿独取阳明” | 陈瑞祥 | 南京中医药大学学报 | 1995,(4):8 |
| “本而标之,标而本之”解 | 陈大为 | 山东中医药大学学报 | 1995,(4):277 |
| “开鬼门,洁净府”辨析 | 高　峰 | 山东中医药大学学报 | 1995,(4):275 |
| “治脏者治其俞,治府者治其合”释解 | 葛富培 | 上海针灸杂志 | 1995,(4):184 |
| 对饮食疗法的探讨 | 宋　红等 | 时珍国医国药 | 1995,(4):47 |
| 气功健身机理初探 | 詹辉光 | 中国气功科学 | 1995,(4):25 |
| 咽鼓管吹张法源流考 | 樊玉林等 | 中国中西医结合杂志 | 1995,(4):251 |
| “同病异治”新探 | 周　健等 | 中国中医基础医学杂志 | 1995,(4):22 |
| 浅析木郁达之、火郁发之及临床意义 | 王　娅 | 中医药学报 | 1995,(4):13 |
| 略论火郁发之 | 蒋　燕 | 中医杂志 | 1995,(4):203 |
| 浅谈祝由法为今所用 | 李立新 | 吉林中医药 | 1995,(5):46 |
| “疏泄”疏证 | 廖礼村 | 江西中医药 | 1995,(5):57 |
| 中国传统饮食疗法及其特点 | 周　俭 | 中国民间疗法 | 1995,(5):5 |
| 亦议“火郁发之” | 王天辉 | 中医药学报 | 1995,(5):54 |
| “开阖枢”与“关阖抠”在《伤寒论》中的运用 | 王希哲等 | 河南中医 | 1995,(6):332 |
| 点穴按摩股内收肌群治疗阳萎机理初探 | 王金柱等 | 辽宁中医杂志 | 1995,(7):469 |
| 议微汗解表 | 徐亚欣 | 江苏中医 | 1995,(8):43 |
| 传统中医的“治神”论——兼论传统中医医生的级别 | 郝学兵 | 中国气功科学 | 1995,(10):10 |
| 浅谈升降与治疗 | 宋鸿元 | 四川中医 | 1995,(11):5 |
| 《内经》汗法小议 | 刘　鸿等 | 四川中医 | 1995,(12):7 |
| 浅谈治疗水肿八法 | 周泽裕 | 新中医 | 1995,(12):51 |
| 诸痛当治气论 | 阎钧天 | 江西中医药 | 1995,(S1):5 |
| 久痛温阳说 | 王丽初 | 江西中医药 | 1995,(S1):6 |
| 活血化瘀法治疗痛证简介 | 周满泉 | 江西中医药 | 1995,(S2):24 |
| 仲景活血化瘀法浅探 | 刘应柯等 | 国医论坛 | 1996,(1):10 |
| 谈“水疗法”的古今应用 | 胡庆安 | 吉林中医药 | 1996,(1):45 |
| 试论“以右治左,以左治右” | 段如胜等 | 山东中医药大学学报 | 1996,(1):20 |
| 谈“小大不利治其标” | 朱进忠 | 山西中医 | 1996,(1):5 |
| 《内经》饮食治疗和护理思想探析 | 黄广平 | 现代中医药 | 1996,(1):13 |
| 浅议“治病求本” | 高雪枝 | 现代中医药 | 1996,(1):1 |
| 浅议“损有余乃所以补其不足”的治疗思想 | 高雪枝 | 现代中医药 | 1996,(1):19 |
| 《黄帝内经》中的心理治疗 | 谌业锋 | 心理与健康 | 1996,(2):33 |
| 略谈辨证施护 | 陈水娟 | 浙江中西医结合杂志 | 1996,(2):81 |
| 正治反治析疑 | 邢玉瑞 | 中国中医基础医学杂志 | 1996,(2):61 |
| 论《内经》中的治神 | 张东军等 | 中医药学报 | 1996,(2):5 |
| 《内经》杂法治病说略 | 陈　明 | 北京中医药大学学报 | 1996,(3):16 |
| 诸法并重“和”为总则 | 徐宜兵 | 吉林中医药 | 1996,(3):2 |
| 浅谈《内经》治疗思想及意义 | 蒋玉珍 | 江西中医学院学报 | 1996,(3):31 |

| | | | |
|---|---|---|---|
| 治痿非独取阳明 | 欧阳晓勇 | 云南中医学院学报 | 1996,(3):25 |
| “祝由”探析 | 祁　宏 | 浙江中医学院学报 | 1996,(3):7 |
| 纵谈木郁达之与脏腑相传 | 刘兴武 | 中医杂志 | 1996,(3):137 |
| 论“治湿不利小便,非其治” | 王彦晖 | 福建中医药 | 1996,(4):22 |
| 中医内病外治法之特色 | 韩凤芹 | 邯郸医学高等专科学校学报 | 1996,(4):348 |
| “上燥治气,中燥增液,下燥治血”浅识 | 陈家英等 | 吉林中医药 | 1996,(4):46 |
| 以泻为补治肾法 | 高艳霞等 | 山西中医 | 1996,(4):51 |
| 标本缓急与治病求本 | 王　敬 | 天津中医学院学报 | 1996,(4):3 |
| 浅谈治病皆当调气 | 王亨源 | 现代医药卫生 | 1996,(4):67 |
| 热因热用辨寒因寒用 | 孙之卓 | 医古文知识 | 1996,(4):27 |
| 有感于“通因通用” | 樊风娥 | 中医药研究 | 1996,(4):50 |
| 调神与推拿按摩 | 吴　翔 | 按摩与导引 | 1996,(5):1 |
| 胸痹“阳虚不在补而在通” | 楚海波 | 河南中医 | 1996,(5):10 |
| 浅谈疏肝理气 | 程宪文等 | 黑龙江中医药 | 1996,(5):7 |
| 妇科病的精神疗法及心理调护体会 | 闫建开等 | 湖南中医杂志 | 1996,(5):43 |
| 略论重危证“胃气”的调护 | 李广东 | 四川中医 | 1996,(5):20 |
| “治病必求于本”浅析 | 周学胜等 | 中国医药学报 | 1996,(5):16 |
| 反治法所顺从的对象 | 徐春梅 | 中国中医基础医学杂志 | 1996,(5):57 |
| 论中医治则的多层次整体结构 | 童园园 | 河北中医 | 1996,(6):42 |
| 探试法琐谈 | 李志雄 | 辽宁中医杂志 | 1996,(6):251 |
| 略论《黄帝内经》中血气流行及放血治病 | 李今庸 | 江苏中医 | 1996,(7):3 |
| “木郁达之”浅析 | 陈家英 | 江苏中医 | 1996,(9):40 |
| 浅述传统中医学中的内求法 | 李思康 | 辽宁中医杂志 | 1996,(10):14 |
| “惊者平之”再析 | 楚更五 | 浙江中医杂志 | 1996,(10):464 |
| 甘温除热的机理与临床 | 李志雄 | 江苏中医 | 1996,(12):39 |
| 以情胜情疗法探赜 | 李益生 | 山东中医杂志 | 1996,(12):5 |
| 调气除郁病 | 杨　锋 | 医药与保健 | 1996,(12):29 |
| 浅谈“火郁发之” | 罗珍春 | 江西中医药 | 1996,(S1):9 |
| 浅谈甘温除热之法 | 韩志远 | 内蒙古中医药 | 1996,(S1):133 |
| 试论外感热病中的“虚”与“补” | 苏　和等 | 内蒙古中医药 | 1996,(S1):127 |
| 扶正祛邪论 | 陈子茂 | 新中医 | 1996,(S1):124 |
| 独特的中医情志相胜法 | 阮光青 | 临床心身疾病杂志 | 1996,(Z1):178 |
| “坚壁清野”治发热 | 彭建中 | 北京中医药大学学报 | 1997,(1):69 |
| 浅谈中医辨证与论治 | 杨宝元 | 光明中医 | 1997,(1):15 |
| 辛润肾燥新解 | 彭建中 | 河南中医 | 1997,(1):51 |
| 试析抑木扶土法与疏肝健脾法的区别 | 靳　华 | 河南中医 | 1997,(1):7 |
| 《内经》“导气法”探析 | 王　锐 | 山西中医 | 1997,(1):32 |
| 《内经》“木郁达之”小议 | 乔　玲 | 陕西中医 | 1997,(1):47 |
| 外科证治四忌 | 鲁贤昌 | 浙江中医学院学报 | 1997,(1):24 |
| 顽病不妨治风 | 王庆其 | 中国医药学报 | 1997,(1):45 |
| 治则治法谈 | 邓铁涛 | 中药药理与临床 | 1997,(1):48 |
| “不时御神”释义管见 | 孙立亭 | 中医文献杂志 | 1997,(1):23 |
| 试释“开鬼门” | 黄毓斌 | 中医文献杂志 | 1997,(1):24 |
| “有故无殒,亦无殒也”例识 | 董春发 | 中医药学刊 | 1997,(1):36 |
| 浅谈循经按摩治疗经筋病的原理 | 姚和顺等 | 按摩与导引 | 1997,(2):4 |

| | | | |
|---|---|---|---|
| 浅谈《内经》养血化瘀法 | 蒋　莉 | 长春中医学院学报 | 1997,(2):63 |
| “损其心者,调其营卫”浅论 | 王兴东 | 黑龙江中医药 | 1997,(2):7 |
| 浅谈“火郁发之” | 罗珍春 | 江西中医药 | 1997,(2):9 |
| 中医心理治疗与中国传统文化 | 周龙标等 | 上海精神医学 | 1997,(2):99 |
| 中医心理疗法趣谈 | 王树元 | 心理世界 | 1997,(2):41 |
| 调经之本主要在肾 | 陈林兴等 | 云南中医学院学报 | 1997,(2):38 |
| 从两个病例谈治病必须分清标本 | 尚振铎 | 浙江中医杂志 | 1997,(2):77 |
| 中国传统心理治疗的科学性 | 杨鑫辉 | 中国临床心理学杂志 | 1997,(2):60 |
| 论祝由 | 李卫华等 | 河北北方学院学报(医学版) | 1997,(3):102 |
| 浅谈甘温除热法的源与流 | 郭　芳 | 河南中医 | 1997,(3):7 |
| 音乐——人类灵魂的药 | 王连才等 | 家庭医学 | 1997,(3):38 |
| 甘温除热法刍议 | 叶浓华等 | 深圳中西医结合杂志 | 1997,(3):3 |
| “汗出而散”析疑 | 王玉兴等 | 天津中医 | 1997,(3):134 |
| 辨证五脏疾　莫忘调脾胃 | 刘建平 | 国医论坛 | 1997,(4):48 |
| 欲知其始先建其母小议 | 云　刚 | 陕西中医 | 1997,(4):190 |
| 塞因塞用探微 | 高雪枝 | 陕西中医学院学报 | 1997,(4):17 |
| 浅谈“内病外治” | 来辉武 | 中国保健营养 | 1997,(4):26 |
| 中医心理疗法鸟瞰 | 孙　凤等 | 中医药学报 | 1997,(4):10 |
| 论通补是脏病虚证的基本治则 | 孔繁林等 | 中医药研究 | 1997,(4):7 |
| 也议“新伤不宜补” | 李　红 | 江苏中医 | 1997,(5):47 |
| 论薛己对《内经》治则学说的发挥 | 项　祺 | 山西中医 | 1997,(5):2 |
| 从辨证施治中找出诊治疾病规律 | 钟光霞 | 四川中医 | 1997,(5):5 |
| 论因时制宜察色辨脉的规律及其应用 | 刘燕平 | 现代中医药 | 1997,(5):13 |
| 医治身病　先医心病 | 宋中朝等 | 医学文选 | 1997,(5):15 |
| 《内经》心理治疗的基本原则探析 | 张明道等 | 中医药学刊 | 1997,(5):9 |
| 《黄帝内经》按摩法刍议 | 马维平 | 按摩与导引 | 1997,(6):2 |
| 中医心理护理的探讨 | 胥琳琳 | 黑龙江中医药 | 1997,(6):41 |
| 治温说化湿 | 于珠莹 | 山东中医药大学学报 | 1997,(6):19 |
| 同病异治:仔细寻找治疗疾病的窗口 | 赵荣娇 | 双足与保健 | 1997,(6):28 |
| “皮肤宜常干”辨析 | 张树勋等 | 现代养生 | 1997,(7):32 |
| “治风先治脾”小识 | 冯怀英 | 四川中医 | 1997,(8):21 |
| 升降治法琐谈 | 牟重临 | 浙江中医杂志 | 1997,(9):424 |
| 漫谈按摩疗法 | 何桐森 | 气功 | 1997,(11):493 |
| 汗法源流探析 | 张国华 | 浙江中医杂志 | 1997,(11):499 |
| 浅谈“虚则补之”与“虚不受补” | 刘友凤 | 新中医 | 1997,(S1):137 |
| “甘温除大热法”刍议 | 杨福民等 | 长春中医学院学报 | 1998,(1):6 |
| 治痹十法 | 严婉英等 | 河北中医 | 1998,(1):30 |
| 谈推拿与康复 | 王华兰 | 河南中医 | 1998,(1):54 |
| 辨证论治与综辨制宜 | 张永鹏等 | 河南中医 | 1998,(1):15 |
| 中医学情志疗法(三) | 赵敬华 | 湖北民族学院学报(医学版) | 1998,(1):60 |
| 《内经》推拿疗法探微 | 王道全等 | 山东中医药大学学报 | 1998,(1):29 |
| 浅论调气贵在理血 | 王亨源 | 现代医药卫生 | 1998,(1):45 |
| 浅谈中医心理疗法 | 孟庆刚等 | 新疆中医药 | 1998,(1):10 |

| | | | |
|---|---|---|---|
| 浅论中医辨证论治 | 蒋素华 | 淮北煤师院学报（自然科学版） | 1998,(2):88 |
| 对辨证论治的几点思考 | 杨维静 | 江西煤炭科技 | 1998,(2):52 |
| 《内经》“木郁达之”探析 | 唐雪梅 | 南京中医药大学学报（自然科学版） | 1998,(2):10 |
| 《内经》“病发而有余”及“治其先发病”原则浅识 | 宋子云 | 山东中医药大学学报 | 1998,(2):30 |
| 略谈辨势施治 | 黄梅春 | 新中医 | 1998,(2):7 |
| 标本论治新探 | 王锡安 | 中国民间疗法 | 1998,(2):4 |
| 急则治其标浅析 | 刘家义 | 安徽中医学院学报 | 1998,(3):10 |
| 《内经》保健护理三要素 | 刘　辉等 | 黑河科技 | 1998,(3):40 |
| 浅谈小儿推拿治病的机理 | 郭闫萍 | 黑龙江中医药 | 1998,(3):43 |
| 略论辨病论治与辨证论治的优势与不足 | 丁成华 | 江西中医学院学报 | 1998,(3):6 |
| 下法的由来及其临床运用 | 周嘉惠 | 天津中医 | 1998,(3):40 |
| “有故无殒,亦无殒也”——破血逐瘀法治验 | 周铭心 | 新疆中医药 | 1998,(3):54 |
| “治风先治血,血行风自灭”在中风病中的运用 | 段丽梅等 | 河南中医 | 1998,(4):37 |
| 补肝肾强筋骨作用机制的探讨 | 郑　磊 | 河南中医 | 1998,(4):9 |
| 治疗更年期综合征当“顺其自然” | 李子军等 | 河南中医 | 1998,(4):12 |
| 浅谈通因通用法在治疗崩漏中的应用 | 汤月萍 | 吉林中医药 | 1998,(4):26 |
| 也议“开鬼门” | 宓雅珠 | 中医文献杂志 | 1998,(4):16 |
| 《内经》“病在中,傍取之”临床意义辨析 | 唐雪梅 | 中医杂志 | 1998,(4):200 |
| 论中医治则的三因制宜 | 宰军华等 | 河南中医药学刊 | 1998,(5):4 |
| 食补脾胃浅识 | 朱　玉 | 江苏中医 | 1998,(5):45 |
| 《内经》反治法在温病治疗中的应用 | 刘　涛 | 南京中医药大学学报（自然科学版） | 1998,(5):6 |
| “火郁者发之”小议 | 张子福 | 陕西中医 | 1998,(5):239 |
| 对放痧“血变而止”有无科学性的认识 | 杨春成等 | 中国针灸 | 1998,(5):63 |
| 略论中医激光血疗的理论基础与实用价值 | 朱德琳 | 中国中医药信息杂志 | 1998,(5):49 |
| 浅谈病从肝胆论治 | 王洪民等 | 湖北中医杂志 | 1998,(6):47 |
| “阳病治阴,阴病治阳”新义 | 牛生红 | 青海医药杂志 | 1998,(6):8 |
| 温病之汗探讨 | 肖唐灿 | 时珍国医国药 | 1998,(6):10 |
| 中医足心疗法的经络学依据探析 | 高树中等 | 中医外治杂志 | 1998,(6):3 |
| 谈“内病外治,外病外治”的机理 | 赵建明 | 体育博览 | 1998,(7):35 |
| 浅析《内经》药食疗法与临床 | 汤月萍 | 陕西中医 | 1998,(8):383 |
| 论《黄帝内经太素》的“治神养身”“顺养调食”护理原则 | 魏华荣等 | 中国中医基础医学杂志 | 1998,(8):6 |
| 鼻针疗法探讨 | 赵宏岩等 | 中国中医药信息杂志 | 1998,(9):52 |
| 《黄帝内经》标本治则释析——兼论“急则治标缓则治本”不妥 | 蔡　旭 | 中国中医基础医学杂志 | 1998,(10):17 |
| 通补法延缓衰老理论探讨 | 周丽珍等 | 中国中医药信息杂志 | 1998,(10):10 |
| 中医活血化瘀理论溯源 | 刘明武 | 辽宁中医杂志 | 1998,(11):16 |
| 浅议不治已病治未病 | 马玉宝等 | 陕西中医 | 1998,(11):528 |
| 病痰饮者不能率以温药和之 | 张济洲等 | 中医杂志 | 1998,(11):701 |
| 通经脉疗法 | 何九霄 | 中国气功科学 | 1998,(12):20 |
| 论《黄帝内经》“治于传”的动态治疗思想 | 吴润秋 | 中国中医基础医学杂志 | 1998,(12):9 |
| “痛者通之”浅述 | 王尚科 | 中国中医基础医学杂志 | 1998,(S1):54 |
| 疏肝理气治痛十一法 | 王校明 | 中国中医基础医学杂志 | 1998,(S1):47 |

| | | | |
|---|---|---|---|
| “火郁发之”浅议 | 由凤鸣等 | 河北中医 | 1999,(1):56 |
| 谈谈补气法(下) | 高忠英 | 科技潮 | 1999,(1):73 |
| 浅谈推拿手法轻重的使用原则 | 孙国辉 | 辽宁中医杂志 | 1999,(1):32 |
| 体疗健身术溯源 | 徐建云 | 南京中医药大学学报(社会科学版) | 1999,(1):22 |
| 《内经》“肾苦燥,急食辛以润之”之我见 | 郑晓红 | 浙江中医杂志 | 1999,(1):25 |
| 论危急重症中医救治的法则 | 詹　青 | 中国中医急症 | 1999,(1):18 |
| “通因通用”法初探 | 宫树成等 | 安徽中医临床杂志 | 1999,(2):133 |
| 疾病防治同其气和远其气 | 张相升 | 河南中医 | 1999,(2):5 |
| 治咳要重视调肝 | 马　璃 | 江西中医学院学报 | 1999,(2):5 |
| 诸寒之而热者取之阴热之而寒者取之阳 | 王益周 | 辽宁中医学院学报 | 1999,(2):27 |
| 《内经》火郁发之探析 | 郑晓红 | 辽宁中医杂志 | 1999,(2):7 |
| 肝肾同治在妇科临床中的地位浅析 | 高存太等 | 陕西中医 | 1999,(2):96 |
| “平治于权衡,去菀陈莝”在皮肤病治疗中的应用 | 欧阳晓勇等 | 上海中医药杂志 | 1999,(2):26 |
| 剖析标本论治 | 王锡安等 | 安徽中医学院学报 | 1999,(3):2 |
| 浅谈“肾苦燥,急食辛以润之” | 郑晓红 | 国医论坛 | 1999,(3):14 |
| 浅谈心理护理在护理工作中的重要性 | 梁兴芬等 | 黑龙江中医药 | 1999,(3):43 |
| 汗法活用 | 郝文轩等 | 黑龙江中医药 | 1999,(3):63 |
| 试论因时治宜 | 梁广和 | 湖北中医杂志 | 1999,(3):21 |
| 试论中医发法 | 鲁明源 | 山东中医药大学学报 | 1999,(3):14 |
| 《灵枢·经筋》治筋痹法浅析 | 刘金洪 | 四川中医 | 1999,(3):11 |
| 论标本治则 | 朱鹏飞等 | 天津中医 | 1999,(3):25 |
| “治痿独取阳明”之我见 | 黄满玉 | 天津中医学院学报 | 1999,(3):53 |
| 神奇的八卦象数——健康疗法 | 李健民 | 中国气功科学 | 1999,(3):34 |
| 关于“辨证论治”之我见 | 王玉川 | 中医教育 | 1999,(3):9 |
| 推拿擦法的“补”与“泻” | 李春艳等 | 长春大学学报 | 1999,(4):72 |
| 因时制宜”新解 | 张同远 | 长春中医学院学报 | 1999,(4):4 |
| “谨守病机,各司其属”识义 | 毛进军 | 国医论坛 | 1999,(4):43 |
| 逆治从治新释 | 罗志平 | 国医论坛 | 1999,(4):39 |
| 三因制宜　贵乎变通 | 陈克敏 | 上海中医药杂志 | 1999,(4):39 |
| “治湿不利小便非其治也”刍议 | 杨金国等 | 中国中医药信息杂志 | 1999,(4):12 |
| 中国传统的心理治疗理论与方法(二) | 邱鸿钟 | 国际医药卫生导报 | 1999,(5):45 |
| 治病求本常用治则探源 | 田碧波等 | 湖北中医杂志 | 1999,(5):19 |
| 浅谈治湿七法 | 郑锡和 | 江苏中医 | 1999,(5):40 |
| 浅谈醒胃法 | 王志斌 | 山西中医 | 1999,(5):53 |
| “阴阳俱不足”用灸之辨 | 李怀林 | 上海针灸杂志 | 1999,(5):20 |
| 刍议“假证”与“反治” | 张慕洁 | 浙江中医学院学报 | 1999,(5):14 |
| 痰瘀同治论 | 艾　华等 | 中国中医基础医学杂志 | 1999,(5):45 |
| 热因热用探析 | 朱红梅 | 福建中医药 | 1999,(6):39 |
| 简议情志护理 | 任梅香等 | 黑龙江中医药 | 1999,(6):43 |
| “甘温除热”源流谈 | 张　煜等 | 江苏中医 | 1999,(6):43 |
| 从“其盛,可待衰而已”谈《内经》的治疗思路和意义 | 沈津湛 | 山东中医药大学学报 | 1999,(6):412 |
| 用“审机定治”取代“辨证论治” | 成肇智 | 山东中医药大学学报 | 1999,(6):408 |
| 论对扶正祛邪与祛邪安正的认识 | 高运彩等 | 中国中医药信息杂志 | 1999,(6):10 |
| 干祖望医话——春夏先治其标　后治其本　秋冬先治其本　后治其标 | 干祖望 | 辽宁中医杂志 | 1999,(7):36 |

| | | | |
|---|---|---|---|
| 上下交病治其中 | 李　珊等 | 中医杂志 | 1999,(7):444 |
| 温病"开郁泄热"法初探 | 阎清海 | 新中医 | 1999,(9):3 |
| 论治标、治本皆须求本 | 刘家义 | 中国中医基础医学杂志 | 1999,(9):4 |
| 试论中医自然疗法的理论依据 | 王茹燕 | 中国中医基础医学杂志 | 1999,(12):3 |
| 论升阴散火法 | 郑国庆 | 安徽中医学院学报 | 2000,(1):2 |
| 刍议中医"因时施护" | 段延萍 | 北京中医 | 2000,(1):52 |
| 浅论中医护理 | 孙建平等 | 光明中医 | 2000,(1):22 |
| 论食疗与机体免疫 | 洪向秀 | 华北煤炭医院学报 | 2000,(1):18 |
| 《内经》非药物疗法的防病治病机理初探 | 周学胜 | 南京中医药大学学报（自然科学版） | 2000,(1):8 |
| 浅谈"木郁达之" | 张　俊等 | 天津中医 | 2000,(1):41 |
| 防病抗衰　勿忘补肺 | 程守谦等 | 西南军医 | 2000,(1):41 |
| 试谈痰饮病的"温""和"法则 | 王新佩 | 中国自然医学杂志 | 2000,(1):36 |
| 再论温病汗法 | 韩雪梅等 | 中医研究 | 2000,(1):6 |
| 分清主客　涤邪外出 | 牛崇峰 | 中医杂志 | 2000,(1):59 |
| 心理疗法古案新探 | 王凤丽 | 甘肃中医学院学报 | 2000,(2):62 |
| 论"治痿独取阳明"的含义 | 施玫香 | 黑龙江中医药 | 2000,(2):6 |
| 奠基　嬗变　创新　承继——扶阳法历代沿革剖析 | MAOXiao | 上海中医药大学学报 | 2000,(2):6 |
| 试论《内经》对药物疗法的论述及其意义 | 王立颖 | 天津中医学院学报 | 2000,(2):1 |
| 中医五音疗疾证治探幽索微 | 赵红君 | 中医函授通讯 | 2000,(2):45 |
| "水郁折之"的运用与思考 | 刘咸平 | 中医函授通讯 | 2000,(2):17 |
| 中西医护理初探 | 杨玲明 | 福建中医药 | 2000,(3):49 |
| 辨五脏疾莫忘调脾胃 | 刘天福等 | 河南中医药学刊 | 2000,(3):53 |
| 中国古代的按摩术 | 郑华金 | 现代养生 | 2000,(3):27 |
| "治病必求于本"阐义 | 李玉华等 | 中医研究 | 2000,(3):8 |
| 如何防范精神疾患 | 武　飞 | 长寿 | 2000,(4):21 |
| 吐法探微 | 王全年等 | 江西中医学院学报 | 2000,(4):171 |
| "诸寒之而热者"不能皆"取之阴" | 刁志光 | 上海中医药杂志 | 2000,(4):34 |
| "诸寒之而热者取之阴"当从反治法解 | 范济平 | 上海中医药杂志 | 2000,(4):33 |
| 临证谈候气来复 | 高建忠 | 中医杂志 | 2000,(4):253 |
| 久泻话风药　久痢言通下 | 沈开金 | 安徽中医临床杂志 | 2000,(5):434 |
| 治法札记 | 杜锦海等 | 光明中医 | 2000,(5):29 |
| 辨证论治新识 | 陈伟海 | 国医论坛 | 2000,(5):51 |
| 论"治病必求于本" | 赵晓山等 | 浙江中医学院学报 | 2000,(5):21 |
| 浅谈"见肝之病,知肝传脾,当先实脾" | 胡永年 | 中国医药学报 | 2000,(5):75 |
| 燥证不能统以润法治之 | 夏寒星 | 中医杂志 | 2000,(5):316 |
| "特殊营养"——音乐 | 晓　煦 | 长寿 | 2000,(6):43 |
| 治法札记 | 杜锦海等 | 光明中医 | 2000,(6):36 |
| 试论心理护理 | 孙义凤等 | 河北中医 | 2000,(6):474 |
| 论辛散法治肝 | 王玉芳 | 山东中医药大学学报 | 2000,(6):448 |
| 老年保健因时制宜 | 陈传珍 | 中国城乡企业卫生 | 2000,(6):41 |
| 《黄帝内经》治疗心身疾病的方法及其特点 | 何文彬 | 中国医药学报 | 2000,(6):21 |
| "其盛,可待衰而已"辨析 | 李　冀等 | 中医药学报 | 2000,(6):7 |
| 略论以情胜情疗法 | 胡永年 | 湖北中医杂志 | 2000,(7):9 |
| 中医认知疗法初探 | 张伯华 | 山东中医杂志 | 2000,(7):389 |
| "脑疗法"浅说 | 胡政善 | 中国气功科学 | 2000,(7):40 |

| | | | |
|---|---|---|---|
| 吐法用药析要 | 刘　新等 | 中国民间疗法 | 2000,(8):6 |
| 试论“治病必求于本”的内涵 | 何文彬 | 江苏中医 | 2000,(10):4 |
| 凉肝木以治杂症 | 莫红平 | 首都医药 | 2000,(10):40 |
| 中医特殊治则临床应用举隅 | 陶关兴 | 江苏中医 | 2000,(12):49 |
| 妙音通经焕新生——五音治疗原理 | 郝万山等 | 中国气功科学 | 2000,(12):42 |
| 关于“治病求本当求各病专本”思想的再思考 | 蔡　辉等 | 中国中医基础医学杂志 | 2000,(12):12 |
| 健脾养肝法立论 | 张　宏 | 现代中西医结合杂志 | 2000,(23):2423 |
| 《内经》是心理治疗的开创者 | 骆和生 | 中国中医药报 | 2000.12.4 |
| 《内经》“法时而治”思想刍论 | 张立侠等 | 国际传统医药大会论文摘要汇编 | 2000:86 |
| 浅谈精神疗法 | 路冀闽 | 全国中西医结合教育学术研讨会论文集 | 2000:239 |
| 浅谈中医外治疗法 | 李君芳 | 全国中西医结合教育学术研讨会论文集 | 2000:152 |
| 试论中医补法 | 黄　涛等 | 全国中医药科研与教学改革研讨会论文集 | 2000:255 |
| 治病必求其本 | 杜锦海等 | 光明中医 | 2001,(1):54 |
| 阳生阴长法治燥浅识 | 李　民等 | 湖北中医杂志 | 2001,(1):20 |
| 关于“治病求本”的认识 | 迟华基 | 山东中医药大学学报 | 2001,(1):2 |
| 情志护理体会 | 秦小玲 | 实用中西医结合临床 | 2001,(1):53 |
| 《黄帝内经》养神八法考释 | 孙松辉 | 中医药学刊 | 2001,(1):38 |
| 浅论甘温除热 | 柴茂山等 | 大同医学专科学校学报 | 2001,(2):26 |
| 试论治疗水肿当养血 | 谢建芬 | 贵阳中医学院学报 | 2001,(2):52 |
| 《汤液醪醴论》“神使”说治疗意义初探 | 杨振平 | 中国医药学报 | 2001,(2):14 |
| 试析祖国医学心理疗法 | 伍苏迪等 | 陕西中医学院学报 | 2001,(3):61 |
| 调心刍议 | 刘宜焰 | 现代养生 | 2001,(3):6 |
| 心理障碍的“正治”与“反治” | 俞中元 | 养生月刊 | 2001,(3):112 |
| 中医治则治法体系再构建的探讨 | 张大明等 | 北京中医药大学学报 | 2001,(4):14 |
| 《内经》“治病必求于本”解析 | 韩慧敏等 | 光明中医 | 2001,(4):7 |
| 析《内经》情志致病的病机与治则——中医古代心理疗法理论探讨 | 熊继柏 | 湖南中医药导报 | 2001,(4):152 |
| 浅谈“治病必求其本” | 宋　萍 | 张家口医学院学报 | 2001,(4):59 |
| 中医治湿 | 吴昌堂等 | 中国乡村医药 | 2001,(4):23 |
| 宣发与肃降的病理及证治 | 柯雪帆 | 中医药学刊 | 2001,(4):295 |
| 《内经》“冬不按蹻”析疑 | 祝　刚 | 按摩与导引 | 2001,(5):2 |
| 浅谈通因通用十则 | 周克振 | 陕西中医 | 2001,(5):319 |
| 《素问》“静以待时,无使倾移”析微 | 王居正 | 中医药研究 | 2001,(5):3 |
| 中医护理的基本特点与整体护理 | 董一谕等 | 职业与健康 | 2001,(6):128 |
| 揉腹的科学 | 杨锡堂 | 中国保健营养 | 2001,(7):10 |
| 论肺外治咳 | 林春花等 | 辽宁中医杂志 | 2001,(8):502 |
| 略论甘温除热法的临床运用 | 江瑞云等 | 中国中医基础医学杂志 | 2001,(8):50 |
| 《内经》推拿疗法探析 | 刘智斌等 | 陕西中医 | 2001,(9):558 |
| 通阳法在治疗肾系疾病中的重要意义 | 汪　剑 | 湖北中医杂志 | 2001,(11):7 |
| 论中医治病求本的系统观 | 鞠宝兆等 | 医学与哲学 | 2001,(11):18 |
| 论肺外治咳九法 | 苏晋梅 | 中国临床医生 | 2001,(11):48 |
| 从辨病用药、辨证论治谈辨病证医药学 | 王今觉 | 中国实验方剂学杂志 | 2001,(S1):310 |

| | | | |
|---|---|---|---|
| 脑心同治 | 赵步长 | 第五次全国中西医结合血瘀证及活血化瘀研究学术大会论文汇编 | 2001:73 |
| 中医意疗移精祝由疗法浅识 | 林韶冰等 | 福建中医药 | 2002,(1):36 |
| 药浴溯源 | 赵达安 | 甘肃中医 | 2002,(1):74 |
| "治肝"之我见 | 孙　红等 | 陕西中医 | 2002,(1):91 |
| "开鬼门"乃发汗法质疑 | 许鉴魁 | 浙江中医杂志 | 2002,(1):36 |
| "伤寒下不嫌迟,湿病下不嫌早"应如何理解 | 于仲经 | 中医杂志 | 2002,(1):73 |
| 古法新生——导引按跷(下) | 孟　立 | 按摩与导引 | 2002,(2):3 |
| 中医食疗之源流探讨 | 张海波 | 浙江中医学院学报 | 2002,(2):18 |
| 《内经》"二者可调"之探讨 | 黄伯舜 | 浙江中医学院学报 | 2002,(2):12 |
| 谈汗法的祛邪特点与作用机理 | 姜静娴 | 中国医药学报 | 2002,(2):76 |
| 中医治法之我见 | 孟庆云 | 中国医药学报 | 2002,(2):75 |
| 中医安胎法的沿革 | 张玉珍等 | 中医文献杂志 | 2002,(2):48 |
| 中医从病论治的模式与发展探析 | 郑　林 | 中医药学刊 | 2002,(2):166 |
| 《内经》治则探析 | 宋志萍等 | 中医药研究 | 2002,(2):7 |
| 《内经》运气治则探析 | 苏　颖 | 长春中医学院学报 | 2002,(3):1 |
| 浅谈中医情志护理中应当注意的问题 | 马峥嵘等 | 吉林中医药 | 2002,(3):28 |
| 移精祝由疗法浅识 | 林韶冰等 | 江苏中医药 | 2002,(3):37 |
| 虚证运用下法初探 | 钟小兰等 | 山西中医 | 2002,(3):4 |
| 治血先治肝的生理功能及其临证应用 | 傅　陆等 | 实用中医内科杂志 | 2002,(3):118 |
| 浅谈取嚏疗法(之一) | 张海华 | 双足与保健 | 2002,(3):9 |
| 固本方能祛邪 | 陈加友等 | 政工学刊 | 2002,(3):45 |
| 治法的概念、内涵及意义 | 谢　鸣 | 中国医药学报 | 2002,(3):137 |
| 对《内经》"除陈气"的理解及运用 | 杨辰华 | 中医研究 | 2002,(3):51 |
| 《内经》治"水"的原则和方法 | 阴　斌 | 中医药通报 | 2002,(3):16 |
| 进补须辨证 | 罗丹峰 | 健康大视野 | 2002,(4):52 |
| "治病求本"概念讨论 | 董园园等 | 南京中医药大学学报(自然科学版) | 2002,(4):204 |
| 标本治则解析 | 梅晓云等 | 南京中医药大学学报(自然科学版) | 2002,(4):202 |
| 反治研究 | 吴昌国 | 南京中医药大学学报(自然科学版) | 2002,(4):207 |
| 《内经》治病必求本简析 | 秦兴华 | 实用中医内科杂志 | 2002,(4):190 |
| 顺势而治新解 | 王小平 | 中医药学刊 | 2002,(4):485 |
| 《内经》治病以人为本 | 赵明山 | 中医药学刊 | 2002,(4):399 |
| 《内经》"肝苦急,急食甘以缓之"浅析 | 吴元祥等 | 安徽中医临床杂志 | 2002,(5):420 |
| 浅谈治痿独取阳明 | 林贞慧 | 福建中医药 | 2002,(5):37 |
| 《内经》中审机定治方法探析 | 孙守华 | 甘肃中医 | 2002,(5):2 |
| 浅谈在中医内科疾病治疗中"治血先治肝" | 傅晓霞 | 国医论坛 | 2002,(5):13 |
| 试论通法 | 王昆文 | 国医论坛 | 2002,(5):11 |
| 中国古代情志相胜心理疗法之研究 | 曾　智 | 内蒙古师范大学学报(哲学社会科学版) | 2002,(5):12 |
| "开鬼门洁净府"不是发汗利小便 | 李会敏等 | 山东中医杂志 | 2002,(5):264 |
| "标本中气"理论在伤寒六经病辨治中的应用 | 张登本等 | 陕西中医学院学报 | 2002,(5):1 |
| 浅谈脾虚治分阴阳 | 程　远等 | 现代中医药 | 2002,(5):63 |
| 《内经》治疗观中的"法天则地" | 包艳燕等 | 中国民间疗法 | 2002,(5):7 |

| | | | |
|---|---|---|---|
| 清法刍议 | 陈扬荣 | 中华中医药杂志 | 2002,(5):263 |
| 《内经》"衰其大半而止"详解 | 苏　洁 | 中医研究 | 2002,(5):4 |
| 正治反治求其本,守方更方求其本——学习方药中先生治验2则 | 胡跃琪等 | 中医杂志 | 2002,(5):333 |
| "治痿独取阳明"阐义 | 赵世运等 | 河南中医药学刊 | 2002,(6):3 |
| 药补不如食补 | 许文范 | 绿叶 | 2002,(6):20 |
| 浅谈心理护理 | 张丽敏 | 内蒙古中医药 | 2002,(6):51 |
| 试论"急症治肾" | 李　俊等 | 中国中医急症 | 2002,(6):468 |
| 治标与治本探讨 | 权文芳 | 中医研究 | 2002,(6):8 |
| 关于反治法的思考 | 章增加等 | 中医药通报 | 2002,(6):23 |
| 再论治则与治法 | 初　杰 | 辽宁中医杂志 | 2002,(7):385 |
| 论《内经》"凡治病必察其下" | 李声国 | 中国中医基础医学杂志 | 2002,(7):5 |
| 不断提升对"治病求本"的认识 | 余永贵 | 上海中医药杂志 | 2002,(8):39 |
| 论和法的涵义及配伍规律 | 何赛萍等 | 中国医药学报 | 2002,(8):456 |
| 肝病"用辛补之"新识 | 毛以林 | 中医杂志 | 2002,(8):635 |
| 神妙的情志疗法 | 肖　爽 | 开卷有益·求医问药 | 2002,(9):42 |
| 防秋燥　调饮食 | 肖　丽 | 烹调知识 | 2002,(9):45 |
| 论《黄帝内经》之"治道" | 陈　钢 | 中国医药学报 | 2002,(9):516 |
| 浅探治肝10法 | 蒲巧华 | 陕西中医 | 2002,(10):956 |
| 胃病治胃亦须治脑 | 雍履平 | 中医杂志 | 2002,(10):795 |
| 治疗经筋病"以痛为腧"浅析 | 赵吉平等 | 中医杂志 | 2002,(10):797 |
| 浅论治痿独取阳明 | 李　明等 | 医学理论与实践 | 2002,(12):1411 |
| 中医调和法则探析 | 王小平 | 中国中医基础医学杂志 | 2002,(12):34 |
| 《黄帝内经》中反治法实质与方制相关性探讨 | 张　静 | 中国优秀博硕士学位论文全文数据库(硕士)医药卫生科技辑 | 2002,(1):E056-9 |
| 治咳"十法" | 王书臣等 | 全国第六届中西医结合呼吸病学术研讨会论文汇编 | 2002:103 |
| 关于《内经》中心理情志调摄之我见 | 于　江等 | 中国中西医结合学会第七届精神疾病学术讨论会论文汇编 | 2002:277 |
| 试从系统论探讨"治病求本"的涵义 | 王　鹏等 | 福建中医药 | 2003,(1):46 |
| 治水当审肺脾肾 | 杜锦海等 | 光明中医 | 2003,(1):63 |
| "治喘宜升"刍议 | 刁拴成等 | 河北中医药学报 | 2003,(1):7 |
| 四季神补 | 李　砾 | 科学养生 | 2003,(1):44 |
| 古代中医情志相胜心理疗法之研究 | 曾　智 | 南京中医药大学学报(社会科学版) | 2003,(1):42 |
| 以情胜情话护理 | 张改花 | 山西中医 | 2003,(1):63 |
| 反佐法述略 | 柯岗伊等 | 新疆中医药 | 2003,(1):3 |
| 道教服食药与中医食疗 | 王　晓 | 中国道教 | 2003,(1):43 |
| 治法札记 | 罗淑君等 | 光明中医 | 2003,(2):25 |
| 四因制宜论浅谈 | 谢宇峰等 | 江苏中医药 | 2003,(2):3 |
| 甘温除热法的历史沿革 | 米金辉等 | 陕西中医学院学报 | 2003,(2):14 |
| 《内经》治疗方法浅析 | 田丙坤 | 陕西中医学院学报 | 2003,(2):19 |
| "辨证施治"术语的最早见载 | 傅维康 | 医古文知识 | 2003,(2):25 |
| 论表证与汗法 | 宋乃光 | 中国中医药现代远程教育 | 2003,(2):26 |
| 论中医外治的发展道路 | 朱庆文 | 中医外治杂志 | 2003,(2):34 |

| | | | |
|---|---|---|---|
| 论“天人相应”与“节气灸” | 李晓泓 | 中医文献杂志 | 2003,(2):16 |
| 淡渗利湿法的特点和运用原则 | 王彦晖 | 甘肃中医学院学报 | 2003,(3):8 |
| 试论通法是中医外科内治的基本治则 | 张高林 | 广西中医药 | 2003,(3):41 |
| 析中国传统心理治疗之特色 | 周　萍等 | 湖南师范大学教育科学学报 | 2003,(3):79 |
| 略论老年人五脏补法 | 万桂华 | 老友 | 2003,(3):47 |
| “治病求本”涵义探微 | 吴俊玲等 | 山东中医药大学学报 | 2003,(3):179 |
| 《内经》寒热治疗学理论的探讨 | 许良银等 | 皖南医学院学报 | 2003,(3):226 |
| 通法发微 | 王邦才 | 中国医药学报 | 2003,(3):157 |
| 浅谈中国古代的饮食疗法 | 杨景红 | 中国营养保健 | 2003,(3):61 |
| 浅谈中医对四时气候变化的调养与护理 | 叶　琛 | 福建中医药 | 2003,(4):46 |
| 《黄帝内经》待时调治思想初探 | 吴润秋等 | 湖南中医学院学报 | 2003,(4):25 |
| 浅论中医护理 | 孙风芹等 | 医学理论与实践 | 2003,(4):450 |
| 天人相应与“节气灸” | 李秀明 | 中国民间疗法 | 2003,(4):60 |
| 浅谈五音疗法的理论基础 | 刘　伟 | 国医论坛 | 2003,(5):17 |
| 精神免疫　作用非凡 | 王坤一 | 健康生活 | 2003,(5):33 |
| “治痿独取阳明”阐义 | 赵世运等 | 中医研究 | 2003,(5):65 |
| 论“轻可去实” | 唐　瑞 | 河南中医学院学报 | 2003,(6):14 |
| 病后尤须重“食养”防“食复” | 肖秀芝 | 科学养生 | 2003,(6):27 |
| 《内经》饮食疗法浅识 | 沈蓓杰 | 江苏卫生保健 | 2003,(6):47 |
| 应为药膳疗法正名 | 陈剑馨 | 药膳食疗 | 2003,(6):6 |
| 从中医理论谈精神护理 | 陈燕平 | 医药论坛杂志 | 2003,(6):75 |
| 热证可灸探析 | 王家骜 | 云南中医中药杂志 | 2003,(6):41 |
| 历代医家论汗法 | 胡满根 | 浙江中医杂志 | 2003,(6):10 |
| 略述中医刺血术发展史 | 岳旭东 | 针灸临床杂志 | 2003,(6):4 |
| 浅谈中医学的辨证论治 | 严　虹等 | 中国中医药现代远程教育 | 2003,(7):42 |
| 浅谈中医外治法 | 吴丽丽 | 湖南中医药导报 | 2003,(9):6 |
| 历代痹证治法小议 | 丁　蓉等 | 江苏中医药 | 2003,(9):49 |
| 金秋防燥 | 肖　爽 | 开卷有益·求医问药 | 2003,(9):22 |
| 食疗溯古 | 李　霖 | 烹调知识 | 2003,(9):10 |
| “火郁发之”的理论依据及临床意义 | 许爱英等 | 陕西中医 | 2003,(9):850 |
| 去除实邪心神可安 | 春　生 | 武当 | 2003,(10):63 |
| 心病还须心药医 | 张东宝 | 养生月刊 | 2003,(10):442 |
| 防病必先防“气” | 姜连臣 | 健康科学 | 2003,(11):28 |
| 调气与治神 | 王家骜 | 上海中医药杂志 | 2003,(11):42 |
| 中医因势利导治疗思想浅析 | 傅文录等 | 中国医药学报 | 2003,(11):689 |
| “火郁发之”的理论依据及临床意义 | 许爱英等 | 中国中医基础医学杂志 | 2003,(11):68 |
| 兵家思想在中医治则理论中的类比应用 | 欧阳泽祥 | 浙江中医杂志 | 2003,(12):24 |
| 因时制宜　治病求本　保胃存津 | 衷　中 | 中国中医药报 | 2003.1.6 |
| 虚不可笼统地补 | 晓　龙 | 中国矿业报 | 2003.4.5 |
| “寒因寒用,热因热用”是否归属于反治法 | | 中国中医药报 | 2003.7.28 |
| 《黄帝内经》动态治疗思想之研究 | 谢宇峰 | 中国优秀博硕士学位论文全文数据库(硕士)医药卫生科技辑 | 2003,(2):E056-3 |
| 活血化瘀法的源流 | 王承龙等 | 第二届中日韩血瘀证及活血化瘀研究学术大会论文汇编 | 2003:271 |

| | | | |
|---|---|---|---|
| 同病异治、异病同治及其运用 | 王新陆等 | 光明中医 | 2004,(1):6 |
| “培土宁风法”探析 | 禄保平等 | 上海中医药杂志 | 2004,(1):39 |
| 从不治已病治未病审视小儿发热的治则 | 肖　挹等 | 中医药学刊 | 2004,(1):28 |
| 张仲景运用《内经》因势利导治疗法则探要 | 黄金玲等 | 安徽中医学院学报 | 2004,(2):1 |
| 情志护理的特点和注意事项 | 钟文晖 | 广州医药 | 2004,(2):78 |
| 中医心理疗法初探 | 徐建华等 | 河南中医 | 2004,(2):78 |
| 《黄帝内经》中热病用穴的规律辨析 | 韩　红 | 中国中医基础医学杂志 | 2004,(2):59 |
| 从现代哲学和病因学角度浅论“治病求本” | 蔡昭莲 | 中医药学刊 | 2004,(2):275 |
| 治咳十法 | 王书臣等 | 中医杂志 | 2004,(2):145 |
| 《黄帝内经》饮食疗法 | 范玉义等 | 东方食疗与保健 | 2004,(3):28 |
| 和法浅析 | 邓　磊等 | 河南中医学院学报 | 2004,(3):3 |
| 以“天人相应”观探寻施法用药“法于自然”之理 | 陆秀兰 | 江西中医药 | 2004,(3):20 |
| 虚则补之浅析 | 林来胜 | 陕西中医 | 2004,(3):278 |
| 浅谈治病求本 | 周为人等 | 实用中医内科杂志 | 2004,(3):156 |
| 治郁调为要 | 喻茂尧 | 浙江中医杂志 | 2004,(3):38 |
| 以天人相应观探寻古人施法用药之法于自然 | 陆秀兰 | 中国民间疗法 | 2004,(3):6 |
| 和法析要 | 何新慧等 | 中国医药学报 | 2004,(3):160 |
| “繁木泻土”治疗“罢极失准证” | 张德英等 | 北京中医药大学学报（中医临床版） | 2004,(4):42 |
| “心胃同治”之我见 | 蒋洪耀 | 国医论坛 | 2004,(5):10 |
| 祝由法在治疗中的作用与运用 | 莫秀云等 | 江苏中医药 | 2004,(5):5 |
| 膏摩的起源与发展 | 王亚渭等 | 陕西中医学院学报 | 2004,(5):15 |
| 性治疗“考古” | 吕斌 | 中国保健营养 | 2004,(5):31 |
| 辨证论治与“治病必求于本” | 付亚龙等 | 中医杂志 | 2004,(5):396 |
| 心理按摩——七情对人体正、反影响的中医见解 | 高晓静 | 按摩与导引 | 2004,(6):61 |
| 中医“以情胜情”思想与现代心理治疗 | 郭雅明等 | 光明中医 | 2004,(6):13 |
| 试论顺势疗法和中医学的反治法 | 连家驰 | 江西中医药 | 2004,(6):21 |
| 论顾护脾胃在仲景学术思想中的重要地位 | 杨小红等 | 辽宁中医学院学报 | 2004,(6):443 |
| 论传统中医心理疗法的情志观 | 徐浩岚等 | 泸州医学院学报 | 2004,(6):568 |
| 浅析“土郁夺之” | 马丽虹等 | 山东中医药大学学报 | 2004,(6):422 |
| 论治病必须常顾胃气 | 张柏峰等 | 陕西中医 | 2004,(6):576 |
| 冬病夏治原理与辨证用药 | 梁汝成等 | 中医药临床杂志 | 2004,(6):590 |
| 肝病实脾临证新义 | 黄远媛 | 中医杂志 | 2004,(6):477 |
| “治病求本”之我见——中医治则的研究 | 王锡安 | 中国中医基础医学杂志 | 2004,(7):22 |
| 论情志治疗与医师素养 | 张伯华 | 中医药学刊 | 2004,(7):1233 |
| 情志相胜疗法与森田疗法的相关性研究 | 陈　嵘等 | 中医药学刊 | 2004,(7):1218 |
| 中医心理治疗理法探析 | 张　纯等 | 陕西中医 | 2004,(8):728 |
| 《内经》中的暗示疗法浅探 | 张新义等 | 上海中医药杂志 | 2004,(8):49 |
| 砭石疗法与现代应用 | 孟竞璧 | 中华养生保健 | 2004,(8):21 |
| 食疗与食医 | 张丽君 | 东方食疗与保健 | 2004,(9):29 |
| 治咳七法 | 焦树德 | 河北中医 | 2004,(9):645 |
| 浅谈情志护理的基本方法 | 费宏静等 | 吉林中医药 | 2004,(9):37 |
| 辛开苦降法与脾升胃降 | 魏　玮等 | 中医杂志 | 2004,(9):715 |
| 食之有道 | 薛艳丽 | 山东食品科技 | 2004,(10):27 |
| 复古也现代——情感疗法 | 高宇泽 | 当代医学 | 2004,(11):45 |
| 补阴论 | 郭　洪 | 吉林中医药 | 2004,(11):1 |

| | | | |
|---|---|---|---|
| “火郁发之”的运用 | 薛伯寿等 | 中医杂志 | 2004,(11):862 |
| 论传统中医学“三因制宜”体系的现代整合 | 张福利等 | 医学与哲学 | 2004,(12):63 |
| 《黄帝内经》治疗思想文化观解析 | 赵明山 | 中医药学刊 | 2004,(12):2169 |
| 中医的护肝理念 | 许　兵 | 社区 | 2004,(14):55 |
| 浅谈中医的心理治疗 | 郑碧霞等 | 大同医学专科学校学报 | 2004,(23):12 |
| 反治、旁治,避实击虚 | 颜德馨 | 上海中医药报 | 2004.9.17 |
| 《黄帝内经》治病以人为本 | 赵明山 | 中国中医药报 | 2004.11.22 |
| 中医健脾补肾在中老年保健中的重要性 | 田家祺 | 2003 中华中医药科技成果论坛中华中医药学会科学技术奖颁奖大会论文集 | 2004:168 |
| 浅谈中医心理护理 | 王　俊等 | 跨世纪骨伤杰出人才科技成果荟萃 | 2004:772 |
| 中医治病疗法的生物信息原理 | 石贤富等 | 第三届国际传统医药大会文集 | 2004:155 |
| 《内经》治病以人为本 | 赵明山 | 第三届国际传统医药大会文集 | 2004:106 |
| 足部按摩祛病强身机理的探讨 | 廖艳芳 | 2004 反射学全国研讨会会议交流文集 | 2004:227 |
| 关于脊背按摩治病 | 宋兆宜等 | 2004 反射学全国研讨会会议交流文集 | 2004:205 |
| 中医情志护理方法探析 | 刘静茹等 | 辽宁中医杂志 | 2005,(1):79 |
| 奇妙的耳穴诊疗法 | 马燕冬 | 中国中医药现代远程教育 | 2005,(1):31 |
| 治则治法理论研究的现状与思考 | 张登本等 | 中医药学刊 | 2005,(1):17 |
| 从“冬三月,水冰地坼”浅谈辛润治燥法的运用 | 余　杨等 | 时珍国医国药 | 2005,(2):138 |
| 调畅气血从肝论治 | 李　丹 | 亚太传统医药 | 2005,(2):42 |
| 胸腹按诊的临床诊断方法 | 朱忠义 | 亚太传统医药 | 2005,(2):39 |
| 刃针疗法(1)——刃针疗法的历史渊源 | 田纪钧 | 中国针灸 | 2005,(2):71 |
| 《黄帝内经》饮食疗法探讨 | 范玉义等 | 河南中医学院学报 | 2005,(3):11 |
| 略论治病必求于本 | 刘晓宏 | 吉林中医药 | 2005,(3):7 |
| 理伤宜从气血津精论治 | 胡劲松 | 中医正骨 | 2005,(3):49 |
| 浅谈中医心理护理的辨证施护 | 白素云等 | 光明中医 | 2005,(4):19 |
| 《黄帝内经》“酒疗”思想述略 | 禄保平等 | 江苏中医药 | 2005,(4):42 |
| 从《黄帝内经》心理学谈心理治疗 | 宋光钧等 | 时珍国医国药 | 2005,(4):359 |
| “五劳所伤”与自我调节 | 万　青等 | 武当 | 2005,(4):58 |
| 试论《素问·热论》“可汗”、“可泄”——兼论“截断”、“扭转” | 李学麟 | 云南中医学院学报 | 2005,(4):12 |
| 扶正祛邪的思考与实践 | 闫平慧等 | 中国中医基础医学杂志 | 2005,(4):308 |
| 辨“就近祛邪”与“因势利导”之异同 | 昌炳如 | 中医研究 | 2005,(4):3 |
| “病痰饮者,当以温药和之”浅析 | 曲春园等 | 黑龙江中医药 | 2005,(5):6 |
| 中医护理的基本原则 | 陆凤仙 | 黑龙江中医药 | 2005,(5):46 |
| 顺应自然疗法略论 | 刘培英 | 内蒙古中医药 | 2005,(5):36 |
| 经络疗法治眼疾 | 杜竹林 | 双足与保健 | 2005,(6):20 |
| “治病必求于本”之“本”义浅识 | 文云星 | 河南中医 | 2005,(7):10 |
| “开鬼门洁净府” | 牛国莲 | 家庭中医药 | 2005,(7):10 |
| 中医鼻塞疗法 | 陈继岧 | 开卷有益·求医问药 | 2005,(7):53 |
| 《黄帝内经》刺络放血疗法探析 | 张　瑜等 | 陕西中医 | 2005,(7):703 |
| 《黄帝内经》中按摩与导引探微 | 彭旭明等 | 按摩与导引 | 2005,(8):2 |
| 浅谈咳嗽的七法六治 | 孙　钧 | 甘肃中医 | 2005,(8):2 |
| 腹部推拿的治疗作用理论探述 | 刘彦岭等 | 河北中医 | 2005,(8):610 |
| 祝由辩 | 孔晓明 | 中国中医基础医学杂志 | 2005,(8):572 |
| 浅析《内经》对饮食的认识及其影响 | 刘建武 | 中医药学刊 | 2005,(8):1444 |
| 通调水道考析 | 张效霞等 | 中医药学刊 | 2005,(9):1627 |

| | | | |
|---|---|---|---|
| 浅谈心理护理在辨证施护中的应用 | 韩卫丽 | 河北中医 | 2005,(10):784 |
| 中医试探法浅析 | 陈　丽等 | 吉林中医药 | 2005,(10):2 |
| 试论滋补肝肾是治疗缺血性脑卒中的重要法则 | 王新陆 | 山东中医杂志 | 2005,(10):579 |
| 情志相胜学说与中医医案中的心理治疗 | 张宇鹏等 | 中国中医基础医学杂志 | 2005,(10):728 |
| 中医情志疗法探析 | 吴红玲 | 中医药学刊 | 2005,(10):1863 |
| 浅谈穴位贴药疗法 | 崔小丽等 | 山西中医 | 2005,(S1):53 |
| “木郁达之”理论及临床意义研究 | 刘　超 | 中国优秀博硕士学位论文全文数据库(硕士)医药卫生科技辑 | 2005,(4):E056-17 |
| 《内经》情志相胜理论及其养生应用研究 | 韩晶杰 | 中国优秀博硕士学位论文全文数据库(博士)医药卫生科技辑 | 2005,(5):E056-1 |
| 百病皆在调气血 | 李万斌 | 中国优秀博硕士学位论文全文数据库(硕士)医药卫生科技辑 | 2005,(6):E056-4 |
| 中医心理治疗理法探析 | 张　纯等 | 第八次全国中西医结合虚证与老年医学学术研讨会论文集 | 2005:426 |
| “有故无殒,亦无殒也”探讨 | 金　真 | 第四届全国民族医药学术交流暨《中国民族医药杂志》创刊10周年庆典大会论文集 | 2005:211 |
| 谈谈中医的整体施护 | 陈　玲 | 河南省科普、五官、中西医结合护理学术会议资料汇编 | 2005:74 |
| 试谈“辨病与辨证相结合”的中医治疗思路模式 | 魏子孝 | 首届中医药发展国际论坛、首届中医药防治艾滋病国际研讨会和全国中医药科研院所长联谊会论文集 | 2005:334 |
| 《内经》疾病的治疗学思想 | 郑佑君 | 浙江省中医药学会2005年男科中医、中西医结合学术交流会资料汇编 | 2005:21 |
| 守病机,用古方论治男科病 | 郑佑君 | 浙江省中医药学会2005年男科中医、中西医结合学术交流会资料汇编 | 2005:16 |
| 头针治疗周围神经系统疾病原理的初步探讨 | 王东升等 | 针灸技术规范及学术发展研讨会论文集 | 2005:75 |
| 治病未必求其“本”论 | 郭瑶瑶 | 光明中医 | 2006,(2):17 |
| 张仲景运用《内经》因势利导治则探析 | 景　浩 | 辽宁中医药大学学报 | 2006,(2):41 |
| 《黄帝内经》艾灸疗法探析 | 肖元春等 | 上海中医药大学学报 | 2006,(2):12 |
| 治肝实脾浅诠 | 霍莉莉等 | 上海中医药杂志 | 2006,(2):44 |
| 治病求本应注重辨体论治 | 钱彦方 | 中国中医基础医学杂志 | 2006,(2):94 |
| 论“发表不远热” | 王瑞民等 | 中医研究 | 2006,(2):7 |
| 化不可待、阴阳自和是中医治病的特色 | 王昆文 | 国医论坛 | 2006,(3):46 |
| “治病求本”之“本”当为脾胃 | 陆昆雁 | 国医论坛 | 2006,(3):51 |
| 下法杂谈 | 张自华 | 河北医学 | 2006,(3):288 |
| 浅谈中医饮食疗法 | 张翠杰等 | 黑龙江中医药 | 2006,(3):31 |
| 《内经》特殊治疗思想探析 | 景　浩 | 辽宁中医杂志 | 2006,(3):280 |
| 《内经》治法探析 | 蒋　燕 | 辽宁中医杂志 | 2006,(3):282 |
| 更年之期重在补肾——补益肾气平衡阴阳 | 范旭阳 | 中医药学刊 | 2006,(3):511 |
| 《内经》治则初探 | 谢会长 | 中医药学刊 | 2006,(3):515 |
| 《内经》“气反”治则浅析 | 宫乐辉等 | 国医论坛 | 2006,(4):14 |

| | | | |
|---|---|---|---|
| 试论中医心理疗法与现代医学心理疗法的相通性 | 金　丽等 | 中华中医药杂志 | 2006,(4):251 |
| 中医治略与兵法三十六计举隅 | 陈　明 | 滨州学院学报 | 2006,(5):157 |
| 中医和胃思想初探 | 戴彦成等 | 辽宁中医药大学学报 | 2006,(5):20 |
| 谈《内经》因势利导治则的思想渊源 | 冯文林等 | 辽宁中医杂志 | 2006,(5):535 |
| 《黄帝内经》中的治则探讨 | 朱向东等 | 中医药信息 | 2006,(5):1 |
| 论中医反治原则“甚者从之” | 谢裕华 | 井冈山医专学报 | 2006,(6):49 |
| 刍议“食复”与“食养” | 田　露等 | 天津中医药 | 2006,(6):483 |
| 心理疏导疗法 | 张丽英等 | 中国社区医师(综合版) | 2006,(6):43 |
| 试论“祝由”之历史地位及现实意义 | 金　丽等 | 中华中医药杂志 | 2006,(6):326 |
| “治痿独取阳明”浅见 | 臧志萍 | 山东中医杂志 | 2006,(7):491 |
| 中医心理卫生及心理卫生疗法 | 韩洛川 | 陕西中医 | 2006,(7):831 |
| 试述中医情志护理 | 马　瑛 | 时珍国医国药 | 2006,(7):1366 |
| 浅谈活血化瘀与治未病 | 罗曰天 | 中国医药指南 | 2006,(7):75 |
| 妙趣横生的中医心理疗法 | 孙　凤等 | 中华养生保健 | 2006,(7):48 |
| 中医心理治疗管窥 | 张学真等 | 浙江中医杂志 | 2006,(8):450 |
| 夏季疗心八“最佳” | 邹新元 | 祝您健康 | 2006,(8):41 |
| 气反治法及其临床应用 | 张　铨 | 甘肃中医 | 2006,(9):27 |
| 辨证论治与辨机论治的思考 | 许建阳等 | 中国中医基础医学杂志 | 2006,(9):646 |
| 浅谈《内经》中针灸的时间疗法 | 白云来等 | 江西中医药 | 2006,(10):45 |
| 调理气机治则精义 | 刘世峰 | 亚太传统医药 | 2006,(10):39 |
| “药补不如食补”的饮食保健观 | 赵　霖 | 科学养生 | 2006,(11):16 |
| 中国音乐疗法的历史溯源 | 林惠芬 | 中国临床康复 | 2006,(11):156 |
| 试论“审察病机　无失气宜” | 刘永臣等 | 中医药学刊 | 2006,(11):2102 |
| 论《内经》“化不可代”的治疗思想及其意义 | 金光亮 | 中医杂志 | 2006,(11):864 |
| 浅析“陷下则灸之” | 孙敬青 | 中国针灸 | 2006,(12):904 |
| “冬病”为何要“夏治” | 风　儿 | 工会博览 | 2006,(16):53 |
| 雅韵怡情和乐平心:中医音乐治疗基础理论建构 | 朱　杰等 | 中国临床康复 | 2006,(23):160 |
| 热因热用治顽疾(下) | 李永红 | 医药养生保健报 | 2006.1.16 |
| 《内经》的药膳食疗四原则 | 黎敬波 | 中国中医药报 | 2006.10.20 |
| 虚则补之 | 黄衍强等 | 健康报 | 2006.10.26 |
| 《内经》的药膳食疗方法 | 黎敬波 | 中国中医药报 | 2006.10.30 |
| 《内经》方药的药膳食疗意义 | 黎敬波 | 中国中医药报 | 2006.11.17 |
| 中医四季食疗 | 赵　双等 | 2006全国时间生物医学学术会议论文集 | 2006:250 |
| 关于中医辨证与辨病的思考 | 杨　薇等 | 第一届全国中西医结合诊断学术会议论文选集 | 2006:276 |
| 《黄帝内经》对心理治疗本土化的影响 | 曹鸣岐 | 河南商业高等专科学校学报 | 2007,(1):97 |
| 管窥《内经》对非药物疗法的记述 | 郭　亮等 | 实用中医药杂志 | 2007,(1):58 |
| 《素问》“开腠理,致津液,通气也”之辨 | 张建敏等 | 福建中医药 | 2007,(2):53 |
| 中医反治法与顺势疗法 | 杨　光等 | 辽宁中医杂志 | 2007,(2):155 |
| 浅释“木郁达之” | 冯　磊等 | 世界中西医结合杂志 | 2007,(2):73 |
| 谈标本的意义和标本在治法中的运用 | 向春初 | 中国民族医药杂志 | 2007,(2):65 |
| 对于“扶阳气”“存阴液”的理解 | 赵国臣 | 甘肃中医 | 2007,(3):3 |
| 浅论“下法之苦寒泻下法” | 丰济民 | 黑龙江中医药 | 2007,(3):6 |
| 略论《内经》康复医学的辨证原则及其影响 | 徐如恩等 | 西南军医 | 2007,(3):100 |

| | | | |
|---|---|---|---|
| 五脏调养系列之五　调肾 | 刘逢军 | 养生大世界 | 2007,(3):36 |
| 病在冲任督带　治在肝肾气血 | 叶一萍等 | 浙江中医药大学学报 | 2007,(3):279 |
| 浅论《内经》的心理治疗 | 史永刚 | 世界中医药 | 2007,(4):236 |
| 试论"以平为期"的治疗理念 | 郝　斌等 | 中国中医药信息杂志 | 2007,(4):91 |
| "甚者从之"浅析 | 杨甫恬等 | 中医药临床杂志 | 2007,(4):338 |
| 化湿法理论的历史沿革 | 胡建鹏 | 安徽中医学院学报 | 2007,(5):1 |
| 论繁木治痰 | 韩红伟等 | 陕西中医 | 2007,(5):638 |
| "土郁夺之"治则探析 | 徐玉锦 | 四川中医 | 2007,(5):25 |
| 浅谈辨证论治与辨病论治 | 刘　琳等 | 亚太传统医药 | 2007,(5):22 |
| "治痿者独取阳明"浅议 | 谭　涛 | 中医药导报 | 2007,(5):14 |
| 浅谈补虚须防致实 | 王晓蕊等 | 辽宁中医药大学学报 | 2007,(6):27 |
| 标本中气治则浅析 | 李　星 | 中华中医药学刊 | 2007,(6):1220 |
| "治病求本"探微 | 周少林 | 中医教育 | 2007,(6):62 |
| 读《黄帝内经》话食疗 | 孙艳玲等 | 吉林中医药 | 2007,(7):39 |
| 治咳不必定用止咳药——读《黄帝内经》心得 | 张文青 | 甘肃中医 | 2007,(8):38 |
| 略谈"治肝当先实脾"与肝病治疗 | 马文良等 | 光明中医 | 2007,(8):1 |
| 谈老年肾衰重在调补脾肾 | 王　颖 | 中国民间疗法 | 2007,(8):3 |
| 对中医审机定治的体会 | 许　海 | 中医杂志 | 2007,(8):760 |
| 祝由述要 | 何清平等 | 河北中医 | 2007,(9):831 |
| 《黄帝内经》对和法的奠基作用 | 胡永军等 | 中华中医药学刊 | 2007,(9):1940 |
| 论中医情志及情志疗法 | 周　杰等 | 陕西中医 | 2007,(10):1359 |
| 心平气和是一药 | 温长路 | 中华养生保健 | 2007,(10):33 |
| 论"间者并行、甚者独行"在《伤寒论》中的应用 | 安艳秋等 | 中医研究 | 2007,(12):2 |
| 饮醋对脂代谢的影响研究 | 刘君雯等 | 现代预防医学 | 2007,(17):3291 |
| 探《内经》"五态"人与治 | 刘卫平 | 现代中西医结合杂志 | 2007,(22):3157 |
| 试论中医治疗法则 | 杜青云等 | 中国社区医师(综合版) | 2007,(24):147 |
| 小议"肝胃同病"与"肝胃同治" | 焦河玲等 | 中国医药导报 | 2007,(26):152 |
| 治病求本　补土滋阴 | 廖仲付 | 中国中医药报 | 2007. 5. 14 |
| 知常达变 | 任秀玲 | 中国中医药报 | 2007. 8. 15 |
| 过忧伤肺　以喜胜忧 | 薛明新等 | 健康报 | 2007. 11. 22 |
| 过思伤脾　以怒胜思 | 薛明新等 | 健康报 | 2007. 12. 20 |
| 《内经》治则治法学说的渊源与形成研究 | 冯文林 | 中国优秀博硕士学位论文全文数据库(博士)医药卫生科技辑 | 2007,(6):E056－1 |
| 古代中医食疗理法研究 | 刘哲峰 | 中国优秀博硕士学位论文全文数据库(博士)医药卫生科技辑 | 2007,(6):E056－7 |
| 宋以前食养食疗的研究 | 郤丽萍 | 中国优秀博硕士学位论文全文数据库(硕士)医药卫生科技辑 | 2007,(6):E056－13 |
| 论"和其不和" | 程时杰等 | 第三届世界中西医结合大会论文摘要集 | 2007:654 |
| 活血化瘀治疗胸痹心痛源流考 | 邱海丽等 | 国际血瘀证及活血化瘀研究学术大会—中西医结合防治循环系统疾病高层论坛论文集 | 2007:328 |

| | | | |
|---|---|---|---|
| 中医"和胃"思想初探 | 戴彦成等 | 中国中西医结合第十九次全国消化病学术会议暨国家级中西医结合消化疾病新进展学习班论文汇编 | 2007:435 |
| "火郁发之"的基本内涵 | 李德顺 | 湖北中医学院学报 | 2008,(1):25 |
| 中医心理疗法 | 马必生 | 环球中医药 | 2008,(1):36 |
| "时必顺之"与五郁之治 | 秦绍林等 | 上海中医药杂志 | 2008,(1):52 |
| 音乐与足疗 | 徐亚珍 | 双足与保健 | 2008,(1):20 |
| 因时制宜,其义有三 | 韩红伟等 | 四川中医 | 2008,(1):43 |
| "治病必求于本"探微 | 金香兰 | 中国中医基础医学杂志 | 2008,(1):17 |
| 《内经》关于汗出的论述 | 李海英 | 河北中医 | 2008,(2):188 |
| 论"火郁发之" | 郑彩华等 | 河北中医 | 2008,(2):184 |
| "火郁发之"探微 | 陈　曦等 | 中国中医基础医学杂志 | 2008,(2):89 |
| 论气机互调是情志相胜疗法的基本机理 | 金光亮 | 中医杂志 | 2008,(2):104 |
| 浅谈调气以治心 | 刘军明等 | 时珍国医国药 | 2008,(3):748 |
| 论补法 | 何　任 | 浙江中医药大学学报 | 2008,(3):315 |
| 对"有其本而求之于标"的理解及应用体会 | 郝现军等 | 浙江中医杂志 | 2008,(3):145 |
| "冬不按跻"辨正 | 迮　侃等 | 中医文献杂志 | 2008,(3):18 |
| 虚实补泻五论 | 张大明 | 中医药临床杂志 | 2008,(3):233 |
| 论眼病治火 | 肖家翔 | 中医药通报 | 2008,(3):33 |
| 中医心理疗法探析 | 申艳红 | 中医杂志 | 2008,(3):284 |
| 《黄帝内经》情志疗法初探 | 陈　涛等 | 贵阳中医学院学报 | 2008,(4):1 |
| 祝由与肝病的心理治疗 | 张智勤 | 河北中医 | 2008,(4):375 |
| 浅谈扶正疏肝 | 吴桂熙 | 黑龙江中医药 | 2008,(4):3 |
| 治痿"非"独取阳明之我见 | 金镇尚等 | 吉林中医药 | 2008,(4):240 |
| 中医食疗的理论与应用 | 王会梅等 | 辽宁中医药大学学报 | 2008,(4):69 |
| 略论小儿五脏辨证与五脏补泻法源流 | 李　洁等 | 山西中医 | 2008,(4):42 |
| 热证胸痹补气探讨 | 彭　敏 | 中国中医药信息杂志 | 2008,(4):97 |
| 眼针疗法的理论基础探讨 | 王鹏琴等 | 中华中医药学刊 | 2008,(4):700 |
| 简述祝由术的历史沿革 | 苏　姗等 | 中医药文化 | 2008,(4):55 |
| 天人相应理论与冬病夏治 | 刘品祥等 | 北京中医药大学学报(中医临床版) | 2008,(5):31 |
| "治痿独取阳明"刍议 | 何婷婷等 | 吉林中医药 | 2008,(5):322 |
| 浅谈"治痿独取阳明" | 张宏如等 | 江苏中医药 | 2008,(5):79 |
| 《内经》导气法的研究及临床应用 | 何俊景等 | 江西中医药 | 2008,(5):5 |
| 历代脾胃学说对中医"食疗"发展的影响 | 臧　鑫 | 光明中医 | 2008,(6):888 |
| 《内经》"火郁发之"内涵和实践价值 | 胡一莉 | 中华中医药学刊 | 2008,(6):1150 |
| 养阴血与产后"治未病" | 王金亮等 | 中医药临床杂志 | 2008,(6):571 |
| 《内经》因人制宜思想探究 | 李志更等 | 辽宁中医杂志 | 2008,(7):997 |
| "用寒远寒"小议 | 秦绍林等 | 中国中医基础医学杂志 | 2008,(7):491 |
| 浅谈妇科之"汗" | 何凤玲 | 甘肃中医 | 2008,(8):36 |
| "化不可代,时不可违"之我见 | 倪卫东 | 河南中医 | 2008,(8):11 |
| 论火郁发之 | 袁红霞等 | 辽宁中医杂志 | 2008,(8):1143 |
| 《内经》和法的含义及其分类初探 | 叶庆莲 | 中国中医基础医学杂志 | 2008,(8):573 |
| "胃脘胀满"之下法治疗探源 | 陈　宏等 | 光明中医 | 2008,(9):1266 |
| 论"血实宜决之" | 肖亚新等 | 河北中医 | 2008,(9):999 |
| 《内经》情志调摄之管见 | 张凤芹 | 实用中医内科杂志 | 2008,(9):9 |

| | | | |
|---|---|---|---|
| “散者收之”浅析 | 朱宣明等 | 中国实用医药 | 2008,(9):56 |
| 《内经》和法的重要特点——自和 | 孙　榕等 | 江苏中医药 | 2008,(10):14 |
| 中医治火原则初探 | 熊兴江 | 江苏中医药 | 2008,(10):18 |
| 浅谈扶阳思想在营养学气味学说中的应用 | 羊长青等 | 山西中医 | 2008,(10):49 |
| 浅析“有故无殒,亦无殒也” | 傅金英等 | 四川中医 | 2008,(10):40 |
| 论临床中通畅气机的重要作用 | 于　玲 | 四川中医 | 2008,(10):24 |
| “祝由”的内涵实质及作用 | 何　幽等 | 医学与哲学（人文社会医学版） | 2008,(10):74 |
| “治痿独取阳明”之我见 | 马　丽等 | 光明中医 | 2008,(11):1797 |
| 对“取之阴”“取之阳”的思考 | 陈琦敏等 | 辽宁中医药大学学报 | 2008,(11):44 |
| 中国古代心理疗法的形成及其发展 | 杨卫东等 | 山东中医杂志 | 2008,(11):726 |
| 女性调补小议 | 李金菩 | 中国中医药信息杂志 | 2008,(12):101 |
| 从脾论治临证探微 | 邹正荣 | 现代中西医结合杂志 | 2008,(22):3481 |
| 临证心悟之辨证施治重脾胃 | 张兴国等 | 中国医药导报 | 2008,(32):54 |
| “惊者平之”与“冲击疗法” | 庞景三 | 中国中医药报 | 2008.1.4 |
| 中医治心病:惊者平之 | 王金山 | 上海中医药报 | 2008.2.29 |
| 天人相应解春困 | 倪项根 | 中国中医药报 | 2008.3.28 |
| 治病求本　本于病机 | 孟琳升 | 中国中医药报 | 2008.3.28 |
| 管窥《内经》非药物疗法 | 郭　亮等 | 中国中医药报 | 2008.5.30 |
| 正治　权变议汗法 | 陈昌宝等 | 中国中医药报 | 2008.7.2 |
| 《黄帝内经》心理疗法及后世运用研究 | 霍　磊 | 中国优秀博硕士学位论文全文数据库（硕士）医药卫生科技辑 | 2008,(1):E056－1 |
| 中医阴阳调理理论与亚健康相关性的研究 | 吴　桐 | 中国优秀博硕士学位论文全文数据库（硕士）医药卫生科技辑 | 2008,(2):E056－28 |
| 刮痧与免疫 | 李　松 | 2008全国砭石与刮痧疗法学术交流大会论文汇编 | 2008:183 |
| 论“火郁发之” | 王继第等 | 山东中医杂志 | 2009,(1):9 |
| 《黄帝内经》中精神心理调养法探秘 | 高晓静等 | 时珍国医国药 | 2009,(1):236 |
| 《内经》和法特点初探 | 孙　榕 | 时珍国医国药 | 2009,(1):249 |
| 《黄帝内经》心理情绪疗法探析 | 赵　博等 | 中华中医药杂志 | 2009,(1):21 |
| 浅谈中医心理治疗的历史源流 | 贺兴波等 | 贵阳中医学院学报 | 2009,(2):73 |
| “水郁折之”探微 | 龚　谨等 | 江西中医学院学报 | 2009,(2):15 |
| 浅论《内经》中人文关怀精神在“因人制宜”中的体现及意义 | 刘亚果等 | 黑龙江中医药 | 2009,(3):2 |
| 治标得本与治病求本 | 张德英等 | 江苏中医药 | 2009,(3):66 |
| 治聋不忘宣肺浅析 | 赵晶晶等 | 新中医 | 2009,(3):114 |
| 甘温除热法小议 | 王雪利等 | 中国中医急症 | 2009,(4):645 |
| 对通因通用法的认识 | 俞宜年等 | 中华中医药杂志 | 2009,(4):482 |
| 浅谈心理调养对现代生活的意义 | 金记平 | 成功（教育） | 2009,(5):200 |
| 浅谈“避其毒气” | 姚晓玲等 | 河南中医 | 2009,(5):435 |
| 从《内经》、《乐记》浅析古代音乐治疗思想 | 周月霞 | 西南大学学报（社会科学版） | 2009,(5):210 |
| 孙子兵法与中医治则治法理论的类比探讨 | 雷　媛等 | 光明中医 | 2009,(6):1016 |
| 《内经》防治情志病证理论的科学内涵探讨 | 马月香 | 山西中医 | 2009,(6):1 |

| | | | |
|---|---|---|---|
| 论情志疗法及机理 | 周　杰等 | 时珍国医国药 | 2009,(6):1558 |
| 谈原生态外治疗法对《内经》理论体系建构的影响 | 李翠娟等 | 现代中医药 | 2009,(6):55 |
| 《伤寒论》中《内经》标本逆从的应用 | 刘彦君 | 陕西中医 | 2009,(7):903 |
| 火郁发之与未病先防 | 王　硕等 | 时珍国医国药 | 2009,(7):1813 |
| 外科的阴阳辨证 | 陈忠明等 | 光明中医 | 2009,(8):1551 |
| 《内经》治病求本治则的研究 | 申秀云 | 光明中医 | 2009,(10):1854 |
| 《内经》汗法理论溯源 | 田丙坤等 | 中国中医基础医学杂志 | 2009,(10):730 |
| 《黄帝内经》与《伤寒杂病论》"因时制宜"思想探求 | 陈洋子等 | 中华中医药杂志 | 2009,(S1):89 |
| 近现代"因时制宜"研究进展 | 杨文婷等 | 中华中医药杂志 | 2009,(S1):84 |
| 顺应时令"润木"养肝 | 桑雪玫 | 中国老年报 | 2009.3.24 |

## (七)养生及治未病思想研究

| | | | |
|---|---|---|---|
| 关于"不治已病治未病" | 田成庆 | 江西中医药 | 1955,(6):43 |
| 从卫生观点上看中国医学预防上的伟大成就 | 刘甫白 | 中医杂志 | 1955,(11):55 |
| 《内经》中的"七损八益"的疑义待商 | 蒋劲柏 | 浙江中医杂志 | 1957,(4) |
| 我对"七损八益"的体会 | 江静波 | 浙江中医杂志 | 1957,(7) |
| 中国古典医学里"预防""养生"和有关"疗养"的资料(二) | 耿鉴庭 | 中国医刊 | 1957,(11):61 |
| 我对七损八益二者可调的一点体会 | 雨　人 | 浙江中医杂志 | 1957,(12) |
| 我也谈谈"七损八益"一问的商榷 | 蒋劲柏 | 浙江中医杂志 | 1957,(12) |
| 我对"七损八益"的看法和商榷 | 胡健公 | 浙江中医杂志 | 1957,(12) |
| 对诠注七损八益各明辨的补充 | 王邈达 | 浙江中医杂志 | 1957,(12) |
| 《内经·上古天真论》的内容实质 | 俞长荣 | 福建中医药 | 1958,(7):4 |
| 从《内经》来看祖国医学的预防思想 | 赵勋举 | 江苏中医药 | 1958,(9):36 |
| 预防为主的哲学思想 | 冯天水 | 北京大学学报(医学版) | 1960,(2):85 |
| 祖国医学对却病延年的研究 | 志　明 | 华中科技大学学报(医学版) | 1960,(2):143 |
| 对祖国医学中"摄生"的几点认识 | 俞昌正 | 中医杂志 | 1960,(4):68 |
| 我对七损八益的蠡见 | 谢天心 | 辽宁中医杂志 | 1960,(7):32 |
| 《素问》"七损八益"应该怎样理解 | 蒋劲柏 | 江苏中医药 | 1964,(7):39 |
| 对祖国医学关于摄生保健的体会 | 魏长春 | 浙江中医药大学学报 | 1978,(1):7 |
| 《内经》的防老思想初探 | 班秀文 | 广西中医药 | 1979,(1):4 |
| 学习《内经》对于养生学的认识 | 朱　钧 | 贵阳中医学院学报 | 1980,(3):6 |
| 浅谈《内经》中防病保健抗衰老的唯物主义观 | 李兴民 | 陕西中医 | 1980,(3):36 |
| 古人谈养生与长寿 | 孙民治 | 体育博览 | 1980,(3):47 |
| 老年摄生须知 | 鲁峨山 | 江苏中医药 | 1980,(5):45 |
| 祖国医学中的予防思想 | 张　斌 | 内蒙古医学院学报 | 1981,(1):220 |
| 祖国医学的保健学说 | 赵　棻 | 新中医 | 1981,(1):56 |
| 《内经》论长寿 | 项　平 | 江苏中医药 | 1981,(3):63 |
| 优生之道——浅谈中医宝藏中的健身与子嗣 | 王耀廷 | 人口学刊 | 1981,(3):60 |
| 我国营养学科的回顾与展望——早期营养研究成就 | 侯祥川 | 营养学报 | 1981,(4):201 |
| 浅谈祖国医学的摄生保健 | 王著础 | 福建中医药 | 1981,(5):33 |

| | | | |
|---|---|---|---|
| 学习《内经》对饮食与疾病的认识 | 彭显秀 | 湖北中医杂志 | 1981,(5):55 |
| 祖国医学论健康长寿 | 赵鸿云 | 湖北中医杂志 | 1981,(6):48 |
| 试论《内经》的防治学思想 | 俞长荣 | 福建中医药 | 1982,(1):2 |
| 谈谈中医的预防医学 | 黄祥续等 | 广西中医药 | 1982,(1):16 |
| 气候与养生 | 赵嘉俊 | 陕西气象 | 1982,(1):20 |
| 关于健康与长寿的探索 | 邱幸凡 | 成都中医药大学学报 | 1982,(2):8 |
| 《内经》对养生保健说的简介 | 杨希贤 | 福建中医药 | 1982,(2):21 |
| 肾精与防老 | 李达祥 | 山东医学高等专科学校学报 | 1982,(2):179 |
| 也谈"春夏养阳,秋冬养阴" | 余国俊 | 陕西中医 | 1982,(2):44 |
| 衰老与营养 | 郭　珍等 | 中国老年学杂志 | 1982,(2):51 |
| 长寿初探 | 王同立 | 中医药学报 | 1982,(3):22 |
| 浅谈摄生——学习《内经》札记 | 夏日勋 | 河北中医 | 1982,(4):9 |
| 浅析《内经》摄生理论中的辩证法思想 | 张曼诚 | 贵阳中医学院学报 | 1982,(4):53 |
| 衰老与免疫学 | Walford RL 等 | 国外医学．老年医学分册 | 1982,(4):30 |
| "春夏养阳、秋冬养阴"之我见 | 黄明贵 | 湖北中医杂志 | 1982,(6):32 |
| 祖国医学抗老延龄问题初探 | 姚培发等 | 上海中医药杂志 | 1982,(6):2 |
| 学习祖国医学探讨衰老原因 | 朱志明 | 新中医 | 1983,(1):57 |
| 七损八益之我见 | 高　沛 | 中医药学报 | 1983,(1):26 |
| 针灸与益寿 | 虞孝贞 | 上海针灸杂志 | 1983,(3):46 |
| 补肾与抗老延寿初探 | 杜光明 | 云南中医中药杂志 | 1983,(3):1 |
| "春夏养阳,秋冬养阴"浅识 | 柯新桥 | 中医药学报 | 1983,(3):19 |
| "七损八益"析疑 | 黄广元 | 广西中医药 | 1983,(4):16 |
| 也谈"春夏养阳、秋冬养阴" | 王与贤 | 山东中医药大学学报 | 1983,(4):44 |
| 免疫与抗老延寿 | 刘正才 | 广东医学 | 1983,(5):25 |
| 对"老而衰"的不同看法 | 孙祝岳 | 辽宁中医杂志 | 1983,(5):6 |
| 浅谈中医饮食护理 | 常荀若 | 云南医药 | 1983,(5):313 |
| 《内经》养生的探讨(摘要) | 戴西湖 | 福建中医药 | 1983,(6):10 |
| 浅谈《内经》中饮食致病 | 黄志杰 | 湖北中医杂志 | 1983,(6):50 |
| 关于张景岳长寿学说之探讨 | 陆文彬 | 辽宁中医杂志 | 1983,(7):32 |
| 论《内经》养生学说的特点 | 黄爱萍 | 新中医 | 1983,(8):13 |
| "老而衰"与"衰而老"是两个不同的概念——答孙祝岳同志 | 张觉人 | 辽宁中医杂志 | 1983,(12):47 |
| 也谈"老而衰"的不同看法 | 周香来 | 辽宁中医杂志 | 1983,(12):47 |
| 颐养理疾崇恬憺 | 达美君等 | 上海中医药杂志 | 1983,(12):30 |
| 中医口齿保健与抗衰防老 | 徐国榕 | 安徽中医学院学报 | 1984,(1):14 |
| 论养生"三宝" | 徐湘亭 | 江苏中医药 | 1984,(1):1 |
| 中医养生学雏议 | 吴家骏 | 云南中医学院学报 | 1984,(1):3 |
| 略论《内经》的养生成就及贡献 | 周安方 | 湖北中医杂志 | 1984,(3):1 |
| 如何理解《内经》的"七损八益" | 王明辉 | 江苏中医药 | 1984,(3):42 |
| 善补百岁应有余 | 史方奇 | 四川中医 | 1984,(4):26 |
| 浅析《内经》中的养生思想 | 于　铁 | 现代医学 | 1984,(6):360 |
| 略谈对中医药防治衰老 | 杨志仁 | 新中医 | 1984,(6):11 |
| 浅谈中医学的预防思想 | 廖福义 | 医学与哲学(人文社会医学版) | 1984,(7):56 |
| 从祖国医学养生学探讨老年病的防治 | 邱友文 | 湖北中医杂志 | 1985,(1):47 |

| | | | |
|---|---|---|---|
| 药膳与益寿 | 吴仁贵 | 华南国防医学杂志 | 1985,(1):78 |
| 浅析《内经》有关衰老的机理 | 杜光明 | 云南中医学院学报 | 1985,(1):5 |
| 浅述仲景"治未病"的理论渊源与实践 | 伍楚雄 | 中医药学报 | 1985,(1):14 |
| 社会因素对我国古代老年人身心健康影响的探讨 | 吕再生 | 南京中医药大学学报（自然科学版） | 1985,(2):44 |
| 试论中医的"节欲"思想 | 贝润浦 | 山东中医杂志 | 1985,(2):5 |
| 中医抗老 | 孟昭威 | 中医药信息 | 1985,(2):28 |
| 《内经》养生学的基本观念 | 郭仲夫 | 成都中医药大学学报 | 1985,(3):48 |
| 中医药抗老益寿之研讨 | 肖佐桃 | 湖南中医学院学报 | 1985,(3):1 |
| 养生是中医学的重要内容 | 吉良晨 | 中医药信息 | 1985,(3):30 |
| 健康长寿与太极拳 | 吴图尚 | 北京中医 | 1985,(4):51 |
| 浅谈延年益寿 | 倪宣化 | 四川中医 | 1985,(4):7 |
| 中医延年学说概述 | 宋知行 | 云南中医中药杂志 | 1985,(4):56 |
| 谈中医的养生之道 | 王雨亭 | 中医药学报 | 1985,(4):1 |
| 浅谈仲景治未病学术思想 | 汪钟浩等 | 四川中医 | 1985,(9):2 |
| 略论古代养生源流及房内导引 | 杨沛煊 | 贵阳中医学院学报 | 1986,(3):13 |
| 也谈《也谈"春夏养阳、秋冬养阴"》 | 王同卿 | 山东中医药大学学报 | 1986,(3):65 |
| 治未病浅识 | 张明基 | 山东中医杂志 | 1986,(3):5 |
| 谈谈中医时间养生学 | 祝跃平 | 浙江中医学院学报 | 1986,(3):48 |
| 浅谈《内经》养生学思想 | 谭　瑛 | 安徽中医学院学报 | 1986,(4):23 |
| 论食养学派及其学术思想 | 涂晋文 | 上海中医药杂志 | 1986,(4):10 |
| 浅谈中医"治未病" | 王玉琴 | 中医药学报 | 1986,(4):52 |
| 养生抗老 | 袁立新 | 现代中医药 | 1986,(5):51 |
| 祖国医学的抗衰老理论及其药疗原则 | 范德荣 | 福建中医药 | 1986,(6):9 |
| 漫谈中医养生 | 张世英 | 黑龙江中医药 | 1986,(6):15 |
| 古法养生十三则 | 闵小良 | 陕西中医 | 1986,(6):186 |
| 《黄帝内经》和希波克拉第养生的比较研究 | 罗时铭 | 体育文化导刊 | 1986,(6):23 |
| 《黄帝内经》养生之道浅探 | 陈应伯 | 四川中医 | 1986,(7):3 |
| 也谈如何理解《内经》的"七损八益" | 张宗栋 | 江苏中医药 | 1986,(8):45 |
| 浅谈《内经》养生学的时间特性 | 程士德 | 中医杂志 | 1986,(9):54 |
| 略论《内经》的老年医学理论与养生方法 | 赵立诚 | 广州中医药大学学报 | 1986,(Z1):25 |
| 对《内经》"春夏养阳、秋冬养阴"法的探讨——谈《内经》法时而治思想 | 郭钦岱 | 黑龙江中医药 | 1987,(1):15 |
| 《黄帝内经》和希波克拉第养生的比较研究 | 罗时铭 | 体育科学 | 1987,(1):11 |
| 谈谈祖国医学的防病思想 | 陈学志 | 中医药学刊 | 1987,(1):35 |
| 养生康复学的历史回顾和现实意义 | 李　滨 | 中医药信息 | 1987,(2):1 |
| 对《内经》有关衰老机制论述的探讨 | 博杰英 | 广州中医药大学学报 | 1987,(3):13 |
| 略谈形神理论与健康长寿 | 孙溥泉 | 内蒙古中医药 | 1987,(4):34 |
| 中医未病学小议 | 雷正荣 | 实用中医药杂志 | 1987,(4):10 |
| 忧伤损寿　豁畅延年 | 郭崇武 | 现代中医药 | 1987,(4):50 |
| 诸子尚调神修德对《内经》养生思想的影响 | 李　雁等 | 中医药学报 | 1987,(5):9 |
| 略论中医的摄生观 | 刘树新 | 中医药学刊 | 1987,(5):22 |
| 《内经》脾胃与长寿的初探 | 刘少明 | 陕西中医 | 1987,(7):49 |
| 寿义健康考 | 高伯正 | 陕西中医 | 1987,(9):48 |
| 《内经》养生观和《道德经》的共通处 | 罗光第 | 按摩与导引 | 1988,(1):9 |
| 中国古代养生体育的表现形式及其特点 | 林思桐 | 西安体育学院学报 | 1988,(1):82 |

| | | | |
|---|---|---|---|
| 谈“春夏养阳、秋冬养阴” | 张学增等 | 山东中医杂志 | 1988,(1):10 |
| 中医养生学说初探 | 胡步虚 | 陕西中医 | 1988,(1):33 |
| 衰老原因与脾胃关系初探 | 李　镤 | 天津中医学院学报 | 1988,(1):1 |
| 先秦养生思想与《内经》 | 梁昆生 | 云南中医学院学报 | 1988,(1):12 |
| 中医养生学的重要一环——心理保健 | 习俊峰 | 云南中医中药杂志 | 1988,(1):42 |
| “不治已病治未病”辨析的启示 | 余　念 | 甘肃中医学院学报 | 1988,(3):29 |
| 中医学对衰老与抗衰延寿的认识 | 洪治平 | 辽宁中医杂志 | 1988,(3):40 |
| 谈中医养生之模式 | 徐世祥 | 中医杂志 | 1988,(3):70 |
| “冬伤于寒,春必温病”析疑 | 陈　奇 | 江西中医药 | 1988,(4):54 |
| “治未病”学术思想浅谈 | 焦树德 | 新中医 | 1988,(4):13 |
| 抗衰长寿与服气疗病 | 郭振球 | 中医药学报 | 1988,(4):1 |
| 《内经》因时养生思想初探 | 余新华 | 湖北中医杂志 | 1988,(5):28 |
| 中医养生康复学之研究(一) | 郭振球 | 山西中医 | 1988,(5):1 |
| 祖国医学论房中保健 | 董少萍 | 中医药信息 | 1988,(5):12 |
| 从《内经》看养生学的形成 | 李佃贵 | 河北中医 | 1988,(6):40 |
| 中医养生康复学之研究(二) | 郭振球 | 山西中医 | 1988,(6):3 |
| 养生长寿之路 | 朱鹏飞 | 浙江中医学院学报 | 1988,(6):51 |
| 养生要诀在节劳 | 赵友琴 | 上海中医药杂志 | 1988,(8):44 |
| “古汉养生精”的理论依据及其效用 | 申甲球 | 中国中药杂志 | 1988,(8):60 |
| 略论儒家思想对养生学说的影响 | 陈文国 | 上海中医药杂志 | 1988,(9):37 |
| 中医养生康复学之研究(三) | 郭振球 | 山西中医 | 1989,(1):11 |
| “移情易性”与养生初探 | 王占彬 | 四川中医 | 1989,(1):8 |
| 从现代医学模式的转变看祖国医学“以防为主”理论的正确性 | 任晓东 | 天津中医学院学报 | 1989,(1):3 |
| 《内经》养生学说与心理卫生浅论 | 李济仁等 | 皖南医学院学报 | 1989,(1):38 |
| 读《内经》谈养生 | 冯鹤鸣 | 浙江中医药大学学报 | 1989,(1):53 |
| 浅谈“摄生”观 | 王少锦 | 中医药学刊 | 1989,(1):5 |
| “法于阴阳,和于术数”之我见 | 漆　浩 | 安徽中医学院学报 | 1989,(2):15 |
| 养生与健康——对《内经》养生法的初探 | 王津慧 | 青海医学院学报 | 1989,(2):68 |
| 肾气实质与保健长寿的探讨 | 陈思平 | 陕西中医学院学报 | 1989,(2):7 |
| 从中医养生谈高血压病的预防 | 周光楷 | 中国康复医学杂志 | 1989,(2):33 |
| 中医老年摄生法简介(上) | 吴锦洪 | 中医药临床杂志 | 1989,(2):58 |
| 魏晋南北朝时期的养生思想与方法 | 赵友琴 | 南京中医药大学学报(自然科学版) | 1989,(3):45 |
| 抗衰防老与中医药 | 黄体忠 | 南京中医药大学学报(自然科学版) | 1989,(3):43 |
| 小议治未病与防邪陷 | 张心夷 | 山东中医杂志 | 1989,(3):4 |
| 论脾肾在养生防病中的重要作用 | 陈宝明 | 中医药研究 | 1989,(3):19 |
| 浅谈《内经》中的时间养生学 | 邓　沂等 | 甘肃中医学院学报 | 1989,(4):19 |
| 《周易》与中医的预防思想 | 陈大舜等 | 湖南中医学院学报 | 1989,(4):169 |
| 《内经》治则及养生学说概述 | 项　祺 | 山西中医 | 1989,(4):49 |
| 四季养生法 | 朱鹏飞 | 浙江中医药大学学报 | 1989,(4):51 |
| 浅谈《内经》的养生法 | 吴　侠 | 中医药学刊 | 1989,(4):13 |
| 试论“形神共养”是中医养生和康复的基本原则 | 刘承才等 | 山东中医药大学学报 | 1989,(5):7 |
| 《黄帝内经》中气功养生述要 | 苏文海 | 陕西中医 | 1989,(5):233 |
| 中医“恬惔虚无”式养生思想的局限性 | 韩运帷 | 中医药学报 | 1989,(6):19 |

| | | | |
|---|---|---|---|
| 浅谈《内经》养生法 | 吴　侠 | 中医药学刊 | 1989,(6):9 |
| 壮乡医话——春夏养阳,秋冬养阴 | 班秀文 | 广西中医药 | 1990,(1):32 |
| 试论《易传》与《内经》的养生观 | 徐　泽等 | 国医论坛 | 1990,(1):13 |
| "七损八益"之争议 | 李国卿等 | 吉林中医药 | 1990,(1):44 |
| 恽铁樵论七损八益 | 董其圣 | 江苏中医药 | 1990,(1):33 |
| 《周易》养生学思想及其影响 | 刘正才 | 山东中医药大学学报 | 1990,(1):11 |
| 中医养生学浅说 | 易　虎 | 实用中医药杂志 | 1990,(1):40 |
| "治未病"学说的形成及发展 | 张苏颖 | 浙江中医药大学学报 | 1990,(1):40 |
| 试论"食饮有节"与中医养生 | 俞承烈等 | 中医药临床杂志 | 1990,(1):60 |
| 试论李杲"养生当实元气"的预防保健思想 | 王三虎 | 中医药临床杂志 | 1990,(1):57 |
| "身年虽寿"浅释 | 贾春宝等 | 中医药学刊 | 1990,(1):4 |
| 气功与中医养生之道 | 陈运祯 | 蚌埠医学院学报 | 1990,(2):132 |
| 先秦道家思想对中医养生学的影响 | 段振离 | 国医论坛 | 1990,(3):18 |
| 《内经》未病医学探析 | 钱彦方 | 陕西中医 | 1990,(3):140 |
| 度与《内经》养生小议 | 李志安 | 陕西中医学院学报 | 1990,(3):16 |
| 对"春夏养阳,秋冬养阴"的理解和运用 | 李若萍 | 新疆中医药 | 1990,(3):29 |
| 试论《内经》养生学说对预防医学的贡献 | 黄道金等 | 海南医学 | 1990,(4):53 |
| 气血与衰老 | 颜德馨等 | 江苏中医药 | 1990,(4):27 |
| 对"春夏养阳,秋冬养阴"法刍论 | 刘玉坤 | 新疆中医药 | 1990,(4):15 |
| 祖国医学情志中和养生思想初探 | 邓占明 | 中医药学报 | 1990,(4):13 |
| "春夏养阳,秋冬养阴"如何应用的讨论 | 程士德等 | 中医杂志 | 1990,(4):4 |
| "春夏养阳,秋冬养阴"别解 | 王沁凯 | 吉林中医药 | 1990,(5):45 |
| 也谈"春夏养阳,秋冬养阴" | 袁今奇 | 吉林中医药 | 1990,(5):46 |
| 《内经》的养生防病观浅探 | 朱方石 | 浙江中医药大学学报 | 1990,(5):52 |
| 论男子保精养生 | 秦国政 | 新中医 | 1990,(8):2 |
| 论古代养生之道与哲学思想 | 姚培发 | 上海中医药杂志 | 1990,(11):40 |
| 《内经》四季养生观初探 | 夏正明 | 中医药临床杂志 | 1991,(1):54 |
| 养生与康复的关系 | 刘悫文 | 辽宁中医杂志 | 1991,(2):4 |
| 略论祖国传统性医学的养生观 | 谢建军等 | 山东中医药大学学报 | 1991,(3):2 |
| 浅谈"治未病" | 朱玉真等 | 菏泽医学专科学校学报 | 1991,(4):30 |
| 中医对衰老的认识与实践 | 孙　桐 | 南京中医药大学学报（自然科学版） | 1991,(4):245 |
| 健康与长寿十大因素之探讨 | 张宝富 | 蛇志 | 1991,(4):30 |
| 略论养神为养生之首务 | 刘燕平 | 广西中医药 | 1991,(5):227 |
| 《内经》养生浅说 | 李　忠 | 四川中医 | 1991,(5):11 |
| 论调神保精益寿 | 曾昭明 | 广西中医药 | 1991,(6):267 |
| 论脾胃在抗衰老中的重要作用 | 郭晓峰 | 山西中医 | 1991,(6):2 |
| 略论七情致病与养生保健 | 盛　辉 | 浙江中医药大学学报 | 1991,(6):45 |
| 浅谈《内经》的预防思想 | 王伟杰 | 中医药学刊 | 1991,(6):3 |
| 刍谈四时调神养生法 | 孙　相等 | 陕西中医 | 1991,(7):334 |
| "春夏养阳,秋冬养阴"之我见 | 岳在文 | 上海中医药杂志 | 1991,(8):40 |
| 略论《周易》哲学思想对《内经》养生学的影响 | 汪麟全等 | 湖北中医杂志 | 1992,(2):29 |
| 张景岳养生四慎浅析 | 洪中孝 | 安徽中医学院学报 | 1992,(3):10 |
| 中医对衰老的认识及益寿方法 | 孙永红 | 安徽中医学院学报 | 1992,(3):6 |
| 试论中国传统养生的理论与原则 | 魏　明 | 体育与科学 | 1992,(3):4 |
| 祖国医学中的饮食养生要则 | 杜历生 | 广西中医药 | 1992,(4):32 |

| | | | |
|---|---|---|---|
| 论古典医学著作在防保治中的指导思想 | 邱世珊 | 十堰职业技术学院学报 | 1992,(4):59 |
| 中国传统养生方法 | 魏　明 | 体育与科学 | 1992,(4):11 |
| 浅议"预防为主" | 潘绍武 | 医学与哲学（人文社会医学版） | 1992,(4):3 |
| 中医立体多维养生思想撮要 | 徐淑文等 | 中医药学报 | 1992,(4):7 |
| 《黄帝内经》延缓衰老理论探析 | 莫太安 | 四川中医 | 1992,(5):3 |
| 浅论房事养生与衰老 | 陈　勤 | 辽宁中医杂志 | 1992,(6):8 |
| "治未病"预防医学思想探讨 | 徐富业等 | 中医药学刊 | 1992,(6):8 |
| "春夏养阳,秋冬养阴"新解 | 雷　平 | 四川中医 | 1992,(8):19 |
| 古代养生延年方法初探 | 汪德来等 | 安徽中医学院学报 | 1993,(1):7 |
| 情志致病与养生 | 杜景云 | 甘肃中医 | 1993,(1):11 |
| 冬季怎样养生好 | 张湖德 | 家庭中医药 | 1993,(1):50 |
| 《素问·上古天真论》的养生思想 | 刘玉贤 | 中国道教 | 1993,(1):45 |
| 从调和经脉气血来探讨抗衰老的意义 | 李桂玲等 | 中医药临床杂志 | 1993,(1):60 |
| 浅谈对《金匮要略》治未病的认识及临床运用 | 齐文升等 | 中医研究 | 1993,(1):15 |
| 试论"顺应四时"养生观 | 倪世美等 | 浙江中医药大学学报 | 1993,(2):49 |
| 中医养生观与诸子思想关系之比较 | 邱鸿钟 | 中医研究 | 1993,(2):3 |
| 从《黄帝内经》谈阴阳学说与养生 | 马　胜 | 按摩与导引 | 1993,(3):36 |
| 调摄精神情志是《内经》养生学说的精髓 | 邝杰钊 | 广州中医药大学学报 | 1993,(3):170 |
| 论未病和未病学说 | 尹雪萍等 | 山东中医药大学学报 | 1993,(3):45 |
| 论"七损八益"及其在学术上的意义 | 高秋松 | 浙江中医药大学学报 | 1993,(3):1 |
| 对"春夏养阳,秋冬养阴"的探讨 | 张年顺 | 中华中医药杂志 | 1993,(3):4 |
| 论《内经》治未病之预防观 | 尹雪萍 | 中医药学刊 | 1993,(3):11 |
| 老年心身疾病与抗衰长寿 | 郭振球 | 山西中医 | 1993,(4):44 |
| 也谈"春夏养阳,秋冬养阴" | 袁今奇 | 新疆中医药 | 1993,(4):45 |
| 谈调摄精神意志养生 | 陈　震等 | 黑龙江中医药 | 1993,(5):8 |
| 饮食与健康的关系 | 张爱珍 | 护士进修杂志 | 1993,(5):12 |
| 浅述食疗与养生 | 费容华 | 山西中医 | 1993,(5):44 |
| 《内经》养身防病五要浅析 | 达　南等 | 陕西中医 | 1993,(5):46 |
| 《周易》与中国传统养生学 | 姚伟钧 | 求索 | 1993,(6):115 |
| 浅谈《内经》的预防思想 | 王伟杰 | 中医药学刊 | 1993,(6):4 |
| 中医养生学(一) | 吉良晨 | 北京中医 | 1994,(1):62 |
| 中医药抗衰老浅谈 | 于培龙 | 甘肃中医 | 1994,(1):4 |
| 《黄帝内经》对四时养生的认识 | 李祥华 | 湖北省卫生职工医学院学报 | 1994,(1):26 |
| 导引行气——"形劳而不倦"至为重 | 姚存成 | 现代养生 | 1994,(1):11 |
| 谈春夏养阳秋冬养阴 | 王维真等 | 医古文知识 | 1994,(1):35 |
| 中医养生学(二) | 吉良晨 | 北京中医 | 1994,(2):62 |
| 《内经》养生学说在老年医学中的应用 | 张连生 | 河北中医 | 1994,(2):44 |
| 阴阳养生　颐寿天年 | 杨　锋 | 家庭中医药 | 1994,(2):40 |
| 情志安逸人长寿 | 唐　龙 | 健康必读 | 1994,(2):17 |
| 外动内静乃养生要诀 | 陈留美 | 人人健康 | 1994,(2):49 |
| 饮食与养生原则初析 | 冯继棠 | 安徽中医临床杂志 | 1994,(3):59 |
| 中医养生学(三) | 吉良晨 | 北京中医 | 1994,(3):61 |
| 略谈养生与延缓衰老 | 陈景河 | 光明中医 | 1994,(3):40 |
| 《内经》的整体观与练功和养生 | 阎春生等 | 吉林中医药 | 1994,(3):6 |

| | | | |
|---|---|---|---|
| 《黄帝内经》中的“七损八益”考 | 辛莉莉 | 新疆中医药 | 1994,(3):6 |
| 略论《黄帝内经》养生之道 | 郭晓明 | 医古文知识 | 1994,(3):30 |
| 健康长寿　人所共求 | 余洪敏 | 医学文选 | 1994,(3):76 |
| 养肾气　抗衰老 | 吴昔征 | 中国民间疗法 | 1994,(3):42 |
| 护胃养生与抗衰老 | 韩静蓉等 | 中医药研究 | 1994,(3):38 |
| 中医养生学(四) | 吉良晨 | 北京中医 | 1994,(4):63 |
| 养生勿效帝王术 | 云　雨 | 长寿 | 1994,(4):16 |
| 中医抗衰老治法探讨 | 梁奇石等 | 光明中医 | 1994,(4):40 |
| 论“通”为养生之本 | 赵富昌等 | 河北中医 | 1994,(4):3 |
| 脑力劳动者的养生 | 袁克俭 | 健康生活 | 1994,(4):59 |
| 试论我国传统养生文化的发展历程与理论原则 | 黄渭铭 | 厦门大学学报（哲学社会科学版） | 1994,(4):90 |
| 再谈“春夏养阳、秋冬养阴” | 刘同光 | 现代养生 | 1994,(4):39 |
| 养生有五难　暮卧不覆首 | 朱伟常 | 医古文知识 | 1994,(4):29 |
| 《内经》养生延缓衰老理论初探 | 胡兆淇 | 中医研究 | 1994,(4):8 |
| 试论《黄帝内经》对先秦诸子养生观的取舍 | 杨崇华 | 中医研究 | 1994,(4):10 |
| 中医养生理论的核心与道家养生思想 | 蒋应时 | 中医研究 | 1994,(4):3 |
| 论《内经》环境养生学说 | 毛喜荣 | 中医药研究 | 1994,(4):8 |
| 真气与养生抗衰老 | 魏　明等 | 中医杂志 | 1994,(4):247 |
| “春夏养阳、秋冬养阴”探析 | 陈启石等 | 北京中医 | 1994,(5):13 |
| 古代中医养生学发展概略 | 王安邦等 | 河南中医药学刊 | 1994,(5):1 |
| 恬惔安心胜良药 | 薛炳泉 | 健康必读 | 1994,(5):25 |
| 择食应科学 | 林伯南 | 解放军健康 | 1994,(5):36 |
| 养生抗衰老谈 | 江克明 | 开卷有益·求医问药 | 1994,(5):6 |
| 论精神修养及其与健康长寿的关系 | 杨健武 | 云南中医中药杂志 | 1994,(5):3 |
| 秋季养生浅说 | 文　汇 | 中国保健营养 | 1994,(5):48 |
| 劝君“和喜怒” | 原明忠 | 中国保健营养 | 1994,(5):25 |
| 补肾填精与延缓衰老 | 王淑玲等 | 河南中医药学刊 | 1994,(6):1 |
| 调心与养身 | 王树元 | 家庭医学 | 1994,(6):9 |
| 房事养生古今谈 | 华　鹤 | 健康必读 | 1994,(6):52 |
| 老年养心“戒之在得” | 王玉平 | 健康天地 | 1994,(6):75 |
| 《内经》养生方法探析 | 文斐玉等 | 江西中医药 | 1994,(6):51 |
| “春夏养阳,秋冬养阴”刍议 | 管　松 | 南京中医药大学学报 | 1994,(6):9 |
| “逸者行之”与老年养生防病 | 江秀贞 | 山东中医药大学学报 | 1994,(6):369 |
| 养生长寿静心养神法初探 | 程云峰等 | 体育文史 | 1994,(6):46 |
| 如何养肾保精 | 万慎曜 | 东方养生 | 1994,(7):9 |
| 精神内守,德全不危——《黄帝内经》的养生思想 | 周一谋 | 长寿 | 1994,(8):6 |
| 秋季养生重在养肺 | 刘映芬 | 家庭医学 | 1994,(10):38 |
| 补脾抗衰老理论的形成与发展 | 瞿延飞等 | 江苏中医 | 1994,(10):38 |
| 论《内经》的抗老防衰思想 | 邢维祖 | 陕西中医 | 1994,(10):477 |
| 谈摄生治未病 | 王丽艳 | 辽宁中医杂志 | 1994,(11):505 |
| 法于阴阳　和于术数——《黄帝内经》养生之道刍议 | 饶宏孝 | 浙江中医杂志 | 1994,(11):497 |
| 冬季老年人心理保健 | 邬效林 | 长寿 | 1994,(12):42 |
| 中医论衰老机理 | 林水淼 | 上海中医药杂志 | 1994,(12):14 |
| 四时变化与中医护理浅谈 | 方改翠 | 内蒙古中医药 | 1994,(S1):137 |
| 近视的“以食为养” | 孙慧敏等 | 江西中医药 | 1994,(S2):126 |

| | | | |
|---|---|---|---|
| 略论《黄帝内经》中的养生法 | 董春燕 | 青海医药杂志 | 1994,(S2):11 |
| 中医养生文化的特点 | 申　诚 | 华夏文化 | 1994,(Z2):101 |
| 试论我国古代养生学的基本原则 | 戴　玉 | 国医论坛 | 1995,(1):17 |
| 谈补肾与抗衰 | 杨克勤 | 河南中医 | 1995,(1):49 |
| 《内经》养生长寿观浅析 | 胡玉玲 | 吉林中医药 | 1995,(1):3 |
| 试论养生 | 兰林达 | 家庭中医药 | 1995,(1):38 |
| 冬季养生谈 | 王成亚 | 健康大视野 | 1995,(1):16 |
| 说古道今话逸病 | 谷　峪 | 健康天地 | 1995,(1):33 |
| 养心调神寿天年——浅谈中医学的长寿观 | 刘映芬 | 开卷有益·求医问药 | 1995,(1):13 |
| 四时养生 | 张湖德 | 科学中国人 | 1995,(1):40 |
| 《黄帝内经》养生思想述评 | 姜秀云 | 时珍国医国药 | 1995,(1):32 |
| 中华养生学的哲学思考 | 罗移山 | 孝感学院学报 | 1995,(1):37 |
| 略论中医营养学及其特点 | 刘国祥等 | 新疆中医药 | 1995,(1):10 |
| 中国传统养生思想综概 | 曾庆佩 | 浙江中医杂志 | 1995,(1):32 |
| 冬季话养生 | 常敏毅 | 中老年保健 | 1995,(1):30 |
| “亢则害,承乃制”辨析及其治法举要 | 蒙木荣等 | 中医文献杂志 | 1995,(1):17 |
| 中医养生的特点与中医模式 | 郝丽莉等 | 中医药学报 | 1995,(1):5 |
| 补脾抗衰老分析 | 翟延晖 | 中医药研究 | 1995,(1):18 |
| 试谈《内经》的心理摄生 | 常　暖 | 大同医学专科学校学报 | 1995,(2):39 |
| “春夏养阳,秋冬养阴”原理初探 | 刘香蕊等 | 邯郸医学高等专科学校学报 | 1995,(2):195 |
| 试论养生中的掌握适度 | 郝盛发 | 牡丹江师范学院学报(自然科学版) | 1995,(2):5 |
| 《内经》养生学说的理论特色 | 孙　桐 | 南京中医药大学学报(自然科学版) | 1995,(2):14 |
| 老子之“道”对中医养生观的影响 | 王少锦 | 陕西中医学院学报 | 1995,(2):43 |
| 睡眠与养生 | 桑柏林 | 新农村 | 1995,(2):30 |
| 儒释道互交融　中华养生特色——略论中国养生学的传统文化构成 | 徐宗良 | 医古文知识 | 1995,(2):4 |
| 浅谈中国传统养生观 | 徐宗良 | 医学与社会 | 1995,(2):43 |
| 养生当重养神 | 石仕元 | 浙江中医学院学报 | 1995,(2):51 |
| 略论我国传统养生学的进展 | 周一谋 | 中国中医药信息杂志 | 1995,(2):21 |
| 养生学的中西比观 | 郭子光 | 中医文献杂志 | 1995,(2):1 |
| “治未病”新探 | 江　乐 | 甘肃中医 | 1995,(3):1 |
| 浅谈气功养生 | 程宝怀等 | 河北中医药学报 | 1995,(3):48 |
| 从脾肾试论中老年之保健 | 何媛钦 | 陕西中医学院学报 | 1995,(3):5 |
| 人到老年谈养生 | 谢海洲 | 实用中医药杂志 | 1995,(3):43 |
| 《内经》养生学说初探 | 赵荣章 | 四川中医 | 1995,(3):3 |
| 保健要素——畅情志 | 陈永光 | 厦门科技 | 1995,(3):37 |
| 老庄道家哲学对中医养生学的影响 | 朱祖光 | 浙江中医学院学报 | 1995,(3):49 |
| 广成子传黄帝长生不老之术——译《外经岐伯天师传》即《外经微言》首章“阴阳颠倒篇” | 梅自强 | 中国气功科学 | 1995,(3):37 |
| 析养生与中医药抗衰老 | 瞿延晖 | 中医药学报 | 1995,(3):5 |
| “春夏养阳,秋冬养阴”释义 | 徐兴国 | 中医药学刊 | 1995,(3):8 |
| 春季养生杂谈 | 张声炳 | 祝您健康 | 1995,(3):7 |
| 论四时治未病重在调养肺卫 | 纪世露等 | 安徽中医临床杂志 | 1995,(4):55 |

| | | | |
|---|---|---|---|
| 法于阴阳　和于术数 | 青　山 | 光明中医 | 1995,(4):6 |
| 春夏养生法 | 刘继章 | 家庭科技 | 1995,(4):27 |
| 古人养生"三定律" | 梁兆松 | 家庭中医药 | 1995,(4):42 |
| 《内经》"七损八益"探究 | 阎晓天 | 河南中医药学刊 | 1995,(5):56 |
| 中国道家方士养生思想对中医药理论的影响 | 董占军 | 河北中医 | 1995,(6):38 |
| 话说中医与养生 | 张春香等 | 湖南中医药导报 | 1995,(6):56 |
| 中国养生术发达之初探 | 任　海 | 体育文史 | 1995,(6):7 |
| 谈老年心身疾病的养生 | 杨徐杭 | 现代中医药 | 1995,(6):43 |
| 人体内稳系统"未病"态与正气 | 陈立典 | 中医研究 | 1995,(6):1 |
| 夏季养生杂谈 | 张声炳 | 祝您健康 | 1995,(6):12 |
| 老年人夏季心理保健 | 邬效林 | 长寿 | 1995,(7):37 |
| 略论我国传统养生学的进展 | 周一谋 | 长寿 | 1995,(7):8 |
| 大中小养生观 | 朱金才等 | 中国气功科学 | 1995,(7):25 |
| 防衰老　重和调 | 许文洲 | 家庭医学 | 1995,(9):4 |
| 试谈中医的养生学观点 | 赵　虹 | 青海医药杂志 | 1995,(9):7 |
| 中国传统养生学概述 | 孙学忠 | 中国气功科学 | 1995,(9):15 |
| 老年人秋季心理保健四法 | 邬效林 | 长寿 | 1995,(10):41 |
| 中国传统养生学概述(下) | 孙学忠 | 中国气功科学 | 1995,(10):42 |
| 建立振奋阳气的生活意境——论中老年养生之道 | 张毓汉 | 长寿 | 1995,(11):4 |
| 论老年人的冬季养生(上) | 常敏毅 | 长寿 | 1995,(11):6 |
| 浅谈《黄帝内经》的养生观 | 韦恩沛 | 四川中医 | 1995,(11):10 |
| 生命真谛与养气卫生 | 高星斗 | 华夏星火 | 1995,(12):36 |
| 冬季养生杂谈 | 张声炳 | 祝您健康 | 1995,(12):15 |
| 中医养生抗衰老理论初探 | 王　滨 | 甘肃中医 | 1996,(1):4 |
| 自然　乐观　淳德——论《内经》养生思想 | 蒋应时 | 广西中医学院学报 | 1996,(1):5 |
| 养气养神　修心炼形——简论道教对中医养生学的影响 | 许敬生 | 医古文知识 | 1996,(1):15 |
| 《内经》中的养生法 | 鞠建伟 | 中老年保健 | 1996,(1):15 |
| 《内经》"治未病"的基本含义 | 王　非等 | 中医药学报 | 1996,(1):6 |
| 小议《黄帝内经》中的养生观 | 王一庆 | 甘肃中医 | 1996,(2):1 |
| 协调阴阳是中国传统养生文化的理论基础 | 黄力生 | 哈尔滨体育学院学报 | 1996,(2):12 |
| 浅谈中年养生的必要性及方法 | 袁德培 | 湖北民族学院学报(医学版) | 1996,(2):31 |
| 漫话健脾与抗衰老 | 戈瑞庭 | 家庭中医药 | 1996,(2):37 |
| 《内经》养生方法初探 | 程维克 | 山西中医 | 1996,(2):37 |
| 关于老年保健的初步探讨 | 吴登山 | 时珍国医国药 | 1996,(2):112 |
| 我国传统食疗养生学中的平衡膳食观 | 万谨平等 | 药膳食疗 | 1996,(2):8 |
| 略论中医养生学的基本思想 | 朱官喜 | 湖北中医杂志 | 1996,(3):26 |
| 中国性养生学发展的马鞍形轨迹(Ⅰ) | 王明辉 | 湖南中医杂志 | 1996,(3):45 |
| 浅谈"治未病" | 帅在芬 | 江西中医学院学报 | 1996,(3):34 |
| 老子养生哲学与中国传统养生文化 | 朱平安 | 十堰职业技术学院学报 | 1996,(3):20 |
| 夏季的食疗养生 | 谢海洲 | 食品与健康 | 1996,(3):16 |
| 张景岳对《内经》长寿思想的发展 | 王世勋 | 四川中医 | 1996,(3):7 |
| 浅谈养生动静观——兼论中国传统养生之特点 | 徐宗良 | 医古文知识 | 1996,(3):12 |
| 温病治未病的学术思想探讨 | 吕文亮 | 浙江中医杂志 | 1996,(3):133 |
| 老年人心身特点及养生调摄方法 | 徐文阁等 | 河北中医 | 1996,(4):48 |

| | | | |
|---|---|---|---|
| 漫话“春夏养阳,秋冬养阴” | 潘光生 | 家庭中医药 | 1996,(4):42 |
| 老年人的夏季养生 | 常敏毅 | 家庭中医药 | 1996,(4):34 |
| 论古代养生与全民健身 | 高　鹏 | 体育学刊 | 1996,(4):13 |
| 从中医理论中探音乐养生 | 吴丽玲 | 星海音乐学院学报 | 1996,(4):66 |
| 试论我国古典疗养气象学基本理论体系的产生与形成 | 李　珠等 | 中国疗养医学 | 1996,(4):19 |
| 试论脾胃在抗衰老中的重要作用 | 郭志才等 | 中国中西医结合脾胃杂志 | 1996,(4):245 |
| 养生六谈 | 姜友珍 | 家庭医学 | 1996,(5):34 |
| 老人长寿有秘诀 | 潘东曙 | 家庭中医药 | 1996,(5):35 |
| 四时摄养调阴阳 | 傅杰英 | 新中医 | 1996,(5):56 |
| 抗衰老的理论与思考 | 唐逸 | 中国医药学报 | 1996,(5):11 |
| 试论道家养生思想 | 宋文琪等 | 安徽中医学院学报 | 1996,(6):8 |
| 《内经》“春夏养阳,秋冬养阴”理论探要 | 杜登巅 | 陕西中医 | 1996,(6):259 |
| 重在“治未病” | 梁　可 | 中国气功科学 | 1996,(6):31 |
| 《内经》积精全神养气论 | 李益生 | 江苏中医 | 1996,(7):43 |
| 老年人保健要诀(四)——规律起居 | 应文辉 | 家庭医学 | 1996,(11):34 |
| 冬季养生宜防寒保暖 | 邓旭红 | 健康生活 | 1996,(11):19 |
| 中国道教与养生 | 谢彦红等 | 科学养生 | 1996,(11):38 |
| 论老年人的冬季养生 | 常敏毅 | 前进论坛 | 1996,(12):29 |
| 试述情志调节与延年益寿 | 王玲秀等 | 江西中医药 | 1996,(S2):6 |
| 老年养生与调护 | 栾丽艳 | 前进论坛 | 1996,(Z1):29 |
| 清静养神——中国古代健康心理观 | 刘　扬 | 按摩与导引 | 1997,(1):47 |
| 祖国医学中预防医学浅论 | 王联庆 | 长春中医学院学报 | 1997,(1):12 |
| 中国传统音乐与养生 | 张光宇 | 饭店现代化 | 1997,(1):55 |
| 冬季养生的若干原则和方法 | 常敏毅 | 家庭中医药 | 1997,(1):40 |
| 探析我国传统养生理论中的阴阳学说 | 黄力生等 | 体育科学研究 | 1997,(1):5 |
| 中医“治未病”说要 | 李　梢 | 皖南医学院学报 | 1997,(1):91 |
| 漫谈服气辟谷与养生 | 杨　华 | 现代养生 | 1997,(1):39 |
| 道家春季话养生 | 王成亚 | 中国宗教 | 1997,(1):49 |
| 冬季的食补和药补 | 常敏毅 | 中老年保健 | 1997,(1):28 |
| 论《内经》真人养生观与道家思想 | 蒋应时 | 广西中医药 | 1997,(2):44 |
| “春夏养阳,秋冬养阴”之我见 | 王力智 | 河北中医药学报 | 1997,(2):9 |
| 浅述我国古代饮食养生观的形成 | 韦大文等 | 河南中医药学刊 | 1997,(2):4 |
| 养生为尽其天年核心在“灯用小烛” | 张长安等 | 山西职工医学院学报 | 1997,(2):76 |
| 论中医药与抗衰老 | 江百芝 | 武汉体育学院学报 | 1997,(2):78 |
| 食养、食疗与药膳之异同 | 俞雪如 | 药膳食疗研究 | 1997,(2):3 |
| 中国古代养生医学思想 | 沙涛等 | 医古文知识 | 1997,(2):14 |
| “服食”小议 | 张芙蓉等 | 中医杂志 | 1997,(2):119 |
| “上工治未病”新解——浅谈预防保健医学 | 张　弛 | 长春中医学院学报 | 1997,(3):4 |
| 浅议养生防病重在阳气 | 王艺斌 | 福建中医学院学报 | 1997,(3):47 |
| 音乐养生趣谈 | 陈世发 | 家庭医学 | 1997,(3):39 |
| 中国传统养生中静神养生的渊源和方法 | 黄渭铭 | 体育科学研究 | 1997,(3):1 |
| 说阶段养生论 | 陈　农 | 医古文知识 | 1997,(3):14 |
| 小议“恬惔虚无” | 赵晓霆 | 医古文知识 | 1997,(3):18 |
| 养生学的温故求新 | 刘正才 | 中国中西医结合杂志 | 1997,(3):132 |
| 顺应天地自然之理养生治病 | 高思华 | 中国中西医结合杂志 | 1997,(3):133 |
| 浅谈养心安神 | 曹　威 | 华夏星火 | 1997,(4):56 |

| | | | |
|---|---|---|---|
| 冬季老人生活八忌 | 于　斌 | 家庭医学 | 1997,(4):10 |
| 养生法在中医护理中的应用 | 曹少鸣等 | 江西中医药 | 1997,(4):59 |
| 饮食对性养生的作用 | 张乙辰 | 科学养生 | 1997,(4):30 |
| 保养胃气延年益寿 | 谷　波 | 人人健康 | 1997,(4):17 |
| 调理脾胃祛病延年 | 竹　林 | 体育博览 | 1997,(4):47 |
| 浅论“七损八益” | 陈彭侪 | 安徽中医临床杂志 | 1997,(5):281 |
| 老年人长寿九说 | 孙清廉 | 家庭医学 | 1997,(5):30 |
| 中医养生学说浅谈 | 祝建权 | 上海医药 | 1997,(5):36 |
| 万全论“法时”养生 | 濮正琪 | 江西中医药 | 1997,(6):4 |
| 浅谈“春夏养阳,秋冬养阴”的养生学思想 | 张芬花 | 浙江中医学院学报 | 1997,(6):54 |
| 夏日宜静养 | 郑涌才 | 医药与保健 | 1997,(7):15 |
| 中华民族最早的养生宝典《黄帝内经》 | 龚阁章 | 科学养生 | 1997,(8):44 |
| 老年四季摄生要旨 | 黄远媛等 | 气功 | 1997,(8):347 |
| 中医心理养生与情志致病 | 刘海云等 | 山东中医杂志 | 1997,(8):7 |
| 《内经》:顺应自然,调和阴阳 | 窦国祥 | 祝您健康 | 1997,(8):9 |
| 老年人应以饮食养生为本 | 王树元 | 长寿 | 1997,(9):10 |
| 中年养生“六诀” | 赵先锋 | 家庭医学 | 1997,(10):14 |
| 气质与摄生 | 孙清廉 | 家庭医学 | 1997,(11):32 |
| 试论中医气功养生 | 林孝正 | 现代养生 | 1997,(11):35 |
| 明白中“糊涂”好——浅说养生要诀 | 赵文广 | 中国气功科学 | 1997,(11):11 |
| 浅论国医治未病 | 丁大洪 | 世界华人消化杂志 | 1997,(12):52 |
| “咽津”养生法 | 杨宏毅 | 中国气功科学 | 1997,(12):31 |
| 喜悦是健康之本 | 王廷羡 | 中国气功科学 | 1997,(12):36 |
| 老年人的饮食养生 | 许昌华 | 家庭医学 | 1997,(13):17 |
| 老年人“制乐”有益健康 | 邬效林 | 家庭医学 | 1997,(15):13 |
| 养生长寿与平衡 | 傅亚光 | 家庭医学 | 1997,(17):32 |
| 试以中医理论探讨抗衰老问题 | 王美龄 | 内蒙古中医药 | 1997,(S1):125 |
| 论《内经》的摄生学术思想及其意义 | 吴宏东等 | 新中医 | 1997,(S1):12 |
| 从古代的养生学看医务人员的健康教育 | 徐晓青 | 浙江预防医学 | 1997,(S1):16 |
| 王冰《素问注》养生思想探析 | 胡凤媛 | 安徽中医学院学报 | 1998,(1):2 |
| 养生须颐神形肾——兼论《素问·上古天真论》的养生观 | 张尚臣等 | 河南中医学院学报 | 1998,(1):2 |
| 略论《老子》对《内经》养生理论的影响 | 陈　力 | 湖南中医学院学报 | 1998,(1):24 |
| 《内经》养生保健学试识 | 王豫梅 | 陕西中医 | 1998,(1):47 |
| 我国古代养生思想之管见 | 史国生 | 体育文史 | 1998,(1):41 |
| 略谈守精养生 | 李　戎 | 医古文知识 | 1998,(1):12 |
| 也谈“七损八益” | 吴裕存 | 安徽中医临床杂志 | 1998,(2):116 |
| 探讨“未病医学”的科学性——关于养生针灸法的研究(一) | 森　和等 | 北京中医药人学学报(中医临床版) | 1998,(2):57 |
| 中医的养生保健思想与方法 | 王继娜等 | 福建体育科技 | 1998,(2):78 |
| 养生之道　必求于本 | 张禹杰 | 甘肃中医 | 1998,(2):2 |
| 略论春夏养阳、秋冬养阴 | 李素桂等 | 内蒙古中医药 | 1998,(2):41 |
| 试析《内经》衰老机制与防衰之道 | 张宇享等 | 山东中医药大学学报 | 1998,(2):17 |
| 小议“春夏养阳,秋冬养阴” | 云　刚等 | 山东中医杂志 | 1998,(2):39 |
| 中国传统养生文化与现代生活 | 冯胜刚 | 体育学刊 | 1998,(2):41 |
| “未病”今释 | 王　建 | 中医药研究 | 1998,(2):4 |

| | | | |
|---|---|---|---|
| 老年人的夏季调养 | 张甲岭等 | 家庭中医药 | 1998,(3):36 |
| 浅论精神情绪与养生 | 林谋信等 | 江西中医学院学报 | 1998,(3):17 |
| 《黄帝内经素问》"七损八益"之我见 | 李维秀 | 中华医史杂志 | 1998,(3):11 |
| 心理保健与养生 | 谭国增 | 包钢科技 | 1998,(4):101 |
| 道家房中养生观 | 董少萍 | 甘肃中医 | 1998,(4):5 |
| 浅论"治未病" | 沈海冈 | 中医文献杂志 | 1998,(4):21 |
| 中医药抗衰老研究概况 | 贺运河等 | 湖南中医杂志 | 1998,(4):62 |
| 春季科学养生"四为要" | 张远桃 | 科学养生 | 1998,(4):48 |
| 养生必须形神兼养 | 周一谋 | 湖南中医杂志 | 1998,(5):58 |
| 补养要因时因人而择 | 常敏毅 | 中国保健营养 | 1998,(5):22 |
| 秋季保健重"五养" | 张远桃 | 中老年保健 | 1998,(5):35 |
| "春夏养阳,秋冬养阴"探微 | 袁惠民等 | 中医函授通讯 | 1998,(5):7 |
| 祖国医学对疾病预防和保健养身的认识 | 王福彦等 | 内蒙古科技与经济 | 1998,(6):63 |
| 冬令进补话膏滋 | 张玉堂 | 中国民间疗法 | 1998,(6):52 |
| 冬病夏治　事半功倍 | 谢英彪 | 祝您健康 | 1998,(6):30 |
| "疰夏"病人如何进补 | 广　医 | 食品与健康 | 1998,(7):30 |
| 论《内经》中时间养生学内容 | 夏　原 | 气功 | 1998,(7):315 |
| 运动经络　健体养生 | 王启才 | 祝您健康 | 1998,(7):14 |
| 秋令怎样进补 | 杨书龙 | 食品与健康 | 1998,(10):9 |
| 生物钟与衰老 | 陆秀兰 | 辽宁中医杂志 | 1998,(11):13 |
| 四时养生有规律 | 霍寿喜 | 环境 | 1998,(12):13 |
| 古人的撮食养生法 | 廷　兆 | 食品与健康 | 1998,(12):30 |
| 中医饮食养生观 | 孙清廉 | 家庭医学 | 1998,(19):36 |
| 老年人冬季养生 | 胡存田 | 家庭医学 | 1998,(23):32 |
| 论我国传统养生文化中的科学养生观 | 童碧莎 | 福建体育科技 | 1998,(S1):15 |
| 养生气功与精气神 | 吉良晨 | 北京中医 | 1999,(1):60 |
| 人类生命与老年保健刍议 | 肖梅英 | 湖南中医杂志 | 1999,(1):60 |
| 道家对中医养生康复思想的影响 | 郑晓红 | 南京中医药大学学报(自然科学版) | 1999,(1):11 |
| 中国古代养生理论述要 | 魏　涛 | 现代养生 | 1999,(1):28 |
| 《内经》养生理论与《周易》内在关系初探 | 刘　霞 | 中国中医基础医学杂志 | 1999,(1):57 |
| 中医养生学的特色与局限性 | 黄民杰 | 福建中医药 | 1999,(2):23 |
| 论"养生当论食补" | 蔡永敏 | 光明中医 | 1999,(2):14 |
| 中国古代养生学原理及其启示 | 马华徽 | 湖北体育科技 | 1999,(2):53 |
| 《内经》预防思想初探 | 汪惟刚 | 湖北预防医学杂志 | 1999,(2):40 |
| 形神共养　抗衰延年——中医抗衰老原则探析 | 陈俊文 | 湖北中医学院学报 | 1999,(2):8 |
| 冬季怎样养生 | 胡存田 | 家庭医学 | 1999,(2):34 |
| 春季养生"五有" | 李炳明 | 家庭中医药 | 1999,(2):30 |
| 名老中医谈养生之道⑦——生活规律　静息养神 | 马瑞林 | 家庭中医药 | 1999,(2):34 |
| "少食"益寿 | 王惟恒 | 科学养生 | 1999,(2):9 |
| 《黄帝内经》与养生保健 | 宋素青 | 洛阳师范学院学报 | 1999,(2):141 |
| 论徐春甫对《黄帝内经》养生学说的发展 | 项　祺等 | 山西中医 | 1999,(2):4 |
| 略论"形劳而不倦" | 崔晓敏 | 陕西中医 | 1999,(2):95 |
| 我国传统养生思想的有益启示 | 潘孝伟 | 体育科学研究 | 1999,(2):1 |
| 先秦养生学中的动静之争及其启示 | 施　俊 | 咸宁师专学报 | 1999,(2):17 |
| 易理与养生 | 圣　通 | 现代养生 | 1999,(2):36 |

| | | | |
|---|---|---|---|
| 封藏药膳 | 刘文富等 | 药膳食疗研究 | 1999,(2):6 |
| 浅谈中医养生法 | 姜华兰 | 甘肃中医学院学报 | 1999,(3):10 |
| 崇尚自然的“生物钟养生” | 兰政文 | 科学养生 | 1999,(3):49 |
| 治未病思想的源与流 | 叶建红 | 山西中医 | 1999,(3):52 |
| 春日融融话养生 | 许艳梅 | 乡镇企业科技 | 1999,(3):43 |
| “未病”看中医 | 鞠　颖 | 医药世界 | 1999,(3):18 |
| 阳春三月话养生 | 石柱国 | 医药与保健 | 1999,(3):46 |
| 试论《周易》哲学对中医养生学的影响 | 施观芬等 | 周易研究 | 1999,(3):91 |
| 《黄帝内经》养生、康复思想探析 | 任占敏等 | 北京联合大学学报 | 1999,(4):53 |
| 体质差异与养生 | 徐树槐等 | 湖南中医药导报 | 1999,(4):46 |
| “持满”而行直达长寿彼岸 | 曾庆佩 | 家庭医学 | 1999,(4):36 |
| 他们,“度百岁乃去” | 孙学忠 | 健康科学 | 1999,(4):40 |
| 老年与养生——浅析《周易》、《内经》与老年养生 | 靳贤圣等 | 洛阳农业高等专科学校学报 | 1999,(4):71 |
| 老年人的夏季保健 | 邬效林 | 心理与健康 | 1999,(4):25 |
| 老年人脾胃养生浅议 | 王致中等 | 新疆中医药 | 1999,(4):8 |
| 试论“春夏养阳,秋冬养阴” | 朱　彤等 | 光明中医 | 1999,(5):8 |
| 谫谈“春夏养阳,秋冬养阴” | 李明伟等 | 河南中医药学刊 | 1999,(5):3 |
| 四季房事　养生之道 | 严　英 | 家庭科技 | 1999,(5):20 |
| 饮食养生七宜 | 娅　安 | 家庭医学 | 1999,(5):39 |
| 他们,“度百岁乃去” | 孙学忠 | 健康科学 | 1999,(5):48 |
| “秋三月”饮食养生之道 | 张依秋等 | 解放军健康 | 1999,(5):27 |
| 长寿妙法——经络养生 | 徐井芳 | 科学养生 | 1999,(5):48 |
| 《内经》中年养生说辨析 | 蒋应时 | 山西中医 | 1999,(5):46 |
| 《内经》时间养生思想探析 | 周章玲等 | 安徽中医学院学报 | 1999,(6):6 |
| 我对“春夏养阳,秋冬养阴”的理解 | 李晓辉等 | 国医论坛 | 1999,(6):41 |
| 古人的撮食养生法 | 刘　红 | 健康科学 | 1999,(6):15 |
| 养生的正确观念 | 张仁峰 | 现代养生 | 1999,(6):25 |
| 养生得法脾胃和 | 薛志成 | 家庭医学 | 1999,(7):40 |
| 名老中医谈养生之道⑩——养生重在治未病 | 王乐善 | 家庭中医药 | 1999,(7):35 |
| 漫谈延缓肾衰老 | 黄新吾 | 江苏中医 | 1999,(7):3 |
| 名老中医谈养生之道⑪——学道、尊佛、养生 | 王守昌 | 家庭中医药 | 1999,(8):34 |
| 健康疾病衰老 | 傅世垣 | 前进论坛 | 1999,(7):28 |
| 论中医养生理论在消渴病防治中的应用 | 程汉桥等 | 中国中医基础医学杂志 | 1999,(9):57 |
| 六字诀养生法与祖国传统医学 | 马孟昌 | 现代养生 | 1999,(10):22 |
| 试论《周易》哲学对中医养生学的影响 | 施观芬 | 中国中医基础医学杂志 | 1999,(10):52 |
| 颐养天年　终而无病 | 张家森 | 现代养生 | 1999,(11):43 |
| 音乐与养生 | 王树元 | 家庭中医药 | 1999,(12):8 |
| 睡眠养生大有学问 | 丁　丁 | 当代矿工 | 2000,(1):29 |
| 保健先须“食饮有节” | 戊晨子 | 健康科学 | 2000,(1):39 |
| 内不觉其一身　外不知其宇宙——“天人相应”观是养生思想的主流 | 张书园 | 健康科学 | 2000,(1):9 |
| 由中医保健谈自然法则 | 蒋小宁 | 江苏中医 | 2000,(1):36 |
| 中医养生之道的时间医学观初探 | 张忠民 | 辽宁中医学院学报 | 2000,(1):6 |
| 古人养生法——怡情养性 | 艾　文 | 人人健康 | 2000,(1):21 |
| 中医养生学初探 | 张　弘 | 山西职工医学院学报 | 2000,(1):40 |

| | | | |
|---|---|---|---|
| 治病与养生 | 邱 印 | 特区展望 | 2000,(1):56 |
| 《内经》脏腑理论及养生方法初探 | 弗罗里安等 | 天津中医学院学报 | 2000,(1):6 |
| 顺应自然 乐享天年——百岁老人张蓝石的养生之道 | 孙建康 | 现代养生 | 2000,(1):31 |
| 佛经医理细品嚼明心见性身自安 | 黄 欣 | 医古文知识 | 2000,(1):21 |
| 论《内经》饮食调养 | 朱怡园等 | 医古文知识 | 2000,(1):23 |
| 《老子》哲学思想——中医养生学的精髓 | 朱伟常 | 医古文知识 | 2000,(1):4 |
| 论《内经》"治未病"及其与未来中医走向的关系 | 蒋 瑞 | 光明中医 | 2000,(2):12 |
| 我国传统养生文化中科学养生观的剖析 | 林 旭 | 哈尔滨体育学院学报 | 2000,(2):14 |
| 日常有节 遇变有方 | 孙健康 | 健康科学 | 2000,(2):28 |
| 四种春夏养生术 | 王凤珍 | 健康科学 | 2000,(2):27 |
| 《周易》"潜龙勿用"与中医养生思想 | 唐 伟 | 江西中医药 | 2000,(2):50 |
| 衰老的机理与防治 | 李香兰 | 辽宁中医学院学报 | 2000,(2):91 |
| 漫话药膳(二) 药膳养生 | 马有度 | 生活与健康 | 2000,(2):52 |
| 冬养藏逆之则伤肾 | 姜连臣等 | 现代养生 | 2000,(2):40 |
| 行气却病延年说 | 吕 直 | 现代养生 | 2000,(2):14 |
| 中国古代养生谈略 | 卞 晨 | 扬州教育学院学报 | 2000,(2):39 |
| 试论"天年"与"禀赋" | 刘燕平 | 中国医药学报 | 2000,(2):18 |
| 中国古代的音乐养生与音乐治疗——谈音乐治疗的民族传统之一 | 石 峰 | 中国自然医学杂志 | 2000,(2):126 |
| 《内经》中"至人"的养生法 | 林书立 | 气功 | 2000,(3):129 |
| 《内经》"治神"为养生之首 | 姚存成 | 现代养生 | 2000,(3):37 |
| 中医抗衰如是说 | 倪守东 | 中国保健营养 | 2000,(3):22 |
| 《黄帝内经》"春夏养阳,秋冬养阴"四时养生方法探析 | 任占敏 | 北京联合大学学报 | 2000,(4):56 |
| 名老中医谈养生之道(16)——规律的生活是长寿的关键 | 龙荣辑 | 家庭中医药 | 2000,(4):38 |
| 中国传统养生思想的理论来源探究 | 唐宏贵 | 武汉体育学院学报 | 2000,(4):60 |
| 中国气候与中医养生文化 | 林之光 | 医学与社会 | 2000,(4):21 |
| 《四部医典》和《黄帝内经》养生观的探讨 | 王树彬等 | 中国民族医药杂志 | 2000,(4):31 |
| 浅谈中医经典《黄帝内经》的养生之道 | 彭家胜 | 中国自然医学杂志 | 2000,(4):227 |
| 对《易经》与《内经》"治未病"的比较研究 | 胡永信等 | 湖南中医杂志 | 2000,(5):7 |
| 自我主宰 性命双修——中国传统养生学的内容 | 张岫峰 | 科学养生 | 2000,(5):32 |
| 从中医养生学说论消渴病的防治 | 袁茂熙等 | 泸州医学院学报 | 2000,(5):376 |
| 中医的养生学与全科医疗学 | 王梧云 | 邯郸医学高等专科学校学报 | 2000,(6):473 |
| 试论《内经》的预防思想与养生 | 袁书伟等 | 河南中医药学刊 | 2000,(6):1 |
| 《黄帝内经》养生学说浅析 | 陈 静 | 黑龙江中医药 | 2000,(6):5 |
| 浅探古代养生与现代护理 | 杨翠芹 | 现代养生 | 2000,(6):35 |
| 百年健康 始于足下 | 农汉才 | 药物与人 | 2000,(6):261 |
| 抗衰始于鼎盛时 | 孟景春 | 祝您健康 | 2000,(6):16 |
| 夏日炎炎话养生 | 江 梅 | 技术监督纵横 | 2000,(7):29 |
| 夏日养生有门道 | 文 杰 | 今日科苑 | 2000,(7):34 |
| 养生大药在神补 | 李 谦 | 中国气功科学 | 2000,(7):36 |
| 夏季应该怎么吃 | 霍寿喜 | 健康 | 2000,(8):26 |
| 夏日炎炎话养生 | 江 梅 | 农电管理 | 2000,(8):45 |
| 善调情绪康而寿 | 刘 菁 | 现代养生 | 2000,(8):43 |
| 君子治未病 | 宋为民 | 祝您健康 | 2000,(9):14 |

| | | | |
|---|---|---|---|
| 秋季如何养生 | 兰　亭 | 当代矿工 | 2000,(10):28 |
| 享尽天年　无疾而终——百岁养生的纲领 | 张岫峰 | 科学养生 | 2000,(10):38 |
| 古人养生三支点 | 老　马 | 家庭科技 | 2000,(11):26 |
| 养生贵在持之以恒 | 吕奎杰 | 家庭中医药 | 2000,(11):38 |
| 秋季健身“养”为重 | 张远桃 | 开卷有益·求医问药 | 2000,(11):19 |
| 饮食养生勿忘饮食有节 | 丽　菊 | 医药与保健 | 2000,(11):52 |
| 论《内经》“治未病”思想及影响 | 雷清震 | 科学中国人 | 2000,(12):52 |
| 《内经》养生学浅述 | 陈德堃 | 四川中医 | 2000,(12):13 |
| 先秦两汉养生术的成就 | 李近远等 | 甘肃中医学院学报 | 2000,(S1):108 |
| 道家思想对中医养生理论的影响 | 曾维涛 | 江西中医学院学报 | 2000,(S1):186 |
| 浅论《内经》摄生的动静关系的辨证方法 | 林　海 | 中国中医急症 | 2000,(S1):105 |
| 简述四季养生之道 | 缪正来等 | 当代生态农业 | 2000,(Z2):100 |
| “治未病”是祖国医学预防思想的精髓 | 罗爱林等 | 国际传统医药大会论文摘要汇编 | 2000:74 |
| 《内经》养生学四篇大论探析 | 陈士奎 | 国际中西医结合养生学与康复医学学术研讨会论文汇编 | 2000:22 |
| 精神内守　病安从来——谈《内经》与情志养生 | 董喜敏 | 河南中医药学刊 | 2001,(1):3 |
| 谷肉果菜　食养尽之——饮食与养生 | 张岫峰 | 科学养生 | 2001,(1):43 |
| 中医养生之文化内涵 | 岑泽波 | 岭南文史 | 2001,(1):13 |
| 儒家中和养生思想浅论 | 李金龙等 | 体育文史 | 2001,(1):38 |
| 经络与养生 | 凌　召 | 现代养生 | 2001,(1):20 |
| 乐观益寿 | 曹永庆 | 现代养生 | 2001,(1):12 |
| 日常生活中的养生法 | 秦明胜 | 现代养生 | 2001,(1):37 |
| 《内经》养生、康复与治未病理论初探 | 梁邦翼等 | 新疆中医药 | 2001,(1):4 |
| 形神相亲首重神——嵇康的养生观浅析 | 方春阳 | 养生月刊 | 2001,(1):4 |
| 试论老子《道德经》对《内经》养生学的影响 | 傅晓晴 | 河北中医药学报 | 2001,(2):8 |
| 略论《内经》的形神兼养理论及意义 | 贺松其 | 辽宁中医学院学报 | 2001,(2):90 |
| 养生抉微 | 凌　召 | 现代养生 | 2001,(2):18 |
| 漫话心态 | 彭　涓 | 现代养生 | 2001,(2):14 |
| 《黄帝内经》中的养生思想浅探 | 陈茂蒙 | 养生月刊 | 2001,(2):74 |
| 《内经》养生发微 | 崔永锋等 | 云南中医学院学报 | 2001,(2):20 |
| 人怎样才能活到“天年” | 张润民 | 当代矿工 | 2001,(3):32 |
| 中国传统体育养生的哲学思想风格 | 黄力生 | 贵州体育科技 | 2001,(3):28 |
| 杏林医海探养生 | 谭达全等 | 湖南中医杂志 | 2001,(3):3 |
| “不时御神”新解 | 范登脉等 | 南京中医药大学学报（社会科学版） | 2001,(3):137 |
| 饮食保健古今说 | 雁　鸣 | 烹调知识 | 2001,(3):50 |
| 论先秦时期养生理论的科学内涵及对后世的影响 | 曹　冬 | 武汉体育学院学报 | 2001,(3):25 |
| 谈四季养生 | 凌　召 | 现代养生 | 2001,(3):22 |
| 养生史话 | 李锦堂 | 现代养生 | 2001,(3):43 |
| 中医养生五法 | 吴　敏 | 现代中医药 | 2001,(3):46 |
| 略论老子养生观 | 郑华全 | 养生月刊 | 2001,(3):109 |
| 浅谈我国的饮食养生与药膳食疗的产生和发展 | 柴玉花 | 药膳食疗 | 2001,(3):3 |
| 健康长寿本于平衡——《易经》与中老年养生 | 霍　洁等 | 医学与社会 | 2001,(3):30 |
| 论老子的“反者道之动”及其养生归根思想 | 蒋应时 | 广西中医学院学报 | 2001,(4):106 |
| 家庭四季饮食保健养生 | 孟仲法 | 食品与生活 | 2001,(4):10 |

| | | | |
|---|---|---|---|
| 试论七损八益 | 丛春雨 | 中医文献杂志 | 2001,(4):1 |
| 治未病之我见 | 周玉朱 | 安徽中医学院学报 | 2001,(5):18 |
| “七损八益”浅识 | 由冬野等 | 黑龙江中医药 | 2001,(5):46 |
| 少食何以能增寿 | 王惟恒 | 解放军健康 | 2001,(5):22 |
| 中国传统音乐的养生功能 | 周世斌 | 人民音乐 | 2001,(5):31 |
| 任督两脉与健康长寿 | 张俊岭 | 现代养生 | 2001,(5):22 |
| 养生纵横谈 | 萧志才 | 现代养生 | 2001,(5):9 |
| 夏季话养生 | 车星辰 | 中华武术 | 2001,(5):58 |
| 论“春夏养阳,秋冬养阴” | 卢翠敏 | 甘肃中医 | 2001,(6):8 |
| 老年人养生保健的科学理论研究 | 杨佩璇 | 泉州师范学院学报 | 2001,(6):96 |
| 浅论中医食养疗法 | 李显锋 | 现代中医药 | 2001,(6):36 |
| 以德养生　尽享天年 | 褚宇帆等 | 祝您健康 | 2001,(6):9 |
| 养生先养心 | 周蔚汝 | 现代养生 | 2001,(7):17 |
| 中老年人夏季养生 | 常敏毅 | 现代养生 | 2001,(7):22 |
| 中医预防学的形成与特色 | 朱　光等 | 中国中医基础医学杂志 | 2001,(7):481 |
| 名老中医谈养生之道(26)　养生三要素 | 刘春圃 | 家庭中医药 | 2001,(8):31 |
| 春令养生与进补 | 陈　晓等 | 上海预防医学杂志 | 2001,(8):389 |
| 冬令养生与进补 | 陈德兴 | 上海预防医学杂志 | 2001,(8):393 |
| 秋令养生与进补 | 吴鸿洲 | 上海预防医学杂志 | 2001,(8):392 |
| 名老中医谈养生之道(27)——养生防病保健延年 | 刘炳凡 | 家庭中医药 | 2001,(9):34 |
| 早衰折寿　祸在心劳 | 梁兆松 | 现代健康人 | 2001,(9):24 |
| 夏季养生七注意 | 杨　林 | 现代健康人 | 2001,(9):51 |
| 长夏养生须防湿 | 姚　芳 | 现代养生 | 2001,(9):12 |
| 漫话性养生 | 吴建军 | 现代养生 | 2001,(9):43 |
| 起居有常益康寿 | 李立辉 | 健康博览 | 2001,(10):7 |
| 漫话易学与养生 | 刘长林等 | 现代养生 | 2001,(10):47 |
| 浅谈老子的养生之道——法于自然 | 傅朝玄 | 现代养生 | 2001,(10):11 |
| 秋季养生须“四防” | 雨　欣 | 现代养生 | 2001,(10):24 |
| 医不治已病,而治未病 | 星　羽 | 中国中小企业 | 2001,(10):62 |
| 溯古探源话食养 | 黑振江 | 中国保健营养 | 2001,(11):32 |
| 中医养生学在痤疮防治中的应用 | 吴　敏 | 中国中医基础医学杂志 | 2001,(11):71 |
| 冬季晨炼　必待日光 | 霍寿喜 | 环境 | 2001,(12):35 |
| 冬季养生肾藏精 | 袁　超 | 现代养生 | 2001,(12):17 |
| 慢性前列腺炎“治未病”浅谈 | 马　超等 | 新疆中医药 | 2001,(S1):2 |
| 寒冬季节宜护肾 | 吴国隆 | 中国老年报 | 2001. 1. 1 |
| 《内经》七损八益的含义 | 李水银 | 中国医药报 | 2001. 1. 18 |
| 春夏养阳、秋冬养阴的养生意义 | 杨岸森 | 中国医药报 | 2001. 2. 3 |
| 春宜养阳 | 吴国隆 | 中国医药报 | 2001. 3. 11 |
| 《四部医典》和《黄帝内经》养生观的探讨(上) | 王树彬等 | 民族医药报 | 2001. 5. 18 |
| 《四部医典》和《黄帝内经》养生观的探讨(下) | 王树彬等 | 民族医药报 | 2001. 6. 1 |
| 男性养生保健之我见 | 张殿伟 | 第一届全国中西医结合男科学术会议论文汇编 | 2001:360 |
| 清心寡欲能延寿 | 张普林 | 安全与健康 | 2002,(1):26 |
| 古法新生——导引按跷(上) | 孟　立 | 按摩与导引 | 2002,(1):2 |
| 中医的养生观 | 李　宁 | 保健医苑 | 2002,(1):10 |
| 健康知“节气”——春季篇 | 晓　宜 | 防灾博览 | 2002,(1):37 |

| | | | |
|---|---|---|---|
| 古代养生学的特色和内涵初探 | 邓冰湘等 | 湖南中医杂志 | 2002,(1):1 |
| 冬季晨练,必待日光 | 霍寿喜 | 健康 | 2002,(1):29 |
| 冬季养生重养阴 | 雁过天 | 健身科学 | 2002,(1):8 |
| 退休老人应防五劳伤 | 郭宏伟 | 解放军健康 | 2002,(1):26 |
| 《内经》养生观探讨 | 刘国礼等 | 锦州医学院学报 | 2002,(1):36 |
| 试从"治未病"看温病"伏邪"说 | 张喜奎 | 陕西中医学院学报 | 2002,(1):12 |
| 冬日阳光尤可贵 | 李盛仙 | 时代养生 | 2002,(1):8 |
| 健康知节气——夏季篇 | 晓　宜 | 防灾博览 | 2002,(2):31 |
| 《黄帝内经》养生学思想探析 | 孙守信等 | 甘肃中医学院学报 | 2002,(2):7 |
| 《内经》学家周信有教授养生思想探析 | 邓　沂 | 甘肃中医学院学报 | 2002,(2):9 |
| 谈中医的养生之道 | 罗淑君 | 光明中医 | 2002,(2):8 |
| 名老中医谈养生之道(32)——动可延年乐则长寿 | 朱良春 | 家庭中医药 | 2002,(2):37 |
| 试论中医养生理论与中风的关系 | 吴全人 | 兰州医学院学报 | 2002,(2):87 |
| 冬季养生六宜六戒 | 贾钢都 | 时代养生 | 2002,(2):9 |
| 老年人春季养生 | 胡　冰 | 时代养生 | 2002,(2):6 |
| 房室养生六要则 | 吴建军 | 养生月刊 | 2002,(2):80 |
| 《内经》养生思想发微 | 陈　明 | 云南中医学院学报 | 2002,(2):25 |
| 《黄帝内经》养生保健观初探 | 郑志坚 | 安徽中医学院学报 | 2002,(3):5 |
| 论战国秦汉"人与天合"养生文化范式的建构及其特点 | 邹登顺 | 贵州社会科学 | 2002,(3):106 |
| 《黄帝内经》与《道德经》养生思想初探 | 尹亚东等 | 河南中医 | 2002,(3):71 |
| 古人养生"三定律" | 赵广兰 | 家庭中医药 | 2002,(3):31 |
| 十二时辰养生法 | 容小翔 | 开卷有益·求医问药 | 2002,(3):41 |
| "治未病者"谓"圣人" | 迟华基 | 辽宁中医杂志 | 2002,(3):125 |
| 论《易经》对中国传统医学与养生的影响 | 郭德才 | 时代养生 | 2002,(3):10 |
| 养生贵在气血和 | 黄根柱 | 时代养生 | 2002,(3):7 |
| 疗疾养生话"忌口" | 徐　兢 | 养生月刊 | 2002,(3):123 |
| 浅谈中国养生体育的基本特征 | 王志祥 | 医学与哲学 | 2002,(3):51 |
| 营养的益与损 | 高仰山 | 中国保健营养 | 2002,(3):3 |
| 浅谈健康长寿与自我保健 | 刘卫中 | 安徽中医临床杂志 | 2002,(4):218 |
| 中西方古代养生比较 | 黄世钧等 | 安徽中医学院学报 | 2002,(4):5 |
| 学会制怒 | 赵清秀 | 长寿 | 2002,(4):29 |
| 名老中医谈养生之道(34)(35)　乐观是长寿的好友 | 孙绍良 | 家庭中医药 | 2002,(4):34 |
| "治未病"的含义 | 姜　惟等 | 南京中医药大学学报(自然科学版) | 2002,(4):209 |
| 试析中国养生体育的特点 | 林　跃 | 体育成人教育学刊 | 2002,(4):22 |
| 谈饮食养生法 | 陈凤琴等 | 新疆中医药 | 2002,(4):7 |
| 《内经》"治未病"说探源 | 胡永信 | 医古文知识 | 2002,(4):4 |
| 按摩、运动与养生刍议 | 张学明等 | 按摩与导引 | 2002,(5):59 |
| 要健康　知节气——秋季篇 | 晓　宜 | 防灾博览 | 2002,(5):37 |
| "治未病"学术思想对防治亚健康状态的指导意义 | 柴可夫等 | 甘肃中医 | 2002,(5):5 |
| 内经法于阴阳在预防医学中的应用 | 杨克纯 | 湖北预防医学杂志 | 2002,(5):43 |
| 气质不同养生有别 | 日　月 | 家庭中医药 | 2002,(5):31 |
| 治未病理论浅探 | 荆　鲁 | 中医杂志 | 2002,(5):396 |
| 中医养生八法——献给热爱生命的人们 | 邓大学 | 安徽中医临床杂志 | 2002,(6):525 |
| "亚健康"成因与预防 | 姚友梅等 | 安徽中医学院学报 | 2002,(6):1 |
| 要健康　知节气——冬季篇 | 晓　宜 | 防灾博览 | 2002,(6):35 |

| | | | |
|---|---|---|---|
| 春夏养阳秋冬养阴初探 | 张凤娥等 | 湖南中医杂志 | 2002,(6):3 |
| 从《周易》与《内经》看养生学思想渊源 | 崔勿骄 | 内蒙古中医药 | 2002,(6):36 |
| 古人养生"三定律" | 赵广兰 | 山西老年 | 2002,(6):47 |
| 养生之道——仁者寿 | 林　林 | 时代养生 | 2002,(6):4 |
| 安度晚年须"四忘" | 宝　鸣 | 养生月刊 | 2002,(6):274 |
| 古人养生"三定律" | 郑华金 | 养生月刊 | 2002,(6):265 |
| 浅谈亚健康及其中医药防治 | 盛星明 | 云南中医中药杂志 | 2002,(6):42 |
| 少食益寿古今谈 | 王惟恒 | 家庭医学 | 2002,(7):35 |
| 春日融融话养生 | 健　民 | 教书育人 | 2002,(7):48 |
| 古人养生"三定律" | 赵广兰 | 开卷有益·求医问药 | 2002,(7):33 |
| 学会制怒解愁　心境坦然增寿 | 周蔚汝 | 时代养生 | 2002,(7):24 |
| 论《黄帝内经》的养生观与养生法则 | 许家松 | 中国中医基础医学杂志 | 2002,(7):1 |
| 起居有常　不妄作劳 | 周贻谋 | 长寿 | 2002,(8):28 |
| 饮食相宜人方健 | 张　芹 | 健身科学 | 2002,(8):41 |
| 养目护眼始于足 | 张爱军 | 现代健康人 | 2002,(8):40 |
| 老人保健重"三养" | 沈亚南 | 开卷有益·求医问药 | 2002,(9):27 |
| 秋季养生重养收 | 张积学 | 时代养生 | 2002,(9):21 |
| 养生先养心 | 郭振东 | 心理与健康 | 2002,(9):23 |
| 秋果养生　功效不凡 | 孟景春 | 祝您健康 | 2002,(9):14 |
| 养形与养神 | 许文范 | 养生大世界 | 2002,(10):9 |
| 中医养生有道 | 谷桂远 | 养生大世界 | 2002,(10):7 |
| 《黄帝内经太素》中的"治神"与"养神" | 段鲜红等 | 中国针灸 | 2002,(10):67 |
| 论天人相应与糖尿病患者的养生 | 别晓东 | 中国中医基础医学杂志 | 2002,(10):4 |
| 冬季晨练　必待日光 | 霍寿喜 | 时代养生 | 2002,(11):24 |
| 冬季养生九宜 | 赵瑞元 | 时代养生 | 2002,(11):21 |
| 仿生保健渊远流长 | 沈小赐 | 家庭中医药 | 2002,(12):35 |
| 老人养生四平衡 | 唐圣发 | 时代养生 | 2002,(12):21 |
| 养生保健话"五劳" | 于　斌 | 时代养生 | 2002,(12):8 |
| 谈中医药养生保健 | 冯新送 | 新中医 | 2002,(12):3 |
| 秋季养生五法 | 黄　力 | 安全与健康 | 2002,(23):49 |
| 浅论中医养生学 | 张保平 | 山西中医 | 2002,(S1):5 |
| 我国传统养生体育的理论研究 | 陈　忠 | 上海体育学院学报 | 2002,(S1):43 |
| 用好中药　延年益寿 | 张　威 | 医疗保健器具 | 2002,(Z1):31 |
| 《内经》养生心理学思想探析 | 王凤香 | 中国优秀博硕士学位论文全文数据库(硕士)医药卫生科技辑 | 2002,(1):E056-1 |
| 中医治未病思想及其特色与应用 | 周大勇 | 第二次世界中西医结合大会论文摘要集 | 2002:406 |
| 调补脾肾与养生保健 | 陈　勇 | 第三次全国中西医结合养生学与康复医学学术研讨会论文集 | 2002:229 |
| 古代养生之本一精、气、神 | 魏存祥 | 第三次全国中西医结合养生学与康复医学学术研讨会论文集 | 2002:226 |
| 老年概念及养生长寿 | 吴广铮 | 第三次全国中西医结合养生学与康复医学学术研讨会论文集 | 2002:239 |
| 老年摄生之吾见(摘要) | 曾庆平 | 第三次全国中西医结合养生学与康复医学学术研讨会论文集 | 2002:360 |

| | | | |
|---|---|---|---|
| 中医学天人相应论在养生保健中的运用 | 郭　蕾 | 第三次全国中西医结合养生学与康复医学学术研讨会论文集 | 2002:206 |
| 中医精神养生与心理治疗 | 李兴正 | 第三次全国中西医结合养生学与康复医学学术研讨会论文集 | 2002:223 |
| 祖国医学与抗衰益寿 | 王瑞根 | 第三次全国中西医结合养生学与康复医学学术研讨会论文集 | 2002:234 |
| 试述《内经》与朱丹溪养生学术思想的关系 | 陈蕾蕾 | 贵阳中医学院学报 | 2003,(1):7 |
| 中国古代“养心”思想述论 | 黄大建 | 南昌大学学报（人文社会科学版） | 2003,(1):37 |
| 从《内经》看中医学的抗衰老理论 | 卞志高 | 四川中医 | 2003,(1):12 |
| 冬令“养精蓄锐”说 | 黄根柱 | 现代养生 | 2003,(1):11 |
| 冬季养生肾“藏”好 | 袁秀芬 | 养生大世界 | 2003,(1):9 |
| 生命之本的肾贵在保健 | 萧　云 | 药物与人 | 2003,(1):14 |
| 养生必先养心 | 赖海晏 | 源流 | 2003,(1):60 |
| 浅谈天人相应与中医养生 | 盛星明 | 云南中医中药杂志 | 2003,(1):41 |
| 试论张志聪注释《内经》四季摄生法的瑕瑜得失 | 鲍晓东 | 浙江中医学院学报 | 2003,(1):70 |
| 道教养生学的形成与发展简述 | 史孝进 | 中国道教 | 2003,(1):13 |
| 《内经》养生学说的构建 | 朱国茹 | 中医研究 | 2003,(1):4 |
| 《内经》养生学说对抗衰老的指导意义 | 房少清等 | 大同医学专科学校学报 | 2003,(2):10 |
| 浅论《黄帝内经》的预防医学 | 韩慧敏等 | 光明中医 | 2003,(2):1 |
| 《内经》脾胃与长寿初探 | 徐　荣等 | 黑龙江中医药 | 2003,(2):2 |
| 浅谈未病先防 | 何学艳 | 黑龙江中医药 | 2003,(2):58 |
| 顺乎自然寿自高 | 谭家峰 | 环境 | 2003,(2):23 |
| 从《内经》“七损八益”探人体衰老实质 | 齐　南 | 江西中医学院学报 | 2003,(2):15 |
| 浅析《黄帝内经》时间养生观 | 马铁明 | 辽宁中医杂志 | 2003,(2):86 |
| 中国传统养生法的健身作用 | 赵宗跃 | 山东体育学院学报 | 2003,(2):88 |
| 论传统养生体育的动静观 | 鞠宝兆 | 沈阳体育学院学报 | 2003,(2):3 |
| 凡事有度益健康 | 杨　彪 | 食品与健康 | 2003,(2):35 |
| 健康长寿思想的历史回顾与思考 | 汪　澜等 | 咸宁学院学报 | 2003,(2):100 |
| 老人冬季养生四法 | 翟　峰 | 饮食科学 | 2003,(2):27 |
| 推拿养生的理论探讨 | 王华兰 | 中医研究 | 2003,(2):44 |
| 中医对亚健康状态的论述与调治考辨 | 周宝宽等 | 中医药学刊 | 2003,(2):250 |
| 浅谈天人相应与中医养生 | 盛星明 | 中医杂志 | 2003,(2):157 |
| 内经养生思想中“精神内守”刍议 | 衣春光等 | 长春中医学院学报 | 2003,(3):35 |
| 中医对心身疾病、亚健康状态关系的探析 | 姜丽红 | 长春中医学院学报 | 2003,(3):31 |
| “恬惔虚无”与“精神内守” | 周贻谋 | 长寿 | 2003,(3):25 |
| 浅谈中医学的养生观 | 胡西美 | 甘肃中医 | 2003,(3):1 |
| 寓于自然的养生观 | 吴雪梅 | 贵阳中医学院学报 | 2003,(3):37 |
| 从《内经》的养生学说谈老年保健 | 李士军 | 河北中医 | 2003,(3):239 |
| “七损八益”源流考辨 | 王晓鹤 | 江西中医学院学报 | 2003,(3):17 |
| 老年病人的用药原则及自我调摄养生 | 卢　玲 | 辽宁中医学院学报 | 2003,(3):238 |
| 论中医学中的“治未病”思想 | 赵新乡 | 深圳中西医结合杂志 | 2003,(3):137 |
| 春季养生宜保肝 | 袁　超 | 现代养生 | 2003,(3):12 |
| 古代艺术养生概述 | 饶宏孝 | 养生月刊 | 2003,(3):136 |
| 与春困说再见 | 陈　根 | 中国营养保健 | 2003,(3):27 |
| 《内经》因人养神刍议 | 衣春光等 | 长春中医学院学报 | 2003,(4):5 |

| | | | |
|---|---|---|---|
| 淡泊养生　荣登寿域 | 杨　锋 | 长寿 | 2003,(4):20 |
| 中医预后思想探讨 | 杨徐杭等 | 国医论坛 | 2003,(4):13 |
| 音乐审美与养生 | 叶　波 | 江苏工业学院学报（社会科学版） | 2003,(4):43 |
| 养德养生概述 | 邹金生 | 江西中医学院学报 | 2003,(4):33 |
| 中医养生与现代疗养 | 张　疆 | 解放军保健医学杂志 | 2003,(4):246 |
| 《黄帝内经》养生思想探识 | 李海权等 | 辽宁中医学院学报 | 2003,(4):333 |
| 论浩然之气与炼气养生 | 萧志才 | 现代养生 | 2003,(4):26 |
| 春季养肝话食疗 | 杜昌宏 | 饮食科学 | 2003,(4):24 |
| 养生学的发展与展望 | 李　浩等 | 中国康复医学杂志 | 2003,(4):62 |
| 论《内经》"动静相宜"、"因人因时制宜"的养生原则 | 李益生 | 江苏中医药 | 2003,(5):4 |
| "德全不危"养生说 | 李永新 | 江西中医药 | 2003,(5):42 |
| 闭目养神益心身 | 卢自润 | 养生月刊 | 2003,(5):216 |
| 论传统运动养生的文化底蕴 | 张有民 | 医学与哲学 | 2003,(5):48 |
| 《黄帝内经》饮食养生与食疗药膳探析 | 邓　沂 | 中国中医基础医学杂志 | 2003,(5):69 |
| 气质不同养生有别 | 雪　梅 | 科学养生 | 2003,(6):36 |
| "五忘"帮你度晚年 | 计朝阳 | 山西老年 | 2003,(6):49 |
| 《黄帝内经》养生方法刍议 | 党炳林 | 陕西中医 | 2003,(6):563 |
| 中医养生中的哲学观 | 邢玉瑞等 | 现代中医药 | 2003,(6):1 |
| 略论中医养生与老年保健 | 黄泗猷 | 医学与哲学 | 2003,(6):896 |
| 五味调和保安康 | 贺　经等 | 饮食科学 | 2003,(6):54 |
| 中医的心身观念、心理治疗在疗养中的实施探讨 | 吕旭辉等 | 中国疗养医学 | 2003,(6):54 |
| 老年人的夏季养生 | 黄存垣 | 老友 | 2003,(7):47 |
| 夏季话养生 | 车星辰 | 武当 | 2003,(7):65 |
| 养生还应重养神 | 贾洪斐 | 养生月刊 | 2003,(7):296 |
| 中医眼中的"亚健康" | 朱　宏 | 中国营养保健 | 2003,(7):19 |
| 《黄帝内经》顺时养生观考释 | 孙松辉 | 中医药学刊 | 2003,(7):1133 |
| 亚健康与中医基础理论述要 | 张庆祥等 | 中医药学刊 | 2003,(7):1137 |
| 养生科学与健康长寿 | 张文范 | 长寿 | 2003,(8):4 |
| 浅谈养生之道 | 罗光荣 | 现代养生 | 2003,(8):4 |
| 《黄帝内经》的养性观 | 嘉　男 | 家庭．育儿 | 2003,(9):44 |
| 秋季养生六法 | 丁和云 | 山东农机化 | 2003,(9):36 |
| 健足养生法 | 老　诚 | 现代养生 | 2003,(9):10 |
| 《黄帝内经》衰老理论与老年保健 | 刘焕兰 | 新中医 | 2003,(9):71 |
| 秋季养生指南 | 肖祥云 | 中国农村小康科技 | 2003,(9):41 |
| 健康的心态——生命的保护神 | 星　光 | 中老年保健 | 2003,(9):26 |
| 金秋时节话养生 | 林　林 | 长寿 | 2003,(10):28 |
| 中医养生大概念 | 刘占文 | 今日中国(中文版) | 2003,(10):66 |
| 谈治未病——SARS 带来的思考 | 张庆荣等 | 辽宁中医杂志 | 2003,(10):794 |
| 饮馔养生健体　医食同源疗疾——食疗史话 | 曾再新等 | 烹调知识 | 2003,(10):38 |
| 简论《黄帝内经》的养生原则 | 党炳林 | 陕西中医 | 2003,(10):948 |
| 秋冬食养"六宜" | 科　言 | 食品与健康 | 2003,(10):23 |
| 我国古代养生的发展动力及特征管窥 | 田雨普 | 体育文化导刊 | 2003,(10):74 |
| 论先天禀赋与后天摄养 | 周蔚汝 | 现代养生 | 2003,(10):4 |
| 气功养生延年益寿 | 周鹤龄 | 现代养生 | 2003,(10):24 |
| 《内经》养生理论及其现实意义探析 | 陈　雷等 | 浙江中医杂志 | 2003,(10):32 |

| | | | |
|---|---|---|---|
| 癸未之年话养生 | 曲黎敏 | 中华养生保健 | 2003,(10):50 |
| 漫谈秋季养生 | 刘淑清 | 中老年保健 | 2003,(10):8 |
| 冬季养生话运动 | 小　语 | 河北科技 | 2003,(11):47 |
| 中医养生之观点 | 蒋正林 | 家庭中医药 | 2003,(11):31 |
| 浅谈中医调神论 | 杨印明 | 陕西中医 | 2003,(11):1056 |
| 防“心劳”方可益寿延年 | 松　文 | 食品与健康 | 2003,(11):27 |
| 冬季如何养生 | 常敏毅 | 现代养生 | 2003,(11):11 |
| 《黄帝内经》与中医养生 | 魏　红等 | 中医药学刊 | 2003,(11):1889 |
| 《内经》养生学说的构建 | 庞　剑等 | 辽宁中医杂志 | 2003,(12):970 |
| 惜精养神与房事忌日 | 刘逢军 | 养生大世界 | 2003,(12):52 |
| 古医书中的“七损八益” | 张余康 | 养生月刊 | 2003,(12):559 |
| 脾胃养生十法 | 王福成 | 工会博览 | 2003,(17):67 |
| 祖国医学论肾与保健养生 | 李世金 | 医药论坛杂志 | 2003,(19):80 |
| 冬病夏治　夏病冬治 | 余国俊 | 中国社区医师 | 2003,(24):36 |
| 适应“生物钟”提倡午睡 | 顾英奇等 | 出版参考 | 2003,(32):42 |
| 春日养阳要诀 | 韩素芹 | 大众卫生报 | 2003.2.27 |
| 春日养阳学问多 | 王　伟 | 中国医药报 | 2003.3.10 |
| 老年人注意春夏养阳 | 李　英 | 中国医药报 | 2003.3.17 |
| 中医疲劳与亚健康研究 | 周宝宽 | 中国优秀博硕士学位论文全文数据库(博士)医药卫生科技辑 | 2003,(4):E056-1 |
| 七损八益——古代房室养生的精华(马王堆房中医有关经文述评) | 徐升阳 | 中南六省性学会第一次学术年会暨湖北省性学会第二届第一次学术年会论文集 | 2003:32 |
| 冬季晨练必待日光 | 王伟文 | 甘肃林业 | 2004,(1):47 |
| 《黄帝内经》与房事养生 | 周鸿飞 | 光明中医 | 2004,(1):18 |
| 浅探《内经》养生保健观 | 高日阳 | 国医论坛 | 2004,(1):20 |
| 亚健康状态的中医调适思路 | 于扬波等 | 国医论坛 | 2004,(1):47 |
| 中医对延缓衰老的认识 | 刘淑燕等 | 黑龙江中医药 | 2004,(1):6 |
| 儒家思想对中医养生学的影响 | 任　路 | 辽宁中医杂志 | 2004,(1):80 |
| 百岁老人的养生共性 | 管恩聚 | 现代养生 | 2004,(1):26 |
| 冬季宜养藏 | 碧　云 | 现代养生 | 2004,(1):9 |
| 道教与中华养生学 | 罗移山 | 郧阳师范高等专科学校学报 | 2004,(1):11 |
| 2004年:精神之光溢四季——四季精神养生法述略 | 道新成 | 中华养生保健 | 2004,(1):8 |
| 古人眼中的“生物钟”养生 | 晓　军 | 当代生态农业 | 2004,(2):11 |
| 论天人相应与养生健康 | 李永谦 | 甘肃中医 | 2004,(2):38 |
| “形神合　”话养生 | 周少林 | 河南中医 | 2004,(2):4 |
| 论通补与老年养生 | 杨　敏 | 河南中医 | 2004,(2):6 |
| 春季养生 | 华　文 | 民族大家庭 | 2004,(2):58 |
| 从《内经》看祖国医学的养生之道 | 黄枋生 | 内蒙古中医药 | 2004,(2):31 |
| 论中医的治未病 | 孙维旭 | 内蒙古中医药 | 2004,(2):34 |
| 饮食新时尚——食疗+食补 | 行　为 | 农村实用工程技术绿色食品 | 2004,(2):40 |
| “七损八益”探析 | 粟胜勇等 | 实用中医内科杂志 | 2004,(2):104 |
| 房事养生源远流长 | 宇　明 | 养生大世界 | 2004,(2):56 |

| | | | |
|---|---|---|---|
| 浅谈道家思想对中医学养生预防观的影响 | 黄海量等 | 国医论坛 | 2004,(3):14 |
| 但愿世人寿而康——漫谈中医学养生之道 | 李振华 | 河南中医 | 2004,(3):6 |
| 春季饮食的养生之道 | 王志成 | 健康生活 | 2004,(3):42 |
| 浅谈"顺时养生穴位疗法" | 江凌圳 | 江西中医药 | 2004,(3):55 |
| 春季科学养生保健康 | 张玉苹 | 今日中国(中文版) | 2004,(3):66 |
| 老年人的春季保健养生 | 张洪解 | 老友 | 2004,(3):53 |
| 试论春夏养阳　秋冬养阴 | 边秀娟 | 辽宁中医杂志 | 2004,(3):206 |
| 稷下之学与我国传统养生思想 | 齐国强 | 体育文化导刊 | 2004,(3):77 |
| "春夏养阳　秋冬养阴"理论探讨 | 蒋垂刚等 | 现代中医药 | 2004,(3):6 |
| 老人入夏话"养阳" | 饶术成 | 心血管病防治知识 | 2004,(3):52 |
| 春日话养肝 | 杜昌宏 | 养生大世界 | 2004,(3):25 |
| 《内经》"春夏养阳,秋冬养阴"析疑 | 黄大宇 | 中医研究 | 2004,(3):11 |
| 从中医经典理论看环境与养生 | 潘智明等 | 湖北中医学院学报 | 2004,(4):52 |
| 浅谈"春夏养阳,秋冬养阴" | 荣　辉等 | 湖北中医学院学报 | 2004,(4):55 |
| 春季养生五要 | 张远桃 | 健康生活 | 2004,(4):26 |
| 中医养生理论溯源 | 刘春援等 | 江西中医学院学报 | 2004,(4):9 |
| 四季养生与体育锻炼 | 唐进昌等 | 柳州师专学报 | 2004,(4):136 |
| 《内经》的养生观点及道家思想 | 王　淼 | 天津中医药 | 2004,(4):309 |
| 浅谈《内经》与养生 | 陈　野 | 云南中医中药杂志 | 2004,(4):55 |
| 春季药膳 | 卢长庆 | 中老年保健 | 2004,(4):47 |
| 精气血形神与养生防病辨识 | 魏　红等 | 中医药学刊 | 2004,(4):633 |
| 按摩腹部保健养生 | 李荣胜 | 健康博览 | 2004,(5):39 |
| 中医养生学发展史纲 | 刘兆杰 | 内蒙古中医药 | 2004,(5):43 |
| 形神合一话养生 | 周少林 | 养生月刊 | 2004,(5):388 |
| 漫话长寿药膳 | 许文巧 | 药膳食疗 | 2004,(5):29 |
| 论《内经》养生 | 裴　媛 | 中国中医基础医学杂志 | 2004,(5):69 |
| 我国古代的养生文化 | 林　伟 | 广西质量监督导报 | 2004,(6):36 |
| 《上古天真论》养生法则新议 | 赵　喜等 | 河北北方学院学报 | 2004,(6):26 |
| 谈"养慎"与预防医学 | 李艳玲 | 吉林中医药 | 2004,(6):41 |
| 性生活中的七损八益 | 唐乃娟 | 家庭医学 | 2004,(6):22 |
| 冬季养生 | 华　文 | 民族大家庭 | 2004,(6):58 |
| 浅议传统养生学中的养神法及其启示 | 施　俊 | 咸宁学院学报 | 2004,(6):112 |
| 莫用生气"惩罚"自己 | 王　洁 | 现代养生 | 2004,(6):38 |
| 老年四时摄生法的传统理论 | 方春阳 | 养生月刊 | 2004,(6):484 |
| 音乐养生与疗疾 | 苗凌娜等 | 医药论坛杂志 | 2004,(6):59 |
| 《黄帝内经》养生观探析 | 胡　静 | 中医药学刊 | 2004,(6):1085 |
| 从《内经》中得来的健脑养生法——访凌耀星教授 | 楼绍来 | 科学养生 | 2004,(7):25 |
| 饮食养生淡为善 | 汪宝树 | 科学养生 | 2004,(7):21 |
| 老年健康的主轴 | 周蔚汝 | 现代养生 | 2004,(7):18 |
| 寿命的思考 | 陈可冀 | 养生大世界 | 2004,(7):1 |
| 细解养生 | 李士生 | 养生大世界 | 2004,(7):10 |
| 学会戒怒　健康长寿 | 赵化南 | 现代养生 | 2004,(8):33 |
| 中医养生要旨 | 王廷羡 | 现代养生 | 2004,(8):6 |
| "春夏养阳,秋冬养阴"之我见 | 吴　伟 | 河南中医 | 2004,(9):16 |
| 秋季养生贵在"收" | 柳宗游 | 家庭医药 | 2004,(9):59 |
| 养神是养生之本 | 贾洪斐 | 开卷有益·求医问药 | 2004,(9):45 |

| | | | |
|---|---|---|---|
| 漫话秋季养生 | 李子云 | 现代养生 | 2004,(9):14 |
| 老年人秋季养生五要素 | 张远桃 | 山西老年 | 2004,(10):41 |
| 《内经》"冬不按跷"理论的养生学意义 | 何清平 | 陕西中医 | 2004,(10):947 |
| 善养心者可获高寿 | 李子云 | 现代养生 | 2004,(10):22 |
| 《黄帝内经》中养生思想浅析 | 于　睿等 | 中医药学刊 | 2004,(10):1877 |
| 从中医理论谈太极拳健身 | 王桂荣 | 中华武术 | 2004,(11):34 |
| 冬季养生5原则 | 张国玺 | 家庭医药 | 2004,(12):56 |
| 从形神合一浅谈养生之道 | 韦永红等 | 陕西中医 | 2004,(12):1147 |
| 浅谈"不治已病治未病" | 韦淑敏 | 实用中医药杂志 | 2004,(12):723 |
| 浅谈中老年养生 | 许孟尧 | 现代养生 | 2004,(12):10 |
| 《黄帝内经》中的养生之道诠释 | 商铁刚 | 中医药学刊 | 2004,(12):2310 |
| 中医学对亚健康状态的认识 | 杨　豪 | 中医正骨 | 2004,(12):13 |
| 中医"春夏养阳与秋冬养阴"之养生琐谈 | 高莉萍等 | 现代医药卫生 | 2004,(20):2154 |
| 传统中医养生观念与全民健身的关系 | 刘林亚 | 中国临床康复 | 2004,(24):5112 |
| 冬天还是懒些好 | 新　华 | 中国医药指南 | 2004,(Z1):69 |
| "七损""八益"指的什么 | 王　琦 | 中国妇女报 | 2004.2.2 |
| 春季养阳的学问 | 李小红 | 湖北科技报 | 2004.2.10 |
| 春季饮食三步曲 | 马小林 | 中国劳动保障报 | 2004.2.20 |
| 解读《太素》"如是则邪僻不至,长生久视" | 费国斌 | 全国中医药科研与教学改革研讨会论文集 | 2004:234 |
| 传统医药养生保健理论与实践 | 尹志超 | 第三届国际传统医药大会文集 | 2004:107 |
| 《内经》"冬不按跻"理论的养生学意义 | 何清平等 | 第四次全国中西医结合养生学与康复医学学术研讨会论文集 | 2004:106 |
| 浅论中医房事养生 | 吴南民 | 第四次全国中西医结合养生学与康复医学学术研讨会论文集 | 2004:131 |
| 中国传统养生方法之一:精神养生法 | 张国玺 | 第四次全国中西医结合养生学与康复医学学术研讨会论文集 | 2004:74 |
| 《黄帝内经》的治养之道 | 胡　萍等 | 大庆高等专科学校学报 | 2005,(1):36 |
| 浅析《黄帝内经》养生观的指导原则 | 王玉芳 | 河南中医 | 2005,(1):15 |
| 冬季宜养藏 | 肖文实 | 金秋 | 2005,(1):51 |
| 略论王冰养生观及其现实意义 | 贯　剑 | 南京中医药大学学报(社会科学版) | 2005,(1):29 |
| 老人冬天懒些为好 | 朝　云 | 人人健康 | 2005,(1):33 |
| 防病保健重在怡神养性 | 汤岳龙 | 陕西中医 | 2005,(1):95 |
| 冬重补肾　固本扶正 | 张远桃 | 食品与健康 | 2005,(1):20 |
| 《内经》养生思想初探 | 刘淑兰等 | 实用中医药杂志 | 2005,(1):48 |
| 冬令食补"四宜" | 杜昌宏 | 现代养生 | 2005,(1):25 |
| 浅谈《内经》养生之顺应自然 | 李国英等 | 新疆中医药 | 2005,(1):8 |
| 养生保健话音乐 | 唐黎标 | 养生月刊 | 2005,(1):30 |
| 冬季养生进行时 | 凌爱龙 | 中国保健营养 | 2005,(1):61 |
| 养生学何日能进大学堂 | 张永芳 | 中国医药指南 | 2005,(1):127 |
| 不治已病治未病 | 萧　笛 | 家庭中医药 | 2005,(2):9 |
| 冬令进补须对症 | 黄衍强等 | 健康生活 | 2005,(2):25 |
| 节制饮食的学问 | 陈国华 | 开卷有益·求医问药 | 2005,(2):30 |
| 老年人养生保健的原则 | 王应麟 | 老年人 | 2005,(2):55 |
| 老年人的冬季养生 | 黄存垣 | 老友 | 2005,(2):51 |

| | | | |
|---|---|---|---|
| 四时变化与护理 | 霍中芬 | 内蒙古中医药 | 2005,(2):43 |
| 王冰养生思想的特点 | 孙理军等 | 山东中医药大学学报 | 2005,(2):95 |
| 环境与人 | 魏　青 | 养生大世界 | 2005,(2):52 |
| 冬季房事　调摄为重 | 时毓民 | 养生大世界 | 2005,(2):59 |
| 节食欲以延年 | 牟允方 | 养生月刊 | 2005,(2):100 |
| 学《黄帝内经》谈中医养生 | 叶玉姝 | 中国中医药现代远程教育 | 2005,(2):32 |
| 安神——养生之大宝 | 张秋臻 | 中华养生保健 | 2005,(2):45 |
| 《黄帝内经》"形劳而不倦"的养生思想 | 孙松辉 | 中医药学刊 | 2005,(2):300 |
| 防"七损"扬"八益" | 汉　医 | 湖南农机 | 2005,(3):35 |
| 老子的思想与中医之"道"及养生理念异同辨 | 焦振廉 | 江西中医学院学报 | 2005,(3):11 |
| 中国传统食法养生理念 | 沈农夫 | 开卷有益·求医问药 | 2005,(3):30 |
| 春夏正是养阳时 | 王　云 | 科学养生 | 2005,(3):57 |
| 春夏养阳秋冬养阴阐微 | 朱　彤等 | 辽宁中医学院学报 | 2005,(3):203 |
| 《内经》的冬季养生调摄观 | 何清平 | 山东中医杂志 | 2005,(3):181 |
| 淡味与养生 | 汪宝树 | 现代养生 | 2005,(3):4 |
| 从《内经》《难经》谈先天精气之养护 | 角建瓴等 | 中国中医基础医学杂志 | 2005,(3):172 |
| 历代养生经典精论选登　以养为主　治在病先 | 张金燕 | 长寿 | 2005,(4):45 |
| 《黄帝内经》中养生思想对现代生活的指导 | 吴　静等 | 湖北函授大学学报 | 2005,(4):51 |
| 道教内丹理论对明清中医养生学的影响 | 许敬生等 | 江西中医学院学报 | 2005,(4):19 |
| 从《内经》"七损八益"看中医学与中国传统文化 | 赵春妮等 | 内蒙古中医药 | 2005,(4):37 |
| 浅谈《周易》与《内经》的养生观 | 沈　玲 | 中国自然医学杂志 | 2005,(4):352 |
| 《黄帝内经》养生思想探源 | 刘光华等 | 中医研究 | 2005,(4):4 |
| 历代养生经典精论选登　法于阴阳　和于术数 | 张金燕 | 长寿 | 2005,(5):43 |
| 影响寿命的几个因素 | 谢钟琪 | 现代养生 | 2005,(5):13 |
| 养生也要知天时 | 冰　水 | 中华养生保健 | 2005,(5):22 |
| 《内经》"五谷为养"与现代养生 | 孙松辉 | 中医药学刊 | 2005,(5):902 |
| 传统养生学与现代生活环境初探 | 喻　峰 | 湖南中医杂志 | 2005,(6):61 |
| 食物五味与健康 | 晓　虹 | 家庭中医药 | 2005,(6):35 |
| 养生之要在养神 | 王　莉 | 江西中医学院学报 | 2005,(6):8 |
| 起居有道　延年益寿 | 张国玺 | 药物与人 | 2005,(6):40 |
| 从"功遂身退"论老子的养生思想 | 付笑萍 | 中医药临床杂志 | 2005,(6):629 |
| 不治已病治未病浅析 | 陈金禄 | 吉林中医药 | 2005,(7):8 |
| 人到老年要补肺 | 琪　东 | 家庭中医药 | 2005,(7):31 |
| 内经中的夏季养生要点 | 遍　觉 | 健身科学 | 2005,(7):17 |
| 试论《内经》精神养生学的理论基础 | 秦迎曙 | 陕西中医 | 2005,(7):716 |
| 夏日当健脾 | 吴登山 | 养生大世界 | 2005,(7):21 |
| "上古天真论"的心理调摄原则 | 何清平 | 养生月刊 | 2005,(7):621 |
| 养生汲古 | 方春阳 | 养生月刊 | 2005,(7):588 |
| 中医的饮食调护 | 叶　琛 | 中国中医药现代远程教育 | 2005,(7):56 |
| 中医"治未病"学术思想浅议 | 盛国光 | 中医药学刊 | 2005,(7):1181 |
| 淡泊与健康养生 | 王春华 | 保健医苑 | 2005,(8):47 |
| 夏季养生防湿邪 | 江雅文 | 东方食疗与保健 | 2005,(8):68 |
| 古人的饮食养生十诀 | 施善葆 | 家庭中医药 | 2005,(8):30 |
| 入夏养生先"养心" | 张冰隅 | 科学养生 | 2005,(8):39 |
| 中老年人重在调养 | 马康生 | 养生大世界 | 2005,(8):31 |
| 《素问·上古天真论》老年养生思想及其现实意义 | 谷　峰等 | 中医药学刊 | 2005,(8):1477 |

| | | | |
|---|---|---|---|
| 古人养生“三支点” | 佚　名 | 家庭医药 | 2005,(9):52 |
| 益寿养生贵有度 | 唐古胜 | 家庭医药 | 2005,(9):50 |
| 传统医学养生观与现代老年人的心理保健 | 陈玉起等 | 职业与健康 | 2005,(9):1381 |
| 养生贵在把握“度” | 张　锋 | 长寿 | 2005,(10):17 |
| 秋季养生“乐观”为要 | 张冰隅 | 科学养生 | 2005,(10):17 |
| 《黄帝内经》冬季养生观与冬季晨练的误区浅识 | 薛红强 | 陕西中医 | 2005,(10):1126 |
| 养生长寿话七情 | 张洪福等 | 陕西中医 | 2005,(10):1123 |
| 养生长寿为《黄帝内经》第一要义 | 关　力 | 养生月刊 | 2005,(10):12 |
| 养生祛病贵在“神” | 陶春祥 | 养生月刊 | 2005,(10):5 |
| 试述“春夏养阳秋冬养阴” | 江培春等 | 陕西中医 | 2005,(11):1262 |
| 冬季饮食之宜 | 夏　江 | 养生大世界 | 2005,(11):27 |
| 向古人学习养生——古人养生内涵的当代诠释(上) | 蓝　晟 | 养生月刊 | 2005,(11):964 |
| 论因时养生 | 刘兆杰 | 医药产业资讯 | 2005,(11):113 |
| 常“养心”者善养生 | 王同进等 | 华北民兵 | 2005,(12):61 |
| 浅析中医学养生法则 | 张恒文等 | 时珍国医国药 | 2005,(12):125 |
| 冬季的养生之道 | 石柱国 | 现代养生 | 2005,(12):30 |
| 对中老年人养生保健的认识 | 贾俊华 | 中国科技信息 | 2005,(12):600 |
| 流火时节　清净养生 | 周华兵 | 中国西部科技 | 2005,(12):4 |
| 《内经》的“脏气法时”理论及其临床意义 | 罗卫芳 | 中国中医基础医学杂志 | 2005,(12):885 |
| 养生诗话(九)　药补不如食补 | 李佩文 | 中老年保健 | 2005,(12):14 |
| 经络调气养生——气化生命神为主宰人生百年不是梦 | 王品山等 | 中医药学刊 | 2005,(12):2149 |
| 细节决定活百岁(五) | 许冠生 | 招商周刊 | 2005,(28):51 |
| 起居有道　延年益寿 | 张国玺 | 药物与人 | 2005,(S1):28 |
| 冬令进补“勘误” | 董　丽 | 中国医药报 | 2005.1.3 |
| 《内经》“治未病”思想与亚健康 | 申瑞华等 | 中国中医药报 | 2005.4.4 |
| 《黄帝内经》治未病思想原本解读 | 周鸿飞 | 中国中医药报 | 2005.9.26 |
| 上工治未病 | 刘力红 | 健康报 | 2005.12.22 |
| 浅谈不治已病治未病 | 韦淑敏 | 农村医药报(汉) | 2005.12.30 |
| 《内经》养生学说之研究 | 曹志安 | 中国优秀博硕士学位论文全文数据库(博士)医药卫生科技辑 | 2005,(1):E056-3 |
| 《内经》“治未病”思想防治“亚健康”的策略探索 | 申瑞华 | 中国优秀博硕士学位论文全文数据库(硕士)医药卫生科技辑 | 2005,(6):E056-6 |
| 论“春夏养阳,秋冬养阴” | 程时杰 | 第八次全国中西医结合虚证与老年医学学术研讨会论文集 | 2005:337 |
| 略论《内经》中的养生与防病思想 | 李金菊等 | 首届中医药发展国际论坛、首届中医药防治艾滋病国际研讨会和全国中医药科研院所长联谊会论文集 | 2005:409 |
| 中医对亚健康状态的认识及展望 | 丁　瑛 | 浙江省中西医结合学会精神疾病专业委员会第八次学术年会资料汇编 | 2005:10 |
| 其知道者法于阴阳——浅谈中医天人相应的养生观及针灸治疗观 | 罗　燕等 | 中国针灸学会临床分会第三届全国代表大会暨全国针灸临床学术论坛论文集 | 2005:7 |
| 低温养生正当时 | 韦　辰 | 家庭医药 | 2006,(1):52 |
| 冬季养生重在“藏” | 张晓芸 | 家庭医药 | 2006,(1):53 |
| 养生重在养性 | 聂超群 | 老友 | 2006,(1):61 |

| | | | |
|---|---|---|---|
| 谈《黄帝内经》中性别差异在养生中的应用 | 赵昌林等 | 陕西中医 | 2006,(1):115 |
| 亚健康在中医学的理论渊源与源流发展 | 王秀云等 | 天津中医药大学学报 | 2006,(1):7 |
| 浅谈中华食养文化 | 王　蓓 | 扬州大学烹饪学报 | 2006,(1):15 |
| 《黄帝内经》与四季养生 | 张永芳 | 中国医药指南 | 2006,(1):26 |
| 中医天人相应的养生观及针灸治疗观浅析 | 罗　燕等 | 国医论坛 | 2006,(2):11 |
| 养生勿效帝王术 | 肖祥云 | 家庭中医药 | 2006,(2):38 |
| 《黄帝内经》中的运动养生思想及方法 | 徐月英等 | 沈阳体育学院学报 | 2006,(2):23 |
| 《黄帝内经》养生思想窥探 | 刘小华等 | 宜春学院学报 | 2006,(2):130 |
| 用中医理论谈心理养生 | 李　芮 | 中国临床保健杂志 | 2006,(2):190 |
| 《内经》养生理论体系的构建 | 战佳阳等 | 中国中医基础医学杂志 | 2006,(2):84 |
| 易理与养生 | 刘　青 | 中国中医药现代远程教育 | 2006,(2):12 |
| “七损八益”仅仅是房中术吗 | 顾植山等 | 中医药文化 | 2006,(2):33 |
| 浅谈《黄帝内经》养生之德 | 潘秋平 | 江西中医学院学报 | 2006,(3):8 |
| 春日话养肝 | 杜昌宏 | 山西老年 | 2006,(3):48 |
| 论《黄帝内经》中的饮食养生之道——饮食有节 | 许　磊 | 扬州大学烹饪学报 | 2006,(3):26 |
| 《黄帝内经》五味养生防病理论探析 | 郑建功 | 养生月刊 | 2006,(3):201 |
| 中国古代心理养生思想探究 | 周际明 | 浙江体育科学 | 2006,(3):85 |
| 论儒家思想对中医养生学的影响 | 毛　淳 | 中医药管理杂志 | 2006,(3):49 |
| 饮食补养调和五味 | 韦公远 | 东方食疗与保健 | 2006,(4):6 |
| 小议治未病 | 杜　凯 | 国医论坛 | 2006,(4):46 |
| 《黄帝内经》四时养生 | 付　雷 | 湖北中医学院学报 | 2006,(4):42 |
| 论中医养生学的辨证观 | 陈　斌 | 湖北中医学院学报 | 2006,(4):34 |
| 春季养生重养肝 | 邹新元 | 健康生活 | 2006,(4):32 |
| 试论中医学与亚健康 | 罗珊珊 | 云南中医中药杂志 | 2006,(4):2 |
| 从“医道相通”透视道教文化对中医养生思想的影响 | 温茂兴 | 浙江中医药大学学报 | 2006,(4):327 |
| 历代养生经典精论评介——之黄帝篇 | 张永芳 | 中国医药指南 | 2006,(4):27 |
| 夏季的精神调养 | 石　新 | 长寿 | 2006,(5):6 |
| “春夏养阳,秋冬养阴”诸说辨析 | 邓月娥 | 福建中医学院学报 | 2006,(5):44 |
| 浅谈《内经》的养生观 | 杨　军等 | 国医论坛 | 2006,(5):13 |
| 识度与养生 | 裘沛然 | 领导文萃 | 2006,(5):155 |
| 《皇帝内经》中健康相关行为的探索 | 陈智慧 | 社会心理科学 | 2006,(5):75 |
| 《黄帝内经》养生思想及其现实意义的研究 | 周际明 | 温州师范学院学报 | 2006,(5):63 |
| 养生需懂“精”与“气”——道家天人合一学说浅析 | 李学道 | 养生大世界 | 2006,(5):22 |
| 谈古论今“治未病” | 赵英凯等 | 中国中医基础医学杂志 | 2006,(5):330 |
| 中医经典中的治未病与未病先防 | 张学文等 | 中医药学刊 | 2006,(5):911 |
| 《黄帝内经》:古老的养生经典 | 水　水 | 东方养生 | 2006,(6):158 |
| 浅谈“春夏养阳,秋冬养阴” | 姚　强等 | 河南中医 | 2006,(6):9 |
| 夏日养生要点 | 阎　明等 | 健身科学 | 2006,(6):19 |
| 亚健康的防治与《内经》治未病理论 | 张景明等 | 辽宁中医药大学学报 | 2006,(6):144 |
| 古典医著中的养生医学思想探微 | 沙　涛等 | 陕西中医 | 2006,(6):705 |
| 科学认识和理解中医的“治未病”说 | 温长路 | 世界中西医结合杂志 | 2006,(6):313 |
| 炎热夏季巧养生 | 张国玺 | 药物与人 | 2006,(6):52 |
| 对《黄帝内经》中养生理论的认识 | 黑春潮等 | 光明中医 | 2006,(7):5 |
| 论“春夏养阳,秋冬养阴”的实质是调整阳气的运行 | 唐华伟 | 四川中医 | 2006,(7):28 |
| 夏季养生重“疗心” | 邹新元 | 现代养生 | 2006,(7):8 |

| | | | |
|---|---|---|---|
| 春日融融宜养肝 | 虹　洋 | 医药保健杂志 | 2006,(8):18 |
| 中医养生理论的形成及其现代系统工程探微 | 张慧君 | 甘肃中医 | 2006,(9):1 |
| 生物钟与起居养生 | 张国玺 | 保健医苑 | 2006,(10):27 |
| 中医养生要诀之——调情志 | 樊正伦 | 家庭医学(新健康) | 2006,(10):60 |
| “春夏养阳”探析 | 黎巍威等 | 时珍国医国药 | 2006,(10):2051 |
| 饮食有节——《黄帝内经》的养生之道 | 许　磊 | 食品与生活 | 2006,(10):10 |
| 读《内经》话“养生” | 沈凤萍 | 现代养生 | 2006,(10):48 |
| 冬季的精神调养 | 郭崇善 | 长寿 | 2006,(11):8 |
| 老年保健要诀:顺应四时 | 应文辉 | 家庭医学 | 2006,(11):51 |
| 中医养生要诀之——顺天时 | 樊正伦 | 家庭医学(新健康) | 2006,(11):58 |
| 养心调神寿天年——浅谈中医学的长寿观 | 刘映芬 | 家庭中医药 | 2006,(11):39 |
| 长寿的关键在于节制 | 蓝　天 | 现代养生 | 2006,(11):43 |
| 论《内经》四时养生 | 彭　锦 | 中国中医基础医学杂志 | 2006,(11):870 |
| 《内经》未病概念与“治未病”理论探讨 | 金光亮 | 北京中医药大学学报 | 2006,(12):804 |
| 从《黄帝内经》谈顺应四时养生 | 周少林等 | 甘肃中医 | 2006,(12):1 |
| 养生,贵在一个“平”字 | 佚　名 | 家庭医药 | 2006,(12):52 |
| 《内经》“治未病”治则的思想探源 | 冯文林等 | 中国中医基础医学杂志 | 2006,(12):886 |
| 《黄帝内经》饮食养生观 | 何绪良 | 中国中医药现代远程教育 | 2006,(12):57 |
| 论《内经》养生学中的形神统一观 | 靳月华 | 卫生职业教育 | 2006,(18):153 |
| 春夏养阳秋冬养阴的四时养生观 | 夏清华等 | 中国临床康复 | 2006,(23):158 |
| 内经理论对夏季养生的启示 | 郭力恒 | 中国临床康复 | 2006,(43):190 |
| “治未病”的本意、难点及出路 | 江　乐 | 中国中医药报 | 2006.1.16 |
| 马王堆竹简“七损八益”解难题 | 周贻谋 | 中国中医药报 | 2006.7.12 |
| “体质三级预防”学说与中医“治未病” | 王　琦等 | 中国中医药报 | 2006.7.17 |
| 应建立中医“治未病”评估体系 | 王　琦等 | 中国中医药报 | 2006.7.20 |
| 《黄帝内经》“七损八益”不是房中术 | 顾植山 | 中国中医药报 | 2006.7.21 |
| 《内经》七损八益含义及其对预防保健的指导意义 | 庄　琴等 | 中国中医药报 | 2006.8.11 |
| 不治已病治未病 | 翟士翠 | 保健时报 | 2006.8.24 |
| 七损八益与房室养生 | 刘长庚 | 中国中医药报 | 2006.9.13 |
| 中医不治已病治未病 | 单宝枝 | 家庭医生报 | 2006.11.20 |
| 《内经》阴阳的养生及临床指导意义 | 黎敬波 | 中国中医药报 | 2006.12.1 |
| 秋冬养阴　重在润肺 | 姜　敏 | 保健时报 | 2006.12.7 |
| 我国古籍中的养生思想 | 沙　涛等 | 中国中医药报 | 2006.12.7 |
| 论道教文化对中医养生思想的影响 | 温茂兴 | 中国优秀博硕士学位论文全文数据库(硕士)医药卫生科技辑 | 2006,(4):E056-2 |
| 医易养生心理学思想研究 | 赵会华 | 中国优秀博硕士学位论文全文数据库(博士)医药卫生科技辑 | 2006,(10):E056-2 |
| 中医因时制宜谈养生 | 姚　铃 | 2006全国时间生物医学学术会议论文集 | 2006:247 |
| 情志与养生 | 王瑞根 | 第五次全国中西医结合养生学与康复医学学术研讨会论文集 | 2006:142 |
| 中国传统养生保健方法之二:起居养生法 | 张国玺 | 第五次全国中西医结合养生学与康复医学学术研讨会论文集 | 2006:66 |

| | | | |
|---|---|---|---|
| 《内经》养生学和治未病思想与糖尿病防治 | 张兆和等 | 浙江省中西医结合学会糖尿病专业委员会第一次学术会议材料汇编 | 2006:278 |
| 《内经》形神兼养的医学思想 | 黄海波 | 中华中医药学会第十六届医古文学术会议论文集 | 2006:156 |
| 养生,贵在一个“平”字 | 严东华 | 长寿 | 2007,(1):23 |
| 略论《内经》“谨和五味”养生观 | 胡凤媛 | 国医论坛 | 2007,(1):17 |
| 浅谈《黄帝内经》的养生学思想 | 董梦久 | 湖北中医学院学报 | 2007,(1):57 |
| 冬季“藏精固本养阴”十法 | 李　丽 | 生态文化 | 2007,(1):48 |
| 浅论《黄帝内经》养生观 | 陈志农 | 世界中医药 | 2007,(1):34 |
| 顺其自然　活得自在 | 王兴传 | 现代养生 | 2007,(1):4 |
| 养生高招——治未病 | 宋为民 | 养生月刊 | 2007,(1):9 |
| 《黄帝内经》与四季养生 | 张永芳 | 中国医药指南 | 2007,(1):27 |
| 中医胃腑实体研究 | 胡剑北 | 成都中医药大学学报 | 2007,(2):8 |
| 中医“治未病”的理论研究 | 洪　蕾等 | 中国中医基础医学杂志 | 2007,(2):92 |
| 中医养生流派述略 | 徐大念 | 中华中医药学刊 | 2007,(2):247 |
| 对《内经》真人、至人、圣人和贤人寿限的理解 | 陈文垲 | 南京中医药大学学报 | 2007,(3):139 |
| 《内经》四时养生方法探析 | 董继贤 | 实用中医内科杂志 | 2007,(3):17 |
| 浅谈《内经》中的摄生观 | 郭剑华 | 实用中医药杂志 | 2007,(3):194 |
| 中医“治未病”的科学内涵和精髓 | 李俊德 | 世界中西医结合杂志 | 2007,(3):125 |
| 养生是科学也是艺术 | 宋天彬 | 养生大世界 | 2007,(3):1 |
| 论《内经》“七损八益”之见 | 王德泽 | 医药世界 | 2007,(3):78 |
| 养身·健康·长寿之我见 | 谢来成 | 中国老年保健医学 | 2007,(3):85 |
| 养生切莫待老时 | 张湖德 | 中华养生保健 | 2007,(3):48 |
| 从道家思想看“春夏养阳,秋冬养阴” | 贾成祥 | 中医研究 | 2007,(3):7 |
| 要健康莫生气 | 王延群 | 长寿 | 2007,(4):22 |
| 食饮有节琐谈 | 谭锡三 | 东方食疗与保健 | 2007,(4):1 |
| 中医形神统一观与养生护理保健探析 | 李慧杰 | 辽宁中医药大学学报 | 2007,(4):15 |
| 中医调治亚健康的优势探讨 | 梁锦芳等 | 世界中医药 | 2007,(4):195 |
| 浅谈《内经》养生理论对亚健康防治的作用 | 李迎春等 | 中医药学报 | 2007,(4):61 |
| 论“春夏养阳,秋冬养阴” | 刘顺益等 | 江苏中医药 | 2007,(5):16 |
| 《内经》食养理论在老年养生防病中的作用 | 刘春援 | 江西中医药 | 2007,(5):14 |
| 浅谈“春夏养阳,秋冬养阴” | 郑燕清等 | 山西中医学院学报 | 2007,(5):4 |
| 治未病——贯彻“以人为本”理念的中医防治疾病思想 | 吴弥漫 | 新中医 | 2007,(5):1 |
| 中医抗衰老的原则和方法 | 朱　斐 | 浙江中医药大学学报 | 2007,(5):550 |
| 秋季养生 | 逸　山 | 中国道教 | 2007,(5):32 |
| 《内经》饮食养生研究概况 | 王钦鹏等 | 黑龙江中医药 | 2007,(6):63 |
| “治未病”思想认识近况 | 陈浮芸 | 陕西中医学院学报 | 2007,(6):65 |
| 中医养生之夏季养生法 | 元　非 | 台声 | 2007,(6):109 |
| 《素问》“治未病”学术思想选讲(三) | 连建伟 | 浙江中医药大学学报 | 2007,(6):765 |
| 中医与养生(三) | 樊正伦 | 知识就是力量 | 2007,(6):16 |
| 冬季养生 | 逸　山 | 中国道教 | 2007,(6):52 |
| 中医“治未病”机遇详解 | 朱　岷等 | 中国卫生产业 | 2007,(6):66 |
| 《内经》“治未病”初探 | 周　艺等 | 中医药通报 | 2007,(6):29 |
| 试论中医“治未病”之概念及其科学内容 | 张志斌等 | 北京中医药大学学报 | 2007,(7):440 |

| | | | |
|---|---|---|---|
| 老欲“寿”要会“柔” | 周德兴 | 养生月刊 | 2007,(7):608 |
| 中医与养生(四) | 樊正伦 | 知识就是力量 | 2007,(7):22 |
| 论《黄帝内经》四时养生 | 郭科伟等 | 中国疗养医学 | 2007,(7):399 |
| 论《黄帝内经》四时养生法 | 陈洪艳 | 中国疗养医学 | 2007,(7):402 |
| 论调治肺脏功能对养生保健的重要性 | 萧　力 | 中国中医基础医学杂志 | 2007,(7):558 |
| 《黄帝内经》中的亚健康思想 | 王世勋 | 中华中医药学刊 | 2007,(7):1443 |
| 炎炎夏日话养生 | 张国喜 | 中老年保健 | 2007,(7):10 |
| 夏日学会享“清”福 | 邵　坚 | 金融管理与研究 | 2007,(8):78 |
| 中医未病说与亚健康状态之探析 | 安丽萍等 | 陕西中医 | 2007,(8):1047 |
| 扶护正气调治亚健康 | 郭元敏等 | 中华中医药学刊 | 2007,(8):1683 |
| 秋季养生　以和为贵 | 周　旋 | 今日科技 | 2007,(9):57 |
| 规律生活功常练　体悟《内经》学圣人——著名老中医史济柱主任医师的养生经验 | 楼绍来 | 科学养生 | 2007,(9):14 |
| 浅谈“治未病”思想的现实意义 | 刘梅军等 | 内蒙古中医药 | 2007,(9):34 |
| 中医养生“治未病” | 王　琦 | 新湘评论 | 2007,(9):23 |
| 《黄帝内经》中养生思想浅析 | 马向丽 | 云南中医中药杂志 | 2007,(9):60 |
| 治未病与亚健康 | 周宝宽等 | 中华中医药学刊 | 2007,(9):1910 |
| 《黄帝内经》对人类健康所作的重大贡献 | 廖利平等 | 江西中医药 | 2007,(10):23 |
| 略论中医原创的治未病学说 | 盛增秀 | 浙江中医杂志 | 2007,(10):559 |
| 中医“治未病”的理论研究和临床应用概况 | 臧　敏等 | 浙江中医杂志 | 2007,(10):561 |
| 中医养生与四季饮食 | 钱　晔 | 中国高新技术企业 | 2007,(10):211 |
| 亚健康态的中医理论基础 | 王　超等 | 中华中医药学刊 | 2007,(10):2143 |
| 中医学对亚健康的描述 | 周宝宽 | 中华中医药学刊 | 2007,(10):2141 |
| 从《内经》看“亚健康”的产生及防治 | 曹继刚等 | 中医杂志 | 2007,(10):953 |
| 中医“治未病”说略 | 靳　琦等 | 北京中医药大学学报 | 2007,(11):725 |
| 浅谈《内经》中的预防思想 | 吕晓庆等 | 光明中医 | 2007,(11):14 |
| 《内经》“春夏养阳,秋冬养阴”养生观 | 袁旭美 | 江西中医药 | 2007,(11):9 |
| 再议治未病 | 蒋力生 | 江西中医药 | 2007,(11):1 |
| “秋冬养阴”养生圭臬 | 倪合一 | 现代养生 | 2007,(11):25 |
| 《内经》心理养生原则 | 赵　博等 | 中国中医基础医学杂志 | 2007,(11):871 |
| 《内经》养神思想与传统道德修养 | 黄海波 | 中国中医基础医学杂志 | 2007,(11):869 |
| 治未病　延寿命 | 李冬月 | 海内与海外 | 2007,(12):68 |
| 颐神养气有益健康 | 古　月 | 家庭中医药 | 2007,(12):21 |
| 从“治未病”探讨血瘀证的防治思路 | 彭志允等 | 四川中医 | 2007,(12):29 |
| 冬为闭藏,养生宜阴平阳秘 | 杨　锋 | 养生月刊 | 2007,(12):1060 |
| 明摄生治未病论 | 陈永灿 | 浙江中医杂志 | 2007,(12):683 |
| 老年人的养生保健 | 邓宗奎等 | 中国疗养医学 | 2007,(12):728 |
| 学《内经》,浅谈养生 | 王艳芳 | 中国民康医学 | 2007,(22):1002 |
| 中国古代养神理论辨析 | 谷长江 | 北京体育大学学报 | 2007,(S1):74 |
| 不治已病治未病 | 方湘颖 | 经济观察报 | 2007.1.8 |
| 上工“治未病” | 邓铁涛 | 人民日报海外版 | 2007.1.11 |
| 人类健康与中医“治未病” | 曹洪欣 | 人民日报海外版 | 2007.1.11 |
| 健康管理与“治未病” | 白书忠 | 人民日报海外版 | 2007.1.12 |
| 中医药现代化与中医“治未病” | 张伯礼 | 人民日报海外版 | 2007.1.12 |
| 从《黄帝内经》看中医养生 | 孙松辉 | 中国中医药报 | 2007.1.22 |
| 做好治未病大文章 | 刘燕玲 | 健康报 | 2007.2.6 |

| | | | |
|---|---|---|---|
| 科学认识和理解中医“治未病” | 周　颖 | 中国中医药报 | 2007.2.12 |
| 试论补肾在“治未病”中的重要地位 | 孙　伟等 | 中国中医药报 | 2007.3.8 |
| 有感于“治未病” | 程三星 | 中国中医药报 | 2007.4.26 |
| 中医养生“治未病” | 王　琦 | 人民日报 | 2007.5.10 |
| 湖北省中医院“治未病”取得显著进展 | 喻朝晖 | 中国中医药报 | 2007.6.20 |
| 春夏养阳循古方 | 关　玲 | 健康报 | 2007.7.12 |
| 善养生者莫醉酒 | 孟怀东 | 大众卫生报 | 2007.8.14 |
| 治未病包括哪些内容 | 张明雪等 | 中国中医药报 | 2007.8.16 |
| 中医“治未病”意义深远 | 王　琦 | 中国医药报 | 2007.8.20 |
| 中医怎样“治未病” | 温长路 | 中国医药报 | 2007.8.20 |
| “治未病”与活血化瘀 | 谷万里等 | 中国中医药报 | 2007.8.27 |
| “治未病”与亚健康干预 | 张明雪等 | 中国中医药报 | 2007.9.7 |
| 从太阴病治疗谈春夏养阳 | 马家驹 | 中国中医药报 | 2007.9.14 |
| 从黄帝内经谈低温养生 | 杨　力 | 家庭医生报 | 2007.9.17 |
| 秋分时节谈养生 | 黄　文 | 上海中医药报 | 2007.9.21 |
| 上工治未病 | 刘燕玲 | 健康报 | 2007.10.8 |
| 治未病需要新思维 | 王雪飞 | 健康报 | 2007.10.19 |
| 论“血浊”与“治未病” | 王新陆 | 中国中医药报 | 2007.11.9 |
| 气功与“治未病” | 李小青 | 中国中医药报 | 2007.11.9 |
| 秋冬养阴防夏病 | 王　朝 | 保健时报 | 2007.11.15 |
| 简述“治未病”与“亚健康” | 马洪萍 | 第二十三届航天医学年会暨第六届航天护理年会论文汇编 | 2007:14 |
| 应用络病理论与“治未病” | 黎　炎等 | 第三届国际络病学大会论文集 | 2007:211 |
| 浅谈中医“治未病” | 龙惠珍 | 浙江省中西医结合学会第二届老年病专业委员会第一次年会论文集 | 2007:33 |
| 治虚之本养生为道 | 田　洋等 | 第九次全国中西医结合虚证与老年病学术会议论文集 | 2007:239 |
| 从“治未病”探讨血瘀证的防治思路 | 彭志允等 | 国际血瘀证及活血化瘀研究学术大会—中西医结合防治循环系统疾病高层论坛论文集 | 2007:520 |
| 活血化瘀与“治未病” | 谷万里等 | 国际血瘀证及活血化瘀研究学术大会—中西医结合防治循环系统疾病高层论坛论文集 | 2007:516 |
| 读医经典，识“治未病” | 张明雪等 | 国际血瘀证及活血化瘀研究学术大会—中西医结合防治循环系统疾病高层论坛论文集 | 2007:520 |
| 中医治未病与养生思想 | 林巾孝等 | 国际血瘀证及活血化瘀研究学术大会—中西医结合防治循环系统疾病高层论坛论文集 | 2007:521 |
| “未病”和“治未病”学术思想初探及在针灸学科的运用 | 曹　奕 | 世界针灸学会联合会成立20周年暨世界针灸学术大会论文摘要汇编 | 2007:639 |
| 抗衰老与中医养生防病 | 谢　玲 | 贵阳中医学院学报 | 2008,(1):56 |
| 《黄帝内经》中的身心保养 | 阳　光 | 湖南广播电视大学学报 | 2008,(1):94 |
| 《黄帝内经》饮食养生观 | 张湖德 | 环球中医药 | 2008,(1):48 |
| 论“未病” | 张　涛 | 江西中医药 | 2008,(1):12 |
| 中医养生理论体系的建构 | 谭颖颖等 | 山东中医药大学学报 | 2008,(1):45 |

| | | | |
|---|---|---|---|
| 从“生病起于过用”谈《内经》养生观 | 潘丰满等 | 时珍国医国药 | 2008,(1):216 |
| 中医治未病溯源、内涵与应用浅析 | 王思成 | 世界中医药 | 2008,(1):43 |
| 饮食宜淡不宜咸 | 陈秋实 | 中国城乡企业卫生 | 2008,(1):96 |
| 浅谈“治未病”与老年保健 | 陈　民等 | 中国老年保健医学 | 2008,(1):65 |
| 体质辨证在养生保健中的指导作用 | 陈　弘 | 中医杂志 | 2008,(1):91 |
| 动静互涵以养生 | 邬建卫 | 成都中医药大学学报 | 2008,(2):63 |
| 从整体医学角度探中医“治未病”的理论特点与临床优势 | 张　南等 | 福建中医药 | 2008,(2):53 |
| 春季养肝三部曲 | 海　娥 | 肝博士 | 2008,(2):37 |
| “治未病”理念在现代医疗模式中的意义 | 赵唯贤等 | 河南职工医学院学报 | 2008,(2):165 |
| 治未病——中国传统健康文化的核心理念 | 吉良晨 | 环球中医药 | 2008,(2):7 |
| 经络养生研究概述 | 蒋应时等 | 江西中医学院学报 | 2008,(2):15 |
| 时辰养生法 | 曲黎敏 | 双足与保健 | 2008,(2):24 |
| 中医《内经》思想对亚健康状态认识的几点探讨 | 张　河 | 天津中医药 | 2008,(2):123 |
| 试论《黄帝内经》的抗衰老思想 | 林　辰 | 浙江中医杂志 | 2008,(2):71 |
| 养生防病以延年 | 李秀玉 | 中国民族民间医药 | 2008,(2):47 |
| 论中医学“治未病”的特色与优势 | 王发渭等 | 中华保健医学杂志 | 2008,(2):159 |
| 仁者寿——儒家致中和思想在中医养生学中的反映 | 郜东梅等 | 中华中医药学刊 | 2008,(2):393 |
| 科学认识和理解中医的“治未病”说 | 温长路 | 甘肃中医 | 2008,(3):3 |
| 传统中医运动养生研究评述 | 王丹文等 | 河南中医学院学报 | 2008,(3):73 |
| 自然、音乐、养生 | 张光宇 | 环球中医药 | 2008,(3):52 |
| 养生之道,贵在持恒 | 马烈光 | 环球中医药 | 2008,(3):47 |
| “治未病”与“疾病防治”的内在联系 | 顾宏亮 | 江苏预防医学 | 2008,(3):74 |
| 中医“治未病”理论渊源 | 宋志萍等 | 山西中医学院学报 | 2008,(3):3 |
| 论“血浊”与“治未病” | 王新陆 | 天津中医药 | 2008,(3):177 |
| 浅谈未病先防与免疫的相关性 | 贺　鹏等 | 现代中医药 | 2008,(3):6 |
| 试论《金匮要略》对《内经》“治未病”思想的发展 | 国　华等 | 中国中医基础医学杂志 | 2008,(3):166 |
| 浅论《内经》形神共养观 | 曹继刚 | 中医药导报 | 2008,(3):11 |
| 《内经》“治未病”学术思想浅析 | 易维真等 | 中医药临床杂志 | 2008,(3):218 |
| 中医“治未病”与养生保健 | 李玉梅 | 中医药临床杂志 | 2008,(3):220 |
| 赋得养生先养心四首 | 王礼贤 | 中医药文化 | 2008,(3):33 |
| 《黄帝内经》养生方法探讨 | 黄　剑 | 河南中医 | 2008,(4):8 |
| “治未病”理论的基本内涵 | 庞国明 | 环球中医药 | 2008,(4):5 |
| 《内经》养生重在“和” | 赵　庆 | 辽宁中医药大学学报 | 2008,(4):16 |
| 春季养生 | | 内蒙古林业 | 2008,(4):39 |
| 中医“治未病”理论索解 | 商庆新 | 山东中医杂志 | 2008,(4):226 |
| 《内经》养生观与“治未病”初探 | 刘家峰等 | 实用中医内科杂志 | 2008,(4):20 |
| 中医“治未病”的丰富内涵及指导意义 | 许家松 | 世界中医药 | 2008,(4):195 |
| 《内经》“治未病”思想的核心——先机扶正 | 王左原 | 中国中医基础医学杂志 | 2008,(4):255 |
| “春夏养阳　秋冬养阴”的现实指导意义 | 王红玉等 | 中华中医药学刊 | 2008,(4):846 |
| 中医“治未病”与亚健康 | 刘艳霞 | 中医药导报 | 2008,(4):6 |
| 民俗中的保健方法与治未病思想 | 陈仁寿 | 中医药文化 | 2008,(4):50 |
| 从肝治未病 | 马月香等 | 中医药信息 | 2008,(4):1 |
| 夏季养生 | | 内蒙古林业 | 2008,(5):40 |
| 《内经》心理调养理念对现代生活的意义 | 魏　春 | 浙江中医药大学学报 | 2008,(5):576 |
| 上工治未病 | 詹洪春 | 中国医药导报 | 2008,(5):3 |

| | | | |
|---|---|---|---|
| 《内经》治未病的理论内涵及实践价值 | 鲁明源 | 中医药信息 | 2008,(5):5 |
| “春夏养阳,秋冬养阴”管窥 | 邹晓明等 | 中医杂志 | 2008,(5):474 |
| 关于中医养生治未病内涵的理论探讨 | 付国兵等 | 北京中医药 | 2008,(6):403 |
| 浅析“治未病”思想在《黄帝内经》中的体现 | 张　爽等 | 贵阳中医学院学报 | 2008,(6):2 |
| “治未病”与健康研究 | 贾玉洁等 | 江西中医学院学报 | 2008,(6):30 |
| 《黄帝内经》养生思想探讨 | 李晓红等 | 时珍国医国药 | 2008,(6):1486 |
| 《内经》“七损八益”道家养生思想探源 | 蒋应时等 | 时珍国医国药 | 2008,(6):1485 |
| 也论中医“治未病” | 李维秀 | 亚太传统医药 | 2008,(6):6 |
| 也谈“治未病” | 曹　林 | 中国冶金工业医学杂志 | 2008,(6):655 |
| “春夏养阳、秋冬养阴”理论辨析兼探中医适时养生 | 赵　阳等 | 中国中医基础医学杂志 | 2008,(6):408 |
| 治未病学术思想探源及研究展望 | 刘　进等 | 中华中医药学刊 | 2008,(6):1309 |
| 小议“春夏养阳秋冬养阴” | 瓮　恒等 | 辽宁中医药大学学报 | 2008,(7):153 |
| 中医“治未病”学术思想之我见 | 刘志斌 | 光明中医 | 2008,(8):1051 |
| “治未病”理念对中药资源可持续发展的影响 | 方清茂等 | 亚太传统医药 | 2008,(8):1 |
| 《内经》治未病理论的认识与思考——兼谈对亚健康防治的指导 | 徐有水等 | 中华中医药学刊 | 2008,(8):1807 |
| 探寻中华民族心身健康之路——《素问·上古天真论篇》的行为指导分析 | 王　英 | 辽宁中医杂志 | 2008,(9):1322 |
| 秋季养生 | | 内蒙古林业 | 2008,(9):39 |
| 精神养生与治未病探要 | 李邓辉等 | 实用中医内科杂志 | 2008,(9):13 |
| “治未病”的历史文化探源 | 张　岚 | 四川中医 | 2008,(9):124 |
| 论《理虚元鉴》“治未病”学术思想 | 王　建 | 中华中医药学刊 | 2008,(9):2038 |
| 论治未病与神形共养的养生之道 | 刘燕平等 | 中华中医药杂志 | 2008,(9):766 |
| “上工治未病”浅识 | 孙达武 | 中医药导报 | 2008,(9):18 |
| 老子养生思想对中医养生观的影响 | 马砚涛等 | 甘肃中医 | 2008,(10):38 |
| “治未病”与痔的综合防治 | 肖兴勇 | 光明中医 | 2008,(10):1538 |
| 漫谈中医“治未病” | 庞国明 | 环球中医药 | 2008,(10):7 |
| 治未病体现了中医的循证医学思想 | 李铁强 | 辽宁中医药大学学报 | 2008,(10):65 |
| 养生应遵循的原则之三　通经络 | 一　曲 | 内蒙古林业 | 2008,(10):39 |
| 音乐与养生 | 周少林等 | 时珍国医国药 | 2008,(10):2527 |
| 浅议祖国医学“治未病”理论与临床 | 金　英等 | 四川中医 | 2008,(10):41 |
| 从“肝病实脾”看祖国医学的治未病思想 | 尹先达 | 光明中医 | 2008,(11):1661 |
| 关于中医治未病思想的若干思考 | 刘宏岩 | 吉林中医药 | 2008,(11):781 |
| 中医学“治未病”理论对健康教育的启示 | 崔亚红 | 辽宁中医药大学学报 | 2008,(11):157 |
| 《内经》衰老发生的机理和养生抗衰老理论探析 | 朱晓峰等 | 四川中医 | 2008,(11):48 |
| 黄帝内经养生论探微 | 季幸姝等 | 现代医药卫生 | 2008,(11):1693 |
| “亚健康”与中医“治未病” | 张建平 | 中国民间疗法 | 2008,(11):57 |
| 调七情,重养神,治未病 | 马晓北 | 中国中医基础医学杂志 | 2008,(11):830 |
| 谈谈昼夜作息中如何锻炼 | 潘静伟 | 大众文艺(理论) | 2008,(12):41 |
| 浅谈《黄帝内经》的中医养生法与亚健康防治的联系 | 孙军刚等 | 光明中医 | 2008,(12):1880 |
| “治未病”思想探析 | 周少林等 | 辽宁中医药大学学报 | 2008,(12):146 |
| 养生应遵循的原则之五　重养神 | 一　曲 | 内蒙古林业 | 2008,(12):51 |
| “治未病”说略 | 陈瑞芳等 | 新中医 | 2008,(12):106 |
| 浅释中医治未病 | 杨继渊 | 云南中医中药杂志 | 2008,(12):68 |
| 中医“治未病”思想的内涵探讨 | 朱向东等 | 中华中医药学刊 | 2008,(12):2725 |

| | | | |
|---|---|---|---|
| 论《黄帝内经》中的养生水平与人生境界 | 张　焱 | 中外健康文摘（新医学学刊） | 2008，(12)：2294 |
| “消积”——《黄帝内经》独特的养生观 | 谢惠玉 | 中医研究 | 2008，(12)：10 |
| “治未病”思想的现实意义 | 石鹤峰等 | 中医研究 | 2008，(12)：1 |
| 试论《内经》养生学说与膳后护理 | 朴晓玲 | 中国实用医药 | 2008，(14)：135 |
| 浅谈中国传统养生的演变 | 刘建国 | 华商 | 2008，(15)：95 |
| 从中医经典谈“治未病” | 周宾宾等 | 现代中西医结合杂志 | 2008，(22)：3430 |
| 论《内经》“治未病”对中医预防医学的影响 | 唐　蓬 | 中国医药指南 | 2008，(24)：387 |
| 中医论“治未病” | 范清霞 | 中国现代医生 | 2008，(26)：78 |
| 谈中医学“治未病” | 徐亚林等 | 中国医药导报 | 2008，(36)：70 |
| 《内经》养生观中蕴含的健康心理学思想 | 王　娟 | 中外医疗 | 2008，(36)：125 |
| 冬三月不宜“闻鸡起舞” | 佚　名 | 就业与保障 | 2008，(Z1)：100 |
| 上工治未病　养生可添寿 | 邓铁涛 | 健康报 | 2008. 1. 17 |
| 体质养生治未病　一身安康体无恙 | 董飞侠 | 上海中医药报 | 2008. 1. 18 |
| 中医治未病　以养生的方式杜绝疾病 | 董飞侠 | 温州日报 | 2008. 1. 20 |
| “上工治未病”体现医学的本质 | 陈永灿 | 中国中医药报 | 2008. 1. 24 |
| “治未病”引领健康发展方向 | 刘燕玲等 | 健康报 | 2008. 1. 28 |
| “治未病”的主体是“摄生” | 陈永灿 | 中国中医药报 | 2008. 1. 31 |
| “治未病”展览成为关注焦点 | 高新军 | 中国中医药报 | 2008. 2. 1 |
| 兵家“治未乱”与医家“治未病” | 董飞侠 | 上海中医药报 | 2008. 2. 15 |
| 寒冬过后防温病 | 刘运磊 | 中国中医药报 | 2008. 2. 20 |
| 治未病有5个基本内容 | 刘　健 | 中国中医药报 | 2008. 2. 21 |
| 以“治未病”理念推进自我健康管理 | 周　颖 | 中国中医药报 | 2008. 2. 22 |
| 《内经》中的养生理念 | 王国玮 | 健康报 | 2008. 3. 6 |
| 治未病引发的思考 | 刘燕玲等 | 健康报 | 2008. 3. 6 |
| 《黄帝内经》中养生三原则 | 王约瑟 | 中国中医药报 | 2008. 3. 6 |
| 如何理解“治未病”的治 | 温长路 | 中国中医药报 | 2008. 3. 13 |
| 治未病应认清三个理念 | 毛德西 | 中国中医药报 | 2008. 3. 20 |
| 以哮喘和衰老为切入点探索“治未病”的科学内涵 | 沈自尹等 | 中国中医药报 | 2008. 3. 24 |
| 中医如何“治未病” | 王　琦 | 家庭医生报 | 2008. 4. 7 |
| 春夏秋冬话养生 | 王国玮 | 健康报 | 2008. 4. 17 |
| 春夏养阳话春补 | 沈晓东 | 上海中医药报 | 2008. 4. 18 |
| 辨体施养　未病先防 | 郭　玮等 | 吉林日报 | 2008. 4. 30 |
| 《内经》营养观符合治未病理念 | 张登本 | 中国中医药报 | 2008. 5. 8 |
| 《内经》中的养生之道——修身养性 | 刘汶 | 中国中医药报 | 2008. 5. 14 |
| 中医崇尚“治未病” | 于丽珊 | 中国中医药报 | 2008. 6. 16 |
| 从“治病”到“治未病” | 陈艳阳 | 大众卫生报 | 2008. 10. 21 |
| 先秦思想与中医养生理论相关性研究 | 胡　真 | 中国优秀博硕士学位论文全文数据库（博士）医药卫生科技辑 | 2008，(9)：E056－1 |
| 谈养生是中医“治未病”学说的主体 | 丁宏娟等 | 2008国际传统医药创新与发展态势论坛暨国际医药产品博览会文集 | 2008：73 |
| 温养五脏防治未病 | 莫立屏等 | 2008年中华中医药学会中医美容分会学术年会论文集 | 2008：48 |
| 从诊脉谈治未病 | 唐亚平 | 第二次全国中西医结合诊断学术研讨会论文集 | 2008：122 |

| | | | |
|---|---|---|---|
| 浅谈"治未病"与中医健康教育 | 朱建平 | 全国中医、中西医护理学术交流暨专题讲座会议论文汇编 | 2008:336 |
| 中医"治未病"的现实意义 | 沈英森等 | 世界中医药学会联合会老年医学专业委员会成立大会暨第一届学术会议论文集 | 2008:89 |
| 浅谈中医"治未病"学术思想 | 严正松 | 浙江省医学会健康管理学分会成立大会暨首届学术年会论文集 | 2008:158 |
| 中国传统医学的养生保健作用 | 危　静 | 浙江省医学会健康管理学分会成立大会暨首届学术年会论文集 | 2008:166 |
| 中医药养生保健的核心思想 | 林俊香等 | 浙江省医学会健康管理学分会成立大会暨首届学术年会论文集 | 2008:162 |
| 《黄帝内经》养生思想谈 | 唐志荣 | 甘肃中医 | 2009,(1):1 |
| 应春温之气以养肝 | 陈丽平 | 肝博士 | 2009,(1):39 |
| "春夏养阳,秋冬养阴"之我见 | 赖文强 | 光明中医 | 2009,(1):33 |
| 略论中医对亚健康的认识 | 宋晓光 | 河南中医学院学报 | 2009,(1):21 |
| 中医药抗衰老浅谈 | 赵　军等 | 辽宁中医药大学学报 | 2009,(1):13 |
| 养生应遵循的原则之六顺天时(上) | | 内蒙古林业 | 2009,(1):37 |
| 冬季起居宜早睡晚起 | 秋　依 | 农村实用技术 | 2009,(1):61 |
| 浅议中医"治未病"思想 | 田　虎等 | 山西中医学院学报 | 2009,(1):7 |
| 浅谈中医"治未病" | 廖利平 | 深圳中西医结合杂志 | 2009,(1):21 |
| "治未病"理论芹献 | 张　曼等 | 时珍国医国药 | 2009,(1):247 |
| 试论《素问·生气通天论》中的养生思想 | 王钦鹏等 | 时珍国医国药 | 2009,(1):243 |
| 浅谈中医"治未病" | 廖利平 | 世界中医药 | 2009,(1):104 |
| 浅谈《黄帝内经》养生观 | 吴忠样等 | 新中医 | 2009,(1):112 |
| 关于《黄帝内经》的养生思想 | 姚晓玲 | 亚太传统医药 | 2009,(1):109 |
| 从"治未病"理论入手论治慢性肝病 | 荀运浩等 | 中华中医药学刊 | 2009,(1):131 |
| 中医心理卫生思想中的治未病观 | 余　方 | 中医药临床杂志 | 2009,(1):46 |
| "治未病"与亚健康 | 武月萍等 | 光明中医 | 2009,(2):314 |
| 中医"治未病"思想与"亚健康"的防治 | 林玉敏 | 广西中医药 | 2009,(2):51 |
| 论"春夏养阳,秋冬养阴" | 王伟亮等 | 广州中医药大学学报 | 2009,(2):197 |
| 《内经》治未病与延缓衰老 | 吴　莉等 | 江西中医药 | 2009,(2):19 |
| 从《内》《难》经入手看"治未病"思想的源流及价值 | 范　晔等 | 陕西中医 | 2009,(2):222 |
| "治未病"与"过劳死" | 温晓妮 | 时珍国医国药 | 2009,(2):489 |
| 中年女性亚健康与阳明养生 | 张　炜 | 天津中医药 | 2009,(2):128 |
| 《黄帝内经》养生理论研究概述 | 姚晓玲等 | 浙江中西医结合杂志 | 2009,(2):132 |
| 顺其自然的起居运动 | 胡春梅 | 中国城乡企业卫生 | 2009,(2):99 |
| 长寿养生与保健 | 李恩慧等 | 中国民间疗法 | 2009,(2):61 |
| 阐述中医"辨体养生" | 张利泰等 | 中国疗养医学 | 2009,(2):122 |
| 从《黄帝内经》看衰老的性别差异 | 曲卫玲等 | 中国实用医药 | 2009,(2):213 |
| 浅论从肾论治的学术起源及养生学意义 | 羊长青等 | 贵阳中医学院学报 | 2009,(3):14 |
| "春夏养阳,秋冬养阴"本意探析 | 范占民等 | 河北中医 | 2009,(3):454 |
| 道家"无为论"与中医和谐养生观 | 樊尊峰等 | 河南中医 | 2009,(3):234 |
| 中医谈秋季养生之道:顺时而动 | 以和为贵 | 江西食品工业 | 2009,(3):59 |
| 浅析亚健康　治未病及运动养生 | 吴俊琦等 | 辽宁中医药大学学报 | 2009,(3):20 |
| 养生应遵循的原则之七 | 调气机 | 内蒙古林业 | 2009,(3):37 |
| 亚健康状态与中医学的"治未病"理论 | 王　滨 | 内蒙古医学院学报 | 2009,(3):329 |

| | | | |
|---|---|---|---|
| “天人合一”思想在中医养生文化中的积极影响 | 尹冬青等 | 医学与社会 | 2009,(3):18 |
| 七情调和　身体健康 | 刘保祥 | 云南科技管理 | 2009,(3):33 |
| “七损八益”新释 | 朱鹏翀 | 中医药文化 | 2009,(3):48 |
| “恬惔虚无”话养心 | 王礼贤 | 中医药文化 | 2009,(3):16 |
| 谢强论治未病 | 范新华等 | 北京中医药 | 2009,(4):265 |
| 《黄帝内经》中的服饰养生思想 | 林永青等 | 北京中医药大学学报 | 2009,(4):232 |
| 中医治未病与健康管理的探讨 | 尚敬红等 | 赤峰学院学报（自然科学版） | 2009,(4):46 |
| 《黄帝内经》养生思想窥探 | 李振海 | 甘肃中医 | 2009,(4):1 |
| 中医与美容 | 周少林 | 甘肃中医 | 2009,(4):61 |
| 浅谈《内经》养生防病之道 | 矫正强 | 光明中医 | 2009,(4):616 |
| 浅谈中医和谐观与治未病 | 邓家刚等 | 辽宁中医杂志 | 2009,(4):522 |
| 春夏养阳秋冬养阴之针灸小议 | 沈亚琴等 | 陕西中医 | 2009,(4):464 |
| “治未病”中医护理的基本原则 | 黄　晶等 | 中国民间疗法 | 2009,(4):61 |
| 《内经》重阳气理论与治未病思想初探 | 袁端红 | 中医药导报 | 2009,(4):8 |
| 论《素问·藏气法时论》的膳食理论在养生防病中的意义 | 刘春援等 | 江西中医学院学报 | 2009,(5):20 |
| 《内经》延缓衰老对策之探讨 | 刘焕兰 | 陕西中医 | 2009,(5):615 |
| 中医“治未病”理论源流探析 | 马月香 | 中医药信息 | 2009,(5):12 |
| 道家思想与《内经》养生 | 李　鹏等 | 甘肃中医 | 2009,(6):3 |
| 中医“治未病”与基因检测 | 孙贺营 | 光明中医 | 2009,(6):1137 |
| 《内经》“治未病”解读及其应用探讨 | 刘焕兰 | 广州中医药大学学报 | 2009,(6):583 |
| 浅谈春季养生的方法 | 周　帅 | 科技信息 | 2009,(6):698 |
| 试论“精神内守病安从来”养生观 | 杨　涛等 | 辽宁中医药大学学报 | 2009,(6):50 |
| 中医“治未病”的理论研究与展望 | 梁　健等 | 辽宁中医药大学学报 | 2009,(6):202 |
| 看天吃饭益健康 | 王　珏 | 内蒙古林业 | 2009,(6):39 |
| 《内经》论养生长寿之道浅述 | 钟木生 | 新中医 | 2009,(6):120 |
| 《内经》“邪伏防发，既病防变”的治未病思想初探 | 王　嗣等 | 浙江中西医结合杂志 | 2009,(6):347 |
| 传统医学“治未病”思想与现代健康教育作用的探讨 | 林　琳 | 中国健康教育 | 2009,(6):475 |
| 浅谈饮食与健康 | 高铁军 | 中国科技信息 | 2009,(6):194 |
| 中药预处理与“治未病”探析 | 巩　琪 | 中国中医基础医学杂志 | 2009,(6):477 |
| 从《内经》与道家“静以养神”的关系看中医养生特色 | 和中浚等 | 中华中医药学刊 | 2009,(6):1143 |
| 论“治未病”的核心观念 | 陈曦 | 中华中医药杂志 | 2009,(6):701 |
| 月亮盈亏与养生 | 刘晓晖等 | 世界中西医结合杂志 | 2009,(7):461 |
| “七损八益”诠释问题剖析 | 邢玉瑞 | 中国中医基础医学杂志 | 2009,(7):482 |
| “多事之秋”如何养生 | 本刊编辑 | 创造 | 2009,(9):106 |
| 浅析中医养生重在调神 | 王　练等 | 辽宁中医药大学学报 | 2009,(9):58 |
| 从《内经》中寻健康法宝 | 吴昌培 | 实用中医药杂志 | 2009,(9):632 |
| 养生保健话“五伤” | 文　汇 | 新农村 | 2009,(9):33 |
| 《黄帝内经》养生学思想浅析 | 韩玉强等 | 光明中医 | 2009,(10):1858 |
| 浅论“治未病”理论——顺四时·调心神·节饮食·适劳作 | 李宏大 | 光明中医 | 2009,(10):1977 |
| “治未病”的内涵 | 武月萍 | 中国医药导报 | 2009,(10):248 |
| 《内经》“治未病”学术思想探析 | 张小红 | 陕西中医 | 2009,(11):1542 |
| 探析《黄帝内经》养生经典的现实意义 | 楼彩霞等 | 时珍国医国药 | 2009,(11):2837 |
| 从中医理论看预防医学的重要性 | 蒋国印 | 光明中医 | 2009,(12):2357 |
| 中医“治未病”体系建设之浅见 | 胡　虹等 | 中国现代医生 | 2009,(16):84 |

| | | | |
|---|---|---|---|
| 浅谈"治未病"与疾病的预防控制 | 唐尔菊 | 现代中西医结合杂志 | 2009,(27):3286 |
| 《黄帝内经》治未病探讨 | 刘立莉 | 现代中西医结合杂志 | 2009,(30):3732 |
| 中医教您怎么"治未病" | 余易安 | 健康时报 | 2009.2.5 |
| 中医治未病大有可为 | 廖利平 | 中国中医药报 | 2009.2.27 |
| 时时固阳益健康 | 李寿庆等 | 中国中医药报 | 2009.3.4 |
| 三月:晚睡早起　食甜养肝 | 王国玮 | 健康报 | 2009.3.12 |
| "治未病":中医的最高境界 | 朱本浩 | 医药经济报 | 2009.4.2 |
| 为什么提倡治未病 | 赵　雪等 | 科技日报 | 2009.4.26 |
| 夏季养生贵在"清" | 祝建材 | 大众卫生报 | 2009.6.11 |
| 治未病的核心观念是养神 | 陈　曦 | 中国中医药报 | 2009.6.15 |
| 中医"治未病"防病于未然 | 常　青 | 贵阳日报 | 2009.7.27 |
| "五劳"与养生 | 郑青前 | 民族医药报 | 2009.8.21 |
| 养生妙方万千　当以养神为先 | 梁兆松 | 上海中医药报 | 2009.9.25 |
| 《黄帝内经》"治未病"理论研究 | 陈家旭 | 中国优秀博硕士学位论文全文数据库(博士)医药卫生科技辑 | 2009,(1):E056-2 |
| 《内经》中不同体质人群的养生论 | 张　焱 | 中华中医药学会第七届中医体质学术研讨会论文集 | 2009:36 |

## (八)运气及时间医学研究

| | | | |
|---|---|---|---|
| 运气之说虻于《素问》不见六经论虽写医而发然其……(附表) | 陈虬志等 | 利济学堂报 | 1897,(2):1 |
| 五运六气的来源 | 范行准 | 医史杂志 | 1951,(3):1 |
| 运气学说的初步探讨 | 庞祝如 | 哈尔滨中医 | 1961,(3):3 |
| 《内经》中的气候和医疗气象 | 牟重行 | 气象 | 1978,(11):32 |
| 怎样认识五运六气 | 封菊秋 | 辽宁中医杂志 | 1979,(3):41 |
| 《内经》五运六气述要 | 李克光 | 成都中医药大学学报 | 1979,(4):12 |
| 浅论《内经》六季的科学性和现实意义——中国古代在医学气候学上对季节的创建问题 | 秦广忱 | 上海中医药杂志 | 1979,(4):46 |
| 略论《内经》中的医学与气象问题 | 王　琦等 | 上海中医药杂志 | 1979,(5):44 |
| 介绍运气学说的基本内容 | 方药中 | 中医杂志 | 1979,(8):38 |
| 介绍运气学说的基本内容(续) | 方药中 | 中医杂志 | 1979,(9):32 |
| 介绍运气学说的基本内容(续) | 方药中 | 中医杂志 | 1979,(10):49 |
| 论中国医学中古代运气学说 | 李今庸 | 湖北中医杂志 | 1979,(S2):5 |
| 从二十年气候变化看五运六气的实用价值 | 丁　文 | 吉林中医药 | 1980,(1):6 |
| 《内经》中的若干气象学问题 | 张德二 | 江苏中医药 | 1980,(2):42 |
| 从生物周期看子午流注理论的意义 | 赵建础 | 陕西中医 | 1980,(2):1 |
| 祖国医学与医学气象学 | 夏廉博等 | 上海中医药杂志 | 1980,(3):42 |
| 试述"生物钟"在《内经》中的反映 | 尤松鑫 | 新中医 | 1980,(3):19 |
| 子午流注针法与生物钟——时间治疗学 | 刘士杰 | 河北中医 | 1981,(2):13 |
| 谈辨证论治中的时间定位诊断问题 | 方药中 | 黑龙江中医药 | 1981,(2):4 |
| 略论运气学说与发病的关系 | 程士德 | 湖北中医杂志 | 1981,(2):36 |

| | | | |
|---|---|---|---|
| 略论祖国医学的时间观念 | 李继贵 | 云南中医学院学报 | 1981,(2):6 |
| 子午流注纳子法日时经脉流注循环图 | 刘炳权 | 实用医学杂志 | 1981,(3):25 |
| 学习五运六气的点滴体会 | 孙岱宗 | 云南中医学院学报 | 1981,(3):8 |
| 探索"岁火太过"与太阳黑子 | 赵明锐 | 上海中医药杂志 | 1981,(11):40 |
| 谈谈五运六气的精糟问题 | 孙岱宗 | 云南医药 | 1982,(1):29 |
| 从九宫图与生物钟的关系探讨时辰针灸学 | 彭荣琛 | 上海针灸杂志 | 1982,(3):34 |
| 《内经》与"时间医学" | 冷方南 | 上海中医药杂志 | 1982,(7):36 |
| 人体生物节律学说的实践与理论意义 | 邱鸿钟 | 医学与哲学（人文社会医学版） | 1982,(10):10 |
| 对《内经》"南北政"问题的探讨 | 周铭心 | 新疆医科大学学报 | 1982,(Z1):245 |
| 《内经》常用历法概述 | 辜甲林 | 成都中医药大学学报 | 1983,(1):10 |
| 运用"五运六气"学说浅证流年病种 | 林朗晖 | 福建医药杂志 | 1983,(1):28 |
| 《内经》四时之气与人体的关系 | 焦秀兰 | 陕西中医学院学报 | 1983,(1):49 |
| 分娩与季节、日干、时辰的关系(附1460例资料分析) | 罗济民 | 湖北中医杂志 | 1983,(3):39 |
| 《黄帝内经》的时空观 | 孟庆云 | 湖北中医杂志 | 1983,(3):17 |
| 天干地支及其在医经中的应用 | 邵冠勇 | 山东中医药大学学报 | 1983,(3):40 |
| 试述月经周期与月相的关系 | 罗颂平 | 新中医 | 1983,(3):52 |
| 鉴辰别时　源殊义异——十二辰与十二时辨 | 高迪旭 | 上海中医药杂志 | 1983,(4):36 |
| 时间针法与时区时间 | 于致顺 | 中医药学报 | 1983,(4):16 |
| "天一生水,地六成之"的启示 | 范传让 | 福建中医药 | 1983,(5):39 |
| 论四时气象与平脉的关系 | 姜作舟 | 福建中医药 | 1983,(5):34 |
| 五运六气学说与气候关系的探讨(附:西安30年气象资料分析) | 郝少杰 | 陕西中医 | 1983,(5):1 |
| 干支纪年、五运六气与"太极" | 付立勤 | 天津中医学院学报 | 1984,(2):15 |
| 从1294例患者的死亡时间讨论祖国医学和时间生物学 | 陈俊鸿等 | 上海中医药杂志 | 1984,(3):43 |
| 从人体胚胎发育期看运气学说 | 汪德云 | 中医药学报 | 1984,(3):11 |
| 试谈平气的预测——《运气学说》一书阅后 | 陶有宽 | 安徽中医学院学报 | 1984,(4):18 |
| 五运六气:医学气象历法 | 孟庆云 | 吉林中医药 | 1984,(4):5 |
| 试论新生儿出生与时辰的关系 | 黄慕君等 | 现代医学 | 1984,(6):363 |
| 试论病死与节气的关系 | 黄慕君等 | 上海中医药杂志 | 1984,(7):44 |
| 月经节律与月相的联系初探 | 罗颂平等 | 上海中医药杂志 | 1984,(12):42 |
| 运气学说近年研究概况 | 杜同仿 | 广州中医药大学学报 | 1985,(1):59 |
| 中医与甲子的关系 | 张　谦 | 实用中医药杂志 | 1985,(1):63 |
| 人体时间节律与临床辨治之探讨 | 钟新渊 | 天津中医药 | 1985,(1):35 |
| 五运六气简介 | 程绍恩 | 浙江中医学院学报 | 1985,(1):44 |
| 初探季节、日干、时辰与分娩的关系 | 吴　熙 | 大津中医学院学报 | 1985,(2):13 |
| 月经周期与月亮圆缺——120例资料分析 | 孟琳升 | 浙江中医药大学学报 | 1985,(2):8 |
| 五运六气入门(一) | 党炳琳等 | 现代中医药 | 1985,(3):6 |
| 祖国医学对人体昼夜节律性的认识 | 张继东等 | 新疆中医药 | 1985,(3):10 |
| 五运六气简介(续讲) | 程绍恩 | 浙江中医药大学学报 | 1985,(3):39 |
| 当前运气学说的研究进展概况 | 汪德云 | 中医药信息 | 1985,(3):15 |
| 刍议服药的时间性 | 胡振义 | 江西中医药 | 1985,(4):52 |
| 从地震的历史记载管窥运气学说 | 何裕民 | 陕西中医学院学报 | 1985,(4):22 |
| 五运六气入门(二) | 党炳琳等 | 现代中医药 | 1985,(4):1 |
| 岁火太过不及与古今太阳黑子高低值年的频数分布 | 黄惠杰 | 中医药信息 | 1985,(4):3 |

| | | | |
|---|---|---|---|
| 中国古代一项特殊的农业季度问题——论《素问》的农业季节历 | 秦广忱 | 自然科学史研究 | 1985,(4):333 |
| 从兰州气候谈运气学说 | 李民听 | 陕西中医 | 1985,(5):199 |
| 五运六气"初探 | 李自然 | 天津中医药 | 1985,(5):43 |
| 五运六气入门(三) | 党炳琳等 | 现代中医药 | 1985,(5):14 |
| 浅谈中医时间治疗学之贡献 | 李浩然 | 辽宁中医杂志 | 1985,(6):11 |
| 女性生育节律初探 | 刘淑余 | 新中医 | 1985,(6):14 |
| 略谈中医的周天学说 | 丰明德 | 中医药学报 | 1985,(6):16 |
| 运用现代医学引证中医关于医疗气象若干观点 | 夏廉博 | 中国中西医结合杂志 | 1985,(11):699 |
| 浅谈时空与中医的关系 | 赵定理等 | 河北中医 | 1986,(1):1 |
| 五运六气理论与兰州气候的印证 | 李民听 | 兰州大学学报(医学版) | 1986,(1):79 |
| 干支纪年与五运六气的天文背景 | 傅立勤 | 中华中医药杂志 | 1986,(1):31 |
| 寅时练功与真气的昼夜节律——对《内经》寅时练功的初探 | 姚存成 | 按摩与导引 | 1986,(2):6 |
| 昼夜节律与中医治疗 | 黄继春 | 辽宁中医杂志 | 1986,(2):10 |
| 试述子午流注学说的科学内涵 | 李文选 | 宁夏医学杂志 | 1986,(2):123 |
| 从海洋潮汐探讨死亡时间与月相关系 | 何裕民等 | 安徽中医学院学报 | 1986,(3):6 |
| 运气学说概论(一) | 张灿玾 | 吉林中医药 | 1986,(3):40 |
| 中医"生物钟"学说初探 | 杨汉辉等 | 福建中医药 | 1986,(4):16 |
| 运气学说概论(二) | 张灿玾 | 吉林中医药 | 1986,(4):32 |
| 中医时间治疗学研究概况 | 孙松辉 | 吉林中医药 | 1986,(4):30 |
| 审时用药小识 | 谢昌仁等 | 南京中医药大学学报(自然科学版) | 1986,(4):25 |
| 从两城区冠心病死亡率窥探运气发病学和"太阳生物学" | 黄惠杰 | 中医药信息 | 1986,(4):3 |
| 择时服药方法介绍 | 许建平 | 中医杂志 | 1986,(4):55 |
| 运气学说概论(三) | 张灿玾 | 吉林中医药 | 1986,(5):34 |
| 运气学说概论(四) | 张灿玾 | 吉林中医药 | 1986,(6):42 |
| 关于运气学说的研究进展 | 汪德云 | 天津中医药 | 1986,(6):44 |
| 对五运六气学说的认识 | 李振彬 | 医学与哲学(人文社会医学版) | 1986,(8):38 |
| 《内经》时人关系初探 | 王长荣 | 中医杂志 | 1986,(9):50 |
| 九十年间五运太过之纪的气候研究 | 孙外主 | 天津中医学院学报 | 1986,(Z1):60 |
| 运气学说探源 | 吴弥漫 | 广州中医药大学学报 | 1987,(1):1 |
| 天象、卦象与病象 | 郝月明 | 国医论坛 | 1987,(1):9 |
| 中医日钟时间治疗学初探 | 邓泽军 | 四川生理科学杂志 | 1987,(1):90 |
| 运气择述 | 蒋文照 | 浙江中医学院学报 | 1987,(1):9 |
| 运气学说研究发展的趋势 | 汪德云 | 中医药信息 | 1987,(1):5 |
| 运气我见两三点 | 李锡安 | 甘肃中医学院学报 | 1987,(2):32 |
| 中医时间医学发展概要 | 张年顺等 | 湖南中医学院学报 | 1987,(2):3 |
| 刍议祖国医学中时间与人体的关系——34年1054例住院心脏病患者死亡时间规律探讨 | 刘金龙等 | 泸州医学院学报 | 1987,(2):109 |
| 《素问》"天数"之我见 | 高伯正 | 实用中医药杂志 | 1987,(2):25 |
| 月亮盈亏与人体生理 | 孙 文 | 中国健康月刊 | 1987,(2):41 |
| 中医时间观简介 | 府 强 | 天津中医学院学报 | 1987,(3):41 |

| | | | |
|---|---|---|---|
| 天人相应的整体观与时间医学 | 王常绮等 | 青海医药杂志 | 1987,(4):4 |
| 浅谈人体朔望月节律 | 陈心智等 | 中医药学报 | 1987,(4):23 |
| 时、辰辨证初探 | 刘　熹 | 中医药研究 | 1987,(5):14 |
| 《内经》对生命节律的认识 | 郭霞珍等 | 吉林中医药 | 1987,(6):3 |
| 论《内经》的时间测病思想 | 李振彬 | 辽宁中医杂志 | 1987,(10):4 |
| 中医时间治疗学特点初探 | 陈放中 | 辽宁中医杂志 | 1987,(10):10 |
| 浅谈祖国医学中十二地支计时法 | 吴长浩 | 现代中医药 | 1988,(1):36 |
| 干支纪年和五运六气来源的重新发现 | 郑　军 | 中华中医药杂志 | 1988,(1):35 |
| 因时调经刍言 | 王万祖 | 中医药学报 | 1988,(1):7 |
| 从气象学角度探讨五运六气学说的科学性 | 王树芬 | 安徽中医学院学报 | 1988,(2):6 |
| 关于运气的一点我见 | 李锡安 | 甘肃中医 | 1988,(2):6 |
| 关于运气学说研究中的几个问题 | 张年顺 | 辽宁中医杂志 | 1988,(2):6 |
| 太极图与时间医学(摘要) | 曹福崇等 | 宁夏医学杂志 | 1988,(2):77 |
| 中医时间用药法探讨 | 李振彬等 | 山东中医药大学学报 | 1988,(2):14 |
| 从人体生理节律看《内经》的时间生理学 | 余国冰 | 山西中医 | 1988,(2):1 |
| 《内经》时间医学初探 | 刘玉坤 | 新疆中医药 | 1988,(2):4 |
| 《黄帝内经》与《夏小正》及十月太阳历 | 李应钧 | 中医药学报 | 1988,(2):1 |
| 谈中医与时间 | 李锡安 | 甘肃中医学院学报 | 1988,(3):20 |
| 中医时间生理学初探 | 李润民 | 实用中医药杂志 | 1988,(3):25 |
| 《内经》中的按时诊断思想浅探 | 邓　沂等 | 甘肃中医学院学报 | 1988,(4):33 |
| 《内经》时空运动知觉探讨 | 徐　平 | 广西中医药 | 1988,(4):20 |
| 《内经》的时间生物学与临床 | 孙海菱等 | 南京中医药大学学报(自然科学版) | 1988,(4):6 |
| 按摩手法应随四时人气所在而异 | 李子让 | 按摩与导引 | 1988,(5):18 |
| 运气学说的临床意义 | 张　鸥 | 中医药学刊 | 1988,(5):19 |
| 运气学说的研究进展 | 沈福道 | 成都中医药大学学报 | 1989,(1):56 |
| 五运六气简表及浅析(一) | 李锡安 | 甘肃中医学院学报 | 1989,(1):14 |
| 试论中医时间护理学 | 齐　静 | 山西中医 | 1989,(1):11 |
| 运气学说研究的现状及展望 | 张登本 | 陕西中医学院学报 | 1989,(1):1 |
| 五运六气简表及浅析(二) | 李锡安 | 甘肃中医学院学报 | 1989,(2):6 |
| 中医时间医学的形成和发展 | 郭仲夫 | 成都中医药大学学报 | 1989,(3):1 |
| 五运六气简表及浅析(三) | 李锡安 | 甘肃中医学院学报 | 1989,(3):7 |
| 十月太阳历在《内经》中的遗迹 | 刘传珍 | 国医论坛 | 1989,(3):14 |
| 时间生物学与中医学 | 傅疲生 | 四川生理科学杂志 | 1989,(3):16 |
| 时间生物学在我国的发展与展望 | 李经才 | 四川生理科学杂志 | 1989,(3):31 |
| 时间治疗学与调经三法 | 王廷治 | 四川生理科学杂志 | 1989,(3):69 |
| 试论《内经》中的论时刺炙思想 | 张德云 | 四川生理科学杂志 | 1989,(3):77 |
| 脏腑择时用药 | 李莱田 | 四川生理科学杂志 | 1989,(3):36 |
| 子午流注针法与时间医学 | 黄宗勗 | 四川生理科学杂志 | 1989,(3):25 |
| 中医时间治疗学 | 王再谟 | 四川生理科学杂志 | 1989,(3):69 |
| 五运六气简表及浅析(四) | 李锡安 | 甘肃中医学院学报 | 1989,(4):13 |
| 中医昼夜节律护理初探 | 齐　静 | 上海中医药杂志 | 1989,(4):31 |
| 运气“君火相火”及“太虚肿翳”新析 | 黄惠杰 | 中医药学报 | 1989,(4):3 |
| 《内经》运气学说中的标本中气理论初探 | 李玫戍等 | 辽宁中医杂志 | 1989,(5):5 |
| 浅述中医服药时间护理 | 陈永灿等 | 浙江中医药大学学报 | 1989,(5):9 |
| 五运六气简表及浅析(五) | 李锡安 | 甘肃中医学院学报 | 1990,(1):32 |

| | | | |
|---|---|---|---|
| 运气学说中的时间病理节律 | 张剑宇等 | 山西中医 | 1990,(1):6 |
| 试论择时用药及其临床意义 | 王世彪等 | 新疆中医药 | 1990,(1):23 |
| 运气学说的流行与理学 | 常存库等 | 中医药学报 | 1990,(1):9 |
| 《内经》中的时间治疗学思想浅探 | 邓　沂等 | 甘肃中医学院学报 | 1990,(2):37 |
| 五运六气简表及浅析(六) | 李锡安 | 甘肃中医学院学报 | 1990,(2):15 |
| 论中医时间预防学 | 张友堂 | 国医论坛 | 1990,(2):35 |
| 试论时令与用药的关系 | 毛水泉等 | 黑龙江中医药 | 1990,(2):6 |
| 中医时间治疗学简介 | 王祚邦 | 湖北中医杂志 | 1990,(2):45 |
| 《内经》时间防治学述要 | 瞿岳云等 | 湖南中医学院学报 | 1990,(2):63 |
| "六经病欲解时"的时间医学意义 | 孙伯青 | 南京中医药大学学报(自然科学版) | 1990,(2):9 |
| 《内经》的时间治疗学思想探析 | 唐雪梅等 | 南京中医药大学学报(自然科学版) | 1990,(2):6 |
| 中医时间医学的临床研究进展 | 陈晓明等 | 吉林中医药 | 1990,(3):36 |
| 祖国医学时间服药规律浅识 | 杜登岭 | 陕西中医 | 1990,(3):123 |
| 对日节律治疗的浅见 | 刘承国 | 上海中医药杂志 | 1990,(3):12 |
| 浅论中医时间诊断 | 杨徐杭 | 现代中医药 | 1990,(5):9 |
| 试述择时服药法之思路与方法 | 焦一鸣等 | 中医药信息 | 1990,(5):31 |
| 五运六气简表及浅析(七) | 李锡安 | 甘肃中医学院学报 | 1991,(1):14 |
| 五运六气简表及浅析(八) | 李锡安 | 甘肃中医学院学报 | 1991,(2):3 |
| 五运六气简表及浅析(续完) | 李锡安 | 甘肃中医学院学报 | 1991,(3):11 |
| 中医人气节律 | 周仕明等 | 山东中医药大学学报 | 1991,(3):7 |
| 运气学说与急性心肌梗塞关系初探 | 张　健等 | 中医药学报 | 1991,(3):1 |
| 十二消息卦在时间医学中的意义 | 赵春明 | 国医论坛 | 1991,(4):9 |
| 浅谈子午流注与生物钟 | 张永新 | 黑龙江中医药 | 1991,(4):44 |
| 中医养生之道的时间医学观 | 毛　淳等 | 山东中医药大学学报 | 1991,(4):14 |
| 浅谈中医时间医学 | 聂丹丽等 | 陕西中医学院学报 | 1992,(1):16 |
| 人体血脉受季节时辰影响 | 摘自《羊城晚报》 | 江苏中医药 | 1992,(2):45 |
| 中医老年病的时间医学探讨 | 李振彬 | 中医药研究 | 1992,(2):61 |
| 论温病辨治学的时间特点 | 龚婕宁 | 中医药信息 | 1992,(3):2 |
| 《内经》择时用药研究的思路与方法 | 刘玉坤 | 中医药研究 | 1992,(4):22 |
| 中医时间治疗学探讨 | 李　智 | 中医药研究 | 1992,(5):54 |
| 时间生物学与疾病防治 | 张立正 | 山东中医杂志 | 1993,(1):6 |
| 中医时相医学观 | 刘力红等 | 广西中医药 | 1993,(2):31 |
| 时间因素在中医诊断中的意义 | 陈家旭 | 中医药研究 | 1993,(2):13 |
| 中国传统医学的运气学说 | 廖育群 | 自然辩证法通讯 | 1993,(2):53 |
| 1984—2043年运气预测 | 吴　京 | 中华中医药杂志 | 1993,(3):61 |
| 《素问·咳论》"其时"浅识 | 李晓辉等 | 国医论坛 | 1993,(4):38 |
| 祖国医学与气象变化 | 范　秀 | 锦州医学院学报 | 1993,(5):91 |
| 疾病变化的日节律 | 孙运河 | 辽宁中医杂志 | 1993,(7):11 |
| 对"六气模式"的改造 | 马　坚 | 成都中医药大学学报 | 1994,(1):9 |
| 六十甲子循环与"天道" | 陈继元 | 海南师范学院学报(人文社会科学版) | 1994,(2):5 |
| 《素问》"七篇大论"运气不同推算方式之分析 | 廖育群 | 中华医史杂志 | 1994,(2):78 |
| 浅谈子午流注与时间医学 | 史广宇等 | 河南中医 | 1994,(3):171 |
| 中医时间医学服药法应用探讨 | 安培祯 | 吉林中医药 | 1994,(3):7 |

| | | | |
|---|---|---|---|
| 从子午流注学说谈时间护理 | 徐宝珠等 | 中国疗养医学 | 1994,(3):55 |
| 月周期规律运动对针灸治则的影响 | 唐卫华 | 上海针灸杂志 | 1994,(5):227 |
| 中医理论体系中的时间生物医学观点 | 冯孝义等 | 国医论坛 | 1994,(6):18 |
| 论昼夜时辰在辩证论治中的意义 | 朱进忠 | 山西中医 | 1994,(6):41 |
| 气候　物候　病候一体观——《素问》运气七篇学术思想探讨 | 王庆其 | 上海中医药杂志 | 1994,(12):37 |
| 运气学说的理论基础及其发病规律探讨 | 胡郁坤 | 湖南中医杂志 | 1994,(S1):43 |
| 《内经运气要旨论》小考 | 张宗栋 | 中华医史杂志 | 1995,(1):24 |
| 中医学与时空论 | 郭淑云等 | 光明中医 | 1995,(2):47 |
| 《内经》的计时法及其应用简介 | 刘长波 | 广州中医药大学学报 | 1995,(2):49 |
| 试论运气学说中"主气"的物候学基础与辨证意义 | 唐　农 | 湖南中医学院学报 | 1995,(3):1 |
| "运气"学说新解 | 韩连武 | 文献 | 1995,(3):122 |
| 中医时间医学在方药应用中的体现 | 孙晓春 | 山东中医药大学学报 | 1995,(4):218 |
| 中医时间医学研究及其在学科文献分类中的地位 | 薛　静等 | 中华医学图书情报杂志 | 1995,(4):33 |
| 生物节律与择时治疗的探讨及展望 | 李仁柱 | 医学综述 | 1995,(5):205 |
| 《内经》天人相应观与死亡关系刍议——附464例分析 | 王永涓等 | 吉林中医药 | 1995,(6):8 |
| 《黄帝内经》中的时间医学 | 王世勋 | 四川中医 | 1995,(7):1 |
| 《素问》时间医学浅探 | 王晓原 | 山西中医 | 1996,(4):32 |
| 人与气候之三——冬季 | 常敏毅 | 中老年保健 | 1996,(6):33 |
| 《内经》脉学的时间诊法探要 | 谷越涛等 | 中医药学刊 | 1996,(6):6 |
| 用圆形统计探讨月经周期与月相的关系 | 董　平 | 辽宁中医杂志 | 1996,(12):12 |
| 中医时辰护理浅论 | 汪聪娥 | 江西中医学院学报 | 1996,(S1):92 |
| 论《内经》时间医学与疾病诊治的关系 | 王津慧 | 青海医学院学报 | 1997,(1):63 |
| 论五运六气对现代时间医学发展的指导作用 | 刘济跃等 | 山东中医药大学学报 | 1997,(2):93 |
| 仲景学说中的时间医学观探 | 王春丽等 | 中医药信息 | 1997,(2):3 |
| 月相的变化对机体抵抗力的影响 | 唐卫华 | 上海针灸杂志 | 1997,(3):36 |
| 针灸治疗学中时间概念的应用 | 沈召春 | 现代中西医结合杂志 | 1997,(5):790 |
| 浅谈运气学说(上) | 李金科 | 现代养生 | 1997,(12):28 |
| 试论张仲景对时间医学的贡献 | 徐谦德 | 安徽中医学院学报 | 1998,(1):4 |
| 浅谈运气学说(下) | 李金科 | 现代养生 | 1998,(1):26 |
| 论古代时辰与北京时间的对应关系 | 郝葆华等 | 中国医药学报 | 1998,(2):7 |
| 时间医学与心脑血管疾病初探 | 王　敏 | 北京中医 | 1998,(4):32 |
| 论《内经》生命的四时法则 | 烟建华 | 北京中医药大学学报 | 1998,(4):3 |
| 从《内经》的时间治疗学探究瘀血证治法 | 张雪霖 | 河北中医 | 1998,(4):251 |
| 中医时间医学临床应用举隅 | 杨一民等 | 河北中医药学报 | 1998,(4):14 |
| 运气学说与预防医学 | 刘玉芝 | 江苏预防医学 | 1998,(4):34 |
| 《黄帝内经》中"十二辰"的含义及时值 | 郝保华 | 陕西中医学院学报 | 1998,(4):7 |
| 人体时间系统在中医学上的意义 | 吴国兴 | 中国中医基础医学杂志 | 1998,(5):11 |
| 人体时间系统与中医基础理论 | 吴国兴 | 中国中医基础医学杂志 | 1998,(7):46 |
| "五运六气"与气象医学 | 刘玉芝 | 气候与环境研究 | 1999,(1):98 |
| 《内经》的法时观与时间针灸学 | 张　岚等 | 中国中医基础医学杂志 | 1999,(5):49 |
| 《内经》时气医学初探 | 张同远等 | 南京中医药大学学报(自然科学版) | 1999,(6):333 |
| 浅议祖国医学中的时间与疾病 | 马欣达 | 国际医药卫生导报 | 1999,(8):42 |
| 五运六气产生与适合的疆域问题 | 程彦杰等 | 北京中医药大学学报 | 2000,(1):12 |

| | | | |
|---|---|---|---|
| 《内经》论天人相应与时间治疗学 | 赵晓山等 | 辽宁中医学院学报 | 2000,(1):1 |
| 刍议时间医学中之适时护理 | 汪明芳 | 辽宁中医杂志 | 2000,(1):41 |
| 交运时年干与时干不能相合说辨析 | 崔应麟等 | 中医函授通讯 | 2000,(1):5 |
| 《内经》运气构架初探 | 喻嘉兴 | 湖南中医杂志 | 2000,(2):7 |
| 从扁鹊入虢之诊谈中医时间医学 | 赖　文 | 医古文知识 | 2000,(2):9 |
| 《素问．六节藏象论》中的天文历法 | 阎晓天 | 中国中医基础医学杂志 | 2000,(4):14 |
| 中医时间医学在临床应用 | 孔凡涵等 | 光明中医 | 2000,(5):18 |
| 《内经》"南北政"问题解析 | 周铭心等 | 中国中医基础医学杂志 | 2000,(5):64 |
| 平气之年推算方法及其意义 | 赵　辉 | 安徽中医学院学报 | 2000,(6):4 |
| 中医时间医学的发展与未来 | 刘雨星等 | 国际传统医药大会论文摘要汇编 | 2000:51 |
| 从鼠疫流行看《素问·热论》奥蕴 | 符友丰 | 河南中医 | 2001,(1):15 |
| 略论运气学说与肾病临床辨治 | 王更生等 | 湖北中医学院学报 | 2001,(1):9 |
| 运气学说客运五步太少相生问题的商讨——《内经讲义》(六版教材)质疑 | 苏　颖等 | 中国中医基础医学杂志 | 2001,(2):12 |
| 先秦时期方剂学的萌芽与初步形成 | 朱建平 | 中华医史杂志 | 2001,(2):6 |
| 略论运气学说 | 朱茂胜 | 湖北中医学院学报 | 2001,(3):12 |
| 子午流注与病死时间规律初探 | 蔡锡英等 | 辽宁中医杂志 | 2001,(3):169 |
| 庚辰年运气初析 | 董宝真 | 河南中医 | 2001,(4):4 |
| 养备而动时　则天不能病——试论中医学中的阴阳时间观 | 任　路等 | 辽宁中医杂志 | 2001,(6):327 |
| 《素问》对运气七大论渊源探讨 | 张灿玾 | 中医文献杂志 | 2002,(1):3 |
| 从大司天理论探讨元明医家用药变化的原因 | 蔡坤坐 | 中医文献杂志 | 2002,(2):5 |
| 中医时间医学研究进展 | 谭琳蓥 | 江苏中医药 | 2002,(3):44 |
| 《黄帝内经》时间学的临床意义 | 陈良秀 | 河南中医学院学报 | 2002,(5):5 |
| 运气学说临床应用举隅 | 盛国荣 | 中医药通报 | 2002,(5):8 |
| 时空观与中医鉴别诊断初探 | 王风雷 | 湖南中医杂志 | 2002,(6):2 |
| 中医理论中节气及其古今时值的变化 | 郝保华等 | 中国中医基础医学杂志 | 2002,(9):1 |
| 《黄帝内经》中时间医学观念其对后世中医学发展的影响及韩国传统《舍岩针法》的汇合 | 洪在炅 | 中国优秀博硕士学位论文全文数据库(硕士)医药卫生科技辑 | 2002,(1):E056－6 |
| 中医运气学说与汉代象数易学 | 罗会斌 | 中国优秀博硕士学位论文全文数据库(硕士)医药卫生科技辑 | 2002,(2):E056－19 |
| 《阴阳大论》与运气七篇大论的关系 | 乔海法等 | 北京中医药大学学报 | 2003,(1):20 |
| 特殊运气年的推求方法 | 陈　漉等 | 长春中医学院学报 | 2003,(1):5 |
| 《内经》的时间观与中医理论体系的构建 | 史新民 | 南京中医药大学学报(社会科学版) | 2003,(1):10 |
| 略论运气学说基本精神及与妇科学的关系 | 夏桂成 | 南京中医药大学学报(自然科学版) | 2003,(1):5 |
| 中国时间医学的代表——"子午流注针法"探源 | 殷克敬等 | 陕西中医学院学报 | 2003,(1):1 |
| 论"天人相应"与"节气灸" | 李晓泓等 | 北京中医 | 2003,(2):18 |
| 《内经》七篇大论对疾病的认识 | 周国琪等 | 上海中医药大学学报 | 2003,(2):3 |
| 《内经》运气相合理论及其意义探析 | 苏　颖 | 长春中医学院学报 | 2003,(3):18 |
| 从 SARS 看五运六气与疫病的关系 | 顾植山 | 江西中医学院学报 | 2003,(3):13 |
| 从《黄帝内经》的"五运六气"学说谈对非典的中医治疗 | 于铁成 | 天津中医药 | 2003,(3):50 |

| | | | |
|---|---|---|---|
| 从中医运气学看SARS的流行趋势 | 白贵敦等 | 天津中医药 | 2003,(3):65 |
| 通用医历法及其天人合一意义 | 靳九成等 | 湖南中医杂志 | 2003,(4):1 |
| 中西医结合的可融点——时空关系 | 王 滨等 | 内蒙古中医药 | 2003,(4):33 |
| 浅谈中医择时治疗 | 张新萍 | 中国中医药信息杂志 | 2003,(5):7 |
| 天交癸未的春夏之际 | 朔 方 | 草原税务 | 2003,(6):1 |
| 少阳病择时用药意义与作用例析 | 高远超等 | 实用中医内科杂志 | 2003,(6):479 |
| 古天文历法是中医基础理论的思辨框架 | 马文辉 | 中国中医基础医学杂志 | 2003,(7):28 |
| 从运气学说看SARS的流行趋势 | 白贵敦等 | 中国中医药信息杂志 | 2003,(7):5 |
| 中医时间护理学研究述评 | 齐 静等 | 河北中医 | 2003,(9):705 |
| 《黄帝内经》、癸未年、非典——治疗非典,中医有办法 | 曲黎敏 | 中华养生保健 | 2003,(9):4 |
| 《易经》与六经浅识 | 贾 耿 | 中医药学刊 | 2003,(10):1729 |
| 《内经》时辰五行节律与脏病转归探微 | 戴永生等 | 湖北中医杂志 | 2003,(11):3 |
| "三年化疫"说非典 | 顾植山 | 中国中医基础医学杂志 | 2003,(12):1 |
| 子午流注纳甲法、纳子法之节律探讨 | 金远林 | 湖北中医杂志 | 2004,(1):20 |
| 《内经》运气学说与疫病预测 | 顾植山 | 中医药临床杂志 | 2004,(1):93 |
| 田文主任医师对"五运六气"认识简析 | 邹 勇等 | 中医药学刊 | 2004,(1):15 |
| 《内经》时间医学探讨 | 赵树森等 | 湖北中医学院学报 | 2004,(2):28 |
| 运气南北政初探 | 晏向阳 | 江西中医学院学报 | 2004,(2):9 |
| 五运内含及其与妇科关系 | 夏桂成 | 南京中医药大学学报(自然科学版) | 2004,(2):85 |
| 张仲景对《内经》运气学说的继承与发展 | 王孝先等 | 中医药学刊 | 2004,(2):207 |
| 近十年气象与发病关系的研究概况 | 胡亚男等 | 长春中医学院学报 | 2004,(3):55 |
| 子午流注研究进展 | 孙云廷等 | 针灸临床杂志 | 2004,(3):583 |
| 中医运气学说与SARS的相关性认识——兼论中医药防治中的几个问题 | 刘 杰 | 中国医药学报 | 2004,(3):135 |
| 五运六气与流行病相关问题研究 | 曲黎敏 | 中国医药学报 | 2004,(3):139 |
| 非典型肺炎的流行和"运气"学说 | 张玉栋 | 长春中医学院学报 | 2004,(4):45 |
| 试论中医理论体系的时空治疗观 | 殷克敬等 | 现代中医药 | 2004,(4):1 |
| 干支五行新释 | 符友丰 | 医古文知识 | 2004,(4):19 |
| 子午流注学说与给药时间关系浅论 | 朱晓平等 | 中医药学刊 | 2004,(4):723 |
| 王冰与运气学说 | 张登本 | 河南中医学院学报 | 2004,(5):9 |
| 认识天人相应的地球条件 | 郭 蕾等 | 现代中医药 | 2004,(5):55 |
| 二〇〇四年运气与发病 | 刘世恩等 | 广西中医药 | 2004,(6):33 |
| 《内经》运气理论与温病SARS辨识 | 陈凤芝等 | 中医药学刊 | 2004,(7):1308 |
| 运气学说沿革及评价 | 张登本 | 河南中医 | 2004,(9):4 |
| 从中医时间医学角度探讨发热的择时用药 | 侯 茗 | 中国中医急症 | 2004,(9):603 |
| 中医时间医学与月经节律关系的研究进展 | 王 丽等 | 实用医药杂志 | 2004,(10):948 |
| 中国SARS流行规律与五运六气相关性回顾分析 | 孙万森等 | 中国中医急症 | 2004,(11):713 |
| 择时服药方法及意义 | 王凤杰 | 河南中医 | 2004,(12):66 |
| 科学揭示"运气学说"奥秘 | 马 骏 | 中国中医药报 | 2004.4.12 |
| 中医五运六气学说研究重在方法学 | 晓 峰等 | 科学时报 | 2004.9.13 |
| 运气学说"六气"在气象医学中的价值 | 常立果 | 中国优秀博硕士学位论文全文数据库(硕士)医药卫生科技辑 | 2004,(1):E056-16 |
| 浅谈中医择时治护 | 中 四等 | 第三届全国铁路护理学术交流会论文集 | 2004:67 |

| | | | |
|---|---|---|---|
| 近年来五运六气学说研究 | 杨　威 | 第三届国际传统医药大会文集 | 2004:106 |
| 运气学说对中医药辨治非典的启示 | 顾植山 | 第三届国际传统医药大会文集 | 2004:108 |
| 2005年——乙酉年中医五运六气分析及预防保健方法的探讨 | 余　瑾等 | 2004全国时间生物医学学术会议论文集 | 2004:288 |
| 试论《内经》时辰节律在疾病预后中的作用 | 戴永生等 | 2004全国时间生物医学学术会议论文集 | 2004:302 |
| 浅探大气论 | 周忠志等 | 甘肃中医 | 2005,(1):10 |
| 《黄帝内经》的运气学说(上) | 邱德文 | 贵阳中医学院学报 | 2005,(1):1 |
| 运气南北政再探 | 晏向阳 | 江西中医学院学报 | 2005,(1):10 |
| 《内经》时间医学思想的哲学基础 | 邢玉瑞 | 陕西中医学院学报 | 2005,(1):5 |
| 2005年(乙酉年)的年运及运气预测 | 曲黎敏 | 中华养生保健 | 2005,(1):2 |
| 《黄帝内经》的运气学说(中) | 邱德文 | 贵阳中医学院学报 | 2005,(2):1 |
| SARS、五运六气与中医科教研走向的哲学思考 | 吴　奇 | 天津中医药 | 2005,(2):166 |
| 伏燥论——对SARS病机的五运六气分析 | 顾植山 | 中国中医基础医学杂志 | 2005,(2):84 |
| 五运六气:中国古代的灾害预测学 | 孟庆云 | 中国中医基础医学杂志 | 2005,(2):81 |
| 《黄帝内经》的运气学说(下) | 邱德文 | 贵阳中医学院学报 | 2005,(3):1 |
| 从古代时间制度及饮食习俗看"日晡潮热"及"下餔"的时值 | 郝葆华等 | 中国中医基础医学杂志 | 2005,(3):225 |
| 运气治则分析与举隅 | 杨　威等 | 中国中医基础医学杂志 | 2005,(3):167 |
| 五运六气与中医治法 | 樊黔江 | 遵义医学院学报 | 2005,(3):287 |
| 选择时间的中医治疗 | 萧　笛 | 家庭中医药 | 2005,(5):9 |
| 试析正常人体的昼夜行为状态——"昼精而夜瞑" | 齐向华等 | 中国中医基础医学杂志 | 2005,(5):379 |
| 运气学说对中医药辨治SARS的启示 | 顾植山 | 中华中医药杂志 | 2005,(5):261 |
| 运气学说研究中的几大误区——兼答陈璧羡先生的"再研究" | 张年顺 | 中华中医药杂志 | 2005,(5):266 |
| 试论运气学说中气象因素对人心理情绪的影响 | 王永贞 | 光明中医 | 2005,(6):18 |
| 五运六气研究中关于干支纪年若干问题的讨论 | 柯资能等 | 中国中医基础医学杂志 | 2005,(6):412 |
| 五运六气与分子生物学结合的探讨 | 吕海婴等 | 中医药学刊 | 2005,(7):1288 |
| 试论中医运气学说在毛发病中的应用 | 刘亚梅 | 浙江中医杂志 | 2005,(9):386 |
| 1230例死亡病历的死亡时间与时辰的关系探析 | 云　梁等 | 中医药学刊 | 2005,(9):1623 |
| 从"五运六气"谈流感 | 杜少辉 | 中国中医药报 | 2005.12.29 |
| 顺应人体节律择时服药之管见 | 李　军 | 第八次全国中西医结合虚证与老年医学学术研讨会论文集 | 2005:425 |
| 运气南北政三探 | 晏向阳 | 江西中医学院学报 | 2006,(1):5 |
| 太乙天符年人、禽流感的中医学解析 | 李致重 | 浙江中医药大学学报 | 2006,(1):1 |
| 谈生命与自然界24节气的关系 | 方　泰 | 东方食疗与保健 | 2006,(2):15 |
| 让中医五运六气学说重放光芒 | 顾植山 | 浙江中医药大学学报 | 2006,(2):137 |
| 五运六气与甲子纪元、干支纪年、气候多太极周期和民病——兼就"几大误区"一文与张年顺同志商榷 | 陈璧羡 | 中华中医药杂志 | 2006,(2):78 |
| 胎儿期的五运六气对体质影响的初探 | 薛丽飞等 | 浙江中医杂志 | 2006,(3):131 |
| 运气学说对金元医学的影响 | 朱艳萍 | 辽宁中医药大学学报 | 2006,(4):24 |
| 从阴阳五行与五运六气的关系谈五运六气在中医理论中的地位 | 顾植山 | 中国中医基础医学杂志 | 2006,(6):463 |
| 《内经》时间治疗学探讨 | 程宜福等 | 中国中医基础医学杂志 | 2006,(8):573 |
| 《内经》与《难经》有关时间治疗的区别 | 彭思菡 | 中医杂志 | 2006,(9):715 |

| | | | |
|---|---|---|---|
| 中医学人体衰老双节律理论初探 | 刘　洋等 | 中医杂志 | 2006,(9):704 |
| 运气与季节相关性及其与发病的关系 | 樊黔江 | 中国中医基础医学杂志 | 2006,(10):781 |
| 中医时间医学的独特性:节气时令物候观念与临床康复 | 郝保华等 | 中国临床康复 | 2006,(31):145 |
| 2003 年 SARS 与五运六气的关系 | 顾植山等 | 中国中医药报 | 2006.2.9 |
| 五运六气预测不是机械推算 | 顾植山等 | 中国中医药报 | 2006.2.10 |
| 运气之道与温疠之化 | 傅景华 | 中国中医药报 | 2006.7.26 |
| 《内经》时间观与人体生理节律 | 韩培海 | 中国中医药报 | 2006.11.29 |
| 五运六气与《伤寒论》相关研究 | 蔡坤坐 | 中国优秀博硕士学位论文全文数据库(博士)医药卫生科技辑 | 2006,(11):E056-7 |
| 《黄帝内经》"天人相应"理论中时间治疗学思想 | 龚学忠等 | 2006 年中国睡眠研究会第四届学术年会论文摘要汇编 | 2006:219 |
| 运气南北政四探 | 晏向阳 | 江西中医学院学报 | 2007,(1):13 |
| 《黄帝内经》"天人相应"理论中时间治疗学思想 | 龚学忠等 | 深圳中西医结合杂志 | 2007,(1):27 |
| 月相变化与人体健康 | 陆维川 | 养生大世界 | 2007,(3):52 |
| 《素问》运气七篇大论的启示 | 王庆其 | 中国中医基础医学杂志 | 2007,(3):171 |
| 《内经》四时医学思想初探 | 徐　松等 | 贵阳中医学院学报 | 2007,(5):3 |
| 运气南北政五探 | 晏向阳 | 江西中医学院学报 | 2007,(5):4 |
| 浅析运气学说 | 陈震霖等 | 现代中医药 | 2007,(5):48 |
| 《内经》五运六气学说中五行理论的运用——兼析 2007 年运气特点及对脏腑的影响 | 方力行等 | 中国中医基础医学杂志 | 2007,(5):323 |
| 基于《素问》运气七篇概念体系的运气理论范畴研究 | 杨　威等 | 世界科学技术-中医药现代化 | 2007,(6):127 |
| 五运六气理论概念体系与当代研究概述 | 杨　威等 | 世界科学技术-中医药现代化 | 2007,(6):131 |
| 浅谈《内经》对人体"月节律"的认识和应用 | 李　杰 | 中医药管理杂志 | 2007,(7):538 |
| 《内经》"四时"理论探讨 | 练云明等 | 检验医学与临床 | 2007,(8):794 |
| 运气的平衡论思想 | 李　星 | 中华中医药学刊 | 2007,(9):1905 |
| 论运气"七篇大论"与《素问》的关系 | 陈震霖等 | 陕西中医 | 2007,(10):1437 |
| 结合"五运六气"思考中医理论研究 | 杨　威等 | 中国中医基础医学杂志 | 2007,(10):723 |
| 试述《内经》治疗学中时间治疗特点 | 郭剑华 | 实用中医药杂志 | 2007,(11):736 |
| 五运六气的源流、推演及 51 年 10 地区气象资料的统计验证 | 张　喆 | 中国优秀博硕士学位论文全文数据库(博士)医药卫生科技辑 | 2007,(2):E056-7 |
| 《素问》运气七篇之概念及其体系研究 | 杨　威等 | 中国中医基础医学杂志 | 2008,(1):10 |
| 五运六气及其在中医应用管窥 | 马　冲等 | 中华中医药学刊 | 2008,(1):166 |
| 《素问》运气七篇的概念体系特征分析 | 杨　威等 | 中国中医基础医学杂志 | 2008,(2):85 |
| 《内经》对瘟疫与运气关系的认识 | 周国琪等 | 中医文献杂志 | 2008,(2):16 |
| 运气南北政六探 | 晏向阳 | 江西中医学院学报 | 2008,(3):15 |
| 从古气象学探讨《内经》运气学中的气象医学思想 | 孙理军 | 山西中医学院学报 | 2008,(5):2 |
| 浅议中医运气学说中的气象医学观点 | 杨进廉等 | 实用中医药杂志 | 2008,(6):394 |
| 五运六气与中医体质学研究 | 李　游等 | 中华中医药杂志 | 2008,(11):952 |
| 五运六气学说与 2008 年戊子年温病的防治 | 曹世强 | 辽宁中医药大学学报 | 2008,(12):20 |
| 时空之道与五运六气 | 傅景华 | 中国中医基础医学杂志 | 2008,(12):881 |
| 五运六气在中医学术史上的地位 | 孟庆云 | 中医杂志 | 2008,(12):1061 |
| 浅谈《黄帝内经》的时间观 | 朱　鹏等 | 中国医药指南 | 2008,(24):367 |

| | | | |
|---|---|---|---|
| 浅谈中医时辰护理 | 王　新 | 全国中医、中西医护理学术交流暨专题讲座会议论文汇编 | 2008:222 |
| 浅谈中医时间医学与心血管疾病治疗 | 张晓英等 | 辽宁中医药大学学报 | 2009,(1):56 |
| 从运气学角度论头痛病证的防治 | 薛　辉等 | 中华中医药杂志 | 2009,(1):22 |
| 浅析《内经》中的"六气"含义 | 徐　宁 | 江西中医学院学报 | 2009,(2):4 |
| 浅议《内经》中的时间预后理论 | 李志更等 | 山东中医杂志 | 2009,(2):75 |
| 中医时间医学研究述评 | 阎星诗等 | 世界中西医结合杂志 | 2009,(2):143 |
| 《内经》中因时制宜理论构架探讨 | 李志更等 | 四川中医 | 2009,(2):62 |
| 运气南北政简解 | 晏向阳 | 中国中医基础医学杂志 | 2009,(2):89 |
| 基于"六气大司天"的中医学术流派创新规律认识 | 杨　威等 | 北京中医药 | 2009,(3):198 |
| 《素问》五运六气时绪观的研究 | 杨　威等 | 北京中医药大学学报 | 2009,(4):226 |
| 五运六气与疫病关系的现代研究综述 | 左帮平等 | 辽宁中医药大学学报 | 2009,(5):217 |
| 五运六气分析己丑岁天人邪气变化特点的启示 | 杨　威 | 中国中医基础医学杂志 | 2009,(6):405 |
| 从阴阳五行五运六气角度探讨肺心病的病因病机 | 彭家柱 | 光明中医 | 2009,(8):1426 |
| 戊子年记"伏明" | 李俊龙等 | 中国中医基础医学杂志 | 2009,(10):723 |
| 《黄帝内经》中的气象医学观 | 张竞之等 | 中国中医基础医学杂志 | 2009,(10):721 |

## (九)教学研究

| | | | |
|---|---|---|---|
| 经学《素问·灵兰秘典论》篇新解(天下一人例之本义) | 廖　平 | 四川国学杂志 | 1913.4.20 |
| 演说《内经·上古天真论》 | 沈汉卿 | 中华医学白话报 | 1913,(3):1 |
| 演说《内经·上古天真论》(一续) | 沈汉卿 | 中华医学白话报 | 1913,(4):1 |
| 演说《内经·上古天真论》(二续) | 沈汉卿 | 中华医学白话报 | 1913,(5):1 |
| 演说《内经·上古天真论》(三续) | 沈汉卿 | 中华医学白话报 | 1913,(6):1 |
| 演说《内经·上古天真论》(四续) | 沈汉卿 | 中华医学白话报 | 1913,(7):1 |
| 《内经·四气调神大论》 | | 中华医学白话报 | 1913,(7):1 |
| 演说《内经·四气调神大论》(五续) | 沈汉卿 | 中华医学白话报 | 1913,(8):1 |
| 演说《内经·四气调神大论》(六续) | 沈汉卿 | 中华医学白话报 | 1913,(9):1 |
| 演说《内经·生气通天论》 | 沈汉卿 | 中华医学白话报 | 1913,(10):1 |
| 演说《内经·生气通天论》(续) | 沈汉卿 | 中华医学白话报 | 1913,(11):1 |
| 演说《内经·生气通天论》(续) | 沈汉卿 | 中华医学白话报 | 1913,(12):1 |
| 论说《内经》讲义序 | 张世镳 | 中西医学报 | 1914,(6):9 |
| 医学研究:解《内经》一则 | 前　人 | 文友社杂志 | 1915,(3):2 |
| 读《内经》《伤寒论》之感言 | 宋　健 | 中华医学杂志(上海) | 1918,(2):80 |
| 读《内经》随笔 | 周逢儒 | 中医杂志(上海) | 1922,(3):70 |
| 读《内经》随笔 | 周逢儒 | 中医杂志(上海) | 1923,(6):21 |
| 读《内经》《难经》《伤寒》《金匮》疑义汇解(续) | 秦伯未 | 中医杂志(上海) | 1923,(8):8 |
| 杂纂:恽印《内经》序 | 徐相宸 | 三三医报 | 1923,(2):1 |
| 学说:读《内经》杂说 | 俞鉴泉 | 三三医报 | 1923,(9):1 |
| 读《内经》感言 | 高维祺等 | 中医杂志(上海) | 1924,(12):54 |
| 《内经》节要浅按 | 鹿　苹 | 坦途 | 1928,(8):14 |
| 《内经》新诠一则 | 晴　晨 | 中国医学月刊 | 1928,(1):31 |

| | | | |
|---|---|---|---|
| 读《内经》《伤寒论》 | 陈秩平 | 杏林医学月报 | 1931,(34):3 |
| 秦氏同门集:论文:读《内经·疏五过篇》书后 | 张仲侯 | 中医世界季刊 | 1933,(1):42 |
| 讲师教师著作:《内经》读法 | 王一仁 | 上海中医学院年刊 | 1936,(1):7 |
| 读《内经》随笔 | 劳 逸 | 中医新生命 | 1936,(26):13 |
| 读《内经》随笔(二) | 劳 逸 | 中医新生命 | 1936,(27):4 |
| 医学商讨:读《素问》(续) | 朱 松 | 文医半月刊 | 1936,(11):10 |
| 医学商讨:读《素问》 | 朱 松 | 文医半月刊 | 1936,(9):8 |
| 医学研究:读《内经》随笔 | 蔡家本 | 中医科学 | 1937,(1):37 |
| 《内经》生理学:第一章:形体 | | 平民医药周报 | 1944,(32):4 |
| 《内经》生理学:第三节:皮毛(续) | 王慎轩 | 平民医药周报 | 1944,(33):3 |
| 针灸讲座(二) | 王雪苔等 | 中国医刊 | 1954,(11):32 |
| 针灸讲座(四) | 王雪苔等 | 中国医刊 | 1955,(1):13 |
| 学习《黄帝内经》的一些认识 | 梁伯强 | 健康报 | 1955,(3):25 |
| 针灸讲座(七) | 王雪苔等 | 中国医刊 | 1955,(5):41 |
| 学习《黄帝内经》的一些体会 | 梁伯强 | 中华医学杂志 | 1955,(5):5 |
| 读《内经》的一些体会 | 徐立孙 | 中医杂志 | 1955,(6):53 |
| 读《内经》的一些体会 | 徐立孙 | 中医杂志 | 1955,(6):6 |
| 读《灵枢经》的点滴体会 | 廖家兴 | 江西中医药 | 1955,(8):54 |
| 学习中医眼科的一些体会 | 雒定中 | 中医杂志 | 1955,(12):21 |
| 我学习针灸一年的点滴体会 | 李志明 | 中医杂志 | 1956,(2):100 |
| 中医的基本理论—阴阳中医学习讲座(一) | 陈苏生 | 中国医刊 | 1956,(5):46 |
| 《内经知要》浅解 | 秦伯未 | 中医杂志 | 1956,(5):277 |
| 《内经知要》浅解(续) | 秦伯未 | 中医杂志 | 1956,(6):333 |
| 学习《内经·骨度》篇《中国古代解剖学观点》的体会 | 马鸿昭等 | 中华医学杂志 | 1956,(6):6 |
| 《内经知要》名词简释 | 李蔚普 | 江西医药 | 1956,(7):61 |
| 南昌西医学习中医班《内经》讲座 第一讲 阴阳 | 强海峰 | 江西医药 | 1956,(7):6 |
| 南昌西医学习中医班《内经》讲座——第一讲 阴阳 | 张海峰 | 江西中医药 | 1956,(7):6 |
| 《内经知要》浅解 | 秦伯未 | 中医杂志 | 1956,(7):386 |
| 南昌西医学留中医班《内经》讲座(续) 第一讲 阴阳 | 张海峰 | 江西医药 | 1956,(8):56 |
| 《内经知要》名词简释 | 李蔚普 | 江西中医药 | 1956,(8):56 |
| 《内经知要》浅解(续) | 秦伯未 | 中医杂志 | 1956,(8):441 |
| 南昌西医学习中医班《内经》讲座(续)——第一讲 阴阳 | 张海峰 | 江西医药 | 1956,(9):6 |
| 《内经知要》名词简释(三续) | 李蔚普 | 江西中医药 | 1956,(9):61 |
| 南昌西医学习中医班《内经》讲座(续) 第一讲 阴阳 | 张海峰 | 江西中医药 | 1956,(9):6 |
| 上海市祖国医药学术讲座讲义(续完)第十一、十二讲《内经》 | 祝慈梅 | 上海中医药杂志 | 1956,(9):2 |
| 《内经知要》浅解(续) | 秦伯未 | 中医杂志 | 1956,(9):496 |
| 《内经知要》概说 | | 秦伯未 | 1956,(9):11 |
| 南昌西医学习中医班《内经》讲座(续)——第一讲 阴阳 | 张海峰 | 江西医药 | 1956,(10):7 |
| 学习祖国医学——《内经知要》 | 陈苏生 | 江西医药 | 1956,(10):1 |
| 《内经知要》名词解释(四续) | 李蔚普 | 江西中医药 | 1956,(10):65 |
| 《内经知要》浅解(续) | 秦伯未 | 中医杂志 | 1956,(10):545 |
| 《内经知要》概说(续上期) | | 秦伯未 | 1956,(10):3 |
| 南昌西医学习中医班《内经》讲座 第二讲 藏象 | 李蔚普 | 江西医药 | 1956,(11):5 |
| 《内经知要》浅解(续) | 秦伯未 | 中医杂志 | 1956,(11):603 |
| 《内经知要》概说(续上期) | 秦伯未 | | 1956,(11):1 |

| | | | |
|---|---|---|---|
| 南昌西医学习中医班《内经》讲座(续) 第二讲 藏府 | 李蔚普 | 江西医药 | 1956,(12):2 |
| 《内经知要》浅解(续) | 秦伯未 | 中医杂志 | 1956,(12):663 |
| 《内经知要》概说(续上期) | 秦伯未 | | 1956,(12):1 |
| 南昌西医学习中医班《内经》讲座(续) 第三讲 经络 | 廖家兴 | 江西中医药 | 1957,(1):36 |
| 我们用什么方法来学习《内经知要》 | | 上海中医药杂志 | 1957,(1):28 |
| 介绍系统学习祖国医学必读之书《内经知要》 | 吴燕宝 | 中国医刊 | 1957,(1):62 |
| 《内经知要》浅解(续) | 秦伯未 | 中医杂志 | 1957,(1):44 |
| 南昌西医学习中医班《内经》讲座(续)第三讲 经络 | 廖家兴 | 江西中医药 | 1957,(2):20 |
| 学习《内经》后的一些体会 | 范正定 | 中医杂志 | 1957,(2):103 |
| 南昌西医学习中医班《内经》讲座(续) 第四讲 色诊 | 姚荷生 | 江西中医药 | 1957,(3):1 |
| 学习《内经知要》的一些体会 | 姜莺兹 | 江西中医药 | 1957,(3):50 |
| 学习《内经知要》后的点滴体会 | 高摄渊 | 江西中医药 | 1957,(3):57 |
| 学习《内经知要》后的几点体会和建议 | 蒋佩青 | 江西中医药 | 1957,(3):58 |
| 南昌西医学习中医班《内经》讲座(续)第五讲 脉诊 | 姚荷生 | 江西中医药 | 1957,(4):25 |
| 南昌西医学习中医班《内经》讲座(续)第六讲 病能篇(上) | 李蔚普 | 江西中医药 | 1957,(5):20 |
| 学习《内经》后的初步认识 | 徐国仟 | 山东医药 | 1957,(5):12 |
| 南昌西医学习中医班《内经》讲座(续)第六讲 病能篇(上) | 李蔚普 | 江西中医药 | 1957,(6):33 |
| 南昌西医学习中医班《内经》讲座(续)第六讲 病能篇(下) | 高凌云 | 江西医药 | 1957,(7):19 |
| 南昌西医学习中医班《内经》讲座 第七讲 治则 | 万友生 | 江西医药 | 1957,(9):11 |
| 南昌西医学习中医班《内经》讲座 | 万友生 | 江西中医药 | 1957,(9):11 |
| 《内经》考订 | 徐湘亭 | 江苏中医药 | 1958,(1):29 |
| 对学习子午流注针法的三点见解 | 刘广江 | 江苏中医药 | 1958,(4):25 |
| 中医是怎样看病的(二)(中医讲座第一讲) | 朱 颜 | 中国医刊 | 1958,(5):60 |
| 学习《内经知要》后的几点体会 | 余新恩 | 上海中医药杂志 | 1958,(6):3 |
| 中医是怎样看病的(四)(中医讲座第一讲) | 朱 颜 | 中国医刊 | 1958,(7):56 |
| 读《内经》有疑点两则提供同道商榷 | 姜佩生 | 上海中医药杂志 | 1958,(9):9 |
| 学习《内经》后的认识与体会 | 任家潍 | 上海中医药杂志 | 1959,(3):33 |
| 谈谈怎样学习针灸(第二讲) | 王德雋 | 中国医刊 | 1960,(1):61 |
| 谈谈学习《内经》 | 任应秋 | 中医杂志 | 1961,(6):32 |
| 读《灵枢》后笔记三则 | 黄育万 | 上海中医药杂志 | 1962,(6):22 |
| 漫谈《内经》教学工作 | 孟景春 | 江苏中医药 | 1962,(9):32 |
| 学习运气学说感言 | 一 堂 | 江苏中医药 | 1963,(3):8 |
| 学习《内经》八要 | 徐荣斋 | 浙江中医杂志 | 1965,(1) |
| 名词解释——病机十九条 | 董建华 | 中国临床医生 | 1974,(4):17 |
| 腧穴命名汇解(续八) | 刘冠军 | 陕西医学杂志 | 1977,(5):63 |
| 腧穴命名汇解(续九) | 刘冠军 | 陕西医学杂志 | 1977,(6):68 |
| 讲授《内经》的几点体会 | 李克光 | 成都中医药大学学报 | 1978,(2):94 |
| 怎样学习《内经》 | 付贞亮 | 陕西中医学院学报 | 1979,(1):1 |
| 《素问·脉解篇》新证——读《帛书经脉篇》札记 | 李 鼎 | 上海中医药杂志 | 1979,(1):37 |
| 对《内经》教学的粗浅体会 | 李济仁 | 成都中医药大学学报 | 1979,(2):93 |
| 略谈传统的中医教学 | 阎洪臣等 | 吉林医学 | 1979,(2):53 |
| 《内经》腧穴主治汇译(一) | 高镇五等 | 浙江中医药大学学报 | 1979,(2):40 |
| 探宝与挑疵 文理与医理——如何学习《黄帝内经》 | 凌耀星 | 上海中医药杂志 | 1979,(3):9 |

| | | | |
|---|---|---|---|
| 《黄帝内经》阅读指导 | 李今庸 | 山东中医药大学学报 | 1979,(4):60 |
| 《内经》腧穴主治汇译(二) | 高镇五等 | 浙江中医药大学学报 | 1979,(4):39 |
| 《素问·上古天真论》备课笔记 | 吴文鼎 | 浙江中医药大学学报 | 1979,(4):43 |
| 《素问·举痛论》备课笔记 | 凌耀星 | 浙江中医药大学学报 | 1979,(5):52 |
| 关于如何学习《内经》问题的讨论纪要 | 王　琦 | 中医杂志 | 1979,(7):41 |
| 谈谈学习《内经》问题 | 于天星 | 中医杂志 | 1979,(7):44 |
| 怎样学习《黄帝内经》 | 傅贞亮 | 陕西医学杂志 | 1979,(8):39 |
| 用辩证唯物论指导中医基础理论教学 | 李济仁 | 皖南医学院学报 | 1979,(10):1 |
| 谈谈中医教学中的备课 | 王祖雄 | 贵阳中医学院学报 | 1980,(1):1 |
| 中医诊断学教学体会 | 关汝耀 | 新中医 | 1980,(1):42 |
| 古文教学随感 | 王筑民 | 贵阳中医学院学报 | 1980,(2):10 |
| 《内经》教学随笔 | 胡天雄 | 湖南中医学院学报 | 1980,(2):67 |
| 中医内科教学初探 | 王绪鳌 | 浙江中医学院学报 | 1980,(2):46 |
| 谈谈《内经》教学的问题 | 胡天雄 | 湖南中医学院学报 | 1980,(3):70 |
| 以"治学三境界"的精神学习《内经》 | 徐荣斋 | 山东中医药大学学报 | 1980,(4):1 |
| 学习中医的点滴体会 | 刘渡舟 | 山东中医药大学学报 | 1981,(1):12 |
| 从《黄帝内经》看古代医学教育 | 阎洪臣等 | 浙江中医药大学学报 | 1981,(1):33 |
| 《黄帝内经》节讲(一) | 王自强 | 中国临床医生 | 1981,(1):42 |
| 《素灵微蕴研究》节选—悲恐解 | 季绍良 | 广西中医药 | 1981,(2):7 |
| 《黄帝内经》节讲(二) | 孙　桐 | 中国临床医生 | 1981,(2):43 |
| 《内经一得》 | 郭仲夫 | 成都中医药大学学报 | 1981,(3):22 |
| 五脏藏而不泻,六腑泻而不藏(三) | 摘自《医学谚语三百条》 | 成都中医药大学学报 | 1981,(3):63 |
| 《素问·汤液醪醴论》试析 | 周汉秀等 | 贵阳中医学院学报 | 1981,(3):7 |
| 学习《素问·生气通天论》辅导材料 | 王玉川 | 陕西中医 | 1981,(3):38 |
| 谈谈我对中医教学的备课体会 | 王祖雄 | 新中医 | 1981,(3):55 |
| 《黄帝内经》节讲(三) | 周学胜 | 中国临床医生 | 1981,(3):40 |
| 《素灵微蕴研究》节选—"藏象解" | 闫洪臣等 | 吉林中医药 | 1981,(4):50 |
| 教学《内经》的体会 | 凌耀星 | 山东中医药大学学报 | 1981,(4):9 |
| 谈谈学习脏腑辨证 | 张六通 | 山东中医药大学学报 | 1981,(4):28 |
| 如何学习《内经》 | 张济全 | 陕西中医 | 1981,(4):41 |
| 《内经》教学简谈 | 冯鹤鸣 | 浙江中医药大学学报 | 1981,(4):31 |
| 从《素问·徵四失论》谈古代的"医教" | 冯润身 | 浙江中医药大学学报 | 1981,(4):34 |
| 自学《内经》心得数则 | 李学铭 | 浙江中医药大学学报 | 1981,(4):35 |
| 谈"左肝右肺"教学的点滴体会 | 黄海龙 | 浙江中医药大学学报 | 1981,(4):37 |
| 内经琐谈 | 李斯炽等 | 浙江中医药大学学报 | 1981,(4):50 |
| 《黄帝内经》节讲(四) | 法锡麟 | 中国临床医生 | 1981,(4):36 |
| 《素问今释》出版 | 陈克贤 | 贵州医药 | 1981,(5):107 |
| 怎样学习《内经》 | 姜春华 | 新中医 | 1981,(5):52 |
| 《黄帝内经》节讲(五) | 王自强 | 中国临床医生 | 1981,(5):35 |
| 《黄帝内经》节讲(六) | 何文彬 | 中国临床医生 | 1981,(6):39 |
| 读《内经》札记 | 李克绍 | 新中医 | 1981,(7):39 |
| 《内经》教学贯解六法 | 董胡兴 | 新中医 | 1981,(8):49 |
| 六微旨大论篇讲解(一) | 方药中等 | 新中医 | 1981,(9):49 |
| 六微旨大论篇讲解(三) | 方药中等 | 新中医 | 1981,(11):47 |
| 学习《内经》的点滴体会 | 丰明德等 | 广西中医药 | 1982,(1):42 |
| 《内经》教学调查报告 | 汪松葆等 | 湖南中医学院学报 | 1982,(1):46 |

| | | | |
|---|---|---|---|
| 《内经选读》教学刍议 | 孙　桐 | 南京中医药大学学报(自然科学版) | 1982,(1):83 |
| 第一讲　外避邪气内葆真气　修身养性形神共养——《素问·上古天真论》(节选) | 刘承才 | 山东中医杂志 | 1982,(1):49 |
| 《素问·气交变大论》讲解(一) | 方药中等 | 上海中医药杂志 | 1982,(1):31 |
| 五行学说辅导材料 | 何建升 | 现代中医药 | 1982,(1):30 |
| 怎样学习脏腑学说——脏腑学说教学经验琐谈 | 王　汪 | 现代中医药 | 1982,(1):20 |
| 讲《内科学》的六点体会 | 刘文彬等 | 中医药学刊 | 1982,(1):37 |
| 谈《内经》的学习 | 陈克正等 | 湖北中医杂志 | 1982,(2):52 |
| 《素问》札记(一)上古天真论篇 | 胡天雄 | 湖南中医学院学报 | 1982,(2):4 |
| 《灵枢·骨度》初探一二(续) | 李　锄 | 江苏中医药 | 1982,(2):34 |
| 中医古典医籍问题解答(二) | 邓必隆等 | 江西中医药 | 1982,(2):61 |
| 学习中医一得 | 贾得道 | 山东中医药大学学报 | 1982,(2):50 |
| 第二讲　养生防病,阳气为重(上)——《素问·生气通天论》(节选) | 迟华基 | 山东中医杂志 | 1982,(2):113 |
| 第二讲　黄帝岐伯论医经 | 田代华等 | 山东中医杂志 | 1982,(2):126 |
| 《素问·气交变大论篇》讲解(二) | 方药中等 | 上海中医药杂志 | 1982,(2):35 |
| 第六讲　病因、病机 | 党炳林 | 现代中医药 | 1982,(2):7 |
| 第七讲　预防与治则 | 党炳林 | 现代中医药 | 1982,(2):18 |
| 谈谈学习古典医籍的体会 | 十　成 | 中医药学刊 | 1982,(2):36 |
| 一问一答 | 芦玉起 | 中医药学刊 | 1982,(2):25 |
| 易学十讲　第一讲　医易相通 | 邹学熹 | 成都中医药大学学报 | 1982,(3):75 |
| 如何处理基础课和临床课教学内容之浅见 | 郁文骏 | 成都中医药大学学报 | 1982,(3):68 |
| 第三讲　养生防病,阳气为重(下)——《素问·生气通天论》(节选) | 迟华基 | 山东中医杂志 | 1982,(3):180 |
| 《素问·五运行大论》讲解(一) | 方药中等 | 陕西中医 | 1982,(3):41 |
| 中医成语选释(《内经》部分续) | 傅贞亮 | 陕西中医 | 1982,(3):39 |
| 中医内科临证选讲(一)泄泻 | 吴颂康 | 浙江中医药大学学报 | 1982,(3):51 |
| 一问一答 | 卢玉起 | 中华中医药学刊 | 1982,(3):9 |
| 《素问》札记<二>　四气调神大论篇 | 胡天雄 | 湖南中医学院学报 | 1982,(4):5 |
| 第四讲　远取诸物　近取诸身　阴阳应象　医道之纲(一)——《素问·阴阳应象大论》(节选) | 刘承才 | 山东中医杂志 | 1982,(4):242 |
| 第四讲　脏腑与体窍及脏腑间关系——脏腑答疑之二 | 韩成仁 | 山东中医杂志 | 1982,(4):238 |
| 《素问·五运行大论篇》讲解(二)方药中等 | | 陕西中医 | 1982,(4):34 |
| 学贵有恒　实践第一 | 贺本绪 | 陕西中医 | 1982,(4):17 |
| 陕西中医学院一九八二年攻读硕士学位研究生《内经》专业试题答案(提要) | 付贞亮等 | 陕西中医学院学报 | 1982,(4):60 |
| 《素问·气交变大论篇》讲解(三) | 方药中等 | 上海中医药杂志 | 1982,(4):39 |
| 怎样学习《内经》 | 赵明山 | 中医药学刊 | 1982,(4):26 |
| 攻读硕士学位研究生《中医学基础》、《内经》试题答案 | 孟景春等 | 江苏中医药 | 1982,(5):56 |
| 第五讲　远取诸物　近取诸身　阴阳应象　医道之纲(二)——《素问·阴阳应象大论》(节选) | 刘承才 | 山东中医杂志 | 1982,(5):307 |
| 《素问·五运行大论》讲解(三) | 方药中等 | 陕西中医 | 1982,(5):33 |
| 《素问·气交变大论》讲解(四) | 方药中等 | 上海中医药杂志 | 1982,(5):37 |
| 《黄帝内经素问析义》选登　调经论第六十二 | 傅贞亮 | 现代中医药 | 1982,(5):1 |

| | | | |
|---|---|---|---|
| 关于《内经》教材注释的几个问题 | 李今庸等 | 湖北中医杂志 | 1982,(6):1 |
| 第六讲　远取诸物　近取诸身　阴阳应象　医道之纲(三)——《素问·阴阳应象大论》(节选) | 刘承才 | 山东中医杂志 | 1982,(6):376 |
| 《素问·五运行大论篇》讲解(四) | 方药中等 | 陕西中医 | 1982,(6):35 |
| 《素问·经脉别论》 | 张登本 | 陕西中医学院学报 | 1982,(6):11 |
| 《素问·六节脏象论》 | 何建升 | 陕西中医学院学报 | 1982,(6):4 |
| 《素问·脉要精微论》 | 严惠芳 | 陕西中医学院学报 | 1982,(6):8 |
| 《素问·逆调论》 | 党炳林 | 陕西中医学院学报 | 1982,(6):15 |
| 《素问·平人气象论》 | 张喜德 | 陕西中医学院学报 | 1982,(6):9 |
| 《素问·评热病论》 | 张登本 | 陕西中医学院学报 | 1982,(6):14 |
| 《素问·热论》 | 张登本 | 陕西中医学院学报 | 1982,(6):13 |
| 《素问·上古天真论》 | 张崇孝 | 陕西中医学院学报 | 1982,(6):1 |
| 《素问·生气通天论》 | 刘文龙 | 陕西中医学院学报 | 1982,(6):2 |
| 《素问·汤液醪醴论》 | 党炳林 | 陕西中医学院学报 | 1982,(6):5 |
| 《素问·五脏别论》 | 刘林洲 | 陕西中医学院学报 | 1982,(6):7 |
| 《素问·气交变大论篇》讲解(五) | 方药中等 | 上海中医药杂志 | 1982,(6):39 |
| 《素问·经脉别论》 | 张登本 | 现代中医药 | 1982,(6):11 |
| 《素问·六节脏象论》 | 何建升 | 现代中医药 | 1982,(6):4 |
| 《素问·脉要精微论》 | 严惠芳 | 现代中医药 | 1982,(6):8 |
| 《素问·逆调论》 | 党炳林 | 现代中医药 | 1982,(6):15 |
| 《素问·平人气象论》 | 张喜德 | 现代中医药 | 1982,(6):9 |
| 《素问·评热病论》 | 张登本 | 现代中医药 | 1982,(6):14 |
| 《素问·热论》 | 张登本 | 现代中医药 | 1982,(6):13 |
| 《素问·上古天真论》 | 张崇孝 | 现代中医药 | 1982,(6):1 |
| 《素问·生气通天论》 | 刘文龙 | 现代中医药 | 1982,(6):2 |
| 《素问·汤液醪醴论》 | 党炳林 | 现代中医药 | 1982,(6):5 |
| 《素问·五脏别论》 | 刘林洲 | 现代中医药 | 1982,(6):7 |
| 中医内科临证选讲(四)　痹证 | 郭沈旺 | 浙江中医药大学学报 | 1982,(6):53 |
| 《素问·气交变大论篇》讲解(六) | 方药中等 | 上海中医药杂志 | 1982,(7):37 |
| 《素问·气交变大论篇》讲解(七) | 方药中等 | 上海中医药杂志 | 1982,(11):39 |
| 《素问·气交变大论篇》讲解(八) | 方药中等 | 上海中医药杂志 | 1982,(12):35 |
| 第十二讲　方剂组成的基本原则及变化规律 | 刘世昌 | 中成药 | 1982,(12):42 |
| 《内经》教学中培养和发展学生智能的几点体会 | 李旭蕃 | 广西中医学院学报 | 1983,(00):48 |
| 素问札记<三>——生气通天论篇(上) | 胡天雄 | 湖南中医学院学报 | 1983,(1):3 |
| 学习《内经》体会两则 | 徐湘亭 | 山东中医药大学学报 | 1983,(1):38 |
| 穴名释义(一) | 张善忱 | 山东中医药大学学报 | 1983,(1):30 |
| 第七讲　灵兰藏秘典　脏腑拟君臣——《素问灵兰秘典论》(节选) | 田代华 | 山东中医杂志 | 1983,(1):53 |
| 第七讲　病因病机(一) | 周仕明 | 山东中医杂志 | 1983,(1):49 |
| 《素问·五运行大论》讲解(五) | 方药中等 | 陕西中医 | 1983,(1):31 |
| 读《内经》一得 | 彭光谱 | 四川中医 | 1983,(1):17 |
| 《黄帝内经素问析义》选登——脉要精微论篇第十七 | 常森元 | 现代中医药 | 1983,(1):3 |
| 《素问·痹论》 | 刘文龙 | 现代中医药 | 1983,(1):18 |
| 《素问·调经论》 | 严惠芳 | 现代中医药 | 1983,(1):20 |
| 《素问·举痛论》 | 张喜德 | 现代中医药 | 1983,(1):17 |
| 《素问·咳论》 | 张登本 | 现代中医药 | 1983,(1):16 |

| | | | |
|---|---|---|---|
| 《素问·痿论》 | 任渭丽 | 现代中医药 | 1983,(1):19 |
| 学习《内经》方法浅谈 | 张崇孝 | 现代中医药 | 1983,(1):22 |
| 我对学习十二经病候的体会 | 许英章 | 新中医 | 1983,(1):52 |
| 略论学好《中医学基础》的重要性 | 蒋　宇 | 中医药学刊 | 1983,(1):23 |
| 《内经》病能类补(二) | 欧阳锜 | 成都中医药大学学报 | 1983,(2):75 |
| 《素问》札记<四>　生气通天论篇(下) | 胡天雄 | 湖南中医学院学报 | 1983,(2):20 |
| 第八讲　病因病机(二) | 周仕明等 | 山东中医杂志 | 1983,(2):46 |
| 第八讲　五气五味养五脏,藏内象外见其谛——《素问·六节藏象论》(节选) | 迟华基 | 山东中医杂志 | 1983,(2):49 |
| 《素问·气交变大论篇》讲解(九) | 方药中等 | 上海中医药杂志 | 1983,(2):42 |
| 《黄帝内经素问析义》选登(讨论稿)生气通天论篇第三 | 刘文龙 | 现代中医药 | 1983,(2):1 |
| 《灵枢·百病始生》 | 任渭丽 | 现代中医药 | 1983,(2):32 |
| 《灵枢·本神》 | 任春荣 | 现代中医药 | 1983,(2):28 |
| 《灵枢·大惑论》 | 刘林洲 | 现代中医药 | 1983,(2):33 |
| 《灵枢·决气》 | 任春荣 | 现代中医药 | 1983,(2):31 |
| 《灵枢·水胀》 | 张崇孝 | 现代中医药 | 1983,(2):31 |
| 《灵枢·营卫生会》 | 何建升 | 现代中医药 | 1983,(2):29 |
| 《内经选读》问题解答(续二)《素问·至真要大论》 | 陈思平 | 现代中医药 | 1983,(2):20 |
| 《素问·经脉别论》 | 吴弥漫 | 新中医 | 1983,(2):52 |
| 《黄帝内经》教学琐谈 | 符　采 | 泸州医学院学报 | 1983,(3):58 |
| 第九讲　病因病机(三) | 周仕明等 | 山东中医杂志 | 1983,(3):46 |
| 第九讲　天地五脏相生成　体味色脉各有征——《素问·五脏生成篇》(节选) | 田代华 | 山东中医杂志 | 1983,(3):50 |
| 《素问·气交变大论篇》讲解(十) | 方药中等 | 上海中医药杂志 | 1983,(3):40 |
| 《黄帝内经素问析义》选登——生气通天论篇第三(续) | 刘文龙 | 现代中医药 | 1983,(3):29 |
| 《灵枢·百病始生第六十六》(节选) | 温伟强 | 新中医 | 1983,(3):56 |
| 《内经》教学浅识 | 熊继柏 | 浙江中医药大学学报 | 1983,(3):43 |
| 读《内经》札记(一) | 张珍玉 | 山东中医药大学学报 | 1983,(4):34 |
| 第十讲　异于常论谈脏腑　满实藏泻各不同——《素问·五脏别论》(节选) | 江秀贞 | 山东中医杂志 | 1983,(4):50 |
| 学习《内经》一得 | 王三虎 | 陕西中医 | 1983,(4):46 |
| 本院一九八三年《内经》硕士研究生专业试题答案 | 傅贞亮等 | 陕西中医学院学报 | 1983,(4):34 |
| 第十一讲　标本得　神气使　邪气服　疾病愈——《素问·汤液醪醴论》 | 迟华基 | 山东中医杂志 | 1983,(5):53 |
| 第十一讲　诊法——闻诊与问诊 | 周仕明 | 山东中医杂志 | 1983,(5):50 |
| 谈谈中医内科学的学习方法 | 邵生宽 | 现代中医药 | 1983,(5):63 |
| 《内经》部分——《灵枢·胀论篇》(节选) | 刘绍辉 | 新中医 | 1983,(5):47 |
| 湖北中医学院1983年攻读硕士学位研究生《内经》入学考试试题答案 | 湖北中医学院教研室 | 湖北中医杂志 | 1983,(6):47 |
| 第三章　古代针灸流派(一) | 魏　稼 | 江西中医药 | 1983,(6):58 |
| 第十二讲　脉要至精微　四诊决死生(上)——《素问·脉要精微论》(节选) | 田代华 | 山东中医杂志 | 1983,(6):53 |
| 中医成语选释(《内经》部分续四) | 傅贞亮等 | 陕西中医 | 1983,(6):32 |
| 学习医古文的重要性 | 王渭川 | 四川中医 | 1983,(6):41 |
| 《内经》部分——《素问·热论篇》 | 何成武 | 新中医 | 1983,(6):43 |

| | | | |
|---|---|---|---|
| 《素问·风论》学习体会 | 赵国仁 | 浙江中医药大学学报 | 1983,(6):40 |
| 关于《内经知要》一段引文 | 李育才等 | 中医杂志 | 1983,(8):79 |
| 学然后知不足——学习《内经》的回忆 | 傅贞亮 | 陕西中医学院学报 | 1983,(S1):45 |
| 《内经》部分 | 杨牧祥 | 河北中医 | 1984,(1):63 |
| 读《内经》札记(二) | 张珍玉 | 山东中医药大学学报 | 1984,(1):51 |
| 学习《内经》重医理 | 沈庆法 | 中华中医药学刊 | 1984,(1):5 |
| 如何学习古典医学 | 沈仲圭 | 中医药学刊 | 1984,(1):5 |
| 读《内经》札记(三) | 张珍玉 | 山东中医药大学学报 | 1984,(2):41 |
| 第十四讲　少阳病(一) | 张桂珍 | 山东中医杂志 | 1984,(2):57 |
| 第十四讲　知平人气象　晓脉理之纲　法五脏四时调气血阴阳——《素问·平人气象论》(节选) | 刘承才 | 山东中医杂志 | 1984,(2):49 |
| 谈谈《内经》教学——学习程士德主任对《内经》教学经验的体会 | 郭霞珍等 | 新中医 | 1984,(2):53 |
| 《生气通天论》析疑 | 申鸿砚 | 河北中医 | 1984,(3):3 |
| 《内经》部分 | 杨牧祥 | 河北中医 | 1984,(3):62 |
| 攻读硕士学位研究生《内经》、《难经》试题答案 | 王自强 | 江苏中医药 | 1984,(3):51 |
| 读《内经》札记(四) | 张珍玉 | 山东中医药大学学报 | 1984,(3):53 |
| 试论《内经》的教学法 | 李济仁等 | 陕西中医学院学报 | 1984,(3):10 |
| 浅谈"图"在阴阳学说教学中的具体应用 | 戴西湖 | 陕西中医学院学报 | 1984,(3):12 |
| 《天元纪大论》提要 | 方药中等 | 中华中医药学刊 | 1984,(3):114 |
| 成都中医学院一九八三年攻读硕士学位研究生入学考试《内经》试题答案摘登(问答题部分) | 内经教研室 | 成都中医药大学学报 | 1984,(4):56 |
| 《内经》题解 | 内经教研室 | 湖北中医杂志 | 1984,(4):38 |
| 读《内经》札记(五) | 张珍玉 | 山东中医药大学学报 | 1984,(4):53 |
| 第十六讲　辨证——八纲辨证之二 | 刘守明 | 山东中医杂志 | 1984,(4):49 |
| 第十六讲　宣明五脏气　诊治得所宜——《素问·宣明五气篇》(节选) | 田代华 | 山东中医杂志 | 1984,(4):53 |
| 《五运行大记》提要 | 方药中等 | 中华中医药学刊 | 1984,(4):154 |
| 一"其"七"故"前后呼应——《素问·太阴阳明论》第二段教学体会 | 赖显荣 | 中华中医药学刊 | 1984,(4):160 |
| 谈研究《内经》的思路与方法 | 王　琦 | 贵州医药 | 1984,(5):51 |
| 第十七讲　太阴病 | 李克绍 | 山东中医杂志 | 1984,(5):60 |
| 第十七讲　太阴阳明论脾胃　纳谷运化后天本——《素问·太阴阳明论篇》 | 江秀贞 | 山东中医杂志 | 1984,(5):54 |
| 第三篇《六微旨大论》提要 | 方药中等 | 中华中医药学刊 | 1984,(5):194 |
| 《内经》试题答案 | 王自强 | 江苏中医药 | 1984,(6):55 |
| 攻读硕士学位研究生《金匮要略》、《内经》试题答案 | 沈继泽 | 江苏中医药 | 1984,(6):54 |
| 第十八讲　少阴病(一) | 李克绍 | 山东中医杂志 | 1984,(6):59 |
| 第十八讲　外感热病属伤寒《素问·热论》树篇章　仲景立论宗经旨　六经辨证定法纲——《素问·热论》 | 刘承才 | 山东中医杂志 | 1984,(6):52 |
| 《内经》问题解答 | 胡永年等 | 湖北中医杂志 | 1985,(1):53 |
| 《内经词语辞典》样稿选登解释(二) | 高光震 | 吉林中医药 | 1985,(1):41 |
| 试谈《内经》授课的内涵与外延 | 张金良等 | 吉林中医药 | 1985,(1):34 |
| 谈中医人才成长的问题 | 邹云翔 | 江苏中医药 | 1985,(1):1 |
| 医古文讲座(连载) | 李书田 | 辽宁中医杂志 | 1985,(1):46 |
| 读《内经》札记(六) | 张珍玉 | 山东中医药大学学报 | 1985,(1):43 |

| | | | |
|---|---|---|---|
| 穴名释义(八) | 张善忱等 | 山东中医药大学学报 | 1985,(1):38 |
| 浅谈对《九宫八风》篇的认识 | 张灿玾 | 山西中医 | 1985,(1):7 |
| 如何学习《内经》 | 谢浴凡 | 实用中医药杂志 | 1985,(1):49 |
| 针灸名词解释 | 殷克敬等 | 现代中医药 | 1985,(1):23 |
| 概谈七情致病——谈中医内科教学的体会 | 陈庆祥 | 新中医 | 1985,(1):56 |
| 读《素问》识小录(九) | 邵宝仁 | 浙江中医学院学报 | 1985,(1):48 |
| 第四篇《气交变大论》提要 | 方药中等 | 中医药学刊 | 1985,(1):290 |
| 必须熟记、背诵一些中医学的主要内容 | 茹古香 | 中医药学刊 | 1985,(1):293 |
| 西苑读书记 | 何绍奇 | 安徽中医学院学报 | 1985,(2):56 |
| 新编《内经讲义》教材简介 | 程士德 | 吉林中医药 | 1985,(2):46 |
| 《内经词语辞典》样稿选登(三) | 高光震 | 吉林中医药 | 1985,(2):34 |
| 第二讲　阴阳学说 | 王新华 | 江苏中医药 | 1985,(2):40 |
| 谈针灸教学中的几个问题 | 彭荣琛 | 山东中医药大学学报 | 1985,(2):55 |
| 第二十讲　阴阳气血调和顺　逆于调摄则为病——《素问·逆调论篇》 | 江秀贞 | 山东中医杂志 | 1985,(2):55 |
| 第二讲　妇女病因病理 | 任　雯 | 陕西中医 | 1985,(2):84 |
| 必须熟记、背诵中医学的主要内容 | 茹古香 | 中医药学刊 | 1985,(2):356 |
| 第四篇《气交变大论》 | 方药中等 | 中医药学刊 | 1985,(2):350 |
| 《内经词语辞典》样稿选登(四) | 高光震 | 吉林中医药 | 1985,(3):34 |
| 第三讲　五行学说 | 王新华 | 江苏中医药 | 1985,(3):42 |
| 第二十一讲　形寒饮冷关肺胃　五脏六腑令人咳——《素问·咳论》 | 田代华 | 山东中医杂志 | 1985,(3):54 |
| 第五篇　《五常政大论》提要 | 方药中等 | 中医药学刊 | 1985,(3):382 |
| 《内经词语辞典样稿》选登(五) | 高光震 | 吉林中医药 | 1985,(4):42 |
| 第四讲　藏象学说(一) | 梅晓云 | 江苏中医药 | 1985,(4):36 |
| 中医基础理论习题试解 | 守　谦 | 内蒙古中医药 | 1985,(4):43 |
| 谈谈学习《内经》的方法 | 王自强 | 南京中医药大学学报(自然科学版) | 1985,(4):53 |
| 读《内经》札记(七) | 张珍玉 | 山东中医药大学学报 | 1985,(4):55 |
| 第二十二讲　举寒论痛阐病机九气为病医须知——《素问·举痛论》(节选) | 刘承才 | 山东中医杂志 | 1985,(4):50 |
| 天津中医学院一九八五年攻读硕士学位研究生入学考试——基础课《内经》试题 | 内经教研室 | 天津中医药 | 1985,(4):46 |
| 针刺习经　随笔三则 | 鲍家铸 | 天津中医药 | 1985,(4):22 |
| 第四章　经络 | 管遵惠 | 云南中医中药杂志 | 1985,(4):60 |
| 《至真要大论》提要(一) | 方药中等 | 中医药学刊 | 1985,(4):420 |
| 《内经词语辞典》样稿选登(六) | 高光震 | 吉林中医药 | 1985,(5):36 |
| 第二十三讲　六淫之首百病长　善行数变无常方——《素问·风论》(节选) | 田代华 | 山东中医杂志 | 1985,(5):52 |
| 《至真要大论》提要(二) | 方药中等 | 中医药学刊 | 1985,(5):467 |
| 湖北中医学院 1985 年攻读硕士学位研究生入学考试《内经》试题及答案 | 周安方等 | 湖北中医杂志 | 1985,(6):46 |
| 《内经词语辞典》样稿选登(七) | 高光震 | 吉林中医药 | 1985,(6):38 |
| 第六讲　藏象学说(三) | 梅晓云 | 江苏中医药 | 1985,(6):38 |
| 第二十四讲　三邪相合乘虚体　凝涩血气发为痹——《素问·痹论》(节选) | 江秀贞 | 山东中医杂志 | 1985,(6):52 |

| | | | |
|---|---|---|---|
| 第六讲　儿科治疗用药的特点 | 肖正安 | 四川中医 | 1985,(6):34 |
| 中医基础理论习题辅导 | 刘文龙等 | 现代中医药 | 1985,(6):6 |
| 第七讲　气血津液(上) | 周学胜 | 江苏中医药 | 1985,(7):41 |
| 第八讲　气血津液(下) | 周学胜 | 江苏中医药 | 1985,(8):35 |
| 第九讲　经络 | 张美华 | 江苏中医药 | 1985,(9):38 |
| 第十讲　病因与发病(一) | 张美华 | 江苏中医药 | 1985,(10):45 |
| 第十一　讲病因与发病(二) | 张美华 | 江苏中医药 | 1985,(11):43 |
| 第十二讲　病机(上) | 周学胜 | 江苏中医药 | 1985,(12):44 |
| 第一讲　中医阴阳五行学(一) | 雷顺群 | 中国社区医师 | 1985,(Z1):33 |
| 第二讲　中医阴阳五行学(二) | 雷顺群 | 中国社区医师 | 1985,(Z1):80 |
| 第三讲　中医藏象学(一) | 雷顺群 | 中国社区医师 | 1985,(Z1):132 |
| 第四讲　中医藏象学(二) | 雷顺群 | 中国社区医师 | 1985,(Z1):182 |
| 《内经》教学琐谈 | 李国清 | 河北中医 | 1986,(1):21 |
| 《内经词语辞典》样稿选登(八) | 高光震 | 吉林中医药 | 1986,(1):42 |
| 《内经》问题解答 | 项　祺 | 山西中医 | 1986,(1):52 |
| 《素问》纂要(一) | 钟　怡 | 陕西中医 | 1986,(1):39 |
| 谈谈《内经》的复习迎考 | 范永升 | 浙江中医药大学学报 | 1986,(1):45 |
| 《内经讲义》纲要(二) | 郑洪新 | 中医药学刊 | 1986,(1):550 |
| 《内经讲义》译注 | 邹　刚等 | 中医药学刊 | 1986,(1):548 |
| 难字认读(一) | 杜锋文 | 中医药学刊 | 1986,(1):577 |
| 《至真要大论》提要(三) | 方药中等 | 中医药学刊 | 1986,(1):546 |
| 第六讲　阴阳的普遍性在气功学中的运用 | 黎泽泉 | 按摩与导引 | 1986,(2):39 |
| 第一讲:素问·生气通天论(节选一) | 彭俊峰 | 广西中医药 | 1986,(2):36 |
| 《内经词语辞典》样稿选登(九) | 高光震 | 吉林中医药 | 1986,(2):40 |
| 一九八五年攻读硕士学位研究生《内经》试题及答案(供伤寒专业用) | 江西中医学院科研科 | 江西中医药 | 1986,(2):63 |
| 读《内经》札记(八) | 张珍玉 | 山东中医药大学学报 | 1986,(2):43 |
| 《素问》纂要(二) | 秦中一 | 陕西中医 | 1986,(2):85 |
| 第二讲　详询细问知病源 | 甄　兴 | 陕西中医 | 1986,(2):82 |
| 学医奠基说内经——学习《内经》的方法 | 茹十眉 | 上海中医药杂志 | 1986,(2):6 |
| 读素摭微 | 李　戎 | 四川中医 | 1986,(2):11 |
| 《内经讲义》原文自学览要 | 张登本等 | 现代中医药 | 1986,(2):15 |
| 中医基础理论习题辅导 | 刘文龙等 | 现代中医药 | 1986,(2):45 |
| 《内经讲义》纲要 | 郑洪新 | 中医药学刊 | 1986,(2):586 |
| 论高等中医教育中的学术继承及学科分化 | 张之文 | 成都中医药大学学报 | 1986,(3):3 |
| 第二十七讲　古之十疾异寻常　类而举之述证方——《素问·奇病论》 | 江秀贞 | 山东中医杂志 | 1986,(3):57 |
| 《素问·灵兰秘典论》的要点质疑 | 罗云鹏 | 陕西中医学院学报 | 1986,(3):18 |
| 语译力求正确——就"基墙"问题与刘兴同志商榷 | 胡俊生 | 上海中医药杂志 | 1986,(3):42 |
| 《内经讲义》复习题解答选载 | 张登本等 | 现代中医药 | 1986,(3):1 |
| 《内经讲义》原文自学览要(续一) | 张登本等 | 现代中医药 | 1986,(3):16 |
| 《素问·经脉别论》札记一释"揆度以为常也" | 符友丰 | 中医药学报 | 1986,(3):54 |
| 《内经讲义》纲要(四) | 郑洪新 | 中医药学刊 | 1986,(3):633 |
| 《至真要大论》提要(四) | 方药中等 | 中医药学刊 | 1986,(3):636 |
| 第二讲素问·生气通天论(节选二) | 彭俊峰 | 广西中医药 | 1986,(4):31 |

| | | | |
|---|---|---|---|
| 湖北中医学院1986年攻读硕士学位研究生入学考试《内经》试题答案 | 邱幸凡 | 湖北中医杂志 | 1986,(4):56 |
| 《内经讲义》原文自学览要(续二) | 张登本等 | 现代中医药 | 1986,(4):6 |
| 《内经讲义》译注(续) | 赵明山等 | 中医药学刊 | 1986,(4):679 |
| 《至真要大论》提要(五) | 方药中等 | 中医药学刊 | 1986,(4):678 |
| 学习《内经》必须注意的几个问题 | 张灿玾 | 福建中医药 | 1986,(5):50 |
| 第二十九讲　脏腑肢节经络连治病可从调经言(下)——《素问·调经论》 | 迟华基 | 山东中医杂志 | 1986,(5):57 |
| 《素问》纂要(三) | 秦中一 | 陕西中医 | 1986,(5):230 |
| 《内经讲义》纲要(五) | 郑洪新 | 中医药学刊 | 1986,(5):729 |
| 《内经讲义》译注(续) | 邹　刚等 | 中医药学刊 | 1986,(5):728 |
| 宜看《素问》 | 蒲顺吉 | 中医药学刊 | 1986,(5):735 |
| 《至真要大论》提要(六) | 方药中等 | 中医药学刊 | 1986,(5):727 |
| 第三十讲　详论病机理至真　阐明治法纲最要(上)——《素问·至真要大论》(节选) | 刘承才 | 山东中医杂志 | 1986,(6):51 |
| 第六讲　虚实寒热定病性 | 成冬生 | 陕西中医 | 1986,(6):178 |
| 《内经讲义》纲要(六) | 郑洪新 | 中医药学刊 | 1986,(6):774 |
| 中医诊断学讲座(五)　气血津液辨证 | 岳沛平 | 江苏中医药 | 1986,(7):43 |
| 第十三讲　中医治疗学(一) | 雷顺群 | 中国社区医师 | 1986,(7):31 |
| 《素问》纂要(四) | 秦中一 | 陕西中医 | 1986,(8):375 |
| 《素问》纂要(五) | 钟　怡 | 陕西中医 | 1986,(9):421 |
| 《素问》纂要(六) | 钟　怡 | 陕西中医 | 1986,(12):563 |
| 谈中医和中医教育的特点 | 李铁君 | 南京中医药大学学报(自然科学版) | 1986,(S1):23 |
| 周信有教授《内经》教学的特点 | 马玉林 | 甘肃中医学院学报 | 1987,(1):42 |
| 《内经》课堂教学改革浅尝 | 何清平 | 广西中医学院学报 | 1987,(1):17 |
| 《阴阳别论》析疑四则 | 陈　明 | 国医论坛 | 1987,(1):16 |
| 《素问补识·阴阳应象大论》(摘要) | 胡天雄 | 湖南中医学院学报 | 1987,(1):9 |
| 第三十一讲　详论病机理至真　阐明治法纲最要(下)——《素问·至真要大论》节选 | 刘承才 | 山东中医杂志 | 1987,(1):56 |
| 第一讲　感冒　咳嗽 | 丁书文 | 山东中医杂志 | 1987,(1):50 |
| 《内经讲义》译注(续) | 邹　刚等 | 中医药学刊 | 1987,(1):12 |
| 读《素问》随笔 | 郭霭春 | 中医药研究 | 1987,(1):27 |
| 《内经讲义》复习纲要 | 郭仲夫 | 成都中医药大学学报 | 1987,(2):55 |
| 中医问题解答 | 郭霞珍等 | 中国临床医生 | 1987,(2):46 |
| 《内经讲义》纲要(七) | 郑洪新 | 中医药学刊 | 1987,(2):2 |
| 读《素问》随笔(续一) | 郭霭春 | 中医药研究 | 1987,(2):28 |
| 《内经》浅识二则 | 祝跃平 | 吉林中医药 | 1987,(3):39 |
| 读《素问》随笔(续二) | 郭霭春 | 中医药研究 | 1987,(3):32 |
| 湖北中医学院1987年攻读硕士学位研究生入学考试《内经》试题及答案 | 邱幸凡 | 湖北中医杂志 | 1987,(4):49 |
| 《灵枢·周痹》解惑 | 赵京生 | 南京中医药大学学报(自然科学版) | 1987,(4):65 |
| 谈谈学习研究《内经》的方法与途径 | 孟景春 | 南京中医药大学学报(自然科学版) | 1987,(4):47 |
| 中医知识通俗讲座——第八讲　七情内伤影响健康 | 贾维诚 | 中国初级卫生保健 | 1987,(4):48 |

| | | | |
|---|---|---|---|
| 读《素问》随笔(续三) | 郭霭春 | 中医药研究 | 1987,(4):18 |
| 《内经讲义》纲要(八) | 郑洪新 | 中医药学刊 | 1987,(5):6 |
| 读《素问》随笔(续四) | 郭霭春 | 中医药研究 | 1987,(5):42 |
| 《"阴阳二十五人"学说试探》的商榷 | 黄国先等 | 福建中医药 | 1987,(6):56 |
| 第五讲　厥脱证治 | 钟益民 | 陕西中医 | 1987,(6):37 |
| 读《素问》随笔(续五) | 郭霭春 | 中医药研究 | 1987,(6):40 |
| 腧穴选讲　第五讲　足太阴脾经常用穴　第六讲　手少阴心经常用穴 | 史宇广等 | 中国社区医师 | 1987,(8):31 |
| 中医基础理论辅导(六) | 古　洁等 | 中国社区医师 | 1987,(10):45 |
| 全国首届《内经》学术讨论会论文综述 | 王　键等 | 安徽中医学院学报 | 1988,(1):56 |
| 我在《中医基础理论》教学中是如何处理与《内经》的关系 | 黄海龙 | 江西中医学院学报 | 1988,(1):25 |
| 中医学方法论第八讲——中医哲学观的原则及其思维方法 | 王　众 | 中华中医药杂志 | 1988,(1):71 |
| 读《素问》随笔(续) | 郭霭春 | 中医药研究 | 1988,(1):33 |
| 内经教学刍议 | 郑守曾 | 成都中医药大学学报 | 1988,(2):58 |
| 茅塞顿开　凝滞皆通——喜读《素问补识》书稿 | 刘建新等 | 湖南中医学院学报 | 1988,(2):6 |
| 《医古文注》补(一) | 王咏芳 | 实用中医药杂志 | 1988,(2):44 |
| 关于《内经》教学改革若干问题的看法 | 王　健等 | 安徽中医学院学报 | 1988,(3):51 |
| 湖北中医学院一九八八年攻读硕士学位研究生入学考试《内经》试题 | 湖北中医学院研究生科 | 湖北中医杂志 | 1988,(3):48 |
| 汇聚百川成大海　从容走马看咽喉——学习《言庚孚医疗经验集·咽喉门》浅识 | 田爱华等 | 湖南中医学院学报 | 1988,(3):14 |
| 论《内经》的研究方向与方法 | 迟华基等 | 山东中医药大学学报 | 1988,(3):21 |
| 《内经的哲学和中医学的方法》述要 | 黄广平 | 现代中医药 | 1988,(3):10 |
| 《素问》疑难浅识 | 李国卿等 | 中医药学报 | 1988,(3):11 |
| 读《素问》随笔(续七) | 郭霭春 | 中医药研究 | 1988,(3):26 |
| 湖北中医学院一九八八年攻读硕士学位研究生入学考试《内经》试题答案 | 成肇智 | 湖北中医杂志 | 1988,(4):50 |
| 针灸解疑五题 | 殷克敬 | 现代中医药 | 1988,(4):37 |
| 中医学方法论讲座第十一讲　辨证论治的步骤 | 新　陈 | 中华中医药杂志 | 1988,(4):72 |
| 八法温课(一) | 万友生 | 中医药学刊 | 1988,(4):4 |
| 读《素问》随笔(续八) | 郭霭春 | 中医药研究 | 1988,(4):37 |
| 今本《黄帝内经》研究 | 廖育群 | 自然科学史研究 | 1988,(4):367 |
| 校读《素问·五藏生成篇》(节选) | 高越敏 | 浙江中医药大学学报 | 1988,(5):44 |
| 论内经的研究方向与方法 | 朱德湘 | 湖南中医杂志 | 1988,(6):50 |
| 如何学习《黄帝内经》 | 程士德 | 中国临床医生 | 1988,(6):56 |
| 八法温课(三) | 万友生 | 中医药学刊 | 1988,(6):3 |
| 读《素问》随笔(续) | 郭霭春 | 中医药研究 | 1988,(6):44 |
| 如何学习《黄帝内经》(续) | 程士德 | 中国临床医生 | 1988,(7):49 |
| 医古文语法(续) | 质　夫 | 四川中医 | 1988,(12):53 |
| 第二讲　太阳经证 | 孟庆云 | 中国社区医师 | 1988,(12):24 |
| 关于《中医基础理论》教学的几点体会 | 黄海龙 | 江西中医学院学报 | 1989,(1):31 |
| 学研《气交变大论》值得注意的几个问题 | 谢文光 | 江西中医学院学报 | 1989,(1):29 |
| 《内经》学习六法 | 郭教礼等 | 陕西中医学院学报 | 1989,(1):41 |
| 学习医古文贵在学懂学通 | 邵玉凤 | 中医药学刊 | 1989,(1):4 |

| | | | |
|---|---|---|---|
| 读《素问》随笔(续十) | 郭霭春 | 中医药研究 | 1989,(1):42 |
| 中医护理教学初探 | 刘耀辉 | 陕西中医 | 1989,(2):72 |
| 药性理论学习中的几个问题 | 程振芳 | 内蒙古中医药 | 1989,(3):46 |
| 脏腑病机学习要点 | 李林默 | 内蒙古中医药 | 1989,(3):44 |
| 读经随笔 | 王异凡 | 山东中医药大学学报 | 1989,(3):33 |
| 如何学好生理学 | 李　稳 | 现代中医药 | 1989,(3):29 |
| 《内经》教学课型设计 | 蔡明德 | 云南中医学院学报 | 1989,(3):46 |
| 湖北中医学院1989年攻读硕士学位研究生入学考试《内经》试题及答案 | 邱幸凡 | 湖北中医杂志 | 1989,(4):44 |
| 论《内经》的研究方向与方法 | 何耀荣 | 湖南中医杂志 | 1989,(4):54 |
| 脏象学说名词速记 | 张智荣 | 中医药学刊 | 1989,(5):19 |
| 《内经》教学应当加强 | 迟华基等 | 山东中医药大学学报 | 1990,(2):40 |
| 《灵枢·本神》论(一) | 王克勤 | 中医药学刊 | 1990,(6):4 |
| 《内经》医学教育思想初探 | 彭万中 | 湖南中医学院学报 | 1991,(1):50 |
| 漫谈学习《内经》 | 李妙珠 | 浙江中医药大学学报 | 1991,(1):45 |
| 《灵枢·本神》论(二) | 王克勤 | 中医药学刊 | 1991,(1):7 |
| 《灵枢·本神》论(三) | 王克勤 | 中医药学刊 | 1991,(2):4 |
| 湖北中医学院1990年攻读硕士学位研究生入学考试《内经》试题及答案 | 邱幸凡 | 湖北中医杂志 | 1991,(3):45 |
| 学习各家学说应重视实践 | 张志远 | 浙江中医药大学学报 | 1991,(5):4 |
| 第六讲　定时咳喘的因时诊治 | 张年顺 | 中国社区医师 | 1991,(5):17 |
| 成都中医学院1990年研究生入学考试《中药学》试题及参考答案(续完) | | 成都中医药大学学报 | 1992,(1):52 |
| 湖北中医学院1991年攻读硕士学位研究生入学考试《内经》试题及答案 | 邱幸凡 | 湖北中医杂志 | 1992,(2):47 |
| 关于《内经》教学改革与研究的意见 | 王自强 | 南京中医药大学学报(自然科学版) | 1992,(2):74 |
| “痰瘀同源”学说应增补到中基教材中 | 韩　文 | 甘肃中医学院学报 | 1992,(3):41 |
| 医古文教学中的误区 | 毛　耿 | 新疆中医药 | 1992,(3):48 |
| 谈学习《内经》的方法 | 孟继民 | 中医药学刊 | 1992,(4):10 |
| 有关五版《针灸学》教材经脉循行方面几点问题的商榷 | 李桐华 | 天津中医学院学报 | 1993,(4):37 |
| 学习《素问阴阳应象大论》有关清阳浊阴论述点滴体会 | 宋永莉 | 天津中医药 | 1993,(4):30 |
| 高辉远教授谈学习《内经》方法 | 王发渭等 | 江苏中医药 | 1993,(9):39 |
| 古典医学五声篇片析 | 陈伯涛 | 辽宁中医杂志 | 1993,(9):17 |
| 五版《内经》教材刍议 | 吕懋庸 | 成都中医药大学学报 | 1994,(1):45 |
| 读《素向》有感三则 | 张登本 | 陕西中医学院学报 | 1994,(2):7 |
| 北京中医药大学国家中医药管理局局级重点学科——中医内经学 | 烟建华 | 北京中医药大学学报 | 1994,(3):67 |
| 试论《黄帝内经》在中医教育中的历史地位和作用 | 何文彬 | 南京中医药大学学报 | 1994,(3):4 |
| 对《内经》教改的几点建议 | 王津慧 | 青海医学院学报 | 1994,(3):64 |
| 《灵枢·决气》篇题浅识 | 申鸿砚 | 中医教育 | 1994,(3):47 |
| 精、气、神教学中的辩证观 | 尹　继 | 江苏中医 | 1994,(4):36 |
| 中医学与现代生理学——兼谈中医院校的生理学教学 | 张灯成等 | 现代中医药 | 1994,(5):43 |
| 读经三要——学习《素问·阴阳应象大论》 | 韩葆贤 | 新疆中医药 | 1995,(1):1 |
| 读《素问·阴阳应象大论》札记五则 | 陈　明 | 中医药学刊 | 1995,(2):2 |
| 学习《内经》论中医妇科学体会 | 韩殿卿 | 临床医药实践杂志 | 1995,(4):322 |

| | | | |
|---|---|---|---|
| 对《内经》中几个问题的看法 | 张超群 | 陕西中医学院学报 | 1995,(4):5 |
| 学习《内经》防治学的新探索 | 韩京英 | 医学教育 | 1995,(5):48 |
| 医古文学习一得录 | 李九成 | 江苏中医 | 1995,(9):40 |
| 浅谈《灵枢·根结》 | 颜志强 | 江苏中医 | 1996,(1):27 |
| 论内经教学环节 | 项 祺 | 中医教育 | 1996,(3):21 |
| 探讨"阳虚则外寒"一段经文 | 梁永华等 | 中医药研究 | 1996,(3):17 |
| 留学生班的《内经》教学方法初探 | 刘 霞 | 长春中医学院学报 | 1996,(4):12 |
| 读《素问·上古天真论》札记 | 陈宝明 | 中医药学刊 | 1996,(5):2 |
| 学习《内经》中运气学说的体会 | 刘 宁 | 北京中医 | 1996,(6):45 |
| 中医研究生向何处去——《内经》医学教育思想的启示 | 蔡建伟 | 中医教育 | 1996,(6):48 |
| 《灵枢·逆顺肥瘦讲评》(一) | 朱邦贤 | 上海中医药大学学报 | 1996,(Z1):38 |
| 对《经络学》第六版教材的几点意见 | 秦立新等 | 北京中医药大学学报(中医临床版) | 1997,(2):24 |
| 《移精变气论篇》琐谈 | 田桂敏等 | 河北中医药学报 | 1997,(2):26 |
| 高等教育中医专业自学考试《内经》试题 | 阎晓天 | 河南中医 | 1997,(2):60 |
| 《内经》教学探研 | 吴 萍 | 青海医学院学报 | 1997,(2):108 |
| 《灵枢·逆顺肥瘦》讲评(二) | 朱邦贤 | 上海中医药大学学报 | 1997,(2):15 |
| 《内经》《难经》几个概念辨析 | 欧阳八四等 | 中医研究 | 1997,(2):59 |
| 高等教育中医专业自学考试内经试题答案 | 阎晓天 | 河南中医 | 1997,(3):63 |
| 浅谈《内经》课的板书设计 | 姜 东 | 天津中医学院学报 | 1997,(3):24 |
| 医古文初辨 | 胡 真 | 湖北中医杂志 | 1997,(5):51 |
| 《医古文》教材译注商榷十例 | 于仲经 | 四川中医 | 1997,(5):16 |
| 为培养高层次中医人才重新规划《内经》教学 | 李怀之等 | 中医教育 | 1997,(5):26 |
| 《素问·痹论》浅析 | 牛建义 | 中国医药学报 | 1997,(5):58 |
| 学习《内经》"刺禁论"体会 | 朱林贞 | 四川中医 | 1997,(6):15 |
| 穴名释意在腧穴教学中的意义 | 郭 杰 | 现代中医药 | 1997,(6):44 |
| 医古文若干疑义试析 | 孙之卓 | 国医论坛 | 1998,(1):43 |
| 重视脾胃之气,促进疾病的康复——学习《内经》心得之一 | 杨世维 | 黔南民族医专学报 | 1998,(1):40 |
| 从《针灸学》教学与临床实践中探讨研究奇经八脉几个问题 | 钱志云 | 针灸临床杂志 | 1998,(1):58 |
| 关于《内经》教学、教材改革的研究 | 烟建华 | 中医教育 | 1998,(1):30 |
| 学习《素问》脉象的浅见 | 吴仕骥 | 天津中医学院学报 | 1998,(3):3 |
| 读《性理与岐黄》 | 张其成 | 中国哲学史 | 1998,(3):125 |
| 《医古文》六版教材注释疏略举隅 | 鲍晓东 | 中医教育 | 1998,(3):51 |
| 《内经》有关原文释义 | 齐 南 | 江西中医学院学报 | 1998,(4):13 |
| 《内经》意象思维的蒙太奇效应——中医理论视听教材编制的原理 | 黄自元等 | 中国医学教育技术 | 1998,(4):205 |
| 浅谈《医古文》的学习方法(二) | 沿炯伟 | 湖北中医杂志 | 1998,(5):63 |
| 中医各家学说的理论价值与学习方法 | 高春媛 | 中国中医基础医学杂志 | 1998,(5):50 |
| 试论《脉书》与《经脉》之异同 | 赵平平等 | 国医论坛 | 1998,(6):14 |
| 读《灵枢·小针解》有感 | 毛叙勋等 | 江苏中医 | 1998,(6):48 |
| 《易》·《内》解析 | 王文奎等 | 科学中国人 | 1998,(10):54 |
| 《痿论》质疑 | 范华昌 | 上海中医药杂志 | 1998,(11):44 |
| 人体阴阳平衡与教育——读《黄帝内经》的几点思考 | 郭丕春等 | 东疆学刊 | 1999,(1):52 |

| | | | |
|---|---|---|---|
| 发扬中医特色 迸发夺目光彩——读刘炳凡《黄帝内经临证指要》 | 谢海洲 | 湖南中医杂志 | 1999,(1):63 |
| 《内经》各篇题解与主要内容选刊(一) | 张登本 | 现代中医药 | 1999,(1):8 |
| 谈《内经》课教学的意义、目的与方法 | 翟双庆 | 中医教育 | 1999,(1):37 |
| 完善《素问》病机说 恪守真经续新篇——《素问玄机原病式》学习体会 | 杨英豪等 | 河南中医药学刊 | 1999,(5):1 |
| 《素问·生气通天论》条文辨析 | 刘心毅等 | 实用中医药杂志 | 1999,(5):44 |
| 人与天地相应(31)——读《黄帝内经·灵枢》心得之一 | 冷道生 | 现代养生 | 1999,(10):31 |
| 怀疑方法对中医发展的推动作用 | 万力生等 | 医学与哲学 | 1999,(11):46 |
| 养生至道 祛病真言——读《黄帝内经·素问》心得 | 冷道生 | 现代养生 | 1999,(12):44 |
| 清儒研究《内经》的方法与成就 | 许敬生等 | 南京中医药大学学报(社会科学版) | 2000,(1):37 |
| 学习《黄帝内经》实践气功养生 | 姜连臣 | 现代养生 | 2000,(1):27 |
| 《中医诊断学》释疑 | 郭小清等 | 现代中医药 | 2000,(1):46 |
| 六版《内经》教材使用体会 | 贺 娟 | 中医教育 | 2000,(1):37 |
| 《内经》"三段"教学法研究 | 苏 颖等 | 长春中医学院学报 | 2000,(2):6 |
| 中医临床教学之我见 | 农志飞等 | 广西中医学院学报 | 2000,(2):82 |
| 关于《内经》及中医理论几个热点问题的探讨——就《变亦变,不变亦变》一文与蔡定芳商榷 | 区永欣 | 广州中医药大学学报 | 2000,(3):195 |
| 《内经》原文选读式教材应为理论体系式教材 | 孙松辉 | 辽宁中医学院学报 | 2000,(3):169 |
| 《内经》的课程建设及教学改革思路 | 王洪琦 | 中医教育 | 2000,(3):20 |
| 继承不泥古,发扬不离宗——读《黄帝内经临证指要》 | 邓铁涛 | 新中医 | 2000,(6):8 |
| 《黄帝内经太素研究》读后的思考 | 石启武 | 中医教育 | 2000,(6):62 |
| 《内经学》网络课程的开发与设想 | 刘焕兰等 | 北京中医药大学学报(中医临床版) | 2001,(2):51 |
| 案例在《内经》课教学中的运用 | 穆俊霞 | 北京中医药大学学报(中医临床版) | 2001,(2):32 |
| 第二讲 阴阳学说 | 崔应珉 | 河南中医药学刊 | 2001,(3):75 |
| 案例教学法在《内经》教学中的运用 | 穆俊霞等 | 山西中医学院学报 | 2001,(3):56 |
| 从标本理论看《内经》体系式教学的意义 | 鞠宝兆 | 辽宁中医学院学报 | 2001,(4):243 |
| 内经教学"三段"教学法的研究与实践 | 苏 颖等 | 中医教育 | 2001,(4):27 |
| 中医基础与内经课程的相关性探讨 | 张国霞等 | 中医教育 | 2001,(4):42 |
| 学习《内经》的方法与境界 | 张登本 | 现代中医药 | 2001,(5):1 |
| 《内经词义》索记 | 贾延利 | 河南中医 | 2001,(6):8 |
| 第三讲 五行学说 | 崔应珉 | 河南中医药学刊 | 2001,(6):75 |
| 高等中医自学考试《内经》模拟试题 | 周发祥 | 河南中医药学刊 | 2001,(6):76 |
| 高等中医自学考试《内经》模拟试题参考答案 | 周发祥 | 河南中医药学刊 | 2002,(1):70 |
| 提高《内经》教学质量的三个环节 | 宋志萍等 | 山西中医学院学报 | 2002,(1):53 |
| 浅谈学习运气学说的重要性 | 张 焱 | 长春中医学院学报 | 2002,(2):5 |
| 《内经》选段式教学与体系式教学的有机结合 | 谷 峰等 | 辽宁中医学院学报 | 2002,(2):170 |
| 读《内经》漫笔 | 哈孝贤等 | 天津中医药 | 2002,(4):36 |
| 《素问·疏五过论篇第七十七》探析 | 王普霞 | 南京中医药大学学报(自然科学版) | 2002,(6):331 |
| 《黄帝内经》英译评析 | 肖 平 | 浙江中医杂志 | 2002,(9):33 |
| 中医古籍研究重在解决临床实际问题 | 刘士敬等 | 中医药学报 | 2003,(1):5 |

| | | | |
|---|---|---|---|
| 试论中国传统哲学天人观对现代素质教育的现实意义 | 耿志勇 | 山东教育学院学报 | 2003,(2):27 |
| 浅谈以群经互参法学习《黄帝内经》 | 韩永刚 | 北京中医 | 2003,(4):17 |
| 《内经》教学的现状与反思 | 李怀之 | 国医论坛 | 2003,(4):46 |
| 浅谈中医治学之道 | 迮兴宇 | 辽宁中医学院学报 | 2003,(4):406 |
| 《内经》的学习方法与要求 | 翟双庆 | 中国中医药现代远程教育 | 2003,(8):11 |
| 读经札记4则 | 陈玉龙等 | 上海中医药杂志 | 2004,(2):12 |
| 《医学统宗》中的明代医学试题 | 袁　冰 | 中华医史杂志 | 2004,(2):25 |
| 《内经》教学的重点与方向 | 贺　娟 | 中医教育 | 2004,(2):50 |
| 关于《内经》课程建设的研究与实践 | 苏　颖 | 长春中医学院学报 | 2004,(4):44 |
| 从"先"字着手,搞好《内经》教学 | 张道诚 | 湖北中医学院学报 | 2004,(4):49 |
| 对于建立"内经学"的展望 | 顼　祺等 | 山西中医 | 2004,(4):1 |
| 互动教学在七年制内经课程中的应用 | 吴弥漫等 | 中医教育 | 2004,(4):68 |
| 《内经》课教学方法改革尝试 | 段延萍 | 北京中医 | 2004,(5):301 |
| 《黄帝内经》教学模式的思索与改革 | 齐　南等 | 中医教育 | 2004,(6):37 |
| 《内经选读》疑点寻疵 | 贾延利 | 中医药学刊 | 2004,(7):1313 |
| 对《内经》理论体系式教材结构的设想 | 孙松辉 | 中医药学刊 | 2004,(7):1310 |
| 《黄帝内经》与《中医内科学》学习方法初探 | 莫伟军 | 大同医学专科学校学报 | 2004,(9):75 |
| 评当今《中医基础理论》教材诠释"五脏"与"情志"关系之偏误 | 刘香蕊等 | 现代中西医结合杂志 | 2004,(17):2245 |
| 读《黄帝内经》札记 | 费振钟 | 中国中医药报 | 2004.11.29 |
| 《内经》教学应渗透人文精神 | 穆俊霞等 | 中医药学刊 | 2005,(1):69 |
| 《内经词义解疑》质疑——与孙启明先生商榷 | 燕　力 | 医古文知识 | 2005,(2):18 |
| 对《内经》教学改革的思考 | 李怀之 | 中医药通报 | 2005,(2):39 |
| 学习《内经》针灸调气理论 | 段晓荣等 | 云南中医中药杂志 | 2005,(3):1 |
| 《素问·痹论》探赜 | 韩　勇等 | 天津中医学院学报 | 2005,(4):194 |
| 提高中医临床技能的必由之路——阅读《黄帝内经》 | 谭琳蓥等 | 江苏中医药 | 2005,(5):47 |
| 《内经》在当代中医教育中的地位 | 孙松辉 | 辽宁中医学院学报 | 2005,(5):431 |
| 浅谈成人教育《内经》教学的几点体会 | 古继红等 | 中医教育 | 2005,(5):78 |
| 试论高等中医药院校《内经》课程定位及开课的理想时间——兼评烟建华教授主编的《内经选读》 | 张登本 | 中医教育 | 2005,(6):55 |
| 《内经》课教学的导入方法探讨 | 吴颢昕等 | 中国中医药信息杂志 | 2005,(9):113 |
| 《内经》时代中医教育之探微 | 钟　啫 | 中国民间疗法 | 2005,(11):7 |
| 《黄帝内经》学习心得四则 | 盖国忠 | 中国中医药报 | 2005.11.10 |
| 浅谈《内经》双语教学 | 曾高峰 | 成都中医药大学学报(教育科学版) | 2006,(1):51 |
| 加强内经学习　培养中医思维 | 谷　峰 | 辽宁中医药大学学报 | 2006,(1):117 |
| PBL教学法在《内经选读》课程中的探索与实践 | 邹纯朴等 | 上海中医药大学学报 | 2006,(1):4 |
| 《内经》教材改革的研究 | 张　焱 | 长春中医药大学学报 | 2006,(2):87 |
| 《内经》教学法的研究与运用 | 苏　颖等 | 长春中医药大学学报 | 2006,(2):88 |
| 研究生《内经》课程教学改革的探讨 | 周国琪等 | 上海中医药大学学报 | 2006,(2):4 |
| 《内经》课程基于WEB网站的远程综合测试系统研究初探 | 苏　颖等 | 长春中医药大学学报 | 2006,(3):81 |
| 《黄帝内经》的若干基本理念及其在生物教学中的运用 | 黄　悦 | 福建教育学院学报 | 2006,(3):54 |
| 中国中医古籍教学方法的研究 | 沙　涛等 | 中医药学刊 | 2006,(4):640 |
| 中医经典著作教学的回顾与思考 | 林　勋 | 中国中医药现代远程教育 | 2006,(8):56 |
| 继承与创新应是《内经》教学的核心理念 | 孙松辉 | 中国中医药报 | 2006.5.25 |

| | | | |
|---|---|---|---|
| 生气通天论(节选) | 周国琪 | 上海中医药报 | 2006.9.8 |
| 经脉别论(节选) | 周国琪 | 上海中医药报 | 2006.10.20 |
| 太阳阳明论(节选) | 周国琪 | 上海中医药报 | 2006.10.27 |
| 热论(节选) | 周国琪 | 上海中医药报 | 2006.12.15 |
| 热论(节选) | 周国琪 | 上海中医药报 | 2006.12.22 |
| 举痛论(节选) | 周国琪 | 上海中医药报 | 2006.12.29 |
| 汲岐黄甘露　育杏树成林——凌耀星教授谈《内经》教学法 | 凌耀星等 | 上海中医药大学学报 | 2007,(1):8 |
| “通于一而万事毕”——《换个方法读<内经>》序 | 阎纯德 | 中国文化研究 | 2007,(3):204 |
| 内经教学要点及应当注意的几个问题 | 宋志萍等 | 中医教育 | 2007,(3):51 |
| 深入浅出说《内经》——读《内经的思考》 | 温长路 | 中医药文化 | 2007,(3):23 |
| 建立立体化教学体系　拓展《内经》学习空间 | 周国琪等 | 上海中医药大学学报 | 2007,(6):10 |
| 我院中西医结合方向人才培养模式下《黄帝内经》教学改革探索与实践 | 魏　嵋等 | 时珍国医国药 | 2007,(6):1539 |
| 读《黄帝内经》壮火少火理论的体会 | 陈永堂 | 浙江中医杂志 | 2007,(12):689 |
| 中医诊断学五色主病三字教学法 | 吴玉泓等 | 卫生职业教育 | 2007,(20):55 |
| 学习《内经》的方法和技巧 | 黎敬波 | 中国中医药报 | 2007.3.9 |
| 王洪图教授与《内经学》的创建 | 李德新 | 中国中医药报 | 2007.4.16 |
| 青年中医:几人熟读《黄帝内经》? | 秦　洋 | 山西日报 | 2007.6.12 |
| 读古医经札记 | 袁思芳 | 中国中医药报 | 2007.7.4 |
| 中医古籍整理与学术传承 | 顾　漫 | 中国优秀博硕士学位论文全文数据库(博士)医药卫生科技辑 | 2007,(5):E056-1 |
| 《内经》教学应正确处理的几个关系 | 史　红等 | 新疆中医药 | 2008,(1):65 |
| 浅析《素问·六节藏象论篇第九》(节选) | 罗　霞 | 新疆中医药 | 2008,(1):66 |
| 《内经选读》教学方式思索 | 赵　庆 | 中医药导报 | 2008,(1):99 |
| 研究性教学在《内经》教学中的探索与实践 | 吴颢昕 | 南京中医药大学学报(社会科学版) | 2008,(4):233 |
| 科学认识及对待中医学——兼谈科教结合促进中医药“治未病”发展 | 赖小君 | 中华中医药学刊 | 2008,(4):841 |
| 优化《内经》课程　建立适应个性发展的新型教学模式 | 邹纯朴等 | 中医教育 | 2008,(4):41 |
| 中医基础相关课程的优化整合 | 刘迎辉 | 长春中医药大学学报 | 2008,(5):582 |
| 《移精变气论》探析 | 刘征彦 | 光明中医 | 2008,(5):563 |
| 规划教材《内经选读》质疑 | 冯文林等 | 中医杂志 | 2008,(5):476 |
| 阐医经之微旨　述临证之心得——评《内经临证发微》 | 张如青 | 中医药文化 | 2008,(6):49 |
| 以道论医　学好《内经》——为刘明武换个方法读《内经》作序 | 朱良春 | 河南中医 | 2008,(12):1 |
| 经典,不能这样普及 | 汪海生 | 中国中医药报 | 2008.3.14 |
| “原生态”下读《内经》 | 曹东义 | 健康报 | 2008.3.27 |
| 结合临床是研读《内经》的最高境界 | 张登本 | 中国中医药报 | 2008.4.2 |
| 系统求索论《内经》 | 张登本 | 中国中医药报 | 2008.4.4 |
| 学中医必读《内经》 | 张庆光 | 健康报 | 2008.5.8 |
| 中医基础相关课程优化整合的调查分析与探讨 | 刘迎辉等 | 长春中医药大学学报 | 2009,(1):154 |
| 对《内经选读》教材的商榷 | 张新渝 | 江苏中医药 | 2009,(1):69 |
| 对《内经》本科教学的几点体会 | 岳小强等 | 中医药导报 | 2009,(1):97 |
| 《内经》教学的重点探讨 | 高　湲等 | 辽宁中医药大学学报 | 2009,(2):186 |

| | | | |
|---|---|---|---|
| “知”“行”相合学《内经》 | 周亚萍等 | 浙江中医杂志 | 2009,(4):235 |
| 《内经》教学 CBL 与 PBL 实践 | 谷　峰等 | 中医药导报 | 2009,(4):119 |
| 《内经》课程中素质教育的重要性 | 张茂林等 | 光明中医 | 2009,(5):978 |
| 多种教学法在《黄帝内经》教学中的应用 | 王朝阳 | 光明中医 | 2009,(5):975 |
| “治未病”思想在护理教学中的渗透 | 倪志宏 | 护理学报 | 2009,(10):21 |
| 加强《内经》教改的意义 | 王　静等 | 光明中医 | 2009,(10):2030 |
| 沈炎南教授《内经》教学方法拾贝 | 黄素芳等 | 学理论 | 2009,(11):176 |
| 第七回　热因寒用　寒因热用　寒者热之　劳者温之 | 袁景贤 | 基层医学论坛 | 2009,(19):663 |
| 《内经选读》教材商榷 | 张新渝 | 中国中医药报 | 2009.11.11 |

## (十)方药研究

| | | | |
|---|---|---|---|
| 《内经》九方考 | 陈爱棠 | 如皋医学报五周汇选 | 1930,(12):135 |
| 《内经》汤液是后世方剂的起始 | 廖家兴 | 江西中医药 | 1956,(5):44 |
| 七方十剂 | 虞海鹏 | 中国医刊 | 1958,(8):61 |
| 从方剂学谈到《黄帝内经》十二方 | 李子麟 | 哈尔滨中医 | 1959,(8):8 |
| 浅谈中医中药与免疫 | 张吉祥 | 重庆医学 | 1979,(3):31 |
| 对《内经》饮食五味学说的探讨 | 王　琦等 | 广西中医药 | 1979,(4):8 |
| 理法方药在热病治疗中的重要意义 | 胡焕章 | 新医药学杂志 | 1979,(4):10 |
| 略谈中药复方的反佐 | 吕允方 | 中成药 | 1980,(1):43 |
| 对《内经选读》一书中《生铁洛饮》方解的质疑 | 薛铁伦 | 西北民族大学学报(自然科学版) | 1980,(2):45 |
| 试论《内经》与方药学 | 张六通 | 湖北中医杂志 | 1980,(3):3 |
| 论“反佐” | 叶显纯 | 上海中医药杂志 | 1980,(5):28 |
| 《内经》方剂学理论初探 | 潘远根 | 贵阳中医学院学报 | 1981,(1):50 |
| 有毒中药必须依法炮制 | 郭润康 | 贵阳中医学院学报 | 1981,(2):46 |
| 漫谈偶方 | 林宏益 | 河北中医 | 1981,(4):42 |
| 试析《素问·腹中论》的两个方和法 | 蔡定芳等 | 湖北中医杂志 | 1982,(1):34 |
| 解表方剂配伍方法的探讨 | 李　飞 | 南京中医药大学学报(自然科学版) | 1982,(1):4 |
| 略论“反佐” | 王法德 | 山东中医杂志 | 1982,(1):5 |
| 谈谈中药性味学说 | 梁颂名 | 新中医 | 1982,(1):55 |
| 中药四性的探讨(三)“寒则热之,热则寒之”主要针对复方群药而言 | 沈连生 | 中成药 | 1982,(1):37 |
| 浅谈五味及四气 | 黄雅镕等 | 江苏中医药 | 1982,(2):44 |
| 中药辛味的药性理论研讨 | 郭建生 | 湖南中医学院学报 | 1982,(3):69 |
| 《内经》药性理论的初步研究 | 窦昌贵 | 湖南中医学院学报 | 1982,(4):10 |
| “诸根皆升”,“凡根皆降”,哪句合理 | 程士德 | 中国临床医生 | 1982,(5):33 |
| 历代方剂资料述要 | 左言富 | 辽宁中医杂志 | 1982,(7):42 |
| 中药引经药的作用探讨 | 张俊荣 | 新中医 | 1982,(11):51 |
| 中药归经涵义之我见 | 蓝　石 | 黑龙江中医药 | 1983,(2):50 |
| “动药”浅析 | 萧谷泉 | 江苏中医药 | 1983,(2):43 |
| 辛润与苦坚 | 王啸天 | 中医药学刊 | 1983,(2):36 |

| | | | |
|---|---|---|---|
| 相反相成配伍琐谈 | 刘孝培 | 泸州医学院学报 | 1983,(3):29 |
| 从方药加减看张仲景对《内经》的继承和发展 | 王洪图 | 浙江中医学院学报 | 1983,(4):1 |
| 漫谈药物外治疗法 | 王小平 | 江苏中医药 | 1983,(5):49 |
| 谈中药升降浮沉学说的形成与沿革 | 李　平 | 中医杂志 | 1984,(1):59 |
| 浅谈中药的色质气味 | 尤荣辑 | 中医药学刊 | 1984,(1):34 |
| 关于中药的药味——古典药书与现代认识的比较 | 和泉正一郎等 | 黑龙江中医药 | 1984,(3):45 |
| 论中药调节气化的作用 | 刘　泓 | 成都中医药大学学报 | 1984,(4):38 |
| 阴阳学说指导方剂配伍举隅 | 黄荣宗 | 福建中医药 | 1984,(4):34 |
| 谈谈“大方” | 汪绍懿等 | 云南中医学院学报 | 1984,(4):36 |
| 酒与中药 | 吴光美 | 中国健康月刊 | 1984,(5):31 |
| “君臣佐使”初探 | 张年顺等 | 陕西中医 | 1984,(8):6 |
| 辛味能“润”辨析 | 谢建军 | 陕西中医 | 1984,(8):4 |
| 中药归经学说浅谈 | 王世民等 | 山西中医 | 1985,(1):42 |
| 略谈七方十剂 | 张美梅等 | 中医药学刊 | 1985,(2):340 |
| “始方”小议 | 洛　雨 | 吉林中医药 | 1985,(3):48 |
| 五味与人体的关系 | 梁凤全 | 内蒙古中医药 | 1985,(3):45 |
| 试论重方 | 江克明 | 安徽中医学院学报 | 1985,(4):43 |
| 谈中药的升降浮沉 | 韩玉东 | 山东中医杂志 | 1985,(4):4 |
| 关于中药苦味能坚说 | 谢文光 | 江西中医药 | 1985,(5):2 |
| “辛能润燥”浅析 | 林庆洲 | 福建中医药 | 1985,(6):54 |
| “辛甘发散为阳,酸苦涌泄为阴”之我见 | 黄　景 | 中医药学报 | 1985,(6):48 |
| 桂枝汤小议 | 沈济人 | 陕西中医 | 1985,(7):330 |
| 谈谈中药的味 | 王　宁 | 中成药 | 1985,(7):43 |
| 酸苦涌泄为阴刍议 | 骆洪道 | 四川中医 | 1985,(12):8 |
| 从“十剂”谈起 | 张爱平 | 福建中医药 | 1986,(1):47 |
| 《内经》五味宜忌 | 王三虎 | 中医药学刊 | 1986,(1):547 |
| 辛润发微 | 朱伟常 | 中医杂志 | 1986,(1):47 |
| 远志益智考 | 王米渠等 | 云南中医学院学报 | 1986,(2):39 |
| 气味论 | 胡世林 | 山东中医药大学学报 | 1986,(2):12 |
| 处方用药的“异法方宜” | 郭振营 | 现代中医药 | 1986,(2):9 |
| 谈中药的药性理论 | 刘友梁 | 中医药学报 | 1986,(2):4 |
| 试谈理血剂配伍法则 | 黎汉华 | 中医药学刊 | 1986,(2):589 |
| 中医复方渊源浅识 | 王兴明 | 中成药 | 1986,(3):44 |
| 择时服药方法介绍 | 许建平 | 中医杂志 | 1986,(3):55 |
| 《内经》对方剂学基础理论的影响 | 姜静娴 | 山东中医药大学学报 | 1986,(4):18 |
| “苦坚”小议 | 谢建军 | 天津中医药 | 1986,(5):44 |
| 《普济方》乌须黑发方药分析 | 吕志连 | 中医药信息 | 1986,(5):35 |
| 中药方剂学研究近况 | 孙世发 | 中医药信息 | 1986,(5):32 |
| 试论“大方”的弊端 | 陈文贵 | 黑龙江中医药 | 1986,(6):45 |
| “苦坚”、“辛润”之我见 | 王殿华 | 现代中医药 | 1986,(6):3 |
| 略谈药味与剂量 | 周一祥 | 中医药学刊 | 1986,(6):796 |
| 浅谈“苦能坚阴” | 谢建军 | 陕西中医 | 1986,(8):368 |
| “淡附于甘”质疑 | 潘登善 | 中医杂志 | 1986,(8):67 |
| 苦味药的药性理论探讨 | 陈　勤 | 中医杂志 | 1986,(10):57 |
| 《内经》五味理论及其应用 | 杨　力 | 陕西中医 | 1986,(12):529 |

| | | | |
|---|---|---|---|
| 浅谈药性的“臭” | 钱健雄 | 中医杂志 | 1986,(12):57 |
| 咸味药物功效探讨——兼谈中药基础理论发展缓慢的原因 | 骆和生 | 广州中医药大学学报 | 1986,(Z1):53 |
| 小议五味入五脏 | 宋璋盉 | 山西职工医学院学报 | 1987,(00):20 |
| 《内经》方及君臣佐使别论 | 孙世发 | 福建中医药 | 1987,(1):37 |
| 关于中药“辛润”理论的探讨 | 陈松育 | 中医杂志 | 1987,(1):67 |
| “苦味坚阴”法刍议 | 谢 恬 | 辽宁中医杂志 | 1987,(2):48 |
| 《内经》“约方”浅识 | 刘绍安 | 辽宁中医杂志 | 1987,(2):36 |
| 论“味” | 王纯痒 | 上海中医药杂志 | 1987,(2):42 |
| 试论中药性味不统一问题——兼提出中药学应创立新的边缘学科地理药物学 | 胡华一 | 新疆中医药 | 1987,(3):47 |
| 从部分补气药的药理作用对“气”能生“血”的认识 | 吴符火 | 福建中医药 | 1987,(6):52 |
| “大方”小议 | 梅全喜 | 陕西中医 | 1987,(6):47 |
| 升降相因与方剂配伍 | 杨方尧 | 新中医 | 1987,(7):18 |
| 中药归经理论的讨论 | 雷 羽 | 中成药 | 1987,(10):44 |
| 对中药归经与引经理论的认识 | 曹 珍 | 河北中医 | 1988,(1):30 |
| 膏摩史略 | 李 强 | 山东中医药大学学报 | 1988,(1):32 |
| 谈谈药浴疗法 | 唐化喜 | 四川中医 | 1988,(1):52 |
| 煎煮中药浅议 | 施克剑 | 中药材 | 1988,(1):50 |
| 试论酸味药对肝的双向调节作用 | 邢登洲 | 国医论坛 | 1988,(2):24 |
| 止血方剂配伍方法的探讨 | 李 飞等 | 南京中医药大学学报（自然科学版） | 1988,(2):46 |
| 丸剂的历史、现状与改革 | 蒋培华等 | 上海中医药杂志 | 1988,(2):38 |
| 论苦味作用的阴阳两重性 | 李月媛等 | 中医药学刊 | 1988,(2):15 |
| “辛润”浅析 | 谢春光等 | 陕西中医 | 1988,(3):116 |
| 淡味渗泄刍议 | 郝建新 | 中医药信息 | 1988,(3):10 |
| 论《方剂学》的“三基” | 尤荣辑 | 中医药学刊 | 1988,(3):14 |
| 辛润浅议 | 杨 柳 | 中国中药杂志 | 1988,(4):54 |
| 方剂配伍中的通因通用法则 | 储秀珍 | 山东中医杂志 | 1988,(5):4 |
| 浅述炮制中的饮泛 | 何济良 | 中国现代应用药学 | 1988,(5):15 |
| 中医药学性量观初识 | 杨喜雅 | 陕西中医 | 1988,(6):265 |
| 白虎汤琐谈 | 沈敬仁 | 天津中医药 | 1988,(6):40 |
| 中药毒力浅论 | 王景洪 | 陕西中医 | 1988,(8):356 |
| 谈古论今话药邪 | 茅 晓 | 中医杂志 | 1988,(9):69 |
| 浅谈补益药与扶正固本 | 袁鸿卿等 | 辽宁中医杂志 | 1988,(12):13 |
| 酸味药入五脏的补泻探讨 | 赵义生 | 四川中医 | 1988,(12):19 |
| 桂枝汤中芍药与中风自汗刍议 | 张桂昌 | 甘肃中医学院学报 | 1989,(1):35 |
| 略谈中药熨剂的起源与发展 | 桂承会 | 天津药学 | 1989,(1):29 |
| 关于膏的探讨 | 高运生 | 天津中医药 | 1989,(1):5 |
| 五味对人体的滋养调治作用 | 王长荣 | 中医杂志 | 1989,(1):57 |
| 谈汪昂的方剂归经学说 | 江克明 | 安徽中医学院学报 | 1989,(2):49 |
| 对五行学说解释药味之我见 | 李吉祥 | 北京中医 | 1989,(2):39 |
| 中药内服剂量规律浅探 | 姚鹤楼 | 南京中医药大学学报（自然科学版） | 1989,(2):60 |
| 方论的产生和发展 | 过伟峰 | 中医研究 | 1989,(3):14 |
| 浅谈五味入五脏 | 张玉芬 | 河北中医 | 1989,(4):42 |

| | | | |
|---|---|---|---|
| 浅谈中药汤剂的煎煮方法 | 王兰芬 | 河北中医 | 1989,(4):44 |
| 中药酒制历史沿革刍议 | 邓水蓉 | 江西中医药 | 1989,(5):50 |
| 五味归经探讨 | 骆和生等 | 中药药理与临床 | 1989,(5):41 |
| 《内经》五味补泻学说探析 | 杜建忠 | 中医药学报 | 1989,(5):10 |
| 咸补药性论 | 杨中林等 | 黑龙江中医药 | 1989,(6):40 |
| 试谈祖国医学中的“五味” | 王　鹰 | 泸州医学院学报 | 1989,(6):454 |
| 开窍方剂配伍方法述要 | 李　飞等 | 江苏中医药 | 1989,(9):35 |
| 苦味归经探讨 | 骆和生等 | 中药材 | 1989,(9):40 |
| 辛味归经探讨 | 魏炜佳等 | 中药材 | 1989,(10):43 |
| 有感于半夏的用量 | 徐　焘 | 新中医 | 1989,(12):40 |
| 咸味归经探讨 | 魏炜佳等 | 中药材 | 1989,(12):42 |
| 试论“辛以润之” | 庄乘平等 | 福建中医药 | 1990,(1):57 |
| “西药不尽宜于中人”得到证实 | 孙志芳 | 河北中医 | 1990,(1):50 |
| 简述药性理论(续) | 颜正华等 | 中医药学刊 | 1990,(1):20 |
| 浅议配伍中反佐法 | 许耀恒 | 中医药学刊 | 1990,(1):22 |
| 羊肉药用古今谈 | 杨振平等 | 中医药临床杂志 | 1990,(2):59 |
| 漫话食物的性能和配伍 | 翁维健 | 北京中医 | 1990,(3):62 |
| 《内经》十三方的治疗学思想和学术贡献 | 袁跃旭 | 成都中医药大学学报 | 1990,(3):46 |
| 略论《内经》孔窍学说 | 王光晃 | 甘肃中医学院学报 | 1990,(3):2 |
| 中药理论中“气”的质疑 | 白建生 | 中华中医药杂志 | 1990,(3):58 |
| 《素问》“奇”“偶”“小”“大”方制新诠 | 阳　太 | 中医药学报 | 1990,(3):1 |
| 中药归经学说的发展与现代观 | 张　翠等 | 中医药学报 | 1990,(3):8 |
| 试论中医药理学说的发展(上) | 郭　荣等 | 云南中医学院学报 | 1990,(4):1 |
| 中药归经理论与微量元素的关系探讨 | 龚跃新等 | 中医药研究 | 1990,(5):23 |
| 试评“五味所入” | 周平龙 | 国医论坛 | 1990,(6):22 |
| “辛能润燥”探讨 | 王景洪 | 现代中医药 | 1990,(6):11 |
| 再论“君臣佐使”的起源 | 吴　童 | 中医药学报 | 1990,(6):51 |
| 又谈“辛以润之” | 陈　钢 | 四川中医 | 1990,(8):10 |
| 辛润辨略 | 杨　柳 | 中医杂志 | 1990,(11):60 |
| 中药归经研究思路浅探 | 陈　实 | 甘肃中医 | 1991,(1):44 |
| 玉屏风散刍议 | 刘兆英 | 黑龙江中医药 | 1991,(1):30 |
| 《黄帝内经》对药性理论的贡献——对五味的认识 | 李祥华 | 湖北省卫生职工医学院学报 | 1991,(1):54 |
| 因人制宜的组方遣药思路 | 孙世发 | 江西中医药 | 1991,(1):54 |
| 谨和五味　长有天命 | 黄海龙 | 中医杂志 | 1991,(2):9 |
| 药食五味　不可过偏 | 周信有 | 中医杂志 | 1991,(2):4 |
| 中药归经新论 | 王儒飞等 | 河北中医 | 1991,(3):37 |
| 漫淡味觉 | 陈玉芳 | 浙江中医药大学学报 | 1991,(3):14 |
| 内经服药法刍议 | 张长城等 | 辽宁中医杂志 | 1991,(4):38 |
| 气象与用药 | 陈冬元 | 医药导报 | 1991,(4):215 |
| 对反佐属反治说法的商榷 | 金元君 | 中医研究 | 1991,(4):11 |
| 关于“反佐”涵义的商讨 | 杜建忠 | 江苏中医药 | 1991,(7):40 |
| 酸补酸泻话白芍 | 王殿华 | 四川中医 | 1991,(10):13 |
| 不能把反佐归属于反治 | 金文君 | 广州医学院学报 | 1992,(1):49 |
| 中国古代药酒发展史略 | 辛智科 | 陕西中医 | 1992,(1):44 |
| 中医组方用药形式浅评 | 陆　曙等 | 中医药信息 | 1992,(1):7 |

| | | | |
|---|---|---|---|
| 浅议"淡味渗泄" | 仝宗景 | 中医杂志 | 1992,(1):57 |
| 试谈海螵蛸 | 叶　华等 | 福建中医药 | 1992,(2):61 |
| 五味对脏腑的选择性及双重作用 | 姬向阳 | 陕西中医学院学报 | 1992,(2):30 |
| 谈谈方剂反佐配伍 | 曾红学 | 新中医 | 1992,(2):49 |
| 论方剂的新陈代谢 | 焦一鸣等 | 医学与哲学（人文社会医学版） | 1992,(2):36 |
| 《黄帝内经》对五味理论的认识 | 李祥华 | 中国中药杂志 | 1992,(2):114 |
| 试论药物归经的几个问题 | 唐学游 | 中医药研究 | 1992,(2):53 |
| 经方的探讨与研究 | 张长恩 | 北京中医 | 1992,(3):35 |
| 白虎汤应属清热润燥剂 | 童增华 | 甘肃中医学院学报 | 1992,(3):39 |
| 引药归经法初探 | 程光东 | 甘肃中医学院学报 | 1992,(3):11 |
| 从药物归经看药物归时和择时用药 | 吴鎏桢 | 陕西中医学院学报 | 1992,(3):3 |
| 中医药抗衰老及免疫作用 | 刘　迪 | 实用中医内科杂志 | 1992,(3):21 |
| 补中益气汤小考 | 李仁述等 | 甘肃中医 | 1992,(4):37 |
| 《内经》的方药学成就 | 俞欣玮等 | 浙江中医学院学报 | 1992,(4):1 |
| 试论酸味药的涌泄作用 | 周新益等 | 中医研究 | 1992,(4):10 |
| 论酸不忌邪 | 陈树泉等 | 山东中医杂志 | 1992,(5):9 |
| 简论《内经》十三方的特点及其治疗思想特色 | 徐重明等 | 中医药研究 | 1992,(5):49 |
| 浅论中药五味 | 赵文萍等 | 陕西中医 | 1992,(6):276 |
| 浅谈中药归经 | 郑宝岭 | 天津中医药 | 1992,(6):41 |
| 《内经》五味理论应用浅析 | 童学彪等 | 中医药学刊 | 1992,(6):11 |
| 补中益气汤证治辨析 | 邵金阶 | 实用中医内科杂志 | 1993,(1):39 |
| 升降浮沉药性理论沿革探讨 | 李钟文 | 湖南中医学院学报 | 1993,(2):4 |
| 辛药发微 | 丁俊杰 | 内蒙古中医药 | 1993,(2):33 |
| 论《黄帝内经》用药规律 | 张登本 | 现代中医药 | 1993,(2):1 |
| 药物气味厚薄与其性能功用的内在联系 | 曾宪斌 | 江西中医学院学报 | 1993,(3):27 |
| 专方治疗的历史简况和当代专方的特点 | 范仁忠等 | 安徽中医学院学报 | 1993,(4):1 |
| 中药"五味"刍议 | 黄景贤 | 国医论坛 | 1993,(4):35 |
| 论煎服法及药后调摄 | 姜鹏凌 | 山东中医药大学学报 | 1993,(4):9 |
| 四乌贼骨一藘茹丸应用 | 谭一松 | 山东中医杂志 | 1993,(4):29 |
| 中药五味与化学成分及作用关系探讨 | 陈建真等 | 浙江中医药大学学报 | 1993,(4):9 |
| 佐使药妙用举隅 | 邱海飙等 | 中医药学刊 | 1993,(5):17 |
| 对择时服药法的浅见 | 吕福祥 | 中医药研究 | 1992,(6):56 |
| 风药胜湿治泄泻 | 黎忠民 | 陕西中医 | 1993,(7):48 |
| 乌发抗衰方剂的研究 | 王宗源 | 江苏中医药 | 1993,(8):34 |
| 浅说古方新用思路 | 韩　勃 | 陕西中医 | 1993,(9):39 |
| 番泻叶新用 | 温诚荣 | 四川中医 | 1993,(10):57 |
| 四时用药原则探析 | 王　丹 | 上海中医药杂志 | 1993,(11):42 |
| 地黄饮子功效刍议 | 徐　嘉 | 甘肃中医学院学报 | 1994,(1):14 |
| 张仲景对《内经》五味理论的运用与发挥 | 温素萍 | 广州中医药大学学报 | 1994,(1):1 |
| 中药归经研究 | 孙　冰 | 山东中医药大学学报 | 1994,(1):2 |
| 苦辛甘合味治疗顽疾 | 童学彪等 | 福建中医药 | 1994,(2):30 |
| 谈中药服法的规律 | 潘永南 | 湖北中医杂志 | 1994,(2):26 |
| 使药小议 | 辛增平 | 中医药学刊 | 1994,(2):9 |
| 中药学中"毒"字含义探析 | 原培稼等 | 长治医学院学报 | 1994,(3):266 |
| 药物熏蒸加手法按摩 | 蔡进生等 | 现代中西医结合杂志 | 1994,(3):113 |

| | | | |
|---|---|---|---|
| 眼科内服剂中为何多用风药 | 祁宝玉 | 中医杂志 | 1994,(3):181 |
| 临证与遣药组方点滴体会 | 韩　锋 | 北京中医药大学学报 | 1994,(4):64 |
| 药膳浅谈 | 张宝珍等 | 光明中医 | 1994,(4):38 |
| 五脏苦欲补泻学说对组方遣药的指导意义 | 杨德平 | 江西中医学院学报 | 1994,(4):26 |
| 风药辛润探骊 | 王忠琳 | 山东中医药大学学报 | 1994,(5):300 |
| 中药汤剂的服药时间 | 赵凤梅等 | 黑龙江中医药 | 1994,(6):45 |
| 试论药膳之理论基础 | 张　晔 | 中国中药杂志 | 1994,(6):378 |
| 十三方煎服缀要 | 傅海燕 | 辽宁中医杂志 | 1994,(8):374 |
| 大味必淡 | 马丽春 | 中国健康月刊 | 1994,(9):42 |
| 对《内经》反佐概念内涵的探讨 | 徐大鹏 | 北京中医 | 1995,(1):47 |
| 散剂初探 | 苑景春 | 北京中医 | 1995,(1):39 |
| 再论汗家禁用麻黄汤——麻黄泄内阳 | 王　璞 | 北京中医药大学学报 | 1995,(1):15 |
| 用药治病矫枉不可过正 | 刘汉春 | 河北中医 | 1995,(1):4 |
| “药以祛之　食以随之” | 鞠建伟 | 中老年保健 | 1995,(1):26 |
| 肾气丸的结构原理及其疑点初探 | 马　骥 | 中医药学刊 | 1995,(1):26 |
| 论中药汤剂及煎药方法 | 熊毕文 | 安徽中医临床杂志 | 1995,(2):60 |
| 益气活血方剂配伍方法的探讨 | 向碧东等 | 湖北民族学院学报(医学版) | 1995,(2):26 |
| 中医药膳的基本原理 | 朱志坚 | 华夏文化 | 1995,(2):44 |
| 方剂组成原则的探讨 | 李　飞等 | 南京中医药大学学报(自然科学版) | 1995,(2):27 |
| 论中医四时用药法的临床意义 | 李　彬 | 山东医科大学学报(社会科学版) | 1995,(2):53 |
| 略论古代饮食疗法的特点 | 姜秀云 | 时珍国医国药 | 1995,(2):41 |
| 中药微量元素研究在养生康复的价值 | 倪英宝等 | 时珍国医国药 | 1995,(2):40 |
| 药对沿革及理论研究概要 | 滕佳琳 | 北京中医药大学学报 | 1995,(3):33 |
| 略论“以辛润之” | 吴立文 | 甘肃中医学院学报 | 1995,(3):3 |
| 浅谈“温药和之” | 张　晔 | 现代中西医结合杂志 | 1995,(3):127 |
| 四季膳食调配 | 顾维明 | 体育世界 | 1995,(4):30 |
| 反佐管见 | 萧俊平 | 北京中医药大学学报 | 1995,(5):2 |
| “辛甘发散为阳”探析 | 任占敏等 | 北京中医 | 1995,(6):45 |
| 药味概念应改五为七 | 孙启明 | 辽宁中医杂志 | 1995,(10):450 |
| 《内经》之方析——乌鲗骨藘茹丸之用 | 王津慧 | 青海医学院学报 | 1996,(1):56 |
| 补益药的择时服用浅识 | 牟　斌 | 现代医药卫生 | 1996,(1):38 |
| 食用药物和药膳 | 罗元恺 | 新中医 | 1996,(1):9 |
| 最早的膏滋剂考 | 华浩明 | 中华医史杂志 | 1996,(1):28 |
| 试论方剂君臣佐使法则的沿革与规范 | 张　放等 | 中药新药与临床药理 | 1996,(1):48 |
| 君药探析 | 崔永安等 | 辽宁中医杂志 | 1996,(2):84 |
| 鸡矢醴方疗效质疑 | 李今垣等 | 天津中医学院学报 | 1996,(2):37 |
| 《内经》五味学说探讨 | 周祯祥 | 安徽中医学院学报 | 1996,(3):9 |
| 浅谈药酒 | 刘　萍 | 新疆中医药 | 1996,(3):5 |
| 浅议反佐配伍 | 方　跃 | 江西中医药 | 1996,(4):49 |
| “七方”——方剂最早分类法质疑 | 郑贵力 | 山东中医药大学学报 | 1996,(4):243 |
| 中国药酒溯源三议 | 李　林 | 中医文献杂志 | 1996,(4):13 |
| 五果为助,五菜为充　蔬菜不能代替水果 | 周岱翰 | 科学养生 | 1996,(10):24 |
| 《内经》“左角发酒方”质疑 | 孙增为等 | 中医杂志 | 1996,(11):696 |

| | | | |
|---|---|---|---|
| 中药性味的研究与思考 | 刘继林 | 成都中医药大学学报 | 1997,(1):1 |
| 归经意义琐谈 | 聂　晶 | 江西中医学院学报 | 1997,(1):26 |
| 灵活用药话‘反佐’ | 陈家英 | 辽宁中医杂志 | 1997,(1):34 |
| 试论“反佐” | 林　华等 | 医学理论与实践 | 1997,(1):40 |
| 中药药引学说源流初探 | 陈定华 | 安徽中医学院学报 | 1997,(2):49 |
| 探析补益剂的配伍特点 | 帅在芬等 | 江西中医学院学报 | 1997,(2):27 |
| 试析《内经》有关的“五味学说” | 邓　云 | 江西中医药 | 1997,(2):40 |
| 归经理论体系的形成 | 董江涛 | 中国医药学报 | 1997,(2):13 |
| 酒剂的发展概况 | 高万山等 | 江苏药学与临床研究 | 1997,(3):5 |
| 《内经》五味阴阳理论刍议 | 刘　耀等 | 山东中医药大学学报 | 1997,(3):57 |
| 中药汤剂的用药方法及护理 | 于松英等 | 时珍国医国药 | 1997,(3):85 |
| “苦”味辨析 | 王茹燕 | 安徽中医学院学报 | 1997,(4):8 |
| 试析“反佐” | 王　萧 | 安徽中医学院学报 | 1997,(5):8 |
| 试析五味 | 王锡安 | 安徽中医学院学报 | 1997,(5):3 |
| 小方琐谈 | 刘桂珍 | 国医论坛 | 1997,(5):43 |
| 小议中药复方的反佐 | 闻淑清等 | 吉林中医药 | 1997,(6):43 |
| 漫谈君臣佐使 | 王秋陶 | 家庭中医药 | 1997,(6):42 |
| 奇妙的“时辰药理学” | 洪　音 | 科学养生 | 1997,(12):44 |
| 论反佐 | 王　萧 | 河南中医学院学报 | 1998,(1):5 |
| “药食同源”并非“药食无别” | 明　秀 | 药膳食疗研究 | 1998,(1):30 |
| 抗衰老药物研究探要 | 孙书砚等 | 中医药学刊 | 1998,(1):50 |
| 药补不如食补 | 薛志成 | 家庭中医药 | 1998,(2):27 |
| 试论药性气味厚薄 | 吴燕芳 | 上海中医药杂志 | 1998,(2):14 |
| 中药升降浮沉源流钩玄 | 邓先瑜 | 时珍国医国药 | 1998,(2):8 |
| 蔬菜的营养与药用 | 顾智章等 | 中国果菜 | 1998,(2):38 |
| 制方思路与方法探讨 | 章洪流 | 江西中医药 | 1998,(3):41 |
| 归经的理论基础及临床应用 | 范　缨 | 天津中医学院学报 | 1998,(3):30 |
| 中药方剂及其配伍免疫作用研究现状 | 庄胜民等 | 现代中药研究与实践 | 1998,(3):50 |
| 略述中药的起源及其早期典籍 | 程新法 | 药学教育 | 1998,(3):61 |
| “五味”与人体健康 | 涂冬保 | 河南林业 | 1998,(4):52 |
| 浅论中医临证遣药组方要则 | 杜天植 | 湖北中医杂志 | 1998,(4):41 |
| 论处方法则 | 萧俊平 | 北京中医药大学学报 | 1998,(5):4 |
| 对中药的“毒”和毒性的认识 | 胡志祥 | 湖南中医杂志 | 1998,(5):48 |
| 中药汤剂煎煮浅议 | 任金锁等 | 现代中西医结合杂志 | 1998,(5):741 |
| “反佐”考 | 熊卫标 | 江西中医药 | 1998,(6):49 |
| “归经”理论渊源初探 | 吉　阳等 | 吉林中医药 | 1999,(1):2 |
| 小方与大方 | 朱炳林 | 江西中医学院学报 | 1999,(1):15 |
| 古代中医外治方药源流纪略 | 魏　蓉等 | 南京中医药大学学报（自然科学版） | 1999,(1):45 |
| 亦谈中药服法 | 孙维民 | 实用中医内科杂志 | 1999,(1):8 |
| 中国药膳的过去、现在与未来 | 翁维健 | 药膳食疗研究 | 1999,(1):3 |
| 略谈五味中的辛润苦坚 | 彭莉莉 | 中医函授通讯 | 1999,(1):45 |
| 调节胃肠运动中药的研究 | 赵荣莱 | 北京中医 | 1999,(2):15 |
| 对确定中药归经依据的探讨 | 孙晓波 | 广西中医药 | 1999,(2):44 |
| 中药归经理论研究述评 | 贲长恩 | 中医文献杂志 | 1999,(2):47 |
| 论经方配伍之反佐 | 汪栋材 | 江西中医药 | 1999,(4):41 |

| | | | |
|---|---|---|---|
| 中药方剂的产生与发展 | 李广珍等 | 解放军健康 | 1999,(4):36 |
| 中药时间药理学 | 王正荣等 | 四川生理科学杂志 | 1999,(4):7 |
| 探复方之妙　论制方之理 | 王立人 | 浙江中医学院学报 | 1999,(4):9 |
| 复方探析 | 王立人 | 中国医药学报 | 1999,(4):7 |
| 君臣佐使 | 干祖望 | 江苏中医 | 1999,(5):29 |
| 中药性理论中五行与五味比类方法中的唯心论 | 王茹燕等 | 中国中医基础医学杂志 | 1999,(6):4 |
| 从"三十三味"谈起 | 何绍奇 | 家庭中医药 | 1999,(8):10 |
| 血瘀络阻古方治　四乌鲗骨一藘茹 | 刘赤选 | 中国社区医师 | 1999,(9):47 |
| "酸性收敛"刍议 | 蒋洪耀等 | 国医论坛 | 2000,(1):49 |
| 谈合理使用补药 | 巩如利等 | 黑龙江医药 | 2000,(1):51 |
| 浅谈释方之法 | 姜俊梅 | 辽宁中医学院学报 | 2000,(1):7 |
| 对药应用刍议 | 颜　华 | 陕西中医 | 2000,(1):39 |
| 漫话药膳 | 马有度 | 生活与健康 | 2000,(1):52 |
| 《黄帝内经》中的气味医学 | 王世勋 | 四川中医 | 2000,(2):8 |
| 中华药膳渊源和展望 | 高金产 | 药膳食疗研究 | 2000,(3):4 |
| 饮食的四气与五味 | 江克明 | 开卷有益·求医问药 | 2000,(4):33 |
| 话说忌口 | 碧　云 | 农村成人教育 | 2000,(4):38 |
| 人参不是人人可以吃 | 汪宗俊 | 农村科技 | 2000,(4):29 |
| "辛以润之"探析 | 胡永年 | 江西中医药 | 2000,(5):52 |
| "反佐"阐释 | 龙一梅 | 现代中医药 | 2000,(5):19 |
| 五味与五脏归经关系探讨 | 李盛青等 | 中医研究 | 2000,(5):5 |
| 药引的由来 | 钟　源 | 医药世界 | 2000,(7):28 |
| 风药止泻杂议 | 沈开金 | 浙江中医杂志 | 2000,(9):41 |
| 源远流长话药膳 | 王　莉 | 中国食品 | 2000,(12):17 |
| 再议"辛润" | 杨秀明 | 广西中医药 | 2001,(1):45 |
| 《内经》制方用药思想的探讨 | 黄　娜 | 锦州医学院学报 | 2001,(1):55 |
| "肝体阴而用阳"理论对方剂配伍的指导作用 | 韩旭华等 | 山西中医学院学报 | 2001,(1):16 |
| 浅述药性理论的物质基础 | 李　涛等 | 国医论坛 | 2001,(2):47 |
| 浅谈五味与健康的关系 | 傅朝玄 | 现代养生 | 2001,(2):37 |
| 中医方剂配伍理论的渊源——《内经》方剂配伍理论浅析 | 高思华等 | 中国中医药信息杂志 | 2001,(2):50 |
| 《内经》论五味 | 张　琳 | 贵阳中医学院学报 | 2001,(3):6 |
| 《内经》方的临床应用 | 潘炳祥 | 湖北中医杂志 | 2001,(3):39 |
| 肾气丸析疑 | 张永文 | 山东中医药大学学报 | 2001,(3):173 |
| 浅议中药的毒性 | 周跃军 | 时珍国医国药 | 2001,(3):194 |
| "辛以润之"浅析 | 杨健雄等 | 张家口医学院学报 | 2001,(3):104 |
| 方剂学发展溯源 | 张家玮等 | 中国中医药信息杂志 | 2001,(3):6 |
| 中国的食疗药膳文化 | 金炳镐等 | 黑龙江民族丛刊 | 2001,(4):86 |
| 先秦《内经》外的方剂学成就 | 朱建平 | 中国中医药信息杂志 | 2001,(7):8 |
| 用药"中病辄止"琐言 | 舒灯红 | 中国中医基础医学杂志 | 2001,(12):61 |
| 从归脾汤认识"心生血"的临床意义 | 张燕青等 | 内蒙古中医药 | 2001,(S1):36 |
| "药膳"名称浅释 | 赵建民 | 药膳食疗 | 2002,(1):12 |
| 中医药抗衰老的理论与应用 | 王　平 | 实用老年医学 | 2002,(2):79 |
| 我国妊娠药忌的历史沿革与展望 | 孙启明 | 医古文知识 | 2002,(2):34 |
| 《内经》论"咸" | 李奕祺 | 中医文献杂志 | 2002,(2):27 |
| 《内经》时期药物治疗的三个发展层次 | 辛　军 | 陕西中医 | 2002,(4):373 |

| | | | |
|---|---|---|---|
| 试论方剂的组方原则 | 张跃华 | 陕西中医 | 2002,(4):355 |
| 北京2001年四季用药探索 | 李俊龙 | 北京中医 | 2002,(6):333 |
| 《内经》、《伤寒论》五味化合规律之探析 | 王津慧 | 四川中医 | 2002,(7):22 |
| 药膳食疗学基理发源于《黄帝内经》 | 潘远根等 | 药膳食疗 | 2002,(10):2 |
| 反佐的内涵及界定 | 张雪梅 | 浙江中医杂志 | 2002,(11):3 |
| 用药如用兵论今释(一) | 张介眉等 | 湖北中医杂志 | 2003,(1):34 |
| 中药"忌口"请分清 | 阿　贤 | 绿叶 | 2003,(1):21 |
| 中药治"心"有良效 | 王归圣 | 医药与保健 | 2003,(2):9 |
| 方剂组成结构的相关探讨 | 杨新年 | 河南中医学院学报 | 2003,(3):3 |
| 中药毒性三辨 | 李　冀等 | 中医药学报 | 2003,(3):20 |
| 话说药食同源 | 张孟庚 | 养生月刊 | 2003,(4):174 |
| 杏林奇葩——药粥 | 杨　洋 | 中国中医药现代远程教育 | 2003,(5):45 |
| 辛开苦降法的配伍内涵探讨 | 刘蔚雯 | 福建中医学院学报 | 2003,(6):50 |
| 从"泻火泻心"看五行学说对中医方药配伍的影响 | 马　成 | 新中医 | 2003,(6):6 |
| 由"河图生成数"阐释五味 | 梁永林 | 中医药学报 | 2003,(6):59 |
| 中药性味配伍探讨 | 王　欣 | 中国中医药信息杂志 | 2003,(8): |
| "药食同源"话药膳 | 德　子 | 祝您健康 | 2003,(9):52 |
| 方证对应的实践——论中医药学的科学内涵与发展 | 韩育明 | 医学与哲学 | 2003,(11):58 |
| 浅析组方中引经药的应用 | 刘　毓 | 湖北中医杂志 | 2004,(1):39 |
| 风药疏肝考释 | 王中琳等 | 中医药学刊 | 2004,(1):102 |
| "淡附于甘"浅析 | 李建华等 | 实用中医内科杂志 | 2004,(2):101 |
| 风药辛润配伍内涵考辨 | 王中琳 | 中医药学刊 | 2004,(2):342 |
| 佐药在方剂配伍中的作用与意义浅探 | 孙西庆 | 中医药学刊 | 2004,(3):568 |
| 试论《内经》方剂气味配伍理论及意义 | 程昭寰等 | 湖北中医学院学报 | 2004,(4):44 |
| 论反佐法 | 吕昌宝等 | 中国医药学报 | 2004,(6):329 |
| 反佐法刍议 | 杨亚琴 | 中国医药学报 | 2004,(9):521 |
| 大方治疗疑难病证治发微 | 傅文录等 | 中医杂志 | 2004,(10):732 |
| 以脏补脏与中药归经 | 陈以国等 | 中医杂志 | 2004,(12):943 |
| 服用中药去苦有诀窍 | 周向前 | 家庭医生报 | 2004.8.23 |
| 《黄帝内经》"择时服药"理论的探讨 | 王　平 | 中国优秀博硕士学位论文全文数据库(硕士)医药卫生科技辑 | 2004,(4):E056-6 |
| 以味成方法则探析 | 刘劲松 | 中国优秀博硕士学位论文全文数据库(硕士)医药卫生科技辑 | 2004,(4):E057-278 |
| 试论《内经》"苦欲补泻"理论对中药学的指导意义 | 陈　勇等 | 中医杂志 | 2005,(1):63 |
| 论《内经》药物阴阳分类法 | 孙松辉 | 中国中医基础医学杂志 | 2005,(2):107 |
| 论饮食五味对体质的影响 | 钱会南 | 中医研究 | 2005,(2):1 |
| 鸡年话鸡药 | 耿　健 | 家庭中医药 | 2005,(3):54 |
| 中医方剂性味论 | 蒋永光等 | 时珍国医国药 | 2005,(3):180 |
| 《内经》的方剂学理论成就 | 高长玉等 | 中医药信息 | 2005,(3):2 |
| 阴之所生本在五味，阴之五宫伤在五味 | 钱会南 | 南京中医药大学学报(自然科学版) | 2005,(5):286 |
| 国药与药膳应用浅谈 | 左华泽 | 时珍国医国药 | 2005,(6):553 |
| 《内经》药物阴阳属性理论探讨 | 谢庆湘等 | 江西中医药 | 2005,(8):15 |
| 中成药发展史略 | 苏　根等 | 医药产业资讯 | 2005,(11):116 |

| | | | |
|---|---|---|---|
| 中医外科方剂的多结构特点与用药规律研究 | 周　光等 | 中国中医基础医学杂志 | 2005,(11):68 |
| 议苦酸制甜 | 李洪皎等 | 第八次全国中医糖尿病学术大会论文汇编 | 2005:283 |
| 论《黄帝内经》对研究骨康液的指导意义 | 冯成林 | 首届全国骨伤专科专院高峰论坛论文集 | 2005:146 |
| 组方思想与佐药探源 | 孙松辉 | 中国中医基础医学杂志 | 2006,(1):65 |
| 对《方剂学》君臣佐使理论的定性思考 | 冯　泳等 | 中医杂志 | 2006,(1):61 |
| 论五行为本的药味配伍立方 | 王华楠等 | 山东中医杂志 | 2006,(2):82 |
| 《黄帝内经》中关于五脏用药规律浅析 | 晋钰丽等 | 中医药学报 | 2006,(2):7 |
| 经方君臣佐使初探 | 张建敏等 | 福建中医药 | 2006,(3):52 |
| 关于中医及其方药研究的思考 | 汤小虎 | 辽宁中医杂志 | 2006,(3):290 |
| 五味与五脏浅析 | 朱春沁 | 实用中医内科杂志 | 2006,(3):237 |
| 《黄帝内经》五味理论浅析 | 张声生等 | 中华中医药杂志 | 2006,(3):183 |
| 方剂"八法"中的消法之我见 | 张成太 | 内蒙古中医药 | 2006,(4):21 |
| 半夏汤之秫米考 | 芦培峰 | 山西中医 | 2006,(4):51 |
| 五味能治病也能致病 | 申　申 | 家庭中医药 | 2006,(6):13 |
| 《黄帝内经》用药规律的研究 | 晋钰丽 | 中国优秀博硕士学位论文全文数据库(硕士)医药卫生科技辑 | 2006,(10):E056-4 |
| 《内经》药食之五味实质研究的解读 | 刘吉科 | 第三届国际中医药工程学术会议论文集 | 2006:358 |
| 中药五味中"辛以润之"的理论探讨 | 尹　刚 | 长春中医药大学学报 | 2007,(1):74 |
| 《内经》方剂研究 | 年　莉 | 辽宁中医药大学学报 | 2007,(1):74 |
| 肝病择时用药体会——读《素问·脏气法时论》 | 赵远红等 | 天津中医药 | 2007,(1):44 |
| 明代以前中药气味理论的源流与成就 | 徐春梅等 | 国医论坛 | 2007,(4):41 |
| 《黄帝内经》药性理论钩沉 | 陆国辉等 | 江西中医学院学报 | 2007,(4):25 |
| 从《内经》"有故无殒"思想看中药毒性研究 | 周　宜等 | 中国中医基础医学杂志 | 2007,(5):342 |
| 淡味渗泄为阳浅析 | 赵桂芝等 | 辽宁中医药大学学报 | 2007,(6):76 |
| 略论《内经》中的饮食五味学说 | 王敬珍 | 时珍国医国药 | 2007,(7):1767 |
| 从《内经》、《伤寒论》看辛开苦降法 | 王津慧 | 四川中医 | 2007,(7):35 |
| 《内经》对五味应用的论述 | 邢玉瑞 | 中国中医药报 | 2007.1.19 |
| 《内经》论五味 | 邢玉瑞 | 中国中医药报 | 2007.1.25 |
| 探析《内经》第十四方 | 冯文林等 | 中国中医药报 | 2007.10.24 |
| 五色药食与五脏 | 继　伟 | 环球中医药 | 2008,(1):60 |
| 关于五味的五脏所入考察 | 尹畅烈 | 天津中医药 | 2008,(1):75 |
| 中医内科疾病用药归经的分析与思考 | 马　威等 | 中国中医基础医学杂志 | 2008,(3):209 |
| 《黄帝内经》味"咸"论述之发挥 | 蔡海英等 | 江西中医药 | 2008,(7):13 |
| 基于《内经》对"证"内涵的认识解读方药与证的关系 | 郭文娟等 | 北京中医药大学学报 | 2008,(8):519 |
| 中药经皮给药史略 | 古正涛等 | 中华中医药学刊 | 2008,(8):1771 |
| 《内经》中方剂的组方理论探讨 | 时丹丹等 | 吉林中医药 | 2008,(9):683 |
| 浅述中药归经理论在方剂配伍中的运用 | 何前松等 | 江苏中医药 | 2008,(10):84 |
| 从《内经》对"证"内涵的认识看方药与证的关系 | 郭文娟等 | 中华中医药学刊 | 2008,(10):2252 |
| 《内经》五味理论对中药炮制的指导意义 | 李景丽 | 陕西中医 | 2008,(11):1534 |
| 浅谈《内经》"五味"与五脏的关系 | 张　菡 | 陕西中医 | 2008,(11):1542 |
| 《内经》十三方治法探析 | 粟　栗 | 吉林中医药 | 2008,(12):861 |

| | | | |
|---|---|---|---|
| 《内经》十三方用药特点浅析 | 粟　粟 | 江苏中医药 | 2008,(12):91 |
| 五味与脏腑 | 紫　图 | 上海中医药报 | 2008.4.25 |
| 浅析《黄帝内经》之药食五味观 | 丁　然等 | 黑龙江中医药 | 2009,(1):8 |
| 中药四性理论的渊源及沿革 | 王春燕等 | 浙江中医药大学学报 | 2009,(1):8 |
| 从中医的辨证观看中药的合理使用 | 杨家荣 | 时珍国医国药 | 2009,(2):766 |
| 许彭龄脾胃病用药合化思想探析——从《内经》和张仲景的酸甘化阴、辛甘化阳谈起 | 王丽平等 | 北京中医药 | 2009,(3):192 |
| 《黄帝内经》药食气味理论发生学思考 | 李　硕等 | 辽宁中医药大学学报 | 2009,(3):14 |
| 内经十三方研究概况 | 倪士峰等 | 陕西中医学院学报 | 2009,(3):72 |
| 《黄帝内经》中的中药毒性理论 | 周　宜等 | 四川中医 | 2009,(3):33 |
| 浅谈《内经》"运气七篇"对药性理论的贡献 | 张立平等 | 中国中医基础医学杂志 | 2009,(3):163 |
| 谈原生态药物治疗学对《内经》理论体系建构的影响 | 李翠娟等 | 时珍国医国药 | 2009,(6):1552 |
| 《黄帝内经》"因势制宜"的用药规律浅析 | 晋钰丽 | 甘肃中医 | 2009,(11):12 |
| 内经温疫理论及清代防治温疫方药规律研究 | 鞠煜洁 | 中国优秀博硕士学位论文全文数据库(硕士)医药卫生科技辑 | 2009,(4):E056-25 |

## (十一)学术思想及理论体系研究

| | | | |
|---|---|---|---|
| 祖国医学对解剖及生理学的认识 | 刘广洲 | 中医杂志 | 1955,(2):50 |
| 祖国医学对解剖及生理学的认识(续上期) | 刘广洲 | 中医杂志 | 1955,(3):49 |
| 二千年前中国的人体解剖学 | 黄胜白 | 中医杂志 | 1955,(4):42 |
| 中医的咽喉科 | 张赞臣等 | 中医杂志 | 1955,(8):10 |
| 《内经》上的"生理""病理"学说 | 朱仁康 | 上海中医药杂志 | 1955,(11):3 |
| 祖国医学在妇产科学上的贡献 | 杨达夫 | 江西中医药 | 1955,(12):13 |
| 《黄帝内经》所载的祖国古代完全膳食 | 张昌颖等 | 营养学报 | 1956,(1):1 |
| 耳鼻咽喉科与眼科、内科的关系 | 邓泽材 | 江西医学院学报 | 1956,(1):65 |
| 祖国医学的五官科学 | 任应秋 | 江苏中医药 | 1956,(2):19 |
| 我国妇产科简史 | 振　嘉 | 中医杂志 | 1956,(4):214 |
| 略述《素问》辨症的科学性与历史价值 | 朱子青 | 中医杂志 | 1956,(4):4 |
| 从《内经》看中医的理论基础 | 任继愈 | 人民日报 | 1956,(5):25 |
| 从《内经》看中医的理论基础 | 任继愈 | 江西中医药 | 1956,(6):1 |
| 《内经》的理论体系及其光辉成就 | 冉小峰 | 江西医药 | 1956,(9):1 |
| 我国古代关于人体解剖生理学的成就 | 程宝绰 | 生物学通报 | 1956,(12):1 |
| 中国古代的气质学说和体型学说 | 曾昭耆 | 中华医学杂志 | 1957,(7):7 |
| "素问玄机原病式"的探讨(一) | 李斯炽 | 成都中医药大学学报 | 1958,(1):2 |
| 中医学术的理论基础概说 | 高仲山 | 黑龙江医学 | 1958,(2):4 |
| 《内经》中"天人合一"的我见 | 祁燕然 | 上海中医药杂志 | 1958,(2):4 |
| 从古代记载的结婚年龄里看我国传统思想上是不主张早婚的 | 耿鉴庭 | 中医杂志 | 1958,(3):172 |
| 对祖国医学运用"标本"学说的浅见 | 刘洪祥 | 山东医药 | 1958,(4):8 |
| 中国外科学源流纪略 | 杨兆民 | 上海中医药杂志 | 1958,(5):41 |
| 祖国医学在儿科诊断上的发展概况 | 孙方成 | 山东医药 | 1958,(7):8 |

| | | | |
|---|---|---|---|
| 《内经》学术思想的分析研究 | 王万杰 | 山东医药 | 1958,(8):1 |
| 读“素问译注四气调神大论”后的几点意见 | 郑恩泽 | 中医杂志 | 1958,(9):644 |
| “素问玄机原病式”的探讨(续完) | 李斯炽 | 成都中医药大学学报 | 1959,(1):4 |
| 祖国医学中关于流行病病原学说的探讨 | 金维藩 | 江苏中医药 | 1959,(3):11 |
| 中国古代关于体型学说和气质学说的史料 | 朱　颜 | 人民保健 | 1959,(4):4 |
| 对祖国医学辨证体系的认识 | 王曦亭 | 山东医药 | 1959,(8):1 |
| 对祖国医学辨证体系的认識 | 王曦亭 | 山东医药 | 1959,(9):7 |
| 脉学整编与研究情况简介 | 崔玉田等 | 中医杂志 | 1959,(9):21 |
| 辨证唯物观点在内经中的体现 | 陈国桢 | 湖南卫生杂志 | 1959,(10) |
| 祖国医学在胚胎学方面的贡献 | 侯家骥 | 兰州大学学报(医学版) | 1960,(3):105 |
| 论《黄帝内经》对成长解剖生理学的贡献 | 杨占林 | 山西医药杂志 | 1960,(3):53 |
| 具体问题,作具体分析是中医辨证施治的思想方法 | 于伟臣 | 辽宁中医杂志 | 1960,(6):44 |
| 论《黄帝内经》对成长解剖生理学的贡献 | 杨占林 | 山西医学杂志 | 1960,(9):3 |
| 标本学说的探讨 | 张志坚 | 江苏中医药 | 1961,(11):2 |
| 关于正邪相争学说的初步探讨 | 陈　郁 | 天津医药 | 1962,(4):185 |
| 气功学说的探原 | 徐寄鸥 | 江苏中医药 | 1962,(5):10 |
| “滋阴与输液的我见”一文读后 | 郭希鸿 | 山东医药 | 1964,(10):39 |
| 气象病理学初探——祖国医学中“人与天地相应”学说探讨 | 重庆医学院新医病理学研究小组 | 重庆医学 | 1973,(4):33 |
| 祖国医学的培本学说 | 赵恩俭 | 天津医药 | 1975,(9):468 |
| 关于祖国医学“正”与“本”学说的探讨 | 吴　江 | 天津医药 | 1975,(10):511 |
| 有关中医脾胃理论研究的概况 | 王明辉 | 江苏中医药 | 1976,(1):62 |
| 读“关于祖国医学‘正’与‘本’学说的探讨” | 哈孝贤 | 天津医药 | 1976,(5):238 |
| 痰饮学说及其临床运用 | 彭履祥 | 现代临床医学 | 1977,(2):1 |
| 关于《内经》的整体观 | 车　离 | 中医药学报 | 1977,(2):31 |
| 脾胃学说的沿革及近展 | 陈蔚文 | 海南医学 | 1978,(00):60 |
| 消化系统的生理功能 | 朱文玉 | 中华护理杂志 | 1978,(2):92 |
| 论祖国医学的升降学说 | 李今庸 | 中医杂志 | 1978,(3) |
| 老年学的概况与展望 | 曾育生等 | 新医学 | 1978,(5):256 |
| 我国古代对人体的认识 | 傅维康 | 新中医 | 1978,(6):52 |
| 浅谈病人的“忌口”问题 | 班秀文 | 广西医学 | 1978,(7):29 |
| 略论祖国医学的体质学说 | 盛增秀等 | 中医杂志 | 1978,(7):11 |
| 中医学对免疫学的认识与贡献 | 廖家兴 | 赣南医学院学报 | 1979,(00):18 |
| 祖国医学理论体系形成的探讨 | 李今庸 | 湖北中医杂志 | 1979,(1):1 |
| 朴素的唯物辨证法是《内经》的指导思想 | 任应秋 | 新中医 | 1979,(1):4 |
| 脾胃本质的研究概述 | 张　吉 | 中医药学报 | 1979,(1):49 |
| 《黄帝内经》的唯物主义观点和辨证法思想 | 张灿玾 | 山东中医药大学学报 | 1979,(4):52 |
| 时病常变 | 秦应添等 | 新医药通讯 | 1979,(5):1 |
| 论祖国医学六淫学说的形成 | 李今庸 | 湖北中医杂志 | 1979,(S1):1 |
| 论“天人合一”与“形神合一”及应用 | 李燕鑫 | 河北中医 | 1980,(1):30 |
| 祖国医学关于口腔卫生的一些资料 | 凤存安等 | 山东中医药大学学报 | 1980,(1):7 |
| 朴素的唯物辨证法是中医学的指导思想 | 任应秋 | 云南中医中药杂志 | 1980,(1):3 |
| 辨证论治理论的起源与发展——《辨证论治的科学性》之一 | 戴慧芬 | 云南中医学院学报 | 1980,(1):2 |
| 历代中医妇产科主要成就 | 李嫦娥 | 贵阳中医学院学报 | 1980,(2):66 |

| | | | |
|---|---|---|---|
| 温病学说对祖国医学的影响和发展 | 毛俊同 | 江苏中医药 | 1980,(2):63 |
| 伏邪学说及其评价 | 许家松 | 山东中医药大学学报 | 1980,(2):14 |
| 辨证论治的临床体会——《辨证论治的科学性》之二 | 戴慧芬 | 云南中医学院学报 | 1980,(2):1 |
| 中国古代人体寄生虫病史(续完) | 宋大仁 | 浙江中医学院学报 | 1980,(2):33 |
| 试论《内经》辨证的生命观 | 刘可勋等 | 贵阳中医学院学报 | 1980,(3):1 |
| 论《黄帝内经》中的类比推理——《黄帝内经》方法论初探之一 | 欧炳楠等 | 贵阳中医学院学报 | 1980,(3):60 |
| 对《内经》论人与自然关系的探讨 | 蔡光先 | 湖南中医学院学报 | 1980,(3):7 |
| 略谈《黄帝内经》一书的科学观点 | 阎洪臣 | 吉林医学 | 1980,(4):25 |
| 伏邪学说试解 | 郭谦亨 | 陕西中医 | 1980,(4):3 |
| 祖国医学在卫生防疫方面的贡献 | 何绍中 | 陕西中医学院学报 | 1980,(4):44 |
| 有关中医理论探讨的几点看法 | 陈　文 | 中医杂志 | 1980,(7):76 |
| 《黄帝内经》的形神论 | 郑如心 | 东北师大学报(哲学社会科学版) | 1981,(1):92 |
| 中医辨证论治与控制论(续) | 王雪生 | 河北中医 | 1981,(1):20 |
| 祖国医学的自然观 | 袁立道 | 湖南中医学院学报 | 1981,(1):9 |
| 《内经》对人体节律的认识 | 高迪旭 | 山东中医药大学学报 | 1981,(1):27 |
| 从《素问玄机原病式》看刘完素的学术思想 | 宗全和 | 山东中医药大学学报 | 1981,(1):41 |
| 祖国医学有关生殖功能浅释 | 陈金典 | 西安交通大学学报(医学版) | 1981,(1):172 |
| 试论《黄帝内经》中"人与天地相应"、论的唯物主义思想 | 曲　峰 | 医学与哲学(人文社会医学版) | 1981,(1):71 |
| 试论中医学理论体系中唯物论和辨证法思想 | 高光震 | 吉林中医药 | 1981,(2):15 |
| 中医学理论中的唯物论和辨证法思想 | 王　汪 | 现代中医药 | 1981,(2):8 |
| 《内经》的形神唯物观及其对医疗实践的意义 | 刘承才 | 山东中医药大学学报 | 1981,(3):31 |
| 试述中医的物质代谢 | 张彩霞等 | 陕西中医 | 1981,(3):47 |
| 试论医德 | 柯利民等 | 中医药学报 | 1981,(3):22 |
| 老年学研究的回顾与前瞻 | 黄克林 | 广西医学 | 1981,(4):38 |
| 优生学的历史回顾与展望 | 李崇高 | 西北人口 | 1981,(4):27 |
| 杨则民先生研究《内经》学术思想简介 | 董汉良等 | 浙江中医药大学学报 | 1981,(4):46 |
| 略谈中医护理的基本理论特点 | 徐宝圻 | 中华护理杂志 | 1981,(4):148 |
| 《内经》生化学说初探 | 陈宗清 | 福建中医药 | 1981,(6):1 |
| 伏气温病质疑 | 周少伯 | 江苏中医药 | 1981,(6):10 |
| 关于温病"伏气"学说的讨论 | 吴弥漫等 | 新中医 | 1981,(6):17 |
| 祖国医学伦理思想初探 | 陈照甫 | 上海中医药杂志 | 1981,(8):34 |
| 试论疾病传变的理论 | 胡荫奇等 | 辽宁中医杂志 | 1981,(9):6 |
| 试论《内经》"天人合一"整体观 | 谢建淼 | 赣南医学院学报 | 1982,(00):65 |
| 优生学的历史回顾与展望 | 李崇高 | 中国优生与遗传杂志 | 1982,(00):14 |
| 倡建中医的"体质学说" | 王　琦等 | 吉林中医药 | 1982,(1):1 |
| 妊娠逐月养胎说 | 孟景春 | 江苏中医药 | 1982,(1):29 |
| 伤寒温病一体论 | 裘沛然 | 上海中医药杂志 | 1982,(1):2 |
| 《内经》对人体生理功能的认识 | 欧阳锜 | 浙江中医药大学学报 | 1982,(1):9 |
| 略谈祖国医学有关解剖胚胎知识的论述 | 张文苑 | 中医药学报 | 1982,(1):26 |
| 对整体观的认识 | 黄贵金 | 成都中医药大学学报 | 1982,(2):22 |
| 小儿体质初探 | 苏树蓉 | 成都中医药大学学报 | 1982,(2):17 |
| 试论《内经》学术思想的几个基本原则 | 黄开烈等 | 贵阳中医学院学报 | 1982,(2):20 |

| | | | |
|---|---|---|---|
| 略谈《内经》的学术思想基础 | 潘澄濂 | 黑龙江中医药 | 1982,(2):1 |
| 略论中医的系统论思想 | 祝世讷 | 山东中医药大学学报 | 1982,(2):30 |
| 论"唯气以成形"对喻嘉言的学术影响 | 陈　熠 | 陕西中医学院学报 | 1982,(2):32 |
| 对日本汉方古方派若干学术观点的看法 | 何志雄等 | 新中医 | 1982,(2):13 |
| 对偶失衡理论与疾病 | 卢君健 | 医学与哲学（人文社会医学版） | 1982,(2):13 |
| 《内经》人体观 | 洪梦浒 | 成都中医药大学学报 | 1982,(3):22 |
| 人与天地相应观 | 王庆其 | 成都中医药大学学报 | 1982,(3):25 |
| 祖国医学对优生学的认识 | 刘玉芬 | 河北中医 | 1982,(3):42 |
| 《内经》对温病学说的贡献 | 王永庆 | 吉林中医药 | 1982,(3):1 |
| 中医理论体系中的"女子生殖生理轴" | 孙宁铨 | 江苏中医药 | 1982,(3):1 |
| 试析《素问·上古天真论》中之人体生命阶段论 | 蔡明德 | 云南中医学院学报 | 1982,(3):13 |
| 如何保持人体的动态平衡是《内经》的中心思想(一) | 欧阳錡 | 辽宁中医杂志 | 1982,(4):7 |
| 略论伤寒学说的渊源与发展(一) | 丁光迪 | 南京中医药大学学报（自然科学版） | 1982,(4):1 |
| 浅论《内经》与《伤寒论》的关系 | 孙　桐 | 南京中医药大学学报（自然科学版） | 1982,(4):13 |
| 略谈中国古代胎教学说 | 张新生 | 陕西师范大学学报（哲学社会科学版） | 1982,(4):109 |
| 试论升降学说 | 吴宗柏 | 云南中医学院学报 | 1982,(4):18 |
| 从《内经》看情志与人体健康和疾病的关系 | 邱幸凡 | 福建中医药 | 1982,(5):12 |
| 祖国医学"缩影"理论初探 | 瞿岳云 | 辽宁中医杂志 | 1982,(5):10 |
| 如何保持人体的动态平衡是《内经》的中心思想(二) | 欧阳錡 | 辽宁中医杂志 | 1982,(5):43 |
| 如何保持人体的动态平衡是《内经》的中心思想(三) | 欧阳錡 | 辽宁中医杂志 | 1982,(6):47 |
| 我国古代关于情感的几种学说 | 燕国材 | 心理科学 | 1982,(6):36 |
| 如何保持人体的动态平衡是《内经》的中心思想(四) | 欧阳錡 | 辽宁中医杂志 | 1982,(7):36 |
| 援物比类——中医方法论小议 | 王大鹏 | 医学与哲学（人文社会医学版） | 1982,(7):32 |
| 略论《内经》方法的局限性 | 傅洪潮 | 医学与哲学（人文社会医学版） | 1982,(8):35 |
| 论《内经》中有关病证鉴别诊断的时空观 | 王明辉 | 辽宁中医杂志 | 1982,(10):3 |
| 略论《太素》的学术价值 | 陈大舜 | 辽宁中医杂志 | 1982,(11):1 |
| 对李杲内伤热病论阴火元气说之我见 | 李　滨 | 安徽中医学院学报 | 1983,(1):14 |
| 《内经》病能类补 | 欧阳锜 | 成都中医药大学学报 | 1983,(1):66 |
| 寒温学说的渊源与发展 | 吴文鼎 | 广西中医药 | 1983,(1):11 |
| 《内经》中的眼科成就初探 | 赵经梅等 | 湖北中医杂志 | 1983,(1):49 |
| 寒温统一论(四) | 万友生 | 辽宁中医杂志 | 1983,(1):20 |
| 论中医内伤热病学说理论的形成和发展 | 朱曾柏 | 山东中医药大学学报 | 1983,(1):12 |
| 略谈祖国医学中的"终始"与"数" | 郑恩泽 | 天津中医学院学报 | 1983,(1):8 |
| 论人体的动态平衡与非平衡稳态 | 刘增垣 | 医学与哲学（人文社会医学版） | 1983,(1):3 |
| 略述赵献可治疗老年病的学术思想 | 张觉人 | 浙江中医药大学学报 | 1983,(1):38 |
| 孙一奎"生命在于气之恒动"医学思想初探 | 张玉才等 | 安徽中医学院学报 | 1983,(2):23 |
| 中医眼科学的萌芽时期(上篇总论　第一章　中医眼科学发展简史选段) | 廖品正 | 成都中医药大学学报 | 1983,(2):66 |
| 中医心理学的开创与探讨 | 王履康等 | 福建中医药 | 1983,(2):2 |

| | | | |
|---|---|---|---|
| 从祖国医学谈晚婚、少育和优生 | 李凤珍等 | 黑龙江中医药 | 1983,(2):34 |
| 寒温统一论(五) | 万友生 | 辽宁中医杂志 | 1983,(2):45 |
| 中医学的自然观及其发展趋势 | 郜振宇 | 辽宁中医杂志 | 1983,(2):8 |
| 升降学说及其实质的探讨 | 张玉龙 | 山东中医药大学学报 | 1983,(2):24 |
| 神经科学在中国的发展 | 张香桐 | 生理科学进展 | 1983,(2):100 |
| 医德刍议 | 任应秋 | 四川中医 | 1983,(2):2 |
| 论中医学发展中的辨证运动 | 何裕民等 | 医学与哲学(人文社会医学版) | 1983,(2):1 |
| 祖国医学对免疫的认识与贡献 | 骆永珍 | 云南中医学院学报 | 1983,(2):1 |
| 《内经》疾病分类学初探 | 秦德平 | 云南中医中药杂志 | 1983,(2):1 |
| 祖国医学的婚育观 | 王厚弟 | 中医药学报 | 1983,(2):19 |
| 《内经》辨证理论与类概念初探 | 郑守曾 | 中医杂志 | 1983,(2):4 |
| 浅谈中医体质、气象、地理学说 | 高卫国等 | 福建中医药 | 1983,(3):62 |
| 《内经》有关梦幻记载的探讨 | 刘绍安 | 贵阳中医学院学报 | 1983,(3):7 |
| 寒温统一论(六) | 万友生 | 辽宁中医杂志 | 1983,(3):22 |
| 寒温关系纵横谈 | 张学文 | 现代中医药 | 1983,(3):11 |
| 我国古代医学关于有机体和外界环境统一的论述 | 陈一飞 | 河北农业大学学报 | 1983,(4):88 |
| 人体生理与自然 | 李国清等 | 黑龙江中医药 | 1983,(4):36 |
| 略论中医学术思想史研究中的几个方法问题 | 郁保生 | 湖南中医学院学报 | 1983,(4):8 |
| 从生命节律看《内经》"时脏脉"的科学性 | 杨传绪 | 辽宁中医杂志 | 1983,(4):1 |
| 寒温统一论(七) | 万友生 | 辽宁中医杂志 | 1983,(4):12 |
| 浅析《黄帝内经》的体质观及其实践意义 | 项　平 | 南京中医药大学学报(自然科学版) | 1983,(4):12 |
| 脾胃学说的形成 | 危北海 | 山东中医药大学学报 | 1983,(4):58 |
| 王冰学术思想初探 | 王云飞 | 陕西中医 | 1983,(4):1 |
| 中医学理论中的唯物论和辨证法思想 | 王　汪 | 陕西中医学院学报 | 1983,(4):5 |
| 恽铁樵学术思想探讨 | 李家振 | 四川中医 | 1983,(4):53 |
| 我国古代医学关于老年人生理心理特点的记述 | 吕再生 | 心理科学 | 1983,(4):57 |
| 谈谈中医理论的特点 | 尤荣辑 | 中华中医药学刊 | 1983,(4):14 |
| 中国和免疫学的起源 | 李约瑟等 | 中医药学报 | 1983,(4):5 |
| 略论通平学说 | 蔡定芳 | 吉林中医药 | 1983,(5):1 |
| 《内经》疾病预测学思想初探 | 申新华 | 辽宁中医杂志 | 1983,(5):4 |
| 中医护理学之研讨(上) | 瞿岳云 | 辽宁中医杂志 | 1983,(5):18 |
| "河图"与"洛书"初探——古人以十进制为数学语言建立的数学模型 | 赵天敏 | 云南中医中药杂志 | 1983,(5):22 |
| 中医护理学之研讨 | 瞿岳云 | 辽宁中医杂志 | 1983,(6):14 |
| 中医生命理论探源 | 宋知行 | 云南中医中药杂志 | 1983,(6):12 |
| 关于中医理论体系中唯物论、辩证法思想的探讨 | 茹古香 | 辽宁中医杂志 | 1983,(9):41 |
| 中医体质学说及其异化 | 母国成 | 新中医 | 1983,(9):3 |
| 《伤寒论》六经传变理论的探讨 | 邱明义 | 新中医 | 1983,(9):10 |
| 祖国医学饮食卫生述略 | 余瀛鳌 | 辽宁中医杂志 | 1983,(10):46 |
| 试论中医各家学说的若干特点 | 何绍奇 | 湖北中医杂志 | 1984,(1):35 |
| 中医体质学说与现代免疫理论 | 田存爱等 | 山东中医药大学学报 | 1984,(1):7 |
| 从《伤寒论》与《内经》的不同学术渊源来研究"证"的本质 | 沈自尹 | 中医杂志 | 1984,(1):70 |
| 论《内经》中的天体观及其主导思想 | 李仁众 | 安徽中医学院学报 | 1984,(2):12 |

| | | | |
|---|---|---|---|
| 脾胃学说浅谈 | 董德懋 | 北京中医 | 1984,(2):6 |
| 论中医理论体系的基本内涵及其产生的物质基础[Ⅰ] | 方药中 | 大自然探索 | 1984,(2):13 |
| 祖国医学在免疫学方面的建树 | 马振亚 | 陕西中医学院学报 | 1984,(2):41 |
| 《内经》整体观原理初探 | 马伯英 | 上海中医药杂志 | 1984,(2):40 |
| 儿科各家学说概论 | 俞景茂 | 浙江中医学院学报 | 1984,(2):10 |
| 论中医理论"形神合一"学说 | 李聪甫 | 浙江中医学院学报 | 1984,(2):1 |
| 论中医学的整体观念(二) | 李德新 | 中华中医药学刊 | 1984,(2):56 |
| 祖国医学对神经解剖与生理的论述 | 刘福友等 | 成都中医药大学学报 | 1984,(3):11 |
| 论中医理论体系的基本内涵及其产生的物质基础(Ⅱ) | 方药中 | 大自然探索 | 1984,(3):51 |
| 升降理论小议 | 王宗铁 | 湖北中医杂志 | 1984,(3):17 |
| 从"医通于易"谈中医学发展的历史经验 | 刘孝培 | 泸州医学院学报 | 1984,(3):28 |
| 相天时　审地利　看体质 | 马有度 | 山东中医杂志 | 1984,(3):13 |
| 我国嗓音医学、言语医学的过去和现在 | 杨和均 | 首都医科大学学报 | 1984,(3):244 |
| 试论《黄帝内经》阴阳人格体质学说 | 王米渠 | 心理科学 | 1984,(3):33 |
| 谈谈《内经》中的天人关系 | 赵明山 | 中华中医药学刊 | 1984,(3):118 |
| 《素问》为何只设咳论《咳论》,未设"喘论"? | 王玉来 | 中医杂志 | 1984,(3):68 |
| 关于体质学说的讨论——体质、人格与治病求本——兼和田代华等同志商榷 | 施　毅 | 山东中医药大学学报 | 1984,(4):36 |
| 医学伦理学——第九讲　卫生预防工作中的道德 | 陆纪春 | 中国医院管理 | 1984,(4):55 |
| 从脉象的昼夜变化探讨"天人相应"学说 | 殷文治等 | 中国中西医结合杂志 | 1984,(4):240 |
| 谈谈《内经》中的天人关系(续) | 赵明山 | 中华中医药学刊 | 1984,(4):158 |
| 《内经》胎孕理论辑要 | 万本善 | 福建中医药 | 1984,(5):59 |
| 谈《黄帝内经》朴素唯物的预防观 | 王业扶 | 现代医学 | 1984,(5):266 |
| 《内经》心理卫生思想探讨 | 黄成惠 | 心理科学 | 1984,(6):34 |
| 论略《内经》体质学说 | 冦华胜 | 新中医 | 1984,(6):1 |
| 试探《内经》的思维桥梁 | 王庆宪 | 学术月刊 | 1984,(6):24 |
| 浅议中医体质学说及其临床意义 | 王大鹏 | 云南中医中药杂志 | 1984,(6):10 |
| 中医学与免疫学研究 | 祁公任等 | 中国中西医结合杂志 | 1984,(6):381 |
| 中医学辨证论治的三条基本规律 | 张士舜等 | 医学与哲学(人文社会医学版) | 1984,(8):21 |
| 中医学中关于心身医学的论述 | 徐俊冕等 | 中国中西医结合杂志 | 1984,(8):510 |
| 《内经》对情感两极性的认识 | 宋乃光 | 中医杂志 | 1984,(9):78 |
| 王冰学术思想探讨 | 曾　勇等 | 辽宁中医杂志 | 1984,(10):42 |
| 中医护理学的发展史 | 张　天 | 上海中医药杂志 | 1984,(11):26 |
| 中医免疫思想及成就 | 傅　芳 | 中医杂志 | 1984,(11):55 |
| 温病治疗学应有发展规律的探讨 | 赵棣华 | 医学与哲学(人文社会医学版) | 1984,(12):19 |
| 谈谈"天人合一" | 郭玉兰 | 天津中医药 | 1984,(Z2):30 |
| 浅谈祖国医学心理学几个运用法则 | 赵庆林 | 华南国防医学杂志 | 1985,(1):1 |
| 柯琴学术思想探讨 | 张友堂 | 中医药学报 | 1985,(1):16 |
| 试述标本学说的精神实质 | 张灿玾 | 中医杂志 | 1985,(1):69 |
| 试论《伤寒论》中防病截变的学术思想 | 杨殿兴等 | 北京中医 | 1985,(2):33 |
| 从篇名看《内经》心理学思想的系统性 | 汪克敏等 | 成都中医药大学学报 | 1985,(2):53 |
| 《伤寒论》"保胃气"学术思想初探 | 高泽明 | 贵阳中医学院学报 | 1985,(2):15 |
| 《内经》热病学原理 | 郭振球 | 湖南中医学院学报 | 1985,(2):3 |
| 试谈胎教与优生 | 陈　进等 | 江西中医药 | 1985,(2):6 |

| | | | |
|---|---|---|---|
| 谈祖国医学辨病的重要性及对整理研究中医病名的初步看法 | 聂莉芳 | 辽宁中医杂志 | 1985,(2):5 |
| 对“命门”学说的浅见 | 何爱华 | 山西中医 | 1985,(2):36 |
| 胥紫来辨内伤外感学术思想初识 | 余若江等 | 四川中医 | 1985,(2):19 |
| 秦伯未的学术思想初探 | 张田仁 | 天津中医药 | 1985,(2):6 |
| 试论祖国医学中的“标本”学说 | 李恩复 | 天津中医药 | 1985,(2):38 |
| 略论热病学说源流 | 万友生 | 安徽中医学院学报 | 1985,(3):10 |
| 论中医眼科的整体观念 | 李清文 | 河北中医 | 1985,(3):20 |
| 人类一体观初探 | 谢　丹 | 湖南中医学院学报 | 1985,(3):48 |
| 王纶学术思想初探 | 刘月明 | 天津中医学院学报 | 1985,(3):43 |
| 标本理论简述 | 王宗柱 | 现代中医药 | 1985,(3):19 |
| 《内经》中的心理思想 | 杜文东 | 心理科学进展 | 1985,(3):52 |
| 《内经》的“天人相应”说初探 | 杨传薪 | 新疆中医药 | 1985,(3):12 |
| 论《内经》对中医妇科学的贡献 | 韩百灵等 | 新中医 | 1985,(3):1 |
| 刘河间与玄府学说 | 肖国士 | 贵阳中医学院学报 | 1985,(4):9 |
| 试论祖国医学医德传统及其实践 | 白正林等 | 河北中医 | 1985,(4):1 |
| 先秦道家思想对中医学的影响 | 张允熠 | 皖南医学院学报 | 1985,(4):293 |
| 试论《素问·标本病传论》的标本辩证法思想 | 史　伟等 | 医学与哲学（人文社会医学版） | 1985,(4):20 |
| 八纲问题讨论 | 程锡箴 | 云南中医学院学报 | 1985,(4):39 |
| 《内经》所示医德十则 | 刘亚娴 | 河北中医 | 1985,(5):1 |
| 外感热病学发展的三个阶段——兼评“三论”的学术成就 | 刘月明 | 天津中医药 | 1985,(5):28 |
| 八廓学说探讨 | 肖国士 | 浙江中医药大学学报 | 1985,(6):10 |
| 我国老年医学的发展与现状 | 曾尔亢 | 中国医院管理 | 1985,(8):45 |
| 中医辨证法漫谈(摘要) | 邓铁涛 | 国医论坛 | 1986,(1):16 |
| 《内经》病传理论探讨 | 杨　力 | 黑龙江中医药 | 1986,(1):9 |
| 温病学说的形成与发展 | 王晓鹤 | 山西中医 | 1986,(1):56 |
| 中国眼科学发展史 | 陈耀真 | 眼科学报 | 1986,(1):3 |
| 也论中医学的形象思维 | 郭平清 | 医学与哲学（人文社会医学版） | 1986,(1):22 |
| 《内经》的“天人相应”思想 | 吕志连 | 成都中医药大学学报 | 1986,(2):51 |
| 试论王冰学术思想的三大特色 | 扬孝麒 | 贵阳中医学院学报 | 1986,(2):10 |
| 中国古代解剖长期不发达的历史事实及其原因 | 聂精保 | 湖南中医学院学报 | 1986,(2):4 |
| 谈谈中医护理学中的辨证施护 | 钱振坤 | 护理学杂志 | 1986,(2):88 |
| 中医医学道德的基本思想与实践 | 赵永耀 | 江西中医药 | 1986,(2):51 |
| 试论疫病学说的特点 | 杨　进 | 南京中医药大学学报（自然科学版） | 1986,(2):7 |
| 从化学说初探 | 刘家义 | 山东中医杂志 | 1986,(2):4 |
| 中医喉科的回顾和前展 | 徐克强 | 山东中医杂志 | 1986,(2):28 |
| 试论《黄帝内经》的唯物主义形神观 | 徐　黎 | 天府新论 | 1986,(2):45 |
| 中医免疫学研究的回顾和展望 | 陈克正 | 中医药信息 | 1986,(2):4 |
| 中医的脾胃实质究竟是什么 | 王树栋 | 中医药学刊 | 1986,(2):622 |
| 对中医思维模式的认识 | 祝亚平 | 安徽中医学院学报 | 1986,(3):64 |
| 从《金匮·妇人病》篇看仲景对《内经》的继承和发展 | 梁明达 | 北京中医 | 1986,(3):40 |
| 中医心理变化是随“任物者”而动 | 沈兆科 | 福建中医药 | 1986,(3):42 |

| | | | |
|---|---|---|---|
| 试论《金匮》的"先后"观 | 段光周 | 贵阳中医学院学报 | 1986,(3):18 |
| 论《温病条辨》的学术渊源 | 戚燕如等 | 河北中医 | 1986,(3):4 |
| 浅谈"三部六病"说的科学性 | 宿明良 | 辽宁中医杂志 | 1986,(3):13 |
| 《内经》研究的现状及展望 | 王道瑞 | 青海医药杂志 | 1986,(3):9 |
| 《内经》人体结构观 | 陆干人 | 陕西中医学院学报 | 1986,(3):5 |
| 浅谈《内经》的体质学说 | 李妙珠 | 浙江中医学院学报 | 1986,(3):6 |
| "阴阳二十五人"学说试探 | 陈问桓 | 福建中医药 | 1986,(4):44 |
| 浅探《内经》的伤科学成就 | 姚共和 | 湖南中医学院学报 | 1986,(4):1 |
| 中医气质学说 | 董建华等 | 山东中医药大学学报 | 1986,(4):6 |
| 《内经》的学术思想 | 项　祺 | 山西中医 | 1986,(4):48 |
| 四象医学理论探讨 | 孙思明 | 延边大学医学学报 | 1986,(4):229 |
| 耳鼻咽喉科的清阳清窍相关学说及其源流 | 李凡成等 | 浙江中医药大学学报 | 1986,(4):9 |
| 胡友梅先生的学术特点 | 胡中梁 | 福建中医药 | 1986,(5):4 |
| 浅谈中医心理学 | 王裕颐 | 山西中医 | 1986,(5):1 |
| 中医生态学初探 | 王新佩等 | 天津中医药 | 1986,(5):25 |
| 冯幼清老中医学术经验述要 | 温振家 | 陕西中医 | 1986,(6):156 |
| 中医心理学初探 | 王文新等 | 医学与哲学（人文社会医学版） | 1986,(6):32 |
| 继承祖国医学优良医德 | 周　俊 | 浙江中医药大学学报 | 1986,(6):4 |
| 《内经》中的康复医学思想初探 | 吕再生 | 中国康复医学杂志 | 1986,(6):35 |
| 生物全息与中西医的理论统一 | 陈少宗 | 医学与哲学（人文社会医学版） | 1986,(8):12 |
| 中国口腔医学源流简述 | 夏　翔 | 上海中医药杂志 | 1986,(9):40 |
| 《内经》学术思想方法浅析 | 王明辉 | 辽宁中医杂志 | 1986,(10):1 |
| 试论祖国医学中的优生与妇产科预防保健学 | 刘美浓 | 新中医 | 1986,(12):45 |
| 浅谈中医学中的循环论 | 黄腾辉 | 医学与哲学（人文社会医学版） | 1986,(12):12 |
| 中医脑病学概述 | 曾祥发 | 广西中医药 | 1987,(1):24 |
| 略论康复医学中的动静辩证法 | 赵家祺 | 继续医学教育 | 1987,(1):60 |
| 《黄帝内经》的科学方法论思想 | 李元庆 | 晋中师范高等专科学校学报 | 1987,(1):36 |
| 《内经》中唯物辨证法思想初探 | 刘华为 | 陕西中医学院学报 | 1987,(1):8 |
| 中医心理卫生的内容及其意义 | 施奠邦 | 中国心理卫生杂志 | 1987,(1):15 |
| 张锡纯学术思想探讨 | 朱广仁 | 北京中医 | 1987,(2):47 |
| 论《内经》"天人合一"的科学性 | 刘光华 | 成都中医药大学学报 | 1987,(2):14 |
| 医德小议 | 刘静儒 | 陕西中医学院学报 | 1987,(2):49 |
| 饮食—血气—道德——春秋时期关于道德起源的讨论 | 李存山 | 文史哲 | 1987,(2):72 |
| 体用学说初探 | 马汴梁 | 新疆中医药 | 1987,(2):5 |
| 祖国医学与免疫及其研究之设想 | 张庆慈 | 云南中医学院学报 | 1987,(2):10 |
| 浅谈中医心理医护思想 | 施　毅 | 中医药研究 | 1987,(2):13 |
| 试论《内经》的妇科学成就及贡献 | 赵荣胜 | 安徽中医学院学报 | 1987,(3):19 |
| 浅述仲景"病异方同"的理论渊源与实践 | 伍楚雄 | 天津中医药 | 1987,(3):14 |
| 略论恒动观念 | 何裕民 | 中医药学报 | 1987,(3):3 |
| 中医平衡观 | 王大鹏 | 安徽中医学院学报 | 1987,(4):17 |
| 论仲景的"求衡"思想 | 吴官华等 | 江西中医药 | 1987,(4):1 |
| 先秦古籍与《内经》整体观的形成和发展 | 胡元奎 | 陕西中医学院学报 | 1987,(4):54 |

| | | | |
|---|---|---|---|
| 中国传统医学中的“心身医学”观念 | 符友丰 | 实用中医药杂志 | 1987,(4):32 |
| 中国古代体质研究学说的探索 | 李重申 | 体育科学 | 1987,(4):21 |
| 试论中医心理学基础 | 王克勤 | 中医药学报 | 1987,(4):13 |
| 为何面南练功——对“圣人南面而立”的初步探索 | 姚存成 | 按摩与导引 | 1987,(5):4 |
| 《灵枢·大惑论》眼论析疑 | 来雅庭 | 吉林中医药 | 1987,(5):35 |
| 谈谈中医学的营养观 | 姜　超等 | 吉林中医药 | 1987,(5):5 |
| 张文耀“动气”理论述要 | 冉　亮 | 江西中医药 | 1987,(5):19 |
| 试从《伤寒论》六经辨证论仲景对《素问·热论》的继承发展 | 陈宝明等 | 山西中医 | 1987,(5):4 |
| 浅谈《内经》中的恒动观 | 王风翔 | 医学与哲学（人文社会医学版） | 1987,(5):57 |
| 概述脾胃学说的发展 | 李世俊等 | 浙江中医学院学报 | 1987,(5):7 |
| 浅谈“人与天地相应” | 陈学志 | 中医药学刊 | 1987,(5):19 |
| 对中医理论哲学思想研究现状的肤浅认识 | 张敏智等 | 中医药学报 | 1987,(6):11 |
| 从“热病三论”看祖国医学理论系统性 | 王幼奇 | 中医药学刊 | 1987,(6):12 |
| 脾阴学说源流述略 | 汤一新等 | 陕西中医 | 1987,(7):30 |
| 《内经》“各家学说”举隅 | 王庆其 | 新中医 | 1987,(7):6 |
| 超常稳定——中医理论发展特点的思考 | 程　伟 | 医学与哲学（人文社会医学版） | 1987,(9):19 |
| 从“自然演变——生物遗传——人体生理”探讨“天人相应”观的中医理论的设想 | 王伯章 | 医学与哲学（人文社会医学版） | 1987,(9):25 |
| 妇科理论研究概述 | 张文阁 | 陕西中医 | 1987,(11):43 |
| 陈修园的创新思想和求实精神 | 林功铮 | 福建中医药 | 1988,(1):5 |
| 《内经》“月—人相关”理论及现代的研究 | 王洪琦 | 广州中医药大学学报 | 1988,(1):57 |
| 试论秦伯未先生的学术经验 | 王道瑞 | 黑龙江中医药 | 1988,(1):1 |
| 论淤血学说的形成及发展 | 李铁男 | 黑龙江中医药 | 1988,(1):15 |
| 试论中医心理学基础 | 朱德湘 | 湖南中医杂志 | 1988,(1):53 |
| 论中医的理论思维 | 欧阳锜 | 湖南中医杂志 | 1988,(1):22 |
| 论祖国医学的心身统一观 | 董少萍 | 山东中医药大学学报 | 1988,(1):14 |
| 《内经》论眼述要 | 张广庆等 | 天津中医药 | 1988,(1):35 |
| 《灵枢·本神篇》关于认知的心理思想 | 王米渠 | 西南师范大学学报（人文社会科学版） | 1988,(1):18 |
| 中医内科急症研究的历史与现状 | 陈尚莲等 | 现代中医药 | 1988,(1):9 |
| 疾病针治过程中的医学心理学问题 | 郄凤卿等 | 针灸临床杂志 | 1988,(1):28 |
| 辨证论治法则的历史观、辩证观 | 王旭东 | 中华中医药杂志 | 1988,(1):53 |
| 试论天人相应思想的科学性 | 淮辉先等 | 中华中医药杂志 | 1988,(1):9 |
| 中医治疗学中的逆向思维法 | 宁　选 | 中医研究 | 1988,(1):5 |
| 论《内经》体质学中之“形构”思想 | 李　雁等 | 福建中医药 | 1988,(2):53 |
| 喻嘉言杂病证治思想探讨 | 吴立文 | 甘肃中医学院学报 | 1988,(2):2 |
| 从“自然演变—生物遗传—人体生理”探讨“天人相应”观的中医理论的设想（摘要） | 王伯章 | 广东医学院学报 | 1988,(2):139 |
| 中医儿科证治的心身整体观 | 施　毅 | 贵阳中医学院学报 | 1988,(2):5 |
| 论中医基本理论各学说不同步的发生发展过程 | 袁　玮等 | 贵阳中医学院学报 | 1988,(2):1 |
| “天人合一”模式初论 | 周健 | 四川中医 | 1988,(2):4 |
| 我国老年医学的一些概况 | 朱志明等 | 右江医学 | 1988,(2):81 |
| 《内经》上古医学学术思想初探 | 汪德云 | 中医药学报 | 1988,(2):14 |

| | | | |
|---|---|---|---|
| 论中医诊断学的发展 | 郭振球 | 安徽中医学院学报 | 1988,(3):2 |
| 祖国医学"一分论"刍议 | 刘亚生 | 福建中医药 | 1988,(3):21 |
| 中医饮食医学理论浅探 | 睢文发 | 贵阳中医学院学报 | 1988,(3):7 |
| 论张锡纯在血证方面的贡献(一) | 陈如泉 | 湖北中医杂志 | 1988,(3):2 |
| 试论任应秋在研究《内经》上的贡献 | 刘学锋 | 陕西中医 | 1988,(3):140 |
| 论"情志学说"的理论特色 | 王志鹄等 | 陕西中医 | 1988,(3):112 |
| 论"时脏阴阳"为《内经》理论体系之核心 | 王　钊 | 国医论坛 | 1988,(4):23 |
| 论中医的系统观 | 朱瑞芬等 | 河北中医 | 1988,(4):29 |
| 古代性医学概述 | 张伯诚 | 南京中医药大学学报(自然科学版) | 1988,(4):62 |
| 体质研究中若干问题的思考 | 何裕民 | 山东中医药大学学报 | 1988,(4):2 |
| 开窍理论新探 | 张恩和 | 山东中医药大学学报 | 1988,(4):24 |
| 《内经》病证学说的概述 | 项　祺 | 山西中医 | 1988,(4):50 |
| 中国古代的康复医学 | 郭子光 | 上海中医药杂志 | 1988,(4):36 |
| 《黄帝内经》对体质的一些论述 | 李重申 | 体育文化导刊 | 1988,(4):52 |
| 中医胃病学发展简况 | 洪文旭 | 现代中医药 | 1988,(4):25 |
| 中医科研方法论(续二)——正确运用传统的整理研究方法 | 张　震 | 云南中医中药杂志 | 1988,(4):1 |
| 中医科研方法论(续三) | 张　震 | 云南中医中药杂志 | 1988,(4):1 |
| 试论祖国医学的心理学 | 何丽娜 | 浙江中医学院学报 | 1988,(4):44 |
| 从东西方传统思维方式探讨中医药理论的特色及其前景(续) | 匡调元 | 中药药理与临床 | 1988,(4):38 |
| 论中医学中的类比 | 潘卫星 | 中医研究 | 1988,(4):12 |
| 《内经》有关妇科论述刍议 | 刘　伶 | 中医药学刊 | 1988,(4):18 |
| 试析《素问·汤液醪醴论》的治疗学思想 | 杨振平 | 中医药学刊 | 1988,(4):16 |
| 陈钦铭对《内经》的研究 | 黄劲松 | 福建中医药 | 1988,(5):28 |
| 论《内经》对中医骨伤科学的贡献 | 钱宗悫 | 黑龙江中医药 | 1988,(5):51 |
| 中医骨伤科学的继承发展与创新 | 游洪涛 | 中医药信息 | 1988,(5):9 |
| 祖国医学对免疫学的认识及贡献 | 李建春 | 中医药学刊 | 1988,(5):30 |
| 试论《内经》对中医口腔学的奠基作用 | 李振吉等 | 中医杂志 | 1988,(5):8 |
| 从进化论的观点看《内经》的科学性 | 李明新等 | 辽宁中医杂志 | 1988,(6):14 |
| 试谈中医阴阳人格体质学说 | 王米渠 | 四川中医 | 1988,(6):16 |
| 浅谈《内经》对耳鼻喉科学的论述 | 曹振芬 | 天津中医药 | 1988,(6):30 |
| 浅谈《内经》中的康复学说 | 赵桂华 | 医学与哲学(人文社会医学版) | 1988,(7):32 |
| "中国钟"的节律全息研究——《内经》的近似节律全息现象和人体自然节律全息假说的提出 | 李振彬 | 辽宁中医杂志 | 1988,(8):9 |
| 成无己学术思想探赜 | 周春祥 | 江苏中医药 | 1988,(9):44 |
| 浅谈祖国医学中正气与现代免疫学的联系 | 史知洪 | 新中医 | 1988,(9):3 |
| 中医比较辨证学之研究 | 郭振球 | 辽宁中医杂志 | 1988,(11):7 |
| 《内经》隔离思想初探 | 商让成 | 陕西中医 | 1988,(12):566 |
| 谈中医心理学的形成和发展 | 王云飞 | 甘肃中医学院学报 | 1989,(1):41 |
| 《内经》"比类取象"探析 | 卓同年 | 新疆中医药 | 1989,(1):32 |
| 气功保健谈 | 张培氏 | 中医药临床杂志 | 1989,(1):53 |
| 从"相似性原理"看中医"天人相应"观 | 陈　钢 | 成都中医药大学学报 | 1989,(2):17 |
| 《妇人规》的学术思想及其特点 | 金章维 | 内蒙古中医药 | 1989,(2):42 |

| | | | |
|---|---|---|---|
| 《内经》疾病传变理论及其对后世医学的影响 | 刘爱民 | 陕西中医学院学报 | 1989,(2):3 |
| 中医老年病学初探 | 张晓天 | 新疆中医药 | 1989,(2):45 |
| 试论杨上善著《太素》的学术成就 | 祝跃平等 | 浙江中医药大学学报 | 1989,(2):34 |
| 河图洛书的数理及其对中医学的影响 | 李　滨 | 安徽中医学院学报 | 1989,(3):8 |
| 关于"伏邪"学说的论证 | 张正昭 | 甘肃中医学院学报 | 1989,(3):2 |
| 丹溪主要学术思想探讨 | 赵　莉等 | 甘肃中医学院学报 | 1989,(3):20 |
| 论《内经》的健康教育思想及其理论体系 | 胡谦明 | 湖南中医杂志 | 1989,(3):23 |
| 中医嗓音医学临床研究近况 | 匡奕璜等 | 江西中医药 | 1989,(3):55 |
| 浅谈中医体质学说及"从化"问题 | 张海福 | 陕西中医 | 1989,(3):115 |
| 《内经》对人体昼夜节律系统的认识初探 | 黄　晖 | 四川生理科学杂志 | 1989,(3):24 |
| "中国生物钟"的节律全息研究——《黄帝内经》的近似节律全息现象和人体自然节律全息假说的提出 | 李振彬 | 四川生理科学杂志 | 1989,(3):38 |
| 汉初经学对《内经》学术的影响 | 吴弥漫 | 天津中医学院学报 | 1989,(3):1 |
| 《素问·上古天真论》诸七诸八新解新算 | 高伯正 | 新疆中医药 | 1989,(3):20 |
| 《内经》研究的回顾与展望 | 王庆其等 | 新中医 | 1989,(3):48 |
| "三气"学说——《内经》对人体构成因素的认识 | 高中祖 | 云南中医学院学报 | 1989,(3):17 |
| 对中医比类的再认识 | 杨光华等 | 中医研究 | 1989,(3):13 |
| 中医体质学之滥觞 | 宋　兴 | 成都中医药大学学报 | 1989,(4):1 |
| 浅析刘完素玄府气液论 | 梅梦英 | 湖北中医杂志 | 1989,(4):30 |
| 《内经》人天观思想涉猎 | 黄成惠 | 南京中医药大学学报（自然科学版） | 1989,(4):4 |
| 论体质与八纲证候 | 王小平等 | 山东中医药大学学报 | 1989,(4):54 |
| 《内经》梦境辨治述要 | 曹　勇 | 陕西中医 | 1989,(4):188 |
| 中医心理卫生的溯源与展望 | 王米渠等 | 中医研究 | 1989,(4):8 |
| 升降理论浅析 | 王少华 | 中医药学刊 | 1989,(4):4 |
| 浅述《内经》的人体节律观 | 王　宇 | 广西中医药 | 1989,(5):33 |
| 痰饮学说的渊源及发展概况 | 张奇男等 | 吉林中医药 | 1989,(5):27 |
| 《内经》全息理论初探 | 张恩和 | 山东中医药大学学报 | 1989,(5):14 |
| 我国传统医学模式初探 | 雍履平 | 中医药信息 | 1989,(5):3 |
| 沈仲圭学术经验 | 郑金福等 | 北京中医 | 1989,(6):6 |
| 《周易》《内经》的理想人格及修养 | 李兰芝 | 道德与文明 | 1989,(6):35 |
| 简谈中医学的取类比象法 | 黄景贤 | 国医论坛 | 1989,(6):15 |
| 试论《内经》对中医喉科学的奠基作用 | 朱自强 | 黑龙江中医药 | 1989,(6):8 |
| 《内经》生命衰老学说探讨 | 黄世明 | 浙江中医药大学学报 | 1989,(6):49 |
| 论中医康复医学的理论基础 | 王洪图等 | 中国康复医学杂志 | 1989,(6):14 |
| "中国钟"的节律全息研究——对人体自然节律全息现象形成原理的研究设想 | 李振彬 | 辽宁中医杂志 | 1989,(7):7 |
| 论中医学的生命观 | 刘树新 | 辽宁中医杂志 | 1989,(10):11 |
| 八卦与八纲的关系初探 | 姚德纯 | 辽宁中医杂志 | 1989,(12):4 |
| 论我在海外创立发展的中医"五大疗法"之理论渊源与临床实践 | 黄　仑 | 甘肃中医学院学报 | 1990,(1):4 |
| 先秦的朴素系统观 | 徐水生 | 贵州文史丛刊 | 1990,(1):18 |
| 人体平衡问题探讨 | 陈利国 | 山东中医药大学学报 | 1990,(1):17 |
| 脾胃学说的四次突破性发展 | 黎世尧 | 陕西中医 | 1990,(1):21 |
| 物候学定律在《内经》中的反映　中医物候学思想研究(三) | 郝葆华等 | 陕西中医学院学报 | 1990,(1):45 |

| | | | |
|---|---|---|---|
| 性别体质学探讨 | 匡调元 | 上海中医药杂志 | 1990,(1):1 |
| 《内经》治疗"逆从"思想辨析 | 邢玉瑞 | 现代中医药 | 1990,(1):5 |
| 试论中医的"假说"及其未能形成科学理论的原因 | 黄景贤 | 国医论坛 | 1990,(2):13 |
| 略论体质的结构、类型与特点 | 喻自成 | 湖北中医杂志 | 1990,(2):23 |
| 浅谈膜原学说及其临床意义 | 袁宝庭 | 湖北中医杂志 | 1990,(2):26 |
| 从体用观看中医学的心身医学思想 | 路玉滨等 | 山东中医药大学学报 | 1990,(2):18 |
| 试论中医对人格气质的分类——阴阳二十五人 | 党　文等 | 山西中医 | 1990,(2):8 |
| 《黄帝内经》论梦与现代梦学研究 | 叶文俊 | 中医药信息 | 1990,(2):10 |
| 谈式占、八卦与洛书——《灵枢经·九宫八风篇》读后记 | 王兴业 | 周易研究 | 1990,(2):21 |
| 《黄帝内经》临床医学思想初探 | 郭教礼 | 甘肃中医学院学报 | 1990,(3):6 |
| 从婴儿出生时间和性别探讨《内经》天人相应规律 | 连维真等 | 辽宁中医杂志 | 1990,(3):3 |
| 中医基础理论中的物候观念 | 郝葆华 | 陕西中医学院学报 | 1990,(3):10 |
| 《内经》历法初探 | 张毅之 | 天津中医学院学报 | 1990,(3):2 |
| 试论张介宾的学术思想与医学成就 | 戴月笙 | 福建中医药 | 1990,(4):23 |
| 中国妇科学的源流和发展 | 罗元恺 | 广州中医药大学学报 | 1990,(4):197 |
| 《黄帝内经》的整体观模式及其评价 | 赵　博 | 贵阳中医学院学报 | 1990,(4):1 |
| 论《黄帝内经》取象比类的方法 | 奕　皓 | 湖南师范大学教育科学学报 | 1990,(4):1 |
| 试析中医康复学的基本观点 | 项　平等 | 南京中医药大学学报（自然科学版） | 1990,(4):1 |
| 《黄帝内经》临床医学思想初探 | 郭教礼等 | 陕西中医学院学报 | 1990,(4):1 |
| 中国是现代免疫学的故乡 | 陈　明 | 社会科学战线 | 1990,(4):55 |
| 《内经》真气学说及其调理法则 | 郭振球 | 实用中医药杂志 | 1990,(4):27 |
| 《内经》医德思想初探 | 朱方石 | 中医药学报 | 1990,(4):1 |
| 关于中医整体观念及其新构架的初步探讨 | 黄景贤 | 国医论坛 | 1990,(5):18 |
| 《黄帝八十一难经》的学术思想 | 凌耀星 | 上海中医药杂志 | 1990,(5):37 |
| 中医动静观刍议 | 刘　星 | 山西中医 | 1990,(6):1 |
| 试论用传统方法研究中医 | 杜登岭 | 现代中医药 | 1990,(6):9 |
| 微观辨证学研究的回顾与展望 | 郭振球 | 中医药信息 | 1990,(6):5 |
| 中医学免疫思想初探 | 刘华为等 | 陕西中医 | 1990,(7):309 |
| 试论天体变化与人体的关系 | 刘陆四 | 陕西中医 | 1990,(11):503 |
| 试论'种子'之道 | 沈琦芳 | 辽宁中医杂志 | 1990,(12):6 |
| 整体观念内涵补遗 | 任娟莉 | 陕西中医 | 1990,(12):565 |
| 《内经》心脉学说初探 | 王建康 | 安徽中医学院学报 | 1991,(1):8 |
| 论中医对优生学的贡献 | 张克尘 | 湖北民族学院学报（医学版） | 1991,(1):32 |
| 中国传统保健哲学对未来体育发展的意义 | 熊晓正 | 体育科学 | 1991,(1):23 |
| 祖国医学中的临床心理学思想 | 樊　群 | 中医研究 | 1991,(1):7 |
| 《内经》理论体系纲要(四)——《内经》理论体系的生命物质观 | 程士德 | 中医药学刊 | 1991,(1):2 |
| 《内经》热病理论及其对后世的影响(一) | 时振声 | 中医药学刊 | 1991,(1):5 |
| 中医基本理论体系有关问题的探讨 | 欧阳锜 | 中医药研究 | 1991,(1):13 |
| 试论祖国医学对疾病预测的探索 | 张永洛 | 国医论坛 | 1991,(2):26 |
| "黄帝归藏易医学"的提出及其基本内容 | 于卫东等 | 南京中医药大学学报（自然科学版） | 1991,(2):108 |

| | | | |
|---|---|---|---|
| 咽津说 | 赵方杰 | 青海师专学报 | 1991,(2):94 |
| 七篇大论中自稳调节规律初探 | 张　齐 | 中华中医药杂志 | 1991,(2):5 |
| 金元以前急症学发展概要 | 庞春生等 | 中医研究 | 1991,(2):41 |
| 《内经》的"比类"释 | 孙良佐 | 中医研究 | 1991,(2):48 |
| 《内经》理论体系纲要(五)——《内经》理论体系的生命物质观 | 程士德 | 中医药学刊 | 1991,(2):2 |
| 《内经》热病理论及其对后世的影响(二) | 时振声 | 中医药学刊 | 1991,(2):6 |
| 试论《黄帝内经》的逻辑思维特征 | 赵　博 | 成都中医药大学学报 | 1991,(3):44 |
| 论《内经》整体观模式中基本范畴的涵义——兼答张广修先生 | 赵　博 | 贵阳中医学院学报 | 1991,(3):56 |
| 也谈《黄帝内经》的整体观模式——与赵博同志商榷 | 张广修 | 贵阳中医学院学报 | 1991,(3):54 |
| 中国药膳简史及其现实意义 | 谢宝忠等 | 贵阳中医学院学报 | 1991,(3):10 |
| 试析《内经》中的疾病概念 | 朱文锋 | 湖南中医学院学报 | 1991,(3):1 |
| 《内经》康复医学初探 | 孙　桐等 | 南京中医药大学学报(自然科学版) | 1991,(3):133 |
| 论"天人合一"说 | 薛公忱 | 中医研究 | 1991,(3):3 |
| 中医男科学发展近况 | 李胜利等 | 中医药临床杂志 | 1991,(3):45 |
| 《内经》理论体系纲要(六)——《内经》理论体系的生命对立统一观 | 程士德 | 中医药学刊 | 1991,(3):2 |
| 《内经》热病理论及其对后世的影响(三) | 时振声 | 中医药学刊 | 1991,(3):6 |
| 秦伯未先生学术思想初探 | 欧阳星 | 甘肃中医 | 1991,(4):7 |
| 医疗营养与饮食护理(1) | 陈霞飞 | 护士进修杂志 | 1991,(4):4 |
| 气学理论源流及《内经》气学理论的研讨 | 张登本 | 陕西中医学院学报 | 1991,(4):1 |
| 中国医学源流导论(一) | 李华安 | 泰山医学院学报 | 1991,(4):406 |
| 中医妇产科历史的回顾和展望 | 罗元恺 | 天津中医学院学报 | 1991,(4):10 |
| 从中医传统学术发展规律中寻求规范化的途径 | 匡萃璋 | 中华中医药杂志 | 1991,(4):53 |
| 《内经》理论体系纲要(七)——《内经》理论体系的形神统一观 | 程士德 | 中医药学刊 | 1991,(4):2 |
| 《内经》热病理论及其对后世的影响(四) | 时振声 | 中医药学刊 | 1991,(4):4 |
| 评张锡纯大气论 | 杨扶国 | 福建中医药 | 1991,(5):5 |
| 全息理论在中医学中的应用 | 杨天权 | 辽宁中医杂志 | 1991,(5):45 |
| "阴阳自和"说的科学价值及临床意义 | 薛雨芳等 | 山东中医药大学学报 | 1991,(5):2 |
| 《内经》的生命观 | 杨毓隽 | 天津中医药 | 1991,(5):40 |
| 《内经》男科学思想探讨 | 张登本 | 现代中医药 | 1991,(5):3 |
| 浅评罗天益的学术思想 | 杨天荣 | 北京中医 | 1991,(6):39 |
| 论张仲景的天人观 | 汪栋材 | 国医论坛 | 1991,(6):7 |
| 伏气学说简论 | 陈　文 | 中医药学报 | 1991,(6):16 |
| 《内经》理论中的心身关系浅述 | 茹永新 | 陕西中医 | 1991,(8):380 |
| 《内经》的执中思想与中医学立论基础 | 温长路 | 医学与哲学(人文社会医学版) | 1991,(9):33 |
| 祖国医学与免疫 | 刘荩文 | 辽宁中医杂志 | 1991,(10):4 |
| 心身医学的概念与演变 | 刘增垣 | 中国医师进修杂志 | 1991,(11):45 |
| 论中医学的天人相应系统观 | 表行书 | 医学科技 | 1992,(00):86 |
| 论开合枢机理在《伤寒论》中的运用 | 刘力红等 | 广西中医药 | 1992,(1):29 |
| 标本中从化与六经气化学说 | 林　飞 | 湖北中医杂志 | 1992,(1):27 |
| 刘河间"郁结"理论初探 | 刘晓庄 | 江西中医学院学报 | 1992,(1):2 |

| | | | |
|---|---|---|---|
| 中医理论中物侯观念的特殊性及其研究意义 | 郝葆华等 | 陕西中医学院学报 | 1992,(1):4 |
| 从"不失人情"谈中医特色 | 曾斌芳 | 新疆中医药 | 1992,(1):51 |
| 三才思维模式与《内经》理论体系 | 朱现平 | 中医研究 | 1992,(1):10 |
| 试析《伤寒论》治疗学思想 | 徐国龙 | 安徽中医学院学报 | 1992,(2):2 |
| 中医学伦理思想 | 曲　峰 | 道德与文明 | 1992,(2):23 |
| 论开合枢机理在《伤寒论》中的运用(续完) | 刘力红等 | 广西中医药 | 1992,(2):34 |
| 中医的中和体育原理(新的医学如何产生) | 陈立夫 | 贵阳中医学院学报 | 1992,(2):1 |
| 《内经》免疫学思想探析 | 朱方石 | 山西中医 | 1992,(2):1 |
| 叶天士"先安未病"思想探要 | 王玉生 | 陕西中医 | 1992,(2):92 |
| 红细胞免疫时辰变化与中医"天人相应"学说 | 骆永珍等 | 云南中医学院学报 | 1992,(2):15 |
| 汉代以前易学关于自然变化观念的演化 | 李树菁 | 自然辩证法研究 | 1992,(2):66 |
| 浅谈陈修园对脉学的成就 | 戴月笙 | 福建中医药 | 1992,(3):34 |
| 陈无择对病因学的贡献 | 庄奕周 | 福建中医药 | 1992,(3):26 |
| 浅议中医学"取象比类"的思维方式 | 孙元化 | 甘肃中医学院学报 | 1992,(3):53 |
| 简析《内经》思维方式的逻辑特征 | 赵　博 | 贵阳中医学院学报 | 1992,(3):3 |
| 试析中华传统正邪医学理论的辩证法 | 曲　峰 | 青海社会科学 | 1992,(3):43 |
| 中医康复医学思想方法浅谈 | 刘明武 | 新疆中医药 | 1992,(3):18 |
| 试论杨上善对针灸学的贡献 | 张载义 | 安徽中医学院学报 | 1992,(4):10 |
| 任应秋教授的医学贡献 | 张　吉等 | 甘肃中医学院学报 | 1992,(4):54 |
| 女子以肝为先天之理论探研 | 潘文奎 | 山西中医 | 1992,(4):1 |
| 中医急症学研究的思考 | 李树铭等 | 医学与哲学(人文社会医学版) | 1992,(4):36 |
| 中医基础理论对眼科临床护理的指导 | 陈淑华 | 中国中医眼科杂志 | 1992,(4):253 |
| 试探"法于阴阳,和于术数"的《易》学思想 | 林中慈 | 周易研究 | 1992,(4):66 |
| 张仲景对《内经》妇科学术的继承与发扬 | 容小翔 | 广西中医药 | 1992,(6):37 |
| 儒学与中医学中的"天人合一" | 金耀荣 | 河北学刊 | 1992,(6):37 |
| 《内经》饮食保健思想探幽 | 朱方石 | 中医药学刊 | 1992,(6):2 |
| 《内经》气质学说初探 | 饶宏孝 | 上海中医药杂志 | 1992,(8):38 |
| 干祖望医话(六)——"天人合一"学说是中医的精髓吗 | 干祖望 | 辽宁中医杂志 | 1992,(9):25 |
| 中医心理学浅见 | 吴成修等 | 川北医学院学报 | 1993,(1):69 |
| 从历史发展角度谈寒温统一 | 王正直 | 国医论坛 | 1993,(1):22 |
| 如何认识女子先天之争 | 陈立怀 | 吉林中医药 | 1993,(1):36 |
| 谈谈《黄帝内经》中的心理治疗学观点 | 汪春香 | 中国交通医学杂志 | 1993,(1):81 |
| 浅析《内经》妇科生理病理观 | 武天立 | 山西中医 | 1993,(2):10 |
| 试论"男左女右说"的中医学意义 | 林朗晖等 | 陕西中医 | 1993,(2):19 |
| 中国古代关于健康心理学思想的探讨 | 王极盛 | 心理科学进展 | 1993,(2):7 |
| "阴阳平衡"与"非平衡稳态" | 曲　峰 | 新疆中医药 | 1993,(2):11 |
| 中医心理学概观 | 周天祺 | 新疆中医药 | 1993,(2):54 |
| 论《内经》的系统观 | 赵建宛 | 信阳师范学院学报(自然科学版) | 1993,(2):242 |
| 张介安学术经验点滴 | 王抗美 | 北京中医 | 1993,(3):5 |
| 《黄帝内经》的唯物论思想 | 周桂钿 | 甘肃社会科学 | 1993,(3):18 |
| 中医体质学说对疾病预防的指导作用 | 王前飞等 | 辽宁中医杂志 | 1993,(3):15 |
| 《内经》直觉与意向思维的特征 | 洪素兰等 | 中医研究 | 1993,(3):8 |
| 论"通" | 马邦义 | 中医研究 | 1993,(3):7 |
| 仲景腹证研究 | 王永庆等 | 中医药学报 | 1993,(3):52 |

| | | | |
|---|---|---|---|
| 古代中医医德探析 | 吴锦明 | 安徽中医学院学报 | 1993,(4):52 |
| 略论《内经》中的神用观与治神观 | 马玉林 | 甘肃中医学院学报 | 1993,(4):2 |
| 辨证施治的控制艺术 | 陈德成等 | 吉林中医药 | 1993,(4):48 |
| 试论赵献可对《黄帝内经》命门学说的研究成就 | 项 祺 | 山西中医 | 1993,(4):2 |
| "医不三世,不服其药"新证 | 朱伟常 | 上海中医药杂志 | 1993,(4):44 |
| 试析中医学理论中的平衡思想 | 夏建华 | 中医研究 | 1993,(4):11 |
| 谈《金匮要略》的天人相应观 | 赵云芳等 | 中医药学刊 | 1993,(4):12 |
| 全息论思想在中医理论中的作用及影响 | 焦敬君等 | 新中医 | 1993,(5):11 |
| 中医理论中的现代健康教育思想 | 陈 颖 | 中国健康教育 | 1993,(5):34 |
| 《咽胆相应》理论及其临床意义 | 许士骠 | 上海中医药杂志 | 1993,(7):37 |
| 对中医基础理论中若干基本概念的浅识 | 杨麦青等 | 医学与哲学(人文社会医学版) | 1993,(8):45 |
| 生物全息律中上下交叉对应规律初探 | 张斯特等 | 针灸临床杂志 | 1993,(Z1):7 |
| 略论《黄帝内经》对发病学的贡献 | 徐树槐等 | 大理医学院学报 | 1994,(1):39 |
| 对东垣学术思想的理解和运用 | 韩先知 | 甘肃中医学院学报 | 1994,(1):13 |
| 伤寒六经气化学说寻根——六经气化简论之一 | 郝印卿 | 山西中医 | 1994,(1):52 |
| 《黄帝内经》中的心身关系问题 | 程 伟 | 医学与哲学 | 1994,(1):37 |
| 论中医儿科传统康复学的理论基础与特点 | 吕敏华等 | 中国医药学报 | 1994,(1):17 |
| 中医典籍中有关"胎儿教育"的理论与实践 | 姬可平 | 中国优生与遗传杂志 | 1994,(1):135 |
| 女子两先天说 | 马建中 | 中医药研究 | 1994,(1):7 |
| 中国古代医学对呼吸、循环机理认识之误 | 廖育群 | 自然辩证法通讯 | 1994,(1):42 |
| 试论中医内环境学说的理论基础 | 侯 茗等 | 长春中医学院学报 | 1994,(2):6 |
| 中医心理学思想浅探 | 严 玲 | 河北中医 | 1994,(2):45 |
| 《黄帝内经》中的心理思想管窥 | 杨印坤等 | 青海医学院学报 | 1994,(2):40 |
| 痰瘀相关学说的形成和发展 | 于俊生 | 山东中医药大学学报 | 1994,(2):127 |
| 中医体质学说的研究现状与展望 | 王 琦 | 山东中医药大学学报 | 1994,(2):74 |
| 浅谈《内经》"中知人事"论的心理思想 | 杨印坤等 | 现代中西医结合杂志 | 1994,(2):4 |
| 《内经》"重阳观"归原 | 韩 蔚 | 新疆中医药 | 1994,(2):10 |
| 我国古代的卫生保健思想评述 | 田立言 | 浙江中医杂志 | 1994,(2):82 |
| 大自然"配五规律"论 | 徐心源 | 中国医药学报 | 1994,(2):13 |
| 《内经》食疗与疾病之初探 | 汤于嘉等 | 中医药学刊 | 1994,(2):8 |
| 我国古代性学的研究普及和道德观 | 李兴民 | 道德与文明 | 1994,(3):44 |
| 痰淤同源学说研究运用述评 | 邱美和 | 甘肃中医 | 1994,(3):47 |
| 中医老年学概述 | 陈可冀等 | 光明中医 | 1994,(3):3 |
| 《易》与中医变蒸、天癸学说 | 刘 鸣 | 国医论坛 | 1994,(3):9 |
| 脾胃论治学术思想源流 | 傅景华等 | 河北中医 | 1994,(3):1 |
| 中医五音理论及其科学价值 | 范启霞 | 陕西中医学院学报 | 1994,(3):3 |
| 五季初探 | 李 敏等 | 现代中医药 | 1994,(3):9 |
| 浅谈医德医风与疾病的关系 | 李建英等 | 中国基层医药 | 1994,(3):111 |
| 试论推拿医籍的特点 | 廖品东等 | 按摩与导引 | 1994,(4):37 |
| 《内经》体质学说探源 | 周素娥等 | 广西中医药 | 1994,(4):38 |
| 圆道观与针灸学说 | 符仲华 | 南京中医药大学学报 | 1994,(4):44 |
| 从耗散结构理论看七情学说 | 郭 蕾等 | 山东中医药大学学报 | 1994,(4):228 |
| 伤寒六经气化学说寻根——六经气化简论之一(续) | 郝印卿 | 山西中医 | 1994,(4):46 |
| 略论《内经》对先秦气思想的继承和发展 | 卓同年等 | 新疆中医药 | 1994,(4):57 |
| 中医学之梦幻认识史考略 | 洪必良 | 中华医史杂志 | 1994,(4):24 |

| | | | |
|---|---|---|---|
| 《内经》因果逻辑初探 | 刘奇贵 | 甘肃中医 | 1994,(5):3 |
| 《内经》体质学说探源(续完) | 周素娥等 | 广西中医药 | 1994,(5):36 |
| 中医脾胃病学发展概略 | 王晓鹤等 | 山西中医 | 1994,(5):49 |
| 体质与伤寒六经病传变关系的探讨 | 李延斌 | 国医论坛 | 1994,(6):8 |
| 论干祖望教授宗《内经》辨证论治思想 | 张泽民 | 辽宁中医杂志 | 1994,(7):301 |
| 中医耳鼻喉科发展漫议 | 干祖望 | 山东中医杂志 | 1994,(8):375 |
| 中医情志病与中国心身医学 | 李开乐 | 医学与哲学 | 1994,(9):19 |
| 血液循环发现史研究的哲学思考 | 许　红 | 医学与哲学 | 1994,(9):44 |
| 石氏治伤　经络为纲 | 石凤霞 | 上海中医药杂志 | 1994,(11):14 |
| 《内经》关于心身疾病的论述 | 莎兰 | 内蒙古中医药 | 1994,(S1):121 |
| 论张仲景与张元素学术思想的内在联系 | 董泽宏 | 北京中医药大学学报 | 1995,(1):17 |
| 中医治疗内科急症的过去、现在和将来 | 南　征等 | 长春中医学院学报 | 1995,(1):3 |
| 祖国医学心理学管窥 | 刘　芳等 | 长春中医学院学报 | 1995,(1):23 |
| 《内经》"气血以流"观刍言 | 王光晃 | 甘肃中医学院学报 | 1995,(1):6 |
| 察性理之偏而夺之——朝医学"脏腑性理说"浅谈 | 图　娅 | 家庭中医药 | 1995,(1):13 |
| 梦·象征——《内经》释梦与精神分析学说 | 曲黎敏 | 家庭中医药 | 1995,(1):30 |
| 略论我国古代胎教学说的起源和发展 | 贺云侠 | 南京人口管理干部学院学报 | 1995,(1):50 |
| 太极与中医学理论 | 孟庆云 | 中国医药学报 | 1995,(1):19 |
| 具象思维是中医学基本的思维形式 | 刘天君 | 中国中医基础医学杂志 | 1995,(1):33 |
| 试论祖国医学中的升降学说 | 韩金生 | 中医药学刊 | 1995,(1):20 |
| 中医伦理思想探析 | 李　珑 | 安徽中医学院学报 | 1995,(2):5 |
| 《内经》心理学思想与心身医学之比较 | 于璟玲 | 北京中医药大学学报(中医临床版) | 1995,(2):36 |
| 重胃气思想浅析 | 高英梅等 | 长春中医学院学报 | 1995,(2):8 |
| 试论《内经》标本含义中的哲学思想 | 刘香蕊等 | 河北中医药学报 | 1995,(2):28 |
| 《内经》营养学成就初探 | 滕佳琳等 | 山东中医药大学学报 | 1995,(2):102 |
| 《内经》标本源流探讨 | 邢玉瑞 | 陕西中医学院学报 | 1995,(2):4 |
| 论中国古代的健康观 | 谭　华 | 四川体育科学 | 1995,(2):1 |
| 浅谈中医心理学与肥胖的关系 | 周龙标 | 医古文知识 | 1995,(2):15 |
| 至道在微——《黄帝内经》的全息观 | 孟庆云 | 中国中医基础医学杂志 | 1995,(2):11 |
| 天作地合,人其一也——试析中医理论底蕴"泛生态医学规律"的总结和适应原理 | 马伯英 | 中国中医基础医学杂志 | 1995,(2):8 |
| 中医学的小儿变蒸学说 | 孟玉荣 | 中国中医基础医学杂志 | 1995,(2):21 |
| 《内经》关于人性及气质说略 | 齐群长等 | 中医文献杂志 | 1995,(2):13 |
| 秦汉颅脑解剖在《内经》医学理论创立中的作用 | 严健民 | 自然科学史研究 | 1995,(2):162 |
| 赵献可对命门学说的发挥 | 马吉华等 | 安徽中医学院学报 | 1995,(3):7 |
| 浅论中医精神康复 | 陈　良等 | 四川精神卫生 | 1995,(3):213 |
| 中医辨证施护的心理学特色 | 王桂英 | 中国医药学报 | 1995,(3):42 |
| 《内经》的理论体系探讨 | 戴常虹 | 周口师范学院学报 | 1995,(3):76 |
| 《内经》虚实理论中有无说辨 | 张西俭 | 北京中医药大学学报 | 1995,(4):12 |
| 邹学熹教授论太极含三为一法与《内经》 | | 成都中医药大学学报 | 1995,(4):1 |
| 干祖望趣味医话(37)——寤寤生 | 干祖望 | 辽宁中医杂志 | 1995,(4):183 |
| 眼科脏腑学说的种类与意义 | 于文洲等 | 山东中医药大学学报 | 1995,(4):230 |
| 试论《内经》理论思维的深层结构 | 陈笑平 | 四川中医 | 1995,(4):11 |
| "效"与"意"——辨证论治的两种主要思维方式 | 边集人 | 中国中医基础医学杂志 | 1995,(4):55 |

| | | | |
|---|---|---|---|
| 《灵枢·大惑论》开创了精神分析的先河 | 郑　一 | 中医药学报 | 1995,(4):3 |
| 《内经》之疾病传变思想探要 | 鲁昌源 | 中医药学刊 | 1995,(4):19 |
| 论张景岳对中风病的认识及贡献 | 李　岩 | 北京中医药大学学报 | 1995,(5):7 |
| 《内经》医学保健方法初探 | 张秀兰 | 滨州医学院学报 | 1995,(5):123 |
| 从《黄帝内经》、《子午流注》的哲学思想到现代科学——访陕西中医学院、西安李白清中医骨伤诊所名老中医李白清先生 | 马　峰 | 科技．人才．市场 | 1995,(5):54 |
| 论《黄帝内经》对妇科学的奠基作用 | 王应兰 | 南京中医药大学学报 | 1995,(5):13 |
| 金元四大家的"天人相应"观 | 张世英 | 中医药学报 | 1995,(5):7 |
| 浅谈《内经》对中医伤科学的理论指导 | 胡长风 | 中医药学刊 | 1995,(5):6 |
| 祖国医学的医德情感探要 | 杨容青 | 中医药学刊 | 1995,(5):30 |
| 刍议《内经》中的美容理论基础 | 邹志东 | 北京中医 | 1995,(6):42 |
| 中医学衰老机理思想的形成与发展 | 瞿延晖 | 光明中医 | 1995,(6):1 |
| 试谈祖国医学心理学思想 | 何世才 | 湖南中医药导报 | 1995,(6):59 |
| 论理人形述要 | 陈太羲 | 南京中医药大学学报 | 1995,(6):4 |
| 《素问》医德思想初探 | 尤舒彻等 | 山西中医 | 1995,(6):40 |
| "黄帝内经"的饮食观 | 董利昌 | 食品与健康 | 1995,(6):20 |
| 浅议中医对环境医学的认识 | 郑家铿 | 四川中医 | 1995,(6):9 |
| 《内经》意象思维探析 | 黄自元 | 上海中医药杂志 | 1995,(10):10 |
| 《内经》中的心身医学思想 | 郭延东等 | 医学与哲学 | 1995,(10):537 |
| 略论《内经》有关儿科的论述与后世的发展 | 张新渝 | 新中医 | 1995,(11):4 |
| 谈谈中医护理的整体观 | 周新华 | 江西中医药 | 1995,(S3):73 |
| 《内经》正邪离合论与中医病邪理论的气化观 | 宫锡杭等 | 甘肃中医学院学报 | 1996,(1):3 |
| 《灵枢经》论医德 | 尤舒彻等 | 山西中医 | 1996,(1):43 |
| 《内经》与中国古代的精神病学 | 郭丽娃等 | 北京中医 | 1996,(2):48 |
| 对中医身心护理的认识及体会 | 朱益芳 | 贵阳中医学院学报 | 1996,(2):46 |
| 试论"天人相应"的全息相关 | 杜小林 | 山东医科大学学报（社会科学版） | 1996,(2):20 |
| 对《内经》中有关眼论的看法 | 赵经梅 | 中国中医眼科杂志 | 1996,(2):114 |
| 浅析祖国医学的心理卫生思想 | 朱志珍等 | 中医药信息 | 1996,(2):6 |
| 中国古代论病理知觉 | 房家毅 | 河北中医药学报 | 1996,(3):18 |
| "一分为二"观念的起源 | 朱炳祥等 | 华中师范大学学报（哲学社会科学版） | 1996,(3):54 |
| 中医整体观新解 | 齐任水 | 实用中医药杂志 | 1996,(3):38 |
| 《黄帝内经》辨证思想探微 | 徐锦中 | 云南师范大学学报（哲学社会科学版） | 1996,(3):75 |
| 《内经》医疗气象学探析 | 陈智明 | 中医药学刊 | 1996,(3):4 |
| 《黄帝内经》中的取象比类方法述要 | 李益生 | 中医药学刊 | 1996,(3):2 |
| 对妇产科领域瘀血与化瘀学说的探讨 | 胡玉玲 | 长春中医学院学报 | 1996,(4):5 |
| 《黄帝内经》药学思想探析 | 李祖伦 | 成都中医药大学学报 | 1996,(4):2 |
| 解剖与医学的关系 | 陈菊峰 | 中医教育 | 1996,(4):45 |
| 从《内经》血液循环思想的提出看中医理论建立的一般模式 | 涂瑶生等 | 中医药学报 | 1996,(4):6 |
| 《内经》"标本"关系探要 | 程维克等 | 中医药学刊 | 1996,(4):2 |
| 评尤在泾"煎厥即热厥"之误 | 王鹤龄 | 国医论坛 | 1996,(5):42 |
| 《内经》耳鼻咽喉科理论探析 | 钱　丽 | 南京中医药大学学报 | 1996,(5):8 |

| | | | |
|---|---|---|---|
| 研究和发展现代天人相应论 | 祝世讷 | 山东中医药大学学报 | 1996,(5):3 |
| 谈祖国医学理论体系中整体的辨证法思想 | 王联庆 | 吉林中医药 | 1996,(6):46 |
| 《内经》心理治疗学思想探要 | 简　晖 | 江西中医药 | 1996,(6):41 |
| 医食同源辨析 | 高梦鲤 | 中医药研究 | 1996,(6):8 |
| 《内经》壮火少火理论应用研究 | 谭一松等 | 江苏中医 | 1996,(8):45 |
| 《内经》天地人时医学模式初探 | 陈淮民 | 陕西中医 | 1996,(9):409 |
| 浅论《素问·疏五过论》重视心理因素及其现实意义 | 李德胜等 | 内蒙古中医药 | 1996,(S1):136 |
| 生命的"二体三用"模型 | 张其成 | 北京中医药大学学报 | 1997,(1):24 |
| 中国古代的护理思想和实践 | 刘燕萍等 | 当代护士 | 1997,(1):33 |
| 李斯炽教授《素问玄机原病式探讨》的学术特色 | 陈　钢 | 甘肃中医学院学报 | 1997,(1):9 |
| 中医性学源流论稿(二) | 张曼诚 | 贵阳中医学院学报 | 1997,(1):4 |
| 略论小儿体质"三说" | 郑启仲 | 河南中医 | 1997,(1):3 |
| 浅谈子午流注理论 | 张立侠等 | 吉林中医药 | 1997,(1):48 |
| 理学"仁"的观念与传统医学 | 徐仪明 | 开封大学学报 | 1997,(1):100 |
| "七、五、三"奇数律与女性生殖机能中阴阳演变的关系 | 夏桂成 | 南京中医药大学学报(自然科学版) | 1997,(1):7 |
| 浅谈《内经》中眼科学术思想 | 高卫萍 | 天津中医学院学报 | 1997,(1):5 |
| 形与神俱,而尽终其天年——《内经》对医目的论述及中医学发展 | 孟庆云 | 医学与哲学 | 1997,(1):27 |
| 伏邪学说述评 | 朱松生 | 浙江中医学院学报 | 1997,(1):22 |
| 脾胃学说求正两题 | 俞尚德 | 浙江中医学院学报 | 1997,(1):39 |
| 从《内经》谈医患关系 | 李　辉等 | 中医教育 | 1997,(1):35 |
| 论《黄帝内经》对推拿学的贡献 | 周运峰 | 河南中医药学刊 | 1997,(2):33 |
| 心理卫生与人的健康关系探赜 | 李吉初 | 湖南社会科学 | 1997,(2):65 |
| 论五季的因地划分及相应的发病规律 | 岳沛平等 | 南京中医药大学学报(自然科学版) | 1997,(2):8 |
| 浅谈中医药是完整的自然疗法科学体系 | 张宇享 | 山东中医药大学学报 | 1997,(2):103 |
| 古代中国人的相关性思维 | 吾　淳 | 上海师范大学学报(哲学社会科学版) | 1997,(2):23 |
| 中医理论中的"时""数" | 黄建章 | 医古文知识 | 1997,(2):8 |
| 《内经》对老年期生理特征的认识 | 任晓湘等 | 安徽中医学院学报 | 1997,(3):8 |
| 方证从化学说与方证对应观——中日中医临床比较与发展 | 司端圣等 | 国外医学.中医中药分册 | 1997,(3):36 |
| 论中国古代释梦心理学思想 | 汪凤炎 | 南京师大学报(社会科学版) | 1997,(3):91 |
| 关于中医基础理论研究的思考 | 刘昭纯 | 山东中医药大学学报 | 1997,(3):14 |
| 《内经》"黄帝燕坐"的方法理论研究 | 姚铎中 | 现代养生 | 1997,(3):30 |
| 中国古代人格心理学思想 | 杨春晓 | 心理学动态 | 1997,(3):70 |
| 中国古代"知人"心理学思想 | 杨春晓 | 烟台师范学院学报(哲学社会科学版) | 1997,(3):73 |
| 《黄帝内经》的人学思想探析 | 李怀之 | 医古文知识 | 1997,(3):12 |
| 中国古代的释梦心理思想 | 燕良轼 | 长沙电力学院学报(社会科学版) | 1997,(4):44 |
| 浅谈全息脏象体质医学 | 李永升等 | 甘肃中医 | 1997,(4):10 |
| 论中医学与心理学结合的意义与启示 | 荀振芳等 | 河南中医药学刊 | 1997,(4):4 |
| 简评心手相师论 | 李翔龙 | 黑龙江社会科学 | 1997,(4):79 |

| | | | |
|---|---|---|---|
| 关于七情学说研究几个概念诠释 | 韩成仁 | 山东中医药大学学报 | 1997,(4):15 |
| 温病膜原论初探 | 魏玉琦 | 天津中医学院学报 | 1997,(4):2 |
| 中医护理学历史概述 | 傅维康 | 医古文知识 | 1997,(4):24 |
| 试析《内经》康复医学思想及其影响 | 刘昭纯 | 安徽中医学院学报 | 1997,(5):5 |
| 略论"伤寒"之意义 | 刘力红 | 广西中医药 | 1997,(5):41 |
| 《内经》与口腔医学 | 刘挺立等 | 山东中医药大学学报 | 1997,(5):33 |
| 七情的学术渊源与困境中的出路 | 乔明琦等 | 山东中医药大学学报 | 1997,(5):16 |
| 内经的心身医学雏型 | 周立群等 | 陕西中医 | 1997,(5):235 |
| 中国古代的神形观 | 江志刚等 | 中医研究 | 1997,(5):59 |
| 论"天人相应"与实践的关系 | 李洪斌 | 人天科学研究 | 1997,(6):15 |
| 分析《灵枢·本神》对思维过程的认识 | 蔡明德 | 云南中医中药杂志 | 1997,(6):28 |
| 《内经》"合心"说的启示 | 张光霁 | 浙江中医学院学报 | 1997,(6):6 |
| 中国传统医学论述胎教优生 | 韦　玲 | 中国优生与遗传杂志 | 1997,(6):123 |
| 济世救人的传统医德 | 非　韬 | 中华魂 | 1997,(6):40 |
| 试论《内经》血瘀理论 | 刘素蓉等 | 中医研究 | 1997,(6):5 |
| 临床医师与心身医学 | 刘书林 | 医学与哲学 | 1997,(7):34 |
| 《内经》里有两套"天人合一"观 | 干祖望 | 江苏中医 | 1997,(9):26 |
| 《内经》论医德 | 周朝进 | 上海中医药杂志 | 1997,(9):7 |
| 眼科玄府理论及其临床意义 | 梁凤鸣等 | 江苏中医 | 1997,(10):39 |
| 从"天人感应"到"人天感应"——"天人合一"的古今命运管窥 | 沈铭贤 | 哲学研究 | 1997,(10):57 |
| 中医与地理学 | 张　华 | 中学地理教学参考 | 1997,(11):47 |
| 对中医病理学证病概念的认识 | 陈小野 | 中医杂志 | 1997,(11):688 |
| 运用整体观点做好病人的精神护理 | 包卫华 | 内蒙古中医药 | 1997,(S1):137 |
| 开拓中医学的睡眠理论研究开拓 | 孟庆云 | 中国中医基础医学杂志 | 1997,(S3):3 |
| 《内经》睡眠营卫学说浅析 | 叶　旭 | 中国中医基础医学杂志 | 1997,(S3):10 |
| 《内经》中的营卫学说与睡眠障碍 | 刘　进等 | 中国中医基础医学杂志 | 1997,(S3):8 |
| 睡眠医学研究与中医学的参与 | 刘艳骄 | 中国中医基础医学杂志 | 1997,(S3):4 |
| 《内经》气血理论对临床的指导意义 | 桑　曜等 | 长春中医学院学报 | 1998,(1):2 |
| 六经气化学说形成及评价 | 梁华龙 | 河南中医 | 1998,(1):12 |
| 论中医诊治中的"人与自然"观 | 蒋士生 | 湖南中医杂志 | 1998,(1):4 |
| 谈《黄帝内经》中的衣食观 | 乔　杰 | 家庭中医药 | 1998,(1):56 |
| 子午流注机制探讨 | 仲伟臣等 | 山东中医杂志 | 1998,(1):9 |
| 构筑中医学理论体系的思维模式(二) | 于铁成 | 天津中医学院学报 | 1998,(1):46 |
| 《内经》日月地与人关系研究进展 | 赵燕平 | 现代中医药 | 1998,(1):30 |
| 《内经》上下升降理论初探 | 樊新荣 | 现代中医药 | 1998,(1):29 |
| 试论"天人关系"观的合理性 | 李新钟 | 浙江中医杂志 | 1998,(1):41 |
| 中医对皮肤病的理论探讨 | 刘国英等 | 中国社区医师 | 1998,(1):30 |
| 《内经》"六合"与二合的中医人体结构观 | 吕宜民 | 中国中医基础医学杂志 | 1998,(1):15 |
| 祖国医学中的心理学思想探微 | 阎秀云 | 中医药学刊 | 1998,(1):51 |
| 论《内经》的整体恒动观(上) | 黄秉枢等 | 遵义医学院学报 | 1998,(1):19 |
| 伏气温病学说《内经》探源 | 杨钦河 | 安徽中医学院学报 | 1998,(2):8 |
| 试论中医学在康复医学中的贡献 | 梁润英 | 河南中医学院学报 | 1998,(2):6 |
| 中医饮食医学理论探讨 | 郑为超 | 淮南工业学院学报(自然科学版) | 1998,(2):73 |
| 中国古代的性观念 | 王　立 | 家庭中医药 | 1998,(2):37 |

| | | | |
|---|---|---|---|
| 五音在医学方面应用刍议 | 王军瑞 | 青海医学院学报 | 1998,(2):43 |
| 构筑中医学理论体系的思维模式(三) | 于铁成 | 天津中医学院学报 | 1998,(2):41 |
| 以《内经》心理学思想指导儿科辨证论治的探索 | 张　铁等 | 中国中医基础医学杂志 | 1998,(2):55 |
| 古代中医生育学说管窥 | 傅桂梅等 | 中医研究 | 1998,(2):4 |
| 论张锡纯之大气理论 | 杜　琳 | 长春中医学院学报 | 1998,(3):1 |
| 试谈《内经》对疼痛的认识 | 邵河清 | 光明中医 | 1998,(3):11 |
| 人中 | 干祖望 | 江苏中医药 | 1998,(3):33 |
| 伏气温病学说源流初探 | 杨钦河等 | 南京中医药大学学报(自然科学版) | 1998,(3):5 |
| “天人相应”与133例冠心病发病时间节律分析 | 金亚明 | 上海中医药杂志 | 1998,(3):12 |
| 构筑中医学理论体系的思维模式(四) | 于铁成 | 天津中医学院学报 | 1998,(3):52 |
| 从《黄帝内经》谈天人相应思想的方法论 | 王振海等 | 中国医药学报 | 1998,(3):20 |
| 《黄帝内经素问》天人相应理论对耳鼻喉科指导作用 | 张守杰等 | 中国中西医结合耳鼻咽喉科杂志 | 1998,(3):155 |
| 试论《内经》整体观和现代医学模式的关系 | 张　鰲 | 中医文献杂志 | 1998,(3):14 |
| 《内经》中“女七”“男八”周期的天文解释 | 杨正瓴 | 中医杂志 | 1998,(3):187 |
| 中医心理学在疏肝达志法中的表现 | 储崇华 | 安徽医学 | 1998,(4):67 |
| 浅谈《内经》对推拿临床的指导意义 | 朱庆军 | 河北中医药学报 | 1998,(4):39 |
| 中国人体解剖史探源 | 严健民 | 湖南中医学院学报 | 1998,(4):62 |
| 古而不老的中医平衡饮食 | 张　琴 | 家庭科技 | 1998,(4):30 |
| 古人心中的“思维”产生之处 | 干祖望 | 江苏中医 | 1998,(4):33 |
| 构筑中医学理论体系的思维模式(五) | 于铁成 | 天津中医学院学报 | 1998,(4):47 |
| 《内经》气血失调理论探析 | 龙明照等 | 现代中医药 | 1998,(4):1 |
| 论《内经》对妇产科发展的贡献 | 李　星 | 现代中医药 | 1998,(4):3 |
| 蛊——中国古代的细菌观 | 王礼贤 | 医古文知识 | 1998,(4):8 |
| 对伏邪理论的认识及临证体会 | 张允奕 | 北京中医 | 1998,(5):13 |
| 六经体质学说孳生及扩展 | 梁华龙 | 河南中医 | 1998,(5):5 |
| 《内经》论地理环境对人体的影响 | 吴颢昕 | 南京中医药大学学报(自然科学版) | 1998,(5):8 |
| 生命是时间的函数——《黄帝内经》中的“神转不回” | 孟庆云 | 中国中医基础医学杂志 | 1998,(5):9 |
| 食之有道 | 岳　文 | 中老年保健 | 1998,(5):33 |
| 《内经》伏气温病学说探源 | 杨钦河 | 甘肃中医 | 1998,(6):1 |
| 试论阴阳人格体质辨证 | 池晓玲等 | 青海医药杂志 | 1998,(6):54 |
| 《内经》“淫邪发梦”理论探析 | 张永平等 | 上海中医药杂志 | 1998,(6):38 |
| 《内经》肾实思想浅述 | 王华敬等 | 现代中医药 | 1998,(6):3 |
| 关于中国传统医学和美容疗法治疗原理的研究 | 森　和等 | 中国医药学报 | 1998,(6):65 |
| 心理健康与身体健康 | 陈素梅 | 中国农村小康科技 | 1998,(9):20 |
| 论中医邪理学的理论基础 | 陈锦荣 | 中国中医基础医学杂志 | 1998,(10):10 |
| 《内经》五方观念再认识 | 孙天胜 | 四川中医 | 1998,(11):6 |
| “天人相应”的生命观 | 吴忠祥 | 中国中医基础医学杂志 | 1998,(12):51 |
| 中医痛证理论发展之历程 | 孟庆云 | 中国中医基础医学杂志 | 1998,(S1):6 |
| “天人相应”与反馈 | 陈文棠等 | 中国生物医学工程学会医学物理分会第十次学术年会、中华医学会医学工程学分会第一次医疗设备科学管理研讨会论文集 | 1998:113 |
| 试论我国古代体育运动的心理学思想 | 徐万彬 | 德州学院学报 | 1999,(1):67 |
| 浅谈《内经》七情学说的学术特点 | 杨志敏等 | 福建中医药 | 1999,(1):19 |

| | | | |
|---|---|---|---|
| 从《儒门事亲》试论张从正对《内经》情志病理论的运用 | 钱会南 | 甘肃中医 | 1999,(1):2 |
| 中医学理论体系的结构及特点 | 孟庆云 | 江苏中医 | 1999,(1):3 |
| 中医理论的实质探讨(一) | 贾得道 | 山西中医 | 1999,(1):38 |
| 优生年龄与天人观浅说 | 杨正瓴等 | 天津中医学院学报 | 1999,(1):7 |
| 中医体质学说与朝医四象人学说浅析 | 金香淑等 | 中国民族医药杂志 | 1999,(1):34 |
| 《内经》有关衰老性病变的认识 | 薛雨芳 | 中医文献杂志 | 1999,(1):19 |
| 《内经》与优生优育 | 鲁德洪 | 河南中医药学刊 | 1999,(2):5 |
| 浅谈中医"人与天地相应"的医学观 | 区永欣 | 岭南文史 | 1999,(2):46 |
| 中医理论的实质探讨(续2) | 贾得道 | 山西中医 | 1999,(2):48 |
| 中国古代思想中的天时观 | 张祥龙 | 社会科学战线 | 1999,(2):61 |
| 祖国医学与卫生防病 | 茅　权 | 现代预防医学 | 1999,(2):203 |
| 中医理论的发生学研究 | 李如辉 | 浙江中医学院学报 | 1999,(2):1 |
| 眼科玄府学说的形成及其机理探讨 | 李国新等 | 中国中医眼科杂志 | 1999,(2):41 |
| 保健时尚古今谈 | 王三虎 | 中华医史杂志 | 1999,(2):69 |
| 伏气学说的历史沿革 | 杨雨田等 | 中医文献杂志 | 1999,(2):10 |
| 正常人脉图变化与年龄性别关系研究 | 谢梦洲等 | 湖南中医杂志 | 1999,(3):14 |
| 无限深刻的宇宙天人观 | 蓝　星 | 健康科学 | 1999,(3):24 |
| 《内经》有关衰老性病变的认识 | 薛雨芳 | 南京中医药大学学报(自然科学版) | 1999,(3):8 |
| 中医理论的实质探讨(续3) | 贾得道 | 山西中医 | 1999,(3):40 |
| 略论《内经》中的医学道德观 | 段延萍等 | 陕西中医学院学报 | 1999,(3):18 |
| 中医痛证理论发展之历程 | 孟庆云 | 上海中医药杂志 | 1999,(3):5 |
| 杨上善论人与天地相应(上) | 刘长林 | 医古文知识 | 1999,(3):4 |
| 浅谈《内经》中的天地之至数 | 叶建红 | 中医函授通讯 | 1999,(3):20 |
| 对《内经》虚实的认识 | 凌湘力 | 中医药学报 | 1999,(3):7 |
| 《内经》时人关系初探 | 侯　岚 | 甘肃中医学院学报 | 1999,(4):7 |
| 中国古代预防医学的成就 | 王桂生 | 邯郸医学高等专科学校学报 | 1999,(4):267 |
| 古代中医道德观撷英 | 金淑琴等 | 河北中医药学报 | 1999,(4):14 |
| 《内经》学术思想的前瞻性与保守性 | 陈铁清 | 江汉大学学报(医学版) | 1999,(4):33 |
| 正虚邪实致衰老浅析 | 魏中海 | 山西中医 | 1999,(4):49 |
| 中医理论的实质探讨(续4) | 贾得道 | 山西中医 | 1999,(4):45 |
| 中医理论中的数学思维与方法初探——谈正切函数在中医五行学说中的应用 | 柳　尧 | 云南中医学院学报 | 1999,(4):51 |
| 漫谈"临证思维" | 杨诗德 | 中国医药学报 | 1999,(4):14 |
| 试论《内经》的全息思想 | 陈具伟等 | 中医文献杂志 | 1999,(4):11 |
| 结合《内经》谈"标本" | 张　煜等 | 湖北中医杂志 | 1999,(5):9 |
| 中医理论的实质探讨(续5) | 贾得道 | 山西中医 | 1999,(5):42 |
| 从实体到功能态演化的方向选择及评价 | 李如辉 | 浙江中医学院学报 | 1999,(5):1 |
| "无为"论 | 曹永庆 | 中国气功科学 | 1999,(5):30 |
| 试论《内经》升降出入理论 | 杨宝元 | 光明中医 | 1999,(6):3 |
| 中医理论的实质探讨(续6) | 贾得道 | 山西中医 | 1999,(6):33 |
| 《内经》研究"男性学"认识论探讨 | 董襄国 | 浙江中医学院学报 | 1999,(6):2 |
| 《内经》中的朴素模拟方法探要 | 林　雪 | 中医函授通讯 | 1999,(6):20 |
| 瘀血学说形成的断代刍议 | 梁天坚 | 中医药研究 | 1999,(6):3 |
| 谈谈《内经》志意学说 | 李维贤 | 中国中医基础医学杂志 | 1999,(7):8 |

| | | | |
|---|---|---|---|
| 浅议祖国医学中的时间与疾病 | 马欣达 | 国际医药卫生导报 | 1999,(8):42 |
| 中国传统的心理治疗理论与方法(三) | 邱鸿钟 | 国际医药卫生导报 | 1999,(8):44 |
| 中医理论体系的回顾与展望 | 何建升 | 陕西中医 | 1999,(8):355 |
| 从高昌妇女的健康长寿看我国古代中医理论中的生物心理社会医学思想 | 宋阿棣 | 医学与哲学 | 1999,(8):37 |
| 诠释生命现象中的气功理论 | 释德慈 | 中国气功科学 | 1999,(8):37 |
| 天人合一的光德功之谜 | 秦光德 | 中国气功科学 | 1999,(8):55 |
| 人类遗传学与中医学 | 丁维俊等 | 中国中医基础医学杂志 | 1999,(9):61 |
| 论时空观在中西医学中的差异 | 齐冬梅等 | 医学与哲学 | 1999,(10):38 |
| 与健康相关的生存质量和中医学 | 刘凤斌等 | 中国中医基础医学杂志 | 1999,(10):13 |
| 谈《内经》心理学思想特色 | 钱会南 | 辽宁中医杂志 | 1999,(11):492 |
| “通”字在中医药学中应用及其所代表学术思想刍议 | 徐杰军 | 时珍国医国药 | 1999,(11):881 |
| 论《内经》天人相应宇宙观 | 马烈光 | 四川中医 | 1999,(12):5 |
| 节气与生命科学 | 庄　苏 | 学会 | 1999,(12):46 |
| 论《内经》“司外揣内”的辨证法思想 | 苏　颖等 | 长春中医学院学报 | 2000,(1):3 |
| 试论《内经》之“人与天地相参” | 隋淑雪 | 吉林中医药 | 2000,(1):3 |
| 论升降出入 | 谭一松 | 南京中医药大学学报(自然科学版) | 2000,(1):5 |
| 中医理论的实质探讨(续7) | 贾得道 | 山西中医 | 2000,(1):43 |
| 中医心理学理论与实践初探 | 薛清梓 | 中国中医基础医学杂志 | 2000,(1):50 |
| 天人相应的原理内容及其价值旨要 | 黄兆鋆 | 中医函授通讯 | 2000,(1):4 |
| 中医伦理学思想实质之探讨 | 金淑琴等 | 中医教育 | 2000,(1):49 |
| 试论“戊己中央土”与“戊己分”的统一问题 | 李欣荣等 | 北京中医药大学学报(中医临床版) | 2000,(2):3 |
| 用唯物辨证法分析保健强身理论 | 刘文诚 | 韩山师范学院学报 | 2000,(2):89 |
| 《内经》“人与天地相参”说刍议 | 张灿珅 | 山东中医药大学学报 | 2000,(2):82 |
| 中医理论的实质探讨(续完) | 贾得道 | 山西中医 | 2000,(2):32 |
| 试论中医学重心轻脑学术取向形成之基础 | 张俊龙 | 山西中医学院学报 | 2000,(2):51 |
| 张仲景的医学气象学理论初探 | 窦志芳等 | 陕西中医学院学报 | 2000,(2):12 |
| 杨上善论人与天地相应(下) | 刘长林 | 医古文知识 | 2000,(2):6 |
| 《黄帝内经》的健康教育思想 | 陈瑞芳等 | 中国健康教育 | 2000,(2):8 |
| 源远流长范围广博的疡科 | 陈亮光等 | 中国中西医结合外科杂志 | 2000,(2):76 |
| 中医学理论体系建立的主要因素 | 王三虎 | 中华医史杂志 | 2000,(2):50 |
| 对我国古代传统医德的哲学思考 | 贾莉芝 | 中医药学报 | 2000,(2):5 |
| 方和谦保胃气安五脏的学术经验 | 范春琦 | 北京中医 | 2000,(3):3 |
| 《黄帝内经》的生命观思想探析 | 周　蓉等 | 大同医学专科学校学报 | 2000,(3):31 |
| 中国传统医学与护理学浅谈 | 刘崇敏 | 贵阳中医学院学报 | 2000,(3):41 |
| 《内经》中痰浊衰老相关性学说探析 | 文　彬等 | 江苏中医 | 2000,(3):3 |
| 中医体质学说的研究现状 | 刘良倚 | 江西中医药 | 2000,(3):55 |
| 中医学对骨折愈合的理论探讨 | 吴文虎 | 辽宁中医杂志 | 2000,(3):66 |
| 新感与伏邪学说研究 | 马　健 | 南京中医药大学学报(自然科学版) | 2000,(3):129 |
| 中医内科急症的回顾与展望(待续) | 阎润红等 | 山西中医学院学报 | 2000,(3):29 |
| 谈大气理论及其临床运用 | 卢荣奎等 | 现代中医药 | 2000,(3):1 |
| 中国食疗发展史探讨 | 李　斌 | 扬州大学烹饪学报 | 2000,(3):23 |
| 中医命门学说的发生学原理 | 李如辉 | 浙江中医学院学报 | 2000,(3):3 |

| | | | |
|---|---|---|---|
| 关于“整体观”的客观化研究——应用多变量解析法对“天人相应”论的科学探讨 | 森　和等 | 中国医药学报 | 2000,(3):62 |
| 中医体质学说研究面临的问题 | 朱　伟等 | 中国中医药信息杂志 | 2000,(3):1 |
| 中医整体护理初探 | 薛　敏等 | 中医药学报 | 2000,(3):10 |
| 《内经》的防病观及其现实意义 | 张文姝 | 黑龙江中医药 | 2000,(4):6 |
| 《内经》精神内伤学说研究 | 贺松其 | 湖南中医学院学报 | 2000,(4):41 |
| 《内经》理论体系的易理基础 | 鞠宝兆等 | 辽宁中医学院学报 | 2000,(4):250 |
| 论《黄帝内经》的医学观念——兼评中西医的医学观念 | 何文彬 | 南京中医药大学学报（社会科学版） | 2000,(4):172 |
| 近20年中医学天人相应理论的探讨及发展 | 郭　蕾等 | 山东中医药大学学报 | 2000,(4):317 |
| 中医内科急症的回顾与展望(续完) | 阎润红等 | 山西中医学院学报 | 2000,(4):21 |
| 中医传统理论与中医理论现代化之见 | 孙青霞 | 现代中医药 | 2000,(4):42 |
| 天人合一论与体质病理学 | 匡调元 | 医古文知识 | 2000,(4):3 |
| 先秦社会时空方位观对中医理论的影响 | 郝葆华等 | 中华医史杂志 | 2000,(4):51 |
| 子午流注与中国古代哲学 | 戴　惠等 | 中华医史杂志 | 2000,(4):27 |
| 当代辨证论治发展概况 | 刘成源 | 中医文献杂志 | 2000,(4):6 |
| 中医学医理探源 | 李锦文 | 光明中医 | 2000,(5):7 |
| 《内经》有关孕育问题初探 | 李明霞 | 河南中医药学刊 | 2000,(5):1 |
| 中医脾胃学说形成的四个关键 | 张俐敏 | 山西中医 | 2000,(5):56 |
| 中医顺势思维研究(待续) | 邢玉瑞等 | 陕西中医学院学报 | 2000,(5):3 |
| 李学铭主任医师论《内经》与临床 | 马红珍 | 浙江中医学院学报 | 2000,(5):64 |
| 论中国传统生死观 | 陈延庆 | 广西社会科学 | 2000,(6):43 |
| 《内经》“因势制宜”学术思想探讨 | 何凡夫 | 国医论坛 | 2000,(6):17 |
| “和合”是《内经》理论体系的核心思想 | 王小平 | 山东中医药大学学报 | 2000,(6):407 |
| 《黄帝内经》的医学观 | 孟庆云 | 山西中医 | 2000,(6):44 |
| 伏邪理论发挥 | 叶　霜 | 中国医药学报 | 2000,(6):17 |
| 祖国医学的防疫实践 | 沈小赐 | 家庭中医药 | 2000,(7):6 |
| 浅谈《中医各家学说》中的体质学说 | 黄怀吉 | 时珍国医国药 | 2000,(7):637 |
| 中医心理学理论与实践初探 | 刘信江等 | 中国中医基础医学杂志 | 2000,(7):55 |
| 食之有道 | 田新霞 | 医药与保健 | 2000,(8):56 |
| 《黄帝内经》中的心理护理学思想 | 詹　建 | 中医正骨 | 2000,(8):14 |
| “一分为二”说 | 庞　朴 | 开放时代 | 2000,(9):69 |
| 《内经》奠定了中医防治医源性疾病的基础 | 邢文华 | 科学中国人 | 2000,(9):24 |
| 《黄帝内经》中的心理护理学思想浅析 | 詹　建等 | 陕西中医 | 2000,(9):426 |
| 中医心理护理初探 | 潘丽蓉 | 时珍国医国药 | 2000,(9):857 |
| 变与不变的辨证性 | 叶纯德 | 医学与哲学 | 2000,(9):56 |
| 阴火理论的渊源与证治探析 | 邹素芬等 | 浙江中医杂志 | 2000,(9):30 |
| 易水“肾命观”形成及其意义 | 谢　鸣等 | 中国中医基础医学杂志 | 2000,(9):4 |
| 干祖望医话(23)——谈医德 | 干祖望 | 辽宁中医杂志 | 2000,(11):520 |
| 论中医膳食平衡思想 | 鞠兴荣 | 江苏中医 | 2000,(12):1 |
| 《黄帝内经》中人类体型和行为的分类 | 张艳萍 | 中国优生与遗传杂志 | 2000,(S1):17 |
| 《内经》与医学道德问题初谈 | 李长华 | 山东省医学伦理学学会第一次学术年会论文集 | 2000:35 |
| 气机升降理论浅说 | 邓华亮 | 长春中医学院学报 | 2001,(1):5 |
| 中医衰老学说评述 | 吴水生等 | 福建中医学院学报 | 2001,(1):60 |
| 络病学说临床运用举隅 | 汤铁城 | 江西中医药 | 2001,(1):16 |

| | | | |
|---|---|---|---|
| 《内经》中有关医学心理学问题初探 | 韩汉毅 | 南京中医药大学学报（社会科学版） | 2001,(1):37 |
| 《内经》"以象论理"浅识 | 张　哲等 | 山东中医药大学学报 | 2001,(1):12 |
| 对《内经》临床医学理论研究的瞻望 | 项　祺 | 山西中医 | 2001,(1):8 |
| 《内经》中两种不同学科范畴的生命本原说 | 孙广仁 | 陕西中医学院学报 | 2001,(1):2 |
| 论《内经》体质理论与免疫学的关系 | 孙理军 | 陕西中医学院学报 | 2001,(1):7 |
| 浅谈《内经》发病观 | 吴素玲 | 新疆中医药 | 2001,(1):3 |
| 略论祖国传统医学中的医学心理学思想 | 王雪涛等 | 张家口医学院学报 | 2001,(1):109 |
| 《黄帝内经》发病观及特点探要 | 罗家发 | 中国中医基础医学杂志 | 2001,(1):6 |
| 《内经》对心理、行为医学的贡献 | 黄爱珍 | 中国自然医学杂志 | 2001,(1):55 |
| 论《内经》"以象论理"的思维方式 | 刘红杰 | 中医文献杂志 | 2001,(1):21 |
| 中医虚劳理论与衰老机制初探 | 任桂华 | 中医药学报 | 2001,(1):46 |
| 《黄帝内经》"道"论本质探讨 | 徐树槐等 | 甘肃中医学院学报 | 2001,(2):5 |
| 《内经》对人各年龄段的认识 | 徐成贺 | 辽宁中医学院学报 | 2001,(2):92 |
| 内经中的护理思想初探 | 丁晓霞 | 陕西中医学院学报 | 2001,(2):9 |
| 形象思维赋予《内经》整体观的探讨 | 何泽民 | 邵阳师范高等专科学校学报 | 2001,(2):78 |
| 欲不可强 | 万　青 | 医药与保健 | 2001,(2):29 |
| 近20年《内经》营养学理论研究及应用 | 张　弛 | 长春中医学院学报 | 2001,(3):50 |
| 标本辨证浅议 | 张　凯 | 湖北中医学院学报 | 2001,(3):11 |
| 中国传统性医学探析 | 陈金荣等 | 江西中医药 | 2001,(3):16 |
| 中医脑理论演进轨迹 | 张俊龙 | 山西中医学院学报 | 2001,(3):43 |
| 《黄帝内经》蕴涵的临床情志学思想探析 | 周莲菊 | 天津中医 | 2001,(3):27 |
| 《黄帝内经》的认知智力观 | 于　越 | 天津中医学院学报 | 2001,(3):3 |
| 中医学的整体护理思想初探 | 张优珍 | 安徽中医临床杂志 | 2001,(4):311 |
| 浅谈《内经》男性学论述 | 张玉波等 | 光明中医 | 2001,(4):1 |
| 《内经》论证思维的层次性及对后世的影响 | 黄学宽 | 广西中医药 | 2001,(4):50 |
| 祖国医学解剖术语与现代医学解剖术语比较概述 | 周　勇等 | 菏泽医学专科学校分册 | 2001,(4):54 |
| 《黄帝内经》与中国传统饮食营养学 | 路新国 | 南京中医药大学学报（社会科学版） | 2001,(4):174 |
| 亢害承制论源流谈 | 颜　新 | 上海中医药大学学报 | 2001,(4):20 |
| 八卦学说对中医学的影响概述 | 娄永和等 | 天津中医学院学报 | 2001,(4):1 |
| 辨证统一体系的创立 | 朱文锋 | 中国中医基础医学杂志 | 2001,(4):4 |
| 张琦《素问释义》的学术思想 | 穆俊霞等 | 中华医史杂志 | 2001,(4):46 |
| 祖国医学中的心理学思想旨要 | 李向荣 | 中医药学刊 | 2001,(4):340 |
| 吴有性膜原学说探析 | 夏学传 | 安徽中医学院学报 | 2001,(5):5 |
| 《内经》"因时制宜"学术思想探讨 | 孙永生 | 国医论坛 | 2001,(5):52 |
| 天人合一思想的后现代意义 | 申俊龙 | 江苏社会科学 | 2001,(5):186 |
| 气虚发热学说源流探讨 | 李　辉等 | 山西中医 | 2001,(5):5 |
| 浅论《内经》预后学说及其对《伤寒论》的影响 | 商洪涛 | 陕西中医 | 2001,(5):311 |
| 论《内经》的内环境稳定观 | 解兰芳 | 陕西中医学院学报 | 2001,(5):5 |
| 中国传统文化里的心理卫生思想探析 | 孟万金 | 心理科学 | 2001,(5):633 |
| 中西健康疾病观的哲学基础 | 瞿晓敏 | 医学与社会 | 2001,(5):31 |
| 论传统中医的思维方式与《内经》的时空观 | 陈笑平 | 中国中医基础医学杂志 | 2001,(5):9 |
| 从《内经》思想浅探子午流注纳支法理论机制 | 周丽莎等 | 中医药研究 | 2001,(5):1 |
| 吴澄学术观点初探 | 肖培胜 | 安徽中医临床杂志 | 2001,(6):476 |

| | | | |
|---|---|---|---|
| 张景岳真阴理论浅探 | 吴小明 | 安徽中医临床杂志 | 2001,(6):475 |
| 血瘀学说之源流 | 朱亚萍 | 安徽中医学院学报 | 2001,(6):11 |
| “欲病”探索 | 梅晓云 | 河北中医 | 2001,(6):471 |
| 《黄帝内经》儿科学思想探要 | 陈代斌 | 湖北中医杂志 | 2001,(6):9 |
| 中医传统医德体系初探 | 干祖望 | 湖南中医药导报 | 2001,(6):282 |
| 追述系统思想的医学理论渊源 | 赵建宛 | 南都学坛 | 2001,(6):121 |
| 中医眼科八廓学说探讨 | 王保锁 | 卫生职业教育 | 2001,(6):92 |
| 《黄帝内经》与医学地理学之关系溯源 | 卢翠敏 | 中医药学刊 | 2001,(6):568 |
| 《内经》中精神疾病理论特色浅析 | 钱会南 | 中医药学刊 | 2001,(6):546 |
| 《内经·上古天真论》中的自我实现思想内涵浅析 | 乔岩岩等 | 中医药学刊 | 2001,(6):586 |
| 中西医解剖学发展之比较 | 陆　原等 | 医学与哲学 | 2001,(7):49 |
| 《内经》发病观及特点探要 | 罗家发 | 中国中医基础医学杂志 | 2001,(7):484 |
| 论《黄帝内经》中的免疫学思想 | 舒友艺 | 河北中医 | 2001,(9):712 |
| 论中医学理论体系的核心 | 李如辉 | 医学与哲学 | 2001,(9):50 |
| 中医脉学“源”与“流” | 张志枫 | 中国中医基础医学杂志 | 2001,(9):3 |
| 疑“经”辨“伪”“托古”开新——廖平“脉学”学术思想探析 | 张志枫等 | 江苏中医 | 2001,(10):7 |
| 中医心理学在辨证施护中的作用 | 张　琦等 | 辽宁中医杂志 | 2001,(10):633 |
| 睡里干坤大,梦中日月长——中医学睡眠与梦的理论及现代研究 | 孟庆云 | 中国中医基础医学杂志 | 2001,(10):78 |
| 对《黄帝内经》月节律理论的科学性探索——通过对中药马钱子、黄连毒性的观察,验证《黄帝内经》月节律理论的科学性 | 王　敏等 | 中国中医基础医学杂志 | 2001,(12):25 |
| 气虚体质研究的渊源及发展 | 刘淑萍 | 内蒙古中医药 | 2001,(S1):92 |
| 《内经》平衡论思想浅谈 | 南天星 | 中国医药报 | 2001.11.5 |
| 《黄帝内经》健康心理探微 | 杨利民 | 健康心理学杂志 | 2002,(1):79 |
| 释“天人合一”——兼论传统价值观的现代意义及其现代转换 | 周桂钿 | 山东社会科学 | 2002,(1):77 |
| 浅谈中医学的性保健 | 侯俊明等 | 陕西中医学院学报 | 2002,(1):64 |
| 《黄帝内经》中的梦学成就 | 傅文录 | 中医文献杂志 | 2002,(1):8 |
| 从《内经》标本逆从论看《伤寒论》 | 张跃华 | 中医研究 | 2002,(1):11 |
| 情志医学研究的思考 | 罗家发 | 安徽中医学院学报 | 2002,(2):7 |
| 论《内经》的保守倾向与自由精神 | 李素香 | 河南中医 | 2002,(2):7 |
| 温病新感与伏邪说探源 | 李致重 | 湖北中医学院学报 | 2002,(2):5 |
| 饮食的“量”、“质”、“时” | 贡树铭 | 医古文知识 | 2002,(2):19 |
| 倡行“以德事医”的若干设想 | 杨　铨 | 中国医学伦理学 | 2002,(2):6 |
| 中医有关遗传学思想初探 | 赵　军 | 国医论坛 | 2002,(3):18 |
| 《黄帝内经》标本理论探析 | 谢宇峰等 | 湖南中医学院学报 | 2002,(3):29 |
| 试论“天人合一”思想对中国文化的影响 | 李　焱等 | 山东省农业管理干部学院学报 | 2002,(3):60 |
| 论人身合和结构 | 王小平 | 山东中医药大学学报 | 2002,(3):162 |
| 《黄帝内经太素》论天人合一与人体内环境 | 费国斌 | 中医文献杂志 | 2002,(3):17 |
| 中医基础理论研究述评 | 张珍玉等 | 中医药通报 | 2002,(3):21 |
| 浅析《内经》论饮食 | 张同远 | 长春中医学院学报 | 2002,(4):3 |
| 温病新感与伏邪说探源 | 李致重 | 国医论坛 | 2002,(4):47 |
| 对中医心身医学基础理论发展思路的思考 | 李飞霞等 | 河南中医 | 2002,(4):8 |

| | | | |
|---|---|---|---|
| 浅谈中医痰病学的形成和发展 | 柳文虎 | 河南中医 | 2002,(4):12 |
| 汲取《内经》精华　创立风病学说——读《论内经风病学》有感 | 谢海洲 | 湖北中医学院学报 | 2002,(4):62 |
| 中医对病人心理护理的认识浅析 | 王桂芝 | 内蒙古中医药 | 2002,(4):29 |
| 天人相应论的思想文化基础 | 郭　蕾 | 山西中医学院学报 | 2002,(4):6 |
| 试析《内经》的营养学思想 | 王少墨 | 浙江中医药大学学报 | 2002,(4):4 |
| 从《黄帝素问宣明论方》看刘完素对肉桂的运用 | 秦玉龙等 | 中医药通报 | 2002,(4):6 |
| 金元四大医家脾肾互济思想探讨 | 龙琫玺 | 安徽中医学院学报 | 2002,(5):7 |
| 谈中医基础理论与基因的相关性 | 邵健民 | 山东中医杂志 | 2002,(5):265 |
| 谈"蛰" | 孙红友等 | 新疆中医药 | 2002,(5):3 |
| 《内经》谈饮食结构的学问 | 李　刚 | 中国保健营养 | 2002,(5):35 |
| 《黄帝内经》心理学理论探析 | 陈林庆等 | 甘肃中医 | 2002,(6):4 |
| 浅述中医心理卫生 | 杜宝英等 | 河南中医 | 2002,(6):82 |
| 浅谈《内经》中的心理学思想 | 李丰衣等 | 吉林中医药 | 2002,(6):4 |
| 试论《内经》开阖枢学说的临床价值 | 胡显宜等 | 四川中医 | 2002,(6):16 |
| 《内经》临床治疗思想初探 | 李奕祺 | 现代中医药 | 2002,(6):12 |
| 试论中医学与整体护理 | 李瑞琴 | 中西医结合心脑血管 | 2002,(6):31 |
| 祖国医学中心身相关原理对现代心身医学的贡献 | 薛云珍等 | 中西医结合心脑血管病 | 2002,(6):8 |
| 汉以前中医皮肤病学发展概况 | 薛益明等 | 中医研究 | 2002,(6):45 |
| 试述《内经》中情志护理的理论基础 | 马晓荣等 | 陕西中医 | 2002,(7):659 |
| "天人合一"观本质的演变及对中医学的影响 | 刘星 | 中国医药学报 | 2002,(7):398 |
| 《黄帝内经》中的中医心理学理论探源 | 周莲菊 | 中国中医基础医学杂志 | 2002,(7):3 |
| 中医理论里"长夏"、"五季"的纷乱及原因 | 郝保华 | 中国医药学报 | 2002,(9):524 |
| "形而上"与"形而下"的对待——论中西医学的交流与结合 | 匡调元 | 上海中医药杂志 | 2002,(10):4 |
| 房事与优生　古人有高见 | 蒲昭和 | 中国保健营养 | 2002,(11):40 |
| 中医虚实理论的反思 | 谭兴贵等 | 中国中医基础医学杂志 | 2002,(11):6 |
| 《内经》体质思想及应用 | 鲁明源 | 中国优秀博硕士学位论文全文数据库(博士)医药卫生科技辑 | 2002,(1):E056-48 |
| 中医学天人相应论的研究 | 郭　蕾 | 中国优秀博硕士学位论文全文数据库(博士)医药卫生科技辑 | 2002,(1):E056-4 |
| 《黄帝内经》情志理论探析 | 安　平 | 中国优秀博硕士学位论文全文数据库(硕士)医药卫生科技辑 | 2002,(2):E056-9 |
| 《黄帝内经》护理学思想探微 | 舒忠民 | 全国中医药科研与教学改革研讨会论文集 | 2002:225 |
| 人体三维生理系统简述 | 任玺洁等 | 全国中医药科研与教学改革研讨会论文集 | 2002:234 |
| 升降出入学说初探 | 张爱玲 | 甘肃中医 | 2003,(1):3 |
| 病气论 | 章　琪 | 光明中医 | 2003,(1):6 |
| 论《内经》对中医妇科学的重要贡献 | 郑学刚 | 湖北民族学院学报(医学版) | 2003,(1):47 |
| 《黄帝内经》病证结合论治思想的萌芽 | 童舜华等 | 辽宁中医学院学报 | 2003,(1):14 |
| 和谐论 | 伍汉文 | 医学临床研究 | 2003,(1):1 |

| | | | |
|---|---|---|---|
| 天人相应理论探讨 | 陈震霖 | 陕西中医学院学报 | 2003,(2):9 |
| 《内经》酒论浅析 | 杨沛群等 | 安徽中医学院学报 | 2003,(3):10 |
| 略述赵献可对《内经》五郁的发挥 | 张爱青等 | 光明中医 | 2003,(3):4 |
| 试论《内经》理论对眼科临床的指导 | 高卫萍 | 国医论坛 | 2003,(3):13 |
| 《内经》中标本的涵义及几个相关问题 | 王洪武等 | 山东中医药大学学报 | 2003,(3):170 |
| 谈伤寒和温病的关系 | 李致重等 | 中国中医基础医学杂志 | 2003,(3):13 |
| 从《黄帝内经太素》论杨上善对命门学说的贡献 | 林　殷等 | 北京中医药大学学报 | 2003,(4):14 |
| 玄府学说及其在眼科的应用近况 | 邓晓辉等 | 北京中医药大学学报（中医临床版） | 2003,(4):55 |
| 试论中医魂魄学说的临床意义 | 王德煌 | 福建中医药 | 2003,(4):41 |
| 《黄帝内经》对中医心理学产生和发展的影响 | 张小虎等 | 湖南中医杂志 | 2003,(4):4 |
| 中医五志理论与美容关系初探 | 季　颖等 | 辽宁中医学院学报 | 2003,(4):320 |
| “一”之论 | 刘明武 | 人文杂志 | 2003,(4):36 |
| 刚柔辨证的中医心身医学研究 | 赵志付等 | 天津中医药 | 2003,(4):69 |
| 中医学的整体观念(之一)——“天人合一”说 | 肖　娴 | 开卷有益·求医问药 | 2003,(5):18 |
| 论天人合一观与《内经》理论的建构 | 邢玉瑞 | 陕西中医学院学报 | 2003,(5):1 |
| 中国古代学者论气质与性格的个别差异 | 李元华 | 首都师范大学学报（社会科学版） | 2003,(5):49 |
| 升降理论琐议 | 范宏宇等 | 中医杂志 | 2003,(5):397 |
| 中医理论中认识能动性和实践性思想的反映 | 华　红 | 甘肃中医 | 2003,(6):42 |
| 论秦汉时期中医学的发展特点 | 王　琳等 | 河南中医学院学报 | 2003,(6):61 |
| 从《黄帝内经》看秦汉时期的推拿学成就 | 李成林 | 辽宁中医杂志 | 2003,(6):453 |
| 中医学天人相应论体系的建构 | 乔之龙等 | 山西中医学院学报 | 2003,(6):8 |
| 论中国传统体育思想的内容与特征 | 胡健 | 体育学刊 | 2003,(6):65 |
| 《黄帝内经》中的人体观考辨 | 陶广正 | 中医药学刊 | 2003,(6):943 |
| 浅议中医护理的特点与优势 | 李云芳 | 湖北中医杂志 | 2003,(7):56 |
| 浅谈中医基础理论与人生观哲学 | 郝　敏等 | 吉林中医药 | 2003,(8):1 |
| 《素问》中的平衡思想 | 张正熹 | 中国中医基础医学杂志 | 2003,(10):69 |
| 论《内经》风水及其对后世的影响 | 成晓燕等 | 河南中医 | 2003,(11):3 |
| 禀赋系统研究探要 | 郑　洪等 | 中医药学刊 | 2003,(11):1843 |
| 《黄帝内经》天道观研究 | 曲黎敏 | 中国优秀博硕士学位论文全文数据库(硕士)医药卫生科技辑 | 2003,(2):E056-2 |
| 中医心理学的形成和发展历史 | 李　诚等 | 中国心理卫生协会第四届学术大会论文汇编 | 2003:275 |
| 论“天人相应”与“天人合一”观之异同 | 申秀云 | 甘肃中医学院学报 | 2004,(1):10 |
| 《金匮要略》中的《内经》学术思想述要 | 戴天木 | 光明中医 | 2004,(1):7 |
| 浅议中医理论中的平衡忠想 | 苗凌娜 | 国医论坛 | 2004,(1):18 |
| 痰瘀相关学说在络病认识中的作用 | 胡小勤等 | 辽宁中医学院学报 | 2004,(1):13 |
| 中医的整体治疗观探析 | 王永强等 | 辽宁中医杂志 | 2004,(1):24 |
| 试论《内经》论痛理论对后世的指导意义 | 云　刚等 | 内蒙古中医药 | 2004,(1):36 |
| 《内经》疾病传变理论探析 | 唐雪梅等 | 南京中医药大学学报（自然科学版） | 2004,(1):17 |
| 和合学的生生之道 | 张立文 | 深圳大学学报（人文社会科学版） | 2004,(1):38 |
| 中医药与免疫 | 沈自尹 | 中国免疫学杂志 | 2004,(1):8 |

| | | | |
|---|---|---|---|
| 《黄帝内经》对医学心理学的论述 | 杨利民 | 中华医史杂志 | 2004,(1):22 |
| 《内经》体质学说概况及对韩医《四象医学》体质学说的影响 | 洪在炅等 | 中医药学刊 | 2004,(1):110 |
| 浅论《黄帝内经》中地理环境与人的关系 | 朱立达 | 长春大学学报 | 2004,(2):92 |
| 对中医理论之复杂适应性系统的探讨 | 周宜强等 | 河南中医学院学报 | 2004,(2):8 |
| 略论《内经》的解剖学成就 | 傅海燕等 | 江西中医学院学报 | 2004,(2):38 |
| 中医各辨证纲领关系探析 | 张会平等 | 江西中医药 | 2004,(2):14 |
| 中医正气学说探析 | 杨　兰 | 辽宁中医杂志 | 2004,(2):113 |
| 试谈古代中医的“康复医学” | 高焕民 | 前进论坛 | 2004,(2):30 |
| 从中医对心身疾病的药物治疗看中医情志观 | 李海宏 | 新疆中医药 | 2004,(2):4 |
| 络病学说形成与发展的三个里程碑(一) | 吴以岭 | 疑难病杂志 | 2004,(2):89 |
| “天人相应”观中的自然科学原理初探 | 朱　彤 | 中国中医基础医学杂志 | 2004,(2):1 |
| 以“象”之理探寻传统中药药理 | 陆秀兰 | 中医文献杂志 | 2004,(2):15 |
| 《内经》关于对生命起源的认识探微 | 王小平 | 中医药学刊 | 2004,(2):307 |
| 《内经》预测疾病死期的原则与方法探析 | 孙松辉 | 中医药学刊 | 2004,(2):309 |
| 少阳学说与小儿体质特点 | 徐荣谦 | 中医杂志 | 2004,(2):155 |
| 《内经》的哲学开放性思想及意义 | 高铸烨等 | 光明中医 | 2004,(3):10 |
| 中医药天人相应整体观的文化内涵 | 高日阳 | 国医论坛 | 2004,(3):11 |
| 《内经》中有关心理学的理论观点 | 胡师焕 | 湖北中医学院学报 | 2004,(3):24 |
| 试论我国“天人合一”思想的产生及中医药文化的思想特征 | 李今雍 | 湖北中医杂志 | 2004,(3):3 |
| 中医病证理论形成的历史演进 | 张天奉 | 江西中医学院学报 | 2004,(3):15 |
| 大气理论之认知 | 曾　亮 | 江西中医学院学报 | 2004,(3):70 |
| 推拿按摩学发展概略 | 王千怀 | 山西中医学院学报 | 2004,(3):57 |
| 《内经》有关妇科特点的认识及其对后世的影响 | 张新渝等 | 四川中医 | 2004,(3):22 |
| 马莳《内经》学术思想初探 | 李庆和等 | 天津中医学院学报 | 2004,(3):113 |
| 《内经》标本中气理论探微 | 李　星 | 中医药学刊 | 2004,(3):502 |
| 浅释《黄帝内经》中的气象 | 朱立达等 | 长春大学学报 | 2004,(4):90 |
| 在中医学模式中谈平衡 | 郭海涛 | 河南中医 | 2004,(4):11 |
| 《黄帝内经》中的辨证法思想探析 | 杨丽珍等 | 湖北中医学院学报 | 2004,(4):50 |
| 论《黄帝内经》天人相应思想及临床指导价值 | 喻秀兰等 | 湖北中医学院学报 | 2004,(4):54 |
| 论人体医学生理基础中的“元整体观”思想——兼谈与“合整体观”之差异 | 瞿春久 | 湖北中医学院学报 | 2004,(4):65 |
| 以气言理——《黄帝内经》生理理论哲学探源 | 王永哲 | 内蒙古农业大学学报(社会科学版) | 2004,(4):66 |
| 试论内经对疾病的认识 | 陈震霖 | 陕西中医 | 2004,(4):373 |
| “医易同源”基本概念辨析 | 顾植山 | 医古文知识 | 2004,(4):6 |
| 《黄帝内经》“酒伤”理论析要 | 禄保平 | 浙江中医杂志 | 2004,(4):10 |
| 中国手法医学的形成及发展趋势 | 韦贵康 | 中国骨伤 | 2004,(4):5 |
| 中医对梦的认识 | 赵百孝 | 中国中医基础医学杂志 | 2004,(4):4 |
| 论中医学天人相应论的科学基础 | 郭　蕾等 | 中医研究 | 2004,(4):2 |
| “伏气学说”是瘟病辨治思维之掘升 | 程方平等 | 光明中医 | 2004,(5):3 |
| 《内经》因果观探讨 | 孙　桐等 | 南京中医药大学学报(自然科学版) | 2004,(5):272 |
| 浅析资化源学说 | 万四妹等 | 安徽中医学院学报 | 2004,(6):6 |
| 论胃气学说与肠外和肠内营养 | 杨小清 | 肠外与肠内营养 | 2004,(6):343 |

| | | | |
|---|---|---|---|
| 从张元素学术角度浅析《内经》五脏五味补泻理论 | 李俊哲 | 中医研究 | 2004,(6):8 |
| 试论“少阳学说” | 徐荣谦 | 中国中医药现代远程教育 | 2004,(7):11 |
| 从“辨证施治”看祖国医学的科学性和优越性 | 李连达等 | 中国科技奖励 | 2004,(8):77 |
| 《内经》的心理健康观 | 张伯华 | 山东中医杂志 | 2004,(9):518 |
| 中医体质概念的争鸣及其原因探析 | 邢玉瑞等 | 中国医药学报 | 2004,(9):519 |
| 天人相应的生物学规律探源 | 乔之龙等 | 中医药学刊 | 2004,(10):1915 |
| 中西医药哲学思想比较及对“科学”的再认识 | 裘　索 | 中医药学刊 | 2004,(10):1853 |
| 对古今有关证素概念的梳理 | 朱文锋等 | 湖南中医药导报 | 2004,(11):1 |
| 从小儿4种基本生理学说论谈小儿体质研究 | 郑　宏等 | 陕西中医 | 2004,(11):1009 |
| 浅析中医理论的宇宙自然观 | 李曦明等 | 实用中医药杂志 | 2004,(11):660 |
| 《黄帝内经》阴阳二十五人分型的数学建模 | 高也陶等 | 医学与哲学 | 2004,(12):58 |
| 中国古代医学心理思想之研究 | 金　丽 | 中国优秀博硕士学位论文全文数据库(硕士)医药卫生科技辑 | 2004,(1):E056-12 |
| 《黄帝内经》情志理论之研究 | 危　玲 | 中国优秀博硕士学位论文全文数据库(硕士)医药卫生科技辑 | 2004,(1):E056-8 |
| 《内经》方法论及其基础哲学研究 | 史新民 | 中国优秀博硕士学位论文全文数据库(硕士)医药卫生科技辑 | 2004,(4):E056-7 |
| 《内经》中医心理学体系的研究 | 孟　红 | 第三次全国中西医结合心身医学学术研讨会论文集 | 2004:29 |
| 《内经》“梦饮食”与现代医学之比较 | 纪征瀚 | 第三届国际传统医药大会文集 | 2004:120 |
| 中医学心理学的气质学说与《五态人格测验表》的建立 | 杨秋莉等 | 第三届国际传统医药大会文集 | 2004:93 |
| 从“四时五脏阴阳”观看《内经》的睡眠理论 | 孙洪生等 | 北京中医药大学学报 | 2005,(1):20 |
| 中医眼科基础理论研究分析 | 刘　玲等 | 山东中医药大学学报 | 2005,(1):13 |
| 论程朱对《内经》心理思想的阐发与应用 | 徐仪明 | 商丘师范学院学报 | 2005,(1):22 |
| 中医心理学理论与实践初探 | 薛清梓 | 中国中医基础医学杂志 | 2005,(1):50 |
| 浅议《内经》之“意象思维” | 陈　琪等 | 国医论坛 | 2005,(2):51 |
| 中医按摩发展史概述 | 彭联群 | 国医论坛 | 2005,(2):50 |
| 中医“和”论 | 白正勇等 | 吉林中医药 | 2005,(2):1 |
| 谈“天人相应”与中医护理 | 王晓雯 | 辽宁中医学院学报 | 2005,(2):157 |
| 中医心理学发展的现状及展望 | 王　蓓等 | 南京中医药大学学报(社会科学版) | 2005,(2):97 |
| 汉以前皮肤病学的发展 | 安贺军等 | 浙江中医学院学报 | 2005,(2):7 |
| 中国传统医学的理论要旨——求衡考辨 | 骆仙芳等 | 中医药学刊 | 2005,(2):306 |
| 中国哲学中身心关系的几种形态 | 张学智 | 北京大学学报(哲学社会科学版) | 2005,(3):5 |
| 中医情志病研究概述 | 王　华 | 北京中医 | 2005,(3):186 |
| 对按摩推拿学基础理论的思考 | 谢元华等 | 江西中医学院学报 | 2005,(3):5 |
| 《内经》有关心身关系的认识 | 孟　炜等 | 中国中医药现代远程教育 | 2005,(3):39 |
| 王冰以道释医　以医述道学术思想特征诠释 | 孙理军等 | 中医药学刊 | 2005,(3):447 |
| 《内经》经义阐发及应用举隅 | 邱幸凡 | 湖北中医学院学报 | 2005,(4):36 |
| 《内经》创立的生态医学模式 | 潘远根 | 湖南中医学院学报 | 2005,(4):22 |
| 试论中医体质理论及其意义 | 郭春秀等 | 湖南中医学院学报 | 2005,(4):24 |
| 《内经》对心身医学的论述与贡献 | 高金虎 | 临床心身疾病杂志 | 2005,(4):383 |

| | | | |
|---|---|---|---|
| 《黄帝内经》性医学思想探究 | 樊友平等 | 中国性科学 | 2005,(4):41 |
| 先秦中医泌尿、生殖生理概说 | 严健民 | 中国中医基础医学杂志 | 2005,(4):245 |
| 玄府理论的建立与发展 | 郑国庆等 | 中华医史杂志 | 2005,(4):19 |
| 论中医哲学方法的四大特征——以《内经》为例 | 申俊龙等 | 兰州学刊 | 2005,(5):66 |
| 中医对梦的研究概况 | 任苑菲 | 辽宁中医学院学报 | 2005,(5):449 |
| 再论我国古代优秀的医德传统 | 章爱先等 | 卫生职业教育 | 2005,(5):107 |
| 《内经》体质学观点浅析 | 张剑荣等 | 新疆中医药 | 2005,(5):2 |
| 玄府理论与临床应用初探 | 杨辰华等 | 北京中医药大学学报 | 2005,(6):15 |
| 中医体质学说初探 | 马武昆 | 河北中医 | 2005,(6):464 |
| 《内经》体质理论的形成与临证应用 | 庞 敏 | 中医药学刊 | 2005,(6):1104 |
| 古代阴阳体质分类方法探析 | 易 杰等 | 辽宁中医杂志 | 2005,(7):652 |
| 中医学理论体系框架结构之研讨 | 潘桂娟 | 中国中医基础医学杂志 | 2005,(7):481 |
| “从欲”思想在中医辨证论治中的重要意义 | 陈以国 | 中医药学刊 | 2005,(7):1180 |
| 《内经》睡眠理论研究 | 烟建华 | 辽宁中医杂志 | 2005,(8):765 |
| 浅谈《内经》与医学心理学 | 詹正明等 | 甘肃中医 | 2005,(9):3 |
| 中医学的“人与天地相参” | 萧 笛 | 家庭中医药 | 2005,(9):12 |
| 《素问玄机原病式》火热论学术观点及其影响 | 李向英等 | 山东中医杂志 | 2005,(9):524 |
| 吕仁和论糖尿病从《内经》辨治 | 王耀献等 | 浙江中医杂志 | 2005,(9):376 |
| 《内经》淫邪发梦说探析 | 禄 颖等 | 中医药学刊 | 2005,(10):1835 |
| 中医学里的“心平”思想 | 王中平 | 健身科学 | 2005,(11):16 |
| 应加强情志学说的研究 | 黎 凯等 | 中国中医药现代远程教育 | 2005,(11):43 |
| 《黄帝内经素问·热论篇》伤寒涵义探讨 | 吴崇典等 | 中医研究 | 2005,(11):9 |
| 浅析《内经》中的医患关系 | 任晓春等 | 中医杂志 | 2005,(11):875 |
| 《内经》眼科理论探析 | 陈 力 | 辽宁中医杂志 | 2005,(12):1262 |
| 中医伦理学思想探源 | 杨铮铮 | 中医药导报 | 2005,(12):5 |
| 《内经》的生命科学论 | 张俊贤 | 医药产业资讯 | 2005,(18):104 |
| 《内经》中的中医心理学体系 | 吕 蕾 | 中国临床康复 | 2005,(24):192 |
| 《内经》中的梦饮食与现代医学病态梦现象的比较 | 纪征瀚 | 中国临床康复 | 2005,(48):128 |
| 按摩推拿学基础理论建构略论 | 谢元华 | 中国优秀博硕士学位论文全文数据库(硕士)医药卫生科技辑 | 2005,(4):E056-24 |
| 从睡眠与觉醒的相关概念探讨《黄帝内经》的睡眠一觉醒理论 | 王智瑜 | 中国优秀博硕士学位论文全文数据库(硕士)医药卫生科技辑 | 2005,(4):E056-5 |
| 《内经》梦学及中医梦证的研究 | 陈子杰 | 中国优秀博硕士学位论文全文数据库(硕士)医药卫生科技辑 | 2005,(5):E056-6 |
| 中医动观与骨伤 | 王爱国等 | 第十三届全国中西医结合骨伤科学术研讨会论文集 | 2005:599 |
| 《黄帝内经》心理学理论与实践及其对后世影响初探 | 王宗殿等 | 计算机在诊法中的应用与研究论文汇编 | 2005:156 |
| 《黄帝内经》的疾病观 | 陶广正 | 首届中医药发展国际论坛、首届中医药防治艾滋病国际研讨会和全国中医药科研院所长联谊会论文集 | 2005:167 |

| | | | |
|---|---|---|---|
| 从医学模式角度简述《内经》对人的区分认识 | 周丽波等 | 首届中医药发展国际论坛、首届中医药防治艾滋病国际研讨会和全国中医药科研院所长联谊会论文集 | 2005:521 |
| 五脏相音——《黄帝内经》失传2000多年的理论和技术 | 高也陶等 | 中国针灸学会2005年学术年会论文集 | 2005:240 |
| 《黄帝内经》"五脏相音"与男性年龄之关系的现代研究 | 高也陶等 | 中国针灸学会临床分会第三届全国代表大会暨全国针灸临床学术论坛论文集 | 2005:9 |
| 从《黄帝内经》"时-空-体"三维思辨模式看中医学 | 曹峰祥等 | 首届中医药发展国际论坛、首届中医药防治艾滋病国际研讨会和全国中医药科研院所长联谊会论文集 | 2005:531 |
| 《内经》与医学心理学 | 孙丽蕴等 | 北京中医 | 2006,(1):22 |
| 论《内经》以人为本的治疗学思想 | 张新渝等 | 国医论坛 | 2006,(1):11 |
| 《黄帝内经》中的理想人格模型分析 | 王凤香等 | 山东中医药大学学报 | 2006,(1):21 |
| 《黄帝内经》与辨证思维 | 徐锦中 | 西北工业大学学报（社会科学版） | 2006,(1):49 |
| 中医的医学模式与中医学心理学 | 薛崇成等 | 亚太传统医药 | 2006,(1):31 |
| 浅谈《内经》尚阳思想的渊源 | 冯文林等 | 中医药文化 | 2006,(1):42 |
| 《黄帝内经》中的解剖学知识及其意义 | 张登本等 | 河南中医 | 2006,(2):1 |
| 天人相应是祖国医学的精髓 | 许彦民 | 亚太传统医药 | 2006,(2):31 |
| 中医的"取象比类"与比喻 | 汪　炯 | 扬州大学学报（人文社会科学版） | 2006,(2):73 |
| 谈中医认知方式及中医理论体系的构建 | 鄢来新 | 医学与哲学（人文社会医学版） | 2006,(2):66 |
| 从《黄帝内经》谈人体之美与健康 | 陈　勇等 | 中国美容医学 | 2006,(2):201 |
| 《黄帝内经》医学心理学理论研究 | 闫　妍 | 中国中医药现代远程教育 | 2006,(2):10 |
| 人体健康与外环境的对应关系 | 吴丽丽等 | 中医药导报 | 2006,(2):13 |
| 《内经》中的人体审美观 | 周　杰等 | 北京中医 | 2006,(3):176 |
| 《内经》热证论对后世的指导意义 | 成晓燕等 | 贵阳中医学院学报 | 2006,(3):7 |
| "天人相应"与祖国医学 | 溪　流 | 健康大视野 | 2006,(3):30 |
| 汉前解剖成就及对中医学理论形成影响研究概况 | 丁　雨 | 卫生职业教育 | 2006,(3):153 |
| 浅述中医康复医学中的情志学说 | 刘宪峰等 | 内蒙古中医药 | 2006,(4):52 |
| 论中医病理学的特点及其与西医病理学的差别 | 孙世荃 | 山西中医 | 2006,(4):1 |
| 《黄帝内经》思维研究进展 | 徐月英等 | 中国中医基础医学杂志 | 2006,(4):247 |
| 《内经》时期我国的精神医学与医学心理学 | 杨秋莉等 | 中国中医基础医学杂志 | 2006,(4):244 |
| 论《内经》机体的整体美容思想 | 段延萍等 | 中国中医基础医学杂志 | 2006,(4):249 |
| 《内经》饮食观浅析 | 王　敏等 | 安徽中医学院学报 | 2006,(5):6 |
| 从天到人——《黄帝内经》认识人体的起始角度 | 王永哲 | 河南中医 | 2006,(5):8 |
| 浅谈《内经》的保健医学 | 王　滨 | 内蒙古中医药 | 2006,(5):32 |
| 《内经》整体观的升华与"心身理论"浅析 | 曹玉净等 | 陕西中医 | 2006,(5):604 |
| 浅析《黄帝内经》的情感理论 | 何善蒙 | 中医药文化 | 2006,(5):8 |
| 从《内经》看中医心理发展观 | 李　琳等 | 贵阳中医学院学报 | 2006,(6):5 |
| 《黄帝内经》对现代医学心理学的贡献 | 何文彬等 | 江苏中医药 | 2006,(6):50 |
| 对《黄帝内经》阴阳体质学说人性论哲学基础的思考 | 刘　鹏 | 辽宁中医药大学学报 | 2006,(6):36 |
| 《黄帝内经》医学心理学理论研究近况 | 闫　研 | 辽宁中医杂志 | 2006,(6):764 |
| 中医脑科源流初探 | 张稚鲲 | 中国中医基础医学杂志 | 2006,(7):497 |

| | | | |
|---|---|---|---|
| 《内经》体质理论特色分析 | 钱会南 | 中医药学刊 | 2006,(7):1201 |
| 有关脾胃学说的理论探讨及临床诊治经验 | 危北海 | 中医药学刊 | 2006,(7):1189 |
| 从《内经》出发认识“思” | 孙海燕等 | 浙江中医杂志 | 2006,(8):444 |
| 《内经》虚实论 | 蒋卫忠 | 中国中医基础医学杂志 | 2006,(8):576 |
| 《黄帝内经》以实践为基础构建其医学理论 | 张登本等 | 中医药学刊 | 2006,(8):1410 |
| 基于中医学理念的我国传统中和思想 | 詹小美 | 学术研究 | 2006,(9):60 |
| 论《内经》内外环境统一性的美容思想 | 段延萍等 | 中国中医基础医学杂志 | 2006,(9):645 |
| 《内经》与医学气象学相关性研究 | 樊黔江 | 光明中医 | 2006,(10):2 |
| 到底是“取象比类”还是“取类比象” | 屠执中 | 上海中医药杂志 | 2006,(10):2 |
| 《素问玄机原病式》玄府气液理论与临床价值 | 杨辰华 | 四川中医 | 2006,(10):33 |
| 中医学心理学的个性学说与五态人格测验 | 杨秋莉等 | 中国中医基础医学杂志 | 2006,(10):777 |
| 浅谈《内经》中的升降理论 | 蒋　峰等 | 四川中医 | 2006,(11):33 |
| 《黄帝内经》八风理论探源 | 吴新明等 | 中国中医基础医学杂志 | 2006,(11):809 |
| 《内经》睡梦观探要 | 韩丽萍等 | 中医药学刊 | 2006,(11):2116 |
| 探讨天人相应论的宇宙背景 | 郭　蕾等 | 中医药学刊 | 2006,(11):2033 |
| 《内经》奠定了中医脉学的生理学基础 | 闪增郁等 | 中国中医基础医学杂志 | 2006,(12):888 |
| 中医《内经》学术思想与朴素辨证唯物论的交融 | 王明辉等 | 中医药学刊 | 2006,(12):2199 |
| 论中医基础理论学科发展的现状及对策 | 张登本 | 中医药学刊 | 2006,(12):2169 |
| 古人学术思想探微 | 李会平 | 医药世界 | 2006,(S2):148 |
| 《黄帝内经》思想体系以天道为终极依据 | 周鸿飞 | 中国中医药报 | 2006.1.6 |
| 《内经》知识思想体系:天地人具有相同的有序结构 | 周鸿飞 | 中国中医药报 | 2006.1.11 |
| 《内经》论睡眠的自律特性 | 烟建华 | 中国中医药报 | 2006.3.8 |
| 谈“天人相应” | 周东浩 | 中国中医药报 | 2006.7.17 |
| 《内经》对心身医学的贡献 | 杨悄田 | 中国中医药报 | 2006.12.11 |
| “天人相应”的内涵 | 任秀玲 | 中国中医药报 | 2006.12.22 |
| 《黄帝内经》天人相应论与有机系统哲学 | 王永哲 | 中国优秀博硕士学位论文全文数据库(硕士)医药卫生科技辑 | 2006,(4):E056-3 |
| 《黄帝内经》中个性类型的整理研究 | 周丽波 | 中国优秀博硕士学位论文全文数据库(硕士)医药卫生科技辑 | 2006,(9):E056-4 |
| 《黄帝内经》中健康心理学思想的探析 | 陈智慧 | 中国优秀博硕士学位论文全文数据库(硕士)医药卫生科技辑 | 2006,(10):E056-3 |
| 《内经》睡眠机理及其系统理论的研究 | 禄　颖 | 中国优秀博硕士学位论文全文数据库(博士)医药卫生科技辑 | 2006,(11):E056-3 |
| 《黄帝内经》热病学理论钩玄 | 景　浩 | 中国优秀博硕士学位论文全文数据库(博士)医药卫生科技辑 | 2006,(12):E056-5 |
| 《内经》情志理论探讨 | 王　响 | 中国优秀博硕士学位论文全文数据库(硕士)医药卫生科技辑 | 2006,(12):E056-9 |
| 浅谈对中医“五音”的认识 | 原文涛等 | 河南中医学院学报 | 2007,(1):23 |
| 浅析《黄帝内经》的心身医学思想 | 傅岳武等 | 湖北中医学院学报 | 2007,(1):58 |

| | | | |
|---|---|---|---|
| 关于《内经》五态人格研究的思考 | 周　萍等 | 湖南师范大学教育科学学报 | 2007,(1):120 |
| 中国古代医学对内生殖器官的研究 | 王旭东 | 江西中医学院学报 | 2007,(1):1 |
| 内经的天人合一观 | 林培明 | 辽宁中医药大学学报 | 2007,(1):17 |
| 中医“天人相应”学说初探 | 宋晨生 | 辽宁中医药大学学报 | 2007,(1):14 |
| 试述《内经》对中医学湿热理论的认识及贡献 | 郭　朋等 | 山西中医学院学报 | 2007,(1):12 |
| 国医论“献血有益” | 牛慧佳等 | 时珍国医国药 | 2007,(1):213 |
| 论《内经》脉学初探——整体观念与脉象 | 王德泽 | 医药世界 | 2007,(1):107 |
| 浅谈中医心理学的发展 | 刘维超等 | 云南中医中药杂志 | 2007,(1):49 |
| 试述中医学说中的防病思想 | 宋国普 | 中国误诊学杂志 | 2007,(1):196 |
| 《内经》体质理论对中医体质分类方法建构的启迪 | 钱会南 | 中华中医药学刊 | 2007,(1):7 |
| 《内经》中的生命论与中医防治学思想 | 刘可勋 | 贵阳中医学院学报 | 2007,(2):4 |
| 浅谈《内经》中的体质差异论 | 杜慧萍等 | 贵阳中医学院学报 | 2007,(2):10 |
| 论《黄帝内经》情感生成机制 | 杨利民 | 黄山学院学报 | 2007,(2):34 |
| 心平健康学的“非情志相胜论” | 王中平 | 健身科学 | 2007,(2):12 |
| 《内经》推拿学术思想文献研究 | 王　琳等 | 山东中医药大学学报 | 2007,(2):141 |
| 天人合一论 | 周晋香等 | 山西中医学院学报 | 2007,(2):2 |
| 中华传统文化中的以人为本思想 | 郝继明 | 天水行政学院学报 | 2007,(2):14 |
| 《黄帝内经》健康心理学研究 | 杨利民 | 皖西学院学报 | 2007,(2):145 |
| “揆度奇恒,道在于一”之我见 | 董昱佑 | 中医文献杂志 | 2007,(2):46 |
| 浅谈《黄帝内经》的人体观 | 申咏秋 | 中国医学伦理学 | 2007,(3):35 |
| 《内经》对温病学的贡献 | 陈倩亮等 | 中医文献杂志 | 2007,(3):15 |
| 《黄帝内经》对社会心理疾病的认识 | 谷　峰 | 中医药临床杂志 | 2007,(3):303 |
| 《内经》对精神医学的认识 | 徐天朝等 | 中医药学报 | 2007,(3):35 |
| 论《内经》的医学模式及其意义 | 张庆祥等 | 山东中医药大学学报 | 2007,(4):277 |
| 李杲脾胃论病机论点对《内经》理论的继承与发挥 | 董尚朴 | 时珍国医国药 | 2007,(4):965 |
| 从《内经》理论探索人身“全息”现象 | 徐爱民等 | 西南军医 | 2007,(4):71 |
| 董仲舒儒学对《内经》的影响 | 汪　剑等 | 医学与哲学(人文社会医学版) | 2007,(4):57 |
| 《黄帝内经》与饮食营养 | 丁家欣 | 中国中医基础医学杂志 | 2007,(4):262 |
| 《内经》推拿学术思想浅释 | 郭爱松等 | 陕西中医 | 2007,(5):614 |
| 试论中医预防学 | 李玉梅 | 中医药临床杂志 | 2007,(5):511 |
| 中医精神医学面面观 | 刘雅芳等 | 中医药学报 | 2007,(5):4 |
| 《黄帝内经》中的推拿理论与方法探析 | 李晓红等 | 广西中医药 | 2007,(6):40 |
| 初探《内经》对脉学的学术贡献 | 刘　艳等 | 吉林中医药 | 2007,(6):60 |
| 论《黄帝内经》中的系统性整体思想 | 薛　海等 | 南京理工大学学报(社会科学版) | 2007,(6):12 |
| 浅析各家关于脾胃病的学术思想 | 徐银环等 | 中医药信息 | 2007,(6):4 |
| 祖国医学中的优生优育观 | 孙清廉 | 家庭中医药 | 2007,(7):75 |
| 漫谈中医的体质学说(一) | 哈孝贤 | 开卷有益(求医问药) | 2007,(7):22 |
| 浅议中医学与系统论 | 王志莲等 | 云南中医中药杂志 | 2007,(7):58 |
| 略识中医学中的心身医学 | 马　冲等 | 光明中医 | 2007,(8):4 |
| 漫谈中医的体质学说(二) | 哈孝贤 | 开卷有益(求医问药) | 2007,(8):26 |
| 浅谈传统医学美学的研究 | 赵　霞等 | 时珍国医国药 | 2007,(8):2031 |
| 春夏之令与秋冬之令——李东垣学术思想阐析 | 赵　岩 | 四川中医 | 2007,(9):33 |
| 中医学天人相应理论及其对实践的指导意义 | 孟凡红等 | 中国医药指南 | 2007,(9):10 |

| | | | |
|---|---|---|---|
| 中医解剖学研究的历史沿革 | 李珊珊等 | 北京中医 | 2007,(10):655 |
| 漫谈中医的体质学说(四) | 哈孝贤 | 开卷有益(求医问药) | 2007,(10):26 |
| 《黄帝内经》的时空病理观 | 贾会欣等 | 辽宁中医杂志 | 2007,(11):1542 |
| 《素问》四易、四难浅识 | 戴雨虹 | 现代中西医结合杂志 | 2007,(11):1479 |
| 《内经》的人生论治理论 | 金香兰 | 中国中医基础医学杂志 | 2007,(11):813 |
| 中医治疗与天人相应论 | 乔之龙等 | 中华中医药学刊 | 2007,(11):2335 |
| 试论《黄帝内经》中的精神病学 | 罗淑芳 | 甘肃中医 | 2007,(12):3 |
| 浅谈中医对梦的辨证论治 | 江　花 | 中国中医基础医学杂志 | 2007,(12):934 |
| 《黄帝内经》"和谐"思想探析 | 容景瑜等 | 中华中医药学刊 | 2007,(12):2620 |
| 论《黄帝内经》的禀赋学思想 | 刘向哲等 | 中医杂志 | 2007,(12):1131 |
| 中医护理的发展历史 | 王斌全等 | 护理研究 | 2007,(19):1785 |
| 《内经》和谐观浅析 | 容景瑜 | 中国中医药报 | 2007. 1. 12 |
| 《黄帝内经》的自然观研究 | 吕　丽 | 中国优秀博硕士学位论文全文数据库(硕士)哲学与人文科学辑 | 2007,(4):F099-8 |
| 《黄帝内经》中身心健康问题的研究 | 苏　萍 | 中国优秀博硕士学位论文全文数据库(硕士)医药卫生科技辑 | 2007,(4):E056-1 |
| 中医药膳理论及其进展研究 | 高日阳 | 中国优秀博硕士学位论文全文数据库(硕士)医药卫生科技辑 | 2007,(6):E056-11 |
| 中医对情志的辨证施护 | 王　梅 | 河南省护理学会第十二次中医、中西医结合护理管理学术研讨会议资料汇编 | 2007:58 |
| 《黄帝内经》的"中和"观 | 张巧霞 | 河北学刊 | 2008,(1):238 |
| 浅谈中医学中的心理学思想 | 王　幼等 | 内蒙古中医药 | 2008,(1):69 |
| 试论中国医学望诊遵经之学术思想 | 魏凤敏 | 中国城乡企业卫生 | 2008,(1):87 |
| 浅谈《内经》以人为本的思想 | 徐　兵 | 国医论坛 | 2008,(2):49 |
| 读《内经》论医德 | 孙国岗等 | 河北医学 | 2008,(2):239 |
| 《黄帝内经》的术数理论探析 | 吴新明 | 世界科学技术-中医药现代化 | 2008,(2):105 |
| 《内经》对疾病预后的贡献 | 田丙坤 | 中国中医基础医学杂志 | 2008,(2):91 |
| 刘完素对《内经》理论的研究运用与发展 | 张　焱 | 中国中医基础医学杂志 | 2008,(2):81 |
| 《内经》中的医学心理学思想 | 王瑞美等 | 长春中医药大学学报 | 2008,(3):237 |
| 论《黄帝内经》"形神合一"理论及其身心医学思想 | 成映霞等 | 甘肃中医 | 2008,(3):1 |
| 浅议《伤寒论》六经辨证中的《内经》学术思想 | 王周芳 | 光明中医 | 2008,(3):276 |
| 论《黄帝内经》正气观 | 鲁召欣 | 国医论坛 | 2008,(3):12 |
| 《内经》中生命运动周期性的研究 | 谢　芬 | 河南中医学院学报 | 2008,(3):12 |
| 再论中医体质学说 | 马　壮 | 吉林中医药 | 2008,(3):157 |
| 从《黄帝内经》之"和"解读人文理念在中医理论的应用 | 钱会南 | 中华中医药学刊 | 2008,(3):461 |
| 《黄帝内经》中的中医儿科学思想 | 何欣怡 | 长春中医药大学学报 | 2008,(4):355 |
| 浅谈"七情学说"及其运用 | 梁其彬 | 光明中医 | 2008,(4):435 |
| 《内经》汗理论的思考 | 牛　菲 | 山西中医学院学报 | 2008,(4):10 |
| 《黄帝内经》建构中医药理论的基本范畴—四时 | 任秀玲 | 中华中医药杂志 | 2008,(4):343 |
| 试论《内经》升降理论的科学和谐美 | 徐　瑛等 | 北京中医药大学学报 | 2008,(5):299 |
| 对中医学水理论的梳理总结 | 夏鑫华等 | 国医论坛 | 2008,(5):14 |

| | | | |
|---|---|---|---|
| 《内经》饮食理论浅探 | 刘昊雯等 | 河南中医 | 2008,(5):15 |
| 中医学的"常变"观 | 王本起等 | 内蒙古中医药 | 2008,(5):59 |
| 中医体质学说的研究进展与思考 | 魏蓓蓓等 | 上海中医药大学学报 | 2008,(5):74 |
| 从对寄生虫的认识看《内经》的人体观 | 潘大为 | 时珍国医国药 | 2008,(5):1216 |
| 《黄帝内经》以实践为基础构建其医学理论 | 张登本等 | 中国民间疗法 | 2008,(5):3 |
| 中医"从化"学说钩玄 | 赵惠萍 | 中华中医药学刊 | 2008,(5):1060 |
| 古代中医关于"体质学说"的初步探讨 | 贾　妮等 | 中华中医药学刊 | 2008,(5):1094 |
| 《黄帝内经》建构中医药理论的基本范畴——天人 | 任秀玲 | 中华中医药杂志 | 2008,(5):416 |
| 浅谈《黄帝内经》中蕴涵的哲学思想 | 安小平 | 甘肃中医 | 2008,(6):3 |
| 从《内经》的身体观探讨"勇怯"的含义 | 李中正等 | 河南中医学院学报 | 2008,(6):15 |
| 浅谈中医学睡眠理论的特色 | 张明明 | 辽宁中医杂志 | 2008,(6):842 |
| 中国传统医学心身医学思想浅析——《黄帝内经》读书札记 | 张承禹等 | 医学与哲学（人文社会医学版） | 2008,(6):52 |
| 《黄帝内经》以实践为基础构建其医学理论(续) | 张登本等 | 中国民间疗法 | 2008,(6):3 |
| 从中医天人相应理论看人体太空生理紊乱 | 周　鹏等 | 中华中医药杂志 | 2008,(6):472 |
| 浅析对《内经》七情学说的认识 | 韩素萍等 | 光明中医 | 2008,(7):998 |
| 中医学对构建和谐医患关系的指导意义 | 贾　鹏等 | 医学与哲学（人文社会医学版） | 2008,(7):37 |
| 发掘中医学志意证治理论学说与源流 | 阎兆君 | 中国中医基础医学杂志 | 2008,(7):493 |
| 《黄帝内经》建构中医药理论的基本范畴——察观 | 任秀玲 | 中华中医药杂志 | 2008,(7):607 |
| 《内经》临床研究方法探讨 | 王庆其 | 中西医结合学报 | 2008,(7):678 |
| 《黄帝内经》七情学说研究与思考 | 莫芳芳等 | 吉林中医药 | 2008,(8):614 |
| 《黄帝内经》建构中医药理论的基本范畴——辨物 | 任秀玲 | 中华中医药杂志 | 2008,(8):713 |
| 在中医理论形成过程中类比思维的功与过 | 徐　联 | 辽宁中医药大学学报 | 2008,(9):14 |
| 中国体质研究的进程与发展趋势 | 江崇民 | 体育科学 | 2008,(9):25 |
| 试论中医康复学的形成及发展 | 张丽慧等 | 中国中医基础医学杂志 | 2008,(9):647 |
| 《黄帝内经》建构中医药理论的基本范畴——取象 | 任秀玲 | 中华中医药杂志 | 2008,(9):799 |
| 中医体质三论 | 王　琦 | 北京中医药大学学报 | 2008,(10):653 |
| 浅谈《内经》中的医学心理学思想 | 赵英勋 | 光明中医 | 2008,(10):1437 |
| 《内经》推拿学术思想的重要意义述略 | 刘　权等 | 实用中医内科杂志 | 2008,(10):9 |
| 水本思想对《黄帝内经》理论构建之影响 | 步瑞兰等 | 医学与哲学（人文社会医学版） | 2008,(10):65 |
| 《黄帝内经》建构中医药理论的基本范畴——运数 | 任秀玲 | 中华中医药杂志 | 2008,(10):902 |
| 中医体质分类最早的全景式构图——解读《黄帝内经》阴阳二十五人 | 钱会南 | 中华中医药杂志 | 2008,(10):853 |
| 《黄帝内经》建构中医药理论的基本范畴——意识 | 任秀玲 | 中华中医药杂志 | 2008,(11):991 |
| 《黄帝内经》天人相应观与妇人月事 | 楼毅云等 | 中华中医药杂志 | 2008,(11):958 |
| 《黄帝内经》睡眠理论探讨 | 刘淑彦等 | 时珍国医国药 | 2008,(12):2883 |
| 从现代心理学看《黄帝内经》心理学思想 | 胡宝倩 | 时珍国医国药 | 2008,(12):3064 |
| 生生之道归于身形、精气、神志 | 隋　宇等 | 中国中医基础医学杂志 | 2008,(12):961 |
| 天人合一观对中医学的影响 | 赵艳婷 | 首都师范大学学报（社会科学版） | 2008,(S1):191 |
| 论《黄帝内经》理论的"变"与"不变" | 张登本等 | 中国中医药报 | 2008.6.4 |
| 《灵枢》"解结"新解及临床发挥 | 张良登等 | 中国中医药报 | 2008.6.12 |

| | | | |
|---|---|---|---|
| 《黄帝内经》医学人文精神研究 | 申咏秋 | 中国优秀博硕士学位论文全文数据库(博士)医药卫生科技辑 | 2008,(2):E056-7 |
| 《内经》"脏气法时"思想研究 | 常立果 | 中国优秀博硕士学位论文全文数据库(博士)医药卫生科技辑 | 2008,(2):E056-8 |
| 中医胎教思想及应用的研究 | 邱小冬 | 中国优秀博硕士学位论文全文数据库(硕士)医药卫生科技辑 | 2008,(2):E056-452 |
| 六经气化学说天人相应观的理论与临床研究 | 王慧峰 | 中国优秀博硕士学位论文全文数据库(博士)医药卫生科技辑 | 2008,(9):E056-2 |
| 寒温统一论学术源流考辨 | 武　冰 | 中国优秀博硕士学位论文全文数据库(博士)医药卫生科技辑 | 2008,(12):E056-34 |
| 中医体质学术发展史及中西医学体质学说比较研究 | 马晓峰 | 中国优秀博硕士学位论文全文数据库(博士)医药卫生科技辑 | 2008,(12):E054-1 |
| 《内经》体质理论发微 | 齐　南等 | 江西中医学院学报 | 2009,(1):1 |
| 《黄帝内经》贵人乐生的生命伦理思想浅析 | 王婷婷等 | 商丘师范学院学报 | 2009,(1):17 |
| 《黄帝内经》建构中医药理论的基本范畴——证验 | 任秀玲 | 中华中医药杂志 | 2009,(1):63 |
| 《内经》脾胃理论探微 | 宋　琦等 | 中医文献杂志 | 2009,(1):29 |
| 中医推拿之多元共存 | 张星平等 | 中医药学报 | 2009,(1):27 |
| 《内经》中的传统医学道德思想 | 周　杰等 | 北京中医药 | 2009,(2):113 |
| 中医命门网络系统的理论研究及实践价值 | 胡素敏等 | 江苏中医药 | 2009,(2):5 |
| 六经病证与气化学说探析 | 张志明 | 辽宁中医药大学学报 | 2009,(2):6 |
| 中医辨证思维　辨证方法与辨证体系 | 李　菲 | 辽宁中医杂志 | 2009,(2):213 |
| 恽铁樵《内经》观初探 | 陆　翔等 | 南京中医药大学学报 | 2009,(2):90 |
| 浅析《内经》中的脾胃论及其影响 | 张　欢等 | 陕西中医学院学报 | 2009,(2):11 |
| 浅谈中医学的运动观 | 邱隆树等 | 河南中医 | 2009,(3):246 |
| 论《黄帝内经》理论的"变"与"不变" | 张登本 | 河南中医学院学报 | 2009,(3):1 |
| 论《黄帝内经》"心身统一"的心理卫生观 | 黄大建 | 江西财经大学学报 | 2009,(3):84 |
| 取象比类法在《黄帝内经》中的应用 | 郁　祥 | 山东中医杂志 | 2009,(3):154 |
| 中医整体观念的错误——分析是中医认识人体的基本方法 | 王律修 | 医学与哲学(人文社会医学版) | 2009,(3):66 |
| "升降出入"理论源流探析 | 吴丽丽等 | 甘肃中医 | 2009,(4):3 |
| 《素问玄机原病式》学术思想探讨 | 姚增全等 | 河南中医 | 2009,(4):343 |
| 中医男性生殖内分泌学理论初探 | 杜维祥等 | 辽宁中医药大学学报 | 2009,(4):14 |
| 中医防治情志病证理论源流初探 | 马月香 | 山西中医学院学报 | 2009,(4):7 |
| 对《黄帝内经》中辨证思维方法的几点认识 | 李爽姿等 | 中国中医基础医学杂志 | 2009,(4):256 |
| 张仲景对《内经》学术的继承和创新 | 吴弥漫 | 广州中医药大学学报 | 2009,(5):505 |
| 关于《素问・阴阳离合论》中"开/关"的思考 | 况彦德等 | 河南中医 | 2009,(5):437 |
| 《内经》中医学心理学思想浅析 | 屈丽波 | 湖北中医学院学报 | 2009,(5):51 |
| 论《内经》对中医证理论形成的影响 | 李翠娟等 | 时珍国医国药 | 2009,(5):1063 |
| 《黄帝内经》的性别意识试探 | 林卓逸等 | 云南中医学院学报 | 2009,(5):8 |
| 从《素问・调经论》看小儿五脏"三不足两有余"理论 | 周永红等 | 中国中西医结合儿科学 | 2009,(5):468 |

| | | | |
|---|---|---|---|
| 《黄帝内经》平人撮要 | 杨　阳等 | 中医药信息 | 2009,(5):14 |
| 从《黄帝内经》论结构与功能的相关性 | 王　进 | 中医药信息 | 2009,(5):11 |
| 《黄帝内经》“谿谷属骨”理论初探 | 刘　斌等 | 北京中医药 | 2009,(7):512 |
| 论中医学的天人相应系统观 | 王小祥 | 光明中医 | 2009,(7):1371 |
| 从“生病起于过用”谈《内经》非平衡稳态思想 | 文乐敏等 | 江苏中医药 | 2009,(7):12 |
| 略论历代医家治疗老年病的观点及优势 | 刘丹雯 | 江西中医药 | 2009,(7):72 |
| 《黄帝内经》疾病传变思想管窥 | 辛　海 | 浙江中医杂志 | 2009,(7):478 |
| 浅释《黄帝内经》中的地势观 | 朱立达 | 长春大学学报 | 2009,(8):76 |
| 中医整体观的三重内涵 | 程雅君 | 哲学研究 | 2009,(8):59 |
| 生态医学研究概述 | 王丽慧等 | 中国中医基础医学杂志 | 2009,(8):641 |
| 论中国古人的医德观及其现代启示 | 朱世广 | 法制与经济(中旬刊) | 2009,(9):135 |
| 传统医学文献中的哲学思想探析 | 曾庆利等 | 时珍国医国药 | 2009,(9):2299 |
| 以《素问·移精变气论》为中心探讨上古时期的医学特点 | 李中正 | 中华中医药杂志 | 2009,(9):1121 |
| 《素问·咳论》学术思想浅议 | 张玉岭 | 四川中医 | 2009,(10):34 |
| 《内经》思维方式及特点 | 王中杰等 | 中国中医基础医学杂志 | 2009,(11):803 |
| 从脉象谈人与自然息息相应的整体观 | 聂金娜等 | 中外医疗 | 2009,(27):111 |
| 论《黄帝内经》中的医德思想及其对后世的影响 | 李美萍等 | 中国医药导报 | 2009,(28):167 |
| 浅谈中医的恒动观(一) | 钱伯文 | 上海中医药报 | 2009.4.24 |
| 《黄帝内经》中的全科医学思想 | 郭建强 | 上海中医药报 | 2009.9.18 |
| 清浊是《内经》的基本概念 | 曹东义等 | 中国中医药报 | 2009.10.22 |
| 秦汉以前的精神医学观念研究 | 杨丽英 | 中国优秀博硕士学位论文全文数据库(硕士)医药卫生科技辑 | 2009,(1):E054-11 |
| 《黄帝内经》中“水”的学术思想研究 | 罗南凤 | 中国优秀博硕士学位论文全文数据库(硕士)医药卫生科技辑 | 2009,(7):E056-5 |
| 《黄帝内经》的自然哲学——“天人合一”思想 | 李明杰 | 中国优秀博硕士学位论文全文数据库(硕士)医药卫生科技辑 | 2009,(9):E056-2 |
| 《黄帝内经》中对体质理论的阐述 | 聂金娜等 | 中华中医药学会第七届中医体质学术研讨会论文集 | 2009:89 |
| 《灵枢·通天》对朝医“四象医学”体质分型的影响 | 李　霞 | 中华中医药学会第七届中医体质学术研讨会论文集 | 2009:95 |
| 《黄帝内经》体质分类探索 | 方亚利 | 中华中医药学会第七届中医体质学术研讨会论文集 | 2009:141 |
| 论中医体质理论体系的构建 | 王　琦 | 中华中医药学会第七届中医体质学术研讨会论文集 | 2009:12 |
| 中医体质学发展水平状况的分析与再思考 | 张养生 | 中华中医药学会第七届中医体质学术研讨会论文集 | 2009:80 |

## (十二)其他研究

| | | | |
|---|---|---|---|
| 敬告中医宜参考生理学勿专重《内经》 | 程国祥 | 中西医学报 | 1913,(11):11 |
| 《内经》分类病原序 | 谭天骥 | 中西医学报 | 1914,(3):1 |
| 对于《内经》之感想 | 浑铁樵 | 中医杂志(上海) | 1922,(3):121 |
| 题读《内经图》(并序) | 秦伯未 | 中医杂志(上海) | 1922,(3):133 |
| 辨《内经》妇人无须之理寄秦君 | 叶劲秋 | 中医杂志(上海) | 1923,(5):3 |
| 再论《内经》妇人无须之理答叶君 | 秦伯未 | 中医杂志(上海) | 1923,(5):4 |
| 答友人讨论《内经》书 | 高思潜 | 三三医报 | 1924,(2):19 |
| 历代旧医学史评之——《灵素》 | 陈方之 | 学艺 | 1924,(8):4 |
| 介绍《内经太素》 | 周禹锡 | 三三医报 | 1925,(5):4 |
| 《内经》里告诉我道…… | | 长寿(上海 1928) | 1928,(1):封2 |
| 《内经》研究 | 何云鹤 | 上海国医学院院刊 | 1929,(1):21 |
| 《灵素》商兑之商兑 | 何云鹤 | 自强医刊 | 1930,(6):9 |
| 《灵素》商兑之商兑 | 何云鹤 | 自强医刊 | 1930,(8):8 |
| 论《内经》于"妇人重身"一节理论与《仲景书》之关系 | 秦伯未 | 中医世界 | 1930,(10):74 |
| 《内经》研究 | 何云鹤 | 中国医学月刊 | 1930,(11):14 |
| 《素问》之学说 | 暗　然 | 大公报医学周刊 | 1931,(10):28 |
| 《素问》之学说 | 暗　然 | 大公报医学周刊 | 1931,(11):4 |
| 《素问》之医学 | 暗　然 | 大公报医学周刊 | 1931,(12):9 |
| 《黄帝内经》之研究(附表) | 梁伯强等 | 同济医学季刊 | 1933,(4):6 |
| 《素问》《灵枢》《伤寒》《金匮》详解合编序 | 周　镇 | 杏林医学月报 | 1934,(60):37 |
| 《内经》教授章鹤年:[照片] | | 中国医学院毕业纪念刊 | 1934,(5):1 |
| 题叶天士读《内经图》 | 前　人 | 文艺捃华 | 1934,(4):28 |
| 陈立夫用科学方法整理《内经》 | | 光华医药杂志 | 1934,(9):1 |
| 《内经类编》序 | 黄　谦 | 光华医药杂志 | 1934,(1):77 |
| 《黄帝内经》之研究 | 杨子良 | 现代中医 | 1935,(1):1 |
| 《素问巢氏病原》 | 范行准 | 中西医药 | 1935,(12):1 |
| 《内经类编》序 | 周禹锡 | 光华医药杂志 | 1936,(9):52 |
| 《内经》所见到的死 | 吴仲磬 | 吴兴医药月刊 | 1937,(10):1 |
| 《内经》与社会学 | 佛　雏 | 中国医药研究月报 | 1937,(8):7 |
| 《内经》疑问 | 蒋幽樵 | 光华医药杂志 | 1937,(10):54 |
| 致读者第三书(谈读《内经》的态度) | 姜春华 | 中国医药月刊(北京) | 1942,(9/10):39 |
| 《黄帝内经》介绍 | 杨达夫 | 江西中医药 | 1955,(9):26 |
| 《黄帝内经》几个基本问题的商榷 | 袁　平 | 山东医药 | 1957,(2):29 |
| "疗"的证治概述 | 凌云鹏 | 江西中医药 | 1959,(7):41 |
| 对祖国医学的认识问题(续第9号) | 姬　衍 | 中医杂志 | 1957,(11):572 |
| 内经浅解 | 李蔚普 | 江西医药 | 1959,(9):40 |
| "内经浅解"含有不少唯心的观点 | 钟朝相 | 江西医药 | 1959,(10):39 |
| 对"内经浅解"的几点商榷 | 羽三 | 江西医药 | 1959,(10):39 |
| 对"内经浅解"的意见 | 王金云 | 江西医药 | 1959,(10):37 |
| 对李蔚普"内经浅解"一文的意见 | 湖　光 | 江西医药 | 1959,(10):38 |
| "内经浅解"含有不少唯心的观点 | 锺朝相 | 江西中医药 | 1959,(10):39 |

| | | | |
|---|---|---|---|
| 对“内经浅解”的几点商榷 | 羽三 | 江西中医药 | 1959,(10):39 |
| 对“内经浅解”的意见 | 王金云 | 江西中医药 | 1959,(10):37 |
| 对李蔚普“内经浅解”一文的意见 | 湖光 | 江西中医药 | 1959,(10):38 |
| 驳斥李蔚普“内经浅解”的错误论点 | 黄如玉 | 江西中医药 | 1959,(11):37 |
| 对“内经浅解”一文的讨论　李蔚普的“内经浅解”是有问题的 | 傅再希 | 江西中医药 | 1959,(11):34 |
| 我对“内经浅解”的意见 | 廖家兴 | 江西中医药 | 1959,(11):38 |
| “内经浅解”读后感 | 张雨时 | 江西医药 | 1959,(12):35 |
| 对“内经浅解”一文的剖视 | 高凌云等 | 江西医药 | 1959,(12):34 |
| 对李蔚普先生“内经浅解”的不同意见 | 江公铁等 | 江西医药 | 1959,(12):33 |
| 我对“内经浅解”的初步检讨 | 李蔚普 | 江西医药 | 1959,(12):31 |
| “内经浅解”读后感 | 张雨时 | 江西中医药 | 1959,(12):35 |
| 对“内经浅解”一文的剖视 | 高凌云等 | 江西中医药 | 1959,(12):34 |
| 对李蔚普先生“内经浅解”的不同意见 | 江公铁等 | 江西中医药 | 1959,(12):33 |
| 对李蔚普“内经浅解”及其检讨的我见 | 谈　文 | 江西中医药 | 1960,(1):38 |
| 对“内经浅解”一文的讨论——这样空洞的检讨是不解决问题的 | 傅再希 | 江西中医药 | 1960,(2):48 |
| 论黄帝内经对人体测量方面的贡献 | 杨占林 | 山西医学院学报 | 1960,(2):1 |
| 认清错误　吸取教训——关于“内经浅解”一文的讨论 | 本刊编辑部 | 江西中医药 | 1960,(3):37 |
| 关于“人与自然”的探讨 | 孙宝楚 | 江苏中医药 | 1961,(3):5 |
| 从“问疑二则”所提出的几个问题谈起 | 朱式夷 | 中医杂志 | 1962,(2):39 |
| 理虚初探 | 黄宗仁 | 上海中医药杂志 | 1962,(4):14 |
| 试谈中医外科学派 | 刘再朋 | 江苏中医药 | 1963,(1):11 |
| 中医对医疗保护的重视 | 刘星元 | 兰州大学学报(医学版) | 1964,(1):141 |
| 素灵小识 | 唐再予 | 江苏中医 | 1964,(4):4 |
| 素灵小识(待续) | 唐再予 | 江苏中医药 | 1964,(4):32 |
| 素灵小识(续) | 唐再予 | 江苏中医药 | 1964,(5):26 |
| 素灵小识(续完) | 唐再予 | 江苏中医 | 1964,(5):5 |
| 中国医学发展简史(续) | 耿鉴庭 | 陕西医学杂志 | 1974,(3):43 |
| 我国第一部重要医学著作——《黄帝内经》 | 钦　尧 | 广西医学 | 1976,(5):14 |
| 医经学派——中医学术流派试论之一 | 任应秋 | 浙江中医药大学学报 | 1978,(4):3 |
| 医经学派(续完)——中医学术流派试论之一 | 任应秋 | 浙江中医药大学学报 | 1979,(1):7 |
| 医林小议 | 张浩良 | 江苏中医药 | 1979,(2):28 |
| 祖国医笈名称选释 | 李克绍 | 新医药学杂志 | 1979,(2):38 |
| 关于中医某些概念的表述问题(一) | 江　潮 | 成都中医药大学学报 | 1979,(3):92 |
| 《太素经》 | 马东峻 | 浙江中医药大学学报 | 1979,(3):60 |
| 《内经》对中医学的主要贡献 | 段丽虹 | 中医药学报 | 1979,(3):59 |
| 医林掇英——第五回　辨主次钟老抓重点论标本《素问》有明文 | 明　坚 | 上海中医药杂志 | 1979,(5):62 |
| 续《广笔记》之一:谈“天” | 吴越人 | 上海中医药杂志 | 1980,(1):38 |
| 我对《内经》的几点认识 | 高和声 | 浙江中医药大学学报 | 1980,(1):10 |
| 《灵兰秘典》新解 | 何绍奇 | 成都中医药大学学报 | 1980,(2):14 |
| 松柏医话(一) | 方药中等 | 成都中医药大学学报 | 1980,(3):20 |
| 略论《黄帝内经》的学术地位和研究价值 | 高　德 | 湖南中医学院学报 | 1980,(3):1 |
| 《内外伤辨惑论》剖析 | 丁光迪 | 江苏中医药 | 1980,(3):1 |
| 《黄帝内经素问校释》审稿定稿会议在山东泰安召开 | 魏秀蓉 | 山东中医药大学学报 | 1980,(3):74 |

| | | | |
|---|---|---|---|
| 试论祖国医学发展的辩证规律 | 赵恩俭 | 天津医药 | 1980,(3):165 |
| 医家与兵家 | 吴越人 | 上海中医药杂志 | 1980,(3):40 |
| 岐黄之术 | 华　犁 | 陕西中医 | 1980,(6):35 |
| 有关《内经》的几个问题之我见 | 李济仁 | 安徽中医学院学报 | 1981,(00):11 |
| 如何认识《黄帝内经》 | 蓝醒生 | 内蒙古医学院学报 | 1981,(1):215 |
| 对中医学中几个问题的认识 | 张辛毅 | 山东医学高等专科学校学报 | 1981,(1):61 |
| 关于确立中医基础学科的建议 | 韩荣升 | 陕西中医 | 1981,(1):42 |
| 中外医药交流史略 | 耿鉴庭 | 中国中西医结合杂志 | 1981,(1):53 |
| 医经意释 | 任瑞文 | 河北中医 | 1981,(2):10 |
| 《内经》四则 | 黄长捷等 | 现代中医药 | 1981,(2):25 |
| 医论 | 张厚墉 | 现代中医药 | 1981,(2):46 |
| 答陈彝安同志 | 王　琦 | 中医杂志 | 1981,(2):79 |
| 简论祖国医学从《内经》以来的若干重大发展 | 吴惟康 | 中医药学报 | 1981,(3):19 |
| “古代之医学基础说” | 好　古 | 成都中医药大学学报 | 1982,(1):32 |
| 刘长林《<内经>的哲学》序 | 李泽厚 | 读书 | 1982,(1):82 |
| 医论选读 | 王祖雄 | 贵阳中医学院学报 | 1982,(1):41 |
| 温病病名的多种含义 | 孟澍江等 | 南京中医药大学学报(自然科学版) | 1982,(1):14 |
| 我国中医学与日本汉方医学的异同 | 陈舜儒 | 现代医学 | 1982,(1):43 |
| 祖国医学珍闻点滴 | 何建升 | 现代中医药 | 1982,(1):62 |
| 祖国医学之最 | 辛智科 | 现代中医药 | 1982,(1):60 |
| 一孔之见 | 郑廷蔚 | 中医杂志 | 1982,(2):80 |
| 试析我国古代医德 | 周金林 | 湖北中医杂志 | 1982,(4):53 |
| 略论病势 | 朱文锋 | 湖南中医学院学报 | 1982,(4):1 |
| 祖国医学之最(续二) | 辛智科 | 现代中医药 | 1982,(4):64 |
| 唐以前伤寒温热时行异同述略 | 姜春华 | 中医药学报 | 1982,(4):1 |
| 开展中医急诊的初步探讨 | 金棣生 | 湖北中医杂志 | 1982,(5):38 |
| 从历史谈当前中医急症的研究 | 王庆其 | 上海中医药杂志 | 1982,(5):13 |
| 中医自学辅导园地 | 区永欣 | 新中医 | 1982,(8):36 |
| 中医学在医学观转变中的作用 | 常　青 | 医学与哲学(人文社会医学版) | 1982,(11):20 |
| 对《内经析疑》一文的商榷 | 朱伟常 | 上海中医药杂志 | 1982,(12):31 |
| 对突出中医学特点的认识 | 夏晋和 | 安徽中医学院学报 | 1983,(1):65 |
| “医者意也”小议 | 吴素行 | 安徽中医学院学报 | 1983,(1):48 |
| 医学随笔三则 | 李今庸 | 天津中医学院学报 | 1983,(1):4 |
| 浅谈祖国医学流派产生的时代 | 刘月明 | 天津中医学院学报 | 1983,(1):11 |
| 医易漫谈(一) | 李仲愚等 | 云南中医中药杂志 | 1983,(1):15 |
| 论祖国医学对眼解剖生理的认识 | 李传课 | 湖南中医学院学报 | 1983,(2):11 |
| 医易漫谈(二) | 李仲愚等 | 云南中医中药杂志 | 1983,(2):4 |
| 略论病势 | 朱文锋 | 辽宁中医杂志 | 1983,(3):14 |
| 假证不“假” | 张登本 | 陕西中医学院学报 | 1983,(3):17 |
| 医学之“最” | 正　宣 | 实用医学杂志 | 1983,(3):39 |
| 一个被误解了的学术问题 | 吴家骏 | 云南中医学院学报 | 1983,(3):10 |
| 十字治学谈 | 林干良 | 黑龙江中医药 | 1983,(4):57 |

| | | | |
|---|---|---|---|
| 我国古代年月日的查对 | 吉文辉 | 南京中医药大学学报（自然科学版） | 1983,(4):59 |
| 医不三世不服其药小议 | 周明道 | 浙江中医学院学报 | 1983,(4):10 |
| 轶酒探医源 | 龙江人 | 中医药学报 | 1983,(4):49 |
| 中医类书浅谈 | 王者悦 | 吉林中医药 | 1983,(6):42 |
| 略论中医学创新发展的历史经验 | 王永庆 | 中医药学报 | 1983,(6):1 |
| 学派争鸣对祖国医学发展的贡献 | 苏庆民 | 医学与哲学（人文社会医学版） | 1983,(8):54 |
| 和徐湘亭同志商榷 | 朱伟常 | 上海中医药杂志 | 1983,(9):28 |
| 《素问》《灵枢》《伤寒论》《金匮要略》介绍 | 余瀛鳌 | 中医杂志 | 1983,(10):74 |
| 医论二则 | 梅国强 | 黑龙江中医药 | 1984,(1):48 |
| 评《灵枢·阴阳二十五人篇》的年忌 | 李克绍 | 湖北中医杂志 | 1984,(1):4 |
| 医不可自成一家 | 姜春华 | 黑龙江中医药 | 1984,(3):18 |
| 中医与气功 | 胡春申 | 泸州医学院学报 | 1984,(3):31 |
| 正确认识中医学 | 阎孝诚 | 中国临床医生 | 1984,(3):60 |
| 祖国医学史上有趣的“四大” | 柯新桥 | 湖北中医杂志 | 1984,(4):49 |
| 答施毅同志 | 田代华 | 山东中医药大学学报 | 1984,(4):39 |
| 医疗逻辑思维简史初探 | 薛遵化等 | 医学与哲学（人文社会医学版） | 1984,(4):34 |
| 正确认识中医学(续) | 阎孝诚 | 中国临床医生 | 1984,(4):59 |
| 中医病名刍议 | 朱文锋 | 云南中医中药杂志 | 1984,(5):5 |
| 《内经图》简介 | 李国华 | 体育文化导刊 | 1984,(6):26 |
| 西苑读书记 | 何绍奇 | 中医药学报 | 1984,(6):58 |
| 论中医理论研究中的比较方法 | 吴润秋 | 湖南中医学院学报 | 1984,(Z1):21 |
| 试论比较中医学 | 李文海 | 湖南中医学院学报 | 1984,(Z1):17 |
| 医苑偶拾二则 | 倪克中 | 辽宁中医杂志 | 1985,(1):34 |
| 中医疾病的命名形式与原则 | 朱文锋 | 陕西中医 | 1985,(1):7 |
| 几个“卦象”的小议 | 王　汪 | 陕西中医学院学报 | 1985,(1):31 |
| 中医科研应以辨证论治为核心 | 俞雪如 | 中医药学报 | 1985,(1):9 |
| 医海珠玉 | 肖永林 | 吉林中医药 | 1985,(2):49 |
| 中医理论和自然辨证法 | 贾得道 | 山西中医 | 1985,(2):3 |
| 方名释义 | 洪文旭等 | 现代中医药 | 1985,(2):38 |
| 《内经》说梦 | 王米渠 | 成都中医药大学学报 | 1985,(3):31 |
| 《黄帝内经太素》科研课题论证会在我院举行 | | 成都中医药大学学报 | 1985,(3):64 |
| 试论中医人才的心理品质 | 李红联 | 成都中医药大学学报 | 1985,(3):40 |
| 从中医学发展史的特点谈中医教育 | 蔡捷恩 | 福建中医药 | 1985,(3):43 |
| 略谈中医学术理论的发展问题(一) | 陈大舜 | 辽宁中医杂志 | 1985,(3):22 |
| 如何科学地认识中医 | 贾得道 | 山西中医 | 1985,(3):2 |
| 《黄庭中景经》注说 | 吕光荣 | 云南中医学院学报 | 1985,(3):52 |
| 祖国医学中的九字 | 丰明德 | 中医药学报 | 1985,(3):43 |
| 略淡中医学术理论的发展问题(二) | 陈大舜 | 辽宁中医杂志 | 1985,(4):8 |
| 敬答刘衡如老先生 | 李　锄 | 上海中医药杂志 | 1985,(4):6 |
| 也谈“四大经典” | 何爱华 | 天津中医药 | 1985,(4):36 |
| 谈“疾”和“病” | 郭　池 | 现代中医药 | 1985,(4):36 |
| 《经》言片语挽沉疴 | 严玉林 | 吉林中医药 | 1985,(5):47 |
| “《素问》整理研究”课题论证会在天津举行 | 吴仕骥 | 天津中医药 | 1985,(5):5 |

| | | | |
|---|---|---|---|
| 祖国医学之最 | 辛智科 | 现代中医药 | 1985,(5):54 |
| 中医特色刍探 | 苏　礼等 | 陕西中医 | 1985,(6):241 |
| 中医学类比法分析评介 | 何裕民 | 医学与哲学（人文社会医学版） | 1985,(6):25 |
| 答吕子忱同志 | 彭静山 | 辽宁中医杂志 | 1985,(7):44 |
| 如何保持和发扬中医特色 | 王志义 | 陕西中医 | 1985,(7):1 |
| 中国古代医疗技术发明小史 | 辛智科 | 陕西中医 | 1985,(7):336 |
| 医话拾零 | 范春如等 | 中医杂志 | 1985,(8):17 |
| 中医科研工作的特点(二) | 肖德馨 | 辽宁中医杂志 | 1985,(10):12 |
| 《黄帝内经》研究的展望 | 傅瘦生 | 福建中医药 | 1986,(1):2 |
| 简评《内经词语辞典》 | 宗言顺 | 吉林中医药 | 1986,(1):40 |
| 精研经典　溯源求本 | 王异凡 | 山东中医杂志 | 1986,(1):37 |
| 也谈“疾”和“病” | 祁天寿 | 现代中医药 | 1986,(1):7 |
| 中国医学发展史纵向观 | 谢立奎 | 湖南中医杂志 | 1986,(2):51 |
| 中医基础学科面临分化——记华东地区中医学院《内经》学科讨论会 | 王庆其 | 上海中医药杂志 | 1986,(2):48 |
| 祖国医学之最 | 杨芬明 | 中医药学刊 | 1986,(2):598 |
| 《素问·太阴阳明论》浅识 | 王兴华等 | 安徽中医学院学报 | 1986,(3):50 |
| 对《仲景刺灸法与内经学说》一文的两点商榷 | 秦养毅 | 浙江中医学院学报 | 1986,(3):54 |
| 试论《内经》的自然科学基础(一) | 黄柳泉 | 新中医 | 1986,(4):1 |
| 试论《内经》的自然科学基础(二) | 黄柳泉 | 新中医 | 1986,(5):1 |
| 试论《内经》的自然科学基础(三) | 黄柳泉 | 新中医 | 1986,(6):1 |
| 略论因果关系在医学上的方法论意义 | 王太西 | 医学与哲学（人文社会医学版） | 1986,(6):40 |
| 简论医学流派的形成 | 陈大舜 | 辽宁中医杂志 | 1986,(8):15 |
| 中医学术基本原理探讨 | 区永欣 | 广州中医药大学学报 | 1986,(Z1):21 |
| 论中医理论体系的基本内涵及其产生的物质基础 | 方药中 | 天津中医学院学报 | 1986,(Z1):14 |
| 人类自然寿命探讨 | 赵　琨 | 新疆中医药 | 1987,(1):11 |
| 《内经》睡眠与梦的浅识 | 杨常青 | 中医药学报 | 1987,(1):17 |
| 医理采源二则 | 烟建华等 | 陕西中医学院学报 | 1987,(2):15 |
| 古酒史话 | 朱伯镛 | 商场现代化 | 1987,(2):31 |
| 强肝明目功 | 吕选民 | 按摩与导引 | 1987,(3):22 |
| 纲举目张　推陈出新——评《黄帝内经类析》 | 傅景春 | 内蒙古中医药 | 1987,(4):47 |
| 医学咨询 | 许鑫梅 | 新中医 | 1987,(9):54 |
| 《素问·标本病传论篇》的一点质疑 | 廖秋元 | 湖南中医学院学报 | 1988,(1):28 |
| 答李煌庆同志问 | 胡天雄 | 湖南中医学院学报 | 1988,(1):31 |
| 法国版版《灵枢》 | 王凤山 | 天津中医学院学报 | 1988,(1):48 |
| 全国内经、诊断专题学术会议纪要(1987年10月30日北京) | 冷方南 | 云南中医中药杂志 | 1988,(1):49 |
| 论中医的理论思维(续) | 欧阳锜 | 湖南中医杂志 | 1988,(2):29 |
| 《运用补气法治验四则》 | 王宗铁 | 天津中医药 | 1988,(2):43 |
| 医家评介 | 高新彦 | 现代中医药 | 1988,(2):33 |
| 《内经纲要》述要 | 邢玉瑞 | 现代中医药 | 1988,(3):9 |
| 《内经运气表》述要 | 任渭丽 | 现代中医药 | 1988,(3):12 |
| 《素灵微蕴》述要 | 张登本 | 现代中医药 | 1988,(3):7 |
| 论中医学发展史上的四大突破 | 胡振华 | 中医药学报 | 1988,(3):5 |

| | | | |
|---|---|---|---|
| 中医古籍书名趣说 | 漆　浩 | 中医药学刊 | 1988,(3):37 |
| 试论人与自然 | 郎鸿畴 | 吉林中医药 | 1988,(4):3 |
| 《内经医籍述要》选载(续) | 党炳琳等 | 现代中医药 | 1988,(4):46 |
| 论中医学发展史上的四大突破 | 何耀荣 | 湖南中医杂志 | 1988,(5):50 |
| 试论解放后《黄帝内经》的研究概况 | 徐　珊 | 浙江中医药大学学报 | 1988,(5):6 |
| 生育年龄与优生 | 高锦声等 | 中国临床医生 | 1988,(6):57 |
| 当代中医学研究的十大转变 | 贾雁宾 | 医学与哲学(人文社会医学版) | 1988,(10):32 |
| 试论中医基础理论的几个问题 | 刘兴仁 | 辽宁中医杂志 | 1988,(12):11 |
| 读医纠偏论 | 马启昕 | 国医论坛 | 1989,(1):43 |
| 《内经虚词用法简表》将出版 | 董天恩 | 河北中医 | 1989,(1):48 |
| 微循环与中医学 | 修瑞娟等 | 北京中医 | 1989,(2):14 |
| 《内经》辨析二则 | 齐　南 | 江西中医药 | 1989,(2):49 |
| 启闭诸窍　揆度奇恒 | 章新亮 | 江西中医药 | 1989,(2):3 |
| 破释河图、洛书　揭示科学奥秘 | 陈佃夫 | 上海针灸杂志 | 1989,(2):34 |
| 论中医学的规范 | 潘卫星 | 中华中医药杂志 | 1989,(2):4 |
| 中医学类比方法简论 | 吴弥漫 | 广州中医药大学学报 | 1989,(3):184 |
| 中西医学之比较与整合观 | 陈太羲 | 福建中医药 | 1989,(4):27 |
| 中医基本理论的形成是不断实践验证与完善过程 | 袁　玮等 | 陕西中医学院学报 | 1989,(4):6 |
| 《内经词典》条目举隅 | 武长春等 | 陕西中医 | 1989,(5):239 |
| 他山之石,可以攻玉 | 李华安 | 山东中医杂志 | 1989,(6):48 |
| 《内经析疑》的价值初议 | 谢亚松 | 重庆医学 | 1989,(6):63 |
| 祖国临床医学史成就举隅 | 尹莲芳等 | 蚌埠医学院学报 | 1990,(1):55 |
| 从“证”入手研究发展中医病理理论 | 贾谦胜 | 陕西中医学院学报 | 1990,(1):25 |
| 试论宏观医学体系特点在《内经》中的应用 | 柴国钊等 | 医学与哲学(人文社会医学版) | 1990,(1):34 |
| 祖国医学人与自然的关系述略 | 余文华 | 汕头大学学报(人文社会科学版) | 1990,(2):56 |
| 生命过程本质初探 | 徐元贞 | 中医研究 | 1990,(2):3 |
| 从认识论方法论看医易相关 | 周仕明 | 山东中医药大学学报 | 1990,(3):26 |
| 全国第二届内经专题学术会议述要 | 王庆其 | 中华中医药杂志 | 1990,(4):68 |
| 医林集腋四则 | 董胡兴 | 中医药临床杂志 | 1990,(4):34 |
| 人类生殖与太极阴阳 | 樊友平等 | 国医论坛 | 1990,(6):10 |
| 《内经》理论体系纲要(三)——试论《内经》理论体系形成的基础 | 程士德 | 中医药学刊 | 1990,(6):2 |
| 对马王堆医书的探讨 | 张　琪等 | 黑龙江中医药 | 1991,(1):6 |
| 近代医家刘民叔与《素问痿论释难》 | 叶庆莲 | 四川中医 | 1991,(1):7 |
| 《黄帝内经》论嗓音初探 | 刘绍武等 | 天津中医药 | 1991,(1):27 |
| 浅论医学中的几个不可逆问题 | 胡敏灿 | 中医研究 | 1991,(1):5 |
| 浅谈中医理论的稳定性与封闭性 | 王均贵 | 医学与哲学(人文社会医学版) | 1991,(3):36 |
| 中医传统思维方式探微 | 卓同年 | 山东医科大学学报(社会科学版) | 1991,(4):7 |
| 试论传统哲学与传统医学的关系 | 刘华为 | 西北大学学报(哲学社会科学版) | 1991,(4):33 |

| | | | |
|---|---|---|---|
| 略论中医理论的认识模式——中医与中国传统文化之研讨 | 盛亦如等 | 中医研究 | 1991,(4):3 |
| 中医起源多元论 | 李华安 | 山东中医药大学学报 | 1991,(5):47 |
| 答杏苑人先生批评 | 贾得道 | 中医药信息 | 1991,(6):42 |
| 《内经》直觉思维探析 | 黄自元 | 广州中医药大学学报 | 1991,(Z1):83 |
| 中医理论对中国古代哲学的贡献 | 曲　峰 | 国医论坛 | 1992,(1):13 |
| 关于中医疾病命名方法的几点建议 | 迟继铭等 | 黑龙江中医药 | 1992,(1):9 |
| 论中医系统观的泛系模式 | 卓同年 | 山东中医药大学学报 | 1992,(1):28 |
| 中国医学源流导论(二) | 李华安 | 泰山医学院学报 | 1992,(1):78 |
| 河图新探 | 吕　齐 | 内蒙古社会科学(汉文版) | 1992,(2):17 |
| 关于建立、研究"中医高原医学"的初步设想 | 张学义等 | 内蒙古中医药 | 1992,(2):37 |
| 医学模式转变与中医学方法论 | 高培新等 | 医学与哲学(人文社会医学版) | 1992,(2):55 |
| 古人谈饮食卫生 | 刘宇晖 | 中国初级卫生保健 | 1992,(3):23 |
| 中医古籍精华选评 | 张华珠等 | 中医药学刊 | 1992,(4):20 |
| 干祖望医话(四)——从取消夏令时而产生的遐想 | 干祖望 | 辽宁中医杂志 | 1992,(7):37 |
| 试论《黄帝内经》的整体思维特征 | 吴　湘 | 贵阳中医学院学报 | 1993,(1):4 |
| 也谈两种医学体系的正确名称——兼与王子坤同志商榷 | 何松林等 | 吉林中医药 | 1993,(1):48 |
| 走出思维的怪圈——医学平衡观念的层次发展关系 | 陈一列 | 医学与哲学(人文社会医学版) | 1993,(2):17 |
| 论生命在于平衡 | 黄道金等 | 海南医学 | 1993,(3):41 |
| 中国医药学的历史、特色、任务及效能概说 | 杨健武 | 云南中医中药杂志 | 1993,(4):4 |
| 中医学术流派的产生、划分和发展 | 吴华强 | 中医药临床杂志 | 1993,(4):49 |
| 目劄 | 朱树宽 | 山东中医杂志 | 1993,(6):47 |
| 精读深思　心领神会——《灵兰探幽》专栏《六经制化决乎肝胆》一文评析 | 张为群等 | 上海中医药杂志 | 1993,(6):45 |
| 《内经》的原始思维及类化特征 | 张永洛 | 中医药学报 | 1993,(6):2 |
| 医话选粹 | 摘自《医易一理》 | 江苏中医药 | 1993,(10):12 |
| 学古为今息梦纷——《内经》析梦 | 沈经宇 | 上海中医药杂志 | 1993,(10):44 |
| 干祖生趣味医话(二十)　杏林园里道家多 | 干祖望 | 辽宁中医杂志 | 1993,(11):36 |
| 气象中医学初识 | 王风丽 | 甘肃中医学院学报 | 1994,(1):15 |
| 性与命休戚相关 | 邹积群 | 实用中医内科杂志 | 1994,(1):36 |
| "术数",非独气功也 | 林中慈 | 现代养生 | 1994,(1):12 |
| 关于中医科学性的思考 | 张敏智等 | 医学与哲学 | 1994,(1):49 |
| 中医学的本质是生态医学 | 蔡子微 | 医学与哲学 | 1994,(1):47 |
| 干祖望趣味医话(23) | 干祖望 | 辽宁中医杂志 | 1994,(2):82 |
| 月亮·人体·生物潮 | 赵祥林 | 医学文选 | 1994,(2):74 |
| 经义探微 | 张克敏等 | 中医药研究 | 1994,(2):5 |
| 辨证分析的思维方法及步骤 | 何芳君 | 贵州医药 | 1994,(3):190 |
| 思维活动的五步曲——意、志、思、虑、智 | 张爱青等 | 邯郸医学高等专科学校学报 | 1994,(3):237 |
| 中医基础理论研究的意义、思路和方法 | 孟庆云 | 中国中医药科技 | 1994,(3):33 |
| 图文并茂　提纲挈领——《内经选注图解》评介 | 丁　春等 | 福建中医学院学报 | 1994,(4):36 |
| 病气现象初探 | 徐洪涛 | 中国气功科学 | 1994,(4):26 |

| | | | |
|---|---|---|---|
| 中医药理论研究的若干问题探讨 | 王育学 | 中医杂志 | 1994,(8):457 |
| 中西传统自然观对中西医学理论体系的影响 | 贺绚素 | 医学与哲学 | 1994,(9):27 |
| 浅议医学与哲学结缘中的关系与中西医融汇问题 | 那天龙等 | 医学与哲学 | 1994,(9):16 |
| 留神于细微之处 | 王益周 | 辽宁中医杂志 | 1994,(10):470 |
| 《内经学》研究现状与展望 | 烟建华等 | 北京中医药大学学报 | 1995,(1):3 |
| 怀疑方法在中医学研究中的重要性初探 | 刘　新 | 甘肃中医学院学报 | 1995,(1):51 |
| 中医概念的特点层次与变易 | 陈津生 | 上海中医药杂志 | 1995,(1):5 |
| 中西医理论形成特点比较 | 张忠奎等 | 中医药学报 | 1995,(1):7 |
| 老年饮食结构刍议 | 赵景云 | 北京中医 | 1995,(2):56 |
| 中医古典医籍之最 | 周保国 | 内蒙古中医药 | 1995,(2):44 |
| 人类学方法在中医文化研究中的应用 | 马伯英 | 医学与哲学 | 1995,(2):57 |
| 《内经运气要旨论》之谜 | 张宗栋等 | 云南中医学院学报 | 1995,(2):47 |
| 颂祖国医学 | 詹瀛生 | 浙江中医学院学报 | 1995,(2):11 |
| 中医证候经典定义的探讨与意义 | 唐　农 | 广西中医药 | 1995,(3):35 |
| 论气功与“气功出偏” | 李鸿义 | 中国气功科学 | 1995,(3):13 |
| 中医与保健两题 | 郭翠珍 | 北京第二外国语学院学报 | 1995,(4):122 |
| 古代的医学与卫生文化 | 余承林 | 贵州教育学院学报 | 1995,(4):73 |
| 中医基础理论研究的现状与对策 | 郭振球等 | 湖南中医药导报 | 1995,(4):5 |
| 论医书简 | 志　行 | 山西中医 | 1995,(4):50 |
| 中国古代食品保健的历史渊源探讨 | 李　萃等 | 食品科学 | 1995,(4):61 |
| 《黄帝内经太素》的历代研究概况 | 徐春波等 | 中医文献杂志 | 1995,(4):36 |
| 《内经》疾病命名方法学研究 | 烟建华等 | 北京中医药大学学报 | 1995,(5):18 |
| 从《黄帝内经》看中医学的科学价值 | 董英哲 | 华夏文化 | 1995,(5):38 |
| 针灸、气功、中医和周易的探讨 | 陈学汛 | 中国气功科学 | 1995,(5):30 |
| 试论文化观念和思维模式对中医学术发展的消极影响 | 赵益业等 | 中医药信息 | 1995,(6):3 |
| 论中医理论进化与退化的辩证关系 | 何成奇 | 医学与哲学 | 1995,(8):423 |
| 试论疾病与忌口 | 赵鹤龄 | 光明中医 | 1996,(1):6 |
| 《内经》证候命名方法学研究 | 烟建华等 | 中国中医基础医学杂志 | 1996,(1):16 |
| 论“反者,道之动”对中医学的影响 | 董连荣 | 中医教育 | 1996,(2):10 |
| 略论中国传统文化思想的核心 | 龚书林 | 绥化师专学报 | 1996,(3):4 |
| 中国先秦两汉时期疟疾地理研究 | 龚胜生 | 华中师范大学学报(自然科学版) | 1996,(4):113 |
| 中医与中国传统文化 | 朱平安等 | 十堰职业技术学院学报 | 1996,(4):12 |
| 论早期中医中的“时称”问题 | 李　敏等 | 现代中医药 | 1996,(4):28 |
| 论中医思维及其走向 | 张其成 | 中国中医基础医学杂志 | 1996,(4):10 |
| 病证之“五趣” | 刘少庭 | 中医药学刊 | 1996,(4):34 |
| 传统医学对哲学的改造 | 杨学鹏等 | 中国医药学报 | 1996,(6):10 |
| 论《内经》的因时之序与因天之序 | 江幼李 | 中医杂志 | 1996,(9):521 |
| 中医对“思维产生之处”的认识 | 干祖望 | 江苏中医 | 1996,(12):24 |
| 睡眠的禁忌 | 程启东 | 家庭医学 | 1996,(21):43 |
| 《黄帝内经》对人的认识举要 | 白恒慧等 | 内蒙古中医药 | 1996,(S1):123 |
| “中医”词义考辨与“常得中医”思想 | 任占敏 | 北京联合大学学报 | 1997,(1):95 |
| 对走向“现代中医学”一些问题的思考 | 徐木林等 | 山东中医药大学学报 | 1997,(1):60 |
| 中医与传统文化三题 | 洪丕谟 | 医古文知识 | 1997,(1):6 |

| | | | |
|---|---|---|---|
| 食疗理论的奠基作《黄帝内经》(一)——食药一体的营养观 | 王民生 | 中国食品 | 1997,(1):12 |
| 内景从新 | 许　滔 | 中医杂志 | 1997,(1):57 |
| 《内经》研究的回顾及设想 | 张登本 | 陕西中医学院学报 | 1997,(2):1 |
| 中医学基本特征的哲学渊源初探 | 杨志明 | 现代中医药 | 1997,(2):39 |
| 中医学——人的学说——浅谈中医学的本质 | 曲黎敏 | 医古文知识 | 1997,(2):6 |
| 中医食疗营养学古医籍简介　食疗理论的奠基作《黄帝内经》(二)——天人相应的整体食疗观 | 王民生 | 中国食品 | 1997,(2):4 |
| 按自身规律发展中医 | 李守业 | 中国医药学报 | 1997,(2):4 |
| 失之毫厘,谬以千里 | 张顺郸洂 | 中医药研究 | 1997,(2):64 |
| 试谈中医处方的标准与原则 | 丁　舸等 | 江西中医药 | 1997,(3):46 |
| 七、五、三奇数律与女性生殖生理关系之初探 | 夏桂成 | 南京中医药大学学报(自然科学版) | 1997,(3):6 |
| 中医系统的稳定性与中医理论的认识论特点 | 高峻钰等 | 医学与哲学 | 1997,(3):23 |
| 中医食疗营养学古医籍简介　《黄帝内经》(三)——药攻食补论 | 王民生 | 中国食品 | 1997,(3):29 |
| 《黄帝内经》中的"以我知彼" | 谭世珍 | 中国中医基础医学杂志 | 1997,(3):21 |
| 中国医药学是宝库 | 干祖望 | 江苏中医 | 1997,(4):24 |
| 干祖望医话(1)独具风仪的中医四部解剖学书 | 干祖望 | 辽宁中医杂志 | 1997,(4):35 |
| 浅谈中医的整体性思维 | 陈　红等 | 泸州医学院学报 | 1997,(4):324 |
| 构筑中医学理论体系的思维模式(一) | 于铁成 | 天津中医学院学报 | 1997,(4):37 |
| 食疗理论的奠基作《黄帝内经》(四)——调理阴阳营养观 | 王民生 | 中国食品 | 1997,(4):3 |
| 谈中医学与气功的关系 | 刘读文等 | 河南中医药学刊 | 1997,(5):2 |
| 食疗理论的奠基作《黄帝内经》(五)——辨证施膳 | 王民生 | 中国食品 | 1997,(5):3 |
| 中医经典著作研究的回顾与展望 | 孙　桐 | 南京中医药大学学报(自然科学版) | 1997,(6):4 |
| 食疗理论的奠基作《黄帝内经》(六)——食疗的宜和忌 | 王民生 | 中国食品 | 1997,(6):2 |
| 浅谈中医学的继承与创新 | 张珍玉等 | 中国中医药信息杂志 | 1997,(7):6 |
| 论《黄帝内经》中的人物与中国古代医学 | 赵爱秋等 | 辽宁中医杂志 | 1997,(9):12 |
| 《内经》的认识论和方法论特点及其哲学基础 | 吴弥漫 | 国际医药卫生导报 | 1997,(12):24 |
| 从《内经》的整体观看我国古代医学模式 | 刘　扬 | 新中医 | 1997,(S1):14 |
| 《内经》与中医美容 | 苗凌娜等 | 中国中医药学会中医美容分会成立大会论文集 | 1997:30 |
| 浅谈中医心理护理中的语言作用 | 顾　娟等 | 安徽中医临床杂志 | 1998,(1):48 |
| 医籍关涉文史 | 陈圣安等 | 河北中医药学报 | 1998,(1):47 |
| 对《内经》理论研究突破点的思考 | 迟华基 | 山东中医药大学学报 | 1998,(1):12 |
| 论中医学的特殊性 | 赵志谨 | 山西中医 | 1998,(1):46 |
| 中医学理论的辨证发展初探 | 贺铁豪 | 广西高教研究 | 1998,(2):51 |
| 试论中国古代农业、自然观、自然科学之间的关系 | 刘邦凡 | 开封教育学院学报 | 1998,(2):9 |
| 经学学风对中医的影响 | 孙德利等 | 浙江中医学院学报 | 1998,(2):12 |
| 中医原理概述 | 董熙农 | 中国城乡企业卫生 | 1998,(2):5 |
| 关于中医文化学研究问题 | 车　离 | 中国中医基础医学杂志 | 1998,(2):6 |
| 中医是宏观医学 | 刘里远 | 中国中医基础医学杂志 | 1998,(2):27 |
| 关于"论裁志意"之含义 | 吕宜民等 | 中医文献杂志 | 1998,(2):14 |
| 图说中医(三)——中医理论的形成与发展 | 晓　倪等 | 家庭中医药 | 1998,(3):10 |

| | | | |
|---|---|---|---|
| 梦境性格疾病 | 罗　西 | 健康生活 | 1998,(3):39 |
| 中医药文化散论 | 诸国本 | 中医教育 | 1998,(3):5 |
| 论中医临床学家的基础 | 杜家经 | 湖北中医杂志 | 1998,(4):5 |
| 中国医学学术流派 | 宜同飞 | 中医函授通讯 | 1998,(4):54 |
| 论《周易》的生命哲学 | 施忠连等 | 周易研究 | 1998,(4):58 |
| 从中医学角度谈练习传统功法应注意的问题 | 翟立武 | 河南中医药学刊 | 1998,(5):34 |
| 论医学模式与人类健康观 | 高尔鑫 | 安徽中医学院学报 | 1998,(6):2 |
| 重建中医主体价值体系 | 陆广莘 | 山东中医药大学学报 | 1998,(6):3 |
| 揭开气功起源与中医学基础理论产生之谜 | 程海樵 | 现代养生 | 1998,(7):20 |
| 从"白昼黑夜"想到中医应该维新发展 | 干祖望 | 江苏中医 | 1998,(9):37 |
| 证及其易混概念的辨析 | 刘　进等 | 辽宁中医杂志 | 1998,(9):7 |
| 中医证研究方法之我见 | 任小巧等 | 中国中医基础医学杂志 | 1998,(11):12 |
| 针灸经络美容图介绍 | 吕明庄等 | 中医杂志 | 1998,(11):700 |
| 《内经》中医美学探析 | 杨广林等 | 第二届国际传统医学美容学术大会论文集 | 1998:23 |
| 《内经》汉方医美学探析 | 杨広林等 | 第二届国际传统医学美容学术大会论文集 | 1998:287 |
| 试谈中医基础理论发展的方向 | 王晓红等 | 长春中医学院学报 | 1999,(1):1 |
| 关于《内经》进德修业箴言 | 杨毓隽 | 天津中医学院学报 | 1999,(1):4 |
| 谈虚灵功修炼"三心" | 董慧荣 | 现代养生 | 1999,(1):38 |
| 论证候空间 | 陈　伟 | 中国中医基础医学杂志 | 1999,(1):11 |
| 考据时尚与医学经典 | 王二虎 | 中华医史杂志 | 1999,(1):60 |
| 中国传统保健体育与中医学 | 刘亦清 | 湖南中医杂志 | 1999,(2):61 |
| 对中医学发展过程中几个问题的思考(Ⅰ) | 陈利国 | 浙江中医学院学报 | 1999,(2):4 |
| 妙用《黄帝内经》 | 杨正瓴 | 健康科学 | 1999,(3):20 |
| 汗水磨九针　古槐抽新枝 | 师怀堂 | 山西中医 | 1999,(3):34 |
| 人体健康需要相宜的环境 | 李丽云 | 沿海环境 | 1999,(3):16 |
| 关于传统文化与中医的几点思考 | 麻晓慧等 | 承德医学院学报 | 1999,(4):58 |
| 让《黄帝明堂经》重放光彩 | 钱超尘 | 科技潮 | 1999,(4):85 |
| 干祖望医话(4)——闲话《内经》 | 干祖望 | 辽宁中医杂志 | 1999,(4):33 |
| 古今中外话音乐与医疗保健 | 周传明 | 聊城师范学院学报(哲学社会科学版) | 1999,(4):116 |
| 试论中医学的构建与发展 | 李成卫等 | 中国中医基础医学杂志 | 1999,(4):4 |
| 中医中药概念探析 | 李佛基 | 安徽中医临床杂志 | 1999,(5):346 |
| 以中医的眼光看"病" | 张学琪 | 健康科学 | 1999,(5):46 |
| 实用主义与中医理论之我见 | 徐光福等 | 医学与哲学 | 1999,(5):59 |
| 中医概念分析 | 严金海 | 医学与哲学 | 1999,(6):7 |
| 愈来愈显重要的医疗气象预报 | 戴前富 | 健康生活 | 1999,(7):35 |
| 与《缪刺内关治疗急性胸部扭伤疼痛75例》作者商榷 | 王家涛 | 中国针灸 | 1999,(7):64 |
| 中医美容 | 干祖望 | 江苏中医 | 1999,(8):29 |
| 中国文化的结构特征与中医理论模式 | 傅诗济 | 医学与哲学 | 1999,(8):33 |
| 从时空定位看中医药的发展 | 韩济生 | 科技潮 | 1999,(10):87 |
| 《黄帝内经》对气功健身的详细论述 | 姚存成 | 现代养生 | 1999,(11):27 |
| 对中医理论现代化进程的思考 | 赵宜军等 | 中国中医基础医学杂志 | 1999,(12):12 |
| 全面理解中医经典理论的方法初探 | 李治隆 | 第一军医大学分校学报 | 2000,(1):59 |

| | | | |
|---|---|---|---|
| 关于中国古代医学文化的对话 | 彭　坚等 | 湖南医科大学学报（社会科学版） | 2000,(1):7 |
| 古代的“日光浴” | 昭　和 | 家庭中医药 | 2000,(1):38 |
| 浅说《黄帝内经》 | 戈　戈 | 金秋科苑 | 2000,(1):39 |
| 中医理论中的认识论特点及哲学反思 | 李　鲲等 | 山东中医药大学学报 | 2000,(1):20 |
| 变法实践录(连载) | 王少华 | 浙江中医杂志 | 2000,(1):3 |
| 古代中医药发展的文化渊薮 | 吴开杰 | 荆门职业技术学院学报 | 2000,(2):42 |
| 从文化角度审视儒医的价值观 | 贺圣达 | 医古文知识 | 2000,(2):3 |
| 樊正伦畅谈《黄帝内经》(一) | 辛　达 | 科技潮 | 2000,(3):102 |
| 关于建立中医学概念范畴体系的几个问题 | 陈利国等 | 山东中医药大学学报 | 2000,(3):165 |
| 关于梦的梦想 | 米　斯 | 山西中医学院学报 | 2000,(3):1 |
| 变法实践录(续二) | 王少华 | 浙江中医杂志 | 2000,(3):30 |
| 谈谈《内经知要·道生》——樊正论畅谈《黄帝内经》(二) | 辛　达 | 科技潮 | 2000,(4):108 |
| 中医方法论特征、实质及现代化 | 张大年 | 云南中医中药杂志 | 2000,(4):12 |
| 温故知新说《内经》 | 何　任 | 浙江中医学院学报 | 2000,(4):14 |
| 中西医学理论的根本差异及其兴衰史观 | 李志超 | 中国气功科学 | 2000,(4):22 |
| 中医药理论现代化研究取向的思考 | 张天奉等 | 世界科学技术 | 2000,(5):31 |
| 四季和十二时辰练功原则 | 陈金水 | 现代养生 | 2000,(5):40 |
| 中医在我国全科医学中的优势与作用 | 钟孟良等 | 中国医药学报 | 2000,(5):19 |
| 中西医学理论的根本差异及其兴衰史观 | 李志超 | 科技导报 | 2000,(7):14 |
| 人体三维生理系统简述 | 任继学 | 上海中医药杂志 | 2000,(9):4 |
| 变法实践录(续十一) | 王少华 | 浙江中医杂志 | 2000,(12):514 |
| 浅谈中医药学与全科医学 | 王殿凯等 | 江西中医学院学报 | 2000,(S1):203 |
| 儒医面面观 | 崔　为等 | 国际传统医药大会论文摘要汇编 | 2000:93 |
| 中国古代模式数字“九” | 易　兵 | 衡阳师范学院学报 | 2001,(1):111 |
| 关于思维与科学的几个问题 | 王汝发等 | 科学技术与辩证法 | 2001,(1):62 |
| 中国古典营养学说的三个里程碑 | 季鸿昆 | 扬州大学烹饪学报 | 2001,(1):42 |
| 走进新世纪的中医学 | 李冬华等 | 中国医药学报 | 2001,(1):4 |
| 《黄帝内经研究大成》出版 | 李成卫 | 中华医史杂志 | 2001,(1):36 |
| 略论《黄帝针经》 | 王雪苔 | 江西中医药 | 2001,(2):39 |
| 气候与人类 | 杜　梅 | 解放军健康 | 2001,(3):32 |
| 略论“医者,意也” | 曹美莹等 | 光明中医 | 2001,(4):13 |
| 中医学的学科属性及相关的几个问题 | 孙广仁 | 山西中医 | 2001,(4):6 |
| 试论中医药研究中的“重复性” | 叶　进 | 中国医药学报 | 2001,(5):4 |
| 图说《黄帝内经》 | 周春才等 | 健康必读 | 2001,(6):34 |
| 论人体生命活动的时空特性 | 郭　蕾 | 山东中医药大学学报 | 2001,(6):421 |
| 从王粲病案谈到《黄帝内经》 | 王建中等 | 现代中医药 | 2001,(6):7 |
| 论中华民族的医学精神 | 方卫星 | 中国高等医学教育 | 2001,(6):12 |
| 《素问》——图说《黄帝内经》(二) | 周春才等 | 健康必读 | 2001,(7):32 |
| 图说《黄帝内经》(三) | 周春才等 | 健康必读 | 2001,(8):36 |
| 寻医之源与中医发展 | 程海樵 | 现代养生 | 2001,(8):6 |
| 中医论著的传统文化特点 | 谭兴贵 | 中国中医基础医学杂志 | 2001,(11):19 |
| 浅探中医对死亡的认识 | 熊勇平 | 湖北中医杂志 | 2001,(12):8 |
| 也说“不间” | 王文晖 | 辞书研究 | 2002,(1):147 |

| | | | |
|---|---|---|---|
| 略谈《内经》中的"度" | 吴仕骥等 | 天津中医学院学报 | 2002,(1):1 |
| 论传统伦理对中医微观发展的影响 | 米满月 | 中国医学伦理学 | 2002,(1):63 |
| 论"法" | 李庆业等 | 中国医药学报 | 2002,(1):10 |
| 《难经》非解《内经》之作 | 阎　珂等 | 山东中医药大学学报 | 2002,(2):134 |
| 浅述清代治学《黄帝内经》的特点 | 玄振玉等 | 上海中医药大学学报 | 2002,(2):14 |
| 《黄帝内经》全文检索软件研制开发 | 高学全 | 天津中医学院学报 | 2002,(2):41 |
| 中医学的学科属性与其现代化刍议 | 孙广仁 | 中国医药学报 | 2002,(2):68 |
| 中医学医学模式的特点与体现诠释 | 王　晶等 | 中医药学刊 | 2002,(2):168 |
| 日本学者研究《黄帝内经》的特点 | 王少丽等 | 长春中医学院学报 | 2002,(4):51 |
| 体质辨证在辨证论治中的意义 | 褚　芹 | 国医论坛 | 2002,(4):19 |
| 追寻中医药学思想的源头活水——《儒道佛与中医药学》评介 | 王月清等 | 世界宗教研究 | 2002,(4):153 |
| 关于中医思维学的研究 | 于铁成 | 天津中医学院学报 | 2002,(4):1 |
| 《〈黄帝内经〉计算机检索》系统 | 周莲菊等 | 天津中医药 | 2002,(4):77 |
| 中国传统医学之特色源流考 | 匡调元 | 中医药学刊 | 2002,(5):554 |
| 中国古代的医政相通及其文化心理 | 李　戎 | 社会科学研究 | 2002,(6):58 |
| 古代科学技术对中医学的影响 | 杨徐杭等 | 现代中医药 | 2002,(6):13 |
| 古代的"日光浴" | 蒲昭和 | 养生月刊 | 2002,(6):266 |
| 从《内经》思维方式看制约中医学发展内因 | 赵　博 | 中国中医基础医学杂志 | 2002,(6):8 |
| 著作等身　学验俱丰的《内经》专家——记北京中医药大学王洪图教授 | 陶广正 | 家庭中医药 | 2002,(11):4 |
| 直觉思维方式与中医学本质及特征 | 赵　博 | 中国医药学报 | 2002,(11):646 |
| 与"余数法求日干支"一文作者商榷 | 叶纯德 | 中国针灸 | 2002,(12):60 |
| 论中医学基本观 | 徐云生 | 中国优秀博硕士学位论文全文数据库(博士)医药卫生科技辑 | 2002,(1):E056-2 |
| 中医学基础理论形成过程的历史研究 | 李近远 | 中国优秀博硕士学位论文全文数据库(硕士)医药卫生科技辑 | 2002,(1):E054-10 |
| 浅议中医理论的科学美 | 魏艳菊等 | 河南中医学院学报 | 2003,(1):12 |
| 中医解梦 | 李艳青 | 中国营养保健 | 2003,(1):513 |
| 对中医药学本质的重新发现 | 马建平 | 中国中医基础医学杂志 | 2003,(1):58 |
| 中国古代的医学典籍 | 朱晚秋等 | 华夏文化 | 2003,(2):57 |
| 人与万物沉浮于生长之门 | 王银燕 | 云南中医学院学报 | 2003,(2):13 |
| 把握唯象　发展中医 | 蔡　辉等 | 浙江中医学院学报 | 2003,(2):6 |
| 中医理论应走自我发展之路 | 张启文 | 中医药通报 | 2003,(2):63 |
| 中医学术流派演绎 | 徐江雁等 | 北京中医药大学学报 | 2003,(3):15 |
| 试述中医学理论的三大特征 | 李志庸等 | 天津中医学院学报 | 2003,(3):1 |
| 我对中医精神的理解——"自然修复自然"观 | 吴晓洋 | 中国中医基础医学杂志 | 2003,(3):68 |
| 与时俱进　推进中医药现代化 | 孙永章 | 中医药学刊 | 2003,(3):339 |
| 中医药学为什么能屹立于世界医学之林(上) | 谢阳谷 | 北京中医 | 2003,(4):3 |
| 论"医者意也" | 孟庆云 | 南京中医药大学学报(社会科学版) | 2003,(4):191 |
| 物字及"万物" | 李志超 | 寻根 | 2003,(4):95 |
| 《黄帝内经》"疾"与"病"的辨析及其意义 | 傅海燕 | 医古文知识 | 2003,(4):35 |
| 从中医药学的历史看中医药研究的发展方向 | 方文贤 | 山西中医 | 2003,(6):41 |

| | | | |
|---|---|---|---|
| 中医理论与生存质量 | 庆　慧等 | 河南中医 | 2003,(9):5 |
| “健康四大基石”源于《内经》 | 容小翔 | 健康科学 | 2003,(9):19 |
| 试论中医现代化与突出中医特色的关系 | 彭支莲等 | 河南中医 | 2003,(12):12 |
| 中医健康概念 | 赵　利等 | 医学与哲学 | 2003,(12):58 |
| 中成药发展的历史脉络 | 金世元 | 首都医药 | 2003,(13):44 |
| 从《黄帝内经》谈太极拳的机制及其应用初探 | 李建梅等 | 中国临床康复 | 2003,(15):2235 |
| 中西医结合何以“结而不合” | 张玉泉 | 河南中医 | 2004,(1):12 |
| 太极拳与中医的阴阳虚实 | 尹　凡等 | 河南中医学院学报 | 2004,(1):20 |
| 中国古代早期文学的医师形象 | 郑瑞侠 | 东疆学刊 | 2004,(2):65 |
| 酒与医药之关系 | 车　逸 | 中国药品监督管理 | 2004,(2):53 |
| 民间中医人体生命节律推算及应用概述 | 张润杰等 | 中华养生保健 | 2004,(2):16 |
| 《黄帝内经》的人体世界 | 王永哲等 | 怀化学院学报 | 2004,(3):27 |
| 中医理论形成于秦汉的历史必然性 | 薛益明 | 南京中医药大学学报(社会科学版) | 2004,(3):155 |
| 探索中医复杂性之路——浅谈逻辑思维与非逻辑思维在中医学发展中的作用 | 张苇航等 | 医古文知识 | 2004,(3):9 |
| 辨证论治发展史略 | 葛秀梅等 | 中华医史杂志 | 2004,(3):31 |
| 浅议中医发展与创新意识 | 吕春华 | 国医论坛 | 2004,(4):44 |
| 关于中医学“四大经典”命名的探讨 | 张勉之等 | 中国中医基础医学杂志 | 2004,(4):3 |
| 运用辨证唯物主义哲学指导中医药现代化浅识 | 王光清 | 中医药学刊 | 2004,(4):739 |
| 《皇帝内经》 | 晏一立 | 咬文嚼字 | 2004,(5):28 |
| 从中医经典探求基础理论研究的方向 | 黎敬波等 | 世界科学技术－中医药现代化 | 2004,(6):5 |
| 中医学发展的思考 | 田思胜 | 现代中医药 | 2004,(6):5 |
| 适应性反应对中医药研究的启示 | 张晓文等 | 中西医结合学报 | 2004,(6):415 |
| 《黄帝内经》——对生命科学的一座丰碑 | 杨学鹏 | 自然杂志 | 2004,(6):349 |
| 论中医药理论的多重性 | 葛秀梅等 | 中国中医药信息杂志 | 2004,(7):568 |
| 《黄帝内经》的启迪 | 翁文章 | 中国保健营养 | 2004,(8):62 |
| 浅谈中医学关于人与自然界关系的思维模式 | 周念鹏 | 湖北中医杂志 | 2004,(10):14 |
| 医学文化的脉基——传统的中华医学精神 | 孙英梅等 | 医院管理杂志 | 2004,(10):49 |
| 中医学发展回顾与展望 | 侯云山等 | 中国医药学报 | 2004,(11):682 |
| 谈“平安” | 李土生 | 养生大世界 | 2004,(12):16 |
| 有关中医学若干问题的理论研究 | 程汉桥 | 中国医药学报 | 2004,(12):714 |
| 中医辨证思维发展初探 | 贺铁豪 | 广西医科大学学报 | 2004,(S1):47 |
| 中医理论建构的新思路 | 刘培育 | 中国中医药报 | 2004.9.6 |
| 中医学理论体系的内涵与框架构建 | 许家松 | 中国中医药报 | 2004.11.15 |
| 中国传统医学模式考察 | 耿晓娟 | 中国优秀博硕士学位论文全文数据库(硕士)医药卫生科技辑 | 2004,(1):E056－1 |
| 中医温熨疗法与电热砭石仪的研制 | 张维波等 | 第二届全国砭石疗法学术研讨会论文集 | 2004:107 |
| 撑起中医五大支柱之一的砭石疗法造福人类 | 孟竞璧 | 第三届国际传统医药大会文集 | 2004:148 |
| 传统医学理论一考 | 孙基然等 | 第三届国际传统医药大会文集 | 2004:94 |
| 创用总体方法　探测血循易医 | 王贺志 | 第三届国际传统医药大会文集 | 2004:116 |
| 对中医基础理论发展的思考 | 李海玉 | 第三届国际传统医药大会文集 | 2004:91 |
| 关于中医理论研究中的几个问题 | 邢玉瑞 | 中国中医基础医学杂志 | 2005,(1):11 |

| | | | |
|---|---|---|---|
| 展现中医学光辉的立体画卷——解读60集大型电视纪录片《黄帝内经》 | 温长路 | 家庭中医药 | 2005,(2):7 |
| 国内近五年来“儒”与“医”联系的研究综述 | 江　山 | 南京中医药大学学报（社会科学版） | 2005,(2):69 |
| 第七届全国内经学术研讨会暨内经专业委员会工作会议纪要 | 贺　娟 | 北京中医药大学学报 | 2005,(3):89 |
| 谈《内经》的科学内涵 | 迟华基 | 山东中医药大学学报 | 2005,(4):255 |
| 小大前后 | 段逸山 | 上海中医药杂志 | 2005,(8):30 |
| 用计算机原理解读《内经》思想 | 黄春莲等 | 中国中医基础医学杂志 | 2005,(8):626 |
| 回归自然——顺应自然 | 李洪娟等 | 中华养生保健 | 2005,(8):44 |
| 关于中医学理论体系研究的若干思考 | 潘桂娟等 | 中华中医药杂志 | 2005,(8):453 |
| 中医体质学与分子生物学 | 刘家强等 | 中医药学刊 | 2005,(12):2247 |
| 《内经》干坤大《伤寒》六经小 | 冯世纶 | 中国中医药报 | 2005.5.12 |
| 《黄帝内经》是中华民族的大智慧 | 傅景华 | 中国中医药报 | 2005.6.8 |
| 医道求真 | 烟建华 | 中国中医药报 | 2005.7.18 |
| 《黄帝内经》来源于“内证实验”吗？ | 周东浩 | 中国中医药报 | 2005.12.14 |
| 知心达用 | 金香兰 | 第二届国际中医心病学术研讨会论文集 | 2005:245 |
| 中医也是生活中的医学 | 叶沅宁等 | 第四届国际传统医学美容学术大会论文集 | 2005:88 |
| 突破与发展观对促进中医现代化之我见 | 李广钧 | 北京中医 | 2006,(1):3 |
| 论中医生命之境界 | 申俊龙 | 南京中医药大学学报（社会科学版） | 2006,(1):1 |
| 中医学形成初期的哲学思考 | 罗根海 | 医学与哲学（人文社会医学版） | 2006,(1):55 |
| 中华医道的认识领域及其理论纲纪 | 傅景华 | 中国工程科学 | 2006,(3):7 |
| 《内经图》拓片研究 | 林沁臻 | 中医药文化 | 2006,(3):26 |
| 黄帝译经 | 李照国 | 中医药文化 | 2006,(3):45 |
| 《内经》所蕴涵的皮肤形质、神韵审美观 | 吴志明等 | 云南中医学院学报 | 2006,(4):36 |
| 试释“医者意也” | 柳鸿志 | 浙江中医药大学学报 | 2006,(4):320 |
| 中医形上之思（二） | 李致重 | 中医药通报 | 2006,(5):1 |
| “内经图”与天人相应实践 | 李颖峰等 | 中医药文化 | 2006,(5):22 |
| 《内经》的取象思维方式及其对后世医学认知方法的影响 | 王进明等 | 中医药管理杂志 | 2006,(6):23 |
| 中国传统医学的二元构象思辨 | 贾　奎等 | 中医药文化 | 2006,(6):8 |
| 论中医学与“道”的渊源 | 刘　宁 | 中国中医药现代远程教育 | 2006,(7):23 |
| 中医与形上之思 | 李致重 | 中华中医药杂志 | 2006,(12):711 |
| 黄帝内经对医疗纠纷防范的贡献 | 夏小军 | 中国医药导报 | 2006,(22):99 |
| 医以德为尚 | 温长路 | 中国中医药报 | 2006.10.9 |
| 医以术为精 | 温长路 | 中国中医药报 | 2006.10.11 |
| 探析《难经》理论渊源 | 陈　婷等 | 中国中医基础医学杂志 | 2007,(1):9 |
| 论升降出入无器不有 | 应道祺 | 中医药通报 | 2007,(1):44 |
| 论中医学的逻辑思维方法 | 周瀚光 | 中医药文化 | 2007,(1):10 |
| 医家之宗　黄帝内经——博大精深的中医基础理论 | 王　蜜 | 科学与文化 | 2007,(2):54 |
| 从辩证逻辑角度探寻证候概念的形成轨迹 | 郭　蕾等 | 中医杂志 | 2007,(2):101 |
| 中国古代医生面面观 | 谷　峰 | 中医药文化 | 2007,(3):30 |

| | | | |
|---|---|---|---|
| 论新医学模式与中医的契合 | 包玉颖 | 亚太传统医药 | 2007,(5):26 |
| 员与贞 | 段逸山 | 上海中医药杂志 | 2007,(6):2 |
| 试论中医医学模式的科学价值与特色 | 陈保红等 | 中医研究 | 2007,(6):9 |
| 《"肾生骨髓,髓生肝"的科学内涵》质疑 | 邢玉瑞 | 中医杂志 | 2007,(9):849 |
| 现代中医辨证模式浅析 | 李鸿泓 | 北京中医 | 2007,(10):653 |
| 中医学——我国古代优秀文化遗产中的一颗璀璨明珠 | 李珍新 | 家庭中医药 | 2007,(10):8 |
| 生命在于平衡 | 孙达武 | 中医药导报 | 2007,(11):11 |
| 中医临床需从《内经》汲取营养 | 黎敬波 | 中国中医药报 | 2007.1.17 |
| 中医与数字"七" | 容小翔 | 大众卫生报 | 2007.2.6 |
| 《黄帝内经》背后的方士 | 步瑞兰等 | 中国中医药报 | 2007.12.13 |
| 传承两千载　创新数今朝 | 徐亚静 | 中国医药报 | 2007.12.20 |
| 捕捉中医学深处的亮点 | 温长路 | 中国中医药报 | 2007.12.21 |
| 正确解读有关中医理论 | 赵桂芝 | 中国中医药报 | 2007.12.26 |
| 中国古代思想家关于人格的论述 | 燕良轼等 | 中国临床心理学杂志 | 2008,(1):110 |
| 中医理论的反思 | 瞿岳云 | 湖南中医药大学学报 | 2008,(1):3 |
| 天人相应话睡眠 | 何清平等 | 辽宁中医药大学学报 | 2008,(2):87 |
| 《黄帝内经》的审美特质 | 吕　丽 | 时代文学(双月上半月) | 2008,(3):106 |
| 《黄帝内经》在东方医学科学中的重要地位——为纪念天津中医药大学建校50周年而作 | 李今庸 | 天津中医药大学学报 | 2008,(3):143 |
| 《内经》与现代心身医学 | 李　燕等 | 贵阳中医学院学报 | 2008,(4):2 |
| "系"理论初探 | 谢宇霞等 | 山西中医学院学报 | 2008,(5):7 |
| 论整体医学对中医学未来发展的影响 | 刘家强等 | 时珍国医国药 | 2008,(5):1251 |
| "五谷"的由来 | | 内蒙古林业 | 2008,(6):38 |
| 中医经典论著对表情的研究与运用 | 王文燕等 | 山东中医杂志 | 2008,(6):363 |
| 传统中医药嬗变需要什么处方 | 张　华 | 中国中医药信息杂志 | 2008,(6):8 |
| 中医对智能的认识 | 龙斯玥等 | 中华中医药学刊 | 2008,(7):1546 |
| 用现代语言阐释中医也是中西医结合的桥梁 | 王伯章 | 中华中医药学刊 | 2008,(9):1879 |
| 浅议中医中的"机" | 陈中清等 | 光明中医 | 2008,(10):1578 |
| 意识与情志之间的交互作用调控模式 | 郭建新 | 光明中医 | 2008,(10):1411 |
| 问天与《黄帝内经》 | 李彬勇 | 金融管理与研究 | 2008,(11):64 |
| 试论《黄帝内经》中的内证性 | 王红玉等 | 山东中医杂志 | 2008,(11):732 |
| 结缘岐黄　得益其中 | 张建中等 | 上海中医药报 | 2008.11.28 |
| 《黄帝内经》梦象研究 | 王凤香 | 中国优秀博硕士学位论文全文数据库(博士)医药卫生科技辑 | 2008,(2):E056-5 |
| 女性寒热体质者的声音特征研究 | 郑贤月 | 中国优秀博硕士学位论文全文数据库(博士)医药卫生科技辑 | 2008,(12):E056-16 |
| 平和体质女性的五音频率与年龄的相关性研究 | 郑贤月等 | 第二次全国中西医结合诊断学术研讨会论文集 | 2008:347 |
| 至真要而道彰——2009年刊头语 | 孟庆云 | 中国中医基础医学杂志 | 2009,(1):1 |
| 《<黄帝内经>——气观念下的天人医学》——一本值得一读的书 | 鞠宝兆 | 中医药导报 | 2009,(1):20 |
| "三才"医学模式之探讨 | 席作武等 | 四川中医 | 2009,(2):125 |
| 试论秦汉晋唐时期中医美容的萌发及兴盛 | 刘燕平等 | 辽宁中医药大学学报 | 2009,(3):9 |
| 《内经》对人体生命过程的认识及意义 | 毛曦晔等 | 甘肃中医 | 2009,(6):1 |

| | | | |
|---|---|---|---|
| 上古五行十月历在《黄帝内经》理论中的应用 | 贺娟 | 中华中医药杂志 | 2009,(9):1118 |
| 浅议现代医学模式在《素问·灵兰秘典论》中的体现 | 胡晓娴等 | 江苏中医药 | 2009,(10):9 |
| 论《黄帝内经》现代应用价值 | 张家玮 | 人民日报海外版 | 2009.2.23 |
| 中医学医学模式浅谈 | 马肇禹 | 中国医药报 | 2009.9.1 |
| 各种辨证方法的历史、理论和实践意义 | 常 鑫 | 中国优秀博硕士学位论文全文数据库(硕士)医药卫生科技辑 | 2009,(1):E056-23 |

# 三、《黄帝内经》临床研究

## （一）病证研究

| | | | |
|---|---|---|---|
| 赤痢古代名通考 | 丁福保 | 中国医药月刊（上海） | 1923,（3）:44 |
| 学说:《内经》上之消渴观 | 高思潜 | 三三医报 | 1923,（6）:1 |
| 《内经》五郁广义 | 王慎轩 | 中医杂志（上海） | 1926,（19）:15 |
| 《内经》之温病观 | 秦伯未等 | 中医世界 | 1935,（1）:39 |
| 从《内经》所见到的死看上古先民对于病症的记载 | | 吴兴医药月刊 | 1937,（10）:30 |
| 《内经》治疗术语之临床研究 | 程绍典 | 新中医刊 | 1939,（3）:8 |
| 心脏病的中医疗法 | 张继有 | 中国医刊 | 1955,（4）:48 |
| 温病学说的发生与成长 | 邓铁涛 | 中医杂志 | 1955,（5）:6 |
| 从肝硬化症的扁平指甲病例谈到内经对于科学医学的启发 | 何焕奎 | 江西中医药 | 1955,（5）:20 |
| 咳嗽的中医分类和治法 | 张继友 | 中国医刊 | 1955,（5）:13 |
| 中医对心脏病的认识和处理 | 何　任 | 中医杂志 | 1955,（5）:14 |
| 湿温病的辨证与治疗 | 万友生 | 中医杂志 | 1955,（6）:14 |
| 古代对疟疾病的认识 | 时振声 | 中国医刊 | 1955,（7）:20 |
| 中国古代医学在血液学方面的伟大贡献 | 张爱诚 | 中医杂志 | 1955,（7）:8 |
| 妇人症瘕证治 | 朱小南 | 上海中医药杂志 | 1955,（7）:36 |
| 关于暑症——读书笔记之一 | 秦伯未 | 江西中医药 | 1955,（8）:50 |
| 中医学关于黄疸的认识和药疗 | 严菱舟 | 中医杂志 | 1955,（8）:28 |
| 祖国医学在传染病的认识和防治方面的成就 | 朱　颜 | 中医杂志 | 1955,（8）:5 |
| 祖国医学历代纪录结核病的概况 | 孙方成 | 中医杂志 | 1955,（9）:53 |
| 肝硬化在中医文献中的考据和临床的体会 | 邢锡波 | 中医杂志 | 1955,（11）:6 |
| 中医对黄疸的分类和治疗 | 高凌灵 | 江西中医药 | 1955,（12）:26 |
| 中医以癫狂痫的论治 | 俞慎初 | 上海中医药杂志 | 1955,（12）:31 |
| 祖国医学对于麻风之认识 | 萧运春 | 中医杂志 | 1956,（4）:170 |
| 痛经 | 王新华 | 中医杂志 | 1956,（4）:191 |
| 祖国医学中有关"癫痫"的论述 | 陈钟舜 | 中医杂志 | 1956,（6）:283 |
| 内经里的疟疾与针灸疗法 | 魏　嫁 | 新中医药 | 1956,（7）:7 |
| 祖国医学中的瘰疬 | 孙方成 | 中医杂志 | 1956,（7）:369 |
| 疟疾——临床辨证治疗纲要之二 | 若　虚等 | 江西中医药 | 1956,（8）:44 |
| "寒厥"与"热厥" | 黄筱荃 | 中医杂志 | 1956,（9）:483 |
| 泄泻——临床辨证治疗纲要之三 | 穗　轮等 | 江西中医药 | 1956,（9）:40 |
| 肾脏炎的治验介绍 | 朱良春 | 中医杂志 | 1956,（11）:581 |
| 中医对肺结核的认识与治疗 | 周鸣岐 | 江西医药 | 1956,（12）:32 |
| 祖国医学对风湿病之论述 | 钟育衡 | 哈尔滨医科大学学报 | 1957,（2）:57 |
| 中医学对牙病的辨证与治疗 | 周凤梧 | 山东医药 | 1957,（6）:8 |
| 泄泻概说 | 马鉴人 | 中医杂志 | 1957,（7）:348 |
| 呃逆 | 严子藩 | 江西医药 | 1957,（9）:51 |

| | | | |
|---|---|---|---|
| 祖国医学对“疟疾”的认识与治疗 | 杨安时 | 中医杂志 | 1957,(9):468 |
| 厥逆　临床辨证治疗纲要之十三 | 唐国宝 | 江西医药 | 1957,(10):50 |
| 论《素问·热论》与仲景《伤寒论》六经主证的异同 | 陆鸿元 | 上海中医药杂志 | 1957,(10):13 |
| 黄疸 | 龚子夫 | 江西医药 | 1957,(11):50 |
| 奔豚气、肾积奔豚与寒疝 | 萧　珙 | 上海中医药杂志 | 1957,(12):8 |
| 对妇女带下症的讨论 | 刘洪祥 | 山东医药 | 1958,(1):18 |
| 痢疾的证治 | 王允升 | 山东医药 | 1958,(1):1 |
| 学习祖国医学学习中医后对“肠痈”的体会 | 汪春生 | 中医杂志 | 1958,(1):54 |
| 中医妇科在妊娠方面的诊疗方法 | 钟春帆 | 江苏中医药 | 1958,(3):17 |
| 我对流行性乙型脑炎的几点认识 | 贾月潭 | 山东医药 | 1958,(3):23 |
| 痿证诊疗的体验 | 刘献琛 | 中医杂志 | 1958,(3):161 |
| 谈风寒湿痹 | 王新华 | 江西中医药 | 1958,(4):29 |
| 漫谈月经 | 王道平 | 山西医药杂志 | 1958,(4):25 |
| 中医对小儿腹泻的认识和治疗 | 汪鑫涛 | 中医杂志 | 1958,(4):228 |
| 我对胃及十二指肠溃疡的认识 | 周绍奇 | 福建中医药 | 1958,(5):10 |
| 中医对妇女崩漏证的辨证与治疗 | 沈伯藩等 | 上海中医药杂志 | 1958,(5):17 |
| 内经中关于尿的记载 | 李庆坪 | 浙江中医杂志 | 1958,(5):5 |
| 对“阴黄”与“阳黄”的体会与我见 | 李则藩 | 江苏中医药 | 1958,(6):46 |
| 腹泻的病因分类及治疗 | 赵成春等 | 江西中医药 | 1958,(6):28 |
| 学习祖国医学单腹胀与肝硬化 | 萧　珙 | 中医杂志 | 1958,(6):424 |
| 脊椎结核在肝、肾两经经路上出现红色皮疹的病例 | 张鸣九 | 江苏中医药 | 1958,(7):26 |
| 祖国医学对小儿传染性肝炎的认识和治疗 | 汪鑫涛 | 中医杂志 | 1958,(7):470 |
| 膈证—噎塞胃反的诊疗 | 刘献琛 | 中医杂志 | 1958,(8):517 |
| 漫谈流感 | 廖家兴 | 江西中医药 | 1958,(11):13 |
| 咳嗽的辩证与治疗 | 张占元 | 中国医刊 | 1959,(1):64 |
| 麻风病诊断综述 | 岳美中 | 江西中医药 | 1959,(2):19 |
| 祖国医学对传染性肝炎的认识和治疗 | 周月玲 | 成都中医药大学学报 | 1959,(3):23 |
| 中医治疗“闭经”与“逆经” | 胡少五 | 云南医药 | 1959,(4):17 |
| 我对奔豚气病的认识 | 罗东垣 | 福建中医药 | 1959,(4):23 |
| 祖国医学对疟疾的认识与治疗 | 汪慎之 | 江苏中医药 | 1959,(4):25 |
| 试论痢疾的六经辨证 | 彭含芳 | 江西中医药 | 1959,(5):15 |
| 祖国医学对痢疾的认识和治疗 | 汪慎之 | 江苏中医药 | 1959,(5):6 |
| 对妇女崩漏病的研讨 | 刘洪祥 | 山东医药 | 1959,(5):20 |
| 从内经“有故无殒”谈到治疗孕妇乙型脑炎的临床体会 | 刘延龄 | 江西中医药 | 1959,(7):14 |
| 中医对麻风病的认识和治疗 | 李聪甫 | 江西医药 | 1959,(8):15 |
| 中医关于痢疾的认识和治疗 | 李祥珍 | 江西医药 | 1959,(8):3 |
| 中医对血崩的认识与治疗 | 张洪扬 | 江西医药 | 1959,(11):24 |
| 祖国医学对月经不调的认识和治疗 | 汪慎之 | 中医杂志 | 1959,(11):45 |
| 我对肾炎水肿的认识与治疗 | 阮子骥等 | 福建中医药 | 1960,(1):29 |
| 祖国医学治疗脑溢血的介绍 | 严玖成 | 云南医药 | 1960,(1):14 |
| 对虚损和劳瘵的探讨 | 宋霖若 | 江苏中医药 | 1960,(2):44 |
| 麻疹的证治 | 严绍武 | 上海中医药杂志 | 1960,(2):34 |
| 肝炎论治 | 陈伯涛 | 江苏中医药 | 1960,(3):20 |
| 祖国医学对传染性肝炎的认识和治疗 | 汪浩权 | 辽宁中医杂志 | 1960,(3):44 |
| 祖国医学对子宫脱出的认识和治疗 | 姚承祖 | 云南医药 | 1960,(4):31 |
| 对妇女癥瘕病的研讨 | 刘洪祥 | 山东医药 | 1960,(5):47 |

| | | | |
|---|---|---|---|
| 小儿麻痹证治概述 | 孙书伟 | 江西医药 | 1960,(7):44 |
| 关于暑月吐泻证的审证和施治 | 欧阳锜 | 江西中医药 | 1960,(7):42 |
| 伏气化热为病一点体会和经验 | 万泽东 | 辽宁中医杂志 | 1960,(7):12 |
| 水肿的辨证与治疗 | 周俊文 | 江西医药 | 1960,(8):14 |
| 阴水(阳虚水肿)的分型与治疗 | 王汉中 | 江西医药 | 1960,(8):10 |
| 对"疰夏就是虚痨"的商榷 | 谢天心等 | 辽宁中医杂志 | 1960,(9):43 |
| 伏邪温热病的探讨 | 田令群等 | 江西中医药 | 1960,(11):37 |
| 消渴症的辨证论治 | 俞济人 | 江苏中医药 | 1960,(12):35 |
| 高血压病的分型论治 | 江问湘 | 江西医药 | 1960,(12):8 |
| 漫谈中风卒仆 | 胡贻荪 | 江西中医药 | 1960,(12):41 |
| 祖国医学对麻疹的认识 | 周建衡 | 山东医药 | 1960,(12):7 |
| 肺痈证治 | 王万杰 | 山东医药 | 1961,(1):14 |
| 痈的辨证和治疗 | 陈鳌石 | 福建中医药 | 1961,(2):23 |
| 运气学说在治疗乙型脑炎中的实际应用 | 厦门市乙型脑炎研究小组 | 福建中医药 | 1961,(2):3 |
| 溃疡病的辨证论治 | 肖　珙 | 山东医药 | 1961,(3):2 |
| 论小儿疳积 | 徐嘉民 | 福建中医药 | 1961,(5):27 |
| 试谈中医对痈疽的认识及治疗 | 肖少卿 | 江苏中医药 | 1961,(5):4 |
| 中医对小儿腹泻的认识及治疗经验介绍 | 谭劍业等 | 山东医药 | 1961,(10):28 |
| 以辨证论治治疗胆道蛔虫的经验介绍 | 吴熙伯等 | 江苏中医药 | 1961,(Z1):35 |
| 传染性肝炎的证治规律 | 杨占林 | 山西医药杂志 | 1962,(1):27 |
| 美尼尔氏病的辨证论治 | 林必锦 | 天津医药 | 1962,(1):28 |
| 关于"厥逆"证治病机的探讨 | 叶橘泉 | 江苏中医药 | 1962,(2):4 |
| 对胃脘痛辨证治疗的体会 | 吴君英等 | 福建中医药 | 1962,(2):24 |
| 应用运气学说辨证治愈脊髓灰质炎 | 余勉堂 | 福建中医药 | 1962,(2):34 |
| 关于中风若干问题的探讨 | 王明辉 | 江苏中医药 | 1962,(3):2 |
| 从中医消渴谈糖尿病之证治(附治验例) | 江陆芹 | 江苏中医药 | 1962,(4):9 |
| 湿热痹与寒湿痹的辨证论治 | 郑惠伯 | 江苏中医药 | 1962,(4):19 |
| 中风证治验 | 季少三 | 江苏中医药 | 1962,(4):31 |
| 臌胀的辨证论治 | 赵作霖 | 山东医药 | 1962,(11):13 |
| 略述多寐症的论治 | 何　任 | 上海中医药杂志 | 1962,(11):29 |
| 试论"气反" | 俞长荣 | 中医杂志 | 1962,(12):35 |
| 风湿病的病因问题 | 林特夫 | 安徽医科大学学报 | 1963,(1):56 |
| 肝痈证治的介绍 | 汪达成 | 江苏中医药 | 1963,(1):13 |
| 试验中医对疟疾的认识及其辨证论治 | 吴　刚 | 江西医学院学报 | 1963,(1):29 |
| 中医对急性肾炎的认识和治疗 | 刘宝垕 | 兰州大学学报(医学版) | 1963,(1):103 |
| 脾肺肾阳虚肿胀病的病机和治疗 | 杨正宝 | 云南医药 | 1963,(1):57 |
| 咳嗽的辨证施治 | 章巨膺 | 上海中医药杂志 | 1963,(2):1 |
| 对胆囊炎辨证论治的探讨 | 潘澄濂 | 江苏中医药 | 1963,(3):41 |
| 疾病濒危期间阴囊睾丸上缩(卵缩)的观察分析 | 刘士怡 | 山东医药 | 1963,(3):3 |
| 中医对神经衰弱的辨证论治 | 严二陵等 | 上海中医药杂志 | 1963,(3):14 |
| 论外科中"阴证"与"阳证"的辨别 | 李文杰 | 上海中医药杂志 | 1963,(5):3 |
| 祖国医学对疟疾的认识与治疗 | 葛宝田 | 山东医药 | 1963,(6):1 |
| "瘾疹"证治述略 | 张谷才 | 上海中医药杂志 | 1963,(6):31 |
| 略论"瘀血"的证治(附病例) | 陈玉英 | 上海中医药杂志 | 1963,(7):7 |
| 血栓闭塞性脉管炎中医的病、因、证、治探讨 | 顾亚夫 | 江苏中医药 | 1963,(9):2 |

| | | | |
|---|---|---|---|
| 对慢性鼻付窦炎的辨证论治 | 陈玉球等 | 上海中医药杂志 | 1963,(9):9 |
| 关于“辨证论治”治疗肺结核大咯血的讨论(附病案) | 王正公等 | 上海中医药杂志 | 1963,(11):19 |
| 我对中风的探讨 | 曲芹塘 | 山东医药 | 1963,(12):24 |
| 漫谈吐血、咳血和便血 | 颜亦鲁等 | 江苏中医药 | 1964,(2):36 |
| 肾病的辨证论治 | 曾益谦 | 福建中医药 | 1964,(2):7 |
| 漫谈月经病的辨证论治 | 喜仰之 | 江苏中医药 | 1964,(3):2 |
| 溃疡病隐血症以久痛伤络论治的初步探讨 | 宋守白 | 江苏中医药 | 1964,(4):10 |
| “胸痹心痛”证治述要 | 郭士魁等 | 上海中医药杂志 | 1964,(6):11 |
| “疟疾不离少阳”的辨证 | 陈幼清等 | 江苏中医药 | 1964,(7):4 |
| 时行泄泻、吐泻的证治 | 王正公 | 上海中医药杂志 | 1964,(10):20 |
| 对“虚热”的临床观察和病机初探 | 王少椒 | 上海中医药杂志 | 1964,(12):1 |
| 中医对慢性肾炎的辨证论治及其临床疗效的分析 | 张　琪等 | 黑龙江中医药 | 1965,(1):7 |
| 中医对支气管炎的辨证治疗 | 谢海洲等 | 黑龙江中医药 | 1965,(2):5 |
| 厥证与亡阳和休克的研究 | 赵棣华 | 江苏中医药 | 1965,(3):2 |
| 乳癖的辨证施治(附80例分析) | 顾伯华等 | 上海中医药杂志 | 1965,(5):20 |
| 痹证的分型论治 | 高凌云 | 江西医药 | 1966,(1):8 |
| 鼓胀病的分型论治 | 高凌云 | 江西医药 | 1966,(2):62 |
| 怎样看里证 | 余　咸 | 中医杂志 | 1966,(6):23 |
| 肾虚病的辨证施治 | 刘赤选 | 新中医 | 1972,(1):21 |
| 祖国医学关于冠状动脉硬化性心脏病的记载简述 | 钟渊史 | 中医杂志 | 1973,(3):36 |
| 调经概说——对闭经和崩漏的认识与处理 | 朱师墨 | 华中医学杂志 | 1973,(4):83 |
| 痹症的辨证及针灸治疗规律探讨 | 陈全新 | 新中医 | 1973,(5):53 |
| 谈谈内耳眩晕病 | 杨和钧 | 中国临床医生 | 1974,(6):57 |
| 祖国医学对癌瘤的认识 | 林起铨 | 安徽医科大学学报 | 1974,(S2):37 |
| 祖国医学对冠心病的认识和治疗 | 王耀华等 | 福建医科大学学报 | 1975,(1):85 |
| 冠状动脉硬化性心脏病心绞痛的辨证治疗 | 邢锡波 | 天津医药 | 1975,(1):7 |
| 对肝硬化的认识和治疗 | 姜春华 | 中医杂志 | 1975,(1):40 |
| 中医对冠心病的认识与辨证论治 | 田嘉禾 | 辽宁中医杂志 | 1975,(2):23 |
| 心绞痛的病因、诊断和治疗(二) | 阮景纯 | 山东医药 | 1975,(2):40 |
| 痹症偏枯 | 岳美中 | 陕西医学杂志 | 1975,(2):50 |
| 对暑温的证治和体会 | 韩雷丰 | 新中医 | 1975,(3):41 |
| 癫痫病的辨证论治 | 宋选卿 | 吉林医学 | 1975,(5):59 |
| 祖国医学对肿瘤的认识与辨证施治 | 刘嘉湘 | 陕西医学杂志 | 1975,(6):51 |
| 略谈祖国医学对癌瘤的认识和治疗 | 张思濂 | 贵州医药 | 1975,(Z1):21 |
| 对“血液滋生”和“血虚证”的初浅认识 | 干国书 | 贵州医药 | 1975,(Z2):37 |
| 湿温辨证施治要点 | 陈璞庵 | 重庆医科大学学报 | 1976,(2):104 |
| 中医对冠心病的认识和治疗 | 梁湛聪 | 广州医学院学报 | 1976,(4):85 |
| 肝硬化中医辨治 | 何锡峰 | 新中医 | 1976,(4):28 |
| 对冠心病的认识及治疗体会 | 赵锡武 | 中医杂志 | 1976,(4):30 |
| 咽喉病的实践与认识 | 耿鉴庭 | 江苏医药 | 1976,(5):33 |
| 祖国医学对肺炎的辨证施治 | 王大鹏 | 陕西医学杂志 | 1976,(5):32 |
| 痰热蕴结成瘍症 | 朱曾柏 | 新中医 | 1976,(6):18 |
| 祖国医学对乳癌的贡献 | 蓝春生 | 内蒙古医学院学报 | 1976,(Z2):105 |
| 中风的辨证论治 | 王瑞中 | 河北医药 | 1977,(1):21 |

| | | | |
|---|---|---|---|
| 学习祖国医学对治疗"眩晕"的体会 | 时振中等 | 江汉大学学报(自然科学版) | 1977,(1):29 |
| 郁症 | 叶执中 | 山东中医药大学学报 | 1977,(2):44 |
| 冠心病辨证论治的点滴体会 | 袁家玑 | 贵州医药 | 1977,(2):16 |
| 祖国医学对肾炎的认识和治疗 | 窦国祥 | 现代医学 | 1977,(2):100 |
| 中医对恶性肿瘤的认识和治疗 | 周岱翰 | 新中医 | 1977,(2):42 |
| 细菌性痢疾的防治 | 贾　检 | 山西医药杂志 | 1977,(3):54 |
| 祖国医学对传染病的认识 | 马　亮 | 天津医药 | 1977,(3):134 |
| 斑秃 | 袁书贤 | 华中科技大学学报(医学版) | 1977,(5):108 |
| 水肿病的分型和治法 | 李斯炽 | 新中医 | 1977,(5):3 |
| 中医对小儿肺炎的辨证论治 | 韦　俊 | 陕西医学杂志 | 1977,(6):33 |
| 论高血压症及脑溢血有关的中医见解 | 薛瑞新 | 新中医 | 1977,(6):59 |
| 祖国医学对肿瘤的认识及治法 | 郁仁存 | 中国临床医生 | 1977,(6):32 |
| 癔病的诊断与治疗 | 肖镇祥 | 中国临床医生 | 1977,(11):36 |
| 中医对传染性肝炎及肝硬变的认识和辨证施治 | 孙允中 | 辽宁中医杂志 | 1977,(S1):11 |
| 痹证方治疗痹证 | 陈绍综 | 广西医学 | 1978,(1):16 |
| 胃、十二指肠溃疡病患者背部俞穴皮温的观察 | 付肇明 | 成都中医药大学学报 | 1978,(1):53 |
| 针灸对气滞血瘀证的临床应用 | 余仲权 | 成都中医药大学学报 | 1978,(1):22 |
| 用中医舌和心脾相关的理论,指导治疗舌毛细管型淋巴管瘤一例 | 彭汉光 | 华中科技大学学报(医学版) | 1978,(1):116 |
| 冠心病辨证论治的体会 | 曹永康 | 江苏中医药 | 1978,(1):4 |
| 咽喉病漫谈 | 耿鉴庭等 | 陕西医学杂志 | 1978,(1):33 |
| 传染性肝炎辨证和治疗的体会 | 潘澄濂 | 中医杂志 | 1978,(1):10 |
| 咳血 | 钟平石等 | 蚌埠医学院学报 | 1978,(2):59 |
| 暴瘖(麻疹并发脑炎后失语) | 杜雨茂 | 陕西中医学院学报 | 1978,(2):54 |
| 祖国医学对慢性咽炎的认识 | 熊大经 | 现代临床医学 | 1978,(2):46 |
| 中风辨惑 | 黄汝绍 | 广西中医药 | 1978,(3):40 |
| 痫证 | 杜雨茂 | 陕西中医学院学报 | 1978,(4):23 |
| 胸痹 | 李天德 | 陕西中医学院学报 | 1978,(4):30 |
| 肝炎辨治的探讨 | 张云鹏 | 云南中医学院学报 | 1978,(4):17 |
| 肾炎辨证论治 | 乔保均 | 中原医刊 | 1978,(4):19 |
| 谈谈瘀血证的辨证施治 | 郝　朴 | 陕西医学杂志 | 1978,(5):44 |
| 血液循环的发现 | 谢德秋 | 自然杂志 | 1978,(7):456 |
| "水气"与肾病综合征 | 曹振华 | 山东中医药大学学报 | 1978,(S1):10 |
| 略论"脑病"与"风痰" | 言庚孚等 | 湖南中医学院学报 | 1979,(1):3 |
| 失音证论治 | 何　任 | 浙江中医药大学学报 | 1979,(1):35 |
| 对消渴症的辨证施治 | 邢树森 | 黑龙江医药 | 1979,(1):11 |
| 谈中风的辨证施治 | 王乐善 | 辽宁中医杂志 | 1979,(1):8 |
| 对冠心病"心律失常"辨证论治的体会 | 张辛毅 | 山东医学高等专科学校学报 | 1979,(1):88 |
| 祖国医学对肛门点肠病的认识 | 翟静明 | 陕西中医学院学报 | 1979,(1):37 |
| 口疮之中医治疗研究(辩口疮有虚火实火论) | 章尔仓 | 西安交通大学学报(医学版) | 1979,(1):39 |
| 论痹 | 叶怡庭 | 辽宁中医杂志 | 1979,(2):14 |
| 乳糜尿及其中医治疗 | 林长春等 | 山东中医药大学学报 | 1979,(2):19 |

| | | | |
|---|---|---|---|
| 从祖国医学的噎膈、反胃探讨食道、胃肿瘤的防治 | 钱伯文 | 上海中医药杂志 | 1979,(2):8 |
| 崩漏的辨证论治(附3例疗效观察) | 王　曼等 | 浙江大学学报(医学版) | 1979,(2):111 |
| 低热的辨证施治 | 柯利民 | 中医药学报 | 1979,(2):23 |
| 略谈暑温证治 | 高仲山 | 中医药学报 | 1979,(2):18 |
| 肝硬化腹水的辨证治疗及体会 | 王文正等 | 山东中医药大学学报 | 1979,(3):8 |
| 浅谈祖国医学对冠心病的认识 | 郭　鸿 | 重庆医学 | 1979,(3):24 |
| 浅谈肾病实证 | 吕光荣 | 云南中医学院学报 | 1979,(4):16 |
| 诸汗证治心得 | 陈觉彬 | 成都中医药大学学报 | 1979,(4):65 |
| 冠心病的辨证论治体会 | 张承恩等 | 吉林中医药 | 1979,(4):13 |
| 婴幼儿泄泻的辨证施治 | 马献图 | 陕西中医学院学报 | 1979,(4):16 |
| 瘀血证的诊断和治法 | 陈光华 | 浙江中医药大学学报 | 1979,(4):23 |
| 诊余灯下话"心痹" | 朱铢之 | 浙江中医药大学学报 | 1979,(4):60 |
| 酒渣鼻辨证的管见 | 陈服文 | 中南大学学报(医学版) | 1979,(4):230 |
| 自汗和盗汗的证治 | 邱友文 | 辽宁中医杂志 | 1979,(5):35 |
| 从分子生物学角度探讨"气"的本质 | 刘亚光 | 浙江中医药大学学报 | 1979,(5):6 |
| 顽固性经前阴痛治验 | 宋光济等 | 浙江中医药大学学报 | 1979,(5):40 |
| 风寒湿痹的简易辨证 | 周　龙 | 中原医刊 | 1979,(6):36 |
| 略谈胸痹心痛的病理与证治 | 阎洪臣 | 陕西医学杂志 | 1979,(6):51 |
| 急性胰腺炎辨证论治的体会(184例临床观察) | 关凤林等 | 新中医 | 1979,(6):35 |
| 青光眼的辨证治疗 | 丁化民 | 中国临床医生 | 1979,(8):17 |
| 谈脏腑虚证的辨治 | 程士德 | 中国医刊 | 1979,(8):60 |
| 谈谈祖国医学对冠心病认识的若干问题 | 滕世杰 | 皖南医学院学报 | 1979,(10):58 |
| 中医对瘀血认识及其证治 | 秦德平 | 皖南医学院学报 | 1979,(10):10 |
| 针刺配穴治疗湿热黄疸的机理分析 | 卢顺德 | 湖北中医杂志 | 1979,(S1):13 |
| 试论瘀血证的诊断与治疗 | 程绍恩 | 吉林中医药 | 1979,(Z1):36 |
| 治疗中风症的点滴体会 | 李鹤鸣 | 河北中医 | 1980,(1):39 |
| 对痛证基本病理进一解 | 李寿龄等 | 河北医科大学学报 | 1980,(1):86 |
| 咳喘的病因病机及其辨证施治 | 李今庸 | 华中医学杂志 | 1980,(1):47 |
| 哮喘 | 姜春华 | 吉林中医药 | 1980,(1):1 |
| 关于暑温几个问题的商榷 | 单书健 | 吉林中医药 | 1980,(1):72 |
| 血证概述 | 许晴暄 | 江汉大学学报(自然科学版) | 1980,(1):54 |
| 血证从气论治三例 | 孙会文 | 辽宁中医杂志 | 1980,(1):13 |
| 乳泣治案 | 吴言福 | 辽宁中医杂志 | 1980,(1):29 |
| 高血压病的辨证论治 | 周次青 | 山东中医药大学学报 | 1980,(1):55 |
| 痰饮经闭 | 刘露祥 | 山东中医药大学学报 | 1980,(1):54 |
| 疾病"发热"辨析 | 支军宏等 | 陕西中医 | 1980,(1):27 |
| 172例少阳证回顾分析 | 陈乔林 | 云南中医中药杂志 | 1980,(1):25 |
| 《内经》"五郁"证治探讨 | 徐荣斋 | 浙江中医药大学学报 | 1980,(1):1 |
| 谈谈胃肠功能障碍的辨证施治 | 孟庆锡 | 中医杂志 | 1980,(1):57 |
| 瘀血证与活血化瘀疗法上 | 毛德西 | 中原医刊 | 1980,(1):18 |
| 略谈祖国医学对脑溢血的认识(附治验二例) | 胡　铮 | 贵阳中医学院学报 | 1980,(2):25 |
| 关于汗出的讨论 | 徐国龙等 | 辽宁中医杂志 | 1980,(2):27 |
| 阳痿治验 | 赵仰俊 | 西北民族大学学报(自然科学版) | 1980,(2):42 |

| | | | |
|---|---|---|---|
| 厥证三案 | 何　毅 | 成都中医药大学学报 | 1980,(3):30 |
| 关节炎中医辨证论治 | 顾炳熙 | 河北中医 | 1980,(3):57 |
| 戴阳治验 | 陈子德 | 江苏中医药 | 1980,(3):42 |
| 中医治疗痔瘘历史的发展及其成就 | 张有生 | 辽宁中医杂志 | 1980,(3):44 |
| 古今论厥之异同 | 张登本 | 陕西中医学院学报 | 1980,(3):3 |
| 久泻、急痧及瘀血发狂等症治验 | 黄晓晔 | 上海中医药杂志 | 1980,(3):17 |
| 略论中医痛证的病理 | 李寿龄等 | 上海中医药杂志 | 1980,(3):35 |
| 小儿黄疸型肝炎证治点滴(附 60 例疗效观察) | 康若虞 | 云南中医学院学报 | 1980,(3):21 |
| 浅谈脾病实证及其辨证 | 吕光荣 | 云南中医学院学报 | 1980,(3):6 |
| 试论湿与临床的关系 | 吴宗柏 | 云南中医中药杂志 | 1980,(3):17 |
| 中医对慢性肾功能衰竭治疗进展 | 鲍　军 | 浙江大学学报(医学版) | 1980,(3):135 |
| “肿”与“胀”的辨证论治 | 李聪甫 | 浙江中医学院学报 | 1980,(3):1 |
| 牙周病辨证施治纲要 | 李秉琦 | 中国医刊 | 1980,(3):48 |
| 多寐的辨证施治 | 路志正等 | 中医杂志 | 1980,(3):16 |
| 略谈痿症的针灸证治 | 阮少南 | 中医杂志 | 1980,(3):48 |
| 辨证论治(辨证论治的原则性) | 韩俊钦等 | 中原医刊 | 1980,(3):27 |
| 谈谈气虚和阳虚发热的证治 | 叶年签 | 广西中医药 | 1980,(4):13 |
| 关格与隔塞——中医基础理论探讨 | 杨泽君 | 贵阳中医学院学报 | 1980,(4):21 |
| 浅谈消渴与尿崩症 | 张维平 | 河北中医 | 1980,(4):50 |
| 试论伤寒与温病的联系和区别 | 宿清和 | 河北中医 | 1980,(4):21 |
| 乳衄 | 邹锡昕 | 江苏中医药 | 1980,(4):56 |
| 冠心病的辨证论治 | 曹向平等 | 江苏中医药 | 1980,(4):9 |
| 黄疸证治提挈 | 庄志双 | 辽宁中医杂志 | 1980,(4):27 |
| 略谈“气反”证治 | 瞿岳云 | 陕西中医 | 1980,(4):7 |
| 关于热病的学习札记 | 李其忠 | 上海中医药杂志 | 1980,(4):20 |
| 泄泻及其辨证论治 | 劳崇新 | 新中医 | 1980,(4):45 |
| 论瘀血证治 | 傅宗翰 | 江苏中医药 | 1980,(5):1 |
| 中风证治概论 | 薛　盟 | 陕西中医 | 1980,(6):20 |
| 癫狂症的治疗体会 | 王保元等 | 云南中医中药杂志 | 1980,(6):29 |
| 癫狂浅识 | 江泽民 | 云南中医中药杂志 | 1980,(6):30 |
| 浅谈调理肝气在癫狂辨治中的运用 | 陈彝安 | 云南中医中药杂志 | 1980,(6):32 |
| 祖国医学对肠痈的认识和治疗 | 赵恩俭 | 天津医药 | 1980,(9):550 |
| 疼痛的病机和证治 | 任应秋 | 中医杂志 | 1980,(10):19 |
| 痿症一例治验 | 王乐善等 | 辽宁中医杂志 | 1980,(12):24 |
| 漫谈治痹十六法 | 程昭寰 | 辽宁中医杂志 | 1980,(12):22 |
| 有关肝风的病机分析及其证治 | 危北海 | 中医药学报 | 1980,(Z1):1 |
| 论奔豚气病的证治 | 顾炳熙 | 河北中医 | 1981,(1):24 |
| 中风的概述及治疗体会 | 张　琪 | 黑龙江中医药 | 1981,(1):11 |
| 黄疸与血淤 | 张兆云 | 湖北中医杂志 | 1981,(1):9 |
| 论中医对冠心病发病机制及其辨证施治 | 朱曾柏 | 江汉大学学报(自然科学版) | 1981,(1):36 |
| 不育不孕　治肾为要 | 谢海洲 | 辽宁中医杂志 | 1981,(1):33 |
| 厥证的针灸治疗 | 方吉庆等 | 山东中医药大学学报 | 1981,(1):55 |
| 从“痰瘀同治”探讨带下病的治疗 | 董汉良 | 陕西中医 | 1981,(1):3 |
| 《金匮》治饮十法初探 | 张建荣 | 陕西中医学院学报 | 1981,(1):35 |
| 气虚血瘀证治的临床体会 | 沈敏南 | 上海中医药杂志 | 1981,(1):22 |

| | | | |
|---|---|---|---|
| 厥证探讨(上) | 孔庆玺 | 云南中医学院学报 | 1981,(1):1 |
| 治带四法 | 何子淮 | 浙江中医药大学学报 | 1981,(1):21 |
| 痹证论治 | 盛国荣 | 福建中医药 | 1981,(2):2 |
| 喉痈症的中西古今辨 | 汪小慧等 | 福建中医药 | 1981,(2):22 |
| 中医对慢性肝炎的辨证论治 | 邢忠兴 | 河北医药 | 1981,(2):53 |
| 谈治疗冠心病的几个辨证问题 | 查文安 | 河北中医 | 1981,(2):21 |
| 肾虚脱发 | 于泗海 | 黑龙江中医药 | 1981,(2):32 |
| 试论黄疸 | 蒋　森 | 吉林中医药 | 1981,(2):8 |
| 糖尿病的病理机制和辨证施治 | 程宜福 | 江苏中医药 | 1981,(2):5 |
| 脑外伤后遗症的辨证施治 | 吴瑞安 | 上海中医药杂志 | 1981,(2):17 |
| 论吐下霍乱属于热 | 高纪武 | 现代中医药 | 1981,(2):65 |
| 胁痛用药一得 | 朱古亭 | 浙江中医药大学学报 | 1981,(2):55 |
| 痰饮探讨 | 吴颂康 | 浙江中医药大学学报 | 1981,(2):11 |
| 中医对淤的认识和辨证论治 | 姜春华 | 中医药学报 | 1981,(2):1 |
| 糖尿病的中医辨证分型 | 张凤群等 | 贵阳医学院学报 | 1981,(3):84 |
| 读《痹论》浅谈痹证 | 杨瑞清 | 河北中医 | 1981,(3):16 |
| 从阴虚证治谈及对疾病概念的商讨 | 丁德谨 | 河北中医 | 1981,(3):19 |
| 祖国医学对糖尿病的认识和治疗 | 李恩复 | 河北医药 | 1981,(3):42 |
| 肝炎八法 | 武万才 | 河北中医 | 1981,(3):22 |
| 对胃脘痛辨证施治体会 | 马　骥 | 黑龙江中医药 | 1981,(3):11 |
| 祖国医学对传染病的认识 | 马云翔 | 江苏中医药 | 1981,(3):1 |
| "痰"与心脏病发病的关系和治疗 | 莫雪琴等 | 上海中医药杂志 | 1981,(3):18 |
| 祖国医学与老年病学(之一) | 林　铮 | 第四军医大学学报 | 1981,(4):421 |
| 荨麻疹的证治 | 陈鳌石 | 福建医药杂志 | 1981,(4):48 |
| 脱发的辨证论治 | 吴　熙 | 福建中医药 | 1981,(4):16 |
| 《内经》"女七""男八"之说与老年性白内障 | 郑祖同 | 广西中医药 | 1981,(4):48 |
| 浅谈妇人温病论治 | 代桂满等 | 河北医科大学学报 | 1981,(4):210 |
| 痢伤营血刍议 | 陈嘉栋等 | 江苏中医药 | 1981,(4):12 |
| 肝郁型水肿 | 杨锦瑞等 | 辽宁中医杂志 | 1981,(4):42 |
| 试论耳性眩晕的辨证施治 | 齐　强 | 辽宁中医杂志 | 1981,(4):15 |
| 祖国医学对肺原性心脏病辨证分型及治疗之我见 | 马龙侪 | 辽宁中医杂志 | 1981,(4):22 |
| 肾石病治验 | 张世凡 | 山西医药杂志 | 1981,(4):55 |
| 中西医结合治疗失音 | 邓家芳 | 山西医药杂志 | 1981,(4):24 |
| 泄泻的辨证与治疗 | 余伦文 | 中原医刊 | 1981,(4):4 |
| 白淫梦交实为一症 | 张文阁 | 辽宁中医杂志 | 1981,(5):37 |
| 腰痛的中医分类 | 葛植厚 | 青海医药杂志 | 1981,(5):57 |
| 老年病与东洋医学 | 罗绳祖 | 日本医学介绍 | 1981,(5):27 |
| 浅谈调经四法 | 魏宏楷 | 陕西中医 | 1981,(5):10 |
| 汗法治疗类风湿性关节炎 | 黄福如 | 云南中医中药杂志 | 1981,(5):26 |
| 谈谈肝硬化腹水证治 | 邹良材 | 中医杂志 | 1981,(5):30 |
| 治疗血管神经性头痛五法 | 赵金铎等 | 中医杂志 | 1981,(5):10 |
| 痰病的辨治 | 林　颖 | 福建医药杂志 | 1981,(6):36 |
| 小儿厥证 | 张士卿 | 湖北中医杂志 | 1981,(6):49 |
| 黄疸湿热辨 | 李哲夫 | 湖北中医杂志 | 1981,(6):27 |
| 中医论治肝硬化腹水 | 王文彦等 | 辽宁中医杂志 | 1981,(6):13 |

| | | | |
|---|---|---|---|
| 理气法用于月经病的探讨 | 王锡贞 | 浙江中医药大学学报 | 1981,(6):5 |
| 论中医对冠心病病理机制的认识 | 朱曾柏 | 浙江中医药大学学报 | 1981,(6):1 |
| 类风湿性关节炎的证治体验 | 房定亚等 | 中医杂志 | 1981,(6):36 |
| 阳虚症状的两重性 | 朱文锋 | 辽宁中医杂志 | 1981,(7):15 |
| 癫狂痫治验 | 芦玉起 | 辽宁中医杂志 | 1981,(8):28 |
| 对缺血性中风发病机理的探讨 | 张鹤年等 | 上海中医药杂志 | 1981,(8):8 |
| 热痹证治规律探讨 | 候平玺 | 辽宁中医杂志 | 1981,(9):9 |
| 郁证浅谈 | 彭履祥 | 新中医 | 1981,(9):24 |
| 忌把湿证当虚治 | 夏度衡 | 中国医刊 | 1981,(10):20 |
| 从痰淤同病角度探讨常见老年病的防治 | 董汉良 | 辽宁中医杂志 | 1981,(11):21 |
| 中医对脑病的认识及治疗 | 刘国普 | 新中医 | 1981,(11):13 |
| 论《内经》的厥逆发病说 | 赵明山 | 辽宁中医杂志 | 1981,(12):12 |
| 涌吐一得 | 王吉椿 | 中医杂志 | 1981,(12):21 |
| 老年医学与老年病的防治 | 廖家兴 | 赣南医学院学报 | 1982,(00):60 |
| 痛经治验 | 黄养民 | 四川中医 | 1982,(00):35 |
| 浅谈《内经》发热症 | 魏玉琦 | 天津中医学院学报 | 1982,(00):37 |
| 谈谈“水证”的证治 | 刘渡舟 | 北京中医 | 1982,(1):18 |
| 中西医结合治疗耳性眩晕(附110例分析) | 王丽雯等、 | 第一军医大学学报 | 1982,(1):66 |
| 便秘 | 万本善等 | 福建医药杂志 | 1982,(1):51 |
| 湿温病的证治辨析 | 李聪甫 | 黑龙江中医药 | 1982,(1):5 |
| 从痰瘀同病角度探讨眼底病的治疗 | 董汉良 | 吉林中医药 | 1982,(1):45 |
| “多向刺”治疗痿躄的临床体会 | 石健华 | 江苏中医药 | 1982,(1):38 |
| 概述中医对冠心病的认识 | 任世英 | 青岛大学医学院学报 | 1982,(1):101 |
| 眩晕证治 | 彭述宪 | 陕西中医学院学报 | 1982,(1):8 |
| 风痱小议 | 黄海龙等 | 陕西中医学院学报 | 1982,(1):38 |
| 脂肪肝的发病机理 | 李　瑛 | 实用医学杂志 | 1982,(1):9 |
| 崩漏的分型 | 梁剑波 | 新中医 | 1982,(1):16 |
| 治疗闭经46例的临床体会 | 吴宗柏等 | 云南中医学院学报 | 1982,(1):9 |
| 秋燥在肺及其干咳的论治 | 苏云放 | 浙江中医药大学学报 | 1982,(1):20 |
| 痿躄(粘连性蛛网膜炎) | 舒士建 | 浙江中医药大学学报 | 1982,(1):55 |
| 中医内伤性疾病辨证规律初探——关于统一内伤性疾病辨证方法的雏议 | 黄柄山 | 中医药学报 | 1982,(1):6 |
| 盆腔血肿治验 | 王有德 | 中医药学刊 | 1982,(1):36 |
| 经漏治验 | 张建国 | 中原医刊 | 1982,(1):27 |
| 对“溃疡病”辨证论治的管见 | 巫君玉 | 北京中医 | 1982,(2):18 |
| 关于心痛、心肌梗塞的临证体会 | 陈绍园 | 成都中医药大学学报 | 1982,(2):72 |
| “胎病论”浅议 | 倪际外 | 福建中医药 | 1982,(2):10 |
| 郑长松治疗遗溺经验 | 郑其星等 | 湖北中医杂志 | 1982,(2):13 |
| 治疗阴茎异常勃起的临床体会 | 史道生 | 湖北中医杂志 | 1982,(2):30 |
| 衄血证治的体会 | 程协南 | 湖北中医杂志 | 1982,(2):23 |
| 《内经》论精神病 | 王海鸥 | 湖南中医学院学报 | 1982,(2):56 |
| 试论臌胀 | 蒋　森 | 吉林中医药 | 1982,(2):1 |
| 肝郁阳萎 | 吴敬农 | 江苏中医药 | 1982,(2):64 |
| 少阳病位三说 | 高之堪 | 江苏中医药 | 1982,(2):46 |
| 疟疾的针灸治疗综述 | 彭荣琛 | 江西中医药 | 1982,(2):51 |
| 原发性肝癌的辨证治疗 | 钱伯文 | 辽宁中医杂志 | 1982,(2):19 |

| | | | |
|---|---|---|---|
| 中医对肝硬化腹水辨证分型与治疗 | 吴生昌 | 陕西中医 | 1982,(2):36 |
| 尿黄、呕吐与肝之关系 | 曾金铭 | 云南中医学院学报 | 1982,(2):34 |
| “无脉症”浅释 | 翟明义 | 中原医刊 | 1982,(2):81 |
| 中医痒症浅说 | 朱士纯 | 蚌埠医学院学报 | 1982,(3):228 |
| 胁痛证治 | 彭述宪 | 北京中医 | 1982,(3):11 |
| 肉痿初探 | 刘继安 | 成都中医药大学学报 | 1982,(3):29 |
| 祖国医学对糖尿病的认识和治疗 | 张凤群 | 贵阳医学院学报 | 1982,(3):79 |
| 谈谈有关历节病的几个问题 | 李克光 | 贵阳中医学院学报 | 1982,(3):1 |
| 老年人胃肠道出血 | 孙文侠 | 国外医学. 老年医学分册 | 1982,(3):43 |
| 试谈祖国医学对中风的论述 | 刘万山 | 黑龙江中医药 | 1982,(3):8 |
| 针刺治疗急性黄疸型肝炎文献综述 | 黄本棋 | 湖北中医杂志 | 1982,(3):54 |
| 对饮证病机、证治的几点认识 | 江扬清 | 吉林中医药 | 1982,(3):10 |
| 略谈治带 | 王耀廷 | 吉林中医药 | 1982,(3):26 |
| 呵欠不息证针刺治验一则 | 郭　昆 | 江苏中医药 | 1982,(3):23 |
| 祖国医学对急性乳腺炎的认识 | 尚德俊 | 山东中医药大学学报 | 1982,(3):55 |
| 肛漏 | 阳作仁 | 山东中医杂志 | 1982,(3):137 |
| 《内经》血枯方证之探释 | 董汉良 | 陕西中医 | 1982,(3):28 |
| 承泣穴的解剖学研究 | 严振国等 | 上海针灸杂志 | 1982,(3):39 |
| 黄疸治疗进展 | 莫雪琴 | 上海中医药杂志 | 1982,(3):22 |
| 治疗痹证的体会 | 刘志明 | 新中医 | 1982,(3):12 |
| 真心痛的辨证论治规律 | 徐　飞 | 新中医 | 1982,(3):20 |
| 崩漏后常见诸症的治疗 | 何子淮 | 浙江中医药大学学报 | 1982,(3):29 |
| 中医对冠心病的认识和治疗 | 苗莉华 | 遵义医学院学报 | 1982,(3):71 |
| 寒凝血虚崩漏治验 | 朱曾柏 | 福建中医药 | 1982,(4):58 |
| 发热的辨治 | 史定文 | 河北中医 | 1982,(4):15 |
| 嗅觉异常一例治验 | 李久成 | 湖北中医杂志 | 1982,(4):39 |
| 痤疮临症一得 | 吴恒亚等 | 吉林中医药 | 1982,(4):37 |
| 冠心病的针灸施治法 | 刘冠军 | 吉林中医药 | 1982,(4):3 |
| 内耳性眩晕的中医药治疗概况 | 杨扶国等 | 江西中医药 | 1982,(4):23 |
| 中医对肝硬变腹水的认识与治疗 | 廖家兴 | 江西中医药 | 1982,(4):1 |
| 阴狂论治 | 邵继棠 | 辽宁中医杂志 | 1982,(4):30 |
| 试论祖国医学对尿的辨识 | 瞿岳云 | 辽宁中医杂志 | 1982,(4):12 |
| 腰椎退行性病变的成因和辨证施治 | 李国衡 | 山东中医杂志 | 1982,(4):202 |
| 儿科治汗七法 | 安效先 | 陕西中医 | 1982,(4):28 |
| 关于祖国医学“肾主水”的探讨(附 201 例不同类型肾病的临床观察) | 阎梅田 | 陕西中医学院学报 | 1982,(4):14 |
| 痔血治验三则 | 翟静明 | 陕西中医学院学报 | 1982,(4):51 |
| 子宫内膜异位症辨证施治 43 例 | 蔡小荪等 | 上海中医药杂志 | 1982,(4):12 |
| 老年癃闭治验 | 钟定波 | 上海中医药杂志 | 1982,(4):17 |
| 谈谈中医儿科证治特点 | 曾应台 | 现代临床医学 | 1982,(4):49 |
| 尿石病治验四例 | 刘兴志 | 云南中医学院学报 | 1982,(4):45 |
| 鼻塞、流清涕证治 | 蒲辅周等 | 浙江中医药大学学报 | 1982,(4):29 |
| 中风证治 | 郭振球 | 浙江中医药大学学报 | 1982,(4):5 |
| 浅谈祖国医学对肿瘤的认识 | 钱伯文 | 中成药 | 1982,(4):24 |
| 谈血证的五脏辨证(附病例) | 刘运耀 | 福建中医药 | 1982,(5):20 |
| 小议“厥” | 寇华胜 | 福建中医药 | 1982,(5):17 |

| | | | |
|---|---|---|---|
| 阴证救逆八则 | 郝文轩 | 广西中医药 | 1982,(5):31 |
| "狂症"的病因病机与临床治疗 | 李东海 | 江苏中医药 | 1982,(5):60 |
| 喉痹病证琐记 | 蔡福养 | 辽宁中医杂志 | 1982,(5):4 |
| 牙痛辨析 | 胡荫奇 | 辽宁中医杂志 | 1982,(5):26 |
| 痉痓证治概要 | 蒲志孝等 | 山东中医杂志 | 1982,(5):289 |
| 治痿一得 | 申曼莉 | 上海中医药杂志 | 1982,(5):7 |
| 祖国医学对老年病的认识 | 屠执中 | 现代医学 | 1982,(5):296 |
| 鼻渊证治 | 王士贞 | 新中医 | 1982,(5):57 |
| 耳闭治验 | 谭敬书 | 新中医 | 1982,(5):15 |
| 太阳和太阳病 | 何志雄 | 新中医 | 1982,(5):13 |
| 胃脘痛 | 朱柏林 | 浙江中医药大学学报 | 1982,(5):49 |
| 通因通用治老年崩漏 | 李文彬 | 中医药学刊 | 1982,(5):43 |
| 中医治疗呼吸衰竭 | 危北海 | 中医杂志 | 1982,(5):72 |
| 试述奇经八脉及其辨证施治 | 黄兴理 | 中医杂志 | 1982,(5):53 |
| 痹证治验 | 高肇滨 | 福建中医药 | 1982,(6):13 |
| 浅谈胸痹 | 陈国通 | 福建中医药 | 1982,(6):56 |
| 论血证的治疗法则 | 杨百茀 | 广西中医药 | 1982,(6):17 |
| "口甘"证治一得 | 孙汉忠 | 湖北中医杂志 | 1982,(6):50 |
| 祖国医学对痫证的认识过程 | 薛　秦 | 山西医药杂志 | 1982,(6):59 |
| 子时病证治验四则 | 刘春堂 | 陕西中医 | 1982,(6):9 |
| 小儿泄泻辨治体会 | 帅兰英 | 云南中医中药杂志 | 1982,(6):37 |
| 针灸治疗遗尿症的文献综述 | 彭荣琛 | 云南中医中药杂志 | 1982,(6):41 |
| 竭辨 | 陈　超 | 浙江中医药大学学报 | 1982,(6):70 |
| 飧泄类证鉴别的临床体会 | 方元义 | 中医杂志 | 1982,(6):59 |
| 略谈中医的厥证 | 秦茂林 | 广东医学 | 1982,(7):29 |
| 干燥综合征与"燥胜则干" | 薛　芳 | 辽宁中医杂志 | 1982,(7):7 |
| 水肿的治法及临床运用 | 徐嵩年 | 上海中医药杂志 | 1982,(7):5 |
| 肠覃癥积(卵巢囊肿) | 丁雪安 | 新中医 | 1982,(7):21 |
| 谈谈《内经》的"汗" | 梁映寰等 | 新中医 | 1982,(7):10 |
| 话"伏龙肝" | 陈培村 | 辽宁中医杂志 | 1982,(8):46 |
| 析"木郁达之"——谈谈肝郁证的治疗 | 聂莉芳等 | 辽宁中医杂志 | 1982,(9):12 |
| 小儿高热运用卫气营血辨证治疗 | 黄仁生 | 辽宁中医杂志 | 1982,(9):43 |
| 杨树千老中医对肝病的辨证论治 | 苏诚錬 | 辽宁中医杂志 | 1982,(9):24 |
| 中医治疗重症肝炎 | 孟宪益 | 上海中医药杂志 | 1982,(9):9 |
| "肺移热于大肠"治验体会 | 周德禄 | 新中医 | 1982,(9):51 |
| 不孕、不育症 | 罗振华 | 新中医 | 1982,(9):47 |
| 牙龈病证治琐记 | 蔡福养 | 辽宁中医杂志 | 1982,(10):24 |
| 莫道梦纷无歇时——梦证别议 | 何传毅 | 上海中医药杂志 | 1982,(10):36 |
| 癫狂治疗的体会 | 李春茂等 | 新中医 | 1982,(10):4 |
| 水肿的辨证和治疗 | 张镜人 | 中医杂志 | 1982,(10):58 |
| 《内经》中的神经精神病症初探 | 赵明山 | 辽宁中医杂志 | 1982,(11):12 |
| 《内经》中的神经精神病症初探(二) | 赵明山 | 辽宁中医杂志 | 1982,(12):8 |
| 急性溃疡性口炎的辨证论治体会 | 朱大年 | 辽宁中医杂志 | 1982,(12):36 |
| 漫话月经先期 | 王云凯 | 辽宁中医杂志 | 1982,(12):14 |
| 论大肠证治 | 胡伯虎等 | 上海中医药杂志 | 1982,(12):10 |
| 追古论今话郁证——赵养葵郁论的探讨 | 顾瑞生 | 上海中医药杂志 | 1982,(12):28 |

| | | | |
|---|---|---|---|
| 阑尾炎的命名、诊断及其它 | 王友良 | 医学与哲学<br>（人文社会医学版） | 1982,(12):34 |
| 针治疗疮重复验证 | 吕杏芳 | 中医杂志 | 1982,(12):72 |
| 血栓闭塞性脉管炎病因证治初探 | 李兴培 | 新疆医科大学学报 | 1982,(Z1):249 |
| 风湿性关节炎 | 宋振雄 | 新医学 | 1982,(Z1):621 |
| 浅谈风与风病 | 吴子亚 | 吉首大学学报<br>（自然科学版） | 1983,(00):71 |
| 子喑 1 例治验 | 韩瑞清 | 安徽中医学院学报 | 1983,(1):19 |
| 寒湿痿躄治验心得 | 刘殿永 | 北京中医 | 1983,(1):20 |
| 溃疡病脾胃虚寒型 13 例治验简介 | 吴声海 | 福建中医药 | 1983,(1):29 |
| 对腰腿痛证中医辨证治疗的探讨(附 5 例分析) | 谭家祥 | 广西医科大学学报 | 1983,(1):75 |
| 谈谈发热辨证的沿革 | 朱祝生 | 贵阳中医学院学报 | 1983,(1):52 |
| 口苦当分虚实论治 | 李光海等 | 河北中医 | 1983,(1):33 |
| 对《内经》厥证的探讨 | 时振声 | 黑龙江中医药 | 1983,(1):13 |
| 几种急腹症的辨治探讨 | 王午桥 | 江苏中医药 | 1983,(1):1 |
| 闭经病辨证用药一得 | 但剑亭 | 江西中医药 | 1983,(1):38 |
| 白崩治验一则 | 辛爱枝 | 辽宁中医杂志 | 1983,(1):6 |
| 对痹证分类之我见 | 韩树人 | 南京中医药大学学报<br>（自然科学版） | 1983,(1):57 |
| 肥胖病治疗点滴 | 李振华等 | 山东中医杂志 | 1983,(1):33 |
| 活血化瘀验案 | 郑家本 | 山东中医杂志 | 1983,(1):24 |
| 肝郁阳萎 | 刘士杰 | 山东中医杂志 | 1983,(1):32 |
| 舌证取舍研讨 | 张明基 | 山东中医杂志 | 1983,(1):5 |
| 咳嗽证治举隅 | 任悟非 | 四川中医 | 1983,(1):28 |
| 苦参大黄治疗狂证 | 程　哲 | 四川中医 | 1983,(1):33 |
| 阳萎 | 杨玉臣 | 四川中医 | 1983,(1):60 |
| 急性心肌梗塞及其并发症的临床处理 | 郭士魁 | 新中医 | 1983,(1):13 |
| 浅论针灸治厥 | 张沛霖 | 云南中医中药杂志 | 1983,(1):26 |
| 高血压病的中医理论及防治规律探讨 | 詹文涛 | 云南中医中药杂志 | 1983,(1):20 |
| “动风”小议 | 朱文锋 | 云南中医中药杂志 | 1983,(1):24 |
| 试论温病分类 | 石成太 | 中医药学报 | 1983,(1):23 |
| 常见急腹症的辨证论治 | 曹仲和等 | 中医杂志 | 1983,(1):27 |
| 王肃明老中医治疗肝郁验案五则 | 张　杰等 | 安徽中医学院学报 | 1983,(2):28 |
| 小儿泄泻 | 陈觉彬 | 成都中医药大学学报 | 1983,(2):77 |
| 上消化道出血的中医治疗 | 刘国普 | 广东医学 | 1983,(2):23 |
| 化脓性中耳炎治验 | 韩士国 | 河北中医 | 1983,(2):42 |
| 泌尿系结石 21 例治疗小结 | 谢务栋 | 河北中医 | 1983,(2):12 |
| 皮肤病病因证治 | 秦发中 | 河北中医 | 1983,(2):13 |
| 温下法治疗寒积便秘两例 | 陈纲策 | 湖南中医学院学报 | 1983,(2):40 |
| 扭转痉挛案 | 周仲瑛等 | 江苏中医药 | 1983,(2):52 |
| 肝风(肝火、肝阳) | 沈仲圭 | 辽宁中医杂志 | 1983,(2):47 |
| 和血法治疗高血压病初探 | 陈文垲等 | 南京中医药大学学报<br>（自然科学版） | 1983,(2):21 |
| 祖国医学对疟疾的认识及治疗 | 肖少卿等 | 南京中医药大学学报<br>（自然科学版） | 1983,(2):36 |

| | | | |
|---|---|---|---|
| 咳证杂谈 | 李石青 | 南京中医药大学学报(自然科学版) | 1983,(2):25 |
| 痹证的中医分类和辩证施治 | 葛植厚 | 青海医药杂志 | 1983,(2):43 |
| 用现代医学观点考察中医学的"未病" | 徐秉玉 | 日本医学介绍 | 1983,(2):27 |
| "五更泻"辨析 | 杨述亭 | 山东中医药大学学报 | 1983,(2):50 |
| 论崩漏证治 | 刘洪祥 | 山东中医杂志 | 1983,(2):1 |
| 久泄 | 赵凤金等 | 山东中医杂志 | 1983,(2):8 |
| 漫谈肾实证 | 柴中元 | 山东中医杂志 | 1983,(2):9 |
| 临症探脾阴 | 时振声 | 陕西中医 | 1983,(2):1 |
| 漫话食道癌 | 谢海洲等 | 陕西中医 | 1983,(2):39 |
| 谈脾阴虚及调治三法 | 王　琦等 | 陕西中医 | 1983,(2):23 |
| 火针治疗脓疡 | 胡慧明等 | 上海中医药杂志 | 1983,(2):31 |
| 殷品之教授治疗眩晕症 | 顾瑞生等 | 上海中医药杂志 | 1983,(2):7 |
| 感冒证治述要 | 彭述宪 | 实用医学杂志 | 1983,(2):23 |
| 点灸疗法治点头风 | 代树林 | 四川中医 | 1983,(2):57 |
| 阳虚振抖治验 | 李文炯 | 四川中医 | 1983,(2):29 |
| 癃闭治验 | 苟祯学 | 四川中医 | 1983,(2):30 |
| 关于温病传变的探讨 | 陈松惠 | 四川中医 | 1983,(2):44 |
| 癫痫病一例治验 | 王哲天 | 天津中医学院学报 | 1983,(2):46 |
| 柳宝诒对伏气温病的认识与发挥 | 王乐甸 | 浙江中医学院学报 | 1983,(2):5 |
| 湿温证治述要 | 何　任 | 浙江中医学院学报 | 1983,(2):47 |
| 治疗秋燥验案五则 | 王和伯 | 浙江中医学院学报 | 1983,(2):34 |
| 手足心热初探 | 孙明友等 | 中医药学报 | 1983,(2):21 |
| 治痹一得 | 郭恩绵 | 中医药学刊 | 1983,(2):30 |
| 疏肝化瘀法治疗"肝大"之我见 | 张荣忠 | 成都中医药大学学报 | 1983,(3):27 |
| 谈失音 | 杨德光 | 成都中医药大学学报 | 1983,(3):23 |
| 57例周围性面神经麻痹的临床治疗体会 | 邓伯祥 | 广东医学 | 1983,(3):32 |
| 失语治验 | 王守信 | 贵阳中医学院学报 | 1983,(3):18 |
| 针灸防治狂犬病的历史回顾和展望 | 魏　稼 | 贵阳中医学院学报 | 1983,(3):26 |
| 厥逆证 | 苏通臣等 | 河北中医 | 1983,(3):40 |
| 冲脉病候(喘满)治验 | 李历城 | 黑龙江中医药 | 1983,(3):42 |
| 谈流行性乙型脑炎的中医治疗 | 栗德林 | 黑龙江中医药 | 1983,(3):36 |
| 伤寒与杂病的关系 | 杨泽君 | 湖北中医杂志 | 1983,(3):20 |
| 尿崩症治验一例 | 孙会文 | 江苏中医药 | 1983,(3):63 |
| 谈咯血从肾论治 | 单会府 | 江苏中医药 | 1983,(3):51 |
| 国内针灸治疗糖尿病古今文献综述 | 谌剑飞 | 江西中医药 | 1983,(3):45 |
| 有关湿热的几个问题浅析 | 王占彬 | 辽宁中医杂志 | 1983,(3):7 |
| 火热病证运用辛温开通的探讨 | 王明杰等 | 泸州医学院学报 | 1983,(3):34 |
| 血瘀证的诊断 | 周恩茂 | 泸州医学院学报 | 1983,(3):62 |
| 中西医结合研究老年医学的进展 | 周文泉等 | 山东中医药大学学报 | 1983,(3):45 |
| 小儿泄泻的辨证治疗与体会 | 王文英 | 山东中医杂志 | 1983,(3):11 |
| 癃闭的辨证论治 | 王锡光 | 陕西中医 | 1983,(3):20 |
| 中医老年病学说初探 | 张觉人 | 四川中医 | 1983,(3):4 |
| "塞因塞用"法治愈高年便秘 | 彭　燮 | 四川中医 | 1983,(3):60 |
| 试论急性肾盂肾炎从肝论治 | 王元甫 | 四川中医 | 1983,(3):22 |
| 论心火卒中 | 贺元林 | 四川中医 | 1983,(3):18 |

| | | | |
|---|---|---|---|
| 喘证论治 | 何若苹 | 浙江中医药大学学报 | 1983,(3):28 |
| 谈《金匮》"奔豚气"与《内经》《难经》的关系 | 陈光华 | 浙江中医药大学学报 | 1983,(3):47 |
| 试论痛经 | 李奇虹 | 中医药学报 | 1983,(3):20 |
| 甘温除大热治验 | 刘文康 | 中医药学报 | 1983,(3):25 |
| 中医对胆心综合征的认识与治疗 | 徐正福等 | 中医杂志 | 1983,(3):32 |
| 中风小议 | 李广钧 | 北京中医 | 1983,(4):14 |
| 真中、类中辨析 | 王富国 | 成都中医药大学学报 | 1983,(4):19 |
| 脾瘅病治验 | 李进爵 | 福建中医药 | 1983,(4):60 |
| 浅谈急性胰腺炎的证因及治法 | 刘运耀 | 福建中医药 | 1983,(4):36 |
| 针刺治疗内痔、脱肛 | 丁光荣 | 福建中医药 | 1983,(4):62 |
| 肝硬化腹水的中医治疗 | 张大钊 | 广东医学 | 1983,(4):27 |
| 偏瘫证治验二例 | 沈庆法 | 贵阳中医学院学报 | 1983,(4):33 |
| 唐宗海"高者抑之"治疗出血证的探讨 | 陈和亮 | 贵阳中医学院学报 | 1983,(4):42 |
| 痹证的辨证论治 | 顾炳熙 | 河北中医 | 1983,(4):23 |
| 气反治疗举隅 | 郝树昌 | 河北中医 | 1983,(4):39 |
| 试论水肿证治 | 董晋宝 | 河北中医 | 1983,(4):59 |
| 治汗刍言 | 林宏益等 | 河北中医 | 1983,(4):8 |
| 化淤法治疗尿血 | 时振声等 | 黑龙江中医药 | 1983,(4):28 |
| 口涎论治 | 郝文轩 | 黑龙江中医药 | 1983,(4):23 |
| 冬温辨惑 | 覃白怡 | 湖北中医杂志 | 1983,(4):3 |
| 黑苔治验三则 | 卜开初 | 江苏中医药 | 1983,(4):26 |
| 关于历节病几个问题的探讨 | 陶汉华 | 江西中医药 | 1983,(4):15 |
| "肾无实证"析疑 | 王野樵 | 江西中医药 | 1983,(4):11 |
| 从曹颖甫、秦伯未治愈"膀胱欬"说起 | 朱云达 | 辽宁中医杂志 | 1983,(4):30 |
| 痿、痹辨 | 王凤仪 | 辽宁中医杂志 | 1983,(4):50 |
| 从痰淤论治冠心病 | 田养年 | 辽宁中医杂志 | 1983,(4):25 |
| 同症异病异辨同治 | 刘沛然 | 辽宁中医杂志 | 1983,(4):17 |
| "热厥"机理及其治法 | 薛　芳 | 辽宁中医杂志 | 1983,(4):22 |
| 木郁达之与内眼病 | 张存明 | 山东中医杂志 | 1983,(4):13 |
| 论肝火证治 | 程爵棠等 | 山东中医杂志 | 1983,(4):5 |
| 谈统一中医病名的几个问题 | 黄保中等 | 陕西中医学院学报 | 1983,(4):1 |
| 萎缩性胃炎的辨证与治疗 | 曹希和 | 上海中医药杂志 | 1983,(4):17 |
| 肺结核的辨证论治 | 刘安禄 | 四川中医 | 1983,(4):40 |
| 浅谈肾炎水肿的治法 | 伍正荣 | 四川中医 | 1983,(4):18 |
| 热盛动风治验 | 巫济正 | 四川中医 | 1983,(4):46 |
| 淤血证治之我见 | 董德卫 | 四川中医 | 1983,(4):28 |
| 滑精辨治 | 罗希铮 | 四川中医 | 1983,(4):17 |
| 试谈郁证病机及其临床运用 | 肖丽英 | 新中医 | 1983,(4):22 |
| 痹证辨治 | 施　慧 | 云南中医学院学报 | 1983,(4):36 |
| 治水肿十法 | 吴颂康等 | 浙江中医学院学报 | 1983,(4):20 |
| 《内经》辨喘 | 顾玉龙 | 浙江中医学院学报 | 1983,(4):18 |
| 浅谈发热的渊源和温病发热的特点 | 林万鹏 | 中医药学刊 | 1983,(4):9 |
| 郁证证治概述 | 谭家兴 | 中医杂志 | 1983,(4):58 |
| 咽痛的循经辨证论治 | 亢海荣 | 福建中医药 | 1983,(5):7 |
| 肠覃 | 赵满华 | 广西中医药 | 1983,(5):28 |
| 热淋证治探讨 | 王秋琴 | 湖北中医杂志 | 1983,(5):18 |

| | | | |
|---|---|---|---|
| 中医治疗腰椎管狭窄症 | 李同生 | 湖北中医杂志 | 1983,(5):30 |
| 《素问·风论》"内风"今释 | 高伯正 | 湖北中医杂志 | 1983,(5):22 |
| 舌赤治验 | 朱钧恺 | 江苏中医药 | 1983,(5):62 |
| 吴圣农老中医对癫、狂、痫的认识与治疗 | 陈湘君等 | 辽宁中医杂志 | 1983,(5):31 |
| 咳喘临床杂谈 | 王占玺等 | 辽宁中医杂志 | 1983,(5):43 |
| 小儿肺炎的病名探讨及证治体会 | 朱大年 | 辽宁中医杂志 | 1983,(5):14 |
| 发作性睡病 | 张秀兰 | 山东中医杂志 | 1983,(5):39 |
| 眩晕证论治 | 何 任等 | 上海中医药杂志 | 1983,(5):10 |
| 脑鸣、暴盲治验 | 刘仕文 | 四川中医 | 1983,(5):60 |
| 眩晕 | 孙培林 | 四川中医 | 1983,(5):33 |
| 眼病与肝 | 张济南 | 四川中医 | 1983,(5):4 |
| 宣上通下治癃闭 | 李成纲 | 现代中医药 | 1983,(5):41 |
| 温病的辨证要点 | 赵生干 | 现代中医药 | 1983,(5):14 |
| 略论喘证的肺与大肠同治法 | 江锡权 | 新中医 | 1983,(5):13 |
| 经方治痹证 | 谢海洲等 | 云南中医中药杂志 | 1983,(5):29 |
| 论内伤发热 | 吴宇仁 | 云南中医中药杂志 | 1983,(5):16 |
| 肝咳医话 | 魏馨文等 | 中医杂志 | 1983,(5):20 |
| 曹惕寅论治心绞痛 | 林功铮 | 辽宁中医杂志 | 1983,(6):5 |
| 咳嗽审辨 | 李兰舫等 | 辽宁中医杂志 | 1983,(6):37 |
| 眼痹证治 | 喻干龙 | 辽宁中医杂志 | 1983,(6):48 |
| 肤痒不独火证 | 林文森等 | 辽宁中医杂志 | 1983,(6):27 |
| 高血压病的中医辨证论治 | 张海岑等 | 临床医学 | 1983,(6):337 |
| 祖国医学对高血压病的认识 | 冯化驯 | 临床医学 | 1983,(6):335 |
| 三种急腹症与中医腹证(附84例分析) | 李艳冬 | 山东中医杂志 | 1983,(6):25 |
| 风湿病证治四则 | 赵玉玲 | 陕西中医 | 1983,(6):20 |
| 对太阳病两个理论问题的认识 | 扶兆民 | 四川中医 | 1983,(6):4 |
| 急腹症治验两则 | 张德林 | 四川中医 | 1983,(6):53 |
| 乳衄治验 | 方仁三等 | 四川中医 | 1983,(6):44 |
| 痿症 | 任寿山 | 四川中医 | 1983,(6):12 |
| 面神经麻痹的针灸治疗 | 丁金榜 | 现代中医药 | 1983,(6):52 |
| 中风证治 | 王朝宏等 | 现代中医药 | 1983,(6):1 |
| 祖国医学对小儿肺炎的认识及其治疗 | 文子源 | 新中医 | 1983,(6):51 |
| 试谈小儿痉厥 | 姬志勤 | 新中医 | 1983,(6):3 |
| 脾瘅(掌甘) | 舒寿群 | 云南中医中药杂志 | 1983,(6):57 |
| 失音证治 | 施 慧 | 云南中医中药杂志 | 1983,(6):37 |
| 对慢性气管炎的认识 | 党友连 | 中原医刊 | 1983,(6):1 |
| 燥痢证治阐要 | 戴 坚等 | 辽宁中医杂志 | 1983,(7):3 |
| 口甜 | 刘沛然 | 辽宁中医杂志 | 1983,(7):15 |
| 肺虚的临床表现 | 张志真等 | 辽宁中医杂志 | 1983,(7):40 |
| 伏气温病和新感温病 | 吴越人 | 上海中医药杂志 | 1983,(7):35 |
| 滋养脾阴法治疗泄泻 | 许士骠 | 上海中医药杂志 | 1983,(7):19 |
| 试谈肺化源欲绝及其救治 | 张之文 | 中医杂志 | 1983,(7):57 |
| 中心性浆液性视网膜脉络膜病变水肿治疗七法 | 庞万敏 | 辽宁中医杂志 | 1983,(8):29 |
| 冠心病心气虚与心功能关系的初步探讨 | 张世枢 | 辽宁中医杂志 | 1983,(8):18 |
| 中医治疗小儿麻痹症 | 张荣显 | 辽宁中医杂志 | 1983,(8):20 |
| 消渴之我见 | 刘克温 | 辽宁中医杂志 | 1983,(8):31 |

| | | | |
|---|---|---|---|
| 妇科补肾十法 | 贾素菊 | 新中医 | 1983,(8):3 |
| “证”的实质及其探索 | 沈自尹 | 医学与哲学(人文社会医学版) | 1983,(8):1 |
| 从半夏汤谈失眠的证治 | 李克绍 | 中医杂志 | 1983,(8):64 |
| 舌裂、舌烂证治琐记 | 蔡福养等 | 辽宁中医杂志 | 1983,(9):16 |
| 中医经穴按摩法治疗胸壁挫伤症 | 李连生 | 辽宁中医杂志 | 1983,(9):35 |
| 多寐、不寐与时烦时寐 | 金　实等 | 辽宁中医杂志 | 1983,(9):22 |
| 痿躄治验 | 董策波 | 新中医 | 1983,(9):21 |
| 重症肌无力症治验 | 蔡抗四 | 新中医 | 1983,(9):23 |
| 燥泻刍议 | 郝文轩 | 中医杂志 | 1983,(9):17 |
| 临证一得论中风 | 陈　熠 | 辽宁中医杂志 | 1983,(10):26 |
| 老人晕麻悸的调治 | 郭振球 | 辽宁中医杂志 | 1983,(10):42 |
| 热病三“论” | 陈大舜 | 辽宁中医杂志 | 1983,(10):1 |
| 从湿热论治急慢性肾炎 | 屠其泉 | 上海中医药杂志 | 1983,(10):19 |
| 治崩验案一则 | 梁明达 | 辽宁中医杂志 | 1983,(11):29 |
| 按时发热治验 | 孟琳升 | 上海中医药杂志 | 1983,(11):21 |
| 说杏苏　谈凉燥 | 刘汉祥 | 中医杂志 | 1983,(11):77 |
| 对喻干龙同志“眼痹证治”一文的商榷 | 刘都全 | 辽宁中医杂志 | 1983,(12):41 |
| 癃闭证治及其探讨 | 陈以平 | 辽宁中医杂志 | 1983,(12):38 |
| 风湿病的证治 | 沈济苍 | 上海中医药杂志 | 1983,(12):5 |
| 妊娠肠痈治验 | 宋光济 | 上海中医药杂志 | 1983,(12):20 |
| 我对中医关于麻风病的病机和治法的认识与体会 | 江用盛 | 皮肤病与性病 | 1983,(Z1):62 |
| 瘰疬的治疗体会 | 胡慧明等 | 天津中医学院学报 | 1983,(Z1):53 |
| 论经筋与痹证 | 丘汉春 | 广州中医药大学学报 | 1984,(00):27 |
| 治疗癫狂经验点滴 | 王季儒 | 北京中医 | 1984,(1):5 |
| 伤寒湿证初探 | 夏洪生 | 黑龙江中医药 | 1984,(1):54 |
| 眼病淤血证十法 | 李巧凤 | 黑龙江中医药 | 1984,(1):40 |
| 谈中医学对于急性传染病的病因学认识 | 方药中等 | 黑龙江中医药 | 1984,(1):7 |
| 急、慢性肾炎发展过程中演变规律及治疗探讨 | 冯慕良 | 辽宁中医杂志 | 1984,(1):14 |
| 胃脘痛的治疗体会 | 张工彧 | 南京中医药大学学报(自然科学版) | 1984,(1):29 |
| “气反”求真 | 韩葆贤 | 山东中医药大学学报 | 1984,(1):6 |
| 浅谈发热的辨证 | 杨重九 | 陕西中医 | 1984,(1):38 |
| 痛证治验 | 张世濬 | 陕西中医 | 1984,(1):21 |
| 带下病质疑 | 杨恒茂 | 陕西中医学院学报 | 1984,(1):6 |
| 浸淫疮诊治体会 | 李世君 | 四川中医 | 1984,(1):53 |
| 治疗尿床的经验 | 熊梦周 | 四川中医 | 1984,(1):47 |
| 淋证浅析 | 张振忠等 | 现代中医药 | 1984,(1):18 |
| 水肿证治及体会 | 邵生宽 | 现代中医药 | 1984,(1):7 |
| 常见发热的中医证治 | 张学文 | 现代中医药 | 1984,(1):1 |
| 气病一得 | 孙　钟 | 云南中医中药杂志 | 1984,(1):6 |
| 胆瘅治验一例 | 赵复国 | 云南中医中药杂志 | 1984,(1):32 |
| 更年期障碍的中医学探讨 | 森永哲史等 | 中医药信息 | 1984,(1):26 |
| 冲脉病候(伏梁)治验 | 李历城 | 中医药学报 | 1984,(1):43 |
| 论病毒性肝炎的病机及治法 | 陈立华 | 中医药学报 | 1984,(1):1 |
| 阳萎治验两则 | 王忠勇 | 中医药学刊 | 1984,(1):46 |

| | | | |
|---|---|---|---|
| 经方为主治癫狂(附:18 例精神分裂症疗效观察) | 谢海洲 | 中医药研究杂志 | 1984,(1):14 |
| 漫话治痿 | 邢子亨 | 中医药研究杂志 | 1984,(1):18 |
| 提壶揭盖法治疗风水、关格 | 顾兆农 | 中医药研究杂志 | 1984,(1):22 |
| 浅论新感与伏邪学说 | 张之文 | 安徽中医学院学报 | 1984,(2):7 |
| 腹泻与便秘的五脏整体病理观 | 烟建华等 | 北京中医 | 1984,(2):21 |
| "脱营""失精"辨析 | 周天寒 | 成都中医药大学学报 | 1984,(2):7 |
| 谈虚证胸痛(读书笔记一则) | 狄　民 | 福建中医药 | 1984,(2):61 |
| 巅顶头痛 | 孟景春 | 广西中医药 | 1984,(2):33 |
| 试述阳黄的病因病机 | 瞿维铸 | 贵阳中医学院学报 | 1984,(2):28 |
| 常见发热治疗随笔 | 李志英 | 河北中医 | 1984,(2):24 |
| 小儿白天尿频 | 邵金阶 | 湖北中医杂志 | 1984,(2):42 |
| 试论癥积 | 蒋　森 | 吉林中医药 | 1984,(2):4 |
| 试论针灸的急救作用 | 赵　颖 | 江苏中医药 | 1984,(2):41 |
| 半夏汤治验一则 | 石东平 | 江西中医药 | 1984,(2):17 |
| 月经周期性精神病一例治验 | 欧诗永 | 江西中医药 | 1984,(2):43 |
| 冠心病的针灸治疗 | 张伯顺 | 南京中医药大学学报(自然科学版) | 1984,(2):27 |
| 谈谈治疗失眠的经验 | 陈伯涛 | 南京中医药大学学报(自然科学版) | 1984,(2):31 |
| 对石瘕与肠覃的认识 | 赵志纯 | 山东中医杂志 | 1984,(2):13 |
| 从治未病谈中风的预防 | 范淑惠 | 陕西中医 | 1984,(2):40 |
| 任脉经证治管见 | 赵俊鸿等 | 陕西中医 | 1984,(2):31 |
| 痫证议治 | 何　任等 | 上海中医药杂志 | 1984,(2):16 |
| 油风脱发 2 例 | 黄宇康 | 实用医学杂志 | 1984,(2):34 |
| 足少阴经脉疼痛 | 程广里 | 四川中医 | 1984,(2):19 |
| 脾阴探讨 | 张天侨等 | 四川中医 | 1984,(2):7 |
| 盗汗的辨证施治 | 王献华 | 四川中医 | 1984,(2):30 |
| 寒热错杂证的辨证论治 | 谢法巽 | 皖南医学院学报 | 1984,(2):49 |
| 失音证治二则 | 刘金渊 | 现代医学 | 1984,(2):101 |
| 郁证 | 袁立新 | 现代中医药 | 1984,(2):1 |
| 胸痹与食道病患 | 刘寿康 | 新中医 | 1984,(2):47 |
| 小儿汗证论治 | 盛丽先 | 浙江中医学院学报 | 1984,(2):45 |
| 紫癜的辨证论治 | 宋祚民 | 浙江中医学院学报 | 1984,(2):3 |
| 什么是中风 | 张秉枢 | 中风与神经疾病杂志 | 1984,(2):76 |
| 略论脾胃病的特点及治法 | 缑建华 | 安徽中医学院学报 | 1984,(3):62 |
| 祖国医学有关急腹症的若干记载 | 周玉朱 | 安徽中医学院学报 | 1984,(3):55 |
| 癫痫的针灸疗法综述 | 彭荣琛 | 北京中医 | 1984,(3):51 |
| 针刺深浅与临床关系初探 | 韦艳红 | 广西医科大学学报 | 1984,(3):74 |
| 食疗治虚性水肿 | 房定亚 | 广西中医药 | 1984,(3):28 |
| 针灸与长寿 | 徐恒昭 | 贵阳医学院学报 | 1984,(3):69 |
| 中风的病因探讨 | 青成言 | 贵阳医学院学报 | 1984,(3):71 |
| 脾胃学说临床运用的体会 | 侯显庆 | 贵阳中医学院学报 | 1984,(3):35 |
| 针灸治疗急证四则 | 李梅村等 | 贵阳中医学院学报 | 1984,(3):22 |
| 浅谈心病证治 | 苏通臣等 | 河北中医 | 1984,(3):57 |
| 徐承秋谈中医药治疗心脏病应注意的几个问题 | 马洪海 | 河北中医 | 1984,(3):43 |
| 中医中药治疗病毒性肝炎 | 祝长坦等 | 河北中医 | 1984,(3):49 |

| | | | |
|---|---|---|---|
| 《难经》五积病机浅探 | 张　斌 | 黑龙江中医药 | 1984,(3):4 |
| 厥证治验谈 | 俞长荣等 | 黑龙江中医药 | 1984,(3):11 |
| 谈消渴病辩证治论的进展 | 张柏林 | 黑龙江中医药 | 1984,(3):52 |
| 对少阳病有关问题探讨 | 张　炬 | 黑龙江中医药 | 1984,(3):1 |
| 治额痛六法验案 | 郝文轩 | 江苏中医药 | 1984,(3):25 |
| 反胃病治验 | 方先佩 | 江西中医药 | 1984,(3):17 |
| 治头痛十四法 | 黄阳生 | 江西中医药 | 1984,(3):57 |
| 冠心病辨证施治刍议 | 洪郁文 | 辽宁中医杂志 | 1984,(3):49 |
| 解郁治咳刍议 | 陆惠铭 | 辽宁中医杂志 | 1984,(3):28 |
| 中医老年病学琐谈 | 侯平玺 | 泸州医学院学报 | 1984,(3):25 |
| 肝经病验案两则 | 冯文华 | 上海针灸杂志 | 1984,(3):22 |
| 火热型闭经的机理和证治 | 朱淑蓉等 | 上海中医药杂志 | 1984,(3):17 |
| 麻辛附治疗少阴咽痛 | 徐　谦 | 四川中医 | 1984,(3):58 |
| 缪刺点滴 | 漆明泉 | 四川中医 | 1984,(3):49 |
| 脾疸治案 | 彭　燮 | 四川中医 | 1984,(3):53 |
| 黄疸浅述 | 乔富渠 | 现代中医药 | 1984,(3):1 |
| 从脾胃论治月经病 | 刘宪英等 | 云南中医学院学报 | 1984,(3):1 |
| 针刺太渊治呃逆 | 唐丽亭 | 云南中医中药杂志 | 1984,(3):15 |
| 初探黄疸与血郁的关系——学习仲景论治黄疸的体会 | 陈伟民 | 安徽中医学院学报 | 1984,(4):6 |
| 谈温病学的继承与发展 | 张之文 | 安徽中医学院学报 | 1984,(4):61 |
| 痹症的辨证施治(附1,248例疗效分析) | 陈全新 | 广东医学 | 1984,(4):23 |
| 中医防治冠心病的基本理论及临床规律探讨 | 詹文涛 | 广西中医药 | 1984,(4):18 |
| 湿热证一例 | 杜良先等 | 贵阳中医学院学报 | 1984,(4):31 |
| 从《中医诊断学》角度谈谈"汗症" | 冯济凤 | 贵阳中医学院学报 | 1984,(4):37 |
| 脾瘅治验 | 韩如章 | 湖北中医杂志 | 1984,(4):48 |
| 头痛的针灸辨治法则 | 刘冠军 | 吉林中医药 | 1984,(4):13 |
| 舌肿痛治验 | 沙子仲 | 江苏中医药 | 1984,(4):36 |
| 呃逆治验一例 | 刘运贤 | 江西中医药 | 1984,(4):54 |
| 治耳鸣六法 | 陈荣华 | 江西中医药 | 1984,(4):23 |
| 浅论痰与胸痹心痛关系 | 赵书理 | 宁夏医学杂志 | 1984,(4):34 |
| 营卫失调证 | 周世泉 | 山东中医药大学学报 | 1984,(4):14 |
| 中风辨治 | 沈仲圭 | 山东中医药大学学报 | 1984,(4):18 |
| 郁证辨治一得 | 张泰康 | 山东中医杂志 | 1984,(4):1 |
| 辨证治愈重症肌无力1例 | 曲凤至 | 陕西中医 | 1984,(4):15 |
| 浅谈心—神—皮肤病的关系及证治 | 刘岩松 | 陕西中医 | 1984,(4):21 |
| 高血压病辨证分型及其治疗的体会 | 贺学泽 | 陕西中医学院学报 | 1984,(4):15 |
| 有肾综合征出血热病因病机初探 | 乔富渠 | 陕西中医学院学报 | 1984,(4):33 |
| 补肝气、疏三焦治疗癃闭 | 聂天义 | 四川中医 | 1984,(4):54 |
| 甘温除大热临证点滴 | 陈树人 | 四川中医 | 1984,(4):11 |
| 更年期阴道下血治疗体会 | 范述方 | 四川中医 | 1984,(4):44 |
| 阑尾炎治疗经验 | 孟文焕 | 四川中医 | 1984,(4):30 |
| 肾病证治体会 | 张云程 | 四川中医 | 1984,(4):35 |
| 试论伏气温病 | 刘方柏 | 四川中医 | 1984,(4):6 |
| 痿躄 | 易安全 | 四川中医 | 1984,(4):25 |
| 中风辨证施治几个问题的探讨 | 杨明均 | 四川中医 | 1984,(4):4 |
| 血尿病症的治疗 | 柴彭年等 | 天津医药 | 1984,(4):228 |

| | | | |
|---|---|---|---|
| 乳房病的辨证治疗 | 徐廷素等 | 现代中医药 | 1984,(4):1 |
| 中医内科常见痛证的辨证施治 | 高文友 | 现代中医药 | 1984,(4):18 |
| 痛证辨 | 王炳礼 | 现代中医药 | 1984,(4):6 |
| 略论喘证肺肾同治法 | 江锡权 | 新中医 | 1984,(4):7 |
| 汗证辨治 | 杨健武 | 云南中医中药杂志 | 1984,(4):6 |
| 咳嗽的辨证治疗 | 丁光迪 | 中国临床医生 | 1984,(4):31 |
| 不孕证治八法 | 张承烈 | 中医药学报 | 1984,(4):13 |
| 燥证辨治 | 沈仲圭 | 中医药学报 | 1984,(4):47 |
| 婴幼儿秋季腹泻分型论治 | 杨节力 | 中原医刊 | 1984,(4):33 |
| 治痹刍议 | 周世熊 | 福建中医药 | 1984,(5):52 |
| 痹证治验 | 廖霭邦 | 广西中医药 | 1984,(5):38 |
| 血病治气小议 | 郝文轩 | 黑龙江中医药 | 1984,(5):19 |
| 试论“肾”的病证及特性 | 柴中元 | 湖北中医杂志 | 1984,(5):4 |
| 肾风刍议 | 江海声等 | 吉林中医药 | 1984,(5):45 |
| 脾瘴1例治验体会 | 郭安英 | 江西中医药 | 1984,(5):33 |
| 中医治疗高血压病九法 | 周文云 | 江西中医药 | 1984,(5):19 |
| 大肠湿证证治刍见 | 贾美华 | 辽宁中医杂志 | 1984,(5):21 |
| 论脾胃阴阳及其治疗 | 王成德 | 陕西中医 | 1984,(5):3 |
| “十二辰”及其他 | 李　鼎 | 上海中医药杂志 | 1984,(5):44 |
| 浅谈便秘的证治 | 王家喻 | 实用医学杂志 | 1984,(5):34 |
| “清阳下陷”证治验 | 李富华 | 四川中医 | 1984,(5):56 |
| 更年期综合症的辨证施治 | 徐　涛 | 现代中医药 | 1984,(5):60 |
| 论胆囊炎、胆石病的中医辨治 | 郭谦亨 | 现代中医药 | 1984,(5):1 |
| 眩晕辨识 | 强致和等 | 现代中医药 | 1984,(5):45 |
| 胸痹的预防 | 张建国 | 中原医刊 | 1984,(5):23 |
| 试论肠覃、石瘕 | 王孝莹 | 黑龙江中医药 | 1984,(6):9 |
| 脾胃病与调理脾胃大法 | 杜怀棠等 | 湖北中医杂志 | 1984,(6):14 |
| 便血验案 | 王本立 | 吉林中医药 | 1984,(6):24 |
| 痹证临床分型辨治 | 蒋　森 | 江苏中医药 | 1984,(6):19 |
| 温病养阴初探 | 王怀玉 | 山东中医杂志 | 1984,(6):1 |
| 肝气虚证治探要 | 喻自成 | 陕西中医 | 1984,(6):1 |
| 酒渣鼻治验 | 尹玉贞 | 实用医学杂志 | 1984,(6):29 |
| “再障”治疗三法 | 罗普树 | 四川中医 | 1984,(6):17 |
| 治瘘一得 | 张承福 | 四川中医 | 1984,(6):30 |
| 浅论痒症 | 刘荣茂 | 现代中医药 | 1984,(6):43 |
| 甲诊心得 | 赵桂馨 | 云南中医中药杂志 | 1984,(6):32 |
| 牙痛治验 | 王广民 | 中国临床医生 | 1984,(6):24 |
| 麻木不仁病治案介绍 | 金伯华 | 中医杂志 | 1984,(6):33 |
| 消谷善饥证治雏言 | 蒋立基 | 陕西中医 | 1984,(7):25 |
| 中医对耳鸣、耳聋的认识及处理 | 干祖望 | 中国医刊 | 1984,(7):58 |
| 提高肾炎疗效要注意的几个问题 | 房定亚等 | 辽宁中医杂志 | 1984,(8):24 |
| 心肾不交之症 | 叶显纯 | 上海中医药杂志 | 1984,(8):5 |
| 吐法古今谈 | 胡泉林 | 上海中医药杂志 | 1984,(8):35 |
| 内风浅识 | 曾立昆 | 广东医学 | 1984,(9):23 |
| 论肝风证治 | 程爵棠 | 辽宁中医杂志 | 1984,(9):5 |
| 慢性前列腺炎治法举例 | 李有文 | 上海中医药杂志 | 1984,(9):22 |

| | | | |
|---|---|---|---|
| “五脏咳”临证偶拾 | 贺伟峻 | 陕西中医 | 1984,(10):26 |
| 论冠心病的本虚标实与辨证论治 | 刘亦选 | 新中医 | 1984,(10):3 |
| 活血化瘀为主治疗癫痫病 | 李贵生 | 新中医 | 1984,(11):38 |
| 鼻渊诊治经验 | 张赞臣等 | 中医杂志 | 1984,(11):13 |
| 张菊人治疗眩晕四法 | 张　燎 | 中医杂志 | 1984,(11):19 |
| 肝、肾真脏脉与高血压病的关系 | 王克万等 | 辽宁中医杂志 | 1984,(12):1 |
| 谈治疮疡的机宜 | 陈荣久 | 辽宁中医杂志 | 1984,(12):30 |
| 略论痛证的病理 | 龚子夫 | 陕西中医 | 1984,(12):16 |
| 从脾肾虚损探讨胸痹的病因病机与治则 | 阮士怡 | 天津中医药 | 1984,(Z1):11 |
| 妇科疾病治疗的整体观 | 张吉金 | 天津中医药 | 1984,(Z2):58 |
| 三阴交主病拾遗 | 张世雄 | 北京中医 | 1985,(1):49 |
| “带下”小议 | 曾莉梅 | 广西中医药 | 1985,(1):3 |
| 脾胃新论——谈谈胃、十二指肠疾病的中医辨证施治 | 余绍源 | 广州中医药大学学报 | 1985,(1):45 |
| 中药治疗糖尿病琐谈 | 谢务栋 | 河北中医 | 1985,(1):48 |
| 略论脾胃病的特点及治法 | 缑建华 | 河北中医 | 1985,(1):8 |
| 瘀血和慢性肝病 | 林宗广 | 黑龙江中医药 | 1985,(1):50 |
| 风心病证治初探 | 朱良春 | 湖南中医学院学报 | 1985,(1):18 |
| 临证随笔二则 | 刘雪堂 | 湖南中医学院学报 | 1985,(1):30 |
| 《内经》“劳风”浅析 | 彭建中 | 江苏中医药 | 1985,(1):38 |
| 试论“土失木养”证治 | 董襄国 | 江西中医药 | 1985,(1):5 |
| 以中医辨证施治论述冠心病的有关问题(一) | 孟宪民 | 辽宁中医杂志 | 1985,(1):32 |
| 面肌痉挛同病异治二例 | 刘景章等 | 内蒙古中医药 | 1985,(1):40 |
| 鼻渊之辨证论治(文献综述) | 牛生录 | 陕西中医学院学报 | 1985,(1):35 |
| 黄疸证治津要 | 熊寥笙 | 实用中医药杂志 | 1985,(1):22 |
| 顽固性喉痒治验 | 喻绍暄 | 四川中医 | 1985,(1):46 |
| 对崩漏有关问题的讨论 | 刘敏如 | 天津中医学院学报 | 1985,(1):9 |
| 喘证 | 阎瑞兰 | 现代中医药 | 1985,(1):26 |
| 痿躄(急性横贯性脊髓炎) | 梅雪礼 | 新中医 | 1985,(1):41 |
| 寒凝血瘀证治临床探讨 | 杨光进 | 云南中医学院学报 | 1985,(1):20 |
| 论气证治血 | 李济仁等 | 浙江中医药大学学报 | 1985,(1):4 |
| 祖国医学对霍乱病的认识和贡献 | 苑德才 | 中国国境卫生检疫杂志 | 1985,(1):17 |
| 心衰辨治 | 任继学 | 中医药学报 | 1985,(1):43 |
| 头痛 | 肖绮玲 | 中医药学刊 | 1985,(1):318 |
| 原发性肾小球疾病所致水肿的治疗 | 晁恩祥等 | 中医药学刊 | 1985,(1):327 |
| 《内经》痈疽辨析 | 周天寒 | 中医药学刊 | 1985,(1):291 |
| 肿瘤病中医研究发展史述要 | 郁文骏等 | 成都中医药大学学报 | 1985,(2):29 |
| 从《临证指南医案》探讨失音治法 | 张正昭 | 甘肃中医学院学报 | 1985,(2):37 |
| 小便不通的诊治经验 | 刘翔云 | 广西中医药 | 1985,(2):15 |
| 腰腿痛辨证论治的探讨 | 谭家祥 | 广西中医药 | 1985,(2):1 |
| 郁火证初探 | 刘鸿达 | 河北中医 | 1985,(2):15 |
| 疮疡与脏腑 | 秦发中 | 河北中医 | 1985,(2):38 |
| 情志疾病辨治偶得 | 郑　翔 | 黑龙江中医药 | 1985,(2):30 |
| 浅议多汗证治 | 李　杰 | 吉林中医药 | 1985,(2):5 |
| 胆病证治举隅 | 陈继明等 | 江苏中医药 | 1985,(2):15 |
| 中风病的辨证择药和医案举例 | 季　成 | 江苏中医药 | 1985,(2):18 |
| 浅谈不孕证的辨证论治 | 缑建华 | 江西中医药 | 1985,(2):29 |

| | | | |
|---|---|---|---|
| 以中医辨证施治论述冠心病的有关问题(二) | 孟宪民 | 辽宁中医杂志 | 1985,(2):43 |
| "杂病"的概念 | 孙念蒙 | 内蒙古中医药 | 1985,(2):46 |
| 论急证治肾 | 柴中元 | 南京中医药大学学报(自然科学版) | 1985,(2):13 |
| 中医学对于急性传染病在预防方面的认识 | 方药中等 | 山西中医 | 1985,(2):5 |
| 《内经》论痹 | 王承德 | 山西中医 | 1985,(2):10 |
| 斑秃的中医药治疗近况(综述) | 杨汉辉 | 陕西中医 | 1985,(2):91 |
| 《内经》、《金匮》水肿病义评疑 | 李克淦 | 实用中医药杂志 | 1985,(2):18 |
| 小议"唾血" | 叶玉良 | 实用中医药杂志 | 1985,(2):34 |
| 脾肾阳虚型泄泻治验 | 王兴华等 | 天津中医学院学报 | 1985,(2):20 |
| 略论《内经》有关妇科的论述 | 哈孝贤 | 天津中医药 | 1985,(2):42 |
| "左血右气"治中风 | 杨世兴 | 现代中医药 | 1985,(2):45 |
| 多梦证治简介 | 史　伟 | 新中医 | 1985,(2):54 |
| 略论调经 | 陈振球 | 宜春医专学报 | 1985,(2):86 |
| 水肿(肾炎)治疗一得 | 陈振球 | 宜春医专学报 | 1985,(2):90 |
| 崩漏与肾虚 | 皇甫礼 | 云南中医学院学报 | 1985,(2):12 |
| 肾虚是石淋之本 | 樊移山 | 云南中医学院学报 | 1985,(2):17 |
| 遗尿证治 | 张荣显 | 云南中医中药杂志 | 1985,(2):27 |
| 中西医结合辨证治疗紫癜的体会 | 刘　卫 | 中医药学报 | 1985,(2):19 |
| 惊致崩漏、闭经同因异病的探讨 | 吕洪新 | 中医药学报 | 1985,(2):56 |
| 心病证治点滴 | 朱良春 | 中医杂志 | 1985,(2):13 |
| 略谈眩晕针灸证治 | 张登部 | 中医杂志 | 1985,(2):51 |
| 哮喘的辨证施治 | 张海岑 | 中原医刊 | 1985,(2):16 |
| 心悸、水肿、喘咳、痰中带血 | 霍万韬等 | 中原医刊 | 1985,(2):39 |
| 仲景论哕试析 | 刘盛斯 | 成都中医药大学学报 | 1985,(3):5 |
| 非阳虚阳痿辨证施治体会 | 朱国城等 | 福建中医药 | 1985,(3):18 |
| 试探《内经》有关妇科的论述 | 班秀文 | 广西中医药 | 1985,(3):1 |
| 从肝论治复发性口疮两例 | 赖祥林 | 广西中医药 | 1985,(3):25 |
| 试谈"微动四极"与水肿的治疗 | 黄玉玺 | 广州中医药大学学报 | 1985,(3):44 |
| 略谈中医对发热的证治 | 龚子夫 | 贵阳中医学院学报 | 1985,(3):14 |
| 《金匮》呕吐辨证论治规律初探 | 田应芳 | 贵阳中医学院学报 | 1985,(3):5 |
| 痹证的辨证论治 | 孟振海 | 河北中医 | 1985,(3):19 |
| 50例中风偏瘫的辨证分型及疗效观察 | 李成军 | 黑龙江中医药 | 1985,(3):24 |
| 感染性多发性脊神经根炎针灸治验一例 | 郑维菊等 | 湖南中医学院学报 | 1985,(3):27 |
| 谈慢性肝炎从脾论治 | 季汉源 | 江苏中医药 | 1985,(3):22 |
| 眼科从肝论治六法 | 冯佩诗 | 辽宁中医杂志 | 1985,(3):14 |
| 试谈冠心病从肺论治 | 罗文儒 | 辽宁中医杂志 | 1985,(3):37 |
| 阴虚证治举隅 | 陆永生 | 辽宁中医杂志 | 1985,(3):19 |
| 扬刺治疗瘊 | 康俊秀 | 内蒙古中医药 | 1985,(3):27 |
| 浅论泄泻 | 陈德润 | 南京中医药大学学报(自然科学版) | 1985,(3):11 |
| 肺与胞宫的同药异治 | 茆汉平等 | 南京中医药大学学报(自然科学版) | 1985,(3):17 |
| 肾血淤阻证治浅探 | 陈命新 | 山东中医杂志 | 1985,(3):7 |
| 略论肝气郁结证 | 苗润田 | 山西中医 | 1985,(3):9 |
| 痿躄治验一例 | 唐学游 | 山西中医 | 1985,(3):48 |

| | | | |
|---|---|---|---|
| 中医有关小儿泄泻的论述与证治 | 费蓉华 | 山西中医 | 1985,(3):52 |
| 肝阳虚证治浅析 | 刘兆成等 | 陕西中医 | 1985,(3):97 |
| 脾阴虚证治浅探 | 熊维美 | 陕西中医 | 1985,(3):100 |
| 流行性腮腺炎从肝胆分型论治 | 葛安麒 | 陕西中医 | 1985,(3):119 |
| 瘿瘤治疗四法 | 张鸿祥等 | 上海中医药杂志 | 1985,(3):8 |
| 闭经证治探讨 | 刘菊芳等 | 上海中医药杂志 | 1985,(3):9 |
| 论中医学之脾旁大肠积气症 | 衣正安 | 上海中医药杂志 | 1985,(3):25 |
| 脏躁病刍议 | 贺学泽 | 上海中医药杂志 | 1985,(3):46 |
| 血痹小议 | 史　伟 | 四川中医 | 1985,(3):6 |
| “口不知咸味”证 | 马洪海 | 四川中医 | 1985,(3):52 |
| 中医肾病的三焦证治 | 邹伟俊 | 天津中医学院学报 | 1985,(3):7 |
| 外洗法治愈偏沮一例 | 陈树真 | 天津中医药 | 1985,(3):18 |
| 辨证治疗更年期综合征 | 陈如勤 | 皖南医学院学报 | 1985,(3):211 |
| 崩漏证治 | 袁惠霞 | 现代中医药 | 1985,(3):41 |
| 略谈“震颤证” | 刘玉坤 | 新疆中医药 | 1985,(3):49 |
| 鉴辰别时疗宿疾 | 李继贵 | 云南中医中药杂志 | 1985,(3):39 |
| 风水的辨治 | 刘兴志 | 云南中医中药杂志 | 1985,(3):16 |
| 痿证一得 | 江幼李 | 中医药学报 | 1985,(3):20 |
| 谈肝脾失调及其治法 | 徐复霖等 | 中医药学刊 | 1985,(3):402 |
| 脉痹之疾,因证施治须明辨 | 缪正来 | 中医药研究杂志 | 1985,(3):27 |
| 浅谈膝关节骨质增生症之病因 | 刘玉琛 | 中医正骨 | 1985,(3):19 |
| 乳糜血尿二例治验 | 赵忠仁 | 安徽中医学院学报 | 1985,(4):40 |
| 温煦升发少阳治疗慢性肝炎 | 田淑霄 | 北京中医 | 1985,(4):17 |
| 试论脾痹的证治 | 孙玉甫等 | 广州中医药大学学报 | 1985,(4):23 |
| 从胆施治治疗情志异常 | 孙建中 | 河北中医 | 1985,(4):21 |
| 阳虚痿躄治验 | 黄争三 | 黑龙江中医药 | 1985,(4):5 |
| 论心生痰与心痛 | 王秀珍等 | 黑龙江中医药 | 1985,(4):11 |
| 血尿型隐匿性肾炎中医治疗的探讨 | 胡庆寅 | 黑龙江中医药 | 1985,(4):20 |
| 肝硬化腹水的“虚”与“瘀” | 段钦权 | 黑龙江中医药 | 1985,(4):33 |
| 水血相关论治举隅 | 聂天义 | 湖北中医杂志 | 1985,(4):30 |
| 历代痢疾证治沿革述要 | 魏发善 | 湖北中医杂志 | 1985,(4):40 |
| 痛痹证治体会 | 瞿绍泳 | 湖南中医学院学报 | 1985,(4):31 |
| 谈谈肝硬化的中医护理 | 谢兆丰 | 吉林中医药 | 1985,(4):37 |
| 试论中医学的“证” | 詹文涛 | 吉林中医药 | 1985,(4):3 |
| 《内经》癫狂辨析 | 邱幸凡 | 江西中医药 | 1985,(4):2 |
| 略论食复 | 陈　奇 | 江西中医药 | 1985,(4):6 |
| 不孕症三例 | 田　丰 | 内蒙古中医药 | 1985,(4):12 |
| 小儿麻痹症治验 | 白占山 | 内蒙古中医药 | 1985,(4):17 |
| 祖国医学对肿瘤的治法 | 徐荷芬等 | 南京中医药大学学报(自然科学版) | 1985,(4):13 |
| 《内经》瘀血证治之研讨 | 柯新桥 | 陕西中医 | 1985,(4):150 |
| 浅谈腰腿痛的中医辨证施治 | 孙绍良 | 陕西中医学院学报 | 1985,(4):25 |
| “阴阳交”病的探讨 | 王志新 | 陕西中医学院学报 | 1985,(4):58 |
| 诸经腰痛辨析——读《素问·刺腰痛篇》 | 赵锦梅 | 陕西中医学院学报 | 1985,(4):55 |
| 中风证治述要 | 余伦文 | 实用医学杂志 | 1985,(4):31 |
| 谈阴黄证治 | 范述方 | 四川中医 | 1985,(4):15 |

| | | | |
|---|---|---|---|
| 少阳病位纵横谈 | 江尔逊 | 四川中医 | 1985,(4):2 |
| 失眠的辨证论治 | 杨甲三 | 天津中医学院学报 | 1985,(4):48 |
| 肾虚耳鸣、下肢浮肿治验 | 杜雨茂等 | 现代中医药 | 1985,(4):31 |
| 精神疾病的中医疗法——关于癫痫与其他 | 杜继勋等 | 新疆中医药 | 1985,(4):53 |
| 湿热痹证(痛风) | 赵　棻 | 新中医 | 1985,(4):10 |
| 浅谈祖国医学与免疫 | 刘树喜 | 云南中医学院学报 | 1985,(4):46 |
| 辨证治愈疑难"痿证"4 例报道 | 刘成瑞等 | 中国医刊 | 1985,(4):57 |
| 论痰 | 刘晓伟 | 中医药学报 | 1985,(4):19 |
| 胆胃相关与胆汁返流性胃炎的证治 | 江杨清等 | 中医杂志 | 1985,(4):35 |
| 论肾主封藏与先兆流产 | 邓家刚 | 广西中医药 | 1985,(5):1 |
| 浅谈有头疽及其辨证论治 | 秦发中 | 河北中医 | 1985,(5):18 |
| 痢症治验 | 丁　文 | 河北中医 | 1985,(5):39 |
| 膀胱咳一例治验 | 朱鸿铭 | 黑龙江中医药 | 1985,(5):29 |
| 失眠证治 | 彭述宪 | 黑龙江中医药 | 1985,(5):32 |
| 原发性血小板减少性紫癜从肝论治五法 | 赵荣俊 | 湖北中医杂志 | 1985,(5):13 |
| "五实"、"五虚"证预后好坏的关键是什么?其道理何在? | 邱幸凡 | 湖北中医杂志 | 1985,(5):50 |
| 何谓"阴阳交",其预后不良的道理何在? | 张启贤 | 湖北中医杂志 | 1985,(5):50 |
| 有关梅核气几个问题浅析 | 蒋立基等 | 辽宁中医杂志 | 1985,(5):18 |
| 顽痹治痰体会 | 陈　涛 | 陕西中医 | 1985,(5):214 |
| 奇经病辨证举隅 | 李浩然 | 陕西中医 | 1985,(5):215 |
| 面部"印斑"治验 | 蒲少伯 | 四川中医 | 1985,(5):25 |
| 血汗证治验 | 尚礼俭 | 四川中医 | 1985,(5):54 |
| 论阳痿从肝治 | 王　琦等 | 天津中医药 | 1985,(5):15 |
| 痿证(肌萎缩性侧索硬化症) | 姚树田 | 新中医 | 1985,(5):36 |
| 试析肾实证 | 王绪前等 | 新中医 | 1985,(5):50 |
| 咳嗽辨治经验琐谈 | 赵金铎等 | 云南中医中药杂志 | 1985,(5):20 |
| 简谈中医治疗咳嗽 | 焦树德 | 中国临床医生 | 1985,(5):33 |
| 胃脘痛的辨证施治 | 李鸣皋等 | 中原医刊 | 1985,(5):6 |
| 咳喘的辨证诊治心得 | 杨履新 | 北京医学 | 1985,(6):365 |
| 中风浅议 | 方和谦 | 北京中医 | 1985,(6):7 |
| 冠心病的辨证施治 | 陈湘君等 | 黑龙江中医药 | 1985,(6):27 |
| 五更喘咳治验 | 陈命新 | 黑龙江中医药 | 1985,(6):35 |
| 胃病治肝小议 | 孙淑贤 | 湖北中医杂志 | 1985,(6):41 |
| 尾椎半脱位所致下腰痛的诊断与治疗 | 王胜利 | 江西中医药 | 1985,(6):38 |
| 肝气虚证初探 | 唐畅凡 | 江西中医药 | 1985,(6):7 |
| 谈谈治疗肝病的体会 | 曲溥泉 | 辽宁中医杂志 | 1985,(6):34 |
| 治疗重症肌无力五例报告 | 庄传芳 | 山东中医杂志 | 1985,(6):21 |
| 114 例十二指肠溃疡中医分析 | 成胤祖 | 山东中医杂志 | 1985,(6):22 |
| 脾阴虚探讨概况 | 王光辉 | 山东中医杂志 | 1985,(6):31 |
| 中医对精神病的身心辨证统一理论的临床意义 | 李　意 | 天津中医药 | 1985,(6):45 |
| 解㑊证与抑郁性精神病 | 韩锺搏 | 天津中医药 | 1985,(6):35 |
| 月经周期性抽搐 | 彭景星 | 新中医 | 1985,(6):19 |
| 腰痛的中医病名诊断和鉴别诊断 | 张树生 | 云南中医中药杂志 | 1985,(6):6 |
| 五脏病昼夜节律科学本质探讨 | 李莱田 | 云南中医中药杂志 | 1985,(6):1 |
| 口中异味 | 陆芷青等 | 浙江中医药大学学报 | 1985,(6):30 |

| | | | |
|---|---|---|---|
| 略谈《内经》中“厥”的含义 | 熊继柏 | 浙江中医药大学学报 | 1985,(6):4 |
| 古代中医内科急症的发展简况 | 黄星垣 | 中国急救医学 | 1985,(6):32 |
| 从病例谈外气的作用原理 | 苏学良 | 江苏中医药 | 1985,(7):3 |
| 眼病体质刍议 | 庞万敏 | 辽宁中医杂志 | 1985,(7):13 |
| 病后喜唾治验三则 | 王瑞贵 | 陕西中医 | 1985,(7):331 |
| 结石可从升降治 | 叶朗清等 | 上海中医药杂志 | 1985,(7):18 |
| “脉痹”证治二则 | 李世君 | 四川中医 | 1985,(7):24 |
| 慢性顽固性荨麻疹治验 | 陈良春等 | 四川中医 | 1985,(7):47 |
| 口、眼干燥和关节炎综合征治验 | 蔡抗四 | 新中医 | 1985,(7):35 |
| 癃闭论治刍议 | 胡国堂等 | 辽宁中医杂志 | 1985,(8):24 |
| 泻肾法刍议 | 潘文奎等 | 辽宁中医杂志 | 1985,(8):6 |
| 经期浮肿证治 | 钟大瑞 | 陕西中医 | 1985,(8):350 |
| 从肝论治月经不调八法 | 胥京生 | 上海中医药杂志 | 1985,(8):14 |
| 我治癔病性目闭不开 | 张家驹 | 上海中医药杂志 | 1985,(8):22 |
| “大筋緛短小筋弛长”义析 | 王长荣 | 四川中医 | 1985,(8):4 |
| 论糖尿病与肝 | 李　良 | 新中医 | 1985,(8):3 |
| 闭经证治 | 唐吉父等 | 中医杂志 | 1985,(8):9 |
| 太阳与太阳病的本质初探 | 王伯章 | 江苏中医药 | 1985,(9):9 |
| 经行喉痹一例治验 | 李国平 | 辽宁中医杂志 | 1985,(9):19 |
| 笑歌狂疾 | 文　栩 | 陕西中医 | 1985,(9):424 |
| 辨《内经》和《难经》所称“命门”的差别 | 徐湘亭 | 上海中医药杂志 | 1985,(9):39 |
| 从“疝”论治前列腺肥大症 | 谭绍彬 | 四川中医 | 1985,(9):23 |
| 重舌 | 李时昌 | 四川中医 | 1985,(9):54 |
| 黄疸证治浅谈 | 陈继明等 | 江苏中医药 | 1985,(10):3 |
| 顽固性痛经临证经验点滴 | 陈家骅 | 江苏中医药 | 1985,(10):6 |
| 痛点皮内埋针治疗网球肘 | 李美琪 | 江苏中医药 | 1985,(10):9 |
| 小儿夏季热治验 | 阮士军 | 陕西中医 | 1985,(10):462 |
| 何为“视一为二症” | 詹前贤 | 中医杂志 | 1985,(10):79 |
| 咳喘病的治疗 | 季　成 | 江苏中医药 | 1985,(11):2 |
| 略谈伤筋的辨证 | 薛　军 | 陕西中医 | 1985,(11):506 |
| 眩晕病从肝寒论治一得 | 张文炳 | 四川中医 | 1985,(11):33 |
| 中风病案二则 | 王正先 | 四川中医 | 1985,(11):16 |
| 癫证治验一例 | 郑启俊 | 四川中医 | 1985,(11):31 |
| 口喎唇胗治验 | 庞俊才 | 四川中医 | 1985,(11):40 |
| 厥证病案两则 | 张志成 | 四川中医 | 1985,(11):44 |
| 头摇验案 | 宋超典等 | 四川中医 | 1985,(11):44 |
| 试探张锡纯对痿的论治 | 傅寿生 | 四川中医 | 1985,(11):9 |
| “脏躁”浅析 | 周德禄 | 四川中医 | 1985,(11):3 |
| 心病治验举隅 | 曾学文 | 江苏中医药 | 1985,(12):5 |
| 头痛治肝六法 | 王宗铁 | 辽宁中医杂志 | 1985,(12):24 |
| 头痛证治经验 | 路志正等 | 辽宁中医杂志 | 1985,(12):22 |
| 肾实证试探 | 王　源 | 四川中医 | 1985,(12):12 |
| 顿咳治胃六法 | 王春生 | 新中医 | 1985,(12):45 |
| 《内经》五体痹证探讨 | 仝小林 | 安徽中医学院学报 | 1986,(1):1 |
| 痉证刍言 | 田晶程 | 北京中医 | 1986,(1):60 |
| 试论肾实证 | 蒙木荣 | 广西中医药 | 1986,(1):4 |

| | | | |
|---|---|---|---|
| 中医诊治阳痿近况 | 王玉明 | 河北北方学院学报（医学版） | 1986,(1):49 |
| 漫谈痹证辨证要重虚 | 柴中元 | 河北中医 | 1986,(1):36 |
| 试论《内经》肝病与排尿异常 | 张佩清 | 黑龙江中医药 | 1986,(1):7 |
| 临证治疗胃脘痛十二法 | 王兴华 | 黑龙江中医药 | 1986,(1):54 |
| 冠心病的辨证分型论治 | 谭日强 | 湖南中医学院学报 | 1986,(1):17 |
| 略谈重症肝炎辨证论治的体会 | 谌宁生 | 湖南中医学院学报 | 1986,(1):26 |
| 祖国医学对牙周病病因与治疗的认识 | 李元聪 | 湖南中医学院学报 | 1986,(1):27 |
| 肿瘤用药保胃气刍谈 | 冉瑞金等 | 江苏中医药 | 1986,(1):14 |
| 中医治疗扁平疣 | 刘国祥 | 农垦医学 | 1986,(1):19 |
| 论顿咳从肝论治 | 郑启仲 | 山东中医药大学学报 | 1986,(1):7 |
| 鼓胀 | 王学平 | 山东中医杂志 | 1986,(1):52 |
| 试论脑脊髓病变从肾论治 | 李传方 | 山东中医杂志 | 1986,(1):6 |
| 治疗内伤发热六法 | 沈舒文 | 陕西中医 | 1986,(1):18 |
| 顽固性呕吐一则 | 朱长义 | 四川中医 | 1986,(1):20 |
| 震颤 | 曾立昆 | 四川中医 | 1986,(1):51 |
| 《内经》五体痹证探讨 | 仝小林等 | 皖南医学院学报 | 1986,(1):49 |
| 暴盲症治验 | 左望充 | 现代临床医学 | 1986,(1):45 |
| 黑睛疾患病理过程初探 | 肖国士 | 新疆中医药 | 1986,(1):1 |
| 略谈心病辨证施治 | 史定文 | 新疆中医药 | 1986,(1):22 |
| 秦伯未论肝病拾遗 | 苗思温等 | 新疆中医药 | 1986,(1):5 |
| 浅谈冠心病的治与防 | 班秀文 | 新中医 | 1986,(1):56 |
| 薄厥(蛛网膜下腔出血)重症治验一则 | 黄业芳 | 新中医 | 1986,(1):36 |
| 风寒中经口眼㖞斜治验 | 孙岱宗 | 云南中医学院学报 | 1986,(1):29 |
| 汗症浅议 | 喻安书 | 云南中医学院学报 | 1986,(1):14 |
| 血栓闭塞性脉管炎证治 | 刘振邦 | 云南中医学院学报 | 1986,(1):35 |
| 肾炎辨治体会 | 高　炬 | 云南中医中药杂志 | 1986,(1):36 |
| 古代口疮辨证论治概述 | 严道南等 | 浙江中医药大学学报 | 1986,(1):11 |
| 概论痉厥的古今 | 蒋士英 | 浙江中医药大学学报 | 1986,(1):4 |
| 急慢性鼻炎的中医证治 | 李书良 | 中国临床医生 | 1986,(1):29 |
| 杏苑琐忆——治验案摘录·肠覃 | 何　任 | 中华中医药杂志 | 1986,(1):21 |
| 逆经论治 | 王秀霞 | 中医药学报 | 1986,(1):20 |
| 胃痛的病因病机及治疗 | 肖绮玲 | 中医药学刊 | 1986,(1):564 |
| 肺胀病点滴 | 何彦生 | 中医药研究杂志 | 1986,(1):29 |
| 汗证论治 | 尹翠梅 | 中医药研究杂志 | 1986,(1):44 |
| 泄泻的病因症治 | 侯振民 | 中医药研究杂志 | 1986,(1):47 |
| 情志怫逆所致腹痛初探 | 杜昌华 | 中医药研究杂志 | 1986,(1):15 |
| 临证话肝郁 | 王志斌 | 中医药研究杂志 | 1986,(1):31 |
| 脾与血病小议 | 徐景藩 | 中医杂志 | 1986,(1):63 |
| 四应法的临床辨证一则 | 朱金山等 | 按摩与导引 | 1986,(2):3 |
| 仲景治疗惊悸诠释 | 朱广仁等 | 北京中医 | 1986,(2):22 |
| 中西医结合治疗腰椎间盘突出症 | 蒋清涛等 | 北京中医 | 1986,(2):26 |
| 胆腑理论及证治初探 | 何耀荣 | 福建中医药 | 1986,(2):11 |
| 试谈中药剂型的进展 | 林毅宏 | 福建中医药 | 1986,(2):48 |
| 针灸治愈痫证两例 | 蔡凤英等 | 贵阳中医学院学报 | 1986,(2):39 |

| | | | |
|---|---|---|---|
| 耄年病治法小议 | 张觉人 | 黑龙江中医药 | 1986,(2):37 |
| 治喘宜降亦宜升 | 杨飞舟 | 湖北中医杂志 | 1986,(2):39 |
| 五更肾泄病变规律初探 | 陈康林 | 湖南中医杂志 | 1986,(2):28 |
| 谈遗尿不禁之辨治 | 肖永林 | 吉林中医药 | 1986,(2):29 |
| 老年人梅核气从六郁论治 | 谢　强等 | 江西中医药 | 1986,(2):25 |
| 对大气下陷证治体会 | 岳在文 | 内蒙古中医药 | 1986,(2):7 |
| "口眼㖞斜"辨析 | 弓文忠等 | 内蒙古中医药 | 1986,(2):21 |
| 漫谈慢性泄泻的证治体会 | 孟景春 | 南京中医药大学学报（自然科学版） | 1986,(2):10 |
| 心悸二则 | 王惠珠 | 山东中医杂志 | 1986,(2):41 |
| 蛛网膜下腔出血治验三则 | 高玉明 | 山西中医 | 1986,(2):23 |
| 脑郁初探 | 唐学游 | 陕西中医 | 1986,(2):49 |
| 半身不遂治验 | 余其文 | 四川中医 | 1986,(2):49 |
| 慢性泄泻治验 | 唐玉枢等 | 四川中医 | 1986,(2):26 |
| 谈中风中脏证 | 徐　涛 | 现代中医药 | 1986,(2):25 |
| 奸黯的辨证论治 | 朱　澜 | 新疆中医药 | 1986,(2):8 |
| 风水异方同治议 | 李仁述 | 新疆中医药 | 1986,(2):1 |
| 腰痛症的从肝论治 | 王益平等 | 新疆中医药 | 1986,(2):56 |
| 治郁证病例体会 | 陈宋娟 | 新中医 | 1986,(2):31 |
| 试析顾锡治目疾的整体观 | 唐学曾 | 新中医 | 1986,(2):56 |
| 从脾胃角度辨治"九窍"病症探讨 | 徐复霖等 | 新中医 | 1986,(2):10 |
| 从肝脾肾论治验案 | 李冬青 | 云南中医学院学报 | 1986,(2):11 |
| 癫狂证治　权衡在肝 | 崔茂月等 | 云南中医学院学报 | 1986,(2):13 |
| 湿邪与肝炎的发生发展 | 郑秉熊 | 浙江中医学院学报 | 1986,(2):8 |
| 声音嘶哑证治 | 朱祥成 | 浙江中医药大学学报 | 1986,(2):14 |
| 肾炎临证心得 | 张季高等 | 中医药学报 | 1986,(2):39 |
| 浅谈虚劳病的辨证施治 | 于爱国 | 中医药学刊 | 1986,(2):608 |
| "肾无实症"怎样解释 | 曹代娣 | 中医药学刊 | 1986,(2):622 |
| 对损伤疼痛的病因病机分析 | 吴谓韶 | 中医药研究杂志 | 1986,(2):28 |
| 独取督脉穴治疗癫痫 | 孙书鸿 | 中医杂志 | 1986,(2):54 |
| 中期引产术后发热的辨证论治 | 吴　熙 | 中原医刊 | 1986,(2):32 |
| 虚火喉痹的辨证论治 | 刘雪堂 | 北京中医 | 1986,(3):28 |
| "涌泻"浅识 | 刘仁毅 | 成都中医药大学学报 | 1986,(3):17 |
| 辨证取穴治疗面瘫 | 林佛无等 | 福建中医药 | 1986,(3):53 |
| 糖尿病辨证论治的临床体会 | 陈步师 | 福建中医药 | 1986,(3):27 |
| 中风偏瘫临床治验体会 | 曾立昆 | 广东医学 | 1986,(3):25 |
| 试论治肝特点与妇科病的治疗 | 班秀文 | 广西中医药 | 1986,(3):1 |
| 小儿厌食病因病机探讨 | 汪受传等 | 贵阳中医学院学报 | 1986,(3):49 |
| 辨证一得 | 李聪甫 | 国医论坛 | 1986,(3):22 |
| "虚、积冷、结气"刍议 | 陈德芳 | 国医论坛 | 1986,(3):5 |
| 治痿一得 | 秦克力 | 黑龙江中医药 | 1986,(3):35 |
| 咳嗽证治一得 | 温长路 | 实用中医内科杂志 | 1986,(3):40 |
| 黄疸证治 | 彭述宪 | 湖南中医杂志 | 1986,(3):11 |
| 小议左胁疼痛从肝论治 | 杨世兴 | 吉林中医药 | 1986,(3):38 |
| 风湿性关节炎中医治疗近况 | 裘诗庭 | 江苏中医药 | 1986,(3):45 |
| 漫话麦饭石 | 马天义等 | 内蒙古中医药 | 1986,(3):38 |
| 浅谈伤寒与温病区别和联系 | 史定文等 | 内蒙古中医药 | 1986,(3):47 |

| | | | |
|---|---|---|---|
| 42例肝硬化腹水治疗小结 | 郭永惠 | 青海医药杂志 | 1986,(3):33 |
| 试述古代针灸学家脾胃辨证论治的选配穴规律 | 薛立功 | 山西中医 | 1986,(3):33 |
| 皮肤病从肝论治八法 | 陈耀章 | 上海中医药杂志 | 1986,(3):18 |
| 带下病病机及证治 | 杨家林 | 四川中医 | 1986,(3):7 |
| 少女崩漏从肾论治举隅 | 严文飞 | 四川中医 | 1986,(3):41 |
| "过喜伤心"证治一得 | 陈志清 | 现代中医药 | 1986,(3):56 |
| "治不寐难,难在何处" | 陈国华 | 现代中医药 | 1986,(3):36 |
| "更相为治"的神经生理学基础 | 李莱田 | 新疆中医药 | 1986,(3):10 |
| 浅谈妇科血虚证的治疗 | 王建新 | 云南中医中药杂志 | 1986,(3):9 |
| 泄泻证治 | 王淑兰 | 中国临床医生 | 1986,(3):36 |
| 肝郁气滞胃痛证治体会——附50例临床资料分析 | 王兴华等 | 中医药学报 | 1986,(3):27 |
| 瘾疹亦有三阴证 | 郝文轩 | 中医药学报 | 1986,(3):46 |
| 试谈经络皮部的命名、分布与应用 | 罗庆道 | 安徽中医学院学报 | 1986,(4):47 |
| "三不足"证治验举隅 | 杨发贵 | 北京中医 | 1986,(4):25 |
| 经方为主治癫狂 | 谢海洲 | 北京中医 | 1986,(4):6 |
| 略论阳明血分证治 | 张德超 | 北京中医 | 1986,(4):36 |
| 论老人五脏病的调治方法 | 郭振球 | 北京中医 | 1986,(4):11 |
| 试谈血淤证的病因病机 | 刘　平 | 福建中医药 | 1986,(4):19 |
| 试论伏邪学说之争 | 曹南华 | 广州中医药大学学报 | 1986,(4):1 |
| 浅谈血虚治肾和肾血虚证 | 黄芝蓉 | 贵阳中医学院学报 | 1986,(4):14 |
| 辨证治疗神经官能症 | 张起玉 | 河北北方学院学报(医学版) | 1986,(4):50 |
| 试论《内经》厥证的成因及证型 | 孙世发 | 黑龙江中医药 | 1986,(4):7 |
| 病毒性心肌炎辨证论治 | 徐　平 | 湖北中医杂志 | 1986,(4):6 |
| 遗溺与癃闭临证小议 | 卜明礼 | 湖北中医杂志 | 1986,(4):35 |
| 卒腹痛止痛八法 | 谭新华等 | 湖南中医学院学报 | 1986,(4):23 |
| 耳聋耳鸣从少阳论治的体会 | 阳秋桂 | 湖南中医杂志 | 1986,(4):19 |
| 厥证与高血压病心脏病的关系 | 徐湘亭 | 江苏中医药 | 1986,(4):46 |
| 眩晕辨治举隅 | 茍祯学 | 江苏中医药 | 1986,(4):11 |
| 低血压从气论治四法 | 刘寿康等 | 江西中医药 | 1986,(4):31 |
| 神经性腹痛治验 | 刘冠峰等 | 南京中医药大学学报(自然科学版) | 1986,(4):18 |
| 祖国医学对龋齿的认识 | 郭敏华等 | 青海医药杂志 | 1986,(4):61 |
| 《内经》厥证浅识 | 李志坚 | 山东中医药大学学报 | 1986,(4):45 |
| 咳嗽时间证治浅识 | 周午平 | 山西中医 | 1986,(4):38 |
| 老年性尿频从肺论治 | 丁德芳 | 上海中医药杂志 | 1986,(4):19 |
| 衄血治验 | 王培亨 | 四川中医 | 1986,(4):51 |
| 审穴经验谈 | 杨介宾 | 四川中医 | 1986,(4):52 |
| 肾、胱膀咳治验 | 李振彬 | 四川中医 | 1986,(4):13 |
| 脑血管意外的舌诊辨证 | 杨兆钢 | 天津中医药 | 1986,(4):46 |
| 痿躄治验二则 | 赵　为等 | 天津中医药 | 1986,(4):16 |
| 慢性病毒性肝炎的辨证治疗 | 兰雨田 | 现代中医药 | 1986,(4):55 |
| 肝病琐谈 | 周宜强 | 新中医 | 1986,(4):23 |
| 中年人疾病及中年病学初探 | 刘振华 | 医学与哲学(人文社会医学版) | 1986,(4):37 |
| 肾与膀胱病证临证体会 | 诸葛连祥 | 云南中医学院学报 | 1986,(4):31 |

| | | | |
|---|---|---|---|
| 乙型肝炎治疗一得 | 蒋士英 | 浙江中医学院学报 | 1986,(4):29 |
| 肝硬化腹水"治胀八法" | 张孟林 | 中医药学报 | 1986,(4):22 |
| 宫寒不孕治验 | 张素珍 | 中医药学刊 | 1986,(4):714 |
| "关格"小议 | 刘宪章 | 中医药学刊 | 1986,(4):707 |
| 浅谈类风湿性关节炎的中医治疗 | 王俊国 | 中原医刊 | 1986,(4):29 |
| 从肝论治甲状腺机能亢进症 | 余惠民 | 广西中医药 | 1986,(5):23 |
| 治胆囊炎胆石症五法 | 崔金海 | 河北中医 | 1986,(5):34 |
| 浅谈治肝实脾法治疗肝炎 | 俞金秀 | 湖北中医杂志 | 1986,(5):49 |
| 眼病从肝论治 | 孙济民 | 湖北中医杂志 | 1986,(5):31 |
| 试论祖国医学对休克的认识 | 刘永兰 | 护士进修杂志 | 1986,(5):17 |
| 癃闭小识 | 缪正来 | 吉林中医药 | 1986,(5):15 |
| 肝病以六经辨治举隅 | 林鹤和等 | 江西中医药 | 1986,(5):30 |
| 痹痿通治一得 | 伍本彩 | 江西中医药 | 1986,(5):36 |
| 腰痛辨治重权灵 | 吴允耀 | 辽宁中医杂志 | 1986,(5):41 |
| 精淤证治刍议 | 刘佩君 | 山东中医杂志 | 1986,(5):6 |
| 春温概述 | 王　笈 | 山西中医 | 1986,(5):54 |
| 妇女天癸未行与即绝治则之我见 | 聂太桧 | 陕西中医 | 1986,(5):193 |
| 辨疑似病证 | 王玉琴 | 现代中医药 | 1986,(5):59 |
| "血痹""脉痹""心痹"之辨 | 梁伯钧 | 现代中医药 | 1986,(5):60 |
| 口腔奇病治效 | 潘涢民 | 新中医 | 1986,(5):23 |
| 郁证之含义、发病及其调治 | 李爱华 | 中医药学刊 | 1986,(5):753 |
| 便秘辨治四案 | 彭述章 | 中医药研究杂志 | 1986,(5):16 |
| 辨证论治胆囊炎,突出一个"通"字 | 蒋庆雨 | 中医药研究杂志 | 1986,(5):40 |
| 真假寒热辨治案例 | 徐瑞宣 | 福建中医药 | 1986,(6):43 |
| 治疗小儿急性肾炎的体会 | 江玉明 | 福建中医药 | 1986,(6):46 |
| 耳病证治 | 李洪岭等 | 河北中医 | 1986,(6):37 |
| 用经方治痹证 | 孙秉桓 | 河北中医 | 1986,(6):45 |
| 阳萎辨治心得 | 林宏益等 | 河北中医 | 1986,(6):43 |
| 青春期功血的临床探讨 | 刘国文 | 吉林中医药 | 1986,(6):10 |
| 中风证治十法 | 谢兆丰等 | 吉林中医药 | 1986,(6):3 |
| 少男遗精证治初探 | 胡国俊 | 辽宁中医杂志 | 1986,(6):22 |
| 舌缩针刺治验 | 陈华英 | 山东中医杂志 | 1986,(6):37 |
| 痿证与"独取阳明" | 刘叔林 | 山东中医杂志 | 1986,(6):9 |
| 饥饿胃痛之我见 | 王怀义 | 山西中医 | 1986,(6):20 |
| 浅谈行痹从肝论治 | 唐宗儒 | 陕西中医 | 1986,(6):159 |
| 肾实证治举隅 | 苏通臣 | 上海中医药杂志 | 1986,(6):24 |
| 喘逆也须从肝治 | 彭培初 | 上海中医药杂志 | 1986,(6):24 |
| 湿热痿躄的治疗 | 袁　荃 | 实用医学杂志 | 1986,(6):35 |
| 《内经》中有关内障眼病的论述 | 赵经梅 | 四川中医 | 1986,(6):3 |
| 胆胃不和证治疗体会 | 阮士军 | 天津中医药 | 1986,(6):21 |
| 火证琐谈 | 唐栋祺等 | 天津中医药 | 1986,(6):27 |
| 治疗百日咳的临床体会 | 丁秀雯等 | 天津中医药 | 1986,(6):12 |
| 中医对"膜迷路积水"的认识及治疗 | 牛生录 | 现代中医药 | 1986,(6):41 |
| 胃脘痛的审因论治体会 | 洪文旭 | 现代中医药 | 1986,(6):35 |
| 脾胀治验一得 | 张家荣 | 云南中医中药杂志 | 1986,(6):13 |

| | | | |
|---|---|---|---|
| 休克证治刍议 | 赵天敏 | 云南中医中药杂志 | 1986,(6):16 |
| 对中风证 之探讨 | 于爱国 | 中医药学刊 | 1986,(6):786 |
| 郁证之含义、发病及其调治(二) | 李爱华 | 中医药学刊 | 1986,(6):786 |
| 论伤寒与温病淤血证的异同 | 白　锋 | 中医药学刊 | 1986,(6):782 |
| 对疼痛认识的历史分析 | 秦　潮 | 医学与哲学(人文社会医学版) | 1986,(7):40 |
| 便血的辨证施护 | 王金生 | 护士进修杂志 | 1986,(8):28 |
| 试论《内经》对妇科学的贡献 | 金季玲 | 陕西中医 | 1986,(8):342 |
| 胆胀病辨治 | 任继学 | 新中医 | 1986,(8):4 |
| 活血化瘀辨治常见心脏病 | 刘亦选 | 新中医 | 1986,(8):53 |
| 问诊与心理诊治 | 陈健声 | 医学与哲学(人文社会医学版) | 1986,(8):56 |
| 黄疸病的中医辨证护理 | 杨玉梅 | 护士进修杂志 | 1986,(9):34 |
| 红斑性狼疮患者妊娠期的中医中药治疗 | 施惠君等 | 上海中医药杂志 | 1986,(9):18 |
| 眩晕的辨证与用药 | 董治能 | 四川中医 | 1986,(9):37 |
| 小儿痉咳证治一得 | 汤一新 | 新中医 | 1986,(9):21 |
| 健脾益气治失音 | 姚树锦 | 陕西中医 | 1986,(10):452 |
| 咳喘哮的冬病夏治疗效观察 | 江明旺 | 陕西中医 | 1986,(10):444 |
| 咳喘哮与大气污染 | 韩庆捷等 | 陕西中医 | 1986,(10):468 |
| “秋伤于湿”临证体会 | 汪德云 | 四川中医 | 1986,(10):6 |
| “温病由温邪所致”质疑 | 柴中元 | 四川中医 | 1986,(10):5 |
| 佝偻病治验 | 朱长义 | 四川中医 | 1986,(10):15 |
| 针刺哑门治愈脏躁 | 王自明 | 四川中医 | 1986,(10):11 |
| 老年虚证的初步探讨 | 张云如等 | 中医杂志 | 1986,(10):54 |
| 试论痹证病机 | 王绪辉 | 中医杂志 | 1986,(10):63 |
| 中医妇科变态心理初探 | 宋乃光 | 辽宁中医杂志 | 1986,(11):9 |
| 试论中医心与高血压病 | 潘朝曦 | 陕西中医 | 1986,(11):481 |
| 郁证论治刍议 | 胡国堂 | 辽宁中医杂志 | 1986,(12):26 |
| 临证莫忘肝气虚 | 张岐山 | 上海中医药杂志 | 1986,(12):17 |
| 喉痹 | 文益华 | 四川中医 | 1986,(12):28 |
| 口舌糜烂治验 | 张学安 | 四川中医 | 1986,(12):48 |
| 浅谈对休克(厥脱)中医护理的认识 | 张　璇 | 新中医 | 1986,(12):44 |
| 冲任督带与妇科疾患 | 郭燕文 | 广州中医药大学学报 | 1986,(Z1):88 |
| 腰腿痛分型论治(附265例疗效分析) | 吕凤祥 | 中医正骨 | 1986,(Z1):5 |
| 浅谈伤筋的辨证施治 | 李堪印 | 中医正骨 | 1986,(Z2):6 |
| 略论阴结 | 郝文轩 | 安徽中医学院学报 | 1987,(1):9 |
| 常见“肉苛”的辨证施治 | 梁安荣 | 北京中医 | 1987,(1):25 |
| 癫狂多由气郁生 | 吴　玮 | 北京中医 | 1987,(1):58 |
| 表证治疗 | 戎福海 | 承德医学院学报 | 1987,(1):42 |
| 治痞八法 | 许金星 | 福建中医药 | 1987,(1):34 |
| 悬饮变证治验 | 黄继鸿 | 湖北中医杂志 | 1987,(1):40 |
| 谈谈春温的病因和发病 | 张腊荣 | 湖北中医杂志 | 1987,(1):32 |
| 消渴证治 | 彭述宪 | 湖南中医杂志 | 1987,(1):17 |
| 午时畏寒治验 | 刘桂秋 | 湖南中医杂志 | 1987,(1):46 |
| 咳嗽证辨 | 肖永林 | 吉林中医药 | 1987,(1):27 |

| | | | |
|---|---|---|---|
| 论直中温病 | 王刚佐 | 江西中医药 | 1987,(1):4 |
| 鼻衄的临床辨证治疗 | 李鸿全等 | 辽宁中医杂志 | 1987,(1):29 |
| 关于瘀血证研究的国内外进展 | 陈可冀 | 临床荟萃 | 1987,(1):16 |
| 论少阳病枢轴机理与临床特点 | 解洪秀等 | 牡丹江医学院学报 | 1987,(1):33 |
| 闭经病从心论治 | 傅启武 | 南京中医药大学学报<br>(自然科学版) | 1987,(1):37 |
| 湿温概述 | 王　笈 | 山西中医 | 1987,(1):54 |
| 胸痹心痛证治浅述 | 乔　模等 | 山西中医 | 1987,(1):51 |
| 治疗厥证的点滴体会 | 黄凤莉 | 陕西中医 | 1987,(1):47 |
| 厥脱证治 | 杨秀清 | 陕西中医学院学报 | 1987,(1):32 |
| 中医免疫与肿瘤 | 孙健民 | 陕西中医学院学报 | 1987,(1):48 |
| 郁证统一之我见 | 洪文旭 | 陕西中医学院学报 | 1987,(1):5 |
| 从肝论治输卵管积水的探讨 | 何秀容 | 实用医学杂志 | 1987,(1):34 |
| 气虚发热诊疗体验 | 李克光 | 实用中医药杂志 | 1987,(1):2 |
| 外感发热证治 | 戴裕光 | 实用中医药杂志 | 1987,(1):20 |
| 针刺治疗一例失语症 | 刘澄安 | 天津中医学院学报 | 1987,(1):42 |
| 肝病论治 | 张田仁 | 天津中医药 | 1987,(1):26 |
| 疫疗治验举隅 | 董曼霭 | 西北民族大学学报<br>(自然科学版) | 1987,(1):134 |
| 痛证与弦脉关系初探——附 280 例病历分析结果 | 王利军 | 新疆中医药 | 1987,(1):17 |
| 癃闭的辨治 | 吴兆华等 | 新中医 | 1987,(1):46 |
| 慢性乳房疾病数例治验 | 潘涡民 | 云南中医中药杂志 | 1987,(1):40 |
| 黄疸病的辨证论治 | 钟一棠 | 浙江中医学院学报 | 1987,(1):46 |
| 略论内伤热病 | 万友生 | 浙江中医学院学报 | 1987,(1):6 |
| 妇女更年期综合征注重补肝之浅识 | 程运文 | 中医药信息 | 1987,(1):6 |
| 眩晕论治 | 易介仁 | 中医药学报 | 1987,(1):32 |
| 阳虚水肿"缪刺"之我见 | 谭世斌等 | 中医药学报 | 1987,(1):55 |
| 癫狂论治 | 刘悫文 | 中医药学刊 | 1987,(1):34 |
| 治痞八法 | 许金星 | 北京中医 | 1987,(2):27 |
| 刍议脾阴虚证治 | 周维骥 | 福建中医药 | 1987,(2):17 |
| 浅谈痞病证治 | 王启章 | 福建中医药 | 1987,(2):20 |
| 血淤证治举隅 | 刘达瑞 | 甘肃中医学院学报 | 1987,(2):21 |
| 肾炎从肺脾论治的临床体会 | 杜棉海 | 广州中医药大学学报 | 1987,(2):19 |
| 《内经》论痈疽 | 邝杰钊 | 广州中医药大学学报 | 1987,(2):8 |
| 215 例中风发病及死亡的时间节律探讨 | 童昌珍等 | 贵阳中医学院学报 | 1987,(2):37 |
| 少阳与少阳病浅述 | 冷其林 | 国医论坛 | 1987,(2):11 |
| 试探运气对疡科疾病的影响 | 朱　澜 | 国医论坛 | 1987,(2):19 |
| 偏瘫治验一例 | 许菊秀 | 湖北中医杂志 | 1987,(2):38 |
| 遗精梦泄治有从心 | 廖飞 | 湖南中医杂志 | 1987,(2):28 |
| 泄泻考 | 盖国忠 | 吉林中医药 | 1987,(2):39 |
| 唇风辨治五法 | 郝文轩 | 江苏中医药 | 1987,(2):18 |
| 从瘟疫与伤寒的异同看寒温统一论 | 汤铁城 | 江西中医药 | 1987,(2):49 |
| 治疗泄泻十五法 | 杨伍根 | 江西中医药 | 1987,(2):54 |
| 哮喘病病因病机的探讨 | 朱彦岑 | 辽宁中医杂志 | 1987,(2):11 |
| 青春期痛经辨治 | 刘埃登 | 内蒙古中医药 | 1987,(2):13 |
| 喘取阳明刍议 | 郝文轩 | 山西中医 | 1987,(2):36 |

| | | | |
|---|---|---|---|
| 鼻衄的应急处理与辨证施治 | 牛生录 | 陕西中医学院学报 | 1987,(2):50 |
| 针罐治疗胆道蛔虫症 | 刘　炎 | 上海针灸杂志 | 1987,(2):47 |
| 虚寒痿躄 | 谭世斌 | 四川中医 | 1987,(2):42 |
| 肾无实证吗 | 吴协兵 | 四川中医 | 1987,(2):6 |
| 暗痱治验 | 涂华中等 | 天津中医学院学报 | 1987,(2):39 |
| 温病滋阴法则浅识 | 高纪和 | 天津中医学院学报 | 1987,(2):26 |
| 试谈发热的热型与病机 | 刘文峰 | 天津中医药 | 1987,(2):16 |
| 血瘀考 | 李景德 | 天津中医药 | 1987,(2):26 |
| 养肺益胃治痿躄 | 汤文学 | 新中医 | 1987,(2):16 |
| 浅谈郁证证治 | 黄耀威 | 右江医学 | 1987,(2):63 |
| 闭经临证体会 | 杨光进 | 云南中医学院学报 | 1987,(2):27 |
| 漫话崩漏 | 刘　春 | 中国健康月刊 | 1987,(2):50 |
| 论胆瘅及其临床研究——附74例资料分析 | 江杨清等 | 中华中医药杂志 | 1987,(2):15 |
| 对胰腺疾病的治疗经验 | 孟文焕 | 中医药学报 | 1987,(2):33 |
| 腰间盘突出症的中医治疗 | 王长胜 | 中医药学报 | 1987,(2):38 |
| 104例急性胆道感染辨证分型 | 刘万象 | 中医药学刊 | 1987,(2):23 |
| 短气、少气辨析 | 周天寒 | 中医药学刊 | 1987,(2):39 |
| 对中风证之探讨 | 于爱国 | 中医药学刊 | 1987,(2):24 |
| 关格病的辨证施治 | 那红生 | 中医药学刊 | 1987,(2):28 |
| 试论急症的中医治疗 | 张占铸 | 中医药学刊 | 1987,(2):26 |
| 针灸治疗癃闭一得 | 任　艳 | 中医药学刊 | 1987,(2):18 |
| 癫狂论治(二) | 刘悫文 | 中医药学刊 | 1987,(2):3 |
| 阴虚泄泻浅谈 | 李济生 | 中医药研究 | 1987,(2):17 |
| 治疗胃脘痛的经验和体会 | 朱希亨 | 蚌埠医学院学报 | 1987,(3):210 |
| 对仲景痰饮病"和之"含义之研讨 | 谢立奎 | 北京中医 | 1987,(3):12 |
| 痹证验方一首 | 罗启寿 | 成都中医药大学学报 | 1987,(3):56 |
| 中医肝郁证研究概况 | 顾永华等 | 成都中医药大学学报 | 1987,(3):49 |
| 中医对"不安腿综合征"的认识 | 邓　沂等 | 甘肃中医学院学报 | 1987,(3):20 |
| 淤血与疮疡病 | 崔　瑾 | 贵阳中医学院学报 | 1987,(3):61 |
| 几种结核考略 | 田成庆等 | 河北中医 | 1987,(3):15 |
| 从淤治癫一得 | 张传波 | 湖北中医杂志 | 1987,(3):58 |
| 试论《内经》积聚证 | 周国琪 | 吉林中医药 | 1987,(3):1 |
| "聚胃关肺"话治咳 | 周瑞兰 | 辽宁中医杂志 | 1987,(3):37 |
| 阴虚心痹临床探理 | 韩若冰 | 辽宁中医杂志 | 1987,(3):10 |
| 脾胃学说临证举隅 | 李生安 | 内蒙古中医药 | 1987,(3):43 |
| 肝郁证患者人格特征研究 | 杜文东等 | 南京中医药大学学报(自然科学版) | 1987,(3):51 |
| 脉律失常与调脉七法 | 尤松鑫 | 南京中医药大学学报(自然科学版) | 1987,(3):34 |
| 血证从肝论治初探 | 曹德成 | 山东中医杂志 | 1987,(3):12 |
| 暑温概述 | 王　笈 | 山西中医 | 1987,(3):54 |
| 浅论《内经》对虚证的针药选择 | 陈镇江 | 陕西中医学院学报 | 1987,(3):9 |
| 精淤证治验及其体会 | 邓宝康 | 实用中医内科杂志 | 1987,(3):129 |
| 浅谈天癸和妇科临床的关系 | 刘　茹 | 天津中医学院学报 | 1987,(3):11 |
| 浅谈血栓闭塞性脉管炎的中医治疗 | 张顺利 | 天津中医学院学报 | 1987,(3):37 |

| | | | |
|---|---|---|---|
| 祖国医学血水相关理论与急慢性肾小球肾炎水肿的治疗 | 曲堂清 | 天津中医学院学报 | 1987,(3):31 |
| “肺肠同治”治鼻衄 | 石　坚 | 新疆中医药 | 1987,(3):62 |
| 《内经》五脏痹初探 | 唐书松 | 新疆中医药 | 1987,(3):26 |
| 九窍血证从脾胃辨治 | 田维君等 | 新中医 | 1987,(3):44 |
| 失音验案两则 | 谢辅弼 | 新中医 | 1987,(3):19 |
| 试论痰瘀相关 | 王鸿儒 | 云南中医学院学报 | 1987,(3):5 |
| 寒下治癫探讨 | 高广见 | 云南中医中药杂志 | 1987,(3):22 |
| 略谈肾实证证治 | 陈命新 | 云南中医中药杂志 | 1987,(3):49 |
| 浅谈瘴疟辨治 | 尹亚君 | 云南中医中药杂志 | 1987,(3):27 |
| 喘证辨证施治 | 唐福安 | 浙江中医学院学报 | 1987,(3):22 |
| 老年性骨与关节疾病证治探讨 | 吕凤祥等 | 浙江中医学院学报 | 1987,(3):5 |
| 哮喘证治探讨 | 周　亮 | 浙江中医学院学报 | 1987,(3):9 |
| 中医对“郁怒”的认识 | 董襄国 | 浙江中医学院学报 | 1987,(3):7 |
| 痿证治验三则 | 胡翰文等 | 中华中医药杂志 | 1987,(3):40 |
| 妇科疾病与肝郁气滞(附50例临床分析) | 郑淑清等 | 中医药学报 | 1987,(3):12 |
| 解㑊证验案四则 | 胡国俊 | 中医药学报 | 1987,(3):47 |
| 心病治肝举要 | 付东林 | 中医药学报 | 1987,(3):8 |
| 针灸解结浅谈 | 王昕耀等 | 中医药学报 | 1987,(3):16 |
| 论肝气虚与肝阳虚 | 田维柱 | 中医药学刊 | 1987,(3):22 |
| 浅谈冠心病的辨证施治 | 孙积忠 | 中医药学刊 | 1987,(3):21 |
| 试论小儿黄疸 | 林　兰 | 中医药学刊 | 1987,(3):44 |
| 崩漏证治——年龄不同施治有别 | 崔玉衡 | 中医药研究 | 1987,(3):31 |
| 试论肺血的临床病证 | 潘文奎 | 中医药研究 | 1987,(3):14 |
| 小儿七情致病治验举要 | 陶政夔 | 中医药研究 | 1987,(3):29 |
| 中风辨治须察瞳神 | 张发荣等 | 中医杂志 | 1987,(3):19 |
| 耳廓穴区压迫疗法简介 | 杨元惠 | 中原医刊 | 1987,(3):30 |
| 心肾不交证与交通心肾法 | 柴　雁 | 安徽中医学院学报 | 1987,(4):54 |
| 浅谈慢性肾炎的证治与科研思路 | 罗　仁 | 福建中医药 | 1987,(4):15 |
| 论《内经》的疾病分证方法 | 傅瘦生 | 福建中医药 | 1987,(4):8 |
| 胃脘痛中疑难重症诊治体会 | 王道坤 | 甘肃中医学院学报 | 1987,(4):49 |
| 脾病病因病机探讨 | 徐景藩 | 广西中医药 | 1987,(4):27 |
| 失语治验 | 丁学成 | 贵阳中医学院学报 | 1987,(4):50 |
| 气虚证治验案 | 王宗铁 | 河北中医 | 1987,(4):47 |
| 中医药治疗尿路感染近况 | 郭炳森 | 河北中医 | 1987,(4):28 |
| 腰痛治肝一得 | 郝文轩 | 黑龙江中医约 | 1987,(4):48 |
| 痿症2则 | 陈　楠 | 湖南中医学院学报 | 1987,(4):24 |
| 论郁 | 卢岳华等 | 湖南中医学院学报 | 1987,(4):1 |
| 肿瘤治验 | 胡天雄 | 湖南中医杂志 | 1987,(4):35 |
| 治水宜理气 | 刘海林 | 湖南中医杂志 | 1987,(4):39 |
| 恶性肿瘤病人200例舌象观察 | 徐荷芬等 | 江苏中医药 | 1987,(4):44 |
| “瘾疹”治验 | 汪永梅 | 青海医药杂志 | 1987,(4):23 |
| 顽固性自汗 | 马绍文 | 山东中医杂志 | 1987,(4):26 |
| 试论《内经》对腰痛的认识 | 李　玺 | 陕西中医 | 1987,(4):163 |
| 《黄帝内经》外感病概念辨析 | 聂　广 | 陕西中医 | 1987,(4):161 |
| 试论慢性肝炎的病因病机——附257例分析 | 顾惠民 | 上海中医药杂志 | 1987,(4):2 |

| | | | |
|---|---|---|---|
| 小儿厌食症的中医防治 | 温振英 | 实用儿科临床杂志 | 1987,(4):231 |
| 癫狂证治验二则 | 雷登开 | 四川中医 | 1987,(4):44 |
| 头痛辨治 | 孟文焕 | 四川中医 | 1987,(4):38 |
| 痿躄治验 | 陈才光等 | 四川中医 | 1987,(4):43 |
| 急慢性肾炎水肿的证治 | 马增华 | 天津中医学院学报 | 1987,(4):18 |
| 鼻塞治验一则 | 陈瑞英 | 天津中医药 | 1987,(4):36 |
| 咳嗽证治 | 鸣 霄 | 天津中医药 | 1987,(4):44 |
| 论调肝治乳病 | 王坤山 | 新疆中医药 | 1987,(4):9 |
| 惊恐后阳强案 | 刘明武 | 新疆中医药 | 1987,(4):52 |
| 妇科血病气治浅识 | 陈中一 | 新中医 | 1987,(4):48 |
| 膀胱气化失常宜从肾气求之 | 熊新年 | 新中医 | 1987,(4):47 |
| "冠心病"与"心痛" | 顾琼珠 | 云南中医学院学报 | 1987,(4):25 |
| 少阳循经灼痛证治验 | 仲锡方 | 云南中医中药杂志 | 1987,(4):3 |
| 眼病从肝论治八法 | 任 征 | 浙江中医学院学报 | 1987,(4):26 |
| 中医治疗冠心病之我见 | 路 军 | 中医药信息 | 1987,(4):15 |
| 中医学对血液学的发明和创举 | 王新华 | 中医药信息 | 1987,(4):3 |
| 浅谈"心血淤阻"与"心气郁滞" | 吕希友 | 中医药学刊 | 1987,(4):9 |
| 肾在淋证发病中的作用 | 孙建实 | 中医药学刊 | 1987,(4):22 |
| 《内经》中疾病传变的形式 | 王文勇 | 中医药学刊 | 1987,(4):14 |
| 男性不育辨证论治刍议 | 田凤鸣等 | 北京中医 | 1987,(5):22 |
| 眩晕与膀胱气化关系初探——附156例分析 | 钟启良 | 福建中医药 | 1987,(5):27 |
| 脉络入耳与急性卡他性中耳炎 | 李书良等 | 河北中医 | 1987,(5):30 |
| 蛛网膜下腔出血的中医治疗 | 高希贤 | 河北中医 | 1987,(5):18 |
| 尿毒症临证治验 | 张世英 | 黑龙江中医药 | 1987,(5):23 |
| 肝郁证的理论及临床研究 | 张问渠等 | 湖北中医杂志 | 1987,(5):2 |
| 五更泻机理初探 | 余天泰 | 湖北中医杂志 | 1987,(5):52 |
| 痹证之管窥 | 周召轩 | 湖南中医杂志 | 1987,(5):42 |
| 探本溯源话癫痫 | 邹锡听等 | 江苏中医药 | 1987,(5):26 |
| 癃闭辨治八法 | 舒士建 | 江西中医药 | 1987,(5):32 |
| 胃酸过多辨证论治十法 | 王忠民 | 辽宁中医杂志 | 1987,(5):35 |
| 略论肺病旁治的特点 | 何其林 | 辽宁中医杂志 | 1987,(5):6 |
| 脏病治腑刍议 | 孙爱平 | 辽宁中医杂志 | 1987,(5):29 |
| 论痹证从痰治 | 李树沛 | 山东中医杂志 | 1987,(5):7 |
| 小儿慢惊风 | 徐恩岐 | 山东中医杂志 | 1987,(5):31 |
| 浅论黄疸证治 | 乔 模等 | 山西中医 | 1987,(5):53 |
| 秋燥证治浅析 | 王 笈 | 山西中医 | 1987,(5):55 |
| 小儿肺炎闭、脱证二例治验 | 何承烈 | 山西中医 | 1987,(5):20 |
| 口角刺激性抽动治验 | 杨德明 | 四川中医 | 1987,(5):11 |
| 血精治验 | 王之炳 | 四川中医 | 1987,(5):48 |
| 类痫 | 曹南华 | 新中医 | 1987,(5):19 |
| 从水血相关理论谈肝性腹水的病机及治法 | 杨晋翔等 | 中医药信息 | 1987,(5):4 |
| 男性不育症的中医治疗 | 乐建辉 | 中医药信息 | 1987,(5):10 |
| 肝病治法述略 | 王 德 | 中医药学报 | 1987,(5):15 |
| 针灸治疗阴缩症2例 | 施家苹 | 中医杂志 | 1987,(5):54 |
| 试论心肾与绝经前后诸证 | 谈 勇等 | 广西中医药 | 1987,(6):12 |
| 肾实证浅论 | 王义文 | 河北中医 | 1987,(6):3 |

| | | | |
|---|---|---|---|
| 男性不育从肝论治 | 张连城 | 河北中医 | 1987,(6):27 |
| 谈男性不育症的心理因素 | 周克诚 | 河北中医 | 1987,(6):21 |
| 未治久泄法治慢性腹泻 | 杜昌华 | 黑龙江中医药 | 1987,(6):41 |
| 脑卒中论治之我见 | 郭守海 | 黑龙江中医药 | 1987,(6):37 |
| 试论水病治血 | 毕工佐 | 黑龙江中医药 | 1987,(6):8 |
| 真心痛 | 任天戈 | 湖南中医杂志 | 1987,(6):42 |
| 暴聋 | 曹尧武 | 湖南中医杂志 | 1987,(6):18 |
| 大便失调从肾治 | 钟茨松 | 湖南中医杂志 | 1987,(6):48 |
| 痿证 | 李运鸿 | 湖南中医杂志 | 1987,(6):44 |
| 石瘕新说 | 文斐玉 | 江西中医药 | 1987,(6):34 |
| 谈《内经》“五藏卒痛” | 王振邦 | 江西中医药 | 1987,(6):51 |
| 舌衄治验 | 赵利仁 | 辽宁中医杂志 | 1987,(6):44 |
| 黑疸(阿狄森氏病) | 程益春 | 山东中医杂志 | 1987,(6):41 |
| 谈虚损 | 李斯炽等 | 山东中医杂志 | 1987,(6):7 |
| 谈中医心理护理 | 杨徐杭 | 陕西中医 | 1987,(6):21 |
| 菀槀 | 段逸山 | 上海中医药杂志 | 1987,(6):48 |
| 古代中医妇产科发展史略 | 傅维康 | 上海中医药杂志 | 1987,(6):40 |
| 眼病从脾论治 | 黄国贤 | 四川中医 | 1987,(6):39 |
| 前列腺增生辨证论治浅探 | 王元甫 | 新中医 | 1987,(6):16 |
| 顽固呕吐 | 李存敬等 | 新中医 | 1987,(6):20 |
| 中医治疗鼻渊近况 | 薛朝霞等 | 云南中医中药杂志 | 1987,(6):43 |
| 口眼歪斜刍议 | 席增业 | 浙江中医学院学报 | 1987,(6):46 |
| 论中医里实热证——胃实热的实质探讨 | 牟允方 | 浙江中医学院学报 | 1987,(6):3 |
| 五脏咳的经方辨治 | 孙秉桓等 | 中医药信息 | 1987,(6):22 |
| 《内经》疼痛机制诠释 | 李正东等 | 中医药信息 | 1987,(6):1 |
| 医疡心得 | 尹燕鸿 | 中医药学报 | 1987,(6):25 |
| 脾咳右胁下痛小议 | 李长增 | 中医药学报 | 1987,(6):22 |
| 治目病点滴 | 王沛藻等 | 中医药研究 | 1987,(6):19 |
| 试谈“肝主疏泄”与乙型肝炎的临床意义 | 陈笑夫 | 中医药研究 | 1987,(6):9 |
| 探源求实话胸痹 | 李兰舫 | 江苏中医药 | 1987,(7):47 |
| “遗溺闭癃”从肝论治初探 | 胡国俊 | 辽宁中医杂志 | 1987,(7):14 |
| 前列腺肥大证治体会 | 贾美华 | 辽宁中医杂志 | 1987,(7):37 |
| 产后发热治验 | 戴锦成 | 四川中医 | 1987,(7):33 |
| 肝功能异常的辨证治疗 | 罗耀文 | 四川中医 | 1987,(7):8 |
| 骨髓炎病机及证治 | 何天祺 | 四川中医 | 1987,(7):5 |
| 小儿急性黄疸型肝炎与瘀血 | 赵伟强 | 四川中医 | 1987,(7):21 |
| 鼻衄证治小议 | 潘文奎 | 中医杂志 | 1987,(7):69 |
| 阳痿从肝论治经验 | 刘业义 | 中医杂志 | 1987,(7):17 |
| 老年神衰、神病与调神 | 张觉人 | 辽宁中医杂志 | 1987,(8):35 |
| 《内经》对狂症的认识 | 郭教礼等 | 陕西中医 | 1987,(8):20 |
| 试论耳聋治肺 | 孙晓明等 | 陕西中医 | 1987,(8):22 |
| 咳喘从肝治 | 沈桂英等 | 上海中医药杂志 | 1987,(8):19 |
| 呃逆从肺论 | 潘焕鹤 | 上海中医药杂志 | 1987,(8):18 |
| 黄汗不尽是外感说 | 苗毅翱 | 新中医 | 1987,(8):52 |
| 论肝阳虚的证治 | 马先造 | 新中医 | 1987,(8):1 |
| 温病络脉病变初探 | 杜力军等 | 中医杂志 | 1987,(8):59 |

| | | | |
|---|---|---|---|
| 胃脘痛类证辨治 | 何宏邦 | 辽宁中医杂志 | 1987,(9):5 |
| 颜面色素沉着性皮肤病从肝肾论治 | 赵凤林 | 陕西中医 | 1987,(9):30 |
| 对咳嗽病机的认识 | 权觉武 | 陕西中医 | 1987,(9):49 |
| 从肝论治小儿夜啼、顿咳、久泻 | 刘明述 | 四川中医 | 1987,(9):16 |
| 温病三焦辨证源流初探 | 邹克扬 | 陕西中医 | 1987,(10):22 |
| 肠覃(卵巢、子宫内膜囊肿)治验 | 傅灿鋆 | 四川中医 | 1987,(10):35 |
| 急性咳嗽从肾虚治举隅 | 刘俊士 | 四川中医 | 1987,(10):13 |
| 男性更年期综合征 25 例治验 | 范述方 | 四川中医 | 1987,(10):26 |
| 试探药源性阴虚痰饮 | 吴齐国 | 四川中医 | 1987,(10):11 |
| 眩晕从肾论治 | 谭德福 | 四川中医 | 1987,(10):27 |
| 中医药治疗癌症之探索 | 郁文骏 | 四川中医 | 1987,(10):8 |
| 肝脾肿大辨治 | 孟文焕 | 四川中医 | 1987,(10):19 |
| 谈实证少气 | 贺元林 | 四川中医 | 1987,(10):23 |
| 治漏三步 | 曹思亮 | 新中医 | 1987,(10):12 |
| 糖尿病治验一得 | 毕庆丰等 | 中国社区医师 | 1987,(10):38 |
| 郁证治肺一得 | 胡国俊 | 中医杂志 | 1987,(10):21 |
| 咳血从肝论治验案 | 吴孝华等 | 辽宁中医杂志 | 1987,(11):36 |
| 唾石治验 | 桐泽奖二等 | 辽宁中医杂志 | 1987,(11):39 |
| 血脱证治验 | 宋德隆 | 陕西中医 | 1987,(11):30 |
| 寒性咽喉见症治验 | 何宗德 | 上海中医药杂志 | 1987,(11):18 |
| 从脾虚论治带下病的体会 | 李长久 | 四川中医 | 1987,(11):37 |
| 脉痹辨治一则 | 柯栋梁 | 四川中医 | 1987,(11):34 |
| 崩漏治验 | 羊重芷 | 新中医 | 1987,(11):18 |
| 初探冠心病从肝论治 | 涂华中等 | 新中医 | 1987,(11):11 |
| 肺燥证刍议 | 曹丽平 | 陕西中医 | 1987,(12):42 |
| 略论冠心病与气血的关系 | 高洪春 | 陕西中医 | 1987,(12):16 |
| 试探《内经》痛证病机 | 陆千人 | 陕西中医 | 1987,(12):32 |
| 射精不能症从肝调治 | 张宽智等 | 新中医 | 1987,(12):35 |
| 循经疼痛病因探讨 | 肖永俭 | 世界针灸学会联合会成立暨第一届世界针灸学术大会论文摘要选编 | 1987:270 |
| 中风浅识 | 张士杰 | 世界针灸学会联合会成立暨第一届世界针灸学术大会论文摘要选编 | 1987:47 |
| 再论病证并辨 | 张笑平 | 安徽中医学院学报 | 1988,(1):2 |
| 对《内经》若干病名的探讨 | 傅瘦生 | 福建中医药 | 1988,(1):11 |
| 浅谈胸痹 | 刘淑清 | 甘肃中医学院学报 | 1988,(1):43 |
| 从病名看伤寒与温病的关系 | 王长山 | 甘肃中医学院学报 | 1988,(1):35 |
| 不孕证治 | 宋光济等 | 广西中医药 | 1988,(1):31 |
| 贫血证治刍议 | 李俊辉 | 贵阳医学院学报 | 1988,(1):74 |
| 浅谈血痹 | 狄玉敏 | 河北中医 | 1988,(1):49 |
| 试论阴虚发热 | 郭忠印 | 河北中医 | 1988,(1):42 |
| 顽固性呃逆治验一例 | 刘东辉 | 湖北中医杂志 | 1988,(1):39 |
| 月经过多 | 向一青 | 湖南中医杂志 | 1988,(1):36 |
| 急性热症的中医辨治 | 王雨亭 | 吉林中医药 | 1988,(1):26 |
| 浅谈从肝肾论治眼病 | 柴可群等 | 辽宁中医杂志 | 1988,(1):8 |

| | | | |
|---|---|---|---|
| 心痹证辨治举隅 | 黎群豪 | 内蒙古中医药 | 1988,(1):16 |
| 糖尿病的食养疗法 | 李苏韦 | 南京中医药大学学报（自然科学版） | 1988,(1):48 |
| 食复初探 | 路新国 | 南京中医药大学学报（自然科学版） | 1988,(1):51 |
| 水病气化标本论 | 王长瀛 | 山东中医药大学学报 | 1988,(1):7 |
| 肝炎的辨治与若干理论问题 | 陈立华 | 山东中医杂志 | 1988,(1):8 |
| 前阴内收症治验 | 阎效礼 | 山西中医 | 1988,(1):15 |
| 血尿验案 2 则 | 陈　芳 | 实用中医内科杂志 | 1988,(1):32 |
| COPD 发展规律与治疗探讨 | 何建村 | 实用中医药杂志 | 1988,(1):22 |
| 五脏咳嗽辨治 | 胡志余 | 实用中医药杂志 | 1988,(1):39 |
| 膀胱咳治验三则 | 何益新 | 四川中医 | 1988,(1):15 |
| 水瘕治验 | 安　浚 | 四川中医 | 1988,(1):28 |
| 下法在儿科的临床应用 | 张孟林 | 四川中医 | 1988,(1):16 |
| 心咳治验 | 张宏俊 | 四川中医 | 1988,(1):17 |
| 试论血瘀与痹证的关系 | 应森林等 | 天津中医学院学报 | 1988,(1):11 |
| 论肝病的病理特点 | 刘家义 | 浙江中医学院学报 | 1988,(1):48 |
| 产后痿躄一例 | 冯恩平 | 中医药学报 | 1988,(1):43 |
| 男性不育重在疏肝 | 王　健 | 中医药学刊 | 1988,(1):31 |
| 更年期综合征辨治 | 姜春华 | 中医药研究 | 1988,(1):2 |
| 十二经气血流注辨治三案 | 夏远录 | 中医药研究 | 1988,(1):29 |
| 血淤证与活血化淤法浅探 | 李志焕 | 甘肃中医 | 1988,(2):7 |
| 肾实证浅析 | 程畅和 | 甘肃中医学院学报 | 1988,(2):6 |
| 谵言、谵语、谬语、错语辨 | 王恒照 | 甘肃中医学院学报 | 1988,(2):41 |
| 淤证辨治要略 | 邱修一 | 贵阳中医学院学报 | 1988,(2):12 |
| 痔从淤血论治浅识 | 周　致 | 贵阳中医学院学报 | 1988,(2):4 |
| 中医治疗慢性非特异性溃疡性结肠炎琐谈 | 焦　瑛 | 贵阳中医学院学报 | 1988,(2):41 |
| 眼底病从肝论治的探讨 | 路鸿安 | 河北中医 | 1988,(2):10 |
| 外风可镇论 | 王占忠等 | 黑龙江中医药 | 1988,(2):10 |
| 中医治疗带下病近况 | 李国平 | 黑龙江中医药 | 1988,(2):50 |
| 从肝论治咽炎验案 | 徐　轩 | 湖北中医杂志 | 1988,(2):11 |
| 治阳明验案四则 | 王国瑭 | 湖北中医杂志 | 1988,(2):13 |
| 胃升则康证要 | 王昕耀 | 吉林中医药 | 1988,(2):3 |
| 血证论治 | 南　征 | 吉林中医药 | 1988,(2):29 |
| 咳喘辨治举隅 | 孙凤会 | 江苏中医药 | 1988,(2):12 |
| 吐酸寒热辨 | 余莉芳 | 江苏中医药 | 1988,(2):49 |
| 肝气虚与肝阳虚 | 孙　炜 | 江苏中医药 | 1988,(2):34 |
| 肺胀蠡言 | 贾美华 | 辽宁中医杂志 | 1988,(2):3 |
| 气虚发热辨治 | 王继洲 | 内蒙古中医药 | 1988,(2):35 |
| 冠心病从脾胃论治 | 郭伟星等 | 山东中医药大学学报 | 1988,(2):2 |
| 脑血管意外猝发时间与运气关系 | 田　文等 | 山东中医药大学学报 | 1988,(2):17 |
| 肾痹管窥 | 刘方柏 | 山东中医药大学学报 | 1988,(2):19 |
| 肺痿证治探微 | 刁人政 | 陕西中医 | 1988,(2):48 |
| 皮肤病从肺论治 | 廖辉林 | 陕西中医 | 1988,(2):48 |
| 胆汁返流性胃炎证治 | 李文俊 | 上海中医药杂志 | 1988,(2):13 |

| | | | |
|---|---|---|---|
| 慢性胃炎用药之浅见 | 周一祥 | 实用中医内科杂志 | 1988,(2):59 |
| "五郁"辨治举隅 | 任悟非 | 实用中医药杂志 | 1988,(2):11 |
| 眩晕证治 | 李伯川 | 四川中医 | 1988,(2):30 |
| 郁证初探 | 宋如英 | 天津中医学院学报 | 1988,(2):13 |
| 心血管疾病与天气 | 吴彦元 | 心肺血管病杂志 | 1988,(2):4 |
| 血尿的治则探讨 | 方筠卿 | 新中医 | 1988,(2):17 |
| 肝郁气胀初探 | 黄禾生 | 云南中医中药杂志 | 1988,(2):13 |
| 中医对煤工矽肺的辨证论治 | 冯　岩 | 职业卫生与病伤 | 1988,(2):20 |
| 头痛的中医治疗 | 李乃民等 | 中国初级卫生保健 | 1988,(2):40 |
| 眼底疾病从郁论治心得 | 戴书悦 | 中医药学报 | 1988,(2):38 |
| 口苦证治刍议 | 周陶治 | 安徽中医学院学报 | 1988,(3):15 |
| 急性肾炎证治 | 吕仁和等 | 北京中医 | 1988,(3):12 |
| 从男女生理特点谈中老年病的防治 | 李植延 | 福建中医药 | 1988,(3):24 |
| 对古代伤科血瘀及祛瘀法之认识 | 刘金文等 | 广州中医药大学学报 | 1988,(3):168 |
| 卵巢的衰老 | Nicosia SV 等 | 国外医学.老年医学分册 | 1988,(3):106 |
| 心绞痛之辨证论治 | 孙建芝 | 国医论坛 | 1988,(3):39 |
| 卯时胁胀眼花治验 | 罗　伟 | 国医论坛 | 1988,(3):45 |
| 阴缩治验二例 | 黄国凯 | 国医论坛 | 1988,(3):45 |
| 口胃辣味治验 | 王学易 | 国医论坛 | 1988,(3):46 |
| 少阳病也应分经腑二证 | 蒲正国 | 国医论坛 | 1988,(3):7 |
| 谷丙转氨酶升高与"肝失藏精"探讨 | 张玉亮 | 国医论坛 | 1988,(3):26 |
| 汗证验案三则 | 赵惠馨 | 河北中医 | 1988,(3):21 |
| 论泄泻 | 史定文 | 河北中医 | 1988,(3):45 |
| 痛痹从淤论治的体会 | 谭建平 | 湖南中医杂志 | 1988,(3):10 |
| 血证论治(2) | 南　征 | 吉林中医药 | 1988,(3):28 |
| 对三叉神经痛的认识及治疗经验 | 张德超 | 南京中医药大学学报（自然科学版） | 1988,(3):22 |
| 仲景论治咳喘初探 | 秦智义等 | 陕西中医 | 1988,(3):134 |
| 论退行性骨病应属痿证,不属痹证 | 汪振华等 | 上海中医药杂志 | 1988,(3):40 |
| 中医学的疼痛与镇痛 | 陈冬元 | 实用医学杂志 | 1988,(3):40 |
| 幼儿痿躄治验一例 | 赖国军 | 实用中医药杂志 | 1988,(3):20 |
| 《内经》论心痛 | 毛静远等 | 天津中医学院学报 | 1988,(3):4 |
| 咳而遗溺证治初探 | 胡国俊 | 天津中医药 | 1988,(3):38 |
| 脑病治验三则 | 谢兆丰 | 天津中医药 | 1988,(3):34 |
| 试论脑病从血论治 | 李　虹等 | 天津中医药 | 1988,(3):25 |
| 浅谈对"疽"的认识 | 郝金馥 | 天津中医药 | 1988,(3):31 |
| 虚热证治 | 陈如勤 | 皖南医学院学报 | 1988,(3):144 |
| 对中风(脑卒中)的临床辨治浅见 | 李成纲 | 现代中医药 | 1988,(3):42 |
| 论血淤导致气滞 | 杨天荣 | 中华中医药杂志 | 1988,(3):14 |
| 从肾实证论男子肾精淤 | 王均贵 | 中华中医药杂志 | 1988,(3):4 |
| "乳胀"证治之我见 | 丛春雨 | 中医药学刊 | 1988,(3):28 |
| 口腔异味辨证施治举隅 | 杜锋文 | 中医药学刊 | 1988,(3):18 |
| 心悸临证治疗之体会 | 贺嘉珍 | 中医药学刊 | 1988,(3):42 |
| 鼻衄从肝论治小议 | 彭　暾 | 中医药研究 | 1988,(3):19 |
| 谈《素问·痿论》痿证的涵义与范围 | 孙迎节 | 安徽中医学院学报 | 1988,(4):13 |
| 九气为病证治管窥 | 龙德修 | 成都中医药大学学报 | 1988,(4):21 |

| | | | |
|---|---|---|---|
| 孕妇急症治验两例 | 谢炳国 | 福建中医药 | 1988,(4):47 |
| 浅议脉证顺逆与从舍 | 林宝成 | 甘肃中医学院学报 | 1988,(4):54 |
| 痹证与脾胃 | 徐景藩 | 广西中医药 | 1988,(4):31 |
| 便秘变治三法 | 舒鸿飞 | 黑龙江中医药 | 1988,(4):42 |
| 顽固性口疮治验二例 | 张桂芝等 | 黑龙江中医药 | 1988,(4):41 |
| 重症眩晕验案三侧 | 邵树滋 | 黑龙江中医药 | 1988,(4):24 |
| 《原机启微》眼病证治初探 | 廖泉清 | 湖南中医学院学报 | 1988,(4):3 |
| 眩晕证治初探 | 卢放明 | 湖南中医学院学报 | 1988,(4):8 |
| 肺热咳喘 | 杨祖迈 | 湖南中医杂志 | 1988,(4):29 |
| 厥证的急救护理 | 车世英 | 护理研究 | 1988,(4):208 |
| 胁痛的辨证施护 | 张小艺 | 护士进修杂志 | 1988,(4):39 |
| 浅谈外痈的辨证施护 | 马爱贞 | 护士进修杂志 | 1988,(4):40 |
| 对气虚发热本质的探讨 | 李学中 | 吉林中医药 | 1988,(4):49 |
| 气虚发热之我见 | 刘　明等 | 吉林中医药 | 1988,(4):49 |
| 从阴火论治目病 | 王　志 | 江西中医药 | 1988,(4):20 |
| 浅论脾阴 | 陶政燮 | 辽宁中医杂志 | 1988,(4):15 |
| 宣降调肺法 | 孔繁芝 | 山东中医药大学学报 | 1988,(4):14 |
| “心气不足,吐血、衄血”刍议 | 陈宝明 | 山东中医药大学学报 | 1988,(4):30 |
| 中风浅识 | 张士杰 | 上海针灸杂志 | 1988,(4):32 |
| 过喜伤心失眠案 | 邵金阶 | 实用中医内科杂志 | 1988,(4):169 |
| 黄疸之治疗 | 龚其恕 | 四川中医 | 1988,(4):26 |
| 中医对不孕症的认识与治疗 | 哈孝贤 | 天津中医学院学报 | 1988,(4):13 |
| 《素问·痿论》浅议 | 杨毓隽 | 天津中医学院学报 | 1988,(4):1 |
| 浅谈冠心病腑脏相关的整体认识 | 陈耀青 | 天津中医药 | 1988,(4):31 |
| 肩背痛从肺治 | 曾　春 | 新中医 | 1988,(4):19 |
| 奔豚气的鉴别诊断 | 范隆昌等 | 中医药学报 | 1988,(4):10 |
| 胃脘痛临证体会(附胃石症治验4例分析) | 张贵元等 | 中医药学刊 | 1988,(4):34 |
| 眩晕的辨证施治 | 颜正华 | 中医药学刊 | 1988,(4):2 |
| 肝气郁结与肝气横逆的病理变化及治疗 | 高学香 | 中医药学刊 | 1988,(4):7 |
| 阴痿病浅议 | 王　琦 | 中医药研究 | 1988,(4):26 |
| 甲亢与风消 | 路志正 | 中医杂志 | 1988,(4):68 |
| 血栓闭塞性脉管炎的研究 | 裴玉昆 | 中医杂志 | 1988,(4):61 |
| 喉痹从脾论治初探 | 张玉芬 | 河北中医 | 1988,(5):19 |
| 浅谈阳萎治肝四法 | 程运文 | 黑龙江中医药 | 1988,(5):46 |
| 肾实性病证之探究 | 潘文奎 | 黑龙江中医药 | 1988,(5):11 |
| 肝病证治刍议 | 张　琪 | 黑龙江中医药 | 1988,(5):1 |
| 略论心肾相交及其病变证治 | 鞠文翰 | 山东中医杂志 | 1988,(5):2 |
| 崩漏证治刍议 | 袁大仲等 | 山东中医杂志 | 1988,(5):8 |
| 腹满寒疝证治概要 | 乔　模等 | 山西中医 | 1988,(5):56 |
| 试探肾实证 | 张达山 | 山西中医 | 1988,(5):31 |
| 针灸急症验案 | 郭朝印 | 陕西中医 | 1988,(5):229 |
| 带下病小议 | 戚全安 | 天津中医药 | 1988,(5):42 |
| 角膜病从脾论治探讨 | 赵经梅 | 新中医 | 1988,(5):19 |
| 谈谈脾虚瘀滞证的辨证与治疗 | 王常勇 | 新中医 | 1988,(5):50 |
| 《内经》对失眠病机的认识 | 郭教礼等 | 中医药学刊 | 1988,(5):13 |
| 论“肝郁证”并非实证 | 成诗黔 | 中医药研究 | 1988,(5):23 |

| | | | |
|---|---|---|---|
| 外伤性脑鸣一例治验 | 夏永潮 | 北京中医 | 1988,(6):50 |
| 睾丸肿痛的辨治 | 张国瑞 | 黑龙江中医药 | 1988,(6):43 |
| 试论月经生理系统 | 刘万成 | 黑龙江中医药 | 1988,(6):12 |
| 鼻衄二则 | 唐承孝 | 湖北中医杂志 | 1988,(6):45 |
| 气反验案四则 | 谭伍生 | 湖南中医杂志 | 1988,(6):29 |
| 男科宜从肝论治 | 罗康华 | 江西中医药 | 1988,(6):47 |
| 析梦 | 肖振祥 | 辽宁中医杂志 | 1988,(6):21 |
| 表证探析 | 阎清海 | 山东中医杂志 | 1988,(6):6 |
| 积与聚病名当辨 | 冯松杰 | 陕西中医 | 1988,(6):287 |
| 肠澼之治疗 | 龚其恕 | 四川中医 | 1988,(6):35 |
| 肝气虚证的辨识 | 潘文奎 | 中医药学刊 | 1988,(6):11 |
| 今论中风辨证施治 | 郭恩绵 | 中医药学刊 | 1988,(6):20 |
| 血尿的辨证施治 | 汤庆祥 | 中医药学刊 | 1988,(6):32 |
| 浅探病证演变的基本模式 | 王振涛 | 中医药学报 | 1988,(6):11 |
| 热证施灸机理初探 | 谢　如 | 中医药研究 | 1988,(6):32 |
| 肠梗阻证治 | 吴咸中等 | 中医杂志 | 1988,(6):4 |
| 《内经》瘇症读用 | 安象干 | 中医杂志 | 1988,(6):63 |
| 冲脉验案五则 | 李历城 | 辽宁中医杂志 | 1988,(7):31 |
| 痤痱证治偶得 | 王心东 | 上海中医药杂志 | 1988,(7):36 |
| 高脂血症治法探析 | 曹永康 | 中医杂志 | 1988,(7):66 |
| 胃脘痛证治 | 张进军 | 中医杂志 | 1988,(7):4 |
| 热痹浅析 | 施建勇 | 江苏中医药 | 1988,(8):36 |
| “胆胀”经体并郁管见 | 郭教礼等 | 陕西中医 | 1988,(8):383 |
| 胃病从肾论治 | 李浩然 | 上海中医药杂志 | 1988,(8):22 |
| 脱疽治验 | 徐学义 | 四川中医 | 1988,(8):40 |
| 阳萎之辨证论治 | 王纪民 | 四川中医 | 1988,(8):32 |
| 水从血治验举隅 | 聂天义 | 辽宁中医杂志 | 1988,(9):20 |
| 眼病久缠,治之于脾 | 来雅庭 | 辽宁中医杂志 | 1988,(9):22 |
| 《内经》论治中风病探讨 | 孙景波 | 陕西中医 | 1988,(9):415 |
| 浅谈中风病的合理调护 | 丁元庆等 | 陕西中医 | 1988,(9):431 |
| 半身发热经年案 | 陈　华 | 四川中医 | 1988,(9):15 |
| 新生儿不啼治验 | 李伯川 | 四川中医 | 1988,(9):14 |
| 阳萎从肝论治 | 袁兴石 | 辽宁中医杂志 | 1988,(10):12 |
| 耳、鼻、咽病治验举隅 | 邱则仁 | 辽宁中医杂志 | 1988,(10):22 |
| 真心痛以通防治 | 沈庆法 | 上海中医药杂志 | 1988,(10):20 |
| 肝病养生康复初探 | 黄　骏 | 上海中医药杂志 | 1988,(10):32 |
| 《内经》“煎厥”浅析 | 李学明 | 四川中医 | 1988,(10):4 |
| 血厥论治 | 王树谦 | 新中医 | 1988,(10):54 |
| 对慢性肝炎从淤论治的探讨 | 刘广宏 | 辽宁中医杂志 | 1988,(11):4 |
| 突发心绞痛的中医防治 | 贝润浦 | 上海中医药杂志 | 1988,(11):29 |
| 略论咳血、咯血与命门火衰 | 仲润生 | 上海中医药杂志 | 1988,(11):6 |
| 谈谈鼻渊的证治 | 夏忠德等 | 新中医 | 1988,(11):48 |
| 略论水肿的养血之治 | 蒋正文等 | 新中医 | 1988,(11):4 |
| 厥脱与中风的关系 | 吴翰香 | 中医杂志 | 1988,(11):9 |
| 失眠从气论治 2 例 | 谢兆丰 | 中医杂志 | 1988,(11):28 |
| 从肝论治皮肤瘙痒症 | 刘丽华 | 辽宁中医杂志 | 1988,(12):16 |

| | | | |
|---|---|---|---|
| 老年脑衰、脑病与填髓益脑 | 张觉人 | 辽宁中医杂志 | 1988,(12):26 |
| 辨厥 | 黄海龙 | 上海中医药杂志 | 1988,(12):32 |
| 胸痹心痛临床几个问题的探讨 | 罗耀文 | 四川中医 | 1988,(12):10 |
| 便秘治疗一则 | 蔡明清 | 四川中医 | 1988,(12):18 |
| 小儿高热痉厥治验 | 王　洋 | 四川中医 | 1988,(12):22 |
| 试析"厥逆连脏则死,连经则生" | 梁华龙等 | 安徽中医学院学报 | 1989,(1):60 |
| 中医药治疗冠心病 | 廖家桢等 | 北京中医 | 1989,(1):10 |
| 风痹析疑 | 吴孝恺 | 成都中医药大学学报 | 1989,(1):45 |
| 论阳萎治从阳明 | 石志超等 | 河北中医 | 1989,(1):33 |
| 消渴浅谈 | 王敏聪 | 河北中医 | 1989,(1):3 |
| 试论肺胀(附100例病例分析) | 蒋　森 | 黑龙江中医药 | 1989,(1):24 |
| 谈谈梦交证治 | 夏　斌 | 黑龙江中医药 | 1989,(1):45 |
| 精神分裂症治案 | 法锡麟等 | 江苏中医药 | 1989,(1):19 |
| 食痹与贲门失弛缓症 | 黄福斌 | 南京中医药大学学报(自然科学版) | 1989,(1):10 |
| 祖国医学对冠心病的认识 | 史中经 | 山东医学高等专科学校学报 | 1989,(1):75 |
| "阴阳交"小议 | 王小平 | 山东中医药大学学报 | 1989,(1):55 |
| 心痛辨治八法 | 李中宇 | 实用中医内科杂志 | 1989,(1):13 |
| 癫狂辨治指要 | 李远志等 | 实用中医药杂志 | 1989,(1):34 |
| 试论大气下陷证 | 王慧生 | 天津中医学院学报 | 1989,(1):11 |
| "六衰"及新生儿急症的中医疗法(八) | 管鹏声 | 云南中医学院学报 | 1989,(1):21 |
| 从肺论治郁证刍议 | 韩承谟 | 中医药学刊 | 1989,(1):21 |
| 末期臌胀治疗之体会 | 董　琰 | 中医药学刊 | 1989,(1):47 |
| 温病辨证体系剖析 | 龚婕宁 | 中医药学刊 | 1989,(1):18 |
| 浅论筋骨损伤与肝肾的关系 | 娄文才 | 中医正骨 | 1989,(1):23 |
| 糖尿病淤血产生的机理、辨证与治疗 | 张宗铭 | 安徽中医学院学报 | 1989,(2):53 |
| 右侧颈部淋巴肉瘤治验 | 宋远忠 | 北京中医 | 1989,(2):50 |
| 脏寒满病辨治举隅 | 莫锦明 | 北京中医 | 1989,(2):22 |
| 急性脊髓炎的中医治疗 | 高希贤等 | 河北中医 | 1989,(2):5 |
| 近年来中医治疗崩漏概况 | 崔雅庭等 | 河北中医 | 1989,(2):36 |
| 谈老年胸痹心痛的治疗大法 | 程协南 | 湖北中医杂志 | 1989,(2):4 |
| 浅谈"痛"与"通" | 荣德洲 | 湖北中医杂志 | 1989,(2):48 |
| 对肺心病的几点认识 | 董志中 | 吉林中医药 | 1989,(2):9 |
| 再谈厥 | 黄海龙 | 江西中医学院学报 | 1989,(2):56 |
| 胃痛六经论治举隅 | 廖金标等 | 江西中医学院学报 | 1989,(2):28 |
| 中风病位病机补议 | 盛　京 | 江西中医药 | 1989,(2):16 |
| 治痫录要 | 安胙山 | 山东中医药大学学报 | 1989,(2):39 |
| 论痿痹 | 张鸣鹤等 | 山东中医药大学学报 | 1989,(2):27 |
| 中风病治络法渊源及现状 | 徐　磊 | 山东中医药大学学报 | 1989,(2):56 |
| 闭经病症窥见 | 韩靖华等 | 上海中医药杂志 | 1989,(2):14 |
| 男性不育症证治探讨 | 郭振球 | 实用中医内科杂志 | 1989,(2):1 |
| 血证知津 | 熊寥笙等 | 实用中医药杂志 | 1989,(2):10 |
| 崩漏证治经验 | 傅崇湘 | 四川中医 | 1989,(2):43 |
| 浅谈外伤腰痛 | 鲁　杰 | 天津中医学院学报 | 1989,(2):43 |
| 子时哮喘 | 苏衍卿 | 新疆中医药 | 1989,(2):58 |

| | | | |
|---|---|---|---|
| 浅谈月经产生的机理 | 程慧莲 | 新疆中医药 | 1989,(2):48 |
| 遗尿治肺初探 | 冉　亮 | 浙江中医药大学学报 | 1989,(2):7 |
| 论阴痿病的证治 | 王　琦 | 中医药学报 | 1989,(2):22 |
| 论肾病外映于五官 | 杨先环 | 中医药学报 | 1989,(2):18 |
| 咳证从肝论治 | 曹安来等 | 中医药研究 | 1989,(2):14 |
| 耳鸣耳聋辨治案例四则 | 尹莲芳 | 蚌埠医学院学报 | 1989,(3):215 |
| 老年脑病的辨证论治 | 初秀君等 | 甘肃中医学院学报 | 1989,(3):59 |
| “中风”病应正名 | 马嘉慈 | 甘肃中医学院学报 | 1989,(3):22 |
| 顽固性喉痹临床治验 | 李　莉 | 河北中医 | 1989,(3):22 |
| 治痿独取阳明 | 康永为 | 河北中医 | 1989,(3):42 |
| 论冠心病的辨治 | 张亚洲 | 黑龙江中医药 | 1989,(3):10 |
| 论中医对心力衰竭病机的认识 | 屈松柏 | 湖北中医杂志 | 1989,(3):34 |
| 男子阴缩阴吹案 | 杨乘龙 | 江苏中医药 | 1989,(3):31 |
| 更年期综合征从肺论治 | 王春生 | 辽宁中医杂志 | 1989,(3):23 |
| 阳萎从肝论治 | 陈启石 | 南京中医药大学学报（自然科学版） | 1989,(3):9 |
| 谈阳萎从肝论治的机理 | 孟令军 | 山东中医药大学学报 | 1989,(3):65 |
| 咳嗽治肝琐谈 | 周宜强等 | 山东中医杂志 | 1989,(3):8 |
| 厥脱证的中医治疗 | 刘智慧 | 实用中医内科杂志 | 1989,(3):17 |
| 浅谈“肺胀”治疗之我见 | 陈文娟 | 天津中医药 | 1989,(3):36 |
| 浅谈《内经》论中风证治 | 毕献华 | 天津中医药 | 1989,(3):20 |
| 肾病综合征中医药治疗进展(综述) | 何　绚 | 天津中医药 | 1989,(3):31 |
| 肝胃不和浅析 | 张安玲 | 现代中医药 | 1989,(3):1 |
| 试论热邪致痹与治疗 | 张佩青等 | 新中医 | 1989,(3):3 |
| 窍病从肺论治探要 | 阎清海 | 新中医 | 1989,(3):19 |
| 论瘀血与精神失常的关系 | 孔文新 | 医学研究杂志 | 1989,(3):32 |
| 月廓盈亏与上消化道出血 | 王忠平等 | 云南中医中药杂志 | 1989,(3):11 |
| 癫狂的辨证施治 | 崔　金等 | 中医药学刊 | 1989,(3):45 |
| 试析少阳病主证 | 王桂华 | 中医药学刊 | 1989,(3):11 |
| 试论气实血证宜从肝治 | 南瑞霞 | 中医药研究 | 1989,(3):7 |
| 强直性脊柱炎的中医药治疗 | 金伯华等 | 北京中医 | 1989,(4):36 |
| 失精 | 华良才 | 甘肃中医学院学报 | 1989,(4):9 |
| 中医对血液病的认识 | 陈忠仁 | 贵阳中医学院学报 | 1989,(4):5 |
| 气反证治举隅 | 刘　英等 | 河北中医 | 1989,(4):26 |
| 经行耳衄一例治验 | 李　华 | 黑龙江中医药 | 1989,(4):6 |
| 痛经理论源流初探 | 曾娅兰等 | 湖南中医学院学报 | 1989,(4):173 |
| 论肾阴虚与慢性肾炎 | 王俊华等 | 锦州医学院学报 | 1989,(4):285 |
| 心痛析 | 单会府 | 南京中医药大学学报（自然科学版） | 1989,(4):37 |
| 重症肌无力症的辨证施治 | 徐元泰 | 南京中医药大学学报（自然科学版） | 1989,(4):33 |
| 西宁地区湿证临床举隅 | 王继中 | 青海医药杂志 | 1989,(4):20 |
| 心绞痛与络病证治 | 张以林 | 山东中医药大学学报 | 1989,(4):51 |
| 脑髓三议 | 张瑞麟 | 山东中医药大学学报 | 1989,(4):27 |
| 垂体肿瘤证治一例 | 彭景星 | 上海中医药杂志 | 1989,(4):49 |
| 心律失常中医治法的探讨 | 胡庆寅等 | 实用中医内科杂志 | 1989,(4):29 |

| | | | |
|---|---|---|---|
| 子丑发病从足少阳足厥阴论治 | 陆惠铭 | 实用中医内科杂志 | 1989,(4):19 |
| 漫谈流产的证治 | 哈孝贤 | 天津中医学院学报 | 1989,(4):19 |
| 口腔溃疡辨治浅见 | 沈伟生 | 现代中医药 | 1989,(4):33 |
| 女科之肾与冲任 | 刘菊芳 | 新中医 | 1989,(4):2 |
| 论汗 | 王九一 | 医学理论与实践 | 1989,(4):15 |
| 肝硬化腹水证治体会 | 陆思选 | 云南中医学院学报 | 1989,(4):20 |
| 《内经》论黄疸 | 徐　珊等 | 浙江中医药大学学报 | 1989,(4):6 |
| 肾病浮肿之正名 | 于福年等 | 中医药信息 | 1989,(4):46 |
| 培土滋水治虚劳 | 安治勋等 | 中医药学报 | 1989,(4):25 |
| 消渴病的饮食情志调节 | 李　瑞 | 中医药学刊 | 1989,(4):15 |
| 发热刍议 | 林院昌 | 中医药学刊 | 1989,(4):38 |
| 谈哕逆 | 李培生 | 中医杂志 | 1989,(4):11 |
| 胆胀证治举隅 | 吕立言 | 北京中医 | 1989,(5):55 |
| 水肿从肝论治浅谈 | 张　云 | 河北中医 | 1989,(5):17 |
| 定时发作证的病机初探 | 成才荣 | 湖南中医杂志 | 1989,(5):21 |
| 内燥证治验举隅 | 傅　义 | 江西中医药 | 1989,(5):28 |
| 祖国医学在冠心病的治疗研究进展 | 李增仁 | 临床荟萃 | 1989,(5):194 |
| 脉症从舍一得 | 房永才 | 山东中医杂志 | 1989,(5):43 |
| 老年性痴呆病机和治则探讨 | 施亦农 | 山东中医杂志 | 1989,(5):6 |
| 《内经》与《伤寒论》厥证异同发微 | 孙　炜 | 陕西中医 | 1989,(5):210 |
| 肺结核的中医证治 | 乔富渠 | 陕西中医 | 1989,(5):235 |
| 小儿外感宜从脾治我见 | 刘桂芬 | 陕西中医 | 1989,(5):238 |
| 刍论月经 | 徐斌超等 | 天津中医药 | 1989,(5):30 |
| 阳虚动风初探 | 周平龙 | 天津中医药 | 1989,(5):29 |
| 阴缩症治验 | 唐金友 | 天津中医药 | 1989,(5):46 |
| 中风患者肩关节脱臼之探讨 | 刘玉堂 | 天津中医药 | 1989,(5):28 |
| 女子"隐曲"之疾辨治 | 王振录 | 天津中医药 | 1989,(5):42 |
| 略论头痛的分经治疗 | 周天寒 | 现代中医药 | 1989,(5):39 |
| 试论绝经前崩漏的治法 | 南振军 | 现代中医药 | 1989,(5):28 |
| 老年的性生活及瘀证阳痿的治疗 | 李天培 | 新中医 | 1989,(5):55 |
| 无汗刍议 | 习惠仙等 | 新中医 | 1989,(5):51 |
| 劳瘵心要 | 何　任 | 浙江中医学院学报 | 1989,(5):45 |
| 论顽固性腹胀的成因及辨治 | 史载祥 | 中华中医药杂志 | 1989,(5):47 |
| 经闭证治研究进展 | 曲秀芬等 | 中医药学报 | 1989,(5):54 |
| 试论《内经》对中风病的认识 | 周平龙 | 中医药研究 | 1989,(5):24 |
| 略论子宫疾患的病因病机 | 张文阁 | 中医杂志 | 1989,(5):13 |
| 谈虚劳病从脾肾论治 | 曲淑兰 | 河北中医 | 1989,(6):35 |
| 脾阴虚的脉因证治探讨 | 李　平 | 湖北中医杂志 | 1989,(6):31 |
| 痹从湿治之我见 | 胡世秀 | 湖北中医杂志 | 1989,(6):45 |
| 五实证见证并治 | 宓维定 | 湖南中医杂志 | 1989,(6):25 |
| "肺为水之上源"临证心得 | 肖沐英 | 湖南中医杂志 | 1989,(6):25 |
| 肾病水肿治法述要 | 徐锡兰等 | 山东中医杂志 | 1989,(6):4 |
| 青春期月经失调治验 | 张吉金 | 天津中医药 | 1989,(6):37 |
| 气虚水肿证治 | 赵乃鹏 | 现代中医药 | 1989,(6):31 |
| 从肾论治老年哮喘病 | 胡海翔等 | 新中医 | 1989,(6):45 |
| 咳嗽从肝论治 | 徐登国 | 新中医 | 1989,(6):1 |

| | | | |
|---|---|---|---|
| 治阳痿莫忘养胃 | 周　彦 | 新中医 | 1989,(6):41 |
| 血证说意 | 何　任 | 浙江中医药大学学报 | 1989,(6):43 |
| 慢性前列腺炎辨治 | 路　石 | 中医药研究 | 1989,(6):2 |
| 干咳从肝肾治验二则 | 何天有等 | 辽宁中医杂志 | 1989,(7):32 |
| 寒滞肝脉证探析 | 庄泽澄等 | 辽宁中医杂志 | 1989,(7):11 |
| 口苦脏腑辨治琐谈 | 谢兆丰 | 陕西中医 | 1989,(7):334 |
| 梦游症治验 | 林辉梁 | 四川中医 | 1989,(7):33 |
| 慢性肾炎治疗体会 | 别福仙等 | 新中医 | 1989,(7):34 |
| 治痿三则 | 陈津生 | 辽宁中医杂志 | 1989,(8):29 |
| 水血相关论治妇科疾病举隅 | 聂天义 | 辽宁中医杂志 | 1989,(8):18 |
| 冠心病从肾论治刍议 | 张明亚 | 辽宁中医杂志 | 1989,(8):7 |
| 肝昏迷的早期征兆和中医治疗 | 何金英等 | 临床荟萃 | 1989,(8):372 |
| 偏风小议 | 宋光飞等 | 上海中医药杂志 | 1989,(8):45 |
| 胃溃疡从肾论治 | 管济生 | 上海中医药杂志 | 1989,(8):13 |
| 无精症证治一得 | 赵国仁 | 新中医 | 1989,(8):36 |
| 中风病临床研究近况 | 谭美伦 | 新中医 | 1989,(8):48 |
| 痒症的病因病机和辨证论治 | 赵晓丽 | 陕西中医 | 1989,(9):407 |
| 治疗肩周炎 | 蒋龙贵 | 四川中医 | 1989,(9):40 |
| 膀胱咳治验 | 彭科成 | 四川中医 | 1989,(10):22 |
| 疰夏防治管见 | 骆洪道 | 四川中医 | 1989,(10):17 |
| 黄疸从肺论治 | 王春生 | 辽宁中医杂志 | 1989,(11):5 |
| 阴水证治浅说 | 夏　斌 | 陕西中医 | 1989,(11):526 |
| 火针治疗肩周炎 | 袁清顺等 | 四川中医 | 1989,(11):52 |
| 失音从五脏论治 | 黄夏峰 | 新中医 | 1989,(11):26 |
| 大气下陷证之我见 | 张仲海 | 陕西中医 | 1989,(12):543 |
| 从肝论治咳证 | 曹安来等 | 上海中医药杂志 | 1989,(12):30 |
| 脏腑咳治验三则 | 周　玲 | 上海中医药杂志 | 1989,(12):27 |
| 肾咳治验 | 冯怀英 | 四川中医 | 1989,(12):13 |
| 谈谈肿瘤的中医治疗 | 林起铨 | 安徽中医学院学报 | 1990,(1):62 |
| 中医内伤发热证的护理体会 | 方耀霞等 | 蚌埠医学院学报 | 1990,(1):55 |
| 带下病从肝论治的体会 | 胡禄庭 | 甘肃中医 | 1990,(1):31 |
| 论失精(续) | 华良才 | 甘肃中医学院学报 | 1990,(1):29 |
| 从奇恒之腑初探狂病的机理 | 陶国卿 | 甘肃中医学院学报 | 1990,(1):35 |
| 寒湿困脾是痿证的一个重要证型 | 汪　济 | 贵阳中医学院学报 | 1990,(1):59 |
| 略谈口疮的辨证论治 | 韩先知 | 河北中医 | 1990,(1):26 |
| 男性生殖病证从肝论治 | 阎洪琪 | 黑龙江中医药 | 1990,(1):24 |
| 胃脘痛治验 | 邱友文 | 湖北民族学院学报(医学版) | 1990,(1):37 |
| 脑动脉硬化症之我见 | 杨先环 | 湖北中医杂志 | 1990,(1):27 |
| “气反”证治体会 | 罗水泉 | 湖南中医杂志 | 1990,(1):11 |
| 咳嗽从肝论治浅识 | 彭述宪 | 湖南中医杂志 | 1990,(1):7 |
| 心衰病人的中医辨证施护 | 聂　慧 | 湖南中医杂志 | 1990,(1):46 |
| 饮食生冷所致咳嗽的辨治 | 苏热尔图 | 内蒙古中医药 | 1990,(1):35 |
| 功能性泪溢从肾论治 | 顾文斌 | 山西中医 | 1990,(1):25 |
| 中风察瞳神刍议 | 陈中跃 | 陕西中医 | 1990,(1):46 |
| 肝病过程中几种主要症状的中医治疗浅见 | 周学池 | 实用中医内科杂志 | 1990,(1):28 |

| | | | |
|---|---|---|---|
| 论慢性肾小球疾病中的燥邪 | 王光大等 | 实用中医内科杂志 | 1990,(1):22 |
| 老年肾虚病案 | 王东平 | 四川中医 | 1990,(1):11 |
| 慢性腹泻小议 | 沈敬仁 | 天津中医学院学报 | 1990,(1):27 |
| 疮疡与饮食 | 许鹏光 | 现代中医药 | 1990,(1):29 |
| 阳虚动风治验 | 周平龙 | 新疆中医药 | 1990,(1):58 |
| 绝经前后诸证宜从肝论治 | 何月芬 | 新中医 | 1990,(1):1 |
| 不孕症从肾论治五法 | 秦志灵等 | 中医药学刊 | 1990,(1):38 |
| 痿证琐谈 | 张反修 | 中医药学刊 | 1990,(1):19 |
| 小儿温病证治方论(三) | 郭振球 | 中医药学刊 | 1990,(1):28 |
| 干燥综合征的辨证施护 | 谢静萍 | 中医药学刊 | 1990,(1):35 |
| "煎厥"析疑 | 张　毅 | 中医药学刊 | 1990,(1):21 |
| 支气管哮喘从肺论治之浅识 | 白尚伟 | 中医药研究 | 1990,(1):33 |
| 咯血治验 | 彭　暾 | 北京中医 | 1990,(2):59 |
| 论痛 | 李惠德 | 北京中医 | 1990,(2):43 |
| 谈胃脘痛的临床辨治 | 戴月笙等 | 福建中医药 | 1990,(2):33 |
| 失精(续) | 华良才 | 甘肃中医学院学报 | 1990,(2):12 |
| 温病琐言与诊治鳞爪 | 郭谦亨 | 甘肃中医学院学报 | 1990,(2):3 |
| 舌诊对肺心病的诊断价值 | 安真光等 | 甘肃中医学院学报 | 1990,(2):33 |
| 六经病欲解时机理及临床意义 | 童增华 | 甘肃中医学院学报 | 1990,(2):41 |
| 尪痹证治 | 陆桂贵 | 贵阳中医学院学报 | 1990,(2):29 |
| 疏肝法治疗男性不育小议 | 赵加泉 | 贵阳中医学院学报 | 1990,(2):43 |
| 自笑症验案两则 | 于伟臣 | 国医论坛 | 1990,(2):28 |
| "阳阴交"辨析 | 吴　成 | 国医论坛 | 1990,(2):11 |
| 类风湿性关节炎的中医治疗 | 刘进子 | 河北中医 | 1990,(2):24 |
| 脑动脉硬化中医治疗进展 | 王守信 | 河北中医 | 1990,(2):43 |
| 男子冲任失调初探 | 张军平 | 山西中医 | 1990,(2):10 |
| 痿症两则治验 | 宋善安等 | 陕西中医 | 1990,(2):77 |
| 肥胖症的病因病机初探 | 华　青 | 陕西中医 | 1990,(2):71 |
| 头摇治验1例 | 丁云贵 | 实用中医内科杂志 | 1990,(2):46 |
| 膀胱咳案 | 王　秋 | 四川中医 | 1990,(2):19 |
| 试述"六经病" | 郭贵明 | 四川中医 | 1990,(2):18 |
| 泄泻与痢疾 | 赵恩俭等 | 天津中医学院学报 | 1990,(2):2 |
| 生理性带下产生机理及临床意义 | 单志群等 | 现代中医药 | 1990,(2):39 |
| 肝风六种证治浅析 | 刘欢祖 | 新疆中医药 | 1990,(2):6 |
| 老年失眠病辨证论治体会 | 亢海荣 | 新中医 | 1990,(2):54 |
| 内经与临床——"因于湿,首如裹" | 刘红阳 | 中国临床医生 | 1990,(2):44 |
| 中医急症诊治研究发展趋势浅述 | 徐立然 | 中医研究 | 1990,(2):46 |
| 不孕症分型及其治疗 | 李德时 | 中医药学刊 | 1990,(2):32 |
| 试述舌衄的中医治疗 | 陈　华等 | 中医药学刊 | 1990,(2):45 |
| 从肺论治中耳炎的体会 | 李书良 | 中医杂志 | 1990,(2):16 |
| 更年期综合征证治 | 高志林等 | 贵阳中医学院学报 | 1990,(3):53 |
| 小儿夏季百日咳治疗体会 | 禹正玲 | 贵阳中医学院学报 | 1990,(3):28 |
| 慢性肾炎血淤证的形成原因探析 | 刘宏伟 | 贵阳中医学院学报 | 1990,(3):13 |
| 老年人胃痛证治刍议 | 房静远 | 辽宁中医杂志 | 1990,(3):41 |
| 浅谈青春期崩漏重在治肾的体会 | 吴　萍等 | 辽宁中医杂志 | 1990,(3):27 |
| 神志病从胃论治一得 | 田雨河 | 山西中医 | 1990,(3):11 |

| | | | |
|---|---|---|---|
| 低热治验3则 | 孙伯琴等 | 实用中医内科杂志 | 1990,(3):35 |
| 气反证治举隅 | 黄道富等 | 实用中医内科杂志 | 1990,(3):38 |
| 半夜阴阳交替与发病的关系 | 韩贵周 | 实用中医内科杂志 | 1990,(3):28 |
| “肺主肃降,通调水道”与肺内心钠素样物质的关系 | 王晓东等 | 实用中医药杂志 | 1990,(3):31 |
| 话痰饮 | 杜见斌 | 四川中医 | 1990,(3):10 |
| 浅谈夏季附子在寒痹中的运用 | 吴锦国 | 四川中医 | 1990,(3):37 |
| 产后尿闭治验 | 李明方 | 天津中医药 | 1990,(3):31 |
| 误服鹿茸暴盲案 | 袁博渊 | 新疆中医药 | 1990,(3):56 |
| 精子异常的辨证论治心得 | 刘欢祖 | 新疆中医药 | 1990,(3):1 |
| 化脓的审因论治 | 李加坤 | 新疆中医药 | 1990,(3):31 |
| 小儿癫痫的辨证治疗 | 周天心 | 新中医 | 1990,(3):47 |
| 阳痿治肝三则 | 彭世桥 | 云南中医中药杂志 | 1990,(3):34 |
| 论胆胀病 | 赵志付等 | 中华中医药杂志 | 1990,(3):3 |
| 气胎治验 | 陈树芝 | 中医药学刊 | 1990,(3):36 |
| 中风失语症治验 | 赵国权 | 中医药学刊 | 1990,(3):41 |
| 从肝论治阳萎一得 | 左秀玲 | 河北中医 | 1990,(4):13 |
| 水肿病从气论治的应用 | 山广志等 | 黑龙江中医药 | 1990,(4):26 |
| 烦、躁有别琐谈 | 柴中元 | 吉林中医药 | 1990,(4):45 |
| 热痹成因之我见 | 尚长虹 | 吉林中医药 | 1990,(4):44 |
| 对肾痹善胀的认识 | 付新利等 | 山东中医药大学学报 | 1990,(4):11 |
| 小议水肿与阴虚 | 王怀平 | 陕西中医 | 1990,(4):190 |
| 阳萎从肝论治100例 | 钱　菁 | 上海中医药杂志 | 1990,(4):23 |
| 慢性咽炎与慢性胃炎的临证体会 | 宋善安等 | 新中医 | 1990,(4):26 |
| 从脏腑学说探讨头部内伤的生理病理 | 王维佳 | 浙江中医药大学学报 | 1990,(4):11 |
| 从肾论治不孕症 | 陈尚志 | 浙江中医药大学学报 | 1990,(4):24 |
| 关于痛经的中医治疗与研究概况 | 刘雅超等 | 中医药信息 | 1990,(4):19 |
| 对慢性肾炎阴虚水肿证治疗体会 | 李茁然等 | 中医药学报 | 1990,(4):28 |
| 《内经》水肿病机理论述略 | 曲淑琴等 | 中医药学刊 | 1990,(4):4 |
| 儿病论治宜重少阳 | 王道瑞 | 北京中医 | 1990,(5):30 |
| 心肾相关理论在冠心病发病学中的意义 | 郭海川等 | 国医论坛 | 1990,(5):15 |
| 浅谈痹证之护理 | 金必忠等 | 湖南中医杂志 | 1990,(5):35 |
| 从肝论治男科病验案举隅 | 张　济 | 吉林中医药 | 1990,(5):16 |
| 谈胃肠病治从理肺 | 苏衍卿等 | 山东中医杂志 | 1990,(5):15 |
| 阳痿从肝论治二例 | 李　刚 | 山东中医杂志 | 1990,(5):46 |
| 痞满治验 | 顾丕荣等 | 山西中医 | 1990,(5):38 |
| 神经衰弱辨证论治五法 | 李增兰 | 山西中医 | 1990,(5):20 |
| 论五脏皆郁与妇女经期乳胀 | 张宽智 | 陕西中医 | 1990,(5):213 |
| 浅谈肩周炎的病机与综合治疗 | 曾慎九 | 四川中医 | 1990,(5):20 |
| 瘀血与血瘀之我见 | 陆文生等 | 四川中医 | 1990,(5):54 |
| 浅谈心病的论治 | 孟文焕 | 四川中医 | 1990,(5):29 |
| 老年石瘕治验 | 王世隆 | 现代中医药 | 1990,(5):21 |
| 略论咳嗽治肝 | 吴明华等 | 浙江中医药大学学报 | 1990,(5):42 |
| 癫痫的针灸疗法概况 | 孙　杰 | 中华中医药杂志 | 1990,(5):64 |
| 链霉素耳中毒的中医治疗概况 | 张　伟 | 中医药信息 | 1990,(5):15 |
| 阳黄与急黄辨析 | 朱起贵 | 中医药学刊 | 1990,(5):36 |
| 略论《内经》对虚证的辨证 | 陶晓华 | 中医药学刊 | 1990,(5):5 |

| | | | |
|---|---|---|---|
| 关于胃府形态病理——胃下的证治 | 徐景藩 | 中医药研究 | 1990,(5):6 |
| 按摩与针灸的协同作用 | 王昕耀 | 按摩与导引 | 1990,(6):17 |
| 心源性休克辨治 | 廖家桢等 | 北京中医 | 1990,(6):12 |
| 类风湿性关节炎治则刍议 | 张建明 | 福建中医药 | 1990,(6):50 |
| 小儿久咳从脾论治 | 刘俊德等 | 河北中医 | 1990,(6):21 |
| 小儿遗尿治验 | 于桂芳 | 黑龙江中医药 | 1990,(6):37 |
| 肝病临证论治 | 王俊槐 | 湖北中医杂志 | 1990,(6):33 |
| 痹证有痰说 | 姜丰山 | 吉林中医药 | 1990,(6):45 |
| 失表刍议 | 胡国俊 | 江苏中医药 | 1990,(6):35 |
| 脱发治肺 | 张珍玉 | 山东中医杂志 | 1990,(6):43 |
| 祛瘀接骨说初探 | 沈钦荣等 | 山西中医 | 1990,(6):4 |
| 论目病多郁 | 肖家翔 | 陕西中医 | 1990,(6):262 |
| 膀胱病论治 | 孟文焕 | 四川中医 | 1990,(6):3 |
| 乳痈治验 | 贺　军 | 天津中医药 | 1990,(6):25 |
| 经期痿躄一例治验 | 夏雨顺 | 中医药学报 | 1990,(6):9 |
| 颈腰椎骨质增生从肾论治浅识 | 曾汉章 | 中医药研究 | 1990,(6):30 |
| 治咳心得 | 凌耀星 | 上海中医药杂志 | 1990,(7):24 |
| 从痰治验肝胆管结石 | 陆　明 | 四川中医 | 1990,(7):27 |
| 疑难杂症从脾论治探讨 | 仝选甫 | 新中医 | 1990,(7):36 |
| 从精论治男性不育症 | 潘文奎 | 辽宁中医杂志 | 1990,(8):5 |
| 《内经》痹证三说 | 陆纪宏 | 陕西中医 | 1990,(8):378 |
| 阳萎从经络论治 | 肖亚明 | 上海中医药杂志 | 1990,(8):23 |
| 《内经》"气病"治验一得 | 庞东升 | 四川中医 | 1990,(8):11 |
| 试谈冲脉源流及其为病的治法 | 谭一松 | 江苏中医药 | 1990,(9):37 |
| 痛经从气辨治四法 | 刘　芳 | 陕西中医 | 1990,(9):431 |
| 头痛眩晕从肝肾论治 | 龚其恕 | 四川中医 | 1990,(9):23 |
| 脏躁治验 | 李　东 | 四川中医 | 1990,(9):24 |
| 瘈瘲治验 | 何家苗 | 四川中医 | 1990,(9):23 |
| 内经与临床——喘病与肾的关系 | 马嘉慈 | 中国临床医生 | 1990,(9):55 |
| 耳鸣从肺论治 24 例 | 章浩军 | 辽宁中医杂志 | 1990,(10):30 |
| 从肝论治不射精症 | 徐生生 | 四川中医 | 1990,(10):41 |
| 上病下取治急症 | 梁平根 | 新中医 | 1990,(10):18 |
| 退黄毋忘治肺 | 王春生 | 新中医 | 1990,(10):45 |
| 七情与癌的发生 | 赵景芳等 | 江苏中医药 | 1990,(11):42 |
| 浅论"脾病而四肢不用"的证治 | 潘文奎 | 江苏中医药 | 1990,(11):47 |
| 老年心身疾病与抗衰长寿 | 郭振球 | 辽宁中医杂志 | 1990,(11):5 |
| 试论小儿哮喘之"宿根" | 薛　玑 | 陕西中医 | 1990,(11):527 |
| 带下之治勿忘调肺 | 雷新民 | 陕西中医 | 1990,(11):526 |
| 胃脘痛的辨治经验 | 王纪民 | 四川中医 | 1990,(11):23 |
| 气郁肝经经脉治验 | 张连城等 | 新中医 | 1990,(11):20 |
| 舌麻证治刍言 | 郝文轩 | 江苏中医药 | 1990,(12):39 |
| 《内经》治痿之管见 | 解　秋 | 四川中医 | 1990,(12):10 |
| 鼻衄、红汗、倒经辨析 | 潘旭东 | 安徽中医学院学报 | 1991,(1):63 |
| 糖尿病淤血近代研究概述 | 刘运耀 | 福建中医药 | 1991,(1):53 |
| 小议肾无实证 | 陈扬荣 | 福建中医药 | 1991,(1):52 |
| 慢性骨髓炎治验 | 李森海 | 河北中医 | 1991,(1):47 |

| | | | |
|---|---|---|---|
| 浅谈从肝论治心悸 | 李瑞琛 | 河北中医 | 1991,(1):5 |
| 从肝论治内眼病 | 张子兴 | 河北中医 | 1991,(1):13 |
| 肝咳治肝举隅 | 尹修海 | 湖南中医学院学报 | 1991,(1):25 |
| 《内经》"喉痹"浅识 | 郑日新等 | 湖南中医学院学报 | 1991,(1):46 |
| 水肿治淤临证心得 | 蒋先云 | 湖南中医杂志 | 1991,(1):16 |
| "息积"与"胆石" | 张　武 | 吉林中医药 | 1991,(1):44 |
| 糖尿病并阳萎2例中医治验 | 李　明 | 兰州大学学报(医学版) | 1991,(1):16 |
| 浅谈心肌梗塞的辨证施护 | 辛文华 | 内蒙古中医药 | 1991,(1):42 |
| 心神失调与冠心病 | 屈百鸣等 | 山东中医药大学学报 | 1991,(1):14 |
| 单腹胀从血论治 | 杨同锡 | 陕西中医学院学报 | 1991,(1):11 |
| 蛋白尿临证治疗初得 | 温丽丽 | 陕西中医学院学报 | 1991,(1):25 |
| 心悸从五脏辨证论治 | 缪克明等 | 实用中医内科杂志 | 1991,(1):1 |
| 慢性前列腺炎的证治探讨 | 赵国仁 | 四川中医 | 1991,(1):22 |
| 肝气虚证 | 崔　明 | 泰山医学院学报 | 1991,(1):69 |
| 略论《内经》内科病症的特点 | 杨毓隽 | 天津中医学院学报 | 1991,(1):7 |
| 脾疸治验1则 | 赵凤林 | 现代中医药 | 1991,(1):11 |
| 心胀病临床探讨 | 王克文 | 延边大学医学学报 | 1991,(1):46 |
| 晨泄刍言 | 吕敬仁等 | 中医药临床杂志 | 1991,(1):51 |
| 减肥与饮食 | 孔秀堤 | 中医药临床杂志 | 1991,(1):58 |
| 慢性肝病康复三要 | 吴沛田 | 中医药临床杂志 | 1991,(1):62 |
| 第三腰椎横突症的病理形态学研究 | 刘仁义等 | 中医药学报 | 1991,(1):32 |
| 老年肝气虚血滞的理论探讨 | 郑洪新等 | 中医药学刊 | 1991,(1):19 |
| 李东垣从清阳论治眼病浅析 | 肖家翔 | 安徽中医学院学报 | 1991,(2):5 |
| 近年眼病从脾论治概要 | 肖泉翔等 | 北京中医 | 1991,(2):52 |
| 略评心律紊乱的脉象描述 | 徐　珊 | 北京中医 | 1991,(2):12 |
| 遗尿与尿失禁的辨治 | 吕仁和 | 北京中医 | 1991,(2):8 |
| 阳萎从肝论治 | 罗富春 | 北京中医 | 1991,(2):47 |
| 糖尿病瘀血研究进展 | 申　健 | 甘肃中医学院学报 | 1991,(2):55 |
| 心气虚证患者肺功能与心脏功能变化的相关关系初探 | 张立等 | 甘肃中医学院学报 | 1991,(2):7 |
| "黄疸之病当以十八日为期"之管见 | 郦永平等 | 国医论坛 | 1991,(2):5 |
| 热病的饮食护理 | 刘建亮等 | 湖南中医杂志 | 1991,(2):48 |
| 形盛气衰证治验 | 谭圣娥 | 湖南中医杂志 | 1991,(2):25 |
| 类中危候闭证救治刍议 | 钱正贤等 | 江西中医学院学报 | 1991,(2):30 |
| 浅谈男子性功能障碍从肝论治 | 张利民 | 江西中医药 | 1991,(2):23 |
| 从《内经》厥阴病看后世的继承和发展 | 万友生 | 江西中医药 | 1991,(2):4 |
| 精神分裂症从肝论治 | 涂世福 | 江西中医药 | 1991,(2):42 |
| 谈眩晕 | 王俊华等 | 锦州医学院学报 | 1991,(2):148 |
| 痰证从肝论治经验 | 承忠委等 | 辽宁中医杂志 | 1991,(2):10 |
| 老年性骨质疏松从肾论治 | 朱麟祥 | 山东中医杂志 | 1991,(2):12 |
| 奇证从痰论治二则 | 张子惠 | 山西中医 | 1991,(2):46 |
| 五脏咳嗽的病因证治 | 陈建平 | 山西中医 | 1991,(2):51 |
| 遗尿症从肺论治体会 | 杨志明 | 陕西中医 | 1991,(2):95 |
| 浅议情志与癌的关系 | 王宗柱 | 陕西中医学院学报 | 1991,(2):11 |
| 小儿呛咳治验 | 张树一 | 上海中医药杂志 | 1991,(2):8 |
| 口中甘治验 | 高瑛玲 | 四川中医 | 1991,(2):18 |
| 对《内经》论述水肿病的探讨 | 阴　斌 | 天津中医学院学报 | 1991,(2):3 |

| | | | |
|---|---|---|---|
| 火郁论 | 刘欢祖 | 新疆中医药 | 1991,(2):1 |
| 噎膈述略 | 何　任 | 新中医 | 1991,(2):24 |
| 略论《内经》目诊及对临床的指导意义 | 金仁炎 | 浙江中医药大学学报 | 1991,(2):6 |
| 肺痨四种主要症状的辨证施治 | 石宝林 | 中医药学刊 | 1991,(2):36 |
| 论肾实 | 赵　莉 | 中医药学刊 | 1991,(2):12 |
| 阴阳气血津液病变论治衡要 | 缪正来 | 中医药研究 | 1991,(2):15 |
| 九窍病从肝论治探讨 | 李　晶等 | 中医药研究 | 1991,(2):57 |
| 老年呆病的诊断、辨证分型及疗效评定标准(讨论稿) | 傅仁杰 | 中医杂志 | 1991,(2):56 |
| 强迫性神经症从胆论治一得 | 张连城 | 北京中医 | 1991,(3):23 |
| 泄泻证治十法体会 | 马　骏 | 北京中医 | 1991,(3):31 |
| 从标本中气说探《伤寒论》六经病 | 童增华 | 甘肃中医学院学报 | 1991,(3):18 |
| 肝病从瘀论治举隅 | 苏惠华 | 广西中医药 | 1991,(3):114 |
| 眩晕证治浅谈 | 王瑞华 | 河北中医 | 1991,(3):29 |
| 唾液腺萎缩 | 张学文 | 湖南中医杂志 | 1991,(3):33 |
| 《内经》偏枯病初探 | 鞠宝兆 | 辽宁中医杂志 | 1991,(3):3 |
| 经行头痛从肝论治 | 羊菊芬 | 南京中医药大学学报(自然科学版) | 1991,(3):101 |
| 呃逆从三焦论治验案 | 张德超 | 南京中医药大学学报(自然科学版) | 1991,(3):172 |
| 先天性巨结肠 | 何启新 | 山东中医杂志 | 1991,(3):9 |
| 重症涎唾治验 | 郭献珍 | 山西中医 | 1991,(3):44 |
| 老年病与肝肾关系 | 周　力 | 陕西中医学院学报 | 1991,(3):31 |
| 从脑的生理特性探讨脑病证治特点 | 张觉人 | 上海中医药杂志 | 1991,(3):8 |
| 脾瘅治验 | 高文轩 | 实用中医内科杂志 | 1991,(3):47 |
| 心气虚证的心功能表述 | 程　伟等 | 实用中医内科杂志 | 1991,(3):9 |
| 肾咳论治 | 王祖才 | 实用中医药杂志 | 1991,(3):30 |
| 睑废治验 | 陈翠华等 | 四川中医 | 1991,(3):52 |
| "痹"非痹证 | 周　健 | 四川中医 | 1991,(3):7 |
| 耳内定时奇痒案 | 蒋运祥 | 新中医 | 1991,(3):22 |
| 头痛刍议 | 何　任 | 新中医 | 1991,(3):19 |
| 失眠与半夏 | 李今庸 | 新中医 | 1991,(3):17 |
| 略论中风证治 | 葛琳仪 | 浙江中医药大学学报 | 1991,(3):15 |
| 脾热病初探 | 王长荣 | 浙江中医药大学学报 | 1991,(3):4 |
| 谈《内经》关于情志病及其调治 | 熊成熙 | 浙江中医药大学学报 | 1991,(3):52 |
| 痢证、脱肛验案 | 殷宝兰 | 针灸临床杂志 | 1991,(3):24 |
| 从血治痹验案二则 | 王东生 | 中医研究 | 1991,(3):39 |
| 温病概念之历史演变 | 聂　广 | 中医研究 | 1991,(3):7 |
| 试探《内经》有关喘症的记载 | 戴月笙 | 福建中医药 | 1991,(4):12 |
| 瘾疹辨证体会 | 舒　劲 | 甘肃中医 | 1991,(4):14 |
| 温病郁热证治理论浅探 | 刘兴旺 | 甘肃中医学院学报 | 1991,(4):1 |
| 从肝论治失眠 | 李营贵 | 河北中医 | 1991,(4):21 |
| 浅谈眼痛与肝的辨证论治 | 翟素兰等 | 河北中医 | 1991,(4):16 |
| 对张仲景论述风水病因证治的探讨 | 肖桂宏等 | 黑龙江中医药 | 1991,(4):10 |
| 略谈痿症证治 | 李古松 | 吉林中医药 | 1991,(4):18 |
| 心绞痛证治体会 | 周熙虎 | 江西中医药 | 1991,(4):13 |
| 小儿痿躄(肺热津伤证)治验 | 宋明山 | 江西中医药 | 1991,(4):28 |

| | | | |
|---|---|---|---|
| 血管性头痛 | 郝书江 | 山东中医杂志 | 1991,(4):50 |
| 中风发病的时间节律初探 | 段先志等 | 山西中医 | 1991,(4):10 |
| 略论“心水相关”与心水证治 | 刘超峰 | 陕西中医 | 1991,(4):167 |
| “痞”证别论 | 余绍源 | 实用医学杂志 | 1991,(4):203 |
| 中医辨证治疗胆汁返流性胃炎 | 葛晓东 | 实用中医内科杂志 | 1991,(4):32 |
| 妇科食疗刍议 | 盛玉凤 | 天津中医学院学报 | 1991,(4):46 |
| 试述肝之气虚证 | 王日洪 | 浙江中医药大学学报 | 1991,(4):11 |
| 小儿外感发热汗之无汗的证治 | 江　乐 | 中医研究 | 1991,(4):26 |
| 痹证从痰论治琐谈 | 余锡明 | 中医药临床杂志 | 1991,(4):33 |
| 脱发治验 | 程　信 | 中医药学报 | 1991,(4):40 |
| 月亮圆缺变化与抑郁狂躁病证 | 贺海军等 | 中医药学报 | 1991,(4):6 |
| 浅论三厥理论在治疗脑血管意外中的意义 | 杨新荣 | 中医药学刊 | 1991,(4):41 |
| 谈谈皮肤痛的证治思路 | 王洪图 | 中医杂志 | 1991,(4):55 |
| 僵人综合征治验 | 黄道富等 | 河北中医 | 1991,(5):18 |
| 产后腰痛从脾论治 | 任向毅等 | 河北中医 | 1991,(5):23 |
| 肝主疏泄与胸痹证治小议 | 宋维明等 | 河北中医 | 1991,(5):50 |
| 中医对艾滋病病因病理的认识 | 傅桂梅 | 河南预防医学杂志 | 1991,(5):852 |
| “痹证”随笔 | 毕　波等 | 吉林中医药 | 1991,(5):44 |
| 中医治疗充血性心力衰竭初探 | 曾小勇 | 江西中医药 | 1991,(5):8 |
| 活血化瘀是治疗急性脑出血的重要法则 | 选自《PJCM》 | 临床荟萃 | 1991,(5):230 |
| 视网膜脱离 | 潘法萱 | 山东中医杂志 | 1991,(5):53 |
| 风郁辨治浅述 | 程云山 | 山西中医 | 1991,(5):8 |
| 辨治青春期崩漏的经验 | 夏桂成 | 陕西中医 | 1991,(5):195 |
| 从心论治月经病 | 张天才 | 陕西中医 | 1991,(5):238 |
| 七情所致功能性男子不育的辨治 | 陆惠铭 | 上海中医药杂志 | 1991,(5):26 |
| 臌胀治验 | 黄英伟 | 四川中医 | 1991,(5):33 |
| 试论顽固性头痛与肝的关系 | 赵伟强 | 四川中医 | 1991,(5):23 |
| 五液病症久治不愈宜治肾 | 陈俊文等 | 新中医 | 1991,(5):48 |
| 喉痹浅析 | 邓和平 | 中医药信息 | 1991,(5):7 |
| 论糖尿病与脾 | 巩如伦等 | 中医药信息 | 1991,(5):5 |
| 肝郁疾病调四海 | 连增林 | 中医药学刊 | 1991,(5):27 |
| 脏腑相关学说在治疗心病中的体会 | 关宝莲等 | 中医药研究 | 1991,(5):24 |
| 不寐从胃论治琐谈 | 谢升彩 | 北京中医 | 1991,(6):16 |
| 缩阴症治验一则 | 刘建亮 | 国医论坛 | 1991,(6):14 |
| 《素问》“泾溲不利”新解 | 刘　晨 | 国医论坛 | 1991,(6):42 |
| 浅谈风病 | 徐才政 | 湖北中医杂志 | 1991,(6):48 |
| “四维相代”质疑 | 朱　倩等 | 吉林中医药 | 1991,(6):40 |
| 论中风病脏证 | 邵念方 | 山东中医药大学学报 | 1991,(6):17 |
| 从春温重证论邪气致虚 | 月　辰 | 山东中医杂志 | 1991,(6):45 |
| 戌亥子丑发病从脾肾立论 | 陆惠铭 | 山西中医 | 1991,(6):5 |
| 话说痹证的治疗 | 颜宏州 | 上海中医药杂志 | 1991,(6):13 |
| 血虚生风证综述 | 向跃前等 | 四川中医 | 1991,(6):8 |
| 试述分娩与月相的关系 | 韩纯庆 | 中医药信息 | 1991,(6):9 |
| 从脾论治肺胀体会 | 于爱国 | 中医药学刊 | 1991,(6):32 |
| 外感病感邪途径及发病部位刍议 | 徐　纲 | 中医药学刊 | 1991,(6):10 |
| 试析《内经》“痛”的病机 | 郑华启等 | 中医药学刊 | 1991,(6):2 |

| | | | |
|---|---|---|---|
| 阳萎从肝辨治规律之我见 | 金殿春 | 中医药研究 | 1991,(6):43 |
| 从《内经》看情志发病的表现及诊断 | 孙　桐等 | 江苏中医药 | 1991,(7):32 |
| 筋急证的临床特点与针灸治疗 | 刘金洪 | 江苏中医药 | 1991,(7):25 |
| 温热病治法析源 | 郑建功 | 辽宁中医杂志 | 1991,(7):1 |
| 抑郁狂躁与月亮圆缺变化的关系 | 贺海军 | 辽宁中医杂志 | 1991,(7):23 |
| 脾阴虚临床辨治体会 | 王心好 | 新中医 | 1991,(7):10 |
| 心咳及其治疗 | 张京安等 | 中医杂志 | 1991,(7):57 |
| 肝阳虚与眩晕 | 王孟祯 | 四川中医 | 1991,(8):24 |
| 口苦辨治举隅 | 庞东升 | 四川中医 | 1991,(8):10 |
| 劳风病辨析 | 冯延祥 | 四川中医 | 1991,(8):16 |
| 壮火食气案 | 张兴社 | 四川中医 | 1991,(8):22 |
| 论强壮灸法 | 盛燮荪等 | 中医杂志 | 1991,(8):9 |
| 为什么耳胀闭与饮停中耳有关如何治疗 | 谭敬书 | 中医杂志 | 1991,(8):55 |
| 口苦治验谈 | 陆文生 | 江苏中医药 | 1991,(9):20 |
| 妇科病从肺论治拾零 | 承忠委等 | 辽宁中医杂志 | 1991,(9):3 |
| 慢性胃炎用药宜忌 | 萧泽民 | 陕西中医 | 1991,(9):430 |
| 胆胃相关的生理病理与临床证治 | 柴可群等 | 陕西中医 | 1991,(9):407 |
| 便秘治肺琐谈 | 王世彪等 | 陕西中医 | 1991,(9):431 |
| 胁痛病因病机浅谈 | 林茂云 | 四川中医 | 1991,(9):13 |
| 肾病综合征蛋白尿的中医辨证施治 | 吴奕强 | 广州中医药大学学报 | 1991,(Z1):135 |
| 42 例血尿辨证施治观察 | 方筠卿 | 福建中医药 | 1992,(1):16 |
| 消渴 | 陈振相等 | 河北中医 | 1992,(1):35 |
| 辩证治疗崩漏 23 例 | 王秀清 | 菏泽医学专科学校学报 | 1992,(1):45 |
| 乙型肝炎的病机探讨 | 郭传安 | 菏泽医学专科学校学报 | 1992,(1):39 |
| 瘀血眩晕论治七法 | 王笑梅等 | 黑龙江医药科学 | 1992,(1):55 |
| 男性不育从肾论治三法 | 胡烈玲 | 湖北民族学院学报（医学版） | 1992,(1):34 |
| “气反”治验二则 | 彭正炎 | 湖北中医杂志 | 1992,(1):40 |
| 肝阳虚证治验二则 | 黄荣高 | 湖北中医杂志 | 1992,(1):35 |
| 从慢性支气管炎的骨密度改变论久咳伤肾 | 郭素华等 | 华西医学 | 1992,(1):46 |
| 瘀血与内风关系的探讨 | 何光明等 | 吉林中医药 | 1992,(1):4 |
| 气血病证辨治撷要 | 文斐玉 | 江西中医学院学报 | 1992,(1):23 |
| 五更泻辨治探讨 | 姜国平 | 江西中医学院学报 | 1992,(1):19 |
| 从肝论治肠痈举隅 | 喻建平 | 江西中医药 | 1992,(1):35 |
| 哮证浅议 | 李国辰 | 山东中医杂志 | 1992,(1):11 |
| 略论肺病血证辨治 | 宫伟星 | 实用医学杂志 | 1992,(1):41 |
| 前列腺增生并发尿潴留临证拾零 | 赵国仁等 | 四川中医 | 1992,(1):16 |
| 中医治疗男性性功能障碍 | 李树琦 | 天津中医学院学报 | 1992,(1):12 |
| 判断疑难病证的要素 | 储秀珍 | 现代中医药 | 1992,(1):11 |
| 《内经》对疑难病证的认识初探 | 邢玉瑞 | 现代中医药 | 1992,(1):17 |
| 阴阳节律与临床施治 | 夏质彬 | 新疆中医药 | 1992,(1):3 |
| 席汉氏综合征治验 | 孟宪庆 | 新中医 | 1992,(1):22 |
| 暴盲从肝肾论治 | 吴辉华 | 新中医 | 1992,(1):21 |
| 补肾调冲任治疗乳癖 | 陈桂珍 | 云南中医学院学报 | 1992,(1):10 |
| 头痛治肝医案 8 则 | 彭述宪 | 云南中医学院学报 | 1992,(1):36 |
| 哮证浅议 | 李心机 | 中医药学刊 | 1992,(1):8 |

| | | | |
|---|---|---|---|
| 失音证治初探 | 邵荣世等 | 中医药学刊 | 1992,(1):42 |
| 《内经》热病论 | 赵明山 | 中医药学刊 | 1992,(1):3 |
| 谈脾胃为水液代谢之中枢 | 董秀文 | 中医药研究 | 1992,(1):28 |
| 百日咳从胃论治六法 | 许耀恒等 | 安徽中医学院学报 | 1992,(2):24 |
| 急症推拿刍议 | 王华兰 | 按摩与导引 | 1992,(2):13 |
| 脾阴虚证治浅谈 | 张志强等 | 河北中医 | 1992,(2):43 |
| 浅谈肝虚证在肝病中的意义 | 徐炳琅 | 湖北中医杂志 | 1992,(2):38 |
| 略谈脾胃咳及其治疗 | 张心夷 | 湖南中医杂志 | 1992,(2):9 |
| 消渴病临床治疗体会 | 刘德正 | 吉林中医药 | 1992,(2):22 |
| 臌胀刍议 | 何宏邦 | 辽宁中医杂志 | 1992,(2):19 |
| 对五官科升清降浊的探讨 | 陈宪民 | 山东中医杂志 | 1992,(2):6 |
| 心房颤动的治疗体会 | 徐乃西等 | 山东中医杂志 | 1992,(2):21 |
| 巅顶头痛三则 | 乔胜民 | 山东中医杂志 | 1992,(2):29 |
| 半身闭汗治验 | 沈才栋 | 山西中医 | 1992,(2):17 |
| 辨证治疗脑萎缩病的体会 | 陶履冰 | 山西中医 | 1992,(2):16 |
| 浅谈急性腹痛的辨证规律 | 王廉生 | 陕西中医 | 1992,(2):65 |
| 多年两足心热治验一则 | 田国团 | 时珍国医国药 | 1992,(2):59 |
| 祖国医学有关腹证的病因与辨证 | 温长路等 | 实用中医内科杂志 | 1992,(2):12 |
| 闭经证治六法 | 张惠和等 | 四川中医 | 1992,(2):46 |
| 脾咳证治 | 兰明寿 | 四川中医 | 1992,(2):31 |
| 痉病食复话浮肿 | 许荣正 | 新疆中医药 | 1992,(2):63 |
| 略论老年期痴呆的证治 | 王坤山等 | 新疆中医药 | 1992,(2):15 |
| 老年痴呆的辨证治疗 | 傅　陆等 | 新中医 | 1992,(2):51 |
| 梅核气变证论治 | 邱美和 | 新中医 | 1992,(2):14 |
| 老年性痴呆的病机治则刍议 | 刘丽坤等 | 中医药信息 | 1992,(2):3 |
| 冲脉病候治验 | 李历城等 | 中医药学报 | 1992,(2):13 |
| 《内经》内伤发热证治 | 王建康 | 中医药学刊 | 1992,(2):7 |
| 《内经》热病论(二) | 赵明山 | 中医药学刊 | 1992,(2):4 |
| 从血液的生成和运行谈淤血的成因及其辨证施治 | 李今庸 | 中医药研究 | 1992,(2):13 |
| 喘证的临床特征和 X 线表现 | 宋宝珠 | 安徽中医学院学报 | 1992,(3):57 |
| 《内经》论肝病与瘀血 | 王建康等 | 成都中医药大学学报 | 1992,(3):6 |
| 急慢性肾炎的辨证论治 | 贲月荣 | 大连大学学报 | 1992,(3):70 |
| 肝气虚证治浅探 | 周文祥 | 甘肃中医 | 1992,(3):7 |
| 痿证治验二例 | 田　义 | 甘肃中医学院学报 | 1992,(3):28 |
| 阳痿从肝论治验案 | 回克义 | 广西中医药 | 1992,(3):22 |
| 胃病从肾论治说 | 魏秋林等 | 河北中医 | 1992,(3):31 |
| 冠心病本虚标实病机浅探 | 贺泽龙等 | 湖南中医学院学报 | 1992,(3):9 |
| 阳痿从脾胃论治 | 周钖鹏 | 湖南中医杂志 | 1992,(3):50 |
| 口臭治胆验案 | 葛志奇 | 江西中医药 | 1992,(3):62 |
| 血淤证古典辨证诊断探讨 | 王　阶等 | 辽宁中医杂志 | 1992,(3):12 |
| 论"闷咳"证治 | 胡国俊 | 辽宁中医杂志 | 1992,(3):10 |
| 浅谈老年病特点 | 王晓勤等 | 青海医药杂志 | 1992,(3):5 |
| 论中风命名 | 张洪斌 | 山东中医药大学学报 | 1992,(3):9 |
| 经前便血从肝治验 | 徐元进等 | 山东中医杂志 | 1992,(3):52 |
| 内伤发热辨证施护体会 | 黑莲芝 | 陕西中医 | 1992,(3):118 |
| 缩阴症 8 例治验 | 陈良春 | 陕西中医 | 1992,(3):123 |

| | | | |
|---|---|---|---|
| 试探阴阳失衡的病理分期及治疗 | 周俊文 | 陕西中医学院学报 | 1992,(3):11 |
| 脾胃病从肺治浅析 | 姜莉芸 | 陕西中医学院学报 | 1992,(3):8 |
| 浅谈中风的辨证施治 | 鞠世屏等 | 实用中医内科杂志 | 1992,(3):16 |
| 口疾从脾胃治验 | 王义和等 | 四川中医 | 1992,(3):11 |
| 治疗消渴病谈养阴活血 | 刘润来等 | 泰山医学院学报 | 1992,(3):295 |
| 浅淡冠心病的中医护理 | 刘秀珍 | 天津中医学院学报 | 1992,(3):47 |
| 浅论崩漏与湿郁韵关系 | 焦　茂 | 天津中医学院学报 | 1992,(3):18 |
| 痛经多因于瘀 | 罗元恺 | 新中医 | 1992,(3):19 |
| 男子更年期综合征的自我康复 | 熊成熙 | 中医药临床杂志 | 1992,(3):64 |
| 七情致病特点及其治疗 | 王拥军 | 中医药学刊 | 1992,(3):15 |
| 《内经》"后沃沫"治验 | 刘美文 | 中医杂志 | 1992,(3):57 |
| "冬伤于寒,春必温病"非论伏邪温病 | 马嘉慈 | 安徽中医学院学报 | 1992,(4):13 |
| 论五脏六腑咳及其证治 | 韩先知 | 甘肃中医学院学报 | 1992,(4):14 |
| 中医对脑动脉硬化的论述 | 白建民等 | 河北中医 | 1992,(4):30 |
| 脑萎缩证治初探 | 薛昌森 | 黑龙江中医药 | 1992,(4):10 |
| 中风从火热论治 | 阎满堂 | 湖南中医杂志 | 1992,(4):28 |
| 老年性痴呆从"胆"从"痰"论治初探 | 巫绍中 | 湖南中医杂志 | 1992,(4):3 |
| 疗胆胀　以通为法 | 李寿山等 | 辽宁中医杂志 | 1992,(4):18 |
| 中风分类之我见 | 刘伯祥 | 陕西中医 | 1992,(4):190 |
| 从《内经》预防思想谈中风的早期防治 | 阎玉宝 | 上海中医药杂志 | 1992,(4):35 |
| 阳痿调治三法 | 徐　静 | 实用中医内科杂志 | 1992,(4):46 |
| 谈崩漏从肾论治 | 王剑玲 | 天津中医学院学报 | 1992,(4):15 |
| 闭经多虚实夹杂治宜补攻兼施 | 罗元恺 | 新中医 | 1992,(4):16 |
| 试论胃脘痛的六经辨治 | 周庚生 | 浙江中医学院学报 | 1992,(4):9 |
| 视神经萎缩证治 | 姚芳蔚 | 中国中医眼科杂志 | 1992,(4):233 |
| 《素问》"劳风"浅识 | 李富汉等 | 中医研究 | 1992,(4):41 |
| 臌胀治验一则 | 马　庆等 | 中医药学报 | 1992,(4):32 |
| 胆囊炎证治 | 孙丽娜 | 中医药学刊 | 1992,(4):39 |
| 略论肺阳虚之证治 | 潘文奎 | 中医药学刊 | 1992,(4):16 |
| 浅论乳腺增生症及其中医治疗 | 樊淳理等 | 中医药研究 | 1992,(4):24 |
| 中医辨病论治探讨 | 林宗广 | 中医药研究 | 1992,(4):34 |
| 乳糜尿从脾论治之我见 | 王小芳 | 中医药研究 | 1992,(4):36 |
| 不寐从肝论治 | 赵新秀等 | 中医药研究 | 1992,(4):53 |
| 关于证候概念的探讨 | 邓中炎 | 广西中医药 | 1992,(5):35 |
| 急性感染性多发性神经根炎治疗体会 | 眭书魁等 | 河北中医 | 1992,(5):43 |
| 肝之功能与男科疾病 | 甘　雨 | 河北中医 | 1992,(5):33 |
| 肾实证雏议 | 李冬梅等 | 黑龙江中医药 | 1992,(5):51 |
| 咳厥治验 | 边秀珍 | 吉林中医药 | 1992,(5):17 |
| 危重积证验案 | 崔桂波 | 江苏中医药 | 1992,(5):18 |
| 阳虚动风证治 | 周平龙 | 江西中医药 | 1992,(5):27 |
| 从脾论治深部静脉炎 132 例 | 王景春 | 辽宁中医杂志 | 1992,(5):32 |
| 论阳萎从肺治 | 肖相如 | 辽宁中医杂志 | 1992,(5):12 |
| 浅谈慢性咳喘按"时间"论治 | 王学义 | 辽宁中医杂志 | 1992,(5):34 |
| 从五脏相关谈冠心病的病机与治法 | 薛一涛 | 山东中医药大学学报 | 1992,(5):10 |
| 季节变化对胃痛影响的调查分析 | 蒙木荣等 | 山西中医 | 1992,(5):13 |
| 带下病涵义补正 | 白雪峰 | 陕西中医 | 1992,(5):238 |

| | | | |
|---|---|---|---|
| 乳腺病证治一得 | 林中慈等 | 陕西中医 | 1992,(5):238 |
| 子宫内膜异位论治 | 许慧莉 | 陕西中医 | 1992,(5):239 |
| 从心辨治月经不调八法挈要 | 张宽智 | 陕西中医 | 1992,(5):207 |
| 祖国医学对骨质疏松症的认识 | 韦坚义 | 浙江中医学院学报 | 1992,(5):9 |
| 肾火齿痛案 | 李克绍 | 中医药研究 | 1992,(5):47 |
| 带状疱疹治验 | 王海江 | 中医杂志 | 1992,(5):53 |
| 口眼多动征治验 | 黄水源 | 福建中医药 | 1992,(6):36 |
| 试论调经之本在肾 | 王华秀 | 广西中医药 | 1992,(6):26 |
| 卵巢囊肿治验二则 | 邓彦彬 | 黑龙江中医药 | 1992,(6):29 |
| 慢性胆囊炎胆石症治验 | 梁　和等 | 黑龙江中医药 | 1992,(6):26 |
| 论淤血与消渴 | 徐　洁 | 湖北中医杂志 | 1992,(6):48 |
| 老年呆病应以填精为本 | 张君明 | 湖北中医杂志 | 1992,(6):49 |
| 脾亢血证 | 唐顺英 | 湖南中医杂志 | 1992,(6):34 |
| 喘咳试从肝论治刍议 | 方名涌 | 江西中医药 | 1992,(6):34 |
| 脱发证治小议 | 蔡凤群 | 山东中医杂志 | 1992,(6):8 |
| 《内经》论厥之探析 | 周国琪 | 上海中医药杂志 | 1992,(6):10 |
| 暑入膜原证治一得 | 金美亚 | 四川中医 | 1992,(6):17 |
| 对中风先兆的认识及防治 | 金绍贤等 | 天津中医药 | 1992,(6):12 |
| 面部神经麻痹综合治疗 | 王宝全 | 天津中医药 | 1992,(6):21 |
| 头痛治验举隅 | 崔金池 | 天津中医药 | 1992,(6):14 |
| 瘀血与月经病 | 孙树珍等 | 天津中医药 | 1992,(6):9 |
| 盆腔炎证治六法初探 | 秦志灵等 | 中医药学刊 | 1992,(6):44 |
| 舌病从胃论治验案 | 王彦刚 | 辽宁中医杂志 | 1992,(7):38 |
| 肝咳案 | 张心夷 | 四川中医 | 1992,(7):33 |
| 肝咳治验 | 兰明寿 | 四川中医 | 1992,(7):34 |
| 术后无名热治验 | 刘香民 | 四川中医 | 1992,(7):45 |
| 试述肝咳 | 胡义保等 | 四川中医 | 1992,(7):9 |
| 情志之郁与癔症证治 | 王长瀛 | 新中医 | 1992,(7):48 |
| 也谈肝硬变的辨证与治疗——兼与吴生昌同志商榷 | 朱方石 | 陕西中医 | 1992,(8):354 |
| 头部内伤从肾论治 | 章亚成 | 新中医 | 1992,(8):15 |
| “阳加于阴谓之汗”临证探析 | 陈宝树 | 中医杂志 | 1992,(8):57 |
| 荨麻疹验案5则 | 施汉章等 | 中医杂志 | 1992,(8):17 |
| 颈性疾病治重肝肾 | 单健民 | 中医杂志 | 1992,(8):59 |
| 中医辨治糖尿病回顾与进展 | 陈福君 | 辽宁中医杂志 | 1992,(9):5 |
| 肝气郁结与冠心病关系初探 | 杨亚平 | 陕西中医 | 1992,(9):400 |
| 哮喘有因血虚论 | 张建明 | 中医杂志 | 1992,(9):57 |
| 眩晕从瘀论治 | 张德超 | 中医杂志 | 1992,(9):15 |
| 痹证与肝郁关系之我见 | 王崇和 | 陕西中医 | 1992,(10):477 |
| 痰瘀成痹浅析 | 段玉堂 | 陕西中医 | 1992,(10):477 |
| 劳风证治 | 沈经宇 | 上海中医药杂志 | 1992,(10):12 |
| 气机升降失常对听觉的影响及证治 | 王学让 | 新中医 | 1992,(11):47 |
| 试论五脏皆可导致阳萎 | 王吉侯 | 新中医 | 1992,(11):15 |
| 中风不语针灸证治心得 | 孟宪坤 | 中医杂志 | 1992,(11):21 |
| 老年病治疗举隅 | 汪东丽 | 江苏中医药 | 1992,(12):12 |
| 试论从脾治淤 | 承忠委等 | 辽宁中医杂志 | 1992,(12):4 |
| 输卵管不通治疗体会 | 朱鸿全 | 陕西中医 | 1992,(12):565 |

| | | | |
|---|---|---|---|
| 略论崩漏的证机关键 | 戴居云等 | 陕西中医 | 1992,(12):542 |
| 《内经》六腑咳证治刍论 | 夏　斌 | 四川中医 | 1992,(12):2 |
| 五郁治则探析 | 武天立 | 新中医 | 1992,(12):13 |
| 谈谈肾小球肾炎的从肺施护 | 韩连云 | 安徽中医学院学报 | 1993,(1):40 |
| 析《灵枢·百病始生》"积聚"生成三要素 | 任占敏 | 北京中医 | 1993,(1):41 |
| 从脾论治视疲劳 | 金威尔 | 福建中医学院学报 | 1993,(1):30 |
| 瘥后证治初探 | 刘伯璋 | 甘肃中医学院学报 | 1993,(1):37 |
| 从中医学对胃脘痛的描述浅谈中医理论的系统性和科学性 | 向守蓉等 | 贵州医药 | 1993,(1):46 |
| 男性不育症与情志关系 | 薛安仁 | 河北中医 | 1993,(1):14 |
| 胸痹防治探微 | 胡红莲 | 湖北民族学院学报（医学版） | 1993,(1):39 |
| 中风后遗精神障碍症探赜 | 徐鸿海等 | 吉林中医药 | 1993,(1):8 |
| 浅谈心身疾病的发生 | 张晓芝 | 健康心理学杂志 | 1993,(1):43 |
| 小儿肾病综合征的治疗 | 朱锦善 | 江西中医药 | 1993,(1):9 |
| 论顽痰怪症多起于肝 | 马庆余 | 辽宁中医杂志 | 1993,(1):11 |
| 缺乳从肾论治初探 | 金　栋 | 辽宁中医杂志 | 1993,(1):10 |
| 癥瘕治验3则 | 钱　菁 | 南京中医药大学学报（自然科学版） | 1993,(1):39 |
| 男性更年期综合征机理探析 | 梁和平 | 青海医学院学报 | 1993,(1):33 |
| 妇科疾病治肺举隅 | 黄如朴等 | 山东中医杂志 | 1993,(1):22 |
| 谈水肿证治 | 孙奉升 | 山东中医杂志 | 1993,(1):12 |
| 妇科疾病与心理、社会因素 | 罗英华 | 山东中医杂志 | 1993,(1):10 |
| 活血化瘀与肝病小议 | 效守成 | 陕西中医 | 1993,(1):48 |
| 从胃肠论治心脑血管病浅探 | 曹廷华 | 陕西中医 | 1993,(1):27 |
| "食复"初探 | 刘建刚 | 陕西中医学院学报 | 1993,(1):13 |
| 罕见汗症治验 | 张明德等 | 四川中医 | 1993,(1):37 |
| 顽固性头痛治验 | 王昕致 | 四川中医 | 1993,(1):37 |
| 肝脾失调与内伤头痛的关系 | 田乃姮 | 天津中医药 | 1993,(1):23 |
| 老年性骨关节病从肾论治 | 周育智等 | 现代中医药 | 1993,(1):44 |
| 大肠咳 | 苏衍卿 | 新疆中医药 | 1993,(1):61 |
| 呃逆 | 牛忻群等 | 浙江中医药大学学报 | 1993,(1):55 |
| 出血性中风的证治经验 | 许振亚等 | 中医杂志 | 1993,(1):17 |
| 哭证辨治 | 童益本 | 北京中医 | 1993,(2):5 |
| 治疗产后脾虚湿郁的经验 | 陈淑容 | 福建中医药 | 1993,(2):41 |
| 尿血 | 李应寿 | 甘肃中医 | 1993,(2):42 |
| 中医学的"正气"与现代免疫学 | 赵炎声 | 甘肃中医 | 1993,(2):5 |
| 梦交一例治验 | 李育龙 | 甘肃中医学院学报 | 1993,(2):37 |
| 瘀血症诊治浅议 | 黄俊玉 | 甘肃中医学院学报 | 1993,(2):12 |
| 温病卫气营血辨证源流初探 | 邹克扬等 | 贵阳中医学院学报 | 1993,(2):1 |
| 痿证治验 | 何书光 | 海南大学学报（自然科学版） | 1993,(2):79 |
| 心衰证治三法 | 谢昌仁等 | 吉林中医药 | 1993,(2):2 |
| 概述我国古代对传染病病原的认识 | 陈道瑾 | 江苏中医药 | 1993,(2):40 |
| 眩晕医案四则 | 王秀华等 | 牡丹江医学院学报 | 1993,(2):127 |

| | | | |
|---|---|---|---|
| 眩晕证的中医治疗现状与评析 | 张海洲 | 南京中医药大学学报（自然科学版） | 1993,(2):62 |
| 躁狂抑郁性精神病中医辨证治疗探析 | 陈　杰 | 实用中医内科杂志 | 1993,(2):28 |
| 从“证”的整体探索中西医结合 | 何健村 | 实用中医药杂志 | 1993,(2):34 |
| 从肝论治阳痿的体会 | 任学迹 | 现代中医药 | 1993,(2):43 |
| 药物性皮炎治从太阴 | 王　丹 | 新疆中医药 | 1993,(2):21 |
| 略谈脾阴虚泄泻证治 | 李可上 | 新中医 | 1993,(2):46 |
| 肝胆病中医药防治体系的形成和发展 | 柯新桥 | 中西医结合肝病杂志 | 1993,(2):47 |
| 脾瘅病证治初探 | 杨晋翔 | 中医药学刊 | 1993,(2):39 |
| 试论脾阴虚及其证治 | 杨容青 | 中医药学刊 | 1993,(2):14 |
| 头痛的辨证与治疗 | 沙子仲等 | 中医药研究 | 1993,(2):31 |
| 鉴古观今论厥阴 | 万兰清等 | 中医杂志 | 1993,(2):72 |
| 辨治足痿五则 | 陈国华 | 安徽中医学院学报 | 1993,(3):38 |
| “内经”神病病名、病症名初探 | 周　杰等 | 北京中医 | 1993,(3):40 |
| 三焦腑病临证一得 | 秦俊岭 | 福建中医药 | 1993,(3):38 |
| 奔豚气之我见 | 沙子仲 | 甘肃中医 | 1993,(3):5 |
| 妇女更年期应注重从脾论治 | 郑月萍 | 甘肃中医 | 1993,(3):37 |
| 费伯雄论关格 | 徐　力等 | 甘肃中医学院学报 | 1993,(3):10 |
| 自哭症验案两则 | 孟庆树 | 贵阳中医学院学报 | 1993,(3):48 |
| 不育症从肝论治 | 齐继斌等 | 黑龙江中医药 | 1993,(3):23 |
| 调理肝肾治疗不孕症举隅 | 向一青 | 湖南中医杂志 | 1993,(3):15 |
| 血栓闭塞性脉管炎证治概述 | 薛　盟 | 吉林中医药 | 1993,(3):1 |
| 特发性水肿从肝脾论治 | 张心夷 | 江苏中医药 | 1993,(3):44 |
| 试析衰老的病机及防治 | 王裕颐等 | 山西中医 | 1993,(3):39 |
| 中风病恢复期本虚标实病机初探 | 李桥等 | 陕西中医 | 1993,(3):114 |
| 中风证病变部位在脑 | 王志秀 | 陕西中医 | 1993,(3):142 |
| 肥胖病中医病因病机及治疗概况 | 张志玲 | 陕西中医学院学报 | 1993,(3):37 |
| 癫痫病的病因病机及预后 | 曲艳津 | 实用中医内科杂志 | 1993,(3):12 |
| 胃咳临证 | 高永平 | 四川中医 | 1993,(3):21 |
| 肾性高血压病因病机与治则探讨 | 贾彦焘 | 天津中医药 | 1993,(3):8 |
| 治疗子烦一得 | 杜洪娟 | 天津中医药 | 1993,(3):10 |
| 眩晕病治疗体会 | 张淑婵 | 现代中医药 | 1993,(3):19 |
| 《内经》论喘证 | 谭一松等 | 现代中医药 | 1993,(3):4 |
| 浅谈痹证的论治 | 高彦辉 | 新疆中医药 | 1993,(3):62 |
| 虚体感冒探讨 | 施亦农 | 新疆中医药 | 1993,(3):18 |
| 痰瘀相关的证治管窥 | 郭宝瑞等 | 新乡医学院学报 | 1993,(3):234 |
| 带下并发肝经皮部痒疹治验 | 周铭心 | 新中医 | 1993,(3):18 |
| 痹证从肺论治 | 宋欣伟 | 新中医 | 1993,(3):9 |
| 略论脾阴虚证治 | 韩先知 | 浙江中医药大学学报 | 1993,(3):5 |
| 试论老年肾病的防治 | 周光楷 | 浙江中医药大学学报 | 1993,(3):48 |
| 《内经》论狂探析 | 王众东 | 浙江中医药大学学报 | 1993,(3):6 |
| 遗尿病证脾肾同治浅识 | 杨季国 | 中医药学刊 | 1993,(3):36 |
| 咳嗽从肝论治五法 | 韩先知 | 中医药学刊 | 1993,(3):32 |
| 小儿情志病浅说 | 崔应珉 | 中医药学刊 | 1993,(3):35 |
| 煎厥实质初探 | 何汶忠 | 中医药学刊 | 1993,(3):9 |
| 论中风之“气虚血瘀”论源流 | 王志坦 | 成都中医药大学学报 | 1993,(4):13 |

| | | | |
|---|---|---|---|
| 谈肾性水肿的中医治法 | 陈以君 | 福建中医学院学报 | 1993,(4):210 |
| 胆心综合征治验 | 郑　翔 | 福建中医药 | 1993,(4):42 |
| 衰老血瘀证的研究和活血化瘀法的应用 | 李建生等 | 福建中医药 | 1993,(4):22 |
| 女子血虚体质的病理实质 | 王展翔 | 甘肃中医学院学报 | 1993,(4):8 |
| 《内经》论咳初探 | 吴国其 | 广西中医药 | 1993,(4):30 |
| 岭南温病学说形成和研究现状 | 彭胜权 | 广州中医药大学学报 | 1993,(4):230 |
| 阳痿六经辨治 | 戴　玉 | 国医论坛 | 1993,(4):31 |
| 冠心病的中医辩证施治 | 许　有等 | 河北北方学院学报（医学版） | 1993,(4):55 |
| 溺血治验 | 杨凌革 | 黑龙江中医药 | 1993,(4):39 |
| 肾虚咳嗽 | 肖祥巍 | 湖南中医杂志 | 1993,(4):31 |
| 泄泻应养阴浅识 | 韩先知 | 吉林中医药 | 1993,(4):6 |
| 阳痿从脾论治体会 | 谢炳国 | 江西中医药 | 1993,(4):39 |
| 浅论心痹的病机与证治 | 钱元龙 | 江西中医药 | 1993,(4):23 |
| 析《内经》怒狂对精神疾病辨治之指导 | 丁德正 | 辽宁中医杂志 | 1993,(4):16 |
| 乳腺增生 | 赵　瑜 | 山东中医杂志 | 1993,(4):48 |
| 谈中风病从气论治 | 宋会都 | 山东中医杂志 | 1993,(4):8 |
| 谈糖尿病与脾的关系 | 石曾淑等 | 山东中医杂志 | 1993,(4):10 |
| 试论喘证当从五脏辩治 | 周光楷等 | 陕西中医 | 1993,(4):17 |
| 论肝与哮喘 | 夏光欣 | 陕西中医 | 1993,(4):19 |
| 流泪证治 | 曾明葵 | 陕西中医学院学报 | 1993,(4):19 |
| 从肺论治梅核气 | 王章理 | 四川中医 | 1993,(4):33 |
| 鼻衄一则 | 田青山 | 新中医 | 1993,(4):23 |
| 从“三部三脏相关说”论治耳病 | 邱美和 | 新中医 | 1993,(4):8 |
| 从“脏腑相关说”论治冠心病 | 陈　锋 | 新中医 | 1993,(4):10 |
| 慢性肝炎证治之我见 | 冯湛兰 | 浙江中医药大学学报 | 1993,(4):3 |
| 早期痈的消散与外治 | 鲁贤昌等 | 浙江中医药大学学报 | 1993,(4):22 |
| 中风中脏腑中经络之我见 | 陈　雷等 | 浙江中医药大学学报 | 1993,(4):8 |
| 咳喘从肝论治 | 王德玉等 | 浙江中医药大学学报 | 1993,(4):10 |
| 汗出偏沮治疗心得 | 牛满山 | 中华中医药杂志 | 1993,(4):41 |
| 崩漏的临证治疗 | 刘占本 | 中医药学刊 | 1993,(4):20 |
| 胃下垂分证论治举要 | 龚士澄 | 北京中医 | 1993,(5):29 |
| 拘证刍议 | 童益本 | 北京中医 | 1993,(5):8 |
| 心痛从肝论治 | 段慧杰等 | 河北中医 | 1993,(5):14 |
| 中国传统医学对老年痿证认识的源流 | 许健鹏等 | 黑龙江中医药 | 1993,(5):13 |
| 前额痛、眉棱骨痛辨治 | 彭述宪 | 湖南中医杂志 | 1993,(5):13 |
| 痛证调肝杂谈 | 盖国忠 | 吉林中医药 | 1993,(5):36 |
| 从肝胆论治顽固性失眠 | 刘敏伶 | 吉林中医药 | 1993,(5):16 |
| 慢性腹泻从肝肺论治 | 于立民 | 江西中医药 | 1993,(5):22 |
| 五脏为喑初探 | 张小平 | 江西中医药 | 1993,(5):51 |
| 痞满证治五则 | 周生彤 | 山东中医杂志 | 1993,(5):50 |
| 冠心病发病机理浅探 | 张继东等 | 山东中医杂志 | 1993,(5):4 |
| 面部蝶蝶斑从肺论治 | 程　文 | 现代中医药 | 1993,(5):27 |
| 夜半后腰痛的辨证论治 | 姜跃国 | 浙江中医学院学报 | 1993,(5):8 |
| 冠心病心绞痛治疗经验总结 | 李介鸣等 | 中华中医药杂志 | 1993,(5):54 |
| 进行性肌营养不良的辨治 | 黄坤强等 | 中华中医药杂志 | 1993,(5):59 |

| | | | |
|---|---|---|---|
| 尪痹三悟 | 闫小萍等 | 中华中医药杂志 | 1993,(5):47 |
| 从肝论治支气管哮喘 | 郭爱琴 | 中医药研究 | 1993,(5):30 |
| 口甘不尽属湿热 | 李兴培 | 中医杂志 | 1993,(5):315 |
| 痹病新识 | 王承德 | 中医杂志 | 1993,(5):315 |
| 中风中脏腑105例瞳神观察 | 遇林基 | 北京中医 | 1993,(6):52 |
| 从经筋论治坐骨神经痛 | 韦英才等 | 甘肃中医 | 1993,(6):6 |
| 谈谈呕吐的辨证施护 | 王国兰等 | 黑龙江医药科学 | 1993,(6):65 |
| 崩漏二则 | 曾莉芸 | 湖南中医杂志 | 1993,(6):36 |
| 老年久病宜治肾 | 杨吉水 | 江西中医药 | 1993,(6):41 |
| 胆移热于脑则辛頞鼻渊 | 陈国丰等 | 辽宁中医杂志 | 1993,(6):34 |
| 《内经》及后世医家关于精神病的论述 | 胡应芬等 | 山东中医药大学学报 | 1993,(6):14 |
| 头痛尿失禁交作 | 冯大千 | 山东中医杂志 | 1993,(6):47 |
| 咳嗽从胃论治 | 李智敏 | 山东中医杂志 | 1993,(6):49 |
| "壮火散气,少火生气"临床一得 | 朱进忠 | 山西中医 | 1993,(6):13 |
| 阳痿从肝论治五法 | 史连和 | 现代中医药 | 1993,(6):30 |
| 胃石症验案 | 孙彦章等 | 新中医 | 1993,(6):20 |
| 冠心病从肝论治探讨 | 杨秀飞 | 浙江中医药大学学报 | 1993,(6):37 |
| 水肿病治疗提要 | 李今庸等 | 中华中医药杂志 | 1993,(6):51 |
| 冠心病的情志调护 | 李贻文 | 中医药学刊 | 1993,(6):46 |
| 老年病治疗刍言 | 叶明珠 | 江苏中医药 | 1993,(7):40 |
| 牙痛治疗与脏腑归属及经络的关系 | 林仲民 | 江苏中医药 | 1993,(7):25 |
| 对中医"呕胆"一证的认识 | 费建平 | 辽宁中医杂志 | 1993,(7):17 |
| 从"形神相关"论治老年痴呆病浅析 | 沈舒文等 | 陕西中医 | 1993,(8):19 |
| 浅说气象病与季节病 | 杨乃栋 | 中国临床医生 | 1993,(8):15 |
| 恐伤肾的临床验证 | 潘焕鹤 | 江苏中医药 | 1993,(10):6 |
| 略论秋燥咳嗽 | 黄季伟 | 四川中医 | 1993,(10):19 |
| 阴疮须分寒热 | 罗元恺 | 新中医 | 1993,(10):16 |
| 治痹杂谈 | 王顺贤 | 江苏中医药 | 1993,(11):41 |
| 肺胀与肺气肿肺心病刍议 | 张惠云 | 陕西中医 | 1993,(11):48 |
| 《内经》眩晕病机十二条 | 王建康 | 四川中医 | 1993,(11):5 |
| 止痛证治 | 彭静山 | 辽宁中医杂志 | 1993,(12):14 |
| 经行耳衄治验 | 张毓汉 | 陕西中医 | 1993,(12):26 |
| 中风为什么有发于秋冬,有发于春夏 | 李恒敏 | 中医杂志 | 1993,(12):752 |
| 《内经》厥证浅议 | 谭一松等 | 安徽中医学院学报 | 1994,(1):5 |
| 口腔溃疡辨证治疗的经验体会 | 张荣英 | 北京中医药大学学报(中医临床版) | 1994,(1):40 |
| 表证必须解表 | 肖永林 | 长春中医学院学报 | 1994,(1):11 |
| 痹病辨治体会 | 陈好武 | 甘肃中医 | 1994,(1):23 |
| 攻克月经病　补肾为根本 | 高月平 | 甘肃中医 | 1994,(1):38 |
| 胸痹病辨证论治之我见 | 刘玉岚 | 甘肃中医 | 1994,(1):6 |
| 略论《黄帝内经》对痛症病机的论述 | 晏友君 | 甘肃中医学院学报 | 1994,(1):12 |
| 试论脑气亏虚的证治 | 王建康等 | 贵阳中医学院学报 | 1994,(1):4 |
| 消渴的辨证施护 | 张爱玲等 | 邯郸医学高等专科学校学报 | 1994,(1):16 |
| 崩漏治验心得 | 吴作君等 | 黑龙江中医药 | 1994,(1):30 |
| 经闭治验 | 肖作亮 | 黑龙江中医药 | 1994,(1):37 |

| | | | |
|---|---|---|---|
| 痰饮病机十辨 | 周　衡 | 湖南中医学院学报 | 1994,(1):5 |
| 漫谈肝硬化的分期治疗 | 谢兆丰 | 湖南中医药导报 | 1994,(1):16 |
| 胸痹心痛的临床辩证及治疗 | 曹元成 | 家庭中医药 | 1994,(1):25 |
| 从月经的盛衰看衰老 | 张湖德等 | 健康 | 1994,(1):37 |
| 浅谈胸部内伤的分型辨治 | 张　亮 | 江苏中医 | 1994,(1):37 |
| 《内经》对脑病的认识 | 余　熹 | 江苏中医 | 1994,(1):31 |
| “酒厥症”概述 | 宋一亭 | 内蒙古中医药 | 1994,(1):41 |
| 皮肤病从肺论治心得 | 谢　勇 | 南京中医药大学学报 | 1994,(1):23 |
| 伤寒的本原涵义 | 任正建 | 山西职工医学院学报 | 1994,(1):32 |
| 胃石症辨治一得 | 王科成等 | 陕西中医 | 1994,(1):47 |
| 惊恐伤肾治案 | 王晓珍 | 陕西中医学院学报 | 1994,(1):30 |
| 酒厥症的辨证论治 | 宋一亭等 | 实用中医药杂志 | 1994,(1):32 |
| 小儿遗尿的治疗经验 | 吴鸿鼎 | 双足与保健 | 1994,(1):26 |
| 恐缩症2例报告 | 陈道滋 | 四川精神卫生 | 1994,(1):9 |
| 论少阴气化运动的临床意义 | 翟慕东等 | 四川中医 | 1994,(1):4 |
| “风痱”病因病理探讨 | 刘　元 | 现代中西医结合杂志 | 1994,(1):107 |
| 中风病的特殊临床表现 | 何光明 | 现代中医药 | 1994,(1):12 |
| 盗汗并非皆阴虚 | 马居里等 | 现代中医药 | 1994,(1):1 |
| “坐骨神经痛”的中医分型治疗 | 陶昔安 | 新疆中医药 | 1994,(1):39 |
| 瘀血证中医基本理论研究探析 | 吴　敏 | 云南中医中药杂志 | 1994,(1):1 |
| 浅述耳鼻咽喉科中的“瘀血” | 梁俊薇 | 中国中西医结合耳鼻咽喉科杂志 | 1994,(1):29 |
| 亦谈胸痹与心痹病名辨析 | 钱元龙 | 中医教育 | 1994,(1):45 |
| 太阳病的病理基础及病变脏腑 | 李富汉等 | 中医研究 | 1994,(1):11 |
| 男性病治精临证心法 | 罗杰科 | 中医药学报 | 1994,(1):22 |
| 肝硬化腹水(臌胀)逐水探析 | 李学声等 | 中医药学刊 | 1994,(1):25 |
| 浅议《内经》对血证的论述 | 童学彪等 | 中医药学刊 | 1994,(1):6 |
| 尿毒症辨治体会 | 边玉麟 | 安徽中医学院学报 | 1994,(2):41 |
| 浅谈男性不育症病因病机 | 董惠萍等 | 滨州医学院学报 | 1994,(2):177 |
| 《内经》及历代医家对痈疽的认识 | 姜　喆等 | 长春中医学院学报 | 1994,(2):8 |
| 阳萎治验3则 | 曾辅民 | 成都中医药大学学报 | 1994,(2):24 |
| 胃胀治法论 | 沈　洪 | 甘肃中医 | 1994,(2):28 |
| 脾胃病虚证调治4家说述要 | 董胡兴 | 甘肃中医 | 1994,(2):7 |
| 消渴病辨治琐谈 | 秦有学 | 甘肃中医 | 1994,(2):35 |
| 骨痿治验 | 张留国 | 光明中医 | 1994,(2):30 |
| 午后潮热机理新解 | 尹继增等 | 河北中医 | 1994,(2):46 |
| “杂病”内涵管窥 | 陈国权等 | 河南中医药学刊 | 1994,(2):34 |
| 论阴虚水停证 | 梁华龙等 | 河南中医药学刊 | 1994,(2):1 |
| 闭经泻法治验 | 赵立新 | 黑龙江中医药 | 1994,(2):41 |
| 类风湿性关节炎的证治体会 | 傅澄洲等 | 黑龙江中医药 | 1994,(2):10 |
| 子宫肌瘤从瘀论治 | 羊菊芬 | 南京中医药大学学报 | 1994,(2):49 |
| 冠心病络病说 | 陈茂仁等 | 山东中医药大学学报 | 1994,(2):87 |
| 原发性肾小球肾炎中医病名探源 | 赵进喜 | 陕西中医学院学报 | 1994,(2):8 |
| 解㑊与抑郁性精神障碍的关系浅探——附58例临床报道 | 韩钟博 | 上海中医药杂志 | 1994,(2):14 |
| “大丁”辨 | 夏英伟 | 四川中医 | 1994,(2):21 |

| | | | |
|---|---|---|---|
| 论痰饮实质 | 林绍基 | 天津中医 | 1994,(2):41 |
| 腹部瘀血证探讨 | 邱联亚 | 现代中西医结合杂志 | 1994,(2):8 |
| 不寐从胃论治临证体会 | 吴致中 | 新中医 | 1994,(2):17 |
| 充血性心力衰竭中医病名小议 | 李南夷等 | 新中医 | 1994,(2):7 |
| 胁痛从肾论治案 | 朱建江等 | 浙江中医杂志 | 1994,(2):94 |
| "血痹"诠释之我见 | 周　健 | 中医文献杂志 | 1994,(2):9 |
| 冠心病心绞痛四法的辨证应用 | 李桂才 | 中医研究 | 1994,(2):32 |
| 试述中风病的三次突破性进展 | 韩纯庆 | 中医药学报 | 1994,(2):9 |
| 脑髓消病探讨 | 张云岭等 | 北京中医药大学学报 | 1994,(3):49 |
| 冠心病心绞痛从虚实论治 | 张桂明 | 长春中医学院学报 | 1994,(3):8 |
| 传统医药与老年病的防治 | 张卫华 | 光明中医 | 1994,(3):56 |
| 简论中医对老年病的防治 | 吕秉仁 | 光明中医 | 1994,(3):42 |
| 带下病从淤论治初探 | 浦永芬等 | 贵阳中医学院学报 | 1994,(3):11 |
| 肝阳虚证浅探 | 杜俊生等 | 国医论坛 | 1994,(3):24 |
| 胃痛的辩证论治 | 王冠良等 | 菏泽医专学报 | 1994,(3):24 |
| 蠲饮化痰治眩晕 | 朱永志 | 黑龙江中医药 | 1994,(3):24 |
| 血瘀证临证发微 | 刘方柏 | 黑龙江中医药 | 1994,(3):53 |
| 脾阴虚证治探析 | 郑少林 | 湖北中医杂志 | 1994,(3):47 |
| 补益肝肾而坚脾　培土生津能延寿<br>——关于老年性脾胃病的中医探讨 | 全理东等 | 华西药学杂志 | 1994,(3):197 |
| 肝炎病人的"禁忌" | 吴小平 | 家庭医学 | 1994,(3):54 |
| 心胃同病的论治 | 邱　岚 | 江苏大学学报(医学版) | 1994,(3):243 |
| 寒疝腹痛治验 | 张筱文 | 江苏中医 | 1994,(3):18 |
| "煎厥"辨治2则 | 王　滨 | 内蒙古中医药 | 1994,(3):27 |
| 冠心病的中医病名思辨 | 李达祥 | 山东中医药大学学报 | 1994,(3):191 |
| 中风的病因和预防 | 黄启金等 | 陕西中医 | 1994,(3):143 |
| 鼻鸣治验 | 李广振等 | 四川中医 | 1994,(3):54 |
| 中医心理治疗验案四则 | 周正华等 | 天津中医学院学报 | 1994,(3):14 |
| 肝硬化腹水的中医护理 | 赵春玲 | 西北国防医学杂志 | 1994,(3):232 |
| 从肝经郁火论治室女黑带治验 | 李清义 | 现代中西医结合杂志 | 1994,(3):53 |
| 对痛经的认识和治疗体会 | 赵月华 | 现代中西医结合杂志 | 1994,(3):101 |
| 老年眩晕证治一得 | 张　燕 | 现代中西医结合杂志 | 1994,(3):64 |
| 淋证辨治 | 谢　云 | 现代中西医结合杂志 | 1994,(3):20 |
| 中医"肾"与功能性子宫出血的关系 | 杨津生 | 现代中西医结合杂志 | 1994,(3):91 |
| 论中风治须通降 | 陶亦鸣 | 浙江中医学院学报 | 1994,(3):4 |
| 纳气归肾治呃逆 | 蒋茂剑 | 浙江中医杂志 | 1994,(3):118 |
| 中医肝寒证综述 | 李家帮 | 中国现代医学杂志 | 1994,(3):19 |
| 肾虚耳鸣的中医药治疗及药理探讨 | 彭贵阳 | 中国中西医结合耳鼻咽喉科杂志 | 1994,(3):148 |
| 阴阳水火案例略析 | 张亚洲等 | 中医药学报 | 1994,(3):30 |
| 糖尿病与心肝两脏的关系 | 郑华启 | 中医药学刊 | 1994,(3):20 |
| 论"脑充血先兆证候"的治疗 | 赵春梅 | 中医药研究 | 1994,(3):35 |
| 对"胃风"的体会 | 徐景藩 | 中医杂志 | 1994,(3):182 |
| 忽视肝气虚证若干原因的探讨 | 陈家旭 | 中医研究 | 1994,(3):6 |
| 谈"邪伏膜原"与达原饮之运用 | 高忠英 | 北京中医 | 1994,(4):43 |
| 试论湿与瘀的关系 | 夏　树 | 北京中医药大学学报 | 1994,(4):11 |

| | | | |
|---|---|---|---|
| 眩晕治疗之我见 | 梁丽娟等 | 长春中医学院学报 | 1994,(4):27 |
| 糖尿病与心肾关系及其治则初探 | 吴桂萍等 | 长春中医学院学报 | 1994,(4):33 |
| 感音性神经性耳聋听神经细胞变性的中医针灸治疗研究 | 杨道顺 | 甘肃中医 | 1994,(4):53 |
| 浅述冠心病若干中医理论研究 | 刘　元 | 甘肃中医学院学报 | 1994,(4):51 |
| 略论恐证的诊治 | 靳士英 | 光明中医 | 1994,(4):9 |
| 谈肥胖病的病因、治法及应用效方 | 李培生 | 光明中医 | 1994,(4):21 |
| 小儿咳嗽从脾论治举隅 | 吴平辉 | 贵阳中医学院学报 | 1994,(4):46 |
| 阳虚症状小议 | 孙　怡 | 贵州医药 | 1994,(4):250 |
| 性功能障碍临证偶拾 | 喻平瀛 | 河北中医 | 1994,(4):21 |
| 精神疾病骂症析 | 丁德正 | 河南中医 | 1994,(4):208 |
| 坐骨神经痛治在祛邪 | 张志喜等 | 河南中医 | 1994,(4):233 |
| 妇科阴缩病验案二则 | 王作林 | 河南中医药学刊 | 1994,(4):37 |
| 阳痿从五脏论治 | 王吉侯 | 湖北中医杂志 | 1994,(4):11 |
| 略谈肝主疏泄与妇人情志病的关系 | 郭　蕾 | 湖北中医杂志 | 1994,(4):17 |
| 论心开窍于耳及其临床验证 | 陈协云 | 湖南中医学院学报 | 1994,(4):19 |
| 治痹一得 | 邱金仙 | 湖南中医杂志 | 1994,(4):50 |
| 《内经》论治痔痿初探 | 徐元庚 | 吉林中医药 | 1994,(4):5 |
| 辨证治疗糖尿病208例 | 严　冰 | 江苏中医 | 1994,(4):9 |
| 浅谈《内经》厥冷症 | 郑禹林 | 江西医学院学报 | 1994,(4):90 |
| 浅淡不孕症从肾论治 | 于　萍 | 江西中医药 | 1994,(4):30 |
| 阳萎　早泄　滑精难证论治 | 袁兴石 | 辽宁中医杂志 | 1994,(4):169 |
| 眼睑痿症 | 任纪通 | 山东中医杂志 | 1994,(4):181 |
| 自汗、盗汗辨阴阳 | 张　维等 | 山东中医杂志 | 1994,(4):180 |
| 胃肠病中医病因学探讨 | 李金玉等 | 山西中医 | 1994,(4):5 |
| 血证治验 | 王锦槐 | 上海中医药杂志 | 1994,(4):7 |
| 卯时发热辰时自解治验 | 胡子水 | 实用中医内科杂志 | 1994,(4):50 |
| 重症"口淡"治验 | 娄　磊 | 四川中医 | 1994,(4):28 |
| 经筋病症治规律探析 | 陈晓莉 | 四川中医 | 1994,(4):14 |
| 浅谈用通法治疗慢性肾功能衰竭 | 罗文静等 | 四川中医 | 1994,(4):8 |
| 三年失音治验 | 杨树成 | 四川中医 | 1994,(4):52 |
| 通腑法治妊娠急腹症 | 熊　斌 | 四川中医 | 1994,(4):37 |
| 崩漏的分期及证治 | 熊　杰 | 天津中医 | 1994,(4):39 |
| 通腑泻热法在治疗出血性脑卒中中的应用 | 娄永和 | 天津中医 | 1994,(4):18 |
| 治咳辨五脏 | 朱　彬 | 天津中医 | 1994,(4):38 |
| 论关格 | 赵家驹 | 现代中西医结合杂志 | 1994,(4):34 |
| 食复浅析 | 顾维明 | 现代中医药 | 1994,(4):30 |
| 高原气阴两虚证及其用药初探 | 霍　英等 | 新疆中医药 | 1994,(4):3 |
| 浅谈阳萎 | 刘金周等 | 新中医 | 1994,(4):10 |
| 口中异味 | 程志清 | 医学文选 | 1994,(4):28 |
| 从脾肾试论中老年之保健 | 何媛钦 | 渝西学院学报（社会科学版） | 1994,(4):27 |
| 胸中大气紊乱医案 | 秦其兴 | 中国针灸 | 1994,(4):31 |
| 口腔溃疡医案 | 王晓红 | 中国针灸 | 1994,(4):30 |
| "风痱"与"偏枯"浅谈 | 徐经印 | 中医药学报 | 1994,(4):20 |
| 略论五脏生痰与阳痿 | 王　付 | 中医药学报 | 1994,(4):4 |

| | | | |
|---|---|---|---|
| 老年前列腺增生临证治疗体会 | 苏 荻 | 中医药学刊 | 1994,(4):36 |
| 忧郁证从神虚论治 | 雍履平 | 中医杂志 | 1994,(4):246 |
| 试论肺心病病机及有关治疗问题 | 张桂明等 | 甘肃中医 | 1994,(5):1 |
| 寒湿阳痿治验 | 叶益丰 | 光明中医 | 1994,(5):7 |
| 痹证琐谈 | 王万祖 | 光明中医 | 1994,(5):30 |
| 营卫失调病证病机及治法探讨 | 唐少棠 | 河北中医 | 1994,(5):29 |
| 193 例牙痛辨治体会 | 蒋耀曦 | 河北中医 | 1994,(5):16 |
| 癌症病因病机与辨治刍议 | 罗 凛 | 河南中医 | 1994,(5):306 |
| 中风先兆 241 例防治疗效观察 | 刘先进等 | 河南中医药学刊 | 1994,(5):38 |
| 从五脏论治习惯性便秘 200 例 | 张松柏 | 黑龙江中医药 | 1994,(5):19 |
| 浅论男性不育症的辨质施治 | 刘信江等 | 吉林中医药 | 1994,(5):2 |
| 月经病与情志 | 高鹏翔等 | 吉林中医药 | 1994,(5):46 |
| 从肺论郁 | 张安玲等 | 山东中医药大学学报 | 1994,(5):302 |
| 从肝治肾炎小议 | 王 征等 | 山东中医杂志 | 1994,(5):228 |
| 阳萎治从脾肾我见 | 丁二可 | 陕西中医 | 1994,(5):239 |
| 髓海不足 气衰魄离——中医对老年性痴呆的认识 | 赵湘筠 | 上海中医药杂志 | 1994,(5):24 |
| 出血性膀胱炎治验 | 陈中一 | 四川中医 | 1994,(5):33 |
| 不孕症从肾论治临床探析 | 王庆松 | 新中医 | 1994,(5):36 |
| 面肌痉挛治验 | 张建伟 | 新中医 | 1994,(5):15 |
| “遗热”证治小议 | 杨季国 | 浙江中医杂志 | 1994,(5):227 |
| 顽固性口腔炎的病因、病机与治法是什么 | 李学铭 | 中医杂志 | 1994,(5):310 |
| 阳痿与心身医学观点 | 于增瑞 | 北京中医 | 1994,(6):48 |
| 浅论寒邪与冠心病的发病关系 | 谢宝堂 | 光明中医 | 1994,(6):33 |
| 不孕从肾论治举案 | 杨玉岫 | 湖北中医杂志 | 1994,(6):11 |
| 男子性功能障碍从肝论治验案四则 | 刘雪梅 | 湖南中医杂志 | 1994,(6):30 |
| 脾胃与中风证治琐谈 | 杨 军 | 吉林中医药 | 1994,(6):4 |
| 浅述冠心病若干中医理论的研究 | 刘 元 | 吉林中医药 | 1994,(6):9 |
| 四肢痛从肝论治所得 | 阮书凯 | 吉林中医药 | 1994,(6):16 |
| 痹症的病因及治疗 | 李 苏 | 健康生活 | 1994,(6):23 |
| 从肾论治老年病点滴体会 | 费秋月 | 江苏中医 | 1994,(6):24 |
| 蓄血癫狂治验 1 例 | 邵新民 | 江西中医药 | 1994,(6):59 |
| 慢性肝炎辨治 | 江克明 | 开卷有益.求医问药 | 1994,(6):6 |
| 硬皮病的辨治经验 | 施惠君 | 辽宁中医杂志 | 1994,(6):256 |
| 因情志因素所致阳萎验案举隅 | 薛王书 | 南京中医药大学学报 | 1994,(6):38 |
| 缩阳缩阴 | 蔡振禄 | 山东中医杂志 | 1994,(6):275 |
| 从瘀论治尿毒症出血体会 | 王骥敏等 | 陕西中医 | 1994,(6):288 |
| 内伤头痛从肝脾论治 | 刘家磊等 | 陕西中医 | 1994,(6):287 |
| 浅淡便秘与五脏气机 | 宋小存 | 陕西中医 | 1994,(6):288 |
| 眩晕诊治体会 | 陈 暖 | 实用医学杂志 | 1994,(6):575 |
| 通因通用治验 1 例 | 宋淑华 | 天津中医 | 1994,(6):45 |
| 热痹的证治体会 | 廖先仕 | 新中医 | 1994,(6):61 |
| 消渴病证因脉治研讨 | 连建伟 | 浙江中医学院学报 | 1994,(6):1 |
| 伏气温病新探讨 | 潘永福 | 浙江中医杂志 | 1994,(6):245 |
| 喘咳案 | 刘兴志 | 中国社区医师 | 1994,(6):23 |
| 祖国医学对脑血管意外的认识 | 张博生等 | 中医药学刊 | 1994,(6):28 |
| 分期论治不孕症体会 | 孔昭东等 | 中医药研究 | 1994,(6):26 |

| | | | |
|---|---|---|---|
| 论阳痿 | 肖相如 | 中医杂志 | 1994,(6):375 |
| 运动性疲劳的机理及其复健过程探讨 | 郭振球 | 辽宁中医杂志 | 1994,(7):294 |
| 咳喘不忘三伏治 | 农必强 | 农家之友 | 1994,(7):45 |
| 奔豚气治验 | 于山仓等 | 陕西中医 | 1994,(7):312 |
| 产后受寒经脉挛缩从督脉论治 | 林 洁 | 上海中医药杂志 | 1994,(7):18 |
| “百病皆生于气”对梅核气治疗的指导意义 | 吴 忆 | 四川中医 | 1994,(7):15 |
| “治之各通其脏脉”对湿病证治的指导意义 | 高永平 | 四川中医 | 1994,(7):6 |
| 慢性结肠炎从肝论治 | 唐承宏 | 四川中医 | 1994,(7):16 |
| 《内经》五脏汗出探析 | 徐兴国 | 四川中医 | 1994,(7):5 |
| 肺心病辨证施治之我见 | 张桂明等 | 浙江中医杂志 | 1994,(7):302 |
| 浅谈肺热喘咳的治疗 | 蒲照全 | 新中医 | 1994,(8):62 |
| 论“证”的概念与“辨证论治”思路 | 符友丰 | 医学与哲学 | 1994,(8):38 |
| 不同年龄阶段的崩漏辨治体会 | 翁寿雍 | 江苏中医 | 1994,(9):20 |
| 腰椎间盘突出症辨治探要 | 陈立富 | 山东中医杂志 | 1994,(9):392 |
| 眼病与肝肾小议 | 杜 冲 | 山东中医杂志 | 1994,(9):422 |
| 味觉异常辨治 | 杜平新 | 陕西中医 | 1994,(9):431 |
| 黄褐斑证治探讨 | 曾 宁 | 四川中医 | 1994,(9):6 |
| 试论心身疾病与气功疗法 | 丁厚第 | 现代养生 | 1994,(9):26 |
| 阳萎从五脏辨治 | 何松林 | 新中医 | 1994,(9):7 |
| 寒厥治验1则 | 朱 新 | 新中医 | 1994,(9):20 |
| 治疗老年性痴呆症四法 | 宋承山 | 医学理论与实践 | 1994,(9):34 |
| 病证结合刍议 | 肖 冰等 | 医学与哲学 | 1994,(9):25 |
| 近视从心论治我见 | 何金梅 | 陕西中医 | 1994,(10):479 |
| 治疗心痹 毋忘理脾 | 黄奕乐 | 上海中医药杂志 | 1994,(10):23 |
| 暴哑、暴聋症治验 | 刘大平 | 四川中医 | 1994,(10):52 |
| 盗汗未必阴虚 | 唐承宏 | 四川中医 | 1994,(10):38 |
| 老年性眩晕从肾论治 | 黄业芳 | 新中医 | 1994,(10):60 |
| 从中医理论探索高脂血症的发病与防治 | 邢人璞 | 浙江中医杂志 | 1994,(10):435 |
| 胃属燥土 无水不沤——慢性萎缩性胃炎证治谈 | 程永德 | 浙江中医杂志 | 1994,(10):470 |
| 寒疝 | 刘兴志 | 中国社区医师 | 1994,(10):23 |
| 运用相火学说诊治肝病初探 | 杨 震 | 陕西中医 | 1994,(11):506 |
| 阳痿病机辨治初探 | 张桂明等 | 陕西中医 | 1994,(11):527 |
| 转胞治验 | 李中鑫 | 四川中医 | 1994,(11):46 |
| 从“胆失中正”探讨老年焦虑性神经症的治疗 | 张觉人 | 新中医 | 1994,(11):58 |
| 《内经》出血病证证治探讨 | 熊继柏 | 中医杂志 | 1994,(11):688 |
| 肝炎病人的自我调养 | 智晓成 | 家庭医学 | 1994,(12):41 |
| 重症脑病验案二则 | 杜志昌 | 江苏中医 | 1994,(12):29 |
| 阳萎治疗浅识 | 陆绍荣 | 江苏中医 | 1994,(12):40 |
| 胁痛证治 | 常振森 | 山东中医杂志 | 1994,(12):545 |
| 诊余浅谈奔豚症 | 朱永昌 | 上海中医药杂志 | 1994,(12):19 |
| 肝癌治疗方法演化的回顾 | 王锦波 | 医学与哲学 | 1994,(12):16 |
| 治疸退黄之我见 | 陈子明 | 浙江中医杂志 | 1994,(12):564 |
| 多发性大动脉炎继发脑梗塞治验 | 陈有明等 | 中医杂志 | 1994,(12):736 |
| 治疗慢性肺原性心脏病的经验 | 雍万熙 | 中医杂志 | 1994,(12):718 |
| 崩漏三则 | 范锡君 | 湖南中医杂志 | 1994,(S1):70 |
| 从五脏功能论妇女不孕症治疗 | 韩延君 | 江西中医药 | 1994,(S1):43 |

| | | | |
|---|---|---|---|
| 喘证论治点滴体会 | 吴海生 | 内蒙古中医药 | 1994,(S1):32 |
| 从急腹症理解不通则痛 | 樊德明 | 内蒙古中医药 | 1994,(S1):68 |
| 功能性子宫出血的临床治验 | 刘步华 | 内蒙古中医药 | 1994,(S1):78 |
| 类风湿性关节炎治则刍议 | 刘玉华等 | 内蒙古中医药 | 1994,(S1):55 |
| 痹证的证治体会 | 张红珺等 | 内蒙古中医药 | 1994,(S1):58 |
| 浅谈痛症的治疗 | 乌　恩 | 内蒙古中医药 | 1994,(S1):57 |
| 浅论胆胃相关及其证治 | 张喜报 | 内蒙古中医药 | 1994,(S1):127 |
| 对小儿慢性迁延性肝炎的辨证施治体会 | 徐则江等 | 内蒙古中医药 | 1994,(S1):88 |
| 《内经》论酒与病 | 王　滨等 | 内蒙古中医药 | 1994,(S1):134 |
| 谈《内经》对肿瘤病因病机的认识 | 纪建军 | 内蒙古中医药 | 1994,(S1):131 |
| 冠心病病因病理和辨证分型初探 | 陆忠信 | 新中医 | 1994,(S1):13 |
| 淋证的辨治 | 柯展新 | 新中医 | 1994,(S1):97 |
| 浅论肺胀 | 伍耀衡等 | 新中医 | 1994,(S1):14 |
| 浅论肝咳的辨治 | 郑苏娜等 | 新中医 | 1994,(S1):85 |
| 浅谈冠心病的中医治疗与体会 | 姚道柱 | 新中医 | 1994,(S1):93 |
| 杂病琐谈 | 岑震江等 | 新中医 | 1994,(S1):78 |
| 试论眼底病与“玄府”的关系 | 吴伯乐 | 浙江中西医结合杂志 | 1994,(S1):60 |
| 眼病从郁论治浅谈 | 许建人 | 江西中医药 | 1994,(S2):21 |
| 辨证治疗腰肌劳损 | 韦　玲 | 青海医药杂志 | 1994,(S2):29 |
| 肾虚与中老年期衰老的探讨 | 任世存 | 青海医药杂志 | 1994,(S2):7 |
| 慢性肾炎的辨证论治 | 李炳文等 | 北京中医药大学学报（中医临床版） | 1995,(1):8 |
| 治瘀浅识 | 上官毅等 | 福建中医药 | 1995,(1):37 |
| 根性、干性及丛性腰痛的鉴别诊断 | 邓　沂 | 甘肃中医学院学报 | 1995,(1):27 |
| 略论《内经》热病的诊治特点 | 叶庆莲 | 广西中医学院学报 | 1995,(1):33 |
| 冲气学说与中风 | 房成举 | 贵阳中医学院学报 | 1995,(1):1 |
| 浅谈“阴火”与“甘湿除热” | 丁广庭等 | 河北中医 | 1995,(1):6 |
| 呕血证治经验点滴 | 史锦生等 | 河南中医 | 1995,(1):38 |
| 下病上取话尿石 | 彭正炎 | 湖北中医杂志 | 1995,(1):46 |
| 《内经》喘证辨治 | 熊继柏 | 湖南中医杂志 | 1995,(1):2 |
| 眩晕证治举隅 | 王旭东 | 吉林中医药 | 1995,(1):15 |
| 治痰退黄之我见 | 陈子明 | 吉林中医药 | 1995,(1):19 |
| 浅谈淋证从胃治疗 | 史嘉林 | 宁波医学 | 1995,(1):44 |
| 对“补中益气汤证”的认识 | 丁创业等 | 青海医药杂志 | 1995,(1):32 |
| 痰饮从温而治小议 | 杨宏智 | 陕西中医 | 1995,(1):48 |
| 尿失禁辨治举隅 | 胡志芳 | 四川中医 | 1995,(1):31 |
| 尿路结石的辨证治疗体会 | 刘焕兰等 | 新中医 | 1995,(1):60 |
| 中风病的中医研究进展 | 陈汝兴等 | 医学理论与实践 | 1995,(1):1 |
| 浅议肿胀之按诊鉴别 | 周益新等 | 浙江中医杂志 | 1995,(1):8 |
| 经络学说及其临床应用 | 王启才 | 针灸临床杂志 | 1995,(1):52 |
| 闭经的辨治体会 | 徐太华 | 镇江医学院学报 | 1995,(1):51 |
| 心痹辨析 | 朱明军等 | 中国医药学报 | 1995,(1):56 |
| 中风治则的研究 | 周琴花等 | 中国医药学报 | 1995,(1):42 |
| 胆石症辨证治验举隅 | 张桂花等 | 中医研究 | 1995,(1):30 |
| 论痹证的辨证施护 | 赵　昕 | 中医药信息 | 1995,(1):42 |
| 中风病及其辨证施治述略 | 史志明 | 中医药学刊 | 1995,(1):30 |

| | | | |
|---|---|---|---|
| 阴虚痹证证治 | 赵新秀等 | 中医药研究 | 1995,(1):37 |
| 外感热病辨治心得(待续) | 巫君玉 | 中医杂志 | 1995,(1):12 |
| 四时阴阳消长变化与精神分裂症季节性发病关系的探讨 | 苏 晶 | 北京中医药大学学报 | 1995,(2):34 |
| 从肾论治胎动不安 | 陈丽文等 | 长春中医学院学报 | 1995,(2):40 |
| 脾肾与胸痹证治浅谈 | 杨丽华等 | 长春中医学院学报 | 1995,(2):9 |
| 《伤寒杂病论》遗尿证治特色研讨 | 王恒照 | 甘肃中医学院学报 | 1995,(2):1 |
| "五脏阳以竭"理论对肾小球病辨治探讨 | 葛琳仪等 | 光明中医 | 1995,(2):31 |
| 多寐治验 | 王 静等 | 黑龙江中医药 | 1995,(2):37 |
| 浅谈阳萎着重疏肝解郁 | 袁德培 | 湖北民族学院学报(医学版) | 1995,(2):29 |
| 《内经》黄疸证治研究 | 吴润秋 | 湖南中医学院学报 | 1995,(2):4 |
| 中医老年保健要旨 | 段春林 | 家庭中医药 | 1995,(2):36 |
| 谈中医的病、证、症 | 江克明 | 开卷有益.求医问药 | 1995,(2):6 |
| 祖国医学对冠心病的证治 | 颜德馨 | 前进论坛 | 1995,(2):19 |
| 胃脘痛辩证施治的体会 | 田桂凤 | 青岛医药卫生 | 1995,(2):41 |
| 《素问》"心掣"探赜 | 陆 曙 | 上海中医药杂志 | 1995,(2):40 |
| 阳萎从肝论治举隅 | 李星全 | 四川中医 | 1995,(2):23 |
| 《内经》论痫浅探 | 李新民 | 天津中医学院学报 | 1995,(2):5 |
| 膜原病证应归属于脾胃湿热证 | 戴春福 | 现代中医药 | 1995,(2):3 |
| 浅论食道炎与肝 | 蔡 钢等 | 新疆中医药 | 1995,(2):6 |
| 肝经郁热治验 | 郑小伟 | 浙江中医学院学报 | 1995,(2):26 |
| 春生夏长秋收冬藏规律治疗胎动不安之浅见 | 杨洁鸿等 | 中医药信息 | 1995,(2):30 |
| 脾胃与疮疡 | 肖定远 | 中医药研究 | 1995,(2):35 |
| 小儿食积咳喘治验 | 张家祝 | 中医药研究 | 1995,(2):5 |
| 何谓心咳怎样治疗 | 王志坦 | 中医杂志 | 1995,(2):116 |
| 肝气郁结证治初探 | 彭学敏 | 长春中医学院学报 | 1995,(3):9 |
| 真心痛的辨证论治 | 黄永生 | 长春中医学院学报 | 1995,(3):1 |
| 咳喘论治 | 李今庸 | 光明中医 | 1995,(3):1 |
| 论梦及其证治 | 饶宏孝 | 光明中医 | 1995,(3):4 |
| 从五苓散加减治膀胱咳及胞痹商榷《内经》古病证名 | 温素萍 | 广州中医药大学学报 | 1995,(3):41 |
| 从《内经》的时间医学观察恶性肿瘤的节律 | 黄秋贤等 | 哈尔滨医药 | 1995,(3):40 |
| 臌胀病机探讨 | 侯留法等 | 河南中医药学刊 | 1995,(3):2 |
| 五运太过的发病及其治法 | 李汉鑫等 | 湖北中医杂志 | 1995,(3):47 |
| 谈痴呆与脑髓消之关系 | 朱东强等 | 吉林中医药 | 1995,(3):45 |
| 筋纵证的临床特点与针灸治疗 | 刘金洪 | 江苏中医 | 1995,(3):26 |
| 中医内科常见病类概况(3)——厥病类 | 朱文峰 | 辽宁中医杂志 | 1995,(3):112 |
| 麻木证治临床浅识 | 满学洪等 | 山东中医杂志 | 1995,(3):99 |
| 糖尿病从肝论治探讨 | 李越兰 | 山西中医 | 1995,(3):6 |
| 胃病从肾治疗之管见 | 李松贤 | 实用中医内科杂志 | 1995,(3):17 |
| 美尼尔氏综合征从肝脾论治 | 郑家远 | 四川中医 | 1995,(3):6 |
| 奔豚气临证治验举隅 | 田文红 | 天津中医学院学报 | 1995,(3):25 |
| 胃脘痛的辨证施护 | 韩玉龄 | 皖南医学院学报 | 1995,(3):295 |
| 中风危症治验二则 | 窦京运等 | 现代中西医结合杂志 | 1995,(3):56 |
| 尿崩症治验 | 王 祥等 | 新疆中医药 | 1995,(3):57 |
| 试析《内经》对血病的辨证方法 | 戴永生 | 新疆中医药 | 1995,(3):6 |
| 疼痛按"时间"论治 | 吴晓红等 | 新疆中医药 | 1995,(3):8 |

| | | | |
|---|---|---|---|
| 活血化瘀法与眼病 | 李　菊 | 眼视光学杂志 | 1995,(3):180 |
| 阳之气以天地之疾风名之——重温《内经》话中风 | 空　如 | 医古文知识 | 1995,(3):32 |
| 上消化道络膜损伤与护膜探讨 | 江作霖 | 浙江中医杂志 | 1995,(3):132 |
| 近年来针灸治疗癫痫综述 | 闫丽萍 | 针灸临床杂志 | 1995,(3):50 |
| 眩晕一证,虚者居多 | 臧雅华等 | 中国社区医师 | 1995,(3):37 |
| 痹证治验 | 侯志敏 | 中国医药学报 | 1995,(3):58 |
| 郁证源流考略 | 钱会南 | 中国中医基础医学杂志 | 1995,(3):55 |
| 肝风内动病位在筋膜 | 黄俊山 | 中医药信息 | 1995,(3):6 |
| 对胆汁返流性胃炎辨治初探 | 郝凤藻等 | 中医药研究 | 1995,(3):43 |
| 真心痛护理体会 | 符延兰等 | 安徽中医学院学报 | 1995,(4):51 |
| 试论《内经》中的"喘" | 苏　颖等 | 长春中医学院学报 | 1995,(4):3 |
| 抽搐治验1例 | 孙　浩 | 甘肃中医 | 1995,(4):31 |
| 因郁致热证治刍议 | 谢　光 | 甘肃中医学院学报 | 1995,(4):10 |
| 小儿秋季腹泻因燥热起 | 郑启仲等 | 光明中医 | 1995,(4):11 |
| 《灵枢·海论》所述"血海"病证别识 | 闫晓天等 | 国医论坛 | 1995,(4):43 |
| 治阳痿当安神 | 钱彦方 | 河北医学 | 1995,(4):274 |
| 探讨《内经》五藏六腑咳的证与治 | 熊继柏 | 河北中医药学报 | 1995,(4):5 |
| 膏淋诊治一得 | 吴珍和 | 黑龙江中医药 | 1995,(4):34 |
| 治疗胃石症的体会 | 张庆生 | 吉林中医药 | 1995,(4):18 |
| "乐极生悲"重在预防 | 魏开敏 | 家庭医学 | 1995,(4):31 |
| 中西医结合对经常嗜睡的诊治 | 陈鼎祺 | 家庭中医药 | 1995,(4):24 |
| 酒病的临床研究 | 王天舒等 | 辽宁中医杂志 | 1995,(4):186 |
| 皮肤瘙痒病的辨证施治 | 丁创业 | 青海医药杂志 | 1995,(4):62 |
| 中老年糖尿病从痰论治 | 乔玉秋等 | 山东中医杂志 | 1995,(4):152 |
| 阳痿临证一得 | 林中慈 | 山东中医杂志 | 1995,(4):186 |
| 肝咳浅议 | 张博生 | 山西中医 | 1995,(4):24 |
| 周期性精神病证治我见 | 李宝君 | 陕西中医 | 1995,(4):192 |
| 中风既病当防变 | 孙学刚 | 陕西中医学院学报 | 1995,(4):7 |
| 目珠夜痛1例治验 | 周培勇 | 陕西中医学院学报 | 1995,(4):48 |
| 小儿热结旁流型腹泻之我见 | 田发益 | 四川中医 | 1995,(4):20 |
| 崩漏证治验体会 | 李永城 | 天津中医学院学报 | 1995,(4):18 |
| 近10年来中医对冠心病辨治概况 | 谈国标 | 新中医 | 1995,(4):57 |
| 厥证析疑 | 陈宗清 | 张家口医学院学报 | 1995,(4):170 |
| 试论子宫肌瘤的治法 | 班秀文等 | 中国医药学报 | 1995,(4):53 |
| 重症肌无力与祖国医学的脾肾学说 | 董淑华等 | 中医药学报 | 1995,(4):9 |
| 尓筋证略识 | 王衍山等 | 中医药学报 | 1995,(4):14 |
| 试述妇科癥瘕从冲任诊治 | 吕伯中 | 中医药学报 | 1995,(4):11 |
| 老年急性心肌梗塞的辨证施护 | 赵彩丽等 | 中医药学刊 | 1995,(4):29 |
| 《内经》厥头痛经络辨治探微 | 张水生 | 中医药学刊 | 1995,(4):16 |
| 论痹与痿 | 李　艳等 | 中医杂志 | 1995,(4):205 |
| 210例原发性肺癌死亡的日节律分析 | 郭仲桓等 | 北京中医药大学学报 | 1995,(5):59 |
| 小议脾阴、脾阴虚及其治疗 | 卢万义 | 北京中医药大学学报 | 1995,(5):15 |
| 试析"厥阴病上热下寒证" | 韩春生 | 北京中医药大学学报 | 1995,(5):22 |
| 中风病诱因调查分析 | 郑　慧 | 北京中医药大学学报 | 1995,(5):50 |
| 胃脘痛的辨证施护 | 黄兰珍 | 福建中医药 | 1995,(5):38 |
| 消渴病发展史略 | 王　琳 | 甘肃中医 | 1995,(5):43 |

| | | | |
|---|---|---|---|
| 浅谈欠症 | 曹吉瑞 | 光明中医 | 1995,(5):16 |
| 854 例溃疡病出血与月亮盈亏变化关系 | 刘达云等 | 广西中医药 | 1995,(5):12 |
| 皮肤瘙痒症的分型与治疗 | 丁创业 | 河北中医 | 1995,(5):26 |
| 阴汗证治验一则 | 张文彩 | 河南中医 | 1995,(5):11 |
| 皮损疾病临证辨治举隅 | 孔凡涵等 | 吉林中医药 | 1995,(5):21 |
| 痫证预防方法史 | 程如海等 | 吉林中医药 | 1995,(5):1 |
| 谈臌胀的病机与治疗 | 徐云生等 | 江西中医药 | 1995,(5):24 |
| "压力"与神经衰弱 | 叶俊杰 | 丽水师范专科学校学报 | 1995,(5):21 |
| 中医内科常见病类概况(5)——痹病类 | 朱文锋等 | 辽宁中医杂志 | 1995,(5):200 |
| 肩凝症从经筋论治 60 例 | 刘金洪 | 南京中医药大学学报 | 1995,(5):28 |
| 热厥 | 李本聚 | 山东中医杂志 | 1995,(5):232 |
| 头痛论治一得 | 赵怀发 | 四川中医 | 1995,(5):21 |
| 口鼻眼干燥综合征辨治 | 傅　陆等 | 新中医 | 1995,(5):59 |
| 盗汗亦主阳虚 | 王长荣 | 浙江中医学院学报 | 1995,(5):6 |
| 摇头从郁论治 | 刘立华 | 浙江中医杂志 | 1995,(5):224 |
| 近年来针灸治疗癫痫综述 | 闫丽萍 | 针灸临床杂志 | 1995,(5):52 |
| 脾痹证辨治管见 | 吴远真 | 中医药信息 | 1995,(5):5 |
| 哮喘溯源 | 孙丽英 | 中医药学报 | 1995,(5):10 |
| 风邪致病的辨证论治 | 冀彩兰等 | 中医药研究 | 1995,(5):39 |
| 妇科病从肾论治浅识 | 成谷光等 | 中医药研究 | 1995,(5):32 |
| 糖尿病的中医治疗 | 马承武等 | 中医药研究 | 1995,(5):64 |
| 中医治疗"子宫肌瘤" | 米秀萍等 | 中医药研究 | 1995,(5):33 |
| 近代中风病史略 | 刘晖桢 | 甘肃中医 | 1995,(6):42 |
| "关格"之我见 | 梁邕平 | 广西中医药 | 1995,(6):38 |
| 脾胃病治疗之我见 | 甘淑琴 | 河南中医药学刊 | 1995,(6):55 |
| 《黄帝内经素问》头痛证治探讨 | 唐仕勇 | 黑龙江中医药 | 1995,(6):49 |
| 翻证浅议 | 杨淑琴等 | 黑龙江中医药 | 1995,(6):34 |
| 顽痹证证治拾粹 | 朱祥麟 | 湖北中医杂志 | 1995,(6):25 |
| 对"痹"的再认识 | 徐木林等 | 湖北中医杂志 | 1995,(6):21 |
| 臁疮的诊治经验 | 冯国强 | 湖南中医药导报 | 1995,(6):34 |
| 中医对脑血管意外的认识 | 张博生等 | 吉林中医药 | 1995,(6):2 |
| 刺络治验 | 曾利元 | 江西中医药 | 1995,(6):37 |
| "雷头风"浅议 | 王学德 | 江西中医药 | 1995,(6):32 |
| 《内经》论消渴 | 谭一松 | 南京中医药大学学报 | 1995,(6):1 |
| 小儿智力低下的病因病机探讨 | 王孟清等 | 陕西中医 | 1995,(6):258 |
| 治疗肺胀当重视活血化瘀 | 蒋建云等 | 四川中医 | 1995,(6):14 |
| 咳喘治验举隅 | 张　辉 | 云南中医中药杂志 | 1995,(6):15 |
| 从季节主气探析燥邪与痔瘘病之关系——兼析燥邪在昆明地区痔瘘疾病中的发病学意义及辨治 | 孙雯霞等 | 云南中医中药杂志 | 1995,(6):21 |
| 湿与鼻渊 | 周小军 | 浙江中医学院学报 | 1995,(6):49 |
| 胃下垂之治不必率由升举 | 刘兴武 | 浙江中医杂志 | 1995,(6):281 |
| 肾阳虚证的甲皱微循环改变的临床探讨 | 李云杰等 | 中国民间疗法 | 1995,(6):47 |
| 从心论治脑病 1 例 | 史慧茹等 | 中国中西医结合急救杂志 | 1995,(6):250 |
| 恶性肿瘤之舌象研究进展 | 张向力等 | 中医药信息 | 1995,(6):37 |
| 痹证的辨证施治探要 | 赵奎祥 | 中医药学刊 | 1995,(6):12 |
| 小议帕金森氏病的证治思路 | 潘文奎 | 中医药研究 | 1995,(6):9 |

| | | | |
|---|---|---|---|
| 《内经》汗证证治研讨 | 熊继柏 | 山东中医杂志 | 1995,(7):292 |
| 从肾论治胃病证 | 李松贤 | 陕西中医 | 1995,(7):335 |
| 肝咳及其证治初探 | 曹培桢 | 四川中医 | 1995,(7):11 |
| 浅论脾咳 | 谢幼娟 | 四川中医 | 1995,(7):13 |
| 浅论夏月感冒的特点与证治 | 曲翠微等 | 中国临床医生 | 1995,(7):54 |
| 头身疼痛、潮热多汗半年 | 余国俊 | 中国社区医师 | 1995,(7):8 |
| 心痹辨治心得 | 余韵星 | 浙江中医杂志 | 1995,(8):340 |
| 论肝咳之理 | 张博生 | 浙江中医杂志 | 1995,(8):369 |
| 暑湿病的辨治 | 邹莲湘 | 中国临床医生 | 1995,(8):56 |
| 口苦说异 | 柯梦笔 | 江苏中医 | 1995,(9):23 |
| 浅谈中医对脑溢血的认识 | 王常绮 | 青海医药杂志 | 1995,(9):3 |
| 功血临证辨治心得 | 崔雪莲 | 青海医药杂志 | 1995,(9):33 |
| 治脾病是治疗糖尿病的重要环节 | 高宗美 | 青海医药杂志 | 1995,(9):31 |
| 肝肾同病辨治初探 | 李　巍 | 四川中医 | 1995,(9):12 |
| 老年性痴呆辨证治疗 | 汪雨田 | 四川中医 | 1995,(9):14 |
| 长期发热治验1则 | 董廷瑶等 | 中医杂志 | 1995,(9):528 |
| 重症肌无力从肝论治 | 周　慎 | 中医杂志 | 1995,(9):568 |
| 重舌两则 | 刘启锐 | 山东中医杂志 | 1995,(10):466 |
| 胃脘痛的遣方用药 | 王祥礼等 | 山东中医杂志 | 1995,(10):475 |
| 分型论治前列腺肥大 | 张博生 | 陕西中医 | 1995,(10):480 |
| 伏气暴感病原不同论 | 柳宝诒 | 浙江中医杂志 | 1995,(10):456 |
| 秋燥论 | 喻　昌 | 浙江中医杂志 | 1995,(10):457 |
| 痹证指要 | 董汉良 | 中国社区医师 | 1995,(10):43 |
| 胃下垂之治不必率由升举 | 刘兴武 | 中医杂志 | 1995,(10):631 |
| 《内经》"厥头痛"经络辨治体会 | 张水生 | 辽宁中医杂志 | 1995,(11):517 |
| 眩晕的中医辨证论治 | 彭小菊 | 青岛医药卫生 | 1995,(11):55 |
| 从"胆虚寒"论治心悸证 | 沈经宇 | 上海中医药杂志 | 1995,(11):31 |
| 偏枯不遂　治在心胃 | 李　智等 | 上海中医药杂志 | 1995,(11):28 |
| 老年性眼底病证治规律初探 | 张长银等 | 四川中医 | 1995,(11):3 |
| 咽炎致咳验案2则 | 陈培城 | 新中医 | 1995,(11):14 |
| 浅谈中风的辨证施护 | 王德秀 | 河南医药信息 | 1995,(12):56 |
| 痛症病人的心态分析 | 苏志峨 | 江苏中医 | 1995,(12):45 |
| 中医药防治精神病刍议 | 闫孔亚 | 辽宁中医杂志 | 1995,(12):542 |
| 中医内科常见病类概况(12)——水(肿)病类、淋病类 | 朱文锋 | 辽宁中医杂志 | 1995,(12):539 |
| 水肿证治体会 | 宿芙仁 | 陕西中医 | 1995,(12):567 |
| 中医治疗痛经的概况 | 柳红芳 | 陕西中医 | 1995,(12):564 |
| 肝郁胁痛辨治体会 | 张金生 | 江西中医药 | 1995,(S1):124 |
| 血管神经性头痛辨治体会 | 王兴业 | 江西中医药 | 1995,(S1):60 |
| 血小板减少性紫癜辨治刍议 | 郭尧树等 | 江西中医药 | 1995,(S1):131 |
| 坐骨神经痛从肝虚论治的体会 | 李程才等 | 江西中医药 | 1995,(S1):68 |
| 内伤头痛辨治体会 | 李锡强 | 江西中医药 | 1995,(S1):51 |
| 《内经》痛证之病机观 | 杨　湖 | 江西中医药 | 1995,(S1):3 |
| 痛证辨证论治拙见 | 尧应才 | 江西中医药 | 1995,(S1):7 |
| 心痛证治初探 | 余韵星等 | 江西中医药 | 1995,(S1):118 |
| 浅谈对老年痴呆症的认识 | 张　涛 | 内蒙古中医药 | 1995,(S1):103 |
| 帕金森氏综合征的中医辨治 | 刘焯辉 | 新中医 | 1995,(S1):107 |

| | | | |
|---|---|---|---|
| 浅谈真心痛的治疗 | 温必新 | 新中医 | 1995,(S1):98 |
| 直肠壁后脓肿从肝论治 | 张荣在等 | 新中医 | 1995,(S1):67 |
| 从胃、从肾治咳之我见 | 胡彦珍 | 右江民族医学院学报 | 1995,(S1):90 |
| 以肝经为主治疗男性病 | 赵仲和等 | 中国针灸 | 1995,(S1):53 |
| 郁证浅论 | 于翠玉 | 湖南中医杂志 | 1995,(S2):2 |
| 支饮证治浅识 | 袁振仪 | 湖南中医杂志 | 1995,(S2):1 |
| 《内经》"厥头痛"经络辨治体会 | 张水生 | 江西中医药 | 1995,(S2):46 |
| 浅论痛证 | 黄皓春 | 江西中医药 | 1995,(S2):9 |
| 浅论中医对痛证的认识 | 张绍先等 | 江西中医药 | 1995,(S2):11 |
| 慢性肝炎治脾的体会 | 徐远照等 | 江西中医药 | 1995,(S3):29 |
| 男子阳痿与女子阴痿证治浅议 | 王迪德 | 江西中医药 | 1995,(S3):8 |
| 遗精辨证论治之我见 | 刘　英 | 江西中医药 | 1995,(S3):18 |
| 骨质增生的形成与治疗体会 | 朱灿保 | 江西中医药 | 1995,(S3):71 |
| 阳萎的中医临床辨治 | 吉良辰 | 健康生活 | 1995,(Z1):12 |
| 运动性疲劳与中医肝脏的关系 | 杨维益 | 北京中医药大学学报 | 1996,(1):17 |
| 肺脾两虚证情志护理浅探 | 张祝华 | 北京中医药大学学报(中医临床版) | 1996,(1):53 |
| 祖国医学对郁证的认识 | 张博生 | 长春中医学院学报 | 1996,(1):7 |
| 谈秋燥挟湿咳嗽的证治 | 王彦晖等 | 甘肃中医学院学报 | 1996,(1):50 |
| 试论脾阴病的本质及临床意义 | 魏贵娟 | 贵阳中医学院学报 | 1996,(1):10 |
| 眩晕病证探讨 | 程鹤年等 | 菏泽医专学报 | 1996,(1):18 |
| 祖国医学血瘀与微循环 | 龚梅芳等 | 黑龙江中医药 | 1996,(1):2 |
| 外湿浅析 | 黄志红等 | 湖北中医杂志 | 1996,(1):28 |
| 对心痹的认识及用药注意点 | 姚映芷 | 江苏中医 | 1996,(1):38 |
| 古来对麻风病的认识和研究 | 陈道瑾 | 江苏中医 | 1996,(1):43 |
| 崩漏治从血与气 | 杨玉岫 | 江西中医药 | 1996,(1):36 |
| 中医说耳聋 | 刘俊英 | 开卷有益.求医问药 | 1996,(1):8 |
| 瘾疹临床诊治体会 | 郭晓燕 | 内蒙古中医药 | 1996,(1):18 |
| 《素问》外感热病思想初探 | 刘　辉 | 南京中医药大学学报 | 1996,(1):4 |
| 196 例原发性骨质疏松症辨证分析 | 魏之玉等 | 山东中医药大学学报 | 1996,(1):30 |
| 411 例重症肝病死亡时间的探讨 | 张　永等 | 山东中医杂志 | 1996,(1):11 |
| 论咳嗽辨法及应用 | 刘森海 | 天津医科大学学报 | 1996,(1):77 |
| 《内经》厥证的辨证及范围初探 | 邢玉瑞 | 现代中医药 | 1996,(1):10 |
| 咳嗽要言 | 黄仕沛 | 新中医 | 1996,(1):55 |
| 胃脘痛辨治心得 | 黄胜岗等 | 学会 | 1996,(1):47 |
| 肝气虚证的病机及治疗 | 孙发明 | 云南中医中药杂志 | 1996,(1):56 |
| 长期发热的中医辨证论治 | 王洪京等 | 中国城乡企业卫生 | 1996,(1):38 |
| 浅谈"证"及其临床运用 | 郝瑞洪 | 包钢科技 | 1996,(2):99 |
| 痿证非尽为热证探析 | 刘殿永等 | 北京中医 | 1996,(2):10 |
| 论汗出异常在中风发病中的意义 | 张云岭等 | 北京中医药大学学报 | 1996,(2):19 |
| 肾实证探讨 | 杨毅玲等 | 北京中医药大学学报 | 1996,(2):23 |
| 虚性疼痛证治窥识 | 李　杰 | 长春中医学院学报 | 1996,(2):20 |
| 冠心病从胆论治探析 | 朱　玉 | 甘肃中医学院学报 | 1996,(2):7 |
| 试论闭经的辨证施治 | 李根生 | 光明中医 | 1996,(2):7 |
| 胃脘痛辨治一得 | 赵胜权 | 光明中医 | 1996,(2):3 |
| 臌胀病之我见 | 任晓春等 | 哈尔滨医药 | 1996,(2):44 |

| | | | |
|---|---|---|---|
| 祖国医学对消渴病的认识 | 宋耀辉 | 河北中医 | 1996,(2):1 |
| 肝咳辨治述略 | 张博生 | 河南中医 | 1996,(2):29 |
| 调理脾胃疗肝病 | 何建成 | 黑龙江中医药 | 1996,(2):51 |
| 冠心病心绞痛治肝小议 | 黄建平 | 湖北中医杂志 | 1996,(2):50 |
| 膀胱咳治验1例 | 王劲松 | 山西中医 | 1996,(2):39 |
| 邪伏膜原证的病位病机探讨 | 朱介宾 | 山西中医 | 1996,(2):7 |
| 五郁病机证治初探 | 陆如春 | 陕西中医 | 1996,(2):70 |
| 鼻渊的辨证论治 | 刘凤英 | 首都医科大学学报 | 1996,(2):152 |
| 液脱症綮谈 | 舒应德 | 四川中医 | 1996,(2):12 |
| 《内经》情志病特点及治疗浅析 | 徐兴国 | 四川中医 | 1996,(2):16 |
| 呃逆的辨证治疗 | 陈海明 | 现代中西医结合杂志 | 1996,(2):53 |
| 阳痿治肝刍议 | 严仲庆等 | 浙江中医学院学报 | 1996,(2):8 |
| 从"血水相关"谈膨胀的治疗 | 马　勇 | 镇江医学院学报 | 1996,(2):189 |
| 五脏咳的辨证论治 | 韩树人 | 中国临床医生 | 1996,(2):58 |
| 眩晕证治体会 | 瞿跃华 | 中国民间疗法 | 1996,(2):34 |
| 老年糖尿病并发症的治疗经验 | 韩乐兵 | 中国医药学报 | 1996,(2):40 |
| 论肝与阳痿发病的关系 | 张思新等 | 中国中医基础医学杂志 | 1996,(2):12 |
| 臌胀证治一得 | 杨茂林等 | 中西医结合心脑血管病杂志 | 1996,(2):33 |
| 脉管炎从湿瘀论治 | 杨　军等 | 中西医结合心脑血管病杂志 | 1996,(2):36 |
| 中医药防治老年痴呆概况 | 张承福等 | 中医文献杂志 | 1996,(2):44 |
| 《内经》两感辨析 | 汪栋材等 | 中医药学刊 | 1996,(2):2 |
| 尪痹与心痹 | 李恒敏 | 中医杂志 | 1996,(2):122 |
| 温病渴辨 | 崔祖琴 | 甘肃中医 | 1996,(3):7 |
| 离卦与中医心病治疗 | 刘觉之 | 国医论坛 | 1996,(3):14 |
| 浅谈肌萎缩患者摄生与调养 | 陈金亮等 | 河北中医 | 1996,(3):15 |
| 辨证论治不孕症 | 黄正元 | 湖北中医杂志 | 1996,(3):43 |
| 汗证辨析三则 | 韩先知 | 湖南中医杂志 | 1996,(3):39 |
| 缩阴证治验 | 周菲菲 | 湖南中医杂志 | 1996,(3):41 |
| 阳痿从肝论治初探 | 赖跃进 | 华夏医学 | 1996,(3):87 |
| 探源析流话春温 | 庄　严等 | 吉林中医药 | 1996,(3):1 |
| 尿咳医案 | 李发奎 | 江苏中医 | 1996,(3):23 |
| 泌尿系结石的中医辩证治疗 | 周德坤 | 黔南民族医专学报 | 1996,(3):31 |
| 浅议中医对糖尿病与早衰关系的认识 | 米逸颖等 | 现代中西医结合杂志 | 1996,(3):113 |
| 原发性三叉神经痛的中医辨治 | 王庆吉 | 中国临床医生 | 1996,(3):51 |
| 真心痛养慎撮要 | 范求实等 | 中医药学报 | 1996,(3):9 |
| 论热病之"食复" | 王惠琴等 | 中医药学报 | 1996,(3):7 |
| 试述肾与消渴的关系 | 王　丹等 | 长春中医学院学报 | 1996,(4):9 |
| 论痒症病机及辨证要点 | 吴　军 | 成都中医药大学学报 | 1996,(4):8 |
| "重寒伤肺"与小儿咳喘 | 钟天荣 | 福建中医药 | 1996,(4):52 |
| 肾实证浅议 | 杨俊生 | 甘肃中医学院学报 | 1996,(4):4 |
| 祖国医学对糖尿病的认识 | 赵兰梅等 | 邯郸医学高等专科学校学报 | 1996,(4):346 |
| 口苦不尽属热 | 刘恒太 | 黑龙江中医药 | 1996,(4):38 |
| 小儿咳嗽从肝论治 | 陈可静 | 湖北中医杂志 | 1996,(4):49 |

| | | | |
|---|---|---|---|
| 血证病机治法探析 | 周立龙 | 湖北中医杂志 | 1996,(4):32 |
| 小儿咳嗽从肝论治 | 陈可静 | 湖北中医杂志 | 1996,(4):49 |
| 论《内经》癫疾的概念与证治 | 熊继柏 | 湖南中医学院学报 | 1996,(4):4 |
| 痈疽内陷治验 | 方健堃 | 湖南中医杂志 | 1996,(4):9 |
| 肝血虚证研究概况 | 石林阶 | 湖南中医杂志 | 1996,(4):48 |
| 呃逆从肺、肾论治 | 高　洁 | 江汉大学学报(医学版) | 1996,(4):31 |
| 中医论治阳痿纵谈 | 王　立 | 江西中医药 | 1996,(4):12 |
| 更年期综合征的中医治疗 | 孟　莉 | 青岛医药卫生 | 1996,(4):57 |
| 《内经》论男性病的五脏观探析 | 王津慧 | 青海医学院学报 | 1996,(4):270 |
| 伤寒与流感浅识 | 王建全等 | 山东中医药大学学报 | 1996,(4):242 |
| 癫狂之病治在心肝 | 任春秀 | 陕西中医 | 1996,(4):191 |
| 浅谈瘀血证的几种治疗方法 | 王东平 | 陕西中医学院学报 | 1996,(4):24 |
| 眩晕临床辨治 | 徐国华 | 四川中医 | 1996,(4):34 |
| 谈谈中医对内眼病的治则探讨 | 陈祖铿 | 新中医 | 1996,(4):61 |
| 督脉失用性拘瘫 | 梁印明等 | 中国医药学报 | 1996,(4):58 |
| 冠心病临床治验 | 刘亦选 | 中国医药学报 | 1996,(4):52 |
| 癫证与阴阳性格 | 耿小英等 | 中国医药学报 | 1996,(4):59 |
| 四时阴阳消长变化对精神分裂症季节性发病的影响 | 苏建民等 | 中华精神科杂志 | 1996,(4):60 |
| 肺结核病辨证论治的探讨 | 邵长荣 | 中医文献杂志 | 1996,(4):27 |
| 消渴病的证治探要 | 蔡丽慧 | 中医药学刊 | 1996,(4):33 |
| 《内经》消渴证治探微 | 鞠宝兆 | 中医药学刊 | 1996,(4):5 |
| 初探《内经》心痛证 | 庄萌生 | 福建中医药 | 1996,(5):23 |
| 慢性口疮治验 | 尚可儒 | 甘肃中医 | 1996,(5):28 |
| 痧症综论 | 容小翔等 | 光明中医 | 1996,(5):43 |
| 萎缩性胃炎病人的心理分型及护理 | 白素平等 | 河北中医 | 1996,(5):46 |
| 略论痿证与调理脾胃 | 陈金亮等 | 河北中医 | 1996,(5):1 |
| 试论充血性心力衰竭的中医病理实质 | 霍根红 | 河南中医 | 1996,(5):12 |
| 浅谈水肿病的治疗 | 古凤江等 | 黑龙江中医药 | 1996,(5):28 |
| 试论肾实证与泻肾法的应用 | 高建华等 | 黑龙江中医药 | 1996,(5):11 |
| 浅析心肾兼顾治疗消渴病 | 孟乙强等 | 吉林中医药 | 1996,(5):4 |
| 肝郁气滞与绿风内障 | 江　雁等 | 吉林中医药 | 1996,(5):3 |
| 哪些病需要从肝论治 | 张秋臻 | 家庭医学 | 1996,(5):16 |
| 舌疾治从心脾举验 | 彭汉光等 | 陕西中医 | 1996,(5):240 |
| 遗尿中医诊治我见 | 田　勃 | 陕西中医 | 1996,(5):239 |
| 骨痿治验二则 | 陈琪儿 | 上海中医药杂志 | 1996,(5):40 |
| 略论肾骨髓脑的同病共治 | 刘时觉 | 上海中医药杂志 | 1996,(5):10 |
| 治疗红斑狼疮临床体会 | 王月霞 | 时珍国医国药 | 1996,(5):8 |
| 痹证治疗体会 | 刘立华等 | 四川中医 | 1996,(5):12 |
| 气阴虚亦可见口甘 | 张茂信 | 四川中医 | 1996,(5):22 |
| 浅谈痹症的辨治体会 | 袁秋萍 | 新中医 | 1996,(5):57 |
| "伤寒"与"热病"概念的再认识 | 徐　珊等 | 浙江中医学院学报 | 1996,(5):1 |
| 痛痒小议 | 吴　军 | 浙江中医杂志 | 1996,(5):232 |
| 半身不遂从阳虚辨治 | 李靖杰 | 浙江中医杂志 | 1996,(5):199 |
| 消渴血瘀说概览 | 王春丽等 | 中医药信息 | 1996,(5):5 |
| 心痛病名之探讨 | 黄修涛 | 中医药信息 | 1996,(5):3 |
| 糖尿病从痰瘀论治体会 | 朱秀成等 | 中医药学刊 | 1996,(5):31 |

| | | | |
|---|---|---|---|
| 四时温病特点探要 | 张竹虚 | 中医药学刊 | 1996,(5):5 |
| 论气虚与冠心病及治疗对策 | 吕廷国等 | 中医药研究 | 1996,(5):48 |
| 消渴之治勿忘调肝 | 段尚勤 | 光明中医 | 1996,(6):8 |
| 祛痰法在痹证中的运用 | 程祥步 | 光明中医 | 1996,(6):14 |
| 耳鸣辨治十二法 | 王坤山等 | 光明中医 | 1996,(6):17 |
| 试述从脾论治儿科疾病 | 赵　蒙等 | 河南中医药学刊 | 1996,(6):63 |
| 带下病中医治疗近况 | 陈　梅等 | 黑龙江中医药 | 1996,(6):52 |
| 癃闭日久应重视调理气机 | 何建成等 | 黑龙江中医药 | 1996,(6):49 |
| 关于咳嗽与肺咳的概念 | 朱文锋 | 湖南中医药导报 | 1996,(6):12 |
| 试论丙子春寒与邪害心火 | 王奕功等 | 湖南中医杂志 | 1996,(6):43 |
| 中风之古与今 | 徐木林 | 辽宁中医杂志 | 1996,(6):253 |
| 五脏痹实质探讨 | 童学彪 | 南京中医药大学学报 | 1996,(6):6 |
| 老年病毒性肝炎辨治求要 | 王志鹄 | 陕西中医 | 1996,(6):262 |
| 试论妇女黄褐斑之中医内治法 | 陈广源 | 上海中医药杂志 | 1996,(6):34 |
| 更年期综合征宜壮水制阳 | 徐存志 | 浙江中医杂志 | 1996,(6):262 |
| 老年骨内科疾病的基础理论体系 | 曹建中 | 中国骨伤 | 1996,(6):54 |
| 论偏头痛当究心肝经脉 | 王鼎华 | 中国民间疗法 | 1996,(6):4 |
| 嚏法在厥证中临床初探 | 董国良等 | 中医外治杂志 | 1996,(6):39 |
| 读"证、证、症、候的沿革和证候定义的研究"小识 | 刘炳凡 | 中国医药学报 | 1996,(6):7 |
| 女性不孕的病因及证治述要 | 贪清亮 | 中医药学刊 | 1996,(6):34 |
| 妇科病从心论治举隅 | 梁文珍 | 中医杂志 | 1996,(6):333 |
| 治阳痿宜慎用壮阳药 | 江与良 | 四川中医 | 1996,(7):13 |
| 《内经》中风病因病机探讨 | 程如海等 | 四川中医 | 1996,(7):5 |
| 中医辨证治疗慢性咽炎(附44例临床报告) | 王冠龄等 | 中国临床医生 | 1996,(7):53 |
| 黄褐斑治从阳明 | 乐　艳 | 中医杂志 | 1996,(7):441 |
| 痒症析要 | 吴　军 | 中医杂志 | 1996,(7):442 |
| 虚损病证从肾论治探讨 | 臧佩林 | 辽宁中医杂志 | 1996,(8):12 |
| 痰湿闭经证治三法初探 | 李　莉 | 陕西中医 | 1996,(8):353 |
| 试论心衰及其治疗体会 | 郭　毅 | 四川中医 | 1996,(8):6 |
| 浅谈头痛从肝论治 | 杨宝元 | 四川中医 | 1996,(8):8 |
| 失眠从肝论治浅析 | 戴东曦 | 浙江中医杂志 | 1996,(8):367 |
| 老年性痴呆辨治探讨 | 郑超英 | 江苏中医 | 1996,(9):37 |
| 宿时不安宁验案 | 管树江 | 四川中医 | 1996,(9):32 |
| 中医古籍论鼻衄证治 | 李云英等 | 新中医 | 1996,(9):58 |
| 中老年妇人遗尿辨治 | 孙大岳 | 浙江中医杂志 | 1996,(9):418 |
| 论南方感冒病证型与治疗的特点 | 陈锦荣 | 广东医学 | 1996,(10):691 |
| 浅谈痹证的临床治疗体会 | 王世荣等 | 河南医药信息 | 1996,(10):53 |
| 治暑厥一得 | 陈桂富 | 江苏中医 | 1996,(10):37 |
| 类风湿临证治则求要 | 赵亚宁 | 陕西中医 | 1996,(10):479 |
| 吐舌顽症治验 | 管荣朝等 | 四川中医 | 1996,(10):31 |
| 吞酸症新议 | 陈蔚文 | 新中医 | 1996,(10):7 |
| 妊娠期急性感染性疾病证治一得 | 石汝锷 | 中医杂志 | 1996,(10):599 |
| 妇女阴痛症从肝论治 | 秦平山 | 浙江中医杂志 | 1996,(11):487 |
| 谈谈抗衰老 | 陈茂明 | 中国保健营养 | 1996,(11):24 |
| 阳郁发热治验 | 胡子水 | 新中医 | 1996,(12):17 |
| 柔润养阴治痹证 | 侯水泉 | 江西中医药 | 1996,(S1):105 |

| | | | |
|---|---|---|---|
| 试论炎症多瘀 | 李义仁 | 江西中医药 | 1996,(S1):18 |
| 急性风湿性关节炎先期症象中医治疗及意义 | 申永合 | 江西中医药 | 1996,(S1):104 |
| 慢性盆腔炎辨证论治 | 张慧娟等 | 内蒙古中医药 | 1996,(S1):104 |
| 关格认识之管见 | 李晓光等 | 内蒙古中医药 | 1996,(S1):137 |
| 不寐患者的中医护理 | 白玉华等 | 内蒙古中医药 | 1996,(S1):195 |
| 老年性痴呆的中医防治 | 何　浩等 | 新中医 | 1996,(S1):155 |
| 血瘀证目征研究 | 王东方 | 江西中医药 | 1996,(S2):25 |
| 刍议滋阴法治疗阳痿 | 谢建农 | 江西中医药 | 1996,(S2):108 |
| 血瘀证目征研究 | 王东方 | 江西中医药 | 1996,(S2):25 |
| 古训消渴病与近代研究 | 吕仁和等 | 第二届糖尿病(消渴病)国际学术会议论文集 | 1996:156 |
| 糖尿病与肝关系探讨 | 周建扬 | 第二届糖尿病(消渴病)国际学术会议论文集 | 1996:216 |
| 喉痹从肝胆论治心得 | 邓　伟 | 长春中医学院学报 | 1997,(1):50 |
| 乙肝治疗五法 | 程畅和 | 甘肃中医学院学报 | 1997,(1):54 |
| 略论骨伤病应重视补肾 | 张亦工 | 甘肃中医学院学报 | 1997,(1):52 |
| 寒毒与肿瘤发病的关系 | 魏　辉等 | 国医论坛 | 1997,(1):44 |
| 试述糖尿病血瘀证的辨治 | 王月霞 | 河北中医 | 1997,(1):34 |
| 乳头溢血从肝论治 | 谢娟娟 | 湖北中医杂志 | 1997,(1):43 |
| 甲状腺机能亢进症的护理体会 | 金玖妹 | 湖南中医杂志 | 1997,(1):44 |
| 析《内经》消瘅的病因与证治 | 熊继柏 | 吉林中医药 | 1997,(1):6 |
| 谈谈房劳伤的预防保健 | 王劲松等 | 家庭中医药 | 1997,(1):42 |
| 祖国医学与癌症预防 | 洒荣桂 | 江苏预防医学 | 1997,(1):24 |
| 冠心病从肝脾肺肾论治概况 | 刘　勇 | 江西中医药 | 1997,(1):58 |
| 论瘀血证治 | 徐金凤等 | 青岛医药卫生 | 1997,(1):38 |
| 脾瘅(口甘) | 赵桂兰 | 青海医药杂志 | 1997,(1):20 |
| 黄疸症辨治体会 | 雷安祥 | 陕西中医 | 1997,(1):47 |
| 腰椎盘脱出症康复疗法 | 于文泉等 | 现代康复 | 1997,(1):59 |
| 脏腑藏泻理论临床应用举隅 | 向应华 | 云南中医学院学报 | 1997,(1):44 |
| 耳聋治肺 | 王瑞凤 | 云南中医中药杂志 | 1997,(1):53 |
| 浅谈中医开刀法的临床特点 | 徐振刚等 | 张家口医学院学报 | 1997,(1):118 |
| 交会穴溯源及临床意义 | 马仁智等 | 中国针灸 | 1997,(1):25 |
| 中医臌胀病论治发展源流 | 李焕荣 | 中华医史杂志 | 1997,(1):15 |
| 虚证溯源 | 蒋应时 | 中医研究 | 1997,(1):7 |
| 读书临症话失眠 | 俞中元 | 中医杂志 | 1997,(1):57 |
| 缺乳从肾论治举隅 | 张心美等 | 长春中医学院学报 | 1997,(2):34 |
| 阳明阳萎论 | 王开林 | 成都中医药大学学报 | 1997,(2):5 |
| 咳嗽治验心得 | 范青丽 | 甘肃中医 | 1997,(2):23 |
| 从肾论治少女妇科病 | 苏春晖 | 甘肃中医学院学报 | 1997,(2):43 |
| 阳明病属燥金论 | 章　恪 | 江汉大学学报(医学版) | 1997,(2):26 |
| 小儿高热辨治体会 | 陈兴汉 | 江西中医学院学报 | 1997,(2):47 |
| 《内经》三焦说与气水代谢障碍疾病证治 | 于　越 | 山东中医药大学学报 | 1997,(2):106 |
| 谈肝气虚衰与动脉粥样硬化 | 黄河清等 | 四川中医 | 1997,(2):7 |
| 肺水肿的中医病因病机探讨 | 杨净冶等 | 天津中医学院学报 | 1997,(2):6 |
| 治疗溃疡病新辟 | 李隽和等 | 现代中西医结合杂志 | 1997,(2):266 |
| 摇头症治验 | 颜邦华 | 新疆中医药 | 1997,(2):40 |

| | | | |
|---|---|---|---|
| “虚瘕”证治 | 周铭心等 | 新疆中医药 | 1997,(2):36 |
| 肠激惹综合征的中医情志调治 | 陈瑞芳等 | 新中医 | 1997,(2):2 |
| 梦游症治验 | 江书槐 | 新中医 | 1997,(2):53 |
| 胆汁返流性胃炎诊治体会 | 刘学兰等 | 云南中医中药杂志 | 1997,(2):38 |
| 论痰证 | 沈施德 | 中国中医基础医学杂志 | 1997,(2):49 |
| 升清降浊治胆石 | 严　曙 | 中国中医药信息杂志 | 1997,(2):23 |
| 历代名医论治臌胀探析 | 杨　波 | 中医研究 | 1997,(2):9 |
| 疮疽的辨证治疗探要 | 史蓉姣 | 中医药学刊 | 1997,(2):33 |
| 中医对中风病认识和治疗的发展过程 | 张宁兴等 | 中医药研究 | 1997,(2):7 |
| 颜面痤疮的辨证调护 | 费桂芳等 | 甘肃中医学院学报 | 1997,(3):62 |
| 突发性耳聋辨证治验 | 彭先荣 | 赣南医学院学报 | 1997,(3):56 |
| 浅淡肝咳的分型治疗 | 兰洪英等 | 河北中医药学报 | 1997,(3):21 |
| 浅谈中医对慢性肾功能衰竭的认识 | 胡春英等 | 河南中医药学刊 | 1997,(3):25 |
| 话说“十人九痔” | 景建中 | 家庭中医药 | 1997,(3):17 |
| 肾燥证治发微 | 曾　禹 | 江西中医药 | 1997,(3):53 |
| 浅谈从肝论治糖尿病 | 胡素敏等 | 九江医学 | 1997,(3):53 |
| 阳强与阴缩 | 永　丰 | 人人健康 | 1997,(3):30 |
| 中风病位小议 | 何光明等 | 陕西中医 | 1997,(3):143 |
| 湿证论治 | 沈东钊 | 陕西中医学院学报 | 1997,(3):19 |
| 中医对大肠癌认识初探 | 胡质毅等 | 现代消化及介入诊疗 | 1997,(3):266 |
| 宗《内经》之理　疗消渴之疾 | 董秀文等 | 浙江中医杂志 | 1997,(3):127 |
| 从祖国医学初谈振动病 | 韩高波 | 职业卫生与应急救援 | 1997,(3):27 |
| 内风与中风病病机辨析 | 骆　丰等 | 中国医药学报 | 1997,(3):20 |
| 论中医痿病学说的形成及发展 | 陈金亮等 | 中国中医药信息杂志 | 1997,(3):9 |
| 浅谈鼻渊证治 | 宋桂林 | 中医药研究 | 1997,(3):39 |
| 浅谈小儿泄泻的病机及治疗 | 甘培尚 | 甘肃中医 | 1997,(4):33 |
| 冠心病心绞痛从络论治浅议 | 马敬明等 | 甘肃中医学院学报 | 1997,(4):12 |
| 心房颤动的辨证论治 | 徐明扬 | 光明中医 | 1997,(4):28 |
| 心脉绌急致胸痹心痛的病机探讨 | 李锡光等 | 广西中医药 | 1997,(4):42 |
| 消渴病论治体会 | 王桂生 | 邯郸医学高等专科学校学报 | 1997,(4):307 |
| 真中风类中风源流概述 | 王建华 | 河北中医 | 1997,(4):45 |
| 奔豚气病机理刍议 | 王　辉 | 河北中医药学报 | 1997,(4):8 |
| 浅谈中医对胃溃疡的认识 | 张学民 | 河南中医药学刊 | 1997,(4):50 |
| 气虚发热浅谈 | 陈延涛 | 黑龙江中医药 | 1997,(4):7 |
| 胃心痛证治浅探 | 张毓华 | 湖北中医杂志 | 1997,(4):8 |
| 肝阴虚证研究概况 | 石林阶等 | 湖南中医学院学报 | 1997,(4):70 |
| 再论眩晕之治 | 金宇安 | 吉林中医药 | 1997,(4):1 |
| 肾虚与糖尿病 | 刘宝玲 | 家庭中医药 | 1997,(4):30 |
| 消渴之气血析 | 马馨兰 | 辽宁中医杂志 | 1997,(4):23 |
| 帕金森氏病的情志调养 | 王玲玲等 | 南京中医药大学学报（自然科学版） | 1997,(4):11 |
| 从中风病研究谈中医现代化的途径 | 冯学功 | 山东中医药大学学报 | 1997,(4):12 |
| 嗜甘症治验 | 秦玉森 | 山东中医杂志 | 1997,(4):41 |
| 肺癌临床辨治体会 | 王国智 | 陕西中医 | 1997,(4):191 |

| | | | |
|---|---|---|---|
| 从阴暑的治疗谈春夏养阳——附120例阴暑病治疗观察 | 陈果然 | 实用中医内科杂志 | 1997,(4):11 |
| 从血从瘀治顽咳 | 李剑松 | 实用中医内科杂志 | 1997,(4):26 |
| 急性肾炎的中医辨治 | 邓德容 | 新中医 | 1997,(4):61 |
| 《内经》所论癫疾狂证浅析 | 张国华等 | 浙江中医杂志 | 1997,(4):146 |
| 奔豚气病探析 | 张启文 | 中国医药学报 | 1997,(4):45 |
| 《内经》耳聋辨析 | 李　浩 | 中国中西医结合耳鼻咽喉科杂志 | 1997,(4):212 |
| 不寐从火论治的机理 | 蔡向红等 | 中国中医基础医学杂志 | 1997,(4):17 |
| 间脑性癫痫的中医诊治 | 孙　屏等 | 中医药学报 | 1997,(4):19 |
| 慢性盆腔炎从肝论治心得 | 顾亚萍 | 甘肃中医 | 1997,(5):33 |
| 中风病辨证论治补要 | 赵　斌 | 甘肃中医 | 1997,(5):3 |
| 暑病的辨证论治 | 吴弥漫 | 国际医药卫生导报 | 1997,(5):38 |
| 慢性支气管炎的中医治疗体会 | 徐　因 | 河北中医 | 1997,(5):28 |
| 更年期综合征中医康复治疗之我见 | 王雅琴 | 河南中医药学刊 | 1997,(5):65 |
| 心病证治刍议 | 胡国祥 | 湖南中医药导报 | 1997,(5):39 |
| 嗜睡的证因论治 | 孙田华等 | 江西中医药 | 1997,(5):33 |
| 腰痛的辩证论治 | 李新芳 | 锦州医学院学报 | 1997,(5):65 |
| 从肝胆论治咽喉疾病 | 王玉明 | 山东中医药大学学报 | 1997,(5):49 |
| 心绞痛证治探讨 | 皇甫云喜 | 山西中医 | 1997,(5):55 |
| 瘿病治痰再认识 | 李文旭 | 陕西中医 | 1997,(5):238 |
| 《内经》风病证治刍议 | 王心好 | 上海中医药杂志 | 1997,(5):2 |
| 五脏痹临床研究浅识 | 蒋连泓 | 天津中医 | 1997,(5):41 |
| 女性尿道综合征与淋证 | 黄耀生等 | 现代中西医结合杂志 | 1997,(5):798 |
| 治咳从血瘀辨证 | 李剑松 | 新中医 | 1997,(5):49 |
| 诸痛痒疮从心论治的临证举隅 | 李古松 | 新中医 | 1997,(5):45 |
| 郁证概念及治则探讨 | 王丹莉 | 浙江中医学院学报 | 1997,(5):10 |
| 论"痹"的概念及痹病的分类 | 朱文锋等 | 中国中医基础医学杂志 | 1997,(5):47 |
| 对虚寒性中消证的辨治体会 | 张　雯 | 中国中医药信息杂志 | 1997,(5):28 |
| 秋燥食养 | 章乐之 | 中老年保健 | 1997,(5):29 |
| 肾阳不足与消渴病关系的探讨 | 黄佳娜等 | 中医研究 | 1997,(5):10 |
| 从肝论治中风失语理论与临床 | 程怀庆 | 中医药学报 | 1997,(5):4 |
| 顽固性肠鸣如何辨治 | 赵复国 | 中医杂志 | 1997,(5):311 |
| "浊毒痹阻脑络"对老年期痴呆的影响 | 唐启盛 | 北京中医药大学学报 | 1997,(6):25 |
| 对《内经》论消渴病重在胃热的探讨 | 雷顺群 | 北京中医药大学学报 | 1997,(6):10 |
| 从肝经治疗面神经麻痹 | 赵先亮等 | 甘肃中医 | 1997,(6):35 |
| 疼痛初探 | 山德明 | 甘肃中医 | 1997,(6):2 |
| 中风病机探讨 | 张智学 | 甘肃中医 | 1997,(6):4 |
| 胸痹辨治得失3则 | 工习培 | 江西中医药 | 1997,(6):28 |
| 试论糖尿病从脾施治 | 顾维超等 | 南京中医药大学学报(自然科学版) | 1997,(6):42 |
| 关格管见 | 云　刚 | 山东中医杂志 | 1997,(6):40 |
| 五郁治法与临床体会 | 沈　邗 | 陕西中医 | 1997,(6):257 |
| 五脏六腑皆令人咳验案举隅 | 席书贤等 | 陕西中医 | 1997,(6):272 |
| 风温咳嗽浅议 | 杨吉第 | 中国乡村医生 | 1997,(6):8 |
| 中医痰证现代研究指标的探讨 | 李以义等 | 中国中医基础医学杂志 | 1997,(6):51 |

| | | | |
|---|---|---|---|
| 脑出血急性期瘀热证探讨 | 蔡桂美 | 中国中医急症 | 1997,(6):268 |
| 老年期痴呆中医学病因病机探讨 | 陈建宗等 | 中医药研究 | 1997,(6):22 |
| 骨折愈合与肌肉动力的辨证论治 | 关继超 | 中国中医药信息杂志 | 1997,(7):9 |
| 煎厥是中暑而非中风 | 吴光炯 | 中医杂志 | 1997,(7):440 |
| 浅谈肝硬化腹水的辨证论治 | 李玉明等 | 河南医药信息 | 1997,(8):54 |
| 酒后纵欲坏身体 | 何　华 | 家庭科技 | 1997,(8):27 |
| 习惯性流产的治疗体会 | 黄永澄 | 江苏中医 | 1997,(8):37 |
| 中风昏厥证治探析 | 池松泉 | 辽宁中医杂志 | 1997,(8):27 |
| 高原病诊治刍议 | 毛永森 | 陕西中医 | 1997,(8):384 |
| 尸厥候中有关客观性耳鸣论述的价值探讨 | 樊玉林等 | 中国中西医结合杂志 | 1997,(8):501 |
| 再谈尪痹的辨证论治 | 焦树德 | 中医杂志 | 1997,(8):504 |
| 话说忧思病 | 陈国华 | 开卷有益.求医问药 | 1997,(9):5 |
| 舌咽神经痛当从火论治 | 徐明涟 | 四川中医 | 1997,(9):11 |
| 论《内经》《伤寒论》中的厥证 | 王津慧 | 四川中医 | 1997,(9):3 |
| 中风病的诊治和预防 | 焦树德 | 新中医 | 1997,(9):7 |
| 阳强阴缩是怎么回事 | 永　康 | 医药与保健 | 1997,(9):35 |
| 肝虚夜目䀮䀮竟无所见 | 党　群等 | 家庭医学 | 1997,(10):19 |
| 耳鸣治风 | 程康明 | 江苏中医 | 1997,(10):11 |
| 喉痹病名考证 | 王东方等 | 辽宁中医杂志 | 1997,(10):9 |
| 厥阴病探析 | 高立云 | 陕西中医 | 1997,(10):480 |
| 与更年期妇女谈潮热 | 董先民 | 开卷有益.求医问药 | 1997,(11):15 |
| 面瘫的发生及病因病机研究概况 | 刘森亭等 | 陕西中医 | 1997,(11):525 |
| 宗气不足与食道癌发病机理探讨及愈后分析 | 薛功友 | 首都医药 | 1997,(11):32 |
| 颤振辨治撷菁 | 姚公树 | 浙江中医杂志 | 1997,(11):509 |
| 经断复行 | 高建民等 | 山东中医杂志 | 1997,(12):39 |
| 辨证治疗中风的体会 | 倪维城 | 内蒙古中医药 | 1997,(S1):35 |
| 厥证针灸拾遗 | 唐卫华 | 上海针灸杂志 | 1997,(S1):13 |
| 妇科湿证论治 | 叶敦敏 | 新中医 | 1997,(S1):153 |
| 用"五志过极"理论对癌症病人实施情志护理 | 黎小燕等 | 新中医 | 1997,(S1):171 |
| 解㑊证治浅说 | 刘长波等 | 新中医 | 1997,(S1):150 |
| 试谈睡眠障碍辨证论治的主要内容 | 王子荣等 | 中国中医基础医学杂志 | 1997,(S3):27 |
| 失眠的辨证论治 | 袁光运 | 中国中医基础医学杂志 | 1997,(S3):55 |
| 梦证治则探微 | 刘玉贤等 | 中国中医基础医学杂志 | 1997,(S3):92 |
| 浅淡失眠的病机 | 王和琴 | 中国中医基础医学杂志 | 1997,(S3):26 |
| 失眠从肝论治刍议 | 徐春梅 | 中国中医基础医学杂志 | 1997,(S3):33 |
| 中医对睡眠障碍的认识 | 李军体等 | 中国中医基础医学杂志 | 1997,(S3):17 |
| 重症眩晕从肝论治 | 刘　芳 | 湖南中医药导报 | 1997,(Z1):99 |
| 从脾论治糖尿病浅析 | 孙　彬等 | 第四届全国糖尿病(消渴病)学术研讨会论文集 | 1997:233 |
| 浅谈糖尿病的中医辨证 | 杨　芳 | 第四届全国糖尿病(消渴病)学术研讨会论文集 | 1997:267 |
| 糖尿病为气化宣通失常 | 魏占一 | 第四届全国糖尿病(消渴病)学术研讨会论文集 | 1997:281 |
| 论天人相应与支气管哮喘 | 张金磊 | 世界中西医结合大会论文摘要集 | 1997:68 |
| 从脾论治类风湿关节炎32例 | 陈寿永 | 安徽中医临床杂志 | 1998,(1):16 |

| | | | |
|---|---|---|---|
| 老年期痴呆从胆论治的临床探讨 | 周念兴 | 北京中医 | 1998,(1):14 |
| 肾郁证治琐谈 | 王建康 | 北京中医 | 1998,(1):28 |
| 从肝肾论治糖尿病85例体会 | 姚 珍等 | 大同医学专科学校学报 | 1998,(1):29 |
| 五脏咳案议 | 李仁述 | 甘肃中医学院学报 | 1998,(1):18 |
| 老年便秘与排便不爽 | 王 鋆 | 河北中医 | 1998,(1):32 |
| 消渴从瘀论治浅议 | 李 烨等 | 河北中医药学报 | 1998,(1):26 |
| 浅论"肝阳虚"、"肝气虚" | 张红瑞 | 河南中医 | 1998,(1):19 |
| 慢性充血性心力衰竭的中医辨证论治 | 刘杰祥 | 河南中医学院学报 | 1998,(1):32 |
| 阳萎从肝论治四则 | 王 恒 | 黑龙江中医药 | 1998,(1):30 |
| 肺胀从痰瘀论治浅识 | 魏全德 | 吉林中医药 | 1998,(1):3 |
| 痛经辨治体会 | 黄永澄 | 吉林中医药 | 1998,(1):31 |
| 浅谈绝经前后综合征的中医治疗 | 李启芳 | 江西中医药 | 1998,(1):57 |
| 从肾虚与骨钙素的关系看骨质疏松症 | 董子亮等 | 内蒙古中医药 | 1998,(1):41 |
| 胃脘痛的辨证施护 | 赵庆丽 | 黔南民族医专学报 | 1998,(1):42 |
| 论少阳病 | 何纫秋等 | 西昌师范高等专科学校学报 | 1998,(1):81 |
| 中医对血栓闭塞性脉管炎病因证治的探讨 | 薛宝生等 | 现代中医药 | 1998,(1):37 |
| 肝郁治验 | 王毅勇 | 新疆中医药 | 1998,(1):62 |
| 浅谈肝咳 | 王雪飞 | 新中医 | 1998,(1):54 |
| 肝脏与功能性阳痿 | 王学勤等 | 医药与保健 | 1998,(1):54 |
| "五脏咳"临证探析 | 杨从信 | 云南中医学院学报 | 1998,(1):38 |
| 筋痹从肝论治 | 李树钿 | 云南中医中药杂志 | 1998,(1):43 |
| 中医对骨质疏松症的认识及辨治刍议 | 张纾难等 | 中国全科医学 | 1998,(1):31 |
| "肝为语"治验1则 | 孙永章 | 中国医药学报 | 1998,(1):43 |
| 五脏六腑皆令人咳的儿科临床体验 | 张 铁等 | 中国中医基础医学杂志 | 1998,(1):38 |
| 《内经》升降理论与中风 | 胡青懿等 | 中国中医基础医学杂志 | 1998,(1):13 |
| 论秦汉时期痈病理论与痈病治则 | 严健民 | 中华医史杂志 | 1998,(1):28 |
| 温病"毒"之概念再析 | 吕文亮 | 中西医结合心脑血管病杂志 | 1998,(1):2 |
| 网球肘之少阳、阳明辨 | 王嘉洲 | 北京中医药大学学报(中医临床版) | 1998,(2):16 |
| 眩晕治验四则 | 陈润康 | 广西中医学院学报 | 1998,(2):35 |
| 肾实证浅议 | 王仁媛 | 国医论坛 | 1998,(2):41 |
| 紫癜的辨证分型施治 | 蔡煜声 | 河北中医 | 1998,(2):77 |
| 从寒痰瘀毒论治恶性肿瘤验案举隅 | 崔应珉等 | 河南中医药学刊 | 1998,(2):34 |
| 《内经》中的营卫学说与睡眠障碍 | 刘 进等 | 吉林中医药 | 1998,(2):2 |
| 顽固性遗精浅识 | 何 映 | 江苏中医 | 1998,(2):42 |
| 从咽痛辨治慢性肾炎 | 王晓君等 | 山东中医杂志 | 1998,(2):11 |
| "肾实"刍议 | 郭小青等 | 陕西中医学院学报 | 1998,(2):13 |
| 脏腑咳古医案论析 | 韩 娅等 | 上海中医药杂志 | 1998,(2):12 |
| 眩晕病辨治体会 | 滕仙娥 | 实用中医内科杂志 | 1998,(2):22 |
| 类风湿性关节炎治疗现状与展望 | 方炳福 | 实用中医内科杂志 | 1998,(2):14 |
| 慢性肾炎的诊治体会 | 胡万荣 | 天津中医学院学报 | 1998,(2):11 |
| 痹证的预防及护理 | 赵春玲 | 西北国防医学杂志 | 1998,(2):54 |
| 中脉探秘 | 萧志才 | 现代养生 | 1998,(2):27 |
| 冠心病的运动养生法 | 张秀芬等 | 心血管康复医学杂志 | 1998,(2):75 |

| | | | |
|---|---|---|---|
| 从脑髓不足谈对老年痴呆病的认识 | 谢德高 | 新中医 | 1998,(2):64 |
| 突眼症治验1则 | 高　怡 | 新中医 | 1998,(2):55 |
| 老年便秘证治 | 张前进 | 中国老年学杂志 | 1998,(2):51 |
| 月经来潮与时辰关系的分析(附1149例报告) | 张树峰等 | 中国煤炭工业医学杂志 | 1998,(2):194 |
| 奇痒治验 | 贾慰祖 | 中国医药学报 | 1998,(2):50 |
| "阴虚则内热"临证探要 | 栾胜军 | 中医函授通讯 | 1998,(2):35 |
| 糖尿病从脾论治 | 曹小勇等 | 中医研究 | 1998,(2):49 |
| 中风以血论治初探 | 冯春林 | 中医研究 | 1998,(2):51 |
| 癫狂的辨证治疗 | 刘天吉 | 中医药信息 | 1998,(2):30 |
| 妊子肠痈案按 | 秦　曼等 | 中医药学报 | 1998,(2):30 |
| 胃脘灼热隐痛饥不欲食如何辨治 | 赵复国 | 中医杂志 | 1998,(2):122 |
| 胃缓新识 | 周午平 | 中医杂志 | 1998,(2):123 |
| 中医辨治阳萎进展 | 陈　瑜 | 甘肃中医学院学报 | 1998,(3):59 |
| 胃缓新论 | 周午平 | 光明中医 | 1998,(3):8 |
| 论木郁达之与妇科临床的关系 | 胡　捷 | 贵阳中医学院学报 | 1998,(3):8 |
| 癌肿病症之传统认识 | 欧阳军 | 国际医药卫生导报 | 1998,(3):41 |
| 《内经》对颤症的认识 | 董洪涛 | 国医论坛 | 1998,(3):17 |
| 癃闭验案2例 | 刘正德等 | 河北中医 | 1998,(3):166 |
| 解㑊证从肝气论治 | 胡秀润 | 河南中医 | 1998,(3):52 |
| 《内经》五郁之治及其临证应用 | 熊继柏 | 湖南中医学院学报 | 1998,(3):24 |
| 慢性支气管炎与血瘀探微 | 尤菊松等 | 吉林中医药 | 1998,(3):1 |
| 《灵枢·经筋》"卒口僻"证治辨析 | 宋立富等 | 吉林中医药 | 1998,(3):63 |
| 诊治喉痹体会 | 蒋中晋 | 江苏中医药 | 1998,(3):15 |
| 小儿咳嗽病之我见 | 邓培德 | 内蒙古中医药 | 1998,(3):24 |
| 《内经》营卫之气与痹病的关系浅析 | 林巍巍等 | 山东中医杂志 | 1998,(3):6 |
| 肝硬变腹水的中医治疗概况 | 李幸仓 | 陕西中医 | 1998,(3):142 |
| 论汗及其治疗 | 李立民等 | 实用中医内科杂志 | 1998,(3):24 |
| 小儿泄泻诊治心得 | 杨其仁 | 四川中医 | 1998,(3):18 |
| 糖尿病从脾论治初探 | 吴晋兰 | 浙江中医学院学报 | 1998,(3):18 |
| 中医肾病研究的过去、现在和未来 | 王永钧 | 浙江中医学院学报 | 1998,(3):1 |
| 乳胀辨证施治 | 潘红云等 | 中国民间疗法 | 1998,(3):6 |
| 阴虚发热与阳虚发热辨 | 王庆侠 | 中国医药学报 | 1998,(3):47 |
| 外感眩晕识 | 齐向华 | 中国中医基础医学杂志 | 1998,(3):34 |
| 1例惊恐伤肾患者的护理 | 于　红等 | 中日友好医院学报 | 1998,(3):9 |
| 瘀阻经络从肝论治——施杞临床学术思想撷要 | 吴　弢等 | 中医文献杂志 | 1998,(3):31 |
| 奔豚气病源流探讨 | 杨雨田等 | 中医文献杂志 | 1998,(3):15 |
| 胎水肿满治验1例 | 刘经训 | 安徽中医临床杂志 | 1998,(4):231 |
| 遗精辨治体会 | 陆广龙等 | 安徽中医学院学报 | 1998,(4):36 |
| 脾阴、脾阴虚研究述评 | 汪运富等 | 安徽中医学院学报 | 1998,(4):63 |
| 从肝阳气虚论治神经衰弱的体会 | 孟艳彬 | 承德医学院学报 | 1998,(4):44 |
| "阴虚阳博谓之崩"因证论治 | 谢德聪 | 福建中医药 | 1998,(4):41 |
| 对更年期综合征的认识和辨治 | 褚玉霞 | 河南中医 | 1998,(4):11 |
| 更年期综合征与冲任二脉 | 毛凤仙 | 河南中医 | 1998,(4):13 |
| 男性更年期综合征从肝论治 | 江志刚等 | 河南中医 | 1998,(4):12 |
| 顽固性呃逆从肝论治 | 杨杏春等 | 河南中医学院学报 | 1998,(4):67 |

| | | | |
|---|---|---|---|
| 浅析老年腑气不畅的成因及症状 | 袁德培 | 湖北民族学院学报（医学版） | 1998,(4):12 |
| 大便频治验一则 | 王希康 | 湖南中医杂志 | 1998,(4):53 |
| 无症征病治验举隅 | 刘年盛 | 湖南中医杂志 | 1998,(4):50 |
| 中国传统“健康心理学”思想与心脑血管病防治 | 潘仰中 | 健康心理学杂志 | 1998,(4):447 |
| 小便失禁 20 年治验 | 曾洪生 | 江西中医药 | 1998,(4):62 |
| 失眠从肝论治浅析 | 李志禄等 | 内蒙古中医药 | 1998,(4):32 |
| 脾胃生理病理与寒热错杂证关系的探讨 | 胡　刚等 | 内蒙古中医药 | 1998,(4):33 |
| 老年冠心病及其补通二法的应用 | 罗曼华 | 实用中医内科杂志 | 1998,(4):18 |
| 论厥和厥逆 | 何纫秋 | 西昌师范高等专科学校学报 | 1998,(4):87 |
| 原发性骨质疏松症的肾虚分型 | 谷丽敏等 | 现代中西医结合杂志 | 1998,(4):580 |
| 幼女性早熟治肝治肾辨 | 萧本农 | 浙江中医杂志 | 1998,(4):153 |
| 从命门学说论治慢性萎缩性胃炎探析 | 刘浙伟 | 浙江中医杂志 | 1998,(4):152 |
| 中风病位探讨 | 程如海 | 中国中医基础医学杂志 | 1998,(4):15 |
| 肺痹古今论 | 宋建平 | 中华医史杂志 | 1998,(4):22 |
| 论“肺阳”与慢性咳喘病的关系 | 高　雪等 | 中医药学报 | 1998,(4):4 |
| 略论冲脉病证特点与证治 | 郝明志 | 安徽中医学院学报 | 1998,(5):7 |
| 浅谈治疗高热与时辰医学的关系 | 赵鹤龄 | 国医论坛 | 1998,(5):18 |
| 肝气虚、肝阳虚证治初探 | 张　力 | 河南中医 | 1998,(5):10 |
| 从脏腑相关辨治胸痹举隅 | 王锡哲等 | 河南中医药学刊 | 1998,(5):27 |
| 胸痹心痛证临床辨治八法 | 刘杏枝等 | 河南中医药学刊 | 1998,(5):22 |
| 妇科瘀血证的病机及治则浅析 | 王　玲等 | 黑龙江中医药 | 1998,(5):7 |
| 中风病机与辨治浅论 | 车建国 | 湖南中医杂志 | 1998,(5):8 |
| 冠心病心绞痛的针灸辨治 | 李永堂 | 湖南中医杂志 | 1998,(5):23 |
| 试论肝气虚和肝阳虚 | 彭家谋 | 湖南中医杂志 | 1998,(5):7 |
| 五脏与水肿浅识 | 许　千等 | 湖南中医杂志 | 1998,(5):42 |
| 漫谈经行目暗及其证治 | 哈孝贤 | 开卷有益.求医问药 | 1998,(5):12 |
| 气虚水肿的病机与治法探讨 | 孙　伟等 | 南京中医药大学学报（自然科学版） | 1998,(5):10 |
| 《内经》厥证探讨 | 鲁明源 | 山东中医药大学学报 | 1998,(5):13 |
| 痰瘀相关论肿瘤 | 阎晓天等 | 山西中医 | 1998,(5):9 |
| 腰痛的“杂脉”辨治 | 郭尧杰 | 现代中医药 | 1998,(5):6 |
| 论“脾胃”与“泄泻”的关系 | 陈运福 | 新中医 | 1998,(5):60 |
| 理脾治消渴 | 黄胜岗等 | 学会 | 1998,(5):40 |
| 汗症证治琐谈 | 祝建权 | 浙江中医杂志 | 1998,(5):221 |
| 肺脾两虚型消渴病诊治一得 | 王继东 | 中国民间疗法 | 1998,(5):47 |
| 小儿秋季腹泻的中医治疗 | 冀顺玲 | 中医药研究 | 1998,(5):38 |
| 阴虚与冠心病初探 | 毛静远 | 中医药研究 | 1998,(5):5 |
| 浅谈湿温“汗润下”适应症 | 方培明 | 福建中医药 | 1998,(6):37 |
| 闭经调治八法 | 胡章如 | 甘肃中医 | 1998,(6):30 |
| 浅谈眩晕的辨证施护 | 王树霞等 | 甘肃中医 | 1998,(6):45 |
| 试谈治疗高热与时辰医学的关系 | 赵鹤龄 | 光明中医 | 1998,(6):9 |
| 盆腔炎辨治 8 法 | 王荣欣 | 河北中医 | 1998,(6):355 |
| 大气下陷证解惑 | 黄庆田等 | 河南中医 | 1998,(6):341 |
| 阳虚失眠治验 | 刘延良等 | 湖南中医杂志 | 1998,(6):50 |

| | | | |
|---|---|---|---|
| 谈经行头痛的治疗 | 潘朝曦 | 陕西中医 | 1998,(6):259 |
| 从整体思考治疗感染性疾病的对策 | 陆生盛等 | 现代中西医结合杂志 | 1998,(6):893 |
| 从痰瘀论治老年糖尿病 | 官惠文 | 新中医 | 1998,(6):61 |
| "厥"、"脱"概念辨析 | 朱文锋 | 中国医药学报 | 1998,(6):10 |
| 血瘀证与恶性肿瘤 | 张培彤等 | 中国中西医结合外科杂志 | 1998,(6):58 |
| 关节炎的"伏针"与"伏灸" | 向　谊 | 祝您健康 | 1998,(6):31 |
| 浅谈小儿感冒从脾论治 | 马五华 | 陕西中医 | 1998,(8):383 |
| 从肝论治心痹浅谈 | 龙秀娟 | 新中医 | 1998,(8):56 |
| 调五脏治疗老年痴呆症 | 徐亚萍等 | 陕西中医 | 1998,(9):423 |
| 用祖国医学理论浅释风湿性关节炎 | 陈凤琴等 | 实用医技杂志 | 1998,(9):689 |
| 《内经》咳嗽病机探讨 | 宋秋云等 | 四川中医 | 1998,(9):8 |
| 冠心病心绞痛的中医辨证论治 | 黄宗良 | 新中医 | 1998,(9):57 |
| 脱发与阴阳五态性格关系的探讨 | 冯明清等 | 中国中医基础医学杂志 | 1998,(9):47 |
| 郁证琐谈 | 庄秀波等 | 陕西中医 | 1998,(10):479 |
| 小儿疳证　治分阴阳 | 郑仁豪 | 浙江中医杂志 | 1998,(10):455 |
| 虚证癃闭 | 唐　龙 | 山东中医杂志 | 1998,(11):40 |
| 脑中风诊治体会 | 戴冬生 | 陕西中医 | 1998,(11):528 |
| 试析《内经》对消渴病的认识 | 严　娟 | 四川中医 | 1998,(11):5 |
| 中风病病机探讨 | 康　永等 | 现代中西医结合杂志 | 1998,(11):1773 |
| 消化性溃疡的中医护理 | 华　炜 | 江苏中医 | 1998,(12):46 |
| 《内经》对脑病的认识初探 | 傅雷吴敏 | 江苏中医 | 1998,(12):44 |
| 试论疝及其证治 | 王新陆 | 山东中医杂志 | 1998,(12):5 |
| 《内经》热病诊治特色探要 | 叶庆莲 | 上海中医药杂志 | 1998,(12):35 |
| 肾咳治验 | 兰明寿 | 四川中医 | 1998,(12):18 |
| 腰痛的"杂脉"辨治 | 郭尧杰 | 四川中医 | 1998,(12):8 |
| 气虚发热的病机探讨与临床治疗 | 刘晓伟 | 现代中西医结合杂志 | 1998,(12):1942 |
| 真心痛与胸痹心痛临床治疗体会 | 张会英 | 现代中西医结合杂志 | 1998,(12):1943 |
| 近代中西医对子宫内膜异位症病因学说论述概况 | 樊荫萍 | 临床荟萃 | 1998,(15):673 |
| 阳痿病类证治验 | 晏云齐等 | 甘肃中医学院学报 | 1998,(S1):59 |
| 筋症发微及其治疗 | 李仁述等 | 甘肃中医学院学报 | 1998,(S1):15 |
| 中医衰老性病变的理论研究 | 薛雨芳 | 广州中医药大学学报 | 1998,(S1):2 |
| 冬季外感咳嗽的辨证论治 | 范　晔 | 内蒙古中医药 | 1998,(S1):31 |
| 痰厥治验一得 | 刘彭寿等 | 内蒙古中医药 | 1998,(S1):40 |
| 冠心病心绞痛补气化痰刍议 | 张　贡等 | 中国中医基础医学杂志 | 1998,(S1):109 |
| 冠心病心绞痛痰瘀证的研究 | 韩学杰 | 中国中医基础医学杂志 | 1998,(S1):108 |
| 痛证辨治法浅谈 | 刘　群 | 中国中医基础医学杂志 | 1998,(S1):25 |
| 痛证诊断浅识 | 李仁德 | 中国中医基础医学杂志 | 1998,(S1):55 |
| 痛证治法初探 | 邱家才 | 中国中医基础医学杂志 | 1998,(S1):22 |
| 小儿脐腹痛辨证论治体会 | 张淑霞 | 中国中医基础医学杂志 | 1998,(S1):101 |
| "痛"与"通"论 | 李达周 | 中国中医基础医学杂志 | 1998,(S1):29 |
| 骨痹探讨 | 吴美三 | 中国中医基础医学杂志 | 1998,(S1):72 |
| 浅谈《内经》论痛 | 侯　忠 | 中国中医基础医学杂志 | 1998,(S1):34 |
| 试论气虚致痛 | 李拉明 | 中国中医基础医学杂志 | 1998,(S1):52 |
| 影响慢性肝炎治疗的因素 | 陆　梅 | 中西医结合肝病杂志 | 1998,(S1):280 |
| 夏季低血钾症的病机与辨治 | 沈开金 | 安徽中医学院学报 | 1999,(1):41 |
| 论糖尿病与肝 | 王耀献 | 北京中医药大学学报 | 1999,(1):65 |

| | | | |
|---|---|---|---|
| 浅谈痹病之辨治 | 陈扬荣 | 福建中医药 | 1999,(1):44 |
| 从隐性感染浅谈“未病” | 李兰珍等 | 甘肃中医 | 1999,(1):6 |
| 浅谈消渴与情志的关系 | 付少云等 | 甘肃中医 | 1999,(1):5 |
| 过敏性紫癜从肝论治六法 | 俞大毛 | 光明中医 | 1999,(1):20 |
| 择时治疗不孕症的理论探讨 | 郭　飞 | 光明中医 | 1999,(1):8 |
| 咳嗽从肝论治四法 | 王莉珍 | 湖南中医杂志 | 1999,(1):15 |
| 胃咳及其证治探析 | 钟怡就 | 辽宁中医学院学报 | 1999,(1):18 |
| “足生大丁”别议 | 林绍志等 | 山东中医药大学学报 | 1999,(1):21 |
| 从心辨治痛痒怪症三则 | 渠敬文 | 山东中医杂志 | 1999,(1):33 |
| 失眠与营卫失调 | 师建梅等 | 山西中医 | 1999,(1):51 |
| 冠心病的辨治体会 | 高　阳 | 陕西中医 | 1999,(1):48 |
| 颈椎病的病因病机及针灸疗法之我见 | 周志杰 | 陕西中医 | 1999,(1):30 |
| 浅析宫血的病因病机 | 张春兰 | 陕西中医 | 1999,(1):47 |
| 中医药防治帕金森病的历史回顾、研究现状及对策 | 陈建宗 | 陕西中医学院学报 | 1999,(1):10 |
| 论中风病偏瘫肩痛与痹证肩痛之差异 | 齐凤华等 | 上海针灸杂志 | 1999,(1):34 |
| 浅论眩晕病的证治 | 胡德军 | 实用医技杂志 | 1999,(1):72 |
| 顽固性咳嗽从肝论治体会 | 王莉珍 | 实用中医内科杂志 | 1999,(1):6 |
| 肝硬化腹水的病机及治则探讨 | 李有文等 | 四川中医 | 1999,(1):9 |
| 肾咳刍议 | 刘　虹 | 云南中医学院学报 | 1999,(1):55 |
| 中医对骨质疏松症的认识沿革与嬗变 | 张纾难等 | 中国骨质疏松杂志 | 1999,(1):86 |
| 类风湿性关节炎刍见 | 周学平等 | 中国医药学报 | 1999,(1):42 |
| 慢性疲劳综合征的中医理论研究 | 季绍良等 | 中国医药学报 | 1999,(1):8 |
| 从治病求本论肾炎血尿的治疗 | 余仁欢等 | 中国中医基础医学杂志 | 1999,(1):51 |
| 诸病从肝郁论治 | 徐淑文 | 中国中医基础医学杂志 | 1999,(1):45 |
| 《内经》中风病理钩玄 | 朱祥麟 | 中国中医基础医学杂志 | 1999,(1):47 |
| 外感热病伤阴证的证因机理与治疗探讨 | 郝瑞福 | 中国中医药信息杂志 | 1999,(1):14 |
| 上气不足证的中医治疗举隅 | 于　铁 | 中医药学报 | 1999,(1):16 |
| 阳痿辨治得失案二则 | 刘希贵等 | 安徽中医学院学报 | 1999,(2):28 |
| 古今医家认识体表溃疡述评 | 张耀圣等 | 北京中医药大学学报 | 1999,(2):12 |
| 中医对慢性支气管炎的治疗及其预防 | 陈宝明 | 大同医学专科学校学报 | 1999,(2):28 |
| 《内经》论痹的特色概述 | 谢邦永等 | 福建中医药 | 1999,(2):19 |
| 肾虚血热型更年期崩中证治心得 | 马大正 | 广西中医药 | 1999,(2):29 |
| 应用“四季脾旺不受邪”理论治疗慢阻肺探微 | 史锁芳 | 国医论坛 | 1999,(2):14 |
| 男性不育证治浅议 | 张志强 | 河北中医 | 1999,(2):111 |
| 糖尿病治则思路的探讨 | 周文卫等 | 河南中医药学刊 | 1999,(2):7 |
| 急性胃脘痛76例辨治研讨 | 赵业勤等 | 黑龙江中医药 | 1999,(2):21 |
| 前列腺疾病体质初探 | 李卫真等 | 黑龙江中医药 | 1999,(2):6 |
| 痿证(臂丛神经炎)治验1例 | 商智峰 | 吉林中医药 | 1999,(2):48 |
| 绝经后骨质疏松症中医学理论基础初探 | 王志萍等 | 江西中医药 | 1999,(2):59 |
| 阳痿辨治初探 | 王启春等 | 江西中医药 | 1999,(2):9 |
| 郁证探微 | 吕黎明 | 江西中医药 | 1999,(2):57 |
| 多涕症证治拾零——干祖望首提病名 | 陈国丰等 | 辽宁中医学院学报 | 1999,(2):20 |
| 从“五脏柔弱”认识消渴发病机理 | 杨晓晖等 | 上海中医药大学学报 | 1999,(2):16 |
| 不孕症临床治疗体会 | 姚友红 | 新中医 | 1999,(2):40 |
| 肠痈十证辨要 | 赵业勤 | 浙江中医杂志 | 1999,(2):85 |

| | | | |
|---|---|---|---|
| 古代医学对鼻渊的认识 | 夏纪严 | 中国中西医结合耳鼻咽喉科杂志 | 1999,(2):101 |
| 试论急性脑血管病中医病名、分类及其证治 | 樊 蓥 | 中国中医急症 | 1999,(2):84 |
| 面瘫的古代针灸疗法特点分析 | 郭尧杰 | 中医文献杂志 | 1999,(2):48 |
| 痫证源流初探 | 张丽萍 | 中医文献杂志 | 1999,(2):48 |
| 湿秘论治 | 张雪亮 | 中医杂志 | 1999,(2):123 |
| 暑热阴证谈 | 许英章 | 中医杂志 | 1999,(2):125 |
| 对"从肝论治阳痿"的认识和体会 | 王传航 | 北京中医药大学学报 | 1999,(3):64 |
| 慢性肝病治疗大法初探 | 寇惠英 | 滨州医学院学报 | 1999,(3):94 |
| 郁证概说 | 徐厚谦 | 甘肃中医学院学报 | 1999,(3):4 |
| 浅谈肝炎中医治疗原则 | 杨颖林 | 光明中医 | 1999,(3):18 |
| 从肝论治胸痹 | 王 进等 | 河南中医药学刊 | 1999,(3):19 |
| 论《内经》膏梁之疾 | 郑国庆等 | 吉林中医药 | 1999,(3):4 |
| 吐吞酸病因及辨治探讨 | 李世华等 | 江苏中医 | 1999,(3):17 |
| 从肝疗阳痿浅识 | 曾发根 | 江西中医药 | 1999,(3):16 |
| 肝硬化辨治 | 江克明 | 开卷有益.求医问药 | 1999,(3):16 |
| 益气健脾法治疗消渴病源流初探 | 程益春等 | 山东中医药大学学报 | 1999,(3):7 |
| 《内经》对糖尿病病机之认识及研究现状 | 马 赟 | 陕西中医学院学报 | 1999,(3):50 |
| 气利辨识 | 刘国柱 | 天津中医 | 1999,(3):28 |
| 论《内经》"厥"与"中风"及其临床施治的探讨 | 徐军娟等 | 天津中医学院学报 | 1999,(3):9 |
| 胸痹心痛证治心得 | 李 东 | 中国乡村医药 | 1999,(3):10 |
| 癫痫病病名初探 | 王凤兰等 | 中国中医基础医学杂志 | 1999,(3):53 |
| 历代医家对针刺治疗急性咽喉病的论述 | 张玉敏等 | 中华医史杂志 | 1999,(3):166 |
| 糖尿病应注重从肝论治 | 王桂欣等 | 中医函授通讯 | 1999,(3):25 |
| 《内经》梦证探赜 | 刘玉贤等 | 中医文献杂志 | 1999,(3):19 |
| 北京市肝炎朔望月高发时间特征分析 | 高京晓等 | 中医药学报 | 1999,(3):10 |
| 从临床病证分析"阴虚发热" | 孙 训 | 大同医学专科学校学报 | 1999,(4):33 |
| 泌尿系结石从肝辨治的体会 | 刘改霞等 | 甘肃中医 | 1999,(4):31 |
| 痰瘀崩漏的认识与治疗 | 张玉波等 | 光明中医 | 1999,(4):19 |
| 从心肺相关论冠心病的证治 | 刘学法 | 光明中医 | 1999,(4):14 |
| 消渴病辨治举隅 | 耿献琳 | 光明中医 | 1999,(4):33 |
| 浅谈《黄帝内经》对饮伤的认识 | 王东坡等 | 贵阳中医学院学报 | 1999,(4):5 |
| 巅顶头痛三则 | 杨士珍等 | 邯郸医学高等专科学校学报 | 1999,(4):246 |
| 癫痫病从调理脾胃论治刍议 | 张丽萍等 | 湖北中医杂志 | 1999,(4):4 |
| 男子阳弱的中医观 | 王劲松 | 开卷有益.求医问药 | 1999,(4):35 |
| 脾胃学说在治疗类风湿性关节炎中的应用 | 徐 玲等 | 陕西中医 | 1999,(4):178 |
| 《内经》论痛证的病机 | 陆 倩等 | 新疆中医药 | 1999,(4):3 |
| 肝咳证治略论 | 孙燕妮 | 新疆中医药 | 1999,(4):5 |
| 就多涎治验谈涎为脾液 | 许洪平 | 中国民间疗法 | 1999,(4):15 |
| 从肝论治消渴(糖尿病)的理论探讨 | 王智明等 | 中国中医基础医学杂志 | 1999,(4):35 |
| 糖尿病从痰湿论治的理论探讨 | 程汉桥等 | 中国中医基础医学杂志 | 1999,(4):50 |
| 血瘀虚证浅议 | 罗 钢 | 中医药研究 | 1999,(4):7 |
| 血管性痴呆发病机制及辨证论治的再认识与思考 | 张志真 | 北京中医 | 1999,(5):9 |
| 乳腺小叶增生从气论治三法 | 王秀丽 | 河南中医 | 1999,(5):28 |
| 试以疡科理论证治糖尿病临床体会 | 涂象毅 | 黑龙江中医药 | 1999,(5):65 |

| | | | |
|---|---|---|---|
| 慢性咽炎中医病机的逻辑推理 | 王东方 | 辽宁中医杂志 | 1999,(5):8 |
| 历代医家阳痿论治思路探讨 | 秦国政 | 山东中医药大学学报 | 1999,(5):303 |
| 癌变机理的浅探 | 张士悌等 | 陕西中医 | 1999,(5):240 |
| 慢性腰腿痛的主因在于督阳虚寒 | 种清治等 | 现代中医药 | 1999,(5):10 |
| 眩晕证初探 | 贾新宝 | 现代中医药 | 1999,(5):12 |
| 慢性肾炎的证治偶得 | 袁捍红 | 中国民间疗法 | 1999,(5):19 |
| 肺痹赘言 | 喻平瀛 | 中国医药学报 | 1999,(5):10 |
| 阴痿辨 | 夏　树 | 中国医药学报 | 1999,(5):46 |
| 关于"伏气温病"的讨论及其意义 | 刘　鹏等 | 中国中医基础医学杂志 | 1999,(5):42 |
| 《黄帝内经》中的心痛 | 孟庆云 | 中国中医急症 | 1999,(5):224 |
| 论六经头痛及其针灸辨治 | 欧阳八四 | 中国中医药信息杂志 | 1999,(5):8 |
| 出血性脑中风病因病机的探讨 | 郭会军等 | 中医研究 | 1999,(5):1 |
| 老年肾病的发病特点 | 吴华强 | 安徽中医临床杂志 | 1999,(6):428 |
| 浅议中医对郁证的认识 | 童　俊 | 湖北中医杂志 | 1999,(6):6 |
| 从脾论治小儿咳喘 | 李红生 | 江苏中医 | 1999,(6):12 |
| 阴痿与阳痿 | 顾泳源 | 江苏中医 | 1999,(6):42 |
| 肺气虚证之古训今析 | 齐　南 | 江西中医药 | 1999,(6):50 |
| 《内经》痹证证型论 | 杜俊英 | 时珍国医国药 | 1999,(6):488 |
| 从肾综出血热识"肾为胃关" | 傅文录 | 现代中医药 | 1999,(6):43 |
| 嗅觉顿失案1则 | 韩　文 | 浙江中医杂志 | 1999,(6):28 |
| 胃脘痛证治辨析 | 杨爱华等 | 中国医药学报 | 1999,(6):47 |
| 中医传舍理论与肿瘤转移 | 张　健等 | 中国中医基础医学杂志 | 1999,(6):5 |
| 胆胃异病同治临证心得 | 汪雨田 | 中医药研究 | 1999,(6):28 |
| 泄泻的辨治 | 江克明 | 开卷有益.求医问药 | 1999,(7):14 |
| 定时发病治验 | 李乃桂 | 山东中医杂志 | 1999,(7):41 |
| 老年痹证辨治体会 | 韩玲华 | 山东中医杂志 | 1999,(7):39 |
| 从五脏辨治不孕症 | 张宽智 | 陕西中医 | 1999,(7):316 |
| 眩晕从痰辨治析义 | 杨秀英等 | 中国临床医生 | 1999,(7):36 |
| 心胃(脾)同治议心痹 | 阎小萍等 | 中国医刊 | 1999,(7):47 |
| 热痹用热药初探 | 潘妹英 | 中国中医药信息杂志 | 1999,(7):13 |
| 肺移热于大肠治验体会 | 田传新 | 陕西中医 | 1999,(8):384 |
| 三叉神经痛辨治心得 | 陈小玲等 | 陕西中医 | 1999,(8):364 |
| 前列腺术后尿血案 | 王笃金等 | 中国针灸 | 1999,(8):34 |
| 简析中风发病与死亡时间 | 刘世兴等 | 中医杂志 | 1999,(8):508 |
| 浅析脾胃学说与外科疮疡的关系 | 谭成邦等 | 陕西中医 | 1999,(9):406 |
| 痹病的病因病机及其辨治思路 | 王承德 | 中医正骨 | 1999,(9):47 |
| 张从正情志病论治心法 | 孟繁洁等 | 辽宁中医杂志 | 1999,(10):445 |
| 中医五神脏理论与老年痴呆发病机制探讨 | 干　平 | 中国中医基础医学杂志 | 1999,(10):10 |
| 《内经》对糖尿病的认识 | 傅登云 | 中医杂志 | 1999,(10):636 |
| 消渴从肝论治刍议 | 江　武 | 中国中医药信息杂志 | 1999,(11):9 |
| 论痹证的病因与防治 | 李文军 | 实用医技杂志 | 1999,(12):990 |
| 中医痹证的辨证与施治体会 | 柳升祥等 | 医学理论与实践 | 1999,(12):753 |
| 《黄帝内经》络脉理论与老年冠心病病机相关性探析 | 何剑平等 | 第一军医大学学报 | 1999,(S1):98 |
| 小议脾咳 | 刘丽娟 | 内蒙古中医药 | 1999,(S1):132 |
| 论消渴病与肝 | 耿　静 | 全国第五次中医糖尿病学术大会论文集 | 1999:319 |

| | | | |
|---|---|---|---|
| 糖尿病中医病因病机 | 高彦彬等 | 全国第五次中医糖尿病学术大会论文集 | 1999:369 |
| 论消渴病(糖尿病)与痰湿 | 彭世桥 | 全国第五次中医糖尿病学术大会论文集 | 1999:320 |
| 试论消渴病的病机重在胃热与气虚阴伤之间的关系 | 周百庭等 | 全国第五次中医糖尿病学术大会论文集 | 1999:266 |
| 糖尿病与骨质疏松 | 程益春 | 全国第五次中医糖尿病学术大会论文集 | 1999:164 |
| 提高对糖尿病辨证论治的认识 | 陈东风 | 全国第五次中医糖尿病学术大会论文集 | 1999:294 |
| 消渴病(糖尿病)病因病机辨证论治探讨 | 陈光明 | 全国第五次中医糖尿病学术大会论文集 | 1999:309 |
| 浅谈消渴病的发病机理 | 王君臣 | 全国第五次中医糖尿病学术大会论文集 | 1999:297 |
| 消渴病古训 | 吕仁和等 | 全国第五次中医糖尿病学术大会论文集 | 1999:362 |
| 中医对消化不良的认识与治疗 | 李文旭 | 甘肃中医 | 2000,(1):11 |
| 骨质疏松本在肾虚 | 衡先培 | 光明中医 | 2000,(1):4 |
| 浅谈《内经》失眠证治 | 余学庆等 | 国医论坛 | 2000,(1):22 |
| 论祖国医学对肺气肿的认识及治疗 | 王宗江 | 海军医学杂志 | 2000,(1):71 |
| 老年痴呆从肾论治 | 李　莉 | 河南中医 | 2000,(1):25 |
| 老年性痴呆当从督论治 | 刘建保等 | 河南中医 | 2000,(1):24 |
| 从肝肾论治不射精症 | 赵晓琴 | 湖北民族学院学报(医学版) | 2000,(1):33 |
| 《内经》"五藏卒痛"浅析 | 文斐玉 | 江西中医学院学报 | 2000,(1):20 |
| 无汗症十三年之久机因何在 | 孙国元 | 科学中国人 | 2000,(1):26 |
| 对乙型肝炎病因病机的探讨 | 刘兴家 | 陕西中医 | 2000,(1):48 |
| 青少年哮喘证治探讨 | 林　雪 | 新疆中医药 | 2000,(1):6 |
| 哮病探析 | 崔红生等 | 中国医药学报 | 2000,(1):59 |
| "胆病从肝论治"浅析 | 章学林等 | 中国中医基础医学杂志 | 2000,(1):46 |
| 重症肝炎的三危症与气机逆乱 | 施维群 | 中国中医急症 | 2000,(1):27 |
| 《内经》论中风揽要 | 吴颢昕 | 中医函授通讯 | 2000,(1):7 |
| 从虚从瘀治消渴理论历程探源 | 王春丽等 | 中医药信息 | 2000,(1):5 |
| "参伍不调"话房颤 | 金　栋 | 中医杂志 | 2000,(1):59 |
| 对五官疾患重视从"火热"辨证的机理探讨 | 周　军 | 甘肃中医 | 2000,(2):3 |
| 从肝论治更年期综合征 | 张桂玲等 | 甘肃中医学院学报 | 2000,(2):32 |
| 三叉神经痛重症治验二例 | 陈思义 | 光明中医 | 2000,(2):37 |
| 辨太阳病脉证并治 | 刘力红 | 广西中医学院学报 | 2000,(2):3 |
| 浅论《内经》肥胖三分法的临床意义 | 刘长波等 | 广州中医药大学学报 | 2000,(2):129 |
| 咽旁痈病名的历史沿革初探 | 贾春芒等 | 河北医学 | 2000,(2):98 |
| 心理性阳痿宜从肝论治 | 刘忠信 | 河南中医 | 2000,(2):32 |
| 《素问·咳论》"五脏咳"辨治体会 | 李晓辉等 | 河南中医药学刊 | 2000,(2):44 |
| 老年皮肤瘙痒症治疗体会 | 仲威君等 | 黑龙江中医药 | 2000,(2):26 |
| 浅论糖尿病与脾的关系 | 衣　蕾等 | 黑龙江中医药 | 2000,(2):7 |
| 淋证之因症治浅识 | 肖文新 | 时珍国医国药 | 2000,(2):80 |
| 试论胃疾与脏腑的关系及鉴别诊治 | 高怀杰 | 现代中医药 | 2000,(2):7 |

| | | | |
|---|---|---|---|
| 浅述肾咳 | 王志英等 | 现代中医药 | 2000,(2):3 |
| 高脂血症的中医病因病机探讨 | 龚一萍 | 浙江中医学院学报 | 2000,(2):23 |
| 皮肤病证治与经络皮部理论关系的探讨 | 蔡念宁 | 中国医药学报 | 2000,(2):45 |
| 胃痞和慢性萎缩性胃炎的中医病名研究初探 | 张林国等 | 中国中医基础医学杂志 | 2000,(2):7 |
| 带下病古训 | 邓高丕等 | 中医文献杂志 | 2000,(2):4 |
| 臌胀治验举隅 | 范思敏 | 长春中医学院学报 | 2000,(3):33 |
| 论筋骨关节痹证治 | 赵文海 | 长春中医学院学报 | 2000,(3):23 |
| 喜笑不休症治验1例 | 赵保行等 | 荷泽医专学报 | 2000,(3):141 |
| 崩漏辨治体会 | 戴冬生 | 黑龙江中医药 | 2000,(3):5 |
| 崩漏证治八法 | 轩秀琴 | 黑龙江中医药 | 2000,(3):4 |
| 不寐的心理因素及临床治疗 | 伊明瑞等 | 黑龙江中医药 | 2000,(3):61 |
| 从胃治顽咳 | 桑晓梅 | 江苏中医 | 2000,(3):40 |
| 中医对骨质疏松症的诊治 | 赵冠英 | 解放军保健医学杂志 | 2000,(3):10 |
| 闭经的辨证论治体会 | 张新民 | 兰州科技情报 | 2000,(3):13 |
| 冠心病从肝论治 | 于志强 | 辽宁中医学院学报 | 2000,(3):161 |
| 《内经》中有关消渴病的认识探析 | 程汉桥 | 山东中医杂志 | 2000,(3):134 |
| 中风后遗喜笑不休证治初探 | 杨恩来等 | 山西职工医学院学报 | 2000,(3):37 |
| 浅谈历代医家对消渴病机的认识 | 赵　娴 | 陕西中医学院学报 | 2000,(3):44 |
| 谈治五脏痹 | 刘承利 | 新疆中医药 | 2000,(3):58 |
| 小儿腹泻的病因与中医治疗探讨 | 梁佰寿 | 宜春医专学报 | 2000,(3):197 |
| 从肠易激综合征的辨证施治谈功能性疾病和功能调节 | 陈宪海等 | 浙江中医学院学报 | 2000,(3):20 |
| 膜原在哮喘发病中作用的探讨 | 张京安等 | 中国中医基础医学杂志 | 2000,(3):7 |
| 肿瘤的中医病因病机浅析 | 陆　馨 | 光明中医 | 2000,(4):16 |
| 功能性不射精重在疏肝之我见(附2例报告) | 李立凯 | 哈尔滨医药 | 2000,(4):63 |
| 脑出血相关因素探讨 | 韩凤芹等 | 邯郸医学高等专科学校学报 | 2000,(4):284 |
| 中医对肺癌咳血的辨证施治 | 刘丽华等 | 黑龙江中医药 | 2000,(4):25 |
| 肺阳及肺阳虚证治 | 谢　乐 | 黑龙江中医药 | 2000,(4):5 |
| 古典医籍对肺心病论述拾粹 | 黄文权等 | 激光杂志 | 2000,(4):73 |
| 中风新论 | 韩支亚等 | 陕西中医 | 2000,(4):192 |
| 治疗盗汗症也应四诊辨证 | 林寿明 | 陕西中医 | 2000,(4):190 |
| 五脏中风病机证候探源 | 王　莉 | 上海中医药大学学报 | 2000,(4):10 |
| 五更泄泻与日晡潮热 | 林　青 | 医古文知识 | 2000,(4):14 |
| 《内经》论消渴 | 高中祖 | 云南中医学院学报 | 2000,(4):44 |
| 肾心痛辨治 | 路志正 | 中国中医药信息杂志 | 2000,(4):5 |
| 气虚下陷的辨证治疗 | 陈锡辉 | 中医函授通讯 | 2000,(4):20 |
| 《内经》论痛证 | 张国华等 | 中医研究 | 2000,(4):4 |
| 风水病的治则探讨 | 董　忠等 | 中医药研究 | 2000,(4):3 |
| 论月经不调从心佐治 | 江瑞云等 | 光明中医 | 2000,(5):15 |
| 脱发的防治 | 宋启明 | 河北农机 | 2000,(5):30 |
| 从三焦气化谈急性肾炎证治 | 张安平 | 河南中医 | 2000,(5):6 |
| 面瘫治验 | 朱德宝 | 黑龙江中医药 | 2000,(5):31 |
| 老年功能性便秘辨治心法 | 钟　洪等 | 湖北中医杂志 | 2000,(5):25 |
| 骨折愈合的中医理论探讨 | 陶早旭 | 湖北中医杂志 | 2000,(5):9 |
| 消渴病因病机浅论 | 吴德永 | 湖南中医杂志 | 2000,(5):7 |
| 小便失禁的治疗体会 | 曹令兴等 | 陕西中医 | 2000,(5):240 |

| | | | |
|---|---|---|---|
| 李杲阴火热病的实质及证治规律探讨 | 胡 臻 | 浙江中医学院学报 | 2000,(5):17 |
| 《内经》"从阴引阳,从阳引阴"理论在针灸临床中的应用 | 李跃平 | 针灸临床杂志 | 2000,(5):7 |
| 罕见一例足少阴肾经经络现象与辨证分析 | 张耀春等 | 中国针灸 | 2000,(5):29 |
| 男子疾病与冲任二脉的关系 | 任爱民 | 中医杂志 | 2000,(5):315 |
| 浅析《内经》对消渴病及并发症的认识 | 姚书明等 | 北京中医药大学学报 | 2000,(6):10 |
| "少白头"的成因与中医治疗 | 严 英 | 国际医药卫生导报 | 2000,(6):21 |
| Ⅱ型糖尿病的中医辨证与治疗 | 崔 贤 | 河南中医 | 2000,(6):51 |
| 嗜酸性粒细胞增多症治验 | 侯 臻等 | 吉林中医药 | 2000,(6):55 |
| 肺痈的早期诊断和治疗 | 王益民等 | 陕西中医 | 2000,(6):287 |
| 论脏腑与肛肠疾病发病的关系 | 沙静涛 | 陕西中医 | 2000,(6):288 |
| 小儿痰湿咳喘从脾论治 | 刘 斌等 | 现代中西医结合杂志 | 2000,(6):501 |
| 伏邪温病与新感温病的浅析 | 周永学 | 现代中医药 | 2000,(6):4 |
| 阴萎阳萎辨 | 卢子杰等 | 中国医药学报 | 2000,(6):42 |
| 臌胀辨证分型论治探要 | 刘增运 | 中医函授通讯 | 2000,(6):28 |
| 刍议中风偏瘫病位在脑病机在肝 | 张跃华 | 中医药研究 | 2000,(6):7 |
| 萎缩性胃炎以胃痹命名刍议 | 吴致中 | 江苏中医 | 2000,(7):36 |
| 从火郁证的病机论感染性发热辨治思路 | 唐 农 | 江苏中医 | 2000,(7):6 |
| 口味异常的辨治 | 张神武 | 老年人 | 2000,(7):41 |
| 时辰疾病刍议 | 冯 及 | 陕西中医 | 2000,(7):336 |
| 阴虚臌胀误治举隅 | 张文勇 | 湖北中医杂志 | 2000,(8):41 |
| 口唇动案 | 王 凡 | 中国针灸 | 2000,(8):36 |
| 癫狂病因探析 | 丁德正 | 河北中医 | 2000,(9):681 |
| 中医"石水"症的病因、病理机制及治疗 | 杨毅勇 | 上海铁道大学学报 | 2000,(9):89 |
| 上消化道出血辨证施护体会 | 钱蓓蓓 | 时珍国医国药 | 2000,(9):850 |
| 舌觉异常及其相关问题探讨 | 王宗殿 | 中医杂志 | 2000,(9):517 |
| 脾胃虚寒型胃痛证治心得 | 江忠远 | 湖北中医杂志 | 2000,(10):30 |
| 《内经》脑髓理论与痴呆 | 王 欣 | 浙江中医杂志 | 2000,(10):9 |
| 五更泄泻乃肝木乘脾论 | 童德臣 | 中国中医基础医学杂志 | 2000,(10):40 |
| 干燥综合征的五脏证治刍议 | 谷家立等 | 中医杂志 | 2000,(10):635 |
| 外感眩晕说 | 王 停等 | 山东中医杂志 | 2000,(11):647 |
| 酒阴症探析 | 郭 平 | 陕西中医 | 2000,(11):527 |
| 哮喘古今辨证及治疗 | 王莉珍 | 时珍国医国药 | 2000,(11):1005 |
| 伏气温病与杂病 | 宋乃光 | 浙江中医杂志 | 2000,(11):4 |
| 不寐的病机与治法 | 胡春兰 | 中国中医基础医学杂志 | 2000,(11):71 |
| 从"肝之俞在颈项"论治颈项痛 | 解秸萍 | 中国民间疗法 | 2000,(12):6 |
| 浅谈中医对老年性痴呆症的认识和防治 | 吴 虹 | 现代中西医结合杂志 | 2000,(17):1703 |
| 月经病的治则及护理 | 刘秀梅 | 内蒙古中医药 | 2000,(S1):119 |
| 辨治与预防中风先兆探讨 | 孟志富 | 中国中医急症 | 2000,(S1):33 |
| 虚劳证治体会 | 张芝祥 | 国际医药卫生导报 | 2000,(Z2):20 |
| 从肾综合出血热识"肾为胃关" | 傅文录 | 第六次全国中西医结合影像学术研讨会论文专辑 | 2000:411 |
| 浅析五脏致咳的成因及其临床特点 | 陈 石 | 国际传统医药大会论文摘要汇编 | 2000:97 |
| 抑郁症的中医辨治 | 符友丰 | 国际传统医药大会论文摘要汇编 | 2000:220 |

| | | | |
|---|---|---|---|
| 浅谈从肾论治带下 | 陈翠兰 | 国际传统医药大会论文摘要汇编 | 2000:284 |
| 谈瘀证 | 李学斌 | 国际传统医药大会论文摘要汇编 | 2000:64 |
| 《内经》消渴论述的探讨 | 夏城东等 | 全国第六次中医糖尿病学术会议论文集 | 2000:121 |
| 从脾虚论治老年糖尿病 | 王　晶等 | 全国第六次中医糖尿病学术会议论文集 | 2000:132 |
| 胃脘痛证治心得 | 陈　晓 | 全国中西医结合教育学术研讨会论文集 | 2000:36 |
| 《内经》"痹证"初探 | 周来兴 | 全国中医药科研与教学改革研讨会论文集 | 2000:271 |
| 崩漏从肾论治的五行观 | 谢德聪 | 全国中医药科研与教学改革研讨会论文集 | 2000:253 |
| 麻木的辨证论治 | 王京喜等 | 中国特种针法应用与针灸临床学术交流大会论文集 | 2000:180 |
| 慢性胃炎从肝论治 | 林如汉等 | 中国中西医结合学会第十二次全国消化系统疾病学术研讨会论文汇编 | 2000:369 |
| 论古文献中对黄疸的认识 | 张学斌等 | 中国中西医结合学会第十二次全国消化系统疾病学术研讨会论文汇编 | 2000:376 |
| 单纯性肥胖症患者体质研究 | 牛宝玉等 | 国医论坛 | 2001,(1):21 |
| 精神内伤与胃肠功能紊乱关系探析 | 贺松其 | 国医论坛 | 2001,(1):26 |
| 《内经》对于疲劳的认识 | 陈易新等 | 河南中医 | 2001,(1):18 |
| 心咳论治探析 | 吴朝晖 | 黑龙江中医药 | 2001,(1):5 |
| 阴痿辨析 | 卢子杰 | 南京中医药大学学报（自然科学版） | 2001,(1):48 |
| 中医药治疗咳嗽进展 | 张李兴等 | 现代中医药 | 2001,(1):11 |
| 变法实践录(续十二) | 王少华 | 浙江中医杂志 | 2001,(1):27 |
| 肺痨咯血治验 | 冷春波 | 中国民间疗法 | 2001,(1):7 |
| 浅谈消渴病从脾论治 | 王德志等 | 中国乡村医药 | 2001,(1):25 |
| 温病概念古今不同 | 曹东义等 | 中国中医基础医学杂志 | 2001,(1):64 |
| 肾炎的历史 | 张前进等 | 中华医史杂志 | 2001,(1):37 |
| 消谷善饥辨析 | 沈津湛 | 安徽中医临床杂志 | 2001,(2):124 |
| 浅谈中医对休克的认识 | 曾锦旗等 | 国医论坛 | 2001,(2):19 |
| "脾痒"证治探微 | 陈何红等 | 河南中医 | 2001,(2):9 |
| 论肝病之"郁"与"解郁" | 李　雅等 | 湖南中医学院学报 | 2001,(2):30 |
| 《内经》对中风"偏枯"的论治 | 徐成贺等 | 陕西中医 | 2001,(2):124 |
| 浅论中医对痰证的认识及发展 | 于　薇 | 天津中医学院学报 | 2001,(2):7 |
| 试论慢性肺心病以瘀为本 | 汤　伟 | 新中医 | 2001,(2):6 |
| 变法实践录(续十三) | 王少华 | 浙江中医杂志 | 2001,(2):7 |
| 对痹证难治的重新认识 | 毛绍琪 | 中国疗养医学 | 2001,(2):49 |
| 脏腑痺病述要 | 陶春祥等 | 中国医药学报 | 2001,(2):16 |
| 试论中风治血 | 裘叶忠 | 中国中西医结合急救杂志 | 2001,(2):71 |
| 骨质疏松性骨折病人的体质探讨 | 杨友发 | 中国中医骨伤杂志 | 2001,(2):35 |

| | | | |
|---|---|---|---|
| 腰椎间盘突出症的经络辨证 | 胡劲松等 | 中国中医骨伤杂志 | 2001,(2):54 |
| 子午流注与支气管哮喘 | 马向东等 | 包头医学 | 2001,(3):124 |
| 从脑主元神谈老年性痴呆病因病机 | 任　林等 | 福建中医药 | 2001,(3):3 |
| 脑动脉硬化症中医病机释要 | 封银曼等 | 光明中医 | 2001,(3):18 |
| 消渴与心火关系初探 | 张庚良 | 河北中医 | 2001,(3):235 |
| 治疗尖锐湿疣当顾其“虚” | 罗建凯等 | 河南中医 | 2001,(3):32 |
| 试述眼病的辨证论治 | 张素芳等 | 河南中医 | 2001,(3):69 |
| 眩晕的辨证论治 | 王冠良等 | 菏泽医专学报 | 2001,(3):92 |
| 《内经》对语言功能障碍及其康复的认识 | 陈　晓等 | 吉林中医药 | 2001,(3):61 |
| 肝病浅议 | 王顺霞等 | 科学中国人 | 2001,(3):68 |
| 气虚发热源流的探讨 | 李　辉等 | 内蒙古中医药 | 2001,(3):1 |
| 胃脘痛辨治举隅 | 秦化珍 | 南京中医药大学学报（自然科学版） | 2001,(3):187 |
| 慢性肾功能衰竭病因病机探讨 | 李小会 | 陕西中医学院学报 | 2001,(3):12 |
| 糖尿病从脾论治的体会 | 孙维峰 | 云南中医学院学报 | 2001,(3):34 |
| 痰饮浅说 | 程欢喜 | 张家口医学院学报 | 2001,(3):111 |
| 心神与男子性功能障碍的探讨 | 石大鹏 | 张家口医学院学报 | 2001,(3):89 |
| 变法实践录(续完) | 王少华 | 浙江中医杂志 | 2001,(3):29 |
| 失眠4年 | 余国俊等 | 中国乡村医生 | 2001,(3):7 |
| 肝与筋的关系及其临床意义探析 | 李志安 | 中国中医基础医学杂志 | 2001,(3):10 |
| 饮与饮伤诠义 | 王东坡等 | 中国中医基础医学杂志 | 2001,(3):13 |
| “脾虚致消”病机研究进展 | 黄从强等 | 中医文献杂志 | 2001,(3):41 |
| 从《内经》痹证理论探讨类风湿性关节炎的中医病机 | 刘　健等 | 北京中医药大学学报 | 2001,(4):8 |
| 试从阴阳气化规律探讨消渴之病机 | 尚春生等 | 甘肃中医 | 2001,(4):1 |
| 妇女绝经年龄及相关因素分析 | 聂红梅等 | 河南医药信息 | 2001,(4):22 |
| 阴躁证辨治刍议 | 郁　斌 | 南京中医药大学学报（自然科学版） | 2001,(4):253 |
| 《内经》对消渴理论发展的贡献及指导意义 | 李志刚 | 山西中医 | 2001,(4):63 |
| 浅谈盗汗 | 李树茂 | 天津中医学院学报 | 2001,(4):5 |
| 肾虚证治的历代认识和发展脉络 | 张晓琳等 | 云南中医学院学报 | 2001,(4):21 |
| 从肝论治胃脘痛 | 王玉新 | 职业与健康 | 2001,(4):145 |
| 从脾论治糖尿病 | 孙　彪 | 中医研究 | 2001,(4):12 |
| 癫痫重在益肾清浊 | 钱荣江 | 中医药学报 | 2001,(4):67 |
| 《内经》五脏风证理论与状态医学 | 韩　涛等 | 北京中医药大学学报 | 2001,(5):1 |
| 诸郁辨析 | 杨际超等 | 滨州医学院学报 | 2001,(5):512 |
| “解㑊”直揆 | 王铁林 | 河南中医药学刊 | 2001,(5):4 |
| 湿病源流 | 李连成等 | 中国医药学报 | 2001,(5):5 |
| 阴消探微 | 韩吉淼等 | 中国中医药信息杂志 | 2001,(5):14 |
| 胸痹从脾胃论治 | 朱淑梅等 | 中医研究 | 2001,(5):33 |
| 肺咳五脏咳六腑咳之证治规律辨析 | 魏道祥 | 中医药学刊 | 2001,(5):499 |
| 论风病(症)的临床特征 | 张晓阳 | 北京中医药大学学报 | 2001,(6):73 |
| 急性口僻从阳明论治 | 丁元庆 | 光明中医 | 2001,(6):18 |
| 《内经》论瘀血的治法及其影响 | 吴颢昕 | 南京中医药大学学报（自然科学版） | 2001,(6):346 |
| 未分化脊柱病发病与伏邪关系探讨 | 周翠英等 | 山东中医药大学学报 | 2001,(6):407 |
| 从脏腑虚实论治高脂血症 | 尹柱汉等 | 时珍国医国药 | 2001,(6):551 |

| | | | |
|---|---|---|---|
| 瘀毒阻络与冠心病证治 | 胡世云等 | 现代中医药 | 2001,(6):6 |
| 浅论湿热痹 | 王大洲 | 现代中医药 | 2001,(6):31 |
| 浅述崩漏证的中医辨证施治心得 | 易小琴 | 医学理论与实践 | 2001,(6):536 |
| 亚健康的中医认识及防治措施 | 何以蓓等 | 浙江中医学院学报 | 2001,(6):13 |
| 心咳证治探析 | 杨爱华等 | 浙江中医杂志 | 2001,(6):30 |
| 情志与耳鼻咽喉疾病 | 李　洵等 | 中国医药学报 | 2001,(6):69 |
| 高脂血症中医治疗浅谈 | 周菊芬 | 中国中西医结合急救杂志 | 2001,(6):359 |
| 痹证从脾论治浅析 | 杨永龙 | 中医研究 | 2001,(6):7 |
| 嗜甜症治验 | 崔宴医 | 浙江中医杂志 | 2001,(7):45 |
| 肠易激综合征中医论治溯源 | 张正利等 | 中国中医基础医学杂志 | 2001,(7):528 |
| 老年痰病证治的源流及现状 | 李海玉等 | 中国中医基础医学杂志 | 2001,(7):545 |
| 燥证琐谈 | 秦长林 | 湖北中医杂志 | 2001,(8):5 |
| 浅议中风偏瘫病位在脑病机在肝 | 张跃华 | 陕西中医 | 2001,(8):477 |
| 《内经》消渴论述的探讨 | 夏城东 | 四川中医 | 2001,(8):15 |
| 中医学对疲劳病因病机的认识 | 瞿德竑等 | 中国中医基础医学杂志 | 2001,(8):1 |
| 浅谈从痰湿热瘀论治消渴病 | 易京红 | 中国中医药信息杂志 | 2001,(8):9 |
| 从脾胃论述耳鸣耳聋 | 刘健民 | 辽宁中医杂志 | 2001,(9):52 |
| 从五脏辨治阳萎刍议 | 李湛民 | 辽宁中医杂志 | 2001,(9):534 |
| 女性老年痴呆证与天癸的关系及其防治 | 周　霞等 | 陕西中医 | 2001,(9):553 |
| 类风湿性关节炎中医学病机探讨 | 刘　健等 | 中国中医基础医学杂志 | 2001,(9):13 |
| 疏肝解郁论治失眠 | 王　平等 | 湖北中医杂志 | 2001,(10):17 |
| 中医古籍论痞满证治 | 黄穗平 | 新中医 | 2001,(10):5 |
| 少女崩漏从肾论治举隅 | 严文飞 | 中国乡村医药 | 2001,(11):24 |
| 笑不休 1 例治验 | 赵医华等 | 时珍国医国药 | 2001,(12):1109 |
| 糖尿病从寒消论治 | 周　鹰 | 中国中医药信息杂志 | 2001,(12):13 |
| 从脾肾论治白细胞减少症 29 例 | 李舒敏 | 现代中西医结合杂志 | 2001,(14):1363 |
| 怪病从痰治验 | 荣　繁 | 湖北预防医学杂志 | 2001,(S1):126 |
| 从肾综出血热识“肾为胃关” | 傅文录 | 第三届国际中西医结合肾病学术会议论文集 | 2001:74 |
| 慢性前列腺炎之中医认识 | 郑清国 | 第一届全国中西医结合男科学术会议论文汇编 | 2001:246 |
| 中国传统医学对血管疾病的认识及其在现代血管外科的应用 | 王嘉桔等 | 全国中西医结合周围血管疾病学术研讨会论文选编 | 2001:9 |
| 脂膏异常致病机理的探讨 | 陶亦鸣 | 中医药现代化研究学术大会论文集 | 2001:263 |
| 心病的起病与发作年节律 | 王　秀等 | 全国时间生物医学学术座谈会论文汇编 | 2001:95 |
| 心血管病中医时间医学研究进展 | 蔚　青等 | 全国时间生物医学学术座谈会论文汇编 | 2001:36 |
| 中医探析恶性肿瘤证因 | 马丽茵等 | 中国抗癌协会妇科肿瘤专业委员会第六次全国学术会议论文汇编 | 2001:354 |
| 经络学说与骨伤科疾病 | 林彩霞等 | 北京中医药大学学报(中医临床版) | 2002,(1):3 |
| 便血中“近血”论治辨析 | 邓凡禹等 | 福建中医药 | 2002,(1):39 |
| 浅析咯血病名的沿革 | 方显明等 | 福建中医药 | 2002,(1):35 |

| | | | |
|---|---|---|---|
| 泄泻的分类与治疗 | 李永谦 | 甘肃中医 | 2002,(1):7 |
| 论再生障碍性贫血的中医辨治 | 申秀云 | 甘肃中医学院学报 | 2002,(1):10 |
| 《内经》对食伤证治的论述及主要成就 | 朱　星 | 贵阳中医学院学报 | 2002,(1):1 |
| 浅谈《内经》论飧泄 | 王洪武等 | 国医论坛 | 2002,(1):46 |
| 论痈疽与人体气血脏腑经络的关系 | 苗凌娜 | 河南中医药学刊 | 2002,(1):8 |
| 从中医整体观谈糖尿病患者的四季调养 | 别晓东 | 湖北中医杂志 | 2002,(1):55 |
| 浅议从肝治咳 | 许有慧 | 湖北中医杂志 | 2002,(1):23 |
| 小儿水肿刍议 | 张明锐等 | 内蒙古中医药 | 2002,(1):35 |
| 汗证临床辨治体会 | 程继昆等 | 陕西中医 | 2002,(1):96 |
| 糖尿病中医治法索微 | 梁广和 | 陕西中医 | 2002,(1):92 |
| 论慢性肝病从内燥论治 | 刘云仙等 | 新疆中医药 | 2002,(1):7 |
| 心经经脉、心因性牵涉痛与心脏相关联系的机制 | 荣培晶等 | 中国科学 C 辑 | 2002,(1):63 |
| 论失眠辨治 | 林如祥 | 中国中医基础医学杂志 | 2002,(1):34 |
| 失眠证从脾胃论治 | 李　景 | 中国中医基础医学杂志 | 2002,(1):28 |
| 腰痛“经络辨证”的理论探析及临床应用 | 陈贵珍等 | 中国自然医学杂志 | 2002,(1):44 |
| 骨质疏松症“是动”、“所生病”相关参数定量化研究 | 武密山等 | 北京中医药大学学报 | 2002,(2):31 |
| 浅论疑难病证的辨治 | 陈　禧等 | 福建中医学院学报 | 2002,(2):46 |
| 辨证治疗慢性支气管炎的体会 | 唐　锐 | 光明中医 | 2002,(2):31 |
| 消渴述源 | 赵　兵 | 吉林中医药 | 2002,(2):1 |
| 浅析从痰瘀互结论治老年性痴呆 | 李雅根 | 江西中医药 | 2002,(2):17 |
| “天人相应”理论在护理腰椎间盘突出症中的应用 | 王　颖 | 兰州大学学报(医学版) | 2002,(2):117 |
| 古今论谈糖尿病防治 | 杨　芳等 | 兰州医学院学报 | 2002,(2):94 |
| 血管性痴呆与五脏气机关系的探讨 | 李国辉 | 陕西中医 | 2002,(2):146 |
| 糖尿病病因病机探识 | 郭渝南 | 实用中西医结合临床 | 2002,(2):52 |
| 慢性胃炎中医证治规律探讨 | 郝俊良 | 天津中医学院学报 | 2002,(2):16 |
| 水肿病的辨证施护 | 张爱珍 | 新疆中医药 | 2002,(2):41 |
| 梦交病的中医治疗 | 王正凯 | 云南中医学院学报 | 2002,(2):39 |
| 老年性痴呆症的辨治 | 广明医 | 中国保健营养 | 2002,(2):50 |
| 试论脑与神志疾病的辨证论治 | 李　滨 | 中医文献杂志 | 2002,(2):24 |
| 中风的病因病机及其证治探析 | 潘相安 | 中医药学刊 | 2002,(2):207 |
| 古代不同时期头痛的用穴特点及思路浅析 | 张胜春等 | 中医杂志 | 2002,(2):148 |
| 《内经》论中风病因钩玄 | 王新志等 | 北京中医药大学学报 | 2002,(3):14 |
| 肝阳虚证探析 | 刘光福 | 甘肃中医 | 2002,(3):3 |
| 《内经》对咳证治的思想探讨 | 蓝立业等 | 光明中医 | 2002,(3):1 |
| 消渴与消渴病异同考辨 | 张　军 | 光明中医 | 2002,(3):7 |
| 浅探五体痹的证与治 | 赵正孝 | 湖南中医学院学报 | 2002,(3):32 |
| 阳痿从脾胃论治 | 张宗礼等 | 吉林中医药 | 2002,(3):7 |
| 论厥与厥证 | 诸姝君等 | 南京中医药大学学报(自然科学版) | 2002,(3):143 |
| 喘证辨治溯源 | 宋志萍等 | 山西中医 | 2002,(3):1 |
| 试论情志学说与睡眠障碍 | 史恒军等 | 陕西中医学院学报 | 2002,(3):13 |
| “肾无实证”之说探源 | 田军军等 | 实用中医内科杂志 | 2002,(3):127 |
| 痹证病类诊断探讨 | 王国忠 | 实用中医药杂志 | 2002,(3):46 |
| 胆咳辨治体会 | 刘国成 | 实用中医药杂志 | 2002,(3):43 |
| 中风五绝症初探 | 于　薇 | 天津中医学院学报 | 2002,(3):8 |

| | | | |
|---|---|---|---|
| 水肿治验 | 闫勉利 | 新疆中医药 | 2002,(3):80 |
| 骨质疏松症的中医病因病机的理论基础 | 邹本贵等 | 中国骨伤 | 2002,(3):36 |
| 顽固性呃逆伴嗳气证治分析 | 董汉良等 | 中国社区医师 | 2002,(3):11 |
| 动静脉炎中医诊治浅见 | 刘景仁 | 中国药物与临床 | 2002,(3):200 |
| 老年血管性痴呆的论治 | 李静君等 | 中国医药学报 | 2002,(3):189 |
| 为狐惑病、小便利正名 | 陈　萌等 | 中国医药学报 | 2002,(3):185 |
| 试论腰痛为肝经主要病候 | 何扬子 | 中国针灸 | 2002,(3):171 |
| 从瘀论治慢性非特异性结肠炎 | 俞娜珍 | 中医药学报 | 2002,(3):45 |
| 黄斑部出血的辨证论治体会 | 张　健等 | 中医杂志 | 2002,(3):181 |
| 心理性咳嗽有何特征如何治疗 | 孙　浩 | 中医杂志 | 2002,(3):233 |
| 浅论肾实证 | 章岳然 | 中医杂志 | 2002,(3):237 |
| 肿瘤转移器官特异性发生机制与中医的经络藏象理论 | 王文萍等 | 北京中医药大学学报 | 2002,(4):11 |
| 从肺肾论治鼻鼽 | 韩　梅等 | 长春中医学院学报 | 2002,(4):4 |
| 郁证的辨证论治 | 王冠良等 | 菏泽医学专科学校学报 | 2002,(4):40 |
| 胆瘅病辨证施治 | 罗　俊等 | 吉林中医药 | 2002,(4):12 |
| 肿瘤的中医病因病机初探 | 杨　柱等 | 辽宁中医杂志 | 2002,(4):197 |
| 论《内经》对肿瘤的认识(上) | 王富天 | 前进论坛 | 2002,(4):24 |
| 祖国医学对于传染病的认识 | 邱　梅等 | 山西职工医学院学报 | 2002,(4):29 |
| 风水病证析 | 刘　俊等 | 上海中医药大学学报 | 2002,(4):12 |
| 从中医养生学角度探讨老年期抑郁症的防治 | 冯文林 | 时珍国医国药 | 2002,(4):246 |
| 中医谈癌 | 吴伯平 | 营养健康新观察 | 2002,(4):52 |
| 糖尿病迁延反复的原因及辨治探讨 | 邱祖萍 | 浙江中医杂志 | 2002,(4):35 |
| 精神分裂症的辨证施护 | 张登玉 | 中国民族民间医药杂志 | 2002,(4):220 |
| 腰部定时发热1年余 | 刘方柏 | 中国社区医师 | 2002,(4):9 |
| 浅谈“五刺法”治疗“五痹” | 杨　炬 | 中国医药学报 | 2002,(4):230 |
| 古代中医对眩晕病证的机理探析 | 方力行 | 中医文献杂志 | 2002,(4):21 |
| 络脉病证治探讨 | 刘绍能等 | 中医药研究 | 2002,(4):2 |
| 治中风须接气通经 | 刘代福 | 按摩与导引 | 2002,(5):61 |
| 酒伤病名探讨——“酒伤”专题之一 | 杨　柱 | 江苏中医药 | 2002,(5):38 |
| 浅谈冲任失调与乳腺增生病 | 樊凤英 | 南京中医药大学学报(自然科学版) | 2002,(5):266 |
| 论《内经》对肿瘤的认识(下) | 王富天 | 前进论坛 | 2002,(5):34 |
| 《内经》论痿探赜 | 王中琳等 | 山东中医药大学学报 | 2002,(5):328 |
| 前列腺增生症的辨治 | 冯子驹 | 四川中医 | 2002,(5):13 |
| 从“瘀血”理论辨识股骨头坏死 | 徐传毅等 | 中国中医基础医学杂志 | 2002,(5):18 |
| 从“肾”论治“经断前后诸证” | 陈　颐 | 中医研究 | 2002,(5):62 |
| 古代医家治痫疗法渊源考 | 霍莉莉等 | 中医药学刊 | 2002,(5):655 |
| 用“未病”的观点对待更年期综合征 | 张苗海 | 国外医学.中医中药分册 | 2002,(6):345 |
| 六经辨证治疗腰椎间盘突出症 | 娄绍昆 | 河南中医 | 2002,(6):1 |
| 酒伤病因病机探讨——“酒伤”专题之二 | 杨　柱 | 江苏中医药 | 2002,(6):32 |
| 精神情志与癌症 | 王　洁 | 江西中医药 | 2002,(6):61 |
| 试探《内经》遗传病纲要 | 王米渠等 | 陕西中医学院学报 | 2002,(6):1 |
| 口腔异味的辨证施治 | 唐淑华 | 石河子科技 | 2002,(6):51 |
| 神经症人格分型与中医五态人格的对照研究 | 白炳清 | 天津中医 | 2002,(6):46 |
| 从肝论治咳喘七法浅析 | 刘　豹 | 中医药学刊 | 2002,(6):787 |
| 络病的基本概念与病理特点探析 | 周水平等 | 中医药学刊 | 2002,(6):724 |

| | | | |
|---|---|---|---|
| 五脏与皮肤衰老的机制探源 | 于　凌 | 中医药学刊 | 2002,(6):779 |
| 痹证营卫论及其实质探讨 | 黄仁栋等 | 湖北中医杂志 | 2002,(7):11 |
| 《内经》对胃脘痛时间节律性的研究 | 石建喜等 | 陕西中医 | 2002,(7):657 |
| 试论从"脾虚失运"治疗消渴 | 宋光临 | 浙江中医杂志 | 2002,(7):34 |
| 高脂血症的辨证施治 | 付　伟 | 职业与健康 | 2002,(7):144 |
| 肺痹证治新诠 | 王玉光等 | 中国中医基础医学杂志 | 2002,(7):6 |
| 略论传统中医对妇女产后康复的独到见解 | 王会玲 | 中国中医基础医学杂志 | 2002,(7):13 |
| 《内经》论失眠之我见 | 韩　娟 | 辽宁中医杂志 | 2002,(8):455 |
| 论肝血瘀滞与腹水形成 | 侯留法 | 中医杂志 | 2002,(8):636 |
| 脑衰老与老年痴呆的中医病机探析 | 王　平 | 湖北中医杂志 | 2002,(9):3 |
| 浅谈胸痹的预防 | 张丽珠 | 时珍国医国药 | 2002,(9):572 |
| 失喑治验 | 陈学忠等 | 四川中医 | 2002,(9):70 |
| 从肾辨治围绝经期综合征 | 周　英 | 浙江中西医结合杂志 | 2002,(9):67 |
| 气虚血瘀与缺血性卒中 | 张文娟 | 中国医药学报 | 2002,(9):574 |
| 颐发案 | 袁　胜 | 中国针灸 | 2002,(9):67 |
| 足厥阴经与消渴 | 赵京生等 | 中国针灸 | 2002,(9):60 |
| 围绝经期综合征与哪些脏腑经络相关如何治疗 | 孙　浩 | 中医杂志 | 2002,(9):714 |
| 健鼻养生五法 | 雨　欣 | 时代养生 | 2002,(10):17 |
| 健耳养生祛病强身 | 刘建英 | 时代养生 | 2002,(10):16 |
| 糖尿病病势迁延反复原因及对策研究 | 邱祖萍 | 中医杂志 | 2002,(10):782 |
| 糖尿病时脾气虚证的传统与现代解读 | 孙丰雷 | 辽宁中医杂志 | 2002,(11):639 |
| 心理障碍的中医治疗 | 蒋有倩等 | 中国全科医学 | 2002,(11):866 |
| 试谈睡眠障碍辨证论治的主要内容 | 段宪丽等 | 中国社区医师 | 2002,(11):33 |
| 肝郁虚实辨 | 陈　荣等 | 中医杂志 | 2002,(11):876 |
| 骨质疏松症中医病因病机探讨 | 胡　冰等 | 湖北中医杂志 | 2002,(12):8 |
| 《内经》咳嗽病因病机探讨 | 蒋建云等 | 四川中医 | 2002,(12):13 |
| 浅谈慢性病患者情志护理的重要性 | 岑彩玲 | 国际医药卫生导报 | 2002,(14):108 |
| 中医对失眠的认识与治疗 | 汪　兵 | 中国社区医师 | 2002,(14):18 |
| 中风的临床辨证论治 | 梁学斌等 | 山西中医 | 2002,(S1):23 |
| 痿证辨证论治规律的临床研究 | 刘子志 | 中国优秀博硕士学位论文全文数据库(博士)医药卫生科技辑 | 2002,(1):E056-48 |
| 中风病临床疗效评价指标体系的初步研究 | 郭新峰 | 中国优秀博硕士学位论文全文数据库(博士)医药卫生科技辑 | 2002,(1):E056-47 |
| 面瘫治疗的研究 | 滑明暘 | 中国优秀博硕士学位论文全文数据库(博士)医药卫生科技辑 | 2002,(1):E056-43 |
| 肥胖与血瘀证 | 陈贵海 | 中国优秀博硕士学位论文全文数据库(硕士)医药卫生科技辑 | 2002,(1):E056-27 |
| 血管性痴呆血瘀证的临床研究 | 许凤华 | 中国优秀博硕士学位论文全文数据库(硕士)医药卫生科技辑 | 2002,(1):E056-463 |

| | | | |
|---|---|---|---|
| 唐以前足厥阴经主治病症的研究 | 王为群 | 中国优秀博硕士学位论文全文数据库(硕士)医药卫生科技辑 | 2002,(1):E056-70 |
| 痫病元神逆乱证治探讨 | 张雅萍 | 中国优秀博硕士学位论文全文数据库(硕士)医药卫生科技辑 | 2002,(2):E056-361 |
| 慢性疲劳综合征发病因素、证候规律及疲劳特征的研究 | 张翠珍 | 中国优秀博硕士学位论文全文数据库(博士)医药卫生科技辑 | 2002,(2):E056-17 |
| 从肝论治失眠症 | 尚德阳 | 中国优秀博硕士学位论文全文数据库(硕士)医药卫生科技辑 | 2002,(2):E056-115 |
| 脉痹理论指导冠心病心绞痛证治探讨 | 史凤磊 | 中国优秀博硕士学位论文全文数据库(硕士)医药卫生科技辑 | 2002,(2):E056-197 |
| 慢性肝病舌下络脉变化的相关性研究 | 邓华亮 | 中国优秀博硕士学位论文全文数据库(硕士)医药卫生科技辑 | 2002,(2):E056-35 |
| 老年慢性病人的心理分析及辨证护理 | 李昌玉 | 2002全国土家族苗族医药学术会议论文专辑 | 2002:217 |
| 慢性泄泻证治体会 | 覃时平 | 2002全国土家族苗族医药学术会议论文专辑 | 2002:38 |
| 浅述肺痨咯血的辨证治疗 | 胡必兴 | 2002全国土家族苗族医药学术会议论文专辑 | 2002:102 |
| 浅谈消渴的辨证施护 | 鄢恋梅 | 2002全国土家族苗族医药学术会议论文专辑 | 2002:213 |
| 浅谈阳萎的辨证治疗 | 李永富 | 2002全国土家族苗族医药学术会议论文专辑 | 2002:175 |
| 肝病中的治未病原则及体会 | 夏爱玲等 | 2002全国中西医结合肝病学术会议论文汇编 | 2002:297 |
| 不孕证的临床证治 | 林雨生 | 第二次世界中西医结合大会论文摘要集 | 2002:503 |
| 以络病学说论治糖尿病并发症 | 宋其云 | 第六次中国中西医结合糖尿病学术会议论文汇编 | 2002:437 |
| 从络论治高血压病的理论探讨 | 于向东等 | 第三次全国中西医结合养生学与康复医学学术研讨会论文集 | 2002:120 |
| 痰瘀同治法在老年性痴呆病中应用 | 胡晓灵 | 第三次全国中西医结合养生学与康复医学学术研讨会论文集 | 2002:163 |
| 论中老年生理病理特点 | 王九一等 | 第三次全国中西医结合养生学与康复医学学术研讨会论文集 | 2002:237 |
| 略谈糖尿病之证治 | 邢文照 | 第三届糖尿病(消渴病)国际学术会议论文集 | 2002:415 |
| 消渴病证治刍议 | 周水平等 | 第三届糖尿病(消渴病)国际学术会议论文集 | 2002:373 |
| 从肝论治糖尿病的理论初探 | 李济生 | 第三届糖尿病(消渴病)国际学术会议论文集 | 2002:394 |

| | | | |
|---|---|---|---|
| 谈针对糖尿病病因病机进行辨证论食 | 梁 颖 | 第三届糖尿病（消渴病）国际学术会议论文集 | 2002:405 |
| 《内经》对消渴病的认识 | 宋 冰等 | 第三届糖尿病（消渴病）国际学术会议论文集 | 2002:354 |
| 关于糖尿病病机的再探讨 | 王世东等 | 第三届糖尿病（消渴病）国际学术会议论文集 | 2002:364 |
| 论糖尿病三阴三阳辨证方法 | 姜 淼等 | 第三届糖尿病（消渴病）国际学术会议论文集 | 2002:337 |
| 糖尿病及其并发症与体质 | 黄允瑜等 | 第三届糖尿病（消渴病）国际学术会议论文集 | 2002:434 |
| 浅谈“鼻衄”的辨证施护 | 王也男 | 全国五官科护理学术交流暨专题讲座会议论文汇编 | 2002:104 |
| 老年风湿性关节炎辨证治疗之浅见 | 寇建仁等 | 全国中医药科研与教学改革研讨会论文集 | 2002:415 |
| 浅谈慢性肝炎的辨证论治 | 刘春妮 | 全国中医药科研与教学改革研讨会论文集 | 2002:345 |
| 冬季话中风 | 谢琰臣 | 保健医苑 | 2003,(1):14 |
| 强直性脊柱炎的痹痿证证候传变规律探讨 | 沈 骏 | 贵阳中医学院学报 | 2003,(1):1 |
| 不寐证治之我见 | 冯松杰 | 国医论坛 | 2003,(1):17 |
| 从外因论治骨质疏松性骨痛 | 周爱军等 | 国医论坛 | 2003,(1):49 |
| 《内经》心痛证治探讨 | 马 骏等 | 国医论坛 | 2003,(1):15 |
| 2 型糖尿病并发冠心病的中医辨病论治研究 | 陈大舜等 | 湖南中医学院学报 | 2003,(1):2 |
| 略论阴黄理论的形成 | 姚惠萍等 | 南京中医药大学学报（自然科学版） | 2003,(1):11 |
| 谈谈肥胖病的病理与治疗中应注意的问题 | 白 皓 | 新疆中医药 | 2003,(1):4 |
| 从肝失疏泄论糖尿病的发生 | 左媛媛等 | 云南中医学院学报 | 2003,(1):22 |
| 心身疾病浅析 | 李金甫等 | 中国疗养医学 | 2003,(1):26 |
| 论血管性痴呆与肾 | 武月萍等 | 中国中医急症 | 2003,(1):45 |
| 肾为先天之本与老年痴呆相关基因研究的启示 | 袁世宏等 | 中国中医药信息杂志 | 2003,(1):2 |
| 从阴阳升降探讨脑卒中的证治规律 | 周德生等 | 中医药通报 | 2003,(1):10 |
| 浅谈咽异感症与胃痛 | 李建华 | 中医杂志 | 2003,(1):74 |
| 糖尿病心身病证辨治初探 | 冯兴中等 | 北京中医药大学学报 | 2003,(2):68 |
| 从《内经》血瘀理论探讨血瘀致病的临床特征 | 王均宁等 | 北京中医药大学学报 | 2003,(2):13 |
| 老年人轻度认知损害的中医证候研究 | 杨承芝等 | 北京中医药大学学报（中医临床版） | 2003,(2):12 |
| 浅谈腰椎间盘突出症的经络辨证 | 胡英华等 | 长春中医学院学报 | 2003,(2):6 |
| 痛风病机与治则探讨 | 徐西中 | 河南中医学院学报 | 2003,(2):44 |
| 《内经》论中风浅谈 | 王新志等 | 河南中医学院学报 | 2003,(2):6 |
| 《内经》论癫狂知要 | 王中琳 | 湖北中医学院学报 | 2003,(2):13 |
| 漫谈阳萎与食疗 | 马荫笃 | 家庭中医药 | 2003,(2):50 |
| 痰浊引起血管性痴呆的病因病机探要 | 贾绍燕 | 实用中医内科杂志 | 2003,(2):73 |
| 中老年人的生理病理特点 | 王九一等 | 养生月刊 | 2003,(2):52 |
| 从中医角度探讨帕金森病 | 杨晓军 | 浙江中西医结合杂志 | 2003,(2):25 |
| 血痹与痹证关系的探讨 | 李 捷等 | 中国民族民间医药杂志 | 2003,(2):82 |
| 中医骨病中痹痿证的病因病机及相关探讨 | 沈 骏 | 中国中医骨伤科杂志 | 2003,(2):62 |
| 干燥综合征之中医病因病机探讨 | 钟起诚 | 中国中医药信息杂志 | 2003,(2):73 |

| | | | |
|---|---|---|---|
| 论“热痹”与“痹热” | 袁 明 | 安徽中医临床杂志 | 2003,(3):250 |
| 中医防治非典型性肺炎之我见 | 王连清等 | 保健医苑 | 2003,(3):12 |
| 对“非典”(SARS)的反思 | 李广钧 | 北京中医 | 2003,(3):23 |
| 自然流产的基因调控与阴阳调节 | 杨宗孟 | 长春中医学院学报 | 2003,(3):11 |
| 《内经》中风病因探析 | 张金生 | 光明中医 | 2003,(3):7 |
| 《内经》论治失眠浅识 | 王中琳 | 国医论坛 | 2003,(3):15 |
| 高脂血症与五脏关系初探 | 叶 勇等 | 湖北中医学院学报 | 2003,(3):10 |
| 试论盗汗虚实辨治 | 邹小娟等 | 湖北中医学院学报 | 2003,(3):37 |
| 从肾虚论治缺血性中风 | 武继涛 | 辽宁中医学院学报 | 2003,(3):223 |
| 失眠从胃论治 | 刘克勤 | 山西职工医学院学报 | 2003,(3):27 |
| 风湿病与五脏的关系及其辨证思维 | 胡 娜 | 山西中医学院学报 | 2003,(3):53 |
| 气机升降与中风的内在关系探析 | 缪晓路 | 实用中医内科杂志 | 2003,(3):147 |
| 中医对非典的认识和治疗 | 张伯礼 | 天津科技 | 2003,(3):12 |
| 古今燥证论治的研究概况 | 王学武等 | 新疆中医药 | 2003,(3):53 |
| 漫谈“非典”与瘟疫 | 周庚生 | 浙江中医学院学报 | 2003,(3):6 |
| 肝气虚的基础与临床 | 胡桃英 | 浙江中医杂志 | 2003,(3):6 |
| 颈性眩晕的中医辨证治疗 | 周爱国 | 中国医药学报 | 2003,(3):185 |
| 喉痹源流 | 张玉敏 | 中国中医基础医学杂志 | 2003,(3):50 |
| 阳黄与阴黄临证考辨 | 刘胜芳 | 中医药学刊 | 2003,(3):437 |
| 气病治疗浅谈 | 李光明等 | 光明中医 | 2003,(4):14 |
| 浅谈亚健康状态的中医药防治思路和方法 | 蓝毓营等 | 广西中医学院学报 | 2003,(4):81 |
| 中医药干预中风若干问题的思考 | 沈思钰等 | 贵阳中医学院学报 | 2003,(4):12 |
| 从肝论治心悸浅探 | 焦华琛 | 河北中医 | 2003,(4):280 |
| 浅探《黄帝内经》对脉管病的认识 | 黄 瑛等 | 湖北中医杂志 | 2003,(4):3 |
| 更年期综合征治验 | 朱 晖 | 浙江中医学院学报 | 2003,(4):51 |
| 中风病辨治阴阳为纲源流 | 郑国庆等 | 中华医史杂志 | 2003,(4):36 |
| 论椎动脉型颈椎病与督脉的关系 | 魏玉龙等 | 河南中医学院学报 | 2003,(5):16 |
| 中医对”非典”的认识 | 熊继柏 | 湖南中医药导报 | 2003,(5):3 |
| 以中医理论指导治疗慢性乙型肝炎机理探讨 | 贾静鹏等 | 山西中医 | 2003,(5):1 |
| 小结《黄帝内经》有颤症的论述 | 孙玉芝等 | 深圳中西医结合杂志 | 2003,(5):295 |
| 水肿与阴虚 | 姜寅光等 | 时珍国医国药 | 2003,(5):316 |
| 合而为病话痹证 | 王海云等 | 新疆中医药 | 2003,(5):76 |
| 痹病诊治探析 | 方 路等 | 云南中医中药杂志 | 2003,(5):50 |
| 中老年记忆力减退的中医病机探析 | 王 平等 | 中国中医基础医学杂志 | 2003,(5):11 |
| 肝气阳虚证治体会 | 岳秀荣 | 中医研究 | 2003,(5):59 |
| 经筋痹痛与软组织张力的相关性探讨 | 赵 勇等 | 北京中医药大学学报 | 2003,(6):85 |
| 浅谈眩晕从肺论治九法 | 常富业 | 福建中医药 | 2003,(6):51 |
| 从湿热论治阳痿 | 马艳妮等 | 光明中医 | 2003,(6):21 |
| 从瘟疫学说浅谈”非典”的中医辨治(一) | 袁长津 | 湖南中医药导报 | 2003,(6):13 |
| 非典型肺炎的中医思考 | 邵 杰 | 养生大世界 | 2003,(6):14 |
| “非典”属于中医温病范畴 | 梁贻俊 | 中国健康月刊 | 2003,(6):31 |
| 刍议胸痹的命名、病位、病性、病机及治疗 | 范金茹等 | 中国中医急症 | 2003,(6):537 |
| 中医疫病学之研究 | 宋乃光等 | 中医教育 | 2003,(6):59 |
| 高泌乳素血症从肝论治体会 | 郭 芸等 | 中医杂志 | 2003,(6):420 |
| 从脾胃论治阴火 | 王吉军 | 辽宁中医杂志 | 2003,(7):553 |
| 中医对非典型肺炎的认识及论治 | 彭胜权 | 新中医 | 2003,(7):3 |

| | | | |
|---|---|---|---|
| 伏邪学说与慢性病急性发作辨考 | 王晋平 | 职业与健康 | 2003,(7):115 |
| 对中医"证"含义认识的反思 | 宋镇星 | 中国医药学报 | 2003,(7):437 |
| 试论脾胃咳及其辨证论治 | 李敬东 | 甘肃中医 | 2003,(8):3 |
| 肾虚寒热辨治 | 黄长虹等 | 湖北中医杂志 | 2003,(8):25 |
| 《内经》热病初探 | 邵学鸿 | 江苏中医药 | 2003,(8):8 |
| 论郁证之辨证 | 褚　蔚 | 浙江中医杂志 | 2003,(8):34 |
| 中医对糖尿病及其血管并发症的认识及研究现状 | 戴　红等 | 湖北中医杂志 | 2003,(9):55 |
| 从肝浅谈不寐的发病 | 张叶青等 | 江苏中医药 | 2003,(9):53 |
| 传染性非典型肺炎中医病名探讨 | 孙　霈 | 中医杂志 | 2003,(9):717 |
| 膝关节骨质增生症之病因机制探讨 | 张继星 | 河南中医 | 2003,(10):4 |
| 缺血性脑卒中中医病机探讨 | 刘　轲 | 江苏中医药 | 2003,(10):49 |
| 《内经》眩晕病机拓义 | 赵达安等 | 江西中医药 | 2003,(10):9 |
| 《内经》肺病证候规律初探 | 李淑萍等 | 辽宁中医杂志 | 2003,(10):799 |
| 形寒饮冷与小儿咳喘 | 田美欣等 | 山东中医杂志 | 2003,(10):633 |
| 脂肪肝的证治探析 | 董汉良 | 中国社区医师 | 2003,(10):35 |
| 应用《黄帝内经》"治未病"理论防治消渴病 | 沈浪泳 | 中国医药学报 | 2003,(10):593 |
| 心身疾病与心身状态 | 姜良铎等 | 中医药学刊 | 2003,(10):1612 |
| 干燥综合征的中医诊疗思路探讨 | 张前德等 | 江西中医药 | 2003,(11):11 |
| 《内经》肝病证候规律初探 | 李淑萍等 | 辽宁中医杂志 | 2003,(11):884 |
| 胃痛治疗体会 | 赵文章 | 陕西中医 | 2003,(11):1055 |
| 《内经》厥证名与现代病证名的比较 | 周国琪等 | 中国中医基础医学杂志 | 2003,(11):1 |
| 浅谈中医对 SARS 的认识 | 马英明 | 中国中医药信息杂志 | 2003,(11):70 |
| 疲劳也是病 | 张　蓉 | 中老年保健 | 2003,(11):14 |
| 古代中医对耳鸣、耳聋的认识 | 李　华等 | 吉林中医药 | 2003,(12):1 |
| 老人的"无名痒" | 殷　浩 | 家庭医学 | 2003,(12):19 |
| 《内经》心病证候规律初探 | 李淑萍等 | 辽宁中医杂志 | 2003,(12):967 |
| 试论《黄帝内经》对血瘀证的认识 | 葛红颖等 | 四川中医 | 2003,(12):14 |
| 略论寒疫源流 | 赵　阳等 | 中国中医基础医学杂志 | 2003,(12):7 |
| 浅述疼痛与相关脏器的关系 | 吴承艳 | 中医杂志 | 2003,(12):948 |
| 中医对类风湿关节炎发病机制的认识 | 张华东等 | 现代中西医结合杂志 | 2003,(13):1365 |
| 中医辨治血尿初探 | 田　捷 | 中国社区医师 | 2003,(15):21 |
| 中医辨治脂肪肝 | 赵秀莉 | 中国社区医师 | 2003,(16):13 |
| 肝病的中医辨证施治 | 冯赞红等 | 现代中西医结合杂志 | 2003,(21):2339 |
| 从络论治高血压的理论探讨 | 于向东等 | 中国临床康复 | 2003,(24):3364 |
| 运用三焦辨证论治肾性水肿浅谈 | 高　峰 | 山西中医 | 2003,(S1):8 |
| 对痰证的探讨 | 王有奎 | 山西中医 | 2003,(S1):1 |
| 肝炎治疗与饮食关系的探讨 | 陈　静 | 中国实验方剂学杂志 | 2003,(S1):23 |
| 治癌固本靠辨证 | 章岳然 | 中国中医药信息杂志 | 2003,(S1):13 |
| 浅谈《内经》中伤寒的含义 | 王长志 | 国际医药卫生导报 | 2003,(Z3):52 |
| 中医证候研究 | 林晓峰 | 中国优秀博硕士学位论文全文数据库(博士)医药卫生科技辑 | 2003,(3):E056-9 |
| 从"气分阴阳"辨析阴虚发热证 | 王　勇 | 中国优秀博硕士学位论文全文数据库(硕士)医药卫生科技辑 | 2003,(3):E056-7 |

| | | | |
|---|---|---|---|
| 血瘀证形成与肝失疏泄相互关系的理论研究 | 李永峰 | 中国优秀博硕士学位论文全文数据库(硕士)医药卫生科技辑 | 2003,(3):E056-6 |
| 老年性阳痿病因、病机分析及运用脾肾还阳汤的临床研究 | 史俊萍 | 中国优秀博硕士学位论文全文数据库(博士)医药卫生科技辑 | 2003,(4):E056-20 |
| 老年性前列腺增生的辨证治疗 | 吴锦发 | 第二次全国中西医结合男科学术会议论文集 | 2003:360 |
| 论前列腺增生症从"癃"论治 | 吴先奇等 | 第二次全国中西医结合男科学术会议论文集 | 2003:359 |
| 升降理论在前列腺增生中的运用 | 张　恒等 | 第二次全国中西医结合男科学术会议论文集 | 2003:280 |
| 慢性前列腺炎之中医认识 | 郑清国 | 第二次全国中西医结合男科学术会议论文集 | 2003:348 |
| 从肝论治阳痿的基础研究 | 王　雄等 | 第二次全国中西医结合男科学术会议论文集 | 2003:245 |
| 水肿病的中医辨证论治 | 王瑞森 | 第七届全国中西医结合肾脏病会议专题讲座汇编 | 2003:167 |
| 疮疡血瘀证与活血化瘀 | 王建平等 | 中国中西医结合学会疡科分会第十一次全国学术交流会论文汇编 | 2003:7 |
| 浅谈《内经》对消渴病的论述 | 易京红 | 第七次全国中医糖尿病学术大会文集 | 2003:303 |
| 糖尿病及其并发症与辨体质、辨病、辨证"三位一体"辨证模式 | 王世东等 | 第七次全国中医糖尿病学术大会文集 | 2003:197 |
| 再谈从脾论治糖尿病 | 孙　彬 | 第七次全国中医糖尿病学术大会文集 | 2003:271 |
| 中医体质学说指导老年抗衰调治管见 | 欧之洋 | 第七次全国中西医结合虚证与老年病学术会议 | 2003:185 |
| 消渴目病证治经验 | 易细香等 | 第三次全国中医、中西医结合眼科学术交流会论文汇编 | 2003:111 |
| 传染性非典型肺炎流行规律与五运六气关系的研究 | 孙万森等 | 中医药防治 SARS 学术交流专辑 | 2003:338 |
| 从伤寒角度认识 SARS | 赵　阳等 | 中医药防治 SARS 学术交流专辑 | 2003:349 |
| 略谈中医对传染性非典型肺炎的认识 | 李素云等 | 中医药防治 SARS 学术交流专辑 | 2003:232 |
| 骨质疏松的病因与治疗理论探讨 | 彭　勇 | 贵阳中医学院学报 | 2004,(1):10 |
| 谈便秘与血瘀的关系 | 胡小勤等 | 贵阳中医学院学报 | 2004,(1):34 |
| 中医温病学术发展述要及对 SARS 病辨证论治思考 | 刘尚义等 | 贵阳中医学院学报 | 2004,(1):3 |
| 浅谈眩晕从肺论治九法 | 常富业 | 国医论坛 | 2004,(1):16 |
| 从"心藏神"看心系疾病的临床特点 | 冯业贺 | 河南中医 | 2004,(1):7 |
| 腰痛从肝论治体会 | 楚顺铭 | 河南中医学院学报 | 2004,(1):52 |
| 七疝考 | 杨　峰等 | 江苏中医药 | 2004,(1):47 |
| 癌症疼痛从肝论治探讨 | 黎壮伟等 | 江西中医药 | 2004,(1):14 |
| 《内经》关于心身疾病的论述 | 申鹏飞等 | 辽宁中医杂志 | 2004,(1):18 |

| | | | |
|---|---|---|---|
| 《内经》脾病证候规律初探 | 李淑萍等 | 辽宁中医杂志 | 2004,(1):20 |
| 《内经》眩晕病证探讨 | 沈志秀等 | 辽宁中医杂志 | 2004,(1):26 |
| 从肝论治坐骨神经痛 | 田智强 | 山西中医学院学报 | 2004,(1):44 |
| 从肾论治老年性痴呆研究进展 | 邢长伟等 | 陕西中医学院学报 | 2004,(1):72 |
| 汉以来中医防治健忘的主要理论与经验 | 刘　承等 | 陕西中医学院学报 | 2004,(1):68 |
| 《内经》与现代对"疟"认识的比较 | 李海峰等 | 上海中医药大学学报 | 2004,(1):11 |
| 黄疸证治探微 | 李成立 | 天津中医药 | 2004,(1):41 |
| 《内经》五郁证治浅析 | 甄　智 | 张家口医学院学报 | 2004,(1):77 |
| 2004 年(甲申年)年运及运气预测 | 曲黎敏 | 中华养生保健 | 2004,(1):2 |
| 《内经》察色诊病临证一得 | 沈开金 | 中医药临床杂志 | 2004,(1):22 |
| 风水辨治规律浅析 | 李敬孝等 | 中医药学报 | 2004,(1):1 |
| 伏梁病证治古今谈 | 李应存 | 中医药学报 | 2004,(1):3 |
| 中医学中急性热病学的发展规律浅识 | 姚　波 | 中医药学刊 | 2004,(1):172 |
| 《内经》相关中风病病因病机浅析 | 胡建鹏等 | 中医药学刊 | 2004,(1):113 |
| 浅谈《内经》对消渴病的论述 | 易京红 | 北京中医药大学学报(中医临床版) | 2004,(2):57 |
| 秦汉隋时期辨治骨痹(骨关节炎)理论的确立 | 肖林榕 | 福建中医学院学报 | 2004,(2):43 |
| 痹痿辨析论 | 袁国强 | 光明中医 | 2004,(2):7 |
| 浅谈肺系疾病从脾论治 | 林沁臻 | 湖北中医杂志 | 2004,(2):21 |
| 浅探《黄帝内经》脏腑痹的证与治 | 赵正孝等 | 湖南中医学院学报 | 2004,(2):29 |
| 盗汗非尽阴虚论 | 莫行友 | 湖南中医杂志 | 2004,(2):64 |
| 痰证病因辨析 | 于爱国等 | 辽宁中医杂志 | 2004,(2):116 |
| 《内经》肾病证候规律初探 | 李淑萍等 | 辽宁中医杂志 | 2004,(2):108 |
| 肝咳刍义 | 戴路明 | 辽宁中医杂志 | 2004,(2):163 |
| 阳痿的中医辨证治疗及心理治疗 | 王　进等 | 临床心身疾病杂志 | 2004,(2):132 |
| 多寐辨治之我见 | 王海霞 | 山东中医药大学学报 | 2004,(2):96 |
| 浅析心脑血管病与饮食调摄 | 强星宇等 | 陕西中医 | 2004,(2):189 |
| 冠心病辨治八法 | 耿　静 | 陕西中医学院学报 | 2004,(2):11 |
| 体质的五态分型应用于无症状乙型肝炎的治疗体会 | 符小艳等 | 四川中医 | 2004,(2):12 |
| 浅析食亦 | 李淑菊 | 浙江中医杂志 | 2004,(2):6 |
| 逸病探析 | 周艳杰 | 中国医药学报 | 2004,(2):110 |
| 中医血络病探源 | 刘语高 | 中国中医药现代远程教育 | 2004,(2):31 |
| 肾阳式微是前列腺增生的本因 | 熊成熙 | 中医药临床杂志 | 2004,(2):160 |
| 运用中医体质理论研究亚健康状态的证型 | 栾杰男 | 中医药学报 | 2004,(2):3 |
| 《内经》消渴病发病理论探要 | 沈浪泳 | 中医药学刊 | 2004,(2):312 |
| 高血压病中医证型研究进展 | 郭丙杰 | 吉林中医药 | 2004,(3):50 |
| 《内经》胃病证候规律初探 | 李淑萍等 | 辽宁中医杂志 | 2004,(3):205 |
| 糖尿病性腹泻的中医病机浅析 | 许成群 | 陕西中医学院学报 | 2004,(3):7 |
| 经行咳嗽案 | 李祥云 | 上海中医药杂志 | 2004,(3):37 |
| 糖尿病中医病机再探——试论"五脏皆柔弱"为糖尿病基本病机 | 李渊何 | 天津中医药 | 2004,(3):216 |
| 内脏痛觉的病理生理研究进展 | 荣培晶等 | 中国病理生理杂志 | 2004,(3):191 |
| 《内经》论治失眠浅析 | 滕　晶 | 中医研究 | 2004,(3):7 |
| 试论肝阳虚证的确立 | 吴小明等 | 中医药临床杂志 | 2004,(3):198 |
| 三焦论治原发性高血压病探要 | 陈　冰等 | 中医药学刊 | 2004,(3):461 |
| 中风证概念与病机溯源 | 于爱国等 | 中医药学刊 | 2004,(3):535 |

| | | | |
|---|---|---|---|
| 试述《内经》对妊娠的贡献 | 张海莹等 | 长春中医学院学报 | 2004,(4):56 |
| 从“气分阴阳”辨析阴虚发热证 | 王　勇 | 成都中医药大学学报 | 2004,(4):1 |
| 头痛辨治 | 李应寿等 | 甘肃中医 | 2004,(4):47 |
| 从《内经》“五强”谈脊柱与健康 | 邓万霞 | 湖北中医学院学报 | 2004,(4):61 |
| 寅时腰痛的病因探讨——附63例临床报告 | 郭　毅 | 江苏中医药 | 2004,(4):29 |
| 从他脏论治冠心病的理论和实践基础 | 赵益业 | 辽宁中医学院学报 | 2004,(4):275 |
| 《内经》胆病证候规律初探 | 李淑萍等 | 辽宁中医杂志 | 2004,(4):287 |
| 肝咳证治病理机制浅析 | 裘黎明 | 实用中医内科杂志 | 2004,(4):313 |
| 论从肝治崩漏 | 李明俊 | 新疆中医药 | 2004,(4):5 |
| 风水肾风辨识 | 陈　晓等 | 中国中医基础医学杂志 | 2004,(4):1 |
| 从中医“治未病”理论探讨继发性股骨头坏死的防治 | 陈卫衡等 | 中医杂志 | 2004,(4):317 |
| 肝咳浅谈 | 戴路明 | 甘肃中医 | 2004,(5):9 |
| 宫寒不孕的治疗体会 | 李宝德等 | 哈尔滨医药 | 2004,(5):45 |
| 浅论《内经》对糖尿病的认识 | 马永安等 | 河南中医学院学报 | 2004,(5):12 |
| 对《内经》消渴病病因病机浅识 | 陈煜辉等 | 湖南中医杂志 | 2004,(5):2 |
| 《内经》与现代对痹证含义的比较 | 李海峰等 | 吉林中医药 | 2004,(5):5 |
| 补脾升阳与慢性肾炎 | 张俐敏等 | 江西中医药 | 2004,(5):19 |
| 浅论老年性遗尿的辨证论治 | 刘发群 | 陕西中医学院学报 | 2004,(5):12 |
| 心身疾病的研究进展 | 李兆健等 | 上海中医药杂志 | 2004,(5):63 |
| 论与抑郁症相关的中医病证 | 黎朝瑜 | 天津中医药 | 2004,(5):430 |
| 妇女绝经前期综合征辨证论治 | 哈丽扎提 | 新疆中医药 | 2004,(5):6 |
| 中国传统医学脊源性疾病史略 | 孙永章 | 中国中医骨伤科杂志 | 2004,(5):60 |
| 眩晕治疗三法 | 黎孝平 | 中国中医急症 | 2004,(5):329 |
| 鼻衄的辨证论治 | 韩　梅 | 中国中医药现代远程教育 | 2004,(5):16 |
| 时行感冒 | 任继学 | 中国中医药现代远程教育 | 2004,(5):26 |
| 慢性肝炎的治疗思路 | 田爱荣 | 中医研究 | 2004,(5):54 |
| 古代医家对肥胖的认识 | 龚海洋等 | 北京中医 | 2004,(6):336 |
| 老年糖尿病中医证治规律探讨 | 张永杰 | 海南医学 | 2004,(6):109 |
| 老年性痴呆发作的季节性探讨 | 丁世芹 | 河南中医 | 2004,(6):14 |
| 恶气与肿瘤病机关系探讨 | 陈玉龙等 | 河南中医学院学报 | 2004,(6):9 |
| 中医对脊髓损伤病机的认识 | 王明新等 | 湖南中医药导报 | 2004,(6):7 |
| 从《内经》石瘕证治理论谈妇科癥瘕病的证治 | 马彦超等 | 江西中医药 | 2004,(6):15 |
| 石瘕症治疗探讨 | 齐　南等 | 陕西中医学院学报 | 2004,(6):48 |
| 老年糖尿病证治浅析 | 徐　蕾等 | 实用中医内科杂志 | 2004,(6):512 |
| 肿瘤从痰论治的研究集要 | 何水勇等 | 实用中医内科杂志 | 2004,(6):486 |
| 脾胃病治疗当分三焦辨证浅谈 | 张志敏等 | 天津中医药 | 2004,(6):491 |
| 糖尿病骨质疏松症的中医认识 | 张晓君等 | 现代中西医结合杂志 | 2004,(6):725 |
| 肿瘤的中医病因病机初探 | 杨　柱等 | 中国民族民间医药杂志 | 2004,(6):321 |
| 《内经》疼痛机制的研究 | 张维义 | 中医药学刊 | 2004,(6):1092 |
| 肝气逆诸证辨治浅析 | 刘家义 | 中医药学刊 | 2004,(6):971 |
| 古典医籍对功能性消化不良相关病证的认识 | 刘松林等 | 中医药学刊 | 2004,(6):1029 |
| 中风病从瘀论治 | 高春华等 | 湖北中医杂志 | 2004,(7):20 |
| 气虚与中风关系浅探 | 宋含平 | 新中医 | 2004,(7):75 |
| 《内经》不寐病证探讨 | 孙洪生等 | 浙江中医杂志 | 2004,(7):3 |
| 论中医传统医学与西方现代医学关于白血病论治的区别 | 田　泳等 | 中国中医基础医学杂志 | 2004,(7):42 |

| | | | |
|---|---|---|---|
| 《黄帝内经》疼痛理论探析 | 罗瑞林 | 中医药学刊 | 2004,(7):1312 |
| 《内经》哮喘病理论诠释 | 邱幸凡等 | 中医药学刊 | 2004,(7):1160 |
| 腰椎间盘突出症病因证治探讨 | 张惠平等 | 河北中医 | 2004,(8):606 |
| 浅谈肝气郁结证的辨治 | 郭训礼 | 基层医学论坛 | 2004,(8):719 |
| 试从"肝"论三阴交治疗妇科病 | 宁泽晖等 | 江苏中医药 | 2004,(8):16 |
| 慢性腰痛的病机与治则初谈 | 王意诚等 | 陕西中医 | 2004,(8):766 |
| 严控"食复"现象 | 刘思龙 | 药膳食疗 | 2004,(8):8 |
| 外感病初起运用解表法之源流及辨析 | 杨亚平 | 中国医药学报 | 2004,(8):489 |
| 《内经》对月经病的贡献 | 张海莹 | 中国中医药现代远程教育 | 2004,(8):34 |
| 肾实证之源流考 | 赵文远等 | 中医药学刊 | 2004,(8):1523 |
| 胆郁、胆胀证治浅析 | 李效柏等 | 甘肃中医 | 2004,(9):29 |
| 从"肾"论治骨伤病 | 梁苏荔 | 湖北中医杂志 | 2004,(9):50 |
| 类风湿性关节炎的病理与中医治疗 | 牟科媛 | 吉林中医药 | 2004,(9):6 |
| 探究水肿的发病机理和辨治思路 | 范中有 | 陕西中医 | 2004,(9):861 |
| 支气管哮喘的中医辨治体会 | 郑向荣 | 中国临床医生 | 2004,(9):44 |
| 解读中医情志疾病研究 | 吕　直 | 中医药学刊 | 2004,(9):1601 |
| 浅淡对伏气温病的认识 | 陆青媛等 | 江西中医药 | 2004,(10):23 |
| 浅谈习惯性便秘与瘀血 | 张雪燕等 | 新中医 | 2004,(10):70 |
| 气虚发热诊治小议 | 赵国仁 | 浙江中医杂志 | 2004,(10):17 |
| 浅谈老年病发病特点 | 成东升 | 中国社区医师(综合版) | 2004,(10):40 |
| 冠心病痰瘀互结证的渊源和创新 | 韩学杰等 | 中国医药学报 | 2004,(10):623 |
| 癌症疼痛的机理及证治浅探 | 张茂林等 | 中医药学刊 | 2004,(10):1911 |
| 痹和痿与相关骨疾病证的关系 | 沈冯君 | 中医正骨 | 2004,(10):21 |
| 《内经》对耳鼻咽喉科疾病辨证的指导 | 张　琮 | 湖南中医药导报 | 2004,(11):4 |
| 慢性疲劳综合征的中医机制探讨 | 马其江等 | 山东中医杂志 | 2004,(11):652 |
| 从脾虚论治老年糖尿病 | 李　霞 | 陕西中医 | 2004,(11):1052 |
| 浅谈古代医家对老年病防治的论述 | 程正合 | 实用中医药杂志 | 2004,(11):662 |
| 胃脘定时作痛案 | 兰勇军 | 中国针灸 | 2004,(11):76 |
| 从《内经》看糖尿病迁延不愈的机理与治疗 | 张洪俊 | 中国中医药现代远程教育 | 2004,(11):26 |
| 《内经》理论与甲亢证治辨识 | 王　旭 | 中医药学刊 | 2004,(11):2063 |
| 中风心悟 | 陈荣钟等 | 中医杂志 | 2004,(11):876 |
| 中医对"痹"病的认识 | 张凤娥等 | 湖南中医药导报 | 2004,(12):6 |
| "肾实证"分类考辨 | 周恩超 | 江苏中医药 | 2004,(12):5 |
| 试述疼痛之命名 | 吴承艳 | 陕西中医 | 2004,(12):1151 |
| 从《素问·痹论篇》探讨痹证的治疗方法 | 李　进等 | 实用中医药杂志 | 2004,(12):721 |
| 舌病辨证初探 | 张冬梅等 | 中国中医药信息杂志 | 2004,(12):1103 |
| 痹证浅析 | 张兴春等 | 中华养生保健 | 2004,(16):45 |
| 从对《内经》"阴阳"理论总结中管窥肿瘤防治探索的方向 | 王新华等 | 现代中西医结合杂志 | 2004,(20):2667 |
| 以肺脾肾立论治疗水肿病 | 凡英博 | 中国社区医师(综合版) | 2004,(24)51 |
| 论非典型性肺炎病毒的易感经脉脏腑和易感时间——二论以中医体质学说防治非典型性肺炎 | 盛　良等 | 现代中西医结合杂志 | 2004,(24):3225 |
| 长期高热的中医辨治体会 | 贾树信等 | 山东医药 | 2004,(26):76 |
| 经筋病"以痛为腧"刍议 | 王茵萍 | 中国中医药报 | 2004.8.19 |
| 经筋痹痛与软组织张力的相关性探讨 | 赵　勇 | 中国中医药报 | 2004.8.5 |

| | | | |
|---|---|---|---|
| 肝郁气滞证与耳穴压痛反应相关性初探 | 刘　涓 | 中国优秀博硕士学位论文全文数据库(硕士)医药卫生科技辑 | 2004,(1):E056-100 |
| 中医"郁"概念的源流和治法用方探讨 | 吴娅娜 | 中国优秀博硕士学位论文全文数据库(硕士)医药卫生科技辑 | 2004,(1):E056-92 |
| 小儿癫痫中医文献与证治研究 | 张葆青 | 中国优秀博硕士学位论文全文数据库(博士)医药卫生科技辑 | 2004,(4):E056-64 |
| 《内经》经脉病候范畴研究 | 杨　峰 | 中国优秀博硕士学位论文全文数据库(硕士)医药卫生科技辑 | 2004,(4):E056-8 |
| 胸痹(冠心病)热证研究 | 于　涛 | 中国优秀博硕士学位论文全文数据库(博士)医药卫生科技辑 | 2004,(4):E056-28 |
| 从风病学说论治冠心病心绞痛及其血管生成作用的研究 | 戴国华 | 中国优秀博硕士学位论文全文数据库(博士)医药卫生科技辑 | 2004,(4):E056-45 |
| 失眠症患者"昼不精,夜不瞑"状态的相关理论及临床研究 | 齐向华 | 中国优秀博硕士学位论文全文数据库(博士)医药卫生科技辑 | 2004,(4):E056-29 |
| 胆囊炎的中医辨治体会 | 金智生 | 2003中华中医药科技成果论坛中华中医药学会科学技术奖颁奖大会论文集 | 2004:120 |
| 泌尿系结石从肺论治 | 于青松 | 2003中华中医药科技成果论坛中华中医药学会科学技术奖颁奖大会论文集 | 2004:115 |
| 浅淡中风病应用通下法 | 林海飞 | 2004年全国危重病急救医学学术会议论文集 | 2004:221 |
| 2003年非典型肺炎流行的中医五运六气分析和预防保健措施探讨 | 余　瑾等 | 2004全国时间生物医学学术会议论文集 | 2004:292 |
| 消渴病辨证之我见 | 孙志东等 | 第七次中国中西医结合糖尿病学术会议论文汇编 | 2004:139 |
| 浅谈《内经》对消渴病的论述 | 易京红 | 第三届国际传统医药大会文集 | 2004:116 |
| 试谈脑病从脾胃论治 | 林如祥 | 第三届国际传统医药大会文集 | 2004:253 |
| 消渴与糖尿病的关系 | 庄干竹 | 第三届国际传统医药大会文集 | 2004:186 |
| 胸痹(冠心病)热证研究 | 于　涛等 | 第三届国际传统医药大会文集 | 2004:178 |
| 大肠癌的中医辨证与治疗 | 金定国等 | 第十届中国中西医结合学会大肠肛门病学术研讨会论文集 | 2004:63 |
| 论黄疸不必分阴阳 | 程志文 | 第十三次全国中西医结合肝病学术会议论文汇编 | 2004:380 |
| 抑郁症的中医治疗 | 虢周科 | 第五次全国中西医结合神经科学术会议论文集 | 2004:170 |
| 试述老年性痴呆的病因病机 | 王　华 | 第五次全国中西医结合神经科学术会议论文集 | 2004:250 |

| | | | |
|---|---|---|---|
| 男性更年期郁证的脏腑辨证之我见 | 王　佳等 | 全国中医药科研与教学改革研讨会论文集 | 2004:93 |
| 治痹心得 | 路志正 | 首届国际中西医结合风湿病学术会议论文汇编 | 2004:42 |
| 痹证风寒湿致病与治疗新说 | 邱伙新等 | 首届国际中西医结合风湿病学术会议论文汇编 | 2004:126 |
| 风寒湿痹的病机与临床 | 李和平 | 首届国际中西医结合风湿病学术会议论文汇编 | 2004:257 |
| 浅谈风湿病与中医五脏痹的证治关系 | 陈奕桂 | 首届国际中西医结合风湿病学术会议论文汇编 | 2004:276 |
| 试论重症肌无力亦属经筋病范畴 | 周俊亮 | 甘肃中医学院学报 | 2005,(1):9 |
| 癫痫的中医药现代研究 | 韩　波等 | 河北职工医学院学报 | 2005,(1):36 |
| 不寐症从肝郁论治举隅 | 唐弟祥等 | 吉林中医药 | 2005,(1):43 |
| 《内经》痿证与现代痿证之比较 | 王丽慧等 | 吉林中医药 | 2005,(1):5 |
| 难治性泄泻证治探讨 | 傅文录等 | 陕西中医 | 2005,(1):43 |
| 寒热证治辨证心得 | 姜冬云等 | 实用中西医结合临床 | 2005,(1):53 |
| 论秋燥咳嗽 | 张惠珍等 | 实用中西医结合临床 | 2005,(1):55 |
| 老年健忘脾胃始动病机论 | 李　珀等 | 浙江中医杂志 | 2005,(1):11 |
| 阳萎证治琐言 | 焦英丽 | 中国科技信息 | 2005,(1):108 |
| 恶性肿瘤转移的中医病机研究思路和策略 | 贾小强等 | 中医药临床杂志 | 2005,(1):60 |
| 高血压病证治探析 | 裴正学 | 中医药学刊 | 2005,(1):34 |
| 络病的内涵及其外延释义 | 徐光福 | 中医药学刊 | 2005,(1):96 |
| 胆汁反流性胃炎的证治及用药 | 邵荣世 | 中医杂志 | 2005,(1):11 |
| 单纯性肥胖症的中医辨证治疗探讨 | 马小丽 | 北京中医 | 2005,(2):125 |
| 眩晕症中医辨治体会 | 杨烈文等 | 光明中医 | 2005,(2):20 |
| 精神分裂症从肝论治 | 黄佩珊等 | 河北中医 | 2005,(2):108 |
| 胆石病中医辨证论治进展 | 顾宏刚等 | 湖北中医学院学报 | 2005,(2):56 |
| 探本溯源从痰论治中风病 | 黄金元等 | 湖北中医学院学报 | 2005,(2):33 |
| 中风病外风说探讨 | 王康锋等 | 山东中医药大学学报 | 2005,(2):102 |
| 痹症分期论治探要 | 姜荣华 | 实用中医内科杂志 | 2005,(2):119 |
| 亚健康中医新说与干预 | 高益民等 | 首都医药 | 2005,(2):45 |
| 卫气营血证遣针选穴规律探索 | 张炳立 | 天津中医药 | 2005,(2):131 |
| 浅谈“结证”辨治 | 章新亮 | 现代中医药 | 2005,(2):41 |
| 对肿瘤的认识与治疗 | 尚　颐 | 亚太传统医药 | 2005,(2):86 |
| 慢性胃炎从“脏腑”论治 | 温佰胜 | 中华中医药杂志 | 2005,(2):107 |
| 男性不育症的中医治疗探讨 | 李　静 | 河北中医 | 2005,(3):221 |
| 痿证的中医辨证分型及临床治疗 | 徐　明 | 黑龙江中医药 | 2005,(3):60 |
| 妇科腰痛与腹痛辨析 | 刘　军 | 湖北中医杂志 | 2005,(3):24 |
| 《内经》中五脏病证名称与现代中医病证名称的比较 | 周国琪 | 吉林中医药 | 2005,(3):4 |
| 《内经》论“痹” | 刘春援 | 江西中医药 | 2005,(3):13 |
| 经筋理论与腰椎间盘突出症发病机理探析 | 田　辉等 | 辽宁中医学院学报 | 2005,(3):209 |
| 中医肿瘤学发展历程初探 | 李军茹等 | 辽宁中医杂志 | 2005,(3):191 |
| 证、证候的辨析与规范 | 朱文锋等 | 山西中医 | 2005,(3):1 |
| 失眠症中医治疗体会 | 王联庆等 | 陕西中医 | 2005,(3):287 |
| 眩晕证病因病机各家学说述要 | 王　鹏等 | 上海中医药大学学报 | 2005,(3):16 |

| | | | |
|---|---|---|---|
| 历代肾阴虚辨证论治研究撮要 | 颜　新 | 新中医 | 2005,(3):8 |
| 肝咳证治略谈 | 裘黎明 | 浙江中医学院学报 | 2005,(3):13 |
| 论 SARS 的证候因素 | 曹洪欣等 | 中国中医基础医学杂志 | 2005,(3):161 |
| “痰瘀相关”与类风湿性关节炎 | 唐先平等 | 中华中医药杂志 | 2005,(3):173 |
| 试析脾胃病从肝论治 | 朱　日 | 光明中医 | 2005,(4):10 |
| 探讨胃阴虚证治机理 | 冯自铭 | 光明中医 | 2005,(4):1 |
| 久咳证治 | 马伟利等 | 哈尔滨医药 | 2005,(4):56 |
| 肝炎黄疸辨治刍议 | 朱清静等 | 湖北中医学院学报 | 2005,(4):38 |
| 胸痹心痛与五脏相关治则之探讨 | 于德洵等 | 吉林中医药 | 2005,(4):10 |
| “水郁”探析 | 李万斌 | 江苏中医药 | 2005,(4):10 |
| 谈厥证的辨证施护 | 王俊娥等 | 辽宁中医学院学报 | 2005,(4):393 |
| 略论《内经》与《伤寒论》“厥”之区别 | 刘庆申等 | 山东中医药大学学报 | 2005,(4):259 |
| 浅谈《内经》对变态反应性疾病的认识 | 朱富华等 | 陕西中医 | 2005,(4):365 |
| 中风的辨证施护 | 张传美等 | 实用中医内科杂志 | 2005,(4):390 |
| 浅析胃与久咳 | 关秋红 | 实用中医内科杂志 | 2005,(4):303 |
| 祖国医学老年健身养生理论述要 | 马其南 | 实用中医内科杂志 | 2005,(4):296 |
| 中医治疗肾病综合征的探讨 | 罗幼锐 | 云南中医中药杂志 | 2005,(4):48 |
| 眼病四时辨治探析 | 阮克奋 | 浙江中医药大学学报 | 2005,(4):10 |
| 《内经》脏腑风证与临床 | 赵海燕等 | 中国中医基础医学杂志 | 2005,(4):304 |
| 从“脏虚络痹”论骨质疏松症 | 熊鹏程等 | 中国中医药信息杂志 | 2005,(4):90 |
| 体质与肿瘤治疗 | 徐燎宇等 | 中医文献杂志 | 2005,(4):40 |
| 论《金匮》之奔豚气病即《内经》之心痹病 | 刘春援 | 中医文献杂志 | 2005,(4):42 |
| 亚健康状态的中医证治规律研究 | 侯冬芬等 | 中医药信息 | 2005,(4):1 |
| 从五脏辨治脏躁体会 | 刘桂英 | 江苏中医药 | 2005,(5):19 |
| 《内经》心痹、胸痹与心痛之辨别 | 齐　南等 | 江西中医学院学报 | 2005,(5):10 |
| 《内经》心痹病证治理论的临床应用调查 | 刘春援等 | 江西中医学院学报 | 2005,(5):32 |
| 论《内经》营卫失调与睡眠障碍 | 古继红等 | 辽宁中医学院学报 | 2005,(5):428 |
| 浅议《内经》对妇科诸病的阐释 | 韩　霞等 | 陕西中医 | 2005,(5):469 |
| 血证一隅 | 巴哈尔等 | 新疆中医药 | 2005,(5):5 |
| 五脏与失眠 | 陆伟珍 | 中国中医基础医学杂志 | 2005,(5):381 |
| 辨另类之盗汗 | 张爱青等 | 中国中医药信息杂志 | 2005,(5):93 |
| 脾胃病识 | 赵　霞等 | 光明中医 | 2005,(6):34 |
| 便秘从肺论治五法 | 杨炯海 | 河南中医学院学报 | 2005,(6):45 |
| 肺痿概念及证治源流 | 宋建平等 | 河南中医学院学报 | 2005,(6):71 |
| 痹证从肝论治的体会 | 褚　静 | 黑龙江中医药 | 2005,(6):5 |
| 《内经》痿证理论及其临床应用 | 唐雪梅 | 南京中医药大学学报（自然科学版） | 2005,(6):16 |
| 论五脏气虚与单纯性肥胖病 | 顾晓静等 | 陕西中医学院学报 | 2005,(6):8 |
| 乳腺增生的中西医结合治疗探讨 | 陈凤军等 | 医药论坛杂志 | 2005,(6):59 |
| 《内经》中肺系统相关病症的整理与研究 | 邸若虹等 | 中医药通报 | 2005,(6):19 |
| 肺与抑郁症的关系探讨 | 韩晶杰等 | 中医药学刊 | 2005,(6):1054 |
| 谈谈慢性心功能不全的中医分期论治 | 蒋梅先 | 中医杂志 | 2005,(6):461 |
| 《内经》厥头痛辨治发微 | 陈建设 | 河南中医 | 2005,(7):9 |
| 从先其所因谈胃柿石症的治疗 | 张小军等 | 陕西中医 | 2005,(7):735 |
| 冠心病治疗体会 | 李依良等 | 陕西中医 | 2005,(7):732 |
| 郁证的情志疗法探讨 | 马　欢等 | 中医药学刊 | 2005,(7):1281 |

| | | | |
|---|---|---|---|
| 略论心咳证治 | 章　恪 | 陕西中医 | 2005,(8):845 |
| 浅谈《内经》对疫病的认识 | 苏咏梅等 | 实用中医药杂志 | 2005,(8):508 |
| 从"胃咳"机理探讨针刺治疗方法 | 闵学进 | 针灸临床杂志 | 2005,(8):2 |
| 论消渴病与痰湿 | 回　忆等 | 中国社区医师(综合版) | 2005,(8):50 |
| 浅谈中医五脏与老年性痴呆发病的关系 | 刘　姝等 | 中医药学刊 | 2005,(8):1400 |
| 玄府病变诠析 | 常富业等 | 中医药学刊 | 2005,(8):1389 |
| 《内经》膀胱证候规律初探 | 李淑萍等 | 辽宁中医杂志 | 2005,(9):904 |
| 咽痒、频咳治从肝风浅析 | 李　勇等 | 四川中医 | 2005,(9):23 |
| 从络脉论治脑血管病的探讨 | 姜劲峰等 | 中国针灸 | 2005,(9):659 |
| 帕金森氏病中医思辨 | 老膺荣等 | 辽宁中医杂志 | 2005,(10):34 |
| 久咳从肝论治 | 孙志佳 | 陕西中医 | 2005,(10):1067 |
| 《黄帝内经》与肺癌转移探析 | 辛海等 | 四川中医 | 2005,(10):37 |
| 应用《黄帝内经》"阴阳相交"理论治疗失眠症 | 董梦久 | 湖北中医杂志 | 2005,(11):23 |
| 中医辨证论治头痛 | 高桂霞等 | 吉林中医药 | 2005,(11):12 |
| 《内经》脑病学说 | 昌炳如等 | 医药产业资讯 | 2005,(11):118 |
| 《内经》伤骨科疾病汇通 | 黄满玉等 | 中国中医基础医学杂志 | 2005,(11):79 |
| 2 型糖尿病从肝论治浅析 | 刘振杰等 | 陕西中医 | 2005,(12):1399 |
| 浅谈关格 | 马志茹等 | 中国煤炭工业医学杂志 | 2005,(12):1352 |
| 血瘀证内涵探析 | 毕　蕾等 | 中医研究 | 2005,(12):1 |
| 气血、痰、水与血瘀证的关系 | 梁　晶等 | 中国误诊学杂志 | 2005,(13):2557 |
| 骨性关节炎的中医论治研究 | 熊维政等 | 首都医药 | 2005,(14):32 |
| 从瘀论治肺心病 | 魏淑艳 | 中国社区医师(综合版) | 2005,(14):44 |
| 络病研究及治疗进展 | 毕桂芝等 | 首都医药 | 2005,(16):45 |
| 中医五脏病与情志关系的调研 | 贾蕾蕾 | 医学与哲学 | 2005,(16):71 |
| 脾阴虚之我见 | 傅士衿等 | 中国社区医师(综合版) | 2005,(21):51 |
| 论肝肾阴虚所致呕吐 | 彭燕芳 | 中原医刊 | 2005,(23):57 |
| 胃脘痛辨治体会 | 高洁萱 | 山西中医 | 2005,(S1):26 |
| 经方治失眠 | 毛德西 | 中国中医药报 | 2005.2.28 |
| 火热常引发脑病 | 丁元庆 | 中国中医药报 | 2005.10.31 |
| 颈源性头痛证治 | 丁元庆 | 中国中医药报 | 2005.11.28 |
| 从肾肝心论治围绝经期综合征的临床疗效及作用机制研究 | 冯　娟 | 中国优秀博硕士学位论文全文数据库(博士)医药卫生科技辑 | 2005,(4):E056-35 |
| 与季节气候变化相关性疾病的防治研究 | 何佩珊 | 中国优秀博硕士学位论文全文数据库(硕士)医药卫生科技辑 | 2005,(4):E056-15 |
| 肺血病证的理论探讨和临床应用 | 卢苔苔 | 中国优秀博硕士学位论文全文数据库(硕士)医药卫生科技辑 | 2005,(4):E056-87 |
| 原发性肝癌的病因病机及治则治法探讨 | 陈月雀 | 中国优秀博硕士学位论文全文数据库(硕士)医药卫生科技辑 | 2005,(4):E056-159 |
| 中医小肠疾病临床证型研究 | 寇永锋 | 中国优秀博硕士学位论文全文数据库(硕士)医药卫生科技辑 | 2005,(4):E056-107 |

| | | | |
|---|---|---|---|
| 《内经》“肾主骨”理论与腰椎间盘突出症 | 朱溪麟 | 中国优秀博硕士学位论文全文数据库（硕士）医药卫生科技辑 | 2005,(5):E056-4 |
| 《内经》“下焦如渎”理论与慢性前列腺炎的防治 | 杨旭甲 | 中国优秀博硕士学位论文全文数据库（硕士）医药卫生科技辑 | 2005,(5):E056-7 |
| 慢性萎缩性胃炎中医证候学研究 | 马　然 | 中国优秀博硕士学位论文全文数据库（硕士）医药卫生科技辑 | 2005,(5):E056-99 |
| 从肝脾肾三脏论治中心性浆液性脉络膜视网膜病变 | 柴金苗 | 中国优秀博硕士学位论文全文数据库（硕士）医药卫生科技辑 | 2005,(6):E056-389 |
| 弱视临床病因病机探讨 | 陈美荣 | 中国优秀博硕士学位论文全文数据库（硕士）医药卫生科技辑 | 2005,(6):E056-397 |
| 胆胀病刚柔心身证治的理论研究与临床病例观察 | 李春林 | 中国优秀博硕士学位论文全文数据库（硕士）医药卫生科技辑 | 2005,(6):E056-32 |
| 《内经》天癸学说理论及其在围绝经期综合征中的应用研究 | 程安一 | 中国优秀博硕士学位论文全文数据库（博士）医药卫生科技辑 | 2005,(6):E056-6 |
| 宗气与鼻鼽发病的相关性研究 | 王仁忠 | 中国优秀博硕士学位论文全文数据库（博士）医药卫生科技辑 | 2005,(6):E056-99 |
| 《内经》耳鼻咽喉科学理论探析及临床 | 荣　堃 | 中国优秀博硕士学位论文全文数据库（硕士）医药卫生科技辑 | 2005,(6):E056-7 |
| 消渴病中医文献与证治方药规律研究 | 吴　童 | 中国优秀博硕士学位论文全文数据库（博士）医药卫生科技辑 | 2005,(7):E056-45 |
| 《黄帝内经》医源性疾病发生与防治的研究 | 冷艳枫 | 中国优秀博硕士学位论文全文数据库（硕士）医药卫生科技辑 | 2005,(7):E056-3 |
| 糖尿病从瘀论治新探 | 姚沛雨 | 第八次全国中医糖尿病学术大会论文汇编 | 2005:221 |
| 高血压病从痰瘀论治研究进展 | 朱妍等 | 第二届国际中医心病学术研讨会论文集 | 2005:222 |
| 糖尿病从“毒”论治探讨 | 陆付耳等 | 第二届全国老年医药学学术会议论文集 | 2005:63 |
| 中医辨证治疗脱发八法 | 瞿　幸 | 第四届国际传统医学美容学术大会论文集 | 2005:31 |
| 对胃痛从肝论治的探讨 | 张泽富等 | 贵州省中西医结合学会2005年消化系及肝病学术交流会论文集 | 2005:95 |
| 浅谈“勃起功能障碍”的中医药治疗 | 沈有庸 | 浙江省中医药学会2005年男科中医、中西医结合学术交流会资料汇编 | 2005:58 |

| | | | |
|---|---|---|---|
| 探讨血灌瞳神辨证论治 | 郑文学 | 浙江省中医药学会眼科分会中医眼科现代化学术交流会暨继续教育学习班资料 | 2005:56 |
| 秋冬季急性咽喉病的辨治体会 | 冯桂兰等 | 中华中医药学会耳鼻咽喉科分会第十二次学术研讨会暨嗓音言语听力医学专题学术研讨会论文集 | 2005:56 |
| 喉科六经辨证初探(厥阴与少阳经兼夹证) | 米 扬等 | 中华中医药学会耳鼻咽喉科分会第十二次学术研讨会暨嗓音言语听力医学专题学术研讨会论文集 | 2005:172 |
| 喉科六经辨证初探(少阳经证) | 米 扬等 | 中华中医药学会耳鼻咽喉科分会第十二次学术研讨会暨嗓音言语听力医学专题学术研讨会论文集 | 2005:161 |
| 喉科六经辨证初探(少阴经证) | 米 扬等 | 中华中医药学会耳鼻咽喉科分会第十二次学术研讨会暨嗓音言语听力医学专题学术研讨会论文集 | 2005:162 |
| 喉科六经辨证初探(手太阴与少阳经的兼夹证、足太阴与少阴经兼夹证) | 米 扬等 | 中华中医药学会耳鼻咽喉科分会第十二次学术研讨会暨嗓音言语听力医学专题学术研讨会论文集 | 2005:169 |
| 喉科六经辨证初探(太阳与少阳的兼夹证) | 米 扬等 | 中华中医药学会耳鼻咽喉科分会第十二次学术研讨会暨嗓音言语听力医学专题学术研讨会论文集 | 2005:165 |
| 喉科六经辨证初探(文献综述) | 米 扬等 | 中华中医药学会耳鼻咽喉科分会第十二次学术研讨会暨嗓音言语听力医学专题学术研讨会论文集 | 2005:158 |
| 喉科六经辨证初探(阳明少阴经兼夹证) | 米 扬等 | 中华中医药学会耳鼻咽喉科分会第十二次学术研讨会暨嗓音言语听力医学专题学术研讨会论文集 | 2005:171 |
| 喉科六经辨证初探(足太阴阳明与少阳兼夹证) | 米 扬等 | 中华中医药学会耳鼻咽喉科分会第十二次学术研讨会暨嗓音言语听力医学专题学术研讨会论文集 | 2005:167 |
| 浅议白血病 | 王国卿 | 2005 全国首届壮医药学术会议暨全国民族医药经验交流会论文汇编 | 2005:86 |
| 老年病论治探讨 | 叶君嵩 | 第八次全国中西医结合虚证与老年医学学术研讨会论文集 | 2005:412 |
| 浅论《黄帝内经》对痛证的认识 | 杨 丽等 | 第八次全国中西医结合虚证与老年医学学术研讨会论文集 | 2005:422 |
| 阳虚理论在辨治五脏病中的应用 | 刘洪秀 | 第八次全国中西医结合虚证与老年医学学术研讨会论文集 | 2005:415 |
| 中风病血瘀证文献研究综述 | 雒晓东等 | 第八次全国中西医结合虚证与老年医学学术研讨会论文集 | 2005:384 |
| 舌下络脉诊法与糖尿病的治疗和预防 | 毕桂芝等 | 第八次全国中医糖尿病学术大会论文汇编 | 2005:276 |
| 斑之形成与治理初探 | 张秀娟 | 第四届国际传统医学美容学术大会论文集 | 2005:98 |
| 浅谈中医学与肿瘤学 | 林书勇 | 海南省第二届肿瘤学术会议论文集 | 2005:121 |

| | | | |
|---|---|---|---|
| 从五脏藏神的理论内涵探讨膀胱经五脏俞穴治疗失眠症的立法原则 | 胡金凤 | 全国针法灸法临床与科研学术研讨会论文汇编 | 2005:130 |
| 厥阴病新用 | 宋　军等 | 首届中医药发展国际论坛、首届中医药防治艾滋病国际研讨会和全国中医药科研院所长联谊会论文集 | 2005:177 |
| 从中风病防治论"治神" | 张永顺 | 光明中医 | 2006,(1):6 |
| 《素问·咳论》五脏之咳辨证发挥 | 王永恒等 | 光明中医 | 2006,(1):9 |
| 从《内经》理论探讨腓肠肌痉挛的治疗 | 田继民等 | 贵阳中医学院学报 | 2006,(1):5 |
| 从"治未病"入手论治艾滋病 | 王永梅等 | 河南中医学院学报 | 2006,(1):12 |
| 《黄帝内经》论"痹" | 穆　青 | 黑龙江中医药 | 2006,(1):5 |
| 糖尿病防治与中医养生学 | 董天宝等 | 辽宁中医杂志 | 2006,(1):39 |
| 试析失眠的中医病机 | 秦瑞君等 | 辽宁中医杂志 | 2006,(1):34 |
| 络病理论与系统性红斑狼疮 | 戚淑娟等 | 新中医 | 2006,(1):8 |
| 《内经》疟病源流 | 刘光华等 | 中国中医基础医学杂志 | 2006,(1):17 |
| 对《内经》闭经病因病机的认识 | 刘静君 | 中国中医基础医学杂志 | 2006,(1):55 |
| "膜原(证)"的研究思路 | 宋起佳等 | 中医研究 | 2006,(1):4 |
| 督任冲三脉在小儿脑性瘫痪针灸治疗中的作用 | 何　爽等 | 长春中医药大学学报 | 2006,(2):15 |
| 对《内经》"巅疾"的再认识及由此引发的思考 | 顾　洪 | 甘肃中医 | 2006,(2):34 |
| 论湿热证之"汗" | 郝丽静等 | 河北职工医学院学报 | 2006,(2):41 |
| 《内经》卒心痛论述对急性冠脉综合征辨治的启示 | 包培荣 | 山东中医杂志 | 2006,(2):75 |
| 《内经》肝阳虚例谈 | 任增良等 | 时珍国医国药 | 2006,(2):300 |
| 从《内经》"治未病"论述急危病防治 | 李雅琴 | 中国中西医结合急救杂志 | 2006,(2):96 |
| 浅谈《黄帝内经》正气理论对艾滋病防治的启示 | 金　燕等 | 中国中医药信息杂志 | 2006,(2):86 |
| 经筋疗法辨证论治周围性面神经炎30例 | 李江舟等 | 中医外治杂志 | 2006,(2):46 |
| 外疡从五脏相关论治 | 李古松 | 中医文献杂志 | 2006,(2):28 |
| 脑的五脏分区定位理论的提出及其对中风病的指导意义 | 王　峰 | 中医药导报 | 2006,(2):5 |
| 《内经》对妇科病因病机的论述 | 张海莹 | 中医药通报 | 2006,(2):29 |
| 浅析心身疾病的刚柔辨证 | 赵志付 | 中医杂志 | 2006,(2):146 |
| 浅谈《黄帝内经》对肥胖的认识 | 龚海洋等 | 北京中医药大学学报 | 2006,(3):149 |
| 泄泻病名历史源流 | 彭艳红等 | 国医论坛 | 2006,(3):13 |
| 月经失调从心论治的思考 | 秦保锋等 | 河北中医 | 2006,(3):195 |
| 《黄帝内经》血论 | 宋昭祥 | 湖北中医杂志 | 2006,(3):25 |
| 《素问·五脏咳》证治探讨 | 袁全才等 | 泸州医学院学报 | 2006,(3):222 |
| 从脾论治慢性充血性心力衰竭体会 | 梅天强等 | 实用中医药杂志 | 2006,(3):181 |
| "虚则补之"与"虚不受补"——兼谈心肌缺血能否补血 | 魏文康 | 心血管病防治知识 | 2006,(3):30 |
| 从五运六气角度探讨肺原性心脏病的病机和治疗 | 彭家柱 | 浙江中医杂志 | 2006,(3):128 |
| 头针治疗脑出血的文献依据和临床疗效及机理研究概况 | 郑国庆等 | 针刺研究 | 2006,(3):181 |
| 肝阳不振的临床辨证 | 韩新建等 | 中国医药导报 | 2006,(3):136 |
| 胸痹概念的演变 | 宋建平 | 中华医史杂志 | 2006,(3):157 |
| 胸痹(冠心病)热证探微 | 于　涛等 | 中医药信息 | 2006,(3):7 |
| 秦汉时期月经与月经病变成就初探 | 李正安 | 中医药学刊 | 2006,(3):519 |
| 精神疾病的中医诊治特点 | 任立新 | 长春中医药大学学报 | 2006,(4):68 |
| 冠心病的中医理论研究和治疗概况 | 李建梅等 | 黑龙江中医药 | 2006,(4):62 |
| 老年便秘证治 | 赵金奉等 | 黑龙江中医药 | 2006,(4):59 |

| | | | |
|---|---|---|---|
| 中医治疗瘰疬临床分析 | 李伟志 | 黑龙江中医药 | 2006,(4):15 |
| 中医对 SARS 的认识和防治 | 丁吉善 | 湖北民族学院学报(医学版) | 2006,(4):60 |
| 从湿论治痛风病的体会 | 张钟爱等 | 江苏中医药 | 2006,(4):28 |
| 论《内经》脾胃理论在老年病防治中的临床意义 | 刘春援 | 江西中医学院学报 | 2006,(4):14 |
| 试谈脾与痹证的关系 | 侯丽萍 | 中华中医药杂志 | 2006,(4):255 |
| 析《内经》论咳 | 黄　煊 | 中医文献杂志 | 2006,(4):25 |
| 论从脾论治代谢综合征 | 李锡杰等 | 中医药导报 | 2006,(4):9 |
| 中医对运动性疲劳的认识 | 李永峰 | 安徽中医学院学报 | 2006,(5):4 |
| 胃与肺热证关系探讨 | 赵岩松等 | 江苏中医药 | 2006,(5):12 |
| 《内经》与血液病 | 张　蕾 | 辽宁中医药大学学报 | 2006,(5):7 |
| 胆心综合征的内病外治及护理 | 刘芹芳 | 辽宁中医药大学学报 | 2006,(5):118 |
| 从《黄帝内经》情志致瘀看对心血管病发生发展的影响 | 程康林等 | 辽宁中医药大学学报 | 2006,(5):25 |
| 从"二阳结谓之消"谈 2 型糖尿病的中医病机 | 李瑞池 | 辽宁中医杂志 | 2006,(5):545 |
| 情志病的经络学基础 | 张建斌等 | 辽宁中医杂志 | 2006,(5):533 |
| 试论中风病与时间的关系 | 尚　冰 | 辽宁中医杂志 | 2006,(5):538 |
| 调肝法治疗慢性盆腔炎 | 童舜华 | 新中医 | 2006,(5):80 |
| 《黄帝内经》"三因制宜"在小儿泄泻治疗中的应用 | 夏小军等 | 中医儿科杂志 | 2006,(5):16 |
| 从《内经》五脏痹理论探讨风湿病多系统损害的治疗 | 董振华 | 北京中医 | 2006,(6):347 |
| 运用《内经》理论指导痔疮的预防保健 | 叶　玲 | 福建中医药 | 2006,(6):57 |
| 浅析五脏皆可导致五更泻 | 巩艳春 | 湖南中医杂志 | 2006,(6):65 |
| 中风发病与时辰关系及其临床意义的探讨 | 陈国成 | 吉林中医药 | 2006,(6):14 |
| 消渴病与脾胃关系溯源 | 魏　刚 | 辽宁中医杂志 | 2006,(6):678 |
| 口内异味症辨治体会 | 赵广印等 | 现代中医药 | 2006,(6):32 |
| 浅析《内经》之闭经证治 | 楼毅云等 | 浙江中医药大学学报 | 2006,(6):598 |
| 仲景尪痹思想探略 | 张荣义 | 中医药临床杂志 | 2006,(6):629 |
| 五脏与不寐 | 罗　斌 | 中医药学刊 | 2006,(6):1060 |
| 脏躁从五脏论治的体会 | 李淑云 | 中医药学刊 | 2006,(6):1078 |
| 论太阴病"口渴" | 谢宇杰 | 河南中医 | 2006,(7):12 |
| 慢性阻塞性肺疾病中医诊治探讨 | 许建中 | 江苏中医药 | 2006,(7):4 |
| 肝气郁、肝气逆是肝失疏泄的始发证候 | 马月香等 | 江西中医药 | 2006,(7):13 |
| 论"时藏理论"在抗运动性疲劳中的应用 | 程昭寰 | 辽宁中医杂志 | 2006,(7):790 |
| 《黄帝内经》对湿病的认识 | 胡小勤等 | 时珍国医国药 | 2006,(7):1321 |
| 心脑血管病时间治疗研究进展 | 王剑发等 | 中国中西医结合杂志 | 2006,(7):668 |
| 肺肠合治法治疗哮喘发作期的机理 | 靳文学等 | 中国中医药现代远程教育 | 2006,(7):14 |
| 老年妇女消化系统功能衰退机制的"天癸病因学"探讨 | 郭勇义等 | 中医研究 | 2006,(7):4 |
| 黄褐斑从肝郁论治 | 王圣祥 | 中医药学刊 | 2006,(7):1321 |
| 毒邪学说与恶性肿瘤——兼论《内经》"毒药攻邪"理论与恶性肿瘤的治疗 | 张　明 | 光明中医 | 2006,(8):4 |
| 浅谈气虚发热 | 杨丽华等 | 吉林中医药 | 2006,(8):6 |
| 骨质增生病因病机探讨 | 孙传庆等 | 时珍国医国药 | 2006,(8):1556 |
| 针灸从"脑"论治肥胖症机理探讨 | 吴　节等 | 四川中医 | 2006,(8):102 |
| 刍议中风防治 | 董玉清等 | 现代中西医结合杂志 | 2006,(8):1007 |
| 从"谨守病机、各司其属"看疑难杂症证治 | 柴瑞震 | 中国中医药现代远程教育 | 2006,(8):38 |
| 风湿痛的中医治疗 | 曲淑芹 | 中国中医药现代远程教育 | 2006,(8):36 |
| "胃脘痛"源流浅论 | 林　辉等 | 中医药导报 | 2006,(8):20 |

| | | | |
|---|---|---|---|
| 《内经》论消渴 | 韩永刚等 | 中医杂志 | 2006,(8):636 |
| 《内经》阴萎辨析 | 卢鹤翔等 | 河北中医 | 2006,(9):708 |
| 瘅与疸 | 段逸山 | 上海中医药杂志 | 2006,(9):78 |
| 治痰浊以抗衰老 | 高莉莉 | 浙江中医杂志 | 2006,(9):504 |
| 《内经》疾病命名特点探析 | 谭颖颖等 | 中医药学刊 | 2006,(9):1682 |
| 试论太阴病"口渴" | 谢宇杰 | 甘肃中医 | 2006,(10):1 |
| 《内经》对温病的论述浅识 | 邓　悦等 | 吉林中医药 | 2006,(10):3 |
| 单纯性肥胖症的中医治疗 | 邢　宁等 | 时珍国医国药 | 2006,(10):2046 |
| 感染性疾病之中西医认识差异 | 赵　颖等 | 中国中医急症 | 2006,(10):1112 |
| 浅析腰椎间盘突出症从肝肾二经论治 | 温乃元都 | 按摩与导引 | 2006,(11):24 |
| 试论亚健康状态的中医干预 | 易　韬等 | 甘肃中医 | 2006,(11):1 |
| 水气病证治与充血性心力衰竭 | 包培荣 | 山东中医杂志 | 2006,(11):723 |
| 《内经》消渴病体质理论之探微 | 王　芬等 | 中医药学刊 | 2006,(11):2069 |
| 《内经》中脾系功能与妇科疾病的研究 | 张海莹 | 光明中医 | 2006,(12):13 |
| 浅述从脑论治心身疾病 | 孙爱云 | 山东中医杂志 | 2006,(12):801 |
| 从经筋理论探讨针刺麻醉 | 吴焕淦等 | 上海针灸杂志 | 2006,(12):40 |
| "玄府闭塞"说与血汗症的治疗——附血汗症1例治验分析 | 夏尤佳等 | 上海中医药杂志 | 2006,(12):43 |
| 宗《内经》"心痹者,脉不通"理论辨证施治心脑血管病 | 刘召等 | 亚太传统医药 | 2006,(12):30 |
| 浅谈祖国医学对肺癌的认识 | 张　霖 | 医药世界 | 2006,(12):87 |
| 五运六气学说在慢性肝病中的应用 | 池晓玲等 | 中华中医药杂志 | 2006,(12):758 |
| 浅谈骨质疏松症的病机与经方治疗 | 黄绍卫等 | 中医药导报 | 2006,(12):13 |
| 消渴的几点不同看法 | 陈　炳等 | 中国民康医学 | 2006,(14):514 |
| "治未病"思想在老年病防治及辨证论治的指导意义 | 吴志强等 | 中国医药导报 | 2006,(14):298 |
| 中医心身医学研究概述——关于心身疾病的刚柔辨证 | 赵志付 | 继续医学教育 | 2006,(19):5 |
| 阳虚失眠辨 | 提桂香等 | 中国医药导报 | 2006,(21):111 |
| 类风湿关节炎中医证候学特征 | 肖明霞等 | 中国临床康复 | 2006,(27):119 |
| 中风病的病因病机及历史形成过程 | 姚巧林 | 中国临床康复 | 2006,(27):131 |
| 应用中医中药治疗中风病的临床研究 | 李春凯等 | 医药世界 | 2006,(S2):188 |
| 《内经》对睡眠障碍的认识 | 烟建华 | 中国中医药报 | 2006.3.20 |
| "大偻病"病因病机考 | 王永和 | 中国中医药报 | 2006.7.12 |
| 古代证素内容梳理 | 朱文锋等 | 中国中医药报 | 2006.9.4 |
| 《黄帝内经》论脏腑证候 | 崔京艳 | 农村医药报(汉) | 2006.9.12 |
| 眩晕症的中医证候及多元分析初步研究 | 刘红梅 | 中国优秀博硕士学位论文全文数据库(硕士)医药卫生科技辑 | 2006,(9):E056-19 |
| 有关脾胃病的古训及现代应用 | 陈建逢 | 中国优秀博硕士学位论文全文数据库(硕士)医药卫生科技辑 | 2006,(9):E056-22 |
| 情志季节性发病的理论及其防治规律研究 | 陈　曦 | 中国优秀博硕士学位论文全文数据库(硕士)医药卫生科技辑 | 2006,(10):E056-7 |
| 急性胰腺炎文献研究及诊治方案研究 | 李筱颖 | 中国优秀博硕士学位论文全文数据库(硕士)医药卫生科技辑 | 2006,(10):E064-20 |

| | | | |
|---|---|---|---|
| 帕金森病中医证候规律研究 | 张亦凡 | 中国优秀博硕士学位论文全文数据库(硕士)医药卫生科技辑 | 2006,(10):E056-381 |
| 《黄帝内经》心痹心痛与冠心病心绞痛相关性及中药治疗的探讨 | 张丽娜 | 中国优秀博硕士学位论文全文数据库(硕士)医药卫生科技辑 | 2006,(10):E056-126 |
| 中医肺脾肾相关理论探讨及其在硬皮病的临床应用 | 龙文醒 | 中国优秀博硕士学位论文全文数据库(硕士)医药卫生科技辑 | 2006,(10):E056-159 |
| 从临床研究探讨类风湿关节炎的病因病机 | 侯丽萍 | 中国优秀博硕士学位论文全文数据库(博士)医药卫生科技辑 | 2006,(11):E056-11 |
| 脾脏病机五行传变的研究 | 吴筱枫 | 中国优秀博硕士学位论文全文数据库(硕士)医药卫生科技辑 | 2006,(11):E056-34 |
| 运用肝主疏泄理论防治应激性抑郁症的基础研究 | 吴丽丽 | 中国优秀博硕士学位论文全文数据库(博士)医药卫生科技辑 | 2006,(12):E056-119 |
| 从脾胃论治失眠的针刺临床研究 | 蔡　炼 | 中国优秀博硕士学位论文全文数据库(硕士)医药卫生科技辑 | 2006,(12):E056-73 |
| 失眠的中医症状证候特征及其心理特征研究 | 刘律伶 | 中国优秀博硕士学位论文全文数据库(硕士)医药卫生科技辑 | 2006,(12):E056-173 |
| 运用运气学说分析缺血性中风病急性期证候特点的研究 | 龙子弋 | 中国优秀博硕士学位论文全文数据库(硕士)医药卫生科技辑 | 2006,(12):E056-157 |
| 《内经》睡眠理论及其对后世论治不寐病的影响 | 朱鹏举 | 中国优秀博硕士学位论文全文数据库(硕士)医药卫生科技辑 | 2006,(12):E056-11 |
| 浅论卫气运行与寤寐关系 | 许　良 | 2006全国时间生物医学学术会议论文集 | 2006:239 |
| 浅论中医天人相应理论对失眠症康复预防的临床指导意义 | 许　良 | 2006年中国睡眠研究会第四届学术年会论文摘要汇编 | 2006:200 |
| 失眠中医研究之浅见 | 杨志敏等 | 2006年中国睡眠研究会第四届学术年会论文摘要汇编 | 2006:103 |
| 中医络病机论与临床研究近况 | 庞宗然等 | 第二届国际络病学大会论文集 | 2006:71 |
| 《内经》关于肥胖症的认识 | 潘　秋等 | 第九次全国中医糖尿病学术大会论文集 | 2006:258 |
| 试论中医养生理论对脑卒中预防的指导作用 | 刘　泰等 | 第五次全国中西医结合养生学与康复医学学术研讨会论文集 | 2006:107 |
| 从肾实证试论男子肾精瘀 | 王均贵 | 第一届全国不孕不育与生殖健康高级论坛(成都)论文集 | 2006:99 |
| 糖尿病中医及中西医结合科研思路探索 | 张延群 | 全国中西医结合内分泌代谢病学术会议论文汇编 | 2006:467 |

| | | | |
|---|---|---|---|
| 应用《内经》养生学说指导糖尿病防治 | 张兆和等 | 全国中西医结合内分泌代谢病学术会议论文汇编 | 2006:294 |
| 浅论中医对于鼻鼽与肺脾肾的辨证关系 | 刘大新 | 世界中医药学会联合会耳鼻喉口腔科专业委员会成立大会暨第一届学术研讨会论文汇编 | 2006:65 |
| 《内经》论治中风 | 丁自娟 | 浙江省中西医结合学会神经内科专业委员会第五次学术研讨会中西医结合神经内科学习班资料汇编 | 2006:109 |
| 中风后痴呆从脾论治浅识 | 钱荣江 | 浙江省中西医结合学会神经内科专业委员会第五次学术研讨会中西医结合神经内科学习班资料汇编 | 2006:145 |
| 气化理论与2型糖尿病 | 毛丹丹 | 浙江省中西医结合学会糖尿病专业委员会第一次学术会议材料汇编 | 2006:289 |
| 阳经五官病候及治疗用穴分析——兼论经脉病候与腧穴主治关系 | 赵京生 | 中国针灸学会针灸文献专业委员会2006年学术年会论文汇编 | 2006:77 |
| 抑郁症与中医脾虚证的关系 | 曹欣冬 | 中国中西医结合学会第十八次全国消化系统疾病学术会议暨2006年全国中西医结合消化系统疾病进展学习班论文汇编 | 2006:530 |
| 诊治冠心病思路与方法探讨 | 彭益胜 | 中华中医药学会心病学分会成立暨第八次全国学术年会论文精粹 | 2006:181 |
| 中医心病学正名与标准化研究 | 沈绍功 | 中华中医药学会心病学分会成立暨第八次全国学术年会论文精粹 | 2006:61 |
| 冠心病与《内经》的渊源 | 刘 颖等 | 中华中医药学会心病学分会成立暨第八次全国学术年会论文精粹 | 2006:132 |
| 从嗜睡症案看跷脉与睡眠的关系(英文) | 王巧妹 | World Journal of Acupuncture - Moxibustion | 2007,(4):56 |
| 论痹证病因非独外感风寒湿热 | 冯兴华 | 北京中医 | 2007,(1):30 |
| 气温与节气对上消化道出血影响的临床分析 | 林 平等 | 广州中医药大学学报 | 2007,(1):8 |
| 浅谈胸痹的病因病机 | 邱少波等 | 国医论坛 | 2007,(1):13 |
| “气虚发热”证治刍议 | 张明泉 | 河北中医学院学报 | 2007,(1):15 |
| 《内经》小肠病证候规律初探 | 李淑萍等 | 辽宁中医杂志 | 2007,(1):30 |
| 禽流感与运气学说 | 张恒文 | 时珍国医国药 | 2007,(1):211 |
| 小议久咳从肝论治 | 胡子毅等 | 实用中西医结合临床 | 2007,(1):81 |
| 《内经》对睡眠障碍的认识 | 林上助 | 四川中医 | 2007,(1):33 |
| 定时发病治验 | 李乃桂 | 现代医药卫生 | 2007,(1):94 |
| 从五运六气分析治疗面瘫8例 | 朱跃平 | 中国针灸 | 2007,(1):65 |
| 五脏咳及其辨证论治 | 王世勋 | 中国中医药信息杂志 | 2007,(1):79 |
| 对“肝虚”病证治之浅见——读经有感 | 王新民 | 中医药导报 | 2007,(1):25 |
| 从《黄帝内经》“阴阳不交”之失眠病机谈治疗失眠的针灸取穴 | 毕国伟 | 成都中医药大学学报 | 2007,(2):5 |
| 糖尿病肾病的中医病名探讨 | 封翠芸 | 国医论坛 | 2007,(2):22 |
| 从《内经》的心身医学观谈抽动秽语综合征的发病机制 | 王向雷 | 河南中医学院学报 | 2007,(2):16 |
| 鼻衄从五脏论治 | 程自强 | 河南中医学院学报 | 2007,(2):57 |
| 脑梗塞的中医研究概况 | 丁文静 | 黑龙江中医药 | 2007,(2):59 |
| 胸痹的养心护理 | 费秋红 | 实用中医内科杂志 | 2007,(2):119 |

| | | | |
|---|---|---|---|
| 治痿勿忘阳虚 | 王殿华等 | 浙江中医杂志 | 2007,(2):109 |
| 肝咳中医辨证论治 | 张　逸 | 中国民间疗法 | 2007,(2):39 |
| 血证《内经》寻源 | 田翠时等 | 中国中医急症 | 2007,(2):182 |
| 眼病从肝辨治探析 | 陈亚琴 | 中国中医眼科杂志 | 2007,(2):100 |
| 论脾虚肾亏肝实是慢性疲劳综合征的基本病机 | 曹继刚等 | 中医药学报 | 2007,(2):37 |
| 消渴病的初始病机及其演变浅谈 | 段　军 | 北京中医 | 2007,(3):157 |
| 解㑊症验案2则 | 丁德正 | 河南中医 | 2007,(3):72 |
| 略论自汗与盗汗 | 王恒建 | 黑龙江中医药 | 2007,(3):9 |
| 追古溯源谈痞满 | 杨爱学 | 吉林中医药 | 2007,(3):55 |
| 老年男性尘肺患者的五脏相音检测研究 | 郭　锐等 | 江西中医学院学报 | 2007,(3):41 |
| 浅论肝脾不调的辨证 | 吴　飚 | 辽宁中医药大学学报 | 2007,(3):21 |
| 郁证之症因及证治规律探析 | 李慧杰等 | 辽宁中医药大学学报 | 2007,(3):24 |
| 温病郁热源流的理论探讨 | 刘建辉等 | 辽宁中医药大学学报 | 2007,(3):28 |
| 论郁证的中医研究现状 | 杨　燕等 | 辽宁中医药大学学报 | 2007,(3):54 |
| 高脂血症的防治与中医养生学 | 王凤荣等 | 辽宁中医杂志 | 2007,(3):274 |
| 浅谈形寒寒饮伤肺咳 | 徐艳玲 | 辽宁中医杂志 | 2007,(3):272 |
| 宗《内经》“心痹者,脉不通”理论治疗心脑血管病体会 | 刘　召等 | 世界中医药 | 2007,(3):160 |
| 肥胖性不孕的辨治体会 | 闵静红 | 四川中医 | 2007,(3):25 |
| 慢性肝病治疗应重视“补肝气” | 马卫国等 | 四川中医 | 2007,(3):20 |
| 男科辨治心悟 | 宾　彬 | 新中医 | 2007,(3):84 |
| 糖尿病的中医辨证论治 | 陈良海 | 中国老年保健医学 | 2007,(3):98 |
| 胆咳治验 | 胡建荣等 | 中国民间疗法 | 2007,(3):34 |
| 舌下络脉诊法与糖尿病的治疗和预防 | 毕桂芝等 | 中国中医药信息杂志 | 2007,(3):78 |
| 从血虚论治带状疱疹 | 冯子驹 | 光明中医 | 2007,(4):24 |
| 络脉理论与老年冠心病 | 王朝阳等 | 河南中医 | 2007,(4):13 |
| 对小中风之管见 | 刘邦喜 | 黑龙江中医药 | 2007,(4):56 |
| 肾之火热证刍议 | 王玉兴等 | 江苏中医药 | 2007,(4):55 |
| 肾虚与骨质疏松症 | 徐晓东等 | 辽宁中医药大学学报 | 2007,(4):45 |
| 浅议消渴病位 | 韩　玉 | 内蒙古中医药 | 2007,(4):46 |
| 从四时五脏阴阳谈蛋白尿之辨治 | 吴华阳等 | 上海中医药杂志 | 2007,(4):22 |
| 干燥综合征从三焦论治机制浅析 | 于　洪等 | 天津中医药 | 2007,(4):313 |
| 《内经》脏腑藏泻理论在肝胆病中的运用 | 杨　帆等 | 中西医结合肝病杂志 | 2007,(4):248 |
| 糖尿病的脾胃病因病机探讨 | 李　玲等 | 中医研究 | 2007,(4):3 |
| 原发性高血压辨证分型的聚类分析研究 | 方显明等 | 广西中医药 | 2007,(5):9 |
| 谈肝气证治 | 毛德西 | 河南中医 | 2007,(5):10 |
| 冠心病辨证施治的体会 | 李文政 | 新疆中医药 | 2007,(5):4 |
| 浅谈《黄帝内经》对鼻出血的辨治 | 李　华等 | 新中医 | 2007,(5):100 |
| 扶阳法治疗头风病探讨 | 何莉娜等 | 中国中医急症 | 2007,(5):557 |
| 慢性咳嗽审因论治心得 | 彭蔚平 | 福建中医药 | 2007,(6):47 |
| 《内经》中肾系功能与妇科疾病的研究 | 张海莹 | 光明中医 | 2007,(6):3 |
| 从气论脾及其疾病的治法 | 谭　涛等 | 黑龙江中医药 | 2007,(6):4 |
| 《内经》大肠病证候规律初探 | 李淑萍等 | 辽宁中医杂志 | 2007,(6):737 |
| 从厥阴辨治恶性肿瘤的临证思考 | 李　忠等 | 南京中医药大学学报 | 2007,(6):353 |
| 中医学对老年痴呆范畴及病机的认识 | 史通方 | 山西中医学院学报 | 2007,(6):5 |
| 从“劳风”病证思考从“痰”论治呼吸道疾病的意义 | 古继红等 | 陕西中医 | 2007,(6):703 |
| 消渴病的中医护理 | 沈玉君 | 中国民间疗法 | 2007,(6):47 |

| | | | |
|---|---|---|---|
| 回纹型风湿症与周痹刍议 | 阎小萍 | 中华中医药杂志 | 2007,(6):373 |
| 肺热证气阴两伤病机的探讨 | 陈少东等 | 中华中医药杂志 | 2007,(6):390 |
| 精神分裂症中医证型与证候特点分析 | 李振光等 | 中医药信息 | 2007,(6):24 |
| 消渴病热因重 | 韦衮政 | 光明中医 | 2007,(7):12 |
| 何谓"脾瘅" | 葶苈子 | 家庭中医药 | 2007,(7):21 |
| 亢害承制与从肝论治失眠症 | 许　良 | 上海中医药杂志 | 2007,(7):22 |
| 中医治疗慢性疲劳综合征的岭南用药特点 | 陈逊文等 | 新中医 | 2007,(7):91 |
| 经筋理论在膝关节骨性关节炎发病机制及治疗中的作用 | 张　蓉等 | 中国康复医学杂志 | 2007,(7):644 |
| 从奇经论治抑郁症的临床观察 | 曹铁军等 | 中华中医药学刊 | 2007,(7):1401 |
| 血痹学说与心脑血管疾病探讨 | 周嘉洲等 | 中西医结合心脑血管杂志 | 2007,(7):612 |
| 青少年寻常痤疮皮损区与五脏病位证素的相关性 | 李灿东等 | 中医杂志 | 2007,(7):633 |
| 对《内经》中痹证的认识 | 尹　洁 | 吉林中医药 | 2007,(8):59 |
| 中医学对抑郁症的认识 | 闫东升等 | 江苏中医药 | 2007,(8):70 |
| 《内经》中肿瘤理论的临床意义 | 陆　明等 | 陕西中医 | 2007,(8):1082 |
| 浅析《内经》中消渴之论述 | 葛芳芳等 | 上海中医药杂志 | 2007,(8):60 |
| 从《内经》理论浅论多涎症的病因病机及治疗 | 郭　英 | 四川中医 | 2007,(8):38 |
| 浅谈太冲脉理论在闭止性月经病症的应用 | 许慧红 | 新中医 | 2007,(8):95 |
| 亚健康宜从脾防治 | 赵振爱等 | 中国中医基础医学杂志 | 2007,(8):641 |
| 中风从毒论治浅议 | 郑春叶等 | 中国中医药信息杂志 | 2007,(8):5 |
| 湿热证出汗异常的论治 | 郝　斌等 | 中华中医药学刊 | 2007,(8):1670 |
| 论《内经》六腑咳 | 李晶心等 | 中华中医药学刊 | 2007,(8):1709 |
| 心悸的中医病因病机源流探析 | 姜瑞雪等 | 光明中医 | 2007,(9):45 |
| 读《内经》谈骨质疏松症病因 | 孔祥琴 | 吉林中医药 | 2007,(9):62 |
| 肾病从痰饮论治的探讨 | 何伟明等 | 江苏中医药 | 2007,(9):26 |
| 火郁证从气血分辨证浅议 | 谢仁明等 | 新中医 | 2007,(9):96 |
| 五运六气与疾病治疗小议 | 张泽渊等 | 云南中医中药杂志 | 2007,(9):62 |
| 脏腑心痛的临床验案 | 陈一江 | 中华中医药杂志 | 2007,(9):651 |
| 从五脏一体论治窦性心动过缓 | 刘玉洁 | 中医杂志 | 2007,(9):785 |
| 中医药治疗高血压病当注重"治病求本" | 方祝元 | 江苏中医药 | 2007,(10):5 |
| 关格古今内涵解读 | 乔文彪等 | 辽宁中医杂志 | 2007,(10):1403 |
| 试论脾胃虚弱与糖尿病的关系 | 李　欣 | 内蒙古中医药 | 2007,(10):32 |
| 浅论中医天人相应理论对失眠症康复预防的指导意义 | 许　良 | 中国中医基础医学杂志 | 2007,(10):776 |
| 怪病从"风"论治 | 张雯静等 | 中国中医基础医学杂志 | 2007,(10):779 |
| 《内经》养生学和"治未病"思想对糖尿病防治的意义 | 张兆和等 | 中医杂志 | 2007,(10):940 |
| 肝病与消渴病诊治笔谈 | 刘忠智 | 中国医药指南 | 2007,(11):234 |
| 中医对疲劳的认识 | 周宝宽 | 中华中医药学刊 | 2007,(11):2385 |
| 试论禀赋与中风病的相关性 | 刘向哲等 | 中华中医药杂志 | 2007,(11):754 |
| 《内经》之气论与失眠 | 李欣欣等 | 江苏中医药 | 2007,(12):16 |
| 高血压病的中医发病观 | 沈翠珍等 | 浙江中医杂志 | 2007,(12):698 |
| 《黄帝内经》所论之眩晕探析 | 范炳华等 | 浙江中医杂志 | 2007,(12):687 |
| 《黄帝内经》对头痛的认识 | 王晓洁等 | 中国中医药现代远程教育 | 2007,(12):20 |
| 运用《内经》理论辨证论治咳嗽 | 尹新中 | 中华中医药学刊 | 2007,(12):2460 |
| 老年臌胀证治举隅 | 何其兰 | 现代医药卫生 | 2007,(16):2468 |
| 从中医整体观谈糖尿病患者的四季调养 | 曾耀星 | 中国科技信息 | 2007,(16):165 |
| 热痹治疗经验浅谈 | 孙崇恕等 | 中国现代医生 | 2007,(18):71 |

| | | | |
|---|---|---|---|
| 从“富贵病”看《素问》的膳食结构 | 魏彤峰 | 中国食品 | 2007,(19):20 |
| 高血压病中医证候的研究进展 | 李建松 | 中国医药导报 | 2007,(20):129 |
| 面瘫分期针刺治疗的体会 | 孙良金等 | 中国实用医药 | 2007,(29):72 |
| 慢性病防治与“治未病” | 王　宇 | 人民日报海外版 | 2007.1.12 |
| 中医怎样治未病 | 温长路 | 健康报 | 2007.3.29 |
| 用“治未病”思想阻断 2 型糖尿病蔓延 | 梁晓春 | 中国中医药报 | 2007.5.11 |
| 从糖尿病前期谈“治未病” | 仝小林等 | 中国中医药报 | 2007.5.17 |
| “肠澼”管见 | 张安玲 | 中国中医药报 | 2007.8.24 |
| 妇女生气易引发的疾病 | 赵永春 | 中国中医药报 | 2009.9.21 |
| 治未病思想在回乳中的应用 | 张济洲等 | 中国中医药报 | 2009.9.26 |
| 以治未病的思想指导中医肿瘤防治 | 王小宁等 | 中国中医药报 | 2007.10.24 |
| 从心脑血管病预防谈中医“治未病”思想 | 杨宝元 | 中国中医药报 | 2007.11.9 |
| 亚健康辨治心得 | 张　艳等 | 中国中医药报 | 2007.12.17 |
| 过敏性鼻炎证治的古今文献研究 | 黄圣文 | 中国优秀博硕士学位论文全文数据库(硕士)医药卫生科技辑 | 2007,(1):E056-255 |
| 黄疸中医证治沿革史 | 阎小燕 | 中国优秀博硕士学位论文全文数据库(博士)医药卫生科技辑 | 2007,(2):E056-20 |
| 中医诊治眩晕证学术源流探讨及文献整理与数据库建立 | 林丰基 | 中国优秀博硕士学位论文全文数据库(博士)医药卫生科技辑 | 2007,(6):E056-19 |
| 运用中医肝主疏泄理论治疗卒中后抑郁症的研究 | 高　敏 | 中国优秀博硕士学位论文全文数据库(博士)医药卫生科技辑 | 2007,(6):E056-63 |
| 肺失宣发与急性呼吸道感染病理相关性探讨 | 马立丽 | 中国优秀博硕士学位论文全文数据库(硕士)医药卫生科技辑 | 2007,(6):E056-160 |
| 腰椎间盘突出症的舌象规律及与中医证型的关系 | 黄志敏 | 中国优秀博硕士学位论文全文数据库(硕士)医药卫生科技辑 | 2007,(6):E056-5 |
| 阳痿从宗筋论治浅析 | 杨　进 | 贵州省中西医结合学会男科专业委员会成立大会暨男科疾病提高班论文汇编 | 2007:69 |
| 浅析《内经》耳聋脏腑循经辨治及临床运用 | 陈彩凤 | 中华中医药学会耳鼻喉专业委员会山东中西医结合学会耳鼻喉专业委员会学术研讨会论文汇编 | 2007:121 |
| 传染病与中医免疫 | 苏元元 | 第三届世界中西医结合大会论文摘要集 | 2007:623 |
| 消渴病从肝脾肾论治 | 郭翔宇等 | 第十次全国中医糖尿病大会论文集 | 2007:340 |
| 中医“治未病”与“亚健康”状态的防治 | 张明雪等 | 国际血瘀证及活血化瘀研究学术大会—中西医结合防治循环系统疾病高层论坛论文集 | 2007:503 |
| 论女性不孕症的辨证治疗 | 熊　鹰 | 首届全国生殖医学论坛暨生殖相关疾病诊疗技术学术研讨会论文集 | 2007:249 |

| | | | |
|---|---|---|---|
| 肝硬化中医研究概况 | 张　瑜 | 中国中西医结合第十九次全国消化病学术会议暨国家级中西医结合消化疾病新进展学习班论文汇编 | 2007:335 |
| 从调理脾胃防治糖尿病 | 张学智等 | 第九次全国中西医结合虚证与老年病学术会议论文集 | 2007:226 |
| 从玄府论探讨眼病的证治 | 王　志 | 第六届全国中医中西医结合眼科学术交流会论文汇编 | 2007:69 |
| 《内经》论痛之一——《内经》对疼痛病因病机的认识 | 沈卫东 | 第九届全国针刺麻醉针刺镇痛及针刺调整效应学术研讨会论文集 | 2007:15 |
| 《内经》论痛之二——《内经》对疼痛症状的认识 | 沈卫东 | 第九届全国针刺麻醉针刺镇痛及针刺调整效应学术研讨会论文集 | 2007:16 |
| 《内经》论痛之三——《内经》对疼痛诊断与治疗的认识 | 沈卫东 | 第九届全国针刺麻醉针刺镇痛及针刺调整效应学术研讨会论文集 | 2007:18 |
| 燮理阴阳论治不寐 | 党玉兰 | 包头医学 | 2008,(1):28 |
| “治未病”思想在亚健康防治中的应用 | 李　力等 | 北京中医药 | 2008,(1):76 |
| 血管神经性头痛从肝论治 | 李金博等 | 长春中医药大学学报 | 2008,(1):49 |
| 浅论命门理论及与肿瘤的关系 | 袁　乐等 | 国医论坛 | 2008,(1):15 |
| 胸痹心痛从痰论治 | 张伟杰等 | 黑龙江中医药 | 2008,(1):20 |
| 《黄帝内经》多食肥甘所致病症探讨 | 林　珺等 | 湖南中医杂志 | 2008,(1):65 |
| 从五运六气探讨消渴之诊断治疗 | 蔡松穆 | 吉林中医药 | 2008,(1):65 |
| 中医论肠道肿瘤之源流探寻 | 吴晓莉等 | 江西中医药 | 2008,(1):21 |
| 五体痹发病与季节关系初探——兼与《内经》痹发时令商榷 | 李　颖 | 江西中医药 | 2008,(1):14 |
| 脑梗塞中医病因病机“外风”论之古今 | 焦久存等 | 辽宁中医药大学学报 | 2008,(1):18 |
| 清以前文献对小儿咳嗽病因病机及治则的认识 | 张晓敏 | 山西中医学院学报 | 2008,(1):10 |
| 肝阳上亢证源流浅析 | 王海霞 | 陕西中医 | 2008,(1):127 |
| 从肝浅议代谢综合征 | 彭　涛等 | 时珍国医国药 | 2008,(1):220 |
| 《内经》对中风病因的认识 | 于晓东 | 时珍国医国药 | 2008,(1):207 |
| 臌胀证治谈 | 周晓云 | 四川中医 | 2008,(1):21 |
| 辨证治疗膀胱咳临床研究 | 宋恩峰等 | 浙江中医药大学学报 | 2008,(1):57 |
| 胸痹范围源流与研究 | 宋建平 | 浙江中医药大学学报 | 2008,(1):19 |
| 历代医家的阳痿从肝论治 | 杜　杰 | 中国民族民间医药 | 2008,(1):68 |
| 脑梗死与血脂关系的探讨 | 江锦亮 | 中国社区医师（医学专业半月刊） | 2008,(1):102 |
| 浅析气虚痰浊与胸痹的关系 | 肖香群等 | 中国实用医药 | 2008,(1):95 |
| 中医药辨治慢性泄泻 | 宋　静 | 中国医药导报 | 2008,(1):158 |
| 天癸时限性异常与常见的妇科疾病 | 宋家欣等 | 中国中医基础医学杂志 | 2008,(1):53 |
| 目系病的中医论治思路 | 郭承伟等 | 中国中医眼科杂志 | 2008,(1):51 |
| 论脾胃学说与妇科的关系 | 李洁旋等 | 中华中医药学刊 | 2008,(1):187 |
| 内经对抑郁症病因的系统认识 | 秦绍林等 | 中华中医药学刊 | 2008,(1):54 |
| 中医“郁”概念的源流探析 | 吴娅娜 | 中医文献杂志 | 2008,(1):14 |
| 《内经》四时六气与咳嗽的因时施治 | 汪玉冠等 | 中医药通报 | 2008,(1):33 |
| 浅谈《内经》对痛证的论述 | 汪福东等 | 国医论坛 | 2008,(2):12 |
| 古代医家对痹证治疗的认识 | 王宝娟等 | 河北中医 | 2008,(2):186 |
| 《素问》之前热病探源 | 曹东义等 | 湖北民族学院学报（医学版） | 2008,(2):6 |

| | | | |
|---|---|---|---|
| 《内经》脉痹传变规律探讨 | 李　颖等 | 江西中医学院学报 | 2008,(2):13 |
| 浅谈脾血虚证 | 肖香群等 | 辽宁中医药大学学报 | 2008,(2):78 |
| 运用《内经》肺胃相关理论指导肺系疾病的辨证论治 | 徐艳玲 | 辽宁中医杂志 | 2008,(2):207 |
| 天癸与妊娠异常的关系 | 王　祎等 | 临床和实验医学杂志 | 2008,(2):158 |
| 浅谈老年病 | 马晶山 | 陕西中医 | 2008,(2):254 |
| 肝肺相关与久咳的辨治 | 董　艳等 | 上海中医药杂志 | 2008,(2):23 |
| 血栓闭塞性脉管炎治验 1 例 | 朱其恩等 | 四川中医 | 2008,(2):93 |
| 中医从肺论治耳病的研究概况 | 阮玉珊等 | 新中医 | 2008,(2):120 |
| 中医“阴黄”理论历代发展简评 | 程志文 | 浙江中医药大学学报 | 2008,(2):154 |
| 从《黄帝内经》理论浅析失眠的病因病机及治疗原则 | 刁丽梅等 | 浙江中医杂志 | 2008,(2):73 |
| 眩晕从脾论治 | 袁天成等 | 中国医疗前沿 | 2008,(2):90 |
| 《内经》嗜睡证之辨析 | 周国琪等 | 中国中医基础医学杂志 | 2008,(2):117 |
| 肾脏病领域的“治未病” | 饶向荣等 | 光明中医 | 2008,(3):258 |
| 中医体质学说与肝病临床辨治 | 盛国光 | 光明中医 | 2008,(3):261 |
| 膀胱咳的临床特点及辨证治疗研究 | 朱来喜等 | 湖北中医学院学报 | 2008,(3):35 |
| 中医对于糖尿病的认识 | 黄　山等 | 环球中医药 | 2008,(3):20 |
| 从《黄帝内经》之瘀血证谈冠心病的辨证施治 | 程　红等 | 江西中医学院学报 | 2008,(3):25 |
| 论《素问·痹论》之“胞痹”与“膀胱痹” | 尤舒彻 | 山西中医学院学报 | 2008,(3):6 |
| 咳嗽从肝辨治浅析 | 周　勇 | 四川中医 | 2008,(3):29 |
| 《内经》脏腑气血理论在皮肤病诊治中的运用 | 杨恩品 | 云南中医学院学报 | 2008,(3):45 |
| 《黄帝内经》对郁病的认识和针灸治疗方法 | 杨德强等 | 中国中医基础医学杂志 | 2008,(3):177 |
| 从糖尿病前期谈“治未病” | 潘　秋等 | 中华中医药杂志 | 2008,(3):191 |
| 痛经的中医护理 | 郜国香 | 中医药管理杂志 | 2008,(3):236 |
| 郁证浅析 | 赵　东 | 北京中医药 | 2008,(4):275 |
| “诸寒收引皆属于肾”与强直性脊柱炎 | 张英泽等 | 北京中医药大学学报 | 2008,(4):284 |
| 瘀血与痹证发病的关系 | 刘东生等 | 江苏中医药 | 2008,(4):14 |
| 《内经》论“厥” | 刘春援 | 江西中医学院学报 | 2008,(4):10 |
| 从五脏相关谈五脏俞治疗失眠 | 程　彪等 | 江西中医学院学报 | 2008,(4):13 |
| 亚健康的中医辨证施膳 | 刘燕平等 | 江西中医药 | 2008,(4):5 |
| 寒凝心脉型胸痹证治初探 | 肖香群等 | 辽宁中医药大学学报 | 2008,(4):14 |
| 《内经》与《金匮》对妇人闭经的辨治比较 | 刘　芳等 | 南京中医药大学学报 | 2008,(4):224 |
| 《内经》“聚胃关肺”思想在治疗咳嗽中的应用 | 邓华亮等 | 山东中医杂志 | 2008,(4):250 |
| 秦汉时期之伤寒热病理论溯源 | 张志斌 | 上海中医药大学学报 | 2008,(4):27 |
| 关格刍议及治验 1 则 | 哈孝贤等 | 上海中医药杂志 | 2008,(4):6 |
| 中医“治未病”干预亚健康的优势 | 陈沛沛 | 上海中医药杂志 | 2008,(4):60 |
| 《内经》肾气学说对治疗急性白血病化疗后骨髓抑制的指导意义 | 刘　琨等 | 时珍国医国药 | 2008,(4):1006 |
| 天癸节律性异常与女性生殖内分泌的关系 | 蔡　静等 | 时珍国医国药 | 2008,(4):1005 |
| “治未病”思想对缺血性中风防治的指导与运用 | 祝美珍 | 四川中医 | 2008,(4):20 |
| 肺积(肺癌)古代医论 | 李丛煌等 | 四川中医 | 2008,(4):40 |
| 浅析《内经》喘证 | 朴志娟 | 天津中医药 | 2008,(4):344 |
| 从《内经》“治未病”理论谈亚健康状态的干预 | 王海燕 | 新中医 | 2008,(4):104 |
| 运用《内经》肺胃相关理论防治肺系疾病探讨 | 徐艳玲 | 新中医 | 2008,(4):1 |
| 关格探微 | 邓小英 | 新中医 | 2008,(4):106 |
| 应用中医“治未病”思想防治糖尿病的思考 | 李　方 | 右江民族医学院学报 | 2008,(4):679 |
| “脾藏象”理论在慢性肾炎治疗中的应用 | 李　慧 | 浙江中医药大学学报 | 2008,(4):429 |

| | | | |
|---|---|---|---|
| “治未病”理论在妇产科临床应用初探 | 寿清和 | 浙江中医杂志 | 2008,(4):230 |
| 众痹与周痹病 | 孟映雪 | 中国民族民间医药 | 2008,(4):5 |
| 以肝辩证论治眩晕的经验 | 张海龙等 | 中国医药指南 | 2008,(4):209 |
| “治未病”理论指导骨质疏松症的防治 | 王立童等 | 中医文献杂志 | 2008,(4):29 |
| 从中医“治未病”浅谈小儿哮喘的防治 | 吴　杰等 | 中医文献杂志 | 2008,(4):27 |
| 消化性溃疡脾胃湿热证的理论探讨 | 王洪京等 | 中医研究 | 2008,(4):6 |
| 《素问·痹论》与现代风湿病学 | 冯兴华 | 中医杂志 | 2008,(4):380 |
| 慢性心衰治疗体会 | 姜丽红 | 长春中医药大学学报 | 2008,(5):514 |
| 络病与血瘀证之辨析 | 齐宝芳等 | 湖北中医杂志 | 2008,(5):16 |
| “治未病”理论在股骨头坏死防治中的应用 | 袁　浩 | 江苏中医药 | 2008,(5):2 |
| 论肝风四种含义 | 王海霞 | 江苏中医药 | 2008,(5):77 |
| 卫气不利成失眠　扶阳助卫治不寐<br>——从《黄帝内经》论不寐的基本病机及治则 | 老膺荣等 | 辽宁中医药大学学报 | 2008,(5):23 |
| 肝咳证治浅析 | 沈　涛等 | 山东中医药大学学报 | 2008,(5):372 |
| 《内经》对伏气温病论述的启示 | 贾鸿彬 | 陕西中医 | 2008,(5):617 |
| 从脾胃立论对关节劳损病机的探析 | 谢宇锋等 | 时珍国医国药 | 2008,(5):1227 |
| 从“治未病”谈脾胃病的防治 | 姚　春等 | 四川中医 | 2008,(5):17 |
| 《内经》“少火”理论在心脏疾病治疗中的应用 | 谢忠礼 | 中国中医药信息杂志 | 2008,(5):86 |
| 中医“治未病”思想干预艾滋病治疗的探讨 | 郎晶晶 | 中华中医药学刊 | 2008,(5):1093 |
| 运用“治未病”思想预防肝硬化并发肝性脑病 | 黄一鸣等 | 中西医结合肝病杂志 | 2008,(5):311 |
| “上工治未病”对心衰防治的指导意义 | 金玫等等 | 北京中医药 | 2008,(6):406 |
| “治未病”在恶性肿瘤预防中的作用和意义 | 贾立群 | 北京中医药 | 2008,(6):410 |
| 论运气学说在传染病诊治中的作用 | 李　星 | 国医论坛 | 2008,(6):18 |
| 从历代对中风病认识的演变看中医学理论的发展 | 陈国成 | 吉林中医药 | 2008,(6):394 |
| 读《内经》谈不孕症的诊疗思路 | 赵月星等 | 吉林中医药 | 2008,(6):405 |
| 《内经》胃咳证治探讨 | 刘凯军等 | 江西中医学院学报 | 2008,(6):6 |
| 在“治未病”理论指导下开展对脑中风传变的防治 | 刘　泰等 | 辽宁中医杂志 | 2008,(6):860 |
| 中西医对毛发病的病因病机的不同认识探析 | 赵连皓等 | 陕西中医 | 2008,(6):699 |
| 浅谈《内经》对“痓痸”的认识 | 张　菡等 | 陕西中医 | 2008,(6):760 |
| 从《黄帝内经》理论探讨分时调营卫治疗非器质性失眠 | 马　赟 | 时珍国医国药 | 2008,(6):1497 |
| 《黄帝内经》危重病预后判断方法初探 | 张　锋 | 现代中医药 | 2008,(6):52 |
| 应用中医治未病思想指导亚健康状态的保健 | 刘玉芝等 | 云南中医中药杂志 | 2008,(6):74 |
| 浅谈《内经》中的针灸治厥证 | 何梅光等 | 云南中医中药杂志 | 2008,(6):2 |
| 源《内经》析失眠 | 王　颖等 | 浙江中医药大学学报 | 2008,(6):712 |
| 胆囊炎的中医辨证治疗 | 鲍桂林 | 中国医药导报 | 2008,(6):78 |
| 从中医“治未病”思想谈 HBV 携带者的治疗 | 王维伟等 | 中华中医药学刊 | 2008,(6):1307 |
| 《内经》论崩漏 | 楼毅云等 | 中华中医药学刊 | 2008,(6):1317 |
| 略论“胃气”评估与慢性肝衰竭的防治 | 茹清静等 | 中华中医药杂志 | 2008,(6):544 |
| 《内经》相关理论对肾脏病诊治的启示 | 李　慧 | 中医药临床杂志 | 2008,(6):622 |
| “魇”病的病机与治则 | 吴小飞等 | 光明中医 | 2008,(7):928 |
| 辨证治疗眩晕病临床心得 | 张怀亮 | 河南中医 | 2008,(7):1 |
| “治未病”在慢性阻塞性肺疾病防治中的意义 | 陈斯宁 | 吉林中医药 | 2008,(7):473 |
| 从中医“治未病”理论的角度探讨中风先兆的防治 | 蒙缜之等 | 辽宁中医药大学学报 | 2008,(7):39 |
| 《内经》论痹分型及针灸辨证特点探讨 | 严兴科等 | 辽宁中医药大学学报 | 2008,(7):7 |
| 《内经》“泄泻”病因病机及辨证治疗之探析及发挥 | 倪红梅等 | 四川中医 | 2008,(7):34 |
| 高血压病的中医辨证论治 | 毛　敏等 | 中国执业药师 | 2008,(7):10 |

| | | | |
|---|---|---|---|
| 辨证施治头痛八法 | 李学锋 | 中国中医急症 | 2008,(7):1009 |
| 肝豆状核变性从胆腑论治——张志远学术经验系列(九) | 董其谦等 | 中华中医药学刊 | 2008,(7):1391 |
| 浅述围绝经期失眠的病因病机 | 张晓芳等 | 甘肃中医 | 2008,(8):42 |
| 月经病辨治脾胃 | 潘　玥等 | 光明中医 | 2008,(8):1099 |
| 对古代文献中"口眼㖞斜"现代医学病名指归的辨析 | 李学智等 | 江苏中医药 | 2008,(8):70 |
| 谈中医体质学说与系统性红斑狼疮疾病的防治 | 石　建等 | 辽宁中医药大学学报 | 2008,(8):23 |
| 从痰论治类风湿性关节炎 | 刘莲芳 | 内蒙古中医药 | 2008,(8):12 |
| 中医治未病理论在脑中风预防中的运用初探 | 陈晓锋等 | 陕西中医 | 2008,(8):1040 |
| 论"酒悖" | 潘大为 | 时珍国医国药 | 2008,(8):2040 |
| 臂丛神经损伤中医治法初探 | 辛铭金等 | 四川中医 | 2008,(8):30 |
| 女童天癸早至病因病机及诊治初探 | 郭东晓 | 新中医 | 2008,(8):97 |
| 经筋痹痛的软组织力学变化分析与治疗思路 | 赵　勇等 | 北京中医药 | 2008,(9):705 |
| 从肝郁气滞论治慢性萎缩性胃炎 | 姜英辉等 | 吉林中医药 | 2008,(9):634 |
| 治未病与糖尿病预防 | 胡华娟等 | 辽宁中医杂志 | 2008,(9):1332 |
| 中医经典肺胃相关证治探析 | 徐艳玲 | 辽宁中医杂志 | 2008,(9):1338 |
| 治未病防治中风病的体会 | 胡跃强等 | 陕西中医 | 2008,(9):1266 |
| 肺主皮毛在皮肤病论治中的应用体会 | 刘　维等 | 陕西中医 | 2008,(9):1269 |
| 试析《内经》论泄泻 | 倪红梅等 | 陕西中医 | 2008,(9):1257 |
| 《内经》"泄泻"之探析及演绎 | 倪红梅等 | 上海中医药杂志 | 2008,(9):45 |
| "阴虚"消渴之本浅识 | 曹　魏等 | 实用中医内科杂志 | 2008,(9):36 |
| 七情病证证候分类的意义 | 张纪梅等 | 医学与哲学(人文社会医学版) | 2008,(9):75 |
| 论类风湿关节炎证治特点 | 曲淑芹 | 中国中医药信息杂志 | 2008,(9):93 |
| 热扰胸膈证辨治体会 | 何金柱等 | 中国中医药信息杂志 | 2008,(9):80 |
| "治未病"思想在中西医结合肿瘤治疗中的指导作用 | 周雍明等 | 中华中医药学刊 | 2008,(9):2036 |
| 中医对癌瘤病因的突出贡献 | 余瀛鳌 | 中华中医药学刊 | 2008,(9):1853 |
| 七情病中医论治探析 | 王有广等 | 中华中医药学刊 | 2008,(9):792 |
| 对中医眩晕病证名称及病因病机的认识 | 王春生等 | 光明中医 | 2008,(10):1506 |
| 古代医家对不寐证的治法特点析要 | 孙洪生等 | 江苏中医药 | 2008,(10):81 |
| 近视眼的中医防治探析 | 江　鸿等 | 辽宁中医药大学学报 | 2008,(10):26 |
| 从五脏论治抑郁症的思路探讨 | 尚　菲等 | 辽宁中医药大学学报 | 2008,(10):29 |
| 从"薄厥"的不同解释看神明问题 | 潘大为 | 时珍国医国药 | 2008,(10):2530 |
| 用"卫出于下焦"理论防治反复呼吸道感染 40 例 | 荣加和 | 四川中医 | 2008,(10):90 |
| 试从玄府论鼻渊 | 何群明等 | 四川中医 | 2008,(10):31 |
| 中医治未病思想在乳腺癌治疗中的应用 | 冯　艳等 | 新中医 | 2008,(10):104 |
| 脾瘅期(糖尿病前期)饮食治疗 | 肖永华等 | 药品评价 | 2008,(10):412 |
| 房事茎痛辨法 | 张明成等 | 中国医药导报 | 2008,(10):82 |
| 从"治未病"谈慢性阻塞性肺疾病的中医防治 | 吴　蔚等 | 中国中医基础医学杂志 | 2008,(10):757 |
| 论中医"治未病"思想在心身疾病预防实践中的应用 | 陈利民 | 中医研究 | 2008,(10):1 |
| 中医呕吐病证的病名源流探讨 | 陈蕾蕾 | 北京中医药 | 2008,(11):858 |
| 太阳病证解析 | 邵学鸿 | 河南中医 | 2008,(11):6 |
| 六经体质学说及其对治未病的意义 | 李　真等 | 江苏中医药 | 2008,(11):105 |
| 浅论"升清降浊"与脂肪肝 | 赵　彦等 | 辽宁中医药大学学报 | 2008,(11):59 |
| 从《内经》血枯证治理论谈妇科闭经病的证治 | 陈　翊 | 辽宁中医药大学学报 | 2008,(11):21 |
| 从"胆瘅"病机看肝胆在神志方面的作用 | 潘大为 | 时珍国医国药 | 2008,(11):2817 |

| | | | |
|---|---|---|---|
| 浅析《内经》中痹证的辨证方法 | 赵心华等 | 中国中医基础医学杂志 | 2008,(11):824 |
| “治未病”理论在肝脏系统疾病中的应用 | 卢秉久等 | 中华中医药学刊 | 2008,(11):2324 |
| 肥胖2型糖尿病的病因病机及证治规律初探 | 常　柏等 | 北京中医药 | 2008,(12):946 |
| 中风病人的辨体质施护 | 范玉珍等 | 光明中医 | 2008,(12):2030 |
| 浅析《内经》耷脏腑循经辨治及临床运用 | 陈彩凤等 | 河北中医 | 2008,(12):1317 |
| 咳嗽据“聚于胃,关于肺”的治法分析 | 王福林 | 河北中医 | 2008,(12):1279 |
| 《内经》“肾主骨”理论与港人腰椎间盘突出症 | 朱溪麟等 | 河南中医 | 2008,(12):44 |
| 对呃逆的辨证施治 | 李建珍 | 辽宁中医药大学学报 | 2008,(12):115 |
| 类风湿关节炎的中医辨证治疗探析 | 金为民 | 辽宁中医药大学学报 | 2008,(12):16 |
| 情志病与心肝二脏关系探讨 | 张皞珺等 | 山西中医 | 2008,(12):1 |
| 《黄帝内经》对水肿病的认识 | 邹纯朴 | 陕西中医 | 2008,(12):1690 |
| 《内经》腹痛病证探讨 | 白淑静等 | 时珍国医国药 | 2008,(12):3066 |
| 浅析腰痛从肝论治 | 林素财等 | 世界中西医结合杂志 | 2008,(12):749 |
| 筋痿论治 | 樊友平等 | 中国性科学 | 2008,(12):16 |
| 《内经》脾瘅与糖调节受损 | 罗　艳等 | 中国中医基础医学杂志 | 2008,(12):892 |
| 运用《内经》菀陈则除之理论治疗产后恶露不绝 | 胡翠芳等 | 中国中医急症 | 2008,(12):1777 |
| 《内经》“治未病”思想在慢性肾脏病防治中的意义 | 于　敏等 | 中华中医药学刊 | 2008,(12):2723 |
| 胸痹与食道疾患 | 徐建国 | 当代医学(学术版) | 2008,(14):158 |
| 月经过少及闭经的诊治体会 | 张国荣 | 基层医学论坛 | 2008,(14):438 |
| 初探七情病中医论治的思路与方法 | 王有广等 | 中国实用医药 | 2008,(14):137 |
| 久咳从肾施治体会 | 刘秀香 | 中国社区医师(医学专业半月刊) | 2008,(15):122 |
| 从中医“治未病”思想论痛风的防治 | 唐爱华等 | 现代中西医结合杂志 | 2008,(16):2451 |
| 心脑血管病的“治未病” | 王冬梅 | 中国社区医师(医学专业半月刊) | 2008,(18):14 |
| 从《内经》谈调阴阳、平为期治疗中风 | 刘耀东等 | 中国实用医药 | 2008,(19):161 |
| 浅谈中医四时干预对社区老年高血压病的影响 | 陈　璐等 | 中国医药指南 | 2008,(23):249 |
| 坐骨神经痛的针刺辨证治疗 | 刘志强 | 中国医药指南 | 2008,(23):151 |
| 乳房疾病与情志致病的关系 | 许　锐 | 中国医药导报 | 2008,(24):93 |
| “五脏六腑皆令人咳”的肿瘤临床体会 | 戴小军等 | 中国医药指南 | 2008,(24):316 |
| 中医哮病治法的发展 | 刘　津 | 中国医药指南 | 2008,(24):420 |
| 养生与疮疡病的预防 | 柏学顺 | 中国医药导报 | 2008,(26):67 |
| 探讨古医籍对中风病的论述 | 靳丽珍 | 中国实用医药 | 2008,(30):183 |
| 厥、颠疾与脑病 | 陈国华 | 中国中医药报 | 2008.3.27 |
| 慢性支气管炎案 | 王庆其 | 上海中医药报 | 2008.8.29 |
| 用治未病理论指导血脂异常预防 | 张光银等 | 中国中医药报 | 2008.9.24 |
| 中医药治疗痤疮的文献系统评价 | 张星斗 | 中国优秀博硕士学位论文全文数据库(博士)医药卫生科技辑 | 2008,(2):E056-145 |
| 从《内经》相关理论探讨失眠机理 | 尤海玲 | 中国优秀博硕士学位论文全文数据库(硕士)医药卫生科技辑 | 2008,(2):E056-12 |
| 膝关节骨性关节炎经筋辨证及步态分析研究 | 王常海 | 中国优秀博硕士学位论文全文数据库(博士)医药卫生科技辑 | 2008,(2):E056-124 |

| | | | |
|---|---|---|---|
| 络病学说指导肝纤维化辨治的文献研究 | 敖铁锋 | 中国优秀博硕士学位论文全文数据库(硕士)医药卫生科技辑 | 2008,(2):E056-404 |
| 阳痿从心论治理论与临床研究 | 古宇能 | 中国优秀博硕士学位论文全文数据库(硕士)医药卫生科技辑 | 2008,(2):E056-569 |
| 中医脾肾相关理论在缺血性中风中的临床应用研究 | 石　青 | 中国优秀博硕士学位论文全文数据库(硕士)医药卫生科技辑 | 2008,(2):E056-207 |
| 肺胃相关理论对慢性阻塞性肺病病因病机研究的指导意义 | 汪　丹 | 中国优秀博硕士学位论文全文数据库(博士)医药卫生科技辑 | 2008,(9):E056-78 |
| 舌下络脉诊法诊查子宫内膜异位症的研究 | 区绮云 | 中国优秀博硕士学位论文全文数据库(博士)医药卫生科技辑 | 2008,(9):E056-8 |
| 糖尿病肾病中医相关文献考辨与方药证治规律研究 | 王庆华 | 中国优秀博硕士学位论文全文数据库(博士)医药卫生科技辑 | 2008,(9):E056-69 |
| 失眠患者相关因素及与中医证型关系的研究 | 赵莉婕 | 中国优秀博硕士学位论文全文数据库(硕士)医药卫生科技辑 | 2008,(9):E056-194 |
| 《黄帝内经》神志病证及其与经脉关系的研究 | 刘　霁 | 中国优秀博硕士学位论文全文数据库(博士)医药卫生科技辑 | 2008,(12):E056-3 |
| 癫狂病因病机及证治规律研究 | 徐天朝 | 中国优秀博硕士学位论文全文数据库(博士)医药卫生科技辑 | 2008,(12):E056-71 |
| 糖尿病络脉病变的理论总结 | 潘　秋 | 中国优秀博硕士学位论文全文数据库(硕士)医药卫生科技辑 | 2008,(12):E056-70 |
| 五脏痹理论及临床应用研究 | 朱晓娟 | 中国优秀博硕士学位论文全文数据库(硕士)医药卫生科技辑 | 2008,(12):E056-56 |
| 脾胃学说与肿瘤的扶正培本治疗 | 侯　炜等 | 第六次全国中西医结合中青年学术研讨会论文集 | 2008:115 |
| 治未病与扶正培本——中医"治未病"思想在肿瘤防治中的体现 | 郑红刚等 | 第六次全国中西医结合中青年学术研讨会论文集 | 2008:173 |
| 《内经》腰痛针灸辩治浅释 | 罗鸿宇 | 第十三届针灸对机体功能的调节机制及针灸临床独特经验学术研讨会暨第三届经络分会委员会会议论文集 | 2008:168 |
| 用"治未病"思想指导眼科疾病的防治 | 张花治等 | 甘肃省中医药学会2008年学术年会论文集 | 2008:179 |
| 老年患者睡眠障碍辨证施护 | 杨雪芹等 | 吉林省护理学会2008学术年会暨护理技能培训班论文汇编 | 2008:139 |
| 论痹病从"痰"辨治 | 郑立辉 | 全国第七届中西医结合风湿病学术会议论文汇编 | 2008:361 |

| | | | |
|---|---|---|---|
| 学习《内经》理解痹证 | 刘语高 | 全国第七届中西医结合风湿病学术会议论文汇编 | 2008:368 |
| 泄泻的辨证施护 | 张　萍等 | 全国中医、中西医护理学术交流暨专题讲座会议论文汇编 | 2008:299 |
| “治未病”思想在灸法干预中风病中的应用 | 黄　凡 | 世界中医药学会联合会老年医学专业委员会成立大会暨第一届学术会议论文集 | 2008:92 |
| 《内经》络病理论论治慢性肾小球肾炎 | 李献华 | 首届国际中西医结合内分泌代谢病学术大会暨糖尿病论坛论文集 | 2008:584 |
| 从《内经》病因病机理论指导糖尿病防治 | 穆绪超等 | 首届国际中西医结合内分泌代谢病学术大会暨糖尿病论坛论文集 | 2008:561 |
| 试从肥胖探讨中医对代谢综合征的认识 | 崔博乐等 | 首届国际中西医结合内分泌代谢病学术大会暨糖尿病论坛论文集 | 2008:524 |
| 探讨中医“治未病”思想在防治骨质疏松症中的应用 | 李双蕾等 | 首届国际中西医结合内分泌代谢病学术大会暨糖尿病论坛论文集 | 2008:437 |
| 浅论三焦理论与糖尿病治疗的关系 | 庞国明等 | 首届国际中西医结合内分泌代谢病学术大会暨糖尿病论坛论文集 | 2008:568 |
| 浅析脾在治疗消渴病中的地位 | 姚沛雨 | 首届国际中西医结合内分泌代谢病学术大会暨糖尿病论坛论文集 | 2008:369 |
| 从中医“治未病”理论角度探讨脑中风的防治 | 金明兰 | 浙江省中西医结合学会神经内科专业委员会第六次学术年会暨国家级继续教育学习班资料汇编 | 2008:141 |
| 论胸痹病位 | 于慧卿等 | 中华中医药学会心病分会第十次全国中医心病学术年会暨吉林省中医药学会心病第二次学术会议论文精选 | 2008:328 |
| 从“治未病”谈慢性肺源性心脏病的中医防治 | 高　峰等 | 中华中医药学会心病分会第十次全国中医心病学术年会暨吉林省中医药学会心病第二次学术会议论文精选 | 2008:313 |
| 眩晕病临证治疗浅析 | 任素华等 | 甘肃中医学院学报 | 2009,(1):17 |
| 男性不育症辨体论治浅识 | 胡彦辉 | 甘肃中医学院学报 | 2009,(1):8 |
| 浅谈《内经》养生理论对冠心病的防治 | 李亚敏 | 广西中医药 | 2009,(1):33 |
| 从痰瘀论治消渴初探 | 李　真等 | 河南中医学院学报 | 2009,(1):14 |
| 关于太极拳运动对慢性腰痛防治机理的中医学探讨 | 苏清君等 | 黑龙江医药 | 2009,(1):48 |
| 滋阴的理论渊源及其临床应用初探 | 巩会利等 | 天津中医药 | 2009,(1):45 |
| 从“发为精血之余”辨治脱发 | 李宗林等 | 新中医 | 2009,(1):102 |
| 汗出异常辨治验案举例 | 陈刚华 | 浙江中医杂志 | 2009,(1):13 |
| 抽动秽语综合征辨证论治探讨 | 胡天成等 | 中国中西医结合儿科学 | 2009,(1):15 |
| 浅谈肾风的内涵及其治疗 | 余仁欢等 | 中国中医基础医学杂志 | 2009,(1):59 |
| 崩漏从瘀论治 | 韩永梅 | 中国中医药信息杂志 | 2009,(1):85 |
| 研读《内经》消渴病理论构建新的中医2型糖尿病辨证论治体系 | 刘喜明 | 中华中医药学刊 | 2009,(1):13 |
| 试从“脏腑相关、五行生克”角度论治喘证 | 顾恪波 | 北京中医药 | 2009,(2):110 |
| 浅谈小儿反复呼吸道感染之中医病因病机 | 秦彩琴等 | 光明中医 | 2009,(2):319 |
| 从肺与膀胱的关系浅谈膀胱咳的证治 | 刘秀剑等 | 光明中医 | 2009,(2):238 |
| 对“证”概念逻辑定位与事实基础的思考 | 黄开泰 | 河南中医 | 2009,(2):120 |
| 从高血压的治疗看“治未病”理论 | 翟玉民 | 河南中医学院学报 | 2009,(2):11 |

| | | | |
|---|---|---|---|
| 膈肌痉挛的中医辨治 | 王希胜 | 黑龙江中医药 | 2009,(2):36 |
| 试论《素问·痹论》的痹证层次发病观 | 杨　坤等 | 江西中医学院学报 | 2009,(2):13 |
| 眩晕病因病机古今对比暨其总体防治思路研究 | 姜桂宁 | 江西中医学院学报 | 2009,(2):91 |
| 《内经》有关湿病的论述及其对现代中医临床的启示 | 宋　琦 | 时珍国医国药 | 2009,(2):505 |
| 试谈邪在糖尿病发病中的意义 | 李茂清等 | 新中医 | 2009,(2):111 |
| 浅谈老年颤证的病因病机 | 蒋诗媛 | 云南中医中药杂志 | 2009,(2):77 |
| 冠心病血瘀证研究概述 | 邢亚楠等 | 中国医药导报 | 2009,(2):5 |
| 《内经》论疼痛的病理机制述评 | 张景明等 | 中国中医基础医学杂志 | 2009,(2):83 |
| 中医学对脑卒中认识的回顾 | 何　倩等 | 中国中医药信息杂志 | 2009,(2):3 |
| 《黄帝内经》四时六气与咳嗽的因时施治 | 汪玉冠等 | 中华中医药杂志 | 2009,(2):176 |
| 浅谈肝气虚证治 | 赖文强等 | 中医研究 | 2009,(2):8 |
| 痿证针刺治疗组方配穴探讨 | 韩　云 | 安徽中医学院学报 | 2009,(3):4 |
| 论机能状态紊乱与中医阴阳平衡失调 | 李建国 | 河南中医学院学报 | 2009,(3):9 |
| 浅议抑郁症从肺论治的中医理论基础 | 刘紫凝等 | 光明中医 | 2009,(3):399 |
| 失眠症的论治与《灵枢》卫气运行理论关系探讨 | 韦少宣 | 广西中医学院学报 | 2009,(3):1 |
| 伤寒六经病变本质探究 | 郭　任 | 河南中医 | 2009,(3):221 |
| 从水谷精微化生、代谢探讨脂肪肝的病因病机 | 李卫民等 | 河北中医 | 2009,(3):455 |
| 浅析《内经》对失眠的认识 | 刘秀华等 | 河南中医 | 2009,(3):232 |
| 论肝与不寐的关系 | 周运峰等 | 河南中医学院学报 | 2009,(3):5 |
| "胃不和则卧不安"辨治失眠研究进展 | 呼兴华等 | 江西中医药 | 2009,(3):62 |
| 从五脏合病论治胸痹心痛 | 尹红斌 | 山东中医杂志 | 2009,(3):152 |
| 从足阳明经筋辨证论治周围性面瘫 | 李欣明等 | 天津中医药 | 2009,(3):215 |
| 冠心病诊治中的医学心理学问题 | 米　勇等 | 新疆中医药 | 2009,(3):82 |
| 中医文献癃闭证病因病机探析 | 李　明等 | 北京中医药 | 2009,(4):276 |
| 秋燥治疗浅析 | 马娟娟等 | 甘肃中医 | 2009,(4):39 |
| 论病湿与治湿 | 邹贤德 | 河南中医 | 2009,(4):327 |
| 《内经》之喘与脏腑关系浅析 | 程绍民等 | 江苏中医药 | 2009,(4):63 |
| 《内经》关于心力衰竭病证探讨 | 沈　会等 | 辽宁中医药大学学报 | 2009,(4):42 |
| 脾胃郁热理论浅探 | 王赟华等 | 辽宁中医药大学学报 | 2009,(4):13 |
| 浅谈《内经》中的积聚 | 张　伟 | 辽宁中医药大学学报 | 2009,(4):64 |
| 中风之治未病 | 程晓丽等 | 辽宁中医杂志 | 2009,(4):541 |
| 目系病证治规律研究 | 柴金苗等 | 山西中医学院学报 | 2009,(4):2 |
| 从《内经》营卫运行理论探讨失眠症的病机与治疗 | 郑伟锋等 | 四川中医 | 2009,(4):33 |
| 基于《内经》之理探讨关于"女子不月"的病机及治法 | 胡心伟 | 四川中医 | 2009,(4):30 |
| 慢性重型肝炎的病机演变规律探讨 | 杨　薇等 | 新中医 | 2009,(4):3 |
| 从《内经》《伤寒论》谈胃痞中医辨治规律 | 孙露亚 | 浙江中医药大学学报 | 2009,(4):465 |
| 高血压病的病因病机、辨证论治及体会 | 李秀峰等 | 中国医药指南 | 2009,(4):109 |
| 足厥阴肝经经筋病案 | 徐　杰 | 中国针灸 | 2009,(4):319 |
| 从调和五脏阴阳论治失眠 | 张志明 | 中国中医药信息杂志 | 2009,(4):99 |
| 从"治未病"探讨小儿疾病的防治思路 | 庄玲伶等 | 中医儿科杂志 | 2009,(4):3 |
| 从《内经》重阳思想探讨病态窦房结综合征辨证思路与方法 | 袁端红 | 贵阳中医学院学报 | 2009,(5):47 |
| 分经论治顽固性头痛1则 | 陈　杰 | 江苏中医药 | 2009,(5):44 |
| 中风后偏瘫辨治体会 | 徐广益等 | 江苏中医药 | 2009,(5):34 |
| 浅谈咳嗽从心肝论治 | 李红华等 | 辽宁中医药大学学报 | 2009,(5):80 |
| 探讨中医药防治心力衰竭的阴平阳秘思想 | 麦瑞林等 | 陕西中医 | 2009,(5):568 |

| | | | |
|---|---|---|---|
| 古病名"痱病"探源 | 金 栋 | 世界中西医结合杂志 | 2009,(5):310 |
| 中医肝脏与运动性疲劳 | 祝素平 | 体育世界(学术版) | 2009,(5):84 |
| 历代医家对疫病病因的认识 | 顾植山 | 浙江中医药大学学报 | 2009,(5):648 |
| 从脉辨治中风 | 刘耀东等 | 中国民族民间医药 | 2009,(5):59 |
| 根据失眠症状表现不同归属五脏辨识探析 | 张星平等 | 中华中医药杂志 | 2009,(5):554 |
| 浅论三焦理论与糖尿病治疗的关系 | 闫 镛等 | 中医学报 | 2009,(5):19 |
| 脾胃理论在肝癌临床中的应用 | 邵玉英等 | 中医学报 | 2009,(5):11 |
| 顽固性发热治验 | 赖逸贵 | 河南中医 | 2009,(6):611 |
| 试论脾胃与痰饮的关系 | 祝培勤等 | 中国民间疗法 | 2009,(6):3 |
| 刮痧治疗颈椎病的经筋病变研究 | 邓赛男等 | 中国民族民间医药 | 2009,(6):34 |
| 基于《内经》糖尿病前期的论述考辨其防治措施 | 马金鹏等 | 中华中医药学刊 | 2009,(6):1211 |
| 从风邪论治慢性特发性血小板减少性紫癜的理论探讨 | 曾英坚等 | 江西中医药 | 2009,(7):6 |
| 春日话唇疾 | 李俊主 | 今日科苑 | 2009,(7):104 |
| 从脑与五脏的关系浅论失眠病机 | 张颖颖 | 山东中医杂志 | 2009,(7):445 |
| 《内经》中风病病因病机探讨 | 金 栋 | 世界中西医结合杂志 | 2009,(7):457 |
| 肝咳证治的中医病理浅析 | 刘紫凝 | 中国民间疗法 | 2009,(7):5 |
| 中医治疗抑郁症的辩证思路 | 邸 杰 | 中国医药指南 | 2009,(7):114 |
| 肝咳的分型与辨证治疗 | 刘紫凝 | 中国中医急症 | 2009,(7):1175 |
| 浅述头痛的病因病机 | 平大地 | 光明中医 | 2009,(8):1555 |
| 从《内经》论肾性水肿的辨证论治 | 张艳枫等 | 河北中医 | 2009,(8):1171 |
| 《内经》对疼痛内涵及分类的认识 | 陈震霖等 | 时珍国医国药 | 2009,(8):2089 |
| 从肝论治阳痿的理论基础 | 张春和 | 云南中医中药杂志 | 2009,(8):69 |
| 脾瘅新论 | 仝小林等 | 中华中医药杂志 | 2009,(8):988 |
| 《内经》"泄泻"理论对临床的指导 | 夏军权 | 甘肃中医 | 2009,(9):9 |
| 从《内经》《伤寒杂病论》探讨身重的病因病机 | 仝志启 | 甘肃中医 | 2009,(9):10 |
| 从"百病生于气"论治老年病 | 徐 放等 | 中华中医药学刊 | 2009,(9):1836 |
| 温疫与六气之少阴、少阳的探讨 | 杨 威等 | 北京中医药 | 2009,(10):778 |
| 从脾胃论治痿证之体会 | 孟 毅 | 光明中医 | 2009,(10):1964 |
| 浅谈中医对眩晕病因病机的认识 | 韩向辉等 | 光明中医 | 2009,(10):1870 |
| 胃痛论治 | 徐九思 | 光明中医 | 2009,(10):2018 |
| 从《内经》"劳汗当风,寒薄为皶,郁乃痤"看痤疮的治疗 | 赵 冰等 | 河南中医 | 2009,(10):1026 |
| 热证可灸浅议 | 乔秀兰等 | 陕西中医 | 2009,(10):1437 |
| 《内经》中风病病症名探讨 | 金 栋 | 世界中西医结合杂志 | 2009,(10):694 |
| 老年人脾胃虚弱的辨治要点 | 王国梁 | 中国中医基础医学杂志 | 2009,(10):773 |
| 寒乃生积与不温不散——中医药治疗肿瘤思路的新选择 | 刘 洋等 | 中医杂志 | 2009,(10):954 |
| 《内经》"二阳之病发心脾"对闭经的指导意义 | 李 珊等 | 陕西中医 | 2009,(11):1541 |
| 失眠症的中医学病机与病理 | | 上海针灸杂志 | 2009,(11):681 |
| 嗜甘症治验一则 | 刘培秀等 | 中国民间疗法 | 2009,(11):51 |
| 慢性肾脏病与脑梗死的关系探讨 | 丁 弘等 | 海南医学 | 2009,(12):64 |
| 损伤内证 从肝论治 | 刘爱峰等 | 中国中医骨伤科杂志 | 2009,(12):63 |
| 《内经》对耳鸣病因病机的认识 | 高 燕等 | 现代中西医结合杂志 | 2009,(15):1733 |
| 感冒与脾胃辨证施治 | 王卓颖等 | 中国现代药物应用 | 2009,(18):151 |
| 中国古代的帕金森 | 宁尔宁 | 中国社区医师 | 2009,(20):28 |
| 咳嗽从肝论治的中西医理论基础及临床研究探讨 | 刘紫凝 | 现代中西医结合杂志 | 2009,(21):2511 |
| 老人当心"喜怒思"伤脏腑 | 林 中 | 医药养生保健报 | 2009.9.28 |

| | | | |
|---|---|---|---|
| 汗症与治疗 | 郭俊田 | 中国中医药报 | 2009.11.2 |
| 抽动秽语综合征"识证从风治求心肝" | 丁元庆 | 中国中医药报 | 2009.12.4 |
| 禀赋概念的现代诠释及与中风发病相关性研究 | 刘向哲 | 中国优秀博硕士学位论文全文数据库(博士)医药卫生科技辑 | 2009,(1):E056-12 |
| 以开阖枢理论为指导使用柴胡调枢汤治疗2型糖尿病的研究 | 韩永刚 | 中国优秀博硕士学位论文全文数据库(博士)医药卫生科技辑 | 2009,(1):E056-17 |
| 慢性肾病从络论治的理论探讨与临床研究 | 盖银玲 | 中国优秀博硕士学位论文全文数据库(硕士)医药卫生科技辑 | 2009,(1):E056-366 |
| 古代"痧"及治法考 | 纪征瀚 | 中国优秀博硕士学位论文全文数据库(博士)医药卫生科技辑 | 2009,(1):E056-5 |
| 《黄帝内经》痿病研究 | 刘惠杰 | 中国优秀博硕士学位论文全文数据库(硕士)医药卫生科技辑 | 2009,(2):E056-6 |
| 哮喘发病与瘀关系的研究 | 马红霞 | 中国优秀博硕士学位论文全文数据库(硕士)医药卫生科技辑 | 2009,(2):E056-62 |
| 从脾胃论治冠心病稳定型心绞痛的临床研究 | 郭小玉 | 中国优秀博硕士学位论文全文数据库(硕士)医药卫生科技辑 | 2009,(2):E056-78 |
| 抑郁症的中医辨证治疗研究 | 吴炫静 | 中国优秀博硕士学位论文全文数据库(硕士)医药卫生科技辑 | 2009,(2):E056-171 |
| 从气机升降出入论"魄门亦为五脏使"拓展小儿便秘治疗新思维 | 任闪闪 | 中国优秀博硕士学位论文全文数据库(硕士)Medicine and Health Sciences | 2009,(7):E056-200 |
| 基于《内经》"二阳之病发心脾"理论探讨"女子不月"的治法 | 潘　霞 | 中国优秀博硕士学位论文全文数据库(硕士)Medicine and Health Sciences | 2009,(7):E056-4 |
| 孕产的生殖健康与肾的相关性研究 | 邓琳雯 | 中国优秀博硕士学位论文全文数据库(硕士)Medicine and Health Sciences | 2009,(7):E056-174 |
| 中医学对糖尿病的认识 | 魏光辉 | 第四届国际中医糖尿病大会论文汇编 | 2009:416 |
| 中医中药治疗糖尿病 | 潘　端 | 第四届国际中医糖尿病大会论文汇编 | 2009:416 |
| 中医经典肺胃相关证治探析 | 徐艳玲 | 第十次全国中西医结合防治呼吸系统疾病学术研讨会论文集 | 2009:58 |
| 从"五脏柔弱"谈糖尿病的治疗思路 | 任爱华等 | 第四届国际中医糖尿病大会论文汇编 | 2009:376 |

| | | | |
|---|---|---|---|
| 消瘅考 | 宋　军等 | 第四届国际中医糖尿病大会论文汇编 | 2009:373 |
| 中医药从肝论治糖尿病的研究进展 | 卢琦韵等 | 第四届国际中医糖尿病大会论文汇编 | 2009:423 |

## （二）临床应用研究

| | | | |
|---|---|---|---|
| 百日咳治疗经验介绍 | 张炳光 | 中医杂志 | 1955,(1):50 |
| 中风症治疗的经验 | 魏国英 | 中医杂志 | 1955,(2):31 |
| 针灸经验介绍 | 杨宝辉 | 中医杂志 | 1955,(2):40 |
| 瘰疬治疗经验谈 | 马冠群 | 中医杂志 | 1955,(3):56 |
| 膀胱结石使用中药治愈一例之初步报告 | 萧运春 | 中医杂志 | 1955,(5):21 |
| 痢疾的中医疗法 | 张继有 | 中国医刊 | 1955,(6):19 |
| “气喘”的中药治疗 | 黄曼夷等 | 中医杂志 | 1955,(10):12 |
| 偏头痛的针灸疗法 | 庞中彦 | 中医杂志 | 1955,(10):43 |
| 火针治疗十一例颈淋巴腺结核的疗效介绍 | 郭效宗 | 中医杂志 | 1955,(10):45 |
| 远隔刺激(诱导)在临床上运用的初步经验 | 孙家璧 | 中医杂志 | 1955,(10):52 |
| 介绍针灸治愈十二例腰痛 | 纪兢心 | 中医杂志 | 1955,(11):45 |
| 颜面神经麻痹和针灸疗法 | 魏　稼 | 江西中医药 | 1955,(12):59 |
| 针灸疗法对神经性聋哑症治疗的初步整理 | 何宏邦 | 中医杂志 | 1956,(1):27 |
| 我对肠梗阻的初步认识及治疗经验 | 王玉玲 | 江苏中医药 | 1956,(2):37 |
| 颜面神经麻痹的中医疗法 | 端木义明 | 江苏中医药 | 1956,(2):34 |
| 神经衰弱症的中药治疗 | 王新华 | 中医杂志 | 1956,(2):81 |
| 介绍治疗黄疸的验方 | 麻一夫等 | 中医杂志 | 1956,(6):289 |
| 关于重精神病针刺疗法的定穴、手法、反应及处理(附治疗常规) | 陈锺舜等 | 中医杂志 | 1956,(7):376 |
| 针灸治疗疟疾经验介绍　关于针灸治疗疟疾之我见 | 欧阳勳 | 中医杂志 | 1956,(9):471 |
| 针药配合治疗水肿臌胀十八例的总结报告 | 徐少廷等 | 中医杂志 | 1956,(11):568 |
| 瘰疬外治秘方的介绍 | 陈　照 | 江苏中医药 | 1956,(S1):45 |
| 哮喘论治结合病例讨论 | 曹鸣高 | 江苏中医药 | 1956,(S1):28 |
| 慢性肾炎的中医护理 | 仲景楼护士小组 | 福建中医药 | 1957,(1):31 |
| 针灸疗法应用在耳鼻喉科疾病初步总结 | 邵泽材等 | 江西医学院学报 | 1957,(1):42 |
| 治疗“痹”症(末稍神经麻痹)的经验简介 | 何连庆 | 江苏中医药 | 1957,(2):31 |
| 哮喘的斜灸治疗 | 陆瘦燕 | 上海中医药杂志 | 1957,(2):23 |
| 我对于外感病的一些体会 | 刘友梁 | 福建中医药 | 1957,(3):31 |
| 祖国医学在疟病治疗上的成就和展望 | 何云鹤 | 福建中医药 | 1957,(4):1 |
| 《内经》治疗法则贯彻到临床应用的一些体会 | 李钟贵 | 中医杂志 | 1957,(6):286 |
| 治愈唇疔 3 例报告 | 钟玉山 | 上海中医药杂志 | 1957,(7):24 |
| 治疗风湿性关节炎初步经验介绍 | 赵正元 | 中医杂志 | 1957,(7):368 |
| 颜面神经麻痹的针灸疗法及病例报告 | 王永生等 | 上海中医药杂志 | 1957,(8):42 |
| 针灸治疗风湿性心脏病 30 例介绍 | 方云鹏 | 上海中医药杂志 | 1957,(9):35 |
| 治疗高血压病的初步临床观察 | 孙煦初等 | 中医杂志 | 1957,(9):483 |
| 一例严重脱疽的中药治疗纪实 | 凌云鹏 | 上海中医药杂志 | 1957,(11):35 |

| | | | |
|---|---|---|---|
| 针灸治疗52例颜面神经麻痹的初步总结 | 何宏邦 | 上海中医药杂志 | 1957,(11):26 |
| 我对中药治疗肾脏炎的一些体会 | 李紫楠 | 江西医药 | 1957,(12):36 |
| 毛发全脱一例治验 | 彭宪章 | 成都中医药大学学报 | 1958,(1):29 |
| 治疗小儿腹泻269例 | 胡伯安等 | 成都中医药大学学报 | 1958,(1):31 |
| 针刺辅助治疗中毒型菌痢85例的疗效介绍 | 杨逢伦等 | 辽宁中医杂志 | 1958,(1):51 |
| 中医治疗肝郁胃痛(胆石症)一例介绍 | 杜荫令等 | 辽宁中医杂志 | 1958,(1):37 |
| 针灸治疗关节痛557例临床疗效分析 | 柳励吾等 | 中医杂志 | 1958,(1):45 |
| 眼科应用针灸疗法初步报告 | 吉民生等 | 中医杂志 | 1958,(1):51 |
| 刺络出血治疗支气管哮喘七例 | 惠安县医院中医科 | 福建中医药 | 1958,(2):12 |
| 针灸治疗小儿麻痹症疗效的初步总结 | 韩世荫 | 江苏中医药 | 1958,(2):40 |
| 介绍子宫出血的治疗经验 | 郭建中 | 江苏中医药 | 1958,(3):21 |
| 治疗流行性乙型脑炎及其后遗症的经验 | 李绍南 | 山东医药 | 1958,(3):15 |
| 针治暴聋一例介绍 | 王守德 | 江苏中医药 | 1958,(4):42 |
| 针灸治愈小儿早期视神经萎缩四例初步经验介绍 | 郑毓桂等 | 山东医药 | 1958,(4):10 |
| 祖国医学关于饮食治疗的应用 | 陈可冀 | 上海中医药杂志 | 1958,(4):38 |
| 针刺治疗疟疾30例疗效报告 | 马亦林 | 浙江大学学报(医学版) | 1958,(4):331 |
| 我对臁疮治疗的介绍 | 郑世桓 | 中医杂志 | 1958,(4):256 |
| “缪刺”在临床观察上的初步体会 | 王品三 | 中医杂志 | 1958,(4):269 |
| 针灸治疗颜面神经麻痹70例的临床观察 | 李寿山等 | 上海中医药杂志 | 1958,(5):31 |
| 冲任亏损反经治验一案 | 陈子超 | 福建中医药 | 1958,(6):25 |
| 针灸治疗288例“痹症”初步总结 | 陈冠军 | 江西中医药 | 1958,(6):53 |
| 《内经》在临床上的指导作用 | 王万杰 | 中医杂志 | 1958,(7):7 |
| 灸隐白、大敦、百会,治疗血崩症 | 承邦彦 | 江苏中医药 | 1958,(7):35 |
| 《内经》在临床上的指导作用 | 王万杰 | 中医杂志 | 1958,(7):439 |
| 治疗小儿传染性肝炎的经验介绍 | 祁振华 | 中医杂志 | 1958,(7):473 |
| 治疗急性肾炎的疗效观察 | 林济青 | 江苏中医药 | 1958,(8):21 |
| 疟疾疗法的我见 | 罗荣翘 | 中医杂志 | 1958,(8):530 |
| 以“阳陵泉”“足三里”“公孙”为主穴针治疟疾的疗效报告 | 宋鸿艺 | 中医杂志 | 1958,(9):635 |
| 介绍癫狂病的治疗经验 | 彭毓英 | 江苏中医药 | 1958,(10):29 |
| 针灸循经治疗牙痛11例的初步探讨 | 朱天洪 | 中国医刊 | 1958,(10):43 |
| 针刺治疗182例聋哑症分析报道 | 上海第十一人民医院针灸科 | 上海中医药杂志 | 1958,(11):18 |
| 针刺治疗82例荨麻疹初步报告 | 张若帆 | 上海中医药杂志 | 1958,(12):28 |
| 茵陈蒿汤加减治疗急性黄疸五例之疗效分析 | 何久仁 | 成都中医药大学学报 | 1959,(1):42 |
| 治疗崩漏之临床体会 | 廖孔禹 | 成都中医药大学学报 | 1959,(1):29 |
| 耳针疗法在临床上的应用(附110例的初步总结) | 廖雪英 | 福建医科大学学报 | 1959,(1):56 |
| 针灸治疗急性胃肠炎的初步报告 | 林芥璧 | 西安交通大学学报(医学版) | 1959,(1):21 |
| 针灸治疗神经性尿潴留 | 姜达岐 | 江苏中医药 | 1959,(2):22 |
| 针灸治疗小儿遗尿症17例临床报告 | 杨永璇 | 中医杂志 | 1959,(2):67 |
| 治疗肾脏炎的初步经验简介 | 杨宇祥等 | 江苏中医药 | 1959,(3):19 |
| 中西医综合疗法治疗血拴闭塞性脉管炎的初步观察 | 司德修等 | 江西医学院学报 | 1959,(3):119 |
| 中医治疗高血压病的初步临床观察 | 程崇圯等 | 江西医学院学报 | 1959,(3):97 |
| 对调理妇女月经病的几点体会 | 刘洪祥 | 山东医药 | 1959,(3):28 |
| 对于泄泻的中药治疗 | 宋达三 | 天津医药 | 1959,(3):212 |
| 针刺治疗小儿麻痺的观察 | 裘雪亭 | 云南医药 | 1959,(3):29 |

| | | | |
|---|---|---|---|
| 癫狂病的治疗和临床经验体会 | 尚明斋 | 吉林大学学报(医学版) | 1959,(4):189 |
| 肝气案一则　对《内经》经络路线及其循经发病之体会 | 曹永康 | 江苏中医药 | 1959,(4):20 |
| “循经取穴”治愈诸痛症的经验介绍 | 萧应千 | 辽宁中医杂志 | 1959,(4):35 |
| 中医治疗80例急性传染性肝炎临床观察报告 | 李寿山等 | 辽宁中医杂志 | 1959,(4):10 |
| 祖国医学对儿科疳痞的认识及21例患者疗效介绍 | 赵家骥 | 辽宁中医杂志 | 1959,(4):28 |
| 谈中医对于中暑的一般认识及其处理方法 | 方药中 | 中医杂志 | 1959,(5):3 |
| “内关”在临床上的运用 | 张善忱 | 中医杂志 | 1959,(5):60 |
| 中西结合治疗流行性脑脊髓膜炎六例的体会 | 黄肖功 | 上海中医药杂志 | 1959,(6):20 |
| 治疗12例肝硬变的初步报告 | 秦继章 | 中医杂志 | 1959,(6):12 |
| 治疗慢性肾炎三例介绍 | 包天寿 | 中医杂志 | 1959,(6):22 |
| 针药合用治疗中风瘫痪病55例报告 | 黄竹斋等 | 中医杂志 | 1959,(6):39 |
| 关于“谈谈湿疹的症候和治疗经验”的补充 | 陈衍英 | 中医杂志 | 1959,(6):72 |
| 针刺与中药治疗高血压的经验介绍 | 孙祝三 | 黑龙江医学 | 1959,(7):31 |
| 针灸治疗小儿麻痹的经验介绍 | 吕韶鉴 | 黑龙江医学 | 1959,(7):78 |
| 祖国医学对中暑的防治方法 | 李乐园 | 山东医药 | 1959,(7):13 |
| 夏令急性吐泻症的针灸疗法 | 陈剑勇 | 上海中医药杂志 | 1959,(7):15 |
| 针灸治愈遗尿症 | 李孔定 | 上海中医药杂志 | 1959,(7):47 |
| “八法”在针灸治疗上的应用 | 郑魁山 | 中医杂志 | 1959,(7):16 |
| 针灸治疗340例神经衰弱的初步观察 | 李元吉 | 中医杂志 | 1959,(7):39 |
| 内经“善治者治皮毛”的临床意义 | 张占元 | 江西医药 | 1959,(8):41 |
| 针灸治疗小儿麻痹53例的总结报告 | 杨逢伦等 | 中医杂志 | 1959,(8):34 |
| 中医治疗风湿病93例的疗效初步报告 | 唐榕洲 | 中医杂志 | 1959,(8):56 |
| 针灸治疗297例风湿性关节炎的临床分析 | 陈作霖等 | 中医杂志 | 1959,(8):60 |
| 指甲病理变化在临床上的诊断价值 | 朱子青 | 江苏中医药 | 1959,(9):46 |
| 中药“茵陈合剂”治愈28例成年人传染性肝炎 | 唐福五等 | 山东医药 | 1959,(9):21 |
| 以茵陈蒿汤为主治疗29例传染性肝炎初步报导 | 程国树等 | 上海中医药杂志 | 1959,(9):20 |
| 86例乳腺炎的治疗总结 | 朱仁康等 | 中医杂志 | 1959,(9):38 |
| 治疗痿躄症的点滴体会 | 毛自维 | 中医杂志 | 1959,(9):50 |
| 中医治疗高血压的初步临床观察 | 程崇圯等 | 江西医药 | 1959,(10):18 |
| 梅花针治疗神经衰弱45例之初步观察 | 张奇文 | 山东医药 | 1959,(10):54 |
| 针刺治疗聋哑的初步总结 | 上海第十一人民医院针灸科 | 上海中医药杂志 | 1959,(10):14 |
| 针灸治疗胆囊炎经验介绍 | 上海第十一人民医院针灸科 | 上海中医药杂志 | 1959,(10):53 |
| 臌胀临床研究(附七十七例报告) | 严守正 | 福建中医药 | 1959,(11):31 |
| 瘢痕灸治愈慢性胃病 | 黄永清 | 上海中医药杂志 | 1959,(11):47 |
| 九例崩漏证治疗经验介绍 | 刘宗勉 | 中医杂志 | 1959,(11):49 |
| 针刺后,出现特异的皮疹,证明经络的存在 | 方云鹏 | 上海中医药杂志 | 1959,(12):42 |
| 治疗10例痹症的分析报告 | 黄文东等 | 上海中医药杂志 | 1959,(12):18 |
| 中医治疗暴盲症的疗效观察 | 白瑾如 | 中医杂志 | 1959,(12):43 |
| 针灸治疗50例颜面神经麻痹分析报告 | 刘洁声等 | 中医杂志 | 1959,(12):53 |
| 慢性肾炎的临床疗效观察 | 何久仁 | 成都中医药大学学报 | 1960,(1):20 |
| 关于“反治法”临床作用问题的商榷 | 徐嘉民 | 福建中医药 | 1960,(1):16 |
| 运用经络学说针治癫狂症的点滴经验与体会 | 杨钧伯 | 上海中医药杂志 | 1960,(2):19 |
| 在二万七千七百零六例中所观察到的“反关脉” | 萧　珙等 | 上海中医药杂志 | 1960,(2):16 |
| 中医辨证论治麻疹76例临床观察与分析 | 朱卓如 | 上海中医药杂志 | 1960,(2):37 |
| 传染性肝炎的中西医结合疗法 | 舒炎高 | 中国医刊 | 1960,(2):10 |
| 中医对“传染性肝炎”的防治 | 朱良春 | 江苏中医药 | 1960,(3):5 |

| | | | |
|---|---|---|---|
| 50 例不整脉的脉象图初步分析 | 王景宣等 | 天津医药 | 1960,(3):183 |
| 针灸疗法治疗小儿麻痹后遗症的疗效观察 | 文士杰 | 云南医药 | 1960,(3):34 |
| 祖国医学对各类水肿治疗经验 | 陆巨卿 | 云南医药 | 1960,(3):19 |
| 中医治疗慢性盆腔炎的初步观察 | 刘武荣等 | 中医杂志 | 1960,(3):25 |
| 中医诊治血液病的初步体会 | 关继仁 | 黑龙江医药 | 1960,(4):7 |
| 耳针疗法的临床应用 | 唐春恩 | 江苏中医药 | 1960,(4):36 |
| 治疗瘰疬的经验介绍 | 李惠之 | 江苏中医药 | 1960,(4):17 |
| 我治疗淋巴结结核症的经验介绍 | 陈济生等 | 山东医药 | 1960,(4):26 |
| 中医治疗痢疾经验介绍 | 卫立三 | 云南医药 | 1960,(4):52 |
| 中医中药对传染性肝炎的预防和治疗 | 王保昆 | 云南医药 | 1960,(4):47 |
| 中药化脓汤治疗扁桃体周围脓肿 | 朱宗云等 | 上海中医药杂志 | 1960,(5):213 |
| 养阴清肺汤治疗白喉的研讨 | 游建熙等 | 福建中医药 | 1960,(6):30 |
| 中医推拿对外伤腰痛的治疗方法 | 秦秉纬 | 山东医药 | 1960,(6):47 |
| 针刺治疗近视眼初步疗效观察 | 陈作霖等 | 上海中医药杂志 | 1960,(6):274 |
| 丛针治疗高血压症 | 主鼎鐄 | 江苏中医药 | 1960,(7):39 |
| 针灸治疗 50 例小儿麻痹(痿症)的临床分析 | 张洪杨 | 江西医药 | 1960,(7):26 |
| 子午流注在临床应用的规律 | 单玉堂 | 江西医药 | 1960,(7):2 |
| 中医治疗糖尿病的初步报告 | 韩康玲等 | 天津医药 | 1960,(7):537 |
| 九十例精神病者“奇经八脉”和“十五别络”经络测定的初步观察 | 梁式贞等 | 福建中医药 | 1960,(9):21 |
| 运用“温中补脾法”治疗单腹胀三例 | 林上卿 | 福建中医药 | 1960,(9):15 |
| 对 125 例癔病病人的治疗效果观察与体验 | 刘德新等 | 辽宁中医杂志 | 1960,(11):9 |
| 祖国医学对于肾脏炎的认识和治疗及其方剂的选释 | 岳美中 | 福建中医药 | 1960,(12):7 |
| 痱病二例治验商讨 | 王文林等 | 江西医药 | 1960,(12):41 |
| 甘麦大枣汤治癔病疗效简介 | 刘景辉 | 江西医药 | 1960,(12):15 |
| 治疗偏枯与痹症的经验 | 胡贻荪 | 江西医药 | 1960,(12):10 |
| 痱病二例治验商讨 | 王文林 | 江西中医药 | 1960,(12):41 |
| 针灸治疗 12 例脊髓病变所致排尿障碍的临床观察 | 蔡　能 | 江苏中医药 | 1961,(1):15 |
| 风湿性关节炎 36 例治疗经验介绍 | 霍印堂 | 山东医药 | 1961,(1):32 |
| 经络学说在针灸临床上的应用体会 | 赵克盛 | 福建中医药 | 1961,(2):29 |
| 严重烧伤的中医治疗 | 赵崇伟等 | 山东医药 | 1961,(2):48 |
| 针灸治疗小儿腹泻的介绍 | 赵焕文等 | 山西医药杂志 | 1961,(2):55 |
| 针灸治疗美尼尔氏症 25 例疗效分析 | 俞昌正等 | 山东医药 | 1961,(4):16 |
| 虫类药对风湿性关节炎 60 例的疗效观察 | 朱良春 | 江苏中医药 | 1961,(6):21 |
| 问疑二则 | 祝谌予 | 中医杂志 | 1961,(6):37 |
| 运用脾胃论观点治疗肺心肝肾病的实践体会 | 徐鼎庄 | 福建中医药 | 1962,(1):27 |
| 失音一例治验报告 | 陈伯涛 | 江苏中医药 | 1962,(1):33 |
| 试论命门学说的形成及其在临床上的运用 | 徐辉光 | 中医杂志 | 1962,(10):10 |
| 治愈二例心脏病的初步报告 | 杨俊亭 | 江苏中医药 | 1962,(3):17 |
| 32 例急慢性肾炎的治疗报告 | 张宗良 | 江苏中医药 | 1962,(4):4 |
| 针刺治愈噎膈一例 | 裴廷辅等 | 江苏中医药 | 1962,(5):21 |
| 中西结合治疗脑栓塞的针刺疗法 | 王鼎锳 | 江苏中医药 | 1962,(5):18 |
| 治疗 22 例对口发背的经验体会 | 吴震西等 | 江苏中医药 | 1962,(6):17 |
| 试论奇经八脉在临床的具体运用 | 廖家兴 | 江西医药 | 1962,(7):9 |
| “足针”治疗 25 种疾病的经验介绍 | 萧少卿 | 上海中医药杂志 | 1962,(7):25 |
| 略论通下法在治疗温病中的运用 | 殷德燧 | 上海中医药杂志 | 1962,(8):12 |

| | | | |
|---|---|---|---|
| 糖尿病的几种食物疗法 | 朱中德 | 江苏中医药 | 1962,(11):27 |
| 诊余随笔 | 王士福 | 上海中医药杂志 | 1962,(11):18 |
| 推拿治疗漏肩风 358 例临床初步观察 | 沈景允 | 上海中医药杂志 | 1963,(1):30 |
| 针灸治疗眼睑痉挛 | 彭慕贤 | 江苏中医药 | 1963,(2):38 |
| “大气下陷”证治三则 | 王品山 | 广东医学 | 1963,(3):29 |
| 血栓闭塞性脉管炎治疗总结 | 赵绚德 | 山东医药 | 1963,(4):31 |
| 使用“三棱针”刺法的经验介绍 | 肖少卿 | 上海中医药杂志 | 1963,(4):28 |
| 诊治乳蛾的体会 | 张赞臣等 | 上海中医药杂志 | 1963,(4):17 |
| 中药治愈二十年盗汗恶梦一例 | 谭启文 | 江西医药 | 1963,(5):13 |
| 103 例坐骨神经痛分型论治的初步疗效观察 | 朱汝功等 | 上海中医药杂志 | 1963,(6):21 |
| 对中医“眩晕”证治的体会 | 顾　仁 | 江苏中医药 | 1963,(9):22 |
| 苓桂术甘汤治疗咳而遗尿症 | 邹维德 | 上海中医药杂志 | 1963,(9):24 |
| 遵《内经》“甚者从之”“从者反治”法治愈咽喉炎及皮肤结节性红斑 1 例 | 姚国鑫等 | 上海中医药杂志 | 1963,(9):23 |
| 梅花针治疗皮痹 59 例临床报导 | 朱曾伟 | 江苏中医药 | 1963,(11):39 |
| “分刺”承山穴治疗急性腰痛 | 阎庆瑞 | 上海中医药杂志 | 1963,(11):27 |
| 中医治疗风湿性心脏病心力衰竭 21 例临床观察 | 陈慈煦等 | 上海中医药杂志 | 1963,(11):22 |
| 《内经》舌诊的初步探讨和临床体会 | 褚玄仁 | 中医杂志 | 1963,(11):29 |
| 痿证治验 | 赖良蒲 | 江西医药 | 1963,(12):5 |
| 针灸治疗 500 例痹症的疗效经验介绍 | 焦勉斋 | 山东医药 | 1963,(12):19 |
| 近年来中医中药治疗癫痫的概况 | 钱可久 | 上海中医药杂志 | 1963,(12):34 |
| 针刺治疗小儿疾病的几点体会 | 张崇正 | 中医杂志 | 1963,(12):25 |
| 切诊在针灸临床上的运用 | 陆瘦燕 | 上海中医药杂志 | 1964,(1):19 |
| 针灸治疗面神经瘫痪 110 例临床观察 | 秦　震等 | 上海中医药杂志 | 1964,(1):23 |
| 治喉经验点滴 | 王俊民 | 广东医学 | 1964,(2):8 |
| 中医治疗周围性淋巴腺结核 31 例疗效观察 | 陆孝夫 | 上海中医药杂志 | 1964,(2):30 |
| 对经前乳胀的治疗经验介绍 | 冯祖南 | 江苏中医药 | 1964,(3):42 |
| 咳嗽证治例案 | 余淦杰 | 上海中医药杂志 | 1964,(3):21 |
| 临床应用留针的点滴体会 | 凌煦之 | 中医杂志 | 1964,(3):19 |
| 针灸治愈胃痛的经验 | 钱瑞祥 | 江苏中医药 | 1964,(4):4 |
| 望诊诊察蛔虫病点滴经验介绍 | 章湘平等 | 广东医学 | 1964,(5):19 |
| 湿疹与荨麻疹的临床治验 | 李再白 | 江苏中医药 | 1964,(5):14 |
| 试述中药治疗荨麻疹的几个法则 | 江一平 | 江苏中医药 | 1964,(5):2 |
| “外关”穴在临床上的运用 | 张善忱等 | 山东医药 | 1964,(5):32 |
| 对针刺内关穴并用捻转补泻法治疗 1 例呃逆症的讨论 | 王佐良 | 上海中医药杂志 | 1964,(5):27 |
| 以针灸百会穴为主的验案数则 | 谢兆丰 | 上海中医药杂志 | 1964,(5):33 |
| 针刺治愈瘖哑 2 例 | 张崇正 | 上海中医药杂志 | 1964,(5):31 |
| 用疾徐补泻针刺大椎治疗疟疾 30 例经验介绍 | 靳　瑞等 | 广东医学 | 1964,(6):9 |
| 刺络疗法临床体会 | 朱曾伟 | 江苏中医药 | 1964,(6):21 |
| 溃疡性结肠炎治例 1 则 | 徐承祖 | 上海中医药杂志 | 1964,(6):20 |
| 针灸治疗 297 例小儿灰髓炎后遗症疗效观察 | 王宗学 | 上海中医药杂志 | 1964,(6):34 |
| 扬刺深针法治疗腱鞘囊肿 38 例 | 方吉庆 | 山东医药 | 1964,(7):36 |
| 中医药治疗肺结核病(文献综述) | 刘浩江 | 上海中医药杂志 | 1964,(7):34 |
| 中医药治疗痢疾毒血症 2 例 | 蒲辅周等 | 上海中医药杂志 | 1964,(8):14 |
| 治疗周围淋巴结结核的经验介绍(附 669 例临床疗效分析) | 夏玉卿等 | 中医杂志 | 1964,(9):6 |

| | | | |
|---|---|---|---|
| 介绍阳痿证治验 | 姜子维 | 江苏中医药 | 1964,(10):31 |
| 我对针下候气的临床体会 | 李恭邑 | 山东医药 | 1964,(11):46 |
| 针灸治疗痹病的研究心得(附500例临床疗效介绍) | 焦勉斋 | 福建中医药 | 1965,(1):12 |
| 针刺手法“烧山火”、“透天凉”临床效果的初步观察(37例136针次的资料分析) | 陆瘦燕等 | 上海中医药杂志 | 1965,(5):24 |
| 伤科的中医辨证施治体会 | 郑士桓 | 山东医药 | 1965,(6):32 |
| 针灸治疗胸痹心痛(心绞痛)7例报导 | 沈刚如 | 上海中医药杂志 | 1965,(6):33 |
| 暑温治疗方法座谈纪要 | 赵锦樵 | 江西医药 | 1965,(8):960 |
| 针灸治疗小儿麻痹症50例临床报告 | 单乐贤等 | 江西医药 | 1965,(8):956 |
| 针灸治疗疟疾50例的效果观察 | 杨璧城 | 中国医刊 | 1965,(8):500 |
| 取原穴治疗105例痛症的初步观察 | 戚 淦 | 江苏中医药 | 1965,(11):20 |
| 短针浅刺锁骨上臂丛神经阻滞 | 邹立志 | 天津医药 | 1965,(12):991 |
| 针刺治疗50例颜面神经麻痹初步报告 | 吕兴斋等 | 福建中医药 | 1966,(3):28 |
| 缪刺法临床体会 | 何友良 | 广东医学 | 1966,(3):41 |
| 针、药治疗小儿急惊风的初步介绍(附45例病案分析) | 赵鉴秋 | 山东医药 | 1966,(3):9 |
| 试谈祖国医学中升降学说在临床运用的体会 | 陆啸石 | 江苏中医药 | 1966,(5):2 |
| 用针刺放血治疗红斑性肢痛症一例 | 喻喜春 | 江苏中医药 | 1966,(5):42 |
| 月经不调治法体验 | 邹竺荫 | 江西医药 | 1966,(5):246 |
| 针刺治疗脱肛 | 郭传昉等 | 中国医刊 | 1966,(7):462 |
| 针挑治疗声带结节两例 | 司徒铃 | 新中医 | 1972,(6):39 |
| 麻痹性内斜视 | 关天相 | 新中医 | 1973,(3):34 |
| 中医治疗急性风湿性关节炎的临床体会 | 王为兰 | 中国临床医生 | 1973,(5):33 |
| 调补肾阴肾阳对妇科病的运用 | 罗元恺 | 新中医 | 1974,(1):10 |
| 谈谈“散者收之”——收涩法的临床应用 | 林建德 | 新中医 | 1974,(1):28 |
| 行气活血法在临床上的运用 | 阎洪臣 | 新中医 | 1974,(1):17 |
| 中医治疗慢性风湿性关节炎的体会 | 王为兰 | 中国临床医生 | 1974,(1):40 |
| 肝炎、肝硬化的初步治疗经验(一) | 龚志贤 | 重庆医学 | 1974,(2):49 |
| 针刺出现循经感觉减退带一例报告及关于经络病候中的经循线损伤的探讨 | 肖永俭等 | 山东医药 | 1974,(3):33 |
| 胃癌治验一例 | 张梦侬 | 新中医 | 1974,(3):24 |
| 中医儿科临床浅解 | 王伯岳 | 中国临床医生 | 1974,(5):33 |
| 卫气营血辨证在临床的应用 | 张学文 | 陕西医学杂志 | 1974,(6):52 |
| 针刺治疗腓神经麻痹(足下垂症)6例的疗效观察 | 韩祖濂等 | 中医杂志 | 1974,(8):43 |
| 前列腺肥大的中医疗法 | 张哲臣 | 山东医药 | 1975,(1):44 |
| 头针治疗脑溢(出)血的经验 | 杨龙平 | 山西医药杂志 | 1975,(1):106 |
| 祛瘀法及其应用 | 邓铁涛 | 新中医 | 1975,(2):25 |
| 运用活血祛瘀疗法一些体会 | 刘菊芳 | 海南医学 | 1975,(3):31 |
| 治疗肺痈的临床体会 | 姚兴华等 | 陕西医学杂志 | 1975,(3):27 |
| 胃痛治验 | 张泽生等 | 江苏医药 | 1975,(6):40 |
| 治疗外感咳嗽的临床体会 | 王士相 | 天津医药 | 1975,(12):617 |
| 以活血化淤法为基础结合辨证施治治疗冠心病五十例的体会 | 张凤群等 | 贵州医药 | 1975,(Z1):26 |
| 眩晕两则 | 黄汉强 | 右江医学 | 1976,(1):70 |
| 治咳七法 | 焦树德 | 中医杂志 | 1976,(1):45 |
| 活血化瘀的理论与临床应用 | 张廷栋 | 黑龙江医药 | 1976,(2):39 |

| | | | |
|---|---|---|---|
| 中风治验 | 沈仲圭 | 新中医 | 1976,(2):20 |
| 新针治疗腓总神经麻痹一例 | 曹嘉敏 | 天津医药 | 1976,(3):152 |
| 针刺"心俞"穴治愈发作性睡病两例 | 许　正 | 新中医 | 1976,(4):41 |
| 中医治疗心肌炎的临床体会 | 任继学 | 安徽医科大学学报 | 1976,(4):17 |
| 对糖尿病的治疗体会 | 祝谌予 | 中医杂志 | 1976,(5):36 |
| 癫症二例 | 关济民 | 新中医 | 1976,(6):19 |
| 调理脾胃在儿科临床上的意义 | 张利荣 | 福建医科大学学报 | 1977,(1):30 |
| 对治疗尿路结石的一点认识 | 安炳仁 | 江汉大学学报（自然科学版） | 1977,(1):43 |
| 针刺治疗颜面一侧汗出证四例 | 王乐善等 | 辽宁中医杂志 | 1977,(1):44 |
| 中西医结合治疗面神经麻痹 | 刘鹤鸣 | 右江医学 | 1977,(1):22 |
| "辨舌"在临床上的意义 | 张海峰 | 江西医学院学报 | 1977,(3):72 |
| 中医中药治疗精神病的经验体会 | 俞昌正 | 山东中医药大学学报 | 1977,(3):32 |
| 多发性神经炎治验一则 | 赵锡武等 | 中医杂志 | 1977,(3):37 |
| 面神经麻痹的诊断和治疗 | 肖镇祥 | 中国临床医生 | 1977,(4):31 |
| 奔豚一例治验 | 王池卿 | 华中科技大学学报（医学版） | 1977,(5):109 |
| 低热验案 | 张海峰等 | 陕西医学杂志 | 1977,(5):27 |
| 通因通用法治愈大便下血 | 陈芝高 | 新中医 | 1977,(5):21 |
| 神经官能症的临床管见 | 李仲愚 | 现代临床医学 | 1977,(6):62 |
| 糖尿病的治验 | 祝谌予 | 新中医 | 1977,(6):13 |
| "缪刺法"治疗腰腿痛 78 例 | 金观源 | 中国临床医生 | 1977,(10):15 |
| 治疗小儿腹泻的经验点滴 | 李浚川 | 江汉大学学报（自然科学版） | 1978,(1):47 |
| "活血化瘀法"在妇科的临床应用 | 孙宁铨 | 江苏中医药 | 1978,(1):6 |
| 简谈足针疗法的几点体会 | 肖少卿 | 江苏中医药 | 1978,(1):37 |
| 小午路病治验 | 冯慕良 | 辽宁中医杂志 | 1978,(1):34 |
| 治疗周痹的临床经验 | 王乐善等 | 辽宁中医杂志 | 1978,(1):6 |
| 中西医结合治疗小儿肺炎 122 例观察 | 马沛然等 | 山东医药 | 1978,(1):11 |
| 我对活血化瘀法的认识和运用 | 沈济苍 | 上海中医药杂志 | 1978,(1):36 |
| 补脾益肺法在肺结核治疗中的应用 | 戚景如等 | 现代医学 | 1978,(1):20 |
| 中医救治脑型疟疾的体会 | 唐关锐 | 云南中医学院学报 | 1978,(1):71 |
| 踝关节扭伤的针刺与放血 | 王　雨 | 重庆医学 | 1978,(2):69 |
| 我对"同病异治"的体会 | 刘恒志 | 哈尔滨医科大学学报 | 1978,(2):80 |
| 低热的中医药治法 | 夏航胜 | 江苏中医药 | 1978,(2):8 |
| 中医治疗高血压病的体会 | 土大鹏 | 大津医约 | 1978,(2):69 |
| 中西医结合治疗痿症五例(摘要) | 陈佩璋 | 西安交通大学学报（医学版） | 1978,(2):152 |
| 对应点针刺治疗 1944 例的初步总结 | 冯纯礼 | 中医杂志 | 1978,(2):18 |
| "上病下治"验案数则 | 陈大舜 | 广西中医药 | 1978,(3):32 |
| 祖国医学对肿瘤的防治 | 张延栋 | 哈尔滨医科大学学报 | 1978,(3):84 |
| 反治三案 | 陈晓平 | 辽宁中医杂志 | 1978,(3):20 |
| 乌贼骨与茜草配伍在妇科临床的应用 | 李祥云 | 新中医 | 1978,(3):22 |
| 我对冠心病的诊治 | 任应秋 | 云南中医学院学报 | 1978,(3):1 |
| 治愈五年瘫痪一例的体会 | 黄志强 | 浙江中医药大学学报 | 1978,(3):39 |
| "塞因塞用"治验 | 王福兴 | 山东医药 | 1978,(4):39 |

| | | | |
|---|---|---|---|
| 运用针刺手法诱导经络感传的一些体会 | 黎泽泉等 | 新中医 | 1978,(4):40 |
| 中医活血化淤理论的临床应用 | 王少伯等 | 黑龙江医药 | 1978,(5):46 |
| 温阳补肾的治疗体会 | 武克运 | 山西医药杂志 | 1978,(5):30 |
| 脾胃学说的临床应用 | 广州中医学院脾胃研究组 | 新医学 | 1978,(5):258 |
| 运用脾胃学说治疗部分神经性疾患的体会 | 刘冠军 | 新中医 | 1978,(5):31 |
| 《内经》的临床应用点滴 | 刘凤谦 | 广西医学 | 1978,(6):27 |
| 脾胃学说的临床应用(续) | 广州中医学院脾胃研究组 | 新医学 | 1978,(6):306 |
| 反佐疗法在临床上的运用 | 邹云翔等 | 中医杂志 | 1978,(6):11 |
| 脾胃学说探讨——脾胃学说的临床应用(续) | 广州中医学院脾胃研究组 | 新医学 | 1978,(7):355 |
| 中医治疗皮肤病18例观察 | 崔守杰 | 天津医药 | 1978,(8):371 |
| 脾胃学说探讨——脾胃学说的临床应用(续) | 广州中医学院脾胃研究组 | 新医学 | 1978,(8):406 |
| 脾胃学说的临床应用(续完) | 广州中医学院脾胃研究组 | 新医学 | 1978,(9):465 |
| 中西医结合治疗上消化道出血的概况 | 陈泽霖等 | 中医杂志 | 1978,(10):61 |
| 月经过期不止治验 | 曾绍裘 | 中医杂志 | 1978,(12):37 |
| 活血化瘀及其临床应用 | 王锦溥 | 河北医药 | 1979,(1):46 |
| 崩漏辨治施治的临床体会 | 金方钰 | 湖北中医杂志 | 1979,(1):43 |
| 《内经》药熨方的应用 | 肖佐桃 | 湖南中医学院学报 | 1979,(1):29 |
| 脾胃学说在针灸临床上的应用 | 刘冠军等 | 吉林大学学报(医学版) | 1979,(1):61 |
| 论妇科领域中的补肾法 | 徐升阳 | 江汉大学学报(自然科学版) | 1979,(1):66 |
| 针灸验案 | 万寿林 | 江苏中医药 | 1979,(1):45 |
| 早期肝硬化症治验 | 李子学 | 辽宁中医杂志 | 1979,(1):48 |
| 塞因塞用治疗臌胀 | 郭继法等 | 山东医药 | 1979,(1):34 |
| 中医治疗89例坐骨神经痛(痛痹)初步观察 | 孙绍良 | 陕西中医学院学报 | 1979,(1):25 |
| 用“通”的观点探讨活血化瘀法的原理 | 刘树农 | 上海中医药杂志 | 1979,(1):11 |
| 浅谈反治法治疗功能性子宫出血的体会 | 金丽泉 | 西安交通大学学报(医学版) | 1979,(1):55 |
| 中医对甲状腺机能亢进的治疗 | 张俊文 | 西安交通大学学报(医学版) | 1979,(1):118 |
| 治疗心痛的经验体会 | 李斯炽等 | 新医药学杂志 | 1979,(1):5 |
| 先兆流产和习惯性流产的中医疗法 | 罗元恺 | 新中医 | 1979,(1):11 |
| “从肾论治”在两例妇科病中的点滴体会 | 叶淑端 | 贵阳中医学院学报 | 1979,(2):84 |
| 猝聋哑病治验 | 刘少安 | 贵阳中医学院学报 | 1979,(2):63 |
| 治疗中风管见 | 黄宗莹 | 贵州医药 | 1979,(2):8 |
| 诊余随记 | 徐景藩 | 江苏中医药 | 1979,(2):41 |
| 男性不孕症的中医治疗 | 李广文 | 山东中医药大学学报 | 1979,(2):29 |
| 试论补法在治疗慢性肝炎中的应用 | 王文正等 | 山东中医药大学学报 | 1979,(2):26 |
| 艾灸21例病人对12经脉感传现象的观察 | 孙仁民等 | 陕西中医学院学报 | 1979,(2):38 |
| 关于血栓闭塞性脉管炎治疗问题的初步探讨(附50例临床分析) | 刘柏龄 | 新中医 | 1979,(2):1 |
| 六经辨证在儿科的应用 | 李树勋 | 新中医 | 1979,(2):39 |
| 辨证治疗痢疾的临床体会 | 王登科 | 云南中医学院学报 | 1979,(2):31 |
| 浅谈对降法的认识和临床运用 | 冯汝凯 | 重庆医学 | 1979,(3):15 |
| 癫狂症的治疗 | 宋连忠 | 黑龙江医药 | 1979,(3):33 |
| “心主身之血脉”及其临床意义 | 刘承才 | 山东中医药大学学报 | 1979,(3):5 |
| 几种常见皮肤病的治疗 | 康永政 | 山西医药杂志 | 1979,(3):37 |

| | | | |
|---|---|---|---|
| 脾胃学说对消化系统疾病的应用初探 | 邓铁涛 | 新医药学杂志 | 1979,(3):7 |
| 探测耳穴诊断疾病500例的初步分析 | 王如萍 | 新中医 | 1979,(3):31 |
| 脾胃学说在针灸临床上应用 | 刘冠军 | 浙江中医药大学学报 | 1979,(3):42 |
| 中医药治疗鼻科疾病近况 | 郄凤卿 | 黑龙江医学 | 1979,(4):35 |
| 活血化瘀在外科临床的运用 | 陈克明 | 江苏中医药 | 1979,(4):30 |
| 针刺"胆蛔压痛点"治疗胆道蛔虫症的初步探讨 | 刘　凡 | 辽宁中医杂志 | 1979,(4):40 |
| 巨刺治疗扭伤 | 何友信 | 新中医 | 1979,(4):37 |
| 活血化瘀法在妇科病应用的体会 | 班秀文 | 浙江中医药大学学报 | 1979,(4):8 |
| 略谈肝硬化的中药疗法 | 沈仲圭 | 辽宁中医杂志 | 1979,(6):4 |
| 推拿治疗冠心病30例 | 郑风胡等 | 上海中医药杂志 | 1979,(6):12 |
| 活血化瘀法在妇科临床的应用 | 潘澄濂 | 浙江中医药大学学报 | 1979,(6):3 |
| 火针治疗体表脓肿337例 | 杜钰生等 | 中国临床医生 | 1979,(7):15 |
| 针刺治疗坐骨神经痛318例临床分析 | 江有源 | 中医杂志 | 1979,(8):24 |
| 针治呃逆32例体会 | 赵玉荣 | 北京医学 | 1980,(1):44 |
| 针灸对机体的良性调整作用点滴体会 | 周　欢 | 贵阳中医学院学报 | 1980,(1):17 |
| 运用温阳药物治疗病态窦房结综合征的体会 | 董国权等 | 贵州医药 | 1980,(1):47 |
| 浅谈活血化瘀法的临床运用 | 肖佐桃 | 湖南中医学院学报 | 1980,(1):75 |
| 缪刺法及其应用 | 刘冠军等 | 吉林中医药 | 1980,(1):46 |
| 中医脾胃学说的临床应用 | 廖家兴 | 江西中医药 | 1980,(1):6 |
| 温中理气法在治疗消化系统疾病中的临床应用 | 刘英年 | 辽宁中医杂志 | 1980,(1):24 |
| 中医辨证治疗141例慢性化脓性中耳炎 | 蔡福养等 | 辽宁中医杂志 | 1980,(1):7 |
| 略谈祖国医学水液代谢及临床治疗 | 郝　朴 | 陕西中医 | 1980,(1):30 |
| 针刺治疗阳痿 | 丁金榜 | 陕西中医学院学报 | 1980,(1):19 |
| 饮食疗法对防治疾病的作用 | 陈伟忠 | 新中医 | 1980,(1):47 |
| 应用"阴阳互根"的理论指导临床的体会 | 李继贵 | 云南中医学院学报 | 1980,(1):26 |
| 运用大黄附子汤治疗肠澼的体会 | 陈　汇 | 云南中医学院学报 | 1980,(1):36 |
| 中医中药治疗甲亢的经验与展望 | 陈文雷等 | 中医杂志 | 1980,(1):77 |
| 滋阴降火法在临床实践的体会 | 邢鹂江 | 江苏中医药 | 1980,(2):5 |
| 扶正疗法治疗慢性肝炎(摘要) | 胡兆琪 | 临床医学 | 1980,(2):26 |
| 52例脑动脉硬化辨证论治 | 满维新 | 山东医学高等专科学校学报 | 1980,(2):193 |
| 治疗甲亢心得 | 仲少文等 | 山东中医药大学学报 | 1980,(2):53 |
| 辨发热首先要分清外感内伤 | 王树元 | 山东中医药大学学报 | 1980,(2):13 |
| 治疗冠心病的体会 | 郭士魁 | 陕西中医 | 1980,(2):23 |
| 中医治疗5例风湿性脑病 | 李树勋 | 陕西中医 | 1980,(2):49 |
| 验案四则 | 颜德馨等 | 上海中医药杂志 | 1980,(2):25 |
| 中医药对几种眼科病的治验 | 张济民 | 新医药通讯 | 1980,(2):20 |
| 活血化瘀法在妇科临床应用的体会 | 梁行材 | 广西中医药 | 1980,(3):18 |
| 内消法在外科临床上运用的点滴体会 | 皮巨川 | 贵阳中医学院学报 | 1980,(3):24 |
| 针刺治愈一例右眼共同性内斜屈光不正 | 李振东 | 河北医药 | 1980,(3):7 |
| "扶阳法"的临床运用 | 赵庆君 | 湖北中医杂志 | 1980,(3):38 |
| 针灸原络配穴的临床点滴体会 | 万寿林 | 江苏中医药 | 1980,(3):45 |
| 中西医结合治疗化脓性髋关节炎(附302例临床观察) | 刘淑坤等 | 泸州医学院学报 | 1980,(3):54 |
| 谈"变法"的临床运用 | 孙祚民 | 山东中医药大学学报 | 1980,(3):52 |
| 肝硬化腹水的中医治疗 | 乔富渠等 | 陕西中医 | 1980,(3):26 |
| 中医中药治疗慢性盆腔炎310例 | 中医研究院西苑医院妇科 | 上海中医药杂志 | 1980,(3):13 |

| | | | |
|---|---|---|---|
| 灸法的临床应用和原理研究 | 邵　虹 | 上海中医药杂志 | 1980,(3):41 |
| “冬至一阳生,夏至一阴生”在辨证上的应用——病例两则 | 王与贤 | 上海中医药杂志 | 1980,(3):9 |
| 活血化瘀法对妇产科疾病的运用 | 罗元恺 | 新中医 | 1980,(3):1 |
| 和解法及其临床运用 | 皇甫礼 | 云南中医中药杂志 | 1980,(3):24 |
| 坐骨神经痛的针灸治疗 | 包黎恩 | 浙江中医学院学报 | 1980,(3):43 |
| 冠心病治疗之我见 | 张建国 | 中原医刊 | 1980,(3):21 |
| “病机十九条”的临床应用(上) | 徐荣斋 | 赤脚医生杂志 | 1980,(4):24 |
| “巨刺三步法”治疗102例中风后遗症的疗效观察 | 苏尔亮 | 江苏中医药 | 1980,(4):41 |
| 脑溢血的中医辨证和治疗 | 沈敏南 | 辽宁中医杂志 | 1980,(4):23 |
| 祖国医学对肾炎的认识及常用治法 | 孙同郊 | 泸州医学院学报 | 1980,(4):88 |
| 阴伤孤阳无依　亟予毓阴敛阳——著名老中医陈道隆运用阴阳学说的验案一则 | 陈梦月等 | 上海中医药杂志 | 1980,(4):7 |
| 翳风穴治疗呃逆 | 王启才 | 新中医 | 1980,(4):39 |
| 针治髀部扭伤 | 郭鸿骥 | 医卫通讯 | 1980,(4):92 |
| 治疗周围性面神经麻痹50例 | 尤永豫 | 湖北中医杂志 | 1980,(5):34 |
| 面神经麻痹的针灸治疗 | 朱天洪 | 江苏中医药 | 1980,(5):41 |
| “同经相应”针刺法的应用 | 王永生 | 山西医药杂志 | 1980,(5):22 |
| 浅谈“不治已病治未病”的临床运用 | 韩胜保 | 贵州医药 | 1980,(6):47 |
| 急性阑尾炎的病机与辨证施治 | 周俊元 | 贵州医药 | 1980,(6):53 |
| 深刺“三叉1、2、3穴”治疗三叉神经痛 | 陶正新等 | 江苏中医药 | 1980,(6):45 |
| 浅谈升降平衡理论在临床实践中的指导意义 | 李浩然 | 辽宁中医杂志 | 1980,(6):32 |
| 针刺阳池穴治疗踝关节扭伤 | 刘　华 | 中医杂志 | 1980,(6):15 |
| 论清肝泻火法及其临床应用 | 王大鹏 | 中原医刊 | 1980,(6):22 |
| 针灸治验四则 | 张安成 | 辽宁中医杂志 | 1980,(7):44 |
| 三焦概念的研讨及其在临床上的应用 | 郭铭信 | 中医杂志 | 1980,(8):7 |
| 中医辨证分型治疗口疮 | 蔡福养等 | 辽宁中医杂志 | 1980,(9):32 |
| 中医舌诊与胃十二指肠病变(附纤维胃镜检查162例分析) | 李艳冬 | 山东医药 | 1980,(9):31 |
| 温中祛寒散敷脐法的临床应用 | 朱兴振 | 辽宁中医杂志 | 1980,(11):30 |
| 滋阴疗法及其有关问题 | 章真如 | 中医杂志 | 1980,(11):19 |
| 口疮勿泥于清胃泻火辨标本先后图治为要 | 谢海洲 | 辽宁中医杂志 | 1980,(12):10 |
| 略论中药的配伍运用(续) | 丁光迪 | 辽宁中医杂志 | 1980,(12):4 |
| 验案三则 | 崔皎如 | 安徽中医学院学报 | 1981,(00):39 |
| 针刺治疗十例斜视的疗效观察 | 刘世安 | 福建中医药 | 1981,(1):32 |
| 活血化瘀法治疗糖尿病五例 | 张世德 | 贵阳中医学院学报 | 1981,(1):37 |
| 浅部静脉炎五例治验 | 田永淑等 | 河北中医 | 1981,(1):44 |
| 泻下法的临床运用 | 范准成 | 河北中医 | 1981,(1):26 |
| 针刺在耳鼻咽喉科应用的探讨 | 张培俭 | 河北中医 | 1981,(1):50 |
| 治疗皮肤病的一点体会 | 张子维 | 河北中医 | 1981,(1):59 |
| 针刺督脉治疗颈椎病 | 赵振国 | 黑龙江医药 | 1981,(1):43 |
| 从“保胃气”法谈果食品入药的运用 | 姜少玲 | 黑龙江中医药 | 1981,(1):42 |
| 中风二则 | 田玉美 | 湖北中医杂志 | 1981,(1):15 |
| 循经综合征——应引起注意的临床症候群 | 陈克勤 | 吉林中医药 | 1981,(1):12 |
| 脾经郄穴埋针治疗功能性子宫出血 | 黄定泰 | 江苏中医药 | 1981,(1):56 |
| 略谈“上工治未病”在临床上的指导意义 | 张了然 | 江西中医药 | 1981,(1):12 |

| | | | |
|---|---|---|---|
| 奇经八脉在内科临床上的运用 | 沈庆法 | 辽宁中医杂志 | 1981,(1):1 |
| 甘温除热在儿科临床的应用 | 滕宣光 | 辽宁中医杂志 | 1981,(1):25 |
| 妇人癥瘕临床验案二则 | 张绍岩 | 泸州医学院学报 | 1981,(1):62 |
| 回阳救逆法及其临床应用 | 孙曾祺 | 山东中医杂志 | 1981,(1):19 |
| “活血化淤”法及其在妇产科临床上的应用 | 马桂文 | 陕西中医学院学报 | 1981,(1):24 |
| 急性心肌梗死的中西医结合护理 | 丁雷花 | 陕西中医学院学报 | 1981,(1):40 |
| 推拿治疗前后漏肩风患者的指端血管容积变化的初步观察 | 王礼康等 | 上海中医药杂志 | 1981,(1):42 |
| “诸寒之而热者取之阴”的临床应用 | 吴永炎等 | 新中医 | 1981,(1):41 |
| 治病求本临证一得 | 傅世杰 | 新中医 | 1981,(1):55 |
| 慢性胆囊炎的辩证论治 | 王克文 | 延边大学医学学报 | 1981,(1):40 |
| 经期感冒的辨证论治 | 陈　汇 | 云南中医学院学报 | 1981,(1):31 |
| 四例“久咳不止”的治验介绍 | 刘静庵 | 云南中医学院学报 | 1981,(1):46 |
| 儿科病治疗原则的体会 | 王伯岳 | 云南中医中药杂志 | 1981,(1):17 |
| 十四经俞穴主治疾病的规律 | 肖少卿 | 云南中医中药杂志 | 1981,(1):35 |
| “痰厥”一例治验 | 崔雨生等 | 郑州大学学报(医学版) | 1981,(1):322 |
| 糖尿病中医辨证分型与血浆皮质醇水平的关系 | 徐鸿达等 | 中国中西医结合杂志 | 1981,(1):27 |
| 温经散寒法治愈海绵状血管瘤1例 | 袁金生 | 中医杂志 | 1981,(1):35 |
| 化脓性牙周炎 | 刘友梁 | 福建医药杂志 | 1981,(2):43 |
| 针刺条口穴治疗肩凝 | 陈燕南 | 福建中医药 | 1981,(2):59 |
| 清法与龙胆泻肝汤 | 张荣川等 | 贵阳中医学院学报 | 1981,(2):51 |
| 冠心病的中医防治 | 廖琪秀 | 海南医学 | 1981,(2):52 |
| 活血化瘀法在妇科上的运用 | 李密英等 | 河北中医 | 1981,(2):42 |
| 谈婴幼儿腹泻的治疗体会 | 曹丰城 | 河北中医 | 1981,(2):45 |
| 中风(蛛网膜下腔出血)治验 | 刘信诚 | 河北中医 | 1981,(2):37 |
| 粗针治疗脑血管病后遗症临床观察 | 关海岐 | 黑龙江医学 | 1981,(2):42 |
| 谈苦寒泻下透发麻疹 | 任怀英 | 黑龙江中医药 | 1981,(2):7 |
| 通因通用临证一得 | 杨永珍 | 湖北中医杂志 | 1981,(2):52 |
| 岳美中医话二则 | 江幼李 | 湖北中医杂志 | 1981,(2):14 |
| 周兰若治疗咳嗽经验 | 陆文彬 | 湖北中医杂志 | 1981,(2):10 |
| 中医治疗急性病概况 | 张大钊 | 华中医学杂志 | 1981,(2):157 |
| 浅谈刺络法及其应用 | 孙国杰 | 江苏中医药 | 1981,(2):44 |
| 药粥疗法及其应用 | 储　农等 | 江苏中医药 | 1981,(2):58 |
| 经络反应临床病案分析 | 陈克勤 | 辽宁中医杂志 | 1981,(2):39 |
| 巨刺治疗风湿痛 | 何友信 | 辽宁中医杂志 | 1981,(2):43 |
| 谈妇科中的肾与补肾法 | 王华秀 | 辽宁中医杂志 | 1981,(2):12 |
| 生铁落饮加减化裁治愈“癫狂症”一例 | 刘国祥 | 农垦医学 | 1981,(2):116 |
| 以活血化瘀法为主治疗脑血栓37例 | 吕家祥 | 陕西中医 | 1981,(2):40 |
| “舒安汤”治疗失眠症 | 韩玉斌 | 陕西中医学院学报 | 1981,(2):44 |
| 斑龙丸加减对小儿项软的治疗 | 王光鼎 | 云南中医中药杂志 | 1981,(2):27 |
| 粗针治疗脑血栓形成151例疗效观察 | 张云飞 | 云南中医中药杂志 | 1981,(2):16 |
| 针刺“内关透三阳络”治疗术中恶心呕吐 | 苏心镜 | 中医杂志 | 1981,(2):6 |
| 针刺的深浅原则 | 谢锡亮 | 中医杂志 | 1981,(2):47 |
| 肝炎证治要点讨论会纪要 | 罗本清 | 重庆医学 | 1981,(2):47 |
| 针灸治疗面神经麻痹212例的疗效报告 | 韦有根 | 重庆医学 | 1981,(2):20 |
| 针刺治疗胃十二指肠溃疡 | 张关根 | 广西中医药 | 1981,(3):49 |

| | | | |
|---|---|---|---|
| 补法与补中益气汤 | 张荣川等 | 贵阳中医学院学报 | 1981,(3):51 |
| 龙胆泻肝汤的临床运用 | 顾炳熙 | 河北中医 | 1981,(3):31 |
| 对通络法治疗脑血管意外的认识 | 李　灏 | 河北中医 | 1981,(3):9 |
| 治疗慢性肾炎经验 | 邓铁涛 | 黑龙江中医药 | 1981,(3):13 |
| 崩漏六例的治疗体会 | 哈荔田 | 黑龙江中医药 | 1981,(3):16 |
| 中药性味及其临床运用 | 杨永良 | 湖北中医杂志 | 1981,(3):53 |
| "三叉神经痛"当以清胃泻火为先 | 谢海洲 | 辽宁中医杂志 | 1981,(3):30 |
| 阴阳学说在临床实践中的点滴体会 | 汤承祖 | 辽宁中医杂志 | 1981,(3):22 |
| 中药治疗外感热病的进展 | 徐辉光 | 上海中医药杂志 | 1981,(3):35 |
| 苦酒汤方治疗咽炎 | 邱　峻 | 四川医学 | 1981,(3):194 |
| 脾气虚的初步探讨 | 池绳业 | 浙江中医药大学学报 | 1981,(3):8 |
| 湿病证治 | 郑秉熊 | 浙江中医药大学学报 | 1981,(3):11 |
| "有故无殒亦无殒也"临床考实 | 冯化驯 | 郑州大学学报(医学版) | 1981,(3):494 |
| 试论中药配伍中的药物相互作用 | 李家仁等 | 中国医院药学杂志 | 1981,(3):36 |
| 非口服制剂的回顾与展望 | 甄汉臣 | 中国中药杂志 | 1981,(3):14 |
| "九针"的继承发展与临床应用 | 师怀堂 | 中医杂志 | 1981,(3):41 |
| 介绍我国最早的放腹水疗法 | 李庆业 | 中医杂志 | 1981,(3):77 |
| 中西医结合治疗慢性皮肤溃疡 30 例 | 董　辉等 | 中医杂志 | 1981,(3):21 |
| 深刺哑门穴的几点体会 | 袁　硕等 | 北京大学学报(医学版) | 1981,(4):317 |
| 养阴法则及其临床运用 | 许家松等 | 福建中医药 | 1981,(4):1 |
| 异病同治医案二则 | 王与贤 | 广西中医药 | 1981,(4):10 |
| 活血化瘀法在妇产科临床上的应用 | 施瑞兰 | 贵阳中医学院学报 | 1981,(4):29 |
| 消法与藿香正气散 | 张荣川等 | 贵阳中医学院学报 | 1981,(4):53 |
| 咽炎 230 例与肺胃有热的观察统计 | 李　兆等 | 贵阳中医学院学报 | 1981,(4):23 |
| 活血化瘀法的临床应用和点滴体会 | 聂家驹 | 河北中医 | 1981,(4):13 |
| 对"有故无殒"的认识 | 张志华 | 河北中医 | 1981,(4):63 |
| 护阴是治疗温病的重要法则 | 杨牧祥等 | 河北中医 | 1981,(4):2 |
| 略谈对阴火的认识 | 张士舜 | 河北中医 | 1981,(4):5 |
| 五枝透骨汤熏洗痹症治验 | 杨国桢等 | 河北中医 | 1981,(4):39 |
| 温阳蠲饮法治疗肺心病的探讨 | 林茂庚 | 黑龙江医药 | 1981,(4):41 |
| 崩漏六例的治疗体会(下) | 哈荔田 | 黑龙江中医药 | 1981,(4):15 |
| 人迎洞刺的临床观察 | 王立早 | 吉林中医药 | 1981,(4):34 |
| 目衄 2 例 | 王少华 | 江苏中医药 | 1981,(4):4 |
| 透穴针刺治疗顽固性神经性呕吐 26 例 | 史正修等 | 辽宁中医杂志 | 1981,(4):42 |
| 针刺内关穴治胃痛 | 郭鸿骥 | 山西医科大学学报 | 1981,(4):72 |
| 中医治疗病态窦房结综合征的几种常用法则 | 张问渠等 | 上海中医药杂志 | 1981,(4):13 |
| 治疗胆囊炎的体会 | 张淑贤 | 右江医学 | 1981,(4):204 |
| 六腑"以通为用"临床体会二则 | 鲁贤昌 | 浙江中医药大学学报 | 1981,(4):28 |
| 针刺睛明、迎香穴治疗泪溢 200 例 | 谭景阳等 | 中国临床医生 | 1981,(4):11 |
| 试论"滋水作汗法"在临床上的运用 | 曹南华 | 中医药学报 | 1981,(4):45 |
| 急性感染性疾病应用下法的体会 | 陈扬荣 | 福建医药杂志 | 1981,(5):45 |
| 针感的传导、保留、消减及其手法 | 欧阳群 | 贵州医药 | 1981,(5):22 |
| 试论留针的意义及其应用 | 肖少卿等 | 江苏中医药 | 1981,(5):54 |
| 水热互结、经期浮肿一例治验 | 尹橘桓 | 辽宁中医杂志 | 1981,(5):23 |
| 略谈水气病的证治 | 郭有库 | 山西医药杂志 | 1981,(5):34 |
| 补肾法在妇科病治疗中的应用 | 刘茂甫 | 陕西中医 | 1981,(5):13 |

| | | | |
|---|---|---|---|
| 贺本绪医话五则 | 文　兰 | 陕西中医 | 1981,(5):20 |
| 老中医张近三治疗重症肌无力症的经验 | 李庚和 | 上海中医药杂志 | 1981,(5):15 |
| 温柔补肾法及其在临床上的运用 | 黄仕沛 | 新中医 | 1981,(5):11 |
| 周围性面神经麻痹1,008例疗效分析 | 刘冠军等 | 中国医刊 | 1981,(5):16 |
| 针刺内关穴临证治验 | 陈俊鸿 | 福建医药杂志 | 1981,(6):39 |
| 调节心神功能　改善血流供求——治疗心律失常之我见 | 曹永康 | 江苏中医药 | 1981,(6):1 |
| 读书与临症 | 徐荣斋 | 辽宁中医杂志 | 1981,(6):37 |
| 活血化淤法的治疗经验 | 谢海洲 | 辽宁中医杂志 | 1981,(6):40 |
| 谈谈中西医结合及皮肤病的中医治疗 | 张志礼 | 临床医学 | 1981,(6):55 |
| 试论温热病中"透邪法"的运用 | 姜良铎 | 陕西中医 | 1981,(6):3 |
| 三焦辨证在治疗单疱病毒角膜炎中的运用 | 庞万敏 | 云南中医中药杂志 | 1981,(6):26 |
| 糖尿病治疗体会 | 谢存柱 | 云南中医中药杂志 | 1981,(6):56 |
| 略谈中医"实则泻之、虚则补之"治则在职业病中的应用 | 谢万力 | 中国职业医学 | 1981,(6):41 |
| 温补肾阳法临床应用及其研究的进展 | 施赛珠等 | 中医杂志 | 1981,(6):73 |
| 针灸治疗中风及其后遗症的进展 | 杨元德等 | 辽宁中医杂志 | 1981,(7):42 |
| 略论甘温扶阳法在临床上的应用 | 夏锦堂 | 上海中医药杂志 | 1981,(7):27 |
| 活血化瘀法治疗崩漏的体会 | 周鸣岐 | 中医杂志 | 1981,(7):43 |
| 弄舌证针刺治验一则 | 徐德凤 | 中医杂志 | 1981,(7):7 |
| 针刺内关穴对风湿性心脏病的疗效及机理探讨 | 邬亦贤等 | 中医杂志 | 1981,(7):49 |
| 原发性青光眼从肝论治八法 | 张怀安 | 辽宁中医杂志 | 1981,(8):30 |
| 中医对口腔疾病的治疗 | 朱宗云 | 上海中医药杂志 | 1981,(8):6 |
| 祖国医学中的胰腺及其临床初探 | 顾选文 | 中医杂志 | 1981,(8):9 |
| 泌尿系感染的中医治疗 | 陆永昌 | 山东医药 | 1981,(9):31 |
| 用清脾泻火法治疗口臭 | 谢兆丰 | 中医杂志 | 1981,(9):12 |
| 阴阳五行学说在伤科临床上的运用 | 施维智 | 上海中医药杂志 | 1981,(10):17 |
| 会厌、声带病诊囊小录 | 蔡福养 | 辽宁中医杂志 | 1981,(11):4 |
| 用静药治疗血小板减少性紫癜的临床体会 | 何炎燊 | 新中医 | 1981,(11):10 |
| 针刺内关穴治疗神经性呕吐的时机 | 熊新安 | 中医杂志 | 1981,(11):19 |
| 谈泻下法在儿科的应用 | 纪松珊 | 辽宁中医杂志 | 1981,(12):26 |
| 坐骨神经痛治疗十三法 | 郝文轩 | 辽宁中医杂志 | 1981,(12):22 |
| 加减桂枝茯苓丸治疗产后尿潴留 | 谭俊臣 | 上海中医药杂志 | 1981,(12):28 |
| 阴阳学说在中医外科临床的运用 | 马绍尧等 | 上海中医药杂志 | 1981,(12):13 |
| 谈女科从心论治的经验 | 姚寓晨等 | 中医杂志 | 1981,(12):17 |
| "子午流注"和"灵龟八法"环钟图的运用 | 方云鹏 | 陕西中医 | 1981,(S1):33 |
| "五俞穴"在临床的应用 | 王建德 | 陕西中医 | 1981,(S1):24 |
| 尿毒症的中医治疗 | 张凤群 | 贵阳医学院学报 | 1981,(Z1):150 |
| 王士福老师应用加味半夏秫米汤经验介绍 | 阴　斌 | 天津中医学院学报 | 1982,(00):39 |
| 经气相应取穴法在临床上的应用 | 赵福媛等 | 安徽中医学院学报 | 1982,(1):37 |
| 针灸治疗偏头痛的体会 | 贺普仁 | 北京中医 | 1982,(1):37 |
| 针灸治疗面瘫的体会 | 张静波 | 河北中医 | 1982,(1):60 |
| 脉证同辨的临床意义 | 余淦杰 | 江汉大学学报（自然科学版） | 1982,(1):54 |
| "反治法"治验举例 | 但剑亭 | 江西中医药 | 1982,(1):37 |
| 宣肺法治疗肾炎蛋白尿的体会 | 张志坚 | 辽宁中医杂志 | 1982,(1):29 |

| | | | |
|---|---|---|---|
| 身疼逐淤汤治疗痹证之浅见 | 李成纲 | 陕西中医学院学报 | 1982,(1):16 |
| 针刺补泻操作手法是临床疗效的可靠保证 | 陈大中 | 上海针灸杂志 | 1982,(1):21 |
| 治脾诸法及其临床应用 | 李建华 | 潍坊医学院学报 | 1982,(1):47 |
| 食亦证表现为甲状腺机能亢进25例临床初探 | 马 迅等 | 西安交通大学学报(医学版) | 1982,(1):659 |
| 《内经》整体观对临床实践的指导意义 | 吴涨漫 | 新中医 | 1982,(1):9 |
| 反治法及其临床应用 | 刘恒久 | 中医药学刊 | 1982,(1):30 |
| 治疗急性脑血管病84例临床分析 | 杨克刚 | 成都中医药大学学报 | 1982,(2):43 |
| 中风经验录 | 李荣光等 | 成都中医药大学学报 | 1982,(2):79 |
| 叶留康老中医治久痹阴虚经验 | 冯锦泉 | 广州医药 | 1982,(2):26 |
| 脾胃学说的形成与发展及其临床运用 | 时振声 | 黑龙江中医药 | 1982,(2):8 |
| 血栓闭塞性脉管炎40例临床观察 | 吕奎杰 | 黑龙江中医药 | 1982,(2):24 |
| 医话二则 | 熊继柏 | 湖南中医学院学报 | 1982,(2):47 |
| 固涩法的应用 | 王玉材 | 江苏中医药 | 1982,(2):63 |
| 火针治疗周围性面神经麻痹 | 李秀岩 | 江西中医药 | 1982,(2):53 |
| 调理脾胃法及其临床运用体会 | 魏长春 | 辽宁中医杂志 | 1982,(2):1 |
| 验案两则 | 张怀安 | 辽宁中医杂志 | 1982,(2):49 |
| "诸痛痒疮,皆属于心"的临床意义 | 刘再朋 | 南京中医药大学学报(自然科学版) | 1982,(2):12 |
| 略论补血剂的配伍及应用 | 曲京峰 | 山东中医药大学学报 | 1982,(2):46 |
| 益气活血法治疗冠心病研究进展及原理探讨 | 张文高 | 山东中医杂志 | 1982,(2):91 |
| 从临床失误探讨咳喘的治疗规律 | 高洪春 | 陕西中医 | 1982,(2):43 |
| 谈谈肾藏志、恐伤肾的临床意义 | 刘新生 | 陕西中医 | 1982,(2):25 |
| "项丛刺"在临床的应用 | 华延令等 | 上海针灸杂志 | 1982,(2):22 |
| "导气疗法"治疗慢性腹泻56例 | 陈大中等 | 上海中医药杂志 | 1982,(2):45 |
| 中医外感热病的回顾与进展 | 宋鹭冰等 | 四川医学 | 1982,(2):70 |
| 从临床实践看中西医结合的重要性 | 平兆愈 | 新中医 | 1982,(2):49 |
| 下法治疗急性感染性疾病的体会 | 杨丽香 | 新中医 | 1982,(2):44 |
| "通因通用"临床运用体会 | 刘弼臣 | 中国临床医生 | 1982,(2):29 |
| 浅析脾胃学说在心血管疾病上的运用 | 董秀芝 | 北京中医 | 1982,(3):13 |
| 针灸治疗癔病的体会 | 李志明等 | 北京中医 | 1982,(3):19 |
| 针刺涌泉穴的临证体会 | 龚 菼 | 福建中医药 | 1982,(3):56 |
| 肾小球肾炎患者耳廓肾炎点的初步探讨 | 周 欢等 | 贵阳中医学院学报 | 1982,(3):36 |
| 研讨五腧穴的主病规律及其临床运用 | 刘冠军等 | 黑龙江中医药 | 1982,(3):40 |
| 同病异治二则 | 何孔金等 | 湖北中医杂志 | 1982,(3):40 |
| 艾灸作用的初步探讨 | 陈演江等 | 吉林中医药 | 1982,(3):45 |
| 豹文刺治疗慢性小腿溃疡 | 白秀荣 | 锦州医学院学报 | 1982,(3):45 |
| 固涩法临床应用举例 | 孙鼎全等 | 山东中医杂志 | 1982,(3):151 |
| 经络皮部理论的临床应用 | 张剑秋等 | 上海针灸杂志 | 1982,(3):43 |
| 调气法在妇科杂病中的应用 | 吴兆洪等 | 上海中医药杂志 | 1982,(3):9 |
| 通宣肺气临床运用(附医案三例) | 程 鹤等 | 实用医学杂志 | 1982,(3):25 |
| 瘀血学说及活血化瘀法在消化系统病证的应用 | 刘国普 | 新中医 | 1982,(3):54 |
| 中草药治疗血栓闭塞性脉管炎的体会 | 林金良等 | 云南中医学院学报 | 1982,(3):28 |
| 妊娠期用药的临床体会 | 郁加凡等 | 浙江中医药大学学报 | 1982,(3):24 |
| "经闭不闭"的病机及临证体会 | 徐荣斋 | 广西中医药 | 1982,(4):32 |
| "异病同治"临证一得 | 万志成 | 广州医药 | 1982,(4):30 |

| | | | |
|---|---|---|---|
| 针刺补泻手法运用的体会 | 张秀女 | 河北中医 | 1982,(4):45 |
| 试论"辨证论治七步"的临床意义 | 傅兴国等 | 湖北中医杂志 | 1982,(4):1 |
| 川芎煎剂治疗三叉神经痛21例 | 李双贵 | 湖北中医杂志 | 1982,(4):34 |
| 通法治痛举隅 | 黄保民 | 湖南中医学院学报 | 1982,(4):24 |
| 应用凉膈散治疗肺部疾病的点滴体会 | 陈　纯等 | 湖南中医学院学报 | 1982,(4):27 |
| 从凉膈散的加减应用看中医的"上病下取"治则 | 李永寿 | 吉林中医药 | 1982,(4):10 |
| 论肝肾关系及其临床意义 | 李济仁 | 吉林中医药 | 1982,(4):8 |
| 谈经络在临床上的意义 | 方药中 | 吉林中医药 | 1982,(4):1 |
| 点穴按摩验案两则 | 吴健民 | 江苏中医药 | 1982,(4):6 |
| 脾胃学说在妇科领域内的应用 | 王少华等 | 辽宁中医杂志 | 1982,(4):16 |
| 针刺治疗面神经麻痹89例疗效分析 | 韩玉芳 | 上海针灸杂志 | 1982,(4):4 |
| 中医临床研究之我见 | 胡志坚 | 上海中医药杂志 | 1982,(4):27 |
| 气机失调的治疗 | 刘金诚 | 云南中医学院学报 | 1982,(4):35 |
| 活血化瘀法异病同治五则 | 李玉华 | 云南中医中药杂志 | 1982,(4):7 |
| 针刺三叉神经穴位的意义和方法 | 周绮楼等 | 云南中医中药杂志 | 1982,(4):26 |
| 《内经》"怒则气逆"理论在临床上的运用 | 阎洪臣 | 浙江中医药大学学报 | 1982,(4):20 |
| 清阳下陷及其临床治例 | 刘渡舟 | 中国临床医生 | 1982,(4):18 |
| 浅谈"下法"在急腹症的临床应用 | 冯宁英 | 重庆医学 | 1982,(4):27 |
| 脾胃学说在临床上的指导作用 | 王少华等 | 广西中医药 | 1982,(5):15 |
| 乌梅丸治疗痉病 | 袁尊山 | 上海中医药杂志 | 1982,(5):28 |
| 温经养营汤治疗寒湿性坐骨神经痛 | 王树元 | 实用医学杂志 | 1982,(5):32 |
| 脾胃学说的理论研究及其临床意义 | 沈仲理 | 浙江中医药大学学报 | 1982,(5):10 |
| 试谈脾阴虚及其临床意义 | 汤一新 | 浙江中医药大学学报 | 1982,(5):12 |
| "木郁达之"法在临床上的运用 | 俞长荣等 | 福建中医药 | 1982,(6):9 |
| 经方初探 | 苏　礼 | 广西中医药 | 1982,(6):12 |
| 干祖望老中医治疗耳聋的经验 | 程康明 | 江苏中医药 | 1982,(6):10 |
| 针刺治疗脑溢血术后偏瘫一例 | 陆德树 | 江苏中医药 | 1982,(6):47 |
| 淫羊藿汤治疗肾虚咳嗽 | 胥勋伟等 | 四川医学 | 1982,(6):363 |
| 调补奇经法在妇科临床上的应用 | 张承烈等 | 浙江中医药大学学报 | 1982,(6):27 |
| 浅谈脾胃病的证治及临床举例 | 李聪甫 | 中国临床医生 | 1982,(6):20 |
| 怎样学好针灸 | 马瑞林 | 中医药学刊 | 1982,(6):21 |
| 论"木郁达之"在临床的运用 | 朱建贵等 | 上海中医药杂志 | 1982,(7):12 |
| 试论中医的方法学 | 欧阳锜 | 上海中医药杂志 | 1982,(8):37 |
| 中西医结合治疗晚期胃癌53例 | 王冠庭等 | 上海中医药杂志 | 1982,(8):25 |
| 麻黄附子细辛汤治愈十年无汗症 | 邓启源 | 上海中医药杂志 | 1982,(8):35 |
| 中医药抢救产后中暑痉厥险症 | 岑冠华 | 上海中医药杂志 | 1982,(8):22 |
| 中医外感热病辨证法应不应统一起来 | 邓铁涛等 | 新中医 | 1982,(8):46 |
| 缺血性脑卒中证候转归与腑气不通的关系——附184例临床观察 | 曾大方等 | 辽宁中医杂志 | 1982,(9):10 |
| 脾胃升降理论的临床应用 | 刘士正 | 山东医药 | 1982,(9):25 |
| 中药在皮肤科的临床应用(二) | 张志礼 | 中国医刊 | 1982,(9):12 |
| 简介周兰若先生治胃脘痛经验 | 陆文彬 | 辽宁中医杂志 | 1982,(10):27 |
| 浅谈脾胃学说在妇科临床的运用 | 陈名贵 | 上海中医药杂志 | 1982,(10):23 |
| "气至病所"的临床体会 | 张　仁 | 新中医 | 1982,(10):28 |
| 脾胃学说与临床应用 | 孙光远 | 新中医 | 1982,(10):46 |
| 调养心神在心律失常中的应用 | 薛　芳 | 辽宁中医杂志 | 1982,(11):33 |

| | | | |
|---|---|---|---|
| 腕踝针治疗心律失常 90 例疗效观察 | 唐相森等 | 辽宁中医杂志 | 1982,(11):37 |
| 略论川芎治头痛 | 贝润浦 | 上海中医药杂志 | 1982,(11):8 |
| 陈沛嘉老中医治疗男子性功能障碍的经验 | 陈晓平等 | 新中医 | 1982,(11):6 |
| 汉唐以前医学成就简述——附运用古方化裁的治验一则 | 吴考槃 | 安徽中医学院学报 | 1983,(1):4 |
| 浅谈调整脾胃升降的临床体会 | 姚意才 | 北京中医 | 1983,(1):14 |
| 中医治疗植物神经功能失调 | 陈元德 | 成都中医药大学学报 | 1983,(1):41 |
| 经络学说在临床辨证上的应用 | 黄宗勗 | 福建中医药 | 1983,(1):42 |
| 谈谈针灸治疗中的"辨证取穴" | 刘明义等 | 贵阳中医学院学报 | 1983,(1):58 |
| 缪刺法治疗面神经麻痹 | 韩华明 | 河北中医 | 1983,(1):46 |
| 有关《内经》的实践体会 | 张从善 | 河北中医 | 1983,(1):42 |
| 王云彤老中医治疗痹证的经验 | 陈耀章 | 河北中医 | 1983,(1):16 |
| 活血化瘀法在外科临床的运用 | 周维屏 | 湖南中医学院学报 | 1983,(1):13 |
| 上病下取治验一例 | 滕久祥 | 湖南中医学院学报 | 1983,(1):45 |
| 疑难病辨证的思维方法探讨 | 李凡成 | 湖南中医学院学报 | 1983,(1):1 |
| 脾胃治法刍议 | 郭永惠 | 青海医药杂志 | 1983,(1):39 |
| "诸病水液,澄澈清冷,皆属于寒"临床应用体会 | 张鼎华 | 陕西中医 | 1983,(1):26 |
| 针刺治疗头痛的某些规律初探 | 张仲芳等 | 上海针灸杂志 | 1983,(1):20 |
| 内关穴的配对应用 | 李振凛 | 上海针灸杂志 | 1983,(1):24 |
| 我对艾灸神阙穴的体会 | 何世剐 | 上海针灸杂志 | 1983,(1):34 |
| 针灸治疗腰痛验案五则 | 徐福田 | 上海针灸杂志 | 1983,(1):36 |
| 浅刺多穴法治疗陈旧性面瘫 | 何树槐 | 上海针灸杂志 | 1983,(1):40 |
| 当归补血汤再探——兼与纪兢心同志商榷 | 何裕民 | 上海中医药杂志 | 1983,(1):34 |
| 益气养阴法在外科临床的应用 | 夏少农 | 上海中医药杂志 | 1983,(1):13 |
| 试论"健运脾胃法"在伤科治疗中的重要性 | 仲佩莉 | 现代临床医学 | 1983,(1):5 |
| 浅谈《内经》治水三法的理论及临床体会 | 吕家祥 | 现代中医药 | 1983,(1):24 |
| 八纲辨证在针灸临床上的应用 | 刘冠军 | 新中医 | 1983,(1):34 |
| 情绪·针感·疗效 | 韦　勇 | 右江民族医学院学报 | 1983,(1):53 |
| 活血化瘀法运用点滴 | 寸淑芬 | 云南中医中药杂志 | 1983,(1):8 |
| 谈谈胃切除术后的功能调理 | 李乃卿 | 中医杂志 | 1983,(1):68 |
| 关于经期禁针之我见 | 王启才 | 中医杂志 | 1983,(1):61 |
| 浅刺皮部治疗面肌痉挛 30 例临床小结 | 霍金山等 | 中医杂志 | 1983,(1):60 |
| 通腑三法的临床应用 | 马宗华 | 安徽中医学院学报 | 1983,(2):36 |
| 趺阳脉在烧伤辨证中应用举例 | 张　鹰 | 安徽中医学院学报 | 1983,(2):37 |
| 清心安神、清化湿热法在遗精证中的应用 | 关大庆 | 北京中医 | 1983,(2):36 |
| 止嗽散的临床运用 | 支同寿 | 成都中医药大学学报 | 1983,(2):53 |
| 活血化淤法异病同治 11 例临床观察 | 福建省立医院中医科 | 福建中医药 | 1983,(2):15 |
| 万寿老中医运用一些独特疗法的经验 | 万志成 | 广州医药 | 1983,(2):40 |
| 耳穴埋针治愈尿崩症一例 | 王志容 | 贵阳中医学院学报 | 1983,(2):25 |
| 辨证治疗 80 例崩漏的体会 | 杨蔚然 | 河北中医 | 1983,(2):7 |
| 调气学说及在内科的应用 | 章真如 | 湖北中医杂志 | 1983,(2):4 |
| 洪子云治疗慢性肝病常用大法 | 戴　玉 | 湖北中医杂志 | 1983,(2):1 |
| 浅谈脾胃气机升降理论及其临床运用 | 梁繁荣 | 湖南中医学院学报 | 1983,(2):15 |
| 中医古代手术学及其他 | 刘柏龄 | 吉林中医药 | 1983,(2):42 |
| 开关饮加减治疗食道癌二例报告 | 郁增明 | 吉林中医药 | 1983,(2):26 |
| 针刺补泻手法的实际应用 | 杜晓山 | 江苏中医药 | 1983,(2):36 |

| | | | |
|---|---|---|---|
| 解表法在肾炎中的运用 | 伍炳彩 | 江西中医药 | 1983,(2):36 |
| “五脏皆令人咳”及其临床 | 薛　芳 | 辽宁中医杂志 | 1983,(2):33 |
| 调节升降临证偶拾 | 董胡兴 | 辽宁中医杂志 | 1983,(2):19 |
| 止血澄源端本在崩漏证治中的应用 | 张鸿谟 | 山东医学高等专科学校学报 | 1983,(2):149 |
| 蜈蝎散治愈舌上海绵状血管瘤术后复发一例 | 张鑫华 | 山东中医药大学学报 | 1983,(2):23 |
| 耳针戒烟的临床研究 | 方幼安等 | 上海针灸杂志 | 1983,(2):30 |
| 运用辩证论治对小儿外感咳喘的研究 | 丁秀雯等 | 天津中医学院学报 | 1983,(2):33 |
| 浅论子午流注环周图的临床运用 | 管遵惠 | 云南中医学院学报 | 1983,(2):6 |
| 浅谈对急性心肌梗塞中西医结合的初步救治 | 郑松波 | 云南中医中药杂志 | 1983,(2):18 |
| 经络辨证的点滴体会 | 徐平愚 | 中医药学刊 | 1983,(2):29 |
| 病案二则 | 温之贞等 | 中原医刊 | 1983,(2):37 |
| 巨刺治疗中风肢体疼痛病案一例 | 胡玲香 | 成都中医药大学学报 | 1983,(3):33 |
| 对升降气机法治疗急性肠梗阻的认识和体会 | 丁光迪 | 广西中医药 | 1983,(3):1 |
| 略论治脾胃病重在调整脾胃升降功能 | 张达旭 | 广西中医药 | 1983,(3):9 |
| 变法医案讨论(二) | 王少华等 | 广西中医药 | 1983,(3):24 |
| 中医治疗皮肤病奇痒两例介绍 | 余登霞 | 贵阳中医学院学报 | 1983,(3):35 |
| 谈“轻剂”对上焦温病的治疗 | 宋乃光 | 黑龙江中医药 | 1983,(3):46 |
| 用清泻痰火法为主治疗神精分裂症的体会 | 王静仪 | 黑龙江中医药 | 1983,(3):40 |
| 浅谈中医治疗急症的体会 | 龙慎仪 | 湖南中医学院学报 | 1983,(3):51 |
| 中医心理治疗举隅 | 朱文锋 | 湖南中医学院学报 | 1983,(3):17 |
| 肺与大肠经脉循行的临床应用体会 | 程绍恩等 | 吉林中医药 | 1983,(3):28 |
| 以扶正固本为主治疗小儿急性肾炎的体会 | 王庆文 | 吉林中医药 | 1983,(3):23 |
| “治崩三法”运用体会 | 郭济川等 | 吉林中医药 | 1983,(3):35 |
| 针灸治疗崩漏的体会 | 黄定泰 | 江苏中医药 | 1983,(3):44 |
| 腹部阿是穴皮内水针疗法对胆绞痛的临床疗效观察 | 王诗铭等 | 泸州医学院学报 | 1983,(3):40 |
| 和法临床运用的初步探讨 | 高朝刚等 | 泸州医学院学报 | 1983,(3):37 |
| 活血化淤法在妇科临床的应用 | 曹继新 | 山西医药杂志 | 1983,(3):166 |
| 治疗血栓闭塞性脉管炎的临床体会 | 李庆存 | 山西医药杂志 | 1983,(3):164 |
| 针刺治疗频发室性早搏一例 | 武保发 | 上海针灸杂志 | 1983,(3):37 |
| 半夏应用新探 | 朱良春等 | 上海中医药杂志 | 1983,(3):31 |
| 老中医祝味菊应用附子的经验 | 王云峰 | 上海中医药杂志 | 1983,(3):15 |
| 从临床看肝脾肾三脏与妇科疾病的关系 | 何子淮 | 上海中医药杂志 | 1983,(3):20 |
| 桂枝芍药知母汤加减治疗痹症 | 胡建华 | 上海中医药杂志 | 1983,(3):17 |
| 火生土法临证一得 | 马哲河 | 四川中医 | 1983,(3):39 |
| “子午流注”针法的临床运用 | 吴传先 | 四川中医 | 1983,(3):51 |
| 学习《素问·痹论》指导临证一得 | 赵雅新 | 现代中医药 | 1983,(3):65 |
| 浅谈“肝主疏泄”在临床上的应用 | 赵　斐 | 现代中医药 | 1983,(3):25 |
| 活血化瘀法在妇科临床的运用 | 谢世山 | 新中医 | 1983,(3):49 |
| “子午”辨治医案三则 | 赵　阳 | 云南中医学院学报 | 1983,(3):17 |
| 平肝熄风法为主治疗癔病性昏厥的体会 | 周兆民 | 浙江中医药大学学报 | 1983,(3):25 |
| 泄泻和痢疾在治疗上是否皆可运用“通因通用”的原则？为什么 | 肖绮玲 | 中医药学刊 | 1983,(3):25 |
| 肝肾同治法在颈椎病中的应用 | 蒋立基等 | 中医杂志 | 1983,(3):43 |
| 补法在老年冠心病中应用的探讨 | 陈可望 | 安徽中医学院学报 | 1983,(4):1 |
| 试述脏腑辨证在耳鼻喉科中的运用 | 余增福等 | 安徽中医学院学报 | 1983,(4):51 |

| | | | |
|---|---|---|---|
| 燮理升降法治湿的体会 | 刘长修 | 安徽中医学院学报 | 1983,(4):53 |
| 《内经》乌贼骨丸　加味治疗倒经 | 廖权方 | 成都中医药大学学报 | 1983,(4):42 |
| 外治法在喉科临床应用中的体会——名老中医张赞臣治疗经验 | 郑昌雄等 | 福建中医药 | 1983,(4):8 |
| 变法医案讨论(三) | 王少华 | 广西中医药 | 1983,(4):34 |
| 麻黄汤及其加减类方 | 杨抗生 | 贵阳中医学院学报 | 1983,(4):48 |
| 彭慈荫老师运用运气学说辨证医案选 | 卢启忠 | 贵阳中医学院学报 | 1983,(4):45 |
| 痰瘀同治法治疗缺血性中风 | 周洪进 | 贵阳中医学院学报 | 1983,(4):27 |
| 反治法病案二则 | 金松亭 | 河北中医 | 1983,(4):38 |
| 中西医结合治疗急性肾炎 92 例疗效观察 | 张兆银 | 河北中医 | 1983,(4):63 |
| 理气法的临床运用 | 董建华 | 黑龙江中医药 | 1983,(4):1 |
| 人中穴及其临床配伍应用 | 张登部 | 黑龙江中医药 | 1983,(4):52 |
| 甘温除大热及其临床应用 | 谷越涛等 | 湖北中医杂志 | 1983,(4):33 |
| 应用气机理论的临床验案 | 董廷瑶 | 湖北中医杂志 | 1983,(4):17 |
| 温热方药治疗眼病琐谈 | 庞万敏 | 辽宁中医杂志 | 1983,(4):34 |
| 叶案运用"肝病三法"经验探讨 | 金　实等 | 辽宁中医杂志 | 1983,(4):8 |
| 时间医学验案选例 | 赵满华 | 辽宁中医杂志 | 1983,(4):5 |
| 应用"升降浮沉"理论的一些体会 | 薛秩如 | 南京中医药大学学报(自然科学版) | 1983,(4):16 |
| 高寒干旱地区化湿法的运用 | 李成恩 | 青海医药杂志 | 1983,(4):63 |
| 时间医学病死时间的研究——附 35 年 1481 例心脏病人住院死亡病例不同年代病种分析及 20 年 1271 例心、肺病住院死亡患者病死时间分析 | 肖　珙等 | 山东中医药大学学报 | 1983,(4):5 |
| 试论"卫出于下焦"及其临床意义 | 董安民 | 陕西中医学院学报 | 1983,(4):29 |
| 太溪穴的临床应用 | 张慰民 | 上海针灸杂志 | 1983,(4):39 |
| 针刺足少阴井穴感传远达耳廓一例报道 | 尉迟静 | 上海针灸杂志 | 1983,(4):43 |
| "木郁达之"在眼科的应用 | 张存明 | 四川中医 | 1983,(4):25 |
| 温肾通络法治疗急性坐骨神经痛 | 张云程 | 四川中医 | 1983,(4):52 |
| "老人外科"的一些基本问题 | 陈义文 | 现代临床医学 | 1983,(4):23 |
| "任督配穴"法的应用体会 | 焦新民等 | 新中医 | 1983,(4):41 |
| 谈反治法对急重疾病的临床意义 | 谢世立等 | 新中医 | 1983,(4):14 |
| 浅谈苦味药的功效和临床应用 | 邓维钧 | 浙江中医学院学报 | 1983,(4):23 |
| 针刺治疗吞咽困难二则 | 金　声等 | 浙江中医学院学报 | 1983,(4):53 |
| 顺五行与倒五行在临床上的应用 | 孟文焕 | 中医药学报 | 1983,(4):27 |
| 辛温发汗及其在临床上的应用 | 李明钧 | 中医药学刊 | 1983,(4):3 |
| 应用原穴为主治验四则 | 康忠财 | 中医杂志 | 1983,(4):52 |
| 促使针刺得气的一些方法及体会 | 殷克敬等 | 中医杂志 | 1983,(4):51 |
| 谈调理脾胃 | 张建国 | 中原医刊 | 1983,(4):21 |
| 针灸拔罐加电疗治肩周炎 50 例 | 何金贵 | 中原医刊 | 1983,(4):33 |
| 急性热病应用下法的体会 | 陈扬荣 | 福建中医药 | 1983,(5):27 |
| 七宝美髯丹加减治愈脱发 24 例 | 林节藩 | 福建中医药 | 1983,(5):19 |
| 泽泻术麋衔方的考证和应用 | 柯联才 | 福建中医药 | 1983,(5):47 |
| 郭梅峰老中医治疗高热的学术思想和经验简介 | 杨干潜 | 广州医药 | 1983,(5):30 |
| 龙胆泻肝汤临床运用 | 周祖瀚 | 湖北中医杂志 | 1983,(5):51 |
| 王玉抱饮食治病经验简介 | 邵继棠 | 湖北中医杂志 | 1983,(5):16 |
| 五行学说在临床中的运用 | 周选堂 | 湖北中医杂志 | 1983,(5):28 |

| | | | |
|---|---|---|---|
| 针灸临床要注重辨证施治 | 张德云 | 湖北中医杂志 | 1983,(5):55 |
| 研究经络必须从临床实践着手 | 刘冠军 | 江苏中医药 | 1983,(5):63 |
| “癫狂梦醒汤”治疗眩晕证 | 张　华 | 江西中医药 | 1983,(5):27 |
| 自制溃疡散治疗胃脘痛的体会 | 黄保重 | 青海医药杂志 | 1983,(5):37 |
| 谈脾旺于四时及其临床意义 | 孙冠兰 | 山东中医杂志 | 1983,(5):8 |
| 子午流注服药法初探 | 仲伟臣 | 山东中医杂志 | 1983,(5):6 |
| 四总穴的临床应用 | 施土生 | 陕西中医 | 1983,(5):41 |
| 通因通用法治崩漏 | 任寿山 | 陕西中医 | 1983,(5):25 |
| 月经失调从心脾论治的经验 | 傅崇湘 | 四川中医 | 1983,(5):36 |
| 泻肝潜镇法治疗癫狂证36例的观察 | 王金龙 | 云南中医中药杂志 | 1983,(5):36 |
| 药用辅料酒类的简介 | 唐德才 | 中成药 | 1983,(5):13 |
| 对活血化瘀疗法的管见 | 祝谌予等 | 中国医刊 | 1983,(5):7 |
| 《内经》半夏汤治疗严重失眠20例 | 张铁敏 | 中国中西医结合杂志 | 1983,(5):299 |
| 从临床治例谈“治病求本” | 林松周等 | 福建中医药 | 1983,(6):57 |
| 学习《内经》“有故无殒,亦无殒也”的体会 | 戴月笙 | 福建中医药 | 1983,(6):52 |
| 远距离取穴治疗几种常见病的疗效初步观察 | 黎宝娇 | 福建中医药 | 1983,(6):23 |
| 甘温除热二例 | 王志鹄 | 湖北中医杂志 | 1983,(6):26 |
| 运用降冲止血法治疗血证之一得 | 吴剑云等 | 江西中医药 | 1983,(6):10 |
| 六味地黄汤在耳鼻咽喉科的运用经验介绍 | 蔡福养等 | 辽宁中医杂志 | 1983,(6):26 |
| 透刺神阙穴有显效 | 丛茂滋 | 辽宁中医杂志 | 1983,(6):50 |
| 对标本先后治则的点滴体会 | 董光远 | 宁夏医学杂志 | 1983,(6):43 |
| 盛国荣教授临证经验点滴 | 柯联才等 | 山东中医杂志 | 1983,(6):41 |
| 白术不能通大便吗 | 袁春发 | 上海中医药杂志 | 1983,(6):11 |
| 临证一得 | 王贯中 | 现代中医药 | 1983,(6):55 |
| 扶脾养胃法在小儿疳证中的临床意义 | 胡明灿 | 新中医 | 1983,(6):5 |
| 结合子午流注、灵龟八法针刺治疗小儿痿证35例 | 邱承雄 | 新中医 | 1983,(6):38 |
| 81例小儿痿证针刺治验 | 丁兆一 | 新中医 | 1983,(6):40 |
| 针灸手法的运用体会 | 杨柏如 | 云南中医中药杂志 | 1983,(6):53 |
| 浅谈反治法的临床运用 | 马荫笃 | 中医药学报 | 1983,(6):15 |
| 试谈观察法在《内经》中的应用 | 刘万成 | 中医药学报 | 1983,(6):26 |
| 针刺治疗癔病性失语 | 王振龙 | 中原医刊 | 1983,(6):36 |
| 经别的特点及其在针灸临床中的应用 | 廉玉麟 | 中医杂志 | 1983,(7):44 |
| 十二皮部的含义和临床运用如何? | 杜晓山 | 中医杂志 | 1983,(7):63 |
| 何谓六腑下合穴?有何临床意义? | 杜晓山 | 中医杂志 | 1983,(7):63 |
| 临床治疗慢性泄泻的几种方法和体会 | 张学能 | 中医杂志 | 1983,(7):49 |
| 蔡福养老师耳科疾病治验拾零 | 曲相波 | 辽宁中医杂志 | 1983,(8):5 |
| 舌缨线与情志关系的临床反映 | 杜顺福 | 上海中医药杂志 | 1983,(8):21 |
| 姜春华教授治疗呃逆的经验 | 白之娟 | 新中医 | 1983,(8):12 |
| “腑以通为用”在痛性急症的运用体会 | 李俊彪等 | 新中医 | 1983,(8):52 |
| 运用细辛治验四则 | 朱久之 | 辽宁中医杂志 | 1983,(9):12 |
| 调理脾胃法的运用举例 | 陈瑞春 | 辽宁中医杂志 | 1983,(9):47 |
| “发蒙”针刺法治疗耳聋介绍 | 于正群等 | 中医杂志 | 1983,(10):64 |
| “壮水制阳法”在临床上的应用 | 孙永年等 | 辽宁中医杂志 | 1983,(11):26 |
| 眼针治疗中风242例临床观察 | 彭静山等 | 辽宁中医杂志 | 1983,(11):30 |
| 甘麦大枣汤临床研究进展 | 李兴培 | 新中医 | 1983,(11):46 |
| 半夏秫米汤加味治疗失眠 | 熊永厚 | 新中医 | 1983,(11):24 |

| | | | |
|---|---|---|---|
| 《灵枢·经别》篇"先病而后中满者,治其标"、"大小便不利治其标,大小便利治其本。"在临床上有何指导意义? | 王洪图 | 中医杂志 | 1983,(11):67 |
| 运用建中、理中和补中法治疗冠心病的经验 | 奚凤霖 | 中医杂志 | 1983,(11):23 |
| 针刺治疗81例痿证的临床观察 | 谢毓俊 | 中医杂志 | 1983,(11):50 |
| 浅谈人体气机升降出入理论及其临床运用 | 王兴华 | 中医杂志 | 1983,(11):59 |
| 耳廓望诊的临床运用 | 贝润浦 | 辽宁中医杂志 | 1983,(12):15 |
| 生半夏的临床应用 | 陈晓平等 | 辽宁中医杂志 | 1983,(12):18 |
| 应用"益火之源,以消阴翳"治疗水肿的体会 | 金丰长 | 辽宁中医杂志 | 1983,(12):48 |
| 中医治疗骨囊肿合并病理骨折九例治疗经验 | 韩春露等 | 辽宁中医杂志 | 1983,(12):17 |
| 著名老中医姜春华治疗某些疑难杂症的经验 | 贝润浦 | 上海中医药杂志 | 1983,(12):2 |
| 近年来中医药防治老年病的研究概况 | 周文泉等 | 上海中医药杂志 | 1983,(12):25 |
| 医话三则 | 区潜云 | 新中医 | 1983,(12):15 |
| 下合穴的临床应用 | 殷克敬 | 中医杂志 | 1983,(12):50 |
| 补泻手法的临床研究 | 司徒铃 | 广州中医药大学学报 | 1984,(00):47 |
| 乌龙汤加减治疗痹症 | 莫　通 | 广东医学院学报 | 1984,(1):121 |
| "攻里不远寒"—略论大黄在攻下法中的运用 | 王子信 | 湖北中医杂志 | 1984,(1):50 |
| 调理脾胃法在胃肠手术后并发症的临床应用 | 冯信健 | 湖南中医学院学报 | 1984,(1):34 |
| 外感病辨证方法能否统一辩 | 朱文锋 | 湖南中医学院学报 | 1984,(1):45 |
| 中药加针刺治疗急性脑血管病的初步体会 | 许炳炎 | 吉林中医药 | 1984,(1):15 |
| 祖国医学对老年病的认识 | 陈树森 | 军医进修学院学报 | 1984,(1):105 |
| 陈兴之老中医治疗骨髓炎的经验(三) | 王益周 | 辽宁中医杂志 | 1984,(1):5 |
| 古今论"肺合皮毛"及其在临床中的应用 | 杨如哲等 | 辽宁中医杂志 | 1984,(1):12 |
| 谈几种呼吸系统疾病的针灸治疗 | 吴　旭 | 南京中医药大学学报(自然科学版) | 1984,(1):19 |
| 祖国医学对心理学的认识和应用 | 贝润浦 | 山东中医药大学学报 | 1984,(1):16 |
| 针刺中泉穴治愈手指瘈疭1例 | 王选伟 | 陕西中医 | 1984,(1):7 |
| 艾灸关元的抗休克作用 | 杨曰初 | 上海针灸杂志 | 1984,(1):36 |
| 徐疾、开合补泻法治疗针感后遗症——记方幼安医师临床验案三则 | 包国庆 | 上海针灸杂志 | 1984,(1):21 |
| 从半夏秫米汤谈起 | 张明月 | 四川中医 | 1984,(1):20 |
| 生铁落治疗顽固性呃逆 | 李晓湘 | 四川中医 | 1984,(1):46 |
| 经筋的特点及其在针灸临床中的意义 | 廉玉麟 | 天津中医学院学报 | 1984,(1):40 |
| 谈谈临床治疗杂病的一点体会 | 刘绍武 | 中医药研究杂志 | 1984,(1):16 |
| "扬刺"治疗股外侧皮神经痛25例 | 周云鹏 | 中医杂志 | 1984,(1):27 |
| 谈"肝开窍于目"在眼科临床上的指导意义 | 刘益群 | 安徽中医学院学报 | 1984,(2):14 |
| 疼痛治疗十二法 | 李正东等 | 河北中医 | 1984,(2):40 |
| 消补兼施法治愈慢性泄泻 | 周石卿 | 黑龙江中医药 | 1984,(2):35 |
| 中医痰饮学说的基本内容及临床运用(上) | 方药中 | 湖北中医杂志 | 1984,(2):4 |
| 针灸治疗胃、十二指肠溃疡50例疗效观察 | 吴绪荣 | 湖北中医杂志 | 1984,(2):50 |
| 运用相反相成法的临床体会 | 陆文彬等 | 吉林中医药 | 1984,(2):3 |
| 针灸治疗慢性肠炎的临床观察 | 李振凛 | 江苏中医药 | 1984,(2):46 |
| 温热病治疗中的点滴体会 | 马云翔 | 江苏中医药 | 1984,(2):9 |
| 刺络拔罐法治疗急性化脓性感染疾病 | 彭玉格等 | 江西中医药 | 1984,(2):16 |
| 刺血疗法治疑难病证 | 蒋文诚等 | 江西中医药 | 1984,(2):37 |
| 余立博医疗经验琐谈 | 余应生 | 江西中医药 | 1984,(2):6 |

| | | | |
|---|---|---|---|
| 中医内科急症发展简况及主要治法浅谈(二) | 张学文 | 陕西中医 | 1984,(2):7 |
| 肝主疏泄的意义及其临床应用 | 成冬生等 | 陕西中医 | 1984,(2):2 |
| 流注针法医案五则 | 遇广生 | 上海针灸杂志 | 1984,(2):20 |
| 针灸治疗急危病证述略 | 杨楣良 | 上海针灸杂志 | 1984,(2):40 |
| 活血化瘀取阳明 | 郝文轩 | 四川中医 | 1984,(2):8 |
| 临证治验两则 | 戴统慎 | 四川中医 | 1984,(2):35 |
| 从肺论治举隅 | 刘亚光 | 四川中医 | 1984,(2):14 |
| 从舒肝散结法的运用看中医的经络学说 | 印会河 | 天津中医学院学报 | 1984,(2):1 |
| 肾移植前后中医治疗点滴 | 王明浩 | 云南中医中药杂志 | 1984,(2):22 |
| 论脾胃学说的渊源及其在临床各科的运用 | 朱曾柏等 | 中医药学报 | 1984,(2):15 |
| 浅论"阴阳平和之人"的临床意义 | 郄凤卿 | 中医药学报 | 1984,(2):19 |
| 滋补肾阴法治眩晕并发痿证验案 | 刘明武 | 中医药学报 | 1984,(2):43 |
| "五刺"的临床应用 | 姜揖君 | 中医杂志 | 1984,(2):58 |
| 标本在针刺临床应用中的初步体会 | 董自斌 | 中医杂志 | 1984,(2):51 |
| 清法在烧伤治疗中的应用 | 张　鹰 | 中医杂志 | 1984,(2):44 |
| 阳和汤的内科临床应用 | 朱永芳 | 安徽中医学院学报 | 1984,(3):35 |
| 陈沛嘉治疗不孕症的经验 | 戚广崇等 | 北京中医 | 1984,(3):4 |
| 饮食营养与免疫机能 | 陈克忠等 | 北京中医 | 1984,(3):21 |
| 我对以黄芪为主之复方的临床运用(续) | 张　琪 | 黑龙江中医药 | 1984,(3):9 |
| 张锡君治疗咳嗽的经验 | 余朋千 | 黑龙江中医药 | 1984,(3):6 |
| 论活血化淤法在风心病治疗中的运用 | 谭福天 | 吉林中医药 | 1984,(3):11 |
| 针刺四神聪穴治疗子痫 | 赵荣活 | 吉林中医药 | 1984,(3):24 |
| 牟永昌治疗小舞蹈病的经验 | 柳少逸等 | 江苏中医药 | 1984,(3):17 |
| 奇经理论的临床运用 | 刘慈文 | 辽宁中医杂志 | 1984,(3):10 |
| 运用补中益气汤琐谈 | 步连珍 | 辽宁中医杂志 | 1984,(3):23 |
| 反治法在临床上的应用 | 闵　捷 | 山东中医杂志 | 1984,(3):10 |
| 中医内科急症发展简况及主要治法浅谈(三) | 张学文 | 陕西中医 | 1984,(3):8 |
| 浅谈针灸临床同病异治 | 陈慰苍 | 上海针灸杂志 | 1984,(3):19 |
| 燮理升降法治湿的体会 | 刘长修 | 四川中医 | 1984,(3):13 |
| "久病必有瘀"的临床体会 | 张相勖 | 四川中医 | 1984,(3):10 |
| 针刺睛明穴治疗腰扭伤 | 杨春成 | 四川中医 | 1984,(3):34 |
| "脾气虚则四支不用"之临床运用 | 黄禾生 | 云南中医中药杂志 | 1984,(3):16 |
| 铍针输刺拔罐法治疗颈椎综合征 100 例 | 陈英炎等 | 云南中医中药杂志 | 1984,(3):34 |
| 膻中穴及其临床运用 | 张登部 | 云南中医中药杂志 | 1984,(3):38 |
| 气血理论在月经病治疗中的运用 | 周月芬 | 云南中医中药杂志 | 1984,(3):19 |
| 解肌透表法临床应用一得 | 罗荣翘 | 中华中医药学刊 | 1984,(3):135 |
| 《黄帝内经》中的外科学成就举隅 | 谭国俊 | 中医药学报 | 1984,(3):62 |
| 养阴法运用一得 | 马剑云 | 中医杂志 | 1984,(3):22 |
| 气血辨证在皮肤病治疗中的应用 | 张志礼 | 中医杂志 | 1984,(3):47 |
| 针灸临床辨证施治体会 | 权进华 | 中原医刊 | 1984,(3):32 |
| 针灸治疗面神经麻痹 | 王振龙 | 中原医刊 | 1984,(3):36 |
| 刺络加热敷治疗痹证 36 例小结 | 赵化敏 | 安徽中医学院学报 | 1984,(4):48 |
| 加味五苓散治疗百日咳 | 黄立厚 | 安徽中医学院学报 | 1984,(4):43 |
| 53 例胃、十二指肠溃疡耳穴反应规律的初步观察 | 黄丽春等 | 北京中医 | 1984,(4):41 |
| 中医药治疗慢性非特异性溃疡性结肠炎的近况 | 田凤鸣等 | 北京中医 | 1984,(4):38 |
| 当归补血汤的临床运用 | 彭述宪 | 广西中医药 | 1984,(4):35 |

| | | | |
|---|---|---|---|
| 和解剂与小柴胡汤 | 王绵之 | 贵阳中医学院学报 | 1984,(4):32 |
| 巨刺配合运动疗法治疗关节运动系统疾病的临床观察 | 李长森 | 贵阳中医学院学报 | 1984,(4):48 |
| 灵龟八法的运用 | 余伦文 | 河北中医 | 1984,(4):51 |
| 有故无殒举例 | 王肇英 | 河北中医 | 1984,(4):35 |
| 张鹤龄老中医治疗血栓闭塞性脉管炎的经验 | 韦　炬等 | 河北中医 | 1984,(4):17 |
| 补肾法在妇科的临床应用 | 李惠英 | 湖北中医杂志 | 1984,(4):24 |
| 略谈活血化淤法治疗虚证 | 孙柏龄等 | 吉林中医药 | 1984,(4):15 |
| 牵正散加味运用一得 | 徐裕成 | 江苏中医药 | 1984,(4):12 |
| 干祖望老中医运用升清法治疗耳鼻咽喉疾患的经验 | 严道南 | 江苏中医药 | 1984,(4):9 |
| 用升陷法治疗“尿感”二案 | 张志坚等 | 江苏中医药 | 1984,(4):40 |
| 针治一例高烧抽搐昏迷不醒 | 胡源民 | 江西中医药 | 1984,(4):15 |
| 奇经理论的临床运用(二) | 刘悫文 | 辽宁中医杂志 | 1984,(4):9 |
| 针药并举治疗水肿经验介绍 | 李墨林 | 辽宁中医杂志 | 1984,(4):35 |
| 谈治肺辨证用药 | 孙多善 | 南京中医药大学学报(自然科学版) | 1984,(4):22 |
| 吴克潜教授治疗类风湿性关节炎的经验 | 周长发等 | 山东中医杂志 | 1984,(4):44 |
| 活血行水法初探 | 刘　平等 | 陕西中医 | 1984,(4):1 |
| 1137 例死亡病人与子午流注、五运六气学说关系的调查报告 | 程国俊等 | 上海针灸杂志 | 1984,(4):32 |
| 艾柱灸治疗筋痹的体会 | 沈焕根 | 上海针灸杂志 | 1984,(4):34 |
| 为何刺血即可泻热发汗 | 杨介宾 | 四川中医 | 1984,(4):37 |
| “合谷刺”的意义及应用 | 李志道 | 天津中医学院学报 | 1984,(4):13 |
| 月经周期中腧穴电阻特性初探 | 孟　红等 | 天津中医学院学报 | 1984,(4):36 |
| “气至病所”法对提高针灸临床治体效果的研究 | 于书庄等 | 天津中医学院学报 | 1984,(4):25 |
| 活血化瘀法治疗血瘀头痛的体会 | 刘兴沛 | 现代中医药 | 1984,(4):31 |
| 调理脾胃法在肾脏疾病中的应用 | 陈梅芳 | 新中医 | 1984,(4):1 |
| 升降理论对临床的指导意义 | 胡庆铁等 | 新中医 | 1984,(4):9 |
| 加味封髓丹治疗阳虚阴火牙痛——附 54 例临床资料分析 | 张广麒 | 云南中医中药杂志 | 1984,(4):33 |
| 以楤木为主治疗血栓性脉管炎 14 例 | 李学义等 | 云南中医中药杂志 | 1984,(4):24 |
| 经络皮部理论探讨及其在针灸临床中的运用 | 罗庆道等 | 云南中医中药杂志 | 1984,(4):36 |
| 以治肾为主治疗牙周炎的经验 | 张学能等 | 中医杂志 | 1984,(4):19 |
| 指压鱼际穴止喘 | 孙兰英 | 福建中医药 | 1984,(5):45 |
| 浅谈治肝二十法 | 赖祥林 | 广西中医药 | 1984,(5):1 |
| 针灸治疗急重病证十法及其临床应用 | 杨楣良 | 广西中医药 | 1984,(5):34 |
| 黄近轩诊治经期杂病的经验 | 黄德厚 | 湖北中医杂志 | 1984,(5):10 |
| 加减少腹逐淤汤治愈子宫肌瘤四例 | 周容华 | 湖北中医杂志 | 1984,(5):19 |
| 运气学说在儿科的运用 | 汪德云等 | 湖北中医杂志 | 1984,(5):23 |
| 诊察危候十要点 | 杨先环 | 湖北中医杂志 | 1984,(5):45 |
| 洪哲明学术思想及经验简介 | 单书健 | 吉林中医药 | 1984,(5):10 |
| 临床应用升降法的点滴经验 | 龚达五 | 江苏中医药 | 1984,(5):13 |
| 喻嘉言脾胃理论浅谈 | 熊振敏 | 江西中医药 | 1984,(5):4 |
| 试谈美尼尔氏病的中医固本治疗 | 谢　强 | 江西中医药 | 1984,(5):21 |
| 奇经理论的临床运用(续完) | 刘悫文 | 辽宁中医杂志 | 1984,(5):11 |
| 试论妇女的病态乳胀及中医治疗 | 李浩然 | 上海中医药杂志 | 1984,(5):29 |
| 为何阑尾穴能治阑尾炎 | 杨介宾 | 四川中医 | 1984,(5):44 |

| | | | |
|---|---|---|---|
| “治痿独取阳明”在针刺治瘫方面的应用浅探 | 张吉峰 | 现代中医药 | 1984,(5):33 |
| 刺灸法的意义和作用 | 韩育斌 | 现代中医药 | 1984,(5):21 |
| 脏腑经络辨证在针灸临床的应用(一) | 殷克敬 | 现代中医药 | 1984,(5):15 |
| “益火消阴”在内科急症中的应用 | 金忠耀 | 新中医 | 1984,(5):28 |
| 内关穴在内科急症中应用体会 | 李普朗 | 新中医 | 1984,(5):41 |
| 铍针关刺拔罐法治疗肩关节周围炎 112 例临床总结 | 陈英炎 | 福建中医药 | 1984,(6):33 |
| 医案三则 | 陈命新 | 黑龙江中医药 | 1984,(6):44 |
| 试从《素问·咳论》谈临床治疗咳嗽的心得 | 张　琪 | 黑龙江中医药 | 1984,(6):12 |
| 灸法治疗急症 | 张承勋 | 湖北中医杂志 | 1984,(6):40 |
| “气胸”从“肺胀病”论治的临床经验 | 奚凤霖 | 江苏中医药 | 1984,(6):22 |
| 谈谈五输穴及其临床运用 | 盛灿若等 | 江苏中医药 | 1984,(6):41 |
| 用经方治疗小儿肺炎的经验 | 王玉玲 | 江苏中医药 | 1984,(6):29 |
| 胸痹常用对药及有效案例选 | 季　成 | 江苏中医药 | 1984,(6):25 |
| 彭定寰医案二则 | 彭恢谱 | 江西中医药 | 1984,(6):10 |
| 猪胆汁方的临床运用 | 万汉章 | 江西中医药 | 1984,(6):29 |
| 重视气机升降　提高临床疗效 | 贾河先 | 辽宁中医杂志 | 1984,(6):36 |
| 络刺法加拔罐治疗肩胛炎 | 李宇俊 | 四川中医 | 1984,(6):44 |
| 经络学说的临床运用 | 饶宏孝 | 四川中医 | 1984,(6):16 |
| 针灸预防部分疾病的进展情况 | 向家伦 | 云南中医中药杂志 | 1984,(6):55 |
| 刺络拔罐加药条灸治疗腰肌扭伤 60 例 | 李宇俊 | 云南中医中药杂志 | 1984,(6):28 |
| 试以“火”、“毒”、炎症来比较“清热解毒法”和“抗菌消炎作用” | 袁　荃 | 中国中西医结合杂志 | 1984,(6):373 |
| 交差刺法的临床应用观察 | 李孝连 | 中医药学报 | 1984,(6):53 |
| 宋向元老中医治疗痹证的经验 | 温光远 | 辽宁中医杂志 | 1984,(7):7 |
| 浅谈留针与出针的临床应用 | 李志道 | 陕西中医 | 1984,(8):27 |
| 运用升降学说病案举隅 | 李鸿翔 | 陕西中医 | 1984,(8):22 |
| 中成药与中医学关系密切说 | 叶显纯 | 中成药 | 1984,(8):43 |
| 条口透承山穴为主治验经筋病三则 | 孟宪喜 | 中医杂志 | 1984,(8):56 |
| 干祖望五官科经验举要 | 俞　军 | 中医杂志 | 1984,(8):11 |
| 刺络疗法的临床应用 | 崔景胜 | 陕西中医 | 1984,(9):35 |
| 试论老年人的食补与药补 | 王明辉 | 上海中医药杂志 | 1984,(9):30 |
| 《素问·痿论》临证举隅 | 李克淦 | 中医杂志 | 1984,(9):18 |
| 从中医疾病模型看中医临床辨证思维的特点 | 孟庆云 | 辽宁中医杂志 | 1984,(10):11 |
| 脾胃病证的糜粥调理 | 蔡金波 | 辽宁中医杂志 | 1984,(10):25 |
| “秋伤于湿”的理论及其临床应用 | 许继祥 | 上海中医药杂志 | 1984,(10):29 |
| 甘温除热法及其临床运用 | 李皓平 | 新中医 | 1984,(10):10 |
| 试探火热病、证中辛温开通法的运用 | 王明杰等 | 新中医 | 1984,(10):11 |
| 头痛刺足泄泻灸腹验案 | 姜辑君等 | 中国医刊 | 1984,(10):53 |
| 漫谈艾灸疗法的补和泻 | 陈大中等 | 中医杂志 | 1984,(10):48 |
| 浅谈“温法”在耳鼻喉科的运用 | 蔡福养 | 辽宁中医杂志 | 1984,(11):19 |
| 简述神阙穴的临床应用和进展(综述) | 刘森亭等 | 陕西中医 | 1984,(11):35 |
| 用子午流注学说探讨高血压患者昼夜血压变化 | 唐树德等 | 陕西中医 | 1984,(11):24 |
| 喘证治肝的临床应用 | 唐宗儒 | 陕西中医 | 1984,(11):15 |
| 针灸反治法医案四则 | 史广宇 | 中医杂志 | 1984,(11):49 |
| “治风先治血”在中风防治中的应用 | 沈祖法 | 陕西中医 | 1984,(12):8 |
| 从病例谈攻邪补虚的运用 | 陈立华等 | 陕西中医 | 1984,(12):14 |

| | | | |
|---|---|---|---|
| 治疗几种痛症的临床体会 | 薛　盟 | 上海中医药杂志 | 1984,(12):22 |
| 中医补法的选方运用 | 朱华德 | 中成药 | 1984,(12):21 |
| 祛风药在皮肤科的临床应用 | 张合恩 | 中医杂志 | 1984,(12):39 |
| 古方今用八例 | 曾绍裘 | 湖南中医学院学报 | 1984,(Z1):73 |
| 针刺疗法治疗损伤的简介 | 陈少宗 | 山东体育科技 | 1984,(Z1):56 |
| 运用中医综合治疗腰痛的经验 | 骆美成 | 中国体育科技 | 1984,(Z1):51 |
| 论汗法治疗疮疡 | 杜钰生 | 天津中医药 | 1984,(Z2):49 |
| 补中益气汤的临床运用 | 张六通 | 湖北民族学院学报（医学版） | 1985,(00):64 |
| 行气法在治疗肾炎水肿中的临床意义 | 王大鹏 | 安徽中医学院学报 | 1985,(1):14 |
| 凉膈散加减治愈口酸症 | 鲍基宏 | 安徽中医学院学报 | 1985,(1):23 |
| 经络切诊验例五则 | 陈子富 | 北京中医 | 1985,(1):51 |
| “形气观”在中医生理病理学中的应用 | 傅景华 | 甘肃中医学院学报 | 1985,(1):10 |
| 试谈益气活血法的临床应用 | 方懋源 | 贵阳中医学院学报 | 1985,(1):44 |
| 针刺‘独取阳阴’治疗中风的体会 | 张伯顺等 | 江苏中医药 | 1985,(1):34 |
| 升降脾胃法临床举隅 | 王义茂 | 江西中医药 | 1985,(1):30 |
| 从解剖学知识看古代禁刺的临床意义 | 黄延龄 | 江西中医药 | 1985,(1):36 |
| 中脘穴的临床应用 | 于书庄 | 江西中医药 | 1985,(1):37 |
| 刺络拔罐法治疗哮喘 15 例 | 刘淑仪 | 江西中医药 | 1985,(1):41 |
| 刺络脉、拔火罐治疗皮痹 34 例疗效观察 | 张　信 | 辽宁中医杂志 | 1985,(1):36 |
| 乌头桂枝等祛风药治疗结缔组织病的体会 | 施惠君等 | 辽宁中医杂志 | 1985,(1):20 |
| 风池穴的应用体会 | 楼百层 | 辽宁中医杂志 | 1985,(1):35 |
| 壮医针挑疗法 | 黄贤忠 | 内蒙古中医药 | 1985,(1):19 |
| “心生血”的临床意义 | 朱宗元 | 内蒙古中医药 | 1985,(1):8 |
| 明矾洗剂治疗手足皲裂 | 李　晔 | 内蒙古中医药 | 1985,(1):26 |
| 针刺治疗淋巴管炎五例 | 李坤久 | 内蒙古中医药 | 1985,(1):30 |
| 承浆穴及其临床配伍应用 | 张登部 | 山东中医药大学学报 | 1985,(1):29 |
| 清热解毒药在肿瘤治疗中的运用 | 钱伯文 | 山东中医药大学学报 | 1985,(1):31 |
| 活血化淤法治疗(124 例)老年性心脑血管硬化症的体会 | 赵棣华 | 山西医药杂志 | 1985,(1):52 |
| 试论“阴中求阳,阳中求阴”治疗法则及临床意义 | 沈舒文 | 陕西中医 | 1985,(1):1 |
| 导气法的临床应用 | 徐　宗 | 上海针灸杂志 | 1985,(1):24 |
| 活血化瘀法在急症中运用举隅 | 余淦杰 | 上海中医药杂志 | 1985,(1):14 |
| 水肿辨治八法的运用 | 余伦文 | 实用医学杂志 | 1985,(1):34 |
| 焠刺二则 | 蔡邦镇 | 四川中医 | 1985,(1):41 |
| 谈谈突尼斯民间“割刺疗法”和《内经》中“豹文刺”——附“豹文刺”治疗热痹 61 例 | 虞成英 | 四川中医 | 1985,(1):43 |
| 活血化瘀法治疗妇科疾病的粗浅体会 | 吴高媛 | 天津中医学院学报 | 1985,(1):7 |
| 补气养血法在皮肤病的应用 | 边天羽 | 天津中医药 | 1985,(1):15 |
| 新九针在临床中的应用 | 师怀堂 | 天津中医药 | 1985,(1):17 |
| 浅谈伏冲脉及其在腹部按摩中的应用 | 陈志华 | 天津中医药 | 1985,(1):21 |
| 脏腑经络辨证在针灸临床的应用(续) | 殷克敬 | 现代中医药 | 1985,(1):22 |
| 气至病所一例报导 | 蒋作贤 | 现代中医药 | 1985,(1):25 |
| 中医药治疗崩漏 62 例临床观察 | 陈兰青 | 新疆中医药 | 1985,(1):26 |
| 陈沛嘉老中医治疗女子不孕症的经验 | 陈晓平 | 新中医 | 1985,(1):7 |
| 试谈阿是穴及其临床应用 | 李明智 | 针灸临床杂志 | 1985,(1):23 |

| | | | |
|---|---|---|---|
| 鸣鹤针术惊宫廷　风眩顽疾刺血功 | 木　丰等 | 针灸临床杂志 | 1985,(1):55 |
| 阴阳学说的临床应用 | 严肃云 | 中医药学刊 | 1985,(1):292 |
| 灸疗的概况及运用 | 许晓琳等 | 中医药研究杂志 | 1985,(1):41 |
| 蒋立基用桑芪桂枝汤治痹证经验 | 蒋运祥等 | 安徽中医学院学报 | 1985,(2):36 |
| 《金匮要略》应用反治法举隅 | 郑家铿 | 福建中医药 | 1985,(2):32 |
| 病机十九条临证辨析(一) | 周信有 | 甘肃中医学院学报 | 1985,(2):19 |
| 兰州民间的刺络疗法 | 杨廉德 | 甘肃中医学院学报 | 1985,(2):52 |
| 甘麦大枣汤化裁的临床应用 | 李树芳等 | 赣南医学院学报 | 1985,(2):57 |
| 中药治疗小儿咳嗽109例临床体会 | 广西中医院一附院儿科 | 广西中医药 | 1985,(2):17 |
| 舒肝通络法治疗乳腺小叶增生症17例 | 田玉勤 | 广西中医药 | 1985,(2):21 |
| 反治法的临床应用 | 田晶程 | 河北中医 | 1985,(2):25 |
| 补肾法治疗乳汁缺乏的体会 | 胡　静等 | 河北中医 | 1985,(2):29 |
| 缪刺络穴治疗软组织损伤 | 崔允孟 | 河北中医 | 1985,(2):46 |
| “齐刺法”临床应用体会 | 徐兰凤 | 黑龙江中医药 | 1985,(2):36 |
| 以活血化瘀法为主治疗慢性肝炎 | 梁纯玉等 | 黑龙江中医药 | 1985,(2):27 |
| 辛开苦泄法的应用 | 徐宏诚 | 湖北中医杂志 | 1985,(2):8 |
| 中药治疗癫狂病12例临床观察 | 黄典清 | 湖北中医杂志 | 1985,(2):24 |
| 凌耀星副教授运用调整阴阳法则的临床经验 | 韩新民等 | 吉林中医药 | 1985,(2):11 |
| 以活血化瘀为主治疗肝病的点滴体会 | 戴锦成 | 江西中医药 | 1985,(2):26 |
| “上病下取,下病上取”的临床运用 | 但剑亭 | 江西中医药 | 1985,(2):28 |
| 体温指标在中医研究中的应用 | 董子亮 | 内蒙古中医药 | 1985,(2):36 |
| 误治失治案二例 | 王国庆 | 内蒙古中医药 | 1985,(2):42 |
| 升压汤治疗低血压 | 张春芳 | 内蒙古中医药 | 1985,(2):15 |
| 我国古代对精神疾患的心理治疗 | 吕再生 | 南华大学学报(医学版) | 1985,(2):60 |
| 通下法在内科疾病中的应用 | 成启予 | 南京中医药大学学报(自然科学版) | 1985,(2):9 |
| 运用经脉根结标本理论治验四则 | 张登部 | 山东中医杂志 | 1985,(2):19 |
| 从跷脉的缓急谈针刺治疗偏瘫 | 孙维民 | 山东中医杂志 | 1985,(2):22 |
| 阴阳学说在中医学中的应用 | 项　祺 | 山西中医 | 1985,(2):46 |
| 刺络法治疗腰扭伤37例 | 侯合明 | 陕西中医 | 1985,(2):78 |
| 论《素问・痹论》的临床意义 | 蒋连泓 | 天津中医学院学报 | 1985,(2):8 |
| 针刺治愈一例暴盲 | 刘澄安 | 天津中医学院学报 | 1985,(2):21 |
| 运用“上病下取、下病上取”治疗血证的体会 | 李鸿芬 | 天津中医药 | 1985,(2):23 |
| 针刺治疗癔病性失语的体会 | 吴振川 | 天津中医药 | 1985,(2):31 |
| 气血理论在冠心病辨证论治中的应用 | 廖家桢 | 天津中医药 | 1985,(2):33 |
| 通腑泻下法与眼病 | 张广庆等 | 天津中医药 | 1985,(2):25 |
| 脏腑经络辨证在针灸临床的应用(续) | 殷克敬 | 现代中医药 | 1985,(2):31 |
| 以症定经法的临床运用 | 袁宝庭 | 现代中医药 | 1985,(2):21 |
| 治验四则 | 吴家骏 | 云南中医学院学报 | 1985,(2):27 |
| 妇科临证治疗心得 | 朱南孙 | 浙江中医药大学学报 | 1985,(2):22 |
| 肺在妇科临床上的意义 | 华占福 | 浙江中医药大学学报 | 1985,(2):3 |
| 医案选按 | 吴考槃 | 中医药信息 | 1985,(2):5 |
| 阴阳学说的临床应用 | 严肃云 | 中医药学刊 | 1985,(2):335 |
| 略论针刺手法的临床应用 | 杨元德 | 中医药学刊 | 1985,(2):366 |
| 浅淡气机升降及其运用 | 张良裕 | 中医药学刊 | 1985,(2):330 |
| 《灵枢・官针》刺法操作及其临床应用 | 王立义 | 中医杂志 | 1985,(2):45 |

| | | | |
|---|---|---|---|
| 针刺治验失语症四则 | 周德宜等 | 安徽中医学院学报 | 1985,(3):47 |
| 对"齐刺""傍针刺"的认识及应用 | 李志道 | 北京中医 | 1985,(3):48 |
| 陈氏"内眼组织与脏腑经络相属"学说的临床应用 | 王明芳 | 成都中医药大学学报 | 1985,(3):11 |
| 浅谈虚实在针灸施治中的应用 | 黄鼎坚 | 广西中医药 | 1985,(3):29 |
| 从免疫学角度探讨温病理论的实质 | 詹元生 | 广州中医药大学学报 | 1985,(3):47 |
| 刺络疗法及其临床应用 | 杨文辉等 | 广州中医药大学学报 | 1985,(3):7 |
| 略谈祖国医学的抗衰老疗法 | 杨德昌 | 贵阳中医学院学报 | 1985,(3):23 |
| 刺络拔罐疗法治疗原发性三叉神经痛的临床应用 | 朱美芳等 | 贵阳中医学院学报 | 1985,(3):53 |
| 辨证施用灌肠疗法 | 何静波 | 贵州医药 | 1985,(3):51 |
| 巨刺运动疗法治疗运动系统疾病的临床观察 | 李长森 | 贵州医药 | 1985,(3):53 |
| 活血化瘀临床治验举例 | 张志华 | 河北中医 | 1985,(3):16 |
| "肝主筋"临证一得 | 李本元 | 湖北中医杂志 | 1985,(3):18 |
| 老年病人的中医精神护理 | 王德梦 | 湖南中医学院学报 | 1985,(3):43 |
| 救治脑血管意外的经验教训 | 王午桥 | 江苏中医药 | 1985,(3):24 |
| 内关穴临床应用经验述要 | 许瑞冰等 | 江苏中医药 | 1985,(3):4 |
| 祖传五步手法治疗肩关节周围炎 | 邹震环 | 江西中医药 | 1985,(3):24 |
| 特定穴"交刺法"临床治验四则 | 刘敏勇 | 江西中医药 | 1985,(3):34 |
| 针刺攒竹穴治疗肩背痛 | 蒋立基 | 江西中医药 | 1985,(3):37 |
| 变法验案浅析 | 周　宁 | 南京中医药大学学报(自然科学版) | 1985,(3):18 |
| 太溪穴的临床应用 | 陈　宁等 | 南京中医药大学学报(自然科学版) | 1985,(3):34 |
| 浅谈"治神"在进针时的临床意义 | 吴周强 | 陕西中医 | 1985,(3):129 |
| 中西医结合治疗血栓闭塞性脉管炎 | 郭茂儒 | 陕西中医 | 1985,(3):108 |
| 运气学说与临床之间的关系 | 汪德云 | 陕西中医学院学报 | 1985,(3):19 |
| 远道刺的临床应用——记朱汝功医师验案数则 | 居贤水 | 上海针灸杂志 | 1985,(3):43 |
| 下病上取治大便失禁 | 王　瑾 | 上海中医药杂志 | 1985,(3):25 |
| 试谈小柴胡汤的加减证治 | 肖文奇 | 四川中医 | 1985,(3):3 |
| 脏腑经络辨证在针灸临床的应用(续) | 殷克敬 | 现代中医药 | 1985,(3):46 |
| 受月经周期影响的几种生理、病理现象探讨 | 王隽田 | 新疆中医药 | 1985,(3):18 |
| 辨证处方是对生物反应的调解 | 钟尧舜 | 新疆中医药 | 1985,(3):21 |
| "火郁发之"临床运用体会 | 卯时江 | 云南中医中药杂志 | 1985,(3):25 |
| 谈"治病必求其本"在皮肤科的临床意义 | 边天羽 | 中国中西医结合杂志 | 1985,(3):137 |
| 补益法在病毒性肝炎中的应用(摘要) | 危北海 | 中医药信息 | 1985,(3):10 |
| 浅谈补益药 | 李景春 | 中医药信息 | 1985,(3):23 |
| 眼针为主治疗中风症效果显著 | 田庆年 | 中医药信息 | 1985,(3):37 |
| 谈推拿手法的三个联系 | 朱金山等 | 中医药信息 | 1985,(3):5 |
| 结合桂枝汤浅谈方剂的意义 | 袁　奎 | 中医药学刊 | 1985,(3):380 |
| 刺络与皮刺法的临床应用 | 杨元德 | 中医药学刊 | 1985,(3):406 |
| 以子午流注法灸治月经过多的初步观察 | 黄建章 | 中医杂志 | 1985,(3):21 |
| 岳梅村针灸经验简介 | 岳守礼等 | 中医杂志 | 1985,(3):45 |
| 论脾胃在伤寒证治中的意义 | 张继东等 | 中医杂志 | 1985,(3):54 |
| 补脾益窍法的近代运用 | 徐复霖等 | 中医杂志 | 1985,(3):67 |
| 仲景胸腹诊征象类辨 | 吴秀惠 | 安徽中医学院学报 | 1985,(4):1 |
| 中风后遗症135例中医辨证论治初步体会 | 孙中云 | 北京中医 | 1985,(4):23 |
| 谈方剂与治法的关系 | 黄荣宗 | 福建中医药 | 1985,(4):28 |

| | | | |
|---|---|---|---|
| 脾胃升降学说在临床上的应用 | 朱广华等 | 广西中医药 | 1985,(4):6 |
| 临床运用附子的体会 | 滕树群 | 贵阳中医学院学报 | 1985,(4):39 |
| 应用补中益气汤的体会 | 程为玉 | 湖北中医杂志 | 1985,(4):16 |
| “热因热用”临证举隅 | 唐奎生 | 湖南中医学院学报 | 1985,(4):48 |
| 辨证治疗乳腺癌的临床体会 | 周宝琴 | 吉林中医药 | 1985,(4):17 |
| 试论《灵枢·经筋》的理论与临床应用 | 方　正 | 江苏中医药 | 1985,(4):26 |
| 扬刺法的应用 | 付凯麟 | 内蒙古中医药 | 1985,(4):29 |
| 谈谈中医科研的几个问题 | 宣文虎等 | 南京中医药大学学报（自然科学版） | 1985,(4):57 |
| 电兴奋疗法治疗癔病性失音 11 例分析 | 孙肖雷 | 山东中医杂志 | 1985,(4):21 |
| 经络学说在针灸临床上辨证施治的探讨 | 田占元 | 山西中医 | 1985,(4):57 |
| 刺络拔罐治风疹块 | 刘少明 | 陕西中医学院学报 | 1985,(4):41 |
| 医案三则 | 陈大中等 | 上海针灸杂志 | 1985,(4):11 |
| 标本、根结在针灸临床上的应用 | 姜凤柏 | 上海针灸杂志 | 1985,(4):30 |
| 止嗽散辨证新用 | 王之炳 | 四川中医 | 1985,(4):37 |
| “气至病所”法对提高针灸临床治体效果的研究 | 于书庄等 | 天津中医学院学报 | 1985,(4):25 |
| “合谷刺”的意义及应用 | 李志道 | 天津中医学院学报 | 1985,(4):13 |
| 刺络拔罐法治疗哮喘 15 例疗效观察 | 刘淑仪 | 天津中医学院学报 | 1985,(4):6 |
| 《内经》肝象理论及其临床运用 | 杨世兴 | 现代中医药 | 1985,(4):34 |
| 中医妇科理论特点和临床的关系 | 王金城 | 云南中医学院学报 | 1985,(4):7 |
| 以“独取阳明”治疗急性感染性多发性神经炎的探讨 | 谭中军 | 中医药学报 | 1985,(4):33 |
| 治疗“小儿麻痹后遗症”按摩手法 | 罗亨铁 | 按摩与导引 | 1985,(5):33 |
| 70 例子宫肌瘤耳穴触诊的初步观察 | 赵守仪等 | 北京中医 | 1985,(5):40 |
| 刺络疗法在临床上的应用 | 孙兰英 | 福建医药杂志 | 1985,(5):47 |
| 调理气血法在妇科临床上的运用 | 罗时淦 | 福建中医药 | 1985,(5):30 |
| “阳加于阴，谓之汗”临证举隅 | 陈宝树 | 福建中医药 | 1985,(5):28 |
| 中药治疗小儿相关性肾炎九例体会 | 靖雨珍等 | 广西中医药 | 1985,(5):19 |
| 刍议温病承气法 | 许健鹏 | 黑龙江中医药 | 1985,(5):11 |
| 桂枝汤与证新探 | 陈　炎 | 湖北中医杂志 | 1985,(5):52 |
| 临床运用“留针”举隅 | 辛宣英 | 江西中医药 | 1985,(5):37 |
| “面瘫”的缪刺疗法 | 高溥超等 | 辽宁中医杂志 | 1985,(5):44 |
| 温经汤温补法浅探 | 龙治平等 | 四川中医 | 1985,(5):4 |
| 治痿独取阳明的针灸治验 | 孔令举 | 天津中医药 | 1985,(5):23 |
| 如何治疗面部色素沉着 | 刘增昌 | 现代中医药 | 1985,(5):42 |
| 苦辛法治愈晚期妊娠患重症肝炎并发肝昏迷一例 | 周本富 | 新中医 | 1985,(5):39 |
| 针刺内关治疗急症点滴 | 张靖敏等 | 云南中医中药杂志 | 1985,(5):35 |
| 从肝着手治愈“暴盲”一例 | 汪荣堂 | 中医药学报 | 1985,(5):25 |
| “肺与大肠相表里”临证一得 | 孙彦章等 | 中医药学刊 | 1985,(5):477 |
| 调理脾胃法治疗闭经之体会 | 李光荣 | 中医杂志 | 1985,(5):60 |
| 灸法点滴 | 柴　戎等 | 中原医刊 | 1985,(5):23 |
| 煤气中毒后遗重症之治 | 路志正等 | 北京中医 | 1985,(6):55 |
| 祖国医学心理学临床应用的体会 | 赵庆林 | 广西中医药 | 1985,(6):21 |
| 论忌食——与刘沛然商榷 | 张友堂 | 黑龙江中医药 | 1985,(6):14 |
| 生铁落饮治愈脑外伤神经综合症一例 | 缑建华 | 黑龙江中医药 | 1985,(6):40 |
| 时间生物医学的临床运用 | 郭　飞 | 江西中医药 | 1985,(6):25 |
| “左肝右肺”理论在胸胁挫伤中的应用(附 50 例报告) | 孙　健 | 江西中医药 | 1985,(6):41 |

| | | | |
|---|---|---|---|
| “独取阳明”治疗低血钾软病 | 叶长青 | 陕西中医 | 1985,(6):269 |
| 锋针治愈腱鞘囊肿 | 杨介宾 | 四川中医 | 1985,(6):45 |
| 扬刺法配合中药治疗甲状腺瘤 | 陆元庆等 | 四川中医 | 1985,(6):47 |
| 宣降梅核汤治疗梅核气 | 吴朝文 | 四川中医 | 1985,(6):57 |
| 头风病230例临床辨证分型及疗效分析 | 杜　明等 | 天津中医药 | 1985,(6):18 |
| 肺主皮毛在临床皮肤病上的运用 | 刘玉梅 | 现代医学 | 1985,(6):362 |
| 运用温法的临床体会 | 李久成 | 中国临床医生 | 1985,(6):27 |
| 更年期常见的几种病症的治疗经验 | 陈以平 | 辽宁中医杂志 | 1985,(7):23 |
| 学习《素问·咳论》辨治咳嗽的体会 | 李培生 | 新中医 | 1985,(7):45 |
| 《灵枢·官针》篇的临床应用 | 陈克勤 | 中医杂志 | 1985,(7):57 |
| 齐刺加按压治疗腱鞘囊肿 | 胡连峰 | 江苏中医药 | 1985,(8):5 |
| “有故无殒亦无殒也”的临床体会 | 李生安 | 陕西中医 | 1985,(8):357 |
| 针灸治疗冲脉症验案 | 张登部 | 陕西中医 | 1985,(8):365 |
| “火郁发之”在外感热病中的运用 | 殷明贵 | 四川中医 | 1985,(8):17 |
| 姜春华教授运用活血化瘀配伍法调治闭经的经验 | 贝润浦 | 新中医 | 1985,(8):5 |
| 真气运行法对慢性病患者细胞免疫影响 | 欧苏松等 | 中医杂志 | 1985,(8):49 |
| 艾灸治疗指甲下出血1例 | 赵荫生 | 陕西中医 | 1985,(9):417 |
| 运用活血化瘀治则治疗肾小球肾炎体会 | 徐嵩年 | 中医杂志 | 1985,(9):32 |
| 通腑祛瘀、清化痰热疗中风 | 周筱斋 | 江苏中医药 | 1985,(10):1 |
| 内关穴的临床应用及穴性初探 | 方宗畴 | 江苏中医药 | 1985,(10):37 |
| 略谈肘膝以下穴位的临床价值 | 李振凛 | 江苏中医药 | 1985,(10):39 |
| 七情病因辨证的临床应用 | 王克勤 | 辽宁中医杂志 | 1985,(10):37 |
| 发于机先　未雨绸缪——方药中老师经验谈 | 陈立华 | 上海中医药杂志 | 1985,(10):24 |
| 理气药在防治肿瘤病中的运用 | 钱伯文 | 上海中医药杂志 | 1985,(10):26 |
| 刺络拔罐法加灸治落枕 | 李宇俊 | 四川中医 | 1985,(10):45 |
| 温通和营法治疗部分慢性炎症 | 冯　进 | 新中医 | 1985,(10):14 |
| 浅谈灸法的临床应用 | 杨兆民 | 江苏中医药 | 1985,(11):32 |
| “胃炎灵”治疗胃病103例小结 | 单兆伟等 | 江苏中医药 | 1985,(11):19 |
| 刺络拔罐治疗顽固性荨麻疹 | 刘少明 | 陕西中医 | 1985,(11):515 |
| 加减右归丸治疗坐骨神经痛 | 许继祥 | 四川中医 | 1985,(11):51 |
| “络刺”治疗面瘫 | 陈　璟 | 四川中医 | 1985,(11):23 |
| 灸治手太阳经脉痛症 | 肖济世 | 四川中医 | 1985,(11):26 |
| 常见皮肤病中医辨证论治的临床应用(下) | 张志礼 | 中国医刊 | 1985,(11):46 |
| 针治周围性面瘫方法介绍 | 丁育德等 | 江苏中医药 | 1985,(12):47 |
| “接经取穴”法浅谈 | 甄德江 | 陕西中医 | 1985,(12):551 |
| 试论饮食调摄是调理脾胃的根本 | 王成德 | 四川中医 | 1985,(12):10 |
| 浅谈试探法的临床应用 | 孙建中 | 四川中医 | 1985,(12):13 |
| 《内经》病机理论的临床运用举隅 | 董德卫等 | 四川中医 | 1985,(12):36 |
| “肾者,胃之关也”的临床体会 | 林克明 | 新中医 | 1985,(12):29 |
| “冲、任”理论与妇科应用(摘要) | 侯珍玲 | 宁夏医学院学报 | 1985,(Z1):65 |
| 从临床实践看祖国医学中有关“生物钟”的理论与应用 | 李啸红 | 甘肃中医学院学报 | 1986,(00):44 |
| 病机十九条临证辨析(二) | 周信有 | 甘肃中医学院学报 | 1986,(00):2 |
| 补中益气法在妇科病中的运用 | 杜梅妹 | 安徽中医学院学报 | 1986,(1):61 |
| 胡翘武老中医食疗治验拾零 | 胡国俊 | 安徽中医学院学报 | 1986,(1):29 |
| 气功疗法配合推拿治疗肩周炎的方法简介 | 许山辉 | 按摩与导引 | 1986,(1):12 |
| 从眼科谈“泻肝汤” | 张存明 | 北京中医 | 1986,(1):59 |

| | | | |
|---|---|---|---|
| 诊余医话二则 | 王鸿士 | 北京中医 | 1986,(1):3 |
| 针刺得气手法及其临床应用 | 桂　宁 | 广西中医药 | 1986,(1):32 |
| 球结合膜血管望诊诊断内痔 1270 例的观察报告 | 彭显光 | 贵阳中医学院学报 | 1986,(1):40 |
| 治妊娠合并子宫肌瘤伴变性坏死案 | 黄云樵 | 湖北中医杂志 | 1986,(1):13 |
| 论针刺损伤的分类 | 黄复青等 | 湖南中医学院学报 | 1986,(1):54 |
| 活血瘀化法的临床验证 | 王启振 | 吉林中医药 | 1986,(1):18 |
| 生铁落饮治愈脑外伤神经综合征一例 | 缑建华 | 江西中医药 | 1986,(1):39 |
| 从诊治泄泻看体质学说临床意义 | 李玉兰 | 内蒙古中医药 | 1986,(1):14 |
| 九针治疗各种顽固性头痛 45 例临床观察 | 李宏媛等 | 山西中医 | 1986,(1):17 |
| 耳微经络客观存在及其临床意义 | 尉迟静 | 陕西中医学院学报 | 1986,(1):23 |
| 冬季常见老年病的中医防治 | 贝润浦 | 上海中医药杂志 | 1986,(1):44 |
| 针刺三阴交治肾绞痛 | 李乃琳 | 四川中医 | 1986,(1):55 |
| 自然气温对疾病死亡影响初探附 953 例分析 | 蔡金伟 | 天津中医药 | 1986,(1):30 |
| 辨证治疗齿衄 58 例临床体会 | 张树生 | 皖南医学院学报 | 1986,(1):36 |
| 论《内经》时间治疗学及其临床意义 | 胡剑北等 | 皖南医学院学报 | 1986,(1):55 |
| 当归四逆汤加减治疗血痹 | 张玉庆 | 现代中医药 | 1986,(1):48 |
| 医话两则 | 杨世兴 | 现代中医药 | 1986,(1):60 |
| “中药人工周期”临床运用体会 | 陈慎行 | 新疆中医药 | 1986,(1):33 |
| 试论老年病证的糜粥调治 | 蔡金波 | 新疆中医药 | 1986,(1):25 |
| 治肝安胃法的临床运用 | 高凌文 | 新疆中医药 | 1986,(1):15 |
| 中医利胆法及其临床运用浅谈 | 林志智 | 新中医 | 1986,(1):1 |
| 宋光济副教授运用“通因通用”的经验 | 李玉英 | 浙江中医药大学学报 | 1986,(1):29 |
| 历代骨伤科主要成就 | 张　力 | 中医药学刊 | 1986,(1):554 |
| 通因通用塞因塞用医案二则 | 王少华等 | 中医杂志 | 1986,(1):19 |
| 治疗小儿泄泻的几点体会 | 张子萍 | 中原医刊 | 1986,(1):29 |
| 益气活血法为主治疗 25 例腹水型晚期血吸虫病临床疗效及免疫机能的观察 | 董明和 | 安徽中医学院学报 | 1986,(2):27 |
| 气机升降出入机理及临床应用 | 杨安时 | 广西中医药 | 1986,(2):9 |
| “聚于胃,关于肺”在咳病证治中的运用 | 朱祝生 | 贵阳中医学院学报 | 1986,(2):40 |
| 物理降温小议 | 范准成等 | 河北中医 | 1986,(2):26 |
| 选用足经腧穴治验三则 | 何天祥 | 河北中医 | 1986,(2):44 |
| “火郁发之”临床拾零 | 贾美华 | 黑龙江中医药 | 1986,(2):20 |
| 何久仁老中医治肝经验拾贝 | 杨世权 | 黑龙江中医药 | 1986,(2):5 |
| 饮食与中医内科疾病 | 崔振儒 | 黑龙江中医药 | 1986,(2):11 |
| 浅谈“五脏之病皆能为喑”及其在临床的意义 | 干祖望等 | 黑龙江中医药 | 1986,(2):13 |
| 中医心理疗法验案 | 邹伟俊 | 湖南中医学院学报 | 1986,(2):24 |
| “无者求之”及其应用 | 李新华 | 湖南中医学院学报 | 1986,(2):46 |
| 略论针灸辨证施治 | 邬品嘉 | 江苏中医药 | 1986,(2):23 |
| 通腑法在眼科的应用 | 殷伯伦 | 江西中医药 | 1986,(2):23 |
| 旋复代赭汤加减治疗眩晕症 | 史淑英 | 内蒙古中医药 | 1986,(2):19 |
| 补中益气汤及其临床应用 | 徐秀琴 | 南京中医药大学学报(自然科学版) | 1986,(2):18 |
| 张珍玉教授学术经验述要 | 刘承才 | 山东中医药大学学报 | 1986,(2):1 |
| 针刺治疗精神分裂症 | 李清明 | 山东中医杂志 | 1986,(2):38 |
| 耳针治疗胆石病的疗效观察 | 张青珍等 | 山西中医 | 1986,(2):38 |
| 针刺百会穴治疗足底痛 22 例 | 王继元 | 山西中医 | 1986,(2):36 |

| | | | |
|---|---|---|---|
| 探讨14058例新生儿出生时间与阴阳昼夜节律的关系 | 黄慕君 | 上海中医药杂志 | 1986,(2):10 |
| “证”实质的临床研究 | 沈自尹 | 天津中医药 | 1986,(2):23 |
| 巧用针刺的点滴体会 | 刘鸿达 | 天津中医药 | 1986,(2):22 |
| 命门学说研究与临床应用 | 程　昭 | 新疆中医药 | 1986,(2):18 |
| 医话三则 | 赖祥林 | 新疆中医药 | 1986,(2):55 |
| 针刺太冲穴治鼻衄不止一例 | 张振邦 | 新中医 | 1986,(2):35 |
| 络点在西医眼科领域中的探讨和应用 | 庄光华 | 眼科新进展 | 1986,(2):25 |
| 浅论血痹及黄芪桂枝五物汤的临床应用 | 朱象鲁等 | 云南中医学院学报 | 1986,(2):22 |
| 针灸治验二则 | 严玉薇等 | 云南中医学院学报 | 1986,(2):32 |
| 俞募穴的理论基础及临床运用 | 高俊雄 | 云南中医中药杂志 | 1986,(2):4 |
| 正邪分争论探讨 | 詹文涛 | 云南中医中药杂志 | 1986,(2):12 |
| 生铁落饮治愈脑外伤神经综合症一例 | 缑建华 | 中医药学报 | 1986,(2):41 |
| 内关穴临床应用举隅 | 陈仓子 | 北京中医 | 1986,(3):44 |
| 柴胡加龙骨牡蛎汤临床治验二则 | 曾子藩 | 福建中医药 | 1986,(3):50 |
| 关于气质分型 | 高卫国等 | 福建中医药 | 1986,(3):43 |
| 针刺泻法对肝胆实热证候即时效应的观察 | 林蕙兰 | 广东医学 | 1986,(3):28 |
| 补肝肾以调奇经八脉——叶天士医案拾零 | 刘小萍 | 国医论坛 | 1986,(3):29 |
| 中成药治疗冠心病的辨证论治 | 刘世昌 | 河北中医 | 1986,(3):39 |
| “阳加于阴谓之汗”及其临床意义 | 孙　燕 | 黑龙江中医药 | 1986,(3):12 |
| 以补气药为主治疗脑卒中一得 | 刘梦雄 | 湖南中医杂志 | 1986,(3):35 |
| 试述眩晕从肝治之临床体会 | 廖帮忠 | 湖南中医杂志 | 1986,(3):8 |
| 简谈伤科的后期外治法 | 熊敦善 | 吉林中医药 | 1986,(3):17 |
| 从临床治验看刺法的选择 | 王肖曼 | 江苏中医药 | 1986,(3):4 |
| 益脾阳与养胃阴及其临床应用 | 王双保 | 山西中医 | 1986,(3):22 |
| 药火针对痹证的用妙 | 李白清 | 陕西中医学院学报 | 1986,(3):41 |
| 运用扬刺法治疗肱二头肌长头腱鞘炎 | 宋毅勤 | 上海针灸杂志 | 1986,(3):19 |
| 针灸治疗尿潴留87例疗效观察 | 汪元骏 | 皖南医学院学报 | 1986,(3):197 |
| 祖国医学关于小儿的养育方法 | 汪德云 | 皖南医学院学报 | 1986,(3):202 |
| 奇治三则 | 李颖等 | 现代中医药 | 1986,(3):40 |
| 中国古代医学的几个急救方法 | 辛智科 | 现代中医药 | 1986,(3):34 |
| 命门学说研究与临床应用(续) | 程　昭 | 新疆中医药 | 1986,(3):46 |
| 针刺内关穴“气至病所”对异常心电图的影响 | 张　仁等 | 新疆中医药 | 1986,(3):35 |
| 走罐疗法的应用体会 | 朱保良 | 新疆中医药 | 1986,(3):39 |
| 纠误病案两则 | 刘宗凯 | 新中医 | 1986,(3):19 |
| 针内关穴治急症四则 | 李庆福 | 新中医 | 1986,(3):32 |
| 巨刺法治疗幻肢痛 | 王盛波等 | 中医药信息 | 1986,(3):34 |
| 略论体质与年龄附2,268例对象体质与年龄的调研分析 | 何裕民等 | 中医药学报 | 1986,(3):1 |
| 临床运用活血化瘀法的体会 | 尤荣辑 | 中医药学刊 | 1986,(3):671 |
| 浅谈五行俞配穴法运用 | 李　眉 | 中医药学刊 | 1986,(3):647 |
| 肝脉之分布与龙胆泻肝汤的运用 | 杜昌华 | 中医药研究杂志 | 1986,(3):13 |
| 运用子午流注纳甲法治疗胃脘痛 | 陈忠印等 | 中医药研究杂志 | 1986,(3):34 |
| 经脉根结标本特征及其临床应用 | 张登部 | 中医杂志 | 1986,(3):43 |
| 八脉交会穴为主治疗郁证的体会 | 韩静文 | 中医杂志 | 1986,(3):50 |
| 针刺治疗发作性睡病73例 | 赵万成 | 中医杂志 | 1986,(3):42 |
| 练功首当积精全神 | 林捷年 | 按摩与导引 | 1986,(4):40 |

| | | | |
|---|---|---|---|
| 试论“三通法”在推拿中的运用 | 朱金山等 | 按摩与导引 | 1986,(4):9 |
| 试论中医伤科手法的机制 | 吴诣聊 | 按摩与导引 | 1986,(4):16 |
| 秦伯未老师水肿病治则六法的应用 | 陈子富 | 北京中医 | 1986,(4):20 |
| 学习李杲气火失调论的体会 | 李吉祥 | 北京中医 | 1986,(4):55 |
| 运用“治未病”理论指导小儿乙型肝炎防治的体会 | 余朋千等 | 成都中医药大学学报 | 1986,(4):46 |
| 沈国良老中医治疗崩漏经验录 | 朱文真 | 福建中医药 | 1986,(4):37 |
| 郑幼年老中医学术经验简介 | 周维骥等 | 福建中医药 | 1986,(4):38 |
| 变法医案讨论(二) | 王卫中 | 广西中医药 | 1986,(4):44 |
| 耳诊临床应用概况 | 崔　瑾 | 贵阳中医学院学报 | 1986,(4):54 |
| 谈谈针灸临床的辨证论治(上) | 刘明义 | 贵阳中医学院学报 | 1986,(4):51 |
| “奇病”验案八则 | 喻皓明等 | 湖南中医学院学报 | 1986,(4):17 |
| 肾咳煎治疗肾咳一得 | 彭春辉 | 湖南中医学院学报 | 1986,(4):4 |
| 浅谈针下辨气的临床意义 | 梁繁荣 | 湖南中医学院学报 | 1986,(4):7 |
| 通腑降逆法治疗中风病浅识 | 韦桂英 | 湖南中医杂志 | 1986,(4):15 |
| “开鬼门”、“洁净府”二法治疗风水的体会 | 楚廷学等 | 吉林中医药 | 1986,(4):9 |
| 巨刺法治疗幻肢痛 | 王盛波等 | 吉林中医药 | 1986,(4):16 |
| 泻热通瘀法临床运用举例 | 黄秦生 | 江西中医药 | 1986,(4):32 |
| 针刺足三里隔姜灸治疗寒泄 | 王桂英 | 内蒙古中医药 | 1986,(4):32 |
| 活血化瘀法在肛肠科的应用 | 冯锦伦 | 南京中医药大学学报(自然科学版) | 1986,(4):19 |
| 傅青主在应用五行学说方面的贡献 | 朱进忠 | 山西中医 | 1986,(4):32 |
| 针灸治验四则 | 张振晖 | 山西中医 | 1986,(4):36 |
| 标本、根结和气街临床举用应隅 | 殷克敬 | 陕西中医 | 1986,(4):172 |
| 大肠俞穴的临床应用 | 孙六合 | 陕西中医 | 1986,(4):173 |
| 《内经》“三合”思想在针刺上的应用初探 | 陈镇江 | 陕西中医学院学报 | 1986,(4):5 |
| 论《内经》针灸施治的先后次序 | 谢继光 | 上海针灸杂志 | 1986,(4):39 |
| “欲降先升”法治疗气胀 | 赵德勋 | 四川中医 | 1986,(4):22 |
| 指压合谷穴止呃逆 | 张朝阳 | 四川中医 | 1986,(4):21 |
| 重用下法治疗中风证卒中期的临床体会 | 魏耀东等 | 天津中医学院学报 | 1986,(4):29 |
| 局部齐刺法治疗原发性梨状肌综合症 | 孔尧其 | 浙江中医学院学报 | 1986,(4):48 |
| “扬刺”加激光照射治疗腱鞘囊肿(附94例疗效观察) | 秦镐珍 | 浙江中医学院学报 | 1986,(4):49 |
| 浅谈内伤眼病的精神护理 | 孙金章 | 中国实用护理杂志 | 1986,(4):32 |
| 谈补虚药的性能特点 | 李月媛 | 中医药学刊 | 1986,(4):696 |
| 针灸治疗五官及外科急症临床举隅 | 杨元德 | 中医药学刊 | 1986,(4):711 |
| “音乐色光疗法”治疗郁证68例小结 | 孙　飞 | 中医杂志 | 1986,(4):47 |
| 《内经》气反治则及其临床应用 | 江永生等 | 中医杂志 | 1986,(4):69 |
| 高热急症应用通腑法初探 | 黄怀龙 | 福建中医药 | 1986,(5):14 |
| 黄连阿胶汤治疗阳痿 | 孙爱英 | 湖南中医杂志 | 1986,(5):43 |
| 滋阴降火法治疗舌咽神经痛 | 龙铁牛 | 湖南中医杂志 | 1986,(5):41 |
| 九针的临床应用 | 张喜兰 | 山西中医 | 1986,(5):21 |
| 生铁落饮治心悸1例 | 汤云龙等 | 实用医学杂志 | 1986,(5):37 |
| 温阳法在发热病中的运用 | 吴剑云等 | 四川中医 | 1986,(5):8 |
| 小方治验三则 | 吕志杰 | 四川中医 | 1986,(5):10 |
| 针刺经筋结以苍龙摆尾法治疗中风后遗症 | 李绰成 | 四川中医 | 1986,(5):52 |
| 真武汤加减治疗慢性充血型心力衰竭的体会 | 张玉庆 | 现代中医药 | 1986,(5):38 |
| 试谈阴虚下陷与升阴汤运用 | 周午平 | 新中医 | 1986,(5):17 |

| | | | |
|---|---|---|---|
| 中医对老年心理变化的认识及其调护 | 徐景华等 | 新中医 | 1986,(5):55 |
| 五官科中的理论与实践 | 于文君 | 医学与哲学（人文社会医学版） | 1986,(5):54 |
| 冲任督带理论在妇科方面应用的探讨 | 许润三 | 中国医刊 | 1986,(5):46 |
| 敷脐疗法临床应用近况 | 纪延龙 | 中医药信息 | 1986,(5):16 |
| 王孟英热痰治肺探析 | 程　式 | 北京中医 | 1986,(6):14 |
| 从肾论治老年患者三例 | 龙美宏 | 广西中医药 | 1986,(6):18 |
| 月经病的饮食辅助疗法 | 陈慧珍 | 广西中医药 | 1986,(6):27 |
| 瘀血学说在妇科常见病中的临床应用 | 刘　毅 | 河北中医 | 1986,(6):29 |
| 诊余医话 | 章真如 | 黑龙江中医药 | 1986,(6):32 |
| 浅谈外环境在医疗与保健中的地位 | 柯成瑞 | 湖北中医杂志 | 1986,(6):52 |
| 从"痰"论治几种老年精神病 | 张觉人 | 辽宁中医杂志 | 1986,(6):27 |
| 补法在伤科的应用举隅 | 周定一 | 四川中医 | 1986,(6):32 |
| 麻黄的临床应用举隅 | 董建仁等 | 天津中医药 | 1986,(6):48 |
| 针刺治疗内耳眩晕症一例 | 孙凌志 | 天津中医药 | 1986,(6):32 |
| 浅谈经脉根结、标本、气街及其临床应用 | 李惠芳 | 云南中医中药杂志 | 1986,(6):28 |
| 与青年中医谈——临床治病如何应用理论 | 王洪图 | 中国临床医生 | 1986,(6):55 |
| 中医心理学在康复医学中的应用 | 刘大立 | 中医药学报 | 1986,(6):8 |
| 临症一得录 | 梁新成 | 中医药学刊 | 1986,(6):799 |
| 气机升降学说在脾胃病中的应用 | 王淑兰 | 中医杂志 | 1986,(6):33 |
| 实用中医护理学概论(7) | 孟锦余 | 护士进修杂志 | 1986,(7):8 |
| 中医育婴护理 | 汪德云 | 护士进修杂志 | 1986,(7):31 |
| 中医妇科心理治疗的几种方法 | 夏桂成 | 江苏中医药 | 1986,(7):47 |
| 辨证针治眩晕四例 | 陈吉生 | 江苏中医药 | 1986,(7):30 |
| 501 例病案死亡时辰分析 | 严　清等 | 辽宁中医杂志 | 1986,(7):28 |
| 补中益气止遗尿 | 张羹梅等 | 上海中医药杂志 | 1986,(7):30 |
| 对《内经》化血理论的运用 | 郭治安 | 四川中医 | 1986,(7):9 |
| 酸收法的临床配伍举隅 | 赵文生 | 四川中医 | 1986,(7):21 |
| 老年人的吃与健 | 赵鸿彬 | 体育博览 | 1986,(7):44 |
| 试论健脾补肾法在儿科临床的应用 | 郭喜彬 | 新中医 | 1986,(7):1 |
| 名老中医沈炎南"补土"经验 | 杜同仿 | 新中医 | 1986,(7):9 |
| 十二经五输穴的辨证运用 | 张沁平等 | 中医杂志 | 1986,(7):45 |
| 实用中医护理学概论(8) | 孟锦余 | 护士进修杂志 | 1986,(8):6 |
| 针灸治疗急证琐谈 | 杜晓山 | 江苏中医药 | 1986,(8):28 |
| 华佗挟脊穴治疗脊背强痛 | 刘国庆等 | 辽宁中医杂志 | 1986,(8):39 |
| 针刺足三里治疗"食痹" | 张顺德 | 四川中医 | 1986,(8):48 |
| 谈"治痿独取阳明"的临床应用 | 高庆通 | 新中医 | 1986,(8):29 |
| 浅谈心理护理 | 吴瑞屏 | 新中医 | 1986,(8):36 |
| 实用中医护理学概论(9) | 孟锦余 | 护士进修杂志 | 1986,(9):13 |
| 针法运用中的辨时论治 | 瞿岳云等 | 辽宁中医杂志 | 1986,(9):34 |
| 针灸治疗急性菌痢的进展 | 陈仓子 | 陕西中医 | 1986,(9):410 |
| 生理情况下脉图的改变 | 殷文治等 | 上海中医药杂志 | 1986,(9):45 |
| 婴幼儿期重补脑 | 史方奇 | 四川中医 | 1986,(9):6 |
| 慢性肝病调理脾胃的临床意义 | 陈继明 | 江苏中医药 | 1986,(10):15 |
| 巨刺法治疗肩凝症 42 例 | 谢绪昌等 | 陕西中医 | 1986,(10):461 |
| 谈眼病的自我疗法 | 詹前贤 | 新中医 | 1986,(10):54 |

| | | | |
|---|---|---|---|
| 实用中医护理学概论(11)——饮食护理 | 孟锦余 | 护士进修杂志 | 1986,(11):4 |
| 针刺急救验案 | 倪尔长 | 江苏中医药 | 1986,(11):26 |
| “火郁发之”在眼科临床的应用 | 王　志 | 辽宁中医杂志 | 1986,(11):20 |
| 运气理论的近代运用与研究 | 王庆其 | 上海中医药杂志 | 1986,(11):45 |
| 灸药并用治疗虚火喉痹 | 崔弼铉等 | 上海中医药杂志 | 1986,(11):20 |
| 临证便览 | | 四川中医 | 1986,(11):27 |
| 针灸治疗癫痌概述 | 沈　但 | 江苏中医药 | 1986,(12):18 |
| 浅谈甘温除热法的临床应用 | 廖进昌 | 新中医 | 1986,(12):37 |
| 中药归经理论在临床中的应用 | 刘淑清 | 中国中药杂志 | 1986,(12):556 |
| 辨证分型论治不孕症60例临床小结 | 杨秉秀 | 广州中医药大学学报 | 1986,(Z1):93 |
| 初论损伤病员的心理反应 | 吴谓韶 | 中医正骨 | 1986,(Z1):58 |
| 鼻治方药集解 | 李浩然 | 安徽中医学院学报 | 1987,(1):23 |
| 中医学与保健 | 吉良晨 | 北京中医 | 1987,(1):53 |
| 老中医单明江治疗脱疽的经验 | 疗开清 | 成都中医药大学学报 | 1987,(1):19 |
| 活血化瘀法在内科临床中的应用 | 杨玉珍 | 承德医学院学报 | 1987,(1):48 |
| 生铁落饮加味治疗严重神经衰弱 | 王贤冰 | 福建中医药 | 1987,(1):41 |
| 针灸治疗妇科疾病的概况 | 林永华等 | 福建中医药 | 1987,(1):61 |
| 对五脏六腑之咳“此皆聚于胃,关于肺”的临证体会 | 吴克山 | 福建中医药 | 1987,(1):52 |
| 清浊升降理论及其临床应用 | 张士卿 | 甘肃中医学院学报 | 1987,(1):22 |
| 哈雷彗星回归时妇女的月经变化 | 王伯章等 | 广东医学院学报 | 1987,(1):77 |
| 关于《内经》治法的归类及临床运用 | 李旭番 | 广州中医药大学学报 | 1987,(1):45 |
| 标本同治在儿科急症中的运用 | 李谱智 | 江西中医药 | 1987,(1):29 |
| 从治验案三则 | 郭　飞 | 江西中医药 | 1987,(1):38 |
| 耳鼻咽喉的生理病理及治法特点 | 谢　强等 | 江西中医药 | 1987,(1):46 |
| 咳嗽从血论治的临床体会 | 杨　昶 | 辽宁中医杂志 | 1987,(1):24 |
| 活血祛瘀方剂的配伍方法 | 李　飞等 | 南京中医药大学学报(自然科学版) | 1987,(1):42 |
| 同经相应取穴法及其临床应用 | 杨占林 | 山西中医 | 1987,(1):23 |
| “春夏养阳,秋冬养阴”于临床小议 | 杨光钦 | 陕西中医 | 1987,(1):40 |
| 论取象比类法在祖国医学中的运用 | 张炳填 | 陕西中医 | 1987,(1):20 |
| 扬刺法加温针治愈痛经23例 | 刘继先 | 上海针灸杂志 | 1987,(1):13 |
| “肝肾同治”治疗疑难症验案举隅 | 王德元等 | 上海中医药杂志 | 1987,(1):17 |
| 浅谈刺血疗法与临床运用 | 武俊杰 | 实用医学杂志 | 1987,(1):35 |
| 论“治病容易认病难”——辨证在针灸治疗中的意义 | 陈克勤 | 天津中医学院学报 | 1987,(1):5 |
| 补中益气汤在耳鼻喉科的运用 | 干永钦 | 天津中医药 | 1987,(1):23 |
| 古代医家心理疗法验案选按 | 秦德平 | 皖南医学院学报 | 1987,(1):48 |
| 毛刺治愈股外侧皮神经炎三例 | 孙福生 | 现代中医药 | 1987,(1):48 |
| 芍药甘草汤治疗习惯性便秘 | 林家坤 | 新疆中医药 | 1987,(1):61 |
| 火针、铍针治疗疣痣50例 | 殷庆兰 | 新疆中医药 | 1987,(1):53 |
| 疏肝理气法治遗溺 | 周冬平 | 新中医 | 1987,(1):19 |
| 脾胃学说在老年病中的应用及临床举隅 | 张广麒 | 云南中医学院学报 | 1987,(1):4 |
| 四妙散加味治愈热痹二则 | 胡炳文 | 中医药学刊 | 1987,(1):38 |
| 从肝论治胃脘痛的经验探讨 | 蒋红玉等 | 中医杂志 | 1987,(1):41 |
| 苍术防风汤的临床应用 | 尤德明 | 安徽中医学院学报 | 1987,(2):63 |
| 姜春华教授治疗黄疸验案五则 | 戴克敏 | 安徽中医学院学报 | 1987,(2):19 |
| “心与胆相通”的临床验证 | 陈若萍 | 福建中医药 | 1987,(2):38 |

| | | | |
|---|---|---|---|
| 陈修园治疗吐泻经验初探 | 李光春 | 福建中医药 | 1987,(2):12 |
| 张仲景治淤法则特点初探 | 陈文渊 | 福建中医药 | 1987,(2):54 |
| 茜草临床应用小议 | 赵　为等 | 黑龙江中医药 | 1987,(2):36 |
| 因时制宜在养生上的应用 | 王玉玺 | 黑龙江中医药 | 1987,(2):11 |
| 浅谈万密斋对《内经》"法时"理论的运用 | 黄明贵 | 湖北中医杂志 | 1987,(2):2 |
| 验案三则 | 王启梁 | 湖北中医杂志 | 1987,(2):36 |
| 研经与临床浅识 | 熊继柏 | 湖南中医学院学报 | 1987,(2):7 |
| 中医的服药时间谈 | 陈厚忠 | 湖南中医杂志 | 1987,(2):46 |
| "肝主疏泄"的临床护理 | 张根妹 | 护理学杂志 | 1987,(2):83 |
| 反治法临床运用举隅 | 李永道 | 吉林中医药 | 1987,(2):8 |
| "左肝右肺"理论与临床 | 黄海龙 | 江西中医药 | 1987,(2):52 |
| 孙筠溪先生治疗胃痛经验举隅 | 刘灿康 | 辽宁中医杂志 | 1987,(2):4 |
| "肺与水液代谢"临证举隅 | 张宽智 | 宁夏医学杂志 | 1987,(2):87 |
| "血汗同源"的临床应用二例 | 王尚明 | 宁夏医学杂志 | 1987,(2):86 |
| 逆向透穴治疗面瘫 100 例 | 袁清顺 | 山西中医 | 1987,(2):41 |
| 温热药治愈牙痛一例 | 梁宪年 | 山西中医 | 1987,(2):37 |
| 俞募穴的临床应用 | 王应萱等 | 山西中医 | 1987,(2):43 |
| 眼诊的临床意义浅谈 | 王俊清 | 陕西中医 | 1987,(2):95 |
| 略论灸法补泻的运用和操作 | 邓春雷 | 上海针灸杂志 | 1987,(2):39 |
| "气至病所"对针刺治疗支气管哮喘疗效的影响 | 盛玲玲等 | 上海针灸杂志 | 1987,(2):9 |
| 著名中医陆渊雷未刊医论、医话、医案选载 | 陆鸿元等 | 上海中医药杂志 | 1987,(2):37 |
| 针刺中膂俞治疗泌尿生殖系疾病 | 张载义等 | 实用医学杂志 | 1987,(2):37 |
| 加减川楝子汤治疗神经性头痛 | 张鑫华等 | 实用中医内科杂志 | 1987,(2):94 |
| 三消同治　以肾为本——时振声主任医师治疗糖尿病的经验 | 王国柱 | 实用中医药杂志 | 1987,(2):2 |
| 黄芪桂枝五物汤运用三则 | 邓济良 | 四川中医 | 1987,(2):12 |
| 江尔逊运用阳明厥阴从化规律的经验 | 徐云虹 | 四川中医 | 1987,(2):5 |
| 麻黄附子细辛汤治疗痛痹 | 谢中志 | 四川中医 | 1987,(2):42 |
| 活血化瘀法治疗子宫肌瘤 60 例观察 | 杨惠华 | 天津中医药 | 1987,(2):11 |
| 围刺针法的临床应用 | 王永灿 | 新疆中医药 | 1987,(2):37 |
| 六腑以通为用在护理上的点滴体会 | 蔡玉香 | 新中医 | 1987,(2):55 |
| 天人相应理论在诊断上的应用 | 王玉玺 | 云南中医中药杂志 | 1987,(2):8 |
| 针灸辨证治疗复发性口疮的体会 | 李志明等 | 中国医刊 | 1987,(2):56 |
| 肺在儿科疾病中的地位 | 林淑琴 | 中医药信息 | 1987,(2):16 |
| 针刺任冲治疗功能性子宫出血证 30 例 | 何　平等 | 中医药信息 | 1987,(2):17 |
| 中医中药调理月经周期疗法与时间治疗学 | 杨丙辰 | 中医药学报 | 1987,(2):20 |
| 肝郁在妇产科病因学中的地位 | 曲秀芬 | 中医药学报 | 1987,(2):22 |
| "合治内腑"的临床应用和探讨 | 邓春雷 | 中医药研究 | 1987,(2):37 |
| 气至病所的临床体会 | 姜揖君等 | 中医杂志 | 1987,(2):49 |
| 扶正法在皮肤病中的应用 | 张作舟等 | 北京中医 | 1987,(3):5 |
| "六腑以通为用"验案举隅 | 黄熙理 | 福建中医药 | 1987,(3):60 |
| 子午流注临床应用一得 | 王俐羚 | 福建中医药 | 1987,(3):55 |
| 通窍法在耳鼻喉科中的应用 | 宣伟军 | 广西中医药 | 1987,(3):26 |
| 《内经》标本根结气街四海理论的运用 | 丘汉春 | 广州中医药大学学报 | 1987,(3):42 |
| 点刺在儿科的应用 | 程保刚 | 河北中医 | 1987,(3):47 |
| 涩中寓消法治少女崩漏一得 | 张宽智 | 河北中医 | 1987,(3):14 |

| | | | |
|---|---|---|---|
| 浅谈引经药的临床应用 | 刘继斌等 | 湖北中医杂志 | 1987,(3):38 |
| 治其气反三则 | 李文林 | 湖南中医杂志 | 1987,(3):50 |
| 升清法在临床上的应用 | 蒋殿芬 | 吉林中医药 | 1987,(3):9 |
| 运用补肾法治疗皮肤顽疾 | 吴恒亚 | 吉林中医药 | 1987,(3):13 |
| 中医心理治疗六法 | 林鹤和 | 江西中医药 | 1987,(3):25 |
| 运用五行学说救误三例 | 王国庆 | 江西中医药 | 1987,(3):56 |
| 从治法在急症中的应用 | 赵俊生等 | 辽宁中医杂志 | 1987,(3):21 |
| 人的出生与月亮相位关系初探 | 田　仁 | 南京中医药大学学报(自然科学版) | 1987,(3):48 |
| 1,085 例患者死亡时间分析 | 雷燕芳 | 宁夏医学院学报 | 1987,(3):86 |
| 试论动静中药之配伍运用 | 陈树章 | 山西中医 | 1987,(3):44 |
| 试述心复宁 V 号立法依据及应用 | 王朝宏等 | 陕西中医学院学报 | 1987,(3):1 |
| 散瘀通络法治疗韧带肌腱损伤症 185 例临床观察 | 罗庆道等 | 上海针灸杂志 | 1987,(3):13 |
| 下病上刺 3 则 | 陈得心 | 上海针灸杂志 | 1987,(3):8 |
| 从"诸湿肿满,皆属于脾"谈对一些服病的治疗 | 史天平 | 实用中医药杂志 | 1987,(3):8 |
| 针刺内庭穴治疗痛经 | 施　林 | 实用中医药杂志 | 1987,(3):16 |
| 远近配穴法治疗阴虚喉痹 126 例临床观察 | 王志平等 | 实用中医药杂志 | 1987,(3):31 |
| 桂枝汤在伤科的运用 | 张熙照 | 四川中医 | 1987,(3):32 |
| 意守感传与按摩止痛 | 林贞相 | 四川中医 | 1987,(3):44 |
| 浅析卫气营血辨证产生的科学基础和临床意义 | 薛　涛 | 现代中医药 | 1987,(3):34 |
| 调理气血法在针灸临床中的应用 | 彭素兰 | 新疆中医药 | 1987,(3):42 |
| "脾主肌肉"理论的近代临床应用 | 刘宗凯 | 新中医 | 1987,(3):49 |
| 活血祛瘀法在骨伤科的临床应用 | 陈炳均 | 新中医 | 1987,(3):28 |
| 调补肝肾在妇科病的临床应用 | 班秀文 | 新中医 | 1987,(3):1 |
| 中毒性菌痢治疗中并发症的治疗经验 | 杨素琼等 | 云南中医学院学报 | 1987,(3):19 |
| 论辛开苦降法的配伍运用规律 | 孔庆玺 | 云南中医学院学报 | 1987,(3):8 |
| 小便在临床诊断上的意义 | 高　炬 | 云南中医中药杂志 | 1987,(3):8 |
| 张琪研究员治疗痹证的经验 | 李宏伟等 | 中医药信息 | 1987,(3):12 |
| "木郁达之"在妇科临床上的运用 | 朱永芳 | 安徽中医学院学报 | 1987,(4):44 |
| 按摩龙门穴治疗排尿异常 | 吴润强 | 按摩与导引 | 1987,(4):12 |
| "上病下取"之临床窥管 | 王宗铁 | 北京中医 | 1987,(4):30 |
| 回阳救逆法治疗癫证 | 车振武 | 北京中医 | 1987,(4):9 |
| 以《素问·咳论》为指导辨治小儿咳嗽的体会 | 张士卿 | 北京中医 | 1987,(4):27 |
| 王廷富老师对"五脏病气味喜恶"的认识和运用 | 张惠茹 | 成都中医药大学学报 | 1987,(4):14 |
| 调理升降法在妇科的应用 | 王秀霞 | 广西中医药 | 1987,(4):24 |
| 24 例血淤证刺络前后甲皱微循环观察 | 杨秀娟等 | 贵阳中医学院学报 | 1987,(4):21 |
| 人体气机升降与补中益气汤的临床运用 | 曹秉时 | 贵阳中医学院学报 | 1987,(4):47 |
| 大小水火法理论渊源及临床应用 | 朱　澜 | 国医论坛 | 1987,(4):30 |
| 针挑治疗三叉神经痛 | 刘桂良 | 护理学杂志 | 1987,(4):182 |
| "肺与大肠相表里"临床用验举隅 | 刘鸿达 | 吉林中医药 | 1987,(4):16 |
| 关于中医学与老人保健问题 | 郭振球 | 吉林中医药 | 1987,(4):1 |
| 针刺悬钟穴可治偏头痛 | 袁博渊 | 吉林中医药 | 1987,(4):29 |
| 降逆汤配合针刺治疗中枢性呃逆 12 例 | 李圣平 | 江西中医药 | 1987,(4):40 |
| 张志秋老中医临床经验举隅 | 张继烈等 | 江西中医药 | 1987,(4):14 |
| 姜春华教授治疗胁痛案例 | 戴克敏 | 辽宁中医杂志 | 1987,(4):1 |
| 治疗腰椎骨质增生 72 例疗效观察 | 王昶耀 | 内蒙古中医药 | 1987,(4):11 |

| | | | |
|---|---|---|---|
| 六腑以通为用的临床体会 | 谢建华 | 内蒙古中医药 | 1987,(4):22 |
| 子午流注与病死时间规律初探(附645例住院病死患者死亡时间分析) | 刘秉忠等 | 内蒙古中医药 | 1987,(4):45 |
| 《内经》理论应用拾零 | 谭一松 | 南京中医药大学学报(自然科学版) | 1987,(4):66 |
| 从升阳散火汤看"火郁发之" | 张 翼 | 青海医药杂志 | 1987,(4):1 |
| 试论中医心理学的临床价值 | 杨印坤等 | 青海医药杂志 | 1987,(4):10 |
| "治病当随国运论"小议 | 袁洪举 | 山东中医杂志 | 1987,(4):40 |
| 焠刺法、傍针刺法运用一得 | 梁保义 | 山西中医 | 1987,(4):42 |
| 随月亮盈缺调治妇科病的体会 | 郑国柄 | 山西中医 | 1987,(4):25 |
| 四诊在辨证施护中的体会 | 王祥林 | 山西中医 | 1987,(4):37 |
| "子午流注"开穴治疗277例急慢性疾病疗效观察 | 麻福昌 | 山西中医 | 1987,(4):43 |
| 委中穴的临床运用 | 李文斌 | 山西中医 | 1987,(4):44 |
| 针灸临床辨疏 | 章逢润 | 陕西中医学院学报 | 1987,(4):9 |
| 耳穴揿针治疗呃逆 | 金紫萍 | 上海针灸杂志 | 1987,(4):42 |
| 毛刺治验二则 | 汪慎安 | 上海针灸杂志 | 1987,(4):2 |
| 桑丹泻白散加减治30例肝火犯肺咳嗽的临床观察 | 杜昌华 | 新中医 | 1987,(4):24 |
| 温病解表法运用一得 | 孔庆玺 | 云南中医中药杂志 | 1987,(4):18 |
| 泻络法及其临床运用 | 郑少祥等 | 云南中医中药杂志 | 1987,(4):32 |
| 《内经》临证管见 | 李学铭 | 浙江中医学院学报 | 1987,(4):46 |
| 运用益气活血疗法的体会 | 杭旭初 | 浙江中医学院学报 | 1987,(4):15 |
| 古代医家以情疗疾医案三则 | 周海斌 | 中国心理卫生杂志 | 1987,(4):162 |
| 艾灸治病与强身 | 汲会贤等 | 中医药学刊 | 1987,(4):46 |
| 根结标本气街四海的基本内容及其临床应用 | 肖少卿 | 中医杂志 | 1987,(4):40 |
| 经络辨证论治举隅 | 罗杰鸣 | 广西中医药 | 1987,(5):15 |
| 经络辨证临床运用举隅 | 张 瑛 | 河北中医 | 1987,(5):32 |
| 浅谈胃气与饮食在康复医学中的作用 | 孙向东 | 黑龙江中医药 | 1987,(5):55 |
| 毫针刺涌泉治疗癔症50例 | 肖仁鹤 | 湖北中医杂志 | 1987,(5):39 |
| 气机升降理论在血证治疗中的应用 | 张正贤 | 湖北中医杂志 | 1987,(5):43 |
| 气反治则临证举隅 | 沈万新 | 湖南中医杂志 | 1987,(5):51 |
| 服中药呕吐的处理 | 张根妹 | 护士进修杂志 | 1987,(5):32 |
| 中医药治疗脱发40例临床体会 | 段泰峰 | 吉林大学学报(医学版) | 1987,(5):448 |
| 运用"肺主皮毛"理论治疗皮肤病 | 李艳春等 | 吉林中医药 | 1987,(5):20 |
| 几种治法的临床运用 | 戴锦成 | 江西中医药 | 1987,(5):13 |
| 温利法在老年病中的应用 | 宋 军 | 江西中医药 | 1987,(5):30 |
| 医学经典与临床 | 李国平 | 江西中医药 | 1987,(5):12 |
| 腰痛治肝一得 | 蒋明德 | 陕西中医 | 1987,(5):227 |
| 中医护理的临床科研刍议 | 周俭美 | 上海中医药杂志 | 1987,(5):34 |
| 肾气丸治疗高血压病 | 潘 端 | 四川中医 | 1987,(5):15 |
| 谈使用皮内针缩短分娩时间 | 田中茂等 | 新中医 | 1987,(5):34 |
| 略论辨析《内经》怎样结合临床 | 熊继柏 | 浙江中医学院学报 | 1987,(5):5 |
| 情志护理的方法 | 黄志琼 | 中华护理杂志 | 1987,(5):216 |
| 用甘蔗粥治疗燥热干咳 | 朱少君 | 中华护理杂志 | 1987,(5):215 |
| 肾主骨理论在老年伤科的运用 | 诸福度 | 中华中医药杂志 | 1987,(5):27 |
| 蟾酥丸驱毒发汗刍议 | 牛俊山 | 中医药研究 | 1987,(5):12 |
| 通腑法在临床的应用 | 史济招 | 中医药研究 | 1987,(5):21 |

| | | | |
|---|---|---|---|
| 运用标本、根结理论治疗头58例痛 | 孟宪坤等 | 中医药研究 | 1987,(5):34 |
| 临证札记 | 吕　中 | 中医杂志 | 1987,(5):25 |
| 刺络法治疗痤疮304例 | 邢克利 | 河北中医 | 1987,(6):46 |
| 顺势与逆势用药四法 | 刘　英 | 河北中医 | 1987,(6):28 |
| 上病下取治鼻衄 | 姚　义 | 黑龙江中医药 | 1987,(6):43 |
| 下法在肿瘤治疗中的运用 | 程家明 | 黑龙江中医药 | 1987,(6):47 |
| 养心安神法治疗慢性湿疹30例临床观察 | 马毓春 | 黑龙江中医药 | 1987,(6):44 |
| 刺络拔罐治疗急性腰扭伤68例 | 吴绪荣 | 湖北中医杂志 | 1987,(6):34 |
| 中风死亡与月亮圆缺——附716例中风死亡时间分析 | 陈心智等 | 吉林中医药 | 1987,(6):1 |
| 去菀陈莝法在慢性肾功衰竭治疗中的应用 | 朱恒才 | 吉林中医药 | 1987,(6):11 |
| 刺络放血治疗踝关节软组织损伤33例 | 喻喜春 | 山西中医 | 1987,(6):35 |
| 针灸医话三则 | 殷克敬 | 山西中医 | 1987,(6):39 |
| 浅谈中医外治法 | 禤国维 | 实用医学杂志 | 1987,(6):38 |
| 紫河车治愈胃下垂一得 | 胡同善 | 现代中医药 | 1987,(6):58 |
| 扶正法在耳鼻科肿瘤放疗后的临床运用 | 傅佩杰 | 浙江中医学院学报 | 1987,(6):19 |
| 消法治疗眼病的体会 | 祁宝玉 | 中华中医药杂志 | 1987,(6):40 |
| “气为血之帅”说在临床上的应用 | 高明贤 | 中医药学刊 | 1987,(6):28 |
| 按肝郁机理论治乙型肝炎的经验 | 康良石 | 中医药研究 | 1987,(6):8 |
| 皮内针对部分皮肤病治疗经验介绍 | 仲跻尚 | 中医杂志 | 1987,(6):37 |
| 薛雪论养生 | 朱伟常 | 上海中医药杂志 | 1987,(7):39 |
| “塞因塞用”应用一得 | 管洽孝 | 四川中医 | 1987,(7):3 |
| 活血化瘀法治愈胎动不安 | 李翠萍 | 四川中医 | 1987,(7):36 |
| 湿热黄疸分阶段施治的体会 | 夏　斌 | 四川中医 | 1987,(7):23 |
| 针刺“后溪穴”引起经络感传现象——腰骶部皮肤变异 | 张水生 | 新中医 | 1987,(7):38 |
| 生大黄在治疗肾病中的应用和作用机理 | 杨如哲 | 中医杂志 | 1987,(7):61 |
| 火针治验四则 | 兰茂璞 | 新中医 | 1987,(8):36 |
| 耳穴头针刺激区体穴脏腑相关的客观化研究 | 王一中等 | 中医杂志 | 1987,(8):56 |
| 脉诊临床运用体会 | 张文忠 | 陕西中医 | 1987,(9):5 |
| 死亡与季节及时辰的关系——31例死亡病例分析 | 李文宝 | 四川中医 | 1987,(9):10 |
| 《内经》与临床治之以兰除陈气2例 | 刘宏阳等 | 中国临床医生 | 1987,(9):49 |
| 上病下取治流涎 | 朱正平 | 中医杂志 | 1987,(9):58 |
| 委中穴刺血法临床应用 | 陆惠新等 | 中医杂志 | 1987,(9):43 |
| 郄穴在临床上的应用 | 胡丽梅 | 江苏中医药 | 1987,(10):23 |
| “木郁达之”在眼底病的运用 | 鄢重成 | 辽宁中医杂志 | 1987,(10):20 |
| 人体昼夜节律在临床的应用 | 刘宏阳 | 辽宁中医杂志 | 1987,(10):14 |
| “肺合大肠”临证体会 | 范镇海 | 四川中医 | 1987,(10):13 |
| “交经缪刺”与“泻络远针”刺法的临床应用 | 冯禾昌 | 新中医 | 1987,(10):28 |
| 扶正法在肝炎治疗中的应用 | 王南征 | 新中医 | 1987,(10):21 |
| 蒲辅周对中医体质学说的见解和应用 | 李兴培 | 辽宁中医杂志 | 1987,(11):1 |
| 试论体质学说的临床价值 | 穆达浩 | 辽宁中医杂志 | 1987,(11):13 |
| 几个督脉腧穴的临床应用 | 刘金铭 | 四川中医 | 1987,(11):46 |
| 除痹汤治五体痹83例临床观察 | 范德奎 | 新中医 | 1987,(11):26 |
| 通窍法在耳鼻喉科的运用 | 王士贞 | 新中医 | 1987,(11):15 |
| 谈谈风池穴的临床应用 | 姜揖君等 | 中医杂志 | 1987,(11):41 |
| “舌下针”对中风后遗症患者握力的影响 | 金虹等 | 江苏中医药 | 1987,(12):25 |
| 疏肝法的临床运用 | 叶挺兴等 | 江苏中医药 | 1987,(12):5 |

| | | | |
|---|---|---|---|
| “塞因塞用”应用一得 | 管洽孝 | 四川中医 | 1987,(12):3 |
| 经络循行辨证治疗坐骨神经痛 | 赵昌宋 | 四川中医 | 1987,(12):32 |
| 谈谈运用下法的一些体会 | 钟焕明 | 新中医 | 1987,(12):21 |
| 强肾固本汤在妇科的临床运用 | 高　捷 | 新中医 | 1987,(12):23 |
| 伤科内治亦要调情志 | 古建立等 | 中医正骨 | 1987,(Z1):75 |
| “半刺法”头针额旁二线治疗小儿腹泻140例疗效观察 | 林迎春等 | 世界针灸学会联合会成立暨第一届世界针灸学术大会论文摘要选编 | 1987:122 |
| “巨刺加运动”针法治疗脑猝中后遣症的研究 | 毕福高 | 世界针灸学会联合会成立暨第一届世界针灸学术大会论文摘要选编 | 1987:43 |
| 百年子午流注纳甲法查表新法 | 张国瑞等 | 世界针灸学会联合会成立暨第一届世界针灸学术大会论文摘要选编 | 1987:171 |
| 从肾经临床反应看经络“内联脏腑、外络肢节”理论的科学性 | 章逢润 | 世界针灸学会联合会成立暨第一届世界针灸学术大会论文摘要选编 | 1987:397 |
| 同经相应取穴法及其临床应用 | 杨占林 | 世界针灸学会联合会成立暨第一届世界针灸学术大会论文摘要选编 | 1987:178 |
| 运用标本、根结理论治疗头痛58例 | 孟宪坤等 | 世界针灸学会联合会成立暨第一届世界针灸学术大会论文摘要选编 | 1987:134 |
| 针刺天柱、完骨穴治疗中风病的临床体会 | 贾明栄 | 世界针灸学会联合会成立暨第一届世界针灸学术大会论文摘要选编 | 1987:44 |
| 子午流注“养子时刻注穴法”对39例杂病疗效观察 | 王燕恩等 | 世界针灸学会联合会成立暨第一届世界针灸学术大会论文摘要选编 | 1987:172 |
| 子午流注纳甲法的理论探讨及临床研究 | 阎润茗等 | 世界针灸学会联合会成立暨第一届世界针灸学术大会论文摘要选编 | 1987:170 |
| 中西医结合治疗盆腔炎111例效果观察 | 程人柄 | 安徽中医学院学报 | 1988,(1):24 |
| 时间方向与气功 | 张殿国 | 按摩与导引 | 1988,(1):16 |
| 通因通用法治遗精病一得 | 陆建华 | 河北中医 | 1988,(1):36 |
| 老年病从肾论治疗效观察 | 杨玉梅等 | 河北中医 | 1988,(1):19 |
| 慢性病的中医护理举要 | 卢玉华 | 护理学杂志 | 1988,(1):33 |
| 甘温除热法运用三则 | 陈津生 | 吉林中医药 | 1988,(1):14 |
| 临证浅谈固肾法 | 马秉光等 | 江苏中医药 | 1988,(1):24 |
| 针刺内关治疗心律失常84例 | 孙步洲 | 江苏中医药 | 1988,(1):28 |
| 针刺加TDP辐射线照射治疗阳萎五例 | 霍恩元 | 内蒙古中医药 | 1988,(1):34 |
| 小儿指纹诊法的起源及临床应用 | 萧正安 | 山东中医药大学学报 | 1988,(1):10 |
| 枣仁甘草汤治疗夜半子时发病的研究——附105例疗效观察 | 孙朝宗 | 山东中医杂志 | 1988,(1):17 |
| 循经感传治愈头痛 | 张　静 | 山东中医杂志 | 1988,(1):3 |
| 豹文刺治疗急性乳腺炎 | 周舜权 | 上海针灸杂志 | 1988,(1):46 |

| | | | |
|---|---|---|---|
| 刺血疗法在临床的应用 | 谢继光 | 上海针灸杂志 | 1988,(1):31 |
| 毛刺法的临床应用 | 王新明 | 上海针灸杂志 | 1988,(1):34 |
| 内关穴临床应用的进展 | 陈建章 | 上海针灸杂志 | 1988,(1):39 |
| 缪刺为主治疗肩周炎100例 | 李文发 | 上海针灸杂志 | 1988,(1):16 |
| 关幼波老师治疗肝病经验 | 赵玉菊 | 实用中医内科杂志 | 1988,(1):3 |
| 季少三治疗中风(中脏腑)验案 | 孙益平 | 实用中医内科杂志 | 1988,(1):4 |
| 耳穴治疗胆石症50例 | 李卫华等 | 四川中医 | 1988,(1):28 |
| 针刺涌泉穴治疗31例厥证足膝厥冷的疗效观察 | 李桂兰 | 天津中医学院学报 | 1988,(1):37 |
| 火针治疗网球肘58例 | 文　喧等 | 云南中医中药杂志 | 1988,(1):24 |
| 针灸治疗带状疱疹的临床体会 | 乔治·赛瑞斯 | 针刺研究 | 1988,(1):6 |
| 刺络拔罐疗法治疗肩关节周围炎 | 张神虎 | 中国初级卫生保健 | 1988,(1):43 |
| 火针治疗菜农接触性皮炎20例 | 王昕耀等 | 中国临床医生 | 1988,(1):23 |
| 姜春华治疗痹证的经验 | 戴克敏 | 中华中医药杂志 | 1988,(1):51 |
| 四关穴的临床应用 | 王　虹等 | 中医研究 | 1988,(1):31 |
| 四时、六气、阴阳的变化与热病流行的相关性分析——附月平均气象资料与流感、流脑、痢疾的流行资料分析 | 冯玉明等 | 中医药学报 | 1988,(1):8 |
| 竹叶石膏汤治恶梦多梦 | 孙健民 | 中医药研究 | 1988,(1):45 |
| 中医治疗单纯性肥胖44例疗效观察 | 翁维良等 | 中医杂志 | 1988,(1):40 |
| 试论口味变化的临床意义 | 卢文章 | 安徽中医学院学报 | 1988,(2):9 |
| 手法治疗胁肋痛的体会(附肋间神经痛92例临床分析) | 崔广渊 | 按摩与导引 | 1988,(2):3 |
| 经脉"首尾齐刺"法治疗坐骨神经痛80例 | 徐以经等 | 国医论坛 | 1988,(2):39 |
| 121例发热患者的热势与旦慧、昼安、夕加、夜甚的关系 | 陈克进 | 湖北中医杂志 | 1988,(2):31 |
| 五轮辨证临床应用举隅 | 丁高年 | 湖北中医杂志 | 1988,(2):12 |
| 略谈脾胃学说在临床上的运用 | 王胜利 | 湖北中医杂志 | 1988,(2):36 |
| 焠刺臑俞穴治疗肩周炎50例 | 夏晓川 | 湖北中医杂志 | 1988,(2):32 |
| 2015例五脏疾病死亡昼夜节律分析 | 李冰星 | 湖南中医学院学报 | 1988,(2):13 |
| 理血法治疗皮肤病的体会 | 梁银秀 | 江西中医药 | 1988,(2):32 |
| 刺血疗法治疗急性腰扭伤27例报告 | 李德明 | 江西中医药 | 1988,(2):47 |
| 试论中医验尿 | 宋一亭 | 内蒙古中医药 | 1988,(2):29 |
| 五输穴的理论渊源及其临床应用 | 肖少卿 | 南京中医药大学学报(自然科学版) | 1988,(2):38 |
| 运气学说病理定位律的临床运用 | 汪德云 | 山东中医药大学学报 | 1988,(2):34 |
| 刺络法治疗急性病症102例 | 翟兴明 | 山西中医 | 1988,(2):38 |
| 对中医治疗慢性肾炎的初步体会 | 刘桂芬 | 陕西中医学院学报 | 1988,(2):12 |
| 妇科调肝八法 | 何子淮等 | 上海中医药杂志 | 1988,(2):29 |
| 理肺六法治呃逆 | 王春生 | 上海中医药杂志 | 1988,(2):16 |
| 理气疏肝法在内科的运用 | 肖文媛等 | 实用中医内科杂志 | 1988,(2):64 |
| 通补法在慢性脾胃病中的运用 | 黄柳华 | 实用中医内科杂志 | 1988,(2):49 |
| 通络法的临床应用 | 张坚石 | 实用中医内科杂志 | 1988,(2):63 |
| 龙胆泻肝汤治气病 | 罗国跃 | 实用中医药杂志 | 1988,(2):15 |
| 反治二例 | 张文捷 | 四川中医 | 1988,(2):9 |
| 手法抢救气厥 | 张登山 | 四川中医 | 1988,(2):6 |
| 五苓散加味治愈膀胱咳 | 施晓敏 | 四川中医 | 1988,(2):13 |
| 刺络拔罐治疗缠腰火丹18例 | 阎　莉等 | 天津中医药 | 1988,(2):15 |

| | | | |
|---|---|---|---|
| 急症验案三则 | 刘民慧 | 天津中医药 | 1988,(2):41 |
| 谈谈脾胃学说在耳鼻咽喉疾病中的应用 | 刘芳淑 | 现代中医药 | 1988,(2):53 |
| 针灸治疗中应用活血化瘀法点滴体会 | 霍迎春 | 新疆中医药 | 1988,(2):46 |
| 2374 例新生儿出生时间与阴阳昼夜节律的关系 | 班兆槟 | 右江医学 | 1988,(2):84 |
| 二陈汤加味治疗胸胁外伤性咳嗽 | 罗庆荣 | 云南中医学院学报 | 1988,(2):35 |
| 攻下逐瘀法在伤科的运用体会 | 华　江 | 云南中医学院学报 | 1988,(2):29 |
| 诊络脉法及其应用 | 黄明贵 | 云南中医中药杂志 | 1988,(2):5 |
| 略谈气街四海理论及其临床应用 | 张登部等 | 云南中医中药杂志 | 1988,(2):33 |
| 引火归原法妇科临床运用举隅 | 姚石安 | 中华中医药杂志 | 1988,(2):47 |
| 运用“肺主治节”理论治疗刺激性气体中毒 | 夏　菁 | 中华中医药杂志 | 1988,(2):49 |
| 关于疾病死亡和时间关系的调查报告 | 陈克勤等 | 中华中医药杂志 | 1988,(2):14 |
| 针刺加拔火罐综合治疗乳痈 | 韩　冰 | 中医药学报 | 1988,(2):31 |
| 汗法变化应用十三则 | 董淑范 | 中医药学刊 | 1988,(2):20 |
| 浅谈张锡纯对中风的辨证治疗 | 吴立忠 | 中医药学刊 | 1988,(2):29 |
| 小议安胎之法 | 孟安琪 | 中医药学刊 | 1988,(2):43 |
| 针药并用治疗眩晕证体会 | 李淑莲 | 中医药学刊 | 1988,(2):40 |
| 疑难杂证治验举隅 | 方伟煌 | 安徽中医学院学报 | 1988,(3):36 |
| 《内经》“形与神俱”思想在防治疾病中的意义 | 宋传荣 | 安徽中医学院学报 | 1988,(3):8 |
| 推拿背部阿是穴对慢性胆囊炎的止痛作用——附 45 例疗效观察 | 邢　军等 | 按摩与导引 | 1988,(3):21 |
| 中医治本与治标在推拿学中的运用 | 韩明舫 | 按摩与导引 | 1988,(3):46 |
| 苦寒药在皮科的临床应用 | 郭大生等 | 北京中医 | 1988,(3):33 |
| “独取一穴”验案选 | 黄建业 | 成都中医药大学学报 | 1988,(3):21 |
| 从一例遗精谈心理学治疗的意义 | 唐玉枢 | 成都中医药大学学报 | 1988,(3):33 |
| 《伤寒论》应用反治法初探 | 朱红梅等 | 福建中医药 | 1988,(3):51 |
| “脾主统血”在临床中的应用 | 邓中炎 | 广州中医药大学学报 | 1988,(3):129 |
| 推罐治疗失眠症临床观察 | 彭以恺 | 贵阳中医学院学报 | 1988,(3):41 |
| 治疗慢性肾炎应注意的几个问题 | 席时华等 | 国医论坛 | 1988,(3):37 |
| 银翘散变通运用一得 | 张瑞士等 | 河北中医 | 1988,(3):29 |
| 调理脾胃法在冠心病的应用 | 杜庆云等 | 河北中医 | 1988,(3):1 |
| 谈活血化瘀法在眼科临床的应用 | 陈文祥 | 黑龙江中医药 | 1988,(3):54 |
| 针灸治疗健忘初探 | 康　慧 | 黑龙江中医药 | 1988,(3):32 |
| 补法治疗急性肾炎的浅识 | 郑清国 | 湖北中医杂志 | 1988,(3):55 |
| 试论补肾法的应用 | 杜天植 | 湖北中医杂志 | 1988,(3):40 |
| 论中医“三辨论治”治疗体系 | 蒋红玉等 | 湖南中医学院学报 | 1988,(3):8 |
| 也谈“治痿独取阳明”在中风后遗症治疗中的运用 | 谢焕荣 | 辽宁中医杂志 | 1988,(3):33 |
| 浅论运气学说在中医学中的实际意义 | 肖诗鹰 | 内蒙古中医药 | 1988,(3):31 |
| 调脾胃升降治呃逆呕吐 | 牛兴东 | 内蒙古中医药 | 1988,(3):19 |
| 吴棹仙老师医案 | 唐玉枢 | 山东中医杂志 | 1988,(3):30 |
| 照海穴为主治疗咽喉肿痛 220 例 | 杜宗华 | 陕西中医 | 1988,(3):131 |
| 巨刺法的临床研究 | 康泰隆等 | 上海针灸杂志 | 1988,(3):14 |
| 缪刺络穴治疗软组织损伤 500 例 | 崔允孟 | 上海针灸杂志 | 1988,(3):30 |
| 嗽咳用药一得 | 温长路 | 实用中医内科杂志 | 1988,(3):111 |
| 秩边穴临床治验 | 仝俐功等 | 四川中医 | 1988,(3):42 |
| 古方新用——竹叶石膏汤治疗恶梦多梦 | 卜　平 | 现代中医药 | 1988,(3):60 |
| 针刺治神在祖国医学心理学中的体现 | 殷克敬 | 现代中医药 | 1988,(3):22 |

| | | | |
|---|---|---|---|
| 刺络法治疗急性痛症3例 | 刘汉兴 | 新疆中医药 | 1988,(3):31 |
| 对1988年郑州地区气象及流行病的预测 | 刘玉芝等 | 中医研究 | 1988,(3):25 |
| 推拿治疗婴幼儿泄泻 | 高清顺等 | 中医研究 | 1988,(3):42 |
| 温宫饮治疗经闭 | 魏秀芬 | 中医研究 | 1988,(3):34 |
| 医话二则 | 李思仲 | 中医药学刊 | 1988,(3):41 |
| 大黄䗪虫丸与祛瘀生新 | 张胜荣 | 北京中医 | 1988,(4):58 |
| 试论"郁乃痉"及其临床意义 | 陈 钢 | 成都中医药大学学报 | 1988,(4):8 |
| 从分娩与季节、日干、时辰的关系探讨天人相应的基本规律—附4748例资料分析 | 李慧曼等 | 贵阳中医学院学报 | 1988,(4):33 |
| 温胆汤运用的临床体会 | 侯显庆 | 贵阳中医学院学报 | 1988,(4):30 |
| 用心理护理老年人的体会 | 张淑贤 | 河北中医 | 1988,(4):37 |
| 15例急性心肌梗塞舌苔的动态变化与辨证论治 | 李成军等 | 黑龙江中医药 | 1988,(4):44 |
| 生铁落饮治疗痰火上扰型癫痫82例疗效观察 | 黄道富 | 湖南中医学院学报 | 1988,(4):20 |
| 运用清热解毒法为主治疗肿瘤的体会 | 朱湘洲 | 湖南中医学院学报 | 1988,(4):25 |
| 敷脐疗法的运用体会 | 黎仲慈 | 湖南中医杂志 | 1988,(4):10 |
| 脑溢血发病与时辰关系的探讨 | 韩纯庆 | 湖南中医杂志 | 1988,(4):30 |
| 治疗中风的体会 | 陈宏仁 | 吉林中医药 | 1988,(4):7 |
| 呼和浩特市1986年人口死亡与时辰关系的探讨 | 王玉亭等 | 内蒙古中医药 | 1988,(4):32 |
| 外感病的中医护理 | 郭秀珍 | 内蒙古中医药 | 1988,(4):42 |
| 祛风药在肝病中的应用 | 秦宗昌 | 山东中医杂志 | 1988,(4):17 |
| 针刺加拔药罐治疗肩周炎30例 | 苏新铭等 | 山东中医杂志 | 1988,(4):22 |
| 顺应四时变化治疗热病157例 | 程根群等 | 山东中医杂志 | 1988,(4):20 |
| 痢疾初起运用止涩体会 | 李学诚 | 陕西中医 | 1988,(4):191 |
| 经络辨证治疗早搏 | 吕建平 | 上海针灸杂志 | 1988,(4):15 |
| 人迎穴临床运用举隅 | 仲跻尚 | 上海针灸杂志 | 1988,(4):38 |
| 针刺大包穴治疗50例急性扭伤 | 徐静霞 | 上海针灸杂志 | 1988,(4):37 |
| 上病下取治口糜 | 潘 端 | 四川中医 | 1988,(4):36 |
| 巨刺对38例血栓闭塞性脉管炎患者肢体血流图的影响 | 李连生 | 天津中医药 | 1988,(4):20 |
| 论一贯煎治肝病 | 梁奇石 | 现代中医药 | 1988,(4):41 |
| 针刺治愈一例梅核气 | 徐振军 | 现代中医药 | 1988,(4):45 |
| 产后癃闭不宜囿于补法 | 叶继长 | 新中医 | 1988,(4):46 |
| 有关妇科病治验摘介 | 梁映寰 | 新中医 | 1988,(4):23 |
| 治疗肝郁不孕症的临床体会 | 池绳业 | 新中医 | 1988,(4):35 |
| 麦粒灸治疗坐骨神经痛70例 | 陈英炎 | 云南中医中药杂志 | 1988,(4):40 |
| 下法治疗温热病体会 | 朱宝贵 | 云南中医中药杂志 | 1988,(4):25 |
| 临床应用升降法的体会 | 丁光迪 | 浙江中医学院学报 | 1988,(4):29 |
| 中医外治法治疗冠心病心绞痛的概况 | 黄红英 | 中医药信息 | 1988,(4):27 |
| 临证治疗胃脘痛102例 | 高 贵等 | 中医药学刊 | 1988,(4):44 |
| 针刺"养老"穴治疗痹证40例 | 傅凌云等 | 中医药学刊 | 1988,(4):40 |
| 温热病临床研究思路的回顾及展望 | 郭铭信等 | 中医杂志 | 1988,(4):56 |
| 耳针治疗胆石症25例 | 梁汉明 | 广西中医药 | 1988,(5):33 |
| 面瘫散治面瘫 | 李三贵 | 河北中医 | 1988,(5):32 |
| 妇科疑难病二则 | 曾立昆 | 黑龙江中医药 | 1988,(5):26 |
| 论用酸敛补肝法治肝郁 | 范镇海 | 吉林中医药 | 1988,(5):16 |
| 肺主宣发之临床应用 | 宋文武 | 吉林中医药 | 1988,(5):10 |
| 高热盗汗治疗失误一例 | 李 帆 | 江西中医药 | 1988,(5):43 |

| | | | |
|---|---|---|---|
| 运用标本治则验案两则 | 周运机 | 江西中医药 | 1988,(5):33 |
| 急下法治疗内科急症的进展 | 胡玉成 | 辽宁中医杂志 | 1988,(5):46 |
| 中药治疗小儿口疳 | 谢　军 | 辽宁中医杂志 | 1988,(5):45 |
| "肺主治节"在"便秘"证治的应用 | 饶宏孝 | 辽宁中医杂志 | 1988,(5):18 |
| 刺血疗法的临床研究概况 | 张群策 | 陕西中医 | 1988,(5):235 |
| 灸法循经感传规律的初步研究 | 陈克勤等 | 陕西中医 | 1988,(5):218 |
| 辨证治疗疳证359例临床小结 | 王霞芳等 | 上海中医药杂志 | 1988,(5):16 |
| 活血化瘀法治疗妇科病举隅 | 张朝印 | 现代中医药 | 1988,(5):35 |
| "脾气主升"的时床应用 | 陈晓媛 | 现代中医药 | 1988,(5):47 |
| 巨刺法治疗肩周炎的即时疗效观察 | 楼星煌 | 中国医刊 | 1988,(5):28 |
| 1075例老年人体型与体质关系的分析 | 朱秉匡等 | 中华中医药杂志 | 1988,(5):57 |
| 痹证的针药并举治疗 | 崔述贵 | 中医药学刊 | 1988,(5):43 |
| 浅谈慢性盆腔炎的辨证治疗 | 张晋峰 | 中医药研究 | 1988,(5):8 |
| 活血化瘀抗肿瘤的研究探讨 | 应荣多 | 中医杂志 | 1988,(5):60 |
| 练功要辨证 | 陈锡秋 | 按摩与导引 | 1988,(6):41 |
| 论体质因素与温病发生发展的关系 | 江红兵 | 广西中医药 | 1988,(6):28 |
| 加减小柴胡汤治肝咳验案 | 姚　义 | 黑龙江中医药 | 1988,(6):39 |
| 医案三则 | 张学安 | 黑龙江中医药 | 1988,(6):32 |
| "通因通用"法验案一则 | 薛青平 | 湖北中医杂志 | 1988,(6):51 |
| 耳压与体针合治胆石症515例 | 钱治元 | 湖北中医杂志 | 1988,(6):38 |
| 高龄骨折病人的护理体会 | 金　鱼 | 湖南中医杂志 | 1988,(6):42 |
| 临床应用留针的点滴体会 | 党玉兰 | 青海医药杂志 | 1988,(6):69 |
| 以二乌膏为主治疗膝关节和跟骨增生的疗效观察 | 郭焕章 | 青海医药杂志 | 1988,(6):17 |
| 试论肺为水之上源及其临床意义 | 章永红 | 山东中医杂志 | 1988,(6):10 |
| 短刺法配合齐刺法治疗骨质增生的体会 | 杨早龙 | 山西中医 | 1988,(6):25 |
| 补中益气汤治疗尿失禁57例 | 李智芬等 | 陕西中医 | 1988,(6):258 |
| 补中益气汤治验举隅 | 王清彦 | 陕西中医 | 1988,(6):270 |
| 学习《黄帝内经》有关"心"的论述及对临床的指导意义 | 徐兰生 | 天津中医药 | 1988,(6):13 |
| 试论怒伤肝的机制及其临床意义 | 李德新等 | 浙江中医学院学报 | 1988,(6):7 |
| 上病下治法在急诊中的运用 | 周旭文 | 浙江中医学院学报 | 1988,(6):19 |
| 脾胃升降及其临床意义 | 王志文 | 中医药学刊 | 1988,(6):18 |
| 治疗纵膈肿瘤体会 | 姚德纯 | 中医药学刊 | 1988,(6):21 |
| 腹诊在中医临床的运用 | 张声炳 | 江苏中医药 | 1988,(7):32 |
| 论活血化淤法的用药时机及佐法 | 区显维 | 辽宁中医杂志 | 1988,(7):11 |
| 试析未用汗法的汗出病解 | 宋建平 | 辽宁中医杂志 | 1988,(7):10 |
| 试从中医的养生理论谈冠心病的预防 | 王晓光等 | 陕西中医 | 1988,(7):311 |
| 从肝从火论治上节育环后赤白带下 | 金守强 | 上海中医药杂志 | 1988,(7):12 |
| 治验二则 | 李济民 | 中医杂志 | 1988,(7):54 |
| 浴体法在儿科临床运用举隅 | 葛明富 | 江苏中医药 | 1988,(8):17 |
| 半夏能治夜不寐 | 陶御风 | 上海中医药杂志 | 1988,(8):19 |
| 通腑理气和胃法治疗胃扭转2例 | 蒋一鸣等 | 上海中医药杂志 | 1988,(8):13 |
| 活络舒筋法治疗背膂筋伤 | 钟有鸣等 | 四川中医 | 1988,(8):35 |
| 外敷涌泉穴治不寐 | 张星耀 | 新中医 | 1988,(8):28 |
| 调气法在胸痹治疗中的应用 | 陈　喆 | 辽宁中医杂志 | 1988,(9):24 |
| 刺血法治疗急腹症三则 | 刘汉兴 | 陕西中医 | 1988,(9):420 |
| 艾灸足三里,针刺四缝穴治疗小儿厌食症 | 周洵清 | 四川中医 | 1988,(9):60 |

| | | | |
|---|---|---|---|
| 清肝泻胆法治愈耳出血 | 成积玉 | 四川中医 | 1988,(9):52 |
| 试论冠心病从阴维论治 | 俞淦琪 | 新中医 | 1988,(9):13 |
| 跟痛症从痿论治46例临床小结 | 李建萍 | 江苏中医药 | 1988,(10):33 |
| "引火归原"在耳鼻喉运用咨诹 | 蔡福养等 | 辽宁中医杂志 | 1988,(10):3 |
| 耳针治疗急性麦粒肿 | 姜文娜 | 辽宁中医杂志 | 1988,(10):29 |
| 标本论治辨析三则 | 李树铭 | 辽宁中医杂志 | 1988,(10):23 |
| 病机十九条对妇科临床的指导意义 | 何子淮等 | 上海中医药杂志 | 1988,(10):40 |
| 论四总穴歌的立论机理及临床应用 | 王启才 | 中医杂志 | 1988,(10):22 |
| 中医药治疗阴茎异常勃起症近况 | 郑东利 | 江苏中医药 | 1988,(11):44 |
| 扶正化淤法治疗慢性肝病临床体会 | 黄杏开 | 辽宁中医杂志 | 1988,(11):12 |
| 通腑法在眼科临床的应用 | 奉孝生 | 四川中医 | 1988,(11):44 |
| 以中医为主中西医结合治89例慢性肾炎疗效分析 | 毛如宝 | 新中医 | 1988,(11):19 |
| 釜底抽薪疗乳痈 | 杨丽敏 | 中医杂志 | 1988,(11):69 |
| 男性不育症从肝肾论治举隅 | 周洪进 | 中医杂志 | 1988,(11):29 |
| 温针治疗风寒湿痹33例疗效观察 | 万启华等 | 新中医 | 1988,(12):23 |
| 关刺法治疗胁痛 | 齐自义等 | 中医杂志 | 1988,(12):15 |
| 补中益气汤治疗肛肠疾病举隅 | 王建民等 | 安徽中医学院学报 | 1989,(1):38 |
| 陈以教副教授应用刺络放血疗法的经验 | 方金榜 | 福建中医药 | 1989,(1):10 |
| 通法在腑证中的运用 | 李树楷等 | 甘肃中医 | 1989,(1):25 |
| 标本在临床上的重要性 | 李子质 | 甘肃中医 | 1989,(1):2 |
| 妇科病从肝治举隅 | 毛小玲 | 广州医学院学报 | 1989,(1):59 |
| "肺朝百脉"及其临床意义 | 聂　广 | 贵阳中医学院学报 | 1989,(1):7 |
| 铍针切除外痔60例疗效观察 | 杨月波 | 贵阳中医学院学报 | 1989,(1):36 |
| 望睑缘青紫诊断神经衰弱探源 | 王定云 | 贵阳中医学院学报 | 1989,(1):14 |
| 中医耳穴疗法治胆石症的研究 | 彭　澍等 | 贵阳中医学院学报 | 1989,(1):39 |
| 从咳嗽看中医的辨证论治和临床思维 | 张曼诚 | 贵阳中医学院学报 | 1989,(1):48 |
| 升润法治疗虚证便秘32例 | 朱安丽 | 湖北中医杂志 | 1989,(1):14 |
| 通因通用法治疗消渴验案一则 | 段伯焰 | 湖北中医杂志 | 1989,(1):33 |
| 小青龙汤变通治疗咳喘 | 林家坤 | 江西中医学院学报 | 1989,(1):41 |
| 耳针在临床急症中的运用研究概况 | 徐凤洲 | 泸州医学院学报 | 1989,(1):74 |
| 祛风法在眼科临床上的应用 | 章淑华 | 南京中医药大学学报（自然科学版） | 1989,(1):30 |
| 祛湿剂配伍规律探讨 | 关德生 | 青海医学院学报 | 1989,(1):50 |
| 温阳止血法的临床应用和机制探讨 | 吴维海等 | 山东中医药大学学报 | 1989,(1):53 |
| 针刺治疗强中一得 | 林治虎 | 山东中医杂志 | 1989,(1):46 |
| 应用五轮学说辨证一得 | 牛析群 | 山西中医 | 1989,(1):5 |
| 坐骨神经痛补肝四法 | 程运文 | 陕西中医 | 1989,(1):46 |
| 临床运用灵龟八法的点滴体会 | 杜登岭 | 陕西中医学院学报 | 1989,(1):31 |
| 针灸调气在临床的应用 | 顾月华 | 上海针灸杂志 | 1989,(1):25 |
| 六味地黄丸治疗妇人面部色斑 | 候舒芬 | 实用中医内科杂志 | 1989,(1):36 |
| 鼻诊在儿科临床上的意义 | 彭敏松 | 现代中医药 | 1989,(1):34 |
| 疑难病医案医话三则 | 石炳武 | 现代中医药 | 1989,(1):11 |
| 通腑疗法临床运用体会点滴 | 丁文龙 | 新疆中医药 | 1989,(1):10 |
| 印堂穴及其临床应用 | 王富春 | 新疆中医药 | 1989,(1):27 |
| 浅谈中风病人的精神护理 | 罗雪梅 | 新中医 | 1989,(1):56 |
| 穴位挑提法治疗不射精症(摘要) | 冯世华 | 中国冶金工业医学杂志 | 1989,(1):16 |

| | | | |
|---|---|---|---|
| 中国传统医学防治腰背痛的历史 | 李经纬 | 中国中医骨伤科杂志 | 1989,(1):47 |
| 运用“高者抑之”治则体会 | 承忠委等 | 中医药学刊 | 1989,(1):28 |
| 中西医结合治疗骨与关节结核的理论探讨 | 樊秀英 | 中医正骨 | 1989,(1):43 |
| 论“治未病”的涵义和“治未病”思想对外感病治疗的指导意义 | 边玉麟 | 安徽中医学院学报 | 1989,(2):2 |
| 清法在皮肤科临床的应用 | 谢　勇 | 安徽中医学院学报 | 1989,(2):60 |
| 谈清热解毒法 | 范仁忠 | 安徽中医学院学报 | 1989,(2):62 |
| 论“引火归原”法的实质及运用 | 高忠英 | 北京中医 | 1989,(2):37 |
| 五型五部十三法治痹经验总结 | 宗言顺 | 北京中医 | 1989,(2):41 |
| 自拟抗痫汤治疗癫痫的体会 | 贺家生 | 北京中医 | 1989,(2):49 |
| “治痿独取阳明”的临床运用体会 | 黄宗勖 | 福建中医药 | 1989,(2):2 |
| 《素问》有关刺灸理论的临证应用体会 | 邬品嘉 | 福建中医药 | 1989,(2):15 |
| 补中益气汤的临床应用 | 刘月婵 | 广州医学院学报 | 1989,(2):52 |
| 心理治疗在中医的临床体会 | 黄丽玲 | 广州医学院学报 | 1989,(2):55 |
| “卫出三焦”及其临床运用 | 龙瑞敏 | 贵阳中医学院学报 | 1989,(2):4 |
| 下合穴及其临床应用 | 腾树群 | 贵阳中医学院学报 | 1989,(2):62 |
| 补中益气汤加减治愈慢性肾盂肾炎 12 例 | 陶履冰 | 河北中医 | 1989,(2):6 |
| 菀陈则除之治法在针灸临床运用体会 | 康锁彬 | 河北中医 | 1989,(2):25 |
| 妇科验案四则 | 张丽君 | 湖北中医杂志 | 1989,(2):33 |
| “调肝法”治愈久咳久喘 | 余晓兵 | 华南国防医学杂志 | 1989,(2):50 |
| 手法治疗胸胁部屏伤 | 赵和庆 | 江苏中医药 | 1989,(2):10 |
| 眼针疗法的临床应用体会 | 李怀安 | 江苏中医药 | 1989,(2):20 |
| 气血、脏腑理论在骨折治疗中的应用 | 王九龄 | 内蒙古中医药 | 1989,(2):20 |
| 对肝病导致阳萎治疗体会 | 白培城等 | 内蒙古中医药 | 1989,(2):10 |
| 活血化瘀法治疗滑胎的体会 | 李翠华 | 山西中医 | 1989,(2):26 |
| 临证治验二则 | 祝谌予 | 山西中医 | 1989,(2):3 |
| 背俞穴的应用 | 贾　赫 | 陕西中医 | 1989,(2):80 |
| 试论药酒在中医治疗中的应用 | 赵凤林 | 陕西中医学院学报 | 1989,(2):49 |
| 浅刺胆囊穴对胆囊动态变化的影响 | 张剑秋等 | 上海针灸杂志 | 1989,(2):15 |
| 针灸治疗 52 例心绞痛 | 陈大中等 | 上海针灸杂志 | 1989,(2):13 |
| 医话二则 | 李克光 | 实用中医药杂志 | 1989,(2):9 |
| 巨刺对 90 例脑梗塞患者脑血流图的影响 | 李连生等 | 天津中医学院学报 | 1989,(2):27 |
| “上病下取”在内科上的临床应用 | 沙子仲 | 天津中医药 | 1989,(2):42 |
| 中医人工周期对月经不调的治疗 | 黄秀霞 | 现代中医药 | 1989,(2):29 |
| 热因热用临证体会 | 黄德明 | 新中医 | 1989,(2):18 |
| 秃疮秘方拾遗 | 杨　将 | 云南中医中药杂志 | 1989,(2):21 |
| 调理脾胃法的临床应用 | 郎冠子 | 浙江中医药大学学报 | 1989,(2):24 |
| 经络学说在诊治中的运用 | 孟景春 | 浙江中医药大学学报 | 1989,(2):48 |
| 痔疮的中医内治法 | 许昌衡 | 中国初级卫生保健 | 1989,(2):33 |
| 巨刺对 88 例血栓闭塞性脉管炎患者肢体血流图的影响 | 李连生 | 中国中西医结合杂志 | 1989,(2):97 |
| 自我点穴健身法 | 罗庆道 | 中医药临床杂志 | 1989,(2):64 |
| 简述鼻治法的应用 | 徐志宏 | 中医药学刊 | 1989,(2):23 |
| 胃脘痛的临床护理体会 | 尚世勤 | 中医药学刊 | 1989,(2):45 |
| 运用“通法”一得 | 曹　艺 | 中医药学刊 | 1989,(2):37 |
| 巨刺针法治疗肩周炎 773 例疗效观察 | 王文远等 | 中医正骨 | 1989,(2):4 |
| 针刺防治冠心病及其猝死的研究 | 唐照亮等 | 安徽中医学院学报 | 1989,(3):91 |

| | | | |
|---|---|---|---|
| 周德宜老中医刺络放血五法 | 秦黎虹 | 安徽中医学院学报 | 1989,(3):37 |
| “下者举之”的临床运用 | 承忠委等 | 安徽中医学院学报 | 1989,(3):50 |
| 《内经》“间者并行,甚者独行”的临床体会 | 许友明 | 广西中医药 | 1989,(3):25 |
| 标本、根结、气街、四海理论在针灸临床上的应用 | 吕明庄 | 贵阳医学院学报 | 1989,(3):221 |
| 刺络法治疗面部色素斑和痤疮166例观察 | 梁肇珍等 | 贵阳医学院学报 | 1989,(3):217 |
| 论灸法治病原理及临床应用 | 彭以恺 | 贵阳中医学院学报 | 1989,(3):44 |
| 根结穴的临床应用 | 杨　涤 | 河北中医 | 1989,(3):19 |
| 中西医结合治疗上消化道出血临床观察 | 李述尧等 | 河北中医 | 1989,(3):44 |
| 从发表不远热谈麻黄解表 | 王广见等 | 黑龙江中医药 | 1989,(3):36 |
| 交叉对应取穴针法治验举隅 | 冯禾昌 | 黑龙江中医药 | 1989,(3):32 |
| 病案二则 | 刘胜利 | 湖北中医杂志 | 1989,(3):28 |
| 清肝泻火治鼻衄 | 李德江 | 湖北中医杂志 | 1989,(3):41 |
| 下病上取医话两则 | 金克畅 | 湖北中医杂志 | 1989,(3):27 |
| “交节”时对人体微循环影响的探讨 | 吴美思等 | 湖北中医杂志 | 1989,(3):36 |
| 试论月经周期与月相同步的研究 | 张年顺 | 湖南中医学院学报 | 1989,(3):115 |
| 从《内经》谈眼部表现对临床疾病诊断的价值 | 黄剑虹 | 辽宁中医杂志 | 1989,(3):12 |
| 腹部推拿治疗腰腿痛 | 甄德江 | 江苏中医药 | 1989,(3):35 |
| 从五苓散证的治疗反应看“气化出矣”的途径 | 孔庆洛 | 江西中医药 | 1989,(3):50 |
| 谈谈肺与大肠相表里的临床体会 | 彭泽深 | 江西中医药 | 1989,(3):16 |
| 刺络法治疗急性吐泻的点滴经验 | 陈桂英等 | 内蒙古中医药 | 1989,(3):15 |
| 砒石熏蒸疗法治疗淋巴结核10例 | 周风翔 | 内蒙古中医药 | 1989,(3):23 |
| 药食结合治疗小儿急性感染性神经根炎20例 | 王懋英等 | 内蒙古中医药 | 1989,(3):18 |
| 浅谈中西医结合与中医现代化 | 刘济跃等 | 山东中医药大学学报 | 1989,(3):11 |
| 针刺治疗中的“弱补强泻”质疑 | 秦书珊等 | 山东中医杂志 | 1989,(3):2 |
| 闭门留寇案 | 王长海 | 山西中医 | 1989,(3):44 |
| 王复亨老中医运用滋阴法的经验 | 王贯中 | 陕西中医 | 1989,(3):97 |
| 穴位组织结构与针刺作用基础的研究 | 徐明海等 | 上海针灸杂志 | 1989,(3):28 |
| 药物穴位敷贴临床应用概述 | 单永华等 | 上海针灸杂志 | 1989,(3):39 |
| 酸补与酸泻临证浅谈 | 鲜光亚 | 实用中医内科杂志 | 1989,(3):25 |
| 滋阴法治疗流行性出血热探讨 | 吴　成等 | 实用中医内科杂志 | 1989,(3):9 |
| 按时使穴治疗白发 | 朴联友 | 四川生理科学杂志 | 1989,(3):48 |
| 不同时间针刺解溪穴90例眩晕疗效观察 | 严清明 | 四川生理科学杂志 | 1989,(3):72 |
| 时辰与脏腑经脉关系及临床应用 | 王洪图等 | 四川生理科学杂志 | 1989,(3):64 |
| 子午流注纳子法治疗失眠症的临床疗效对比观察 | 杨顺益 | 四川生理科学杂志 | 1989,(3):74 |
| 平人“一日四时”面色变化定量观察 | 蔡光先 | 四川生理科学杂志 | 1989,(3):4 |
| 从1294例患者的死亡时间讨论祖国医学和时间生物学 | 陈俊鸿 | 四川生理科学杂志 | 1989,(3):8 |
| “择时服药”法治疗29例肾阴虚水肿病临床观察 | 黄清春 | 四川生理科学杂志 | 1989,(3):24 |
| 2015例五脏疾病死亡昼夜节律分析 | 李冰星 | 四川生理科学杂志 | 1989,(3):29 |
| 正常舌象随季节变化的动态观察 | 张天秀 | 四川生理科学杂志 | 1989,(3):79 |
| 浅谈刺络法及其应用 | 郑于敏 | 天津中医学院学报 | 1989,(3):38 |
| 通因通用治疗急性坏死性肠炎一则 | 余惠民 | 天津中医药 | 1989,(3):44 |
| 补肾法在耳病中的应用 | 林文森 | 天津中医药 | 1989,(3):41 |
| 趺阳脉的临床运用点滴 | 吴忠文 | 天津中医药 | 1989,(3):40 |
| 治疗慢性胆囊炎的一点体会 | 唐新华 | 新疆中医药 | 1989,(3):63 |
| 略述温里药对人体机能活动的兴奋作用 | 陈小忆 | 浙江中医药大学学报 | 1989,(3):11 |
| 精神卫生(中老年养生知识之一) | 张琼林 | 中医药临床杂志 | 1989,(3):57 |

| | | | |
|---|---|---|---|
| 培脾土二十法的临床应用 | 王立泉 | 中医药临床杂志 | 1989,(3):35 |
| 调理脾胃法在针灸临床中的运用 | 梁立武 | 中医药信息 | 1989,(3):46 |
| 标本理论在骨伤科临床的运用 | 钱忠权 | 中医正骨 | 1989,(3):31 |
| 阳陵泉穴的临床应用 | 蔡圣朝 | 安徽中医学院学报 | 1989,(4):38 |
| 从临床看情志因素与月经病 | 刘时尹 | 安徽中医学院学报 | 1989,(4):32 |
| 穴位外敷治疗心痹(冠心病、心肌炎) | 倪寄兰等 | 北京中医 | 1989,(4):47 |
| 黄绳武教授论月经病阴虚证的证治 | 郑国平 | 福建中医药 | 1989,(4):2 |
| 《内经》"此皆聚于胃、关于肺"对儿科临床的指导意义 | 张　南 | 甘肃中医学院学报 | 1989,(4):23 |
| 胃苓散加减治疗泄泻证的临床体会 | 王　浚 | 甘肃中医学院学报 | 1989,(4):33 |
| 关刺法穴位注射治疗肱骨外上髁炎50例 | 蔡国伟 | 广西中医药 | 1989,(4):34 |
| 中药配耳穴压迫法治疗泌尿系结石16例 | 陈乃漪 | 贵阳医学院学报 | 1989,(4):312 |
| 真武汤临床应用两则 | 杜奉志等 | 贵阳中医学院学报 | 1989,(4):26 |
| 苓桂术甘汤治久咳 | 屈良毅 | 湖南中医杂志 | 1989,(4):32 |
| 药熨神厥穴治疗腹部寒性瘀痛证 | 王　磊 | 吉林中医药 | 1989,(4):21 |
| 针刺治疗癔症失语 | 郝　云 | 吉林中医药 | 1989,(4):22 |
| 齐刺治疗第三腰椎横突综合征 | 姬正跃 | 江苏中医药 | 1989,(4):34 |
| 通过对肾脏病患者的听力测定认识祖国医学肾与耳间关系论点的科学性 | 王景贤等 | 内蒙古中医药 | 1989,(4):39 |
| 试论"年长则求之于府"对老年人养生及康复医疗的指导意义 | 项　平等 | 南京中医药大学学报(自然科学版) | 1989,(4):1 |
| 五官的经络联系及其临床应用 | 胡雨梅 | 南京中医药大学学报(自然科学版) | 1989,(4):47 |
| 运用火针的经验 | 盛生宽 | 青海医药杂志 | 1989,(4):36 |
| 运气学岁运和客主加临的研究——对济南地区1984~1988年气象变化和灾病情况的分析 | 韩成仁 | 山东中医药大学学报 | 1989,(4):19 |
| 标本根结在针灸临床上的指导作用 | 让银拴 | 山西中医 | 1989,(4):27 |
| 运用根结标本理论治疗面瘫56例 | 武俊杰 | 陕西中医 | 1989,(4):179 |
| 巨刺法治疗血管性头痛26例 | 贺舜岐 | 上海针灸杂志 | 1989,(4):22 |
| 子午流注值的函数和映射表述及其临床意义 | 乔　新等 | 上海中医药杂志 | 1989,(4):2 |
| 巨刺治疗88例脑血管病疗效观察 | 李连生 | 天津中医药 | 1989,(4):24 |
| 芒针的继承发展与临床应用 | 杨兆钢 | 天津中医药 | 1989,(4):20 |
| 以五子衍宗丸为主治疗不孕症的临床体会 | 王宝丽等 | 新疆中医药 | 1989,(4):17 |
| 对刺络法的临床体会 | 杨同山 | 针灸临床杂志 | 1989,(4):17 |
| 多种针法结合治疗腰椎增生引起的腰腿痛60例 | 赵永祥 | 针灸临床杂志 | 1989,(4):29 |
| 火针治疗疮疡 | 兰茂璞 | 针灸临床杂志 | 1989,(4):10 |
| 偶刺治疗胸部软组织挫伤129例 | 黄问淼等 | 针灸临床杂志 | 1989,(4):36 |
| 提插补泻与徐疾补泻矛盾初探 | 徐　立等 | 针灸临床杂志 | 1989,(4):4 |
| 透刺十法的应用体会 | 焦新民等 | 针灸临床杂志 | 1989,(4):13 |
| 围刺针法的临床应用 | 王永灿 | 针灸临床杂志 | 1989,(4):13 |
| 临床如何应用中医理论——小便通利有赖气化 | 王洪图 | 中国临床医生 | 1989,(4):33 |
| "上病下取"治则在眼科临床的运用 | 田爱华 | 中华中医药杂志 | 1989,(4):42 |
| "七七"天癸竭时女子自身免疫识别状态的观察 | 陈汉平 | 中华中医药杂志 | 1989,(4):14 |
| 苦辛法的临证运用 | 吴锦洪等 | 中医药临床杂志 | 1989,(4):21 |
| 浅谈黄芪的双向治疗作用 | 任学机 | 中医药信息 | 1989,(4):41 |
| 几种疑难病的针灸治验 | 杨元德 | 中医药学刊 | 1989,(4):40 |
| 试论"火郁发之"的临床意义 | 贾尚雄等 | 中医药研究 | 1989,(4):13 |

| | | | |
|---|---|---|---|
| “釜底抽薪”法在喉科上的应用 | 杨国安 | 国医论坛 | 1989,(5):34 |
| 医话三则 | 姚光宸 | 河北中医 | 1989,(5):37 |
| 应用活血化瘀法的临床体会 | 刘庆山 | 吉林中医药 | 1989,(5):17 |
| “杂合以治”临床运用举隅 | 王　云 | 江苏中医药 | 1989,(5):8 |
| 刺络拔罐加药酒闪火法治疗腰臀部软组织疾患 | 杨晓蓓 | 江西中医药 | 1989,(5):45 |
| 调补肝肾法治疗胃脘痛体会 | 陈福如 | 江西中医药 | 1989,(5):34 |
| 董建华教授从通降论治胆胀 | 杨晋翔 | 山西中医 | 1989,(5):6 |
| 王与贤老中医运用滋水化源法治疗水肿的经验 | 刘　升等 | 陕西中医 | 1989,(5):195 |
| 从癫狂证治谈中医情志疗法 | 王瑜华 | 陕西中医 | 1989,(5):214 |
| 运用“心生血”理论治疗血虚证的体会 | 孙益平 | 实用医学杂志 | 1989,(5):38 |
| 试论“魄门亦为五脏使,水谷不得久藏”的临床意义 | 柴瑞霭 | 四川中医 | 1989,(5):14 |
| 150 例外伤性截瘫的针刺治疗与体会 | 陈志华等 | 天津中医药 | 1989,(5):5 |
| 芒针的继承发展与临床应用(续) | 杨兆钢 | 天津中医药 | 1989,(5):12 |
| 浅谈下法的临床应用 | 翁凤泉 | 新中医 | 1989,(5):23 |
| 临证运用八法琐谈 | 王兰香 | 中医药学刊 | 1989,(5):20 |
| 局部多针刺法的临床运用 | 纪晓平等 | 中医杂志 | 1989,(5):22 |
| 外伤性截瘫的康复按摩 | 温海棠 | 按摩与导引 | 1989,(6):27 |
| 通因通用治疗倒经 50 例疗效观察 | 叶　明 | 北京中医 | 1989,(6):23 |
| 应用火针点痣、除疣与焠刺老人斑 | 郭常典 | 福建中医药 | 1989,(6):28 |
| 火针的临床应用概况 | 高希言等 | 国医论坛 | 1989,(6):40 |
| 反治法临证治验 | 张建中 | 河北中医 | 1989,(6):14 |
| 温里药临证治疗心得 | 刘周敏 | 湖南中医杂志 | 1989,(6):7 |
| 妇科病补肾举隅 | 舒荣惠 | 江西中医药 | 1989,(6):27 |
| 清胆和胃疗心痹 | 路志正等 | 辽宁中医杂志 | 1989,(6):7 |
| 浅谈五音五声的临床意义 | 林永发 | 山东中医杂志 | 1989,(6):8 |
| “扬刺”加电疗法治股外侧皮神经炎 34 例临床观察 | 武承迅等 | 山西中医 | 1989,(6):42 |
| 临证遣方刍议 | 王纪民 | 四川中医 | 1989,(6):51 |
| “急则治其标”在针灸临床应用 | 高娅伟 | 现代中医药 | 1989,(6):28 |
| 益肾解郁法在月经病治疗中的应用 | 李　雯 | 浙江中医药大学学报 | 1989,(6):16 |
| 试论“顾护脾胃”对老年人养生及康复医疗的指导意义 | 项平等 | 中国康复医学杂志 | 1989,(6):20 |
| 从“治风先治血”论风病证治 | 裘端常 | 中华中医药杂志 | 1989,(6):3 |
| 中医治疗中风的进展 | 宋贵美等 | 辽宁中医杂志 | 1989,(7):44 |
| 从运气学说看 1988 年传染性肝炎流行的特点及证治 | 温志源等 | 上海中医药杂志 | 1989,(7):14 |
| 半夏秫米汤治愈小儿不眠以头撞墙奇病案 | 冯怀英 | 四川中医 | 1989,(7):23 |
| “通因通用”治遗尿 | 吴承松 | 新中医 | 1989,(7):19 |
| 小柴胡汤临床新用三则 | 吕云钊等 | 新中医 | 1989,(7):46 |
| 脾胃学说在老年病中的应用 | 赖祥林 | 新中医 | 1989,(7):56 |
| 补法的运用 | 张　琪等 | 中医杂志 | 1989,(8):4 |
| 三焦理论在针灸临床中的运用 | 田丽芳等 | 中医杂志 | 1989,(8):12 |
| 二例腹痛误治剖析 | 易承德 | 江苏中医药 | 1989,(9):38 |
| 活血化瘀为主中西医结合治疗慢性肾炎的研究现状 | 熊国良 | 陕西中医 | 1989,(9):422 |
| 针灸“半刺法”治婴幼儿腹泻 | 楼锦新 | 医学研究杂志 | 1989,(9):29 |
| 内经与临床——“年长则求之于府” | 翟双庆 | 中国临床医生 | 1989,(9):42 |
| 生脉饮加味在防治癌症中的应用 | 赵景芳 | 江苏中医药 | 1989,(10):23 |
| 扬刺治疗肘关节骨化性肌炎 58 例 | 彭启琼 | 江苏中医药 | 1989,(10):17 |
| “开鬼门”法治湿举隅 | 范镇海 | 辽宁中医杂志 | 1989,(10):24 |

| | | | |
|---|---|---|---|
| 通补奇经法治疗男性宗筋病 | 蔡渔琴 | 辽宁中医杂志 | 1989,(10):30 |
| 火针治疗关节痹痛 | 吴　萍 | 中国社区医师 | 1989,(11):30 |
| 半身出汗如何诊治 | 薛伯寿 | 中医杂志 | 1989,(12):52 |
| 按摩治痿纵横谈 | 杨永谦 | 按摩与导引 | 1990,(1):9 |
| 四妙勇安汤加味治疗血栓闭塞性脉管炎 71 例疗效总结 | 韩臣子 | 北京中医 | 1990,(1):3 |
| 补中益气汤在妇科的临床应用 | 潘玉华 | 承德医学院学报 | 1990,(1):44 |
| 益气聪明汤治疗上气不足证的浅析 | 李启林 | 甘肃中医 | 1990,(1):16 |
| 针灸康复法对慢性痢疾杆菌携带者的影响及研究 | 夏　庆等 | 甘肃中医 | 1990,(1):38 |
| 反治法临床运用拾零 | 余惠民 | 广西中医药 | 1990,(1):20 |
| 刺络放血治疗五官疾病的临床概况 | 熊光天等 | 贵阳中医学院学报 | 1990,(1):39 |
| 谈子类药物在男性不育症中的应用 | 王广见等 | 贵阳中医学院学报 | 1990,(1):23 |
| 针灸验案四则 | 张登部等 | 贵阳中医学院学报 | 1990,(1):49 |
| 中西医结合治疗踝关节扭伤 | 吕　莹 | 河南大学学报（自然科学版） | 1990,(1):74 |
| 久泻久痢的治疗经验 | 边秀珍 | 吉林中医药 | 1990,(1):14 |
| 针灸验案三则 | 杜晓山 | 江苏中医药 | 1990,(1):20 |
| 试论慢性支气管炎发病的年节律——附一〇一例临床资料分析 | 壮健 | 辽宁中医杂志 | 1990,(1):9 |
| 络刺治疗发际疮 | 宋其瑞 | 内蒙古中医药 | 1990,(1):11 |
| 气反治则儿科临床运用举隅 | 姜润林 | 内蒙古中医药 | 1990,(1):34 |
| 通因通用法运用举隅 | 杨德明 | 内蒙古中医药 | 1990,(1):37 |
| 试论和法及其临床应用 | 王端义等 | 山东中医杂志 | 1990,(1):6 |
| 自拟麻夏石甘汤治疗天行赤眼 | 李清福等 | 山西中医 | 1990,(1):39 |
| “肺合大肠”的临床应用 | 周一祥 | 实用中医内科杂志 | 1990,(1):36 |
| 针灸治愈逆经案 | 王吉根 | 四川中医 | 1990,(1):53 |
| 《内经》“九刺”的临床价值 | 魏仲华 | 天津中医药 | 1990,(1):31 |
| 通补之法治疗冠心病 125 例 | 李双玉 | 天津中医药 | 1990,(1):21 |
| 顾丕荣运用开上启下法治二便不通经验 | 汤叔良 | 新疆中医药 | 1990,(1):56 |
| 阴阳变化对新生儿出生时间的影响——1066 例新生儿出生时间分析 | 周春民等 | 新疆中医药 | 1990,(1):10 |
| 毫针缪刺治疗截肢术后挛痹证的临床体会 | 吴旭泽 | 新中医 | 1990,(1):29 |
| 清热化湿法治疗甲型肝炎 307 例 | 章冬瑛等 | 浙江中医药大学学报 | 1990,(1):19 |
| 耳穴贴压在口腔病中的应用 | 尉迟静 | 中国临床医生 | 1990,(1):33 |
| 半刺法头穴额旁二线治疗幼儿腹泻疗效观察(附 140 例报告) | 林迎春等 | 中医药临床杂志 | 1990,(1):11 |
| 按摩疗法治疗肩凝症体会 | 李明新等 | 中医药学刊 | 1990,(1):42 |
| 巨刺法治疗颈肩综合症 115 例报告 | 王文远 | 中医正骨 | 1990,(1):27 |
| 中医药治疗高热浅谈 | 刘冬立 | 北京中医 | 1990,(2):50 |
| “釜上揭盖法”临床运用举隅 | 何建成 | 甘肃中医 | 1990,(2):41 |
| 塞因塞用　可消水肿 | 刘德麟 | 甘肃中医学院学报 | 1990,(2):31 |
| 上病下取法在危急重证中的临床应用 | 罗再生 | 广西中医药 | 1990,(2):14 |
| 升提中气法治愈产后癃闭证三例 | 汪锡尧 | 贵阳中医学院学报 | 1990,(2):57 |
| 调补肺肾治疗哮喘病 80 例临床观察 | 李　宁等 | 贵阳中医学院学报 | 1990,(2):19 |
| 巨刺治疗急性腰扭伤 251 例 | 张文荣 | 河北中医 | 1990,(2):10 |
| “下合穴”应用的体会 | 汪忻吉 | 湖南中医杂志 | 1990,(2):35 |
| 火针疗法临床应用概况 | 黎祖琼 | 江苏中医药 | 1990,(2):39 |

| | | | |
|---|---|---|---|
| 补阴法运用不当及反思 | 侯恒太 | 江西中医药 | 1990,(2):36 |
| 刺络放血在妇儿疾病中的应用 | 熊光天 | 江西中医药 | 1990,(2):40 |
| 急症上病下取验案两则 | 方承康 | 江西中医药 | 1990,(2):20 |
| 浅谈妇科调经步骤 | 彭光祖 | 江西中医药 | 1990,(2):9 |
| 运用反治法治疗急症两则 | 余惠民 | 江西中医药 | 1990,(2):21 |
| 活血化瘀法临床举隅 | 何蔚轩等 | 临床荟萃 | 1990,(2):77 |
| 挑刺加拔罐法治疗痔疮 80 例 | 张春景等 | 陕西中医 | 1990,(2):84 |
| 针刺徐疾补泻法对中风患者下肢血流量的影响 | 范均铭等 | 上海针灸杂志 | 1990,(2):5 |
| 五脏六腑皆令人咳,非独肺也治验体会 | 陈　荣 | 实用医学杂志 | 1990,(2):40 |
| 寒因寒用愈胸冷 | 甘树炯 | 四川中医 | 1990,(2):7 |
| 夹竹桃叶外洗治奇痒 | 成积玉 | 四川中医 | 1990,(2):45 |
| 试述祛风药在黑睛星翳上的应用 | 曾志洪 | 四川中医 | 1990,(2):25 |
| 针灸治疗尿潴留 | 余俊常 | 四川中医 | 1990,(2):44 |
| 治足跟底痛方 | 邢春先 | 新中医 | 1990,(2):28 |
| 补法的运用 | 王鸿儒 | 云南中医学院学报 | 1990,(2):8 |
| 益气补肾法治疗暴聋 2 则 | 王光训 | 云南中医学院学报 | 1990,(2):13 |
| 焠刺法治疗尖锐湿疣 | 朱士涛 | 云南中医中药杂志 | 1990,(2):22 |
| 奇方治验急重病四则 | 海崇熙 | 中医药临床杂志 | 1990,(2):41 |
| 陈伯涛燮理阴阳法治疗老年病的经验 | 顾庆华等 | 中医药临床杂志 | 1990,(2):28 |
| “穴位按摩治疗急性腰扭伤”有良效 | 郑西亭 | 中医药学刊 | 1990,(2):11 |
| 针刺迎香穴治顽固性呃逆 | 刘振环 | 中医药学刊 | 1990,(2):29 |
| 吐法的临床运用与体会 | 刘学勤等 | 中医杂志 | 1990,(2):4 |
| 宣肺愈耳聋刍议 | 夏绩恩 | 安徽中医学院学报 | 1990,(3):24 |
| 小儿推拿名医张汉臣常用的望诊法 | 田常英 | 按摩与导引 | 1990,(3):32 |
| 甘肃民间曲泽穴刺络疗法 | 杨廉德 | 甘肃中医 | 1990,(3):38 |
| 补中益气汤双相调节功能临床应用体会 | 王必舜等 | 甘肃中医学院学报 | 1990,(3):14 |
| 加味“二合散”治疗荨麻疹 | 张锁庆 | 甘肃中医学院学报 | 1990,(3):18 |
| 谈散风以止泻 | 戴晓玲 | 河北中医 | 1990,(3):39 |
| 针刺治疗眩晕 54 例 | 刘金达 | 河北中医 | 1990,(3):16 |
| “汗法”应用琐谈 | 沈之嶦 | 湖北中医杂志 | 1990,(3):48 |
| 《灵枢·官针》“齐刺”临床应用举隅 | 梁书忠 | 湖北中医杂志 | 1990,(3):35 |
| 浅谈调气法在水肿病中的运用 | 周怡新 | 湖北中医杂志 | 1990,(3):47 |
| 治嗓音病开音十法 | 阎俊杰 | 山西中医 | 1990,(3):13 |
| 针刺反应的种族差异 | 汪元骏 | 上海针灸杂志 | 1990,(3):18 |
| 针灸治疗肺动脉栓塞引起肢体瘫痪 1 例 | 刘德珍 | 上海针灸杂志 | 1990,(3):50 |
| 运用“有故无殒”原理　治疗重症妊娠恶阻 | 李冬松 | 现代中医药 | 1990,(3):36 |
| 论“清浊相干”的病理机制及临床运用 | 刘　鸿 | 新疆中医药 | 1990,(3):25 |
| “阳密乃固”之临证体验 | 桑同璋 | 新疆中医药 | 1990,(3):41 |
| 治痿心得 | 王振海等 | 新疆中医药 | 1990,(3):11 |
| 耳道刺激法治疗痛经 101 例 | 林赛蓉 | 浙江中医药大学学报 | 1990,(3):6 |
| 关刺法在眼科临床中的应用 | 李纪源等 | 中医研究 | 1990,(3):45 |
| 反治法应用琐谈 | 刘立昌 | 中医药学刊 | 1990,(3):32 |
| 损伤所致脾胃功能失调的护理 | 潘玉芝等 | 中医药学刊 | 1990,(3):43 |
| 按经络体征施行针刺补泻的体会 | 郭朝印 | 中医杂志 | 1990,(3):24 |
| 试论心胃同治的理论基础及临床运用 | 刘　鸿等 | 中医杂志 | 1990,(3):58 |
| 汗法的临床运用与体会 | 陈景河等 | 中医杂志 | 1990,(3):4 |

| | | | |
|---|---|---|---|
| 食物的保健作用 | 翁维健 | 北京中医 | 1990,(4):61 |
| 荆防三根汤治疗急性咽炎 | 张高奎 | 甘肃中医 | 1990,(4):41 |
| 中医治疗鼻衄近况 | 徐丽珍等 | 甘肃中医 | 1990,(4):16 |
| 略论中西医学对汗的认识 | 肖衍初等 | 甘肃中医学院学报 | 1990,(4):33 |
| 用截法治疗原发性坐骨神经痛 50 例疗效观察 | 佟秋芬 | 黑龙江中医药 | 1990,(4):46 |
| 中医“通因通用”法则的临床应用经验 | 张绍石 | 暨南大学学报 | 1990,(4):89 |
| 通腑法临床应用鳞爪 | 徐福棠 | 江苏中医药 | 1990,(4):6 |
| “上病下取”验案三则 | 沙子仲 | 江苏中医药 | 1990,(4):49 |
| 表证药后护理三法 | 王德秀 | 青海医药杂志 | 1990,(4):58 |
| 中医药抗早衰初探 | 胡国栋 | 青海医药杂志 | 1990,(4):3 |
| “复溜”穴治疗失音之我见 | 文绍敦 | 青海医药杂志 | 1990,(4):61 |
| “菀陈则除之”在针灸临床的应用 | 张宝生 | 山东中医杂志 | 1990,(4):12 |
| 泽泻术方治验二则 | 刘新年 | 山东中医杂志 | 1990,(4):49 |
| “通因通用”治疗崩漏 | 周易明 | 四川中医 | 1990,(4):42 |
| 刺络放血并指针预防天行赤眼的研究 | 邓世发等 | 四川中医 | 1990,(4):18 |
| 扶阳抑阴法治疗心(脑)血管重症案析 | 邵桂珍 | 四川中医 | 1990,(4):34 |
| 理平汤治寒湿虚满 | 文茂清 | 四川中医 | 1990,(4):31 |
| 当归芍药散加减治疗妊娠合并急性阑尾炎 | 张　莹 | 天津中医药 | 1990,(4):38 |
| 中医腹诊初探——附 3 则病案分析 | 黄　晔 | 现代医学 | 1990,(4):225 |
| 浅谈“八脉交会八穴”的应用 | 王瑞辉 | 现代中医药 | 1990,(4):35 |
| 论精气神学说在中医临床中的应用 | 刘国祥 | 新疆中医药 | 1990,(4):31 |
| 火针疗法应用概况 | 王富春等 | 针灸临床杂志 | 1990,(4):36 |
| 肾主骨理论的临床应用 | 闵熙敬等 | 中国中医骨伤科杂志 | 1990,(4):49 |
| 儿科医话三则 | 郭占霞 | 中医药临床杂志 | 1990,(4):37 |
| 脏腑相关理论临床应用举隅 | 欧阳锜 | 中医药临床杂志 | 1990,(4):45 |
| 中药外敷法治疗 76 例颈椎病总结 | 程振国等 | 中医药信息 | 1990,(4):37 |
| “开鬼门,洁净府,去菀陈莝”在治疗肾功能不全中的运用 | 李俊彪等 | 中医杂志 | 1990,(4):23 |
| 推拿治疗小儿腹泻效果体会 | 冯淑芬 | 按摩与导引 | 1990,(5):45 |
| 按时辰刺络放血为主治疗外伤 | 王传玉 | 福建中医药 | 1990,(5):58 |
| 《内经》治水三法在充血性心力衰竭中的应用 | 眭书魁等 | 河北中医 | 1990,(5):26 |
| 运用气化理论　指导中医急诊 | 汤铁城 | 国医论坛 | 1990,(5):23 |
| 最佳时间针法及其临床应用 | 韩　冰 | 黑龙江中医药 | 1990,(5):44 |
| 人与自然息息相关——太阳黑子周期与肺结核 | 张英荃等 | 江西中医药 | 1990,(5):53 |
| 吐法在中医内科急症中的应用 | 祁靖藩 | 宁夏医学杂志 | 1990,(5):303 |
| 临证一得 | 赵焕东 | 山西中医 | 1990,(5):36 |
| 五行学说运用拾零 | 韩先知 | 陕西中医 | 1990,(5):239 |
| 汗法的运用 | 闵漱石 | 上海中医药杂志 | 1990,(5):6 |
| 上病下取法的临床运用 | 易万德 | 四川中医 | 1990,(5):19 |
| 用“胃不和则卧不安”之论指导临床 | 孟昭良 | 新中医 | 1990,(5):14 |
| “参麦六鲜饮”治疗糖尿病 50 例疗效观察 | 张荣国 | 中国临床医生 | 1990,(5):38 |
| “欲降先升”应用举隅 | 余　炯 | 中医药研究 | 1990,(5):14 |
| 从养生学浅论老年病的防治 | 黄德芬 | 重庆医学 | 1990,(5):35 |
| 温阳法治夜半发病验案 | 陈宝树 | 福建中医药 | 1990,(6):33 |
| 甘温除大热及其应用 | 袁今奇 | 黑龙江中医药 | 1990,(6):48 |
| 小儿缺铁性贫血的中医治疗 | 徐迪三 | 吉林中医药 | 1990,(6):1 |

| | | | |
|---|---|---|---|
| 扬刺法配合中药治疗甲状腺瘤51例临床小结 | 陆元庆 | 江苏中医药 | 1990,(6):26 |
| “阴精所奉”临床价值初探 | 严育斌 | 陕西中医 | 1990,(6):264 |
| 论补中益气法在临床的应用 | 浩　芸 | 上海中医药杂志 | 1990,(6):27 |
| 654例老年前期脑力劳动者虚证调查与分析 | 高金亮等 | 天津中医药 | 1990,(6):2 |
| 运用活血化瘀法治脑病三则 | 王　伟 | 天津中医药 | 1990,(6):10 |
| 试评《素问·刺疟》在针灸临床中的价值 | 郑少祥 | 现代中医药 | 1990,(6):27 |
| 中医防治中风先兆证源流探讨 | 华　荣等 | 现代中医药 | 1990,(6):15 |
| 刺络走罐配合中药治疗急性腰肌扭伤九十三例 | 袁相龙 | 浙江中医药大学学报 | 1990,(6):46 |
| 通里攻下法对内科重危急证的应用 | 徐怀文 | 浙江中医药大学学报 | 1990,(6):15 |
| 血病治气与临床 | 许绍雄 | 浙江中医药大学学报 | 1990,(6):19 |
| 生脉饮合增液汤加味治疗糖尿病临证体会 | 富淑媛 | 中医药学刊 | 1990,(6):40 |
| 刺络拔罐治面瘫 | 郑国东 | 中医药研究 | 1990,(6):40 |
| 试论理脾阴在虚证治疗中的作用 | 赵荣莱 | 中医药研究 | 1990,(6):16 |
| 浅谈饮食调护应注意的几个问题 | 房玉梅 | 护士进修杂志 | 1990,(7):36 |
| 《内经》关于针刺深浅理论的临床运用 | 顾兆军等 | 江苏中医药 | 1990,(7):23 |
| 中医治疗痤疮近况 | 黄红英 | 辽宁中医杂志 | 1990,(7):44 |
| 齐刺加水针治疗臂上皮神经炎108例 | 彭启琼 | 江苏中医药 | 1990,(8):26 |
| 试论升降理论在调理脾胃中的应用 | 张庭立 | 辽宁中医杂志 | 1990,(8):1 |
| 恢刺加刺络拔罐法治疗急性关节扭伤35例 | 赵勇刚 | 陕西中医 | 1990,(8):369 |
| 运气学说临床运用验案选介 | 汪德云 | 四川中医 | 1990,(8):12 |
| 浅谈脉诊的临床应用 | 鲍　瑛 | 医学与哲学（人文社会医学版） | 1990,(8):55 |
| 蒲辅周运用反治法经验探析 | 李兴培 | 中医杂志 | 1990,(8):45 |
| 《内经》中的“多针刺法”临床如何应用 | 胡金生 | 中医杂志 | 1990,(8):56 |
| 中医药治疗心衰的研究近况 | 李俊峡 | 陕西中医 | 1990,(9):428 |
| 百合固金汤治愈膀胱咳 | 林泽毅 | 四川中医 | 1990,(9):29 |
| 苦辛通降法治愈胃石症报告 | 周克振 | 新中医 | 1990,(9):40 |
| 反治验案四则 | 郭正杰 | 四川中医 | 1990,(10):16 |
| 一例肝脏多发性血管瘤治疗报告 | 黄　挺等 | 江苏中医药 | 1990,(11):16 |
| 寒性心痛运用温法证治初探 | 苟祯学等 | 辽宁中医杂志 | 1990,(11):1 |
| 浅谈医学心理学在中医诊疗疾病中的运用 | 王贯中 | 陕西中医 | 1990,(11):507 |
| 苓桂术甘汤春夏服用防治哮喘 | 马少武 | 四川中医 | 1990,(11):18 |
| 补中益气汤的临床运用 | 廖秋源 | 新中医 | 1990,(11):47 |
| 半刺法治疗小儿急性中耳炎60例疗效观察 | 刘靖宇 | 江苏中医药 | 1990,(12):30 |
| 调和营卫治疗老年不寐 | 张开德 | 四川中医 | 1990,(12):39 |
| 灸法治疗急症4则 | 李天荣 | 中国临床医生 | 1990,(12):43 |
| 肝郁症的中医推拿疗法 | 陶夏平 | 按摩与导引 | 1991,(1):8 |
| 从攻里不远寒谈大黄的泻下作用 | 王广见等 | 黑龙江中医药 | 1991,(1):48 |
| 正常人四季与昼夜脉象变化的初步观测 | 朱传湘等 | 湖南中医学院学报 | 1991,(1):36 |
| 甘温除热法临床应用的体会 | 李晓春 | 吉林大学学报(医学版) | 1991,(1):106 |
| 亦谈“四支为诸阳之本”与临床应用 | 郑宣伦等 | 吉林中医药 | 1991,(1):45 |
| 火针临床应用概况 | 高希言等 | 江西中医药 | 1991,(1):38 |
| 调理脾胃法在口齿科的运用 | 王永钦等 | 辽宁中医杂志 | 1991,(1):24 |
| 运气学说在温病制方用药中的运用 | 郑　双等 | 辽宁中医杂志 | 1991,(1):40 |
| 下法治疗老年危重症二例 | 杨福民等 | 内蒙古中医药 | 1991,(1):16 |
| 针灸焠刺法和络刺法的临床应用 | 康俊秀 | 内蒙古中医药 | 1991,(1):24 |

| | | | |
|---|---|---|---|
| 中医药治疗原发性肺癌的近况 | 余志强等 | 陕西中医 | 1991,(1):42 |
| 心理疗法在针灸临床的应用 | 俞　明 | 上海针灸杂志 | 1991,(1):25 |
| “肝主疏泄”的临床意义 | 姜化尧 | 四川中医 | 1991,(1):20 |
| 肺经病变所致眼病及治疗 | 陈乃杨 | 四川中医 | 1991,(1):49 |
| 运用调肝法治疗热郁证 | 王翠刚等 | 天津中医药 | 1991,(1):12 |
| 半刺法治疗小儿急性中耳炎60例观察 | 刘靖宇 | 新疆中医药 | 1991,(1):34 |
| 灸法治疗杂证举隅 | 王振琴等 | 新疆中医药 | 1991,(1):35 |
| 耳穴疗法在精神和神经系统疾病治疗中的尝试 | 张伟华等 | 新中医 | 1991,(1):41 |
| 蒸熨法治效 | 任志翔 | 新中医 | 1991,(1):26 |
| 健脾法治疗慢性咽炎 | 龚欣荣 | 云南中医中药杂志 | 1991,(1):4 |
| 毛刺治疗瘫痪50例疗效观察 | 陈体伟 | 云南中医中药杂志 | 1991,(1):35 |
| “急则治其标”在鼻衄证治中之我见 | 郑沙盟 | 浙江中医药大学学报 | 1991,(1):14 |
| 试论糜粥治肝安胃法 | 蔡金波 | 浙江中医药大学学报 | 1991,(1):52 |
| 辩阳明腑实证针灸配方 | 张道武等 | 针灸临床杂志 | 1991,(1):30 |
| 几种巨刺法治疗肩周炎疗效的比较 | 孟　红 | 针灸临床杂志 | 1991,(1):34 |
| 循经取穴配阿是穴合谷刺法治疗肩痹症102例临床报告 | 孙申田 | 针灸临床杂志 | 1991,(1):21 |
| 半刺法治疗小儿急性中耳炎60例疗效观察 | 刘靖宇 | 中国临床医生 | 1991,(1):54 |
| 补气法临证应用四要 | 董胡兴 | 中医药临床杂志 | 1991,(1):26 |
| 试论祖国医学中的“两晚”“三优” | 朱成名 | 中医药临床杂志 | 1991,(1):45 |
| 升降药并用的临床体会 | 李建明 | 中医药研究 | 1991,(1):63 |
| 按摩治疗紧张型精神分裂症初探 | 李　浩等 | 按摩与导引 | 1991,(2):18 |
| 王洪图教授临床经验拾零 | 杜纪鸣 | 北京中医 | 1991,(2):59 |
| 针灸治疗面瘫的经验 | 陈焕泓等 | 福建中医药 | 1991,(2):42 |
| 常见病治验二例 | 单耀辉 | 黑龙江中医药 | 1991,(2):39 |
| 通下法治疗重症 | 俞世伟等 | 湖南中医杂志 | 1991,(2):33 |
| 阳痿治取阳明三则 | 欧　周 | 湖南中医杂志 | 1991,(2):21 |
| 药浴能起沉疴 | 李似铁 | 吉林中医药 | 1991,(2):18 |
| 刺络拔罐治疗带状疱疹 | 肖淑君 | 江西中医学院学报 | 1991,(2):26 |
| 理气解郁法治疗肺癌42例 | 张书林等 | 辽宁中医杂志 | 1991,(2):27 |
| 月之盈亏与血证发病关系初探——附744例调查报告 | 谭一松等 | 南京中医药大学学报（自然科学版） | 1991,(2):81 |
| 《内经》理论指导临床的主要功能 | 陈　钢 | 山东中医药大学学报 | 1991,(2):9 |
| 针灸——无痛快速叩刺法的临床研究与应用 | 刘士杰等 | 山东中医杂志 | 1991,(2):18 |
| 内伤头痛治肝七法 | 陈　琮 | 山西中医 | 1991,(2):23 |
| 针刺内承浆穴治疗眩晕30例 | 张化南 | 陕西中医 | 1991,(2):82 |
| 试论骨髓造血的中医观 | 唐学游 | 陕西中医学院学报 | 1991,(2):18 |
| 交经刺治疗扭伤67例 | 周玉艳 | 上海针灸杂志 | 1991,(2):16 |
| 穴位注射治疗张力性头痛30例 | 张　宁 | 上海针灸杂志 | 1991,(2):23 |
| 中医对衰老的认识和药饵延缓衰老 | 黄新吾 | 实用老年医学 | 1991,(2):84 |
| 活血化瘀法的临床体会 | 郭新华 | 实用中医内科杂志 | 1991,(2):28 |
| 交经缪刺法治疗痛证2002例临床观察 | 程淑娟 | 实用中医内科杂志 | 1991,(2):46 |
| 循时辨证验案3则 | 王万祖 | 实用中医内科杂志 | 1991,(2):37 |
| 补土暖金治鼻鼽 | 王乃英等 | 四川中医 | 1991,(2):48 |
| 针灸治疗坐骨神经痛的经验 | 刘智茹 | 现代中医药 | 1991,(2):28 |
| 情绪与健康——浅谈诱导调节患者情绪做好护理工作 | 曾　芳 | 心理学探新 | 1991,(2):51 |

| | | | |
|---|---|---|---|
| 锋针点刺太阳穴为主治疗面痛 80 例 | 石信箴 | 新疆中医药 | 1991,(2):20 |
| 治痿当主取督脉与华佗夹脊<br>——质疑于“治痿者独取阳明” | 马和平 | 新疆中医药 | 1991,(2):49 |
| 上病下取治呕吐 | 傅清成等 | 新中医 | 1991,(2):27 |
| 针灸“半刺法”治婴幼儿腹泻 | 楼锦新 | 医学文选 | 1991,(2):11 |
| 析刃三隅 | 郭泽新 | 云南中医中药杂志 | 1991,(2):34 |
| 辨证治疗喘证 65 例临床小结 | 曾立言 | 浙江中医药大学学报 | 1991,(2):15 |
| 中药为主治疗黄褐斑 30 例疗效观察 | 谢式蕴 | 浙江中医药大学学报 | 1991,(2):24 |
| 运气学说与杭州流行病 | 陈友芝 | 浙江中医药大学学报 | 1991,(2):13 |
| 缪刺治疗面肌痉挛 19 例 | 李仁福 | 针灸临床杂志 | 1991,(2):41 |
| 调阴阳治偏瘫临床心得 | 马嘉慈 | 中国临床医生 | 1991,(2):41 |
| 异病同治案例 | 温德秀 | 中国临床医生 | 1991,(2):42 |
| 脏腑相关学说在喘证急症中的运用 | 陈　超 | 中国医刊 | 1991,(2):56 |
| 辨证治疗不孕症的体会 | 胡书典 | 中医研究 | 1991,(2):35 |
| 医案四则 | 伊绍平 | 中医药临床杂志 | 1991,(2):30 |
| 试述内生“五邪”的临床应用 | 廖帮忠 | 中医药学刊 | 1991,(2):19 |
| 南北地域差对辨证施治的影响 | 江杨清 | 中医杂志 | 1991,(2):49 |
| 温补肝阳法妇科临床运用举隅 | 姚石安 | 中医杂志 | 1991,(2):21 |
| 半夏白术天麻汤治疗美尼尔氏病 350 例报告 | 房学贤等 | 安徽医学 | 1991,(3):49 |
| 推拿在儿科常见病中的应用 | 张恒利 | 按摩与导引 | 1991,(3):39 |
| 《难经》穴位配伍补泻法的临床应用 | 杨广林 | 北京中医 | 1991,(3):48 |
| 试论我国的脾胃病研究 | 许信国 | 北京中医 | 1991,(3):9 |
| 中药治疗慢性结肠炎 58 例 | 涂福音等 | 北京中医 | 1991,(3):39 |
| 刺络法临床应用概况 | 杨秀娟 | 甘肃中医学院学报 | 1991,(3):32 |
| 火针疗法临床应用近况 | 马晓春等 | 甘肃中医学院学报 | 1991,(3):36 |
| 杨廉德运用“泻鱼际、补尺泽”治疗咯血一得 | 金建军等 | 甘肃中医学院学报 | 1991,(3):30 |
| 应用内经刺法治疗腰椎增生性腰腿痛 60 例体会 | 赵永祥 | 国医论坛 | 1991,(3):28 |
| 滋阴养血解毒汤治疗皮肤干裂搔痒病四则 | 蔡家祥 | 河北师范大学学报<br>(自然科学版) | 1991,(3):105 |
| 习惯性便秘的治疗体会 | 唐希五 | 湖北中医杂志 | 1991,(3):44 |
| 从肝论治球后视神经炎 45 例 | 彭清华 | 江苏中医药 | 1991,(3):10 |
| 择时选穴针灸法临床举隅 | 薛自强 | 江苏中医药 | 1991,(3):25 |
| “护阴法”在儿科临床中的应用 | 孔庆芳 | 江西中医药 | 1991,(3):38 |
| 耳穴压豆预防急性结膜炎效果观察 | 崇桂琴等 | 山东中医杂志 | 1991,(3):31 |
| 浅谈火郁证及其用药特点 | 白玉宝 | 山东中医杂志 | 1991,(3):2 |
| 胆胃同治的理论基础及临床应用 | 夏军权 | 山东中医杂志 | 1991,(3):4 |
| 缪刺治络病初探 | 陈　玲 | 山西中医 | 1991,(3):34 |
| 医话三则 | 坝　祺 | 山西中医 | 1991,(3):39 |
| 针刺五腧穴治疗小儿疳积 80 例 | 胡文寿 | 上海针灸杂志 | 1991,(3):19 |
| 针刺治疗神经性尿频 14 例 | 甄德江 | 上海针灸杂志 | 1991,(3):44 |
| 急性横贯性脊髓炎治疗体会 | 郭保顺 | 实用中医药杂志 | 1991,(3):5 |
| 98 例脑溢血病人死亡与时辰、月份关系的探讨 | 韩纯庆等 | 新中医 | 1991,(3):15 |
| 平针齐刺法治疗肱桡滑囊炎 212 例 | 管遵惠 | 云南中医中药杂志 | 1991,(3):26 |
| “平针齐刺法”治疗肱桡滑囊炎 212 例 | 管遵惠 | 针灸临床杂志 | 1991,(3):30 |
| 针刺间使穴终止阵发性室上性心动过速发作的体会 | 陈玉茹 | 针灸临床杂志 | 1991,(3):36 |
| 补法及其在骨伤科的应用 | 王　峰 | 中国中医骨伤科杂志 | 1991,(3):54 |

| | | | |
|---|---|---|---|
| 巨刺疗法对股骨颈骨折延迟愈合的疗效观察 | 邹志军等 | 中国中医骨伤科杂志 | 1991,(3):32 |
| 脾胃学说及补中益气汤的临床应用 | 杨维益 | 中华中医药杂志 | 1991,(3):3 |
| 补肾益髓法治疗脑病的体会 | 刘时觉 | 中医研究 | 1991,(3):25 |
| 逍遥散加味治愈暴盲一例 | 谢卫义 | 中医药临床杂志 | 1991,(3):61 |
| 心脏病人的保健　烟酒茶盐的宜忌 | 陈鼎祺 | 中医药临床杂志 | 1991,(3):53 |
| 细辛外敷治疗小儿口舌生疮 89 例 | 段锦芝 | 中医药学报 | 1991,(3):39 |
| 止痛中药的临床应用 | 才亚贤 | 中医药学刊 | 1991,(3):30 |
| “留者攻之”、“结者散之”治疗泌尿系统结石 42 例临床体会 | 汤效群等 | 安徽中医学院学报 | 1991,(4):41 |
| 气冲穴的临床应用 | 张道宗等 | 安徽中医学院学报 | 1991,(4):52 |
| 张志坚运用宣肺法治疗五官病经验 | 张福产 | 福建中医药 | 1991,(4):4 |
| 时间医学的临床应用 | 杨汉辉等 | 福建中医药 | 1991,(4):46 |
| 通下法在温病临床中的具体应用 | 丁少斌 | 甘肃中医 | 1991,(4):21 |
| 巨、缪刺的上下交叉对应法治疗四肢慢性疼痛 158 例 | 王玉明 | 国医论坛 | 1991,(4):27 |
| “补气养阴,祛瘀活血”法治疗“真心痛”3 例体会 | 李瑞云等 | 海南医学 | 1991,(4):59 |
| 丰隆穴的临床应用 | 杨　涤 | 河北中医 | 1991,(4):22 |
| 针刺“四关”穴治疗气厥 27 例 | 李建国 | 黑龙江中医药 | 1991,(4):46 |
| 中西医结合治疗关格 | 战淑坤 | 黑龙江中医药 | 1991,(4):28 |
| 从脏腑相关探讨慢性肾衰的代偿机制及治法 | 肖相如等 | 辽宁中医杂志 | 1991,(4):3 |
| 从肾论治泄泻的临床体会 | 单兆伟 | 南京中医药大学学报（自然科学版） | 1991,(4):220 |
| 耳贴治疗眼底出血 8 例疗效观察 | 尉迟静等 | 山西中医 | 1991,(4):39 |
| 内关配委中穴治疗脐周绞痛一得 | 郭耀康 | 山西中医 | 1991,(4):37 |
| 中医脑髓病学说及临床应用 | 谢海洲 | 山西中医 | 1991,(4):46 |
| “动极者镇之以静”的临床应用体会 | 张智龙 | 山西中医 | 1991,(4):35 |
| 根结配伍一得 | 武承迅等 | 山西中医 | 1991,(4):36 |
| 合理应用汗法体会 | 周文祥 | 陕西中医 | 1991,(4):190 |
| 排气汤治疗肠梗阻临床体会 | 侯俊明 | 陕西中医学院学报 | 1991,(4):23 |
| 温阳益气通脉汤治疗多发性大动脉炎 8 例 | 王　干等 | 陕西中医学院学报 | 1991,(4):22 |
| 针刺治疗肋间神经痛 46 例 | 吴奇方 | 上海针灸杂志 | 1991,(4):18 |
| “刺络疗法”治疗哮喘的临床体会 | 邸禄年 | 天津中医药 | 1991,(4):14 |
| 浅谈治疗脾胃病的体会 | 郝素玉 | 天津中医药 | 1991,(4):22 |
| 升降学说在温病治疗学中的应用 | 张玉香 | 天津中医药 | 1991,(4):17 |
| 中医药治疗慢性肾功能衰竭的概况与展望 | 孟祥震等 | 天津中医药 | 1991,(4):40 |
| 老年性眩晕治当佐以活血化淤 | 王旭东 | 现代中医药 | 1991,(4):24 |
| 临证心得(10)　11 治痿亦须益肾　不拘独取阳明——重症肌无力治疗经验谈 | 杜雨茂 | 现代中医药 | 1991,(4):6 |
| “下者举之”在临床中的应用 | 储秀珍 | 新疆中医药 | 1991,(4):17 |
| 通络法治疗继发性坐骨神经痛 | 成家文 | 医学文选 | 1991,(4):22 |
| 后溪穴的运用 | 黄利民 | 云南中医学院学报 | 1991,(4):41 |
| 下法临床应用举隅 | 杨富堂 | 云南中医中药杂志 | 1991,(4):38 |
| 临床应用调理气血的体会 | 黄云芳 | 浙江中医药大学学报 | 1991,(4):21 |
| 尿崩症治疗二则体会 | 章柏生 | 浙江中医药大学学报 | 1991,(4):23 |
| 刺络拔罐治疗偏瘫性肩痛 115 例 | 李连生 | 针灸临床杂志 | 1991,(4):48 |
| 针刺两髀压痛点治疗胃脘痛 50 例即刻止痛效果观察 | 杜昌华 | 针灸临床杂志 | 1991,(4):22 |
| 中医保健话药粥 | 孙晓春 | 中医药临床杂志 | 1991,(4):53 |

| | | | |
|---|---|---|---|
| 经方反佐法的研讨 | 吴风全等 | 中医药研究 | 1991,(4):21 |
| “内耳眩晕”从“虚”论治对不对临床应掌握哪些辨治要点 | 缪正来 | 中医杂志 | 1991,(4):55 |
| “异病同治”和“同病异治”在推拿中的具体运用 | 汪建民 | 按摩与导引 | 1991,(5):30 |
| 补泻手法在临床上的应用——附2例不寐治疗方案 | 张　戈 | 按摩与导引 | 1991,(5):17 |
| 试论腹诊法在推拿临床中的运用 | 周龙华等 | 按摩与导引 | 1991,(5):21 |
| 反治法在儿科的运用举隅 | 黄列生 | 广西中医药 | 1991,(5):214 |
| 试论肝病病人的情志调理——501例肝病病人的中医心理学研究 | 何玉英等 | 吉林中医药 | 1991,(5):20 |
| 针手三阳下合穴治疗肩痹60例 | 田元生 | 江西中医药 | 1991,(5):36 |
| 分消走泄法临床新识 | 邓启源等 | 辽宁中医杂志 | 1991,(5):5 |
| 中医脑髓病学说及临床应用(续一) | 谢海洲 | 山西中医 | 1991,(5):49 |
| 锋针点刺太阳穴治疗三叉神经痛80例疗效分析 | 石信箴 | 山西中医 | 1991,(5):32 |
| “春夏养阳、秋冬养阴”运用二则 | 郑宣伦等 | 上海中医药杂志 | 1991,(5):21 |
| 春夏养阳、秋冬养阴临症举隅 | 罗永成 | 上海中医药杂志 | 1991,(5):20 |
| 中医预防学思想在痄腮防治中的应用 | 陈冠儒等 | 上海中医药杂志 | 1991,(5):14 |
| 刺络拔罐治疗痛痹 | 单新文等 | 四川中医 | 1991,(5):50 |
| “巨刺”针法治疗肩周炎疗效观察 | 宋玉麟 | 中国冶金工业医学杂志 | 1991,(5):301 |
| 临床治验二则 | 许洪明等 | 中医药信息 | 1991,(5):34 |
| 背俞穴的临床应用 | 王泽涛 | 中医药学刊 | 1991,(5):30 |
| 治疗慢性溃疡性结肠炎38例 | 路立然等 | 河北中医 | 1991,(6):42 |
| 干燥综合征验案二则 | 顾庆华 | 吉林中医药 | 1991,(6):23 |
| 舌症验案2例 | 刘继红 | 江西中医药 | 1991,(6):23 |
| 针刺两髀治疗胃脘痛50例即刻止痛 | 杜昌华 | 江西中医药 | 1991,(6):56 |
| 镇肝熄风汤的临床应用 | 茅献章 | 辽宁中医杂志 | 1991,(6):22 |
| 脑梗塞发病运气节律与气象天文相关性初探——附1927例急性脑梗塞发病时间运气节律分析 | 田　文等 | 山东中医药大学学报 | 1991,(6):33 |
| 刺络拔罐治疗三叉神经痛75例 | 张广蕊 | 山东中医杂志 | 1991,(6):21 |
| 几种《内经》刺法的临床应用 | 俞兰英 | 山西中医 | 1991,(6):35 |
| 中医脑髓病学说及临床应用 | 谢海洲 | 山西中医 | 1991,(6):48 |
| 刺络疗法治疗瘀血头痛 | 沈召春 | 四川中医 | 1991,(6):52 |
| 略谈塞因塞用治法的应用 | 唐庸德 | 四川中医 | 1991,(6):9 |
| 缪刺治疗扭挫伤 | 国万春等 | 四川中医 | 1991,(6):52 |
| 辛开苦泄临床应用初探 | 于颇然 | 四川中医 | 1991,(6):12 |
| 试谈张锡纯对《内经》理论的临证发挥 | 阴　斌 | 天津中医药 | 1991,(6):29 |
| 运用“阴火”论治疗更年期综合征一得 | 宋保生 | 天津中医药 | 1991,(6):41 |
| 辨证论治“精神实质”的研究近况 | 卓同年等 | 中医药信息 | 1991,(6):10 |
| 月相盈亏对人体的影响 | 张胜忠 | 中医药信息 | 1991,(6):5 |
| 《灵枢》刺法理论之临床应用举隅 | 邬品嘉 | 江苏中医药 | 1991,(7):23 |
| 半刺四缝穴治疗小儿热性泄泻150例 | 王宪利 | 江苏中医药 | 1991,(7):27 |
| “逸者行之”治疗带状疱疹90例 | 郭炎继 | 辽宁中医杂志 | 1991,(7):28 |
| 局限性多汗症辨治 | 蓝家顺 | 四川中医 | 1991,(7):24 |
| 三棱针刺血治高热 | 黄再军 | 四川中医 | 1991,(7):49 |
| 柴芍地黄汤加减治陈旧性中心性浆液性视网膜脉络膜病变 | 邹少华 | 新中医 | 1991,(7):28 |
| 跻脉理论及其临床应用 | 刘琴等 | 中医杂志 | 1991,(7):15 |

| | | | |
|---|---|---|---|
| 从治法应用举隅 | 邓自明 | 四川中医 | 1991,(8):9 |
| 齐刺法加灸治疗肱骨外上髁炎 | 徐立群 | 四川中医 | 1991,(8):52 |
| 五子衍宗丸加减在不孕不育证中的应用 | 王凤梅 | 中国临床医生 | 1991,(8):42 |
| 刺络放血法治疗急性流行性结膜炎 66 例 | 刘康平 | 中国社区医师 | 1991,(8):28 |
| 针刺治痛调神一得 | 赵吉平 | 中医杂志 | 1991,(8):56 |
| 浅谈"木郁达之"在妇科临床的运用 | 毛　云 | 江苏中医药 | 1991,(9):14 |
| 清心莲子饮在妇科中的应用 | 杨善栋 | 江苏中医药 | 1991,(9):36 |
| 针刺"对应点"治疗网球肘 50 例 | 杨翠芳 | 江苏中医药 | 1991,(9):30 |
| 针灸治愈皮痹 | 薛有平 | 四川中医 | 1991,(9):49 |
| 中医外治法法疗小儿疾病初探 | 刘安澜 | 新中医 | 1991,(9):16 |
| 膻中刺络拔罐治疗梅核气 40 例 | 景　宽等 | 中国临床医生 | 1991,(9):52 |
| 局部温针灸治疗筋急证 | 刘金洪 | 中医杂志 | 1991,(9):55 |
| 皮部点刺疗法治疗气血不足头痛的观察 | 姜身明等 | 中医杂志 | 1991,(9):44 |
| 临证运用《内经》理论举验 | 王洪图 | 上海中医药杂志 | 1991,(10):28 |
| 益火消阴法在老年病治疗中的应用 | 郭天彝 | 新中医 | 1991,(10):57 |
| 经穴皮肤微循环的时间结构与子午流注<br>——附 126 例健康青年手三阳经脉经穴择时观察 | 岳沛平等 | 江苏中医药 | 1991,(11):21 |
| 因时调治杂病验案四则 | 俞淦琪 | 江苏中医药 | 1991,(11):20 |
| 毫针刺法一得 | 张世雄 | 辽宁中医杂志 | 1991,(11):35 |
| 120 例胆汁返流性胃炎临床观察 | 周云霞 | 上海中医药杂志 | 1991,(11):7 |
| 浅谈心理调节对针刺疗效的影响 | 傅　纯 | 四川中医 | 1991,(11):52 |
| 加味补中益气汤治愈继发性不孕症 32 例 | 张哲明 | 陕西中医 | 1991,(12):555 |
| 探求《素》《灵》秘旨　因时因人施治<br>——元代上海临证医家徐复诊例浅析 | 陆鸿元 | 上海中医药杂志 | 1991,(12):10 |
| 临证运用《内经》理论举验(续) | 王洪图 | 上海中医药杂志 | 1991,(12):38 |
| "从者反治"验案 | 林跃泉 | 四川中医 | 1991,(12):13 |
| 咳嗽误治案二则简析 | 郭选贤等 | 新中医 | 1991,(12):22 |
| 五刺治疗五痹的体会 | 王富春等 | 中医杂志 | 1991,(12):21 |
| 五脏为痞初探 | 张小平 | 辽宁中医杂志 | 1991,(10):1 |
| 高血压病证治求要 | 朱密全 | 陕西中医 | 1991,(10):478 |
| 略述《内经》心病的治则及其临床应用 | 徐如恩 | 陕西中医 | 1991,(10):476 |
| 内科教材中有关中风的商榷 | 邓志宏等 | 陕西中医 | 1991,(10):479 |
| 心痹从胃论治初探 | 王宗仁 | 陕西中医 | 1991,(10):456 |
| 虚证病毒性肝炎辨治体会 | 劳建和 | 四川中医 | 1991,(10):30 |
| 六经头痛刍议 | 吴森林 | 新中医 | 1991,(10):48 |
| "关格"之我见 | 马月华 | 江苏中医药 | 1991,(11):46 |
| 浅谈血瘀证及临床治验 | 王义和 | 四川中医 | 1991,(11):13 |
| 四维相代肿 | 赵伯州 | 新中医 | 1991,(11):22 |
| 谈谈中年生理性肾虚的成因与调治 | 黄安邦 | 新中医 | 1991,(11):47 |
| 孙络热与高脂血症 | 刘德麟等 | 中医杂志 | 1991,(11):8 |
| 脏腑杂病从胆论治 62 例 | 侯显庆 | 辽宁中医杂志 | 1991,(12):15 |
| 肝病首当以柔为治小议 | 周　力 | 陕西中医 | 1991,(12):566 |
| 试论七情内伤与月经病 | 葛少勇 | 陕西中医 | 1991,(12):548 |
| 泄泻辨治探讨 | 区泽林 | 新中医 | 1991,(12):9 |
| 血液循环的发现 | 李　峰 | 山东医药 | 1991,(S2):30 |
| "一源三歧"质疑 | 唐立明 | 安徽中医学院学报 | 1992,(1):14 |

| | | | |
|---|---|---|---|
| 秦伯未学术思想及临床经验简介 | 张笑平等 | 安徽中医学院学报 | 1992,(1):11 |
| 搓涌泉穴与热水洗脚 | 李子让 | 按摩与导引 | 1992,(1):40 |
| 搓足心健身法 | 顾维明 | 按摩与导引 | 1992,(1):41 |
| 推拿治疗淋球菌感染引起的阳萎1例 | 杨天赐 | 按摩与导引 | 1992,(1):42 |
| 脾胃学说在皮科病证中的应用 | 陈彤云 | 北京中医 | 1992,(1):15 |
| “掣引法”治疗功能性子宫出血 | 胡岳德等 | 福建中医药 | 1992,(1):38 |
| 大承气汤加味治疗急性胆囊炎75例 | 曾亚庆 | 福建中医药 | 1992,(1):31 |
| 叶天士咳嗽证治规律浅析 | 杨克文 | 甘肃中医 | 1992,(1):7 |
| 黄元御诊治月经与产后病经验举隅 | 汪辉东 | 甘肃中医学院学报 | 1992,(1):33 |
| 子午流注开穴和闭穴的客观性研究(附63例4184穴次穴位导电量检测) | 梁秋湖等 | 广西中医药 | 1992,(1):24 |
| 从心论治外科病验案六则 | 承忠委等 | 贵阳中医学院学报 | 1992,(1):14 |
| 试论理气法在治疗肝病中的运用 | 王俊国等 | 河北北方学院学报(医学版) | 1992,(1):60 |
| 针刺对膀胱功能失调的双重调整作用 | 李兆洪 | 菏泽医学专科学校学报 | 1992,(1):68 |
| 标本治则运用二则 | 齐成华 | 湖北中医杂志 | 1992,(1):39 |
| 异病同治验案 | 苏衍卿 | 江苏中医药 | 1992,(1):20 |
| 发掘人体潜能　揭示生命医学奥秘 | 黄　仑 | 江西中医药 | 1992,(1):2 |
| 通腑理脾对老年病人治疗保健的体会 | 张金兰 | 空军总医院学报 | 1992,(1):61 |
| 试论《内经》六气致病用药法则与临床应用 | 林守勤 | 辽宁中医杂志 | 1992,(1):7 |
| 捏脊疗法的临床应用及展望 | 王道全 | 山东中医杂志 | 1992,(1):59 |
| 火针疗法的临床应用 | 何　玲等 | 陕西中医学院学报 | 1992,(1):44 |
| 刺络拔罐加TDP治疗带状疱疹71例 | 贾仰春 | 上海针灸杂志 | 1992,(1):21 |
| 刺络拔罐治疗网球肘203例 | 谈月涓 | 上海针灸杂志 | 1992,(1):46 |
| 针刺治疗腕管综合征57例 | 王爱军 | 上海针灸杂志 | 1992,(1):46 |
| 针灸对子宫内膜异位症的止痛疗效观察 | 倪生菊等 | 上海针灸杂志 | 1992,(1):16 |
| 防风通圣丸合舒筋活血片治疗面肌痉挛 | 赵　艳 | 四川中医 | 1992,(1):41 |
| 管见二墨 | 张志远 | 天津中医学院学报 | 1992,(1):26 |
| “补脾和胃”法治疗心绞痛的探讨 | 阎志达 | 天津中医药 | 1992,(1):19 |
| “木郁达之”法临证概要 | 王学义 | 天津中医药 | 1992,(1):17 |
| 刺络拔罐法治疗腮腺炎45例 | 郝圣英 | 新疆中医药 | 1992,(1):27 |
| 刺络治疗腓侧副韧带急性损伤(附11例治疗小结) | 蔡绍金 | 新中医 | 1992,(1):35 |
| 临床治痹举隅 | 吴高红 | 云南中医中药杂志 | 1992,(1):39 |
| 辩证施刺的临床体会 | 刘世英等 | 针灸临床杂志 | 1992,(1):23 |
| 关于针刺治疗面神经麻痹的手法适宜问题 | 吴清明 | 针灸临床杂志 | 1992,(1):36 |
| 头穴透刺治疗偏瘫的研究近况 | 东贵荣等 | 针灸临床杂志 | 1992,(1):51 |
| 痈疽疮疡病人饮食禁忌刍议 | 尹燕鸿等 | 中医药学报 | 1992,(1):15 |
| 中西医结合治疗急性心肌梗塞37例疗效观察 | 孙继卿等 | 中医药学报 | 1992,(1):34 |
| 巨、缪刺针法应用体会 | 张水生 | 中医药学刊 | 1992,(1):33 |
| 益气化瘀法在老年病中的临床应用 | 颜德馨等 | 中医药研究 | 1992,(1):39 |
| 乌贼藘茹丸方临床配伍初探 | 王心好 | 中医药研究 | 1992,(1):49 |
| 由内关穴感传到头面部的循经感传现象 | 张红林等 | 中医杂志 | 1992,(1):57 |
| 时振声治疗紫癜性肾炎的经验 | 林秀彬 | 北京中医 | 1992,(2):16 |
| 活血化瘀法治疗神经系统疾病举隅 | 林天授等 | 福建中医药 | 1992,(2):36 |
| 泻黄散加味治疗复发性口疮38例疗效观察 | 赖瑞祥 | 甘肃中医 | 1992,(2):19 |
| 大青龙汤治愈15年无汗烦躁证 | 王　贵 | 国医论坛 | 1992,(2):44 |

| | | | |
|---|---|---|---|
| 理气法在皮肤科运用举验 | 魏道雷 | 黑龙江中医药 | 1992,(2):28 |
| 温经通络汤治疗雷诺氏病 20 例疗效观察 | 孟祥全 | 黑龙江中医药 | 1992,(2):18 |
| 试论时间医学在中药内服法上的具体应用 | 韦英才 | 黑龙江中医药 | 1992,(2):50 |
| 对诊治小儿厌食症的几点体会 | 徐迪三 | 吉林中医药 | 1992,(2):2 |
| 咳嗽临床验方 | 史方奇 | 吉林中医药 | 1992,(2):27 |
| 医话五则 | 朱古亭 | 吉林中医药 | 1992,(2):7 |
| 中医各型肝炎病人骨髓细胞 HBV 感染的研究 | 白　林等 | 吉林中医药 | 1992,(2):10 |
| 一针多向刺法及其临床运用 | 刘金洪 | 江苏中医药 | 1992,(2):27 |
| 综合治疗胆石症 160 例简报 | 瞿学银 | 江西中医药 | 1992,(2):39 |
| 归脾汤临床应用举隅 | 尚宏梅 | 兰州大学学报(医学版) | 1992,(2):136 |
| 动留针术的临床应用 | 王毅刚 | 南京中医药大学学报(自然科学版) | 1992,(2):110 |
| 四时八节对疾病的防治 | 郑国柄 | 山西中医 | 1992,(2):53 |
| 推拿预防小儿哮喘 | 孙德仁 | 山西中医 | 1992,(2):54 |
| 秩边穴配磁圆针治疗妇科病一得 | 吕　岗 | 山西中医 | 1992,(2):39 |
| 中医脑髓病学说及临床应用 | 谢海洲 | 山西中医 | 1992,(2):49 |
| 弹拨大腿内收肌腱治疗急性腰扭伤 75 例 | 王强虎 | 陕西中医 | 1992,(2):59 |
| 培土生金补正及运用体会 | 张卫东等 | 陕西中医 | 1992,(2):72 |
| 弹拨经筋结聚法治疗急性腰椎间盘脱出症 38 例 | 王强虎 | 陕西中医学院学报 | 1992,(2):22 |
| 脾升胃降学说在治疗脾胃病中的应用 | 田养年 | 陕西中医学院学报 | 1992,(2):14 |
| 肝司二便排泄的临床体验 | 宁德新等 | 实用中医内科杂志 | 1992,(2):10 |
| 变法治疗内科急重症 | 宋鸿元 | 四川中医 | 1992,(2):20 |
| 老年却病话养阴 | 侯正瑞 | 四川中医 | 1992,(2):12 |
| 应用补泻手法治疗胃痛 | 范立新 | 四川中医 | 1992,(2):54 |
| “胃不和则卧不安”临证探讨 | 赵进喜等 | 天津中医学院学报 | 1992,(2):16 |
| 城市拥挤状态下人之身心异常及中医养生方法的运用 | 侯　屹 | 天津中医学院学报 | 1992,(2):45 |
| 调和气血在皮肤科的应用 | 刘世敏 | 天津中医学院学报 | 1992,(2):22 |
| 辨证论治 20 例经间出血 | 刘永志等 | 天津中医药 | 1992,(2):16 |
| 浅谈解表发汗法的辨证施护 | 岳　健 | 西南国防医药 | 1992,(2):97 |
| 扬刺法治疗第三腰椎横突综合症 | 刘　艳等 | 针灸临床杂志 | 1992,(2):39 |
| 俞、募穴的临床运用 | 靳桂枝等 | 针灸临床杂志 | 1992,(2):42 |
| 针刺环跳穴治疗白带 14 例疗效观察 | 方　针 | 针灸临床杂志 | 1992,(2):41 |
| 子宫脱垂针灸治验举隅 | 林宪军 | 针灸临床杂志 | 1992,(2):38 |
| 风中经络的治疗体会 | 熊明朗 | 中医药研究 | 1992,(2):35 |
| 试论“益火消阴法”在老年病治疗中的地位及应用 | 郭天彝 | 中医药研究 | 1992,(2):31 |
| 治疗骨质增生的体会与心得 | 郭培文 | 中医药研究 | 1992,(2):37 |
| 大黄在老年病毒性肝炎中的应用 | 贾文涛等 | 安徽中医学院学报 | 1992,(3):31 |
| 中西医结合(非手术)治疗老年胆石症 28 例 | 张有礼 | 安徽中医学院学报 | 1992,(3):22 |
| 按摩治愈周围神炎经 1 一例 | 王庆林 | 按摩与导引 | 1992,(3):36 |
| 治疗慢性肾功能衰竭采用重标轻本法的经验 | 张天秀 | 成都中医药大学学报 | 1992,(3):14 |
| 康复治疗老年性眩晕 72 例临床观察 | 杨玉珍等 | 承德医学院学报 | 1992,(3):197 |
| 赵冠英教授调节情志三法 | 马玉琛 | 甘肃中医学院学报 | 1992,(3):4 |
| 针灸治愈口酸重证 1 例 | 王　侃 | 甘肃中医学院学报 | 1992,(3):3 |
| 中医时间治疗学的临床应用近况 | 何子强等 | 国医论坛 | 1992,(3):44 |
| 经典法则对肾性水肿临床应用举隅 | 王亚威等 | 河北中医 | 1992,(3):13 |
| 治痿独取阳明的体会 | 张吕夫 | 河北中医 | 1992,(3):22 |

| | | | |
|---|---|---|---|
| 针药并用治疗厥脱证雏议 | 邓明德 | 黑龙江中医药 | 1992,(3):37 |
| 妇科病从肝论治临证举隅 | 张祥福 | 湖南中医杂志 | 1992,(3):35 |
| 治老年病经验琐谈 | 沈敏南 | 江西中医药 | 1992,(3):50 |
| “合谷刺”法治疗不安腿综合征 28 例 | 宁止高 | 内蒙古中医药 | 1992,(3):42 |
| 浅谈仲景对反治法的运用 | 徐成贺等 | 青海医药杂志 | 1992,(3):1 |
| 乌贼骨藘茹丸在妇科的应用 | 郑伟新 | 山东中医杂志 | 1992,(3):18 |
| 扬刺法治疗股外侧皮神经痛 54 例 | 王敬善等 | 山东中医杂志 | 1992,(3):29 |
| 缪刺法上病取下治疗胸痛 | 孙水河 | 山西中医 | 1992,(3):4 |
| 五输穴应用举隅 | 宋志恒 | 山西中医 | 1992,(3):41 |
| 古方今用医案四则 | 邓光远 | 陕西中医 | 1992,(3):128 |
| 近年来肾病综合征的中医临床研究进展 | 任　勤 | 陕西中医 | 1992,(3):140 |
| 依时服药治疗萎缩性胃炎 33 例疗效分析 | 郑占武等 | 陕西中医学院学报 | 1992,(3):25 |
| 针刺治疗偏头痛、紧张性头痛的临床观察 | 岳　进 | 上海针灸杂志 | 1992,(3):15 |
| 针刺治愈膀胱咳 1 例 | 马　林 | 四川中医 | 1992,(3):52 |
| 挑背疗法治疗痤疮——附 190 例疗效观察 | 寿　楚 | 天津中医药 | 1992,(3):22 |
| 浅谈命门学说在临床上的作用 | 张树生 | 皖南医学院学报 | 1992,(3):221 |
| “大气一转,其气乃散”应用于水肿病临床举隅 | 姜丽华 | 新疆中医药 | 1992,(3):62 |
| “气反”治法妇科运用举隅 | 季炳琦 | 新疆中医药 | 1992,(3):65 |
| 针刺治疗小儿多动症 12 例 | 李美琪等 | 新疆中医药 | 1992,(3):30 |
| “魄门亦为五脏使”理论的临床运用 | 王吉侯 | 云南中医中药杂志 | 1992,(3):13 |
| 针刺治疗原发性三叉神经痛的体会 | 包黎恩 | 浙江中医学院学报 | 1992,(3):51 |
| 刺络放血法治疗服安定致手臂痿软 1 例 | 张和平 | 针灸临床杂志 | 1992,(3):50 |
| 针灸四神聪穴治疗小儿病证举隅 | 梁立武等 | 针灸临床杂志 | 1992,(3):42 |
| 针药并用治疗肾结石 45 例 | 任立英 | 针灸临床杂志 | 1992,(3):23 |
| 浅谈标本、根结、气街理论及其在临床的具体应用 | 何世鹰等 | 针灸临床杂志 | 1992,(3):8 |
| 王自强教授治疗慢性肝炎经验 | 吴颢昕 | 中医药临床杂志 | 1992,(3):26 |
| 药熨方在骨伤科临床的应用 | 孙占文等 | 中医药信息 | 1992,(3):35 |
| 滋补肝肾法治愈痿症一例 | 刘君凤 | 中医药信息 | 1992,(3):38 |
| 经典治则对慢性肾炎水肿护理之启迪 | 刘东燕 | 中医药学报 | 1992,(3):14 |
| 内服外用治疗雷诺氏病 | 于　忠等 | 中医药学报 | 1992,(3):31 |
| 内经“阳为主导”在临床上的应用 | 马晓云 | 中医药研究 | 1992,(3):30 |
| 推拿手法治疗周围神经炎 1 例 | 王庆林 | 按摩与导引 | 1992,(4):44 |
| 疑难验案四则 | 何国坚 | 成都中医药大学学报 | 1992,(4):22 |
| 验案 2 则 | 叶文贞 | 福建中医药 | 1992,(4):1 |
| 中医诊治男性不育症的体会 | 王明祥等 | 福建中医药 | 1992,(4):43 |
| 临证病机分析刍议 | 张　成 | 甘肃中医学院学报 | 1992,(4):13 |
| “脾胃虚则九窍不通”的理论与临床 | 杜昌华 | 广西中医药 | 1992,(4):19 |
| 温胆汤加味治疗癫痫病 16 例临床观察 | 陈明惠 | 贵阳医学院学报 | 1992,(4):317 |
| 215 例足跟痛辨证分型及其疗效探讨 | 吴　穆 | 贵州医药 | 1992,(4):246 |
| 李莲清运用乌鲗骨丸治妇科病验案举隅 | 王学平 | 国医论坛 | 1992,(4):25 |
| 针灸治疗小儿疾患验案举隅 | 陈一飞 | 国医论坛 | 1992,(4):31 |
| 缪刺治疗面瘫 276 例临床观察 | 陈玉华等 | 湖北中医杂志 | 1992,(4):38 |
| 补中益气汤加味治疗产后癃闭举隅 | 扶秋菊 | 湖南中医学院学报 | 1992,(4):34 |
| 以“五谷为养”指导糖尿病饮食治疗的体会附 125 例报告 | 肖淑珍等 | 内蒙古中医药 | 1992,(4):36 |
| 循经感传对胆道系统运动的影响 | 王　锐等 | 山东中医药大学学报 | 1992,(4):51 |

| | | | |
|---|---|---|---|
| 时间性病证针灸验案 | 高树中等 | 山东中医杂志 | 1992,(4):47 |
| 推拿背部压痛区(点)治疗慢性胆囊炎110例分析 | 寇惠英等 | 山东中医杂志 | 1992,(4):31 |
| 传统中医死期预测法浅析——附1016例死亡节律分析 | 柯利民 | 陕西中医学院学报 | 1992,(4):10 |
| 不同时辰针刺内关穴对收缩时间间期昼夜节律的影响 | 李　磊等 | 上海针灸杂志 | 1992,(4):21 |
| 诸痉项强皆属于湿之临症运用 | 罗文明 | 实用中医内科杂志 | 1992,(4):35 |
| 浅谈虫类药搜剔法及临床应用 | 王宁丰 | 现代中医药 | 1992,(4):19 |
| 灸神阙治脾胃虚寒性腹泻 | 李俊华等 | 云南中医学院学报 | 1992,(4):44 |
| 缪刺治疗痛证和中风的研究概况 | 王仲明等 | 浙江中医学院学报 | 1992,(4):44 |
| 脾胃学说在咳嗽病中的应用 | 钱泽民 | 浙江中医学院学报 | 1992,(4):7 |
| 刺络拔罐疗法治疗痤疮35例 | 吴奇方 | 针灸临床杂志 | 1992,(4):31 |
| 多针刺一穴治疗网球肘有良效 | 夏贵福 | 针灸临床杂志 | 1992,(4):30 |
| 多种病症内关建功 | 邓明德 | 针灸临床杂志 | 1992,(4):50 |
| 血证病人治验体会 | 张以培 | 中医药临床杂志 | 1992,(4):34 |
| 运用细辛验案剖析 | 李传芳 | 中医药临床杂志 | 1992,(4):45 |
| 反治法治疗脓毒败血症34例临床分析 | 尹燕鸿等 | 中医药学报 | 1992,(4):14 |
| 针灸治疗中风偏瘫的实验研究概况 | 陈志强 | 北京中医 | 1992,(5):57 |
| 刺络放血法为主治疗红眼病17例 | 陈再慈 | 福建中医药 | 1992,(5):58 |
| 黄芪羊肉汤临床应用 | 傅莲清 | 福建中医药 | 1992,(5):36 |
| 活血消瘀法为主治疗出血性中风18例临床小结 | 王致道等 | 福建中医药 | 1992,(5):1 |
| 老年人胆石症采用消法一得 | 麦超琦 | 福建中医药 | 1992,(5):61 |
| 慢性病毒性肝炎应用活血祛瘀法的概况 | 苏　林 | 福建中医药 | 1992,(5):42 |
| 试谈灸法治病的适应症 | 施勇前 | 福建中医药 | 1992,(5):53 |
| 益气宣郁汤治疗膀胱咳100例 | 陈正芳 | 福建中医药 | 1992,(5):7 |
| 经方临证拾零 | 司在和 | 国医论坛 | 1992,(5):13 |
| 脾胃学说在临床上的指导作用 | 徐荣庆 | 黑龙江中医药 | 1992,(5):6 |
| “血水同治”在伤科急性损伤中的应用 | 杨六中 | 江苏中医药 | 1992,(5):28 |
| 《内经》理论实验录 | 王庆其 | 上海中医药杂志 | 1992,(5):32 |
| 运用中医理论探讨疾病的预防与保健 | 张淑华 | 天津中医药 | 1992,(5):47 |
| 针刺按摩并用治疗外直肌麻痹 | 张海翔 | 天津中医药 | 1992,(5):18 |
| “气臭”疗法临床应用与研究进展 | 高志银 | 中医药信息 | 1992,(5):17 |
| 中药止血散治疗出血性疾病31例临床观察 | 秦克力等 | 中医药信息 | 1992,(5):28 |
| 吐法临床应用研究现状 | 何　敏 | 中医药研究 | 1992,(5):61 |
| 单穴“巨刺”治疗98例腕关节急性扭挫伤的临床观察 | 黎润霖等 | 按摩与导引 | 1992,(6):29 |
| 经脉络属与青少年近视眼点穴治疗 | 潘邓元 | 按摩与导引 | 1992,(6):16 |
| “春夏养阳,秋冬养阴”临床意义初探 | 余韵星 | 北京中医 | 1992,(6):13 |
| 《易》学思想指导妇科临床初探 | 王耀廷 | 北京中医 | 1992,(6):9 |
| 指针在晕针中的应用 | 朱秋娇 | 福建中医药 | 1992,(6):31 |
| 背俞皮部推罐为主经验二则 | 刘伟芳等 | 黑龙江中医药 | 1992,(6):45 |
| “治病必求于本”临证心得 | 陈明信 | 湖北中医杂志 | 1992,(6):37 |
| 清下法治疗胆胀病临床体会 | 孙贤义 | 湖北中医杂志 | 1992,(6):39 |
| 补肾健脾对预防老年病的意义 | 曲　生 | 吉林中医药 | 1992,(6):1 |
| 中医中药治疗阳萎的经验近况 | 洪广槐等 | 江西中医药 | 1992,(6):18 |
| 虚证从心论治三则 | 赵树民等 | 辽宁中医杂志 | 1992,(6):36 |
| 上病下取证治三则 | 张韵和等 | 山东中医杂志 | 1992,(6):59 |
| “诸热之而寒者取之阳”临证一得 | 王长海 | 山西中医 | 1992,(6):47 |
| 耳穴揿针治疗胃脘痛269例 | 贾玉生等 | 针灸临床杂志 | 1992,(6):35 |

| | | | |
|---|---|---|---|
| 风池穴临床运用体会 | 董彩敏 | 针灸临床杂志 | 1992,(6):40 |
| 透刺与循经刺法治疗偏瘫70例对比观察 | 周　吉 | 针灸临床杂志 | 1992,(6):32 |
| 眼针治疗中风偏瘫34例疗效观察 | 李孟平等 | 针灸临床杂志 | 1992,(6):35 |
| 一罐三针治牙痛 | 王秋菊 | 针灸临床杂志 | 1992,(6):10 |
| 针刺治疗胆原性急腹痛140例 | 肖冠峰等 | 针灸临床杂志 | 1992,(6):9 |
| 针刺治疗颈椎病56例疗效小结 | 瞿　旭 | 针灸临床杂志 | 1992,(6):7 |
| 针灸治疗偏瘫106例临床总结 | 李鹏举等 | 针灸临床杂志 | 1992,(6):13 |
| 针灸治疗痛经30例临床观察 | 孙文博 | 针灸临床杂志 | 1992,(6):15 |
| 针药并用治疗中风45例 | 武步涛等 | 针灸临床杂志 | 1992,(6):16 |
| 治痿独取阳明一则 | 关淑荣 | 针灸临床杂志 | 1992,(6):52 |
| 调节"七情"在临床工作中的意义 | 刘东燕 | 中医药学报 | 1992,(6):9 |
| 气至病所治疗疾病与经络的特异性 | 吴明娟等 | 中医药学报 | 1992,(6):11 |
| 陈克勤针刺得气经验述要 | 吴成等 | 中医药学刊 | 1992,(6):28 |
| 《内经》应用刺络法治疗血瘀证探析 | 杨秀娟 | 陕西中医 | 1992,(7):332 |
| "鼻针"治疗急性腰扭伤64例 | 沈景春等 | 上海中医药杂志 | 1992,(7):8 |
| 补中益气法在泌尿科运用举隅 | 张子惠 | 四川中医 | 1992,(7):26 |
| 清热除湿法治疗眩晕 | 荣加和 | 四川中医 | 1992,(7):23 |
| 通因通用治老年遗尿 | 王春才 | 四川中医 | 1992,(7):27 |
| 刺五体法的临床应用 | 刘金洪 | 江苏中医药 | 1992,(8):28 |
| 几种走路锻炼法 | 摘自《健康指南》 | 江苏中医药 | 1992,(8):48 |
| "齐刺法"加电针治疗腰腿痛 | 戴居云等 | 辽宁中医杂志 | 1992,(8):36 |
| 麻黄的运用体会 | 李若萍 | 四川中医 | 1992,(8):30 |
| 肥胖病人的体质研究 | 苏庆民 | 中医杂志 | 1992,(8):49 |
| 头痛灸刺举隅 | 任占敏等 | 中医杂志 | 1992,(8):10 |
| 滞针提拉针法的临床应用 | 熊光天 | 中医杂志 | 1992,(8):38 |
| 桂枝加龙牡汤治汗出症 | 施鸿瑞 | 上海中医药杂志 | 1992,(9):21 |
| 刺内关穴观察心电图变化 | 郭　川等 | 四川中医 | 1992,(9):10 |
| 对"甘温除热法"的理解和运用 | 韩先知 | 四川中医 | 1992,(9):15 |
| 下法速愈眼病体会 | 傅晓民 | 陕西中医 | 1992,(10):478 |
| 缪巨针刺治疗肘关节炎334例 | 冯纯礼等 | 陕西中医 | 1992,(10):457 |
| 中医从肝治疗阳痿近况 | 邹如政 | 陕西中医 | 1992,(10):470 |
| 中风偏瘫的治疗体会 | 柳河中 | 新中医 | 1992,(10):55 |
| 泻白散治鼻病验案3则 | 任思秀 | 江苏中医药 | 1992,(11):18 |
| 概述脾胃升降功能及其临床应用 | 李葆华 | 江苏中医药 | 1992,(11):37 |
| 标本理论的临床应用 | 王庆其 | 新中医 | 1992,(11):13 |
| 细辛治痛的临床应用 | 赵天健 | 新中医 | 1992,(11):57 |
| 化瘀通腑法治疗子宫内膜异位症 | 王大增等 | 中医杂志 | 1992,(11):33 |
| 健脾理湿法治疗单纯性肥胖病 | 池绳业 | 新中医 | 1992,(12):19 |
| 气街理论在背腰部拔罐中的应用 | 张国瑞等 | 中医杂志 | 1992,(12):29 |
| 癌瘤的中医辨证与辨病治疗经验 | 林起铨 | 安徽中医学院学报 | 1993,(1):33 |
| 朱守华老中医诊治水肿危证的经验 | 朱新豪等 | 安徽中医学院学报 | 1993,(1):14 |
| 推拿配刺络拔罐治疗小儿肠炎413例 | 陆茂忠 | 按摩与导引 | 1993,(1):28 |
| 梁宗翰治疗小儿厌食症的经验 | 梁跃华 | 北京中医 | 1993,(1):5 |
| 子午流注针法与灵龟八法在临床中的应用 | 李　毅等 | 承德医学院学报 | 1993,(1):63 |
| 胃脘痛中不寐证60例临床治验报告 | 庞存生等 | 甘肃中医 | 1993,(1):22 |
| 试论公孙、内关在针灸临床中的应用 | 王　侃 | 甘肃中医学院学报 | 1993,(1):43 |

| | | | |
|---|---|---|---|
| 针刺风市穴治愈耳聋一例 | 胡迎春 | 甘肃中医学院学报 | 1993,(1):46 |
| 巨刺法为主治疗四肢软组织损伤 251 例疗效观察 | 万应强 | 贵阳中医学院学报 | 1993,(1):32 |
| 临证掇英 | 张　琪 | 黑龙江中医药 | 1993,(1):1 |
| 从补中益气汤的临床运用认识脾胃在精气升降运动中的枢纽作用 | 田昌益 | 湖北民族学院学报(医学版) | 1993,(1):33 |
| “辛甘化阳”在耳鼻喉科的临床运用 | 徐克强 | 江苏中医药 | 1993,(1):5 |
| 谈中药减肥 | 潘瑞亮 | 江苏中医药 | 1993,(1):48 |
| 试谈针药互补(杂合以治)的临床意义 | 邹嘉玉 | 江西中医学院学报 | 1993,(1):18 |
| 论解表通里法的解毒与排毒 | 喻文球等 | 江西中医药 | 1993,(1):24 |
| 真武汤治疗顽固性盗汗 | 周亚林 | 江西中医药 | 1993,(1):63 |
| 从升降理论入手辨证立法治疗眼病二例 | 边秉兰等 | 内蒙古医学院学报 | 1993,(1):66 |
| 姚颂岳老中医应用《内经》方的经验 | 王一鹏 | 南京中医药大学学报(自然科学版) | 1993,(1):32 |
| 巨刺双针法治疗肩周炎 54 例 | 张云霞 | 上海针灸杂志 | 1993,(1):31 |
| 输刺睛明、球后治疗视神经萎缩 | 项立敏等 | 上海针灸杂志 | 1993,(1):14 |
| “开鬼门、洁净府”临证运用 | 董潘章 | 天津中医药 | 1993,(1):30 |
| 浅谈《内经》饮食护理思想 | 张松泉等 | 天津中医药 | 1993,(1):48 |
| 以“五谷为养”指导糖尿病饮食治疗 | 肖淑珍 | 天津中医药 | 1993,(1):24 |
| 外科性腰痛的鉴别诊断概要 | 熊永文 | 现代中医药 | 1993,(1):34 |
| 男性不育症中医药治疗探讨 | 李钦等 | 新中医 | 1993,(1):12 |
| 消化性溃疡及慢性胃炎虚实辨证与舌苔脱落细胞结构变化的关系 | 倪宗珈等 | 云南中医中药杂志 | 1993,(1):4 |
| 河车大造丸加减治疗老年肾咳 | 钱海青 | 浙江中医药大学学报 | 1993,(1):23 |
| 巨刺的临床运用及机理初探 | 莫晓明等 | 浙江中医药大学学报 | 1993,(1):49 |
| 清热化瘀法治疗慢性胃炎体会 | 冯家昌等 | 浙江中医药大学学报 | 1993,(1):21 |
| 试论针刺治疗中风后遗症 | 肖仁鹤 | 针灸临床杂志 | 1993,(1):1 |
| 应用八脉交会穴治疗急痛证临床举隅 | 解乐业等 | 针灸临床杂志 | 1993,(1):31 |
| 浅谈胃痛的药粥疗法 | 王延治等 | 中医药临床杂志 | 1993,(1):62 |
| 田儒钦治疗小儿口疮的经验 | 高　峰 | 中医药临床杂志 | 1993,(1):30 |
| 针刺内关、膻中治疗呃逆 56 例临床分析 | 黄金全等 | 中医药临床杂志 | 1993,(1):33 |
| 治阴助阳疗阳痿 | 刘书湘 | 中医药临床杂志 | 1993,(1):38 |
| 小儿温病“热因热用”八法 | 郁晓维 | 中医药学刊 | 1993,(1):36 |
| 胡翘武内伤湿热辨治经验 | 胡国俊等 | 安徽中医学院学报 | 1993,(2):15 |
| 曾庆骅论治肝脓肿的经验 | 杨香生等 | 北京中医 | 1993,(2):6 |
| 中西医结合治疗耳闭 196 例临床观察 | 许大芳等 | 北京中医 | 1993,(2):22 |
| 八了穴推拿及拔火罐的临床应用 | 寇惠英等 | 滨州医学院学报 | 1993,(2):80 |
| 益肾补血法的机理探讨 | 王洪飞 | 承德医学院学报 | 1993,(2):139 |
| 古方新用 2 则 | 邱海飙 | 甘肃中医 | 1993,(2):26 |
| 任脉理论的临床应用 | 刘　喆等 | 甘肃中医学院学报 | 1993,(2):7 |
| 运用反治法的临床体会 | 王志琪 | 甘肃中医学院学报 | 1993,(2):32 |
| 试论张锡纯治疗妇科病的经验特点 | 蒋小燕 | 贵阳中医学院学报 | 1993,(2):12 |
| 针刺在临床护理中的应用 | 刘爱英等 | 菏泽医学专科学校学报 | 1993,(2):46 |
| 血府逐淤汤在妇科疾病中的应用 | 张书玉等 | 黑龙江中医药 | 1993,(2):33 |
| “肺合大肠”理论治疗哮喘验案举例 | 李　月 | 江西中医药 | 1993,(2):37 |
| 水血同治的理论在眼科应用 | 彭清华等 | 辽宁中医杂志 | 1993,(2):10 |
| 四反治则在临床中的应用 | 李生安 | 内蒙古中医药 | 1993,(2):34 |

| | | | |
|---|---|---|---|
| 药浴法治疗肾原性水肿的理论与实践 | 傅文录 | 山东中医杂志 | 1993,(2):10 |
| 气化学说在前列腺病中的应用 | 李树正 | 山东中医杂志 | 1993,(2):11 |
| 察目诊病法临床述要 | 郑传良 | 陕西中医 | 1993,(2):49 |
| 抗衰防老临床体会 | 马瑞英 | 陕西中医 | 1993,(2):50 |
| 刺络拔罐治疗肘管综合征 | 小川义裕等 | 上海针灸杂志 | 1993,(2):92 |
| 针灸宁心安神法治疗阳萎 15 例 | 覃　毅 | 上海针灸杂志 | 1993,(2):67 |
| 刺络拔罐疗法治疗软组织扭伤 | 周建伟 | 四川中医 | 1993,(2):52 |
| 刺血疗法临床应用体会 | 刁增耀 | 天津中医药 | 1993,(2):13 |
| 温补脾肾法妇科临床治验 | 吴纪祖 | 天津中医药 | 1993,(2):7 |
| 针感传导方向控制手法之我见 | 刘慧安 | 天津中医药 | 1993,(2):9 |
| 火针疗法的临床应用 | 殷庆兰 | 新疆中医药 | 1993,(2):35 |
| 浅谈痹证补法的应用 | 安汝芳 | 新疆中医药 | 1993,(2):22 |
| 谨候气宜谈治湿 | 金明月 | 新疆中医药 | 1993,(2):1 |
| 应用热补凉泻手法的体会 | 杨桂根等 | 云南中医学院学报 | 1993,(2):7 |
| 面穴齐刺法治疗颞颌关节功能紊乱症临床研究 | 管遵惠 | 云南中医学院学报 | 1993,(2):5 |
| 运用足部反射区按摩法治疗慢性胃炎 | 刘文全 | 云南中医中药杂志 | 1993,(2):8 |
| 活血化瘀法治疗眼科疾病的探讨 | 邹庆宇 | 浙江中医学院学报 | 1993,(2):11 |
| 治疗脑动脉硬化症的体会 | 谢海洲 | 中国冶金工业医学杂志 | 1993,(2):94 |
| 寒下法在眼科的运用 | 林建生 | 中国中医眼科杂志 | 1993,(2):121 |
| 扬刺加中药外敷治疗肱骨外上髁炎 40 例 | 安满仓等 | 中医研究 | 1993,(2):45 |
| 灸法的临床应用 | 姜华琦 | 中医药临床杂志 | 1993,(2):35 |
| 活血化瘀治愈带状疱疹面瘫综合征 1 例 | 杨　涛 | 甘肃中医 | 1993,(3):34 |
| 解表剂配补脾益胃药之管见 | 袁崇厚 | 甘肃中医 | 1993,(3):4 |
| 麻杏石甘汤治疗肠风下血体会 | 游志红等 | 甘肃中医 | 1993,(3):18 |
| 针灸治疗中风后遗症的临床体会 | 陈万福等 | 甘肃中医 | 1993,(3):44 |
| 针灸治疗子宫肌瘤研究进展 | 尚宏梅 | 甘肃中医 | 1993,(3):47 |
| 从发表不远热探仲景用麻黄法度 | 王广见等 | 甘肃中医学院学报 | 1993,(3):3 |
| 温病学说“卫气营血”观及其临床指导意义 | 曲玉华 | 甘肃中医学院学报 | 1993,(3):12 |
| 调和营卫法的临床应用 | 丁学芬 | 贵阳中医学院学报 | 1993,(3):12 |
| 下法在急症中的运用 | 宾学森 | 国医论坛 | 1993,(3):23 |
| 论《内经》中情志理论在老年病中的临床应用 | 刘　勇等 | 河北中医 | 1993,(3):3 |
| 论肾固藏精泄浊及其临床运用 | 薛昌森等 | 黑龙江中医药 | 1993,(3):5 |
| 清肝泻肺汤治疗“肝咳”78 例 | 谢建农 | 江苏中医药 | 1993,(3):16 |
| 齐刺温针法治疗肩关节周围炎 136 例 | 邹敏辉等 | 辽宁中医杂志 | 1993,(3):39 |
| 刺络法治愈青霉素钠过敏反应 1 例 | 阎继有等 | 山西中医 | 1993,(3):5 |
| 通因通用法治疗长期饮酒致泻 1 例 | 乔连厚 | 山西中医 | 1993,(3):20 |
| 肺气肿从下而治偶得 | 李亚林 | 山西中医 | 1993,(3):44 |
| 方药中从肝不藏魂论治失眠的经验 | 齐文升等 | 陕西中医 | 1993,(3):118 |
| 合刺与分刺法治疗顽固性面瘫 109 例临床观察 | 唐立明等 | 实用中医药杂志 | 1993,(3):25 |
| 清法在儿科临床应用举隅 | 郭　姑 | 天津中医药 | 1993,(3):20 |
| 膻中穴的临床应用 | 韩瑞红等 | 天津中医药 | 1993,(3):44 |
| 形神合一论的临床应用 | 陆小左等 | 天津中医药 | 1993,(3):36 |
| 药物浴洗法治疗 269 例中风病临床分析 | 祝健民等 | 天津中医药 | 1993,(3):27 |
| 赵恩俭老师治疗脱发验案 | 陈万选等 | 天津中医药 | 1993,(3):34 |
| 补肾法临床运用体会 | 范云仙 | 云南中医学院学报 | 1993,(3):27 |

| | | | |
|---|---|---|---|
| 运用"因时制宜"法则诊治急症的体会 | 陈惠阳 | 中国中医急症 | 1993,(3):120 |
| 北辰穴、八荒穴及其临床应用 | 钟枢才等 | 中华中医药杂志 | 1993,(3):35 |
| 心理开导与临床治疗 | 刘嘉玲 | 中医药临床杂志 | 1993,(3):43 |
| 中医内疾外治法的运用初探 | 潘晓芹 | 中医药临床杂志 | 1993,(3):60 |
| 自拟三消饮治疗糖尿病的体会 | 赵德平 | 中医药临床杂志 | 1993,(3):5 |
| 浅谈治疗火郁证中祛风药的配伍 | 王忠林 | 中医药学刊 | 1993,(3):26 |
| 谈疾病的转归与枢机 | 孟玉琴 | 中医药学刊 | 1993,(3):49 |
| 从标论治出血性中风证举隅 | 杨文清 | 甘肃中医 | 1993,(4):32 |
| 论仲景用附子之精义 | 王恒照 | 甘肃中医 | 1993,(4):3 |
| 浅谈《内经》的时间医学观及对临床用药的指导作用 | 姜　晖 | 甘肃中医 | 1993,(4):14 |
| 升麻外科应用举隅 | 李树君 | 甘肃中医 | 1993,(4):41 |
| 病人饮食宜忌的中医观 | 朱晓娟等 | 甘肃中医学院学报 | 1993,(4):60 |
| 针刺治疗痿、痹二则 | 侯凤琴等 | 贵阳中医学院学报 | 1993,(4):52 |
| 《周易》针灸取穴法对肢体血流变化的观察 | 覃　毅 | 国医论坛 | 1993,(4):11 |
| 林沛湘治疗慢性肝炎经验 | 林寿宁等 | 黑龙江中医药 | 1993,(4):1 |
| 留针时间与疗效探讨 | 黄昕军 | 湖南中医学院学报 | 1993,(4):51 |
| "治痿独取阳明"针刺应用体会 | 夏鸣清 | 湖南中医学院学报 | 1993,(4):52 |
| 升运脾气治验三则 | 雷志坚 | 湖南中医杂志 | 1993,(4):26 |
| 性医学临床中如何运用治肝理论 | 樊友平等 | 吉林中医药 | 1993,(4):35 |
| 治胃肠病以通为法 | 朱恒才等 | 吉林中医药 | 1993,(4):13 |
| 温法在儿科的临床应用 | 刘杏琴 | 暨南大学学报 | 1993,(4):113 |
| 针灸治疗面神经瘫痪3例报告 | 熊　华 | 暨南大学学报 | 1993,(4):130 |
| 临证贵在调气 | 刘　明等 | 辽宁中医杂志 | 1993,(4):18 |
| 缪刺法的临床应用 | 花照泉 | 内蒙古中医药 | 1993,(4):29 |
| 延年防衰重在调肝——孟铭三临床经验举隅 | 周兆山 | 齐鲁医学杂志 | 1993,(4):172 |
| 关刺加拔罐治疗肱骨外上髁炎28例临床观察 | 孙　巧 | 青海医药杂志 | 1993,(4):42 |
| 围刺法在针灸临床上的运用 | 吴奇方 | 山西中医 | 1993,(4):32 |
| 齐刺温针法治疗梨状肌综合征39例 | 孟　羽 | 上海针灸杂志 | 1993,(4):163 |
| 齐刺治疗老年性膝骨性关节炎50例 | 张　红 | 上海针灸杂志 | 1993,(4):161 |
| "反治法"验案2则 | 任德勋 | 实用中医内科杂志 | 1993,(4):22 |
| 巨针治疗中风后遗症121例观察 | 郑学梅等 | 实用中医内科杂志 | 1993,(4):37 |
| 重用川乌草乌治疗重症痛痹的临床体会 | 贾仰春等 | 实用中医内科杂志 | 1993,(4):31 |
| 调补冲任治疗不孕症的临证体会 | 王　薇 | 天津中医学院学报 | 1993,(4):19 |
| 舒肝解郁法在调经中的运用 | 王剑玲 | 天津中医学院学报 | 1993,(4):17 |
| 杨浩观老中医治疗胆结石的经验 | 赵秀君 | 天津中医药 | 1993,(4):11 |
| 经筋理论的临床运用 | 陈晓莉 | 现代中医药 | 1993,(4):32 |
| 调理脾胃诸手法在儿科推拿临床中的运用 | 池迎春 | 浙江中医药大学学报 | 1993,(4):51 |
| 刺络拔罐法治疗急性乳腺炎临床观察 | 李建山 | 针灸临床杂志 | 1993,(4):41 |
| 合刺分刺治疗顽固性面瘫109例临床观察 | 唐立明等 | 针灸临床杂志 | 1993,(4):19 |
| 火针治疗颈椎病28例疗效观察 | 林　凌 | 针灸临床杂志 | 1993,(4):34 |
| 深浅刺结合治疗腓总神经损害60例 | 金经国 | 针灸临床杂志 | 1993,(4):33 |
| 针太溪穴治肾结石绞痛 | 张笑珍 | 针灸临床杂志 | 1993,(4):51 |
| 身体健康与生活规律 | 张法清 | 中国学校体育 | 1993,(4):55 |
| 刺络闪火法治疗腰棘间韧带损伤 | 苏　寅等 | 中国中医骨伤科杂志 | 1993,(4):18 |
| 内关－心脏相关及孤束核的调控作用 | 曹庆淑等 | 中华中医药杂志 | 1993,(4):20 |

| | | | |
|---|---|---|---|
| 隔蒜灸新用 | 吴松柏 | 中医研究 | 1993,(4):43 |
| 外感热病饮食护理体会 | 束永红 | 中医药临床杂志 | 1993,(4):17 |
| 调肝补肾法在妇科临床上的应用 | 贺若芳 | 中医药学刊 | 1993,(4):21 |
| 对子宫肌瘤患者望诊观察的研究 | 韩惠兰等 | 中医药学刊 | 1993,(4):18 |
| 益精填髓法在脑病治疗中的运用 | 周　晨 | 中医药学刊 | 1993,(4):14 |
| 运用针刺治神法治疗阳萎62例 | 刘　喆 | 中医药学刊 | 1993,(4):31 |
| 对"五脏六腑皆令人咳"理论的临床运用 | 沈宗国等 | 中医杂志 | 1993,(4):224 |
| "脑风"头痛灸刺治验 | 任占敏等 | 北京中医 | 1993,(5):41 |
| 温针闪罐治疗风湿性膝关节炎82例临床疗效观察 | 王俊英等 | 甘肃中医 | 1993,(5):33 |
| 耳穴埋针治疗皮肤病的探讨 | 江　瑜 | 贵州医药 | 1993,(5):304 |
| 中医药防治小儿反复呼吸道感染的进展 | 陈　宁等 | 黑龙江中医药 | 1993,(5):54 |
| 运用辛开苦降法治疗痼疾举隅 | 陈家英等 | 湖北中医杂志 | 1993,(5):30 |
| 饮食调护在疾病康复中的作用 | 史玛莉等 | 湖南中医杂志 | 1993,(5):48 |
| 下合穴在危急重症中的辨治举隅 | 林　桦等 | 江西中医药 | 1993,(5):17 |
| 煤矿工伤事故与人体生理节律相关性探讨 | 吴经才等 | 山东中医杂志 | 1993,(5):10 |
| 补肾填精为主治疗老年性痴呆初探 | 李成河 | 山西中医 | 1993,(5):39 |
| 杨介宾教授刺血治病经验介绍 | 杨运宽 | 陕西中医 | 1993,(5):23 |
| 虚证病人免疫功能测定及其研究概述 | 韩明向等 | 四川中医 | 1993,(5):20 |
| 委中穴刺络拔罐疗法治疗腰背痛100例 | 谢宝惠 | 天津中医药 | 1993,(5):41 |
| 调理奇经法在妇科临床的应用 | 刘　静 | 现代中医药 | 1993,(5):30 |
| 通因通用治重症腹泻验案 | 秦大义 | 新中医 | 1993,(5):27 |
| 防风通圣散治疗脑病临床举隅 | 彭振声 | 浙江中医学院学报 | 1993,(5):17 |
| 尿血证应用化瘀法的体会 | 邵炳忠 | 浙江中医学院学报 | 1993,(5):16 |
| 脏腑相关学说在治疗冠心病中的运用 | 余良甫 | 浙江中医药大学学报 | 1993,(5):23 |
| 局部缪刺治疗痛症96例疗效观察 | 田维柱等 | 针灸临床杂志 | 1993,(5):19 |
| 心肺相关在咳嗽临证中的应用 | 陈小峰 | 中医药学刊 | 1993,(5):26 |
| 活血化瘀在妊娠期的应用 | 武宗成 | 中医药研究 | 1993,(5):29 |
| 曲泽穴抽血在临床急症中的应用体会 | 周永锐等 | 中医药研究 | 1993,(5):54 |
| 针刺条口、养老穴治疗急性腰扭伤 | 胡仁杰等 | 中医药研究 | 1993,(5):43 |
| 足三里临床主治验证 | 弓斯淑 | 中医药研究 | 1993,(5):53 |
| 浅议活血利水法及临床运用举隅 | 孙伯青 | 甘肃中医 | 1993,(6):21 |
| 谈温胆系列方治疗胸痹的临床应用 | 崔爱军等 | 甘肃中医 | 1993,(6):17 |
| 异病同治5则 | 张　泾 | 甘肃中医 | 1993,(6):23 |
| 经方辨治男科疾病举验 | 涂钟馨 | 国医论坛 | 1993,(6):12 |
| 论补脾法的临床意义 | 狄玉敏等 | 河北中医 | 1993,(6):2 |
| 200例病人死亡时间探讨及护理对策 | 曹　霞 | 护士进修杂志 | 1993,(6):44 |
| 中医治疗崩漏近况及我见 | 陈金凤 | 江苏中医药 | 1993,(6):42 |
| 崩证1例治验体会 | 姚莅龄 | 江西中医药 | 1993,(6):32 |
| 温阳利水法治疗中老年牙周炎的经验与体会 | 温扬智 | 江西中医药 | 1993,(6):40 |
| 钟新渊谈临床之"有者求之,无者求之" | 刘德章 | 江西中医药 | 1993,(6):6 |
| 风池穴的临床应用 | 卓　华 | 天津中医药 | 1993,(6):31 |
| 苍耳子散加减治疗鼻渊106例 | 刘晓光 | 浙江中医药大学学报 | 1993,(6):19 |
| 少腹逐瘀汤治疗小儿频发性肠痉挛 | 杜玉琳等 | 浙江中医药大学学报 | 1993,(6):23 |
| "八脉交会穴"在临床上的应用 | 徐乃扬 | 针灸临床杂志 | 1993,(6):44 |
| 面穴齐刺法治疗颞颌关节功能紊乱症120例疗效观察 | 管遵惠 | 针灸临床杂志 | 1993,(6):15 |

| | | | |
|---|---|---|---|
| 活血化淤法的临床应用 | 孟玉琴 | 中医药学刊 | 1993,(6):20 |
| 中药外治法临证治疗骨结核 95 例 | 赵凤莲 | 中医药学刊 | 1993,(6):19 |
| 角孙穴的临床应用 | 谢牡丹等 | 中医药研究 | 1993,(6):38 |
| 中医治疗"胃溃疡"病的用药体会 | 刘桂兰等 | 中医药研究 | 1993,(6):50 |
| 治小儿腹泻一得 | 滕宣光 | 中医杂志 | 1993,(6):378 |
| 苦辛法临床运用一得 | 朱　杰 | 江苏中医药 | 1993,(7):24 |
| 活用温法起沉疴 | 甄绍先等 | 江苏中医药 | 1993,(8):18 |
| 李鸿翔治久泻举隅 | 张晓春 | 辽宁中医杂志 | 1993,(8):7 |
| 塞因塞用一得 | 孙　宏 | 辽宁中医杂志 | 1993,(8):32 |
| 放疗后便血治验 | 陈乃巩 | 四川中医 | 1993,(8):35 |
| 调肝健脾补肾治疗老年高血压病 | 郜树滋 | 中医杂志 | 1993,(8):496 |
| 健脾益肾法治疗高粘高脂血症的体验 | 刘淑媛 | 江苏中医药 | 1993,(9):13 |
| 半夏治失眠验证 | 杨树德 | 陕西中医 | 1993,(9):49 |
| 临证治病　顾护胃气——《内经》胃气理论的临床运用 | 周本善 | 上海中医药杂志 | 1993,(9):32 |
| 外伤骨折后疼痛性骨质疏松的辨治体会 | 陈朝坤 | 新中医 | 1993,(9):51 |
| 中国传统医学在恶性肿瘤治疗中的作用 | 余桂清 | 中国肿瘤 | 1993,(9):10 |
| 贴针疗法简介 | 孙书鸿 | 中医杂志 | 1993,(9):555 |
| 头风摩散治顽固性头痛 | 王照恒 | 四川中医 | 1993,(10):30 |
| 针刺治疗复视 | 李绰成 | 四川中医 | 1993,(10):53 |
| 下法治疗急症拾零 | 王新者 | 新中医 | 1993,(10):37 |
| 巨刺与缪刺有何异同临床如何应用 | 胡金生 | 中医杂志 | 1993,(10):630 |
| 玉屏风散防治易感者探讨其"卫气"与免疫球蛋白的关系 | 廖世忠等 | 辽宁中医杂志 | 1993,(11):18 |
| 刺络拔罐配合敷药理疗治疗陈旧性胸胁伤 | 扈诗建 | 四川中医 | 1993,(11):52 |
| 内科疾病的发病与月亮相位关系的探讨 | 夏质彬 | 辽宁中医杂志 | 1993,(12):10 |
| 气脉常通　肾气有余　颜德馨论治男科疾病 | 屠执中 | 上海中医药杂志 | 1993,(12):21 |
| 自拟祛风消疹汤治愈风疹 73 例临床体会 | 杨界辉 | 四川中医 | 1993,(12):54 |
| 针灸治愈冲疝 2 则 | 李少臣 | 新中医 | 1993,(12):31 |
| 四季养生饵的妙用 | 孙　浩 | 中医杂志 | 1993,(12):756 |
| "六腑以通为用"在护理上的应用 | 许家凤 | 安徽中医学院学报 | 1993,(S1):60 |
| "天人相应"理论的临床运用 | 季红燕 | 安徽中医学院学报 | 1993,(S1):73 |
| 化瘀调经汤治疗经间期出血 15 例 | 周　军 | 安徽中医学院学报 | 1993,(S1):82 |
| 耳针治疗痔疮 50 例临床报告 | 肖建华 | 针灸临床杂志 | 1993,(Z1):32 |
| 火针疗法临床进展 | 由福山 | 针灸临床杂志 | 1993,(Z1):88 |
| 齐刺治顽固痹证的临床体会 | 杨元德 | 针灸临床杂志 | 1993,(Z1):54 |
| 强刺涌泉,抢救急症 | 李志方等 | 针灸临床杂志 | 1993,(Z1):53 |
| 针刺"阴三角"治疗阳萎 55 例临床疗效观察 | 赵裕廷 | 针灸临床杂志 | 1993,(Z1):23 |
| 针刺治疗震颤麻痹综合征三例 | 朱肇昕 | 针灸临床杂志 | 1993,(Z1):72 |
| 针刺人中穴治疗急性腰扭伤 40 例 | 姜华琦 | 安徽中医临床杂志 | 1994,(1):33 |
| "异病同治"和"同病异治"在气功外气治疗头痛中的运用 | 王建东 | 按摩与导引 | 1994,(1):32 |
| 妇科疾病从心论治的经验 | 史小进等 | 长治医学院学报 | 1994,(1):64 |
| 龙胆泻肝汤治疗急性周围性面瘫 31 例 | 夏时金 | 成都中医药大学学报 | 1994,(1):29 |
| 便秘十年辨误案 | 管廷吉 | 光明中医 | 1994,(1):10 |
| 吕炳奎从肝论治心梗案 | 李凤珍 | 光明中医 | 1994,(1):4 |
| 电针配合刺络拔罐治疗面瘫后遗症 108 例 | 赵福成等 | 贵阳中医学院学报 | 1994,(1):34 |

| | | | |
|---|---|---|---|
| 试析清法在感冒治疗中的地位 | 孔德发等 | 贵阳中医学院学报 | 1994,(1):36 |
| 皮下浅刺法止痛效果观察 | 秦廷武等 | 河北中医 | 1994,(1):33 |
| “肺与大肠相表里”运用举隅 | 张林峰 | 河北中医 | 1994,(1):19 |
| 治神在针灸临床中的应用 | 王克键 | 河北中医药学报 | 1994,(1):46 |
| 针刺昆仑治疗坐骨神经痛113例 | 张贞兰等 | 菏泽医专学报 | 1994,(1):44 |
| 脾胃学说在泌尿系统疾病中的应用 | 郭遂成等 | 黑龙江中医药 | 1994,(1):2 |
| 辛开苦降法的临床运用 | 石守恒 | 黑龙江中医药 | 1994,(1):26 |
| 《内经》察色测病临证举隅 | 瞿春久 | 湖北中医杂志 | 1994,(1):35 |
| 艾灸中脘和阳池治疗子宫脱垂 | 方　针 | 湖北中医杂志 | 1994,(1):38 |
| 浅谈“通利二便”在治疗小儿腑病中的运用 | 孙　钢 | 湖北中医杂志 | 1994,(1):41 |
| 验案两则 | 刘洪钧 | 湖北中医杂志 | 1994,(1):34 |
| 齐刺法治疗痛症94例疗效分析 | 刘丽军 | 颈腰痛杂志 | 1994,(1):47 |
| 节气溯源及其在中医学的应用 | 刘玉书 | 内蒙古中医药 | 1994,(1):2 |
| 中药熏蒸治疗类风湿关节炎 | 龚自飞 | 南京中医药大学学报 | 1994,(1):55 |
| 气机升降理论的临床应用 | 徐作桐 | 山东中医药大学学报 | 1994,(1):14 |
| 针刺承山穴治疗肛肠病术后疼痛 | 宋子卿等 | 山西职工医学院学报 | 1994,(1):40 |
| 从标本着眼治疗崩漏2例 | 郭沁玲 | 山西中医 | 1994,(1):38 |
| 浅析《灵枢》九刺、十二刺、五刺的临床应用 | 高娅伟 | 陕西中医学院学报 | 1994,(1):35 |
| 辰时、戌时电针内关穴对冠心病患者左心功能的影响 | 李　磊等 | 上海针灸杂志 | 1994,(1):26 |
| “从阴引阳”法针刺治疗胃下垂100例 | 邓小琴 | 上海针灸杂志 | 1994,(1):11 |
| 协调阴阳治心悸 | 高华宇 | 四川中医 | 1994,(1):11 |
| 自拟“益气凉血汤”治疗上消化道出血62例 | 刘杏鑫 | 四川中医 | 1994,(1):25 |
| 急腹症中医八法临床应用举隅 | 赵家驹 | 天津中医学院学报 | 1994,(1):11 |
| 水蛭用于中风病 | 周庆芝等 | 现代中西医结合杂志 | 1994,(1):48 |
| 脾胃论在中医男科临床应用体会 | 刘欢祖 | 新疆中医药 | 1994,(1):1 |
| 因地制宜治疗胃脘疼 | 道尔加 | 新疆中医药 | 1994,(1):50 |
| 针灸治疗“水膨症”验案三则 | 申卓彬 | 新疆中医药 | 1994,(1):19 |
| 浅谈下法治疗阳明腑实的体会 | 罗建辉等 | 新中医 | 1994,(1):62 |
| 选时用药法的临床应用 | 安培祯 | 新中医 | 1994,(1):24 |
| 针刺治疗顽固性呃逆12例 | 李秀兰 | 医学理论与实践 | 1994,(1):47 |
| 翳风穴位注射配合半刺治疗面瘫33例 | 骆　方 | 针灸临床杂志 | 1994,(1):18 |
| 指压高血压病人颈动脉窦区的观察 | 高　震 | 针灸临床杂志 | 1994,(1):31 |
| 漫谈男性的摄生保健 | 谈华品 | 中国民间疗法 | 1994,(1):28 |
| 浅谈针灸疗法的心理效应 | 张红英 | 中国民间疗法 | 1994,(1):2 |
| 豹文刺法治愈臁疮31例 | 王可学等 | 中国针灸 | 1994,(1):38 |
| 从天人相应学说探讨郑州地区脑卒中发病、死亡与时间节律关系 | 陈阳春等 | 中医研究 | 1994,(1):18 |
| 石冠卿教授运用反治法验案 | 崔爱竹等 | 中医研究 | 1994,(1):32 |
| 塞因塞用法的临证应用举隅 | 于慧卿等 | 中医药学刊 | 1994,(1):22 |
| 跷脉理论的临床应用举要 | 解乐业等 | 中医药学刊 | 1994,(1):42 |
| “少火生气”理论临床应用举隅 | 陈筱云等 | 中医药研究 | 1994,(1):44 |
| 阳中求阴法变通运用举隅 | 沈开龙 | 中医药研究 | 1994,(1):42 |
| 疑难病证2则 | 卢国勋 | 中医杂志 | 1994,(1):18 |
| 火针治疗疾病50例临床观察 | 朱　颖 | 长春中医学院学报 | 1994,(2):44 |
| 中医辨证诊治不孕症26例体会 | 殷明森 | 工企医刊 | 1994,(2):54 |
| 医话精选9则 | 杜锦海 | 光明中医 | 1994,(2):24 |

| | | | |
|---|---|---|---|
| 安宫牛黄丸根治顽固性荨麻疹一例报道 | 罗凤亮 | 贵阳中医学院学报 | 1994,(2):20 |
| 针刺新法治疗面瘫51例 | 刘兴旺等 | 河南中医 | 1994,(2):111 |
| 阴虚胃痛的治疗体会 | 杜青梅等 | 河南中医 | 1994,(2):95 |
| 试论促进心理健康的有效途径 | 于　瑶等 | 黑龙江教育学院学报 | 1994,(2):83 |
| 通因通用法临证举隅 | 刘伏莲 | 湖南中医杂志 | 1994,(2):40 |
| 面神经麻痹从经筋论治52例 | 刘金洪 | 江苏中医 | 1994,(2):28 |
| 运用升降出入学说治疗"慢支"184例 | 吴　放等 | 江苏中医 | 1994,(2):8 |
| 通腑泄热法在胆胰疾病中的运用 | 黄泰生 | 江西中医学院学报 | 1994,(2):16 |
| "下者举之"治则的临床研究 | 刘　熹 | 江西中医药 | 1994,(2):31 |
| 齐刺加水针治疗臀上皮神经炎108例 | 彭启琼 | 江西中医药 | 1994,(2):47 |
| 行气针法的临床体会 | 韩　煜 | 交通医学 | 1994,(2):263 |
| 治病求本与临床疗效 | 王正河 | 泸州医学院学报 | 1994,(2):123 |
| 从呼和浩特气候变化论"四时五行" | 王　鼎等 | 内蒙古中医药 | 1994,(2):34 |
| 穴位疗法在肛肠科的应用 | 陈　谦 | 南京中医药大学学报 | 1994,(2):28 |
| 挑刺放血救暑厥 | 殷鸿春 | 山东中医杂志 | 1994,(2):78 |
| 中医依时诊病体会 | 王宏才 | 陕西中医 | 1994,(2):95 |
| 论升降在针灸治疗上的应用 | 郑子新 | 上海针灸杂志 | 1994,(2):66 |
| 齐针疗法治疗肩周炎34例疗效观察 | 韩　煜 | 苏州医学院学报 | 1994,(2):131 |
| 辛开苦降法的临床运用 | 石守恒 | 天津中医 | 1994,(2):32 |
| 针刺上髎穴治疗急性腰扭伤50例 | 张　宏 | 天津中医 | 1994,(2):14 |
| 巨刺法治疗肩凝症52例的疗效观察 | 李桂兰 | 天津中医学院学报 | 1994,(2):24 |
| 对应选穴的临床应用 | 赵传香 | 天津中医学院学报 | 1994,(2):26 |
| 中医腹诊的临床应用 | 温光远 | 现代中西医结合杂志 | 1994,(2):80 |
| 音乐疗法在肿瘤临床应用的探讨 | 蔡光蓉 | 医学与哲学 | 1994,(2):41 |
| 病机十九条在内科临床上的运用 | 贾谢荣 | 浙江中医学院学报 | 1994,(2):1 |
| 强直性脊柱炎72例辨证论治 | 栾炯等 | 浙江中医杂志 | 1994,(2):65 |
| 耳穴刺络治疗外感高热96例 | 张笑玲 | 中国针灸 | 1994,(2):34 |
| 针刺治疗胸胁扭挫伤54例 | 郑　昱 | 中国针灸 | 1994,(2):12 |
| 谈调气法在月经病的应用 | 吕丽真 | 中医药学刊 | 1994,(2):30 |
| 谈脾胃经穴在针灸临床中的应用 | 宫艳华 | 中医药学刊 | 1994,(2):32 |
| 针灸齐刺法治疗类风湿性关节炎体会 | 杨　宇 | 中医药学刊 | 1994,(2):31 |
| 中医治法在治疗肺癌中的应用 | 唐　彦 | 肿瘤研究与临床 | 1994,(2):120 |
| 齐刺、温针加拔罐治疗梨状肌综合症50例 | 汪邦英 | 安徽中医学院学报 | 1994,(3):71 |
| 王乐匋教授运用条达木郁法的经验 | 吴毅彪等 | 安徽中医学院学报 | 1994,(3):15 |
| 逍遥散加减治愈雷诺氏病1例 | 陈兆昌 | 安徽中医学院学报 | 1994,(3):59 |
| 背俞夹脊穴按摩法在临床中应用举例 | 刘修利 | 按摩与导引 | 1994,(3):15 |
| "六腑以通为用"的临床应用 | 孔繁林 | 北京中医 | 1994,(3):19 |
| 活血祛瘀法临床运用举隅 | 王有达 | 北京中医 | 1994,(3):49 |
| 如何恰当地运用中药石膏 | 蔡文科等 | 北京中医 | 1994,(3):33 |
| 益气化瘀汤治疗产后癃闭31例 | 余永鑫 | 北京中医 | 1994,(3):43 |
| 调肝法在针灸临床上的应用 | 符文彬 | 北京中医药大学学报 | 1994,(3):44 |
| 附子泻心汤证治剖析 | 姜元安 | 北京中医药大学学报 | 1994,(3):9 |
| 汗法临床应用拾零 | 刘汉卿等 | 长春中医学院学报 | 1994,(3):30 |
| 活血利水法在肺心病急发期的应用 | 黄文曼等 | 长春中医学院学报 | 1994,(3):17 |
| 针灸八法对缺血性中风的辨证治疗 | 李一清等 | 长春中医学院学报 | 1994,(3):35 |
| 李则藩辨治产后癃闭验案举隅 | 张长顺 | 长春中医学院学报 | 1994,(3):39 |

| | | | |
|---|---|---|---|
| 针刺治疗中风后遗症体会 | 龙显武 | 成都中医药大学学报 | 1994,(3):46 |
| 刺络拔罐疗法临床应用 | 沈若星 | 福建中医药 | 1994,(3):42 |
| "肝生于左,肺藏于右"临床运用初探 | 饶宏孝 | 甘肃中医 | 1994,(3):1 |
| 八脉交会穴临床应用浅谈 | 王　文 | 甘肃中医学院学报 | 1994,(3):39 |
| 中风中医康复疗法刍议 | 傅仁杰 | 光明中医 | 1994,(3):38 |
| 通补法延缓衰老机理初探 | 杜怀棠等 | 光明中医 | 1994,(3):45 |
| 合谷穴的临床应用 | 梁秋湖 | 广西中医药 | 1994,(3):37 |
| 保全胃气靠食疗 | 潘但铨 | 贵阳中医学院学报 | 1994,(3):34 |
| 针灸治疗耳聋的临床研究概况 | 李　玲 | 河南中医 | 1994,(3):187 |
| 遵"有故无殒"意治疗妊娠并发症浅谈 | 钮洞石等 | 河南中医 | 1994,(3):170 |
| 中医辨证治疗尿血42例临床观察 | 张书芬等 | 黑龙江中医药 | 1994,(3):13 |
| 齐刺法治疗痛症85例临床观察 | 钟　颖 | 湖南中医杂志 | 1994,(3):28 |
| 围刺法治疗网球肘29例 | 吴奇方 | 内蒙古中医药 | 1994,(3):33 |
| 反治法在儿科临床上的运用 | 王爱明 | 南京中医药大学学报 | 1994,(3):30 |
| 循经感传符合经脉流注次序的病例报告 | 肖永俭等 | 山东中医药大学学报 | 1994,(3):184 |
| 电针治疗臂丛神经损伤一例 | 江婵娟等 | 陕西中医学院学报 | 1994,(3):40 |
| 免疫学理论用于中医治疗肿瘤的体会 | 颜永潮 | 陕西中医学院学报 | 1994,(3):10 |
| 半刺法治疗小儿泄泻150例 | 王宪利 | 上海针灸杂志 | 1994,(3):142 |
| 巨刺法治疗肩周炎120例 | 许玉民 | 上海针灸杂志 | 1994,(3):116 |
| 辨证结合辨病治疗眩晕举隅 | 王旭东 | 实用中医内科杂志 | 1994,(3):15 |
| 甘温除热法临证新用 | 刘扶勤等 | 现代中西医结合杂志 | 1994,(3):40 |
| 火针治疗痹症30例 | 曾志君 | 现代中西医结合杂志 | 1994,(3):63 |
| 对"治上焦如羽,非轻不举"的认识及治验介绍 | 谢英彪 | 新疆中医药 | 1994,(3):14 |
| 络刺天泉穴处治疗乳癖65例临床观察 | 冯新亭等 | 新疆中医药 | 1994,(3):22 |
| 浅刺皮部配合针刺四关穴治疗面肌抽搐15例 | 刘金洪 | 新疆中医药 | 1994,(3):28 |
| 反治法临床应用 | 岳宝云等 | 新中医 | 1994,(3):27 |
| 妇科病治验3则 | 徐汉敏等 | 新中医 | 1994,(3):19 |
| 直抬报刺法治疗坐骨神经痛60例 | 吴乃桐 | 云南中医学院学报 | 1994,(3):37 |
| 温针配合局部按揉治疗网球肘 | 管建红 | 云南中医学院学报 | 1994,(3):36 |
| 长蛇灸治疗类风湿性关节炎37例 | 何继红等 | 浙江中医杂志 | 1994,(3):126 |
| 巨刺结合药浴治疗退行性膝关节炎26例 | 王淑霞等 | 针灸临床杂志 | 1994,(3):40 |
| 针刺与推拿结合治疗偏头痛28例 | 张翠香 | 针灸临床杂志 | 1994,(3):53 |
| 推拿治疗小儿落枕20例 | 李金虎 | 中国民间疗法 | 1994,(3):16 |
| 重病轻取验案一则 | 彭景星 | 中医文献杂志 | 1994,(3):35 |
| 运用通因通用法的治验 | 蓝季尧 | 中医研究 | 1994,(3):27 |
| 临床如何选用华佗夹脊穴 | 胡金生 | 中医杂志 | 1994,(3):180 |
| 针灸医案4则 | 张　仁 | 中医杂志 | 1994,(3):154 |
| 火针治疗扁平疣1例 | 刘嘉玲 | 安徽中医学院学报 | 1994,(4):41 |
| "六六小运天"气功按摩治妇科病奇效举案 | 姚道柱 | 按摩与导引 | 1994,(4):31 |
| 按摩治疗胃下垂疗效观察 | 周光耀 | 按摩与导引 | 1994,(4):20 |
| 辛开苦降法的临床运用 | 石守恒 | 北京中医 | 1994,(4):27 |
| 滋阴法临床举隅 | 孙树起等 | 长春中医学院学报 | 1994,(4):37 |
| 论清热法的多种临床应用 | 李三保等 | 长治医学院学报 | 1994,(4):355 |
| 陈达夫教授眼科六经辨证10法 | 夏运民 | 成都中医药大学学报 | 1994,(4):14 |
| "菀陈则除之"在针灸临床上的应用 | 黄碧玉 | 福建中医学院学报 | 1994,(4):20 |
| 灸足三里、三阴交抗衰 | 杨金安 | 甘肃中医 | 1994,(4):38 |

| | | | |
|---|---|---|---|
| 席梁丞老中医运用反治法的临床经验 | 王自立 | 甘肃中医 | 1994,(4):22 |
| 针刺加走罐治疗哮喘 | 张傲清等 | 甘肃中医 | 1994,(4):40 |
| 从“小建中汤”与“肾气丸”两方谈仲景治虚劳要略 | 卞一明 | 甘肃中医学院学报 | 1994,(4):3 |
| 仲景治发黄其要在疏通浅议 | 王恒照 | 甘肃中医学院学报 | 1994,(4):1 |
| 妇科调理冲任的意义与临床验案 | 周瑞贞 | 广西中医药 | 1994,(4):30 |
| 化瘀解毒法治疗盆腔炎150例临床观察 | 刘宏丽等 | 河北中医药学报 | 1994,(4):21 |
| 半夏秫米汤复方治疗重症失眠30例报告 | 魏　霞等 | 河南中医 | 1994,(4):240 |
| 辛开苦降法的临床运用 | 石守恒 | 河南中医 | 1994,(4):231 |
| 巨刺为主治疗面瘫42例疗效观察 | 李聪华 | 湖北中医杂志 | 1994,(4):36 |
| 祛邪法临证应用举隅 | 程文才 | 湖北中医杂志 | 1994,(4):37 |
| 针刺急症验案举隅 | 钱志云 | 湖北中医杂志 | 1994,(4):34 |
| 敷脐法治疗小儿疾病举要 | 庹朝英 | 湖南中医杂志 | 1994,(4):41 |
| 临证随感录 | 彭敏成 | 湖南中医杂志 | 1994,(4):50 |
| 试谈偶刺的临床应用 | 许昌楼 | 江苏中医 | 1994,(4):42 |
| 针刺下合穴治疗术后肠麻痹62例 | 邹仁明 | 江苏中医 | 1994,(4):28 |
| 冠心病心绞痛缓解期运用补虚行气通脉法的体会 | 刘一弘 | 江苏中医 | 1994,(4):13 |
| 火针疗法在外科临床运用举隅 | 肖日等 | 江西中医药 | 1994,(4):44 |
| 略谈手术病人的情志影响与中医情志护理 | 赖小美 | 江西中医药 | 1994,(4):50 |
| “胃不和则卧不安”临证心得 | 崔东祥等 | 内蒙古中医药 | 1994,(4):36 |
| 通因通用法临证新用摭拾 | 彭　暾 | 内蒙古中医药 | 1994,(4):37 |
| 活血化瘀法治疗妇科血证的经验 | 刘　毅 | 山东中医药大学学报 | 1994,(4):263 |
| 刺络放血治疗疑难病举隅 | 薛金声等 | 山东中医杂志 | 1994,(4):160 |
| 刺络拔罐法在临床的运用 | 鄢根英 | 上海针灸杂志 | 1994,(4):159 |
| 刺络放血疗法救治急症的体会 | 熊光天 | 上海针灸杂志 | 1994,(4):157 |
| 浮刺治疗带状疱疹36例 | 钱黛华等 | 上海针灸杂志 | 1994,(4):162 |
| 针刺治疗口疮 | 董自安 | 上海针灸杂志 | 1994,(4):190 |
| 通下法在脑卒中急救中的应用 | 蔡少杭 | 四川中医 | 1994,(4):18 |
| 大黄䗪虫丸治癥瘕、臌胀 | 杨忠贵等 | 四川中医 | 1994,(4):31 |
| 运用“通因通用”法治疗小儿中毒痢 | 张以文 | 天津中医 | 1994,(4):30 |
| 运用十二皮部针灸治疗疾病初探 | 张连生 | 现代中西医结合杂志 | 1994,(4):64 |
| 通法治崩漏 | 梁象山 | 现代中医药 | 1994,(4):17 |
| 脾胃学说在消化系统疾病中的应用 | 郭遂成等 | 新疆中医药 | 1994,(4):6 |
| “泻白散”治疗白睛眼病的妙用 | 于永明 | 云南中医学院学报 | 1994,(4):48 |
| 小儿厌食病治验点滴 | 杨振邦等 | 云南中医学院学报 | 1994,(4):38 |
| 药话四则 | 田　野 | 浙江中医杂志 | 1994,(4):167 |
| 浅谈透针刺法的临床应用 | 张孟香等 | 针灸临床杂志 | 1994,(4):32 |
| 针刺治疗顽固性呃逆200例疗效观察 | 叶　芳等 | 针灸临床杂志 | 1994,(4):17 |
| 针刺治疗延迟牲肌肉损伤110例 | 刘振春 | 针灸临床杂志 | 1994,(4):40 |
| 依时辨治验案3则 | 童学彪 | 中国临床医生 | 1994,(4):48 |
| 推拿疗法治疗小儿多种疾病 | 田淑芳 | 中国民间疗法 | 1994,(4):39 |
| 针刺哑门穴治癫痫 | 王天才 | 中国民间疗法 | 1994,(4):17 |
| 齐刺加醋罐治疗肌纤维质炎 | 朱　沁 | 中国针灸 | 1994,(4):20 |
| 针刺治疗放射性直肠炎及放射性膀胱炎的临床研究 | 杨金洪等 | 中国针灸 | 1994,(4):9 |
| “治未病”法临床运用举隅 | 严可斌等 | 中医药学刊 | 1994,(4):31 |
| 上病下取医话一则 | 刘艾武 | 中医药学刊 | 1994,(4):22 |
| 针刺加刺络拔罐治疗老年性膝骨性关节炎46例 | 贺晓红等 | 中医药研究 | 1994,(4):50 |

| | | | |
|---|---|---|---|
| 温肾补髓法治疗神经系统疾病二例 | 张立平 | 北京中医药大学学报 | 1994,(5):51 |
| 巨刺法治疗肩手综合征镇痛疗效观察 | 王　伟等 | 广西中医药 | 1994,(5):6 |
| 带状疱疹的治疗与名医验方的运用 | 傅玉素等 | 黑龙江中医药 | 1994,(5):27 |
| 对57例结脉的临床分析 | 李志刚 | 吉林中医药 | 1994,(5):27 |
| 恢刺加灸治疗梨状肌综合征73例 | 夏筱方 | 江苏中医 | 1994,(5):31 |
| 试论《灵枢·官针》刺法分类及临床应用 | 程立红 | 江西中医药 | 1994,(5):42 |
| 易医心理疗法治疗阳萎520例 | 闫承序 | 辽宁中医杂志 | 1994,(5):209 |
| 脾胃学说在呼吸系统疾病中的应用 | 郭遂成等 | 山东中医杂志 | 1994,(5):196 |
| 关元穴的临床应用 | 安培祯 | 上海针灸杂志 | 1994,(5):228 |
| 《内经》刺法治疗类风湿性关节炎40例 | 陈桂玲等 | 上海针灸杂志 | 1994,(5):217 |
| 中医论治胃肠病的基本规律 | 孟庆云 | 实用中医药杂志 | 1994,(5):3 |
| 应用中医时间医学理论探讨对发热的辨证论治 | 陆保年 | 四川中医 | 1994,(5):12 |
| 活血化瘀治疗糖尿病慢性并发症的体会 | 马西军 | 医学文选 | 1994,(5):84 |
| 针内关穴解气胸 | 邓玉璋 | 医学文选 | 1994,(5):57 |
| 脾胃学说在针灸临床上的应用 | 鲍庆详 | 针灸临床杂志 | 1994,(5):13 |
| 试谈经络辨证在针灸临床上的应用 | 许昌楼 | 针灸临床杂志 | 1994,(5):2 |
| 根结取穴治疗骨折疼痛 | 陈桂兰 | 中国针灸 | 1994,(5):20 |
| 针刺治疗效化疗所致造血功能损害的临床观察 | 郁美娟等 | 中国针灸 | 1994,(5):4 |
| 针刺治疗皲裂34例 | 全玳红 | 中国针灸 | 1994,(5):22 |
| 蒋文照教授临证运用运气学说的经验 | 徐　珊 | 中医教育 | 1994,(5):40 |
| 背俞穴在临床上的运用举隅 | 黄裳等 | 中医药研究 | 1994,(5):46 |
| 推拿治疗小儿口疮 | 王　萍 | 按摩与导引 | 1994,(6):28 |
| 浅针治疗头痛53例 | 熊秀蓉等 | 福建中医药 | 1994,(6):31 |
| 原发性肾病综合征的中医食疗方法初探 | 贾育新等 | 甘肃中医 | 1994,(6):30 |
| 中医治疗类风湿性关节炎的体会 | 张呈祥 | 甘肃中医 | 1994,(6):26 |
| 温灸关元穴治疗痛经49例 | 张连生 | 河北中医 | 1994,(6):23 |
| 运用补肾法治疗老年肾虚证的体会 | 吴心力等 | 黑龙江中医药 | 1994,(6):15 |
| 梅花针火罐疗法治疗股外侧皮神经炎49例 | 曾长林 | 湖北中医杂志 | 1994,(6):37 |
| 电针巨刺治疗颈椎病100例 | 刘明军等 | 吉林中医药 | 1994,(6):17 |
| 中西医结合治疗重症乳糜尿40例 | 司马衡 | 江苏中医 | 1994,(6):15 |
| 活血化瘀治疗妊娠病验案3则 | 王春芳 | 南京中医药大学学报 | 1994,(6):48 |
| 巨刺法的临床应用体会 | 李淑英等 | 青海医药杂志 | 1994,(6):64 |
| 巨刺阳陵泉穴治疗肩周炎115例 | 刘光亭等 | 山东中医药大学学报 | 1994,(6):393 |
| 缪刺法治疗急性踝关节扭伤200例 | 陈清清 | 陕西中医 | 1994,(6):276 |
| 魏氏手法合络刺治疗急性臀上皮神经损伤 | 顾品芳 | 上海针灸杂志 | 1994,(6):264 |
| 导引在针灸临床中运用举隅 | 杨　帆 | 四川中医 | 1994,(6):54 |
| 颈椎病的手法治疗 | 黄文戈 | 医学文选 | 1994,(6):75 |
| 推荡积滞治关格 | 建飞等 | 医学文选 | 1994,(6):4 |
| 足少阳主骨所生病在针灸临床的应用 | 谢　健 | 云南中医中药杂志 | 1994,(6):25 |
| 报刺、合谷刺、阻力针法在临床中的结合使用 | 李志道等 | 针灸临床杂志 | 1994,(6):4 |
| 电针治疗颈椎病185例临床观察 | 欧阳八四 | 针灸临床杂志 | 1994,(6):18 |
| 针刺治疗颈椎病100例临床疗效分析 | 刘正华 | 针灸临床杂志 | 1994,(6):25 |
| 浅谈传统化脓灸在临床上的应用 | 梁德斐 | 中国针灸 | 1994,(6):25 |
| 循经感传治疗胸痹的临床研究 | 马　红等 | 中国针灸 | 1994,(6):1 |
| 针刺耳穴放血配缪刺治疗踝关节扭伤31例 | 边　静等 | 中国针灸 | 1994,(6):77 |
| 针刺加刺络拔罐法治疗带状疱疹72例 | 韩淑萍 | 中国针灸 | 1994,(6):216 |

| | | | |
|---|---|---|---|
| 针刺翳风穴对偏头痛患者脑血流图的影响 | 吴绪平等 | 中国针灸 | 1994,(6):147 |
| 用中医补肾法治疗老年性疾病的体会 | 冯少琪等 | 广东医学 | 1994,(7):484 |
| 自拟降升散治疗胃下垂32例临床观察 | 陈德俊 | 四川中医 | 1994,(7):25 |
| “其实者散而泻之”在《伤寒论》中的应用 | 宋俊生 | 辽宁中医杂志 | 1994,(8):348 |
| 小青龙汤加减治疗咳喘258例 | 丁建华 | 山东中医杂志 | 1994,(8):342 |
| 气血相关及其临床应用 | 原永德 | 山东中医杂志 | 1994,(8):346 |
| 排针刺外关穴的经验介绍 | 王旦森 | 四川中医 | 1994,(8):56 |
| 一针多向刺法治疗经筋病 | 刘金洪 | 四川中医 | 1994,(8):55 |
| 半夏治失眠验案4则 | 杨树德 | 新中医 | 1994,(8):17 |
| 补中益气治疗阳萎 | 宫茂曾 | 医学理论与实践 | 1994,(8):46 |
| 中医截疟法治疗阿米巴病初探 | 蔡宛如等 | 浙江中医杂志 | 1994,(8):369 |
| 疑难怪证话异治 | 薛红良 | 江苏中医 | 1994,(9):24 |
| 临证误治　当审阴阳 | 丰广魁 | 辽宁中医杂志 | 1994,(9):423 |
| 中西医结合治疗乳腺增生80例 | 杨启营 | 山东中医杂志 | 1994,(9):412 |
| 温阳利水法治疗高血压病48例 | 陈　浩 | 陕西中医 | 1994,(9):392 |
| 拍打膀胱经俞穴治疗岔气54例 | 葛晓明等 | 浙江中医杂志 | 1994,(9):412 |
| 最早的病理解剖实例 | 陈世桂 | 科技文萃 | 1994,(10):154 |
| 浅论“独取阳明”对针刺治疗中风的临床意义 | 欧阳八四 | 辽宁中医杂志 | 1994,(10):472 |
| “表证”未必表病——1例春温误表之教训及反思 | 盛　京 | 四川中医 | 1994,(10):24 |
| 按经络循行辨治皮肤病举隅 | 孔凡涵 | 四川中医 | 1994,(10):50 |
| 多向刺治疗中风偏瘫的临床体会 | 董俊峰 | 浙江中医杂志 | 1994,(10):466 |
| 中风中脏腑型早期治重风火一得 | 赵　斌 | 浙江中医杂志 | 1994,(10):443 |
| 《内经》“其不及,则令九窍不通”在耳鼻喉科的运用 | 钱　丽 | 辽宁中医杂志 | 1994,(11):494 |
| 局部多向透刺治疗急性伤筋160例 | 郭　曦 | 辽宁中医杂志 | 1994,(11):522 |
| 小柴胡汤加减治膀胱咳 | 杨先勤 | 四川中医 | 1994,(11):36 |
| 治胃下垂未必尽用升提 | 蔡伟锋等 | 四川中医 | 1994,(11):13 |
| 短刺法治疗骨质增生症216例临床观察 | 林秀芬等 | 新中医 | 1994,(11):28 |
| 运用《内经》时间医学治疗五更泻临床观察 | 周汉清 | 新中医 | 1994,(11):11 |
| 寒下法在眼科运用举隅 | 向运成 | 四川中医 | 1994,(12):53 |
| 《内经》梦学理论的临床应用 | 刘建新 | 湖南中医杂志 | 1994,(S1):46 |
| 舌针治三叉神经痛28例临床观察 | 罗恩干 | 江西中医药 | 1994,(S1):11 |
| 中医情志学在康复临床的应用 | 杨秀英等 | 内蒙古中医药 | 1994,(S1):140 |
| 刺络疗法治疗痛风性关节炎21例 | 庞　勇 | 中国针灸 | 1994,(S1):313 |
| 刺血疗法的临床应用 | 胡宏英等 | 中国针灸 | 1994,(S1):285 |
| 电针巨刺对中风偏瘫体感诱发电位影响 | 王国祥等 | 中国针灸 | 1994,(S1):9 |
| 电针巨刺法治疗四肢软组织损伤600例疗效观察 | 刘　林等 | 中国针灸 | 1994,(S1):345 |
| 风池穴临床应用 | 张小娥等 | 中国针灸 | 1994,(S1):229 |
| 公孙穴在痛症中的应用体会 | 梁树彦 | 中国针灸 | 1994,(S1):226 |
| 合谷刺和阻力刺法治疗肩周炎疗效观察 | 陈飞轮 | 中国针灸 | 1994,(S1):206 |
| 火针半刺法治疗四肢湿疹58例 | 吴乃桐 | 中国针灸 | 1994,(S1):325 |
| 浅谈“气至病所”手法的运用 | 俞国瑛 | 中国针灸 | 1994,(S1):279 |
| 膻中者为气之海临床应用体会 | 张文明 | 中国针灸 | 1994,(S1):257 |
| 扬刺法在临床上的运用 | 刘　鑫等 | 中国针灸 | 1994,(S1):284 |
| 扬刺法治疗第三腰椎横突综合症 | 焦玉祥等 | 中国针灸 | 1994,(S1):320 |
| 背部挑刺放血治疗乳痈50例 | 吴红新等 | 中国针灸 | 1994,(S1):328 |
| 电针天鼎穴治疗顽固性呃逆 | 顾生平 | 中国针灸 | 1994,(S1):256 |

| | | | |
|---|---|---|---|
| 集刺法与针刺法治疗腰腿痛疗效观察 | 王建瑞 | 中国针灸 | 1994,(S1):78 |
| 梅花针加拔火罐治疗皮神经炎 40 例分析 | 徐　红 | 中国针灸 | 1994,(S1):43 |
| 梅花针治疗激素性皮炎 160 例 | 赵长君 | 中国针灸 | 1994,(S1):445 |
| 循经识病取公孙 | 许永逸 | 中国针灸 | 1994,(S1):241 |
| 扬刺针法治疗急性腰腿软组织扭伤 | 张继祥 | 中国针灸 | 1994,(S1):316 |
| 针刺阿是穴治疗外痔 10 例 | 罗敏孝 | 中国针灸 | 1994,(S1):328 |
| 针刺腕骨穴治疗肩胛痛 53 例 | 姚　辉 | 中国针灸 | 1994,(S1):207 |
| 活血化瘀法在妇产科临床的应用 | 王信莲 | 湖南中医杂志 | 1994,(S2):26 |
| 巨刺法治疗周围性面神经麻痹临床探讨 | 王掌干等 | 青海医药杂志 | 1994,(S2):50 |
| 中药浴治疗风湿痹证疗效观察及机理初探 | 孙富崇等 | 青海医药杂志 | 1994,(S2):20 |
| 舌脉诊法的脉管学与病理组织学基础研究舌脉诊法传统理论的探索 | 靳士英 | 第一军医大学分校学报 | 1994,(Z2):4 |
| 从脾肾辨治 38 例慢性支气管炎临床探析 | 徐万香 | 安徽中医临床杂志 | 1995,(1):21 |
| 按摩疗法配合药物治疗皮肤病概述 | 周亦农 | 按摩与导引 | 1995,(1):31 |
| 鼻衄救治病案分析 | 崔初阳 | 甘肃中医 | 1995,(1):29 |
| 按经络循行辨治外科病 | 孔凡涵 | 光明中医 | 1995,(1):59 |
| 刺络罐针结合治疗急性腰扭伤 310 例 | 温瑞书等 | 河北中医药学报 | 1995,(1):39 |
| 针刺哑门穴治疗失眠 24 例 | 田淑梅 | 河北中医药学报 | 1995,(1):42 |
| 曲池穴临床举隅 | 刘云霞等 | 河北中医药学报 | 1995,(1):40 |
| 足部反射区按摩治疗糖尿病 | 臧广义等 | 河北中医药学报 | 1995,(1):44 |
| 治痿独取阳明的临床体会 | 徐改荣 | 河南中医药学刊 | 1995,(1):60 |
| 土郁夺之的临床运用 | 揭祖岸 | 湖南中医药导报 | 1995,(1):47 |
| 火针验案 4 则 | 刘　星 | 江西中医学院学报 | 1995,(1):15 |
| 补气有余养血滋阴不足——补阳还五汤对偏瘫应用精萃 | 童安荣 | 辽宁中医杂志 | 1995,(1):3 |
| 中药系列美容法(1)——悠久的中医药美容法 | 田素琴等 | 辽宁中医杂志 | 1995,(1):40 |
| 老年眩晕化瘀四法 | 陆为民等 | 南京中医药大学学报 | 1995,(1):18 |
| 补肾健脾法治疗小儿生长痛症体会 | 王彩霞 | 陕西中医学院学报 | 1995,(1):33 |
| 巨刺治疗疼痛症 35 例 | 方剑乔等 | 上海针灸杂志 | 1995,(1):20 |
| 自拟活化降粘汤治疗慢性高粘血症 40 例 | 陈金寿等 | 实用中医内科杂志 | 1995,(1):31 |
| 论纳气平冲的临床运用 | 王姗红 | 实用中医内科杂志 | 1995,(1):44 |
| 扬刺加灸治疗外伤郁血症 43 例分析 | 项伯泉 | 四川中医 | 1995,(1):51 |
| 补肾法治疗中风证 105 例临床观察 | 李玉梅 | 天津中医学院学报 | 1995,(1):15 |
| 眼疾从肝脾针灸论治 | 王亚丽 | 新中医 | 1995,(1):31 |
| 肝俞穴化脓灸治疗内眼病的体会 | 梁德斐 | 浙江中医杂志 | 1995,(1):22 |
| 针刺治疗坐骨神经痛 31 例疗效观察 | 张　微 | 中国疗养医学 | 1995,(1):45 |
| 刺络拔罐法治疗肩周炎的体会 | 魏贤芳 | 中国社区医师 | 1995,(1):22 |
| 清化湿热法运用心得 | 田　瑜 | 中国医药学报 | 1995,(1):32 |
| 人陵穴合谷刺治疗指端麻木 | 王惠玲 | 中国针灸 | 1995,(1):40 |
| 锋勾针运用点滴 | 刘效孔 | 中国针灸 | 1995,(1):22 |
| 针刺支正穴治疗疣症 76 例临床观察 | 安　华 | 中国针灸 | 1995,(1):33 |
| 治疗失音二则 | 王金榜等 | 中医研究 | 1995,(1):41 |
| 怎样用针灸治疗寒热错杂证 | 郑其伟 | 中医杂志 | 1995,(1):52 |
| 《内经》“卒口僻”对推拿治疗周围性面瘫的启示 | 廖品东等 | 按摩与导引 | 1995,(2):9 |
| 刺络拔罐法治疗皮肤病验案举隅 | 张　虹 | 北京中医药大学学报 | 1995,(2):64 |
| 梅核气的诊治研究附 30 例报告 | 靳士英等 | 第一军医大学分校学报 | 1995,(2):43 |

| | | | |
|---|---|---|---|
| 陈铁城老中医治疗妇科病的经验 | 林春裳 | 福建中医药 | 1995,(2):2 |
| 古典时间治疗学临床运用举隅 | 蒋明德等 | 甘肃中医 | 1995,(2):12 |
| 刺血疗法应用举隅 | 姜华琦 | 光明中医 | 1995,(2):29 |
| 从388例上消化道良性病出血时间看中医天人相应观的正确性 | 黄炳文等 | 光明中医 | 1995,(2):50 |
| 锋钩针治疗粟丘疹50例报道 | 刘　萍等 | 贵阳医学院学报 | 1995,(2):134 |
| 推拿结合火罐治疗小儿遗尿50例 | 刘　琳等 | 黑龙江中医药 | 1995,(2):42 |
| 针刺治疗中风病及辨证施护的体会 | 姚绍杰等 | 黑龙江中医药 | 1995,(2):44 |
| 补中益气汤治疗老年性尿路感染 | 杨维华 | 湖南中医杂志 | 1995,(2):23 |
| “劳者温之”、“损者益之”的实践体验 | 赵家驹 | 江苏中医 | 1995,(2):40 |
| 吊针刺法治疗面肌痉挛33例 | 刘佩云等 | 山东中医杂志 | 1995,(2):71 |
| 塞因塞用法临床应用体会 | 王中奇 | 山西中医 | 1995,(2):42 |
| 小针刀疗法治疗颈性头痛77例 | 李　方等 | 陕西中医 | 1995,(2):80 |
| 眩晕症临床治验四则 | 黄洪舜 | 上海预防医学杂志 | 1995,(2):92 |
| 伏天穴位敷贴治疗关节炎47例 | 刘丽娟 | 上海针灸杂志 | 1995,(2):70 |
| 针刺和推拿治疗软组织损伤 | 孙连起 | 上海针灸杂志 | 1995,(2):74 |
| 热因热用验案举隅 | 韩先知 | 实用中医内科杂志 | 1995,(2):12 |
| 从痰治衄一得 | 王怀泽 | 四川中医 | 1995,(2):51 |
| 肾气丸治愈功能性溢泪案 | 张洪俊 | 四川中医 | 1995,(2):50 |
| 刺络拔罐加针刺疗法治疗哮喘 | 刘兰萍 | 天津中医学院学报 | 1995,(2):23 |
| 活血化瘀法治疗疼痛性疾病临床举隅 | 张亚琴 | 现代中医药 | 1995,(2):40 |
| 内关穴急症应用举隅 | 胡　军 | 新疆中医药 | 1995,(2):29 |
| 针灸治疗痹证用补法心得 | 李春娟 | 新疆中医药 | 1995,(2):27 |
| “烧山火”与“透天凉”手法的临床应用 | 潘伟达 | 新中医 | 1995,(2):34 |
| 眼科上病下治法治验举隅 | 郑文学 | 眼视光学杂志 | 1995,(2):110 |
| 经脉“首尾齐刺”法治疗坐骨神经痛 | 徐以经 | 针灸临床杂志 | 1995,(2):29 |
| 缪刺法治疗上肢痛证56例 | 喻国雄 | 针灸临床杂志 | 1995,(2):24 |
| 按摩治疗感冒介绍 | 潘邓元 | 中国民间疗法 | 1995,(2):24 |
| 火针散刺治疗腱鞘囊肿35例 | 张榆兵等 | 中国针灸 | 1995,(2):14 |
| 刺络拔罐配合针刺治疗肋间神经痛50例 | 张计臣 | 中医外治杂志 | 1995,(2):7 |
| 刺络拔罐治疗肩关节周围炎 | 李风岐 | 中医外治杂志 | 1995,(2):47 |
| 刺络拔罐治疗下肢丹毒71例 | 秦黎虹等 | 中医外治杂志 | 1995,(2):5 |
| 拇指划痕法治疗偷针眼594例 | 蔡晓刚 | 中医外治杂志 | 1995,(2):18 |
| 大陵、太溪穴临床配伍应用举隅 | 马仁智等 | 安徽中医学院学报 | 1995,(3):37 |
| 从按摩与气功的融汇上丰富医学气功导引法 | 曲宝萍 | 按摩与导引 | 1995,(3):24 |
| 季节昼夜影响自发动功的易诱性测定 | 潘　毅 | 按摩与导引 | 1995,(3):33 |
| 补中益气汤治疗多发性肌炎一例 | 崔凤云 | 北京中医 | 1995,(3):63 |
| 谈“针刺得气”与“气至病所”和针灸临床 | 高俊雄等 | 北京中医药大学学报 | 1995,(3):28 |
| 范德荣主任谈中医衰老理论和老年病临床特点 | 梁　晖 | 福建中医药 | 1995,(3):6 |
| 中医治“内伤咳嗽”九法 | 黄　炜 | 甘肃科技 | 1995,(3):20 |
| 《临证指南医案》与苦辛泄降9法 | 姚伟仁等 | 甘肃中医 | 1995,(3):2 |
| 太溪穴阴刺法临床应用 | 胡子江 | 湖北中医杂志 | 1995,(3):52 |
| 血府逐瘀汤治怪病二则 | 杨现龙等 | 湖南中医杂志 | 1995,(3):27 |
| 中医对老年痴呆病的认识与治疗初探 | 赵　华等 | 湖南中医杂志 | 1995,(3):4 |
| 大承气汤治阳强 | 许　建 | 湖南中医杂志 | 1995,(3):9 |
| 运气理论指导临床之体会 | 赵金贵 | 吉林中医药 | 1995,(3):46 |

| | | | |
|---|---|---|---|
| 中医对生气后胸闷憋气的诊治 | 陈鼎祺 | 家庭中医药 | 1995,(3):23 |
| 针刺治疗热病应注意的几个问题 | 郑少祥 | 陕西中医学院学报 | 1995,(3):46 |
| “阴刺”的临床应用——陈作霖先生临床经验介绍 | 胡振霞 | 上海针灸杂志 | 1995,(3):113 |
| 补中益气汤临证验案举隅 | 许成群等 | 实用中医内科杂志 | 1995,(3):33 |
| 刺络艾灸治疗带状疱疹 80 例 | 李华明等 | 实用中医药杂志 | 1995,(3):54 |
| 缪刺列缺穴治疗肩凝症 60 例 | 张　洁等 | 四川中医 | 1995,(3):55 |
| 中医治疗崩漏的体会 | 龙申荣等 | 皖南医学院学报 | 1995,(3):297 |
| 刺络放血治疗流行性腮腺炎 28 例 | 张西英 | 现代中医药 | 1995,(3):27 |
| 浅谈不孕症的心理治疗 | 何燕萍 | 新中医 | 1995,(3):60 |
| 推拿腹部为主治疗急性腰扭伤 32 例 | 来肖威 | 浙江中医学院学报 | 1995,(3):47 |
| 火针焠刺治疗关节痹痛 | 黄柳和 | 浙江中医杂志 | 1995,(3):126 |
| 家传络刺法救治小儿急惊风证 110 例 | 魏贤芳 | 针灸临床杂志 | 1995,(3):18 |
| 眩晕的中医中药治疗 | 吴云鹤 | 中国社区医师 | 1995,(3):20 |
| 《内经》体表经络诊法与临床运用 | 李静芳 | 中国医药学报 | 1995,(3):17 |
| 大陷胸汤加味治疗肩周炎 | 侯钦丰等 | 中国医药学报 | 1995,(3):60 |
| “气血多少”理论及其在针灸临床中的应用 | 黄建军 | 中国针灸 | 1995,(3):43 |
| 针刺治愈肝血管瘤医案 | 曹玉云 | 中国针灸 | 1995,(3):36 |
| 妇科经验举要 | 王大增 | 中医文献杂志 | 1995,(3):34 |
| 活血化瘀法在心血管疾病中的应用述略 | 司秀春 | 中医药学刊 | 1995,(3):26 |
| 通因通用法治疗遗精初探 | 周　哲 | 中医药学刊 | 1995,(3):29 |
| 提高中风偏瘫针灸疗效的途径和方法(续完) | 陆寿康 | 中医杂志 | 1995,(3):178 |
| 补气健脾治疗痹证 | 张雅琳 | 中医杂志 | 1995,(3):184 |
| 肝炎 I 号治疗乙型肝炎 200 例报告 | 张立新 | 安徽中医临床杂志 | 1995,(4):36 |
| 化瘀补肾汤剂治疗腰痛 84 例 | 黄连启 | 安徽中医临床杂志 | 1995,(4):36 |
| 推拿背部俞穴治疗腹部疾病探讨 | 刘孟安 | 滨州医学院学报 | 1995,(4):97 |
| 杨护生教授治疗新感热病的经验 | 杨营标 | 福建中医学院学报 | 1995,(4):12 |
| 反治法应用举隅 | 周端求 | 甘肃中医 | 1995,(4):32 |
| 反治法临床应用举隅 | 韩先知 | 光明中医 | 1995,(4):35 |
| 浅谈有关疑难杂症的几个问题 | 赵恩俭 | 光明中医 | 1995,(4):9 |
| 穴位注射足三里治愈顽固性呃逆一例报告 | 陈武杰 | 广州中医药大学学报 | 1995,(4):16 |
| 九针治疗 152 例面瘫临床观察 | 赵琍珏 | 贵阳医学院学报 | 1995,(4):297 |
| 焠刺治疗腰痛 58 例疗效观察 | 林　凌 | 贵阳中医学院学报 | 1995,(4):38 |
| 火针治疗外阴白斑 11 例疗效观察 | 米德萍 | 贵阳中医学院学报 | 1995,(4):37 |
| 经方通因通用治验 3 则 | 海　晖等 | 国医论坛 | 1995,(4):17 |
| 活血化瘀治疗出血性中风研究进展 | 宁　选等 | 河南中医 | 1995,(4):255 |
| 培土抑木助斡旋速愈乙肝 | 付　军 | 河南中医 | 1995,(4):244 |
| 从穴位注射的药效作用探讨经穴－脏腑的相关性 | 阳仁达等 | 湖南中医学院学报 | 1995,(4):57 |
| 针灸治愈病毒性脑炎后遗舌纵失语一例 | 朱雅芬 | 江苏中医 | 1995,(4):30 |
| 巨刺运动疗法治疗肩周炎 | 徐益权等 | 辽宁中医杂志 | 1995,(4):181 |
| 叩刺拔罐法治疗顽固性经络病验案 4 则 | 向　谊 | 南京中医药大学学报 | 1995,(4):40 |
| 应用中医理论辨证施护的点滴体会 | 祁生华 | 青海医学院学报 | 1995,(4):57 |
| 运用辨证论治的几点体会 | 丁创业 | 青海医学院学报 | 1995,(4):59 |
| 腕三针治疗肩周炎 120 例临床观察 | 郑小军 | 山西中医 | 1995,(4):30 |
| 补中益气汤之我用 | 周德仁 | 陕西中医学院学报 | 1995,(4):27 |
| 针刺治疗带状疱疹 28 例 | 华连明 | 上海针灸杂志 | 1995,(4):176 |
| 针刺治疗腰椎间盘突出症术后截瘫 20 例 | 左登兰 | 上海针灸杂志 | 1995,(4):170 |

| | | | |
|---|---|---|---|
| 开鬼门洁净府治疗水肿的体会 | 牛忻群 | 时珍国医国药 | 1995,(4):10 |
| 反治法在儿科临床应用举隅 | 陈斌斌 | 四川中医 | 1995,(4):42 |
| 活血化瘀法治疗乳房疾患 | 徐凤玲 | 四川中医 | 1995,(4):38 |
| 通腑法在肺系病证中的应用 | 于书昌 | 现代中西医结合杂志 | 1995,(4):77 |
| 复方牵正散治疗面瘫验案 | 种清云 | 现代中医药 | 1995,(4):30 |
| 活血化瘀法在临床的应用 | 司徒志坚 | 新中医 | 1995,(4):59 |
| 刺络拔罐法治疗麦粒肿 | 傅　博等 | 眼视光学杂志 | 1995,(4):249 |
| “木郁达之”治验三则 | 郭晓明 | 云南中医中药杂志 | 1995,(4):58 |
| 刺络拔罐配斜扳法治疗神经根型颈椎病 | 夏粉仙 | 浙江中医学院学报 | 1995,(4):48 |
| 论奇经病候对临床的指导意义 | 邱继华等 | 浙江中医学院学报 | 1995,(4):1 |
| 目诊在临床上的应用 | 陶昌华 | 浙江中医杂志 | 1995,(4):186 |
| 背俞穴厚薄规律 B 超探讨 86 例 | 连维真等 | 针灸临床杂志 | 1995,(4):22 |
| 前后缪刺法治疗急性腰扭伤 25 例 | 李晓桂 | 针灸临床杂志 | 1995,(4):40 |
| 刺络拔罐治愈难治性皮炎一例 | 赵吉平 | 中国民间疗法 | 1995,(4):27 |
| 更年期妇女的情志养生法 | 罗志敏等 | 中国医药学报 | 1995,(4):52 |
| 导气法及其临床运用 | 冀来喜 | 中国针灸 | 1995,(4):41 |
| 短刺法治疗软组织损伤 162 例的临床体会 | 沈国伟等 | 中国中西医结合外科杂志 | 1995,(4):223 |
| 下法在眼科手术病人中的应用 | 黄　霄 | 中国中医眼科杂志 | 1995,(4):231 |
| 杞菊地黄汤加味治疗老年震颤麻痹 | 李玉香 | 中医药学报 | 1995,(4):38 |
| 调理脾胃法在慢性肾炎中的应用 | 米彩云等 | 中医药研究 | 1995,(4):29 |
| 刺血拔罐疗法治疗网球肘 | 张春玲 | 中医正骨 | 1995,(4):31 |
| 手法补泻在临床中的应用 | 叶晓翔 | 按摩与导引 | 1995,(5):5 |
| 万全儿科急症思想探讨 | 陈家柏 | 甘肃中医 | 1995,(5):1 |
| 益胃阴法在儿科应用举偶 | 丁金元 | 甘肃中医 | 1995,(5):29 |
| 头痛消治疗偏头痛 120 例 | 杜米米等 | 河北中医 | 1995,(5):19 |
| “痹证有瘀血说”的临床应用 | 李宝祺等 | 黑龙江中医药 | 1995,(5):19 |
| 健脑益智汤治疗脑萎缩 25 例临床体会 | 刘信奇 | 湖南中医杂志 | 1995,(5):31 |
| 耳尖穴刺络法的临床应用 | 钱小燕 | 辽宁中医杂志 | 1995,(5):227 |
| 针灸治疗坐骨神经痛 98 例 | 唐淑琴 | 山东中医药大学学报 | 1995,(5):298 |
| 通督刺骨法治疗颈推病 43 例 | 刘建华 | 山西中医 | 1995,(5):34 |
| 络刺法治疗周围性面瘫 120 例 | 程旺毅 | 上海针灸杂志 | 1995,(5):217 |
| 针灸临床的 6 种调治方法 | 李荣农 | 上海针灸杂志 | 1995,(5):219 |
| 扶正贵扶阳　阳密本自固——试论扶阳法及其临床应用 | 陆纪云 | 上海中医药杂志 | 1995,(5):23 |
| 疏肝通痹塞　兼治须得当——临床运用疏肝法应注意的几个问题 | 何公达 | 上海中医药杂志 | 1995,(5):25 |
| 推运冲任法治疗闭经不孕——朱葆初治疗不孕症经验 | 朱棨耿等 | 上海中医药杂志 | 1995,(5):15 |
| 论温病辨治重阴也应重痰 | 赵伟民等 | 实用中医药杂志 | 1995,(5):37 |
| 针刺治疗中风瘖痱舌强 30 例小结 | 王志华等 | 实用中医药杂志 | 1995,(5):45 |
| 耳穴刺络治疗急性扭伤 100 例 | 汪荫华等 | 天津中医 | 1995,(5):37 |
| 活血化瘀法治验举隅 | 刘建国 | 云南中医中药杂志 | 1995,(5):36 |
| 论活血化瘀治哮喘 | 王　骏等 | 浙江中医杂志 | 1995,(5):226 |
| “月生死针刺法”治痛举隅 | 唐卫华 | 针灸临床杂志 | 1995,(5):39 |
| 针刺治疗周围性面瘫的临床体会 | 康　军 | 针灸临床杂志 | 1995,(5):44 |
| 巩膜诊断法在按摩中的运用 | 林　敏等 | 中国民间疗法 | 1995,(5):37 |
| 三棱针刺血疗法治疗牛皮癣 76 例 | 张如俊等 | 中国民间疗法 | 1995,(5):12 |

| | | | |
|---|---|---|---|
| 徐疾补泻手法对冠心病患者心功能的影响 | 韩友栋等 | 中国针灸 | 1995,(5):26 |
| 针灸治疗产后乳汁不足20例 | 段如胜等 | 中国针灸 | 1995,(5):57 |
| 艾炷灸治疗筋痹的体会 | 张化南等 | 中医药学刊 | 1995,(5):39 |
| 运用寒下法治疗中医急症的体会 | 闫建民 | 中医药研究 | 1995,(5):40 |
| 推拿治愈1例脱发 | 金耀平 | 按摩与导引 | 1995,(6):44 |
| 缠腰火丹治验一得 | 梅　融 | 福建中医药 | 1995,(6):32 |
| 陈济哉老中医临床采摭 | 陈立生 | 福建中医药 | 1995,(6):18 |
| 温针加刺络拔罐治疗肱骨外上髁炎50例 | 夏筱方 | 甘肃中医 | 1995,(6):35 |
| 芍药甘草汤加味治疗阳痿26例 | 郭本传 | 国医论坛 | 1995,(6):17 |
| 补中益气汤临床运用举隅 | 石勤生 | 黑龙江中医药 | 1995,(6):21 |
| 八法在伤科的运用 | 周跃宜 | 湖南中医药导报 | 1995,(6):42 |
| 四逆散治嗳气 | 肖十蔚 | 湖南中医杂志 | 1995,(6):31 |
| 针刺治疗癔病性噤口失语15例 | 季建成 | 江苏中医 | 1995,(6):32 |
| 气机升降出入理论在心肾疾病中的应用 | 张根腾等 | 山西中医 | 1995,(6):31 |
| 针灸医案4则 | 李韶雪 | 陕西中医 | 1995,(6):274 |
| 刺络拔罐治疗急性腰扭伤57例 | 王婷茹 | 上海针灸杂志 | 1995,(6):280 |
| 眼疾的食疗方法 | 潘庭发 | 食品科技 | 1995,(6):27 |
| 通因通用法治重症肺气肿 | 刘　刚 | 四川中医 | 1995,(6):23 |
| 治病必求于本之应用体会 | 张永辉 | 现代中医药 | 1995,(6):20 |
| 通因通用妇科临床应用举隅 | 黄全火 | 浙江中医杂志 | 1995,(6):261 |
| 巨刺运动疗法治疗肩周炎临床观察 | 徐益权等 | 针灸临床杂志 | 1995,(6):31 |
| 活血化瘀法在肛肠外科的应用 | 刘世信 | 中国中西医结合外科杂志 | 1995,(6):13 |
| 活血化瘀法在骨伤科中的应用 | 李长信 | 中国中西医结合外科杂志 | 1995,(6):6 |
| 活血化瘀法在肿瘤科中的应用 | 梁富义 | 中国中西医结合外科杂志 | 1995,(6):8 |
| 活血化瘀法在周围血管疾病的应用 | 尚德俊 | 中国中西医结合外科杂志 | 1995,(6):11 |
| 辨时治验四则 | 荣　鸿 | 中医药信息 | 1995,(6):30 |
| 针灸治疗急症的现状及发展对策 | 吴炳煌等 | 中医药学报 | 1995,(6):51 |
| 浅谈人体生物钟和时辰药理学对临床用药的意义 | 毛兆雄等 | 中医药学报 | 1995,(6):5 |
| 老年癃闭治验三则 | 杨德林 | 中医药学刊 | 1995,(6):33 |
| 人到老年宜节食 | 魏开敏 | 家庭医学 | 1995,(7):5 |
| 针刺治疗口腔溃疡 | 高津章 | 临床荟萃 | 1995,(7):312 |
| 依时练功能提高疗效 | 谢祥灿 | 气功 | 1995,(7):320 |
| 中药治疗心咳16例体会 | 孙慧君 | 山东医药 | 1995,(7):60 |
| 从治法治疗杂病举隅 | 边自谦等 | 浙江中医杂志 | 1995,(7):321 |
| 滋水作汗经验谈 | 陈贤平 | 浙江中医杂志 | 1995,(7):323 |
| 阿是取穴与疼痛暴露法 | 盛明山 | 针灸临床杂志 | 1995,(7):43 |
| 几种《内经》刺法的临床应用 | 徐华娣 | 针灸临床杂志 | 1995,(7):40 |
| 异病同治(附医案四则) | 刘文芳 | 广东医学 | 1995,(8):550 |
| “理肺通腑方”治产后尿潴留 | 邵寄民等 | 江苏中医 | 1995,(8):14 |
| 活络效灵丹治痛举隅 | 王　滨 | 江苏中医 | 1995,(8):36 |
| 温针灸治疗慢性结肠炎临床体会 | 姜小英 | 新中医 | 1995,(8):29 |
| “透刺”配伍“开四关”治疗头面部疾患 | 潘但铨 | 针灸临床杂志 | 1995,(8):30 |
| 浅谈如何提高面神经麻痹的针灸疗效 | 陆惠新 | 针灸临床杂志 | 1995,(8):44 |
| 通因通用治验四则 | 贾林杰等 | 中国社区医师 | 1995,(8):29 |
| 血府逐瘀汤治验举隅 | 逄金岐等 | 青岛医药卫生 | 1995,(9):36 |
| 中医肾气学说与临床应用 | 朱树成等 | 青海医药杂志 | 1995,(9):1 |

| | | | |
|---|---|---|---|
| 12 例干燥综合征临床观察 | 洪庆祥 | 上海中医药杂志 | 1995,(9):16 |
| 火郁发之临证浅析 | 孙增涛 | 四川中医 | 1995,(9):20 |
| 七宝美髯丹加减治疗更年期综合征 | 单梅英等 | 四川中医 | 1995,(9):45 |
| “木郁达之”临床运用初探 | 刘兴武 | 新中医 | 1995,(9):6 |
| 按摩治疗惊恐不仁症体会 | 娄灿荣等 | 浙江中医杂志 | 1995,(9):429 |
| 傍针刺加肘揉阿是穴治疗腰椎间盘突出 | 王卿军 | 针灸临床杂志 | 1995,(9):32 |
| 锋勾针的临床应用 | 金明月 | 针灸临床杂志 | 1995,(9):36 |
| 巨刺双针法治疗原发性坐骨神经痛 108 例 | 张云霞 | 针灸临床杂志 | 1995,(9):48 |
| 齐刺治疗鸡眼 | 史春娟等 | 针灸临床杂志 | 1995,(9):48 |
| 体针、刺络拔罐配合闪火疗法治疗股外侧皮神经炎的体会 | 杨清杰 | 针灸临床杂志 | 1995,(9):49 |
| 试论艾灸对老年骨密度的调节作用 | 居贤水等 | 针灸临床杂志 | 1995,(9):37 |
| 腰三针治疗腰椎病 | 赵士贤 | 针灸临床杂志 | 1995,(9):48 |
| 针灸治疗阴缩 3 例 | 曾立志 | 针灸临床杂志 | 1995,(9):50 |
| 论承气 | 宋国璋 | 中医杂志 | 1995,(9):567 |
| 中西医结合防治老年慢性支气管炎 31 例 | 李明瑞 | 陕西中医 | 1995,(10):437 |
| 通窍方法疗耳聋 | 郭翠华 | 四川中医 | 1995,(10):50 |
| 神厥穴拔罐治疗过敏性疾病 68 例 | 赵联和 | 四川中医 | 1995,(10):52 |
| 中药内服熏洗配合针刺治疗痔疮 137 例 | 张书林等 | 四川中医 | 1995,(10):44 |
| 血府逐瘀汤新用 | 乔玉秋等 | 新中医 | 1995,(10):56 |
| 刍议偏瘫的巨刺法 | 肖淑杰等 | 针灸临床杂志 | 1995,(10):3 |
| 浅析内关穴在妇科急症中的应用 | 李学声等 | 针灸临床杂志 | 1995,(10):31 |
| 同名经对应针刺及其临床应用 | 庄永治 | 针灸临床杂志 | 1995,(10):30 |
| 头针加刺络放血治疗中风后遗症 84 例临床观察 | 潘小红等 | 针灸临床杂志 | 1995,(10):16 |
| 妇人咳嗽遗尿验方 | 崔寅春 | 中医杂志 | 1995,(10):612 |
| 卫分证运用清热解毒药之我见 | 马登尚 | 山东中医杂志 | 1995,(11):483 |
| 益肾调经治疗肾虚不孕症 | 李扣娣 | 四川中医 | 1995,(11):32 |
| 中医痹症三步治疗法 | 陈德济等 | 四川中医 | 1995,(11):1 |
| 通因通用法治疗遗尿症 100 例 | 王　宁 | 医学理论与实践 | 1995,(11):500 |
| 入冬天寒话“怕冷” | 孙清廉 | 中国药业 | 1995,(11):46 |
| 肾虚腰痛用补肾法久治未愈，再用何法为好 | 赵复国 | 中医杂志 | 1995,(11):694 |
| 小柴胡汤加味治疗坐骨神经痛 23 例 | 赵鹏台等 | 辽宁中医杂志 | 1995,(12):544 |
| 不寐治验三则 | 夏　斌 | 四川中医 | 1995,(12):28 |
| 热病用效药琐谈 | 赵鹤龄 | 四川中医 | 1995,(12):18 |
| 从临床角度看经脉循行与急症治疗的关系 | 李　敏 | 针灸临床杂志 | 1995,(12):16 |
| 针刺拔罐治疗肾绞痛的疗效观察 | 黄嘉柏等 | 江西中医药 | 1995,(S1):109 |
| “通腑泄浊”在痛证中运用体会 | 李俊彪 | 江西中医药 | 1995,(S1):11 |
| 刺络放血治关节痛 48 例疗效观察 | 冯仙荣等 | 江西中医药 | 1995,(S1):84 |
| 扶正固本为主治疗心痛证体会 | 张燕秋 | 江西中医药 | 1995,(S1):119 |
| 经筋疗法治颈肩综合征 | 冯广扬等 | 江西中医药 | 1995,(S1):64 |
| 辨证治疗头痛举例 | 马国成等 | 江西中医药 | 1995,(S1):61 |
| 发汗治飧泄初探 | 张友和等 | 内蒙古中医药 | 1995,(S1):36 |
| 塞因塞用举隅 | 郭少毅等 | 内蒙古中医药 | 1995,(S1):29 |
| 茵陈蒿汤加味治疗黄疸 19 例 | 王慧杰 | 内蒙古中医药 | 1995,(S1):27 |
| 运用活血化瘀法治疗闭经 | 马淑兰等 | 内蒙古中医药 | 1995,(S1):10 |
| 针灸焠刺法治疗皮肤赘生物 | 冷玉琴等 | 内蒙古中医药 | 1995,(S1):24 |

| | | | |
|---|---|---|---|
| 浅谈扶正祛邪并用 | 熊玉珍 | 新中医 | 1995,(S1):94 |
| 五子衍宗丸治疗男子不育症 | 李泰荣 | 新中医 | 1995,(S1):75 |
| 泻下法的临床应用体会 | 洪盛乐 | 新中医 | 1995,(S1):40 |
| 浅谈中医护理的特点 | 刘　敏 | 中国基层医药 | 1995,(S1):304 |
| 火针治疗肩周炎88例 | 陈海生 | 中国基层医药 | 1995,(S1):303 |
| 刺络、拔罐治疗咳喘30例 | 张钰如 | 中国针灸 | 1995,(S1):30 |
| 刺络拔罐治疗上感发热59例对照观察 | 许书荣 | 中国针灸 | 1995,(S1):102 |
| 刺络拔罐治疗原发性三叉神经痛疗效观察 | 王文龙 | 中国针灸 | 1995,(S1):24 |
| 经络诊察理论的临床应用和意义 | 张地芬 | 中国针灸 | 1995,(S1):49 |
| 循胆经针刺治疗慢性中耳炎30例 | 孙光玺等 | 中国针灸 | 1995,(S1):4 |
| 辨证分型治疗阳痿31例疗效观察 | 曾　浩 | 湖南中医杂志 | 1995,(S2):24 |
| 试论下者举之在针灸临床上的应用 | 程立红 | 湖南中医杂志 | 1995,(S2):6 |
| 痛症辨治规律及临床应用探讨 | 黄仲阳 | 江西中医药 | 1995,(S2):25 |
| 温通结合治痛经 | 薛安仁 | 江西中医药 | 1995,(S2):105 |
| 最痛点刺激法及其应用 | 盛明山 | 江西中医药 | 1995,(S2):24 |
| 单穴缪刺法治疗急性腰腿痛 | 王起槐 | 江西中医药 | 1995,(S2):120 |
| 毫针巨刺治疗落枕100例的疗效观察 | 吴奇方 | 江西中医药 | 1995,(S2):56 |
| “齐刺”“扬刺”法在肩周炎治疗中的应用 | 王麟鹏 | 中国针灸 | 1995,(S2):164 |
| 《灵枢·根结》篇的针刺治法在推拿中的应用 | 陈继忠 | 中国针灸 | 1995,(S2):182 |
| 按摩法治疗周围性面神经麻痹后遗症67例 | 王红新 | 中国针灸 | 1995,(S2):147 |
| 刺络放血治疗瘰疬与乳癖 | 冯新亭 | 中国针灸 | 1995,(S2):118 |
| 刺络拔罐治疗痤疮54例 | 田有粮等 | 中国针灸 | 1995,(S2):114 |
| 电针内关穴治疗呃逆48例 | 潘国良 | 中国针灸 | 1995,(S2):85 |
| 巨刺治疗肩周炎32例疗效观察 | 陈庆美 | 中国针灸 | 1995,(S2):106 |
| 巨针刺秩边穴治疗慢性盆腔炎301例 | 吴德庆 | 中国针灸 | 1995,(S2):130 |
| 捏脊、刮痧和针灸疗法治愈儿童哮喘 | 黄焕松 | 中国针灸 | 1995,(S2):149 |
| 浅议《素问·刺腰痛篇》及临床体会 | 刘鸿雁 | 中国针灸 | 1995,(S2):180 |
| 扬刺温灸法治疗增生性骨关节病55例疗效观察 | 蒋贵东 | 中国针灸 | 1995,(S2):166 |
| 针刺配合刺络放血治疗急性腰扭伤 | 玛　莲 | 中国针灸 | 1995,(S2):110 |
| 针刺孙络治疗腰痛256例临床观察 | 田丽颖 | 中国针灸 | 1995,(S2):97 |
| 针刺治疗发作性睡病73例报告 | 贾林杰等 | 中国针灸 | 1995,(S2):92 |
| 针灸并用治愈膀胱咳 | 史朝珍 | 中国针灸 | 1995,(S2):88 |
| 水针巨刺下巨虚治疗肩周炎72例 | 华　莎 | 江西中医药 | 1995,(S3):33 |
| 捏脊治疗胆绞痛 | 徐金禄 | 江西中医药 | 1995,(S4):42 |
| 冬病夏治——专家的建议 | 苏　阳 | 家庭教育(婴幼儿家长) | 1995,(Z1):50 |
| 择时针刺中风后遗偏瘫147例治愈率浅析 | 祁小华等 | 针灸临床杂志 | 1995,(Z1):51 |
| 针刺治验二则 | 沈桂香等 | 针灸临床杂志 | 1995,(Z1):78 |
| 医案三则 | 张朝卿 | 黔南民族医专学报 | 1995,(Z2):73 |
| 刍议偏瘫的巨刺法 | 肖淑杰等 | 全国首届康复技术学术会议论文汇编 | 1995:171 |
| 头针治疗癫痫 | 曹晓来 | 安徽中医临床杂志 | 1996,(1):4 |
| 易眠散治疗不寐146例 | 方观杏 | 安徽中医临床杂志 | 1996,(1):19 |
| 针刺向关穴治疗频繁噫气 | 冯金素 | 河北中医 | 1996,(1):34 |
| 全息针法治疗脑梗塞后遗症一例 | 田胜利 | 河北中医药学报 | 1996,(1):40 |
| 四关穴治疗厥阴头痛24例观察 | 顾建云 | 湖南中医药导报 | 1996,(1):46 |
| 耳穴刺络放血法治疗炎性痤疮32例 | 高晓钢 | 江苏中医 | 1996,(1):32 |

| | | | |
|---|---|---|---|
| 针刺内关治过敏性休克 1 例 | 翟润民等 | 上海针灸杂志 | 1996,(1):47 |
| 小儿常见病的药膳治疗 | 管红珍等 | 时珍国医国药 | 1996,(1):59 |
| 利用《内经》理论治疗脑血栓形成 48 例体会 | 王丹虹 | 实用乡村医生杂志 | 1996,(1):26 |
| 刺络放血治疗流行性腮腺炎 28 例 | 张西英等 | 实用中医药杂志 | 1996,(1):46 |
| 敷脐疗法儿科临床应用概况 | 董洪英 | 天津中医学院学报 | 1996,(1):44 |
| 温针为主治疗面神经炎 50 例 | 任宇丁等 | 新疆中医药 | 1996,(1):30 |
| 内关穴临床应用举隅 | 欧阳春 | 新中医 | 1996,(1):35 |
| “上病下取”针刺治疗偏头痛 30 例 | 姜云武 | 针灸临床杂志 | 1996,(1):19 |
| 颈三针治疗颈椎病的临床应用 | 赖新生 | 针灸临床杂志 | 1996,(1):10 |
| 巨刺疗法临床举隅 | 王云琳 | 针灸临床杂志 | 1996,(1):29 |
| 针灸治疗急痛症三法 | 张景芝 | 针灸临床杂志 | 1996,(1):40 |
| 蟒针的临床应用 | 刘宝华等 | 中国民间疗法 | 1996,(1):13 |
| 精神分裂症的择时施治探讨 | 烟建华等 | 中国医药学报 | 1996,(1):7 |
| 妇科运用活血化瘀法的体会 | 辛茜庭等 | 中国医药学报 | 1996,(1):58 |
| 涌泉穴的临床应用 | 邱仙灵 | 中国针灸 | 1996,(1):48 |
| 子午流注针刺法治疗腰腿痛 98 例 | 杨树森 | 中医药学刊 | 1996,(1):11 |
| 以伏气学说探讨论治无症状乙肝病毒携带的思路与方法 | 李振伟 | 中医药研究 | 1996,(1):8 |
| 通因通用法则治疗崩漏应注意哪些问题 | 姚石安 | 中医杂志 | 1996,(1):56 |
| 开通玄府治疗黑睛疾病 | 王　志 | 安徽中医学院学报 | 1996,(2):34 |
| 从临床看《风论》试析“风为百病之长” | 林仲瑊 | 福建中医药 | 1996,(2):58 |
| 灸治疗疮痈疡临床验案 | 詹昌平等 | 福建中医药 | 1996,(2):66 |
| 补肾固冲汤治疗功血 30 例疗效观察 | 陈明清 | 甘肃中医 | 1996,(2):26 |
| 针刺推拿治疗腰腿痛 100 例疗效分析 | 吴　山 | 广东药学院学报 | 1996,(2):125 |
| 疏调经气与养生保健 | 陆焱垚 | 国医论坛 | 1996,(2):25 |
| 刺络法在痛证中的应用 | 孙立虹等 | 河北医学 | 1996,(2):173 |
| 宣消散治疗小儿秋泻 | 王竹香 | 河南中医 | 1996,(2):56 |
| “五本归一法”在奇难重症中的应用 | 李杜荣 | 河南中医 | 1996,(2):47 |
| 浅谈“有故无殒，亦无殒也”在妊娠病中应用的体会 | 孙桂姣 | 黑龙江中医药 | 1996,(2):50 |
| 试述调理气机在临床中的作用 | 王祥生 | 吉林中医药 | 1996,(2):44 |
| 从木土相克理论看理肝要剂乌梅丸 | 简　晖等 | 江西中医学院学报 | 1996,(2):26 |
| 温热药在里实热证中应用初探 | 喻建平 | 江西中医学院学报 | 1996,(2):13 |
| 经方运用 2 则 | 朱西南 | 江西中医药 | 1996,(2):31 |
| 针药治疗精神分裂症 62 例 | 王　雨 | 江西中医药 | 1996,(2):55 |
| 针刺治疗尿潴留 280 例 | 李　红 | 辽宁中医杂志 | 1996,(2):81 |
| 126 例中风患者辨证分型治疗临床分析 | 王鹏宇等 | 内蒙古中医药 | 1996,(2):3 |
| 针刺内关治疗 48 例急性腹泻分析 | 王建平等 | 内蒙古中医药 | 1996,(2):24 |
| 从徐疾补泻法分析毫针刺激量的运用技巧 | 俞　明 | 南京中医药大学学报 | 1996,(2):49 |
| 运用冲任理论治疗放环后月经失调(附 108 例病例分析) | 张运烽 | 青海医学院学报 | 1996,(2):120 |
| 甲诊临床浅识 | 孙咸茂等 | 山东中医药大学学报 | 1996,(2):115 |
| “春夏养阳，秋冬养阴”的临床体会 | 韩进军等 | 山西中医 | 1996,(2):25 |
| 浅刺多穴法治疗面瘫 | 毛凤英 | 实用医技杂志 | 1996,(2):75 |
| 半刺治疗婴幼儿秋季腹泻 48 例 | 吴建平等 | 四川中医 | 1996,(2):53 |
| 耳针加刺络排脓合倒模治疗粉刺 80 例 | 林黎明 | 四川中医 | 1996,(2):52 |
| 针刺在耳鼻咽喉科应用探讨 | 李秀霞等 | 现代中西医结合杂志 | 1996,(2):76 |

| | | | |
|---|---|---|---|
| 中国医学与颜面美容 | 杨群超等 | 现代中西医结合杂志 | 1996,(2):78 |
| 中医心理护理在临床中的运用 | 党　平 | 新疆中医药 | 1996,(2):38 |
| 局部振动病病因病理与分期论治 | 陶治中等 | 医学理论与实践 | 1996,(2):96 |
| 针刺治疗顽疾两则 | 聂翔元等 | 云南中医中药杂志 | 1996,(2):43 |
| 塞因塞用通因通用治验举隅 | 赵胜权 | 浙江中医学院学报 | 1996,(2):16 |
| 经筋疗法治疗"腰腹腿三联征"128 例 | 甘衍昌 | 中国民族民间医药杂志 | 1996,(2):1 |
| "异法方宜"的临床应用 | 江　伟 | 中国社区医师 | 1996,(2):6 |
| 火针治疗膝关节积液 113 例疗效观察 | 马　旭 | 中国针灸 | 1996,(2):9 |
| 眼针治疗呃逆 30 例 | 胡焕华 | 中国针灸 | 1996,(2):16 |
| 蟒针的临床应用与研讨 | 刘宝华等 | 中医外治杂志 | 1996,(2):44 |
| 略谈颈椎病内外同治 | 李文孝 | 中医药信息 | 1996,(2):7 |
| 温阳通络法治疗乳腺增生的体会 | 张继芳等 | 中医药信息 | 1996,(2):42 |
| 桂枝芍药知母汤治疗痹证一得 | 朱艳萍等 | 中医药学刊 | 1996,(2):20 |
| 中医治疗卵巢囊肿应注意什么 | 姚石安 | 中医杂志 | 1996,(2):119 |
| 中医辨证治疗儿童心脏神经官能症 11 例 | 肖和印等 | 中医杂志 | 1996,(2):100 |
| 小柴胡汤治疗肋软骨炎 24 例 | 常刘萍 | 安徽中医临床杂志 | 1996,(3):124 |
| 从临床病例谈治此愈彼 | 张书昌等 | 安徽中医临床杂志 | 1996,(3):54 |
| 推按阳明经穴治愈原发性三叉神经痛 5 例小结 | 张耀梅等 | 按摩与导引 | 1996,(3):36 |
| 指针点穴治疗顽固性呃逆 17 例 | 辛良善 | 按摩与导引 | 1996,(3):13 |
| 四乌贼一藘茹丸加味治疗崩漏 | 张太柱 | 长春中医学院学报 | 1996,(3):45 |
| 深刺法合透经解挛汤加味治疗肩凝证 | 王克非 | 长春中医学院学报 | 1996,(3):36 |
| 泻肾法在临床中的应用 | 张　文 | 第一军医大学学报 | 1996,(3):256 |
| 从病因认识的转变看针灸治疗中风的进展与完善 | 刘美文等 | 河北中医药学报 | 1996,(3):8 |
| "治痿独取阳明"临证治验举隅 | 杨胜辉等 | 湖南中医药导报 | 1996,(3):34 |
| 合刺的临床运用举隅 | 樊树英 | 湖南中医杂志 | 1996,(3):30 |
| 复溜穴临床应用体会 | 陆　汎 | 吉林中医药 | 1996,(3):22 |
| 痰瘀同治治疗内科杂病举隅 | 丁爱华 | 吉林中医药 | 1996,(3):14 |
| 半边头汗证治一得 | 李鸿永 | 江汉大学学报(医学版) | 1996,(3):31 |
| 沈仲理治疗石瘕的经验 | 薛永玲 | 辽宁中医杂志 | 1996,(3):102 |
| 点刺大敦穴治疗麦粒肿 | 孙锦华等 | 内蒙古中医药 | 1996,(3):28 |
| 平补平泻与徐疾补法对冠心病患者心电图的影响 | 韩友栋等 | 山东中医杂志 | 1996,(3):115 |
| 合谷刺神经干治疗坐骨神经痛 40 例 | 梁　蔚 | 深圳中西医结合杂志 | 1996,(3):42 |
| 老年癃闭临证一得 | 李耀华 | 天津中医学院学报 | 1996,(3):30 |
| 巨刺拔罐法治疗梨状肌综合征 30 例 | 张明霞 | 皖南医学院学报 | 1996,(3):274 |
| 试论浅刺八法的临床运用 | 贾成文等 | 现代中医药 | 1996,(3):30 |
| 活血化瘀验案四则 | 王存德 | 云南中医中药杂志 | 1996,(3):72 |
| 谈行气药的配伍临床应用 | 周静芳 | 云南中医中药杂志 | 1996,(3):20 |
| 生铁落饮加减治疗氟哌酸诱发神经精神系统反应 | 褚　群等 | 浙江中医学院学报 | 1996,(3):35 |
| "治痿独取阳明"的临床运用 | 杨胜辉 | 浙江中医杂志 | 1996,(3):126 |
| 择时应用毛刺法治疗痛症 | 安培祯 | 针灸临床杂志 | 1996,(3):35 |
| 辨中医体质论强身防病 | 朱庭仪 | 中国疗养医学 | 1996,(3):48 |
| 恶血归肝理论及其在治疗疑难病中的应用 | 洪　流等 | 中国民间疗法 | 1996,(3):6 |
| 通利疗法在温热病中的应用 | 朱良春等 | 中国医药学报 | 1996,(3):52 |
| 逍遥散治疗失眠一得 | 毛丽娟 | 中国医药学报 | 1996,(3):60 |
| 针刺治疗急性扭伤疼痛 50 例 | 李凤萍 | 中国针灸 | 1996,(3):44 |
| "反治法"在消化系病症中的应用 | 陈　云 | 中国中西医结合脾胃杂志 | 1996,(3):182 |

| | | | |
|---|---|---|---|
| 手阳明大肠经及临床证治 | 张玉杰等 | 中医研究 | 1996,(3):40 |
| 辨证治疗慢性活动性乙型肝炎的体会 | 于长源等 | 中医药信息 | 1996,(3):37 |
| 心肌梗塞临证用药一得 | 赵凤珍 | 中医药学刊 | 1996,(3):43 |
| 针刺外关、后溪穴配合运动治疗急性腰扭伤 | 冯德荣等 | 中医正骨 | 1996,(3):26 |
| 猪肾方治疗肾虚耳鸣50例 | 刘　钢 | 安徽中医临床杂志 | 1996,(4):180 |
| 按摩配合刺络拔罐治疗肩胛提肌肌纤维组织炎82例 | 黄济炎等 | 按摩与导引 | 1996,(4):4 |
| 日干支运气同化病理论初探及150例临床报告 | 刘玉山 | 北京中医药大学学报 | 1996,(4):34 |
| 王永炎教授治疗颤振病(帕金森氏病)经验探讨 | 邹忆怀 | 北京中医药大学学报 | 1996,(4):15 |
| 燥证可用辛温通散法 | 鲁兆麟 | 北京中医药大学学报 | 1996,(4):69 |
| 后溪穴的临床应用 | 杨东红等 | 长春中医学院学报 | 1996,(4):39 |
| 救误治案 | 俞承烈 | 甘肃中医 | 1996,(4):8 |
| 升阳健脾法在糖尿病治疗中的应用 | 张云保 | 甘肃中医 | 1996,(4):28 |
| 论风药特点及其在内伤杂病治疗中的应用 | 徐厚谦 | 甘肃中医学院学报 | 1996,(4):56 |
| 调和营卫法及其临床应用 | 乔艳华等 | 光明中医 | 1996,(4):2 |
| 太阳刺络的临床运用 | 朱广旗等 | 贵阳中医学院学报 | 1996,(4):31 |
| 针刺配合刺络拔罐治疗肩周炎250例临床分析 | 张国富等 | 河北中医 | 1996,(4):34 |
| 860例刺络拔罐疗效总结 | 刘　炎 | 河北中医药学报 | 1996,(4):33 |
| 浅谈脾胃学说在临床的应用 | 文世容 | 黑龙江中医药 | 1996,(4):8 |
| 上病下取治流涎 | 李　磊等 | 黑龙江中医药 | 1996,(4):38 |
| 齐刺法治疗网球肘93例 | 刘翠婷等 | 湖北中医杂志 | 1996,(4):5 |
| 天鼎、间使穴治疗失音 | 陈蓓琳 | 湖北中医杂志 | 1996,(4):50 |
| 半刺和透刺为主治疗面神经炎264例 | 李希君 | 湖南中医学院学报 | 1996,(4):60 |
| 辛开苦降法的临床运用 | 石守恒 | 江西中医药 | 1996,(4):23 |
| 四关穴在急症中的临床应用 | 李寿乐 | 内蒙古中医药 | 1996,(4):32 |
| 刺络法治疗急性扁桃体炎200例 | 魏贤芳 | 陕西中医 | 1996,(4):174 |
| 益气通络治麻木 | 张建平 | 陕西中医 | 1996,(4):192 |
| 针法治痿临床体会 | 董建洲 | 陕西中医 | 1996,(4):191 |
| 针气海穴治疗冠心病一得 | 孙吉山 | 上海针灸杂志 | 1996,(4):5 |
| 半刺体穴并硝苯吡啶敷脐治疗婴幼儿腹泻174例 | 吴建平等 | 实用乡村医生杂志 | 1996,(4):30 |
| 恶血归肝理论在疑难杂症中应用举隅 | 洪　流等 | 实用中医内科杂志 | 1996,(4):30 |
| 加减柴胡疏肝散治疗胃痛302例 | 朱本荣 | 实用中医内科杂志 | 1996,(4):32 |
| 针刺督脉虚证验案二则 | 方广才 | 天津中医 | 1996,(4):36 |
| 疏肝法的临床异用 | 陶广正 | 天津中医学院学报 | 1996,(4):10 |
| 电针治疗面瘫40例 | 徐秀菊 | 现代中西医结合杂志 | 1996,(4):160 |
| 针灸治疗阳萎 | 常美庭 | 现代中西医结合杂志 | 1996,(4):82 |
| 火针治疗慢性腰肌劳损45例 | 陈海生 | 云南中医中药杂志 | 1996,(4):61 |
| 针刺急救突然昏厥10例 | 许兰芬 | 云南中医中药杂志 | 1996,(4):41 |
| 针刺配合穴位注射治疗面瘫59例 | 杨小敏 | 浙江中医学院学报 | 1996,(4):42 |
| 刺络法的临床应用 | 张　芸等 | 针灸临床杂志 | 1996,(4):25 |
| 齐刺温针法治疗梨状肌综合征162例 | 傅云其 | 针灸临床杂志 | 1996,(4):58 |
| "治肝当先实脾"的针灸临床应用 | 陈　浩 | 中国针灸 | 1996,(4):47 |
| 刺络拔罐法治疗痹痛证64例 | 崔俊雪 | 中医外治杂志 | 1996,(4):16 |
| 五输穴指针法治疗偏头痛 | 王宜新等 | 中医药学报 | 1996,(4):30 |
| 谈当归芍药散加味治疗子宫下垂 | 伍炳彩 | 中医药学刊 | 1996,(4):22 |
| 运用通因通用法验案一则 | 罗超烺 | 中医药学刊 | 1996,(4):38 |
| 木郁达之的临床应用 | 郭沛泽 | 中医药研究 | 1996,(4):36 |

| | | | |
|---|---|---|---|
| 健脾和胃法治疗功能性消化不良180例 | 王　礼 | 安徽中医临床杂志 | 1996,(5):200 |
| 针刺内关治疗胸壁挫伤疼痛50例 | 于传海 | 安徽中医学院学报 | 1996,(5):44 |
| 刺络拔罐结合中药治疗下肢急性丹毒46例 | 孙宇建等 | 北京中医 | 1996,(5):31 |
| 大黄牡丹汤加味治疗慢性化脓性鼻窦炎38例 | 李　新等 | 北京中医 | 1996,(5):27 |
| 治疗奔豚气的临床体会 | 韩志贞 | 光明中医 | 1996,(5):14 |
| 内关穴的临床应用 | 刘云霞等 | 河北中医 | 1996,(5):39 |
| 以"独取阳明"法则为主针刺治疗78例中风偏瘫的临床观察 | 齐小玲等 | 河南医药信息 | 1996,(5):47 |
| 舌审例释 | 欧景羔 | 河南诊断与治疗杂志 | 1996,(5):53 |
| 扬刺法治疗肩胛外伤42例 | 朱以蔚 | 湖北中医杂志 | 1996,(5):52 |
| 针刺加刺络拔罐治疗腰椎间盘突出症80例临床观察 | 皮　敏 | 江西中医药 | 1996,(5):50 |
| 吊针配合刺络拔罐法治疗面肌痉挛21例 | 周　冰等 | 山西中医 | 1996,(5):31 |
| 火针焠刺麝香治疗痹痛100例 | 庄永治 | 陕西中医 | 1996,(5):221 |
| 解惑刺法分期治疗中风51例 | 张毅明 | 上海针灸杂志 | 1996,(5):14 |
| 挑刺治疗寻常痤疮63例 | 孙学良等 | 上海针灸杂志 | 1996,(5):46 |
| 针刺风池穴治疗腰痛46例 | 秦兆堂等 | 上海针灸杂志 | 1996,(5):25 |
| 针刺合谷穴治疗急性腰扭伤110例 | 熊修安 | 上海针灸杂志 | 1996,(5):26 |
| 针刺治疗阵发性下颌震颤1例 | 孟　彦 | 上海针灸杂志 | 1996,(5):47 |
| 中药治疗痿证8例观察 | 陈述生 | 实用中医药杂志 | 1996,(5):14 |
| 泻心汤加味治疗急性湿疹166例 | 刘天骥等 | 四川中医 | 1996,(5):46 |
| 临证舍舌从症治验举隅 | 吴迈青 | 四川中医 | 1996,(5):21 |
| 刺络拔罐法治疗带状疱疹30例临床观察 | 张美贞 | 天津中医 | 1996,(5):11 |
| 透刺内关穴治疗失眠症202例 | 刘炳权 | 新中医 | 1996,(5):34 |
| 肌纹刺治疗面瘫160例 | 董敖齐 | 浙江中医杂志 | 1996,(5):227 |
| 四季膳食调配 | 顾维明 | 中国保健营养 | 1996,(5):45 |
| 培土宁风法在"诸风掉眩"病证中的运用 | 胡国俊 | 中国医药学报 | 1996,(5):49 |
| "火郁发之"的临床运用4则 | 宾学森 | 中医杂志 | 1996,(5):275 |
| 简述针刺对心经脏器的调整作用 | 程冠军等 | 安徽中医学院学报 | 1996,(6):59 |
| 丘墟透照海治疗心梗后心动过速 | 李文生等 | 黑龙江中医药 | 1996,(6):45 |
| 针灸治疗急性胃肠炎 | 蔡育林 | 湖北中医杂志 | 1996,(6):46 |
| 多针刺法配合温针治疗痹症78例 | 朱东勋 | 吉林中医药 | 1996,(6):20 |
| 疣的中医药治疗近况 | 秦小珑 | 吉林中医药 | 1996,(6):44 |
| 秋季养阴护肺的护理 | 袁业凤 | 江西中医药 | 1996,(6):17 |
| 温阳利水法治慢性肾炎水肿 | 马清东 | 辽宁中医杂志 | 1996,(6):273 |
| 交纤缪刺加按摩治愈落枕1004例 | 陈安川 | 苏州大学学报(医学版) | 1996,(6):1013 |
| 浅谈甘缓止痛法的临床运用 | 温素萍 | 新中医 | 1996,(6):58 |
| 针刺四关穴治疗高血压头痛 | 罗泽斌 | 云南中医中药杂志 | 1996,(6):55 |
| 赞刺加罐治疗带状疱疹80例 | 甦宏十等 | 中国民间疗法 | 1996,(6):41 |
| 脐周四穴刺络拔罐治疗婴幼儿腹泻100例 | 王福权 | 中国针灸 | 1996,(6):53 |
| 内关穴临床应用举隅 | 郭学林等 | 中医药研究 | 1996,(6):24 |
| 肾小球性血尿的中医治疗8法 | 张根腾等 | 中医药研究 | 1996,(6):32 |
| 活血化瘀治愈疑难发热病两则 | 梁贻俊等 | 辽宁中医杂志 | 1996,(7):33 |
| 重用细辛治痹证 | 杨钦河 | 四川中医 | 1996,(7):15 |
| 有故无殒亦无殒临床运用初探 | 蔡柳洲 | 浙江中医杂志 | 1996,(7):292 |
| 委中放血为主治验举隅 | 黄　晔 | 浙江中医杂志 | 1996,(7):306 |
| 大椎穴刺络拔罐治疗急性扁桃体炎120例 | 陈桂兰 | 中国针灸 | 1996,(7):3 |

| | | | |
|---|---|---|---|
| “五虎擒羊”针法治疗体会 | 口锁堂 | 甘肃中医学院学报 | 1996,(8):48 |
| 刺络疗法应用浅谈 | 杨治洲 | 甘肃中医学院学报 | 1996,(8):81 |
| 短刺治疗网球肘50例 | 金建军等 | 甘肃中医学院学报 | 1996,(8):61 |
| 神阙穴刺络拔罐治疗顽固性口腔溃疡症 | 张　俊等 | 四川中医 | 1996,(8):51 |
| 通里穴治疗失音症21例 | 李　杰等 | 四川中医 | 1996,(8):51 |
| 刍议滋阴法治疗阳痿 | 谢建农 | 四川中医 | 1996,(8):33 |
| 根结穴止痛验案举隅 | 安　华 | 中国针灸 | 1996,(8):41 |
| 刺络放血验案2则 | 马　元 | 中医杂志 | 1996,(8):459 |
| 经别学说在临床中的应用 | 李志道等 | 中医杂志 | 1996,(8):470 |
| 眼与十二经脉关系的视觉诱发电位研究 | 段俊国等 | 中医杂志 | 1996,(8):488 |
| 芒针的继承发展与临床应用 | 杨　铭 | 辽宁中医杂志 | 1996,(9):39 |
| 四乌鲗骨一藘茹丸加味治疗上消化道出血100例 | 刘新年等 | 山东中医杂志 | 1996,(9):397 |
| 刺血疗法的临证应用 | 杨介宾 | 针灸临床杂志 | 1996,(9):6 |
| 同病异治、异病同治临床举隅 | 黄听军 | 针灸临床杂志 | 1996,(9):45 |
| 针刺神阙穴治疗急腹痛 | 李洪武 | 中国针灸 | 1996,(9):26 |
| 活血化瘀法治疗恶性肿瘤的讨论 | 李振波等 | 中国中西医结合杂志 | 1996,(9):559 |
| 针刺水沟治疗癔症性失语 | 蔡宏华 | 江苏中医 | 1996,(10):40 |
| 络刺拔罐法的临床运用 | 石栾丽 | 针灸临床杂志 | 1996,(10):31 |
| 齐刺温针疗法治疗肩周炎 | 王道奇 | 针灸临床杂志 | 1996,(10):30 |
| 针刺配合中药治疗面神经炎30例 | 王　昱 | 针灸临床杂志 | 1996,(10):21 |
| 养老穴治疗急性腰痛26例 | 刘　颖 | 中国医刊 | 1996,(10):57 |
| 刺络放血治疗老年增生性膝关节炎 | 周兴亚 | 中国针灸 | 1996,(10):37 |
| 恢刺法治疗腱鞘囊肿46例 | 俞国瑛 | 中国针灸 | 1996,(10):40 |
| 齐刺法加红外线照射治疗网球肘81例 | 舒洪文 | 中国针灸 | 1996,(10):34 |
| 肝郁胆热上溢的口苦用解郁清热法久治未愈，再结合何法为好 | 赵复国 | 中医杂志 | 1996,(10):631 |
| 益气化痰固脬汤治疗膀胱咳24例 | 秦雪梅 | 辽宁中医杂志 | 1996,(11):30 |
| 循经针刺治疗牙痛 | 李茂鹏等 | 青岛医药卫生 | 1996,(11):46 |
| 活血化瘀法治疗黄疸的体会 | 刘海云等 | 青海医药杂志 | 1996,(11):16 |
| 中风在不同年份不同季节发病情况观察 | 严慧萍 | 上海预防医学杂志 | 1996,(11):505 |
| 输穴运动针刺法治疗肩周炎40例临床观察 | 王忠良 | 针灸临床杂志 | 1996,(11):29 |
| 刺络拔罐加敷蜈矾膏综合治疗神经性皮炎120例 | 张　俊等 | 中国针灸 | 1996,(11):47 |
| 刺络拔罐治疗丹毒32例 | 马桂荣 | 中国针灸 | 1996,(11):49 |
| 刺络放血治疗踝关节扭伤128例分析 | 赵联和 | 中国针灸 | 1996,(11):46 |
| 合谷刺与平补平泻治疗肌痹疗效对比 | 李　琼等 | 中国针灸 | 1996,(11):16 |
| 火针疗法的临床应用 | 农泽宁 | 中国针灸 | 1996,(11):26 |
| 腰部夹脊穴的临床应用 | 刘凤花 | 中国针灸 | 1996,(11):59 |
| 针刺治疗癫痫75例 | 金　镜等 | 中国针灸 | 1996,(11):42 |
| 鸡足刺法及其临床应用 | 朱冠珏 | 江苏中医 | 1996,(12):29 |
| 痿证独取阳明的临床运用 | 李　萌 | 辽宁中医杂志 | 1996,(12):23 |
| 热病治从养阴临床体会 | 党醒民等 | 陕西中医 | 1996,(12):567 |
| 关刺法治疗腕管综合征54例临床报告 | 蔡林青 | 针灸临床杂志 | 1996,(12):42 |
| 合谷刺配合滞拉针手法治疗腰背筋膜纤维织炎 | 朱士涛等 | 针灸临床杂志 | 1996,(12):42 |
| 偏瘫早期应用“巨刺法”提高肌张力的研究 | 陈立典等 | 针灸临床杂志 | 1996,(12):30 |
| 试论刺络拔罐法及其临床作用 | 肖惠中 | 针灸临床杂志 | 1996,(12):35 |
| 小宽针的临床应用 | 张红英 | 针灸临床杂志 | 1996,(12):43 |

| | | | |
|---|---|---|---|
| 同经相应取穴治疗四肢疼痛性疾病 | 杨彦梅 | 针灸临床杂志 | 1996,(12):40 |
| 实验经络针灸疗法治疗肺气肿163例 | 周子信等 | 中国针灸 | 1996,(12):13 |
| 传统灸法考证及临床应用体会 | 梁德斐 | 中国针灸 | 1996,(12):29 |
| 治疗痹证的体会 | 冯景涛 | 甘肃科技 | 1996,(S1):113 |
| 优化脏腑调节法治疗咳嗽的临床运用 | 吴步峰 | 湖南中医药导报 | 1996,(S1):74 |
| 无症征病例治验 | 范国材等 | 湖南中医杂志 | 1996,(S1):56 |
| 甘温除大热治慢性炎症之我见 | 修显红 | 江西中医药 | 1996,(S1):13 |
| 甘温除热法在炎症中的应用 | 廖秋源 | 江西中医药 | 1996,(S1):14 |
| 刺络疗法的临床应用 | 李少中等 | 内蒙古中医药 | 1996,(S1):44 |
| 伏灸、药物贴敷治疗咳喘588例 | 邢贵铭等 | 内蒙古中医药 | 1996,(S1):51 |
| 皮肤顽疾快治举偶 | 边丽荣 | 内蒙古中医药 | 1996,(S1):76 |
| 刺络拔罐法的临床应用 | 李洪森 | 上海针灸杂志 | 1996,(S1):360 |
| 短刺法治疗退行性脊柱炎34例 | 张　欣等 | 上海针灸杂志 | 1996,(S1):253 |
| 合谷刺乳根穴治疗乳腺增生病2则 | 陈佳红 | 上海针灸杂志 | 1996,(S1):289 |
| 合谷刺治疗陈旧性软组织损伤320例 | 高平洋等 | 上海针灸杂志 | 1996,(S1):273 |
| 列缺短刺治疗疼痛性疾患的体会 | 梅　明 | 上海针灸杂志 | 1996,(S1):369 |
| 偶刺加拔火罐治疗奔豚气1例 | 王婷茹 | 上海针灸杂志 | 1996,(S1):433 |
| 奇经纳卦法在急症中应用 | 李长院 | 上海针灸杂志 | 1996,(S1):348 |
| 太冲穴的临床运用 | 翁良波 | 上海针灸杂志 | 1996,(S1):374 |
| 委中穴齐刺法治疗膝关节痛50例 | 段　军等 | 上海针灸杂志 | 1996,(S1):266 |
| 针刺治愈癔病性舌体异常2例 | 单衍丽 | 上海针灸杂志 | 1996,(S1):432 |
| 针灸病人疼痛心理状态及其治疗初探 | 陈莉秋等 | 上海针灸杂志 | 1996,(S1):191 |
| 针灸为主治疗梨状肌综合征的体会 | 倪赛男 | 上海针灸杂志 | 1996,(S1):148 |
| 傍针刺治疗脊神经后支性腰痛56例 | 史玉忠等 | 上海针灸杂志 | 1996,(S1):174 |
| 傍针刺治疗梨状肌综合征50例 | 成汝梅 | 上海针灸杂志 | 1996,(S1):147 |
| 巨刺法治疗急性腰扭伤350例 | 夏　毅等 | 上海针灸杂志 | 1996,(S1):216 |
| 巨刺五腧穴治疗肩周炎45例 | 俞国瑛 | 上海针灸杂志 | 1996,(S1):235 |
| 巨刺治验口噤不开1则 | 朱立海 | 上海针灸杂志 | 1996,(S1):429 |
| 期门穴临床应用举隅 | 周建伟 | 上海针灸杂志 | 1996,(S1):379 |
| 齐短刺结合治疗胫骨内髁疼痛62例 | 唐　勇 | 上海针灸杂志 | 1996,(S1):271 |
| 浅谈刺络疗法在五官科中的运用 | 唐林长等 | 上海针灸杂志 | 1996,(S1):321 |
| 三阴交穴的临床应用 | 赵瑞雪 | 上海针灸杂志 | 1996,(S1):380 |
| 太溪穴傍针刺法治疗跖管综合征65例 | 杜高成 | 上海针灸杂志 | 1996,(S1):271 |
| 心理疗法在针灸临床的应用 | 蒋祖明 | 上海针灸杂志 | 1996,(S1):386 |
| 循经多穴不留针治疗偏瘫5例 | 艾　宙等 | 上海针灸杂志 | 1996,(S1):111 |
| 扬刺加局封治疗膝关节侧副韧带劳损98例 | 蒋玉兰 | 上海针灸杂志 | 1996,(S1):268 |
| 以毛刺为主治疗雀斑76例 | 陆　菁 | 上海针灸杂志 | 1996,(S1):329 |
| 针刺风市穴治疗耳鸣1例 | 杨明华 | 上海针灸杂志 | 1996,(S1):325 |
| 针刺治疗头痛36例 | 王祖杰 | 上海针灸杂志 | 1996,(S1):89 |
| 针刺治疗心悸2例 | 姜宇宙 | 上海针灸杂志 | 1996,(S1):50 |
| 针灸治疗美尼尔氏病268例 | 杨志宏等 | 上海针灸杂志 | 1996,(S1):325 |
| 针灸治疗周围性面瘫50例 | 俞建华 | 上海针灸杂志 | 1996,(S1):132 |
| 综合疗法治疗面瘫22例 | 王振银 | 上海针灸杂志 | 1996,(S1):117 |
| 巨刺法临床应用举隅 | 黄仁芬 | 新中医 | 1996,(S1):69 |
| “气虚发热”的病理机制探讨 | 帅在芬等 | 江西中医药 | 1996,(S2):12 |
| 浅谈补中益气法在临床中的应用 | 鲍逸斌 | 江西中医药 | 1996,(S2):102 |

| | | | |
|---|---|---|---|
| 中药治疗颅内血肿术后并发剧烈眩晕1例报告 | 曾美根 | 江西中医药 | 1996,(S2):77 |
| 解表法在急性肾炎中的运用 | 孙治平 | 江西中医药 | 1996,(S2):56 |
| "魄门亦为五脏使"理论的临床意义 | 郭立昭 | 江西中医药 | 1996,(S2):9 |
| 电针治疗重症肌无力 | 蔡延岭 | 针灸临床杂志 | 1996,(Z1):53 |
| 恢刺加灸与常规针刺治疗肱骨外上髁炎353例疗效分析 | 奚向东等 | 针灸临床杂志 | 1996,(Z1):63 |
| 巨刺法治疗肩凝症100例 | 谢明文等 | 针灸临床杂志 | 1996,(Z1):72 |
| 齐刺温针治疗梨状肌综合征48例体会 | 周兴亚 | 针灸临床杂志 | 1996,(Z1):51 |
| 浅谈缪刺法及临床应用体会 | 陆 汎 | 针灸临床杂志 | 1996,(Z1):42 |
| 环跳穴的功用及临床应用体会 | 李秋光等 | 针灸临床杂志 | 1996,(Z2):83 |
| 声电锟针循经感传治疗甲亢疗效分析 | 解玉庆等 | 针灸临床杂志 | 1996,(Z2):54 |
| 小柴胡汤治疗脱发34例 | 方炳福 | 安徽中医临床杂志 | 1997,(1):7 |
| 补肝升阳法治疗美尼尔病76例 | 杨国晶等 | 白求恩医科大学学报 | 1997,(1):89 |
| 取五输穴治疗三叉神经痛24例疗效观察 | 张永刚 | 北京中医 | 1997,(1):37 |
| 通因通用法治疗重症肺炎验案举隅 | 蔡桂英 | 北京中医 | 1997,(1):53 |
| "关刺"并隔姜灸治疗肱骨外上髁炎52例 | 蒋湘萍 | 北京中医药大学学报(中医临床版) | 1997,(1):31 |
| 推拿治疗胸椎小关节紊乱症54例 | 毛忠清 | 福建中医学院学报 | 1997,(1):25 |
| 疏肝法治愈男性功能性不射精的体会 | 张玉波 | 甘肃中医 | 1997,(1):35 |
| 指压穴位麻醉拔除儿童乳牙61例 | 曲宝华 | 甘肃中医 | 1997,(1):39 |
| 真武汤治疗唾涎举隅 | 唐承宏 | 甘肃中医 | 1997,(1):16 |
| 论治咳八法 | 曾向群 | 光明中医 | 1997,(1):26 |
| 疏肝治疗男性不育证 | 张玉波 | 光明中医 | 1997,(1):53 |
| 小儿遗尿症23例治验体会 | 刘传瑜等 | 贵阳中医学院学报 | 1997,(1):48 |
| 中药外敷止痛经验介绍 | 严晓碧等 | 贵阳中医学院学报 | 1997,(1):65 |
| 针灸体会两则——"五输穴"应用 | 崔 晓等 | 邯郸医学高等专科学校学报 | 1997,(1):53 |
| "鸡爪刺"针刺法配合重灸治疗网球肘76例 | 刘燕卿 | 河北中医药学报 | 1997,(1):46 |
| 经方治中风浅探 | 张朝和等 | 河南中医 | 1997,(1):12 |
| 运用心胃同治法治疗冠心病93例疗效观察 | 袁宝庭 | 河南中医 | 1997,(1):33 |
| 运用活血化瘀法治疗慢性肾炎34例 | 朱玉林等 | 黑龙江中医药 | 1997,(1):42 |
| 针刺足阳明经腧穴对胃运动功能的影响 | 林亚平等 | 湖南中医学院学报 | 1997,(1):57 |
| 自拟三消汤治疗糖尿病63例 | 蒋厚安 | 湖南中医药导报 | 1997,(1):30 |
| 刺络拔罐配合推拿治疗犁状肌综合征105例 | 蒲祖纯 | 湖南中医药导报 | 1997,(1):31 |
| 下法治便秘辨析 | 朱有银 | 吉林中医药 | 1997,(1):66 |
| 养生何捷径 丹田手自摩 | 杨立新 | 家庭医学 | 1997,(1):31 |
| 不同针刺参数效应差异的国内研究概况 | 陈 凌 | 江西中医学院学报 | 1997,(1):11 |
| 癫狂重用附子纵横谈 | 郑国庆 | 辽宁中医杂志 | 1997,(1):10 |
| 齐刺法临证应用举隅 | 周文强 | 山西中医 | 1997,(1):33 |
| 头皮针结合关刺、恢刺、毛刺治疗脑瘫32例 | 项立敏等 | 上海针灸杂志 | 1997,(1):13 |
| 针刺睛明穴治疗急性腰扭伤67例 | 燕金芳 | 上海针灸杂志 | 1997,(1):48 |
| 补中益气汤临床运用举隅 | 金卫平 | 实用中医内科杂志 | 1997,(1):23 |
| 扬刺治疗股外侧皮神经炎36例 | 徐立群 | 四川中医 | 1997,(1):56 |
| 合谷刺法的临床应用 | 冷际琴等 | 泰山医学院学报 | 1997,(1):68 |
| 泻下通腑法治疗急性疼痛 | 王效菊等 | 天津中医学院学报 | 1997,(1):23 |
| 活血化瘀法在老年性痴呆康复中的应用 | 张桂明 | 现代康复 | 1997,(1):68 |

| | | | |
|---|---|---|---|
| 浅谈腰椎压缩性骨折的辨证施护 | 杨丽云 | 现代中西医结合杂志 | 1997,(1):142 |
| 耳尖刺络放血治疗急性结膜炎 | 白清林 | 现代中医药 | 1997,(1):30 |
| 刺络拔罐治疗落枕86例临床观察 | 黄嘉庆等 | 新疆中医药 | 1997,(1):27 |
| 延缓生命衰老探秘 | 王和政 | 药膳食疗研究 | 1997,(1):42 |
| 我国古人论护牙 | 傅维康 | 医古文知识 | 1997,(1):13 |
| 速迟刺术及其临床应用 | 高镇五 | 浙江中医学院学报 | 1997,(1):50 |
| 齐刺温针法治疗21例颞颌关节紊乱疗效观察 | 刘　炎等 | 针灸临床杂志 | 1997,(1):37 |
| 火针治疗网球肘30例 | 姜　英 | 针灸临床杂志 | 1997,(1):7 |
| 刺络艾灸治疗150例面瘫疗效观察 | 由利民等 | 中国民间疗法 | 1997,(1):18 |
| 恢刺为主治疗腰肌筋膜炎46例 | 崔正友 | 中国民间疗法 | 1997,(1):20 |
| 缪刺治疗四肢关节扭伤90例 | 陈显椿 | 中国民间疗法 | 1997,(1):19 |
| 辨证取穴治疗阳萎105例 | 王泽涛等 | 中国针灸 | 1997,(1):53 |
| 刺络拔罐为主治疗痤疮42列 | 张立芹等 | 中国针灸 | 1997,(1):63 |
| 因地施治在柴达木地区燥病治疗中的应用 | 刘玉梅 | 中国中医基础医学杂志 | 1997,(1):54 |
| 中医药防治中风病信息撷精与分析 | 张兆云 | 中国中医药信息杂志 | 1997,(1):11 |
| 慢性胰腺炎证治体会 | 蒋葵初 | 中医杂志 | 1997,(1):30 |
| 经筋疗法临床应用举隅 | 田丽芳等 | 北京中医药大学学报（中医临床版） | 1997,(2):35 |
| 浅谈下法的运用 | 牛建义等 | 长治医学院学报 | 1997,(2):69 |
| 《内经》"肝者，罢极之本"的临床价值——附3413例肝病的临床分析 | 王辉武等 | 成都中医药大学学报 | 1997,(2):10 |
| 巨刺法治疗肩周炎52例临床观察 | 王　凤 | 甘肃中医 | 1997,(2):37 |
| 电针治疗肱骨外髁炎32例 | 杨　涛 | 甘肃中医学院学报 | 1997,(2):30 |
| 风湿性关节炎治误一例辨析 | 董松泉 | 光明中医 | 1997,(2):1 |
| 顽固性皮肤病验案辨析 | 孔凡涵等 | 光明中医 | 1997,(2):44 |
| 刺络拔罐法治疗假性球麻痹46例临床观察 | 石奕丽 | 河北中医 | 1997,(2):45 |
| 活血化瘀法在妇科疾病中应用的体会 | 刘宏丽等 | 河北中医药学报 | 1997,(2):13 |
| 中医辨证治疗秋季腹泻120例 | 程东舟等 | 菏泽医专学报 | 1997,(2):14 |
| 针刺治疗痿证38例疗效观察 | 于丙一等 | 黑河科技 | 1997,(2):11 |
| 计算机技术在经脉与脏腑相关研究中的运用 | 严　洁等 | 湖南中医学院学报 | 1997,(2):63 |
| 针刺辅以情志疏导治疗癔症 | 宋素英等 | 健康心理学杂志 | 1997,(2):134 |
| 固精泻浊法治肾炎蛋白尿 | 傅海金 | 江西中医药 | 1997,(2):11 |
| 通因通用塞因塞用医案二则 | 孙汝栋 | 内蒙古科技与经济 | 1997,(2):35 |
| 长针配合点按法治疗软组织损伤568例 | 丁育中等 | 南京中医药大学学报（自然科学版） | 1997,(2):32 |
| 火针治疗腱鞘囊肿50例 | 李　频等 | 宁夏医学杂志 | 1997,(2):53 |
| 心理护理在临床上的应用 | 雍自玲 | 齐鲁护理杂志 | 1997,(2):39 |
| 温针灸治疗产后尿潴留126例疗效观察 | 匡海茜 | 青岛医药卫生 | 1997,(2):38 |
| 温肾法验案二则 | 刘桂琴 | 山东中医杂志 | 1997,(2):6 |
| 梅花针循经叩刺皮部治疗痿证 | 武斌庭等 | 山西中医 | 1997,(2):31 |
| 四逆散加味治疗顽固性咳嗽40例 | 沈桂英 | 山西中医 | 1997,(2):26 |
| 刺络拔罐疗法验案5则 | 陆以莹等 | 上海针灸杂志 | 1997,(2):3 |
| 多针多灸法治疗痹证临床疗效观察 | 戴朝富 | 上海针灸杂志 | 1997,(2):29 |
| 巨刺法神经解剖学机制探讨 | 解秸萍 | 上海针灸杂志 | 1997,(2):30 |
| 通因通用治顽泻 | 蔺振玉 | 上海中医药杂志 | 1997,(2):16 |
| 七味白术散治疗小儿泄泻32例 | 王素云 | 时珍国医国药 | 1997,(2):21 |

| | | | |
|---|---|---|---|
| 中医治疗鼻窦炎 | 焦奇峰 | 武警医学 | 1997,(2):12 |
| 中西医结合治疗急性肾炎 | 杨　俏等 | 现代中西医结合杂志 | 1997,(2):259 |
| 208例中风先兆中西医结合护理 | 王风英 | 新疆中医药 | 1997,(2):47 |
| 通因通用法治疗内科急症举隅 | 蔡桂英 | 浙江中医学院学报 | 1997,(2):18 |
| 络刺皮部治痹的临床经验 | 刘　炎等 | 针灸临床杂志 | 1997,(2):6 |
| 直针刺法治疗胫骨内侧疲劳性骨膜炎22例疗效观察 | 厉彦虎 | 中国运动医学杂志 | 1997,(2):76 |
| 针灸治疗妊娠恶阻40例 | 段如胜等 | 中国针灸 | 1997,(2):82 |
| 芒针深刺秩边穴的临床应用研究 | 杨兆钢等 | 中国针灸 | 1997,(2):72 |
| 中西医结合治疗破伤风38例经验 | 吕文臣等 | 中国中西医结合急救杂志 | 1997,(2):43 |
| 中华经筋疗法治疗肋端综合征 | 洪建云 | 中医药信息 | 1997,(2):37 |
| 药物流产后诸证的中医辨治 | 梁　晶 | 中医药学报 | 1997,(2):29 |
| 远取六阳经五输穴治疗三叉神经痛 | 张秀花等 | 中医药学报 | 1997,(2):41 |
| 老年病中医防治探析 | 王　华 | 安徽中医学院学报 | 1997,(3):5 |
| 养阴法的临床应用 | 张维礼 | 蚌埠医学院学报 | 1997,(3):63 |
| 试述中医心理学理论在临床上的应用 | 邹　毅 | 大理医学院学报 | 1997,(3):42 |
| 周信有教授论肝病辨治 | 温丽芬 | 甘肃中医学院学报 | 1997,(3):3 |
| 放血疗法治疗高热的疗效观察 | 谭秀英等 | 贵阳中医学院学报 | 1997,(3):51 |
| 捏脊法治疗婴幼儿腹泻52例 | 陈天韵等 | 贵阳中医学院学报 | 1997,(3):50 |
| 浅谈针灸八法的临床应用 | 兰剑如等 | 河北中医药学报 | 1997,(3):34 |
| 化脓灸临床应用举隅 | 赵建新 | 河北中医药学报 | 1997,(3):36 |
| 傍针刺治疗颈性眩晕45例 | 周文强等 | 河南中医 | 1997,(3):50 |
| 活血化瘀法在妇产科中临床应用 | 姜　华等 | 黑龙江医学 | 1997,(3):35 |
| 刺络火罐加中药外敷治疗膝关节内侧副韧带损伤38例 | 陆中坚 | 吉林中医药 | 1997,(3):22 |
| 话说老年人的睡眠 | 方厚贤等 | 家庭中医药 | 1997,(3):57 |
| 逍遥散加减在男性病中的应用 | 华乐柏 | 江西中医药 | 1997,(3):17 |
| 内关穴的临床应用 | 赵宜群 | 江西中医药 | 1997,(3):42 |
| 揉耳健肾 | 王　珏 | 科学养生 | 1997,(3):31 |
| 汗下并用寒温同施治疗小儿时感高热病探析 | 周振农等 | 辽宁中医杂志 | 1997,(3):14 |
| 刺络拔罐法治疗丹毒45例疗效观察 | 于曙明等 | 齐鲁医学杂志 | 1997,(3):21 |
| 温针灸治疗痹证46例 | 袁筱岩等 | 青岛医药卫生 | 1997,(3):30 |
| 齐刺加温针灸拔罐治疗急性腰扭伤60例 | 李艳梅等 | 山东中医杂志 | 1997,(3):22 |
| 刺络拔罐法治疗腰背肌筋膜炎50例 | 聂荣华 | 山西中医 | 1997,(3):31 |
| 柴胡桂枝汤治疗肩周炎验案1则 | 崔寅春等 | 山西中医 | 1997,(3):28 |
| 逍遥散儿科应用举隅 | 张金虎 | 陕西中医学院学报 | 1997,(3):30 |
| 半刺法合隔药灸治疗局限性神经性皮炎 | 孙治东等 | 上海针灸杂志 | 1997,(3):49 |
| 火针治疗面部雀斑70例 | 谢雪榕 | 上海针灸杂志 | 1997,(3):26 |
| "治未病"思想在临证中的运用 | 杨启富 | 四川中医 | 1997,(3):16 |
| 背俞穴刺络拔罐法治疗咳嗽43例 | 王建和 | 天津中医学院学报 | 1997,(3):20 |
| 刺络拔罐治疗颈椎病500例 | 乔静芬等 | 天津中医学院学报 | 1997,(3):19 |
| 刺络拔罐治疗寻常痤疮32例疗效观察 | 朱国军 | 新中医 | 1997,(3):30 |
| 通补法治疗老年眩晕应用举隅 | 庄纪平 | 新中医 | 1997,(3):59 |
| 刺络出血配拔罐治疗突发性耳聋30例 | 郎福文等 | 医学理论与实践 | 1997,(3):112 |
| 针刺大敦穴治疗顽固性呃逆54例疗效观察 | 张兴云 | 浙江中医杂志 | 1997,(3):132 |
| 眼病针灸临床心得 | 吴新贵 | 针灸临床杂志 | 1997,(3):43 |
| 手针"巨刺法"治疗急性腰扭伤的即时疗效观察 | 祝凤寅等 | 中国校医 | 1997,(3):199 |
| 妇产科补肾活血法的探讨和临床应用 | 张玉珍 | 中国医药学报 | 1997,(3):47 |

| | | | |
|---|---|---|---|
| 头针徐疾补泻法与捻计法治疗中风对比观察 | 周建伟 | 中国针灸 | 1997,(3):139 |
| 通因通用法在急症中的运用 | 俞大毛 | 中国中医急症 | 1997,(3):140 |
| 刺络放血治疗麦粒肿70例 | 夏佩芬等 | 中国中医药科技 | 1997,(3):188 |
| 应用《内经》输刺法治疗颈椎病60例 | 左晓峰 | 中国中医药科技 | 1997,(3):190 |
| 古而不老的平衡饮食 | 张 琴 | 中老年保健 | 1997,(3):32 |
| 中医药治疗儿童多动症12例分析 | 齐 铮 | 中医药研究 | 1997,(3):7 |
| 《内经》"扬刺"临床应用举隅 | 徐立群 | 长春中医学院学报 | 1997,(4):26 |
| 对应治疗法临床运用探讨 | 吴锦梅等 | 长治医学院学报 | 1997,(4):61 |
| 痉病9例治验报道 | 孙 刚等 | 光明中医 | 1997,(4):57 |
| 塞因塞用治便秘 | 杨中权 | 广州中医药大学学报 | 1997,(4):20 |
| 脾胃病的用药特点 | 张光奇 | 贵阳中医学院学报 | 1997,(4):15 |
| 刺络拔罐综合疗法治疗慢性盆腔炎100例 | 张玉欣等 | 国医论坛 | 1997,(4):38 |
| 古法今用"齐刺烧针"治疗网球肘20例 | 李健强 | 海南医学院学报 | 1997,(4):181 |
| 灸足三里穴临床应用 | 赵建新 | 河北中医 | 1997,(4):33 |
| "胃不和则卧不安"临证浅识 | 杨传英 | 河南中医 | 1997,(4):10 |
| 刺络放血在临床上的运用 | 张 蓉 | 河南中医药学刊 | 1997,(4):43 |
| 针刺悬钟穴治疗落枕 | 吴 滨 | 华西医学 | 1997,(4):41 |
| 浮刺法治疗周围性面瘫42例 | 孟 彦等 | 化工劳动保护.工业卫生与职业病分册 | 1997,(4):47 |
| 耳针治疗呃逆46例临床体会 | 刘 炼 | 江苏中医 | 1997,(4):32 |
| 刺络放血治疗顽固性头痛2例 | 江成林 | 江西中医学院学报 | 1997,(4):19 |
| 涌泉穴的临床运用 | 胡献国 | 江西中医药 | 1997,(4):39 |
| 齐刺加灸治疗网球肘56例 | 朱东勋 | 辽宁中医杂志 | 1997,(4):41 |
| 缪刺"扭伤穴"治疗痛证142例 | 鄢路洲 | 泸州医学院学报 | 1997,(4):295 |
| 临症杂病心法三则 | 曲秀勤等 | 宁夏医学院学报 | 1997,(4):96 |
| 开胃进食汤治疗胃窦炎的体会 | 魏文义等 | 山西中医 | 1997,(4):56 |
| 虚痞误治辨析1例 | 梁开发 | 山西中医 | 1997,(4):28 |
| 水针穴位注射治疗核黄疸后遗症1例 | 王先英 | 陕西中医 | 1997,(4):172 |
| 双针巨刺治疗偏瘫性肩痛94例 | 朱慎勇等 | 上海针灸杂志 | 1997,(4):28 |
| 针刺治疗美尼尔综合征86例 | 于世礼等 | 上海针灸杂志 | 1997,(4):23 |
| 桂枝汤治杂病3则 | 王斌等 | 实用中医内科杂志 | 1997,(4):47 |
| 慢性结肠炎治验及体会 | 宋含平 | 实用中医内科杂志 | 1997,(4):37 |
| 巨刺法治疗肩周炎52例临床观察 | 王 凤等 | 实用中医药杂志 | 1997,(4):45 |
| 齐刺加电针治疗胫骨疲劳性骨膜炎疗效观察 | 郭勇力等 | 天津中医 | 1997,(4):35 |
| 浅析病机十九条火与热的临床意义 | 金爱琴 | 现代中医药 | 1997,(4):9 |
| 浅谈开阖枢在三阴证中的应用 | 张鼎华等 | 现代中医药 | 1997,(4):11 |
| 肾病综合征治验一例报道 | 郭荣昌 | 现代中医药 | 1997,(4):35 |
| 经期感冒治验二则 | 李 静 | 新疆中医药 | 1997,(4):63 |
| 通因通用法治急症验案2则 | 卢永兵等 | 新中医 | 1997,(4):38 |
| 重用黄芪治痹证 | 袁 波 | 新中医 | 1997,(4):50 |
| 中医治疗口味异常法 | 蔡秀芳 | 医药与保健 | 1997,(4):4 |
| 夏令用按摩手法治疗小儿咳喘39例 | 张新航 | 张家口医学院学报 | 1997,(4):110 |
| 针刺五输穴治疗痛风32例疗效观察 | 倪 锋等 | 浙江中医学院学报 | 1997,(4):39 |
| 按摩刺络拔罐治疗肩胛肋骨综合症 | 王国缙 | 中国城乡企业卫生 | 1997,(4):36 |
| "火郁发之"在眼科清热方剂中的应用 | 汤念翥 | 中国中医眼科杂志 | 1997,(4):45 |
| 中医药预防保健前景浅析 | 李全恩 | 中医药管理杂志 | 1997,(4):41 |

| | | | |
|---|---|---|---|
| 针灸治疗癔病性失音5例 | 马　莉等 | 中医药学报 | 1997,(4):22 |
| 治疗进食头部汗出1例体会 | 谭普云 | 中医药学刊 | 1997,(4):24 |
| 略谈王清任对《内经》治瘀法则的运用 | 王建康 | 中医药研究 | 1997,(4):27 |
| 通里法临床应用3则 | 周　翎 | 福建中医药 | 1997,(5):25 |
| 治疗中风病八种针法介绍 | 吴长岩 | 光明中医 | 1997,(5):7 |
| 按摩治疗三叉神经痛30例 | 陈　萍等 | 光明中医 | 1997,(5):27 |
| 中医辨证分型治疗胸痹心厥——32例疗效观察 | 刘春芳 | 光明中医 | 1997,(5):23 |
| 风药在眼科的应用 | 张　彬等 | 河北中医 | 1997,(5):17 |
| 巨刺法治疗急性扭伤疼痛 | 罗红昱等 | 河南中医 | 1997,(5):49 |
| 补中益气汤临床应用举隅 | 窦荣华 | 河南中医药学刊 | 1997,(5):57 |
| 重用细辛治痹痛 | 李国正 | 湖南中医药导报 | 1997,(5):47 |
| 刺、灸、罐法结合治疗带状疱疹42例 | 熊青光等 | 江西中医药 | 1997,(5):38 |
| 谈谈中医护理技术的应用 | 朱东珍 | 今日科技 | 1997,(5):36 |
| 扬刺法治疗肱骨外上髁炎78例 | 潘　宁 | 上海针灸杂志 | 1997,(5):21 |
| 指压内关穴治急症2则 | 黄　峥 | 上海针灸杂志 | 1997,(5):9 |
| 耳穴疗法的临床应用近况 | 张淑敏 | 天津中医 | 1997,(5):47 |
| 试谈合谷穴及其临床应用 | 李　巍等 | 现代中西医结合杂志 | 1997,(5):788 |
| 皮内埋针治疗面肌痉挛50例 | 潘红玲 | 新中医 | 1997,(5):27 |
| 排针刺治疗背肌筋膜炎26例临床观察 | 车艳华 | 云南中医中药杂志 | 1997,(5):34 |
| 偏瘫的穴位注射疗法 | 李保路 | 张家口医学院学报 | 1997,(5):92 |
| 自制正肾汤治疗慢性肾炎水肿的临床观察 | 高进桃 | 张家口医学院学报 | 1997,(5):91 |
| 针刺手背奇穴结合刺络拔罐治疗急性腰扭伤216例 | 汪洪明 | 中国民间疗法 | 1997,(5):21 |
| 巨刺法治愈顽固性面神经麻痹1例 | 吴材林 | 中国针灸 | 1997,(5):294 |
| 温针灸听宫穴合刺络拔罐治疗背肌筋膜炎 | 孙治东等 | 中国针灸 | 1997,(5):311 |
| 甘温除热的临床运用 | 李秀珍等 | 中医药学报 | 1997,(5):3 |
| 乌药在男科病中的应用及调气诸功 | 王　琦 | 中医杂志 | 1997,(5):312 |
| 涌泉穴在临床护理中的应用 | 罗启坤 | 按摩与导引 | 1997,(6):46 |
| “通因通用”治疗小儿神经性尿频举隅 | 傅赛萍 | 北京中医 | 1997,(6):39 |
| 釜底抽薪,上病下治法的临床应用 | 王　智 | 甘肃中医 | 1997,(6):12 |
| 半夏厚朴汤加味治疗梅核气20例 | 郁任杰 | 广西中医药 | 1997,(6):14 |
| 温病护理述略 | 张　云等 | 国医论坛 | 1997,(6):36 |
| 刺络法治疗电光性眼炎32例 | 康维清等 | 国医论坛 | 1997,(6):35 |
| 中西医结合治疗神经性皮炎 | 吴根虎等 | 河北中医 | 1997,(6):43 |
| 四逆散加味治疗肝咳 | 王彦斌等 | 河南中医 | 1997,(6):340 |
| 用中医治病求本的理论指导临床护理实践 | 郑　平 | 护士进修杂志 | 1997,(6):37 |
| 略论脾胃学说在临床上的指导作用 | 彭带娣 | 华夏医学 | 1997,(6):89 |
| 商阳穴点刺放血临床应用 | 祝维华等 | 江西中医药 | 1997,(6):45 |
| 塞因塞用法在肿瘤治疗中的应用 | 程　琳 | 辽宁中医杂志 | 1997,(6):27 |
| 巨刺加运动疗法治疗急性软组织扭伤400例 | 朱月芹等 | 宁夏医学杂志 | 1997,(6):61 |
| 扶正法在皮肤科的应用 | 王天伟 | 青岛医药卫生 | 1997,(6):39 |
| 塞因塞用治便秘 | 王泽颖等 | 山西中医 | 1997,(6):44 |
| 灵枢饮治疗胸痹心痛50例 | 闫俊霞等 | 天津中医 | 1997,(6):17 |
| 头针加中药治疗肝阳上扰型眩晕120例 | 赵青林 | 武警医学 | 1997,(6):344 |
| 验案二则 | 张凤琴 | 现代中西医结合杂志 | 1997,(6):960 |
| 100例急性心肌梗塞发病与死亡时间规律的中西医分析 | 钟　伟等 | 现代中西医结合杂志 | 1997,(6):979 |

| | | | |
|---|---|---|---|
| 石淋通治疗38例石淋的临床观察 | 胡必莲等 | 现代中医药 | 1997,(6):29 |
| 针灸治疗不射精症 | 王立群 | 新中医 | 1997,(6):27 |
| 风池穴临床应用举隅 | 蒋和鑫 | 针灸临床杂志 | 1997,(6):40 |
| 远道刺法的临床应用 | 江庆淇 | 针灸临床杂志 | 1997,(6):34 |
| 针灸升提法的临床应用 | 邱仙灵 | 针灸临床杂志 | 1997,(6):35 |
| 针刺结合放血治疗坐骨神经痛52例 | 王泉忠 | 针灸临床杂志 | 1997,(6):19 |
| 刺络拔罐加穴位注射治疗急性外感发热90例 | 李建东 | 中国针灸 | 1997,(6):366 |
| 刺络拔罐治疗手部顽固性湿疹38例 | 徐　田等 | 中国针灸 | 1997,(6):351 |
| 头皮针治疗肋间神经痛36例 | 王金虎 | 中国针灸 | 1997,(6):337 |
| 针刺拔罐治疗腰椎间盘脱出症 | 王占花 | 中国中西医结合外科杂志 | 1997,(6):33 |
| 针刺结合趾端穴放血治疗偏头痛35例 | 谢衡辉 | 中医药学报 | 1997,(6):39 |
| 温针治疗腱鞘炎38例临床疗效观察 | 李　洁等 | 中医药研究 | 1997,(6):46 |
| 齐刺法配合按摩治疗颈椎病180疗效观察 | 刘宏伟等 | 中医正骨 | 1997,(6):11 |
| 齐刺加手法治疗梨状肌综合征42例临床观察 | 丁仁祥等 | 江苏中医 | 1997,(7):23 |
| 刺络治病在临床疑难杂症中的运用 | 郑良希等 | 四川中医 | 1997,(7):53 |
| 针灸治疗特殊面瘫 | 李观荣 | 四川中医 | 1997,(7):57 |
| 腧穴协诊临床运用举隅 | 李佩洲 | 新中医 | 1997,(7):49 |
| 刺络出血配拔罐治疗暴聋症30例观察 | 郎福文 | 中国乡村医生 | 1997,(7):35 |
| 针刺治疗内伤性暴喑20例疗效观察 | 吴普增 | 中国医刊 | 1997,(7):61 |
| 短刺加拔罐治疗肋软骨炎108例疗效观察 | 杨湘潭 | 中国针灸 | 1997,(7):435 |
| 会阴合谷刺治疗慢性前列腺炎84例临床观察 | 汪润生 | 中国针灸 | 1997,(7):397 |
| 针药并用治疗早泄27例 | 柏砚芳等 | 中国针灸 | 1997,(7):427 |
| 中药退热的临床应用体会 | 吴紫兰 | 中国中医药信息杂志 | 1997,(7):28 |
| 合谷刺手三里伏兔改善中风患者肌力的疗效观察 | 廖澍华 | 广东医学 | 1997,(8):553 |
| 督脉齐刺温针治疗腰腿痛163例小结 | 王道奇 | 针灸临床杂志 | 1997,(8):28 |
| 合谷刺法治疗桡神经损伤13例 | 王东雁 | 针灸临床杂志 | 1997,(8):31 |
| 内关穴临床应用举隅 | 张育勤等 | 针灸临床杂志 | 1997,(8):38 |
| 对头针齐刺法与传统针刺疗法治疗肌萎缩178例疗效观察 | 陈礼娇等 | 中国针灸 | 1997,(8):504 |
| 合谷刺手三里伏兔治疗中风 | 廖澍华 | 中国针灸 | 1997,(8):479 |
| 灸法临床应用举隅 | 郭　媛等 | 中国中西医结合急救杂志 | 1997,(8):42 |
| 泻下通腑法在中风急性期中的应用 | 韦湘林 | 陕西中医 | 1997,(9):431 |
| 小儿咳嗽用药体会 | 钟秀清等 | 四川中医 | 1997,(9):15 |
| 中医外治疮疡近况 | 周华君 | 四川中医 | 1997,(9):9 |
| 针灸局部与远道取穴治疗面瘫42例 | 张利民 | 新中医 | 1997,(9):27 |
| 针刺八髎穴治疗妇科病临床应用举隅 | 路喜军 | 针灸临床杂志 | 1997,(9):44 |
| 钩针配合局封治疗肱骨外上髁炎65例体会 | 柴晓峰等 | 针灸临床杂志 | 1997,(9):21 |
| 浅议三阴交穴在妇科中的应用 | 诸晓英 | 中国针灸 | 1997,(9):554 |
| “去菀陈莝”法治疗挤压综合征的体会 | 杨素珍等 | 中国中西医结合急救杂志 | 1997,(9):32 |
| 益气养阴治消渴 | 朱丽君 | 山东中医杂志 | 1997,(10):40 |
| 临床运用反治法举隅 | 王林静等 | 陕西中医 | 1997,(10):461 |
| 扬刺法治疗肱桡滑囊炎100例 | 黄子英 | 中国针灸 | 1997,(10):585 |
| 陈亦人治疗痿证的经验 | 张喜奎 | 中医杂志 | 1997,(10):588 |
| 饮食有节而不偏 | 戴逸如 | 祝您健康 | 1997,(10):10 |
| 水肿用药探析 | 关继华等 | 陕西中医 | 1997,(11):520 |
| 热熨疗法临证经验 | 杨介宾 | 四川中医 | 1997,(11):7 |

| | | | |
|---|---|---|---|
| 眼针治疗产后尿潴留 38 例 | 苏　忠等 | 浙江中医杂志 | 1997,(11):521 |
| 缪刺法治疗阑尾炎 | 陈　伟 | 浙江中医杂志 | 1997,(11):521 |
| 背部刺络放血治疗麦粒肿 | 尚季葵等 | 针灸临床杂志 | 1997,(11):33 |
| 合谷刺加瘀血诱导法在治疗肩周炎中的疗效评估 | 张　雷等 | 针灸临床杂志 | 1997,(11):37 |
| 缪刺治疗软组织损伤 62 例临床观察 | 林碧君 | 针灸临床杂志 | 1997,(11):35 |
| 原穴在急症中的配伍应用 | 闵学进 | 针灸临床杂志 | 1997,(11):43 |
| 刺络法治疗急症 3 则 | 郝书江等 | 中国针灸 | 1997,(11):666 |
| 刺络出血配拔罐法治疗玫瑰糠疹 34 例 | 郎福文 | 四川中医 | 1997,(12):54 |
| 扬刺法应用举隅 | 徐立群 | 浙江中医杂志 | 1997,(12):547 |
| 半刺长强穴治疗婴幼儿腹泻 100 例疗效观察 | 王玉亮等 | 中国针灸 | 1997,(12):751 |
| 缪刺三阴交治疗小腹术后疼痛 21 例 | 盛生宽 | 中国针灸 | 1997,(12):748 |
| 大椎穴刺络拔罐治疗感冒 96 例 | 刘月振等 | 中国中医药信息杂志 | 1997,(12):38 |
| 脑病证治八法效方举隅 | 张兆云等 | 中国中医药信息杂志 | 1997,(12):26 |
| “酸胜甘”法治疗糖尿病 | 朱德增等 | 中医杂志 | 1997,(12):725 |
| 甘温除热法治验三则 | 张桂珍等 | 中原医刊 | 1997,(12):42 |
| 泽泻汤治疗内耳眩晕病 42 例 | 舒录华 | 湖南中医杂志 | 1997,(S1):31 |
| 通因通用治验举隅 | 陆　荣 | 湖南中医杂志 | 1997,(S1):79 |
| 甘麦大枣汤加味治疗情志病 | 张继生等 | 内蒙古中医药 | 1997,(S1):52 |
| 加味龙胆泻肝汤治疗阳举不衰 2 例 | 王羽白 | 内蒙古中医药 | 1997,(S1):62 |
| 浅谈肩周炎患者的中医护理 | 白玉华等 | 内蒙古中医药 | 1997,(S1):140 |
| 反治法临床应用体会 | 边立荣等 | 内蒙古中医药 | 1997,(S1):56 |
| 通因通用法治愈术后肠间脓肿一得 | 贾德新 | 内蒙古中医药 | 1997,(S1):42 |
| 刺络法治疗局部麻木证 62 例 | 姜布平等 | 上海针灸杂志 | 1997,(S1):53 |
| 巨刺治疗中风瘫痪 82 例 | 李远行 | 上海针灸杂志 | 1997,(S1):20 |
| 内关穴临床应用举隅 | 吕建林 | 上海针灸杂志 | 1997,(S1):17 |
| 桂枝龙骨牡蛎二陈汤治疗眩晕的体会 | 刘洁英 | 新中医 | 1997,(S1):157 |
| 活血祛瘀法治疗顽固性失眠 | 周　宁 | 中国中医基础医学杂志 | 1997,(S3):39 |
| 顺时调解阴阳治疗顽固性失眠 | 刘　渊 | 中国中医基础医学杂志 | 1997,(S3):44 |
| 中西医结合救治昏迷 44 例临床体会 | 郑成荣 | 中国中医基础医学杂志 | 1997,(S3):108 |
| 滋肾法治疗老年病的体会 | 尹文仲 | 湖北民族学院学报(医学版) | 1997,(Z1):20 |
| “恢刺”临床应用举隅 | 黄劲柏 | 针灸临床杂志 | 1997,(Z1):58 |
| 择时取穴刺络法临床验案四则 | 周鸿飞 | 针灸临床杂志 | 1997,(Z1):57 |
| 直接灸治疗虚证头痛 50 例 | 梁金玉等 | 针灸临床杂志 | 1997,(Z1):69 |
| 健脾补肾治疗糖尿病 | 宋　德等 | 第四届全国糖尿病(消渴病)学术研讨会论文集 | 1997:245 |
| 刺络拔罐治疗痛证的临床观察和外周机制研究 | 武连仲等 | 世界中西医结合大会论文摘要集 | 1997:336 |
| 根据神经节段支配理论探讨针灸取穴规律 | 王　佩等 | 世界中西医结合大会论文摘要集 | 1997:343 |
| 体质食疗学研究 | 匡调元 | 世界中西医结合大会论文摘要集 | 1997:91 |
| 推拿治疗腹泻 | 刘进玉 | 世界中西医结合大会论文摘要集 | 1997:344 |
| 扬刺法配合推拿治疗腰椎间盘突出症 120 例 | 伦　新等 | 世界中西医结合大会论文摘要集 | 1997:335 |

| | | | |
|---|---|---|---|
| 浅谈病甲与美甲的诊察 | 范　晔等 | 中国中医药学会中医美容分会成立大会论文集 | 1997:34 |
| 谈谈膳食与健肤美容 | 苏桂莲等 | 中国中医药学会中医美容分会成立大会论文集 | 1997:208 |
| 谈中医药美容 | 霍秀兰等 | 中国中医药学会中医美容分会成立大会论文集 | 1997:18 |
| 谈中医治疗黄褐斑的方法 | 钟希文 | 中国中医药学会中医美容分会成立大会论文集 | 1997:90 |
| 中医理论在美容中的应用 | 沈静如 | 中国中医药学会中医美容分会成立大会论文集 | 1997:16 |
| 中医药美容发展简介 | 林　宏 | 中国中医药学会中医美容分会成立大会论文集 | 1997:13 |
| 刺络出血加角法治疗颈椎病临床观察 | 张天英 | 按摩与导引 | 1998,(1):38 |
| 眼病治肝验案举隅 | 傅彦江 | 北京中医 | 1998,(1):57 |
| 调肝治疗冠心病 | 王燕青等 | 长春中医学院学报 | 1998,(1):10 |
| 顺时调节阴阳治疗顽固性失眠 | 刘　渊 | 成都中医药大学学报 | 1998,(1):8 |
| 刮痧排毒健康法 | 孙　训 | 大同医学专科学校学报 | 1998,(1):31 |
| 经络学说临床应用浅谈 | 戴锦成 | 福建中医学院学报 | 1998,(1):13 |
| 活用理论　诊治杂病 | 杨巽隆 | 甘肃中医学院学报 | 1998,(1):56 |
| 秦家泰教授治疗咳嗽经验介绍 | 黄家诏 | 广西中医学院学报 | 1998,(1):41 |
| 刺络拔罐法临床治验举隅 | 上官国强 | 国医论坛 | 1998,(1):27 |
| 汗法在疮疡治疗中的应用 | 陈国安 | 河北中医 | 1998,(1):27 |
| 浅论温督法治疗妇科疾病 | 陈晓明等 | 黑龙江中医药 | 1998,(1):5 |
| 中风病人情志护理的几点体会 | 李　瑾 | 黑龙江中医药 | 1998,(1):38 |
| 扬刺法治疗局限性良性肿瘤举隅 | 燕金芳等 | 湖南中医杂志 | 1998,(1):41 |
| 冬季进补五忌 | 徐亚平 | 健康生活 | 1998,(1):23 |
| 四季饮食应相宜 | 宁　俊 | 解放军健康 | 1998,(1):31 |
| 鼻窦炎的中医治疗近况 | 花君霞等 | 宁夏医学院学报 | 1998,(1):93 |
| 健脾补肾法治疗重症肌无力 | 张志强 | 山西中医 | 1998,(1):26 |
| 针灸治疗肱骨外上髁炎60例临床观察 | 李爱萍 | 山西中医 | 1998,(1):30 |
| 下法在儿科的临床应用 | 马献图 | 陕西中医学院学报 | 1998,(1):4 |
| 不同时辰电针内关与手三阴经五输穴对正常人免疫功能的影响 | 李　磊等 | 上海针灸杂志 | 1998,(1):68 |
| 三棱针点刺放血治疗急性痛风性关节炎54例 | 范　钢等 | 上海针灸杂志 | 1998,(1):34 |
| 浅谈气功的心理保健 | 周本楚 | 时珍国医国药 | 1998,(1):86 |
| 谈病人饮食调护与中医食疗 | 潘根花等 | 时珍国医国药 | 1998,(1):87 |
| 合谷刺并推拿治疗肩周炎59例 | 胡士万等 | 实用疼痛学杂志 | 1998,(1):43 |
| 亢害承制疗肾病 | 孙维民等 | 实用中医内科杂志 | 1998,(1):46 |
| 采用足反射区和手足穴位按摩对冠心病的辨证施治 | 陈义宏 | 双足与保健 | 1998,(1):18 |
| 针刺治疗肢体麻木的临床体会 | 张青云 | 天津中医 | 1998,(1):14 |
| 整脊手法配合火罐治疗顽固性便秘 | 张　鹏等 | 天津中医 | 1998,(1):34 |
| 《内经》理论与临证遣方举要 | 阴　斌 | 天津中医学院学报 | 1998,(1):2 |
| 分阶段治疗周围性面瘫的临床体会 | 李成立 | 天津中医学院学报 | 1998,(1):14 |
| 浅谈穴位深刺法的临床应用 | 郑　彤 | 天津中医学院学报 | 1998,(1):16 |
| 井穴临症急救应用举隅 | 邓春雷 | 现代中医药 | 1998,(1):9 |
| 疾病康复期饮食调理之我见 | 李　敏 | 新疆中医药 | 1998,(1):5 |

| | | | |
|---|---|---|---|
| “关刺”并隔姜灸治肱骨外上髁炎 52 例 | 蒋湘萍 | 新中医 | 1998,(1):28 |
| 胃气动力理论与临床初探 | 陈蔚文 | 新中医 | 1998,(1):3 |
| 关刺法配合“丹药火”灸治疗顽固性网球肘 30 例 | 叶时龙 | 针灸临床杂志 | 1998,(1):38 |
| 运用五行相生相克原理取穴治疗癃闭 20 例观察 | 于晓红等 | 针灸临床杂志 | 1998,(1):6 |
| 偏瘫早期上肢功能的针刺治疗 | 陈立典等 | 中国康复 | 1998,(1):15 |
| “反治”验案二则 | 魏秀元等 | 中国民间疗法 | 1998,(1):7 |
| 民间特色疗法治疗颈、肩、腰腿痛 | 欧阳传斌 | 中国民间疗法 | 1998,(1):10 |
| 合谷刺法为主治疗眼肌型重症肌无力 47 例 | 冯起国等 | 中国针灸 | 1998,(1):33 |
| 缪刺内关治疗急性胸部扭伤疼痛 75 例 | 盛生宽 | 中国针灸 | 1998,(1):44 |
| 卫气营血辨证在皮肤科中的应用 | 李春光等 | 中国中医基础医学杂志 | 1998,(1):39 |
| 内关公孙穴配伍的临床应用 | 蔡圣朝等 | 中国中医急症 | 1998,(1):41 |
| 熏灸疗法治疗腰椎间盘突出症 38 例 | 程银安 | 中国中医急症 | 1998,(1):47 |
| 通因通用法治疗脑外伤后顽固性尿失禁体会 | 闫根全等 | 中西医结合心脑血管病杂志 | 1998,(1):35 |
| 手针肺穴治愈遗尿症 | 包新宇 | 中医药学报 | 1998,(1):48 |
| 以厥阴主风理论指导乌梅丸的推广运用 | 刘英锋等 | 中医杂志 | 1998,(1):15 |
| 程钟龄治咳特点初探 | 丁国胜 | 安徽中医临床杂志 | 1998,(2):115 |
| 老年病人中医心理护理 2 则 | 高　萍 | 安徽中医临床杂志 | 1998,(2):114 |
| “经、穴－脏腑相关”的临床观察 | 洪德胜 | 安徽中医学院学报 | 1998,(2):51 |
| 齐刺合弹拨手法治疗梨状肌综合征 33 例 | 韩正勇 | 按摩与导引 | 1998,(2):26 |
| 脏病通腑的临床应用 | 孔繁林等 | 北京中医 | 1998,(2):14 |
| 运动头针治疗精神分裂症体会 | 何旭鹏 | 北京中医药大学学报（中医临床版） | 1998,(2):22 |
| 眼底出血的中医药治疗 | 董立均等 | 长春中医学院学报 | 1998,(2):32 |
| 试论脾胃学说在骨伤科中的应用 | 胡关彪 | 光明中医 | 1998,(2):5 |
| 从病例一则看辨病位的重要性 | 钟枢才 | 光明中医 | 1998,(2):47 |
| 自拟方治疗腰痛 | 孟端忠 | 国际医药卫生导报 | 1998,(2):41 |
| 内关穴在临床上的应用 | 李文琴等 | 邯郸医学高等专科学校学报 | 1998,(2):177 |
| 试论脾胃学说与儿科病证 | 任晓丹等 | 河北中医 | 1998,(2):123 |
| 谈温法治胃痛 | 唐　龙 | 河北中医 | 1998,(2):87 |
| 针刺足三里为主治疗过敏性鼻炎 36 例观察 | 张淑亭等 | 河北中医 | 1998,(2):117 |
| 温阳活血化瘀法的临床应用 | 周元椿 | 黑龙江中医药 | 1998,(2):40 |
| 同病异治举隅 | 刘炳凡 | 湖南中医药导报 | 1998,(2):32 |
| 针刺治疗肩周炎 78 例疗效观察 | 孟德明等 | 吉林中医药 | 1998,(2):40 |
| 久病间治临床举隅 | 胡德泉 | 江西中医药 | 1998,(2):24 |
| 活血化瘀验案三则 | 许秀萍等 | 黔南民族医专学报 | 1998,(2):73 |
| 扶阳抑阴法在老年病中的应用 | 杨善栋 | 陕西中医 | 1998,(2):72 |
| 外治法在带下病中的运用 | 江石民 | 陕西中医 | 1998,(2):95 |
| 刺络拔罐法在腰椎间盘突出症治疗中的应用 | 汪崇淼 | 上海针灸杂志 | 1998,(2):4 |
| 刺络治疗急性腰扭伤 103 例 | 张美云等 | 上海针灸杂志 | 1998,(2):34 |
| 筋缩穴在痉挛症治疗中的应用 | 李玉华等 | 上海针灸杂志 | 1998,(2):36 |
| 补益类中药与抗癌 | 郭乃燕 | 时珍国医国药 | 1998,(2):100 |
| 通腑逐瘀，豁痰开窍法治疗关格析理 | 王庆侠 | 天津中医学院学报 | 1998,(2):16 |
| 输刺加电针颈夹脊治疗颈椎病 | 徐玉萍 | 新疆中医药 | 1998,(2):26 |
| 细心辨证施反治验案四则 | 王林静等 | 新疆中医药 | 1998,(2):55 |

| | | | |
|---|---|---|---|
| 按摩阿是穴治疗泌尿结石绞痛 56 例 | 郭笑丽 | 新疆中医药 | 1998,(2):24 |
| 浅谈通腑泄热法在急性热病中的应用 | 李裕怀 | 新中医 | 1998,(2):45 |
| 恢刺针法在临床上的应用 | 吴志明等 | 云南中医中药杂志 | 1998,(2):33 |
| 齐刺、扬刺治疗痹痛 | 李俊华等 | 云南中医中药杂志 | 1998,(2):34 |
| 桂枝汤及其变法临床所辑 | 刘云峰 | 张家口医学院学报 | 1998,(2):95 |
| 保健灸法的临床运用 | 罗云生 | 针灸临床杂志 | 1998,(2):35 |
| 短刺加毫米波治疗网球肘 50 例的临床观察 | 陈时晋 | 针灸临床杂志 | 1998,(2):33 |
| 外疡"汗法"运用浅见 | 张克忠 | 镇江医学院学报 | 1998,(2):127 |
| 益气活血法治疗冠心病 80 例的临床观察 | 常毓颖等 | 中国民间疗法 | 1998,(2):39 |
| 柔肝健脾法治疗肝豆状核变性 | 白长川 | 中国医药学报 | 1998,(2):77 |
| 通因通用针刺法治疗食滞胃肠型泄泻 150 例 | 田家耐 | 中国中西医结合脾胃杂志 | 1998,(2):120 |
| 试论气血同治的临证作用与意义 | 杜天植 | 中医函授通讯 | 1998,(2):14 |
| 治痹通络汤加减治疗类风湿性关节炎 | 马秋元 | 中医文献杂志 | 1998,(2):45 |
| 齐刺加电针治疗梨状肌综合症 61 例 | 欧阳八四 | 中医研究 | 1998,(2):52 |
| 外治法在内科疾病中的运用 | 欧阳坤根 | 中医药信息 | 1998,(2):3 |
| 耳尖刺络法治疗睑腺炎 1081 例 | 刘　惠等 | 中医药学报 | 1998,(2):40 |
| 巨刺加艾灸治疗面肌痉挛 22 例 | 刘　岚等 | 中医药学报 | 1998,(2):40 |
| 络刺内迎香治疗头痛 38 例 | 孙晓明等 | 中医药学报 | 1998,(2):38 |
| 养阴法临床运用一得 | 李盘瑞 | 中医药研究 | 1998,(2):50 |
| 针刺配合牵引推拿治疗陈旧性腰椎间盘突出症 100 例 | 岳旭东 | 中医药研究 | 1998,(2):23 |
| 慢性腹泻治疗 4 法 | 丁章森 | 安徽中医临床杂志 | 1998,(3):167 |
| 不寐从胃论治五法 | 肖玉英 | 安徽中医学院学报 | 1998,(3):36 |
| 塞因塞用、通因通用法在男科临床运用举隅 | 余天泰 | 北京中医 | 1998,(3):30 |
| 扶正疏肝法运用体会 | 赵建锋 | 邯郸医学高等专科学校学报 | 1998,(3):271 |
| 手针治疗腰痛 50 例临床体会 | 高桂锋 | 河北医学 | 1998,(3):82 |
| 补肾 10 法在老年病治疗中的应用 | 钱建业等 | 河北中医 | 1998,(3):159 |
| 温补法治疗类风湿性关节炎举隅 | 刘　宇 | 河北中医 | 1998,(3):161 |
| 刺络拔罐治疗肋间神经痛 63 例 | 李书勤等 | 河北中医药学报 | 1998,(3):35 |
| 肩周炎当以调理脾胃为治 | 张和平 | 河南中医 | 1998,(3):15 |
| 扬刺法治疗慢性腰背痛 | 曹　雨等 | 黑龙江中医药 | 1998,(3):40 |
| 厥阴取穴治疗痿证 | 袁华亮等 | 黑龙江中医药 | 1998,(3):46 |
| 运用刺络拔罐术及膏药治疗腰腿痛 100 例观察 | 蒋俊和 | 湖南中医学院学报 | 1998,(3):59 |
| 火针治疗肩周炎 34 例疗效小结 | 温进之 | 湖南中医杂志 | 1998,(3):25 |
| 补中益气法治疗膀胱咳 32 例 | 孙立亭 | 吉林中医药 | 1998,(3):20 |
| 肾病综合征的中西医结合治疗进展 | 乔昱华等 | 吉林中医药 | 1998,(3):59 |
| 推拿为主治疗发作性睡病 32 例疗效观察 | 宋　利等 | 吉林中医药 | 1998,(3):43 |
| 试谈正治与反治的临床运用 | 罗　晖 | 江西中医学院学报 | 1998,(3):20 |
| 防风汤加味治面神经炎 23 例 | 饶军福 | 江西中医约 | 1998,(3):32 |
| 腹诊的针灸应用 | 小林诏司等 | 辽宁中医杂志 | 1998,(3):132 |
| 龙胆泻肝汤加减在杂病中的应用 | 李景福 | 内蒙古中医药 | 1998,(3):39 |
| 内关穴双侧针刺治疗神经性呕吐 15 例 | 孟玉生 | 山西职工医学院学报 | 1998,(3):41 |
| 刺激承山穴引起循膀胱经的神经源性炎症反应 | 郭　进等 | 陕西师范大学学报（自然科学版） | 1998,(3):81 |
| 补中升阳法治便血 | 张　华 | 陕西中医学院学报 | 1998,(3):29 |
| 灵枢饮治疗冠心病心绞痛 50 例 | 闫俊霞等 | 陕西中医学院学报 | 1998,(3):33 |

| | | | |
|---|---|---|---|
| 指压攒竹穴治疗呃逆35例体会 | 樊景美等 | 实用医技杂志 | 1998,(3):172 |
| 八分饱经得老 | 陈　周 | 四川监察 | 1998,(3):35 |
| 活血化瘀治案举隅 | 盖　兰 | 四川省卫生管理干部学院学报 | 1998,(3):46 |
| 温针扬刺治疗疖肿 | 唐赤蓉等 | 四川省卫生管理干部学院学报 | 1998,(3):60 |
| 中药配合推拿刺络拔罐治疗肩肋综合征32例 | 王国缙 | 天津中医 | 1998,(3):26 |
| 针刺治疗面部带状疱疹20例 | 徐　辉 | 天津中医学院学报 | 1998,(3):28 |
| 浅谈养阴药在外科病中的治疗应用 | 沈施德 | 新中医 | 1998,(3):56 |
| 鱼腰合谷刺治疗上胞下垂10例观察 | 李　玲 | 云南中医中药杂志 | 1998,(3):35 |
| 针刺治疗呃逆35例 | 王秀洁等 | 针灸临床杂志 | 1998,(3):28 |
| 肘部穴位齐刺法治疗肱骨外上髁炎62例疗效观察 | 朱玉峰 | 针灸临床杂志 | 1998,(3):39 |
| 针刺通里穴为主治疗中风失语21例疗效观察 | 李志刚等 | 针灸临床杂志 | 1998,(3):42 |
| 情志病的心理疗法及护理 | 郇新荣 | 中国冶金工业医学杂志 | 1998,(3):61 |
| 针刺治疗小儿鞘膜积液47例 | 田家耐 | 中国针灸 | 1998,(3):13 |
| 牵引加短刺对颈椎病血液流变学改变的临床观察 | 欧阳八四 | 中国中医骨伤科 | 1998,(3):19 |
| 升降法治疗眩晕验案二则 | 唐仪强 | 中医文献杂志 | 1998,(3):46 |
| 运用"除陈气"治疗消渴病的体会 | 李　涛 | 中医研究 | 1998,(3):50 |
| 五郁治则临床应用治验 | 李古松 | 中医杂志 | 1998,(3):139 |
| 中医心理治疗在临床中的应用研究 | 孔德荣 | 中原医刊 | 1998,(3):34 |
| 中医学目诊的发展 | 黄攸立等 | 自然辩证法通讯 | 1998,(3):55 |
| 温热药在暑病中的应用 | 董　滟 | 成都中医药大学学报 | 1998,(4):10 |
| 醒脑行神法针刺治疗中风及其后遗症 | 周兆信 | 光明中医 | 1998,(4):31 |
| 补肾醒神汤治疗老年性痴呆症36例疗效观察 | 徐青霞 | 河北医学 | 1998,(4):69 |
| 温热法在眼科的应用 | 张　彬等 | 河北中医 | 1998,(4):216 |
| 刺络拔罐治疗肩关节周围炎80例 | 王秀芬等 | 河北中医药学报 | 1998,(4):41 |
| 针刺后溪穴治疗中老年人足跟痛症30例疗效分析 | 高华敏 | 河南大学学报(医学科学版) | 1998,(4):54 |
| 活血化瘀法在中风中的应用 | 田俊清 | 河南中医药学刊 | 1998,(4):30 |
| 太冲穴应用验案三则 | 李金龙 | 黑龙江中医药 | 1998,(4):45 |
| 浅谈风池穴的临床应用 | 黄建华 | 江西中医学院学报 | 1998,(4):11 |
| 泻肝法在男科临床运用 | 刘　莉 | 江西中医药 | 1998,(4):17 |
| 巨刺三步法治疗中风偏瘫120例 | 苏尔亮 | 辽宁中医杂志 | 1998,(4):32 |
| 齐刺温针法治疗网球肘78例——附对照组41例 | 欧阳八四 | 辽宁中医杂志 | 1998,(4):33 |
| 补中益气汤妇产科病应用3例 | 张燕青 | 内蒙古中医药 | 1998,(4):17 |
| 天应穴埋针配合辨经针刺治疗坐骨神经痛38例 | 陈时晋 | 南京中医药大学学报(自然科学版) | 1998,(4):43 |
| 豹文刺加拔罐治疗膝关节内侧副韧带损伤 | 高山山 | 上海针灸杂志 | 1998,(4):49 |
| 水针结合刺络拔罐治疗股外侧皮神经炎30例 | 孙　琳 | 上海针灸杂志 | 1998,(4):33 |
| 饮食相宜人方健 | 小　琴 | 食品与健康 | 1998,(4):10 |
| 应用足健法防治慢性疲劳综合症 | 高学勇等 | 双足与保健 | 1998,(4):36 |
| 巨刺一次治疗急性踝关节外侧副韧带挨伤128例 | 陈家贵 | 体育科技 | 1998,(4):41 |
| 推拿加刺络拔罐治疗肩周炎48例 | 王洪辉 | 现代医药卫生 | 1998,(4):243 |
| 齐刺温针治疗网球肘的体会 | 马若芳等 | 新疆中医药 | 1998,(4):28 |
| 兴奋与抑制相结合治疗顽固性失眠举隅 | 丁世幸 | 新中医 | 1998,(4):54 |
| 小儿的食疗和药膳 | 孟仲法 | 药膳食疗研究 | 1998,(4):21 |

| | | | |
|---|---|---|---|
| 节食可延年益寿 | 谷　婕 | 医药与保健 | 1998,(4):17 |
| 《内经》方加味治疗放环后月经不调 56 例——附西药治疗 20 例对照观察 | 刘晓荣 | 浙江中医杂志 | 1998,(4):162 |
| 合谷透后溪加阿是穴治疗急性腰扭伤疗效观察 | 孟　红等 | 针刺研究 | 1998,(4):290 |
| 论神门、足三里、三阴交、太冲四穴组方的临床应用 | 齐凤华等 | 针灸临床杂志 | 1998,(4):50 |
| 针灸治疗出血性内痔 156 例临床评价 | 何　倜等 | 针灸临床杂志 | 1998,(4):32 |
| 粗针治疗桡骨茎突狭窄性腱鞘炎 68 例 | 蒋则逊 | 中国骨伤 | 1998,(4):75 |
| 下法治疗眼科急症 | 蔡文江等 | 中国民间疗法 | 1998,(4):9 |
| 半刺体穴并硝苯吡啶敷脐治疗婴幼儿腹泻 174 例 | 吴建平 | 中国社区医师 | 1998,(4):46 |
| 刺络拔罐法治疗皮肤病体会 | 于锡江 | 中国针灸 | 1998,(4):25 |
| 补肾为主辨证治疗食管癌探要 | 杨世勇等 | 中医函授通讯 | 1998,(4):28 |
| 解惑刺治疗中风病 | 单永华 | 中医文献杂志 | 1998,(4):34 |
| “扶阳抑阴”在诸多老年疾病中的运用体会 | 崔树欣 | 中医药学报 | 1998,(4):21 |
| 交经巨刺治疗面瘫 40 例疗效观察 | 许业松 | 安徽中医临床杂志 | 1998,(5):330 |
| 李炳文老中医临床经验二则 | 刘秀华 | 北京中医 | 1998,(5):5 |
| 浅析痹证发病机理及辛桂通痹胶囊的组方特点 | 何建成 | 甘肃中医 | 1998,(5):10 |
| 气机升降法在妇科临床运用举隅 | 李文伟等 | 光明中医 | 1998,(5):58 |
| 论汗在中医临床诊治中的运用 | 程慧郁等 | 河北中医 | 1998,(5):293 |
| 祛风药在肝病中的应用 | 傅爱萍 | 河南中医药学刊 | 1998,(5):64 |
| 辛开苦降法治疗胃下垂的临床观察 | 康存战等 | 河南中医药学刊 | 1998,(5):50 |
| 通因通用治疗慢性腹泻 36 例 | 范乐芝等 | 湖南中医药导报 | 1998,(5):27 |
| 通法治疗老年病举隅 | 潘姝英 | 湖南中医杂志 | 1998,(5):46 |
| 运用络病理论治疗冠心病心绞痛 | 吴以岭 | 家庭中医药 | 1998,(5):9 |
| 针刺后溪穴治疗急性腰扭伤 | 顾宏平 | 江苏中医 | 1998,(5):39 |
| 从发热施护谈治病求本在临床护理中的应用 | 王慧敏 | 辽宁中医杂志 | 1998,(5):43 |
| 《灵枢》五刺法在临床上的应用 | 曹铁民等 | 上海针灸杂志 | 1998,(5):37 |
| 补肾提督治髓病 | 沈惠风等 | 上海针灸杂志 | 1998,(5):33 |
| 大艾炷灸与巨刺法治疗痛风性关节炎 | 李崇新 | 四川中医 | 1998,(5):51 |
| 补肾固督治阳痿 | 冯石松 | 四川中医 | 1998,(5):33 |
| 独穴治疗呃逆综述 | 纪　彤 | 天津中医 | 1998,(5):45 |
| 针药并用治疗顽固性呃逆临床体会 | 李成立 | 天津中医 | 1998,(5):44 |
| 刺络拔罐治疗咳嗽 156 例疗效观察 | 夏艳民等 | 针灸临床杂志 | 1998,(5):10 |
| 内关穴的临床应用 | 康云兰 | 针灸临床杂志 | 1998,(5):43 |
| 针刺呼吸补泻手法临床应用一得 | 严金保 | 针灸临床杂志 | 1998,(5):8 |
| 近年治疗面肌痉挛概况 | 张国华 | 中国民间疗法 | 1998,(5):58 |
| 齐刺豆提法刍议及临床应用 | 高长远等 | 中国民间疗法 | 1998,(5):2 |
| 中药外治儿科应用举隅 | 郭玉宝等 | 中国社区医师 | 1998,(5):40 |
| 针灸治愈缩阳症 2 例 | 曹文胜 | 中国针灸 | 1998,(5):37 |
| 偶刺法治疗肝炎胁痛 30 例 | 徐光福 | 中国针灸 | 1998,(5):21 |
| 膜韧膏外敷治疗软组织损伤 1000 例 | 姜海莹等 | 中医外治杂志 | 1998,(5):29 |
| 气血学说与活血化瘀的临床应用 | 文小平等 | 中医药信息 | 1998,(5):6 |
| 佐金平木法治疗鼻衄的体会 | 张荣英 | 中医杂志 | 1998,(5):273 |
| 温阳化瘀汤治疗胸痹心水 50 例临床观察 | 马友合 | 北京中医 | 1998,(6):53 |
| 委中穴临床应用体会 | 高　博 | 甘肃中医 | 1998,(6):36 |
| 泄肝和胃法在胃脘痛治疗中的运用 | 姜振明 | 河北中医 | 1998,(6):53 |
| 阳和汤治疗痹证的体会 | 陈宏宁 | 江苏中医 | 1998,(6):40 |

| | | | |
|---|---|---|---|
| 试论消补兼施治疗前列腺增生症 | 黄晨昕 | 南京中医药大学学报（自然科学版） | 1998,(6):12 |
| 热证患者的病后调护 | 孙炳兰 | 青海医药杂志 | 1998,(6):67 |
| 伏气学说及其对外感热病的临床意义 | 杨钦河等 | 山东中医药大学学报 | 1998,(6):13 |
| 通腑法治疗内科热病发微 | 朱世杰 | 山东中医杂志 | 1998,(6):3 |
| 谭一松《内经》理论应用拾零 | 李　星 | 山东中医杂志 | 1998,(6):33 |
| 活血利水法治疗肝硬化腹水的体会 | 朱建华等 | 山西中医 | 1998,(6):52 |
| 烧山火法治疗遗尿 62 例 | 尚可儒 | 陕西中医 | 1998,(6):272 |
| 火针疗法的临床应用 | 胡　辉 | 上海针灸杂志 | 1998,(6):22 |
| 井穴络刺为主治疗痈疖 18 例 | 俞言芝 | 上海针灸杂志 | 1998,(6):45 |
| 针刺放血治疗舌疮 2 例 | 赵东红等 | 上海针灸杂志 | 1998,(6):45 |
| 用对应疗法治疗足踝部扭伤 | 蒋纯贤 | 双足与保健 | 1998,(6):21 |
| 小柴胡汤加减治疗咳喘的体会 | 宗慧敏 | 天津中医 | 1998,(6):39 |
| 中西医心理治疗在精神科临床应用探讨 | 沈建华等 | 天津中医 | 1998,(6):9 |
| 火针合外敷止痛化瘀散治手指挤压伤 | 陈慈根 | 浙江中医杂志 | 1998,(6):247 |
| 合谷穴治疗呃逆举隅 | 高武科等 | 针灸临床杂志 | 1998,(6):38 |
| 齐刺加 TDP 治疗胫骨结节骨骺炎 24 例 | 孙　斌 | 针灸临床杂志 | 1998,(6):32 |
| 扬刺在五痹中的应用 | 沈克艰 | 针灸临床杂志 | 1998,(6):29 |
| 针刺治疗老年下肢无力症 40 例 | 赵瑞英 | 针灸临床杂志 | 1998,(6):14 |
| 穴位注射治疗腱鞘炎 62 例 | 唐卫华 | 针灸临床杂志 | 1998,(6):33 |
| 采用局部缪刺法治疗痛症 110 例 | 刘启熹等 | 中国疗养医学 | 1998,(6):43 |
| 针刺治疗中枢性失语症 34 例 | 乔晋琳等 | 中国针灸 | 1998,(6):49 |
| 风池穴在眼病中的临床运用 | 尹　勇等 | 中国中医药信息杂志 | 1998,(6):50 |
| 天应穴扬刺法治疗梨状肌综合症 | 邹德运等 | 中医药信息 | 1998,(6):42 |
| 针刺内关指压翳风穴治疗呃逆 | 安凤华等 | 中医药学报 | 1998,(6):27 |
| 养阴法临证运用例析 | 徐大念 | 中医药学刊 | 1998,(6):6 |
| 针刺内关穴治疗呃逆例析 | 胡德金 | 中医药学刊 | 1998,(6):35 |
| 从逆法临床运用之经验 | 沈敏南 | 中医杂志 | 1998,(6):336 |
| 巨刺针法治疗肩关节周围炎疗效观察 | 鲍铁周 | 中医正骨 | 1998,(6):41 |
| 塞因塞用通因通用治疗男科病举隅 | 余天泰 | 辽宁中医杂志 | 1998,(7):36 |
| 中医药治疗骨关节炎及其研究进展 | 高文香等 | 辽宁中医杂志 | 1998,(7):46 |
| 《内经》临证发微(一) | 王庆其 | 上海中医药杂志 | 1998,(7):12 |
| 外敷芙蓉散结合刺络拔罐治疗痛风性关节炎 32 例 | 唐宗华 | 四川中医 | 1998,(7):30 |
| 试论小儿体质与饮食调养 | 陈立翠 | 四川中医 | 1998,(7):9 |
| 颈性头痛误诊误治 1 例 | 曲佩珍等 | 现代康复 | 1998,(7):19 |
| 齐刺法治疗急慢性软组织损伤 35 例临床报告 | 张青萍 | 针灸临床杂志 | 1998,(7):25 |
| 上病下取阳陵泉的临床应用 | 朱　樵 | 针灸临床杂志 | 1998,(7):46 |
| 针灸中药熏洗治疗跟痛症 580 例 | 张庆力 | 针灸临床杂志 | 1998,(7):40 |
| 谈谈运用中医药治疗重症肌无力 | 吴以岭 | 中国残疾人 | 1998,(7):48 |
| 针刺治疗糖尿病 | 潘文奎等 | 中国社区医师 | 1998,(7):24 |
| 刺络放血疗法在眼科疾病中的运用 | 张　鸥 | 中国针灸 | 1998,(7):35 |
| 缪刺丘墟透照海治疗胸胁屏伤 98 例疗效分析 | 卢　文 | 中国针灸 | 1998,(7):53 |
| 针下关为主治疗三叉神经痛 | 徐志凤 | 中国针灸 | 1998,(7):41 |
| 颈部四穴治疗脑梗死后遗症 | 徐以增等 | 山东中医杂志 | 1998,(8):19 |
| 围刺法治疗坐骨神经痛 100 例 | 徐明堂等 | 山东中医杂志 | 1998,(8):20 |
| 逍遥散加减治疗乳腺病二则 | 党建科 | 陕西中医 | 1998,(8):374 |

| | | | |
|---|---|---|---|
| 男性不孕症治验 3 例 | 王尚文等 | 实用医技杂志 | 1998,(8):615 |
| 半刺法配合隔姜灸治疗周围性面瘫 178 例疗效分析 | 华　强等 | 针灸临床杂志 | 1998,(8):42 |
| 浮刺法及其临床应用 | 闫世德 | 针灸临床杂志 | 1998,(8):33 |
| 合谷刺法临床运用举隅 | 潘小红等 | 针灸临床杂志 | 1998,(8):41 |
| 内关穴临床应用举隅 | 钱　红 | 针灸临床杂志 | 1998,(8):46 |
| 动态针刺法配合火罐治疗落枕 51 例 | 张建伟 | 针灸临床杂志 | 1998,(8):51 |
| 太冲穴在临床急症中的应用 | 周贤华 | 针灸临床杂志 | 1998,(8):47 |
| 针刺阴陵泉穴治疗肩周炎 135 例报导 | 谢六生 | 针灸临床杂志 | 1998,(8):45 |
| 六味地黄丸加味治疗足跟痛 50 例 | 黄新社 | 中国社区医师 | 1998,(8):33 |
| 缪刺压痛点治疗痛证 142 例 | 鄢路洲 | 中国针灸 | 1998,(8):7 |
| 针刺、刺络拔罐治疗软组织损伤 75 例 | 安世罴等 | 中国针灸 | 1998,(8):32 |
| 针灸并用治疗阴缩案 | 郎福文 | 中国针灸 | 1998,(8):39 |
| 老年人夜尿频多能否运用滋肾阴法 | 赵复国 | 中医杂志 | 1998,(8):506 |
| 燮理脏腑治疗冠心病的体会 | 汪东丽 | 江苏中医 | 1998,(9):19 |
| 升陷汤应用趣谈 | 张存悌 | 辽宁中医杂志 | 1998,(9):37 |
| 近 3 年来中医治疗糖尿病概况 | 郑延辰等 | 山东中医杂志 | 1998,(9):46 |
| 治水一得 | 王庆兰等 | 山东中医杂志 | 1998,(9):40 |
| 《内经》临证发微(二) | 王庆其 | 上海中医药杂志 | 1998,(9):18 |
| 面瘫的综合治疗体会 | 胡德军 | 实用医技杂志 | 1998,(9):684 |
| 半刺疗法治疗脑溢血术后后遗症 1 例 | 吴柏华 | 现代康复 | 1998,(9):67 |
| 针刺人迎穴治验 | 梁希彬等 | 针灸临床杂志 | 1998,(9):39 |
| 针刺睛明穴治疗急性腰扭伤 89 例 | 燕金芳等 | 中国针灸 | 1998,(9):32 |
| 浅谈中医理论对肿瘤病人饮食护理的指导 | 王淑芬等 | 黑龙江医学 | 1998,(10):54 |
| 中风病人舌诊的观察与治疗 | 李桂菊 | 辽宁中医杂志 | 1998,(10):30 |
| 内关穴临床应用体会 | 周晓平 | 实用医学杂志 | 1998,(10):776 |
| 心理护理临床应用体会 | 杨玉芬等 | 实用中医药杂志 | 1998,(10):45 |
| 刺络拔罐结合外敷治疗带状疱疹 78 例 | 崔　明 | 四川中医 | 1998,(10):57 |
| 咳喘病的自我康复八法 | 吴广铮等 | 现代康复 | 1998,(10):33 |
| 小儿偏瘫验案 1 则 | 梁均文 | 新中医 | 1998,(10):53 |
| 赞刺与拔罐综合治疗虫螫伤 | 朱国庆等 | 针灸临床杂志 | 1998,(10):15 |
| 针灸治疗周围神经损伤近况 | 胡艳影 | 针灸临床杂志 | 1998,(10):48 |
| 上消化道出血以清营止血和络为法 | 曹鸣高 | 中国社区医师 | 1998,(10):32 |
| 半刺疗法治疗功能性发热 | 郭佳土 | 中国针灸 | 1998,(10):55 |
| 扶正固本在痹证治疗中的应用 | 龚以平 | 中国中医药信息杂志 | 1998,(10):17 |
| 改良锟针治疗儿科疾病临床应用 | 李　松 | 中原医刊 | 1998,(10):49 |
| 眼病辨证用药举要 | 陈卫平 | 江苏中医 | 1998,(11):42 |
| 《内经》临证发微(三) | 王庆其 | 上海中医药杂志 | 1998,(11):41 |
| 反治脾肾阳虚型尿毒症 | 杨　涛 | 四川中医 | 1998,(11):12 |
| 针灸为主治疗高位截瘫及护理 | 温佳妙 | 现代康复 | 1998,(11):99 |
| 腰椎间盘突出症的中西医康复医疗技术 | 张德元 | 现代康复 | 1998,(11):34 |
| 缪刺法为主治疗偏头痛 53 例 | 乌兰格日乐等 | 现代中西医结合杂志 | 1998,(11):1772 |
| 古方一则疗身疾　良药十味治心病 | 姜朝晖 | 医药与保健 | 1998,(11):35 |
| 耳穴贴压的临床应用 | 饶艳秋 | 针灸临床杂志 | 1998,(11):40 |
| 针灸治疗大腿外侧皮肤麻木 15 例 | 李　萍 | 针灸临床杂志 | 1998,(11):22 |
| 百会穴的临床应用 | 逯　俭 | 针灸临床杂志 | 1998,(11):34 |
| 腕踝针治疗顽固性呃逆 20 例临床观察 | 冯　岩 | 针灸临床杂志 | 1998,(11):30 |

| | | | |
|---|---|---|---|
| 大椎穴合谷刺为主治疗颈椎病120例 | 高佳植等 | 中国针灸 | 1998,(11):31 |
| 合谷刺治疗膝骨性关节炎15例 | 褚建平 | 中国针灸 | 1998,(11):35 |
| 齐刺温针加拔罐治疗臀上皮神经痛78例 | 张凤华等 | 中国针灸 | 1998,(11):30 |
| 结合辨证分型针药并用治疗面神经麻痹的总结（附25例临床疗效观察） | 刘秀林等 | 中国中医基础医学杂志 | 1998,(11):34 |
| 加味补阳还五汤治疗痹证 | 王国良 | 中国中医药信息杂志 | 1998,(11):44 |
| 针刺补泻、强弱刺激与兴奋抑制作用关系的探讨 | 廖　辉等 | 中国中医药信息杂志 | 1998,(11):4 |
| “除陈气”治疗消渴病验案 | 李　涛 | 山东中医杂志 | 1998,(12):34 |
| 涌泉穴治疗头痛20例 | 蒋少舫 | 实用医技杂志 | 1998,(12):964 |
| 用辨证反治法治疗功能性子宫出血的体会 | 武晓华 | 实用医技杂志 | 1998,(12):961 |
| 调理饮食话“四宜” | 钱伯钦 | 食品与健康 | 1998,(12):25 |
| 刺络拔罐治疗化脓性眼睑腺炎临床观察 | 尹　勇等 | 四川中医 | 1998,(12):45 |
| 齐刺、浮刺、直针刺三法结合治疗面肌痉挛33例 | 刘佩云 | 新中医 | 1998,(12):20 |
| 刺络放血并按摩眼部对外周血中T淋巴细胞的影响 | 周厚强等 | 针灸临床杂志 | 1998,(12):12 |
| 合谷刺治疗肌纤维组织炎36例 | 崔玉滢等 | 针灸临床杂志 | 1998,(12):47 |
| 临床巧用七星针拔罐 | 赵平平等 | 针灸临床杂志 | 1998,(12):40 |
| 矩阵针灸治疗脑外伤性偏瘫32例 | 张洪涛等 | 针灸临床杂志 | 1998,(12):30 |
| 运动头针治疗精神分裂症体会 | 何旭鹏 | 针灸临床杂志 | 1998,(12):33 |
| 中医心理疗法在肿瘤患者康复治疗中的应用 | 李　京等 | 中国现代医学杂志 | 1998,(12):67 |
| 刺络拔罐为主治疗酒渣鼻26例 | 徐　田等 | 中国针灸 | 1998,(12):24 |
| 刺络放血治疗老年性舌痛65例 | 黄先学等 | 中国针灸 | 1998,(12):20 |
| 滋肾柔肝、活血化瘀治疗阴茎硬结症的体会 | 夏智波 | 甘肃中医学院学报 | 1998,(S1):34 |
| 中西医结合治疗鼻窦炎临床观察 | 刘广宇等 | 内蒙古中医药 | 1998,(S1):64 |
| 电针齐刺与封闭结合治疗肱骨外上髁炎76例 | 李育红 | 云南中医中药杂志 | 1998,(S1):42 |
| 中医的心理治疗在临床中的应用研究 | 孔德荣 | 中国健康心理学杂志 | 1998,(S1):72 |
| 虚证呕吐饮食护理探讨 | 林云娥 | 中国健康心理学杂志 | 1998,(S1):131 |
| 活络效灵丹治疗顽固性疼痛临床体会 | 萧守贵 | 中国中医基础医学杂志 | 1998,(S1):226 |
| 略论中医药疗法在痛证中的地位和作用 | 廖德亮 | 中国中医基础医学杂志 | 1998,(S1):23 |
| 浅谈瘀血致痛及活血化瘀疗法在痛证中的应用 | 杨本留等 | 中国中医基础医学杂志 | 1998,(S1):41 |
| 刺络拔罐法在痛证治疗中的应用 | 王　莉 | 中国中医基础医学杂志 | 1998,(S1):184 |
| 浅谈《灵枢·经筋》对目前针灸临床认识及治疗软组织疼痛的指导作用 | 汤军燕 | 中国中医基础医学杂志 | 1998,(S1):171 |
| 四种临床痛症的治疗 | 谢华文 | 中国中医基础医学杂志 | 1998,(S1):210 |
| 循经辨治与引经用药痛证应用发微 | 徐汝奇 | 中国中医基础医学杂志 | 1998,(S1):32 |
| 中医药治疗疼痛的临床体会 | 赵德全 | 中国中医基础医学杂志 | 1998,(S1):158 |
| 重用中药治疗胆囊炎的体会 | 刘之俱 | 中国中医基础医学杂志 | 1998,(S1):113 |
| 浅谈心理治疗在临床中的应用 | 卫永琪 | 重庆师范学院学报（自然科学版） | 1998,(S1):74 |
| 《黄帝内经》指导研制美容产品 | 杨大庆 | 第二届国际传统医学美容学术大会论文集 | 1998:132 |
| 中医传统火针在美容中的研究与应用 | 张　燕 | 东南亚地区医学美容学术交流会论文汇编 | 1998:196 |
| 肺阳、阳虚饮停与小青龙汤刍议 | 张　哲 | 安徽中医临床杂志 | 1999,(1):51 |
| 自拟抗痫汤治疗癫痫32例 | 承选生 | 安徽中医临床杂志 | 1999,(1):16 |
| 周跃庭教授以固涩法治疗小儿常见顽症的经验 | 孙　波 | 北京中医 | 1999,(1):10 |
| 中医急诊医学发展的思忖 | 陈立新 | 北京中医药大学学报 | 1999,(1):23 |

| | | | |
|---|---|---|---|
| 针灸"热补凉泻法"治疗痹证96例临床观察 | 李杜非 | 成都医药 | 1999,(1):38 |
| 上病下取治口疮 | 阮时宝等 | 福建中医学院学报 | 1999,(1):5 |
| 补肾化瘀法治疗骨质疏松性腰背痛136例 | 赖绍斌等 | 福建中医药 | 1999,(1):32 |
| 阳痿的针灸治疗体会 | 刘　喆 | 甘肃中医学院学报 | 1999,(1):38 |
| 刺络疗法在五官科疾病中的应用 | 孙麦青等 | 光明中医 | 1999,(1):33 |
| 糖尿病的中药治验 | 邢兰英等 | 光明中医 | 1999,(1):50 |
| 甘温除热与温病治疗 | 黄彩平 | 广州中医药大学学报 | 1999,(1):5 |
| 应用《内经》摄生理论指导临床调养护理 | 鄢振琼等 | 贵阳中医学院学报 | 1999,(1):53 |
| 从奇经论治经验点滴 | 陈　革 | 国医论坛 | 1999,(1):19 |
| 针灸推拿治疗骨痹25例 | 孙永生 | 河南中医药学刊 | 1999,(1):45 |
| 刺络拔罐治疗蛇串疮的临床体会 | 王凤荣等 | 黑龙江中医药 | 1999,(1):46 |
| 补中益气汤临床应验4例 | 刘梅秀 | 衡阳医学院学报(医学版) | 1999,(1):102 |
| 齐刺电针治疗坐骨神经盆腔出口狭窄症 | 李建武 | 湖北中医杂志 | 1999,(1):41 |
| 少针、浅刺、重手法治疗急性腰扭伤150例 | 阳作体 | 湖北中医杂志 | 1999,(1):40 |
| 慢性病的中医护理体会 | 邱银莲 | 湖南中医杂志 | 1999,(1):55 |
| 外关巨刺法治疗踝关节扭伤89例 | 张胜球 | 湖南中医杂志 | 1999,(1):34 |
| 浅谈寒温并用治法 | 沈　辉 | 江苏中医 | 1999,(1):43 |
| 老年病及其诊治 | 李炳文 | 科技潮 | 1999,(1):71 |
| 刺络放血拔罐治疗肩周炎108例 | 裴景春等 | 辽宁中医学院学报 | 1999,(1):35 |
| 浅谈穴位在临床运用中的几个问题 | 任建宁 | 辽宁中医学院学报 | 1999,(1):36 |
| 推拿加刺络拔罐治疗肩周炎136例 | 袁相龙 | 内蒙古中医药 | 1999,(1):36 |
| "逆者正治,从者反治"在妇科的应用 | 丁　玎 | 陕西中医 | 1999,(1):47 |
| "甚者从之"对疑难杂证应用的体会 | 孟新德 | 陕西中医 | 1999,(1):40 |
| 试论通里攻下法在急腹症中的应用 | 赵晓平等 | 陕西中医学院学报 | 1999,(1):47 |
| 针灸调理情志举隅 | 曾　征等 | 上海针灸杂志 | 1999,(1):27 |
| 针刺及刺络疗法治疗颈椎病316例临床观察 | 宋秋珍等 | 天津中医学院学报 | 1999,(1):29 |
| 春季补益药膳 | 献　国 | 药膳食疗研究 | 1999,(1):35 |
| 浅谈老年人的长寿药膳 | 曾立昆 | 药膳食疗研究 | 1999,(1):37 |
| 天柱穴傍针刺治疗颈性偏头痛52例临床观察 | 朱国祥 | 云南中医学院学报 | 1999,(1):50 |
| 胆胃相关疾病的治疗体会 | 陈　伟 | 浙江中医杂志 | 1999,(1):14 |
| 巨刺对应点配合局部针刺治疗经筋病30例 | 褚建平 | 浙江中医杂志 | 1999,(1):20 |
| 齐刺、电针、艾条灸治疗腱鞘炎153例 | 曹晓滨 | 针灸临床杂志 | 1999,(1):44 |
| 闪火加浮针围刺法治疗带状疱疹30例 | 王曼苏 | 中国民间疗法 | 1999,(1):5 |
| 通络逐痹治狼疮 | 李学增 | 中国社区医师 | 1999,(1):22 |
| 刺络拔罐治疗离心性环状红斑30例 | 郎福文等 | 中国针灸 | 1999,(1):34 |
| 针刺天鼎治疗膈肌痉挛62例 | 侯振民 | 中国针灸 | 1999,(1):39 |
| 中医脾胃学说及临床应用 | 黄鑫锦 | 中国中西医结合脾胃杂志 | 1999,(1):37 |
| 脾胃学说在儿科临床的应用探讨 | 尹淑香 | 中国中医基础医学杂志 | 1999,(1):49 |
| 治疗全身性疾病的中药鼻腔给药研究进展 | 李爱群 | 中医外治杂志 | 1999,(1):44 |
| 火针治疗虫咬皮炎 | 李红珍等 | 中医外治杂志 | 1999,(1):33 |
| 巨刺法在中风偏瘫治疗中的选择应用 | 范刚启 | 中医文献杂志 | 1999,(1):48 |
| 活血诸法在外科的变通应用 | 杨素清等 | 中医药学报 | 1999,(1):10 |
| 朱进忠运用天人相应理论治疗内科杂病验案举隅 | 王　琴 | 中医药研究 | 1999,(1):1 |
| 胃肠病反治验案4则 | 何晓晖 | 中医杂志 | 1999,(1):21 |
| 临床运用从治法举隅 | 江启龙 | 安徽中医临床杂志 | 1999,(2):113 |

| | | | |
|---|---|---|---|
| 按摩应用五输穴的临床体会 | 董乃相等 | 按摩与导引 | 1999,(2):9 |
| 贺普仁应用单穴治病特点选介 | 程海英 | 北京中医 | 1999,(2):43 |
| 天突穴刺法述要 | 齐立洁等 | 北京中医药大学学报 | 1999,(2):76 |
| 瘘症的针灸治疗 | 彭荣琛 | 北京中医药大学学报（中医临床版） | 1999,(2):10 |
| 巨刺法治疗面肌目闰动的观察 | 呼亚玲等 | 长治医学院学报 | 1999,(2):57 |
| 夏秋季节治疗哮喘的疗效比较观察 | 陈　铭等 | 福建中医学院学报 | 1999,(2):21 |
| 阳跻脉穴临床应用举隅 | 卢正旗等 | 光明中医 | 1999,(2):46 |
| 临证论治贵在知常达变 | 顾叔贤 | 贵阳中医学院学报 | 1999,(2):3 |
| 婴儿出生节律的探讨 | 武艳华等 | 河北北方学院学报（医学版） | 1999,(2):58 |
| 补中益气法治疗膀胱咳 32 例 | 孙立亭 | 河南中医 | 1999,(2):36 |
| 丰隆穴临床功效探究 | 吴　琛 | 河南中医 | 1999,(2):59 |
| 通腑泄热法在治疗肺系疾病中的运用 | 侯延平 | 湖北中医杂志 | 1999,(2):26 |
| 迎随补泻针刺法治疗尿潴留 38 例 | 余腊梅 | 湖南中医杂志 | 1999,(2):38 |
| 反治验案三则 | 靖　虎 | 江苏中医 | 1999,(2):37 |
| 火郁发之指导火热病治疗探微 | 由凤鸣 | 辽宁中医杂志 | 1999,(2):9 |
| 补肾法在妇科病治疗中的应用 | 白兴华等 | 内蒙古中医药 | 1999,(2):19 |
| “果蔬疗法”应用于康复医疗护理 | 李　莉 | 齐鲁护理杂志 | 1999,(2):72 |
| 中医辨证治疗眩晕证 38 例临床观察 | 王兆伟 | 山西临床医药 | 1999,(2):97 |
| 火针治疗棘上韧带炎 59 例 | 毛银芳 | 山西医科大学学报 | 1999,(2):92 |
| 通腑法治疗疑难病 | 涂华中等 | 陕西中医 | 1999,(2):76 |
| 刺络拔罐法治疗丹毒疗效分析 | 张毅明等 | 上海针灸杂志 | 1999,(2):16 |
| 耳穴贴压为主治疗痤疮 36 例 | 李桂松等 | 上海针灸杂志 | 1999,(2):29 |
| 密集型针刺加灸法治疗网球肘 62 例 | 金远林 | 深圳中西医结合杂志 | 1999,(2):39 |
| 老年病人中医心理护理 2 则 | 孙　克 | 实用中医内科杂志 | 1999,(2):45 |
| 针灸治疗尿潴留 30 例 | 廉冠忠 | 天津中医 | 1999,(2):38 |
| 刺络放血疗法在儿科临床中的应用举隅 | 康彦丽 | 天津中医学院学报 | 1999,(2):31 |
| 耳聋病人情志护理探讨 | 李　莉 | 现代康复 | 1999,(2):117 |
| 耳穴贴压法治疗小儿遗尿症 21 例 | 王林英 | 新疆中医药 | 1999,(2):22 |
| 论中医临床思维的逻辑方法及其运用 | 卓同年等 | 新疆中医药 | 1999,(2):1 |
| 调食调眠当知节 | 沈　红等 | 医古文知识 | 1999,(2):18 |
| 湿证治疗心得 | 阚佑骞 | 云南中医学院学报 | 1999,(2):36 |
| 梅花针叩刺治愈坐骨神经损伤 1 例 | 郝占芳等 | 针灸临床杂志 | 1999,(2):29 |
| 针灸合推拿治疗面瘫 167 例 | 焦乃军 | 中国民间疗法 | 1999,(2):23 |
| 疏理经筋法治疗中风偏瘫 | 夏　纪 | 中国民间疗法 | 1999,(2):4 |
| 辨证论治五步治验 | 刘淑琴 | 中国医药学报 | 1999,(2):74 |
| 半刺法治疗小儿脑性瘫痪 20 例临床观察 | 余伯亮 | 中国针灸 | 1999,(2):15 |
| 单刺百会穴治疗少年手颤案 | 罗燕楠 | 中国针灸 | 1999,(2):45 |
| 运用通因通用法治疗崩漏症一得 | 许振州等 | 中医函授通讯 | 1999,(2):29 |
| 活血化瘀八法在妇科的运用 | 李　颖等 | 中医研究 | 1999,(2):33 |
| 甘温扶阳法临床举隅 | 杨晓梅等 | 中医药信息 | 1999,(2):3 |
| 实脾法治疗肝硬化腹水的体会 | 李凤华等 | 中医药信息 | 1999,(2):29 |
| 反治法在中医妇产科临床的应用体会 | 陈丽娟等 | 中医药学报 | 1999,(2):36 |
| 巨刺法治疗中风偏瘫 86 例疗效观察 | 刘　华等 | 中医药研究 | 1999,(2):55 |
| “诸寒之而热者取之阴”的临床运用体会 | 何国梁 | 中医杂志 | 1999,(2):76 |

| | | | |
|---|---|---|---|
| 骶髂刺治疗腰骶部疼痛疗效观察 | 靳建宁 | 北京中医 | 1999,(3):40 |
| 拔法验案3则 | 田忆芳 | 成都中医药大学学报 | 1999,(3):48 |
| 鼻通穴刺络疗法治疗血管运动性鼻炎23例 | 方小玲等 | 福建中医学院学报 | 1999,(3):27 |
| 巨刺治疗面瘫130例 | 张 敏等 | 福建中医药 | 1999,(3):43 |
| 论"宣畅少阳"在治疗郁证中的应用 | 谢 光 | 甘肃中医 | 1999,(3):3 |
| 汗证治验三得 | 张 健等 | 贵阳中医学院学报 | 1999,(3):33 |
| "阴平阳秘"针刺法治疗中风的临床研究 | 刘蔚文等 | 河北中医 | 1999,(3):165 |
| 舌缨线与七情致病的初步观察 | 赵振兴等 | 河北中医药学报 | 1999,(3):7 |
| 刺络拔罐法治疗痔疮30例 | 卜彤文等 | 河北中医药学报 | 1999,(3):40 |
| 中西医结合治疗退化期骨质疏松症21例 | 詹绪祥 | 湖北民族学院学报(医学版) | 1999,(3):64 |
| 疏肝理气法治疗失眠的体会 | 裴丽侠 | 湖北中医杂志 | 1999,(3):28 |
| 加减归地二陈汤治疗膀胱咳118例 | 林 勤等 | 吉林中医药 | 1999,(3):34 |
| 运用通下法勿拘于结粪 | 许正春 | 吉林中医药 | 1999,(3):63 |
| 慢性肝病从脾胃调治六法 | 史亚祥 | 江苏中医 | 1999,(3):45 |
| 围刺加电针治疗肱骨外上髁炎41例 | 沈蓉蓉等 | 交通医学 | 1999,(3):419 |
| 从通降论治呕吐七法 | 骆新柱 | 青海医药杂志 | 1999,(3):57 |
| 针刺治疗胃肠道术后疼痛 | 周延民等 | 山东医药 | 1999,(3):55 |
| 补肾化瘀法在中医脑病中的运用 | 徐才华 | 上海中医药杂志 | 1999,(3):17 |
| 针刺以醒神为主治小儿遗尿 | 杨丽美 | 四川中医 | 1999,(3):51 |
| 浅谈利胆法的临床应用 | 张德祥 | 天津中医学院学报 | 1999,(3):25 |
| 针刺法在急症治疗中的临床应用 | 蔡 煦 | 天津中医学院学报 | 1999,(3):36 |
| "木郁达之"的临床应用心得 | 高丕显 | 新疆中医药 | 1999,(3):50 |
| 独取阴经穴治疗中风偏瘫45例临床观察 | 李静铭 | 新中医 | 1999,(3):23 |
| 扬刺合药物走罐治疗股外侧皮神经炎39例 | 陈玉飞 | 浙江中医杂志 | 1999,(3):127 |
| 刺络拔罐加敷追风散治疗背肌筋膜炎180例 | 吴友平 | 针灸临床杂志 | 1999,(3):52 |
| 经筋刺法在临床中的应用 | 李春梅等 | 针灸临床杂志 | 1999,(3):41 |
| 耳穴点刺治疗眼疾的体会 | 刘树岩 | 针灸临床杂志 | 1999,(3):50 |
| 针刺后溪穴治疗急性颈部扭伤 | 张玉珍 | 针灸临床杂志 | 1999,(3):36 |
| 泻下法治疗血证的体会 | 刘建新 | 中国医药学报 | 1999,(3):48 |
| 电针巨刺判断周围性面神经炎预后48例 | 吴 峻 | 中国针灸 | 1999,(3):31 |
| 针灸治疗耳聋的现代研究概况 | 周庆辉等 | 中国针灸 | 1999,(3):57 |
| 针刺舌根治疗失音23例报告 | 孙 敏等 | 中国中西医结合耳鼻咽喉科杂志 | 1999,(3):130 |
| "输刺"的临床应用 | 贾文旭等 | 中国中医药信息杂志 | 1999,(3):15 |
| 按摩疗法在急腹症中的应用探讨 | 徐文锋 | 中国中医药信息杂志 | 1999,(3):17 |
| 刺络拔罐验案四则 | 周 清 | 中医外治杂志 | 1999,(3):38 |
| 手法配合摩药治疗冻结肩74例 | 韩元龙等 | 中医外治杂志 | 1999,(3):10 |
| 运气学说临床应用举隅 | 刘玉芝等 | 中医研究 | 1999,(3):25 |
| 刺络放血治疗Ⅰ、Ⅱ期高血压病的临床观察 | 王凤艳等 | 中医药学报 | 1999,(3):46 |
| 滋阴降火治疗老年心脑血管病举隅 | 尹修海 | 中医杂志 | 1999,(3):144 |
| 大椎穴刺络拔罐加耳穴贴压治疗痤疮69例 | 杨 洁等 | 中原医刊 | 1999,(3):20 |
| 针刺腰痛穴治疗急性腰扭伤61例 | 董爱丽等 | 中原医刊 | 1999,(3):58 |
| 电针巨刺配合按摩治疗肩周炎体会 | 高 云 | 按摩与导引 | 1999,(4):11 |
| 上病下取穴推拿治疗落枕 | 魏俊才 | 按摩与导引 | 1999,(4):23 |
| 难治性呼吸道感染的内病外治 | 杨瑞敏等 | 按摩与导引 | 1999,(4):49 |

| | | | |
|---|---|---|---|
| 穴位按摩治疗顽固呃逆 | 许卫国等 | 按摩与导引 | 1999,(4):20 |
| 刺络放血疗法的临床应用 | 刘翠英 | 北京中医 | 1999,(4):46 |
| 傍针刺中极穴和秩边穴治疗慢性前列腺炎 | 吴立红等 | 东南国防医药 | 1999,(4):32 |
| 傍针刺治疗梨状肌综合征 40 例 | 钟泽鑫 | 福建中医药 | 1999,(4):26 |
| 经筋疗法治疗偏头痛 33 例 | 林　滨 | 福建中医药 | 1999,(4):23 |
| 浅论"甘温扶阳法"及其临床应用 | 戴小池 | 甘肃中医 | 1999,(4):15 |
| 浅齐刺为主治疗周围性面神经麻痹 170 例 | 关　怀等 | 广西中医药 | 1999,(4):34 |
| 半刺法治疗小儿风寒感冒 126 例 | 张　昕 | 黑龙江中医药 | 1999,(4):51 |
| 运气学说预测全球性流感大流行初探 | 王奕功等 | 湖南中医杂志 | 1999,(4):52 |
| 肩髃穴合谷刺为主治疗肩周炎 62 例 | 陈章妹等 | 江苏大学学报(医学版) | 1999,(4):145 |
| 浅论便秘施治 | 王天龙 | 陕西中医 | 1999,(4):172 |
| 癌痛的针灸治疗思路 | 符文彬等 | 上海针灸杂志 | 1999,(4):34 |
| 刺络拔罐法治疗痤疮 326 例 | 刘超卿 | 上海针灸杂志 | 1999,(4):35 |
| 通里攻下法在急腹症治疗及康复中的应用 | 田季春 | 现代康复 | 1999,(4):98 |
| 2 例运用通因通用治则的临床体会 | 陈亦云 | 现代中西医结合杂志 | 1999,(4):582 |
| 芳香化湿法治疗病毒性肝炎 28 例临床体会 | 李春亮 | 张家口医学院学报 | 1999,(4):109 |
| 胃脘痛的心理治疗 | 王小奇 | 浙江临床医学 | 1999,(4):243 |
| 傍针刺加艾条灸治疗弹响指 72 例 | 高泉明 | 针灸临床杂志 | 1999,(4):35 |
| 火针治疗扁平疣 120 例疗效观察 | 邢伟莺 | 针灸临床杂志 | 1999,(4):33 |
| 针刺加拔罐治疗漏肩风 158 例 | 朱　赤 | 针灸临床杂志 | 1999,(4):17 |
| 中医药治疗肺癌的体会 | 连　华等 | 中国临床医生 | 1999,(4):47 |
| 刺络法治疗乳腺炎 152 例 | 桑希清 | 中国民间疗法 | 1999,(4):19 |
| 通络法在治疗Ⅱ型糖尿病中的应用 | 王文成 | 中国医药学报 | 1999,(4):45 |
| 《内经》多针刺法临床应用体会 | 张进成 | 中国针灸 | 1999,(4):63 |
| 耳穴贴压治疗胆石症疗效观察 | 郑洁容等 | 中国针灸 | 1999,(4):61 |
| 近十年针灸治疗眼科疾病临床研究概况 | 孔昭遐 | 中国针灸 | 1999,(4):57 |
| 刺络法加金黄散外敷治疗下肢丹毒局部皮肤硬肿 13 例 | 胡建中等 | 中医外治杂志 | 1999,(4):19 |
| 针灸治疗神经官能症例案 2 则 | 侯晓雯 | 中医药学报 | 1999,(4):42 |
| 咳喘病的冬病夏治 | 张鹏飞 | 中医杂志 | 1999,(4):252 |
| 针刺足阳明经四白、内庭对胃蠕动功能的影响 | 常小荣等 | 中医杂志 | 1999,(4):217 |
| 李济仁医案 3 则 | 李智发 | 安徽中医临床杂志 | 1999,(5):332 |
| 浅谈推拿手法在针刺法中的应用 | 王　毅 | 按摩与导引 | 1999,(5):46 |
| 贺普仁用火针治疗筋瘤 42 例临床报道 | 张晓霞 | 北京中医 | 1999,(5):5 |
| 补虚验案 2 则 | 董炽彬 | 北京中医药大学学报 | 1999,(5):64 |
| 刺络放血疗法治疗银屑病 500 例疗效分析 | 赵　晖等 | 黑龙江医药科学 | 1999,(5):88 |
| 巨刺后溪治疗颈项强痛 28 例 | 何兴伟 | 江西中医药 | 1999,(5):31 |
| 针刺加刺络拔罐治周围性面瘫 80 例 | 余　蕾等 | 江西中医药 | 1999,(5):45 |
| 《灵枢·官针》刺法治疗中风后遗症从师临证一得 | 董　勤等 | 南京中医药大学学报(自然科学版) | 1999,(5):53 |
| 《灵枢经》"输刺"法辨析及其临床运用 | 李淑真等 | 山西中医 | 1999,(5):33 |
| 肾虚血瘀是妇女更年期综合征的病理基础 | 张昱等 | 陕西中医 | 1999,(5):239 |
| 《内经》五输穴临床应用规律初探 | 郑少祥 | 陕西中医学院学报 | 1999,(5):19 |
| 刺络拔罐法治疗急性痛风 39 例 | 陈　雷等 | 上海针灸杂志 | 1999,(5):30 |
| 黄芪桂枝五物汤加味治疗颈椎病 48 例 | 刘珍华等 | 时珍国医国药 | 1999,(5):47 |
| 以情胜情法治疗情志病举隅 | 梁国印 | 实用中医药杂志 | 1999,(5):43 |
| 刺络拔罐治疗肩周炎 100 例疗效观察 | 高淑红等 | 天津中医 | 1999,(5):31 |

| | | | |
|---|---|---|---|
| 以情胜情疗法在男性不育症中的应用 | 李志梁 | 新中医 | 1999,(5):49 |
| 刺络拔罐治疗带状疱疹40例 | 罗　艳 | 医学文选 | 1999,(5):809 |
| 傍针刺中极、秩边穴治疗慢性前列腺炎110例临床观察 | 吴立红等 | 针灸临床杂志 | 1999,(5):28 |
| 刺络拔罐法治疗老年性膝关节病120例 | 宋亚光 | 针灸临床杂志 | 1999,(5):25 |
| 刺络拔罐治疗腰三横突综合征105例 | 罗　平等 | 针灸临床杂志 | 1999,(5):33 |
| 齐刺加灸治疗慢性伤筋80例 | 张凤霄 | 针灸临床杂志 | 1999,(5):36 |
| 针刺四关穴治疗呃逆38例 | 李雪萍 | 针灸临床杂志 | 1999,(5):47 |
| 从者反治临证刍议 | 张玉波等 | 中医函授通讯 | 1999,(5):22 |
| 情志护理临证体会 | 梁晓语等 | 中医函授通讯 | 1999,(5):60 |
| 针刺治疗风阳上扰眩晕 | 刘志安 | 中医药研究 | 1999,(5):35 |
| 甘温除热法在温病中的应用 | 黄彩平 | 中医杂志 | 1999,(5):266 |
| 《内经》"脑、髓"说对"中风病"针灸防治方法选择的指导作用 | 杨宝琴 | 北京中医药大学学报 | 1999,(6):16 |
| 不同时辰电针十二经五输穴与内关穴对正常人体免疫功能的影响 | 李　磊等 | 北京中医药大学学报 | 1999,(6):28 |
| 巨刺法为主治疗幻肢痛 | 刘云霞 | 北京中医药大学学报 | 1999,(6):65 |
| 治淋体会点滴 | 丁元庆 | 光明中医 | 1999,(6):9 |
| 丹栀逍遥散加减治疗失音66例 | 张　炜等 | 河南中医药学刊 | 1999,(6):61 |
| 调气理血法用于治疗冠心病 | 陈洪潮等 | 黑龙江中医药 | 1999,(6):19 |
| 经筋理论与面瘫治疗探析 | 刘德昌 | 辽宁中医学院学报 | 1999,(6):50 |
| 试论阴虚血瘀及滋阴活血法 | 刘　健等 | 南京中医药大学学报(自然科学版) | 1999,(6):331 |
| 心包经心经与心相关规律的研究分析——经穴针刺的系统调节作用 | 田岳凤等 | 山西中医 | 1999,(6):27 |
| "气反"理论在临床上的运用 | 沈经宇 | 上海中医药杂志 | 1999,(6):42 |
| 慢性肺原性心脏病缓解期扶正固本疗法临床体会 | 黄桂贞等 | 实用医技杂志 | 1999,(6):470 |
| 刺络拔罐法治疗痔疮30例 | 卜彤文等 | 现代中西医结合杂志 | 1999,(6):951 |
| 反治验案3则 | 靖　虎 | 新中医 | 1999,(6):50 |
| 针灸治疗腰三横突综合征45例 | 周贤华 | 浙江中医杂志 | 1999,(6):35 |
| 针刺加刺络拔罐治疗周围性面瘫80例临床观察 | 余　蕾等 | 针灸临床杂志 | 1999,(6):21 |
| 带脉、命门二穴治疗带脉病的体会 | 张冬云 | 针灸临床杂志 | 1999,(6):45 |
| 推拿、针刺、拔罐治疗软组织损伤65例 | 彭胜滨 | 针灸临床杂志 | 1999,(6):18 |
| 巨针巨刺治疗缺血性脑血管病78例疗效分析 | 刘军光等 | 中国针灸 | 1999,(6):18 |
| 针刺治疗遗尿症32例 | 钱勤贤 | 中国针灸 | 1999,(6):56 |
| 调理奇经治不孕 | 戴冬生 | 中国中医药信息杂志 | 1999,(6):63 |
| 短刺夹脊穴治疗腰椎间盘突出症61例 | 高　洁 | 中国中医药信息杂志 | 1999,(6):57 |
| 活血化瘀法在骨科手术前后的应用 | 智　良等 | 中国中医药信息杂志 | 1999,(6):44 |
| 临证治疗血虚十法探要 | 金国健 | 中医函授通讯 | 1999,(6):41 |
| 热证实施灸法浅议 | 李　珊等 | 中医函授通讯 | 1999,(6):51 |
| 毛刺治疗急性期面神经麻痹38例 | 王金英 | 中医研究 | 1999,(6):56 |
| 妇科临床中苦泄辛开法的应用 | 王金生 | 中医药信息 | 1999,(6):19 |
| 提高"烧山火"、"透天凉"针法成功率的体会 | 梁书忠 | 湖北中医杂志 | 1999,(7):4 |
| 巨刺绝骨治疗下肢截肢后残肢端痛6例 | 赵海音 | 湖北中医杂志 | 1999,(7):1 |
| 饮食调理,祛病之道 | 赵　霖等 | 科技潮 | 1999,(7):84 |
| 齐刺加灸治疗肱骨外上髁炎65例 | 魏　冉 | 辽宁中医杂志 | 1999,(7):35 |
| 中医理论与饮食护理探析 | 王慧敏 | 辽宁中医杂志 | 1999,(7):45 |

| | | | |
|---|---|---|---|
| 试论“气反者”及其治法举隅 | 饶宏孝 | 上海中医药杂志 | 1999,(7):16 |
| 治宗《内经》擅用益气养阴法治疗外科疾患的夏少农 | 上海市卫生局中医处 | 上海中医药杂志 | 1999,(7):33 |
| 对突聋患者的辨证施护 | 马文杰 | 现代康复 | 1999,(7):80 |
| 中风验案2则 | 卫　东 | 医学理论与实践 | 1999,(7):419 |
| 短刺法加温针灸治疗腰三横突综合症45例临床观察 | 周贤华 | 针灸临床杂志 | 1999,(7):47 |
| 针刺手背奇穴结合刺络拔罐治疗急性腰扭伤86例 | 汪洪明 | 针灸临床杂志 | 1999,(7):26 |
| 多向刺法为主治疗椎管外软组织损害性疼痛32例 | 汤军燕 | 针灸临床杂志 | 1999,(7):49 |
| 灸法验案2则 | 刘承国等 | 针灸临床杂志 | 1999,(7):63 |
| 太溪穴应用3则 | 赵　静等 | 针灸临床杂志 | 1999,(7):58 |
| 恢刺、齐刺、扬刺在痛痹中的应用 | 院崔晰等 | 针灸临床杂志 | 1999,(7):41 |
| 呼吸补泻法治疗胁肋痛42例 | 左秀玲 | 中国针灸 | 1999,(7):30 |
| 神经性厌食症的治疗体会 | 戎绍奎 | 中国中医药信息杂志 | 1999,(7):65 |
| 浅刺法的临床应用及理论意义 | 陆寿康 | 中医杂志 | 1999,(7):443 |
| 温阳通经法治疗骨伤后期肿胀 | 倪康裕 | 中医正骨 | 1999,(7):44 |
| 痢疾的辨治 | 江克明 | 开卷有益.求医问药 | 1999,(8):16 |
| 试论《内经》调神理论在针灸临床中的应用 | 田雁华等 | 陕西中医 | 1999,(8):368 |
| 舌病验案五则 | 于　飞 | 时珍国医国药 | 1999,(8):62 |
| 试谈阿是穴及其临床应用 | 杨道华等 | 时珍国医国药 | 1999,(8):88 |
| “通因通用”法的临床妇科运用 | 曲艳妮 | 天津医药 | 1999,(8):504 |
| 刺络拔罐治疗痤疮30例 | 袁云霞 | 中国民间疗法 | 1999,(8):10 |
| 经刺法治疗腰扭伤50例 | 严德庆 | 中国民间疗法 | 1999,(8):8 |
| 齐刺加艾灸治疗肱骨外上髁炎35例疗效观察 | 李占东等 | 中国针灸 | 1999,(8):26 |
| 扬刺法配合TDP治疗棘间韧带损伤42例 | 陆彦春等 | 中国针灸 | 1999,(8):65 |
| 七星针加火罐治疗肩关节周围炎50例 | 闫　滨 | 湖南中医药导报 | 1999,(9):25 |
| 以《内经》理论指导临床实践 | 雷清震 | 科学中国人 | 1999,(9):28 |
| “有故无殒亦无殒”临证应用举隅 | 刘乃元等 | 陕西中医 | 1999,(9):411 |
| 刺络放血法治疗咽喉急症 | 单宝枝 | 上海中医药杂志 | 1999,(9):40 |
| 三脘辨证法治疗慢性胃炎 | 吴雄志 | 四川中医 | 1999,(9):7 |
| 针刺配合按摩治疗偏瘫118例临床观察 | 王金星等 | 现代中西医结合杂志 | 1999,(9):1485 |
| 温针合谷刺治疗慢性腰肌劳损42例 | 佟秋芬等 | 针灸临床杂志 | 1999,(9):23 |
| 针灸散法治疗哮喘病 | 彭荣琛 | 中国医刊 | 1999,(9):47 |
| 刺络拔罐治疗急性扁桃腺炎25例 | 王天颖等 | 中国针灸 | 1999,(9):24 |
| 羌活善治中风偏瘫 | 朱树宽 | 中医杂志 | 1999,(9):519 |
| 浅谈消渴病预防及饮食疗法 | 陈裕传等 | 陕西中医 | 1999,(10):480 |
| 滋水清金法治疗虚证失音 | 钱　胜等 | 时珍国医国药 | 1999,(10):774 |
| 关冲穴点刺出血治疗耳带状疱疹34例 | 蔡　斐 | 针灸临床杂志 | 1999,(10):48 |
| 试述足太阳膀胱经及临床证治 | 安培祯 | 针灸临床杂志 | 1999,(10):8 |
| 学习古代针法治疗急性闭合性软组织损伤临床体会 | 王立存 | 针灸临床杂志 | 1999,(10):21 |
| 巨刺法为主治疗面肌抽搐临床观察 | 丘红燕 | 中国针灸 | 1999,(10):19 |
| 浅谈循经辨证在中医临诊的应用 | 林韶冰等 | 中国针灸 | 1999,(10):33 |
| 补气为主治疗遗传性共济失调体会 | 卢　明等 | 中医杂志 | 1999,(10):591 |
| 论从肾治疗老年脑病 | 常士珍 | 湖北中医杂志 | 1999,(11):500 |
| 周身窜痛治验 | 钱金钊 | 江苏中医 | 1999,(11):24 |
| 眩晕的痰瘀论治 | 王瑞霞 | 临床医学 | 1999,(11):36 |
| 心理调适与气功美容 | 蔡铭锋 | 气功 | 1999,(11):518 |

| | | | |
|---|---|---|---|
| 络刺拔罐法治疗痤疮124例体会 | 张源萍 | 青海医药杂志 | 1999,(11):47 |
| 清热解毒活血通络法治疗活动性类风湿性关节炎初探 | 王义军 | 陕西中医 | 1999,(11):508 |
| 酸胜甘法治疗糖尿病初探 | 李秋梅等 | 时珍国医国药 | 1999,(11):883 |
| 益气滋阴清热治疗糖尿病举隅 | 古　力 | 四川中医 | 1999,(11):26 |
| 胃癌的中医治疗进展 | 邱佳信等 | 医学理论与实践 | 1999,(11):625 |
| 缪刺经验穴压痛点治疗痛症142例 | 高素秋 | 浙江中医杂志 | 1999,(11):34 |
| 试论小儿表证发厥 | 余勇刚等 | 浙江中医杂志 | 1999,(11):9 |
| 缪刺巨刺法临床应用 | 袁鹤庭 | 针灸临床杂志 | 1999,(11):38 |
| 六经辨证法在针灸治疗头痛中的运用 | 诸毅晖 | 针灸临床杂志 | 1999,(11):8 |
| 针腰痛穴委中穴治疗急性腰扭伤疗效比较分析 | 谢六生 | 针灸临床杂志 | 1999,(11):45 |
| 廉泉穴合谷刺为主治疗中风语言不利186例 | 杨彤丽等 | 中国针灸 | 1999,(11):16 |
| 中医治疗子宫内膜异位症的临床研究进展 | 单润琴 | 中国中医药信息杂志 | 1999,(11):17 |
| 谭一松运用《内经》理论治疗杂病的经验 | 张同远 | 湖北中医杂志 | 1999,(12):531 |
| 输刺法配合电针治疗腰痛30例疗效观察 | 李向华 | 现代中西医结合杂志 | 1999,(12):2017 |
| 从治病求本谈IgA肾病的治疗 | 余仁欢等 | 新中医 | 1999,(12):46 |
| 短刺法加温针灸在临床中的应用 | 周贤华 | 浙江中医杂志 | 1999,(12):30 |
| 齐刺为主治疗冈下肌综合症34例临床分析 | 武小惠等 | 针灸临床杂志 | 1999,(12):20 |
| 对中医理论体系建立与发展之管见 | 崔昌源 | 中国医刊 | 1999,(12):44 |
| 刺络拔罐加针刺治疗痛风性关节炎38例 | 韩淑萍 | 中国针灸 | 1999,(12):32 |
| 短刺加电针对腰椎间盘突出症血液流变学指标改变的观察 | 欧阳八四 | 中国针灸 | 1999,(12):19 |
| "疏肝达脾"对糖尿病治疗的指导意义 | 李瀚旻等 | 中国中医药信息杂志 | 1999,(12):13 |
| 经筋手疗法——颈部疼痛的治疗探讨 | 洪启荣等 | 广西中医药 | 1999,(S1):66 |
| 经筋手疗法——颈肩背疼痛的机理探讨 | 陈朝乡等 | 广西中医药 | 1999,(S1):68 |
| 经筋手疗法——腰部疼痛的治疗探讨 | 柯志忠等 | 广西中医药 | 1999,(S1):71 |
| 经筋手疗法——腰腿痛的治疗探讨 | 陈科蓉等 | 广西中医药 | 1999,(S1):72 |
| 手法治疗儿童抽搐症一例 | 洪　云等 | 广西中医药 | 1999,(S1):58 |
| 整体医学观与骨盆整体整复 | 林树芬 | 广西中医药 | 1999,(S1):48 |
| 妇科病从肾论治举隅 | 王世红 | 湖北中医杂志 | 1999,(S1):91 |
| 浅论老年病用药双向配伍法 | 韩　旭 | 湖北中医杂志 | 1999,(S1):8 |
| 针刺治疗顽固性呃逆 | 王尔文等 | 淮海医药 | 1999,(S1):76 |
| 定时发病治验2则 | 蒋　富 | 内蒙古中医药 | 1999,(S1):28 |
| 甘温除热法治疗小儿气虚发热 | 吕　英 | 内蒙古中医药 | 1999,(S1):41 |
| 针灸辨证论治的临床体会 | 李书林 | 内蒙古中医药 | 1999,(S1):56 |
| 制木安金法治疗顽固性咳嗽2例 | 王仕林等 | 内蒙古中医药 | 1999,(S1):38 |
| 九刺法的临床应用 | 霍则军 | 中成药 | 1999,(S1):51 |
| 浅谈老年患者的康复护理 | 张祝强等 | 中国健康心理学杂志 | 1999,(S1):101 |
| 从毒论治消渴病初探 | 杨　君等 | 全国第五次中医糖尿病学术大会论文集 | 1999:264 |
| 从阳虚论治消渴病初探 | 姜　颖等 | 全国第五次中医糖尿病学术大会论文集 | 1999:318 |
| 消渴病的中医论治 | 王家明等 | 全国第五次中医糖尿病学术大会论文集 | 1999:333 |
| 谈谈体质针法的临床意义 | 沙剑轲 | 中国针灸学会全国中青年针灸推拿学术经验交流会 | 1999:54 |

| | | | |
|---|---|---|---|
| 火针治疗痉挛症 | 陈　伟 | 中国针灸学会全国中青年针灸推拿学术经验交流会论文汇编 | 1999:171 |
| 齐刺针法治疗坐骨神经盆腔出口狭窄症 | 李建武等 | 中国针灸学会全国中青年针灸推拿学术经验交流会论文汇编 | 1999:160 |
| 齐刺加火罐治疗梨状肌综合征58例 | 林业焱 | 安徽中医临床杂志 | 2000,(1):55 |
| 推拿加刺络拔罐法治疗漏肩风86例 | 彭玉初 | 按摩与导引 | 2000,(1):23 |
| 左右交替针刺治疗周围性面瘫168例疗效观察 | 张福顺 | 北京中医药大学学报(中医临床版) | 2000,(1):31 |
| 段光周教授三部法辨治外感咳嗽经验 | 吴雄志 | 长春中医学院学报 | 2000,(1):11 |
| 冬天老年人生活十忌 | 姚继霞 | 长　寿 | 2000,(1):38 |
| 刺络放血为主治疗痛症32例 | 周厚强等 | 成都中医药大学学报 | 2000,(1):37 |
| 386例石淋猝发肾绞痛的时间与人体阴阳昼夜节律初探 | 吴天浪等 | 成都中医药大学学报 | 2000,(1):23 |
| 扬刺加温针治疗风湿性膝关节炎58例 | 姚聪英 | 福建医药杂志 | 2000,(1):118 |
| 谈安胎法运用 | 贾遇春 | 光明中医 | 2000,(1):7 |
| 针刺为主治疗胆石症50例临床观察 | 刘松敏等 | 哈尔滨医药 | 2000,(1):58 |
| 中药治愈经漏7年1例 | 陶桂芳 | 河北职工医学院学报 | 2000,(1):54 |
| 巨刺法治疗脑梗塞40例 | 孙　阳 | 黑龙江中医药 | 2000,(1):57 |
| 谈脾道胃话临床 | 张耀庭 | 黑龙江中医药 | 2000,(1):39 |
| 刺络拔罐治疗慢性筋膜炎104例 | 王小军 | 湖南中医药导报 | 2000,(1):31 |
| 药灸治疗肱骨外上髁炎37例 | 冯庆辉 | 吉林中医药 | 2000,(1):51 |
| 浅谈老年病辨治 | 蔡金波 | 江西中医药 | 2000,(1):51 |
| 热因热用、塞因塞用法临证治验 | 李金萱 | 交通医学 | 2000,(1):102 |
| 夜游症治验1例 | 曾伟刚等 | 井冈山医专学报 | 2000,(1):60 |
| 如何防范精神疾患 | 张振国 | 开卷有益.求医问药 | 2000,(1):43 |
| 《内经》"治痿独取阳明"理论在针灸临床中的运用 | 陈治德 | 科学中国人 | 2000,(1):47 |
| 塞因塞用临证举隅 | 汤亚明 | 辽宁中医杂志 | 2000,(1):36 |
| 针灸治疗癔病性呃逆1例体会 | 张志伟 | 临床心身疾病杂志 | 2000,(1):14 |
| "先病而后生中满者治其标"临床运用体会 | 杨成居 | 陕西中医 | 2000,(1):47 |
| 论痰瘀相关与临床辨证施治 | 王晓峰等 | 陕西中医 | 2000,(1):18 |
| 支沟穴的临床应用体会 | 张俊莉等 | 陕西中医 | 2000,(1):30 |
| 巨刺加刺络拔罐治疗中风偏瘫92例 | 温凌洁等 | 上海针灸杂志 | 2000,(1):23 |
| 针刺配合刺络拔罐治疗面神经炎53例 | 陈　力等 | 上海针灸杂志 | 2000,(1):31 |
| 阴水证治验1例 | 曹先亮 | 实用中医药杂志 | 2000,(1):44 |
| 刺络拔罐验案三则 | 吴崇典 | 天津中医 | 2000,(1):49 |
| 齐刺后顶穴治疗椎动脉型颈椎病40例临床观察 | 王贯民等 | 天津中医 | 2000,(1):33 |
| 舒肝法治疗肾盂肾炎体会 | 宋　炜等 | 天津中医 | 2000,(1):46 |
| 反治法治疗慢性肝病验案2则 | 钱海青等 | 浙江中医杂志 | 2000,(1):45 |
| 通因通用法治疗肾源性尿崩症1例体会 | 贺学林 | 浙江中医杂志 | 2000,(1):37 |
| 治咳经验谈 | 李仁述 | 浙江中医杂志 | 2000,(1):6 |
| 变法实践录(连载) | 王少华 | 浙江中医杂志 | 2000,(1):3 |
| 刺络拔罐配合耳穴贴压法治疗痤疮86例临床观察 | 谢宁等 | 针灸临床杂志 | 2000,(1):10 |
| 针刺推拿与刺络拔罐治疗肩周炎38例 | 周　军等 | 中国民间疗法 | 2000,(1):23 |
| 根结标本理论临床运用举隅 | 赵玉广等 | 中国医刊 | 2000,(1):49 |

| | | | |
|---|---|---|---|
| 傍针刺法为主治疗气阴两虚型消渴病 50 例临床观察 | 罗红艳等 | 中国针灸 | 2000,(1):21 |
| 双针恢短刺治疗第 3 腰椎横突综合征 54 例 | 倪瑞军等 | 中国针灸 | 2000,(1):8 |
| 针刺四渎穴治疗"生长痛" | 魏　波 | 中国针灸 | 2000,(1):38 |
| 经穴扑火疗法临床应用 | 付细芳 | 中医文献杂志 | 2000,(1):32 |
| 眼内辨证与辨病相结合治疗球后视神经炎 5 例 | 刘　鑫 | 中医药研究 | 2000,(1):10 |
| 运用活血化瘀法治疗眩晕的体会 | 郭金凤等 | 中医药研究 | 2000,(1):29 |
| 反治法应用举隅 | 袁宝山 | 长春中医学院学报 | 2000,(2):26 |
| 浅刺皮部及其临床应用举隅 | 杨志新 | 甘肃中医 | 2000,(2):45 |
| 内关穴的临床应用 | 谢龙霞 | 光明中医 | 2000,(2):35 |
| 中医外治面临的机遇与挑战 | 朱　杰 | 光明中医 | 2000,(2):17 |
| 刺络拔罐疗法治疗急性腰扭伤 58 例 | 李剑波 | 广西中医药 | 2000,(2):33 |
| 浅谈井穴的临床运用 | 江　瑜 | 贵阳中医学院学报 | 2000,(2):31 |
| 齐刺关元穴治疗阳痿 58 例疗效观察 | 盛生宽 | 河北中医 | 2000,(2):138 |
| 头皮针加络刺治疗缺血性脑血管病疗效观察 | 陈兴华 | 河北中医 | 2000,(2):139 |
| 浅谈"天灸"及其临床运用 | 唐　僖等 | 河北中医药学报 | 2000,(2):42 |
| 阳痿治肝三法 | 周国秀 | 河南中医 | 2000,(2):32 |
| 中风与发病季节关系(附 165 例中风病人分析) | 孙蓉媚 | 黑龙江中医药 | 2000,(2):5 |
| 针刺肩痛穴治疗肩周炎 50 例 | 杨仲岐 | 湖南中医学院学报 | 2000,(2):66 |
| 告别嫉妒心理 | 易希高 | 家庭医学 | 2000,(2):32 |
| 刺络拔罐法治愈牙周炎 | 赵　红 | 江西中医药 | 2000,(2):60 |
| 子午流注针法(验案)简介 | 胡成莲 | 青海科技 | 2000,(2):42 |
| 石瘕治验 1 则 | 方显树 | 陕西中医 | 2000,(2):75 |
| 缪刺法治疗偏头痛的临床疗效观察 | 余　靖 | 上海针灸杂志 | 2000,(2):20 |
| 刺络拔罐配合中药治疗痤疮 53 例 | 王文琪等 | 实用中医药杂志 | 2000,(2):18 |
| 刺络法加中药治疗带状疱疹 96 例疗效观察 | 高志莉等 | 天津中医 | 2000,(2):45 |
| 针灸按摩治疗急性运动性腰扭伤 32 例 | 胡晓群 | 武汉体育学院学报 | 2000,(2):118 |
| 增液润燥法治老年皮肤瘙痒症 57 例 | 郭晓明 | 云南中医中药杂志 | 2000,(2):26 |
| 刺络拔罐法治疗面神经炎 46 例疗效观察 | 刘存志等 | 浙江中医学院学报 | 2000,(2):60 |
| 针灸治疗糖尿病研究思路 | 许云祥等 | 针刺研究 | 2000,(2):156 |
| 缪刺验案举例及其机理浅析 | 王　萍等 | 针灸临床杂志 | 2000,(2):42 |
| 针刺下合穴治疗手术后肠麻痹 | 郑兆俭 | 针灸临床杂志 | 2000,(2):54 |
| 浅刺多针法治疗陈旧性面瘫的思路探讨 | 赵昌栋等 | 针灸临床杂志 | 2000,(2):30 |
| 顽固性面瘫的康复治疗 | 付　薇 | 中国康复 | 2000,(2):86 |
| 刺络拔罐治疗感冒 | 蔡晓刚 | 中国针灸 | 2000,(2):63 |
| 刮痧结合刺络拔罐治疗感冒 | 汤钰婷等 | 中国针灸 | 2000,(2):64 |
| 透穴刺法及临床应用 | 庞　俊等 | 中国针灸 | 2000,(2):39 |
| 论通里泻下法在急重病证中的运用 | 范仁忠 | 中国中医急症 | 2000,(2):66 |
| 下病上取治疗流行性腮腺炎性睾丸炎 | 王明义 | 中国中医急症 | 2000,(2):87 |
| 病毒性肝炎中西医结合护理 | 张　娟 | 安徽中医临床杂志 | 2000,(3):240 |
| 半刺法治疗小儿直肠脱垂 36 例 | 张　曼 | 北京中医药大学学报 | 2000,(3):76 |
| "热因热用"在小儿温病治疗中的运用 | 郁晓维 | 长春中医学院学报 | 2000,(3):1 |
| 耳穴压迫治疗老年人失眠效果观察 | 杨丽华等 | 福州总医院学报 | 2000,(3):59 |
| 刺络拔罐法治疗强直性脊椎炎 20 例 | 林少贞 | 河南中医 | 2000,(3):60 |
| 针灸加刺络拔罐治疗面瘫 30 例临床观察 | 黄兰英等 | 河南中医药学刊 | 2000,(3):29 |
| 补泻手法治疗哮喘病 143 例疗效观察 | 张忠志等 | 黑龙江医药科学 | 2000,(3):16 |
| 通因通用法在儿科临床中的应用 | 邓雪梅 | 黑龙江中医药 | 2000,(3):27 |

| | | | |
|---|---|---|---|
| 同病异治、子痈二则 | 刘逵慜 | 黑龙江中医药 | 2000,(3):46 |
| 益气复脉祛痰化瘀法治疗心房纤颤 | 何玉明 | 黑龙江中医药 | 2000,(3):213 |
| 益肾活络法治疗慢性肾炎机理探讨 | 虞鹤鸣等 | 吉林中医药 | 2000,(3):8 |
| 人老一定要聋吗 | 董明敏 | 家庭医学 | 2000,(3):13 |
| 刺络拔罐治疗急性腰扭伤 | 李桂玲 | 山东中医杂志 | 2000,(3):168 |
| 小柴胡汤运用经验举隅 | 樊必成 | 陕西中医 | 2000,(3):135 |
| 刺络放血加艾灸法治疗带状疱疹23例临床观察 | 白　晔 | 汕头大学医学院学报 | 2000,(3):62 |
| 刺络法治疗脑梗死的临床研究 | 陆　菁 | 上海铁道大学学报 | 2000,(3):60 |
| 针刺配合刺络拔罐治疗湿疹54例疗效观察 | 王　勤等 | 上海针灸杂志 | 2000,(3):16 |
| 乌贼骨治血病举隅 | 戴冬生 | 时珍国医国药 | 2000,(3):251 |
| 矩阵针灸治疗多发腰椎间盘突出症30例报告 | 张洪涛 | 现代康复 | 2000,(3):458 |
| 中医防治老年痴呆症 | 刘逢军 | 医药世界 | 2000,(3):24 |
| 变法实践录(续二) | 王少华 | 浙江中医杂志 | 2000,(3):30 |
| 针刺手三里穴治疗腿痛36例 | 朴联友等 | 针刺研究 | 2000,(3):228 |
| "菀陈则除之"的临床体现 | 于建江 | 针灸临床杂志 | 2000,(3):67 |
| 芒针透穴法治疗中风偏瘫140例疗效观察 | 黄晓洁等 | 针灸临床杂志 | 2000,(3):25 |
| 上病下取治疗肺癌咯血临床观察 | 宋恩峰等 | 中国中医急症 | 2000,(3):133 |
| 齐刺加水针治疗梨状肌综合征68例 | 凌玉金等 | 中国中医药科技 | 2000,(3):134 |
| 针灸从肾经论治跟腱炎20例 | 王　宁 | 中国自然医学杂志 | 2000,(3):147 |
| 刘弼臣教授"从肺论治"治疗小儿肺外疾患探析 | 王洪玲 | 中医教育 | 2000,(3):52 |
| 泻心汤加味治疗足癣120例 | 刘天骥等 | 中医杂志 | 2000,(3):185 |
| 电针加刺络拔罐治疗颈肩腰背肌筋膜综合症40例 | 唐文中 | 广西中医学院学报 | 2000,(4):35 |
| 针刺治疗癔病性功能障碍2例 | 张亘山 | 河北中医药学报 | 2000,(4):22 |
| "肺合大肠"临床运用心得 | 张　青等 | 河南中医 | 2000,(4):70 |
| 刺络拔罐法的临床应用 | 冯春玲等 | 河南中医药学刊 | 2000,(4):24 |
| 老年冠心病患者的家庭护理 | 刘冬航等 | 黑龙江中医药 | 2000,(4):49 |
| 独活细辛汤治疗风湿寒性关节痛120例 | 洪　明 | 湖北中医杂志 | 2000,(4):34 |
| 泻黄散加味治疗复发性口疮62例 | 袁莲珍 | 湖北中医杂志 | 2000,(4):37 |
| 养血调经治隐疹 | 吴宗华 | 吉林中医药 | 2000,(4):53 |
| 浅谈乙型肝炎的调护疗法 | 汪锡尧等 | 井冈山医专学报 | 2000,(4):80 |
| 心理疾病的康复 | 李云章 | 昆明师范高等专科学校学报 | 2000,(4):48 |
| 滋肾清热法治疗青春期功血 | 孙卓君等 | 辽宁中医学院学报 | 2000,(4):246 |
| 大黄牡丹汤加减治疗溃疡性结肠炎34例 | 胡宏中 | 辽宁中医杂志 | 2000,(4):171 |
| 呵欠治验 | 钱金创 | 山西中医 | 2000,(4):36 |
| 疑难病治疗中"天人合一"观念运用的探讨 | 刘　星等 | 山西中医学院学报 | 2000,(4):34 |
| 从补肾活血论治老年病 | 罗　宏 | 陕西中医 | 2000,(4):172 |
| 水针齐刺配合艾灸治疗网球肘38例疗效观察 | 何继红等 | 陕西中医学院学报 | 2000,(4):36 |
| 闭经从太阴脾土治疗验案一则 | 费国斌 | 实用中医药杂志 | 2000,(4):38 |
| 电针疗法治疗足跟痛58例 | 魏建文等 | 实用中医药杂志 | 2000,(4):30 |
| 刺络拔罐法治疗慢性哮喘46例 | 董洪魁等 | 四川中医 | 2000,(4):55 |
| 刺络拔罐治疗颈性眩晕56例 | 梁秋花等 | 四川中医 | 2000,(4):53 |
| 拿经开窍治暑病——与体育教师共磋商 | 丁世勇 | 体育师友 | 2000,(4):38 |
| 刺络拔罐疗法治疗腰部软组织损伤36例 | 刘洞顺等 | 天津中医 | 2000,(4):32 |
| 束悗疗法在骨伤科临床应用探讨 | 何浚治等 | 西南国防医药 | 2000,(4):237 |
| 针刺配合耳穴按压治疗单纯性肥胖病疗效分析 | 孙岚云 | 针刺研究 | 2000,(4):302 |

| | | | |
|---|---|---|---|
| 巨刺加刮痧治疗肩周炎 | 陈　捷 | 针灸临床杂志 | 2000,(4):40 |
| 以远端穴为主结合巨刺治疗面肌痉挛的临床观察 | 张宏图等 | 针灸临床杂志 | 2000,(4):38 |
| 少腹逐瘀汤治疗脉痹66例 | 李永灿等 | 中国民间疗法 | 2000,(4):44 |
| 齐刺留针法治疗肝癌疼痛80例疗效观察 | 孙亚林等 | 中国针灸 | 2000,(4):19 |
| 针刺复溜治疗腰反折 | 吴建华 | 中国针灸 | 2000,(4):34 |
| 中医诊治骨伤五结合 | 方先林 | 中医研究 | 2000,(4):58 |
| 针灸分型治疗尿失禁体会 | 庄兆虹 | 中医研究 | 2000,(4):60 |
| 中医心理疗法在戒毒康复治疗中的作用 | 周延明等 | 中医药信息 | 2000,(4):6 |
| 傍取治疗脾胃病3则 | 朱建江 | 中医杂志 | 2000,(4):210 |
| 透穴疗法治疗偏头痛56例近期疗效观察 | 曾　伶 | 安徽中医临床杂志 | 2000,(5):397 |
| 刺络放血法治疗头痛48例 | 刘新萌等 | 安徽中医学院学报 | 2000,(5):38 |
| 齐刺法及其临床应用 | 周　洁等 | 江西中医药 | 2000,(5):36 |
| 痰瘀分消法治妇科病 | 王凤珠 | 陕西中医 | 2000,(5):229 |
| 列缺穴在调治任脉上的应用 | 王亚渭 | 陕西中医学院学报 | 2000,(5):22 |
| 中医辨证思维与临床诊疗决策之优化 | 颜德馨 | 上海中医药杂志 | 2000,(5):4 |
| 老年病防治探讨 | 薛素芬等 | 武警医学 | 2000,(5):288 |
| 药膳食疗盲区 | 姜　和等 | 药膳食疗研究 | 2000,(5):48 |
| 络刺拔罐治丹毒20例 | 桑建华等 | 针灸临床杂志 | 2000,(5):49 |
| 扬刺法与温针灸结合治疗股骨头坏死1例 | 李跃平等 | 针灸临床杂志 | 2000,(5):48 |
| 推拿手法治疗口僻的临床体会 | 骆　彤等 | 针灸临床杂志 | 2000,(5):14 |
| “回阳救逆”法应用体会 | 宋宗福 | 中国医药学报 | 2000,(5):77 |
| 刺络拔罐法治疗哮喘46例 | 宋建华等 | 中医外治杂志 | 2000,(5):47 |
| “扬刺”加灸治疗臀上皮神经炎26例疗效分析 | 徐永文等 | 中医药信息 | 2000,(5):50 |
| “通因通用”法临床运用举隅 | 魏孟玲等 | 中医药研究 | 2000,(5):26 |
| 从脾论治骨伤后期肿胀198例 | 胡继功 | 安徽中医临床杂志 | 2000,(6):538 |
| 补中益气汤治疗老年便秘28例体会 | 董　虹 | 甘肃中医 | 2000,(6):26 |
| 浅议糖尿病从痰淤论治 | 朱喜英等 | 甘肃中医 | 2000,(6):12 |
| 益气升阳法的应用体会 | 周　丽 | 光明中医 | 2000,(6):20 |
| 喉源性咳嗽从内热论治 | 沈志勇 | 河北中医 | 2000,(6):448 |
| “留者攻之”治验举偶 | 朱德宝 | 黑龙江中医药 | 2000,(6):43 |
| 针刺加刺络法治疗偏头痛42例 | 罗惠平等 | 湖北中医杂志 | 2000,(6):43 |
| 扬刺滞针法治疗第三腰椎横突综合征56例 | 刘　东等 | 吉林中医药 | 2000,(6):48 |
| 远道刺临床运用举隅 | 张　音 | 江苏中医 | 2000,(6):36 |
| 刺络拔罐验案4则 | 周　清 | 江西中医药 | 2000,(6):44 |
| 防治胆石症复发浅议 | 施克州 | 陕西中医 | 2000,(6):267 |
| 局部封闭配合齐刺温针治疗网球肘 | 周　庆 | 上海中医药杂志 | 2000,(6):36 |
| 针刺为主治疗高血压性面瘫10例 | 张庆慧 | 现代中西医结合杂志 | 2000,(6):528 |
| 对症下药话药膳 | 曾再新等 | 药膳食疗研究 | 2000,(6):4 |
| 刺络法合耳穴贴压治疗痤疮66例 | 翁希亚 | 浙江中医杂志 | 2000,(6):27 |
| 浮刺加拔火罐治疗带状疱疹55例 | 周　洁 | 针灸临床杂志 | 2000,(6):37 |
| 扬刺加局封配TDP治疗膝关节侧副韧带劳损100例 | 石立新 | 针灸临床杂志 | 2000,(6):41 |
| 耳背刺血治疗急性咽炎84例 | 张新德等 | 针灸临床杂志 | 2000,(6):43 |
| 针刺夹脊穴治疗闭孔神经痛28例 | 石立新 | 针灸临床杂志 | 2000,(6):48 |
| 火针临床应用的体会 | 黄建军 | 中国医药学报 | 2000,(6):75 |
| 治水肿兼用活血的临床体会 | 尚宝莲 | 中国医药学报 | 2000,(6):73 |
| 中医药治疗类风湿性关节炎72例疗效观察 | 佟晓辉等 | 中国医药学报 | 2000,(6):74 |

| | | | |
|---|---|---|---|
| 恢刺压痛点治疗小儿落枕 | 吕忠礼等 | 中国针灸 | 2000,(6):34 |
| 论"输刺"的临床应用 | 刘　华等 | 中国针灸 | 2000,(6):39 |
| 针刺耳压治疗原发性高血压病临床观察 | 谢　云 | 中国针灸 | 2000,(6):15 |
| 自拟滋肾平肝汤治疗儿童多动症 36 例 | 杨穗红 | 中国中医药科技 | 2000,(6):366 |
| 择时服用参苓白术散治疗脾虚泄泻 | 王　惠 | 中医杂志 | 2000,(6):380 |
| 刺络拔罐法治疗带状疱疹后遗神经痛 12 例 | 吴崇典 | 河北中医 | 2000,(7):528 |
| 胸胁伤辨证探要 | 洪国章等 | 河北中医 | 2000,(7):516 |
| 老年病人的中医心理护理 | 张红雨等 | 辽宁中医杂志 | 2000,(7):326 |
| 傍针刺治疗落枕 40 例 | 李俊华等 | 河北中医 | 2000,(8):570 |
| 中医治疗神经衰弱的体会 | 吴大华 | 河北中医 | 2000,(8):569 |
| 中风已成为夏季常见病 | 吴国隆 | 家庭医学 | 2000,(8):15 |
| 针刺合拔罐治疗落枕 | 张玉会 | 山东中医杂志 | 2000,(8):511 |
| 气功刮痧法的临床探讨 | 程海樵 | 现代养生 | 2000,(8):13 |
| 齐刺加隔姜灸治疗痛风 | 张　谨 | 针灸临床杂志 | 2000,(8):49 |
| 火针疗法及临床应用 | 朱　敬 | 针灸临床杂志 | 2000,(8):32 |
| 齐刺针法治疗第三腰椎横突综合征 | 李建武 | 针灸临床杂志 | 2000,(8):50 |
| 围刺加艾灸治疗外伤性疤痕 26 例 | 张　彤等 | 针灸临床杂志 | 2000,(8):42 |
| 芒针治疗中风后遗症 | 王成善 | 中国气功科学 | 2000,(8):34 |
| 阿是穴为主输刺法治疗颈椎病 | 王希琳 | 中国针灸 | 2000,(8):63 |
| 电针配刺络治疗偏头痛 32 例临床观察 | 金孟梓 | 中国针灸 | 2000,(8):23 |
| 如何防范精神疾患 | 振　津 | 长寿 | 2000,(9):25 |
| 中医整体观与七情护理临床探讨 | 纪开凤 | 河北中医 | 2000,(9):704 |
| 内外合治法治疗坐骨神经痛 49 例疗效观察 | 彭正清等 | 现代康复 | 2000,(9):1380 |
| 针刺治疗急性腰扭伤 | 刘克强 | 针灸临床杂志 | 2000,(9):19 |
| 爪刺治疗面神经麻痹 90 例 | 佘贤传 | 针灸临床杂志 | 2000,(9):25 |
| 李书良从肺论治耳病经验 | 夏仁慧 | 中医杂志 | 2000,(9):526 |
| 运用活血化瘀法治疗崩漏 | 王秀宝 | 中医杂志 | 2000,(9):529 |
| 药物透皮与刺络拔罐并用治疗肩关节周围炎 130 例 | 刁金山 | 河北中医 | 2000,(10):780 |
| 顽固性耳痛治验 1 例 | 顾文忠 | 实用中医药杂志 | 2000,(10):36 |
| 反佐法在内科临床的运用 | 王勇为等 | 四川中医 | 2000,(10):8 |
| 针刺玉津治疗慢性咽炎 69 例 | 黄再军等 | 四川中医 | 2000,(10):54 |
| 短刺加艾灸治疗胫腓骨疲劳性骨膜炎 | 王秀珍 | 田径 | 2000,(10):32 |
| 电针、刺络拔罐、中药外洗治疗关节扭伤 60 例 | 张益辉 | 现代康复 | 2000,(10):1574 |
| 推拿并局部刺络拔罐法治疗肋软骨炎 86 例疗效观察 | 苏幸福 | 现代康复 | 2000,(10):1529 |
| 罗致强教授防治冠心病经验 | 李　琼等 | 新中医 | 2000,(10):9 |
| 刺络拔罐治疗带状疱疹性坐骨神经痛 | 焦　扬等 | 针灸临床杂志 | 2000,(10):32 |
| 刺络拔罐治疗肩背部纤维织炎 32 例 | 李绪领等 | 针灸临床杂志 | 2000,(10):43 |
| 络刺拔罐牵拉治疗急性踝关节扭伤 | 孔建国等 | 针灸临床杂志 | 2000,(10):46 |
| 浮针疗法治疗肩周炎探析 | 吴立红 | 针灸临床杂志 | 2000,(10):47 |
| 火针治疗阳痿 | 郭建峰等 | 针灸临床杂志 | 2000,(10):39 |
| 电针关刺法治疗颈肌筋膜炎 32 例 | 丁　宇 | 中国针灸 | 2000,(10):30 |
| 针刺内关穴对正常人脉率调节作用的观察 | 林　红 | 中国针灸 | 2000,(10):47 |
| 反治法在儿科脾胃病中的应用 | 黄　平 | 中医杂志 | 2000,(10):593 |
| 缪刺养老穴为主治疗落枕 | 张宏图 | 山东中医杂志 | 2000,(11):680 |
| 养心益肾剂对提高智力疗效观察 | 王小超等 | 时珍国医国药 | 2000,(11):1004 |
| 舌针治疗脑卒中失语 19 例 | 王卫红等 | 现代康复 | 2000,(11):1663 |

| | | | |
|---|---|---|---|
| 针刺治疗呃逆40例 | 甄福琴 | 现代中西医结合杂志 | 2000,(11):1062 |
| 升降理论在脏腑辨证论治中的应用 | 张家玮 | 新中医 | 2000,(11):5 |
| 自拟补肝益气汤治疗慢性疲劳综合征46例 | 朱广文 | 浙江中医杂志 | 2000,(11):16 |
| 傍针刺结合悬吊复位治疗腰椎间盘突出症 | 朱爱军 | 针灸临床杂志 | 2000,(11):22 |
| 刺络放血治疗带状疱疹后遗神经痛40例 | 杨　威 | 中国民间疗法 | 2000,(11):17 |
| 扬刺加灸治疗冻疮114例疗效观察 | 李芳莉 | 中国针灸 | 2000,(11):23 |
| 傍针刺加电针治疗慢性软组织损伤 | 胡　刚 | 湖北中医杂志 | 2000,(12):40 |
| 捏脊法治疗小儿遗尿 | 贾桂玲 | 山东中医杂志 | 2000,(12):743 |
| 玉屏风散加味治疗慢性泄泻45例 | 林振文等 | 实用中医药杂志 | 2000,(12):16 |
| 巨刺法治疗落枕的临床疗效观察 | 谈晓玲 | 四川中医 | 2000,(12):52 |
| 损益兼行话饮酒 | 孙建康 | 现代养生 | 2000,(12):44 |
| 升降法在治疗乳房发育不良中的应用 | 李培英等 | 新中医 | 2000,(12):5 |
| 变法实践录(续十一) | 王少华 | 浙江中医杂志 | 2000,(12):514 |
| 诊察血络及刺络放血法在痛症中的应用 | 黄月莲 | 针灸临床杂志 | 2000,(12):16 |
| 口眼歪斜针灸治疗的几大关键 | 王亚玲 | 针灸临床杂志 | 2000,(12):36 |
| 弹筋拨络结合刺络拔罐治疗肩周炎36例 | 李长寿等 | 中国民间疗法 | 2000,(12):26 |
| 发热验案三则 | 段建伟等 | 中国民间疗法 | 2000,(12):8 |
| 合谷刺为主治疗假肥大型肌营养不良56例 | 姜建勇 | 中国针灸 | 2000,(12):41 |
| 温针结合刺络拔罐治疗踝关节扭伤50例 | 汪洪明 | 现代康复 | 2000,(13):123 |
| 刺络拔罐结合推拿治疗第3腰椎横突综合征30例 | 潘长青等 | 现代康复 | 2000,(14):116 |
| 糖尿病的精神、饮食、运动疗法 | 王　萍等 | 现代康复 | 2000,(14):33 |
| 养心解郁法治疗脏躁30例 | 李宪荣 | 现代中西医结合杂志 | 2000,(20):2039 |
| 中医“五神藏”理论的认知心理学内涵及其精神科临床应用 | 贾宏晓等 | 北京中医药大学学报 | 2000,(S1):1 |
| 太阳穴刺络放血临床举隅 | 卢旭辉等 | 江西中医学院学报 | 2000,(S1):75 |
| 滋养肝肾法治早期老年性白内障疗效观察 | 钟树忠 | 江西中医学院学报 | 2000,(S1):60 |
| “通因通用法”治疗扁平疣体会 | 宋　青 | 内蒙古中医药 | 2000,(S1):93 |
| 风湿类疾病研究概况 | 王方石等 | 中国中医急症 | 2000,(S1):44 |
| 皮肌炎2例治疗体会 | 杨素梅等 | 中国中医急症 | 2000,(S1):82 |
| 顺应“生物钟”自然得长生 | 张泽宇 | 当代生态农业 | 2000,(Z2):83 |
| 试论慢性支气管炎——肝咳的X线表现 | 耿　坚等 | 第六次全国中西医结合影像学术研讨会论文专辑 | 2000:108 |
| 经筋疗法治疗顽固性耳聋27例临床观察 | 斯日格玛等 | 第三届第二次全国中西医结合耳鼻咽喉科学术大会论文汇编 | 2000:25 |
| 督脉穴“合谷刺”为主治疗带状疱疹性脊神经痛29例 | 郭　佳 | 国际传统医药大会论文摘要汇编 | 2000:562 |
| 活血化瘀药在月经病中的临床体会 | 田丽颖 | 国际传统医药大会论文摘要汇编 | 2000:278 |
| 扬刺法与输刺法联合应用的临床研究 | 张　群等 | 国际传统医药大会论文摘要汇编 | 2000:542 |
| 阴阳互刺法治疗癫痫的临床研究 | 周友龙 | 国际传统医药大会论文摘要汇编 | 2000:522 |
| 择时针法治疗冠心病的研究 | DIARRA等 | 国际传统医药大会论文摘要汇编 | 2000:497 |

| | | | |
|---|---|---|---|
| 针灸疗法治疗痛证举隅 | 罗永莉 | 国际传统医药大会论文摘要汇编 | 2000:526 |
| “除陈气”在糖尿病治疗中的运用 | 杨辰华等 | 全国第六次中医糖尿病学术会议论文集 | 2000:129 |
| 试论活血化瘀法在妇科的运用 | 张丽娜 | 全国中西医结合教育学术研讨会论文集 | 2000:107 |
| 中医汗液理论与临床浅述 | 董成彬等 | 全国中西医结合教育学术研讨会论文集 | 2000:190 |
| 输刺合六味地黄丸治疗跟骨增生症 57 例小结 | 陈正林 | 全国中医药科研与教学改革研讨会论文集 | 2000:236 |
| 火针加中药治疗颈部瘰疬 123 例的临床观察 | 周鹏生 | 中国特种针法应用与针灸临床学术交流大会论文集 | 2000:16 |
| 几种腹痛的指压疗法 | 施慧行等 | 中国特种针法应用与针灸临床学术交流大会论文集 | 2000:29 |
| 谈火针对 25 例慢性胃炎的疗效 | 冯君德等 | 中国特种针法应用与针灸临床学术交流大会论文集 | 2000:18 |
| 针灸治疗脑血管疾病的体会 | 王朝霞 | 中国特种针法应用与针灸临床学术交流大会论文集 | 2000:129 |
| 直接灸的手法应用及临症举隅 | 林其盛 | 中国特种针法应用与针灸临床学术交流大会论文集 | 2000:13 |
| 浅析肺经是动病病证与临床证治 | 李　军等 | 中国针灸学会临床分会第八次学术大会论文集 | 2000:169 |
| 温灸法的临床应用 | 韩　艾 | 中国针灸学会临床分会第八次学术大会论文集 | 2000:167 |
| 温肾补阳法治疗肿瘤的理论基础与临床运用 | 张建敏等 | 福建中医药 | 2001,(1):35 |
| 赞刺配合耳尖放血治疗麦粒肿 68 例 | 徐伟辉等 | 湖南中医药导报 | 2001,(1):31 |
| 豹文刺大椎穴为主治疗失眠 78 例 | 范月友等 | 山东中医杂志 | 2001,(1):34 |
| 在《内经》积证篇启发下对几例病案证治的反省 | 高怀杰 | 陕西中医 | 2001,(1):55 |
| 浅论“调补脾胃法”的临床应用 | 吉海旺等 | 陕西中医 | 2001,(1):29 |
| 针刺治愈“强中”症 1 例 | 范月友 | 上海针灸杂志 | 2001,(1):47 |
| 刺络艾灸治疗带状疱疹 158 例 | 钮玉忠 | 实用中医药杂志 | 2001,(1):25 |
| 治病求本临证一得 | 陈海生 | 实用中医药杂志 | 2001,(1):41 |
| 刺络疗法对中风病患者血液流变学影响的临床观察 | 韩宝杰 | 天津中医 | 2001,(1):28 |
| 针刺臂臑治疗麦粒肿解析 | 刘廷颖 | 天津中医学院学报 | 2001,(1):47 |
| 冬日阳光有“营养” | 李盛仙 | 现代健康人 | 2001,(1):55 |
| 浅谈恢刺电针法治疗筋痹 | 任宇丁 | 新疆中医药 | 2001,(1):34 |
| 温针治疗桡骨茎突部狭窄性腱鞘炎 45 例 | 施　斌 | 新疆中医药 | 2001,(1):36 |
| 齐刺结合输刺治疗根性坐骨神经痛 160 例 | 郭元琦等 | 新中医 | 2001,(1):45 |
| 炎暑伤气阴　进补有讲究 | 徐树民 | 养生月刊 | 2001,(1):31 |
| 刺拇指节穴加围针治疗带状疱疹 38 例 | 朱振富 | 针刺研究 | 2001,(1):70 |
| 刺络拔罐配合电针治疗周围性面瘫 68 例 | 望开森 | 针灸临床杂志 | 2001,(1):23 |
| 围刺结合刺络拔罐治疗 L3 横突综合征 42 例临床观察 | 黄聪阳 | 针灸临床杂志 | 2001,(1):42 |
| 温针灸结合刺络放血治疗膝骨关节炎的临床观察 | 孙建华 | 针灸临床杂志 | 2001,(1):43 |
| 短刺加艾灸治疗胫腓骨疲劳性骨膜炎 17 例 | 王秀珍 | 中国针灸 | 2001,(1):37 |
| 经络坏皮部挑治法的创建及其医疗美容作用 | 李定忠等 | 中国针灸 | 2001,(1):34 |
| 腰椎间盘突出症的中医治疗近况 | 石柳芳 | 中医文献杂志 | 2001,(1):39 |

| | | | |
|---|---|---|---|
| 辨治眩晕尚须考虑瘀作祟 | 李恒芳 | 中医杂志 | 2001,(1):59 |
| 温针结合巨刺法治疗膝关节痛 67 例 | 刘存本 | 安徽中医临床杂志 | 2001,(2):115 |
| 《内经》病机学说临床诊治应用三则 | 武　成 | 安徽中医学院学报 | 2001,(2):29 |
| 醒脑开窍针法应用举隅 | 唐文中 | 北京中医 | 2001,(2):52 |
| 壮督活血通络法治疗腰椎间盘突出症 35 例 | 郭明阳等 | 成都中医药大学学报 | 2001,(2):55 |
| 刺络拔罐治疗小儿外感咳嗽 42 例 | 罗敏然 | 广西中医学院学报 | 2001,(2):67 |
| 强直性脊柱炎的中医护理 | 李付英等 | 国医论坛 | 2001,(2):46 |
| 中毒性脑病后遗症治验一则 | 李　鹏等 | 哈尔滨医药 | 2001,(2):63 |
| 输刺法配合中药熏洗治疗足跟痛 72 例 | 王小兰 | 吉林中医药 | 2001,(2):34 |
| 反治法在妇科临床运用举隅 | 孙家元 | 江苏临床医学杂志 | 2001,(2):163 |
| 通因通用治遗精　肝主疏泄诠新意 | 刘　凯 | 江西中医学院学报 | 2001,(2):77 |
| 论"化不可代,时不可违"及其对康复的指导意义 | 边玉麟 | 江西中医学院学报 | 2001,(2):81 |
| 针灸推拿治疗漏肩风 100 例 | 巫彼敏等 | 辽宁中医学院学报 | 2001,(2):131 |
| 浅谈"菀陈则除之"的应用体会 | 张关全等 | 内蒙古中医药 | 2001,(2):29 |
| 浅谈温病养阴法临床应用及体会 | 潘秀玲 | 青海医药杂志 | 2001,(2):52 |
| 齐刺针法配合推拿治疗第三腰椎横突综合征 76 例 | 窦国栋 | 山东中医杂志 | 2001,(2):98 |
| 皮部理论在针刺中的应用 | 贾成文等 | 陕西中医学院学报 | 2001,(2):50 |
| 半刺法治疗急性面神经炎 32 例 | 朱　敬 | 上海针灸杂志 | 2001,(2):46 |
| 刺络拔罐治疗带状疱疹 108 例 | 朱美钰 | 上海针灸杂志 | 2001,(2):47 |
| 点按配合刺络拔罐治疗落枕 50 例 | 张超云 | 上海针灸杂志 | 2001,(2):47 |
| 齐刺温针治疗棘间韧带损伤 80 例 | 邵伟立 | 时珍国医国药 | 2001,(2):151 |
| "因时制宜"之临床体会 | 郭玉莉 | 天津中医学院学报 | 2001,(2):35 |
| 溃疡性结肠炎病因病机探讨及辨治体会 | 戴宝林 | 天津中医学院学报 | 2001,(2):37 |
| 火针治疗肱骨外上髁炎 50 例 | 彭　伟等 | 新疆中医药 | 2001,(2):32 |
| 谈糖尿病辨治的"治之以兰,除陈气也" | 杨惠琴等 | 新疆中医药 | 2001,(2):6 |
| 是"头昏脑涨"还是"头昏脑胀" | 邝永辉 | 语文研究 | 2001,(2):27 |
| 针灸取穴临床心得 | 李洪涛 | 针灸临床杂志 | 2001,(2):25 |
| 缪刺法配合音频电治疗踝关节扭伤 58 例观察 | 张月萍 | 针灸临床杂志 | 2001,(2):47 |
| 浅谈刺络拔罐疗法 | 廖志华等 | 中国民间疗法 | 2001,(2):17 |
| 头针配合刺络拔罐治疗紧张性头痛 43 例 | 黄　洪 | 中国民间疗法 | 2001,(2):23 |
| 运用输刺法治疗第 3 腰椎横突综合征 | 丁洪戟等 | 中国民族民间医药杂志 | 2001,(2):93 |
| 针灸配合刺络放血、走罐治疗西南非流感 186 例 | 骆燕宁等 | 中国针灸 | 2001,(2):41 |
| 谈月经周期性用药法在妇科的运用 | 齐晓琳 | 中国中医基础医学杂志 | 2001,(2):56 |
| 不孕症验案 2 则 | 毕义忠 | 中医研究 | 2001,(2):58 |
| 118 例神经症患者中医五态性格分析 | 李　雯 | 中医杂志 | 2001,(2):107 |
| 刺络拔罐治疗背肌纤维织炎 256 例 | 孙功海等 | 安徽中医临床杂志 | 2001,(3):196 |
| 经方辨治腰椎间盘突出症三则 | 王吉根 | 安徽中医学院学报 | 2001,(3):32 |
| 经筋针刺法结合壮药外敷治疗神经根型颈椎病 128 例临床分析 | 韦英才 | 甘肃中医 | 2001,(3):77 |
| 从体质学说观点论更年期保健与治疗 | 王小花 | 贵州民族学院学报（哲学社会科学版） | 2001,(3):127 |
| 闭经治验三则 | 谢　珍 | 河南中医药学刊 | 2001,(3):14 |
| 针刺天柱穴治疗急性腰扭伤 200 例 | 王国进 | 湖北中医杂志 | 2001,(3):33 |
| "合谷刺"加梅花针叩刺治疗风湿性多肌痛 | 陈兴华 | 江西中医药 | 2001,(3):43 |
| 锋针挑治肱骨外上髁炎 40 例 | 何　颖等 | 辽宁中医学院学报 | 2001,(3):219 |

| | | | |
|---|---|---|---|
| 耳穴贴压治疗失眠症 77 例 | 文革玲 | 陕西中医 | 2001,(3):175 |
| 中医顺势治疗的临床应用 | 张喜德等 | 上海中医药杂志 | 2001,(3):10 |
| 从标本论治验案二则 | 陶关兴 | 时珍国医国药 | 2001,(3):254 |
| 扬刺法为主治疗臀上皮神经炎 32 例 | 徐勇刚 | 实用中医内科杂志 | 2001,(3):49 |
| 火针治疗肩关节周围炎 56 例 | 陈　宏等 | 实用中医药杂志 | 2001,(3):30 |
| 刺络拔罐结合中药外洗治疗痤疮 60 例 | 李金枝 | 实用中医药杂志 | 2001,(3):10 |
| 中医学理论在患者心理调护中的运用 | 肖慧竹 | 天津护理 | 2001,(3):129 |
| 对急下存阴与通因通用法的临床体会 | 高伯萍等 | 天津中医 | 2001,(3):50 |
| 巨刺曲池穴治疗网球肘 35 例 | 邢俊标等 | 天津中医 | 2001,(3):33 |
| 委中穴刺络拔罐治疗膝关节疼痛 60 例 | 刘占芬 | 天津中医学院学报 | 2001,(3):36 |
| 谈"反治法"的临床运用 | 张　玲 | 新疆中医药 | 2001,(3):82 |
| "通因通用"法治疗汗证举隅 | 张晋云 | 云南中医学院学报 | 2001,(3):49 |
| 针刺补泻手法的临床应用体会 | 景　明 | 云南中医中药杂志 | 2001,(3):37 |
| 巨刺阿是穴为主治疗肩周炎临床观察 | 蔡晓刚 | 针刺研究 | 2001,(3):184 |
| 浅谈针刺与艾灸并用 | 梁德斐 | 针灸临床杂志 | 2001,(3):3 |
| 刺络拔罐法配合 TDP 照射治疗带状疱疹 30 例 | 袁　慧等 | 针灸临床杂志 | 2001,(3):32 |
| 缪刺法临床应用举隅 | 管禹平等 | 针灸临床杂志 | 2001,(3):29 |
| 温灸加刺络拔罐治疗腰棘突韧带劳损 40 例观察 | 曹际发 | 针灸临床杂志 | 2001,(3):38 |
| 腹泻的中医治疗 | 徐　明 | 中国疗养医学 | 2001,(3):53 |
| 刺络拔罐法治疗肩周炎 50 例疗效观察 | 许国新 | 中国临床医生 | 2001,(3):48 |
| 亚健康状态的防治浅探——附 30 例病例分析 | 景　颢 | 中国热带医学 | 2001,(3):290 |
| "经筋刺法"治疗周围性面神经麻痹 50 例疗效观察 | 王　舒等 | 中国针灸 | 2001,(3):27 |
| 扬刺法治疗肱骨外上髁炎 33 例 | 周湘明 | 中国中医药科技 | 2001,(3):201 |
| 刺络拔罐加穴位注射治疗慢性风疹 | 庆　方等 | 中医外治杂志 | 2001,(3):35 |
| "多针法"治疗关节痛 97 例疗效观察 | 徐淑云等 | 中医药学报 | 2001,(3):55 |
| 小儿遗尿能否用清利之法 | 赵复国 | 中医杂志 | 2001,(3):186 |
| 冠心病的中医治疗和调养 | 陈可冀 | 祝您健康 | 2001,(3):4 |
| 《内经》理论临证举验 | 周　杰等 | 北京中医 | 2001,(4):46 |
| 短刺加艾灸治疗肱骨外上髁炎 37 例 | 荣　军 | 广西中医药 | 2001,(4):41 |
| 《灵枢》治法临证运用举例 | 陈筑芳 | 贵阳中医学院学报 | 2001,(4):30 |
| 巨刺法治疗面肌痉挛 32 例临床观察 | 董晓瑜 | 辽宁中医学院学报 | 2001,(4):292 |
| 冠心病同病异治三则 | 周桂珍等 | 齐齐哈尔医学院学报 | 2001,(4):384 |
| 井穴在急救中的应用和体会 | 邓春雷 | 上海针灸杂志 | 2001,(4):28 |
| 肢体麻木的中医治疗 | 李邦贵 | 实用中医内科杂志 | 2001,(4):29 |
| 扬刺法配合封闭治疗臀上皮神经炎 27 例 | 高山山 | 实用中医药杂志 | 2001,(4):28 |
| 短刺法治疗腰骶痛伴隐性脊柱裂 30 例临床观察 | 魏连海等 | 天津中医学院学报 | 2001,(4):20 |
| 针刺结合刺络拔罐治疗颈椎病 108 例疗效观察 | 沈燕融等 | 现代康复 | 2001,(4):114 |
| 火针焠刺麝香治疗肩周炎 120 例临床观察 | 温乃元等 | 新中医 | 2001,(4):43 |
| 平衡膳食贵在于"五" | 金慰鄂 | 饮食科学 | 2001,(4):35 |
| 短刺法结合穴位注射治疗肱骨外上髁炎 79 例 | 黎国良 | 针灸临床杂志 | 2001,(4):51 |
| 扬刺治疗紧张性头痛 | 程继君 | 中国康复 | 2001,(4):195 |
| 逆向思维反治妇人病验案举隅 | 王转红等 | 中国实验方剂学杂志 | 2001,(4):63 |
| 刺络拔罐配合康复训练治疗偏瘫肩痛 | 欧阳颀等 | 中国针灸 | 2001,(4):21 |
| 针感的临床体会 | 甘健行 | 中国针灸 | 2001,(4):35 |
| 辨证论治治癌 | 朱曾柏 | 中国中医基础医学杂志 | 2001,(4):61 |
| 经筋刺法治疗脑卒中后痉挛状态及疗效评价研究 | 岳增辉等 | 中国中医药信息杂志 | 2001,(4):85 |

| | | | |
|---|---|---|---|
| 春季运动保健要诀 | 任园春 | 中老年保健 | 2001,(4):18 |
| 外感内伤引起咳证的病因学调查评析 | 赵燕平 | 中医药学刊 | 2001,(4):307 |
| 升降相因学说在治疗癃闭中的应用 | 陆康福 | 中医杂志 | 2001,(4):208 |
| 巨刺加悬灸治疗肩周炎 | 陶　红 | 安徽中医临床杂志 | 2001,(5):371 |
| 针刺治疗中风后遗症 50 例 | 王　宁 | 北京中医药大学学报 | 2001,(5):66 |
| 鸡足刺加灸辅刺络拔罐治疗肱骨外上髁炎 80 例 | 孟　杰等 | 湖南中医杂志 | 2001,(5):30 |
| 活血化瘀法在治疗崩漏中的应用 | 徐新建 | 时珍国医国药 | 2001,(5):437 |
| 刺络拔罐穴位注射治疗慢性风疹 17 例 | 庆　方等 | 四川中医 | 2001,(5):73 |
| 口味异常的中医疗方 | 沈亚南 | 药物与人 | 2001,(5):51 |
| 合谷穴行“合谷刺”并发血肿 1 例及分析 | 江　勇 | 针灸临床杂志 | 2001,(5):48 |
| 刺血法治疗中风所致情志障碍 25 例 | 宋建华等 | 中国民间疗法 | 2001,(5):17 |
| 鼻燥衄血兼挟辨治六法 | 胡小江 | 中国医药学报 | 2001,(5):47 |
| 塞流澄源复旧治疗放环后月经失调经验 | 唐以华 | 中国医药学报 | 2001,(5):70 |
| 中风病针灸治法探析 | 戴国华等 | 中国中医基础医学杂志 | 2001,(5):62 |
| 直接灸的手法应用及临症举隅 | 林其盛 | 中国针灸 | 2001,(5):45 |
| 保肾须从房中始 | 梅　容 | 中华养生保健 | 2001,(5):15 |
| 风湿病辨证与辨病结合治疗两则例析 | 周学平 | 中医药学刊 | 2001,(5):485 |
| 针刺加穴位贴敷治疗强直性脊柱炎 1 例 | 杜小正 | 安徽中医临床杂志 | 2001,(6):453 |
| 针电结合治疗癔症性构语障碍 16 例 | 王　奎 | 安徽中医临床杂志 | 2001,(6):452 |
| 女性膝骨关节炎从肝论治 90 例临床观察 | 王玉明 | 北京中医 | 2001,(6):29 |
| “木郁达之”在眼科的应用 | 洪　亮 | 江西中医药 | 2001,(6):44 |
| 塞因塞用临床应用举隅 | 王荣欣 | 江西中医药 | 2001,(6):61 |
| 通因通用、逆流挽舟法临证验案 | 赵　坤 | 江西中医药 | 2001,(6):29 |
| 通因通用临床举隅 | 曾桂兰等 | 江西中医药 | 2001,(6):47 |
| 半刺配合温灸治疗面瘫 72 例 | 夏东斌等 | 上海针灸杂志 | 2001,(6):16 |
| “肺移热于大肠”治验体会 | 张　超 | 上海中医药杂志 | 2001,(6):43 |
| 上病下取与下病上取临床运用一得 | 吴锡琨等 | 实用中医药杂志 | 2001,(6):44 |
| 针刺配合刺络拔罐治疗棘上韧带损伤 52 例 | 陈　敏 | 四川中医 | 2001,(6):75 |
| 活血化瘀法在妇科临床上的应用 | 郭玉刚 | 现代中医药 | 2001,(6):27 |
| 中医治疗高脂血症浅谈 | 周菊芬 | 右江民族医学院学报 | 2001,(6):999 |
| 通腑法在急症中的应用举隅 | 陈国凯 | 云南中医中药杂志 | 2001,(6):9 |
| 刺络拔罐红外线治疗带状疱疹后遗神经痛 42 例 | 解良柱等 | 中国民间疗法 | 2001,(6):26 |
| 刺络拔罐法在美容皮肤科中的应用 | 沈明瑛等 | 中医外治杂志 | 2001,(6):20 |
| 齐刺加雀啄灸治疗肩胛胸壁关节劳损 40 例 | 纪现增等 | 中医外治杂志 | 2001,(6):32 |
| 辨证治疗鼻渊 47 例 | 张树德等 | 中医药信息 | 2001,(6):55 |
| 针刺复溜治疗肾虚腰痛 22 例疗效观察 | 罗鸿宇 | 河北中医 | 2001,(7):635 |
| 齐刺法治疗痛症的体会 | 熊源胤 | 湖北中医杂志 | 2001,(7):46 |
| 女性房事腰痛的中医药治疗 | 欧阳军 | 开卷有益.求医问药 | 2001,(7):30 |
| 反阿是穴肌肉起止点取穴法初探 | 张文兵等 | 辽宁中医杂志 | 2001,(7):432 |
| 脾胃病治疗重在温、理、通 | 蒋惠明等 | 陕西中医 | 2001,(7):430 |
| 浅论中医抗衰老方法在临床中的应用 | 董跃珍等 | 时珍国医国药 | 2001,(7):622 |
| 刺络放血疗法临床运用体会 | 梅国胜 | 四川中医 | 2001,(7):67 |
| 梦与健康 | 胡沛斌 | 医药与保健 | 2001,(7):32 |
| 反治法临床应用举隅 | 刘福贵等 | 中国民间疗法 | 2001,(7):21 |
| 临床验案二则 | 张振中等 | 中国民间疗法 | 2001,(7):25 |
| 刺络出血拔罐法治疗儿童眨眼症 65 例 | 张　蕙等 | 中国乡村医生 | 2001,(7):42 |

| | | | |
|---|---|---|---|
| 电针傍刺下关穴配合热旋磁治疗颞颌关节功能紊乱30例 | 周光涛等 | 中国针灸 | 2001,(7):20 |
| 缪刺法配合点穴治疗顽固性面瘫120例疗效观察 | 杨改琴等 | 中国针灸 | 2001,(7):58 |
| 赞刺配合耳尖放血治疗麦粒肿68例 | 徐伟辉等 | 中国针灸 | 2001,(7):48 |
| 妇科病反治举隅 | 段美芳 | 中医杂志 | 2001,(7):440 |
| 恢刺加艾灸治疗膝关节侧副韧带炎临床观察 | 吴　刚等 | 湖北中医杂志 | 2001,(8):44 |
| 王旭高肝病论治溯源 | 胡方林 | 江苏中医 | 2001,(8):37 |
| 解惑刺法治疗中风病 | 单永华 | 针灸临床杂志 | 2001,(8):50 |
| 井穴临床应用之我见 | 朱文宏等 | 针灸临床杂志 | 2001,(8):41 |
| 中医治疗糖尿病进展 | 朱桂林 | 职业与健康 | 2001,(8):100 |
| 塞因塞用治疗妇科病举隅 | 芦惠敏 | 中国民间疗法 | 2001,(8):7 |
| 局部围刺为主治疗急性乳腺炎60例 | 曲惠珍等 | 中国针灸 | 2001,(8):56 |
| 粗针短刺加拔罐治疗膝内侧副韧带陈旧性损伤 | 李正祥 | 中国针灸 | 2001,(8):33 |
| 肥胖又闭经　中医巧施治 | 姚石安 | 祝您健康 | 2001,(8):23 |
| 针刺配合筋穴按摩治疗面瘫 | 路　阳等 | 湖北中医杂志 | 2001,(9):40 |
| 中药合针刺廉泉穴治疗中风失语症 | 夏隽晖 | 湖北中医杂志 | 2001,(9):41 |
| 食疗在中医护理中的应用 | 卢咏梅等 | 护士进修杂志 | 2001,(9):697 |
| 火针治疗肌肉风湿病120例 | 史兴忠等 | 江苏中医 | 2001,(9):43 |
| “火郁发之”应用举隅 | 苏曼侠等 | 江苏中医 | 2001,(9):44 |
| 刺络放血并按摩眼部预防红眼病临床与实验研究 | 江春树等 | 四川中医 | 2001,(9):67 |
| 经筋疗法治疗腰椎骨质增生症临床研究 | 韦英才 | 四川中医 | 2001,(9):69 |
| 针刺经验穴扭伤穴治疗急性腰扭伤500例——附常规针刺治疗100例对照 | 周义贵 | 浙江中医杂志 | 2001,(9):27 |
| 艾灸百会穴治疗眩晕病 | 杨　春 | 针灸临床杂志 | 2001,(9):42 |
| 按揉天宗穴为主治疗落枕 | 邱　燚等 | 针灸临床杂志 | 2001,(9):33 |
| 短刺法治疗跟痛症32例疗效观察 | 林鹏志等 | 针灸临床杂志 | 2001,(9):50 |
| 通因通用法治疗五更泻治验 | 左淑英等 | 中国民间疗法 | 2001,(9):28 |
| 口甜50例治验 | 丁秀侠 | 中国民间疗法 | 2001,(9):51 |
| 抑郁症的中医药研究进展 | 李宝玲 | 中医杂志 | 2001,(9):566 |
| 局部围针刺法在皮肤病中的应用 | 陈　炯 | 湖北中医杂志 | 2001,(10):48 |
| 温阳利水法治疗高血压病48例观察 | 陈丽英等 | 实用中医药杂志 | 2001,(10):5 |
| 阳刺法治疗腰背肌筋膜炎51例 | 梁春光等 | 实用中医药杂志 | 2001,(10):31 |
| 针刺四关穴配合通天刺治疗血管性头痛 | 朱振富 | 四川中医 | 2001,(10):70 |
| 针药推拿并用治疗肩周炎100例临床观察 | 赵清嵬等 | 针灸临床杂志 | 2001,(10):24 |
| 傍针刺治疗骨盆出口综合征临床研究 | 郭尧杰等 | 中国针灸 | 2001,(10):48 |
| 《内经》临床治验举隅 | 刘成华等 | 中国针灸 | 2001,(10):63 |
| 眼区穴位针刺配体针治疗偏瘫1000例 | 辛万和等 | 黑龙江科技信息 | 2001,(11):33 |
| 通因通用治崩漏 | 曾加益等 | 湖北中医杂志 | 2001,(11):39 |
| 调理脾胃在临床上的应用 | 郭建国等 | 青海医药杂志 | 2001,(11):55 |
| 直针刺治疗浅表痛证 | 朱剑文等 | 上海中医药杂志 | 2001,(11):35 |
| 从燥论治咽喉源性刺激性干咳96例 | 郭建中 | 时珍国医国药 | 2001,(11):1009 |
| 合谷刺穴位注射治疗梨状肌综合征的疗效观察 | 俞冬生等 | 现代康复 | 2001,(11):139 |
| 浅谈心理学在中医妇科临床的应用 | 刘瑞芬等 | 浙江中医杂志 | 2001,(11):7 |
| 刺络法与灸疮法临证一得 | 汪鲁莎等 | 中国民间疗法 | 2001,(11):7 |
| 刺络放血配合封闭治疗面瘫36例 | 陆建忠等 | 中国民间疗法 | 2001,(11):13 |
| 下病上取卯时温针法治疗足跟痛34例 | 邹敏辉等 | 中国民间疗法 | 2001,(11):10 |

| | | | |
|---|---|---|---|
| 从临床实践看标本的概念与关系 | 王锡安等 | 中国中医基础医学杂志 | 2001,(11):4 |
| 邵长荣巧用甘麦大枣汤治心咳 | 李　欣 | 辽宁中医杂志 | 2001,(12):724 |
| 刺络拔罐加倒膜治疗寻常性痤疮 65 例报告 | 杨静颖 | 齐齐哈尔医学院学报 | 2001,(12):1378 |
| 齐刺法治疗颈椎病对照观察 | 何伟晔等 | 实用中医药杂志 | 2001,(12):31 |
| 中医辨证治疗功能性子宫出血 180 例 | 朱长丽 | 陕西中医 | 2001,(12):717 |
| “傍针”刺法治疗腰椎间盘突出症 | 于秀梅 | 针灸临床杂志 | 2001,(12):30 |
| 刺络拔罐治疗背肌筋膜炎 32 例 | 夏志云 | 针灸临床杂志 | 2001,(12):28 |
| 合谷刺配合中药熏洗治疗陈旧性腓肠肌损伤临床观察 | 朱爱军 | 针灸临床杂志 | 2001,(12):37 |
| 巨刺丘墟治疗踝关节扭伤 | 张海山等 | 中国临床医生 | 2001,(12):50 |
| 慢性咽炎治以温药 | 高一明等 | 中国中医药信息杂志 | 2001,(12):12 |
| 脑鸣临证诊治 5 法 | 刘庆宪 | 中医杂志 | 2001,(12):721 |
| 浮针疗法治疗痛证的探究 | 符仲华 | 现代康复 | 2001,(16):113 |
| 内经针刺法结合中药敷贴治疗类风湿性关节炎疗效分析 | 熊　飙等 | 现代康复 | 2001,(17):36 |
| 扬刺法温针灸治疗臂上皮神经损伤 104 例报告 | 潘长青等 | 中国临床康复 | 2001,(21):129 |
| 齐刺法为主治疗肩胛软组织损伤 | 高玉中 | 中国临床康复 | 2001,(22):125 |
| 昼夜、四时阴阳消长对免疫调节影响的研究进展 | 蒋　燕等 | 中国中医药信息杂志 | 2001,(S1):31 |
| 春光无限好——强体病难侵 | 刘晓芹 | 医药经济报 | 2001.2.14 |
| 春日如何养阳 | 霍寿喜 | 中国体育报 | 2001.3.16 |
| 活血化瘀论治水肿浅谈 | 毛则先等 | 第五次全国中西医结合血瘀证及活血化瘀研究学术大会论文汇编 | 2001:253 |
| 脱疽的中医治疗 | 严光明 | 全国民族医药专科专病学术研讨会论文选编 | 2001:206 |
| 砭术治疗颈部经筋痹证的疗效观察 | 孟竞璧 | 首届全国砭石疗法学术研讨会论文集 | 2001:37 |
| 皮部理论在中医美容中的应用 | 王艺斌 | 中国针灸学会第五届全国中青年针灸推拿学术研讨会论文汇编 | 2001:36 |
| 浅谈腰腿痛患者的康复指导 | 欧阳兆龙 | 安徽中医临床杂志 | 2002,(1):76 |
| 验案 3 则 | 王万祖 | 安徽中医临床杂志 | 2002,(1):52 |
| 推拿结合饮食治疗婴幼儿腹泻 47 例 | 单胜春 | 按摩与导引 | 2002,(1):53 |
| 刺络拔罐配合穴注针灸疗法治疗第三腰椎横突综合征 35 例 | 田明萍等 | 光明中医 | 2002,(1):38 |
| 粗针齐刺为主治疗慢性腰部伤筋 234 例疗效观察 | 李正祥 | 光明中医 | 2002,(1):39 |
| 中医学预防思想在肿瘤防治领域的应用探讨 | 常　青 | 光明中医 | 2002,(1):8 |
| 刺络拔罐配合中药治疗带状疱疹后遗神经痛 19 例 | 唐培龙等 | 广西中医学院学报 | 2002,(1):12 |
| 误补辨析 | 唐　瑞等 | 河南中医药学刊 | 2002,(1):61 |
| 治疗痹症 65 例临床体会 | 白玉明等 | 黑龙江医药 | 2002,(1):58 |
| 从治验案 3 则 | 董春发 | 江西中医药 | 2002,(1):60 |
| 齐刺法加电针治疗肌肉拉伤 80 例体会 | 成守仁 | 南京体育学院学报（自然科学版） | 2002,(1):78 |
| 刺络拔罐治愈颌下血管瘤 | 陈庆华 | 山东中医杂志 | 2002,(1):36 |
| 针刺治神心悟 | 马　元 | 山东中医杂志 | 2002,(1):5 |
| 扬刺法加水针和镇逆汤加味治疗溃疡性幽门梗阻 36 例疗效观察 | 毕海峰等 | 山西临床医药 | 2002,(1):58 |

| | | | |
|---|---|---|---|
| 半夏秫米汤加减治疗慢性乙型肝炎伴失眠 60 例 | 王如高等 | 山西中医 | 2002,(1):13 |
| 巨刺疗法治疗肩关节周围炎 68 例 | 张神虎 | 陕西中医 | 2002,(1):61 |
| 《灵枢·官针》篇多针聚刺法的临床应用 | 倪夕朗 | 上海针灸杂志 | 2002,(1):15 |
| 半刺结合拔罐治疗带状疱疹 17 例 | 张玉美 | 上海针灸杂志 | 2002,(1):5 |
| 针刺三阳经穴对缺血性中风患者颅内动脉相关性的影响 | 韩兆诚等 | 上海针灸杂志 | 2002,(1):3 |
| 《内经》痿证理论临床运用举隅 5 例 | 周国琪等 | 上海中医药杂志 | 2002,(1):38 |
| 点刺至阴穴治疗神经性头痛 91 例 | 刘继红 | 实用中医药杂志 | 2002,(1):30 |
| 中医人格分型与现代人格测查对神经症患者的相关研究 | 侯冬芬 | 天津中医药 | 2002,(1):53 |
| 塞因塞用法在耳鼻咽喉科应用举隅 | 朱凤鸣 | 新中医 | 2002,(1):59 |
| 针刺四关穴配合通天刺治疗血管性头痛 43 例 | 朱振富 | 浙江中医杂志 | 2002,(1):32 |
| 温针配合刺络放血治疗腰背肌筋膜炎 30 例 | 谢文霞 | 针灸临床杂志 | 2002,(1):48 |
| 扬刺、排刺为主治疗神经根型颈椎病 | 刘美荣 | 针灸临床杂志 | 2002,(1):43 |
| 刺络闪罐法治疗漏肩风 135 例 | 朱超英等 | 中国民间疗法 | 2002,(1):25 |
| 补肾通督法治疗腰椎骨质增生 39 例 | 刘伟华 | 中国校医 | 2002,(1):48 |
| 补益肝肾法治疗关节痛的体会 | 赵新秀等 | 中国医药学报 | 2002,(1):31 |
| 大椎穴刺络拔罐治疗疟疾高热 31 例 | 许　伟 | 中国针灸 | 2002,(1):42 |
| 针刺治疗口流清涎案 | 尹　璐 | 中国针灸 | 2002,(1):68 |
| 学会心理调适,保持心身健康 | 白秀兰 | 中老年保健 | 2002,(1):31 |
| 刺络泻血治疗面神经炎 46 例 | 韩玉娥等 | 中医外治杂志 | 2002,(1):34 |
| 浅谈如何提高冬病夏治穴位敷贴治疗咳喘病的疗效 | 王艳萍 | 中医外治杂志 | 2002,(1):35 |
| 应用齐刺法治疗外伤性截瘫 48 例 | 盛国滨等 | 中医药学报 | 2002,(1):40 |
| 李祥云运用反治法治验举隅 | 田秉星 | 中医杂志 | 2002,(1):24 |
| 五脏咳验案举隅 | 陈利平等 | 中医杂志 | 2002,(1):75 |
| 小儿唾涎频多如何用药 | 赵复国 | 中医杂志 | 2002,(1):72 |
| 巨刺法对胫腓骨骨折愈合的影响 | 杨　彬等 | 中医正骨 | 2002,(1):20 |
| 五脏相关治未病临床浅探 | 边玉麟 | 安徽中医临床杂志 | 2002,(2):145 |
| 浅淡中西医结合护理 | 黄柳妮 | 广西中医学院学报 | 2002,(2):111 |
| 《内经》在临床上的指导作用 | 岳旭东 | 国医论坛 | 2002,(2):15 |
| 中医辨证治疗短暂脑缺血发作 125 例疗效观察 | 李宗伟 | 国医论坛 | 2002,(2):31 |
| 塞因塞用治疗粘连性肠梗阻 1 例 | 林　丹 | 海南医学院学报 | 2002,(2):73 |
| 刺络拔罐治疗带状疱疹 68 例 | 邹秋英 | 河北中医 | 2002,(2):106 |
| 试论从治法的含义及其运用 | 朱愉敏 | 江西中医学院学报 | 2002,(2):4 |
| 缩舌症治验三则 | 钟　岩 | 江西中医药 | 2002,(2):28 |
| 木郁达之治疗郁证 4 则 | 张光茹等 | 辽宁中医杂志 | 2002,(2):113 |
| 滚动排刺针法在治疗痛症中的应用 | 熊　伟 | 临床军医杂志 | 2002,(2):119 |
| 试论肿瘤治疗中祛邪与扶正的关系 | 杨成虎等 | 陕西中医 | 2002,(2):143 |
| 针刺治疗带状疱疹 96 例 | 刘枫林等 | 上海针灸杂志 | 2002,(2):33 |
| 中医辨治冠心病心绞痛举案 | 苏布勒巴图 | 时珍国医国药 | 2002,(2):91 |
| 针刺配合穴位注射天柱穴治疗急性腰扭伤 30 例 | 周珊玲等 | 实用中西医结合临床 | 2002,(2):29 |
| 半刺法治疗小儿“萎症”10 例临床观察 | 王元潮 | 针灸临床杂志 | 2002,(2):36 |
| 针刺配合外用药治疗面部痤疮 50 例 | 林海瑞 | 针灸临床杂志 | 2002,(2):11 |
| 刺络拔罐加紫外线对带状疱疹的镇痛治疗作用观察 | 李晓瑛等 | 中国临床康复 | 2002,(2):246 |
| 梅花针叩刺后拔罐治疗肩胛软组织劳损 | 魏　洪 | 中国临床康复 | 2002,(2):269 |
| 广汗法之运用 | 汪泳涛 | 中国医药学报 | 2002,(2):78 |

| | | | |
|---|---|---|---|
| 推拿配合 TDP 刺络拔罐治疗脊髓型颈椎病 51 例 | 叶 红 | 中医外治杂志 | 2002,(2):41 |
| 针灸三联疗法治疗带状疱疹 23 例 | 白 纯 | 中医外治杂志 | 2002,(2):40 |
| 治呃逆两法 | 王元生 | 中医外治杂志 | 2002,(2):36 |
| 老年性小便异常的针灸治疗 | 谢牡丹等 | 中医药研究 | 2002,(2):30 |
| 阳陵泉巨刺法配合运动加局部拔罐治疗落枕 | 王美娟等 | 福建中医药 | 2002,(3):9 |
| 益胃生津治阴虚久咳 | 周 洵 | 贵阳中医学院学报 | 2002,(3):35 |
| 中医"治未病"法临床应用体会 | 严可斌 | 河北中医药学报 | 2002,(3):9 |
| 阴刺在治疗中风后遗症中的应用 | 范正忠等 | 河南中医 | 2002,(3):56 |
| 不可盲目食肝养目 | 党 群等 | 家庭医学 | 2002,(3):31 |
| 验案二则 | 张志明 | 江西中医学院学报 | 2002,(3):6 |
| 浮刺围针温照法治疗股外侧皮神经炎 21 例 | 洪晓瑜等 | 江西中医药 | 2002,(3):37 |
| 腰椎间盘突出症的经络辨治 | 梁永瑛等 | 辽宁中医杂志 | 2002,(3):168 |
| 刺络拔罐治疗老年带状疱疹 22 例 | 冀守权等 | 内蒙古中医药 | 2002,(3):25 |
| 外敷涌泉巧治病 | 胡 松等 | 农家顾问 | 2002,(3):60 |
| 疏肝解郁治癃闭 | 潘炳森 | 山东中医杂志 | 2002,(3):187 |
| 火针治疗膝关节骨性关节炎 49 例 | 李亚东 | 山西中医 | 2002,(3):42 |
| 子午流注法治疗心绞痛 15 例 | 牛英虹等 | 上海针灸杂志 | 2002,(3):18 |
| 反阿是穴——肌肉起止点疗法及其临床应用 | 张文兵等 | 上海中医药杂志 | 2002,(3):42 |
| 谈活血化瘀法的实质及临床应用体会 | 何柏森等 | 时珍国医国药 | 2002,(3):165 |
| 走罐、推拿治疗慢性棘上韧带损伤 30 例 | 高志勇 | 四川中医 | 2002,(3):76 |
| 以消为补理脾助运治疗小儿厌食 | 张洪昌等 | 现代中医药 | 2002,(3):36 |
| 针刺配合刺络拔罐治疗颈性眩晕 58 例 | 程小平等 | 现代中医药 | 2002,(3):24 |
| 中医辨证治疗五更泻临床体会 | 杨水龙 | 忻州师范学院学报 | 2002,(3):60 |
| 略述中医补法及用补之注意 | 何 任 | 浙江中西医结合杂志 | 2002,(3):5 |
| 巨刺治疗面肌痉挛 40 例 | 蓝先金等 | 针灸临床杂志 | 2002,(3):36 |
| 针刺配合刺络拔罐治疗带状疱疹 50 例 | 李 巍等 | 中国民间疗法 | 2002,(3):18 |
| 论清热解毒是治疗热毒血瘀证的重要治法 | 朱 平等 | 中国医药学报 | 2002,(3):171 |
| 黄疸坏病救逆案及反思 | 王辅民 | 中西医结合肝病杂志 | 2002,(3):173 |
| 天人相应论在临床实践中的具体运用 | 郭 蕾 | 中医药学报 | 2002,(3):43 |
| 《内经》刺灸法在骨伤科的应用例析 | 李庆雯等 | 中医药学刊 | 2002,(3):346 |
| 温针灸阴经、阳经穴治疗中风后关节痉挛的对比研究 | 刘傲霜 | 中医杂志 | 2002,(3):180 |
| 浅谈经络理论对骨伤临床的指导意义 | 刘晋闽 | 中医正骨 | 2002,(3):51 |
| 发热在昼夜间节律及择时用药 | 许丽星 | 长春中医学院学报 | 2002,(4):1 |
| 情志致病验案选 | 苏衍卿等 | 甘肃中医 | 2002,(4):52 |
| 巨刺疗法治疗痹证 69 例 | 罗敏然 | 广西中医药 | 2002,(4):27 |
| 子午流注针法治疗寻常性痤疮疗效分析 | 王 虹 | 贵阳中医学院学报 | 2002,(4):349 |
| 刺络法治疗周围性面神经麻痹 45 例 | 王舒拉等 | 河北中医 | 2002,(4):291 |
| 辨证治疗肾病的体会 | 王振海等 | 河南中医学院学报 | 2002,(4):32 |
| 捏脊疗法配合中药治疗小儿遗尿 60 例 | 吴晓菊 | 淮海医药 | 2002,(4):315 |
| 三黄汤治疗糖尿病足的临床观察 | 周 方 | 吉林中医药 | 2002,(4):16 |
| 刺络拔罐结合挑刺治疗痤疮 78 例 | 吴凤珍 | 江西中医药 | 2002,(4):37 |
| 消法的运用 | 江克明 | 开卷有益,求医问药 | 2002,(4):14 |
| 刺络拔罐为主治疗颈肩综合征 36 例 | 洒玉萍 | 青海医学院学报 | 2002,(4):34 |
| 浅谈五输穴的临床应用 | 马俊儒等 | 陕西中医 | 2002,(4):347 |
| 刺络放血疗法对脑梗塞恢复期患者纤溶系统的影响 | 张建斌等 | 上海针灸杂志 | 2002,(4):1 |

| | | | |
|---|---|---|---|
| 缪刺法治疗腰椎间盘突出症的临床观察 | 丁习益 | 上海针灸杂志 | 2002,(4):24 |
| 中药外敷配合刺络拔罐治疗急性踝关节扭伤 68 例 | 刘渝松等 | 实用中医药杂志 | 2002,(4):40 |
| 便秘的简易防治法 | 刘本善 | 双足与保健 | 2002,(4):15 |
| 塞因塞用法临床应用体会 | 孙　波 | 天津中医 | 2002,(4):70 |
| 以静制动针刺法治疗面肌痉挛 | 刘宴宏 | 天津中医学院学报 | 2002,(4):59 |
| 针刺内关治疗不稳定性心绞痛 32 例 | 刘永贵 | 现代医药卫生 | 2002,(4):324 |
| 温针灸加刺络拔罐治疗顽痹 56 例体会 | 贾正红等 | 现代中西医结合杂志 | 2002,(4):333 |
| “左病取右,右病取左,上病下取,下病上取”针治急性扭伤体会 | 党恩强 | 新疆中医药 | 2002,(4):36 |
| 半刺法结合耳压治疗儿童遗尿 | 王全权等 | 云南中医中药杂志 | 2002,(4):31 |
| 特定穴——“十五络”穴的临床运用经验 | 李新莲 | 针刺研究 | 2002,(4):294 |
| 采用远道刺法治疗梅核气 25 例 | 赵明智等 | 针灸临床杂志 | 2002,(4):36 |
| 以痛为输报刺法治疗强直性脊柱炎 | 李和平 | 针灸临床杂志 | 2002,(4):39 |
| 火针治疗验案三则 | 赵长泉等 | 中国民间疗法 | 2002,(4):22 |
| 验法二则 | 张建华等 | 中国民间疗法 | 2002,(4):59 |
| 小柴胡汤合泽泻汤加味治疗美尼尔氏征 48 例 | 张安富 | 中国中医急症 | 2002,(4):285 |
| 通因通用法治疗急症举隅 | 林　雪 | 中国中医急症 | 2002,(4):321 |
| 耳针配体针治疗斑秃 47 例 | 毕伟莲等 | 中国中医药信息杂志 | 2002,(4):77 |
| 豹文刺加拔火罐治疗疖痈肿 126 例 | 高黎明 | 中医外治杂志 | 2002,(4):32 |
| 巨刺外关穴加拔罐治疗落枕 | 张书彪等 | 中医外治杂志 | 2002,(4):42 |
| 辛夷清肺饮治疗鼻窦炎 56 例 | 常　旭 | 安徽中医临床杂志 | 2002,(5):366 |
| 刍议内关穴在按摩临床上的应用 | 吕蔓生 | 按摩与导引 | 2002,(5):57 |
| 十法治疗肩周炎百余例浅析 | 王月凤 | 按摩与导引 | 2002,(5):29 |
| 推拿配合刺络放血治疗小儿急性支气管炎 267 例 | 张晓君等 | 按摩与导引 | 2002,(5):54 |
| 以经筋疗法为主治疗周围性面瘫 31 例 | 泰保和 | 按摩与导引 | 2002,(5):25 |
| 脏腑按摩治疗小儿生长痛 32 例 | 杨全胜 | 按摩与导引 | 2002,(5):55 |
| 经筋疗法治疗第三腰椎横突综合征 56 例疗效观察 | 韦英才等 | 广西中医药 | 2002,(5):30 |
| 鼻衄从肝论治 4 则 | 陈发青 | 河南中医药学刊 | 2002,(5):67 |
| 齐刺法为主治疗枕神经痛 120 例 | 向诗余等 | 湖北中医杂志 | 2002,(5):43 |
| 多向刺治疗梨状肌综合征 80 例疗效观察 | 吴汉阳 | 吉林中医药 | 2002,(5):47 |
| 痛风从内毒论治的临床研究 | 田财军 | 山东中医药大学学报 | 2002,(5):369 |
| 温针灸配合刺络拔罐治疗局限性硬皮病 8 例 | 赵志芬 | 山西中医 | 2002,(5):20 |
| 浅谈心理学在中医妇科临床的应用 | 刘瑞芬等 | 陕西中医 | 2002,(5):477 |
| 崩漏塞通异治验案二则 | 夏泽芳 | 四川中医 | 2002,(5):54 |
| 围刺临床应用举隅 | 郭尧杰 | 四川中医 | 2002,(5):79 |
| 下合穴临证运用心得 | 戈　力等 | 四川中医 | 2002,(5):74 |
| 走罐配合刺络放血辨证治疗痤疮 78 例 | 翟金莹等 | 四川中医 | 2002,(5):75 |
| 塞因塞用通因通用法妇科临床运用举隅 | 毛　云 | 现代中西医结合杂志 | 2002,(5):424 |
| 强刺攒竹配内关穴治疗顽固性呃逆 40 例 | 李　珣 | 现代中医药 | 2002,(5):56 |
| “痰瘀同治”治疗高脂血症的体会 | 吴致安等 | 新疆中医药 | 2002,(5):5 |
| 巨刺法配合推拿治疗粘连严重型肩周炎 30 例疗效观察 | 陈雁东等 | 云南中医中药杂志 | 2002,(5):37 |
| 刺络拔罐合穴位注射治疗肩周炎 67 例临床报道 | 肖宝香等 | 针灸临床杂志 | 2002,(5):19 |
| 老年高血压病的中医护理体会 | 吕　青等 | 职业与健康 | 2002,(5):160 |
| 扬刺治疗股外侧皮神经炎 51 例 | 秦家超 | 中国民间疗法 | 2002,(5):17 |
| 齐刺法配合推拿治疗第三腰椎横突综合征 60 例 | 聂怀利等 | 中医外治杂志 | 2002,(5):42 |
| 电针围刺加梅花针刺络拔罐治疗肌硬结 23 例 | 王　萍等 | 中医药学报 | 2002,(5):31 |

| | | | |
|---|---|---|---|
| 经筋排刺加透刺治疗周围性面瘫54例临床观察 | 刘红梅 | 甘肃中医 | 2002,(6):67 |
| 半刺、穴位注射加特定电磁波(TDP)照射治疗婴幼儿腹泻120例 | 张盛之 | 河北中医 | 2002,(6):448 |
| 齐刺法治疗紧张性头痛42例 | 陆永辉 | 河南中医 | 2002,(6):68 |
| 浅谈巨刺法的临床应用 | 孙六合等 | 河南中医 | 2002,(6):74 |
| 内关穴临床应用举隅 | 王晓梅 | 河南中医药学刊 | 2002,(6):66 |
| 八髎穴的临床运用 | 王宛彭等 | 吉林中医药 | 2002,(6):44 |
| 电针治疗坐骨神经痛62例疗效观察 | 王洪俊 | 吉林中医药 | 2002,(6):47 |
| 中医治疗老年病的用药体会 | 袁雄芳 | 吉林中医药 | 2002,(6):6 |
| 略论免疫性不孕和不育的中医证治 | 莫 蕙 | 江苏中医药 | 2002,(6):30 |
| 解析“标本论”在临床中的核心价值 | 高少才 | 江苏中医药 | 2002,(6):3 |
| 肺主皮毛理论的临床运用 | 赵崇金 | 临床军医杂志 | 2002,(6):94 |
| 远刺加超短波治疗颞下颌关节紊乱综合征49例 | 褚 芹等 | 山东中医杂志 | 2002,(6):348 |
| 齐刺法治疗菱形肌损伤40例 | 何颖賺等 | 上海针灸杂志 | 2002,(6):30 |
| 齐刺配合微波治疗坐骨神经痛48例 | 陈礼娇等 | 上海针灸杂志 | 2002,(6):32 |
| 齐刺治疗椎动脉型颈椎病的临床观察 | 涂小华等 | 上海针灸杂志 | 2002,(6):10 |
| 浅淡肝肾理论在针灸临床的应用 | 徐 辉 | 上海针灸杂志 | 2002,(6):42 |
| 足反射疗法治愈不寐(失眠)患者30例 | 房士建 | 双足与保健 | 2002,(6):10 |
| 刘国强教授用“通因通用”法治疗结肠炎的理论与经验 | 杜卫星等 | 现代中医药 | 2002,(6):16 |
| 反治法治验4则 | 周焕凤 | 新中医 | 2002,(6):57 |
| 治病求本原则在针灸治疗中风中后期中的应用 | 沙 岩 | 针灸临床杂志 | 2002,(6):3 |
| 耳针治疗急性痛症35例 | 李桂珍 | 针灸临床杂志 | 2002,(6):20 |
| 刺络拔罐治疗带状疱疹神经痛的研究 | 余春艳等 | 中国临床康复 | 2002,(6):875 |
| 针刺治肾绞痛 | 华 青 | 中国民间疗法 | 2002,(6):11 |
| 针刺养老穴为主治疗足跟痛 | 陈 成 | 中国针灸 | 2002,(6):41 |
| 翳风穴刺络拔罐为主治疗急性期周围性面瘫48例 | 卢勤妹 | 中医外治杂志 | 2002,(6):28 |
| 免疫性不孕阴虚证的中医病因病机及治疗探讨 | 汤月萍 | 中医药学报 | 2002,(6):6 |
| 齐刺治疗老年性膝骨性关节炎50例 | 杜引平 | 湖北中医杂志 | 2002,(7):49 |
| 艾灸至阴穴治疗痛经 | 张国胜 | 家庭医学 | 2002,(7):58 |
| 重刺络放血为主治疗强直性脊柱炎50例 | 陈有国 | 江苏中医药 | 2002,(7):35 |
| 缪刺法的临床应用 | 杨改琴等 | 上海中医药杂志 | 2002,(7):32 |
| 慢性支气管炎及哮喘的冬病夏治 | 刘健英 | 时代养生 | 2002,(7):30 |
| 刺络放血法对高血压病血液流变学的影响 | 田长安等 | 针灸临床杂志 | 2002,(7):29 |
| 齐刺与常规针法治疗颈椎病临床疗效对比观察 | 余霜泉 | 针灸临床杂志 | 2002,(7):37 |
| 论多针刺疗法的临床应用 | 杨培智 | 针灸临床杂志 | 2002,(7):39 |
| “疰夏”病天如何食补 | 康 乐 | 中国保健营养 | 2002,(7):28 |
| 扬刺法与普通针法治疗根性坐骨神经痛比较 | 詹龙祥等 | 中国临床医生 | 2002,(7):63 |
| 温法在耳鼻喉科中的运用探讨 | 仝选甫 | 中国医药学报 | 2002,(7):393 |
| 巨刺曲泉治疗肱骨外上髁炎30例 | 王红娥等 | 中国针灸 | 2002,(7):44 |
| 辨证施治针灸验案二则 | 黄文国 | 中国针灸 | 2002,(7):66 |
| 浅刺治疗感染性疾病31例 | 左智杰 | 中国针灸 | 2002,(7):12 |
| 补气法在耳鼻喉科疾病中的应用 | 仝选甫 | 中医杂志 | 2002,(7):531 |
| 齐刺结合白虎摇头手法治疗梨状肌综合征161例临床观察 | 吴 琦 | 中医杂志 | 2002,(7):506 |
| 梅雨时节避湿邪 | 张汉寅 | 祝您健康 | 2002,(7):13 |
| 中医治法在精神疾病中的应用 | 胡海燕等 | 湖北中医杂志 | 2002,(8):25 |

| | | | |
|---|---|---|---|
| 体针加刺络拔罐法治疗梅核气 | 王志兴等 | 湖北中医杂志 | 2002,(8):50 |
| 温针灸加刺络走罐治疗肩凝症98例 | 吴凤珍 | 江苏中医药 | 2002,(8):36 |
| 火针治疗扁平疣 | 高中和等 | 辽宁中医杂志 | 2002,(8):488 |
| 膀胱经放血疗法治疗发际疮8例 | 侯小藏等 | 陕西中医 | 2002,(8):728 |
| 试述针灸分经辨治慢性咽炎 | 卓廉士 | 实用中医药杂志 | 2002,(8):44 |
| 活血化瘀汤治疗子宫内膜异位症临床研究 | 邹淑凤等 | 医学研究杂志 | 2002,(8):63 |
| 巨刺法治疗急性踝关节扭伤39例——附患侧同名穴针刺治疗32例对照 | 骆　方 | 浙江中医杂志 | 2002,(8):42 |
| 被动体位下合谷刺治疗肩周炎46例疗效分析 | 黄　东 | 针灸临床杂志 | 2002,(8):14 |
| 环跳穴齐刺法为主治疗坐骨神经痛疗效观察 | 向诗余等 | 针灸临床杂志 | 2002,(8):48 |
| 足针疗法配合足底按摩治疗痛经78例临床观察 | 肖　劲 | 针灸临床杂志 | 2002,(8):33 |
| 补中益气汤异病同治的运用经验 | 刘爱华等 | 中国医药学报 | 2002,(8):485 |
| 粗针齐刺加隔姜灸治疗梨状肌综合征36例疗效观察 | 张　挺等 | 中国针灸 | 2002,(8):22 |
| 八法配穴治疗便秘 | 吴春存 | 中国针灸 | 2002,(8):37 |
| 针灸治疗女性更年期综合征研究思路 | 陈贵珍等 | 中国针灸 | 2002,(8):56 |
| 补骨脂善治足跟痛 | 黄红勤等 | 中医杂志 | 2002,(8):573 |
| 刺络拔罐为主治疗乳痈83例临床疗效观察 | 伍金素 | 湖南中医药导报 | 2002,(9):549 |
| 巨刺法为主治疗肩周炎36例 | 王康社等 | 陕西中医 | 2002,(9):834 |
| 刺络拔罐治疗带状疱疹42例临床观察 | 王岫岩等 | 针灸临床杂志 | 2002,(9):31 |
| 齐刺温针加锤击治疗足跟痛60例临床观察 | 陈义良等 | 针灸临床杂志 | 2002,(9):41 |
| 十二皮部大面积闪罐瘀血疗法治疗疑难杂证的临床运用 | 吴俊梅等 | 针灸临床杂志 | 2002,(9):8 |
| 根据补母泻子手法原则取穴治疗口腔溃疡21例 | 梁　军 | 针灸临床杂志 | 2002,(9):40 |
| 运用活血化瘀治疗头疼的体会 | 李　宏 | 职业与健康 | 2002,(9):123 |
| 中医药治疗脉管炎刍议 | 陈龙喜等 | 职业与健康 | 2002,(9):120 |
| 传统心理疗法在心脑血管疾病的应用 | 刘淑珍 | 中国民间疗法 | 2002,(9):32 |
| 半刺法治疗小儿腹泻疗效观察 | 魏有山等 | 中国社区医师 | 2002,(9):41 |
| 消法应用体会 | 何柏森 | 中国乡村医药 | 2002,(9):15 |
| 浅论下法在疑难重症上的临床应用 | 宋民恩 | 中国医药学报 | 2002,(9):519 |
| 针刺按摩治疗散光眼案 | 郑长荣等 | 中国针灸 | 2002,(9):68 |
| 齐刺并远红外线与超声波治疗网球肘的临床比较 | 林秀蓉等 | 中华物理医学与康复杂志 | 2002,(9):9 |
| 通阳法在针灸临床中的运用 | 李　瑞 | 中医杂志 | 2002,(9):665 |
| 齐刺法加电针治疗梨状肌损伤21例 | 沈　华 | 河北中医 | 2002,(10):780 |
| 围刺法配合电针治疗乳腺增生108例 | 赵志芬 | 湖北中医杂志 | 2002,(10):50 |
| 经筋疗法治疗肱骨外上髁炎84例 | 韦英才等 | 辽宁中医杂志 | 2002,(10):610 |
| 耳穴埋药(压丸)法治青少年近视眼 | 侯红梅 | 临床医学 | 2002,(10):52 |
| 经筋疗法治疗偏头痛34例 | 韦英才 | 陕西中医 | 2002,(10):931 |
| “诸痛痒疮,皆属于心”治验四则 | 饶宏孝 | 上海中医药杂志 | 2002,(10):25 |
| 用通腑法治疗急性胆囊炎26例 | 王联福 | 现代医药卫生 | 2002,(10):915 |
| 推拿治疗踝关节扭伤98例报告 | 宋鸿权 | 浙江临床医学 | 2002,(10):769 |
| 半刺法治疗小儿腹泻疗效观察 | 魏有山等 | 浙江中西医结合杂志 | 2002,(10):38 |
| 针刺内关配合中药治疗呃逆38例体会 | 童炳华 | 浙江中西医结合杂志 | 2002,(10):27 |
| 刺络放血疗法加温针治疗膝关节骨质增生108例 | 吴文军等 | 针灸临床杂志 | 2002,(10):37 |
| 针刺下合穴治疗肠麻痹46例 | 黄文燕 | 针灸临床杂志 | 2002,(10):45 |
| 夹脊穴齐刺治疗腰椎间盘突出症效果探讨 | 张治国等 | 中国临床康复 | 2002,(10):1491 |

| | | | |
|---|---|---|---|
| 锋针螯刺治疗风湿性关节炎35例临床观察 | 任锡峰等 | 中国乡村医药 | 2002,(10):15 |
| 《内经》因势利导治疗法则及其临床应用研究 | 烟建华 | 中国医药学报 | 2002,(10):582 |
| 单刺鸠尾致全身荨麻疹1例 | 姚会艳等 | 中国针灸 | 2002,(10):68 |
| 小儿汗证辨治一得 | 万恒仙 | 湖北中医杂志 | 2002,(11):46 |
| 刺络拔罐治疗膝内侧副韧带损伤31例 | 尚志华等 | 江苏中医药 | 2002,(11):48 |
| 大椎刺络拔罐的临床应用概况 | 岳宝安等 | 陕西中医 | 2002,(11):1019 |
| 膝眼合谷刺治疗膝关节炎57例 | 王伯钧 | 实用医技杂志 | 2002,(11):864 |
| 子宫肌瘤手术前后的观察与护理 | 王桂凤 | 实用医技杂志 | 2002,(11):863 |
| 傍针刺加电针治疗肱骨内上髁炎40例 | 邵伟立等 | 实用中医药杂志 | 2002,(11):38 |
| 刺络法临床应用体会 | 张战军 | 实用中医药杂志 | 2002,(11):44 |
| 刺络放血法治疗面肌痉挛22例的临床观察 | 文碧玲 | 针灸临床杂志 | 2002,(11):16 |
| 丘墟穴治疗急性胸胁屏伤24例 | 张学良 | 针灸临床杂志 | 2002,(11):46 |
| 塞因塞用临床应用举隅 | 黄腾蛟等 | 中国民间疗法 | 2002,(11):11 |
| 口甜50例治验 | 丁秀侠 | 中国社区医师 | 2002,(11):39 |
| 养阴清热治咳喘 | 袁良章 | 中国医药学报 | 2002,(11):687 |
| 单刺右侧浮白穴治疗胆囊炎疼痛38例 | 陈兴胜等 | 中国针灸 | 2002,(11):42 |
| 择时服用六味地黄丸 | 郭　飞 | 中医杂志 | 2002,(11):878 |
| 齐刺加穴位注射治疗梨状肌损伤综合征 | 夏　智等 | 湖北中医杂志 | 2002,(12):43 |
| 浅谈癌症患者的四时调护 | 黄继梅 | 江苏中医药 | 2002,(12):49 |
| 太冲穴治疗头面部疾病举隅 | 莫　逸 | 卫生职业教育 | 2002,(12):62 |
| “秩边透水道”针法治疗术后排尿障碍17例 | 冀来喜 | 中国临床康复 | 2002,(12):1819 |
| 巨针巨刺治疗缺血性中风122例临床观察 | 刘光亭等 | 中国针灸 | 2002,(12):31 |
| 火镍针治疗肛裂426例 | 王继元等 | 中国针灸 | 2002,(12):30 |
| 梅花针叩刺拔罐加中药治疗寻常性痤疮40例 | 田博文 | 中国中医药信息杂志 | 2002,(12):36 |
| 合谷刺治疗中风后假性球麻痹35例 | 王　雷等 | 中医杂志 | 2002,(12):926 |
| 电针齐刺法治疗上睑下垂19例 | 李　梅等 | 中国临床康复 | 2002,(13):1980 |
| 电针配合刺络治疗带状疱疹19例 | 刘桂芝等 | 中国临床康复 | 2002,(14):2126 |
| 针刺治疗网球肘:电针前痛点处二针交叉短刺疗效好 | 张建平 | 中国临床康复 | 2002,(14):2139 |
| 巨刺运动疗法治疗脑卒中偏瘫68例 | 徐益权等 | 中国临床康复 | 2002,(15):2316 |
| 外感久咳不瘥,理脾和胃乃安 | 侯正军位 | 中国社区医师 | 2002,(15):8 |
| 缪刺治疗3例报告 | 丁习益 | 中国临床康复 | 2002,(16):2461 |
| 中药薰蒸与夹脊穴齐刺对腰椎间盘突出症的止痛效果对比 | 谭志明 | 中国临床康复 | 2002,(16):2458 |
| 刺络拔罐治疗腰痛24例 | 阎爱辉 | 中国临床康复 | 2002,(18):2781 |
| 锋勾针加闪罐治疗肩周炎50例 | 周志峰 | 中国临床康复 | 2002,(20):3113 |
| 治痿2则 | 方定华 | 中国社区医师 | 2002,(20):40 |
| 排针刺灸法治疗颈椎病86例临床分析 | 刘剑玲 | 现代中西医结合杂志 | 2002,(24):2470 |
| 理气活血法临床应用体会 | 李晓莲 | 山西中医 | 2002,(S1):51 |
| 理气活血法组方治疗胃脘痛浅析 | 王凤云等 | 山西中医 | 2002,(S1):31 |
| 论望诊在儿科临床护理中的应用 | 李瑞艳等 | 山西中医 | 2002,(S1):89 |
| 针刺治疗绝经后骨质疏松症的临床研究 | 岳延荣 | 中国优秀博硕士学位论文全文数据库(硕士)医药卫生科技辑 | 2002,(1):E056-91 |
| 心包俞募配穴协同拮抗作用的临床研究 | 王艳丽 | 中国优秀博硕士学位论文全文数据库(硕士)医药卫生科技辑 | 2002,(2):E056-94 |

| | | | |
|---|---|---|---|
| 胃缓的治疗体会 | 来叶根 | 全国中医药科研与教学改革研讨会论文集 | 2002:228 |
| 针灸治疗面神经麻痹500例 | 王维霞 | 中国针灸学会与大韩针灸师协会缔结姊妹学会十周年暨全国针灸新疗法新技术现场演示和疑难病症针灸治疗经验交流会论文汇编 | 2002:117 |
| 梦游症治验一则 | 利永聪 | 中国中西医结合学会第七届精神疾病学术讨论会论文汇编 | 2002:280 |
| 生铁落饮治疗躁狂症39例 | 叶无章等 | 中国中西医结合学会第七届精神疾病学术讨论会论文汇编 | 2002:174 |
| 韩冰治疗子宫内膜异位症经验 | 卫爱武 | 北京中医 | 2003,(1):13 |
| 腹泻治法四则 | 闫记灵 | 长治医学院学报 | 2003,(1):55 |
| 齐刺电针治疗第三腰椎横突综合征的体会 | 安玉禄 | 贵阳中医学院学报 | 2003,(1):44 |
| 加味生铁落饮治疗小儿疳积89例 | 马荣华等 | 国医论坛 | 2003,(1):26 |
| 针灸治疗小儿脑瘫体会 | 袁爱红等 | 河南中医 | 2003,(1):54 |
| 从升降浮沉论脾胃病的治疗 | 李晓丽等 | 湖北中医杂志 | 2003,(1):21 |
| 六经辨证治疗腰椎间盘突出症临床举隅 | 娄绍昆 | 湖南中医药导报 | 2003,(1):38 |
| 补中益气汤的临床新用 | 马海燕 | 基层医学论坛 | 2003,(1):83 |
| 巨刺配合拔罐治疗踝关节扭伤78例 | 赵延红 | 吉林中医药 | 2003,(1):36 |
| 扬刺配闪罐法治疗肩周炎31例 | 李　婷 | 江苏中医药 | 2003,(1):38 |
| 补虚扶正法治疗冠心病心绞痛验案4则 | 金月华 | 山西中医 | 2003,(1):31 |
| 远道刺治疗面肌痉挛初探 | 顾荣昌等 | 上海中医药杂志 | 2003,(1):43 |
| 刺络拔罐治疗带状疱疹疗效观察 | 黄　莹等 | 深圳中西医结合杂志 | 2003,(1):36 |
| 浅议风药在慢性泄泻中的运用 | 冯俊志 | 四川中医 | 2003,(1):27 |
| “四关”穴透刺治疗神经紧张症琐谈 | 王　卫等 | 天津中医学院学报 | 2003,(1):40 |
| 针刺治疗脊髓压迫症体会 | 杨阿根 | 天津中医药 | 2003,(1):34 |
| 针刺治疗脑梗死上肢运动功能障碍的临床研究 | 吕莉君等 | 浙江中西医结合杂志 | 2003,(1):18 |
| 中医饮食疗法在临床治疗中的应用 | 李　萍 | 职业与健康 | 2003,(1):107 |
| 巨刺法治疗面肌痉挛 | 李亚伟等 | 中国民间疗法 | 2003,(1):13 |
| 锋针加三棱针放血治疗面神经麻痹58例 | 黄有才等 | 中国民族民间医药杂志 | 2003,(1):34 |
| 刺络放血疗法对脑梗塞恢复期患者凝血系统的影响 | 张建斌等 | 中国针灸 | 2003,(1):48 |
| 大杼穴刺络拔罐治疗膝关节痛48例 | 王　健 | 中国针灸 | 2003,(1):39 |
| 巨刺阳陵泉穴对胆道系统的影响 | 刘光亭等 | 中国针灸 | 2003,(1):33 |
| 齐刺加电针治疗腱鞘囊肿57例 | 张建平等 | 中国针灸 | 2003,(1):14 |
| 牵伸状态下合谷刺治疗梨状肌损伤120例 | 胡超伟等 | 中国针灸 | 2003,(1):40 |
| 下合穴为主治疗肠梗阻46例 | 王丹华等 | 中国针灸 | 2003,(1):16 |
| 背俞穴放血治疗胆绞痛45例 | 魏彩莲 | 中国中医急症 | 2003,(1):58 |
| 中药治疗动脉硬化性头痛20例 | 李明剑 | 中国中医急症 | 2003,(1):10 |
| 妇科证治杂谈 | 杜锦海等 | 中医药通报 | 2003,(1):39 |
| 齐刺加牵引治疗神经根型颈椎病 | 孙　钰等 | 中医药信息 | 2003,(1):27 |
| 武连仲教授毛刺法浅识 | 解　越等 | 中医药信息 | 2003,(1):38 |
| 中医内科慢性病证治特点初探 | 唐付才 | 安徽中医临床杂志 | 2003,(2):159 |
| 推拿点穴治疗阳痿49例 | 刘　峰 | 按摩与导引 | 2003,(2):30 |
| 通因通用法治疗休息痢偶得 | 李增潮 | 甘肃中医 | 2003,(2):25 |
| 巨刺治疗周围性面瘫急性期体会 | 李　华 | 光明中医 | 2003,(2):27 |
| 合谷刺治疗肌纤组织炎30例 | 王淑芬 | 航空航天医药 | 2003,(2):77 |

| | | | |
|---|---|---|---|
| 循经辨治举隅 | 刘太明 | 河南中医 | 2003,(2):62 |
| 半刺配合闪罐治疗面神经炎 32 例 | 褚　静 | 黑龙江中医药 | 2003,(2):52 |
| "塞因塞用"治则临床应用举隅 | 姚　波 | 江汉大学学报(自然科学版) | 2003,(2):88 |
| 前后配穴为主配合食疗治疗慢性腹泻的体会 | 周丽莎 | 江汉大学学报(自然科学版) | 2003,(2):85 |
| 糖尿病中医防治的有效途径——养生与意疗 | 周晓燕等 | 辽宁实用糖尿病杂志 | 2003,(2):61 |
| 甘温除热法的临床应用体会 | 杨　敏等 | 辽宁中医学院学报 | 2003,(2):100 |
| 升提法临床应用 | 费中苏 | 辽宁中医学院学报 | 2003,(2):112 |
| 耳穴针刺结合背腧穴刺络放血治疗痤疮 | 张铁楠 | 辽宁中医杂志 | 2003,(2):133 |
| 分刺法治疗小儿先天性斜颈观察 | 谢会平等 | 辽宁中医杂志 | 2003,(2):144 |
| 49 例更年期综合征患者的辨证施护 | 黄绮华 | 南方护理学报 | 2003,(2):37 |
| 中医体质学说在治疗上的应用 | 李明奎 | 山西中医学院学报 | 2003,(2):54 |
| 浅谈"少火生气"理论对中医临床的指导意义 | 黄　彬等 | 陕西中医学院学报 | 2003,(2):12 |
| 暴瘖治验 1 例 | 郝药农等 | 上海针灸杂志 | 2003,(2):48 |
| 齐刺法电针治疗腰骶棘间韧带损伤 42 例分析 | 李兆宏 | 实用中医内科杂志 | 2003,(2):139 |
| 足反射疗法治愈中风 11 例临床报告 | 房士建 | 双足与保健 | 2003,(2):8 |
| 论根结标本理论在临床中的应用 | 孟　红 | 天津中医学院学报 | 2003,(2):6 |
| 产后癃闭治验 1 则 | 秦玉亮 | 天津中医药 | 2003,(2):66 |
| 火针治疗皮外科疾患临证举隅 | 李　岩等 | 天津中医药 | 2003,(2):40 |
| 用通腑法治疗急性胆囊炎 26 例 | 王联福 | 现代医药卫生 | 2003,(2):199 |
| 反治法在中医临证中的应用 | 李晓芳等 | 现代中西医结合杂志 | 2003,(2):189 |
| 柴胡疏肝散治顽咳 | 崔　悦 | 浙江中医杂志 | 2003,(2):29 |
| 顶颞前斜线齐刺法治疗中风偏瘫的临床观察 | 睢明河等 | 针刺研究 | 2003,(2):144 |
| 独穴加刺络拔罐治疗眼肌痉挛 32 例 | 史　玲 | 针灸临床杂志 | 2003,(2):48 |
| 耳穴放血　刺络拔罐配合光疗治疗急性扁桃体炎 | 孙艳梅等 | 中国疗养医学 | 2003,(2):17 |
| 刺络拔罐为主治疗登革热 36 例 | 蒋进明等 | 中国针灸 | 2003,(2):62 |
| 盘刺、毛刺为主治疗面瘫 65 例 | 刘晓娟 | 中国针灸 | 2003,(2):53 |
| 针刺临床中的医患效应 | 黄　安 | 中国针灸 | 2003,(2):32 |
| 耳鼻咽喉科常见病针灸治疗简介 | 蒋中晋 | 中国中西医结合耳鼻咽喉科杂志 | 2003,(2):97 |
| 流涎症治验一则 | 马　萃 | 中国自然医学杂志 | 2003,(2):102 |
| 温补肝阳法的临床运用 | 李如辉 | 中医杂志 | 2003,(2):156 |
| 结合缪刺法治疗 16 例急性腰肌扭伤疗效观察 | 杨　敏 | 福建医药杂志 | 2003,(3):230 |
| 塞因塞用治疗痰湿久咳 | 刘军莲 | 甘肃中医 | 2003,(3):9 |
| 合谷刺法加拔罐治疗第三腰椎横突综合征 122 例 | 陈章妹 | 国医论坛 | 2003,(3):25 |
| 遵循标本根结理论针刺治疗偏头痛 | 周丽莎 | 湖北中医杂志 | 2003,(3):44 |
| 中西医结合治疗萎缩性舌炎 20 例 | 李　荻等 | 湖南中医杂志 | 2003,(3):49 |
| 病在上　取之下治验 2 则 | 刘　奇 | 辽宁中医学院学报 | 2003,(3):236 |
| 补中益气汤治疗脾虚阴火证 4 则 | 赖　真等 | 辽宁中医学院学报 | 2003,(3):229 |
| 反治法临床运用举隅 | 周　锋 | 辽宁中医学院学报 | 2003,(3):230 |
| 眩晕治验 3 则 | 李　霞等 | 内蒙古中医药 | 2003,(3):17 |
| 温针灸刺络放血法治疗膝关节疼痛 76 例临床观察 | 赵　辉等 | 实用中医内科杂志 | 2003,(3):232 |
| 试论水证可以缪刺 | 卓廉士等 | 实用中医药杂志 | 2003,(3):157 |
| 合谷刺法治疗肱骨外上髁炎 | 谢会平等 | 四川中医 | 2003,(3):76 |
| 中西医有关咳嗽分型现状 | 刘军莲等 | 现代中医药 | 2003,(3):60 |

| | | | |
|---|---|---|---|
| 齐刺、扬刺治疗脊肌筋膜疼痛综合征31例疗效观察 | 刘佩云等 | 新中医 | 2003,(3):43 |
| 刺络拔罐辅以药枕治疗神经根型颈椎病 | 韩 涛等 | 郧阳医学院学报 | 2003,(3):177 |
| 通便为主治疗大肠咳35例 | 沈海明 | 浙江中西医结合杂志 | 2003,(3):47 |
| 火针治疗中风后遗指趾肿胀 | 王 敏 | 浙江中医杂志 | 2003,(3):35 |
| “合谷刺”配合电针治疗面神经麻痹的临床观察 | 刘 平 | 针灸临床杂志 | 2003,(3):32 |
| 火针焠刺治疗坐骨神经痛疗效观察 | 严愉芬 | 针灸临床杂志 | 2003,(3):38 |
| 扬刺在临床中的应用 | 程继君 | 针灸临床杂志 | 2003,(3):31 |
| 辨时论治针灸治疗定时发作性疾病86例 | 刘炳权 | 针灸临床杂志 | 2003,(3):7 |
| 短刺温针灸治疗腰椎间盘突出症170例 | 谢新群等 | 中国民间疗法 | 2003,(3):12 |
| 粗针扇形刺加同名经巨刺治疗肩周炎疗效观察 | 奚向东等 | 中国针灸 | 2003,(3):33 |
| 齐刺滞针法治疗脊上脊间韧带损伤60例 | 刘武荣 | 中国中医急症 | 2003,(3):213 |
| 电针加刺络拔罐治疗颈椎病66例临床观察 | 吴九伟 | 中西医结合学报 | 2003,(3):214 |
| 三棱针放血验案二则 | 高林高 | 中医外治杂志 | 2003,(3):53 |
| 针刺昆仑穴治疗落枕 | 赵新平等 | 中医外治杂志 | 2003,(3):26 |
| 定喘大椎穴齐刺治疗青少年颈椎病 | 王 勇 | 中医药信息 | 2003,(3):49 |
| 毛刺临床运用举隅 | 孙 妍 | 中医药学报 | 2003,(3):27 |
| 疮疡验案二则例析 | 周玉霞等 | 中医药学刊 | 2003,(3):461 |
| 化瘀法治疗前列腺疾病并发症验案举隅 | 何良新 | 中医杂志 | 2003,(3):181 |
| 耳鸣的食养与食疗 | 窦国祥 | 祝您健康 | 2003,(3):52 |
| 对带脉的理解与临床应用举隅 | 蔡坤坐 | 北京中医药大学学报（中医临床版） | 2003,(4):49 |
| “病在上取之下”临床治验举隅 | 周 萍等 | 郴州医学高等专科学校学报 | 2003,(4):39 |
| 灵龟八法针刺治疗窦性心动过速疗效观察 | 谢感共等 | 广西中医学院学报 | 2003,(4):7 |
| 浅谈肝病的饮食调护 | 陈 霞 | 国医论坛 | 2003,(4):47 |
| 针刺加刺络拔罐治疗三叉神经痛 | 张继红 | 河北中医药学报 | 2003,(4):41 |
| 中医药治疗骨质疏松症的研究进展 | 罗毅文等 | 湖南中医杂志 | 2003,(4):60 |
| 头针加恢刺治疗中风痉挛性偏瘫36例 | 王洪峰等 | 吉林中医药 | 2003,(4):33 |
| 刺络放血治疗中风病的临床与实验研究进展 | 张建斌等 | 江苏中医药 | 2003,(4):56 |
| 补中益气汤治疗疑难病证举隅 | 杨金英等 | 山西中医 | 2003,(4):49 |
| 浅谈非典的中医防治 | 夏洪生 | 深圳中西医结合杂志 | 2003,(4):197 |
| 刺络放血疗法临床应用总结 | 王广军等 | 天津中医药 | 2003,(4):43 |
| 中医儿科疾病的综合治疗体验 | 王静安 | 现代中医药 | 2003,(4):15 |
| 刺络放血治疗老年性舌痛74例 | 王学敏 | 医学理论与实践 | 2003,(4):496 |
| “肝热病者,小便先黄”的临证体验 | 戴以顺 | 浙江中医学院学报 | 2003,(4):25 |
| “通因通用”治疗危重病症体会 | 高祥福等 | 浙江中医杂志 | 2003,(4):48 |
| 长短针配合加刺络拔罐治疗肩周炎疗效观察 | 朱俊珂 | 针灸临床杂志 | 2003,(4):40 |
| 刺络拔罐配合TDP治疗带状疱疹30例 | 王志中等 | 针灸临床杂志 | 2003,(4):37 |
| 齐刺、温针灸治疗肱骨外上髁炎74例临床观察 | 吴亿中 | 针灸临床杂志 | 2003,(4):35 |
| 三针刺配合直旋扳法治疗颈性眩晕症 | 张玉和等 | 针灸临床杂志 | 2003,(4):41 |
| 针灸治疗类风湿性关节炎的临床思路探讨 | 李 晖 | 针灸临床杂志 | 2003,(4):7 |
| 刺络拔罐加推拿治疗肩周炎30例 | 饶晓平 | 中国煤炭工业医学杂志 | 2003,(4):382 |
| 我国实施“预防为主”方针的历史经验 | 戴志澄 | 中国预防医学杂志 | 2003,(4):8 |
| 刺络拔罐围刺为主治疗高原带状疱疹疗效观察 | 庞素芳 | 中国针灸 | 2003,(4):20 |
| 针灸辨证治疗慢性疲劳综合征的临床研究 | 阎 虹等 | 中国针灸 | 2003,(4):10 |
| 胃病反治验案两则 | 蒋荣耀 | 中国中医急症 | 2003,(4):332 |

| | | | |
|---|---|---|---|
| “合谷刺法”治疗面神经麻痹 96 例临床体会 | 刘红石等 | 中医药学报 | 2003,(4):32 |
| 中医学天人相应论在养生保健中的运用 | 郭　蕾等 | 中医药学报 | 2003,(4):17 |
| 心理治疗在不孕症康复中的运用 | 郑其国 | 中医药学报 | 2003,(4):30 |
| 尿路结石毋忘温通 | 苏衍卿等 | 中医杂志 | 2003,(4):250 |
| 亚健康状态的中医药有效干预 | 杨志刚 | 安徽中医临床杂志 | 2003,(5):426 |
| 茯苓甘草汤加味治疗疑难病 2 则 | 胡振斌等 | 安徽中医临床杂志 | 2003,(5):437 |
| 十二经筋与运动创伤的关系及其临床应用 | 周世华 | 安徽中医临床杂志 | 2003,(5):418 |
| 浅谈《内经知要》治病求本的临床体会 | 陈　清 | 按摩与导引 | 2003,(5):4 |
| 经络切诊在针灸临床中的应用 | 田丽芳等 | 北京中医药大学学报 | 2003,(5):87 |
| “上病下取”在五官科中的应用 | 阮加林 | 福建中医药 | 2003,(5):29 |
| 中医恢复心脑血管年轻态诌议 | 阳明剑 | 光明中医 | 2003,(5):49 |
| 齐刺配合按摩治疗坐骨神经痛 50 例 | 周建洲 | 青海医药杂志 | 2003,(5):57 |
| 糖尿病的按摩治疗方法 | 刘灵革 | 双足与保健 | 2003,(5):7 |
| 足反射疗法治愈眩晕患者 9 例临床报告 | 房士建 | 双足与保健 | 2003,(5):8 |
| 谈“下合穴”的临床运用 | 李红霞等 | 现代中医药 | 2003,(5):11 |
| 反治法在妇科病中的运用 | 吴迈青 | 浙江中医学院学报 | 2003,(5):42 |
| 齐刺为主治疗急性痛风性关节炎 34 例 | 戴　晴 | 浙江中医学院学报 | 2003,(5):64 |
| 刺络拔罐治疗瘀血顽疾 | 黄建军 | 针灸临床杂志 | 2003,(5):34 |
| 灵龟八法加刺络拔罐治疗三叉神经痛 | 张继红等 | 针灸临床杂志 | 2003,(5):36 |
| 针刺对脑卒中偏瘫患者肢体运动功能康复的临床观察 | 雷龙鸣等 | 中国康复理论与实践 | 2003,(5):61 |
| 短刺法治疗颈椎病体会 | 王秀丽 | 中国中医药信息杂志 | 2003,(5):65 |
| 鼻科外治法述要 | 忻耀杰等 | 中医外治杂志 | 2003,(5):32 |
| 论“厥阴主阖”在临床中的应用 | 仝占伟等 | 中医研究 | 2003,(5):63 |
| 刺络法治疗麦粒肿 48 例临床分析 | 马全民等 | 按摩与导引 | 2003,(6):29 |
| 搓擦命门、肾俞在治疗肾虚症状的应用 | 李定国 | 按摩与导引 | 2003,(6):25 |
| 舌下刺络放血加服血府逐瘀胶囊治疗顽固性失眠 | 马俊英 | 北京中医 | 2003,(6):61 |
| 肩三针巨刺治疗肩周炎 100 例 | 王　舰等 | 福建中医药 | 2003,(6):6 |
| 论脾胃气机升降在临床中的重要性 | 任丽霞 | 基层医学论坛 | 2003,(6):522 |
| 中医看“非典” | 顾植山 | 家庭中医药 | 2003,(6):7 |
| 口味异常的中医疗法 | 谭家峰 | 开卷有益,求医问药 | 2003,(6):17 |
| 论益气化瘀法是防治缺血性中风的主要方法 | 刘　轲 | 山西中医 | 2003,(6):1 |
| 头穴缪刺治疗坐骨神经痛 32 例 | 范郁山等 | 上海针灸杂志 | 2003,(6):39 |
| 局部刺络拔罐治疗初期肩周炎 116 例 | 崔　峻等 | 上海中医药杂志 | 2003,(6):43 |
| 胃病治疗临证体会 | 肖春海 | 实用中西医结合临床 | 2003,(6):42 |
| 重用黄芪治疗肝硬化腹水体会 | 傅　萍 | 实用中西医结合临床 | 2003,(6):37 |
| 扬刺法治疗股外侧皮神经痛 40 例 | 万霄倩 | 实用中医药杂志 | 2003,(6):313 |
| 彰往察来谈 SARS | 吴　奇 | 天津中医药 | 2003,(6):71 |
| 痹病从水湿论治经验谈 | 张成新等 | 新疆中医药 | 2003,(6):60 |
| 齐刺板机点为主穴治疗原发性三叉神经痛 58 例疗效观察 | 黄雪梅等 | 新中医 | 2003,(6):43 |
| 辛开苦降法治疗慢性消化系统疾病 | 张　敏 | 浙江中西医结合杂志 | 2003,(6):34 |
| 刺络拔罐并贴棉灸治疗带状疱疹 65 例 | 王立新等 | 中国民间疗法 | 2003,(6):36 |
| 通因通用治疗崩漏 | 汪碧涛 | 中国民间疗法 | 2003,(6):14 |
| 益气扶正祛邪法治疗皮肤病经验举隅 | 许耀芳 | 中国医药学报 | 2003,(6):382 |
| 委中穴刺络拔罐治疗老年性膝关节痛 | 宋亚光 | 中国针灸 | 2003,(6):37 |
| 我国中原一带尤应严防非典 | 杨　力 | 中国中医药信息杂志 | 2003,(6):54 |

| | | | |
|---|---|---|---|
| “通因通用”应用一得 | 郭民权 | 中医研究 | 2003,(6):58 |
| 火针治疗下肢静脉曲张 20 例 | 徐敏旌 | 河北中医 | 2003,(7):527 |
| 三刺针法配合推拿治疗第三腰椎横突综合征 56 例 | 李正学 | 河南中医 | 2003,(7):69 |
| 面部腧穴缪刺法治疗原发性三叉神经痛临床观察 | 皮　敏等 | 江西中医药 | 2003,(7):43 |
| 火针治疗传染性软疣 62 例 | 聂苗等 | 陕西中医 | 2003,(7):644 |
| 缪刺法临证新探 | 丁习益 | 上海中医药杂志 | 2003,(7):37 |
| 《内经》壮火食气理论在临床上的运用 | 袁兴石 | 浙江中医杂志 | 2003,(7):8 |
| 反治法治疗产后发热一得 | 沈开金 | 浙江中医杂志 | 2003,(7):11 |
| 粗针齐刺罐治疗梨状肌综合征 46 例疗效观察 | 尹凌云等 | 针灸临床杂志 | 2003,(7):44 |
| 针灸缪刺法治疗面肌痉挛临床观察 | 王　玲 | 针灸临床杂志 | 2003,(7):19 |
| 针药并用治疗疑难疾病举隅 | 辜孔进 | 针灸临床杂志 | 2003,(7):24 |
| 中医治疗夏季末腹泻一得 | 王　勇等 | 中国中医药现代远程教育 | 2003,(7):45 |
| 齐刺治疗椎动脉型颈椎病疗效的 TCD 评估 | 李　芳等 | 中华物理医学与康复杂志 | 2003,(7):58 |
| 短刺火罐并用治疗腰 3 横突综合征 26 例分析 | 马广昊等 | 中医药学刊 | 2003,(7):1216 |
| 临床应用胃气学说的体会 | 范宏宇等 | 河南中医 | 2003,(8):61 |
| 《内经》治则儿科临床应用采撷 | 黄德友 | 吉林中医药 | 2003,(8):39 |
| 略论体质学说的临床应用 | 丁成华等 | 江西中医药 | 2003,(8):12 |
| 反治法在妇科的临床应用 | 刘运磊等 | 江西中医药 | 2003,(8):35 |
| 临证“从治”拾萃 | 蒋晓林 | 江西中医药 | 2003,(8):29 |
| 消除“五难”享健康 | 贾洪斐 | 老年人 | 2003,(8):54 |
| 反治法治验产后发热一得 | 沈开金 | 辽宁中医杂志 | 2003,(8):677 |
| 傍针刺治疗慢性踝关节扭伤 83 例 | 吴亿中 | 上海针灸杂志 | 2003,(8):40 |
| 刺络拔罐为主治疗闭塞性周围血管疾病 14 例 | 王兆海 | 上海针灸杂志 | 2003,(8):35 |
| 大椎刺络拔罐为主治疗颈椎病 93 例临床观察 | 邵　敏等 | 上海针灸杂志 | 2003,(8):20 |
| 针灸治疗失眠症验案 4 则 | 韩　燕 | 上海针灸杂志 | 2003,(8):32 |
| 《内经》浅刺法临床运用体会 | 徐立群 | 针灸临床杂志 | 2003,(8):53 |
| 合谷刺配合推拿治疗肩周炎 32 例 | 刘海静等 | 针灸临床杂志 | 2003,(8):32 |
| 巨刺治疗膝骨关节炎 81 例疗效观察 | 陈小凯等 | 针灸临床杂志 | 2003,(8):55 |
| 针刺配以推拿治疗偏头痛临床分析与体会 | 王政平 | 针灸临床杂志 | 2003,(8):26 |
| “脑为元神之府”理论在针灸治疗抑郁症中的指导意义 | 刘兰英等 | 针灸临床杂志 | 2003,(8):8 |
| 古代针灸治疗泄痢证的规律探讨 | 王正明等 | 针灸临床杂志 | 2003,(8):5 |
| 十宣放血为主治疗高热 | 耿　霞 | 中国针灸 | 2003,(8):30 |
| 经筋辨治膝退行性变合并膝痛 364 例分析 | 薛立功等 | 中医药学刊 | 2003,(8):1377 |
| 中医药治疗肺癌临证应用辨析 | 杨学峰 | 中医药学刊 | 2003,(8):1315 |
| 关于中医治疗传染性非典型肺炎的几点意见 | 陈立华 | 中医杂志 | 2003,(8):635 |
| 巨刺缪刺举隅 | 马占松 | 河南中医 | 2003,(9):70 |
| 巨刺法治疗面神经麻痹 36 例 | 陈永平 | 江苏中医药 | 2003,(9):48 |
| 巨刺结合刺络拔罐法治疗中风偏瘫 98 例临床观察 | 温凌洁等 | 江西中医药 | 2003,(9):43 |
| 试论湿热带下辛温从治之法 | 陆天明 | 辽宁中医杂志 | 2003,(9):742 |
| 膀胱咳治案三则 | 何新军等 | 实用中医药杂志 | 2003,(9):490 |
| SARS 下半年还会卷土重来吗 | 刘燕玲 | 医院管理论坛 | 2003,(9):23 |
| 合谷刺加温和灸治疗肱骨外上髁炎 34 例疗效观察 | 逯　俭等 | 针灸临床杂志 | 2003,(9):26 |
| 月亮盈亏变化与针灸临床之关系管窥 | 唐卫华 | 针灸临床杂志 | 2003,(9):48 |
| 按肝郁证针刺治疗腰痛 | 史　玲等 | 中国民间疗法 | 2003,(9):10 |
| 齐刺法加拔罐并 TDP 照射治疗棘上韧带炎 57 例 | 王建梅 | 中国民间疗法 | 2003,(9):27 |

| | | | |
|---|---|---|---|
| 围刺温针法治疗肌纤维织炎23例 | 江细谜等 | 中国针灸 | 2003,(9):26 |
| 针刺治疗慢性酒精中毒性周围神经病 | 刘晓辉等 | 中医药学刊 | 2003,(9):1564 |
| 胃衰老的中医防治思路 | 白兆芝等 | 中医杂志 | 2003,(9):702 |
| 老年癃闭治验一则 | 席宝鸿 | 甘肃中医 | 2003,(10):26 |
| 齐刺治疗腰椎间盘突出症60例疗效观察 | 全　昕等 | 湖南中医药导报 | 2003,(10):38 |
| 局部围透法配合穴位注射治疗膝关节内侧副韧带慢性损伤36例 | 孟　羽 | 江西中医药 | 2003,(10):37 |
| 巨针巨刺法对脑梗死患者脑血流图的影响 | 刘光亭等 | 山东中医杂志 | 2003,(10):609 |
| 试论刺血疗法与中医急症的关系 | 王木林 | 陕西中医 | 2003,(10):932 |
| 多向刺为主治疗枕神经痛65例 | 朱桂玲等 | 上海针灸杂志 | 2003,(10):6 |
| 火针治疗肱骨外上髁炎120例临床观察 | 顾生平 | 针灸临床杂志 | 2003,(10):28 |
| 浅谈慢性病的早期防治 | 高吉升等 | 职业与健康 | 2003,(10):142 |
| 深刺鸠尾穴治疗癫痫 | 王天才等 | 中国民间疗法 | 2003,(10):11 |
| 刺络拔罐法治疗麦粒肿 | 王晓艳等 | 中国民间疗法 | 2003,(10):14 |
| 短刺加拔罐治疗第3腰椎横突综合征68例 | 曾令奉 | 中国针灸 | 2003,(10):60 |
| 风药在胸痹心痛治疗中的应用 | 刘　强等 | 中医杂志 | 2003,(10):786 |
| 顽固性失眠治验2则 | 孟　光等 | 河北中医 | 2003,(11):861 |
| 齐刺法加温针灸治疗肩周炎 | 杨翠芳等 | 河南中医 | 2003,(11):46 |
| 火针治疗部队腕踝训练伤 | 林道庞等 | 吉林中医药 | 2003,(11):43 |
| 刺络拔罐结合TDP照射治疗带状疱疹85例 | 郑　彤 | 吉林中医药 | 2003,(11):44 |
| 脾胃学说与儿科临证 | 张葆青等 | 山东中医杂志 | 2003,(11):643 |
| 试述慢性肝炎的中西医治疗 | 陈匡时 | 实用中医药杂志 | 2003,(11):603 |
| 冬令食补“四宜” | 杜昌宏 | 食品与健康 | 2003,(11):24 |
| 我国实施“预防为主”方针的历史经验 | 戴志澄 | 医药世界 | 2003,(11):20 |
| 委中穴刺络拔罐法配合推拿治疗急性腰扭伤50例 | 还剑东等 | 针灸临床杂志 | 2003,(11):48 |
| 针灸透刺法治疗面瘫31例 | 樊　瑾等 | 针灸临床杂志 | 2003,(11):11 |
| 神经干刺激疗法配合扬刺治疗股外侧皮神经炎 | 张　红 | 中国临床康复 | 2003,(11):1659 |
| 肺痹与肺间质纤维化关系探讨 | 李菊莲等 | 甘肃科技 | 2003,(12):113 |
| 齐刺温针肩内俞治疗肩关节周围炎100例临床观察 | 贾卫华等 | 河北中医 | 2003,(12):925 |
| 浅谈健忘的施治及其它疗法 | 荣贵元 | 基层医学论坛 | 2003,(12):1184 |
| 齐刺配合弹拨手法治疗梨状肌综合征66例 | 韩正勇 | 吉林中医药 | 2003,(12):40 |
| 塞因塞用治疗老年脾胃病 | 张炳辉 | 辽宁中医杂志 | 2003,(12):1009 |
| 刺络拔罐法配合TDP照射治疗背部痹痛45例 | 宋亚光等 | 上海针灸杂志 | 2003,(12):33 |
| 针刺根结穴治疗疼痛2例 | 徐春阳 | 上海针灸杂志 | 2003,(12):42 |
| 针灸治疗顽固性头痛1例 | 郝药农等 | 上海针灸杂志 | 2003,(12):44 |
| 上病下取法治疗五官科疾病体会 | 阮加林 | 实用中医药杂志 | 2003,(12):655 |
| 腹针配合刺络放血治疗中风后遗症30例——附体针治疗20例对照 | 车建丽 | 浙江中医杂志 | 2003,(12):14 |
| 恢刺法加艾灸治疗肱骨外上髁炎49例临床观察 | 赵刚明等 | 针灸临床杂志 | 2003,(12):28 |
| 巨刺阿是穴治疗疼痛症40例 | 王　旭 | 针灸临床杂志 | 2003,(12):30 |
| 针刺配合刺络治疗三叉神经痛40例疗效观察 | 韩红艳 | 针灸临床杂志 | 2003,(12):8 |
| 刺络拔罐法治疗痛风性关节炎25例 | 吴延斌等 | 针灸临床杂志 | 2003,(12):10 |
| 巨刺结合头针治疗面肌痉挛33例 | 吴继良 | 中国民间疗法 | 2003,(12):33 |
| 非典型肺炎流行的中医五运六气分析和预防保健措施探讨 | 余　瑾等 | 中国中医基础医学杂志 | 2003,(12):4 |
| 下法在中风病中的应用研究例析 | 于永春 | 中医药学刊 | 2003,(12):2188 |

| | | | |
|---|---|---|---|
| 齐刺法加温针灸治疗干性坐骨神经痛60例 | 韦　迪 | 国际医药卫生导报 | 2003,(14):75 |
| 中医护理在护理中的应用 | 高　云 | 医药论坛杂志 | 2003,(15):73 |
| 脂肪肝的预防 | 安丰香 | 中国社区医师 | 2003,(16):16 |
| 刺络重复拔罐治疗慢性腰骶劳损 | 何宗宝等 | 中国临床康复 | 2003,(17):2503 |
| 慢性疲劳综合征的心理疗法 | 潘　冬 | 中国社区医师 | 2003,(17):17 |
| 涌泉穴临床妙用8法 | 张麦侠等 | 中国社区医师 | 2003,(20):39 |
| 痛经的中医辨证与合理用药 | 王锦绣 | 首都医药 | 2003,(21):26 |
| 巨刺与瘫刺结合治疗脑卒中后遗症60例观察 | 王　雷等 | 中国临床康复 | 2003,(31):4296 |
| 瘟疫能预测吗 | 刘燕玲 | 健康报 | 2003.8.1 |
| 巨刺对急性缺血性脑梗死患者脑血流动力学影响的临床研究 | 刘艳辉 | 中国优秀博硕士学位论文全文数据库(硕士)医药卫生科技辑 | 2003,(1):E056－59 |
| 巨刺与非巨刺交替应用对偏瘫早期康复作用的临床观察 | 雷龙鸣 | 中国优秀博硕士学位论文全文数据库(硕士)医药卫生科技辑 | 2003,(2):E056－19 |
| 缪刺法治疗偏头痛的临床疗效观察 | 王执悌 | 中国优秀博硕士学位论文全文数据库(硕士)医药卫生科技辑 | 2003,(2):E056－24 |
| 《内经》情志治疗思想临床应用研究 | 张伯华 | 中国优秀博硕士学位论文全文数据库(博士)医药卫生科技辑 | 2003,(3):E056－1 |
| 老年性痴呆临床治疗探讨 | 乔　昕 | 中国优秀博硕士学位论文全文数据库(硕士)医药卫生科技辑 | 2003,(3):E056－178 |
| 活血化瘀疗法在临床的应用 | 陈海明 | 第二届中日韩血瘀证及活血化瘀研究学术大会论文汇编 | 2003:276 |
| 辨证取穴治疗腰痛 | 金爱荣 | 第十九届航天医学年会暨第二届航天护理年会论文汇编 | 2003:139 |
| 浅谈中医辨证施治在恶性肿瘤综合治疗中的作用 | 解　英 | 山西省抗癌协会第六届肿瘤学术交流会论文汇编 | 2003:79 |
| 浅议"治之以兰,除陈气也"及其对糖尿病治疗的启发性指导作用——程益春教授学术经验 | 马金鹏等 | 第七次全国中医糖尿病学术大会文集 | 2003:206 |
| 络脉理论在眼科的应用 | 王明芳等 | 第三次全国中医、中西医结合眼科学术交流会论文汇编 | 2003:186 |
| "木郁达之"在慢性肝炎治疗中的应用 | 胡世平 | 第十二次全国中西医结合肝病学术会议论文汇编 | 2003:111 |
| "通因通用"与"肠肝循环"的关系及在治疗慢性肝病泄泻证中的应用 | 刘铁军等 | 第十二次全国中西医结合肝病学术会议论文汇编 | 2003:85 |
| 刺络配合经筋刺法治疗面瘫后遗症436例临床总结 | 李　军等 | 全国首届刺络放血研究及临床学术交流会论文集 | 2003:44 |
| 刺血疗法在面部疾患的应用 | 李　岩等 | 全国首届刺络放血研究及临床学术交流会论文集 | 2003:57 |
| 刺络疗法对脑血管病及其相关证候和机理的回顾 | 蔡圣朝 | 全国首届刺络放血研究及临床学术交流会论文集 | 2003:96 |
| 中医疫病论衡——兼谈SARS的中医辨治、预防和研究思路及其意义 | 邱模炎等 | 中医药防治SARS学术交流专辑 | 2003:358 |

| | | | |
|---|---|---|---|
| 督脉天灸治疗腰椎间盘突出症 89 例 | 唐 勇等 | 社区医学杂志 | 2004,(1):58 |
| 经筋刺法配合闪罐治疗周围性面瘫临床观察 | 庞素芳 | 北京中医 | 2004,(1):43 |
| 科学膳食与人体健康 | 吴秀微 | 高师理科学刊 | 2004,(1):23 |
| 刺络拔罐法治疗背肌筋膜炎 30 例 | 常 燕 | 河北中医 | 2004,(1):78 |
| 商阳点刺放血治疗扁桃体炎 100 例 | 周菲菲等 | 湖南中医杂志 | 2004,(1):54 |
| 硬皮病中医治疗十法 | 袁国强等 | 山东中医杂志 | 2004,(1):22 |
| 电针围刺加刺络拔罐治疗神经根型颈椎病 66 例 | 王仙梅等 | 陕西中医 | 2004,(1):60 |
| 半刺加拔罐治疗陈旧性面神经麻痹 30 例 | 唐 韬等 | 上海针灸杂志 | 2004,(1):17 |
| 经前期综合征 35 例针药对比观察 | 郭淑颖等 | 上海针灸杂志 | 2004,(1):5 |
| 周围性面神经麻痹从"经筋"论治 | 王霭平 | 上海针灸杂志 | 2004,(1):15 |
| 外治法治疗中医脑病探析 | 文 蕾等 | 实用中医内科杂志 | 2004,(1):10 |
| 神阙穴临床应用举隅 | 胡德金 | 针灸临床杂志 | 2004,(1):41 |
| 平刺走罐法为主治疗咳嗽症 60 例 | 张水生 | 中国针灸 | 2004,(1):75 |
| 铍针治疗皮神经卡压综合症的临床研究 | 孙 捷等 | 中国中医骨伤科杂志 | 2004,(1):19 |
| 艾灸列缺穴治疗虚寒性痛经的临床观察 | 杜 琳等 | 中国中医药信息杂志 | 2004,(1):79 |
| 王洪图应用《内经》理论临证举隅 | 王长宇 | 北京中医药大学学报（中医临床版） | 2004,(2):39 |
| "关刺"疗法用于治疗颈椎病的体会 | 黄丽萍等 | 临床军医杂志 | 2004,(2):116 |
| 刺络拔罐疗法治疗急性荨麻疹 76 例 | 肖少云 | 皮肤病与性病 | 2004,(2):19 |
| 对病人心理护理技巧的探讨 | 王春燕 | 黔南民族医专学报 | 2004,(2):116 |
| 刺络放血拔罐治疗痤疮 50 例 | 柳 刚 | 上海针灸杂志 | 2004,(2):38 |
| 远道辨经巨刺法治疗肩关节周围炎 76 例疗效观察 | 周光涛等 | 上海针灸杂志 | 2004,(2):15 |
| 运用经筋辨证治疗带状疱疹疼痛的体会 | 王新卷等 | 上海针灸杂志 | 2004,(2):26 |
| 透刺法治疗第三腰椎横突综合征 66 例 | 汪 艳等 | 上海针灸杂志 | 2004,(2):9 |
| 火针为主治疗腰肌劳损 68 例 | 邓旭辉 | 实用中西医结合临床 | 2004,(2):8 |
| 择时服用补肾汤治疗肾阳虚证的临床研究 | 孙继铭等 | 实用中医内科杂志 | 2004,(2):131 |
| 刺络放血拔罐治疗急性痛证验案举要 | 杨增瑞 | 新中医 | 2004,(2):51 |
| 钩针治疗肩关节周围炎 30 例临床疗效观察 | 王根土等 | 针灸临床杂志 | 2004,(2):43 |
| 针灸体质论治对类风湿关节炎的体会 | 权圣佑等 | 针灸临床杂志 | 2004,(2):51 |
| 铍针治疗臀中皮神经卡压综合征 | 王兆星等 | 中国骨伤 | 2004,(2):30 |
| 活血化瘀法治疗胃脘痛思路的探讨 | 李春燕等 | 中国老年保健医学 | 2004,(2):32 |
| 耳针沿皮透穴刺法配合患部围刺、齐刺法治疗软组织损伤 117 例 | 贾春生等 | 中国运动医学杂志 | 2004,(2):192 |
| 点刺金津、玉液治顽固性呕吐 | 沈钦彦 | 中国针灸 | 2004,(2):41 |
| 活血化瘀法在心血管疾病中的应用体会 | 赵必正 | 中华养生保健 | 2004,(2):18 |
| 艾条灸临床运用举隅 | 刘朝晖 | 中医杂志 | 2004,(2):104 |
| 治病求本与推拿临床 | 赵洁敏 | 按摩与导引 | 2004,(3):54 |
| 恢刺加灸在颈肩部疾病中的应用 | 孟仕贵 | 长春中医学院学报 | 2004,(3):22 |
| 刺络放血法治疗痛症应用概况 | 钟超英 | 广西中医药 | 2004,(3):1 |
| 独取公孙穴治愈舌后根痛一例 | 蒋进明 | 贵阳中医学院学报 | 2004,(3):60 |
| 刺络放血治疗上呼吸道感染发热 40 例 | 曹世强 | 河北中医 | 2004,(3):205 |
| 临床用药心得 2 则 | 朱丽霞 | 河北中医 | 2004,(3):195 |
| 运用脾胃学说指导临床的体会 | 马文全 | 河南中医 | 2004,(3):58 |
| 肺俞穴叩刺加拔罐治疗面瘫耳后疼痛 | 桂斯立 | 湖北中医杂志 | 2004,(3):47 |
| 内外关配合交经刺治疗踝关节扭伤 132 例 | 朱建斌等 | 辽宁中医杂志 | 2004,(3):250 |
| 化生性整体观对中医药学理论及实践的影响 | 张纪梅 | 牡丹江医学院学报 | 2004,(3):46 |

| | | | |
|---|---|---|---|
| 刺络放血疗法治疗急性痛风性关节炎197例 | 张海江等 | 人民军医 | 2004,(3):157 |
| 龙胆泻肝汤配合刺络拔罐法治疗带状疱疹46例 | 尹剑平 | 实用中西医结合临床 | 2004,(3):53 |
| 建中汤加生铁落饮治疗小儿腹型癫痫的临床研究 | 周丽华等 | 实用中医内科杂志 | 2004,(3):224 |
| 情志护理的临床作用与意义 | 史胜华等 | 实用中医内科杂志 | 2004,(3):278 |
| 微痛刺络放血手法初探 | 王远华 | 天津中医药 | 2004,(3):251 |
| 病毒性心肌炎的自我调养 | 郑建功 | 养生月刊 | 2004,(3):245 |
| 浅谈经筋理论在针灸临床的应用 | 李 洁 | 针灸临床杂志 | 2004,(3):10 |
| 头针与体针结合对昏迷的促醒康复 | 关建敏 | 针灸临床杂志 | 2004,(3):26 |
| 运用《黄帝内经》傍针刺法治疗肩周炎疗效观察 | 史永奋等 | 针灸临床杂志 | 2004,(3):43 |
| 针刺遗尿穴治疗小儿遗尿 | 杨 洁 | 针灸临床杂志 | 2004,(3):11 |
| 亚健康的中医药防治探讨 | 王 阶 | 中国临床医生 | 2004,(3):58 |
| 刺络拔罐加药物配合TDP照射治疗带状疱疹 | 李 月等 | 中国美容医学 | 2004,(3):294 |
| 刺络拔罐合云南白药治疗带状疱疹30例 | 耿瑞萍 | 中国民间疗法 | 2004,(3):19 |
| 刺络拔罐结合氦氖激光照射治疗带状疱疹42例临床观察 | 唐济湘等 | 中国全科医学 | 2004,(3):204 |
| 半刺加拔罐治疗流行性感冒(胃肠型)50例临床观察 | 唐 韬等 | 中国针灸 | 2004,(3):29 |
| 浅论调理脾胃法治疗肿瘤 | 辛 海等 | 中国中西医结合消化杂志 | 2004,(3):169 |
| 通因通用法治疗溃疡性结肠炎267例 | 高鹏翔等 | 中国中西医结合消化杂志 | 2004,(3):185 |
| 以恒达变 以变求恒——从乙肝的诊治看辨证论治整体性的特色和优势 | 朱曾柏 | 中国中医基础医学杂志 | 2004,(3):5 |
| 刺络拔罐治疗软组织损伤156例即刻与远期止痛效果观察 | 冯伟民 | 中国中医药科技 | 2004,(3):180 |
| 巨针巨刺治疗脑梗死206例临床观察 | 刘光亭 | 中西医结合心脑血管病杂志 | 2004,(3):144 |
| 110例缺血性脑中风复发的中医病因学分析 | 原春山等 | 中医研究 | 2004,(3):4 |
| 通因通用法治疗汗证浅识 | 熊卫红 | 中医药学刊 | 2004,(3):472 |
| 心理治疗老年脑血管疾病伴发情感障碍探析 | 贾绍燕 | 中医药学刊 | 2004,(3):546 |
| 疏肝5法治不孕 | 程 雁 | 中医杂志 | 2004,(3):226 |
| 手法加"齐刺"治疗臀中肌综合征56例观察 | 卢立青等 | 按摩与导引 | 2004,(4):56 |
| 放血疗法治疗面瘫120例 | 连远义 | 北京中医 | 2004,(4):241 |
| 腹部腧穴芒针的临床应用探讨 | 胡 慧 | 北京中医药大学学报(中医临床版) | 2004,(4):36 |
| 升发脾阳法临床应用举隅 | 陈 红等 | 川北医学院学报 | 2004,(4):103 |
| 治疗痿症的一种独特取穴法 | 邓 前 | 大同医学专科学校学报 | 2004,(4):22 |
| 从脾胃论治冠心病心绞痛72例 | 李 宁 | 甘肃中医学院学报 | 2004,(4):32 |
| 恶性肿瘤化疗后的中医调治重在治病求本 | 王彦晖等 | 甘肃中医学院学报 | 2004,(4):6 |
| 反治法临床运用举隅 | 段峻英 | 光明中医 | 2004,(4):55 |
| "天人相应"理论在儿童哮喘发病中的价值 | 刘昌玉等 | 湖北中医学院学报 | 2004,(4):53 |
| 调畅气血法治疗慢性疲劳综合征 | 江 波 | 湖北中医杂志 | 2004,(4):26 |
| 刺络放血为主治疗痤疮93例 | 庞 虎等 | 吉林中医药 | 2004,(4):42 |
| 清热利湿法配合刺络拔罐治疗痛风性关节炎急性发作 | 杜 林等 | 吉林中医药 | 2004,(4):37 |
| 论艾灸肺俞膏肓俞治疗肺纤维化的中医理论基础与施治依据 | 李 戎 | 辽宁中医杂志 | 2004,(4):291 |
| 正确选用中成药治疗遗精 | 袁士高 | 农村新技术 | 2004,(4):47 |

| | | | |
|---|---|---|---|
| 常见传染病的中医预防 | 张柏峰等 | 陕西中医学院学报 | 2004,(4):68 |
| “天牖五部”治疗中风失语刍议 | 孔　敏等 | 上海针灸杂志 | 2004,(4):36 |
| 中成药治疗慢性胃炎举隅 | 韩生银 | 时珍国医国药 | 2004,(4):235 |
| 火针和抗痨药物治疗颈部淋巴结结核36例 | 王　倩等 | 实用医技杂志 | 2004,(4):510 |
| 通因通用法治疗疑难病三则例析 | 王光洪 | 实用中医内科杂志 | 2004,(4):371 |
| 足反射疗法配昆仑太溪治腰腿痛 | 刘天民 | 双足与保健 | 2004,(4):35 |
| 针刺治疗急性运动性踝关节扭伤 | 吴初竹等 | 宜春学院学报 | 2004,(4):108 |
| 扬刺温针灸治疗四肢筋痹的临床观察 | 汤国娟 | 针刺研究 | 2004,(4):293 |
| 经筋刺法治疗中风上肢痉挛状态临床疗效观察 | 于学平等 | 针灸临床杂志 | 2004,(4):23 |
| 神门穴为主针刺治疗失眠症56例临床观察 | 白妍等 | 针灸临床杂志 | 2004,(4):44 |
| 透穴刺法的取穴及应用 | 金炯球 | 中国民间疗法 | 2004,(4):11 |
| 圆利针合谷刺治疗髂胫束损伤72例 | 胡超伟等 | 中国针灸 | 2004,(4):42 |
| 针灸结合刺络放血治疗骨性膝关节炎的临床观察 | 丛　苹等 | 中国自然医学杂志 | 2004,(4):172 |
| 中医治疗帕金森病 | 杨春霞 | 中老年保健 | 2004,(4):10 |
| 刺络拔罐法治疗咳喘验案3则 | 陆以莹等 | 中西医结合学报 | 2004,(4):244 |
| 半刺法治疗周围性面神经麻痹50例疗效观察 | 徐彩虹 | 中医药临床杂志 | 2004,(4):307 |
| 反治法在肛肠病中的应用 | 邓泽潭 | 中医药临床杂志 | 2004,(4):378 |
| 《内经》预防观及在慢性阻塞性肺病预防中的应用 | 金　焱 | 中医药学刊 | 2004,(4):635 |
| 束悗疗法在骨伤科临床应用的探索 | 旷时恩等 | 按摩与导引 | 2004,(5):52 |
| 调理脾胃法在中风后遗症治疗中的意义 | 王根文 | 光明中医 | 2004,(5):44 |
| 针刺治疗眩晕临床观察 | 王光义等 | 贵阳医学院学报 | 2004,(5):450 |
| 齐刺法配合局部推拿治疗肱骨外上髁炎37例 | 赵　越 | 黑龙江中医药 | 2004,(5):43 |
| 《内经》全息论思想及临床应用 | 邱幸凡等 | 湖北中医杂志 | 2004,(5):3 |
| 赞刺配合耳尖放血治疗麦粒肿67例临床观察 | 徐伟辉 | 湖南中医药导报 | 2004,(5):47 |
| 六交会穴针法治疗失眠76例疗效分析 | 张大旭等 | 吉林中医药 | 2004,(5):43 |
| 中医音乐疗法临床运用的几个问题 | 章文春 | 江西中医学院学报 | 2004,(5):16 |
| 刺络拔罐结合激光照射治疗带状疱疹疗效观察 | 尔兆娟 | 江西中医药 | 2004,(5):58 |
| 巨刺配合患肢推拿治疗中风偏瘫60例 | 毕　臻 | 辽宁中医学院学报 | 2004,(5):410 |
| 五运推导法在妇科临床上的应用 | 夏桂成 | 南京中医药大学学报（自然科学版） | 2004,(5):269 |
| 邵长荣从五脏论治久咳的经验 | 郑敏宇等 | 上海中医药杂志 | 2004,(5):15 |
| 刺络放血法治疗急性痛风性关节炎的临床观察 | 张海江等 | 现代中西医结合杂志 | 2004,(5):585 |
| 齐刺加隔姜灸治疗腱鞘炎35例 | 黄俏敏 | 针灸临床杂志 | 2004,(5):44 |
| 铍针治疗颈横皮神经卡压综合征 | 陈建鸿等 | 中国骨伤 | 2004,(5):32 |
| 刺血拔罐治疗肩背肌筋膜炎 | 石　现等 | 中国临床康复 | 2004,(5):919 |
| 中医药辨治鼻衄临证体会 | 付丽蓉 | 中国中医基础医学杂志 | 2004,(5):80 |
| 通络法在中风治疗中的应用 | 王昌郁等 | 中医研究 | 2004,(5):64 |
| 十字法扬刺法梅花针及火罐治疗蛇串疮50例 | 李文金 | 中医药学刊 | 2004,(5):954 |
| 缪刺法治疗急性软组织损伤200例临床观察 | 崔瑞林 | 河南中医 | 2004,(6):68 |
| 电针结合刺络拔罐治疗腰椎间盘突出症56例 | 熊　健 | 湖南中医杂志 | 2004,(6):28 |
| 按摩腹部可有效地防治肾衰 | 卞连举 | 健康科学 | 2004,(6):19 |
| 粗针齐刺加拔罐治疗慢性腰部伤筋263例 | 李正祥 | 江苏中医药 | 2004,(6):48 |
| 针刺经筋筋节点治疗中风后关节拘挛症24例临床观察 | 范　群 | 江苏中医药 | 2004,(6):45 |
| 针疗法治疗单纯性肥胖疗效观察 | 涂　玲等 | 泸州医学院学报 | 2004,(6):529 |
| 脑卒中的早期巨刺法针灸治疗 | 宋秀媛等 | 齐鲁医学杂志 | 2004,(6):560 |
| 王左治疗肾咳经验 | 周　霞 | 山东中医杂志 | 2004,(6):373 |

| | | | |
|---|---|---|---|
| 中药治疗腰椎间盘突出症体会 | 马祝高等 | 陕西中医 | 2004,(6):575 |
| 围刺、刺络拔罐为主治疗带状疱疹58例 | 傅鸿亮 | 上海针灸杂志 | 2004,(6):20 |
| 针灸反治法医案4则 | 刘瑞华 | 上海针灸杂志 | 2004,(6):27 |
| 活血化瘀法在糖尿病中的运用探要 | 李　阳 | 实用中医内科杂志 | 2004,(6):538 |
| 循经浮刺治疗中风后肩痛的体会 | 彭　伟等 | 新疆中医药 | 2004,(6):35 |
| 刺络拔罐法的应用 | 吴九伟 | 浙江中医杂志 | 2004,(6):26 |
| 扬刺牵正穴为主治疗周围性面神经麻痹68例 | 李秋光等 | 针灸临床杂志 | 2004,(6):41 |
| 下合穴排刺法治疗术后肠麻痹50例 | 唐　勇 | 中医外治杂志 | 2004,(6):46 |
| 高辉远治疗老年病的经验 | 胡雪桔 | 中医药临床杂志 | 2004,(6):519 |
| 巨刺配合运动治疗肩周炎50例临床观察 | 景　宽等 | 吉林中医药 | 2004,(7):42 |
| 电针结合推拿治疗颞颌关节综合征疗效观察 | 杨廷辉等 | 吉林中医药 | 2004,(7):43 |
| 略论刺络拔罐法及其临床应用 | 吴九伟 | 江苏中医药 | 2004,(7):37 |
| 黄芪赤风汤生铁落饮治疗抽动－秽语综合征临床观察 | 周丽华等 | 江西中医药 | 2004,(7):39 |
| 论“天人相应”——李祥云妇科经验系列报道(1) | 李祥云 | 辽宁中医杂志 | 2004,(7):540 |
| 命门学说在针灸临床中的应用 | 李　俊等 | 辽宁中医杂志 | 2004,(7):553 |
| 浮针浅刺法治疗阵发性面肌痉挛50例 | 李之霞 | 山东中医杂志 | 2004,(7):428 |
| 针刺加刺络放血治疗急性乳腺炎58例 | 张继红等 | 陕西中医 | 2004,(7):635 |
| 刺络拔罐法对减低中风后上肢肌张力增高的临床研究 | 倪卫民等 | 上海针灸杂志 | 2004,(7):10 |
| 加味乌贼骨藘茹汤治疗崩漏举隅 | 魏云霄等 | 实用中医药杂志 | 2004,(7):387 |
| 扬刺法加TDP照射治疗扁平疣100例 | 陈　杰 | 四川中医 | 2004,(7):93 |
| 针取足太阳治疗眼底病 | 向开维等 | 四川中医 | 2004,(7):89 |
| 刺络拔罐配合中药面膜外敷治疗痤疮32例疗效观察 | 潘　华 | 新中医 | 2004,(7):43 |
| 灵龟八法治疗原发性高血压病即时效应观察 | 谢感共等 | 针灸临床杂志 | 2004,(7):39 |
| 巨刺疗法治疗坐骨神经痛76例 | 刘俊葆等 | 中国民间疗法 | 2004,(7):20 |
| 刺络拔罐加灸法治疗皮肤瘙痒症56例 | 郭淑颖等 | 中国针灸 | 2004,(7):68 |
| 灵龟八法针刺对窦性心动过速患者心率的影响 | 谢感共等 | 中国针灸 | 2004,(7):7 |
| 扬刺大椎穴为主治疗颈椎病疗效观察 | 李相慧等 | 中国针灸 | 2004,(7):13 |
| 输刺法配合电针治疗腰痛30例 | 李向华 | 中国中医急症 | 2004,(7):454 |
| 针刺耳压并用治疗单纯性肥胖52例 | 曹雪梅等 | 中医药学刊 | 2004,(7):1348 |
| 饮食调护中应注意的几个问题 | 沈　峰等 | 甘肃中医 | 2004,(8):36 |
| 天宗穴刺络拔罐配合按摩治疗颈肌筋膜炎25例 | 董绍英 | 河北中医 | 2004,(8):619 |
| 风药在卒中治疗中的应用 | 周永红等 | 吉林中医药 | 2004,(8):2 |
| “木郁达之”在妇科临床上的运用体会 | 任德恩 | 吉林中医药 | 2004,(8):13 |
| 慢性肝病治疗中的点滴体会 | 马蒲梅 | 实用医技杂志 | 2004,(8):1101 |
| 寒冷招病勿等闲 | 王辉武等 | 实用中医药杂志 | 2004,(8):460 |
| 刺络放血结合复方丹参注射液治疗痤疮45例疗效观察 | 黎崖冰等 | 新中医 | 2004,(8):46 |
| 下病上取法临床应用举隅 | 李兰媛 | 针灸临床杂志 | 2004,(8):39 |
| 夹脊齐刺法缓解腰椎间盘突出症腰腿痛 | 邓惠文 | 中国临床康复 | 2004,(8):1527 |
| 腘窝刺络法治疗急性腰扭伤 | 许素琴 | 中国民间疗法 | 2004,(8):12 |
| 偶刺加超短波治疗胸胁扭挫伤80例 | 徐玉萍 | 中国针灸 | 2004,(8):43 |
| 浅针治疗面神经功能异常症及其与解剖学的关系 | 吴炳煌等 | 中国针灸 | 2004,(8):70 |
| 综合刺络疗法治疗急性期肩周炎临床观察 | 崔　峻 | 中国针灸 | 2004,(8):32 |
| 温阳法治疗糖尿病 | 蒲永文等 | 中医杂志 | 2004,(8):636 |
| 怎样辨治老年性关节炎 | 雍履平 | 中医杂志 | 2004,(8):634 |
| 中风病人的情志改变及护理对策 | 常永乐 | 中原医刊 | 2004,(8):44 |
| 齐刺加灸治疗坐骨神经盆腔出口狭窄综合征疗效观察 | 黎逢光等 | 湖北中医杂志 | 2004,(9):45 |

| | | | |
|---|---|---|---|
| 针刺阿是穴治疗痛经 | 李云华等 | 青海医药杂志 | 2004,(9):39 |
| 润肺法治疗燥咳体会 | 许爱英 | 山东中医杂志 | 2004,(9):540 |
| 经络刮痧配合刺络拔罐治疗颈型颈椎病39例 | 廖小七等 | 上海针灸杂志 | 2004,(9):28 |
| 巨刺法结合电针治疗原发性坐骨神经痛40例 | 刘亚丽 | 针灸临床杂志 | 2004,(9):37 |
| 针刺治疗怕闻异声案 | 刘　辉等 | 针灸临床杂志 | 2004,(9):25 |
| 通因通用法治疗埃希氏菌性腹泻一则 | 刘水章等 | 中国民间疗法 | 2004,(9):10 |
| 舒肝解郁治疗小儿厌食症二则 | 胡永生 | 中国民间疗法 | 2004,(9):11 |
| 用巨刺法治疗带状疱疹32例疗效观察 | 李军霞 | 中国全科医学 | 2004,(9):611 |
| 刺络拔罐为主治疗头颈部带状疱疹疗效观察 | 宋亚光等 | 中国针灸 | 2004,(9):34 |
| 浮针治疗顽固性网球肘疗效观察 | 查和萍等 | 中国针灸 | 2004,(9):21 |
| 前后缪刺治疗腰痛382例 | 吴卫华等 | 中国针灸 | 2004,(9):6 |
| 赞刺治疗急性淋巴管炎27例 | 刘　凯等 | 中国针灸 | 2004,(9):38 |
| 后溪穴治疗急性荨麻疹56例 | 赵爱文等 | 中国针灸 | 2004,(9):50 |
| 升补大气法治疗眩晕症体会 | 李公文 | 中国中医急症 | 2004,(9):625 |
| 刺络拔罐治疗三叉神经痛84例 | 连远义 | 中国中医急症 | 2004,(9):620 |
| “治未病”理论的临床研究与应用探微 | 王红梅 | 中医药学刊 | 2004,(9):1671 |
| 吕靖中运用《内经》“除陈气”治消渴经验 | 吕久省 | 中医杂志 | 2004,(9):665 |
| 加味生铁落饮治疗梦游症10例 | 陈祖周 | 江西中医药 | 2004,(10):36 |
| 委中刺络放血治疗慢性腰痛27例临床观察 | 吴均华等 | 江西中医药 | 2004,(10):14 |
| 刺络拔罐加中药治疗寻常痤疮136例 | 樊虹彦等 | 上海针灸杂志 | 2004,(10):32 |
| 刺络拔罐法治疗急性结膜炎体会 | 张明孝等 | 现代中西医结合杂志 | 2004,(10):1347 |
| 秋季食疗　防肺燥滋肺阴 | 邓泽行 | 饮食科学 | 2004,(10):26 |
| 刺络放血为主治顽固性荨麻疹的临床观察 | 杨　敏等 | 针灸临床杂志 | 2004,(10):38 |
| 针刺风市穴为主治疗面肌痉挛150例 | 程云柱等 | 中国民间疗法 | 2004,(10):17 |
| 电针足阳明经穴对胃窦胆囊收缩素受体基因表达的影响 | 张　泓等 | 中国针灸 | 2004,(10):55 |
| 巨刺阴陵泉治疗肘关节骨折后功能障碍35例 | 晏小霞 | 中国针灸 | 2004,(10):41 |
| 手十二井穴刺络放血对中风初起患者意识状态影响的临床对比观察 | 丁　晶等 | 中国针灸 | 2004,(10):11 |
| 针刺加刺络拔罐治疗急性腰扭伤65例临床观察 | 郭　燕 | 中医正骨 | 2004,(10):44 |
| 体质学说在中医外科临床中的应用 | 赵　凯 | 河北中医 | 2004,(11):839 |
| 浅论针刺补泻机理在临床上的应用 | 余　智 | 河南中医 | 2004,(11):10 |
| 用《内经》理论指导寒热辨证验案 | 杨现省 | 河南中医 | 2004,(11):77 |
| 隔姜灸配合齐刺法治疗肩胛肋骨综合症 | 邱海芬等 | 湖北中医杂志 | 2004,(11):49 |
| 试论“通因通用”法及其在咳喘病中的运用 | 殷莉波等 | 江苏中医药 | 2004,(11):47 |
| 针灸反治法临床应用体会 | 刘瑞华 | 上海中医药杂志 | 2004,(11):34 |
| 刺血疗法对AA大鼠的镇痛泻热效应研究 | 刘雨星等 | 四川中医 | 2004,(11):18 |
| “透刺经筋法”结合中药治疗顽固性面瘫临床研究 | 苗　茂等 | 针灸临床杂志 | 2004,(11):36 |
| 浅刺治疗周围性面神经麻痹60例 | 陈建华等 | 中国民间疗法 | 2004,(11):16 |
| 齐刺法治疗偏头痛68例分析 | 周仲瑜等 | 中医药学刊 | 2004,(11):2132 |
| 刺络拔罐结合牵引治疗腰椎间盘突出症临床观察 | 罗玉华 | 河北中医 | 2004,(12):931 |
| 傍针刺配合中频理疗治疗老年性膝关节痛21例 | 陈文卫 | 河南中医 | 2004,(12):60 |
| 大椎刺络拔罐为主治疗慢喉痹20例 | 蒋荣民等 | 上海针灸杂志 | 2004,(12):27 |
| 浮针治疗血管神经性头痛 | 陶琪彬 | 上海针灸杂志 | 2004,(12):12 |
| 齐刺法配合穴位注射治疗肱骨外上髁炎50例 | 戴海霞 | 实用中医药杂志 | 2004,(12):694 |
| 经筋病针灸临床治疗方法探讨 | 李万瑶 | 针灸临床杂志 | 2004,(12):5 |

| | | | |
|---|---|---|---|
| 巨刺运动疗法对偏瘫患者患侧上肢痉挛的影响 | 陈之罡 | 中国康复理论与实践 | 2004,(12):28 |
| 咳喘的冬病夏护 36 例 | 何正彩等 | 中国民间疗法 | 2004,(12):58 |
| 时间养生验案二则 | 周汉清 | 中国民间疗法 | 2004,(12):36 |
| 齐刺法治疗原发性三叉神经痛疗效观察 | 周仲瑜等 | 中国针灸 | 2004,(12):23 |
| 冠心病宣痹通阳治法溯源与简评 | 鲁明源 | 中医药学刊 | 2004,(12):2339 |
| 升清降浊理论在老年性便秘诊治中的应用 | 唐学贵 | 中医药学刊 | 2004,(12):2242 |
| 浅谈恶性肿瘤因于寒及其临床运用 | 刘雪强等 | 中医杂志 | 2004,(12):948 |
| 刺络拔罐配合推拿疗法治疗颈肩综合征 70 例临床观察 | 周莅莅等 | 中国社区医师(综合版) | 2004,(15)44 |
| 望诊观察内伤临床体会 | 陈文友 | 中国社区医师(综合版) | 2004,(19)57 |
| 巨刺、透刺与毛刺分期治疗周围性面瘫疗效观察 | 魏丽洁等 | 现代中西医结合杂志 | 2004,(20):2691 |
| 俞募配穴法针刺治疗冠心病心绞痛的临床观察 | 张兰杰 | 中国社区医师(综合版) | 2004,(22)93 |
| 应用中医理论对老年高血压患者进行饮食指导 | 施瑞珍 | 现代中西医结合杂志 | 2004,(23):3166 |
| 浮针配合关节松动术治疗肩关节周围炎 | 查和萍等 | 中国临床康复 | 2004,(26):5676 |
| 针内关穴治急症验案 4 则 | 张良俊 | 山西中医 | 2004,(S1):46 |
| 从脑电、五态性格等变化探讨放松训练心身调节机制 | 李学菊 | 中国优秀博硕士学位论文全文数据库(硕士)医药卫生科技辑 | 2004,(1):E056-4 |
| 经筋理论在临床中的应用体会 | 马立新 | 中国优秀博硕士学位论文全文数据库(硕士)医药卫生科技辑 | 2004,(1):E056-57 |
| 经筋刺法治疗中风后手指屈伸障碍的临床观察和机理探讨 | 孟凡征 | 中国优秀博硕士学位论文全文数据库(硕士)医药卫生科技辑 | 2004,(1):E056-65 |
| 培补肝肾中药治疗帕金森病的机制研究 | 田季雨 | 中国优秀博硕士学位论文全文数据库(硕士)医药卫生科技辑 | 2004,(3):E056-166 |
| 穴位透刺与循经远取相结合治疗偏头痛的临床研究 | 秦丽娜 | 中国优秀博硕士学位论文全文数据库(硕士)医药卫生科技辑 | 2004,(4):E056-69 |
| 俞募通经针法治疗经前期综合征的临床研究 | 郭淑颖 | 中国优秀博硕士学位论文全文数据库(硕士)医药卫生科技辑 | 2004,(4):E056-54 |
| 运用整体观念和生物力学原理推拿治疗腰椎间盘突出症的临床研究 | 王绍辉 | 中国优秀博硕士学位论文全文数据库(硕士)医药卫生科技辑 | 2004,(4):E056-23 |
| 反射疗法治疗盗汗 1 例 | 张清华 | 2004 反射学全国研讨会会议交流文集 | 2004:137 |
| 《内经》"治病求本"原则在恶性肿瘤化疗后调治中的应用 | 申秀云 | 第二届国际中西医结合、中医肿瘤学术研讨会论文汇编 | 2004:868 |
| 中医五行音乐对恶性肿瘤病人抑郁状态的临床护理研究 | 项春雁等 | 第二届国际中西医结合、中医肿瘤学术研讨会论文汇编 | 2004:758 |
| 冠心病的中医预防与护理 | 韩　静等 | 第九届中日护理学术交流会议论文汇编 | 2004:457 |
| 试论"通因通用"治法及其在咳喘病中的运用 | 殷莉波等 | 第七次全国中西医结合呼吸病学术交流大会论文汇编 | 2004:169 |

| | | | |
|---|---|---|---|
| 心脏瓣膜疾病的经筋手疗法治疗探讨 | 黄国松 | 第七届国际手法医学与传统疗法暨保健手法大赛学术会论文汇编 | 2004:66 |
| 传统医学方法在哮喘医疗干预和健康传播中的应用 | 高志平 | 第三届国际传统医药大会文集 | 2004:195 |
| 胸腹按诊的临床研究 | 朱忠义 | 第三届国际传统医药大会文集 | 2004:248 |
| "通因通用"法为主治疗慢乙肝腹泻100例临床观察 | 刘铁军等 | 第十三次全国中西医结合肝病学术会议论文汇编 | 2004:158 |
| 谈《内经·疏五过论》对精神科医生的临证启示 | 龚　坚 | 二零零四年度全国精神病专业第八次学术会议论文汇编 | 2004:264 |
| 同名经对应远道刺治疗肩周炎32例临床观察 | 睢明河等 | 全国中医药科研与教学改革研讨会论文集 | 2004:323 |
| 在痹症治疗中应解决的三个问题 | 朱良春 | 首届国际中西医结合风湿病学术会议论文汇编 | 2004:37 |
| 电针治疗呃逆的上病下取法在实践中的应用 | 曹文然 | 西南片区针灸学术研讨会论文汇编 | 2004:60 |
| "上病下取"法推拿治疗肩周炎50例临床报告 | 杨　华 | 中国骨伤发展战略高层论坛暨中西医结合骨伤学术大会论文集 | 2004:75 |
| 火针疗法在妇科疾患应用举隅 | 李　岩 | 中国针灸学会第六届全国中青年针灸推拿学术交流暨针灸学科发展与建设研讨会论文汇编 | 2004:113 |
| 《内经》刺法治疗周围性面瘫临床观察 | 余伯亮 | 广东省针灸学会第九次学术交流会暨"针灸治疗痛症及特种针法"专题讲座论文汇编 | 2004:152 |
| 相应取穴法及其在痛症临床上的应用 | 符文彬 | 广东省针灸学会第九次学术交流会暨"针灸治疗痛症及特种针法"专题讲座论文汇编 | 2004:20 |
| 补中益气汤甘温除大热机理探讨 | 孙晋超 | 北京中医 | 2005,(1):20 |
| 冠心病心绞痛临床诊治体会 | 黄永生 | 长春中医药大学学报 | 2005,(1):16 |
| 耳尖穴刺络放血治疗高热35例治疗观察 | 袁远芬 | 贵阳中医学院学报 | 2005,(1):47 |
| 肝咳的临床治疗体会 | 乔爱萍 | 河北中医药学报 | 2005,(1):20 |
| 浅谈中医心理学的临床应用 | 王玉仙 | 河南中医学院学报 | 2005,(1):42 |
| 通因通用临床应用浅议 | 尹广军等 | 河南中医学院学报 | 2005,(1):39 |
| 电针结合刺络拔罐治疗膝关节骨关节炎35例 | 熊　健 | 湖南中医杂志 | 2005,(1):45 |
| 补中益气汤加味治疗肠套叠验案 | 史宇莹等 | 吉林中医药 | 2005,(1):49 |
| 传统医学理论在老年养生保健中的运用 | 郭云辉等 | 江苏中医药 | 2005,(1):47 |
| 连建伟论治肝咳经验采菁 | 毛军民等 | 江西中医药 | 2005,(1):8 |
| 论中国文化中的心理健康标准 | 陈光磊 | 青海社会科学 | 2005,(1):69 |
| 扬刺法加闪罐治疗股外侧皮神经炎55例 | 胡幼平等 | 陕西中医 | 2005,(1):69 |
| 针刺按摩治疗肩周炎50例 | 杜　崇等 | 陕西中医 | 2005,(1):63 |
| 刺络法临证3例 | 陆伟慧 | 上海针灸杂志 | 2005,(1):27 |
| 从"冬三月,水冰地坼"浅谈辛润治燥法的运用 | 余　杨等 | 时珍国医国药 | 2005,(1):80 |
| 急症中医护理探讨 | 王文静 | 实用中医药杂志 | 2005,(1):53 |
| 六经辨证法辨治疑难病症举隅 | 吕光智 | 现代中医药 | 2005,(1):36 |
| 针刺颈夹脊穴治疗偏头痛200例疗效观察 | 徐　红等 | 云南中医中药杂志 | 2005,(1):24 |
| 齐刺加电针治疗老年带状疱疹后遗痛40例 | 韩　洁 | 针灸临床杂志 | 2005,(1):50 |
| 扬刺加温针挤压法治疗腱鞘囊肿50例 | 王国洪等 | 针灸临床杂志 | 2005,(1):50 |
| 针刺治疗中风后顽固性呃逆伴失语案 | 秦　仑 | 针灸临床杂志 | 2005,(1):13 |

| | | | |
|---|---|---|---|
| 新铍针治疗第三腰椎横突综合征 66 例报道 | 徐建波 | 中国社区医师 | 2005,(1):33 |
| 刺络拔罐治疗丹毒 48 例疗效观察 | 康红千等 | 中国中医急症 | 2005,(1):51 |
| 咳喘诊治一得 | 张灿玾 | 中国中医药现代远程教育 | 2005,(1):7 |
| 齐刺加温针灸治疗第三腰椎横突综合征 71 例 | 侯宽超 | 中医外治杂志 | 2005,(1):42 |
| 《素问》五脏病机在临床的应用 | 杨悦娅 | 中医文献杂志 | 2005,(1):28 |
| 刺络拔罐放血法治疗中风偏瘫 56 例分析 | 唐　英等 | 中医药学刊 | 2005,(1):124 |
| 升降理论在临床遣药组方中的运用 | 罗　旭等 | 中医杂志 | 2005,(1):20 |
| 按摩治疗神经衰弱 75 例疗效观察 | 林长顺等 | 按摩与导引 | 2005,(2):12 |
| 齐刺法临床运用概况 | 熊源胤 | 河北中医 | 2005,(2):153 |
| 通因通用临床应用十法 | 尹广军 | 河南中医 | 2005,(2):39 |
| 缪刺法加穴位中频电刺激治疗顽固性面瘫疗效观察 | 伍惠芬等 | 河南中医学院学报 | 2005,(2):58 |
| 寒热在中医临床诊断中作用 | 盛　夏等 | 吉林中医学院学报 | 2005,(2):104 |
| 半夏秫米汤合温胆汤治疗失眠体会 | 胡　珂等 | 江西中医药 | 2005,(2):51 |
| 内关穴临床应用举隅 | 王　昕 | 辽宁中医学院学报 | 2005,(2):146 |
| 糖尿病的辨证饮食护理 | 云改转 | 内蒙古中医药 | 2005,(2):44 |
| 中药结合穴位注射与刺络拔罐法治疗慢性乙肝 351 例 | 刘翠清 | 山西中医 | 2005,(2):38 |
| 泽泻饮治疗眩晕 3 例 | 朱平东 | 陕西中医 | 2005,(2):175 |
| 从心论治妇科杂病四则 | 许柏泉 | 现代中医药 | 2005,(2):32 |
| 《黄帝内经》治神针法治疗十四年痼疾一例 | 蒋维明 | 亚太传统医药 | 2005,(2):148 |
| 中医药治疗脑肿瘤的研究 | 胡　纯等 | 亚太传统医药 | 2005,(2):87 |
| 浅谈疏肝理气法则在消化道肿瘤治疗中的应用 | 陈玉超等 | 云南中医中药杂志 | 2005,(2):67 |
| 短刺法为主治疗枕大神经痛 47 例 | 徐勇刚等 | 浙江中西医结合杂志 | 2005,(2):57 |
| 推拿结合刺络拔罐治疗急性腰扭伤 50 例 | 厉　巧等 | 浙江中医学院学报 | 2005,(2):66 |
| 刺络拔罐并康复训练治疗中风后肩手综合征 48 例 | 江小荣 | 浙江中医杂志 | 2005,(2):40 |
| 针刺治疗散发性甲状腺肿 35 例 | 胡从富 | 浙江中医杂志 | 2005,(2):41 |
| 刺络拔罐治疗神经性皮炎 36 例 | 贺春芳 | 针灸临床杂志 | 2005,(2):48 |
| 针刺治疗呃逆 25 例 | 周晓琼 | 针灸临床杂志 | 2005,(2):31 |
| 齐刺治疗梨状肌损伤 44 例 | 张敏尚等 | 中国民间疗法 | 2005,(2):13 |
| 王洪图教授《内经》临床运用 | 翟双庆等 | 中国中医药现代远程教育 | 2005,(2):42 |
| 扬刺法治疗颈椎病 79 例疗效观察 | 朱海林等 | 中国自然医学杂志 | 2005,(2):88 |
| 中药洗浴疗法在皮肤科的应用 | 黄　敏等 | 中医外治杂志 | 2005,(2):26 |
| 早期加用缪刺法治疗急性面神经炎的疗效观察 | 占亚东 | 广西中医药 | 2005,(3):32 |
| “五脏六腑皆令人咳”临证举隅 | 张映梅 | 河北中医 | 2005,(3):189 |
| 浅谈扶阳法在肿瘤治疗中的应用 | 陈玉超等 | 吉林中医药 | 2005,(3):13 |
| 如何睡眠 | 欲　晓 | 健康 | 2005,(3):16 |
| “天癸既行,皆从厥阴论之”的临床体会 | 黄荣昌 | 江西中医药 | 2005,(3):48 |
| 辨证用方治验三则 | 章新亮 | 江西中医药 | 2005,(3):50 |
| 100 例“心痹病”的临床辨证与辨病的分析 | 王亚林等 | 井冈山学院学报（自然科学版） | 2005,(3):99 |
| 《内经》中火针疗法的应用探讨 | 温丽君 | 辽宁中医学院学报 | 2005,(3):206 |
| 1230 例死亡病例的死亡时间与时辰的关系探讨 | 云　梁等 | 内蒙古中医药 | 2005,(3):32 |
| 中医气象学理论临床应用初探 | 周晓平等 | 南京中医药大学学报（社会科学版） | 2005,(3):23 |
| 通因通用法治疗崩漏 30 例 | 王必勤 | 山东中医杂志 | 2005,(3):156 |
| 汗法的临床应用 | 周恒台 | 山西职工医学院学报 | 2005,(3):39 |

| | | | |
|---|---|---|---|
| 针刺治疗中风后足内翻 50 例 | 文洪等 | 山西中医 | 2005,(3):38 |
| 刺络放血治疗脊柱病变举偶 | 董桂兰 | 陕西中医 | 2005,(3):275 |
| 齐刺行走疗法治疗腰椎间盘脱出症 50 例 | 汪永胜 | 陕西中医 | 2005,(3):256 |
| 耳穴刺络治疗麦粒肿 85 例 | 王占慧 | 上海针灸杂志 | 2005,(3):15 |
| 应用《内经》理论治疗癌症的临证体会 | 凌耀星等 | 上海中医药大学学报 | 2005,(3):5 |
| 经筋理论在治疗颈椎病中的作用探讨 | 何生华 | 时珍国医国药 | 2005,(3):181 |
| 脾胃论指导临床诊治疾病体会 | 刘雪梅 | 四川中医 | 2005,(3):36 |
| 齐刺法治疗梨状肌综合征 60 例疗效观察 | 雷国华等 | 现代中医药 | 2005,(3):51 |
| 粗针刺督脉穴治疗顽症举隅 | 宣丽华 | 浙江中医杂志 | 2005,(3):34 |
| 刺络放血配合针刺治疗痤疮 120 例 | 郭焕荣等 | 针灸临床杂志 | 2005,(3):42 |
| 论天应穴的临床探查和刺法 | 郭尧杰 | 针灸临床杂志 | 2005,(3):51 |
| 短刺输刺法临床应用三则 | 严书荣 | 中国民间疗法 | 2005,(3):5 |
| 针刺加刺络拔罐治疗急性腰扭伤 72 例 | 刘　军等 | 中国民间疗法 | 2005,(3):18 |
| 透穴刺法应用浅析 | 尚秀葵 | 中国民间疗法 | 2005,(3):9 |
| 《内经》临证发微(一) | 王庆其 | 中医文献杂志 | 2005,(3):28 |
| 血瘀理论在心脏病中的应用 | 袁智宇 | 中医研究 | 2005,(3):7 |
| 脾胃虚损论在耳鼻咽喉科中的应用 | 廖月红 | 中医药临床杂志 | 2005,(3):210 |
| 中医护理在临床上的应用 | 霍玉华 | 中医药临床杂志 | 2005,(3):298 |
| 论血瘀证与 2 型糖尿病胰岛功能的关系 | 罗云波等 | 福建中医药 | 2005,(4):49 |
| 补阳还五汤治疗颈椎病 40 例 | 赵鸿亮等 | 甘肃中医学院学报 | 2005,(4):38 |
| 铍针治疗面瘫 82 例临床观察 | 徐建勇等 | 国医论坛 | 2005,(4):26 |
| 宫寒不孕的治疗体会 | 李淑琴等 | 哈尔滨医药 | 2005,(4):57 |
| 邢月朋主任医师临证运用塞因塞用法经验 | 郭秋红等 | 河北中医药学报 | 2005,(4):19 |
| 中药内服外用治疗乳癖 | 王晓亮等 | 黑龙江中医药 | 2005,(4):25 |
| 内关穴临床运用举隅 | 余昳萍等 | 江西中医药 | 2005,(4):55 |
| 五色理论临床运用及发挥 | 楼丹飞 | 江西中医药 | 2005,(4):16 |
| 针灸补泻的临床应用 | 米德萍 | 辽宁中医杂志 | 2005,(4):353 |
| 半刺背俞穴加电针体穴配合耳压治疗慢性荨麻疹 65 例 | 杨成琴 | 陕西中医 | 2005,(4):353 |
| 火针配合刺络拔罐治疗痤疮 58 例 | 任幼红等 | 上海针灸杂志 | 2005,(4):16 |
| 舌底刺络放血治疗运动性失语 32 例 | 郑晓斌 | 上海针灸杂志 | 2005,(4):20 |
| 针刺承山穴治疗腰椎小关节紊乱症疗效观察 | 庄志杰 | 上海中医药杂志 | 2005,(4):39 |
| 针刺结合刺络拔罐治疗胸壁挫伤疗效观察 | 赵延红 | 实用医学杂志 | 2005,(4):428 |
| 调和胃气法治疗失眠临床体会 | 王明蓉 | 实用中医药杂志 | 2005,(4):228 |
| 足反射区按摩结合脊椎推拿治疗椎管瘤 1 例 | 瞿稳庄 | 双足与保健 | 2005,(4):17 |
| 化湿通络法治疗失眠 | 范洪亮 | 四川中医 | 2005,(4):26 |
| 临证实痛辨治 | 张博生等 | 天津中医学院学报 | 2005,(4):190 |
| “刺络拔罐”治疗中风及其后遗症验案 | 陆以莹等 | 针灸临床杂志 | 2005,(4):36 |
| 艾灸治疗热证的机理探讨 | 金远林等 | 针灸临床杂志 | 2005,(4):2 |
| 经筋排刺配合走罐治疗腰背肌筋膜炎 72 例 | 刘　军等 | 中国民间疗法 | 2005,(4):24 |
| 浮针刺法治疗膝关节疼痛 | 吴扬扬等 | 中国针灸 | 2005,(4):261 |
| 毫针浅刺法治疗急性脑出血的临床观察 | 张振伟等 | 中国针灸 | 2005,(4):246 |
| 圆利针加环跳齐刺为主治疗腰椎间盘突出症 58 例 | 黄移生等 | 中国针灸 | 2005,(4):280 |
| 粗针齐刺加隔姜灸治疗肱骨外上髁炎 64 例 | 金英爱等 | 中国中医急症 | 2005,(4):325 |
| 王洪图教授运用《内经》之临床经验 | 王长宇等 | 中国中医药现代远程教育 | 2005,(4):9 |
| 《内经》临证发微(二) | 王庆其 | 中医文献杂志 | 2005,(4):45 |
| 通因通用治疗肠易激综合征(腹泻型)40 例疗效观察 | 秦　勇 | 中医药导报 | 2005,(4):21 |

| | | | |
|---|---|---|---|
| 泻下法治疗小儿积滞郁热病证的体会 | 王朝晖 | 中医药临床杂志 | 2005,(4):339 |
| "春夏养阳,秋冬养阴"在皮肤科的应用 | 王圣祥 | 中医杂志 | 2005,(4):316 |
| 针灸以俞募穴为主治疗难愈肩周炎的自身对照研究 | 唐燕萍 | 安徽卫生职业技术学院学报 | 2005,(5):51 |
| 从经筋论治Ⅲ型前列腺炎的临床研究 | 梁沛华等 | 广州中医药大学学报 | 2005,(5):10 |
| 补中益气汤治疗先兆流产68例 | 丁安华等 | 国医论坛 | 2005,(5):28 |
| 冠心病辨证论治临床体会 | 吴　军等 | 国医论坛 | 2005,(5):7 |
| 活血化瘀治则的临床应用 | 宿　健 | 黑龙江中医药 | 2005,(5):35 |
| 针刺配合刺络拔罐治疗面瘫48例 | 李晓慧等 | 黑龙江中医药 | 2005,(5):53 |
| 浅谈温法的临床应用 | 陈静华 | 湖北中医杂志 | 2005,(5):34 |
| 扬刺治疗股外侧皮神经痛15例 | 刘瑞华 | 湖南中医杂志 | 2005,(5):52 |
| 活血化瘀法治疗崩漏的体会 | 张聪珍 | 陕西中医 | 2005,(5):467 |
| 浅谈脏腑藏泻理论及临床应用举例 | 刘　琴等 | 陕西中医学院学报 | 2005,(5):4 |
| 浮刺法治疗面肌痉挛50例 | 成泽东等 | 上海针灸杂志 | 2005,(5):25 |
| 糖尿病病人的饮食调护 | 杨　莉等 | 实用中医内科杂志 | 2005,(5):489 |
| 扬刺为主治疗风湿性膝关节炎128例 | 姚聪英 | 实用中医内科杂志 | 2005,(5):483 |
| 火针配合刺络拔罐治疗扁平疣临床观察 | 陈纯涛等 | 四川中医 | 2005,(5):85 |
| 活血化瘀治疗脑出血的疗效观察 | 张霞智等 | 现代中医药 | 2005,(5):9 |
| 化瘀软肝汤治疗肝硬化56例 | 余水园 | 新疆中医药 | 2005,(5):21 |
| 运动针法配合刺络拔罐治疗肩周炎40例疗效观察 | 程　永等 | 新中医 | 2005,(5):60 |
| 刺络扶正法治疗带状疱疹的临床观察 | 俞　芳等 | 中西医结合学报 | 2005,(5):70 |
| 起止点合谷刺法治疗肩胛提肌损伤156例 | 陈章妹等 | 中医药通报 | 2005,(5):27 |
| 阿尔茨海默病的中医药临床研究概况 | 朱未名等 | 中医杂志 | 2005,(5):389 |
| 铍针治疗皮神经卡压综合征 | 孙　捷等 | 中医正骨 | 2005,(5):15 |
| 扬刺法治疗急性腰扭伤52例 | 王　毅 | 福建中医药 | 2005,(6):41 |
| "巨刺法"治疗中风的临床体会 | 王元潮等 | 光明中医 | 2005,(6):63 |
| 针刺下合穴治疗慢性细菌性痢疾87例 | 王素玲 | 河南中医 | 2005,(6):63 |
| 疏肝理气法在治疗哮喘中的作用 | 傅芸若 | 黑龙江中医药 | 2005,(6):53 |
| 从治病求本论湿疹的治疗 | 侯　兰 | 内蒙古中医药 | 2005,(6):15 |
| 浅析"治法逆从"在临床上的具体应用 | 孙晓玲等 | 内蒙古中医药 | 2005,(6):27 |
| 齐刺结合按摩治疗肱骨外上髁炎43例 | 曹琚敏 | 陕西中医 | 2005,(6):571 |
| 短刺为主治疗第三腰椎横突综合征56例 | 张敏尚等 | 上海针灸杂志 | 2005,(6):26 |
| 针灸毛刺治疗面肌痉挛32例 | 宗慧梅等 | 实用中医内科杂志 | 2005,(6):492 |
| 补肾化瘀方治疗肝硬化临床观察 | 孙建光 | 现代中西医结合杂志 | 2005,(6):736 |
| 刺络疗法治疗带状疱疹20例 | 李　霜 | 新疆中医药 | 2005,(6):27 |
| 导师刘复兴运用"除陈气"治疗皮肤病经验 | 黄　虹等 | 云南中医中药杂志 | 2005,(6):1 |
| 不同方法分期治疗周围性面瘫疗效观察 | 朱荣英等 | 中国针灸 | 2005,(6):393 |
| 巨刺治疗原发性三叉神经痛20例 | 郭树江等 | 中国针灸 | 2005,(6):442 |
| 骨质疏松症的中医药研究述评 | 宋　敏等 | 中国中医骨伤科杂志 | 2005,(6):71 |
| 浅谈肺痹与特发性肺纤维化的关系 | 陈　瑞等 | 中国中医药信息杂志 | 2005,(6):90 |
| 巨针巨刺对脑卒中偏瘫后肩痛及血液流变学的影响 | 刘光亭 | 中西医结合心脑血管病杂志 | 2005,(6):538 |
| 益气祛瘀化痰法治疗缺血性脑卒中的机理探析 | 张树泉等 | 中医药学刊 | 2005,(6):1083 |
| 析补中益气汤之甘温除热 | 计小清等 | 中医药学刊 | 2005,(6):1066 |
| 中医论治特色与临床应用 | 叶慧宁 | 中医药学刊 | 2005,(6):1092 |
| 浅谈中医学对骨质疏松症的认识 | 阎德文等 | 湖北中医杂志 | 2005,(7):17 |

| | | | |
|---|---|---|---|
| 浅谈《内经》"病机十九条"对皮肤病临床治疗的意义 | 景　瑛 | 吉林中医药 | 2005,(7):16 |
| 短刺加电针夹脊穴治疗腰椎间盘突出症43例临床观察 | 欧阳八四等 | 江苏中医药 | 2005,(7):33 |
| 短刺加电针夹脊穴治疗神经根型颈椎病48例临床观察 | 欧阳八四 | 辽宁中医杂志 | 2005,(7):715 |
| 反治法在妇科临床上的应用 | 陶兆敏 | 辽宁中医杂志 | 2005,(7):725 |
| 阿是穴合谷刺法治疗急性腰扭伤 | 刘明军 | 山东中医杂志 | 2005,(7):407 |
| 巨刺法验案四则 | 刘　春等 | 山东中医杂志 | 2005,(7):441 |
| 浅谈癫狂的中医心理护理 | 党彩凤 | 陕西中医 | 2005,(7):733 |
| 毛刺治疗中风后麻木39例 | 王　涛 | 上海针灸杂志 | 2005,(7):28 |
| 齐刺法加温针灸治疗腱鞘囊肿35例 | 张治国 | 针灸临床杂志 | 2005,(7):31 |
| 围刺加循经取穴治疗第3腰椎横突综合征 | 吕桂芬 | 针灸临床杂志 | 2005,(7):35 |
| 针刺内关公孙为主治疗术后胃瘫综合征疗效观察 | 史永奋等 | 针灸临床杂志 | 2005,(7):44 |
| 针药结合治疗慢性萎缩性胃炎肠化生的疗效观察 | 卢　泳等 | 中国针灸 | 2005,(7):457 |
| 经筋刺法治疗周围性面神经麻痹的疗效及对肌电图的影响 | 王　敏 | 中国中医急症 | 2005,(7):611 |
| 五输穴的临床应用 | 程海英 | 中国中医药现代远程教育 | 2005,(7):31 |
| 巨刺内关穴对冠心病病人左心功能的影响 | 刘光亭 | 中西医结合心脑血管病杂志 | 2005,(7):594 |
| 针灸上病下取治疗急性期肩周炎临床观察 | 任晓明 | 中医药学刊 | 2005,(7):1335 |
| 风药在儿科临床中的应用 | 李国荣 | 中医杂志 | 2005,(7):544 |
| 胃肠下合穴治疗手术后胃瘫综合征的临床研究 | 李　鹤等 | 上海针灸杂志 | 2005,(8):14 |
| 远道刺加药饼灸治疗肱骨外上髁炎临床观察 | 朱宇丹 | 上海针灸杂志 | 2005,(8):35 |
| 浮刺法治疗肌痹18例 | 郭　强 | 实用中医药杂志 | 2005,(8):492 |
| 灵龟八法配合阿是穴合谷刺治疗颈肩腰腿痛65例 | 陈　成 | 中国民间疗法 | 2005,(8):14 |
| 阳性点合谷刺法治疗颈源性头痛81例 | 陈章妹等 | 中国针灸 | 2005,(8):548 |
| 大椎穴退热的研究进展 | 肖　蕾等 | 中国中医药信息杂志 | 2005,(8):105 |
| 傍针刺治疗颞下颌关节功能紊乱综合征50例小结 | 李云燕等 | 中医药导报 | 2005,(8):39 |
| 夏季药浴　祛病强身 | 王忠壮 | 家庭医药 | 2005,(9):47 |
| 针刺八脉交会穴和下合穴治疗功能性消化不良45例临床观察 | 赵亚萍等 | 江苏中医药 | 2005,(9):30 |
| 补肾调肝法治疗妇科病验案3则 | 王红全等 | 辽宁中医杂志 | 2005,(9):962 |
| 半刺法的临床应用 | 朱　敬 | 上海针灸杂志 | 2005,(9):34 |
| 齐刺滞针法治疗慢性筋伤97例 | 占亚东 | 上海针灸杂志 | 2005,(9):30 |
| "关刺"疗法治疗颈椎病的体会 | 杨　玲等 | 四川中医 | 2005,(9):109 |
| 合谷刺或齐刺、温针灸、电针治疗膝关节骨性关节炎疗效观察 | 曹晓滨等 | 新疆医科大学学报 | 2005,(9):878 |
| 你属于中医里的哪种体质 | 拾　风 | 知识经济 | 2005,(9):89 |
| 五输穴治疗湿热证举隅 | 路　一 | 针灸临床杂志 | 2005,(9):48 |
| 经筋刺法治疗脑卒中后痉挛状态的疗效评估：随机分组的对照(英文) | 岳增辉 | 中国临床康复 | 2005,(9):240 |
| 络刺临床应用举隅 | 孙建军等 | 中国民间疗法 | 2005,(9):10 |
| 手太阴经筋病治验一则 | 刘宝华等 | 中国民间疗法 | 2005,(9):9 |
| "止痉穴"结合巨刺远取法治疗面肌痉挛90例 | 陈雅民等 | 中国针灸 | 2005,(9):628 |
| 拔罐法诊断治疗外感欲病新探 | 林泉胜等 | 中国针灸 | 2005,(9):636 |
| 齐刺加灸治疗背肌筋膜炎43例 | 张纯娟 | 中国针灸 | 2005,(9):624 |
| 鍉针治疗隐神经膝关节内侧支卡压综合征体会 | 杨中兴等 | 中医正骨 | 2005,(9):51 |

| | | | |
|---|---|---|---|
| 扬刺电针法治疗桡肱关节滑囊炎56例临床观察 | 彭江华 | 吉林中医药 | 2005,(10):43 |
| 综合刺络疗法治疗急性期肩周炎临床及血液流变学的影响 | 崔　峻等 | 江西中医药 | 2005,(10):55 |
| 运用反佐法治疗牙龈炎200例临床研究 | 陈建灵等 | 上海中医药杂志 | 2005,(10):28 |
| 眩晕治疗三法 | 聂勋弟 | 现代医药卫生 | 2005,(10):1283 |
| 合谷刺加痛点注射治疗臀上皮神经卡压征165例 | 史莹莺 | 浙江中西医结合杂志 | 2005,(10):649 |
| 浮刺法治疗儿童面瘫26例 | 范志慧等 | 针灸临床杂志 | 2005,(10):40 |
| 埋针、电针治疗肩周炎69例 | 符少杨 | 针灸临床杂志 | 2005,(10):39 |
| 齐刺治疗枕小神经痛45例临床体会 | 纪春楠等 | 针灸临床杂志 | 2005,(10):37 |
| 针刺水穴治疗单纯性肥胖病疗效观察 | 王　森等 | 针灸临床杂志 | 2005,(10):41 |
| 针灸、刺络拔罐治疗带状疱疹疗效观察 | 韩　岩 | 中国社区医师(综合版) | 2005,(10):56 |
| 电热针治疗膝骨关节炎临床观察 | 林凌峰等 | 中国针灸 | 2005,(10):689 |
| 浮针疗法及其对针灸学发展的启示 | 范刚启等 | 中国针灸 | 2005,(10):733 |
| 中医药治疗癌性发热的探讨 | 吴整军等 | 中华医院感染学杂志 | 2005,(10):1137 |
| 孙六合教授应用巨刺法的临床经验 | 张京峰等 | 中医药学刊 | 2005,(10):1760 |
| 强肾壮阳、延年益寿的生殖器官按摩法 | 孟光成 | 按摩与导引 | 2005,(11):43 |
| 刺络放血治疗痤疮71例 | 李　娟 | 江西中医药 | 2005,(11):63 |
| 刺络法临床应用举隅 | 潘怡静 | 上海针灸杂志 | 2005,(11):36 |
| 齐刺法加电针治疗坐骨神经痛的临床观察 | 胡幼平等 | 四川中医 | 2005,(11):109 |
| 齐刺法治疗软组织损伤的临床体会 | 陈　文 | 针灸临床杂志 | 2005,(11):25 |
| 运用巨刺法治疗肩周炎 | 杨翠芳等 | 针灸临床杂志 | 2005,(11):30 |
| 刺络拔罐法配合电针治疗腰椎间盘突出症52例 | 林少贞 | 中医研究 | 2005,(11):47 |
| 夹脊穴短刺结合温针治疗椎动脉型颈椎病56例临床观察 | 徐勇刚等 | 中医正骨 | 2005,(11):43 |
| “结者散之”在《伤寒论》中的运用 | 曾庆利等 | 长江大学学报(自然科学版) | 2005,(12):365 |
| 天人相应理论在哮喘防治中的意义 | 张德新等 | 长江大学学报(自然科学版) | 2005,(12):362 |
| 多痛点短刺治疗肩关节周围炎45例临床观察 | 冷　文 | 江苏中医药 | 2005,(12):41 |
| 铍针治疗臀上皮神经卡压症52例 | 林俊宏 | 江西中医药 | 2005,(12):63 |
| 起止点合谷刺法治疗肩胛提肌损伤156例 | 赵香兰 | 江西中医药 | 2005,(12):62 |
| 失眠第一方——半夏秫米汤的应用 | 付春梅 | 江西中医药 | 2005,(12):56 |
| “天不足西北　地不满东南”对临床治疗的启发和体会 | 张万水等 | 辽宁中医杂志 | 2005,(12):1263 |
| 刺络放血治疗麦粒肿38例 | 王占慧 | 上海针灸杂志 | 2005,(12):29 |
| 扬刺配合隔土豆片灸治疗项背筋膜炎32例 | 吴　增 | 上海针灸杂志 | 2005,(12):32 |
| 温肾补阳治疗虚寒型胃脘痛体会 | 王赐香 | 现代医药卫生 | 2005,(12):1570 |
| 刺络放血为主治疗荨麻疹296例 | 沈中秋等 | 中国针灸 | 2005,(12):849 |
| 养阴清热法在治疗妇产科疾病中的临床应用 | 欧阳紫婷等 | 中医药导报 | 2005,(12):28 |
| 中药内服配合刺络放血治疗肩周炎36例的疗效观察 | 陈兴强等 | 中医药导报 | 2005,(12):39 |
| 《内经》寒痹熨法治疗项背肌筋膜炎60例 | 张玉镇 | 中医药学刊 | 2005,(12):2267 |
| 反佐配伍的应用价值 | 庄爱文 | 现代中西医结合杂志 | 2005,(14):1896 |
| 二针交叉短刺加电针治疗网球肘58例 | 张建平 | 现代中西医结合杂志 | 2005,(14):1878 |
| 中医治疗带状疱疹的方法及护理 | 袁学辉等 | 医药产业资讯 | 2005,(17):87 |
| 恢刺、短刺配合按摩治疗老年性膝关节炎64例 | 严书荣等 | 中国社区医师(综合版) | 2005,(18):53 |
| 心理情感刺激与骨伤病势变化分析 | 韦坚义 | 现代中西医结合杂志 | 2005,(20):2716 |
| 中医药治疗痛风性关节炎53例分析 | 朱东平 | 中国社区医师(综合版) | 2005,(24):69 |

| | | | |
|---|---|---|---|
| 全经针刺法治疗脑卒中偏瘫62例经验 | 周国平等 | 中国临床康复 | 2005,(29):132 |
| 以痛为腧治疗经筋病 | 赵吉平等 | 中国中医药报 | 2005.4.25 |
| 谈"治未病"学术思想在临床的应用 | 王立忠 | 中国中医药报 | 2005.4.28 |
| 热因热用治顽疾(上) | 李永红 | 医药养生保健报 | 2005.12.5 |
| 腰三针治疗腰椎间盘突出症临床研究 | 张淑蓉 | 中国优秀博硕士学位论文全文数据库(硕士)医药卫生科技辑 | 2005,(4):E056-51 |
| 火针赞刺法治疗带状疱疹的临床综合评价 | 郭玉峰 | 中国优秀博硕士学位论文全文数据库(博士)医药卫生科技辑 | 2005,(5):E056-10 |
| 从奇经论治抑郁症临床观察 | 黄 芳 | 中国优秀博硕士学位论文全文数据库(硕士)医药卫生科技辑 | 2005,(5):E056-42 |
| 痰瘀同治在冠心病心绞痛治疗中应用 | 温林军 | 中国优秀博硕士学位论文全文数据库(博士)医药卫生科技辑 | 2005,(6):E056-39 |
| 头部矩阵针法治疗中风偏瘫的临床研究 | 沈 琴 | 中国优秀博硕士学位论文全文数据库(硕士)医药卫生科技辑 | 2005,(6):E056-73 |
| 以俞募配穴法为主治疗腹型肥胖的临床研究 | 张 梅 | 中国优秀博硕士学位论文全文数据库(硕士)医药卫生科技辑 | 2005,(6):E056-48 |
| 补肾益天癸提高高龄不孕妇女卵巢反应性的临床研究 | 王 琳 | 中国优秀博硕士学位论文全文数据库(硕士)医药卫生科技辑 | 2005,(6):E056-321 |
| "助卫出营"法改善"昼不精"治疗失眠证的临床观察与理论探讨 | 韩东利 | 中国优秀博硕士学位论文全文数据库(博士)医药卫生科技辑 | 2005,(6):E056-33 |
| 头穴透刺配合十二井穴刺络放血疗法治疗脑卒中后肩手综合征的临床研究 | 王 元 | 中国优秀博硕士学位论文全文数据库(硕士)医药卫生科技辑 | 2005,(7):E056-54 |
| 中医整体观念与波动、共振现象相关性的探讨 | Cecilia Gulyas | 中国优秀博硕士学位论文全文数据库(博士)医药卫生科技辑 | 2005,(7):E056-1 |
| 经筋针法治疗痹症的临床研究 | 韦英才 | 2005全国首届壮医药学术会议暨全国民族医药经验交流会论文汇编 | 2005:44 |
| 耳穴加体穴治疗神经衰弱60例的临床观察 | 彭国民等 | 2005香港国际耳穴诊治暨美容保健研讨会论文集 | 2005:49 |
| 耳针加体针对椎动脉型颈椎病的影响 | 张慧兰等 | 2005香港国际耳穴诊治暨美容保健研讨会论文集 | 2005:5 |
| 益气活血法治疗急性缺血性脑卒中的古代认识与现代研究 | 李 俊等 | 第八次全国中西医结合虚证与老年医学学术研讨会论文集 | 2005:345 |
| 以脾胃为本论治糖尿病的思路与方法 | 马建平 | 第八次全国中医糖尿病学术大会论文汇编 | 2005:280 |
| 刺血疗法治疗腰痛之经验谈 | 李进英 | 第二届全国刺络疗法暨首届少数民族放血疗法学术研讨会论文集 | 2005:45 |

| | | | |
|---|---|---|---|
| 大椎穴的临床应用 | 曹文忠等 | 第二届全国刺络疗法暨首届少数民族放血疗法学术研讨会论文集 | 2005:51 |
| 活血化瘀法治疗脑卒中的地位及应用 | 史　峻等 | 第六次全国中西医结合血瘀证及活血化瘀研究学术大会论文汇编 | 2005:181 |
| 补肾在冠心病治疗中的作用 | 胡淑兰 | 第七次全国中西医结合心血管病学术会议论文汇编 | 2005:374 |
| 老年病人的中医心理护理 | 张红雨 | 河南省科普、五官、中西医结合护理学术会议资料汇编 | 2005:256 |
| “齐刺法”加电针治疗腰腿痛 | 李南安等 | 全国针法灸法临床与科研学术研讨会论文汇编 | 2005:140 |
| 半刺法治疗小儿直肠脱垂36例 | 张　曼 | 全国针法灸法临床与科研学术研讨会论文汇编 | 2005:158 |
| 老年人胆石症患者的五脏相音检测研究 | 潘慧巍等 | 全国针法灸法临床与科研学术研讨会论文汇编 | 2005:179 |
| 齐刺温针灸治疗肱骨外上髁炎38例 | 赵清燕 | 全国针法灸法临床与科研学术研讨会论文汇编 | 2005:141 |
| 治风先治血——临证心得点滴 | 刘福官等 | 全国针法灸法临床与科研学术研讨会论文汇编 | 2005:117 |
| 合谷刺治疗肩周炎46例临床观察 | 李建武等 | 中国针灸学会2005年学术年会论文集 | 2005:172 |
| “异病同治”在针灸临床中的应用 | 邵素菊等 | 中国针灸学会临床分会第三届全国代表大会暨全国针灸临床学术论坛论文集 | 2005:45 |
| 刺络疗法的临床运用体会 | 施　静等 | 中国针灸学会临床分会第三届全国代表大会暨全国针灸临床学术论坛论文集 | 2005:143 |
| 后溪穴的临床应用 | 沈素绒 | 中国针灸学会临床分会第三届全国代表大会暨全国针灸临床学术论坛论文集 | 2005:134 |
| 巨刺法与缪刺法治疗面部“三病”的临床研究进展 | 田　宁 | 中国针灸学会临床分会第三届全国代表大会暨全国针灸临床学术论坛论文集 | 2005:91 |
| 脾胃理论在针灸临床中的运用体会 | 王天俊 | 中国针灸学会临床分会第三届全国代表大会暨全国针灸临床学术论坛论文集 | 2005:39 |
| 谢强从脾肾固本论治梅尼埃病的经验 | 胡红芳等 | 中华中医药学会耳鼻咽喉科分会第十二次学术研讨会暨嗓音言语听力医学专题学术研讨会论文集 | 2005:124 |
| 谢强应用《内经》“病生于咽嗌，治之以甘药”治急咽痹的经验 | 胡启煜等 | 中华中医药学会耳鼻咽喉科分会第十二次学术研讨会暨嗓音言语听力医学专题学术研讨会论文集 | 2005:225 |
| 《内经》血瘀理论对临床的指导意义 | 李晓萍 | 长治医学院学报 | 2006,(1):67 |
| 通因通用临床治验体会 | 陈　晃 | 广西中医药 | 2006,(1):37 |
| 经筋疗法治疗面神经炎30例 | 李江舟等 | 临床军医杂志 | 2006,(1):22 |
| 《内经》多针刺法治疗痹证临床应用举隅 | 安军民等 | 陕西中医 | 2006,(1):120 |
| 《内经》与临证(一) | 王庆其 | 上海中医药大学学报 | 2006,(1):10 |

| | | | |
|---|---|---|---|
| 《内经》刺法治疗周围性面瘫临床观察 | 余伯亮等 | 上海针灸杂志 | 2006,(1):19 |
| 运用《内经》“菀陈则除之”治疗乙肝后肝硬化 | 刘日才 | 浙江中医杂志 | 2006,(1):40 |
| 扬刺法治疗坐骨神经痛34例 | 刘润英等 | 针灸临床杂志 | 2006,(1):41 |
| 针灸扬刺法加电针治疗网球肘32例 | 许晓斌等 | 中国民间疗法 | 2006,(1):20 |
| 试论“生病起于过用”的临床意义 | 周永明 | 中医文献杂志 | 2006,(1):26 |
| 通因通用治疗慢性腹泻116例 | 李红霞 | 中医研究 | 2006,(1):35 |
| 试推丙戌年(2006年)运气及其主要发病特点 | 熊继柏 | 中医药导报 | 2006,(1):10 |
| “通因通用”与肾炎蛋白尿的治疗 | 李巧颖 | 中医药学刊 | 2006,(1):128 |
| 心理护理在临床中的应用 | 王同菊 | 工企医刊 | 2006,(2):69 |
| 推拿结合缪刺治疗肩周炎20例 | 陈远强 | 广西中医药 | 2006,(2):39 |
| 毫针齐刺治疗不安腿综合征178例临床观察 | 李　湘等 | 河北中医 | 2006,(2):135 |
| 刺络拔罐配合耳穴贴压治疗黄褐斑的疗效观察 | 刘　丽等 | 河北中医药学报 | 2006,(2):30 |
| 扬刺夹脊穴治疗强直性脊柱炎 | 曾　莉 | 湖北中医杂志 | 2006,(2):46 |
| 齐刺法治疗三叉神经痛40例 | 张阳普等 | 湖南中医杂志 | 2006,(2):69 |
| 风池穴妙用五案 | 侯中伟等 | 辽宁中医杂志 | 2006,(2):229 |
| 针刺、刺络拔罐及小针刀治疗慢性棘上韧带损伤的疗效比较 | 张少君等 | 深圳中西医结合杂志 | 2006,(2):109 |
| 浅论刺营及其在咽喉急症中的运用 | 肖永涛等 | 实用中西医结合临床 | 2006,(2):35 |
| 经筋透刺法结合治疗周围性面瘫35例 | 吴宇欢 | 实用中医内科杂志 | 2006,(2):207 |
| 短刺腰突点治疗腰椎间盘突出症80例 | 吴世忠 | 四川中医 | 2006,(2):106 |
| 浅谈“治未病”及临床体会 | 李爱民 | 现代中西医结合杂志 | 2006,(2):164 |
| 经方治验3则 | 段玉堂等 | 新中医 | 2006,(2):72 |
| 什么是中医治病的主要成分 | 刘吉科 | 亚太传统医药 | 2006,(2):40 |
| “诸痛痒疮,皆属于心”理论在治疗男科病中的应用举隅 | 张春和 | 云南中医学院学报 | 2006,(2):35 |
| 推拿配合针刺扬刺法治疗网球肘64例 | 左惠荣等 | 中国民间疗法 | 2006,(2):53 |
| 三乌药酒治疗风寒湿痹 | 李述尧等 | 中国乡村医药 | 2006,(2):51 |
| 穴位透刺加刺络放血治疗慢性鼻窦炎54例 | 迟　俊 | 中国针灸 | 2006,(2):93 |
| 五色、五官、五音在中医中的应用 | 曲黎敏 | 中华养生保健 | 2006,(2):49 |
| 《黄帝内经》刺营出血疗法及临床意义 | 郑雅芳等 | 中医药学报 | 2006,(2):5 |
| 青黛可治肝咳 | 方欣荣 | 中医杂志 | 2006,(2):94 |
| 按压翳风穴治疗呃逆123例的临床总结 | 李　平 | 按摩与导引 | 2006,(3):21 |
| “火郁发之”在温病卫气营血证治中的指导作用探析 | 杨　珂等 | 贵阳中医学院学报 | 2006,(3):3 |
| 通因通用法治疗崩漏验案1则 | 孙　晶 | 河南中医 | 2006,(3):81 |
| 曲池恢刺法配合隔药饼灸治疗网球肘62例 | 杨正明 | 江苏中医药 | 2006,(3):43 |
| 火针半刺法治疗带状疱疹临床疗效评价 | 聂　斌等 | 江西中医学院学报 | 2006,(3):38 |
| 水肿治疗体会 | 刘云侠 | 辽宁中医杂志 | 2006,(3):341 |
| 《内经》经筋理论的应用 | 杨丽美 | 宁夏医学院学报 | 2006,(3):262 |
| 丛刺阿是穴配合缪刺法治疗面肌痉挛30例 | 李文丽等 | 陕西中医 | 2006,(3):338 |
| 刺络拔罐法治疗痤疮40例 | 李红枝 | 上海针灸杂志 | 2006,(3):42 |
| 输穴刺络拔罐治疗急性踝关节扭伤临床观察 | 曾小香等 | 上海针灸杂志 | 2006,(3):25 |
| 辨治慢性咳嗽,宜以疏肝调心从之 | 邵长荣等 | 上海中医药大学学报 | 2006,(3):1 |
| 《内经》与临证(二) | 王庆其 | 上海中医药大学学报 | 2006,(3):10 |
| 八会穴针刺配合阿是穴扬刺治疗急性运动性踝关节扭伤49例 | 吴初竹等 | 上海中医药杂志 | 2006,(3):42 |
| 刺络拔罐治疗腰椎间盘突出症的临床体会 | 古恩鹏等 | 天津中医药 | 2006,(3):186 |
| 刺络拔罐法治疗面部痤疮 | 陈丽贤等 | 中国康复 | 2006,(3):173 |

| | | | |
|---|---|---|---|
| “独取膀胱经五脏俞”治疗痿证的效果观察 | 王洪峰等 | 中国临床康复 | 2006,(3):124 |
| 谈中西医的饮食护理及在护理中的应用 | 刘玉静等 | 中国社区医师(综合版) | 2006,(3):77 |
| 经筋透刺法治疗周围性面神经麻痹疗效观察 | 许凯声等 | 中国针灸 | 2006,(3):169 |
| 透穴刺法治疗偏头痛的临床疗效及对脑血流速度的影响 | 蔡玉颖等 | 中国针灸 | 2006,(3):177 |
| 针刺治疗糖尿病周围神经病变致手足麻木疼痛 | 袁鹤庭 | 中国针灸 | 2006,(3):225 |
| “亢害承制”理论在妇科的临床运用 | 陆启滨 | 中国中医药现代远程教育 | 2006,(3):26 |
| 癫痫的中医药治疗研究进展 | 曹　静等 | 中华中医药杂志 | 2006,(3):181 |
| 略论十二经脉气血盛衰对针灸临床的指导作用 | 董宝强等 | 中华中医药杂志 | 2006,(3):163 |
| 《内经》从肺论治临证发微四则 | 齐　南等 | 中医文献杂志 | 2006,(3):31 |
| 活血化瘀法在治疗疑难病中的应用 | 包文胜 | 中医药临床杂志 | 2006,(3):229 |
| 齐刺法治疗急性腰棘上棘间韧带损伤临床观察 | 吴美倩等 | 中医药临床杂志 | 2006,(3):294 |
| 关刺法配合刺络拔罐治疗膝关节骨性关节病 56 例 | 曾小香 | 中医药通报 | 2006,(3):52 |
| 一日四时的临床运用 | 刘民胜等 | 北京中医 | 2006,(4):218 |
| 五输穴中经穴之临床应用 | 刘　颖等 | 北京中医药大学学报(中医临床版) | 2006,(4):35 |
| 饮食宜淡不宜咸 | 胡苏柏 | 东方食疗与保健 | 2006,(4):1 |
| 齐刺法为主治疗坐骨神经痛 38 例临床观察 | 盛生宽等 | 国医论坛 | 2006,(4):26 |
| 浅谈《黄帝内经》“内热法”的临床应用 | 谭琳蓥等 | 江苏中医药 | 2006,(4):49 |
| 刺络拔罐为主治疗腰部带状疱疹疗效观察 | 蔡　斐 | 辽宁中医杂志 | 2006,(4):476 |
| 刺络放血法治疗中风偏瘫麻木症疗效观察 | 鲁　江 | 内蒙古中医药 | 2006,(4):18 |
| 长针透刺太阳穴加耳穴刺络治疗牙痛 74 例 | 黄丽萍等 | 陕西中医 | 2006,(4):479 |
| 刺络拔罐法配合针刺治疗面瘫 50 例 | 任玉娟 | 陕西中医 | 2006,(4):480 |
| 针灸推拿治疗腕管综合征 32 例 | 彭德忠等 | 四川中医 | 2006,(4):107 |
| 上病下取在中风急性期中的应用 | 徐容富等 | 现代中西医结合杂志 | 2006,(4):485 |
| 中医辨证治疗内耳性眩晕病 62 例 | 贾必奉等 | 现代中医药 | 2006,(4):1 |
| 《内经》理论指导临床的体会 | 杨悦娅 | 新中医 | 2006,(4):86 |
| 顽固性眩晕针灸治验 3 例 | 白翠英 | 亚太传统医药 | 2006,(4):50 |
| “以补达通”反治法在老年虚秘中的运用 | 朱晓华 | 浙江中医药大学学报 | 2006,(4):391 |
| 常规刺与远道刺治疗面瘫 55 例 | 孙永胜 | 针灸临床杂志 | 2006,(4):27 |
| 刺络放血法治疗感觉异常案 2 例 | 刘　琳 | 针灸临床杂志 | 2006,(4):26 |
| 齐刺法结合中药熏蒸治疗腰椎间盘突出症 300 例 | 王　鑫 | 中国民间疗法 | 2006,(4):62 |
| “通因通用”法在小儿肾系疾病中的应用 | 王晓燕等 | 中医儿科杂志 | 2006,(4):29 |
| 刺络拔罐法治疗痤疮的临床研究进展 | 陈利华等 | 中医药学刊 | 2006,(4):688 |
| 刮痧刺络法治疗颈肩胛背部软组织劳损 | 周　黎等 | 按摩与导引 | 2006,(5):18 |
| 宋祚民治疗黑色出于天庭验案 | 宋文芳等 | 北京中医 | 2006,(5):270 |
| 推拿配合刺络疗法治疗急性软组织损伤 56 例 | 闫建明 | 福建中医药 | 2006,(5):32 |
| 活血化瘀法异病同治验案 4 则 | 王金荣 | 黑龙江中医药 | 2006,(5):28 |
| 刺络放血疗法在急性病症中的应用浅述 | 刘洪玲 | 吉林中医药 | 2006,(5):61 |
| 独穴治疗针感后遗疼痛症 2 例 | 王　锐等 | 江西中医药 | 2006,(5):43 |
| 中药熏蒸疗法治疗较组织损伤疼痛的机理探讨 | 黄俊卿等 | 辽宁中医药大学学报 | 2006,(5):22 |
| 五行生克制化规律临证体会 | 张明锐 | 内蒙古中医药 | 2006,(5):14 |
| 夹脊穴齐刺治疗腰椎间盘突出症 122 例效果观察 | 吴红新 | 山东医药 | 2006,(5):37 |
| 温针灸治疗骨性膝关节炎 42 例 | 曹银香等 | 陕西中医 | 2006,(5):623 |
| 缪刺治疗岔气 | 张树霞等 | 上海针灸杂志 | 2006,(5):19 |
| 温针齐刺治疗肱骨外上髁炎 75 例 | 郑兆俭 | 上海针灸杂志 | 2006,(5):33 |
| 齐刺治疗风寒型周围性面瘫 60 例 | 胡琪祥 | 上海中医药杂志 | 2006,(5):37 |

| | | | |
|---|---|---|---|
| 巨刺治疗脑血管病后痉挛性瘫痪 36 例 | 于秀梅 | 实用中医内科杂志 | 2006,(5):557 |
| 超时留针和刺络加强治疗带状疱疹后遗神经痛的临床观察 | 樊 玲等 | 四川中医 | 2006,(5):107 |
| 四针恢刺法治疗腰椎间盘突出症 66 例 | 丁丽玲 | 云南中医中药杂志 | 2006,(5):26 |
| 刺络放血法治疗中风偏瘫麻木症疗效观察 | 刘 华等 | 中国针灸 | 2006,(5):337 |
| 恢刺法治疗肱二头肌长头腱腱鞘炎 76 例 | 凌建维 | 中国针灸 | 2006,(5):334 |
| 经筋疗法为主治疗偏头痛疗效观察 | 黄锦军等 | 中国针灸 | 2006,(5):322 |
| 齐刺滞针法治疗肩背肌筋膜炎 56 例体会 | 马立新等 | 中国中医药信息杂志 | 2006,(5):70 |
| 下者举之在治疗慢性体表溃疡中的应用 | 李世征等 | 中医药学刊 | 2006,(5):870 |
| 试论心身医学与推拿临床 | 顾 非 | 按摩与导引 | 2006,(6):14 |
| 略谈张仲景对"诸气膹郁,皆属于肺"理论的运用 | 王建康 | 江苏中医药 | 2006,(6):10 |
| 清法在外感表证治疗中的运用 | 梅 颖等 | 辽宁中医药大学学报 | 2006,(6):43 |
| 针刺配合刺络拔罐治疗震颤麻痹 87 例疗效观察 | 丁淑强 | 辽宁中医杂志 | 2006,(6):737 |
| 痰湿体质临床研究进展 | 周 菁 | 实用中医内科杂志 | 2006,(6):563 |
| 浅谈"少阳为枢"及小柴胡汤临证应用 | 刘红霞等 | 新中医 | 2006,(6):64 |
| 通因通用法临床运用经验 | 胡秋未 | 浙江中医药大学学报 | 2006,(6):628 |
| 针刺结合刺络拔罐治疗中风后肩手综合征 30 例 | 邹 超等 | 浙江中医杂志 | 2006,(6):340 |
| 齐刺法治疗内脏下垂证 18 例 | 张淑杰 | 针灸临床杂志 | 2006,(6):39 |
| 疏肝补肾法治疗乳腺增生病 63 例 | 张晓苏 | 中国中西医结合外科杂志 | 2006,(6):552 |
| 刺络配合推拿治疗轻度腕管综合征疗效对照研究 | 石玉生等 | 中国中西医结合杂志 | 2006,(6):497 |
| 扬刺加灸治疗腱鞘囊肿 34 例 | 马利军等 | 中国中医急症 | 2006,(6):664 |
| 反治法治愈顽固性呃逆一则 | 周正华 | 中医研究 | 2006,(6):43 |
| "肺与大肠相表里"理论在儿科临证中的应用 | 陈 超等 | 中医药学报 | 2006,(6):43 |
| "通因通用"法儿科临床应用举隅 | 于海燕等 | 光明中医 | 2006,(7):46 |
| 蛇头穴刺络放血治疗带状疱疹 65 例 | 杨正明 | 河南中医 | 2006,(7):62 |
| 针刺配合刺络拔罐治疗痛风性关节炎 32 例 | 黄桂英 | 山东中医杂志 | 2006,(7):467 |
| 周围性面瘫个体化治疗的疗效观察 | 何希俊等 | 上海针灸杂志 | 2006,(7):15 |
| 大椎穴刺络拔罐治疗颈椎病 120 例临床对照研究 | 张毅敏 | 四川中医 | 2006,(7):107 |
| 经筋透刺法治疗周围性面神经瘫痪疗效观察 | 林永荣等 | 现代中西医结合杂志 | 2006,(7):872 |
| 耳背刺络放血治疗顽固性头痛 28 例临床观察 | 李 澎 | 针灸临床杂志 | 2006,(7):45 |
| 面部挂针加刺络拔罐治疗痤疮 52 例的疗效观察 | 李子勇等 | 针灸临床杂志 | 2006,(7):11 |
| 耳穴刺络法治疗黄褐斑 60 例 | 李 杰 | 中国民间疗法 | 2006,(7):21 |
| 局部齐刺搓柄针法治疗梨状肌综合征 33 例 | 李景华等 | 中国实用乡村医生杂志 | 2006,(7):40 |
| 扬刺、齐刺法为主治疗强直性脊柱炎疗效观察 | 白伟杰等 | 中国针灸 | 2006,(7):495 |
| 伏气发病学说对中医现代临床的重要启示 | 赵进喜 | 中国中医药现代远程教育 | 2006,(7):22 |
| 针灸治疗面肌痉挛 37 例疗效观察 | 陈改花 | 中华中医药杂志 | 2006,(7):436 |
| 浅谈"治未病"在临床上的意义 | 温海亭等 | 中医药学刊 | 2006,(7):1339 |
| "四关穴"透刺法治疗癌症并发呃逆体会 | 郝晋东 | 甘肃中医 | 2006,(8):35 |
| 傍针刺加灸治疗第三腰椎横突综合征 42 例 | 王 艳等 | 中国中医急症 | 2006,(8):836 |
| 太阳穴刺络拔罐治疗暴头痛 | 肖海涛等 | 中国中医急症 | 2006,(8):920 |
| "菀陈则除之"的临床应用探讨 | 范永胜 | 中医研究 | 2006,(8):5 |
| 运用《内经》理论临证治验 2 则 | 段延萍 | 北京中医 | 2006,(9):564 |
| 缪刺法治疗臂上皮神经损伤 60 例 | 周 丽 | 江西中医药 | 2006,(9):51 |
| 针灸推拿治疗运动损伤初探 | 吕永安 | 陕西中医 | 2006,(9):1128 |
| 电针合刺络治疗偏头痛 205 例疗效观察 | 沈翊华 | 上海针灸杂志 | 2006,(9):15 |
| 略论中和平衡论在中医学中的运用 | 陈昌元 | 卫生职业教育 | 2006,(9):24 |

| | | | |
|---|---|---|---|
| 学《内经》谈“魄门亦为五藏使也”指导临床治疗体会 | 叶玉姝 | 现代中西医结合杂志 | 2006,(9):1192 |
| “菀陈则除之”临床运用 | 李　宏等 | 医药世界 | 2006,(9):185 |
| 通因通用治验二则 | 蒋明琴等 | 中国民间疗法 | 2006,(9):46 |
| 针刺配合刺络拔罐放血治疗带状疱疹38例 | 乔美莲等 | 中国民间疗法 | 2006,(9):56 |
| 长强穴刺络加灸治疗骶结节韧带综合征 | 李国忠 | 中国针灸 | 2006,(9):640 |
| 针灸治疗偏瘫后肩痛的新思路 | 陈　莉 | 中国针灸 | 2006,(9):669 |
| 走罐合齐刺治疗颈椎病116例 | 胡志红等 | 中国针灸 | 2006,(9):675 |
| 然谷穴点刺放血治疗慢性咽炎 | 李聚生 | 中国针灸 | 2006,(9):613 |
| 刺络拔罐加针刺对带状疱疹疼痛的治疗作用 | 郭　燕 | 中国中医药信息杂志 | 2006,(9):79 |
| 傍针刺配合隔姜灸治疗顽固性面瘫23例 | 黄文学等 | 山东中医杂志 | 2006,(10):686 |
| 刺络疗法治疗疖肿28例 | 王占慧等 | 上海针灸杂志 | 2006,(10):20 |
| 刺络补虚法治疗痿证22例 | 李　松 | 针灸临床杂志 | 2006,(10):29 |
| 刺络疗法治疗睑腺炎40例 | 张淑英 | 中国中医急症 | 2006,(10):1080 |
| 运用《内经》“火郁发之”疗疾的体会 | 杨祖贵 | 湖北中医杂志 | 2006,(11):39 |
| 《黄帝内经》对肝脏病治疗的指导意义 | 付亚丽等 | 吉林中医药 | 2006,(11):4 |
| 下合穴的临床应用 | 杨　岑 | 吉林中医药 | 2006,(11):50 |
| 《内经》除陈气法临床摭拾 | 陈　静 | 辽宁中医杂志 | 2006,(11):1493 |
| 刺络拔罐治疗带状疱疹30例 | 刘　明 | 陕西中医 | 2006,(11):1417 |
| 半刺加拔罐治疗失眠症30例疗效观察 | 唐　韬等 | 上海针灸杂志 | 2006,(11):10 |
| 电针推拿加刺络法治疗周围性面神经炎57例 | 吴殷夏 | 上海针灸杂志 | 2006,(11):14 |
| 合谷刺法治疗颈肩肌筋膜炎 | 石　跃 | 时珍国医国药 | 2006,(11):2288 |
| 通因通用法在儿科的应用体会 | 王晓燕 | 新中医 | 2006,(11):81 |
| “下者举之”在治疗慢性体表溃疡中的应用 | 李世征等 | 浙江中医杂志 | 2006,(11):659 |
| 巨刺治疗脑血管病后痉挛性瘫痪疗效观察 | 于秀梅 | 针灸临床杂志 | 2006,(11):28 |
| 针刺应用呼吸补泻治疗呃逆临床体会 | 郑　微等 | 针灸临床杂志 | 2006,(11):25 |
| 王晖运用《内经》气病理论治疗糖尿病的经验 | 龚文波等 | 中医杂志 | 2006,(11):818 |
| 局部刺络拔罐疗法治疗带状疱疹的临床观察 | 刘　硕 | 吉林中医药 | 2006,(12):49 |
| 《内经》“阳道实阴道虚”理论在儿科临床中的应用 | 刘春援 | 江西中医药 | 2006,(12):15 |
| 刺络放血配合电针治疗三叉神经痛4例 | 赵　鸿 | 临床和实验医学杂志 | 2006,(12):2022 |
| 应用《内经》理论临床诊治体会 | 马　赟 | 陕西中医 | 2006,(12):1550 |
| 临床胎漏的特殊诊治 | 张变琴 | 实用医技杂志 | 2006,(12):2182 |
| 刺络放血疗法在中风治疗中的应用 | 李洁新 | 首都医药 | 2006,(12):47 |
| 关元穴深斜刺治疗尿潴留症的手法及机理分析——附86例临床观察 | 傅云其 | 中医药学刊 | 2006,(12):2336 |
| 局部齐刺法治疗痛风性关节炎 | 闫淑军 | 中国社区医师(综合版) | 2006,(13):62 |
| 大椎及双侧委中刺络拔罐治疗痤疮30例 | 卢国清等 | 职业技术 | 2006,(14):205 |
| 刺络拔罐加穴位针刺治疗带状疱疹26例临床观察 | 李洁新 | 首都医药 | 2006,(16):48 |
| 针刺及刺络拔罐治疗缓解期支气管哮喘 | 杜宇征等 | 中国临床康复 | 2006,(19):170 |
| 针灸对不同证型老年感觉神经性耳聋患者听力的影响 | 赵立民等 | 中国临床康复 | 2006,(19):12 |
| 老年人便秘反治法经验 | 杨宝贵 | 现代中西医结合杂志 | 2006,(21):2954 |
| 刺络拔罐治疗面部麻木1例 | 陈　琼等 | 中国医药导报 | 2006,(32):160 |
| 背俞穴的主治作用及其机制 | 吴新贵等 | 中国临床康复 | 2006,(43):170 |
| 通因通用法治疗脑外伤后顽固性尿失禁1例 | 闫登魁 | 山西中医 | 2006,(S1):11 |
| 读《内经》做临床 | 杨悦娅 | 中国中医药报 | 2006.1.27 |
| 将治未病思想引入艾滋病治疗 | 王永梅等 | 中国中医药报 | 2006.3.6 |
| 拔罐为什么能治病 | 王　敬 | 中国中医药报 | 2006.6.12 |

| | | | |
|---|---|---|---|
| 因瘀崩漏通因通用 | 邝必强 | 农村医药报(汉) | 2006.6.13 |
| 饮食性味与老年人健康相关关系的研究 | 闫明霞 | 中国优秀博硕士学位论文全文数据库(硕士)医药卫生科技辑 | 2006,(10):E056-14 |
| 齐刺治疗原发性三叉神经痛的临床研究 | 张阳普 | 中国优秀博硕士学位论文全文数据库(硕士)医药卫生科技辑 | 2006,(11):E056-17 |
| 气温与节气对上消化道出血影响的临床分析 | 武正权 | 中国优秀博硕士学位论文全文数据库(硕士)医药卫生科技辑 | 2006,(12):E056-251 |
| 中医心理治疗的主要方法及启示 | 杨　倩 | 中国优秀博硕士学位论文全文数据库(硕士)医药卫生科技辑 | 2006,(12):E056-38 |
| 《内经》条文的临床应用与解读 | 向　群 | 中国优秀博硕士学位论文全文数据库(博士)医药卫生科技辑 | 2006,(12):E056-4 |
| 顺时调节阴阳治疗梗塞性痴呆睡眠时相紊乱 | 施慧芬 | 2006年神经科学新进展国际研讨会会议日程和论文摘要 | 2006:105 |
| 半刺法治疗痤疮34例 | 谢　芸 | 2006中国针灸学会临床分会第十四届全国针灸学术研讨会针药结合论坛 | 2006:376 |
| 针刺得气在痛症中的应用 | 朱荣英等 | 2006中国针灸学会临床分会第十四届全国针灸学术研讨会针药结合论坛 | 2006:194 |
| 周易与五运六气治疗中风 | 韦持里 | 2006中国针灸学会临床分会第十四届全国针灸学术研讨会针药结合论坛 | 2006:188 |
| 火针治疗皮肤病临床举隅 | 吴祖兰 | 2006中国中西医结合皮肤性病学术会议论文集 | 2006:397 |
| 上下取穴法的临床应用体会 | 王国洪 | 第三届浙江省中西部科技论坛论文集 | 2006:41 |
| “肝肾同源”理论在肝病治疗中的应用研究 | 张俊富 | 第十五次全国中西医结合肝病学术会议论文汇编 | 2006:34 |
| 浅谈风湿痹辨证用药 | 张石头 | 第五届全国民族医药学术交流大会论文集 | 2006:149 |
| 傍针刺法局部封闭联合针刀松解治疗梨状肌综合征30例临床观察 | 高军大等 | 甘肃省中医药学会第五次会员代表大会、甘肃省针灸学会第三次会员代表大会暨学术研讨会论文汇编 | 2006:166 |
| 从《内经》中学习糖尿病的治疗 | 苏　浩 | 全国中西医结合内分泌代谢病学术会议论文汇编 | 2006:466 |
| 运用升降理论治疗慢性鼻窦炎体会 | 毋桂花等 | 世界中医药学会联合会耳鼻喉口腔科专业委员会成立大会暨第一届学术研讨会论文汇编 | 2006:158 |
| 分期巨刺结合易化技术对脑卒中后运动功能影响的临床观察 | 张利泰等 | 中国康复医学会第五届全国康复治疗学术会议论文集 | 2006:231 |

| | | | |
|---|---|---|---|
| 针刺配合推拿治疗急性腰扭伤 | 容国安 | 中国康复医学会第五届全国康复治疗学术会议论文集 | 2006:238 |
| 齐刺法治疗坐骨神经痛的临床观察 | 罗惠平 | 中国针灸学会第七届全国中青年针灸推拿学术研讨会论文汇编 | 2006:207 |
| 风池穴的临床及机理研究进展 | 仲远明等 | 中国针灸学会耳穴、腧穴专业委员会全国学术研讨会论文集 | 2006:138 |
| 针灸"治未病"研究 | 王　华等 | 中国针灸学会针灸文献专业委员会2006年学术年会论文汇编 | 2006:59 |
| 现代声细胞学与传统中医五脏相音理论结合的探讨 | 高也陶 | 中国中西医结合学会第五届基础理论研究专业委员会学术研讨会论文集 | 2006:29 |
| 五脏相音:心身疾病早期诊断的一种方法 | 高也陶等 | 中华医学会心身医学分会第12届年会论文集 | 2006:57 |
| 中医学中预防保健思想的临床应用 | 温　琼 | 中华预防医学会第二届学术年会暨全球华人公共卫生协会第二届年会论文集 | 2006:630 |
| 胃心痛—冠心病心房纤颤治验三则 | 黄永生 | 中华中医药学会心病学分会成立暨第八次全国学术年会论文精粹 | 2006:78 |
| 齐刺法治疗腰三横突综合征123例(英文) | 刘国建 | World Journal of Acupuncture – Moxibustion | 2007,(1):49 |
| 温针灸配合刺络拔罐治疗膝关节痛疗效观察(英文) | 宋守江 | World Journal of Acupuncture – Moxibustion | 2007,(1):55 |
| 应用"复法"治疗失眠的体会 | 王长松 | 北京中医药大学学报(中医临床版) | 2007,(1):36 |
| 刺络治疗急性软组织损伤42例 | 王　晅等 | 福建中医学院学报 | 2007,(1):35 |
| 热因热用法在临床上的辨治举隅 | 王亚利 | 光明中医 | 2007,(1):64 |
| 刺络法在减肥中的应用 | 王玲玲等 | 江苏中医药 | 2007,(1):7 |
| 《内经》养生理论与系统性红斑狼疮的饮食起居 | 陈　健等 | 辽宁中医药大学学报 | 2007,(1):28 |
| 齿为"骨之余"在临床治疗牙痛中的体会 | 张　丽 | 辽宁中医药大学学报 | 2007,(1):113 |
| 扬刺法穴位注射加离子导入治疗腰椎间盘突出症46例 | 高雅贤等 | 山东中医杂志 | 2007,(1):37 |
| 刺络拔罐为主治疗带状疱疹50例疗效观察 | 郭学梅 | 山西中医 | 2007,(1):46 |
| 合谷刺及其临床应用 | 张卫东等 | 山西中医学院学报 | 2007,(1):47 |
| 半刺法治疗儿童面瘫60例 | 耿　文等 | 陕西中医 | 2007,(1):92 |
| 恢刺扬刺法治疗膝骨性关节炎96例 | 李雪梅 | 实用中医内科杂志 | 2007,(1):91 |
| 通因通用治疗妇科病举隅 | 芦惠敏 | 实用中医内科杂志 | 2007,(1):89 |
| 从少阳枢机浅析小柴胡汤在三阳病中的应用 | 张云娜 | 天津中医药大学学报 | 2007,(1):42 |
| 《内经》五味理论及其临床应用 | 邢玉瑞 | 现代中医药 | 2007,(1):15 |
| 中医五色理论在现代色彩心理学及疗法中的佐证初探 | 袁铄慧 | 浙江中医药大学学报 | 2007,(1):34 |
| 恢刺治疗颈源性头痛临床观察 | 周立武 | 针刺研究 | 2007,(1):67 |
| 齐刺配合TDP照射治疗肱骨外上髁炎32例疗效观察 | 卢永清 | 针灸临床杂志 | 2007,(1):43 |
| 浅谈内庭穴的临床应用 | 李亚敏等 | 针灸临床杂志 | 2007,(1):39 |
| 温针灸配合刺络放血治疗周围性面瘫80例 | 楼志勇 | 针灸临床杂志 | 2007,(1):53 |
| 张家维教授皮部理论临床应用经验 | 许云祥等 | 针灸临床杂志 | 2007,(1):44 |
| 齐刺加TDP照射治疗颞下颌关节紊乱综合征81例 | 刘立平 | 中国民间疗法 | 2007,(1):53 |
| 逍遥散加味治疗肝咳32例 | 陈宁荻 | 中国民间疗法 | 2007,(1):32 |

| | | | |
|---|---|---|---|
| 浮针疗法治疗原发性痛经的随机对照观察 | 职良喜 | 中国针灸 | 2007,(1):18 |
| 试析《素问》疾病分证方法与特点 | 周国琪 | 中国中医基础医学杂志 | 2007,(1):3 |
| 齐刺法治疗网球肘疗效观察 | 张必萌等 | 中国中医药信息杂志 | 2007,(1):61 |
| 由"天人相应"论妊娠中五脏的作用 | 曾　倩等 | 中国中医药信息杂志 | 2007,(1):88 |
| 巨刺法结合常规针刺法治疗中风偏瘫40例(英文) | 梁云武等 | World Journal of Acupuncture - Moxibustion | 2007,(2):56 |
| 短刺手三里穴治疗腰腿痛临床体会 | 杜　琳等 | 北京中医药大学学报(中医临床版) | 2007,(2):43 |
| 刺络拔罐配合微波治疗带状疱疹45例 | 高凤霞 | 福建中医药 | 2007,(2):27 |
| 应用"利小便以实大便"之法治疗腹泻 | 魏敦政等 | 甘肃中医 | 2007,(2):35 |
| 通因通用在活血化瘀法中的应用 | 彭志华等 | 贵阳中医学院学报 | 2007,(2):49 |
| 《内经》经络诊察体系及临床应用 | 徐振华等 | 江西中医学院学报 | 2007,(2):46 |
| 升清降浊法的理论基础及临床意义 | 李际强等 | 江西中医学院学报 | 2007,(2):13 |
| 《内经》热病在急诊中的运用 | 张宏业等 | 辽宁中医药大学学报 | 2007,(2):6 |
| 试论脾胃病防治中的饮食行为干预 | 周英信 | 辽宁中医杂志 | 2007,(2):161 |
| 《内经》理论临床应用举隅(待续) | 项　祺等 | 山西中医 | 2007,(2):5 |
| 多针齐刺加微波治疗髌下脂肪垫损伤64例临床观察 | 杨云霞 | 山西中医学院学报 | 2007,(2):36 |
| 两种不同刺络拔罐法治疗带状疱疹的疗效比较 | 王建青等 | 山西中医学院学报 | 2007,(2):26 |
| 针刺八脉交会穴治疗中风后抑郁56例 | 潘永清 | 陕西中医 | 2007,(2):199 |
| 择时服药治疗夜间发作心绞痛60例观察 | 牟大鹏 | 实用中医内科杂志 | 2007,(2):94 |
| 恢刺配合运动治疗背腰肌纤维织炎67例 | 卢开信 | 实用中医药杂志 | 2007,(2):108 |
| 温灸配合针刺治疗痛经68例疗效观察 | 张秀红 | 天津中医药 | 2007,(2):132 |
| 猪肉的食疗价值与养生药膳 | 王志成 | 医疗保健器具 | 2007,(2):54 |
| 浅谈齐刺法及其临床应用 | 刘　锦等 | 针灸临床杂志 | 2007,(2):32 |
| 头皮针加巨刺治疗脑梗死偏瘫 | 陈兴华 | 中国康复 | 2007,(2):120 |
| 分期巨刺结合促进技术对脑卒中患者运动功能的疗效观察 | 张利泰等 | 中国康复理论与实践 | 2007,(2):137 |
| 齐刺结合闪罐疗法治疗腰三横突综合征58例 | 袁术玲 | 中国民间疗法 | 2007,(2):49 |
| 针刺、拔罐结合刺络放血治疗慢性荨麻疹60例 | 张　颜等 | 中国民族民间医药杂志 | 2007,(2):95 |
| 齐刺天宗穴为主治疗顽固性网球肘疗效观察 | 顾钧青等 | 中国针灸 | 2007,(2):109 |
| 围针加围灸治疗带状疱疹疗效观察 | 张　敏等 | 中国针灸 | 2007,(2):123 |
| 论耳科玄府说及中西医结合研究思路 | 郑国庆等 | 中国中西医结合耳鼻咽喉科杂志 | 2007,(2):154 |
| 偶齐刺治疗老年前列腺增生临床观察 | 倪瑞军等 | 中华中医药学刊 | 2007,(2):390 |
| 针刺、拔罐结合刺络放血治疗慢性荨麻疹30例 | 张　颜等 | 中医外治杂志 | 2007,(2):42 |
| 《内经》针刺法在临床的应用 | 陆伟慧 | 中医文献杂志 | 2007,(2):41 |
| 温针齐刺治疗肱骨外上髁炎53例(英文) | 张斌渊 | World Journal of Acupuncture - Moxibustion | 2007,(3):55 |
| 导气法及其临床运用探讨 | 兰春燕 | 贵阳中医学院学报 | 2007,(3):42 |
| 短刺输刺法治疗非特异性肋软骨炎 | 王　峰等 | 贵阳中医学院学报 | 2007,(3):41 |
| 辨病与辨证相结合治疗功能性消化不良的经验总结 | 付云艳等 | 黑龙江中医药 | 2007,(3):20 |
| 略谈左金丸与火热之治则 | 杨道海 | 江苏中医药 | 2007,(3):45 |
| 芒针疗法加毛刺治疗顽固性面瘫50例 | 程书桃 | 江西中医药 | 2007,(3):61 |
| 刺络疗法治疗偏头痛疗效观察 | 张庆力 | 山东中医杂志 | 2007,(3):175 |
| 浅议运气学说在中医养生康复中的运用 | 李　新等 | 陕西中医 | 2007,(3):315 |
| 浮针治疗肩胛背神经卡压症45例 | 屠晓辉等 | 上海针灸杂志 | 2007,(3):30 |

| | | | |
|---|---|---|---|
| 半夏秫米汤加味治疗顽固性失眠体会 | 郭润英 | 实用中医药杂志 | 2007,(3):189 |
| 艾灸加刺络放血治疗急性痛风性关节炎的临床疗效 | 宋曼萍等 | 中国康复 | 2007,(3):176 |
| 巨刺法加运动疗法治疗急性疼痛疗效观察 | 罗红昱 | 中国现代药物应用 | 2007,(3):63 |
| 脾胃学说在治疗慢性肾小球肾炎中的运用 | 梁琼芳 | 中国中医药信息杂志 | 2007,(3):80 |
| 《内经》理论临床应用举隅 | 胡凤媛 | 河南中医 | 2007,(4):73 |
| 关刺治疗颈源性头痛疗效观察 | 石云琼 | 辽宁中医杂志 | 2007,(4):506 |
| 大椎穴合谷刺配合夹脊治疗颈椎病 | 包凤芹 | 内蒙古中医药 | 2007,(4):35 |
| 《灵枢》根结标本理论的临床意义 | 张秉芬等 | 山东中医药大学学报 | 2007,(4):277 |
| 《内经》刺痹法临床应用心得 | 周建伟等 | 四川中医 | 2007,(4):26 |
| 完骨穴周围刺络拔罐治疗头面部疾患的临床应用 | 李世君 | 四川中医 | 2007,(4):101 |
| 针刺治疗中风后尿失禁临床研究概况 | 李春梅等 | 天津中医药大学学报 | 2007,(4):220 |
| 中医骨伤内治经验浅析 | 李　多等 | 西部医学 | 2007,(4):609 |
| 五输穴临床应用心得 | 孙学安等 | 亚太传统医药 | 2007,(4):34 |
| 齐刺法加推拿治疗梨状肌综合征60例疗效观察 | 陈芳龙等 | 浙江中医杂志 | 2007,(4):224 |
| 灸法在防治妇产科常见病中的应用 | 黄　芳等 | 中国实用乡村医生杂志 | 2007,(4):23 |
| 火针配合刺络拔罐治疗神经性皮炎疗效观察 | 张　颜等 | 中国针灸 | 2007,(4):252 |
| 扬刺配合刺络拔罐治疗髌下脂肪垫损伤50例 | 李春梅 | 中国针灸 | 2007,(4):272 |
| 中西医结合治疗中风病40例 | 张再云等 | 中国中医急症 | 2007,(4):478 |
| 刺络放血法治疗膝骨关节炎理论基础探讨 | 丛　莘等 | 中国中医药信息杂志 | 2007,(4):90 |
| 针刺结合刺络拔罐治疗急性踝关节扭伤46例临床观察 | 杨建华等 | 中医药导报 | 2007,(4):57 |
| 经典与临床——从《黄帝内经》到临床 | 李今庸 | 中医药通报 | 2007,(4):3 |
| 缪刺法与巨刺法的临床应用 | 方平西 | 安徽卫生职业技术学院学报 | 2007,(5):63 |
| 五脏阴阳辨证治验举隅 | 张家玮 | 北京中医药大学学报(中医临床版) | 2007,(5):28 |
| 恢刺结合水针治疗肱骨外上髁炎60例疗效观察 | 张艳红 | 河北中医 | 2007,(5):446 |
| 中风病的针药治疗及早期康复65例临床观察 | 马巾英等 | 辽宁中医杂志 | 2007,(5):626 |
| 《内经》与临证(四) | 王庆其 | 上海中医药大学学报 | 2007,(5):14 |
| 经筋刺法治疗周围性面神经麻痹50例临床观察 | 王　敏等 | 新中医 | 2007,(5):51 |
| 廉泉穴合谷刺治疗中风失语症37例观察 | 徐运瑜 | 浙江中医杂志 | 2007,(5):287 |
| 《灵枢·官针》刺法的临床应用近况 | 金侣位等 | 针刺研究 | 2007,(5):351 |
| 上星透百会临床应用举隅 | 刘宝芳 | 针灸临床杂志 | 2007,(5):38 |
| 扬刺配合刺络拔罐治疗髌下脂肪垫损伤41例 | 李春梅 | 针灸临床杂志 | 2007,(5):41 |
| “合谷刺”法治疗面神经麻痹 | 王启才 | 中国临床医生 | 2007,(5):62 |
| 输刺加梅花针叩刺治疗颈性眩晕178例 | 李怀章 | 中国民间疗法 | 2007,(5):12 |
| 土乘水及其临床意义 | 李渡华等 | 中医杂志 | 2007,(5):476 |
| 恢刺加电针对中风患者痉挛状态缓解的临床观察 | 高　洁等 | 湖南中医杂志 | 2007,(6):3 |
| “关刺”疗法治疗椎动脉型颈椎病24例 | 张　冷等 | 吉林中医药 | 2007,(6):40 |
| 活血化瘀法应用心得 | 周良彦 | 山东中医杂志 | 2007,(6):423 |
| 刺络拔罐配合耳压治疗面部痤疮42例 | 焦红权等 | 上海针灸杂志 | 2007,(6):16 |
| 刺络拔罐配合温针治疗椎动脉型颈椎病的疗效分析 | 曾红文等 | 上海针灸杂志 | 2007,(6):8 |
| 刺络拔罐治疗原发性面肌痉挛63例 | 王正心等 | 上海针灸杂志 | 2007,(6):5 |
| 阴阳辨证的临床运用 | 吕晓峰 | 时珍国医国药 | 2007,(6):2293 |
| 中医药预防保健方法的临床应用 | 李星全 | 现代医药卫生 | 2007,(6):883 |
| 择时服药治疗夜间发作心绞痛的临床观察 | 牟大鹏 | 现代中西医结合杂志 | 2007,(6):777 |
| 三棱针点刺合刺络拔罐治疗急性湿疹临床观察 | 姚　军等 | 中国针灸 | 2007,(6):424 |

| | | | |
|---|---|---|---|
| “其在皮者,汗而发之”——因势利导治则与火针赞刺法治疗带状疱疹 | 郭玉峰等 | 中国中医基础医学杂志 | 2007,(6):472 |
| “求衡思维”法在妇科临床研究运用体会 | 赵文研等 | 中华中医药学刊 | 2007,(6):1222 |
| “治脾以安五脏”学术思想的临床应用佐证 | 蔡　萍 | 中华中医药学刊 | 2007,(6):1252 |
| “诸痛痒疮皆属于心”在皮肤病治疗中的运用 | 张　平等 | 甘肃中医 | 2007,(7):22 |
| 齐刺法治疗特发性面神经麻痹 56 例 | 吴军君等 | 光明中医 | 2007,(7):32 |
| 通因通用法治疗慢性顽固性腹泻 32 例 | 孔卫平 | 河南中医 | 2007,(7):33 |
| 巨刺法针灸临床应用举隅 | 马向丽 | 吉林中医药 | 2007,(7):49 |
| 五行辨证医案三则 | 戴永生 | 辽宁中医杂志 | 2007,(7):989 |
| 温针灸治疗早期腕管综合征 46 例 | 陈仲新等 | 陕西中医 | 2007,(7):892 |
| 巨刺法的临床应用体会 | 吴　节等 | 四川中医 | 2007,(7):103 |
| 通因通用法则急症应用举隅 | 付以才等 | 四川中医 | 2007,(7):62 |
| 温胆汤合半夏秫米汤加味治疗顽固性失眠 56 例 | 盛桐亮 | 云南中医中药杂志 | 2007,(7):25 |
| 皮肤针叩刺配合拔罐法的临床应用 | 洒玉萍 | 针灸临床杂志 | 2007,(7):19 |
| “巨刺”针法治疗丘脑性疼痛 26 例疗效观察 | 易光强 | 针灸临床杂志 | 2007,(7):24 |
| 论《内经》“魄门亦为五脏使”临床应用 | 李雅琴 | 中华中医药学刊 | 2007,(7):1339 |
| 刺络放血法治疗儿科急症二例 | 曾　莉 | 人人健康(医学导刊) | 2007,(8):9 |
| 燔针劫刺治疗腱鞘囊肿 30 例 | 陈曰兰等 | 陕西中医 | 2007,(8):1070 |
| 灵龟八法配合阿是穴合谷刺治疗肩周炎疗效观察 | 姜　卉等 | 上海针灸杂志 | 2007,(8):30 |
| 针刺得气在痛症中的应用 | 朱荣英 | 实用全科医学 | 2007,(8):712 |
| 调和营卫法治疗顽固性失眠 40 例 | 毛平安等 | 浙江中医杂志 | 2007,(8):452 |
| 经筋刺法治疗中风后痉挛性偏瘫 | 陆彦青等 | 针灸临床杂志 | 2007,(8):1 |
| 巨刺法治疗三叉神经痛 26 例的临床观察 | 牛红月 | 针灸临床杂志 | 2007,(8):50 |
| 针灸刺络拔罐配合外用治疗银屑病经验 | 王和平 | 针灸临床杂志 | 2007,(8):39 |
| 《内经》“视人五态乃治之”的临床意义 | 姚玉芳等 | 中国针灸 | 2007,(8):629 |
| 针刺五脏俞治疗围绝经期综合征临床观察 | 金　弘等 | 中国针灸 | 2007,(8):572 |
| 腹针治疗五官科疾病验案三则 | 杨贤海等 | 中华中医药杂志 | 2007,(8):532 |
| 从治法运用临床体会 | 黄　伟 | 实用中医药杂志 | 2007,(9):591 |
| 傍针刺龙虎交战法治疗梨状肌综合征 | 成汝梅 | 四川中医 | 2007,(9):111 |
| 扬刺法配合中药离子导入治疗血痹临床观察 | 汪　艳等 | 四川中医 | 2007,(9):116 |
| 男科病从瘀论治的临床应用 | 周少虎等 | 新中医 | 2007,(9):97 |
| 下合穴电针法治疗术后肠胀气 56 例 | 刘承浩 | 浙江中医杂志 | 2007,(9):532 |
| 刺络拔罐法治疗带状疱疹临床研究概况 | 田　磊等 | 针灸临床杂志 | 2007,(9):68 |
| 齐刺法配合谷刺治疗梨状肌损伤 30 例 | 胡厚君 | 针灸临床杂志 | 2007,(9):16 |
| 圆利针环跳穴齐刺结合穴位注射治疗腰椎间盘突出症 | 刘金竹等 | 中国临床医生 | 2007,(9):56 |
| 刺络拔罐治疗带状疱疹后遗痛 29 例 | 赵小溪 | 按摩与导引 | 2007,(10):44 |
| 背部走罐配合刺络放血治疗黄褐斑 29 例 | 王萍等 | 甘肃中医 | 2007,(10):39 |
| “治病必求于本”法则临证验案 | 李　英等 | 河北中医 | 2007,(10):901 |
| 郄合配穴的临床举隅 | 康斌斌等 | 吉林中医药 | 2007,(10):41 |
| 黄春林运用《内经》理论指导救治急危重症经验 | 颜　芳等 | 辽宁中医杂志 | 2007,(10):1368 |
| “有故无殒,亦无殒也”的临床应用体会 | 邹宝生 | 陕西中医 | 2007,(10):1440 |
| 齐刺滞针法治疗第三腰椎横突综合征疗效观察 | 陈飞轮 | 上海针灸杂志 | 2007,(10):22 |
| 神经傍刺治疗枕神经痛疗效观察 | 李卫东 | 上海针灸杂志 | 2007,(10):15 |
| 运用《内经》“浮刺”合“远道刺”法治带状疱疹 56 例 | 王丹华等 | 针灸临床杂志 | 2007,(10):33 |
| 刺络拔罐治疗乳腺增生 | 陈　东等 | 中国民间疗法 | 2007,(10):62 |
| 赞刺临床应用一则 | 邢继平等 | 中国民间疗法 | 2007,(10):11 |

| | | | |
|---|---|---|---|
| 毛刺加罐治疗带状疱疹26例 | 洪代惠 | 中国中医急症 | 2007,(10):1272 |
| 委中刺络治疗肾绞痛130例 | 王昭辉等 | 中国中医急症 | 2007,(10):1269 |
| 左右升降法在中风偏瘫中的应用 | 曾 锋等 | 中西医结合心脑血管杂志 | 2007,(10):1027 |
| 中医"治未病"与城市社区卫生服务 | 荣建新 | 北京中医 | 2007,(11):723 |
| 刺络拔罐配合针刺治疗纤维组织炎140例 | 张宏亮 | 河南中医 | 2007,(11):63 |
| 穴位注射结合合谷刺法治疗梨状肌综合征46例 | 谈建新 | 山东中医杂志 | 2007,(11):760 |
| 试谈补中益气汤临床运用 | 黄杏莲 | 时珍国医国药 | 2007,(11):2848 |
| 经筋透刺并刺络拔罐治疗周围面神经麻痹 | 崔新华等 | 实用全科医学 | 2007,(11):979 |
| 刺络拔罐合中药治疗急性痛风性关节炎的临床疗效观察 | 张世俊等 | 四川中医 | 2007,(11):103 |
| 寒热并用法调治脾胃病浅析 | 潘 淼等 | 新中医 | 2007,(11):93 |
| 应用皮部理论针灸治疗中风偏瘫的研究进展 | 雷龙鸣 | 亚太传统医药 | 2007,(11):27 |
| 全程冷敷加巨刺治疗急性踝外侧韧带损伤35例 | 张艳红等 | 针灸临床杂志 | 2007,(11):18 |
| 应用针灸巨刺法治疗痹证700例疗效观察 | 朱维升 | 中国民族医药杂志 | 2007,(11):36 |
| 铍针配合传统点穴与封闭治疗慢性棘上韧带损伤的对比研究 | 胡思进等 | 中国中医骨伤科杂志 | 2007,(11):10 |
| 扬刺法治疗梨状肌综合征35例疗效观察 | 王克键等 | 中国中医药信息杂志 | 2007,(11):75 |
| 浅述《内经》中"望色"在临床护理中的指导意义 | 刘志艳 | 中医药导报 | 2007,(11):67 |
| 天人相应观的临床指导价值 | 凌 弘 | 中医正骨 | 2007,(11):75 |
| 齐刺配合艾灸拔罐治疗急性腰痛65例 | 张官印等 | 陕西中医 | 2007,(12):1673 |
| 刺络拔罐配合针刺治疗骨关节炎86例 | 刘晓琴 | 上海针灸杂志 | 2007,(12):31 |
| 针灸配合刺络走罐治疗痤疮疗效观察 | 王启芳等 | 上海针灸杂志 | 2007,(12):20 |
| 短刺法配合牵引及离子导入治疗颈椎病42例临床观察 | 靳建宁等 | 四川中医 | 2007,(12):120 |
| 刺络疗法治疗关节疼痛59例 | 施 静等 | 云南中医中药杂志 | 2007,(12):28 |
| 结合临床浅谈五脏六腑皆令人咳 | 郭玉琴 | 中国现代医生 | 2007,(12):77 |
| 祖国医学对中风患者的心理护理 | 黄银凤 | 中国医药指南 | 2007,(12):704 |
| 手十二井刺络放血配合中药熏洗治疗中风偏瘫后患肢水肿 | 谭朝坚等 | 中国针灸 | 2007,(12):889 |
| 报刺法治疗神经根型颈椎病50例 | 刘发青 | 中国中医急症 | 2007,(12):1543 |
| 陈意运用《内经》阴阳学说进补膏方的经验 | 夏 晨 | 中华中医药学刊 | 2007,(12):2454 |
| 中医标本理论对肿瘤预防及诊治的指导作用 | 袁尚华等 | 中华中医药杂志 | 2007,(12):863 |
| 中医长针的临床应用 | 李民兰等 | 职业与健康 | 2007,(14):1259 |
| 浅述"塞因塞用"法的临床使用 | 魏相玲等 | 中国实用医药 | 2007,(16):97 |
| 四季药膳的应用探讨 | 谭复成等 | 实用医技杂志 | 2007,(18):2512 |
| 《内经》临证发微 | 王庆其 | 继续医学教育 | 2007,(19):42 |
| 齐刺法结合弹拨手法治疗梨状肌综合征56例 | 全光石 | 现代医药卫生 | 2007,(20):3093 |
| 刺络放血疗法对瘀血性疼痛的临床效果观察 | 彭育志等 | 中国社区医师(综合版) | 2007,(20):88 |
| 扬刺配合走罐治疗腰背肌筋膜炎89例临床研究 | 杨 路等 | 实用医学杂志 | 2007,(23):3780 |
| 交经"巨刺"及其在中风偏瘫康复治疗中的应用 | 雷龙鸣等 | 中国医疗前沿 | 2007,(23):32 |
| 针灸齐刺合TDP治疗肱骨内上髁炎30例 | 王艳英 | 现代中西医结合杂志 | 2007,(24):3547 |
| 论情志相胜法的应用 | 李世通等 | 现代中西医结合杂志 | 2007,(25):3613 |
| 刺络拔罐配合推拿治疗梨状肌综合征30例 | 康 雄等 | 现代中西医结合杂志 | 2007,(31):4650 |
| 中医药防治慢性便秘的体会 | 陈晶晶 | 中国医药导报 | 2007,(31):88 |
| 巨刺滞针法治疗急性肩周炎30例 | 邢俊标 | 现代中西医结合杂志 | 2007,(35):5307 |
| 论针法补泻与临床疗效的关系 | 黄 蕤 | 现代中西医结合杂志 | 2007,(36):5547 |
| 跟师张磊临证体会点滴 | 邓素玲 | 中国中医药报 | 2007.2.16 |

| | | | |
|---|---|---|---|
| 半夏秫米汤治疗失眠 | 程　之 | 农村医药报(汉) | 2007.4.24 |
| 养生帮你治未病 | 周文泉等 | 健康报 | 2007.7.27 |
| 首部中医专病指南定下糖尿病治则 | 刘燕玲 | 健康报 | 2007.8.23 |
| 中医心理疗法治疗原发性高血压的研究 | 刘爱红 | 中国优秀博硕士学位论文全文数据库(硕士)医药卫生科技辑 | 2007,(3):E056-24 |
| "合谷刺"法治疗面神经麻痹的临床观察 | 李正善 | 中国优秀博硕士学位论文全文数据库(硕士)医药卫生科技辑 | 2007,(4):E056-10 |
| 俞募配穴法埋线治疗单纯性肥胖的疗效研究 | 周时正 | 中国优秀博硕士学位论文全文数据库(硕士)医药卫生科技辑 | 2007,(6):E056-51 |
| 俞募配穴埋线法治疗支气管哮喘的疗效观察及对肺功能的影响 | 段芳燕 | 中国优秀博硕士学位论文全文数据库(硕士)医药卫生科技辑 | 2007,(6):E056-61 |
| "百病皆生于气"在男科临床中的运用 | 张敏建 | 第5次全国中西医结合男科学术会议论文汇编暨男科提高班讲义 | 2007:407 |
| 刺络放血临床应用研究概况 | 赵　红 | 第三届全国刺络放血学术研讨会暨首届亚洲刺络放血学术研讨会暨高等中医药院校创新教材《实验针灸学》教材编写会论文集 | 2007:89 |
| 火针放血治疗痛风性关节炎急性发作机理探讨 | 洒玉萍等 | 第三届全国刺络放血学术研讨会暨首届亚洲刺络放血学术研讨会暨高等中医药院校创新教材《实验针灸学》教材编写会论文集 | 2007:96 |
| 五脏相音:传统中医听音辨病的理论与技术对老年男性尘肺患者的临床检测研究 | 郭　锐等 | 第三届世界中西医结合大会论文摘要集 | 2007:383 |
| 《灵枢·周痹》对临床的指导意义 | 田纪钧 | 第三届国际针刀医学学术交流大会论文集 | 2007:307 |
| 砭石治疗经筋病(运动系统损伤)有奇效 | 孟竞璧 | 世界针灸学会联合会成立20周年暨世界针灸学术大会论文摘要汇编 | 2007:584 |
| 古法针刺治疗一过性脑缺血及并发症初探 | ZHAO Feng 等 | 世界针灸学会联合会成立20周年暨世界针灸学术大会论文摘要汇编 | 2007:380 |
| 火针加拔罐治疗膝关节病1218例 | 李　征等 | 世界针灸学会联合会成立20周年暨世界针灸学术大会论文摘要汇编 | 2007:569 |
| 经筋齐刺法治疗膝骨关节炎30例临床观察 | 熊源胤等 | 世界针灸学会联合会成立20周年暨世界针灸学术大会论文摘要汇编 | 2007:321 |
| 齐刺风池穴为主治疗颈源性头痛疗效观察 | 尹利华等 | 世界针灸学会联合会成立20周年暨世界针灸学术大会论文摘要汇编 | 2007:230 |
| 针刺阴经穴为主治疗中风后遗症 | 艾炳蔚等 | 世界针灸学会联合会成立20周年暨世界针灸学术大会论文摘要汇编 | 2007:420 |
| "塞因塞用"治疗老年前列腺肥大尿潴留56例的临床观察 | 丁学平 | 首届全国生殖医学论坛暨生殖相关疾病诊疗技术学术研讨会论文集 | 2007:242 |
| 齐刺法治疗梨状肌损伤综合症疗效观察 | 周仲瑜 | 中国针灸学会临床分会第十五届全国针灸学术研讨会论文集 | 2007:147 |
| 五脏原穴与其他特定穴配伍治疗相应五脏病近况 | 杜冬青等 | 中国针灸学会针灸文献专业委员会2007学术年会论文集 | 2007:102 |

| | | | |
|---|---|---|---|
| 中医情志护理在骨科患者心理护理中的运用 | 陈　志 | 白求恩军医学院学报 | 2008,(1):57 |
| 缪刺结合刺络拔罐法治疗顽固性面神经麻痹临床研究 | 刘雅静等 | 吉林中医药 | 2008,(1):46 |
| 针刺结合刺络拔罐治疗聚合性痤疮 20 例临床观察 | 雷　波等 | 江苏中医药 | 2008,(1):63 |
| 头针配合十二井穴刺络放血治疗急性脑梗塞 | 韩冰雪等 | 辽宁中医杂志 | 2008,(1):120 |
| 中渚穴的临床应用 | 李万瑶等 | 蜜蜂杂志 | 2008,(1):40 |
| 谈气滞血瘀治疗十法在临床中的运用 | 王喜成等 | 内蒙古中医药 | 2008,(1):46 |
| “从阳引阴”法治疗血瘀证的针灸临床应用 | 车建丽 | 四川中医 | 2008,(1):118 |
| 浅析中医五脏免疫理论与免疫性不孕不育 | 叶　平 | 浙江中医药大学学报 | 2008,(1):10 |
| 《内经》方医案三则 | 何　任 | 浙江中医药大学学报 | 2008,(1):21 |
| 中医“治未病”理论在滑胎预防干预中的运用 | 叶　平 | 浙江中医杂志 | 2008,(1):22 |
| 浅谈针灸对亚健康状态的调治 | 王　琼等 | 针灸临床杂志 | 2008,(1):41 |
| 温阳化饮法治疗咳嗽 | 缪曦迪 | 中国民族民间医药 | 2008,(1):58 |
| 铍针治疗棘上韧带和棘间韧带损伤 | 胡思进等 | 中国中医骨伤科杂志 | 2008,(1):58 |
| 神阙灸治法临床研究进展 | 何　巍等 | 中国中医药信息杂志 | 2008,(1):103 |
| 温通法治疗输卵管阻塞性不孕症临床研究 | 李　军等 | 中国中医药信息杂志 | 2008,(1):64 |
| “通因通用”法在妇科中的运用 | 魏郁清等 | 安徽中医学院学报 | 2008,(2):14 |
| 血府逐瘀胶囊治疗高脂血症 48 例疗效观察 | 朴金花 | 北京中医药 | 2008,(2):127 |
| 振埃刺法合中药治疗哮喘急性发作 | 景国际等 | 北京中医药 | 2008,(2):142 |
| 根结配穴法的临床应用 | 刘　强 | 河南中医学院学报 | 2008,(2):61 |
| 十二皮部理论在临床的应用研究 | 成守仁 | 南京体育学院学报（自然科学版） | 2008,(2):13 |
| 齐刺法加电针治疗肱骨外上髁炎 41 例 | 沈　华 | 陕西中医 | 2008,(2):215 |
| 偶刺法治疗月经后期 42 例 | 刘媛媛等 | 上海针灸杂志 | 2008,(2):29 |
| “木郁达之”妇科临床运用举隅 | 毛　云 | 时珍国医国药 | 2008,(2):510 |
| 阴阳经穴透刺与独取阳明治疗中风后遗症随机对照观察 | 闫继红 | 时珍国医国药 | 2008,(2):343 |
| 温针扬刺治疗膝骨关节炎疗效观察 | 郑兆俭 | 针灸临床杂志 | 2008,(2):30 |
| 脑卒中偏瘫早期的康复护理 | 张小娥等 | 中国社区医师（医学专业半月刊） | 2008,(2):111 |
| 闪罐合膈俞刺络放血治疗顽固性呃逆 27 例 | 王　利等 | 中国针灸 | 2008,(2):136 |
| 督脉刺络放血疗法治疗强直性脊柱炎 50 例 | 陈海鹏等 | 中国中医骨伤科杂志 | 2008,(2):42 |
| 刺络拔罐的应用体会 | 熊大昌 | 中国中医药信息杂志 | 2008,(2):80 |
| 井穴刺络对针刺治疗急性缺血中风偏瘫增效作用的研究 | 刘东生等 | 中华中医药学刊 | 2008,(2):430 |
| 经筋针推法治疗椎动脉型颈椎病 30 例 | 雷教育等 | 中医外治杂志 | 2008,(2):39 |
| 齐刺与常规针法治疗椎动脉型颈椎病临床疗效对比观察 | 孙　钰 | 中医药临床杂志 | 2008,(2):119 |
| 火针疗法治疗扁平疣临床总结 | 陈友义 | 福建中医药 | 2008,(3):26 |
| 粗银针恢刺治疗脊柱过敏症临床研究 | 陈朝明等 | 河南中医学院学报 | 2008,(3):27 |
| 缪刺法加梅花针痛点叩刺治疗偏头痛 45 例总结 | 吴立雄等 | 湖南中医杂志 | 2008,(3):13 |
| 补肾法在妇科中的运用 | 侯志明等 | 内蒙古中医药 | 2008,(3):20 |
| 针刺、刺络拔罐、穴位注射治疗颈椎病 120 例观察 | 闫学林 | 宁夏医学院学报 | 2008,(3):392 |
| 刺络拔罐治疗中老年带状疱疹疗效观察 | 金孟梓等 | 上海针灸杂志 | 2008,(3):20 |
| 分刺治疗第三腰椎横突综合征 38 例 | 张如祥等 | 上海针灸杂志 | 2008,(3):12 |
| 经筋围刺加电针治疗中风后三角肌萎缩 30 例 | 许军峰等 | 上海针灸杂志 | 2008,(3):28 |
| 扬刺治疗腱鞘囊肿 80 例 | 李志奎 | 上海针灸杂志 | 2008,(3):50 |
| 运用《内经》理论指导临床的体会 | 张少聪 | 世界中医药 | 2008,(3):165 |
| 浅谈无痛推拿法治未病 | 伦轼芳等 | 双足与保健 | 2008,(3):26 |

| | | | |
|---|---|---|---|
| 补脾升阳法的思想渊源及临床运用举隅 | 袁红霞等 | 天津中医药大学学报 | 2008,(3):220 |
| 经筋疗法治疗膝关节骨性关节炎 80 例疗效观察 | 梁树勇等 | 云南中医中药杂志 | 2008,(3):9 |
| 齐刺法治疗梨状肌损伤综合症疗效观察 | 周仲瑜 | 针灸临床杂志 | 2008,(3):22 |
| 合谷刺和恢刺法治疗网球肘 72 例 | 刘　靖等 | 中国民间疗法 | 2008,(3):10 |
| 顽固性头痛治愈案 | 李宇航等 | 中国民族民间医药 | 2008,(3):67 |
| 腹针配合缪刺法治疗顽固性面瘫 100 例观察 | 郝广义等 | 中国社区医师 | 2008,(3):45 |
| 论养脾阴法治疗帕金森病 | 郑国庆 | 中国中医基础医学杂志 | 2008,(3):216 |
| 齐刺法治疗原发性三叉神经痛临床研究 | 焦　杨等 | 中国中医急症 | 2008,(3):323 |
| 医论五则——谈效验 | 王明辉等 | 中华中医药学刊 | 2008,(3):488 |
| 齐刺电针疗法配合穴位注射治疗脊髓亚急性联合变性 6 例报告 | 盛国滨等 | 中医药信息 | 2008,(3):53 |
| 经筋齐刺法治疗膝骨关节炎 30 例临床观察 | 顾宜宜等 | 中医药学报 | 2008,(3):33 |
| 巨刺法促进桡骨远端骨折愈合的临床研究 | 杨　彬等 | 中医正骨 | 2008,(3):5 |
| 鍉针加手法治疗肱骨外上髁炎的疗效观察 | 胡思进等 | 中医正骨 | 2008,(3):10 |
| 循经刺血针罐法治疗急性期带状疱疹 40 例 | 胡希军等 | 长春中医药大学学报 | 2008,(4):435 |
| 不同补泻针法临床应用举隅 | 刘兰英等 | 承德医学院学报 | 2008,(4):398 |
| 现代中医天地人合－整体调节基础理论与时空相数定位诊断治疗 | 王金生 | 光明中医 | 2008,(4):529 |
| 调畅气机法改善胃癌患者生存质量举隅 | 陈永和 | 河南中医学院学报 | 2008,(4):64 |
| 相应取穴巨刺治疗踝关节扭伤 39 例 | 周　骞 | 湖南中医杂志 | 2008,(4):42 |
| 久咳从肝论治验案 2 则 | 李松波等 | 江苏中医药 | 2008,(4):50 |
| 刺络配合拔罐治疗带状疱疹的护理体会 | 王军秀等 | 内蒙古中医药 | 2008,(4):60 |
| 傍针刺法结合烧针柄法治疗网球肘 32 例 | 黄健琳 | 陕西中医 | 2008,(4):480 |
| 浮刺埋针治疗肩周炎疗效观察 | 杜福辰 | 上海针灸杂志 | 2008,(4):21 |
| 《内经》积聚理论及临床应用 | 赵心华等 | 上海中医药大学学报 | 2008,(4):32 |
| “塞因塞用”治法临床应用举隅 | 刘定军 | 现代中医药 | 2008,(4):50 |
| 对《内经》中反治与反佐运用的体会 | 赵文贤 | 新疆中医药 | 2008,(4):96 |
| 经期阴内疼痛验案 1 则 | 缪树群 | 新中医 | 2008,(4):113 |
| 下关穴齐刺为主治疗颞颌关节功能紊乱 45 例 | 何建琼 | 云南中医中药杂志 | 2008,(4):28 |
| 齐刺法治疗肩峰下滑囊炎的临床疗效观察 | 和　宇 | 针灸临床杂志 | 2008,(4):40 |
| 刺络放血拔罐配合针刺治疗骨关节炎 60 例 | 刘　靖等 | 中国民间疗法 | 2008,(4):19 |
| 透刺与刺络走罐交替治疗股外侧皮神经炎 21 例 | 毕曙光 | 中国民间疗法 | 2008,(4):19 |
| 中医辨证治疗亚健康状态临床体会 | 李京淑等 | 中华中医药学刊 | 2008,(4):844 |
| 脾胃疑难病证治验采撷 | 黄明河 | 中华中医药杂志 | 2008,(4):328 |
| 刺络放血法结合电针治疗腰椎间盘突出症 55 例 | 杨晓蓓 | 中医外治杂志 | 2008,(4):44 |
| 刺络拔罐治疗中风后偏瘫肩痛 30 例 | 袁永春 | 中医研究 | 2008,(4):54 |
| 傍针刺为主治疗肩关节周围炎 84 例 | 彭长林 | 安徽中医学院学报 | 2008,(5):27 |
| 辨证论治临床应用心得 | 占程燕等 | 北京中医药大学学报(中医临床版) | 2008,(5):42 |
| 三棱针点刺为主综合治疗肩周炎 62 例 | 卢继林 | 广西中医药 | 2008,(5):36 |
| 短刺加温针灸治疗退行性膝关节炎临床研究 | 郭　霖等 | 河南中医学院学报 | 2008,(5):64 |
| 半夏秫米汤合保和丸治疗小儿睡眠障碍验案 1 则 | 韩晓莉等 | 江苏中医药 | 2008,(5):51 |
| 恢刺　傍针刺　合谷刺在腰痛中的应用 | 许　春等 | 辽宁中医杂志 | 2008,(5):761 |
| 毛刺法治疗顽固性面瘫疗效观察 | 包连胜等 | 上海针灸杂志 | 2008,(5):33 |
| 双针巨刺治疗偏瘫后肩痛疗效观察 | 朱慎勇 | 上海针灸杂志 | 2008,(5):26 |
| 刺血疗法治验 | 张海杰 | 四川中医 | 2008,(5):112 |

| | | | |
|---|---|---|---|
| 手法复位配合齐刺法治疗腰椎间盘突出症 105 例 | 李岁奎等 | 现代中医药 | 2008,(5):71 |
| “治未病”理论在护理实践中应用 | 方桂珍 | 浙江中医药大学学报 | 2008,(5):690 |
| 齐刺配合定点斜扳法为主治疗第 3 腰椎横突综合症 120 例 | 郎伯旭等 | 针灸临床杂志 | 2008,(5):32 |
| 复发性口腔溃疡中医药临床研究进展 | 李亚朋等 | 中国中医药信息杂志 | 2008,(5):104 |
| 头针联合经筋刺法治疗卒中后痉挛状态临床观察 | 陈　颖 | 中华中医药学刊 | 2008,(5):1110 |
| 刺络拔罐配合中药外敷治疗湿疹 232 例 | 许金华等 | 中医外治杂志 | 2008,(5):60 |
| 巨刺法治疗顽固性周围性面瘫疗效观察 | 张晓阳 | 安徽中医学院学报 | 2008,(6):33 |
| 韦玉英论治小儿急性热病后视神经萎缩的经验 | 孙艳红等 | 北京中医药 | 2008,(6):425 |
| 治痹浅谈 | 马如仓 | 甘肃中医 | 2008,(6):36 |
| 刺络与温针结合治疗带状疱疹 | 李丽春 | 光明中医 | 2008,(6):745 |
| 古代医家对热喘的辨证施治概述 | 魏婧婧等 | 河北中医 | 2008,(6):665 |
| 大椎穴合谷刺法治疗椎动脉型颈椎病 34 例 | 胡天燕等 | 湖南中医杂志 | 2008,(6):34 |
| 眼针配合刺络放血治疗面瘫 42 例 | 张高峰等 | 湖南中医杂志 | 2008,(6):49 |
| 针灸推拿治疗失眠 47 例 | 李铁成等 | 吉林中医药 | 2008,(6):434 |
| 中医治疗肾性贫血经验 | 王艳华等 | 吉林中医药 | 2008,(6):408 |
| 下法治疗急腹症验案举隅 | 徐广益等 | 江苏中医药 | 2008,(6):52 |
| 《内经》“五脏六腑皆令人咳”的临床体会 | 肖利华 | 江西中医药 | 2008,(6):21 |
| 针刺、刺络放血、中药综合疗法治疗枕神经痛 35 例 | 曾绮文 | 陕西中医 | 2008,(6):720 |
| 齐刺治疗腰椎间盘突出症疗效观察 | 孙　钰 | 上海针灸杂志 | 2008,(6):25 |
| 中医药治疗糖耐量减低的研究进展 | 琚婉君等 | 上海中医药大学学报 | 2008,(6):81 |
| “燔针劫刺”配合经筋手法治疗膝关节滑膜炎 58 例 | 韦英才等 | 四川中医 | 2008,(6):111 |
| “百病生于气”的临床运用 | 陆　明等 | 新疆中医药 | 2008,(6):7 |
| 刺络拔罐加针刺治疗高位尺神经损伤 17 例 | 盛　坤等 | 云南中医中药杂志 | 2008,(6):40 |
| 大椎穴刺络放血法治疗感冒高热 100 例 | 陈月琴 | 浙江中医杂志 | 2008,(6):347 |
| 指切短刺法治疗肱骨外上髁炎 68 例 | 刘志刚等 | 针灸临床杂志 | 2008,(6):25 |
| 合谷刺配合艾灸治疗跟痛症 32 例 | 方　伟等 | 中国康复 | 2008,(6):390 |
| 半刺配合按摩治疗产后缺乳 138 例 | 肖红玲等 | 中国针灸 | 2008,(6):444 |
| 耳针加体针治疗心脏神经官能症疗效观察 | 穆广梅等 | 中国针灸 | 2008,(6):409 |
| 浮针治疗肩周炎的即刻疗效及安全性 | 陆　瑾等 | 中国针灸 | 2008,(6):414 |
| 扬刺大椎穴拔罐放血为主治疗感冒 102 例 | 段进成等 | 中国针灸 | 2008,(6):468 |
| 捣法加齐刺法治疗梨状肌综合征 40 例疗效观察 | 冯　军等 | 中国中医药科技 | 2008,(6):459 |
| “督五腧”刺络拔罐临床应用举隅 | 熊大昌 | 中国中医药信息杂志 | 2008,(6):84 |
| 灵龟八法按时取穴治疗黄褐斑 29 例临床观察 | 杨丽鹃等 | 中国中医药信息杂志 | 2008,(6):70 |
| 传统药浴法在内科病治疗中的应用 | 赵岩松 | 中华中医药学刊 | 2008,(6):1262 |
| 刘明教授运用调畅气机法治疗慢性肾衰的经验 | 王圣治等 | 中华中医药学刊 | 2008,(6):1141 |
| “火郁发之”的临床应用 | 李　仝等 | 中华中医药杂志 | 2008,(6):555 |
| 哮喘病的灸疗前后二十五音频率变化的研究 | 林　源等 | 中医药通报 | 2008,(6):29 |
| 刘完素防治中风经验探讨 | 叶　瑜等 | 中医药学报 | 2008,(6):76 |
| 巨刺液门穴治疗神经根型颈椎病临床观察 | 潘宝键 | 北京中医药 | 2008,(7):542 |
| 铍针治疗颈型颈椎病 60 例临床观察 | 梁建新 | 北京中医药 | 2008,(7):544 |
| “治未病”理论指导下中医防治亚健康的常见措施 | 思金华等 | 光明中医 | 2008,(7):926 |
| 恢刺治疗颈椎生理曲度改变临床观察 | 周立武等 | 光明中医 | 2008,(7):936 |
| 经筋排刺法配合 TDP 照射治疗梨状肌综合征 | 袁承龙 | 山东中医杂志 | 2008,(7):480 |
| 半刺法配合按摩治疗产后缺乳 98 例 | 肖红玲等 | 陕西中医 | 2008,(7):878 |
| 豹文刺加拔罐治疗带状疱疹疗效观察 | 刘敏勇等 | 上海针灸杂志 | 2008,(7):29 |

| | | | |
|---|---|---|---|
| 通因通用法治疗积滞内停型泄泻 | 蔡安和等 | 新中医 | 2008,(7):104 |
| 试析中医理论在临床运用中存在的几点困惑 | 左　仲 | 中国医药指南 | 2008,(7):56 |
| 输刺为主治疗神经根型颈椎病疗效观察 | 王希琳 | 中国针灸 | 2008,(7):497 |
| 连建伟教授调五脏治咳嗽经验 | 孙文斌等 | 中华中医药杂志 | 2008,(7):592 |
| 压痛点温针扬刺治疗腰部软组织劳损49例 | 兰靖杰 | 中医研究 | 2008,(7):52 |
| 分娩中针刺镇痛穴位及时机的选择 | 黄　涛等 | 中医杂志 | 2008,(7):625 |
| 刺络疗法治疗腰椎间盘突出症260例 | 郭　霖等 | 河南中医 | 2008,(8):78 |
| 中医心理疗法临床应用心得 | 罗　诚 | 世界中西医结合杂志 | 2008,(8):493 |
| 五运六气学说在中医护理中的应用 | 张　颖 | 天津护理 | 2008,(8):231 |
| 针刺下合穴并埋线治疗牙痛的临床疗效观察 | 杨军雄 | 针灸临床杂志 | 2008,(8):30 |
| 苍龟探穴针法治疗糖尿病胃轻瘫疗效观察 | 曾红文等 | 中国针灸 | 2008,(8):576 |
| 扬刺髀关为主治疗股外侧皮神经炎58例 | 陈　旻等 | 中国针灸 | 2008,(8):581 |
| 醒脑开窍针刺加头针早期介入治疗急性脑梗死研究 | 叶天申等 | 中华中医药学刊 | 2008,(8):1780 |
| 经方治疗心脑血管病案 | 廖金标 | 中华中医药杂志 | 2008,(8):705 |
| 李曰庆治疗尿失禁验案1则 | 苏全新等 | 北京中医药 | 2008,(9):737 |
| 毛刺法治疗糖尿病周围神经病变疗效的临床观察 | 何乐中等 | 光明中医 | 2008,(9):1276 |
| 肝咳治验2则 | 沈　涛等 | 江苏中医药 | 2008,(9):46 |
| 抑郁症的治疗需调肺 | 陈秋帆等 | 辽宁中医药大学学报 | 2008,(9):12 |
| 津液藏焉　气化乃出——结合古代医案3则谈滋阴通利治癃闭 | 谭曦然等 | 山西中医 | 2008,(9):42 |
| 刮痧合刺络拔罐治疗中风后遗症40例 | 李　安 | 陕西中医 | 2008,(9):1222 |
| 针灸配合刺络拔罐治疗痹证50例 | 张若平 | 陕西中医 | 2008,(9):1217 |
| 从脏腑论治咳嗽验案4则 | 王养才 | 陕西中医 | 2008,(9):1260 |
| 结合运气学说辨治癃闭证及医案剖析 | 薛　辉等 | 上海中医药杂志 | 2008,(9):27 |
| 火针齐刺治疗肱骨外上髁炎32例 | 许荣正等 | 实用中医药杂志 | 2008,(9):590 |
| 臁疮治验1例 | 朱其恩等 | 四川中医 | 2008,(9):95 |
| 浅谈辛味药在眼科临床中的运用 | 刘　雪等 | 新中医 | 2008,(9):103 |
| 缪刺法加生物全息胚针刺治疗早期面神经炎75例 | 黄克勤等 | 浙江中医杂志 | 2008,(9):539 |
| 刺络拔罐法临床运用验案举隅 | 徐荣海 | 针灸临床杂志 | 2008,(9):15 |
| 齐刺与常规针法治疗椎动脉型颈椎病临床疗效对比观察 | 孙　钰 | 针灸临床杂志 | 2008,(9):36 |
| 经筋针刺治疗牙痛 | 陈锦宏 | 中国针灸 | 2008,(9):641 |
| 捣刺法加齐刺法治疗腰三横突综合征临床体会 | 冯　军等 | 中国中医急症 | 2008,(9):1301 |
| 论"五脏六腑皆令人咳,非独肺也"的临床体会——喉源性咳嗽临床辨治经验 | 万文蓉 | 光明中医 | 2008,(10):1585 |
| 天人相应观在整体护理中的应用 | 陈海英等 | 河北中医 | 2008,(10):1096 |
| 恢刺合推拿治疗肩周炎30例临床观察 | 杨军雄 | 江苏中医药 | 2008,(10):80 |
| 经筋论治疗神经根型颈椎病疗效观察 | 梁树勇等 | 辽宁中医药大学学报 | 2008,(10):90 |
| 傍针刺加电法治疗背肌筋膜炎临床观察 | 王　晶 | 辽宁中医杂志 | 2008,(10):1742 |
| 论用中医的养生观指导针灸推拿防治亚健康 | 刘　荣 | 辽宁中医杂志 | 2008,(10):1577 |
| 天柱穴的临床应用 | 邹永宁等 | 蜜蜂杂志 | 2008,(10):36 |
| 针刺内庭为主治疗痤疮120例 | 李永峰等 | 陕西中医 | 2008,(10):1376 |
| 慢性胃病中医三层次辨证用药探讨 | 张长庆等 | 四川中医 | 2008,(10):26 |
| 齐刺法治疗肩周炎120例疗效观察 | 程旺毅等 | 新中医 | 2008,(10):77 |
| 针刺治疗慢性颈椎病颈痛疗效评价 | 梁兆晖等 | 新中医 | 2008,(10):70 |
| 刺络拔罐治疗缠腰火丹40例 | 赵春梅 | 针灸临床杂志 | 2008,(10):20 |
| 多针齐刺配合艾灸治疗腰背肌筋膜炎60例 | 杨伟先 | 中国民间疗法 | 2008,(10):9 |

| | | | |
|---|---|---|---|
| 从瘀瘀论治验案举隅 | 李金臣 | 中国医药导报 | 2008,(10):81 |
| 毫针短刺法治疗冈下肌损伤85例 | 刘志刚 | 中国针灸 | 2008,(10):760 |
| 齐刺阳白加刺内地仓为主治疗周围性面瘫40例 | 雷　红等 | 中国针灸 | 2008,(10):714 |
| 蒋健经方验案介绍 | 金采映等 | 中华中医药学刊 | 2008,(10):2278 |
| 《内经》"百病生于气"的临床应用 | 李联社 | 中医杂志 | 2008,(10):877 |
| "双向调节作用"在中医临床实践中的重要意义 | 杨巨成 | 北京中医药 | 2008,(11):860 |
| 中药贴敷法预防和治疗常见呼吸系统疾病应用概况 | 张会娜等 | 北京中医药 | 2008,(11):896 |
| 刺络放血疗法临床应用体会 | 杨伟先 | 甘肃中医 | 2008,(11):59 |
| 起止点粗针短刺法治疗上后锯肌损伤53例 | 张建明等 | 江西中医药 | 2008,(11):64 |
| 《黄帝内经》"治未病"理论的临床应用概述 | 庄　微等 | 辽宁中医药大学学报 | 2008,(11):158 |
| 长圆针解结天宗灰治疗乳腺增生病86例 | 李江舟等 | 辽宁中医药大学学报 | 2008,(11):129 |
| "治未病"理论指导下中医防治亚健康的常见措施 | 思金华等 | 内蒙古中医药 | 2008,(11):42 |
| 电针配合刺络拔罐治疗局限性硬皮病52例 | 周　英 | 上海针灸杂志 | 2008,(11):29 |
| 经筋刺法在针灸临床的应用概况 | 徐　辉 | 上海针灸杂志 | 2008,(11):45 |
| 齐刺配合电针治疗三叉神经痛35例 | 李英红 | 上海针灸杂志 | 2008,(11):5 |
| 辨治脏咳脉案1则 | 李　凯 | 上海中医药杂志 | 2008,(11):8 |
| 塞因塞用法治疗术后功能性胃排空延迟症疗效观察及对胃肠激素的影响 | 陈伟刚等 | 新中医 | 2008,(11):56 |
| 肺肾同调治疗膀胱咳35例 | 秦雪梅 | 河南中医 | 2008,(12):52 |
| "肝生于左"临床意义浅探 | 陈慧娟等 | 江苏中医药 | 2008,(12):12 |
| 阿是穴齐刺治疗枕神经痛疗效观察 | 邵伟立 | 上海针灸杂志 | 2008,(12):27 |
| 火镍针治疗复发性口腔溃疡37例 | 闫支花等 | 上海针灸杂志 | 2008,(12):33 |
| 恢刺和关刺法治疗中风后上肢痉挛性瘫痪临床观察 | 何晓华 | 上海中医药杂志 | 2008,(12):45 |
| 齐刺法配合艾灸治疗椎动脉型颈椎病 | 高　锋 | 针灸临床杂志 | 2008,(12):34 |
| "塞因塞用"治疗老年前列腺肥大尿潴留 | 丁学平 | 中国民间疗法 | 2008,(12):46 |
| 恢刺法治疗慢性软组织损伤120例 | 张淑杰等 | 中国民间疗法 | 2008,(12):8 |
| 呼吸补泻法治疗胁肋痛 | 徐淑艳 | 中国现代药物应用 | 2008,(12):12 |
| 指趾端放血临床应用举隅 | 王声强等 | 中国针灸 | 2008,(12):901 |
| 刺络放血加中药治疗急性痛风性关节炎 | 杨　怡 | 中国实用医药 | 2008,(14):134 |
| 灸法在治疗"寒战"中的应用 | 常建军 | 中国社区医师（医学专业半月刊） | 2008,(15):81 |
| 合谷刺法治疗肩周炎临床疗效观察 | 伊庆岩等 | 中国社区医师 | 2008,(16):42 |
| 医患和谐在护理工作中的作用 | 朴晓玲 | 中国实用医药 | 2008,(17):174 |
| 怎样呵护肾脏及肾病护理 | 张继清 | 基层医学论坛 | 2008,(18):552 |
| 傍针刺加TDP照射治疗肩周炎临床观察 | 朱自涛 | 中国现代药物应用 | 2008,(18):78 |
| 浅论"天人相应"在预防与临床中的应用 | 詹正明 | 中国现代药物应用 | 2008,(19):109 |
| 肝硬化腹水的治疗经验 | 化文亮 | 内蒙古中医药 | 2008,(20):19 |
| 浅议"诸寒之而热者取之阴,热之而寒者取之阳"的临床应用 | 王治淮 | 中国社区医师 | 2008,(20):49 |
| 缪刺法加传统针灸治疗贝尔氏麻痹临床观察 | 罗双喜 | 医药论坛杂志 | 2008,(21):113 |
| "五运六气"在中医临床上的应用 | 侯永祥等 | 中国社区医师（医学专业半月刊） | 2008,(21):155 |
| 浅谈临床治病须重脾胃 | 段丽梅 | 中国现代药物应用 | 2008,(21):102 |
| 刺络放血治疗中风后遗症临床分析 | 杨俊杰等 | 中国社区医师（医学专业半月刊） | 2008,(22):127 |

| | | | |
|---|---|---|---|
| 缪刺条口结合康复训练治疗肩手综合征的临床研究 | 林志瑜 | 中国社区医师（医学专业半月刊） | 2008,(23):150 |
| 补益精血法在中医妇科临床中的应用 | 魏　铭等 | 中国医药指南 | 2008,(23):341 |
| 中医时间医学在临床护理中的应用 | 杨巧玉 | 中国医药指南 | 2008,(24):365 |
| 通因通用法治疗青春期崩漏13例 | 朱秀芬 | 现代中西医结合杂志 | 2008,(27):4310 |
| 浅谈《内经》调神理论对针灸临床的指导意义 | 张策平等 | 中国中医药信息杂志 | 2008,(S1):70 |
| 滚针治失眠 | 刘雨源 | 医药养生保健报 | 2008.2.4 |
| “治未病”在肝脏病学中的运用 | 卢秉久等 | 中国中医药报 | 2008.3.20 |
| 根结疗法真能根治痤疮吗？（下） | 管晶晶 | 科技日报 | 2008.4.14 |
| “治未病”内涵的现实指导意义 | 许家松 | 中国中医药报 | 2008.4.23 |
| 胃出血案 | 王庆其 | 上海中医药报 | 2008.8.8 |
| 通络法及其临床应用 | 陈丽琛 | 中国优秀博硕士学位论文全文数据库（博士）医药卫生科技辑 | 2008,(2):E056-30 |
| 肾气丸治疗消渴（糖尿病）的文献研究 | 陈栋明 | 中国优秀博硕士学位论文全文数据库（硕士）医药卫生科技辑 | 2008,(2):E056-213 |
| 针刺时间取穴法治疗肩周炎的临床研究 | 冯沃君 | 中国优秀博硕士学位论文全文数据库（硕士）医药卫生科技辑 | 2008,(2):E056-135 |
| “上病下治”法治疗急性脑梗死的临床研究 | 刘兵舰 | 中国优秀博硕士学位论文全文数据库（硕士）医药卫生科技辑 | 2008,(2):E056-614 |
| 阴阳经配穴治疗中风偏瘫痉挛状态临床疗效观察 | 于　潇 | 中国优秀博硕士学位论文全文数据库（硕士）医药卫生科技辑 | 2008,(2):E056-141 |
| “胃不和则卧不安”在失眠症中的应用研究 | 师　冉 | 中国优秀博硕士学位论文全文数据库（博士）医药卫生科技辑 | 2008,(3):E056-9 |
| 《内经》消渴理论及长春地区部分临床病例调查与统计分析的研究 | 马　跃 | 中国优秀博硕士学位论文全文数据库（硕士）医药卫生科技辑 | 2008,(4):E056-2 |
| 经筋刺法对中风偏瘫肢体痉挛状态的影响 | 陈振虎 | 中国优秀博硕士学位论文全文数据库（博士）医药卫生科技辑 | 2008,(9):E056-37 |
| 巨刺配以动气疗法治疗急性闭合性踝扭伤 | 郑集诚 | 中国优秀博硕士学位论文全文数据库（博士）医药卫生科技辑 | 2008,(9):E056-31 |
| 陕西气候、疾病与运气理论的相关性研究 | 陈震霖 | 中国优秀博硕士学位论文全文数据库（博士）医药卫生科技辑 | 2008,(9):E056-5 |
| 刺血法治疗偏头痛的临床研究 | 黎崖冰 | 中国优秀博硕士学位论文全文数据库（硕士）医药卫生科技辑 | 2008,(9):E056-122 |

| | | | |
|---|---|---|---|
| 巨刺治疗中风后肩痛的临床研究 | 王　兴 | 中国优秀博硕士学位论文全文数据库(硕士)医药卫生科技辑 | 2008,(9):E056－117 |
| 脾胃募合配穴埋线治疗脾虚湿盛型肥胖症的疗效观察 | 邱聪惠 | 中国优秀博硕士学位论文全文数据库(硕士)医药卫生科技辑 | 2008,(9):E056－115 |
| 气街理论指导针刺对癫痫患者生活质量、抑郁状态、内分泌功能的影响 | 杨海涛 | 中国优秀博硕士学位论文全文数据库(硕士)医药卫生科技辑 | 2008,(9):E056－85 |
| 气街理论指导针刺治疗气阴两虚型 CFS 的临床研究 | 黎璐茜 | 中国优秀博硕士学位论文全文数据库(硕士)医药卫生科技辑 | 2008,(9):E056－102 |
| 中医诊治胃脘痛学术源流探讨 | 李美樱 | 中国优秀博硕士学位论文全文数据库(硕士)医药卫生科技辑 | 2008,(9):E056－182 |
| 定点刮痧退热即时效果的临床观察 | 张　瑜 | 中国优秀博硕士学位论文全文数据库(硕士)医药卫生科技辑 | 2008,(12):E056－12 |
| 甘温除热本义探讨及临床意义研究 | 杨　雪 | 中国优秀博硕士学位论文全文数据库(硕士)医药卫生科技辑 | 2008,(12):E056－55 |
| “独取膀胱经五脏俞”治疗痿证的效果观察 | 王洪峰等 | “针灸诊疗规范化研究的思路”学术论文集 | 2008:200 |
| 《黄帝内经》“脏气法时”理论与临床因时制宜的治疗 | 王　偲等 | 2008 国际传统医药创新与发展态势论坛暨国际医药产品博览会文集 | 2008:75 |
| 火针疗法治疗多种损容性疾病 5000 例总结 | 陈友义 | 2008 年中华中医药学会中医美容分会学术年会论文集 | 2008:66 |
| 经筋理论对损容性疾病针灸治疗的指导作用 | 董宝强等 | 2008 年中华中医药学会中医美容分会学术年会论文集 | 2008:37 |
| 古代砭石针非侵入性的应用探讨 | 李相谅 | 2008 全国砭石与刮痧疗法学术交流大会论文汇编 | 2008:28 |
| 心脑血管疾病患者的中医情志护理 | 李彩霞 | 甘肃省中医药学会 2008 年学术年会论文集 | 2008:415 |
| “治未病”观念在中医临床护理中的应用 | 关兴惠 | 吉林省护理学会 2008 学术年会暨护理技能培训班论文汇编 | 2008:186 |
| 芒针透刺配合中药治疗胃下垂疗效观察 | 吕美珍等 | 全国第 16 届针灸临床学术研讨会、全国第 11 届耳穴诊治学术研讨会、当代临床治验论坛暨中西部十省区学术研讨会论文集 | 2008:131 |
| 齐刺法加电针治疗坐骨神经痛 | 胡幼平 | 全国第 16 届针灸临床学术研讨会、全国第 11 届耳穴诊治学术研讨会、当代临床治验论坛暨中西部十省区学术研讨会论文集 | 2008:289 |
| 齐刺输刺针法治疗腰椎间盘突出症的临床观察 | 周　鹏 | 全国第 16 届针灸临床学术研讨会、全国第 11 届耳穴诊治学术研讨会、当代临床治验论坛暨中西部十省区学术研讨会论文集 | 2008:275 |

| | | | |
|---|---|---|---|
| 中医情志护理在临床中的个体化护理 | 杨素杰 | 全国中医、中西医护理学术交流暨专题讲座会议论文汇编 | 2008:263 |
| 火针赞刺法治疗带状疱疹的临床疗效评价研究 | 王映辉等 | 世界卫生组织传统医学大会卫星研讨会论文汇编 | 2008:169 |
| 巨刺加刺络治疗中风后肩手综合征的临床研究 | 罗文舒 | 中国·天津第六届国际中医药学术研讨会刺络与拔罐分会暨中国针灸学会刺络与拔罐专业委员会成立大会暨学术交流会论文集 | 2008:136 |
| 浅谈经筋刺法的临床应用 | 常颖慧等 | 中国·天津第六届国际中医药学术研讨会刺络与拔罐分会暨中国针灸学会刺络与拔罐专业委员会成立大会暨学术交流会论文集 | 2008:13 |
| 《黄帝内经》养生思想在现代疗养中的应用 | 彭尧书等 | 中国康复医学会疗养康复专业委员会2008年学术会议论文汇编 | 2008:186 |
| 长圆针疗法治疗肩周炎50例 | 王荣贵 | 中国康复医学会疗养康复专业委员会2008年学术会议论文汇编 | 2008:204 |
| 齐刺法配合穴位注射治疗椎动脉型颈椎病46例疗效观察 | 高　锋 | 中国针灸学会第八届全国中青年针灸推拿学术研讨会论文汇编 | 2008:160 |
| 肺与大肠相表里的临床应用与研究进展 | 曹　羽等 | 浙江省中西医结合呼吸病诊治进展暨第六次学术年会论文汇编 | 2008:224 |
| 刺络拔罐加手法治疗环枢关节紊乱眩晕症50例 | 梁树艺 | 福建中医药 | 2009,(1):28 |
| “诸风掉眩,皆属于肝”理论的临床运用 | 赵　刃等 | 甘肃中医 | 2009,(1):44 |
| 捏脊疗法在儿科“治未病”中的应用 | 王　君 | 光明中医 | 2009,(1):40 |
| 交通阴阳论治失眠及其用药规律浅析 | 范逸品等 | 广西中医药 | 2009,(1):35 |
| 综合疗法治疗第三腰椎横突综合征76例 | 丁国玉 | 河北中医 | 2009,(1):95 |
| 刺络拔罐治疗带状疱疹后遗神经痛的临床研究 | 任　珊 | 河南中医学院学报 | 2009,(1):72 |
| 论肥胖病治疗之“三关” | 王艳敏等 | 河南中医学院学报 | 2009,(1):23 |
| 针刺治疗单纯性肥胖病疗效观察 | 游言文等 | 河南中医学院学报 | 2009,(1):70 |
| 肩胛肋骨综合征误诊为心绞痛1例 | 冉鹏飞等 | 河南中医学院学报 | 2009,(1):84 |
| 自拟止嗽散治疗小儿咳嗽 | 孙　静等 | 黑龙江中医药 | 2009,(1):34 |
| 治未病思想防治类风湿关节炎 | 张育红等 | 湖北中医学院学报 | 2009,(1):31 |
| 从“治未病”探讨糖尿病合并大血管病变的诊疗思维 | 张冰冰等 | 辽宁中医药大学学报 | 2009,(1):153 |
| 辛温发散法治疗痤疮的理论渊源与临床应用 | 刘恩钊等 | 辽宁中医杂志 | 2009,(1):50 |
| 合谷刺合温针治疗肩周炎急性期63例 | 罗鸿宇 | 山东中医杂志 | 2009,(1):44 |
| 从“治未病”思想探讨中医药防治HPV相关宫颈癌的研究意义 | 贺丰杰等 | 陕西中医学院学报 | 2009,(1):4 |
| 以治未病的思想指导中医肿瘤的防治 | 霍介格等 | 时珍国医国药 | 2009,(1):245 |
| 扬刺法加艾灸治疗肱骨外上髁炎疗效观察 | 王　山等 | 四川中医 | 2009,(1):119 |
| 试论温补中阳为临床治疗脾胃病的重要法则 | 王鹏军等 | 天津中医药大学学报 | 2009,(1):23 |
| 巨刺法治疗中风后上肢痉挛性瘫痪45例疗效观察 | 黄靖宇等 | 亚太传统医药 | 2009,(1):74 |
| 针刺夹脊穴合围刺刺络拔罐治疗带状疱疹25例 | 胡立丹 | 浙江中医杂志 | 2009,(1):57 |
| 电针加刺络拔罐治疗肩周炎疗效观察 | 陈建军 | 针灸临床杂志 | 2009,(1):27 |
| 长针齐刺法治疗肩胛肋骨综合征39例 | 赵喜新等 | 中国针灸 | 2009,(1):26 |
| 粗针埋针结合刺络拔罐治疗过敏性顽症28例 | 徐荣海 | 中国针灸 | 2009,(1):62 |
| “治未病”理论在小儿抽动秽语综合征体质调理中的运用 | 陈立翠等 | 中国中西医结合儿科学 | 2009,(1):22 |
| 特色疗法治疗痛经浅谈 | 马常娟 | 中外医疗 | 2009,(1):86 |

| | | | |
|---|---|---|---|
| 通补结合法治疗虚损病证的临床体会 | 范洪亮等 | 承德医学院学报 | 2009,(2):154 |
| 温补肾阳病案3则 | 王希军 | 福建中医药 | 2009,(2):35 |
| 经筋刺法的源流与临床应用 | 陈 勇等 | 甘肃中医 | 2009,(2):14 |
| 刺络拔罐配合中药治疗带状疱疹后遗神经痛 | 柴 蕊等 | 河南中医 | 2009,(2):174 |
| 《内经》肥胖三型的科学价值及应用研究的思路与方法 | 仝小林等 | 江苏中医药 | 2009,(2):1 |
| 电针合巨刺法穴位注射治疗脑血管病引起顽固性呃逆80例临床观察 | 陈 英 | 江苏中医药 | 2009,(2):44 |
| 刘志明从肝肾论治眩晕八法 | 刘如秀等 | 江苏中医药 | 2009,(2):18 |
| 针刺内关穴治疗室上性心动过速32例 | 岳 进 | 江苏中医药 | 2009,(2):46 |
| 短针浅刺配合TDP治疗学生颈肩综合征50例 | 邹娟芬 | 辽宁中医药大学学报 | 2009,(2):139 |
| 用太阳病治法辨证论治慢性荨麻疹 | 石世强 | 辽宁中医药大学学报 | 2009,(2):16 |
| 刺络放血疗法治疗小儿过敏性紫癜机制探讨 | 黄 伟 | 辽宁中医杂志 | 2009,(2):211 |
| 太白穴的临床功效 | 赵斌斌等 | 蜜蜂杂志 | 2009,(2):31 |
| 以《内经》横络解结法治疗顽痹的认识及应用 | 韦 嵩等 | 山东中医药大学学报 | 2009,(2):118 |
| 刺络拔罐法治疗皮肤病验案 | 侯积微 | 山东中医杂志 | 2009,(2):123 |
| 一穴多针浮刺结合揉拨法治疗肩背肌筋膜炎32例 | 孙 谊 | 山东中医杂志 | 2009,(2):109 |
| 邓沂教授运用“五气所病”理论临床举隅 | 呼兴华等 | 陕西中医学院学报 | 2009,(2):14 |
| 穴位放血与刺络拔罐为主治疗带状疱疹108例 | 宋兆普等 | 世界中西医结合杂志 | 2009,(2):107 |
| 内关穴在临床上的应用 | 张继成等 | 四川中医 | 2009,(2):121 |
| “多白则寒”对白癜风内治的指导意义 | 黄刚莉等 | 四川中医 | 2009,(2):31 |
| 刺络拔罐加艾灸法治疗带状疱疹30例 | 李国华 | 天津中医药 | 2009,(2):174 |
| 针刺加刺络放血疗法治疗慢性湿疹20例疗效观察 | 谢长才等 | 新中医 | 2009,(2):90 |
| 刺络放血结合壮医药线点灸治疗痛证举隅 | 朱 英 | 浙江中医杂志 | 2009,(2):139 |
| 刺络拔罐治疗顽固性面瘫的临床观察 | 李 宁 | 针灸临床杂志 | 2009,(2):16 |
| 刺络放血疗法治疗虚证之我见 | 王雪争等 | 针灸临床杂志 | 2009,(2):6 |
| 合谷刺治疗肩周炎42例 | 杨立侠等 | 针灸临床杂志 | 2009,(2):32 |
| 巨刺在中风后偏瘫中的运用和研究概况 | 万 娇等 | 针灸临床杂志 | 2009,(2):49 |
| 针刺不同经脉腧穴治疗偏头痛的作用比较 | 谢菊英等 | 针灸临床杂志 | 2009,(2):13 |
| 中医药治疗糖尿病现状 | 刘 丽 | 中国老年保健医学 | 2009,(2):88 |
| 中医时间医学治疗女性痛经初探 | 黄富献 | 中国民族民间医药 | 2009,(2):115 |
| 刺络拔罐配耳针治疗痤疮36例疗效观察 | 王 瑾 | 中国医药导报 | 2009,(2):73 |
| 针刺走罐刺络治疗黄褐斑疗效观察 | 张海山等 | 中国针灸 | 2009,(2):119 |
| 治未病学说在儿科临床中的应用体会 | 周 正 | 中国中医急症 | 2009,(2):302 |
| 齐刺电针疗法治疗脊髓损伤24例临床观察 | 盛国滨等 | 中国中医药科技 | 2009,(2):130 |
| 从“治未病”探讨2型糖尿病合并高脂血症的诊疗方法 | 佟晓哲 | 中华中医药学刊 | 2009,(2):415 |
| 五运六气临床应用一得 | 彭 鑫 | 中医研究 | 2009,(2):43 |
| 刺络拔罐治疗血瘀型颈椎病100例 | 姜京明等 | 中医药导报 | 2009,(2):59 |
| 巨刺法治疗周围性面瘫后遗症50例 | 邵霞萍 | 中医药临床杂志 | 2009,(2):149 |
| 从脾胃论治在中医诊治糖尿病中的地位和作用 | 赵翠芳等 | 北京中医药大学学报(中医临床版) | 2009,(3):38 |
| 缪刺肩痛穴结合康复训练治疗肩手综合征的临床研究 | 刘远明 | 甘肃医药 | 2009,(3):176 |
| 针刺结合棉花灸治疗带状疱疹30例 | 刘艳平等 | 甘肃中医 | 2009,(3):49 |
| “火郁发之”验案三则 | 陈文桂等 | 光明中医 | 2009,(3):517 |
| “善治者治皮毛”的临床真义探讨 | 宋 嘉等 | 光明中医 | 2009,(3):410 |
| 浅谈通因通用法在临床各科中的应用 | 陈广进 | 光明中医 | 2009,(3):592 |
| 新九针治疗颈椎病探析 | 张天生等 | 光明中医 | 2009,(3):489 |

| | | | |
|---|---|---|---|
| 中医治未病理论及其在中风病防治中的应用 | 张永全等 | 贵阳中医学院学报 | 2009,(3):11 |
| 合谷刺法治疗腰背肌筋膜炎98例临床观察 | 王洪涛等 | 黑龙江中医药 | 2009,(3):31 |
| 望诊在中医妇科临证中的运用体会 | 尹香花等 | 湖南中医药大学学报 | 2009,(3):6 |
| 活血化瘀法治疗重症急性胰腺炎并发胰腺假性囊肿 | 任燕怡等 | 华西医学 | 2009,(3):632 |
| 五磨饮子临床新用3则 | 周明灯 | 江苏中医药 | 2009,(3):46 |
| 齐刺法配合中药内服治疗项背肌筋膜炎60例 | 袁淑华 | 辽宁中医药大学学报 | 2009,(3):120 |
| 治未病的中医理论在糖尿病前期的应用 | 雷　晴等 | 泸州医学院学报 | 2009,(3):240 |
| 论治未病思想对慢性支气管炎防治的意义 | 展照双等 | 山东中医杂志 | 2009,(3):147 |
| 铍针配合中药熏洗治疗背肌筋膜炎92例 | 陶志东等 | 山东中医杂志 | 2009,(3):184 |
| 《灵枢·官针》篇中“十二节刺”的当代临床应用概况 | 谢肄聪 | 上海针灸杂志 | 2009,(3):179 |
| 刺络拔罐治疗“亚健康”36例 | 宋守江 | 上海针灸杂志 | 2009,(3):169 |
| 齐刺配合隔药灸治疗腰椎棘间韧带劳损45例 | 沈素绒 | 上海针灸杂志 | 2009,(3):164 |
| 针刺结合刺络拔罐治疗脑卒中后肩手综合征疗效观察 | 付　磊等 | 上海针灸杂志 | 2009,(3):132 |
| 邓沂运用“五气所病”理论临床举隅 | 呼兴华 | 世界中医药 | 2009,(3):142 |
| “治未病”对中医药治疗放射性肺损伤的启示 | 潘改燕等 | 现代中医药 | 2009,(3):50 |
| 从“治未病”探讨代谢综合征的防治思路 | 方剑锋等 | 新中医 | 2009,(3):5 |
| 浅谈瘀血在类风湿性关节炎中的临床意义 | 王　涛等 | 新中医 | 2009,(3):117 |
| 褪黑素在中医学天人相应理论中的地位和作用 | 张明泉等 | 新中医 | 2009,(3):10 |
| 远道刺配合运动疗法治疗颈型颈椎病68例 | 易海连等 | 云南中医中药杂志 | 2009,(3):46 |
| 《灵枢》针灸原则应用验案举隅 | 刘自力 | 针灸临床杂志 | 2009,(3):20 |
| 针刺耳膜治耳聋考辨 | 李　戎 | 针灸临床杂志 | 2009,(3):38 |
| 刺络拔罐配合激光治疗带状疱疹的临床观察 | 苏艳文 | 中国城乡企业卫生 | 2009,(3):108 |
| 平和体质女性的五音频率与年龄的相关性研究 | 郑贤月等 | 中国民族民间医药 | 2009,(3):35 |
| 运用升降理论的体会 | 陈茂蒙 | 中国民族民间医药 | 2009,(3):54 |
| 巨刺加刺络治疗卒中后肩手综合征的临床研究 | 罗文舒 | 中国医药导报 | 2009,(3):59 |
| 巨刺针法治疗脑卒中后肩手综合征疗效观察 | 洪金标等 | 中国针灸 | 2009,(3):205 |
| 针药辨证治疗面瘫体会 | 卢艳文 | 中国中医急症 | 2009,(3):466 |
| 《内经》“治未病”理论在亚健康防治中的应用 | 陈孔斌等 | 中华保健医学杂志 | 2009,(3):250 |
| 试论中医理论指导下的脑中风“未病先治”对策 | 刘　泰 | 中西医结合心脑血管病杂志 | 2009,(3):345 |
| “治未病”理论及临床研究进展 | 毛婷婷 | 当代医学 | 2009,(4):13 |
| 齐刺艾灸法治疗周围性面神经麻痹75例 | 全　昕 | 河北中医 | 2009,(4):582 |
| 毛刺法治疗急性期面瘫60例 | 李　妍等 | 河南中医 | 2009,(4):394 |
| 齐刺法结合电针治疗枕大神经炎60例 | 张习东 | 河南中医 | 2009,(4):393 |
| “治未病”思想与脾胃病的防治 | 周　滔等 | 环球中医药 | 2009,(4):265 |
| 升阳举陷法治疗心血管疾病研究概况 | 李　伟等 | 环球中医药 | 2009,(4):309 |
| “火郁发之”治疗手足冷1例 | 杨金亮等 | 江苏中医药 | 2009,(4):47 |
| 用“治未病”思想指导慢性肾衰竭防治的体会 | 谢丽萍等 | 江苏中医药 | 2009,(4):32 |
| 补中益气汤合泽泻汤加味治疗顽固性晕厥1例报道 | 赵瑞霞 | 辽宁中医药大学学报 | 2009,(4):160 |
| 傍刺治疗神经根型颈椎病临床疗效的量化评价 | 陈　丹等 | 上海针灸杂志 | 2009,(4):219 |
| 通天刺结合原络配穴治疗眩晕 | 朱振富 | 四川中医 | 2009,(4):122 |
| 用治未病的理念指导临床 | 王明如 | 浙江中西医结合杂志 | 2009,(4):219 |
| 从中医五运六气理论谈对当前甲型H1N1流感的认识 | 顾植山 | 浙江中医药大学学报 | 2009,(4):457 |
| 巨刺法结合持续静力牵张治疗中风后肌张力增高的临床观察 | 倪克锋等 | 浙江中医药大学学报 | 2009,(4):576 |
| 刺络放血治疗骨性膝关节炎的疗效观察 | 丛　苹等 | 针灸临床杂志 | 2009,(4):7 |

| | | | |
|---|---|---|---|
| 中医治疗糖尿病从强调“益气养阴”到兼顾“解毒扶阳” | 陆付耳 | 中国中西医结合杂志 | 2009,(4):293 |
| 合谷刺法加电针治疗颅脑损伤后肢体运动障碍疗效观察 | 刘荣芬等 | 中国中医药信息杂志 | 2009,(4):79 |
| 从孙一奎医案谈五脏阴阳辨证的临床应用 | 张家玮 | 中华中医药学刊 | 2009,(4):741 |
| 经筋针刺法治疗神经根型颈椎病60例临床观察 | 何常春等 | 中医药导报 | 2009,(4):66 |
| “心应夏”理论与心血管系统疾病现代流行病学研究 | 史楠楠等 | 北京中医药大学学报（中医临床版） | 2009,(5):34 |
| 刺络拔罐合穴位注射治疗带状疱疹72例临床观察 | 陈　英等 | 光明中医 | 2009,(5):893 |
| 浅淡中医“治未病”及“多元并治”理论在脑动脉硬化症治疗中的应用 | 王心东等 | 光明中医 | 2009,(5):800 |
| 调和营卫法治疗皮肤病的思考及应用 | 张志明 | 江西中医药 | 2009,(5):15 |
| 磁圆梅针的临床应用 | 牛庆强等 | 山西中医 | 2009,(5):38 |
| 刺络拔罐加贴棉灸治疗带状疱疹疗效观察 | 粟明兰 | 上海针灸杂志 | 2009,(5):270 |
| 刺络拔罐配合穴位注射治疗类风湿关节炎34例 | 邹　瑾 | 上海针灸杂志 | 2009,(5):292 |
| 刺络拔罐治疗急性踝关节扭伤73例 | 王文智 | 上海针灸杂志 | 2009,(5):282 |
| 丰隆穴刺络拔罐治疗慢性咽喉肿痛47例 | 花春玲等 | 上海针灸杂志 | 2009,(5):291 |
| 中药临床应用中的“治未病”思想 | 胡小勤等 | 时珍国医国药 | 2009,(5):1263 |
| 浅淡以升降出入理论指导方剂的运用 | 刘玉金等 | 新中医 | 2009,(5):109 |
| 《内经》肝病验案3则 | 张会群 | 医学信息 | 2009,(5):789 |
| 五运六气、六经辨证在儿科临床中的运用 | 吕　英 | 中国中西医结合儿科学 | 2009,(5):440 |
| 刘玉洁运用《内经》理论治疗杂病验案3则 | 刘金星等 | 河北中医 | 2009,(6):810 |
| “治未病”思想在呼吸系统疾病方面的运用 | 王　丽等 | 辽宁中医药大学学报 | 2009,(6):203 |
| 内关穴的临床治疗 | 李万瑶等 | 蜜蜂杂志 | 2009,(6):30 |
| “散者收之”的病机与临床应用探讨 | 鲁明源 | 山东中医杂志 | 2009,(6):371 |
| 关刺加温针灸对肩周炎患者临床疗效的量化评价 | 胡幼平等 | 上海针灸杂志 | 2009,(6):336 |
| 扬刺加艾条温和灸治疗腱鞘囊肿疗效观察 | 粟明兰 | 现代医药卫生 | 2009,(6):833 |
| 刺络拔罐法临床应用体会 | 王　寅 | 现代中西医结合杂志 | 2009,(6):655 |
| 刺络放血治疗急性痛风性关节炎的临床应用 | 黄　坤 | 亚太传统医药 | 2009,(6):121 |
| 中药内外并治黄褐斑 | 付艳霞 | 中国民间疗法 | 2009,(6):29 |
| 脐针联合半夏秫米汤治疗不寐疗效观察 | 刘　玉 | 中国误诊学杂志 | 2009,(6):1304 |
| 艾灸治疗面神经麻痹96例护理 | 谢建丽 | 中国中医急症 | 2009,(6):1025 |
| 下法在中医急症中的应用 | 刘祥斌 | 中国中医急症 | 2009,(6):995 |
| 运用《内经》十二刺法治疗腰椎间盘突出症45例 | 何悦硕等 | 中医药导报 | 2009,(6):66 |
| 刺络拔罐配合中药治疗老年性带状疱疹疗效观察 | 毕爱平 | 甘肃中医 | 2009,(7):41 |
| 齐刺法在肩周炎临床治疗中的体会 | 王　晶等 | 光明中医 | 2009,(7):1328 |
| 通因通用法治疗泄泻临床体会 | 赵　俐 | 河北医学 | 2009,(7):875 |
| 糖尿病周围神经病变中医历代看法探析 | 陈艳红等 | 河北医学 | 2009,(7):878 |
| 中医辨证治疗乳腺增生病89例临床分析 | 吴　燕 | 基层医学论坛 | 2009,(7):235 |
| 睡前喝点小米粥有助健康 | 莉　莉 | 今日科苑 | 2009,(7):105 |
| 中药洗渍疗法在皮肤科的应用刍议 | 周　萌等 | 辽宁中医药大学学报 | 2009,(7):39 |
| 远道取穴加刺络拔罐治疗急性腰扭伤78例 | 卢勤姝 | 山东中医杂志 | 2009,(7):482 |
| 睛明穴的应用体会 | 王淑娟 | 上海针灸杂志 | 2009,(7):426 |
| 刺血法治疗偏头痛的临床研究 | 黎崖冰 | 时珍国医国药 | 2009,(7):1720 |
| 关刺治疗肱二头肌长头肌腱炎临床观察 | 周立武 | 四川中医 | 2009,(7):117 |
| 辛温通阳法在扁平疣治疗上的应用 | 张中旭 | 四川中医 | 2009,(7):100 |
| 耳压疗法对失眠的治疗作用及护理 | 杨　芳等 | 中国民族民间医药 | 2009,(7):136 |
| 反治法运用体会 | 徐桂斌等 | 中国民族民间医药 | 2009,(7):70 |

| | | | |
|---|---|---|---|
| 配合“温”法治疗慢性乙型肝炎的体会 | 李国福等 | 中国民族民间医药 | 2009,(7):71 |
| 浅谈痛经分型与手法治疗 | 胡　玮 | 中国民族民间医药 | 2009,(7):123 |
| “塞因塞用”临证体会 | 闫　宫 | 中国医药导报 | 2009,(7):91 |
| 齐刺风池穴为主治疗顽固性头痛 | 王　宏 | 中国医药导报 | 2009,(7):83 |
| 四物汤治疗月经不调研究进展 | 薛晓鸥等 | 北京中医药 | 2009,(8):647 |
| 针刺治疗腰腿痛 | 石小玲 | 山东中医杂志 | 2009,(8):560 |
| 标本根结临床应用举隅 | 李卫东 | 上海针灸杂志 | 2009,(8):474 |
| 以中医治未病思想指导无症状疾病的防治 | 白玲玲等 | 云南中医中药杂志 | 2009,(8):72 |
| 灵枢易筋经点穴配合推拿疗法治疗肩周炎 | 廖炼炼 | 中国民间疗法 | 2009,(8):23 |
| 《内经》中“两感于寒”临证应用体会 | 张守林 | 中国实用医药 | 2009,(8):215 |
| “肝主目”之浅见及临床运用 | 曹维娜 | 中国现代药物应用 | 2009,(8):185 |
| “辨证论治，治病求本”临床应用之妙 | 程　琳 | 中国现代医生 | 2009,(8):101 |
| 半刺加拔罐治疗暑伤肺胃型小儿夏季热36例疗效观察 | 赵敏奇等 | 中国医药导报 | 2009,(8):84 |
| 中医护理在治未病中的优势与实践 | 张晓黎等 | 中国医药导报 | 2009,(8):72 |
| 构建2型糖尿病中医辨证论治体系的思路与方法 | 刘喜明 | 中华中医药杂志 | 2009,(8):1050 |
| 《黄帝内经》理论在白癜风预防、治疗与调养中的应用 | 王　曦等 | 北京中医药 | 2009,(9):700 |
| 合谷刺治疗膝骨性关节炎的临床观察 | 李　丰等 | 甘肃中医 | 2009,(9):38 |
| 中医辨治及调护类风湿关节炎36例 | 李　珍 | 辽宁中医药大学学报 | 2009,(9):108 |
| 石学敏教授刺络疗法临证经验浅析 | 申鹏飞 | 新中医 | 2009,(9):10 |
| 读经一得——随杜菊园老中医临证 | 马　宇 | 中医药导报 | 2009,(9):92 |
| 阴阳理论在病理方面的应用 | 孙超越等 | 甘肃中医 | 2009,(10):11 |
| 从络病学说浅论创建人体器官介入针刺法 | 李　涛等 | 中国医药指南 | 2009,(11):193 |
| 长圆针疗法治疗肩周炎50例 | 王荣贵等 | 现代医药卫生 | 2009,(13):2043 |
| 应用刺络放血拔罐疗法的临床分析 | 刘俊涛等 | 中外医疗 | 2009,(18):125 |
| 铍针治疗肩背肌筋膜炎50例体会 | 梁建新 | 中华中医药杂志 | 2009,(S1):161 |
| 中医“五运六气学说”可指导甲型H1N1防治 | 李建宇等 | 科技日报 | 2009.5.7 |
| 气厥的手法抢救 | 李世明 | 医药养生保健报 | 2009.9.21 |
| 告诉你治病养生的最佳时间 | 东　子 | 中国中医药报 | 2009.10.23 |
| 《黄帝内经》藏象理论的形成及对临床诊病的影响 | 盛岩松 | 中国优秀博硕士学位论文全文数据库(硕士)医药卫生科技辑 | 2009,(1):E056-9 |
| 巨刺结合功能锻炼治疗膝关节骨性关节炎的临床观察 | 马　赛 | 中国优秀博硕士学位论文全文数据库(硕士)医药卫生科技辑 | 2009,(3):E056-15 |
| 药食疗法预防糖尿病 | 张　萍等 | 第四届国际中医糖尿病大会论文汇编 | 2009:438 |
| 拓宽《内经》“治未病”观重视糖尿病中医防治 | 李　理 | 中医药中青年科技创新与成果展示论坛论文集 | 2009:286 |

# 四、《黄帝内经》实验及多学科研究

## （一）实验研究

| | | | |
|---|---|---|---|
| "离经之血为血瘀"的实验研究 | 施永德等 | 浙江中医药大学学报 | 1980,(1):54 |
| 针刺气至病所与疗效关系的初步探讨 | 于渤泉等 | 牡丹江医学院学报 | 1980,(2):7 |
| 巨刺对穴位灌流液中乙酰胆硷含量的影响 | 匡培根等 | 针刺研究 | 1980,(2):147 |
| 虚证状态时的免疫功能观察 | 罗季安等 | 中南大学学报(医学版) | 1980,(2):137 |
| 温病"卫气营血辨证"的病理生化基础探讨 | 李　恩 | 河北中医 | 1980,(4):23 |
| 日全食时阳虚及阴虚心火旺患者尿中 17 羟类固醇及儿茶酚胺等排量的变化 | 赵伟康等 | 上海中医药杂志 | 1980,(5):42 |
| 内关穴相对特异性的研究——针刺对家兔急性心肌缺血的影响 | 侯正光等 | 中医杂志 | 1980,(7):67 |
| 循经针刺对甲皱微循环影响的活体观察 | 遇　铭等 | 辽宁中医杂志 | 1980,(8):9 |
| 手厥阴心包经内关穴相对特异性研究——针刺治疗急性心肌缺血的观察 | 周逸平等 | 皖南医学院学报 | 1980,(12):16 |
| 养阴生津与水、电解质平衡的关系 | 吴家驹 | 贵阳中医学院学报 | 1981,(2):22 |
| 从分子生物学角度探讨"肾主骨"的实质 | 王少金 | 吉林中医药 | 1981,(2):12 |
| 试论肾主骨的研究 | 张超然 | 中国中西医结合杂志 | 1981,(2):87 |
| 针刺补泻、强弱刺激与兴奋抑制作用关系的探讨 | 陈克勤 | 中医杂志 | 1981,(3):38 |
| 针刺手法实验研究综述 | 陈克彦 | 贵州医药 | 1981,(5):28 |
| 脾经味觉现象的观察 | 孙福立等 | 中医杂志 | 1981,(5):52 |
| 关节病的针刺疗法与赫尔通定律关系的探讨 | 张　钦等 | 江苏中医药 | 1981,(6):37 |
| 从某些生理指标探讨人体昼夜的阴阳变化 | 杨如哲等 | 上海中医药杂志 | 1981,(8):47 |
| 循经感传现象研究的主要进展 | 吴嗣洪 | 上海中医药杂志 | 1981,(9):33 |
| 补肾疗法的临床效果及对 lgG 的影响 | 余青萍 | 湖北中医杂志 | 1982,(1):20 |
| 从穴温探索内脏与体表的联系——对 60 例肝病患者肝俞、太冲穴温的观察 | 林蕙兰等 | 新中医 | 1982,(1):30 |
| 关于"中心黑舌苔治验"的重复验证 | 吴秋芳等 | 中医杂志 | 1982,(1):79 |
| 针刺家兔"内关"穴对失血性休克血压的影响及其传入传出途径的观察 | 翁太来等 | 广西中医药 | 1982,(2):42 |
| 家兔针刺"得气"与穴位组织结构的观察 | 曾兆麟等 | 上海针灸杂志 | 1982,(3):12 |
| 内关穴的宁心安神作用研究 | 成柏华等 | 上海针灸杂志 | 1982,(3):17 |
| 从感觉神经性聋患者血清铁变化探讨中医"肾"与耳的关系 | 孙爱华等 | 中医杂志 | 1982,(7):66 |
| 中医"肾"和耳联系的物质基础的探讨——3H－醛固酮在豚鼠耳蜗和其他组织中的分布 | 莫启忠等 | 中医杂志 | 1982,(7):69 |
| 323 例肝硬化患者神色形态改变与疗效分析 | 屠伯言等 | 辽宁中医杂志 | 1982,(9):41 |
| 心气虚患者的细胞免疫功能及补益中药对淋巴细胞作用的初步研究 | 赵家琪等 | 辽宁中医杂志 | 1982,(12):47 |
| "心气虚"患者左心室功能的研究 | 史载祥等 | 中医杂志 | 1982,(12):58 |

| | | | |
|---|---|---|---|
| 针刺"足三里"穴对家兔血中胆碱酯酶活力的影响——对经络与神经—体液关系的初步探讨 | 朱舜丽等 | 安徽中医学院学报 | 1983,(3):48 |
| 经络感传现象的肌电观察 | 严　洁等 | 湖南中医学院学报 | 1983,(3):56 |
| "久痛入络"的研究——胃脘痛103例胃组织纤溶活性观察 | 洪允祥等 | 中医杂志 | 1983,(4):28 |
| 按摩穴位对肢体血流量的影响 | 孙和甫 | 成都体育学院学报 | 1985,(1):72 |
| 脾主运化与涎的关系——唾液腺素的研究 | 陈淑英等 | 广州中医药大学学报 | 1985,(1):36 |
| 论头发的超微结构与年龄肾气相关 | 傅湘琦 | 湖北中医杂志 | 1985,(1):52 |
| 电针对"内关"穴区去甲肾上腺素影响的荧光组化观察 | 潘朝宠等 | 安徽中医学院学报 | 1985,(2):47 |
| 气血虚证面部色泽定量的初步研究 | 蔡光先等 | 湖南中医杂志 | 1985,(3):30 |
| 按摩穴位对小腿血流量的影响 | 孙和甫等 | 按摩与导引 | 1985,(5):5 |
| 骨髓细胞DNA合成率与肾时辰节律关系的实验研究 | 花美君等 | 辽宁中医杂志 | 1985,(11):44 |
| 中医气血理论指导冠心病治疗的临床及实验研究 | 廖家桢等 | 中药药理与临床 | 1986,(00):40 |
| 利用计算机图像识别技术进行舌诊客观化研究的探讨 | 孙立友等 | 安徽中医学院学报 | 1986,(4):5 |
| 从原穴电流变化探讨肾气衰减规律 | 周　欢等 | 贵阳中医学院学报 | 1986,(4):47 |
| 子午流注纳甲法对冠心病患者STI影响的初步观察 | 曹荣禄 | 陕西中医学院学报 | 1986,(4):1 |
| 不同时辰针刺大鼠"涌泉"穴对痛阈和脑内单胺类介质的影响——子午流注针法原理研究 | 宋开源等 | 云南中医中药杂志 | 1986,(4):1 |
| 从"精气夺则虚"(1)谈对于动物造模的认识 | 谢仰洲 | 中医药信息 | 1986,(6):12 |
| 微量元素锌与肾开窍于耳 | 袁允桂 | 微量元素与健康研究 | 1987,(1):21 |
| 不同温度的艾条对家兔结肠运动和结肠电影响的实验研究 | 孙申田等 | 针灸临床杂志 | 1987,(1):31 |
| 塞内加尔患者的循经感传显著程度与针刺治疗遗尿症疗效的关系 | 蔡宗敏 | 上海针灸杂志 | 1987,(2):1 |
| 提插手法的实验观察与临床应用 | 史宇广 | 山西中医 | 1987,(4):41 |
| 手厥阴心包经脉实验体表定位研究 | 徐瑞民等 | 中华中医药杂志 | 1987,(5):21 |
| 滋阴养血活血法的临床应用和实验研究 | 朱广仁等 | 山西中医 | 1987,(6):40 |
| 鼻部十四经感传的观察 | 尤小龙 | 江苏中医药 | 1987,(7):33 |
| 耳穴、头针刺激区、体穴、脏腑相关的客观化研究 | 王一中等 | 世界针灸学会联合会成立暨第一届世界针灸学术大会论文摘要选编 | 1987:296 |
| 经穴电测量及与疾病关系探讨 | 邢江淮等 | 世界针灸学会联合会成立暨第一届世界针灸学术大会论文摘要选编 | 1987:239 |
| 肺结核气虚患者的血液流变性观察 | 唐惕凡等 | 河北中医 | 1989,(2):8 |
| 针刺徐疾补泻对健康人脉象的影响实验观察 | 范军铭等 | 中医研究 | 1989,(2):40 |
| 中医素质分型——正常人和精神分裂症患者的对照研究 | 张良栋等 | 云南中医中药杂志 | 1989,(3):1 |
| "远道刺"法对小白鼠胃粘膜损伤保护作用的实验研究 | 徐汤苹等 | 天津中医学院学报 | 1989,(4):46 |
| 电针巨刺与缪刺对中风偏瘫的实验对比 | 刘光亭等 | 山东中医药大学学报 | 1989,(5):47 |
| 有关昼夜阴阳消长节律的实验研究 | 郭霞珍等 | 中华中医药杂志 | 1990,(3):12 |
| 半夏汤实验研究初报 | 朱复南 | 中药药理与临床 | 1990,(5):15 |
| 半刺法治疗小儿腹泻的临床及实验研究 | 林迎春等 | 中医杂志 | 1990,(5):34 |
| 偏食苦味所至脾气虚证动物模型研究 | 彭　成等 | 四川中医 | 1990,(12):16 |
| 月之盈缺与气血盛衰实验研究 | 满心英等 | 山东中医药大学学报 | 1991,(1):33 |
| 手十二井穴刺络放血的实验研究(摘要) | 徐汤苹等 | 天津中医药 | 1991,(1):33 |
| "恐伤肾"的实验研究 | 沈　雁等 | 中华中医药杂志 | 1991,(1):13 |
| 近10年刺络疗法的活血化瘀临床运用及实验研究概况 | 崔　峻等 | 江西中医学院学报 | 1991,(2):27 |

| | | | |
|---|---|---|---|
| 老年人肝气虚血滞证肝内淋巴细胞浸润及其表面抗原的研究(续) | 郑洪新等 | 辽宁中医杂志 | 1991,(2):43 |
| 有关“天人相应”中光照影响的实验研究 | 张莉莎等 | 中华中医药杂志 | 1991,(2):9 |
| 穴位注射补泻手法实验研究 | 连维真等 | 福建中医药 | 1991,(3):49 |
| “肝主目”的实验研究 | 彭清华 | 甘肃中医学院学报 | 1991,(4):19 |
| 中医胃脘痛病因学的动物模型研究 | 郭宏敏等 | 中医杂志 | 1991,(4):43 |
| “肺与大肠相表里”理论的实验和临床研究近况 | 张洪春等 | 陕西中医 | 1991,(9):429 |
| 经穴阻抗测定与经络、脏腑、气血的相关性 | 严　洁等 | 湖南中医学院学报 | 1992,(1):44 |
| 微量元素测定与中医药研究 | 王家翠等 | 云南中医学院学报 | 1992,(1):41 |
| 脑梗塞患者络刺前后血浆抗凝血酶Ⅲ含量的变化 | 张景华等 | 江西中医学院学报 | 1992,(2):55 |
| 《内经》“肝脉弦”的临床实验研究 | 黄秉枢等 | 遵义医学院学报 | 1992,(Z1):1 |
| 脾主涎的生理病理及实验研究 | 潘文奎 | 湖南中医学院学报 | 1993,(2):10 |
| 脾主涎的生理病理及实验研究的探讨 | 潘文奎 | 辽宁中医杂志 | 1993,(2):45 |
| 耳尖放血退热效应的实验观察 | 钱　云等 | 北京中医药大学学报(中医临床版) | 1994,(1):20 |
| 肝调节血量的理论和实验研究 | 王　蕾 | 山东中医药大学学报 | 1994,(2):91 |
| 中医“恐伤肾”模型血浆中分子物质与巯基含量的变化 | 冯雪梅等 | 成都中医药大学学报 | 1994,(3):46 |
| 高盐饮食与血瘀理论相关性的实验研究 | 秦俊莲等 | 河南中医 | 1994,(4):213 |
| 不同时辰电针内关与十二经五输穴对正常人收缩时间间期(STI)的影响 | 李　磊等 | 甘肃中医学院学报 | 1995,(1):36 |
| 中医药抗衰老治法规律的理论和实验研究 | 瞿延飞 | 辽宁中医杂志 | 1995,(1):45 |
| 以外气与针刺激发显性感传治验 | 荣　翔 | 针灸临床杂志 | 1995,(1):37 |
| 巳时脾经五输穴皮肤电阻的初步研究 | 黄碧玉等 | 福建中医学院学报 | 1995,(2):19 |
| 疾病与两侧经穴皮温失衡的关系 | 王丹芬等 | 河北中医药学报 | 1995,(2):36 |
| 对《内经》多食咸致瘀理论的实验研究 | 宋建平等 | 中国中医药科技 | 1995,(3):5 |
| 不同时辰电针内关与手三阴经五输穴对正常人收缩时间间期(STI)的影响 | 李磊等 | 浙江中医学院学报 | 1995,(4):44 |
| 电针内关与阴经、阳经五输穴对正常人左心功能的效应差异 | 李　磊等 | 中国针灸 | 1996,(1):35 |
| 电针心包经经穴及非经穴对家兔缺血心肌电活动的影响 | 刘俊岭等 | 中国针灸 | 1996,(4):31 |
| “脾主肌肉”的实验研究进展 | 王天芳等 | 北京中医药大学学报 | 1996,(5):22 |
| 电针手三阴、手三阳、足三阴、足三阳经五输穴与内关穴对正常人左心功能的效应差异 | 李　磊等 | 上海针灸杂志 | 1996,(S1):406 |
| 应用 TCD 研究巨刺法对脑血流动力学的影响 | 吴　钢等 | 中国中医药科技 | 1997,(1):59 |
| 从月廓盈亏钠泵变化谈阴阳消长 | 陈明人等 | 江西中医学院学报 | 1997,(2):44 |
| 中风初起的急救措施——手十二井穴刺络放血法的临床与实验研究 | 郭　义等 | 上海针灸杂志 | 1997,(2):13 |
| 人体穴位及循经感传的形态学研究 | 郑　鸣等 | 四川解剖学杂志 | 1997,(4):200 |
| 中风初起的急救措施——手十二井穴刺络放血影响脑血流的临床与实验研究 | 徐汤平等 | 天津中医学院学报 | 1997,(4):45 |
| “恐伤肾”对小鼠“作强”行为的遗传学研究 | 王米渠等 | 上海中医药杂志 | 1997,(7):42 |
| 手十二井穴刺络放血对实验性脑缺血大鼠缺血组织 $K^+$、$Na^+$ 浓度影响的动态观察 | 马岩璠等 | 中国针灸 | 1997,(9):562 |
| 眼与十二经脉关系及针刺影响视觉功能的电生理研究 | 段俊国等 | 医学研究杂志 | 1997,(9):21 |
| 针刺内关穴及不同针刺手法对脉象图参数的影响 | 许建敏等 | 针灸临床杂志 | 1997,(11):23 |

| | | | |
|---|---|---|---|
| 胃脘痛肝郁脾虚证相关穴皮肤微循环流量变化 | 郑洪新等 | 辽宁中医杂志 | 1997,(12):3 |
| 中风初起的急救措施—手十二井穴刺络放血法的临床与实验研究 | 郭 义等 | 针灸临床杂志 | 1997,(Z1):39 |
| 用$^{32}P$大体放射自显影技术对人体十二经脉循行路线示踪的初步研究 | 周迪湘等 | 福建中医药 | 1998,(2):46 |
| 不同时辰电针内关与十二经五输穴对正常人血浆cAMP、cGMP及其比值的影响 | 李 磊等 | 中医药研究 | 1998,(3):21 |
| 手十二井穴刺络放血及电针对家兔脑血流图影响的中枢神经递质机理探讨 | 周智梁 | 针刺研究 | 1998,(4):254 |
| 心经腧穴和内关穴对冠心病患者心功能影响的对比研究 | 黄卫东等 | 中国针灸 | 1998,(8):46 |
| B超显像观察针刺足阳明经四白、内庭对胃蠕动功能的影响 | 常小荣等 | 中国中医药信息杂志 | 1999,(2):26 |
| 针刺足阳明经不同穴点对胃窦面积影响的结果分析 | 严 洁等 | 中国针灸 | 1999,(3):39 |
| 电针心包经经穴改善急性心肌缺血机理的研究 | 刘俊岭等 | 针刺研究 | 1999,(4):282 |
| 手十二井穴刺络放血对实验性脑缺血大鼠缺血区脑组织氧分压影响的动态观察 | 马岩番等 | 上海针灸杂志 | 2000,(2):40 |
| “恐伤肾”与即早基因表达的相关性研究 | 金沈锐等 | 上海中医药大学学报 | 2000,(2):45 |
| 经线－脏腑联系途径与神经肽类物质相关的研究 | 马勤耘等 | 针刺研究 | 2000,(2):117 |
| 试述中医学理论的内证实验性 | 李志庸 | 天津中医学院学报 | 2000,(3):1 |
| 手十二井穴刺络放血对脑血流影响 | 李 青等 | 中国中医药信息杂志 | 2000,(3):51 |
| 经脉循行线上组织氧分压的观察及其针刺的影响 | 谢远军等 | 中国中医药科技 | 2000,(6):353 |
| 经穴皮部挑治与深刺的fMRI对比研究 | 李定忠等 | 中国针灸 | 2000,(8):43 |
| 中西医结合探索“肾通于冬气”的内涵——男性尿T、LH的四季变化 | 罗卫芳等 | 中国中医基础医学杂志 | 2000,(11):31 |
| 古代中医未走实验医学发展道路的原因分析 | 钱小奇等 | 医学与哲学 | 2001,(3):49 |
| 《素问·奇病论》“厥逆”一证动物模型及其药物筛选方法的研究 | 刘建新等 | 中国中医基础医学杂志 | 2001,(3):26 |
| “气至病所”对相关皮瓣浸泡液内5－羟色胺、肾上腺素、去甲肾上腺素含量的影响 | 李 熳等 | 针刺研究 | 2001,(4):292 |
| 人发微量元素对肾气的量化研究 | 马 威等 | 中国中医基础医学杂志 | 2001,(4):32 |
| 手十二井穴刺络放血对实验性脑缺血大鼠缺血区$H^+$浓度影响的实验研究 | 何树泉等 | 针灸临床杂志 | 2002,(2):45 |
| 食复理论探析与实验研究 | 李可建 | 中国优秀博硕士学位论文全文数据库(硕士)医药卫生科技辑 | 2002,(1):E056－5 |
| 中医学肾脏调控理论探讨及“肾应冬”调控机制的分子生物学实验研究 | 马淑然 | 中国优秀博硕士学位论文全文数据库(博士)医药卫生科技辑 | 2002,(2):E056－51 |
| “火郁发之”法对胃粘膜急性损伤中攻击因子与保护因子调节作用的研究 | 牛 栋 | 中国优秀博硕士学位论文全文数据库(硕士)医药卫生科技辑 | 2002,(2):E056－39 |
| 肝主疏泄与慢性束缚应激中枢相关神经肽的研究 | 唐已婷 | 中国优秀博硕士学位论文全文数据库(硕士)医药卫生科技辑 | 2002,(2):E056－23 |

| | | | |
|---|---|---|---|
| “肾主生殖”与颌下腺－睾丸轴的关系 | 于军桥 | 中国优秀博硕士学位论文全文数据库(硕士)医药卫生科技辑 | 2002,(2):E056－6 |
| “肝主疏泄与单胺类神经递质和性激素及其调节激素有关”假说新证据 | 石忠峰 | 中国优秀博硕士学位论文全文数据库(硕士)医药卫生科技辑 | 2002,(2):E056－17 |
| 心经经脉与相应脏腑相关的研究——电针心经对家兔心功能、小肠及脑电活动的影响 | 方志斌等 | 针刺研究 | 2003,(1):48 |
| 刺络拔罐对哮喘持续状态氧分压、二氧化碳分压的影响 | 叶祖明 | 天津中医药 | 2003,(2):36 |
| 手十二井穴刺络放血对中风患者意识状态、心率等影响的临床观察 | 郭　义等 | 天津中医药 | 2003,(2):35 |
| 针刺手厥阴心包经穴对心肌缺血－再灌注损伤肌钙蛋白T的影响 | 田岳凤等 | 中国中西医结合急救杂志 | 2003,(2):67 |
| 电针足阳明经穴对胃粘膜损伤大鼠胃粘膜血流量及生长抑素的影响 | 林亚平等 | 中国中西医结合消化杂志 | 2003,(2):75 |
| 四季脉象胃气变化血流动力学特点分析 | 王东生等 | 中国中医急症 | 2003,(6):558 |
| 针刺不同经穴治疗偏头痛及对颅内血流动力学的影响 | 谢菊英 | 中国优秀博硕士学位论文全文数据库(硕士)医药卫生科技辑 | 2003,(2):E056－22 |
| 应用肝肾泄藏调控理论探讨迟发性运动障碍治疗的实验与临床研究 | 车向宜 | 中国优秀博硕士学位论文全文数据库(硕士)医药卫生科技辑 | 2003,(2):E056－100 |
| 中下焦俞募穴与相应脏腑特异性联系通路的荧光双标法研究 | 童晨光 | 中国优秀博硕士学位论文全文数据库(硕士)医药卫生科技辑 | 2003,(2):E056－8 |
| “心生血”理论与实验研究 | 刘渊 | 中国优秀博硕士学位论文全文数据库(博士)医药卫生科技辑 | 2003,(4):E056－4 |
| 红外辐射成像技术对中医经络研究的一个新奉献——人体体表确有古人描述的经脉循行路线 | 胡翔龙等 | 第九届全国红外加热暨红外医学发展研讨会论文摘要集 | 2003:35 |
| 从干细胞分化研究“肾通于脑”的策略 | 蔡光先等 | 湖南中医学院学报 | 2004,(1):30 |
| 中医学情志论实验考证——初识“惊与恐”动力学脑特征 | 王德堃等 | 山西中医 | 2004,(1):42 |
| B超观察针刺胆经下合穴对健康人胆囊收缩功能的影响 | 赵宁侠等 | 云南中医学院学报 | 2004,(3):50 |
| “手十二井穴”刺络放血对大鼠局灶性脑缺血后NO含量和NOS活性的影响 | 黄碧兰等 | 咸宁学院学报(医学版) | 2004,(5):312 |
| 待验证的揭示人体干细胞分布与分类的中医经络学说 | 张建新 | 中国中医基础医学杂志 | 2004,(6):13 |
| 巨针巨刺法对脑梗死患者脑血流图、血液流变学和血脂的影响 | 刘光亭 | 中国针灸 | 2004,(10):39 |
| 手十二井穴刺络放血法对MCAO模型大鼠大脑皮层c－fos蛋白表达的影响 | 王秀云等 | 上海针灸杂志 | 2004,(12):39 |
| 刺络放血对Ⅱ型糖尿病周围神经病变和血液流变学的影响 | 李佩芳等 | 针灸临床杂志 | 2004,(12):41 |

| | | | |
|---|---|---|---|
| 手厥阴心包经与心相关的实验研究 | 杨孝芳 | 中国优秀博硕士学位论文全文数据库(博士)医药卫生科技辑 | 2004,(1):E056-18 |
| 电针上巨虚与曲池治疗大鼠溃疡性结肠炎的比较研究——"合治内腑"初探 | 向志勇 | 中国优秀博硕士学位论文全文数据库(硕士)医药卫生科技辑 | 2004,(1):E056-44 |
| 补益阳明津气延缓初老雌性大鼠卵巢机能衰老的机理研究 | 李 燕 | 中国优秀博硕士学位论文全文数据库(博士)医药卫生科技辑 | 2004,(3):E056-22 |
| "手十二井穴"刺络放血对大鼠局灶性脑缺血后SOD活性和MDA含量的影响 | 黄碧兰等 | 咸宁学院学报(医学版) | 2005,(1):4 |
| 针刺足阳明经穴对家兔胃窦平滑肌细胞舒缩长度及胞内钙离子浓度的影响 | 易受乡等 | 中国中医药科技 | 2005,(1):1 |
| 通因通用法治疗溃疡性结肠炎的临床及实验研究 | 赵复锦等 | 中国中西医结合消化杂志 | 2005,(2):85 |
| 针刺手厥阴心包经穴对心肌缺血再灌注损伤心肌细胞钙超载的影响 | 田岳凤等 | 针刺研究 | 2005,(3):161 |
| 心经经脉与心脏相关联系的电生理学研究 | 荣培晶等 | 针刺研究 | 2005,(4):238 |
| "肺应秋"的免疫学实验研究 | 吴同玉等 | 中国中医基础医学杂志 | 2005,(4):285 |
| 健康人胃经五输穴体表阻抗的规律性研究 | 徐冬梅等 | 贵阳医学院学报 | 2005,(6):523 |
| 井穴刺络放血法对MCAO模型大鼠大脑皮层HSP70蛋白表达的影响 | 王秀云等 | 天津中医药 | 2005,(6):477 |
| 针刺手厥阴心包经穴对心肌缺血再灌注损伤细胞凋亡的影响(英文) | 田岳凤等 | 中国临床康复 | 2005,(7):195 |
| 针刺三角肌及肱三头肌治疗脑梗死患者上肢肌肉痉挛:与同部位阳经穴位针刺的对比 | 樊 莉等 | 中国临床康复 | 2005,(25):129 |
| 季节气候对人体生理病理影响的文献与实验研究 | 李建军 | 中国优秀博硕士学位论文全文数据库(博士)医药卫生科技辑 | 2005,(4):E056-3 |
| 心与衰老相关性的理论及实验研究 | 牟建仁 | 中国优秀博硕士学位论文全文数据库(博士)医药卫生科技辑 | 2005,(4):E056-7 |
| "肺应秋"调控机制的理论整理和免疫学实验研究 | 吴同玉 | 中国优秀博硕士学位论文全文数据库(博士)医药卫生科技辑 | 2005,(5):E056-5 |
| 肝主疏泄调节人体功能的理论与实验研究 | 马月香 | 中国优秀博硕士学位论文全文数据库(博士)医药卫生科技辑 | 2005,(6):E056-10 |
| 类风湿关节炎从肝脾辨治的临床和实验研究 | 叶 蕾 | 中国优秀博硕士学位论文全文数据库(硕士)医药卫生科技辑 | 2005,(6):E056-206 |
| 择时顺势,燮理营卫治疗失眠的实验研究与临床观察 | 滕 晶 | 中国优秀博硕士学位论文全文数据库(博士)医药卫生科技辑 | 2005,(6):E056-32 |
| 针刺信号上传入脑和经络体表循行线的关系 | 贾少微等 | 针灸技术规范及学术发展研讨会论文集 | 2005:176 |

| | | | |
|---|---|---|---|
| 择时顺势、调理营卫治疗失眠证的临床与实验研究 | 滕 晶等 | 山东中医药大学学报 | 2006,(4):318 |
| 十二井穴刺络放血对局灶性脑缺血模型大鼠神经细胞功能的影响 | 霍国敏等 | 山东中医杂志 | 2006,(7):477 |
| 肺主宣发的理论探讨和病理生理实验研究 | 田丙坤 | 中国优秀博硕士学位论文全文数据库(博士)医药卫生科技辑 | 2006,(12):E056-7 |
| 中医五脏相关理论探讨及补脾益肾法对大鼠 MSCs 增殖和分化的影响 | 陈凯佳 | 中国优秀博硕士学位论文全文数据库(博士)医药卫生科技辑 | 2006,(12):E056-6 |
| 中医学"天人相应"论之实验考证 | 王德堃等 | 山西中医 | 2007,(3):47 |
| 刺络放血疗法的实验及临床研究进展 | 孙 阁等 | 河北中医 | 2007,(6):561 |
| 缪刺法对佐剂性关节炎大鼠的镇痛效应及机制研究 | 李学智等 | 实用中医药杂志 | 2007,(10):615 |
| "针刺五脏俞调五脏神"针法干预失眠机制的实验研究 | 胡金凤 | 中国优秀博硕士学位论文全文数据库(博士)医药卫生科技辑 | 2007,(4):E056-7 |
| "劳倦过度、房事不节"致肾阳虚及补肾治疗对小鼠生精功能影响的研究 | 张 丹 | 中国优秀博硕士学位论文全文数据库(博士)医药卫生科技辑 | 2008,(4):E056-6 |
| 调枢机和营卫法治疗癫痫的理论与实验研究 | 陈晓薇 | 中国优秀博硕士学位论文全文数据库(博士)医药卫生科技辑 | 2008,(9):E056-131 |
| 中医汗法的理论解构及实验研究 | 吴忠泽 | 中国优秀博硕士学位论文全文数据库(博士)医药卫生科技辑 | 2008,(9):E056-12 |
| "肺应秋"适应性调控机制的理论和实验研究 | 徐巍华 | 中国优秀博硕士学位论文全文数据库(硕士)医药卫生科技辑 | 2008,(12):E056-3 |
| "天人相应"理论的实验研究冬夏变化对甲状腺组织基因表达的影响 | 史楠楠 | 中国优秀博硕士学位论文全文数据库(硕士)医药卫生科技辑 | 2008,(12):E056-6 |
| 针刺任脉加巨刺对脑卒中上肢体感诱发电位的影响 | 罗文舒 | 河南中医 | 2009,(1):84 |
| 针刺少阳经穴对偏头痛的镇痛作用及对血浆 β-内啡肽的影响 | 曹 颖等 | 湖北中医杂志 | 2009,(2):9 |
| 从《内经》"凡阴阳之要,阳密乃固"论证体质差异的理论与实验研究 | 袁端红 | 贵阳中医学院学报 | 2009,(4):83 |
| 脑卒中经针刺任脉加巨刺治疗后患肢体感诱发电位的变化 | 罗文舒 | 云南中医中药杂志 | 2009,(4):43 |
| 肾虚衰老说——肾虚衰老与 T 细胞凋亡自由基损伤的相关性 | 王思程等 | 中华中医药学刊 | 2009,(4):836 |

## （二）多学科研究

| | | | |
|---|---|---|---|
| 《内经》之哲学的检讨 | 杨则民 | 浙江中医学校校友会刊 | 1922,(9):6 |
| 杂纂:《内经》生理新论自序 | 袁复初 | 三三医报 | 1925,(31):2 |
| 读《内经》生理病理解剖学讨论(待续) | 陈秩平 | 杏林医学月报 | 1935,(77):26 |
| 读《内经》生理病理解剖学讨论(续) | 陈秩平 | 杏林医学月报 | 1935,(78):25 |
| 读《内经》生理病理解剖学讨论(再续完) | 陈秩平 | 杏林医学月报 | 1935,(79):28 |
| 《内经》与病理学 | 佛　雏 | 中国医药研究月报 | 1937,(10):5 |
| 注解《内经》生理学之一 | 赵子刚 | 中国医学(上海 1937) | 1937,(2):45 |
| 《内经》之哲学的检讨(续) | 杨则民 | 中国医药月刊(北京) | 1941,(4):13 |
| 《内经》与洗冤录 | 何庭槐 | 健康医报 | 1946,(12):16 |
| 老子哲学思想对《内经》医学思想的影响 | 张冠煌 | 中医杂志 | 1957,(7):339 |
| 探讨《伤寒论》运用和发展《内经》的理论 | 章巨膺等 | 江苏中医药 | 1963,(10):2 |
| 《内经》的唯物主义自然观 | 阎惠涵 | 医药资料选编(陕) | 1977,(1) |
| 试论《黄帝内经》的原始控制论思想 | 李伯聪 | 河南中医学院学报 | 1978,(3) |
| 论《内经》的唯物主义形神观 | 刘长林等 | 文史哲 | 1978,(3):47 |
| 《内经》和时间生物医学 | 吴今义等 | 成都中医药大学学报 | 1979,(4):1 |
| 人与自然学说探讨 | 张慰丰 | 新中医 | 1980,(1):8 |
| 中医心理学说初探 | 王米渠等 | 成都中医药大学学报 | 1980,(3):12 |
| 谈谈医学心理学 | 王效道 | 赤脚医生杂志 | 1980,(4):27 |
| 《黄帝内经》与控制论 | 孟庆云 | 辽宁中医杂志 | 1980,(6):11 |
| 学习和运用《内经》医学地理学思想的粗浅体会 | 赵桂馨 | 广西中医药 | 1981,(1):6 |
| 《内经》在环境医学上的成就初探 | 张笑平等 | 辽宁中医杂志 | 1981,(1):4 |
| 《黄帝内经》与周秦汉哲学思想 | 姜春华 | 新中医 | 1981,(2):7 |
| 《内经》与医学心理学 | 李兴民 | 广西中医药 | 1981,(3):9 |
| 中医的三个数学模型 | 赵友琴 | 山东中医药大学学报 | 1981,(4):38 |
| 论从多学科范围研究《内经》 | 邹云翔等 | 上海中医药杂志 | 1981,(4):6 |
| 《黄帝内经》自然辨证法与黄老哲学思想 | 冷其林 | 成都中医药大学学报 | 1981,(4):5 |
| 医学心理学与祖国医学 | 陈绍宗 | 福建医药杂志 | 1981,(5):40 |
| 有关中医气象学的研究进展 | 林干良 | 福建中医药 | 1981,(5):1 |
| 《黄帝内经》中有关医学心理学的探讨 | 王　琦 | 新中医 | 1981,(7):13 |
| 《内经》中的心身医学思想初探 | 张志宏 | 辽宁中医杂志 | 1981,(10):1 |
| 对祖国医学中有关心理学理论的认识 | 赵再庸 | 辽宁中医杂志 | 1981,(10):6 |
| 多学科研究中医药理论的进展 | 王明辉 | 上海中医药杂志 | 1981,(10):61 |
| 《内经》哲学探源(一) | 黄吉棠 | 新中医 | 1981,(11):3 |
| 《内经》哲学探源(二) | 黄吉棠 | 新中医 | 1981,(12):3 |
| 从控制论看中医脏象学说 | 彭光谱 | 皖南医学院学报 | 1981,(15):89 |
| 浅谈医学与气候的关系 | 吴坦平 | 贵阳中医学院学报 | 1982,(1):21 |
| 再谈《黄帝内经》与中医学的哲学问题 | 车　离 | 中医药学报 | 1982,(1):1 |
| 庄子的形神观与古代医学 | 翟延瑁 | 中州学刊 | 1982,(1):39 |
| 《内经》的医学心理学雏形 | 宋知行 | 江苏中医药 | 1982,(2):5 |
| 试论《黄帝内经》中若干哲学范畴的医理化 | 张允熠 | 皖南医学院学报 | 1982,(2):49 |
| 《黄帝内经》中的宇宙起源学说 | 田成庆 | 河北中医 | 1982,(3):36 |

| | | | |
|---|---|---|---|
| 祖国医学对时间生物学的贡献 | 宋为民 | 南京中医药大学学报（自然科学版） | 1982,(3):55 |
| 《黄帝内经》中的哲学思想研究 | 田成庆 | 河北中医 | 1982,(4):4 |
| 浅谈老子的朴素辨证法思想与中医理论的形成 | 程宝书 | 黑龙江中医药 | 1982,(4):6 |
| 中医的预防医学与气功 | 宋天彬 | 山东中医杂志 | 1982,(6):330 |
| 祖国医学心理治疗初探 | 李兴民 | 上海中医药杂志 | 1982,(7):34 |
| 剖析《黄帝内径》的唯物论观点 | 凌耀星 | 医学与哲学（人文社会医学版） | 1982,(8):32 |
| 谈医学逻辑学 | 凌立坤等 | 中国医院管理 | 1982,(12):53 |
| 我国古代医学中有关人类遗传学的问题——试论《黄帝内经》中人类体型和行为的遗传学分类 | 李崇高 | 中国优生与遗传杂志 | 1983,(00):23 |
| 关于中医“拮抗学说”的探讨 | 林通国等 | 成都中医药大学学报 | 1983,(1):17 |
| 试论《黄帝内经》自然观 | 王庆其 | 黑龙江中医药 | 1983,(1):6 |
| 祖国医学中的医学心理思想探讨 | 杜文东等 | 南京中医药大学学报（自然科学版） | 1983,(1):23 |
| 从系统论看脏象学说 | 孟庆云 | 新中医 | 1983,(1):7 |
| 中国古代的康复医学 | 卓大宏 | 中国医院管理 | 1983,(1):35 |
| 中国古代军事思想对中医学之影响 | 徐复霖 | 第一军医大学学报 | 1983,(2):171 |
| 多学科对中医学之研究(下) | 瞿岳云 | 贵阳中医学院学报 | 1983,(2):42 |
| 从解剖学角度浅析《素问·刺禁论》篇 | 李映芬等 | 陕西中医学院学报 | 1983,(3):49 |
| 浅谈心理学说在《内经》中的反映 | 于　铁 | 现代医学 | 1983,(4):234 |
| 《内经》中的社会医学知识 | 李恩昌 | 医学与哲学（人文社会医学版） | 1983,(4):37 |
| 祖国医学中的情绪心理学初探 | 周长发 | 中医药学报 | 1983,(4):14 |
| 调理七情,却病延年与医学心理学 | 康良石 | 福建中医药 | 1983,(5):2 |
| 从祖国医学与古代哲学的关系看中国哲学史的特点 | 王德敏 | 学术月刊 | 1983,(6):10 |
| 《内经》中的心理学思想 | 朱文锋 | 医学与哲学（人文社会医学版） | 1983,(7):35 |
| 续系统论与藏象学说(一) | 雷顺群 | 辽宁中医杂志 | 1983,(8):15 |
| 续系统论与藏象学说(二) | 雷顺群 | 辽宁中医杂志 | 1983,(9):9 |
| 续系统论与藏象学说(三) | 雷顺群 | 辽宁中医杂志 | 1983,(10):10 |
| 续系统论与藏象学说(四) | 雷顺群 | 辽宁中医杂志 | 1983,(11):12 |
| 《内经》中黄老和儒家思想举隅 | 余自汉 | 中医杂志 | 1983,(11):80 |
| 续系统论与藏象学说(五) | 雷顺群 | 辽宁中医杂志 | 1983,(12):9 |
| 《老子》与《内经》 | 祝大中等 | 医学与哲学（人文社会医学版） | 1983,(12):52 |
| 略述《黄帝内经》在气功学发展史上的贡献 | 李志庸等 | 天津中医学院学报 | 1983,(Z1):19 |
| 关于《内经》的“类概念”本质及逻辑方法 | 马伯英 | 陕西中医 | 1984,(1):4 |
| 周易学术思想浅识 | 孙　钟 | 云南医药 | 1984,(1):60 |
| 从控制论看伤寒六经及其辨证论治的某些规律 | 孟庆云 | 湖南中医学院学报 | 1984,(2):6 |
| 《黄帝内经》的认识论 | 曲　峰 | 南京中医药大学学报（自然科学版） | 1984,(3):1 |
| 从发生学观点看中医理论的形成过程 | 王文敏 | 云南中医中药杂志 | 1984,(3):10 |
| 《老子》与《黄帝内经》 | 吴家骏 | 成都中医药大学学报 | 1984,(4):4 |
| 试论“四变之动,脉与之上下”的天文学基础 | 方　毅等 | 辽宁中医杂志 | 1984,(4):7 |

| | | | |
|---|---|---|---|
| 赵献可的哲学思想与其医学理论体系——中国古代医学与哲学探讨 | 常存库 | 中医药学报 | 1984,(5):39 |
| 老子哲学对《内经》的积极影响——兼评郭兵权、许孔璋同志的两篇文章 | 刘时觉 | 医学与哲学（人文社会医学版） | 1984,(11):19 |
| 《黄帝内经》逻辑思维的特点与缺陷 | 傅洪潮 | 医学与哲学（人文社会医学版） | 1984,(12):16 |
| 《内经》气功论 | 黎泽泉等 | 按摩与导引 | 1985,(1):20 |
| 谈谈中医与古代哲学 | 鲁兆麟 | 甘肃中医学院学报 | 1985,(1):6 |
| 《黄帝内经素问》电子计算机整理研究获得成功 | 武长春等 | 中医杂志 | 1985,(2):74 |
| 祖国医学心理学初探 | 杨春林等 | 江西中医药 | 1985,(3):1 |
| 气功声法与古代音乐及其治病 | 陆孝夫等 | 中医药信息 | 1985,(3):21 |
| 试论《内经》卫气与气功硬功 | 胡春申 | 上海中医药杂志 | 1985,(5):36 |
| 试论《内经》中反映的系统观与系统方法对祖国医学的指导作用及意义 | 于 铁 | 现代医学 | 1985,(5):298 |
| 中医的医学心理学述要 | 宋知行 | 浙江中医药大学学报 | 1985,(6):14 |
| 医学心理学简介 | 王广尧 | 中国社区医师 | 1985,(Z1):141 |
| 《内经》中情绪心理学说的探讨 | 滕立藩 | 广西师范学院学报（哲学社会科学版） | 1986,(1):135 |
| 《孙子兵法》与岐黄之术——《用药如用兵》论读书札记 | 王惠明 | 贵阳中医学院学报 | 1986,(1):15 |
| 对《周易》几点看法的浅说 | 罗德扬 | 国医论坛 | 1986,(1):13 |
| 中医有关免疫学思想的探讨 | 董振华 | 山西中医 | 1986,(1):40 |
| 《内经》的医学心理学理论 | 杨沛煊 | 云南中医学院学报 | 1986,(1):4 |
| 中医数学运用初探 | 张新渝等 | 天津中医药 | 1986,(2):32 |
| 老子哲学和《内经》医学 | 程明华 | 湘潭大学学报（哲学社会科学版） | 1986,(2):7 |
| 《内经》中医学地理学初探 | 蒋再铁 | 新疆中医药 | 1986,(3):13 |
| 《内经》哲学思想探讨 | 周国钧 | 中山大学学报（社会科学版） | 1986,(3):67 |
| 看君臣佐使与现代军事实验 | 梁兴才 | 中医药信息 | 1986,(3):6 |
| 《黄帝内经》中的数学模型 | 孟庆云 | 贵阳中医学院学报 | 1986,(4):8 |
| 医易一理　孕明含粹——读《周易·系辞传》谈《内经》的理论思维 | 刘时觉 | 国医论坛 | 1986,(4):9 |
| 《黄帝内经》哲学思想探 | 葛荣晋 | 湖南师范大学教育科学学报 | 1986,(5):80 |
| 《内经》与张子和学术思想 | 胡冬裴 | 上海中医药杂志 | 1986,(5):35 |
| 倡建“中医地理学说” | 谈运良 | 吉林中医药 | 1986,(6):1 |
| 类比法与中医学 | 华浩明 | 医学与哲学（人文社会医学版） | 1986,(8):37 |
| 黄老哲学对老子“道”的改造和发展 | 滕 复 | 哲学研究 | 1986,(9):64 |
| 论儒家学说与古代医学 | 周一谋 | 医学与哲学（人文社会医学版） | 1986,(10):37 |
| 中医对地质学的认识 | 冯汉镛 | 医学与哲学（人文社会医学版） | 1986,(12):34 |
| 《黄帝内经》、《论语》饮食观约篇 | 刘承誉等 | 天津中医学院学报 | 1986,(Z1):3 |
| 道家精气学说对《内经》理论的影响 | 吴弥漫 | 天津中医学院学报 | 1986,(Z1):77 |
| 易卦的形成、原理与《内经》理论模型的设想 | 黄自元 | 天津中医学院学报 | 1986,(Z1):83 |

| | | | |
|---|---|---|---|
| 《易传》哲学思想与《内经》的联系 | 肖林榕等 | 福建中医药 | 1987,(2):58 |
| 从《内经》看中医学的三维医学模式 | 王　钊 | 国医论坛 | 1987,(2):17 |
| 试论比类取象的科学性及其实际意义 | 王三虎 | 陕西中医 | 1987,(2):63 |
| 略论《内经》与道家思想 | 张毅之 | 天津中医学院学报 | 1987,(2):8 |
| 《周易》和《黄帝内经》 | 唐明邦 | 孔子研究 | 1987,(3):3 |
| 《黄帝内经》与古代三易研究 | 覃保霖 | 内蒙古中医药 | 1987,(3):31 |
| 黄帝内经与古代三易研究 | 覃保霖 | 内蒙古中医药 | 1987,(4):38 |
| 儒家学说与中国医学 | 陈梦赉 | 中医药研究 | 1987,(4):29 |
| 哲学与中医——浅谈老子思想对中医理论形成的影响 | 方　鸿 | 医学与哲学（人文社会医学版） | 1987,(5):24 |
| 论《内经》的物候学思想 | 王庆其 | 湖北中医杂志 | 1987,(6):5 |
| 浅述《内经》的预防医学思想 | 史伟忠 | 浙江中医学院学报 | 1987,(6):44 |
| 《易》与中国医学并无直接联系 | 廖育群 | 中医杂志 | 1987,(7):68 |
| 论《易经》"同气相求"观对中医学的影响 | 吕钟笑 | 陕西中医 | 1987,(8):24 |
| 浅谈《周易》对祖国医学的影响 | 廖启义 | 新中医 | 1987,(10):1 |
| 有关《内经》中新医学模式雏型之剖析 | 陶际明 | 辽宁中医杂志 | 1987,(12):9 |
| 黄帝内经与古代三易研究(续二) | 覃保霖 | 内蒙古中医药 | 1988,(1):39 |
| 试论《周易》哲学思想与《内经》医学理论的关系 | 徐涌浩 | 浙江中医学院学报 | 1988,(1):7 |
| 试论《墨经》逻辑思维方法对《内经》的影响 | 李志民等 | 安徽中医学院学报 | 1988,(2):11 |
| 有关"术数学"的几个问题 | 张弘强等 | 甘肃中医学院学报 | 1988,(2):39 |
| 杨上善《黄帝内经太素》易学思想初探 | 朱现平 | 国医论坛 | 1988,(2):16 |
| 略论《华氏中藏经》学术思想渊源及对后世的影响 | 刘炳凡 | 湖南中医学院学报 | 1988,(2):1 |
| 试论《内经》的中医心理学体系 | 卢建军 | 泸州医学院学报 | 1988,(2):100 |
| 医易溯源 | 夏克平 | 周易研究 | 1988,(2):80 |
| 论中医多学科研究的战略问题(上) | 雷顺群 | 山东中医药大学学报 | 1988,(3):24 |
| 浅探《孙子兵法》与中医立法之道 | 张军平 | 天津中医学院学报 | 1988,(3):22 |
| 道家思想与中国医学 | 陈梦赉 | 中医药研究 | 1988,(3):40 |
| 论中医学的多学科思想及其研究设想 | 李今庸等 | 湖北中医杂志 | 1988,(4):2 |
| 《内经》天文医学思想初探 | 杨振平等 | 中华中医药杂志 | 1988,(5):6 |
| 试论《内经》气功学思想 | 祝跃平 | 陕西中医 | 1988,(10):471 |
| 浅议唯物主义辨证法与中医学的关系 | 夏元洁 | 江西社会科学 | 1989,(1):88 |
| 平衡学说与中医理论 | 林竹三 | 山东中医药大学学报 | 1989,(1):8 |
| 《中藏经》治疗体系初探 | 张文安等 | 国医论坛 | 1989,(2):21 |
| 浅析《易传》"中和"思想对祖国医学的影响 | 章　恪 | 国医论坛 | 1989,(2):9 |
| 中医药物候学思想概念及渊源——中医药物候学思想研究(一) | 郝葆华等 | 陕西中医学院学报 | 1989,(2):15 |
| 从西汉占盘看《灵枢·九宫八风》的占星术性质 | 黄自元 | 上海中医药杂志 | 1989,(2):5 |
| 《黄帝内经》中的方法论探析 | 孟庆云 | 中医研究 | 1989,(2):7 |
| 《内经》医学气象学初探 | 邹克扬等 | 中医药学报 | 1989,(2):7 |
| 试论道家的一些思想对中医学的影响 | 段振离 | 中医研究 | 1989,(2):3 |
| 略论《内经》与道家学派的哲学思想 | 谭　瑛 | 安徽中医学院学报 | 1989,(3):17 |
| 《内经》阴阳人格体质学说与艾森克人格维度的比较研究 | 王米渠 | 贵阳中医学院学报 | 1989,(3):7 |
| 中医学与儒学 | 邱鸿钟 | 中医研究 | 1989,(3):8 |
| 试论《老子》哲学观对《素问》的影响 | 洪必良 | 安徽中医学院学报 | 1989,(4):10 |
| 《周易》与唯象中医学 | 朱昌智 | 国医论坛 | 1989,(4):7 |

| | | | |
|---|---|---|---|
| 中医药物候学思想的季节性模式——中医药物候思想研究(二) | 郝葆华 | 陕西中医学院学报 | 1989,(4):13 |
| 《周易》思维模式序 | 韩连武 | 国医论坛 | 1989,(5):14 |
| 《易经》及其与中医学的关系 | 王光清 | 陕西中医 | 1989,(5):208 |
| 《黄帝内经》和《希波克拉底文集》的比较研究 | 聂菁葆 | 中医药学报 | 1989,(5):6 |
| 《内经》非平衡思想初探 | 章增加等 | 广西中医药 | 1989,(6):27 |
| 易医全息论 | 董应周等 | 国医论坛 | 1989,(6):10 |
| 医易相通的基本观点、法则和思维方法 | 郑利华 | 国医论坛 | 1989,(6):12 |
| 道家思想对中医学的影响 | 祝世讷 | 山东中医药大学学报 | 1990,(1):5 |
| 中医对医学地理学的认识 | 郑家铿 | 陕西中医学院学报 | 1990,(2):6 |
| 中医学与心理学 | 王香兰等 | 陕西中医学院学报 | 1990,(2):38 |
| 略说《易》与《医》 | 周仰贤 | 周易研究 | 1990,(2):87 |
| 《内经》与《系辞传》同一学源小议 | 张志远 | 实用中医药杂志 | 1990,(3):37 |
| 《内经》社会医学探讨 | 郭聂涛 | 中医药学报 | 1990,(5):8 |
| 中医象数学初探 | 胡元奎 | 陕西中医 | 1990,(9):408 |
| 试论易理医用——初探易学对中医药学的影响 | 叶锦先 | 上海中医药杂志 | 1990,(10):45 |
| 《内经》与《春秋繁露》、《白虎通》中阴阳五行学说的比较研究 | 申秀云 | 甘肃中医学院学报 | 1991,(1):9 |
| 《内经》与耗散结构论 | 章增加等 | 山东中医药大学学报 | 1991,(1):16 |
| 地质医学的形成与发展 | 李敏达 | 皖南医学院学报 | 1991,(1):48 |
| 象数易学与中医脏象 | 王梅竹等 | 中医药学报 | 1991,(1):1 |
| 医易相关研究 | 麻福昌 | 按摩与导引 | 1991,(2):16 |
| 试论《易经》对中医学的影响 | 李延斌 | 山东医科大学学报(社会科学版) | 1991,(2):43 |
| 医易关系浅谈 | 王新春 | 山东医科大学学报(社会科学版) | 1991,(2):40 |
| 《周易》对中医理论的三次影响 | 孟庆云 | 中医研究 | 1991,(2):7 |
| 《内经》与《易经》太极学说 | 谭　瑛 | 安徽中医学院学报 | 1991,(3):7 |
| 《内经》五郁与医学气象学 | 阎自力 | 山东中医杂志 | 1991,(3):10 |
| 《内经》易理述例 | 韩葆贤 | 新疆中医药 | 1991,(3):2 |
| 《内经》中的目录学内容探析 | 李良松 | 中医研究 | 1991,(3):45 |
| 浅论藏医学《四部医典》中治湿痹的《内经》思想 | 张光晶 | 甘肃中医 | 1991,(4):42 |
| 浅析《异法方宜论》对医学地理学的认识 | 易望丰 | 湖南中医学院学报 | 1991,(4):3 |
| 《易》"医"析理 | 郝宜今 | 内蒙古大学学报(人文.社会科学版) | 1991,(4):102 |
| 易学模式对《内经》理论体系形成的影响 | 顾植山 | 南京中医药大学学报(自然科学版) | 1991,(4):196 |
| 《内经》社会护理学思想探析 | 叶万芳等 | 山东中医杂志 | 1991,(4):11 |
| 《易经》与中医基础理论 | 张启明等 | 吉林中医药 | 1991,(5):4 |
| 从《黄帝内经》看我国《体育保健学》的理论体系 | 郑隆榆 | 浙江体育科学 | 1991,(5):39 |
| 客观评价《周易》对中医学形成的影响——兼答明鸣同志 | 董尚朴 | 福建中医药 | 1991,(6):49 |
| 广义热力学与中医整体平衡观 | 程　竑 | 医学与哲学(人文社会医学版) | 1991,(6):33 |
| 《黄帝内经》的气象医学观 | 孙　兴 | 中医药信息 | 1991,(6):2 |
| 略论《内经》与儒家思想观念 | 谭　瑛 | 安徽中医学院学报 | 1992,(1):9 |

| | | | |
|---|---|---|---|
| 《内经》应用《周易》理论举要 | 郑家铿 | 福建中医学院学报 | 1992,(1):2 |
| 《易经》原始系统思维模式与藏象学说方法论 | 许昭森 | 国医论坛 | 1992,(1):9 |
| 医易相关初探 | 张丽君 | 湖南中医学院学报 | 1992,(1):1 |
| 《周易》与《内经》学术 | 吴弥漫 | 天津中医学院学报 | 1992,(2):3 |
| 仲景对《内经》气象医学的继承与发扬 | 廖子君 | 中医药学刊 | 1992,(3):10 |
| 《内经》物候学思想初探 | 单健民 | 中医杂志 | 1992,(3):8 |
| 试论中华医学气功的传统和特点 | 卓大宏 | 按摩与导引 | 1993,(1):1 |
| 咒语治疗及六字大明咒 | 梁尚任 | 按摩与导引 | 1993,(1):42 |
| "医易"问题大论争 | 张其成 | 家庭中医药 | 1993,(1):42 |
| 道家道教对中医学发展前期的影响 | 陈森镇 | 厦门大学学报（哲学社会科学版） | 1993,(1):65 |
| 先秦哲学气范畴和《黄帝内经》的气学理论 | 刘承才 | 中华中医药杂志 | 1993,(1):7 |
| 论中医模拟方法的特点与启示 | 丁　春 | 福建中医学院学报 | 1993,(3):185 |
| 《素问玄机原病式》中易学理论初探 | 张友堂 | 国医论坛 | 1993,(3):11 |
| 中医理论的数学分析定量探索 | 赵致镛 | 四川中医 | 1993,(3):22 |
| 中医的"中和位育"原理（新的医学如何产生） | 陈立夫 | 新疆中医药 | 1993,(3):52 |
| 儒家思想对中国古代医学思维模式的影响 | 易宪容 | 贵州社会科学 | 1993,(4):40 |
| 《内经》六气胜复的生物气象学理论与"温室效应""阳伞效应" | 陈全功 | 云南中医中药杂志 | 1993,(4):9 |
| 中医学体系与《周易》象数学理论 | 烟建华等 | 中华中医药杂志 | 1993,(4):4 |
| 《内经》生态学思想探讨 | 朱方石 | 中医药学报 | 1993,(4):16 |
| 《内经》与《周易》理论渊源浅探 | 赵文举 | 吉林中医药 | 1993,(5):47 |
| 论医《易》相通 | 张志远 | 辽宁中医杂志 | 1993,(5):22 |
| 《黄帝内经》与朱熹自然哲学 | 徐　刚 | 自然辩证法研究 | 1993,(7):57 |
| 《黄帝内经》与中医文化 | 原所贤等 | 医学与哲学（人文社会医学版） | 1993,(8):25 |
| 传统中医——思维哲学模式论 | 苏宇人 | 医学与哲学（人文社会医学版） | 1993,(9):37 |
| 《黄帝内经》在口腔医学方面的论述 | 乔守正 | 北京口腔医学 | 1994,(1):30 |
| 儒道佛与中医学 | 吕明方 | 医古文知识 | 1994,(1):6 |
| 法医学的萌芽 | 贾静涛 | 中华医史杂志 | 1994,(1):47 |
| 医易汇通而明人之生死病治 | 窦春江 | 周易研究 | 1994,(1):62 |
| 《黄帝内经》生命哲学与现代生命科学 | 郑彝元 | 华夏文化 | 1994,(2):49 |
| 略论儒学对中国古代科学技术的影响 | 曹柏荣等 | 上海海运学院学报 | 1994,(2):74 |
| 援易入医　以易训医——中医理论体系探源 | 张其成 | 医古文知识 | 1994,(2):2 |
| 中医学"黑箱模型"理论与唯物辩证哲学观 | 李　佺等 | 中医研究 | 1994,(2):6 |
| 《周易》的三才统一观与《内经》的天人相应 | 白凌志等 | 中医药信息 | 1994,(2):7 |
| 试论《黄帝内经》对人体解剖生理学的贡献 | 田素梅 | 周口师范学院学报 | 1994,(2):35 |
| 援易人医　以易训医——中医理论体系探源（续） | 张其成 | 医古文知识 | 1994,(3):14 |
| 天道观与中医魂——从中国文化史角度探讨《内经》中的道与德 | 刘伯皐 | 医古文知识 | 1994,(3):2 |
| 道与中国医学 | 陈乐平 | 上海师范大学学报（哲学社会科学版） | 1994,(4):46 |
| 开阔视野　启发思路——试论《老子》、《庄子》对《内经》的影响 | 郭洪涛 | 医古文知识 | 1994,(4):1 |
| 历法规律与中医学 | 黄伯舜 | 浙江中医学院学报 | 1994,(4):4 |

| | | | |
|---|---|---|---|
| 试论《易经》与祖国医学的关系 | 许武定等 | 陕西中医 | 1994,(5):233 |
| 《周易》与中医学的关系(一) | 刘蒽文 | 中医药学刊 | 1994,(5):14 |
| 试谈《内经》自然疗法医学思想和方法 | 梁开发 | 中医药研究 | 1994,(5):3 |
| 从易学象数模式看中医理论实质 | 张其成 | 南京中医药大学学报 | 1994,(6):1 |
| 中医学的哲学思想 | 肖天辉 | 中国医药学报 | 1994,(6):5 |
| 《周易》与中医学的关系(二) | 刘蒽文 | 中医药学刊 | 1994,(6):34 |
| 论儒学对传统医学的影响 | 付笑萍 | 中州学刊 | 1994,(6):123 |
| 医易结合管窥 | 郭东久等 | 现代养生 | 1994,(8):44 |
| 《内经》与《周易》关系探析 | 刘蒽文 | 辽宁中医杂志 | 1994,(12):535 |
| 从“易”之三义谈中医思维模式 | 朴原林 | 长春中医学院学报 | 1995,(1):21 |
| 《周易》是中医和中西医结合医必读的经典著作 | 陈嘉乃 | 现代中西医结合杂志 | 1995,(1):76 |
| 试论《周易》乃传统性医学之渊源 | 刘正求 | 国医论坛 | 1995,(2):9 |
| 《老子》学说对中医调平思想的影响 | 王桂枝等 | 江苏中医 | 1995,(2):37 |
| 量子力学与古典中医学的思考 | 缪桂华 | 南京中医药大学学报 | 1995,(2):103 |
| 《黄帝内经》中几种文化心态析 | 阎晓天 | 河南中医药学刊 | 1995,(3):6 |
| 试论《甲乙经》对于类编《内经》的重要贡献 | 李志道等 | 天津中医学院学报 | 1995,(3):39 |
| 儒道与医道 | 谢　华 | 学术论坛 | 1995,(3):65 |
| 中医学与禅 | 王桂枝等 | 医古文知识 | 1995,(3):4 |
| 中医现代化与人体的宏观物理表征 | 张维波等 | 中国中医基础医学杂志 | 1995,(3):8 |
| 中国古代的计量解剖学(日) | 艾素珍 | 寻根 | 1995,(4):39 |
| 道文化与中医学术的关系 | 江幼李 | 中医文献杂志 | 1995,(4):47 |
| 《周易》对中医学发展的负面作用 | 孟庆云 | 中医文献杂志 | 1995,(4):47 |
| 浅议“医源于易”或源于其他 | 杨麦青 | 医学与哲学 | 1995,(5):262 |
| 《周易》对中医学发展的负面作用 | 孟庆云 | 医学与哲学 | 1995,(8):421 |
| 道文化与中医学术的关系 | 江幼李 | 中医杂志 | 1995,(8):456 |
| 从《黄帝内经》和《四部医典》看汉藏医学的整体观 | 王津慧等 | 青海医药杂志 | 1995,(9):8 |
| 方天机之骏利　夫何纷而不理——论中医学与禅宗的思维模式 | 沈经宇 | 上海中医药杂志 | 1995,(10):14 |
| 试论中医多学科研究及新思路 | 孟　和等 | 内蒙古中医药 | 1995,(S1):98 |
| 法天则地　道无鬼神——试论《老子》与中医学的关系 | 朱伟常 | 上海中医药大学学报 | 1996,(1):12 |
| 试论《内经》的《禹贡》地理思想 | 黄自元 | 中国中医基础医学杂志 | 1996,(1):25 |
| 医易研究元问题与医易研究的方法及意义——对医易研究的反思兼与萧、李二先生商榷 | 张其成 | 周易研究 | 1996,(2):83 |
| 庄子与《黄帝内经》 | 孙世安 | 历史教学 | 1996,(3):54 |
| 《黄帝内经》的“新医学模式”雏形 | 何志亮 | 上饶师专学报 | 1996,(3):98 |
| 从儒医现象论儒家文化对中医人格素质的影响 | 林　殷 | 医学与哲学 | 1996,(4):195 |
| 从《内经》与《诗经》思维方式的比较看中医的学科性质 | 张永洛等 | 中国中医基础医学杂志 | 1996,(5):15 |
| 试论《周易》对中医学产生与发展的影响 | 程　鹰 | 河南中医 | 1996,(6):7 |
| 《黄帝内经》中的气象医学思想 | 王华敬等 | 江苏中医 | 1996,(6):36 |
| 论《内经》对医学地理学的贡献 | 周安方等 | 中医药研究 | 1996,(6):3 |
| 试论《内经》有关理论与《老子》之道 | 费国斌 | 上海中医药杂志 | 1996,(8):2 |
| 道家思想对王冰的影响 | 何丽春 | 新中医 | 1996,(11):54 |
| 儒家思想对中医学的影响 | 童安荣等 | 医学与哲学 | 1996,(11):592 |
| 论《易经》对中医生理病理观形成的影响 | 王维武 | 国医论坛 | 1997,(1):13 |
| 医学与时空——中西医学范式比较研究 | 张宗明 | 科学技术与辩证法 | 1997,(1):33 |
| 从《内经》的“天有八纪之说”谈中医气象护理 | 赵凤梅等 | 中国中医基础医学杂志 | 1997,(1):28 |

| | | | |
|---|---|---|---|
| 关于《黄帝内经》哲学思想之认识与思考 | 吕桂琴 | 天津中医学院学报 | 1997,(2):41 |
| 《周易》与中医学探微 | 顾凤琴 | 光明中医 | 1997,(3):3 |
| 从《黄帝内经》生命哲学看生命过程的时空模式 | 郑彝元 | 北京中医药大学学报 | 1997,(4):10 |
| 王道与医理——浅谈儒学思想对中医学的影响 | 李志安等 | 河南中医药学刊 | 1997,(4):2 |
| 儒家中庸之道对中医药学的影响 | 孙　桐 | 南京中医药大学学报（自然科学版） | 1997,(4):7 |
| 研究和建立中医微生态学 | 祝世讷 | 山东中医药大学学报 | 1997,(4):3 |
| 《黄帝内经·素问》和中国营养科学 | 季鸿昆 | 扬州大学烹饪学报 | 1997,(4):1 |
| 中国古代数学与中医学 | 孟庆云 | 中国中医基础医学杂志 | 1997,(5):3 |
| 《黄帝内经》的社会医学思想浅论 | 赵明山等 | 中国中医基础医学杂志 | 1997,(5):18 |
| 《周易》与传统生命科学——第一届传统生命科学大会论文述要 | 张其成 | 北京中医药大学学报 | 1997,(6):6 |
| 《易》"同气相求"与中医理论 | 张俊龙 | 中医药研究 | 1997,(6):3 |
| 道家与针灸学 | 刘正才等 | 浙江中医杂志 | 1997,(7):291 |
| 古代中国的占卜与医学 | 司马富 | 医学与哲学 | 1997,(8):16 |
| 论汉代儒学对医学的深层影响 | 田树仁 | 医学与哲学 | 1997,(8):23 |
| 论考古学与医学史研究 | 辛智科 | 陕西中医 | 1997,(9):426 |
| 中国古代天文学对经络学说形成的影响 | 陈德成 | 中国针灸 | 1997,(9):567 |
| 中国运动医学在前进 | 高崇玄 | 中国科技信息 | 1997,(19):29 |
| 《内经》系统论与控制论思想探讨 | 莫新民等 | 湖南中医杂志 | 1997,(S1):1 |
| 儒、道思想对中医理论的影响 | 刁宗广 | 安徽大学学报（哲学社会科学版） | 1998,(1):61 |
| 道家、道教与现代医学心理学 | 刁宗广 | 合肥联合大学学报 | 1998,(1):49 |
| 从《周易》《黄帝内经》看中国古代生命哲学观 | 王燕平 | 黄冈师范学院学报 | 1998,(1):41 |
| 《黄帝内经》的人学思想探析 | 李怀之 | 上海中医药杂志 | 1998,(1):40 |
| 《汉书·艺文志》和《黄帝内经》 | 成建军 | 中医文献杂志 | 1998,(1):7 |
| 道家哲学——中医理论之根 | 王礼贤 | 医古文知识 | 1998,(2):4 |
| 从《周易》《黄帝内经》看中国古代生命哲学观（续） | 王燕平 | 黄冈师范学院学报 | 1998,(3):18 |
| 试论道教对中国医学的贡献 | 邵祖新 | 中国道教 | 1998,(3):13 |
| 浅谈藏医与中医的关系 | 安尔建 | 中国民族医药杂志 | 1998,(3):34 |
| 中医预测医学理论研究思路方法 | 郭教礼等 | 中国中医基础医学杂志 | 1998,(3):14 |
| 中医学中的免疫学思想与现代免疫 | 张允兰等 | 中医函授通讯 | 1998,(3):37 |
| 中国古代的宫廷医学及其历史意义 | 闫世德 | 中医药信息 | 1998,(4):4 |
| 象数医学概论 | 胡元奎等 | 陕西中医 | 1998,(5):214 |
| 论朱熹对《黄帝内经》自然哲学方法的继承与发展 | 徐　刚 | 上饶师范学院学报 | 1998,(5):29 |
| 论《黄帝内经》的系统论方法 | 田　永 | 中国中医基础医学杂志 | 1998,(5):16 |
| 中医与道教 | 刘翠清 | 河南中医药学刊 | 1998,(6):4 |
| 试谈《易》学原理在中医学中的运用 | 严余明 | 四川中医 | 1998,(6):18 |
| 论《黄帝内经》与中国文化 | 王庆宪等 | 医学与哲学 | 1998,(6):25 |
| 数学在中医现代化中的意义 | 张维波 | 中国中医基础医学杂志 | 1998,(6):60 |
| 论《黄帝内经》与《希波克拉底文集》解剖学成就的重大差异 | 张福利等 | 医学与哲学 | 1998,(8):54 |
| 溯本求源修道之长——圆道观哲学思想与《黄帝内经》 | 张尚臣 | 河南中医药学刊 | 1999,(1):3 |
| 《内经》与《周易》关系及医易研究 | 姚春鹏 | 辽宁中医学院学报 | 1999,(1):6 |
| 论老庄道家形神观对《内经》的影响 | 孙松辉 | 辽宁中医学院学报 | 1999,(1):5 |
| 通过反鬼神观点看《内经》的唯物思想 | 巫君玉 | 前进论坛 | 1999,(1):16 |

| | | | |
|---|---|---|---|
| 汇流成川　融文博医——《内经》理论体系与古天文、气象知识关系初探 | 郭淑春等 | 医古文知识 | 1999,(1):9 |
| 浅谈中医的美学思想 | 蒋　筱 | 中国美容医学 | 1999,(1):2 |
| 试论《墨经》认识论对中医学的影响 | 王福岗 | 中医药研究 | 1999,(1):2 |
| 《黄帝内经》社会医学思想探析(连载) | 赵明山 | 辽宁中医学院学报 | 1999,(2):3 |
| 略论《老子》与《内经》的关系 | 李　红 | 辽宁中医学院学报 | 1999,(2):5 |
| 中国古代医学与儒家、道家思想 | 刘朝晖 | 青岛教育学院学报 | 1999,(2):10 |
| 《黄帝内经》系统方法探索 | 缪正清等 | 上海交通大学学报(哲学社会科学版) | 1999,(2):80 |
| 论中国传统医学的仁道教育 | 张之沧 | 中国医学伦理学 | 1999,(2):20 |
| 论老庄道家的认知观对《内经》的影响 | 孙松辉 | 中医函授通讯 | 1999,(2):58 |
| 《黄帝内经》社会医学思想探析(续) | 赵明山 | 辽宁中医学院学报 | 1999,(3):147 |
| 先秦道家思想对《黄帝内经》的影响 | 刁宗广 | 医学与社会 | 1999,(3):41 |
| 《易经》与中医学发展的相关性探讨 | 李延斌等 | 周易研究 | 1999,(3):87 |
| 试论《黄帝内经》与中国传统宗教 | 卓同年等 | 新疆中医药 | 1999,(4):9 |
| 《易》医关系论 | 王新陆 | 周易研究 | 1999,(4):79 |
| 《黄帝内经》与气象医学 | 张爱青等 | 邯郸医学高等专科学校学报 | 1999,(5):357 |
| 道家思想与《内经》理论建构 | 邢玉瑞 | 陕西中医学院学报 | 1999,(5):3 |
| 《周易》思维与《内经》理论建构 | 邢玉瑞 | 现代中医药 | 1999,(5):1 |
| 《内经》社会医学思想探析 | 钱会南 | 中国医药学报 | 1999,(5):4 |
| 简论中医学与中国古代文学 | 徐建云 | 现代中医药 | 1999,(6):5 |
| 达尔文医学与中医学 | 颜青山等 | 医学与哲学 | 1999,(7):7 |
| 《周易》与《内经》天人合一整体观 | 刘　霞等 | 中国中医基础医学杂志 | 1999,(7):10 |
| 中医学对言语形成的认识 | 赵百孝 | 中国中医基础医学杂志 | 1999,(8):6 |
| 从既济卦谈援易入医 | 钱武潮 | 江苏中医 | 1999,(9):35 |
| 老子思想与《内经》 | 史向前等 | 医学与哲学 | 1999,(9):55 |
| 中国哲学与人体奥秘 | 周桂钿 | 山西师大学报(社会科学版) | 2000,(1):1 |
| 略论佛医与中医 | 释妙空 | 五台山研究 | 2000,(1):24 |
| 中国传统文化与中医心理学相互影响初探 | 王宗殿等 | 中国中医基础医学杂志 | 2000,(1):58 |
| 传统文化中的心理学思想 | 侯洪澜等 | 甘肃中医学院学报 | 2000,(2):64 |
| 关于《内经》理论问题的多学科研究——访项祺教授 | | 山西中医学院学报 | 2000,(2):41 |
| 浅述传统文化对中医学的影响 | 杨徐杭等 | 陕西中医学院学报 | 2000,(2):10 |
| 略论儒家思想对中医的影响 | 李　红 | 深圳中西医结合杂志 | 2000,(2):57 |
| 中国传统文化中的人体生命思想 | 瞿晓敏 | 中国医学伦理学 | 2000,(2):57 |
| 儒家饮食观与中医 | 何　敏等 | 辽宁中医学院学报 | 2000,(4):255 |
| 道教教义的医学意义 | 张履南 | 南京中医药大学学报(社会科学版) | 2000,(4):182 |
| 《黄帝内经》与当代体育 | 唐　明 | 体育学刊 | 2000,(5):113 |
| 《黄帝内经》与饮食文化 | 孔润常 | 药膳食疗研究 | 2000,(5):5 |
| 审美范畴"和"在《内经》中的特点 | 赵　杰等 | 内蒙古中医药 | 2000,(S1):92 |
| 中国古代哲学和《黄帝内经》的人体生命构成论 | 丁彰炫 | 北京中医药大学学报 | 2001,(1):17 |
| 略论《黄帝内经》的哲学思想 | 陈延庆 | 泰安师专学报 | 2001,(1):9 |
| 《黄帝内经》与先秦的道家思想 | 刁宗广 | 中国哲学史 | 2001,(1):80 |
| 儒学与中医的思维模式和表述方法 | 贾成祥 | 河南中医 | 2001,(2):67 |

| | | | |
|---|---|---|---|
| 现代中医的哲学观念 | 王鸿翔 | 科学中国人 | 2001,(2):41 |
| 医易相关新解 | 白东艳等 | 山西中医 | 2001,(2):60 |
| 中国传统文化的道德价值观与生存质量观 | 魏　晶等 | 医学与社会 | 2001,(3):28 |
| 易学对中医学思想的影响 | 顾植山等 | 中华医史杂志 | 2001,(3):11 |
| 中国古代辨证法思想述评 | 周秀清 | 内蒙古电大学刊 | 2001,(4):86 |
| 《黄帝内经》与中国哲学范畴 | 朱现平 | 武汉市职工医学院学报 | 2001,(4):23 |
| 道教"尚医"考析 | 盖建民 | 中国哲学史 | 2001,(4):58 |
| 论中国古代哲学中的"反"与"复"对中医学的影响 | 辛　瑛 | 中国中医基础医学杂志 | 2001,(4):58 |
| 《黄帝内经》与《希氏文集》的粗略比较 | 于　薇 | 中医文献杂志 | 2001,(4):8 |
| 《内经》医学气象理论琐谈 | 许柏泉 | 中医文献杂志 | 2001,(4):10 |
| 《黄帝内经》与气象医学考释 | 张爱青等 | 中医药学刊 | 2001,(4):365 |
| 《周易》与《黄帝内经》 | 姚春鹏 | 周易研究 | 2001,(4):89 |
| 《黄帝内经素问》自然观与子学自然观的比较 | 焦振廉等 | 陕西中医 | 2001,(7):435 |
| 《黄帝内经》与《希氏文集》之比较 | 于　薇 | 辽宁中医杂志 | 2001,(10):588 |
| 《内经》物候学思想研究 | 苏　颖 | 中国中医基础医学杂志 | 2001,(10):6 |
| 《内经》医学物候学思想研究(一) | 苏　颖 | 长春中医学院学报 | 2002,(1):1 |
| 浅谈道家思想对《内经》理论体系形成的影响 | 许龙泉 | 东疆学刊 | 2002,(1):54 |
| 道文化与中医学 | 王　梅等 | 河南中医药学刊 | 2002,(1):4 |
| 《内经》医学物候学思想研究(二) | 苏　颖 | 长春中医学院学报 | 2002,(2):1 |
| 从多元化和层次性谈《内经》研究 | 朱金萍 | 河南中医学院学报 | 2002,(2):8 |
| 试论医《易》平衡观 | 王清华 | 湖北中医学院学报 | 2002,(2):7 |
| 《黄帝内经》的生命美学价值 | 吴正荣等 | 玉溪师范学院学报 | 2002,(2):14 |
| 哲学思维对中医学发展的影响撷要 | 姚　波 | 中医药学刊 | 2002,(2):164 |
| 《内经》朴素比类思想管窥 | 林　雪 | 中医药学刊 | 2002,(2):213 |
| "象"模型:易医会通的交点——兼论中医学的本质及其未来发展 | 张其成 | 周易研究 | 2002,(2):71 |
| 中医多学科研究的基本思路和展望 | 雷顺群等 | 北京中医 | 2002,(3):146 |
| 《黄帝内经》与医学气象学 | 卢翠敏 | 天津中医学院学报 | 2002,(3):82 |
| 中医学术与道教文化的关系探微 | 侯兵 | 新疆中医药 | 2002,(3):1 |
| 对中医多学科研究的探讨 | 雷顺群 | 中国基础科学 | 2002,(3):29 |
| 道教与中国传统医学 | 盖建民 | 中国宗教 | 2002,(3):48 |
| 试论《内经》中医学心理思想的哲学基础 | 王普霞 | 南京中医药大学学报(社会科学版) | 2002,(4):196 |
| 《黄帝内经》地理医学思想研究 | 叶庆莲 | 山东中医药大学学报 | 2002,(4):254 |
| 试论儒家和谐思想的哲学基础 | 刘让新 | 湘潭师范学院学报(社会科学版) | 2002,(4):31 |
| 道教与传统医学融通关系论析 | 盖建民 | 哲学研究 | 2002,(4):73 |
| 中医禀赋学说探微 | 郑　洪等 | 中国中医基础医学杂志 | 2002,(4):15 |
| 中国古代认识论与中医学 | 赵东辉 | 中国中医基础医学杂志 | 2002,(5):28 |
| 中国古代官制文化对《黄帝内经》运气学说的影响 | 林　琳 | 辽宁中医杂志 | 2002,(6):322 |
| 试论《黄帝内经》的生态医学思想 | 陶功定 | 医学与哲学 | 2002,(8):56 |
| 《孙子兵法》与中医学 | 高新彦 | 上海中医药杂志 | 2002,(11):33 |
| 《黄帝四经》对《黄帝内经》的影响 | 战佳阳 | 中国优秀博硕士学位论文全文数据库(硕士)医药卫生科技辑 | 2002,(1):E056-7 |

| | | | |
|---|---|---|---|
| 《黄帝内经》生态医学思想的现代意义研究 | 陶功定 | 中国优秀博硕士学位论文全文数据库(博士)医药卫生科技辑 | 2002,(2):E056-4 |
| 儒家"致中和"思想对中医学的影响 | 邰东梅 | 中国优秀博硕士学位论文全文数据库(硕士)医药卫生科技辑 | 2002,(2):E056-8 |
| 医易同源汇通析——兼论易学理论在中医治疗学上的应用 | 章少华等 | 全国中医药科研与教学改革研讨会论文集 | 2002:405 |
| 气功的起源、发展及其在中医学的地位 | 张洪林 | 家庭中医药 | 2003,(1):40 |
| 浅论《周易》对中医学"天人相应"理论形成的影响 | 王　鹏等 | 天津中医药 | 2003,(1):41 |
| 《黄帝内经》易学思想简析 | 高新民 | 天水师范学院学报 | 2003,(1):14 |
| 《内经》比类思想初窥 | 林　雪等 | 新疆中医药 | 2003,(1):2 |
| 中国古代的医政相通及其文化心理 | 李　戎 | 医古文知识 | 2003,(1):4 |
| 《内经》与儒家学说注重阳气之比较研究 | 申秀云 | 甘肃中医学院学报 | 2003,(2):8 |
| 医易关系研究的回顾与展望 | 邢玉瑞 | 山西中医学院学报 | 2003,(3):1 |
| 先秦形式逻辑对《内经》的影响 | 董尚朴等 | 中医药学刊 | 2003,(3):382 |
| 医巫同源研究 | 沈晋贤 | 南京中医药大学学报(社会科学版) | 2003,(4):197 |
| 《周礼》与《黄帝内经》对比研究 | 冯兆平 | 医古文知识 | 2003,(4):16 |
| 王道与医理——浅谈儒学思想对中医学之影响 | 张珍玉 | 中医药学报 | 2003,(4):5 |
| 中医学与传统学术相关性考释 | 陈　金 | 中医药学刊 | 2003,(4):579 |
| 《黄帝内经》与《淮南子》比较研究 | 林　琳 | 中国优秀博硕士学位论文全文数据库(博士)医药卫生科技辑 | 2003,(4):E056-3 |
| 中医心身医学观 | 郑兰婷等 | 中国煤炭工业医学杂志 | 2003,(5):482 |
| 《内经》心身医学思想考释 | 周永红等 | 北京中医 | 2003,(6):15 |
| 浅议儒家道家思想对王冰的影响 | 贯　剑 | 上海中医药杂志 | 2003,(6):12 |
| 《素问·疏五过论》医学心理发微 | 周　骏 | 浙江中医学院学报 | 2003,(6):11 |
| 《内经》地理医学思想探要 | 叶庆莲 | 中国中医基础医学杂志 | 2003,(6):63 |
| 论中医学理论体系形成与楚文化圈的关系 | 刘吉善 | 湖北中医杂志 | 2003,(8):3 |
| 论《黄帝四经》中顺道思想对《黄帝内经》的影响 | 战佳阳等 | 辽宁中医杂志 | 2003,(8):633 |
| 《内经》全息逻辑方法的内涵及其特点 | 史新民 | 中医药学刊 | 2003,(9):1543 |
| 《内经》中的医学心理学思想内涵简析 | 郜峦等 | 中医药学刊 | 2003,(9):1496 |
| 论术数对中国古代哲学的影响 | 何丽野 | 哲学研究 | 2003,(11):57 |
| 《黄帝内经》中的易学象数学——兼论医、《易》思维理路之异同 | 张文智 | 周易研究 | 2004,(1):15 |
| 《黄帝四经》对《黄帝内经》在"道论"方面的影响 | 战佳阳等 | 江西中医学院学报 | 2004,(2):12 |
| 《内经》历史医学地理思想初探 | 支　军 | 南京中医药大学学报(社会科学版) | 2004,(2):19 |
| 试论《管子》的哲学思想对祖国医学的影响 | 鲍晓东 | 中华医史杂志 | 2004,(2):26 |
| 生态医学思想是贯穿《黄帝内经》的主线 | 陶功定 | 山西中医 | 2004,(3):36 |
| 先秦两汉感物美学的发展 | 李　健 | 阜阳师范学院学报(社科版) | 2004,(4):11 |
| 试谈易学原理与中医学术特色 | 李炳文等 | 江苏中医药 | 2004,(6):1 |
| 《医宗必读》对《内经》"知人事"思想的发挥 | 谷　峰等 | 辽宁中医学院学报 | 2004,(6):447 |
| 道家思想对中医学理论发展的影响源流考 | 臧笑薇等 | 中医药学刊 | 2004,(8):1497 |

| | | | |
|---|---|---|---|
| 再论《内经》对中国传统哲学核心思想承袭中的不足 | 张莽等 | 现代中西医结合杂志 | 2004,(16):2105 |
| 《医林改错》对《黄帝内经》的继承与发挥 | 温长路 | 中国中医药报 | 2004.12.20 |
| 《黄帝内经》的社会医学思想 | 谷　峰 | 中国优秀博硕士学位论文全文数据库(博士)医药卫生科技辑 | 2004,(1):E056-2 |
| 道家、道教与《黄帝内经》 | 战佳阳 | 中国优秀博硕士学位论文全文数据库(博士)医药卫生科技辑 | 2004,(1):E056-3 |
| 浅谈中医学专业思想的哲学底蕴 | 刘小江等 | 广西中医学院学报 | 2005,(1):120 |
| 儒家仁学思想对中医学的影响 | 郃东梅 | 辽宁中医学院学报 | 2005,(1):93 |
| 论传统中医学的科学境界 | 马建平等 | 云南中医学院学报 | 2005,(1):31 |
| 运用"周易思维"升华中医理论 | 周福生等 | 浙江中医学院学报 | 2005,(1):5 |
| 《黄帝内经》对《四部医典》的影响 | 王　滨等 | 中国民族医药杂志 | 2005,(1):37 |
| 《内经》哲学在中国哲学史上的地位 | 徐锦中 | 哈尔滨工业大学学报(社会科学版) | 2005,(2):24 |
| 《黄帝内经》生态医学思想溯源(待续) | 陶功定 | 山西中医 | 2005,(2):41 |
| 《黄帝内经》中的人文思想 | 张　鑫 | 山西中医学院学报 | 2005,(2):7 |
| 《周易》与中医理念 | 杨　力 | 亚太传统医药 | 2005,(2):19 |
| 古代哲学气论对中医天人相应学说的影响 | 单厚昌等 | 中国民族民间医药杂志 | 2005,(2):81 |
| 中国传统医学之人文精神考释 | 黄永秋等 | 中医药学刊 | 2005,(2):330 |
| 《黄帝内经》生态医学思想溯源(续完) | 陶功定 | 山西中医 | 2005,(3):43 |
| 论《黄帝内经》的医学哲学思想 | 刘　虹 | 医学与哲学 | 2005,(3):49 |
| 《黄帝内经》与《四部医典》的历史渊源 | 王　滨等 | 中国民族医药杂志 | 2005,(3):45 |
| 王冰与《玄珠密语》源流考 | 张登本 | 中医药学刊 | 2005,(4):586 |
| 王冰与《天元玉册》考 | 张登本 | 中医药学刊 | 2005,(5):776 |
| 概论《黄帝内经》理论与诸子百家 | 张登本等 | 陕西中医学院学报 | 2005,(6):3 |
| 《周易》的思维模式对《黄帝内经》的影响 | 战佳阳等 | 中医药学刊 | 2005,(7):1269 |
| 《黄帝内经》的哲学基础及其生态观解读 | 张轶西 | 生态经济 | 2005,(8):111 |
| 易学与中医学理论特点的关系 | 陈　斌 | 中医杂志 | 2005,(8):635 |
| 用辩证法观认识医易关系 | 李永贵等 | 中医药学刊 | 2005,(10):1853 |
| 《黄帝内经》的医学物候学理论与临床应用 | 朱世增 | 上海中医药杂志 | 2005,(12):12 |
| 中医学、民族医学与《易经》文化 | 冯锦培 | 2005 全国首届壮医药学术会议暨全国民族医药经验交流会论文汇编 | 2005:97 |
| 《内经》与地理医学的关系溯源 | 王　聪等 | 首届中医药发展国际论坛、首届中医药防治艾滋病国际研讨会和全国中医药科研院所长联谊会论文集 | 2005:581 |
| 中国古代易象思维的和谐观 | 何丽野 | 浙江工商大学学报 | 2006,(1):13 |
| 从《黄帝内经》看中华武术与中医的相互影响和交融 | 宋剑君等 | 成都体育学院学报 | 2006,(2):101 |
| 论《黄帝内经》与现代生物心理社会医学之比照 | 何文彬等 | 南京中医药大学学报(社会科学版) | 2006,(2):68 |
| 《内经》对《颅囟经》的影响 | 张振尊等 | 中医儿科杂志 | 2006,(2):9 |
| 从文化学角度探析《内经》义理 | 吴弥漫 | 中医药临床杂志 | 2006,(2):104 |
| 论《素问·灵兰秘典论》的社会医学模式 | 曲黎敏 | 中医药临床杂志 | 2006,(2):106 |

| | | | |
|---|---|---|---|
| 在道家思想文化背景下对《内经》的诠释——以《素问》"心者……其宗大危"为例 | 臧守虎 | 中医药临床杂志 | 2006,(2):101 |
| 《黄帝内经》与儒家"致中和"思想 | 景　浩 | 中医药学刊 | 2006,(3):481 |
| 《黄帝内经》的哲学思维特色初探 | 刘朝晖 | 株洲工学院学报 | 2006,(3):66 |
| 稷下争鸣与《黄帝内经》 | 任秀玲 | 北京中医药大学学报 | 2006,(4):243 |
| 从方法论角度看《内经》 | 周韶梅 | 贵阳中医学院学报 | 2006,(4):2 |
| 浅谈《内经》的地理医学思想 | 魏　攀 | 医学理论与实践 | 2006,(4):373 |
| 论《黄帝内经》对《说文解字》的影响 | 兰凤利 | 中华医史杂志 | 2006,(4):201 |
| 从《关雎》看《内经》对心理过程的描写 | 许振国 | 河南中医学院学报 | 2006,(5):7 |
| 从进化论的角度阐释"天人相应"观 | 刘清华等 | 江西中医药 | 2006,(5):9 |
| 医易同源之考证探讨 | 韩建军等 | 光明中医 | 2006,(6):2 |
| 《黄帝内经》的医学人文精神探析 | 申咏秋等 | 中国医学伦理学 | 2006,(6):108 |
| 道家思想与中医学关联性研究综述 | 景红军等 | 中医药文化 | 2006,(6):42 |
| 《吕氏春秋》的中医治疗学思想探析 | 冯文林等 | 医学与哲学（人文社会医学版） | 2006,(7):64 |
| 《黄帝内经》中的气象医学 | 王世勋 | 时珍国医国药 | 2006,(10):2062 |
| 道家思想文化背景下对"至道在微……以传保焉"的诠释 | 臧守虎 | 中医研究 | 2006,(10):59 |
| 《黄帝内经》"数"及"数学"知识及其意义 | 张登本等 | 中医药学刊 | 2006,(10):1783 |
| 稷下黄老新学与中医理论的本质特征 | 任秀玲 | 中华中医药杂志 | 2006,(11):643 |
| 从《内经》正反逆从看《伤寒论》 | 景　浩 | 中医药学刊 | 2006,(11):2115 |
| 试论《黄帝内经》的病理心理学思想 | 时淑敏等 | 现代中西医结合杂志 | 2006,(16):2155 |
| 《孙子兵法》与《黄帝内经》 | 刘　鹏 | 中国中医药报 | 2006.5.11 |
| 《黄帝内经》与音高、色彩的对应关系 | 邹继纯 | 光明日报 | 2006.12.26 |
| 从《周易》象数、义理看中医学的六经、八纲辨证 | 刘成汉 | 中国优秀博硕士学位论文全文数据库（博士）医药卫生科技辑 | 2006,(11):E056-2 |
| 《内经》哲学思想初探 | 陈可吟等 | 河南职工医学院学报 | 2007,(1):45 |
| 试论《黄帝内经》之"五行"与《春秋繁露》之"五行" | 吴　倩 | 湖北广播电视大学学报 | 2007,(1):113 |
| 道教对中医学的影响 | 吴福星 | 江西中医学院学报 | 2007,(1):49 |
| 老子认识论与《内经》医学认识论 | 姚春鹏 | 南京中医药大学学报（社会科学版） | 2007,(3):140 |
| 中国古代哲学对《内经》的影响 | 高　驰 | 浙江中医药大学学报 | 2007,(3):267 |
| 中医与天文学 | 蒋力生 | 江西中医学院学报 | 2007,(4):105 |
| 《内经》说梦与弗洛伊德梦的解析之比较 | 姜　莉等 | 中医药文化 | 2007,(4):13 |
| 秦汉时期易学与脏腑辨证 | 杨雪梅等 | 江西中医学院学报 | 2007,(5):43 |
| 《太一生水》对《黄帝内经》相关理论构建的影响 | 步瑞兰等 | 江西中医学院学报 | 2007,(5):19 |
| 《内经》形成丰厚社会医学思想的原因探析 | 谷　峰 | 中医研究 | 2007,(5):3 |
| 中医数学模型 | 于振锋 | 数理医药学杂志 | 2007,(6):747 |
| "稷下学宫"与中医理论体系的形成 | 任秀玲 | 中国中医基础医学杂志 | 2007,(7):490 |
| 《黄帝内经》的有机哲学观念探析 | 王永哲 | 哈尔滨学院学报 | 2007,(8):8 |
| 孙子兵法与中医学的联系 | 姜海华 | 中华中医药学刊 | 2007,(10):2148 |
| 中医理论的天文学基础 | 吴新明 | 中国中医基础医学杂志 | 2007,(12):938 |
| 《黄帝内经》与《东医寿世保元》体质内涵的研究及其比较 | 金秀年 | 中国优秀博硕士学位论文全文数据库（硕士）医药卫生科技辑 | 2007,(1):E056-2 |

| | | | |
|---|---|---|---|
| 先秦儒家中和思想与中医基础理论形成的相关性研究 | 刘志梅 | 中国优秀博硕士学位论文全文数据库(硕士)医药卫生科技辑 | 2007,(5):E056-3 |
| 先秦诸子与《黄帝内经》“神气”术语的研究 | 金　丽 | 中国优秀博硕士学位论文全文数据库(博士)医药卫生科技辑 | 2007,(1):E056-4 |
| 论《黄帝内经》中的系统生物学思想雏形 | 安冬青等 | 第三届世界中西医结合大会论文摘要集 | 2007:588 |
| 弗洛伊德《梦的解析》与《内经》梦学说之比较 | 姜　莉等 | 江苏中医药 | 2008,(1):13 |
| 浅论道家思想对中医学的影响 | 李晓红等 | 江西中医药 | 2008,(1):16 |
| 老子的道论与《内经》 | 姚春鹏 | 南京中医药大学学报(社会科学版) | 2008,(1):12 |
| 儒家“和而不同”思想在中医和法中的体现 | 吴志明等 | 云南中医学院学报 | 2008,(1):1 |
| 从《左传》看中医基本理论的形成及其发展轨迹 | 姜奕轲 | 浙江中医药大学学报 | 2008,(1):8 |
| 《素问遗篇》与道教医学 | 刘永明 | 甘肃社会科学 | 2008,(2):111 |
| 《周易》“象”思维模式对《内经》理论体系构建的影响 | 苏　颖 | 世界中西医结合杂志 | 2008,(2):67 |
| 道教医学与中医学关系刍议 | 程雅群等 | 四川大学学报(社会科学版) | 2008,(2):57 |
| 刍议《内经》与《周易》同源性 | 蔡　彦等 | 中华中医药学刊 | 2008,(2):350 |
| 论医经“术数”理念与当今数学方法 | 杨丽萍等 | 中华中医药杂志 | 2008,(2):110 |
| 传统哲学对中医理论体系形成的影响 | 张明明等 | 辽宁中医药大学学报 | 2008,(3):21 |
| 哲学是中医的科学源头 | 李致重 | 中医药通报 | 2008,(3):14 |
| 朝医四象体质学说与中医体质学说相关性之浅析 | 金香淑等 | 中国民族民间医药 | 2008,(4):9 |
| 传统中医药学的地理思想特色 | 谭素娟等 | 中医研究 | 2008,(4):1 |
| 简述《华氏中藏经》之学术价值及影响 | 于　晓等 | 北京中医药 | 2008,(5):353 |
| 《素问》八十一篇在《永乐大典》中的分布 | 马艺峰等 | 河北北方学院学报(医学版) | 2008,(5):70 |
| 论《孙子》思想在《内经》中的运用 | 张新渝 | 江西中医学院学报 | 2008,(5):7 |
| 论《黄帝内经》生态医学思想 | 刘穗宁等 | 中华中医药学刊 | 2008,(5):938 |
| 谈儒道知识背景对滑寿医学成就的影响 | 李玉清 | 中国中医基础医学杂志 | 2008,(6):462 |
| 兵法对《黄帝内经》影响浅析 | 徐彩凤等 | 辽宁中医药大学学报 | 2008,(9):18 |
| 《黄帝内经》中气象医学思想浅识 | 张竞之等 | 四川中医 | 2008,(9):36 |
| 儒家思想对中医的影响及意义 | 崔　刚等 | 甘肃中医 | 2008,(10):40 |
| 诸子与《内经》共话生命大道 | 曹东义 | 中国中医药报 | 2008.2.6 |
| 《内经》理论体系的科学美学思想 | 徐　瑛 | 中国优秀博硕士学位论文全文数据库(博士)医药卫生科技辑 | 2008,(12):E056-6 |
| 老子对《内经》医学思想的影响 | 姚春鹏 | 南京中医药大学学报(社会科学版) | 2009,(1):10 |
| “易含三义”与中医哲学 | 程雅君 | 四川大学学报(哲学社会科学版) | 2009,(1):105 |
| 《内经》与《嘎牙山哈雅》对于生命本原认识的比较 | 周红黎等 | 云南中医学院学报 | 2009,(1):17 |
| 先秦道家哲学对中医学思维方式的影响 | 程雅君 | 河北学刊 | 2009,(2):63 |
| 巫的分化与心理疗法的渊源——《黄帝内经》心灵学的创立 | 许振国等 | 河南中医学院学报 | 2009,(2):6 |
| 论《黄帝内经》的生态医学思想 | 齐　南等 | 江西中医学院学报 | 2009,(2):1 |

| | | | |
|---|---|---|---|
| 先秦哲学对中医学的影响刍议 | 程雅群 | 新余高专学报 | 2009,(2):30 |
| 探寻董仲舒与内经思想的契合点——谈儒学与医学之间的学术联系 | 蔡 彦等 | 中华中医药学刊 | 2009,(2):389 |
| 中医与仁学思想 | 朱桂祯 | 中医药文化 | 2009,(2):15 |
| 医道相通的三重内涵 | 程雅君 | 宗教学研究 | 2009,(2):26 |
| 试论《周易》哲理对《内经》学术思想之影响 | 刘志群等 | 江苏中医药 | 2009,(3):19 |
| 浅谈音乐与中医 | 孙 茜 | 科技信息 | 2009,(8):204 |
| 《圣济总录》对《内经》病证的补充与发挥 | 刘淑彦等 | 时珍国医国药 | 2009,(8):2092 |
| 道家思想对中医学理论及思维方法构建的影响 | 孙爱云等 | 辽宁中医药大学学报 | 2009,(11):22 |
| 《内经》与《希氏文集》心理学理论的比较研究 | 王洪展等 | 辽宁中医药大学学报 | 2009,(12):34 |
| 从《周易》到《内经》的阴阳观念流变 | 贺 娟 | 中国中医药报 | 2009.11.13 |
| 《黄帝内经》的人类学解读 | 张 萍 | 中国优秀博硕士学位论文全文数据库(硕士)医药卫生科技辑 | 2009,(1):E056-8 |